WISSEN FÜR DIE PRAXIS

Ihr Online-Aktivierungscode
für den Online-Dienst
unter www.WALHALLA.de

Näheres dazu im Vorwort

WALHALLA

Walhalla Fachredaktion

Deutsches Beamten-Jahrbuch Bayern

Vorschriftensammlung zum Beamtenrecht

Bibliografische Information der Deutschen Nationalbibliothek
Die Deutsche Nationalbibliothek verzeichnet diese Publikation in der Deutschen Nationalbibliografie; detaillierte bibliografische Daten sind im Internet über www.dnb.de abrufbar.

Zitiervorschlag:
Deutsches Beamten-Jahrbuch Bayern
in der Reihe WALHALLA – Textausgabe
Walhalla Fachverlag, Regensburg 2026/2027

WALHALLA – eine Marke der Walhalla Mediengruppe

Rechtsstand: 15. August 2026

Kontakt bei Fragen zur Produktsicherheit:
Walhalla u. Praetoria Verlag GmbH & Co. KG, Haus an der Eisernen Brücke, 93042 Regensburg, E-Mail: produktsicherheit@walhalla.de, Telefon: 0941 5684-0

Produktion: Walhalla Mediengruppe, Regensburg

Umschlaggestaltung: grubergrafik, Augsburg

Printed in Germany

ISBN 978-3-8029-1219-1

Zur Walhalla Mediengruppe gehören die Marken WALHALLA, Deichmann+Fuchs und metropolitan.

3WP-CPI-1026-10008-Q

Das aktuelle Beamtenrecht 2026/2027

Bayerisches Besoldungsgesetz

Im Bayerischen Landtag hat Ende Juli 2026 die erste Lesung für den Gesetzentwurf zur Anpassung der Bezüge 2026/2027/2028 (Drucksache 19/12912) stattgefunden. Mit diesem Gesetzesentwurf soll mit einer zeitlichen Verschiebung von sechs Monaten das Tarifergebnis auf die bayerischen Beamten übertragen werden. In Bayern sollen die Bezüge für Beamtinnen, Beamte und Versorgungsempfänger ab dem 1. Oktober 2026 um 2,82 % steigen. Für die Anwärterinnern und Anwärter ist für den 1. Oktober 2026 eine Erhöhung um 60 Euro vorgesehen.

Ab dem 1. September 2027 ist eine weitere Erhöhung der Bezüge in Höhe von 2,0 % vorgesehen und eine nochmalige Erhöhung der Besoldung um 1,0 % ab dem 1. Januar 2028.

Auf Grundlage des Ministerratsbeschlusses vom 19. Mai 2026 erfolgt die Auszahlung ab dem 1. Oktober 2026 aufgrund des Gesetzesentwurfs unter Vorbehalt der späteren gesetzlichen Verabschiedung durch den Landtag.

Für das Bayerische Besoldungsgesetz finden Sie die ab dem 1. Oktober vorläufig gültigen Besoldungstabellen unter der neuen Leitziffer III.1.1. Die Änderungen in den weiteren Gesetzen sind am jeweiligen Paragrafen angefügt.

Bayerische Beihilfeverordnung

Die Bayerische Beihilfeverordnung wurde durch die Verordnung zur Änderung der Bayerischen Beihilfeverordnung und der Bayerischen Beilverfahrensverordnung vom 7. Juli 2026 (GVBl. S. 495) angepasst. Mit der am 1. September 2026 in Kraft tretenden Änderung werden unter anderem an unterschiedlichen Stellen die Regelungen zur Psychotherapie und zur Systemischen Therapie angepasst. Es werden für die Systemische Therapie genaue Anforderungen an den durchführenden Arzt in § 12a BayBhV aufgestellt. Außerdem wurden die Anlagen 3 (Beihilfefähige Höchstbeträge für ärztlich und zahnärztlich verordnete Heilbehandlungen) und 4 (Beihilfefähige ärztlich verordnete Hilfsmittel, Geräte zur Selbstbehandlung und Selbstkontrolle sowie Körperersatzstücke) neu gefasst. So wurde beispielsweise in der Anlage 3 für den Punkt „Krankengymnastik (KG), auch auf neurophysiologischer Grundlage, Atemtherapie, einschließlich der zur Leistungserbringung erforderlichen Massage, als Einzelbehandlung, Richtwert: 15 bis 25 Minuten" der beihilfefähige Höchstbetrag von 27,80 Euro auf 29,00 Euro angehoben.

Wir wünschen Ihnen Freude und Erfolg mit diesem Nachschlagewerk.

Ihr WALHALLA Fachverlag

JETZT MIT TESTZUGANG ZUM ONLINE-DIENST

Sie erhalten parallel zum Druckwerk auch einen digitalen Zugriff auf die Inhalte.
Der Online-Dienst ist orts- und zeitunabhängig über die Homepage des Verlages aufrufbar.

Ihr Zugangscode ist ab Einlösedatum 3 Monate gültig. Die Laufzeit endet automatisch. Sie gehen keine weiteren Verpflichtungen ein.

Aktivierungscode: MHV-YHQ-KVM

So lösen Sie den Code ein:
Melden Sie sich auf www.walhalla.de an. Sollten Sie noch kein Kundenkonto besitzen, können Sie sich einmalig unter „Mein Konto" registrieren.

Lösen Sie anschließend Ihren Code in der oberen Navigationsleiste unter „Aktivierungscodes" ein.
Der Online-Dienst steht Ihnen nun in der Online-Bibliothek Ihres Accounts (oben rechts unter Mein Konto → Online-Bibliothek) zur Verfügung.

Schnellübersicht

I Statusrecht

Allgemeines Beamtenrecht

II Laufbahn/Ausbildung

III Besoldung

IV Versorgung

V Personalvertretung

V

VI Reise- und Umzugskosten/Trennungsgeld

VI

VII Beihilfe/Fürsorge

Beihilfe

Fürsorge

VIII Soziale Schutzvorschriften/ Familienförderung/Vermögensbildung

Gleichberechtigung

Familienförderung

Vermögensbildung

IX Verfassung/Verwaltung

X Allgemeine Schutzvorschriften

I Statusrecht

I

Allgemeines Beamtenrecht

Nebentätigkeit

Arbeitszeit

Mutterschutz/Elternzeit/Urlaub

Disziplinarrecht

I

Gesetz zur Regelung des Statusrechts der Beamtinnen und Beamten in den Ländern (Beamtenstatusgesetz – BeamtStG)

Vom 17. Juni 2008 (BGBl. I S. 1010)

Zuletzt geändert durch
Gesetz zur Beschleunigung von Disziplinarverfahren in der Bundesverwaltung und zur Änderung weiterer dienstrechtlicher Vorschriften
vom 20. Dezember 2023 (BGBl. I Nr. 389)

Inhaltsübersicht

I

Der Bundestag hat mit Zustimmung des Bundesrates das folgende Gesetz beschlossen:

Abschnitt 1 Allgemeine Vorschriften

§ 1 Geltungsbereich

Dieses Gesetz regelt das Statusrecht der Beamtinnen und Beamten der Länder, Gemeinden und Gemeindeverbände sowie der sonstigen der Aufsicht eines Landes unterstehenden Körperschaften, Anstalten und Stiftungen des öffentlichen Rechts.

§ 2 Dienstherrnfähigkeit

Das Recht, Beamtinnen und Beamte zu haben, besitzen

1. Länder, Gemeinden und Gemeindeverbände,
2. sonstige Körperschaften, Anstalten und Stiftungen des öffentlichen Rechts, die dieses Recht im Zeitpunkt des Inkrafttretens dieses Gesetzes besitzen oder denen es durch ein Landesgesetz oder aufgrund eines Landesgesetzes verliehen wird.

Abschnitt 2 Beamtenverhältnis

§ 3 Beamtenverhältnis

(1) Beamtinnen und Beamte stehen zu ihrem Dienstherrn in einem öffentlich-rechtlichen Dienst- und Treueverhältnis (Beamtenverhältnis).

(2) Die Berufung in das Beamtenverhältnis ist nur zulässig zur Wahrnehmung

1. hoheitsrechtlicher Aufgaben oder
2. solcher Aufgaben, die aus Gründen der Sicherung des Staates oder des öffentlichen Lebens nicht ausschließlich Personen übertragen werden dürfen, die in einem privatrechtlichen Arbeitsverhältnis stehen.

§ 4 Arten des Beamtenverhältnisses

(1) Das Beamtenverhältnis auf Lebenszeit dient der dauernden Wahrnehmung von Aufgaben nach § 3 Abs. 2. Es bildet die Regel.

(2) Das Beamtenverhältnis auf Zeit dient

a) der befristeten Wahrnehmung von Aufgaben nach § 3 Abs. 2 oder
b) der zunächst befristeten Übertragung eines Amtes mit leitender Funktion.

(3) Das Beamtenverhältnis auf Probe dient der Ableistung einer Probezeit

a) zur späteren Verwendung auf Lebenszeit oder
b) zur Übertragung eines Amtes mit leitender Funktion.

(4) Das Beamtenverhältnis auf Widerruf dient

a) der Ableistung eines Vorbereitungsdienstes oder
b) der nur vorübergehenden Wahrnehmung von Aufgaben nach § 3 Abs. 2.

§ 5 Ehrenbeamtinnen und Ehrenbeamte

(1) Als Ehrenbeamtin oder Ehrenbeamter kann berufen werden, wer Aufgaben im Sinne des § 3 Abs. 2 unentgeltlich wahrnehmen soll.

(2) Die Rechtsverhältnisse der Ehrenbeamtinnen und Ehrenbeamten können durch Landesrecht abweichend von den für Beamtinnen und Beamte allgemein geltenden Vorschriften geregelt werden, soweit es deren besondere Rechtsstellung erfordert.

(3) Ein Ehrenbeamtenverhältnis kann nicht in ein Beamtenverhältnis anderer Art, ein solches Beamtenverhältnis nicht in ein Ehrenbeamtenverhältnis umgewandelt werden.

§ 6 Beamtenverhältnis auf Zeit

Für die Rechtsverhältnisse der Beamtinnen auf Zeit und Beamten auf Zeit gelten die Vorschriften für Beamtinnen auf Lebenszeit und Beamte auf Lebenszeit entsprechend, soweit durch Landesrecht nichts anderes bestimmt ist.

§ 7 Voraussetzungen des Beamtenverhältnisses

(1) In das Beamtenverhältnis darf nur berufen werden, wer

1. Deutsche oder Deutscher im Sinne des Artikels 116 Absatz 1 des Grundgesetzes ist oder die Staatsangehörigkeit
   a) eines anderen Mitgliedstaates der Europäischen Union oder

b) eines anderen Vertragsstaates des Abkommens über den Europäischen Wirtschaftsraum oder

c) eines Drittstaates, dem die Bundesrepublik Deutschland und die Europäische Union vertraglich einen entsprechenden Anspruch auf Anerkennung von Berufsqualifikationen eingeräumt haben,

besitzt,

2. die Gewähr dafür bietet, jederzeit für die freiheitliche demokratische Grundordnung im Sinne des Grundgesetzes einzutreten, und
3. die nach Landesrecht vorgeschriebene Befähigung besitzt.

In das Beamtenverhältnis darf nicht berufen werden, wer unveränderliche Merkmale des Erscheinungsbilds aufweist, die mit der Erfüllung der Pflichten nach § 34 Absatz 2 nicht vereinbar sind.

(2) Wenn die Aufgaben es erfordern, darf nur eine Deutsche oder ein Deutscher im Sinne des Artikels 116 Absatz 1 des Grundgesetzes in ein Beamtenverhältnis berufen werden.

(3) Ausnahmen von Absatz 1 Nr. 1 und Absatz 2 können nur zugelassen werden, wenn

1. für die Gewinnung der Beamtin oder des Beamten ein dringendes dienstliches Interesse besteht oder
2. bei der Berufung von Hochschullehrerinnen und Hochschullehrern und anderen Mitarbeiterinnen und Mitarbeitern des wissenschaftlichen und künstlerischen Personals in das Beamtenverhältnis andere wichtige Gründe vorliegen.

§ 8 Ernennung

(1) Einer Ernennung bedarf es zur

1. Begründung des Beamtenverhältnisses,
2. Umwandlung des Beamtenverhältnisses in ein solches anderer Art (§ 4),
3. Verleihung eines anderen Amtes mit anderem Grundgehalt oder
4. Verleihung eines anderen Amtes mit anderer Amtsbezeichnung, soweit das Landesrecht dies bestimmt.

(2) Die Ernennung erfolgt durch Aushändigung einer Ernennungsurkunde. In der Urkunde müssen enthalten sein

1. bei der Begründung des Beamtenverhältnisses die Worte „unter Berufung in das Beamtenverhältnis" mit dem die Art des Beamtenverhältnisses bestimmenden Zusatz „auf Lebenszeit", „auf Probe", „auf Widerruf", „als Ehrenbeamtin" oder „als Ehrenbeamter" oder „auf Zeit" mit der Angabe der Zeitdauer der Berufung,
2. bei der Umwandlung des Beamtenverhältnisses in ein solches anderer Art die diese Art bestimmenden Worte nach Nummer 1 und
3. bei der Verleihung eines Amts die Amtsbezeichnung.

(3) Mit der Begründung eines Beamtenverhältnisses auf Probe, auf Lebenszeit und auf Zeit wird gleichzeitig ein Amt verliehen.

(4) Eine Ernennung auf einen zurückliegenden Zeitpunkt ist unzulässig und insoweit unwirksam.

§ 9 Kriterien der Ernennung

Ernennungen sind nach Eignung, Befähigung und fachlicher Leistung ohne Rücksicht auf Geschlecht, Abstammung, Rasse oder ethnische Herkunft, Behinderung, Religion oder Weltanschauung, politische Anschauungen, Herkunft, Beziehungen oder sexuelle Identität vorzunehmen.

§ 10 Voraussetzung der Ernennung auf Lebenszeit

Die Ernennung zur Beamtin auf Lebenszeit oder zum Beamten auf Lebenszeit ist nur zulässig, wenn die Beamtin oder der Beamte sich in einer Probezeit von mindestens sechs Monaten und höchstens fünf Jahren bewährt hat. Von der Mindestprobezeit können durch Landesrecht Ausnahmen bestimmt werden.

§ 11 Nichtigkeit der Ernennung

(1) Die Ernennung ist nichtig, wenn

1. sie nicht der in § 8 Abs. 2 vorgeschriebenen Form entspricht,
2. sie von einer sachlich unzuständigen Behörde ausgesprochen wurde oder

3. zum Zeitpunkt der Ernennung
   a) nach § 7 Absatz 1 Satz 1 Nummer 1 keine Ernennung erfolgen durfte und keine Ausnahme nach § 7 Abs. 3 zugelassen war,
   b) nicht die Fähigkeit zur Bekleidung öffentlicher Ämter vorlag oder
   c) eine ihr zu Grunde liegende Wahl unwirksam ist.

(2) Die Ernennung ist von Anfang an als wirksam anzusehen, wenn

1. im Fall des Absatzes 1 Nr. 1 aus der Urkunde oder aus dem Akteninhalt eindeutig hervorgeht, dass die für die Ernennung zuständige Stelle ein bestimmtes Beamtenverhältnis begründen oder ein bestehendes Beamtenverhältnis in ein solches anderer Art umwandeln wollte, für das die sonstigen Voraussetzungen vorliegen, und die für die Ernennung zuständige Stelle die Wirksamkeit schriftlich bestätigt; das Gleiche gilt, wenn die Angabe der Zeitdauer fehlt, durch Landesrecht aber die Zeitdauer bestimmt ist,
2. im Fall des Absatzes 1 Nr. 2 die sachlich zuständige Behörde die Ernennung bestätigt oder
3. im Fall des Absatzes 1 Nr. 3 Buchstabe a eine Ausnahme nach § 7 Abs. 3 nachträglich zugelassen wird.

§ 12 Rücknahme der Ernennung

(1) Die Ernennung ist mit Wirkung für die Vergangenheit zurückzunehmen, wenn

1. sie durch Zwang, arglistige Täuschung oder Bestechung herbeigeführt wurde,
2. dem Dienstherrn zum Zeitpunkt der Ernennung nicht bekannt war, dass die ernannte Person vor ihrer Ernennung ein Verbrechen oder Vergehen begangen hat, aufgrund dessen sie vor oder nach ihrer Ernennung rechtskräftig zu einer Strafe verurteilt worden ist und das sie für die Berufung in das Beamtenverhältnis als unwürdig erscheinen lässt,
3. die Ernennung nach § 7 Abs. 2 nicht erfolgen durfte und eine Ausnahme nach § 7 Abs. 3 nicht zugelassen war und die Ausnahme nicht nachträglich erteilt wird oder
4. eine durch Landesrecht vorgeschriebene Mitwirkung einer unabhängigen Stelle oder einer Aufsichtsbehörde unterblieben ist und nicht nachgeholt wurde.

(2) Die Ernennung soll zurückgenommen werden, wenn nicht bekannt war, dass gegen die ernannte Person in einem Disziplinarverfahren auf Entfernung aus dem Beamtenverhältnis oder auf Aberkennung des Ruhegehalts erkannt worden war. Dies gilt auch, wenn die Entscheidung gegen eine Beamtin oder einen Beamten der Europäischen Union oder eines Staates nach § 7 Absatz 1 Satz 1 Nummer 1 ergangen ist.

Abschnitt 3
Länderübergreifender Wechsel und Wechsel in die Bundesverwaltung

§ 13 Grundsatz

Die Vorschriften dieses Abschnitts gelten nur bei landesübergreifender Abordnung, Versetzung und Umbildung von Körperschaften sowie bei einer Abordnung oder Versetzung aus einem Land in die Bundesverwaltung.

§ 14 Abordnung

(1) Beamtinnen und Beamte können aus dienstlichen Gründen vorübergehend ganz oder teilweise zu einer dem übertragenen Amt entsprechenden Tätigkeit in den Bereich eines Dienstherrn eines anderen Landes oder des Bundes abgeordnet werden.

(2) Aus dienstlichen Gründen ist eine Abordnung vorübergehend ganz oder teilweise auch zu einer nicht dem Amt entsprechenden Tätigkeit zulässig, wenn der Beamtin oder dem Beamten die Wahrnehmung der neuen Tätigkeit aufgrund der Vorbildung oder Berufsausbildung zuzumuten ist. Dabei ist auch die Abordnung zu einer Tätigkeit, die nicht einem Amt mit demselben Grundgehalt entspricht, zulässig.

(3) Die Abordnung bedarf der Zustimmung der Beamtin oder des Beamten. Abweichend von Satz 1 ist die Abordnung auch ohne Zustimmung zulässig, wenn die neue Tätigkeit

zuzumuten ist und einem Amt mit demselben Grundgehalt entspricht und die Abordnung die Dauer von fünf Jahren nicht übersteigt.

(4) Die Abordnung wird von dem abgebenden im Einverständnis mit dem aufnehmenden Dienstherrn verfügt. Soweit zwischen den Dienstherren nichts anderes vereinbart ist, sind die für den Bereich des aufnehmenden Dienstherrn geltenden Vorschriften über die Pflichten und Rechte der Beamtinnen und Beamten mit Ausnahme der Regelungen über Diensteid, Amtsbezeichnung, Zahlung von Bezügen, Krankenfürsorgeleistungen und Versorgung entsprechend anzuwenden. Die Verpflichtung zur Bezahlung hat auch der Dienstherr, zu dem die Abordnung erfolgt ist.

§ 15 Versetzung

(1) Beamtinnen und Beamte können auf Antrag oder aus dienstlichen Gründen in den Bereich eines Dienstherrn eines anderen Landes oder des Bundes in ein Amt einer Laufbahn versetzt werden, für die sie die Befähigung besitzen.

(2) Eine Versetzung bedarf der Zustimmung der Beamtin oder des Beamten. Abweichend von Satz 1 ist die Versetzung auch ohne Zustimmung zulässig, wenn das neue Amt mit mindestens demselben Grundgehalt verbunden ist wie das bisherige Amt. Stellenzulagen gelten hierbei nicht als Bestandteile des Grundgehalts.

(3) Die Versetzung wird von dem abgebenden im Einverständnis mit dem aufnehmenden Dienstherrn verfügt. Das Beamtenverhältnis wird mit dem neuen Dienstherrn fortgesetzt.

§ 16 Umbildung einer Körperschaft

(1) Beamtinnen und Beamte einer juristischen Person des öffentlichen Rechts mit Dienstherrnfähigkeit (Körperschaft), die vollständig in eine andere Körperschaft eingegliedert wird, treten mit der Umbildung kraft Gesetzes in den Dienst der aufnehmenden Körperschaft über.

(2) Die Beamtinnen und Beamten einer Körperschaft, die vollständig in mehrere andere Körperschaften eingegliedert wird, sind anteilig in den Dienst der aufnehmenden Körperschaften zu übernehmen. Die beteiligten Körperschaften haben innerhalb einer Frist von sechs Monaten nach der Umbildung im Einvernehmen miteinander zu bestimmen, von welchen Körperschaften die einzelnen Beamtinnen und Beamten zu übernehmen sind. Solange eine Beamtin oder ein Beamter nicht übernommen ist, haften alle aufnehmenden Körperschaften für die ihr oder ihm zustehenden Bezüge als Gesamtschuldner.

(3) Die Beamtinnen und Beamten einer Körperschaft, die teilweise in eine oder mehrere andere Körperschaften eingegliedert wird, sind zu einem verhältnismäßigen Teil, bei mehreren Körperschaften anteilig, in den Dienst der aufnehmenden Körperschaften zu übernehmen. Absatz 2 Satz 2 ist entsprechend anzuwenden.

(4) Die Absätze 1 bis 3 gelten entsprechend, wenn eine Körperschaft mit einer oder mehreren anderen Körperschaften zu einer neuen Körperschaft zusammengeschlossen wird, wenn ein oder mehrere Teile verschiedener Körperschaften zu einem oder mehreren neuen Teilen einer Körperschaft zusammengeschlossen werden, wenn aus einer Körperschaft oder aus Teilen einer Körperschaft eine oder mehrere neue Körperschaften gebildet werden, oder wenn Aufgaben einer Körperschaft vollständig oder teilweise auf eine oder mehrere andere Körperschaften übergehen.

§ 17 Rechtsfolgen der Umbildung

(1) Tritt eine Beamtin oder ein Beamter aufgrund des § 16 Abs. 1 kraft Gesetzes in den Dienst einer anderen Körperschaft über oder wird sie oder er aufgrund des § 16 Abs. 2 oder 3 von einer anderen Körperschaft übernommen, wird das Beamtenverhältnis mit dem neuen Dienstherrn fortgesetzt.

(2) Im Fall des § 16 Abs. 1 ist der Beamtin oder dem Beamten von der aufnehmenden oder neuen Körperschaft die Fortsetzung des Beamtenverhältnisses schriftlich zu bestätigen.

(3) In den Fällen des § 16 Abs. 2 und 3 wird die Übernahme von der Körperschaft verfügt, in deren Dienst die Beamtin oder der Beamte treten soll. Die Verfügung wird mit der Zustellung an die Beamtin oder den Beamten wirksam. Die Beamtin oder der Beamte ist verpflichtet, der Übernahmeverfügung Folge

I

zu leisten. Kommt die Beamtin oder der Beamte der Verpflichtung nicht nach, ist sie oder er zu entlassen.

(4) Die Absätze 1 bis 3 gelten entsprechend in den Fällen des § 16 Abs. 4.

§ 18 Rechtsstellung der Beamtinnen und Beamten

(1) Beamtinnen und Beamten, die nach § 16 in den Dienst einer anderen Körperschaft kraft Gesetzes übertreten oder übernommen werden, soll ein gleich zu bewertendes Amt übertragen werden, das ihrem bisherigen Amt nach Bedeutung und Inhalt ohne Rücksicht auf Dienststellung und Dienstalter entspricht. Wenn eine dem bisherigen Amt entsprechende Verwendung nicht möglich ist, kann ihnen auch ein anderes Amt mit geringerem Grundgehalt übertragen werden. Das Grundgehalt muss mindestens dem des Amtes entsprechen, das die Beamtinnen und Beamten vor dem bisherigen Amt innehatten. In diesem Fall dürfen sie neben der neuen Amtsbezeichnung die des früheren Amtes mit dem Zusatz „außer Dienst" („a. D.") führen.

(2) Die aufnehmende oder neue Körperschaft kann, wenn die Zahl der bei ihr nach der Umbildung vorhandenen Beamtinnen und Beamten den tatsächlichen Bedarf übersteigt, innerhalb einer Frist, deren Bestimmung dem Landesrecht vorbehalten bleibt, Beamtinnen und Beamte im Beamtenverhältnis auf Lebenszeit oder auf Zeit in den einstweiligen Ruhestand versetzen, wenn deren Aufgabengebiet von der Umbildung berührt wurde. Bei Beamtinnen auf Zeit und Beamten auf Zeit, die nach Satz 1 in den einstweiligen Ruhestand versetzt sind, endet der einstweilige Ruhestand mit Ablauf der Amtszeit; sie gelten in diesem Zeitpunkt als dauernd in den Ruhestand versetzt, wenn sie bei Verbleiben im Amt mit Ablauf der Amtszeit in den Ruhestand getreten wären.

§ 19 Rechtsstellung der Versorgungsempfängerinnen und Versorgungsempfänger

(1) Die Vorschriften des § 16 Abs. 1 und 2 und des § 17 gelten entsprechend für die im Zeitpunkt der Umbildung bei der abgebenden Körperschaft vorhandenen Versorgungsempfängerinnen und Versorgungsempfänger.

(2) In den Fällen des § 16 Abs. 3 bleiben die Ansprüche der im Zeitpunkt der Umbildung vorhandenen Versorgungsempfängerinnen und Versorgungsempfänger gegenüber der abgebenden Körperschaft bestehen.

(3) Die Absätze 1 und 2 gelten entsprechend in den Fällen des § 16 Abs. 4.

Abschnitt 4
Zuweisung einer Tätigkeit bei anderen Einrichtungen

§ 20 Zuweisung

(1) Beamtinnen und Beamten kann mit ihrer Zustimmung vorübergehend ganz oder teilweise eine ihrem Amt entsprechende Tätigkeit zugewiesen werden

1. bei einer öffentlichen Einrichtung ohne Dienstherrneigenschaft oder bei einer öffentlich-rechtlichen Religionsgemeinschaft im dienstlichen oder öffentlichen Interesse oder
2. bei einer anderen Einrichtung, wenn öffentliche Interessen es erfordern.

(2) Beamtinnen und Beamten einer Dienststelle, die ganz oder teilweise in eine öffentlich-rechtlich organisierte Einrichtung ohne Dienstherrneigenschaft oder eine privatrechtlich organisierte Einrichtung der öffentlichen Hand umgewandelt wird, kann auch ohne ihre Zustimmung ganz oder teilweise eine ihrem Amt entsprechende Tätigkeit bei dieser Einrichtung zugewiesen werden, wenn öffentliche Interessen es erfordern.

(3) Die Rechtsstellung der Beamtinnen und Beamten bleibt unberührt.

Abschnitt 5
Beendigung des Beamtenverhältnisses

§ 21 Beendigungsgründe

Das Beamtenverhältnis endet durch

1. Entlassung,
2. Verlust der Beamtenrechte,

3. Entfernung aus dem Beamtenverhältnis nach den Disziplinargesetzen oder
4. Eintritt oder Versetzung in den Ruhestand.

§ 22 Entlassung kraft Gesetzes

(1) Beamtinnen und Beamte sind entlassen, wenn

1. die Voraussetzungen des § 7 Absatz 1 Satz 1 Nummer 1 nicht mehr vorliegen und eine Ausnahme nach § 7 Absatz 3 auch nachträglich nicht zugelassen wird oder
2. sie die Altersgrenze erreichen und das Beamtenverhältnis nicht durch Eintritt in den Ruhestand endet.

(2) Die Beamtin oder der Beamte ist entlassen, wenn ein öffentlich-rechtliches Dienst- oder Amtsverhältnis zu einem anderen Dienstherrn oder zu einer Einrichtung ohne Dienstherrneigenschaft begründet wird, sofern nicht im Einvernehmen mit dem neuen Dienstherrn oder der Einrichtung die Fortdauer des Beamtenverhältnisses neben dem neuen Dienst- oder Amtsverhältnis angeordnet oder durch Landesrecht etwas anderes bestimmt wird. Dies gilt nicht für den Eintritt in ein Beamtenverhältnis auf Widerruf oder als Ehrenbeamtin oder Ehrenbeamter.

(3) Die Beamtin oder der Beamte ist mit der Berufung in ein Beamtenverhältnis auf Zeit aus einem anderen Beamtenverhältnis bei demselben Dienstherrn entlassen, soweit das Landesrecht keine abweichenden Regelungen trifft.

(4) Das Beamtenverhältnis auf Widerruf endet mit Ablauf des Tages der Ablegung oder dem endgültigen Nichtbestehen der für die Laufbahn vorgeschriebenen Prüfung, sofern durch Landesrecht nichts anderes bestimmt ist.

(5) Das Beamtenverhältnis auf Probe in einem Amt mit leitender Funktion endet mit Ablauf der Probezeit oder mit Versetzung zu einem anderen Dienstherrn.

§ 23 Entlassung durch Verwaltungsakt

(1) Beamtinnen und Beamte sind zu entlassen, wenn sie

1. den Diensteid oder ein an dessen Stelle vorgeschriebenes Gelöbnis verweigern,
2. nicht in den Ruhestand oder einstweiligen Ruhestand versetzt werden können, weil eine versorgungsrechtliche Wartezeit nicht erfüllt ist,
3. dauernd dienstunfähig sind und das Beamtenverhältnis nicht durch Versetzung in den Ruhestand endet,
4. die Entlassung in schriftlicher Form verlangen oder
5. nach Erreichen der Altersgrenze berufen worden sind.

Im Fall des Satzes 1 Nr. 3 ist § 26 Abs. 2 entsprechend anzuwenden.

(2) Beamtinnen und Beamte können entlassen werden, wenn sie in Fällen des § 7 Abs. 2 die Eigenschaft als Deutsche oder Deutscher im Sinne des Artikels 116 Absatz 1 des Grundgesetzes verlieren.

(3) Beamtinnen auf Probe und Beamte auf Probe können entlassen werden,

1. wenn sie eine Handlung begehen, die im Beamtenverhältnis auf Lebenszeit mindestens eine Kürzung der Dienstbezüge zur Folge hätte,
2. wenn sie sich in der Probezeit nicht bewährt haben oder
3. wenn ihr Aufgabengebiet bei einer Behörde von der Auflösung dieser Behörde oder einer auf landesrechtlicher Vorschrift beruhenden wesentlichen Änderung des Aufbaus oder Verschmelzung dieser Behörde mit einer anderen oder von der Umbildung einer Körperschaft berührt wird und eine andere Verwendung nicht möglich ist.

Im Fall des Satzes 1 Nr. 2 ist § 26 Abs. 2 bei allein mangelnder gesundheitlicher Eignung entsprechend anzuwenden.

(4) Beamtinnen auf Widerruf und Beamte auf Widerruf können jederzeit entlassen werden. Die Gelegenheit zur Beendigung des Vorbereitungsdienstes und zur Ablegung der Prüfung soll gegeben werden.

§ 24 Verlust der Beamtenrechte

(1) Wenn eine Beamtin oder ein Beamter im ordentlichen Strafverfahren durch das Urteil eines deutschen Gerichts

1. wegen einer vorsätzlichen Tat zu einer Freiheitsstrafe von mindestens einem Jahr oder
2. wegen einer vorsätzlichen Tat, die nach den Vorschriften über Friedensverrat, Hochverrat und Gefährdung des demokratischen Rechtsstaates, Landesverrat und Gefährdung der äußeren Sicherheit, Volksverhetzung oder, soweit sich die Tat auf eine Diensthandlung im Hauptamt bezieht, Bestechlichkeit, strafbar ist, zu einer Freiheitsstrafe von mindestens sechs Monaten

verurteilt wird, endet das Beamtenverhältnis mit der Rechtskraft des Urteils. Entsprechendes gilt, wenn die Fähigkeit zur Bekleidung öffentlicher Ämter aberkannt wird oder wenn die Beamtin oder der Beamte aufgrund einer Entscheidung des Bundesverfassungsgerichts nach Artikel 18 des Grundgesetzes ein Grundrecht verwirkt hat.

(2) Wird eine Entscheidung, die den Verlust der Beamtenrechte zur Folge hat, in einem Wiederaufnahmeverfahren aufgehoben, gilt das Beamtenverhältnis als nicht unterbrochen.

§ 25 Ruhestand wegen Erreichens der Altersgrenze

Beamtinnen auf Lebenszeit und Beamte auf Lebenszeit treten nach Erreichen der Altersgrenze in den Ruhestand.

§ 26 Dienstunfähigkeit

(1) Beamtinnen auf Lebenszeit und Beamte auf Lebenszeit sind in den Ruhestand zu versetzen, wenn sie wegen ihres körperlichen Zustandes oder aus gesundheitlichen Gründen zur Erfüllung ihrer Dienstpflichten dauernd unfähig (dienstunfähig) sind. Als dienstunfähig kann auch angesehen werden, wer infolge Erkrankung innerhalb eines Zeitraums von sechs Monaten mehr als drei Monate keinen Dienst getan hat und keine Aussicht besteht, dass innerhalb einer Frist, deren Bestimmung dem Landesrecht vorbehalten bleibt, die Dienstfähigkeit wieder voll hergestellt ist. In den Ruhestand wird nicht versetzt, wer anderweitig verwendbar ist. Für Gruppen von Beamtinnen und Beamten können besondere Voraussetzungen für die Dienstunfähigkeit durch Landesrecht geregelt werden.

(2) Eine anderweitige Verwendung ist möglich, wenn der Beamtin oder dem Beamten ein anderes Amt derselben oder einer anderen Laufbahn übertragen werden kann. In den Fällen des Satzes 1 ist die Übertragung eines anderen Amtes ohne Zustimmung zulässig, wenn das neue Amt zum Bereich desselben Dienstherrn gehört, es mit mindestens demselben Grundgehalt verbunden ist wie das bisherige Amt und wenn zu erwarten ist, dass die gesundheitlichen Anforderungen des neuen Amtes erfüllt werden. Beamtinnen und Beamte, die nicht die Befähigung für die andere Laufbahn besitzen, haben an Qualifizierungsmaßnahmen für den Erwerb der neuen Befähigung teilzunehmen.

(3) Zur Vermeidung der Versetzung in den Ruhestand kann der Beamtin oder dem Beamten unter Beibehaltung des übertragenen Amtes ohne Zustimmung auch eine geringerwertige Tätigkeit im Bereich desselben Dienstherrn übertragen werden, wenn eine anderweitige Verwendung nicht möglich ist und die Wahrnehmung der neuen Aufgabe unter Berücksichtigung der bisherigen Tätigkeit zumutbar ist.

§ 27 Begrenzte Dienstfähigkeit

(1) Von der Versetzung in den Ruhestand wegen Dienstunfähigkeit ist abzusehen, wenn die Beamtin oder der Beamte unter Beibehaltung des übertragenen Amtes die Dienstpflichten noch während mindestens der Hälfte der regelmäßigen Arbeitszeit erfüllen kann (begrenzte Dienstfähigkeit).

(2) Die Arbeitszeit ist entsprechend der begrenzten Dienstfähigkeit herabzusetzen. Mit Zustimmung der Beamtin oder des Beamten ist auch eine Verwendung in einer nicht dem Amt entsprechenden Tätigkeit möglich.

§ 28 Ruhestand bei Beamtenverhältnis auf Probe

(1) Beamtinnen auf Probe und Beamte auf Probe sind in den Ruhestand zu versetzen, wenn sie infolge Krankheit, Verwundung

oder sonstiger Beschädigung, die sie sich ohne grobes Verschulden bei Ausübung oder aus Veranlassung des Dienstes zugezogen haben, dienstunfähig geworden sind.

(2) Beamtinnen auf Probe und Beamte auf Probe können in den Ruhestand versetzt werden, wenn sie aus anderen Gründen dienstunfähig geworden sind.

(3) § 26 Abs. 1 Satz 3, Abs. 2 und 3 sowie § 27 sind entsprechend anzuwenden.

§ 29 Wiederherstellung der Dienstfähigkeit

(1) Wird nach der Versetzung in den Ruhestand wegen Dienstunfähigkeit die Dienstfähigkeit wiederhergestellt und beantragt die Ruhestandsbeamtin oder der Ruhestandsbeamte vor Ablauf einer Frist, deren Bestimmung dem Landesrecht vorbehalten bleibt, spätestens zehn Jahre nach der Versetzung in den Ruhestand, eine erneute Berufung in das Beamtenverhältnis, ist diesem Antrag zu entsprechen, falls nicht zwingende dienstliche Gründe entgegenstehen.

(2) Beamtinnen und Beamte, die wegen Dienstunfähigkeit in den Ruhestand versetzt worden sind, können erneut in das Beamtenverhältnis berufen werden, wenn im Dienstbereich des früheren Dienstherrn ein Amt mit mindestens demselben Grundgehalt übertragen werden soll und wenn zu erwarten ist, dass die gesundheitlichen Anforderungen des neuen Amtes erfüllt werden. Beamtinnen und Beamte, die nicht die Befähigung für die andere Laufbahn besitzen, haben an Qualifizierungsmaßnahmen für den Erwerb der neuen Befähigung teilzunehmen. Den wegen Dienstunfähigkeit in den Ruhestand versetzten Beamtinnen und Beamten kann unter Übertragung eines Amtes ihrer früheren Laufbahn nach Satz 1 auch eine geringerwertige Tätigkeit im Bereich desselben Dienstherrn übertragen werden, wenn eine anderweitige Verwendung nicht möglich ist und die Wahrnehmung der neuen Aufgabe unter Berücksichtigung ihrer früheren Tätigkeit zumutbar ist.

(3) Die erneute Berufung in ein Beamtenverhältnis ist auch in den Fällen der begrenzten Dienstfähigkeit möglich.

(4) Beamtinnen und Beamte, die wegen Dienstunfähigkeit in den Ruhestand versetzt worden sind, sind verpflichtet, sich geeigneten und zumutbaren Maßnahmen zur Wiederherstellung ihrer Dienstfähigkeit zu unterziehen; die zuständige Behörde kann ihnen entsprechende Weisungen erteilen.

(5) Die Dienstfähigkeit der Ruhestandsbeamtin oder des Ruhestandsbeamten kann nach Maßgabe des Landesrechts untersucht werden; sie oder er ist verpflichtet, sich nach Weisung der zuständigen Behörde ärztlich untersuchen zu lassen. Die Ruhestandsbeamtin oder der Ruhestandsbeamte kann eine solche Untersuchung verlangen, wenn sie oder er einen Antrag nach Absatz 1 zu stellen beabsichtigt.

(6) Bei einer erneuten Berufung gilt das frühere Beamtenverhältnis als fortgesetzt.

§ 30 Einstweiliger Ruhestand

(1) Beamtinnen auf Lebenszeit und Beamte auf Lebenszeit können jederzeit in den einstweiligen Ruhestand versetzt werden, wenn sie ein Amt bekleiden, bei dessen Ausübung sie in fortdauernder Übereinstimmung mit den grundsätzlichen politischen Ansichten und Zielen der Regierung stehen müssen. Die Bestimmung der Ämter nach Satz 1 ist dem Landesrecht vorbehalten.

(2) Beamtinnen und Beamte, die auf Probe ernannt sind und ein Amt im Sinne des Absatzes 1 bekleiden, können jederzeit entlassen werden.

(3) Für den einstweiligen Ruhestand gelten die Vorschriften über den Ruhestand. § 29 Abs. 2 und 6 gilt entsprechend. Der einstweilige Ruhestand endet bei erneuter Berufung in das Beamtenverhältnis auf Lebenszeit auch bei einem anderen Dienstherrn, wenn den Beamtinnen oder Beamten ein Amt verliehen wird, das derselben oder einer gleichwertigen Laufbahn angehört wie das frühere Amt und mit mindestens demselben Grundgehalt verbunden ist.

(4) Erreichen Beamtinnen und Beamte, die in den einstweiligen Ruhestand versetzt sind, die gesetzliche Altersgrenze, gelten sie mit diesem Zeitpunkt als dauernd in den Ruhestand versetzt.

§ 31 Einstweiliger Ruhestand bei Umbildung und Auflösung von Behörden

(1) Bei der Auflösung einer Behörde oder bei einer auf landesrechtlicher Vorschrift beruhenden wesentlichen Änderung des Aufbaus oder bei Verschmelzung einer Behörde mit einer oder mehreren anderen kann eine Beamtin auf Lebenszeit oder ein Beamter auf Lebenszeit in den einstweiligen Ruhestand versetzt werden, wenn das übertragene Aufgabengebiet von der Auflösung oder Umbildung berührt wird und eine Versetzung nach Landesrecht nicht möglich ist. Zusätzliche Voraussetzungen können geregelt werden.

(2) Die erneute Berufung der in den einstweiligen Ruhestand versetzten Beamtin oder des in den einstweiligen Ruhestand versetzten Beamten in ein Beamtenverhältnis ist vorzusehen, wenn ein der bisherigen Tätigkeit entsprechendes Amt zu besetzen ist, für das sie oder er geeignet ist. Für erneute Berufungen nach Satz 1, die weniger als fünf Jahre vor Erreichen der Altersgrenze (§ 25) wirksam werden, können durch Landesrecht abweichende Regelungen getroffen werden.

(3) § 29 Abs. 6 gilt entsprechend.

§ 32 Wartezeit

Die Versetzung in den Ruhestand setzt die Erfüllung einer versorgungsrechtlichen Wartezeit voraus.

Abschnitt 6
Rechtliche Stellung im Beamtenverhältnis

§ 33 Grundpflichten

(1) Beamtinnen und Beamte dienen dem ganzen Volk, nicht einer Partei. Sie haben ihre Aufgaben unparteiisch und gerecht zu erfüllen und ihr Amt zum Wohl der Allgemeinheit zu führen. Beamtinnen und Beamte müssen sich durch ihr gesamtes Verhalten zu der freiheitlichen demokratischen Grundordnung im Sinne des Grundgesetzes bekennen und für deren Erhaltung eintreten.

(2) Beamtinnen und Beamte haben bei politischer Betätigung diejenige Mäßigung und Zurückhaltung zu wahren, die sich aus ihrer Stellung gegenüber der Allgemeinheit und aus der Rücksicht auf die Pflichten ihres Amtes ergibt.

§ 34 Wahrnehmung der Aufgaben, Verhalten und Erscheinungsbild

(1) Beamtinnen und Beamte haben sich mit vollem persönlichem Einsatz ihrem Beruf zu widmen. Sie haben die übertragenen Aufgaben uneigennützig nach bestem Gewissen wahrzunehmen. Ihr Verhalten innerhalb und außerhalb des Dienstes muss der Achtung und dem Vertrauen gerecht werden, die ihr Beruf erfordern.

(2) Beamtinnen und Beamte haben bei der Ausübung des Dienstes oder bei einer Tätigkeit mit unmittelbarem Dienstbezug auch hinsichtlich ihres Erscheinungsbilds Rücksicht auf das ihrem Amt entgegengebrachte Vertrauen zu nehmen. Insbesondere das Tragen von bestimmten Kleidungsstücken, Schmuck, Symbolen und Tätowierungen im sichtbaren Bereich sowie die Art der Haar- und Barttracht können eingeschränkt oder untersagt werden, soweit die Funktionsfähigkeit der Verwaltung oder die Pflicht zum achtungs- und vertrauenswürdigen Verhalten dies erfordert. Das ist insbesondere dann der Fall, wenn Merkmale des Erscheinungsbilds nach Satz 2 durch ihre über das übliche Maß hinausgehende besonders individualisierende Art geeignet sind, die amtliche Funktion der Beamtin oder des Beamten in den Hintergrund zu drängen. Religiös oder weltanschaulich konnotierte Merkmale des Erscheinungsbilds nach Satz 2 können nur dann eingeschränkt oder untersagt werden, wenn sie objektiv geeignet sind, das Vertrauen in die neutrale Amtsführung der Beamtin oder des Beamten zu beeinträchtigen. Die Einzelheiten nach den Sätzen 2 bis 4 können durch Landesrecht bestimmt werden. Die Verhüllung des Gesichts bei der Ausübung des Dienstes oder bei einer Tätigkeit mit unmittelbarem Dienstbezug ist stets unzulässig, es sei denn, dienstliche oder gesundheitliche Gründe erfordern dies.

§ 35 Folgepflicht

(1) Beamtinnen und Beamte haben ihre Vorgesetzten zu beraten und zu unterstützen. Sie sind verpflichtet, deren dienstliche Anordnungen auszuführen und deren allgemeine Richtlinien zu befolgen. Dies gilt nicht, soweit die Beamtinnen und Beamten nach besonderen gesetzlichen Vorschriften an Weisungen nicht gebunden und nur dem Gesetz unterworfen sind.

(2) Beamtinnen und Beamte haben bei organisatorischen Veränderungen dem Dienstherrn Folge zu leisten.

§ 36 Verantwortung für die Rechtmäßigkeit

(1) Beamtinnen und Beamte tragen für die Rechtmäßigkeit ihrer dienstlichen Handlungen die volle persönliche Verantwortung.

(2) Bedenken gegen die Rechtmäßigkeit dienstlicher Anordnungen haben Beamtinnen und Beamte unverzüglich auf dem Dienstweg geltend zu machen. Wird die Anordnung aufrechterhalten, haben sie sich, wenn die Bedenken fortbestehen, an die nächst höhere Vorgesetzte oder den nächst höheren Vorgesetzten zu wenden. Wird die Anordnung bestätigt, müssen die Beamtinnen und Beamten sie ausführen und sind von der eigenen Verantwortung befreit. Dies gilt nicht, wenn das aufgetragene Verhalten die Würde des Menschen verletzt oder strafbar oder ordnungswidrig ist und die Strafbarkeit oder Ordnungswidrigkeit für die Beamtinnen oder Beamten erkennbar ist. Die Bestätigung hat auf Verlangen schriftlich zu erfolgen.

(3) Wird von den Beamtinnen oder Beamten die sofortige Ausführung der Anordnung verlangt, weil Gefahr im Verzug besteht und die Entscheidung der oder des höheren Vorgesetzten nicht rechtzeitig herbeigeführt werden kann, gilt Absatz 2 Satz 3 und 4 entsprechend. Die Anordnung ist durch die anordnende oder den anordnenden Vorgesetzten schriftlich zu bestätigen, wenn die Beamtin oder der Beamte dies unverzüglich nach Ausführung der Anordnung verlangt.

§ 37 Verschwiegenheitspflicht

(1) Beamtinnen und Beamte haben über die ihnen bei oder bei Gelegenheit ihrer amtlichen Tätigkeit bekannt gewordenen dienstlichen Angelegenheiten Verschwiegenheit zu bewahren. Dies gilt auch über den Bereich eines Dienstherrn hinaus sowie nach Beendigung des Beamtenverhältnisses.

(2) Absatz 1 gilt nicht, soweit

1. Mitteilungen im dienstlichen Verkehr geboten sind,
2. Tatsachen mitgeteilt werden, die offenkundig sind oder ihrer Bedeutung nach keiner Geheimhaltung bedürfen,
3. gegenüber der zuständigen obersten Dienstbehörde, einer Strafverfolgungsbehörde oder einer durch Landesrecht bestimmten weiteren Behörde oder außerdienstlichen Stelle ein durch Tatsachen begründeter Verdacht einer Korruptionsstraftat nach den §§ 331 bis 337 des Strafgesetzbuches angezeigt wird oder
4. Informationen unter den Voraussetzungen des Hinweisgeberschutzgesetzes an eine zuständige Meldestelle weitergegeben oder offengelegt werden.

Im Übrigen bleiben die gesetzlich begründeten Pflichten, geplante Straftaten anzuzeigen und für die Erhaltung der freiheitlichen demokratischen Grundordnung einzutreten, von Absatz 1 unberührt.

(3) Beamtinnen und Beamte dürfen ohne Genehmigung über Angelegenheiten, für die Absatz 1 gilt, weder vor Gericht noch außergerichtlich aussagen oder Erklärungen abgeben. Die Genehmigung erteilt der Dienstherr oder, wenn das Beamtenverhältnis beendet ist, der letzte Dienstherr. Hat sich der Vorgang, der den Gegenstand der Äußerung bildet, bei einem früheren Dienstherrn ereignet, darf die Genehmigung nur mit dessen Zustimmung erteilt werden. Durch Landesrecht kann bestimmt werden, dass an die Stelle des in den Sätzen 2 und 3 genannten jeweiligen Dienstherrn eine andere Stelle tritt.

(4) Die Genehmigung, als Zeugin oder Zeuge auszusagen, darf nur versagt werden, wenn die Aussage dem Wohl des Bundes oder eines deutschen Landes erhebliche Nachteile bereiten oder die Erfüllung öffentlicher Aufgaben ernstlich gefährden oder erheblich erschweren

I

würde. Durch Landesrecht kann bestimmt werden, dass die Verweigerung der Genehmigung zur Aussage vor Untersuchungsausschüssen des Deutschen Bundestages oder der Volksvertretung eines Landes einer Nachprüfung unterzogen werden kann. Die Genehmigung, ein Gutachten zu erstatten, kann versagt werden, wenn die Erstattung den dienstlichen Interessen Nachteile bereiten würde.

(5) Sind Beamtinnen oder Beamte Partei oder Beschuldigte in einem gerichtlichen Verfahren oder soll ihr Vorbringen der Wahrnehmung ihrer berechtigten Interessen dienen, darf die Genehmigung auch dann, wenn die Voraussetzungen des Absatzes 4 Satz 1 erfüllt sind, nur versagt werden, wenn die dienstlichen Rücksichten dies unabweisbar erfordern. Wird sie versagt, ist Beamtinnen oder Beamten der Schutz zu gewähren, den die dienstlichen Rücksichten zulassen.

(6) Beamtinnen und Beamte haben, auch nach Beendigung des Beamtenverhältnisses, auf Verlangen des Dienstherrn oder des letzten Dienstherrn amtliche Schriftstücke, Zeichnungen, bildliche Darstellungen sowie Aufzeichnungen jeder Art über dienstliche Vorgänge, auch soweit es sich um Wiedergaben handelt, herauszugeben. Die gleiche Verpflichtung trifft ihre Hinterbliebenen und Erben.

§ 38 Diensteid

(1) Beamtinnen und Beamte haben einen Diensteid zu leisten. Der Diensteid hat eine Verpflichtung auf das Grundgesetz zu enthalten.

(2) In den Fällen, in denen Beamtinnen und Beamte erklären, dass sie aus Glaubens- oder Gewissensgründen den Eid nicht leisten wollen, kann für diese an Stelle des Eides ein Gelöbnis zugelassen werden.

(3) In den Fällen, in denen nach § 7 Abs. 3 eine Ausnahme von § 7 Absatz 1 Satz 1 Nummer 1 zugelassen worden ist, kann an Stelle des Eides ein Gelöbnis vorgeschrieben werden.

§ 39 Verbot der Führung der Dienstgeschäfte

Beamtinnen und Beamten kann aus zwingenden dienstlichen Gründen die Führung der Dienstgeschäfte verboten werden. Das Verbot erlischt, wenn nicht bis zum Ablauf von drei Monaten gegen die Beamtin oder den Beamten ein Disziplinarverfahren oder ein sonstiges auf Rücknahme der Ernennung oder auf Beendigung des Beamtenverhältnisses gerichtetes Verfahren eingeleitet worden ist.

§ 40 Nebentätigkeit

Eine Nebentätigkeit ist grundsätzlich anzeigepflichtig. Sie ist unter Erlaubnis- oder Verbotsvorbehalt zu stellen, soweit sie geeignet ist, dienstliche Interessen zu beeinträchtigen.

§ 41 Tätigkeit nach Beendigung des Beamtenverhältnisses

(1) Ruhestandsbeamtinnen und Ruhestandsbeamte sowie frühere Beamtinnen mit Versorgungsbezügen und frühere Beamte mit Versorgungsbezügen haben die Ausübung einer Erwerbstätigkeit oder sonstigen Beschäftigung außerhalb des öffentlichen Dienstes, die mit der dienstlichen Tätigkeit innerhalb eines Zeitraums, dessen Bestimmung dem Landesrecht vorbehalten bleibt, im Zusammenhang steht und durch die dienstliche Interessen beeinträchtigt werden können, anzuzeigen. Die Erwerbstätigkeit oder sonstige Beschäftigung ist zu untersagen, wenn zu besorgen ist, dass durch sie dienstliche Interessen beeinträchtigt werden. Das Verbot endet spätestens mit Ablauf von sieben Jahren nach Beendigung des Beamtenverhältnisses.

(2) Durch Landesrecht können für bestimmte Gruppen der in Absatz 1 Satz 1 genannten Beamtinnen und Beamten abweichende Voraussetzungen für eine Anzeige oder Regelungen für eine Genehmigung von Tätigkeiten nach Beendigung des Beamtenverhältnisses bestimmt werden.

§ 42 Verbot der Annahme von Belohnungen, Geschenken und sonstigen Vorteilen

(1) Beamtinnen und Beamte dürfen, auch nach Beendigung des Beamtenverhältnisses, keine Belohnungen, Geschenke oder sonstigen Vorteile für sich oder eine dritte Person in

Bezug auf ihr Amt fordern, sich versprechen lassen oder annehmen. Ausnahmen bedürfen der Zustimmung ihres gegenwärtigen oder letzten Dienstherrn.

(2) Wer gegen das in Absatz 1 genannte Verbot verstößt, hat das aufgrund des pflichtwidrigen Verhaltens Erlangte auf Verlangen dem Dienstherrn herauszugeben, soweit nicht die Einziehung von Taterträgen angeordnet worden oder es auf andere Weise auf den Staat übergegangen ist.

§ 43 Teilzeitbeschäftigung

Teilzeitbeschäftigung ist zu ermöglichen.

§ 44 Erholungsurlaub

Beamtinnen und Beamten steht jährlicher Erholungsurlaub unter Fortgewährung der Bezüge zu.

§ 45 Fürsorge

Der Dienstherr hat im Rahmen des Dienst- und Treueverhältnisses für das Wohl der Beamtinnen und Beamten und ihrer Familien, auch für die Zeit nach Beendigung des Beamtenverhältnisses, zu sorgen. Er schützt die Beamtinnen und Beamten bei ihrer amtlichen Tätigkeit und in ihrer Stellung.

§ 46 Mutterschutz und Elternzeit

Effektiver Mutterschutz und Elternzeit sind zu gewährleisten.

§ 47 Nichterfüllung von Pflichten

(1) Beamtinnen und Beamte begehen ein Dienstvergehen, wenn sie schuldhaft die ihnen obliegenden Pflichten verletzen. Ein Verhalten außerhalb des Dienstes ist nur dann ein Dienstvergehen, wenn es nach den Umständen des Einzelfalls in besonderem Maße geeignet ist, das Vertrauen in einer für ihr Amt bedeutsamen Weise zu beeinträchtigen.

(2) Bei Ruhestandsbeamtinnen und Ruhestandsbeamten oder früheren Beamtinnen mit Versorgungsbezügen und früheren Beamten mit Versorgungsbezügen gilt als Dienstvergehen, wenn sie sich gegen die freiheitliche demokratische Grundordnung im Sinne des Grundgesetzes betätigen oder an Bestrebungen teilnehmen, die darauf abzielen, den Bestand oder die Sicherheit der Bundesrepublik Deutschland zu beeinträchtigen, oder wenn sie schuldhaft gegen die in den §§ 37, 41 und 42 bestimmten Pflichten verstoßen. Bei sonstigen früheren Beamtinnen und früheren Beamten gilt es als Dienstvergehen, wenn sie schuldhaft gegen die in den §§ 37, 41 und 42 bestimmten Pflichten verstoßen. Für Beamtinnen und Beamte nach den Sätzen 1 und 2 können durch Landesrecht weitere Handlungen festgelegt werden, die als Dienstvergehen gelten.

(3) Das Nähere über die Verfolgung von Dienstvergehen regeln die Disziplinargesetze.

§ 48 Pflicht zum Schadensersatz

Beamtinnen und Beamte, die vorsätzlich oder grob fahrlässig die ihnen obliegenden Pflichten verletzen, haben dem Dienstherrn, dessen Aufgaben sie wahrgenommen haben, den daraus entstehenden Schaden zu ersetzen. Haben mehrere Beamtinnen oder Beamte gemeinsam den Schaden verursacht, haften sie als Gesamtschuldner.

§ 49 Übermittlungen bei Strafverfahren

(1) Das Gericht, die Strafverfolgungs- oder die Strafvollstreckungsbehörde hat in Strafverfahren gegen Beamtinnen und Beamte zur Sicherstellung der erforderlichen dienstrechtlichen Maßnahmen im Fall der Erhebung der öffentlichen Klage

1. die Anklageschrift oder eine an ihre Stelle tretende Antragsschrift,
2. den Antrag auf Erlass eines Strafbefehls und
3. die einen Rechtszug abschließende Entscheidung mit Begründung

zu übermitteln. Ist gegen die Entscheidung ein Rechtsmittel eingelegt worden, ist die Entscheidung unter Hinweis auf das eingelegte Rechtsmittel zu übermitteln. Der Erlass und der Vollzug eines Haftbefehls oder eines Unterbringungsbefehls sind mitzuteilen.

(2) In Verfahren wegen fahrlässig begangener Straftaten werden die in Absatz 1 Satz 1 bestimmten Übermittlungen nur vorgenommen, wenn

1. es sich um schwere Verstöße handelt, namentlich Vergehen der Trunkenheit im Straßenverkehr oder der fahrlässigen Tötung, oder
2. in sonstigen Fällen die Kenntnis der Daten aufgrund der Umstände des Einzelfalls erforderlich ist, um zu prüfen, ob dienstrechtliche Maßnahmen zu ergreifen sind.

(3) Entscheidungen über Verfahrenseinstellungen, die nicht bereits nach Absatz 1 oder 2 zu übermitteln sind, sollen übermittelt werden, wenn die in Absatz 2 Nr. 2 genannten Voraussetzungen erfüllt sind. Dabei ist zu berücksichtigen, wie gesichert die zu übermittelnden Erkenntnisse sind.

(4) Sonstige Tatsachen, die in einem Strafverfahren bekannt werden, dürfen mitgeteilt werden, wenn ihre Kenntnis aufgrund besonderer Umstände des Einzelfalls für dienstrechtliche Maßnahmen gegen eine Beamtin oder einen Beamten erforderlich ist und soweit nicht für die übermittelnde Stelle erkennbar ist, dass schutzwürdige Interessen der Beamtin oder des Beamten an dem Ausschluss der Übermittlung überwiegen. Erforderlich ist die Kenntnis der Daten auch dann, wenn diese Anlass zur Prüfung bieten, ob dienstrechtliche Maßnahmen zu ergreifen sind. Absatz 3 Satz 2 ist entsprechend anzuwenden.

(5) Nach den Absätzen 1 bis 4 übermittelte Daten dürfen auch für die Wahrnehmung der Aufgaben nach dem Sicherheitsüberprüfungsgesetz oder einem entsprechenden Landesgesetz verwendet werden.

(6) Übermittlungen nach den Absätzen 1 bis 3 sind auch zulässig, soweit sie Daten betreffen, die dem Steuergeheimnis (§ 30 der Abgabenordnung) unterliegen. Übermittlungen nach Absatz 4 sind unter den Voraussetzungen des § 30 Abs. 4 Nr. 5 der Abgabenordnung zulässig.

§ 50 Personalakte

Für jede Beamtin und jeden Beamten ist eine Personalakte zu führen. Zur Personalakte gehören alle Unterlagen, die die Beamtin oder den Beamten betreffen, soweit sie mit dem Dienstverhältnis in einem unmittelbaren inneren Zusammenhang stehen (Personalaktendaten). Die Personalakte ist vertraulich zu behandeln. Personalaktendaten dürfen ohne Einwilligung der Beamtin oder des Beamten nur für Zwecke der Personalverwaltung oder Personalwirtschaft verarbeitet werden. Für Ausnahmefälle kann landesrechtlich eine von Satz 4 abweichende Verarbeitung vorgesehen werden.

§ 51 Personalvertretung

Die Bildung von Personalvertretungen zum Zweck der vertrauensvollen Zusammenarbeit zwischen der Behördenleitung und dem Personal ist unter Einbeziehung der Beamtinnen und Beamten zu gewährleisten.

§ 52 Mitgliedschaft in Gewerkschaften und Berufsverbänden

Beamtinnen und Beamte haben das Recht, sich in Gewerkschaften oder Berufsverbänden zusammenzuschließen. Sie dürfen wegen Betätigung für ihre Gewerkschaft oder ihren Berufsverband nicht dienstlich gemaßregelt oder benachteiligt werden.

§ 53 Beteiligung der Spitzenorganisationen

Bei der Vorbereitung gesetzlicher Regelungen der beamtenrechtlichen Verhältnisse durch die obersten Landesbehörden sind die Spitzenorganisationen der zuständigen Gewerkschaften und Berufsverbände zu beteiligen. Das Beteiligungsverfahren kann auch durch Vereinbarung ausgestaltet werden.

Abschnitt 7
Rechtsweg

§ 54 Verwaltungsrechtsweg

(1) Für alle Klagen der Beamtinnen, Beamten, Ruhestandsbeamtinnen, Ruhestandsbeamten, früheren Beamtinnen, früheren Beamten und der Hinterbliebenen aus dem Beamtenverhältnis sowie für Klagen des Dienstherrn ist der Verwaltungsrechtsweg gegeben.

(2) Vor allen Klagen ist ein Vorverfahren nach den Vorschriften des 8. Abschnitts der Verwaltungsgerichtsordnung durchzuführen. Dies gilt auch dann, wenn die Maßnahme von der

obersten Dienstbehörde getroffen worden ist. Ein Vorverfahren ist nicht erforderlich, wenn ein Landesgesetz dieses ausdrücklich bestimmt.

(3) Den Widerspruchsbescheid erlässt die oberste Dienstbehörde. Sie kann die Entscheidung für Fälle, in denen sie die Maßnahme nicht selbst getroffen hat, durch allgemeine Anordnung auf andere Behörden übertragen. Die Anordnung ist zu veröffentlichen.

(4) Widerspruch und Anfechtungsklage gegen Abordnung oder Versetzung haben keine aufschiebende Wirkung.

Abschnitt 8
Spannungs- und Verteidigungsfall

§ 55 Anwendungsbereich

Beschränkungen, Anordnungen und Verpflichtungen nach den §§ 56 bis 59 sind nur nach Maßgabe des Artikels 80a des Grundgesetzes zulässig. Sie sind auf Personen im Sinne des § 5 Abs. 1 des Arbeitssicherstellungsgesetzes nicht anzuwenden.

§ 56 Dienstleistung im Verteidigungsfall

(1) Beamtinnen und Beamte können für Zwecke der Verteidigung auch ohne ihre Zustimmung zu einem anderen Dienstherrn abgeordnet oder zur Dienstleistung bei über- oder zwischenstaatlichen zivilen Dienststellen verpflichtet werden.

(2) Beamtinnen und Beamten können für Zwecke der Verteidigung auch Aufgaben übertragen werden, die nicht ihrem Amt oder ihrer Laufbahnbefähigung entsprechen, sofern ihnen die Übernahme nach ihrer Vor- und Ausbildung und im Hinblick auf die Ausnahmesituation zumutbar ist. Aufgaben einer Laufbahn mit geringeren Zugangsvoraussetzungen dürfen ihnen nur übertragen werden, wenn dies aus dienstlichen Gründen unabweisbar ist.

(3) Beamtinnen und Beamte haben bei der Erfüllung der ihnen für Zwecke der Verteidigung übertragenen Aufgaben Gefahren und Erschwernisse auf sich zu nehmen, soweit diese ihnen nach den Umständen und den persönlichen Verhältnissen zugemutet werden können.

(4) Beamtinnen und Beamte sind bei einer Verlegung der Behörde oder Dienststelle auch in das Ausland zur Dienstleistung am neuen Dienstort verpflichtet.

§ 57 Aufschub der Entlassung und des Ruhestands

Die Entlassung der Beamtinnen und Beamten auf ihren Antrag kann für Zwecke der Verteidigung hinausgeschoben werden, wenn dies im öffentlichen Interesse erforderlich ist und der Personalbedarf der öffentlichen Verwaltung im Bereich ihres Dienstherrn auf freiwilliger Grundlage nicht gedeckt werden kann. Satz 1 gilt entsprechend für den Ablauf der Amtszeit bei Beamtenverhältnissen auf Zeit. Der Eintritt der Beamtinnen und Beamten in den Ruhestand nach Erreichen der Altersgrenze und die vorzeitige Versetzung in den Ruhestand auf Antrag ohne Nachweis der Dienstunfähigkeit können unter den Voraussetzungen des Satzes 1 bis zum Ende des Monats hinausgeschoben werden, in dem die für Bundesbeamtinnen und Bundesbeamte geltende Regelaltersgrenze erreicht wird.

§ 58 Erneute Berufung von Ruhestandsbeamtinnen und Ruhestandsbeamten

Ruhestandsbeamtinnen und Ruhestandsbeamte, die die für Bundesbeamtinnen und Bundesbeamte geltende Regelaltersgrenze noch nicht erreicht haben, können für Zwecke der Verteidigung erneut in ein Beamtenverhältnis berufen werden, wenn dies im öffentlichen Interesse erforderlich ist und der Personalbedarf der öffentlichen Verwaltung im Bereich ihres bisherigen Dienstherrn auf freiwilliger Grundlage nicht gedeckt werden kann. Das Beamtenverhältnis endet, wenn es nicht vorher beendet wird, mit dem Ende des Monats, in dem die für Bundesbeamtinnen und Bundesbeamte geltende Regelaltersgrenze erreicht wird.

§ 59 Verpflichtung zur Gemeinschaftsunterkunft und Mehrarbeit

(1) Wenn dienstliche Gründe es erfordern, können Beamtinnen und Beamte für Zwecke der Verteidigung verpflichtet werden, vorübergehend in einer Gemeinschaftsunter-

kunft zu wohnen und an einer Gemeinschaftsverpflegung teilzunehmen.

(2) Beamtinnen und Beamte sind verpflichtet, für Zwecke der Verteidigung über die regelmäßige Arbeitszeit hinaus ohne besondere Vergütung Dienst zu tun. Für die Mehrbeanspruchung wird ein Freizeitausgleich nur gewährt, soweit es die dienstlichen Erfordernisse gestatten.

Abschnitt 9 Sonderregelungen für Verwendungen im Ausland

§ 60 Verwendungen im Ausland

(1) Beamtinnen und Beamte, die zur Wahrnehmung des ihnen übertragenen Amtes im Ausland oder außerhalb des Deutschen Hoheitsgebiets auf Schiffen oder in Luftfahrzeugen verwendet werden und dabei wegen vom Inland wesentlich abweichender Verhältnisse erhöhten Gefahren ausgesetzt sind, können aus dienstlichen Gründen verpflichtet werden,

1. vorübergehend in einer Gemeinschaftsunterkunft zu wohnen und an einer Gemeinschaftsverpflegung teilzunehmen,
2. Schutzkleidung zu tragen,
3. Dienstkleidung zu tragen und
4. über die regelmäßige Arbeitszeit hinaus ohne besondere Vergütung Dienst zu tun.

In den Fällen des Satzes 1 Nr. 4 wird für die Mehrbeanspruchung ein Freizeitausgleich nur gewährt, soweit es die dienstlichen Erfordernisse gestatten.

(2) Sind nach Absatz 1 verwendete Beamtinnen und Beamte zum Zeitpunkt des vorgesehenen Eintritts in den Ruhestand nach den §§ 25 und 26 oder des vorgesehenen Ablaufs ihrer Amtszeit wegen Verschleppung, Gefangenschaft oder aus sonstigen mit dem Dienst zusammenhängenden Gründen, die sie nicht zu vertreten haben, dem Einflussbereich des Dienstherrn entzogen, verlängert sich das Dienstverhältnis bis zum Ablauf des auf die Beendigung dieses Zustands folgenden Monats.

Abschnitt 10 Sonderregelungen für wissenschaftliches Hochschulpersonal

§ 61 Hochschullehrerinnen und Hochschullehrer

Abweichend von den §§ 14 und 15 können Hochschullehrerinnen und Hochschullehrer nur mit ihrer Zustimmung in den Bereich eines Dienstherrn eines anderen Landes oder des Bundes abgeordnet oder versetzt werden. Abordnung oder Versetzung im Sinne von Satz 1 sind auch ohne Zustimmung der Hochschullehrerinnen oder Hochschullehrer zulässig, wenn die Hochschule oder die Hochschuleinrichtung, an der sie tätig sind, aufgelöst oder mit einer anderen Hochschule zusammengeschlossen wird oder wenn die Studien- oder Fachrichtung, in der sie tätig sind, ganz oder teilweise aufgehoben oder an eine andere Hochschule verlegt wird. In diesen Fällen beschränkt sich eine Mitwirkung der aufnehmenden Hochschule oder Hochschuleinrichtung bei der Einstellung auf eine Anhörung. Die Vorschriften über den einstweiligen Ruhestand sind auf Hochschullehrerinnen und Hochschullehrer nicht anzuwenden.

Abschnitt 11 Schlussvorschriften

§ 62 Folgeänderungen

(hier nicht aufgenommen)

§ 63 Inkrafttreten, Außerkrafttreten

(1) Die §§ 25 und 50 treten am Tag nach der Verkündung in Kraft. Gleichzeitig treten die §§ 25 und 26 Abs. 3 sowie die §§ 56 bis 56f des Beamtenrechtsrahmengesetzes in der Fassung der Bekanntmachung vom 31. März 1999 (BGBl. I S. 654), das zuletzt durch Artikel 2 Abs. 1 des Gesetzes vom 5. Dezember 2006 (BGBl. I S. 2748), geändert worden ist, außer Kraft.

(2) § 62 Abs. 13 und 14 tritt für Bundesbeamtinnen und Bundesbeamte am 12. Februar 2009 in Kraft.

(3) Im Übrigen tritt das Gesetz am 1. April 2009 in Kraft. Gleichzeitig tritt das Beamtenrechtsrahmengesetz mit Ausnahme von Kapitel II und § 135 außer Kraft.

(4) Die Länder können für die Zeit bis zum Inkrafttreten des § 11 Landesregelungen im Sinne dieser Vorschrift in Kraft setzen. In den Ländern, die davon Gebrauch machen, ist § 8 des Beamtenrechtsrahmengesetzes nicht anzuwenden.

I

Bayerisches Beamtengesetz (BayBG)

Vom 29. Juli 2008 (GVBl. S. 500)

Zuletzt geändert durch
Viertes Modernisierungsgesetz Bayern
vom 26. März 2026 (GVBl. S. 75)

Inhaltsübersicht

I

Der Landtag des Freistaates Bayern hat das folgende Gesetz beschlossen, das hiermit bekannt gemacht wird:

Artikel 1 Geltungsbereich

(1) Dieses Gesetz gilt, soweit es nichts anderes bestimmt, für die Beamten und Beamtinnen des Staates, der Gemeinden, der Gemeindeverbände und der sonstigen unter der Aufsicht des Staates stehenden Körperschaften, Anstalten und Stiftungen des öffentlichen Rechts.

(2) Es gilt nicht für die Beamten und Beamtinnen der öffentlich-rechtlichen Religionsgesellschaften und ihrer Verbände.

Teil 1 Allgemeine Bestimmungen

Abschnitt 1 Begriffsbestimmungen und Zuständigkeiten

Artikel 2 Oberste Dienstbehörde

$_1$Oberste Dienstbehörde ist die oberste Behörde des Dienstherrn in dem Dienstbereich, in dem der Beamte oder die Beamtin ein Amt bekleidet. $_2$Als oberste Dienstbehörde von Ruhestandsbeamten, Ruhestandsbeamtinnen, sonstigen Versorgungsberechtigten oder früheren Beamten und Beamtinnen gilt die Behörde, die zuletzt oberste Dienstbehörde der Beamten und Beamtinnen war.

Artikel 3 Dienstvorgesetzte, Vorgesetzte

$_1$Dienstvorgesetzte sind diejenigen, die für beamtenrechtliche Entscheidungen über die persönlichen Angelegenheiten der ihnen nachgeordneten Beamten und Beamtinnen zuständig sind. $_2$Vorgesetzte sind diejenigen, die Beamten und Beamtinnen für ihre dienstliche Tätigkeit Anordnungen erteilen können.

Artikel 4 Angehörige

Angehörige im Sinn dieses Gesetzes sind die in Art. 20 Abs. 5 des Bayerischen Verwaltungsverfahrensgesetzes (BayVwVfG) aufgeführten Personen.

Artikel 5 Leistungen

(1) Leistungen des Dienstherrn sind Besoldung, Versorgung und sonstige Leistungen.

(2) Sonstige Leistungen sind Kostenerstattungen und Fürsorgeleistungen, soweit sie nicht zur Besoldung oder Versorgung gehören.

(3) $_1$Dienstbezüge im Sinn dieses Gesetzes sowie der auf dieses Gesetz gestützten Verordnung sind die Grundbezüge im Sinn des Art. 2 Abs. 1 und Abs. 2 Nr. 1 bis 5 des Bayerischen Besoldungsgesetzes (BayBesG). $_2$Amtszulagen im Sinn des Art. 34 Abs. 1 BayBesG gelten als Bestandteil des Grundgehalts im Sinn dieses Gesetzes.

Artikel 6 Zuständigkeiten nach dem Beamtenstatusgesetz

(1) Ausnahmen von dem Erfordernis einer bestimmten Staatsangehörigkeit nach § 7 Abs. 3 des Beamtenstatusgesetzes (BeamtStG) lässt bei Beamten und Beamtinnen des Staates die oberste Dienstbehörde, im Übrigen die oberste Aufsichtsbehörde zu.

(2) Für Abordnungen und Versetzungen nach §§ 14 und 15 BeamtStG gelten Art. 49 Abs. 2 und 3 entsprechend.

(3) $_1$Die Genehmigung gemäß § 37 Abs. 3 BeamtStG, vor Gericht oder außergerichtlich auszusagen oder Erklärungen abzugeben, erteilt der oder die Dienstvorgesetzte oder, wenn das Beamtenverhältnis beendet ist, der oder die letzte Dienstvorgesetzte. $_2$Hat sich der Vorgang, den die Äußerung betrifft, bei einem früheren Dienstherrn ereignet, so darf die Genehmigung nur mit dessen Zustimmung erteilt werden. $_3$Über die Versagung der Aussagegenehmigung nach § 37 Abs. 4 und 5 BeamtStG entscheidet die oberste Dienstbehörde; für die Beamten und Beamtinnen der Gemeinden, der Gemeindeverbände und der sonstigen unter der Aufsicht des Staates stehenden Körperschaften, Anstalten und Stiftungen des öffentlichen Rechts tritt an die Stelle der obersten Dienstbehörde die oberste Aufsichtsbehörde oder die von ihr durch Rechtsverordnung bestimmte Behörde. $_4$Für Beamte und Beamtinnen der Polizei und des Landesamtes für Verfassungsschutz kann das Staatsministerium des Innern, für Sport und Integration die Ausübung der Befugnis nach Satz 3 durch Rechtsverordnung auf unmittelbar nachge-

ordnete Behörden übertragen. $_{5}$Zuständig für die Entscheidung über die Herausgabe von Unterlagen nach § 37 Abs. 6 BeamtStG ist der oder die Dienstvorgesetzte oder der oder die letzte Dienstvorgesetzte.

(4) $_{1}$Die oberste Dienstbehörde oder die von ihr bestimmte Behörde kann Beamten und Beamtinnen aus zwingenden dienstlichen Gründen die Führung der Dienstgeschäfte nach § 39 BeamtStG verbieten. $_{2}$Der Beamte oder die Beamtin soll vor Erlass des Verbots gehört werden.

(5) $_{1}$Ausnahmen von dem Verbot der Annahme von Belohnungen, Geschenken und sonstigen Vorteilen nach § 42 Abs. 1 Satz 2 BeamtStG bedürfen der Zustimmung der obersten oder der letzten obersten Dienstbehörde. $_{2}$Die Befugnis zur Zustimmung kann auf andere Behörden übertragen werden.

(6) Übermittlungen bei Strafverfahren nach § 49 BeamtStG sind an die jeweils zuständigen Dienstvorgesetzten oder ihre Vertreter im Amt zu richten und als „Vertrauliche Personalsache" zu kennzeichnen.

Abschnitt 2
Beschwerdeweg und Rechtsschutz

Artikel 7 Antrags- und Beschwerderecht

(1) $_{1}$Beamte und Beamtinnen können Anträge stellen und Beschwerden vorbringen; hierbei ist der Dienstweg einzuhalten. $_{2}$Der Beschwerdeweg bis zur obersten Dienstbehörde steht offen.

(2) Richten sich Beschwerden gegen unmittelbare Vorgesetzte (Art. 3 Satz 2), so können sie bei den nächsthöheren Vorgesetzten unmittelbar eingereicht werden.

Artikel 8 Aufschiebende Wirkung

Widerspruch und Anfechtungsklage gegen Abordnung oder Versetzung haben keine aufschiebende Wirkung.

Artikel 9 Vertretung des Dienstherrn

(1) Soweit durch Gesetz, Rechtsverordnung oder Satzung nichts anderes bestimmt ist, wird der Dienstherr bei Klagen aus dem Beamtenverhältnis durch die oberste Dienstbehörde vertreten, welcher der Beamte oder die Beamtin untersteht oder bei Beendigung des Beamtenverhältnisses unterstanden hat.

(2) Besteht die oberste Dienstbehörde nicht mehr und ist eine andere Dienstbehörde nicht bestimmt, so tritt an ihre Stelle bei Beamten und Beamtinnen des Staates das Staatsministerium der Finanzen und für Heimat, im Übrigen die frühere oberste Aufsichtsbehörde.

(3) Die Staatsregierung kann für den staatlichen Bereich durch Rechtsverordnung die den obersten Dienstbehörden zustehende Vertretungsbefugnis anderen Behörden übertragen.

Artikel 10 Zustellung von Entscheidungen

$_{1}$Verfügungen und Entscheidungen, die den Beamten und Beamtinnen oder den Versorgungsberechtigten nach den Vorschriften dieses Gesetzes bekanntzugeben sind, sind zuzustellen, wenn durch sie eine Frist in Lauf gesetzt wird oder Rechte der Beamten und Beamtinnen oder Versorgungsberechtigten berührt werden. $_{2}$Soweit gesetzlich nichts anderes bestimmt ist, richtet sich die Zustellung nach den Vorschriften des Bayerischen Verwaltungszustellungs- und Vollstreckungsgesetzes.

Abschnitt 3
Leistungserfüllung

Artikel 11 Abtretung, Verpfändung, Aufrechnung

(1) Ist bundesgesetzlich nichts anderes bestimmt, können Ansprüche auf sonstige Leistungen (Art. 5 Abs. 2) nur insoweit abgetreten oder verpfändet werden, als sie der Pfändung unterliegen.

(2) Der Dienstherr kann ein Aufrechnungs- oder Zurückbehaltungsrecht gegenüber Ansprüchen auf sonstige Leistungen (Art. 5 Abs. 2) nur insoweit geltend machen, als sie pfändbar sind; diese Einschränkung gilt nicht, soweit gegen den Empfänger oder die Empfängerin ein Anspruch auf Schadensersatz wegen vorsätzlicher unerlaubter Handlung besteht.

Artikel 12 Verjährung

1Ansprüche aus dem Beamtenverhältnis verjähren in drei Jahren. 2Im Übrigen sind die §§ 194 bis 218 des Bürgerlichen Gesetzbuches entsprechend anzuwenden, soweit in diesem Gesetz nichts anderes bestimmt ist. 3Abweichende besoldungs-, versorgungs-, und beihilferechtliche Vorschriften zur Verjährung bleiben unberührt.

Artikel 13 Rückforderung

Für die Rückforderung von sonstigen Leistungen (Art. 5 Abs. 2) gilt Art. 15 BayBesG entsprechend.

Artikel 14 Übergang von Ansprüchen

1Werden Beamte, Beamtinnen oder Versorgungsberechtigte oder ihre Angehörigen körperlich verletzt oder getötet, so geht ein gesetzlicher Schadensersatzanspruch, der diesen Personen infolge der Körperverletzung oder der Tötung gegen Dritte zusteht, insoweit auf den Dienstherrn über, als dieser während einer auf der Körperverletzung beruhenden Aufhebung der Dienstfähigkeit oder infolge der Körperverletzung oder der Tötung zur Gewährung von Leistungen verpflichtet ist. 2Ist eine Versorgungskasse zur Gewährung der Versorgung verpflichtet, so geht der Anspruch auf sie über. 3Der Übergang des Anspruchs kann nicht zum Nachteil von Verletzten oder Hinterbliebenen geltend gemacht werden. 4Steht Beihilfeberechtigten gegen einen Leistungserbringer oder eine Leistungserbringerin ein Anspruch auf Rückerstattung oder Schadensersatz auf Grund einer unrichtigen Abrechnung zu, kann der Dienstherr des oder der Beihilfeberechtigten durch schriftliche Anzeige gegenüber dem Leistungserbringer, der Leistungserbringerin oder dessen beziehungsweise deren Abrechnungsstelle bewirken, dass der Anspruch insoweit auf den Dienstherrn übergeht, als dieser auf Antrag des oder der Beihilfeberechtigten zu hohe Beihilfeleistungen an den Beihilfeberechtigten oder die Beihilfeberechtigte erbracht hat. 5Für den Freistaat Bayern regelt die Zuständigkeit für die Überleitung nach Satz 4 das Staatsministerium der Finanzen und für Heimat durch Rechtsverordnung.

Abschnitt 4
Verfahren bei Erlass allgemeiner beamtenrechtlicher Regelungen

Artikel 15 Zuständigkeit zum Erlass von Verwaltungsvorschriften

Soweit dieses Gesetz nichts anderes bestimmt, erlässt die zu seiner Durchführung erforderlichen Verwaltungsvorschriften das Staatsministerium der Finanzen und für Heimat im Benehmen mit den jeweils beteiligten Staatsministerien; Verwaltungsvorschriften, die nur den Geschäftsbereich eines Staatsministeriums betreffen, erlässt dieses Staatsministerium.

Artikel 16 Beteiligung der Spitzenorganisationen

(1) Bei der Vorbereitung allgemeiner Regelungen der beamtenrechtlichen Verhältnisse durch die obersten Landesbehörden wirken die Spitzenorganisationen der zuständigen Gewerkschaften und Berufsverbände nach Maßgabe der folgenden Absätze in einer laufenden, umfassenden und vertrauensvollen Zusammenarbeit mit.

(2) 1Die Spitzenorganisationen der zuständigen Gewerkschaften und Berufsverbände und das Staatsministerium der Finanzen und für Heimat kommen regelmäßig, mindestens jedoch zweimal im Jahr, zu Gesprächen über allgemeine Regelungen beamtenrechtlicher Verhältnisse zusammen. 2Darüber hinaus können beide Seiten aus besonderem Anlass innerhalb einer Frist von einem Monat ein Gespräch verlangen.

(3) 1Die Entwürfe allgemeiner beamtenrechtlicher Regelungen werden den Spitzenorganisationen mit einer angemessenen Frist zur Stellungnahme zugeleitet. 2Die Stellungnahmen sollen mit dem Ziel der Einigung erörtert werden. 3Die Spitzenorganisationen können in den Erörterungen verlangen, dass ihre Vorschläge, die in Gesetzentwürfen keine Berücksichtigung finden, mit Begründung und einer Stellungnahme der Staatsregierung dem Landtag mitgeteilt werden.

Artikel 17 Beteiligung der kommunalen Spitzenverbände

Bei der Vorbereitung gesetzlicher Regelungen der beamtenrechtlichen Verhältnisse durch die

I

obersten Landesbehörden sind die kommunalen Spitzenverbände zu beteiligen, wenn die Rechtsverhältnisse der Beamten und Beamtinnen im kommunalen Bereich berührt werden.

Teil 2 Beamtenverhältnis

Abschnitt 1 Ernennungen

Artikel 18 Ernennungszuständigkeit und Wirksamwerden von Ernennungen

(1) 1Die Staatsregierung ernennt die Beamten und Beamtinnen der Staatskanzlei und der Staatsministerien von der Besoldungsgruppe A 16 an und die in der Besoldungsordnung B aufgeführten Vorstände der den Staatsministerien unmittelbar nachgeordneten Behörden. 2Abweichend von Satz 1 ist in den Fällen der Art. 49 Abs. 2, Art. 56 Abs. 1 und 2 und Art. 71 Abs. 1 das jeweils zuständige Mitglied der Staatsregierung Ernennungsbehörde; dieses kann die Ausübung dieser Befugnisse innerhalb der obersten Dienstbehörde übertragen. 3Das Staatsministerium der Finanzen und für Heimat ist zu unterrichten. 4Die übrigen Beamten und Beamtinnen des Staates werden durch die jeweils zuständigen Mitglieder der Staatsregierung ernannt; diese können die Ausübung dieser Befugnisse innerhalb der obersten Dienstbehörde oder durch Rechtsverordnung auf andere Behörden übertragen.

(2) Die Beamten und Beamtinnen der Gemeinden, der Gemeindeverbände und der sonstigen unter der Aufsicht des Staates stehenden Körperschaften, Anstalten und Stiftungen des öffentlichen Rechts werden von den nach Gesetz, Rechtsverordnung oder Satzung hierfür zuständigen Stellen ernannt.

(3) Die Ernennung wird mit dem Tag der Aushändigung der Ernennungsurkunde wirksam, wenn nicht in der Urkunde ausdrücklich ein späterer Tag bestimmt ist.

Artikel 19 Feststellung der Eignung

(1) 1Die gesundheitliche Eignung für die Berufung in ein Beamtenverhältnis ist auf der Grundlage einer ärztlichen oder amtsärztlichen Untersuchung oder einer Selbstauskunft des Bewerbers oder der Bewerberin festzustellen. 2Im Falle einer ärztlichen oder amtsärztlichen Untersuchung gilt Art. 67 Abs. 1 und 2 entsprechend, wobei die übermittelten Daten nur zum Zwecke der Prüfung der gesundheitlichen Eignung verwendet werden dürfen. 3Im Falle einer Selbstauskunft ist eine Übermittlung personenbezogener Daten an einen Amtsarzt oder eine Amtsärztin oder einen Arzt oder eine Ärztin zulässig.

(2) 1Zur Feststellung der Verfassungstreue eines Bewerbers oder einer Bewerberin können die Ernennungsbehörden vor Einstellungen in bestimmte, durch Verordnung der Staatsregierung näher bezeichnete Fachlaufbahnen und fachliche Schwerpunkte das Landesamt für Verfassungsschutz um Auskunft ersuchen, ob und gegebenenfalls welche Erkenntnisse vorliegen, die Zweifel daran begründen können, dass der Bewerber oder die Bewerberin Gewähr dafür bietet, jederzeit für die freiheitliche demokratische Grundordnung im Sinne des Grundgesetzes einzutreten. 2Hierzu übermittelt die Ernennungsbehörde dem Landesamt für Verfassungsschutz Namen, Vornamen, Geburtsnamen, Geburtsdatum, Geburtsort, Geschlecht und Staatsangehörigkeit des Bewerbers oder der Bewerberin. 3Die vom Landesamt für Verfassungsschutz übermittelten Daten werden so zu den Bewerbungs- oder Einstellungsunterlagen genommen, dass sie mittels verschlossenen Umschlags oder durch technische und organisatorische Maßnahmen vor dem Zugriff Unbefugter geschützt sind. 4Die Sätze 1 bis 3 gelten entsprechend für die erstmalige Berufung in ein Richterverhältnis sowie vor der erstmaligen Übertragung eines Amtes in durch die Verordnung nach Satz 1 näher bezeichneten Fachlaufbahnen und fachlichen Schwerpunkten.

Artikel 20 Stellenausschreibungen

(1) 1Bewerber und Bewerberinnen sind durch Stellenausschreibung zu ermitteln, wenn es im besonderen dienstlichen Interesse liegt. 2Ein besonderes dienstliches Interesse liegt insbesondere dann vor, wenn für die Besetzung freier Stellen geeignete Regelbewerber und Regelbewerberinnen (Art. 4 Abs. 1 des Gesetzes über die Leistungslaufbahn und die Fach-

laufbahnen der bayerischen Beamten und Beamtinnen – Leistungslaufbahngesetz – LlbG) beim Dienstherrn nicht zur Verfügung stehen.

(2) $_{1}$Die Stellenausschreibung muss für die Bewerbung eine Frist von mindestens zwei Wochen vorsehen. $_{2}$Auf gesetzliche Vorschriften, nach denen bestimmte Personengruppen bevorzugt einzustellen sind, soll besonders hingewiesen werden.

Artikel 21 Verfahren und Rechtsfolgen bei nichtiger oder rücknehmbarer Ernennung

(1) $_{1}$Ist eine Ernennung nichtig, hat der oder die Dienstvorgesetzte dem oder der Ernannten die weitere Führung der Dienstgeschäfte zu verbieten. $_{2}$Das Verbot ist erst dann auszusprechen, wenn die sachlich zuständigen Stellen es abgelehnt haben, die Ernennung zu bestätigen oder eine Ausnahme nachträglich zuzulassen (§ 11 Abs. 2 BeamtStG).

(2) $_{1}$Die Rücknahme einer Ernennung (§ 12 BeamtStG) wird von der obersten Dienstbehörde erklärt; die Erklärung ist dem Beamten, der Beamtin oder seinen oder ihren versorgungsberechtigten Hinterbliebenen zuzustellen. $_{2}$Die Ernennung kann in den Fällen des § 12 Abs. 1 Nr. 1 bis 3 BeamtStG nur innerhalb einer Frist von sechs Monaten, in den Fällen des § 12 Abs. 1 Nr. 4 BeamtStG nur innerhalb einer Frist von einem Jahr zurückgenommen werden, nachdem die oberste Dienstbehörde, bei den Gemeinden, den Gemeindeverbänden und den sonstigen unter der Aufsicht des Staates stehenden Körperschaften, Anstalten und Stiftungen des öffentlichen Rechts die in beamtenrechtlichen Angelegenheiten zur Vertretung nach außen berechtigte Stelle von der Ernennung und dem Rücknahmegrund Kenntnis erlangt hat.

(3) Ist eine Ernennung nichtig oder ist sie zurückgenommen worden, so sind die bis zu dem Verbot nach Abs. 1 oder bis zu der Rücknahme nach Abs. 2 vorgenommenen Amtshandlungen des oder der Ernannten in gleicher Weise gültig, wie wenn sie ein Beamter oder eine Beamtin ausgeführt hätte.

(4) Die Leistungen des Dienstherrn können belassen werden.

Abschnitt 2
Begründung des Beamtenverhältnisses

Artikel 22 (weggefallen)

Artikel 23 Altersgrenze für die Berufung

(1) $_{1}$In das Beamtenverhältnis darf nicht berufen werden, wer bereits das 45. Lebensjahr vollendet hat. $_{2}$Ausnahmen kann die oberste Dienstbehörde zulassen; bei Beamten und Beamtinnen des Staates ist das Einvernehmen des Staatsministeriums der Finanzen und für Heimat, im Übrigen die Zustimmung des Landespersonalausschusses erforderlich.

(2) Abs. 1 gilt nicht für Beamte und Beamtinnen auf Zeit.

Artikel 24 Erlöschen des privatrechtlichen Arbeitsverhältnisses zum Dienstherrn

Mit der Begründung des Beamtenverhältnisses erlischt ein privatrechtliches Arbeitsverhältnis zum Dienstherrn.

Artikel 25 Berufung in ein Beamtenverhältnis auf Lebenszeit

$_{1}$Ein Beamtenverhältnis auf Probe ist spätestens nach fünf Jahren in ein solches auf Lebenszeit umzuwandeln, wenn der Beamte oder die Beamtin die beamtenrechtlichen Voraussetzungen hierfür erfüllt. $_{2}$Zeiten einer Beurlaubung ohne Dienstbezüge gelten nicht als Probezeit.

Abschnitt 3
(weggefallen)

Artikel 26 bis 44 (weggefallen)

Abschnitt 4
Führungspositionen auf Zeit und auf Probe

Artikel 45 Ämter mit leitender Funktion im Beamtenverhältnis auf Zeit

(1) $_{1}$Die Ämter

1. der Amtschefs und Amtschefinnen,
2. der Leiter und Leiterinnen von Behörden, soweit sie mindestens in der Besoldungsgruppe B 5 eingestuft sind, und

3. der Leiter und Leiterinnen von Organisationseinheiten von Behörden, soweit sie mindestens in der Besoldungsgruppe B 7 eingestuft sind,

werden zunächst im Beamtenverhältnis auf Zeit übertragen. $_{2}$Die Dauer der Amtsperiode beträgt fünf Jahre. $_{3}$Zeiten, in denen dem Beamten oder der Beamtin die leitende oder eine vergleichbare Funktion bereits übertragen worden ist, werden bei der Festlegung der Dauer der Amtsperiode angerechnet. $_{4}$Zeiten in einer vergleichbar oder höher bewerteten Funktion, welche der Beamte oder die Beamtin unmittelbar vor der Übertragung eines Amtes in leitender Funktion wahrgenommen hat, werden auf die Dauer der Amtsperiode angerechnet. $_{5}$Beamte und Beamtinnen können vor der Übertragung im Beamtenverhältnis auf Zeit auf die Anrechnung verzichten. $_{6}$Mit Ablauf der Amtsperiode ist dem Beamten oder der Beamtin das Amt mit leitender Funktion auf Lebenszeit zu übertragen, wenn der Beamte oder die Beamtin im Rahmen der bisherigen Amtsführung den Anforderungen des Amtes in vollem Umfang gerecht geworden ist. $_{7}$Eine weitere Übertragung des Amtes auf Zeit ist nicht zulässig.

(2) Abweichend von Abs. 1 wird das Amt sogleich im Beamtenverhältnis auf Lebenszeit übertragen, wenn der Beamte oder die Beamtin

1. bereits ein Amt mit mindestens demselben Endgrundgehalt im Beamten- oder Richterverhältnis auf Lebenszeit innehat oder innehatte oder
2. innerhalb von fünf Jahren nach der Übertragung des Amtes die gesetzliche Altersgrenze erreicht.

(3) Abs. 1 gilt nicht für die Ämter der Mitglieder des Obersten Rechnungshofs sowie für die Ämter, die auf Grund anderer gesetzlicher Vorschriften im Beamtenverhältnis auf Zeit übertragen werden.

(4) Die Gemeinden, Gemeindeverbände und sonstigen unter der Aufsicht des Staates stehenden Körperschaften, Anstalten und Stiftungen des öffentlichen Rechts können für ihre Beamten und Beamtinnen durch Satzung oder Beschluss des obersten Entscheidungsgremiums weitere Ämter der Besoldungsordnung B festlegen, die zunächst im Beamtenverhältnis auf Zeit vergeben werden.

(5) $_{1}$In ein Amt mit leitender Funktion nach den Abs. 1 und 4 darf nur berufen werden, wer sich in einem Beamten- oder Richterverhältnis auf Lebenszeit befindet und in dieses Amt auch als Beamter oder Beamtin auf Lebenszeit berufen werden könnte. $_{2}$Die Staatsregierung oder das Präsidium des Landtags können im Rahmen ihrer Ernennungskompetenz Ausnahmen von Satz 1 zulassen; die Zuständigkeit des Landespersonalausschusses ist dabei zu wahren. $_{3}$Richter und Richterinnen dürfen in ein Amt nach Abs. 1 nur berufen werden, wenn sie zugleich zustimmen, bei Wiederaufleben des Richterverhältnisses auf Lebenszeit auch in einem anderen Richteramt desselben Gerichtszweigs mit mindestens demselben Endgrundgehalt verwendet zu werden.

(6) $_{1}$Vom Tag der Ernennung an ruhen für die Dauer des Zeitbeamtenverhältnisses die Rechte und Pflichten aus dem Amt, das dem Beamten oder der Beamtin zuletzt im Beamten- oder Richterverhältnis auf Lebenszeit übertragen worden ist; das Beamtenverhältnis auf Lebenszeit oder das Richterverhältnis auf Lebenszeit besteht fort. $_{2}$Dienstvergehen, die mit Bezug auf das Beamten- oder Richterverhältnis auf Lebenszeit oder das Beamtenverhältnis auf Zeit begangen worden sind, werden so verfolgt, als stünde der Beamte oder die Beamtin nur im Beamten- oder Richterverhältnis auf Lebenszeit.

(7) Wird der Beamte oder die Beamtin in ein anderes Amt mit leitender Funktion nach Abs. 1 Satz 1 versetzt oder umgesetzt, das in derselben oder einer niedrigeren Besoldungsgruppe eingestuft ist wie das ihm oder ihr zuletzt übertragene Amt mit leitender Funktion, so läuft die Amtszeit weiter.

(8) Vor der Übertragung eines anderen, einer höheren Besoldungsgruppe angehörenden Amtes mit leitender Funktion aus einem Beamtenverhältnis auf Zeit heraus ist dem Beamten oder der Beamtin das bisher auf Zeit übertragene Amt auf Lebenszeit zu übertragen.

(9) Der Beamte oder die Beamtin ist außer in den in diesem Gesetz oder im Beamtenstatusgesetz bestimmten Fällen

1. mit Ablauf der Amtszeit,
2. mit der Versetzung zu einem anderen Dienstherrn,
3. mit Verhängung einer Disziplinarmaßnahme, die über Verweis oder Geldbuße hinausgeht,
4. mit Beendigung des Beamten- oder Richterverhältnisses auf Lebenszeit

aus dem Beamtenverhältnis auf Zeit entlassen.

(10) 1Mit der Entlassung aus dem Beamtenverhältnis auf Zeit endet der Anspruch auf Besoldung aus diesem Amt. 2Weitergehende besoldungsrechtliche Ansprüche bestehen nicht. 3Der Beamte oder die Beamtin darf während der Amtszeit nur die Amtsbezeichnung des übertragenen Amtes mit leitender Funktion führen; Art. 76 Abs. 4 Satz 2 findet keine entsprechende Anwendung.

(11) (weggefallen)

(12) Dienstunfähige Beamte und Beamtinnen sind aus dem Beamtenverhältnis auf Zeit in den Ruhestand zu versetzen, wenn sie

1. eine Amtsperiode von mindestens zwei Jahren zurückgelegt haben und die Voraussetzungen des Art. 11 Abs. 1 des Bayerischen Beamtenversorgungsgesetzes (BayBeamtVG) erfüllen oder
2. infolge eines Dienstunfalls dienstunfähig geworden sind.

(13) Art. 17 Abs. 1 Satz 3 Nr. 2 LlbG findet keine Anwendung.

Artikel 46 (weggefallen)

Abschnitt 5
Abordnung und Versetzung innerhalb des Geltungsbereichs dieses Gesetzes

Artikel 47 Abordnung

(1) Beamte und Beamtinnen können, wenn ein dienstliches Bedürfnis besteht, vorübergehend ganz oder teilweise zu einer ihrem Amt entsprechenden Tätigkeit an eine andere Dienststelle abgeordnet werden.

(2) 1Aus dienstlichen Gründen können Beamte und Beamtinnen vorübergehend ganz oder teilweise auch zu einer nicht ihrem Amt entsprechenden Tätigkeit abgeordnet werden, wenn ihnen die Wahrnehmung der neuen Tätigkeit auf Grund ihrer Vorbildung oder Berufsausbildung zuzumuten ist. 2Dabei ist auch die Abordnung zu einer Tätigkeit, die nicht einem Amt mit demselben Endgrundgehalt entspricht, zulässig. 3Die Abordnung nach den Sätzen 1 und 2 bedarf der Zustimmung des Beamten oder der Beamtin, wenn sie die Dauer von zwei Jahren übersteigt.

(3) Die Abordnung zu einem anderen Dienstherrn bedarf der Zustimmung des Beamten oder der Beamtin, wenn die neue Tätigkeit nicht einem Amt mit mindestens demselben Endgrundgehalt entspricht oder die Abordnung die Dauer von fünf Jahren übersteigt.

(4) Werden Beamte oder Beamtinnen zu einem anderen Dienstherrn abgeordnet, so sind auf sie für die Dauer der Abordnung die für den Bereich dieses Dienstherrn geltenden Vorschriften über die Pflichten und Rechte mit Ausnahme der Regelungen über Diensteid, Amtsbezeichnung, Besoldung und Versorgung entsprechend anzuwenden.

(5) Zur Zahlung der dem Beamten oder der Beamtin zustehenden Leistungen ist auch der Dienstherr verpflichtet, zu dem der Beamte oder die Beamtin abgeordnet ist.

Artikel 48 Versetzung

(1) 1Beamte und Beamtinnen können in ein anderes Amt einer Fachlaufbahn, für die sie die Qualifikation besitzen, versetzt werden, wenn sie es beantragen oder ein dienstliches Bedürfnis besteht. 2Eine Versetzung bedarf nicht ihrer Zustimmung, wenn das neue Amt zum Bereich desselben Dienstherrn gehört, derselben Fachlaufbahn und, soweit gebildet, demselben fachlichen Schwerpunkt angehört wie das bisherige Amt und mit mindestens demselben Endgrundgehalt verbunden ist; Stellenzulagen gelten hierbei nicht als Bestandteile des Grundgehalts.

(2) 1Aus dienstlichen Gründen können Beamte und Beamtinnen ohne ihre Zustimmung in ein Amt mit demselben Endgrundgehalt auch einer anderen Fachlaufbahn, auch im Bereich eines anderen Dienstherrn, versetzt werden; Stellenzulagen gelten hierbei nicht als Bestandteile des Grundgehalts. 2Bei der Auflösung oder einer wesentlichen Änderung des Aufbaus oder

der Aufgaben einer Behörde oder der Verschmelzung von Behörden können Beamte und Beamtinnen, deren Aufgabengebiet davon berührt ist, auch ohne ihre Zustimmung in ein anderes Amt derselben Fachlaufbahn mit geringerem Endgrundgehalt im Bereich desselben Dienstherrn versetzt werden, wenn eine ihrem bisherigen Amt entsprechende Verwendung nicht möglich ist; das Endgrundgehalt muss mindestens dem des Amtes entsprechen, das die Beamten oder Beamtinnen vor dem bisherigen Amt innehatten.

(3) Besitzen Beamte und Beamtinnen nicht die Qualifikation für die andere Fachlaufbahn, haben sie an geeigneten Maßnahmen für den Erwerb der neuen Qualifikation teilzunehmen.

(4) Werden Beamte und Beamtinnen in ein Amt eines anderen Dienstherrn versetzt, wird das Beamtenverhältnis mit dem neuen Dienstherrn fortgesetzt.

Artikel 49 Zuständigkeit für Abordnung und Versetzung

(1) 1Die Abordnung oder Versetzung ordnet die abgebende Stelle an, bei Abordnung oder Versetzung zu einer anderen obersten Dienstbehörde oder einem anderen Dienstherrn im Einvernehmen mit der aufnehmenden Stelle. 2Das Einvernehmen ist in Textform zu erklären. 3In der Verfügung ist auszudrücken, dass das Einvernehmen vorliegt.

(2) Abgebende oder aufnehmende Stelle ist die für die Ernennung zuständige Behörde.

(3) Die oberste Dienstbehörde kann die Befugnis zur Abordnung oder Versetzung auf Behörden übertragen, die nicht für die Ernennung zuständig sind.

Abschnitt 6
Rechtsstellung der Beamten, Beamtinnen, Versorgungsempfänger und Versorgungsempfängerinnen bei Auflösung oder Umbildung von Behörden oder Körperschaften

Artikel 50 Auflösung oder Umbildung von Behörden

Wird eine Behörde oder eine Organisationseinheit einer Behörde einer anderen Behörde angeschlossen oder gehen deren Aufgaben auf eine andere Behörde über, so werden im Zeitpunkt des Wirksamwerdens der Organisationsänderung die davon betroffenen Beamten und Beamtinnen, sofern sie nicht nach Art. 48 Abs. 2 Satz 2 versetzt oder nach Art. 68 in den einstweiligen Ruhestand versetzt werden, bei der aufnehmenden Behörde in ihrem bisherigen Amt übernommen; laufbahnrechtliche Bestimmungen bleiben unberührt.

Artikel 51 Auflösung oder Umbildung einer Körperschaft

(1) Beamte und Beamtinnen einer juristischen Person des öffentlichen Rechts mit Dienstherrnfähigkeit (Körperschaft), die vollständig in eine andere Körperschaft eingegliedert wird, treten mit der Umbildung kraft Gesetzes in den Dienst der aufnehmenden Körperschaft über.

(2) 1Die Beamten und Beamtinnen einer Körperschaft, die vollständig in mehrere andere Körperschaften eingegliedert wird, sind anteilig in den Dienst der aufnehmenden Körperschaften zu übernehmen. 2Die beteiligten Körperschaften haben innerhalb einer Frist von sechs Monaten nach dem Zeitpunkt, in dem die Umbildung vollzogen ist, im Einvernehmen miteinander zu bestimmen, von welchen Körperschaften die einzelnen Beamten und Beamtinnen zu übernehmen sind. 3Solange ein Beamter oder eine Beamtin nicht übernommen ist, haften alle aufnehmenden Körperschaften für die ihm oder ihr zustehenden Bezüge als Gesamtschuldner.

(3) 1Die Beamten und Beamtinnen einer Körperschaft, die teilweise in eine andere Körperschaft oder mehrere andere Körperschaften eingegliedert wird, sind zu einem verhältnismäßigen Teil, bei mehreren Körperschaften anteilig, in den Dienst der aufnehmenden Körperschaften zu übernehmen. 2Abs. 2 Satz 2 ist entsprechend anzuwenden.

(4) Abs. 1 bis 3 gelten entsprechend, wenn eine Körperschaft mit einer anderen Körperschaft oder mehreren anderen Körperschaften zu einer neuen Körperschaft zusammengeschlossen wird, wenn Teile von Körperschaften zu einem neuen Teil oder mehreren neuen Teilen einer Körperschaft zusammengeschlos-

sen werden, wenn aus einer Körperschaft oder aus Teilen einer Körperschaft eine neue Körperschaft gebildet wird oder mehrere neue Körperschaften gebildet werden, oder wenn Aufgaben einer Körperschaft vollständig oder teilweise auf eine andere Körperschaft oder mehrere andere Körperschaften übergehen.

Artikel 52 Rechtsfolgen der Umbildung

(1) Tritt ein Beamter oder eine Beamtin auf Grund des Art. 51 Abs. 1 kraft Gesetzes in den Dienst einer anderen Körperschaft über oder wird er oder sie auf Grund des Art. 51 Abs. 2 oder 3 von einer anderen Körperschaft übernommen, wird das Beamtenverhältnis mit dem neuen Dienstherrn fortgesetzt.

(2) Im Fall des Art. 51 Abs. 1 ist dem Beamten oder der Beamtin von der aufnehmenden oder neuen Körperschaft die Fortsetzung des Beamtenverhältnisses schriftlich zu bestätigen.

(3) $_1$In den Fällen des Art. 51 Abs. 2 und 3 wird die Übernahme von der Körperschaft verfügt, in deren Dienst der Beamte oder die Beamtin treten soll. $_2$Die Verfügung wird mit der Zustellung an den Beamten oder die Beamtin wirksam. $_3$Der Beamte oder die Beamtin ist verpflichtet, der Übernahmeverfügung Folge zu leisten. $_4$Wird diese Verpflichtung nicht erfüllt, so ist er oder sie zu entlassen.

(4) Die Abs. 1 bis 3 gelten entsprechend in den Fällen des Art. 51 Abs. 4.

Artikel 53 Rechtsstellung der Beamten und Beamtinnen

$_1$Nach Art. 51 in den Dienst einer anderen Körperschaft kraft Gesetzes übergetretenen oder von ihr übernommenen Beamten und Beamtinnen soll ein ihrem bisherigen Amt nach Bedeutung und Inhalt ohne Rücksicht auf Dienststellung und Dienstalter gleichzubewertendes Amt übertragen werden. $_2$Wenn eine dem bisherigen Amt entsprechende Verwendung nicht möglich ist, kann ihnen auch ein anderes Amt mit geringerem Endgrundgehalt übertragen werden. $_3$Das Endgrundgehalt muss mindestens dem des Amtes entsprechen, das der Beamte oder die Beamtin vor dem bisherigen Amt innehatte. $_4$In diesen Fällen darf der Beamte oder die Beamtin neben der neuen Amtsbezeichnung die des früheren Amtes mit dem Zusatz „außer Dienst" („a. D.") führen.

Artikel 54 Rechtsstellung der Versorgungsempfänger und Versorgungsempfängerinnen

(1) Die Vorschriften des Art. 51 Abs. 1 und 2 und des Art. 52 gelten entsprechend für die im Zeitpunkt der Umbildung bei der abgebenden Körperschaft vorhandenen Versorgungsempfänger und Versorgungsempfängerinnen.

(2) In den Fällen des Art. 51 Abs. 3 bleiben die Ansprüche der im Zeitpunkt der Umbildung vorhandenen Versorgungsempfänger und Versorgungsempfängerinnen gegenüber der abgebenden Körperschaft bestehen.

(3) Abs. 1 und 2 gelten entsprechend in den Fällen des Art. 51 Abs. 4.

Teil 3
Beendigung des Beamtenverhältnisses

Abschnitt 1
Entlassung

Artikel 55 (weggefallen)

Artikel 56 Zuständigkeiten und Verfahren

(1) $_1$Die für die Ernennung zuständige Behörde entscheidet darüber, ob die Voraussetzungen für eine Entlassung kraft Gesetzes vorliegen; sie stellt den Tag der Beendigung des Beamtenverhältnisses fest. $_2$Im Fall des § 22 Abs. 1 Nr. 1 BeamtStG tritt an die Stelle der für die Ernennung zuständigen Behörde die oberste Dienstbehörde, für die Beamten und Beamtinnen der Gemeinden, der Gemeindeverbände und der sonstigen unter der Aufsicht des Staates stehenden Körperschaften, Anstalten und Stiftungen des öffentlichen Rechts die oberste Aufsichtsbehörde.

(2) Im Fall einer Entlassung durch Verwaltungsakt (Entlassungsverfügung) wird die Entlassung von der Stelle verfügt, die für die

Ernennung zuständig wäre, soweit gesetzlich nichts anderes bestimmt ist.

(3) Die Entlassungsverfügung ist unter Angabe des Grundes und des Zeitpunkts der Entlassung zuzustellen.

(4) $_1$Die Entlassung wird wirksam

1. im Fall des § 23 Abs. 1 Nr. 1 BeamtStG mit der Zustellung der Entlassungsverfügung,
2. in den Fällen des § 23 Abs. 1 Nr. 2 bis 4, Abs. 3 und Abs. 4 Satz 1 BeamtStG mit dem in der Entlassungsverfügung bezeichneten Zeitpunkt,
3. im Übrigen mit dem Ende des Monats, der auf den Monat folgt, in dem die Entlassungsverfügung zugestellt worden ist.

$_2$Die Entlassung von Beamten und Beamtinnen auf Zeit nach Art. 122 Abs. 3 Satz 2 wird mit Ablauf des letzten Tages der Amtszeit wirksam.

(5) $_1$Bei Entlassungen nach § 23 Abs. 1 Nr. 3, Abs. 3 Nr. 2 und 3 sowie Abs. 4 BeamtStG sind folgende Fristen einzuhalten:

bei einer Beschäftigungszeit

bis zu drei Monaten	zwei Wochen zum Monatsschluss,
von mehr als drei Monaten	sechs Wochen zum Schluss eines Kalendervierteljahres.

$_2$Als Beschäftigungszeit gilt die Zeit ununterbrochener Tätigkeit im Beamtenverhältnis.

Artikel 57 Entlassung auf eigenen Antrag

(1) $_1$Beamte und Beamtinnen können jederzeit gegenüber ihren Dienstvorgesetzten ihre Entlassung verlangen. $_2$Die Erklärung kann, solange die Entlassungsverfügung noch nicht zugegangen ist, innerhalb zweier Wochen nach Zugang bei dem oder der Dienstvorgesetzten schriftlich zurückgenommen werden, mit Zustimmung der Entlassungsbehörde auch nach Ablauf dieser Frist.

(2) $_1$Die Entlassung ist zum beantragten Zeitpunkt auszusprechen. $_2$Sie kann so lange hinausgeschoben werden, bis die Amtsgeschäfte des Beamten oder der Beamtin ordnungsgemäß erledigt sind, längstens jedoch drei Monate; bei Lehrkräften an öffentlichen Schulen kann sie bis zum Schluss des laufenden Schulhalbjahres hinausgeschoben werden.

Artikel 58 Rechtsfolgen der Entlassung

$_1$Nach der Entlassung haben frühere Beamte und Beamtinnen keinen Anspruch auf Leistungen des Dienstherrn, soweit gesetzlich nichts anderes bestimmt ist. $_2$Sie dürfen die Amtsbezeichnung und die im Zusammenhang mit dem Amt verliehenen Titel nur führen, wenn ihnen die Erlaubnis nach Art. 76 Abs. 5 erteilt ist.

Abschnitt 2
Verlust der Beamtenrechte

Artikel 59 Rechtsfolgen des Verlustes der Beamtenrechte

$_1$Endet das Beamtenverhältnis nach § 24 Abs. 1 BeamtStG, so entstehen keine Ansprüche auf Leistungen des Dienstherrn, soweit gesetzlich nichts anderes bestimmt ist. $_2$Beamte und Beamtinnen dürfen die Amtsbezeichnung und die im Zusammenhang mit dem Amt verliehenen Titel nicht führen.

Artikel 60 Wiederaufnahmeverfahren

(1) $_1$Im Fall des § 24 Abs. 2 BeamtStG entsteht ein Anspruch auf Übertragung eines Amtes derselben Fachlaufbahn und mit mindestens demselben Endgrundgehalt wie das bisherige Amt, sofern die Altersgrenze noch nicht erreicht ist und noch Dienstfähigkeit besteht. $_2$Bis zur Übertragung des neuen Amtes stehen die Leistungen des Dienstherrn zu, die aus dem bisherigen Amt zugestanden hätten.

(2) Wird auf Grund des im Wiederaufnahmeverfahren festgestellten Sachverhalts ein Disziplinarverfahren mit dem Ziel der Entfernung aus dem Beamtenverhältnis eingeleitet, so gehen die nach Abs. 1 zustehenden Ansprüche unter, wenn auf Entfernung aus dem Beamtenverhältnis erkannt wird; bis zum rechtskräftigen Abschluss des Disziplinarverfahrens können die Ansprüche nicht geltend gemacht werden.

(3) Rechtfertigt der im Wiederaufnahmeverfahren festgestellte Sachverhalt die Einleitung eines Disziplinarverfahrens mit dem Ziel der Entfernung aus dem Beamtenverhältnis nicht, wird aber auf Grund eines rechtskräftigen Strafurteils, das nach der früheren Entscheidung ergangen ist, ein Disziplinarver-

fahren mit dem Ziel der Entfernung aus dem Beamtenverhältnis eingeleitet, so gilt Abs. 2 entsprechend; es werden jedoch in diesem Fall die Leistungen des Dienstherrn nachgezahlt, die dem Beamten oder der Beamtin bis zur Rechtskraft des Strafurteils aus dem bisherigen Amt zugestanden hätten.

(4) Abs. 2 und 3 gelten entsprechend in Fällen der Entlassung von Beamten und Beamtinnen auf Probe oder auf Widerruf wegen eines Verhaltens der in § 23 Abs. 3 Satz 1 Nr. 1 BeamtStG bezeichneten Art.

(5) Auf die nach den Abs. 1 und 3 zustehenden Leistungen des Dienstherrn wird ein anderes Arbeitseinkommen oder ein Unterhaltsbeitrag angerechnet; Beamte und Beamtinnen sind zur Auskunft über dieses Einkommen verpflichtet.

Artikel 61 Gnadenerweis

(1) Dem Ministerpräsidenten steht hinsichtlich des Verlustes der Beamtenrechte das Gnadenrecht zu.

(2) Wird im Gnadenweg der Verlust der Beamtenrechte in vollem Umfang beseitigt, so gilt von diesem Zeitpunkt ab Art. 60 entsprechend.

(3) Auf Unterhaltsbeiträge, die im Gnadenweg bewilligt werden, finden Art. 74 Abs. 3 und 4 des Bayerischen Disziplinargesetzes (BayDG) entsprechende Anwendung, soweit die Gnadenentscheidung nichts anderes bestimmt.

Abschnitt 3 Ruhestand

Unterabschnitt 1 Ruhestandseintritt

Artikel 62 Altersgrenze für den gesetzlichen Ruhestandseintritt

$_1$Altersgrenze für den gesetzlichen Ruhestandseintritt ist das Ende des Monats, in dem Beamte und Beamtinnen das 67. Lebensjahr vollenden. $_2$Abweichend von Satz 1 ist Altersgrenze für Lehrkräfte an öffentlichen Schulen das Ende des Schulhalbjahres, in dem sie das 67. Lebensjahr vollenden; das Ende des jeweiligen Schulhalbjahres wird durch die Schulordnungen festgelegt. $_3$Für einzelne Beamtengruppen kann gesetzlich eine andere Altersgrenze bestimmt werden, wenn die Eigenart der Amtsaufgaben es erfordert.

Artikel 63 Hinausschieben des Ruhestandseintritts

(1) $_1$Wenn zwingende dienstliche Rücksichten im Einzelfall die Fortführung der Dienstgeschäfte durch einen bestimmten Beamten oder eine bestimmte Beamtin erfordern, kann der Eintritt in den Ruhestand über die gesetzlich festgesetzte Altersgrenze für eine bestimmte Frist, die jeweils ein Jahr nicht übersteigen darf, hinausgeschoben werden, höchstens jedoch um insgesamt drei Jahre. $_2$Die Entscheidung trifft bei den Beamten und Beamtinnen der Staatskanzlei und der Staatsministerien von der Besoldungsgruppe A 16 an, den in der Besoldungsordnung B aufgeführten Vorständen der den Staatsministerien unmittelbar nachgeordneten Behörden sowie den Generalstaatsanwälten und Generalstaatsanwältinnen die Staatsregierung, bei den übrigen Beamten und Beamtinnen die oberste Dienstbehörde.

(2) $_1$Wenn die Fortführung der Dienstgeschäfte im dienstlichen Interesse liegt, kann der Eintritt in den Ruhestand auf Antrag über die gesetzlich festgesetzte Altersgrenze für eine bestimmte Frist, die jeweils ein Jahr nicht übersteigen darf, hinausgeschoben werden, höchstens jedoch um drei Jahre oder bei sonst gesetzlich festgesetzten Altersgrenzen höchstens bis zur Vollendung des 65. Lebensjahres; der Antrag soll spätestens sechs Monate vor Erreichen der gesetzlich festgelegten Altersgrenze gestellt werden. $_2$Die Entscheidung trifft die Behörde, die für die Ruhestandsversetzung zuständig ist.

Unterabschnitt 2 Ruhestandsversetzung

Artikel 64 Ruhestandsversetzung auf Antrag

Ein Beamter oder eine Beamtin auf Lebenszeit kann auf Antrag in den Ruhestand versetzt werden, wenn er oder sie

1. das 64. Lebensjahr vollendet hat oder
2. schwerbehindert im Sinn des § 2 Abs. 2 des Neunten Buches Sozialgesetzbuch (SGB IX)

ist und mindestens das 60. Lebensjahr vollendet hat.

Artikel 65 Verfahren bei Ruhestandsversetzungen wegen Dienstunfähigkeit

(1) Als dienstunfähig nach § 26 Abs. 1 Satz 1 BeamtStG können Beamte und Beamtinnen auch dann angesehen werden, wenn sie infolge einer Erkrankung innerhalb von sechs Monaten mehr als drei Monate keinen Dienst geleistet haben und keine Aussicht besteht, dass sie innerhalb von weiteren sechs Monaten wieder voll dienstfähig werden.

(2) $_1$Bestehen Zweifel über die Dienstunfähigkeit, so ist der Beamte oder die Beamtin verpflichtet, sich nach Weisung des oder der Dienstvorgesetzten ärztlich untersuchen und, falls ein Amtsarzt oder eine Amtsärztin dies für erforderlich hält, beobachten zu lassen. $_2$Auf Verlangen des Amtsarztes oder der Amtsärztin hat sich der Beamte oder die Beamtin zudem einer fachärztlichen Zusatzbegutachtung zu unterziehen. $_3$Wer sich trotz wiederholter schriftlicher Aufforderung ohne hinreichenden Grund der Verpflichtung, sich nach Weisung des oder der Dienstvorgesetzten untersuchen oder beobachten zu lassen entzieht, kann so behandelt werden, wie wenn die Dienstunfähigkeit amtsärztlich festgestellt worden wäre.

(3) $_1$Wird in den Fällen des § 26 Abs. 1 BeamtStG ein Antrag auf Versetzung in den Ruhestand gestellt, so wird die Dienstunfähigkeit dadurch festgestellt, dass der unmittelbare Dienstvorgesetzte oder die unmittelbare Dienstvorgesetzte auf Grund eines amtsärztlichen Gutachtens über den Gesundheitszustand erklärt, er oder sie halte den Beamten oder die Beamtin nach pflichtgemäßem Ermessen für dauernd unfähig, die Dienstpflichten zu erfüllen. $_2$Die über die Versetzung in den Ruhestand entscheidende Behörde ist an die Erklärung des oder der unmittelbaren Dienstvorgesetzten nicht gebunden; sie kann andere Beweise erheben.

(4) Wird nach der Versetzung in den Ruhestand wegen Dienstunfähigkeit die Dienstfähigkeit wiederhergestellt und beantragt der Ruhestandsbeamte oder die Ruhestandsbeamtin vor Ablauf von fünf Jahren seit der Versetzung in den Ruhestand eine erneute Berufung in das Beamtenverhältnis, ist diesem Antrag zu entsprechen, falls nicht zwingende dienstliche Gründe entgegenstehen.

Artikel 66 Zwangspensionierungsverfahren

(1) Hält der oder die Dienstvorgesetzte den Beamten oder die Beamtin für dienstunfähig und beantragt dieser oder diese die Versetzung in den Ruhestand nicht, so teilt der oder die Dienstvorgesetzte dem Beamten, der Beamtin, dessen oder deren Vertreter oder Vertreterin schriftlich mit, dass die Versetzung in den Ruhestand beabsichtigt sei; dabei sind die Gründe für die Versetzung in den Ruhestand anzugeben.

(2) $_1$Gegen die beabsichtigte Versetzung in den Ruhestand können innerhalb eines Monats Einwendungen erhoben werden. $_2$Danach entscheidet die für die Versetzung in den Ruhestand zuständige Behörde. $_3$Mit dem Ende des Monats, in dem die Entscheidung über die Versetzung in den Ruhestand zugestellt wird, ist bis zu deren Unanfechtbarkeit die das Ruhegehalt zuzüglich des Unterschiedsbetrags nach Art. 69 Abs. 2 Satz 1 BayBeamtVG übersteigende Besoldung mit Ausnahme der vermögenswirksamen Leistungen einzubehalten. $_4$Wird die Versetzung in den Ruhestand unanfechtbar aufgehoben, sind die einbehaltenen Dienstbezüge nachzuzahlen.

Artikel 67 Mitteilung aus Untersuchungsbefunden

(1) Wird in den Fällen des Art. 65 eine amtsärztliche Untersuchung durchgeführt, teilt der Amtsarzt oder die Amtsärztin im Einzelfall auf Anforderung der Behörde die tragenden Feststellungen und Gründe des Gutachtens und die in Frage kommenden Maßnahmen zur Wiederherstellung der Dienstfähigkeit mit, soweit deren Kenntnis für die Behörde unter Beachtung des Grundsatzes der Verhältnismäßigkeit für die von ihr zu treffende Entscheidung erforderlich ist.

(2) $_{1}$Die amtsärztliche Mitteilung über die Untersuchungsbefunde nach Abs. 1 ist in einem gesonderten, verschlossenen und versiegelten Umschlag zu übersenden. $_{2}$Die an die Behörde übermittelten Daten dürfen nur für die nach § 26 BeamtStG zu treffende Entscheidung verarbeitet oder genutzt werden. $_{3}$Die Mitteilung ist verschlossen zur Personalakte zu nehmen.

(3) $_{1}$Die Behörde hat vor der Untersuchung auf den Zweck der Untersuchung und auf die amtsärztliche Befugnis zur Übermittlung der Untersuchungsbefunde nach Abs. 1 an die Behörde hinzuweisen. $_{2}$Der Amtsarzt oder die Amtsärztin übermittelt dem Beamten oder der Beamtin oder, soweit dem ärztliche Gründe entgegenstehen, dem Vertreter oder der Vertreterin eine Ablichtung der auf Grund dieser Vorschrift an die Behörde erteilten Auskünfte.

Unterabschnitt 3
Einstweiliger Ruhestand

Artikel 68 Auflösung oder Umbildung von Behörden

$_{1}$Bei der Auflösung einer Behörde oder bei einer auf Landesgesetz oder -verordnung beruhenden wesentlichen Änderung des Aufbaus oder Verschmelzung einer Behörde mit einer anderen Behörde kann ein Beamter oder eine Beamtin, dessen oder deren Aufgabengebiet von der Auflösung oder Umbildung berührt wird, in den einstweiligen Ruhestand versetzt werden, wenn eine Versetzung nach Art. 48 nicht möglich ist. $_{2}$Die Versetzung in den einstweiligen Ruhestand ist nur dann zulässig, wenn aus Anlass der Auflösung oder Umbildung Planstellen eingespart werden. $_{3}$Freie Planstellen im Bereich desselben Dienstherrn sollen den in den einstweiligen Ruhestand versetzten Beamten und Beamtinnen vorbehalten werden, die für diese Stellen geeignet sind.

Artikel 69 Auflösung oder Umbildung von Körperschaften

(1) $_{1}$Bei der Auflösung oder Umbildung einer Körperschaft (Art. 51) kann die aufnehmende oder neue Körperschaft, wenn die Zahl der bei ihr nach der Umbildung vorhandenen Beamten oder Beamtinnen den tatsächlichen Bedarf übersteigt, innerhalb einer Frist von sechs Monaten Beamte oder Beamtinnen auf Lebenszeit oder auf Zeit, deren Aufgabengebiet von der Umbildung berührt wurde, in den einstweiligen Ruhestand versetzen. $_{2}$Die Frist des Satzes 1 beginnt im Fall des Art. 51 Abs. 1 mit dem Übertritt, in den Fällen des Art. 51 Abs. 2 und 3 mit der Bestimmung derjenigen Beamten oder Beamtinnen, zu deren Übernahme die Körperschaft verpflichtet ist; Entsprechendes gilt in den Fällen des Art. 51 Abs. 4. $_{3}$Art. 68 Satz 3 gilt entsprechend. $_{4}$Bei Beamten oder Beamtinnen auf Zeit, die nach Satz 1 in den einstweiligen Ruhestand versetzt sind, endet der einstweilige Ruhestand mit Ablauf der Amtszeit; sie gelten in diesem Zeitpunkt als dauernd in den Ruhestand versetzt, wenn sie bei Verbleiben im Amt mit Ablauf der Amtszeit in den Ruhestand getreten wären.

(2) In den Fällen einer landesübergreifenden Körperschaftsumbildung nach § 18 Abs. 2 Satz 1 BeamtStG beträgt die Frist sechs Monate; Abs. 1 Satz 2 gilt in diesen Fällen entsprechend.

Artikel 70 Beginn des einstweiligen Ruhestands

$_{1}$Der einstweilige Ruhestand beginnt, wenn nicht im Einzelfall ausdrücklich ein späterer Zeitpunkt festgesetzt wird, mit dem Zeitpunkt, in dem die Verfügung über die Versetzung in den einstweiligen Ruhestand zugestellt wird, spätestens jedoch mit dem Ende der drei Monate, die auf den Monat der Zustellung folgen. $_{2}$Die Verfügung kann bis zum Beginn des einstweiligen Ruhestands zurückgenommen werden.

Unterabschnitt 4
Gemeinsame Vorschriften

Artikel 71 Zuständigkeit für Ruhestandsversetzung, Beginn des Ruhestands

(1) $_{1}$Die Versetzung in den Ruhestand sowie die Entscheidung über das Vorliegen be-

grenzter Dienstfähigkeit im Sinn des § 27 Abs. 1 BeamtStG wird, soweit gesetzlich nichts anderes bestimmt ist, von der Behörde verfügt, die für die Ernennung zuständig wäre. $_{2}$Die Verfügung ist zuzustellen; sie kann bis zum Beginn des Ruhestands zurückgenommen werden.

(2) Die Ruhestandsversetzung nach § 28 Abs. 2 BeamtStG bedarf der Zustimmung der obersten Dienstbehörde sowie bei Beamten und Beamtinnen des Staates der des Staatsministeriums der Finanzen und für Heimat.

(3) Der Ruhestand beginnt, abgesehen von den Fällen des § 30 Abs. 4 BeamtStG sowie der Art. 62, 64, 70 und 123 Abs. 2 Satz 3 Halbsatz 2 und Abs. 3 mit dem Ende des Monats, in dem die Verfügung über die Versetzung in den Ruhestand zugestellt worden ist, sofern nicht auf Antrag oder mit schriftlicher Zustimmung des Beamten oder der Beamtin ein früherer Zeitpunkt festgesetzt wird.

Abschnitt 4
Dienstzeugnis

Artikel 72 Dienstzeugnis

$_{1}$Nach Beendigung des Beamtenverhältnisses wird auf Antrag von dem oder der letzten Dienstvorgesetzten ein Dienstzeugnis über Art und Dauer der bekleideten Ämter erteilt. $_{2}$Das Dienstzeugnis muss auf Verlangen auch über die ausgeübte Tätigkeit, die Führung und die Leistungen Auskunft geben.

Teil 4
Rechtliche Stellung der Beamten und Beamtinnen

Abschnitt 1
Allgemeines

Artikel 73 Eid und Gelöbnis

(1) Der Diensteid nach § 38 BeamtStG hat folgenden Wortlaut:

„Ich schwöre Treue dem Grundgesetz für die Bundesrepublik Deutschland und der Verfassung des Freistaates Bayern, Gehorsam den Gesetzen und gewissenhafte Erfüllung meiner Amtspflichten, so wahr mir Gott helfe."

(2) $_{1}$Der Eid kann auch ohne die Worte „so wahr mir Gott helfe" geleistet werden. $_{2}$Erklärt ein Beamter oder eine Beamtin, dass aus Glaubens- oder Gewissensgründen kein Eid geleistet werden könne, so sind an Stelle der Worte „ich schwöre" die Worte „ich gelobe" zu sprechen oder es ist das Gelöbnis mit einer dem Bekenntnis der Religionsgemeinschaft oder der Überzeugung der Weltanschauungsgemeinschaft des Beamten oder der Beamtin entsprechenden, gleichwertigen Beteuerungsformel einzuleiten.

(3) $_{1}$In den Fällen des § 38 Abs. 3 BeamtStG kann von einer Eidesleistung abgesehen werden. $_{2}$An die Stelle des Eides tritt dann ein Gelöbnis mit folgendem Wortlaut:

„Ich gelobe, meine Amtspflichten gewissenhaft zu erfüllen."

Artikel 74 Residenzpflicht

(1) Der Beamte oder die Beamtin hat eine Wohnung so zu nehmen, dass die ordnungsmäßige Wahrnehmung der Dienstgeschäfte nicht beeinträchtigt wird.

(2) Der oder die Dienstvorgesetzte kann den Beamten oder die Beamtin anweisen, die Wohnung innerhalb einer bestimmten Entfernung von der Dienststelle zu nehmen oder eine Dienstwohnung zu beziehen, wenn die dienstlichen Verhältnisse es erfordern.

(3) Wenn besondere dienstliche Verhältnisse es dringend erfordern, kann der Beamte oder die Beamtin angewiesen werden, sich während der dienstfreien Zeit erreichbar in Nähe des Dienstorts aufzuhalten.

Artikel 75 Bekleidung, äußeres Erscheinungsbild

(1) Beamte und Beamtinnen dürfen bei Ausübung des Dienstes ihr Gesicht nicht verhüllen, es sei denn, dienstliche Gründe erfordern dies.

(2) $_{1}$Soweit es das Amt erfordert, kann die oberste Dienstbehörde nähere Bestimmungen über das Tragen von Dienstkleidung und das während des Dienstes zu wahrende äußere Erscheinungsbild der Beamten und Beamtinnen treffen. $_{2}$Dazu zählen auch Haar- und

Barttracht sowie sonstige sichtbare und nicht sofort ablegbare Erscheinungsmerkmale.

Artikel 76 Amtsbezeichnung

(1) Eine Amtsbezeichnung, die herkömmlich für ein Amt verwendet wird, das eine bestimmte Befähigung voraussetzt und einen bestimmten Aufgabenkreis umfasst, darf nur Beamten und Beamtinnen verliehen werden, die ein solches Amt bekleiden.

(2) Die Staatsregierung setzt die Amtsbezeichnungen fest, soweit gesetzlich nichts anderes bestimmt ist oder sie die Ausübung dieses Rechts nicht anderen Stellen überträgt.

(3) 1Beamte und Beamtinnen führen im Dienst die Amtsbezeichnung des ihnen übertragenen Amtes; sie dürfen sie auch außerhalb des Dienstes führen. 2Nach dem Übertritt in ein anderes Amt darf die bisherige Amtsbezeichnung nicht mehr geführt werden; in den Fällen der Versetzung in ein Amt mit geringerem Endgrundgehalt gilt Abs. 4 Satz 2 und 3 entsprechend.

(4) 1Ruhestandsbeamte und Ruhestandsbeamtinnen dürfen die ihnen bei der Versetzung in den Ruhestand zustehende Amtsbezeichnung mit dem Zusatz „außer Dienst (a. D.)" und die im Zusammenhang mit dem Amt verliehenen Titel weiterführen. 2Wird ihnen ein neues Amt übertragen, so erhalten sie die Amtsbezeichnung des neuen Amtes; gehört dieses Amt nicht einer Besoldungsgruppe mit mindestens demselben Endgrundgehalt an wie das bisherige Amt, so darf neben der neuen Amtsbezeichnung die des früheren Amtes mit dem Zusatz „außer Dienst (a. D.)" geführt werden. 3Ändert sich die Bezeichnung des früheren Amtes, so darf die geänderte Amtsbezeichnung geführt werden.

(5) 1Entlassenen Beamten und Beamtinnen kann die oberste Dienstbehörde die Erlaubnis erteilen, die Amtsbezeichnung mit dem Zusatz „außer Dienst (a. D.)" sowie die im Zusammenhang mit dem Amt verliehenen Titel zu führen. 2Die Erlaubnis kann zurückgenommen werden, wenn der frühere Beamte oder die frühere Beamtin sich ihrer als nicht würdig erweist.

Abschnitt 2
Folgen der Nichterfüllung von Pflichten

Artikel 77 Dienstvergehen von Ruhestandsbeamten und Ruhestandsbeamtinnen

Bei Ruhestandsbeamten und Ruhestandsbeamtinnen oder früheren Beamten und Beamtinnen mit Versorgungsbezügen gilt es über § 47 BeamtStG hinaus als Dienstvergehen, wenn sie

1. an Bestrebungen teilnehmen, die darauf abzielen, den Bestand oder die Sicherheit des Freistaates Bayern zu beeinträchtigen,
2. entgegen § 29 Abs. 2, § 30 Abs. 3 Satz 1 BeamtStG schuldhaft einer erneuten Berufung in das Beamtenverhältnis oder den Verpflichtungen nach § 29 Abs. 4 und 5 BeamtStG nicht nachkommen,
3. einer Untersagung nach § 41 Satz 2 BeamtStG zuwiderhandeln oder
4. im Zusammenhang mit dem Bezug von Leistungen des Dienstherrn falsche oder pflichtwidrig unvollständige Angaben machen.

Artikel 78 Verjährung der Schadensersatzpflicht und gesetzlicher Forderungsübergang

(1) 1Ansprüche nach § 48 BeamtStG verjähren in drei Jahren von dem Zeitpunkt an, in dem der Dienstherr von dem Schaden und der Person des oder der Ersatzpflichtigen Kenntnis erlangt hat, ohne Rücksicht auf diese Kenntnis in zehn Jahren von der Begehung der Handlung an. 2Hat der Dienstherr einem Dritten Schadensersatz geleistet, so tritt an die Stelle des Zeitpunkts, in dem der Dienstherr von dem Schaden Kenntnis erlangt, der Zeitpunkt, in dem der Ersatzanspruch des Dritten diesem gegenüber vom Dienstherrn anerkannt oder dem Dienstherrn gegenüber rechtskräftig festgestellt wird.

(2) Leistet der Beamte oder die Beamtin dem Dienstherrn Ersatz und hat dieser einen Ersatzanspruch gegen einen Dritten, so geht der Ersatzanspruch auf den Beamten oder die Beamtin über.

Abschnitt 3
Beschränkung der Vornahme von Amtshandlungen

Artikel 79 Befreiung von Amtshandlungen

(1) Beamte und Beamtinnen sind von Amtshandlungen zu befreien, die sich gegen sie selbst oder Angehörige richten würden.

(2) Gesetzliche Vorschriften, insbesondere Art. 20 BayVwVfG, nach denen Beamte und Beamtinnen von einzelnen Amtshandlungen ausgeschlossen sind, bleiben unberührt.

Abschnitt 4
Erteilung von Auskünften

Artikel 80 Auskünfte an die Medien

Auskünfte an die Medien erteilt die Leitung der Behörde oder die von ihr bestimmte Person.

Abschnitt 5
Nebentätigkeiten und Tätigkeiten von Ruhestandsbeamten und Ruhestandsbeamtinnen sowie früheren Beamten und Beamtinnen mit Versorgungsbezügen

Artikel 81 Nebentätigkeit auf Verlangen des Dienstherrn, Genehmigungspflicht

(1) Beamte und Beamtinnen sind verpflichtet, auf schriftliches Verlangen ihres Dienstherrn eine Nebentätigkeit (Nebenamt, Nebenbeschäftigung) im öffentlichen Dienst zu übernehmen, sofern diese Tätigkeit ihrer Vorbildung oder Berufsausbildung entspricht und sie nicht über Gebühr in Anspruch nimmt.

(2) $_{1}$Beamte und Beamtinnen bedürfen zur Übernahme jeder anderen Nebentätigkeit der vorherigen Genehmigung, soweit die Nebentätigkeit nicht nach Art. 82 Abs. 1 genehmigungsfrei ist. $_{2}$Als Nebentätigkeit gilt nicht die Wahrnehmung öffentlicher Ehrenämter sowie die unentgeltliche Führung der Vormundschaft, Betreuung oder Pflegschaft für Angehörige.

(3) $_{1}$Die Genehmigung ist zu versagen, wenn zu besorgen ist, dass durch die Nebentätigkeit dienstliche Interessen beeinträchtigt werden. $_{2}$Ein solcher Versagungsgrund liegt insbesondere vor, wenn die Nebentätigkeit

1. nach Art und Umfang die Arbeitskraft des Beamten oder der Beamtin so stark in Anspruch nimmt, dass die ordnungsgemäße Erfüllung der dienstlichen Pflichten behindert werden kann,
2. den Beamten oder die Beamtin in einen Widerstreit mit dienstlichen Pflichten bringen kann,
3. in einer Angelegenheit ausgeübt wird, in der die Behörde, der der Beamte oder die Beamtin angehört, tätig wird oder tätig werden kann,
4. die Unparteilichkeit oder Unbefangenheit des Beamten oder der Beamtin beeinflussen kann,
5. zu einer wesentlichen Einschränkung der künftigen dienstlichen Verwendbarkeit des Beamten oder der Beamtin führen kann,
6. dem Ansehen der öffentlichen Verwaltung abträglich sein kann.

$_{3}$Die Voraussetzung des Satzes 2 Nr. 1 gilt in der Regel als erfüllt, wenn die zeitliche Beanspruchung durch eine oder mehrere Nebentätigkeiten in der Woche zehn Stunden überschreitet. $_{4}$Das Vorliegen eines Versagungsgrundes nach Satz 3 ist besonders zu prüfen, wenn abzusehen ist, dass die Entgelte und geldwerten Vorteile aus genehmigungspflichtigen Nebentätigkeiten im Kalenderjahr 30 v. H. der jährlichen Dienstbezüge des Beamten oder der Beamtin bei Vollzeitbeschäftigung überschreiten werden; das Ergebnis der Prüfung ist aktenkundig zu machen. $_{5}$Die Genehmigung ist auf längstens fünf Jahre zu befristen; sie kann mit Auflagen und Bedingungen versehen werden. $_{6}$Beamte und Beamtinnen können verpflichtet werden, nach Ablauf eines jeden Kalenderjahres ihren Dienstvorgesetzten eine Aufstellung über alle im Kalenderjahr ausgeübten genehmigungspflichtigen Nebentätigkeiten und die dafür erhaltenen Entgelte und geldwerten Vorteile vorzulegen. $_{7}$Ergibt sich eine Beeinträchtigung dienstlicher Interessen nach Erteilung der Genehmigung, so ist diese zu widerrufen.

(4) $_{1}$Nebentätigkeiten, die nicht auf Verlangen, Vorschlag oder Veranlassung des Dienstherrn übernommen wurden oder bei denen der oder

die Dienstvorgesetzte ein dienstliches Interesse an der Übernahme der Nebentätigkeit nicht anerkannt hat, dürfen nur außerhalb der Arbeitszeit ausgeübt werden. 2Ausnahmen dürfen nur in besonders begründeten Fällen, insbesondere im öffentlichen Interesse, zugelassen werden, wenn dienstliche Gründe nicht entgegenstehen und die versäumte Arbeitszeit nachgeleistet wird.

(5) 1Beamte und Beamtinnen dürfen bei der Ausübung von Nebentätigkeiten Einrichtungen, Personal oder Material des Dienstherrn nur bei Vorliegen eines öffentlichen oder wissenschaftlichen Interesses mit vorheriger Genehmigung und gegen Entrichtung eines angemessenen Entgelts in Anspruch nehmen. 2Das Entgelt hat sich nach den dem Dienstherrn entstehenden Kosten zu richten und muss den besonderen Vorteil berücksichtigen, der dem Beamten oder der Beamtin durch die Inanspruchnahme entsteht. 3Der Beamte oder die Beamtin ist verpflichtet, soweit bei der Ausübung von Nebentätigkeiten Einrichtungen, Personal oder Material des Dienstherrn in Anspruch genommen werden, auf Verlangen über Art und Umfang der Nebentätigkeiten, die hierdurch erzielte Vergütung sowie über Art und Umfang der Inanspruchnahme Auskunft zu geben. 4Die Vergütung sowie Art und Umfang der Inanspruchnahme können geschätzt werden, wenn hierüber keine Auskunft gegeben wird oder über entsprechende Angaben keine ausreichende Aufklärung gegeben werden kann oder Aufzeichnungen nicht vorgelegt werden, die nach beamtenrechtlichen Rechtsvorschriften zu führen sind.

(6) 1Die Entscheidungen nach den Abs. 1 bis 5 trifft, soweit nichts anderes bestimmt ist, die oberste Dienstbehörde. 2Sie kann ihre Befugnisse durch Rechtsverordnung auf andere Behörden übertragen.

(7) 1Anträge auf Erteilung einer Genehmigung (Abs. 2) oder auf Zulassung einer Ausnahme (Abs. 4 Satz 2) und Entscheidungen über diese Anträge bedürfen der Textform. 2Von den Beamten und Beamtinnen sind die für die Entscheidung erforderlichen Nachweise über Art und Umfang der Nebentätigkeit zu führen. 3Das dienstliche Interesse (Abs. 4 Satz 1) ist aktenkundig zu machen.

Artikel 82 Genehmigungsfreie Nebentätigkeit

(1) Nicht genehmigungspflichtig ist

1. eine Nebentätigkeit, die auf Vorschlag oder Veranlassung des Dienstherrn übernommen wird,
2. die Ausübung einer oder mehrerer Nebentätigkeiten im Gesamtumfang von bis zu zehn Stunden wöchentlich und einer Gesamtvergütung von bis zu 10 000 € im Kalenderjahr,
3. die Verwaltung eigenen oder der eigenen Nutznießung unterliegenden Vermögens,
4. eine schriftstellerische, wissenschaftliche, künstlerische Tätigkeit oder Vortragstätigkeit,
5. die mit Lehr- oder Forschungsaufgaben zusammenhängende selbstständige Gutachtertätigkeit von Professoren und Professorinnen an staatlichen Hochschulen sowie von Beamten und Beamtinnen an wissenschaftlichen Instituten und Anstalten,
6. die Tätigkeit zur Wahrung von Berufsinteressen in Gewerkschaften oder Berufsverbänden oder in Selbsthilfeeinrichtungen der Beamten und Beamtinnen.

(2) 1Liegen Anhaltspunkte für eine Verletzung von Dienstpflichten vor, können Dienstvorgesetzte verlangen, dass Beamte und Beamtinnen über Art und Umfang nicht genehmigungspflichtiger Nebentätigkeiten und die hieraus erzielten Vergütungen schriftlich Auskunft erteilen und die erforderlichen Nachweise führen. 2Eine nicht genehmigungspflichtige Nebentätigkeit ist von den Dienstvorgesetzten ganz oder teilweise zu untersagen, wenn bei ihrer Ausübung dienstliche Pflichten verletzt werden oder eine Genehmigung nach Art. 81 Abs. 3 zu versagen wäre.

(3) Art. 81 Abs. 4 und 5 gilt entsprechend.

Artikel 83 Rückgriffshaftung des Dienstherrn

1Werden Beamte und Beamtinnen aus ihrer Tätigkeit im Vorstand, Aufsichtsrat, Verwaltungsrat oder in einem sonstigen Organ einer Gesellschaft, Genossenschaft oder eines in einer anderen Rechtsform betriebenen Unternehmens, die sie auf schriftliches Verlangen, Vorschlag oder Veranlassung des Dienstherrn übernommen haben, haftbar gemacht, so besteht gegen den Dienstherrn Anspruch auf Ersatz des ihnen entstandenen Schadens. 2Ist der Schaden vorsätzlich oder grob fahrlässig herbeigeführt worden, so ist der Dienstherr nur dann ersatzpflichtig, wenn der Beamte oder die Beamtin auf schriftliches Verlangen eines oder einer Vorgesetzten gehandelt hat.

Artikel 84 Beendigung der Nebentätigkeit im öffentlichen Dienst

Endet das Beamtenverhältnis, so enden, wenn im Einzelfall nichts anderes bestimmt wird, auch die Nebenämter und Nebenbeschäftigungen, die im Zusammenhang mit dem Hauptamt übertragen worden sind oder die auf schriftliches Verlangen, Vorschlag oder Veranlassung des Dienstherrn übernommen worden sind.

Artikel 85 Ausführungsverordnung

(1) 1Die zur Ausführung der Art. 81 bis 84 notwendigen Vorschriften über die Nebentätigkeit erlässt die Staatsregierung durch Rechtsverordnung. 2In ihr kann auch bestimmt werden,

1. welche Tätigkeiten als öffentlicher Dienst im Sinn dieser Vorschriften anzusehen sind oder ihm gleichstehen,
2. ob und inwieweit für eine im öffentlichen Dienst ausgeübte oder auf Verlangen, Vorschlag oder Veranlassung des Dienstherrn übernommene Nebentätigkeit eine Vergütung gezahlt wird oder eine erhaltene Vergütung abzuführen ist und diese Vergütung geschätzt werden kann, wenn hierüber keine Auskunft gegeben wird oder über entsprechende Angaben keine ausreichende Aufklärung gegeben werden kann oder Aufzeichnungen nicht vorgelegt werden, die nach beamtenrechtlichen Rechtsvorschriften zu führen sind,
3. inwieweit Auskunft über eine Vergütung aus einer genehmigungspflichtigen Nebentätigkeit zu erteilen ist,
4. unter welchen Voraussetzungen bei der Ausübung von Nebentätigkeiten Einrichtungen, Personal oder Material des Dienstherrn in Anspruch genommen werden dürfen und welches Entgelt hierfür zu entrichten ist,
5. das Nähere hinsichtlich der Auskunftspflicht nach Art. 81 Abs. 3 Satz 6 und Abs. 5 Satz 3, Art. 82 Abs. 2 und 3, der Schätzung nach Art. 81 Abs. 5 Satz 4, Art. 82 Abs. 3.

(2) 1Im staatlichen Bereich kann das zuständige Staatsministerium in Ergänzung einer Rechtsverordnung nach Abs. 1 Satz 2 Nr. 2 die Höhe der Vergütung für eine Nebentätigkeit durch Verwaltungsvorschriften regeln. 2Wird eine Verwaltungsvorschrift nicht erlassen, ist die Höhe der Vergütung vom zuständigen Staatsministerium durch Einzelentscheidung zu bestimmen. 3Verwaltungsvorschriften und Einzelentscheidungen bedürfen der Zustimmung des Staatsministeriums der Finanzen und für Heimat.

Artikel 86 Beschäftigung oder Erwerbstätigkeit von Ruhestandsbeamten und Ruhestandsbeamtinnen sowie früheren Beamten und Beamtinnen mit Versorgungsbezügen

(1) 1Der Zeitraum, in dem die Pflicht der Anzeige einer Erwerbstätigkeit oder sonstigen Beschäftigung außerhalb des öffentlichen Dienstes im Sinn des § 41 Abs. 1 Satz 1 BeamtStG besteht, beträgt fünf Jahre vor Beendigung des Beamtenverhältnisses. 2Die Tätigkeit gemäß § 41 Abs. 1 Satz 1 BeamtStG ist der letzten obersten Dienstbehörde gegenüber anzuzeigen. 3Die Anzeigepflicht endet nach

1. drei Jahren, wenn das Beamtenverhältnis mit dem Erreichen der in den Art. 62 und 143 genannten gesetzlichen Altersgrenze, oder zu einem späteren Zeitpunkt beendet worden ist,
2. fünf Jahren, spätestens jedoch drei Jahre nach dem in Nr. 1 bestimmten Zeitpunkt, wenn das Beamtenverhältnis zu einem früheren Zeitpunkt beendet worden ist.

(2) 1Die Untersagung wird durch die letzte oberste Dienstbehörde ausgesprochen. 2Sie en-

det mit Ablauf des Zeitraums, für den eine Anzeigepflicht nach Abs. 1 besteht, spätestens mit Ablauf des in § 41 Abs. 1 Satz 3 BeamtStG genannten Zeitpunkts. 3Die oberste Dienstbehörde kann ihre Befugnisse durch Rechtsverordnung auf andere Behörden übertragen.

Abschnitt 6
Arbeitszeit, Teilzeit und Beurlaubung

Artikel 87 Regelung der Arbeitszeit, Mehrarbeit

(1) Die Staatsregierung regelt die Arbeitszeit durch Rechtsverordnung.

(2) 1Beamte und Beamtinnen sind verpflichtet, ohne Entschädigung über die regelmäßige wöchentliche Arbeitszeit hinaus Dienst zu tun, wenn zwingende dienstliche Verhältnisse dies erfordern und sich die Mehrarbeit auf Ausnahmefälle beschränkt. 2Werden sie durch dienstlich angeordnete oder genehmigte Mehrarbeit mehr als fünf Stunden im Monat über die regelmäßige Arbeitszeit hinaus beansprucht, ist innerhalb eines Jahres für die über die regelmäßige Arbeitszeit hinaus geleistete Mehrarbeit entsprechender Freizeitausgleich zu gewähren. 3Bei Teilzeitbeschäftigung sind die fünf Stunden anteilig zu kürzen. 4Der Dienstherr kann den Freizeitausgleich einseitig anordnen. 5Ist der Freizeitausgleich aus zwingenden dienstlichen Gründen nicht möglich, so können an seiner Stelle Beamte und Beamtinnen in Besoldungsgruppen mit aufsteigenden Gehältern eine Vergütung erhalten.

(3) 1Zur Bewältigung eines länger andauernden, aber vorübergehenden Personalbedarfs kann eine ungleichmäßige Verteilung der regelmäßigen Arbeitszeit festgelegt werden. 2Hierbei soll die Arbeitszeit zehn Stunden am Tag und im Jahresdurchschnitt 48 Stunden in der Woche nicht überschreiten. 3Die ungleichmäßige Verteilung der regelmäßigen Arbeitszeit soll einen Zeitraum von zehn Jahren nicht übersteigen. 4Die Arbeitszeiterhöhung ist durch eine Minderung der Arbeitszeit vollständig auszugleichen; die Minderung der Arbeitszeit muss sich nicht unmittelbar an den Zeitraum der Arbeitszeiterhöhung anschließen. 5Der Ausgleich kann auch durch eine volle Freistellung vom Dienst vorgenommen werden. 6Für teilzeitbeschäftigte Beamte und Beamtinnen gilt Art. 88 Abs. 5 entsprechend.

(4) 1Vollzeitbeschäftigten Beamten und Beamtinnen kann auf Antrag eine längerfristige ungleichmäßige Verteilung der regelmäßigen Arbeitszeit bewilligt werden, wenn zwingende dienstliche Belange nicht entgegenstehen. 2Abs. 3 Satz 2 bis 5 gilt entsprechend.

(5) 1Werden Lehrkräfte an öffentlichen Schulen durch eine dienstlich angeordnete oder genehmigte Mehrarbeit mehr als drei Unterrichtsstunden im Monat über die regelmäßige Arbeitszeit hinaus beansprucht, ist ihnen abweichend von Abs. 2 Satz 2 innerhalb von drei Monaten für die über die regelmäßige Arbeitszeit hinaus geleistete Mehrarbeit entsprechender Freizeitausgleich zu gewähren. 2Bei Teilzeitbeschäftigten ist die Grenze von drei Unterrichtsstunden entsprechend dem Verhältnis der ermäßigten zur regelmäßigen Unterrichtspflichtzeit herabzusetzen. 3Ist der Freizeitausgleich nach Satz 1 aus zwingenden dienstlichen Gründen nicht möglich, so können an seiner Stelle Lehrkräfte in Besoldungsgruppen mit aufsteigenden Gehältern eine Vergütung erhalten. 4Ausgaben nach Satz 2 sind im Einzelplan gegen zu finanzieren durch gezielte Sperre freier und besetzbarer Stellen oder bei den übrigen Personalausgabemitteln.

Artikel 88 Antragsteilzeit

(1) Beamten und Beamtinnen mit Dienstbezügen soll auf Antrag die Arbeitszeit bis auf die Hälfte der regelmäßigen Arbeitszeit und bis zur jeweils beantragten Dauer ermäßigt werden, soweit dienstliche Belange nicht entgegenstehen.

(2) 1Dem Antrag nach Abs. 1 darf nur entsprochen werden, wenn der Beamte oder die Beamtin sich verpflichtet, während des Bewilligungszeitraums außerhalb des Beamtenverhältnisses berufliche Verpflichtungen nur in dem Umfang einzugehen, in dem nach Art. 81 ff. den vollzeitbeschäftigten Beamten und Beamtinnen die Ausübung von Nebentätigkeiten gestattet ist. 2Ausnahmen hiervon sind nur zulässig, soweit dies mit dem Be-

amtenverhältnis vereinbar ist. $_3$Wird die Verpflichtung nach Satz 1 schuldhaft verletzt, soll die Bewilligung widerrufen werden.

(3) $_1$Die zuständige Dienstbehörde kann auch nachträglich die Dauer der Teilzeitbeschäftigung beschränken oder den Umfang der zu leistenden Arbeitszeit erhöhen, soweit zwingende dienstliche Belange dies erfordern. $_2$Sie soll eine Änderung des Umfangs der Teilzeitbeschäftigung oder den Übergang zur Vollzeitbeschäftigung zulassen, wenn die Teilzeitbeschäftigung im bisherigen Umfang nicht zumutbar ist und dienstliche Belange nicht entgegenstehen.

(4) $_1$Wenn zwingende dienstliche Belange nicht entgegenstehen, soll die Bewilligung der Teilzeitbeschäftigung nach Abs. 1 in der Weise zugelassen werden, dass zunächst während eines Teils des Bewilligungszeitraums die Arbeitszeit bis zur regelmäßigen Arbeitszeit erhöht und diese Arbeitszeiterhöhung während des unmittelbar daran anschließenden Teils des Bewilligungszeitraums durch eine entsprechende Ermäßigung der Arbeitszeit oder durch eine ununterbrochene volle Freistellung vom Dienst ausgeglichen wird. $_2$Der gesamte Bewilligungszeitraum darf höchstens zehn Jahre betragen.

(5) $_1$Treten während des Bewilligungszeitraums einer Teilzeitbeschäftigung nach Abs. 4 Umstände ein, welche die vorgesehene Abwicklung der vollen oder teilweisen Freistellung unmöglich machen, ist ein Widerruf abweichend von Art. 49 BayVwVfG auch mit Wirkung für die Vergangenheit in folgenden Fällen zulässig:

1. bei Beendigung des Beamtenverhältnisses,
2. beim Dienstherrnwechsel,
3. bei Gewährung von Urlaub nach Art. 90 Abs. 1 Nr. 2 in der am 31. Dezember 2024 geltenden Fassung oder
4. in besonderen Härtefällen, wenn dem Beamten oder der Beamtin die Fortsetzung der Teilzeitbeschäftigung nicht mehr zuzumuten ist.

$_2$Der Widerruf darf nur mit Wirkung für den gesamten Bewilligungszeitraum und nur in dem Umfang erfolgen, der der tatsächlichen Arbeitszeit entspricht.

(6) $_1$Wird langfristig Urlaub nach einer anderen als der in Abs. 5 Satz 1 Nr. 3 genannten Vorschrift bewilligt, verlängert sich der Bewilligungszeitraum um die Dauer der Beurlaubung. $_2$Auf Antrag oder aus dienstlichen Gründen kann die Bewilligung widerrufen werden.

Artikel 89 Familienpolitische Teilzeit und Beurlaubung

(1) Beamten und Beamtinnen mit Dienstbezügen ist auf Antrag, wenn zwingende dienstliche Belange nicht entgegenstehen,

1. zur tatsächlichen Betreuung oder Pflege von mindestens einem Kind unter 18 Jahren oder einem oder einer nach ärztlichem Gutachten pflegebedürftigen sonstigen Angehörigen Teilzeitbeschäftigung in einem Umfang von mindestens durchschnittlich wöchentlich acht Stunden oder Urlaub ohne Dienstbezüge,
2. während der Elternzeit Teilzeitbeschäftigung auch mit weniger als wöchentlich acht Stunden

zu gewähren.

(2) $_1$Der Antrag auf Verlängerung einer Beurlaubung soll spätestens sechs Monate vor Ablauf der Genehmigung einer Beurlaubung gestellt werden. $_2$Art. 88 Abs. 3 gilt entsprechend. $_3$Die zuständige Dienstbehörde kann eine Rückkehr aus dem Urlaub zulassen, wenn die Fortsetzung des Urlaubs nicht zugemutet werden kann und dienstliche Belange nicht entgegenstehen.

(3) $_1$Während einer Freistellung vom Dienst nach Abs. 1 dürfen nur solche Nebentätigkeiten genehmigt werden, die dem Zweck der Freistellung nicht zuwiderlaufen. $_2$Die Vorschriften der Art. 81 bis 85 bleiben unberührt.

(4) $_1$Während der Zeit der Beurlaubung ohne Dienstbezüge nach Abs. 1 besteht ein Anspruch auf Leistungen der Krankheitsfürsorge in entsprechender Anwendung der Beihilferegelungen für Beamte und Beamtinnen mit Dienstbezügen. $_2$Dies gilt nicht, wenn Beamte oder Beamtinnen berücksichtigungsfähige Angehörige von Beihilfeberechtigten werden oder Anspruch auf Familienhilfe nach § 10 des Fünften Buches Sozialgesetzbuch (SGB V) haben.

(5) $_{1}$Soweit die Zulassungs-, Ausbildungs- und Prüfungsordnungen dies vorsehen, kann Beamten und Beamtinnen auf Widerruf im Vorbereitungsdienst aus den in Abs. 1 genannten Gründen eine Teilzeitbeschäftigung mit mindestens der Hälfte der regelmäßigen Arbeitszeit bewilligt werden, wenn dienstliche Belange nicht entgegenstehen, die Struktur der Ausbildung dies zulässt und den unverzichtbaren Erfordernissen der Ausbildung Rechnung getragen wird. $_{2}$Die Abs. 2 und 3 gelten entsprechend. $_{3}$Die Sätze 1 und 2 gelten auch für die Beamten und Beamtinnen nach Art. 125.

Artikel 90 (weggefallen)

Artikel 91 Altersteilzeit

(1) $_{1}$Beamten und Beamtinnen mit Dienstbezügen, die das 60. Lebensjahr vollendet haben, kann auf Antrag, der sich auf die Zeit bis zum Beginn des Ruhestands erstrecken muss, eine Teilzeitbeschäftigung mit 60 v. H. der in den letzten fünf Jahren vor Beginn der Altersteilzeit durchschnittlich geleisteten Arbeitszeit bewilligt werden, wenn dringende dienstliche Belange nicht entgegenstehen; bei schwerbehinderten Beamten und Beamtinnen im Sinn des § 2 Abs. 2 SGB IX tritt an die Stelle des 60. das 58. Lebensjahr. $_{2}$Für Lehrkräfte an öffentlichen Schulen gilt als Altersgrenze der Beginn des Schuljahres, in dem diese das nach Satz 1 maßgebliche Lebensjahr vollenden. $_{3}$Altersteilzeit nach Satz 1 muss einen Mindestbewilligungszeitraum von einem Jahr umfassen.

(2) $_{1}$Entsprechend den dienstlichen Erfordernissen kann die während der Gesamtdauer der Altersteilzeit zu leistende Arbeit so eingebracht werden, dass sie

1. während des gesamten Bewilligungszeitraums durchgehend im nach Abs. 1 Satz 1 festgesetzten Umfang geleistet wird (Teilzeitmodell) oder
2. zunächst im Umfang der in den letzten fünf Jahren vor Beginn der Altersteilzeit durchschnittlich festgesetzten Arbeitszeit oder im Umfang der vor Beginn der Altersteilzeit zuletzt festgesetzten Arbeitszeit geleistet wird und der Beamte oder die Beamtin anschließend vollständig vom Dienst freigestellt wird (Blockmodell).

$_{2}$Art. 88 Abs. 2 gilt entsprechend. $_{3}$Treten während des Bewilligungszeitraums einer nach Satz 1 Nr. 2 im Blockmodell bewilligten Altersteilzeit Umstände ein, welche die vorgesehene Abwicklung der Freistellung vom Dienst unmöglich machen, so ist die gewährte Altersteilzeit abweichend von Art. 49 BayVwVfG mit Wirkung für die Vergangenheit in folgenden Fällen zu widerrufen:

1. bei Beendigung des Beamtenverhältnisses,
2. beim Dienstherrnwechsel,
3. bei Gewährung von Urlaub nach Art. 90 Abs. 1 Nr. 2 in der am 31. Dezember 2024 geltenden Fassung oder nach Art. 89 Abs. 1 Nr. 1 oder
4. in besonderen Härtefällen, wenn dem Beamten oder der Beamtin die Fortsetzung der Altersteilzeit nicht mehr zuzumuten ist.

$_{4}$Ein Widerruf erfolgt nicht, soweit Zeiten aus der Ansparphase durch eine gewährte Freistellung bereits ausgeglichen wurden; dabei gelten die unmittelbar vor dem Eintritt in die Freistellungsphase liegenden Ansparzeiten als durch die Freistellung ausgeglichen. $_{5}$Gleichzeitig mit dem Widerruf wird der Arbeitszeitstatus entsprechend des in der Ansparphase geleisteten und nicht durch Freistellung ausgeglichenen Arbeitszeitumfangs festgesetzt. $_{6}$Soweit bei der Festsetzung der wöchentlichen Unterrichtsverpflichtung von Lehrkräften an öffentlichen Schulen Rundungen vorzunehmen sind, um eine in vollen Stunden bemessene Unterrichtsverpflichtung zu erreichen, sollen die entstandenen Rundungsdifferenzen im Lauf des Bewilligungszeitraums durch eine entsprechende Reduzierung oder Erhöhung der wöchentlichen Unterrichtsverpflichtung ausgeglichen werden.

(3) Die Abs. 1 und 2 gelten nicht für Amtschefs und Amtschefinnen, Abteilungsleiter und Abteilungsleiterinnen sowie vergleichbare Funktionsinhaber und Funktionsinhaberinnen bei staatlichen obersten Dienstbehörden sowie für die Leiter und Leiterinnen von staatlichen Behörden, die entweder in der Besoldungs-

ordnung B oder mindestens in der Besoldungsgruppe R 3 eingestuft sind.

(4) $_{1}$In Bereichen, in denen wegen grundlegender Verwaltungsreformmaßnahmen in wesentlichem Umfang Stellen abgebaut werden, gilt abweichend von Abs. 1 als Altersgrenze das vollendete 55. Lebensjahr, sofern die betroffene Planstelle oder eine Stelle einer um bis zu vier Besoldungs- oder Entgeltgruppen niedrigeren Besoldungs- oder Entgeltgruppe sukzessive, entsprechend ihres Freiwerdens, vollständig gesperrt und in den nachfolgenden Haushaltsplänen eingezogen wird. $_{2}$Abs. 3 findet in diesen Verwaltungsbereichen keine Anwendung. $_{3}$Die Staatsregierung wird für den staatlichen Bereich ermächtigt, die Bereiche im Sinn des Satzes 1 sowie nähere Bestimmungen zum Vollzug der Einsparungen durch Rechtsverordnung festzulegen. $_{4}$Die Gemeinden, Gemeindeverbände und sonstigen unter der Aufsicht des Staates stehenden Körperschaften, Anstalten und Stiftungen des öffentlichen Rechts können innerhalb ihres Zuständigkeitsbereichs die Bereiche im Sinn des Satzes 1 sowie nähere Bestimmungen zum Vollzug der Einsparungen festlegen.

Artikel 92 Zeitliche Höchstgrenzen, Zuständigkeit, Hinweispflicht

(1) $_{1}$Die Dauer von Beurlaubungen nach Art. 90 Abs. 1 in der am 31. Dezember 2024 geltenden Fassung, nach Art. 89 Abs. 1 Nr. 1 oder nach Art. 9 des Bayerischen Richter- und Staatsanwaltsgesetzes (BayRiStAG) darf insgesamt 15 Jahre nicht überschreiten. $_{2}$Unbeschadet hiervon sind Zeiten einer Beurlaubung nach Art. 89 Abs. 1 Nr. 1 dieses Gesetzes oder Art. 9 Abs. 1 BayRiStAG in Verbindung mit Art. 8 Abs. 1 Satz 1 BayRiStAG im Umfang von bis zu zwei Jahren sowie derjenigen Zeit zu bewilligen, die der Freistellungsmöglichkeit für Arbeitnehmer nach dem Pflegezeitgesetz entspricht. $_{3}$Bei Beamten und Beamtinnen im Schul- oder Hochschuldienst kann der Bewilligungszeitraum einer Beurlaubung nach Art. 90 Abs. 1 Nr. 1 in der am 31. Dezember 2024 geltenden Fassung oder nach Art. 89 Abs. 1 Nr. 1 auch beim Wegfall der tatbestandlichen Voraussetzungen bis zum Ende des laufenden Schulhalbjahres oder Semesters ausgedehnt werden. $_{4}$In den Fällen des Art. 90 Abs. 1 Nr. 2 in der am 31. Dezember 2024 geltenden Fassung findet Satz 1 keine Anwendung, wenn eine Rückkehr zur Voll- oder Teilzeitbeschäftigung nicht zumutbar ist.

(2) Die Entscheidungen nach Art. 88 bis 91 trifft die oberste Dienstbehörde; sie kann ihre Befugnisse durch Rechtsverordnung auf andere Behörden übertragen.

(3) Bei der Beantragung einer Freistellung nach Art. 88 bis 91 ist durch die zuständige Dienststelle auf die rechtlichen Folgen der Freistellung hinzuweisen.

Artikel 93 Erholungs- und Sonderurlaub

(1) Die Staatsregierung regelt die Erteilung und Dauer des Erholungsurlaubs sowie Voraussetzungen und Umfang einer Abgeltung durch Rechtsverordnung.

(2) Die Staatsregierung regelt ferner die Bewilligung von Urlaub aus anderen Anlässen und bestimmt, ob und inwieweit die Leistungen des Dienstherrn während dieser Zeit zu belassen sind.

(3) Hinsichtlich der Wahl des Urlaubsorts (Abs. 1 und 2) können Beschränkungen auferlegt werden, wenn es die öffentliche Sicherheit zwingend erfordert.

(4) $_{1}$Der zu einer Tätigkeit als Mitglied einer kommunalen Vertretung notwendige Urlaub ist zu gewähren, soweit es sich um die Teilnahme an Sitzungen handelt, in denen der Beamte oder die Beamtin Sitz und Stimme hat. $_{2}$Die Leistungen des Dienstherrn werden während des Urlaubs belassen.

(5) Die Gewährung von Wahlvorbereitungsurlaub für Beamte und Beamtinnen, die sich um einen Sitz im Deutschen Bundestag, im Bayerischen Landtag oder in der gesetzgebenden Körperschaft eines anderen Landes bewerben, richtet sich nach Art. 41 des Bayerischen Abgeordnetengesetzes (BayAbgG).

Artikel 94 Rechtsfolgen der Wahl in das Parlament eines anderen Landes

(1) Für Beamte und Beamtinnen, die in gesetzgebende Körperschaften anderer Länder gewählt worden sind und deren Amt kraft

Gesetzes mit dem Mandat unvereinbar ist, gelten die für die in den Bayerischen Landtag gewählten Beamten und Beamtinnen maßgebenden Vorschriften in den Art. 16 Abs. 3, Art. 43 bis 47, 48 Abs. 1 bis 3 BayAbgG entsprechend.

(2) ₁Beamten und Beamtinnen, die in gesetzgebende Körperschaften anderer Länder gewählt worden sind und deren Rechte und Pflichten aus dem Dienstverhältnis nicht nach Abs. 1 ruhen, ist zur Ausübung des Mandats auf Antrag

1. die Arbeitszeit bis auf 30 v. H. der regelmäßigen Arbeitszeit zu ermäßigen oder
2. ein Urlaub ohne Besoldung zu gewähren.

₂Der Antrag soll jeweils für einen Zeitraum von mindestens sechs Monaten gestellt werden. ₃Art. 16 Abs. 3 BayAbgG ist sinngemäß anzuwenden. ₄Auf Beamte und Beamtinnen, denen nach Satz 1 Nr. 2 Urlaub ohne Besoldung gewährt wird, ist Art. 45 Abs. 1, 3 und 4 BayAbgG sinngemäß anzuwenden.

Artikel 95 Fernbleiben vom Dienst

(1) ₁Beamte und Beamtinnen dürfen dem Dienst nicht ohne Genehmigung ihrer Dienstvorgesetzten fernbleiben. ₂Dienstunfähigkeit wegen Krankheit ist auf Verlangen nachzuweisen.

(2) Verliert der Beamte oder die Beamtin wegen unentschuldigten Fernbleibens vom Dienst nach dem Bayerischen Besoldungsgesetz den Anspruch auf Bezüge, so wird dadurch eine disziplinarische Verfolgung nicht ausgeschlossen.

(3) ₁In allen übrigen Fällen, in denen der Beamte oder die Beamtin außer Dienst gestellt worden ist, können ein anderes Einkommen oder ein beamtenrechtlicher Unterhaltsbeitrag, die infolge der unterbliebenen Dienstleistung für diesen Zeitraum erzielt werden konnten, auf die Leistungen des Dienstherrn angerechnet werden, wenn die Nichtanrechnung zu einem ungerechtfertigten Vorteil führen würde. ₂Der Beamte oder die Beamtin ist zur Auskunft verpflichtet. ₃In den Fällen einer vorläufigen Dienstenthebung auf Grund eines Disziplinarverfahrens finden die besonderen Vorschriften des Disziplinarrechts Anwendung.

Abschnitt 7
Besondere Fürsorgepflichten

Artikel 96 Beihilfe in Krankheits-, Geburts-, Pflege- und sonstigen Fällen

(1) ₁Beamte und Beamtinnen, Ruhestandsbeamte und Ruhestandsbeamtinnen, deren versorgungsberechtigte Hinterbliebene, Dienstanfänger und Dienstanfängerinnen sowie frühere Beamte und Beamtinnen, die wegen Dienstunfähigkeit oder Erreichen der Altersgrenze entlassen sind, erhalten für sich, den Ehegatten oder den Lebenspartner (Lebenspartner und Lebenspartnerin im Sinn des § 1 des Lebenspartnerschaftsgesetzes), soweit dessen Gesamtbetrag der Einkünfte (§ 2 Abs. 3 des Einkommensteuergesetzes) im zweiten Kalenderjahr vor der Stellung des Beihilfeantrags 22 648 € nicht übersteigt, und die im Orts- und Familienzuschlag nach dem Bayerischen Besoldungsgesetz berücksichtigungsfähigen Kinder Beihilfen als Ergänzung der aus den laufenden Bezügen zu bestreitenden Eigenvorsorge, solange ihnen laufende Besoldung, Unterhaltsbeihilfe nach Art. 97 BayBesG oder Versorgungsbezüge mit Ausnahme von Halbwaisengeld (Art. 39, 40 BayBeamtVG) zustehen. ₂Das Staatsministerium der Finanzen und für Heimat wird ermächtigt, diesen Betrag mit Wirkung zum Anfang eines Kalenderjahres durch Rechtsverordnung so anzupassen, wie sich der Rentenwert West seit der letzten Anpassung entwickelt hat. ₃Die erste Anpassung kann mit Wirkung vom 1. Januar 2024 auf der Grundlage der seit dem 1. Januar 2023 eingetretenen Entwicklung des Rentenwerts West erfolgen. ₄Beihilfe erhalten auch Beamte und Beamtinnen, die während einer Elternzeit keine Bezüge erhalten. ₅Satz 1 gilt nicht für im Orts- und Familienzuschlag nach dem Bayerischen Besoldungsgesetz berücksichtigungsfähige Kinder, die einen eigenständigen Anspruch auf Beihilfe oder Heilfürsorge haben.

(2) ₁Beihilfeleistungen werden zu den nachgewiesenen medizinisch notwendigen und angemessenen Aufwendungen in Krankheits-, Geburts- und Pflegefällen und zur Gesundheitsvorsorge gewährt. ₂Beihilfen dürfen nur

gewährt werden, soweit die Beihilfe und Leistungen Dritter aus demselben Anlass die dem Grunde nach beihilfefähigen Aufwendungen nicht überschreiten. $_{3}$Sind die finanziellen Folgen von Krankheit, Geburt, Pflege und Gesundheitsvorsorge durch Leistungen aus anderen Sicherungssystemen dem Grunde nach abgesichert, erfolgt keine zusätzliche Gewährung von Beihilfeleistungen; Sachleistungen sind vorrangig in Anspruch zu nehmen. $_{4}$Soweit nur Zuschüsse zustehen, sind diese anzurechnen. $_{5}$Der Anspruch auf Beihilfeleistungen ist bei Mitgliedern der gesetzlichen Krankenversicherung beschränkt auf Leistungen für Zahnersatz, für Heilpraktiker und Heilpraktikerinnen und auf Wahlleistungen im Krankenhaus. $_{6}$Aufwendungen für den Besuch schulischer oder vorschulischer Einrichtungen und berufsfördernde Maßnahmen sowie Aufwendungen für einen Schwangerschaftsabbruch, sofern nicht die Voraussetzungen des § 218a Abs. 2 oder 3 des Strafgesetzbuchs vorliegen, sind von der Beihilfefähigkeit ausgeschlossen. $_{7}$Bei Inanspruchnahme von Wahlleistungen im Krankenhaus sind nach Anwendung der persönlichen Bemessungssätze folgende Eigenbeteiligungen abzuziehen:

1. wahlärztliche Leistungen:
   25 € pro Aufenthaltstag im Krankenhaus,
2. Wahlleistung Zweibett-Zimmer:
   7,50 € pro Aufenthaltstag im Krankenhaus, höchstens für 30 Tage im Kalenderjahr.

$_{8}$Satz 7 gilt nicht für Aufwendungen für eine Spenderin oder einen Spender von Organen, Geweben, Blutstammzellen oder anderen Blutbestandteilen, wenn die Empfängerin oder der Empfänger der Spende selbst beihilfeberechtigt ist oder zum Kreis der berücksichtigungsfähigen Angehörigen zählt.

(3) $_{1}$Beihilfen werden als Vomhundertsatz der beihilfefähigen Aufwendungen (Bemessungssatz) oder als Pauschalen gewährt. $_{2}$Der Bemessungssatz beträgt

1. bei Beamten und Beamtinnen sowie Richtern und Richterinnen 50 v. H., während der Inanspruchnahme von Elternzeit 70 v. H.,
2. bei Ehegatten oder Lebenspartnern sowie bei Versorgungsempfängern und Versorgungsempfängerinnen 70 v. H.,
3. bei Kindern und eigenständig beihilfeberechtigten Waisen 80 v. H.

$_{3}$Sind zwei oder mehr Kinder berücksichtigungsfähig im Sinn des Abs. 1, beträgt der Bemessungssatz eines oder einer Beihilfeberechtigten 70 v. H.; bei mehreren Beihilfeberechtigten beträgt der Bemessungssatz nur bei einem von ihnen 70 v. H. $_{4}$In besonderen Ausnahmefällen kann eine Erhöhung der Bemessungssätze vorgesehen werden. $_{5}$Die festgesetzte Beihilfe ist um 3 € je verordnetem Arzneimittel, Verbandmittel und Medizinprodukt, jedoch nicht mehr als die tatsächlich gewährte Beihilfe zu mindern (Eigenbeteiligung). $_{6}$Die Eigenbeteiligung unterbleibt

1. bei Aufwendungen für Waisen, für Beamte und Beamtinnen auf Widerruf im Vorbereitungsdienst, und für berücksichtigungsfähige Kinder,
2. für Beihilfeberechtigte und berücksichtigungsfähige Angehörige, die Mitglied einer gesetzlichen Krankenversicherung sind,
3. bei Aufwendungen für Schwangere im Zusammenhang mit Schwangerschaftsbeschwerden oder der Entbindung,
4. bei Aufwendungen für Spenderinnen und Spender nach Abs. 2 Satz 8,
5. soweit sie für die Beihilfeberechtigten und ihre berücksichtigungsfähigen Ehegatten oder Lebenspartner zusammen die Belastungsgrenze überschreitet.

$_{7}$Die Belastungsgrenze beträgt 2 v. H. der Jahresdienst- bzw. Jahresversorgungsbezüge nach beamtenrechtlichen Vorschriften oder Grundsätzen ohne die kinderbezogenen Anteile im Orts- und Familienzuschlag sowie der Jahresrenten aus der gesetzlichen Rentenversicherung und einer zusätzlichen Alters- und Hinterbliebenenversorgung. $_{8}$Für chronisch Kranke im Sinn des Fünften Buches Sozialgesetzbuch beträgt die Belastungsgrenze 1 v. H., es sei denn, sie haben die wichtigsten evidenzbasierten Untersuchungen nicht regelmäßig in Anspruch genommen oder beteiligen sich nicht hinreichend an einer adäquaten Therapie.

(3a) Eine Beihilfe wird nur gewährt, wenn sie innerhalb von drei Jahren nach Entstehen der Aufwendungen oder der Ausstellung der Rechnung beantragt wird.

(4) 1Die obersten Dienstbehörden setzen die Beihilfen fest und ordnen die Zahlung an. 2Sie können diese Befugnisse auf andere Dienststellen übertragen. 3Das Landesamt für Finanzen setzt mit seinen Dienststellen als zentrale Landesbehörde für den staatlichen Bereich, mit Ausnahme der bei der Bayerischen Versicherungskammer beschäftigten Beamten und Beamtinnen, die Beihilfe der Berechtigten fest und ordnet deren Zahlung an; die örtliche Zuständigkeit sowie gegebenenfalls eine andere sachliche Zuständigkeit kann die Staatsregierung durch Rechtsverordnung regeln. 4Die sonstigen Befugnisse der obersten Dienstbehörden beim Vollzug der Beihilfevorschriften können auf das Staatsministerium der Finanzen und für Heimat übertragen werden. 5Die Gemeinden, Gemeindeverbände und die sonstigen der Aufsicht des Staates unterstehenden Körperschaften, Anstalten und Stiftungen des öffentlichen Rechts können zur Erfüllung ihrer Verpflichtungen nach Abs. 1 eine Versicherung abschließen oder sich der Dienstleistungen von Versicherungsunternehmen oder sonstiger geeigneter Stellen bedienen und hierzu die erforderlichen Daten übermitteln; die Zuerkennung der Eignung setzt voraus, dass die mit der Beihilfebearbeitung betrauten Personen nach dem Verpflichtungsgesetz zur Wahrung der Daten verpflichtet werden. 6Die mit der Beihilfebearbeitung beauftragte Stelle darf die Daten, die ihr im Rahmen der Beihilfebearbeitung bekannt werden, nur für diesen Zweck verarbeiten und nutzen. 7§ 50 Satz 3 BeamtStG, Art. 105 Satz 4, Art. 107 und 110 gelten entsprechend.

(5) 1Das Nähere hinsichtlich des Kreises der beihilfeberechtigten Personen und der berücksichtigungsfähigen Angehörigen, des Inhalts und Umfangs der Beihilfen sowie des Verfahrens der Beihilfengewährung und -rückforderung regelt das Staatsministerium der Finanzen und für Heimat durch Rechtsverordnung. 2Insbesondere können Bestimmungen getroffen werden

1. hinsichtlich des Kreises der beihilfeberechtigten Personen und der berücksichtigungsfähigen Angehörigen über
   a) Konkurrenzregelungen für den Fall des Zusammentreffens mehrerer inhaltsgleicher Ansprüche auf Beihilfeleistungen in einer Person,
   b) die Gewährung von Beihilfeleistungen für Ehegatten oder Lebenspartner bei wechselnder Einkommenshöhe und bei individuell eingeschränkter Versicherbarkeit des Kostenrisikos,
   c) die Beschränkung oder den Ausschluss der, Beihilfen für Ehrenbeamte und Ehrenbeamtinnen sowie Beamte und Beamtinnen, deren Dienstverhältnis auf weniger als ein Jahr befristet ist,
2. hinsichtlich des Inhalts und Umfangs der Beihilfen über
   a) die Einführung von Höchstgrenzen,
   b) die Beschränkung auf bestimmte Indikationen,
   c) die Beschränkung oder den Ausschluss für Untersuchungen und Behandlungen nach wissenschaftlich nicht allgemein anerkannten Methoden,
   d) den Ausschluss für Arznei-, Heil- und Hilfsmittel zur Behandlung der erektilen Dysfunktion, Rauchentwöhnung, Abmagerung und Zügelung des Appetits, Regulierung des Körpergewichts und Verbesserung des Haarwuchses,
   e) die Beschränkung oder den Ausschluss von Beihilfen zu Aufwendungen, die in Ländern außerhalb der Mitgliedstaaten der Europäischen Union erbracht werden,
3. hinsichtlich des Zeitpunkts des Beginns der Ausschlussfrist nach Abs. 3a bei Pauschalbeihilfen, Kuren sowie in Fällen, in denen ein Sozialhilfeträger vorgeleistet hat,
4. hinsichtlich des Verfahrens der Beihilfengewährung und -rückforderung über
   a) die Antragstellung mittels technischer Verfahren und die elektronische Erfassung und Speicherung von Anträgen und Belegen,

b) die Verwendung einer elektronischen Gesundheitskarte entsprechend § 291a SGB V, wobei der Zugriff der Beihilfestellen auf Daten über die in Anspruch genommenen Leistungen und deren Kosten zu beschränken ist,

c) die Beteiligung von Gutachtern und Gutachterinnen, Beratungsärzten und Beratungsärztinnen sowie sonstigen geeigneten Stellen zur Überprüfung der Notwendigkeit und Angemessenheit einzelner geltend gemachter Aufwendungen einschließlich der Übermittlung der erforderlichen Daten, wobei personenbezogene Daten nur mit Einwilligung des oder der Beihilfeberechtigten übermittelt werden dürfen; die Zuerkennung der Eignung setzt voraus, dass die mit der Bewertung betrauten Personen nach dem Verpflichtungsgesetz zur Wahrung der Daten verpflichtet werden,

d) die Durchführung der Regelungen zur Belastungsgrenze (Abs. 3 Satz 7 und 8),

e) die Durchführung von Regressverfahren einschließlich des erforderlichen Datenaustauschs mit Ermittlungsbehörden.

(6) Die Staatsregierung unterrichtet den Landtag fortlaufend über den Erlass und die geplanten Änderungen der Rechtsverordnung nach Abs. 5 Satz 1.

Artikel 97 Erfüllungsübernahme bei Schmerzensgeldansprüchen

(1) 1Hat der Beamte oder die Beamtin wegen eines tätlichen rechtswidrigen Angriffs, den er oder sie in Ausübung des Dienstes oder außerhalb des Dienstes wegen der Eigenschaft als Beamter oder Beamtin erleidet, einen rechtskräftig festgestellten Anspruch auf Schmerzensgeld gegen einen Dritten, kann der Dienstherr auf Antrag die Erfüllung dieses Anspruchs bis zur Höhe des festgestellten Schmerzensgeldbetrags übernehmen, soweit dies zur Vermeidung einer unbilligen Härte notwendig ist. 2Der rechtskräftigen Feststellung steht ein Vergleich nach § 794 Abs. 1 Nr. 1 ZPO gleich, sobald er unwiderruflich und der Höhe nach angemessen ist.

(2) 1Eine unbillige Härte liegt insbesondere vor, wenn die Vollstreckung über einen Betrag von mindestens 500 € erfolglos geblieben ist. 2Der Dienstherr kann die Erfüllungsübernahme verweigern, wenn auf Grund desselben Sachverhalts eine einmalige Unfallentschädigung (Art. 62 BayBeamtVG) oder Unfallausgleich (Art. 52 BayBeamtVG) gezahlt wird.

(3) 1Die Übernahme der Erfüllung ist innerhalb einer Ausschlussfrist von zwei Jahren nach Rechtskraft des Urteils schriftlich unter Nachweis der Vollstreckungsversuche zu beantragen. 2Die Entscheidung trifft die oberste Dienstbehörde, bei Staatsbeamten die Pensionsbehörde (Art. 9 Abs. 2 BayBeamtVG). 3Soweit der Dienstherr die Erfüllung übernommen hat, gehen Ansprüche gegen Dritte auf ihn über. 4Der Übergang der Ansprüche kann nicht zum Nachteil des oder der Geschädigten geltend gemacht werden.

Artikel 98 Schadensersatz bei Gewaltakten Dritter und Sachschadensersatz bei Unfällen

(1) 1Werden durch Gewaltakte Dritter, die im Hinblick auf das pflichtgemäße dienstliche Verhalten von Beamten und Beamtinnen begangen werden, Gegenstände beschädigt oder zerstört, die den Beamten und Beamtinnen, ihren Familienangehörigen oder mit ihnen in häuslicher Gemeinschaft lebenden Personen gehören, oder den Beamten und Beamtinnen sonstige, nicht unerhebliche Vermögensschäden zugefügt, so kann der Dienstherr hierfür Ersatz leisten. 2Gleiches gilt in den Fällen, in denen sich der Gewaltakt gegen den Dienstherrn als solchen gerichtet hat.

(2) Werden in Ausübung oder infolge des Dienstes Kleidungsstücke oder sonstige Gegenstände, die üblicherweise oder aus dienstlichem Grund im Dienst mitgeführt werden, durch einen Unfall beschädigt oder verloren, so kann der Dienstherr dafür Ersatz leisten, sofern der Beamte oder die Beamtin den Schaden nicht vorsätzlich oder grob fahrlässig verursacht hat.

(3) 1Ansprüche auf Ersatzleistungen sind innerhalb von drei Monaten nach dem Eintritt des Schadens bei der Dienststelle oder der für die Entscheidung über die Ersatzleistung zu-

ständigen Behörde schriftlich geltend zu machen. $_{2}$Die Entscheidung trifft die oberste Dienstbehörde, bei Beamten und Beamtinnen des Staates die Pensionsbehörde (Art. 9 Abs. 2 BayBeamtVG).

(4) $_{1}$Hat der Dienstherr Ersatz geleistet, so gehen insoweit Ansprüche gegen Dritte auf ihn über. $_{2}$Der Übergang der Ansprüche kann nicht zum Nachteil des oder der Geschädigten geltend gemacht werden.

Artikel 99 Mutterschutz, Elternzeit, Schwerbehinderung, Arbeitsschutz, Gendiagnostik

(1) $_{1}$Die Staatsregierung regelt durch Rechtsverordnung die der Eigenart des öffentlichen Dienstes entsprechende Anwendung

1. der Vorschriften des Mutterschutzgesetzes auf Beamtinnen,
2. der Vorschriften des Bundeselterngeld- und Elternzeitgesetzes über die Elternzeit auf Beamte und Beamtinnen,
3. der auf das Arbeitsschutzgesetz gestützten Rechtsverordnungen auf Beamte und Beamtinnen.

$_{2}$Weitere Regelungen zur Ausgestaltung der Vorschriften des Neunten Buches Sozialgesetzbuch auf schwerbehinderte und gleichgestellte Beamte, Beamtinnen, Bewerber und Bewerberinnen im öffentlichen Dienst regelt das Staatsministerium der Finanzen und für Heimat durch Verwaltungsvorschriften.

(2) $_{1}$Soweit öffentliche Belange es zwingend erfordern, insbesondere zur Aufrechterhaltung oder Wiederherstellung der öffentlichen Sicherheit, kann das zuständige Staatsministerium im Einvernehmen mit dem Staatsministerium der Finanzen und für Heimat für bestimmte Tätigkeiten durch Rechtsverordnung bestimmen, dass Vorschriften des Arbeitsschutzgesetzes oder hierzu erlassener Rechtsverordnungen des Bundes ganz oder zum Teil nicht anzuwenden sind. $_{2}$In diesen Fällen ist sicherzustellen, dass die Sicherheit und der Gesundheitsschutz bei der Arbeit unter Berücksichtigung der Ziele des Arbeitsschutzgesetzes auf andere Weise gewährleistet werden.

(3) Die für Beschäftigte geltenden Vorschriften des Gendiagnostikgesetzes gelten für Beamte und Beamtinnen im Sinn dieses Gesetzes entsprechend.

Artikel 100 Jugendarbeitsschutz

(1) Soweit Beamte und Beamtinnen das 18. Lebensjahr noch nicht vollendet haben, besteht ein Anspruch auf Jugendarbeitsschutz nach Maßgabe der folgenden Absätze.

(2) $_{1}$Bei der Festlegung der täglichen und wöchentlichen Arbeitszeit, der Freistellung an Berufsschultagen, der Regelung der Pausen, der Schichtzeit, der täglichen Freizeit, der Nachtruhe, der Fünf-Tage-Woche sowie der Samstags-, Sonntags- und Feiertagsruhe ist das besondere Schutzbedürfnis von Jugendlichen unter 18 Jahren zu berücksichtigen. $_{2}$Die Dauer ihres Erholungsurlaubs ist unter Berücksichtigung ihres Alters und ihres besonderen Erholungsbedürfnisses zu bemessen. $_{3}$Das Nähere regelt die Staatsregierung durch Rechtsverordnung.

(3) $_{1}$Beamte und Beamtinnen dürfen vor Vollendung des 18. Lebensjahres nicht mit Dienstgeschäften betraut werden, bei denen Leben, Gesundheit oder die körperliche oder seelisch-geistige Entwicklung gefährdet werden. $_{2}$Dies gilt nicht für die Beschäftigung nach Vollendung des 16. Lebensjahres, soweit dies zur Erreichung des Ausbildungsziels erforderlich ist und der Schutz der Jugendlichen durch die Aufsicht eines Fachkundigen sichergestellt ist. $_{3}$Die zuständige Dienstbehörde hat bei der Errichtung und der Unterhaltung der Dienststellen einschließlich der Maschinen, Werkzeuge und Geräte und bei der Regelung der Beschäftigung die erforderlichen Vorkehrungen und Maßnahmen zum Schutz der Jugendlichen gegen Gefahren für Leben und Gesundheit sowie zur Vermeidung einer Beeinträchtigung der körperlichen oder seelisch-geistigen Entwicklung zu treffen.

(4) $_{1}$Jugendliche unter 18 Jahren dürfen in ein Beamtenverhältnis nur berufen werden, nachdem sie ärztlich untersucht worden sind (Erstuntersuchung). $_{2}$Nach Ablauf eines Jahres seit der Einstellung ist eine erneute ärztliche Untersuchung durchzuführen (Nachuntersu-

chung). 3Die Erstuntersuchung hat sich auf den Gesundheits- und Entwicklungsstand sowie die körperliche Beschaffenheit, die Nachuntersuchung außerdem auf die Auswirkungen der Berufsarbeit auf Gesundheit und Entwicklung zu erstrecken. 4Die Kosten der ärztlichen Untersuchungen trägt der Dienstherr.

(5) 1Ausnahmen von Abs. 3 Satz 1 sind für jugendliche Polizeivollzugsbeamte zulässig zur Eigensicherung und auf Weisung des Staatsministeriums des Innern, für Sport und Integration für Einsätze bei Naturkatastrophen, besonders schweren Unglücksfällen oder in Fällen anderer Art, die die Kräfte der Polizei in außergewöhnlichem Maß in Anspruch nehmen, soweit erwachsene Polizeibedienstete nicht zur Verfügung stehen. 2Auf die Leistungsfähigkeit der jugendlichen Polizeivollzugsbeamten ist besonders Rücksicht zu nehmen. 3Die Einsatzzeit ist auf die unbedingt notwendige Dauer zu beschränken.

Artikel 101 Jubiläumszuwendung

1Den Beamten und Beamtinnen soll bei Dienstjubiläen eine Jubiläumszuwendung gewährt werden. 2Das Nähere regelt die Staatsregierung durch Rechtsverordnung.

Abschnitt 8
Personalakten und Einsatz automatisierter Verfahren

Unterabschnitt 1
Verarbeitung personenbezogener Daten

Artikel 102 (weggefallen)

Artikel 103 Verarbeitung personenbezogener Daten

1Der Dienstherr darf personenbezogene Daten über Bewerber und Bewerberinnen sowie aktive und ehemalige Beamte und Beamtinnen verarbeiten, soweit dies

1. zur Durchführung organisatorischer, personeller und sozialer Maßnahmen, insbesondere zu Zwecken der Personalverwaltung oder Personalwirtschaft erforderlich ist,
2. zusätzlich bei der Verarbeitung besonderer Kategorien personenbezogener Daten Art. 8 Abs. 1 Satz 1 Nr. 2, 3 und 5 sowie Abs. 2 des Bayerischen Datenschutzgesetzes (BayDSG) erlaubt

und nachfolgend nichts anderes bestimmt ist. 2Die Verarbeitung darf nur durch Beschäftigte erfolgen, die vom Dienstherrn mit der Bearbeitung von Personalangelegenheiten betraut sind. 3Unbeschadet der Sätze 1 und 2 dürfen Daten nach Satz 1 auch zu Zwecken der Rechnungsprüfung verarbeitet werden.

Artikel 103a Verarbeitung personenbezogener Daten bei Aufgabenübertragung

1Haben außerhalb des staatlichen Bereichs die zuständige oberste Dienstbehörde oder der Arbeitgeber die Befugnisse zur Festsetzung, Anordnung und Abrechnung von Bezügen der Bediensteten oder der Versorgungsempfänger, von Beihilfen, Reisekosten, Trennungsgeld oder Umzugskostenvergütung oder sonstiger Nebenleistungen mit dessen Zustimmung auf das Landesamt für Finanzen übertragen, darf das Landesamt für Finanzen in diesem Rahmen personenbezogene Daten einschließlich besonderer Kategorien personenbezogener Daten verarbeiten, soweit dies zur Erfüllung der ihm übertragenen Aufgaben erforderlich ist. 2Das Landesamt für Finanzen verarbeitet die personenbezogenen Daten unter Beachtung der geltenden Gesetze weisungsfrei. 3Es ist insoweit bei der Verarbeitung sämtlicher personenbezogener Daten Verantwortlicher gemäß Art. 4 Nr. 7 der Verordnung (EU) 2016/679 (Datenschutz-Grundverordnung – DSGVO).

Unterabschnitt 2
Personalakten

Artikel 104 Führung der Personalakte

(1) 1Die Personalakte kann nach sachlichen Gesichtspunkten in Grundakte und Teilakten gegliedert werden. 2Teilakten können bei der für den betreffenden Aufgabenbereich zuständigen Behörde geführt werden. 3Eine Beschäftigungsbehörde, die nicht zugleich personalverwaltende Behörde ist, oder weitere personalverwaltende Behörden dürfen eine

weitere Personalakte (Nebenakte) aus Unterlagen führen, die sich auch in der Grundakte oder Teilakten befinden, soweit deren Kenntnis für die Erledigung ihrer Aufgaben erforderlich ist. $_{4}$In der Grundakte ist ein vollständiges Verzeichnis aller Teil- und Nebenakten aufzunehmen.

(2) $_{1}$Die Personalakte kann in Teilen (Hybridakte) oder vollständig elektronisch geführt werden. $_{2}$Gehen elektronische Unterlagen auf die Erfassung papiergebundener Unterlagen zurück, darf auch die ursprüngliche Papierfassung gesondert zu Beweiszwecken aufbewahrt werden. $_{3}$Im Übrigen gelten für die Papierfassung die personalaktenrechtlichen Vorschriften entsprechend. $_{4}$Bei der Erfassung ist ausreichend sicherzustellen, dass die elektronischen Dokumente mit den Papierdokumenten bildlich und inhaltlich übereinstimmen, wenn sie lesbar gemacht werden. $_{5}$Bei Hybridakten ist im Verzeichnis nach Abs. 1 Satz 4 anzugeben, welche Aktenteile in welcher Form geführt werden.

(3) $_{1}$Nicht Bestandteil der Personalakte sind Unterlagen, die besonderen, von der Person und dem Dienstverhältnis sachlich zu trennenden Zwecken dienen, insbesondere Prüfungs-, Sicherheits- und Kindergeldakten. $_{2}$Kindergeldakten können mit Besoldungs- und Versorgungsakten verbunden geführt werden, wenn diese von der übrigen Personalakte getrennt sind und von einer von der Personalverwaltung getrennten Organisationseinheit bearbeitet werden; § 35 des Ersten Buches Sozialgesetzbuch und die §§ 67 bis 78 des Zehnten Buches Sozialgesetzbuch bleiben unberührt.

Artikel 105 Beihilfeunterlagen

(1) $_{1}$Unterlagen über Beihilfen sind stets als Teilakte zu führen. $_{2}$Diese ist von der übrigen Personalakte getrennt aufzubewahren. $_{3}$Sie soll nur von Beschäftigten einer von der übrigen Personalverwaltung getrennten Organisationseinheit oder der zuständigen Rechnungsprüfung bearbeitet werden.

(2) $_{1}$Die Beihilfeakte darf für andere als für Beihilfezwecke und Zwecke der Rechnungsprüfung nur verwendet oder weitergegeben werden, wenn und soweit

1. der oder die Beihilfeberechtigte und bei der Beihilfegewährung berücksichtigte Angehörige im Einzelfall einwilligen,
2. die Einleitung oder Durchführung eines im Zusammenhang mit einem Beihilfeantrag stehenden behördlichen oder gerichtlichen Verfahrens dies erfordert,
3. es zur Abwehr erheblicher Nachteile für das Gemeinwohl, einer sonst unmittelbar drohenden Gefahr für die öffentliche Sicherheit oder einer schwerwiegenden Beeinträchtigung der Rechte einer anderen Person erforderlich ist.

$_{2}$Eine Weitergabe an personalverwaltende Stellen ist unzulässig.

(3) $_{1}$Nach Abschluss der Bearbeitung des einzelnen Vorgangs ist ein Zugriff auf Beihilfebelege nur zulässig

1. bei Anfragen durch Beihilfeberechtigte,
2. zur Prüfung von Mehrfacherstattungen,
3. für Zwecke der Rechnungsprüfung,
4. zur Betrugsbekämpfung.

$_{2}$Die Einhaltung der Zugriffsbeschränkung ist durch organisatorische oder technische Maßnahmen sicherzustellen. $_{3}$Die Sätze 1 und 2 gelten nicht für Dauerbelege zum Nachweis von personenbezogenen medizinischen und sonstigen Grunddaten, deren Kenntnis bei der Bearbeitung von Folgevorgängen erforderlich ist.

(4) Die erforderlichen personenbezogenen Daten aus Arzneimittelverordnungen im Sinn des § 1 des Gesetzes über Rabatte für Arzneimittel dürfen an den Treuhänder ausschließlich zum Zweck der Prüfung gemäß § 3 des Gesetzes über Rabatte für Arzneimittel übermittelt werden.

(5) Abs. 1 bis 4 gelten entsprechend für Unterlagen über Heilfürsorge und Heilverfahren.

Artikel 106 Anhörung

$_{1}$Beamte und Beamtinnen sind zu Beschwerden, Behauptungen und Bewertungen, die für sie ungünstig sind oder ihnen nachteilig werden können, vor deren Aufnahme in die Personalakte zu hören, soweit die Anhörung nicht nach anderen Rechtsvorschriften erfolgt. $_{2}$Ihre Äußerungen sind zur Personalakte zu nehmen.

Artikel 107 Auskunft an Beamte und Beamtinnen

(1) 1Während und nach Beendigung des Beamtenverhältnisses können Beamte und Beamtinnen Auskunft aus ihrer Personalakte und aus anderen Akten, die personenbezogene Daten über sie enthalten und für das Dienstverhältnis verarbeitet werden, in Form der Einsichtnahme verlangen. 2Im Übrigen bestimmt die personalaktenführende Behörde, wie die Auskunft gewährt wird.

(2) Hinterbliebenen des Beamten oder der Beamtin kann Auskunft aus der Personalakte in Form der Einsichtnahme gewährt werden, soweit ein berechtigtes Interesse glaubhaft gemacht wird und dienstliche Gründe nicht entgegenstehen.

(3) Nicht der Auskunft unterliegen:

1. Feststellungen über den Gesundheitszustand, soweit zu befürchten ist, dass die betroffene Person bei Kenntnis des Befunds weiteren Schaden an der Gesundheit nimmt,
2. Sicherheitsakten,
3. in Form der Einsichtnahme Daten einer betroffenen Person, die mit Daten Dritter oder geheimhaltungsbedürftigen nicht personenbezogenen Daten derart verbunden sind, dass ihre Trennung nicht oder nur mit unverhältnismäßig großem Aufwand möglich ist.

(4) 1Auf Verlangen wird eine vollständige oder teilweise Kopie zur Verfügung gestellt, sofern dies keinen unverhältnismäßigen zeitlichen oder personellen Aufwand verursacht. 2Für die Erteilung einer zweiten und jeder weiteren Kopie werden Schreibauslagen nach Art. 10 Abs. 2 des Kostengesetzes erhoben.

Artikel 108 Übermittlung von Personalakten und Auskunft an nicht betroffene Personen

(1) Eine Übermittlung oder eine Auskunft aus der Personalakte an Behörden eines anderen Dienstherrn ist für die in Art. 103 Satz 1 genannten Zwecke nur mit Einwilligung des Beamten oder der Beamtin zulässig.

(2) Ohne Einwilligung des Beamten oder der Beamtin darf die Personalakte den zuständigen Behörden oder anderen Stellen übermittelt werden, soweit dies erforderlich ist

1. zur Erstellung ärztlicher Gutachten im Auftrag der personalverwaltenden Behörde oder der Pensionsbehörde,
2. für die Festsetzung, Berechnung und Rückforderung der Besoldung, der Versorgung, von Beihilfen, Reisekosten, Trennungsgeld oder Umzugskostenvergütung oder sonstiger Nebenleistungen,
3. für die Prüfung und Durchführung der Buchung von Einzahlungen von den Betroffenen oder von Auszahlungen an die Betroffenen oder
4. für die Durchführung von Auswertungen für anonymisierte Statistik- und Berichtszwecke und deren Abruf.

(3) 1Die Verarbeitung von Personalaktendaten im Auftrag der personalverwaltenden Behörde im Sinn des Art. 28 DSGVO ist nur zulässig, soweit sie als unterstützende Dienstleistung im Rahmen der überwiegend automatisierten Erledigung von Aufgaben der Behörde zur Vermeidung von Störungen im Geschäftsablauf des Dienstherrn oder zur Realisierung erheblich wirtschaftlicherer Arbeitsabläufe erforderlich ist. 2Die Beauftragung einer nicht öffentlichen Stelle als Auftragsverarbeiter setzt voraus, dass die mit der Verarbeitung von Personalaktendaten befassten Beschäftigten besonders auf den Schutz der Personalaktendaten verpflichtet sind.

(4) 1Auskünfte an Dritte dürfen nur mit Einwilligung des Beamten oder der Beamtin erteilt werden, es sei denn, dass die Abwehr einer erheblichen Beeinträchtigung des Gemeinwohls oder der Schutz berechtigter, höherrangiger Interessen des Dritten die Auskunftserteilung zwingend erfordert. 2Inhalt und Empfänger der Auskunft sind dem Beamten oder der Beamtin schriftlich mitzuteilen.

(5) 1Ohne Einwilligung des Beamten oder der Beamtin können den zuständigen Behörden Auskünfte aus der Personalakte erteilt werden, soweit dies im Einzelfall

1. zu den in Abs. 2 genannten Zwecken,
2. zur Entscheidung über die Verleihung von staatlichen Orden, Ehrenzeichen oder sonstigen staatlichen Ehrungen oder

3. im Rahmen der Art. 8a bis 8e BayVwVfG zwingend

erforderlich ist. 2Soweit eine Auskunft für die in Abs. 2 genannten Zwecke ausreichend ist, unterbleibt eine Übermittlung.

(6) 1Die meldepflichtigen Daten über Dienstunfälle von Beamtinnen und Beamten im Sinne der Verordnung (EU) Nr. 349/2011 können über die Kommunale Unfallversicherung Bayern weitergemeldet werden. 2Einzelheiten zum Verfahren und zur Kostenerstattung können in einer Verwaltungsvereinbarung geregelt werden.

(7) 1Übermittlung und Auskunft sind auf den jeweils erforderlichen Umfang zu beschränken. 2Ein automatisierter Datenabruf durch andere Behörden ist unzulässig, soweit durch besondere Rechtsvorschrift nichts anderes bestimmt ist.

Artikel 109 Entfernung von Unterlagen aus Personalakten

(1) 1Unterlagen über Beschwerden, Behauptungen und Bewertungen, auf die die Tilgungsvorschriften des Disziplinarrechts keine Anwendung finden, sind,

1. falls sie sich als unbegründet oder falsch erwiesen haben, mit Zustimmung des Beamten oder der Beamtin unverzüglich aus der Personalakte zu entfernen und zu vernichten,
2. falls sie für Beamte und Beamtinnen ungünstig sind oder ihnen nachteilig werden können, auf Antrag nach zwei Jahren zu entfernen und zu vernichten; dies gilt nicht für dienstliche Beurteilungen.

2Die Frist nach Satz 1 Nr. 2 beginnt bei neuen Sachverhalten im Sinn dieser Vorschrift oder bei Einleitung eines Straf- oder Disziplinarverfahrens erneut. 3Satz 2 gilt nicht, wenn sich der neue Vorwurf als unbegründet oder falsch herausstellt.

(2) 1Mitteilungen in Strafsachen, soweit sie nicht Bestandteil einer Disziplinarakte sind, sowie Auskünfte aus dem Bundeszentralregister sind mit Zustimmung des Beamten oder der Beamtin nach drei Jahren zu entfernen und zu vernichten. 2Abs. 1 Satz 2 und 3 gilt entsprechend.

Artikel 110 Aufbewahrung und Vernichtung von Personalakten

(1) 1Personalakten sind nach ihrem Abschluss von der personalaktenführenden Behörde fünf Jahre aufzubewahren. 2Personalakten sind abgeschlossen,

1. wenn der Beamte oder die Beamtin ohne Versorgungsansprüche aus dem öffentlichen Dienst ausgeschieden ist, mit Erreichen der gesetzlichen Altersgrenze, in den Fällen des § 24 BeamtStG und des Art. 11 BayDG jedoch erst, wenn mögliche Versorgungsempfänger und Versorgungsempfängerinnen nicht mehr vorhanden sind,
2. wenn der Beamte oder die Beamtin verstorben ist, mit Ablauf des Todesjahres.

3Kann der nach Satz 2 Nr. 2 maßgebliche Zeitpunkt nicht festgestellt werden, ist Art. 10 Abs. 3 Satz 3 des Bayerischen Archivgesetzes entsprechend anzuwenden.

(2) 1Unterlagen über Beihilfen, Heilfürsorge, Heilverfahren, Unterstützungen, Erholungsurlaub, Erkrankungen, Wohnungsfürsorge sowie Umzugs- und Reisekosten sind fünf Jahre nach Ablauf des Jahres, in dem die Bearbeitung des einzelnen Vorgangs abgeschlossen wurde, aufzubewahren. 2Sofern aus Unterlagen über Unterstützungen, Erholungsurlaub, Erkrankungen sowie Umzugs- und Reisekosten die Art der Erkrankung ersichtlich ist, sind sie unverzüglich zurückzugeben oder zu vernichten, wenn sie für den Zweck, zu dem sie vorgelegt worden sind, nicht mehr benötigt werden. 3Die Vernichtung von Arzneimittelverordnungen im Sinn des § 1 des Gesetzes über Rabatte für Arzneimittel erfolgt unverzüglich, sobald sie für die dort geregelten Zwecke nicht mehr benötigt werden, spätestens jedoch zehn Jahre nach Ablauf des Jahres, in dem die Arzneimittelverordnungen elektronisch erfasst wurden.

(3) Versorgungsakten sind zehn Jahre nach Ablauf des Jahres, in dem die letzte Versorgungszahlung geleistet worden ist, aufzubewahren; besteht die Möglichkeit eines Wiederauflebens des Anspruchs, sind die Akten 30 Jahre aufzubewahren.

(4) Personalakten werden nach Ablauf der Aufbewahrungsfrist vernichtet, sofern sie

nicht vom zuständigen öffentlichen Archiv übernommen werden.

Unterabschnitt 3 Einsatz automatisierter Verfahren

Artikel 111 Einsatz automatisierter Verfahren

(1) 1Für die in Art. 103 genannten Zwecke dürfen automatisierte Verfahren eingesetzt werden, in denen auch Personalaktendaten verarbeitet werden dürfen. 2Werden Personalaktendaten verarbeitet, sind insoweit die Art. 103 sowie 108 bis 110 entsprechend anzuwenden. 3Personalaktendaten im Sinn des Art. 105 dürfen zudem nur im Rahmen ihrer Zweckbestimmung und nur von den übrigen Personaldateien technisch und organisatorisch getrennt verarbeitet werden.

(2) 1Eine beamtenrechtliche Entscheidung darf nur dann auf einer ausschließlich automatisierten Verarbeitung von personenbezogenen Daten beruhen, wenn einem vorausgegangenen Antrag des Beamten oder der Beamtin vollständig entsprochen wird. 2Die Kürzung auf Grund der Regelung in Art. 96 Abs. 2 Satz 7 und Abs. 3 Satz 5 ist insofern unschädlich. 3Dem Beamten oder der Beamtin sind die über ihn oder sie in einem automatisierten Verfahren nach Abs. 1 Satz 1 gespeicherten Daten auf Verlangen mitzuteilen. 4Die Verarbeitungs- und Nutzungsformen automatisierter Personalverwaltungsverfahren sind zu dokumentieren und einschließlich des jeweiligen Verwendungszwecks sowie der regelmäßigen Empfänger und des Inhalts automatisierter Datenübermittlung allgemein bekanntzugeben.

Teil 5 Landespersonalausschuss

Artikel 112 Errichtung, Unabhängigkeit

1Zur einheitlichen Durchführung beamtenrechtlicher Vorschriften wird ein Landespersonalausschuss errichtet. 2Er übt seine Tätigkeit innerhalb der gesetzlichen Schranken unabhängig und in eigener Verantwortung aus.

Artikel 113 Zusammensetzung

(1) 1Der Landespersonalausschuss besteht aus sieben ordentlichen und sieben stellvertretenden Mitgliedern. 2Sämtliche Mitglieder müssen sich in einem Beamtenverhältnis auf Lebenszeit oder auf Zeit befinden.

(2) 1Nimmt der Landespersonalausschuss Aufgaben nach Art. 115 Abs. 1 Nr. 4 wahr, so wird die Zusammensetzung nach Abs. 1 um ein beratendes Mitglied ergänzt. 2Das beratende Mitglied soll Erfahrung auf dem Gebiet der Personalentwicklung außerhalb öffentlich-rechtlicher Dienstherren haben.

(3) 1Die Staatsregierung beruft die ordentlichen und die stellvertretenden Mitglieder sowie das beratende Mitglied auf die Dauer von fünf Jahren; erneute Berufung ist zulässig. 2Drei ordentliche und drei stellvertretende Mitglieder sind aus einer staatlichen Verwaltung zu berufen, davon je ein ordentliches und ein stellvertretendes Mitglied aus dem Staatsministerium des Innern, für Sport und Integration und dem Staatsministerium der Finanzen und für Heimat. 3Je zwei ordentliche und zwei stellvertretende Mitglieder werden auf Vorschlag der kommunalen Spitzenverbände und der Spitzenorganisationen der zuständigen Gewerkschaften und Berufsverbände berufen.

(4) Die Staatsregierung bestellt den Vorsitzenden oder die Vorsitzende und den stellvertretenden Vorsitzenden oder die stellvertretende Vorsitzende aus dem Kreis der aus einer staatlichen Verwaltung berufenen ordentlichen Mitglieder.

Artikel 114 Rechtsstellung der Mitglieder

(1) 1Die Mitglieder des Landespersonalausschusses sind unabhängig und nur dem Gesetz unterworfen. 2Sie scheiden aus ihrem Amt als Mitglied des Landespersonalausschusses durch Zeitablauf und durch Beendigung des Beamtenverhältnisses oder der Zugehörigkeit zu einer staatlichen Verwaltung (Art. 113 Abs. 3 Satz 2) aus; bei Mitgliedern, die aus dem Staatsministerium des Innern, für Sport und Integration oder dem Staatsministerium der Finanzen und für Heimat berufen werden, endet die Mitgliedschaft auch bei Wechsel der Behörde. 3Im Übrigen scheiden sie aus ihrem Amt nur unter den gleichen Voraussetzungen aus, unter denen Mitglieder

eines Disziplinargerichts wegen rechtskräftiger Verurteilung im Straf- oder Disziplinarverfahren ihr Amt verlieren. 4§ 39 BeamtStG ist nicht anzuwenden.

(2) Die Mitglieder des Landespersonalausschusses dürfen wegen ihrer Tätigkeit dienstlich nicht gemaßregelt, nicht benachteiligt und nicht bevorzugt werden.

(3) Die Mitglieder des Landespersonalausschusses dürfen bei Entscheidungen, die sie selbst oder Angehörige betreffen, nicht mitwirken.

(4) Die Dienstaufsicht über die Mitglieder des Landespersonalausschusses führt der Staatsminister der Finanzen und für Heimat.

Artikel 115 Aufgaben

(1) Der Landespersonalausschuss hat außer den ihm in sonstigen Vorschriften dieses Gesetzes oder des Leistungslaufbahngesetzes eingeräumten Befugnissen die folgenden Aufgaben:

1. bei der Vorbereitung beamtenrechtlicher Vorschriften über die Ausbildung, Prüfung und Fortbildung mitzuwirken,
2. die Aufsicht über die Prüfungen zu führen,
3. über den Antrag einer obersten Dienstbehörde auf Anerkennung einer Prüfung zu beschließen,
4. als Kompetenzzentrum dienstherrenübergreifende Konzepte für Personalentwicklungsmaßnahmen unter Einbindung der obersten Dienstbehörden zu erstellen,
5. Vorschläge zur Beseitigung von Mängeln in der Handhabung der beamtenrechtlichen Vorschriften zu machen,
6. die Dienstherren in laufbahnrechtlichen Angelegenheiten zu beraten.

(2) Die Staatsregierung kann dem Landespersonalausschuss zur einheitlichen Durchführung beamtenrechtlicher Vorschriften weitere Aufgaben durch Rechtsverordnung übertragen.

(3) Über die Durchführung seiner Aufgaben hat der Landespersonalausschuss die Staatsregierung alljährlich zu unterrichten.

Artikel 116 Geschäftsordnung

Der Landespersonalausschuss gibt sich eine Geschäftsordnung.

Artikel 117 Sitzungen, Beschlussfähigkeit

(1) 1Die Sitzungen des Landespersonalausschusses sind nicht öffentlich. 2Der Landespersonalausschuss kann Vertretern beteiligter Verwaltungen und anderen Personen die Anwesenheit bei der Verhandlung gestatten. 3Vertreter beteiligter Verwaltungen sind auf Verlangen zu hören.

(2) Sind der oder die Vorsitzende und der oder die stellvertretende Vorsitzende verhindert, so leitet an ihrer Stelle das dienstälteste Mitglied die Verhandlungen.

(3) Zur Beschlussfähigkeit ist die Anwesenheit von mindestens fünf Mitgliedern im Sinn des Art. 113 Abs. 1 erforderlich.

Artikel 118 Beweiserhebungsrecht, Amts- und Rechtshilfe

(1) Der Landespersonalausschuss kann zur Durchführung seiner Aufgaben in entsprechender Anwendung der für die Verwaltungsgerichtsbarkeit geltenden Vorschriften Beweise erheben.

(2) Alle Dienststellen haben dem Landespersonalausschuss unentgeltlich Amts- und Rechtshilfe zu leisten.

Artikel 119 Bekanntmachung und Bindungswirkung der Beschlüsse

(1) Soweit eine Zuständigkeit des Landespersonalausschusses nach dem Leistungslaufbahngesetz oder nach diesem Gesetz begründet ist, kann dieser seine Beschlüsse in Einzelfällen oder in Gruppen von Fällen fassen.

(2) 1Beschlüsse des Landespersonalausschusses sind, soweit sie allgemeine Bedeutung haben, bekanntzumachen. 2Näheres regelt die Geschäftsordnung.

(3) Soweit dem Landespersonalausschuss eine Entscheidungsbefugnis eingeräumt ist, binden seine Beschlüsse die beteiligten Verwaltungen.

Artikel 120 Geschäftsstelle

(1) 1Der Landespersonalausschuss bedient sich zur Vorbereitung der Verhandlungen und Durchführung seiner Beschlüsse einer Ge-

schäftsstelle, die beim Staatsministerium der Finanzen und für Heimat eingerichtet wird. $_{2}$Die Geschäftsstelle führt ferner nach Maßgabe der Prüfungsbestimmungen im Auftrag des Landespersonalausschusses die Prüfungen (Art. 22 LlbG) durch, sofern nicht der Landespersonalausschuss die Durchführung anderen Stellen überträgt.

(2) $_{1}$Die Staatsregierung bestellt zur Leitung der Geschäftsstelle einen Generalsekretär oder eine Generalsekretärin. $_{2}$Er oder sie nimmt an den Verhandlungen des Landespersonalausschusses beratend teil.

Teil 6
Besondere Beamtengruppen

Abschnitt 1
Beamte und Beamtinnen des Landtags

Artikel 121 Beamte und Beamtinnen des Landtags

(1) $_{1}$Die Beamten und Beamtinnen des Landtags sind Beamte und Beamtinnen des Staates. $_{2}$Sie werden von dem Präsidenten oder der Präsidentin des Landtags ernannt. $_{3}$Zur Ernennung des Direktors oder der Direktorin und der Beamten und Beamtinnen von der Besoldungsgruppe A 16 an ist die Zustimmung des Präsidiums erforderlich.

(2) $_{1}$Oberste Dienstbehörde der Beamten und Beamtinnen des Landtags ist der Präsident oder die Präsidentin des Landtags. $_{2}$Er oder sie übt die Dienstaufsicht über die Beamten und Beamtinnen des Landtags aus.

(3) § 12 Abs. 1 Nr. 4 BeamtStG ist nicht anzuwenden.

(4) Abs. 1, 2 Satz 1 und Abs. 3 gelten auch für den Landesbeauftragten für den Datenschutz und die Beamten und Beamtinnen der Geschäftsstelle; Art. 19 BayDSG bleibt unberührt.

Abschnitt 2
Beamtenverhältnis auf Zeit

Artikel 122 Beamte und Beamtinnen auf Zeit

(1) Die Fälle und die Voraussetzungen der Berufung in das Beamtenverhältnis auf Zeit sind gesetzlich zu bestimmen.

(2) $_{1}$Ein Beamter oder eine Beamtin auf Zeit ist mit Ablauf der Amtszeit aus dem Beamtenverhältnis auf Zeit entlassen, wenn er oder sie nicht erneut in dasselbe Amt für eine weitere Amtszeit berufen wird und nicht in den Ruhestand tritt. $_{2}$Wird der Beamte oder die Beamtin auf Zeit im Anschluss an die Amtszeit erneut in dasselbe Amt für eine weitere Amtszeit berufen, so gilt das Beamtenverhältnis als nicht unterbrochen.

(3) $_{1}$Soweit gesetzlich nichts anderes bestimmt ist, sind Beamte und Beamtinnen auf Zeit nach Ablauf der Amtszeit verpflichtet, das Amt weiterzuführen, wenn sie unter mindestens gleich günstigen Bedingungen für wenigstens die gleiche Zeit wieder ernannt werden sollen und das 62. Lebensjahr noch nicht vollendet haben. $_{2}$Beamte und Beamtinnen sind zu entlassen, wenn sie als Beamte oder Beamtinnen auf Zeit ihrer Verpflichtung zur Weiterführung ihres Amtes nicht nachkommen.

(4) $_{1}$Soweit gesetzlich nichts anderes bestimmt ist, sind Beamte oder Beamtinnen auf Zeit, die aus einem Beamtenverhältnis auf Lebenszeit in ein Beamtenverhältnis auf Zeit berufen worden sind und nach Ablauf der Amtszeit das Amt nicht weiterführen, auf ihren Antrag wieder in das frühere Dienstverhältnis zu übernehmen, wenn sie die beamtenrechtlichen Voraussetzungen noch erfüllen. $_{2}$Das zu übertragende Amt muss derselben Fachlaufbahn angehören und mit mindestens demselben Endgrundgehalt verbunden sein wie das Amt, das sie im Zeitpunkt der Beendigung des Beamtenverhältnisses auf Lebenszeit innehatten. $_{3}$Der Antrag auf Übernahme ist innerhalb von drei Monaten nach Ablauf der Amtszeit zu stellen.

(5) $_{1}$Endet das Beamtenverhältnis auf Zeit nach Abs. 2 Satz 1, erhalten entlassene Beamte und Beamtinnen auf Zeit von dem Beginn des Monats an, in dem sie den Antrag nach Abs. 4 gestellt haben, bis zur Übertragung des neuen Amtes von dem früheren Dienstherrn Bezüge in Höhe des beim Ausscheiden aus dem Beamtenverhältnis auf Lebenszeit erdienten Ruhegehalts. $_{2}$Die im Beamtenverhältnis auf Zeit verbrachte Dienstzeit gilt als Dienstzeit im Sinn des Besol-

dungs- und Versorgungsrechts. 3Im Übrigen gelten die Vorschriften der Art. 5 bis 10, 69 bis 74, 80 und 83 bis 93 BayBeamtVG sinngemäß; Empfänger und Empfängerinnen der Bezüge gelten insoweit als Ruhestandsbeamte und Ruhestandsbeamtinnen, die Bezüge gelten als Ruhegehalt. 4Neben einem Übergangsgeld, das aus dem Beamtenverhältnis auf Zeit gewährt wird, gelten die Bezüge nach Satz 1 als Erwerbsersatzeinkommen im Sinn des Art. 83 Abs. 4 BayBeamtVG.

Artikel 123 Ruhestandseintritt

(1) 1Beamte und Beamtinnen auf Zeit treten mit Ablauf der Zeit, für die sie ernannt sind, in den Ruhestand, wenn sie eine Dienstzeit von mindestens zehn Jahren in einem Beamtenverhältnis mit Dienstbezügen zurückgelegt haben und weder nach Art. 122 Abs. 3 Satz 2 entlassen noch erneut in dasselbe Amt für eine weitere Amtszeit berufen werden. 2Mit dem Erreichen der Altersgrenze treten sie in den Ruhestand, wenn sie eine Dienstzeit von mindestens zehn Jahren in einem Beamtenverhältnis mit Dienstbezügen zurückgelegt haben oder aus einem Beamtenverhältnis auf Lebenszeit zu Beamten oder Beamtinnen auf Zeit ernannt worden waren.

(2) 1Dienstunfähige Beamte und Beamtinnen auf Zeit sind in den Ruhestand zu versetzen, wenn sie

1. eine Dienstzeit von mindestens zehn Jahren in einem Beamtenverhältnis mit Dienstbezügen zurückgelegt haben oder
2. infolge Krankheit, Verwundung oder sonstiger Beschädigung, die sie sich ohne grobes Verschulden bei Ausübung oder aus Veranlassung des Dienstes zugezogen haben, dienstunfähig geworden sind oder
3. aus einem Beamtenverhältnis auf Lebenszeit zu Beamten oder Beamtinnen auf Zeit ernannt worden waren.

2Sind Beamte und Beamtinnen auf Zeit aus anderen als den in Satz 1 Nr. 2 genannten Gründen dienstunfähig geworden und haben sie eine Dienstzeit von weniger als zehn Jahren in einem Beamtenverhältnis mit Dienstbezügen zurückgelegt, so können sie in den Ruhestand versetzt werden; die Entscheidung trifft die oberste Dienstbehörde, bei Beamten und Beamtinnen des Staates im Einvernehmen mit dem Staatsministerium der Finanzen und für Heimat. 3Art. 71 Abs. 3 gilt entsprechend; der Ruhestand beginnt jedoch spätestens mit dem Ablauf der Amtszeit.

(3) 1Beamte und Beamtinnen auf Zeit, die in den einstweiligen Ruhestand versetzt worden sind, gelten mit Erreichen der gesetzlichen Altersgrenze als dauernd im Ruhestand befindlich, wenn sie bei Verbleiben im Amt mit Erreichen der Altersgrenze in den Ruhestand getreten wären. 2Sie gelten mit dem früheren Ablauf der Amtszeit als dauernd im Ruhestand befindlich, wenn sie bei Verbleiben im Amt in diesem Zeitpunkt eine Dienstzeit von mindestens zehn Jahren im Beamtenverhältnis mit Dienstbezügen zurückgelegt hätten oder vor Ablauf der Amtszeit nach Abs. 2 Satz 1 Nr. 2 in den Ruhestand versetzt worden wären.

Abschnitt 3
Beamte und Beamtinnen der Polizei, der Justizvollzugsanstalten, der weiteren speziellen Hafteinrichtungen, des Landesamts für Verfassungsschutz, der Feuerwehren und Notariatsbeamte und Notariatsbeamtinnen

Artikel 124 Polizeivollzugsbeamte und Polizeivollzugsbeamtinnen

(1) Für Beamte und Beamtinnen im Vollzugsdienst der Polizei gelten die allgemeinen beamtenrechtlichen Vorschriften, soweit gesetzlich nichts anderes bestimmt ist.

(2) 1Dem Polizeivollzugsdienst gehören alle Beamten und Beamtinnen der Polizei in der Fachlaufbahn Polizei und Verfassungsschutz an. 2Dem Verwaltungsdienst der Polizei gehören alle übrigen Beamten und Beamtinnen an. 3Für Angelegenheiten der Personalverwaltung sollen auch Beamte und Beamtinnen im Polizeivollzugsdienst verwendet werden.

Artikel 125 Status der Beamten und Beamtinnen im Polizeivollzugsdienst in Ausbildung

Die Polizeivollzugsbeamten und Polizeivollzugsbeamtinnen auf Widerruf im Vorbereitungsdienst können nach Maßgabe der Verordnung über die Fachlaufbahn Polizei und Verfassungsschutz frühestens nach Ablauf eines Jahres der Ausbildung in das Beamtenverhältnis auf Widerruf mit Dienstbezügen oder nach Beendigung einer Grundausbildung in das Beamtenverhältnis auf Probe berufen werden.

Artikel 126 (weggefallen)

Artikel 127 Gemeinschaftsunterkunft

1Polizeivollzugsbeamte und Polizeivollzugsbeamtinnen der Bereitschaftspolizei sind während der Ausbildung verpflichtet, in einer Gemeinschaftsunterkunft zu wohnen und an einer Gemeinschaftsverpflegung teilzunehmen. 2Das Gleiche gilt für die übrigen Polizeivollzugsbeamten und Polizeivollzugsbeamtinnen während der Teilnahme an Lehrgängen, bei Bereitschaften sowie bei Übungen und Einsätzen im geschlossenen Verband. 3Die oberste Dienstbehörde, die ihr unmittelbar nachgeordneten Dienststellen und die Einsatzleitung können Ausnahmen zulassen.

Artikel 128 Polizeidienstunfähigkeit

(1) 1Polizeivollzugsbeamte und Polizeivollzugsbeamtinnen sind dienstunfähig, wenn sie den besonderen gesundheitlichen Anforderungen für den Polizeivollzugsdienst nicht mehr genügen und nicht zu erwarten ist, dass sie ihre volle Verwendungsfähigkeit innerhalb zweier Jahre wiedererlangen (Polizeidienstunfähigkeit), es sei denn, die auszuübende Funktion erfordert bei Beamten und Beamtinnen auf Lebenszeit diese besonderen gesundheitlichen Anforderungen auf Dauer nicht mehr uneingeschränkt. 2Die Polizeidienstunfähigkeit und die Erfüllung der Anforderungen nach Satz 1 Halbsatz 2 werden auf Grund eines amtsärztlichen Gutachtens festgestellt. 3Bestehen Zweifel über die Polizeidienstunfähigkeit, ist Art. 65 Abs. 2 entsprechend anzuwenden. 4Art. 67 gilt entsprechend. 5Für die amtsärztliche Untersuchung der Erfüllung der Anforderungen nach Satz 1 Halbsatz 2 gelten Sätze 3 und 4 entsprechend.

(2) 1Wird amtsärztlich festgestellt, dass Polizeivollzugsbeamte oder Polizeivollzugsbeamtinnen den besonderen gesundheitlichen Anforderungen auf Dauer nicht mehr uneingeschränkt gerecht werden, so kann ihnen eine Funktion im Sinn des Abs. 1 Satz 1 Halbsatz 2 zugewiesen werden. 2Kann eine Funktion im Sinn des Abs. 1 Satz 1 Halbsatz 2 nicht zugewiesen werden, gilt § 27 BeamtStG entsprechend. 3Dabei kann Beamten oder Beamtinnen unter Beibehaltung ihres Amtes ohne ihre Zustimmung auch eine geringerwertige Tätigkeit im Bereich desselben Dienstherrn übertragen werden, wenn eine anderweitige Verwendung nicht möglich ist und die Wahrnehmung der neuen Aufgabe unter Berücksichtigung der bisherigen Tätigkeit zuzumuten ist; die neue Tätigkeit muss mindestens einem Amt ab ihrer Qualifikationsebene entsprechen. 4Polizeivollzugsbeamte und Polizeivollzugsbeamtinnen, die den besonderen gesundheitlichen Anforderungen nicht mehr uneingeschränkt gerecht werden, müssen auf Weisung der zuständigen Behörde an geeigneten und zumutbaren Maßnahmen zur Wiederherstellung ihrer uneingeschränkten Polizeidienstfähigkeit teilnehmen. 5Ist ein Vorgehen nach den Sätzen 1 bis 3 nicht möglich oder nicht erfolgversprechend, so ist nach Abs. 3 zu verfahren.

(3) Ist nach Abs. 1 von Polizeidienstunfähigkeit auszugehen, so finden § 26 Abs. 1 Satz 3, Abs. 2 und 3 BeamtStG entsprechende Anwendung.

Artikel 129 Altersgrenze

1Für Polizeivollzugsbeamte und Polizeivollzugsbeamtinnen auf Lebenszeit gilt als Altersgrenze das Ende des Monats, in dem sie das 62. Lebensjahr vollenden. 2Beamte und Beamtinnen im Sinn des Satzes 1 können auf Antrag in den Ruhestand versetzt werden, wenn sie das 60. Lebensjahr vollendet haben.

Artikel 130 Beamte und Beamtinnen bei den Justizvollzugsanstalten und den weiteren speziellen Hafteinrichtungen

Für Beamte und Beamtinnen auf Lebenszeit im Strafvollzugsdienst (allgemeiner Vollzugs-, Werk- und Krankenpflegedienst) bei den Justizvollzugsanstalten sowie für Beamte und Beamtinnen im Vollzugsdienst bei den für den Vollzug von Zurückweisungshaft, Abschiebungshaft oder Ausreisegewahrsam errichteten weiteren speziellen Hafteinrichtungen gilt Art. 129 entsprechend.

Artikel 131 Beamte und Beamtinnen des Landesamts für Verfassungsschutz

Für Beamte und Beamtinnen des Landesamts für Verfassungsschutz in der Fachlaufbahn Polizei und Verfassungsschutz gilt Art. 129 entsprechend.

Artikel 132 Feuerwehrbeamte und Feuerwehrbeamtinnen

1Für die Beamten und Beamtinnen des feuerwehrtechnischen Dienstes im Einsatzdienst der Feuerwehren gilt Art. 129 entsprechend. 2Dies gilt ebenso für die Beamten und Beamtinnen des feuerwehrtechnischen Dienstes, die in einer Integrierten Leitstelle tätig sind.

Artikel 133 Notariatsbeamte und Notariatsbeamtinnen

(1) Das Staatsministerium der Justiz kann die Rechtsverhältnisse der Notariatsbeamten und Notariatsbeamtinnen durch Rechtsverordnung näher regeln und hierbei die allgemeinen beamtenrechtlichen Vorschriften der besonderen Organisation des Notariatswesens anpassen.

(2) Die Rechtsverordnung kann Bestimmungen enthalten über

1. die Dienstvorgesetzten, die oberste Dienstbehörde und die Aufsichtsbehörden,
2. den Dienstherrn im Sinn des § 48 BeamtStG,
3. die Einleitung und Durchführung des Disziplinarverfahrens.

Abschnitt 4
Ehrenbeamte und Ehrenbeamtinnen

Artikel 134 Ehrenbeamte und Ehrenbeamtinnen

(1) Für Ehrenbeamte und Ehrenbeamtinnen gelten die Vorschriften dieses Gesetzes und des Beamtenstatusgesetzes mit den sich aus der Natur des Ehrenbeamtenverhältnisses ergebenden Maßgaben:

1. Nicht anzuwenden sind insbesondere Art. 5, 11, 13, 23, 24, 45 Abs. 12, Art. 48, 50, 62 bis 71, 74, 81 Abs. 2 bis 7, Art. 82, 85 bis 87 und 123 Abs. 2 und 3 sowie §§ 15, 22 Abs. 1 Nr. 2, § 23 Abs. 1 Nrn. 3 und 5, §§ 25 bis 30 und 41 BeamtStG.
2. Das Ehrenbeamtenverhältnis kann für beendet erklärt werden, wenn der Ehrenbeamte oder die Ehrenbeamtin das 65. Lebensjahr vollendet hat; es ist für beendet zu erklären, wenn die sonstigen Voraussetzungen für die Versetzung in den Ruhestand vorliegen.

(2) Die Unfallfürsorge für Ehrenbeamte, Ehrenbeamtinnen und ihre Hinterbliebenen richtet sich nach Art. 63 BayBeamtVG.

Teil 7
Besondere Vorschriften für die unter der Aufsicht des Staates stehenden Körperschaften, Anstalten und Stiftungen des öffentlichen Rechts

Artikel 135 Bestimmung von Dienstvorgesetzten oder Vorgesetzten

Haben Beamte und Beamtinnen keine Dienstvorgesetzten oder Vorgesetzten, so bestimmt die oberste Aufsichtsbehörde, wer die nach diesem Gesetz auf den oder die Dienstvorgesetzten oder Vorgesetzten übertragenen Zuständigkeiten wahrnimmt.

Artikel 136 Zuständigkeiten bei nichtstaatlichen Dienstherren

Zuständigkeiten, die nach diesem Gesetz oder dem Beamtenstatusgesetz einer Behörde des Dienstherrn übertragen sind, werden bei den Gemeinden, den Gemeindeverbänden oder den sonstigen unter der Aufsicht des Staates stehenden Körperschaften, Anstalten und Stiftungen des öffentlichen Rechts von den nach Gesetz, Rechtsverordnung oder Satzung zuständigen Organen oder Stellen wahrgenommen.

Artikel 137 Oberste Aufsichtsbehörde

Oberste Aufsichtsbehörde im Sinn dieses Gesetzes ist bei den Gemeinden und den Gemeindeverbänden das Staatsministerium des Innern, für Sport und Integration, bei den sonstigen unter der Aufsicht des Staates stehenden Körperschaften, Anstalten und Stiftungen des öffentlichen Rechts dasjenige Staatsministerium, in dessen Geschäftsbereich die Körperschaftsaufsicht (allgemeine Aufsicht) ausgeübt wird.

Teil 8
Dienstherrnwechsel

Artikel 138 Übernahme von Kirchenbeamten und Kirchenbeamtinnen in ein Beamtenverhältnis im Sinn des Bayerischen Beamtengesetzes

(1) 1Ein Dienstherr (§ 2 BeamtStG) kann sich öffentlich-rechtlichen Religionsgesellschaften und ihren Verbänden gegenüber verpflichten, Kirchenbeamte und Kirchenbeamtinnen im kirchlichen Schuldienst in ein Beamtenverhältnis zu übernehmen, wenn und soweit der Betrieb von Schulen, an denen Personen dieser Religionsgesellschaften oder ihrer Verbände beschäftigt sind, eingeschränkt und aus diesem Grund das Lehrpersonal erheblich vermindert wird. 2Die Übernahmeverpflichtungen eines Dienstherrn dürfen insgesamt zwölf v. H. der in der jeweiligen Lehramtslaufbahn freiwerdenden und wieder besetzbaren Planstellen nicht übersteigen und müssen mit einer vertraglichen Regelung über die Verteilung der Versorgungslast gemäß Art. 145 verbunden sein. 3Übernommen werden dürfen nur Kirchenbeamte und Kirchenbeamtinnen, die im Zeitpunkt der Übernahme die allgemeinen Voraussetzungen zur Berufung in das Beamtenverhältnis nach § 7 Abs. 1 BeamtStG erfüllen und entweder die erforderliche Qualifikation für die Fachlaufbahn nach Inkrafttreten einer Übernahmeverpflichtung nach Satz 1 erworben oder als Lehrkraft bereits in einem Beamtenverhältnis auf Lebenszeit oder auf Probe zu einem Dienstherrn im Sinn des § 2 BeamtStG gestanden haben. 4Eine Übernahmeverpflichtung ist ferner nur für Kirchenbeamte und Kirchenbeamtinnen zulässig, die die wettbewerbsmäßigen Anforderungen ihres Prüfungsjahrgangs für den unmittelbaren Eintritt in den Staatsdienst als Beamter oder Beamtin auf Probe erfüllt haben; bei mehrjähriger Bewährung als hauptberufliche Lehrkraft kann eine Übernahmeverpflichtung auch dann eingegangen werden, wenn das Ergebnis der Qualifikationsprüfung geringfügig, höchstens um einen halben Notengrad, hinter den Anforderungen nach Halbsatz 1 zurückbleibt.

(2) Auf Ernennungen zur Übernahme nach Abs. 1 findet Art. 23 Abs. 1 Satz 1 keine Anwendung.

(3) 1Eine Übernahmeverpflichtung nach Abs. 1 muss mit Wirkung für die Zukunft kündbar sein. 2Bei Kündigung einer nach Abs. 1 eingegangenen Übernahmeverpflichtung bleiben die Übernahmeverpflichtungen für Kirchenbeamte und Kirchenbeamtinnen, die im Zeitpunkt der Wirksamkeit der Kündigung bereits ernannt sind, bestehen.

(4) 1Auf die Probezeit und die Dienstzeiten im Sinn des Leistungslaufbahngesetzes sind gleichwertige Zeiten des kirchlichen Schuldienstes anzurechnen. 2Die Einstellung in einem höheren Amt als dem Eingangsamt ist zulässig, soweit der Beamte oder die Beamtin in ein Amt übernommen wird, das der letzten Dienststellung im Kirchenbeamtenverhältnis gleichwertig ist.

Artikel 139 Ausbildungskostenerstattung

(1) 1Wechseln Beamte oder Beamtinnen, die in der zweiten oder dritten Qualifikationsebene einsteigen, in der Zeit vom Beginn ihres Vorbereitungsdienstes oder eines gleichwertigen Qualifikationserwerbs im Sinn von Art. 38 bis 40 LlbG bis zum Ablauf von sechs Jahren nach ihrer Berufung in das Beamtenverhältnis auf Probe in, soweit eingerichtet, denselben oder einen verwandten fachlichen Schwerpunkt derselben Fachlaufbahn bei einem Dienstherrn im Geltungsbereich dieses Gesetzes, so hat der neue Dienstherr dem bisherigen Dienstherrn die Ausbildungskos-

ten der Beamten oder Beamtinnen nach Maßgabe der folgenden Absätze zu erstatten. 2Dies gilt auch, wenn der ehemalige Beamte oder die ehemalige Beamtin beim neuen Dienstherrn in einem Arbeitnehmerverhältnis mindestens gleichwertig beschäftigt wird. 3Der neue Dienstherr hat dem bisherigen Dienstherrn einen Dienstherrnwechsel im Sinn der Sätze 1 und 2 unverzüglich mitzuteilen. 4Satz 1 findet keine Anwendung, wenn der Ausbildungsdienstherr Beamte oder Beamtinnen nach der Ableistung des Vorbereitungsdienstes aus Gründen, die sie nicht zu vertreten haben, nicht in ein Beamtenverhältnis auf Probe übernimmt und sie deshalb zu einem anderen Dienstherrn wechseln.

(2) 1Abs. 1 gilt nicht für Beamte und Beamtinnen in Fällen, in denen der Vorbereitungsdienst allgemeine Ausbildungsstätte nach Art. 12 Abs. 1 Satz 1 des Grundgesetzes ist. 2Er findet auch keine Anwendung auf Fachlehrkräfte für gewerblich-technische Berufe, für Hauswirtschaft und für Schreibtechnik an beruflichen Schulen in Bayern und auf Polizeivollzugsbeamte, Polizeivollzugsbeamtinnen oder ehemalige Polizeivollzugsbeamte und Polizeivollzugsbeamtinnen, die nach Art. 128 Abs. 2 in ein Amt einer anderen Fachlaufbahn versetzt werden.

(3) 1Ein Dienstherrnwechsel im Sinn des Abs. 1 liegt nicht vor, wenn zwischen dem Ausscheiden aus dem bisherigen Dienstverhältnis und der Begründung eines neuen Dienstverhältnisses ein Zeitraum von mehr als zwei Jahren liegt. 2Ein mehrfacher Dienstherrnwechsel steht einer erneuten Anwendung des Abs. 1 nicht entgegen.

(4) 1Der Erstattungsbetrag setzt sich wie folgt zusammen:

1. aus einem Grundbetrag als Ausgleich für die angefallene Besoldung bei Beamten und Beamtinnen,
   - die in der zweiten Qualifikationsebene einsteigen oder eingestiegen sind, in Höhe des 30-fachen,
   - die in der dritten Qualifikationsebene einsteigen oder eingestiegen sind, in Höhe des 45-fachen

   des zur Zeit des Beginns des Vorbereitungsdienstes geltenden monatlichen Anwärtergrundbetrags,

zuzüglich

2. eines Betrags als Ausgleich für die übrigen Ausbildungskosten in Höhe von
   - 15 v. H. des sich nach Nr. 1 ergebenden Betrags bei Beamten und Beamtinnen, die in der zweiten Qualifikationsebene einsteigen oder eingestiegen sind, bzw.
   - 30 v. H. des sich nach Nr. 1 ergebenden Betrags bei Beamten und Beamtinnen, die in der dritten Qualifikationsebene einsteigen oder eingestiegen sind.

2Bei Laufbahnen, in denen die in Art. 8 Abs. 2 Satz 1 Nr. 2 oder Nr. 3 LlbG festgelegte Dauer des Vorbereitungsdienstes unterschritten wird, ermäßigt sich der nach Satz 1 ermittelte Erstattungsbetrag entsprechend dem Verhältnis der in den jeweiligen Fachverordnungen festgelegten Dauer des Vorbereitungsdienstes zu der in Art. 8 Abs. 2 Satz 1 Nr. 2 oder Nr. 3 LlbG festgelegten Dauer des Vorbereitungsdienstes; dies gilt nicht für die Fachlaufbahn Naturwissenschaft und Technik, fachlicher Schwerpunkt feuerwehrtechnischer Dienst. 3Hat der Beamte oder die Beamtin zum Zeitpunkt des Dienstherrnwechsels die Qualifikationsprüfung noch nicht abgelegt, so mindert sich der Erstattungsbetrag nach Satz 1 entsprechend dem Verhältnis der beim neuen Dienstherrn noch abzuleistenden Ausbildungszeit zur regelmäßigen Dauer des Vorbereitungsdienstes.

(5) 1Der Erstattungsbetrag mindert sich für jedes volle Jahr, das der Beamte oder die Beamtin nach der Berufung in das Beamtenverhältnis auf Probe beim bisherigen Dienstherrn Dienst geleistet hat, um ein Sechstel. 2Rückzahlungen von Anwärterbezügen auf Grund des Art. 75 Abs. 2 BayBesG sind auf den Erstattungsbetrag anzurechnen.

(6) 1Bei einem Dienstherrnwechsel von Beamten und Beamtinnen des Freistaates Bayern zu Gemeinden und Verwaltungsgemeinschaften mit weniger als 10 000 Einwohnern ermäßigt sich der Erstattungsbetrag auf die Hälfte. 2Maßgebend ist die amtliche Einwoh-

I

nerzahl der Gemeinde oder Verwaltungsgemeinschaft, die vom Landesamt für Statistik vor dem Dienstherrnwechsel zuletzt festgestellt worden ist.

(7) Soweit bei einem Dienstherrnwechsel nach Abs. 6 die Übernahme eines Beamten oder einer Beamtin des Freistaates Bayern deshalb notwendig ist, weil von der Gemeinde oder der Verwaltungsgemeinschaft ausgebildete Anwärter oder Anwärterinnen die Qualifikationsprüfung endgültig nicht bestanden haben, beträgt die Ermäßigung zwei Drittel des Erstattungsbetrags.

(8) 1Der Erstattungsbetrag wird vom bisherigen Dienstherrn festgesetzt und beim neuen Dienstherrn durch Bescheid in Textform zur Erstattung angefordert. 2Die Berechnungsgrundlagen und die Berechnung des Erstattungsbetrags sind dem erstattungspflichtigen Dienstherrn mitzuteilen.

(9) Der Erstattungsbetrag wird einen Monat nach Bekanntgabe des Bescheids fällig, sofern kein späterer Termin festgesetzt wird.

(10) Im Bereich des Freistaates Bayern wird die Erstattung durch die für den Beamten oder die Beamtin zuletzt zuständige oberste Dienstbehörde oder die von ihr bestimmte Behörde geleistet.

Artikel 140 (weggefallen)

Teil 9 Übergangsregelungen und Schlussvorschriften

Artikel 141 (weggefallen)

Artikel 142 (weggefallen)

Artikel 142a Übergangsregelung zur Altersteilzeit

1Für Beamte und Beamtinnen, die Altersteilzeit vor dem 1. Januar 2010 angetreten haben, gilt Art. 91 in der am 31. Dezember 2009 geltenden Fassung. 2Für Lehrkräfte an öffentlichen Schulen, die das nach Art. 91 Abs. 1 Satz 1 maßgebliche Lebensjahr in der zweiten Hälfte des Schuljahres 2009/2010 vollenden, gilt als Altersgrenze der Beginn des folgenden Schuljahres. 3Für diese Lehrkräfte und für Lehrkräfte an öffentlichen Schulen, die die gesetzlichen Voraussetzungen des Art. 91 in der am 31. Dezember 2009 geltenden Fassung erfüllt haben, die aber aus schulorganisatorischen Gründen Altersteilzeit nicht vor dem 1. August 2010 antreten können, gilt hinsichtlich des Arbeitszeitumfangs Art. 91 Abs. 1 Satz 1 in der am 31. Dezember 2009 geltenden Fassung.

Artikel 143 Übergangsregelungen zur Anhebung der Altersgrenzen

(1) 1Für Beamte und Beamtinnen, die vor dem 1. Januar 1947 geboren sind, sowie für Lehrkräfte an öffentlichen Schulen, die vor dem 2. August 1947 geboren sind, findet Art. 62 in der am 31. Dezember 2010 geltenden Fassung Anwendung. 2Für Beamte und Beamtinnen, die nach dem 31. Dezember 1946 und vor dem 1. Januar 1964 geboren sind, gilt als Altersgrenze abweichend von Art. 62 Satz 1 und 2 das Ende des Monats bzw. das Ende des Schulhalbjahres, in dem das nach folgender Tabelle maßgebliche Lebensalter erreicht wird:

Beamte und Beamtinnen des Geburtsjahrgangs	Lebensalter
1947	65 Jahre und 1 Monat
1948	65 Jahre und 2 Monate
1949	65 Jahre und 3 Monate
1950	65 Jahre und 4 Monate
1951	65 Jahre und 5 Monate
1952	65 Jahre und 6 Monate
1953	65 Jahre und 7 Monate
1954	65 Jahre und 8 Monate
1955	65 Jahre und 9 Monate
1956	65 Jahre und 10 Monate
1957	65 Jahre und 11 Monate
1958	66 Jahre
1959	66 Jahre und 2 Monate
1960	66 Jahre und 4 Monate
1961	66 Jahre und 6 Monate
1962	66 Jahre und 8 Monate
1963	66 Jahre und 10 Monate

3Für

1. Beamte und Beamtinnen, die sich am 1. Januar 2011 in der Freistellungsphase der Altersteilzeit nach Art. 91 oder bei einer ungleichmäßigen Verteilung der Arbeitszeit auf Grund eines Arbeitszeitmodells nach Art. 87 Abs. 3 oder Art. 88 Abs. 4 bis zum Ruhestand befinden,
2. Beamte und Beamtinnen, die am 1. Januar 2011 nach Art. 90 in der am 31. Dezember 2024 geltenden Fassung oder nach Art. 89 bis zum Beginn des Ruhestands beurlaubt sind,
3. Lehrkräfte an öffentlichen Schulen, die sich am 1. Januar 2011 in der Ansparphase der Altersteilzeit im Blockmodell (Art. 91 Abs. 2 Satz 1 Nr. 2) befinden,

findet Art. 62 in der am 31. Dezember 2010 geltenden Fassung Anwendung.

(2) 1Für Beamte und Beamtinnen, die vor dem 1. Januar 1952 geboren sind, finden Art. 129 bis 132 in der am 31. Dezember 2010 geltenden Fassung Anwendung. 2Für Beamte und Beamtinnen, die nach dem 31. Dezember 1951 und vor dem 1. Januar 1964 geboren sind, gilt als Altersgrenze abweichend von Art. 129 bis 132 das Ende des Monats, in dem das nach folgender Tabelle maßgebliche Lebensalter erreicht wird:

Beamte und Beamtinnen des Geburtsjahrgangs/-monats	Lebensalter
1952	
Januar – Juni	60 Jahre und 1 Monat
Juli – Dezember	60 Jahre und 2 Monate
1953	
Januar – Juni	60 Jahre und 3 Monate
Juli – Dezember	60 Jahre und 4 Monate
1954	
Januar – Juni	60 Jahre und 5 Monate
Juli – Dezember	60 Jahre und 6 Monate
1955	
Januar – Juni	60 Jahre und 7 Monate
Juli – Dezember	60 Jahre und 8 Monate
1956	
Januar – Juni	60 Jahre und 9 Monate
Juli – Dezember	60 Jahre und 10 Monate
1957	60 Jahre und 11 Monate
1958	61 Jahre
1959	61 Jahre und 2 Monate
1960	61 Jahre und 4 Monate
1961	61 Jahre und 6 Monate
1962	61 Jahre und 8 Monate
1963	61 Jahre und 10 Monate

3Für

1. Beamte und Beamtinnen, die sich am 1. Januar 2011 in der Freistellungsphase der Altersteilzeit nach Art. 91 oder bei einer ungleichmäßigen Verteilung der Arbeitszeit auf Grund eines Arbeitszeitmodells nach Art. 87 Abs. 3 oder Art. 88 Abs. 4 bis zum Ruhestand befinden,
2. Beamte und Beamtinnen, die am 1. Januar 2011 nach Art. 90 in der am 31. Dezember 2024 geltenden Fassung oder nach Art. 89 bis zum Beginn des Ruhestands beurlaubt sind,

finden Art. 129 bis 132 in der am 31. Dezember 2010 geltenden Fassung Anwendung.

Artikel 144 Übergangsregelungen zur Beihilfe

(1) 1Nur Arbeitnehmern im Dienst der in Art. 1 Abs. 1 genannten Körperschaften, Anstalten und Stiftungen, deren Arbeitnehmer- oder Ausbildungsverhältnis bereits vor dem 1. Januar 2001 begründet wurde, wird für die Fortdauer des Arbeitnehmerverhältnisses weiterhin Beihilfe nach Art. 20 Abs. 3 BayBesG in der bis zum 31. Dezember 2000 geltenden Fassung gewährt. 2Hinsichtlich von Kindern eines Beamten oder einer Beamtin, eines Richters oder einer Richterin, die am 31. Dezember 2016 in einem Beamtenverhältnis tätig sind, wird Art. 96 Abs. 1 und 3

Satz 3 in der am 31. Dezember 2016 geltenden Fassung weiter angewendet, bis sie die Ausbildung beendet oder die kindergeldrechtliche Höchstaltersgrenze erreicht haben.

(2) Für Aufwendungen, die bis zum 1. Januar 2020 entstanden und in Rechnung gestellt worden sind, ist Art. 96 Abs. 3a in der bis zum Ablauf des 31. Dezember 2019 geltenden Fassung weiter anzuwenden.

Artikel 145 Vertraglich Beschäftigte im öffentlichen Dienst

(1) Für Personen, die auf Grund eines Vertrages im Dienst einer der in Art. 1 Abs. 1 genannten juristischen Personen des öffentlichen Rechts stehen, gelten vorbehaltlich einer Regelung durch Tarifvertrag die beamtenrechtlichen Vorschriften zum Verbot der Gesichtsverhüllung entsprechend.

(2) Für Personen, die auf Grund eines Vertrages im Dienst einer der in Art. 1 Abs. 1 genannten juristischen Personen des öffentlichen Rechts stehen, gelten vorbehaltlich einer Regelung durch Tarifvertrag § 50 BeamtStG, Art. 19 Abs. 2 und Art. 103 bis 111 entsprechend; Art. 110 gilt mit der Maßgabe entsprechend, dass nicht durch Gesetz oder Tarifvertrag längere Fristen vorgesehen sind.

Artikel 146 Übergangsregelung zu Ämtern mit leitender Funktion im Beamtenverhältnis auf Zeit und auf Probe

(1) Beamten und Beamtinnen, denen ein Amt nach Art. 45 Abs. 1 Satz 1 Halbsatz 1 in der am 31. Dezember 2024 geltenden Fassung im Beamtenverhältnis auf Zeit übertragen worden ist und denen das übertragene Amt mangels Erfassung durch Art. 45 Abs. 1 Satz 1 in der am 1. Januar 2025 geltenden Fassung unmittelbar im Beamtenverhältnis auf Lebenszeit zu übertragen wäre, ist das Amt im Beamtenverhältnis auf Lebenszeit zu übertragen.

(2) Beamten und Beamtinnen, denen ein Amt nach Art. 46 Abs. 1 in einer bis einschließlich 31. Dezember 2024 geltenden Fassung im Beamtenverhältnis auf Probe übertragen worden ist und denen das übertragene Amt nach Entfallen der entsprechenden Vorschrift ab 1. Januar 2025 unmittelbar im Beamtenverhältnis auf Lebenszeit zu übertragen wäre, ist das Amt im Beamtenverhältnis auf Lebenszeit zu übertragen.

Artikel 147 Inkrafttreten

$_1$Dieses Gesetz tritt am 1. April 2009 in Kraft. $_2$Abweichend von Satz 1 treten Art. 45 Abs. 12 Nr. 1 und Abs. 14 mit Wirkung vom 1. April 2007 in Kraft.

Gesetz über kommunale Wahlbeamte und Wahlbeamtinnen (Kommunal-Wahlbeamten-Gesetz – KWBG)

Vom 24. Juli 2012 (GVBl. S. 366)

Zuletzt geändert durch
KWBG-Anpassungsbekanntmachung
vom 10. September 2024 (BayMBl. Nr. 434)

Inhaltsübersicht

Der Landtag des Freistaates Bayern hat das folgende Gesetz beschlossen, das hiermit bekannt gemacht wird:

Teil 1
Allgemeine Vorschriften

Art. 1 Geltungsbereich

(1) Dieses Gesetz regelt die Rechtsverhältnisse der kommunalen Wahlbeamten und Wahlbeamtinnen.

(2) Kommunale Wahlbeamte und Wahlbeamtinnen nach diesem Gesetz sind

1. die ersten Bürgermeister und Bürgermeisterinnen und die weiteren Bürgermeister und Bürgermeisterinnen,
2. die Landräte und Landrätinnen und deren gewählte Stellvertreter,
3. die Bezirkstagspräsidenten und Bezirkstagspräsidentinnen und deren gewählte Stellvertreter,
4. die berufsmäßigen Gemeinderatsmitglieder.

(3) $_1$Kommunale Wahlbeamte und Wahlbeamtinnen sind Beamte und Beamtinnen auf Zeit oder Ehrenbeamte und Ehrenbeamtinnen. $_2$Die Art des Beamtenverhältnisses bestimmt sich nach den kommunalrechtlichen Vorschriften, soweit dieses Gesetz nichts anderes regelt.

Art. 2 Zuständigkeiten

(1) Zuständigkeiten, die nach dem Beamtenstatusgesetz (BeamtStG) oder nach diesem Gesetz dem Dienstherrn übertragen sind, nimmt das nach den kommunalrechtlichen Vorschriften jeweils zuständige Organ des Dienstherrn wahr.

(2) Über die Versagung der Aussagegenehmigung nach § 37 Abs. 4 und 5 BeamtStG entscheidet die für den Dienstherrn zuständige Rechtsaufsichtsbehörde.

Art. 3 Dienstvorgesetzte und Vorgesetzte der berufsmäßigen Gemeinderatsmitglieder

$_1$Dienstvorgesetzter oder Dienstvorgesetzte der berufsmäßigen Gemeinderatsmitglieder ist der erste Bürgermeister oder die erste Bürgermeisterin. $_2$Vorgesetzter oder Vorgesetzte der berufsmäßigen Gemeinderatsmitglieder ist, wer ihnen auf Grund der Gemeindeordnung (GO) für ihre dienstliche Tätigkeit Anordnungen erteilen kann.

Art. 4 Zustellung von Entscheidungen

$_1$Verfügungen und Entscheidungen, die den Beamten und Beamtinnen oder den Versorgungsberechtigten nach den Vorschriften des Beamtenstatusgesetzes oder dieses Gesetzes bekannt zu geben sind, sind zuzustellen, wenn durch sie eine Frist in Lauf gesetzt wird oder Rechte der Betroffenen berührt werden. $_2$Soweit gesetzlich nichts anderes bestimmt ist, richtet sich die Zustellung nach den Vorschriften des Bayerischen Verwaltungszustellungs- und Vollstreckungsgesetzes.

Art. 5 Abtretung, Verpfändung, Aufrechnung

(1) Soweit nichts anderes bestimmt ist, können Beamte und Beamtinnen auf Zeit Ansprüche auf die nach diesem Gesetz gewährten Leistungen, die nicht Besoldung oder Versorgung sind, nur insoweit abtreten oder verpfänden, als sie der Pfändung unterliegen.

(2) Der Dienstherr kann ein Aufrechnungs- oder Zurückbehaltungsrecht gegenüber Ansprüchen nach Abs. 1 nur insoweit geltend machen, als sie pfändbar sind; diese Einschränkung gilt nicht, soweit gegen den Empfänger oder die Empfängerin ein Anspruch auf Schadensersatz wegen vorsätzlicher unerlaubter Handlung besteht.

Art. 6 Verjährung

$_1$Ansprüche aus dem Beamtenverhältnis verjähren in drei Jahren. $_2$Im Übrigen sind §§ 194 bis 218 des Bürgerlichen Gesetzbuches entsprechend anzuwenden, soweit in diesem Gesetz nichts anderes bestimmt ist. $_3$Abweichende besoldungs-, versorgungs- und beihilferechtliche Vorschriften zur Verjährung bleiben unberührt.

Art. 7 Rückforderung

Für die Rückforderung von nach diesem Gesetz gewährten Leistungen, die nicht Besoldung oder Versorgung sind, gilt Art. 15 des

Bayerischen Besoldungsgesetzes (BayBesG) entsprechend.

Art. 8 Übergang von Ansprüchen

$_{1}$Werden Beamte oder Beamtinnen, Versorgungsberechtigte oder ihre Angehörigen (Art. 20 Abs. 5 des Bayerischen Verwaltungsverfahrensgesetzes – BayVwVfG) körperlich verletzt oder getötet, so geht ein gesetzlicher Schadensersatzanspruch, der diesen Personen infolge der Körperverletzung oder der Tötung gegen Dritte zusteht, insoweit auf den Dienstherrn über, als dieser während einer auf der Körperverletzung beruhenden Aufhebung der Dienstfähigkeit oder infolge der Körperverletzung oder der Tötung zur Gewährung von Leistungen verpflichtet ist. $_{2}$Ist eine Versorgungskasse zur Gewährung der Versorgung verpflichtet, so geht der Anspruch auf sie über. $_{3}$Der Übergang des Anspruchs kann nicht zum Nachteil von Verletzten oder Hinterbliebenen geltend gemacht werden. $_{4}$Steht Beihilfeberechtigten gegen einen Leistungserbringer oder eine Leistungserbringerin ein Anspruch auf Rückerstattung oder Schadensersatz auf Grund einer unrichtigen Abrechnung zu, kann der Dienstherr des oder der Beihilfeberechtigten durch schriftliche Anzeige gegenüber dem Leistungserbringer, der Leistungserbringerin oder dessen beziehungsweise deren Abrechnungsstelle bewirken, dass der Anspruch insoweit auf den Dienstherrn übergeht, als dieser auf Antrag des oder der Beihilfeberechtigten zu hohe Beihilfeleistungen an den Beihilfeberechtigten oder die Beihilfeberechtigte erbracht hat.

Teil 2
Beamtenverhältnis

Abschnitt 1
Begründung des Beamtenverhältnisses

Unterabschnitt 1
Bürgermeister und Bürgermeisterinnen, Landräte und Landrätinnen und deren gewählte Stellvertreter, Bezirkstagspräsidenten und Bezirkstagspräsidentinnen und deren gewählte Stellvertreter

Art. 9 Begründung des Beamtenverhältnisses

$_{1}$Wer in ein kommunales Wahlbeamtenverhältnis nach Art. 1 Abs. 2 Nrn. 1 bis 3 gewählt ist und wessen Wahl entweder als angenommen gilt oder wirksam angenommen wurde, wird mit dem Beginn der Amtszeit kommunaler Wahlbeamter oder kommunale Wahlbeamtin; eine Annahme der Wahl in elektronischer Form ist nicht möglich. $_{2}$Eine Ernennung entfällt.

Art. 10 Erlöschen eines Arbeitsverhältnisses beim bisherigen Dienstherrn, Doppeldienstverhältnis

(1) Mit dem Beginn der Amtszeit als Beamter oder als Beamtin auf Zeit erlischt ein privatrechtliches Arbeitsverhältnis zum selben Dienstherrn.

(2) Ein Beamter oder eine Beamtin auf Zeit kann nicht gleichzeitig Ehrenbeamter oder Ehrenbeamtin bei demselben Dienstherrn werden.

Art. 11 Folgen von Wahlmängeln

(1) Ist die Wahl eines ersten Bürgermeisters oder einer ersten Bürgermeisterin bzw. eines Landrats oder einer Landrätin für ungültig erklärt, so ist kein Beamtenverhältnis begründet worden.

(2) $_{1}$Ist die Wahl eines Bezirkstagspräsidenten oder einer Bezirkstagspräsidentin, eines weiteren Bürgermeisters oder einer weiteren Bürgermeisterin bzw. eines gewählten Stellver-

I

treters des Landrats oder der Landrätin bzw. des Bezirkstagspräsidenten oder der Bezirkstagspräsidentin als nichtig festgestellt oder aufgehoben, so ist kein Beamtenverhältnis begründet worden. 2Ist die Wahl aus Gründen fehlerhaft, die nicht in der Person des oder der Gewählten liegen, so kann die Wahl nur innerhalb von vier Monaten seit ihrer Vornahme rechtsaufsichtlich beanstandet oder vom Dienstherrn von Amts wegen aufgehoben werden. 3Die rechtsaufsichtliche Beanstandung ist auch noch nach Ablauf von vier Monaten möglich, wenn die Rechtsaufsichtsbehörde die Frist verlängert, weil tatsächliche Anhaltspunkte für eine fehlerhafte Wahl vorliegen und deshalb noch eine weitere Aufklärung des Sachverhalts erforderlich ist.

(3) 1Verliert ein kommunaler Wahlbeamter oder eine kommunale Wahlbeamtin im Sinn von Art. 1 Abs. 2 Nrn. 1 bis 3 nach der Wahl bis zum Beginn der Amtszeit die Wählbarkeit, so wird kein Beamtenverhältnis begründet. 2Der Dienstherr stellt den Verlust der Wählbarkeit fest.

(4) 1Ist ein Beamtenverhältnis aus einem der in Abs. 1 bis 3 genannten Gründe nicht zustande gekommen, so sind für das zwischen dem Dienstherrn und dem oder der Gewählten entstandene öffentlich-rechtliche Dienstverhältnis die Vorschriften dieses Gesetzes und die für kommunale Wahlbeamte und Wahlbeamtinnen geltenden Vorschriften des Bayerischen Disziplinargesetzes (BayDG) entsprechend anzuwenden, soweit nachfolgend nichts anderes bestimmt ist. 2Satz 1 gilt entsprechend, wenn der oder die Gewählte in den Ruhestand tritt.

(5) 1Das Dienstverhältnis oder der Ruhestand endet in den Fällen der Abs. 1 bis 3 mit dem Zeitpunkt, in dem unanfechtbar feststeht, dass ein Beamtenverhältnis nicht zustande gekommen ist. 2Die bis zum Ende des Dienstverhältnisses oder des Ruhestands gewährten Leistungen des Dienstherrn sind zu belassen. 3An Versorgungsbezügen erhält der oder die Gewählte Unfallfürsorge und, wenn die Gründe, die das Zustandekommen des Beamtenverhältnisses verhindert haben, nicht in der Person des oder der Gewählten liegen, auch Übergangsgeld; sonstige Versorgungsbezüge werden nicht gewährt.

(6) 1§ 22 Abs. 3 BeamtStG und Art. 10 Abs. 1 sind in den Fällen der Abs. 1 bis 3 nicht anzuwenden. 2Die Rechte und Pflichten aus dem fortbestehenden Beamten- oder Arbeitsverhältnis ruhen für die Dauer eines Dienstverhältnisses nach Abs. 4.

(7) Amtshandlungen, die bis zu dem in Abs. 5 genannten Zeitpunkt vorgenommen wurden, sind in gleicher Weise gültig, wie wenn sie ein Beamter oder eine Beamtin vorgenommen hätte.

Unterabschnitt 2
Berufsmäßige Gemeinderatsmitglieder

Art. 12 Voraussetzungen für die Begründung des Beamtenverhältnisses

(1) Bewerber und Bewerberinnen für das Amt eines berufsmäßigen Gemeinderatsmitglieds sind durch Stellenausschreibung zu ermitteln, wenn es im besonderen dienstlichen Interesse liegt.

(2) In das Amt eines berufsmäßigen Gemeinderatsmitglieds kann nur berufen werden, wer zum berufsmäßigen ersten Bürgermeister oder zur berufsmäßigen ersten Bürgermeisterin wählbar ist und

1. die laufbahnrechtliche Qualifikation besitzt, die seinem künftigen Aufgabengebiet entspricht, oder
2. mindestens drei Jahre dem künftigen Aufgabengebiet entsprechend in verantwortlicher Stellung tätig gewesen ist.

Art. 13 Begründung und Dauer des Beamtenverhältnisses

(1) Wer zum berufsmäßigen Gemeinderatsmitglied gewählt ist und die Wahl angenommen hat, ist zum Beamten auf Zeit oder zur Beamtin auf Zeit zu ernennen.

(2) 1Die Ernennung wird mit dem Tag der Aushändigung der Ernennungsurkunde wirksam, wenn nicht in der Urkunde ausdrücklich ein späterer Tag bestimmt ist. 2Art. 10 gilt entsprechend.

(3) Ist die Zeitdauer der Berufung nicht angegeben, so endet das Beamtenverhältnis sechs Jahre nach der Ernennung; das Gleiche gilt, wenn ein längerer Zeitraum als sechs Jahre angegeben ist.

Art. 14 Nichtigkeit und Rücknahme der Ernennung

(1) Die Ernennung des berufsmäßigen Gemeinderatsmitglieds ist abweichend von § 11 Abs. 1 Nr. 3 BeamtStG nichtig,

1. wenn seine Wahl als nichtig festgestellt oder aufgehoben ist; Art. 11 Abs. 2 Sätze 2 und 3 gelten entsprechend, oder
2. wenn der oder die Gewählte bis zu dem Zeitpunkt, in dem nach Art. 13 Abs. 2 die Ernennung wirksam geworden wäre, die Wählbarkeit verloren hat; der Dienstherr stellt den Verlust der Wählbarkeit fest.

(2) $_1$Ist die Ernennung des berufsmäßigen Gemeinderatsmitglieds nichtig und besteht keine Heilungsmöglichkeit nach § 11 Abs. 2 BeamtStG, so hat der Dienstvorgesetzte dem oder der Ernannten unverzüglich die weitere Führung der Dienstgeschäfte zu verbieten. $_2$Soweit eine nichtige Ernennung geheilt werden kann, ist das Verbot erst dann auszusprechen, wenn die sachlich zuständigen Stellen es abgelehnt haben, die Ernennung zu bestätigen.

(3) $_1$Ist die Ernennung nichtig, gelten Art. 11 Abs. 4 bis 6 entsprechend. $_2$Die bis zum Verbot nach Abs. 2 vorgenommenen Amtshandlungen des oder der Ernannten sind in gleicher Weise gültig, wie wenn sie ein Beamter oder eine Beamtin ausgeführt hätte.

(4) $_1$Die Ernennung kann in den Fällen der § 12 Abs. 1 Nrn. 1 und 2 BeamtStG nur innerhalb einer Frist von sechs Monaten, in den Fällen des § 12 Abs. 1 Nr. 4 BeamtStG nur innerhalb einer Frist von einem Jahr zurückgenommen werden, nachdem die in beamtenrechtlichen Angelegenheiten zur Vertretung nach außen berechtigte Stelle von der Ernennung und von dem Rücknahmegrund Kenntnis erlangt hat. $_2$Die Rücknahme hat die Wirkung, dass die Ernennung von Anfang an unwirksam ist. $_3$Die Rücknahme der Ernennung ist auch nach Beendigung des Beamtenverhältnisses zulässig. $_4$Ist eine Ernennung zurückgenommen worden, so gilt für die bis zur Rücknahme vorgenommenen Amtshandlungen des oder der Ernannten Abs. 3 Satz 2 entsprechend. $_5$Die Leistungen des Dienstherrn können belassen werden.

Abschnitt 2
Beendigung des Beamtenverhältnisses

Unterabschnitt 1
Entlassung

Art. 15 Entlassung kraft Gesetzes

(1) $_1$Der Beamte oder die Beamtin ist mit dem Ende der Amtszeit entlassen, wenn er oder sie dasselbe Amt nicht erneut antritt und nicht in den Ruhestand tritt. $_2$Tritt der Beamte oder die Beamtin auf Zeit im Anschluss an die Amtszeit dasselbe Amt erneut an, so gilt das Beamtenverhältnis als nicht unterbrochen.

(2) $_1$Der Beamte oder die Beamtin ist entlassen, wenn er oder sie auf Grund eines Wahlvorschlags einer Partei gewählt worden ist, die das Bundesverfassungsgericht gemäß Art. 21 des Grundgesetzes für verfassungswidrig erklärt, oder wenn er oder sie der für verfassungswidrig erklärten Partei zur Zeit der Verkündung der Entscheidung angehört, soweit nicht in der Entscheidung ausdrücklich etwas anderes bestimmt ist. $_2$Das Beamtenverhältnis endet mit der Verkündung der Entscheidung, soweit nicht in dieser ausdrücklich etwas anderes bestimmt ist. $_3$Der Dienstherr stellt fest, dass die Voraussetzung für die Entlassung gegeben ist und an welchem Tag das Beamtenverhältnis endet.

(3) $_1$Soweit gesetzlich nichts anderes bestimmt ist, ist der Beamte oder die Beamtin entlassen, wenn er oder sie eine Wählbarkeitsvoraussetzung verliert. $_2$Das gilt nicht,

1. wenn der Verlust der Wählbarkeit auf Art. 2 Nr. 2 des Gemeinde- und Landkreiswahlgesetzes (GLKrWG) beruht, oder
2. wenn der Beamte oder die Beamtin nicht mehr die Gewähr dafür bietet, jederzeit für die freiheitliche demokratische Grundordnung im Sinn des Grundgesetzes und der

Verfassung einzutreten (Art. 39 Abs. 2 Satz 1 Nr. 5 GLKrWG).

₃Ob ein Beamter oder eine Beamtin die Eigenschaft als Deutscher im Sinn des Art. 116 des Grundgesetzes verloren hat, entscheidet das Staatsministerium des Innern, für Sport und Integration; es stellt den Tag der Beendigung des Beamtenverhältnisses fest. ₄Im Übrigen stellt der Dienstherr den Verlust der Wählbarkeitsvoraussetzungen und den Tag fest, an dem das Beamtenverhältnis endet.

(4) ₁Ein ehrenamtlicher erster Bürgermeister oder eine ehrenamtliche erste Bürgermeisterin ist mit Ablauf des Tages entlassen, ab dem ein Amtshindernis im Sinn des Art. 34 Abs. 5 GO vorliegt. ₂Abs. 2 Satz 3 gilt entsprechend.

(5) Ein ehrenamtlicher Bürgermeister, der zum Landrat gewählt ist, oder eine ehrenamtliche Bürgermeisterin, die zur Landrätin gewählt ist, ist mit Beginn der Amtszeit als Landrat oder Landrätin aus dem Ehrenbeamtenverhältnis entlassen.

(6) Ein weiterer Bürgermeister oder eine weitere Bürgermeisterin ist bei einem Ausscheiden aus dem Gemeinderat entlassen, ein gewählter Stellvertreter des Landrats oder der Landrätin bei Ausscheiden aus dem Kreistag, ein Bezirkstagspräsident oder eine Bezirkstagspräsidentin oder deren gewählter Stellvertreter bei Ausscheiden aus dem Bezirkstag.

(7) ₁§ 22 Abs. 1 BeamtStG findet keine Anwendung. ₂Die Anordnung der Fortdauer eines Beamtenverhältnisses nach § 22 Abs. 2 Satz 1 Halbsatz 2 BeamtStG ist im Zusammenhang mit einem kommunalen Wahlbeamtenverhältnis ausgeschlossen.

Art. 16 Entlassung durch Verwaltungsakt

(1) Die Entlassung wird wirksam

1. im Fall des § 23 Abs. 1 Satz 1 Nr. 1 BeamtStG mit der Zustellung der Entlassungsverfügung,
2. in den übrigen Fällen des § 23 Abs. 1 BeamtStG mit dem in der Entlassungsverfügung bezeichneten Zeitpunkt.

(2) ₁Bei der Entlassung von Ehrenbeamten und Ehrenbeamtinnen nach § 23 Abs. 1 Satz 1 Nr. 3 BeamtStG sind folgende Fristen einzuhalten:

1. bei einer Beschäftigungszeit von bis zu drei Monaten zwei Wochen zum Monatsschluss,
2. bei einer Beschäftigungszeit von mehr als drei Monaten ein Monat zum Monatsschluss,
3. bei einer Beschäftigungszeit von mindestens einem Jahr sechs Wochen zum Schluss eines Kalendervierteljahres.

₂Als Beschäftigungszeit gilt die bei demselben Dienstherrn in demselben Amt verbrachte Zeit. ₃Art. 23 Abs. 2 bleibt unberührt.

(3) ₁Solange die Entlassungsverfügung nicht zugestellt ist, kann ein Antrag auf Entlassung innerhalb zweier Wochen nach Zugang bei dem Dienstherrn schriftlich zurückgenommen werden, mit dessen Zustimmung auch nach Ablauf dieser Frist. ₂Die Entlassung ist in den Fällen des § 23 Abs. 1 Satz 1 Nr. 4 BeamtStG zum beantragten Zeitpunkt auszusprechen. ₃Sie kann so lange hinausgeschoben werden, bis die Amtsgeschäfte des Beamten oder der Beamtin ordnungsgemäß erledigt sind, längstens jedoch drei Monate.

(4) § 23 Abs. 2 BeamtStG findet keine Anwendung.

Art. 17 Rechtsfolgen der Entlassung, Wiederwahlverpflichtung für berufsmäßige Gemeinderatsmitglieder

(1) ₁Nach der Entlassung haben frühere Beamte oder Beamtinnen keinen Anspruch auf Leistungen des Dienstherrn, soweit gesetzlich nichts anderes bestimmt ist. ₂Sie dürfen die frühere Amtsbezeichnung oder die Ehrenbezeichnung nur führen, wenn ihnen die Erlaubnis nach Art. 29 Abs. 3 oder 4 erteilt ist.

(2) Soweit gesetzlich nichts anderes bestimmt ist, ist ein berufsmäßiges Gemeinderatsmitglied verpflichtet, nach dem Ende der Amtszeit das Amt erneut zu übernehmen, wenn das Gemeinderatsmitglied unter mindestens gleich günstigen Bedingungen für wenigstens die gleiche Zeit wieder ernannt werden soll und das 62. Lebensjahr noch nicht vollendet hat.

Unterabschnitt 2
Verlust der Beamtenrechte

Art. 18 Rechtsfolgen des Verlusts der Beamtenrechte

1Endet das Beamtenverhältnis nach § 24 BeamtStG, so hat der frühere Beamte oder die frühere Beamtin keinen Anspruch auf Leistungen des Dienstherrn, soweit gesetzlich nichts anderes bestimmt ist. 2Das Führen einer früheren Amtsbezeichnung nach Art. 29 Abs. 3 ist ausgeschlossen, die Ehrenbezeichnung nach Art. 29 Abs. 4 darf nicht geführt, ein Ehrensold darf nicht gezahlt werden.

Art. 19 Wiederaufnahmeverfahren

(1) 1Ist eine Entscheidung über den Verlust der Beamtenrechte im Wiederaufnahmeverfahren aufgehoben worden (§ 24 Abs. 2 BeamtStG), so kann der Beamte oder die Beamtin das Amt auch vor Ablauf der Amtszeit nicht mehr ausüben, wenn es inzwischen neu besetzt worden ist. 2Einem Beamten oder einer Beamtin auf Zeit stehen in diesem Fall bis zum Ende der Amtszeit die Leistungen des Dienstherrn zu, die ohne das Verfahren nach § 24 BeamtStG zugestanden hätten; dies gilt nicht für die Dienstaufwandsentschädigung nach Art. 46. 3Nach Entscheidung des Dienstherrn kann auf diese Leistungen ein anderes Arbeitseinkommen des Beamten oder der Beamtin angerechnet werden. 4Der Beamte oder die Beamtin auf Zeit ist zur Auskunft über dieses Einkommen verpflichtet.

(2) Wird auf Grund des im Wiederaufnahmeverfahren festgestellten Sachverhalts ein Disziplinarverfahren mit dem Ziel der Entfernung aus dem Dienst eingeleitet, so gehen die einem Beamten oder einer Beamtin auf Zeit nach Abs. 1 zustehenden Ansprüche unter, wenn auf Entfernung aus dem Beamtenverhältnis erkannt wird; bis zum rechtskräftigen Abschluss des Disziplinarverfahrens können die Ansprüche nicht geltend gemacht werden.

(3) 1Rechtfertigt der im Wiederaufnahmeverfahren festgestellte Sachverhalt die Einleitung eines Disziplinarverfahrens mit dem Ziel der Entfernung aus dem Beamtenverhältnis nicht, wird aber auf Grund eines rechtskräftigen Strafurteils, das nach der früheren Entscheidung über den Verlust der Beamtenrechte ergangen ist, ein Disziplinarverfahren mit dem Ziel der Entfernung aus dem Beamtenverhältnis eingeleitet, so gilt Abs. 2 entsprechend. 2Einem Beamten oder einer Beamtin auf Zeit werden in diesem Fall die Leistungen des Dienstherrn nachgezahlt, die dem Beamten oder der Beamtin bis zur Rechtskraft des Strafurteils aus dem bisherigen Amt zugestanden hätten. 3Abs. 1 Satz 2 Halbsatz 2 und Abs. 1 Sätze 3 und 4 gelten entsprechend.

Art. 20 Gnadenerweis

(1) Dem Ministerpräsidenten steht hinsichtlich des Verlusts der Beamtenrechte das Gnadenrecht zu.

(2) Wird im Gnadenweg der Verlust der Beamtenrechte in vollem Umfang beseitigt, so gilt ab diesem Zeitpunkt Art. 19 entsprechend.

(3) Auf Unterhaltsbeiträge, die im Gnadenweg bewilligt werden, findet Art. 74 Abs. 3 BayDG entsprechende Anwendung, soweit die Gnadenentscheidung nichts anderes bestimmt.

Unterabschnitt 3
Ruhestand

Art. 21 Eintritt in den Ruhestand

(1) 1Der Beamte oder die Beamtin auf Zeit tritt mit dem Ablauf der Amtszeit in den Ruhestand, wenn er oder sie

1. für die folgende Amtszeit nicht wieder für das gleiche Amt gewählt wird oder die Wiederwahl nicht annimmt und
2. mindestens eine Amtszeit von zehn Jahren (Wartezeit) zurückgelegt hat.

2Satz 1 gilt nicht für ein berufsmäßiges Gemeinderatsmitglied, das der Pflicht zur erneuten Übernahme seines Amtes (Art. 17 Abs. 2) nicht nachkommt. 3§ 25 BeamtStG findet keine Anwendung.

(2) 1Auf die Wartezeit werden die Zeiten angerechnet,

1. in denen ein berufsmäßiger Bürgermeister oder eine berufsmäßige Bürgermeisterin oder ein Landrat oder eine Landrätin früher als ehrenamtlicher erster Bürgermeister

I

oder ehrenamtliche erste Bürgermeisterin dem Amt die überwiegende Arbeitskraft gewidmet hat,

2. in denen der Beamte oder die Beamtin als gewählter Stellvertreter die Geschäfte des Landrats oder der Landrätin oder als ehrenamtlicher weiterer Bürgermeister oder ehrenamtliche weitere Bürgermeisterin die Geschäfte eines berufsmäßigen ersten Bürgermeisters oder einer berufsmäßigen ersten Bürgermeisterin ununterbrochen länger als sechs Monate geführt und die volle Arbeitskraft darauf verwendet hat,
3. die der Beamte oder die Beamtin während eines kommunalen Wahlbeamtenverhältnisses im einstweiligen Ruhestand nach Art. 26 Abs. 1 und 3 in Verbindung mit Art. 69 Abs. 1 des Bayerischen Beamtengesetzes (BayBG) zurückgelegt hat,
4. die der Beamte oder die Beamtin als Beamter oder Beamtin auf Zeit in einem anderen kommunalen Wahlbeamtenverhältnis zurückgelegt hat,
5. die der Beamte oder die Beamtin auf Zeit vor Beginn der Amtszeit als Mitglied des Bayerischen Landtags zurückgelegt hat, ohne daraus eine Anwartschaft oder einen Anspruch auf Altersentschädigung zu erwerben; dies gilt nicht, wenn der oder die Betroffene bis zur Beendigung des Beamtenverhältnisses eine Leistung nach Art. 16 Abs. 1 bis 3 des Bayerischen Abgeordnetengesetzes (BayAbgG) beantragt hat, und
6. die der Beamte oder die Beamtin auf Zeit vor Beginn der Amtszeit als Mitglied der Staatsregierung zurückgelegt hat, ohne daraus einen Anspruch auf Ruhegehalt zu erwerben, soweit dieselbe Zeit nicht bereits nach Nr. 5 angerechnet wird; dies gilt nicht, wenn der oder die Betroffene bis zur Beendigung des Beamtenverhältnisses eine Leistung nach Art. 15 Abs. 6 Satz 1 des Gesetzes über die Rechtsverhältnisse der Mitglieder der Staatsregierung beantragt hat.

$_2$In den Fällen des Art. 42 Abs. 3 GLKrWG gilt die Wartezeit von zehn Jahren (Abs. 1 Nr. 2) auch dann als erfüllt, wenn das zehnte Jahr noch nicht vollendet ist, sondern erst begonnen hat.

(3) $_1$Ist ein Beamter oder eine Beamtin auf Zeit nur auf Grund der Anrechnung von Zeiten nach Abs. 2 Satz 1 Nr. 5 oder 6 in den Ruhestand getreten, erstattet der Freistaat dem ehemaligen kommunalen Dienstherrn die Versorgungsbezüge anteilig in dem Umfang, der dem Verhältnis dieser Zeiten zur kommunalen Amtszeit entspricht. $_2$Soweit aus Anlass des Wechsels in ein kommunales Wahlbeamtenverhältnis eine Abfindung gezahlt wurde, sind der Erstattung nach Satz 1 die Versorgungsbezüge im Verhältnis der ruhegehaltfähigen Dienstzeit ohne Zeiten, für die eine Abfindung gezahlt wurde, zur gesamten ruhegehaltfähigen Dienstzeit zu Grunde zu legen.

Art. 22 Ruhestandsversetzung wegen Dienstunfähigkeit

(1) $_1$Beamte und Beamtinnen auf Zeit sind in den Ruhestand zu versetzen, wenn der Dienstherr ihre Dienstunfähigkeit feststellt und sie

1. eine Dienstzeit von mindestens zehn Jahren in einem Beamten-, Richter- oder Soldatenverhältnis mit Dienstbezügen zurückgelegt haben,
2. wegen Krankheit, Verwundung oder sonstiger Beschädigung, die sie sich ohne grobes Verschulden bei der Ausübung oder aus Veranlassung des Dienstes zugezogen haben, dienstunfähig geworden sind (Dienstbeschädigung) oder
3. aus einem Beamten- oder Richterverhältnis auf Lebenszeit in das Beamtenverhältnis auf Zeit berufen worden sind.

$_2$Als Dienstzeit nach Satz 1 Nr. 1 gelten auch die in Art. 21 Abs. 2 Satz 1 Nrn. 1 bis 3, 5 und 6 und Satz 2 genannten Zeiten.

(2) $_1$Als dienstunfähig nach § 26 Abs. 1 Satz 1 BeamtStG kann auch angesehen werden, wer infolge Erkrankung innerhalb eines Zeitraums von sechs Monaten mehr als drei Monate keinen Dienst getan hat, wenn keine Aussicht besteht, dass er innerhalb weiterer sechs Monate wieder voll dienstfähig wird. $_2$Bestehen Zweifel über die Dienstunfähigkeit, so ist der Beamte oder die Beamtin verpflichtet, sich

nach Weisung des Dienstherrn ärztlich untersuchen und, falls ein Amtsarzt es für erforderlich hält, beobachten zu lassen. $_{3}$Entzieht sich der Beamte oder die Beamtin trotz einmal wiederholter Aufforderung ohne hinreichenden Grund dieser Verpflichtung, kann so verfahren werden, wie wenn die Dienstunfähigkeit amtsärztlich festgestellt worden wäre.

(3) Erfüllt ein dienstunfähiger Beamter oder eine dienstunfähige Beamtin auf Zeit keine der Voraussetzungen des Abs. 1, so kann er oder sie in den Ruhestand versetzt werden, wenn die versorgungsrechtliche Wartezeit nach Art. 11 Abs. 1 Satz 1 Nr. 1 des Bayerischen Beamtenversorgungsgesetzes (BayBeamtVG) erfüllt ist.

(4) § 26 Abs. 1 Sätze 2 bis 4, Abs. 2 und 3 sowie §§ 27 und 29 BeamtStG finden keine Anwendung.

Art. 23 Verfahren zur Feststellung der Dienstunfähigkeit

(1) $_{1}$Beantragt der Beamte oder die Beamtin die Feststellung der Dienstunfähigkeit, so entscheidet der Dienstherr auf Grund eines amtsärztlichen Gutachtens, ob Dienstunfähigkeit gegeben ist. $_{2}$Wird die Dienstunfähigkeit festgestellt, ist der Beamte oder die Beamtin auf Zeit mit dem Ende des dritten Monats, der auf den Monat folgt, in welchem dem Beamten oder der Beamtin die Entscheidung des Dienstherrn zugestellt worden ist, spätestens jedoch mit Ablauf der Amtszeit, in den Ruhestand zu versetzen oder zu entlassen. $_{3}$Auf Antrag oder mit ausdrücklicher Zustimmung des Beamten oder der Beamtin kann der Dienstherr einen früheren Zeitpunkt festsetzen.

(2) $_{1}$Hält der Dienstherr die Dienstunfähigkeit für gegeben und beantragt der Beamte oder die Beamtin nicht deren Feststellung, so teilt der Dienstherr dem Beamten oder der Beamtin schriftlich mit, dass die Feststellung der Dienstunfähigkeit beabsichtigt sei; die Gründe hierfür sind anzugeben. $_{2}$Erhebt der Beamte oder die Beamtin innerhalb eines Monats keine Einwendungen gegen die Feststellung der Dienstunfähigkeit, so ist Abs. 1 entsprechend anzuwenden. $_{3}$Werden Einwendungen erhoben, so entscheidet der Dienstherr, ob das Verfahren einzustellen oder fortzuführen ist. $_{4}$Wird die Dienstunfähigkeit festgestellt, so ist der Beamte oder die Beamtin zum Ende des Monats, in dem die Entscheidung zugestellt wird, spätestens jedoch mit Ablauf der Amtszeit, in den Ruhestand zu versetzen (Art. 22 Abs. 1 oder 3) oder zu entlassen (§ 23 Abs. 1 Satz 1 Nr. 3 BeamtStG).

Art. 24 Einstweiliger Ruhestand

$_{1}$Kommunale Wahlbeamte und Wahlbeamtinnen können nicht nach § 30 BeamtStG in den einstweiligen Ruhestand versetzt werden. $_{2}$Die Regelungen über den einstweiligen Ruhestand nach Art. 26 Abs. 1 in Verbindung mit Art. 69 Abs. 1 BayBG und nach Art. 26 Abs. 3 bleiben unberührt.

Unterabschnitt 4
Rückkehrrecht, Umbildung von Körperschaften

Art. 25 Rückkehrrecht zum früheren Dienstherrn oder Arbeitgeber

(1) $_{1}$Führt ein Beamter oder eine Beamtin auf Zeit im Sinn dieses Gesetzes nach Ablauf der Amtszeit das Amt nicht weiter und ist er oder sie aus einem Beamten- oder Richterverhältnis auf Lebenszeit oder auf Probe im Dienst eines öffentlich-rechtlichen Dienstherrn im Geltungsbereich des Bayerischen Beamtengesetzes oder des Bayerischen Richter- und Staatsanwaltsgesetzes Beamter oder Beamtin auf Zeit im Sinn dieses Gesetzes geworden, so ist er oder sie auf Antrag wieder in das frühere Dienstverhältnis zu übernehmen, wenn am Tag nach Ablauf der Amtszeit die dafür geltenden Voraussetzungen noch erfüllt sind; Vorschriften, die die Ernennung eines Beamten oder einer Beamtin oder eines Richters oder einer Richterin von einem bestimmten Lebensalter ab nicht mehr zulassen, sind nicht anzuwenden. $_{2}$Der Antrag auf Übernahme ist innerhalb von drei Monaten nach Beendigung des Beamtenverhältnisses auf Zeit zu stellen. $_{3}$Der Übernahmeanspruch erlischt, wenn die Frist nicht eingehalten wird. $_{4}$Ist eine Übernahme in das frühere Dienstverhältnis nicht

mehr möglich, weil die dafür maßgebliche gesetzliche Altersgrenze (Art. 62, 129 bis 132 BayBG in Verbindung mit Art. 143 BayBG) am Tag nach Ablauf der Amtszeit überschritten oder bis zum Ablauf der Amtszeit Dienstunfähigkeit eingetreten ist, so tritt er oder sie abweichend von Art. 21 mit Ablauf der Amtszeit in den Ruhestand. 5Stirbt der entlassene Beamte oder die entlassene Beamtin auf Zeit vor Übernahme in das frühere Dienstverhältnis, kann den Hinterbliebenen von dem zur Rückübernahme verpflichteten früheren Dienstherrn in entsprechender Anwendung des Art. 42 BayBeamtVG ein Unterhaltsbeitrag bewilligt werden, wenn der Antrag innerhalb der Frist des Satzes 2 gestellt wurde.

(2) 1Das zu übertragende Amt muss derselben Fachlaufbahn angehören und mit mindestens demselben Endgrundgehalt verbunden sein wie das Amt, das der Beamte oder die Beamtin im Zeitpunkt der Beendigung des früheren Beamten- oder Richterverhältnisses innehatte. 2Die in der Zwischenzeit versäumten Beförderungen in der früheren Dienststellung sind zu berücksichtigen. 3Bei Rückkehr in ein Amt der Besoldungsordnung A ist die Dauer des kommunalen Wahlbeamtenverhältnisses bei der Bemessung der Grundgehaltsstufe mit der Maßgabe einzubeziehen, dass die für den Stufenaufstieg erforderlichen Mindestanforderungen für die Dauer des kommunalen Wahlbeamtenverhältnisses nach Art. 30 Abs. 3 BayBesG als erfüllt gelten.

(3) 1Wer einen Antrag nach Abs. 1 stellt, dem stehen ab Beginn des Antragsmonats, frühestens jedoch ab dem auf das Ende der Amtszeit folgenden Tag, bis zur Übertragung des neuen Amtes von dem zur Übernahme verpflichteten früheren Dienstherrn Bezüge in Höhe des bei der Entlassung aus dem früheren Beamten- oder Richterverhältnis erdienten Ruhegehalts zu; nach Ablauf von sechs Monaten stehen Bezüge in Höhe der vollen Besoldung zu, die dem oder der Betroffenen beim Ausscheiden aus dem früheren Beamten- oder Richterverhältnis zugestanden hat. 2Die im kommunalen Wahlbeamtenverhältnis verbrachte Zeit gilt hierbei als ruhegehaltfähige Dienstzeit und ist bei Rückkehr in Ämter der Besoldungsordnung A bei der Bemessung der Grundgehaltsstufe einzubeziehen. 3Neben einem Ruhegehalt, das aus dem kommunalen Wahlbeamtenverhältnis gewährt wird, gelten die Bezüge nach Satz 1 als frühere Versorgungsbezüge im Sinn des Art. 84 BayBeamtVG; ab dem Tag, ab dem ein Anspruch auf Bezüge nach Satz 1 zusteht, ist die Zahlung von Übergangsgeld nach Art. 67 BayBeamtVG ausgeschlossen. 4Während der Bezügezahlung nach Satz 1 besteht gegen den zur Übernahme verpflichteten früheren Dienstherrn Anspruch auf Beihilfe in Krankheits-, Geburts-, Pflege- und sonstigen Fällen nach den für Beamte und Beamtinnen geltenden Vorschriften, soweit der oder die Berechtigte nicht aus anderen Gründen beihilfeberechtigt ist.

(4) 1Ist eine Gebietskörperschaft, gegen die sich eine Rückübernahme richtet, aufgelöst worden, so ist die Gebietskörperschaft, in die ihr Gebiet eingegliedert oder einbezogen ist, verpflichtet, den Übernahmeanspruch zu erfüllen. 2Ist ihr Gebiet in mehrere Gebietskörperschaften eingegliedert oder einbezogen worden, so kann der frühere Beamte oder die frühere Beamtin gegen jede von ihnen den Übernahmeanspruch geltend machen. 3Sätze 1 und 2 gelten entsprechend, soweit Aufgaben einer Körperschaft ganz oder teilweise auf eine oder mehrere Körperschaften übergehen.

(5) 1Ist ein früherer Dienstherr zur Übernahme nicht verpflichtet und nicht bereit, so kann der letzte kommunale Dienstherr den Beamten oder die Beamtin übernehmen. 2Abs. 1 Satz 1 und Abs. 2 Satz 1 gelten entsprechend. 3Die in der Zwischenzeit versäumten Beförderungen in der früheren Dienststellung sollen nach Möglichkeit berücksichtigt werden.

(6) 1Für Beamte oder Beamtinnen auf Zeit im Sinn dieses Gesetzes, die unmittelbar vor Beginn des Beamtenverhältnisses in einem privatrechtlichen Arbeitsverhältnis zu einem öffentlich-rechtlichen Dienstherrn standen, gelten die Abs. 1 Satz 1 bis 3 und Abs. 2 bis 5 entsprechend. 2Eine Wiedereinstellung in das frühere Arbeitsverhältnis nach Abs. 1 Satz 1 Halbsatz 1 und eine Einstellung beim letzten kommunalen Dienstherrn nach Abs. 5 sind nur

möglich, wenn die dafür geltenden Voraussetzungen im Einstellungszeitpunkt noch erfüllt sind. 3Soweit die Übergangsregelung des Art. 144 BayBG nicht anwendbar ist, richtet sich der Anspruch nach Abs. 3 Satz 4 gegen den letzten kommunalen Dienstherrn.

Art. 26 Umbildung von Körperschaften

(1) 1Werden Gemeinden oder Landkreise umgebildet, so gelten in den nicht von §§ 16 bis 19 BeamtStG erfassten Fällen für die Rechtsstellung der Beamten oder Beamtinnen und der Versorgungsempfänger oder Versorgungsempfängerinnen Art. 51 bis 54 und Art. 69 BayBG entsprechend. 2Ein Beamter oder eine Beamtin auf Zeit, der oder die in den einstweiligen Ruhestand versetzt worden ist und nicht entsprechend Art. 69 Abs. 1 Satz 4 BayBG als dauernd in den Ruhestand versetzt gilt, ist mit dem Ablauf der Amtszeit, für die er oder sie gewählt ist, entlassen.

(2) 1Wird eine Gemeinde oder ein Landkreis vollständig in eine oder mehrere andere Gebietskörperschaften gleicher Art eingegliedert oder wird eine Gemeinde oder ein Landkreis unter völliger Einbeziehung einer bestehenden Gebietskörperschaft gleicher Art umgebildet, so sind die Ehrenbeamten oder Ehrenbeamtinnen mit dem Tag der Eingliederung oder Umbildung entlassen. 2Wird eine Entscheidung über eine Eingliederung oder Umbildung angefochten, so tritt die Entlassung am Tag der Unanfechtbarkeit, frühestens jedoch mit dem für die Eingliederung oder Neubildung bestimmten Tag ein. 3Für Bürgermeister oder Bürgermeisterinnen und deren Hinterbliebene, denen Überbrückungshilfe oder Ehrensold bewilligt worden ist, gilt Art. 54 Abs. 1 BayBG entsprechend; dabei tritt im Fall der Anfechtung an die Stelle des in Art. 51 Abs. 1 BayBG bestimmten Zeitpunkts der in Satz 2 genannte Zeitpunkt.

(3) 1Wird bei einer nach Art. 13 Abs. 1 GO angeordneten Neuwahl der erste Bürgermeister oder die erste Bürgermeisterin einer von einer Gebietsänderung betroffenen fortbestehenden Gemeinde, der Beamter oder Beamtin auf Zeit ist, in dieser Funktion nicht wiedergewählt, tritt er oder sie mit Beginn der Amtszeit des neuen ersten Bürgermeisters oder der neuen ersten Bürgermeisterin für den Rest der Amtszeit in den einstweiligen Ruhestand. 2Wird bei einer nach Art. 13 Abs. 1 GO angeordneten Neuwahl der ehrenamtliche erste Bürgermeister oder die ehrenamtliche erste Bürgermeisterin der fortbestehenden Gemeinde in dieser Funktion nicht wiedergewählt, ist er oder sie mit Beginn der Amtszeit des neuen ersten Bürgermeisters oder der neuen ersten Bürgermeisterin entlassen.

Teil 3
Rechtliche Stellung der Beamten und Beamtinnen

Abschnitt 1
Allgemeine Vorschriften

Art. 27 Diensteid und Gelöbnis

(1) 1Der Diensteid nach § 38 Abs. 1 BeamtStG ist spätestens zu Beginn der ersten Sitzung, die der Gemeinderat, der Kreistag oder der Bezirkstag nach Beginn der Amtszeit des Beamten oder der Beamtin abhält, zu leisten. 2Er hat folgenden Wortlaut:

„Ich schwöre Treue dem Grundgesetz für die Bundesrepublik Deutschland und der Verfassung des Freistaates Bayern, Gehorsam den Gesetzen und gewissenhafte Erfüllung meiner Amtspflichten, so wahr mir Gott helfe."

(2) 1Der Diensteid kann auch ohne die Worte „so wahr mir Gott helfe" geleistet werden. 2Erklärt ein Beamter oder eine Beamtin, aus Glaubens- und Gewissensgründen keinen Eid leisten zu können, so sind anstelle der Worte „ich schwöre" die Worte „ich gelobe" zu sprechen oder es ist das Gelöbnis mit einer dem Bekenntnis der Religionsgemeinschaft oder der Überzeugung der Weltanschauungsgemeinschaft des Beamten oder der Beamtin entsprechenden, gleichwertigen Beteuerungsformel einzuleiten.

(3) Den Diensteid des ersten Bürgermeisters oder der ersten Bürgermeisterin (§ 38 BeamtStG) nimmt das älteste anwesende Gemeinderatsmitglied, den des Landrats oder der Landrätin der älteste anwesende Kreisrat und

den des Bezirkstagspräsidenten oder der Bezirkstagspräsidentin der älteste anwesende Bezirksrat ab; in den übrigen Fällen nimmt den Eid ab, wer berechtigt ist, den Dienstherrn nach außen zu vertreten.

(4) Die Eidesleistung oder das Gelöbnis entfällt, wenn der Beamte oder die Beamtin im Anschluss an eine Amtszeit wieder in ein Amt bei demselben Dienstherrn gewählt wird.

Art. 28 Residenzpflicht

(1) Der Beamte oder die Beamtin auf Zeit hat eine Wohnung so zu nehmen, dass die ordnungsgemäße Wahrnehmung der Dienstgeschäfte nicht beeinträchtigt wird.

(2) Der Dienstherr kann den Beamten oder die Beamtin auf Zeit anweisen, die Wohnung innerhalb einer bestimmten Entfernung von der Dienststelle zu nehmen oder eine Dienstwohnung zu beziehen, wenn die dienstlichen Verhältnisse es erfordern.

(3) Wenn besondere dienstliche Verhältnisse es dringend erfordern, kann der Beamte oder die Beamtin auf Zeit vom Dienstherrn, ein Landrat oder eine Landrätin und ein Oberbürgermeister oder eine Oberbürgermeisterin auch von der Regierung angewiesen werden, sich während der dienstfreien Zeit erreichbar in Nähe des Dienstorts aufzuhalten.

Art. 29 Amtsbezeichnung

(1) $_1$Beamte und Beamtinnen führen im Dienst die Amtsbezeichnung der ihnen übertragenen Ämter: „Erster Bürgermeister" oder „Erste Bürgermeisterin", „Oberbürgermeister" oder „Oberbürgermeisterin", „Landrat" oder „Landrätin", „Bezirkstagspräsident" oder „Bezirkstagspräsidentin"; weitere Bürgermeister und Bürgermeisterinnen führen die Amtsbezeichnung „Bürgermeister" oder „Bürgermeisterin". $_2$Diese Amtsbezeichnungen dürfen auch außerhalb des Dienstes geführt werden.

(2) Ruhestandsbeamte und Ruhestandsbeamtinnen dürfen die ihnen beim Eintritt oder bei der Versetzung in den Ruhestand zustehende Amtsbezeichnung mit dem Zusatz „außer Dienst (a. D.)" weiterführen.

(3) $_1$Entlassenen Beamten und Beamtinnen auf Zeit kann der Dienstherr die Erlaubnis erteilen, die Amtsbezeichnung mit dem Zusatz „außer Dienst (a. D.)„ zu führen. $_2$Die Erlaubnis kann zurückgenommen werden, wenn der frühere Beamte oder die frühere Beamtin sich der Amtsbezeichnung nicht würdig erweist.

(4) $_1$Früheren kommunalen Wahlbeamten und Wahlbeamtinnen können die ihrem früheren Amt entsprechenden Ehrenbezeichnungen „Altbürgermeister" oder „Altbürgermeisterin", „Altoberbürgermeister" oder „Altoberbürgermeisterin", „Altlandrat" oder „Altlandrätin", „Altbezirkstagspräsident" oder „Altbezirkstagspräsidentin" verliehen werden; für frühere Beamte und Beamtinnen auf Zeit tritt in diesen Fällen die Ehrenbezeichnung an die Stelle der in Abs. 2 und 3 vorgesehenen Bezeichnung. $_2$Die Erlaubnis kann zurückgenommen werden, wenn der frühere Beamte oder die frühere Beamtin sich der Ehrenbezeichnung nicht würdig erweist.

Art. 30 Nebentätigkeit

(1) $_1$Für Nebentätigkeiten von Beamten und Beamtinnen auf Zeit gelten Art. 81 bis 84 BayBG entsprechend; dabei tritt an die Stelle der obersten Dienstbehörde und des Dienstvorgesetzten der Dienstherr. $_2$Art. 81 Abs. 3 Satz 5 BayBG gilt mit der Maßgabe, dass die Genehmigung längstens auf die Dauer der laufenden Amtszeit zu befristen ist. $_3$Die Anzeigepflicht nach § 41 Satz 1 BeamtStG bezieht sich auf die letzte Amtszeit und endet drei Jahre nach deren Ablauf.

(2) Die zur Ausführung des Abs. 1 notwendigen Vorschriften über die Nebentätigkeit der Beamten und der Beamtinnen auf Zeit erlässt das Staatsministerium des Innern, für Sport und Integration durch Rechtsverordnung nach Maßgabe des Art. 85 BayBG.

Art. 31 Ausschluss der anderweitigen Verwendung

$_1$Abordnungen, Versetzungen oder Zuweisungen von kommunalen Wahlbeamten und Wahlbeamtinnen nach §§ 14, 15 und 20 BeamtStG sind ausgeschlossen. $_2$Abschnitt 8, mit

Ausnahme von § 57 Sätze 1 und 2, und Abschnitt 9 BeamtStG finden keine Anwendung.

Art. 32 Verantwortung für die Rechtmäßigkeit

1 Hat der Landrat oder die Landrätin oder deren gewählter Stellvertreter Bedenken gegen die Rechtmäßigkeit dienstlicher Anordnungen, die beim Vollzug von Staatsaufgaben erteilt werden (Art. 37 Abs. 6 der Landkreisordnung), so gelten § 36 Abs. 2 und 3 BeamtStG mit der Maßgabe, dass Bedenken zunächst beim Leiter der anordnenden Behörde und dann beim Leiter der Behörde, die der anordnenden Behörde vorgesetzt ist, geltend zu machen sind. 2 Im Übrigen finden § 36 Abs. 2 und 3 BeamtStG auf erste Bürgermeister oder erste Bürgermeisterinnen, Landräte oder Landrätinnen und Bezirkstagspräsidenten oder Bezirkstagspräsidentinnen keine Anwendung.

Art. 33 Dienstvergehen von Ruhestandsbeamten und Ruhestandsbeamtinnen

Bei Ruhestandsbeamten und Ruhestandsbeamtinnen oder früheren Beamten und Beamtinnen mit Versorgungsbezügen gilt es über § 47 Abs. 2 Satz 1 BeamtStG hinaus als Dienstvergehen, wenn sie

1. an Bestrebungen teilnehmen, die darauf abzielen, den Bestand oder die Sicherheit des Freistaates Bayern zu beinträchtigen,
2. einer Untersagung nach § 41 Satz 2 BeamtStG zuwiderhandeln oder
3. im Zusammenhang mit dem Bezug von Leistungen des Dienstherrn falsche oder pflichtwidrig unvollständige Angaben machen.

Art. 34 Verjährung von Schadensersatzansprüchen und gesetzlicher Forderungsübergang

(1) 1 Ansprüche nach § 48 BeamtStG verjähren in drei Jahren von dem Zeitpunkt an, in dem der Dienstherr von dem Schaden und der Person des oder der Ersatzpflichtigen Kenntnis erlangt hat, ohne Rücksicht auf diese Kenntnis in zehn Jahren von der Begehung der Handlung an. 2 Hat der Dienstherr einem Dritten Schadenersatz geleistet, so tritt an die Stelle des Zeitpunkts, in dem der Dienstherr von dem Schaden Kenntnis erlangt, der Zeitpunkt, in dem der Ersatzanspruch des Dritten diesem gegenüber vom Dienstherrn anerkannt oder dem Dienstherrn gegenüber rechtskräftig festgestellt wird.

(2) Leistet der Beamte oder die Beamtin dem Dienstherrn Ersatz und hat dieser einen Ersatzanspruch gegen einen Dritten, so geht der Ersatzanspruch auf den Beamten oder die Beamtin über.

Art. 35 Personalakten und Einsatz automatisierter Verfahren

Die Regelungen über Personalakten und den Einsatz automatisierter Verfahren nach Abschnitt 8 BayBG gelten entsprechend.

Art. 36 Dienstzeugnis für berufsmäßige Gemeinderatsmitglieder

1 Dem berufsmäßigen Gemeinderatsmitglied wird nach Beendigung des Beamtenverhältnisses auf Antrag von seinem oder seiner letzten Dienstvorgesetzten ein Dienstzeugnis über Art und Dauer des von ihm bekleideten Amtes erteilt. 2 Das Dienstzeugnis muss auf Verlangen auch über die ausgeübte Tätigkeit, die Führung und die Leistungen Auskunft geben.

Art. 37 Jubiläumszuwendung

1 Den Beamten und Beamtinnen soll bei Dienstjubiläen eine Jubiläumszuwendung gewährt werden. 2 Das Nähere regelt die Staatsregierung durch Rechtsverordnung.

Abschnitt 2
Beschränkung der Vornahme von Amtshandlungen

Art. 38 Interessenkollision

(1) 1 Beamte oder Beamtinnen dürfen keine Amtshandlungen vornehmen, die ihnen selbst, einem Angehörigen (Art. 20 Abs. 5 BayVwVfG) oder einer von ihnen vertretenen natürlichen oder juristischen Person des Privatrechts einen unmittelbaren Vorteil oder Nachteil verschaffen würden. 2 Gesetzliche

I

Vorschriften, nach denen Beamte oder Beamtinnen von einzelnen Amtshandlungen ausgeschlossen sind, bleiben unberührt.

(2) Ein Bürgermeister oder eine Bürgermeisterin einer kreisangehörigen Gemeinde, der oder die zugleich Stellvertreter des Landrats oder der Landrätin ist, darf den Landrat oder die Landrätin bei Amtshandlungen nicht vertreten, die der Gemeinde einen unmittelbaren Vorteil oder Nachteil bringen können.

Art. 39 Entbindung von Angelegenheiten

(1) 1Die Regierung kann Beamte oder Beamtinnen von der Behandlung von Angelegenheiten entbinden, die im Interesse der Bundesrepublik Deutschland oder eines Landes geheim zu halten sind, wenn die begründete Besorgnis besteht, dass sonst die notwendige Sicherheit nicht gewährleistet ist oder dass den Beamten oder Beamtinnen oder deren Angehörigen (Art. 20 Abs. 5 BayVwVfG) erhebliche Nachteile entstehen. 2Die Maßnahme ist unverzüglich aufzuheben, sobald die Gründe dafür weggefallen sind. 3Sie endet spätestens mit dem Ablauf von drei Monaten, es sei denn, dass bis dahin aus dem gleichen Anlass gegen den Beamten oder die Beamtin ein gerichtliches Disziplinarverfahren, ein Verfahren zur Prüfung der Wahl oder der Ernennung oder ein sonstiges auf Beendigung des Beamtenverhältnisses gerichtetes Verfahren eingeleitet worden ist.

(2) § 39 BeamtStG findet keine Anwendung.

Abschnitt 3
Mehrarbeit, Urlaub

Art. 40 Mehrarbeit

(1) 1Beamte und Beamtinnen auf Zeit sind verpflichtet, ohne Entschädigung über die regelmäßige Arbeitszeit hinaus Dienst zu tun, wenn zwingende dienstliche Verhältnisse es erfordern und sich die Mehrarbeit auf Ausnahmefälle beschränkt. 2Ergibt sich daraus eine erheblich höhere Beanspruchung, so ist entsprechende Dienstbefreiung innerhalb eines Jahres zu gewähren.

(2) § 43 BeamtStG findet keine Anwendung.

Art. 41 Urlaub

(1) 1Für Erholungs- und Sonderurlaub der Beamten und Beamtinnen auf Zeit gelten Art. 93 BayBG und die auf dessen Grundlage erlassene Rechtsverordnung entsprechend. 2Für Beamte und Beamtinnen, die keinen Dienstvorgesetzten haben, tritt an die Stelle des Dienstvorgesetzten der Dienstherr. 3Ein zusammenhängender Sonderurlaub von mehr als drei Monaten während einer Amtszeit ist unzulässig.

(2) Beamte und Beamtinnen auf Zeit, die sich um das Amt eines berufsmäßigen ersten Bürgermeisters oder einer berufsmäßigen ersten Bürgermeisterin, eines Landrats oder einer Landrätin bewerben, erhalten in entsprechender Anwendung des Art. 41 BayAbgG Wahlvorbereitungsurlaub.

Art. 42 Rechtsfolgen der Wahl in das Parlament eines anderen Landes

Für Beamte oder Beamtinnen auf Zeit, die in ein gesetzgebendes Organ eines anderen Landes gewählt worden sind und deren Amt kraft Gesetzes mit dem Mandat unvereinbar ist, gilt Art. 94 BayBG entsprechend.

Abschnitt 4
Besondere Fürsorgepflichten

Art. 43 Schadensersatz bei Gewaltakten Dritter und Sachschadensersatz bei Unfällen

Beamten und Beamtinnen kann bei Beschädigung oder Zerstörung von Gegenständen oder Zufügung sonstiger, nicht unerheblicher Vermögensschäden durch Gewaltakte Dritter sowie bei Beschädigung oder Verlust von Gegenständen in Ausübung oder in Folge des Dienstes Ersatz in entsprechender Anwendung des Art. 98 BayBG gewährt werden; dabei tritt an die Stelle der obersten Dienstbehörde der Dienstherr.

Art. 44 Mutterschutz, Elternzeit, Schwerbehinderung

(1) Die Staatsregierung regelt durch Rechtsverordnung die der Eigenart des öffentlichen

Dienstes entsprechende Anwendung der Vorschriften

1. des Mutterschutzgesetzes auf Beamtinnen auf Zeit,
2. des Bundeselterngeld- und Elternzeitgesetzes über die Elternzeit auf Beamte und Beamtinnen auf Zeit.

(2) Während einer Elternzeit besteht Anspruch auf Leistungen der Krankheitsfürsorge in entsprechender Anwendung von Art. 99 Abs. 1 Sätze 2 und 3 BayBG.

Teil 4 Besoldung, sonstige Leistungen und Versorgung für Beamte und Beamtinnen auf Zeit

Abschnitt 1 Besoldung und sonstige Leistungen

Art. 45 Anspruch auf Besoldung, Einstufung, Besoldungsbestandteile

(1) Beamte und Beamtinnen auf Zeit haben ab dem Tag des Amtsantritts bis zum Ende des Beamtenverhältnisses Anspruch auf Besoldung nach Maßgabe dieses Gesetzes.

(2) $_{1}$Die Einstufung der Ämter der Beamten und Beamtinnen auf Zeit in die den Bayerischen Besoldungsordnungen A und B (Anlage 1 BayBesG) entsprechenden Besoldungsgruppen ergibt sich aus Anlage 1. $_{2}$Bei weiteren Bürgermeistern und Bürgermeisterinnen richtet sich die Einstufung in eine der beiden in Anlage 1 ausgewiesenen Besoldungsgruppen nach sachgerechter Bewertung der mit dem Amt verbundenen Anforderungen. $_{3}$Die Einstufung ist den Beamten und Beamtinnen mitzuteilen.

(3) $_{1}$Soweit für die Einstufung in ein Amt die Einwohnerzahl der Gemeinde oder des Landkreises maßgebend ist, bestimmt sich diese nach der vom Landesamt für Statistik zum 30. Juni des Vorjahres fortgeschriebenen Einwohnerzahl. $_{2}$Werden Gemeinden oder Landkreise umgebildet, so ist vom Inkrafttreten der Neugliederung an die Einwohnerzahl der umgebildeten oder neuen Körperschaft nach Satz 1 zu errechnen. $_{3}$Zu der nach Satz 1 oder 2 ermittelten Einwohnerzahl können Familienangehörige der nicht meldepflichtigen Angehörigen der Stationierungsstreitkräfte und nicht kasernierte Mitglieder der Stationierungsstreitkräfte mit einem Anteil von bis zu 50 v. H. hinzugerechnet werden. $_{4}$In Bade- und Kurorten mit weniger als 30 000 Einwohnern kann bei der Einstufung der Ämter des ersten Bürgermeisters oder der ersten Bürgermeisterin und des allgemeinen Vertreters der Einwohnerzahl die jahresdurchschnittliche Zahl der täglichen Fremdenübernachtungen hinzugerechnet werden, wenn sie mindestens 40 v. H. der nach Satz 1 maßgeblichen Einwohnerzahl der Gemeinde beträgt und dem ersten Bürgermeister oder der ersten Bürgermeisterin auch die Leitung des Kurbetriebs obliegt. $_{5}$Verringert sich die jeweils maßgebende Einwohnerzahl während der Amtszeit und kommt die Gemeinde oder der Landkreis dadurch in eine Einwohnerklasse, die nur noch die Einstufung in ein niedrigeres Amt zulassen würde, ändert sich die Einstufung von im Amt befindlichen Beamten oder Beamtinnen auf Zeit bezogen auf ihre Person für die Dauer ihrer Amtszeit und im Fall ihrer Wiederwahl für unmittelbar folgende Amtszeiten nicht.

(4) $_{1}$Die Besoldung setzt sich aus Grundbezügen und Nebenbezügen zusammen. $_{2}$Grundbezüge sind Grundgehalt und Orts- und Familienzuschlag. $_{3}$Nebenbezüge sind die jährliche Sonderzahlung und vermögenswirksame Leistungen. $_{4}$Die Höhe des Grundgehalts bestimmt sich nach Anlage 3 BayBesG, in Ämtern der Besoldungsordnung A jeweils nach dem Grundgehaltssatz in der Endstufe. $_{5}$Für die Gewährung des Orts- und Familienzuschlags, der jährlichen Sonderzahlung und der vermögenswirksamen Leistungen gelten die Regelungen des Bayerischen Besoldungsgesetzes entsprechend.

(5) Art. 3, 4 Abs. 2 bis 5 und Art. 9 bis 18 BayBesG gelten entsprechend.

Art. 46 Dienstaufwandsentschädigung

(1) $_{1}$Der Beamte oder die Beamtin auf Zeit erhält für die durch das Amt bedingten Mehraufwendungen in der Lebensführung eine an-

gemessene Dienstaufwandsentschädigung. $_{2}$Sie muss sich innerhalb der in Anlage 2 bestimmten Beträge halten. $_{3}$Der anzuwendende Rahmensatz bestimmt sich nach der letzten vom Landesamt für Statistik fortgeschriebenen und früher als drei Monate vor der Wahl veröffentlichten Einwohnerzahl. $_{4}$Die nach Art. 48 Abs. 1 zustehende Reisekostenvergütung für Reisen innerhalb des Gebiets des Dienstherrn ist mit der Dienstaufwandsentschädigung abgegolten; das gilt nicht für Fahrkostenerstattung und Wegstrecken- und Mitnahmeentschädigung.

(2) $_{1}$Die Dienstaufwandsentschädigung wird zu Beginn jeder Amtszeit durch Beschluss festgesetzt. $_{2}$Kommt innerhalb von zwei Monaten nach dem Beginn der Amtszeit des Beamten kein Beschluss zustande, setzt die Rechtsaufsichtsbehörde die Höhe der Dienstaufwandsentschädigung fest. $_{3}$Die Dienstaufwandsentschädigung wird monatlich im Voraus gezahlt.

(3) $_{1}$Für die Rahmensätze der Anlage 2 und für die nach Abs. 2 festgesetzten Dienstaufwandsentschädigungen gelten

1. bei Beamten und Beamtinnen auf Zeit mit einer Besoldung nach der Besoldungsordnung A mit einem einheitlichen Vomhundertsatz benannte Änderungen aller Grundgehälter der Besoldungsordnung A,
2. bei Beamten und Beamtinnen auf Zeit mit einer Besoldung nach der Besoldungsordnung B mit einem einheitlichen Vomhundertsatz benannte Änderungen aller Grundgehälter der Besoldungsordnung B

jeweils mit dem gleichen Vomhundertsatz und ab dem gleichen Zeitpunkt unmittelbar. $_{2}$Werden die Grundgehälter innerhalb der Besoldungsordnung A oder B mit unterschiedlichen Vomhundertsätzen geändert, gilt für die Anpassungen nach Satz 1 der Vomhundertsatz, der sich innerhalb der Besoldungsordnung A oder B aus dem Durchschnitt der unterschiedlichen Vomhundertsätze ergibt. $_{3}$Das Staatsministerium des Innern, für Sport und Integration macht bei einer Anpassung nach den Sätzen 1 und 2 die neuen Rahmensätze im Bayerischen Ministerialblatt bekannt.

(4) $_{1}$Ist der Beamte auf Zeit oder die Beamtin auf Zeit verhindert, die Dienstgeschäfte wahrzunehmen, so wird die Dienstaufwandsentschädigung zwei Monate weitergezahlt. $_{2}$Der Dienstherr kann durch Beschluss bestimmen, dass im Fall längerer Verhinderung die Entschädigung auch für einen über zwei Monate hinausgehenden Zeitraum ganz oder teilweise gewährt wird.

Art. 47 Beihilfe in Krankheits-, Geburts-, Pflege- und sonstigen Fällen

Beamte und Beamtinnen auf Zeit, Ruhestandsbeamte und Ruhestandsbeamtinnen und deren versorgungsberechtigte Hinterbliebene haben Anspruch auf Beihilfe entsprechend Art. 96 BayBG und der dazu erlassenen Rechtsverordnung.

Art. 48 Reise- und Umzugskosten, Trennungsgeld

(1) Beamten und Beamtinnen auf Zeit steht Reisekostenvergütung nach dem Bayerischen Reisekostengesetz (BayRKG) zu.

(2) Beamten und Beamtinnen im Sinn von Art. 1 Abs. 2 Nr. 1 bis 3 kann für die Strecke zwischen Wohnung und regelmäßiger Dienststelle ein Dienstwagen unentgeltlich überlassen werden.

(3) $_{1}$Beamten und Beamtinnen auf Zeit ist auf Antrag Umzugskostenvergütung nach den Vorschriften des Bayerischen Umzugskostengesetzes (BayUKG) zu gewähren, wenn der Dienstort ein anderer als der bisherige Dienst- oder Arbeitsort ist und wenn die Wohnung des Beamten oder der Beamtin nicht am neuen Dienstort oder in dessen Einzugsgebiet liegt. $_{2}$Im Übrigen ist Beamten und Beamtinnen auf Zeit auf Antrag Umzugskostenvergütung zu gewähren aus Anlass einer Anweisung nach Art. 28 Abs. 2 oder der Räumung einer Dienstwohnung aus dienstlichen Gründen. $_{3}$In den Fällen des Art. 11 Abs. 1 Nr. 2 BayUKG kann ihnen Umzugskostenbeihilfe gewährt werden.

(4) $_{1}$In den Fällen des Abs. 2 wird Trennungsgeld nach den Vorschriften der Bayerischen Trennungsgeldverordnung (BayTGV) gewährt. $_{2}$§ 2 Abs. 2 BayTGV findet keine Anwendung.

Abschnitt 2
Versorgung

Art. 49 Anspruch auf Versorgung

Für die Versorgung von Beamten und Beamtinnen auf Zeit gilt das Bayerische Beamtenversorgungsgesetz entsprechend, soweit dieses Gesetz nichts anderes bestimmt.

Art. 50 Ruhegehaltfähige Dienstzeit

Als ruhegehaltfähige Dienstzeit ist auch die Zeit zu berücksichtigen,

1. in der der Beamte oder die Beamtin auf Zeit vor Antritt des Amtes, aus dem Anspruch auf Versorgung nach diesem Gesetz besteht,
   a) als gewählter Stellvertreter die Geschäfte des Landrats oder der Landrätin oder
   b) als ehrenamtlicher weiterer Bürgermeister oder als ehrenamtliche weitere Bürgermeisterin die Geschäfte eines berufsmäßigen ersten Bürgermeisters oder einer berufsmäßigen ersten Bürgermeisterin

   ununterbrochen länger als sechs Monate geführt und darauf die volle Arbeitskraft verwendet hat,
2. in der ein berufsmäßiger Bürgermeister oder eine berufsmäßige Bürgermeisterin oder ein Landrat oder eine Landrätin vor Antritt des Amtes, aus dem Anspruch auf Versorgung nach diesem Gesetz besteht, als ehrenamtlicher erster Bürgermeister oder als ehrenamtliche erste Bürgermeisterin tätig war, wenn diesem Amt die überwiegende Arbeitskraft gewidmet wurde.

Art. 51 Ruhen der Versorgung

(1) $_1$Der Dienstherr kann anordnen, dass der Anspruch auf die zustehenden Versorgungsbezüge bis längstens zur Vollendung des 62. Lebensjahres ruht, wenn sich der Beamte oder die Beamtin auf Zeit ohne wichtigen Grund nicht zur Wiederwahl für das Amt stellen ließ oder die Wahl nicht angenommen hat. $_2$Satz 1 gilt nicht, wenn der Beamte oder die Beamtin das Amt durch Auflösung oder Umbildung einer Gebietskörperschaft verliert oder wenn Unfallfürsorge zu gewähren ist. $_3$Eine Entscheidung nach Satz 1 darf frühestens drei Monate vor dem Ende der Amtszeit getroffen werden. $_4$Der Beihilfeanspruch nach Art. 47 bleibt von einer Anordnung nach Satz 1 unberührt.

(2) Art. 11 Abs. 2 Satz 2 BayBeamtVG findet keine Anwendung.

Art. 52 Sonstige Sonderregelungen gegenüber dem Bayerischen Beamtenversorgungsgesetz

(1) Entscheidungen über die Bewilligung von Versorgungsbezügen auf Grund von Kannvorschriften dürfen frühestens 3 Monate vor dem Ende der Amtszeit getroffen werden, wenn der Ablauf der Amtszeit mit dem Ende der Wahlzeit des Gemeinderats oder des Kreistags zusammenfällt.

(2) Eine Verminderung des Ruhegehalts tritt in den Fällen des Art. 26 Abs. 2 Satz 1 Nr. 3 BayBeamtVG nicht ein, wenn der Beamte oder die Beamtin auf Zeit nach Ablauf der Amtszeit das Amt weitergeführt hat, ohne dazu gesetzlich verpflichtet zu sein, und mit Ablauf der Amtszeit bereits eine Versorgungsanwartschaft erworben hatte; in diesem Fall gilt Art. 23 Abs. 1 Satz 1 BayBeamtVG mit der Maßgabe, dass nur ein Drittel der Zeit zwischen Versetzung in den Ruhestand und Vollendung des 60. Lebensjahres als Zurechnungszeit gilt.

(3) Versorgungsurheber im Sinn des Art. 34 BayBeamtVG sind verstorbene

1. Beamte und Beamtinnen auf Zeit, die die für die Versorgungsurheberschaft von Beamten und Beamtinnen auf Lebenszeit erforderlichen Voraussetzungen des Art. 11 Abs. 1 BayBeamtVG erfüllt haben, und
2. Ruhestandsbeamte und Ruhestandsbeamtinnen.

(4) Beziehen Ruhestandsbeamte oder Ruhestandsbeamtinnen neben den Versorgungsbezügen Erwerbs- oder Erwerbsersatzeinkommen nach Art. 83 Abs. 4 BayBeamtVG, das kein Verwendungseinkommen nach Art. 83 Abs. 5 BayBeamtVG ist, ruhen bis zum Ablauf des Monats, in dem das 65. Lebensjahr vollendet wird, die Versorgungsbezüge in Höhe von 50 v. H. des Betrags, um den die Summe

I

aus Versorgungsbezügen und Einkommen die Höchstgrenze nach Art. 83 Abs. 2 BayBeamtVG übersteigt; nach diesem Zeitpunkt bleibt Erwerbs- oder Erwerbsersatzeinkommen, das kein Verwendungseinkommen ist, unberücksichtigt.

(5) Beziehen Versorgungsberechtigte neben den Versorgungsbezügen Verwendungseinkommen nach Art. 83 Abs. 5 BayBeamtVG, findet § 53 des Beamtenversorgungsgesetzes in der bis zum 31. Dezember 1998 geltenden Fassung Anwendung.

(6) Art. 85 Abs. 1 Satz 2 Nr. 3 BayBeamtVG findet keine Anwendung.

(7) Zeiten, während denen ein Beamter oder eine Beamtin auf Zeit durch eine hauptberufliche Tätigkeit oder eine Ausbildung außerhalb der allgemeinen Schulbildung Fachkenntnisse erworben hat, die für die Wahrnehmung des Amtes förderlich sind, können bis zu einer Gesamtzeit von vier Jahren als ruhegehaltfähig berücksichtigt werden, die Zeit einer Fachschul- oder Hochschulausbildung einschließlich der Prüfungszeit bis zu drei Jahren; diese Zeiten bleiben bei der Anwendung des Art. 103 Abs. 5 Satz 2 BayBeamtVG unberücksichtigt.

Teil 5
Entschädigung, sonstige Leistungen und Ehrensold an Ehrenbeamte und Ehrenbeamtinnen

Abschnitt 1
Entschädigung und sonstige Leistungen

Art. 53 Anspruch auf Entschädigung

(1) 1Ehrenbeamte und Ehrenbeamtinnen haben Anspruch auf eine angemessene Entschädigung. 2Die Entschädigung wird monatlich im Voraus gezahlt.

(2) 1Die Entschädigung für ehrenamtliche erste Bürgermeister und ehrenamtliche erste Bürgermeisterinnen muss sich innerhalb der in Anlage 3 bestimmten Beträge halten; innerhalb dieses Rahmens sind Inhalt und Umfang des einzelnen Amtes sowie die Schwierigkeit der Verwaltungsverhältnisse in der Gemeinde zu berücksichtigen. 2Der anzuwendende Rahmensatz bestimmt sich nach der letzten vom Landesamt für Statistik früher als drei Monate vor der Festsetzung veröffentlichten Einwohnerzahl. 3Verringert sich die Einwohnerzahl während der Amtszeit so, dass die Entschädigung innerhalb des für eine niedrigere Einwohnerklasse geltenden Rahmens festgesetzt werden müsste, bleibt die bei der letzten Festsetzung zugrunde zu legende Einwohnerzahl für den Amtsinhaber oder die Amtsinhaberin für die laufende Amtszeit und für unmittelbar folgende Amtszeiten maßgeblich.

(3) 1Für die Entschädigung der Bezirkstagspräsidenten und Bezirkstagspräsidentinnen gilt Abs. 2 entsprechend. 2Die Entschädigung kann um bis zu ein Drittel der in Anlage 3 bestimmten Höchstbeträge erhöht werden, wenn neben dem Ehrenamt keine hauptberufliche Tätigkeit und kein Ehrenamt als erster Bürgermeister oder erste Bürgermeisterin wahrgenommen wird.

(4) 1Ein ehrenamtlicher weiterer Bürgermeister oder eine ehrenamtliche weitere Bürgermeisterin, der gewählte Stellvertreter des Landrats oder der Landrätin und der gewählte Stellvertreter des Bezirkstagspräsidenten oder der Bezirkstagspräsidentin erhalten neben der als Gemeinderatsmitglied, als Mitglied des Kreistags oder des Bezirkstags gewährten Entschädigung eine weitere Entschädigung nach dem Maß der besonderen Inanspruchnahme als kommunaler Wahlbeamter und kommunale Wahlbeamtin. 2Die Entschädigungen dürfen zusammen nicht mehr betragen als die Entschädigung oder die Summe von Grundgehalt, Orts- und Familienzuschlag der Stufe V und Dienstaufwandsentschädigung des oder der Vertretenen.

(5) 1Ist der Ehrenbeamte oder die Ehrenbeamtin ganz oder teilweise verhindert, die Dienstgeschäfte auszuüben, so wird die Entschädigung zwei Monate weitergezahlt. 2Dauert die ganze oder teilweise Verhinderung länger, so kann der Dienstherr die Entschädigung für eine über zwei Monate hinausgehende Zeit ganz oder teilweise gewähren.

Art. 54 Festsetzung und Anpassung der Entschädigung

(1) 1Die Entschädigung wird zu Beginn jeder Amtszeit im Einvernehmen mit dem Beamten oder der Beamtin durch Beschluss festgesetzt. 2Art. 46 Abs. 2 Satz 2 gilt entsprechend. 3Die Berechtigten können auf die festgesetzte Entschädigung weder ganz noch teilweise verzichten. 4Zusicherungen, Vereinbarungen und Vergleiche, die eine über dieses Gesetz hinausgehende Entschädigung verschaffen sollen, sind unwirksam. 5Das Gleiche gilt für Versicherungsverträge, die zu diesem Zweck geschlossen werden.

(2) 1Mit einem einheitlichen Vomhundertsatz benannte Änderungen aller Grundgehälter der Besoldungsordnung A gelten mit dem gleichen Vomhundertsatz und ab dem gleichen Zeitpunkt unmittelbar für die Rahmensätze der Anlage 3 und für die nach Abs. 1 festgesetzten Entschädigungen. 2Werden die Grundgehälter der Besoldungsordnung A mit unterschiedlichen Vomhundertsätzen geändert, gilt für die Anpassungen nach Satz 1

1. in Gemeinden bis 1000 Einwohner der für Besoldungsgruppe A 8,
2. in Gemeinden mit 1001 bis 3000 Einwohnern der für Besoldungsgruppe A 12,
3. in Gemeinden mit 3001 bis 5000 Einwohnern der für Besoldungsgruppe A 13 und
4. in Gemeinden über 5000 Einwohner sowie in Landkreisen und Bezirken der für Besoldungsgruppe A 14

maßgebliche Vomhundertsatz. 3Das Staatsministerium des Innern, für Sport und Integration macht bei einer Anpassung nach den Sätzen 1 und 2 die neuen Rahmensätze im Bayerischen Ministerialblatt bekannt.

(3) 1Für ehrenamtliche erste Bürgermeister und ehrenamtliche erste Bürgermeisterinnen erhöhen sich zum 1. November 2024 die nach Abs. 1 festgesetzten Entschädigungen und die Rahmensätze der Anlage 3 Nr. 1 um 4,76 v. H. gegenüber dem vorherigen Stand. 2Für Bezirkstagspräsidenten und Bezirkstagspräsidentinnen erhöhen sich zum 1. November 2024 die nach Abs. 1 festgesetzten Entschädigungen und die Höchstbeträge der Anlage 3 Nr. 2 um 200 €. 3Abs. 2 Satz 3 gilt entsprechend.

Art. 55 Jährliche Sonderzahlung

(1) Ehrenbeamte und Ehrenbeamtinnen erhalten eine jährliche Sonderzahlung in entsprechender Anwendung des Teils 3 Abschnitt 6 BayBesG mit Ausnahme des Erhöhungsbetrags.

(2) 1Dabei steht den Bezügen die Entschädigung nach Art. 53 Abs. 2 und 3 oder die weitere Entschädigung nach Art. 53 Abs. 4 gleich; dem für den Sonderbetrag für Kinder maßgeblichen Orts- und Familienzuschlag steht das im jeweiligen Monat des Kalenderjahres tatsächlich oder ohne Berücksichtigung des § 64 oder 65 des Einkommensteuergesetzes zustehende Kindergeld gleich. 2Für den Grundbetrag der jährlichen Sonderzahlung gilt ein Vomhundertsatz von 70, wenn die nach Satz 1 Halbsatz 1 maßgebliche Entschädigung im Kalendermonat einen Betrag von 5094,56 € nicht übersteigt; im Übrigen gilt ein Vomhundertsatz von 65.

(3) 1Mit einem Vomhundertsatz benannte Änderungen des Grundgehalts in Besoldungsgruppe A 11 gelten mit dem gleichen Vomhundertsatz und ab dem gleichen Zeitpunkt unmittelbar für den in Abs. 2 Satz 2 Halbsatz 1 genannten Betrag. 2Das Staatsministerium des Innern, für Sport und Integration macht den neuen Grenzbetrag im Bayerischen Ministerialblatt bekannt. 3Die Sätze 1 und 2 gelten in Bezug auf Art. 54 Abs. 3 Satz 1 entsprechend.

Art. 56 Reisekosten

1Reisekosten werden nach dem Bayerischen Reisekostengesetz erstattet mit der Maßgabe, dass die Reisekostenvergütung nach den für Beamte und Beamtinnen der Besoldungsgruppe A 15 geltenden Bestimmungen zu bemessen ist. 2Art. 48 Abs. 2 gilt entsprechend.

Art. 57 Unfallfürsorge

Ehrenbeamte und Ehrenbeamtinnen erhalten Unfallfürsorge nach Art. 63 BayBeamtVG, soweit nicht ein Anspruch auf entsprechende Sachleistungen aus der gesetzlichen Unfallversicherung besteht.

Art. 58 Überbrückungshilfe

(1) $_{1}$Wird ein ehrenamtlicher erster Bürgermeister oder eine ehrenamtliche erste Bürgermeisterin oder ein Bezirkstagspräsident oder eine Bezirkstagspräsidentin auf Grund von Art. 15 Abs. 1, Art. 26 Abs. 2 oder 3 oder § 23 Abs. 1 Satz 1 Nr. 3 BeamtStG entlassen, so wird als Überbrückungshilfe die Hälfte der vorher zustehenden laufenden Entschädigung monatlich im Voraus so viele Monate lang weitergewährt, wie der oder die Berechtigte ohne Unterbrechung volle Jahre in diesem Amt zurückgelegt hat, mindestens jedoch drei und höchstens zwölf Monate. $_{2}$Überbrückungshilfe wird nicht gewährt, wenn der oder die Berechtigte für die folgende Amtszeit wieder in das Amt gewählt wird. $_{3}$Stirbt der oder die Berechtigte, so steht der noch nicht ausgezahlte Betrag, mindestens jedoch das Dreifache des Monatsbetrags nach Satz 1, dem Ehegatten oder der Ehegattin, dem Lebenspartner oder der Lebenspartnerin im Sinn des § 1 des Lebenspartnerschaftsgesetzes (LPartG) oder den minderjährigen leiblichen oder an Kindes statt angenommenen Kindern zu.

(2) Einkommen aus einer Verwendung im öffentlichen Dienst (Art. 83 Abs. 5 BayBeamtVG) wird auf die Überbrückungshilfe nach Abs. 1 Satz 1 angerechnet.

(3) $_{1}$Scheidet ein ehrenamtlicher erster Bürgermeister oder eine ehrenamtliche erste Bürgermeisterin oder ein Bezirkstagspräsident oder eine Bezirkstagspräsidentin durch Tod aus dem Amt, so erhalten die Berechtigten nach Abs. 1 Satz 3 als Überbrückungshilfe das Sechsfache der vorher zustehenden laufenden Entschädigung in einer Summe. $_{2}$Entsprechendes gilt für ehrenamtliche weitere Bürgermeister und ehrenamtliche weitere Bürgermeisterinnen, für den gewählten Stellvertreter des Landrats oder der Landrätin oder des Bezirkstagspräsidenten oder der Bezirkstagspräsidentin, wenn sie den Amtsinhaber oder die Amtsinhaberin im Zeitpunkt ihres Todes ohne Unterbrechung länger als sechs Monate vertreten haben.

Abschnitt 2
Ehrensold

Art. 59 Pflichtehrensold und freiwilliger Ehrensold

(1) $_{1}$Einem ersten Bürgermeister oder einer ersten Bürgermeisterin und einem Bezirkstagspräsidenten oder einer Bezirkstagspräsidentin ist für die Zeit nach dem Ausscheiden aus dem Amt Ehrensold (Pflichtehrensold) zu bewilligen, wenn er oder sie

1. aus dieser Tätigkeit außer einem Übergangsgeld keine Versorgung erhält,
2. entweder das sechzigste Lebensjahr vollendet hat oder dienstunfähig ist und
3. dieses Amt in derselben Gemeinde mindestens zwölf Jahre bekleidet hat oder aus diesem Amt nach mindestens zehn Jahren wegen Dienstunfähigkeit ausscheidet oder dieses Amt im selben Bezirk mindestens zehn Jahre bekleidet hat oder aus diesem Amt nach mindestens acht Jahren wegen Dienstunfähigkeit ausscheidet.

$_{2}$Der Pflichtehrensold entfällt ab dem Zeitpunkt, ab dem aus einem anderen Amt Versorgung nach diesem Gesetz zusteht, wenn dabei Zeiten aus diesem Ehrenamt als ruhegehaltfähige Dienstzeit nach Art. 50 berücksichtigt werden. $_{3}$Nach dem Tod eines oder einer nach Satz 1 Berechtigten ist dem Ehegatten oder der Ehegattin oder dem Lebenspartner oder der Lebenspartnerin im Sinn des § 1 LPartG Ehrensold zu gewähren; die Zahlung endet bei erneuter Eheschließung oder Begründung einer neuen Lebenspartnerschaft im Sinn des Lebenspartnerschaftsgesetzes.

(2) $_{1}$Einem Bürgermeister oder einer Bürgermeisterin, einem gewählten Stellvertreter des Landrats oder der Landrätin und einem Bezirkstagspräsidenten oder einer Bezirkstagspräsidentin kann für die Zeit nach dem Ausscheiden aus dem Amt Ehrensold (freiwilliger Ehrensold) gewährt werden, wenn er oder sie

1. die Voraussetzungen nach Abs. 1 Satz 1 Nrn. 1 und 2 erfüllt und
2. dieses Amt in derselben Gemeinde oder im selben Landkreis mindestens zehn Jahre, in den Fällen des Art. 41 Abs. 2 GLKrWG mehr

als acht Jahre, bekleidet hat oder dieses Amt im selben Bezirk mindestens acht Jahre bekleidet hat.

$_{2}$Ist ein Beamter oder eine Beamtin innerhalb von drei Monaten nach dem Zusammentritt des neu gewählten Gemeinderats, Kreistags oder Bezirkstags in das Amt gewählt worden, so gilt als Beginn der Amtszeit der Beginn der Wahlzeit des Gemeinderats, Kreistags oder Bezirkstags. $_{3}$Nach dem Tod eines Beamten oder einer Beamtin oder eines früheren Beamten oder einer früheren Beamtin, dem oder der freiwilliger Ehrensold gewährt worden ist oder hätte gewährt werden können, kann dem Ehegatten oder der Ehegattin oder dem Lebenspartner oder der Lebenspartnerin im Sinn des § 1 LPartG sowie den minderjährigen Kindern Ehrensold gewährt werden. $_{4}$Abs. 1 Sätze 2 und 3 Halbsatz 2 gelten entsprechend.

(3) $_{1}$Die Fristen nach Abs. 1 Satz 1 Nr. 3 und Abs. 2 Satz 1 Nr. 2 gelten als erfüllt, wenn weniger als sechs Monate Amtszeit fehlen. $_{2}$Ist ein Bürgermeister oder eine Bürgermeisterin in einer Gemeinde wiedergewählt worden, die unter vollständiger oder teilweiser Einbeziehung der früheren Gemeinde neu gebildet oder mit der früheren Gemeinde zusammengelegt worden ist, so werden auch die in der früheren Gemeinde erbrachten Zeiten auf diese Fristen angerechnet; Entsprechendes gilt bei Wiederwahl eines Bezirkstagspräsidenten oder einer Bezirkstagspräsidentin nach Umbildung des Bezirks. $_{3}$In den Fällen des Art. 26 gilt für diese Fristen die gesamte laufende Wahlzeit als zurückgelegte Amtszeit.

(4) Der Ehrensold wird monatlich im Voraus gezahlt.

(5) Die Bewilligung des Ehrensolds kann zurückgenommen werden, wenn sich der Empfänger oder die Empfängerin des Ehrensolds nicht würdig erweist.

Art. 60 Höhe des Ehrensolds

(1) $_{1}$Der Pflichtehrensold beträgt ein Drittel der zuletzt bezogenen Entschädigung. $_{2}$Nach einer Amtszeit von achtzehn Jahren beträgt der Pflichtehrensold 37 v. H. der zuletzt bezogenen Entschädigung. $_{3}$Nach jeder weiteren Amtszeit von sechs Jahren erhöht sich der Pflichtehrensold jeweils um 3 v. H. der zuletzt bezogenen Entschädigung bis zum Höchstsatz von 43 v. H. $_{4}$Der Ehrensold für Hinterbliebene nach Art. 59 Abs. 1 Satz 3 beträgt 60 v. H. des Pflichtehrensolds. $_{5}$Art. 59 Abs. 3 Satz 1 gilt entsprechend.

(2) Der freiwillige Ehrensold darf

1. bei Bürgermeistern oder Bürgermeisterinnen und bei den gewählten Stellvertretern des Landrats oder der Landrätin monatlich 1328,78 €, bei deren Hinterbliebenen (Art. 59 Abs. 2 Satz 3) monatlich 797,27 €,
2. bei Bezirkstagspräsidenten oder Bezirkstagspräsidentinnen monatlich 2154,81 €, bei deren Hinterbliebenen (Art. 59 Abs. 2 Satz 3) monatlich 1292,89 €

nicht übersteigen.

(3) $_{1}$Übergangsgeld oder Überbrückungshilfe werden auf den Ehrensold angerechnet. $_{2}$Art. 54 Abs. 1 Sätze 4 und 5 gelten entsprechend.

(4) $_{1}$Mit einem einheitlichen Vomhundertsatz benannte Änderungen aller Grundgehälter der Besoldungsordnung A gelten mit dem gleichen Vomhundertsatz und ab dem gleichen Zeitpunkt unmittelbar für den Ehrensold und für die Höchstgrenzen des Abs. 2. $_{2}$Werden die Grundgehälter der Besoldungsordnung A mit unterschiedlichen Vomhundertsätzen geändert, gilt für die Anpassung nach Satz 1 der Vomhundertsatz, der sich aus dem Durchschnitt der unterschiedlichen Vomhundertsätze ergibt. $_{3}$Das Staatsministerium des Innern, für Sport und Integration macht bei einer Anpassung nach den Sätzen 1 und 2 die neuen Höchstgrenzen des Abs. 2 im Bayerischen Ministerialblatt bekannt. $_{4}$Wird der Pflichtehrensold nicht im unmittelbaren Anschluss an das Ausscheiden gezahlt, so ist bei der Berechnung nach Abs. 1 so zu verfahren, als hätte die zuletzt bezogene Entschädigung an den nachfolgenden allgemeinen Änderungen entsprechend Art. 54 Abs. 2 teilgenommen.

Art. 61 Jährliche Sonderzahlung

$_{1}$Neben dem Ehrensold wird eine jährliche Sonderzahlung in entsprechender Anwendung des Art. 55 gezahlt. $_{2}$Dabei steht den Bezügen der Ehrensold gleich. $_{3}$Für den Grundbetrag der jährlichen Sonderzahlung gilt ein Vomhundertsatz von 70.

Teil 6
Schlussbestimmungen

Art. 62 Geltung für amtierende kommunale Wahlbeamte und Wahlbeamtinnen

Dieses Gesetz gilt auch für die bei seinem Inkrafttreten amtierenden kommunalen Wahlbeamten und Wahlbeamtinnen.

Art. 63 Überleitungsbestimmungen für amtierende kommunale Wahlbeamte und Wahlbeamtinnen

(1) $_{1}$Für Beamte und Beamtinnen auf Zeit gilt mit Inkrafttreten dieses Gesetzes die bisherige besoldungsrechtliche Einstufung weiter; soweit Beamte und Beamtinnen in Ämtern der Besoldungsordnung A die Endstufe noch nicht erreicht haben, gelten sie mit Inkrafttreten dieses Gesetzes als in die Endstufe ihres Amtes übergeleitet. $_{2}$Berufsmäßige erste Bürgermeister und erste Bürgermeisterinnen, Oberbürgermeister und Oberbürgermeisterinnen, berufsmäßige Gemeinderatsmitglieder und Landräte und Landrätinnen, deren bisherige Einstufung einer niedrigeren Besoldungsgruppe entspricht als der nach Art. 45 Abs. 2 in Verbindung mit Anlage 1 maßgeblichen, gelten mit Inkrafttreten dieses Gesetzes als in die Endstufe des neuen Amtes übergeleitet. $_{3}$Die Betroffenen sind über die ab Inkrafttreten dieses Gesetzes maßgebliche besoldungsrechtliche Einstufung vom Dienstherrn schriftlich zu informieren.

(2) Die sonstigen Übergangsregelungen nach Art. 108 Abs. 1, 2 und 7 BayBesG gelten für die Besoldung der Beamten und Beamtinnen auf Zeit entsprechend, wobei an die Stelle des dort genannten 1. Januar 2011 der Tag des Inkrafttretens dieses Gesetzes und an die Stelle des dort genannten 31. Dezember 2010 der Tag vor Inkrafttreten dieses Gesetzes tritt.

(3) An die Stelle von Dienstaufwandsentschädigungen, die in einer Höhe unterhalb der in Anlage 2 festgelegten Untergrenzen festgesetzt sind, tritt jeweils eine Dienstaufwandsentschädigung in Höhe der in Anlage 2 festgelegten Rahmenuntergrenze.

(4) Für Beamte und Beamtinnen auf Zeit, die am 31. Dezember 1991 im Amt waren und das Amt bis zum Inkrafttreten dieses Gesetzes fortgeführt haben, beträgt der Ruhegehaltssatz nach einer Amtszeit von acht Jahren abweichend von Art. 28 Satz 1 BayBeamtVG 42 v. H.

(5) An die Stelle von Entschädigungen für erste Bürgermeister und erste Bürgermeisterinnen, die in einer Höhe unterhalb der in Anlage 3 festgelegten Untergrenzen festgesetzt sind, tritt jeweils eine Entschädigung in Höhe der in Anlage 3 festgesetzten Rahmenuntergrenze.

(6) Beamte und Beamtinnen auf Zeit erhalten für die Zeit vom 1. Januar 2012 bis zum Inkrafttreten dieses Gesetzes

1. eine Bezügenachzahlung in Höhe von 1,9 v. H. der ihnen in diesem Zeitraum zustehenden monatlichen Grundgehaltssätze zuzüglich monatlich 17 € und
2. eine Nachzahlung in Höhe von 1,9 v. H. der ihnen in diesem Zeitraum zustehenden monatlichen Familienzuschläge.

(7) $_{1}$Beamte und Beamtinnen auf Zeit erhalten für die Zeit vom 1. Januar 2012 bis zum Inkrafttreten dieses Gesetzes eine Nachzahlung in Höhe von 2,2 v. H. der ihnen in diesem Zeitraum zustehenden monatlichen Dienstaufwandsentschädigung. $_{2}$Die bis zum Inkrafttreten dieses Gesetzes zustehenden Dienstaufwandsentschädigungen erhöhen sich ab Inkrafttreten dieses Gesetzes um 1,9 v. H.

(8) $_{1}$Ehrenbeamte und Ehrenbeamtinnen erhalten für die Zeit vom 1. Januar 2012 bis zum Inkrafttreten dieses Gesetzes eine Nachzahlung in Höhe von 2,2 v. H. der ihnen in diesem Zeitraum zustehenden monatlichen Entschädigung. $_{2}$Die bis zum Inkrafttreten dieses Gesetzes zustehenden Entschädigungen erhöhen sich ab Inkrafttreten dieses Gesetzes um 1,9 v. H.

Art. 64 Geltung für frühere kommunale Wahlbeamte und Wahlbeamtinnen

(1) Für die Versorgung der bei Inkrafttreten dieses Gesetzes vorhandenen Ruhestandsbeamten und Ruhestandsbeamtinnen und ihrer Hinterbliebenen gelten Art. 100 bis 102 BayBeamtVG und die Sonderregelungen in Art. 52 Abs. 3 bis 6 entsprechend, wobei an die Stelle des in Art. 100 bis 102 BayBeamtVG genannten 1. Januar 2011 der Tag des Inkrafttretens dieses Gesetzes und an die Stelle des 31. Dezember 2010 der Tag vor Inkrafttreten dieses Gesetzes tritt.

(2) $_1$Auf frühere kommunale Wahlbeamte und Wahlbeamtinnen sind die Ehrensoldregelungen nach Art. 59 bis 61 anwendbar. $_2$Dies gilt nicht für Art. 59 Abs. 1 Satz 2, soweit der Ehrensold vor Inkrafttreten dieses Gesetzes bewilligt wurde.

(3) $_1$Ruhestandsbeamte und Ruhestandsbeamtinnen und ihre Hinterbliebenen erhalten für die Zeit vom 1. Januar 2012 bis zum Inkrafttreten dieses Gesetzes eine Nachzahlung der ihnen in diesem Zeitraum zustehenden Versorgungsbezüge in entsprechender Anwendung der für Beamte und Beamtinnen im Sinn des Art. 1 Abs. 1 BayBeamtVG geltenden Vorschriften. $_2$Satz 1 gilt als erste Anpassung im Sinn des Art. 107 Abs. 1 BayBeamtVG.

(4) $_1$Ehemalige kommunale Wahlbeamte und Wahlbeamtinnen und deren Hinterbliebene erhalten für die Zeit vom 1. Januar 2012 bis zum Inkrafttreten dieses Gesetzes eine Nachzahlung des ihnen in diesem Zeitraum zustehenden Ehrensolds in Höhe von 2,2 v. H. $_2$Die bis zum Inkrafttreten dieses Gesetzes zustehenden Ehrensoldleistungen erhöhen sich ab Inkrafttreten dieses Gesetzes um 1,9 v. H.

Art. 65 Übergangsregelung

Art. 53 Abs. 3, Art. 60 Abs. 2 Nr. 2 und Anlage 3 in ihrer am 15. Oktober 2023 geltenden Fassung finden erstmals auf die nach dem Inkrafttreten der Änderungen gewählten Bezirkstagspräsidentinnen und Bezirkstagspräsidenten Anwendung.

Art. 66 Inkrafttreten

Dieses Gesetz tritt am 1. August 2012 in Kraft.

I

Anlage 1
(zu Art. 45 Abs. 2)

Einstufung der Beamten und Beamtinnen auf Zeit

1. Kreisangehörige Gemeinden

Größenklasse Einwohnerzahl	Erste Bürgermeister und Bürgermeisterinnen	Weitere Bürgermeister und Bürgermeisterinnen	Berufsmäßige Gemeinderatsmitglieder Erste Amtszeit	Berufsmäßige Gemeinderatsmitglieder Weitere Amtszeiten
	BesGr			
bis 2 000	A 13	A 10/A 11	–	–
2 001 bis 3 000	A 14	A 11/A 12	–	–
3 001 bis 5 000	A 15	A 12/A 13	–	–
5 001 bis 10 000	A 16	A 13/A 14	–	–
10 001 bis 15 000	B 2	A 14/A 15	A 13	A 14
15 001 bis 30 000	B 3	A 15/A 16	A 14	A 15
über 30 000	B 4	A 16/B 2	A 14	A 15

2. Kreisfreie Gemeinden und Große Kreisstädte

Größenklasse Einwohnerzahl/ Stadt	Oberbürgermeister und Oberbürgermeisterinnen	Weitere Bürgermeister und Bürgermeisterinnen	Berufsmäßige Gemeinderatsmitglieder Erste Amtszeit	Berufsmäßige Gemeinderatsmitglieder Weitere Amtszeiten
	BesGr			
bis 30 000	B 4	A 16/B 2	A 14	A 15
30 001 bis 50 000	B 6	B 3/B 4	A 16	B 2
50 001 bis 100 000	B 7	B 4/B 5	B 2	B 3
Städte Erlangen, Fürth, Ingolstadt, Regenburg und Würzburg	B 8	B 5/B 6	B 3	B 4
Stadt Augsburg	B 9	B 6/B 7	B 4	B 5
Stadt Nürnberg	B 10	B 7/B 8	B 5	B 6
Landeshauptstadt München	B 11	B 8/B 9	B 6	B 7

3. Landkreise

Größenklasse Einwohnerzahl	Landräte und Landrätinnen BesGr
bis 75 000	B 5
75 001 bis 150 000	B 6
über 150 000	B 7

Anlage 2
(zu Art. 46 Abs. 1)

Monatliche Dienstaufwandsentschädigungen für die Beamten und Beamtinnen auf Zeit

(gültig ab 1. Februar 2025)

				Rahmensätze		
A.	Erste Bürgermeister und Bürgermeisterinnen					
	1.	kreisangehöriger Gemeinden		267,14 €	bis	878,10 €
	2.	kreisfreier Gemeinden und Großer Kreisstädte				
		a)	bis 50 000 Einwohner	471,24 €	bis	1283,59 €
		b)	von 50 001 bis 100 000 Einwohner	673,96 €	bis	1487,69 €
		c)	über 100 000 Einwohner	878,10 €	bis	1690,44 €
B.	Weitere Bürgermeister und Bürgermeisterinnen und berufsmäßige Gemeinderatsmitglieder					
	1.	kreisangehöriger Gemeinden		227,38 €	bis	715,08 €
	2.	kreisfreier Gemeinden und Großer Kreisstädte				
		a)	bis 50 000 Einwohner	389,04 €	bis	1039,77 €
		b)	von 50 001 bis 100 000 Einwohner	552,07 €	bis	1202,76 €
		c)	über 100 000 Einwohner	715,08 €	bis	1365,78 €
C.	Landräte und Landrätinnen			1080,84 €	bis	1487,69 €

Anlage 3
(zu Art. 53 Abs. 2 und 3)

Monatliche Entschädigungen für die Ehrenbeamten und Ehrenbeamtinnen

1. Ehrenamtliche erste Bürgermeister und Bürgermeisterinnen

Einwohner der Gemeinde			Rahmensätze		
	bis	1000	1435,13 €	bis	3731,23 €
1001	bis	3000	3587,73 €	bis	5381,60 €
3001	bis	5000	4735,78 €	bis	6386,13 €
	über	5000	5453,36 €	bis	6888,43 €

2. Bezirkstagspräsidenten und Bezirkstagspräsidentinnen

Einwohner des Bezirks			Höchstbetrag
	bis	1 500 000	8430,29 €
1 500 001	bis	3 000 000	8759,06 €
	über	3 000 000	9087,83 €

I

Verordnung über die Gewährung von Jubiläumszuwendungen an Beamte und Richter (Jubiläumszuwendungsverordnung – JzV)

Vom 1. März 2005 (GVBl. S. 76)

Zuletzt geändert durch
Verordnung zur Anpassung von Rechtsverordnungen an das Gesetz zum Neuen Dienstrecht in Bayern
vom 5. Januar 2011 (GVBl. S. 12)

§ 1 Jubiläumszuwendung

(1) 1Die Beamten des Staates, der Gemeinden und der sonstigen unter der Aufsicht des Staates stehenden Körperschaften, Anstalten und Stiftungen des öffentlichen Rechts erhalten bei Vollendung einer Dienstzeit von 25, 40 und 50 Jahren eine Jubiläumszuwendung und eine Dankurkunde. 2Zusätzlich kann eine Dienstbefreiung im Umfang von zwei Arbeitstagen unter Fortgewährung der Leistungen des Dienstherrn gewährt werden. 3Die Gemeinden, Landkreise, Bezirke und die sonstigen unter der Aufsicht des Staates stehenden Körperschaften, Anstalten und Stiftungen des öffentlichen Rechts können von der Aushändigung einer Dankurkunde absehen.

(2) Für Richter gelten die Vorschriften dieser Verordnung entsprechend.

§ 2 Höhe der Jubiläumszuwendung

Die Jubiläumszuwendung beträgt

1. bei einer Dienstzeit von 25 Jahren 300,– Euro,
2. bei einer Dienstzeit von 40 Jahren 400,– Euro,
3. bei einer Dienstzeit von 50 Jahren 500,– Euro.

§ 3 Jubiläumsdienstzeit

(1) 1Die Jubiläumsdienstzeit beginnt mit dem Tag des erstmaligen Eintritts in ein Ausbildungs- oder hauptberufliches Beschäftigungsverhältnis bei einem öffentlich-rechtlichen Dienstherrn im Sinn des § 29 Abs. 1 des Bundesbesoldungsgesetzes. 2Nicht als hauptberufliches Beschäftigungsverhältnis im Sinn von Satz 1 gelten

1. Zeiten eines Wehrdienstes mit einer Gesamtdauer von bis zu zwei Jahren,
2. Zeiten eines dem nicht berufsmäßigen Wehrdienst gleichstehenden Grenzschutz- oder Zivildienstes sowie einer Tätigkeit als Entwicklungshelfer, soweit diese von Wehr- oder Zivildienst befreit,
3. Zeiten der Ableistung eines freiwilligen ökologischen oder sozialen Jahres im öffentlichen Dienst und
4. die Zeiten nach Art. 25 des Bayerischen Beamtenversorgungsgesetzes.

(2) Zeiten nach Abs. 1 Satz 2 Nrn. 1 und 2, die vor dem erstmaligen Eintritt in ein Beschäftigungsverhältnis nach Abs. 1 Satz 1 zurückgelegt wurden, sowie Zeiten als Ehrenbeamter gelten als Jubiläumsdienstzeit.

§ 4 Fortfall und Zurückstellung

(1) 1Die Jubiläumszuwendung entfällt bei Beamten,

1. die aus dem selben Anlass bereits eine Geldzuwendung aus öffentlichen Mitteln erhalten haben,
2. die von einem anderen Dienstherrn abgeordnet sind, wenn ihnen vom abordnenden Dienstherrn aus dem selben Anlass eine Geldzuwendung gewährt worden ist oder gewährt werden kann,
3. gegen die innerhalb der letzten fünf Jahre vor dem Jubiläumstag eine schwerere Disziplinarmaßnahme als eine Geldbuße ver-

hängt worden ist oder voraussichtlich verhängt worden wäre, wenn nicht die Voraussetzungen des Art. 15 des Bayerischen Disziplinargesetzes vorgelegen hätten.

2Beamten, denen nach Satz 1 Nrn. 1 und 2 keine Jubiläumszuwendung zusteht, kann eine Dankurkunde ausgehändigt und Dienstbefreiung gewährt werden. 3In den Fällen des Satzes 1 Nr. 3 entfallen die Aushändigung einer Dankurkunde und die Gewährung einer Dienstbefreiung.

(2) Die Entscheidung über die Gewährung einer Jubiläumszuwendung und einer Dankurkunde sowie einer Dienstbefreiung ist bei Beamten, gegen die am Jubiläumstag straf- oder disziplinarrechtliche Ermittlungen geführt werden oder gegen die Anklage im strafrechtlichen Verfahren erhoben wurde, bis zu einem rechtskräftigen Abschluss zurückzustellen.

§ 5 Zuständigkeit

(1) 1Für die Gewährung der Jubiläumszuwendung und für die Aushändigung der Dankurkunde ist die oberste Dienstbehörde zuständig. 2Sie kann die Ausübung ihrer Befugnis sowie die Entscheidung über die Versagung der Zuwendung auf andere Behörden übertragen. 3Art. 136 BayBG findet sinngemäße Anwendung. 4Für die Bewilligung der Dienstbefreiung nach § 1 Abs. 1 Satz 2 ist die oder der unmittelbare Dienstvorgesetzte zuständig.

(2) Die Festsetzung der für die Gewährung der Jubiläumszuwendung maßgebenden Dienstzeit (Jubiläumsdienstalter) wird von der für die Festsetzung der Besoldung zuständigen Stelle durchgeführt.

(3) Die zu einem anderen Dienstherrn abgeordneten Beamten erhalten die Jubiläumszuwendung vom abordnenden Dienstherrn.

§ 6 In-Kraft-Treten, Außer-Kraft-Treten, Übergangsbestimmung

(1) 1Diese Verordnung tritt am 1. April 2005 in Kraft. 2Mit Ablauf des 31. März 2005 tritt die Verordnung über die Gewährung von Jubiläumszuwendungen an Beamte und Richter vom 21. Dezember 1999 (GVBl. S. 568, BayRS 2030-2-24-F) außer Kraft.

(2) 1Für die im Zeitpunkt des In-Kraft-Tretens dieser Verordnung vorhandenen Beamten und Richter bleibt das nach den bis zu diesem Zeitpunkt geltenden Vorschriften der Jubiläumszuwendungsverordnung festgesetzte Jubiläumsdienstalter unverändert. 2Für die im Zeitpunkt des In-Kraft-Tretens dieser Verordnung beurlaubten Beamten ist das Jubiläumsdienstalter nach Ablauf der Beurlaubung unter Berücksichtigung der Zeiten der Beurlaubung als Jubiläumsdienstzeit ab dem Zeitpunkt des In-Kraft-Tretens dieser Verordnung neu festzusetzen. 3Soweit ein Dienstjubiläum auf Grund der geänderten Bestimmungen in diesen Fällen während der Beurlaubung erreicht wurde, erhalten die Beamten die Zuwendung und die Dankurkunde bei Wiederaufnahme des Dienstes oder zum Zeitpunkt der Beendigung des Beamtenverhältnisses.

Rahmenregelungen zur Durchführung von Mitarbeitergesprächen (Mitarbeitergesprächbekanntmachung – MitgBek)

Vom 7. Januar 2025 (BayMBl. Nr. 20)

1. Allgemeines

$_{1}$Das Mitarbeitergespräch ist bereits seit über 25 Jahren etabliert und hat sich in dieser Zeit als eigenes, bilaterales Gesprächsformat zwischen unseren Führungskräften und Mitarbeitenden bewährt. $_{2}$Unsere Arbeitswelt ist – wie schon bei der Einführung des Mitarbeitergesprächs – beständig im Wandel. $_{3}$Sei es wegen der dauerhaft hohen Anforderungen an die öffentlichen Verwaltungen, wegen der sich in den letzten Jahren vor allem durch die Ausweitung der Homeofficemöglichkeiten stark gewandelten Arbeitsbedingungen oder wegen der sich hin zur KI entwickelnden Digitalisierung, um nur einige Themen zu nennen. $_{4}$Aber gerade in Zeiten des hohen Arbeitsdrucks, des räumlich distanzierten Arbeitens und des digitalen Umbruchs ist es umso wertvoller, neben der täglichen Routine, im direkten persönlichen Gespräch miteinander zu bleiben.

$_{5}$Um den einzelnen Geschäftsbereichen und Behörden einen möglichst weiten Gestaltungsspielraum zu eröffnen und um zu gewährleisten, dass die Festlegungen zur Durchführung von Mitarbeitergesprächen an die jeweiligen Gegebenheiten angepasst werden können, enthält die Bekanntmachung lediglich Rahmenregelungen von grundsätzlicher und übergreifender Bedeutung.

$_{6}$Die nähere Ausgestaltung und Regelung der Mitarbeitergespräche obliegen der Verantwortung der einzelnen Geschäftsbereiche.

2. Durchführung des Mitarbeitergesprächs

2.1 Personenkreis

$_{1}$Mitarbeitergespräche sind grundsätzlich mit allen Beschäftigten des Freistaates Bayern zu führen. $_{2}$Ausgenommen sind beurlaubte oder vollständig vom Dienst freigestellte Beschäftigte.

2.2 Zuständigkeit

$_{1}$Gesprächspartner sind grundsätzlich die unmittelbare Führungskraft und ihre Mitarbeiterin oder ihr Mitarbeiter. $_{2}$Hat eine Mitarbeiterin oder ein Mitarbeiter mehrere Führungskräfte, empfiehlt sich jeweils ein Gespräch mit jeder Führungskraft, sodass eine Mitarbeiterin bzw. ein Mitarbeiter letztlich mehrere Mitarbeitergespräche geführt hat.

$_{3}$Im Falle der Abordnung sollen die Gespräche, abhängig von der voraussichtlichen weiteren beruflichen Verwendung der Mitarbeiterin oder des Mitarbeiters, mit den Führungskräften der aufnehmenden oder abgebenden Behörde geführt werden. $_{4}$Nach Absprache zwischen den Gesprächspartnern können die jeweils anderen Führungskräfte beigezogen werden.

2.3 Turnus

Ein Mitarbeitergespräch ist mindestens alle zwei Jahre zu führen.

2.4 Dokumentation

$_{1}$Die Abfassung eines Gesprächsprotokolls oder das schriftliche Festhalten einzelner Inhalte ist nicht unbedingt erforderlich, kann jedoch erfolgen, wenn die Mitarbeiterin oder der Mitarbeiter oder die Führungskraft oder beide dies wünschen, gegebenenfalls auch nur für vereinbarte Maßnahmen oder bestimmte Ziele. $_{2}$Die Einhaltung eines festgelegten Protokolls ist dabei nicht geboten. $_{3}$Wird ein Dokument über den Inhalt des Mitarbeitergesprächs erstellt, so ist es von den Gesprächspartnern zu unterschreiben. $_{4}$Jeder Gesprächspartner erhält eine Ausfertigung zum Verbleib.

5Ist von den Gesprächspartnern keine Dokumentation des Gesprächsinhalts gewünscht, genügt die gegenseitige Bestätigung in Textform, dass und wann das Mitarbeitergespräch stattgefunden hat.

2.5 Leitfaden

Ein Leitfaden zu den Zielen und dem Inhalt der Mitarbeitergespräche ist von den jeweiligen Stellen vorzuhalten und erforderlichenfalls zu ändern.

2.6 Beteiligung

Die einschlägigen Bestimmungen des Personalvertretungsrechts, des Schwerbehindertenrechts sowie des Gleichstellungsgesetzes sind bei Änderungen der Regelungen zum Mitarbeitergespräch bei den Behörden zu beachten.

2.7 Schulungen

Die Führung von Mitarbeitergesprächen erfordert ein hohes Maß an Engagement und speziell hierauf abgestimmte Fähigkeiten, die gegebenenfalls durch geeignete Maßnahmen der verantwortlichen Stellen vermittelt werden sollen.

3. Inhalt des Mitarbeitergesprächs

1Das Mitarbeitergespräch soll folgende Themenbereiche umfassen:

a) Arbeitsumfeld und Zusammenarbeit mit Kolleginnen und Kollegen,

b) Arbeitsaufgaben und persönliche Situation,

c) Zusammenarbeit mit der Führungskraft,

d) Entwicklung und Veränderung.

2Jedes Mitarbeitergespräch rückt die Situation der einzelnen Mitarbeiterin bzw. des einzelnen Mitarbeiters in den Mittelpunkt. 3Daher sollte jedes Mitarbeitergespräch vor allem ein offener – und vor allem gegenseitiger – Austausch von Erfahrungen, Meinungen, Erwartungen und Informationen zwischen der oder dem Mitarbeitenden und der Führungskraft auf Augenhöhe sein.

4. Inkrafttreten, Außerkrafttreten

4.1 1Diese Bekanntmachung tritt mit Wirkung vom 1. Januar 2025 in Kraft. 2Sie tritt mit Ablauf des 31. Dezember 2030 außer Kraft.

4.2 Mit Ablauf des 31. Dezember 2024 tritt die Bekanntmachung des Bayerischen Staatsministeriums der Finanzen über die Rahmenregelungen zur Durchführung von Mitarbeitergesprächen vom 28. Mai 1998 (FMBl. S. 142, StAnz Nr. 24), die durch Bekanntmachung vom 13. Februar 2009 (FMBl. S. 38, StAnz Nr. 9) geändert worden ist, außer Kraft.

I

Verordnung über die Nebentätigkeit der Beamten (Bayerische Nebentätigkeitsverordnung – BayNV)

Vom 14. Juni 1988 (GVBl. S. 160, S. 210)

Zuletzt geändert durch
Verordnung zur Änderung der Bayerischen Nebentätigkeitsverordnung und der Bayerischen Urlaubs- und Mutterschutzverordnung
vom 21. Oktober 2025 (GVBl. S. 559)

Inhaltsübersicht

Auf Grund von Art. 77 Abs. 1 des Bayerischen Beamtengesetzes (BayBG) und Art. 43 Abs. 3 des Gesetzes über kommunale Wahlbeamte erläßt die Bayerische Staatsregierung folgende Verordnung:

Erster Abschnitt Allgemeines

§ 1 Geltungsbereich

1Diese Verordnung gilt für die Beamten und Dienstanfänger des Staates, der Gemeinden, der Gemeindeverbände und der sonstigen unter der Aufsicht des Staates stehenden Körperschaften, Anstalten und Stiftungen des öffentlichen Rechts. 2Sie gilt auch für Ruhestandsbeamte und frühere Beamte hinsichtlich der Nebentätigkeiten, die sie vor oder im Zeitpunkt der Beendigung des Beamtenverhältnisses ausgeübt haben. 3Sie gilt nicht für Nebentätigkeiten, auf die die Bayerische Hochschullehrernebentätigkeitsverordnung Anwendung findet.

§ 2 Begriffe

(1) Nebentätigkeit eines Beamten ist die Ausübung eines Nebenamts oder einer Nebenbeschäftigung.

(2) Nebenamt ist ein nicht zu einem Hauptamt gehörender Kreis von Aufgaben, der auf Grund eines öffentlich-rechtlichen Dienst- oder Amtsverhältnisses wahrgenommen wird.

(3) Nebenbeschäftigung ist jede sonstige, nicht zu einem Hauptamt gehörende Tätigkeit innerhalb oder außerhalb des öffentlichen Dienstes.

(4) 1Vergütung für eine Nebentätigkeit ist jede Gegenleistung in Geld oder geldwerten Vorteilen, auch wenn kein Rechtsanspruch auf sie besteht. 2Als Vergütung im Sinne des Satzes 1 gelten nicht

1. der Ersatz von Fahrkosten,
2. Tage- und Übernachtungsgelder bis zur Höhe des festen Betrags, den die Reisekostenvorschriften für Beamte für den vollen Kalendertag einschließlich Übernachtung vorsehen, oder bei Nachweis höherer Mehraufwendungen bis zur Höhe dieses Betrags,
3. die vereinnahmte Umsatzsteuer,
4. der Ersatz sonstiger barer Auslagen, wenn keine Pauschalierung vorgenommen wird.

3Zu den baren Auslagen rechnen auch nicht pauschalierte Aufwendungen für die Vergabe von Aufträgen an ein Schreibbüro und ähnliche Dienstleistungsunternehmen sowie für vom Beamten privat beschäftigtes, aus den Nebentätigkeitseinnahmen bezahltes Personal. 4Pauschalierte Aufwandsentschädigungen sind in vollem Umfang als Vergütung anzusehen.

§ 3 Öffentliche Ehrenämter

(1) 1Öffentliche Ehrenämter im Sinn des Art. 81 Abs. 2 Satz 2 des Bayerischen Beamtengesetzes (BayBG) sind Tätigkeiten, die überwiegend der Erfüllung öffentlicher Aufgaben dienen, soweit sie

1. in Gesetzen und Rechtsverordnungen als Ehrenämter bezeichnet sind oder
2. auf behördlicher Bestellung oder Wahl beruhen und die hierfür gewährte Vergütung jeweils jährlich den in § 3 Nr. 26 Satz 1 EStG genannten Betrag nicht übersteigt.

2Die Wahrnehmung eines öffentlichen Ehrenamts liegt nur vor, wenn die Tätigkeit zum unmittelbaren Aufgabenkreis des Ehrenamts gehört.

(2) Öffentliches Ehrenamt im Sinn des Abs. 1 Satz 1 Nr. 1 ist insbesondere die Tätigkeit als

1. Mitglied des Bayerischen Verfassungsgerichtshofs,
2. Mitglied einer kommunalen Vertretung,
3. ehrenamtlicher kommunaler Wahlbeamter,
4. ehrenamtliches Mitglied in Organen der Sozialversicherungsträger und ihrer Verbände, der Bundesagentur für Arbeit sowie der Berufsvertretungen, die Körperschaften des öffentlichen Rechts sind,
5. ehrenamtlicher Richter

sowie die ehrenamtliche Tätigkeit in den kommunalen Spitzenverbänden.

§ 4 Nebentätigkeit im öffentlichen Dienst

(1) 1Nebentätigkeit im öffentlichen Dienst ist jede für den Freistaat Bayern, den Bund, ein Land, eine Gemeinde, einen Gemeindeverband oder andere Körperschaften, Anstalten oder Stiftungen des öffentlichen Rechts im Bundesgebiet oder für Verbände von juristischen Personen des öffentlichen Rechts ausgeübte Ne-

bentätigkeit; dies gilt auch, wenn die Tätigkeit auf Grund eines Vertragsverhältnisses wahrgenommen wird. 2Ausgenommen ist eine Nebentätigkeit für öffentlich-rechtliche Religionsgemeinschaften oder deren Verbände.

(2) Einer Nebentätigkeit im öffentlichen Dienst steht gleich eine Nebentätigkeit für

1. Vereinigungen, Einrichtungen oder Unternehmen, deren Kapital (Grund- oder Stammkapital) sich unmittelbar oder mittelbar ganz oder überwiegend in öffentlicher Hand befindet oder die fortlaufend ganz oder überwiegend aus öffentlichen Mitteln unterhalten werden,
2. zwischenstaatliche oder überstaatliche Einrichtungen, an denen eine juristische Person oder ein Verband im Sinn des Abs. 1 Satz 1 Halbsatz 1 durch Zahlung von Beiträgen oder Zuschüssen oder in anderer Weise beteiligt ist,
3. natürliche oder juristische Personen oder Personenvereinigungen des Privatrechts, die der Wahrung von Belangen einer juristischen Person oder eines Verbands im Sinn von Abs. 1 Satz 1 Halbsatz 1 dient.

§ 5 Nebentätigkeit im bayerischen öffentlichen Dienst

1Aufgaben, die für den Freistaat Bayern, für Gemeinden, Gemeindeverbände oder sonstige unter der Aufsicht des Staates stehende Körperschaften, Anstalten oder Stiftungen des öffentlichen Rechts wahrgenommen werden, sind grundsätzlich in ein Hauptamt einzuordnen. 2Sie sollen nicht zur Erledigung als Nebentätigkeit übertragen werden, wenn sie mit dem Hauptamt in Zusammenhang stehen.

Zweiter Abschnitt Nebentätigkeitsgenehmigung

§ 6 Erteilung, Widerruf und Rücknahme der Genehmigung

(1) In dem Antrag auf Erteilung einer Nebentätigkeitsgenehmigung (Art. 81 Abs. 7 Satz 1 BayBG) sind Art, Umfang und Dauer der Tätigkeit, der Auftraggeber, die voraussichtliche Höhe der Vergütung und die zeitliche Beanspruchung durch alle von dem Beamten ausgeübten genehmigungspflichtigen Nebentätigkeiten darzulegen.

(2) 1Die Genehmigung ist für jede einzelne Nebentätigkeit zu erteilen. 2Sie kann für fortlaufende oder wiederkehrende gleichartige Nebentätigkeiten auch allgemein erteilt werden. 3Umfang und Zeitdauer sind in der Genehmigung zu begrenzen. 4Die Entscheidung über den Antrag ist zu begründen, soweit ihm die Behörde nicht entspricht. 5Dies gilt entsprechend für den Widerruf und die Rücknahme der Genehmigung. 6Dem Beamten kann aufgegeben werden, die Beendigung der Nebentätigkeit anzuzeigen.

(3) Nachträgliche Änderungen der im Genehmigungsantrag enthaltenen Tatsachen sind vom Beamten unverzüglich anzuzeigen; die Anzeige entfällt bei nur unwesentlichen Änderungen.

(4) Bei der Nebentätigkeit von leitenden Krankenhausärzten im Bereich der Krankenversorgung ist eine Beeinträchtigung dienstlicher Interessen im Sinn des Art. 81 Abs. 3 Satz 2 Nrn. 1 und 3 sowie Satz 3 BayBG nicht anzunehmen, soweit diese Nebentätigkeit im Rahmen des vom Dienstherrn eingeräumten Liquidationsrechts bleibt.

(5) Ein Versagungsgrund im Sinn des Art. 81 Abs. 3 Satz 2 Nr. 3 BayBG liegt nicht vor, wenn

1. ein Beamter auf Anforderung eines Gerichts oder einer Behörde ein Gutachten erstattet oder
2. eine juristische Person des öffentlichen Rechts den Beamten zum Preisrichter, Schiedsrichter oder Schlichter bestellt,

es sei denn, daß Tatsachen die Annahme eines Interessenwiderstreits mit der Behörde, der der Beamte angehört, begründen.

(6) 1Wird eine Genehmigung widerrufen, so soll dem Beamten eine angemessene Frist zur Abwicklung der Nebentätigkeit eingeräumt werden, soweit die dienstlichen Interessen dies zulassen. 2Wird eine Genehmigung zurückgenommen, so kann dem Beamten eine angemessene Abwicklungsfrist eingeräumt werden.

§ 7 (weggefallen)

§ 8 Genehmigungsfreie Gutachtertätigkeit

$_1$Eine Gutachtertätigkeit ist nur dann selbständig im Sinn von Art. 82 Abs. 1 Nr. 5 BayBG, wenn nach dem Gutachtenersuchen eine persönliche Leistung des Beamten erbeten wird und der Beamte das Gutachten in wesentlichen Teilen selbst erarbeitet und die Verantwortung für das gesamte Gutachten durch Unterzeichnung übernimmt. $_2$Nur wenn der Beamte verhindert ist, selbst zu unterzeichnen, ist eine Unterzeichnung durch einen Vertreter zulässig; die Verhinderungsvertretung ist kenntlich zu machen. $_3$Keine selbständige Gutachtertätigkeit liegt insbesondere vor, wenn sich die Tätigkeit auf die Feststellung von Sachverhalten oder Tatsachen mit technischen Mitteln oder auf Grund von Laboruntersuchungen nach geläufigen Methoden ohne wissenschaftliche Schlußfolgerungen beschränkt. $_4$Untersuchungen und Beratungen, die in unmittelbarem Zusammenhang mit der Erstattung eines Gutachtens stehen, gelten als Teil desselben. $_5$Als mit Lehr- oder Forschungsaufgaben zusammenhängend gilt eine Gutachtertätigkeit nur, wenn das Gutachten über Fragen des Fachgebiets des Beamten erstattet wird.

Dritter Abschnitt
Vergütung

§ 9 Vergütung für Nebentätigkeiten im bayerischen öffentlichen Dienst

(1) Für eine Nebentätigkeit im bayerischen öffentlichen Dienst (§ 5) darf grundsätzlich eine Vergütung nur gewährt werden

1. bei Gutachtertätigkeiten,
2. bei Tätigkeiten, für die auf andere Weise eine geeignete Arbeitskraft ohne erheblichen Mehraufwand nicht gewonnen werden kann,
3. bei Tätigkeiten, deren Ausübung – unbeschadet § 10 Abs. 1 Satz 2 – ohne Zahlung einer Vergütung dem Beamten nicht zugemutet werden kann.

(2) $_1$Eine Vergütung darf nicht gewährt werden, wenn der Beamte für die Wahrnehmung der Nebentätigkeit im Hauptamt angemessen entlastet wird. $_2$Die Vergütung ist nach Umfang und Bedeutung der Nebentätigkeit abzustufen. $_3$Mit Ausnahme von Tage- und Übernachtungsgeldern dürfen Auslagen nicht pauschaliert werden.

(3) Für die in einem Kalenderjahr ausgeübten Nebentätigkeiten dürfen Vergütungen nach Abs. 1 den am 1. Januar des jeweiligen Kalenderjahres in Anlage 9 des Bayerischen Besoldungsgesetzes (BayBesG) geltenden höchsten Stundensatz für Mehrarbeit außerhalb des Schuldienstes, multipliziert mit dem Faktor 300, nicht übersteigen.

§ 10 Ablieferungspflicht

(1) $_1$Vergütungen für eine oder mehrere Nebentätigkeiten, die im öffentlichen oder in dem ihm gleichstehenden Dienst (§ 4) oder auf Vorschlag oder Veranlassung seines Dienstherrn ausgeübt werden, sind von dem Beamten insoweit an den Dienstherrn im Hauptamt abzuliefern, als sie für die in einem Kalenderjahr ausgeübten Tätigkeiten den Höchstbetrag nach § 9 Abs. 3 übersteigen. $_2$Soweit es sich hierbei um Nebentätigkeiten handelt, die während der Arbeitszeit ausgeübt werden dürfen und die dadurch versäumte Arbeitszeit nicht nachzuleisten ist, entfällt der Ablieferungsfreibetrag für die Beamten im Sinn des Bayerischen Beamtengesetzes.

(2) $_1$Bei der Festsetzung des abzuliefernden Betrags sind von den Vergütungen Aufwendungen abzusetzen, die im Zusammenhang mit der Nebentätigkeit nachweislich entstanden sind. $_2$Voraussetzung für den Abzug ist, daß der Beamte für diese Aufwendungen keinen Auslagenersatz erhalten hat.

(3) Vergütungen für in einem Kalenderjahr ausgeübte Nebentätigkeiten nach Abs. 1 sollen abgeliefert werden, sobald sie insgesamt – abzüglich der Aufwendungen nach Abs. 2 – den ablieferungsfreien Höchstbetrag übersteigen.

§ 11 Ausnahmen von §§ 9 und 10

(1) § 9 Abs. 1 und 3 und § 10 sind nicht anzuwenden auf Vergütungen für

1. eine Lehr- oder Unterrichtstätigkeit,
2. eine Mitwirkung bei Prüfungen,

3. eine schriftstellerische, wissenschaftliche oder künstlerische Tätigkeit oder eine Vortragstätigkeit,
4. Tätigkeiten auf dem Gebiet der wissenschaftlichen Forschung,
5. eine mit Lehr- oder Forschungsaufgaben zusammenhängende selbständige Gutachtertätigkeit von Beamten an öffentlichen Hochschulen, wissenschaftlichen Instituten und Anstalten, die nicht unter § 1 Satz 3 fallen,
6. Tätigkeiten als gerichtlicher oder staatsanwaltschaftlicher Sachverständiger,
7. Gutachtertätigkeiten von Ärzten, Zahnärzten oder Tierärzten für Versicherungsträger oder für andere juristische Personen des öffentlichen Rechts,
8. ärztliche, zahnärztliche oder tierärztliche Verrichtungen der in Nr. 7 genannten Personen, für die nach den Gebührenordnungen Gebühren zu zahlen sind,
9. Arbeitnehmererfindungen,
10. Tätigkeiten, die ausschließlich während eines unter Fortfall der Dienstbezüge gewährten Urlaubs von mehr als drei Monaten oder in besonderen Ausnahmefällen von mehr als einem Monat ausgeübt werden,
11. Tätigkeiten, die zur Aufrechterhaltung des Dienstbetriebs oder im öffentlichen Interesse notwendig sind, soweit die oberste Dienstbehörde eine Ausnahme von der Ablieferungspflicht für erforderlich hält.

(2) § 9 Abs. 1 und 3 und § 10 Abs. 1 Satz 1 sind auf kommunale Wahlbeamte auf Zeit, die Vorsitzende des Verwaltungsrats einer Sparkasse oder Stellvertreter des Vorsitzenden sind, mit folgenden Maßgaben anzuwenden:

1. Der Höchstbetrag nach § 9 Abs. 3 verdreifacht sich für die Vergütung des Vorsitzenden und verdoppelt sich für die Vergütung des Stellvertreters;
2. Vergütungen sind nach § 10 Abs. 1 Satz 1 insoweit abzuliefern, als sie den Höchstbetrag nach Nr. 1 übersteigen.

§ 12 Abrechnung über Nebentätigkeitsvergütungen

(1) $_1$Beamte, denen Vergütungen zugeflossen sind, auf die § 10 anzuwenden ist, haben ihrem Dienstvorgesetzten bis spätestens 31. Januar eines jeden Jahres eine Abrechnung über die im abgelaufenen Kalenderjahr zugeflossenen Vergütungen vorzulegen. $_2$Von dem Beamten kann verlangt werden, daß er Aufzeichnungen über die zugeflossenen Vergütungen führt.

(2) $_1$Die abzuführende Vergütung ist im Weg der Schätzung festzusetzen, wenn der Beamte hierüber keine Auskunft gibt oder über seine Angaben keine ausreichende Aufklärung geben kann oder Aufzeichnungen nicht vorlegt, zu deren Führung er verpflichtet wurde. $_2$Dabei sind alle Umstände zu berücksichtigen, die nach Lage des Falls für die Schätzung von Bedeutung sind. $_3$Sobald die erforderlichen Angaben vorliegen, ist die Festsetzung zu berichtigen.

(3) $_1$Die abzuführende Vergütung wird einen Monat nach der Festsetzung fällig. $_2$Durch die Berichtigung nach Abs. 2 Satz 3 wird die Fälligkeit nicht berührt.

(4) Wird der abzuführende Betrag innerhalb eines Monats nach Fälligkeit nicht entrichtet, so ist der rückständige Betrag ab dem Zeitpunkt der Fälligkeit mit fünf Prozentpunkten über dem Basiszinssatz nach § 247 BGB jährlich zu verzinsen.

Vierter Abschnitt
Inanspruchnahme von Einrichtungen, Personal oder Material des Dienstherrn

§ 13 Einrichtungen

$_1$Als Einrichtungen gelten alle sächlichen Mittel, insbesondere die Diensträume und deren Ausstattung sowie die darin vorhandenen Maschinen, Apparate und Instrumente. $_2$Bücher und andere wissenschaftliche Werke zählen nicht zur Einrichtung.

§ 14 Genehmigungspflicht

(1) $_1$Der Beamte bedarf der vorherigen Genehmigung, wenn er bei der Ausübung einer Nebentätigkeit Einrichtungen, Personal oder Ma-

terial seines Dienstherrn in Anspruch nehmen will. 2Die Genehmigung darf nur erteilt werden, wenn ein öffentliches oder wissenschaftliches Interesse an der Ausübung der Nebentätigkeit besteht. 3Die Genehmigung ist widerruflich; sie kann befristet werden. 4In dem Genehmigungsbescheid ist der Umfang der zugelassenen Inanspruchnahme anzugeben.

(2) Auf die Inanspruchnahme von Einrichtungen, Personal oder Material des Dienstherrn besteht kein Rechtsanspruch.

(3) 1Personal des Dienstherrn darf grundsätzlich nur innerhalb seiner Arbeitszeit und nur im Rahmen seiner üblichen Dienstaufgaben in Anspruch genommen werden. 2Aus Anlaß der Mitwirkung an der Nebentätigkeit darf Mehrarbeit, Bereitschaftsdienst oder Rufbereitschaft nicht angeordnet, genehmigt oder vergütet werden. 3Vereinbarungen über eine private Mitarbeit außerhalb der Arbeitszeit bleiben unberührt. 4Soweit an Mitarbeiter aus Anlaß der Mitwirkung an einer Nebentätigkeit zusätzliche Vergütungen gezahlt werden, kann die Genehmigungsbehörde von dem Beamten darüber Auskunft verlangen.

(4) 1Die Genehmigung gilt als allgemein erteilt, wenn die Voraussetzung des Abs. 1 Satz 2 vorliegt und ein Entgelt nicht zu entrichten ist. 2Die Inanspruchnahme ist der Genehmigungsbehörde anzuzeigen, sofern es sich nicht um eine geringfügige und vereinzelte Inanspruchnahme handelt.

§ 15 Grundsätze für die Bemessung des Entgelts

(1) 1Für die Inanspruchnahme von Einrichtungen, Personal oder Material des Dienstherrn hat der Beamte ein angemessenes Entgelt (Kostenerstattung und Vorteilsausgleich) zu entrichten. 2Ein Entgelt entfällt, wenn die Nebentätigkeit für den eigenen Dienstherrn ohne Zahlung einer Vergütung ausgeübt wird. 3Auf die Entrichtung eines Entgelts kann verzichtet werden,

1. wenn die Nebentätigkeit auf Verlangen, Vorschlag oder Veranlassung des Dienstherrn ausgeübt wird oder
2. wenn die Vergütung insgesamt 1230 € im Kalenderjahr nicht übersteigt oder
3. es sich nur um den Verbrauch geringwertigen Materials handelt.

(2) Die Höhe des Entgelts richtet sich nach den Grundsätzen der Kostendeckung und des Vorteilsausgleichs.

(3) Nehmen mehrere Beamte Einrichtungen, Personal oder Material des Dienstherrn gemeinschaftlich in Anspruch, sind sie als Gesamtschuldner zur Entrichtung des Entgelts verpflichtet.

§ 16 Allgemeines Entgelt

(1) 1Die Kostenerstattung wird pauschaliert nach einem Vomhundertsatz der für die Nebentätigkeit bezogenen Vergütung bemessen. 2Sie beträgt im Regelfall

4 v. H. für die Inanspruchnahme von Einrichtungen,

8 v. H. für die Inanspruchnahme von Personal,

4 v. H. für den Verbrauch von Material.

3Das Entgelt für den durch die Inanspruchnahme von Einrichtungen, Personal oder Material erwachsenen wirtschaftlichen Vorteil (Vorteilsausgleich) beträgt 50 v. H. der nach Satz 2 zu erstattenden Kosten. 4Werden Leistungen in Anspruch genommen, für die tarifmäßige Gebühren bestehen, so sind diese zu entrichten, soweit sie die entstandenen Kosten und den Vorteilsausgleich abdecken. 5Auf Grund von Erfahrungssätzen können vom zuständigen Staatsministerium im Einvernehmen mit dem Staatsministerium der Finanzen und für Heimat von Satz 2 abweichende Pauschbeträge oder Pauschsätze festgesetzt werden.

(2) 1Wird nachgewiesen, daß die nach Abs. 1 Satz 2 oder Satz 5 pauschal berechnete Kostenerstattung um mehr als 25 v. H. von den entstandenen Kosten abweicht, so ist sie von Amts wegen oder auf Antrag des Beamten nach

1. den anteiligen Kosten für die Beschaffung, Unterhaltung und Verwaltung der benutzten Einrichtungen,
2. den anteiligen Kosten für das in Anspruch genommene Personal einschließlich der Personalnebenkosten,
3. den anteiligen Beschaffungs- und Verwaltungskosten für das Material

festzusetzen. $_2$Die Berechnung der zu erstattenden Kosten für eine der drei Leistungsgruppen Einrichtungen, Personal oder Material gemäß Satz 1 schließt die Pauschalbemessung für die anderen Leistungsgruppen nicht aus. $_3$Für die Bemessung des Entgelts für den wirtschaftlichen Vorteil gilt Abs. 1 Satz 3 entsprechend. $_4$Der Vorteilsausgleich darf aber 40 v. H. der um die Kostenerstattung verminderten Vergütung nicht überschreiten. $_5$Der Beamte muß den Antrag innerhalb einer Ausschlußfrist von drei Monaten nach Festsetzung des Entgelts stellen. $_6$Eine im Vergleich zur Pauschalberechnung höhere Festsetzung nach Satz 1 entfällt, wenn die Vergütung den Betrag von 3060 € im Kalenderjahr nicht übersteigt.

(3) Wird die Nebentätigkeit ohne Vergütung ausgeübt, entfällt das Entgelt für den wirtschaftlichen Vorteil.

§ 17 (weggefallen)

§ 18 Verfahren

(1) $_1$Der Beamte ist verpflichtet, bei fortlaufender Inanspruchnahme von Einrichtungen, Personal oder Material des Dienstherrn bis zum 31. März eines jeden Jahres für das vorangegangene Kalenderjahr, im übrigen bei Ende der Inanspruchnahme, dem Dienstherrn die für die Festsetzung des Entgelts erforderlichen Angaben zu machen. $_2$Er hat Beginn, Umfang, Änderung des Umfangs und Ende der Inanspruchnahme mitzuteilen und die für die Festsetzung des Entgelts erforderlichen Aufzeichnungen zu führen. $_3$Die Aufzeichnungspflicht entfällt, wenn die Vergütung voraussichtlich den Betrag von 3060 € im Kalenderjahr nicht überschreitet. $_4$Auf Verlangen sind die für die Entgeltberechnung erforderlichen Nachweise vorzulegen. $_5$In Verwaltungsvorschriften kann bestimmt werden, daß und zu welchen Zeitpunkten das Entgelt über ein Leistungsbuch abzurechnen ist. $_6$Die Unterlagen sind fünf Jahre, gerechnet vom Ende des Kalenderjahres, für das sie bestimmt sind, aufzubewahren.

(2) $_1$Das zu zahlende Entgelt wird von der Behörde, die die Leistungen gewährt, nach dem Ende der Inanspruchnahme, mindestens jedoch jährlich festgesetzt. $_2$Die oberste Dienstbehörde kann eine andere Zuständigkeit bestimmen. $_3$Ist die Höhe des Entgelts bereits im Zeitpunkt der Genehmigung zu übersehen, so soll das Entgelt zugleich mit der Genehmigung festgesetzt werden. $_4$Werden die Angaben nach Abs. 1 trotz Mahnung nicht fristgerecht gemacht, ist das Entgelt durch Schätzung festzusetzen. $_5$§ 12 Abs. 2 Satz 2 findet entsprechend Anwendung. $_6$Sobald die erforderlichen Angaben vorliegen, ist die Festsetzung zu berichtigen. $_7$Durch die Berichtigung wird die Fälligkeit des Entgelts nicht berührt. $_8$Satz 7 gilt entsprechend für einen Antrag nach § 16 Abs. 2 Satz 1, der nach der Festsetzung des Entgelts gestellt wird. $_9$Der Beamte hat auf Verlangen angemessene Abschlagszahlungen zu leisten. $_{10}$Die Abschlagszahlungen sind von Amts wegen anzufordern und einzuziehen.

(3) Das Entgelt wird einen Monat nach der Festsetzung fällig.

(4) Wird das Entgelt oder die Abschlagszahlung innerhalb eines Monats nach Fälligkeit nicht entrichtet, so ist der rückständige Betrag ab dem Zeitpunkt der Fälligkeit mit fünf Prozentpunkten über dem Basiszinssatz nach § 247 BGB jährlich zu verzinsen.

Fünfter Abschnitt Übergangs- und Schlußbestimmungen

§ 19 (weggefallen)

§ 20 Erlaß von Verwaltungsvorschriften

$_1$Die zur Durchführung dieser Verordnung im staatlichen Bereich erforderlichen allgemeinen Verwaltungsvorschriften erläßt das Staatsministerium der Finanzen und für Heimat. $_2$Verwaltungsvorschriften, die nur den Geschäftsbereich eines Staatsministeriums betreffen, erläßt dieses Staatsministerium. $_3$Verwaltungsvorschriften über die Höhe von Vergütungen bedürfen im staatlichen Bereich der Zustimmung des Staatsministeriums der Finanzen und für Heimat.

§ 21 Inkrafttreten

Diese Verordnung tritt mit Wirkung vom 1. Januar 1987 in Kraft.

Verordnung über die Arbeitszeit für den bayerischen öffentlichen Dienst (Bayerische Arbeitszeitverordnung – BayAzV)

Vom 25. Juli 1995 (GVBl. S. 409)

Zuletzt geändert durch
Gesetz zur Änderung des Bayerischen Personalvertretungsgesetzes und weiterer Rechtsvorschriften
vom 7. Juli 2023 (GVBl. S. 318)

§ 1 Geltungsbereich

Diese Verordnung gilt für die Beamten und Dienstanfänger des Staates, der Gemeinden, der Gemeindeverbände und der sonstigen unter der Aufsicht des Staates stehenden Körperschaften, Anstalten und Stiftungen des öffentlichen Rechts.

§ 2 Regelmäßige Arbeitszeit

(1) $_{1}$Die regelmäßige Arbeitszeit beträgt im Durchschnitt 40 Stunden in der Woche. $_{2}$Sie vermindert sich für gesetzliche Feiertage sowie für sonstige ganz oder teilweise dienstfreie Tage (§ 5 Abs. 2 und 3), soweit sie auf die Tage von Montag bis Freitag fallen, um die Arbeitszeit, die an diesen Tagen nach § 7 Abs. 2 Sätze 2 und 3 oder § 8 Abs. 1 Satz 2 zu leisten wäre.

(2) $_{1}$Die durchschnittliche wöchentliche Arbeitszeit ermäßigt sich entsprechend dem Umfang einer bewilligten Teilzeitbeschäftigung. $_{2}$Sie ist innerhalb einer Woche zu erbringen. $_{3}$Wenn die dienstlichen Verhältnisse es zulassen, kann die Arbeitszeit abweichend von Satz 2 aufgeteilt werden; dabei muss innerhalb eines Zeitraums von höchstens zwölf Monaten die auf diesen Zeitraum entfallende ermäßigte Arbeitszeit erbracht werden. $_{4}$§ 7 bleibt unberührt.

(3) $_{1}$Oberste Dienstbehörden und von ihnen ermächtigte Behörden können für einzelne Verwaltungszweige, Betriebe oder bestimmte Beamtengruppen die Arbeitszeit verlängern oder verkürzen, wenn die dienstlichen Verhältnisse es erfordern. $_{2}$Eine abweichende Einteilung der Arbeitszeit nach Satz 1 ist innerhalb von zwölf Monaten auszugleichen.

(4) $_{1}$Die wöchentliche Arbeitszeit einschließlich Mehrarbeit darf im Durchschnitt 48 Stunden nicht überschreiten. $_{2}$Die tägliche Arbeitszeit soll 10 Stunden nicht übersteigen, sofern nicht Mehrarbeit angeordnet oder genehmigt ist. $_{3}$Vorbehaltlich der Regelungen in Art. 88 Abs. 4 und Art. 91 Abs. 2 Satz 1 Nr. 2 BayBG ist für die Berechnung des Durchschnitts der Arbeitszeit ein Zeitraum von zwölf Monaten zugrunde zu legen. $_{4}$Zeiten des Erholungsurlaubs sowie einer Dienstunfähigkeit bleiben bei der Berechnung unberücksichtigt.

(5) Pausen werden in die Arbeitszeit nicht eingerechnet.

§ 3 Ruhezeit

(1) $_{1}$Pro 24-Stunden-Zeitraum ist eine zusammenhängende Ruhezeit von mindestens 11 Stunden und innerhalb eines Siebentageszeitraums eine zusätzliche zusammenhängende Mindestruhezeit von 24 Stunden zu gewähren. $_{2}$Für die Mindestruhezeit von 24 Stunden gilt ein Bezugszeitraum von 14 Tagen.

(2) $_{1}$Von Abs. 1 können oberste Dienstbehörden oder von ihnen ermächtigte Behörden Ausnahmen zulassen, wenn zwingende dienstliche Belange im Sinn des Art. 17 Abs. 3 und 4 der Richtlinie 2003/88/EG es erfordern und gleichwertige Ausgleichsruhezeiten gewährt werden. $_{2}$Soweit Ausgleichsruhezeiten nach Satz 1 aus objektiven Gründen nicht möglich sind, ist ein angemessener Schutz der Gesundheit durch geeignete Maßnahmen zu gewährleisten.

§ 4 Dienst in Bereitschaft

(1) $_{1}$Wenn der Dienst Bereitschaftsdienst einschließt, können oberste Dienstbehörden und von ihnen ermächtigte Behörden die Arbeitszeit entsprechend den dienstlichen Bedürfnissen in angemessenem Verhältnis verlän-

gern. 2Hierbei darf in einem Bezugszeitraum von zwölf Monaten die durchschnittliche wöchentliche Arbeitszeit 48 Stunden nicht überschreiten. 3Der Anteil des Bereitschaftsdienstes beträgt bei Beamten im Sinn des Art. 132 BayBG im Regelfall nicht mehr als 18 Stunden in der Woche.

(2) 1Unter Beachtung der allgemeinen Grundsätze der Sicherheit und des Gesundheitsschutzes der Beamten kann die Arbeitszeit auf bis zu 56 Stunden in der Woche verlängert werden, wenn

1. Beamte sich hierzu schriftlich bereit erklären,
2. Beamten, die eine Erklärung nach Nr. 1 nicht abgeben, hieraus keine Nachteile entstehen,
3. die Beschäftigungsbehörde aktuelle Listen über alle Beamten führt, die eine Erklärung nach Nr. 1 abgegeben haben; die Listen sind auf Verlangen den für den Arbeitsschutz zuständigen Behörden zur Verfügung zu stellen.

2Bei Beamten im Sinn des Art. 132 BayBG soll bei einer Wochenarbeitszeit im Sinn des Satzes 1 von 56 Stunden der Anteil des Bereitschaftsdienstes in der Regel 31 Stunden betragen; dieses Verhältnis gilt entsprechend, wenn die Wochenarbeitszeit auf weniger als 56 Stunden verlängert wird.

(3) 1Bei den in klinischen Einrichtungen tätigen Beamten, die außerhalb der regelmäßigen wöchentlichen Arbeitszeit Bereitschaftsdienst leisten, gilt Abs. 2 mit der Maßgabe, dass die Arbeitszeit

1. bei einer Arbeitsleistung innerhalb des Bereitschaftsdienstes von mehr als 25 v. H. bis zu 49 v. H. auf bis zu 54 Stunden,
2. bei einer Arbeitsleistung innerhalb des Bereitschaftsdienstes von bis zu 25 v. H. auf bis zu 58 Stunden und
3. in sonstigen begründeten Einzelfällen auf bis zu 66 Stunden

in der Woche verlängert werden kann. 2Abs. 2 Satz 2 findet keine Anwendung.

(4) 1Die Erklärung nach Abs. 2 Satz 1 Nr. 1 kann zum Ablauf eines Kalenderhalbjahres mit einer Frist von sechs Monaten schriftlich widerrufen werden. 2Beamte sind auf die Widerrufsmöglichkeit hinzuweisen.

§ 5 Arbeitstage

(1) 1Arbeitstage sind die Werktage. 2Der Samstag ist grundsätzlich dienstfrei. 3Satz 2 gilt nicht für den Bereich der öffentlichen Schulen.

(2) Allgemein dienstfrei sind der 24. und 31. Dezember.

(3) 1Die Staatsregierung kann bei besonderen Anlässen anordnen, dass an einzelnen Arbeitstagen der Dienst ganz oder teilweise entfällt; in örtlich bedingten Ausnahmefällen können oberste Dienstbehörden eine solche Anordnung treffen. 2Hierbei kann auch angeordnet werden, dass die ausfallende Arbeitszeit innerhalb einer bestimmten Frist einzuarbeiten ist; die tägliche Arbeitszeit soll jedoch grundsätzlich nicht mehr als 10 Stunden betragen.

§ 6 Dienst an Sonn- und Feiertagen oder zu dienstfreien Zeiten

(1) 1Wenn es die dienstlichen Verhältnisse erfordern, können oberste Dienstbehörden und von ihnen ermächtigte Behörden Dienst an Sonn- und Feiertagen oder zu dienstfreien Zeiten (§ 5) anordnen. 2In diesem Fall soll eine entsprechende, möglichst zeitnahe zusammenhängende Freizeit an anderen Tagen gewährt werden. 3Beamte sollen grundsätzlich an nicht mehr als der Hälfte der Sonntage zum Dienst eingeteilt werden, wenn die dienstlichen Verhältnisse es zulassen.

(2) Bei Nachtdienst ist die besondere Beanspruchung der Arbeitskraft in der Dienstgestaltung zu berücksichtigen.

§ 7 Gleitende Arbeitszeit

(1) 1Beamte haben die tägliche Arbeitszeit im Rahmen der gleitenden Arbeitszeit abzuleisten. 2Sie können hierbei Beginn und Ende der täglichen Arbeitszeit nach Maßgabe der Absätze 2 bis 7 selbst bestimmen. 3Die Arbeitszeit ist durch elektronische Zeiterfassungsgeräte zu erfassen. 4In begründeten Fällen kann die Dienststellenleitung Ausnahmen von Satz 3 zulassen.

(2) 1Im Rahmen der gleitenden Arbeitszeit dürfen täglich grundsätzlich nicht mehr als 10 Stunden

auf die Sollzeit angerechnet werden; wenn es die dienstlichen Verhältnisse erfordern, können hiervon Ausnahmen zugelassen werden. $_{2}$Die Sollzeit ist der auf den einzelnen Arbeitstag entfallende Anteil der regelmäßigen Arbeitszeit im Sinn des § 2 Abs. 1 Satz 1. $_{3}$Die Dienststellenleitung legt die tägliche Sollzeit unter Berücksichtigung der dienstlichen und örtlichen Verhältnisse fest; sie beträgt in den staatlichen Verwaltungen mindestens 6 und höchstens 10 Stunden. $_{4}$Die Sollzeit ermäßigt sich entsprechend dem Umfang einer bewilligten Teilzeitbeschäftigung; § 2 Abs. 2 Satz 3 gilt entsprechend.

(3) Die Arbeit ist spätestens nach sechs Stunden durch eine Pause von mindestens 30 Minuten zu unterbrechen.

(4) $_{1}$In den staatlichen Verwaltungen muss die tägliche Mindestanwesenheitszeit (Präsenzzeit) ausschließlich der Pausen mindestens 4 Stunden betragen. $_{2}$Die Rahmenzeit darf täglich 14 Stunden nicht überschreiten. $_{3}$Wenn die dienstlichen Verhältnisse es erfordern, können oberste Dienstbehörden oder die von ihnen ermächtigten Behörden Beginn und Ende der Präsenzzeit festlegen und hierzu weitere Regelungen treffen sowie Ausnahmen von Satz 1 und Satz 2 zulassen.

(5) $_{1}$Unterschreitungen oder Überschreitungen der täglichen Sollzeit sollen innerhalb des Abrechnungszeitraums ausgeglichen werden; der Abrechnungszeitraum darf nicht mehr als zwölf Monate umfassen. $_{2}$Arbeitszeitrückstände dürfen 40 Stunden nicht überschreiten. $_{3}$Die Übertragung von Arbeitszeitguthaben über den Abrechnungszeitraum hinaus ist durch die obersten Dienstbehörden oder die von ihnen ermächtigten Behörden zu begrenzen.

(6) $_{1}$Gegen Einarbeitung der ausfallenden Arbeitszeit können bis zu 24 Tage im Kalenderjahr freigegeben werden. $_{2}$Im Übrigen ist ein Arbeitszeitausgleich während der Präsenzzeit nur für dienstlich angeordnete oder genehmigte Mehrarbeit zulässig.

(7) $_{1}$Die zur näheren Ausgestaltung der gleitenden Arbeitszeit im staatlichen Bereich erforderlichen Rahmenbestimmungen erlässt das Staatsministerium der Finanzen und für Heimat im Benehmen mit den anderen obersten Dienstbehörden. $_{2}$Die obersten Dienstbehörden können mit Zustimmung des Staatsministeriums der Finanzen und für Heimat von den Rahmenbestimmungen abweichende Regelungen treffen, soweit besondere Verhältnisse dies erfordern.

(8) Die Absätze 1 bis 7 gelten nicht für Lehrer an öffentlichen Schulen sowie für das wissenschaftliche, künstlerische und technische Personal an den Hochschulen; hiervon abweichend kann an Hochschulen die gleitende Arbeitszeit durch Dienstvereinbarung nach Maßgabe der Abs. 1 bis 7 festgelegt werden.

§ 8 Feste Arbeitszeit

(1) $_{1}$Abweichend von § 7 kann die feste Arbeitszeit angeordnet werden; in staatlichen Verwaltungen jedoch nur dann, wenn zwingende dienstliche Verhältnisse es erfordern. $_{2}$Der Dienststellenleiter legt die tägliche Arbeitszeit unter Berücksichtigung der dienstlichen und örtlichen Verhältnisse fest. $_{3}$Die tägliche Arbeitszeit soll grundsätzlich 9 Stunden nicht überschreiten. $_{4}$In den staatlichen Verwaltungen muss der Dienst spätestens um 8.30 Uhr beginnen und darf von Montag bis Donnerstag nicht vor 16.00 Uhr, am Freitag nicht vor 14.00 Uhr enden. $_{5}$Oberste Dienstbehörden und von ihnen ermächtigte Behörden können bei dringenden dienstlichen Bedürfnissen Abweichungen von den Sätzen 3 und 4 zulassen.

(2) $_{1}$Die Pause beträgt mindestens 30 Minuten. $_{2}$Bei einer Arbeitszeit von mehr als 9 Stunden beträgt die Pause mindestens 45 Minuten; die Pause kann in zwei Zeitabschnitte aufgeteilt werden. $_{3}$Die Arbeit ist spätestens nach sechs Stunden durch eine Pause von mindestens 30 Minuten zu unterbrechen.

§ 8a (weggefallen)

§ 8b Regelungen für die ungleichmäßige Verteilung der Arbeitszeit

(1) $_{1}$Bei einer ungleichmäßigen Verteilung der Arbeitszeit nach Art. 87 Abs. 3 und 4 oder Art. 88 Abs. 4 BayBG kann eine ausgleichspflichtige Arbeitszeit nicht angespart werden während der Dauer

1. einer Elternzeit ohne Teilzeitbeschäftigung im Beamtenverhältnis oder einer sonsti-

I

gen Beurlaubung von mehr als einem Monat, ausgenommen Erholungsurlaub,
2. einer Herabsetzung der Arbeitszeit wegen begrenzter Dienstfähigkeit nach § 27 Abs. 2 BeamtStG,
3. des sechs Monate überschreitenden Zeitraums einer Dienstunfähigkeit,
4. eines vorübergehenden Wechsels in Bereiche, in denen die jeweilige besondere Form der Arbeitszeitverteilung nicht fortgeführt werden kann,
5. eines Verbots der Führung der Dienstgeschäfte oder einer vorläufigen Dienstenthebung.

$_2$Die Ansparphase verlängert sich entsprechend, soweit sie nicht aus zwingenden dienstlichen Gründen oder auf Antrag der Beamten vorzeitig beendet wird.

(2) Tritt einer der in Absatz 1 Satz 1 Nrn. 1 bis 4 genannten Fälle während der Ausgleichsphase ein, so wird diese um den entsprechenden Zeitraum verlängert.

(3) Absatz 1 gilt bei einer ungleichmäßigen Verteilung der Arbeitszeit nach Art. 91 Abs. 2 Satz 1 Nr. 2 BayBG entsprechend mit der Maßgabe, dass sich die Ansparphase um die Hälfte dieser Zeiten verlängert.

§ 9 Schichtdienst und wechselnder Dienst

(1) $_1$Abweichend von §§ 7 und 8 ist Schichtdienst oder planmäßig sonstig wechselnder Dienst nach Bedarf anzuordnen, wenn die Aufgaben es zwingend erfordern. $_2$Der Dienststellenleiter legt die Schichtdienstzeiten oder die tägliche Arbeitszeit unter Berücksichtigung der dienstlichen und örtlichen Verhältnisse fest. $_3$Die tägliche Arbeitszeit soll grundsätzlich 9 Stunden nicht überschreiten. $_4$Oberste Dienstbehörden oder von ihnen ermächtigte Behörden können Abweichungen von Satz 3 zulassen.

(2) Zum Schichtdienst oder zum planmäßig sonst wechselnden Dienst nach Bedarf sind die Beamten so einzuteilen, dass die regelmäßige Arbeitszeit (§ 2 Abs. 1 und 2) in einem Zeitraum von drei Monaten nicht überschritten wird.

(3) $_1$Die verminderte Arbeitszeit nach § 2 Abs. 1 Satz 2 gilt für Beamte im Schichtdienst ohne Rücksicht darauf, ob die davon betroffenen Beamten an den für die Beamten mit einer Arbeitszeitregelung nach § 7 oder § 8 ganz oder teilweise dienstfreien Tagen Dienst leisten müssen oder dienstfrei haben. $_2$Beamten, die nach einem Schichtplan eingesetzt sind, der für den Regelfall Schichten von 24 Stunden Dauer vorsieht, wird ein pauschaler Freizeitausgleich von drei Dienstschichten im Kalenderjahr gewährt.

§ 10 Einheitliche Arbeitszeit

$_1$Wenn an einer Dienststelle Beamte des Staates und Beamte eines anderen dieser Verordnung unterliegenden Dienstherrn beschäftigt werden, richtet sich die Arbeitszeit an der Dienststelle nach der für die Beamten des Staates bestehenden Regelung. $_2$Bei den Landratsämtern kann jedoch der Landrat auch mit Wirkung für die Staatsbeamten die feste Arbeitszeit anordnen, die Arbeitszeit abweichend von § 7 Abs. 2 Satz 3 und Abs. 4 und § 8 einteilen und Anordnungen nach § 6 Abs. 1 treffen.

§ 11 Arbeitszeit für jugendliche Beamte und Dienstanfänger

(1) Die Arbeitszeit für Beamte unter 18 Jahren (jugendliche Beamte) darf täglich 8 1/2 Stunden und wöchentlich 40 Stunden nicht überschreiten.

(2) Die Dienststellenleitung legt die Sollzeit nach § 7 Abs. 2 oder die tägliche Arbeitszeit nach § 8 Abs. 1 so fest, dass die nach Abs. 1 zulässige Arbeitszeit eingebracht wird.

(3) $_1$Jugendliche Beamte dürfen nur an 5 Tagen in der Woche und nur in der Zeit zwischen 6.00 Uhr und 20.00 Uhr beschäftigt werden. $_2$An Samstagen, Sonntagen und an gesetzlichen Feiertagen dürfen sie nicht beschäftigt werden.

(4) $_1$Die Pausen müssen bei einer Arbeitszeit von mehr als 6 Stunden insgesamt 60 Minuten betragen. $_2$Jede Ruhepause ist auf mindestens 15 Minuten festzusetzen. $_3$Länger als 4 1/2 Stunden dürfen jugendliche Beamte nicht ohne Pause beschäftigt werden.

(5) Die Schichtzeit, bestehend aus Arbeitszeit und Ruhepausen, darf täglich 10 Stunden nicht überschreiten.

(6) Nach Beendigung der täglichen Arbeitszeit ist dem jugendlichen Beamten eine ununterbrochene Freizeit von mindestens 12 Stunden zu gewähren.

(7) 1Die Absätze 1 bis 6 finden keine Anwendung auf die Beschäftigung jugendlicher Beamter mit vorübergehenden und unaufschiebbaren Arbeiten in Notfällen, soweit erwachsene Beschäftigte nicht zur Verfügung stehen. 2Im Übrigen können oberste Dienstbehörden und von ihnen ermächtigte Behörden Ausnahmen von diesen Bestimmungen zulassen, wenn dringende dienstliche Gründe es erfordern; dies gilt auch im Rahmen der Ausbildung von jugendlichen Beamten an Bildungsstätten für die Beamtenausbildung. 3Die Ausnahmen sind zu befristen.

(8) Ausnahmeregelungen für jugendliche Polizeivollzugsbeamte bleiben unberührt.

(9) Die Absätze 1 bis 8 gelten für Dienstanfänger unter 18 Jahren entsprechend.

§ 12 Arbeitszeit für schwerbehinderte Beamte

Schwerbehinderte Beamte sind auf ihr Verlangen von Mehrarbeit (§ 2 Abs. 3, § 5 Abs. 3 Satz 2 und § 6 Abs. 1) freizustellen.

§ 13 Arbeitszeit für Arbeitnehmer

1Die vorstehend getroffenen Regelungen für die bayerischen Beamten werden auf die Arbeitnehmer und Auszubildenden des Freistaates Bayern übertragen, soweit sie in Dienststellen tätig sind, die hoheitliche Aufgaben wahrnehmen, und soweit tarifvertragliche Vereinbarungen nicht entgegenstehen. 2Soweit für Arbeitnehmer tarifvertraglich eine von § 2 Abs. 1 Satz 1 abweichende regelmäßige Arbeitszeit gilt, ist die Sollzeit nach § 7 Abs. 2 entsprechend anzupassen.

§ 14 Übergangsregelung

(1) 1In der Zeit vom 1. August 2012 bis 31. Juli 2013 beträgt die regelmäßige Arbeitszeit bis zur Vollendung des 50. Lebensjahres abweichend von § 2 Abs. 1 Satz 1 im Durchschnitt 41 Stunden in der Woche. 2Für Beamte, die in der Zeit vom 1. August 2012 bis 31. Juli 2013 das 50. Lebensjahr vollenden, gilt die nach § 2 Abs. 1 Satz 1 maßgebliche Arbeitszeit ab dem Ersten des Monats, in dem das 50. Lebensjahr vollendet wird. 3Bei Lehrkräften an öffentlichen Schulen und Förderlehrern, die in der Zeit vom 1. August bis 31. Januar das nach Satz 1 maßgebliche Lebensjahr vollenden, gilt als Stichtag der Beginn des Schuljahres; im Übrigen gilt als Stichtag der Beginn des folgenden Schuljahres.

(2) 1Bei einer Teilzeitbeschäftigung nach Art. 88 oder 89 BayBG, bei der die ermäßigte Arbeitszeit in Stunden und Minuten festgesetzt worden ist, vermindert sich die ermäßigte Arbeitszeit auf den Umfang, der dem Verhältnis der bewilligten Teilzeitbeschäftigung zur regelmäßigen Arbeitszeit im Zeitpunkt der Bewilligung entspricht. 2Sofern dienstliche Belange nicht entgegenstehen, soll die Teilzeitbeschäftigung auf Antrag des Beamten an den Umfang angepasst werden, der der individuellen Arbeitszeit im Zeitpunkt der Bewilligung entspricht. 3Bei Lehrkräften an öffentlichen Schulen und bei Förderlehrern kann die Bewilligung der Teilzeitbeschäftigung insoweit widerrufen werden, als dies notwendig ist, um den sich durch die Änderung der Wochenarbeitszeit ergebenden neuen Umfang der ermäßigten Arbeitszeit auf volle Stunden anzupassen.

(3) 1Für Freistellungen nach Art. 80a Abs. 4 und Art. 80d Abs. 2 Satz 1 Nr. 2 BayBG in der am 1. September 2004 geltenden Fassung sowie für Ermäßigungen nach Art. 80a Abs. 4 BayBG gelten Ansparleistungen, die auf den Zeitraum vor dem 1. September 2004 entfallen, als voll erbracht. 2Satz 1 gilt entsprechend für Ansparleistungen nach § 2 Abs. 2 Satz 3.

(4) Für die Ausgleichsphase eines Arbeitszeitmodells nach Art. 87 Abs. 3 und 4, Art. 88 Abs. 4 und Art. 91 Abs. 2 Satz 1 Nr. 2 BayBG sowie nach § 2 Abs. 2 Satz 3 findet § 2 in der bis zum 1. August 2012 geltenden Fassung Anwendung, soweit die Ansparphase vor dem 1. August 2012 liegt, und § 14 Abs. 1,

soweit die Ansparphase zwischen dem 1. August 2012 und dem 31. Juli 2013 liegt.

(5) Neue Arbeitszeitmodelle nach § 8a in der bis 31. August 2004 geltenden Fassung können bis zum Ablauf ihrer Befristung weiter erprobt werden; die Ableistung der nach § 2 Abs. 1 maßgeblichen Arbeitszeit bleibt hiervon unberührt.

§ 15 Inkrafttreten

Diese Verordnung tritt am 1. Oktober 1995 in Kraft.

Verordnung über die Gewährung von Altersteilzeit in Verwaltungsreformbereichen (Verwaltungsreform-Teilzeitverordnung – VwRefATZV)

Vom 10. Januar 2005 (GVBl. S. 2)

Zuletzt geändert durch
Verordnung zur Anpassung des Landesrechts an die geltende Geschäftsverteilung
vom 4. Juni 2024 (GVBl. S. 98)

Auf Grund des Art. 80d Abs. 5 Satz 3 des Bayerischen Beamtengesetzes (BayBG) in der Fassung der Bekanntmachung vom 27. August 1998 (GVBl. S. 702, BayRS 2030-1-1-F), zuletzt geändert durch § 1 des Gesetzes vom 7. Dezember 2004 (GVBl. S. 489), erlässt die Bayerische Staatsregierung folgende Verordnung:

§ 1 Betroffene Verwaltungsbereiche

Als Bereiche, in denen wegen grundlegender Verwaltungsreformmaßnahmen in wesentlichem Umfang Stellen abgebaut werden, gelten

1. aus dem Bereich des Staatsministeriums für Wohnen, Bau und Verkehr
   - Autobahndirektion Nordbayern, Landesbaudirektion
   - Staatliche Bauämter (einschließlich der Staatlichen Hochbauämter, Hochschulbauämter und Straßenbauämter bis zu ihrem Wegfall)
2. aus dem Bereich des Staatsministeriums der Justiz
   - Vollziehungsbeamte der Justiz
3. aus dem Bereich des Staatsministeriums der Finanzen und für Heimat
   - Landesamt für Digitalisierung, Breitband und Vermessung
   - Ämter für Digitalisierung, Breitband und Vermessung
4. aus dem Bereich des Staatsministeriums für Ernährung, Landwirtschaft, Forsten und Tourismus
   - Ämter für Ländliche Entwicklung
   - Ämter für Ernährung, Landwirtschaft und Forsten und staatliche agrarwirtschaftliche Fachschulen
5. aus dem Bereich des Staatsministeriums für Familie, Arbeit und Soziales
   - Zentrum Bayern Familie und Soziales, ohne Reha-Klinik Bad Reichenhall
6. aus dem Bereich des Staatsministeriums für Umwelt und Verbraucherschutz
   - Bayerisches Landesamt für Umwelt
   - Bayerisches Landesamt für Gesundheit und Lebensmittelsicherheit
   - Wasserwirtschaftsämter
7. aus dem Bereich verschiedener Ressorts
   - Regierungen.

§ 2 Beamte der Verwaltungsbereiche

Die Altersgrenze nach Art. 91 Abs. 4 Satz 1 BayBG gilt für Beamte, die im Zeitpunkt der Bewilligung der Altersteilzeit auf Planstellen in den in § 1 genannten Bereichen verrechnet und tatsächlich beschäftigt sind.

§ 3 Vollzug der Stelleneinsparungen

(1) Die Bewilligung von Altersteilzeit ab dem 55. Lebensjahr setzt voraus, dass die betroffene Planstelle oder eine (Plan-)Stelle gleicher, höherer oder um bis zu vier Besoldungsgruppen niedrigerer Wertigkeit sukzessive, entsprechend ihrem Freiwerden, vollständig gesperrt und in den nachfolgenden Haushaltsplänen eingezogen wird.

(2) $_1$Mit Beginn der Altersteilzeit ist unabhängig vom gewählten Modell (Teilzeitmodell oder Blockmodell) der Unterschied zwischen dem unmittelbar vor Beginn der Altersteilzeit besetzten Planstellenanteil und dem während des gesamten Bewilligungszeitraums der Altersteilzeit besetzten Planstellenanteil zu sperren. $_2$Ist der Unterschied negativ, erfolgt keine Sperre. $_3$In der Regel

kann davon ausgegangen werden, dass der in Satz 1 zu ermittelnde Unterschied 25 v. H. des durchschnittlichen Stellenbruchteils beträgt. 4Der durchschnittliche Stellenbruchteil entspricht dem durchschnittlichen Gehaltsbruchteil der letzten fünf Jahre vor Beginn der Altersteilzeitbeschäftigung.

(3) Mit Beendigung der Altersteilzeit oder mit Versetzung des Beamten in eine andere Verwaltung ohne gleichzeitige haushaltsrechtliche Umsetzung der zugehörigen Planstelle ist der während des gesamten Bewilligungszeitraums der Altersteilzeit besetzte Planstellenanteil zu sperren.

(4) Die nach Abs. 2 und 3 gesperrten Planstellenanteile sind zum jeweils nächstmöglichen Zeitpunkt im Haushaltsplan einzuziehen.

(5) Statt der Sperre und des Einzugs von Planstellenanteilen können auch vergleichbare Anteile von Stellen für Arbeitnehmer gesperrt und eingezogen werden, soweit diese im jeweils geltenden Haushaltsplan bei den Titeln 42801 bis 42806 oder 42821 des jeweils betroffenen Kapitels oder bei den Titelgruppen der Einzelpläne 09 und 12 veranschlagt sind.

§ 4 In-Kraft-Treten

Diese Verordnung tritt mit Wirkung vom 1. Januar 2005 in Kraft.

Verordnung über Urlaub, Mutterschutz und Elternzeit der bayerischen Beamten (Bayerische Urlaubs- und Mutterschutzverordnung – UrlMV)[1])

Vom 28. November 2017 (GVBl. S. 543, 2019 S. 328)

Zuletzt geändert durch
Verordnung zur Erleichterung des Reservedienstes in der Bundeswehr
vom 21. Oktober 2025 (GVBl. S. 561)

Inhaltsübersicht

---

[1]) Diese Verordnung dient der Umsetzung der Richtlinie 92/85/EWG.

Teil 1
Allgemeine Vorschriften

§ 1 Geltungsbereich

$_{1}$Diese Verordnung gilt, soweit nichts anderes bestimmt ist, für die Beamten und Dienstanfänger des Staates, der Gemeinden, der Gemeindeverbände und der sonstigen unter der Aufsicht des Staates stehenden Körperschaften, Anstalten und Stiftungen des öffentlichen Rechts. $_{2}$Für Richter gilt die Verordnung entsprechend, soweit durch besondere Rechtsvorschriften nichts anderes bestimmt ist.

§ 2 Kommunale Wahlbeamte

Für berufsmäßige Bürgermeister und Landräte tritt an die Stelle des Dienstvorgesetzten und der obersten Dienstbehörde der Dienstherr.

Teil 2
Erholungsurlaub

§ 3 Anspruch und Dauer

(1) Die Beamten haben in jedem Kalenderjahr Anspruch auf 30 Arbeitstage Erholungsurlaub unter Fortgewährung der Leistungen des Dienstherrn.

(2) Bei Beamten im Vorbereitungsdienst und Dienstanfängern erhöht sich der Erholungsurlaub ab dem zweiten Jahr der Ausbildung um einen Tag, sofern sie Schichtdienst leisten.

(3) $_{1}$Beginnt oder endet das Beamtenverhältnis im Lauf des Kalenderjahres, so steht für jeden vollen Kalendermonat ein Zwölftel des Erholungsurlaubs zu. $_{2}$Beamten, die bei Beginn des Beamtenverhältnisses minderjährig sind, steht von sechs vollen Kalendermonaten an der volle Erholungsurlaub zu. $_{3}$Beamte, die mit oder nach Erreichen der gesetzlichen Altersgrenze in den Ruhestand treten, erhalten den halben Erholungsurlaub, wenn das Beamtenverhältnis in der ersten Jahreshälfte endet, ansonsten den vollen Erholungsurlaub. $_{4}$Rechnerische Bruchteile von Urlaubstagen werden kaufmännisch gerundet.

(4) $_{1}$Ist die Arbeitszeit auf mehr oder weniger als fünf Wochenarbeitstage verteilt, erhöhen oder vermindern sich die bestehenden Urlaubsansprüche anteilig. $_{2}$Abs. 3 Satz 4 gilt entsprechend. $_{3}$Eine Minderung des bestehenden Urlaubs aus Vorjahren und des anteiligen Urlaubs des laufenden Jahres unterbleibt, soweit er bis zum Zeitpunkt einer Verringerung der Zahl der wöchentlichen Arbeitstage tatsächlich nicht in Anspruch genommen werden konnte und nicht im Sinne des § 8 angespart wurde. $_{4}$Ist eine Minderung nach Satz 3 unterblieben, unterbleibt auch eine etwaige spätere Erhöhung nach Satz 1.

(5) $_{1}$Bei Professoren und Lehrern ist der Erholungsurlaub durch die unterrichtsfreie Zeit abgegolten. $_{2}$Soweit infolge dienstlicher Inanspruchnahme oder infolge gemäß § 7 Abs. 4 nachgewiesener Erkrankung während dieser Zeit die unterrichtsfreien Tage hinter den nach den Abs. 1 bis 4 zustehenden Urlaubstagen zurückbleiben, ist Erholungsurlaub außerhalb der unterrichtsfreien Zeit zu gewähren.

§ 4 Zusatzurlaub

(1) Vier Arbeitstage zusätzlichen Erholungsurlaub (Zusatzurlaub) erhält, wer innerhalb von sechs Monaten mehr als die Hälfte der gesamten Arbeitszeit

1. in unmittelbarem Kontakt mit an Tuberkulose Erkrankten steht,
2. mit infektiösem Material arbeitet,
3. ansteckende Kranke ärztlich oder pflegerisch betreut,
4. dem Einfluss ionisierender Strahlen oder von Neutronen ausgesetzt ist,
5. sonstige Tätigkeiten ausübt, die ihrer Art nach von der obersten Dienstbehörde als gesundheitsschädlich oder gesundheitsgefährdend anerkannt sind, oder
6. in psychiatrischen oder vergleichbaren Einrichtungen in unmittelbarem Kontakt mit den psychisch Kranken steht.

(2) $_{1}$Zusatzurlaub erhält, wer ständig nach einem Schicht- oder Dienstplan eingesetzt ist, der einen regelmäßigen Wechsel der täglichen Arbeitszeit in Wechselschichten vorsieht, und dabei in einem Kalenderjahr in je fünf Wochen durchschnittlich mindestens 40 Arbeitsstunden in der dienstplanmäßigen oder verwaltungsüblichen Nachtschicht leis-

tet. 2Der Zusatzurlaub beträgt bei einer solchen Dienstleistung an mindestens

1. 87 Arbeitstagen	1 Arbeitstag,
2. 130 Arbeitstagen	2 Arbeitstage,
3. 173 Arbeitstagen	3 Arbeitstage,
4. 195 Arbeitstagen	4 Arbeitstage.

3Ist die Arbeitszeit auf mehr oder weniger als fünf Wochenarbeitstage verteilt, erhöht oder vermindert sich die Zahl der maßgebenden Arbeitstage entsprechend. 4Beginnt ein Beamter an einem Tag zwei Dienstschichten und endet die zweite Dienstschicht an einem anderen Kalendertag, sind zwei Arbeitstage anzusetzen.

(3) Beamte, die die Voraussetzungen des Abs. 2 nicht erfüllen, jedoch Dienst nach einem Schichtplan oder einem Dienstplan zu erheblich unterschiedlichen Zeiten – jeweils innerhalb eines Monats im häufigen unregelmäßigen Wechsel mit Abweichungen von mindestens drei Stunden – beginnen oder beenden, erhalten folgenden Zusatzurlaub im Kalenderjahr bei einer Dienstleistung im Kalenderjahr von mindestens

1. 110 Nachtdienststunden	1 Arbeitstag,
2. 220 Nachtdienststunden	2 Arbeitstage,
3. 330 Nachtdienststunden	3 Arbeitstage,
4. 450 Nachtdienststunden	4 Arbeitstage.

(4) Beamte, die die Voraussetzungen der Abs. 2 und 3 nicht erfüllen, erhalten folgenden Zusatzurlaub im Kalenderjahr bei einer Dienstleistung im Kalenderjahr von mindestens

1. 150 Nachtdienststunden	1 Arbeitstag,
2. 300 Nachtdienststunden	2 Arbeitstage,
3. 450 Nachtdienststunden	3 Arbeitstage,
4. 600 Nachtdienststunden	4 Arbeitstage.

(5) 1Bei Polizeivollzugsbeamten ist der Zusatzurlaub abweichend von den Abs. 2 bis 4 ausschließlich auf der Grundlage der tatsächlich geleisteten Nachtdienststunden zu ermitteln. 2Hiernach erhalten Beamte im Sinne des Satzes 1 folgenden Zusatzurlaub im Kalenderjahr bei einer Dienstleistung im Kalenderjahr von mindestens

1. 110 Nachtdienststunden	1 Arbeitstag,
2. 200 Nachtdienststunden	2 Arbeitstage,
3. 290 Nachtdienststunden	3 Arbeitstage,
4. 370 Nachtdienststunden	4 Arbeitstage.

(6) Der Bemessung des Zusatzurlaubs für ein Kalenderjahr werden die bei demselben Dienstherrn im vorangegangenen Kalenderjahr erbrachten Dienstleistungen nach den Abs. 2 bis 5 zugrunde gelegt.

(7) Bei ermäßigter Arbeitszeit vermindert sich die Zahl der geforderten Dienststunden entsprechend.

(8) Der Zusatzurlaub nach den Abs. 2 bis 5 erhöht sich für Beamte ab dem Jahr der Vollendung des 50. Lebensjahres um einen Arbeitstag.

(9) Zusatzurlaub wird nur bis zu insgesamt fünf Arbeitstagen im Kalenderjahr gewährt.

(10) 1Wechselschichtdienst ist der Dienst nach einem Schicht- oder Dienstplan, der einen regelmäßigen Wechsel der täglichen Arbeit in Wechselschichten vorsieht, bei denen der Beamte durchschnittlich längstens nach Ablauf eines Monats erneut zur Nachtschicht herangezogen wird. 2Als Wechselschichten gelten wechselnde Dienstschichten bei ununterbrochenem Fortgang der Arbeit während der ganzen Woche, gegebenenfalls mit einer Unterbrechung am Wochenende von höchstens 48 Stunden Dauer. 3Nachtdienststunden sind die Dienststunden zwischen 20 Uhr und 6 Uhr. 4Nachtschicht ist eine Dienstschicht, die mindestens zwei Nachtdienststunden umfasst.

(11) 1Die Abs. 1 bis 9 gelten nicht für Beamte des feuerwehrtechnischen Dienstes und für Beamte des Wachdienstes, wenn sie nach einem Schichtplan eingesetzt sind, der für den Regelfall Schichten von 24 Stunden Dauer vorsieht. 2Ist mindestens ein Viertel der Schichten, die Beamte im Sinne des Satzes 1 leisten, kürzer als 24 Stunden, aber länger als elf Stunden, so erhalten sie für je fünf Monate Schichtdienst im Kalenderjahr einen Arbeitstag Zusatzurlaub.

§ 5 Anrechnung und Kürzung

(1) Erholungsurlaub, der Beamten bei einer anderen Dienststelle oder während eines an-

deren Beschäftigungsverhältnisses für einen Zeitraum gewährt worden ist, für den nach dieser Verordnung Erholungsurlaub zusteht, ist anzurechnen.

(2) 1Der Erholungsurlaub wird um ein Zwölftel gekürzt für jeden vollen Kalendermonat

1. eines Sonderurlaubs nach § 13 Abs. 1 Satz 1, für welchen die zuständige Dienstbehörde nicht spätestens bei Beendigung des Sonderurlaubs schriftlich anerkannt hat, dass dieser dienstlichen Interessen oder öffentlichen Belangen dient,
2. einer Elternzeit ohne Dienst- oder Anwärterbezüge,
3. einer Beurlaubung gemäß Art. 90 des Bayerischen Beamtengesetzes (BayBG) in der am 31. Dezember 2024 geltenden Fassung oder gemäß Art. 89 BayBG, oder
4. einer vollständigen Freistellung vom Dienst infolge einer ungleichmäßigen Verteilung der Arbeitszeit gemäß Art. 87 Abs. 3 und 4, Art. 88 Abs. 4 oder Art. 91 Abs. 2 Satz 1 Nr. 2 BayBG.

2Haben Beamte in einem Kalenderjahr vor einer Freistellung im Sinne des Satzes 1 mehr Erholungsurlaub erhalten, als ihnen infolge der Kürzung zusteht, ist der zu viel erhaltene Erholungsurlaub so bald wie möglich mit einem neuen Urlaubsanspruch zu verrechnen.

§ 6 Berechnung nach Stunden

1Der Dienstvorgesetzte kann den Erholungsurlaub nach Stunden berechnen. 2Bei der Urlaubsberechnung nach Stunden ist jeder dem Beamten zustehende Urlaubstag mit einem Fünftel seiner durchschnittlichen wöchentlichen Arbeitszeit anzusetzen. 3Bei einer Änderung der Arbeitszeit gilt § 3 Abs. 4 entsprechend.

§ 7 Einbringung

(1) 1Der Erholungsurlaub soll möglichst im laufenden Kalenderjahr voll eingebracht werden. 2Urlaub, der nicht bis zum 30. April des folgenden Jahres angetreten ist und nicht nach § 8 angespart wird, verfällt. 3Diese Frist kann angemessen verlängert werden, wenn die dienstlichen Belange es zulassen. 4Sie ist bis längstens 31. März des übernächsten auf das Kalenderjahr folgenden Jahres zu verlängern, wenn die Einbringung des Urlaubs auf Grund einer Dienstunfähigkeit nicht möglich war. 5Haben Beamte den zustehenden Erholungsurlaub vor dem Beginn der Beschäftigungsverbote (§ 19), einer Elternzeit ohne Teilzeitbeschäftigung (§ 23) oder eines Sonderurlaubs (§ 13), der dienstlichen Interessen oder öffentlichen Belangen dient, nicht oder nicht vollständig erhalten, ist der Resturlaub nach Beendigung dieser Freistellungen im laufenden oder im nächsten Kalenderjahr zu gewähren.

(2) Minderjährigen Beamten soll der Erholungsurlaub zusammenhängend gewährt werden.

(3) 1Berufsschülern soll der Erholungsurlaub in der Zeit der Berufsschulferien gewährt werden. 2Wird Erholungsurlaub außerhalb der Berufsschulferien gewährt und muss der Berufsschüler während des Erholungsurlaubs die Berufsschule besuchen, werden die Berufsschultage nicht auf den Erholungsurlaub angerechnet.

(4) 1Werden Beamte während des Erholungsurlaubs durch Krankheit dienstunfähig und zeigen sie dies unverzüglich an, so wird die Zeit der Dienstunfähigkeit nicht auf den Erholungsurlaub angerechnet. 2Die Dienstunfähigkeit ist durch ein ärztliches, auf Verlangen des Dienstvorgesetzten ein amtsärztliches Zeugnis nachzuweisen. 3Die Fortsetzung des Urlaubs nach Wiederherstellung der Dienstfähigkeit über den bewilligten Zeitraum hinaus bedarf einer neuen Genehmigung.

§ 8 Ansparung

1Nicht eingebrachter Erholungsurlaub wird mit Ausnahme des Zusatzurlaubs angespart. 2Die Ansparung ist nur zulässig für den 15 Urlaubstage übersteigenden Teil des Erholungsurlaubs. 3§ 3 Abs. 4 findet Anwendung. 4Ein nach Satz 1 angesparter Erholungsurlaub ist spätestens bis zum Ablauf des dritten Jahres anzutreten, das auf das Kalenderjahr folgt, in dem der Urlaubsanspruch entstanden ist. 5Auf Antrag, der nur innerhalb der Frist nach Satz 4 gestellt werden kann, tritt an die Stelle des dritten Jahres das sechste Jahr, wenn im Zeitpunkt der Antragstellung die Voraussetzungen des Art. 89 Abs. 1 Nr. 1 BayBG vorliegen.

§ 9 Abgeltung

(1) $_{1}$Soweit bei der Beendigung des Beamtenverhältnisses die vorherige Einbringung von Erholungsurlaub auf Grund einer Dienstunfähigkeit nicht möglich war, ist der Urlaub der einzelnen Kalenderjahre in dem Umfang abzugelten, in dem der eingebrachte Erholungsurlaub jeweils hinter einem Mindesturlaub von 20 Tagen zurückbleibt. $_{2}$Bei der Beendigung des Beamtenverhältnisses durch Tod bedarf es keiner vorherigen Dienstunfähigkeit. $_{3}$Für die Berechnung des Mindesturlaubs ist § 3 Abs. 3 Satz 1 und 4 sowie Abs. 4 Satz 1 und 3 entsprechend anzuwenden. $_{4}$Kalenderjahre, die bei der Beendigung des Beamtenverhältnisses seit mehr als 24 Monaten abgelaufen sind, bleiben unberücksichtigt. $_{5}$Die Feststellung des Umfangs des Abgeltungsanspruchs trifft die für die Entscheidung über die Beendigung des Beamtenverhältnisses zuständige Stelle; die oberste Dienstbehörde kann abweichende Regelungen treffen.

(2) $_{1}$Die Höhe einer nach Abs. 1 zustehenden Abgeltung bemisst sich nach der in den letzten drei Monaten vor der Beendigung des Beamtenverhältnisses zustehenden Besoldung. $_{2}$Für die Berechnung wird dabei ein Dreizehntel dieses Betrags durch die Anzahl der individuellen wöchentlichen Arbeitstage geteilt und mit der Zahl der abzugeltenden Urlaubstage vervielfacht. $_{3}$Die Berechnung und Auszahlung des Abgeltungsanspruchs erfolgt durch die Bezüge zahlende Stelle.

Teil 3
Dienstbefreiung, sonstiger Urlaub und Fernbleiben vom Dienst

§ 10 Dienstbefreiung

(1) $_{1}$Dienstbefreiung unter Fortgewährung der Leistungen des Dienstherrn kann bewilligt werden

1. zur Erfüllung allgemeiner staatsbürgerlicher Pflichten nach deutschem Recht, soweit die Arbeitsbefreiung gesetzlich vorgeschrieben ist, für die Dauer der notwendigen Abwesenheit vom Dienst,
2. aus Anlass ärztlicher Untersuchungen und Behandlungen, die während der Arbeitszeit durchgeführt werden müssen, im erforderlichen und nachgewiesenen Umfang,
3. bei folgenden Anlässen:

a)	Umzug an einen anderen Ort aus dienstlichem Anlass	1 Arbeitstag
b)	Niederkunft der Ehefrau oder der Lebenspartnerin	1 Arbeitstag
c)	Tod des Ehegatten, des Lebenspartners oder der Lebenspartnerin, eines Kindes oder Elternteils	2 Arbeitstage
d)	schwere Erkrankung	
	aa) eines Angehörigen, soweit die Person in demselben Haushalt lebt,	1 Arbeitstag im Kalenderjahr
	bb) einer Betreuungsperson, wenn Beamte deshalb die Betreuung ihres Kindes, das das achte Lebensjahr noch nicht vollendet hat oder wegen körperlicher, geistiger oder seelischer Behinderung dauerndpflegebedürftig ist, selbst übernehmen müssen,	bis zu 4 Arbeitstage im Kalenderjahr

e) in sonstigen begründeten Fällen	bis zu 3 Arbeitstage im Kalenderjahr
4. für Einsatz und Aus- und Fortbildung durch Hilfs- und Rettungsorganisationen,	bis zu 5 Arbeitstage im Kalenderjahr
5. für die Teilnahme an wissenschaftlichen Tagungen und beruflichen Fortbildungsveranstaltungen sowie für staatspolitische Zwecke,	bis zu 5 Arbeitstage im Kalenderjahr
6. für die aktive Teilnahme an Olympischen Spielen, sportlichen Welt- und Europameisterschaften, Europapokal-Wettbewerben, internationalen sportlichen Länderwettkämpfen und den dazugehörigen Vorbereitungskämpfen auf Bundesebene,	bis zu 10 Arbeitstage im Kalenderjahr
7. für die Teilnahme an Sitzungen eines überörtlichen Gewerkschafts- oder Berufsverbandsvorstandes, dem Beamte angehören, und an Tagungen von Gewerkschaften oder Berufsverbänden auf internationaler, Bundes- oder Landesebene, an denen sie als Mitglied eines Gewerkschafts- oder Berufsverbandsvorstandes oder als Delegierter teilnehmen,	bis zu 10 Arbeitstage im Kalenderjahr
8. für die Teilnahme an Sitzungen und Tagungen der Verfassungsorgane oder überörtlicher Verwaltungsgremien der Kirchen oder sonstigen öffentlich-rechtlichen Religionsgesellschaften, wenn Beamte dem Verfassungsorgan oder Gremium angehören,	bis zu 10 Arbeitstage im Kalenderjahr
9. für Zwecke der Landesverteidigung	bis zu 10 Arbeitstage im Kalenderjahr.

$_{2}$Soweit eine Dienstbefreiung nach Satz 1 nicht gewährt werden kann, können Beamte in begründeten Fällen im erforderlichen Umfang vom Dienst freigestellt werden. $_{3}$Die durch eine Freistellung nach Satz 2 versäumte Arbeitszeit soll grundsätzlich nachgeholt oder auf ein Arbeitszeitguthaben oder auf einen Anspruch auf Dienstbefreiung im Sinne des Art. 87 Abs. 2 BayBG (Freizeitausgleich) angerechnet werden. $_{4}$Ausnahmen von Satz 3 kann der Dienstvorgesetzte in besonders begründeten Fällen zulassen.

(2) In den Fällen des Abs. 1 Satz 1 Nr. 3 Buchst. d kann Dienstbefreiung nur gewährt werden, soweit eine andere Person zur Pflege oder Betreuung nicht sofort zur Verfügung steht und in den Fällen des Abs. 1 Satz 1 Nr. 3 Buchst. d Doppelbuchst. aa der Arzt bescheinigt, dass die Anwesenheit des Beamten zur vorläufigen Pflege notwendig ist.

(3) $_{1}$Zur Betreuung eines erkrankten Kindes, das das zwölfte Lebensjahr noch nicht vollendet hat oder behindert und auf Hilfe angewiesen ist sowie zur Begleitung eines solchen Kindes bei einer stationären Behandlung kann Beamten bei entsprechendem Vorliegen der Voraussetzungen des § 45 des Fünften Buches Sozialgesetzbuch (SGB V) Dienstbefreiung bis zu 80 % des Ausmaßes gewährt werden, auf das Arbeitnehmer Anspruch auf Freistellung von der Arbeit nach § 45 SGB V geltend machen können. $_{2}$Für die verbleibenden 20 % besteht ein Anspruch auf Freistellung nach § 13. $_{3}$Für den nach § 45 Abs. 1 SGB V erforderlichen Nachweis gilt § 16 Abs. 2 entsprechend. $_{4}$§ 3 Abs. 3 Satz 4 gilt entsprechend.

(4) $_{1}$Um für einen pflegebedürftigen Angehörigen in einer akut aufgetretenen Pflegesituation im Sinne der §§ 2 und 7 des Pflegezeitgesetzes eine bedarfsgerechte Pflege organisieren oder eine pflegerische Versorgung in dieser Zeit sicherstellen zu können, haben Beamte Anspruch auf bis zu neun Arbeitstage Dienstbefreiung. $_{2}$Dem Dienstvorgesetzten sind das Fernbleiben vom Dienst, der Grund und die voraussichtliche Dauer unverzüglich mitzuteilen, auf Verlangen ist ein ärztliches Gutachten über die Pflegebedürftigkeit sowie die Erforderlichkeit der Maßnahmen nach Satz 1 vorzulegen. $_{3}$Für einen weiteren Tag besteht ein Anspruch auf Freistellung nach § 13.

(5) 1Zur Begleitung einer behinderten Person bei einer stationären Krankenhausbehandlung kann Beamten Dienstbefreiung bis zu 80 % des Ausmaßes gewährt werden, auf das Arbeitnehmer Anspruch auf Freistellung von der Arbeit nach § 44b SGB V geltend machen können. 2Für die verbleibenden 20 % besteht ein Anspruch auf Freistellung nach § 13. 3§ 3 Abs. 3 Satz 4 gilt entsprechend.

(6) 1Eine Dienstbefreiung nach Abs. 1 Satz 1 Nr. 4 bis 9 darf nur bewilligt werden, wenn dienstliche Gründe nicht entgegenstehen. 2Beim Zusammentreffen mehrerer Anlässe, für die nach Maßgabe des Abs. 1 Satz 1 Nr. 4 bis 9 Dienstbefreiung bewilligt werden kann, darf der Gesamtumfang der Dienstbefreiungen 15 Arbeitstage im Kalenderjahr nicht übersteigen.

(7) 1Dienstbefreiung wird nur in den Fällen des Abs. 1 Satz 1 Nr. 5 und 6 und auch nur zu zwei Fünfteln auf den Urlaubsanspruch des laufenden, ersatzweise des nächsten Kalenderjahres, ersatzweise auf Ansprüche auf Freizeitausgleich angerechnet. 2Durch die Anrechnung des Urlaubs nach Satz 1 darf die Zahl der Urlaubstage nach § 3 Abs. 1 des Bundesurlaubsgesetzes und § 19 des Jugendarbeitsschutzgesetzes nicht unterschritten werden. 3Scheidet eine Anrechnung aus, weil ein anrechenbarer Anspruch auf Erholungsurlaub oder Freizeitausgleich nicht zur Verfügung steht, ist der Umfang der Dienstbefreiung in entsprechender Anwendung des Satzes 1 zu kürzen. 4Auf Antrag ist in entsprechendem Umfang Sonderurlaub nach § 13 zu gewähren. 5§ 3 Abs. 3 Satz 4 ist jeweils anzuwenden.

§ 11 Urlaub für kommunale Mandatsträger und für ehrenamtliche Tätigkeiten im öffentlichen Leben

(1) 1Beamten ist die zu einer Tätigkeit als Mitglied einer kommunalen Vertretung notwendige Freistellung unter Fortgewährung der Leistungen des Dienstherrn zu gewähren, soweit es sich um die Teilnahme an Sitzungen handelt, in denen sie Sitz und Stimme haben. 2Daneben kann für Tätigkeiten, die mit dem kommunalen Mandat in einem unmittelbaren Zusammenhang stehen, sowie für die Teilnahme an Fortbildungsmaßnahmen für kommunale Mandatsträger, die von Bildungseinrichtungen mit kommunaler Beteiligung veranstaltet werden, eine Freistellung nach Maßgabe des Abs. 2 gewährt werden.

(2) 1Zur Ausübung anderer ehrenamtlicher Tätigkeiten im öffentlichen Leben kann Beamten, soweit sie dafür keine Vergütung erhalten und die Angelegenheiten nicht außerhalb der Arbeitszeit, gegebenenfalls nach deren Verlegung, erledigt werden können, die erforderliche Freistellung unter Fortgewährung der Leistungen des Dienstherrn gewährt werden. 2In jedem Fall muss die ordnungsgemäße Erledigung der Dienstgeschäfte gewährleistet sein. 3Wenn Beamte wegen der ehrenamtlichen Betätigung regelmäßig mehr als fünf Stunden wöchentlich dem Dienst fernbleiben müssen, kann nur Sonderurlaub gemäß § 13 gewährt werden.

§ 12 Urlaub für Verbesserungsvorschläge

Auf Vorschlag der Innovationszentrale Moderne Verwaltung oder eines Innovationszirkels können Beamten für einen Verbesserungsvorschlag in jedem Kalenderjahr bis zu drei weitere Urlaubstage unter Fortgewährung der Leistungen des Dienstherrn gewährt werden.

§ 13 Sonderurlaub

(1) 1Wenn ein wichtiger Grund vorliegt und dienstliche Gründe nicht entgegenstehen, kann Urlaub bis zur Dauer von sechs Monaten bewilligt werden (Sonderurlaub). 2In besonders begründeten Fällen können die obersten Dienstbehörden für ihren Geschäftsbereich, die Regierungen im Rahmen ihrer Personalbewirtschaftungszuständigkeit sowie die übrigen von den obersten Dienstbehörden bestimmten Behörden im Rahmen der übertragenen Zuständigkeit Sonderurlaub auch für längere Dauer gewähren. 3Soweit ein Sonderurlaub dienstlichen Interessen oder öffentlichen Belangen dient, kann er in einem geringeren als dem vollen Umfang gewährt werden (Teilbeurlaubung).

(2) 1Sonderurlaub wird unter Fortfall des Anspruchs auf Leistungen des Dienstherrn gewährt; der Anspruch auf Beihilfe nach Art. 96 BayBG oder auf Heilfürsorge nach Art. 96 des Bayerischen Besoldungsgesetzes (BayBesG) bleibt unberührt, wenn die Dauer des Sonderurlaubs einen Monat nicht überschreitet. 2Bei einer Teilbeurlaubung werden die Besoldung und eine etwaige Ballungsraumzulage nach Art. 94 BayBesG um den Teil gekürzt, der dem Verhältnis der Freistellungsdauer zur regelmäßigen Arbeitszeit entspricht. 3Bei einem Urlaub, der auch dienstlichen Interessen dient, kann die oberste Dienstbehörde Beamten die Leistungen des Dienstherrn ganz oder teilweise belassen. 4Die Belassung von Leistungen des Dienstherrn über die Dauer von drei Monaten hinaus bedarf bei Beamten des Staates der Zustimmung des Staatsministeriums der Finanzen und für Heimat, bei Beamten der Gemeinden, der Gemeindeverbände und der sonstigen unter der Aufsicht des Staates stehenden Körperschaften, Anstalten oder Stiftungen des öffentlichen Rechts der Zustimmung der obersten Aufsichtsbehörde oder der von ihr bestimmten Behörde. 5Sie kann mit der Auflage verbunden werden, dass die Leistungen ganz oder teilweise zurückzuerstatten sind, wenn das Dienstverhältnis vor Ablauf von fünf Jahren nach dem Ende des Sonderurlaubs auf Antrag des Beamten beendet wird.

§ 14 Urlaub für Kurmaßnahmen

(1) 1Für eine Kurmaßnahme, für die Beihilfe gewährt wird, wird Urlaub unter Fortgewährung der Leistungen des Dienstherrn unter Beachtung der dienstlichen Belange gewährt. 2Dauer und Häufigkeit bestimmen sich nach dem Beihilferecht. 3Satz 1 gilt entsprechend für

1. die Durchführung einer auf Grund des § 11 Abs. 2 des Bundesversorgungsgesetzes versorgungsärztlich verordneten Badekur,
2. dienstunfallbedingte Kurmaßnahmen auf Grund der Bayerischen Heilverfahrensverordnung und
3. die Teilnahme von Beamten an einer Kur ihres Kindes, das das zwölfte Lebensjahr noch nicht vollendet hat oder behindert und auf Hilfe angewiesen ist, als aus zwingenden medizinischen Gründen notwendige Begleitperson, sofern keine Erstattung der Bezüge durch Dritte erfolgt und keine andere Person zur Verfügung steht.

(2) Soweit für eine Kurmaßnahme Urlaub nach Abs. 1 Satz 1 nicht im beantragten Umfang gewährt werden kann, ist auf Antrag Erholungsurlaub oder Sonderurlaub nach § 13 zu gewähren.

§ 15 Fernbleiben vom Dienst an geschützten Feiertagen

1Beamte dürfen dem Dienst an staatlich geschützten Feiertagen nach Maßgabe der Art. 4 und 6 des Feiertagsgesetzes fernbleiben. 2Bei einem Fernbleiben entfällt der Anspruch auf Dienst- oder Anwärterbezüge und auf eine etwaige Ballungsraumzulage nach Art. 94 BayBesG.

§ 16 Fernbleiben vom Dienst bei vorübergehender Dienstunfähigkeit

(1) 1Beamte dürfen dem Dienst unter Fortgewährung der Leistungen des Dienstherrn während einer Dienstunfähigkeit fernbleiben; eines Urlaubs bedarf es nicht. 2Die Erkrankung und deren voraussichtliche Dauer sind dem Dienstvorgesetzten unverzüglich anzuzeigen.

(2) 1Sind Beamte mehr als drei Kalendertage dienstunfähig erkrankt, ist spätestens am darauffolgenden Arbeitstag ein ärztliches Zeugnis vorzulegen, wenn die Dienstunfähigkeit fortbesteht. 2Der Dienstvorgesetzte kann die Vorlage eines ärztlichen Zeugnisses auch früher verlangen oder die Beibringung eines amtsärztlichen Zeugnisses anordnen.

Teil 4 Verfahrensvorschriften

§ 17 Antrag und Genehmigung

(1) Der Urlaub und eine Dienstbefreiung sind rechtzeitig zu beantragen.

(2) 1Für die Erteilung des Urlaubs und einer Dienstbefreiung ist der Dienstvorgesetzte zuständig. 2Behördenleitern wird der Urlaub von der vorgesetzten Dienstbehörde erteilt. 3Diese bestimmt, ob und für welche Zeit der Leiter einer Behörde sich selbst beurlauben kann.

§ 18 Widerruf und Rücknahme der Genehmigung

(1) 1Die Genehmigung des Urlaubs sowie einer Dienstbefreiung kann nur widerrufen werden, wenn bei Abwesenheit des Beamten die ordnungsgemäße Erledigung der Dienstgeschäfte nicht mehr gewährleistet wäre oder wenn Gründe vorliegen, die von dem Beamten zu vertreten sind. 2Unvermeidbare Mehraufwendungen, die dem Beamten durch den Widerruf entstehen, werden nur im erstgenannten Fall ersetzt.

(2) 1Die Genehmigung eines Sonderurlaubs sowie einer Dienstbefreiung soll zurückgenommen werden, wenn der Sonderurlaub oder die Dienstbefreiung zu einem anderen als dem bewilligten Zweck verwendet wird. 2In diesem Fall ist der Sonderurlaub oder die Dienstbefreiung auf den Erholungsurlaub des gleichen Jahres und, soweit dieser bereits genommen ist, auf den Erholungsurlaub des folgenden Jahres anzurechnen. 3Abs. 1 Satz 2 ist nicht anzuwenden.

(3) Dem Antrag eines Beamten, einen genehmigten Urlaub aus wichtigem Grund zu verlegen oder abzubrechen kann entsprochen werden, wenn dies mit den Erfordernissen des Dienstes vereinbar ist.

Teil 5
Mutterschutz und Stillzeit

§ 19 Anwendung des Mutterschutzgesetzes

1Auf die Beschäftigung von Beamtinnen während der Schwangerschaft, nach der Entbindung und in der Stillzeit sind die § 2 Abs. 6 und §§ 3 bis 16 des Mutterschutzgesetzes (MuSchG) entsprechend anzuwenden. 2§ 28 Abs. 1 und § 29 Abs. 3 Satz 2 Nr. 1 und 8 sowie Satz 3 MuSchG sind entsprechend anzuwenden mit der Maßgabe, dass an die Stelle der Aufsichtsbehörde die oberste Dienstbehörde tritt. 3Diese kann ihre Befugnis auf nachgeordnete Behörden übertragen.

§ 20 Besoldung bei Beschäftigungsverbot, Untersuchungen und Stillzeit

1Durch die Beschäftigungsverbote entsprechend den §§ 3 bis 5, 10 bis 12, 13 Abs. 1 Nr. 3 und 16 MuSchG mit Ausnahme des Verbots der Mehrarbeit wird die Zahlung der Besoldung und einer etwaigen Ballungsraumzulage nicht berührt. 2Das gleiche gilt für das Dienstversäumnis bei Freistellungen für Untersuchungen und während der Stillzeit entsprechend § 7 MuSchG. 3Bemessungsgrundlage für die Zahlung der Zulagen für Dienst zu ungünstigen Zeiten (§ 11 der Bayerischen Zulagenverordnung) sowie für die Vergütung nach der Bayerischen Vollstreckungsvergütungsverordnung ist der Durchschnitt der Zulagen und der Vergütungen der letzten drei Monate vor Beginn des Monats, in dem die Schwangerschaft eingetreten ist; lineare Anpassungen der Zulagen für Dienst zu ungünstigen Zeiten sind bei der Bemessung des Monatsbetrags zu berücksichtigen.

§ 21 Zuschuss bei Beschäftigungsverbot während einer Elternzeit

1Soweit die Schutzfristen entsprechend § 3 MuSchG sowie der Entbindungstag in eine Elternzeit ohne Besoldung fallen, erhält die Beamtin einen Zuschuss von 13 € je Kalendertag. 2Bei einer Beamtin, deren Dienst- oder Anwärterbezüge – ohne die mit Rücksicht auf den Familienstand gewährten Zuschläge und ohne Aufwandsentschädigung sowie ohne Auslandsbesoldung nach Art. 38 BayBesG – im Monat vor Beginn der Elternzeit ein Zwölftel der Versicherungspflichtgrenze in der gesetzlichen Krankenversicherung überschreiten, ist der Zuschuss auf 205 € begrenzt.

§ 22 Entlassung

(1) 1Eine Beamtin auf Probe oder auf Widerruf darf gegen ihren Willen nicht entlassen werden

1. während der Schwangerschaft,
2. bis zum Ablauf von vier Monaten nach einer Fehlgeburt nach der zwölften Schwangerschaftswoche und
3. bis zum Ende der Schutzfrist nach der Entbindung, mindestens jedoch bis zum Ablauf von vier Monaten nach der Entbindung,

wenn dem Dienstvorgesetzten der Sachverhalt bekannt war. 2Eine ohne diese Kenntnis ergangene Entlassungsverfügung ist zurückzunehmen, wenn dem Dienstvorgesetzten der Sachverhalt innerhalb zweier Wochen nach der Zustellung mitgeteilt wird. $_{3}$Bei Versäumen der Frist gilt Art. 32 des Bayerischen Verwaltungsverfahrensgesetzes. $_{4}$Die Sätze 1 bis 3 gelten entsprechend für Maßnahmen zur Vorbereitung einer Entlassung.

(2) Abweichend von Abs. 1 kann eine Beamtin auf Probe oder auf Widerruf entlassen werden, wenn ein Sachverhalt gegeben ist, bei dem eine Beamtin auf Lebenszeit im Wege des gerichtlichen Disziplinarverfahrens aus dem Dienst zu entfernen wäre.

(3) Die §§ 22 und 23 Abs. 1 und 2 des Beamtenstatusgesetzes (BeamtStG) sowie Art. 29 des Leistungslaufbahngesetzes bleiben unberührt.

Teil 6
Elternzeit

§ 23 Anspruch, Teilzeitbeschäftigung

(1) Beamte haben Anspruch auf Elternzeit ohne Dienst- und Anwärterbezüge in entsprechender Anwendung des § 15 Abs. 1 bis 3 des Bundeselterngeld- und Elternzeitgesetzes (BEEG).

(2) $_{1}$Während der Elternzeit ist Beamten auf Antrag eine Teilzeitbeschäftigung im Beamtenverhältnis beim selben Dienstherrn im Umfang von bis zu 32 Stunden wöchentlich zu bewilligen, wenn zwingende dienstliche Gründe nicht entgegenstehen. $_{2}$Eine Teilzeitbeschäftigung als Arbeitnehmer oder Selbstständiger bis zu dem in Satz 1 genannten Umfang darf mit Genehmigung des Dienstvorgesetzten ausgeübt werden.

(3) Für kommunale Wahlbeamte findet Abs. 2 keine Anwendung.

§ 24 Inanspruchnahme

(1) $_{1}$Die Elternzeit soll spätestens sieben Wochen vor Beginn in Textform beantragt werden. $_{2}$Wenn zwingende dienstliche Gründe es erfordern, kann diese Frist angemessen um bis zu acht Wochen verlängert werden. $_{3}$Im Antrag soll angegeben werden, für welche Zeiträume innerhalb von zwei Jahren die Elternzeit beantragt wird. $_{4}$Die Elternzeit kann auf drei Zeitabschnitte verteilt werden. $_{5}$Eine Verteilung auf weitere Zeitabschnitte ist nur mit der Zustimmung des Dienstvorgesetzten möglich. $_{6}$§ 16 Abs. 2 bis 5 BEEG findet entsprechende Anwendung. $_{7}$Für die Genehmigung gilt § 17 Abs. 2 entsprechend.

(2) $_{1}$Bei Beamten im Schul- und Hochschuldienst sind Unterbrechungen der Elternzeit, die überwiegend auf die Schulferien oder die unterrichtsfreie Zeit entfallen, nicht zulässig. $_{2}$Bei der Wahl von Beginn und Ende der Elternzeit dürfen die Schulferien oder die vorlesungsfreie Zeit nicht ausgespart werden. $_{3}$Satz 2 gilt nicht, soweit hierdurch der Urlaubsanspruch nach § 3 Abs. 1 sowie 2 und § 5 Abs. 2 unterschritten wird.

§ 25 Entlassungsschutz

$_{1}$Beamte dürfen während der Elternzeit nicht gegen ihren Willen nach § 23 Abs. 3 oder Abs. 4 BeamtStG entlassen werden. $_{2}$§ 22 Abs. 2 gilt entsprechend.

§ 26 Krankheitsfürsorge

(1) $_{1}$Den Beamten werden für die Dauer der Elternzeit die Beiträge für ihre Kranken- und Pflegeversicherung bis zu monatlich 30 € erstattet, wenn ihre Dienst- oder Anwärterbezüge – ohne die mit Rücksicht auf den Familienstand gewährten Zuschläge und ohne Aufwandsentschädigung – im Monat vor Beginn der Elternzeit ein Zwölftel der Versicherungspflichtgrenze in der gesetzlichen Krankenversicherung nicht überschritten haben oder hätten. $_{2}$Bei Beamten bis einschließlich der Besoldungsgruppe A 11 erhöht sich der Betrag nach Satz 1 auf 80 €. $_{3}$Die verbleibenden Beiträge einer beihilfekonformen Kranken- und Pflegeversicherung, einschließlich etwaiger darin enthaltener Altersrückstellungen, werden Beamten bis einschließlich der Besoldungsgruppe A 8 auf Antrag erstattet, wenn keine oder eine höchstens im Umfang bis zur Hälfte der regelmäßigen Arbeitszeit bewilligte Teilzeitbeschäftigung ausgeübt wird. $_{4}$Für Beamte auf Widerruf im Vorbereitungsdienst ist das Eingangsamt entsprechend ihrer Qualifikationsebene maßgebend. $_{5}$Art. 4 Abs. 2 BayBesG gilt entsprechend. $_{6}$Bei einer gemeinsamen Elternzeit der

Eltern steht der Anspruch nach den Sätzen 1 und 2 dem Elternteil zu, bei dem das Kind im Familienzuschlag berücksichtigt wird oder berücksichtigt werden soll.

(2) Den in Art. 96 Satz 1 BayBesG genannten Beamten der Bereitschaftspolizei wird während der Elternzeit freie Heilfürsorge weitergewährt.

Teil 7
Schlussvorschriften

§ 26a Übergangsregelung zur Elternzeit

Auf die vor dem 1. September 2021 geborenen Kinder oder für die vor diesem Zeitpunkt mit dem Ziel der Adoption aufgenommenen Kinder ist § 23 Abs. 2 Satz 1 in der am 31. August 2021 geltenden Fassung anzuwenden.

§ 27 Inkrafttreten, Außerkrafttreten

(1) Diese Verordnung tritt am 1. Januar 2018 in Kraft.

(2) § 26a tritt mit Ablauf des 31. August 2029 außer Kraft.

I

Bayerisches Disziplinargesetz (BayDG)

Vom 24. Dezember 2005 (GVBl. S. 665)

Zuletzt geändert durch
Viertes Modernisierungsgesetz Bayern
vom 26. März 2026 (GVBl. S. 75)

Inhaltsübersicht

Teil 1
Allgemeine Bestimmungen

Art. 1 Persönlicher Geltungsbereich

(1) Dieses Gesetz gilt für Beamte und Beamtinnen sowie Ruhestandsbeamte und Ruhestandsbeamtinnen, auf die das Bayerische Beamtengesetz (BayBG) oder das Gesetz über kommunale Wahlbeamte (KWBG) Anwendung findet.

(2) 1Als Ruhestandsbeamte und Ruhestandsbeamtinnen gelten auch frühere Beamte und Beamtinnen, die

1. unwiderruflich bewilligte Unterhaltsbeiträge nach Art. 29 und 63 des Bayerischen Beamtenversorgungsgesetzes (BayBeamtVG),
2. Ehrensold nach Art. 59 KWBG,
3. Bezüge nach Art. 122 Abs. 5 Satz 1 BayBG, Art. 25 Abs. 3 KWBG oder
4. sonstige Unterhaltsbeiträge, die unwiderruflich bewilligt sind, beziehen.

2Ihre Bezüge gelten als Ruhegehalt.

Art. 2 Sachlicher Geltungsbereich

(1) Dieses Gesetz gilt für die

1. von Beamten und Beamtinnen während ihres Beamtenverhältnisses begangenen Dienstvergehen (§ 47 Abs. 1 des Beamtenstatusgesetzes – BeamtStG –,
2. von Ruhestandsbeamten und Ruhestandsbeamtinnen
   a) während ihres Beamtenverhältnisses begangenen Dienstvergehen (§ 47 Abs. 1 BeamtStG und
   b) nach Eintritt in den Ruhestand begangenen als Dienstvergehen geltenden Handlungen (§ 47 Abs. 2 BeamtStG, Art. 77 BayBG, Art. 33 KWBG).

(2) Für Beamte und Beamtinnen und Ruhestandsbeamte und Ruhestandsbeamtinnen, die früher in einem anderen Beamtenverhältnis, Richterverhältnis oder Berufssoldatenverhältnis oder Soldatenverhältnis auf Zeit gestanden haben, gilt dieses Gesetz auch wegen solcher Dienstvergehen, die sie in dem früheren Dienstverhältnis oder als Versorgungsberechtigte aus einem solchen Dienstverhältnis begangen haben; auch bei den aus einem solchen Dienstverhältnis Ausgeschiedenen und Entlassenen gelten Handlungen, die in § 47 Abs. 2 BeamtStG, Art. 77 BayBG, Art. 33 KWBG bezeichnet sind, als Dienstvergehen.

(3) Ein Wechsel des Dienstherrn steht der Anwendung dieses Gesetzes nicht entgegen.

Art. 3 Ergänzende Anwendung des Verwaltungsverfahrensgesetzes und der Verwaltungsgerichtsordnung

Zur Ergänzung dieses Gesetzes sind die Bestimmungen des Bayerischen Verwaltungsverfahrensgesetzes (BayVwVfG) und der Verwaltungsgerichtsordnung (VwGO) entsprechend anzuwenden, soweit sie nicht zu den Bestimmungen dieses Gesetzes in Widerspruch stehen oder in diesem Gesetz etwas anderes bestimmt ist.

Art. 4 Gebot der Beschleunigung

Disziplinarverfahren sind beschleunigt durchzuführen.

Art. 5 Dienstbezüge, Anwärterbezüge

(1) 1Dienstbezüge sind die in Art. 2 Abs. 2 und 3 Nrn. 1 bis 4 des Bayerischen Besoldungsgesetzes (BayBesG) genannten Bestandteile. 2Dazu gehören auch Zuschüsse zum Grundgehalt für Professoren und Professorinnen an Hochschulen.

(2) Anwärterbezüge sind die in Art. 2 Abs. 3 Nr. 5 BayBesG genannten Bestandteile sowie der Orts- und Familienzuschlag.

Teil 2
Disziplinarmaßnahmen

Art. 6 Arten der Disziplinarmaßnahmen

(1) Disziplinarmaßnahmen gegen Beamte und Beamtinnen sind:

1. Verweis (Art. 7),
2. Geldbuße (Art. 8),
3. Kürzung der Dienstbezüge (Art. 9),
4. Zurückstufung (Art. 10) und
5. Entfernung aus dem Beamtenverhältnis (Art. 11).

(2) Disziplinarmaßnahmen gegen Ruhestandsbeamte und Ruhestandsbeamtinnen sind:

I

1. Kürzung des Ruhegehalts (Art. 12) und
2. Aberkennung des Ruhegehalts (Art. 13).

(3) Bei Ehrenbeamten und Ehrenbeamtinnen sind nur Verweis, Geldbuße und Entfernung aus dem Beamtenverhältnis zulässig.

(4) Bei Beamten und Beamtinnen auf Zeit sind nur Verweis, Geldbuße, Kürzung der Dienstbezüge und Entfernung aus dem Beamtenverhältnis zulässig.

(5) 1Beamten und Beamtinnen auf Probe oder auf Widerruf können nur Verweise erteilt und Geldbußen auferlegt werden. 2§ 23 Abs. 3 Nr. 1 und § 23 Abs. 4 BeamtStG bleiben unberührt.

Art. 7 Verweis

(1) 1Der Verweis ist der Tadel eines bestimmten Verhaltens. 2Missbilligende Äußerungen (Zurechtweisungen, Ermahnungen oder Rügen), die nicht ausdrücklich als Verweis bezeichnet werden, sind keine Disziplinarmaßnahmen. 3Der Verweis ist schriftlich, aber nicht in elektronischer Form auszusprechen.

(2) 1Der Verweis gilt als vollstreckt, sobald er unanfechtbar ist. 2Er steht bei Bewährung einer Beförderung des Beamten oder der Beamtin nicht entgegen.

Art. 8 Geldbuße

(1) 1Die Geldbuße kann bis zur Höhe der monatlichen Dienst- oder Anwärterbezüge auferlegt werden. 2Hat der Beamte oder die Beamtin keine Dienst- oder Anwärterbezüge, darf die Geldbuße bis zu dem Betrag von 500 €, bei Ehrenbeamten und Ehrenbeamtinnen bis zu einem Monatsbetrag der Entschädigung auferlegt werden.

(2) 1Die Geldbuße fließt dem Dienstherrn zu. 2Art. 7 Abs. 2 Satz 2 gilt entsprechend.

Art. 9 Kürzung der Dienstbezüge

(1) 1Die Kürzung der Dienstbezüge ist die bruchteilsmäßige Verminderung der monatlichen Dienstbezüge um höchstens ein Fünftel auf längstens drei Jahre. 2Eine dem Beamten oder der Beamtin gewährte Leistungsstufe verfällt ganz. 3Bei Beamten und Beamtinnen, die sich im Eingangsamt oder in einem laufbahnfreien Amt befinden, kann die Kürzung der Dienstbezüge für einen Zeitraum bis zu fünf Jahren ausgesprochen werden. 4Sie erstreckt sich auf alle Ämter, die der Beamte oder die Beamtin bei Eintritt der Unanfechtbarkeit der Entscheidung innehat. 5Bei der Anwendung von Ruhens-, Kürzungs- und Anrechnungsvorschriften bleibt die Kürzung der Dienstbezüge unberücksichtigt.

(2) 1Die Kürzung der Dienstbezüge beginnt mit dem Kalendermonat, der auf den Eintritt der Unanfechtbarkeit der Entscheidung folgt; zum selben Zeitpunkt verfällt eine dem Beamten oder der Beamtin gewährte Leistungsstufe. 2Tritt der Beamte oder die Beamtin vor Eintritt der Unanfechtbarkeit der Entscheidung in den Ruhestand, gilt eine entsprechende Kürzung des Ruhegehalts (Art. 12) als festgesetzt. 3Tritt der Beamte oder die Beamtin während der Dauer der Kürzung der Dienstbezüge in den Ruhestand, wird das Ruhegehalt entsprechend wie die Dienstbezüge für denselben Zeitraum gekürzt. 4Sterbegeld sowie Witwen- und Waisengeld werden nicht gekürzt.

(3) 1Die Kürzung der Dienstbezüge wird für die Dauer einer Beurlaubung ohne Dienstbezüge gehemmt. 2Der Beamte oder die Beamtin kann jedoch für die Dauer der Beurlaubung den Kürzungsbetrag monatlich vorab an den Dienstherrn entrichten; die Dauer der Kürzung der Dienstbezüge nach der Beendigung der Beurlaubung verringert sich entsprechend.

(4) 1Solange die Dienstbezüge gekürzt werden, darf der Beamte oder die Beamtin nicht befördert werden. 2Der Zeitraum kann in der Entscheidung abgekürzt werden, sofern dies im Hinblick auf die Dauer des Disziplinarverfahrens angezeigt ist. 3Die Einstufung berufsmäßiger weiterer Bürgermeister oder Bürgermeisterinnen während der Amtszeit in die höhere Besoldungsgruppe nach Art. 45 Abs. 2 Satz 2 KWBG steht einer Beförderung gleich..

(5) 1Die Rechtsfolgen der Kürzung der Dienstbezüge erstrecken sich auch auf ein neues Beamtenverhältnis zum selben oder zu einem anderen dem Bayerischen Beamtengesetz unterliegenden Dienstherrn. 2Hierbei steht die Einstellung oder Anstellung in einem höheren als dem bisherigen Amt der Beförderung gleich. 3Dies gilt nicht für die Einstufung nach

Art. 45 Abs. 2 KWBG zu Beginn einer Amtszeit als berufsmäßiger kommunaler Wahlbeamter oder berufsmäßige kommunale Wahlbeamtin.

Art. 10 Zurückstufung

(1) $_{1}$Die Zurückstufung ist die Versetzung in ein Amt mit geringerem Endgrundgehalt, höchstens bis in das jeweilige Eingangsamt. $_{2}$Der Beamte oder die Beamtin verliert alle Rechte aus dem bisherigen Amt einschließlich der damit verbundenen Dienstbezüge und der Befugnis, die bisherige Amtsbezeichnung zu führen; eine ihm oder ihr gewährte Leistungsstufe verfällt. $_{3}$Soweit in der Entscheidung nichts anderes bestimmt ist, enden mit der Zurückstufung auch die Ehrenämter und die Nebentätigkeiten, die der Beamte oder die Beamtin im Zusammenhang mit dem bisherigen Amt oder auf Verlangen, Vorschlag oder Veranlassung seines Dienstvorgesetzten übernommen hat.

(2) $_{1}$Die Dienstbezüge aus dem neuen Amt werden von dem Kalendermonat an gezahlt, der dem Eintritt der Unanfechtbarkeit der Entscheidung folgt. $_{2}$Tritt der Beamte oder die Beamtin vor Eintritt der Unanfechtbarkeit der Entscheidung in den Ruhestand, richten sich die Versorgungsbezüge nach der in der Entscheidung bestimmten Besoldungsgruppe.

(3) $_{1}$Vor Ablauf von fünf Jahren nach Eintritt der Unanfechtbarkeit der Entscheidung darf der Beamte oder die Beamtin nicht befördert werden. $_{2}$Der Zeitraum kann in der Entscheidung verkürzt werden, sofern dies im Hinblick auf die Dauer des Disziplinarverfahrens angezeigt ist.

(4) $_{1}$Die Rechtsfolgen der Zurückstufung erstrecken sich auch auf ein neues Beamtenverhältnis zum selben oder zu einem anderen dem Bayerischen Beamtengesetz unterliegenden Dienstherrn. $_{2}$Hierbei steht die Einstellung oder Anstellung in einem höheren Amt als dem, in welches der Beamte oder die Beamtin zurückgestuft wurde, der Beförderung gleich.

Art. 11 Entfernung aus dem Beamtenverhältnis

(1) $_{1}$Mit der Entfernung aus dem Beamtenverhältnis endet das Dienstverhältnis. $_{2}$Der Beamte oder die Beamtin verliert den Anspruch auf Dienstbezüge und Versorgung einschließlich der Hinterbliebenenversorgung sowie die Befugnis, die Amtsbezeichnung die im Zusammenhang mit dem Amt verliehenen Titel und akademischen Würden zu führen und die Dienstkleidung zu tragen.

(2) $_{1}$Die Zahlung der Dienstbezüge wird mit dem Ende des Kalendermonats eingestellt, in dem die Entscheidung unanfechtbar wird. $_{2}$Tritt der Beamte oder die Beamtin in den Ruhestand, bevor die Entscheidung über die Entfernung aus dem Beamtenverhältnis unanfechtbar wird, gilt die Entscheidung als Aberkennung des Ruhegehalts.

(3) $_{1}$Für die Dauer von sechs Monaten nach der Entfernung aus dem Beamtenverhältnis wird ein Unterhaltsbeitrag in Höhe von 50 v. H. der Dienstbezüge, die bei Eintritt der Unanfechtbarkeit der Entscheidung zustehen, gezahlt; eine Einbehaltung von Dienstbezügen nach Art. 39 Abs. 2 bleibt unberücksichtigt. $_{2}$Die Gewährung des Unterhaltsbeitrags kann in der Entscheidung ganz oder teilweise ausgeschlossen werden, soweit der Beamte oder die Beamtin ihrer nicht würdig oder den erkennbaren Umständen nach nicht bedürftig ist. $_{3}$Sie kann in der Entscheidung über sechs Monate hinaus verlängert werden, soweit dies notwendig ist, um eine unbillige Härte zu vermeiden; der Beamte oder die Beamtin hat die Umstände glaubhaft zu machen.

(4) $_{1}$Die Entfernung aus dem Beamtenverhältnis und ihre Rechtsfolgen erstrecken sich auf alle Ämter, die der Beamte oder die Beamtin bei Eintritt der Unanfechtbarkeit der Entscheidung bei einem bayerischen Dienstherrn (§ 2 BeamtStG) innehat. $_{2}$Ist eines von mehreren Ämtern ein kommunales Ehrenamt und wird diese Disziplinarmaßnahme nur wegen eines in dem Ehrenamt oder im Zusammenhang mit diesem begangenen Dienstvergehens verhängt, kann die Entfernung aus dem Beamtenverhältnis auf das Ehrenamt und die in Verbindung mit ihm übernommenen Nebentätigkeiten beschränkt werden. $_{3}$Hinsichtlich der dem Beamten oder der Beamtin verbleibenden Ämter kann eine weitere Disziplinarmaßnahme verhängt werden.

I

(5) Beamte und Beamtinnen, die früher in einem anderen Beamten- oder Richterverhältnis bei einem bayerischen Dienstherrn (§ 2 BeamtStG) gestanden haben und aus dem Beamtenverhältnis entfernt werden, verlieren auch die Ansprüche aus dem früheren Dienstverhältnis, wenn diese Disziplinarmaßnahme wegen eines Dienstvergehens ausgesprochen wird, das in dem früheren Dienstverhältnis begangen wurde.

(6) 1Beamte und Beamtinnen, die aus dem Beamtenverhältnis entfernt worden sind, dürfen bei einem bayerischen Dienstherrn (§ 2 BeamtStG) nicht wieder zum Beamten oder zur Beamtin ernannt werden; es soll auch kein anderes Beschäftigungsverhältnis begründet werden. 2Das Gleiche gilt, wenn Beamte und Beamtinnen nach Einleitung eines Disziplinarverfahrens entlassen werden und ohne diese Entlassung aus dem Dienst entfernt worden wären.

Art. 12 Kürzung des Ruhegehalts

1Die Kürzung des Ruhegehalts ist die bruchteilsmäßige Verminderung des monatlichen Ruhegehalts um höchstens ein Fünftel auf längstens fünf Jahre. 2Art. 9 Abs. 1 Sätze 4 und 5 sowie Abs. 2 Sätze 1 und 4 gelten entsprechend.

Art. 13 Aberkennung des Ruhegehalts

(1) Mit der Aberkennung des Ruhegehalts verliert der Ruhestandsbeamte oder die Ruhestandsbeamtin den Anspruch auf Versorgung einschließlich der Hinterbliebenenversorgung und die Befugnis, die Amtsbezeichnung sowie die Titel und akademischen Würden zu führen, die im Zusammenhang mit dem früheren Amt verliehen wurden.

(2) 1Für die Dauer von sechs Monaten nach der Aberkennung des Ruhegehalts wird ein Unterhaltsbeitrag in Höhe von 70 v. H des Ruhegehalts gewährt, das dem Ruhestandsbeamten oder der Ruhestandsbeamtin bei Eintritt der Unanfechtbarkeit der Entscheidung zusteht; eine Einbehaltung des Ruhegehalts nach Art. 39 Abs. 2 bleibt unberücksichtigt. 2Der Anspruch nach Satz 1 besteht nur insoweit, als er die auf Grund einer Nachversicherung zu gewährende Rente übersteigt; Art. 74 Abs. 3 bleibt unberührt.

(3) Die Aberkennung des Ruhegehalts und ihre Rechtsfolgen erstrecken sich auf alle Ämter, die der Ruhestandsbeamte oder die Ruhestandsbeamtin bei einem bayerischen Dienstherrn (§ 2 BeamtStG) bei Eintritt in den Ruhestand bekleidet hat.

(4) Art. 11 Abs. 2 Satz 1, Abs. 3 Sätze 2 und 3 sowie Abs. 5 und 6 gelten entsprechend.

Art. 14 Bemessung der Disziplinarmaßnahme

(1) 1Die Entscheidung über eine Disziplinarmaßnahme ergeht nach pflichtgemäßem Ermessen. 2Die Disziplinarmaßnahme ist insbesondere nach der Schwere des Dienstvergehens, der Beeinträchtigung des Vertrauens des Dienstherrn oder der Allgemeinheit, dem Persönlichkeitsbild und dem bisherigen dienstlichen Verhalten zu bemessen. 3Es soll mildernd berücksichtigt werden, wenn der Beamte oder die Beamtin erkennbar vom Willen zur lösungsorientierten Erledigung geleitet war und die ihm oder ihr gezogenen Grenzen ordnungsgemäßer Sachbehandlung dabei nicht offenkundig überschritten hat.

(2) 1Beamte und Beamtinnen, die durch ein schweres Dienstvergehen das Vertrauen des Dienstherrn oder der Allgemeinheit endgültig verloren haben, sind aus dem Beamtenverhältnis zu entfernen. 2Ruhestandsbeamten und -beamtinnen wird das Ruhegehalt aberkannt, wenn sie, wären sie noch im Dienst, aus dem Beamtenverhältnis hätten entfernt werden müssen.

Art. 15 Zulässigkeit von Disziplinarmaßnahmen nach Straf- oder Bußgeldverfahren

(1) Ist gegen einen Beamten oder eine Beamtin im Straf- oder Bußgeldverfahren unanfechtbar eine Strafe, Geldbuße oder Ordnungsmaßnahme verhängt worden oder kann eine Tat nach § 153a Abs. 1 Satz 5 oder Abs. 2 Satz 2 der Strafprozessordnung (StPO) nach der Erfüllung von Auflagen und Weisungen nicht mehr als Vergehen verfolgt werden, darf wegen desselben Sachverhalts

1. ein Verweis oder eine Geldbuße nicht ausgesprochen werden,

2. eine Kürzung der Dienstbezüge oder eine Kürzung des Ruhegehalts nur ausgesprochen werden, wenn dies zusätzlich erforderlich ist, um den Beamten oder die Beamtin zur Pflichterfüllung anzuhalten oder das Ansehen des Berufsbeamtentums zu wahren.

(2) Ist der Beamte oder die Beamtin im Straf- oder Bußgeldverfahren rechtskräftig freigesprochen worden, darf wegen des Sachverhalts, der Gegenstand der gerichtlichen Entscheidung gewesen ist, eine Disziplinarmaßnahme nur ausgesprochen werden, wenn dieser Sachverhalt ein Dienstvergehen darstellt, ohne den Tatbestand einer Straf- oder Bußgeldvorschrift zu erfüllen.

Art. 16 Disziplinarmaßnahmeverbot wegen Zeitablaufs

(1) Sind seit der Vollendung eines Dienstvergehens mehr als zwei Jahre vergangen, darf ein Verweis oder eine Geldbuße nicht mehr erteilt werden.

(2) Sind seit der Vollendung eines Dienstvergehens mehr als drei Jahre vergangen, darf eine Kürzung der Dienstbezüge oder eine Kürzung des Ruhegehalts nicht mehr ausgesprochen werden.

(3) Sind seit der Vollendung eines Dienstvergehens mehr als sieben Jahre vergangen, darf auf Zurückstufung nicht mehr erkannt werden.

(4) Die Fristen der Abs. 1 bis 3 beginnen neu zu laufen mit

1. der ersten Anhörung des Beamten oder der Beamtin oder der Bekanntgabe, dass das Disziplinarverfahren eingeleitet ist,
2. mit der Ausdehnung des Disziplinarverfahrens,
3. der Erhebung der Disziplinarklage,
4. der Erhebung der Nachtragsdisziplinarklage oder
5. der Anordnung oder Ausdehnung von Ermittlungen gegen Beamte und Beamtinnen auf Probe oder auf Widerruf.

(5) $_1$Die Fristen der Abs. 1 bis 3 sind für die Dauer des gerichtlichen Disziplinarverfahrens, für die Dauer einer Aussetzung des Disziplinarverfahrens nach Art. 24 oder während des Laufs der für die Erfüllung einer Auflage nach Art. 34 gesetzten Frist gehemmt. $_2$Ist vor Ablauf der Frist wegen desselben Sachverhalts ein Straf- oder Bußgeldverfahren eingeleitet oder eine Klage aus dem Beamtenverhältnis erhoben worden, ist die Frist für die Dauer dieses Verfahrens gehemmt.

Art. 17 Verwertungsverbot, Entfernung aus der Personalakte

(1) $_1$Ein Verweis darf nach drei Jahren, eine Geldbuße, eine Kürzung der Dienstbezüge und eine Kürzung des Ruhegehalts dürfen nach fünf Jahren und eine Zurückstufung darf nach sieben Jahren bei weiteren Disziplinarmaßnahmen und bei sonstigen Personalmaßnahmen nicht mehr berücksichtigt werden (Verwertungsverbot). $_2$Der Beamte oder die Beamtin gilt nach dem Eintritt des Verwertungsverbots als von der Disziplinarmaßnahme nicht betroffen.

(2) $_1$Die Frist für das Verwertungsverbot beginnt, sobald die Entscheidung über die Disziplinarmaßnahme unanfechtbar ist. $_2$Sie endet nicht, solange ein gegen den Beamten oder die Beamtin eingeleitetes Straf- oder Disziplinarverfahren nicht unanfechtbar abgeschlossen ist, eine andere Disziplinarmaßnahme berücksichtigt werden darf, eine Entscheidung über die Kürzung der Dienstbezüge noch nicht vollstreckt ist oder ein gerichtliches Verfahren über die Beendigung des Beamtenverhältnisses oder über die Geltendmachung von Schadenersatz gegen den Beamten oder die Beamtin anhängig ist.

(3) $_1$Eintragungen in der Personalakte über die Disziplinarmaßnahme sind nach Eintritt des Verwertungsverbots von Amts wegen zu entfernen und zu vernichten, es sei denn, der Beamte oder die Beamtin widerspricht. $_2$Dies gilt nicht für das Rubrum und den Tenor des die Zurückstufung aussprechenden Urteils; Satz 4 Halbsatz 2 gilt entsprechend. $_3$Der Beamte oder die Beamtin ist mindestens einen Monat vor der Vernichtung auf sein Widerspruchsrecht hinzuweisen. $_4$Wird widersprochen, unterbleibt die Entfernung oder erfolgt eine gesonderte Aufbewahrung; das Verwertungsverbot ist bei den Eintragungen zu vermerken.

(4) $_1$Die Abs. 1 bis 3 gelten entsprechend für Disziplinarvorgänge, die nicht zu einer Diszipli-

narmaßnahme oder einer Feststellung nach Art. 33 Abs. 2 Satz 2 geführt haben. $_{2}$Die Frist für das Verwertungsverbot beträgt, wenn das Disziplinarverfahren nach Art. 33 Abs. 1 Nr. 1 eingestellt wird, sechs Monate und im Übrigen zwei Jahre. $_{3}$Die Frist beginnt mit dem Eintritt der Unanfechtbarkeit der Entscheidung, die das Disziplinarverfahren abschließt, im Übrigen mit dem Tag, an dem der Dienstvorgesetzte oder die Disziplinarbehörde zureichende tatsächliche Anhaltspunkte erhält, die den Verdacht eines Dienstvergehens rechtfertigen.

(5) Auf die Entfernung und Vernichtung von Disziplinarvorgängen, die zu einer missbilligenden Äußerung geführt haben, findet Art. 109 Abs. 1 Satz 1 Nr. 2, Sätze 2 und 3 BayBG Anwendung.

Teil 3
Behördliches Disziplinarverfahren

Abschnitt 1
Einleitung, Ausdehnung und Beschränkung

Art. 18 Disziplinarbefugnisse, Disziplinarbehörde

(1) Die Disziplinarbefugnisse werden von den Dienstvorgesetzten und den Disziplinarbehörden ausgeübt, soweit nicht die Verwaltungsgerichte zuständig sind.

(2) $_{1}$Disziplinarbehörden sind die obersten Dienstbehörden oder die durch Rechtsverordnung der Staatsregierung und die nach Abs. 4 Satz 2 und Abs. 5 bestimmten Behörden. $_{2}$Die Übertragung soll auf eine Behörde im Geschäftsbereich des Ressorts erfolgen. $_{3}$In der Rechtsverordnung kann eine ressortübergreifende Zuständigkeit für mehrere Geschäftsbereiche vorgesehen sowie die Zuständigkeit zur Verhängung von Verweisen und Geldbußen abweichend von Art. 35 Abs. 2 Satz 1 der Disziplinarbehörde übertragen werden.

(3) $_{1}$Bei Ruhestandsbeamten und Ruhestandsbeamtinnen werden die Disziplinarbefugnisse durch die zumZeitpunkt des Eintritts in den Ruhestand zuständige oberste Dienstbehörde ausgeübt. $_{2}$Abs. 2 gilt entsprechend. $_{3}$Besteht die zuständige oberste Dienstbehörde nicht mehr, bestimmt das Staatsministerium der Finanzen und für Heimat, welche Behörde zuständig ist.

(4) $_{1}$Bei Personen im Sinn des Art. 1 Abs. 2 Nrn. 1 bis 3 KWBG, auch wenn sie Ruhestandsbeamte oder Ruhestandsbeamtinnen sind oder als solche gelten, nimmt die Disziplinarbefugnisse die Rechtsaufsichtsbehörde wahr. $_{2}$Das Staatsministerium des Innern, für Sport und Integration kann durch Rechtsverordnung bestimmen, dass die Rechtsaufsichtsbehörde ihre Disziplinarbefugnisse im Einzelfall auf eine andere Behörde übertragen kann.

(5) Bei Beamten und Beamtinnen sowie Ruhestandsbeamten und Ruhestandsbeamtinnen der Gemeinden, Gemeindeverbände und sonstigen unter Aufsicht des Staates stehenden Körperschaften, Anstalten und Stiftungen des öffentlichen Rechts kann das für die Rechtsaufsicht zuständige Staatsministerium durch Rechtsverordnung bestimmen, wer die Disziplinarbefugnisse ausübt; in der Rechtsverordnung können die Disziplinarbefugnisse abweichend von Art. 35 Abs. 2 bis 4 geregelt werden.

(6) In den Fällen der Abs. 4 und 5 werden die einem anderen Rechtsträger entstehenden Kosten des Verfahrens vom Dienstherrn erstattet.

Art. 19 Einleitung von Amts wegen

(1) $_{1}$Liegen zureichende tatsächliche Anhaltspunkte vor, die den Verdacht eines Dienstvergehens rechtfertigen, ist der oder die Dienstvorgesetzte oder die Disziplinarbehörde verpflichtet, ein Disziplinarverfahren einzuleiten und die erforderlichen Ermittlungen durchzuführen. $_{2}$Die Einleitung ist aktenkundig zu machen. $_{3}$Der Dienstvorgesetzte oder die Disziplinarbehörde informieren sich gegenseitig von der Einleitung des Disziplinarverfahrens. $_{4}$Das Verfahren ist unverzüglich an die zuständige Behörde abzugeben, wenn die einleitende Stelle ihre Disziplinarbefugnis nicht für gegeben hält.

(2) $_{1}$Ein Disziplinarverfahren wird nicht eingeleitet, wenn

1. zu erwarten ist, dass nach Art. 15 oder
2. feststeht, dass nach Art. 16

eine Disziplinarmaßnahme nicht ausgesprochen werden darf. $_{2}$Die Gründe sind aktenkundig zu machen und dem Beamten oder der Beamtin bekannt zu geben. $_{3}$Sätze 1 und 2 gelten entsprechend, wenn zu erwarten ist, dass in einem Disziplinarverfahren gegen Ruhestandsbeamte oder Ruhestandsbeamtinnen keine Disziplinarmaßnahme nach Art. 6 Abs. 2 ausgesprochen werden wird.

(3) $_{1}$Hat ein Beamter oder eine Beamtin zwei oder mehrere Ämter inne, die nicht im Verhältnis von Haupt- und Nebenamt stehen, und sind verschiedene Dienstvorgesetzte zuständig, so unterrichten sie sich von der beabsichtigten Einleitung eines Disziplinarverfahrens. $_{2}$Ein weiteres Disziplinarverfahren kann gegen den Beamten wegen desselben Sachverhalts nicht eingeleitet werden.

(4) Hat ein Beamter oder eine Beamtin zwei oder mehrere Ämter inne, die im Verhältnis von Haupt- zu Nebenamt stehen, kann nur der oder die für das Hauptamt zuständige Dienstvorgesetzte ein Disziplinarverfahren einleiten.

(5) $_{1}$Die Zuständigkeiten nach Abs. 1 bis 4 werden durch eine Beurlaubung, eine Abordnung oder eine Zuweisung nicht berührt. $_{2}$Bei einer Abordnung geht die aus Abs. 1 sich ergebende Pflicht hinsichtlich der während der Abordnung begangenen Dienstvergehen auf den neuen Dienstvorgesetzten, die neue Dienstvorgesetzte oder die neue Disziplinarbehörde über, soweit diese nicht ihre Ausübung dem oder der anderen Dienstvorgesetzten oder der anderen Disziplinarbehörde überlassen oder soweit nichts anderes bestimmt ist.

Art. 20 Einleitung auf Antrag des Beamten oder der Beamtin

(1) Der Beamte oder die Beamtin kann bei der Disziplinarbehörde die Einleitung eines Disziplinarverfahrens gegen sich selbst beantragen, um sich von dem Verdacht eines Dienstvergehens zu entlasten.

(2) $_{1}$Der Antrag darf nur abgelehnt werden, wenn keine zureichenden tatsächlichen Anhaltspunkte vorliegen, die den Verdacht eines Dienstvergehens rechtfertigen. $_{2}$Die Entscheidung ist dem Beamten oder der Beamtin mitzuteilen.

(3) Art. 19 Abs. 1 Satz 2 und Abs. 3 bis 5 gelten entsprechend.

Art. 21 Ausdehnung und Beschränkung

(1) $_{1}$Das Disziplinarverfahren kann bis zum Erlass einer Entscheidung nach den Art. 33 bis 35 Abs. 1 auf neue Handlungen ausgedehnt werden, die den Verdacht eines Dienstvergehens rechtfertigen. $_{2}$Die Ausdehnung ist aktenkundig zu machen.

(2) $_{1}$Das Disziplinarverfahren soll bis zum Erlass einer Entscheidung nach Art. 33 bis 35 Abs. 1 beschränkt werden, indem solche Handlungen ausgeschieden werden, die für die Art und Höhe der zu erwartenden Disziplinarmaßnahme voraussichtlich nicht ins Gewicht fallen. $_{2}$Die Beschränkung ist aktenkundig zu machen. $_{3}$Die ausgeschiedenen Handlungen können bis zum unanfechtbaren Abschluss des Disziplinarverfahrens jederzeit wieder in das Disziplinarverfahren einbezogen werden. $_{4}$Werden die ausgeschiedenen Handlungen nicht wieder einbezogen, können sie nach dem unanfechtbaren Abschluss des Disziplinarverfahrens nicht zum Gegenstand eines neuen Disziplinarverfahrens gemacht werden.

Abschnitt 2
Durchführung

Art. 22 Unterrichtung, Belehrung und Anhörung

(1) $_{1}$Der Beamte oder die Beamtin ist über die Einleitung oder Ausdehnung des Disziplinarverfahrens unverzüglich zu unterrichten, sobald dies ohne Gefährdung der Aufklärung des Sachverhalts möglich ist. $_{2}$Hierbei ist zu eröffnen, welches Dienstvergehen ihm oder ihr zur Last gelegt wird. $_{3}$Es ist gleichzeitig darauf hinzuweisen, dass es ihm oder ihr freisteht, sich mündlich oder schriftlich zu äußern oder nicht zur Sache auszusagen und sich jederzeit eines Bevollmächtigten oder Beistands zu bedienen.

(2) $_{1}$Für die Abgabe einer schriftlichen oder mündlichen Äußerung wird dem Beamten oder der Beamtin schriftlich eine angemesse-

I

ne Frist gesetzt. 2Ist der Beamte oder die Beamtin aus zwingenden Gründen gehindert, die Frist nach Satz 1 einzuhalten und hat er oder sie dies unverzüglich mitgeteilt, ist die Frist zu verlängern. 3Das persönliche Erscheinen des Beamten oder der Beamtin kann angeordnet werden.

(3) 1Ist die Belehrung nach Abs. 1 unterblieben oder unrichtig erfolgt, darf die Aussage des Beamten oder der Beamtin nicht zu seinem oder ihrem Nachteil verwertet werden. 2Dies gilt auch für Anhörungen des Beamten oder der Beamtin zu möglichen Dienstpflichtverletzungen vor Einleitung eines Disziplinarverfahrens, wenn er oder sie bei der ersten Anhörung im Disziplinarverfahren vom Recht, die Aussage zu verweigern, Gebrauch macht.

Art. 23 Pflicht zur Durchführung von Ermittlungen, Ausnahmen

(1) Zur Aufklärung des Sachverhalts sind die belastenden, die entlastenden und die für die Bemessung der Disziplinarmaßnahme bedeutsamen Umstände von einer Person im Beamten- oder Richterverhältnis zu ermitteln.

(2) 1Von Ermittlungen ist abzusehen, soweit der Sachverhalt auf Grund der tatsächlichen Feststellungen eines rechtskräftigen Urteils im Straf- oder Bußgeldverfahren oder im verwaltungsgerichtlichen Verfahren, durch das nach Art. 9 BayBesG über den Verlust der Besoldung bei schuldhaftem Fernbleiben vom Dienst entschieden worden ist, feststeht. 2Von Ermittlungen kann abgesehen werden, soweit der Sachverhalt durch einen Strafbefehl oder auf sonstige Weise aufgeklärt ist, insbesondere nach der Durchführung eines anderen gesetzlich geordneten Verfahrens.

Art. 24 Zusammentreffen von Disziplinarverfahren mit Strafverfahren oder anderen Verfahren, Aussetzung

(1) 1Ist gegen den Beamten oder die Beamtin wegen des Sachverhalts, der dem Disziplinarverfahren zugrunde liegt, im Strafverfahren die öffentliche Klage erhoben worden, wird das Disziplinarverfahren ausgesetzt. 2Die Aussetzung unterbleibt, wenn keine begründeten Zweifel am Sachverhalt bestehen oder wenn im Strafverfahren aus Gründen nicht verhandelt werden kann, die in der Person des Beamten oder der Beamtin liegen.

(2) Das ausgesetzte Disziplinarverfahren ist unverzüglich fortzusetzen, wenn die Voraussetzungen des Abs. 1 Satz 2 nachträglich eintreten, spätestens mit dem rechtskräftigen Abschluss des Strafverfahrens.

(3) 1Das Disziplinarverfahren kann ausgesetzt werden, wenn in einem anderen gesetzlich geordneten Verfahren über eine Frage zu entscheiden ist, deren Beurteilung für die Entscheidung im Disziplinarverfahren von wesentlicher Bedeutung ist. 2Abs. 1 Satz 2 und Abs. 2 gelten entsprechend.

Art. 25 Bindung an tatsächliche Feststellungen aus anderen Verfahren

(1) Die tatsächlichen Feststellungen eines rechtskräftigen Urteils im Straf- oder Bußgeldverfahren oder im verwaltungsgerichtlichen Verfahren, durch das nach Art. 9 BayBesG über den Verlust der Besoldung bei schuldhaftem Fernbleiben vom Dienst entschieden worden ist, sind im Disziplinarverfahren, das denselben Sachverhalt zum Gegenstand hat, bindend.

(2) Die in einem anderen gesetzlich geordneten Verfahren getroffenen tatsächlichen Feststellungen sind nicht bindend, können aber der Entscheidung im Disziplinarverfahren ohne nochmalige Prüfung zugrunde gelegt werden.

Art. 26 Beweiserhebung

(1) 1Die erforderlichen Beweise sind zu erheben. 2Hierbei können insbesondere

1. schriftliche dienstliche Auskünfte eingeholt,
2. Zeugen und Zeuginnen sowie Sachverständige vernommen oder ihre schriftliche Äußerung eingeholt,
3. Urkunden und Akten beigezogen sowie
4. der Augenschein eingenommen

werden.

(2) Niederschriften über Aussagen von Personen, die schon in einem gesetzlich geordneten Verfahren vernommen worden sind, sowie

Niederschriften über einen richterlichen Augenschein können ohne erneute Beweiserhebung verwertet werden.

(3) 1Über einen Beweisantrag des Beamten oder der Beamtin ist nach pflichtgemäßem Ermessen zu entscheiden. 2Dem Beweisantrag ist stattzugeben, soweit er für die Tat- oder Schuldfrage oder für die Bemessung einer Disziplinarmaßnahme von Bedeutung sein kann.

(4) 1Dem Beamten oder der Beamtin ist Gelegenheit zu geben, an der Vernehmung von Zeugen und Zeuginnen und von Sachverständigen sowie an der Einnahme des Augenscheins teilzunehmen und hierbei sachdienliche Fragen zu stellen. 2Er oder sie kann von der Teilnahme ausgeschlossen werden, wenn Tatsachen vorliegen, die erwarten lassen, dass durch seine oder ihre Teilnahme der Zweck der Ermittlungen oder Rechte Dritter gefährdet werden oder andere wichtige Gründe entgegenstehen. 3Ein Bevollmächtigter oder Beistand kann von der weiteren Teilnahme ausgeschlossen werden, soweit dies aus wichtigen Gründen, insbesondere mit Rücksicht auf den Zweck der Ermittlungen oder zum Schutz der Rechte Dritter, erforderlich wird. 4Auf die Verlegung eines Termins wegen Verhinderung besteht kein Anspruch. 5Ein schriftliches Gutachten ist ihm oder ihr zugänglich zu machen, soweit nicht zwingende Gründe dem entgegenstehen.

Art. 27 Zeugen und Zeuginnen, Sachverständige

(1) 1Zeugen und Zeuginnen sind zur Aussage und Sachverständige zur Erstattung von Gutachten verpflichtet. 2Die §§ 48 bis 85 und 168e StPO gelten entsprechend. 3Die Aussagegenehmigung gilt allen Beschäftigten des Dienstherrn des Beamten oder der Beamtin als erteilt; sie kann ganz oder teilweise widerrufen werden.

(2) 1Verweigern Zeugen oder Zeuginnen oder Sachverständige ohne Vorliegen eines der in den §§ 52 bis 55 oder 76 StPO bezeichnete Gründe die Aussage oder die Erstattung des Gutachtens, kann das Verwaltungsgericht um die Vernehmung ersucht werden. 2In dem Ersuchen sind der Gegenstand der Vernehmung darzulegen sowie die Namen und Anschriften der Beteiligten anzugeben. 3Der oder die Vorsitzende der Kammer für Disziplinarsachen entscheidet über die Rechtmäßigkeit der Verweigerung der Aussage oder der Erstattung des Gutachtens. 4Er oder sie führt die Vernehmung durch.

(3) 1Das Verwaltungsgericht kann auch um die richterliche Vernehmung von Zeugen und Zeuginnen ersucht werden,

1. die minderjährig sind,
2. für die die Zeugenaussage eine besondere Belastung darstellt oder
3. bei denen aus einem gesundheitlichen oder einem anderen wichtigen in der Person liegenden Grund eine Sicherung des Beweises angezeigt ist.

2Abs. 2 Sätze 2 und 4 gelten entsprechend.

Art. 28 Herausgabe von Unterlagen

1Der Beamte oder die Beamtin hat Schriftstücke, Zeichnungen, bildliche Darstellungen und Aufzeichnungen einschließlich technischer Aufzeichnungen, die einen dienstlichen Bezug aufweisen, auf Verlangen für das Disziplinarverfahren zur Verfügung zu stellen. 2Das Verwaltungsgericht kann die Herausgabe auf Antrag durch Beschluss anordnen und sie durch die Festsetzung von Zwangsgeld erzwingen. 3Der Beschluss ist unanfechtbar. 4Das Zwangsgeld steht dem Dienstherrn zu.

Art. 29 Beschlagnahmen und Durchsuchungen

(1) 1Der oder die Vorsitzende der Kammer für Disziplinarsachen des Verwaltungsgerichts kann auf Antrag durch Beschluss Beschlagnahmen und Durchsuchungen anordnen. 2Bei Gefahr im Verzug kann die Anordnung durch die Disziplinarbehörde erfolgen. 3Die Anordnung darf nur getroffen werden, wenn der Beamte oder die Beamtin des Dienstvergehens dringend verdächtig ist und die Maßnahme zu der Bedeutung der Sache und der zu erwartenden Disziplinarmaßnahme nicht außer Verhältnis steht. 4Die Bestimmungen der Strafprozessordnung über Beschlagnahmen und Durchsuchungen gelten entsprechend, soweit nicht in diesem Gesetz etwas anderes bestimmt ist.

(2) 1Der oder die Betroffene kann im Fall des Abs. 1 Satz 2 binnen zwei Wochen die Entscheidung über die Rechtmäßigkeit der Maßnahme beim Verwaltungsgericht beantragen. 2Der Antrag hat keine aufschiebende Wirkung.

(3) Die Maßnahmen nach Abs. 1 dürfen nur durch die nach der Strafprozessordnung dazu berufenen Behörden durchgeführt werden.

(4) Durch Abs. 1 wird das Grundrecht der Unverletzlichkeit der Wohnung (Art. 13 Abs. 1 des Grundgesetzes und Art. 106 Abs. 3 der Verfassung) eingeschränkt.

Art. 30 Niederschrift

1Über Anhörungen des Beamten oder der Beamtin und Beweiserhebungen sind Niederschriften aufzunehmen; § 168a StPO gilt entsprechend. 2Bei der Einholung von schriftlichen dienstlichen Auskünften sowie der Beiziehung von Urkunden und Akten genügt die Aufnahme eines Aktenvermerks.

Art. 31 Innerdienstliche Informationen

(1) Die Vorlage von Personalakten und anderen Behördenunterlagen mit personenbezogenen Daten sowie die Erteilung von Auskünften aus diesen Akten und Unterlagen an die mit Disziplinarvorgängen befassten Stellen und die Verarbeitung oder Nutzung der so erhobenen personenbezogenen Daten im Disziplinarverfahren sind, soweit nicht andere Rechtsvorschriften entgegenstehen, auch gegen den Willen des Beamten oder der Beamtin oder anderer Betroffener zulässig, wenn und soweit die Durchführung des Disziplinarverfahrens dies erfordert und überwiegende Belange des Beamten oder der Beamtin, anderer Betroffener oder der ersuchten Stelle nicht entgegenstehen.

(2) Zwischen den Dienststellen eines oder verschiedener Dienstherrn sowie zwischen den Teilen einer Dienststelle sind Mitteilungen über Disziplinarverfahren, über Tatsachen aus Disziplinarverfahren und über Entscheidungen der Disziplinarorgane sowie die Vorlage hierüber geführter Akten zulässig, wenn und soweit dies zur Durchführung des Disziplinarverfahrens, im Hinblick auf die künftige Übertragung von Aufgaben oder Ämtern an den Beamten oder die Beamtin oder im Einzelfall aus besonderen dienstlichen Gründen unter Berücksichtigung der Belange des Beamten oder der Beamtin oder anderer Betroffener erforderlich ist.

Art. 32 Abschließende Anhörung

1Nach der Beendigung der Ermittlungen ist dem Beamten oder der Beamtin Gelegenheit zu geben, sich abschließend zu äußern; Art. 22 Abs. 2 gilt entsprechend. 2Die Anhörung kann unterbleiben, wenn das Disziplinarverfahren nach Art. 33 Abs. 2 Nrn. 2 oder 3 eingestellt werden soll.

Abschnitt 3
Abschlussentscheidung

Art. 33 Einstellungsverfügung

(1) Das Disziplinarverfahren wird eingestellt, wenn

1. ein Dienstvergehen nicht erwiesen ist,
2. ein Dienstvergehen zwar erwiesen ist, eine Disziplinarmaßnahme jedoch nicht angezeigt erscheint,
3. nach Art. 15 oder Art. 16 eine Disziplinarmaßnahme nicht ausgesprochen werden darf oder
4. das Disziplinarverfahren oder eine Disziplinarmaßnahme aus sonstigen Gründen unzulässig ist.

(2) 1Das Disziplinarverfahren wird ferner eingestellt, wenn

1. der Beamte oder die Beamtin stirbt,
2. das Beamtenverhältnis durch Entlassung, Verlust der Beamtenrechte oder Entfernung endet oder
3. bei einem Ruhestandsbeamten oder einer Ruhestandsbeamtin die Folgen einer gerichtlichen Entscheidung nach Art. 80 Abs. 1 und 2 BayBeamtVG eintreten.

2Liegen die Voraussetzungen des Art. 11 Abs. 6 Satz 2 vor, ist dies in der Einstellungsverfügung festzustellen; der Beamte oder die Beamtin ist auf die sich daraus ergebenden Rechtsfolgen hinzuweisen.

(3) 1Die Einstellungsverfügung ist zu begründen und zuzustellen. 2Eine Einstellung durch den Dienstvorgesetzten ist der Disziplinarbehörde mitzuteilen.

Art. 34 Einstellungsverfügung gegen Auflage

(1) 1Mit Zustimmung des Beamten oder der Beamtin kann bei einem Verfahren, das eine minder schwere Dienstpflichtverletzung zum Gegenstand hat, das Disziplinarverfahren vorläufig eingestellt und dem Beamten oder der Beamtin zugleich auferlegt werden

1. zur Wiedergutmachung des durch die Dienstpflichtverletzung entstandenen Schadens eine bestimmte Leistung zu erbringen oder
2. einen Geldbetrag zugunsten des Dienstherrn oder einer gemeinnützigen Einrichtung zu zahlen,

wenn die Schuld des Beamten oder der Beamtin als gering einzustufen ist und die Auflage geeignet ist, den Beamten oder die Beamtin zukünftig zur Einhaltung der Dienstpflichten anzuhalten. 2Die Auflagen nach Satz 1 Nrn. 1 und 2 können nebeneinander verhängt werden. 3Zur Erfüllung der Auflage ist eine angemessene Frist zu setzen. 4Wird die Auflage nicht erfüllt, werden Leistungen, die zu ihrer Erfüllung erbracht wurden, nicht erstattet.

(2) Eine Auflage kann nachträglich aufgehoben oder mit Zustimmung des Beamten oder der Beamtin nachträglich auferlegt oder geändert werden.

(3) Ist Disziplinarklage erhoben, kann das Verwaltungsgericht mit Zustimmung des Beamten oder der Beamtin und der Disziplinarbehörde das Verfahren durch Beschluss zunächst vorläufig einstellen und zugleich dem Beamten oder der Beamtin die in Abs. 1 bezeichneten Auflagen erteilen.

(4) Erfüllt der Beamte oder die Beamtin die Auflage, kann die Dienstpflichtverletzung nicht mehr verfolgt werden.

(5) Die Einstellungsverfügung und der Beschluss des Gerichts sind nicht anfechtbar.

Art. 35 Disziplinarverfügung, Disziplinarklage

(1) 1Ist ein Verweis, eine Geldbuße, eine Kürzung der Dienstbezüge oder eine Kürzung des Ruhegehalts angezeigt, wird eine solche Maßnahme durch Disziplinarverfügung ausgesprochen. 2Soll auf Zurückstufung, auf Entfernung aus dem Beamtenverhältnis oder auf Anerkennung des Ruhegehalts erkannt werden, ist gegen den Beamten oder die Beamtin Disziplinarklage zu erheben.

(2) 1Ein Verweis und eine Geldbuße werden durch den Dienstvorgesetzten oder die Dienstvorgesetzte ausgesprochen. 2Hält der oder die Dienstvorgesetzte seine oder ihre Befugnisse nicht für ausreichend, so hat er oder sie das Verfahren unverzüglich an die Disziplinarbehörde abzugeben. 3Diese kann die Übernahme des Verfahrens ablehnen, wenn sie die Befugnisse des oder der Dienstvorgesetzten für ausreichend hält.

(3) Für die Festsetzung einer Kürzung der Dienstbezüge oder des Ruhegehalts, eine Feststellung nach Art. 33 Abs. 2 Satz 2 sowie die Erhebung der Disziplinarklage ist die Disziplinarbehörde zuständig.

(4) 1Die oberste Dienstbehörde kann sich jederzeit über den Stand des Verfahrens unterrichten und ein eingeleitetes Disziplinarverfahren jederzeit übernehmen. 2In den Fällen des Abs. 2 hat diese Befugnis auch die Disziplinarbehörde.

(5) Gegen Personen im Sinn des Art. 1 Abs. 2 Nrn. 1 bis 3 KWBG können Disziplinarmaßnahmen nur durch das Verwaltungsgericht verhängt werden.

(6) 1Die Disziplinarverfügung ist zu begründen und zuzustellen. 2Eine Disziplinarverfügung durch den Dienstvorgesetzten ist der Disziplinarbehörde mitzuteilen.

Art. 36 Grenzen der erneuten Ausübung der Disziplinarbefugnisse

1Die Disziplinarbehörde kann eine Entscheidung des oder der Dienstvorgesetzten aufheben und in der Sache neu entscheiden oder Disziplinarklage erheben, wenn

1. wegen desselben Sachverhalts ein rechtskräftiges Urteil auf Grund von tatsächlichen Feststellungen, die von denjenigen tatsächlichen Feststellungen abweichen, auf denen die Entscheidung beruht, ergeht oder
2. ein dem Art. 66 Abs. 1 Nrn. 1 bis 4, 7 und 8 entsprechender Grund gegeben ist und als Disziplinarmaßnahme eine Zurückstufung,

eine Entfernung aus dem Beamtenverhältnis oder eine Aberkennung des Ruhegehalts zu erwarten ist.

$_{2}$Hat die oberste Dienstbehörde als Dienstvorgesetzter entschieden, hat sie in den Fällen des Satzes 1 selbst zu entscheiden.

Art. 37 Verfahren bei nachträglicher Entscheidung im Straf- oder Bußgeldverfahren

(1) Ergeht nach dem Eintritt der Unanfechtbarkeit der Disziplinarverfügung in einem Straf- oder Bußgeldverfahren, das wegen desselben Sachverhalts eingeleitet worden ist, unanfechtbar eine Entscheidung, nach der gemäß Art. 15 die Disziplinarmaßnahme nicht zulässig wäre, ist die Disziplinarverfügung auf Antrag des Beamten oder der Beamtin von dem oder der Dienstvorgesetzten oder der Disziplinarbehörde aufzuheben und das Disziplinarverfahren einzustellen.

(2) $_{1}$Die Antragsfrist beträgt drei Monate. $_{2}$Sie beginnt mit dem Tag, an dem der Beamte oder die Beamtin von der in Abs. 1 bezeichneten Entscheidung Kenntnis erhalten hat.

Art. 38 Kostentragungspflicht

(1) $_{1}$Wird eine Disziplinarmaßnahme verhängt, können dem Beamten oder der Beamtin die entstandenen Auslagen ganz oder teilweise auferlegt werden. $_{2}$Dies gilt auch, wenn ein Antrag nach Art. 37 abgelehnt wird.

(2) $_{1}$Wird das Disziplinarverfahren eingestellt, trägt der Dienstherr die entstandenen Auslagen. $_{2}$Erfolgt die Einstellung trotz Vorliegens eines Dienstvergehens, können die Auslagen dem Beamten oder der Beamtin auferlegt oder im Verhältnis geteilt werden.

(3) $_{1}$Soweit der Dienstherr die entstandenen Auslagen trägt, hat er dem Beamten oder der Beamtin auch die Aufwendungen zu erstatten, die zur zweckentsprechenden Rechtsverfolgung notwendig waren. $_{2}$Hat sich der Beamte oder die Beamtin eines oder einer Bevollmächtigten oder Beistands bedient, sind auch diese Gebühren oder Auslagen erstattungsfähig. $_{3}$Aufwendungen, die durch das Verschulden des Beamten oder der Beamtin entstanden sind, hat dieser oder diese selbst zu tragen; das Verschulden eines Vertreters ist ihm oder ihr zuzurechnen.

(4) Das behördliche Disziplinarverfahren ist gebührenfrei.

Abschnitt 4
Vorläufige Dienstenthebung und Einbehaltung von Bezügen

Art. 39 Zulässigkeit

(1) $_{1}$Die Disziplinarbehörde kann einen Beamten oder eine Beamtin gleichzeitig mit oder nach der Einleitung des Disziplinarverfahrens vorläufig des Dienstes entheben, wenn im Disziplinarverfahren voraussichtlich auf Entfernung aus dem Beamtenverhältnis oder auf Aberkennung des Ruhegehalts erkannt werden wird oder wenn voraussichtlich eine Entlassung nach § 23 Abs. 3 Nr. 1 oder § 23 Abs. 4 BeamtStG erfolgen wird. $_{2}$Sie kann den Beamten oder die Beamtin außerdem vorläufig des Dienstes entheben, wenn durch das Verbleiben im Dienst der Dienstbetrieb oder die Ermittlungen wesentlich beeinträchtigt würden und die vorläufige Dienstenthebung zu der Bedeutung der Sache und der zu erwartenden Disziplinarmaßnahme nicht außer Verhältnis steht.

(2) $_{1}$Die Disziplinarbehörde kann gleichzeitig mit oder nach der vorläufigen Dienstenthebung anordnen, dass bis zu 50 v. H. der monatlichen Dienst- oder Anwärterbezüge einbehalten werden. $_{2}$Bei voraussichtlicher Aberkennung des Ruhegehalts kann die Disziplinarbehörde auch die Einbehaltung von bis zu 30 v. H. des Ruhegehalts anordnen. $_{3}$Die Einbehaltung darf in besonderen Fällen die in Satz 1 und 2 genannten Grenzen überschreiten.

(3) Die Disziplinarbehörde kann die vorläufige Dienstenthebung, die Einbehaltung von Dienst- oder Anwärterbezügen sowie die Einbehaltung von Ruhegehalt jederzeit ganz oder teilweise aufheben.

Art. 40 Rechtswirkungen

(1) Die vorläufige Dienstenthebung wird mit der Zustellung, die Einbehaltung von Bezügen mit dem auf die Zustellung folgenden Fälligkeitstag wirksam und vollziehbar.

(2) $_1$Die Maßnahmen nach Abs. 1 erstrecken sich auf alle Ämter, die der Beamte oder die Beamtin bei einem bayerischen Dienstherrn innehat. $_2$Ist eines der Ämter ein kommunales Ehrenamt und ist das Disziplinarverfahren nur wegen eines in dem Ehrenamt oder im Zusammenhang mit diesem begangenen Dienstvergehens eingeleitet worden, können die Maßnahmen auf das kommunale Ehrenamt und die in Verbindung mit ihm übernommenen Nebentätigkeiten beschränkt werden. $_3$Bekleidet der Beamte oder die Beamtin mehrere Ämter, die im Verhältnis von Haupt- und Nebenamt stehen, ist zur Anordnung der vorläufigen Dienstenthebung und der Einbehaltung von Bezügen nur die für das Hauptamt zuständige Disziplinarbehörde befugt.

(3) $_1$Für die Dauer der vorläufigen Dienstenthebung ruhen die im Zusammenhang mit dem Amt entstandenen Ansprüche auf Aufwandsentschädigung. $_2$Für Ehrenbeamte und Ehrenbeamtinnen nach dem Gesetz über kommunale Wahlbeamte gilt Art. 53 Abs. 5 Satz 1 KWBG.

(4) $_1$Wird der Beamte oder die Beamtin während eines schuldhaften Fernbleibens vom Dienst vorläufig des Dienstes enthoben, dauert der nach Art. 9 BayBesG begründete Verlust der Bezüge fort. $_2$Er endet mit dem Zeitpunkt, zu dem der Beamte oder die Beamtin den Dienst ohne Hinderung durch die vorläufige Dienstenthebung aufgenommen hätte. $_3$Der Zeitpunkt ist von der Disziplinarbehörde festzustellen und dem Beamten oder der Beamtin mitzuteilen.

(5) Die vorläufige Dienstenthebung und die Einbehaltung von Bezügen enden mit dem rechtskräftigen Abschluss des Disziplinarverfahrens.

Art. 41 Verfall und Nachzahlung der einbehaltenen Bezüge

(1) $_1$Die nach Art. 39 Abs. 2 einbehaltenen Bezüge verfallen, wenn

1. im Disziplinarverfahren auf Entfernung aus dem Beamtenverhältnis oder auf Aberkennung des Ruhegehalts erkannt oder der Beamte oder die Beamtin wegen des Dienstvergehens gemäß § 23 Abs. 3 Nr. 1 oder § 23 Abs. 4 BeamtStG entlassen worden ist,
2. in einem wegen desselben Sachverhalts eingeleiteten Strafverfahren eine Strafe verhängt worden ist, die den Verlust der Rechte als Beamter oder Beamtin oder als Ruhestandsbeamter oder Ruhestandsbeamtin zur Folge hat,
3. das Disziplinarverfahren auf Grund des Art. 33 Abs. 1 Nr. 3 eingestellt worden ist und ein neues Disziplinarverfahren, das innerhalb von drei Monaten nach der Einstellung wegen desselben Sachverhalts eingeleitet worden ist, zur Entfernung aus dem Beamtenverhältnis oder zur Aberkennung des Ruhegehalts geführt hat oder
4. das Disziplinarverfahren aus den Gründen des Art. 33 Abs. 2 eingestellt worden ist und die Disziplinarbehörde oder das Disziplinargericht festgestellt hat, dass die Entfernung aus dem Beamtenverhältnis oder die Aberkennung des Ruhegehalts gerechtfertigt gewesen wäre, oder das Disziplinarverfahren durch eine Feststellung im Sinn von Art. 58 Abs. 2 Satz 2 Nr. 3 abgeschlossen wurde.

$_2$Wird im Disziplinarverfahren auf Zurückstufung erkannt, verfallen die einbehaltenen Bezüge in dem Umfang, in welchem die Bezüge, die der Beamte oder die Beamtin während des Zeitraums der Einbehaltung in dem früheren Amt erhalten hätte, diejenigen Bezüge übersteigen, die ihm in dieser Zeit auch in dem neuen Amt zugestanden hätten.

(2) $_1$Wird das Disziplinarverfahren auf andere Weise als in den Fällen des Abs. 1 unanfechtbar abgeschlossen, sind die nach Art. 39 Abs. 2 einbehaltenen Bezüge nachzuzahlen. $_2$Auf die nachzuzahlenden Dienstbezüge sind Einkünfte aus Nebentätigkeiten (Art. 81 bis 83 BayBG) anzurechnen, die der Beamte oder die Beamtin aus Anlass der vorläufigen Dienstenthebung ausgeübt hat, wenn eine Disziplinarmaßnahme verhängt worden ist oder die Disziplinarbehörde feststellt, dass ein Dienstvergehen erwiesen ist. $_3$Der Beamte oder die Beamtin ist verpflichtet, über die Höhe solcher Einkünfte Auskunft zu geben.

I

Teil 4
Gerichtliches Disziplinarverfahren

Abschnitt 1
Disziplinargerichtsbarkeit

Art. 42 Zuständigkeit der Verwaltungsgerichtsbarkeit

(1) Die Aufgaben der Disziplinargerichtsbarkeit nach diesem Gesetz nehmen die Verwaltungsgerichte und der Verwaltungsgerichtshof wahr.

(2) Hierzu werden

1. beim Verwaltungsgericht München für die Regierungsbezirke Oberbayern und Schwaben,
2. beim Verwaltungsgericht Ansbach für die Regierungsbezirke Oberfranken, Mittelfranken und Unterfranken und
3. beim Verwaltungsgericht Regensburg für die Regierungsbezirke Niederbayern und Oberpfalz

Kammern und beim Verwaltungsgerichtshof Senate für Disziplinarsachen gebildet.

Art. 43 Kammer für Disziplinarsachen

(1) 1Die Kammer für Disziplinarsachen entscheidet in der Besetzung von einem Richter als Vorsitzenden oder einer Richterin als Vorsitzende und zwei Beamtenbeisitzern als ehrenamtlichen Richtern, wenn nicht der oder die Vorsitzende alleine entscheidet. 2In dem Verfahren der Disziplinarklage ist eine Übertragung auf den Vorsitzenden oder die Vorsitzende ausgeschlossen.

(2) § 5 Abs. 3 Satz 2 VwGO gilt entsprechend.

(3) 1Bei der Heranziehung eines Beamtenbeisitzers soll der Verwaltungszweig und die Qualifikationsebene berücksichtigt werden. 2Einer der Beamtenbeisitzer muss die Befähigung zum Richteramt haben oder die Voraussetzungen des § 110 Satz 1 des Deutschen Richtergesetzes erfüllen. 3Richtet sich das Verfahren gegen einen kommunalen Wahlbeamten oder eine kommunale Wahlbeamtin, muss dies auch ein Beisitzer sein. 4Kommunale Ehrenbeamte können nur in Disziplinarverfahren gegen kommunale Ehrenbeamte als Beisitzer mitwirken.

(4) Die Vorsitzenden der Kammern für Disziplinarsachen entscheiden, wenn die Entscheidung im vorbereitenden Verfahren ergeht,

1. über die Aussetzung und das Ruhen des Verfahrens,
2. bei Zurücknahme der Klage, des Antrags oder eines Rechtsmittels,
3. bei Erledigung des gerichtlichen Disziplinarverfahrens in der Hauptsache und
4. über die Kosten.

(5) Die Kammern entscheiden mit einfacher Stimmenmehrheit.

Art. 44 Beamtenbeisitzer

(1) Die Beamtenbeisitzer müssen auf Lebenszeit ernannte Beamte oder Beamtinnen bei einem bayerischen Dienstherrn (§ 2 BeamtStG) oder kommunale Wahlbeamte oder Wahlbeamtinnen (Art. 1 Abs. 2 KWBG) sein und bei ihrer Wahl ihren dienstlichen Wohnsitz im Kammerbezirk haben.

(2) Die §§ 20 bis 24, 27, 28 und 34 VwGO werden auf die Beamtenbeisitzer nicht angewandt.

Art. 45 Wahl der Beamtenbeisitzer

(1) 1Der Bayerische Verwaltungsgerichtshof stellt für jeweils fünf Kalenderjahre für jedes Verwaltungsgericht, an dem eine Kammer für Disziplinarsachen gebildet ist, eine Liste von Beamten und Beamtinnen auf, aus der die Beamtenbeisitzer zu wählen sind. 2Die Staatsministerien, die kommunalen Spitzenverbände und die Berufsverbände der Beamten können Vorschläge für die Aufnahme von Beamten und Beamtinnen in die Liste machen. 3In den Listen sind getrennt die Beamten, die die Befähigung zum Richteramt haben oder die Voraussetzungen des § 110 Satz 1 des Deutschen Richtergesetzes erfüllen, die kommunalen Wahlbeamten und die anderen Beamten, gegliedert nach Qualifikationsebenen und Verwaltungszweigen, aufzuführen. 4Nach Abschluss der Wahl für den Verwaltungsgerichtshof leitet dieser die Listen den Verwaltungsgerichten, an denen Kammern für Disziplinarsachen gebildet sind, zur Wahl der Beamtenbeisitzer zu.

(2) 1Die ehrenamtlichen Richter und Richterinnen werden auf fünf Jahre gewählt. 2Für die

Wahl der Beamtenbeisitzer gelten die §§ 26 und 29 VwGO. 3Die Vertrauensleute und ihre Vertreter in dem Ausschuss zur Wahl der ehrenamtlichen Richter und Richterinnen am Verwaltungsgerichtshof im Sinn des § 26 VwGO werden von dem Ausschuss für Fragen des öffentlichen Dienstes des Bayerischen Landtags gewählt. 4Der Präsident oder die Präsidentin des Gerichts setzt die Beamtenbeisitzer von ihrer Wahl in Kenntnis.

(3) Wird während der Amtszeit eine Nachwahl erforderlich, ist sie nur für den Rest der Amtszeit vorzunehmen.

(4) 1Für die Heranziehung der Beamtenbeisitzer und der Beisitzer von der Hilfsliste gilt § 30 VwGO. 2Das Nähere regelt das Präsidium durch eine Geschäftsordnung.

(5) Die Beamtenbeisitzer haben vor Antritt ihres Amts den Richtereid nach § 45 Abs. 3 bis 5 des Deutschen Richtergesetzes in Verbindung mit Art. 15 Satz 2 des Bayerischen Richter- und Staatsanwaltsgesetzes zu leisten.

Art. 46 Ausschluss von der Ausübung des Richteramts

(1) Ein Richter oder eine Richterin sowie ein Beamtenbeisitzer ist von der Ausübung des Richteramts kraft Gesetzes ausgeschlossen, wenn er oder sie

1. durch das Dienstvergehen verletzt ist,
2. Ehegatte, Lebenspartner (Lebenspartner und Lebenspartnerin im Sinn des § 1 des Lebenspartnerschaftsgesetzes) oder gesetzlicher Vertreter des Beamten oder der Beamtin oder des oder der Verletzten ist oder war,
3. mit dem Beamten oder der Beamtin oder dem oder der Verletzten in gerader Linie verwandt oder verschwägert oder durch Annahme an Kindes Statt verbunden oder in der Seitenlinie bis zum dritten Grad verwandt oder bis zum zweiten Grad verschwägert ist oder war,
4. in dem Disziplinarverfahren gegen den Beamten oder die Beamtin tätig war oder als Zeuge oder Zeugin gehört wurde oder als Sachverständiger ein Gutachten erstattet hat,
5. in einem wegen desselben Sachverhalts eingeleiteten Straf- oder Bußgeldverfahren gegen den Beamten oder die Beamtin beteiligt war,
6. der oder die Dienstvorgesetzte des Beamten oder der Beamtin ist oder war oder bei einem oder einer solchen mit der Bearbeitung von Personalangelegenheiten des Beamten oder der Beamtin befasst ist oder
7. als Mitglied einer Personalvertretung in dem Disziplinarverfahren mitgewirkt hat.

(2) Ein Beamtenbeisitzer ist auch ausgeschlossen, wenn er oder sie der Dienststelle des Beamten oder der Beamtin angehört.

Art. 47 Nichtheranziehung von Beamtenbeisitzern

Beamtenbeisitzer, gegen die Disziplinarklage oder wegen einer vorsätzlich begangenen Straftat die öffentliche Klage erhoben oder der Erlass eines Strafbefehls beantragt oder denen die Führung der Dienstgeschäfte verboten worden ist, dürfen während dieser Verfahren oder für die Dauer des Verbots zur Ausübung ihres Richteramts nicht herangezogen werden.

Art. 48 Entbindung der Beamtenbeisitzer vom Amt

(1) Beamtenbeisitzer sind von ihrem Amt zu entbinden, wenn

1. sie im Strafverfahren rechtskräftig zu einer Freiheitsstrafe verurteilt worden sind,
2. im Disziplinarverfahren gegen sie unanfechtbar eine Disziplinarmaßnahme mit Ausnahme eines Verweises ausgesprochen worden ist,
3. sie die zur Ausübung des Amtes erforderlichen geistigen und körperlichen Fähigkeiten nicht mehr besitzen,
4. die Voraussetzungen für das Amt nach Art. 44 Abs. 1 bei der Wahl nicht vorlagen,
5. sie in ein Amt außerhalb der Bezirke, für die das Gericht zuständig ist, versetzt werden oder
6. das Beamtenverhältnis endet. Dies gilt nicht für kommunale Wahlbeamte oder kommunale Wahlbeamtinnen, die in das gleiche

Amt unmittelbar anschließend an ihre bisherige Amtszeit wieder gewählt werden.

(2) In besonderen Härtefällen kann der Beamtenbeisitzer auch auf Antrag von der weiteren Ausübung des Amts entbunden werden.

(3) 1Die Entscheidung trifft ein Senat des Verwaltungsgerichtshofs, in den Fällen des Abs. 1 Nr. 5 auf Antrag des ehrenamtlichen Richters oder der ehrenamtlichen Richterin, im Übrigen auf Antrag des Präsidenten oder der Präsidentin des Verwaltungsgerichts. 2§ 24 Abs. 3 Sätze 2 und 3 VwGO gelten entsprechend.

Art. 49 Senate für Disziplinarsachen

1Die Disziplinarsenate entscheiden in der Besetzung von drei Richtern oder Richterinnen und zwei Beamtenbeisitzern als ehrenamtliche Richter oder Richterinnen, bei Beschlüssen außerhalb der mündlichen Verhandlung in der Besetzung von drei Richtern oder Richterinnen. 2Art. 43 Abs. 3 Sätze 1, 3 und 4, Abs. 4 und 5 sowie Art. 44 und 46 bis 48 gelten entsprechend.

Abschnitt 2 Disziplinarverfahren vor dem Verwaltungsgericht

Unterabschnitt 1 Klageverfahren

Art. 50 Klageerhebung, Form und Frist der Klage

(1) 1Die Disziplinarklage ist schriftlich zu erheben. 2Die Klageschrift muss den persönlichen und beruflichen Werdegang des Beamten oder der Beamtin, den bisherigen Gang des Disziplinarverfahrens, die Tatsachen, in denen ein Dienstvergehen gesehen wird, und die anderen Tatsachen und Beweismittel, die für die Entscheidung bedeutsam sind, geordnet darstellen. 3Liegen die Voraussetzungen des Art. 25 Abs. 1 vor, kann wegen der Tatsachen, in denen ein Dienstvergehen gesehen wird, auf die bindenden Feststellungen der ihnen zugrunde liegenden Urteile verwiesen werden. 4Mit der Klageschrift sind die Akten und beigezogenen Schriftstücke vorzulegen.

(2) 1Für die Form und die Frist der übrigen Klagen gelten die §§ 74, 75 und 81 VwGO. 2Der Lauf der Frist des § 75 Satz 2 VwGO ist gehemmt, solange das Disziplinarverfahren nach Art. 24 ausgesetzt ist.

Art. 51 Nachtragsdisziplinarklage

(1) Neue Handlungen, die nicht Gegenstand einer anhängigen Disziplinarklage sind, können nur durch Erhebung einer Nachtragsdisziplinarklage in das Disziplinarverfahren einbezogen werden.

(2) 1Hält die Disziplinarbehörde die Einbeziehung neuer Handlungen für angezeigt, teilt sie dies dem Gericht unter Angabe der konkreten Anhaltspunkte mit, die den Verdacht eines Dienstvergehens rechtfertigen. 2Das Gericht setzt das Disziplinarverfahren vorbehaltlich des Abs. 3 aus und bestimmt eine Frist, bis zu der die Nachtragsdisziplinarklage erhoben werden kann. 3Die Frist kann auf einen vor ihrem Ablauf gestellten Antrag der Disziplinarbehörde verlängert werden, wenn diese sie aus Gründen, die sie nicht zu vertreten hat, voraussichtlich nicht einhalten kann. 4Die Fristsetzung und ihre Verlängerung erfolgen durch unanfechtbaren Beschluss.

(3) 1Das Gericht kann von einer Aussetzung des Disziplinarverfahrens nach Abs. 2 absehen, wenn die neuen Handlungen für die Art und Höhe der zu erwartenden Disziplinarmaßnahme voraussichtlich nicht ins Gewicht fallen oder ihre Einbeziehung das Disziplinarverfahren erheblich verzögern würde; Abs. 2 Satz 4 gilt entsprechend. 2Ungeachtet einer Fortsetzung des Disziplinarverfahrens nach Satz 1 kann wegen der neuen Handlungen bis zur Zustellung der Ladung zur mündlichen Verhandlung oder bis zur Zustellung eines Beschlusses nach Art. 57 Nachtragsdisziplinarklage erhoben werden. 3Die neuen Handlungen können auch Gegenstand eines neuen Disziplinarverfahrens sein.

(4) Wird innerhalb der nach Abs. 2 bestimmten Frist nicht Nachtragsdisziplinarklage erhoben, setzt das Gericht das Disziplinarverfahren ohne Einbeziehung der neuen Handlungen fort; Abs. 3 Sätze 2 und 3 gelten entsprechend.

Art. 52 Belehrung

Der Beamte oder die Beamtin ist durch den Vorsitzenden oder die Vorsitzende gleichzeitig mit der Zustellung der Disziplinarklage oder der Nachtragsdisziplinarklage auf die Fristen des Art. 53 Abs. 1 und des Art. 56 Abs. 2 sowie auf die Folgen der Fristversäumung hinzuwiesen.

Art. 53 Mängel des behördlichen Disziplinarverfahrens oder der Klageschrift

(1) Bei einer Disziplinarklage hat der Beamte oder die Beamtin wesentliche Mängel des behördlichen Disziplinarverfahrens oder der Klageschrift innerhalb von zwei Monaten nach Zustellung der Klage oder der Nachtragsdisziplinarklage geltend zu machen.

(2) Wesentliche Mängel, die nicht oder nicht rechtzeitig geltend gemacht werden, kann das Gericht unberücksichtigt lassen, wenn nach seiner freien Überzeugung das Disziplinarverfahren ansonsten verzögert würde und der Beamte oder die Beamtin über die Folgen der Fristversäumung belehrt worden ist; dies gilt nicht, wenn der Beamte oder die Beamtin zwingende Gründe für die Verspätung glaubhaft macht.

(3) $_1$Das Gericht kann der Disziplinarbehörde zur Beseitigung eines wesentlichen Mangels, den der Beamte oder die Beamtin rechtzeitig geltend gemacht hat oder dessen Berücksichtigung es unabhängig davon für angezeigt hält, eine Frist setzen. $_2$Art. 51 Abs. 2 Sätze 3 und 4 gelten entsprechend. $_3$Wird der Mangel innerhalb der Frist nicht beseitigt, wird das Disziplinarverfahren durch Beschluss des Gerichts eingestellt.

(4) Die rechtskräftige Einstellung nach Abs. 3 steht einem rechtskräftigen Urteil gleich.

Art. 54 Beschränkung des Disziplinarverfahrens

$_1$Das Gericht kann das Disziplinarverfahren beschränken, indem es solche Handlungen ausscheidet, die für die Art und Höhe der zu erwartenden Disziplinarmaßnahme nicht oder voraussichtlich nicht ins Gewicht fallen. $_2$Art. 21 Abs. 2 Sätze 3 und 4 gelten entsprechend.

Art. 55 Bindung an tatsächliche Feststellungen aus anderen Verfahren

Art. 25 gilt entsprechend; an offenkundig unrichtige Feststellungen im Sinn des Art. 25 Abs. 1 ist das Gericht nicht gebunden.

Art. 56 Beweisaufnahme

(1) Das Gericht erhebt die erforderlichen Beweise.

(2) $_1$Bei einer Disziplinarklage sind Beweisanträge von der Disziplinarbehörde in der Klageschrift und von dem Beamten oder der Beamtin innerhalb von zwei Monaten nach Zustellung der Klage oder der Nachtragsdisziplinarklage zu stellen. $_2$Ein verspäteter Antrag kann abgelehnt werden, wenn seine Berücksichtigung nach der freien Überzeugung des Gerichts die Erledigung des Disziplinarverfahrens verzögern würde und der Beamte oder die Beamtin über die Folgen der Fristversäumung belehrt worden ist; dies gilt nicht, wenn zwingende Gründe für die Verspätung glaubhaft gemacht werden.

(3) Art. 27 Abs. 1 gilt entsprechend.

Art. 57 Entscheidung durch Beschluss

(1) $_1$Bei einer Disziplinarklage kann das Gericht, auch nach der Eröffnung der mündlichen Verhandlung, mit Zustimmung der Beteiligten durch Beschluss

1. auf die erforderliche Disziplinarmaßnahme mit Ausnahme der Zurückstufung oder der Entfernung aus dem Beamtenverhältnis erkennen oder
2. die Disziplinarklage abweisen.

$_2$Zur Erklärung der Zustimmung kann den Beteiligten von dem oder der Vorsitzenden eine Frist gesetzt werden, nach deren Ablauf die Zustimmung als erteilt gilt, wenn nicht ein Beteiligter widersprochen hat.

(2) Das Disziplinarverfahren kann durch Beschluss eingestellt werden, wenn

1. das Disziplinarverfahren oder eine Disziplinarmaßnahme unzulässig wird,
2. in der Person des Beamten oder der Beamtin oder des Ruhestandsbeamten oder der Ruhestandsbeamtin Umstände eintreten, die zur Einstellung des behördlichen

Disziplinarverfahrens nach Art. 33 Abs. 2 führen würden; Art. 58 Abs. 2 Satz 2 Nr. 3 findet entsprechende Anwendung.

(3) Der rechtskräftige Beschluss steht einem rechtskräftigen Urteil gleich.

Art. 58 Mündliche Verhandlung, Entscheidung durch Urteil

(1) [1]Das Gericht entscheidet, wenn das Disziplinarverfahren nicht auf andere Weise abgeschlossen wird, auf Grund mündlicher Verhandlung durch Urteil. [2]Mit Einverständnis der Beteiligten kann es ohne mündliche Verhandlung entscheiden. [3]§ 106 VwGO findet keine Anwendung.

(2) [1]Bei einer Disziplinarklage dürfen nur die Handlungen zum Gegenstand der Urteilsfindung gemacht werden, die dem Beamten oder der Beamtin in der Klage oder der Nachtragsdisziplinarklage als Dienstvergehen zur Last gelegt werden. [2]Das Gericht kann in dem Urteil

1. auf die erforderliche Disziplinarmaßnahme erkennen,
2. die Disziplinarklage abweisen oder
3. das Vorliegen der Voraussetzungen des Art. 11 Abs. 6 Satz 2 feststellen.

(3) Bei der Klage gegen eine Disziplinarverfügung prüft das Gericht neben der Rechtmäßigkeit auch die Zweckmäßigkeit der angefochtenen Entscheidung.

Art. 59 Grenzen der erneuten Ausübung der Disziplinarbefugnisse

(1) Soweit die Disziplinarbehörde die Disziplinarklage zurückgenommen hat, können die ihr zugrunde liegenden Handlungen nicht mehr Gegenstand eines Disziplinarverfahrens sein.

(2) [1]Hat das Gericht unanfechtbar über die Klage gegen eine Disziplinarverfügung entschieden, ist hinsichtlich der dieser Entscheidung zugrunde liegenden Handlungen eine erneute Ausübung der Disziplinarbefugnisse nur wegen solcher erheblicher Tatsachen und Beweismittel zulässig, die keinen Eingang in das gerichtliche Disziplinarverfahren gefunden haben. [2]Eine Verschärfung der Disziplinarmaßnahme nach Art oder Höhe oder eine Erhebung der Disziplinarklage ist nur innerhalb von drei Monaten nach der Zustellung des Urteils zulässig.

Unterabschnitt 2
Besondere Verfahren

Art. 60 Antrag auf gerichtliche Fristsetzung

(1) [1]Ist ein behördliches Disziplinarverfahren nicht innerhalb von sechs Monaten seit der Einleitung durch Einstellung, durch Erlass einer Disziplinarverfügung oder durch Erhebung der Disziplinarklage abgeschlossen worden, kann der Beamte oder die Beamtin bei dem Gericht die gerichtliche Bestimmung einer Frist zum Abschluss des Disziplinarverfahrens beantragen. [2]Die Frist des Satzes 1 ist gehemmt, solange das Disziplinarverfahren nach Art. 24 ausgesetzt ist.

(2) [1]Liegt ein zureichender Grund für ein länger als sechs Monate dauerndes behördliches Disziplinarverfahren nicht vor, bestimmt das Gericht eine Frist, in der es abzuschließen ist. [2]Anderenfalls lehnt es den Antrag ab. [3]Art. 51 Abs. 2 Sätze 3 und 4 gelten entsprechend.

(3) [1]Wird das behördliche Disziplinarverfahren innerhalb der nach Abs. 2 bestimmten Frist nicht abgeschlossen, ist es durch Beschluss des Gerichts einzustellen. [2]Der rechtskräftige Beschluss steht einem rechtskräftigen Urteil gleich.

Art. 61 Antrag auf Aussetzung der vorläufigen Dienstenthebung und der Einbehaltung von Bezügen

(1) Der Beamte oder die Beamtin kann bei dem Gericht der Hauptsache die Aussetzung der vorläufigen Dienstenthebung und der Einbehaltung von Dienst- oder Anwärterbezügen, der Ruhestandsbeamte oder die Ruhestandsbeamtin die Aussetzung der Einbehaltung von Ruhegehalt beantragen.

(2) Die vorläufige Dienstenthebung und die Einbehaltung von Bezügen sind ganz oder zum Teil auszusetzen, wenn ernstliche Zweifel an ihrer Rechtmäßigkeit bestehen.

(3) Für die Änderung oder Aufhebung von Beschlüssen über Anträge nach Abs. 1 gilt § 80 Abs. 7 VwGO entsprechend.

Abschnitt 3
Disziplinarverfahren vor dem Verwaltungsgerichtshof

Unterabschnitt 1
Berufung

Art. 62 Statthaftigkeit, Form und Frist der Berufung

(1) $_1$Gegen das Urteil des Verwaltungsgerichts über eine Disziplinarklage steht den Beteiligten die Berufung an den Verwaltungsgerichtshof zu. $_2$Die Berufung ist bei dem Verwaltungsgericht innerhalb eines Monats nach Zustellung des vollständigen Urteils schriftlich einzulegen und zu begründen. $_3$Die Begründungsfrist kann auf einen vor ihrem Ablauf gestellten Antrag von dem oder der Vorsitzenden verlängert werden. $_4$Die Begründung muss einen bestimmten Antrag sowie die im Einzelnen anzuführenden Gründe der Anfechtung (Berufungsgründe) enthalten. $_5$Mangelt es an einem dieser Erfordernisse, ist die Berufung unzulässig.

(2) $_1$Im Übrigen steht den Beteiligten die Berufung gegen das Urteil des Verwaltungsgerichts nur zu, wenn sie von dem Verwaltungsgericht oder dem Verwaltungsgerichtshof zugelassen wird. $_2$§§ 124 und 124a VwGO sind anzuwenden.

Art. 63 Berufungsverfahren

(1) $_1$Für das Berufungsverfahren gelten die Bestimmungen über das Disziplinarverfahren vor dem Verwaltungsgericht entsprechend, soweit sich aus diesem Gesetz nichts anderes ergibt. $_2$Art. 51 und 52 finden keine Anwendung.

(2) Wesentliche Mängel des behördlichen Disziplinarverfahrens, die nach Art. 53 Abs. 2 unberücksichtigt bleiben durften, bleiben auch im Berufungsverfahren unberücksichtigt.

(3) $_1$Ein Beweisantrag, der vor dem Verwaltungsgericht nicht innerhalb der Frist des Art. 56 Abs. 2 gestellt worden ist, kann abgelehnt werden, wenn seine Berücksichtigung nach der freien Überzeugung des Verwaltungsgerichtshofs die Erledigung des Disziplinarverfahrens verzögern würde und der Beamte oder die Beamtin im ersten Rechtszug über die Folgen der Fristversäumung belehrt worden ist; dies gilt nicht, wenn zwingende Gründe für die Verspätung glaubhaft gemacht werden. $_2$Beweisanträge, die das Verwaltungsgericht zu Recht abgelehnt hat, bleiben auch im Berufungsverfahren ausgeschlossen.

(4) Die durch das Verwaltungsgericht erhobenen Beweise können der Entscheidung ohne erneute Beweisaufnahme zugrunde gelegt werden.

Art. 64 Mündliche Verhandlung, Entscheidung durch Urteil

(1) $_1$Der Verwaltungsgerichtshof entscheidet über die Berufung, wenn das Disziplinarverfahren nicht auf andere Weise abgeschlossen wird, auf Grund mündlicher Verhandlung durch Urteil. $_2$§§ 125 und 130a VwGO bleiben unberührt. $_3$§ 106 VwGO findet keine Anwendung.

(2) Das Urteil des Verwaltungsgerichtshofs wird mit der Verkündung rechtskräftig.

Unterabschnitt 2
Beschwerde

Art. 65 Statthaftigkeit, Form und Frist der Beschwerde

(1) Für die Statthaftigkeit, Form und Frist der Beschwerde gelten die §§ 146 und 147 VwGO.

(2) Gegen Beschlüsse des Verwaltungsgerichts, durch die nach Art. 57 Abs. 1 über eine Disziplinarklage entschieden wird, kann die Beschwerde nur auf das Fehlen der Zustimmung der Beteiligten gestützt werden.

(3) Für das Beschwerdeverfahren gegen Beschlüsse des Verwaltungsgerichts über eine Aussetzung nach Art. 61 gilt § 146 Abs. 4 VwGO entsprechend.

Abschnitt 4
Wiederaufnahme des gerichtlichen Disziplinarverfahrens

Art. 66 Wiederaufnahmegründe

(1) Die Wiederaufnahme des durch rechtskräftiges Urteil abgeschlossenen Disziplinarverfahrens ist zulässig, wenn

1. in dem Urteil eine Disziplinarmaßnahme ausgesprochen worden ist, die nach Art oder Höhe im Gesetz nicht vorgesehen ist,

2. Tatsachen oder Beweismittel beigebracht werden, die erheblich und neu sind,
3. das Urteil auf dem Inhalt einer unechten oder verfälschten Urkunde oder auf einem vorsätzlich oder fahrlässig falsch abgegebenen Zeugnis oder Gutachten beruht,
4. ein Urteil, auf dessen tatsächlichen Feststellungen das Urteil im Disziplinarverfahren beruht, durch ein anderes rechtskräftiges Urteil aufgehoben worden ist,
5. an dem Urteil ein Richter, eine Richterin oder ein Beamtenbeisitzer mitgewirkt hat, der oder die sich in dieser Sache der strafbaren Verletzung einer Amtspflicht schuldig gemacht hat,
6. an dem Urteil ein Richter, eine Richterin oder ein Beamtenbeisitzer mitgewirkt hat, der oder die von der Ausübung des Richteramts kraft Gesetzes ausgeschlossen war, es sei denn, dass die Gründe für den gesetzlichen Ausschluss bereits erfolglos geltend gemacht worden waren,
7. der Beamte oder die Beamtin nachträglich glaubhaft ein Dienstvergehen eingesteht, das in dem Disziplinarverfahren nicht festgestellt werden konnte, oder
8. im Verfahren der Disziplinarklage nach dessen rechtskräftigem Abschluss in einem wegen desselben Sachverhalts eingeleiteten Straf- oder Bußgeldverfahren unanfechtbar eine Entscheidung ergeht, nach der gemäß Art. 15 die Disziplinarmaßnahme nicht zulässig wäre.

(2) $_1$Erheblich sind Tatsachen und Beweismittel, wenn sie allein oder in Verbindung mit den früher getroffenen Feststellungen geeignet sind, eine andere Entscheidung zu begründen, die Ziel der Wiederaufnahme des Disziplinarverfahrens sein kann. $_2$Neu sind Tatsachen und Beweismittel, die dem Gericht bei seiner Entscheidung nicht bekannt gewesen sind und die nicht früher hätten geltend gemacht werden können. $_3$Ergeht nach Eintritt der Rechtskraft des Urteils im Disziplinarverfahren in einem wegen desselben Sachverhalts eingeleiteten Straf- oder Bußgeldverfahren ein rechtskräftiges Urteil auf Grund von tatsächlichen Feststellungen, die von denen des Urteils im Disziplinarverfahren abweichen, gelten die abweichenden Feststellungen des Urteils im Straf- oder Bußgeldverfahren als neue Tatsachen.

(3) In den Fällen des Abs. 1 Nrn. 3 und 5 ist die Wiederaufnahme des Disziplinarverfahrens nur zulässig, wenn wegen der behaupteten Handlung eine rechtskräftige strafgerichtliche Verurteilung erfolgt ist oder wenn ein strafgerichtliches Verfahren aus anderen Gründen als wegen des Mangels an Beweisen nicht eingeleitet oder nicht durchgeführt werden kann.

Art. 67 Unzulässigkeit der Wiederaufnahme

(1) Die Wiederaufnahme des durch rechtskräftiges Urteil abgeschlossenen Disziplinarverfahrens ist unzulässig, wenn nach dem Eintritt der Rechtskraft

1. ein Urteil im Straf- oder Bußgeldverfahren ergangen ist, das sich auf denselben Sachverhalt gründet und diesen ebenso würdigt, solange dieses Urteil nicht rechtskräftig aufgehoben worden ist, oder
2. ein Urteil im Strafverfahren ergangen ist, durch das der Verurteilte sein Amt oder seinen Anspruch auf Ruhegehalt verloren hat oder ihn verloren hätte, wenn er noch im Dienst gewesen wäre oder Ruhegehalt bezogen hätte.

(2) Die Wiederaufnahme des Disziplinarverfahrens zuungunsten des Beamten oder der Beamtin ist außerdem unzulässig, wenn seit dem Eintritt der Rechtskraft des Urteils drei Jahre vergangen sind.

Art. 68 Frist, Verfahren

(1) $_1$Der Antrag auf Wiederaufnahme des Disziplinarverfahrens muss bei dem Gericht, dessen Entscheidung angefochten wird, binnen drei Monaten schriftlich eingereicht werden. $_2$Die Frist beginnt mit dem Tag, an dem der oder die Antragsberechtigte von dem Grund für die Wiederaufnahme Kenntnis erhalten hat. $_3$In dem Antrag ist das angefochtene Urteil zu bezeichnen und anzugeben, inwieweit es angefochten wird und welche Änderungen beantragt werden; die Anträge sind unter Bezeichnung der Beweismittel zu begründen.

(2) Für das weitere Verfahren gelten die Bestimmungen über das gerichtliche Disziplinarverfahren entsprechend, soweit sich aus diesem Gesetz nichts anderes ergibt.

Art. 69 Entscheidung durch Beschluss

(1) Das Gericht kann den Antrag, auch nach der Eröffnung der mündlichen Verhandlung, durch Beschluss verwerfen, wenn es die gesetzlichen Voraussetzungen für seine Zulassung nicht für gegeben oder ihn für offensichtlich unbegründet hält.

(2) $_1$Das Gericht kann vor der Eröffnung der mündlichen Verhandlung mit Zustimmung der zuständigen Behörde durch Beschluss das angefochtene Urteil aufheben und die Disziplinarklage abweisen oder die Disziplinarverfügung aufheben. $_2$Der Beschluss ist unanfechtbar.

(3) Der rechtskräftige Beschluss nach Abs. 1 sowie der Beschluss nach Abs. 2 stehen einem rechtskräftigen Urteil gleich.

Art. 70 Mündliche Verhandlung, Entscheidung des Gerichts

(1) Das Gericht entscheidet, wenn das Wiederaufnahmeverfahren nicht auf andere Weise abgeschlossen wird, auf Grund mündlicher Verhandlung durch Urteil.

(2) Gegen das Urteil des Verwaltungsgerichts kann das in dem jeweiligen Verfahren statthafte Rechtsmittel eingelegt werden.

Art. 71 Rechtswirkungen, Entschädigung

(1) $_1$Wird in einem Wiederaufnahmeverfahren das angefochtene Urteil zugunsten des Beamten oder der Beamtin aufgehoben, erhält dieser oder diese von dem Eintritt der Rechtskraft des angefochtenen Urteils an die Rechtsstellung, die er oder sie erhalten hätte, wenn das aufgehobene Urteil der Entscheidung im Wiederaufnahmeverfahren entsprochen hätte. $_2$Wurde in dem aufgehobenen Urteil auf Entfernung aus dem Beamtenverhältnis oder auf Aberkennung des Ruhegehalts erkannt, gelten Art. 60 BayBG und Art. 19 KWBG entsprechend.

(2) $_1$Der Beamte oder die Beamtin und die Personen, denen er oder sie kraft Gesetzes unterhaltpflichtig ist, können im Fall des Abs. 1 in entsprechender Anwendung des Gesetzes über die Entschädigung für Strafverfolgungsmaßnahmen vom 8. März 1971 (BGBl. I S. 157) in der jeweils geltenden Fassung auch Ersatz des sonstigen Schadens vom Dienstherrn verlangen. $_2$Der Anspruch ist innerhalb von drei Monaten nach dem rechtskräftigen Abschluss des Wiederaufnahmeverfahrens bei der für die Erhebung der Disziplinarklage zuständigen Behörde geltend zu machen.

Abschnitt 5
Kostenentscheidung im gerichtlichen Disziplinarverfahren

Art. 72 Kostentragungspflicht

(1) $_1$Beamte oder Beamtinnen sowie Ruhestandsbeamte und Ruhestandsbeamtinnen, gegen die im Verfahren der Disziplinarklage auf eine Disziplinarmaßnahme erkannt wird, tragen die Kosten des Verfahrens. $_2$Bildet das ihnen zur Last gelegte Dienstvergehen nur zum Teil die Grundlage für die Entscheidung oder sind durch besondere Ermittlungen im behördlichen Disziplinarverfahren, deren Ergebnis zugunsten des Beamten oder der Beamtin ausgefallen ist, besondere Kosten entstanden, können ihm oder ihr die Kosten nur in verhältnismäßigem Umfang auferlegt werden.

(2) Wird eine Disziplinarverfügung trotz Vorliegens eines Dienstvergehens aufgehoben, können die Kosten ganz oder teilweise dem Beamten oder der Beamtin auferlegt werden.

(3) Wird das Disziplinarverfahren nach Art. 60 Abs. 3 eingestellt, trägt der Dienstherr die Kosten des Verfahrens.

(4) $_1$Im Übrigen gelten für die Kostentragungspflicht der Beteiligten die Bestimmungen der Verwaltungsgerichtsordnung. $_2$Wird das Disziplinarverfahren nach Art. 57 Abs. 2 eingestellt, gilt § 161 Abs. 2 VwGO entsprechend.

Art. 73 Erstattungsfähige Kosten

(1) $_1$Gerichtliche Disziplinarverfahren sind gebührenfrei. $_2$Auslagen werden nach den Bestimmungen des Gerichtskostengesetzes erhoben.

(2) Kosten im Sinn des Art. 72 sind auch die zur zweckentsprechenden Rechtsverfolgung oder

Rechtsverteidigung notwendigen Aufwendungen der Beteiligten einschließlich der Kosten des behördlichen Disziplinarverfahrens.

(3) Die gesetzlichen Gebühren und Auslagen eines Rechtsanwalts sind stets erstattungsfähig.

Teil 5 Unterhaltsbeitrag, Unterhaltsleistung und Begnadigung

Art. 74 Unterhaltsbeitrag bei Entfernung aus dem Beamtenverhältnis oder bei Aberkennung des Ruhegehalts

(1) $_{1}$Die Zahlung des Unterhaltsbeitrags nach Art. 11 Abs. 3 oder Art. 13 Abs. 2 beginnt, soweit in der Entscheidung nichts anderes bestimmt ist, zum Zeitpunkt des Verlusts der Dienstbezüge oder der Aberkennung des Ruhegehalts. $_{2}$Bis zur Höhe des in Art. 13 Abs. 2 Satz 1 genannten Betrags sind Abschlagszahlungen zu leisten, wenn der Ruhestandsbeamte oder die Ruhestandsbeamtin die auf der Nachversicherung beruhenden Rentenansprüche insoweit an den Dienstherrn abtritt.

(2) Das Gericht kann in der Entscheidung bestimmen, dass der Unterhaltsbeitrag ganz oder teilweise an Personen gezahlt wird, zu deren Unterhalt der Beamte oder die Beamtin oder der Ruhestandsbeamte oder die Ruhestandsbeamtin verpflichtet ist; nach Rechtskraft der Entscheidung kann dies die oberste Dienstbehörde im Einvernehmen mit dem Staatsministerium der Finanzen und für Heimat bestimmen.

(3) $_{1}$Auf den Unterhaltsbeitrag werden Erwerbs- und Erwerbsersatzeinkommen im Sinn des § 18a Abs. 2 sowie Abs. 3 Sätze 1 und 2 des Vierten Buches Sozialgesetzbuch angerechnet. $_{2}$Frühere Beamte und Beamtinnen sowie frühere Ruhestandsbeamte und Ruhestandsbeamtinnen sind verpflichtet, der obersten Dienstbehörde alle Änderungen in ihren Verhältnissen, die für die Zahlung des Unterhaltsbeitrags bedeutsam sein können, unverzüglich anzuzeigen. $_{3}$Kommen sie dieser Pflicht schuldhaft nicht nach, kann ihnen der Unterhaltsbeitrag ganz oder teilweise auch mit Wirkung für die Vergangenheit entzogen werden. $_{4}$Die Entscheidung trifft die oberste Dienstbehörde im Einvernehmen mit dem Staatsministerium der Finanzen und für Heimat.

(4) $_{1}$Die Regelung des Unterhaltsbeitrags obliegt dem Dienstherrn, bei Beamten und Beamtinnen des Staates den nach Art. 9 Abs. 2 BayBeamtVG bestimmten Behörden. $_{2}$Art. 5 BayBeamtVG gilt entsprechend.

Art. 75 Unterhaltsleistung bei Mithilfe zur Aufdeckung von Straftaten

(1) $_{1}$Im Fall der Entfernung aus dem Beamtenverhältnis oder der Aberkennung des Ruhegehalts kann die zuletzt zuständige oberste Dienstbehörde den ehemaligen Beamten, Beamtinnen, Ruhestandsbeamten oder Ruhestandsbeamtinnen, die gegen das Verbot der Annahme von Belohnungen oder Geschenken verstoßen haben, die Gewährung einer monatlichen Unterhaltsleistung zusagen, wenn sie ihr Wissen über Tatsachen offenbart haben, deren Kenntnis dazu beigetragen hat, Straftaten, insbesondere nach den §§ 331 bis 336 des Strafgesetzbuches, zu verhindern oder über ihren eigenen Tatbeitrag hinaus aufzuklären. $_{2}$Die Nachversicherung ist durchzuführen.

(2) $_{1}$Die Unterhaltsleistung ist als Vomhundertsatz der Anwartschaft auf eine Altersrente, die sich aus der Nachversicherung ergibt, oder einer entsprechenden Leistung aus der berufsständischen Alterssicherung mit folgenden Maßgaben festzusetzen:

1. Die Unterhaltsleistung darf die Höhe der Rentenanwartschaft aus der Nachversicherung nicht erreichen;
2. Unterhaltsleistung und Rentenanwartschaft aus der Nachversicherung dürfen zusammen den Betrag nicht übersteigen, der sich als Ruhegehalt nach Art. 26 Abs. 1 BayBeamtVG ergäbe.

$_{2}$Die Höchstgrenzen nach Satz 1 gelten auch für die Zeit des Bezugs der Unterhaltsleistung; an die Stelle der Rentenanwartschaft aus der Nachversicherung tritt die anteilige Rente.

(3) Die Zahlung der Unterhaltsleistung an den früheren Beamten oder die frühere Beamtin kann erst erfolgen, wenn dieser oder diese die Altersgrenze nach Art. 62 Satz 1, Art. 143 Abs. 1 BayBG erreicht hat oder eine Rente wegen Erwerbs- oder Berufsunfähigkeit aus

der gesetzlichen Rentenversicherung oder eine entsprechende Leistung aus der berufsständischen Versorgung erhält.

(4) $_{1}$Der Anspruch auf die Unterhaltsleistung erlischt bei erneutem Eintritt in den öffentlichen Dienst sowie in den Fällen, die bei einem Ruhestandsbeamten oder einer Ruhestandsbeamtin den Verlust der Versorgungsbezüge nach Art. 80 BayBeamtVG zur Folge hätte. $_{2}$Der hinterbliebene Ehegatte oder Lebenspartner erhält 55 v. H. der Unterhaltsleistung, wenn zum Zeitpunkt der Entfernung aus dem Beamtenverhältnis oder der Aberkennung des Ruhegehalts die Ehe oder Lebenspartnerschaft im Sinn des Lebenspartnerschaftsgesetzes bereits bestanden hatte.

Art. 76 Begnadigung

(1) $_{1}$Dem Ministerpräsidenten steht das Begnadigungsrecht in Disziplinarsachen nach diesem Gesetz zu. $_{2}$Es kann auf andere Stellen übertragen werden.

(2) Wird die Entfernung aus dem Beamtenverhältnis oder die Aberkennung des Ruhegehalts im Gnadenweg aufgehoben, gelten Art. 61 Abs. 2 BayBG und Art. 20 Abs. 2 KWBG entsprechend.

(3) Auf Unterhaltsbeiträge, die im Gnadenweg bewilligt werden, sind Art. 74 Abs. 3 und 4 entsprechend anzuwenden, soweit die Gnadenentscheidung nichts anderes bestimmt.

Teil 6
Übergangs- und Schlussbestimmungen

Art. 77 Verwaltungsvorschriften

Die zur Durchführung dieses Gesetzes erforderlichen Verwaltungsvorschriften erlässt das Staatsministerium der Finanzen und für Heimat.

Art. 78 Übergangsbestimmungen

(1) $_{1}$Die nach bisherigem Recht eingeleiteten Disziplinarverfahren werden in der Lage, in der sie sich bei In-Kraft-Treten dieses Gesetzes befinden, nach diesem Gesetz fortgeführt, soweit in den folgenden Absätzen nichts Abweichendes bestimmt ist. $_{2}$Maßnahmen, die nach bisherigem Recht getroffen worden sind, bleiben rechtswirksam.

(2) Die folgenden Disziplinarmaßnahmen nach bisherigem Recht stehen folgenden Disziplinarmaßnahmen nach diesem Gesetz gleich:

1. die Gehaltskürzung der Kürzung der Dienstbezüge,
2. die Versetzung in ein Amt derselben Laufbahn mit geringerem Endgrundgehalt der Zurückstufung und
3. die Entfernung aus dem Dienst der Entfernung aus dem Beamtenverhältnis.

(3) $_{1}$Vor dem In-Kraft-Treten dieses Gesetzes eingeleitete förmliche Disziplinarverfahren werden nach bisherigem Recht fortgeführt. $_{2}$Für die Anschuldigung und die Durchführung der gerichtlichen Verfahren gilt ebenfalls das bisherige Recht.

(4) $_{1}$Statthaftigkeit, Frist und Form eines Rechtsbehelfs oder Rechtsmittels gegen eine Entscheidung, die vor dem In-Kraft-Treten dieses Gesetzes ergangen ist, sowie das weitere Verfahren bestimmen sich nach bisherigem Recht. $_{2}$Ein nach bisherigem Recht laufendes Beschwerdeverfahren hemmt die Fristen des Art. 16 Abs. 1 bis 3.

(5) Die bei In-Kraft-Treten dieses Gesetzes anhängigen gerichtlichen Disziplinarverfahren werden nach den Bestimmungen des bisherigen Rechts fortgeführt.

(6) Disziplinarverfahren, die vor dem In-Kraft-Treten dieses Gesetzes rechtskräftig abgeschlossen worden sind, können nach den Vorschriften dieses Gesetzes wieder aufgenommen werden.

(7) Die nach bisherigem Recht in einem Disziplinarverfahren ergangenen Entscheidungen sind nach bisherigem Recht zu vollstrecken, wenn sie unanfechtbar geworden sind.

(8) $_{1}$Die Frist für das Verwertungsverbot und ihre Berechnung für die Disziplinarmaßnahmen, die vor dem In-Kraft-Treten dieses Gesetzes verhängt worden sind, bestimmen sich nach diesem Gesetz. $_{2}$Dies gilt nicht, wenn die Frist und ihre Berechnung nach bisherigem Recht für den Beamten günstiger ist.

II Laufbahn/Ausbildung

Laufbahn

Ausbildung

II

Gesetz über die Leistungslaufbahn und die Fachlaufbahnen der bayerischen Beamten und Beamtinnen (Leistungslaufbahngesetz – LlbG)

Vom 5. August 2010 (GVBl. S. 410)

Zuletzt geändert durch
Viertes Modernisierungsgesetz Bayern
vom 26. März 2026 (GVBl. S. 75)

Inhaltsübersicht

Teil 1
Allgemeines

Art. 1 Geltungsbereich

(1) $_1$Dieses Gesetz gilt für die Beamten und Beamtinnen des Staates, der Gemeinden, der Gemeindeverbände und der sonstigen unter der Aufsicht des Staates stehenden Körperschaften, Anstalten und Stiftungen des öffentlichen Rechts, soweit sich aus ihm nichts anderes ergibt. $_2$Es gilt für Richter und Richterinnen entsprechend, soweit durch besondere Rechtsvorschriften nichts anderes bestimmt ist.

(2) Dieses Gesetz gilt nicht für

1. Professoren und Professorinnen, ausgenommen Art. 55 Abs. 2 und 3,
2. Beamte und Beamtinnen auf Zeit, mit Ausnahme der Beamten und Beamtinnen in Ämtern mit leitender Funktion im Beamtenverhältnis auf Zeit (Art. 45 des Bayerischen Beamtengesetzes – BayBG),
3. Ehrenbeamte und Ehrenbeamtinnen,
4. Beamte und Beamtinnen der öffentlich-rechtlichen Religionsgesellschaften und ihrer Verbände.

(3) Mit Ausnahme des Teils 5 gilt dieses Gesetz nicht für den Polizeivollzugsdienst und die Beamten und Beamtinnen im Sicherheitsbereich des Landesamts für Verfassungsschutz, soweit Rechtsverordnungen nach Art. 68 Abs. 2 etwas anderes bestimmen.

(4) Für die Staatskanzlei und das Landtagsamt finden die für die Staatsministerien geltenden Vorschriften mit Ausnahme von Art. 67 entsprechende Anwendung.

Art. 2 Begriffsbestimmungen

(1) Einstellung ist eine Ernennung, durch die ein Beamtenverhältnis begründet wird.

(2) Beförderung ist eine Ernennung, durch die ein anderes Amt mit höherem Endgrundgehalt oder ein anderes Amt mit höherer Amtszulage verliehen wird.

(3) Soweit in diesem Gesetz der Begriff der obersten Dienstbehörde, des Dienstvorgesetzten bzw. Vorgesetzten oder der Begriff des Angehörigen verwendet wird, finden Art. 2 bis 4 und 135 BayBG Anwendung.

Art. 3 Zuständigkeiten und Beteiligungen

(1) $_1$Entscheidungen nach diesem Gesetz trifft die oberste Dienstbehörde, wenn nichts anderes geregelt ist. $_2$Für den staatlichen Bereich kann sie ihre Zuständigkeit durch Rechtsverordnung auf die für die Ernennung zuständigen Behörden (Art. 18 BayBG) übertragen. $_3$Für den kommunalen Bereich finden Art. 34 der Bezirksordnung, Art. 38 der Landkreisordnung und Art. 43 der Gemeindeordnung Anwendung. $_4$Satz 2 gilt nicht in den Fällen des Art. 37 Abs. 2 Satz 2 Halbsatz 2, des Art. 60 Abs. 1 Satz 4 und soweit eine Antragstellung beim Landespersonalausschuss erforderlich ist.

(2) Soweit dieses Gesetz nichts anderes bestimmt, erlässt die zu seiner Durchführung erforderlichen Verwaltungsvorschriften das Staatsministerium der Finanzen und für Heimat im Benehmen mit den jeweils beteiligten Staatsministerien; Verwaltungsvorschriften, die nur den Geschäftsbereich eines Staatsministeriums oder des Obersten Rechnungshofs betreffen, erlässt dieses Staatsministerium oder der Oberste Rechnungshof.

(3) Art. 16 und 17 BayBG finden entsprechende Anwendung.

(4) Die Staatsministerien für Unterricht und Kultus und für Wissenschaft und Kunst regeln jeweils für ihren Zuständigkeitsbereich durch Verwaltungsvorschrift, welche Bildungsstände den nach diesem Gesetz vorgesehenen Bildungsvoraussetzungen gleichwertig sind.

Art. 4 Allgemeine laufbahnrechtliche Voraussetzungen für die Berufung in das Beamtenverhältnis

(1) Bewerber und Bewerberinnen können in das Beamtenverhältnis berufen werden, wenn sie die erforderliche Vorbildung besitzen (Regelbewerber und Regelbewerberinnen).

(2) $_1$In das Beamtenverhältnis kann auch berufen werden, wer die erforderliche Qualifikation durch Lebens- und Berufserfahrung innerhalb oder außerhalb des öffentlichen Dienstes erworben hat (andere Bewerber und Bewerberinnen). $_2$Dies gilt nicht für die Wahrnehmung solcher Aufgaben, für die eine bestimmte Vorbildung oder Ausbildung durch

besondere Rechtsvorschrift vorgeschrieben ist oder die ihrer Eigenart nach eine besondere Vorbildung und Ausbildung zwingend erfordern. $_{3}$Die Berufung anderer Bewerber und Bewerberinnen bedarf der Zustimmung des Landespersonalausschusses.

Art. 5 Leistungslaufbahn und Fachlaufbahnen

(1) Der Einstieg in die Leistungslaufbahn erfolgt entsprechend der Vor- und Ausbildung in einer der vier Qualifikationsebenen (Art. 7 und 8).

(2) $_{1}$Innerhalb der Leistungslaufbahn bestehen folgende Fachlaufbahnen:

1. Verwaltung und Finanzen,
2. Bildung und Wissenschaft,
3. Justiz,
4. Polizei und Verfassungsschutz,
5. Gesundheit,
6. Naturwissenschaft und Technik.

$_{2}$Soweit erforderlich, können innerhalb einer Fachlaufbahn fachliche Schwerpunkte gebildet werden. $_{3}$Ein fachlicher Schwerpunkt umfasst alle Ämter, die auf Grund fachverwandter Vor- und Ausbildung und im Rahmen einer vorgesehenen modularen Qualifizierung erreicht werden können.

Art. 6 Qualifikationserwerb

(1) $_{1}$Regelbewerber und Regelbewerberinnen erwerben die Qualifikation für eine Fachlaufbahn durch

1. Ableisten des Vorbereitungsdienstes und Bestehen der Qualifikationsprüfung,
2. Erwerb der Vorbildung und hauptberufliche Tätigkeit nach den Art. 38 bis 40,
3. Anerkennung eines in einem Mitgliedstaat im Sinn des Art. 42 Abs. 2 erworbenen Qualifikationsnachweises gemäß Art. 41 bis 51,
4. Anerkennung nach Art. 9 Abs. 2 oder 3 oder Art. 11 oder
5. Feststellung gemäß Abs. 2.

$_{2}$In der ersten Qualifikationsebene entfällt die Qualifikationsprüfung.

(2) $_{1}$Soweit die Einrichtung von fachlichen Schwerpunkten, die keinen Vorbereitungsdienst und keine Qualifikationsprüfung vorsehen und die auch nicht nach Art. 38 bis 40 geregelt sind, erforderlich ist, können die Staatsministerien und der Oberste Rechnungshof die Qualifikation für eine Fachlaufbahn im Einzelfall feststellen. $_{2}$Die Qualifikationsvoraussetzungen müssen den für die betreffende Qualifikationsebene allgemein vorgeschriebenen Voraussetzungen gleichwertig sein.

(3) $_{1}$Andere Bewerber und Bewerberinnen erwerben die Qualifikation durch Lebens- und Berufserfahrung innerhalb oder außerhalb des öffentlichen Dienstes. $_{2}$Die Qualifikation ist vor der Einstellung gemäß Art. 52 Abs. 2 festzustellen.

Art. 7 Vorbildung

(1) $_{1}$Für den Einstieg in einer Qualifikationsebene ist, soweit dieses Gesetz keine abweichenden Regelungen trifft, mindestens folgende Vorbildung erforderlich:

1. für die erste Qualifikationsebene der erfolgreiche Hauptschul- oder Mittelschulabschluss,
2. für die zweite Qualifikationsebene der mittlere Schulabschluss oder der qualifizierende Hauptschul- oder Mittelschulabschluss; für einzelne Bereiche können auch Bewerber und Bewerberinnen zugelassen werden, die den Hauptschul- oder Mittelschulabschluss und eine abgeschlossene förderliche Berufsausbildung nachweisen,
3. für die dritte Qualifikationsebene die Fachhochschulreife oder eine andere Hochschulreife,
4. für die vierte Qualifikationsebene die Erste Staatsprüfung, die Erste Juristische Prüfung, ein Diplom- oder Magisterabschluss oder eine vergleichbare Qualifikation an einer Universität oder Kunsthochschule oder ein Masterabschluss.

$_{2}$In den Fällen des Satzes 1 Nr. 1 bis 3 kann auch ein vom Staatsministerium für Unterricht und Kultus als gleichwertig anerkannter Bildungsstand gefordert werden.

(2) $_{1}$Für die Fachlehrer und Fachlehrerinnen sowie die Förderlehrer und Förderlehrerinnen

kann in Rechtsverordnungen nach Art. 67 von Abs. 1 Satz 1 Nr. 3 abgewichen werden. 2Als Vorbildungsvoraussetzung kann ein Realschulabschluss oder ein vom Staatsministerium für Unterricht und Kultus als gleichwertig anerkannter Bildungsstand ausreichend sein.

Art. 8 Ausbildung

(1) 1Der Vorbereitungsdienst vermittelt die berufliche Grundbildung sowie die fachlichen Kenntnisse, Methoden und berufspraktischen Fähigkeiten für den Einstieg in einer Qualifikationsebene. 2Der Vorbereitungsdienst besteht aus einer fachtheoretischen und einer berufspraktischen Ausbildung. 3Die Zulassung zum Vorbereitungsdienst darf nicht deshalb abgelehnt werden, weil die vorgeschriebene Vorbildung außerhalb des Geltungsbereichs dieses Gesetzes im Inland erworben wurde.

(2) 1Der Vorbereitungsdienst dauert, soweit dieses Gesetz keine abweichenden Regelungen trifft, bei einem Einstieg in der

1. ersten Qualifikationsebene bis zu einem Jahr,
2. zweiten Qualifikationsebene zwei Jahre, wobei die fachtheoretische Ausbildung in der Regel sechs Monate beträgt,
3. dritten Qualifikationsebene drei Jahre; der Vorbereitungsdienst vermittelt in einem Studiengang einer Fachhochschule oder in einem gleichstehenden Studiengang mit mindestens 18monatiger fachtheoretischer und mindestens 12monatiger berufspraktischer Studienzeit die zur Aufgabenerfüllung notwendigen wissenschaftlichen Erkenntnisse und Methoden sowie die berufspraktischen Fähigkeiten und Kenntnisse,
4. vierten Qualifikationsebene mindestens zwei Jahre.

2Für die Fachlehrer und Fachlehrerinnen sowie die Förderlehrer und Förderlehrerinnen kann in Rechtsverordnungen nach Art. 67 von Satz 1 Nr. 3 abgewichen werden.

(3) 1Im Rahmen des Vorbereitungsdienstes ist eine Qualifikationsprüfung nach den Grundsätzen des Art. 22 Abs. 4 abzulegen. 2Satz 1 gilt nicht für den Einstieg in der ersten Qualifikationsebene. 3Soweit der Vorbereitungsdienst auf eine Ausbildung in fachbezogenen Schwerpunktbereichen beschränkt ist, sind Gegenstand der Qualifikationsprüfung deren Ausbildungsinhalte.

Art. 9 Wechsel innerhalb und zwischen den Fachlaufbahnen

(1) 1Ein Wechsel innerhalb derselben Fachlaufbahn ist zulässig, soweit nicht für den neuen fachlichen Schwerpunkt eine bestimmte Vorbildung, Ausbildung oder Prüfung durch besondere Rechtsvorschrift vorgeschrieben oder nach ihrer Eigenart zwingend erforderlich ist. 2Der Wechsel bedarf der Zustimmung der zuständigen aufnehmenden obersten Dienstbehörde. 3Die oberste Dienstbehörde kann die Zustimmung auch vom Nachweis einer erfolgreichen Unterweisung oder erfolgreicher Fortbildungsmaßnahmen abhängig machen.

(2) 1Ein Wechsel zwischen den Fachlaufbahnen ist zulässig, wenn die Qualifikation für die neue Fachlaufbahn auf Grund der bisherigen Vorbildung, Ausbildung und Tätigkeit durch Unterweisung, förderliche praktische Tätigkeiten oder zusätzliche Fortbildungsmaßnahmen erworben werden kann. 2Ein Wechsel ist ausgeschlossen, wenn für die neue Fachlaufbahn oder den neuen fachlichen Schwerpunkt eine bestimmte Vorbildung, Ausbildung oder Prüfung durch besondere Rechtsvorschrift vorgeschrieben oder nach ihrer Eigenart zwingend erforderlich ist. 3Über die Anerkennung der Qualifikation entscheidet die aufnehmende oberste Dienstbehörde mit Zustimmung des Landespersonalausschusses. 4Der Landespersonalausschuss kann über die Art der Unterweisung, über förderliche praktische Tätigkeiten und über die Fortbildungsmaßnahmen besondere Regelungen treffen.

(3) 1Polizeivollzugsbeamte und Polizeivollzugsbeamtinnen, die nach Art. 48 Abs. 2, Art. 128 Abs. 3 BayBG in Verbindung mit § 26 Abs. 1 Satz 3, Abs. 2, 3 oder § 29 Abs. 2 des Beamtenstatusgesetzes (BeamtStG) in die Fachlaufbahn „Verwaltung und Finanzen" übernommen werden sollen, erwerben die Qualifikation für die neue Fachlaufbahn durch Unterweisung und eine mindestens

einjährige Tätigkeit. 2Über die Anerkennung der Qualifikation entscheidet die aufnehmende oberste Dienstbehörde.

Art. 10 Übernahme von Beamten und Beamtinnen und Wiedereinstellung früherer Beamter und Beamtinnen von Dienstherren innerhalb des Geltungsbereichs des Bayerischen Beamtengesetzes

(1) 1Bei der Übernahme von Beamten und Beamtinnen von Dienstherren innerhalb des Geltungsbereichs des Bayerischen Beamtengesetzes kann von der vorgeschriebenen Probezeit abgesehen werden, wenn die Beamten und Beamtinnen bereits in das Beamtenverhältnis auf Lebenszeit in derselben Qualifikationsebene berufen worden sind. 2Die Probezeit gilt als abgeleistet, soweit sie nach dem Erwerb der Qualifikation für dieselbe Fachlaufbahn in derselben Qualifikationsebene zurückgelegt wurde. 3Von einer erneuten Probezeit kann auch dann abgesehen werden, wenn ein Beamter oder eine Beamtin auf Lebenszeit außerhalb der modularen Qualifizierung (Art. 20) die Voraussetzungen für eine höhere Qualifikationsebene erworben hat und in diese übernommen wird. 4Die Übernahme kann von einer höchstens einjährigen Bewährungszeit abhängig gemacht werden; während der Bewährungszeit bleibt die bisherige Rechtsstellung unverändert.

(2) 1Bei der Übernahme von Beamten und Beamtinnen von Dienstherren innerhalb des Geltungsbereichs des Bayerischen Beamtengesetzes ist die Einstellung in einem höheren Amt als dem besoldungsrechtlich festgelegten Eingangsamt zulässig, wenn die Übernahme in einem der letzten Dienststellung gleichwertigen Amt erfolgt. 2Erfolgt die Übernahme in einem höheren Amt als dem bisherigen Amt, so sind die Vorschriften über Beförderungen anzuwenden.

(3) Abs. 1 und 2 sind bei der Wiedereinstellung früherer Beamter und Beamtinnen von Dienstherren innerhalb des Geltungsbereichs des Bayerischen Beamtengesetzes entsprechend anzuwenden.

Art. 11 Sicherung der Mobilität

(1) In ein Beamtenverhältnis nach Art. 1 Abs. 1 BayBG kann übernommen werden, wer auf Grund einer Qualifikation entsprechend den Laufbahnvorschriften des Bundes oder eines anderen Landes sowie seines individuellen Berufswegs einen Stand an Wissen und Fertigkeiten aufweist, der der nach bayerischen Vorschriften erforderlichen Qualifikation gleichwertig ist.

(2) 1Eine auf Grund von Abs. 1 erworbene Qualifikation erkennt die oberste Dienstbehörde an; im nichtstaatlichen Bereich bedarf es der Zustimmung des Landespersonalausschusses. 2Die oberste Dienstbehörde kann zusätzliche Unterweisungs- oder Fortbildungsmaßnahmen anordnen.

(3) Bei der Übernahme von Beamten und Beamtinnen und der Wiedereinstellung früherer Beamter und Beamtinnen von Dienstherren außerhalb des Geltungsbereichs des Bayerischen Beamtengesetzes ist dieses Gesetz anzuwenden; dies gilt nicht, wenn die Übernahme kraft Gesetzes oder auf Grund eines Rechtsanspruchs in ihrer bisherigen Rechtsstellung erfolgt.

Art. 12 Zweck, Art und Dauer der Probezeit im Sinn des § 4 Abs. 3 Buchst. a BeamtStG

(1) 1Die Probezeit im Sinn des § 4 Abs. 3 Buchst. a BeamtStG hat den Zweck unter Anlegung eines strengen Maßstabs festzustellen, ob allen Anforderungen des Beamtenverhältnisses auf Lebenszeit dauerhaft Genüge getan werden kann. 2Während der Probezeit soll sich der Beamte oder die Beamtin nach Erwerb der Qualifikation für seine oder ihre Fachlaufbahn für das Beamtenverhältnis auf Lebenszeit in dieser Fachlaufbahn bewähren. 3Die Probezeit soll insbesondere unter Berücksichtigung der Arbeitsergebnisse zeigen, ob der Beamte oder die Beamtin nach Eignung, Befähigung und fachlicher Leistung in der Lage ist, die Aufgaben der Fachlaufbahn in jeder Hinsicht dauerhaft zu erfüllen. 4Während der Probezeit soll der Einsatz auf verschiedenen Dienstposten erfolgen, soweit keine dienstlichen Gründe entgegenstehen.

$_{5}$Bei der Berechnung der Probezeit ist Art. 15 Abs. 2 entsprechend anzuwenden.

(2) $_{1}$Die Art der Probezeit ist nach den Erfordernissen in den einzelnen Fachlaufbahnen und Qualifikationsebenen festzusetzen. $_{2}$Die regelmäßige Probezeit dauert zwei Jahre.

(3) $_{1}$Zeiten von Beurlaubungen unter vollständiger oder teilweiser Fortgewährung der Leistungen des Dienstherrn gelten als Probezeit. $_{2}$Die Probezeit verlängert sich um Zeiten einer Beurlaubung unter Fortfall des Anspruchs auf Leistungen des Dienstherrn. $_{3}$Auf die Probezeit können solche Zeiten angerechnet werden, die nach Art. 15 Abs. 4 Satz 1 Nr. 2 bis 5 als Dienstzeit gelten. $_{4}$Zeiten gemäß Art. 15 Abs. 4 Satz 1 Nr. 5 können nur im Umfang von bis zu sechs Monaten angerechnet werden. $_{5}$Bei einer Anrechnung ist Art. 15 Abs. 2 entsprechend anzuwenden. $_{6}$Es ist jedoch eine Probezeit im Umfang von mindestens sechs Monaten abzuleisten. $_{7}$Über die Anrechnung entscheidet die oberste Dienstbehörde. $_{8}$Die oberste Dienstbehörde kann ausnahmsweise von der Mindestprobezeit absehen, wenn an der Beurlaubung ein besonderes dienstliches Interesse besteht und der Zweck der Probezeit auch während der in der Beurlaubung ausgeführten Tätigkeit erfüllt werden kann.

(4) $_{1}$Hat sich der Beamte oder die Beamtin bis zum Ablauf der Probezeit noch nicht bewährt oder ist er oder sie noch nicht geeignet, kann die Probezeit bis zu einer Gesamtdauer von fünf Jahren verlängert werden. $_{2}$Die Entscheidung trifft die oberste Dienstbehörde.

(5) Beamte und Beamtinnen, die sich nicht bewährt haben oder nicht geeignet sind, werden entlassen.

Art. 13 (weggefallen)

Art. 14 Einstellung

(1) $_{1}$Die Einstellung ist nur in dem besoldungsrechtlich festgelegten Eingangsamt zulässig. $_{2}$Die oberste Dienstbehörde kann von Satz 1 Ausnahmen im Einzelfall zulassen; in einer Gruppe von Fällen bedarf es der Zustimmung des Staatsministeriums der Finanzen und für Heimat. $_{3}$Eine Ausnahme nach Satz 2 ist dann zulässig, wenn der Bewerber oder die Bewerberin für das zu übertragende Amt geeignet erscheint, durch berufliche Tätigkeiten innerhalb oder außerhalb des öffentlichen Dienstes eine den Anforderungen entsprechende Erfahrung erworben hat und an der Gewinnung ein dienstliches Interesse besteht.

(2) $_{1}$Haben sich die Anforderungen an die fachliche Eignung für die Einstellung in den öffentlichen Dienst in der Zeit erhöht, in der sich die Bewerbung um Einstellung infolge der Geburt oder der Betreuung eines Kindes verzögert hat, und ist die Bewerbung innerhalb von drei Jahren nach der Geburt dieses Kindes oder sechs Monate nach Erfüllung der ausbildungsmäßigen Einstellungsvoraussetzungen erfolgt, so ist der Grad der fachlichen Eignung nach den Anforderungen zu prüfen, die zu einem Zeitpunkt bestanden haben, zu dem die Bewerbung ohne die Geburt oder die Betreuung des Kindes hätte erfolgen können. $_{2}$Führt die Prüfung zu dem Ergebnis, dass der Bewerber oder die Bewerberin ohne diese Verzögerung eingestellt worden wäre, kann er oder sie vor anderen Bewerbern und Bewerberinnen eingestellt werden. $_{3}$Die Zahl der Stellen, die diesen Bewerbern und Bewerberinnen in einem Einstellungstermin vorbehalten werden kann, bestimmt sich nach dem zahlenmäßigen Verhältnis der Bewerber und Bewerberinnen mit Verzögerung zu denjenigen ohne eine solche Verzögerung; Bruchteile von Stellen sind zugunsten der betroffenen Bewerber oder Bewerberinnen aufzurunden. $_{4}$Für die Berechnung des Zeitraums der Verzögerung sind nur die einen Anspruch auf Elternzeit nach § 15 Abs. 1 Satz 1 und Abs. 2 des Bundeselterngeld- und Elternzeitgesetzes (BEEG) begründenden Zeiten sowie die Zeiten nach § 3 Abs. 2 und § 6 Abs. 1 des Mutterschutzgesetzes zu berücksichtigen. $_{5}$Sätze 1 bis 3 gelten entsprechend, wenn sich die Bewerbung um Einstellung nur wegen der tatsächlichen Pflege eines nach ärztlichem Gutachten pflegebedürftigen sonstigen Angehörigen im Sinn des Art. 2 Abs. 3 in Verbindung mit Art. 4 BayBG verzögert. $_{6}$Der nach Satz 5 berücksichtigungsfähige Zeitraum beträgt längstens drei Jahre.

Art. 15 Dienstzeiten

(1) 1Dienstzeiten, die Voraussetzung für eine Beförderung oder für die Zulassung zur Ausbildungsqualifizierung sind, rechnen von der Begründung eines Beamtenverhältnisses auf Lebenszeit (allgemeiner Dienstzeitbeginn). 2Art. 37 Abs. 2 bleibt unberührt.

(2) Zeiten einer Beschäftigung mit einer ermäßigten Arbeitszeit werden bei der Berechnung der Dienstzeit in vollem Umfang berücksichtigt.

(3) 1Der allgemeine Dienstzeitbeginn wird vorverlegt um

1. Zeiten einer Beschäftigung nach dem Erwerb der Qualifikation für eine Fachlaufbahn, die vor der Berufung in das Beamtenverhältnis auf Probe in einem Beamtenverhältnis auf Zeit ausgeübt wurden,
2. a) Zeiten des Wehr- oder Zivildienstes, eines Entwicklungshelferdienstes oder eines freiwilligen sozialen oder freiwilligen ökologischen Jahres, soweit das Arbeitsplatzschutzgesetz, das Zivildienstgesetz, das Entwicklungshelfer-Gesetz oder das Soldatenversorgungsgesetz einen Ausgleich dadurch eingetretener Verzögerungen anordnet und mit diesen Zeiten die Pflicht, Grundwehrdienst oder Zivildienst abzuleisten, erloschen ist; ist eine Berücksichtigung der Zeiten gemäß der Regelung nach Buchst. b günstiger, findet diese Anwendung,
   b) Zeiten eines freiwilligen Wehrdienstes nach dem Soldatengesetz, eines Bundesfreiwilligendienstes nach dem Bundesfreiwilligendienstgesetz, eines freiwilligen sozialen oder freiwilligen ökologischen Jahres nach dem Jugendfreiwilligendienstegesetz, eines Entwicklungshelferdienstes nach dem Entwicklungshelfer-Gesetz oder eines Freiwilligendienstes im Sinn des § 32 Abs. 4 Satz 1 Nr. 2 Buchst. d des Einkommensteuergesetzes im Umfang von insgesamt höchstens 24 Monaten,
3. Zeiten der Inanspruchnahme von Elternzeit während der Probezeit sowie um Zeiten der Beurlaubung nach Art. 89 Abs. 1 Nr. 1 BayBG während der Probezeit im Umfang von bis zu 36 Monaten.

2Der allgemeine Dienstzeitbeginn soll vorverlegt werden um

1. Zeiten einer förderlichen hauptberuflichen Tätigkeit im öffentlichen Dienst, die nach dem Erwerb der Qualifikation für eine Fachlaufbahn, aber vor der Berufung in das Beamtenverhältnis auf Probe abgeleistet wurden,
2. Zeiten der tatsächlichen Betreuung oder Pflege von mindestens einem Kind unter 18 Jahren oder einem nach ärztlichem Gutachten pflegebedürftigen sonstigen Angehörigen während der Schulausbildung oder während der für den Qualifikationserwerb (Art. 6) notwendigen Zeiten im Umfang von bis zu 36 Monaten.

3Unbeschadet der Sätze 1 und 2 kann die oberste Dienstbehörde den allgemeinen Dienstzeitbeginn ausnahmsweise um weitere Zeiten vorverlegen, wenn ein besonderes dienstliches Interesse besteht. 4Zeiten nach den Sätzen 1 bis 3 können nur in dem Umfang Berücksichtigung finden, als nicht bereits eine Anrechnung gemäß Art. 12 Abs. 3 Satz 3 oder Art. 36 Abs. 2 und 3 erfolgt ist.

(4) 1Als Dienstzeit gelten auch

1. die Zeiten von Beurlaubungen unter vollständiger oder teilweiser Fortgewährung der Leistungen des Dienstherrn,
2. die Zeiten von Beurlaubungen unter Fortfall des Anspruchs auf Leistungen des Dienstherrn bei einer Verwendung im öffentlichen Dienst einer zwischenstaatlichen oder überstaatlichen Einrichtung, für Aufgaben der Entwicklungshilfe oder an einer deutschen Schule im Ausland oder einer europäischen Schule oder an einer staatlich genehmigten oder anerkannten privaten Schule oder als DAAD-Lektor oder DAAD-Lektorin an einer Universität im Ausland,
3. die Zeiten von Beurlaubungen unter Fortfall des Anspruchs auf Leistungen des Dienstherrn zur Ausübung einer Tätigkeit bei Fraktionen des Europäischen Parla-

ments, des Deutschen Bundestags und des Bayerischen Landtags sowie bei Parteien oder Wählervereinigungen und für eine Tätigkeit bei kommunalen Vertretungskörperschaften oder bei kommunalen Spitzenverbänden bis zur Dauer von insgesamt zehn Jahren,

4. im Übrigen die Zeiten von Beurlaubungen unter Fortfall des Anspruchs auf Leistungen des Dienstherrn, die überwiegend dienstlichen Interessen oder öffentlichen Belangen dienen, bis zur Dauer von insgesamt sechs Jahren,
5. Zeiten der Inanspruchnahme von Elternzeit sowie Zeiten der Beurlaubung nach Art. 89 Abs. 1 Nr. 1 BayBG; Zeiten werden im Umfang von bis zu 36 Monaten, vermindert um die Zeiten, um die der allgemeine Dienstzeitbeginn nach Abs. 3 Satz 1 Nr. 3 und Satz 2 Nr. 2 vorverlegt wurde, berücksichtigt.

$_2$Treffen bei einer Person Zeiten von Beurlaubungen nach Satz 1 Nr. 3 und 4 zusammen, so werden sie insgesamt nur bis zur Dauer von zehn Jahren berücksichtigt. $_3$Bei Beurlaubungen nach Satz 1 Nr. 3 kann in besonders gelagerten Fällen die oberste Dienstbehörde weitere Zeiten einer Beurlaubung als Dienstzeit berücksichtigen.

Art. 16 Übertragung höherwertiger Dienstposten

(1) $_1$Bei der Übertragung höherwertiger Dienstposten ist ausschließlich nach dem Leistungsgrundsatz zu verfahren. $_2$Es muss zu erwarten sein, dass der Beamte oder die Beamtin den Anforderungen des höherwertigen Dienstpostens nach Eignung, Befähigung und fachlicher Leistung gewachsen ist. $_3$Das Vorliegen für den Dienstposten zwingend erforderlicher Anforderungen ist zu beachten. $_4$Grundlagen für die Entscheidung des Dienstherrn können dienstliche Beurteilungen und wissenschaftlich fundierte Auswahlverfahren, wie insbesondere systematisierte Personalauswahlgespräche, strukturierte Interviews oder Assessment-Center sein, sofern diese von Auswahlkommissionen durchgeführt werden. $_5$Werden für eine Auswahlentscheidung dienstliche Beurteilungen sowie weitere verschiedene Auswahlmethoden nach Satz 4 verwandt, bestimmt der Dienstherr die Gewichtung.

(2) $_1$Sofern im Rahmen der Entscheidung über die Besetzung höherwertiger Dienstposten dienstliche Beurteilungen berücksichtigt werden und sich beim Vergleich der Gesamturteile der Beurteilungen kein Vorsprung einer der Bewerbungen ergibt, sind die darin enthaltenen Einzelkriterien gegenüber zu stellen (Binnendifferenzierung). $_2$In den Vergleich der Einzelkriterien sind nur die wesentlichen Beurteilungskriterien einzubeziehen. $_3$Diese bestimmen sich wie folgt:

1. bei einer Führungsfunktion:
   a) Führungserfolg (Art. 58 Abs. 3 Nr. 1 Buchst. f) und
   b) Führungspotential (Art. 58 Abs. 3 Nr. 2 Buchst. g);
2. bei einer sachbearbeitenden Funktion:
   a) Fachkenntnis (Art. 58 Abs. 3 Nr. 3 Buchst. a) und
   b) Entscheidungsfreude (Art. 58 Abs. 3 Nr. 2 Buchst. f);
3. bei Beamten und Beamtinnen mit einer Führungsfunktion, die für Sachbearbeitungsaufgaben in Frage kommen:
   a) Fachkenntnis (Art. 58 Abs. 3 Nr. 3 Buchst. a) und
   b) Entscheidungsfreude (Art. 58 Abs. 3 Nr. 2 Buchst. f);
4. bei Beamten und Beamtinnen mit einer sachbearbeitenden Funktion, die für Führungsaufgaben in Frage kommen:
   a) Fachkenntnis (Art. 58 Abs. 3 Nr. 3 Buchst. a),
   b) Entscheidungsfreude (Art. 58 Abs. 3 Nr. 2 Buchst. f) und
   c) Führungspotential (Art. 58 Abs. 3 Nr. 2 Buchst. g).

$_4$Die obersten Dienstbehörden können für bestimmte Verwaltungsbereiche oder Aufgabenfelder aus den gemäß Art. 58 Abs. 3 und 6 Satz 2 und 3 vorgesehenen Beurteilungskriterien weitere oder andere Kriterien sowie anderweitige Differenzierungen bei den zugrunde liegenden Gruppen festlegen.

5Sätze 3 und 4 gelten nicht, soweit im Rahmen der Art. 64 und 65 abweichende Beurteilungssysteme verwandt werden.

(3) Abs. 2 Satz 2 bis 5 findet im Anwendungsbereich des Art. 5 des Bayerischen Richter- und Staatsanwaltsgesetzes (BayRiStAG) keine Anwendung.

(4) 1Soweit höherwertige Dienstposten auf Grund von Ranglisten übertragen werden, kann die Unterrichtung unterlegener Bewerber und Bewerberinnen auch dadurch erfolgen, dass ihnen die die Entscheidung tragenden Kriterien anonymisiert mitgeteilt werden, soweit sie ihnen nicht bereits bekannt sind. 2Diese Mitteilung kann durch elektronische Informationssysteme erfolgen, soweit sie den Bewerbern und Bewerberinnen üblicherweise zugänglich sind.

(5) 1Der Übertragung eines höheren Amtes im Weg der Beförderung oder der Ausbildungsqualifizierung muss eine Bewährung in den Dienstgeschäften dieses Amtes vorangegangen sein. 2Die Erprobungszeit (Art. 17 Abs. 1 Satz 3 Nr. 2) beträgt mindestens drei Monate und soll sechs Monate nicht überschreiten; vor der Übertragung eines Amtes im Weg der Ausbildungsqualifizierung kann sie im Ausnahmefall bis zu einem Jahr betragen. 3Die Erprobungszeit entfällt,

1. soweit sich der Beamte oder die Beamtin auf einem gleichwertigen Dienstposten bereits bewährt hat,
2. in den Fällen der Art. 45 BayBG.

4Im Anwendungsbereich des Art. 25 Satz 2 oder 3 des Bayerischen Besoldungsgesetzes (BayBesG) kann in den Fällen der Ausbildungsqualifizierung von der Erprobungszeit abgesehen werden. 5Bewährt sich der Beamte oder die Beamtin nicht, so sind ihm oder ihr Dienstgeschäfte des bisherigen Amtes zu übertragen.

Art. 17 Beförderungen

(1) 1Ämter, die regelmäßig zu durchlaufen sind, dürfen nicht übersprungen werden. 2Die oberste Dienstbehörde bestimmt mit Zustimmung des Landespersonalausschusses, ob ein in einer Besoldungsordnung aufgeführtes Amt nicht regelmäßig zu durchlaufen ist. 3Eine Beförderung darf nicht erfolgen

1. während der Probezeit,
2. vor Ablauf einer Erprobungszeit von drei Monaten auf einem höher bewerteten Dienstposten,
3. vor Ablauf einer Dienstzeit von
   a) zwei Jahren bis zu einem Amt der Besoldungsgruppe A 9 mit Amtszulage,
   b) drei Jahren ab einem Amt der Besoldungsgruppe A 10

   nach der letzten Beförderung oder nach Dienstzeitbeginn bei Einstellung in einem Beförderungsamt.

4Satz 3 Nr. 3 gilt nicht, wenn das bisherige Amt nicht durchlaufen zu werden brauchte oder wenn ein einer höheren Besoldungsgruppe angehörendes Eingangsamt oberhalb derselben Qualifikationsebene oder ein Eingangsamt der nächsthöheren Qualifikationsebene nach Erwerb der Qualifikation gemäß Art. 6 Abs. 1 Satz 1 Nr. 1, 2 oder Nr. 5 übertragen wird.

(2) 1Ausnahmen von Abs. 1 Satz 3 Nr. 1 und 3 sind zulässig zum Ausgleich beruflicher Verzögerungen, die durch die Geburt sowie die tatsächliche Betreuung oder Pflege eines Kindes unter 18 Jahren oder eines nach ärztlichem Gutachten pflegebedürftigen sonstigen Angehörigen eintreten würden. 2Verzögerungen werden jedoch nur insoweit ausgeglichen, als dies nicht bereits gemäß Art. 15 Abs. 3 Satz 1 Nr. 3, Satz 2 Nr. 2 oder Abs. 4 Satz 1 Nr. 5 erfolgt ist. 3Es werden nur Zeiten im Umfang von bis zu 36 Monaten berücksichtigt.

(3) 1Ausnahmen von Abs. 1 Satz 3 Nr. 1 sind zulässig zum Ausgleich von Zeiten nach Art. 15 Abs. 3 Satz 1 Nr. 2. 2Eine Ausnahme ist nur insoweit zulässig, als nicht bereits gemäß Art. 15 Abs. 3 Satz 1 Nr. 2 ein Ausgleich erfolgt ist.

(4) Der Landespersonalausschuss kann auf Antrag der obersten Dienstbehörde sonstige Ausnahmen von Abs. 1 Satz 1 und 3 zulassen.

(5) 1Ausnahmen von Abs. 1 Satz 1 können nur zugelassen werden, wenn zwingende Belange der Verwaltung es erfordern. 2Ausnahmen von Abs. 1 Satz 3 Nr. 1 und 3 können, unbeschadet der Abs. 2 und 3, ferner nur unter den

Voraussetzungen des Satzes 1 sowie dann zugelassen werden, wenn sich eine Ernennung aus Gründen, die nicht in der Person des Beamten oder der Beamtin liegen, erheblich verzögert hat. $_{3}$Ausnahmen bewilligt der Landespersonalausschuss auf Antrag der obersten Dienstbehörde. $_{4}$An dessen Stelle bewilligen Ausnahmen von Abs. 1 Satz 3 Nr. 3, soweit eine Dienstzeit von einem Jahr nicht unterschritten wird, jeweils im Rahmen ihrer Ernennungszuständigkeit die Staatsregierung gemäß Art. 18 Abs. 1 BayBG oder der Ministerpräsident gemäß Art. 5 Abs. 1 und 2 des Rechnungshofgesetzes und für die Beamten und Beamtinnen des Landtags bei Ernennungen in Ämter der Besoldungsgruppe A 16 und höher das Präsidium des Landtags.

(6) $_{1}$Die Beförderung in ein Amt der Besoldungsgruppe A 7, A 10 oder A 14 setzt den Erwerb der Qualifikation gemäß Art. 6 für den Einstieg in der entsprechenden Qualifikationsebene, die erforderliche Ausbildungsqualifizierung gemäß Art. 37 oder erforderliche Qualifizierungsmaßnahmen im Rahmen der modularen Qualifizierung gemäß Art. 20 voraus. $_{2}$Die Beförderung darf nicht vor Ablauf einer Dienstzeit (Art. 15) von zehn Jahren erfolgen, sofern die Qualifizierung gemäß Art. 20 erfolgt.

(7) $_{1}$Art. 16 Abs. 1 bis 4 finden entsprechende Anwendung. $_{2}$Folgt die Beförderungsentscheidung einer vorangegangenen Übertragung eines höherwertigen Dienstpostens nach Art. 16, ist eine erneute Eignungsfeststellung entbehrlich.

Art. 17a Fiktive Laufbahnnachzeichnung

(1) Liegt keine verwendbare dienstliche Beurteilung vor, soll bei Elternzeit und familienpolitischer Beurlaubung ausgehend von der letzten periodischen Beurteilung eines Beamten oder einer Beamtin unter Berücksichtigung des seinerzeit angelegten Maßstabs und der durchschnittlichen Entwicklung vergleichbarer Beamter und Beamtinnen diese fiktiv fortgeschrieben werden.

(2) Bei einem Sonderurlaub, welcher dienstlichen Interessen oder öffentlichen Belangen dient, ist die letzte periodische Beurteilung gemäß Abs. 1 fortzuschreiben.

(3) Bei Freistellung von der dienstlichen Tätigkeit wegen einer Mitgliedschaft im Personalrat, als Gleichstellungsbeauftragter oder als Vertrauensperson der schwerbehinderten Menschen ist die letzte periodische Beurteilung gemäß Abs. 1 fortzuschreiben.

(4) Die fiktive Fortschreibung ist in den Fällen des Abs. 1 und Abs. 2 auf drei aufeinanderfolgende Beurteilungszeiträume zu beschränken.

(5) $_{1}$Das Ergebnis einer Erprobungszeit ist fiktiv festzustellen. $_{2}$In den Fällen des Abs. 2 kann eine fiktive Feststellung erfolgen.

Art. 18 Sonderregelung für Beförderungen

(1) Ein Amt der Besoldungsgruppe A 13 darf bei einem Einstieg in der dritten Qualifikationsebene mit Eingangsamt der Besoldungsgruppe A 9 frühestens nach einer Dienstzeit (Art. 15) von acht Jahren übertragen werden.

(2) $_{1}$Bei einem Einstieg in der vierten Qualifikationsebene darf ein Amt der Besoldungsgruppe A 15 frühestens nach einer Dienstzeit (Art. 15) von vier Jahren übertragen werden. $_{2}$Ein höheres Amt der Besoldungsordnung A als ein Amt der Besoldungsgruppe 15 darf frühestens nach einer Dienstzeit (Art. 15) von sieben Jahren übertragen werden.

(3) $_{1}$Einem Richter oder einer Richterin oder einem Staatsanwalt oder einer Staatsanwältin, der oder die ein Amt der Besoldungsgruppe R 1 innehat, darf ein Amt der Besoldungsgruppe A 14 frühestens nach einer Dienstzeit (Art. 15) von einem Jahr, ein Amt der Besoldungsgruppe A 15 frühestens nach einer Dienstzeit (Art. 15) von vier Jahren übertragen werden. $_{2}$Einem Richter oder einer Richterin oder einem Staatsanwalt oder einer Staatsanwältin, der oder die ein Amt der Besoldungsgruppe R 2 innehat, darf ein Amt der Besoldungsgruppe A 15 übertragen werden, ein Amt der Besoldungsgruppe A 16 und höher jedoch frühestens nach einer Dienstzeit (Art. 15) von sieben Jahren. $_{3}$Art. 17 Abs. 1 Satz 3 Nr. 3 findet insoweit keine Anwendung.

(4) $_{1}$Ein Amt der Besoldungsgruppe R 2 darf einem Richter oder einer Richterin, einem Staatsanwalt oder einer Staatsanwältin sowie

einem Beamten oder einer Beamtin, der oder die ein Amt der Besoldungsgruppe A 14 oder höher innehat, frühestens nach einer Dienstzeit (Art. 15) von vier Jahren übertragen werden. $_{2}$Ein höheres Amt der Besoldungsordnung R als ein Amt der Besoldungsgruppe 2 darf einem Richter oder einer Richterin oder einem Staatsanwalt oder einer Staatsanwältin, der oder die ein Amt der Besoldungsgruppe R 2 innehat, oder einem Beamten oder einer Beamtin, der oder die ein Amt der Besoldungsgruppe A 16 innehat, frühestens nach einer Dienstzeit (Art. 15) von sieben Jahren verliehen werden. $_{3}$Art. 17 Abs. 1 Satz 3 Nr. 3 findet insoweit keine Anwendung.

(5) $_{1}$Vorbehaltlich der Sätze 2 und 3 kann der Landespersonalausschuss auf Antrag der obersten Dienstbehörde Ausnahmen von Abs. 1 bis 4 zulassen. $_{2}$Im Rahmen ihrer Ernennungszuständigkeit (Art. 18 BayBG) bewilligt die Staatsregierung Ausnahmen. $_{3}$Gleiches gilt für das Präsidium des Landtags, wenn es sich um Ernennungen in Ämter der Besoldungsgruppe A 16 und höher handelt.

Art. 19 Dienstposten an obersten Landesbehörden

(1) $_{1}$Dienstposten an obersten Landesbehörden sollen auf Dauer nur an Beamte und Beamtinnen oder Richter und Richterinnen übertragen werden, die sich bereits auf verschiedenen Dienstposten bewährt haben. $_{2}$Art. 16 ist anzuwenden.

(2) $_{1}$Bei einer obersten Landesbehörde darf ein Amt der Besoldungsgruppe A 16 und höher nur an Beamte und Beamtinnen oder Richter und Richterinnen verliehen werden, die nach ihrer Ernennung zum Beamten oder zur Beamtin oder zum Richter oder zur Richterin auf Probe

1. mindestens zwei Jahre bei einer anderen Behörde als einer obersten Landes- oder Bundesbehörde oder einem Gericht eines Landes und
2. mindestens ein Jahr bei einer obersten Landes- oder Bundesbehörde

tätig gewesen sind. $_{2}$Zeiten einer hauptberuflichen Tätigkeit im öffentlichen Dienst, die vor der Berufung in das Beamtenverhältnis auf Probe oder in das Richterverhältnis auf Probe, aber nach Bestehen der Qualifikationsprüfung oder dem sonstigen Qualifikationserwerb bei einer anderen Behörde als einer obersten Landes- oder Bundesbehörde abgeleistet wurden, können auf die Dienstzeit nach Satz 1 Nr. 1 angerechnet werden. $_{3}$Satz 1 Nr. 2 ist auf die Mitglieder des Obersten Rechnungshofs und auf Beamte und Beamtinnen, denen bereits ein Amt der Besoldungsgruppe A 16 und höher an einer anderen Behörde als einer obersten Landes- oder Bundesbehörde verliehen ist, nicht anzuwenden.

(3) $_{1}$Der Oberste Rechnungshof kann für seine Beamten und Beamtinnen Ausnahmen von Abs. 2 Satz 1 zulassen. $_{2}$Für die Beamten und Beamtinnen des Landtags bewilligt die Ausnahmen das Präsidium des Landtags. $_{3}$Im Übrigen bewilligt die Ausnahmen die Staatsregierung.

Art. 20 Modulare Qualifizierung

(1) Die modulare Qualifizierung vermittelt unter Berücksichtigung der Vor- und Ausbildung sowie der vorhandenen förderlichen Berufserfahrung eine entsprechende Qualifikation für die Ämter ab der nächsthöheren Qualifikationsebene.

(2) $_{1}$Die Maßnahmen der modularen Qualifizierung haben auf der typischerweise vorhandenen förderlichen Berufserfahrung aufzusetzen, die in der Fachlaufbahn oder im fachlichen Schwerpunkt ab der jeweiligen Qualifikationsebene erworben worden ist. $_{2}$Sie bereiten zeitlich und inhaltlich gezielt auf die steigenden Anforderungen ab der nächsthöheren Qualifikationsebene vor. $_{3}$Sie sollen sich über mehrere Ämter erstrecken und können über die Ämter der nächsthöheren Qualifikationsebene hinausreichen. $_{4}$Ein angemessener Teil der Maßnahmen der modularen Qualifizierung hat aus überfachlichen Inhalten zu bestehen. $_{5}$Die Maßnahmen der modularen Qualifizierung schließen mit Prüfungen oder anderen Erfolgsnachweisen ab. $_{6}$Von den Maßnahmen, die fachlich theoretische Inhalte vermitteln, soll eine mit einer Prüfung abschließen. $_{7}$Im Übrigen sind andere Erfolgsnachweise vorzusehen. $_{8}$Die Prüfungen können als elektronische Fern-

prüfungen durchgeführt werden; andere Erfolgsnachweise können auf elektronischem Weg erbracht werden. 9Im angemessenen Umfang kann die Anrechnung von Fortbildungen (Art. 66) als Maßnahmen der modularen Qualifizierung vorgesehen werden; im Übrigen bleibt Art. 66 unberührt.

II

(3) 1Der Landespersonalausschuss genehmigt die einzelnen Systeme der modularen Qualifizierung. 2Die Genehmigung setzt voraus, dass die einzelnen Systeme der modularen Qualifizierung die Beamten und Beamtinnen auf die Anforderungen der nächsthöheren Qualifikationsebene hinreichend vorbereiten und inhaltlich und zeitlich miteinander vergleichbar sind.

(4) Die Eignung für die modulare Qualifizierung wird im Rahmen einer positiven Feststellung gemäß Art. 58 Abs. 5 Nr. 2 in der nach Art. 56 Abs. 4 verwendbaren periodischen Beurteilung zuerkannt.

(5) 1Die oberste Dienstbehörde stellt den erfolgreichen Abschluss der modularen Qualifizierung fest. 2Wird ein System der modularen Qualifizierung gemäß Abs. 2 Satz 3 Alternative 2 gestaltet, sind Teilfeststellungen des erreichten Standes vorzunehmen.

Art. 21 Schwerbehinderte Menschen

(1) 1Von schwerbehinderten Menschen darf bei der Einstellung nur das Mindestmaß körperlicher Eignung für die vorgesehene Tätigkeit verlangt werden. 2Entsprechendes gilt bei der Übertragung von Dienstposten und bei Beförderungen, soweit es die Anforderungen des Dienstpostens zulassen. 3Schwerbehinderte Menschen haben bei der Einstellung Vorrang vor gesetzlich nicht bevorrechtigten Personen bei im Wesentlichen gleicher Eignung, Befähigung und fachlicher Leistung. 4Dies gilt auch bei internen Stellenbesetzungen.

(2) Bei der Beurteilung der Leistung schwerbehinderter Beamter und Beamtinnen ist eine eventuelle Minderung der Arbeits- und Verwendungsfähigkeit durch ihre Behinderung zu berücksichtigen.

(3) Abs. 1 Satz 1 gilt entsprechend bei einem Wechsel von Polizeivollzugsbeamten und Polizeivollzugsbeamtinnen, die polizeidienstunfähig sind (Art. 128 Abs. 2 BayBG), in eine andere Fachlaufbahn oder in einen anderen fachlichen Schwerpunkt.

Teil 2
Regelbewerber und Regelbewerberinnen

Abschnitt 1
Gemeinsame Vorschriften

Unterabschnitt 1
Prüfungen

Art. 22 Arten der Prüfungen, Prüfungsgrundsätze, Prüfungsordnungen, besondere Auswahlverfahren, Verordnungsermächtigung

(1) 1Die Prüfungen sind Einstellungs-, Zwischen- und Qualifikationsprüfungen. 2Das Vorliegen der persönlichen Eignung für öffentliche Ämter, insbesondere soziale Kompetenz, Kommunikationskompetenz sowie Organisationskompetenz kann Gegenstand von Prüfungen nach Satz 1 oder eines gesonderten wissenschaftlich fundierten Auswahlverfahrens, insbesondere eines Assessment-Centers oder eines strukturierten Interviews, sein (Abs. 9).

(2) 1Prüfungen und das besondere Auswahlverfahren können als schriftliche, mündliche, digitale oder praktische Aufsichtsarbeiten oder als weitere selbstständige Arbeiten, insbesondere Hausarbeiten, abgelegt werden. 2Aufsichtsarbeiten und die in Abs. 1 Satz 2 Alternative 2 genannten Verfahren können auf Grundlage einer Rechtsverordnung als elektronische Präsenzprüfung oder als elektronische Fernprüfung durchgeführt werden.

(3) 1Regelbewerber und Regelbewerberinnen haben, mit Ausnahme für den Einstieg in der ersten Qualifikationsebene, eine Einstellungsprüfung abzulegen. 2Bei einem Einstieg in der zweiten und dritten Qualifikationsebene (Art. 7 Abs. 1) kann an die Stelle der Einstellungsprüfung ein besonderes Auswahlverfahren (Abs. 8) treten, das eine angemessene Berücksichtigung schulischer Leistungen vorsieht. 3Für einzelne gebildete fachliche Schwerpunkte kann durch Rechtsverordnung nach Art. 67 von einer Ein-

stellungsprüfung und von einem besonderen Auswahlverfahren abgesehen werden. 4Soweit nach Durchführung des besonderen Auswahlverfahrens aufgrund bestehender Erfahrungen konkret absehbar wird, dass sich voraussichtlich nicht alle verfügbaren Plätze im Vorbereitungsdienst besetzen lassen werden, kann die zuständige Einstellungsbehörde anstelle einer Einstellungsprüfung ein Zweite-Chance-Verfahren gemäß Abs. 10 durchführen.

(4) 1Die Prüfungen und die besonderen Auswahlverfahren dienen der Auswahl und haben Wettbewerbscharakter. 2Sie müssen so angelegt sein, dass sie die Eignung der Prüflinge für die angestrebte Fachlaufbahn und Qualifikationsebene ermitteln.

(5) 1Die Ersten Staatsprüfungen, die Erste Juristische Prüfung, die Hochschulprüfungen und die Ersten Lehramtsprüfungen gelten als Einstellungsprüfungen, soweit durch Rechtsverordnung nach Art. 67 für einen Vorbereitungsdienst, der keine allgemeine Ausbildungsstätte nach Art. 12 Abs. 1 Satz 1 des Grundgesetzes ist, nichts anderes bestimmt ist. 2Der Landespersonalausschuss kann auch andere Prüfungen als Einstellungsprüfungen oder als Ersatz für ein Auswahlverfahren anerkennen.

(6) 1Die Einstellungsprüfungen und die besonderen Auswahlverfahren nach Abs. 8 werden im Auftrag des Landespersonalausschusses von der Geschäftsstelle des Landespersonalausschusses oder von der Stelle durchgeführt, der der Landespersonalausschuss die Durchführung der Prüfung überträgt. 2Eine Zusammenfassung verschiedener fachlicher Schwerpunkte innerhalb einer Fachlaufbahn oder von einzelnen Fachlaufbahnen ist möglich. 3Die Dienstherren haben ihren voraussichtlichen Bedarf an Bewerbern und Bewerberinnen unter Angabe der Einstellungsvoraussetzungen öffentlich bekanntzugeben. 4Die Einstellungsprüfungen und die besonderen Auswahlverfahren sind rechtzeitig vor ihrem Beginn öffentlich auszuschreiben. 5Das Nähere regeln Rechtsverordnungen gemäß Abs. 7 und 8.

(7) 1Die Staatsregierung wird ermächtigt, durch Rechtsverordnung im Benehmen mit dem Landespersonalausschuss die Grundsätze des Prüfungsverfahrens nach Abs. 1 Satz 1 sowie die Durchführung elektronischer Fernprüfungen nach Abs. 2 Satz 2 zu regeln. 2Sie regelt insbesondere

1. die Prüfungsorgane,
2. die Form und das Verfahren der Prüfungen,
3. Vorgaben zur eindeutigen Authentifizierung der zu prüfenden Person,
4. Vorgaben zur Verhinderung von Täuschungshandlungen,
5. den Ausschluss von der Teilnahme an Prüfungen und Prüfungsleistungen,
6. die Rechtsfolgen bei besonderen Vorkommnissen, wie insbesondere bei Versäumnis, Rücktritt oder Verhinderung, Unterschleif, Beeinflussungsversuch oder Ordnungsverstoß sowie die Rechtsfolgen bei nachträglich geltend gemachten Mängeln im Prüfungsverfahren,
7. die Grundsätze der Bewertung der Prüfungsleistungen und die Ermittlung des Prüfungsgesamtergebnisses sowie der Platzziffer,
8. die Wiederholung der Prüfung,
9. den Nachteilsausgleich,
10. Abweichungsmöglichkeiten in den Einzelprüfungsbestimmungen.

3In der Rechtsverordnung sind für die Durchführung von elektronischen Fernprüfungen zusätzlich Bestimmungen zu treffen

1. zur Sicherung des Datenschutzes,
2. zur Sicherung persönlicher Leistungserbringung durch die zu prüfende Person während der gesamten Prüfungsdauer,
3. zum Umgang mit technischen Problemen,
4. zu Anpassungsmöglichkeiten in den Einzelprüfungsbestimmungen.

4Die weiteren Prüfungsbestimmungen insbesondere zu den Gegenständen und Anforderungen der Prüfung erlassen die Staatsministerien im Benehmen mit dem Landespersonalausschuss durch Rechtsverordnung.

(8) 1Das besondere Auswahlverfahren regelt die Staatsregierung im Benehmen mit dem Landespersonalausschuss durch Rechtsverordnung. 2Darin ist eine schriftliche oder digitale Prüfung vorzusehen und zu regeln, in welcher Weise die in bestimmten Fächern erzielten

schulischen Leistungen berücksichtigt werden. $_{3}$Dabei kann das Erreichen von ausreichenden Mindestnoten als Einstellungsvoraussetzung vorgesehen werden. $_{4}$Wenn vergleichbare Leistungen nicht in ausreichendem Maß vorliegen, können zusätzliche Prüfungsleistungen gefordert werden. $_{5}$Soweit es die besonderen Verhältnisse erfordern, können die Staatsministerien im Einvernehmen mit dem Staatsministerium der Finanzen und für Heimat und dem Landespersonalausschuss durch Rechtsverordnung ergänzende oder abweichende Regelungen treffen.

(9) $_{1}$Wird ein Auswahlverfahren nach Abs. 1 Satz 2 Alternative 2 durchgeführt, setzt die Einstellung dessen Bestehen voraus. $_{2}$Zuständig für die Durchführung des Verfahrens ist die gemäß Art. 18 BayBG für die Ernennung nach Art. 2 Abs. 1 zuständige Behörde. $_{3}$Diese bestimmt die Mitglieder der Auswahlkommission. $_{4}$Es können nur Beamte und Beamtinnen als Kommissionsmitglieder bestimmt werden, die für die Durchführung des Auswahlverfahrens geschult wurden und mindestens dem von den Bewerbern bzw. Bewerberinnen angestrebten Eingangsamt angehören; im nichtstaatlichen Bereich können auch Tarifbeschäftigte bestimmt werden, die neben der in Halbsatz 1 genannten Schulung mindestens über eine dem angestrebten Eingangsamt entsprechende Qualifikation verfügen. $_{5}$Das zu prüfende Anforderungsprofil setzt die oberste Dienstbehörde fest. $_{6}$Das Ergebnis des Auswahlverfahrens, „geeignet" oder „nicht geeignet", ist den Bewerbern und Bewerberinnen mitzuteilen; auf Verlangen der Bewerber oder Bewerberinnen ist das Ergebnis schriftlich zu begründen. $_{7}$Das Auswahlverfahren nach Abs. 1 Satz 2 Alternative 2 kann einmal wiederholt werden. $_{8}$Die obersten Dienstbehörden können mit Zustimmung des Landespersonalausschusses durch Rechtsverordnung, im nichtstaatlichen Bereich durch Satzung, von den Sätzen 1 bis 7 abweichende oder diese ergänzende Regelungen treffen.

(10) $_{1}$Die im Rahmen des Zweite-Chance-Verfahrens zur Verfügung stehenden Plätze sind auszuschreiben. $_{2}$Gehen mehr Bewerbungen ein, als freie Plätze zur Verfügung stehen, erfolgt die Reihung nach Schulnoten. $_{3}$Dabei kann das Erreichen von ausreichenden Mindestnoten als Einstellungsvoraussetzung vorgesehen werden. $_{4}$Bewerbungen, die im besonderen Auswahlverfahren nur eine errechnete Gesamtnote schlechter als „4,00" erreicht haben, dürfen nicht berücksichtigt werden. $_{5}$Die Staatsministerien werden ermächtigt, das Nähere durch eine Rechtsverordnung zu regeln.

Art. 23 Zulassung zu den Prüfungen

Zu den Prüfungen sind alle Personen zuzulassen, die die hierfür festgelegten Voraussetzungen erfüllen und nach den geltenden Rechtsvorschriften zum Beamten oder zur Beamtin in der Fachlaufbahn, für die die Prüfung abgehalten werden soll, ernannt werden können.

Art. 24 Bekanntmachung von Prüfungen

(1) Die Prüfungen sind rechtzeitig bekannt zu machen.

(2) Das Nähere regeln die Prüfungsbestimmungen.

Unterabschnitt 2
Vorbereitungsdienst

Art. 25 Grundsätze

Auf die Einstellung besteht kein Rechtsanspruch, soweit der Vorbereitungsdienst keine allgemeine Ausbildungsstätte nach Art. 12 Abs. 1 Satz 1 des Grundgesetzes ist.

Art. 26 Einstellung in den Vorbereitungsdienst

(1) $_{1}$Die Auswahl wird nach dem Bedarf und nach dem Gesamtergebnis, das in der Einstellungsprüfung oder in einem besonderen Auswahlverfahren erzielt wurde, vorgenommen, soweit der Vorbereitungsdienst nicht allgemeine Ausbildungsstätte nach Art. 12 Abs. 1 Satz 1 des Grundgesetzes ist. $_{2}$Die Einstellung in den Vorbereitungsdienst erfolgt als Beamter oder als Beamtin auf Widerruf.

(2) $_{1}$Während des Vorbereitungsdienstes führt der Beamte auf Widerruf die Dienstbezeichnung „Anwärter" und die Beamtin auf Widerruf die Dienstbezeichnung „Anwärterin". $_{2}$So-

weit das Eingangsamt der Fachlaufbahn oder des fachlichen Schwerpunkts der Besoldungsgruppe A 13 angehört, lautet die Dienstbezeichnung „Referendar" oder „Referendarin". 3Die Dienstbezeichnung ist mit einem die Fachlaufbahn oder den fachlichen Schwerpunkt bezeichnenden Zusatz zu verbinden.

Art. 27 Gestaltung des Vorbereitungsdienstes

(1) Rechtsverordnungen nach Art. 67 regeln unter Beachtung der für die Fachlaufbahnen und, soweit gebildet, die jeweiligen fachlichen Schwerpunkte und Qualifikationsebenen vorgeschriebenen Voraussetzungen den Vorbereitungsdienst.

(2) Die oberste Dienstbehörde kann den Vorbereitungsdienst um höchstens drei Monate auf Antrag kürzen, wenn besondere dienstliche Gründe vorliegen und zu erwarten ist, dass die Ausbildung erfolgreich abgeschlossen wird.

(3) 1Auf den Vorbereitungsdienst können auf Antrag angerechnet werden

1. ein früherer Vorbereitungsdienst für dieselbe Fachlaufbahn oder denselben fachlichen Schwerpunkt in derselben Qualifikationsebene, der jedoch nicht länger als fünf Jahre zurückliegen darf,
2. Zeiten einer praktischen Tätigkeit, die dem Ziel des Vorbereitungsdienstes dienen, sowie Zeiten einer gastweisen Teilnahme am Vorbereitungsdienst,
3. Zeiten eines förderlichen Studiums an einer Hochschule.

2In den Fällen des Satzes 1 Nr. 2 und 3 ist durch Rechtsverordnung nach Art. 67 festzulegen, in welchem Umfang die Anrechnung vorgenommen werden kann.

(4) 1Bei unzureichendem Stand der Ausbildung kann der Vorbereitungsdienst durch die für die Ernennung zuständige Behörde (Art. 18 BayBG) verlängert werden. 2Der Vorbereitungsdienst gilt als entsprechend verlängert, wenn die Qualifikationsprüfung erst nach Ablauf des vorgeschriebenen Vorbereitungsdienstes beendet wird.

(5) Auf Antrag kann die für die Ernennung zuständige Behörde (Art. 18 BayBG) Beamte und Beamtinnen bei erstmaligem Nichtbestehen der Qualifikationsprüfung zu einem ergänzenden Vorbereitungsdienst zulassen, wenn die bisherigen Leistungen erwarten lassen, dass die Beamten und Beamtinnen die Wiederholungsprüfung bestehen werden.

(6) 1In Rechtsverordnungen nach Art. 67 kann vorgesehen werden, dass Beamte und Beamtinnen, deren Leistungen im Vorbereitungsdienst nicht den für die jeweilige Qualifikationsebene zu stellenden Anforderungen entsprechen, unter näher zu bestimmenden Voraussetzungen in den Vorbereitungsdienst für die nächstniedrigere Qualifikationsebene übernommen werden können. 2Die Entscheidung hierüber obliegt der obersten Dienstbehörde. 3Das Gleiche gilt in den Fällen, in denen die Qualifikationsprüfung endgültig nicht bestanden oder auf die Wiederholungsprüfung verzichtet wurde.

Art. 28 Qualifikationsprüfung, Einstellung in das Beamtenverhältnis auf Probe

(1) 1Die Qualifikationsprüfung (Art. 8 Abs. 3) kann modular aufgebaut sein oder am Ende des Vorbereitungsdienstes stehen. 2Am Ende des Vorbereitungsdienstes müssen Prüfungsteile abgelegt werden, die geeignet sind festzustellen, ob die notwendigen Kenntnisse und Fertigkeiten für die Fachlaufbahn oder den fachlichen Schwerpunkt gegeben sind. 3Die Qualifikationsprüfungen, die zum Einstieg in die vierte Qualifikationsebene berechtigen, sind die Zweiten oder Großen Staatsprüfungen.

(2) 1Wer die vorgeschriebene Qualifikationsprüfung bestanden hat, kann bei Vorliegen der sonstigen beamtenrechtlichen Voraussetzungen in das Beamtenverhältnis auf Probe gemäß § 4 Abs. 3 Buchst. a BeamtStG berufen werden. 2Das Bestehen der Qualifikationsprüfung begründet keinen Anspruch auf Begründung eines Beamtenverhältnisses auf Probe. 3Ist der Vorbereitungsdienst keine allgemeine Ausbildungsstätte nach Art. 12 Abs. 1 Satz 1 des Grundgesetzes, so sollen die Personen, deren Übernahme in das Be-

amtenverhältnis auf Probe beabsichtigt ist, spätestens mit der Aushändigung des Prüfungszeugnisses ernannt werden.

Art. 29 Beendigung des Beamtenverhältnisses auf Widerruf

(1) 1Das Beamtenverhältnis auf Widerruf endet außer in den in §22 Abs. 4 und §23 Abs. 4 BeamtStG geregelten Fällen

1. nach näherer Regelung durch Rechtsverordnung nach Art. 67, wenn die Qualifikationsprüfung nicht binnen einer angemessenen Frist abgelegt worden ist,
2. mit dem endgültigen Nichtbestehen einer vorgeschriebenen Zwischen- oder Modulprüfung.

2In Rechtsverordnungen nach Art. 67 kann vorgesehen werden, dass das Beamtenverhältnis auf Widerruf trotz Vorliegen der Voraussetzungen nach Satz 1 Nr. 1 oder §22 Abs. 4 BeamtStG fortgesetzt wird. 3Im Übrigen werden Beamte und Beamtinnen, die die Ziele des Vorbereitungsdienstes nicht erreichen, entlassen.

(2) 1Prüfungen sind, soweit die Prüfungsordnung keinen früheren Zeitpunkt bestimmt, mit der Zustellung des Prüfungszeugnisses oder der schriftlichen Mitteilung über das Nichtbestehen der Prüfung abgelegt. 2Beamte und Beamtinnen, die die Qualifikationsprüfung erstmals nicht bestanden haben, sollen auf ihren Antrag mit der Mitteilung des Prüfungsergebnisses erneut in das Beamtenverhältnis auf Widerruf berufen werden, wenn die Voraussetzungen des Art. 27 Abs. 5 vorliegen.

Abschnitt 2
Öffentlich-rechtliches Ausbildungsverhältnis

Art. 30 Zulassung

(1) Bewerber und Bewerberinnen für die erste oder zweite Qualifikationsebene können vor dem Vorbereitungsdienst in einem öffentlich-rechtlichen Ausbildungsverhältnis beschäftigt werden.

(2) 1In das öffentlich-rechtliche Ausbildungsverhältnis als Dienstanfänger oder Dienstanfängerin kann nur aufgenommen werden, wer die für die entsprechende Qualifikationsebene des angestrebten fachlichen Schwerpunkts erforderliche Vorbildung nachweist und die jeweilige vorgeschriebene Einstellungsprüfung bestanden oder an dem jeweils vorgeschriebenen besonderen Auswahlverfahren mit Erfolg teilgenommen hat. 2Art. 26 Abs. 1 Satz 1 ist entsprechend anzuwenden.

Art. 31 Begründung des öffentlich-rechtlichen Ausbildungsverhältnisses

1Das öffentlich-rechtliche Ausbildungsverhältnis wird durch die schriftliche Aufnahme als Dienstanfänger oder Dienstanfängerin durch die Stelle begründet, die für die Einstellung in das Beamtenverhältnis auf Widerruf im Vorbereitungsdienst des fachlichen Schwerpunkts zuständig wäre. 2Für die Zuständigkeit gilt Art. 18 BayBG entsprechend.

Art. 32 Dienstpflichten

1Für das öffentlich-rechtliche Ausbildungsverhältnis als Dienstanfänger oder Dienstanfängerin gelten die Vorschriften des Beamtenstatusgesetzes und des Bayerischen Beamtengesetzes über die beamtenrechtlichen Pflichten sinngemäß, soweit sich aus der Natur des Ausbildungsverhältnisses nichts anderes ergibt. 2An Stelle des Diensteides wird folgendes Gelöbnis abgelegt:

„Ich gelobe, meine Dienstpflichten gewissenhaft zu erfüllen."

Art. 33 Beendigung des öffentlich-rechtlichen Ausbildungsverhältnisses

(1) Das Ausbildungsverhältnis endet mit der Berufung in das Beamtenverhältnis auf Widerruf oder durch Entlassung.

(2) 1Dienstanfänger oder Dienstanfängerinnen können jederzeit entlassen werden. 2Sie können jederzeit ihre Entlassung beantragen; Art. 57 Abs. 1 und 2 Satz 1 BayBG sind entsprechend anzuwenden. 3Für die Entlassung ist die in Art. 31 genannte Stelle zuständig.

(3) Ein Dienstanfänger oder eine Dienstanfängerin, der oder die sich während des Ausbildungsverhältnisses bewährt hat, soll bei Vorliegen der sonstigen beamtenrechtlichen Voraussetzungen als Beamter oder Beamtin auf Widerruf in den Vorbereitungsdienst eingestellt werden.

(4) Die für Beamte und Beamtinnen im Vorbereitungsdienst maßgebenden Vorschriften des Bayerischen Beamtengesetzes über die Entlassungsfristen (Art. 56 Abs. 5 BayBG), die maßgebenden Vorschriften des Bayerischen Beamtenversorgungsgesetzes über die Unfallfürsorge sowie Art. 14 BayBG gelten entsprechend.

Abschnitt 3 Qualifikationserwerb für fachliche Schwerpunkte mit Vorbereitungsdienst

Art. 34 Einstellung in den Vorbereitungsdienst bei fachlichen Schwerpunkten mit technischer Ausrichtung

(1) 1Bewerber und Bewerberinnen für fachliche Schwerpunkte mit technischer Ausrichtung müssen für einen Einstieg in der ersten Qualifikationsebene neben den Voraussetzungen des Art. 7 Abs. 1 Satz 1 Nr. 1 die erforderlichen fachlichen Kenntnisse und praktischen Fertigkeiten nachweisen. 2Als Oberwarte und Oberwartinnen können nur Personen eingestellt werden, die eine Abschlussprüfung in einem gesetzlich geregelten, der vorgesehenen Verwendung entsprechenden Ausbildungsberuf abgelegt haben.

(2) 1Bewerber und Bewerberinnen für einen fachlichen Schwerpunkt mit technischer Ausrichtung und Einstieg in der zweiten Qualifikationsebene können abweichend von Art. 7 Abs. 1 Satz 1 Nr. 2 Halbsatz 1 und Art. 22 Abs. 3 Satz 1 in den Vorbereitungsdienst auch eingestellt werden, wenn sie

1. eine Fachakademie oder eine öffentliche oder staatlich anerkannte Technikerschule in einer entsprechenden Fachrichtung erfolgreich besucht haben,
2. die Meister- oder Meisterinnenprüfung in einem der Fachrichtung förderlichen Handwerk oder eine entsprechende Industriemeisterprüfung,
3. eine Abschlussprüfung in einem gesetzlich geregelten, der vorgesehenen Verwendung entsprechenden Ausbildungsberuf und in der Regel eine förderliche praktische Tätigkeit von fünf Jahren nach Beendigung der Berufsausbildung oder
4. eine in einer Ausbildungsordnung vorgeschriebene, im öffentlichen Dienst abgelegte Abschlussprüfung

erfolgreich absolviert haben. 2Die jeweils erforderlichen Anforderungen nach Satz 1 werden durch Rechtsverordnung nach Art. 67 näher festgelegt.

(3) 1Für den Einstieg in der dritten Qualifikationsebene in fachlichen Schwerpunkten mit technischer Ausrichtung, in denen ein Vorbereitungsdienst im Sinn des Art. 35 Abs. 3 Satz 2 und 3 eingerichtet ist, ist abweichend von Art. 7 Abs. 1 Satz 1 Nr. 3 und Art. 22 Abs. 3 Satz 1 ein Diplomabschluss an einer Fachhochschule oder ein Bachelorabschluss in der entsprechenden Fachrichtung oder ein gleichwertiger Diplom- oder Bachelorabschluss einer Berufsakademie nachzuweisen. 2Art. 7 Abs. 2 bleibt unberührt.

Art. 35 Vorbereitungsdienst

(1) 1Der Vorbereitungsdienst für den Einstieg in der ersten Qualifikationsebene dauert mindestens sechs Monate; er umfasst eine theoretische und eine praktische Ausbildung. 2Die oberste Dienstbehörde kann Dienstzeiten im öffentlichen Dienst auf Antrag auf den Vorbereitungsdienst anrechnen, soweit sie dem Ziel der Ausbildung förderlich sind.

(2) 1Für den Einstieg in der zweiten Qualifikationsebene kann abweichend von Art. 8 Abs. 2 Satz 1 Nr. 2 die Dauer des Vorbereitungsdienstes durch Rechtsverordnung nach Art. 67 höchstens auf ein Jahr herabgesetzt werden, wenn

1. für die Einstellung eine abgeschlossene Berufsausbildung innerhalb oder außerhalb des öffentlichen Dienstes, die die notwendigen fachlichen Fähigkeiten und Kenntnis-

se vermittelt, oder eine förderliche zusätzliche Schulbildung erforderlich ist oder
2. es die besonderen Verhältnisse einzelner gebildeter fachlicher Schwerpunkte erfordern;

dabei ist unter Berücksichtigung des Art. 8 Abs. 2 Satz 1 Nr. 2 ein angemessenes Verhältnis zwischen fachtheoretischer und berufspraktischer Ausbildung sicherzustellen. 2Wenn die Voraussetzungen des Satzes 1 erfüllt sind, kann der Vorbereitungsdienst auf die Ausbildung in fachbezogenen Schwerpunktbereichen, verbunden mit praxisbezogenen Lehrveranstaltungen, beschränkt werden.

(3) 1Der Vorbereitungsdienst für den Einstieg in der dritten Qualifikationsebene in fachlichen Schwerpunkten mit nichttechnischer Ausrichtung vermittelt in einem Studiengang an der Hochschule für den öffentlichen Dienst in Bayern die wissenschaftlichen Erkenntnisse und Methoden und in berufspraktischen Studienzeiten die entsprechenden praktischen Fähigkeiten und Kenntnisse, die zur Erfüllung der Aufgaben erforderlich sind; insgesamt drei Monate der berufspraktischen Studienzeiten können auf praxisbezogene Lehrveranstaltungen entfallen, die höchstens 400 Unterrichtsstunden umfassen dürfen. 2Durch Rechtsverordnung nach Art. 67 kann

1. die Dauer des Vorbereitungsdienstes höchstens auf ein Jahr herabgesetzt werden, wenn für die Einstellung ein mit einer Prüfung abgeschlossenes Studium nach Art. 34 Abs. 3 erforderlich ist, in dem die zur Erfüllung der der Fachlaufbahn zugrunde liegenden Aufgaben notwendigen wissenschaftlichen Erkenntnisse und Methoden vermittelt werden,
2. die Vermittlung wissenschaftlicher Erkenntnisse und Methoden im fachlichen Schwerpunkt Unfallversicherung der Fachlaufbahn Verwaltung und Finanzen auf Hochschulen übertragen werden, die für Träger der gesetzlichen Unfallversicherung bei Bund und Ländern ausbilden; dabei können auch die für diese Hochschulen geltenden Studien-, Praktikums- und Prüfungsregelungen für anwendbar erklärt werden.

3Der Vorbereitungsdienst vermittelt in den Fällen des Satzes 2 Nr. 1 in fachbezogenen Schwerpunktbereichen, verbunden mit praxisbezogenen Lehrveranstaltungen, die erforderlichen berufspraktischen Fähigkeiten und Kenntnisse. 4In den Fällen des Satzes 2 Nr. 2 kann in der Rechtsverordnung nach Art. 67 auch vorgesehen werden, dass der Erwerb eines Bachelorabschlusses einer der Hochschulen das Bestehen der Qualifikationsprüfung ersetzt. 5Art. 8 Abs. 2 Satz 2 bleibt unberührt.

(4) 1Der Vorbereitungsdienst für den Einstieg in der vierten Qualifikationsebene vermittelt durch eine Ausbildung auf wissenschaftlicher Grundlage in fachbezogenen Schwerpunktbereichen, verbunden mit praxisbezogenen Lehrveranstaltungen, die erforderlichen berufspraktischen Fähigkeiten und Kenntnisse. 2Nach näherer Bestimmung durch Rechtsverordnung gemäß Art. 67 können auf Antrag Zeiten einer

1. berufspraktischen Tätigkeit, die Voraussetzung für die Ablegung der für die Einstellung erforderlichen Prüfung sind, im Umfang von höchstens einem Jahr,
2. förderlichen berufspraktischen Tätigkeit, die nach Bestehen der für die Einstellung erforderlichen Prüfung abgeleistet worden sind, im Umfang von höchstens sechs Monaten,
3. erfolgreich abgeschlossenen Ausbildung für einen Einstieg in der dritten Qualifikationsebene einer Fachlaufbahn im Umfang von höchstens sechs Monaten,
4. erfolgreich abgeschlossenen Ausbildung für das Lehramt an Realschulen im Umfang von höchstens einem Jahr bei der Ausbildung für das Lehramt an Gymnasien, wenn die gleiche Fächerverbindung vorliegt,

auf den Vorbereitungsdienst angerechnet werden; Art. 15 Abs. 2 ist entsprechend anzuwenden.

Art. 36 Probezeit

(1) 1Die oberste Dienstbehörde kann für Beamte und Beamtinnen mit erheblich über dem Durchschnitt liegenden fachtheoretischen und berufspraktischen Leistungen die Probezeit bis auf ein Jahr kürzen. 2Erheblich über dem Durchschnitt liegende fachtheore-

tische Leistungen können regelmäßig bei Beamten und Beamtinnen angenommen werden, die in der Qualifikationsprüfung

1. mindestens die Gesamtnote „gut" erhalten haben oder
2. eine Platzziffer erreicht haben, die im ersten Fünftel der Zahl der Prüfungsteilnehmer und Prüfungsteilnehmerinnen liegt; dabei darf die Gesamtnote „befriedigend" nicht unterschritten werden.

(2) 1Die oberste Dienstbehörde soll Zeiten einer Tätigkeit im öffentlichen Dienst, die beim Erwerb der für die Fachlaufbahn notwendigen Qualifikation noch nicht berücksichtigt worden sind und die nach Art und Bedeutung mindestens der der Qualifikationsebene in der jeweiligen Fachlaufbahn entsprechenden Tätigkeit genügen, im Umfang von höchstens einem Jahr auf die Probezeit anrechnen. 2In vollem Umfang können Zeiten, die in einem dem Bayerischen Richter- und Staatsanwaltsgesetz unterliegendem Richterverhältnis auf Probe abgeleistet wurden, angerechnet werden. 3Zeiten, die in einem dem Bayerischen Hochschulinnovationsgesetz unterliegenden Beamtenverhältnis auf Widerruf oder auf Zeit abgeleistet wurden, können mit Zustimmung des Landespersonalausschusses in vollem Umfang angerechnet werden, soweit die Tätigkeit funktionell der Tätigkeit während der Probezeit entspricht. 4Art. 15 Abs. 2 ist entsprechend anzuwenden.

(3) 1Die oberste Dienstbehörde kann Zeiten einer Tätigkeit außerhalb des öffentlichen Dienstes nach Erwerb der für die Fachlaufbahn notwendigen Qualifikation, die nach Art und Bedeutung mindestens der der Qualifikationsebene in der jeweiligen Fachlaufbahn entsprechenden Tätigkeit genügen, im Umfang von höchstens einem Jahr auf die Probezeit anrechnen. 2Art. 15 Abs. 2 ist entsprechend anzuwenden.

(4) Außer in den Fällen des Abs. 2 Satz 2 und 3 ist mindestens eine Probezeit von sechs Monaten abzuleisten.

Art. 37 Ausbildungsqualifizierung

(1) Beamte und Beamtinnen, die in der ersten oder zweiten Qualifikationsebene eingestiegen sind, können sich für die Ämter ab der nächsthöheren Qualifikationsebene desselben oder eines verwandten fachlichen Schwerpunkts qualifizieren, wenn sie im Rahmen der Ausbildung (Art. 8 Abs. 1 und Abs. 2 Satz 1 Nrn. 2 und 3) die entsprechende Qualifikationsprüfung bestanden haben.

(2) 1Zur Ausbildungsqualifizierung kann zugelassen werden, wer

1. sich bei einem Einstieg in der ersten Qualifikationsebene in einer Dienstzeit (Art. 15) von mindestens zwei Jahren, in der zweiten Qualifikationsebene von mindestens drei Jahren nach Erwerb der dafür notwendigen Qualifikation bewährt hat,
2. in der nach Art. 56 Abs. 4 verwendbaren periodischen Beurteilung eine positive Feststellung gemäß Art. 58 Abs. 5 Nr. 1 erhalten hat und
3. nach dem Ergebnis des Zulassungsverfahrens nach Abs. 3 erkennen lässt, dass er den Anforderungen in der neuen Qualifikationsebene gewachsen sein wird.

2Die oberste Dienstbehörde kann bei besonders geeigneten Beamten und Beamtinnen die nach Satz 1 Nr. 1 erforderliche Dienstzeit um höchstens ein Jahr kürzen; sie kann ferner bei der Zulassung zur Ausbildungsqualifizierung für die Ämter ab der zweiten Qualifikationsebene vom Erfordernis nach Satz 1 Nr. 3 absehen.

(3) 1In dem Zulassungsverfahren ist festzustellen, ob der Beamte oder die Beamtin nach dem allgemeinen Bildungsstand und den fachlichen Kenntnissen für die Ausbildungsqualifizierung geeignet ist. 2Das Zulassungsverfahren führt das Staatsministerium, das nach Art. 67 für den Erlass der jeweiligen Zulassungs- und Ausbildungsordnung federführend zuständig ist, oder die von ihm beauftragte Stelle bei Bedarf durch. 3Das Zulassungsverfahren kann insbesondere in Form von Prüfungen oder von gesonderten wissenschaftlich fundierten Auswahlverfahren wie Assessment-Center oder strukturierten Interviews durchgeführt werden. 4Das Zulassungsverfahren kann auf Grundlage einer Rechtsverordnung auch als elektronische

II

Fernprüfung durchgeführt werden. 5Die näheren Einzelheiten sind durch Rechtsverordnung nach Art. 67 zu regeln.

(4) 1Die Ausbildungsqualifizierung für die Ämter ab der zweiten Qualifikationsebene kann um höchstens sechs Monate gekürzt werden, wenn der Beamte oder die Beamtin während seiner oder ihrer bisherigen Tätigkeit schon hinreichende Kenntnisse erworben hat, wie sie für die neue Qualifikationsebene gefordert werden. 2Die Ausbildungsqualifizierung für die Ämter ab der dritten Qualifikationsebene kann in ihrem berufspraktischen Teil um höchstens ein Jahr gekürzt werden, wenn während der bisherigen Tätigkeit schon hinreichend Kenntnisse erworben wurden, wie sie für die neue Qualifikationsebene gefordert werden.

(5) Bei endgültigem Nichtbestehen einer Zwischen- oder der Qualifikationsprüfung, sind wieder Dienstgeschäfte des bisherigen Amtes zu übertragen.

(6) 1Ist für die nächsthöhere Qualifikationsebene keine Qualifikationsprüfung vorgesehen, legt die oberste Dienstbehörde andere gleichwertige Qualifizierungsmaßnahmen fest. 2Die in Art. 8 und 35 festgelegten Bildungsziele sind dabei zu berücksichtigen. 3Die Zuständigkeit nach Satz 1 kann die oberste Dienstbehörde auf den Landespersonalausschuss übertragen.

Abschnitt 4
Sonstiger Qualifikationserwerb für eine Fachlaufbahn

Art. 38 Gestaltungsgrundsätze

(1) 1In Fachlaufbahnen kann, soweit ein dienstliches Bedürfnis besteht, auch eingestellt werden, wer

1. die Qualifikation durch ein abgeschlossenes Studium an einer Hochschule mit anschließender praktischer Tätigkeit gemäß Art. 39 erworben hat oder
2. die Voraussetzungen nach Abs. 2 erfüllt.

2Die Qualifikationsvoraussetzungen müssen den für die betreffende Qualifikationsebene allgemein vorgeschriebenen Voraussetzungen gleichwertig sein.

(2) Nach näherer Regelung durch Rechtsverordnung nach Art. 67 können die obersten Dienstbehörden mit Zustimmung des Landespersonalausschusses

1. Studiengänge oder Bildungsabschlüsse als Qualifikationsvoraussetzung benennen und den Fachlaufbahnen zuordnen,
2. nähere Bestimmungen über praktische Tätigkeiten, die einem Amt der angestrebten Qualifikationsebene entsprechen müssen, treffen, sowie
3. bei Bedarf weitere Voraussetzungen verlangen.

Art. 39 Qualifikationsvoraussetzungen

(1) Die Qualifikation für eine Fachlaufbahn wird bei einem Einstieg in der dritten Qualifikationsebene erworben durch

1. einen Diplomabschluss an einer Fachhochschule, einen Bachelorabschluss oder einen gleichwertigen Diplom- oder Bachelorabschluss einer Berufsakademie in einem für die jeweilige Fachlaufbahn und den vorgesehenen Verwendungsbereich fachlich geeigneten Studiengang und
2. eine hauptberufliche Tätigkeit (Abs. 3) nach Abschluss des Studiums von mindestens drei Jahren.

(2) Die Qualifikation für eine Fachlaufbahn wird bei einem Einstieg in der vierten Qualifikationsebene erworben durch

1. einen in Art. 7 Abs. 1 Satz 1 Nr. 4 geforderten Abschluss in einem für die jeweilige Fachlaufbahn und den vorgesehenen Verwendungsbereich fachlich geeigneten Studiengang und
2. eine hauptberufliche Tätigkeit (Abs. 3) nach Abschluss des Studiums von mindestens drei Jahren, bei zusätzlichem Nachweis der Promotion von mindestens zwei Jahren nach der Promotion.

(3) 1Die hauptberufliche Tätigkeit muss

1. nach ihrer Fachrichtung der für den Qualifikationserwerb geforderten Bildungsvoraussetzung, der Fachlaufbahn und dem beabsichtigten Verwendungsbereich, auch

hinsichtlich Bedeutung und Schwierigkeit, entsprechen und

2. im Hinblick auf die Aufgaben des Verwendungsbereichs in der angestrebten Fachlaufbahn die Fähigkeit zu fachlich selbständiger Berufsausübung erwiesen haben.

2Ein Jahr der hauptberuflichen Tätigkeit soll auf eine Beschäftigung im öffentlichen Dienst entfallen. 3Art. 15 Abs. 2 ist entsprechend anzuwenden. 4Soweit es die besonderen Verhältnisse erfordern, kann die jeweils zuständige oberste Dienstbehörde abweichende Regelungen treffen. 5Wird als Bildungsvoraussetzung ein Studienabschluss aus dem Studienbereich Informatik verlangt und nachgewiesen, kann bei einer Entscheidung gemäß Satz 4 auf die hauptberufliche Tätigkeit ganz oder teilweise verzichtet werden.

Art. 40 Feststellung des Qualifikationserwerbs

1Die zuständige oberste Dienstbehörde stellt fest, ob auf Grund der nach Art. 39 zu fordernden Nachweise die Qualifikation für eine Fachlaufbahn erworben wurde. 2Dabei legt sie den Zeitpunkt des Qualifikationserwerbs, die Fachlaufbahn sowie die Qualifikationsebene fest.

Abschnitt 5
Qualifikation von Bewerbern und Bewerberinnen aus Mitgliedstaaten

Art. 41 Qualifikation auf Grund der Richtlinie 2005/36/EG

(1) Die Qualifikation für eine Fachlaufbahn kann auch auf Grund der Richtlinie 2005/36/EG erworben werden.

(2) 1Die angemessene Beherrschung der deutschen Sprache in Wort und Schrift ist Voraussetzung für eine Einstellung. 2Sprachkenntnisse können überprüft werden, wenn erhebliche und konkrete Zweifel daran bestehen, dass sie für die berufliche Tätigkeit ausreichen. 3Eine Überprüfung darf erst nach Anerkennung der Berufsqualifikation durch die Ernennungsbehörde vorgenommen werden und muss in angemessenem Verhältnis zur auszuübenden Tätigkeit stehen.

Art. 42 Anwendungsbereich

(1) 1Die Art. 43 bis 51 gelten für die Anerkennung von in anderen Mitgliedstaaten erworbenen Berufsqualifikationen als Qualifikation für eine Fachlaufbahn entsprechend der Richtlinie 2005/36/EG. 2Unberührt bleibt der Grundsatz der automatischen Anerkennung auf Grund der Regelungen in den Art. 21 ff. der Richtlinie 2005/36/EG und der Grundsatz der Anerkennung von Berufserfahrung nach Titel III Kapitel II der Richtlinie 2005/36/EG.

(2) Mitgliedstaat im Sinn dieses Gesetzes ist

1. jeder Mitgliedstaat der Europäischen Union,
2. jeder andere Vertragsstaat des Abkommens über den Europäischen Wirtschaftsraum und
3. jeder andere Vertragsstaat, dem Deutschland und die Europäische Union vertraglich einen Rechtsanspruch auf Anerkennung von Berufsqualifikationen eingeräumt haben.

(3) Art. 16 des Bayerischen Berufsqualifikationsfeststellungsgesetzes ist anwendbar.

Art. 43 Anerkennung

(1) Ist der Beruf in dem anderen Mitgliedstaat reglementiert, sind die Qualifikationsnachweise, die dort erforderlich sind, um in dessen Hoheitsgebiet den Beruf aufnehmen oder ausüben zu dürfen, auf Antrag als Qualifikation für eine dem Beruf entsprechende Fachlaufbahn anzuerkennen.

(2) 1Ist der Beruf in dem anderen Mitgliedstaat nicht reglementiert, ist die Qualifikation dennoch für eine entsprechende Fachlaufbahn anzuerkennen, wenn der Antragsteller oder die Antragstellerin den Beruf dort innerhalb der vorangegangenen zehn Jahre ein Jahr lang in Vollzeit oder während einer entsprechenden Gesamtdauer in Teilzeit ausgeübt hat und im Besitz von Befähigungs- oder Ausbildungsnachweisen ist. 2Diese Nachweise müssen

1. von einer zuständigen Behörde ausgestellt worden sein und

II

2. bescheinigen, dass der Inhaber auf die Ausübung des betreffenden Berufs vorbereitet wurde.

3Die einjährige Berufserfahrung darf nicht gefordert werden, wenn der vorgelegte Qualifikationsnachweis den Abschluss einer reglementierten Ausbildung bestätigt.

(3) 1Die zuständige Behörde (Art. 44 Abs. 1) stellt fest, ob der Qualifikationsnachweis einer Fachlaufbahn oder einem fachlichen Schwerpunkt zuordenbar ist. 2Anhand eines Vergleichs zwischen den Vor- und Ausbildungsvoraussetzungen für eine Fachlaufbahn oder für einen fachlichen Schwerpunkt in der entsprechenden Qualifikationsebene und der vorgelegten Nachweise nach Abs. 1 oder Abs. 2 stellt sie fest, ob ein Defizit im Sinn des Abs. 5 besteht.

(4) Die zuständige Behörde kann den Inhabern eines Qualifikationsnachweises, der nach Art. 11 Buchst. a der Richtlinie 2005/36/EG eingestuft ist, den Qualifikationserwerb verweigern, wenn die zur Ausübung des Berufs im Freistaat Bayern erforderliche Berufsqualifikation unter Art. 11 Buchst. e der Richtlinie 2005/36/EG eingestuft ist.

(5) 1Ausgleichsmaßnahmen (Art. 47) können verlangt werden, wenn

1. die bisherige Ausbildung sich hinsichtlich der beruflichen Tätigkeit auf Fächer bezieht, die sich wesentlich von denen unterscheiden, die im Freistaat Bayern vorgeschrieben sind, oder
2. die Fachlaufbahn oder der fachliche Schwerpunkt die Wahrnehmung eines umfangreicheren Aufgabenfeldes ermöglicht als der reglementierte Beruf im Mitgliedstaat des Antragstellers oder der Antragstellerin, in dem der Qualifikationsnachweis erworben wurde, und wenn sich die im Freistaat Bayern geforderte Ausbildung auf Fächer bezieht, die sich wesentlich von denen unterscheiden, die von den Qualifikationsnachweisen abgedeckt werden, die der Antragsteller oder die Antragstellerin vorlegt.

2Fächer unterscheiden sich wesentlich, wenn die durch sie vermittelten Kenntnisse, Fähigkeiten und Kompetenzen eine wesentliche Voraussetzung für die Ausübung des Berufs sind und die bisherige Ausbildung des Antragstellers oder der Antragstellerin diesbezüglich bedeutende Abweichungen hinsichtlich des Inhalts der für die Qualifikation für die Fachlaufbahn geforderten Ausbildung aufweist.

(6) Ist beabsichtigt, dem Antragsteller oder der Antragstellerin einen Anpassungslehrgang oder eine Eignungsprüfung aufzuerlegen, ist zunächst zu prüfen, ob die im Rahmen der bisherigen Berufspraxis oder durch lebenslanges Lernen erworbenen Kenntnisse, Fähigkeiten und Kompetenzen, die hierfür von einer einschlägigen Stelle formell als gültig anerkannt wurden, den wesentlichen Unterschied ganz oder teilweise ausgleichen können.

(7) Liegen sämtliche Voraussetzungen des Art. 4f der Richtlinie 2005/36/EG vor, so gewährt die zuständige Behörde auf Antrag und auf Einzelfallbasis einen partiellen Zugang zu einer Fachlaufbahn.

Art. 44 Antrag

(1) 1Der Antrag auf Anerkennung ist an die zuständige Behörde zu richten. 2Zuständig ist die oberste Dienstbehörde, in deren Geschäftsbereich die Begründung eines Beamtenverhältnisses angestrebt wird. 3An die Stelle der obersten Dienstbehörde tritt bei kommunalen Körperschaften das Staatsministerium des Innern, für Sport und Integration, bei sonstigen der Aufsicht des Staates unterstehenden Körperschaften, rechtsfähigen Anstalten und Stiftungen des öffentlichen Rechts die Aufsichtsbehörde. 4Die nach Sätzen 2 und 3 zuständige Behörde kann die Zuständigkeit auf den Landespersonalausschuss übertragen. 5Das Informationsportal zu den Einheitlichen Ansprechpartnern (§ 2 Abs. 1 der Ausführungsverordnung Einheitlicher Ansprechpartner) ermöglicht zum Zwecke der elektronischen Verfahrensabwicklung die Verbindung mit den zuständigen Behörden.

(2) Dem Antrag sind beizufügen:

1. ein Nachweis der Staatsangehörigkeit eines Mitgliedstaates,
2. Qualifikationsnachweise,

3. Bescheinigungen oder Urkunden des Heimat- oder Herkunftsstaates darüber, dass keine Straftaten, schwerwiegenden beruflichen Verfehlungen oder sonstige, die Eignung in Frage stellenden Umstände bekannt sind; die Bescheinigungen oder Urkunden dürfen bei ihrer Vorlage nicht älter als drei Monate sein,
4. ein Nachweis, aus dem hervorgeht, zu welcher Berufsausübung der Qualifikationsnachweis im Heimat- oder Herkunftsstaat berechtigt,
5. Bescheinigungen über die Art und Dauer der nach Erwerb des Qualifikationsnachweises in einem Mitgliedstaat ausgeübten Tätigkeiten in der Fachrichtung des Qualifikationsnachweises,
6. Nachweis über Inhalte und Dauer der Studien und Ausbildungen in Form von Studienordnungen, Prüfungsordnungen, Studienbuch oder in anderer geeigneter Weise; aus den Nachweisen müssen die Anforderungen, die zur Erlangung des Abschlusses geführt haben, hervorgehen, sowie
7. eine Erklärung, welche Tätigkeit auf der Grundlage des Qualifikationsnachweises in der öffentlichen Verwaltung angestrebt wird.

(3) 1Bei berechtigten Zweifeln und soweit unbedingt geboten, können beglaubigte Kopien verlangt werden. 2Bestehen berechtigte Zweifel, kann die zuständige Behörde von den zuständigen Behörden des Mitgliedstaats eine Bestätigung der Tatsachen verlangen, dass die Ausübung dieses Berufes durch den Antragsteller oder die Antragstellerin nicht auf Grund eines disziplinarischen Verhaltens oder einer Verurteilung wegen strafbarer Handlungen ausgesetzt oder untersagt wurde. 3Der Informationsaustausch erfolgt über das Binnenmarkt-Informationssystem.

Art. 45 (weggefallen)

Art. 46 Entscheidung

(1) Die zuständige Behörde bestätigt dem Antragsteller oder der Antragstellerin binnen eines Monats den Empfang der Unterlagen und teilt ihm oder ihr gegebenenfalls gleichzeitig mit, welche Unterlagen fehlen.

(2) 1Die Entscheidung über den Antrag ist dem Antragsteller oder der Antragstellerin innerhalb von vier Monaten nach Vorlage der vollständigen Unterlagen schriftlich mitzuteilen. 2In den Fällen einer automatischen Anerkennung nach Art. 21 ff. der Richtlinie 2005/36/EG beträgt die Frist drei Monate. 3Festgestellte Defizite werden dem Antragsteller oder der Antragstellerin schriftlich mitgeteilt. 4Die Mitteilung muss auch Informationen zu den möglichen Ausgleichsmaßnahmen gemäß Art. 47 bis 49 enthalten, insbesondere zu den Prüfungsgebieten im Fall einer Eignungsprüfung, sowie eine Aufforderung zur Ausübung eines bestehenden Wahlrechts (Art. 47). 5Wird eine Ausgleichsmaßnahme auferlegt, ist die Entscheidung entsprechend Art. 14 Abs. 6 der Richtlinie 2005/36/EG zu begründen.

(3) Im Fall einer Anerkennung ist in der schriftlichen Mitteilung darauf hinzuweisen, dass die Anerkennung keinen Anspruch auf Einstellung begründet.

(4) Die Anerkennung ist insbesondere zu versagen, wenn

1. die Voraussetzungen des Art. 43 nicht erfüllt sind,
2. die für die Anerkennung erforderlichen Unterlagen trotz Aufforderung nicht in angemessener Frist vollständig vorgelegt wurden,
3. die festgelegten Ausgleichsmaßnahmen nicht erfolgreich abgeschlossen worden sind oder
4. der Antragsteller oder die Antragstellerin wegen schwerwiegender beruflicher Verfehlungen, Straftaten oder sonstiger Gründe für das Beamtenverhältnis nicht geeignet ist.

Art. 47 Notwendigkeit von Ausgleichsmaßnahmen

(1) Wird eine Ausgleichsmaßnahme auferlegt, hat der Antragsteller oder die Antragstellerin die Wahl zwischen Eignungsprüfung (Art. 48) und Anpassungslehrgang (Art. 49).

(2) Abweichend von Abs. 1 ist ein Qualifikationsnachweis für eine Fachlaufbahn oder einen fachlichen Schwerpunkt, deren oder dessen Ausübung eine genaue Kenntnis des deutschen Rechts erfordert und bei der bzw. dem Beratung oder Beistand in Bezug auf das deutsche Recht ein wesentlicher und beständiger Teil der Berufsausübung ist, beim Einstieg in der dritten oder vierten Qualifikationsebene nur anzuerkennen, wenn mit Erfolg eine Eignungsprüfung abgelegt wurde.

(3) 1Der Antragsteller oder die Antragstellerin muss erfolgreich einen Eignungstest absolvieren, wenn die erforderliche inländische Qualifikation

1. Art. 11 Buchst. c der Richtlinie 2005/36/EG entspricht und er oder sie eine Qualifikation nach Art. 11 Buchst. a der Richtlinie 2005/36/EG besitzt oder
2. Art. 11 Buchst. d oder e der Richtlinie 2005/36/EG entspricht und er oder sie eine Qualifikation nach Art. 11 Buchst. b der Richtlinie 2005/36/EG besitzt.

2Der Antragsteller oder die Antragstellerin muss sowohl einen Anpassungslehrgang als auch eine Eignungsprüfung erfolgreich absolvieren, wenn die erforderliche inländische Berufsqualifikation Art. 11 Buchst. d der Richtlinie 2005/36/EG entspricht und er oder sie eine Qualifikation nach Art. 11 Buchst. a der Richtlinie 2005/36/EG besitzt.

Art. 48 Eignungsprüfung

(1) Die Eignungsprüfung ist eine die beruflichen Kenntnisse, Fähigkeiten und Kompetenzen betreffende staatliche Prüfung, mit der das Potential, die Aufgaben der angestrebten Fachlaufbahn oder des angestrebten fachlichen Schwerpunkts auszuüben, beurteilt wird.

(2) 1Bei fachlichen Schwerpunkten mit Vorbereitungsdienst führt die Eignungsprüfung die für die Durchführung der Qualifikationsprüfung zuständige Behörde durch. 2Bei einem Qualifikationserwerb für eine Fachlaufbahn gemäß Art. 6 Abs. 1 Satz 1 Nr. 2 und Abs. 2 wird die Eignungsprüfung von der obersten Dienstbehörde durchgeführt, bei der die Einstellung angestrebt wird. 3Die Zuständigkeiten nach den Sätzen 1 und 2 können durch die oberste Dienstbehörde auf eine andere Behörde oder den Landespersonalausschuss übertragen werden.

(3) 1Bei fachlichen Schwerpunkten mit Vorbereitungsdienst gelten die in den jeweiligen Ausbildungs- und Prüfungsordnungen genannten Prüfungsgebiete als für den fachlichen Schwerpunkt notwendige Sachgebiete. 2Bei einem Qualifikationserwerb gemäß Art. 6 Abs. 1 Satz 1 Nr. 2 und Abs. 2 sind die Prüfungsgebiete auf Grund eines Vergleichs mit den dem Qualifikationserwerb zugrunde liegenden Prüfungsgebieten der Abschlüsse festzulegen.

(4) 1Die zuständige Behörde vergleicht die für den Qualifikationserwerb für unverzichtbar angesehenen Sachgebiete aus den Ausbildungs- und Prüfungsordnungen mit den Qualifikationen und den Erfahrungen des Antragstellers oder der Antragstellerin, die bereits in einem Mitgliedstaat erworben wurden. 2Anschließend legt die Behörde im Einzelfall, abhängig von den festgestellten Defiziten, den konkreten Inhalt und Umfang der Prüfung, insbesondere die Prüfungsgebiete fest.

(5) 1Die Eignungsprüfung muss dem Umstand Rechnung tragen, dass im Heimat- oder Herkunftsstaat bereits eine entsprechende berufliche Qualifikation vorliegt. 2Die Eignungsprüfung kann auf Grundlage einer Rechtsverordnung als elektronische Fernprüfung durchgeführt werden. 3Eine Eignungsprüfung muss innerhalb von sechs Monaten nach ihrer Wahl oder Festsetzung abgelegt werden können.

Art. 49 Anpassungslehrgang

(1) 1Während des Anpassungslehrgangs werden Aufgaben der angestrebten Fachlaufbahn oder des angestrebten fachlichen Schwerpunkts unter der Verantwortung eines ausgewiesenen Inhabers oder einer ausgewiesenen Inhaberin der angestrebten Qualifikation ausgeübt. 2Der Anpassungslehrgang kann mit einer Zusatzausbildung einhergehen.

(2) 1Für die Durchführung und Organisation des Anpassungslehrgangs ist bei einem Qualifikationserwerb gemäß Art. 6 Abs. 1 Satz 1 Nr. 1 und 2, Abs. 2 die oberste Dienstbehörde zuständig, in deren Geschäftsbereich die Be-

gründung eines Beamtenverhältnisses angestrebt wird. $_{2}$Diese kann eine andere Behörde oder den Landespersonalausschuss mit der Durchführung und Organisation beauftragen. $_{3}$Art. 44 Abs. 1 Satz 3 gilt entsprechend. $_{4}$Mit der gegebenenfalls notwendigen Zusatzausbildung können die in Art. 48 Abs. 2 genannten Stellen beauftragt werden.

(3) $_{1}$Der Anpassungslehrgang dient dazu, die im Vergleich zwischen vorhandener und geforderter Ausbildung fehlenden Qualifikationen zu erwerben. $_{2}$Er darf höchstens drei Jahre dauern. $_{3}$Die konkreten Inhalte und die konkrete Dauer werden unter Berücksichtigung des festgestellten Defizits im Hinblick auf die Erfordernisse der jeweiligen Fachlaufbahn oder des jeweiligen fachlichen Schwerpunkts von der zuständigen Behörde festgelegt. $_{4}$Bei fachlichen Schwerpunkten mit Vorbereitungsdienst darf der Anpassungslehrgang die Dauer des Vorbereitungsdienstes nicht überschreiten.

(4) $_{1}$Die Rechte und Pflichten während des Anpassungslehrgangs werden durch Vertrag zwischen dem Freistaat Bayern und dem Antragsteller oder der Antragstellerin festgelegt. $_{2}$Der Antragsteller oder die Antragstellerin befindet sich während des Anpassungslehrgangs in einem öffentlich-rechtlichen Vertragsverhältnis, welches durch das als Anlage 2 beigefügte Vertragsmuster näher geregelt wird. $_{3}$Der Anpassungslehrgang endet außer mit Ablauf der festgesetzten Zeit vorzeitig auf Antrag oder, wenn schwerwiegende Pflichtverletzungen des Antragstellers oder der Antragstellerin der Fortführung entgegenstehen. $_{4}$Wenn schwerwiegende Pflichtverletzungen der Fortführung des Anpassungslehrgangs entgegenstehen, wird der Vertrag schriftlich und mit sofortiger Wirkung durch die zuständige Behörde nach Abs. 2 gekündigt.

(5) $_{1}$Der Lehrgang ist Gegenstand einer Bewertung. $_{2}$Zur Bewertung wird die Notenskala des § 28 Abs. 6 der Allgemeinen Prüfungsordnung (APO) herangezogen. $_{3}$Werden die Leistungen nicht mindestens mit der Gesamtnote „ausreichend" bewertet, ist der Anpassungslehrgang nicht bestanden.

Art. 50 Abschluss des Anerkennungsverfahrens

$_{1}$Mit erfolgreichem Abschluss des Anerkennungsverfahrens wird die Qualifikation für eine Fachlaufbahn erworben. $_{2}$Gegebenenfalls ist der fachliche Schwerpunkt, soweit gebildet, festzustellen.

Art. 51 Berufsbezeichnung

Sofern mit der Qualifikation nach den allgemeinen gesetzlichen Bestimmungen die Befugnis verbunden ist, eine Bezeichnung zu führen, wird diese als Berufsbezeichnung geführt.

Teil 3
Andere Bewerber und Bewerberinnen

Art. 52 Qualifikationsvoraussetzungen

(1) $_{1}$Andere Bewerber und Bewerberinnen (Art. 4 Abs. 2) können berücksichtigt werden, wenn an der Gewinnung ein besonderes dienstliches Interesse besteht. $_{2}$Sie erwerben die Qualifikation für eine Fachlaufbahn durch Lebens- und Berufserfahrung. $_{3}$Die für Regelbewerber und Regelbewerberinnen erforderlichen Voraussetzungen für den Qualifikationserwerb (Art. 6 Abs. 1) dürfen von ihnen nicht gefordert werden.

(2) $_{1}$Die oberste Dienstbehörde stellt bei ihnen die Fachlaufbahn, einen gebildeten fachlichen Schwerpunkt sowie die Qualifikationsebene fest. $_{2}$Bei der Feststellung der Qualifikation nach Satz 1 dürfen keine geringeren Anforderungen gestellt werden als sie von Regelbewerbern und Regelbewerberinnen gefordert werden. $_{3}$Die oberste Dienstbehörde kann die Zuständigkeit nach Satz 1 auf den Landespersonalausschuss übertragen.

Art. 53 Probezeit

$_{1}$Die oberste Dienstbehörde kann für Beamte und Beamtinnen bei erheblich über dem Durchschnitt liegenden Leistungen die Probezeit bis auf ein Jahr kürzen. $_{2}$Ferner kann die oberste Dienstbehörde Zeiten einer hauptberuflichen Tätigkeit, die nach Art und Bedeutung mindestens einer Tätigkeit in einem Amt der betreffenden Fachlaufbahn und

Qualifikationsebene entsprechen, im Umfang von höchstens einem Jahr auf die Probezeit anrechnen. 3Art. 15 Abs. 2 ist entsprechend anzuwenden.

II

Teil 4
Dienstliche Beurteilung

Art. 54 Arten der dienstlichen Beurteilung

(1) 1Dienstliche Beurteilungen sind die Einschätzung während der Probezeit, die Probezeitbeurteilung, die periodische Beurteilung, die Zwischenbeurteilung und die Anlassbeurteilung. 2Die obersten Dienstbehörden können durch Verwaltungsvorschrift weitere dienstliche Beurteilungen zulassen.

(2) Keine dienstlichen Beurteilungen sind die Zwischen- und Abschlusszeugnisse der Beamten und Beamtinnen auf Widerruf im Vorbereitungsdienst.

Art. 55 Einschätzung während der Probezeit sowie Probezeitbeurteilung

(1) 1Nach der Hälfte der regelmäßigen Probezeit ist eine Einschätzung der Eignung, Befähigung und fachlichen Leistung vorzunehmen. 2Sofern an dem erfolgreichen Abschluss der Probezeit Zweifel bestehen, sind diese, ihre Ursachen und die Möglichkeiten der Abhilfe deutlich herauszustellen. 3Wenn eine Verkürzung der Probezeit nach Art. 36 Abs. 1 oder nach Art. 53 Satz 1 in Betracht kommt, ist dazu in der Einschätzung Stellung zu nehmen.

(2) 1Bis zum Ablauf der Probezeit erfolgt die Probezeitbeurteilung. 2In dieser sind Eignung, Befähigung und fachliche Leistung im Hinblick auf die Aufgaben der Fachlaufbahn und, soweit gebildet, des fachlichen Schwerpunkts und als Grundlage für die Übernahme in das Beamtenverhältnis auf Lebenszeit zu beurteilen.

(3) Die nähere Ausgestaltung der Einschätzung und der Probezeitbeurteilung wird durch Verwaltungsvorschriften gemäß Art. 15 BayBG geregelt.

Art. 56 Periodische Beurteilung

(1) 1Fachliche Leistung, Eignung und Befähigung sind mindestens alle vier Jahre dienstlich zu beurteilen (periodische Beurteilung). 2Dies gilt nicht für Beamte und Beamtinnen auf Widerruf im Vorbereitungsdienst und während der Probezeit nach § 4 Abs. 3 Buchst. a BeamtStG. 3Satz 1 gilt auch für Beamte und Beamtinnen, die nach Art. 15 Abs. 4 Satz 1 Nr. 3 zur Ausübung einer Tätigkeit bei Fraktionen, kommunalen Vertretungskörperschaften oder kommunalen Spitzenverbänden beurlaubt wurden.

(2) 1Die periodische Beurteilung kann zurückgestellt werden, wenn

1. gegen den Beamten oder die Beamtin ein gerichtliches Strafverfahren, ein Disziplinarverfahren, Vorermittlungen oder ein strafrechtliches Ermittlungsverfahren eingeleitet worden ist, oder
2. ein sonstiger in der Person liegender wichtiger Grund besteht.

2Nach dem rechtskräftigen Abschluss des Verfahrens, der Einstellung der Ermittlungen oder dem Wegfall des sonstigen wichtigen Grundes ist die periodische Beurteilung nachzuholen.

(3) Nicht periodisch beurteilt werden Beamte und Beamtinnen in einem Amt der Besoldungsgruppe A 16 mit Amtszulage und höher.

(4) 1Wird als Grundlage bei der Übertragung höherwertiger Dienstposten nach Art. 16 Abs. 1 Satz 3 oder bei Beförderungen nach Art. 17 Abs. 7, Art. 16 Abs. 1 Satz 3 eine periodische Beurteilung herangezogen, ist diese bis zu dem in Verwaltungsvorschriften festzulegenden einheitlichen Verwendungsbeginn der nächsten regulären periodischen Beurteilung zu verwenden. 2Wenn sich während des laufenden periodischen Beurteilungszeitraums erhebliche Veränderungen der tatsächlichen Grundlagen der Beurteilungskriterien ergeben haben, sodass die weitere Verwendung der letzten periodischen Beurteilung bis zum nächsten darauf folgenden einheitlichen Verwendungsbeginn ausnahmsweise nicht mehr sachgerecht wäre, ist die periodische Beurteilung zu aktualisieren. 3Die Aktualisierung er-

folgt nach den gleichen Verfahrensvorschriften wie die reguläre periodische Beurteilung; Satz 1 gilt entsprechend.

Art. 57 Zwischenbeurteilung

Eine Zwischenbeurteilung ist zu erstellen, wenn Beamte oder Beamtinnen mindestens 18 Monate nach dem Ende des der letzten dienstlichen Beurteilung zugrunde liegenden Zeitraums oder der Probezeit die Behörde wechseln, beurlaubt oder vom Dienst freigestellt werden.

Art. 58 Inhalt der periodischen Beurteilung und Zwischenbeurteilung

(1) Der Beurteilung ist eine Beschreibung der Aufgaben, die im Beurteilungszeitraum wahrgenommen wurden, voranzustellen.

(2) 1Die Beurteilung hat die fachliche Leistung in Bezug auf die Funktion und im Vergleich zu den anderen Beamten und Beamtinnen derselben Besoldungsgruppe der Fachlaufbahn und, soweit gebildet, desselben fachlichen Schwerpunkts objektiv darzustellen und außerdem von Eignung und Befähigung ein zutreffendes Bild zu geben. 2Die obersten Dienstbehörden können die Vergleichsgruppe nach Satz 1 durch weitere Kriterien enger bestimmen.

(3) Zu beurteilen ist

1. die fachliche Leistung anhand der Kriterien:
   a) Quantität,
   b) Qualität,
   c) Serviceorientierung, insbesondere gegenüber dem Bürger,
   d) lösungsorientierte Vorgehensweise,
   e) Zusammenarbeit mit Kollegen und Vorgesetzten, und
   f) soweit Beamte und Beamtinnen Führungsaufgaben wahrnehmen, der Führungserfolg,
2. die Eignung anhand der Kriterien:
   a) Auffassungsgabe,
   b) Einsatzbereitschaft,
   c) geistige Beweglichkeit,
   d) pragmatische Arbeitsweise,
   e) Ausschöpfung bestehender Beurteilungs- und Ermessensspielräume,
   f) Entscheidungsfreude und
   g) Führungspotential,
3. die Befähigung anhand der Kriterien:
   a) Fachkenntnisse,
   b) mündliche Ausdrucksfähigkeit,
   c) schriftliche Ausdrucksfähigkeit und
   d) zielorientiertes Verhandlungsgeschick.

(4) 1Die periodische Beurteilung ist mit einer detaillierten Aussage zur Verwendungseignung abzuschließen. 2Sofern eine Verwendung in Führungspositionen in Betracht kommt, ist bei der Verwendungseignung eine differenzierte Aussage zur Führungsqualifikation zu treffen. 3Schließlich ist darzulegen, für welche dienstlichen Aufgaben der Beamte oder die Beamtin in Betracht kommt und welche Einschränkungen gegebenenfalls bestehen.

(5) In der periodischen Beurteilung ist eine Feststellung aufzunehmen, wenn der Beamte oder die Beamtin für

1. die Ausbildungsqualifizierung,
2. die modulare Qualifizierung

in Betracht kommt.

(6) 1Die Staatsministerien und der Oberste Rechnungshof können für ihren Geschäftsbereich oder Teile davon durch Verwaltungsvorschriften weitere oder andere Beurteilungskriterien festlegen und eine vereinfachte Dokumentation der Beurteilung zulassen. 2Die Gemeinden, Gemeindeverbände und die sonstigen unter der Aufsicht des Staates stehenden Körperschaften, Anstalten und Stiftungen des öffentlichen Rechts können für ihren Bereich von Abs. 3 abweichend weitere oder andere Beurteilungskriterien festlegen.

Art. 59 Bewertung und Gesamturteil

(1) 1Die Bewertung erfolgt in einem Punktesystem mit einer Punkteskala von 1 bis 16 Punkten bezüglich der einzelnen Leistungs-, Eignungs- und Befähigungsmerkmale sowie bezüglich des Gesamturteils. 2Die Staatsministerien und der Oberste Rechnungshof können für ihren Geschäftsbereich oder Teile davon durch Verwaltungsvorschrift eine andere Bewertung festlegen. 3Soweit gemäß Satz 2 eine von Satz 1 abweichende Punkteskala festgelegt wird, darf 16 als Höchstpunktzahl nicht überschritten und 7 als Höchstpunktzahl nicht unterschritten werden. 4Verbale Hinweise oder

Erläuterungen zu den einzelnen Merkmalen sind zulässig. $_{5}$Sie sind bei denjenigen Einzelmerkmalen vorzunehmen, deren Bewertung sich gegenüber der letzten periodischen Beurteilung wesentlich verschlechtert hat oder bei denen sich die Bewertung auf bestimmte Vorkommnisse gründet. $_{6}$Die Beurteilung kann ergänzende Bemerkungen zu den Einzelmerkmalen enthalten.

(2) $_{1}$Bei der Bildung des Gesamturteils sind die bei den Einzelmerkmalen vergebenen Wertungen unter Berücksichtigung ihrer an den Erfordernissen des Amtes und der Funktion zu messenden Bedeutung in einer Gesamtschau zu bewerten und zu gewichten. $_{2}$Die für die Bildung des Gesamturteils wesentlichen Gründe sind in den ergänzenden Bemerkungen darzulegen.

Art. 60 Zuständigkeit

(1) $_{1}$Die dienstliche Beurteilung wird, soweit die Dienstaufsicht nicht anderweitig geregelt ist, von der Leitung der Behörde erstellt, der der Beamte oder die Beamtin im Zeitpunkt der dienstlichen Beurteilung angehört. $_{2}$Abgeordnete Beamte und Beamtinnen werden im Einvernehmen mit der Leitung der Behörde beurteilt, an die sie abgeordnet sind; besteht die Abordnung zu einer Dienststelle eines anderen Dienstherrn, erfolgt die Beurteilung im Benehmen mit der Leitung der Behörde, an die sie abgeordnet sind. $_{3}$Bei Beamten und Beamtinnen, die nach Art. 15 Abs. 4 Satz 1 Nr. 3 zur Ausübung einer Tätigkeit bei Fraktionen, kommunalen Vertretungskörperschaften oder kommunalen Spitzenverbänden beurlaubt wurden, erfolgt die Beurteilung im Benehmen mit der Fraktion, der Vertretungskörperschaft oder dem Spitzenverband. $_{4}$Die Leiter und Leiterinnen von Behörden werden von der Leitung der vorgesetzten Dienststelle beurteilt. $_{5}$Die oberste Dienstbehörde kann eine abweichende Regelung treffen, soweit ein dringendes dienstliches Bedürfnis gegeben ist. $_{6}$Bei den Behörden, die den obersten Dienstbehörden unmittelbar nachgeordnet sind, kann der Leiter oder die Leiterin der Behörde die Befugnis zur Beurteilung auf seine oder ihre allgemeine Vertretung übertragen. $_{7}$Im Bereich der kommunalen Dienstherren kann die Behördenleitung die Befugnis zur Beurteilung übertragen, wenn sichergestellt ist, dass die Beurteilung von einer Person erstellt wird, die zumindest die gleiche Qualifikation besitzt, wie die zu beurteilende Person.

(2) $_{1}$Die dienstliche Beurteilung wird von den vorgesetzten Dienstbehörden überprüft. $_{2}$Die Überprüfung soll spätestens nach einer Frist von sechs Monaten nach der ersten Eröffnung abgeschlossen sein. $_{3}$Ist die vorgesetzte Dienstbehörde eine oberste Dienstbehörde, kann sie die Überprüfung der dienstlichen Beurteilungen auf eine nachgeordnete Behörde übertragen. $_{4}$Die obersten Dienstbehörden können für ihren Geschäftsbereich oder Teile davon bestimmen, in welchen Fällen auf die Überprüfung der dienstlichen Beurteilung verzichtet wird.

Art. 61 Eröffnung der dienstlichen Beurteilung

(1) $_{1}$Die dienstliche Beurteilung ist dem Beamten oder der Beamtin zu eröffnen. $_{2}$Sie soll besprochen werden. $_{3}$Die Eröffnung der dienstlichen Beurteilung kann auf Vorgesetzte delegiert werden, die an der Erstellung der Beurteilung wesentlich mitgewirkt haben. $_{4}$Einwendungen sind der vorgesetzten Dienstbehörde mit vorzulegen. $_{5}$Ist die dienstliche Beurteilung durch die vorgesetzte Dienstbehörde abgeändert worden, ist die dienstliche Beurteilung unverzüglich, spätestens aber drei Monate nach einer Überprüfung, nochmals zu eröffnen.

(2) Die Beurteilung ist mit einem Vermerk über ihre Eröffnung zu den Personalakten zu nehmen.

Art. 62 Leistungsfeststellung für die Entscheidungen gemäß Art. 30 BayBesG; Öffnungsklausel für den nichtstaatlichen Bereich zu Art. 67 BayBesG

(1) $_{1}$Leistungsfeststellungen für die Entscheidung gemäß Art. 30 Abs. 3 Satz 1 und 3 BayBesG werden mit der periodischen Beurteilung verbunden. $_{2}$Soweit es für die Anwendung des Art. 30 Abs. 3 Satz 1 und 3 BayBesG erforder-

lich ist, eine periodische Beurteilung jedoch nicht vorgeschrieben ist, hat eine gesonderte Leistungsfeststellung zu erfolgen; Art. 60 und 61 finden entsprechende Anwendung. 3Gegenstand der Leistungsfeststellung sind die Kriterien gemäß Art. 58 Abs. 3 Nr. 1. 4In der Probezeit kann die Leistungsfeststellung mit den Beurteilungen gemäß Art. 55 Abs. 1 Satz 1 und Art. 55 Abs. 2 Satz 1 verbunden werden. 2Sie erfolgt auf Basis der Beurteilung der fachlichen Leistung gemäß Art. 55 Abs. 1 Satz 1 oder Art. 55 Abs. 2 Satz 2.

(2) Erfüllt ein Beamter oder eine Beamtin die Mindestanforderungen im Sinn des Art. 30 Abs. 3 Satz 1 BayBesG, wird dies in der Entscheidung gemäß Abs. 1 Satz 1, 2 oder Satz 4 gesondert festgestellt.

(3) 1Bei der Entscheidung gemäß Art. 30 Abs. 3 Satz 1 BayBesG sind sämtliche zurechenbaren Umstände des Einzelfalls zu berücksichtigen. 2Eine negative Entscheidung darf nur getroffen werden, wenn der Beamte oder die Beamtin rechtzeitig auf die Leistungsmängel ausdrücklich hingewiesen worden ist.

(4) 1Liegen die Voraussetzungen des Art. 30 Abs. 3 Satz 1 BayBesG nicht vor (Stufenstopp), sind die Leistungen in Abständen von jeweils einem Jahr nach Beginn des Stufenstopps erneut zu überprüfen. 2Die gesonderte Leistungsfeststellung nach Satz 1 enthält die Aussage, ob die Leistungen in dem vergangenen Jahr die Voraussetzungen des Art. 30 Abs. 3 Satz 1 BayBesG erfüllt haben; Art. 60 und 61 finden entsprechende Anwendung. 3Abs. 4 gilt entsprechend. 4Wird eine periodische Beurteilung erstellt, gilt Abs. 1 Satz 1.

(5) 1Soweit von Art. 58 Abs. 6 Satz 2, 3 bzw. Art. 59 Abs. 1 Satz 2 Gebrauch gemacht wird, ist jeweils zu regeln, auf welcher Grundlage die Entscheidungen gemäß Abs. 2, 3 und 5 getroffen werden. 2Dabei ist sicherzustellen, dass die Bewertungsmaßstäbe den sich aus den Abs. 2, 3 und 5 ergebenden für die Vergabe einer Leistungsstufe, den regelmäßigen Stufenaufstieg und den Stufenstopp entsprechen.

(6) 1Für die Vergabe einer Leistungsprämie nach Art. 67 BayBesG können Gemeinden, Gemeindeverbände und die sonstigen unter der Aufsicht des Staates stehenden Körperschaften, Anstalten und Stiftungen des öffentlichen Rechts, die an tarifvertragliche Regelungen zum Leistungsentgelt gebunden sind, den tarifvertraglichen Regelungen entsprechende Bestimmungen zur Leistungsbewertung sowie zum Vergabeverfahren unter Mitwirkung der betrieblichen Kommissionen im Sinn des § 18 Abs. 7 Satz 1 des Tarifvertrags für den öffentlichen Dienst (TVöD VKA) vom 13. September 2005, oder dem entsprechender tarifvertraglicher Regelungen auch für die Beamten und Beamtinnen treffen. 2Es kann dabei von Art. 67 Abs. 1 und Art. 68 Abs. 2 BayBesG abgewichen werden. 3Im Fall einer eigenen Regelung muss gewährleistet sein, dass Leistungsbewertung und Vergabeverfahren bei den Beamten und Beamtinnen und den Tarifbeschäftigten desselben Dienstherrn einheitlich erfolgen.

Art. 63 (weggefallen)

Art. 64 Dienstliche Beurteilung von Lehrkräften

1Das zuständige Staatsministerium wird ermächtigt, im Einvernehmen mit dem Staatsministerium der Finanzen und für Heimat für die Beurteilung der staatlichen Lehrkräfte eigene Richtlinien zu erlassen, die von den Vorschriften des Teils 4 mit Ausnahme von Art. 56 Abs. 3 abweichen können. 2Die Richtlinien nach Satz 1 können für Lehrkräfte an kommunalen Schulen entsprechend angewendet werden.

Art. 65 Ausnahmegenehmigungen

Das Staatsministerium des Innern, für Sport und Integration kann für den Bereich der kommunalen Selbstverwaltung von Art. 56 Abs. 4 Satz 3 und Art. 59 abweichende Beurteilungssysteme zulassen.

Teil 5
Fortbildung

Art. 66 Grundsätze der Fortbildung

(1) 1Die dienstliche Fortbildung wird von der obersten Dienstbehörde gefördert und gere-

gelt. $_{2}$Die einzelnen Fortbildungsmaßnahmen werden regelmäßig durch die obersten Dienstbehörden und durch die von ihnen beauftragten Behörden oder Stellen durchgeführt. $_{3}$Die Gelegenheit zur Fortbildung soll möglichst gleichmäßig gegeben werden.

(2) $_{1}$Die Beamten und Beamtinnen sind verpflichtet, an Maßnahmen der Einführungs-, Anpassungs- und Förderungsfortbildung teilzunehmen. $_{2}$Sie sind außerdem verpflichtet, sich selbst fortzubilden, damit sie den Änderungen der Aufgaben und der Anforderungen gewachsen sind.

(3) $_{1}$Wer seine Fähigkeiten und fachlichen Kenntnisse durch geeignete Fortbildung nachweislich wesentlich gesteigert hat, ist zu fördern und soll unter Beachtung der Grundsätze des Art. 16 Gelegenheit erhalten, Fähigkeiten und fachliche Kenntnisse auf einem höherwertigen Dienstposten anzuwenden und hierbei die besondere Eignung zu beweisen. $_{2}$Welche Fortbildungen geeignet sind, regeln die obersten Dienstbehörden.

Teil 6
Schluss- und Übergangsvorschriften

Art. 67 Verordnungsermächtigung

$_{1}$Die Staatsministerien und der Oberste Rechnungshof können im Einvernehmen mit dem Staatsministerium der Finanzen und für Heimat Vorschriften durch Rechtsverordnung erlassen über

1. die Zuordnung zu einer Fachlaufbahn und die Bildung von fachlichen Schwerpunkten,
2. die Zulassung zu einer Fachlaufbahn, zu gebildeten fachlichen Schwerpunkten und zu einer Qualifikationsebene, einschließlich der Festlegung von Höchstaltersgrenzen für die Einstellung in den Polizeivollzugsdienst, die zweite Qualifikationsebene des feuerwehrtechnischen Dienstes und den allgemeinen Vollzugsdienst der Justiz,
3. die Ausbildung und
4. die modulare Qualifizierung.

$_{2}$Dabei sind die in der Richtlinie (EU) 2018/958 getroffenen Vorgaben zu beachten; dies gilt nicht, wenn sich die Vorschriften auf Tätigkeiten beziehen, die im Sinne von Art. 51 des Vertrags über die Arbeitsweise der Europäischen Union (AEUV) dauernd oder zeitweise mit der Ausübung hoheitlicher Gewalt verbunden sind. $_{3}$Vorschriften nach Satz 1 bedürfen der Zustimmung des Landespersonalausschusses. $_{4}$Die Zustimmung nach Satz 3 gilt als erteilt, wenn der Landespersonalausschuss nicht binnen sechs Monaten nach Zugang der im Verfahren nach Art. 3 Abs. 3 abgestimmten Verordnungsentwürfe entscheidet.

Art. 67a Einschränkung von Grundrechten

Auf Grund dieses Gesetzes kann das Grundrecht auf Unverletzlichkeit der Wohnung (Art. 13 des Grundgesetzes und Art. 106 Abs. 3 der Verfassung) eingeschränkt werden.

Art. 68 Ausnahmen, Verordnungsermächtigung

(1) Das Staatsministerium des Innern, für Sport und Integration kann im Einvernehmen mit dem Staatsministerium der Finanzen und für Heimat und nach Anhörung des Landespersonalausschusses durch Rechtsverordnung von Art. 7, 8, 20, 34, 35 und 37 abweichende laufbahnrechtliche Vorschriften für die Feuerwehrbeamten und Feuerwehrbeamtinnen erlassen.

(2) $_{1}$Das Staatsministerium des Innern, für Sport und Integration kann im Einvernehmen mit dem Staatsministerium der Finanzen und für Heimat und nach Anhörung des Landespersonalausschusses durch Rechtsverordnung die Laufbahnen der Polizeivollzugsbeamten und Polizeivollzugsbeamtinnen und der Beamten und Beamtinnen im Sicherheitsbereich des Landesamts für Verfassungsschutz abweichend regeln; hierbei kann die Einheitslaufbahn festgelegt und von Art. 58 Abs. 2 abgewichen werden. $_{2}$Für die Beamten und Beamtinnen der Polizei und des Landesamts für Verfassungsschutz kann das Beurteilungs- und Beförderungsverfahren abweichend von den laufbahnrechtlichen Bestimmungen dieses Gesetzes durch Verwaltungsvorschriften geregelt werden.

Art. 69 (weggefallen)

Art. 70 Übergangsregelungen

(1) 1Für Beamte und Beamtinnen, die noch vor dem 1. April 2009 angestellt wurden, rechnet die Dienstzeit weiterhin ab dem Zeitpunkt der Anstellung; für diese Beamten und Beamtinnen ist die Vorschrift des § 11 Abs. 2 Satz 1 Nr. 2 der Laufbahnverordnung in der Fassung der Bekanntmachung vom 4. März 1996 (GVBl. S. 99, ber. S. 220, BayRS 2030-2-1-2-F), zuletzt geändert durch § 3 des Gesetzes vom 20. Dezember 2007 (GVBl. S. 931), weiterhin anzuwenden. 2Auf Beamte und Beamtinnen, die bereits vor dem 1. Januar 2011 in das Beamtenverhältnis auf Probe gemäß § 4 Abs. 3 Buchst. a BeamtStG berufen worden sind, finden anstelle des Art. 12 Abs. 2 und der Art. 36 und 53 dieses Gesetzes die Art. 38 und 40 des Bayerischen Beamtengesetzes in der bis zum 31. Dezember 2010 geltenden Fassung und die §§ 37, 40, 44, 49, 56 der Laufbahnverordnung vom 1. April 2009 (GVBl. S. 51, BayRS 2030-2-1-2-F) mit der Maßgabe weiterhin Anwendung, dass sich in der laufbahnrechtlichen Entwicklung dieser Beamten und Beamtinnen gegenüber einer Einstellung zum 1. Januar 2011 keine Nachteile ergeben.

(2) 1Die Anrechnung von Erziehungszeiten für vor dem 1. Januar 2011 und nach dem 31. Dezember 2007 geborene Kinder, die über die anzurechnenden Zeiten gemäß § 10 Abs. 3 Satz 3, § 12 Abs. 3 Satz 3, Abs. 4 Satz 1 Nr. 5 der Verordnung über die Laufbahnen der bayerischen Beamtinnen und Beamten (Laufbahnverordnung – LbV) vom 1. April 2009 (GVBl. S. 51, BayRS 2030-2-1-2-F) in der bis zum 31. Dezember 2010 geltenden Fassung hinausgehen, erfolgt nur auf Antrag und mit Wirkung für die Zukunft. 2Für die Anrechnung von Erziehungszeiten für vor dem 1. Januar 2008 geborene Kinder findet § 62 Abs. 4 der Laufbahnverordnung in der Fassung der Bekanntmachung vom 4. März 1996 (GVBl. S. 99, ber. S. 220, BayRS 2030-2-1-2-F), zuletzt geändert durch § 3 des Gesetzes vom 20. Dezember 2007 (GVBl. S. 931), Anwendung. 3Die Anrechnung nach den Sätzen 1 und 2 erfolgt auch für Kinder, die zum 1. Januar 2011 das achte Lebensjahr bereits vollendet haben. 4In den Fällen von Art. 15 Abs. 3 Satz 1 Nr. 3 und Abs. 4 Satz 1 Nr. 5 erfolgt die Anrechnung von Zeiten einer Beurlaubung zur tatsächlichen Betreuung oder Pflege von einem Kind, das das achte Lebensjahr vollendet hat, sowie von einem nach ärztlichem Gutachten pflegebedürftigen sonstigen Angehörigen, nur auf Antrag, wenn die Beurlaubung bereits vor dem 1. August 2015 begonnen hat.

(3) 1Soweit in einzelnen Laufbahnen nach der am 31. Dezember 2010 geltenden Rechtslage Beförderungen ohne Erfüllung der Voraussetzungen des § 41 Abs. 5 und der §§ 46 und 51 der Laufbahnverordnung vom 1. April 2009 (GVBl. S. 51, BayRS 2030-2-1-2-F) möglich waren, kann in Rechtsverordnungen nach Art. 67 von Art. 17 Abs. 6 in entsprechendem Umfang abgewichen werden; Entsprechendes gilt für den Gerichtsvollzieherdienst. 2Für Beamte und Beamtinnen, die den Aufstieg nach § 41 Abs. 5, §§ 46 und 51 der Laufbahnverordnung vom 1. April 2009 absolviert haben und vor dem 1. Januar 2011 in das Eingangsamt der nächsthöheren Laufbahn befördert worden sind, ist Art. 17 Abs. 1 Satz 3 Nr. 2 und 3 Halbsatz 1 für die Beförderung in das nächsthöhere Amt derselben Fachlaufbahn bzw. soweit gebildet desselben fachlichen Schwerpunkts nicht anzuwenden.

(4) Beamte und Beamtinnen, die gemäß § 46 der Laufbahnverordnung in der bis zum 31. Dezember 2010 geltenden Fassung aufgestiegen sind, können sich für Ämter und Dienstposten, die nicht dem bisherigen Verwendungsbereich entsprechen, qualifizieren, wenn sie weitere gemäß Art. 20 erforderliche Qualifizierungsmaßnahmen erfolgreich absolvieren.

(5) 1Art. 15 Abs. 2 gilt nur für Zeiten einer Beschäftigung nach dem 31. März 2009. 2Zeiten vor dem 1. April 2009 berechnen sich nach dem jeweils zu dieser Zeit geltenden Rechtsstand.

(6) (weggefallen)

(7) Der Binnendifferenzierung nach Art. 16 Abs. 2 und Art. 17 Abs. 7 werden nur die Be-

II

urteilungen zugrunde gelegt, deren Beurteilungsstichtag nach dem 1. Januar 2013 liegt, es sei denn auf Grund von Verwaltungsvorschriften werden Beurteilungen erfasst, die zu einem früheren Beurteilungsstichtag erstellt wurden, und bei denen die Anforderungen der Art. 16 Abs. 2 und Art. 17 Abs. 7 bereits Berücksichtigung gefunden haben.

Art. 71 Außerkrafttreten

Art. 39 Abs. 3 Satz 6 und Art. 70a treten mit Ablauf des 31. Dezember 2025 außer Kraft.

Anlage 1

(weggefallen)

Anlage 2
(zu Art. 49)

Vertrag
zwischen dem Freistaat Bayern

vertreten durch ______________________________

und

Herrn/Frau ______________________________
geboren am ______________________________
wohnhaft ______________________________

wird folgender Vertrag geschlossen:

§ 1

Herrn/Frau ______________ wird für die Zeit vom ______________ bis zum ______________ Gelegenheit gegeben, in einem Anpassungslehrgang im Sinn des Art. 3 Abs. 1 Buchst. g, Art. 14 der Richtlinie 2005/36/EG und im Sinn des Art. 49 des Leistungslaufbahngesetzes die Kenntnisse und Fähigkeiten für die Fachlaufbahn bzw. für den fachlichen Schwerpunkt

____

____

zu erwerben, die ihm/ihr nach den festgestellten Defiziten noch fehlen.

§ 2

(1) Der Anpassungslehrgang besteht aus einer berufspraktischen Ausbildung in den Aufgaben der oben genannten Fachlaufbahn bzw. des fachlichen Schwerpunkts unter Anleitung und Verantwortung eines qualifizierten Inhabers oder einer qualifizierten Inhaberin der Fachlaufbahn bzw. des fachlichen Schwerpunkts (Ausbildungsleitung).

(2) Der Anpassungslehrgang umfasst eine Zusatzausbildung in Form von Fortbildungsmaßnahmen, wenn die vorhandenen Defizite nicht im Rahmen der berufspraktischen Tätigkeit ausgeglichen werden können.

(3) 1Folgende Defizite wurden bei Herrn/Frau ______________ festgestellt:

____

____

____

____

____

____

____

2Das Ziel des Anpassungslehrgangs ist die Beseitigung dieser Defizite. 3Die Ausbildungsleitung legt die weiteren Einzelheiten des Anpassungslehrgangs fest. 4Dabei stellt sie durch geeignete Maßnahmen sicher, dass sich

Herr/Frau _______________ die Kenntnisse und Fähigkeiten der in § 1 genannten Fachlaufbahn oder des fachlichen Schwerpunkts in sachgerechter Form aneignen kann.

(4) Er/Sie kann sich in allen Fragen der Durchführung des Anpassungslehrgangs an die Ausbildungsleitung wenden.

§ 3

Dienstobliegenheiten werden nicht übertragen.

§ 4

$_1$Der Anpassungslehrgang endet außer durch Ablauf der festgesetzten Zeit vorzeitig auf Antrag. $_2$Er kann außerdem vorzeitig von Amts wegen beendet werden, wenn schwerwiegende Pflichtverletzungen von

Herrn/Frau _______________ der Fortführung entgegenstehen.

§ 5

Herr/Frau _______________ hat den Anweisungen der Ausbildungsleitung zu folgen; er oder sie wird zu Beginn des Anpassungslehrgangs auf die Pflicht zur Verschwiegenheit hingewiesen.

§ 6

Eine Vergütung oder ein sonstiges Entgelt wird nicht gewährt.

_______________________ , den _______________

____

Unterschrift des Teilnehmers oder der Teilnehmerin des Anpassungslehrgangs	Vertreter/Vertreterin des Freistaats Bayern

II

Verordnung über den fachlichen Schwerpunkt nichttechnischer Verwaltungsdienst in der Fachlaufbahn Verwaltung und Finanzen (Fachverordnung nichttechnischer Verwaltungsdienst – FachV-nVD)

Vom 25. Oktober 2011 (GVBl. S. 553)

Zuletzt geändert durch
Verordnung zur Änderung der Fachverordnung nichttechnischer Verwaltungsdienst
vom 19. September 2024 (GVBl. S. 465)

Inhaltsübersicht

Auf Grund von Art. 22 Abs. 6 Halbsatz 2 und Art. 67 Satz 1 Nrn. 1 bis 3 des Gesetzes über die Leistungslaufbahn und die Fachlaufbahnen der bayerischen Beamten und Beamtinnen (Leistungslaufbahngesetz – LlbG) vom 5. August 2010 (GVBl S. 410, 571, BayRS 2030-1-4-F) erlassen die Bayerischen Staatsministerien des Innern, für Wissenschaft, Forschung und Kunst, für Unterricht und Kultus, für Wirtschaft, Infrastruktur, Verkehr und Technologie, für Umwelt und Gesundheit und für Ernährung, Landwirtschaft und Forsten im Einvernehmen mit dem Bayerischen Staatsministerium der Finanzen und mit Zustimmung des Bayerischen Landespersonalausschusses folgende Verordnung:

Teil 1 Gemeinsame Vorschriften

Abschnitt 1 Allgemeine Bestimmungen

§ 1 Fachlicher Schwerpunkt und Geltungsbereich

(1) In der Fachlaufbahn Verwaltung und Finanzen wird der fachliche Schwerpunkt nichttechnischer Verwaltungsdienst gebildet.

(2) Auf Prüfungen und Leistungsnachweise nach dieser Verordnung sind die Vorschriften der Allgemeinen Prüfungsordnung (APO) anzuwenden, soweit diese Verordnung nichts anderes bestimmt.

§ 2 Aufbau und Ziel der Ausbildung

(1) 1Der Vorbereitungsdienst besteht aus einem berufspraktischen und einem fachtheoretischen Teil. 2Die zur Ausbildungsqualifizierung für die Ämter ab der zweiten und dritten Qualifikationsebene zugelassenen Beamten und Beamtinnen werden gemeinsam mit den Regelbewerbern und Regelbewerberinnen nach den für diese geltenden Bestimmungen ausgebildet und geprüft.

(2) Die Ausbildung vermittelt den Beamten und Beamtinnen die erforderliche Fachkompetenz und Methodenkompetenz sowie die persönlichen und sozialen Kompetenzen für verantwortliches berufliches Handeln.

§ 3 Pflichten

1Die Beamten und Beamtinnen sind zu sorgfältigem und gewissenhaftem Lernen verpflichtet. 2Sie müssen an Berufspraxis und Fachtheorie teilnehmen und die ihnen zur Ausbildung gestellten Aufgaben erfüllen. 3Die erforderlichen Lehr- und Hilfsmittel haben sie selbst zu beschaffen.

§ 4 Dienstbezeichnung

Die zur Ableistung des Vorbereitungsdienstes in das Beamtenverhältnis auf Widerruf berufenen Beamten und Beamtinnen führen für den Einstieg in der zweiten Qualifikationsebene die Dienstbezeichnung „Regierungssekretäranwärter" oder „Regierungssekretäranwärterin", „Polizeisekretäranwärter" oder „Polizeisekretäranwärterin" bzw. „Verwaltungssekretäranwärter" oder „Verwaltungssekretäranwärterin" und für den Einstieg in der dritten Qualifikationsebene die Dienstbezeichnung „Regierungsinspektoranwärter" oder „Regierungsinspektoranwärterin", „Polizeiinspektoranwärter" oder „Polizeiinspektoranwärterin" bzw. „Verwaltungsinspektoranwärter" oder „Verwaltungsinspektoranwärterin".

Abschnitt 2 Berufspraktische Ausbildung

§ 5 Grundsätze

1Im berufspraktischen Teil sollen die Beamten und Beamtinnen in den Ausbildungsbehörden ihrem Ausbildungsstand entsprechend Einzelfälle des Geschäftsablaufs selbstständig behandeln. 2Mit Vertretungen und Aushilfen dürfen sie vor der Qualifikationsprüfung nur kurzzeitig beauftragt werden, wenn dadurch die Ausbildung gefördert wird. 3Die Beamten und Beamtinnen sollen am Publikumsverkehr und nach entsprechender Vorbereitung an Dienstbesprechungen und an Sitzungen von Kollegialorganen teilnehmen. 4Ihnen soll ermöglicht werden, Einrichtungen des öffentlichen Lebens und der Wirtschaft kennenzulernen.

§ 6 Ausbildungsbehörden

(1) 1Die berufspraktische Ausbildung wird an den Ausbildungsbehörden durchgeführt.

$_{2}$Ausbildungsbehörden sind für die Beamten und Beamtinnen

1. der Staatsverwaltung die Landratsämter und die Regierungen,
2. der Bezirke die Bezirke selbst, die Regierungen, die Landratsämter und die kreisfreien Gemeinden,
3. der Landkreise die Landratsämter und die Regierungen,
4. der kreisfreien Gemeinden die Gemeinden selbst,
5. der kreisangehörigen Gemeinden und der Verwaltungsgemeinschaften die Gemeinden beziehungsweise Verwaltungsgemeinschaften selbst sowie die Landratsämter,
6. sonstiger Dienstherren die Behörden des Dienstherrn und die Landratsämter.

(2) Zusätzlich zu Abs. 1 Satz 2 Nr. 1 sind Ausbildungsbehörden für die Beamten und Beamtinnen

1. der allgemeinen inneren Verwaltung das Bayerische Landesamt für Statistik, das Bayerische Landesamt für Asyl und Rückführungen und das Bayerische Landesamt für Datenschutzaufsicht,
2. der Staatsbauverwaltung die Staatlichen Bauämter,
3. der Polizeiverwaltung die Präsidien der Bayerischen Polizei, das Bayerische Landeskriminalamt oder das Bayerische Polizeiverwaltungsamt,
4. aus dem Bereich des Staatsministeriums für Wissenschaft und Kunst die Universitäten und die Hochschulen für angewandte Wissenschaften,
5. aus dem Bereich des Staatsministeriums für Umwelt und Verbraucherschutz das Landesamt für Umwelt, das Landesamt für Gesundheit und Lebensmittelsicherheit, die Kontrollbehörde für Lebensmittelsicherheit und Veterinärwesen sowie die Wasserwirtschaftsämter,
6. aus dem Bereich des Staatsministeriums für Ernährung, Landwirtschaft, Forsten und Tourismus die Ämter für Ernährung, Landwirtschaft und Forsten, die Ämter für ländliche Entwicklung und andere Behörden der Landwirtschafts- bzw. der Forstverwaltung.

(3) $_{1}$Sind nach Abs. 1 und 2 andere Behörden als die des Dienstherrn Ausbildungsbehörden, führen sie die Ausbildung im Rahmen ihrer Leistungsfähigkeit durch. $_{2}$Vor der Zuweisung ist das Einvernehmen mit diesen Ausbildungsbehörden herbeizuführen.

(4) $_{1}$Die Ausbildungsleitstelle kann bestimmen, dass die Beamten und Beamtinnen bei einer anderen staatlichen oder kommunalen Behörde oder bei einem Verwaltungsgericht oder der Landesanwaltschaft Bayern ausgebildet werden. $_{2}$Das Staatsministerium des Innern, für Sport und Integration (Staatsministerium) kann andere Ausbildungsbehörden zulassen, wenn dadurch die Ausbildung gefördert wird. $_{3}$Soweit die Ausbildung nach Satz 1 im Bereich einer anderen obersten Dienstbehörde oder einer anderen juristischen Person des öffentlichen Rechts stattfindet, ist deren Einvernehmen herbeizuführen.

(5) $_{1}$Die Ausbildungsleitstelle kann zulassen, dass bis zu drei Monate der berufspraktischen Ausbildung bei einem privatwirtschaftlichen Unternehmen oder einer geeigneten Stelle im Ausland abgeleistet werden. $_{2}$Das Staatsministerium kann Abweichungen von Satz 1 zulassen, wenn dadurch die Ausbildung gefördert wird.

§ 7 Ausbildungsleitstelle

$_{1}$Die Ernennungsbehörde oder die von ihr bestimmte Behörde ist als Ausbildungsleitstelle für die Durchführung der berufspraktischen Ausbildung bei den Ausbildungsbehörden in ihrem Bereich verantwortlich. $_{2}$Findet die Ausbildung außerhalb dieses Bereichs statt, liegt die Verantwortung bei der jeweiligen Ausbildungsbehörde. $_{3}$Die Ausbildungsleitstelle weist die Beamten und Beamtinnen der Ausbildungseinrichtung und den Ausbildungsbehörden für die einzelnen Ausbildungsabschnitte zu. $_{4}$Bei der Zuweisung an die Ausbildungseinrichtungen bestätigt die Ausbildungsleitstelle das Vorliegen der Zulassungsvoraussetzungen. $_{5}$Die Ausbildungsleitstelle kann den Besuch zusätzlicher Lehrgänge oder Veranstaltungen, die der Ausbildung dienen, anordnen.

§ 8 Ausbildungsleiter und Ausbilder

(1) 1Jede Ausbildungsbehörde bestimmt eine Person, die die Ausbildung leitet. 2Die Ausbildungsleitung und deren Stellvertretung können nur Beamte und Beamtinnen aus dem fachlichen Schwerpunkt nichttechnischer Verwaltungsdienst wahrnehmen, die mindestens ein Amt der Besoldungsgruppe A 10 innehaben sollen, sowie Tarifbeschäftigte, die vergleichbare Tätigkeiten ausüben.

(2) 1Die Ausbildungsleitung steuert die berufspraktische Ausbildung nach Maßgabe eines Ausbildungsplans, der die jeweiligen Ausbildungsbereiche, die Zeiträume der Zuweisungen und die Ausbilder und Ausbilderinnen festlegt. 2Die Beamten und Beamtinnen erhalten jeweils eine Kopie ihres Ausbildungsplans. 3Die Ausbildungsleitung überprüft die Beschäftigungsnachweise und informiert sich über die Ergebnisse der Leistungsnachweise.

(3) Während der berufspraktischen Ausbildung sind die Ausbildungsleitung sowie die Ausbilder und Ausbilderinnen im Rahmen ihrer Ausbildungstätigkeit Vorgesetzte der Beamten und Beamtinnen.

§ 9 Erholungsurlaub

Der Erholungsurlaub soll während der berufspraktischen Ausbildung eingebracht werden.

§ 10 Beschäftigungsnachweis

1Die Beamten und Beamtinnen führen für die Dauer der berufspraktischen Ausbildung jeweils einen Beschäftigungsnachweis. 2Darin haben sie zu vermerken, mit welchen Arbeiten sie in den einzelnen Ausbildungsbereichen beschäftigt worden sind. 3Der Beschäftigungsnachweis ist der Ausbildungsleitung monatlich sowie beim Wechsel des Ausbildungsbereichs und beim Wechsel der Ausbildungsbehörde vorzulegen und von diesen abzuzeichnen.

§ 11 Leistungsberichte

(1) 1Die Ausbilder und Ausbilderinnen erstellen beim Wechsel des Ausbildungsbereichs für die Ausbildungsleitung Berichte über die Eignung, die Fähigkeiten, die praktischen Leistungen, den Fleiß, die Führung und den Stand der Ausbildung der Beamten und Beamtinnen. 2Diese sind den betreffenden Beamten und Beamtinnen zu eröffnen und mit ihnen zu erörtern. 3Die Beamten und Beamtinnen können hierzu eine schriftliche Stellungnahme verfassen. 4Die Ausbildungsleitung übermittelt der Ausbildungsleitstelle die Leistungsberichte einschließlich eventueller Stellungnahmen nach Satz 3 bei jedem Wechsel der Ausbildungsbehörde und am Ende der Ausbildungsabschnitte der berufspraktischen Ausbildung.

(2) 1Die Ausbildungsleitstelle erstellt bei der Ausbildung für den Einstieg in der zweiten Qualifikationsebene am Ende des Praktikums IV, bei der Ausbildung für den Einstieg in der dritten Qualifikationsebene am Ende des Praktikums 3 einen zusammenfassenden Leistungsbericht über die bisher abgeleisteten Praktika, in dem festgestellt wird, ob die Beamten und Beamtinnen das Ziel der berufspraktischen Ausbildung erreicht haben. 2Dabei ist die Gesamtleistung bei der Ausbildung für den Einstieg in der zweiten Qualifikationsebene mit einer Note nach der Notenskala der Allgemeinen Prüfungsordnung, bei der Ausbildung für den Einstieg in der dritten Qualifikationsebene gemäß § 49 zu bewerten. 3Das Ziel der Ausbildung ist nicht erreicht, wenn im zusammenfassenden Leistungsbericht eine schlechtere Bewertung als mit der Note „ausreichend" erfolgt; davon ist beim Einstieg in der dritten Qualifikationsebene das Prüfungsamt spätestens vier Monate nach Ablauf des Praktikums 3 zu unterrichten.

(3) Die Ausbildungsleitstelle kann von der Ausbildungsleitung weitere Leistungsberichte anfordern, die Zusammenfassung mehrerer Leistungsberichte anordnen sowie ihm oder ihr die Erstellung und Erörterung des zusammenfassenden Leistungsberichts übertragen.

(4) 1Die Beamten und Beamtinnen erhalten einen Abdruck ihres zusammenfassenden Leistungsberichts. 2Dieser ist mit ihnen zu erörtern.

Abschnitt 3
Fachtheoretische Ausbildung

§ 12 Ausbildungseinrichtungen

(1) $_{1}$Die fachtheoretische Ausbildung wird an den Ausbildungseinrichtungen durchgeführt. $_{2}$Ausbildungseinrichtungen sind

1. für die Ausbildung für den Einstieg in der zweiten Qualifikationsebene die Bayerische Verwaltungsschule,
2. für die Ausbildung für den Einstieg in der dritten Qualifikationsebene die Hochschule für den öffentlichen Dienst in Bayern, Fachbereich Allgemeine Innere Verwaltung.

(2) Während der fachtheoretischen Ausbildung sind der Leiter oder die Leiterin der jeweiligen Ausbildungseinrichtung sowie die von diesen beauftragten Personen Vorgesetzte der Beamten und Beamtinnen.

§ 13 Prüfungsamt

$_{1}$Bei den Ausbildungseinrichtungen wird jeweils ein Prüfungsamt eingerichtet, dem sämtliche Aufgaben nach § 13 Abs. 3 APO übertragen werden. $_{2}$Die Leitung des Prüfungsamts an der Hochschule für den öffentlichen Dienst in Bayern, Fachbereich Allgemeine Innere Verwaltung, ist vom Fachbereichsleiter oder der Fachbereichsleiterin im Einvernehmen mit dem Staatsministerium zu bestellen.

§ 14 Prüfer

(1) Prüfer und Prüferinnen sind ohne besondere Bestellung die ordentlichen und stellvertretenden Mitglieder des jeweiligen Prüfungsausschusses sowie die hauptamtlichen Lehrpersonen der jeweiligen Ausbildungseinrichtung.

(2) Als Prüfer und Prüferinnen können bestellt werden:

1. andere als die in Abs. 1 genannten Lehrpersonen der Bayerischen Verwaltungsschule und der Hochschule für den öffentlichen Dienst in Bayern, Fachbereich Allgemeine Innere Verwaltung,
2. Beamte und Beamtinnen im fachlichen Schwerpunkt nichttechnischer Verwaltungsdienst sowie
3. Tarifbeschäftigte, die vergleichbar qualifiziert sind.

(3) $_{1}$Die Prüfer und Prüferinnen nach Abs. 2 sollen

1. bei der Ausbildung für den Einstieg in der zweiten Qualifikationsebene mindestens ein Amt der Besoldungsgruppe A 7 innehaben oder vergleichbar qualifiziert sein,
2. bei der Ausbildung für den Einstieg in der dritten Qualifikationsebene mindestens ein Amt der Besoldungsgruppe A 10 innehaben oder vergleichbar qualifiziert sein sowie
3. über eine einschlägige Berufserfahrung verfügen.

$_{2}$Die Prüfer und Prüferinnen werden jeweils im Benehmen mit ihrer Dienstbehörde auf die Dauer von fünf Jahren bestellt.

(4) $_{1}$Außer durch Zeitablauf endet die Prüfereigenschaft mit der Abberufung durch den Prüfungsausschuss. $_{2}$In jedem Fall ist die Prüfereigenschaft bis zum Abschluss der bis dahin bekannt gemachten Prüfungen wirksam.

§ 15 Prüfungskommissionen für die mündliche Prüfung

(1) Zur Abnahme der mündlichen Prüfung im Rahmen der Qualifikationsprüfung werden aus dem Kreis der Prüfer und Prüferinnen Prüfungskommissionen gebildet.

(2) $_{1}$Jede Prüfungskommission besteht aus zwei Mitgliedern. $_{2}$Ein Mitglied führt den Vorsitz, das andere ist beisitzendes Mitglied. $_{3}$Das vorsitzende Mitglied soll mindestens ein Amt der Besoldungsgruppe A 10 innehaben oder vergleichbar qualifiziert sein und über ausreichend Prüfungserfahrung verfügen.

§ 16 Verhinderung

$_{1}$Eine auf Grund einer nicht zu vertretenden Verhinderung nicht oder nicht vollständig abgelegte mündliche Prüfung ist in vollem Umfang nachzuholen. $_{2}$Liegt während der Anfertigung der Diplomarbeit ein Fall einer nicht zu vertretenden Verhinderung von mindestens zwei Wochen vor, verlängert das Prüfungsamt auf Antrag die Bearbeitungszeit um die Zeit der nicht zu vertretenden Verhinderung. $_{3}$In der Verlängerung erfolgt keine Freistellung. $_{4}$Übersteigt die Verhinderung insgesamt die Dauer von zwei Monaten, gilt die Diplomarbeit als nicht abgelegt.

Abschnitt 4
Sonstige Bestimmungen

§ 17 Verlängerung des Vorbereitungsdienstes

$_1$Der Vorbereitungsdienst kann bei unzureichendem Stand der Ausbildung von der Ernennungsbehörde bis zu einem Jahr verlängert werden. $_2$Von einem unzureichenden Stand ist regelmäßig auszugehen, wenn der Beamte oder die Beamtin

1. von einem Ausbildungsabschnitt der fachtheoretischen Ausbildung insgesamt mindestens einen Monat oder von der berufspraktischen Ausbildung insgesamt mindestens zwei Monate versäumt hat, wobei Zeiten des Erholungsurlaubs, einer Dienstbefreiung oder eines Urlaubs nach den §§ 13 bis 15 der Bayerischen Urlaubs- und Mutterschutzverordnung (UrlMV) außer Betracht bleiben, oder
2. nicht zur Qualifikationsprüfung oder Teilen von ihr zugelassen ist.

$_3$Die Ernennungsbehörde bestimmt die zu wiederholenden Ausbildungsabschnitte. $_4$Soweit Ausbildungsabschnitte unterbrochen oder ihr Ziel nicht erreicht wurde, sollen diese wiederholt werden.

§ 18 Ergänzender Vorbereitungsdienst

$_1$Bei erstmaligem Nichtbestehen der Qualifikationsprüfung sollen die Beamten und Beamtinnen im ergänzenden Vorbereitungsdienst in den Arbeitsbereichen eingesetzt werden, in denen ihre Kenntnisse nach den Prüfungsergebnissen zu vertiefen sind. $_2$In der Ausbildung für den Einstieg in der zweiten Qualifikationsebene nehmen die Beamten und Beamtinnen an den der Wiederholungsprüfung vorausgehenden Fachlehrgängen IV und V gemäß § 22 Abs. 1 Nr. 7 und 9 teil. $_3$§ 7 Satz 3 gilt entsprechend.

§ 19 Teilzeit

(1) Während der berufspraktischen Ausbildungsabschnitte des Vorbereitungsdienstes kann gemäß Art. 89 Abs. 5 des Bayerischen Beamtengesetzes eine Teilzeitbeschäftigung mit mindestens 75 %, in Härtefällen 50 %, der regelmäßigen Arbeitszeit bewilligt werden.

(2) $_1$Die reduzierte Arbeitszeit ist auf fünf Tage in der Woche zu verteilen. $_2$In Härtefällen nach Abs. 1 ist eine Verteilung der reduzierten Arbeitszeit auf vier Tage in der Woche möglich.

(3) Eine Verlängerung des Vorbereitungsdienstes nach den Regelungen des § 17 ist damit nicht verbunden.

Teil 2
Ausbildungsqualifizierung für die Ämter ab der zweiten Qualifikationsebene

§ 20 Zulassung

Für Beamte und Beamtinnen, die die in Art. 37 Abs. 2 Satz 1 Nr. 1 Halbsatz 1 und Nr. 2 sowie Satz 2 Halbsatz 2 des Leistungslaufbahngesetzes (LlbG) genannten Voraussetzungen für die Ausbildungsqualifizierung erfüllen, findet kein Zulassungsverfahren statt.

Teil 3
Einstieg in der zweiten Qualifikationsebene

Abschnitt 1
Vorbereitungsdienst

§ 21 Dauer der Ausbildung

$_1$Die fachtheoretische und berufspraktische Ausbildung umfasst insgesamt 24 Monate. $_2$Die Ausbildung beginnt am 1. September.

§ 22 Gliederung der Ausbildung

(1) Die Ausbildung gliedert sich in folgende Ausbildungsabschnitte:

1. Fachlehrgang I: mindestens zwei Monate,
2. Praktikum I: mindestens zwei Monate,
3. Fachlehrgang II: mindestens einen Monat,
4. Praktikum II: zwei bis drei Monate,
5. Fachlehrgang III: mindestens einen Monat,
6. Praktikum III: drei bis vier Monate,
7. Fachlehrgang IV: mindestens einen Monat,
8. Praktikum IV: drei bis vier Monate,

9. Fachlehrgang V: mindestens einen Monat,
10. Praktikum V: drei bis vier Monate.

(2) Vor Beginn der Ausbildung legt die Bayerische Verwaltungsschule Beginn und Ende der fachtheoretischen Ausbildungsabschnitte fest, die insgesamt höchstens 42 Wochen dauern.

§ 23 Leistungsnachweise

(1) 1Im Rahmen der fachtheoretischen Ausbildung haben die Beamten und Beamtinnen alle von der Bayerischen Verwaltungsschule als Leistungsnachweise festgelegten Arbeiten zu fertigen. 2Dabei dürfen nur die von der Bayerischen Verwaltungsschule jeweils zugelassenen Hilfsmittel verwendet werden. 3Können Beamte und Beamtinnen einen Leistungsnachweis aus Gründen, die sie nicht zu vertreten haben, nicht erbringen, haben sie die Verhinderung unverzüglich mitzuteilen und nachzuweisen, im Fall einer Krankheit grundsätzlich durch ein ärztliches Zeugnis. 4Andernfalls wird jeder fehlende Leistungsnachweis mit der Note „ungenügend" bewertet.

(2) 1Die Bayerische Verwaltungsschule leitet unverzüglich nach Beendigung der Fachlehrgänge I bis IV jeweils eine Notenübersicht zu den Leistungsnachweisen an die Ausbildungsleitstellen. 2Mit Beamten und Beamtinnen, die einen schlechteren Notendurchschnitt als „ausreichend" erzielt oder in mehr als der Hälfte der Leistungsnachweise die Note „mangelhaft" oder „ungenügend" erhalten haben, führt die Ausbildungsleitstelle innerhalb von vier Wochen nach Zugang der Notenübersicht ein Beratungsgespräch. 3Darin soll erörtert werden, ob eine Weiterführung der Ausbildung sinnvoll erscheint; auf § 23 Abs. 4 des Beamtenstatusgesetzes soll hingewiesen werden.

§ 24 Inhalt der fachtheoretischen Ausbildung

(1) 1Die fachtheoretische Ausbildung umfasst mindestens 1150 Lehrstunden in Präsenz oder digitaler Form. 2Ein angemessener Teil davon kann als angeleitetes Selbststudium und als Übungen abgehalten werden.

(2) Die fachtheoretische Ausbildung erstreckt sich auf folgende Lehrfächer:

1. Recht:
   a) Grundlagen des Rechts und der Rechtsanwendung einschließlich Allgemeine Einweisung in Lern- und Arbeitstechniken,
   b) Staatsrecht einschließlich Grundzüge des Europarechts,
   c) Allgemeines Verwaltungsrecht, Verwaltungsverfahrensrecht, Grundzüge des Verwaltungsprozessrechts und Verwaltungskostenrechts,
   d) Besonderes Verwaltungsrecht
      aa) Kommunalrecht,
      bb) Recht des öffentlichen Dienstes (einschließlich Arbeits- und Tarifrecht),
      cc) weitere ausgewählte Gebiete,
   e) Privatrecht,
2. Wirtschafts- und Finanzlehre:
   a) Volkswirtschaftslehre,
   b) Verwaltungsbetriebswirtschaftslehre,
   c) Öffentliche Finanzwirtschaft,
   d) Abgabenrecht,
3. Verwaltungslehre:
   a) Kommunikation und Kooperation im beruflichen Umfeld,
   b) Verwaltungsorganisation,
   c) Verwaltungstechnik,
   d) E-Government und Digitalisierung.

(3) Im Rahmen des Lehrfachs Öffentliche Finanzwirtschaft ist für die Beamten und Beamtinnen der Staatsverwaltung die staatliche, für die übrigen Beamten und Beamtinnen die kommunale Wirtschaftsführung Gegenstand der Ausbildung, sofern sich die Ernennungsbehörden im Benehmen mit den Beamten und Beamtinnen nicht für das jeweils andere Lehrfach entscheiden.

Abschnitt 2
Qualifikationsprüfung

Unterabschnitt 1
Zuständigkeit und Prüfungsorgane

§ 25 Durchführung

Die Bayerische Verwaltungsschule führt am Ende des Fachlehrgangs V die Qualifikationsprüfung durch.

II

§ 26 Bildung und Zusammensetzung des Prüfungsausschusses

(1) Die Bayerische Verwaltungsschule bildet einen Prüfungsausschuss.

(2) 1Der Prüfungsausschuss besteht aus

1. einem Mitglied aus dem Staatsministerium, das mindestens ein Amt der Besoldungsgruppe A 14 innehaben soll,
2. einem Mitglied aus der Bayerischen Verwaltungsschule, das mindestens ein Amt der Besoldungsgruppe A 14 innehaben soll,
3. einem Mitglied aus der allgemeinen inneren Staatsverwaltung, das mindestens ein Amt der Besoldungsgruppe A 7 innehat,
4. drei Mitgliedern aus der Kommunalverwaltung. Davon muss ein Mitglied mindestens ein Amt der Besoldungsgruppe A 10 und ein Mitglied mindestens ein Amt der Besoldungsgruppe A 7 innehaben; das weitere Mitglied muss in der zweiten Qualifikationsebene eingestiegen sein.

2Die Mitglieder müssen dem fachlichen Schwerpunkt nichttechnischer Verwaltungsdienst angehören.

(3) Der Vorsitz wird im fünfjährigen Wechsel durch das Mitglied nach Abs. 2 Satz 1 Nr. 1 und einem Mitglied nach Abs. 2 Satz 1 Nr. 4, das mindestens ein Amt der Besoldungsgruppe A 14 innehaben soll, ausgeübt.

(4) 1Die Mitglieder des Prüfungsausschusses sowie ihre stellvertretenden Mitglieder werden von der Bayerischen Verwaltungsschule im Benehmen mit ihrer Dienstbehörde auf die Dauer von fünf Jahren bestellt. 2Die Bestellung der Mitglieder aus der Kommunalverwaltung erfolgt zudem im Benehmen mit den kommunalen Spitzenverbänden.

(5) 1Ist die regelmäßige Amtszeit eines Mitglieds abgelaufen, bleibt es Mitglied des Prüfungsausschusses, bis eine Person als Nachfolger bestellt ist. 2Außer durch Zeitablauf endet die Mitgliedschaft im Prüfungsausschuss

1. mit dem Wechsel des Dienstherrn,
2. mit der Beendigung des Beamtenverhältnisses oder
3. mit der Abberufung durch die Bayerische Verwaltungsschule aus wichtigem Grund.

§ 27 Beschlussfähigkeit und Beschlussfassung des Prüfungsausschusses

(1) 1Der Prüfungsausschuss ist beschlussfähig, wenn alle Mitglieder geladen und mindestens das vorsitzende Mitglied sowie drei weitere Mitglieder, darunter mindestens ein Mitglied, das in der zweiten Qualifikationsebene eingestiegen ist, anwesend sind. 2Beschlüsse können auch im schriftlichen Verfahren gefasst werden, wenn kein Mitglied widerspricht.

(2) 1Der Prüfungsausschuss entscheidet mit Stimmenmehrheit. 2Bei Stimmengleichheit entscheidet die Stimme des vorsitzenden Mitglieds.

(3) 1Sitzungen des Prüfungsausschusses sind nicht öffentlich; Mitglieder des Landespersonalausschusses und Vertreter und Vertreterinnen seiner Geschäftsstelle haben Zutritt. 2Der Prüfungsausschuss kann zu seinen Sitzungen Vertreter der Bayerischen Verwaltungsschule, die mit Ausbildungs- und Prüfungsangelegenheiten befasst sind, mit beratender Funktion zuziehen.

Unterabschnitt 2
Prüfungsanforderungen und Prüfungsverfahren

§ 28 Zulassung und Ladung

(1) Zur Qualifikationsprüfung wird zugelassen, wer auf Grund des zusammenfassenden Leistungsberichts das Ausbildungsziel erreicht hat.

(2) 1Die zugelassenen Prüfungsteilnehmer und Prüfungsteilnehmerinnen werden zum schriftlichen und mündlichen Teil der Qualifikationsprüfung geladen. 2Mit der Ladung werden die zugelassenen Hilfsmittel bekannt gegeben.

§ 29 Prüfungsteile, Prüfungsfächer, Nichtöffentlichkeit

(1) Die Qualifikationsprüfung besteht aus einem schriftlichen und einem mündlichen Teil.

(2) 1Prüfungsfächer sind die Lehrfächer gemäß § 24 Abs. 2. 2Bei der Prüfung liegt das Hauptgewicht auf dem Grundlagen- und Methoden-

wissen. $_{3}$Die Prüfung soll praxisorientiert und fächerübergreifend ausgerichtet sein.

(3) $_{1}$Die Qualifikationsprüfung ist nicht öffentlich; Mitglieder des Landespersonalausschusses und Vertreter und Vertreterinnen seiner Geschäftsstelle haben Zutritt. $_{2}$Bei der mündlichen Prüfung können bis zur Beratung der Prüfungsergebnisse Vertreter und Vertreterinnen der beteiligten Staatsministerien, der Bayerischen Verwaltungsschule und der kommunalen Spitzenverbände anwesend sein.

§ 30 Schriftliche Prüfung

(1) In der schriftlichen Prüfung haben die Prüfungsteilnehmer und Prüfungsteilnehmerinnen unter Aufsicht in einer Bearbeitungszeit von jeweils drei Stunden im Rahmen der Prüfungsfächer nach § 29 Abs. 2 Satz 1 sechs Aufgaben zu fertigen, davon

1. eine Aufgabe mit dem Schwerpunkt aus dem Lehrfach Kommunalrecht,
2. mindestens eine Aufgabe aus der Lehrfachgruppe Wirtschafts- und Finanzlehre,
3. mindestens eine Aufgabe mit dem Schwerpunkt aus den weiteren ausgewählten Gebieten des besonderen Verwaltungsrechts.

(2) $_{1}$Die Aufgaben sollen an aufeinanderfolgenden Arbeitstagen gefertigt werden. $_{2}$Pro Tag darf nur eine Aufgabe gestellt werden.

§ 31 Mündliche Prüfung

(1) $_{1}$Die mündliche Prüfung findet im Anschluss an die schriftliche Prüfung statt. $_{2}$An der mündlichen Prüfung darf nur teilnehmen, wer mindestens vier Aufgaben der schriftlichen Prüfung bearbeitet hat.

(2) Die mündliche Prüfung dient der Feststellung der Kompetenzen nach § 2 Abs. 2.

(3) $_{1}$Die Prüfung erfolgt in Form einer Einzelprüfung. $_{2}$Die Prüfungsteilnehmer und Prüfungsteilnehmerinnen haben eine konkrete Praxissituation zu bewältigen und Fragen zu beantworten. $_{3}$Die Gesamtprüfungsdauer beträgt 30 Minuten; hiervon entfallen 20 Minuten auf die Praxissituation. $_{4}$Der Fragenteil kann sich entweder auf die Praxissituation oder auf Kenntnisse aus den übrigen Lehrfächern erstrecken.

(4) $_{1}$In der mündlichen Prüfung wird eine Einzelnote für die Beantwortung der Fragen und eine Einzelnote für die Bewältigung der Praxissituation erteilt. $_{2}$Bei der Praxissituation sind die Kompetenzen nach § 2 Abs. 2 zu bewerten. $_{3}$Die Mitglieder der Prüfungskommission setzen die beiden Einzelnoten in gemeinsamer Beratung fest. $_{4}$Die Einzelnoten errechnen sich jeweils aus dem Durchschnitt der Bewertungen beider Mitglieder. $_{5}$Die Einzelnoten sind auf zwei Dezimalstellen zu berechnen; die dritte Dezimalstelle bleibt unberücksichtigt.

§ 32 Gesamtnoten, Gesamtprüfungsnote

(1) $_{1}$Für die schriftliche Prüfung und die mündliche Prüfung werden Gesamtnoten gebildet. $_{2}$Die Gesamtnote der schriftlichen Prüfung wird errechnet aus der Summe der Einzelnoten, geteilt durch deren Anzahl. $_{3}$Die Gesamtnote der mündlichen Prüfung wird errechnet aus der zweifachen Einzelnote für die Bewältigung der Praxissituation und der einfachen Einzelnote für die Beantwortung der Fragen, geteilt durch drei. $_{4}$Die Gesamtnoten sind auf zwei Dezimalstellen zu berechnen; die dritte Dezimalstelle bleibt unberücksichtigt.

(2) $_{1}$Die Gesamtprüfungsnote wird errechnet aus der Summe der sechsfachen Gesamtnote der schriftlichen Prüfung, der dreifachen Gesamtnote der mündlichen Prüfung und der Durchschnittsnote der Leistungsnachweise nach § 23, geteilt durch zehn. $_{2}$Die Durchschnittsnote der Leistungsnachweise wird auf zwei Dezimalstellen berechnet; die dritte Dezimalstelle bleibt unberücksichtigt.

§ 33 Nichtbestehen

Die Qualifikationsprüfung ist nicht bestanden, wenn

1. mehr als die Hälfte der schriftlichen Prüfungsarbeiten schlechter als „ausreichend" bewertet worden ist oder
2. die Gesamtprüfungsnote schlechter als „ausreichend" ist.

§ 34 Bekanntgabe der Ergebnisse

(1) Das vorsitzende Mitglied der Prüfungskommission für die mündliche Prüfung gibt

den Prüfungsteilnehmern und Prüfungsteilnehmerinnen unmittelbar nach der Feststellung des Prüfungsergebnisses die Einzelnoten und die Gesamtnote der mündlichen Prüfung bekannt.

(2) Prüfungsteilnehmer und Prüfungsteilnehmerinnen, die die Qualifikationsprüfung bestanden haben, erhalten ein Prüfungszeugnis, aus dem zu ersehen sind:

1. die Gesamtprüfungsnote nach Notenstufe und Zahlenwert,
2. die Platzziffer mit Angabe der Anzahl aller Prüfungsteilnehmer und Prüfungsteilnehmerinnen und der Zahl derjenigen, die die Prüfung bestanden haben, sowie der Zahl der Prüfungsteilnehmer und Prüfungsteilnehmerinnen mit gleicher Platzziffer,
3. die Einzelnoten als Zahlenwerte für die schriftlichen Prüfungsarbeiten,
4. die Gesamtnote als Zahlenwert der schriftlichen Prüfung,
5. die Gesamtnote als Zahlenwert der mündlichen Prüfung sowie
6. die Durchschnittsnote der Leistungsnachweise.

(3) Prüfungsteilnehmer und Prüfungsteilnehmerinnen, die die Prüfung nicht bestanden haben, erhalten eine Bescheinigung, aus der die Gründe des Nichtbestehens ersichtlich sind.

(4) Prüfungsteilnehmern und Prüfungsteilnehmerinnen wird auf Antrag ein zusätzliches Zeugnis ohne Angabe der Notenstufe und des Zahlenwerts erteilt, dass sie die Prüfung bestanden haben.

(5) Das Prüfungsamt übermittelt dem Staatsministerium spätestens drei Monate nach Abschluss der mündlichen Prüfung eine Auflistung der Prüfungsteilnehmer und Prüfungsteilnehmerinnen nach Prüfungsnoten und Platzziffern.

§ 35 Wiederholung

(1) $_1$Prüfungsteilnehmer und Prüfungsteilnehmerinnen, die die Qualifikationsprüfung nicht bestanden haben oder ihre Prüfungsnote verbessern wollen, können die Prüfung einmal wiederholen. $_2$Die Qualifikationsprüfung muss zum ersten Prüfungstermin wiederholt werden, der auf die Aushändigung oder Zustellung des Prüfungszeugnisses oder der Bescheinigung über das Nichtbestehen der Prüfung folgt.

(2) $_1$Zur Wiederholungsprüfung ist zugelassen, wer sich in einem ergänzenden Vorbereitungsdienst befindet. $_2$Bewerber und Bewerberinnen, die keinen ergänzenden Vorbereitungsdienst ableisten, haben die Zulassung zur Wiederholungsprüfung beim Prüfungsamt zu dem in der Prüfungsbekanntmachung genannten Zeitpunkt zu beantragen. $_3$§ 28 Abs. 2 gilt entsprechend.

(3) Die Teilnahme an der Wiederholungsprüfung setzt das Bestehen eines Beamtenverhältnisses nicht voraus.

§ 36 Berufsbezeichnung

$_1$Die bestandene Qualifikationsprüfung berechtigt dazu, die Berufsbezeichnung „Verwaltungswirt" oder „Verwaltungswirtin" zu führen. $_2$Hierüber wird eine gesonderte Urkunde von der Bayerischen Verwaltungsschule erteilt.

Teil 4
Ausbildungsqualifizierung für die Ämter ab der dritten Qualifikationsebene

§ 37 Zulassungsverfahren

$_1$Das Zulassungsverfahren wird von der Bayerischen Verwaltungsschule durchgeführt und mindestens zwei Monate vor Beginn im Bayerischen Staatsanzeiger ausgeschrieben. $_2$Es soll einmal im Kalenderjahr stattfinden.

§ 38 Zulassungsausschuss

(1) $_1$Die Bayerische Verwaltungsschule bildet einen Zulassungsausschuss. $_2$Er besteht aus

1. einem Mitglied aus dem Bereich der Bayerischen Verwaltungsschule, das den Vorsitz führt,
2. einem Mitglied aus der allgemeinen inneren Staatsverwaltung,
3. zwei Mitgliedern aus der Kommunalverwaltung und
4. einem Mitglied aus dem Fachbereich Allgemeine Innere Verwaltung der Hochschule für den öffentlichen Dienst in Bayern.

$_{3}$Das vorsitzende Mitglied soll mindestens ein Amt der Besoldungsgruppe A 14 innehaben. $_{4}$Die übrigen Mitglieder sollen mindestens ein Amt der Besoldungsgruppe A 10 innehaben oder hauptamtliche Lehrperson des Fachbereichs Allgemeine Innere Verwaltung der Hochschule für den öffentlichen Dienst in Bayern sein. $_{5}$Die Mitglieder müssen dem fachlichen Schwerpunkt nichttechnischer Verwaltungsdienst angehören.

(2) $_{1}$Die Mitglieder und stellvertretenden Mitglieder werden von der Bayerischen Verwaltungsschule auf die Dauer von fünf Jahren bestellt, die Mitglieder nach Abs. 1 Satz 2 Nr. 2 bis 4 jeweils im Benehmen mit ihrer Dienstbehörde. $_{2}$Die Bestellung der Mitglieder aus der Kommunalverwaltung erfolgt zudem im Benehmen mit den kommunalen Spitzenverbänden.

(3) Für die Beendigung der Mitgliedschaft im Zulassungsausschuss gilt § 26 Abs. 5 entsprechend.

(4) $_{1}$Die Aufgaben des Zulassungsausschusses entsprechen denen eines Prüfungsausschusses gemäß § 13 APO. $_{2}$Die in § 13 Abs. 3 APO genannten Aufgaben werden der Bayerischen Verwaltungsschule übertragen.

(5) Der Zulassungsausschuss ist beschlussfähig, wenn alle Mitglieder geladen und mindestens das vorsitzende Mitglied sowie zwei weitere Mitglieder anwesend sind; im Übrigen gilt § 27 entsprechend.

§ 39 Teilnahme am Zulassungsverfahren

(1) Beamte und Beamtinnen können auf Antrag der Ernennungsbehörde am Zulassungsverfahren für die Ausbildungsqualifizierung teilnehmen.

(2) $_{1}$Die Beamten und Beamtinnen werden zum Zulassungsverfahren geladen. $_{2}$Mit der Ladung werden die zugelassenen Hilfsmittel bekannt gegeben.

(3) Die Beamten und Beamtinnen können bis zu dreimal am Zulassungsverfahren teilnehmen.

§ 40 Inhalt des Zulassungsverfahrens

$_{1}$Die Teilnehmer und Teilnehmerinnen am Zulassungsverfahren haben zwei schriftliche Aufsichtsarbeiten anzufertigen, die aus mehreren Teilen bestehen können. $_{2}$Prüfungsgegenstand sind Grundkenntnisse des allgemeinen Staats- und Verwaltungsrechts, staatsbürgerliches Wissen, Arbeitstempo, Arbeitssorgfalt, Auffassungsgabe, logisches Denkvermögen, schriftliche Ausdrucksfähigkeit und Belastbarkeit. $_{3}$Der Zulassungsausschuss setzt für jede Arbeit eine Bearbeitungszeit zwischen zwei und drei Stunden fest.

§ 41 Ergebnis des Zulassungsverfahrens, Rangliste

(1) $_{1}$Das Zulassungsverfahren ist erfolgreich abgeschlossen, wenn mindestens die Gesamtnote „ausreichend" erreicht wird. $_{2}$Die Gesamtprüfungsnote errechnet sich aus dem Durchschnitt der Einzelnoten für die beiden schriftlichen Aufsichtsarbeiten.

(2) Die Teilnehmer und Teilnehmerinnen und die Ernennungsbehörden erhalten jeweils eine schriftliche Mitteilung über das erzielte Ergebnis und gegebenenfalls über den Ranglistenplatz.

§ 42 Zulassung

$_{1}$Über die Zulassung zur Ausbildungsqualifizierung entscheidet unbeschadet der Voraussetzungen nach Art. 37 Abs. 2 LlbG der Dienstherr nach Bedarf und Rangliste. $_{2}$Mit der Ausbildung kann nur innerhalb von zwölf Monaten nach Abschluss des Zulassungsverfahrens begonnen werden. $_{3}$Kann mit der Ausbildung innerhalb dieser Frist wegen der Beschäftigungsverbote nach § 20 Satz 1 UrlMV nicht begonnen werden, verlängert sich diese Frist bis zum nächstmöglichen Beginn der Ausbildung.

Teil 5
Einstieg in der dritten Qualifikationsebene

Abschnitt 1
Vorbereitungsdienst

§ 43 Dauer des Studiums

(1) $_{1}$Die berufspraktische Ausbildung dauert 15 Monate. $_{2}$Das fachtheoretische Studium

dauert 21 Monate und umfasst mindestens 2200 Lehrstunden in Präsenz oder digitaler Form. 3Ein angemessener Teil davon kann als angeleitetes Selbststudium und als Übungen abgehalten werden.

(2) 1Das Studium gliedert sich in folgende Ausbildungsabschnitte:

1. Fachstudienabschnitt 1: sieben Monate,
2. Praktikum 1: vier Monate,
3. Fachstudienabschnitt 2: drei Monate,
4. Praktikum 2: fünf Monate,
5. Fachstudienabschnitt 3: vier Monat,
6. Praktikum 3: drei Monate,
7. Fachstudienabschnitt 4: sieben Monate,
8. Praktikum 4: drei Monate.

2Es beginnt am 1. Oktober. 3Zu Beginn des Fachstudienabschnitts 4 sind die Studierenden sechs Wochen zur Erstellung einer Diplomarbeit freigestellt.

(3) 1Auf den Vorbereitungsdienst können von der Ernennungsbehörde Zeiten einer praktischen Tätigkeit, die dem Ziel des Vorbereitungsdienstes dienen, sowie Zeiten einer gastweisen Teilnahme am Vorbereitungsdienst bis zu einem Jahr angerechnet werden. 2Wird die Ausbildungsqualifizierung in ihrem berufspraktischen Teil um ein Jahr gekürzt, setzen die Studierenden das Studium nach dem Fachstudienabschnitt 1 im Fachstudienabschnitt 3 des vorhergehenden Studienjahrgangs fort, kehren danach in den Fachstudienabschnitt 2 ihres Studienjahrgangs zurück und wechseln nach Ablegung der Zwischenprüfung in den vorhergehenden Studienjahrgang. 3Die Anträge sind von den Studierenden spätestens vier Monate nach Beginn des Studiums zu stellen; über sie ist spätestens fünf Monate nach Beginn des Studiums zu entscheiden.

(4) 1Auf den Vorbereitungsdienst können von der Ernennungsbehörde auf Antrag Zeiten eines förderlichen Studiums an einer Hochschule, das geeignet ist, die für den Einstieg in der dritten Qualifikationsebene erforderlichen Kenntnisse und Fähigkeiten zu vermitteln, bis zu einem Jahr angerechnet werden. 2Die Anträge sind spätestens zwei Monate vor Beginn des Studiums zu stellen; über sie ist innerhalb eines Monats zu entscheiden.

§ 44 Inhalt des fachtheoretischen Studiums

(1) Das fachtheoretische Studium erstreckt sich auf folgende Studienfachgruppen und Studienfächer, die im Verbund gelehrt werden können:

1. Studienfachgruppe Recht:
   - 1.1 Grundlagen des Rechts und der Rechtsanwendung einschließlich Methodik und Technik,
   - 1.2 Staats- und Verfassungsrecht,
   - 1.3 Europarecht,
   - 1.4 Allgemeines Verwaltungsrecht, Verwaltungsverfahrensrecht mit Bezügen zum besonderen Verwaltungsrecht, Verwaltungsprozessrecht,
   - 1.5 Recht des Datenschutzes,
   - 1.6 Kommunalrecht,
   - 1.7 Recht des öffentlichen Dienstes,
   - 1.8 Recht der öffentlichen Sicherheit und Ordnung sowie Grundzüge des Ordnungswidrigkeitenrechts mit Bezügen zum Strafrecht,
   - 1.9 Öffentliches Baurecht,
   - 1.10 Umweltrecht,
   - 1.11 Sozialrecht (ausgewählte Gebiete),
   - 1.12 Privatrecht,
   - 1.13 Formen des Verwaltungshandelns einschließlich Zustellungs-, Vollstreckungs- und Kostenrecht,
   - 1.14 Vergaberecht;
2. Studienfachgruppe Wirtschafts- und Finanzlehre:
   - 2.1 Wirtschaftliche Grundlagen des Verwaltungshandelns,
   - 2.2 Haushaltswesen in der Kommunalverwaltung,
   - 2.3 Haushaltswesen in der Staatsverwaltung,
   - 2.4 Öffentliche Betriebswirtschaftslehre;
3. Studienfachgruppe Verwaltungslehre:
   - 3.1 Verwaltungsorganisation,
   - 3.2 Statistik in der Verwaltung,
   - 3.3 Informations- und Kommunikationstechnik,

3.4 Sozialwissenschaftliche Grundlagen des Verwaltungshandelns.

(2) Die Ausbildungsleitstellen legen im Benehmen mit den Beamten und Beamtinnen fest, ob die Ausbildung im Studienfach Nr. 2.2 oder 2.3 erfolgt.

§ 45 Leistungsnachweise

1Im Rahmen des fachtheoretischen Studiums haben die Studierenden alle im Studienplan als Leistungsnachweise festgelegten Arbeiten zu fertigen. 2Dabei dürfen nur die vom Fachbereich jeweils erlaubten Hilfsmittel verwendet werden. 3Für die Bewertung der Leistungsnachweise gilt § 49 entsprechend. 4Können Studierende einen Leistungsnachweis aus Gründen, die sie nicht zu vertreten haben, nicht erbringen, haben sie die Verhinderung unverzüglich mitzuteilen und nachzuweisen, im Fall einer Krankheit grundsätzlich durch ein ärztliches Zeugnis. 5Andernfalls wird jeder fehlende Leistungsnachweis mit „0 Punkten", Note „ungenügend" bewertet.

Abschnitt 2
Prüfungen

Unterabschnitt 1
Prüfungsorgane und Prüfungsverfahren

§ 46 Durchführung

(1) Die Prüfungen führt das Staatsministerium durch.

(2) 1Die Prüfungen sind nicht öffentlich; Mitglieder des Landespersonalausschusses und Vertreter und Vertreterinnen seiner Geschäftsstelle haben Zutritt. 2Bei der mündlichen Prüfung können bis zur Beratung der Prüfungsergebnisse Vertreter der beteiligten Staatsministerien, der kommunalen Spitzenverbände, der Präsident oder die Präsidentin der Ausbildungseinrichtung, Lehrpersonen des Fachbereichs sowie Personen mit Prüfereigenschaft anwesend sein.

§ 47 Bildung und Zusammensetzung des Prüfungsausschusses

(1) Das Staatsministerium bildet einen Prüfungsausschuss.

(2) 1Der Prüfungsausschuss besteht aus

1. einem vorsitzenden Mitglied aus dem Staatsministerium, das mindestens ein Amt der Besoldungsgruppe A 14 innehat,
2. dem Leiter oder der Leiterin des Fachbereichs Allgemeine Innere Verwaltung der Hochschule für den öffentlichen Dienst in Bayern; diese werden von einem stellvertretenden Fachbereichsleiter oder einer stellvertretenden Fachbereichsleiterin vertreten,
3. einem Mitglied aus der allgemeinen inneren Staatsverwaltung, das mindestens ein Amt der Besoldungsgruppe A 10 innehaben soll, sowie
4. drei Mitgliedern aus der Kommunalverwaltung, die mindestens ein Amt der Besoldungsgruppe A 10 innehaben sollen; mindestens ein Mitglied davon muss in der dritten Qualifikationsebene eingestiegen sein.

2Die Mitglieder müssen dem fachlichen Schwerpunkt nichttechnischer Verwaltungsdienst angehören.

(3) 1Die Mitglieder des Prüfungsausschusses und ihre stellvertretenden Mitglieder werden mit Ausnahme der in Abs. 2 Satz 1 Nr. 2 genannten Personen vom Staatsministerium auf die Dauer von fünf Jahren bestellt, die Mitglieder nach Abs. 2 Satz 1 Nr. 3 und 4 jeweils im Benehmen mit ihrer Dienstbehörde. 2Die Bestellung der Mitglieder aus der Kommunalverwaltung erfolgt zudem im Benehmen mit den kommunalen Spitzenverbänden.

(4) § 26 Abs. 5 gilt entsprechend mit der Maßgabe, dass für die Abberufung aus wichtigem Grund nach § 26 Abs. 5 Nr. 3 das Staatsministerium zuständig ist.

§ 48 Beschlussfähigkeit und Beschlussfassung des Prüfungsausschusses

1Der Prüfungsausschuss ist beschlussfähig, wenn alle Mitglieder geladen und mindestens das vorsitzende Mitglied sowie drei weitere Mitglieder anwesend sind. 2Im Übrigen gilt § 27 entsprechend.

§ 49 Bewertung der Prüfungsleistungen

(1) Die einzelnen Leistungen der Studierenden werden mit einer der folgenden Punkt-

zahlen und der sich daraus ergebenden Note bewertet.

sehr gut	eine besonders hervorragende Leistung	13 bis 15 Punkte,
gut	eine Leistung, die die durchschnittlichen Anforderungen übertrifft	10 bis 12 Punkte,
befriedigend	eine Leistung, die in jeder Hinsicht durchschnittlichen Anforderungen entspricht	7 bis 9 Punkte,
ausreichend	eine Leistung, die trotz ihrer Mängel durchschnittlichen Anforderungen noch entspricht	4 bis 6 Punkte,
mangelhaft	eine an erheblichen Mängeln leidende, im Ganzen nicht mehr brauchbare Leistung	1 bis 3 Punkte,
ungenügend	eine völlig unbrauchbare Leistung	0 Punkte.

(2) $_1$Weichen bei schriftlichen Prüfungsleistungen die Bewertungen der Prüfer und Prüferinnen oder der Gutachter und Gutachterinnen um nicht mehr als zwei Punkte voneinander ab, errechnet sich die Note aus der durchschnittlichen Punktzahl. $_2$Bei größeren Abweichungen wird die Arbeit durch Stichentscheid bewertet, wenn sich die Prüfer und Prüferinnen oder die Gutachter und Gutachterinnen nicht einigen oder bis auf zwei Punkte annähern können.

(3) $_1$Gesamtergebnisse sind jeweils auf zwei Dezimalstellen zu berechnen. $_2$Die dritte Dezimalstelle bleibt unberücksichtigt.

(4) Den errechneten Gesamtergebnissen entsprechen folgende Noten:

von 13,00	bis 15,00 Punkte	=	sehr gut,
von 10,00	bis 12,99 Punkte	=	gut,
von 7,00	bis 9,99 Punkte	=	befriedigend,
von 4,00	bis 6,99 Punkte	=	ausreichend,
von 1,00	bis 3,99 Punkte	=	mangelhaft,
von 0	bis 0,99 Punkte	=	ungenügend.

Unterabschnitt 2
Zwischenprüfung

§ 50 Inhalt, Ablauf und Verfahren

(1) Am Ende des Fachstudienabschnitts 2 ist eine Zwischenprüfung abzulegen.

(2) Die Zwischenprüfung soll zeigen, ob die Studierenden jeweils nach ihren Kenntnissen und Fähigkeiten geeignet sind, die Ausbildung erfolgreich fortzusetzen.

(3) $_1$Die Studierenden haben in einer Bearbeitungszeit von jeweils drei Stunden vier schriftliche Aufgaben aus den bis zum Prüfungstermin vermittelten Studienfächern zu fertigen. $_2$Mindestens zwei Aufgaben haben ihren Schwerpunkt in den Studienfächern der Studienfachgruppe Recht und mindestens eine Aufgabe in den Studienfächern der Studienfachgruppen Wirtschafts- und Finanzlehre oder Verwaltungslehre. $_3$Die Aufgaben sollen an aufeinanderfolgenden Arbeitstagen gefertigt werden. $_4$Pro Tag darf nur eine Aufgabe gestellt werden.

(4) $_1$Zugelassen sind alle Studierenden des jeweiligen Fachstudienabschnitts 2. $_2$Das Prüfungsamt gibt die Prüfungsorte und Prüfungstermine einschließlich der Termine für die Wiederholung nach § 51 sowie die zugelassenen Hilfsmittel mindestens zwei Monate vor Beginn der Prüfung bekannt. $_3$Die Ladung erfolgt öffentlich mit der Bekanntgabe nach Satz 2.

(5) $_1$Das Gesamtergebnis der Zwischenprüfung wird errechnet aus der Summe der einzelnen Punktzahlen, geteilt durch deren Anzahl. $_2$Die Zwischenprüfung ist nicht bestanden, wenn

1. mehr als die Hälfte der Prüfungsarbeiten schlechter als „ausreichend" bewertet worden ist oder
2. das Gesamtergebnis schlechter als „ausreichend" ist.

$_3$Platzziffern werden nicht festgesetzt. $_4$Das Ergebnis der Prüfung soll den Prüfungsteilnehmern und Prüfungsteilnehmerinnen innerhalb von zwei Monaten nach dem letzten Tag der gemäß Abs. 4 Satz 2 festgelegten Termine bekannt gegeben werden.

§ 51 Wiederholung

1Bei erstmaligem Nichtbestehen kann die Zwischenprüfung einmal wiederholt werden; hierzu wird vom Prüfungsamt gesondert geladen. 2Der Vorbereitungsdienst wird dadurch nicht verlängert. 3Eine Wiederholung zur Notenverbesserung ist nicht möglich.

Unterabschnitt 3
Qualifikationsprüfung

§ 52 Prüfungstermine, Prüfungsteile, Prüfungsfächer

(1) 1Die Qualifikationsprüfung findet einmal im Kalenderjahr statt. 2Sie besteht aus einer Diplomarbeit sowie einem schriftlichen und einem mündlichen Prüfungsteil. 3Das Staatsministerium bestimmt die Prüfungsorte und die Prüfungstermine.

(2) Der jeweilige Prüfungsteil gilt mit Ablauf des letzten Tages des nach Abs. 1 Satz 3 bestimmten Zeitraums als abgeschlossen.

(3) 1Die Prüfung umfasst den gesamten Inhalt des Studiums. 2Ihr Hauptgewicht liegt auf dem Grundlagen- und Methodenwissen. 3Berufsbezogene Gebiete, die nicht Gegenstand des Studiums sind, können geprüft werden, soweit lediglich Verständnis und Arbeitsmethode festgestellt werden sollen und Einzelwissen nicht vorausgesetzt wird.

§ 53 Zulassung und Ladung

(1) Zur Diplomarbeit ist zugelassen, wer den Fachstudienabschnitt 3 abgeleistet hat.

(2) 1Zum schriftlichen und mündlichen Teil der Qualifikationsprüfung ist zugelassen, wer

1. die Zwischenprüfung bestanden hat sowie
2. das Ziel der berufspraktischen Ausbildung erreicht hat.

2Die zugelassenen Prüfungsteilnehmer und Prüfungsteilnehmerinnen werden zum schriftlichen und mündlichen Teil der Qualifikationsprüfung geladen. 3Mit der Ladung werden die zugelassenen Hilfsmittel bekanntgegeben.

§ 54 Diplomarbeit

(1) Mit der Diplomarbeit wird die Fähigkeit zur selbstständigen und wissenschaftlichen Bearbeitung einer Fragestellung aus der Berufspraxis mit Bezug zu den Ausbildungsinhalten geprüft.

(2) 1Eine Lehrperson oder eine ehemalige Lehrperson des Fachbereichs im Sinn des Art. 14 des HföD-Gesetzes (HföDG) schlägt das Thema der Diplomarbeit vor und betreut diese. 2Themenwünsche der Studierenden und Vorschläge der Ausbildungsbehörden sollen einbezogen werden. 3Die Themen werden einen Monat vor Beginn des Fachstudienabschnitts 4 ausgegeben. 4Die Arbeit ist spätestens zwei Monate nach Beginn des Fachstudienabschnitts 4 beim Prüfungsamt einzureichen. 5Eine nicht oder nicht fristgerecht eingereichte Diplomarbeit wird mit „0 Punkten", Note „ungenügend" bewertet.

(3) 1Die Diplomarbeit ist gesondert von zwei Gutachtern bzw. Gutachterinnen zu bewerten. 2Erstgutachter oder Erstgutachterin ist die Betreuungsperson. 3Als Zweitgutachter oder Zweitgutachterin sollen auch Praktiker und Praktikerinnen aus staatlicher und kommunaler Verwaltung eingesetzt werden.4Ist die Betreuungsperson eine Lehrperson im Sinn des Art. 14 Abs. 3 HföDG, muss der Zweitgutachter oder die Zweitgutachterin eine hauptamtliche Lehrperson des Fachbereichs sein.

(4) Das Ergebnis für die Diplomarbeit ergibt sich aus der Summe der Noten aus Erst- und Zweitgutachten geteilt durch zwei.

(5) Zu den weiteren Einzelheiten des Verfahrens trifft der Fachbereich eine Regelung, die der Zustimmung des Staatsministeriums bedarf.

§ 55 Schriftlicher Teil

(1) 1In der schriftlichen Prüfung haben die Prüfungsteilnehmer und Prüfungsteilnehmerinnen in einer Bearbeitungszeit von jeweils fünf Stunden im Rahmen der Prüfungsfächer sechs Aufgaben zu fertigen, davon

1. mindestens drei Aufgaben mit dem Schwerpunkt aus den Studienfächern der Studienfachgruppe Recht (§ 44 Abs. 1 Nr. 1) sowie
2. mindestens eine Aufgabe mit dem Schwerpunkt aus den Studienfächern der Studienfachgruppen Wirtschafts- und Fi-

II

nanzlehre oder Verwaltungslehre (§ 44 Abs. 1 Nr. 2 und 3).

$_{2}$Aufgaben können an einer Datenverarbeitungsanlage gestellt werden.

(2) $_{1}$Die Aufgaben sollen an aufeinanderfolgenden Arbeitstagen gefertigt werden. $_{2}$Pro Tag darf nur eine Aufgabe gestellt werden.

(3) Das Gesamtergebnis der schriftlichen Prüfung wird errechnet aus der Summe der einzelnen Punktzahlen, geteilt durch die Anzahl der Aufgaben.

§ 56 Mündlicher Teil

(1) $_{1}$Die mündliche Prüfung findet im Anschluss an die schriftliche Prüfung statt. $_{2}$An der mündlichen Prüfung darf nur teilnehmen, wer mindestens vier Aufgaben der schriftlichen Prüfung bearbeitet hat.

(2) Die mündliche Prüfung dient der Feststellung der Fach- und Handlungskompetenz.

(3) $_{1}$Die mündliche Prüfung findet in Form einer Einzelprüfung statt. $_{2}$Die Prüfungsteilnehmer und Prüfungsteilnehmerinnen haben einen vorgegebenen Sachverhalt oder eine Problemstellung der Praxis eigenständig darzulegen, eine Lösung vorzuschlagen und in Antworten die Lösung und das fachliche Umfeld zu erläutern. $_{3}$Prüfungsgegenstand können darüber hinaus Kenntnisse in den übrigen Studienfächern sein. $_{4}$Die Prüfungsdauer beträgt 30 Minuten. $_{5}$Erfordert der Sachverhalt oder die Problemstellung eine Vorbereitungszeit, ist diese nicht auf die Prüfungszeit anzurechnen.

(4) $_{1}$Die Mitglieder der Prüfungskommission setzen in gemeinsamer Beratung eine Punktzahl fest. $_{2}$Das Ergebnis der mündlichen Prüfung errechnet sich aus dem Durchschnitt der Bewertungen beider Mitglieder.

§ 57 Gesamtprüfungsergebnis

Bei der Bildung des Gesamtprüfungsergebnisses werden berücksichtigt

1. das Gesamtergebnis der schriftlichen Prüfung mit 55 %,
2. das Ergebnis der mündlichen Prüfung mit 15 %,
3. das Ergebnis für die Diplomarbeit mit 15 % und
4. das Gesamtergebnis der Zwischenprüfung (§ 50 Abs. 5 Satz 1) mit 15 %.

§ 58 Nichtbestehen

Die Qualifikationsprüfung ist nicht bestanden, wenn

1. mehr als die Hälfte der schriftlichen Prüfungsarbeiten schlechter als „ausreichend" bewertet worden ist oder
2. die Gesamtprüfungsnote schlechter als „ausreichend" ist.

§ 59 Bekanntgabe der Ergebnisse

(1) Das vorsitzende Mitglied der Prüfungskommission für die mündliche Prüfung gibt den Prüfungsteilnehmern und Prüfungsteilnehmerinnen das Ergebnis der mündlichen Prüfung unmittelbar nach dessen Feststellung bekannt.

(2) Prüfungsteilnehmer und Prüfungsteilnehmerinnen, die die Qualifikationsprüfung bestanden haben, erhalten ein Prüfungszeugnis, aus dem zu ersehen sind:

1. das Gesamtprüfungsergebnis nach Punktzahl und Notenstufe,
2. die Platzziffer mit Angabe der Anzahl aller Prüfungsteilnehmer und Prüfungsteilnehmerinnen, der Zahl derjenigen, die die Prüfung bestanden haben und der Zahl der Prüfungsteilnehmer und Prüfungsteilnehmerinnen mit gleicher Platzziffer,
3. die Einzelergebnisse für die schriftlichen Prüfungsarbeiten,
4. das Gesamtergebnis der schriftlichen Prüfung,
5. das Ergebnis der mündlichen Prüfung,
6. das Ergebnis für die Diplomarbeit sowie
7. das Gesamtergebnis der Zwischenprüfung.

(3) § 34 Abs. 3 bis 5 gilt entsprechend.

§ 60 Wiederholung

$_{1}$Bei erstmaligem Nichtbestehen kann die gesamte Qualifikationsprüfung einmal am nächstfolgenden Prüfungstermin wiederholt werden. $_{2}$Außer in den Fällen des § 35 Abs. 1

APO und des § 54 Abs. 2 Satz 5 kann der Prüfungsteilnehmer oder die Prüfungsteilnehmerin bei der Wiederholungsprüfung bis spätestens 31. Oktober schriftlich gegenüber dem Prüfungsamt erklären, ob er oder sie eine erneute Diplomarbeit mit anderer Themenstellung anfertigt oder die Bewertung der ersten Diplomarbeit in das Gesamtergebnis der Wiederholungsprüfung einfließen soll. 3Zur Verbesserung der Prüfungsnote kann die gesamte Qualifikationsprüfung einmal am nächstfolgenden Prüfungstermin mit Ausnahme der Diplomarbeit wiederholt werden. 4Die §§ 35, 52 bis 59 und 61 gelten mit der Maßgabe entsprechend, dass das Thema der Diplomarbeit jedem Prüfungsteilnehmer oder jeder Prüfungsteilnehmerin unmittelbar im Anschluss an ihre mündliche Prüfung ausgegeben wird.

§ 61 Übernahme in die nächstniedrigere Qualifikationsebene

1Entsprechen die Leistungen im Vorbereitungsdienst nicht den für Ämter ab der dritten Qualifikationsebene zu stellenden Anforderungen, ist aber die Eignung für Ämter ab der zweiten Qualifikationsebene im nichttechnischen Verwaltungsdienst anzunehmen, kann der Beamte oder die Beamtin mit seiner oder ihrer Zustimmung in den Vorbereitungsdienst für den Einstieg in der zweiten Qualifikationsebene übernommen werden, wenn hierfür ein dienstliches Interesse besteht. 2Der bereits abgeleistete Vorbereitungsdienst kann auf den für den Einstieg in der zweiten Qualifikationsebene abzuleistenden Vorbereitungsdienst angerechnet werden. 3Das Gleiche gilt für Beamte und Beamtinnen, die die Qualifikationsprüfung endgültig nicht bestehen oder auf die Wiederholungsprüfung verzichten.

Teil 6 Zweite-Chance-Verfahren

§ 62 Voraussetzungen der Durchführung eines Zweite-Chance-Verfahrens

Die zuständige Einstellungsbehörde darf mit der Durchführung eines Zweite-Chance-Verfahrens nur unter folgenden Bedingungen beginnen:

1. im besonderen Auswahlverfahren für die Fachlaufbahn Verwaltung und Finanzen, fachlicher Schwerpunkt nichttechnischer Verwaltungsdienst sind die Zeugnisse an die Teilnehmerinnen und Teilnehmer und die Ranglisten an die Einstellungsbehörde übermittelt worden,
2. die zuständige Einstellungsbehörde hat allen erfolgreichen Teilnehmerinnen und Teilnehmern am besonderen Auswahlverfahren, welche in Form von Ranglisten übermittelt worden sind, eine Einstellungszusage gemacht; eine Einstellungszusage unter dem Vorbehalt der Feststellung der persönlichen Eignung, die auch durch ein von der Einstellungsbehörde durchgeführtes gesondertes Auswahlverfahren nach Art. 22 Abs. 1 Satz 2 und Abs. 9 LlbG erfolgen kann, ist ausreichend,
3. die Zahl der Einstellungszusagen nach Nr. 2 lässt aufgrund einer erfahrungsbasierten Prognose erwarten, dass nicht alle zur Verfügung stehenden Ausbildungs- und Studienplätze im Vorbereitungsdienst besetzt werden können,
4. durch geeignete Vorkehrungen ist sichergestellt, dass alle Einstellungszusagen nach Nr. 2 vorrangig vor den am Zweite-Chance-Verfahren Teilnehmenden eingestellt werden können.

§ 63 Auswahl

(1) Für den Einstieg in der zweiten Qualifikationsebene ist eine nach Art. 7 Abs. 1 Satz 1 Nr. 2 LlbG geforderte Vorbildung nachzuweisen.

(2) Für den Einstieg in der dritten Qualifikationsebene ist eine nach Art. 7 Abs. 1 Satz 1 Nr. 3 LlbG geforderte Vorbildung nachzuweisen

(3) Bewerberinnen und Bewerber haben bei ihrer Bewerbung anzugeben, ob und mit welchem Ergebnis sie an einem besonderen Auswahlverfahren teilgenommen haben.

(4) Die sonstigen Zugangsvoraussetzungen für die Einstellung in den Vorbereitungsdienst bleiben unberührt.

§ 64 Rangliste

(1) $_{1}$Die Rangliste ergibt sich aus der Berechnung eines Notendurchschnitts. $_{2}$Bei Bewerberinnen und Bewerbern, die bei der Bewerbung den nach § 63 Abs. 1 oder § 63 Abs. 2 geforderten Bildungsabschluss bereits besitzen, sind die Noten des Abschlusszeugnisses heranzuziehen. $_{3}$Sofern Bewerberinnen und Bewerber diesen Bildungsabschluss noch nicht erworben haben, sind die Noten des letzten vor der Bewerbung von der Schule oder der sonstigen Bildungseinrichtung ausgehändigten Zeugnisses zu berücksichtigen. $_{4}$Soweit die Zeugnisse aus der Qualifikationsphase eines Gymnasiums zugrunde zu legen sind, sind die vor der Bewerbung erzielten Leistungen aus den Ausbildungsabschnitten der Qualifikationsphase maßgebend.

(2) $_{1}$Bei Bewerbungen für den Einstieg in der zweiten Qualifikationsebene werden die Noten der Fächer Deutsch und Mathematik oder bei fehlender Mathematiknote im Abschlusszeugnis das Fach Rechnungswesen berücksichtigt. $_{2}$Soweit in Zeugnissen für diese Fächer Punktzahlen ausgewiesen sind, sind sie in ganze Noten umzurechnen. $_{3}$Aus den genannten Noten wird eine Durchschnittsnote auf eine Dezimalstelle berechnet; die zweite Dezimalstelle bleibt unberücksichtigt.

(3) $_{1}$Bei Bewerbungen für den Einstieg in der dritten Qualifikationsebene werden die Noten der Fächer Deutsch und Mathematik sowie die Note einer vom Bewerber oder von der Bewerberin zu wählenden Fremdsprache berücksichtigt. $_{2}$Soweit in den Zeugnissen für diese Fächer Punktzahlen ausgewiesen sind, sind sie in ganze Noten umzurechnen. $_{3}$Aus den genannten Noten wird eine Durchschnittsnote auf eine Dezimalstelle berechnet; die zweite Dezimalstelle bleibt unberücksichtigt.

(4) Bewerbungen, die in den gemäß Abs. 2 oder Abs. 3 nachzuweisenden Fächern nicht jeweils mindestens die Note „ausreichend" erreicht haben, dürfen nicht berücksichtigt werden.

(5) Verbleibt innerhalb dieser Rangliste eine Zahl von Bewerbungen im gleichen Rang, für die die im Vorbereitungsdienst zur Verfügung stehenden Ausbildungs- oder Studienplätze nicht ausreicht, erfolgt eine weitere Differenzierung nach dem Durchschnitt aller im Zeugnis enthaltenen Schulnoten, hilfsweise nach dem Ergebnis zur ergänzenden Auswahl geführter Bewerbungsgespräche.

Teil 7
Sonstige Bestimmungen, Schlussvorschriften

§ 65 Bedienstete öffentlich-rechtlicher Religionsgesellschaften

(1) $_{1}$Für die zugelassenen Bediensteten der öffentlich-rechtlichen Religionsgesellschaften gelten die Vorschriften dieser Verordnung sinngemäß. $_{2}$Mit dem zweimaligen Nichtbestehen der Zwischenprüfung erlischt die Zulassung. $_{3}$Die Prüfungsergebnisse dieser Bediensteten bleiben bei der Festsetzung der Platzziffer nach § 34 Abs. 2 Nr. 2 und § 59 Abs. 2 Nr. 2 unberücksichtigt. $_{4}$Die nach den Bestimmungen der §§ 28 bis 36 und 52 bis 61 abgelegte Prüfung gilt nicht als Qualifikationsprüfung im Sinn des Leistungslaufbahngesetzes.

(2) Auf Grund einer Vereinbarung zwischen der Religionsgesellschaft und der jeweiligen Ausbildungsbehörde können diese Bediensteten im Rahmen der Ausbildungsabschnitte der berufspraktischen Ausbildung in einzelnen Ausbildungsbereichen bei den in § 6 genannten Ausbildungsbehörden ausgebildet werden.

§ 66 Übergangsregelungen

(1) $_{1}$Wer eine Anstellungs- oder Laufbahnprüfung für den mittleren nichttechnischen Verwaltungsdienst nach der bis 31. August 2002 geltenden Zulassungs-, Ausbildungs- und Prüfungsordnung für den mittleren nichttechnischen Verwaltungsdienst (ZAPOmVD) vom 11. August 1988 (GVBl S. 262, BayRS 2038-3-2-2-I) erfolgreich abgelegt hat, ist berechtigt, die Berufsbezeichnung „Verwaltungswirt" oder „Verwaltungswirtin" zu führen. $_{2}$Auf Antrag wird hierüber eine Urkunde von der Bayerischen Verwaltungsschule erteilt.

(2) $_{1}$Wer eine Laufbahnprüfung nach der bis 31. Januar 2009 geltenden Zulassungs-, Aus-

bildungs- und Prüfungsordnung für den mittleren Forstverwaltungsdienst (ZAPO/mFv) vom 5. August 1985 (GVBl S. 456, BayRS 2038-3-7-13-L) erfolgreich abgelegt hat, ist berechtigt, die Berufsbezeichnung „Verwaltungswirt" oder „Verwaltungswirtin" zu führen. 2Auf Antrag wird hierüber vom Staatsministerium für Ernährung, Landwirtschaft, Forsten und Tourismus eine Urkunde erteilt.

§ 67 Inkrafttreten

Diese Verordnung tritt mit Wirkung vom 1. September 2011 in Kraft.

Verordnung über die Fachlaufbahn Polizei und Verfassungsschutz (FachV-Pol/VS)

Vom 9. Dezember 2010 (GVBl. S. 821, 2011 S. 36)

Zuletzt geändert durch
Verordnung zur Anpassung des Landesrechts an die geltende Geschäftsverteilung
vom 26. März 2019 (GVBl. S. 98)

Inhaltsübersicht

Auf Grund von Art. 67 Satz 1 Nrn. 1 und 2 und Art. 68 Abs. 2 des Gesetzes über die Leistungslaufbahn und die Fachlaufbahnen der bayerischen Beamten und Beamtinnen (Leistungslaufbahngesetz – LlbG) vom 5. August 2010 (GVBl. S. 410, 571, BayRS 2030-1-4-F) erlässt das Bayerische Staatsministerium des Innern im Einvernehmen mit den Bayerischen Staatsministerien für Wissenschaft, Forschung und Kunst und der Finanzen und dem Bayerischen Landespersonalausschuss folgende Verordnung:

Teil 1
Allgemeine Bestimmungen

§ 1 Fachliche Schwerpunkte

₁In der Fachlaufbahn Polizei und Verfassungsschutz (Fachlaufbahn) werden die fachlichen Schwerpunkte

1. Polizeivollzugsdienst,
2. Wirtschaftskriminaldienst,
3. Technischer Computer- und Internetkriminaldienst,
4. Technischer Polizeivollzugsdienst sowie
5. Sicherheitsbereich im Landesamt für Verfassungsschutz

gebildet. ₂Die Vorschriften des Leistungslaufbahngesetzes (LlbG) sowie der Allgemeinen Prüfungsordnung (APO) sind anzuwenden, soweit diese Verordnung nichts anderes bestimmt.

§ 2 Wechsel innerhalb und zwischen den Fachlaufbahnen

(1) ₁Ein Wechsel innerhalb der Fachlaufbahn ist ohne weitere Qualifizierungsmaßnahmen und ohne Zustimmung des Staatsministeriums des Innern, für Sport und Integration (Staatsministerium) aus den fachlichen Schwerpunkten Polizeivollzugsdienst, Wirtschaftskriminaldienst, Technischer Computer- und Internetkriminaldienst und Technischer Polizeivollzugsdienst in den fachlichen Schwerpunkt Sicherheitsbereich im Landesamt für Verfassungsschutz möglich. ₂Im Übrigen gilt Art. 9 Abs. 1 LlbG.

(2) Beamte und Beamtinnen auf Widerruf oder auf Probe, die nach Art. 48 Abs. 2 und Art. 128 Abs. 3 des Bayerischen Beamtengesetzes (BayBG) in Verbindung mit § 26 Abs. 1 Satz 3, Abs. 2, 3 oder § 29 Abs. 2 des Beamtenstatusgesetzes (BeamtStG) in die Fachlaufbahn Verwaltung und Finanzen übernommen werden sollen, setzen ihr bisheriges Beamtenverhältnis bis zur Entscheidung über die Anerkennung der Qualifikation für die neue Fachlaufbahn nach Art. 9 Abs. 3 LlbG oder, wenn die Qualifikation durch Ableistung eines Vorbereitungsdienstes und Bestehen der Qualifikationsprüfung dieser Fachlaufbahn erworben wird, erforderlichenfalls bis zur Ablegung der Wiederholungsprüfung fort.

§ 3 Dienstliche Beurteilung

Abweichend von Art. 58 Abs. 2 Satz 1 LlbG erfolgt die Beurteilung im Vergleich zu den anderen Beamten und Beamtinnen derselben Besoldungsgruppe über die fachlichen Schwerpunkte Polizeivollzugsdienst, Wirtschaftskriminaldienst, Technischer Computer- und Internetkriminaldienst und Technischer Polizeivollzugsdienst hinweg.

Teil 2
Polizeivollzugsdienst

Abschnitt 1
Allgemeines

§ 4 Dienstarten

(1) Der fachliche Schwerpunkt Polizeivollzugsdienst gliedert sich in die Dienstarten uniformierter Dienst und Kriminaldienst.

(2) ₁Der Kriminaldienst wird grundsätzlich mit geeigneten Beamten und Beamtinnen des uniformierten Dienstes ergänzt. ₂Vorbereitungsdienste, Prüfungen und Qualifizierungsmaßnahmen sind den Anforderungen des Kriminaldienstes anzupassen.

§ 5 Allgemeine Einstellungsvoraussetzungen

(1) ₁In den Vorbereitungsdienst für den fachlichen Schwerpunkt Polizeivollzugsdienst kann eingestellt werden, wer

1. die nach den allgemeinen beamtenrechtlichen Bestimmungen erforderlichen persönlichen Voraussetzungen für die Berufung in das Beamtenverhältnis erfüllt,

2. mindestens das 17., aber noch nicht das 31. Lebensjahr vollendet hat,
3. mindestens 165 cm groß ist,
4. bei einem Einstieg in der zweiten Qualifikationsebene mindestens den qualifizierenden Hauptschulabschluss und eine abgeschlossene Berufsausbildung oder den mittleren Schulabschluss, bei einem Einstieg in der dritten Qualifikationsebene die Fachhochschulreife oder eine andere Hochschulreife nachweist,
5. in geordneten wirtschaftlichen Verhältnissen lebt und einen guten Ruf besitzt,
6. auf Grund eines polizeiärztlichen Gutachtens polizeidiensttauglich ist und
7. dem Anforderungsprofil für den Polizeivollzugsdienst entspricht und die Einstellungsprüfung bestanden hat.

$_{2}$Die Einstellungsbehörde kann in begründeten Einzelfällen Ausnahmen von den Altersgrenzen nach Satz 1 Nr. 2 zulassen. $_{3}$Ausnahmen vom Höchstalter kommen dabei insbesondere in Betracht, sofern die Bewerber und Bewerberinnen nachweisen, dass

1. sich eine frühere Bewerbung aus besonderen persönlichen oder familiären Gründen verzögert hat oder
2. im bisherigen beruflichen Werdegang gesellschaftspolitisch relevante und gesetzlich geförderte Tätigkeiten absolviert wurden (Art. 15 Abs. 3 Satz 1 LlbG).

$_{4}$Ausnahmen von Satz 1 Nr. 3 kann die Einstellungsbehörde unter Berücksichtigung der körperlichen Gesamtkonstitution der Bewerber und Bewerberinnen zulassen. $_{5}$Die Voraussetzungen nach Satz 1 Nr. 4 können durch einen vom Staatsministerium für Unterricht und Kultus als gleichwertig anerkannten Bildungsstand ersetzt werden.

(2) $_{1}$Die Einstellung in den Vorbereitungsdienst erfolgt im Beamtenverhältnis auf Widerruf. $_{2}$Nach erfolgreichem Abschluss der Grundlagenausbildung können die Beamten und Beamtinnen in das Beamtenverhältnis auf Probe berufen und zum Polizeioberwachtmeister oder zur Polizeioberwachtmeisterin ernannt werden, soweit die sonstigen beamtenrechtlichen Voraussetzungen vorliegen.

§ 6 Einstellungsbehörden, Sondereinstellungsprogramme

(1) Einstellungsbehörde ist das Präsidium der Bayerischen Bereitschaftspolizei.

(2) $_{1}$Das Staatsministerium kann die unmittelbare Einstellung von Regelbewerbern und Regelbewerberinnen bei der Landespolizei zulassen. $_{2}$In diesen Fällen ist Einstellungsbehörde das jeweilige Präsidium der Landespolizei.

(3) $_{1}$Unbeschadet des Abs. 2 kann das Staatsministerium in einem Sonderprogramm München die unmittelbare Einstellung von Regelbewerbern und Regelbewerberinnen beim Polizeipräsidium München zulassen. $_{2}$Einstellungsbehörde ist das Polizeipräsidium München. $_{3}$Abweichend von § 5 Abs. 1 Satz 1 Nr. 2 kann in diesen Fällen eingestellt werden, wer das 24., aber noch nicht das 35. Lebensjahr vollendet hat. $_{4}$Im Übrigen gilt § 5.

(4) $_{1}$Zur Förderung des Spitzensports kann eine Sportfördergruppe eingerichtet werden. $_{2}$In ihr kann eingestellt werden, wer die Voraussetzungen des § 5 Abs. 1 erfüllt, einem vom Deutschen Olympischen Sportbund anerkannten und geförderten A-, B- oder C-Bundeskader einer olympischen Sportart angehört und für einen bayerischen Sportverein startberechtigt ist. $_{3}$Das Vorliegen der sportlichen Voraussetzungen wird vom Spitzenverband der jeweiligen Sportart bestätigt. $_{4}$In Betracht kommen nur Sportarten, mit deren Spitzenverbänden der Freistaat Bayern eine Kooperationsvereinbarung zur Durchführung der Spitzensportförderung geschlossen hat. $_{5}$Zur Auswahl der Bewerber und Bewerberinnen wird eine eigene Rangliste erstellt, bei der unter Beachtung des Leistungsgrundsatzes neben den Ergebnissen der Einstellungsprüfung auch leistungssportliche Aspekte und Perspektiven Berücksichtigung finden. $_{6}$Näheres zum Einstellungsverfahren und zur Auswahl der Kandidaten und Kandidatinnen regelt das Staatsministerium durch Richtlinien.

§ 7 Dienstanfänger und Dienstanfängerinnen

(1) Als Dienstanfänger oder Dienstanfängerin im Sinne von Art. 30 LlbG kann einberufen werden, wer

1. die Einstellungsvoraussetzungen des § 5 Nrn. 1, 3, 4, 5 und 7 erfüllt,
2. das 16. Lebensjahr vollendet hat und
3. auf Grund eines polizeiärztlichen Gutachtens erwarten lässt, dass er oder sie bei der Begründung des Beamtenverhältnisses auf Widerruf polizeidiensttauglich sein wird.

(2) 1Einberufungsbehörde ist das Präsidium der Bayerischen Bereitschaftspolizei. 2Das Staatsministerium regelt die Ausbildung, die Präsidien der Landespolizei bestimmen die Ausbildungsdienststellen.

(3) Die Dienstanfänger und Dienstanfängerinnen führen die Dienstbezeichnung „Polizeipraktikant" oder „Polizeipraktikantin".

§ 8 Prüfungsamt

1Zur Durchführung der Einstellungs- und Qualifikationsprüfungen mit Ausnahme der Prüfung gemäß § 60 Abs. 1 Satz 4 wird beim Präsidium der Bayerischen Bereitschaftspolizei ein Prüfungsamt eingerichtet. 2Dem Prüfungsamt werden für die jeweilige Prüfung die Aufgaben gemäß § 13 Abs. 1 Nrn. 1 bis 6 und 8, Abs. 2 Nrn. 2 bis 4 APO übertragen. 3Das Prüfungsamt führt die Geschäfte der Prüfungsausschüsse. 4Es führt und verwahrt die Prüfungsakten bis zum Ablauf von fünf Jahren nach Abschluss der jeweiligen Prüfung. 5Danach werden diese vernichtet, sofern nicht eine längere Aufbewahrung auf Grund sonstiger Bestimmungen zu erfolgen hat.

§ 9 Bewertung der Leistungen in Qualifikationsprüfungen

(1) Die einzelnen Leistungen der Qualifikationsprüfungen werden mit einer der folgenden vollen Punktzahlen und der sich daraus ergebenden Note bewertet:

sehr gut	(1)	eine besonders hervorragende Leistung	14 bis 15 Punkte,
gut	(2)	eine Leistung, die die durchschnittlichen Anforderungen übertrifft	11 bis 13 Punkte,
befriedigend	(3)	eine Leistung, die in jeder Hinsicht durchschnittlichen Anforderungen entspricht	8 bis 10 Punkte,
ausreichend	(4)	eine Leistung, die trotz ihrer Mängel durchschnittlichen Anforderungen noch entspricht	5 bis 7 Punkte,
mangelhaft	(5)	eine an erheblichen Mängeln leidende, im Ganzen nicht mehr brauchbare Leistung	2 bis 4 Punkte,
ungenügend	(6)	eine völlig unbrauchbare Leistung	0 bis 1 Punkt.

(2) 1Soweit mehrere Prüfer oder Prüferinnen die Leistung bewerten, wird das erzielte Einzelergebnis aus dem Mittel der jeweiligen Bewertungen der Prüfer und Prüferinnen gebildet. 2Das Gesamtergebnis ist aus dem Mittel der Einzelergebnisse zu bilden und auf zwei Dezimalstellen zu berechnen. 3Die dritte Dezimalstelle bleibt unberücksichtigt.

(3) Weichen bei schriftlichen Prüfungsleistungen die Bewertungen der Prüfer und Prüferinnen um mehr als zwei Punkte voneinander ab und kommt eine Einigung nicht zustande, so entscheidet der oder die Vorsitzende des Prüfungsausschusses oder der oder die vom Prüfungsausschuss bestimmte Prüfer oder Prüferin über das erzielte Einzelergebnis.

(4) Den errechneten Ergebnissen entsprechen folgende Noten:

von	13,50	bis	15,00 Punkte	=	sehr gut,
von	11,00	bis	13,49 Punkte	=	gut,
von	8,00	bis	10,99 Punkte	=	befriedigend,
von	5,00	bis	7,99 Punkte	=	ausreichend,
von	2,00	bis	4,99 Punkte	=	mangelhaft,
von	0	bis	1,99 Punkte	=	ungenügend.

§ 10 Unterschleif, Mängel im Prüfungsverfahren

(1) 1Besteht der Verdacht des Besitzes nicht zugelassener Hilfsmittel, so sind die Aufsichtführenden in der schriftlichen Prüfung, die vorsitzenden Mitglieder der Prüfungskommissionen für die mündliche Prüfung sowie die vom Prüfungsamt beauftragten Personen befugt, diese sicherzustellen; betroffene Prüfungsteilnehmer sind verpflichtet, an der Aufklärung mitzuwirken und die Hilfsmit-

tel herauszugeben. 2Hilfsmittel, die wegen einer Veränderung beanstandet werden, sind den Prüfungsteilnehmern bis zur Ablieferung der betreffenden Prüfungsarbeit, spätestens bis zum Ende der dafür vorgesehenen Arbeitszeit, zu belassen, sofern nicht ein entsprechendes Hilfsmittel ersatzweise durch die Prüfungsbehörde bereit gestellt werden kann. 3Einen Unterschleif begeht auch, wer eine Sicherstellung verhindert, die Mitwirkung an der Aufklärung oder die Herausgabe der Hilfsmittel verweigert oder nach einer Beanstandung die Hilfsmittel verändert. 4Wer nach Ausgabe der Prüfungsaufgaben unerlaubt den beaufsichtigten Prüfungsbereich verlässt, dessen Arbeit ist mit der Note „ungenügend" (0 Punkte) zu bewerten. 5Im Übrigen gilt § 35 APO.

(2) 1Mängel im Prüfungsverfahren sind in schriftlichen Prüfungen bei den Aufsichtführenden, in mündlichen Prüfungen bei dem Vorsitzenden der Prüfungskommission unverzüglich geltend zu machen. 2Nach Abschluss eines Prüfungsteils erkannte Mängel sind unverzüglich gegenüber dem Prüfungsamt schriftlich zu rügen. 3Sofern Mängeln im Sinn des Satzes 1 nicht abgeholfen wurde, ist nach Satz 2 zu verfahren. 4Im Übrigen gilt § 34 APO.

§ 11 Wiederholung der Qualifikationsprüfungen

(1) 1Eine Qualifikationsprüfung kann einmal wiederholt werden. 2Die Prüfung ist im gesamten Umfang am ersten Prüfungstermin, der nach der Aushändigung des Zeugnisses oder der Bescheinigung über das Nichtbestehen stattfindet, zu wiederholen, soweit dort keine Verhinderung (§ 33 APO) vorliegt.

(2) 1Wer zur Verbesserung der Note zur Prüfung zugelassen ist, kann auch nach Beginn der Prüfung auf die Fortsetzung des Prüfungsverfahrens verzichten. 2Die Prüfung gilt dann als abgelegt und nicht bestanden; sie kann nicht wiederholt werden. 3Als Verzicht gilt, wenn Prüfungsteilnehmer oder Prüfungsteilnehmerinnen ohne genügende Entschuldigung zur mündlichen Prüfung oder zur schriftlichen Prüfung oder zur Bearbeitung einer oder mehrerer schriftlicher Aufgaben nicht erscheinen. 4Tritt der Prüfungsteilnehmer oder die Prüfungsteilnehmerin nach Zulassung und vor Beginn der Prüfung zurück, so gilt die Prüfung als nicht abgelegt, sie kann nicht wiederholt werden. 5Satz 4 Halbsatz 2 gilt nicht, wenn der Prüfungsteilnehmer oder die Prüfungsteilnehmerin aus Gründen, die er oder sie nicht zu vertreten hat, die Prüfung nicht ablegen kann; die Gründe sind unverzüglich mitzuteilen und nachzuweisen. 6Den Prüfungsteilnehmern und Prüfungsteilnehmerinnen werden die in den Sätzen 2 und 4 genannten Rechtsfolgen des Verzichts bekannt gegeben.

(3) Prüfungsteilnehmern und Prüfungsteilnehmerinnen, die die Prüfung nicht bestanden haben, soll Gelegenheit zu einer ergänzenden Ausbildung gegeben werden.

§ 12 Probezeit, Allgemeiner Dienstzeitbeginn, Leistungsfeststellung gemäß Art. 30 BayBesG

(1) Die Probezeit beginnt mit der Berufung in das Beamtenverhältnis auf Probe.

(2) 1Beamten und Beamtinnen, die den Vorbereitungsdienst abgeleistet und die Qualifikationsprüfung bestanden haben, kann das Eingangsamt (Polizeimeister oder Polizeimeisterin bzw. Polizeikommissar oder Polizeikommissarin) verliehen werden. 2Damit beginnt die allgemeine Dienstzeit (Art. 15 Abs. 1 Satz 1 LlbG).

(3) 1Die Probezeit endet zwei Jahre nach der Verleihung des Eingangsamts. 2Für den Teil der Probezeit nach der Verleihung des Eingangsamts gelten Art. 12 und 36 LlbG. 3Polizeidienstzeiten nach Ablegen der Qualifikationsprüfung, die nicht auf die Ausbildung entfallen, werden auf die Probezeit angerechnet; die Entscheidung trifft die Ernennungsbehörde.

(4) Soweit in der Probezeit während des Vorbereitungsdienstes oder vor Beurteilungen gemäß Art. 55 Abs. 1 Satz 1 und Art. 55 Abs. 2 Satz 1 LlbG eine Leistungsfeststellung für Entscheidungen gemäß Art. 30 Abs. 3 Sätze 1 und 3 des Bayerischen Besoldungsgesetzes (BayBesG) erforderlich ist, ist abweichend von Art. 62 Abs. 1 Satz 3 LlbG Gegenstand der Leistungsfeststellung das Bestehen der Qua-

lifikationsprüfung oder, soweit diese noch nicht abgelegt wurde, das Erreichen der bis zum Entscheidungszeitpunkt gemäß dieser Verordnung und der im Ausbildungs- oder Studienplan geforderten Ziele des Vorbereitungsdienstes.

§ 13 Besondere Beförderungsvoraussetzungen

(1) Für eine Beförderung bis zu einem Amt der Besoldungsgruppe A 11 ist neben dem Ableisten des Vorbereitungsdienstes und dem Bestehen der Qualifikationsprüfung für den Einstieg in der zweiten Qualifikationsebene keine weitere Qualifizierung im Rahmen der modularen Qualifizierung oder der Ausbildungsqualifizierung notwendig; Art. 17 Abs. 6 LlbG gilt insoweit nicht.

(2) Die Beförderung in ein Amt ab der Besoldungsgruppe A 12 setzt den Erwerb der Qualifikation als Regelbewerber oder Regelbewerberin für den Einstieg in der dritten Qualifikationsebene oder die Ausbildungsqualifizierung voraus.

Abschnitt 2
Einstieg in der zweiten Qualifikationsebene

Unterabschnitt 1
Einstellungsprüfung

§ 14 Zulassungsvoraussetzungen

$_{1}$Zur Einstellungsprüfung (Art. 22 Abs. 1 LlbG) wird zugelassen, wer

1. das 16. Lebensjahr vollendet hat,
2. die Einstellungsvoraussetzungen zum maßgeblichen Einstellungstermin voraussichtlich erfüllen wird und
3. prüfungsfähig ist.

$_{2}$Treten Bewerber und Bewerberinnen nach der Zulassung und vor dem Beginn der Prüfung zurück, so gilt die Prüfung als nicht abgelegt.

§ 15 Prüfungsausschuss

(1) Beim Präsidium der Bayerischen Bereitschaftspolizei wird ein Prüfungsausschuss gebildet.

(2) $_{1}$Der Prüfungsausschuss besteht aus einem Beamten oder einer Beamtin, der oder die mindestens ein Amt der Besoldungsgruppe A 13 innehat, als vorsitzendem Mitglied, einem Lehrer oder einer Lehrerin für Allgemeinbildung und einem Beamten oder einer Beamtin, der oder die mindestens ein Amt der Besoldungsgruppe A 9 innehat, als weiterem Mitglied. $_{2}$Die Mitglieder und die sie vertretenden Mitglieder bestellt das Präsidium der Bayerischen Bereitschaftspolizei.

§ 16 Inhalt, Bewertung und Geltungsdauer

(1) $_{1}$Die Prüfung besteht aus

1. einem Sprachtest (Arbeitszeit 90 Minuten) zur Feststellung der Kenntnisse in Rechtschreibung und Grammatik sowie des Sprachgefühls,
2. einem Grundfähigkeitstest (Arbeitszeit 50 Minuten) zur Feststellung der Bearbeitungsgeschwindigkeit, Verarbeitungskapazität und Gedächtnisleistung,
3. einem Einstellungsgespräch in Form eines strukturierten Interviews zur Feststellung der sozialen Kompetenz, der Belastbarkeit und der Leistungsmotivation,
4. einer Gruppendiskussion zur Feststellung der kommunikativen Fähigkeiten und des Kooperationsvermögens sowie
5. einer Sportprüfung.

$_{2}$Die Prüfung ist vorzeitig beendet, wenn sie gemäß § 18 nicht mehr bestanden werden kann.

(2) Für die Bewertung der einzelnen Prüfungsteile gemäß Abs. 1 Satz 1 Nrn. 1 bis 4 gilt § 27 Abs. 1 APO mit der Maßgabe, dass die Prüfungsnoten auf eine Dezimalstelle berechnet werden.

(3) $_{1}$Die Prüfung gilt für den jeweils maßgeblichen Einstellungstermin sowie für den darauffolgenden Einstellungstermin. $_{2}$Das Präsidium der Bayerischen Bereitschaftspolizei kann hiervon Ausnahmen zulassen.

§ 17 Sportprüfung

(1) In der Sportprüfung ist nachzuweisen, dass die für den Polizeivollzugsdienst not-

wendigen körperlichen Grundvoraussetzungen vorliegen.

(2) 1Die Sportprüfung besteht aus vier Einzelübungen sowie der Schwimmtauglichkeitsübung. 2In den Einzelübungen werden die motorischen Grundeigenschaften Ausdauerleistungsfähigkeit, Kraft, Schnelligkeit, Koordination und Beweglichkeit geprüft. 3Das Nähere regelt das Präsidium der Bayerischen Bereitschaftspolizei mit Zustimmung des Staatsministeriums durch Richtlinien.

(3) 1Die Einzelübungen werden mit ganzen Noten bewertet. 2Die Note der Sportprüfung wird dadurch gebildet, dass die Summe der Einzelnoten durch vier geteilt wird. 3Die Note wird auf zwei Dezimalstellen berechnet.

§ 18 Nichtbestehen und Wiederholung

(1) Die Einstellungsprüfung ist nicht bestanden, wenn der Bewerber oder die Bewerberin in einem der Prüfungsbestandteile nach § 16 Abs. 1 Satz 1 eine schlechtere Note als „ausreichend" (4,50) erhält oder im Rahmen der Sportprüfung nach § 17

1. in der Einzelübung zur Überprüfung der Ausdauerleistungsfähigkeit oder in zwei oder mehr der sonstigen Einzelübungen die Note „ungenügend" erzielt,
2. in drei oder mehr Einzelübungen die Note „mangelhaft" oder schlechter erhält oder
3. bei der Schwimmtauglichkeitsübung eine in den Richtlinien bestimmte Distanz nicht in der vorgegebenen Zeitspanne zurücklegt.

(2) 1Die Prüfung kann insgesamt, auch zur Notenverbesserung, zweimal wiederholt werden. 2Die erste Wiederholungsprüfung kann frühestens für den auf den jeweils maßgeblichen Einstellungstermin folgenden Einstellungstermin abgelegt werden. 3Die zweite Wiederholungsprüfung kann frühestens für den Einstellungstermin, der zwei Jahre nach dem für die erste Wiederholungsprüfung maßgeblichen Einstellungstermin liegt, abgelegt werden. 4Das Präsidium der Bayerischen Bereitschaftspolizei kann bei der Sportprüfung eine Ausnahme von Satz 2 zulassen.

(3) Die Prüfung kann im Rahmen der ersten Wiederholungsprüfung auch beschränkt auf einen Teil wiederholt werden, sofern die bereits abgelegten Testteile bei entsprechender Anwendung des § 16 Abs. 3 noch gültig sind.

§ 19 Gesamtnote und Rangliste

(1) 1Die Gesamtnote wird aus den Noten des Sprachtests, des Grundfähigkeitstests, des Einstellungsgesprächs und der Gruppendiskussion gebildet. 2Die Summe der Einzelnoten, geteilt durch vier, ergibt die Gesamtnote. 3§ 17 Abs. 3 Satz 3 gilt entsprechend.

(2) 1Die Einstellungsbehörde erstellt aus den Bewerbungen für den jeweiligen Einstellungstermin eine Rangliste, in der die Bewerber und Bewerberinnen, die die Einstellungsvoraussetzungen nach § 5 erfüllen, in der Reihenfolge ihrer Gesamtnoten der Einstellungsprüfung aufgeführt sind. 2Platzziffern werden nicht festgesetzt.

§ 20 Bekanntgabe des Prüfungsergebnisses

(1) 1Prüfungsteilnehmer und Prüfungsteilnehmerinnen, die die Prüfung bestanden haben, erhalten ein Prüfungszeugnis, aus dem die Gesamtnote, die Note der Sportprüfung und die Einzelnoten des Sprachtests, des Grundfähigkeitstests, des Einstellungsgesprächs und der Gruppendiskussion zu ersehen sind. 2Die Ergebnisse des Einstellungsgesprächs und der Gruppendiskussion werden in einem Abschlussgespräch erläutert.

(2) 1Prüfungsteilnehmer und Prüfungsteilnehmerinnen, die die Prüfung nicht bestanden haben, erhalten eine Bescheinigung, aus der die erzielten Ergebnisse zu ersehen sind. 2Abs. 1 Satz 2 gilt entsprechend.

Unterabschnitt 2
Vorbereitungsdienst

§ 21 Ziele der Ausbildung

1Die praxisorientierte Ausbildung vermittelt den Beamten und Beamtinnen die zur Erfüllung der Aufgaben der Ämter ab der zweiten Qualifikationsebene des Polizeivollzugsdienstes erforderlichen Schlüsselqualifikationen.

2Durch die Vermittlung fachlicher Kenntnisse, praktischer Fertigkeiten sowie der Förderung und Steigerung persönlicher und sozialer Kompetenzen werden die Beamten und Beamtinnen für ihre Tätigkeit im Streifendienst und im geschlossenen Einsatz qualifiziert.

§ 22 Art und Dauer der Ausbildung

(1) 1Die Ausbildung ist modular aufgebaut. 2Theoretische und praktische Ausbildungsinhalte werden fächerübergreifend verknüpft.

(2) 1Die Ausbildung dauert zwei Jahre und sechs Monate. 2Sie gliedert sich in folgende Ausbildungsabschnitte:

1. Erster Ausbildungsabschnitt mit Informationswoche bei der Landespolizei,
2. Zweiter Ausbildungsabschnitt,
3. Dritter Ausbildungsabschnitt mit Praktikum bei der Landespolizei,
4. Vierter Ausbildungsabschnitt mit Praktikum bei der Landespolizei und
5. Fünfter Ausbildungsabschnitt mit Qualifikationsprüfung.

3Jeder Ausbildungsabschnitt dauert sechs Monate, der fünfte Ausbildungsabschnitt schließt die Qualifikationsprüfung ein. 4Das Praktikum bei der Landespolizei im dritten Ausbildungsabschnitt dauert etwa vier Wochen, das Praktikum im vierten Ausbildungsabschnitt etwa drei Monate.

(3) 1Für das Sonderprogramm München gemäß § 6 Abs. 3 dauert die Ausbildung abweichend von Abs. 2 ein Jahr und acht Monate. 2Der erste und zweite Ausbildungsabschnitt dauern jeweils sechs Monate, der dritte und vierte Ausbildungsabschnitt jeweils vier Monate. 3Im dritten Ausbildungsabschnitt wird ein Praktikum bei der Landespolizei mit einer Dauer von etwa zwei Monaten durchgeführt. 4Die Qualifikationsprüfung findet im vierten Ausbildungsabschnitt statt.

(4) 1Für die Beamten und Beamtinnen der Sportfördergruppe gemäß § 6 Abs. 4 gliedert sich die Ausbildung in jährliche Abschnitte, die vier Monate nicht unterschreiten sollen und insgesamt ein Jahr und neun Monate umfassen. 2Die Sportler und Sportlerinnen werden im erforderlichen Umfang für die Teilnahme an Training und Wettkämpfen freigestellt, wobei die gesamte Ausbildung spätestens nach fünf Jahren abgeschlossen sein soll. 3Näheres regelt das Staatsministerium durch Richtlinien.

§ 23 Zuständigkeiten, Ausbildungsplan

1Für die Ausbildung ist die Bereitschaftspolizei zuständig. 2Unbeschadet des § 22 Abs. 2 Satz 2 findet die Ausbildung auch in den Fällen des § 6 Abs. 2 und 3 bei der Bereitschaftspolizei statt. 3Die Inhalte der Ausbildung werden in einem Ausbildungsplan geregelt, der der Zustimmung des Staatsministeriums bedarf.

§ 24 Pflichten der Beamten und Beamtinnen, Urlaub

(1) 1Die Beamten und Beamtinnen sind verpflichtet, sich mit vollem persönlichen Einsatz der Ausbildung zu widmen. 2Sie sind verpflichtet, an allen Ausbildungsveranstaltungen ordnungsgemäß teilzunehmen und die für die Ausbildung und Prüfung erforderlichen Hilfsmittel selbst zu beschaffen, soweit sie von der Ausbildungsbehörde nicht gestellt werden.

(2) 1Die ordnungsgemäße Teilnahme an den Ausbildungsveranstaltungen liegt vor, wenn die Fehlzeiten das festgelegte Höchstmaß nicht überschreiten. 2Das Weitere wird im Ausbildungsplan geregelt.

(3) Die Einbringung des Erholungsurlaubs wird vom Präsidium der Bayerischen Bereitschaftspolizei festgelegt.

§ 25 Inhalte der Ausbildung

(1) 1Die Ausbildung umfasst folgende Ausbildungsfächer:

1. Allgemeines Polizeirecht,
2. Beamtenrecht,
3. Besonderes Sicherheitsrecht,
4. Strafrecht,
5. Verkehrsrecht,
6. Fahrausbildung,
7. Geschlossener Einsatz,
8. Informationstechnologie,
9. Kriminalistik,

10. Sachbearbeitung,
11. Waffen- und Schießausbildung,
12. Polizeiliches Einsatzverhalten,
13. Berufsethik,
14. Englisch,
15. Einsatzbezogene polizeiliche Selbstverteidigung und Eigensicherung,
16. Kommunikation und Konfliktbewältigung,
17. Politische Bildung/Zeitgeschehen und
18. Sport.

[2]Im Ausbildungsplan können weitere Ausbildungsfächer festgelegt werden.

(2) Gliederung, Inhalte und Lernziele der Ausbildungsfächer, Anzahl und Verteilung der Unterrichtsstunden sowie Methodik und Didaktik der Vermittlung werden im Ausbildungsplan festgelegt.

§ 26 Leistungsnachweise, Leistungs- und Eignungsbild

(1) Die Beamten und Beamtinnen in Ausbildung haben die im Ausbildungsplan für die Ausbildungsabschnitte geforderten Leistungsnachweise zu erbringen.

(2) [1]Im Praktikum bei der Landespolizei gemäß § 22 Abs. 2 Satz 2 Nr. 4 ist über die Beamten und Beamtinnen in Ausbildung ein Leistungs- und Eignungsbild zu fertigen. [2]Der Leiter oder die Leiterin der Dienststelle, bei der das Praktikum durchgeführt wird, erstellt jeweils eine Gesamtbewertung mit den Kriterien „gut geeignet", „geeignet", „noch nicht geeignet" oder „nicht geeignet". [3]Inhalt und Gestaltung des Leistungs- und Eignungsbilds werden im Ausbildungsplan geregelt. [4]Die Beamten und Beamtinnen in Ausbildung müssen im Leistungs- und Eignungsbild jeweils die Gesamtbewertung „gut geeignet" oder „geeignet" nachweisen.

(3) [1]Werden geforderte Leistungsnachweise nicht erbracht, die gemäß Abs. 2 Satz 4 geforderte Gesamtbewertung nicht nachgewiesen oder liegt keine ordnungsgemäße Teilnahme an den Ausbildungsveranstaltungen vor, kann die Einstellungsbehörde eine Verlängerung bzw. Wiederholung eines Ausbildungsabschnittes genehmigen. [2]Insgesamt sind in den ersten vier Ausbildungsabschnitten zwei Ausbildungswiederholungen zulässig. [3]Dabei darf ein Ausbildungsabschnitt nur einmal wiederholt werden.

Unterabschnitt 3
Qualifikationsprüfung

§ 27 Zulassung, Ladung

(1) Zur Qualifikationsprüfung wird zugelassen, wer am Vorbereitungsdienst ordnungsgemäß teilgenommen und alle Ausbildungsziele erreicht hat.

(2) [1]Mit der Zulassung werden die Prüfungsteilnehmer und Prüfungsteilnehmerinnen zur Prüfung geladen. [2]Die zugelassenen Hilfsmittel gibt das Prüfungsamt den Prüfungsteilnehmern und Prüfungsteilnehmerinnen rechtzeitig vor den Prüfungsterminen bekannt.

§ 28 Prüfungsausschuss

(1) Beim Präsidium der Bayerischen Bereitschaftspolizei wird ein Prüfungsausschuss gebildet.

(2) [1]Der Prüfungsausschuss besteht aus dem Leiter oder der Leiterin des Präsidiums der Bayerischen Bereitschaftspolizei als vorsitzendem Mitglied, einem Beamten oder einer Beamtin, der oder die dem fachlichen Schwerpunkt Polizeivollzugsdienst angehört und mindestens ein Amt der Besoldungsgruppe A 9 innehat, und einem Beamten oder einer Beamtin, der oder die in der zweiten Qualifikationsebene im fachlichen Schwerpunkt Polizeivollzugsdienst eingestiegen ist, als beisitzenden Mitgliedern. [2]Die beisitzenden Mitglieder und die sie vertretenden Mitglieder bestellt das Präsidium der Bayerischen Bereitschaftspolizei.

§ 29 Form und Inhalt

(1) Die Qualifikationsprüfung besteht aus einem schriftlichen und einem mündlichen Teil.

(2) Prüfungsfächer sind folgende Ausbildungsfächer:

1. Strafrecht,
2. Allgemeines Polizeirecht,

3. Besonderes Sicherheitsrecht,
4. Beamtenrecht,
5. Verkehrsrecht,
6. Kriminalistik,
7. Sachbearbeitung,
8. Informationstechnologie,
9. Polizeiliches Einsatzverhalten,
10. Kommunikation und Konfliktbewältigung,
11. Berufsethik und
12. Englisch.

§ 30 Schriftliche Prüfung

(1) 1In der schriftlichen Prüfung haben die Prüfungsteilnehmer und Prüfungsteilnehmerinnen vier Aufgaben aus den Prüfungsfächern gemäß § 29 Abs. 2 Nrn. 1 bis 11 von jeweils 180 Minuten Dauer zu bearbeiten. 2Die Aufgaben orientieren sich an den Ausbildungsinhalten nach § 25.

(2) Das Gesamtergebnis der schriftlichen Prüfung ergibt sich aus dem Mittel der erzielten Einzelbewertungen.

§ 31 Mündliche Prüfung

(1) 1Die mündliche Prüfung dient der Feststellung der Handlungs- und Fachkompetenz im Sinn einer Verständnisprüfung. 2Sie besteht aus zwei eigenständigen Teilen: der mündlichen Prüfung in englischer Sprache und der praktisch-mündlichen Prüfung.

(2) Zur mündlichen Prüfung ist nicht zugelassen, wer in der schriftlichen Prüfung im Durchschnitt weniger als 5 Punkte, in zwei Prüfungsarbeiten weniger als 5 Punkte oder in einer Prüfungsarbeit weniger als 2 Punkte erreicht hat.

§ 32 Mündliche Prüfung in englischer Sprache

(1) 1In der mündlichen Prüfung in englischer Sprache wird die Sprachfertigkeit der Prüfungsteilnehmer und Prüfungsteilnehmerinnen bewertet. 2Die Themen orientieren sich hierbei an den Inhalten des Ausbildungsfachs Englisch. 3Bis zu drei Teilnehmer oder Teilnehmerinnen können gemeinsam geprüft werden. 4Für jeden Teilnehmer und jede Teilnehmerin ist eine Gesamtprüfungsdauer von etwa 20 Minuten vorzusehen.

(2) 1Zur Abnahme der mündlichen Prüfung in englischer Sprache werden Prüfungskommissionen gebildet. 2Die Prüfungskommission besteht aus einem vorsitzenden und einem beisitzenden Mitglied. 3Ein Mitglied soll als Lehrkraft im Ausbildungsfach Englisch in der Ausbildung für den Einstieg in der zweiten Qualifikationsebene im Polizeivollzugsdienst tätig sein. 4Das weitere Mitglied kann neben einer Lehrkraft im Ausbildungsfach Englisch auch ein Beamter oder eine Beamtin des Polizeivollzugsdienstes mit sehr guten Englischkenntnissen sein. 5Die Englischkenntnisse der Prüfer und Prüferinnen sind durch eine Prüfung, angelehnt an den Europäischen Referenzrahmen, Kompetenzstufe C 1, nachzuweisen. 6Das Prüfungsamt bestimmt das vorsitzende Mitglied.

§ 33 Praktisch-mündliche Prüfung

(1) 1In der praktisch-mündlichen Prüfung haben die Prüfungsteilnehmer und Prüfungsteilnehmerinnen eine polizeiliche Einschreitsituation zu bewältigen und fallbezogene Fragen aus den Prüfungsfächern gemäß § 29 Abs. 2 Nrn. 1 bis 11 zu beantworten. 2Es ist eine Gesamtprüfungsdauer von etwa 45 Minuten vorzusehen. 3Die Prüfung erfolgt in Form einer Einzelprüfung.

(2) 1Zur Abnahme der praktisch-mündlichen Prüfung werden Prüfungskommissionen gebildet. 2Die Prüfungskommission besteht aus einem vorsitzenden Mitglied und zwei beisitzenden Mitgliedern. 3Das vorsitzende und ein beisitzendes Mitglied müssen dem fachlichen Schwerpunkt Polizeivollzugsdienst angehören und mindestens ein Amt der Besoldungsgruppe A 9 innehaben. 4Als weiteres beisitzendes Mitglied kann auch ein Ausbildungsbeamter oder eine Ausbildungsbeamtin der Bereitschaftspolizei bestellt werden, der oder die in der zweiten Qualifikationsebene im fachlichen Schwerpunkt Polizeivollzugsdienst eingestiegen ist. 5Das Prüfungsamt bestimmt das vorsitzende Mitglied.

(3) 1Für die praktisch-mündliche Prüfung wird von jedem Mitglied der Prüfungskommission die Handlungskompetenz und die Fachkompe-

tenz jeweils mit einer Punktzahl gemäß § 9 Abs. 1 bewertet. $_{2}$Das Gesamtergebnis der praktisch-mündlichen Prüfung, berechnet auf zwei Dezimalstellen, wird errechnet aus der Summe der einzelnen, von den Prüfern oder Prüferinnen vergebenen Punktzahlen, wobei die Punktzahlen der Handlungskompetenz zweifach und die Punktzahlen der Fachkompetenz einfach zählen, geteilt durch neun. $_{3}$Die dritte Dezimalstelle bleibt unberücksichtigt.

§ 34 Gesamtprüfungsergebnis

(1) $_{1}$Das Gesamtprüfungsergebnis wird aus dem jeweiligen Gesamtergebnis der schriftlichen Prüfung, der beiden Teile der mündlichen Prüfung und der Fortgangsbewertung gebildet. $_{2}$Hierbei zählen das Gesamtergebnis der schriftlichen Prüfung 50 v. H., das Gesamtergebnis der praktisch-mündlichen Prüfung 30 v. H., das Gesamtergebnis der mündlichen Prüfung in englischer Sprache 5 v. H. und die Fortgangsbewertung 15 v. H.

(2) $_{1}$Die Fortgangsbewertung wird aus dem Mittel der Leistungsnachweise gemäß § 26 Abs. 1 gebildet. $_{2}$Einzelne Leistungsnachweise können dabei anders gewichtet werden. $_{3}$Das Nähere wird im Ausbildungsplan gemäß § 23 geregelt.

(3) § 9 Abs. 2 Sätze 2 und 3 sowie Abs. 4 gelten entsprechend.

§ 35 Nichtbestehen

Die Prüfung hat nicht bestanden, wer

1. die Voraussetzungen nach § 31 Abs. 2 für die Zulassung zur mündlichen Prüfung nicht erfüllt,
2. in der praktisch-mündlichen Prüfung weniger als 2 Punkte erhalten hat,
3. im Gesamtprüfungsergebnis weniger als 5 Punkte erhalten hat oder
4. in der praktisch-mündlichen Prüfung, der mündlichen Prüfung in englischer Sprache und den schriftlichen Prüfungsaufgaben dreimal weniger als 5 Punkte erzielt hat.

§ 36 Bekanntgabe des Prüfungsergebnisses, Berufsbezeichnung

(1) $_{1}$Prüfungsteilnehmer und Prüfungsteilnehmerinnen, die die Prüfung bestanden haben, erhalten ein Prüfungszeugnis, aus dem

1. das Gesamtprüfungsergebnis nach Punkten und Notenprädikat,
2. die Platzziffer mit Angabe der Anzahl aller Prüfungsteilnehmer und Prüfungsteilnehmerinnen, der Zahl derjenigen, die die Prüfung bestanden haben, und der Zahl der Prüfungsteilnehmer und Prüfungsteilnehmerinnen mit gleicher Platzziffer,
3. die Ergebnisse der vier schriftlichen Prüfungsaufgaben,
4. das Gesamtergebnis der praktisch-mündlichen Prüfung und das Gesamtergebnis der mündlichen Prüfung in englischer Sprache sowie
5. die Fortgangsbewertung

zu ersehen sind. $_{2}$Die Platzziffer gemäß Satz 1 Nr. 2 kann gesondert mitgeteilt werden. $_{3}$Prüfungsteilnehmer und Prüfungsteilnehmerinnen, die die Prüfung nicht bestanden haben, erhalten eine Bescheinigung mit den erzielten Einzelergebnissen.

(2) $_{1}$Die bestandene Qualifikationsprüfung berechtigt dazu, die Berufsbezeichnung „Verwaltungsfachwirt-Polizei" oder „Verwaltungsfachwirtin-Polizei" zu führen. $_{2}$Wer eine entsprechende Prüfung nach früherem Recht erfolgreich abgelegt hat, ist ebenfalls berechtigt, die Berufsbezeichnung zu führen.

Abschnitt 3
Ämter ab der dritten Qualifikationsebene

Unterabschnitt 1
Auswahlverfahren

§ 37 Besonderes Auswahlverfahren, Auswahlverfahren gemäß Art. 22 Abs. 1 Satz 2 Alternative 2 LlbG

(1) $_{1}$Regelbewerber und Regelbewerberinnen für den Einstieg in der dritten Qualifikationsebene nehmen anstelle der Einstellungsprüfung am besonderen Auswahlverfahren nach Art. 22 Abs. 2 Satz 2 LlbG teil. $_{2}$Ergänzend nehmen sie im Rahmen eines Auswahlverfahrens nach Art. 22 Abs. 1 Satz 2 Alternative 2 LlbG am Einstellungsgespräch gemäß § 16 Abs. 1 Satz 1 Nr. 3 und an der Grup-

pendiskussion gemäß § 16 Abs. 1 Satz 1 Nr. 4 sowie an der Sportprüfung gemäß § 16 Abs. 1 Satz 1 Nr. 5 teil; § 15 gilt entsprechend.

(2) $_{1}$Die Prüfungen gemäß Abs. 1 Satz 2 werden vom Prüfungsamt durchgeführt und können einmal, auch zum Zweck der Notenverbesserung wiederholt werden. $_{2}$Hinsichtlich Bewertung, Nichtbestehen und Gültigkeitsdauer der Ergebnisse gelten die Vorschriften der §§ 16 bis 18 entsprechend.

(3) $_{1}$Für die Rangfolge der Teilnehmer und Teilnehmerinnen wird eine Rangnote gebildet. $_{2}$Hierbei werden die Gesamtnote des besonderen Auswahlverfahrens nach Art. 22 Abs. 2 Satz 2 LlbG zu 50 v. H. und die Einzelnoten des Einstellungsgesprächs und der Gruppendiskussion zu jeweils 25 v. H. berücksichtigt. $_{3}$Für die Bildung der Rangnote gilt § 17 Abs. 3 Satz 3 entsprechend. $_{4}$Platzziffern werden nicht festgesetzt.

(4) Für die Bekanntgabe des Ergebnisses gilt § 20 entsprechend.

(5) $_{1}$Bei Bewerbern und Bewerberinnen, die sowohl an der Einstellungsprüfung für den Einstieg in der zweiten Qualifikationsebene als auch am Auswahlverfahren für den Einstieg in der dritten Qualifikationsebene teilnehmen, können jeweils die Ergebnisse der sich in Inhalt und Bewertung entsprechenden Prüfungsteile angerechnet werden. $_{2}$Das Nähere regelt das Präsidium der Bayerischen Bereitschaftspolizei mit Zustimmung des Staatsministeriums durch Richtlinien.

Unterabschnitt 2
Vorbereitungsdienst

§ 38 Ziele des Studiums

$_{1}$Das Studium vermittelt den Studierenden die zur Erfüllung der vielfältigen Aufgaben des Polizeivollzugsdienstes beim Einstieg in der dritten Qualifikationsebene erforderliche Handlungskompetenz. $_{2}$Dabei werden praxisbezogene Fachkenntnisse vermittelt sowie die persönlichen und sozialen Schlüsselqualifikationen weiterentwickelt. $_{3}$Die Studierenden sollen neue Aufgaben durch sichere Methodenanwendung und durch selbstständig und in der Fortbildung erweiterte Kompetenzen bewältigen können.

§ 39 Art und Dauer des Studiums

(1) $_{1}$Das Studium dauert 36 Monate. $_{2}$Es umfasst ein Fachstudium und ein berufspraktisches Studium mit begleitenden, praxisbezogenen Lehrveranstaltungen. $_{3}$Bei Beamten und Beamtinnen, die den Vorbereitungsdienst für den Einstieg in der zweiten Qualifikationsebene abgeleistet und die Qualifikationsprüfung bestanden haben, sowie in den Fällen des Art. 27 Abs. 3 Satz 1 Nrn. 2 und 3 LlbG kann das Staatsministerium das berufspraktische Studium um längstens zwölf Monate kürzen.

(2) $_{1}$Das Fachstudium findet an der Hochschule für den öffentlichen Dienst in Bayern – Fachbereich Polizei – (Hochschule – Fachbereich Polizei) statt. $_{2}$Das berufspraktische Studium wird auch bei geeigneten Polizeidienststellen (Ausbildungsdienststellen) durchgeführt.

(3) $_{1}$Das Studium gliedert sich in sechs Abschnitte mit einer Dauer von jeweils sechs Monaten. $_{2}$Die Abschnitte eins, zwei und vier sind berufspraktische, die Abschnitte drei, fünf und sechs fachtheoretische Abschnitte.

(4) $_{1}$Wird ein Abschnitt des Studiums gemäß Abs. 3 durch Erkrankung oder aus sonstigen zwingenden Gründen um insgesamt mehr als zwei Monate, im Fall des zweiten berufspraktischen Abschnitts um insgesamt mehr als einen Monat oder der für die Einsatztaktische Ausbildung (§ 44 Satz 3) im Studienplan (§ 40 Abs. 1) vorgesehene Zeitraum um mehr als ein Drittel unterbrochen, so kann das Staatsministerium auf Vorschlag der Hochschule – Fachbereich Polizei den Vorbereitungsdienst verlängern, wenn sich die Studierenden die versäumten Kenntnisse und Fertigkeiten in der noch verbleibenden Zeit nicht mehr aneignen können. $_{2}$Werden die Leistungsnachweise (§§ 43 und 45) der einzelnen Abschnitte gemäß Abs. 3 nicht erreicht, prüft das Staatsministerium auf Vorschlag der Hochschule – Fachbereich Polizei, ob der Vorbereitungsdienst zu verlängern oder das Beamtenverhältnis zu beenden ist.

$_{3}$Der Vorbereitungsdienst soll insgesamt um nicht mehr als 18 Monate verlängert werden.

§ 40 Zuständigkeiten, Studienplan, Ausbildungsleitung

(1) Die Hochschule – Fachbereich Polizei regelt die Inhalte des Studiums in einem Studienplan, der der Zustimmung des Staatsministeriums bedarf.

(2) $_{1}$Die Präsidien der bayerischen Polizei und das Bayerische Landeskriminalamt bestimmen für ihren Bereich Ausbildungsdienststellen sowie Ausbildungsleiter oder Ausbildungsleiterinnen, die mindestens ein Amt der Besoldungsgruppe A 13 innehaben sollen. $_{2}$Die Ausbildungsleiter und Ausbildungsleiterinnen lenken und überwachen die Ausbildung der Studierenden und haben sich laufend vom Stand der Ausbildung zu überzeugen. $_{3}$Im berufspraktischen Studium haben sie eine sorgfältige, dem Studienplan entsprechende Ausbildung zu gewährleisten.

§ 41 Pflichten der Studierenden, Urlaub

(1) $_{1}$Die Studierenden sind zu sorgfältigem und gewissenhaftem Studium verpflichtet. $_{2}$Sie haben insbesondere an den Unterrichtsveranstaltungen teilzunehmen, die ihnen zur Ausbildung aufgetragenen Aufgaben zu erfüllen und die für die Ausbildung und Prüfung erforderlichen Hilfsmittel selbst zu beschaffen, soweit sie von den Ausbildungsbehörden nicht gestellt werden.

(2) Die Einbringung des Erholungsurlaubs für das Studium wird von der Hochschule – Fachbereich Polizei festgelegt.

§ 42 Inhalte des Fachstudiums

(1) $_{1}$Das Fachstudium umfasst folgende Fächergruppen und Studienfächer als Pflichtfächer:

1. Fächergruppe Rechtswissenschaften:
1.1 Eingriffsrecht,
1.2 Staats- und Verfassungsrecht,
1.3 Straf- und Ordnungswidrigkeitenrecht,
1.4 Zivilrecht,
1.5 Verkehrsrecht,
1.6 Nebenstrafrecht,
1.7 Allgemeines Verwaltungsrecht,
1.8 Recht des öffentlichen Dienstes,
1.9 Verfahrensrecht und
1.10 Haushaltsrecht.
2. Fächergruppe Polizeiliches Management:
2.1 Kriminalistik,
2.2 Kriminologie,
2.3 Einsatzlehre,
2.4 Verkehrslehre,
2.5 Polizeiliches Einsatzverhalten,
2.6 Führungslehre,
2.7 Soziologie,
2.8 Psychologie,
2.9 Politologie,
2.10 Kommunikation und Konfliktbewältigung,
2.11 Berufsethik,
2.12 Polizeiliches Informations- und Kommunikationswesen und
2.13 Englisch.

$_{2}$Im Studienplan können weitere Studienfächer festgelegt werden. $_{3}$Zusätzlich können Wahlfächer angeboten werden.

(2) $_{1}$Aus den Studienfächern werden im letzten fachtheoretischen Abschnitt Studienschwerpunkte gebildet. $_{2}$Die Studienschwerpunkte orientieren sich an den schutz- und kriminalpolizeilichen Aufgaben des Polizeivollzugsdienstes. $_{3}$Umfang und Inhalte der Studienschwerpunkte werden im Studienplan festgelegt. $_{4}$Die Ernennungsbehörden legen den jeweiligen Studienschwerpunkt unter Einbindung der Hochschule – Fachbereich Polizei im Benehmen mit den Studierenden fest. $_{5}$Der Studienschwerpunkt soll der Erstverwendung nach Abschluss des Studiums entsprechen.

§ 43 Leistungsnachweise im Fachstudium

(1) $_{1}$Die Studierenden haben im ersten fachtheoretischen Abschnitt sechs Leistungsnachweise zu fertigen und an den im Studienplan festgelegten Pflichtseminaren teilzunehmen. $_{2}$Inhalt, Dauer und Art der Leistungsnachweise werden im Studienplan ge-

regelt (§ 40 Abs. 1, § 42 Abs. 1 Satz 1). [3]Das Gesamtergebnis der Leistungsnachweise wird errechnet aus der Summe der einzelnen Punktzahlen, geteilt durch deren Anzahl. [4]Die Studierenden müssen mindestens die Durchschnittspunktzahl von 5 Punkten erreichen und dürfen in drei Arbeiten nicht weniger als jeweils 5 Punkte oder in einer Arbeit nicht weniger als 2 Punkte erhalten.

(2) [1]Die Studierenden haben einen Leistungsnachweis in einer Fremdsprache zu erbringen, die als Pflicht- oder Wahlfach angeboten wird. [2]Der Leistungsnachweis gilt als erbracht, wenn mindestens 5 Punkte erreicht werden.

§ 44 Inhalte des berufspraktischen Studiums

[1]Im ersten und zweiten berufspraktischen Abschnitt erfolgt die Vermittlung von grundlegenden Kenntnissen und Fertigkeiten an der Hochschule – Fachbereich Polizei und bei Ausbildungsdienststellen. [2]Im dritten berufspraktischen Abschnitt sind die Studierenden in die Aufgaben von Dienstgruppenleitern und Dienstgruppenleiterinnen, von Sachbearbeitern und Sachbearbeiterinnen in Ämtern ab der dritten Qualifikationsebene bei einer Polizeiinspektion oder bei der Kriminalpolizei einzuweisen. [3]Während des dritten berufspraktischen Abschnitts ist auch die einsatztaktische Ausbildung abzulegen.

§ 45 Leistungsnachweise im berufspraktischen Studium, Leistungs- und Eignungsbild

(1) [1]Im ersten berufspraktischen Abschnitt sind zwei Leistungsnachweise zu fertigen. [2]Art und Dauer der Leistungsnachweise werden im Studienplan geregelt. [3]Das Gesamtergebnis der Leistungsnachweise wird errechnet aus der Summe der einzelnen Punktzahlen, geteilt durch deren Anzahl. [4]Die Studierenden müssen mindestens die Durchschnittspunktzahl von 5 Punkten erreichen und dürfen in keinem Leistungsnachweis weniger als 2 Punkte erhalten.

(2) [1]Während des zweiten berufspraktischen Abschnitts haben die Studierenden die im Studienplan festgelegten Leistungsnachweise in der fachpraktischen Ausbildung und im Sport zu erbringen. [2]In Einzelfällen können diese Leistungsnachweise auf Antrag der Studierenden im darauffolgenden Studienabschnitt nachgeholt werden.

(3) [1]Im dritten berufspraktischen Abschnitt ist im Rahmen der einsatztaktischen Ausbildung ein Leistungsnachweis zu fertigen. [2]Die Studierenden müssen im Leistungsnachweis mindestens 5 Punkte erreichen.

(4) [1]In allen berufspraktischen Abschnitten gemäß § 44 ist über die Studierenden ein Leistungs- und Eignungsbild zu fertigen. [2]Der oder die Beauftragte der Hochschule – Fachbereich Polizei für den ersten berufspraktischen Abschnitt und die Ausbildungsleiter und Ausbildungsleiterinnen für die weiteren berufspraktischen Abschnitte erstellen jeweils eine Gesamtbewertung mit den Kriterien „gut geeignet", „geeignet" oder „nicht geeignet". [3]Inhalt und Gestaltung des Leistungs- und Eignungsbildes werden im Studienplan geregelt. [4]Die Studierenden müssen im Leistungs- und Eignungsbild jeweils die Gesamtbewertung „gut geeignet" oder „geeignet" nachweisen.

Unterabschnitt 3 Prüfungen

§ 46 Prüfungsausschuss

(1) [1]Beim Präsidium der Bayerischen Bereitschaftspolizei wird ein Prüfungsausschuss gebildet. [2]Der Prüfungsausschuss besteht aus einem vorsitzenden Mitglied und zwei weiteren Mitgliedern. [3]Der Leiter oder die Leiterin des Sachgebiets Personal, Aus- und Fortbildung der Polizei im Staatsministerium ist das vorsitzende Mitglied.

(2) [1]Die weiteren Mitglieder sowie jeweils zwei Vertreter bestellt das Präsidium der Bayerischen Bereitschaftspolizei auf Vorschlag der Hochschule – Fachbereich Polizei für die Dauer von drei Jahren. [2]Sie müssen Lehrpersonen der Hochschule – Fachbereich Polizei sein, wobei nur ein Mitglied und dessen Vertreter eine Lehrperson im Sinn des Art. 14 Abs. 3 des HföD-Gesetzes sein darf.

II

(3) Der Leiter oder die Leiterin der Hochschule – Fachbereich Polizei kann an den Sitzungen des Prüfungsausschusses beratend teilnehmen.

§ 47 (weggefallen)

§ 48 Qualifikationsprüfung

(1) 1Die Qualifikationsprüfung besteht aus einer schriftlichen und einer mündlichen Prüfung. 2Sie kann den gesamten Inhalt des Studiums umfassen.

(2) Zur Qualifikationsprüfung wird zugelassen, wer alle Leistungsnachweise nach den §§ 43 und 45 erbracht hat und die Voraussetzungen des § 45 Abs. 4 Satz 4 erfüllt.

§ 49 Schriftliche Prüfung

(1) 1Die schriftliche Prüfung gliedert sich in zwei Teile und umfasst jeweils vier Aufgaben von jeweils fünf Stunden Dauer. 2Der erste Teil der schriftlichen Prüfung findet im zweiten fachtheoretischen Abschnitt, der zweite Teil im dritten fachtheoretischen Abschnitt statt. 3Die Aufgaben werden fächerübergreifend gestaltet, wobei mindestens jeweils drei der Prüfungsaufgaben ihren Schwerpunkt in einer der beiden Fächergruppen nach § 42 Abs. 1 Satz 1 haben.

(2) Zum zweiten Teil der schriftlichen Prüfung wird nicht zugelassen, wer im ersten Teil in einer Prüfungsaufgabe weniger als 2 Punkte oder in mehr als der Hälfte oder im Durchschnitt aller Prüfungsaufgaben weniger als 5 Punkte erzielt hat.

(3) Das Ergebnis des ersten Teils der schriftlichen Prüfung sowie das Gesamtergebnis der schriftlichen Prüfung werden errechnet aus der Summe der in den einzelnen Prüfungsaufgaben erzielten Punktzahlen, geteilt durch die Anzahl der Prüfungsaufgaben.

§ 50 Mündliche Prüfung

(1) 1Die mündliche Prüfung findet am Ende des dritten fachtheoretischen Abschnitts statt. 2Für jeden Prüfungsteilnehmer und jede Prüfungsteilnehmerin ist eine Gesamtprüfungsdauer von etwa 60 Minuten vorzusehen. 3Prüfungsgegenstand ist die Fach- und Handlungskompetenz der Prüfungsteilnehmer und Prüfungsteilnehmerinnen unter Einbeziehung von Kenntnissen aus allen Studienfächern.

(2) 1Der erste Teil der mündlichen Prüfung in Form einer Einzelprüfung umfasst ein zehnminütiges Referat des Prüfungsteilnehmers oder der Prüfungsteilnehmerin zu einem vorgegebenen Thema und eine etwa fünfzehnminütige Befragung zu den Inhalten des Referats. 2Das Thema wird dem Prüfungsteilnehmer oder der Prüfungsteilnehmerin 30 Minuten vor Prüfungsbeginn bekannt gegeben. 3Im zweiten Teil mit einer Dauer von 35 Minuten erfolgt eine Befragung über das Thema des Referats hinaus zum Prüfungsgegenstand gemäß Abs. 1 Satz 3; es können bis zu vier Teilnehmer oder Teilnehmerinnen gemeinsam geprüft werden.

§ 51 Prüfungskommissionen

(1) Zur Abnahme der mündlichen Prüfung werden Prüfungskommissionen gebildet.

(2) 1Jede Prüfungskommission besteht aus drei Mitgliedern. 2Ein Mitglied muss die Befähigung zum Richteramt besitzen und ein Mitglied mindestens ein Amt der Besoldungsgruppe A 13 innehaben sowie dem fachlichen Schwerpunkt Polizeivollzugsdienst angehören. 3Das dritte Mitglied muss mindestens ein Amt der Besoldungsgruppe A 9 innehaben. 4Ein Mitglied der Prüfungskommission soll hauptamtliche Lehrperson beim Fachbereich Polizei sein. 5Ein Mitglied nach Satz 2 führt den Vorsitz.

§ 52 Bewertung der mündlichen Prüfung

(1) 1Die beiden Prüfungsteile werden von jedem Mitglied der Prüfungskommission gemäß § 9 Abs. 1 bewertet. 2Das Gesamtergebnis der mündlichen Prüfung wird errechnet aus der Summe der einzelnen, von Prüfern und Prüferinnen vergebenen Punktzahlen geteilt durch sechs.

(2) Die Ergebnisse sind dem Prüfungsteilnehmer oder der Prüfungsteilnehmerin am Ende der mündlichen Prüfung bekannt zu geben.

§ 53 Gesamtprüfungsergebnis

Bei der Bildung des Gesamtprüfungsergebnisses werden

1. das Gesamtergebnis der schriftlichen Prüfung mit 80 v. H. und
2. das Gesamtergebnis der mündlichen Prüfung mit 20 v. H.

berücksichtigt.

§ 54 Nichtbestehen der Qualifikationsprüfung

Die Qualifikationsprüfung hat nicht bestanden, wer

1. die Voraussetzungen des § 49 Abs. 2 für die Zulassung zum zweiten Teil der schriftlichen Prüfung nicht erfüllt,
2. im zweiten Teil der schriftlichen Prüfung in einer Prüfungsaufgabe weniger als 2 Punkte oder in mehr als der Hälfte oder im Durchschnitt aller schriftlichen Prüfungsaufgaben des zweiten Teils weniger als 5 Punkte,
3. in der mündlichen Prüfung ein schlechteres Gesamtergebnis als 5 Punkte oder
4. ein schlechteres Gesamtprüfungsergebnis (§ 53) als 5 Punkte

erreicht hat.

§ 55 Bekanntgabe des Prüfungsergebnisses

$_1$Prüfungsteilnehmer und Prüfungsteilnehmerinnen, die die Prüfung bestanden haben, erhalten ein Zeugnis, aus dem

1. das Gesamtprüfungsergebnis nach Punktzahl und Notenstufe,
2. die Platzziffer mit Angabe der Anzahl aller Prüfungsteilnehmer und Prüfungsteilnehmerinnen, der Zahl derjenigen, die die Prüfung bestanden haben und der Zahl der Prüfungsteilnehmer und Prüfungsteilnehmerinnen mit gleicher Platzziffer,
3. die Einzelbewertungen der schriftlichen Prüfung sowie
4. das Gesamtergebnis der mündlichen Prüfung

zu ersehen sind.

$_2$Die Platzziffer gemäß Satz 1 Nr. 2 kann gesondert mitgeteilt werden. $_3$Prüfungsteilnehmer und Prüfungsteilnehmerinnen, die die Prüfung nicht bestanden haben, erhalten eine Bescheinigung mit den erzielten Einzelergebnissen. $_4$Eine Einsichtnahme in die Prüfungsakten gemäß Art. 29 des Bayerischen Verwaltungsverfahrensgesetzes kann erst nach Bekanntgabe des Prüfungsergebnisses nach Satz 1 oder Satz 3 erfolgen.

Unterabschnitt 4
Praxiseinführung

§ 56 Einführung in die Aufgaben des Polizeivollzugsdienstes

$_1$Nach Ableisten des Vorbereitungsdienstes und Bestehen der Qualifikationsprüfung für den Einstieg in der dritten Qualifikationsebene werden die Beamten und Beamtinnen ab der Verleihung des Eingangsamts für die Dauer von zwei Jahren im uniformierten Dienst bei der Bereitschaftspolizei und im Polizeieinzeldienst in die Aufgaben des Polizeivollzugsdienstes eingeführt. $_2$Das Staatsministerium kann Ausnahmen für eine Einführung im Kriminaldienst zulassen.

Unterabschnitt 5
Ausbildungsqualifizierung

§ 57 Zulassung

(1) $_1$Zur Ausbildungsqualifizierung für die dritte Qualifikationsebene kann das Staatsministerium Beamte und Beamtinnen zulassen, die

1. ein Zeugnis über den mittleren Schulabschluss oder ein vom Staatsministerium für Unterricht und Kultus als gleichwertig anerkanntes Zeugnis besitzen,
2. seit Übertragung des Eingangsamts entsprechend der zweiten Qualifikationsebene eine Dienstzeit (§ 12 Abs. 2 Satz 2 in Verbindung mit Art. 15 LlbG) von mindestens fünf Jahren abgeleistet haben,
3. erkennen lassen, dass sie den Anforderungen der Ämter ab der dritten Qualifikationsebene im fachlichen Schwerpunkt Polizeivollzugsdienst gewachsen sein werden und bei denen in der letzten periodischen Beurteilung oder Probezeitbeurteilung festgestellt wurde, dass sie für die

II

Ausbildungsqualifizierung in Betracht kommen,

4. in dieser Beurteilung mindestens mit einem Gesamturteil von elf Punkten beurteilt sind und
5. das 42. Lebensjahr noch nicht vollendet haben.

2Abweichend von Satz 1 Nr. 2 müssen Beamte und Beamtinnen, die

1. die Fachhochschulreife oder eine andere Hochschulreife oder einen vom Staatsministerium für Bildung und Kultus, Wissenschaft und Kunst als gleichwertig anerkannten Bildungsstand nachweisen oder
2. gemäß § 6 Abs. 3 beim Polizeipräsidium München nach Vollendung des 32. Lebensjahres eingestellt wurden,

seit Übertragung des Eingangsamts entsprechend der zweiten Qualifikationsebene eine Dienstzeit (§ 12 Abs. 2 Satz 2 in Verbindung mit Art. 15 LlbG) von mindestens drei Jahren abgeleistet haben. 3Das Staatsministerium kann Ausnahmen von Satz 1 Nr. 5 und, wenn die Beamten und Beamtinnen in einem Auswahlverfahren an der Hochschule – Fachbereich Polizei die Fähigkeit zur Teilnahme an den dortigen Lehrveranstaltungen nachgewiesen haben, von Nr. 1 zulassen. 4Ausnahmen von Satz 1 Nr. 5 kommen insbesondere in den Fällen in Betracht, in denen eine Bewerbung aus dienstlichen, besonderen persönlichen oder familiären Gründen nicht früher erfolgen konnte.

(2) 1Die Zulassung setzt die erfolgreiche Teilnahme an einem Auswahlverfahren auf Grundlage der spezifischen Anforderungen der Ämter ab der dritten Qualifikationsebene im fachlichen Schwerpunkt Polizeivollzugsdienst voraus. 2Die Reihenfolge der Zulassung richtet sich nach einer Rangliste. 3Die Beamten und Beamtinnen können bis zu viermal am Auswahlverfahren teilnehmen. 4Das Staatsministerium erlässt hierzu Richtlinien.

(3) 1Die Zulassung zur Ausbildungsqualifizierung wird widerrufen, wenn die Voraussetzungen des Abs. 1 Satz 1 Nr. 3 nicht mehr erfüllt werden. 2Die Entscheidung trifft das Staatsministerium.

§ 58 Ausgestaltung der Qualifizierung

(1) 1Die zur Ausbildungsqualifizierung zugelassenen Beamten und Beamtinnen werden an der Hochschule – Fachbereich Polizei in die Aufgaben der Ämter ab der dritten Qualifikationsebene eingeführt und nehmen an der Qualifikationsprüfung für den Einstieg in der dritten Qualifikationsebene teil. 2Die Vorschriften der Unterabschnitte 2 und 3 gelten entsprechend. 3Regelbewerber und Regelbewerberinnen sowie zur Ausbildungsqualifizierung zugelassene Beamte und Beamtinnen werden grundsätzlich gemeinsam ausgebildet und geprüft.

(2) 1Nach dem Bestehen der Qualifikationsprüfung nach Abs. 1 Satz 1 kann den Beamten und Beamtinnen das Eingangsamt entsprechend der dritten Qualifikationsebene verliehen werden. 2Art. 16 Abs. 2 Sätze 1 und 2, Art. 17 Abs. 1 Satz 3 LlbG finden keine Anwendung.

Abschnitt 4
Ämter ab der vierten Qualifikationsebene

Unterabschnitt 1
Ausbildungsqualifizierung

§ 59 Zulassung

(1) 1Zur Ausbildungsqualifizierung für die vierte Qualifikationsebene kann das Staatsministerium Beamte und Beamtinnen zulassen, die

1. seit Übertragung des Eingangsamts entsprechend der dritten Qualifikationsebene eine Dienstzeit (§ 12 Abs. 2 Satz 2 in Verbindung mit Art. 15 LlbG) von mindestens fünf Jahren oder, wenn die Qualifikation für Ämter ab der dritten Qualifikationsebene über die Ausbildungsqualifizierung gemäß § 58 erworben wurde, von mindestens vier Jahren abgeleistet haben,
2. die Qualifikationsprüfung für den Einstieg in der dritten Qualifikationsebene im fachlichen Schwerpunkt Polizeivollzugsdienst mindestens mit einer im zweiten

Fünftel liegenden Platzziffer bestanden haben,

3. erkennen lassen, das sie den Anforderungen der Ämter ab der vierten Qualifikationsebene im fachlichen Schwerpunkt Polizeivollzugsdienst gewachsen sein werden, in der letzten periodischen Beurteilung oder Probezeitbeurteilung festgestellt wurde, dass sie für die Ausbildungsqualifizierung in Betracht kommen, und sie in dieser Beurteilung mindestens mit einem Gesamturteil von zwölf Punkten beurteilt sind,
4. das 42. Lebensjahr noch nicht vollendet haben und
5. die Hochschulreife oder einen entsprechend anerkannten Bildungsstand besitzen.

2Das Staatsministerium kann Ausnahmen von Satz 1 Nrn. 1, 4 und 5 zulassen. 3Ausnahmen von Satz 1 Nr. 4 kommen insbesondere in den Fällen in Betracht, in denen eine Bewerbung aus dienstlichen, besonderen persönlichen oder familiären Gründen nicht früher erfolgen konnte.

(2) 1Die Zulassung setzt die erfolgreiche Teilnahme an einem Auswahlverfahren auf Grundlage der spezifischen Anforderungen an ein Amt ab der vierten Qualifikationsebene im fachlichen Schwerpunkt Polizeivollzugsdienst voraus. 2Die Reihenfolge der Zulassung richtet sich nach einer Rangliste. 3Das Staatsministerium erlässt hierzu Richtlinien.

(3) 1Die Zulassung zur Ausbildungsqualifizierung wird widerrufen, wenn die Voraussetzungen des Abs. 1 Nr. 3 nicht mehr erfüllt werden. 2Die Entscheidung trifft das Staatsministerium.

§ 60 Ausgestaltung der Qualifizierung

(1) 1Die zur Ausbildungsqualifizierung zugelassenen Beamten und Beamtinnen werden in einem Masterstudiengang der Deutschen Hochschule der Polizei (Hochschule) nach Maßgabe des hierzu erlassenen Studienplans in die Aufgaben der Ämter ab der vierten Qualifikationsebene eingeführt. 2Der Studiengang dauert zwei Jahre und gliedert sich in zwei Studienabschnitte von jeweils einem Jahr. 3Der erste Studienabschnitt wird überwiegend dezentral nach den Vorgaben der Hochschule durchgeführt, der zweite Studienabschnitt zentral an der Hochschule. 4Die Studierenden nehmen an der Masterprüfung der Hochschule nach Maßgabe der hierzu erlassenen Prüfungsordnung teil.

(2) 1Nach Ableisten der Ausbildungsqualifizierung und Bestehen der Masterprüfung kann den Beamten und Beamtinnen das dem Eingangsamt der vierten Qualifikationsebene entsprechende Amt verliehen werden. 2Art. 16 Abs. 2 Sätze 1 und 2, Art. 17 Abs. 1 Satz 3 LlbG finden keine Anwendung.

Unterabschnitt 2
Modulare Qualifizierung

§ 61 Qualifizierungsbereich

(1) 1Die modulare Qualifizierung (Art. 20 LlbG) vermittelt unter Berücksichtigung der Vor- und Ausbildung sowie der vorhandenen förderlichen Berufserfahrung eine gezielte Qualifikation für Ämter ab der vierten Qualifikationsebene bis zur Besoldungsgruppe A 14. 2Die Beförderung in ein Amt der Besoldungsgruppe A 15 setzt den erfolgreichen Abschluss der Ausbildungsqualifizierung nach § 60 oder den Wechsel gemäß § 64 voraus.

(2) Nach Feststellung des erfolgreichen Abschlusses der modularen Qualifizierung führen die Beamten und Beamtinnen die Amtsbezeichnung Polizeirat oder Polizeirätin bzw. Kriminalrat oder Kriminalrätin.

§ 62 Teilnahme

(1) 1Zur Teilnahme an der modularen Qualifizierung kann das Staatsministerium Beamte und Beamtinnen auswählen, die

1. erkennen lassen, dass sie den Anforderungen der Ämter ab der vierten Qualifikationsebene im fachlichen Schwerpunkt Polizeivollzugsdienst gewachsen sein werden und
2. bei denen in der letzten periodischen Beurteilung, die mindestens aus einem Amt der Besoldungsgruppe A 13 erfolgt sein muss, festgestellt wurde, dass sie für die

modulare Qualifizierung in Betracht kommen und ihre Leistung einem Gesamtprädikat von mindestens zwölf Punkten entspricht.

2Das Staatsministerium erstellt zur näheren Ausgestaltung der modularen Qualifizierung ein Konzept, in dem weitere Voraussetzungen für die Teilnahme festgelegt werden können.

(2) 1Die Teilnahme an der modularen Qualifizierung wird beendet, wenn die Voraussetzungen des Abs. 1 Satz 1 nicht mehr erfüllt werden. 2Die Entscheidung trifft das Staatsministerium.

§ 63 Ausgestaltung der Qualifizierung

(1) Das Staatsministerium kann die Organisation und Durchführung einzelner Maßnahmen der modularen Qualifizierung im Konzept gemäß § 62 Abs. 1 Satz 2 einer anderen Stelle übertragen.

(2) 1Die modulare Qualifizierung umfasst drei Maßnahmen. 2Die Dauer der Maßnahmen soll insgesamt einen Umfang von 15 Tagen nicht überschreiten. 3Die Inhalte der Maßnahmen werden im Konzept gemäß § 62 Abs. 1 Satz 2 geregelt. 4Die Maßnahmen der modularen Qualifizierung schließen jeweils mit einer Bescheinigung der erfolgreichen Teilnahme ab.

(3) 1Nach erfolgreichem Abschluss aller Maßnahmen führt das Staatsministerium eine mündliche Prüfung durch. 2Hierzu setzt es eine Kommission ein, der der Leiter oder die Leiterin des Sachgebiets Personal, Aus- und Fortbildung der Polizei oder eines anderen Sachgebiets der Abteilung Öffentliche Sicherheit und Ordnung im Staatsministerium vorsitzt. 3Die weiteren Mitglieder müssen mindestens ein Amt der Besoldungsgruppe A 14 innehaben. 4Gegenstand der Prüfung sind die für den Qualifizierungsbereich erforderlichen systematisch-methodischen Kenntnisse und polizeifachlichen Kompetenzen, angemessene staatsbürgerliche Kenntnisse sowie persönliche und soziale Kompetenzen unter besonderer Berücksichtigung der Inhalte der Maßnahmen gemäß Abs. 2. 5Die Prüfung erfolgt in Form einer Einzelprüfung und dauert mindestens 60 Minuten. 6Das Ergebnis der Prüfung „bestanden" oder „nicht bestanden" ist dem Teilnehmer oder der Teilnehmerin mündlich mitzuteilen. 7Über die Prüfung wird ein Ergebnisprotokoll gefertigt und zur Personalakte genommen.

(4) Maßnahmen nach Abs. 2 und die Prüfung nach Abs. 3 können jeweils einmal wiederholt werden.

Unterabschnitt 3
Wechsel

§ 64 Voraussetzungen

1In Ämter ab der vierten Qualifikationsebene im fachlichen Schwerpunkt Polizeivollzugsdienst kann wechseln (Art. 9 Abs. 2 LlbG), wer die Zweite Juristische Staatsprüfung bestanden hat und nach Maßgabe eines polizeiärztlichen Gutachtens polizeidienstfähig ist. 2Über die Anerkennung der Qualifikation entscheidet das Staatsministerium.

§ 65 Ausgestaltung der Qualifizierung

1Bewerber und Bewerberinnen gemäß § 64 werden bei verschiedenen Polizeidienststellen in die Aufgaben des fachlichen Schwerpunkts Polizeivollzugsdienst eingeführt. 2Ein Amt des Polizeivollzugsdienstes soll ihnen erst verliehen werden, wenn die Einführung erfolgreich abgeschlossen wurde. 3Die Feststellung trifft das Staatsministerium.

Teil 3
Wirtschaftskriminaldienst

§ 66 Einstellungsvoraussetzungen, Einstellungsbehörden

(1) 1In den fachlichen Schwerpunkt Wirtschaftskriminaldienst kann eingestellt werden, wer die Voraussetzungen gemäß § 5 Satz 1 Nrn. 1 und 4 bis 6 erfüllt. 2Der Einstieg erfolgt ausschließlich in der dritten Qualifikationsebene.

(2) Einstellungsbehörden sind die Präsidien der bayerischen Polizei und das Bayerische Landeskriminalamt.

§ 67 Qualifikationsvoraussetzungen

(1) Die Qualifikation wird erworben durch

1. ein mit der vorgeschriebenen Prüfung abgeschlossenes Studium an einer Fachhochschule oder Hochschule in einem Fachhochschulstudiengang oder einen Bachelorabschluss in einer einschlägigen Fachrichtung oder einen vom zuständigen Staatsministerium als gleichwertig anerkannten Bildungsstand und
2. eine mindestens dreijährige hauptberufliche Tätigkeit nach Abschluss des Studiums, davon mindestens ein Jahr im Polizeidienst, die nach ihrer Fachrichtung der für den Qualifikationserwerb geforderten Bildungsvoraussetzung und den Anforderungen des Wirtschaftskriminaldienstes in den Ämtern ab der dritten Qualifikationsebene, auch hinsichtlich Bedeutung und Schwierigkeit, entspricht und im Hinblick auf die Aufgaben des Wirtschaftskriminaldienstes die Fähigkeit zu fachlich selbstständiger Berufsausübung erwiesen hat.

(2) Während der Tätigkeit im Polizeidienst erfolgt eine einjährige polizeifachliche Unterweisung bei der Bereitschaftspolizei und bei Dienststellen der Landespolizei, insbesondere der Kriminalpolizei, oder beim Bayerischen Landeskriminalamt.

§ 68 Feststellung des Qualifikationserwerbs

1Das Staatsministerium stellt fest, ob der Bewerber oder die Bewerberin auf Grund der nach § 67 zu fordernden Nachweise die Qualifikation erworben hat. 2Dabei legt es den Zeitpunkt des Qualifikationserwerbs fest.

§ 68a Allgemeiner Dienstzeitbeginn, Anwendbarkeit der Vorschriften des Teils 2

(1) Die allgemeine Dienstzeit (Art. 15 Abs. 1 Satz 1 LlbG) beginnt mit der Berufung in das Beamtenverhältnis auf Probe.

(2) Die Vorschriften des Teils 2 Abschnitt 4 Unterabschnitte 1 und 2 finden entsprechende Anwendung.

Teil 4
Technischer Computer- und Internetkriminaldienst

§ 69 Einstellungsvoraussetzungen, Einstellungsbehörden

(1) 1In den fachlichen Schwerpunkt Technischer Computer- und Internetkriminaldienst kann eingestellt werden, wer die Voraussetzungen gemäß § 5 Satz 1 Nrn. 1 und 4 bis 6 erfüllt. 2Der Einstieg erfolgt ausschließlich in der dritten Qualifikationsebene.

(2) Einstellungsbehörden sind die Präsidien der bayerischen Polizei und das Bayerische Landeskriminalamt.

§ 70 Qualifikationsvoraussetzungen

(1) Die Qualifikation wird erworben durch

1. ein mit der vorgeschriebenen Prüfung abgeschlossenes Studium an einer Fachhochschule oder Hochschule in einem Fachhochschulstudiengang oder einen Bachelorabschluss in einer einschlägigen technischen Fachrichtung oder einen vom zuständigen Staatsministerium als gleichwertig anerkannten Bildungsstand und
2. eine mindestens dreijährige hauptberufliche Tätigkeit nach Abschluss des Studiums, davon mindestens ein Jahr im Polizeidienst, die nach ihrer Fachrichtung der für den Qualifikationserwerb geforderten Bildungsvoraussetzung und den Anforderungen des Technischen Computer- und Internetkriminaldienstes in den Ämtern ab der dritten Qualifikationsebene, auch hinsichtlich Bedeutung und Schwierigkeit, entspricht und im Hinblick auf die Aufgaben des Technischen Computer- und Internetkriminaldienstes die Fähigkeit zu fachlich selbstständiger Berufsausübung erwiesen hat.

(2) Während der Tätigkeit im Polizeidienst erfolgt eine einjährige polizeifachliche Unterweisung bei der Bereitschaftspolizei und bei Dienststellen der Landespolizei, insbesondere der Kriminalpolizei, oder beim Bayerischen Landeskriminalamt.

II

§ 71 Feststellung des Qualifikationserwerbs

1Das Staatsministerium stellt fest, ob der Bewerber oder die Bewerberin auf Grund der nach § 70 zu fordernden Nachweise die Qualifikation erworben hat. 2Dabei legt es den Zeitpunkt des Qualifikationserwerbs fest.

§ 71a Allgemeiner Dienstzeitbeginn, Anwendbarkeit der Vorschriften des Teils 2

(1) Die allgemeine Dienstzeit (Art. 15 Abs. 1 Satz 1 LlbG) beginnt mit der Berufung in das Beamtenverhältnis auf Probe.

(2) Die Vorschriften des Teils 2 Abschnitt 4 Unterabschnitte 1 und 2 finden entsprechende Anwendung.

Teil 5
Technischer Polizeivollzugsdienst

§ 72 Einstellungsvoraussetzungen, Einstellungsbehörden

(1) In den fachlichen Schwerpunkt Technischer Polizeivollzugsdienst kann eingestellt werden, wer die Voraussetzungen gemäß § 5 Satz 1 Nrn. 1 und 4 bis 6 erfüllt.

(2) Einstellungsbehörden sind bei einem Einstieg in der zweiten und dritten Qualifikationsebene die Präsidien der bayerischen Polizei, das Bayerische Landeskriminalamt und das Bayerische Polizeiverwaltungsamt, in der vierten Qualifikationsebene das Staatsministerium.

§ 73 Qualifikationsvoraussetzungen

(1) 1Die Qualifikation wird bei einem Einstieg in der zweiten Qualifikationsebene erworben durch

1. eine Meisterprüfung oder Industriemeisterprüfung,
2. eine Abschlussprüfung als staatlich geprüfter Techniker bzw. Technikerin oder eine staatliche Abschlussprüfung als Techniker bzw. Technikerin,
3. eine Abschlussprüfung in einem anerkannten Ausbildungsberuf im Sinn des Berufsbildungsgesetzes oder der Handwerksordnung oder
4. eine Abschlussprüfung einer gleichwertigen Ausbildung im öffentlichen Dienst in einer der vorgesehenen Verwendung entsprechenden Fachrichtung und einer der Fachrichtung entsprechenden mindestens fünfjährigen, in den Fällen der Nrn. 1 und 2 mindestens zweijährigen hauptberuflichen Tätigkeit nach Ablegen der Prüfung, davon mindestens ein Jahr im Polizeidienst.

2Während der Tätigkeit im Polizeidienst erfolgt eine mindestens sechsmonatige polizeifachliche Unterweisung bei der Bereitschaftspolizei.

(2) 1Die Qualifikation wird bei einem Einstieg in der dritten Qualifikationsebene erworben durch

1. ein mit der vorgeschriebenen Prüfung abgeschlossenes Studium an einer Fachhochschule oder Hochschule in einem Fachhochschulstudiengang oder einen Bachelorabschluss in einer einschlägigen technischen Fachrichtung oder einen vom zuständigen Staatsministerium als gleichwertig anerkannten Bildungsstand und
2. eine mindestens dreijährige hauptberufliche Tätigkeit nach Abschluss des Studiums, davon mindestens ein Jahr im Polizeidienst, die nach ihrer Fachrichtung der für den Qualifikationserwerb geforderten Bildungsvoraussetzung und den Anforderungen des Technischen Polizeivollzugsdienstes in den Ämtern ab der dritten Qualifikationsebene, auch hinsichtlich Bedeutung und Schwierigkeit, entspricht und im Hinblick auf die Aufgaben des Technischen Polizeivollzugsdienstes die Fähigkeit zu fachlich selbstständiger Berufsausübung erwiesen hat.

2Während der Tätigkeit im Polizeivollzugsdienst erfolgt eine mindestens sechsmonatige polizeifachliche Unterweisung bei der Bereitschaftspolizei, bei Dienststellen der Landespolizei oder beim Bayerischen Landeskriminalamt.

(3) Die Qualifikation wird bei einem Einstieg in der vierten Qualifikationsebene erworben durch

1. ein mit der vorgeschriebenen Prüfung abgeschlossenes Studium an einer wissenschaftlichen Hochschule oder einen Masterabschluss in einer einschlägigen technischen Fachrichtung oder einen vom zuständigen Staatsministerium als gleichwertig anerkannten Bildungsstand und
2. eine hauptberufliche Tätigkeit nach Abschluss des Studiums von mindestens drei Jahren, bei zusätzlichem Nachweis der Promotion von mindestens zwei Jahren nach der Promotion, davon mindestens ein Jahr im öffentlichen Dienst, die nach ihrer Fachrichtung der für den Qualifikationserwerb geforderten Bildungsvoraussetzung und den Anforderungen des Technischen Polizeivollzugsdienstes in den Ämtern ab der vierten Qualifikationsebene, auch hinsichtlich Bedeutung und Schwierigkeit, entspricht und im Hinblick auf die Aufgaben des Technischen Polizeivollzugsdienst die Fähigkeit zu fachlich selbstständiger Berufsausübung erwiesen hat.

§ 74 Feststellung des Qualifikationserwerbs

1Das Staatsministerium stellt fest, ob der Bewerber oder die Bewerberin auf Grund der nach § 73 zu fordernden Nachweise die Qualifikation erworben hat. 2Dabei legt es den Zeitpunkt des Qualifikationserwerbs und die Qualifikationsebene fest.

§ 74a Allgemeiner Dienstzeitbeginn, Anwendbarkeit der Vorschriften des Teils 2

(1) Die allgemeine Dienstzeit (Art. 15 Abs. 1 Satz 1 LlbG) beginnt mit der Berufung in das Beamtenverhältnis auf Probe.

(2) 1Die Regelungen des § 13 gelten mit der Maßgabe, dass anstelle des Ableistens des Vorbereitungsdienstes und Bestehens der Qualifikationsprüfung die Feststellung des Qualifikationserwerbs für Ämter ab der zweiten Qualifikationsebene gemäß § 74 tritt. 2Darüber hinaus finden die Vorschriften des Teils 2 Abschnitt 3 Unterabschnitt 5 und Abschnitt 4 Unterabschnitte 1 und 2 entsprechende Anwendung.

Teil 6 Sicherheitsbereich im Landesamt für Verfassungsschutz

§ 75 Qualifikationserwerb

1Unbeschadet des § 2 Abs. 1 wird die Qualifikation für die Fachlaufbahn Polizei und Verfassungsschutz, fachlicher Schwerpunkt Sicherheitsbereich im Landesamt für Verfassungsschutz, durch Feststellung des Staatsministeriums gemäß Art. 6 Abs. 1 Satz 1 Nr. 5, Abs. 2 LlbG erworben. 2Das Staatsministerium legt dabei den Zeitpunkt des Qualifikationserwerbs und die Qualifikationsebene fest.

§ 75a Allgemeiner Dienstzeitbeginn, Anwendbarkeit der Vorschriften des Teils 2

(1) Die allgemeine Dienstzeit (Art. 15 Abs. 1 Satz 1 LlbG) beginnt mit der Berufung in das Beamtenverhältnis auf Probe.

(2) 1Die Regelungen des § 13 finden entsprechende Anwendung und zwar auch in den Fällen, in denen die Feststellung des Qualifikationserwerbs für Ämter ab der zweiten Qualifikationsebene gemäß § 75 erfolgte. 2Darüber hinaus finden die Vorschriften des Teils 2 Abschnitt 3 Unterabschnitt 5 und Abschnitt 4 Unterabschnitte 1 und 2 entsprechende Anwendung.

Teil 7 Schlussvorschriften

§ 76 Inkrafttreten, Übergangsregelungen

(1) Diese Verordnung tritt am 1. Januar 2011 in Kraft.

(2) 1§§ 17 bis 19 in der ab 1. Oktober 2015 geltenden Fassung finden Anwendung für Einstellungsprüfungen, die für einen Einstellungstermin nach dem 30. Juni 2016 durchgeführt werden. 2Einstellungsprüfungen, die für Einstellungstermine vor diesem Zeitpunkt durchgeführt werden, erfolgen nach den bis zu diesem Termin geltenden Bestimmungen. 3Die Geltungsdauer von Einstellungsprüfungszeugnissen bleibt hiervon unberührt.

(3) $_1$§§ 4, 8 Satz 1, §§ 9, 39, 42 bis 45, 47 bis 50, 53 bis 55 in der ab 1. Oktober 2015 geltenden Fassung finden Anwendung für Studierende, die am 1. September 2015 oder später mit dem ersten fachtheoretischen Abschnitt beginnen. $_2$Prüfungsteilnehmer und Prüfungsteilnehmerinnen, die sich am 31. August 2015 bereits im ersten fachtheoretischen oder einem der folgenden Studienabschnitte befinden, absolvieren die Prüfungen nach den bislang geltenden Bestimmungen. $_3$Für Prüfungsteilnehmer und Prüfungsteilnehmerinnen, die ihr Studium Ende Februar 2017 abschließen, wird der schriftliche Teil der Qualifikationsprüfung im Dezember 2016 durchgeführt.

(4) Prüfungsteilnehmer und Prüfungsteilnehmerinnen, auf die Abs. 3 Satz 2 Anwendung findet und denen im Fall der Notenverbesserung oder infolge Nichtbestehens der Zwischen- oder Qualifikationsprüfung auf Grund der Änderung gemäß Abs. 3 Satz 1 eine Wiederholung nach bisherigem Recht nicht mehr möglich ist, legen die Wiederholungsprüfung vollständig nach Abs. 3 Satz 1 ab.

Verordnung über den fachlichen Schwerpunkt feuerwehrtechnischer Dienst (FachV-Fw)

Vom 18. November 2011 (GVBl. S. 599)

Zuletzt geändert durch
Verordnung zur Änderung der Rechnungsprüfungsstellen-Gebührenverordnung und der Verordnung über den fachlichen Schwerpunkt feuerwehrtechnischer Dienst
vom 10. Juni 2024 (GVBl. S. 159)

Inhaltsübersicht

Auf Grund von Art. 67 Satz 1 Nrn. 1 bis 4 und Art. 68 Abs. 1 des Gesetzes über die Leistungslaufbahn und die Fachlaufbahnen der bayerischen Beamten und Beamtinnen (Leistungslaufbahngesetz – LlbG) vom 5. August 2010 (GVBl S. 410, 571, BayRS 2030-1-4-F) erlässt das Bayerische Staatsministerium des Innern im Einvernehmen mit dem Bayerischen Staatsministerium der Finanzen und mit Zustimmung des Bayerischen Landespersonalausschusses folgende Verordnung:

Teil 1
Fachlicher Schwerpunkt

§ 1 Fachlicher Schwerpunkt

In der Fachlaufbahn Naturwissenschaft und Technik wird der fachliche Schwerpunkt feuerwehrtechnischer Dienst gebildet.

Teil 2
Prüfungen

Abschnitt 1
Allgemeine Vorschriften

§ 2 Anwendbarkeit der Allgemeinen Prüfungsordnung

₁Auf Prüfungen und Leistungsnachweise nach dieser Verordnung sind die Vorschriften der Allgemeinen Prüfungsordnung (APO) anzuwenden, soweit diese Verordnung nichts anderes bestimmt. ₂Die obersten Dienstbehörden können die in dieser Verordnung festgelegten schriftlichen Prüfungsabschnitte nach Maßgabe der Allgemeinen Prüfungsordnung und mit Zustimmung des Prüfungsausschusses auch in digitaler Form durchführen.

§ 3 Prüfungsorgane

(1) Die Prüfungen werden vom Staatsministerium des Innern, für Sport und Integration (Staatsministerium) durchgeführt.

(2) Prüfungsorgane sind

1. der Prüfungsausschuss für den feuerwehrtechnischen Dienst (Prüfungsausschuss),
2. der oder die Vorsitzende des Prüfungsausschusses,
3. die örtlichen Prüfungsleiter und Prüfungsleiterinnen,
4. die örtlichen Prüfungskommissionen und
5. die Prüfer und Prüferinnen.

§ 4 Zusammensetzung und Beschlussfassung des Prüfungsausschusses

(1) ₁Der Prüfungsausschuss besteht aus dem oder der Vorsitzenden und elf weiteren Mitgliedern. ₂Die Mitglieder und ihre Stellvertreter werden vom Staatsministerium für die Dauer von vier Jahren bestellt.

(2) Der oder die Vorsitzende des Prüfungsausschusses und der Stellvertreter müssen Beamte und Beamtinnen sein, die mindestens ein Amt der Besoldungsgruppe A 14 in der Fachlaufbahn Naturwissenschaft und Technik, fachlicher Schwerpunkt feuerwehrtechnischer Dienst, innehaben.

(3) Zu weiteren Mitgliedern des Prüfungsausschusses und ihren Stellvertretern sind Beamte und Beamtinnen sowie Arbeitnehmer und Arbeitnehmerinnen

1. aus dem Geschäftsbereich des Staatsministeriums,
2. der Gemeinden mit Berufsfeuerwehren,
3. der Gemeinden mit Ständigen Wachen Freiwilliger Feuerwehren

zu bestellen.

(4) ₁Die Mitgliedschaft im Prüfungsausschuss endet

1. mit dem Ausscheiden aus dem Hauptamt oder der Hauptbeschäftigung,
2. mit einem Dienstherrnwechsel oder einem Wechsel des Arbeitgebers,
3. mit der Abberufung durch das Staatsministerium aus wichtigem Grund.

₂Ist die regelmäßige Amtszeit eines Mitglieds abgelaufen, bleibt die Mitgliedschaft bestehen, bis ein Nachfolger oder eine Nachfolgerin bestellt ist. ₃Die Wiederbestellung ist zulässig.

(5) ₁Der Prüfungsausschuss ist beschlussfähig, wenn alle Mitglieder geladen und mindestens sechs Mitglieder anwesend sind. ₂Sind der oder die Vorsitzende und sein Vertreter verhindert, führt ein vom Prüfungsausschuss bestimmtes Mitglied den Vorsitz.

(6) ₁Die Sitzungen des Prüfungsausschusses sind nicht öffentlich. ₂Der Prüfungsausschuss

kann Personen, die mit Ausbildungs- und Prüfungsangelegenheiten befasst sind, zu seinen Sitzungen beratend zuziehen.

(7) Die Mitglieder des Prüfungsausschusses sind bei ihrer Tätigkeit unabhängig und an Weisungen nicht gebunden.

II

§ 5 Aufgaben des Prüfungsausschusses

(1) Der Prüfungsausschuss hat

1. die Prüfer und Prüferinnen zu bestimmen,
2. aus den Prüfern und Prüferinnen die örtlichen Prüfungsleiter und Prüfungsleiterinnen zu bestimmen,
3. über Anträge auf Nachteilsausgleich gemäß § 54 APO zu entscheiden,
4. die Folgen des Unterschleifs, von Ordnungsverstößen, des Rücktritts, der Verhinderung, des Versäumnisses und der nicht rechtzeitigen Ablieferung einer Prüfungsarbeit festzustellen,
5. über Rechtsbehelfe im Zusammenhang mit den Prüfungsverfahren zu entscheiden,
6. die Durchführung und den Bewertungsmaßstab der einzelnen Prüfungsabschnitte der Einstellungsprüfung und des Zulassungsverfahrens festzulegen, sowie
7. über die Anerkennung von Einstellungsprüfungen (§ 17 Abs. 6) und Rettungssanitäterprüfungen (§ 19 Abs. 1 Satz 3) zu entscheiden.

(2) Der oder die Vorsitzende und zwei weitere vom Prüfungsausschuss bestimmte Mitglieder wählen aus den eingeholten Vorschlägen die schriftlichen Prüfungsaufgaben für die Qualifikationsprüfungen für die zweite und dritte Qualifikationsebene aus und bestimmen die zugelassenen Hilfsmittel.

§ 6 Aufgaben des oder der Vorsitzenden des Prüfungsausschusses

Der oder die Vorsitzende hat alle Entscheidungen zu treffen und Aufgaben wahrzunehmen, die nicht anderen Prüfungsorganen übertragen sind.

§ 7 Örtliche Prüfungsleiter und Prüfungsleiterinnen

$_1$Den örtlichen Prüfungsleitern und Prüfungsleiterinnen obliegt die technische Durchführung der Prüfung an den Prüfungsorten. $_2$§ 8 bleibt unberührt.

§ 8 Örtliche Prüfungskommissionen

(1) $_1$Die örtlichen Prüfungskommissionen nehmen die Prüfungen in den mündlichen, praktischen und sportlichen Prüfungsabschnitten ab. $_2$Die Prüfungskommission entscheidet nach gemeinsamer Beratung mit Stimmenmehrheit.

(2) $_1$Die örtlichen Prüfungskommissionen bestehen aus dem örtlichen Prüfungsleiter oder der örtlichen Prüfungsleiterin und zwei weiteren Mitgliedern. $_2$Eines der Mitglieder der örtlichen Prüfungskommission soll von einem anderen Standort kommen. $_3$Die Mitglieder müssen Beamte oder Beamtinnen der Fachlaufbahn Naturwissenschaft und Technik, fachlicher Schwerpunkt feuerwehrtechnischer Dienst oder bautechnischer- und umweltfachlicher Verwaltungsdienst, oder der Fachlaufbahn Verwaltung und Finanzen, fachlicher Schwerpunkt nichttechnischer Verwaltungsdienst, sein, die mindestens ein Amt der Besoldungsgruppe A 7 innehaben, oder gleichwertig qualifizierte Arbeitnehmer und Arbeitnehmerinnen sein. $_4$Bei der Qualifikationsprüfung für den Einstieg in der zweiten Qualifikationsebene soll ein Mitglied Beamter oder Beamtin der Fachlaufbahn Naturwissenschaft und Technik, fachlicher Schwerpunkt feuerwehrtechnischer Dienst, sein, der oder die ein Amt der Besoldungsgruppe A 9 innehat, die übrigen Mitglieder sollen Beamte oder Beamtinnen sein, die mindestens ein Amt der Besoldungsgruppe A 10 innehaben, oder gleichwertig qualifizierte Arbeitnehmer oder Arbeitnehmerinnen sein. $_5$Beim Zulassungsverfahren sowie bei der Qualifikationsprüfung für den Einstieg in der dritten Qualifikationsebene müssen die Mitglieder Beamte und Beamtinnen sein, die mindestens ein Amt der Besoldungsgruppe A 10 innehaben. $_6$Bei der Prüfung zum Abschluss der modularen Qualifizierung für Ämter ab der vierten Qualifikationsebene müssen die Mitglieder Beamte oder Beamtinnen sein, die in der vierten Qualifikationsebene eingestiegen sind oder die Ausbildungsqualifizierung für Ämter ab der vierten Qualifikationsebene erfolgreich absolviert haben.

§ 9 Prüfer und Prüferinnen

(1) 1Die Prüfer und Prüferinnen bewerten die schriftlichen Prüfungsarbeiten. 2Sie können vom Vorsitzenden des Prüfungsausschusses mit dem Entwurf der Prüfungsaufgaben beauftragt werden.

(2) Zu Prüfern und Prüferinnen dürfen nur Beschäftigte bestimmt werden, die Mitglieder der örtlichen Prüfungskommission sein können.

Abschnitt 2 Prüfungsverfahren, Prüfungsergebnis

§ 10 Bewertung der Prüfungsleistung

(1) Jeder Prüfungsabschnitt wird mit einer Gesamtnote bewertet, die aus den Noten für die einzelnen Aufgaben und Übungen als arithmetisches Mittel gebildet wird.

(2) 1Soweit nichts anderes bestimmt ist, ergibt sich die Gesamtprüfungsnote aus dem arithmetischen Mittel der Gesamtnoten der einzelnen Prüfungsabschnitte. 2Die Gesamtprüfungsnote ist auf zwei Dezimalstellen zu berechnen; die dritte Dezimalstelle bleibt unberücksichtigt.

(3) Prüfungsteilnehmer und Prüfungsteilnehmerinnen, die die Prüfung bestanden haben, erhalten ein Zeugnis, aus dem sich die Gesamtnoten in Zahlenwerten und die daraus gebildete Gesamtprüfungsnote nach Notenstufe und Zahlenwert sowie die erreichte Platzziffer ergeben.

§ 11 Verhinderung, Wiederholung der Prüfung, Sonderregelungen

(1) 1Eine Prüfungsverhinderung ist unverzüglich mitzuteilen und nachzuweisen, im Fall der Krankheit durch ein Zeugnis eines Arztes oder einer Ärztin des Gesundheitsamts, das nicht später als am Prüfungstag ausgestellt sein darf. 2Die örtliche Prüfungsleitung kann zulassen, dass die Krankheit durch ärztliches oder vertrauensärztliches Zeugnis nachgewiesen oder in offensichtlichen Fällen auf die Vorlage eines Zeugnisses verzichtet wird. 3Die örtliche Prüfungsleitung stellt fest, ob eine von dem Prüfungsteilnehmer oder der Prüfungsteilnehmerin nicht zu vertretende Verhinderung vorliegt.

(2) Im Fall der Wiederholung der Prüfung wegen Nichtbestehens ist der Antrag auf wiederholte Zulassung spätestens zwei Monate nach Bekanntgabe des Prüfungsergebnisses bei dem oder der Vorsitzenden des Prüfungsausschusses einzureichen.

(3) 1Der Prüfungsausschuss kann bestimmen, dass die Prüfung vor einem vergleichbaren Prüfungsausschuss eines anderen Landes abzulegen ist. 2Die Prüfung gilt als entsprechender Qualifikationserwerb.

Teil 3 Einstellung

§ 12 Allgemeine Einstellungsvoraussetzungen

1In den Vorbereitungsdienst kann eingestellt werden, wer

1. die gesetzlichen Voraussetzungen für die Berufung in das Beamtenverhältnis erfüllt,
2. mindestens 165 cm groß ist,
3. feuerwehrdiensttauglich ist,
4. die Fahrerlaubnis der Klasse B besitzt sowie
5. das Deutsche Sportabzeichen – Bronze – und das Deutsche Schwimmabzeichen – Bronze – erworben hat oder gleichwertige Leistungen nachweist.

2Die oberste Dienstbehörde kann Ausnahmen von Satz 1 Nr. 2 zulassen. 3Die Feuerwehrdiensttauglichkeit ist durch eine Eignungsuntersuchung mindestens nach den Anforderungen des Abschnitts 2.2 der Empfehlungen für arbeitsmedizinische Beratungen und Untersuchungen der Deutschen Gesetzlichen Unfallversicherung in der am 1. August 2022 geltenden Fassung (DGUV, Empfehlungen für arbeitsmedizinische Beratungen und Untersuchungen, 1. Auflage 2022, Gentner Verlag, Stuttgart) nachzuweisen; die oberste Dienstbehörde kann zusätzliche gesundheitliche Anforderungen festlegen. 4Die oberste Dienstbehörde kann zulassen, dass der Nachweis gemäß Satz 1 Nr. 5 während des Vorbereitungsdienstes erbracht wird. 5Für Beamte und Beamtinnen des Freistaates Bayern, die keine Verwendung im Einsatzdienst der Feuerwehr finden sollen, kann die oberste Dienstbehörde im Einzelfall Ausnahmen von Satz 1 Nrn. 3 bis 5 zulassen.

§ 13 Besondere Einstellungsvoraussetzungen

(1) 1In den Vorbereitungsdienst zum Einstieg in der zweiten Qualifikationsebene kann eingestellt werden, wer zusätzlich zu den allgemeinen Voraussetzungen nach § 12

1. mindestens den erfolgreichen Mittelschulabschluss oder einen vom Staatsministerium für Unterricht und Kultus als gleichwertig anerkannten Bildungsstand hat,
2. eine abgeschlossene Berufsausbildung nachweist, die für den feuerwehrtechnischen Dienst förderlich ist, und
3. die Einstellungsprüfung (§ 17) bestanden hat.

2In den Vorbereitungsdienst zum Einstieg in der zweiten Qualifikationsebene kann auch eingestellt werden, wer zusätzlich zu den allgemeinen Voraussetzungen nach § 12 die zweijährige Ausbildung als Dienstanfänger oder Dienstanfängerin im feuerwehrtechnischen Dienst im Schwerpunkt „Handwerk und Technik" oder im Schwerpunkt „Leitstellen" absolviert und die Abschlussprüfung nach § 48 erfolgreich abgeschlossen hat.

(2) 1In den Vorbereitungsdienst zum Einstieg in der dritten Qualifikationsebene kann eingestellt werden, wer zusätzlich zu den allgemeinen Voraussetzungen nach § 12

1. einen Diplom- oder Bachelorstudiengang an einer Fachhochschule oder Hochschule in einer für den feuerwehrtechnischen Dienst geeigneten Fachrichtung erfolgreich abgeschlossen hat,
2. bis zum Beginn des Vorbereitungsdienstes ein Jahr in feuerwehrbezogenen Aufgaben bei dem Dienstherrn tätig war und
3. die Qualifikationsprüfung für den Einstieg in der zweiten Qualifikationsebene (§ 21) erfolgreich abgeschlossen hat.

2Im Zeitpunkt der Einstellung in den Vorbereitungsdienst soll der Nachweis der Gruppenführerqualifikation vorliegen. 3Auf die Zeit nach Satz 1 Nr. 2 können

1. bis zu einer Dauer von sechs Monaten eine berufliche Tätigkeit, die nach dem Abschluss im Sinn von Satz 1 Nr. 1 ausgeübt wurde und dem Ziel der Ausbildung dient oder
2. bis zu einer Dauer von neun Monaten bereits absolvierte Ausbildungszeiten für den Grundausbildungslehrgang und Gruppenführerlehrgang

angerechnet werden.

(3) In den Vorbereitungsdienst zum Einstieg in der vierten Qualifikationsebene kann eingestellt werden, wer zusätzlich zu den allgemeinen Voraussetzungen nach § 12 einen für den feuerwehrtechnischen Dienst förderlichen Diplom-, Magister- oder Masterstudiengang an einer Fachhochschule oder Hochschule erfolgreich abgeschlossen hat.

Teil 4
Ausbildung und Qualifikation

Abschnitt 1
Allgemeine Vorschriften

§ 14 Durchführung der Ausbildung

(1) 1Ausbildungsbehörde ist die oberste Dienstbehörde. 2Einzelne Ausbildungsabschnitte können bei anderen Dienstherren erfolgen. 3Das Staatsministerium für Wissenschaft und Kunst kann Aufgaben im Bereich der Ausbildung und Qualifikation der Beamten und Beamtinnen der Werkfeuerwehr Garching auf die Technische Universität München übertragen.

(2) 1Von jeder Ausbildungsbehörde werden ein Ausbildungsleiter oder eine Ausbildungsleiterin sowie Ausbilder und Ausbilderinnen bestellt. 2Die Ausbildungsleiter und Ausbildungsleiterinnen sollen Beamte und Beamtinnen der Fachlaufbahn Naturwissenschaft und Technik, fachlicher Schwerpunkt feuerwehrtechnischer Dienst, sein, die mindestens ein Amt der Besoldungsgruppe A 10 innehaben; bei der Ausbildung zum Einstieg in der vierten Qualifikationsebene müssen Ausbildungsleiter und Ausbildungsleiterinnen Beamte oder Beamtinnen der Fachlaufbahn Naturwissenschaft und Technik, fachlicher Schwerpunkt feuerwehr-

technischer Dienst, sein, die für ein Amt der Besoldungsgruppe A 14 qualifiziert sind. 3Die Ausbildungsleiter und Ausbildungsleiterinnen lenken und überwachen die Ausbildung und erstellen für die Dauer der Ausbildungszeit einen individuellen Ausbildungsplan.

(3) Lehrgänge werden bei einer Berufsfeuerwehr, einer Ständigen Wache Freiwilliger Feuerwehren, einer Feuerwehrschule oder einer sonstigen geeigneten Bildungseinrichtung durchgeführt.

§ 15 Verlängerung der Ausbildung

Der Vorbereitungsdienst kann im Einzelfall um höchstens ein Jahr verlängert werden, wenn

1. das Ziel eines Ausbildungsabschnitts nicht erreicht wurde oder voraussichtlich nicht erreicht werden wird,
2. ein Ausbildungsabschnitt länger als insgesamt zwei Monate unterbrochen wurde; Zeiten des Erholungsurlaubs oder einer Arbeitsbefreiung nach den §§ 10 und 11 der Bayerischen Urlaubs- und Mutterschutzverordnung bleiben außer Betracht,
3. die Zulassung zur Qualifikationsprüfung abgelehnt wurde,
4. nach erstmaligem Nichtbestehen der Qualifikationsprüfung ein Antrag auf Verlängerung gestellt wurde und die bisherigen Leistungen erwarten lassen, dass die Wiederholungsprüfung erfolgreich sein wird oder
5. die Fehlzeiten wegen Krankheit oder aus anderen von dem oder der Auszubildenden nicht zu vertretenden Gründen mehr als 10 % der Ausbildungszeit betragen.

§ 16 Leistungsbeurteilungen

1Der Ausbildungsleiter oder die Ausbildungsleiterin erstellt am Ende jedes Ausbildungsabschnitts im Benehmen mit den Ausbildern und Ausbilderinnen Befähigungsberichte und stellt fest, ob der Anwärter oder die Anwärterin das Ziel des Ausbildungsabschnitts erreicht hat. 2Die Gesamtleistung wird mit einer Note gemäß § 27 APO bewertet. 3Das Ziel des Ausbildungsabschnitts ist nicht erreicht, wenn der Anwärter oder die Anwärterin in dem Befähigungsbericht mit der Note „mangelhaft" oder „ungenügend" beurteilt worden ist. 4Die Bewertung ist dem Anwärter oder der Anwärterin zur Kenntnis zu geben.

Abschnitt 2
Einstieg in der zweiten Qualifikationsebene

Unterabschnitt 1
Ausbildung

§ 17 Einstellungsprüfung

(1) 1Die Einstellungsprüfung besteht aus einem sportlichen, einem praktischen und einem schriftlichen Prüfungsabschnitt. 2Die Gesamtprüfungsnote ergibt sich aus dem arithmetischen Mittel der Noten aus den praktischen und schriftlichen Prüfungsabschnitten.

(2) Im sportlichen Prüfungsabschnitt haben die Bewerber und Bewerberinnen nachzuweisen, dass sie die erforderliche körperliche Gewandtheit besitzen, höhentauglich sind sowie schwimmen und tauchen können.

(3) 1Im praktischen Prüfungsabschnitt haben die Bewerber und Bewerberinnen nachzuweisen, dass sie die erforderlichen praktischen Fähigkeiten besitzen; Bewerber und Bewerberinnen für eine Tätigkeit als Lehrpersonal an den Landesfeuerwehrschulen haben dabei auch ihre pädagogisch-didaktischen Fähigkeiten nachzuweisen. 2Die Prüfungsdauer beträgt insgesamt höchstens 60 Minuten.

(4) 1Im schriftlichen Prüfungsabschnitt haben die Bewerber und Bewerberinnen nachzuweisen, dass sie die erforderlichen sprachlichen und mathematischen Fähigkeiten sowie praktisches, logisches und technisches Verständnis besitzen und über eine grundlegende Allgemeinbildung verfügen. 2Die Arbeitsdauer beträgt 120 Minuten.

(5) 1Die Einstellungsprüfung hat nicht bestanden, wer

1. eine schlechtere Gesamtprüfungsnote als „ausreichend" erhält,
2. bei einer Übung oder Aufgabe des praktischen oder des schriftlichen Prüfungsabschnitts die Note „ungenügend" oder mehr als einmal die Note „mangelhaft" erhält oder

3. im sportlichen Prüfungsabschnitt in einer Übung die Mindestanforderungen nicht erfüllt.

$_{2}$Die Einstellungsprüfung im Ganzen kann mehrfach wiederholt werden.

(6) Eine bereits zuvor für eine feuerwehrdienliche Ausbildung erfolgreich absolvierte Einstellungsprüfung, die den Anforderungen nach den Abs. 1 bis 4 entspricht, kann durch den Prüfungsausschuss anerkannt werden.

§ 18 Vorliegen der persönlichen Eignung

$_{1}$Das Vorliegen der persönlichen Eignung für öffentliche Ämter im feuerwehrtechnischen Dienst kann Gegenstand eines gesonderten Auswahlverfahrens sein. $_{2}$Insoweit gelten die Vorgaben des Art. 22 Abs. 9 des Leistungslaufbahngesetzes (LlbG).

§ 19 Vorbereitungsdienst

(1) $_{1}$Der Vorbereitungsdienst für den Einstieg in der zweiten Qualifikationsebene dauert zwölf Monate und besteht aus

1. einem Grundausbildungslehrgang von mindestens 800 Ausbildungsstunden zu je 45 Minuten, der die notwendigen Grundlagen für die Arbeit als Truppmann und Truppführer vermittelt,
2. der Ausbildung zum Rettungssanitäter oder zur Rettungssanitäterin nach der Bayerischen Rettungssanitäterverordnung (BayRettSanV) sowie
3. weiteren berufspraktischen Ausbildungsabschnitten.

$_{2}$Der Nachweis über die erfolgreiche Ausbildung nach Satz 1 Nr. 2 kann bis zum Ende des Vorbereitungsdienstes erbracht werden. $_{3}$Eine bereits absolvierte, gleichwertige rettungsdienstliche Ausbildung kann durch den Prüfungsausschuss anerkannt werden.

(2) Der Grundausbildungslehrgang richtet sich nach dem Stoffplan A der Gemeinsamen Bekanntmachung der Bayerischen Staatsministerien des Innern, für Sport und Integration und für Wissenschaft und Kunst über die Stoffpläne für die Ausbildung der Beamten mit Einstieg in der zweiten Qualifikationsebene im Bereich des feuerwehrtechnischen Dienstes in der jeweils geltenden Fassung.

Unterabschnitt 2
Qualifikationsprüfung

§ 20 Zulassung

$_{1}$Zur Qualifikationsprüfung wird zugelassen, wer am Vorbereitungsdienst teilgenommen und alle Ausbildungsziele erreicht hat. $_{2}$Die Bewerber und Bewerberinnen für den Einstieg in der dritten Qualifikationsebene gelten auch ohne Vorliegen der Voraussetzungen nach Satz 1 als zugelassen.

§ 21 Qualifikationsprüfung

(1) Die Qualifikationsprüfung besteht aus einem schriftlichen, einem praktischen und einem mündlichen Prüfungsabschnitt.

(2) Der schriftliche Prüfungsabschnitt umfasst eine Aufgabe aus den Fachgebieten des Stoffplans A der gemeinsamen Bekanntmachung der Bayerischen Staatsministerien des Innern, für Sport und Integration und für Wissenschaft und Kunst über die Stoffpläne für die Ausbildung der Beamten mit Einstieg in der zweiten Qualifikationsebene im Bereich des feuerwehrtechnischen Dienstes; die Arbeitsdauer beträgt 120 Minuten.

(3) $_{1}$Der praktische Prüfungsabschnitt besteht aus zwei Einsatzübungen unter Führung eines Gruppenführers innerhalb einer taktischen Einheit bis zur Gruppenstärke im Rettungs-, Lösch- und Hilfeleistungseinsatz und einer Einzelübung in der Gerätehandhabung. $_{2}$Die praktischen Prüfungen können durch fachtechnische Fragen ergänzt werden. $_{3}$An einer Einsatzübung nehmen höchstens vier Prüfungsteilnehmer und Prüfungsteilnehmerinnen teil.

(4) $_{1}$Der mündliche Prüfungsabschnitt findet als Einzelprüfung statt. $_{2}$Die Prüfungsdauer beträgt 20 Minuten.

(5) $_{1}$Die Bewertung der Qualifikationsprüfung ergibt sich aus dem arithmetischen Mittel der Gesamtnoten des schriftlichen, des praktischen und des mündlichen Prüfungsabschnitts. $_{2}$Sie ist auf zwei Dezimalstellen zu berechnen; die dritte Dezimalstelle bleibt unberücksichtigt.

(6) $_{1}$Die Qualifikationsprüfung hat nicht bestanden,

1. wer eine schlechtere Bewertung als „ausreichend" erhält,
2. in einem der Prüfungsabschnitte eine schlechtere Gesamtnote als „ausreichend" erhält oder
3. bei einer Übung des praktischen Prüfungsabschnitts die Note „ungenügend" erhält.

2Wird die Qualifikationsprüfung nicht bestanden, kann sie einmal wiederholt werden.

Unterabschnitt 3
Führungsausbildung

§ 22 Führungsqualifikationen für Beförderungsämter

(1) 1Die Beförderung in das Amt des Oberbrandmeisters oder der Oberbrandmeisterin setzt die erfolgreiche Teilnahme an einer fachspezifischen Wahlfortbildung mit 160 Ausbildungsstunden zu je 45 Minuten, die Kenntnisse und Fähigkeiten für Aufgaben in einem von der obersten Dienstbehörde bestimmten Verwendungsbereich vermittelt, voraus. 2Art. 66 LlbG bleibt unberührt.

(2) 1Die Beförderung in das Amt des Brandinspektors oder der Brandinspektorin setzt

1. die erfolgreiche Teilnahme an einem Führungslehrgang mit mindestens 240 Ausbildungsstunden zu je 45 Minuten, der die Grundlagen für die Wahrnehmung von Führungsaufgaben in der zweiten Qualifikationsebene vermittelt, sowie
2. die erfolgreiche Teilnahme an einer fachspezifischen Wahlfortbildung mit mindestens 240 Ausbildungsstunden zu je 45 Minuten, die Kenntnisse und Fähigkeiten für Aufgaben
   a) im vorbeugenden Brand- und Gefahrenschutz,
   b) als Gruppenführer im Einsatzdienst,
   c) als Disponent in der Integrierten Leitstelle oder
   d) in einem von der obersten Dienstbehörde mit Zustimmung des Prüfungsausschusses bestimmten Verwendungsbereich

   vermittelt,

voraus. 2Art. 66 LlbG bleibt unberührt.

(3) Die Beamten und Beamtinnen, die als Lehrpersonal an den Landesfeuerwehrschulen tätig sind, legen den Führungslehrgang und die Wahlfortbildung nach Abs. 1 und 2 während der Probezeit ab.

(4) 1Der Führungslehrgang sowie die fachspezifischen Wahlfortbildungen werden von den obersten Dienstbehörden durchgeführt. 2Sie schließen jeweils mit einer Bescheinigung der erfolgreichen Teilnahme ab. 3Bei der Entscheidung, ob die Teilnahme erfolgreich war, sind das von den Teilnehmern und Teilnehmerinnen gezeigte Verständnis für die vermittelten Inhalte sowie die gezeigten Fähigkeiten zur praktischen Anwendung maßgebend. 4In den Lehrgängen und Fortbildungen, die Führungskompetenzen zum Gegenstand haben, soll anhand von praktischen Übungen das Führungsverhalten beurteilt werden.

(5) Inhalt und Umfang der Lehrgänge und Fortbildungen nach Abs. 1 und 2 richten sich nach Stoffplan B der Gemeinsamen Bekanntmachung der Bayerischen Staatsministerien des Innern, für Sport und Integration und für Wissenschaft und Kunst über die Stoffpläne für die Ausbildung der Beamten mit Einstieg in der zweiten Qualifikationsebene im Bereich des feuerwehrtechnischen Dienstes.

Abschnitt 3
Einstieg in der dritten Qualifikationsebene

Unterabschnitt 1
Ausbildung

§ 23 Vorbereitungsdienst

(1) 1Der Vorbereitungsdienst für den Einstieg in der dritten Qualifikationsebene dauert ein Jahr und umfasst

1. den Brandoberinspektorenlehrgang mit 800 Ausbildungsstunden zu je 45 Minuten sowie
2. ein technisch-taktisches Praktikum im Einsatz- und Innendienst bei mindestens zwei Feuerwehren, wobei mindestens ein Praktikum bei einer Berufsfeuerwehr zu absolvieren ist.

2Abweichend von Satz 1 Nr. 2 können die Anwärter und Anwärterinnen der staatlichen

Feuerwehrschulen ein technisch-taktisches Praktikum auch an einer anderen geeigneten Einrichtung des Brand- und Katastrophenschutzes absolvieren.

(2) Inhalt und Umfang des Lehrgangs nach Abs. 1 Satz 1 Nr. 1 richten sich nach Stoffplan C der Gemeinsamen Bekanntmachung der Bayerischen Staatsministerien des Innern, für Sport und Integration und für Wissenschaft und Kunst über die Stoffpläne für die Ausbildung der Beamten und Beamtinnen mit Einstieg in der dritten Qualifikationsebene der Fachlaufbahn Naturwissenschaft und Technik mit dem fachlichen Schwerpunkt feuerwehrtechnischer Dienst.

Unterabschnitt 2
Qualifikationsprüfung

§ 24 Qualifikationsprüfung

(1) Zur Qualifikationsprüfung wird zugelassen, wer am Vorbereitungsdienst teilgenommen und alle Ausbildungsziele erreicht hat.

(2) 1Die Qualifikationsprüfung für den Einstieg in der dritten Qualifikationsebene besteht aus dem Zugführermodul und dem Verbandsführermodul. 2Das Zugführermodul kann bereits während des Vorbereitungsdienstes abgelegt werden. 3Zum Verbandsführermodul darf nur zugelassen werden, wer das Zugführermodul erfolgreich abgeschlossen hat.

§ 25 Zugführermodul

(1) Das Zugführermodul besteht aus einem praktischen und einem mündlichen Prüfungsabschnitt.

(2) In dem praktischen Prüfungsabschnitt haben die Anwärter und Anwärterinnen nachzuweisen, dass sie eine taktische Einheit bis zur Stärke eines erweiterten Zugs führen können.

(3) 1Im mündlichen Prüfungsabschnitt haben die Anwärter und Anwärterinnen ihre theoretischen Kenntnisse für die Tätigkeit als Zugführer nachzuweisen. 2Die Prüfungsdauer beträgt 20 Minuten; die mündliche Prüfung findet als Einzelprüfung statt.

(4) 1Die Bewertung für das Zugführermodul ergibt sich aus dem arithmetischen Mittel der Gesamtnoten des praktischen und des mündlichen Prüfungsabschnitts. 2Sie ist auf zwei Dezimalstellen zu berechnen, wobei die dritte Dezimalstelle unberücksichtigt bleibt. 3Das Zugführermodul hat nicht bestanden, wer in einem der Prüfungsabschnitte eine schlechtere Bewertung als „ausreichend" erhält.

§ 26 Verbandsführermodul

(1) Das Verbandsführermodul besteht aus einem schriftlichen, einem mündlichen und einem praktischen Prüfungsabschnitt.

(2) Der schriftliche Prüfungsabschnitt umfasst zwei Aufgaben aus den Themenbereichen vorbeugender Brand- und Gefahrenschutz, Einsatzlehre und Einsatztechnik sowie Einsatz-, Haushalts- und Verwaltungsrecht; die Arbeitszeit beträgt jeweils 120 Minuten.

(3) 1Im mündlichen Prüfungsabschnitt haben die Anwärter und Anwärterinnen ihre theoretischen Kenntnisse für die Tätigkeit als Verbandsführer nachzuweisen. 2Die Prüfungsdauer beträgt 45 Minuten; die mündliche Prüfung findet als Einzelprüfung statt.

(4) 1Der praktische Prüfungsabschnitt besteht aus einer Planübung als Einsatzleiter oder Einsatzleiterin von bis zu zwei Löschzügen im Rettungs- und Löscheinsatz oder als Einsatzleiter oder Einsatzleiterin im Rettungs- und Hilfeleistungseinsatz. 2Die praktischen Übungen können durch fachtechnische Fragen ergänzt werden.

(5) § 21 Abs. 5 und 6 gelten entsprechend.

§ 27 Gesamtprüfungsergebnis

(1) Die Qualifikationsprüfung hat bestanden, wer beide Prüfungsmodule erfolgreich abgeschlossen hat.

(2) Die Gesamtprüfungsnote ergibt sich aus der Summe der Bewertung des Zugführermoduls und der zweifachen Bewertung des Verbandsführermoduls, geteilt durch drei.

Abschnitt 4
Einstieg in der vierten Qualifikationsebene

§ 28 Vorbereitungsdienst und Qualifikationsprüfung

1Der Vorbereitungsdienst dauert zwei Jahre und richtet sich nach der Verordnung über die

Ausbildung und Prüfung für die Laufbahn des zweiten Einstiegsamtes der Laufbahngruppe 2 des feuerwehrtechnischen Dienstes im Land Nordrhein-Westfalen in der am 22. Juni 2021 geltenden Fassung. 2Auf die Ausbildungszeit nach Satz 1 können bereits absolvierte Ausbildungszeiten für den Grundausbildungslehrgang und den Gruppenführerlehrgang angerechnet werden. 3Die Laufbahnprüfung nach der Verordnung über die Ausbildung und Prüfung für die Laufbahn des zweiten Einstiegsamtes der Laufbahngruppe 2 des feuerwehrtechnischen Dienstes im Land Nordrhein-Westfalen in der am 22. Juni 2021 geltenden Fassung gilt als Qualifikationsprüfung für den Einstieg in der vierten Qualifikationsebene in der Fachlaufbahn Naturwissenschaft und Technik mit dem fachlichen Schwerpunkt feuerwehrtechnischer Dienst.

Teil 5 Ausbildungsqualifizierung und modulare Qualifizierung

Abschnitt 1 Ausbildungsqualifizierung für Ämter ab der dritten Qualifikationsebene

§ 29 Zulassung und Ausgestaltung

(1) 1Zur Ausbildungsqualifizierung für Ämter ab der dritten Qualifikationsebene kann nur zugelassen werden, wer neben den Voraussetzungen der Art. 37 Abs. 2 Satz 1 Nrn. 2 und 3 LlbG die Führungsqualifikationen nach § 22 Abs. 1 und 2 erworben hat. 2Über die Zulassung zur Ausbildungsqualifizierung entscheidet die oberste Dienstbehörde unter Berücksichtigung von Eignung, Befähigung und fachlicher Leistung nach Bedarf; dabei sind die dienstliche Beurteilung und die Rangliste (§ 32 Abs. 2 Satz 1) zu berücksichtigen.

(2) 1Die Ausbildungsqualifizierung für Ämter ab der dritten Qualifikationsebene dauert 18 Monate und schließt mit der Qualifikationsprüfung für den Einstieg in der dritten Qualifikationsebene ab. 2Das Zugführermodul kann bereits während der Ausbildungsqualifizierung abgelegt werden.

(3) 1Die zur Ausbildungsqualifizierung zugelassenen Beamten und Beamtinnen werden in die Aufgaben für Ämter ab der dritten Qualifikationsebene eingeführt und nehmen an einem technisch-taktischen Praktikum im Einsatz- und Innendienst bei mindestens zwei Feuerwehren sowie an einem Brandoberinspektorenlehrgang teil. 2§ 23 Abs. 1 Satz 1 Nr. 2 und Satz 2 gilt entsprechend. 3Regelbewerber und Regelbewerberinnen sowie zur Ausbildungsqualifizierung zugelassene Beamte und Beamtinnen werden grundsätzlich gemeinsam geprüft und ausgebildet. 4Soweit in diesem Abschnitt nichts anderes bestimmt ist, gelten für die zur Ausbildungsqualifizierung zugelassenen Beamten und Beamtinnen die Vorschriften des Teils 4 Abschnitt 1 entsprechend.

(4) 1Abweichend von Art. 37 Abs. 1 LlbG können sich Beamte und Beamtinnen, die als Lehrpersonal an den Landesfeuerwehrschulen tätig sind, während einer Ausbildungsqualifizierung mit einer Dauer von zwölf Monaten für Ämter ab der dritten Qualifikationsebene qualifizieren. 2Die Ausbildungsqualifizierung umfasst dabei abweichend von Abs. 3 eine pädagogische Ausbildung nach der Qualifikationsverordnung Fachlehrkräfte.

§ 30 Zuständigkeit, Meldung zum Zulassungsverfahren

(1) 1Das Zulassungsverfahren führt das Staatsministerium oder die von ihm beauftragte Stelle bei Bedarf durch. 2Soweit in diesem Abschnitt nichts anderes bestimmt ist, gelten hierfür die Vorschriften des Teils 2.

(2) 1Das Zulassungsverfahren wird für die Bewerber und Bewerberinnen aus dem staatlichen und dem kommunalen Bereich gemeinsam durchgeführt. 2Nimmt an dem Zulassungsverfahren mindestens ein in § 29 Abs. 4 Satz 1 genannter Beamter oder eine darin genannte Beamtin teil, muss ein Mitglied der örtlichen Prüfungskommission Beamter oder Beamtin des Freistaates Bayern sein. 3Das Verfahren ist unter Angabe der Teilnahmevoraussetzungen und der Meldefrist mindestens zwei Monate vor Beginn öffentlich auszuschreiben.

(3) $_{1}$Die Bewerber und Bewerberinnen melden sich bei dem oder der Vorsitzenden des Prüfungsausschusses zur Teilnahme am Zulassungsverfahren; die Teilnahmemeldung ist über die Ernennungsbehörde vorzulegen, die die Voraussetzungen für die Zulassung zur Ausbildungsqualifizierung bestätigt. $_{2}$Mit ihrer Zustimmung können die Bewerber und Bewerberinnen von der Ernennungsbehörde vorgeschlagen werden.

(4) Der oder die Vorsitzende des Prüfungsausschusses lässt Bewerber und Bewerberinnen zu, die die Voraussetzungen des § 29 Abs. 1 Satz 1 erfüllen.

(5) Die Kosten des Zulassungsverfahrens trägt der Dienstherr.

§ 31 Inhalt des Zulassungsverfahrens

$_{1}$Das Zulassungsverfahren besteht aus einem schriftlichen und einem praktischen Abschnitt. $_{2}$Der schriftliche Abschnitt umfasst eine Aufgabe aus den Themenbereichen Feuerwehr- und Allgemeintechnik, Einsatzlehre sowie Fragen zum allgemeinen Bildungsstand mit einer Arbeitsdauer von 120 Minuten. $_{3}$Im praktischen Abschnitt haben die Bewerber und Bewerberinnen nachzuweisen, dass sie eine taktische Einheit bis zur Stärke einer erweiterten Gruppe im Rettungs-, Lösch- und Hilfeleistungseinsatz sicher führen können; die in § 29 Abs. 4 Satz 1 genannten Beamten und Beamtinnen haben stattdessen nachzuweisen, dass sie über methodisch-didaktische Grundkenntnisse und Fähigkeiten verfügen.

§ 32 Ergebnis des Zulassungsverfahrens, Rangliste

(1) $_{1}$Jeder Abschnitt des Zulassungsverfahrens wird mit einer Punktzahl bewertet. $_{2}$Je Abschnitt können 100 Punkte erzielt werden. $_{3}$Das Zulassungsverfahren ist erfolgreich abgeschlossen, wenn je Abschnitt mindestens 25 Punkte erzielt wurden.

(2) $_{1}$Auf Grundlage der erzielten Gesamtpunktzahl der Teilnehmer und Teilnehmerinnen, die das Zulassungsverfahren erfolgreich abgeschlossen haben, wird eine Rangliste erstellt. $_{2}$Teilnehmer und Teilnehmerinnen mit gleicher Gesamtpunktzahl erhalten den gleichen Rang.

(3) $_{1}$Die Teilnehmer und Teilnehmerinnen, die das Zulassungsverfahren erfolgreich abgeschlossen haben, erhalten eine Bestätigung, aus der die Punktzahl je Abschnitt, die Gesamtpunktzahl, die Gesamtteilnehmerzahl, die Zahl der erfolgreichen Teilnehmer und der Ranglistenplatz, gegebenenfalls mit Angabe der Zahl der gleichrangigen Teilnehmer, hervorgehen. $_{2}$Die Teilnehmer und Teilnehmerinnen, die das Zulassungsverfahren nicht erfolgreich abgeschlossen haben, erhalten eine Bescheinigung, aus der die Punktzahl je Abschnitt und die Gesamtpunktzahl hervorgehen. $_{3}$Die Ernennungsbehörden erhalten ebenfalls Mitteilungen nach den Sätzen 1 und 2.

(4) Die im Zulassungsverfahren erworbene Zulassungsvoraussetzung gilt regelmäßig bis zum Abschluss des nächsten Zulassungsverfahrens.

Abschnitt 2
Modulare Qualifizierung für Ämter ab der dritten Qualifikationsebene

§ 33 Qualifizierungsbereich

$_{1}$Die modulare Qualifizierung vermittelt unter Berücksichtigung der Vor- und Ausbildung sowie der vorhandenen förderlichen Berufserfahrung eine gezielte Qualifikation für Ämter der dritten Qualifikationsebene im jeweiligen Aufgabenbereich. $_{2}$Im Einsatzdienst kann nur die Einsatzdienstqualifikation übernommen werden, deren Voraussetzungen nachgewiesen sind.

§ 34 Zuständigkeiten

(1) Zur näheren Ausgestaltung der modularen Qualifizierung erstellt die oberste Dienstbehörde ein Konzept, das vom Landespersonalausschuss zu genehmigen ist.

(2) $_{1}$Die obersten Dienstbehörden sind entsprechend den nachfolgenden Vorschriften für die Organisation und Durchführung der modularen Qualifizierung zuständig. $_{2}$Sie können die Organisation und Durchführung der einzelnen Maßnahmen der modularen Qualifizierung im Einzelfall auf eine andere oberste Dienstbehörde oder eine Feuerwehrschule übertragen.

(3) $_{1}$Das Staatsministerium ist für die Durchführung der Prüfung zum Abschluss der mo-

dularen Qualifizierung zuständig. $_{2}$Soweit in diesem Abschnitt nichts anderes bestimmt ist, gelten für die Durchführung der Prüfung die Vorschriften des Teils 2.

§ 35 Teilnahme

Neben den Voraussetzungen des Art. 20 Abs. 4 LlbG müssen die Beamten und Beamtinnen für die Teilnahme an der modularen Qualifizierung mindestens ein Amt der Besoldungsgruppe A 9 innehaben.

§ 36 Qualifizierung

(1) $_{1}$Der Umfang der modularen Qualifizierung für Ämter ab der dritten Qualifikationsebene wird in dem Konzept zur modularen Qualifizierung (§ 34 Abs. 1) festgelegt. $_{2}$Die Gesamtdauer der Maßnahmen soll einen Umfang von mindestens 60 Tagen umfassen.

(2) $_{1}$Nach Abschluss der Maßnahmen nach Abs. 1 ist eine Prüfung abzulegen, deren nähere Ausgestaltung in dem nach § 34 Abs. 1 zu erstellenden Konzept festzulegen ist. $_{2}$Ort und Zeit der Prüfung sind dem Landespersonalausschuss zwei Wochen im Voraus mitzuteilen.

(3) $_{1}$Die Prüfung hat nicht bestanden, wer eine schlechtere Gesamtprüfungsnote als „ausreichend" erhält. $_{2}$Die Prüfung kann einmal wiederholt werden. $_{3}$Das Ergebnis der Prüfung sowie die Gesamtprüfungsnote sind dem Prüfungsteilnehmer oder der Prüfungsteilnehmerin schriftlich mitzuteilen. $_{4}$Die obersten Dienstbehörden erhalten einen Abdruck der Mitteilung nach Satz 3.

§ 37 Beförderungsämter

$_{1}$Nach erfolgreich absolvierter modularer Qualifizierung sind zur Erlangung eines Amtes der Besoldungsgruppen A 11 bis A 13 jeweils mindestens 20 zusätzliche fachspezifische Fortbildungstage zu absolvieren. $_{2}$Die Wahlfortbildungen werden von den obersten Dienstbehörden in Abstimmung mit dem Prüfungsausschuss durchgeführt und schließen mit einer Teilnahmebescheinigung ab.

§ 38 Erleichterte Ausbildungsqualifizierung nach modularer Qualifizierung

(1) Beamte und Beamtinnen, die sich für Ämter ab der dritten Qualifikationsebene modular qualifiziert haben, können abweichend von § 29 Abs. 1 für die Ausbildungsqualifizierung für Ämter ab der dritten Qualifikationsebene zugelassen werden, wenn

1. sie sich in dem Amt der Besoldungsgruppe A 10 bewährt und
2. in der letzten periodischen Beurteilung, die nicht länger als drei Jahre zurückliegen darf, eine positive Feststellung gemäß Art. 58 Abs. 5 Nr. 1 LlbG erhalten

haben.

(2) $_{1}$Die nach Abs. 1 zugelassenen Beamten und Beamtinnen haben nach einer verkürzten Ausbildungsqualifizierung mit einer Dauer von neun Monaten das Verbandsführermodul (§ 26) abzulegen. $_{2}$Sie nehmen an einem technisch-taktischen Praktikum im Einsatz- und Innendienst bei einer Berufsfeuerwehr und an einem Verbandsführerlehrgang teil. $_{3}$§ 23 Abs. 1 Satz 2 sowie § 29 Abs. 3 Satz 3 und 4 gelten entsprechend.

Abschnitt 3
Ausbildungsqualifizierung für Ämter ab der vierten Qualifikationsebene

§ 39 Zulassung und Ausgestaltung

(1) $_{1}$Abweichend von Art. 37 Abs. 1 LlbG kann zur Ausbildungsqualifizierung für Ämter ab der vierten Qualifikationsebene zugelassen werden, wer

1. mindestens ein Amt der Besoldungsgruppe A 12 innehat und
2. in der letzten periodischen Beurteilung, die nicht länger als drei Jahre zurückliegen darf, eine positive Feststellung gemäß Art. 58 Abs. 5 Nr. 1 LlbG erhalten hat.

$_{2}$Über die Zulassung zur Ausbildungsqualifizierung für Ämter ab der vierten Qualifikationsebene entscheidet die oberste Dienstbehörde nach Bedarf.

(2) Die Ausbildungsqualifizierung für Ämter ab der vierten Qualifikationsebene dauert zwölf Monate und schließt mit der Qualifikationsprüfung für den Einstieg in der vierten Qualifikationsebene ab.

(3) $_{1}$Die zur Ausbildungsqualifizierung zugelassenen Beamten und Beamtinnen nehmen

an geeigneten Fortbildungen und einem Lehrgang teil, der für Ämter ab der vierten Qualifikationsebene qualifiziert. $_{2}$Die Inhalte der Ausbildung richten sich nach der Verordnung über die Ausbildung und Prüfung für die Laufbahn des zweiten Einstiegsamtes der Laufbahngruppe 2 des feuerwehrtechnischen Dienstes im Land Nordrhein-Westfalen in der am 22. Juni 2021 geltenden Fassung.

Abschnitt 4
Modulare Qualifizierung für Ämter ab der vierten Qualifikationsebene

§ 40 Qualifizierungsbereich, Zuständigkeiten und Teilnahme

$_{1}$Die modulare Qualifizierung vermittelt unter Berücksichtigung der Vor- und Ausbildung sowie der vorhandenen förderlichen Berufserfahrung eine gezielte Qualifikation für Ämter ab der vierten Qualifikationsebene bis zur Besoldungsgruppe A 14. $_{2}$Die Beförderung in ein Amt der Besoldungsgruppe A 15 setzt den erfolgreichen Abschluss der Ausbildungsqualifizierung nach § 39 voraus. $_{3}$Soweit in diesem Abschnitt nichts anderes bestimmt ist, gilt für die Zuständigkeiten § 34 entsprechend.

§ 41 Qualifizierung

(1) $_{1}$Die modulare Qualifizierung umfasst drei Maßnahmen, die Ausbildungsinhalte umfassen, die denen der theoretischen Ausbildung der Verordnung über die Ausbildung und Prüfung für die Laufbahn des zweiten Einstiegsamtes der Laufbahngruppe 2 des feuerwehrtechnischen Dienstes im Land Nordrhein-Westfalen in der am 22. Juni 2021 geltenden Fassung entsprechen. $_{2}$Die nähere Ausgestaltung der Maßnahmen wird in dem Konzept zur modularen Qualifizierung festgelegt; dabei soll die Gesamtdauer der Maßnahmen einen Umfang von mindestens 60 Tagen haben. $_{3}$Die Maßnahmen der modularen Qualifizierung schließen jeweils mit einer Teilnahmebescheinigung ab.

(2) $_{1}$Nach Abschluss der drei Maßnahmen ist eine mündliche Prüfung abzulegen, die sich über die theoretischen Inhalte der Maßnahmen erstreckt. $_{2}$Die mündliche Prüfung findet als Einzelprüfung statt und dauert 45 Minuten. $_{3}$Ort und Zeit der Prüfung sind dem Landespersonalausschuss zwei Wochen im Voraus mitzuteilen.

(3) $_{1}$Die Prüfung hat nicht bestanden, wer eine schlechtere Prüfungsnote als „ausreichend" erhält. $_{2}$Die Prüfung kann einmal wiederholt werden. $_{3}$Das Ergebnis der Prüfung ist dem Prüfungsteilnehmer oder der Prüfungsteilnehmerin mündlich mitzuteilen. $_{4}$Der obersten Dienstbehörde ist das Ergebnis der Prüfung schriftlich mitzuteilen.

Teil 6
Ausbildung der Dienstanfänger und Dienstanfängerinnen im feuerwehrtechnischen Dienst

Abschnitt 1
Allgemeine Bestimmungen

§ 42 Ziel der Ausbildung

$_{1}$Die Ausbildung der Dienstanfänger und Dienstanfängerinnen vermittelt die für die Einstellung in den Vorbereitungsdienst zum Einstieg in der zweiten Qualifikationsebene der Fachlaufbahn Naturwissenschaft und Technik, fachlicher Schwerpunkt feuerwehrtechnischer Dienst, erforderlichen theoretischen und praktischen Grundlagen. $_{2}$Die Ausbildung besteht aus einem berufsfachschulischen und einem berufspraktischen Teil. $_{3}$Näheres regelt die Schul- und Prüfungsordnung.

§ 43 Dauer der Ausbildung

$_{1}$Die Ausbildung dauert mindestens zwei Jahre. $_{2}$§ 15 gilt entsprechend.

§ 44 Rechtsstellung

Die Bewerber und Bewerberinnen werden als Dienstanfänger und Dienstanfängerinnen im feuerwehrtechnischen Dienst in einem öffentlich-rechtlichen Ausbildungsverhältnis beschäftigt.

§ 45 Schwerpunkt, Dienstbezeichnung

$_{1}$Die Ausbildung erfolgt entweder im Schwerpunkt „Handwerk und Technik" oder im Schwerpunkt „Leitstellen". $_{2}$Die Dienstanfänger und Dienstanfängerinnen führen die

Dienstbezeichnung „Dienstanfänger/in im feuerwehrtechnischen Dienst“ mit dem Zusatz „mit dem Schwerpunkt Handwerk und Technik“ oder dem Zusatz „mit dem Schwerpunkt Leitstellen“.

Abschnitt 2
Einstellung

§ 46 Einstellungsvoraussetzungen

1Als Dienstanfänger oder Dienstanfängerin im feuerwehrtechnischen Dienst mit dem Schwerpunkt „Handwerk und Technik“ kann eingestellt werden, wer

1. die allgemeinen Voraussetzungen des § 12 Satz 1 Nr. 1 bis 3 und 5 erfüllt,
2. mindestens den qualifizierenden Mittelschulabschluss nachweist,
3. die Einstellungsprüfung (§ 17) bestanden hat und
4. mindestens das 16. Lebensjahr vollendet hat.

2Als Dienstanfänger oder Dienstanfängerin im feuerwehrtechnischen Dienst mit dem Schwerpunkt „Leitstellen“ kann eingestellt werden, wer neben den Voraussetzungen des Satzes 1 Nr. 1 und 3

1. den mittleren Schulabschluss nachweist und
2. mindestens das 17. Lebensjahr vollendet hat.

§ 47 Auswahlverfahren

Über die Einstellung entscheidet die oberste Dienstbehörde unter Zugrundelegung des Ergebnisses der Einstellungsprüfung.

Abschnitt 3
Abschluss der Ausbildung

§ 48 Abschlussprüfung

1Am Ende der Ausbildung haben die Dienstanfänger und Dienstanfängerinnen eine Abschlussprüfung abzulegen. 2Näheres regelt die Schul- und Prüfungsordnung.

Teil 7
Übergangs- und Schlussbestimmungen

§ 49 Übergangsbestimmungen

(1) Für Beamte und Beamtinnen, die mit dem Vorbereitungsdienst vor dem 1. Februar 2024 begonnen haben, gelten die Bestimmungen dieser Verordnung in der am 31. Januar 2024 geltenden Fassung.

(2) 1Abweichend von Abs. 1 gelten für Wiederholungsprüfungen bei Nichtbestehen die Bestimmungen dieser Verordnung in der am 1. Februar 2024 geltenden Fassung, wenn die Wiederholung der Prüfung auf Grundlage des bisherigen Rechts nicht mehr möglich ist. 2Die Qualifikationsprüfung für den Einstieg in der zweiten Qualifikationsebene kann im Fall des Satzes 1 nur nach erfolgreichem Ablegen der Ausbildung zum Rettungssanitäter oder zur Rettungssanitäterin nach der Bayerischen Rettungssanitäterverordnung wiederholt werden. 3Satz 1 gilt entsprechend, wenn ein vor dem 1. Januar 2024 begonnener Vorbereitungsdienst nach § 15 verlängert wird und eine Ausbildung auf Grundlage der Bestimmungen dieser Verordnung in der am 31. Januar 2024 geltenden Fassung nicht mehr durchgeführt wird.

(3) § 29 Abs. 4 Satz 1 in der am 1. Februar 2024 geltenden Fassung gilt auch für Beamte und Beamtinnen der Landesfeuerwehrschulen, die die Ausbildung nach § 29 Abs. 4 Satz 2 vor dem 1. Februar 2024 begonnen oder bereits abgeschlossen haben.

(4) 1Für Beamte und Beamtinnen, die mit der modularen Qualifizierung vor dem 1. Januar 2025 begonnen haben, gelten die Bestimmungen dieser Verordnung in der am 31. Dezember 2024 geltenden Fassung. 2Abweichend von Satz 1 kann für Beamte und Beamtinnen, die die modulare Qualifizierung für Ämter ab der dritten Qualifikationsebene vor dem 1. Januar 2025 begonnen haben, in den Konzepten zur modularen Qualifizierung ein Wahlrecht vorgesehen werden, wonach die Beamten und Beamtinnen bei Fortführung der modularen Qualifizierung zwischen dem bis zum Ablauf des 31. Dezember 2024 und dem

am 1. Januar 2025 geltenden System der modularen Qualifizierung wählen können. [3]Soll die modulare Qualifizierung auf Grundlage der Bestimmungen dieser Verordnung in der am 1. Januar 2025 geltenden Fassung fortgeführt werden, so kann in den Konzepten bestimmt werden, in welchem Umfang bereits nach bisherigem Recht durchgeführte Fortbildungsmaßnahmen angerechnet werden können.

§ 50 Inkrafttreten

Diese Verordnung tritt am 1. Januar 2012 in Kraft.

Allgemeine Prüfungsordnung (APO)

in der Fassung der Bekanntmachung vom 14. Februar 1984 (GVBl. S. 76)

Zuletzt geändert durch
Erstes Modernisierungsgesetz Bayern
vom 23. Dezember 2024 (GVBl. S. 605)

II

Inhaltsübersicht

II

Auf Grund des Art. 115 Abs. 2 Satz 2 des Bayerischen Beamtengesetzes (BayBG) erläßt die Bayerische Staatsregierung im Benehmen mit dem Landespersonalausschuß folgende Verordnung:

Teil 1 Geltungsbereich, Gemeinsame Vorschriften

Abschnitt 1 Geltungsbereich

§ 1 Geltungsbereich, Prüfungsarten

(1) 1Die Allgemeine Prüfungsordnung gilt für die Einstellungs-, Zwischen- und Qualifikationsprüfungen im Sinn des Leistungslaufbahngesetzes (LlbG). 2Die Qualifikationsprüfung für den Einstieg in der dritten Qualifikationsebene kann am Ende des Vorbereitungsdienstes stehen oder modular aufgebaut sein.

(2) Einstellungsprüfungen sind die Prüfungen, die der Berufung in das Beamtenverhältnis auf Widerruf im Vorbereitungsdienst (§ 4 Abs. 4 Buchst. a BeamtStG) und der Berufung in das öffentlich-rechtliche Ausbildungsverhältnis als Dienstanfänger oder Dienstanfängerin (Art. 30 LlbG) bzw. als Rechtsreferendar oder Rechtsreferendarin (Art. 1 SiGjurVD) vorauszugehen haben.

(3) Zwischenprüfungen sind die Prüfungen, die während des Studiums oder einer anderen Ausbildung abzulegen sind und über die Fortsetzung der Ausbildung (Art. 29 Abs. 1 Satz 1 Nr. 2 LlbG) entscheiden.

(4) Qualifikationsprüfungen sind die Prüfungen, die der Berufung in das Beamtenverhältnis auf Probe (§ 4 Abs. 3 Buchst. a BeamtStG und Art. 12 LlbG) vorauszugehen haben.

Abschnitt 2 Grundsätze

§ 2 Wettbewerbscharakter und Anforderungen der Prüfungen

(1) 1Alle Prüfungen haben Wettbewerbscharakter. 2Sie sollen eine Rangfolge der Prüfungsteilnehmer und Prüfungsteilnehmerinnen nach den in den Prüfungen gezeigten Leistungen ermitteln.

(2) 1Die Einstellungsprüfungen müssen in ihren Anforderungen dem durch die vorgeschriebene Schulbildung oder Ausbildung vermittelten Wissensstand entsprechen. 2Die sonstigen Prüfungen sind so zu gestalten, dass der nach erfolgreichem Abschluss des Vorbereitungsdienstes zu fordernde Stand der Kenntnisse und Fähigkeiten sichergestellt ist.

§ 3 Durchführung der Prüfungen und Prüfungsformen

(1) 1Die Prüfungen werden entweder im Auftrag des Landespersonalausschusses von der Geschäftsstelle des Landespersonalausschusses oder von denjenigen Stellen durchgeführt, denen der Landespersonalausschuß die Durchführung überträgt (Art. 120 Abs. 1 Satz 2 BayBG). 2Einer Übertragung der Durchführung im Einzelfall bedarf es nicht, wenn in den Einzelprüfungsbestimmungen (Art. 22 Abs. 7 Satz 4 LlbG) bereits die für die Durchführung der Prüfung zuständige Stelle bestimmt ist.

(2) Prüfungen können als Aufsichtsarbeiten sowie als weitere selbstständige Arbeiten abgelegt werden (Art. 22 Abs. 2 Satz 1 LlbG).

(3) 1Aufsichtsarbeiten können als Klausuren durchgeführt werden, wobei Prüfungsteilnehmer und Prüfungsteilnehmerinnen eine schriftlich oder digital dauerhaft niedergelegte Prüfungsleistung anfertigen. 2Bei sonstigen Aufsichtsarbeiten wird eine mündliche oder praktische Leistung unter Interaktion mit oder als Präsentation vor den Prüfern und Prüferinnen erbracht. 3Aufsichtsarbeiten können als elektronische Fernprüfungen nach § 55 durchgeführt werden.

(4) 1Weitere selbstständige Arbeiten zeichnen sich durch die fehlende Beaufsichtigung bei der Anfertigung der Arbeit aus. 2Sie können insbesondere als Hausarbeit durchgeführt werden. 3Sie können schriftlich, digital oder praktisch durchgeführt werden.

(5) 1Mischformen aus den in den Abs. 3 und 4 genannten Prüfungsformen sowie innerhalb der in den Abs. 3 und 4 aufgeführten Arten der Durchführung der Prüfung sind zulässig. 2Aufsichtsarbeiten sind grundsätzlich für alle Prüfungsteilnehmer und Prüfungsteilnehmerinnen entweder als Präsenzprüfung oder als

elektronische Fernprüfung nach Abs. 3 Satz 3 durchzuführen. $_{3}$Ausnahmen von Satz 2 sind nur in begründeten Einzelfällen zulässig.

§ 4 Zulassung zu den Prüfungen

(1) $_{1}$Zu den Prüfungen sind alle Personen zuzulassen, die die hierfür festgelegten Voraussetzungen erfüllen und nach den geltenden Rechtsvorschriften zum Beamten oder zur Beamtin in der Fachlaufbahn, für die die Prüfung abgehalten werden soll, ernannt werden können. $_{2}$Der Grundsatz, daß jeder Prüfungsteilnehmer und jede Prüfungsteilnehmerin die gleichen Erfolgsaussichten haben muß, darf durch die Zulassungsbedingungen nicht eingeschränkt werden.

(2) $_{1}$Soweit die Einzelprüfungsbestimmungen für die Zulassung ein Zulassungsgesuch voraussetzen, ist in der Bekanntmachung der Prüfungstermine eine Frist für die Vorlage der Zulassungsgesuche festzulegen. $_{2}$Die Entscheidung über die Zulassung ist dem Bewerber oder der Bewerberin schriftlich mitzuteilen. $_{3}$Ablehnende Entscheidungen sind zu begründen.

§ 5 Nichtöffentlichkeit, Zutrittsberechtigte

$_{1}$Die Prüfungen sowie die Sitzungen des Prüfungsausschusses sind nicht öffentlich; Mitglieder des Landespersonalausschusses im Sinn des Art. 113 Abs. 1 BayBG und Beamte und Beamtinnen seiner Geschäftsstelle haben jedoch Zutritt. $_{2}$Der oder die Vorsitzende des Prüfungsausschusses kann weiteren Personen die Anwesenheit bei Prüfungen, ausgenommen Beratung und Abstimmung, gestatten. $_{3}$Der Prüfungsausschuß kann Personen, die mit Ausbildungs- und Prüfungsangelegenheiten befaßt sind, zu seiner Sitzung zuziehen.

Abschnitt 3
Prüfungsausschüsse und Prüfungsämter

§ 6 Bestellung des Prüfungsausschusses

(1) $_{1}$Diejenigen Stellen, denen die Durchführung der Prüfung übertragen ist (§ 3 Abs. 1), haben einen Prüfungsausschuß zu bestellen. $_{2}$Der Prüfungsausschuß ist in der Regel bei der in Satz 1 genannten Stelle zu bilden.

(2) $_{1}$Der oder die Vorsitzende und die Mitglieder des Prüfungsausschusses sowie deren Stellvertreter sollen Beamte oder Beamtinnen sein. $_{2}$Sie sollen der Verwaltung angehören, für die die Prüfung durchgeführt wird.

(3) Der Prüfungsausschuß kann für eine bestimmte Prüfung oder auf Zeit, in diesem Fall in der Regel auf drei Jahre, bestellt werden.

(4) $_{1}$Die Mitgliedschaft endet mit dem Ausscheiden aus dem Hauptamt oder aus wichtigem Grund. $_{2}$Mit Zustimmung der gemäß Abs. 1 zuständigen Stelle kann ein Beamter, der wegen Erreichung der Altersgrenze in den Ruhestand tritt, jedoch bis zum Abschluß einer laufenden Prüfung noch als Mitglied im Amt bleiben.

§ 7 Unabhängigkeit des Prüfungsausschusses

Die Mitglieder des Prüfungsausschusses sind unabhängig und an Weisungen nicht gebunden.

§ 8 Zusammensetzung des Prüfungsausschusses

(1) $_{1}$Die Zusammensetzung des Prüfungsausschusses richtet sich nach den Bedürfnissen der einzelnen Verwaltung, für die Prüfungen abgehalten werden. $_{2}$Wird eine Prüfung für mehrere Verwaltungen abgehalten, so sollen diese im Prüfungsausschuß vertreten sein.

(2) Der Prüfungsausschuss soll sich in der Regel zusammensetzen

1. bei Prüfungen für den Einstieg in der zweiten Qualifikationsebene aus einem Mitglied, das mindestens ein Amt der Besoldungsgruppe A 14 innehat, als Vorsitzender oder Vorsitzende, aus einem Mitglied, das mindestens ein Amt der Besoldungsgruppe A 10 innehat, und einem Mitglied, das mindestens ein Amt der Besoldungsgruppe A 7 innehat,
2. bei Prüfungen für den Einstieg in der dritten Qualifikationsebene aus einem Mitglied, das mindestens ein Amt der Besoldungsgruppe A 14 innehat, als Vorsitzender oder Vorsitzende, und zwei Mitgliedern, die mindestens ein Amt der Besoldungsgruppe A 10 innehaben,

3. bei Prüfungen für den Einstieg in der vierten Qualifikationsebene aus drei Mitgliedern, die mindestens ein Amt der Besoldungsgruppe A 14 innehaben.

§ 9 Einrichtung eines Prüfungsamts

Die für die Durchführung der Prüfung verantwortlichen Stellen (§ 3 Abs. 1) können neben dem Prüfungsausschuß ein besonderes Prüfungsamt einrichten, wenn mit der Vorbereitung der Prüfung umfangreiche organisatorische Maßnahmen verbunden sind.

Teil 2
Einstellungsprüfungen, Zwischenprüfungen und Qualifikationsprüfungen am Ende des Vorbereitungsdienstes

Abschnitt 1
Allgemeine Bestimmungen

§ 10 Bekanntmachung der Prüfungstermine

(1) Die Prüfungen sind mindestens sechs Wochen vor Beginn des ersten Prüfungsteils bekanntzumachen.

(2) 1Die Prüfungen sind unter Angabe der Zulassungsvoraussetzungen und der Frist für die Meldung zur Prüfung im Bayerischen Staatsanzeiger auszuschreiben, es sei denn, dass der Teilnehmerkreis begrenzt und die Gewähr gegeben ist, dass alle Personen, die die erforderlichen Voraussetzungen erfüllen, Kenntnis von der Abhaltung der Prüfung erlangen. 2In diesen Fällen kann die Bekanntgabe auch in anderer geeigneter Weise erfolgen.

§ 11 Ausschluss von der Teilnahme an der Prüfung

(1) Wer sich zur Zeit des Prüfungsverfahrens in Haft, Unterbringung oder Verwahrung befindet, ist von der Teilnahme an der Prüfung ausgeschlossen.

(2) Von der Teilnahme an der Prüfung kann ein Prüfungsteilnehmer oder eine Prüfungsteilnehmerin ganz oder teilweise ausgeschlossen werden, wenn er oder sie

1. den ordnungsgemäßen Ablauf der Prüfung stört oder zu stören versucht oder
2. an einer Krankheit leidet, die die Gesundheit anderer ernstlich gefährden oder den ordnungsgemäßen Ablauf der Prüfung ernstlich beeinträchtigen würde.

(3) In dringenden Fällen trifft die Entscheidung

1. im schriftlichen, digitalen oder praktischen Prüfungsabschnitt die für die Überwachung bestimmte Aufsichtsperson,
2. im mündlichen Prüfungsabschnitt der oder die Vorsitzende der Prüfungskommission für die mündliche Prüfung, soweit nicht der Prüfungsausschuss diesen Prüfungsteil selbst abnimmt.

(4) In den Fällen der Abs. 1 und 2 Nr. 2 gelten die Vorschriften der §§ 32 und 33, im Fall des Abs. 2 Nr. 1 die Vorschriften des § 32 entsprechend.

§ 12 Niederschrift über die Prüfung

(1) Über jede Prüfung ist eine Niederschrift zu führen, die über alle für die Beurteilung der Prüfungsleistungen wesentlichen Vorkommnisse Aufschluss geben muss.

(2) In der Niederschrift über die schriftliche oder digitale Prüfung ist insbesondere festzustellen, ob die Aufgaben ordnungsgemäß unter Aufsicht und unter Einhaltung der festgesetzten Arbeitszeiten gelöst wurden.

(3) Der Niederschrift über die schriftliche oder digitale Prüfung ist ein Verzeichnis der Prüfungsteilnehmer und Prüfungsteilnehmerinnen beizufügen, in dem die ausgelosten Arbeitsplatznummern (§ 17 Abs. 1) oder die Prüfungsnummern (§ 17 Abs. 2) eingetragen sind.

Abschnitt 2
Aufgaben der Prüfungsausschüsse und Prüfungsämter

§ 13 Allgemeine Aufgaben des Prüfungsausschusses und des Prüfungsamts

(1) Der oder die Vorsitzende des Prüfungsausschusses hat

1. die Prüfung vorzubereiten, insbesondere Entwürfe der Prüfungsaufgaben von den

Mitgliedern des Prüfungsausschusses oder von den sonstigen Beauftragten einzuholen,

2. für die vertrauliche Behandlung der Prüfungsaufgaben zu sorgen,
3. über die Zulassung zur Prüfung zu entscheiden,
4. über den Ausschluß von der Teilnahme an der Prüfung zu entscheiden (§ 11 Abs. 1 und 2),
5. die schriftliche, digitale und praktische Prüfung durch Aufsichtspersonen zu überwachen,
6. aus den gemäß Abs. 2 Nr. 3 bestimmten Prüfern und Prüferinnen die Prüfungskommissionen für die mündliche oder praktische Prüfung zusammenzustellen, soweit nicht der Prüfungsausschuß diesen Prüfungsteil selbst abnimmt (§ 23 Abs. 1),
7. den Stichentscheid zu treffen oder durch einen anderen Prüfer oder eine andere Prüferin (Abs. 2 Nr. 2) herbeizuführen,
8. die Platzziffern der Prüfungsteilnehmer und Prüfungsteilnehmerinnen festzustellen, das Prüfungszeugnis oder die Bescheinigung nach § 31 Abs. 3 auszustellen und einen anonymisierten Abdruck der Ergebnisliste der Geschäftsstelle des Landespersonalausschusses zu übersenden,
9. alle übrigen Entscheidungen zu treffen, die nicht anderen Prüfungsorganen übertragen sind.

(2) Der Prüfungsausschuß hat

1. aus den eingeholten Vorschlägen die Prüfungsaufgaben auszuwählen und die zugelassenen Hilfsmittel zu bestimmen,
2. die Prüfer und Prüferinnen für die Bewertung der schriftlichen oder digitalen Prüfungsarbeiten (§ 21) und – soweit erforderlich – für den Stichentscheid (§ 21 Abs. 2) zu bestimmen,
3. die mündliche oder praktische Prüfung abzunehmen oder – wenn hierfür besondere Prüfungskommissionen gebildet werden – die Prüfer und Prüferinnen für die Abnahme der mündlichen oder praktischen Prüfung zu bestimmen,
4. über die Anträge auf Nachteilsausgleich im Rahmen des § 54 zu entscheiden,
5. über das Vorliegen und die Folgen des Unterschleifs, des Beeinflussungsversuchs und des Ordnungsverstoßes (§ 35), des Rücktritts und des Versäumnisses (§ 32), der Verhinderung (§ 33) und der nicht rechtzeitigen Ablieferung einer Prüfungsarbeit (§ 20) zu entscheiden,
6. bei der nachträglichen Geltendmachung von Mängeln im Prüfungsverfahren (§ 34) die erforderlichen Maßnahmen auf Antrag oder von Amts wegen zu treffen,
7. über Rechtsbehelfe im Zusammenhang mit der Prüfung zu entscheiden.

(3) Soweit ein Prüfungsamt eingerichtet wird (§ 9), können diesem die unter Abs. 1 Nr. 1 bis 6 und 8 sowie unter Abs. 2 Nr. 2 bis 4 bezeichneten Aufgaben übertragen werden.

§ 14 Unaufschiebbare Entscheidungen

$_1$Der oder die Vorsitzende ist befugt, an Stelle des Prüfungsausschusses unaufschiebbare Entscheidungen allein zu treffen. $_2$Hiervon hat er oder sie dem Prüfungsausschuß bei der nächsten Sitzung Kenntnis zu geben.

Abschnitt 3
Die einzelnen Prüfungsabschnitte

§ 15 Allgemeine Regelung

(1) $_1$Die Prüfung besteht aus einem schriftlichen oder digitalen, einem mündlichen und – soweit erforderlich – aus einem praktischen Prüfungsabschnitt. $_2$In Einzelprüfungsbestimmungen kann zusätzlich die Anfertigung von Hausarbeiten vorgeschrieben werden.

(2) $_1$Einstellungs- und Zwischenprüfungen können anders gestaltet werden. $_2$Insbesondere können die Einstellungsprüfungen auf eine schriftliche, digitale oder mündliche Prüfung, die Zwischenprüfungen auf eine schriftliche oder digitale Prüfung beschränkt werden. $_3$Für die Einstellungsprüfung können die Einzelprüfungsbestimmungen die Berücksichtigung von Schulnoten vorsehen.

(3) Dem schriftlichen oder digitalen Prüfungsabschnitt ist für die Bestimmung der Gesamt-

prüfungsnote im Verhältnis zu den anderen Prüfungsabschnitten und den sonstigen berücksichtigungsfähigen Leistungen (§ 28 Abs. 2 Satz 2) das stärkere Gewicht einzuräumen; er hat die Gesamtprüfungsnote wenigstens zur Hälfte zu bestimmen.

(4) 1Vor Beginn oder während der Prüfung sind die Prüfungsteilnehmer und Prüfungsteilnehmerinnen durch Vorlage eines gültigen Lichtbildausweises eindeutig zu identifizieren. 2Hiervon kann nur abgesehen werden, wenn die Identifizierung eines Prüfungsteilnehmers oder einer Prüfungsteilnehmerin durch die Prüfungsaufsicht auf andere Weise sichergestellt werden kann.

Unterabschnitt 1
Schriftliche oder digitale Prüfung (Klausuren)

§ 16 Ausgestaltung der Prüfungsaufgaben

(1) 1Der Prüfungsausschuß hat bei der Auswahl der Prüfungsaufgaben von der Zweckbestimmung der Prüfung auszugehen. 2Er kann die Aufgabenentwürfe ändern und gegebenenfalls neue Entwürfe anfordern.

(2) Ein Teil der Prüfungsaufgaben kann so ausgestaltet sein, daß ihre Bearbeitung etwa die doppelte Arbeitszeit einer Normalaufgabe erfordert (Doppelaufgabe).

§ 17 Bestimmung der Arbeitsplätze, Pseudonymisierung

(1) 1Bei Prüfungen, die in Präsenz durchgeführt werden, werden die Arbeitsplätze der Teilnehmer und Teilnehmerinnen vor Beginn einer jeden Prüfungsaufgabe ausgelost. 2Die Plätze im Prüfungsraum sind entsprechend zu numerieren. 3Das Verzeichnis der ausgelosten Arbeitsplatznummern ist von dem oder der Vorsitzenden des Prüfungsausschusses oder vom Prüfungsamt mindestens bis zum Abschluss der Bewertung der unter der gleichen Arbeitsplatzanordnung gefertigten Prüfungsarbeiten so zu verwahren, dass Zugriffe durch die an der Bewertung beteiligten Personen ausgeschlossen und gegebenenfalls erforderliche Zugriffe anderer Personen dokumentiert werden.

(2) 1Den Prüflingen kann vorab eine Prüfungsnummer erteilt werden. 2Werden abweichend von Abs. 1 die Arbeitsplätze nicht ausgelost, ist eine solche vorab zu erteilen. 3Das Verzeichnis der erteilten Prüfungsnummern ist bis zum Abschluss der Bewertung so zu verwahren, dass Zugriffe durch die an der Bewertung beteiligten Personen ausgeschlossen und gegebenenfalls erforderliche Zugriffe anderer Personen dokumentiert werden.

(3) 1Die Teilnehmer und Teilnehmerinnen dürfen auf die Prüfungsarbeit nicht ihren Namen, sondern nur ihre Arbeitsplatznummer oder die vorab erteilte Prüfungsnummer setzen. 2An Stelle der Arbeitsplatz- oder Prüfungsnummer kann durch den Prüfungsausschuss oder in dessen Auftrag durch das Prüfungsamt eine andere geeignete Form der Pseudonymisierung, die keinen Rückschluss auf die Identität des Prüfungsteilnehmers oder der Prüfungsteilnehmerin zulässt, festgelegt werden.

(4) Die Prüfungsnoten werden erst nach ihrer endgültigen Festsetzung in die Prüfungsakten eingetragen.

§ 18 Verteilung der Prüfungsaufgaben

(1) 1Bei schriftlichen Prüfungen sind die Prüfungsaufgaben in verschlossenem Umschlag in den Prüfungsraum zu verbringen. 2Sie dürfen erst verteilt werden, nachdem den Prüfungsteilnehmern und Prüfungsteilnehmerinnen Gelegenheit gegeben wurde, sich von der Unversehrtheit des Verschlusses zu überzeugen.

(2) Bei digitalen Aufsichtsarbeiten ist die gleichzeitige Freigabe der Prüfungsaufgaben sicherzustellen.

§ 19 Aufsicht während der Anfertigung der Prüfungsarbeiten

(1) Die Aufsicht bei der Abnahme der Prüfungen führen die von dem oder der Vorsitzenden des Prüfungsausschusses oder vom Prüfungsamt beauftragten Aufsichtspersonen.

(2) 1Die Aufsichtspersonen haben darüber zu wachen, daß Unterschleife bei der Anfertigung der Prüfungsarbeiten unterbleiben. 2Sie haben die Teilnehmer und Teilnehmerinnen an jedem Prüfungstag vor Beginn der Prüfung zur

Ablieferung nicht zugelassener Hilfsmittel aufzufordern.

(3) Während der Anfertigung der Prüfungsarbeiten dürfen nicht mehrere Prüfungsteilnehmer oder Prüfungsteilnehmerinnen gleichzeitig den Prüfungsraum verlassen.

(4) Bei schriftlichen Prüfungen sind die Aufgaben grundsätzlich handschriftlich zu bearbeiten; Durchschriften dürfen nicht angefertigt werden.

(5) 1Bei digitalen Prüfungen ist sicherzustellen, dass die elektronischen Daten eindeutig identifiziert und zweifelsfrei der zu prüfenden Person zugeordnet werden können. 2Nach Abschluss der Prüfung im Sinne des Satzes 1 muss die Unveränderbarkeit und Sicherheit der Daten gewährleistet sein.

§ 20 Ablieferung der Prüfungsarbeiten

(1) Eine Viertelstunde vor Ablauf der vorgesehenen Arbeitszeit sind die Prüfungsteilnehmer und Prüfungsteilnehmerinnen auf die bevorstehende Ablieferung der Prüfungsarbeiten aufmerksam zu machen.

(2) 1Nach Ablauf der Arbeitszeit sind die Aufgabenbearbeitungen den Teilnehmern und Teilnehmerinnen abzufordern. 2Wird eine Arbeit trotz wiederholter Aufforderung nicht rechtzeitig abgegeben, so wird sie mit „ungenügend" bewertet. 3Bei digitalen Aufsichtsarbeiten ist im Falle eines technisch vollzogenen Prüfungsendes die Speicherung der Ergebnisse zum Beendigungszeitpunkt automatisiert sicherzustellen.

§ 21 Bewertung der schriftlichen oder digitalen Arbeiten

(1) 1Jede der schriftlichen oder digitalen Prüfungsarbeiten ist gesondert von zwei Prüfern oder Prüferinnen (Erst- und Zweitprüfer bzw. Erst- und Zweitprüferin) selbständig unter Verwendung der festgelegten Prüfungsnoten (§ 27) zu bewerten. 2Bei Prüfungen, nach deren Wesen die prüfungsrechtliche Bewertung nach Satz 1 auf den Zeitpunkt der Aufgabenerstellung vorverlagert ist, insbesondere bei Prüfungen im Antwort-Wahl-Verfahren, können die Einzelprüfungsbestimmungen vorsehen, dass eine automatisierte Auswertung der Prüfungsarbeiten erfolgt, die nur auf Antrag eines Prüfungsteilnehmers oder einer Prüfungsteilnehmerin durch einen weiteren Prüfer oder eine weitere Prüferin, welcher oder welche nicht an der Aufgabenerstellung beteiligt war, überprüft wird. 3Voraussetzung für die automatisierte Auswertung nach Satz 2 ist, dass mindestens zwei Personen bei der Erarbeitung der Frage- oder Aufgabenstellungen, der Antworten sowie der Festlegung der Bewertungen beteiligt werden. 4Die Richtigkeit der automatisierten Auswertung ist durch geeignete Maßnahmen zu gewährleisten.

(2) 1Bei abweichender Beurteilung sollen die beiden Prüfenden eine Einigung über die Benotung versuchen. 2Kommt eine Einigung nicht zustande, so entscheidet der oder die Vorsitzende des Prüfungsausschusses oder der vom Prüfungsausschuß bestimmte Prüfer oder die vom Prüfungsausschuss bestimmte Prüferin (§ 13 Abs. 2 Nr. 2).

(3) Die Aufsichtführenden dürfen nicht zur Bewertung der Prüfungsarbeiten herangezogen werden, bei denen sie die Aufsicht geführt haben.

§ 22 Nichtbestehen der schriftlichen oder digitalen Prüfung

(1) 1Wer in der schriftlichen oder digitalen Prüfung im Durchschnitt schlechter als „ausreichend" gearbeitet hat, ist von der mündlichen Prüfung ausgeschlossen. 2Er oder sie hat die Prüfung nicht bestanden.

(2) Die Einzelprüfungsbestimmungen können von Abs. 1 abweichen, wenn die Prüfung aus drei Prüfungsabschnitten besteht oder wenn die mündliche Prüfung unmittelbar im Anschluß an die schriftliche oder digitale Prüfung abgenommen werden muß.

(3) Die Einzelprüfungsbestimmungen können nach den Erfordernissen der angestrebten Fachlaufbahn und eines gebildeten fachlichen Schwerpunkts über die in Abs. 1 enthaltene Regelung hinaus bestimmen, daß ungenügende Leistungen in einer Prüfungsaufgabe von besonderer Bedeutung oder mangelhafte Leistungen in mehreren Prüfungsaufgaben die in Abs. 1 genannten Folgen nach sich ziehen.

Unterabschnitt 2
Mündliche und praktische Prüfung, weitere selbstständige Arbeiten

§ 23 Abnahme der mündlichen Prüfung

(1) $_1$Die mündliche Prüfung wird vom Prüfungsausschuß (§ 6) abgenommen. $_2$Der Prüfungsausschuß oder das Prüfungsamt können weitere Prüfer oder Prüferinnen mit der Abnahme der mündlichen Prüfung beauftragen (§ 13 Abs. 2 Nr. 3, Abs. 3).

(2) $_1$Die Kommission zur Abnahme der mündlichen Prüfung soll sich in der Regel aus nicht mehr als fünf Mitgliedern einschließlich des oder der Vorsitzenden zusammensetzen. $_2$Die Einzelprüfungsbestimmungen haben die Zahl der Mitglieder festzulegen. $_3$Der oder die Vorsitzende und die übrigen Mitglieder der Prüfungskommission müssen während der mündlichen Prüfung ständig anwesend sein.

§ 24 Umfang und Dauer der mündlichen Prüfung

(1) Die mündliche Prüfung erstreckt sich auf die Prüfungsgebiete der schriftlichen oder digitalen Prüfung, soweit die Einzelprüfungsbestimmungen nichts anderes bestimmen.

(2) $_1$In den Einzelprüfungsbestimmungen sind die Dauer der Prüfung und die Zahl der in einem Termin gemeinsam zu prüfenden Teilnehmer und Teilnehmerinnen festzusetzen. $_2$Dabei sollen mehr als eine Person, jedoch nicht mehr als fünf Personen gleichzeitig geprüft werden.

§ 25 Bewertung der mündlichen Prüfung

$_1$Der Prüfungsausschuß oder die Kommission für die Abnahme der mündlichen Prüfung bewertet unter Verwendung der festgelegten Prüfungsnoten (§ 27) die Ergebnisse der mündlichen Prüfung in einer Gesamtnote. $_2$Die Einzelprüfungsbestimmungen können für bestimmte Prüfungsgebiete oder Fächergruppen die Erteilung von Einzelnoten vorschreiben.

§ 26 Praktische Prüfung und Hausarbeiten

(1) Die Vorschriften über die mündliche Prüfung finden sinngemäß auf die praktische Prüfung Anwendung, wenn die Einzelprüfungsbestimmungen nichts anderes bestimmen.

(2) Für die Bewertung der Hausarbeiten gilt § 21 sinngemäß.

Abschnitt 4
Bewertung der Gesamtprüfung

§ 27 Notenskala

(1) Für die Bewertung der einzelnen Leistungen gelten folgende Notenbezeichnungen und Prüfungsnoten:

sehr gut eine besonders hervorragende Leistung	= 1
gut eine Leistung, die die durchschnittlichen Anforderungen übertrifft	= 2
befriedigend eine Leistung, die in jeder Hinsicht durchschnittlichen Anforderungen entspricht	= 3
ausreichend eine Leistung, die trotz ihrer Mängel durchschnittlichen Anforderungen noch entspricht	= 4
mangelhaft eine an erheblichen Mängeln leidende, im Ganzen nicht mehr brauchbare Leistung	= 5
ungenügend eine völlig unbrauchbare Leistung	= 6.

(2) In den Einzelprüfungsbestimmungen können ein Punktesystem oder Noten mit Dezimalstellen zur weiteren Aufgliederung der Prüfungsnoten nach Abs. 1 vorgesehen werden.

§ 28 Ermittlung der Gesamtprüfungsnote

(1) $_1$Die Note für den schriftlichen oder digitalen Prüfungsabschnitt ist aus der Summe der für die einzelnen Prüfungsarbeiten gegebenen Noten, geteilt durch die Zahl der Prüfungsarbeiten, zu ermitteln. $_2$Hierbei zählt die Doppelaufgabe zweifach. $_3$Die Einzelprüfungsbestimmungen können eine zweifache Bewertung weiterer schriftlicher oder digitaler Arbeiten, denen ein besonderes Gewicht zukommt, festlegen.

(2) 1Die Gesamtprüfungsnote wird aus den Bewertungen der schriftlichen oder digitalen Prüfungsarbeiten und aus den Ergebnissen des mündlichen und eines praktischen Prüfungsabschnitts (§§ 25, 26) sowie der Hausarbeiten (§ 15 Abs. 1 Satz 2) gebildet. 2In den Einzelprüfungsbestimmungen kann festgelegt werden, daß auch Leistungen aus den fachtheoretischen oder berufspraktischen Ausbildungsabschnitten oder bei Einstellungsprüfungen Schulnoten (§ 15 Abs. 2 Satz 3) bei der Bildung der Gesamtprüfungsnote zu berücksichtigen sind.

(3) 1Die Einzelprüfungsbestimmungen legen unter Berücksichtigung des § 15 Abs. 3 fest, in welchem Verhältnis die erzielten Noten bei der Bildung der Gesamtprüfungsnote zu berücksichtigen sind. 2Dabei darf die Gesamtheit derjenigen Leistungen aus den fachtheoretischen oder berufspraktischen Ausbildungsabschnitten, die nicht gemäß den Anforderungen der §§ 17 und 21 erhoben wurden, die Gesamtprüfungsnote nicht mehr als zu höchstens einem Fünftel bestimmen.

(4) 1Bei Prüfungen, die nur aus einem schriftlichen oder digitalen und einem mündlichen Prüfungsabschnitt bestehen, soll die in der mündlichen Prüfung erzielte Note so oft gerechnet werden, als die Zahl der schriftlichen oder digitalen Prüfungsaufgaben – zweifach zu bewertende Aufgaben sind hierbei doppelt zu zählen – durch drei teilbar ist. 2Bruchteile mit einem Drittel werden nicht, Bruchteile mit zwei Dritteln als volle Zahlenwerte gerechnet.

(5) 1Die Gesamtprüfungsnote ist auf zwei Dezimalstellen zu berechnen. 2Die dritte Dezimalstelle bleibt unberücksichtigt.

(6) 1Der errechneten Gesamtprüfungsnote entspricht folgende Notenbezeichnung:

1,00 bis 1,50	sehr gut,
1,51 bis 2,50	gut,
2,51 bis 3,50	befriedigend,
3,51 bis 4,50	ausreichend,
4,51 bis 5,50	mangelhaft,
5,51 bis 6,00	ungenügend.

2Sofern die Einzelprüfungsbestimmungen ein Punktesystem (§ 27 Abs. 2) vorsehen, haben diese eine dem Satz 1 sinngemäß entsprechende Zuordnung zu treffen.

§ 29 Festsetzung der Platzziffer

(1) 1Bei bestandener Prüfung ist für jeden Prüfungsteilnehmer und jede Prüfungsteilnehmerin auf Grund der Gesamtprüfungsnote eine Platzziffer festzusetzen; davon kann bei Einstellungsprüfungen (§ 1 Abs. 2) abgesehen werden, wenn der Vorbereitungsdienst allgemeine Ausbildungsstätte nach Art. 12 Abs. 1 Satz 1 des Grundgesetzes ist (Art. 26 Abs. 1 Satz 1 LlbG). 2Bei gleichen Gesamtprüfungsnoten wird die gleiche Platzziffer erteilt. 3In diesem Fall erhält der nächstfolgende Teilnehmer oder die nächstfolgende Teilnehmerin die Platzziffer, die sich ergibt, wenn die mehreren gleichen Platzziffern fortlaufend weitergezählt werden.

(2) 1Bei der Erteilung der Platzziffer ist anzugeben, wieviele Prüfungsteilnehmer und Prüfungsteilnehmerinnen sich der Prüfung unterzogen haben und wieviele die Prüfung bestanden haben. 2Wird die gleiche Platzziffer an mehrere Teilnehmer oder Teilnehmerinnen erteilt, so ist auch deren Zahl anzugeben.

(3) Die Einzelprüfungsbestimmungen können eine weitere Differenzierung für die Bildung der Platzziffer bei gleichen Prüfungsergebnissen festlegen.

§ 30 Nichtbestehen der Prüfung

Die Prüfung ist unbeschadet des § 22 nicht bestanden, wenn der Prüfungsteilnehmer oder die Prüfungsteilnehmerin im Durchschnitt schlechter als „ausreichend" gearbeitet hat.

§ 31 Bekanntgabe des Prüfungsergebnisses

(1) 1Das Ergebnis der Prüfung soll dem Prüfungsteilnehmer oder der Prüfungsteilnehmerin innerhalb eines Monats nach Abschluß der Prüfung bekanntgegeben werden. 2Die Prüfung ist abgeschlossen, wenn sämtliche Prüfungsleistungen endgültig bewertet sind.

(2) Prüfungsteilnehmer und Prüfungsteilnehmerinnen, die die Prüfung bestanden haben, erhalten ein Zeugnis, aus dem die Gesamtprüfungsnote (§ 28 Abs. 5), die entsprechende Notenbezeichnung (§ 28 Abs. 6) und, sofern festgesetzt, die Platzziffer (§ 29) zu ersehen sind.

(3) Prüfungsteilnehmer und Prüfungsteilnehmerinnen, die die Prüfung nicht bestanden haben, erhalten darüber eine Bescheinigung, aus der die Gründe des Nichtbestehens (§§ 22, 28, 30) ersichtlich sind.

(4) $_1$Die Einzelprüfungsbestimmungen können vorsehen, daß die Platzziffern gesondert mitgeteilt werden. $_2$Sie bestimmen ferner, ob und wie dem Prüfungsteilnehmer oder der Prüfungsteilnehmerin die Einzelnoten mitgeteilt werden.

(5) Die Einzelprüfungsbestimmungen können vorsehen, dass Prüfungsteilnehmern und Prüfungsteilnehmerinnen bis zu einer bestimmten Gesamtprüfungsnote oder auf Antrag das Zeugnis ohne Angabe der Gesamtprüfungsnote und der entsprechenden Notenbezeichnung dahin zu erteilen ist, dass sie die Prüfung bestanden haben.

(6) $_1$Eine anonymisierte Aufstellung nach Prüfungsnoten und gegebenenfalls Platzziffern ist der Geschäftsstelle des Landespersonalausschusses spätestens zwei Monate nach Abschluss der Prüfung zu übermitteln. $_2$Der Landespersonalausschuss kann weitergehende Informationen und Unterlagen anfordern, soweit dies im Einzelfall zur Durchführung seiner Aufgabe nach Art. 115 Abs. 1 Nr. 2 BayBG erforderlich ist.

Abschnitt 5 Rechtsfolgen bei besonderen Vorkommnissen

§ 32 Rücktritt und Versäumnis

(1) $_1$Tritt ein Prüfungsteilnehmer oder eine Prüfungsteilnehmerin nach Zulassung und vor Beginn der Prüfung zurück oder kommt er oder sie der Aufforderung zur Prüfungsablegung nicht nach, so gilt die Prüfung als abgelegt und nicht bestanden. $_2$Dies gilt nicht, wenn der Prüfungsteilnehmer oder die Prüfungsteilnehmerin aus Gründen, die er oder sie nicht zu vertreten hat, die Prüfung nicht ablegen kann.

(2) $_1$Versäumt ein Prüfungsteilnehmer oder eine Prüfungsteilnehmerin einen Prüfungstermin des schriftlichen oder digitalen Prüfungsabschnitts ohne genügende Entschuldigung, so werden die in diesem Termin zu erbringenden Prüfungsleistungen mit „ungenügend“ bewertet. $_2$Das gleiche gilt, wenn ein Prüfungsteilnehmer oder eine Prüfungsteilnehmerin einen Prüfungstermin der mündlichen oder praktischen Prüfung ohne genügende Entschuldigung ganz oder teilweise versäumt.

§ 33 Verhinderung

(1) Kann ein Prüfungsteilnehmer oder eine Prüfungsteilnehmerin nach Beginn der Prüfung aus Gründen, die er oder sie nicht zu vertreten hat, die Prüfung nicht oder nur zum Teil ablegen, so gilt:

1. hat der Prüfungsteilnehmer oder die Prüfungsteilnehmerin noch nicht zwei Drittel der schriftlichen oder digitalen Arbeiten gefertigt, so gilt die Prüfung als nicht abgelegt,
2. hat der Prüfungsteilnehmer oder die Prüfungsteilnehmerin mindestens zwei Drittel der schriftlichen oder digitalen Arbeiten gefertigt, so gilt die Prüfung als abgelegt; die fehlenden Prüfungsteile sind innerhalb einer von dem oder der Vorsitzenden des Prüfungsausschusses zu bestimmenden Zeit nachzuholen.

(2) $_1$Eine Prüfungsverhinderung ist unverzüglich mitzuteilen und nachzuweisen, im Fall einer Krankheit grundsätzlich durch ein Zeugnis eines Gesundheitsamts, das in der Regel nicht später als am Prüfungstag ausgestellt sein darf. $_2$Der Prüfungsausschuss oder der oder die Vorsitzende kann festlegen, dass die Krankheit durch das Zeugnis eines bestimmten Arztes bzw. einer bestimmten Ärztin (Vertrauensarzt bzw. Vertrauensärztin) oder eines anderen Arztes bzw. einer anderen Ärztin nachgewiesen wird. $_3$In offensichtlichen Fällen kann auf die Vorlage eines Zeugnisses verzichtet werden.

(3) Der Prüfungsausschuß stellt fest, ob eine von dem Prüfungsteilnehmer oder der Prüfungsteilnehmerin nicht zu vertretende Verhinderung vorliegt.

(4) In Fällen besonderer Härte kann der Prüfungsausschuß auf Antrag die Nachfertigung von schriftlichen oder digitalen Arbeiten erlassen oder besondere Anordnungen für die Nachholung der mündlichen oder praktischen Prüfung treffen.

(5) $_{1}$Ist einem Prüfungsteilnehmer oder einer Prüfungsteilnehmerin aus wichtigen Gründen die vollständige oder teilweise Ablegung der Prüfung nicht zuzumuten, so kann der Prüfungsausschuß auf Antrag sein Fernbleiben genehmigen. $_{2}$In diesem Fall gelten die Abs. 1 und 4 entsprechend.

(6) Die Einzelprüfungsbestimmungen können bei Prüfungen, die aus mehr als zwei Prüfungsabschnitten bestehen, eine von den Abs. 1 und 4 abweichende Regelung treffen.

§ 34 Nachträgliche Geltendmachung von Mängeln im Prüfungsverfahren

(1) Erweist sich, dass das Prüfungsverfahren mit Mängeln behaftet war, die die Rechte des Prüfungsteilnehmers oder der Prüfungsteilnehmerin, insbesondere die Chancengleichheit, erheblich verletzt haben, so kann der Prüfungsausschuss auf Antrag eines Prüfungsteilnehmers oder einer Prüfungsteilnehmerin oder von Amts wegen anordnen, dass von einem bestimmten Prüfungsteilnehmer oder einer bestimmten Prüfungsteilnehmerin oder von allen Prüfungsteilnehmern und Prüfungsteilnehmerinnen die Prüfung ganz oder teilweise zu wiederholen ist.

(2) $_{1}$Der Prüfungsteilnehmer oder die Prüfungsteilnehmerin hat den Mangel unverzüglich geltend zu machen. $_{2}$Mängel im Prüfungsverfahren kann er oder sie nicht mehr geltend machen, wenn seit dem Abschluß des Prüfungsabschnitts, der mit Mängeln behaftet war, ein Monat verstrichen ist.

(3) Sechs Monate nach Beendigung der Prüfung kann der Prüfungsausschuß von Amts wegen eine Wiederholung der Prüfung oder einzelner Teile derselben nicht mehr anordnen.

§ 35 Unterschleif, Beeinflussungsversuch und Ordnungsverstoß

(1) $_{1}$Versucht ein Prüfungsteilnehmer oder eine Prüfungsteilnehmerin das Ergebnis einer Prüfung durch Unterschleif, Täuschung oder Benutzung nichtzugelassener Hilfsmittel zu eigenem oder fremden Vorteil zu beeinflussen oder verstößt er oder sie erheblich gegen die Ordnung, so ist die betreffende Prüfungsleistung mit „ungenügend" zu bewerten. $_{2}$In schweren Fällen ist der Prüfungsteilnehmer oder die Prüfungsteilnehmerin von der Prüfung auszuschließen; die Prüfung ist nicht bestanden. $_{3}$Unterschleif liegt auch vor, wenn ein Prüfungsteilnehmer oder eine Prüfungsteilnehmerin ein nichtzugelassenes Hilfsmittel bei sich führt nachdem die Prüfungsaufgabe ausgegeben worden ist, es sei denn, der Prüfungsteilnehmer oder die Prüfungsteilnehmerin weist nach, daß der Besitz weder auf Vorsatz noch auf Fahrlässigkeit beruht.

(2) $_{1}$Wird ein Tatbestand nach Abs. 1 Satz 1 erst nach Abschluß der Prüfung bekannt, so ist die betreffende Prüfungsleistung nachträglich mit „ungenügend" zu bewerten und das Gesamtprüfungsergebnis entsprechend zu berichtigen. $_{2}$In schweren Fällen ist die Prüfung als nicht bestanden zu erklären. $_{3}$Ein unrichtiges Prüfungszeugnis ist einzuziehen.

(3) $_{1}$Wer als Prüfungsteilnehmer oder als Prüfungsteilnehmerin einen Prüfer oder eine Prüferin zu günstigerer Beurteilung zu veranlassen oder eine mit der Feststellung des Prüfungsergebnisses beauftragte Person zur Verfälschung des Prüfungsergebnisses zu verleiten versucht, hat die Prüfung nicht bestanden. $_{2}$Ist die Prüfung noch nicht abgeschlossen, so ist er oder sie von der Fortsetzung auszuschließen und die Prüfung als nicht bestanden zu erklären. $_{3}$In weniger schweren Fällen ist nur die betroffene Prüfungsleistung mit der Note „ungenügend" zu bewerten.

Abschnitt 6
Wiederholung der Prüfung

§ 36 Wiederholung der Prüfung bei Nichtbestehen

(1) $_{1}$Prüfungsteilnehmer und Prüfungsteilnehmerinnen, die die Prüfung nicht bestanden haben oder deren Prüfung als nicht bestanden gilt, können die Prüfung einmal wiederholen. $_{2}$Die Einzelprüfungsbestimmungen können für die Wiederholung der Prüfung Auflagen vorsehen und bestimmte Fristen festsetzen, vor oder nach welchen eine Wiederholung nicht zulässig ist (Sperr- und Ausschlußfristen).

(2) $_{1}$Der Antrag auf wiederholte Zulassung zur Prüfung ist bei dem oder der Vorsitzenden des Prüfungsausschusses (Prüfungsamt) einzurei-

chen. 2Die Einzelprüfungsbestimmungen können Fristen für die Antragstellung festsetzen.

§ 37 Wiederholung der Prüfung zur Notenverbesserung

(1) 1Prüfungsteilnehmer und Prüfungsteilnehmerinnen, die die Prüfung bei erstmaliger Ablegung bestanden haben, können zur Verbesserung der Prüfungsnote ein zweites Mal zur Prüfung zugelassen werden; sie müssen jedoch spätestens am nächsten, noch nicht ausgeschriebenen Prüfungstermin teilnehmen. 2Prüfungsteilnehmer und Prüfungsteilnehmerinnen, die die Wiederholungsprüfung bestanden haben, entscheiden, welches Prüfungsergebnis sie gelten lassen wollen. 3Wird binnen eines Monats nach Bekanntgabe des Prüfungsergebnisses keine Wahl getroffen, so gilt die bessere Gesamtprüfungsnote als gewählt.

(2) § 36 Abs. 2 gilt entsprechend.

Teil 3 Modular aufgebaute Qualifikationsprüfung für den Einstieg in der dritten Qualifikationsebene

Abschnitt 1 Allgemeine Bestimmungen

§ 38 Qualifikationsprüfung, Modulprüfung, Leistungspunkte

(1) Die modular aufgebaute Qualifikationsprüfung für den Einstieg in der dritten Qualifikationsebene im Rahmen eines Studiengangs an der Hochschule für den öffentlichen Dienst in Bayern setzt den Erwerb der in den Einzelprüfungsbestimmungen vorgeschriebenen Leistungspunkte voraus.

(2) 1Die Stoffgebiete werden zu thematisch und zeitlich abgerundeten, in sich abgeschlossenen und mit Leistungspunkten versehenen Modulen zusammengefasst. 2Die Inhalte eines Moduls sind so zu bemessen, dass sie innerhalb eines Semesters oder eines Jahres vermittelt werden können; in besonders begründeten Fällen kann sich ein Modul auch über mehrere Semester erstrecken.

(3) 1Außer in den Modulen der berufspraktischen Studienzeit muss in jedem Modul eine Modulprüfung abgelegt werden. 2§ 15 Abs. 4 gilt entsprechend.

(4) 1Für abgelegte Module werden Leistungspunkte nach dem European Credit Transfer and Accumulation System (ECTS) vergeben. 2Voraussetzung für die Vergabe von Leistungspunkten ist der Nachweis aller für das Bestehen des jeweiligen Moduls in den Einzelprüfungsbestimmungen festgelegten Leistungen. 3Außer für die Module der berufspraktischen Studienzeit ist festzulegen, dass die Vergabe von Leistungspunkten das Bestehen der in dem jeweiligen Modul stattfindenden Modulprüfung bzw. der Bachelorarbeit voraussetzt.

(5) 1Während des gesamten Studiums sind nach Festlegung in den Einzelprüfungsbestimmungen 180 oder 210 Leistungspunkte zu erwerben. 2Ein Leistungspunkt entspricht einem durchschnittlichen studentischen Arbeitsaufwand von 25 bis 30 Stunden.

§ 39 Niederschrift über die Prüfungen

§ 12 gilt mit der Maßgabe entsprechend, dass als schriftliche Prüfungen Klausuren gelten.

§ 40 Bewertung der Prüfungsleistungen

(1) Prüfungsleistungen werden nach folgender Notenskala bewertet:

sehr gut	(1,0–1,5)	eine hervorragende Leistung
gut	(1,6–2,5)	eine Leistung, die erheblich über den durchschnittlichen Anforderungen liegt
befriedigend	(2,6–3,5)	eine Leistung, die durchschnittlichen Anforderungen entspricht
ausreichend	(3,6–4,0)	eine Leistung, die trotz ihrer Mängel noch den Anforderungen genügt
nicht ausreichend	(4,1–5,0)	eine Leistung, die wegen erheblicher Mängel den Anforderungen nicht mehr genügt.

(2) Noten für Prüfungsleistungen sind mit einer Dezimalstelle auszuweisen.

§ 41 Aufgaben des Prüfungsausschusses und des Prüfungsamts

(1) Der oder die Vorsitzende des Prüfungsausschusses hat

1. die Prüfungen vorzubereiten, insbesondere die Prüfungstermine festzusetzen und die Vorschläge für Klausuren und Bachelorarbeiten einzuholen,
2. für die vertrauliche Behandlung der eingeholten Klausurvorschläge zu sorgen,
3. über die Zulassung zur Prüfung zu entscheiden,
4. über den Ausschluss von der Teilnahme an Prüfungsleistungen zu entscheiden (§ 50 Abs. 1),
5. Klausuren durch Aufsichtspersonen zu überwachen,
6. aus den gemäß Abs. 2 Nr. 3 bestimmten Prüfern und Prüferinnen Prüfungskommissionen für die mündlichen Prüfungen und das Kolloquium zusammenzustellen sowie jeweils den Vorsitzenden oder die Vorsitzende zu bestimmen,
7. die Platzziffern der Prüfungsteilnehmer und Prüfungsteilnehmerinnen festzustellen, das Abschlusszeugnis und das Diploma Supplement auszustellen und den Abdruck der Ergebnisliste der Geschäftsstelle des Landespersonalausschusses zu übersenden und
8. alle übrigen Entscheidungen zu treffen, die nicht anderen Prüfungsorganen übertragen sind.

(2) Der Prüfungsausschuss hat

1. aus den eingeholten Vorschlägen die zu bearbeitenden Klausuren und die zu ihrer Bearbeitung zugelassenen Hilfsmittel festzusetzen,
2. auf Vorschlag einer hauptamtlichen Lehrperson der Hochschule für den öffentlichen Dienst in Bayern die Themen für die zu bearbeitenden Bachelorarbeiten festzusetzen,
3. die Prüfer und Prüferinnen für die Modulprüfungen und die Bachelorarbeit und, soweit erforderlich, für den Stichentscheid (§ 43 Abs. 1 Satz 4, § 44 Abs. 4 Satz 3) zu bestimmen,
4. über die Anträge auf Nachteilsausgleich im Rahmen des § 54 zu entscheiden,
5. über das Vorliegen und die Folgen des Unterschleifs, des Beeinflussungsversuchs und des Ordnungsverstoßes (§ 53) zu entscheiden,
6. das Fernbleiben oder den Rücktritt zu genehmigen und über das Vorliegen und die Folgen eines genehmigten oder nicht genehmigten Fernbleibens oder Rücktritts (§ 51) zu entscheiden,
7. über das Vorliegen und die Folgen der nicht rechtzeitigen Ablieferung einer Klausur (§ 42 Abs. 1 Nr. 1) zu entscheiden,
8. bei der nachträglichen Geltendmachung von Mängeln im Prüfungsverfahren die erforderlichen Maßnahmen auf Antrag oder von Amts wegen zu treffen (§ 52) und
9. über Rechtsbehelfe im Zusammenhang mit der Prüfung zu entscheiden.

(3) Soweit ein Prüfungsamt eingerichtet wird (§ 9), können diesem die unter Abs. 1 Nr. 1 bis 4 sowie unter Abs. 2 Nr. 2 bis 7 bezeichneten Aufgaben übertragen werden.

(4) § 14 gilt entsprechend.

Abschnitt 2
Modulprüfungen, Bachelorarbeit

§ 42 Modulprüfungen

(1) Als Prüfungsformen kommen in Betracht:

1. Klausuren:

   In einer Klausur werden Aufgaben oder Fälle aus dem Gebiet des Moduls unter Aufsicht schriftlich oder digital gelöst. § 16 Abs. 1, § 17 Abs. 1 bis 3 und § 19 gelten entsprechend. Die Bearbeitungszeit beträgt mindestens zwei und höchstens fünf Stunden. § 20 gilt mit der Maßgabe entsprechend, dass eine nicht rechtzeitig abgegebene Arbeit mit „nicht ausreichend" (5,0) bewertet wird.
2. Mündliche Prüfungen:

   In einer mündlichen Prüfung wird in einem Prüfungsgespräch von mindestens 15 Minuten Dauer festgestellt, ob der oder die Studierende über die in dem Modul zu erwerbenden Kompetenzen verfügt und diese in freier Rede und im Dialog mit den Prüfenden anwenden kann.

3. Hausarbeiten:

   Bei einer Hausarbeit wird eine Aufgabe oder ein Fall aus dem Gebiet des Moduls unter Einbeziehung und Auswertung einschlägiger Quellen theoretisch oder empirisch oder sowohl theoretisch als auch empirisch schriftlich oder digital bearbeitet. Die Bearbeitungszeit beträgt vier Wochen.

4. Referate:

   In einem Referat setzt sich der oder die Studierende in freier Rede unter Benutzung moderner Präsentationsmedien mit einem Thema aus dem Gebiet des Moduls unter Einbeziehung und Auswertung einschlägiger Quellen auseinander. Der Vortrag hat eine Dauer von mindestens 15 Minuten. Eine schriftliche oder digitale Ausarbeitung soll verlangt werden.

5. Projektarbeit:

   In einer Projektarbeit werden die in Form von empirischen Erhebungen, Quellenrecherchen, Kurzreferaten, Beiträgen zum Projektbericht und Ähnlichem erbrachten Leistungen eines oder einer Studierenden zu einer Gesamtleistung zusammengefasst und als solche mit einer Gesamtnote bewertet.

6. Praktikumsbericht:

   Der Praktikumsbericht informiert über Inhalt, Ablauf und Ergebnisse der berufspraktischen Studienzeit. Der oder die Studierende soll zeigen, dass er oder sie in der Lage ist, die Praxisinhalte zu reflektieren. Die während der berufspraktischen Studienzeit erbrachten Leistungen gehen in die Bewertung des Praktikumsberichts ein.

7. Praxistest:

   Im Praxistest erstellt der oder die Studierende ein Produkt der Ausbildungsbehörde. Der oder die Studierende zeigt dabei unter normalen Arbeitsbedingungen sowie unter Nutzung der einschlägigen IT-Anwendungen und der am Arbeitsplatz zur Verfügung stehenden Hilfsmittel, inwieweit der Transfer der entworfenen fachtheoretischen Kenntnisse auf die Fachpraxis gelungen ist und die in dem Praxismodul vermittelten Fähigkeiten und Fertigkeiten in einem Arbeitsprozess selbstständig umgesetzt werden können.

(2) $_{1}$Die Einzelprüfungsbestimmungen legen insbesondere die Prüfungsdauer fest. $_{2}$Sie bestimmen, in welcher der genannten Formen Prüfungsleistungen in den einzelnen Modulen erbracht werden müssen. $_{3}$Soweit die Einzelprüfungsbestimmungen Wahlmöglichkeiten zulassen, legt der Prüfungsausschuss spätestens sechs Wochen vor Beginn des betreffenden Moduls die Form der Prüfungsleistung fest. $_{4}$Die Entscheidung wird in geeigneter Weise bekannt gemacht.

(3) $_{1}$Modulprüfungen sind Einzelleistungen eines oder einer Studierenden. $_{2}$Bei Referaten, Hausarbeiten und Projektarbeiten können die Einzelprüfungsbestimmungen in geeigneten Fällen eine Gruppenleistung von mehreren Studierenden zulassen. $_{3}$Der Beitrag des Einzelnen muss eindeutig abgrenzbar und bewertbar sein.

(4) $_{1}$Modulprüfungen finden grundsätzlich am Ende des jeweiligen Moduls statt. $_{2}$Prüfungstermine sind mindestens sechs Wochen vor Beginn der Prüfung in geeigneter Weise bekannt zu machen.

(5) $_{1}$Die überwiegende Anzahl der Modulprüfungen ist in Form von Klausuren und mündlichen Prüfungen durchzuführen. $_{2}$Mindestens zwei Klausuren mit einer Bearbeitungszeit von fünf Stunden und mindestens drei Klausuren mit einer Bearbeitungszeit von mindestens drei Stunden haben sich mit Inhalten zu befassen, die von den Einzelprüfungsbestimmungen als Mindest- bzw. Pflichtinhalte des Studiums angesehen werden. $_{3}$Mindestens zwei der dreistündigen Klausuren sind im letzten Drittel des Vorbereitungsdienstes abzulegen. $_{4}$Mindestens eine der fünfstündigen Klausuren muss am Ende des Vorbereitungsdienstes abgelegt werden. $_{5}$Die Klausuren müssen durch den Nachweis eines breiten Grundlagenwissens sicherstellen, dass die notwendigen Kenntnisse und Fertigkeiten für die Fachlaufbahn oder den fachlichen Schwerpunkt gegeben sind (Art. 35 Abs. 1 Satz 2 LlbG).

(6) Mindestens eine Modulprüfung ist als mündliche Prüfung in einem der in Abs. 5 Satz 2 genannten Studieninhalte durchzuführen.

§ 43 Bewertung der Modulprüfungen

(1) $_{1}$Modulprüfungen, mit Ausnahme der mündlichen Prüfungen, werden durch einen Prüfer oder eine Prüferin schriftlich begutachtet und mit einer Note gemäß § 40 bewertet. $_{2}$Prüfungsleistungen, die als nicht bestanden bewertet werden sollen, sind von einem zweiten Prüfer oder einer zweiten Prüferin zu bewerten. $_{3}$Die Einzelprüfungsbestimmungen können vorsehen, dass Prüfungsleistungen unabhängig vom Prüfungsergebnis durch einen zweiten Prüfer oder eine zweite Prüferin bewertet werden. $_{4}$Bei abweichender Beurteilung sollen die beiden Prüfenden eine Einigung über die Benotung versuchen. $_{5}$Kommt eine Einigung nicht zustande, so entscheidet eine vom Prüfungsausschuss eingesetzte dritte Person im Wege des Stichentscheids. $_{6}$Die Prüfungsnoten werden erst nach ihrer endgültigen Festsetzung in die Prüfungsakten eingetragen.

(2) Bei der Bewertung des Praktikumsberichts kann von der Vergabe einer Prüfungsnote gemäß § 40 abgesehen werden und lediglich das Bestehen oder Nichtbestehen der Modulprüfung festgestellt werden.

(3) $_{1}$Die mündliche Prüfung wird von einer Prüfungskommission aus zwei Prüfenden abgenommen, von denen einer oder eine den Vorsitz führt. $_{2}$Es werden in der Regel zwei Prüfungsteilnehmer oder Prüfungsteilnehmerinnen gemeinsam geprüft. $_{3}$Die Prüfenden müssen während der Prüfung ständig anwesend sein. $_{4}$Die mündliche Prüfung wird mit einer Gesamtnote nach § 40 bewertet.

(4) Eine Modulprüfung ist bestanden, wenn mindestens die Note „ausreichend" (4,0) erzielt wird.

§ 44 Bachelorarbeit

(1) $_{1}$Die Bachelorarbeit besteht aus einer schriftlichen oder digitalen Abschlussarbeit und dem Kolloquium. $_{2}$Sie soll die Befähigung zur selbstständigen Bearbeitung eines Problems aus der Praxis unter Anwendung wissenschaftlicher Methoden aufzeigen. $_{3}$Im Kolloquium hat der Prüfungsteilnehmer oder die Prüfungsteilnehmerin nachzuweisen, dass er oder sie über ein breites Grundlagenwissen verfügt und dass er oder sie in der Lage ist, die wesentlichen Ergebnisse der Abschlussarbeit einem Fachpublikum mündlich vorzustellen und die im Studium erworbenen Kenntnisse in ihrer Gesamtheit anzuwenden, das heißt, die Zusammenhänge der Prüfungsgebiete zu erkennen und spezielle Fragestellungen in diese Zusammenhänge einzuordnen.

(2) $_{1}$Das Thema der Bachelorarbeit wird vom Prüfungsausschuss bzw. vom Prüfungsamt auf Vorschlag einer hauptamtlichen Lehrperson der Hochschule im letzten Drittel des Vorbereitungsdienstes vergeben. $_{2}$Den Anwärtern ist Gelegenheit zu geben, selbst Themenvorschläge anzuregen. $_{3}$Bei der Auswahl des Themas ist insbesondere Art. 28 Abs. 1 Satz 2 LlbG zu beachten. $_{4}$Die Bearbeitungszeit für die Abschlussarbeit beträgt von der Ausgabe des Themas bis zur Abgabe mindestens zwei und höchstens drei Monate.

(3) $_{1}$Die Bachelorarbeit wird insgesamt mit einer Note nach § 40 bewertet. $_{2}$Die Bachelorarbeit ist bestanden, wenn mindestens die Gesamtnote „ausreichend" (4,0) erzielt wird. $_{3}$Der Anteil des Kolloquiums an der Note beträgt in der Regel ein Viertel. $_{4}$Mit der Bachelorarbeit werden mindestens sechs und höchstens zwölf Leistungspunkte erworben.

(4) $_{1}$Die Abschlussarbeit wird von zwei Prüfern oder Prüferinnen gesondert bewertet. $_{2}$Bei abweichender Beurteilung sollen die Prüfenden eine Einigung über die Benotung versuchen. $_{3}$Kommt eine Einigung nicht zustande, so entscheidet eine vom Prüfungsausschuss eingesetzte dritte Person im Wege des Stichentscheids.

(5) $_{1}$Die Prüfungskommission des Kolloquiums besteht aus zwei Prüfenden. $_{2}$Einer bzw. eine von ihnen soll die Abschlussarbeit bewertet haben und den Vorsitz führen.

§ 45 Wiederholung von Prüfungen

(1) $_{1}$Wer eine Modulprüfung nicht bestanden hat, kann sie einmal wiederholen. $_{2}$Wird auch die Wiederholungsprüfung nicht bestanden, so können bis zu drei Modulprüfungen des

gesamten Studiums ein weiteres Mal wiederholt werden; dies gilt nicht, wenn bereits feststeht, dass mehr als drei Wiederholungsprüfungen nicht bestanden wurden. 3Die Einzelprüfungsbestimmungen können für die Wiederholung Fristen festlegen.

(2) Abs. 1 Satz 2 gilt nicht für Klausuren gemäß § 42 Abs. 5 Satz 3 und 4.

(3) Abs. 1 Satz 1 und 3 gilt für die Bachelorarbeit entsprechend.

(4) Eine Wiederholung zur Notenverbesserung ist nicht zulässig.

(5) Die Einzelprüfungsbestimmungen können regeln, dass die Module der berufspraktischen Studienzeit nicht wiederholt werden können.

Abschnitt 3
Bewertung der modular aufgebauten Qualifikationsprüfung

§ 46 Ermittlung der Gesamtprüfungsnote

(1) 1Nach dem Erwerb der vorgeschriebenen Leistungspunkte wird eine Gesamtprüfungsnote gemäß § 40 festgesetzt. 2In die Gesamtprüfungsnote gehen die Benotungen der Modulprüfungen und der Bachelorarbeit nach Maßgabe der Einzelprüfungsbestimmungen gewichtet ein.

(2) 1Der Anteil der Klausuren an der Gesamtprüfungsnote beträgt mindestens die Hälfte. 2Der Anteil der Bachelorarbeit an der Gesamtprüfungsnote beträgt mindestens zehn und höchstens 15 %.

§ 47 Berechnung einer relativen Note

Auf Grund der Gesamtprüfungsnote wird eine relative Note berechnet, wobei als Grundlage für die Berechnung je nach Größe des Studienjahrgangs außer dem Studienjahrgang mindestens zwei vorhergehende Jahrgänge als Kohorte zu erfassen sind.

§ 48 Festsetzung der Platzziffer

1§ 29 gilt für die bestandene modular aufgebaute Qualifikationsprüfung entsprechend. 2Die Platzziffer wird gesondert mitgeteilt.

§ 49 Abschlusszeugnis, Diploma Supplement

(1) Wer die modular aufgebaute Qualifikationsprüfung bestanden hat, erhält ein Abschlusszeugnis mit mindestens folgenden Angaben:

1. die Gesamtprüfungsnote und die insgesamt erworbenen Leistungspunkte,
2. die relative Note gemäß § 47,
3. die Bezeichnung und Benotung der absolvierten Module sowie der hierauf entfallenden Leistungspunkte,
4. das Thema und die Benotung der Bachelorarbeit.

(2) 1Zusätzlich zum Zeugnis ist ein Diploma Supplement in deutscher und englischer Sprache auszustellen. 2Es enthält die Angaben, die von der Europäischen Union, dem Europarat und dem Europäischen Zentrum für Hochschulbildung (UNESCO/CEPES) empfohlen werden.

(3) Eine anonymisierte Aufstellung nach Prüfungsnoten und Platzziffern ist der Geschäftsstelle des Landespersonalausschusses spätestens zwei Monate nach vollständigem Abschluss der Qualifikationsprüfungen eines Studienjahrgangs zu übermitteln.

Abschnitt 4
Rechtsfolgen bei besonderen Vorkommnissen

§ 50 Ausschluss von der Teilnahme an Prüfungsleistungen

(1) § 11 Abs. 1 und 2 gilt entsprechend für die Modulprüfungen und die Bachelorarbeit.

(2) 1Erfolgt der Ausschluss von der Teilnahme aus vom Prüfungsteilnehmer oder von der Prüfungsteilnehmerin zu vertretenden Gründen, gilt die Prüfung als nicht bestanden. 2Für einen Ausschluss aus von dem Prüfungsteilnehmer oder der Prüfungsteilnehmerin nicht zu vertretenden Gründen gilt § 51 Abs. 2 entsprechend.

(3) 1In dringenden Fällen trifft die Entscheidung bei Klausuren die für die Überwachung bestimmte Aufsichtsperson, bei mündlichen Prüfungen und dem Kolloquium der oder die Vorsitzende der Prüfungskommission. 2Im

II

Übrigen trifft in dringenden Fällen der jeweilige Prüfer oder die jeweilige Prüferin die Entscheidung.

§ 51 Fernbleiben, Rücktritt

(1) Bei Fernbleiben oder Rücktritt von einer Modulprüfung ohne Genehmigung gilt diese als nicht bestanden.

(2) 1Wird das Fernbleiben oder der Rücktritt genehmigt, so gilt die Prüfung als nicht abgelegt. 2Wird das Fernbleiben oder der Rücktritt von einem Teil der Prüfung genehmigt, kann dieser im Fortsetzungstermin nachgeholt werden. 3Die Genehmigung darf nur erteilt werden, wenn von dem Prüfungsteilnehmer oder der Prüfungsteilnehmerin nicht zu vertretende Gründe vorliegen. 4Fernbleiben und Rücktritt im Fall einer Erkrankung können grundsätzlich nur genehmigt werden, wenn unverzüglich eine amtsärztliche Untersuchung herbeigeführt wird und das amtsärztliche Zeugnis vorgelegt wird; § 33 Abs. 2 Satz 2 und 3 gilt entsprechend.

(3) Die Abs. 1 und 2 gelten für die Bachelorarbeit entsprechend.

§ 52 Nachträgliche Geltendmachung von Mängeln im Prüfungsverfahren

(1) Erweist sich, dass das Verfahren einer Modulprüfung oder der Bachelorarbeit mit Mängeln behaftet war, die die Rechte des Prüfungsteilnehmers oder der Prüfungsteilnehmerin, insbesondere die Chancengleichheit, erheblich verletzt haben, so kann der Prüfungsausschuss auf Antrag eines Prüfungsteilnehmers oder einer Prüfungsteilnehmerin oder von Amts wegen anordnen, dass von einem bestimmten Prüfungsteilnehmer oder einer bestimmten Prüfungsteilnehmerin oder von allen Prüfungsteilnehmern und Prüfungsteilnehmerinnen die Prüfung ganz oder teilweise zu wiederholen ist.

(2) 1Der Prüfungsteilnehmer oder die Prüfungsteilnehmerin hat den Mangel unverzüglich geltend zu machen. 2Mängel im Prüfungsverfahren können nicht mehr geltend gemacht werden, wenn seit Abschluss der Modulprüfung oder der Bachelorarbeit, die mit Mängeln behaftet war, ein Monat verstrichen ist.

(3) Sechs Monate nach Abschluss der jeweiligen Modulprüfung oder der Bachelorarbeit kann der Prüfungsausschuss von Amts wegen eine Wiederholung der Prüfung oder einzelner Teile derselben nicht mehr anordnen.

§ 53 Unterschleif, Beeinflussungsversuch und Ordnungsverstoß

(1) 1Versucht ein Prüfungsteilnehmer oder eine Prüfungsteilnehmerin das Ergebnis einer Modulprüfung oder der Bachelorarbeit durch Unterschleif, Täuschung oder Benutzung nicht zugelassener Hilfsmittel zu eigenem oder fremdem Vorteil zu beeinflussen oder verstößt er oder sie erheblich gegen die Ordnung, so ist die betreffende Prüfungsleistung mit „nicht ausreichend" (5,0) zu bewerten. 2§ 35 Abs. 1 Satz 3 gilt entsprechend.

(2) 1In schweren Fällen ist der Prüfungsteilnehmer oder die Prüfungsteilnehmerin von der Qualifikationsprüfung auszuschließen; die Qualifikationsprüfung ist nicht bestanden. 2Eine Wiederholung ist ausgeschlossen.

(3) 1Die Abs. 1 und 2 gelten entsprechend, wenn der Unterschleif oder der Ordnungsverstoß innerhalb einer Frist von fünf Jahren nach Aushändigung des Abschlusszeugnisses bekannt wird. 2Ein unrichtiges Abschlusszeugnis und ein erteiltes Diploma Supplement sind einzuziehen.

(4) Die Abs. 1 und 2 gelten entsprechend, wenn ein Prüfungsteilnehmer oder eine Prüfungsteilnehmerin versucht, einen Prüfer oder eine Prüferin zu günstigerer Beurteilung zu veranlassen oder eine mit der Feststellung des Prüfungsergebnisses beauftragte Person zur Verfälschung des Prüfungsergebnisses zu verleiten.

Teil 4
Nachteilsausgleich

§ 54 Nachteilsausgleich

(1) 1Schwerbehinderten Menschen (§ 2 Abs. 2 SGB IX) und gleichgestellten behinderten Menschen (§ 2 Abs. 3 SGB IX) soll auf Antrag vom Prüfungsausschuß (Prüfungsamt) nach der Schwere der nachgewiesenen Prüfungs-

behinderung eine Arbeitszeitverlängerung bis zu einem Viertel der normalen Arbeitszeit gewährt werden. 2In Fällen besonders weitgehender Prüfungsbehinderung kann auf Antrag des schwerbehinderten Menschen oder des gleichgestellten behinderten Menschen die Arbeitszeit bis zur Hälfte der normalen Arbeitszeit verlängert werden.

(2) Schwerbehinderten Menschen oder gleichgestellten behinderten Menschen kann neben oder an Stelle einer Arbeitszeitverlängerung ein anderer angemessener Ausgleich gewährt werden, soweit dieser den Wettbewerb nicht beeinträchtigt.

(3) Prüfungsteilnehmern und Prüfungsteilnehmerinnen, die nicht schwerbehindert oder gleichgestellt behindert sind, aber wegen einer festgestellten, nicht nur vorübergehenden Behinderung bei der Fertigung der Prüfungsarbeiten erheblich beeinträchtigt sind, kann nach Maßgabe der Abs. 1 und 2 ein Nachteilsausgleich gewährt werden.

Teil 5 Besondere Vorschriften für elektronische Fernprüfungen

Abschnitt 1 Einstellungsprüfungen, Zwischenprüfungen und Qualifikationsprüfungen am Ende des Vorbereitungsdienstes

§ 55 Elektronische Fernprüfungen

(1) Als elektronische Fernprüfungen durchgeführte Aufsichtsarbeiten sind Fernklausuren und sonstige Fernprüfungen.

(2) 1Fernklausuren sind schriftliche oder digitale Prüfungen im Sinne des § 3 Abs. 3 Satz 1, die ohne die persönliche Anwesenheit der Beteiligten im Prüfungsraum stattfinden. 2Sie werden in einem vorgegebenen Zeitfenster unter Verwendung elektronischer Kommunikationseinrichtungen mit Videoaufsicht nach § 58 angefertigt.

(3) Sonstige Fernprüfungen sind mündliche oder praktische Aufsichtsarbeiten im Sinne des § 3 Abs. 3 Satz 2, die ohne die persönliche Anwesenheit der Beteiligten im Prüfungsraum durch Übertragung von Bild und Ton (Videokonferenz) durchgeführt werden.

§ 56 Prüfungsmodalitäten

(1) Die Durchführung einer Prüfung als elektronische Fernprüfung ist im Rahmen der Bekanntmachung der Prüfungstermine (§ 10) oder sonst mit angemessener Frist anzukündigen.

(2) Gleichzeitig werden die Prüfungsteilnehmer und Prüfungsteilnehmerinnen informiert über

1. die Verarbeitung ihrer personenbezogenen Daten nach § 57,
2. die technischen Anforderungen an die einzusetzenden Kommunikationseinrichtungen, die für eine ordnungsgemäße Durchführung der Prüfung erfüllt sein müssen, insbesondere das Bestehen einer geeigneten Bild- und Tonübertragung zur Videoaufsicht nach § 58 oder Videokonferenz nach § 55 Abs. 3 sowie eine qualitativ ausreichende Internetverbindung und
3. die organisatorischen Bedingungen an eine ordnungsgemäße Prüfung.

(3) 1Den Prüfungsteilnehmern und Prüfungsteilnehmerinnen soll die Möglichkeit eingeräumt werden, die Prüfungssituation in Bezug auf die Technik, die Ausstattung und die räumliche Umgebung im Vorfeld der Prüfung zu erproben. 2Sofern den Prüfungsteilnehmern und Prüfungsteilnehmerinnen der Umgang mit der erforderlichen Technik aus der Ausbildung bekannt ist, kann auf die Erprobung gemäß Satz 1 verzichtet werden.

§ 57 Datenverarbeitung

(1) 1Im Rahmen elektronischer Fernprüfungen dürfen personenbezogene Daten verarbeitet werden, soweit dies zur ordnungsgemäßen Durchführung der Prüfung zwingend erforderlich ist. 2Dies gilt insbesondere für Zwecke der Authentifizierung nach § 15 Abs. 4 und der Videoaufsicht nach § 58 Abs. 1 bis 4.

(2) 1Die Prüfungsausschüsse und Prüfungsämter oder von ihnen beauftragte Personen stellen sicher, dass die bei der Durchführung einer elektronischen Fernprüfung anfallenden

II

personenbezogenen Daten im Einklang mit den datenschutzrechtlichen Anforderungen, insbesondere mit der Verordnung (EU) 2016/679 (Datenschutz-Grundverordnung – DSGVO), verarbeitet werden. 2Soll eine Übertragung personenbezogener Daten in ein Land außerhalb der Europäischen Union erfolgen, sind insbesondere die weiteren Anforderungen der Art. 44 bis 50 DSGVO zu beachten.

(3) 1Die Prüfungsteilnehmer und Prüfungsteilnehmerinnen sind in präziser, transparenter, verständlicher und leicht zugänglicher Form insbesondere darüber zu informieren, zu welchem Zweck personenbezogene Daten verarbeitet werden und wann diese wieder gelöscht werden. 2Auf die Betroffenenrechte nach den Art. 12 bis 21 DSGVO ist hinzuweisen; die Informationspflichten des Verantwortlichen nach Art. 13 DSGVO bleiben unberührt.

(4) Bei elektronischen Fernprüfungen sind Lernmanagementsysteme, Prüfungsplattformen, Videokonferenzsysteme und andere technische Hilfsmittel so zu verwenden, dass notwendige Installationen auf den elektronischen Kommunikationseinrichtungen der zu prüfenden Personen nur unter den folgenden Voraussetzungen erfolgen:

1. die Funktionsfähigkeit der elektronischen Kommunikationseinrichtung wird außerhalb der Prüfung nicht und währenddessen nur in dem zur Sicherstellung der Authentifizierung sowie der Unterbindung von Täuschungshandlungen notwendigen Maße beeinträchtigt,
2. die Informationssicherheit der elektronischen Kommunikationseinrichtung wird zu keinem Zeitpunkt beeinträchtigt,
3. die Vertraulichkeit der auf der elektronischen Kommunikationseinrichtung befindlichen Informationen wird zu keinem Zeitpunkt beeinträchtigt und
4. eine vollständige Deinstallation ist nach der Fernprüfung möglich.

(5) 1Eine Speicherung der im Zusammenhang mit der Authentifizierung verarbeiteten Daten über eine technisch notwendige Zwischenspeicherung hinaus ist unzulässig. 2Personenbezogene Daten aus der Zwischenspeicherung sind unverzüglich zu löschen.

§ 58 Fernklausuren

(1) 1Zur Unterbindung von Täuschungshandlungen während einer Fernklausur sind die Prüfungsteilnehmer und Prüfungsteilnehmerinnen verpflichtet, die Kamera- und Mikrofonfunktion der zur Prüfung eingesetzten Kommunikationseinrichtungen zu aktivieren (Videoaufsicht). 2Eine darüberhinausgehende Raumüberwachung findet nicht statt. 3Die Videoaufsicht ist im Übrigen so einzurichten, dass das Persönlichkeitsrecht und die Privatsphäre der Betroffenen nicht mehr als zu den berechtigten Kontrollzwecken erforderlich eingeschränkt werden.

(2) 1Die Videoaufsicht erfolgt durch Aufsichtspersonal gemäß § 19. 2Eine automatisierte Auswertung von Bild- oder Tondaten der Videoaufsicht ist unzulässig.

(3) 1Eine Aufzeichnung der Prüfung oder anderweitige Speicherung der Bild- oder Tondaten ist nicht zulässig. 2§ 57 Abs. 5 Satz 2 gilt entsprechend.

(4) 1Bei Fernklausuren tritt an die Stelle der Aufforderung zur Ablieferung nicht zugelassener Hilfsmittel nach § 19 Abs. 2 Satz 2 die Aufforderung, diese aus dem Prüfungsraum zu entfernen oder sie in ein geschlossenes, nicht einsehbares Behältnis zu verbringen. 2Es dürfen sich nicht mehrere Prüfungsteilnehmer oder Prüfungsteilnehmerinnen aus dem jeweiligen durch die Videoaufsicht einsehbaren Bereich entfernen.

(5) § 18 Abs. 2, § 19 Abs. 5 und § 20 Abs. 2 Satz 3 gelten für Fernklausuren, die schriftliche Prüfungen sind, entsprechend.

§ 59 Sonstige Fernprüfungen

(1) Für die Videokonferenz über die Kommunikationseinrichtung der Prüfungsteilnehmer und Prüfungsteilnehmerinnen gilt § 58 Abs. 1 und 2 Satz 2 entsprechend.

(2) 1Eine Aufzeichnung der Prüfung oder anderweitige Speicherung der Bild- oder Tondaten ist nicht zulässig. 2§ 57 Abs. 5 Satz 2 gilt entsprechend.

§ 60 Rechtsfolgen bei besonderen Vorkommnissen

(1) 1Bei einer Fernklausur (§ 55 Abs. 2), bei der die Übermittlung oder die Bearbeitung der Prüfungsaufgabe oder die Videoaufsicht zu einem nicht nur unerheblichen Zeitraum oder die Übermittlung der Prüfungsleistung technisch nicht durchführbar war, wird die Prüfung im jeweiligen Stadium beendet und die Prüfungsleistung nicht gewertet. 2Der Prüfungsversuch gilt als nicht vorgenommen. 3Dies gilt nicht, wenn dem Prüfungsteilnehmer oder der Prüfungsteilnehmerin nachgewiesen werden kann, dass sie die Störung zu verantworten haben.

(2) 1Bei einer sonstigen Fernprüfung (§ 55 Abs. 3), bei der die Bild- oder Tonübertragung vorübergehend gestört ist, wird die Prüfung nach Behebung der Störung fortgesetzt. 2Dauert die technische Störung an, so dass die Prüfung nicht ordnungsmäßig fortgeführt werden kann, wird die Prüfung zu einem späteren Zeitpunkt wiederholt. 3Abs. 1 Satz 2 und 3 gilt entsprechend. 4Tritt die technische Störung auf, nachdem bereits ein wesentlicher Teil der Prüfungsleistung erbracht wurde, kann die Prüfung fernmündlich ohne Verwendung eines Videokonferenzsystems fortgesetzt und beendet werden.

(3) Hinsichtlich der Zuständigkeit für Entscheidungen nach den Abs. 1 und 2 gilt § 11 Abs. 3 entsprechend.

Abschnitt 2
Modular aufgebaute Qualifikationsprüfung für den Einstieg in der dritten Qualifikationsebene

§ 61 Modulprüfung und Bachelorarbeit

1Prüfungen gemäß § 42 Abs. 1 Nr. 1, 2, 4 und 7 sowie das Kolloquium gemäß § 44 Abs. 1 können als elektronische Fernprüfungen durchgeführt werden. 2Die Regelungen der §§ 55 bis 60 gelten entsprechend.

Teil 6
Prüfungsvergütungen

§ 62 Vergütungen für Prüfer und Aufgabensteller

(1) Die Prüfer und Prüferinnen erhalten für ihre besonderen Arbeitsleistungen eine Vergütung, die nach der Zahl der zu bewertenden Arbeiten, der Schwierigkeit der Bewertung und der Dauer der Mitwirkung bei mündlichen und praktischen Prüfungen im Sinn des Teils 2 bzw. bei mündlichen Modulprüfungen und dem Kolloquium zu bemessen ist.

(2) Für die Erstellung von Prüfungsaufgaben auf Anforderung, gleich ob die Entwürfe verwendet werden oder nicht, gilt Abs. 1 sinngemäß.

(3) Die Behörde, bei der der Prüfungsausschuß (Prüfungsamt) eingerichtet ist, setzt allgemein oder im Einzelfall die Vergütungen fest.

Teil 7
Schlussbestimmungen

§ 63 Inhalt der Einzelprüfungsbestimmungen

1Abgesehen von den in den vorstehenden Bestimmungen bereits enthaltenen Möglichkeiten kann in den Einzelprüfungsbestimmungen von einzelnen Vorschriften dieser Verordnung, wenn es erforderlich und angemessen ist, abgewichen werden, soweit diese nicht den Wesensgehalt tragender Grundsätze des Prüfungsverfahrens betreffen. 2Tragende Grundsätze des Prüfungsverfahrens sind:

1. der Wettbewerbscharakter der Prüfung (§ 2),
2. die Zusammensetzung der Qualifikationsprüfung mindestens aus einem schriftlichen oder digitalen und einem mündlichen Teil (§ 15 Abs. 1),
3. die Pseudonymisierung (§ 17 Abs. 3),
4. die Bewertung der schriftlichen oder digitalen Arbeiten (§ 21),
5. die Notenskala (§ 27),

6. die Zusammensetzung der modular aufgebauten Qualifikationsprüfung (§ 38 Abs. 1 und 3 Satz 1 sowie Abs. 4),
7. die Bewertung der Prüfungsleistungen (§ 40),
8. die für Modulprüfungen zulässigen Prüfungsformen (§ 42 Abs. 1),
9. die eindeutige Abgrenzbarkeit und Bewertbarkeit des Beitrags des Einzelnen bei Gruppenleistungen (§ 42 Abs. 3 Satz 1 und 3),
10. die Anforderungen an Form und Inhalt der Modulprüfungen (§ 42 Abs. 5 Satz 1, 2, 4 und 5 sowie Abs. 6),
11. die Zusammensetzung der Bachelorarbeit und die Anforderungen an die Bachelorarbeit (§ 44 Abs. 1 und 2 Satz 3),
12. die Wiederholung von Prüfungen (§ 45),
13. die Ermittlung der Gesamtprüfungsnote (§ 46 Abs. 1 und 2 Satz 2),
14. die Regelungen zu elektronischen Fernprüfungen (§ 55 in Verbindung mit den §§ 57, 58, 59 und 61).

$_3$In Prüfungsordnungen, die auf Verwaltungsabkommen mit den Ländern oder dem Bund beruhen, muß wenigstens der Wettbewerbscharakter der Prüfung gewährleistet sein. $_4$Gleiches gilt, wenn und soweit zur sach- und fachgerechten Durchführung der Ausbildung oder der Prüfungen der Beamten und Beamtinnen eine Kooperation mit externen Institutionen oder Anbietern eingegangen wird.

§ 64 Inkrafttreten

Diese Verordnung tritt am 1. November 1962 in Kraft.*)

*) Diese Vorschrift betrifft das Inkrafttreten der Verordnung in der ursprünglichen Fassung vom 17. Oktober 1962 (GVBl. S. 261, BayRS 2030-2-10-F). Der Zeitpunkt des Inkrafttretens der späteren Änderungen ergibt sich aus den jeweiligen Änderungsverordnungen.

Allgemeine Regelungen des Landespersonalausschusses im Bereich des Laufbahn- und Prüfungsrechts (ARLPA)

Vom 9. Dezember 2010 (FMBl. 2011 S. 4)

Zuletzt geändert durch
Einundzwanzigste Änderung der Allgemeinen Regelungen des Landespersonalausschusses im Bereich des Laufbahn- und Prüfungsrechts
vom 21. Mai 2026 (BayMBl. Nr. 219)

Inhaltsübersicht

Auf Grund des Art. 119 Abs. 1 Bayerisches Beamtengesetz (BayBG) vom 29. Juli 2008 (GVBl S. 500, BayRS 2030-1-1-F), zuletzt geändert durch § 4 des Gesetzes vom 5. August 2010 (GVBl S. 410, 605, ber. S. 764), erlässt der Landespersonalausschuss folgende allgemeine Regelungen:

Abschnitt I

1. Beförderung

1.1 Beförderung von Ärzten und Ärztinnen in ein Amt der BesGr A 14

Ausnahmen von Art. 17 Abs. 1 Satz 3 Leistungslaufbahngesetz (LlbG) werden für die Beförderung von Ärzten und Ärztinnen in ein Amt der BesGr A 14 in der Fachlaufbahn Gesundheit zugelassen (Art. 17 Abs. 4 LlbG)

- wenn die Ärzte und Ärztinnen neben der bestandenen Qualifikationsprüfung (fachlicher Schwerpunkt Gesundheitsdienst) seit der Approbation mindestens vier Jahre hauptberuflich als Arzt oder Ärztin tätig gewesen sind;
- wenn die Ärzte und Ärztinnen über die erforderliche Qualifikation nach Art. 39 Abs. 2 LlbG verfügen und daneben zur Führung einer Gebietsbezeichnung nach dem Heilberufe-Kammergesetz befugt sind.

1.2 Beförderung von Staatsanwälten und Staatsanwältinnen sowie Landesanwälten und Landesanwältinnen

Ausnahmen von Art. 17 Abs. 1 Satz 3 Nr. 2 LlbG (Erprobungszeit von drei Monaten auf einem höherbewerteten Dienstposten) werden zugelassen für die Beförderung von Staatsanwälten und Staatsanwältinnen sowie Landesanwälten und Landesanwältinnen in Ämter, die nicht der Regelung nach Art. 45 BayBG unterliegen.

2. Nicht regelmäßig zu durchlaufende Ämter

Es wird der Bestimmung einer obersten Dienstbehörde nach Art. 17 Abs. 1 Satz 2 LlbG zugestimmt, dass folgende Ämter nicht regelmäßig zu durchlaufen sind:

2.1 Fachlehrer und Fachlehrerinnen

2.1.1 Fachlehrer und Fachlehrerinnen mit der Qualifikation nach der ZAPOFIB beziehungsweise der QualVFL an Fachschulen und Berufsfachschulen

Bei der Beförderung von einem Amt der BesGr A 12 zum Leiter oder zur Leiterin einer Fachschule oder Berufsfachschule mit bis zu 80 Schülern und Schülerinnen (BesGr A 14 mit Amtszulage)

das Amt des Fachlehrers oder der Fachlehrerin in BesGr A 13.

2.1.2 Fachlehrer und Fachlehrerinnen mit der Qualifikation nach der FISO beziehungsweise der ZAPO-F I und der ZAPO-F II

2.1.2.1 Bei der Beförderung eines Fachlehrers oder einer Fachlehrerin (BesGr A 10) zum Fachoberlehrer oder zur Fachoberlehrerin (BesGr A 11 oder BesGr A 11 mit Amtszulage)

die Ämter des Fachlehrers oder der Fachlehrerin in BesGr A 10 mit Amtszulage und des Fachoberlehrers oder der Fachoberlehrerin in BesGr A 11;

2.1.2.2 bei der Beförderung eines Fachlehrers oder einer Fachlehrerin (BesGr A 10 mit Amtszulage) zum Fachoberlehrer oder zur Fachoberlehrerin (BesGr A 11 mit Amtszulage)

das Amt des Fachoberlehrers oder der Fachoberlehrerin in BesGr A 11;

2.1.2.3 bei der Beförderung eines Fachoberlehrers oder einer Fachoberlehrerin (BesGr A 11) zum Fachoberlehrer oder zur Fachoberlehrerin (BesGr A 12)

das Amt des Fachoberlehrers oder der Fachoberlehrerin in BesGr A 11 mit Amtszulage;

2.1.2.4 bei der Beförderung eines Fachoberlehrers oder einer Fachoberlehrerin (BesGr A 11 mit Amtszulage) zum Fachoberlehrer oder zur Fachoberlehrerin (BesGr A 12 mit Amtszulage)

das Amt des Fachoberlehrers oder der Fachoberlehrerin in BesGr A 12.

2.2 Lehrkräfte mit der Qualifikation für die Lehrämter an Volks-, Grund- oder Hauptschulen

2.2.1 Bei der Beförderung von einem Amt der BesGr A 12 zum Institutsrektor oder zur Institutsrektorin der BesGr A 13
das Amt der BesGr A 12 mit Amtszulage;

2.2.2 bei der Beförderung von einem Amt der BesGr A 12 zum Konrektor oder zur Konrektorin der BesGr A 13 mit Amtszulage[1]) oder mit erhöhter Amtszulage[2]) oder zum Zweiten Konrektor oder zur Zweiten Konrektorin der BesGr A 13 mit Amtszulage
die Ämter der BesGr A 12 mit Amtszulage, der BesGr A 13 und der BesGr A 13 mit Amtszulage;

2.2.3 bei der Beförderung von einem Amt der BesGr A 12 zum Rektor oder zur Rektorin der BesGr A 13 mit Amtszulage
die Ämter der BesGr A 12 mit Amtszulage und der BesGr A 13;

2.2.4 bei der Beförderung von einem Amt der BesGr A 12 zum Beratungsrektor oder zur Beratungsrektorin der BesGr A 13 mit Amtszulage
die Ämter der BesGr A 12 mit Amtszulage und der BesGr A 13;

2.2.5 bei der Beförderung von einem Amt der BesGr A 12 zum Seminarrektor oder zur Seminarrektorin als Leiter oder Leiterin eines Seminars für die Ausbildung von Lehrkräften an Grund- und Hauptschulen der BesGr A 13 mit Amtszulage
die Ämter der BesGr A 12 mit Amtszulage und der BesGr A 13;

2.2.6 bei der Beförderung von einem Amt der BesGr A 12 mit Amtszulage zum Konrektor oder zur Konrektorin der BesGr A 13 mit Amtszulage oder mit erhöhter Amtszulage oder zum Zweiten Konrektor oder zur Zweiten Konrektorin der BesGr A 13 mit Amtszulage
die Ämter der BesGr A 13 und der BesGr A 13 mit Amtszulage;

2.2.7 bei der Beförderung von einem Amt der BesGr A 12 mit Amtszulage zum Rektor oder zur Rektorin der BesGr A 13 mit Amtszulage
das Amt der BesGr A 13;

2.2.8 bei der Beförderung von einem Amt der BesGr A 12 mit Amtszulage zum Beratungsrektor oder zur Beratungsrektorin der BesGr A 13 mit Amtszulage
das Amt der BesGr A 13;

2.2.9 bei der Beförderung von einem Amt der BesGr A 12 mit Amtszulage zum Seminarrektor oder zur Seminarrektorin als Leiter oder Leiterin eines Seminars für die Ausbildung von Lehrkräften an Grund- und Hauptschulen der BesGr A 13 mit Amtszulage
das Amt der BesGr A 13;

2.2.10 bei der Beförderung einer Lehrkraft, die das Amt des Rektors oder der Rektorin einer Volksschule (BesGr A 12 mit Amtszulage) mindestens drei Jahre ausgeübt und dieses infolge schulorganisatorischer Maßnahmen verloren hat und nun eine Ausgleichszulage nach Art. 21 BayBesG erhält, in ein Amt der BesGr A 13 mit Amtszulage oder der BesGr A 14
das Amt der BesGr A 13 bzw. die Ämter der BesGr A 13 und der BesGr A 13 mit Amtszulage;

2.2.11 bei einer Beförderung von einem Amt der BesGr A 13 zum Konrektor oder zur Konrektorin der BesGr A 13 mit erhöhter Amtszulage
die Ämter der BesGr A 13 mit Amtszulage;

2.2.12 bei der Beförderung aus einem Amt der BesGr A 13 zum Institutsrektor oder zur Institutsrektorin der BesGr A 14
die Ämter der BesGr A 13 mit Amtszulage und mit erhöhter Amtszulage

2.2.13 bei der Beförderung aus den Ämtern der BesGr A 13 mit Amtszulage in Ämter der BesGr A 14 das Amt der BesGr A 13 mit erhöhter Amtszulage;

---

[1]) Nach Anlage 1 zum Bayerischen Besoldungsgesetz (Fußnote 4 zu BesGr A 13) in Verbindung mit Anlage 4 zum Bayerischen Besoldungsgesetz (Variante 1)

[2]) Nach Anlage 1 zum Bayerischen Besoldungsgesetz (Fußnote 4 zu BesGr A 13) in Verbindung mit Anlage 4 zum Bayerischen Besoldungsgesetz (Variante 2)

II

2.2.14 bei der Beförderung eines Konrektors oder einer Konrektorin der BesGr A 13 mit Amtszulage oder mit erhöhter Amtszulage oder eines Zweiten Konrektors oder einer Zweiten Konrektorin der BesGr A 13 mit Amtszulage zum Rektor oder zur Rektorin der BesGr A 14 mit Amtszulage

die Ämter der BesGr A 13 mit erhöhter Amtszulage und der BesGr A 14;

2.2.15 bei der Beförderung eines Rektors oder einer Rektorin der BesGr A 13 mit Amtszulage zum Rektor oder zur Rektorin der BesGr A 14 mit Amtszulage

die Ämter der BesGr A 13 mit erhöhter Amtszulage und der BesGr A 14;

2.2.16 bbei der Beförderung eines Seminarrektors oder einer Seminarrektorin der BesGr A 13 mit Amtszulage zum Rektor oder zur Rektorin der BesGr A 14 mit Amtszulage

die Ämter der BesGr A 13 mit erhöhter Amtszulage und der BesGr A 14;

2.2.17 bei der Beförderung eines Institutsrektors oder einer Institutsrektorin der BesGr A 13 oder aus Ämtern der BesGr A 13 mit Amtszulage oder mit erhöhter Amtszulage zum Schulrat oder zur Schulrätin der BesGr A 14 mit Amtszulage bzw. zum Regierungsschulrat oder zur Regierungsschulrätin der BesGr A 14 mit Amtszulage

die Ämter der BesGr A 13 mit Amtszulage, mit erhöhter Amtszulage und der BesGr A 14;

2.3 Lehrkräfte mit der Qualifikation für das Lehramt für Sonderpädagogik

2.3.1 Bei der Beförderung aus einem Amt der BesGr A 13 zum Beratungsrektor oder zur Beratungsrektorin der BesGr A 14 oder zum Institutsrektor oder zur Institutsrektorin der BesGr A 14

die Ämter der BesGr A 13 mit Amtszulage;

2.3.2 bei der Beförderung eines Studienrats oder einer Studienrätin im Förderschuldienst der BesGr A 13 in ein Amt der BesGr A 14 mit Amtszulage

die Ämter der BesGr A 13 mit Amtszulage und der BesGr A 14;

2.3.3 bei der Beförderung eines Studienrats oder einer Studienrätin im Förderschuldienst der BesGr A 13 mit Amtszulage in ein Amt der BesGr A 14 mit Amtszulage

das Amt der BesGr A 14;

2.3.4 bei der Beförderung eines Studienrats oder einer Studienrätin im Förderschuldienst der BesGr A 13 mit Amtszulage, der oder die zum Leiter oder zur Leiterin eines Studienseminars für das Lehramt für Sonderpädagogik bestellt ist, in ein Amt der BesGr A 15

die Ämter der BesGr A 14 und der BesGr A 14 mit Amtszulage;

2.3.5 bei der Beförderung eines Beratungsrektors oder einer Beratungsrektorin der BesGr A 14 in ein Amt der BesGr A 15

das Amt der BesGr A 14 mit Amtszulage;

2.3.6 bei der Beförderung von einem Amt der BesGr A 14 mit Amtszulage in ein Amt der BesGr A 15 mit Amtszulage

das Amt der BesGr A 15.

2.4 Lehrkräfte mit der Qualifikation für das Lehramt an Realschulen

2.4.1 Bei der Beförderung aus einem Amt der BesGr A 13 zum Seminarrektor oder zur Seminarrektorin (BesGr A 14), zum Institutsrektor oder zur Institutsrektorin (BesGr A 14) oder zum Beratungsrektor oder zur Beratungsrektorin (BesGr A 14)

die Ämter der BesGr A 13 mit Amtszulage;

2.4.2 bei der Beförderung eines Studienrats oder einer Studienrätin im Realschuldienst (BesGr A 13 oder BesGr A 13 mit Amtszulage) zum Zweiten Realschulkonrektor oder zur Zweiten Realschulkonrektorin (BesGr A 14 mit Amtszulage), Beratungsrektor oder Beratungsrektorin (BesGr A 14 mit Amtszulage) oder Realschulkonrektor oder Realschulkonrektorin (BesGr A 14 mit Amtszulage)

die Ämter im Realschuldienst der BesGr A 13 mit Amtszulage und der BesGr A 14

2.4.3 bei der Beförderung eines Studienrats oder einer Studienrätin im Realschuldienst (BesGr A 13 mit Amtszulage) zum Realschulkonrektor oder zur Realschulkonrektorin (BesGr A 15) die Ämter im Realschuldienst der BesGr A 14 und der BesGr A 14 mit Amtszulage;

2.4.4 bei der Beförderung eines Seminarrektors oder einer Seminarrektorin (BesGr A 14), Institutsrektors oder Institutsrektorin (BesGr A 14) sowie eines Beratungsrektors oder einer Beratungsrektorin (BesGr A 14), zum Seminarrektor oder zur Seminarrektorin der BesGr A 15, zum Realschulkonrektor oder zur Realschulkonrektorin der BesGr A 15, zum Realschuldirektor oder zur Realschuldirektorin der BesGr A 15 oder zum Realschuldirektor oder zur Realschuldirektorin der BesGr A 15 mit Amtszulage

die Ämter im Realschuldienst der BesGr A 14 mit Amtszulage und der BesGr A 15;

2.4.5 bei der Beförderung von einem Amt der BesGr A 14 mit Amtszulage (Realschulrektor oder Realschulrektorin, Realschulkonrektor oder Realschulkonrektorin; Zweiter Realschulkonrektor oder Zweite Realschulkonrektorin, Beratungsrektor oder Beratungsrektorin) zum Realschuldirektor oder zur Realschuldirektorin der BesGr A 15 mit Amtszulage

die Ämter im Realschuldienst der BesGr A 15;

2.5 Lehrkräfte mit der Qualifikation für das Lehramt an Gymnasien oder für das Lehramt an beruflichen Schulen

Bei der Beförderung von Studiendirektoren und Studiendirektorinnen der BesGr A 15 zu Oberstudiendirektoren und Oberstudiendirektorinnen (BesGr A 16)

das Amt des Studiendirektors und der Studiendirektorin der BesGr A 15 mit Amtszulage.

2.6 Bei der Beförderung aus einem Amt der BesGr A 6 in ein Amt der BesGr A 7

das Amt der BesGr A 6 mit Amtszulage.

2.7 Gerichtsvollzieher und Gerichtsvollzieherinnen

Bei der Beförderung aus einem Amt des BesGr A 6 (Justizsekretär oder Justizsekretärin) in ein Amt der BesGr A 8 (Gerichtsvollzieher oder Gerichtsvollzieherin) nach erfolgreicher Absolvierung der Gerichtsvollzieherausbildung und Bewährung in der Tätigkeit als Gerichtsvollzieher oder Gerichtsvollzieherin

das Amt des BesGr A 7 (Justizobersekretär oder Justizobersekretärin)

2.8 Bei der Beförderung aus einem Amt der BesGr A 9 in ein Amt der BesGr A 10

die Ämter der BesGr A 9 mit Amtszulage.

2.9 Bei der Beförderung aus einem Amt der BesGr A 13 in ein Amt der BesGr A 14

die Ämter der BesGr A 13 mit Amtszulage nach Fußnote 2 oder 9 zu BesGr A 13 in der Anlage 1 zum BayBesG.

2.10 Bei der Beförderung aus einem Amt der BesGr A 14 in ein Amt der BesGr A 15

das Amt der BesGr A 14 mit Amtszulage nach Fußnote 4 zu BesGr A 14 in der Anlage 1 zum BayBesG

2.11 Bei der Beförderung aus einem Amt der BesGr A 15 in ein Amt der BesGr A 16

- die Ämter der BesGr A 15 mit Amtszulage nach Fußnote 1 oder 8 zu BesGr A 15 in der Anlage 1 zum BayBesG,
- das Amt des Regierungsschuldirektors und der Regierungsschuldirektorin der BesGr A 15 mit Amtszulage sowie das Amt des Schulamtsdirektors und der Schulamtsdirektorin der BesGr A 15 mit Amtszulage,
- das Amt des Direktors und der Direktorin bei der Hochschule für den öffentlichen Dienst in Bayern der BesGr A 15 mit Amtszulage.

2.12 Bei der Beförderung aus einem Amt der BesGr A 16 in ein Amt der Besoldungsordnung B

die Ämter der BesGr A 16 mit Amtszulagen.

2.13 Die Ämter der Besoldungsordnung B

im staatlichen Bereich, bei den Regionalträgern der Deutschen Rentenversicherung in Bayern, bei den kommunalen Spitzenverbänden, bei der Landeshauptstadt München und bei der Stadt Nürnberg.

2.14 Bei der Beförderung im Bereich der Bayerischen Staatsforsten

aus einem Amt der BesGr A 16 in das Amt des Direktors, der Direktorin bei der Bayerischen Staatsforsten der BesGr B 3 das Amt der BesGr B 2.

2.15 Richter und Richterinnen sowie Staatsanwälte und Staatsanwältinnen

2.15.1 Bei der Beförderung aus einem Amt der BesGr R 1 in ein Amt der BesGr R 2

die Ämter der BesGr R 1 mit Amtszulage;

2.15.2 bei der Beförderung aus einem Amt der BesGr R 2 in ein Amt der BesGr R 3

die Ämter der BesGr R 2 mit Amtszulage;

2.15.3 die Ämter ab der BesGr R 3.

3. Sicherung der Mobilität nach Art. 11 Abs. 2 Satz 1 Halbsatz 2 LlbG

Die Zustimmung des Landespersonalausschusses wird erteilt für die Feststellung der obersten Dienstbehörde im nichtstaatlichen Bereich, dass den jeweiligen Qualifikationen im Geltungsbereich des BayBG die nachstehend genannten, nicht im Geltungsbereich des BayBG erworbenen uneingeschränkten Qualifikationen gleichwertig sind:

3.1 Vierte Qualifikationsebene

3.1.1 Fachlaufbahn Verwaltung und Finanzen

3.1.1.1 Qualifikation, erworben durch Bestehen einer Ersten Juristischen Prüfung oder einer Ersten Juristischen Staatsprüfung und einer Zweiten Juristischen Staatsprüfung in einem der Länder der Bundesrepublik Deutschland;

3.1.1.2 Qualifikation, erworben durch das Bestehen der Staatsprüfung im Abschlussverfahren der einstufigen Juristenausbildung in einem der Länder der Bundesrepublik Deutschland.

3.1.2 Fachlaufbahn Naturwissenschaft und Technik (Geltungsbereich der FachV-Lw)

Qualifikation, erworben durch Ableistung des Vorbereitungsdienstes und Bestehen einer Qualifikationsprüfung in einem der Länder der Bundesrepublik Deutschland in einer der FachV-Lw entsprechenden Fachrichtung (Schwerpunkt).

3.1.3 Fachlaufbahn Gesundheit (Geltungsbereich der FachV-GesD)

Qualifikation, erworben durch Bestehen der entsprechenden Prüfung (staatsärztliche Prüfung, Amtsarztprüfung, Physikat) in einem der Länder der Bundesrepublik Deutschland.

3.2 Dritte Qualifikationsebene

3.2.1 Fachlaufbahn Verwaltung und Finanzen

3.2.1.1 Qualifikation für eine durch Ausbildungs- und Prüfungsordnung geregelte Laufbahn der allgemeinen (inneren) Verwaltung beim Bund oder in einem der Länder der Bundesrepublik Deutschland, wenn

- ein Vorbereitungsdienst im Beamtenverhältnis auf Widerruf oder in einem öffentlich-rechtlichen oder privatrechtlichen Ausbildungsverhältnis (bei Aufstiegsbeamten und Aufstiegsbeamtinnen: erfolgreiche Einführung in die Aufgaben der dritten Qualifikationsebene) abgeleistet und
- die vorgeschriebene Qualifikationsprüfung erfolgreich abgelegt wurde.

3.2.1.2 Qualifikation für eine durch Ausbildungs- und Prüfungsordnung geregelte Laufbahn in der Sozialverwaltung in einem der Länder der Bundesrepublik Deutschland, wenn

- ein Vorbereitungsdienst im Beamtenverhältnis auf Widerruf oder in einem öffentlich-rechtlichen oder privatrechtlichen Ausbildungsverhältnis (bei Aufstiegsbeamten und Aufstiegsbeamtinnen: erfolgreiche Einführung in die Aufgaben der dritten Qualifikationsebene) abgeleistet und
- die vorgeschriebene Qualifikationsprüfung erfolgreich abgelegt wurde.

3.2.2 Fachlaufbahn Naturwissenschaft und Technik (Geltungsbereich der Verordnung über den fachlichen Schwerpunkt feuerwehrtechnischer Dienst)

3.2.2.1 Qualifikation, erworben durch Ableistung eines mindestens zwölfmonatigen Vorbereitungsdienstes im Beamtenverhältnis auf Widerruf bzw. auf Probe oder in einem öffentlich-rechtlichen Ausbildungsverhältnis und Bestehen der Qualifikationsprüfung beim Bund oder in einem der Länder der Bundesrepublik

Deutschland für eine Laufbahn des feuerwehrtechnischen Dienstes.

Für die Anerkennung ist Folgendes Mindestvoraussetzung:

- ein Brandinspektoren- bzw. Brandoberinspektorenlehrgang von mindestens 800 Ausbildungsstunden zu je 45 Minuten, der die notwendigen Grundlagen für die Arbeit als Zug- und Verbandsführer vermittelt (B IV – Lehrgang, Teil 1 und Teil 2) sowie
- ein technisch-taktisches Praktikum im Einsatz- und Innendienst bei mindestens zwei Feuerwehren, wobei mindestens ein Praktikum bei einer Berufsfeuerwehr zu absolvieren ist.

Die Qualifikation **ist nicht erworben** im Sinne der Abs. 1 und 2 nach einer **gastweisen** Teilnahme am Vorbereitungsdienst oder einem **gastweisen** Bestehen der Qualifikationsprüfung (Ableisten des Vorbereitungsdienstes im Beschäftigungsverhältnis) oder bei einer Ausbildung bei einer Werkfeuerwehr.

3.3 Zweite Qualifikationsebene

3.3.1 Fachlaufbahn Verwaltung und Finanzen

3.3.1.1 Qualifikation, erworben durch Ableistung des Vorbereitungsdienstes im Beamtenverhältnis auf Widerruf oder in einem öffentlich-rechtlichen Ausbildungsverhältnis und Bestehen der Qualifikationsprüfung beim Bund oder in einem der Länder der Bundesrepublik Deutschland für eine Laufbahn der allgemeinen inneren Verwaltung (einschließlich der Kommunalverwaltung).

3.3.1.2 Qualifikation, erworben durch Ableistung des Vorbereitungsdienstes im Beamtenverhältnis auf Widerruf oder in einem öffentlich-rechtlichen Ausbildungsverhältnis und Bestehen der Qualifikationsprüfung für eine Verwendung in der Sozialverwaltung in einem der Länder der Bundesrepublik Deutschland.

3.3.2 Fachlaufbahn Naturwissenschaft und Technik (Geltungsbereich der Verordnung über den fachlichen Schwerpunkt feuerwehrtechnischer Dienst)

3.3.2.1 Qualifikation, erworben durch Ableistung eines mindestens zwölfmonatigen Vorbereitungsdienstes im Beamtenverhältnis auf Widerruf bzw. auf Probe oder in einem öffentlich-rechtlichen Ausbildungsverhältnis und Bestehen der Qualifikationsprüfung beim Bund oder in einem der Länder der Bundesrepublik Deutschland für eine Laufbahn des feuerwehrtechnischen Dienstes.

Für die Anerkennung ist Folgendes Mindestvoraussetzung:

- ein Grundausbildungslehrgang von mindestens 800 Arbeitsstunden zu je 45 Minuten, der die notwendigen Grundlagen für die Arbeit als Truppmann und Truppführer vermittelt (B I – Lehrgang),
- die Ausbildung zum Rettungssanitäter oder zur Rettungssanitäterin nach der Bayerischen Rettungssanitäterverordnung (BayRettSanV) sowie
- weitere berufspraktische Ausbildungsabschnitte.

Die Qualifikation **ist nicht erworben** im Sinne der Abs. 1 und 2 nach einer **gastweisen** Teilnahme am Vorbereitungsdienst oder einem **gastweisen** Bestehen der Qualifikationsprüfung (Ableisten des Vorbereitungsdienstes im Beschäftigungsverhältnis) oder bei einer Ausbildung bei einer Werkfeuerwehr.

4. Prüfungsanerkennungen

4.1 Einstellungsprüfung für die zweite Qualifikationsebene, Fachlaufbahn Polizei und Verfassungsschutz, fachlicher Schwerpunkt Polizeivollzugsdienst als Ersatz für das besondere Auswahlverfahren für die zweite Qualifikationsebene bei vollzugsdienstunfähigen Polizeibeamten und Polizeibeamtinnen

Bei vollzugsdienstunfähigen Polizeibeamten und Polizeibeamtinnen wird für die Einstellung in der zweiten Qualifikationsebene der Fachlaufbahn Verwaltung und Finanzen die Einstellungsprüfung für den Polizeivollzugsdienst nach der Verordnung über die Fachlaufbahn Polizei und Verfassungsschutz (FachV-Pol/VS) gemäß Art. 22 Abs. 5 Satz 2 LlbG als Ersatz für das Auswahlverfahren für die Einstellung in die Fachlaufbahn Verwaltung und Finanzen anerkannt.

II

4.2 Auswahlverfahren für die Einstellung in Laufbahnen der dritten Qualifikationsebene, Fachlaufbahn Polizei und Verfassungsschutz, bei vollzugsdienstunfähigen Polizeibeamten und Polizeibeamtinnen

Bei vollzugsdienstunfähigen Polizeibeamten und Polizeibeamtinnen wird für die Einstellung in der dritten Qualifikationsebene der Fachlaufbahn Verwaltung und Finanzen einer Ausnahme von dem Grundsatz, dass das Auswahlverfahren nur für das laufende Einstellungsjahr Geltung hat, zugestimmt (§ 14 Satz 2 der Auswahlverfahrensordnung – AVfV).

4.3 Auswahlverfahren für den Einstieg in der zweiten und dritten Qualifikationsebene im nichttechnischen Bereich der Leistungslaufbahn

Es wird die Zustimmung zu Ausnahmen von dem Grundsatz des § 14 Satz 2 Halbsatz 1 AVfV dahingehend erteilt, dass für die Auswahlverfahren für den Einstieg in der zweiten und dritten Qualifikationsebene im nichttechnischen Bereich der Leistungslaufbahn der Einstellungsjahre 2023 bis einschließlich 2029 bei fehlender Teilnahme am aktuellen Auswahlverfahren jeweils auf die Ergebnisse eines der Auswahlverfahren der drei vorhergehenden Einstellungsjahre zurückgegriffen werden kann.

Sofern Bewerber oder Bewerberinnen am aktuellen Auswahlverfahren teilgenommen haben, ist allein das Ergebnis dieses Auswahlverfahrens maßgeblich.

Sofern Bewerber oder Bewerberinnen nicht am aktuellen Auswahlverfahren, jedoch an einem Auswahlverfahren der betreffenden Qualifikationsebene für eines der drei vorhergehenden Einstellungsjahre teilgenommen haben, kann auch eine hierbei erzielte Gesamtnote berücksichtigt und für die Ermittlung der Platzziffer im aktuellen Verfahren herangezogen werden. Bewerber oder Bewerberinnen sind von der Einstellungsbehörde anhand der dort erzielten Gesamtnote mit den anderen Bewerbern und Bewerberinnen für das betreffende Einstellungsjahr in Vergleich zu setzen und in die jeweilige Rangliste einzuordnen. Bei Bewerbern und Bewerberinnen mit gleicher Gesamtnote ist die bessere Note in der betreffenden Auswahlprüfung für eine vorrangige Einreihung entscheidend.

Das Zuweisungsverfahren bleibt im staatlichen Bereich gemäß § 13 Abs. 2 AVfV vorrangig. Bewerber und Bewerberinnen, die lediglich eine Gesamtnote aus einem Auswahlverfahren der drei vorhergehenden Einstellungsjahre vorweisen können, sind folglich bei den am Zuweisungsverfahren teilnehmenden staatlichen Stellen in die betreffenden ergänzenden Listen (Ersatzlisten) einzureihen.

Klarstellung:

§ 5 Abs. 1 bis 3 AVfV bleibt hiervon unberührt. Die Teilnahme an einem Auswahlverfahren setzt zwingend voraus, dass die Vorbildungsvoraussetzungen für eine Einstellung im Zeitpunkt der Anmeldung zum Auswahlverfahren bereits vorliegen oder bis zum Einstellungszeitpunkt, für den das Auswahlverfahren durchgeführt wird, erreicht werden können.

5. Probezeit

Anrechnung von Zeiten, die in einem dem Bayerischen Hochschulinnovationsgesetz (bis 31. Dezember 2022 Bayerisches Hochschulpersonalgesetz beziehungsweise bis 31. Mai 2006 Bayerisches Hochschullehrergesetz) unterliegenden Beamtenverhältnis auf Zeit abgeleistet wurden, auf die Probezeit bei Oberärzten und Oberärztinnen der bayerischen Universitätsklinika

Es wird nach Art. 36 Abs. 2 Satz 3 LlbG zugestimmt, dass Zeiten, die nach dem Qualifikationserwerb in einem dem Bayerischen Hochschulinnovationsgesetz, dem Bayerischen Hochschulpersonalgesetz oder dem Bayerischen Hochschullehrergesetz unterliegenden Beamtenverhältnis auf Zeit in der Funktion eines Oberarztes oder einer Oberärztin abgeleistet wurden, bis zum Umfang von zwei Jahren auf die Probezeit angerechnet werden.

Abschnitt II

1. Inkrafttreten

Diese Bekanntmachung tritt mit Wirkung vom 1. Januar 2011 in Kraft.

2. Außerkrafttreten

[1]Mit Ablauf des 31. Dezember 2010 tritt die Bekanntmachung des Bayerischen Landes-

personalausschusses über die Allgemeinen Regelungen des Landespersonalausschusses im Bereich des Laufbahn- und Prüfungsrechts (ARLPA) vom 20. Mai 2009 (FMBl S. 148, StAnz Nr. 22), geändert durch Bekanntmachung vom 3. Mai 2010 (FMBl S. 122, StAnz Nr. 20), außer Kraft. $_2$Die Nrn. 2 und 6 sind insofern weiter anwendbar, soweit Art. 70 LlbG die Fortgeltung von Vorschriften der Laufbahnverordnung anordnet.

II

II

Verordnung zur Regelung der besonderen Auswahlverfahren für den Einstieg in der zweiten und dritten Qualifikationsebene im nichttechnischen Bereich der Leistungslaufbahn (Auswahlverfahrensordnung – AVfV)

Vom 8. Februar 2000 (GVBl. S. 48)

Zuletzt geändert durch
Verordnung zur Anpassung des Landesrechts an die geltende Geschäftsverteilung
vom 4. Juni 2024 (GVBl. S. 98)

Inhaltsübersicht

Auf Grund von Art. 22 Satz 2 und Art. 115 Abs. 3 des Bayerischen Beamtengesetzes (BayBG) erlässt die Bayerische Staatsregierung folgende Verordnung:

Abschnitt I
Allgemeine Vorschriften

§ 1 Geltungsbereich

(1) Einem Auswahlverfahren muss sich unterziehen, wer sich als Regelbewerber im Sinn des Art. 6 Abs. 1 Satz 1 Nr. 1 des Leistungslaufbahngesetzes (LlbG) für den Vorbereitungsdienst zum Einstieg in der dritten Qualifikationsebene in der

1. Fachlaufbahn Verwaltung und Finanzen
2. Fachlaufbahn Bildung und Wissenschaft
   a) fachlicher Schwerpunkt Archivwesen
   b) fachlicher Schwerpunkt Bibliothekswesen
3. Fachlaufbahn Justiz
   a) Rechtspflegerausbildung
   b) Ausbildung im Vollzugsverwaltungsdienst bei den Justizvollzugsanstalten
4. Fachlaufbahn Polizei und Verfassungsschutz, fachlicher Schwerpunkt Polizeivollzugsdienst,

bewirbt.

(2) Einem Auswahlverfahren muss sich unterziehen, wer sich als Regelbewerber im Sinn des Art. 6 Abs. 1 Satz 1 Nr. 1 LlbG für den Vorbereitungsdienst zum Einstieg in der zweiten Qualifikationsebene in der

1. Fachlaufbahn Verwaltung und Finanzen
2. Fachlaufbahn Bildung und Wissenschaft
   a) fachlicher Schwerpunkt Archivwesen
   b) fachlicher Schwerpunkt Bibliothekswesen
3. Fachlaufbahn Justiz
   a) Ausbildung zum Justizfachwirt
   b) Ausbildung im Verwaltungsdienst bei den Justizvollzugsanstalten
   c) Ausbildung im allgemeinen Vollzugsdienst bei den Justizvollzugsanstalten

bewirbt.

§ 2 Zweck der Auswahlverfahren

Die Auswahlverfahren nach § 1 Abs. 1 und 2 sollen zeigen, ob die Bewerber auf Grund ihrer Kenntnisse und ihrer Aufgeschlossenheit für Gegenwartsfragen, ihrer Fähigkeiten und ihres Arbeitsverhaltens die Eignung für den Vorbereitungsdienst in der jeweiligen Qualifikationsebene besitzen.

§ 3 Durchführung und Bekanntmachung der Auswahlverfahren

(1) $_{1}$Die Auswahlverfahren nach § 2 finden in der Regel einmal im Jahr statt. $_{2}$Die Durchführung der Auswahlverfahren obliegt dem Prüfungsamt, das bei der Geschäftsstelle des Landespersonalausschusses eingerichtet ist.

(2) $_{1}$Das Prüfungsamt macht die Durchführung der Auswahlverfahren unter Angabe der Zulassungsvoraussetzungen, der Form der Antragstellung, der vorzulegenden Nachweise sowie des Endes der Meldefrist bekannt, wickelt die Auswahlprüfungen ab und erlässt die hierfür erforderlichen weiteren Bestimmungen. $_{2}$Für die Antragstellung im elektronischen Verfahren kann die Meldefrist gesondert festgesetzt werden. $_{3}$Bei der Bekanntmachung ist auf die besonderen Einstellungsbedingungen für schwerbehinderte Menschen sowie die Möglichkeit von Nachteilsausgleich im Prüfungsverfahren hinzuweisen.

§ 4 Prüfungsausschüsse und Aufgabenerstellung für die Auswahlprüfungen

(1) Für die Auswahlprüfungen im Rahmen der Auswahlverfahren nach § 1 Abs. 1 und 2 besteht jeweils ein Prüfungsausschuss.

(2) $_{1}$Die Prüfungsausschüsse sind besetzt mit dem Generalsekretär des Landespersonalausschusses und dem für das Auswahlverfahren zuständigen Referatsleiter bei der Geschäftsstelle des Landespersonalausschusses sowie je elf weiteren Mitgliedern, die vom Landespersonalausschuss jeweils auf die Dauer von fünf Jahren bestellt werden. $_{2}$Jedem Mitglied ist ein stellvertretendes Mitglied zugeordnet.

(3) Für die Auswahlprüfung im Rahmen des Auswahlverfahrens nach § 1 Abs. 2 bestellt der Landespersonalausschuss auf Vorschlag der

Staatsministerien des Innern, für Sport und Integration, der Justiz, für Unterricht und Kultus, für Wissenschaft und Kunst, der Finanzen und für Heimat, für Ernährung, Landwirtschaft, Forsten und Tourismus und für Familie, Arbeit und Soziales sowie aller kommunalen Spitzenverbände jeweils ein Mitglied und ein stellvertretendes Mitglied.

(4) 1Für die Auswahlprüfung im Rahmen des Auswahlverfahrens nach § 1 Abs. 1 bestellt der Landespersonalausschuss für jeden Fachbereich der Hochschule für den öffentlichen Dienst in Bayern (HföD), für den das Auswahlverfahren durchgeführt wird, auf Vorschlag der gemäß Art. 2 Satz 3 des HföD-Gesetzes (HföDG) in Verbindung mit Art. 67 Satz 1 Nr. 2 LlbG zuständigen Staatsministerien, des Staatsministeriums für Unterricht und Kultus sowie der kommunalen Spitzenverbände jeweils ein Mitglied und ein stellvertretendes Mitglied. 2Weiteres Mitglied ist der Präsident der HföD.

(5) 1Den Vorsitz in den Prüfungsausschüssen führt der Generalsekretär des Landespersonalausschusses. 2Der Vorsitzende wird von dem Referatsleiter der Geschäftsstelle vertreten, der für das Auswahlverfahren zuständig ist.

(6) Die Vertretung des Referatsleiters, der für das Auswahlverfahren zuständig ist, richtet sich nach der Geschäftsverteilung der Geschäftsstelle des Landespersonalausschusses.

(7) Bei der Erstellung der Aufgaben für die Auswahlprüfungen leistet das Staatsministerium für Unterricht und Kultus den Prüfungsausschüssen Amtshilfe; soweit es die Sachlage erfordert, beteiligt das Staatsministerium für Unterricht und Kultus hierbei das Staatsinstitut für Schulpädagogik und Bildungsforschung.

§ 5 Zulassung zu den Auswahlverfahren

(1) Zum Auswahlverfahren für den Einstieg in der zweiten Qualifikationsebene der Leistungslaufbahn werden auf Antrag Bewerber zugelassen, die die in Art. 7 Abs. 1 Satz 1 Nr. 2 LlbG genannten Vorbildungsvoraussetzungen erfüllen.

(2) Zum Auswahlverfahren für den Einstieg in der dritten Qualifikationsebene der Leistungslaufbahn werden auf Antrag Bewerber zugelassen, die die in Art. 7 Abs. 1 Satz 1 Nr. 3 LlbG, Art. 16 Abs. 1 HföDG genannten Vorbildungsvoraussetzungen erfüllen.

(3) 1Soweit die erforderlichen Vorbildungsvoraussetzungen noch nicht vorliegen, müssen sie bis zum Zeitpunkt der Einstellung erworben worden sein. 2Bewerber, die den Nachweis über den geforderten Bildungsabschluss noch nicht führen können, nehmen am Auswahlverfahren unter dem Vorbehalt teil, dass die entsprechenden Vorbildungsnachweise bis zu dem für die Einstellung maßgebenden Zeitpunkte bei der Einstellungsbehörde vorliegen.

(4) Wer zum Zeitpunkt der Einstellung in den Vorbereitungsdienst das 45. Lebensjahr bereits vollendet haben würde, soll nicht zum Auswahlverfahren zugelassen werden.

(5) Bewerber, die die Einstellung bei einer staatlichen Verwaltung anstreben, sollen im Antrag auf Zulassung zum Auswahlverfahren angeben, in welcher der in § 1 genannten Fachlaufbahnen und der innerhalb dieser gebildeten fachlichen Schwerpunkte sie in den Vorbereitungsdienst eingestellt werden wollen.

§ 6 Anwendung der Allgemeinen Prüfungsordnung

Für die Auswahlverfahren gelten die Vorschriften der Allgemeinen Prüfungsordnung entsprechend, soweit sich aus dieser Verordnung nichts anderes ergibt.

Abschnitt II
Auswahlverfahren

Erster Teil
Gemeinsame Vorschriften

§ 7 Gestaltung der Auswahlverfahren

Im Rahmen der Auswahlverfahren haben die Bewerber eine Auswahlprüfung abzulegen und die schulischen Leistungen in bestimmten Fächern (§§ 16 und 18) nachzuweisen, die im Rahmen der nach § 5 geforderten Schulbildung erzielt wurden.

§ 8 Nachweis der Schulnoten

(1) Die in das Auswahlverfahren einzubeziehenden Schulnoten sind bis zu einem vom Prüfungsamt jeweils festzusetzenden Termin durch schriftliche oder elektronische Bescheinigung der Schule nachzuweisen.

(2) Bewerber, bei denen der Nachweis gemäß Abs. 1 nicht bis zum festgesetzten Termin vorliegt, werden unabhängig von der Teilnahme an der Auswahlprüfung vom Auswahlverfahren ausgeschlossen.

§ 9 Bewertung der Auswahlprüfungen

(1) Die Bewertung der Prüfungsaufgaben erfolgt nach Punkten.

(2) Bei der Bewertung der Auswahlprüfung sind die in der jeweils geltenden Fassung der Allgemeinen Prüfungsordnung bezeichneten Noten mit der Maßgabe zugrunde zu legen, dass Zwanzigstelnoten auf der Grundlage der Punktebewertung der Prüfungsaufgaben erteilt werden.

(3) Soweit ein Bewerber an der Auswahlprüfung nur teilweise teilnimmt, werden die bearbeiteten Teile bewertet.

§ 10 Gesamtergebnis des Auswahlverfahrens

$_1$Die Gesamtnote des Auswahlverfahrens berechnet sich aus der Note der Auswahlprüfung und der Durchschnittsnote der nach § 16 Abs. 1 oder § 18 Abs. 1 zu berücksichtigenden Schulfächer. $_2$Für den Einstieg in der zweiten Qualifikationsebene der Leistungslaufbahn zählt die Note der Auswahlprüfung zweifach und die Durchschnittsnote der einbezogenen Fächer einfach; für den Einstieg in der dritten Qualifikationsebene der Leistungslaufbahn zählen die Note der Auswahlprüfung 1,5fach und die Durchschnittsnote der einbezogenen Fächer einfach. $_3$Die Gesamtnote wird auf zwei Dezimalstellen errechnet; die dritte Dezimalstelle bleibt unberücksichtigt.

§ 11 Versäumnis

Für Bewerber, die die Prüfung ganz oder teilweise versäumen, besteht kein Anspruch auf Nachholung der Prüfung.

§ 12 Nichtbestehen des Auswahlverfahrens

Das Auswahlverfahren ist nicht erfolgreich abgeschlossen, wenn

- der Bewerber nicht an der Auswahlprüfung teilnimmt,
- der Nachweis der einzubeziehenden Schulnoten nicht erbracht wird oder
- die errechnete Gesamtnote schlechter als „4,00"

ist.

§ 13 Rangliste und Zuweisung, Prüfungszeugnis

(1) $_1$Nach Abschluss eines Auswahlverfahrens erstellt das Prüfungsamt (§ 3 Abs. 1 Satz 2) eine Rangliste der Bewerber, die erfolgreich am jeweiligen Auswahlverfahren teilgenommen haben. $_2$Bei gleichem Gesamtergebnis entscheidet über die Reihenfolge in der Rangliste die Note in der Auswahlprüfung. $_3$Teilnehmer mit gleicher Note in der Auswahlprüfung erhalten insoweit den gleichen Rang.

(2) $_1$Die Bewerber für den staatlichen Bereich, mit Ausnahme der Bewerber für den Einstieg in der zweiten Qualifikationsebene der Fachlaufbahn Justiz, Ausbildung im allgemeinen Vollzugsdienst bei den Justizvollzugsanstalten, der Bewerber für den Einstieg in der dritten Qualifikationsebene der Fachlaufbahn Polizei und Verfassungsschutz, fachlicher Schwerpunkt Polizeivollzugsdienst, und der Fachlaufbahn Bildung und Wissenschaft, fachliche Schwerpunkte Archiv- und Bibliothekswesen, sowie die Soldaten auf Zeit, die nach §§ 9 und 10 des Soldatenversorgungsgesetzes (SVG) eingliederungsberechtigt sind und die sich um eine Vorbehaltsstelle bewerben, werden den Verwaltungen durch das Prüfungsamt auf Grund des gemeldeten Bedarfs in der Reihenfolge der Rangliste zugewiesen (Zuweisungslisten). $_2$Soweit keine Zuweisung erfolgt, werden den ausbildenden Verwaltungen und der Vormerkstelle gesonderte Listen mit der Rangfolge ihrer Bewerber übermittelt (Sonderlisten). $_3$Den Verwaltungen, denen Bewerber zugewiesen wurden, wird für zusätzliche Einstellungen eine ergänzende Liste (Ersatzliste) zur Verfügung

gestellt. 4Die Übermittlung der Zuweisungs-, Sonder- und Ersatzlisten an die Verwaltungen kann auch auf elektronischem Weg erfolgen.

(3) 1Die Teilnehmer erhalten über das von ihnen erzielte Gesamtergebnis ein Zeugnis. 2Zugleich sollen sie darüber unterrichtet werden, ob sie in die Zuweisungslisten aufgenommen werden konnten.

§ 14 Wiederholungsmöglichkeit, Geltungsdauer

1Die Bewerber können an den Auswahlverfahren wiederholt teilnehmen, soweit sie die jeweiligen Zulassungsvoraussetzungen erfüllen. 2Ein Auswahlverfahren hat grundsätzlich nur für das Einstellungsjahr Geltung, für das es durchgeführt worden ist; Ausnahmen bedürfen der Zustimmung des Landespersonalausschusses.

§ 15 Einstellung in den Vorbereitungsdienst

Die Einstellung hat grundsätzlich in der Reihenfolge der Rangliste (§ 13 Abs. 1) zu erfolgen, sofern die sonstigen Zugangsvoraussetzungen für die Einstellung in den Vorbereitungsdienst der jeweiligen Fachlaufbahn erfüllt sind.

Zweiter Teil
Auswahlverfahren für den Einstieg in der zweiten Qualifikationsebene der Leistungslaufbahn

§ 16 Schulische Leistungen

(1) 1Für das Auswahlverfahren werden als schulische Leistungen die Noten der Fächer Deutsch sowie Mathematik oder Rechnungswesen berücksichtigt. 2Soweit in den Zeugnissen für diese Fächer Punktzahlen ausgewiesen sind, sind sie in ganze Noten umzurechnen. 3Aus der Note im Fach Deutsch sowie der dreifach zählenden Note im Fach Mathematik oder Rechnungswesen ist eine auf eine Dezimalstelle zu errechnende Durchschnittsnote zu bilden.

(2) 1Bei Bewerbern, die am Tag der Auswahlprüfung den nach § 5 Abs. 1 geforderten Bildungsabschluss besitzen, sind die Noten des Abschlusszeugnisses heranzuziehen. 2Sofern Bewerber diesen Bildungsabschluss bis zur Auswahlprüfung noch nicht erworben haben, sind die Noten aus dem letzten vor dem Termin der Auswahlprüfung erteilten Zeugnis zu berücksichtigen. 3Das Prüfungsamt kann die Einbeziehung von nach dem Prüfungstag ausgestellten Zeugnissen bis zu einem gesondert festzulegenden Termin zulassen. 4Bei Bewerbern, die neben einem schon vorhandenen Bildungsabschluss einen weiteren nach § 5 Abs. 1 geforderten Bildungsabschluss erwerben, gelten Sätze 2 und 3 entsprechend.

(3) 1Wer neben dem Zeugnis nach Abs. 2 Satz 1 weitere Abschlusszeugnisse besitzt, die als Vorbildungsvoraussetzung anerkannt werden, kann wählen, aus welchem der Zeugnisse die Noten zu entnehmen sind. 2Soweit von einer Wahlmöglichkeit Gebrauch gemacht wird, können die Noten jedoch nur einheitlich aus einem der Zeugnisse berücksichtigt werden. 3Die getroffene Wahl ist für die jeweils laufende Prüfung verbindlich.

(4) 1Fehlt in dem maßgebenden Zeugnis die Bewertung im Fach Deutsch, hat sich der Bewerber der besonderen Leistungsfeststellung zum Erwerb des Qualifizierenden Hauptschulabschlusses im Fach Deutsch zu unterziehen; die hierbei erzielte Note zählt als Note des Faches Deutsch. 2Fehlt die Bewertung im Fach Mathematik oder Rechnungswesen, ist die Note des Faches Wirtschaftsrechnen oder Fachrechnen heranzuziehen.

§ 17 Gegenstand der Auswahlprüfung

(1) 1Die Prüfungsteilnehmer haben in der Auswahlprüfung nachzuweisen, dass sie über eine grundlegende Allgemeinbildung, über logisch-schlussfolgerndes Denkvermögen, über Sprachfertigkeit in der deutschen Sprache sowie über eine hinreichende Belastbarkeit verfügen. 2Dabei sind insbesondere nachzuweisen

1. Kenntnisse aus den Bereichen Erdkunde, Geschichte – Schwerpunkt 20. und 21. Jahrhundert –, Wirtschaft und Recht – Grundlagen –,
2. staatsbürgerliche Kenntnisse und

3. sprachliche Fähigkeiten – ausreichende Kenntnisse in Grammatik und Rechtschreibung sowie Textverständnis und Fähigkeit zur Textgestaltung –.

(2) 1Die Auswahlprüfung wird an einem Tag schriftlich unter Aufsicht abgenommen. 2Die Prüfungszeit beträgt höchstens 4 Stunden.

Dritter Teil
Auswahlverfahren für den Einstieg in der dritten Qualifikationsebene der Leistungslaufbahn

§ 18 Schulische Leistungen

(1) 1Für das Auswahlverfahren werden als schulische Leistungen die Noten der Fächer Deutsch und Mathematik sowie die Note einer vom Bewerber zu wählenden Fremdsprache berücksichtigt. 2Soweit in den Zeugnissen für diese Fächer Punktzahlen ausgewiesen sind, sind sie in ganze Noten umzurechnen. 3Aus den Noten im Fach Deutsch, in der vom Bewerber zu wählenden Fremdsprache sowie der dreifach zählenden Note im Fach Mathematik ist eine auf eine Dezimalstelle zu errechnende Durchschnittsnote zu bilden.

(2) 1Bei Bewerbern, die bei der Antragstellung den nach § 5 Abs. 2 geforderten Bildungsabschluss bereits besitzen, sind die Noten des Abschlusszeugnisses heranzuziehen. 2Sofern Bewerber diesen Bildungsabschluss noch nicht erworben haben, sind die Noten aus dem letzten vor dem Termin der Auswahlprüfung von der Schule oder der sonstigen Bildungseinrichtung ausgehändigten Zeugnis zu berücksichtigen. 3Soweit die Zeugnisse aus der Qualifikationsphase eines Gymnasiums zugrunde zu legen sind, sind die vor dem Termin der Auswahlprüfung erzielten Leistungen aus den Ausbildungsabschnitten der Qualifikationsphase maßgebend.

(3) 1Sofern ein maßgebendes Zeugnis keine Bewertung in einem für das Auswahlverfahren zu berücksichtigenden Fach (Abs. 1 Satz 1) enthält, ist insoweit auf ein Zeugnis abzustellen, das dem maßgebenden Zeugnis unmittelbar vorausgeht. 2Fehlt die Bewertung im Fach Deutsch, hat der Bewerber in diesem Fach an der Abschlussprüfung einer Fachoberschule teilzunehmen; die hierbei erzielte Note zählt als Note des Faches Deutsch.

§ 19 Gegenstand der Auswahlprüfung

(1) 1Die Prüfungsteilnehmer haben in der Auswahlprüfung nachzuweisen, dass sie über eine vertiefte Allgemeinbildung, über logisches, strukturelles, analytisches Denkvermögen und über Sprachfertigkeit in der deutschen Sprache verfügen, Konzentrationsfähigkeit besitzen und belastbar sind. 2Dabei sind insbesondere Kenntnisse nachzuweisen

1. in den Bereichen Erdkunde, Geschichte, Wirtschaft und Recht sowie
2. über die staatlichen und politischen Grundlagen Bayerns, der Bundesrepublik Deutschland und der Europäischen Union und
3. über zeitgeschichtliche Ereignisse in Kultur und Politik.

(2) 1Die Auswahlprüfung wird an einem Tag schriftlich unter Aufsicht abgenommen. 2Die Prüfungszeit beträgt mindestens 4 Stunden.

Vierter Teil
Besondere Vorschriften

§ 20 Archivwesen, Bibliothekswesen

(1) Bewerber für den Einstieg in der dritten Qualifikationsebene der Fachlaufbahn Bildung und Wissenschaft, fachlicher Schwerpunkt Archivwesen, müssen nach der erfolgreichen Teilnahme am Auswahlverfahren das Latinum oder Kenntnisse, die dem Latinum entsprechen, nachweisen.

(2) 1Bewerber für den Einstieg in der dritten Qualifikationsebene der Fachlaufbahn Bildung und Wissenschaft, fachlicher Schwerpunkt Bibliothekswesen, haben nach der erfolgreichen Teilnahme am Auswahlverfahren zusätzlich zu der für die Zulassung zum Auswahlverfahren nachzuweisenden Fremdsprache (§ 18 Abs. 1 Satz 1) angemessene Kenntnisse in einer weiteren Fremdsprache nachzuweisen. 2Angemessene Kenntnisse liegen vor, wenn diese Fremdsprache in mindestens drei aufsteigenden Jahrgangsstufen geführt und in der dritten oder in einer weiteren aufsteigenden Jahrgangsstufe mindes-

tens die Note „ausreichend" erzielt wurde. 3Soweit diese Voraussetzungen nicht vorliegen, haben die Bewerber eine schriftliche Aufgabe von mindestens 90 Minuten Dauer (Übersetzung ins Deutsche) in einer Fremdsprache ihrer Wahl zu bearbeiten; dabei muss mindestens die Note „ausreichend" erzielt werden. 4Die Prüfung wird von der Bayerischen Staatsbibliothek abgenommen.

Abschnitt III
Schlussvorschriften

§ 21 In-Kraft-Treten

Diese Verordnung tritt mit Wirkung vom 15. Februar 2000 in Kraft.

III Besoldung

Landesbesoldungsgesetz

Weitere besoldungsrechtliche Regelungen

Bayerisches Besoldungsgesetz (BayBesG)

Vom 5. August 2010 (GVBl. S. 410, S. 764)

Zuletzt geändert durch
Haushaltsgesetz 2026/2027
vom 8. Mai 2026 (GVBl. S. 208)

III

Inhaltsübersicht

III

III

Teil 1
Allgemeine Vorschriften

Art. 1 Geltungsbereich

(1) 1Dieses Gesetz regelt die Besoldung der Beamten, Beamtinnen, Richter und Richterinnen des Staates sowie der Beamten und Beamtinnen der Gemeinden, der Gemeindeverbände und der sonstigen unter der Aufsicht des Staates stehenden Körperschaften, Anstalten und Stiftungen des öffentlichen Rechts (Berechtigte). 2Es trifft ferner Regelungen für sonstige Leistungen außerhalb der Besoldung für die Berechtigten sowie für Leistungen an Dienstanfänger und Dienstanfängerinnen (Art. 30 des Leistungslaufbahngesetzes – LlbG).

(2) Die Rechtsverhältnisse der kommunalen Wahlbeamten und Wahlbeamtinnen werden durch besonderes Gesetz geregelt.

(3) Von diesem Gesetz ausgenommen sind:

1. die Ehrenbeamten und Ehrenbeamtinnen,
2. die ehrenamtlichen Richter und Richterinnen,
3. die nach dem Gesetz zur Sicherung des juristischen Vorbereitungsdienstes in einem öffentlich-rechtlichen Ausbildungsverhältnis stehenden Personen.

(4) Teil 5 dieses Gesetzes gilt für Arbeitnehmer und Arbeitnehmerinnen des Staates, der Gemeinden, der Gemeindeverbände und der sonstigen unter der Aufsicht des Staates stehenden Körperschaften, Anstalten und Stiftungen des öffentlichen Rechts.

(5) Dieses Gesetz gilt nicht für die Beamten und Beamtinnen der öffentlich-rechtlichen Religionsgesellschaften und weltanschaulichen Gemeinschaften und deren Verbände.

Art. 2 Bestandteile der Besoldung

(1) Die Besoldung setzt sich aus Grundbezügen und Nebenbezügen zusammen.

(2) Zu den Grundbezügen gehören:

1. Grundgehalt (Art. 20 Abs. 1 und 2, Art. 30, 40 Abs. 2, Art. 45 Abs. 2, Art. 47, 108 Abs. 8),
2. Strukturzulage (Art. 33),
3. Amtszulagen und Zulagen für besondere Berufsgruppen (Art. 34),
4. Orts- und Familienzuschlag (Art. 35 bis 37),
5. Auslandsbesoldung (Art. 38).

(3) Zu den Nebenbezügen gehören:

1. Zulagen (Art. 51 bis 57, 108 Abs. 2 und 13),
2. Zuschläge (Art. 58 bis 60a, 108 Abs. 12),
3. Vergütungen (Art. 61 bis 65),
4. Leistungsbezüge (Art. 67 bis 74),
5. Bezüge für Anwärter und Anwärterinnen (Art. 75 bis 81),
6. jährliche Sonderzahlung (Art. 82 bis 87),
7. vermögenswirksame Leistungen (Art. 88 bis 90).

Art. 3 Gesetzesvorbehalt

(1) Die Besoldung wird durch Gesetz geregelt.

(2) 1Zusicherungen, Vereinbarungen und Vergleiche, die eine höhere als die gesetzlich zustehende Besoldung verschaffen sollen, sind unwirksam. 2Das Gleiche gilt für Versicherungsverträge, die zu diesem Zweck abgeschlossen werden.

(3) 1Die Berechtigten können auf die ihnen gesetzlich zustehende Besoldung weder ganz noch teilweise verzichten. 2Ausgenommen sind vermögenswirksame Leistungen und Leistungen im Rahmen einer Entgeltumwandlung für vom Dienstherrn geleaste Dienstfahrräder, die den Berechtigten auch zur privaten Nutzung überlassen werden, wenn es sich um Fahrräder im verkehrsrechtlichen Sinn handelt. 3Eine Entgeltumwandlung nach Satz 2 setzt außerdem voraus, dass sie für eine Maßnahme erfolgt, die den Berechtigten vom Dienstherrn angeboten wird und es diesen freigestellt ist, ob sie das Angebot annehmen.

Art. 4 Anspruch auf Besoldung

(1) 1Die Berechtigten haben Anspruch auf Besoldung nach Maßgabe der Vorschriften dieses Gesetzes. 2Dieser entsteht mit dem Tag, an dem die Ernennung, Versetzung, Übernahme oder der Übertritt in den Dienst eines der in Art. 1 Abs. 1 Satz 1 genannten Dienstherren wirksam wird, und endet mit Ablauf des Tages, an dem das Dienstverhält-

nis endet, soweit gesetzlich nichts anderes bestimmt ist. $_{3}$Bei einer rückwirkenden Planstelleneinweisung gemäß Art. 20 Abs. 5 entsteht der Anspruch mit dem Tag, der in der Einweisungsverfügung bestimmt ist.

(2) Besteht der Anspruch auf Besoldung nicht für einen vollen Kalendermonat, wird nur der Teil der Bezüge gezahlt, der auf den Anspruchszeitraum entfällt, soweit gesetzlich nichts anderes bestimmt ist.

(3) $_{1}$Die Bezüge nach Art. 2 Abs. 2 und Abs. 3 Nrn. 2 und 5 (mit Ausnahme Art. 79) werden monatlich im Voraus gezahlt. $_{2}$Die anderen Nebenbezüge werden monatlich im Voraus gezahlt, soweit gesetzlich nichts anderes bestimmt ist.

(4) Werden Bezüge nach dem Tag der Fälligkeit gezahlt, so besteht kein Anspruch auf Verzugszinsen.

(5) $_{1}$Bei der Berechnung der Bezüge nach Art. 2 sind die sich ergebenden Bruchteile eines Cents unter 0,5 abzurunden und Bruchteile von 0,5 und mehr aufzurunden. $_{2}$Zwischenrechnungen bei Bezügen werden jeweils auf zwei Dezimalstellen durchgeführt. $_{3}$Jeder Bezügebestandteil ist einzeln zu runden.

Art. 5 Besoldung bei mehreren Hauptämtern

$_{1}$Hat ein Berechtigter oder eine Berechtigte gleichzeitig mehrere Hauptämter mit Anspruch auf Bezüge inne, so wird die Besoldung aus dem Amt mit den höheren Grundbezügen oder entsprechenden Bezügen gewährt, soweit gesetzlich nichts anderes bestimmt ist. $_{2}$Sind für die Ämter Grundbezüge oder entsprechende Bezüge in gleicher Höhe vorgesehen, so werden die Bezüge aus dem zuerst übertragenen Amt gezahlt, soweit gesetzlich nichts anderes bestimmt ist. $_{3}$Für die Nebenbezüge oder entsprechende Bezüge gelten die Vorschriften des Dienstherrn, der die Grundbezüge nach den Sätzen 1 und 2 gewährt.

Art. 6 Besoldung bei Teilzeitbeschäftigung

Bei Teilzeitbeschäftigung wird die Besoldung im gleichen Verhältnis wie die Arbeitszeit gekürzt, soweit nichts anderes bestimmt ist.

Art. 7 Besoldung bei begrenzter Dienstfähigkeit

$_{1}$Bei begrenzter Dienstfähigkeit findet auf die zustehende Besoldung Art. 6 entsprechend Anwendung. $_{2}$Die Bezüge nach Satz 1 werden um einen Zuschlag nach Art. 59 ergänzt.

Art. 8 Kürzung der Besoldung bei Gewährung einer Versorgung durch eine zwischenstaatliche oder überstaatliche Einrichtung

(1) $_{1}$Wird aus der Verwendung im öffentlichen Dienst einer zwischenstaatlichen oder überstaatlichen Einrichtung eine Versorgung gewährt, wird die Besoldung gekürzt. $_{2}$Die Kürzung beträgt 1,79375 v. H. für jedes im zwischenstaatlichen oder überstaatlichen Dienst vollendete Jahr; es verbleiben jedoch mindestens 40 v. H. der Besoldung. $_{3}$Wird als Invaliditätspension die Höchstversorgung aus dem Amt bei der zwischenstaatlichen oder überstaatlichen Einrichtung gezahlt, wird die Besoldung um 60 v. H. gekürzt. $_{4}$Der Kürzungsbetrag darf die von der zwischenstaatlichen oder überstaatlichen Einrichtung gewährte Versorgung nicht übersteigen. $_{5}$Als Zeit im zwischenstaatlichen oder überstaatlichen Dienst wird auch die Zeit gerechnet, in der ohne Ausübung eines Amtes bei einer zwischenstaatlichen oder überstaatlichen Einrichtung ein Anspruch auf Vergütung oder sonstige Entschädigung besteht und Ruhegehaltsansprüche erworben werden. $_{6}$Entsprechendes gilt für Zeiten nach dem Ausscheiden aus dem Dienst einer zwischenstaatlichen oder überstaatlichen Einrichtung, die dort bei der Berechnung des Ruhegehalts wie Dienstzeiten berücksichtigt werden.

(2) Bezieht ein Berechtigter als Abgeordneter oder eine Berechtigte als Abgeordnete Versorgung nach Art. 14 bis 17 des Beschlusses 2005/684/EG, so wird die Besoldung um 50 v. H. der Versorgungsbezüge gekürzt, höchstens jedoch um 50 v. H. der Besoldung.

Art. 9 Verlust der Besoldung bei schuldhaftem Fernbleiben vom Dienst

(1) $_{1}$Wer ohne Genehmigung schuldhaft dem Dienst fernbleibt, verliert für die Zeit des

Fernbleibens den Anspruch auf Besoldung. $_{2}$Dies gilt auch bei einem Fernbleiben vom Dienst für Teile eines Tages. $_{3}$Der Verlust der Besoldung ist festzustellen. $_{4}$Weitergehende Regelungen des Bayerischen Disziplinargesetzes bleiben unberührt.

(2) $_{1}$Der Vollzug einer Freiheitsstrafe, die rechtskräftig von einem deutschen Gericht verhängt wurde, gilt als schuldhaftes Fernbleiben vom Dienst. $_{2}$Für die Zeit einer Untersuchungshaft wird die Besoldung unter dem Vorbehalt der Rückforderung gezahlt. $_{3}$Die Besoldung ist zurückzuerstatten, wenn der oder die Betroffene wegen des dem Haftbefehl zugrunde liegenden Sachverhalts rechtskräftig zu einer Freiheitsstrafe verurteilt wird.

Art. 10 Anrechnung anderer Einkünfte auf die Besoldung

(1) $_{1}$Besteht Anspruch auf Besoldung für eine Zeit, in der die Berechtigten nicht zur Dienstleistung verpflichtet waren, können infolge der unterbliebenen Dienstleistung für diesen Zeitraum erzielte andere Bruttoeinkünfte auf die Besoldung angerechnet werden. $_{2}$Die Berechtigten nach Satz 1 sind zur Auskunft verpflichtet. $_{3}$In den Fällen einer vorläufigen Dienstenthebung auf Grund eines Disziplinarverfahrens gelten die besonderen Vorschriften des Bayerischen Disziplinargesetzes.

(2) $_{1}$Erhalten Berechtigte aus einer Verwendung nach § 20 des Beamtenstatusgesetzes (BeamtStG) anderweitig Bezüge, werden diese auf die Besoldung angerechnet. $_{2}$In besonderen Fällen kann die oberste Dienstbehörde von der Anrechnung ganz oder teilweise absehen.

Art. 11 Anrechnung von Sachbezügen auf die Besoldung

(1) Sachbezüge werden unter Berücksichtigung ihres wirtschaftlichen Werts mit einem angemessenen Betrag auf die Besoldung angerechnet, soweit nichts anderes bestimmt ist.

(2) Die Bestimmung des Sachbezugswerts und dessen Anrechnung nach Abs. 1 trifft für den Bereich des Staates das Staatsministerium der Finanzen und für Heimat, für den Bereich der Gemeinden, der Gemeindeverbände und der sonstigen unter der Aufsicht des Staates stehenden Körperschaften, Anstalten und Stiftungen des öffentlichen Rechts das zuständige Staatsministerium im Einvernehmen mit dem Staatsministerium der Finanzen, für Landesentwicklung und Heimt durch Rechtsverordnung.

(3) Die Ermittlung des wirtschaftlichen Werts der Nutzung einer Dienstwohnung richtet sich nach dem örtlichen Mietwert.

Art. 12 Abtretung der Besoldung, Verpfändung, Aufrechnungs- und Zurückbehaltungsrecht

(1) Ansprüche auf Besoldung können nur abgetreten oder verpfändet werden, soweit sie der Pfändung unterliegen.

(2) $_{1}$Der Dienstherr kann gegenüber Ansprüchen auf Besoldung ein Aufrechnungs- oder Zurückbehaltungsrecht nur in Höhe des pfändbaren Teils der Bezüge geltend machen. $_{2}$Dies gilt nicht, soweit gegen den Berechtigten oder die Berechtigte ein Anspruch auf Schadensersatz wegen vorsätzlicher unerlaubter Handlung besteht.

Art. 13 Verjährung der Besoldung

$_{1}$Ansprüche auf Besoldung und auf Rückforderung von zu viel gezahlter Besoldung verjähren in drei Jahren; Ansprüche auf Rückforderung von Besoldung verjähren in zehn Jahren, wenn durch vorsätzlich oder leichtfertig unrichtige oder unvollständige Angaben oder das vorsätzliche oder leichtfertige pflichtwidrige Unterlassen von Angaben die Gewährung oder Belassung von Besoldung bewirkt wurde. $_{2}$Die Verjährung beginnt mit dem Schluss des Jahres, in dem der Anspruch entstanden ist. $_{3}$Im Übrigen sind die §§ 194 bis 218 des Bürgerlichen Gesetzbuchs entsprechend anzuwenden.

Art. 14 Zuständigkeit für die Festsetzung und Anordnung der Besoldung

$_{1}$Das Landesamt für Finanzen ist mit seinen Dienststellen als zentrale Landesbehörde dem Staatsministerium der Finanzen und für Heimat unmittelbar nachgeordnet. $_{2}$Es setzt für den staatlichen Bereich, mit Ausnahme der bei der Bayerischen Versorgungskammer beschäftigten Beamten und Beamtinnen, die Besoldung der Berechtigten fest und ordnet deren Bezüge zur Zahlung an; die örtliche Zuständigkeit sowie gegebenenfalls eine andere sachliche Zuständigkeit kann die Staatsregierung durch Rechtsverordnung regeln. $_{3}$Außerhalb des staatlichen Bereichs werden die Befugnisse nach Satz 2 Halbsatz 1 durch die obersten Dienstbehörden wahrgenommen; sie können diese Befugnisse auf andere Dienststellen übertragen.

Art. 15 Rückforderung der Besoldung

(1) Wird ein Berechtigter oder eine Berechtigte durch eine gesetzliche Änderung seiner oder ihrer Besoldung einschließlich der Einreihung seines oder ihres Amtes in die Besoldungsgruppen der Besoldungsordnungen mit rückwirkender Kraft schlechter gestellt, so sind die Unterschiedsbeträge nicht zu erstatten.

(2) $_{1}$Die Rückforderung zu viel gezahlter Besoldung regelt sich nach den Vorschriften des Bürgerlichen Gesetzbuchs über die Herausgabe einer ungerechtfertigten Bereicherung, soweit gesetzlich nichts anderes bestimmt ist. $_{2}$Der Kenntnis des Mangels des rechtlichen Grundes der Zahlung steht es gleich, wenn der Mangel so offensichtlich war, dass der Empfänger oder die Empfängerin ihn hätte erkennen müssen. $_{3}$Von der Rückforderung kann aus Billigkeitsgründen ganz oder teilweise abgesehen werden.

(2a) $_{1}$Wird eine Bezügemitteilung, die elektronisch zum Datenabruf bereitgestellt wurde, nicht innerhalb von drei Tagen nach Absendung der elektronischen Benachrichtigung über die Bereitstellung durch den Beamten oder die Beamtin abgerufen, gilt Abs. 2 Satz 2 ab dem Zeitpunkt des Zugangs der Benachrichtigung entsprechend, soweit der Empfänger oder die Empfängerin die Unrichtigkeit der Besoldung aus der Bezügemitteilung heraus hätte erkennen müssen. $_{2}$Dies gilt nicht, wenn die elektronische Benachrichtigung nicht oder zu einem späteren Zeitpunkt zugegangen ist; im Zweifel hat die Behörde den Zugang der elektronischen Benachrichtigung nachzuweisen.

(3) Die Rückforderung von Besoldung nach Abs. 2 wird im staatlichen Bereich von der für die Festsetzung der Besoldung zuständigen Stelle geltend gemacht, soweit in diesem Gesetz nichts anderes bestimmt ist.

(4) $_{1}$Geldleistungen, die für die Zeit nach dem Tod des oder der Berechtigten auf ein Konto bei einem Geldinstitut überwiesen wurden, gelten als unter Vorbehalt erbracht. $_{2}$Im Fall der Rückforderung findet § 12 Abs. 3 Satz 2 bis 4 des Bundesbesoldungsgesetzes Anwendung.

(5) $_{1}$Soweit Geldleistungen für die Zeit nach dem Tod des oder der Berechtigten zu Unrecht erbracht worden sind, haben die Personen, die die Geldleistungen in Empfang genommen oder über den entsprechenden Betrag verfügt haben, diesen Betrag der überweisenden Stelle zu erstatten, sofern er nicht nach Abs. 4 von dem Geldinstitut zurücküberwiesen wird. $_{2}$Hat ein Geldinstitut eine Rücküberweisung mit dem Hinweis abgelehnt, dass über den entsprechenden Betrag bereits anderweitig verfügt wurde, gilt § 12 Abs. 4 Satz 2 und 3 des Bundesbesoldungsgesetzes.

Art. 16 Anpassung der Besoldung

(1) Die Besoldung wird entsprechend der Entwicklung der allgemeinen wirtschaftlichen und finanziellen Verhältnisse und unter Berücksichtigung der mit den Dienstaufgaben verbundenen Verantwortung durch Gesetz regelmäßig angepasst.

(2) $_{1}$Die ab dem 1. Februar 2025 geltenden Beträge in den Anlagen 3 bis 9 entsprechen einer allgemeinen linearen Erhöhung um 5,5 v. H. gegenüber dem vorherigen Stand. $_{2}$Die ab dem 1. Februar 2025 geltenden Beträge der Anlage 10 sind um jeweils 50 € gegenüber dem vorherigen Stand erhöht.

Art. 17 Dienstlicher Wohnsitz

(1) Dienstlicher Wohnsitz des oder der Berechtigten ist der Ort, an dem die Behörde oder ständige Dienststelle ihren Sitz hat.

(2) $_{1}$Die oberste Dienstbehörde kann als dienstlichen Wohnsitz anweisen:

1. den Ort, der Mittelpunkt der dienstlichen Tätigkeit des oder der Berechtigten ist,

2. den Ort, in dem der oder die Berechtigte mit Zustimmung der vorgesetzten Dienststelle wohnt,
3. einen Ort im Inland, wenn der oder die Berechtigte im Ausland an der deutschen Grenze beschäftigt ist.

$_{2}$Sie kann diese Befugnis auf nachgeordnete Stellen übertragen.

Art. 18 Zahlungsweise

$_{1}$Für Zahlungen nach diesem Gesetz hat der oder die Berechtigte auf Verlangen der zuständigen Behörde ein Konto anzugeben oder einzurichten, auf das die Überweisung erfolgen kann. $_{2}$Die Übermittlungskosten mit Ausnahme der Kosten für die Gutschrift auf dem Konto des Empfängers trägt der Dienstherr; bei einer Überweisung der Besoldung auf ein außerhalb des einheitlichen Euro-Zahlungsverkehrsraums Single Euro Payment Area (SEPA) geführtes Konto trägt der Empfänger die Kosten und die Gebühr der Übermittlung sowie die Kosten einer Meldung nach § 67 der Außenwirtschaftsverordnung. $_{3}$Die Kontoeinrichtungs-, Kontoführungs- oder Buchungsgebühren trägt der Empfänger. $_{4}$Eine Auszahlung auf andere Weise kann nur zugestanden werden, wenn dem Empfänger die Einrichtung oder Benutzung eines Kontos aus wichtigem Grund nicht zugemutet werden kann.

Teil 2
Grundbezüge

Abschnitt 1
Vorschriften für Beamte und Beamtinnen der Besoldungsordnungen A und B

Art. 19 Grundsatz der funktionsgerechten Besoldung

(1) Die Funktionen der Beamten und Beamtinnen sind nach den mit ihnen verbundenen Anforderungen unter Berücksichtigung der gemeinsamen Belange der in Art. 1 Abs. 1 Satz 1 genannten Dienstherren sachgerecht zu bewerten und Ämtern zuzuordnen.

(2) $_{1}$Bei der Einstufung von Ämtern der Leitungsebene von Besoldungsgruppe B 2 an ist zwischen den Behördenleitern oder Behördenleiterinnen und ihren Stellvertretungen ein Mindestabstand von drei Besoldungsgruppen einzuhalten. $_{2}$Ein geringerer Abstand ist nur dann zulässig, wenn die Wertigkeit des Leitungsamtes unter der Besoldungsgruppe B 5 einzustufen ist oder die besondere Leitungsstruktur eine Abweichung vom Grundsatz des Satzes 1 rechtfertigt.

Art. 20 Bestimmung des Grundgehalts nach dem Amt

(1) $_{1}$Das Grundgehalt bestimmt sich nach der Besoldungsgruppe des verliehenen Amtes. $_{2}$Die Ämter der Beamten und Beamtinnen sowie ihre Besoldungsgruppen sind in den Besoldungsordnungen (Art. 22) geregelt. $_{3}$Die darin aufgeführten Ämter sind unter Berücksichtigung des maßgeblichen Eingangsamtes (Art. 23, 24) aufsteigend geordnet.

(2) Ist ein Amt noch nicht in einer Besoldungsordnung ausgebracht oder ist es mehreren Besoldungsgruppen zugeordnet, bestimmt sich das Grundgehalt nach der Besoldungsgruppe, die in der Einweisungsverfügung (Art. 49 Abs. 1 der Bayerischen Haushaltsordnung) bestimmt ist; die Einweisung bedarf bei Körperschaften, Anstalten und Stiftungen des öffentlichen Rechts in den Fällen, in denen das Amt in einer Besoldungsordnung noch nicht enthalten ist, der Zustimmung der obersten Rechtsaufsichtsbehörde im Einvernehmen mit dem Staatsministerium der Finanzen und für Heimat.

(3) Ist einem Amt durch Rechtsvorschrift eine Funktion zugeordnet oder richtet sich die Zuordnung eines Amtes zu einer Besoldungsgruppe einschließlich der Gewährung von Amtszulagen nach einem durch Rechtsvorschrift festgelegten Bewertungsmaßstab, insbesondere nach der Zahl der Planstellen, nach der Einwohnerzahl einer Gemeinde oder eines Gemeindeverbands oder nach der Schülerzahl einer Schule, so gibt die Erfüllung dieser Voraussetzungen allein keinen Anspruch auf die Besoldung aus diesem Amt.

(4) $_{1}$Im Fall des Abs. 3 begründet ein Absinken der Zahl der Planstellen, Einwohner und Einwohnerinnen oder Schüler und Schülerinnen unter die für das Amt in den Bewertungsmerkmalen festgelegte Untergrenze allein kein dienstliches Bedürfnis, die Beamten und

Beamtinnen gemäß Art. 48 des Bayerischen Beamtengesetzes (BayBG) in ein anderes Amt ihrer Fachlaufbahn zu versetzen. $_{2}$Werden Beamte und Beamtinnen aus anderen Gründen in ein anderes Amt versetzt oder scheiden sie aus dem Beamtenverhältnis aus, so gelten ihre Planstellen in Planstellen der Besoldungsgruppe umgewandelt, die der tatsächlichen Zahl der Planstellen, Einwohner und Einwohnerinnen oder Schüler und Schülerinnen entspricht.

(5) $_{1}$Eine rückwirkende Einweisung in eine höherwertigere Planstelle ist bei einer Ernennung im Sinn des § 8 BeamtStG nur innerhalb des Kalendermonats zulässig, in dem die Ernennung wirksam wird. $_{2}$Satz 1 gilt entsprechend, wenn einer Planstelleneinweisung keine Ernennung zugrunde liegt.

Art. 21 Grundgehalt bei Verleihung eines anderen Amtes

(1) $_{1}$Verringert sich während eines Dienstverhältnisses nach Art. 1 Abs. 1 das Grundgehalt durch Verleihung eines anderen Amtes aus dienstlichen Gründen, ist abweichend von Art. 20 Abs. 1 Satz 1 das Grundgehalt zu zahlen, das bei einem Verbleiben in dem bisherigen Amt zugestanden hätte. $_{2}$Veränderungen in der besoldungsrechtlichen Bewertung des bisherigen Amtes bleiben unberücksichtigt. $_{3}$Sätze 1 und 2 gelten entsprechend für Amtszulagen, Zulagen für besondere Berufsgruppen (Art. 34) und die Strukturzulage (Art. 33) auch dann, wenn eine andere Funktion übertragen worden ist. $_{4}$Sätze 1 bis 3 gelten für Amtsinhaber und Amtsinhaberinnen mit leitender Funktion im Beamtenverhältnis auf Zeit bis zum Ablauf der Amtszeit. $_{5}$Satz 4 gilt nicht in Fällen, in denen das Beamtenverhältnis auf Zeit vor Ablauf der Amtszeit endet, weil der Beamte oder die Beamtin den Anforderungen des Amtes nicht gerecht wird.

(2) Abs. 1 gilt nicht, wenn die Rückstufung auf einer Disziplinarmaßnahme beruht.

Art. 22 Besoldungsordnungen A und B

(1) $_{1}$Die Besoldungsordnungen A und B dieses Gesetzes (Anlage 1) enthalten die Ämter der Beamten und Beamtinnen im Sinn des Art. 20 mit Amtsbezeichnung und Besoldungsgruppe. $_{2}$Abschnitte 2 und 3 bleiben unberührt.

(2) $_{1}$Die Amtsbezeichnungen sind in jeder Besoldungsgruppe nach der Buchstabenfolge geordnet. $_{2}$Soweit Amtsbezeichnungen der Besoldungsordnung A nicht auf eine Fachlaufbahn oder eine Fachrichtung hinweisen, können durch die zuständigen Stellen Zusätze nach Anlage 2 hinzugefügt werden. $_{3}$Art. 76 Abs. 1 BayBG ist zu beachten.

(3) Abweichend von den gesetzlich festgelegten Zusätzen nach Abs. 2 kann für den außerstaatlichen Bereich in besonderen Fällen das als oberste Rechtsaufsichtsbehörde zuständige Staatsministerium im Einvernehmen mit dem Staatsministerium der Finanzen und für Heimat andere Zusätze durch Rechtsverordnung bestimmen.

Art. 23 Eingangsämter

$_{1}$Eingangsämter der Beamten und Beamtinnen sind folgenden Besoldungsgruppen zuzuordnen:

1. bei Erfüllung der in Art. 7 Abs. 1 Satz 1 Nr. 1 LlbG geregelten Zugangsvoraussetzungen (erste Qualifikationsebene) den Besoldungsgruppen A 3, A 4 oder A 5,
2. bei Erfüllung der in Art. 7 Abs. 1 Satz 1 Nr. 2 LlbG geregelten Zugangsvoraussetzungen (zweite Qualifikationsebene) den Besoldungsgruppen A 6 oder A 7,
3. bei Erfüllung der in Art. 7 Abs. 1 Satz 1 Nr. 3 LlbG geregelten Zugangsvoraussetzungen (dritte Qualifikationsebene) den Besoldungsgruppen A 9 oder A 10 (Fachlaufbahnen Naturwissenschaft und Technik sowie Polizei und Verfassungsschutz mit dem Schwerpunkt Technik),
4. bei Erfüllung der in Art. 7 Abs. 1 Satz 1 Nr. 4 LlbG geregelten Zugangsvoraussetzungen (vierte Qualifikationsebene) der Besoldungsgruppe A 13; für Grund- oder Mittelschullehrer und Grund- oder Mittelschullehrerinnen gilt abweichend die Besoldungsgruppe A 12.

$_{2}$Die Zuordnung eines Amtes zu einer höheren Besoldungsgruppe innerhalb der Bandbreiten des Satzes 1 ist zulässig, wenn sich die mit dem Amt verbundenen Anforderungen von denen der niedrigeren Besoldungsgruppe wesentlich abheben. $_{3}$Ist diese Voraussetzung erfüllt, ist das höhere Eingangsamt in der Besoldungsordnung besonders zu kennzeichnen.

Art. 24 Besondere Eingangsämter

$_{1}$Abweichend von Art. 23 können in den Besoldungsordnungen besondere Eingangsämter ausgebracht werden, wenn

1. der Aufgabenbereich besondere, von den Anforderungen eines regelmäßigen Eingangsamtes abweichende Erfordernisse stellt, die sich aus der Eigenart des Dienstes ergeben, und
2. die Ausbildungsanforderungen des besonderen Eingangsamtes wesentlich über die des regelmäßigen Eingangsamtes hinausgehen.

$_{2}$Art. 23 Satz 3 gilt entsprechend.

Art. 25 Beförderungsämter

$_{1}$Beförderungsämter heben sich von den Ämtern der niedrigeren Besoldungsgruppe nach der Wertigkeit der zugeordneten Funktionen wesentlich ab. $_{2}$Satz 1 gilt nicht für das auf das maßgebliche Eingangsamt folgende erste und zweite Beförderungsamt. $_{3}$Liegen der Personalbewirtschaftung der Verwaltung interne Bewertungsrichtlinien zugrunde, kann die Wertigkeit nach Satz 1 auch über eine summarische oder gebündelte Dienstpostenbewertung festgestellt werden.

Art. 26 Obergrenzen für Beförderungsämter

(1) $_{1}$Die Anteile der Beförderungsämter bei einem Dienstherrn dürfen nach Maßgabe sachgerechter Bewertung folgende Obergrenzen (Stellenobergrenzen) nicht überschreiten:

– in der Besoldungsgruppe A 15 5 v. H.,
– in den Besoldungsgruppen A 16 und B 2 nach Einzelbewertung zusammen 1,5 v. H.

$_{2}$Die Vomhundertsätze des Satzes 1 beziehen sich auf die Gesamtzahl aller Planstellen bei einem Dienstherrn in den Besoldungsgruppen A 3 bis A 16 und B 2.

(2) Abs. 1 gilt nicht für

1. oberste Dienstbehörden, das Landesamt für Verfassungsschutz, die Landesanwaltschaft Bayern und die staatlichen Rechnungsprüfungsämter,
2. Lehrkräfte sowie Förderlehrer und Förderlehrerinnen an öffentlichen Schulen,
3. Lehrkräfte an Hochschulen, hauptamtliche Lehrkräfte an verwaltungsinternen Fachhochschulen und sonstigen Verwaltungsschulen,
4. Professoren und Professorinnen,
5. Beamte und Beamtinnen an Hochschulen in wissenschaftlichen Fachlaufbahnen,
6. Beamte und Beamtinnen im Schulaufsichtsdienst und an schul- oder vorschulbezogenen Einrichtungen,
7. wissenschaftliche Anstalten.

(3) Bei der Anwendung der Stellenobergrenzen im kommunalen Bereich (Gemeinden, Verwaltungsgemeinschaften, Landkreise, Bezirke und sonstige der Aufsicht des Staatsministeriums des Innern, für Sport und Integration oder einer ihm nachgeordneten Behörde unterstehenden kommunalen Körperschaften, Anstalten und Stiftungen des öffentlichen Rechts einschließlich der Bayerischen Verwaltungsschule) können die Planstellen von Beamten und Beamtinnen unberücksichtigt bleiben, wenn sie überwiegend in den nachfolgend bezeichneten Funktionen oder Einrichtungen tätig sind:

1. bei Feuerwehren,
2. bei Kommunalunternehmen, Eigenbetrieben, in nach Eigenbetriebsrecht oder herkömmlich als Regiebetriebe geführten Einrichtungen,
3. in Einrichtungen, die für mehrere Dienstherren betrieben werden,
4. in besonderen Einrichtungen der Jugendhilfe und Jugendpflege, der Sozialhilfe, des Bildungs- und Gesundheitswesens,
5. im kommunalen Forstdienst, Gartenbau- und Friedhofsdienst,
6. in anderen Einrichtungen, denen sie entweder gegen volle Kostenerstattung zuge-

wiesen sind oder zu denen sie unter Wegfall der Bezüge beurlaubt sind.

(4) Im kommunalen Bereich können statt der allgemeinen Stellenobergrenzen des Abs. 1 folgende absolute Stellenobergrenzen angewandt werden:

- in der Besoldungsgruppe A 15 bis zu 3 Stellen,
- in der Besoldungsgruppe A 16 bis zu 5 Stellen.

(5) 1Innerhalb der Stellenobergrenzen der Abs. 1 und 4 und unbeschadet der Abs. 2 und 3 dürfen zur sachgerechten Bewertung der Funktionen im kommunalen Bereich Ämter in

1. Gemeinden und Landkreisen höchstens eine Besoldungsgruppe unter der Besoldungsgruppe des jeweils vorgesetzten berufsmäßigen kommunalen Wahlbeamten oder der jeweils vorgesetzten berufsmäßigen kommunalen Wahlbeamtin,
2. kreisangehörigen Gemeinden, die nicht Große Kreisstadt sind, und in Verwaltungsgemeinschaften
   a) mit bis zu 10 000 Einwohnern höchstens in Besoldungsgruppe A 13,
   b) mit mehr als 10 000 Einwohnern höchstens in Besoldungsgruppe A 15,
3. Großen Kreisstädten und Landkreisen höchstens in Besoldungsgruppe A 16

eingestuft werden; die Einschränkung nach Nr. 2 Buchst. a gilt nicht, soweit auf Grund besonderer Rechtsvorschrift für das Eingangsamt Zugangsvoraussetzungen gemäß Art. 7 Abs. 1 Satz 1 Nr. 4 LlbG vorgeschrieben sind. 2Einwohnerzahl im Sinn des Satzes 1 Nr. 2 ist die vom Landesamt für Statistik vor Beginn des Haushaltsjahres zuletzt veröffentlichte Einwohnerzahl, bei Verwaltungsgemeinschaften die Summe der Einwohnerzahlen der Mitgliedsgemeinden.

(6) Die Staatsregierung wird ermächtigt, durch Rechtsverordnung besondere Stellenobergrenzen für unter der Aufsicht des Staates stehende Körperschaften, Anstalten und Stiftungen des öffentlichen Rechts außerhalb des kommunalen Bereichs festzulegen.

(7) 1Ergeben sich bei der Berechnung der Stellenobergrenzen Stellenbruchteile, so können diese ab 0,5 aufgerundet werden. 2Als Planstellen zählen die im Stellenplan in Übereinstimmung mit den haushaltsrechtlichen Vorschriften für das laufende Haushaltsjahr ausgewiesenen Stellen für planmäßige Beamte und Beamtinnen. 3Leerstellen, Stellen für abgeordnete Beamte und Beamtinnen, Stellen für Beamte und Beamtinnen auf Widerruf im Vorbereitungsdienst (Anwärter und Anwärterinnen) sowie Ersatzstellen bleiben außer Betracht. 4Stellenanteile in den Besoldungsgruppen A 16 und B 2, die nicht ausgeschöpft werden, dürfen der Besoldungsgruppe A 15 zugerechnet werden. 5Planstellen, die mit Wegfall- oder Umwandlungsvermerken gekennzeichnet sind, gelten als weggefallen oder umgewandelt. 6Dies gilt regelmäßig nicht, wenn der Zeitpunkt des Wegfalls oder der Umwandlung im Vermerk näher bestimmt ist und dieser Zeitpunkt erst nach der Laufzeit des aktuellen Haushaltsplans liegt. 7Die für dauernd beschäftigte Arbeitnehmer und Arbeitnehmerinnen eines Dienstherrn ausgebrachten gleichwertigen und in der Funktion vergleichbaren Stellen können mit der Maßgabe in die Berechnungsgrundlage einbezogen werden, dass eine entsprechende Anrechnung auf die jeweiligen Stellen für Beförderungsämter erfolgt; Sätze 5 und 6 gelten entsprechend.

(8) Art. 19 und 25 bleiben unberührt.

Art. 27 Leitungsämter von Verwaltungsbehörden und von allgemeinbildenden oder beruflichen Schulen

(1) Die Ämter der Leiter und Leiterinnen von unteren Verwaltungsbehörden mit einem örtlich begrenzten Zuständigkeitsbereich sowie die Ämter der Leiter und Leiterinnen von allgemeinbildenden oder beruflichen Schulen (Art. 6 des Bayerischen Gesetzes über das Erziehungs- und Unterrichtswesen – BayEUG) sind nur in Besoldungsgruppen der Besoldungsordnung A einzustufen.

(2) Für die Leiter und Leiterinnen von besonders großen und bedeutenden unteren Verwaltungsbehörden sowie für die Leiter und Leiterinnen von Mittelbehörden oder Oberbehörden können nach Maßgabe des Haushalts Planstellen der Besoldungsgruppe A 16

III

mit einer Amtszulage (Art. 34 Abs. 1 Satz 1) nach Anlage 4 ausgestattet werden.

(3) $_{1}$Die Anteile der Ämter nach Abs. 2 dürfen nach Maßgabe sachgerechter Bewertung die Obergrenze von 30 v. H. nicht überschreiten. $_{2}$Der Vomhundertsatz des Satzes 1 bezieht sich auf die Summe der Planstellen für Leiter und Leiterinnen von unteren Verwaltungsbehörden, Mittelbehörden oder Oberbehörden in der Besoldungsgruppe A 16. $_{3}$Art. 26 Abs. 7 Satz 1 bis 6 gilt entsprechend.

(4) $_{1}$Abs. 2 gilt bei Vorliegen der entsprechenden Voraussetzungen auch für Planstellen für Leiter und Leiterinnen von allgemeinbildenden oder beruflichen Schulen, soweit für diese in der Besoldungsordnung Ämter in der Besoldungsgruppe A 16 ausgebracht sind. $_{2}$In diesen Fällen bezieht sich der Vomhundertsatz des Abs. 3 Satz 1 auf die Summe der Planstellen für Leiter und Leiterinnen von allgemeinbildenden und beruflichen Schulen in der Besoldungsgruppe A 16. $_{3}$Umfasst die Bemessungsgrundlage für den Vomhundertsatz insgesamt nur eine Planstelle, kann diese Planstelle nach Maßgabe sachgerechter Bewertung und bei Erfüllung der übrigen Voraussetzungen mit einer Amtszulage ausgestattet werden.

(5) $_{1}$Bei der Einstufung der Leitungsämter an Schulen im Sinn von Abs. 1 zu den Besoldungsgruppen der Bayerischen Besoldungsordnung A werden Rektoren und Rektorinnen an Grundschulen, Mittelschulen oder Grund- und Mittelschulen mit mehr als 180 Schülern und Schülerinnen der Besoldungsgruppe A 14, mit mehr als 360 Schülern und Schülerinnen der Besoldungsgruppe A 14 mit Amtszulage zugeordnet. $_{2}$Die Zuordnung der Ämter der ständigen Vertreter und Vertreterinnen der in Satz 1 bezeichneten Schulleiter und Schulleiterinnen zu den in der Bayerischen Besoldungsordnung A dafür vorgesehenen Besoldungsgruppen erfolgt nach Maßgabe sachgerechter Bewertung in Anwendung des Art. 20 Abs. 2 Halbsatz 1; Art. 19 Abs. 2 ist dabei entsprechend zu berücksichtigen.

(6) $_{1}$Der Leiter oder die Leiterin des Finanzamts München kann abweichend von Abs. 1 in der Besoldungsordnung B eingestuft werden. $_{2}$Der Stellvertreter oder die Stellvertreterin des Leiters oder der Leiterin des Finanzamts München erhält eine Amtszulage entsprechend Abs. 2.

Art. 28 Ämter für Kanzler und Kanzlerinnen von Hochschulen

$_{1}$Die Ämter der Kanzler und Kanzlerinnen von Hochschulen werden den Besoldungsordnungen A und B zugeordnet und dürfen nach Maßgabe sachgerechter Bewertung höchstens in die in Satz 3 festgelegte für die jeweilige Messzahl sich ergebende Besoldungsgruppe eingestuft werden. $_{2}$Messzahl ist die Gesamtzahl der für die Hochschule im Haushaltsplan des jeweiligen Kalenderjahres oder in den Erläuterungen des Haushaltsplans ausgewiesenen Stellen für vollzeitbeschäftigte Bedienstete zuzüglich eines Drittels der Zahl der im vorangegangenen Sommersemester voll immatrikulierten Studenten und Studentinnen; bei im Aufbau befindlichen Hochschulen kann die staatliche Planung für die nächsten acht Jahre zugrunde gelegt werden. $_{3}$Die Höchsteinstufung stellt sich wie folgt dar:

- Messzahl bis 1000 Besoldungsgruppe A 15,
- Messzahl von 1001 bis 2000 Besoldungsgruppe A 16,
- Messzahl von 2001 bis 4000 Besoldungsgruppe B 2,
- Messzahl von 4001 bis 6000 Besoldungsgruppe B 3,
- Messzahl von 6001 bis 10 000 Besoldungsgruppe B 4,
- Messzahl von mehr als 10 000 Besoldungsgruppe B 5.

Art. 29 Ämter für Beamte und Beamtinnen bei den Regionalträgern der Deutschen Rentenversicherung

$_{1}$Die in diesem Gesetz ausgebrachten Ämter der Ersten Direktoren und Ersten Direktorinnen eines Regionalträgers der Deutschen Rentenversicherung sind nach Maßgabe sachgerechter Bewertung auf der Grundlage der in Anlage I Bundesbesoldungsordnung B des Bundesbesoldungsgesetzes in der am 31. August 2006 geltenden Fassung festgelegten Zahl der Versicherten und laufenden Rentenfällen zu verleihen. $_{2}$Das Staatsministerium für Familie, Arbeit und Soziales kann im Einvernehmen mit dem Staatsministerium der Finanzen und für Heimat die in Satz 1 genannten Bewertungskriterien bei Bedarf durch Rechtsverordnung fortentwickeln. 3Der stellvertretende Geschäftsführer oder die stellvertretende Geschäftsführerin oder das Mitglied der Geschäftsführung (Direktor oder Direktorin) werden jeweils eine Besoldungsgruppe niedriger eingestuft als der Erste Direktor oder die Erste Direktorin. 4Das Amt eines Abteilungsdirektors oder einer Abteilungsdirektorin in Besoldungsgruppe B 2 darf nur verliehen werden, wenn es sich dabei um den Leiter oder die Leiterin einer großen und bedeutenden Abteilung handelt und der Erste Direktor oder die Erste Direktorin mindestens in Besoldungsgruppe B 5 eingestuft ist.

Art. 30 Bemessung des Grundgehalts

(1) 1Das Grundgehalt in Besoldungsgruppen der Besoldungsordnung A wird nach Stufen bemessen. 2Bei der erstmaligen Begründung eines Beamtenverhältnisses mit Anspruch auf Grundbezüge zu einem der in Art. 1 Abs. 1 Satz 1 bezeichneten Dienstherren (Diensteintritt) erfolgt vorbehaltlich des Abs. 4 und des Art. 31 Abs. 1 und 2 die Zuordnung zur ersten mit einem Grundgehaltsbetrag ausgewiesenen Stufe der maßgeblichen Besoldungsgruppe (Anfangsstufe); war vor diesem Zeitpunkt ein Amt der Besoldungsordnung R übertragen, ist Art. 47 Abs. 1 Satz 3 zu beachten. 3In Fachlaufbahnen mit fachlichem Schwerpunkt nach Art. 34 Abs. 3 LlbG bei einem Einstieg in der dritten Qualifikationsebene gilt als Anfangsstufe nach Satz 2 die Stufe 3, wenn eine Regelstudiendauer von mehr als sechs Semester an einer Fachhochschule oder in einem gleichwertigen Studiengang festgelegt ist. 4Satz 3 gilt entsprechend bei sonstigem Qualifikationserwerb für eine Fachlaufbahn nach Art. 39 Abs. 1 LlbG. 5Die nach den Sätzen 2 bis 4 maßgebliche Stufe beginnt mit Wirkung vom Ersten des Monats, in dem die Ernennung nach Satz 2 Halbsatz 1 wirksam wird. 6Ausgehend von diesem Zeitpunkt regeln sich der Zeitraum des Verbleibens in der Anfangsstufe sowie das Aufsteigen in den Stufen nach Abs. 2 (Regelstufe).

(2) 1Das Grundgehalt steigt bei einer Leistung, die den mit dem Amt verbundenen Mindestanforderungen entspricht, in regelmäßigen Zeitabständen in den Stufen bis zum Erreichen der letzten Stufe (Endstufe) an. 2Die Zeitabstände nach Satz 1 betragen bis zu der in **Anlage 3** dargestellten Stufe 4 zwei Jahre, danach bis zur Stufe 8 drei Jahre und darüber hinaus vier Jahre. 3Zeiten ohne Anspruch auf Grundgehalt verzögern den Stufenaufstieg, soweit in Art. 31 Abs. 3 nichts anderes bestimmt ist. 4Die Zeiten nach Satz 3 werden auf volle Monate abgerundet.

(3) 1Voraussetzung für den Stufenaufstieg nach Abs. 2 ist, dass der Dienstherr feststellt, dass die Leistungen des Beamten oder der Beamtin den mit dem Amt verbundenen Mindestanforderungen entsprechen. 2Das Nähere kann die Staatsregierung durch Rechtsverordnung regeln. 3Zeiten, in denen die Voraussetzungen des Satzes 1 nicht vorliegen, verzögern den Stufenaufstieg solange, bis festgestellt wird, dass die Leistungen den mit dem Amt verbundenen Mindestanforderungen entsprechen. 4Zwischen der Feststellung nach Satz 1 und der nach Satz 3 muss ein Zeitraum von einem Jahr liegen. 5Die mit dem Amt verbundenen Mindestanforderungen gelten während der Zeiten nach Art. 31 Abs. 3 als erfüllt.

(4) 1Abs. 1 bis 3 gelten entsprechend bei Versetzung, Übernahme oder Übertritt eines Beamten oder einer Beamtin aus dem Dienst eines öffentlich-rechtlichen Dienstherrn außerhalb des Geltungsbereichs dieses Gesetzes oder einer vergleichbaren statusrechtlichen Änderung. 2Als maßgeblicher Zeitpunkt im Sinn des Abs. 1 Satz 2 und 5 gilt dabei der Diensteintritt beim früheren Dienstherrn. 3Von diesem Zeitpunkt berechnen sich die nach Art. 31 Abs. 1, 2, 4 und 5 Satz 2 ergebende Stufe, der Zeitraum des Verbleibens in der Anfangsstufe oder das Aufsteigen in den Stufen in entsprechender Anwendung des Abs. 2. 4Abs. 2 ist mit der Maßgabe anzuwenden, dass die Leistung bis zu einer Leistungsfeststellung nach Abs. 3 als den Mindestanforderungen entsprechend gilt, wenn nach den Vorschriften des früheren Dienstherrn regelmäßig ein Stufenaufstieg erfolgt ist.

(5) Die Entscheidungen zur Stufenfestsetzung nach Abs. 1 Satz 3 und 4, Abs. 2 Satz 3, Abs. 3 und Abs. 4 sind dem Beamten oder der Beamtin schriftlich mitzuteilen.

Art. 31 Berücksichtigungsfähige Zeiten

(1) Für die Stufenfestlegung nach Art. 30 Abs. 1 Satz 2 und 6 ist der Diensteintritt um folgende berücksichtigungsfähige Zeiten fiktiv vorzuverlegen:

1. Zeiten einer in den Laufbahnvorschriften für die Zulassung zur Fachlaufbahn in der entsprechenden Qualifikationsebene zusätzlich zu den Mindestanforderungen nach Art. 7 und 8 LlbG vorgeschriebenen hauptberuflichen Beschäftigung in einem privatrechtlichen Arbeitsverhältnis,
2. a) Zeiten des Wehr- oder Zivildienstes, eines Entwicklungshelferdienstes oder eines freiwilligen sozialen oder freiwilligen ökologischen Jahres, soweit dadurch die Pflicht, Grundwehrdienst oder Zivildienst zu leisten, erloschen ist, wenn der Ausgleich zur Vermeidung beruflicher Verzögerungen nach dem Arbeitsplatzschutzgesetz, dem Zivildienstgesetz, dem Entwicklungshelfer-Gesetz oder dem Soldatenversorgungsgesetz erfolgt; ist eine Berücksichtigung der Zeiten gemäß der Regelungen nach Buchst. b im größeren Umfang möglich, findet diese Anwendung,
   b) Zeiten eines freiwilligen Wehrdienstes nach dem Soldatengesetz, eines Bundesfreiwilligendienstes nach dem Bundesfreiwilligendienstgesetz, eines freiwilligen sozialen oder freiwilligen ökologischen Jahres nach dem Jugendfreiwilligendienstegesetz, eines Entwicklungshelferdienstes nach dem Entwicklungshelfer-Gesetz oder eines Freiwilligendienstes im Sinn des § 32 Abs. 4 Satz 1 Nr. 2 Buchst. d des Einkommensteuergesetzes (EStG) im Umfang von insgesamt höchstens zwei Jahren,
3. Elternzeiten bis zu drei Jahren für jedes Kind,
4. Zeiten der tatsächlichen Betreuung oder Pflege eines Angehörigen im Sinn des Art. 20 Abs. 5 des Bayerischen Verwaltungsverfahrensgesetzes (BayVwVfG) mit mindestens Pflegegrad 2 bis zu drei Jahren für jeden Pflegebedürftigen oder jede Pflegebedürftige,
5. auf Antrag Zeiten der Mitgliedschaft in der Bundesregierung oder einer Landesregierung, im Bayerischen Landtag oder in der gesetzgebenden Körperschaft eines anderen Landes der Bundesrepublik Deutschland, des Bundes oder der Europäischen Union, sofern für die Zeit der Zugehörigkeit keine Versorgungsabfindung gewährt wird,
6. Zeiten einer Eignungsübung nach dem Eignungsübungsgesetz.

(2) $_1$Der Zeitpunkt des Diensteintritts kann auf Antrag mit Wirkung vom Ersten des Antragsmonats um sonstige für die Beamtentätigkeit förderliche hauptberufliche Beschäftigungszeiten fiktiv vorverlegt werden. $_2$Dies gilt nicht für die ersten beiden Jahre einer förderlichen hauptberuflichen Beschäftigungszeit bei Beamten und Beamtinnen

1. der Eingangsämter nach Art. 23 Satz 1 Nr. 2 mit Ausnahme der Fachlaufbahnen mit einem fachlichen Schwerpunkt mit technischer Ausrichtung nach den Art. 34 Abs. 2 und Art. 38 Abs. 2 LlbG und
2. des Eingangsamts nach Art. 23 Satz 1 Nr. 4 Halbsatz 1.

$_3$Die für die Ausnahme nach Art. 14 Abs. 1 Satz 3 LlbG herangezogenen Beschäftigungszeiten werden nicht anerkannt. $_4$Für die darüber hinausgehenden Zeiten sind in diesen Fällen die Besonderheiten des Einzelfalls zu berücksichtigen. $_5$Die Entscheidung über die Anerkennung nach Satz 1 trifft die oberste Dienstbehörde oder die von ihr bestimmte Stelle im Einvernehmen mit dem Staatsministerium der Finanzen und für Heimat. $_6$Diese Entscheidung ist Grundlage für die Vorverlegung des Diensteintritts.

(3) Abweichend von Art. 30 Abs. 2 Satz 3 wird das regelmäßige Aufsteigen in den Stufen durch folgende Zeiten nicht verzögert:

1. Zeiten nach Abs. 1 und 2,
2. Zeiten einer Beurlaubung ohne Bezüge, die nach gesetzlichen Bestimmungen oder

infolge schriftlicher Anerkennung durch die oberste Dienstbehörde oder die von ihr bestimmte Stelle dienstlichen Interessen oder öffentlichen Belangen dienen.

(4) Zeiten nach Abs. 1 bis 3 werden auf volle Monate aufgerundet.

(5) 1Abs. 1 bis 3 gelten entsprechend bei Anwendung des Art. 30 Abs. 4. 2Eine Mehrfachberücksichtigung von Zeiten nach Abs. 1 bis 3 ist unzulässig.

(6) Die Entscheidungen nach Abs. 1, 2 Satz 3 und 4 und Abs. 3 sind dem Beamten oder der Beamtin schriftlich mitzuteilen.

Art. 32 Grundgehaltssätze

Die Beträge der aufsteigenden Grundgehaltssätze für die Besoldungsordnung A sowie der festen Grundgehaltssätze für die Besoldungsordnung B sind in Anlage 3 ausgewiesen.

Art. 33 Strukturzulage

1Beamte und Beamtinnen der Besoldungsgruppen A 9 bis einschließlich A 13 sowie Beamte und Beamtinnen im Polizeivollzugsdienst in der Besoldungsgruppe A 5 erhalten eine unwiderrufliche, das Grundgehalt ergänzende Strukturzulage nach Anlage 4. 2Satz 1 gilt nicht für Fachlehrer und Fachlehrerinnen ab Besoldungsgruppe A 10, Lehrer und Lehrerinnen ab Besoldungsgruppe A 12 sowie Studienräte und Studienrätinnen im Förderschuldienst, im Grundschuldienst, im Mittelschuldienst oder im Realschuldienst ab Besoldungsgruppe A 13. 3Die Strukturzulage wird entsprechend dem Grundgehalt nach Maßgabe des Art. 16 erhöht.

Art. 34 Amtszulagen und Zulagen für besondere Berufsgruppen

(1) 1Für dauerhaft wahrzunehmende, herausgehobene Funktionen, die dem Statusamt zuzurechnen sind, in ihrer Wertigkeit den Abstand zum Amt der nächsthöheren Besoldungsgruppe aber nicht erfüllen, werden unwiderrufliche Amtszulagen vorgesehen. 2Entsprechendes gilt, wenn in einer Fachlaufbahn zwischen dem Eingangsamt und dem nächstfolgenden funktionsbezogenen Beförderungsamt ein Zwischenbeförderungsamt eingefügt wird. 3Die Amtszulagen dürfen höchstens 75 v. H. des Unterschiedsbetrags zwischen der letzten Stufe des Grundgehalts (Endgrundgehalt) der Besoldungsgruppe des Beamten oder der Beamtin und dem Endgrundgehalt der nächsthöheren Besoldungsgruppe betragen.

(2) 1Eine dem Abs. 1 entsprechende Amtszulage (Zulage für besondere Berufsgruppen) wird bei Verwendung von Beamten und Beamtinnen bzw. deren Tätigkeiten in folgenden Bereichen gewährt:

1. für die Wahrnehmung von Aufgaben nach Art. 3 des Bayerischen Verfassungsschutzgesetzes oder im Verfassungsschutzdienst bei einer Tätigkeit für eine Stelle im Sinn von Art. 3 Abs. 1 Nr. 3 des Bayerischen Sicherheitsüberprüfungsgesetzes,
2. im Polizeivollzugsdienst (Art. 1 des Polizeiorganisationsgesetzes, Art. 1 des Polizeiaufgabengesetzes),
3. in Justizvollzugsanstalten, an der Bayerischen Justizvollzugsakademie in Straubing, in abgeschlossenen Vorführbereichen der Gerichte, in Abschiebungshafteinrichtungen sowie in geschlossenen Abteilungen oder Stationen bei psychiatrischen Krankenhäusern oder bei Entziehungsanstalten, die ausschließlich dem Vollzug von Maßregeln der Sicherung und Besserung dienen,
4. im Einsatzdienst der Feuerwehr (Art. 4 Abs. 1 des Bayerischen Feuerwehrgesetzes),
5. im Steuerfahndungsdienst (§§ 208 und 404 der Abgabenordnung),
6. als Hubschrauberführer oder Hubschrauberführerin sowie als Flugtechniker oder Flugtechnikerin mit einem gültigen Luftfahrtschein bei der Polizeihubschrauberstaffel in Bayern.

2Satz 1 Nr. 1 gilt auch für Beamte und Beamtinnen der Besoldungsordnung B; Satz 1 gilt bei Erfüllung der Voraussetzungen nach Maßgabe der Anlage 4 entsprechend auch für Anwärter und Anwärterinnen (Art. 26 Abs. 7 Satz 3). 3Die Zulage nach Satz 1 Nr. 3 wird nicht neben einer Zulage nach Satz 1 Nr. 2

gewährt; dies gilt entsprechend, wenn und solange die Zulage nach Satz 1 Nr. 2 gemäß Art. 21 Abs. 1 Satz 3 fortgezahlt wird.

(3) 1Die Amtszulagen nach Abs. 1 im Einzelnen ergeben sich aus den Besoldungsordnungen. 2Die Beträge der Amtszulagen nach Abs. 1 und 2 ergeben sich aus Anlage 4.

Art. 35 Grundlagen des Orts- und Familienzuschlags

1Der Orts- und Familienzuschlag wird nach Anlage 5 gewährt. 2Seine Höhe richtet sich nach der Ortsklasse des Hauptwohnsitzes (§ 21 Abs. 2 und § 22 des Bundesmeldegesetzes) des Beamten oder der Beamtin und der Stufe, die den Familienverhältnissen des Beamten oder der Beamtin entspricht. 3Die Sätze 1 und 2 gelten entsprechend für Dienstanfänger und Dienstanfängerinnen.

Art. 36 Ortsklassen und Stufen des Orts- und Familienzuschlags

(1) 1Die Ortsklasse des Hauptwohnsitzes des Beamten oder der Beamtin entspricht der Mietenstufe nach § 12 des Wohngeldgesetzes, welcher die Gemeinde zugeordnet ist. 2Ist die Gemeinde des Hauptwohnsitzes des Beamten oder der Beamtin keiner Mietenstufe nach dem Wohngeldgesetz zugeordnet, ist anstelle des Hauptwohnsitzes auf den dienstlichen Wohnsitz abzustellen. 3In den Fällen des Art. 38 richtet sich die Ortsklasse des Beamten oder der Beamtin nach der Mietenstufe der entsendenden Dienststelle. 4Ist in den Fällen der Sätze 1 bis 3 die Mietenstufe der Gemeinde um mehr als zwei Stufen geringer als diejenige des Landkreises, dem die Gemeinde angehört, richtet sich die Ortsklasse des Beamten oder der Beamtin nach der Mietenstufe des Landkreises. 5Für die Bestimmung der Ortsklasse sind die jeweiligen Verhältnisse am Ersten eines Monats maßgebend.

(2) Zur Stufe L gehören alle Beamten und Beamtinnen, die nicht zur Stufe V, zur Stufe 1 oder den folgenden gehören.

(3) Zur Stufe V gehören, soweit diese nicht zur Stufe 1 oder den folgenden gehören, verheiratete Beamte und Beamtinnen sowie Beamte und Beamtinnen in einer Lebenspartnerschaft im Sinn des Lebenspartnerschaftsgesetzes.

(4) 1Zur Stufe V gehören auch, soweit diese nicht zur Stufe 1 oder den folgenden gehören, Beamte und Beamtinnen, die eine andere Person, deren Hilfe sie aus gesundheitlichen Gründen bedürfen, nicht nur vorübergehend in ihre Wohnung aufgenommen haben. 2Beanspruchen mehrere nach Satz 1 Anspruchsberechtigte oder nach beamtenrechtlichen Grundsätzen Versorgungsberechtigte einen Orts- und Familienzuschlag der Stufe V wegen der Aufnahme einer Person oder mehrerer Personen im Sinn des Satzes 1 in die gemeinsam bewohnte Wohnung oder derselben Person in jeweils ihre Wohnungen, wird der Betrag der Stufe V des für den Berechtigten oder die Berechtigte maßgebenden Orts- und Familienzuschlags nach der Zahl der Berechtigten anteilig gewährt.

(5) 1Zur Stufe 1 und den folgenden Stufen gehören die Beamten und Beamtinnen, denen Kindergeld nach dem Einkommensteuergesetz oder dem Bundeskindergeldgesetz (BKGG) zusteht oder ohne Berücksichtigung des § 64 oder § 65 EStG oder des § 3 oder § 4 BKGG zustehen würde. 2Die Stufe richtet sich nach der Zahl der berücksichtigungsfähigen Kinder. 3Die Entscheidung der Familienkasse ist bindend. 4Hat neben dem Beamten oder der Beamtin eine andere Person Anspruch auf einen kindbezogenen Anteil nach einem Besoldungs- oder Versorgungsgesetz, wird der auf das jeweilige Kind entfallende Betrag dem Beamten oder der Beamtin gewährt, dem oder der das Kindergeld nach dem Einkommensteuergesetz oder dem Bundeskindergeldgesetz gewährt wird oder ohne Berücksichtigung des § 65 EStG oder des § 4 BKGG vorrangig zu gewähren wäre; Beamte und Beamtinnen im Sinn des Abs. 7 gelten insoweit als Berechtigte im Sinn des § 64 Abs. 2 Satz 1 EStG. 5Auf das Kind entfällt derjenige Betrag, der sich aus der für die Anwendung des Einkommensteuergesetzes oder des Bundeskindergeldgesetzes maßgebenden Reihenfolge der Kinder ergibt. 6Art. 6 findet auf den Betrag keine Anwendung, wenn einer oder eine der Anspruchsberech-

tigten im Sinn des Satzes 4 vollbeschäftigt oder nach beamtenrechtlichen Grundsätzen versorgungsberechtigt ist oder mehrere Anspruchsberechtigte in Teilzeit beschäftigt sind und dabei zusammen mindestens die regelmäßige Arbeitszeit bei Vollbeschäftigung erreichen. $_{7}$Sind mehrere Anspruchsberechtigte in Teilzeit beschäftigt und erreichen sie zusammen nicht die regelmäßige Arbeitszeit bei Vollbeschäftigung, werden ihre regelmäßigen Arbeitszeiten für die Anwendung des Art. 6 zusammengerechnet.

(6) $_{1}$Zur Stufe 1 und den folgenden Stufen gehören auch Beamte und Beamtinnen, die einen Angehörigen im Sinn des Art. 20 Abs. 5 BayVwVfG mit mindestens Pflegegrad 2 nicht nur vorübergehend in ihre Wohnung aufgenommen haben. $_{2}$Abs. 4 Satz 2 und Abs. 5 Satz 2 gelten entsprechend.

(7) Abs. 5 gilt für Beamte und Beamtinnen, die eine Lebenspartnerschaft führen oder geführt haben, entsprechend, sofern sie ein Kind ihres Lebenspartners oder ihrer Lebenspartnerin in ihren Haushalt aufgenommen haben.

(8) Die Bezügestellen dürfen die zur Durchführung dieser Vorschrift erforderlichen personenbezogenen Daten erheben und untereinander austauschen.

Art. 37 Änderung des Orts- und Familienzuschlags

$_{1}$Der Orts- und Familienzuschlag wird vom Ersten des Monats gezahlt, in den das hierfür maßgebende Ereignis fällt. $_{2}$Er wird nicht mehr gezahlt für den Monat, in dem die Anspruchsvoraussetzungen an keinem Tag vorgelegen haben. $_{3}$Sätze 1 und 2 gelten entsprechend für die Zahlung von Teilbeträgen der Stufen des Orts- und Familienzuschlags.

Art. 38 Auslandsbesoldung

$_{1}$Die Auslandsbesoldung der Beamten und Beamtinnen mit dienstlichem und tatsächlichem Wohnsitz im Ausland (allgemeine Verwendung im Ausland) regelt sich in entsprechender Anwendung der für die Bundesbeamten und Bundesbeamtinnen jeweils geltenden Vorschriften des Bundesbesoldungsgesetzes. $_{2}$Bei Anwendung des § 54 des Bundesbesoldungsgesetzes tritt in dessen Abs. 1 Satz 1 der Orts- und Familienzuschlag der Stufe V an die Stelle des Familienzuschlags der Stufe 1 sowie in dessen Abs. 4 Satz 4 Halbsatz 2 Art. 6 an die Stelle des § 6 des Bundesbesoldungsgesetzes. $_{3}$Bei Anwendung der Tabelle VI zum Bundesbesoldungsgesetz treten an die Stelle der dort dargestellten Beträge zur Grundgehaltsspanne die in Anlage 6 ausgewiesenen Beträge. $_{4}$Bei Gewährung der jährlichen Sonderzahlung (Art. 82) findet § 55 des Bundesbesoldungsgesetzes entsprechend Anwendung. $_{5}$Bei einer besonderen Verwendung im Ausland gelten für die Gewährung eines Auslandsverwendungszuschlags § 56 des Bundesbesoldungsgesetzes und die Auslandsverwendungszuschlagsverordnung sowie für die Gewährung einer Auslandsverpflichtungsprämie § 57 des Bundesbesoldungsgesetzes entsprechend. $_{6}$Soweit sich die bundesrechtlichen Vorschriften nach den Sätzen 1 bis 5 auf Ehepartner oder Ehegatten beziehen, gelten sie entsprechend für Beamte und Beamtinnen in einer Lebenspartnerschaft im Sinn des Lebenspartnerschaftsgesetzes.

Abschnitt 2
Regelungen für Professoren und Professorinnen, Juniorprofessoren und Juniorprofessorinnen, Nachwuchsprofessoren und Nachwuchsprofessorinnen sowie hauptberufliche Mitglieder von Hochschulleitungen

Art. 39 Anwendungsbereich

$_{1}$Die Regelungen dieses Abschnitts gelten für Professoren und Professorinnen, Juniorprofessoren und Juniorprofessorinnen, Nachwuchsprofessoren und Nachwuchsprofessorinnen sowie hauptberufliche Mitglieder von Hochschulleitungen. $_{2}$Zu den hauptberuflichen Mitgliedern von Hochschulleitungen im Sinn dieses Abschnitts gehören nicht die Kanzler und Kanzlerinnen.

Art. 40 Funktionsgerechte Besoldung, Grundgehalt

(1) Die Funktionen sind nach den mit ihnen verbundenen Anforderungen unter Berücksichtigung des Bayerischen Hochschulinnova-

tionsgesetzes (BayHIG) sachgerecht zu bewerten und Ämtern zuzuordnen.

(2) 1Das Grundgehalt bestimmt sich nach der Besoldungsgruppe des verliehenen Amtes. 2Art. 20 Abs. 2 bis 5 gilt entsprechend.

Art. 41 Besoldungsordnung W

(1) 1Die Ämter und ihre Besoldungsgruppen sind in der Besoldungsordnung W (Anlage 1) geregelt. 2Das Staatsministerium für Wissenschaft und Kunst wird ermächtigt, bis zu 10 v. H. der insgesamt für Professoren und Professorinnen an staatlichen Fachhochschulen und in Fachhochschulstudiengängen an anderen staatlichen Hochschulen zur Verfügung stehenden Stellen der Besoldungsgruppen W 2 und W 3 als Stellen der Besoldungsgruppe W 3 auszubringen.

(2) Für die Leitung der Hochschulen sind die Ämter mit einer alternativen Amtsbezeichnung je nach der Grundordnung der Hochschule ausgebracht.

(3) Die Grundgehaltssätze für die Besoldungsordnung W sind in Anlage 3 ausgewiesen.

Art. 42 Bemessung des Grundgehalts in den Besoldungsgruppen W 2 und W 3

1Das Grundgehalt in den Besoldungsgruppen W 2 und W 3 wird nach drei Stufen bemessen:

1. Die erste Stufe beginnt mit dem Ersten des Monats, in dem
   a) die Begründung des Beamtenverhältnisses mit Anspruch auf Grundgehalt als Professor, Professorin oder als hauptberufliches Mitglied einer Hochschulleitung erfolgt,
   b) die Versetzung aus dem Dienst eines anderen Dienstherrn in den Geltungsbereich dieses Gesetzes wirksam wird oder
   c) ein Wechsel aus einem Amt der Besoldungsordnung A, B, C kw, R oder der Besoldungsgruppe W 1 wirksam wird.
2. Die zweite Stufe wird nach fünf Jahren Dienstzeit mit Anspruch auf Grundgehalt erreicht.
3. Die dritte Stufe wird nach weiteren sieben Jahren Dienstzeit mit Anspruch auf Grundgehalt erreicht.

2Wird der Präsident oder die Präsidentin einer Hochschule aus einem Amt der Besoldungsgruppen W 2 oder W 3 heraus mit der Bestellung zum Beamten oder zur Beamtin auf Zeit ernannt, erfolgt keine erneute Stufenfestsetzung.

Art. 42a Berücksichtigungsfähige Zeiten

(1) Als Dienstzeiten werden bei der Stufenzuordnung und beim Aufsteigen in den Stufen nach Art. 42 berücksichtigt:

1. Zeiten mit Anspruch auf Grundgehalt an einer staatlichen Hochschule in einem Amt oder Dienstverhältnis
   a) als Professor oder Professorin und als Vertretungsprofessor oder als Vertretungsprofessorin,
   b) als hauptberufliches Mitglied einer Hochschulleitung,
   c) als hauptberuflicher Dekan oder als hauptberufliche Dekanin,
2. Zeiten an einer ausländischen Hochschule oder an einer deutschen, staatlich anerkannten Hochschule, wenn
   a) in diesem Zeitraum eine hauptberufliche Professur oder Vertretungsprofessur wahrgenommen wurde und
   b) die Anforderungen an dieses Professorenamt Art. 59 Abs. 1 BayHIG entsprechen,
3. ab der erstmaligen Ernennung auf eine Professur im Sinn von Nr. 1 oder Nr. 2:
   a) Zeiten einer Beurlaubung ohne Grundbezüge zur Wahrnehmung von Tätigkeiten in Forschung, Entwicklung, Kunst oder Lehre, wenn spätestens bei Beendigung des Urlaubs schriftlich zugestanden worden ist, dass diese Zeiten öffentlichen Belangen oder dienstlichen Interessen dienen,
   b) Zeiten entsprechend Art. 31 Abs. 1 Nr. 3 bis 6.

(2) 1Zeiten ohne Anspruch auf Grundgehalt verzögern den Stufenaufstieg, soweit sie nicht von Abs. 1 und 3 Satz 2 erfasst werden. 2Zeiten nach Abs. 1 und 3 Satz 2 werden auf volle Monate aufgerundet, Zeiten nach Satz 1 auf volle Monate abgerundet. 3Eine Mehr-

fachberücksichtigung der Zeiten nach Abs. 1 und 3 Satz 2 ist unzulässig.

(3) $_1$Die Feststellung über die Berücksichtigung von Zeiten nach Abs. 1 Nr. 1, 2 und 3 Buchst. a trifft der Präsident oder die Präsidentin der Hochschule. $_2$Der Präsident oder die Präsidentin kann im Einzelfall mit Zustimmung des Staatsministeriums für Wissenschaft und Kunst Beurlaubungszeiten ab der erstmaligen Ernennung auf eine Professur anerkennen, die den Fällen des Art. 31 Abs. 1 Nr. 5 entsprechen; das Staatsministerium der Finanzen und für Heimat ist zu beteiligen.

(4) $_1$Die Entscheidungen über die Berücksichtigung von Zeiten nach Abs. 1 und 3 Satz 2 sind dem Professor, der Professorin oder dem hauptberuflichen Mitglied einer Hochschulleitung von den zuständigen Stellen schriftlich bekannt zu geben. $_2$In diesen Fällen hat das Landesamt für Finanzen die sich daraus ergebende Stufe sowie die in dieser Stufe verbrachte Zeit schriftlich bekannt zu geben.

Art. 43 Weitere Vorschriften

Art. 35 bis 38 gelten entsprechend.

Abschnitt 3
Regelungen für Richter, Richterinnen, Staatsanwälte und Staatsanwältinnen

Art. 44 Allgemeine Vorschriften

Die Regelungen dieses Abschnitts gelten für Richter, Richterinnen, Staatsanwälte und Staatsanwältinnen.

Art. 45 Funktionsgerechte Besoldung, Grundgehalt

(1) Die Funktionen der Richter, Richterinnen, Staatsanwälte und Staatsanwältinnen sind nach den mit ihnen verbundenen Anforderungen unter Berücksichtigung des Deutschen Richtergesetzes sachgerecht zu bewerten und Ämtern zuzuordnen.

(2) $_1$Das Grundgehalt bestimmt sich nach der Besoldungsgruppe des verliehenen Amtes. $_2$Ist dem Richter oder der Richterin kein Amt verliehen, so bestimmt sich das Grundgehalt des Richters oder der Richterin nach der Besoldungsgruppe R 1. $_3$Art. 20 Abs. 2 bis 5 und Art. 21 gelten entsprechend.

Art. 46 Besoldungsordnung R

$_1$Die Ämter der Richter, Richterinnen, Staatsanwälte und Staatsanwältinnen und ihre Besoldungsgruppen sind in der Besoldungsordnung R (Anlage 1) geregelt. $_2$Art. 25 gilt entsprechend.

Art. 47 Bemessung des Grundgehalts

(1) $_1$Das Grundgehalt ist, soweit die Besoldungsordnung nicht feste Gehälter vorsieht, nach Stufen bemessen. $_2$Die erste Stufe beginnt mit dem Ersten des Monats, in dem der Diensteintritt erfolgt. $_3$Als Diensteintritt gilt der Tag der erstmaligen Ernennung zum Richter, zur Richterin, zum Staatsanwalt oder zur Staatsanwältin, soweit hieraus ein Anspruch auf Grundgehalt entsteht. $_4$Bestand vor diesem Zeitpunkt ein Beamtenverhältnis zu einem der in Art. 1 Abs. 1 Satz 1 bezeichneten Dienstherren, wird der Diensteintritt auf die Begründung dieses Beamtenverhältnisses vorverlegt.

(2) $_1$Ab dem Zeitpunkt des Diensteintritts steigt das Grundgehalt im Abstand von zwei Jahren bis zum Erreichen der letzten Stufe an. $_2$Art. 30 Abs. 2 Satz 3 und 4, Abs. 4 Satz 1 bis 3 und Abs. 5 sowie Art. 31 gelten entsprechend mit der Maßgabe, dass sich der Stufenaufstieg nach Art. 30 Abs. 4 Satz 3 in entsprechender Anwendung des Satzes 1 berechnet.

Art. 48 Grundgehaltssätze

Die Grundgehaltssätze für die Besoldungsordnung R sind in Anlage 3 ausgewiesen.

Art. 49 Weitere Vorschriften

Art. 34 bis 38 gelten entsprechend.

Abschnitt 4
Regelung für Prüfungsgebietsleiter und Prüfungsgebietsleiterinnen beim Bayerischen Obersten Rechnungshof

Art. 50 Prüfungsgebietsleiter und Prüfungsgebietsleiterinnen beim Bayerischen Obersten Rechnungshof

Die Ämter der Prüfungsgebietsleiter und Prüfungsgebietsleiterinnen beim Bayerischen Obersten Rechnungshof sind entsprechend den gestellten Anforderungen als Ämter für

Leitende Ministerialräte und Leitende Ministerialrätinnen einzustufen.

Teil 3
Nebenbezüge

Abschnitt 1
Zulagen

III

Art. 51 Stellenzulagen

(1) Für herausgehobene Funktionen, die bei der Ämterbewertung unberücksichtigt bleiben und deshalb von Art. 34 nicht erfasst werden, können Stellenzulagen in folgenden Fällen vorgesehen werden:

1. Tätigkeit als Lehrende im Rahmen der Ausbildung von Nachwuchskräften oder der dienstlichen Fortbildung, sofern die Verpflichtung zur Lehrtätigkeit mindestens die Hälfte des Hauptamtes umfasst und nicht zu den herkömmlichen Aufgaben des Amtes gehört (Lehrzulage); bei Teilzeitbeschäftigung gilt eine im gleichen Verhältnis verringerte Verpflichtung zur Lehrtätigkeit,
2. Lehrer und Lehrerinnen mit besonderen Funktionen, die sich von den ihrer Ausbildung entsprechenden Aufgaben abheben (Lehrerfunktionszulage),
3. Tätigkeit an einer obersten Dienstbehörde des Staates und bei Abordnung an eine oberste Bundesbehörde oder an einen obersten Gerichtshof des Bundes (Ministerialzulage),
4. Tätigkeit als freigabeberechtigtes Personal von Luftfahrtgerät (Luftfahrtgeräteprüferzulage),
5. Beamte und Beamtinnen im Außendienst der Steuerverwaltung sowie Prüfungsbeamte und Prüfungsbeamtinnen der Finanzgerichte (Steuerprüferzulage),
6. Beamte und Beamtinnen, die eine vorgeschriebene Meisterprüfung oder staatliche Abschlussprüfung an einer Fachschule (Technikerschule) bestanden haben (Meisterzulage),
7. Tätigkeit bei den bayerischen Kommunalen Spitzenverbänden oder dem Bayerischen Kommunalen Prüfungsverband (Verbandszulage),
8. Tätigkeit im Justizwachtmeisterdienst bei den Gerichten und Staatsanwaltschaften zur Aufrechterhaltung von Sicherheit und Ordnung (Justizwachtmeisterzulage).

(2) $_1$Die Stellenzulagen dürfen 75 v. H. des Unterschiedsbetrags zwischen dem Endgrundgehalt der Besoldungsgruppe des Beamten oder der Beamtin und dem Endgrundgehalt der nächsthöheren Besoldungsgruppe nicht übersteigen, soweit in diesem Gesetz nichts anderes bestimmt ist. $_2$Die in Anlage 7 ausgebrachten Höchstgrenzen oder Vomhundertsätze bleiben unberührt.

(3) $_1$Die Stellenzulagen werden nur für die Dauer der tatsächlichen Wahrnehmung der herausgehobenen Funktionen gewährt und sind widerruflich. $_2$Eine Ausnahme vom Erfordernis der tatsächlichen Wahrnehmung gilt insbesondere im Fall

1. eines Erholungsurlaubs,
2. einer Erkrankung einschließlich Kur,
3. einer Dienstbefreiung,
4. einer Teilnahme an Fortbildungsveranstaltungen,
5. eines Dienstgangs oder einer Dienstreise.

$_3$Bei vorübergehender Übertragung einer anderen Funktion, die zur Herbeiführung eines im besonderen öffentlichen Interesse liegenden unaufschiebbaren und zeitgebundenen Ergebnisses wahrgenommen werden muss, wird für die Dauer der Wahrnehmung dieser anderen Funktion die Stellenzulage weitergewährt; sie wird für höchstens drei Monate auch weitergewährt, wenn die vorübergehende Übertragung einer anderen Funktion zur Sicherung der Funktionsfähigkeit des Behördenbereichs, in dem die betreffende Person eingesetzt wird, dringend erforderlich ist. $_4$Daneben wird eine Stellenzulage für diese andere Funktion nur in der Höhe des Mehrbetrags gewährt. $_5$Die Entscheidung, ob die Voraussetzungen des Satzes 3 vorliegen, trifft im staatlichen Bereich die oberste Dienstbehörde im Einvernehmen mit dem Staatsministerium der Finanzen und für Heimat.

(4) Das Nähere zur Ausgestaltung des gesetzlichen Rahmens regelt die Staatsregierung

durch Rechtsverordnung; sie kann dabei auch die Konkurrenz zu anderen Bezügen regeln.

Art. 52 Ausgleichszulage für den Wegfall von Stellenzulagen

(1) $_{1}$Der Wegfall einer Stellenzulage aus dienstlichen Gründen wird durch Ausgleichszulage ausgeglichen, wenn der Beamte oder die Beamtin vor dem dienstlichen Verwendungswechsel mindestens fünf Jahre ununterbrochen zulageberechtigend verwendet worden ist. $_{2}$Eine Unterbrechung ist unschädlich, wenn sie auf den in Art. 31 Abs. 1 Nr. 2 bis 4 genannten Zeiten beruht oder wegen öffentlicher Belange oder aus dienstlichen Gründen geboten ist. $_{3}$Der Zeitraum der Unterbrechung nach Satz 2 ist nicht auf den Zeitraum nach Satz 1 anzurechnen. $_{4}$Die Ausgleichszulage wird auf den Betrag festgesetzt, der am Tag vor dem Wegfall der auszugleichenden Stellenzulage zugestanden hat. $_{5}$Die Ausgleichszulage vermindert sich frühestens nach Ablauf eines Jahres mit den darauffolgenden linearen Besoldungsanpassungen jeweils um 20 v. H. des nach Satz 4 maßgebenden Betrags. $_{6}$Entsteht in der neuen Verwendung ein Anspruch auf dieselbe oder eine vergleichbare Stellenzulage, ist diese auf die Ausgleichszulage in voller Höhe anzurechnen.

(2) $_{1}$Abs. 1 gilt entsprechend für Ruhestandsbeamte und Ruhestandsbeamtinnen, die nach § 29 BeamtStG erneut in das Beamtenverhältnis berufen werden. $_{2}$Abs. 1 gilt nicht, wenn der Wegfall einer Stellenzulage auf einer Disziplinarmaßnahme beruht oder wenn in der neuen Verwendung Auslandsbesoldung gezahlt wird.

Art. 53 Zulage für die Wahrnehmung befristeter Funktionen

(1) $_{1}$Wird einem Beamten oder einer Beamtin eine befristete herausgehobene Funktion übertragen, kann eine Zulage zu den Grundbezügen gewährt werden. $_{2}$Satz 1 gilt entsprechend für die Übertragung einer herausgehobenen Funktion, die üblicherweise nur befristet wahrgenommen wird. $_{3}$Die Zulage kann bei ununterbrochener Wahrnehmung der Funktion bis zu einer Dauer von längstens fünf Jahren gezahlt werden.

(2) $_{1}$Die Zulage wird bis zur Höhe des Unterschiedsbetrags zwischen dem Grundgehalt der Besoldungsgruppe des Beamten oder der Beamtin und dem Grundgehalt der Besoldungsgruppe, die der Wertigkeit der wahrgenommenen Funktion entspricht, höchstens jedoch der dritten folgenden Besoldungsgruppe, gewährt. $_{2}$Besteht zu den Grundgehältern des Satzes 1 ein Anspruch auf Zulagen nach Art. 33 und 34, sind diese zu berücksichtigen. $_{3}$Die Zulage vermindert sich bei jeder Beförderung um den jeweiligen Erhöhungsbetrag. $_{4}$Art. 52 findet keine Anwendung.

(3) Die Entscheidung über die Gewährung der Zulage trifft im Rahmen haushaltsrechtlicher Bestimmungen die oberste Dienstbehörde.

Art. 54 (weggefallen)

Art. 55 Zulagen für besondere Erschwernisse

(1) $_{1}$Zur Abgeltung besonderer Erschwernisse, die nicht schon bei der Ämterbewertung berücksichtigt, anderweitig abgegolten oder ausgeglichen sind, können Erschwerniszulagen gewährt werden. $_{2}$Das Nähere regelt die Staatsregierung durch Rechtsverordnung nach Maßgabe der Abs. 2 bis 4; dabei können Regelungen für Anwärter und Anwärterinnen sowie für Konkurrenzen zu anderen Bezügen vorgesehen werden.

(2) $_{1}$Anspruch auf eine Erschwerniszulage besteht nur für tatsächlich geleistete Dienste und nur für die Dauer der bestehenden Erschwernis. $_{2}$Durch eine Erschwerniszulage wird ein mit der Erschwernis verbundener Aufwand mit abgegolten. $_{3}$Einzelabgeltung oder Pauschalabgeltung in festen Monatsbeträgen ist möglich; Doppelabgeltungen aus gleichem Sachgrund sind unzulässig. $_{4}$Bei Pauschalabgeltung findet Art. 4 Abs. 2 Anwendung.

(3) $_{1}$Bei einer Unterbrechung der zulageberechtigenden Tätigkeit wird in den Fällen des Art. 51 Abs. 3 Satz 2 unabhängig von anderen gesetzlich bestimmten Fortzahlungstatbeständen eine monatliche Erschwerniszulage

weitergewährt. $_{2}$Bei einem Sonderurlaub unter Fortzahlung der Bezüge kann eine Erschwerniszulage weitergewährt werden. $_{3}$Bei einer Unterbrechung der zulageberechtigenden Verwendung durch Erkrankung einschließlich Kur wird die Zulage weitergewährt bis zum Ende des sechsten Monats, der auf den Eintritt der Unterbrechung folgt.

(4) $_{1}$Wird eine zulageberechtigende Verwendung durch einen Dienstunfall im Sinn des Art. 54 des Bayerischen Beamtenversorgungsgesetzes unterbrochen, ist die Zulage unabhängig von der Art ihrer Abgeltung (Einzel- oder Pauschalabgeltung) für die Dauer der Unterbrechung weiterzugewähren. $_{2}$Bemessungsgrundlage bei Einzelabgeltung ist der Durchschnittsbetrag der letzten drei Monate vor Beginn des Monats, in dem der Unfall eingetreten ist.

Art. 56 Besondere Zulage für Richter und Richterinnen

(1) $_{1}$Wird ein Richter als Generalsekretär des Verfassungsgerichtshofs oder eine Richterin als Generalsekretärin des Verfassungsgerichtshofs verwendet (Art. 11 Satz 1 des Gesetzes über den Bayerischen Verfassungsgerichtshof), erhält er oder sie eine Zulage. $_{2}$Diese Zulage wird in Höhe des Unterschieds zwischen dem jeweiligen Grundgehalt seiner oder ihrer Besoldungsgruppe und dem Grundgehalt der Besoldungsgruppe R 6 gewährt.

(2) $_{1}$Für Richter und Richterinnen, für Vorsitzende Richter und Vorsitzende Richterinnen der Besoldungsgruppen R 1 und R 2 an einem Verwaltungsgericht, einem Finanzgericht oder beim Bayerischen Verwaltungsgerichtshof, die zur Unterstützung der Geschäftsleitung mit herausgehobenen Verwaltungsaufgaben von erheblichem Umfang betraut sind, können Stellen mit einer Zulage in Höhe der Zulage, die ein Vorsitzender Richter oder eine Vorsitzende Richterin als weiterer aufsichtführender Richter oder als weitere aufsichtführende Richterin am Landgericht erhält, ausgebracht werden. $_{2}$Bei Gerichten mit bis zu 30 Planstellen für Richter und Richterinnen kann höchstens eine zulagenfähige Stelle, bei Gerichten mit mehr als 30 Planstellen für jeweils bis zu zehn weiteren Planstellen jeweils höchstens eine weitere zulagenfähige Stelle ausgewiesen werden.

Art. 57 Zulagen für Professoren und Professorinnen, Juniorprofessoren und Juniorprofessorinnen, Nachwuchsprofessoren und Nachwuchsprofessorinnen

(1) $_{1}$Professoren und Professorinnen, Juniorprofessoren und Juniorprofessorinnen sowie Nachwuchsprofessoren und Nachwuchsprofessorinnen der Besoldungsordnung W, die im Hauptamt Mittel Dritter für Forschungs- oder Lehrvorhaben der Hochschule einwerben und diese Vorhaben durchführen, kann für die Dauer des Drittmittelflusses aus diesen Mitteln eine Zulage gewährt werden, soweit der Drittmittelgeber mit der Vergabe einverstanden ist (Forschungs- und Lehrzulage). $_{2}$Eine Zulage darf nur gewährt werden, soweit neben den übrigen Kosten des Forschungs- oder Lehrvorhabens auch die Zulagenbeträge durch die Drittmittel gedeckt sind. $_{3}$Die Forschungs- und Lehrzulagen dürfen innerhalb eines Kalenderjahres insgesamt 100 v. H. des Jahresgrundgehalts des Professors oder der Professorin, des Juniorprofessors oder der Juniorprofessorin, des Nachwuchsprofessors oder der Nachwuchsprofessorin grundsätzlich nicht überschreiten; Überschreitungen können in besonderen Fällen im Einvernehmen mit dem Staatsministerium für Wissenschaft und Kunst zugelassen werden. $_{4}$Sie nehmen nicht an den allgemeinen Besoldungsanpassungen teil. $_{5}$Die Lehrtätigkeit im Rahmen des Lehrvorhabens, für das eine Lehrzulage gewährt wird, ist auf die jeweils obliegende Lehrverpflichtung nicht anzurechnen.

(2) Professoren, die zugleich das Amt eines Richters, und Professorinnen, die zugleich das Amt einer Richterin der Besoldungsgruppen R 1, R 2 oder R 3 ausüben, erhalten, solange sie beide Ämter bekleiden, die Besoldung aus ihrem Amt als Professor oder Professorin und eine Zulage (Richterzulage) nach Anlage 8.

(3) Juniorprofessoren, die sich als Hochschullehrer bewährt haben, und Juniorprofessorinnen, die sich als Hochschullehrerinnen bewährt haben (Art. 63 Abs. 2 Satz 2 BayHIG),

erhalten ab dem Zeitpunkt der ersten Verlängerung des Beamtenverhältnisses auf Zeit eine monatliche Zulage nach Anlage 8.

Abschnitt 2
Zuschläge

Art. 58 Zuschlag bei Altersteilzeit

(1) 1Bei Altersteilzeit gemäß Art. 91 Abs. 1 Satz 1 BayBG oder Art. 10 Abs. 1 Satz 1 des Bayerischen Richter- und Staatsanwaltsgesetzes wird zur Nettobesoldung nach Art. 6 ein Zuschlag gewährt. 2Der Zuschlag wird in Höhe des Unterschiedsbetrags zwischen der Nettobesoldung nach Art. 6 und 80 v. H. der Nettobesoldung, die sich aus der in den letzten fünf Jahren vor Beginn der Altersteilzeit durchschnittlich geleisteten Arbeitszeit ergibt, gewährt; Art. 7 Satz 2 ist zu berücksichtigen. 3Zur Ermittlung der letztgenannten Nettobesoldung ist die Bruttobesoldung um die Lohnsteuer entsprechend der individuellen Steuerklasse (§§ 38a, 38b EStG), den Solidaritätszuschlag und um einen Abzug in Höhe von 8 v. H. der Lohnsteuer zu vermindern; Freibeträge (§ 39a EStG) oder sonstige individuelle Merkmale bleiben unberücksichtigt.

(2) Zur Nettobesoldung im Sinn des Abs. 1 Satz 2 gehören die in Art. 2 Abs. 2 Nr. 1 bis 4 und Abs. 3 Nr. 1 (mit Ausnahme des Art. 55), Nr. 2 (mit Ausnahme des Art. 58), Nr. 4 (mit Ausnahme des Art. 67) und Nr. 6 und 7 bezeichneten Besoldungsbestandteile.

Art. 59 Zuschlag bei begrenzter Dienstfähigkeit

(1) 1Der Zuschlag nach Art. 7 Satz 2 beträgt 50 v. H. des Unterschiedsbetrags zwischen der nach Art. 7 Satz 1 gekürzten Besoldung und der Besoldung, die nach der regelmäßigen wöchentlichen Arbeitszeit zu zahlen wäre. 2Wird die Arbeitszeit in begrenzter Dienstfähigkeit auf Grund einer Teilzeitbeschäftigung reduziert, verringert sich der Zuschlag nach Satz 1 entsprechend dem Verhältnis zwischen der wegen begrenzter Dienstfähigkeit verringerten Arbeitszeit und der insgesamt reduzierten Arbeitszeit.

(2) 1Der Zuschlag wird nicht gewährt, wenn ein Zuschlag nach Art. 58 zusteht. 2Davon unberührt bleibt die Regelung des Art. 58 Abs. 1 Satz 2 Halbsatz 2.

Art. 60 Zuschlag zur Sicherung der Funktions- und Wettbewerbsfähigkeit

(1) Zur Sicherung der Funktions- und Wettbewerbsfähigkeit des öffentlichen Dienstes können Beamten und Beamtinnen der Besoldungsordnung A und der Besoldungsgruppe W 1 Zuschläge gewährt werden, wenn ein bestimmter Dienstposten andernfalls insbesondere im Hinblick auf die fachliche Qualifikation sowie die Bedarfs- und Bewerberlage nicht anforderungsgerecht besetzt werden kann und die Deckung des Personalbedarfs dies im konkreten Fall erfordert.

(2) 1Der Zuschlag darf monatlich 10 v. H. der ersten Stufe des Grundgehalts (Anfangsgrundgehalt) der entsprechenden Besoldungsgruppe, Grundgehalt und Zuschlag dürfen zusammen das Endgrundgehalt der entsprechenden Besoldungsgruppe nicht übersteigen; bei Beamten und Beamtinnen der Besoldungsgruppe W 1 darf der Zuschlag monatlich 10 v. H. des Grundgehalts der Besoldungsgruppe nicht übersteigen. 2Die Gewährung des Zuschlags ist längstens auf den Zeitraum begrenzt, für den im jeweiligen Haushaltsplan des Dienstherrn entsprechende Haushaltsmittel veranschlagt und bewillgt wurden. 3Bei der Gewährung kann festgelegt werden, dass im Fall einer Beförderung der Zuschlag vorzeitig entfällt. 4Der Zuschlag kann rückwirkend höchstens für drei Monate gewährt werden, wobei hierfür auf die Fälligkeit der Bezüge abzustellen ist. 5Eine rückwirkende Gewährung des Zuschlags für mehr als drei Monate ist nur mit Zustimmung des Staatsministeriums der Finanzen und für Heimat möglich. 6Der Zuschlag kann nach vollständigem Wegfall erneut gewährt werden, wenn die Voraussetzungen des Abs. 1 wieder oder noch vorliegen. 7Art. 6 gilt entsprechend.

(3) Die Ausgaben für die Zuschläge eines Dienstherrn dürfen 0,1 v. H. der im jeweiligen Haushaltsplan des Dienstherrn veranschlagten jährlichen Besoldungsausgaben nicht überschreiten.

(4) Die Entscheidung über die Gewährung von Zuschlägen trifft die oberste Dienstbehörde oder die von ihr durch Rechtsverordnung bestimmte Stelle im Einvernehmen mit dem Staatsministerium der Finanzen und für Heimat.

Art. 60a Zuschlag zur Gewinnung von IT-Fachkräften

(1) $_{1}$Beamten und Beamtinnen der Besoldungsordnung A kann beim Einstieg in der dritten Qualifikationsebene in der Fachlaufbahn Naturwissenschaft und Technik oder in der Fachlaufbahn Polizei und Verfassungsschutz mit dem Schwerpunkt Technik ein Zuschlag (IT-Fachkräftegewinnungszuschlag) gewährt werden, wenn ein bestimmter Dienstposten in der Informationstechnologie andernfalls insbesondere im Hinblick auf die fachliche Qualifikation sowie die Bedarfs- und Bewerberlage nicht anforderungsgerecht besetzt werden kann und die Deckung des Personalbedarfs dies im konkreten Fall erfordert. $_{2}$Die Informationstechnologie nach Satz 1 umfasst elektronische Systeme, insbesondere zur Gewinnung, Speicherung und Verarbeitung von Informationen, sowie die IT-Sicherheit, Netzwerk- und Datenbankanwendungen und das Software Engineering. $_{3}$Die reine Anwendung der Informationstechnologie stellt keine anspruchsbegründende Tätigkeit im Sinn von Satz 1 dar.

(2) $_{1}$Der Zuschlag beträgt monatlich bis zu 400 €. $_{2}$Bei der Gewährung kann festgelegt werden, dass er im Fall einer Beförderung verringert wird oder vorzeitig entfällt. $_{3}$Der Zuschlag kann für einen Zeitraum von insgesamt zehn Jahren gewährt werden. $_{4}$Wird der Zuschlag für einen kürzeren Zeitraum gewährt, kann er nach Wegfall in unmittelbarem Anschluss erneut gewährt werden, sofern dies im konkreten Fall im Hinblick auf die anforderungsgerechte Dienstpostenbesetzung weiterhin erforderlich ist. $_{5}$Der Zuschlag vermindert sich spätestens nach fünf Jahren der tatsächlichen Zahlung um 40 v. H., nach spätestens weiteren drei Jahren um 30 v. H. des dann jeweils gewährten Zuschlagsbetrags. $_{6}$Art. 6 gilt entsprechend. $_{7}$Der Zuschlag entfällt bei einem Wechsel des Dienstpostens, wenn für den neuen Dienstposten die Voraussetzungen nach Abs. 1 nicht vorliegen. $_{8}$Ausnahmen hiervon bedürfen der Zustimmung des Staatsministeriums der Finanzen und für Heimat.

(3) $_{1}$Der IT-Fachkräftegewinnungszuschlag wird nicht neben einem Zuschlag nach Art. 60 gewährt. $_{2}$Der nach Art. 108 Abs. 12 weitergewährte Gesundheitsdienstzuschlag geht einem IT-Fachkräftegewinnungszuschlag vor.

(4) Die Ausgaben für die IT-Fachkräftegewinnungszuschläge des Dienstherrn dürfen 1 v. H. der im jeweiligen Haushaltsplan des Dienstherrn veranschlagten jährlichen Besoldungsausgaben nicht überschreiten.

(5) Die Entscheidung über die Gewährung von Zuschlägen trifft die oberste Dienstbehörde oder die von ihr durch Rechtsverordnung bestimmte Stelle.

Abschnitt 3
Vergütungen

Art. 61 Mehrarbeitsvergütung

(1) $_{1}$Eine Vergütung nach Art. 87 Abs. 2 Satz 5 BayBG setzt voraus, dass sich die angeordnete oder genehmigte Mehrarbeit auf konkrete, zeitlich abgrenzbare und messbare Dienste bezieht. $_{2}$Die Mehrarbeitsvergütung kann nur dann geleistet werden, wenn im Einzelnen nachgewiesen ist, dass ein Freizeitausgleich aus zwingenden dienstlichen Gründen nicht innerhalb eines Jahres möglich war; die Ausnahmeregelung des Art. 87 Abs. 5 BayBG bleibt unberührt.

(2) $_{1}$Vergütungsfähig ist Mehrarbeit (Art. 87 Abs. 2 Satz 1 BayBG) nur dann, wenn sie im Rahmen eines Bereitschaftsdienstes, Schichtdienstes oder allgemein geltenden besonderen Dienstplans geleistet wird. $_{2}$Mehrarbeitsstunden können ausnahmsweise in Fällen besonderer Dienstleistungen (Sondereinsätze) vergütet werden, wenn unter unverzüglichem Einsatz entsprechender Kräfte ein Arbeitsergebnis erzielt werden muss und dies zur Vermeidung erheblicher Nachteile für die Allgemeinheit bis zu einem bestimmten, nicht hinauszuschiebenden Termin vorliegen muss. $_{3}$Mehrarbeitsstunden zur Erfüllung der den Beamten und Beam-

tinnen übertragenen fortlaufenden Verwaltungsaufgaben sind nicht zu vergüten.

(3) $_1$Abrechnungszeitraum von vergütungsfähiger Mehrarbeit ist der Kalendermonat. $_2$Als Mehrarbeitsstunde gilt die volle Zeitstunde. $_3$Hiervon abweichend wird eine Stunde Bereitschaftsdienst nur entsprechend dem Umfang der erfahrungsgemäß bei der betreffenden Tätigkeit durchschnittlich anfallenden Inanspruchnahme berücksichtigt; dabei ist schon die Ableistung eines Dienstes in Bereitschaft als solche in jeweils angemessenem Umfang anzurechnen. $_4$Eine im Bereitschaftsdienst tatsächlich erbrachte Dienstleistung ist dabei in vollem Umfang anzusetzen. $_5$Ergibt sich bei der monatlichen Mehrarbeitsstundenberechnung ein Bruchteil einer Stunde, so werden 30 Minuten und mehr auf eine volle Stunde aufgerundet, weniger als 30 Minuten bleiben unberücksichtigt.

(4) $_1$Mehrarbeit im Schuldienst liegt vor, wenn von der Lehrkraft Unterricht über die für sie geltende Pflichtstundenzahl hinaus erteilt wird; als Mehrarbeitsstunde gilt eine Unterrichtsstunde. $_2$Abs. 3 Satz 1 bleibt unberührt.

(5) $_1$Die Höhe der Vergütung nach Abs. 1 richtet sich nach dem Umfang der tatsächlich geleisteten Mehrarbeit. $_2$Die Beträge der Mehrarbeitsvergütungssätze je Stunde für Beamte und Beamtinnen der Besoldungsordnung A ergeben sich nach Maßgabe der Anlage 9 aus vier Klassifizierungen, im Schuldienst aus zwei Klassifizierungen an jeder Schulart. $_3$Der Mehrarbeitsvergütungssatz für Beamte und Beamtinnen der Besoldungsgruppen A 13 bis A 16 gilt entsprechend für Staatsanwälte und Staatsanwältinnen der Besoldungsgruppen R 1 und R 2. $_4$Maßgebend ist die Besoldungsgruppe, der der Beamte oder die Beamtin zum Zeitpunkt der geleisteten Mehrarbeitsstunden zugeordnet war. $_5$Teilzeitbeschäftigte erhalten die Mehrarbeitsvergütungssätze, wenn die regelmäßige monatliche Arbeitszeit oder Unterrichtspflichtzeit einer Vollzeitkraft überschritten wird; bis zu dieser Grenze ist ihnen als Mehrarbeitsvergütung mindestens die Besoldung (Art. 2 mit Ausnahme des Abs. 3 Nr. 2 Art. 58, Nr. 4 Art. 67 und Nr. 6 Art. 82 betreffend) nach Art. 6 zu zahlen; stattdessen sind die Mehrarbeitsvergütungssätze zu zahlen, wenn diese höher sind.

Art. 62 Vergütung von Arbeitszeitguthaben (Ausgleichszahlung)

(1) Die Staatsregierung wird ermächtigt, durch Rechtsverordnung die Gewährung einer Ausgleichszahlung für Beamte und Beamtinnen zu regeln, bei denen ein Arbeitszeitausgleich aus einer langfristigen ungleichmäßigen Verteilung der Arbeitszeit, während der eine von der für sie jeweils geltenden regelmäßigen Arbeitszeit abweichende Arbeitszeit festgelegt wurde, nicht oder nur teilweise möglich ist.

(2) Die Höhe der Ausgleichszahlung bemisst sich nach den zum Zeitpunkt des Ausgleichsanspruchs geltenden Sätzen der Mehrarbeitsvergütung nach Art. 61 Abs. 5 Satz 2 und 3.

Art. 63 Vergütung im Vollstreckungsdienst

(1) $_1$Die Staatsregierung wird ermächtigt, durch Rechtsverordnung die Gewährung einer Vergütung für Gerichtsvollzieher und Gerichtsvollzieherinnen und andere im Vollstreckungsdienst tätige Beamte und Beamtinnen zu regeln. $_2$Maßstab für die Festsetzung der Vergütung sind insbesondere die vereinnahmten Gebühren oder Beträge.

(2) $_1$Für die Vergütung können Höchstsätze für die einzelnen Vollstreckungsaufträge sowie für das Kalenderjahr festgesetzt werden. $_2$Es kann bestimmt werden, inwieweit mit der Vergütung ein besonderer Aufwand des Beamten oder der Beamtin mit abgegolten wird.

Art. 64 Sitzungsvergütung

(1) $_1$Das Staatsministerium des Innern, für Sport und Integration wird ermächtigt, durch Rechtsverordnung im Einvernehmen mit dem Staatsministerium der Finanzen und für Heimat die Gewährung einer Vergütung für die Teilnahme an Sitzungen für Beamte und Beamtinnen der Gemeinden und Gemeindeverbände mit weniger als 40 000 Einwohnern zu regeln, soweit diesen Beamten und Beamtinnen Grundbezüge nach der Besoldungsordnung A zustehen. $_2$Voraussetzung ist, dass die Beamten oder die Beamtinnen als Protokoll-

führer oder Protokollführerinnen regelmäßig an Sitzungen kommunaler Vertretungskörperschaften oder ihrer Ausschüsse außerhalb der regelmäßigen Arbeitszeit teilnehmen. 3Mit der Sitzungsvergütung ist ein allgemein mit der Sitzungstätigkeit verbundener Aufwand abgegolten; die Sitzungsvergütung darf deshalb nicht neben einer Aufwandsentschädigung gewährt werden.

(2) Der Höchstbetrag der Sitzungsvergütung beträgt 130,00 € monatlich.

(3) Eine Vergütung kommt nicht in Betracht, wenn die Arbeitsleistung durch Dienstbefreiung ausgeglichen werden kann.

Art. 65 Prüfungsvergütung

1Beamteten wissenschaftlichen und künstlerischen Mitarbeitern und Mitarbeiterinnen (Art. 71 bis 73 BayHIG), Professoren und Professorinnen, Juniorprofessoren und Juniorprofessorinnen sowie Nachwuchsprofessoren und Nachwuchsprofessorinnen der Besoldungsordnung W kann zur Abgeltung zusätzlicher Belastungen, die durch die Mitwirkung an Staatsprüfungen entstehen, die gleichzeitig einen Studiengang an einer Hochschule abschließen, eine Vergütung gewährt werden. 2Die Höhe der Vergütung ist nach der Schwierigkeit der Prüfertätigkeit und dem Ausmaß der zusätzlichen Belastung festzulegen. 3Die Regelung der Vergütung trifft das Staatsministerium, das die Staatsprüfung durchführt, durch Rechtsverordnung im Einvernehmen mit dem Staatsministerium der Finanzen und für Heimat.

Abschnitt 4
Leistungsbezüge

Unterabschnitt 1
Beamte und Beamtinnen der Besoldungsordnungen A und B

Art. 66 (weggefallen)

Art. 67 Leistungsprämie

(1) 1Für eine herausragende besondere Einzelleistung kann Beamten und Beamtinnen der Besoldungsordnungen A und B eine Leistungsprämie gewährt werden. 2Ein Anspruch auf Gewährung einer Leistungsprämie besteht nicht.

(2) 1Die Leistungsprämie wird maximal in Höhe des Anfangsgrundgehalts einer Besoldungsgruppe der Besoldungsordnung A oder des Grundgehalts einer Besoldungsgruppe der Besoldungsordnung B gewährt, der der Beamte oder die Beamtin im Zeitpunkt der Festsetzung der Leistungsprämie angehört. 2Sie soll mindestens 400 € betragen und in engem zeitlichen Zusammenhang mit der Leistung gewährt werden. 3Sie kann als Einmalbetrag oder in maximal zwölf monatlichen Teilbeträgen ausgezahlt werden. 4Eine Kürzung entsprechend der Arbeitszeit gemäß Art. 6 findet nicht statt.

(3) 1Wird eine honorierungsfähige Leistung von mehreren Beamten oder Beamtinnen erbracht, kann jedem Beamten oder jeder Beamtin eine Leistungsprämie gewährt werden, wenn seine oder ihre wesentliche Beteiligung an der Leistung festgestellt wird. 2Leistungsprämien im Sinn des Satzes 1 dürfen zusammen 150 v. H. des in Abs. 2 Satz 1 genannten Betrags nicht übersteigen; maßgeblich ist die höchste Besoldungsgruppe der an der Leistung wesentlich beteiligten Beamten oder Beamtinnen.

(4) Eine Leistungsprämie kann nicht auf Grund eines Sachverhalts gewährt werden, der bereits der Gewährung eines anderen Nebenbezugs zugrunde liegt.

Art. 68 Vergabebudget und -verfahren

(1) 1Das Budget eines Dienstherrn für die Leistungsprämie nach Art. 67 beträgt im Rahmen bewilligter Haushaltsmittel pro Kalenderjahr maximal bis zu 1,0 v. H. der Grundgehaltssumme im Sinn des Art. 2 Abs. 2 Nr. 1, die alle unter den Geltungsbereich dieses Gesetzes fallenden Beamten und Beamtinnen des jeweiligen Dienstherrn in den Besoldungsgruppen der Besoldungsordnungen A und B im Vorjahr bezogen haben. 2Satz 1 gilt nicht bei Dienstherren mit weniger als sieben Beamten und Beamtinnen, wenn in einem Kalenderjahr nur einem Beamten oder einer Beamtin eine Leistungsprämie gewährt wird.

(2) 1Die Entscheidung über die Vergabe von Leistungsprämien trifft die zuständige oberste Dienstbehörde oder die von ihr durch Rechtsverordnung bestimmte Stelle. 2Für die Beamten und Beamtinnen der Gemeinden, Gemeindeverbände und sonstigen unter der Aufsicht des Staates stehenden Körperschaften, Anstalten und Stiftungen des öffentlichen Rechts ist der Dienstvorgesetzte oder die Dienstvorgesetzte oder die von ihm oder ihr bestimmte Stelle zuständig. 3Bei abgeordneten Beamten und Beamtinnen entscheidet über die Vergabe einer Leistungsprämie der oder die für die Beamten und Beamtinnen der Beschäftigungsdienststelle zuständige Entscheidungsberechtigte. 4Vor der Gewährung einer Leistungsprämie sollen die Vorgesetzten des Beamten oder der Beamtin gehört werden. 5Die Entscheidung ist dem Beamten oder der Beamtin in Textform mitzuteilen; dabei ist die Leistung im Einzelnen darzustellen.

Unterabschnitt 2
Professoren und Professorinnen, Juniorprofessoren und Juniorprofessorinnen, Nachwuchsprofessoren und Nachwuchsprofessorinnen sowie hauptberufliche Mitglieder von Hochschulleitungen

Art. 69 Hochschulleistungsbezüge

(1) Beamte un Beamtinnen der Besoldungsordnung W können neben dem Grundgehalt nach Maßgabe der nachfolgenden Vorschriften besondere Leistungsbezüge (Art. 71) sowie Funktions-Leistungsbezüge (Art. 72) als Hochschulleistungsbezüge erhalten; Beamte und Beamtinnen der Besoldungsordnungen W 2 und W 3 können darüber hinaus auch Berufungs- und Bleibe-Leistungsbezüge (Art. 70) als Hochschulleistungsbezüge erhalten.

(2) 1Hochschulleistungsbezüge können jährlich insgesamt bis zur Höhe des Unterschiedsbetrags zwischen den Grundgehältern der Besoldungsgruppe W 3 und der Besoldungsgruppe B 10 (individuelle Obergrenze) gewährt werden. 2Die individuelle Obergrenze darf überschritten werden, wenn dies erforderlich ist, um

1. einen Professor oder eine Professorin aus dem Bereich außerhalb der deutschen Hochschulen zu gewinnen oder um die Abwanderung in den Bereich außerhalb der deutschen Hochschulen abzuwenden oder
2. einen Professor oder eine Professorin, der oder die bereits Hochschulleistungsbezüge erhält, welche die individuelle Obergrenze erreichen oder übersteigen, für eine bayerische Hochschule zu gewinnen oder seine oder ihre Abwanderung an eine andere deutsche Hochschule zu verhindern.

(3) 1Hochschulleistungsbezüge dürfen nicht für Tatbestände nach Abs. 1 vergeben werden, für die bereits eine Mitarbeiterbeteiligung nach Art. 56 Abs. 2 BayHIG gewährt wurde. 2Wird eine Mitarbeiterbeteiligung nach Vergabe eines Hochschulleistungsbezugs gewährt, entfällt ein für diesen Tatbestand vergebener Hochschulleistungsbezug;Hochschulleistungsbezüge nach Abs. 1 Nr. 1 sind für Personen, die zum Berechtigtenkreis der Mitarbeiterbeteiligung nach Art. 56 Abs. 2 BayHIG gehören, mit einer entsprechenden Maßgabe zu versehen.

Art. 70 Berufungs- und Bleibe-Leistungsbezüge

(1) 1Berufungs- und Bleibe-Leistungsbezüge können aus Anlass von Berufungs- und Bleibeverhandlungen gewährt werden, um einen Professor oder eine Professorin für die Hochschule zu gewinnen (Berufungs-Leistungsbezüge) oder zum Verbleiben an der Hochschule zu bewegen (Bleibe-Leistungsbezüge). 2Bleibe-Leistungsbezüge dürfen nur gewährt werden, wenn der Professor oder die Professorin einen Ruf an eine andere, in der Regel außerbayerische Hochschule vorlegt oder das Einstellungsinteresse eines anderen Dienstherrn oder Arbeitgebers glaubhaft macht. 3Bei der Gewährung von Bleibe-Leistungsbezügen sollen Vorteile aus dem nicht erforderlichen Ortswechsel durch einen Abschlag gegenüber dem Berufungsangebot angemessen berücksichtigt werden.

(2) 1Berufungs- und Bleibe-Leistungsbezüge können als Einmalzahlung oder als laufende monatliche Zahlung gewährt werden. 2Als laufende monatliche Zahlung können sie befristet oder unbefristet vergeben werden. 3Ein neuer oder höherer Berufungs- oder Bleibe-

Leistungsbezug soll frühestens nach Ablauf von drei Jahren seit der letzten Gewährung aus einem solchen Anlass gewährt werden. $_4$Bei Gewährung als Einmalzahlung findet keine Kürzung entsprechend der Arbeitszeit nach Art. 6 statt.

(3) $_1$Bei der Gewährung von unbefristeten Berufungs- und Bleibe-Leistungsbezügen kann festgelegt werden, dass diese an den allgemeinen Besoldungsanpassungen mit dem Vomhundertsatz teilnehmen, um den die Grundgehälter der Besoldungsordnung W angepasst werden. $_2$Es kann ferner festgelegt werden, dass die Berufungs- und Bleibe-Leistungsbezüge nach Abs. 2 Satz 1 und 2 zurückzuzahlen sind, wenn der Professor oder die Professorin innerhalb von drei Jahren seit Gewährung dieser Leistungsbezüge an eine andere Hochschule wechselt.

Art. 71 Besondere Leistungsbezüge

(1) $_1$Besondere Leistungsbezüge können für besondere Leistungen in Forschung, Lehre, Kunst, Weiterbildung oder Nachwuchsförderung, die in der Regel über mehrere Jahre erbracht werden sollen, gewährt werden. $_2$Die Einwerbung von Drittmitteln im Hauptamt ist nur berücksichtigungsfähig, soweit nicht hierfür eine Forschungs- oder Lehrzulage nach Art. 57 Abs. 1 gewährt wird. $_3$Die Ergebnisse der Lehrevaluation nach Art. 7 Abs. 3 BayHIG können bei der Bewertung der besonderen Leistungen berücksichtigt werden.

(2) $_1$Besondere Leistungsbezüge werden als Einmalzahlung oder als monatliche Zahlungen für einen Zeitraum von bis zu fünf Jahren befristet vergeben. $_2$Im Fall einer wiederholten Vergabe können besondere Leistungsbezüge unbefristet vergeben werden. $_3$Bei unbefristeter Vergabe kann der besondere Leistungsbezug für den Fall des erheblichen Leistungsabfalls für die Zukunft ganz oder teilweise widerrufen werden. $_4$Bei Gewährung als Einmalzahlung findet keine Kürzung entsprechend der Arbeitszeit nach Art. 6 statt.

(3) Art. 70 Abs. 3 Satz 1 gilt für die Leistungsbezüge im Sinn des Abs. 2 Satz 1 und 2 entsprechend.

Art. 72 Funktions-Leistungsbezüge

(1) $_1$Funktions-Leistungsbezüge können an Mitglieder der Hochschulleitung für die Dauer der Wahrnehmung dieser Aufgaben gewährt werden. $_2$Gleiches gilt für Professoren, Professorinnen, Juniorprofessoren, Juniorprofessorinnen, Nachwuchsprofessoren sowie Nachwuchsprofessorinnen, die besondere Aufgaben in der Hochschulselbstverwaltung wahrnehmen (insbesondere Dekane oder Dekaninnen, Studiendekane oder Studiendekaninnen).

(2) $_1$Die Höhe der Funktions-Leistungsbezüge ist insbesondere nach der im Einzelfall mit der wahrgenommenen Funktion und Aufgabe verbundenen Belastung und Verantwortung sowie der Größe der Hochschule, der Fakultät oder einer vergleichbaren Organisationseinheit zu bemessen. $_2$Eine etwaige Ermäßigung der Lehrverpflichtung soll berücksichtigt werden. $_3$Funktions-Leistungsbezüge können ganz oder teilweise leistungs- oder erfolgsabhängig ausgestaltet werden.

(3) Funktions-Leistungsbezüge der Präsidenten und Präsidentinnen nehmen an den allgemeinen Besoldungsanpassungen mit dem Vomhundertsatz teil, um den die Grundgehälter der Besoldungsordnung W angepasst werden.

Art. 73 Vergaberahmen

(1) $_1$Der Gesamtbetrag der Hochschulleistungsbezüge (Vergaberahmen) ist nach Maßgabe der nachfolgenden Regelungen so zu bemessen, dass die durchschnittlichen jährlichen Besoldungsausgaben je besetzter Stelle den Betrag von 104 589,55 € für Fachhochschulen und 123 970,22 € für Universitäten und Kunsthochschulen (Besoldungsdurchschnitt) nicht überschreiten. $_2$In diesem Rahmen kann das Staatsministerium für Wissenschaft und Kunst für die einzelnen Hochschulen individuelle Besoldungsdurchschnitte vorgeben und in einem zentralen Ansatz eine Reserve für hochschulübergreifende Verlagerungen vorhalten. $_3$Aus dem Vergaberahmen sind auch die Leistungsbezüge für Juniorprofessoren und Juniorprofessorinnen sowie für Nachwuchsprofessoren und Nachwuchsprofessorinnen (besondere sowie Funktions-Leistungsbezüge) zu bestreiten.

(2) $_{1}$Besoldungsausgaben im Sinn des Abs. 1 sind Ausgaben für die Besoldung von Professoren und Professorinnen nach Art. 2 Abs. 2 Nr. 1 und Abs. 3 Nr. 1 bis 4 und 6 mit Ausnahme der Zulage nach Art. 57 Abs. 1. $_{2}$Einzubeziehen sind die Ausgaben für Professoren und Professorinnen sowie hauptberufliche Mitglieder von Hochschulleitungen, die in einem privatrechtlichen Dienstverhältnis stehen und auf Planstellen für Beamte und Beamtinnen der Besoldungsgruppen W 2 und W 3 geführt werden, in Höhe der Bruttovergütungen.

(3) Bei Stiftungsprofessuren und sonstigen Personalkostenerstattungen gehen die durch Drittmittel finanzierten Bezüge und die entsprechenden Stellen oder Stellenteile nicht in die Berechnung des Vergaberahmens ein.

(4) $_{1}$Der Besoldungsdurchschnitt darf durch Drittmittel um bis zu 5 v. H. der Jahresgrundgehaltssumme der in den Besoldungsgruppen W 2 und W 3 eingestuften Beamten und Beamtinnen überschritten werden, wenn diese Drittmittel ohne Zweckbindung und Vorgaben des Drittmittelgebers dem Staatshaushalt zufließen. $_{2}$Soweit aus Drittmitteln laufende Hochschulleistungsbezüge gewährt werden, ist ein Versorgungszuschlag in Höhe von 30 v. H. einzubehalten. $_{3}$Der Besoldungsdurchschnitt darf ferner im Vollzug um bis zu 5 v. H. gegen haushaltsmäßigen Ausgleich im laufenden Haushaltsjahr überschritten werden.

(5) $_{1}$Die in Abs. 1 genannten Beträge sind durch Gesetz entsprechend den regelmäßigen Besoldungsanpassungen nach Art. 16 anzupassen. $_{2}$Gleiches gilt für Veränderungen der Besoldungs- und Stellenstruktur.

Art. 74 Verordnungsermächtigung

Das Staatsministerium für Wissenschaft und Kunst wird ermächtigt, durch Rechtsverordnung im Einvernehmen mit dem Staatsministerium der Finanzen und für Heimat die Zuständigkeit für die Vergabe von Hochschulleistungsbezügen, die Einzelheiten zum Vergabeverfahren und zu den Voraussetzungen und Kriterien der Vergabe von Hochschulleistungsbezügen zu regeln.

Abschnitt 5
Bezüge für Anwärter und Anwärterinnen

Art. 75 Grundlage der Anwärterbezüge

(1) $_{1}$Anwärter und Anwärterinnen (Art. 26 Abs. 7 Satz 3) erhalten Anwärterbezüge. $_{2}$Diese setzen sich aus dem Anwärtergrundbetrag (Art. 77) und den Anwärtersonderzuschlägen (Art. 78) zusammen. $_{3}$Daneben werden nach Maßgabe dieses Gesetzes Orts- und Familienzuschlag, die jährliche Sonderzahlung und die vermögenswirksamen Leistungen gewährt. $_{4}$Zulagen und Vergütungen werden nur gewährt, wenn dies in diesem Gesetz ausdrücklich bestimmt ist.

(2) $_{1}$Für Anwärter und Anwärterinnen, die im Rahmen ihres Vorbereitungsdienstes ein Studium ableisten, wird die Gewährung der Anwärterbezüge von der Erfüllung von Auflagen abhängig gemacht. $_{2}$Für die Erteilung von Auflagen und für die Rückforderung von unter Auflagen gewährten Anwärterbezügen ist die oberste Dienstbehörde oder die von ihr bestimmte Stelle zuständig.

Art. 76 Anwärterbezüge nach Ablegung der Qualifikationsprüfung

$_{1}$Endet das Beamtenverhältnis eines Anwärters oder einer Anwärterin gemäß § 22 Abs. 4 BeamtStG, werden die Anwärterbezüge und der Orts- und Familienzuschlag für die Zeit nach Ablegung der Qualifikationsprüfung bis zum Ende des laufenden Monats weitergewährt. $_{2}$Wird bereits vor diesem Zeitpunkt ein Anspruch auf Bezüge aus einer hauptberuflichen Tätigkeit bei einem öffentlich-rechtlichen Dienstherrn (§ 2 BeamtStG) oder bei einer Ersatzschule (Art. 91 BayEUG) erworben, so werden die Anwärterbezüge und der Orts- und Familienzuschlag nur bis zum Tag vor Beginn dieses Anspruchs belassen.

Art. 77 Anwärtergrundbetrag

$_{1}$Der Anwärtergrundbetrag richtet sich nach der Besoldungsgruppe des Eingangsamtes, in das der Anwärter oder die Anwärterin nach Abschluss des Vorbereitungsdienstes voraussichtlich eintritt. $_{2}$Unterschiedliche Eingangsämter können betragsmäßig zusammengefasst werden. $_{3}$Die Beträge ergeben sich aus Anlage 10.

Art. 78 Anwärtersonderzuschläge

(1) $_{1}$Besteht ein erheblicher Mangel an qualifizierten Bewerbern und Bewerberinnen, kann das Staatsministerium der Finanzen und für Heimat Anwärtersonderzuschläge gewähren. $_{2}$Sie dürfen 70 v. H. des Anwärtergrundbetrags nicht übersteigen.

(2) Der Anwärter oder die Anwärterin hat nur dann Anspruch auf den Anwärtersonderzuschlag, wenn der Anwärter oder die Anwärterin

1. nicht vor dem Abschluss des Vorbereitungsdienstes oder wegen schuldhaften Nichtbestehens der Qualifikationsprüfung ausscheidet und
2. nach Bestehen der Qualifikationsprüfung mindestens fünf Jahre als Beamter oder als Beamtin im öffentlichen Dienst in der Fachlaufbahn verbleibt oder in eine Fachlaufbahn wechselt, für die er oder sie die Befähigung erworben hat, oder, wenn das Beamtenverhältnis nach Bestehen der Qualifikationsprüfung endet, in einer Fachlaufbahn mit Bewerbermangel in ein neues Beamtenverhältnis im öffentlichen Dienst für mindestens die gleiche Zeit eintritt.

(3) $_{1}$Werden die in Abs. 2 genannten Voraussetzungen aus Gründen, die der Beamte oder die Beamtin oder der frühere Beamte oder die frühere Beamtin zu vertreten hat, nicht erfüllt, ist der Anwärtersonderzuschlag in voller Höhe zurückzuzahlen. $_{2}$Der Rückzahlungsbetrag vermindert sich für jedes nach Bestehen der Qualifikationsprüfung abgeleistete Dienstjahr um jeweils ein Fünftel. $_{3}$Art. 15 bleibt unberührt.

Art. 79 Unterrichtsvergütung für Anwärter und Anwärterinnen

$_{1}$Das Staatsministerium für Unterricht und Kultus kann im Einvernehmen mit dem Staatsministerium der Finanzen und für Heimat durch Rechtsverordnung die Gewährung und Auszahlung einer Unterrichtsvergütung für Lehramtsanwärter und Lehramtsanwärterinnen oder Studienreferendare und Studienreferendarinnen regeln. $_{2}$Voraussetzung für die Unterrichtsvergütung ist, dass der Anwärter oder die Anwärterin über zehn Wochenstunden Ausbildungsunterricht oder selbstständigen Unterricht hinaus eigenverantwortlichen Unterricht erteilt. $_{3}$Die Höhe der Unterrichtsvergütung nach Satz 2 darf die für das angestrebte Lehramt nach Art. 61 festgelegten Beträge der Mehrarbeitsvergütung nicht überschreiten. $_{4}$Die monatlich zu zahlende Unterrichtsvergütung darf den Anwärtergrundbetrag nicht übersteigen. $_{5}$Die Auszahlung der Unterrichtsvergütung soll zum Ersten des auf den Abrechnungsmonat folgenden übernächsten Monats vorgenommen werden; Abrechnungsmonat ist der Monat, in dem der Anwärter oder die Anwärterin die nach Satz 2 geleisteten Unterrichtsstunden gegenüber der zuständigen Stelle für vergangene Zeiträume abrechnet.

Art. 80 Anrechnung auf die Anwärterbezüge

(1) $_{1}$Erhalten der Anwärter oder die Anwärterin eine Vergütung für eine Nebentätigkeit innerhalb des öffentlichen Dienstes oder ein Entgelt für eine genehmigungspflichtige Nebentätigkeit außerhalb des öffentlichen Dienstes, so wird die Vergütung oder das Entgelt auf die Anwärterbezüge angerechnet, soweit sie oder es diese übersteigt. $_{2}$Von dem Anwärtergrundbetrag werden jedoch in den Besoldungsgruppen A 3 und A 4 mindestens 60 v. H., in A 5 bis A 8 mindestens 55 v. H., in A 9 bis A 11 mindestens 50 v. H. und ab A 12 mindestens 45 v. H. belassen (Mindestbelassungsbetrag).

(2) Übt ein Anwärter oder eine Anwärterin gleichzeitig eine Tätigkeit im öffentlichen Dienst mit mindestens der Hälfte der dafür geltenden regelmäßigen Arbeitszeit aus, gilt Art. 5 entsprechend.

Art. 81 Kürzung der Anwärterbezüge

(1) Die oberste Dienstbehörde oder die von ihr bestimmte Stelle kann den Anwärtergrundbetrag auf den jeweiligen Mindestbelassungsbetrag gemäß Art. 80 Abs. 1 Satz 2 herabsetzen, wenn der Anwärter oder die Anwärterin die vorgeschriebene Qualifikationsprüfung nicht bestanden hat oder sich die

Ausbildung aus einem von dem Anwärter oder der Anwärterin zu vertretenden Grund verzögert.

(2) Von der Kürzung ist abzusehen

1. bei Verlängerung des Vorbereitungsdienstes infolge genehmigten Fernbleibens oder Rücktritts von der Prüfung,
2. in besonderen Härtefällen.

(3) Wird eine Zwischenprüfung nicht bestanden oder ein sonstiger Leistungsnachweis nicht erbracht, so ist die Kürzung auf den sich daraus ergebenden Zeitraum der Verlängerung des Vorbereitungsdienstes zu beschränken.

Abschnitt 6
Jährliche Sonderzahlung

Art. 82 Anspruch und Bestandteile

$_{1}$Berechtigte erhalten eine jährliche Sonderzahlung nach Maßgabe der Vorschriften dieses Abschnitts. $_{2}$Sie besteht aus einem Grundbetrag (Art. 83) und einem Erhöhungsbetrag (Art. 84) sowie einem Sonderbetrag für Kinder (Art. 85). $_{3}$Sätze 1 und 2 gelten entsprechend für Dienstanfänger und Dienstanfängerinnen.

Art. 83 Grundbetrag

(1) $_{1}$Als Grundbetrag der jährlichen Sonderzahlung wird je ein Zwölftel der für das laufende Kalenderjahr von demselben Dienstherrn aus den in Art. 1 Abs. 1 Satz 1 bezeichneten Rechtsverhältnissen zustehenden Bezüge unter Zugrundelegung der sich aus Abs. 2 ergebenden Vomhundertsätze gewährt. $_{2}$Bezüge im Sinn des Satzes 1 sind

1. die Grundbezüge nach Art. 2 Abs. 2 Nr. 1 bis 3,
2. von den Nebenbezügen nach Art. 2 Abs. 3, die nach
   a) Nr. 1 gewährten Zulagen gemäß Art. 51, 52, 56, 57 Abs. 2, Art. 108 Abs. 2 und 13,
   b) Nr. 2 gewährten Zuschläge gemäß Art. 59,
   c) Nr. 3 gewährte Vergütung gemäß Art. 63 in Höhe des gemäß Art. 12 Abs. 2 BayBeamtVG als ruhegehaltfähig bestimmten Teils,
   d) Nr. 4 gewährten Hochschulleistungsbezüge nach Art. 69, soweit diese nicht als Einmalzahlungen gewährt werden,
3. der Anwärtergrundbetrag, der Anwärtersonderzuschlag; im Fall der Kürzung des Anwärtergrundbetrags nach Art. 81 ist der herabgesetzte Anwärtergrundbetrag maßgeblich,
4. die Unterhaltsbeihilfe (Art. 97),
5. der Orts- und Familienzuschlag.

(2) Für die Bezüge im Sinn des Abs. 1 gelten folgende Vomhundertsätze:

1. 70 v. H. für Bezüge nach Abs. 1 Satz 2 Nr. 1 und 2 für die Besoldungsgruppen A 3 bis A 11 sowie für Anwärter und Anwärterinnen; für die übrigen Besoldungsgruppen 65 v. H.,
2. 70 v. H. für Bezüge nach Abs. 1 Satz 2 Nr. 3,
3. 70 v. H. für die Unterhaltsbeihilfe nach Abs. 1 Satz 2 Nr. 4,
4. 84,29 v. H. für den Orts- und Familienzuschlag nach Abs. 1 Satz 2 Nr. 5.

(3) Bezüge, deren Zahlung auf Grund eines Verwaltungsakts eingestellt worden ist, sind beim Grundbetrag nicht zu berücksichtigen, solange die Bezüge nur infolge der Aussetzung einer sofortigen Vollziehung oder der völligen oder teilweisen Wiederherstellung der aufschiebenden Wirkung eines Rechtsbehelfs auszuzahlen sind.

Art. 84 Erhöhungsbetrag

$_{1}$Beamten und Beamtinnen mit Grundbezügen aus den Besoldungsgruppen A 3 bis A 8, Anwärtern und Anwärterinnen sowie Dienstanfängern und Dienstanfängerinnen steht für Monate des Kalenderjahres, in denen an jedem Tag des Monats ein Anspruch auf Bezüge nach Art. 83 Abs. 1 Satz 2 aus einem der in Art. 1 Abs. 1 Satz 1 bezeichneten Rechtsverhältnissen besteht, ein monatlicher Erhöhungsbetrag von jeweils 8,33 € vom jeweiligen Dienstherrn zu. $_{2}$Art. 83 Abs. 3 gilt entsprechend.

Art. 85 Sonderbetrag für Kinder

(1) $_{1}$Für jedes Kind, für das im jeweiligen Monat des Kalenderjahres Orts- und Familienzuschlag bei einem der in Art. 1 Abs. 1

Satz 1 genannten Dienstherren gewährt wird, wird vom jeweiligen Dienstherrn ein monatlicher Sonderbetrag von jeweils 2,13 € gezahlt. $_{2}$Art. 6 findet keine Anwendung; Art. 83 Abs. 3 gilt entsprechend.

(2) $_{1}$Der Sonderbetrag wird für jeden Berechtigten oder jede Berechtigte nur einmal gewährt. $_{2}$Der Anspruch aus einem Dienstverhältnis geht dem Anspruch aus einem Rechtsverhältnis als Versorgungsempfänger oder Versorgungsempfängerin vor.

Art. 86 Ausschlusstatbestand

Werden während des Kalenderjahres Bezüge im Rahmen eines Disziplinarverfahrens teilweise einbehalten oder gelten kraft Gesetzes in voller Höhe als einbehalten, besteht Anspruch auf die jährliche Sonderzahlung nur, wenn die einbehaltenen Bezüge nachzuzahlen sind.

Art. 87 Zahlungsweise, Teilsonderzahlung

(1) $_{1}$Die jährliche Sonderzahlung wird mit den laufenden Bezügen für den Monat Dezember gezahlt. $_{2}$Art. 38 in Verbindung mit § 55 des Bundesbesoldungsgesetzes ist zu berücksichtigen.

(2) $_{1}$Scheidet ein Berechtigter oder eine Berechtigte im Sinn des Art. 1 Abs. 1 Satz 1 aus dem zum jeweiligen Dienstherrn bestehenden Rechtsverhältnis während des Kalenderjahres aus und stehen bei diesem aus einem neuen Dienstverhältnis voraussichtlich im laufenden Kalenderjahr keine laufenden Bezüge mehr zu, so wird die bis zu diesem Zeitpunkt zustehende Sonderzahlung mit den laufenden Bezügen für den letzten Anspruchsmonat gezahlt oder, wenn dies nicht möglich ist, entsprechend nachgezahlt. $_{2}$Entsprechendes gilt für Dienstanfänger und Dienstanfängerinnen.

Abschnitt 7
Vermögenswirksame Leistungen

Art. 88 Anspruch

(1) $_{1}$Berechtigten werden für vermögenswirksame Anlagen nach dem Fünften Vermögensbildungsgesetz (5. VermBG) vermögenswirksame Leistungen für Kalendermonate gewährt, in denen ihnen Besoldung nach Art. 2 zusteht und sie diese Besoldung auch erhalten. $_{2}$Satz 1 gilt entsprechend für Dienstanfänger und Dienstanfängerinnen.

(2) Der Anspruch auf vermögenswirksame Leistungen nach Abs. 1 entsteht frühestens für den Kalendermonat, in dem der oder die Berechtigte die nach Art. 90 erforderlichen Angaben mitteilt, und für die beiden vorangegangenen Monate desselben Kalenderjahres.

(3) $_{1}$Die vermögenswirksame Leistung wird dem oder der Berechtigten im Kalendermonat nur einmal gewährt. $_{2}$Das gilt auch, wenn dem oder der Berechtigten aus mehreren Dienstverhältnissen Leistungen nach Satz 1 zustünden. $_{3}$In diesem Fall sind die vermögenswirksamen Leistungen aus dem zuerst begründeten Dienstverhältnis zu zahlen. $_{4}$Erreicht die vermögenswirksame Leistung nach Satz 3 nicht den Betrag nach Art. 89 Abs. 1, ist der Unterschiedsbetrag aus dem anderen Dienstverhältnis zu zahlen.

Art. 89 Höhe und Fälligkeit

(1) $_{1}$Die vermögenswirksame Leistung beträgt 6,65 € monatlich. $_{2}$Anwärter und Anwärterinnen sowie Dienstanfänger und Dienstanfängerinnen erhalten monatlich 13,29 €.

(2) $_{1}$Für die Höhe der vermögenswirksamen Leistungen sind die Verhältnisse am Ersten des Kalendermonats maßgebend. $_{2}$Wird das Dienstverhältnis nach dem Ersten des Kalendermonats begründet, ist für diesen Monat der Tag des Beginns des Dienstverhältnisses maßgebend.

(3) Die vermögenswirksame Leistung kann unbeschadet des Art. 88 Abs. 2 bis zum Ablauf der auf den Monat der Mitteilung nach Art. 90 Abs. 1 folgenden drei Kalendermonate nachgezahlt werden; danach gilt Art. 4 Abs. 3.

Art. 90 Anlage und Verfahren

(1) Der oder die Berechtigte teilt der nach Art. 14 zuständigen Stelle schriftlich die Art der gewählten Anlage mit und gibt hierbei, soweit dies nach der Art der Anlage erforderlich ist, das Unternehmen oder Institut mit der Bankleitzahl und der Nummer des Kontos

an, auf das die vermögenswirksame Leistung überwiesen werden soll.

(2) Der Wechsel der Anlage bedarf im Fall des § 11 Abs. 3 Satz 2 5. VermBG nicht der Zustimmung der zuständigen Stelle nach Abs. 1, wenn der oder die Berechtigte diesen Wechsel aus Anlass der erstmaligen Gewährung der vermögenswirksamen Leistung verlangt.

Teil 4
Sonstige Leistungen

Art. 91 Leistungen außerhalb der Besoldung

(1) Zu den in diesem Gesetz geregelten Leistungen außerhalb der Besoldung (sonstige Leistungen) gehören Aufwandsentschädigungen (Art. 92 und 93), Fürsorgeleistungen (Art. 95 und 96), die Unterhaltsbeihilfe für Dienstanfänger und Dienstanfängerinnen (Art. 97), Nebenamtsvergütungen (Art. 98 und 99), der Fahrkostenzuschuss (Art. 99a) und die Prämie für freiwillig erhöhte wöchentliche Regelarbeitszeit im Feuerwehrdienst (Art. 99b).

(2) 1Weitere Leistungen dürfen nur auf der Grundlage des Art. 5 Abs. 2 BayBG oder einer anderen gesetzlichen Regelung gewährt werden. 2Für die Gemeinden, die Gemeindeverbände und die sonstigen unter der Aufsicht des Staates stehenden Körperschaften, Anstalten und Stiftungen des öffentlichen Rechts gilt Satz 1 erste Alternative unter der Voraussetzung, dass es für die Beamten und Beamtinnen des Staates entsprechende Regelungen gibt. 3Sätze 1 und 2 gelten nicht für im Wettbewerb stehende Unternehmen in öffentlich-rechtlicher Rechtsform und deren Verbände sowie für im Wettbewerb stehende Eigenbetriebe.

Art. 92 Aufwandsentschädigungen

1Aufwandsentschädigungen zur Kostenerstattung von dienstlich veranlasstem Mehraufwand, dessen Übernahme dem oder der Berechtigten nicht zugemutet werden kann, dürfen von der obersten Dienstbehörde oder der von ihr bestimmten Stelle gewährt werden, wenn der Haushaltsplan dafür Mittel zur Verfügung stellt. 2Die maßgeblichen Grundsätze regelt die Staatsregierung durch Rechtsverordnung, soweit gesetzlich nichts anderes bestimmt ist. 3Die Staatsregierung kann die Befugnis nach Satz 2 im staatlichen Bereich auf die obersten Dienstbehörden und außerhalb des staatlichen Bereichs auf die Rechtsaufsichtsbehörden übertragen.

Art. 93 Bürokostenentschädigung für Gerichtsvollzieher und Gerichtsvollzieherinnen

Die Gewährung der Entschädigung zur Abgeltung der den Gerichtsvollziehern und Gerichtsvollzieherinnen für die Verpflichtung zur Einrichtung und Unterhaltung eines Büros entstehenden notwendigen Aufwendungen regelt das Staatsministerium der Justiz durch Rechtsverordnung.

Art. 94 (weggefallen)

Art. 95 Gemeinschaftsunterkunft

Für Polizeivollzugsbeamte und Polizeivollzugsbeamtinnen, die auf Grund dienstlicher Verpflichtung in einer Gemeinschaftsunterkunft wohnen (Art. 127 BayBG), wird die Unterkunft unentgeltlich bereitgestellt.

Art. 96 Heilfürsorge

1Den Beamten und Beamtinnen der Bayerischen Bereitschaftspolizei in Ausbildung (Art. 125 BayBG), die auf Grund dienstlicher Verpflichtung in einer Gemeinschaftsunterkunft wohnen, und den nicht zum Stammpersonal gehörenden Beamten und Beamtinnen der Einsatzstufen wird freie Heilfürsorge gewährt. 2Das Gleiche gilt für alle übrigen Beamten und Beamtinnen der Polizei für die Zeit, in der sie im Rahmen eines Polizeieinsatzes oder von Übungen verwendet werden. 3Die Durchführung der freien Heilfürsorge regelt das Staatsministerium des Innern, für Sport und Integration im Einvernehmen mit dem Staatsministerium der Finanzen und für Heimat durch Rechtsverordnung.

Art. 97 Unterhaltsbeihilfe für Dienstanfänger und Dienstanfängerinnen

1Dienstanfänger und Dienstanfängerinnen erhalten für die Dauer des Ausbildungsverhältnisses eine monatliche Unterhaltsbeihilfe. $_{2}$Diese beträgt 60 v. H. des Anwärtergrundbetrags (Art. 77), den ein Anwärter oder eine Anwärterin für ein Eingangsamt der Besoldungsgruppen A 6 bis A 8 bezieht. $_{3}$Satz 2 gilt für Dienstanfänger und Dienstanfängerinnen

1. des technischen Dienstes für Vermessung und Geoinformation sowie des technischen Dienstes für Ländliche Entwicklung mit der Maßgabe, dass ab dem zweiten Ausbildungsjahr 66 v. H. und ab dem dritten Ausbildungsjahr 72 v. H. und
2. des feuerwehrtechnischen Dienstes mit der Maßgabe, dass ab dem zweiten Ausbildungsjahr 66 v. H.

der Bemessungsgrundlage gewährt werden. $_{4}$Auf die Unterhaltsbeihilfe sind die für Beamte und Beamtinnen geltenden besoldungsrechtlichen Vorschriften entsprechend anzuwenden, soweit nichts Besonderes bestimmt ist.

Art. 98 Nebenamtsvergütung für Beamte und Beamtinnen an staatlichen Unterrichtseinrichtungen

$_{1}$Für nebenamtliche Lehrkräfte, die an den staatlichen Unterrichtseinrichtungen im Bereich des Staatsministeriums für Unterricht und Kultus und des Staatsministeriums für Ernährung, Landwirtschaft, Forsten und Tourismus Unterricht erteilen, bemisst sich die Unterrichtsvergütung nach den jeweiligen für Mehrarbeit im Schuldienst geltenden Sätzen nach Anlage 9. $_{2}$Die Sätze gelten auch für Lehrkräfte mit einer der jeweiligen Lehrbefähigung entsprechenden Ausbildung. $_{3}$Der Vergütungssatz für Inhaber und Inhaberinnen von Lehrämtern, deren Eingangsamt nicht der Besoldungsgruppe A 13 zugeordnet ist, gilt auch für Lehrkräfte mit einer für die jeweilige Lehrtätigkeit erforderlichen abgeschlossenen fachlichen Ausbildung; Lehrkräften ohne eine derartige abgeschlossene fachliche Ausbildung wird eine Vergütung in Höhe von 75 v. H. des maßgebenden Satzes nach Anlage 9 gewährt. $_{4}$Art. 14 Satz 2 gilt entsprechend.

Art. 99 Nebenamtsvergütung für Hochschulprofessoren und Hochschulprofessorinnen sowie für Leiter und Leiterinnen von Materialprüfungsämtern

(1) $_{1}$Präsidenten und Präsidentinnen einer Hochschule im Beamtenverhältnis, denen nach Art. 31 Abs. 5 Halbsatz 2 BayHIG die Ausübung ihrer bisherigen Rechte als Professoren und Professorinnen in Forschung und Lehre ganz oder teilweise als Nebentätigkeit gestattet ist, erhalten für Lehrveranstaltungen eine Nebenamtsvergütung, deren Höhe durch Rechtsverordnung des Staatsministeriums für Wissenschaft und Kunst im Einvernehmen mit dem Staatsministerium der Finanzen und für Heimat festgelegt wird; eine Nebenamtsvergütung wird höchstens für vier Wochenstunden gewährt. $_{2}$Art. 14 gilt entsprechend.

(2) $_{1}$Für die nebenamtliche Wahrnehmung der Aufgaben der Leitung eines Materialprüfungsamts an einer Universität erhalten die damit betrauten Professoren und Professorinnen 50 v. H. der von dem Materialprüfungsamt erzielten Reineinnahmen, höchstens jedoch 12 300 € jährlich als Nebenamtsvergütung. $_{2}$Bei der Ermittlung der Reineinnahmen sind von den Roheinnahmen die mit den Prüfungen und Untersuchungen im Zusammenhang stehenden Aufwendungen und ein Pauschbetrag von 10 v. H. der Roheinnahmen für die Benutzung der für Lehre und Forschung vorhandenen Gebäude und Einrichtungen abzusetzen.

Art. 99a Fahrkostenzuschuss

Zu den Kosten für Fahrten zwischen Wohnung und Dienststelle kann Berechtigten, Dienstanfängern und Dienstanfängerinnen nach Maßgabe besonderer haushaltsrechtlicher Regelungen ein Zuschuss gewährt werden.

Art. 99b Prämie für freiwillig erhöhte wöchentliche Regelarbeitszeit im Feuerwehrdienst

$_{1}$Beamten und Beamtinnen im Sinn des Art. 132 BayBG kann bei einer freiwilligen Verlängerung der individuellen wöchentlichen Arbeitszeit auf mehr als 48 Stunden eine Prämie gewährt werden, sofern keine

Dienstbefreiung erfolgt. 2Die Prämie beträgt für jede geleistete 24-Stunden-Dienstschicht bei einer Arbeitszeit von

1. mindestens 50 Stunden bis zu 9 €,
2. mindestens 52 Stunden bis zu 18 €,
3. mindestens 54 Stunden bis zu 27 €,
4. 56 Stunden bis zu 36 €.

3Bei einer kürzeren Schicht verringert sich die Prämie entsprechend. 4Eine Prämie wird nicht neben einem Zuschlag nach Art. 60 gewährt. 5Auf die Prämie finden die Vorschriften des Teils 1 mit Ausnahme des Art. 16 entsprechende Anwendung.

Teil 5 Arbeitnehmer und Arbeitnehmerinnen

Art. 100 Dienstordnungsmäßig Angestellte

(1) 1Die unter der Aufsicht des Staates stehenden Körperschaften des öffentlichen Rechts im Bereich der Sozialversicherung haben bei Aufstellung ihrer Dienstordnungen nach den §§ 351 bis 357, 414b der Reichsversicherungsordnung, §§ 144 bis 147 des Siebten Buches Sozialgesetzbuch für die dienstordnungsmäßig Angestellten den Rahmen des für die Beamten und Beamtinnen des Staates geltenden Besoldungsrechts, insbesondere das Besoldungsgefüge (Art. 2) und die Stellenobergrenzen (Art. 26 Abs. 1 Satz 1), einzuhalten. 2Sonstige Leistungen sind nach den Grundsätzen der für die Beamten und Beamtinnen des staatlichen Bereichs geltenden Bestimmungen zu regeln.

(2) 1Die besoldungsrechtliche Einstufung der Dienstposten der Geschäftsführer und Geschäftsführerinnen der Träger der Unfallversicherung darf die Besoldungsgruppe B 6 nicht überschreiten. 2Der stellvertretende Geschäftsführer oder die stellvertretende Geschäftsführerin ist jeweils mindestens eine Besoldungsgruppe niedriger einzustufen als der Geschäftsführer oder die Geschäftsführerin. 3Die Einstufung bis zur Höchstgrenze wird vom Staatsministerium für Familie, Arbeit und Soziales durch Rechtsverordnung festgelegt. 4Die Einstufung ist durch die Anwendung objektiver Bewertungskriterien zu begründen; dabei sind die Besonderheiten der Unfallversicherung der öffentlichen Hand zu berücksichtigen.

(3) Art. 14 Satz 3 gilt entsprechend.

Art. 101 Sachbezüge, sonstige Leistungen an Arbeitnehmer und Arbeitnehmerinnen sowie Zuständigkeit für die Festsetzung und Anordnung der Bezüge

(1) Art. 11, 91 Abs. 2, Art. 99a und 108 Abs. 9 gelten für Arbeitnehmer und Arbeitnehmerinnen entsprechend, soweit nicht eine günstigere tarifvertragliche Regelung besteht.

(2) Art. 14 Satz 3 gilt entsprechend.

Teil 6 Sonstige Zuständigkeitsregelung

Art. 102 Vollzugsvorschriften

1Die zur Durchführung dieses Gesetzes erforderlichen allgemeinen Rechtsvorschriften erlässt die Staatsregierung, soweit nichts anderes bestimmt ist. 2Die zur Durchführung dieses Gesetzes erforderlichen allgemeinen Verwaltungsvorschriften erlässt das Staatsministerium der Finanzen und für Heimat im Benehmen mit den Staatsministerien. 3Rechts- und Verwaltungsvorschriften, die nur einzelne Geschäftsbereiche betreffen, erlässt das beteiligte Staatsministerium im Einvernehmen mit dem Staatsministerium der Finanzen und für Heimat.

Teil 7 Übergangs- und Schlussbestimmungen

Art. 103 Rechtsanwendung für vorhandene Besoldungsempfänger und Besoldungsempfängerinnen sowie für vorhandene Arbeitnehmer und Arbeitnehmerinnen

Dieses Gesetz gilt auch für die am 1. Januar 2011 und am 31. Dezember 2010 vorhandenen Berechtigten im Sinn des Art. 1 Abs. 1 Satz 1, Teil 5 für vorhandene Arbeitnehmer und Arbeitnehmerinnen nach Art. 1 Abs. 4.

Art. 104 (weggefallen)

Art. 105 Künftig wegfallende Ämter und Amtsbezeichnungen

1Ämter, die nicht mehr benötigt werden, werden für vorhandene Amtsinhaber und Amtsinhaberinnen in Anlage 1 Besoldungsordnungen kw (= künftig wegfallend) ausgebracht. 2Diese Ämter dürfen anderen Beamten und Beamtinnen nicht verliehen werden. 3Einem Amtsinhaber oder einer Amtsinhaberin nach Satz 1 kann im Weg der Beförderung ein als künftig wegfallend bezeichnetes Amt verliehen werden, sofern nicht eine Beförderung in ein in den Besoldungsordnungen A, B, W und R ausgebrachtes Amt möglich ist.

Art. 106 (weggefallen)

Art. 106a Einordnung in die ab 1. Januar 2020 maßgeblichen Grundgehaltstabellen

(1) 1Beamte, Beamtinnen, Richter, Richterinnen, Staatsanwälte und Staatsanwältinnen, die am 31. Dezember 2019 das Grundgehalt der jeweils ersten mit einem Monatsbetrag belegten Stufe der jeweiligen Besoldungsgruppe erhalten haben, werden der jeweils ersten mit einem Monatsbetrag belegten Stufe der jeweiligen Besoldungsgruppe der Anlage 3 in der ab 1. Januar 2020 geltenden Fassung zugeordnet. 2Beamte und Beamtinnen, die am 31. Dezember 2019 das Grundgehalt der Stufe 2 nach Art. 30 Abs. 1 Satz 3 oder 4 erhalten haben, werden jeweils der Stufe 3 der jeweiligen Besoldungsgruppe der Anlage 3 in der ab 1. Januar 2020 geltenden Fassung zugeordnet. 3Bei Beurlaubten ohne Anspruch auf Bezüge ist das Grundgehalt maßgeblich, das bei einer Beendigung der Beurlaubung am 31. Dezember 2019 maßgebend gewesen wäre.

(2) Mit der Zuordnung zu einer Stufe des Grundgehalts der Anlage 3 nach Abs. 1 beginnen die für die Regelstufe maßgebenden Zeitabstände des Art. 30 Abs. 2 Satz 2 oder des Art. 47 Abs. 2 Satz 1.

(3) 1Die nach Abs. 1 und 2 bestimmte Stufe gilt als festgesetzt. 2Die Festsetzung nach Satz 1 ist ab dem Tag der Einordnung in die neue Grundgehaltstabelle für die Bemessung des Grundgehalts zugrunde zu legen. 3Stufenfestsetzungen für am 31. Dezember 2019 vorhandene Beamte, Beamtinnen, Richter, Richterinnen, Staatsanwälte und Staatsanwältinnen bleiben hinsichtlich der Entscheidungen nach Art. 30 Abs. 1 Satz 3 und 4, Abs. 2 Satz 3, Abs. 3 und Abs. 4, Art. 31 Abs. 1, 2 Satz 3 und 4 und Abs. 3 unberührt. 4Soweit für den in Satz 3 genannten Personenkreis noch keine Stufenfestsetzung erfolgt ist, richtet sich die Zuordnung zu einer Stufe des Grundgehalts nach Anlage 3 in der bis 31. Dezember 2019 geltenden Fassung; Entsprechendes gilt bei der Abänderung einer Stufenfestsetzung.

Art. 107 Übergangsvorschrift für vorhandene Ämter der Besoldungsordnung C

(1) 1Die Ämter der Professoren und Professorinnen, Hochschuldozenten und Hochschuldozentinnen, Oberassistenten und Oberassistentinnen, Oberingenieure und Oberingenieurinnen sowie der wissenschaftlichen und künstlerischen Assistenten und Assistentinnen der Besoldungsordnung C werden für vorhandene Amtsinhaber und Amtsinhaberinnen als künftig wegfallende Ämter in Anlage 1 Besoldungsordnung C kw fortgeführt; Art. 105 Satz 3 ist nicht anzuwenden. 2Für diese Personen gelten die Vorschriften dieses Gesetzes nach Maßgabe der Abs. 2 bis 4.

(2) 1Das Grundgehalt nach Art. 2 Abs. 2 Nr. 1 für die in Abs. 1 genannten Personen ergibt sich aus Anlage 3. 2Die Zuordnung erfolgt betragsmäßig entsprechend dem am 31. Dezember 2010 zustehenden Grundgehalt; Art. 106 Abs. 1 Satz 4 in der am 31. Dezember 2021 geltenden Fassung gilt entsprechend. 3Das Grundgehalt steigt mit der Zuordnung im Abstand von zwei Jahren bis zur Endstufe; Art. 30 Abs. 2 Satz 3 und Art. 106 Abs. 2 Satz 2 in der am 31. Dezember 2021 gelten-

den Fassung gelten entsprechend. $_{4}$Das Aufsteigen in den Stufen ruht für die Dauer einer vorläufigen Dienstenthebung; führt ein Disziplinarverfahren zur Entfernung aus dem Dienst oder endet das Dienstverhältnis durch Entlassung auf Antrag des Beamten oder der Beamtin oder infolge strafgerichtlicher Verurteilung, so erlischt der Anspruch auch für die Zeit des Ruhens. $_{5}$Art. 35 bis 38 gelten entsprechend. $_{6}$Beamte und Beamtinnen der Besoldungsgruppe C 1 kw erhalten eine Strukturzulage nach Art. 33.

(3) $_{1}$Ein nach dem früheren Recht zustehender Zuschuss zum Grundgehalt in Höhe des am 31. Dezember 2010 zustehenden Betrags wird unverändert weitergewährt. $_{2}$Ist der Zuschuss zum Grundgehalt unter der Voraussetzung gewährt worden, dass er beim Aufsteigen in den Stufen um den Steigerungsbetrag des Grundgehalts zu vermindern ist, ist diese Maßgabe auch im Fall des Stufenanstiegs nach Abs. 2 Satz 3 zu beachten. $_{3}$Im Fall eines befristeten Zuschusses gelten Sätze 1 und 2 nur für die Zeit der Befristung. $_{4}$Die in festen Beträgen festgesetzten Zuschüsse zum Grundgehalt nach Nrn. 1 und 2 der Vorbemerkungen zu Bundesbesoldungsordnung C zum Bundesbesoldungsgesetz in der bis zum Ablauf des 22. Februar 2002 geltenden Fassung nehmen an den allgemeinen Besoldungsanpassungen mit dem Vomhundertsatz teil, um den die Grundgehaltssätze erhöht werden. $_{5}$Die Gewährung neuer oder die Erhöhung bestehender Zuschüsse ist ausgeschlossen; Satz 4 bleibt unberührt. $_{6}$Die Zuschüsse gelten für Zwecke dieses Gesetzes als Leistungsbezug nach Art. 2 Abs. 3 Nr. 4; sie gehören zu den Bezügen nach Art. 83 Abs. 1 Satz 2 Nr. 1.

(4) $_{1}$Eine Zulage nach Art. 57 Abs. 1 wird nicht gewährt. $_{2}$Professoren und Professorinnen, die zusätzlich zu Aufgaben des ihnen verliehenen Amtes Leitungsaufgaben an einer Hochschule wahrnehmen, erhalten eine Stellenzulage nach Maßgabe der Hochschulleitungs-Stellenzulagenverordnung in der bis zum 22. Februar 2002 geltenden Fassung; sie gehört zu den Bezügen nach Art. 83 Abs. 1 Satz 2 Nr. 1. $_{3}$Für Professoren und Professorinnen, Oberassistenten und Oberassistentinnen sowie Oberingenieure und Oberingenieurinnen gilt Art. 65 entsprechend. $_{4}$Für Professoren und Professorinnen der Besoldungsgruppen C 2 kw bis C 4 kw gilt Art. 61 entsprechend; die Mehrarbeitsvergütung wird in Höhe des Vergütungssatzes der Anlage 9 für die Besoldungsgruppen A 13 bis A 16 gewährt.

(5) $_{1}$Auf Antrag wird Professoren und Professorinnen der Besoldungsgruppe C 4 kw ein Amt der Besoldungsgruppe W 3 und Professoren und Professorinnen der Besoldungsgruppen C 2 kw und C 3 kw ein Amt der Besoldungsgruppe W 2 übertragen; der Antrag ist unwiderruflich. $_{2}$In diesen Fällen können abweichend von Art. 71 Abs. 2 Satz 1 und 2 besondere Leistungsbezüge bereits bei erstmaliger Vergabe unbefristet gewährt werden. $_{3}$Professoren und Professorinnen der Besoldungsgruppe C 2 an staatlichen Fachhochschulen und in Fachhochschulstudiengängen anderer staatlicher Hochschulen, die den Ruf auf diese Professur vor dem 1. Juni 2001 angenommen haben, können im Fall eines Antrags auf Übertragung eines Amtes der Besoldungsgruppe W 2 mit Wirkung von dem Zeitpunkt an, in dem voraussichtlich eine Berufung in ein Amt der Besoldungsgruppe C 3 erfolgt wäre, neben dem Grundgehalt nach der Besoldungsgruppe W 2 ruhegehaltfähige besondere Leistungsbezüge nach Maßgabe der nach Art. 74 zu erlassenden Rechtsverordnung gewährt werden.

(6) Wird an Beamte und Beamtinnen der Besoldungsordnung C kw auf Grund Antragstellung gemäß Abs. 5 oder in sonstigen Fällen ein Amt der Besoldungsordnung W verliehen, finden Art. 21 und 52 keine Anwendung.

Art. 107a Übergangsvorschrift für Ämter der Besoldungsgruppen W 2 und W 3

(1) $_{1}$Am 1. Januar 2013 vorhandene Professoren, Professorinnen sowie hauptberufliche Mitglieder von Hochschulleitungen, die ein Amt der Besoldungsgruppe W 2 oder W 3 innehaben, werden den Stufen des Grundge-

halts der Anlage 3 unter Berücksichtigung von Zeiten nach Art. 42a Abs. 1 und 3 Satz 2 zugeordnet. $_{2}$Art. 42a Abs. 2 und 3 Satz 1 sowie Abs. 4 gelten entsprechend.

(2) $_{1}$Monatliche Hochschulleistungsbezüge, die einem Professor, einer Professorin oder einem hauptberuflichen Mitglied einer Hochschulleitung bis zum Ablauf des 31. Dezember 2012 zugestanden haben, verringern sich um den Betrag der Erhöhung des Grundgehalts am 1. Januar 2013, insgesamt jedoch höchstens in Höhe der Hälfte der monatlichen Leistungsbezüge. $_{2}$Mehrere monatliche Hochschulleistungsbezüge verringern sich höchstens bis zu ihrer jeweiligen Hälfte in folgender Reihenfolge, bis der Höchstbetrag nach Satz 1 erreicht ist:

1. unbefristete Leistungsbezüge,
2. befristete Leistungsbezüge, sofern sie nicht unter Nr. 3 fallen,
3. Funktionsleistungsbezüge.

$_{3}$Bei mehreren Hochschulleistungsbezügen derselben Gruppe nach Satz 2 verringert sich vorrangig der früher gewährte Leistungsbezug; erstmals am gleichen Tag gewährte Leistungsbezüge verringern sich anteilig. $_{4}$Monatliche Hochschulleistungsbezüge, die einem Professor oder einer Professorin auf Grund Art. 107 Abs. 5 Satz 3 in Verbindung mit der nach Art. 74 zu erlassenden Rechtsverordnung gewährt wurden und bis zum Ablauf des 31. Dezembers 2012 zugestanden haben, verringern sich um den Betrag der Erhöhung des Grundgehalts am 1. Januar 2013; diese Leistungsbezüge verringern sich vorrangig. $_{5}$Bei der Anwendung der Sätze 1 bis 4 bleibt die lineare Anpassung der Besoldung nach Art. 110 Abs. 1 zum 1. Januar 2013 außer Betracht. $_{6}$Beim weiteren Stufenaufstieg verringern sich zum 31. Dezember 2012 zustehende und noch wirksame monatliche Hochschulleistungsbezüge entsprechend den Sätzen 1 bis 4; bei Hochschulleistungsbezügen, die nicht unter Satz 4 fallen, darf der Höchstbetrag nach Satz 1 insgesamt nicht überschritten werden. $_{7}$Nehmen Leistungsbezüge nach Satz 6 an allgemeinen Besoldungsanpassungen teil, unterliegen die Anpassungen nicht der weiteren Anrechnung; maßgeblich ist der zum 31. Dezember 2012 zustehende Betrag.

Art. 108 Sonstige Übergangsregelungen

(1) $_{1}$Verringern sich die Bezüge von vorhandenen Beamten, Beamtinnen, Richtern und Richterinnen durch Anwendung der Vorschriften dieses Gesetzes (Art. 103), wird eine Überleitungszulage in Höhe des Unterschiedsbetrags zwischen den am 31. Dezember 2010 zugestandenen Bezügen und den ab 1. Januar 2011 zustehenden Bezügen gewährt. $_{2}$Eine Verringerung der Bezüge nach Satz 1 setzt voraus, dass sich am 1. Januar 2011 bei unveränderten Verhältnissen eine niedrigere Besoldung im Vergleich zum 31. Dezember 2010 ergibt. $_{3}$Die Überleitungszulage nach Satz 1 verringert sich bei jeder Erhöhung der Grund- oder Nebenbezüge mit Ausnahme der Art. 36 und 67 um den Erhöhungsbetrag. $_{4}$Soweit Fachlehrer und Fachlehrerinnen sowie Fachoberlehrer und Fachoberlehrerinnen ab 1. Januar 2011 eine Überleitungszulage wegen der Neuregelung der Fußnote 1 zu der Besoldungsgruppe A 10 oder der Fußnote 2 zu der Besoldungsgruppe A 11 erhalten haben, ist diese auf die ab dem gleichen Zeitpunkt gemäß Anlage 1 Besoldungsgruppe A 10 Fußnote 1 Spiegelstrich 2 oder die gemäß Anlage 1 Besoldungsgruppe A 11 Fußnote 2 Spiegelstrich 2 in der jeweils ab 1. Januar 2011 geltenden Fassung zustehende Amtszulage anzurechnen.

(2) $_{1}$Soweit am 31. Dezember 2010 Ausgleichs- oder Überleitungszulagen nach früherem Recht gewährt werden, sind diese fortzuzahlen, solange die bisherigen Anspruchsvoraussetzungen erfüllt sind, und nach Maßgabe des Art. 52 Abs. 1 Satz 5 zu verringern. $_{2}$Soweit Ausgleichs- oder Überleitungszulagen nach Satz 1 für die Verringerung des Grundgehalts einschließlich einer Amtszulage gewährt werden, sind die Bezüge zu zahlen, die bei einem Verbleiben in dem bisherigen Amt unter Beachtung des Art. 106 in der am 31. Dezember 2021 geltenden Fassung am 1. Januar 2011 zustünden; Art. 21 ist insoweit anzuwenden.

(3) Beamte und Beamtinnen, denen für den Monat Dezember 2010 Auslandsdienstbezüge nach § 52 Abs. 1 Satz 3 des Bundesbesoldungsgesetzes in der am 31. August 2006 geltenden Fassung gezahlt werden, erhalten diese weiterhin in der bisherigen Höhe, so-

weit diese höher sind als die Auslandsbesoldung nach Art. 38 und solange die bisherigen Anspruchsvoraussetzungen erfüllt sind.

(4) Soweit nach diesem Gesetz die Staatsregierung oder eine andere Stelle ermächtigt ist, durch Rechtsverordnung bestimmte Bereiche zu regeln, bleiben die bisherigen Vorschriften für diese Bereiche bis zum Inkrafttreten der jeweiligen Rechtsverordnung in Kraft.

(5) Beamtinnen, die bis zum 1. Januar 2001 eine männliche Amtsbezeichnung geführt haben, sind berechtigt, die Amtsbezeichnung auch künftig in der männlichen Form zu führen.

(6) $_{1}$Hat die regelmäßige Verjährungsfrist von Ansprüchen auf Besoldung und auf Rückforderung von zu viel gezahlter Besoldung, die vor dem 1. Januar 2011 entstanden sind, am 1. Januar 2011 noch nicht begonnen, wird die Frist nach Art. 13 von diesem Zeitpunkt an berechnet; die Verjährung tritt spätestens mit Ablauf der bisherigen Höchstfrist, die ohne Rücksicht auf Kenntnis oder grob fahrlässige Unkenntnis begonnen hat, ein. $_{2}$Hat die Verjährungsfrist vor dem 1. Januar 2011 begonnen, ist für den Fristablauf das zum 31. Dezember 2010 geltende Recht maßgebend.

(7) Wurde die Altersteilzeit gemäß Art. 91 Abs. 1 Satz 1 BayBG oder Altersdienstermäßigung gemäß Art. 8c Abs. 1 Satz 1 des Bayerischen Richtergesetzes in der am 31. Dezember 2009 geltenden Fassung angetreten, gilt Art. 58 mit der Maßgabe, dass der Zuschlag in Höhe des Unterschiedsbetrags zwischen der Nettobesoldung nach Art. 6 und 83 v. H. der Nettobesoldung, die sich aus der in den letzten fünf Jahren vor Beginn der Altersteilzeit durchschnittlich geleisteten Arbeitszeit ergibt, gewährt wird.

(8) $_{1}$Anwärter und Anwärterinnen in Laufbahnen mit einem Eingangsamt der Besoldungsgruppen bis A 10, die sich am 31. Juli 2010 in einem Beamtenverhältnis auf Widerruf befinden und ab dem 1. Januar 2011 in ein Beamtenverhältnis auf Probe berufen werden, erhalten ein Grundgehalt nach Anlage 3 mindestens in der Höhe, das sich unter Anwendung der §§ 27 bis 30 des Bundesbesoldungsgesetzes in der am 31. August 2006 geltenden Fassung ergibt. $_{2}$Ist das sich nach Satz 1 ergebende Grundgehalt höher als das nach Art. 30 und 31, wird dieses Grundgehalt solange gewährt, bis es betragsmäßig der Stufe entspricht, die durch Anwendung des Art. 30 Abs. 2 und 3 tatsächlich erreicht wird.

(9) Soweit vor dem 1. Januar 2011 Fahrkostenzuschüsse gewährt worden sind, kann von der Rückforderung abgesehen werden, wenn die Gewährung mit den Grundsätzen des Art. 99a vereinbar gewesen wäre.

(10) $_{1}$Beamte, Beamtinnen, Richter und Richterinnen im Sinn des Art. 1 Abs. 1 in einer Lebenspartnerschaft (jeweils Lebenspartnerschaft im Sinn des Lebenspartnerschaftsgesetzes) erhalten für den Zeitraum vom 1. August 2001 bis 31. Dezember 2010 den Familienzuschlag der Stufe 1 oder einer höheren Stufe wegen Haushaltsaufnahme eines Kindes des jeweiligen Lebenspartners nach den jeweils geltenden bundes- oder landesrechtlichen Vorschriften, sofern sie ihren Anspruch innerhalb des genannten Zeitraums geltend gemacht haben, ohne dass über ihren Anspruch schon abschließend entschieden worden ist. $_{2}$Eine Nachzahlung nach Satz 1 erfolgt frühestens mit Wirkung ab dem 1. Januar des Haushaltsjahres, in dem ein Antrag gestellt wurde. $_{3}$Sätze 1 und 2 finden sinngemäß Anwendung für Ansprüche auf Nachzahlung von Auslandsdienstbezügen. $_{4}$Für die Zeit ab 1. Januar 2011 bleiben Art. 36 und 38 unberührt.

(11) $_{1}$Ergibt sich bei Berechtigten, die am 31. März 2014 Anspruch auf Besoldung bei begrenzter Dienstfähigkeit hatten oder im Zeitraum zwischen dem 1. April 2014 und dem 31. Juli 2015 erstmals erworben haben, auf Grund der zum 1. April 2014 wirksam gewordenen Neufassung der Art. 7 und 59 eine Verringerung ihrer Bezüge, wird der Unterschiedsbetrag weitergewährt. $_{2}$Der Unterschiedsbetrag nach Satz 1 vermindert sich jedoch, soweit sich die Besoldung des Berechtigten insbesondere auf Grund

1. linearer Bezügeanpassung,
2. Beförderung,
3. Stufenaufstieg nach Art. 30 Abs. 2 oder
4. Veränderung des Umfangs der begrenzten Dienstfähigkeit

erhöht. 3Die Neufestsetzung der Besoldung erfolgt von Amts wegen.

(12) Beamten und Beamtinnen, die für Dezember 2026 einen Gesundheitsdienstzuschlag erhalten haben, wird der Zuschlag unter den Maßgaben des Art. 60b in der bis zum 31. Dezember 2026 geltenden Fassung weitergewährt.

III

(13) 1Lehrkräfte mit der Befähigung für das Lehramt an Volks-, Grund- und Mittelschulen in der Besoldungsgruppe A 12 erhalten eine jährlich aufwachsende monatliche Zulage in folgender Staffelung:

1. ab dem 1. Januar 2024 in Höhe von 80 €,
2. ab dem 1. Januar 2025 in Höhe von 160 €,
3. ab dem 1. Januar 2026 in Höhe von 240 €,
4. ab dem 1. Januar 2027 in Höhe von 320 €,
5. ab dem 1. Januar 2028 in Höhe von 400 €.

2Lehrkräfte mit der Befähigung für das Lehramt an Volks-, Grund- und Mittelschulen in der Besoldungsgruppe A 12 mit Amtszulage nach Fußnote 2 erhalten eine jährlich aufwachsende monatliche Zulage in folgender Staffelung:

1. ab dem 1. Januar 2024 in Höhe von 40 €,
2. ab dem 1. Januar 2025 in Höhe von 80 €,
3. ab dem 1. Januar 2026 in Höhe von 120 €,
4. ab dem 1. Januar 2027 in Höhe von 160 €,
5. ab dem 1. Januar 2028 in Höhe von 200 €.

3Die Zulage entfällt mit der Übertragung eines Amtes der Besoldungsgruppe A 13. 4Grundgehalt und Zulage dürfen zusammen mit Amtszulagen zu der Besoldungsgruppe A 12 das Grundgehalt der Besoldungsgruppe A 13 nicht übersteigen.

(14) (weggefallen)

(15) Beamte und Beamtinnen, die für Dezember 2026 eine Leistungsstufe erhalten haben, wird die Stufe unter den Maßgaben des Art. 66 in der am 31. Dezember 2026 geltenden Fassung weitergewährt.

Art. 109 Übergangsvorschriften zu orts- und familienbezogenen Besoldungsbestandteilen

(1) (weggefallen)

(2) (weggefallen)

(3) 1Berechtigten, die am 31. März 2023 Anspruch auf Gewährung eines Familienzuschlags nach den Art. 35 bis 37 oder einer Ballungsraumzulage nach Art. 94 oder auf beide Leistungen haben, werden diese Leistungen weiter gewährt, solange die jeweiligen Voraussetzungen in der am 31. März 2023 geltenden Fassung vorliegen und solange und soweit die betragsmäßige Summe der Leistungen den nach den Art. 35 bis 37 in der jeweils geltenden Fassung zu gewährenden Orts- und Familienzuschlag übersteigt. 2Im Fall einer Beurlaubung ohne Anspruch auf Bezüge sind die Leistungen im Sinn des Satzes 1 maßgeblich, die bei einer Beendigung der Beurlaubung am 31. März 2023 maßgebend wären.

Art. 110 (weggefallen)

Art. 111 Außerkrafttreten

Außer Kraft treten:

1. Art. 109a mit Ablauf des 31. Dezember 2025,
2. Art. 60b und Art. 108 Abs. 14, Art. 109 Abs. 1, 2 und 4 sowie Anlage 11 mit Ablauf des 31. Dezember 2026 und
3. Art. 108 Abs. 13 mit Ablauf des 31. August 2028.

Anlage 1

Besoldungsordnungen

Besoldungsordnung A

Besoldungsgruppe A 3

Hauptamtsgehilfe, Hauptamtsgehilfin

Wachtmeister, Wachtmeisterin

Besoldungsgruppe A 4

Amtsmeister, Amtsmeisterin[1])

Oberwachtmeister, Oberwachtmeisterin[2])

[1]) Auch als Eingangsamt im Sitzungsdienst der Gerichte.

[2]) Auch als Eingangsamt im Justiz- und Justizwachtmeisterdienst.

Besoldungsgruppe A 5

Hauptwachtmeister, Hauptwachtmeisterin

Oberamtsmeister, Oberamtsmeisterin

Oberwart, Oberwartin[1])

Polizeioberwachtmeister, Polizeioberwachtmeisterin[2])

[1]) Als Eingangsamt.

[2]) Während der Ausbildung im Beamtenverhältnis auf Probe.

Besoldungsgruppe A 6

Justizvollstreckungssekretär, Justizvollstreckungssekretärin[1])

Sekretär, Sekretärin[2])[3])

Werkmeister, Werkmeisterin[1])

[1]) Als Eingangsamt.

[2]) Auch als Eingangsamt für die zweite Qualifikationsebene.

[3]) Beamte und Beamtinnen mit Einstieg in der ersten Qualifikationsebene erhalten in herausgehobenen Funktionen eine Amtszulage nach Anlage 4.

Besoldungsgruppe A 7

Brandmeister, Brandmeisterin[1])

Justizvollstreckungsobersekretär, Justizvollstreckungsobersekretärin

Krankenpfleger, Krankenschwester[1])

Kriminalmeister, Kriminalmeisterin[1])

Obersekretär, Obersekretärin[2])

Oberwerkmeister, Oberwerkmeisterin[3])

Polizeimeister, Polizeimeisterin[1])

Restaurator, Restauratorin

Stationspfleger, Stationsschwester[4])

[1]) Als Eingangsamt.

[2]) Auch als Eingangsamt für den allgemeinen Vollzugsdienst bei den Justizvollzugsanstalten, für den Vollzugsdienst bei den für den Vollzug von Zurückweisungshaft, Abschiebungshaft oder Ausreisegewahrsam errichteten weiteren speziellen Hafteinrichtungen oder für die Fachlaufbahn Naturwissenschaft und Technik.

[3]) Auch als Eingangsamt für den Werkdienst bei den Justizvollzugsanstalten.

[4]) Erhält eine Amtszulage nach Anlage 4.

Besoldungsgruppe A 8

Abteilungspfleger, Abteilungsschwester

Flussmeister, Flussmeisterin[1])

Gerichtsvollzieher, Gerichtsvollzieherin[1])

Hauptsekretär, Hauptsekretärin

Hauptwerkmeister, Hauptwerkmeisterin

Justizvollstreckungshauptsekretär, Justizvollstreckungshauptsekretärin

Kriminalobermeister, Kriminalobermeisterin

Oberbrandmeister, Oberbrandmeisterin

Oberrestaurator, Oberrestauratorin

Polizeiobermeister, Polizeiobermeisterin

Straßenmeister, Straßenmeisterin[1])

[1]) Als Eingangsamt.

Besoldungsgruppe A 9

Förderlehrer, Förderlehrerin[1])

Inspektor, Inspektorin[2]) [3])

Kriminalhauptmeister, Kriminalhauptmeisterin[4])

Kriminalkommissar, Kriminalkommissarin[5])

Oberflussmeister, Oberflussmeisterin

Obergerichtsvollzieher, Obergerichtsvollzieherin

Oberpfleger, Oberschwester

Oberstraßenmeister, Oberstraßenmeisterin

Pflegevorsteher, Oberin[6])

Polizeihauptmeister, Polizeihauptmeisterin[4])

Polizeikommissar, Polizeikommissarin[5])

[1]) Als Eingangsamt; erhält an Förderschulen mit abgeschlossener sonderpädagogischer Zusatzausbildung im Umfang von mindestens 180 Stunden eine Amtszulage nach Anlage 4.

[2]) Auch als Eingangsamt für die dritte Qualifikationsebene.

[3]) Beamte und Beamtinnen mit Einstieg in der ersten oder zweiten Qualifikationsebene erhalten in herausgehobenen Funktionen eine Amtszulage nach Anlage 4.

[4]) Erhält in herausgehobenen Funktionen eine Amtszulage nach Anlage 4.

[5]) Als Eingangsamt für die dritte Qualifikationsebene.

[6]) Erhält eine Amtszulage nach Anlage 4.

Besoldungsgruppe A 10

Erster Pflegevorsteher, Erste Oberin

Fachlehrer, Fachlehrerin[1])

Förderlehrer, Förderlehrerin[2])

Hauptflussmeister, Hauptflussmeisterin[3])

Hauptgerichtsvollzieher, Hauptgerichtsvollzieherin

Hauptstraßenmeister, Hauptstraßenmeisterin[4])

Kriminaloberkommissar, Kriminaloberkommissarin[5])

Oberinspektor, Oberinspektorin[6])

Polizeioberkommissar, Polizeioberkommissarin[5])

[1]) Als Eingangsamt.
Erhält
– bei ausschließlicher Verwendung an Förderschulen oder als Fachberater oder Fachberaterin bei den Schulämtern oder Regierungen oder bei den Ministerialbeauftragten für die Realschulen eine Amtszulage nach Anlage 4,
– bei gleichzeitiger Verwendung an Förderschulen und als Fachberater oder Fachberaterin bei den Schulämtern oder Regierungen eine Amtszulage nach Anlage 4.

[2]) Erhält an Förderschulen mit abgeschlossener sonderpädagogischer Zusatzausbildung im Umfang von mindestens 180 Stunden eine Amtszulage nach Anlage 4.

[3]) Das Amt darf nur von Amtsinhabern und Amtsinhaberinnen mit der ständigen Funktion als Leiter oder Leiterin einer Flussmeisterei oder von Beamten und Beamtinnen mit einer gleichwertigen Funktion bei einer wasserwirtschaftlichen Fachbehörde mit gegenüber dem Amt in Besoldungsgruppe A 9 besonders herausgehobenen Funktionen in Anspruch genommen werden.

[4]) Das Amt darf nur von Amtsinhabern und Amtsinhaberinnen mit der ständigen Funktion als Leiter oder Leiterin einer Autobahnmeisterei oder einer Straßenmeisterei oder von Beamten und Beamtinnen mit einer gleichwertigen Funktion bei einer Straßenbaubehörde mit gegenüber dem Amt in Besoldungsgruppe A 9 besonders herausgehobenen Funktionen in Anspruch genommen werden.

[5]) Auch als Eingangsamt für die Fachlaufbahn Polizei und Verfassungsschutz mit dem Schwerpunkt Technik.

[6]) Auch als Eingangsamt für die Fachlaufbahn Naturwissenschaft und Technik.

Besoldungsgruppe A 11

Amtmann, Amtfrau

Erster Pflegevorsteher, Erste Oberin

Fachoberlehrer, Fachoberlehrerin[1]) [2])

Förderlehrer, Förderlehrerin

Kriminalhauptkommissar, Kriminalhauptkommissarin

Polizeihauptkommissar, Polizeihauptkommissarin

[1]) Mit abgeschlossener Fachhochschulausbildung auch als Eingangsamt.

[2]) Erhält
– bei ausschließlicher Verwendung an Förderschulen oder als Fachberater oder Fachberaterin bei den Schulämtern oder Regierungen oder bei den Ministerialbeauftragten für die Realschulen eine Amtszulage nach Anlage 4,
– bei gleichzeitiger Verwendung an Förderschulen und als Fachberater oder Fachberaterin bei den Schulämtern oder Regierungen eine Amtszulage nach Anlage 4.

Besoldungsgruppe A 12

Amtsrat, Amtsrätin

Fachoberlehrer, Fachoberlehrerin[1])

Förderlehrer, Förderlehrerin

Kriminalhauptkommissar, Kriminalhauptkommissarin

Lehrer, Lehrerin[1]) [2])

Polizeihauptkommissar, Polizeihauptkommissarin

[1]) Erhält bei ausschließlicher Verwendung an Förderschulen eine Amtszulage nach Anlage 4.

[2]) Auch als erstes Beförderungsamt mit einer Amtszulage nach Anlage 4.

Besoldungsgruppe A 13

Akademischer Rat, Akademische Rätin

Beratungsrektor, Beratungsrektorin[1])

Erster Kriminalhauptkommissar, Erste Kriminalhauptkommissarin[9])

Erster Polizeihauptkommissar, Erste Polizeihauptkommissarin[9])

Fachschulkonrektor, Fachschulkonrektorin

Institutskonrektor, Institutskonrektorin

Institutsrektor, Institutsrektorin[3])

Konrektor, Konrektorin[4])

Konservator, Konservatorin[5])

Kurdirektor, Kurdirektorin der Kurverwaltung Bad Brückenau

Musikschulkonrektor, Musikschulkonrektorin

Musikschulrektor, Musikschulrektorin

Pfarrer, Pfarrerin[5])

Polizeirealschullehrer, Polizeirealschullehrerin[5])

Polizeirealschuloberlehrer, Polizeirealschuloberlehrerin[7])

Rat, Rätin[8]) [9])

Rektor, Rektorin[1])

Schulberatungsrektor, Schulberatungsrektorin

Seminarrektor, Seminarrektorin[1])

Studienrat, Studienrätin[6])

Studienrat, Studienrätin im Förderschuldienst[5]) [10])

Studienrat, Studienrätin im Grundschuldienst[11]) [12])

Studienrat, Studienrätin im Mittelschuldienst[1]) [2])

Studienrat, Studienrätin im Realschuldienst[5]) [0])

Zweiter Konrektor, Zweite Konrektorin[1])

---

[1]) Erhält eine Amtszulage nach Anlage 4.

[3]) Erhält bei höherer Wertigkeit des Amtsinhalts eine Amtszulage nach Anlage 4.

[4]) Erhält eine Amtszulage nach Maßgabe der Anlage 4.

[5]) Als Eingangsamt.

[6]) Als Eingangsamt an beruflichen Schulen oder Gymnasien; im Übrigen an Staatsinstituten und vergleichbaren Einrichtungen.

[7]) Als Beförderungsamt; erhält eine Amtszulage nach Anlage 4.

[8]) Auch als Eingangsamt für die vierte Qualifikationsebene.

[9]) Beamte und Beamtinnen mit Einstieg in der ersten, zweiten oder dritten Qualifikationsebene erhalten in herausgehobenen Funktionen eine Amtszulage nach Anlage 4.

[10]) Auch als Beförderungsamt mit einer Amtszulage nach Anlage 4.

[11]) Als zweites Beförderungsamt; im Justizvollzug als Eingangsamt.

[12]) Im Justizvollzug auch als Beförderungsamt mit einer Amtszulage nach Anlage 4.

Besoldungsgruppe A 14

Akademischer Oberrat, Akademische Oberrätin

Beratungsrektor, Beratungsrektorin[1])

Fachschulrektor, Fachschulrektorin[2])

Institutsrektor, Institutsrektorin[1])

Konrektor, Konrektorin[1])

Landesanwalt, Landesanwältin

Musikschulrektor, Musikschulrektorin

Oberkonservator, Oberkonservatorin

Oberrat, Oberrätin[4]) [5])

Oberstudienrat, Oberstudienrätin[3])

Pfarrer, Pfarrerin

Realschulkonrektor, Realschulkonrektorin[2])

Realschulrektor, Realschulrektorin[2])

Regierungsschulrat, Regierungsschulrätin[2])

Rektor, Rektorin[1])

Schulberatungsrektor, Schulberatungsrektorin

Schulrat, Schulrätin[2])

Seminarrektor, Seminarrektorin[1])

Sonderschulkonrektor, Sonderschulkonrektorin[2])

Sonderschulrektor, Sonderschulrektorin[2])

Zweiter Konrektor, Zweite Konrektorin

Zweiter Realschulkonrektor, Zweite Realschulkonrektorin[2])

Zweiter Sonderschulkonrektor, Zweite Sonderschulkonrektorin[2])

---

[1]) Erhält bei höherer Wertigkeit des Amtsinhalts eine Amtszulage nach Anlage 4.

[2]) Erhält eine Amtszulage nach Anlage 4.

III

III

[3]) An beruflichen Schulen oder Gymnasien sowie an Staatsinstituten und vergleichbaren Einrichtungen.

[4]) Erhält als der ständige Vertreter oder die ständige Vertreterin des Leiters oder der Leiterin eines Gesundheitsamts, der oder die in der Besoldungsgruppe A 15 mit Amtszulage eingestuft ist, eine Amtszulage nach Anlage 4.

[5]) Erhält bei höherer Wertigkeit des Amtsinhalts an einem Gesundheitsamt mit mindestens 200 000 Einwohnern und Einwohnerinnen im Zuständigkeitsbereich eine Amtszulage nach Anlage 4.

Besoldungsgruppe A 15

Akademischer Direktor, Akademische Direktorin

Dekan, Dekanin

Direktor, Direktorin[1])[8])

Direktor, Direktorin bei der Hochschule für den öffentlichen Dienst in Bayern[2])

Direktor, Direktorin der Landesschule für Gehörlose[3])

Direktor, Direktorin der Landesschule für Körperbehinderte[3])

Direktor, Direktorin einer Schule für Gehörlose und Schwerhörige der Bezirke[3])

Direktor, Direktorin eines Berufsbildungswerks für Behinderte[4])

Fachschulrektor, Fachschulrektorin

Hauptkonservator, Hauptkonservatorin

Institutsrektor, Institutsrektorin[5])

Kanzler, Kanzlerin[6])

Kommunaler Schulverwaltungsrektor, Kommunale Schulverwaltungsrektorin

Oberlandesanwalt, Oberlandesanwältin

Realschulkonrektor, Realschulkonrektorin

Realschuldirektor, Realschuldirektorin[5])

Regierungsschuldirektor, Regierungsschuldirektorin[2])

Rektor, Rektorin einer besonderen Schule[2])

Schulamtsdirektor, Schulamtsdirektorin[2])

Schulberatungsrektor, Schulberatungsrektorin[3])

Seminarrektor, Seminarrektorin[7])

Sonderschulkonrektor, Sonderschulkonrektorin

Sonderschulrektor, Sonderschulrektorin[5])

Studiendirektor, Studiendirektorin[5])

---

[1]) Erhält als Bereichsleiter oder Bereichsleiterin am Amt für Ernährung, Landwirtschaft und Forsten oder am Staatlichen Bauamt eine Amtszulage nach Anlage 4.

[2]) Erhält bei höherer Wertigkeit des Amtsinhalts eine Amtszulage nach Anlage 4.

[3]) Erhält eine Amtszulage nach Anlage 4.

[4]) Erhält an einem Berufsbildungswerk für Behinderte mit Schülerheim eine Amtszulage nach Anlage 4.

[5]) Erhält bei höherer Wertigkeit des Amtsinhalts eine Amtszulage nach Anlage 4.

[6]) Als hauptamtliches Mitglied der Hochschulleitung.

[7]) Nur für Fachleiterfunktion im Realschulbereich.

[8]) Erhält als Leiter oder Leiterin eines Gesundheitsamts eine Amtszulage nach Anlage 4.

Besoldungsgruppe A 16

Abteilungsdirektor, Abteilungsdirektorin

Direktor, Direktorin an der Bayerischen Landesanstalt für Landwirtschaft[1])

Direktor, Direktorin bei der Hochschule für den öffentlichen Dienst in Bayern[3])

Direktor, Direktorin bei der Verwaltungsschule[4])

Direktor, Direktorin bei einem kommunalen Spitzenverband (Bayerischer Gemeindetag, Bayerischer Landkreistag, Bayerischer Städtetag, Bayerischer Bezirketag – Körperschaften des öffentlichen Rechts –)

Direktor, Direktorin eines Bezirkskrankenhauses

Institutsdirektor, Institutsdirektorin

Kanzler, Kanzlerin[5])

Kommunaler Schulverwaltungsrektor, Kommunale Schulverwaltungsrektorin

Landeskonservator, Landeskonservatorin

Leitender Akademischer Direktor, Leitende Akademische Direktorin

Leitender Direktor, Leitende Direktorin

Leitender Medizinaldirektor, Leitende Medizinaldirektorin

Leitender Polizeidirektor, Leitende Polizeidirektorin[7])

Leitender Regierungsschuldirektor, Leitende Regierungsschuldirektorin

Leitender Schulamtsdirektor, Leitende Schulamtsdirektorin[1])

Ministerialrat, Ministerialrätin

Oberlandesanwalt, Oberlandesanwältin

Oberstudiendirektor, Oberstudiendirektorin

Sonderschuldirektor, Sonderschuldirektorin[6])

Stadtdirektor, Stadtdirektorin[1])

Stellvertretender Hauptgeschäftsführer, Stellvertretende Hauptgeschäftsführerin bei den Handwerkskammern für Mittelfranken, Niederbayern-Oberpfalz, Oberbayern, Oberfranken, Schwaben, Unterfranken

[1]) Erhält bei höherer Wertigkeit des Amtsinhalts eine Amtszulage nach Anlage 4.

[3]) Erhält
– als der ständige Vertreter oder die ständige Vertreterin des Präsidenten oder der Präsidentin eine Amtszulage nach Anlage 4,
– als Leiter oder Leiterin des Fachbereichs Polizei eine Amtszulage nach Anlage 4.
Die Amtszulage als Leiter oder Leiterin des Fachbereichs Polizei wird nicht neben der Amtszulage als ständiger Vertreter oder ständige Vertreterin des Präsidenten oder der Präsidentin gewährt.

[4]) Erhält eine Amtszulage nach Anlage 4.

[5]) Als hauptamtliches Mitglied der Hochschulleitung.

[6]) Nur an beruflichen Schulen.

[7]) Erhält als Leiter der Organisationseinheit „Ordnungs- und Schutzaufgaben, polizeiliche Verkehrsaufgaben" der Abteilung „Einsatz" in den Polizeipräsidien München und Mittelfranken eine Amtszulage nach Anlage 4.

Besoldungsordnung B

Besoldungsgruppe B 2

Abteilungsdirektor, Abteilungsdirektorin

Direktor, Direktorin bei einem Regionalträger der Deutschen Rentenversicherung

Direktor, Direktorin der Bayerischen Grenzpolizei

Direktor, Direktorin der Landesgewerbeanstalt Bayern

Direktor, Direktorin des Hauptstaatsarchivs

Direktor, Direktorin des Planungsverbands äußerer Wirtschaftsraum München

Direktor, Direktorin des Zweckverbands Bayerischer Landschulheime

Direktor, Direktorin eines Bezirkskrankenhauses

Geschäftsleiter, Geschäftsleiterin des Krankenhauszweckverbands Ingolstadt

Kanzler, Kanzlerin[1])

Leitender Realschuldirektor, Leitende Realschuldirektorin[2])

Ministerialrat, Ministerialrätin

Polizeivizepräsident, Polizeivizepräsidentin[3])

Stadtdirektor, Stadtdirektorin

Stellvertretender Generaldirektor, Stellvertretende Generaldirektorin der Staatsbibliothek

Stellvertretender Hauptgeschäftsführer, Stellvertretende Hauptgeschäftsführerin bei den Handwerkskammern für Mittelfranken, Niederbayern-Oberpfalz, Oberbayern, Oberfranken, Schwaben, Unterfranken

Vizepräsident, Vizepräsidentin der Landesbaudirektion Bayern

[1]) Als hauptamtliches Mitglied der Hochschulleitung.

[2]) Als Ministerialbeauftragter oder Ministerialbeauftragte.

[3]) Der Polizeipräsidien Niederbayern, Oberbayern Nord, Oberbayern Süd, Oberfranken, Oberpfalz, Schwaben Nord, Schwaben Süd/West, Unterfranken.

Besoldungsgruppe B 3

Direktor, Direktorin bei dem Kommunalunternehmen Medizinische Einrichtungen des Bezirks Oberpfalz[4])

Direktor, Direktorin bei der Anstalt für kommunale Datenverarbeitung in Bayern

Direktor, Direktorin bei der Bayerischen Staatsforsten

Direktor, Direktorin bei der Bayerischen Versicherungskammer/Bayerischen Versorgungskammer

Direktor, Direktorin bei der Verwaltungsschule

Direktor, Direktorin bei einem kommunalen Spitzenverband (Bayerischer Gemeindetag, Bayerischer Landkreistag, Bayerischer Städtetag, Bayerischer Bezirketag – Körperschaften des öffentlichen Rechts –)

Direktor, Direktorin bei einem Regionalträger der Deutschen Rentenversicherung

Direktor, Direktorin beim Landesbeauftragten für den Datenschutz

Direktor, Direktorin beim Bayerischen Kommunalen Prüfungsverband

III

Direktor, Direktorin der Akademie für Lehrerfortbildung und Personalführung

Direktor, Direktorin der Bezirksverwaltung Oberbayern

Direktor, Direktorin der Landeszentrale für politische Bildungsarbeit

Direktor, Direktorin des IT-Dienstleistungszentrums beim Landesamt für Digitalisierung, Breitband und Vermessung

Direktor, Direktorin des IT-Servicezentrums der bayerischen Justiz

Direktor, Direktorin des Landesamts für Maß und Gewicht

Direktor, Direktorin des Landesamts für Schule

Direktor, Direktorin des Staatsinstituts für Schulqualität und Bildungsforschung

Direktor, Direktorin des Zentralinstituts für Kunstgeschichte

Direktor, Direktorin des Zweckverbands Hafen Straubing-Sand

Erster Direktor, Erste Direktorin eines Regionalträgers der Deutschen Rentenversicherung

Generalsekretär, Generalsekretärin der Akademie der Wissenschaften

Geschäftsleiter, Geschäftsleiterin des Krankenhauszweckverbands Augsburg

Kanzler, Kanzlerin[1])

Leitender Ministerialrat, Leitende Ministerialrätin

Leitender Ministerialrat, Leitende Ministerialrätin[2])

Leitender Oberstudiendirektor, Leitende Oberstudiendirektorin[3])

Leiter oder Leiterin des Finanzamts München

Ministerialrat, Ministerialrätin

Oberbranddirektor, Oberbranddirektorin

Oberlandesanwalt, Oberlandesanwältin

Oberpflegamtsdirektor, Oberpflegamtsdirektorin der Stiftung Juliusspital Würzburg

Polizeivizepräsident, Polizeivizepräsidentin[5])

Präsident, Präsidentin der Bayerischen Landesanstalt für Wald und Forstwirtschaft

Präsident, Präsidentin der Bayerischen Landesanstalt für Weinbau und Gartenbau

Präsident, Präsidentin der Hochschule für den öffentlichen Dienst in Bayern

Präsident, Präsidentin des Landesamts für Datenschutzaufsicht

Präsident, Präsidentin des Landesamts für Pflege

Präsident, Präsidentin des Polizeiverwaltungsamts

Regierungsvizepräsident, Regierungsvizepräsidentin[6])

Stadtdirektor, Stadtdirektorin

Stellvertretender Hauptgeschäftsführer, Stellvertretende Hauptgeschäftsführerin bei den Handwerkskammern für Niederbayern-Oberpfalz, Oberbayern

Vizepräsident, Vizepräsidentin bei der Bayerischen Landesanstalt für Landwirtschaft

Vizepräsident, Vizepräsidentin der Lotterie- und Spielbankverwaltung

Vizepräsident, Vizepräsidentin der Verwaltung der staatlichen Schlösser, Gärten und Seen

Vizepräsident, Vizepräsidentin des Landesamts für Asyl und Rückführungen

Vizepräsident, Vizepräsidentin des Landesamts für Finanzen

Vizepräsident, Vizepräsidentin des Landesamts für Gesundheit und Lebensmittelsicherheit

Vizepräsident, Vizepräsidentin des Landesamts für Sicherheit in der Informationstechnik

Vizepräsident, Vizepräsidentin des Landesamts für Statistik

Vizepräsident, Vizepräsidentin des Landesamts für Umwelt

Vizepräsident, Vizepräsidentin des Landesamts für Verfassungsschutz

Vizepräsident, Vizepräsidentin des Landesamts für Digitalisierung, Breitband und Vermessung

Vizepräsident, Vizepräsidentin des Zentrums Bayern Familie und Soziales

---

[1]) Als hauptamtliches Mitglied der Hochschulleitung.

[2]) Als Prüfungsgebietsleiter oder Prüfungsgebietsleiterin beim Bayerischen Obersten Rechnungshof.

[3]) Als Ministerialbeauftragter oder Ministerialbeauftragte für Gymnasien oder berufliche Schulen.

[4]) Als der ständige Vertreter oder die ständige Vertreterin des Vorstands.

[5]) Des Landeskriminalamts oder des Polizeipräsidiums Mittelfranken oder des Polizeipräsidiums München oder des Präsidiums der Bayerischen Bereitschaftspolizei.

[6]) Als Stellvertreter oder Stellvertreterin eines oder einer in der Besoldungsgruppe B 7 eingestuften Regierungspräsidenten oder Regierungspräsidentin.

Besoldungsgruppe B 4

Direktor, Direktorin bei der Bayerischen Versicherungskammer/BayerischenVersorgungskammer

Direktor, Direktorin bei einem kommunalen Spitzenverband (Bayerischer Gemeindetag, Bayerischer Landkreistag, Bayerischer Städtetag, Bayerischer Bezirketag – Körperschaften des öffentlichen Rechts –)

Direktor, Direktorin bei einem Regionalträger der Deutschen Rentenversicherung

Erster Direktor, Erste Direktorin eines Regionalträgers der Deutschen Rentenversicherung

Generaldirektor, Generaldirektorin der Staatlichen Archive

Generaldirektor, Generaldirektorin des Deutschen Museums München

Generaldirektor, Generaldirektorin des Germanischen Nationalmuseums Nürnberg

Generaldirektor, Generaldirektorin des Bayerischen Nationalmuseums

Inspekteur, Inspekteurin der Bayerischen Polizei

Kanzler, Kanzlerin[1])

Leitender Ministerialrat, Leitende Ministerialrätin

Leitender Ministerialrat, Leitende Ministerialrätin[2])

Oberbranddirektor, Oberbranddirektorin der Landeshauptstadt München

Polizeipräsident, Polizeipräsidentin[3])

Präsident, Präsidentin der Landesbaudirektion Bayern

Präsident, Präsidentin der Monumenta Germaniae Historica[4])

Präsident, Präsidentin der Staatlichen Führungsakademie für Ernährung, Landwirtschaft und Forsten

Regierungsvizepräsident, Regierungsvizepräsidentin

Stadtdirektor, Stadtdirektorin der Landeshauptstadt München

Stellvertretender Geschäftsführender Direktor, Stellvertretende Geschäftsführende Direktorin des Bayerischen Kommunalen Prüfungsverbands

Stellvertretender Hauptgeschäftsführer, Stellvertretende Hauptgeschäftsführerin bei der Handwerkskammer für Oberbayern

Vizepräsident, Vizepräsidentin beim Landesamt für Steuern

Vizepräsident, Vizepräsidentin und fachlich-wissenschaftlicher Leiter, fachlich-wissenschaftliche Leiterin des Landesamts für Gesundheit und Lebensmittelsicherheit

---

[1]) Als hauptamtliches Mitglied der Hochschulleitung.

[2]) Als Prüfungsgebietsleiter oder Prüfungsgebietsleiterin beim Bayerischen Obersten Rechnungshof.

[3]) Der Polizeipräsidien Niederbayern, Oberbayern Nord, Oberbayern Süd, Oberfranken, Oberpfalz, Schwaben Nord, Schwaben Süd/West, Unterfranken.

[4]) Soweit der Amtsinhaber oder die Amtsinhaberin zugleich Professor oder Professorin ist, kann abweichend von Art. 5 Satz 1 die Besoldung aus dem zuerst übertragenen Amt gewährt werden. Dies gilt auch für befristete Leistungsbezüge für die Dauer der Befristung.

Besoldungsgruppe B 5

Direktor, Direktorin bei einem Regionalträger der Deutschen Rentenversicherung

Direktor, Direktorin des Hauses der Bayerischen Geschichte

Erster Direktor, Erste Direktorin eines Regionalträgers der Deutschen Rentenversicherung

Generaldirektor, Generaldirektorin der Bayerischen Staatsgemäldesammlungen

Generaldirektor, Generaldirektorin der Staatsbibliothek

Generalkonservator, Generalkonservatorin des Landesamts für Denkmalpflege

Geschäftsführender Direktor, Geschäftsführende Direktorin der Anstalt für kommunale Datenverarbeitung in Bayern

Hauptgeschäftsführer, Hauptgeschäftsführerin der Handwerkskammern Mittelfranken, Oberfranken, Schwaben, Unterfranken

Kanzler, Kanzlerin[1])

Ministerialdirigent, Ministerialdirigentin

Polizeipräsident, Polizeipräsidentin[2])

Präsident, Präsidentin des Landesamts für Sicherheit in der Informationstechnik

[1]) Als hauptamtliches Mitglied der Hochschulleitung.

[2]) Des Polizeipräsidiums Mittelfranken oder des Präsidiums der Bayerischen Bereitschaftspolizei.

Besoldungsgruppe B 6

Erster Direktor, Erste Direktorin eines Regionalträgers der Deutschen Rentenversicherung

Generallandesanwalt, Generallandesanwältin

Generalsekretär, Generalsekretärin des Landespersonalausschusses

Geschäftsführender Direktor, Geschäftsführende Direktorin des Bayerischen Kommunalen Prüfungsverbands

Geschäftsführendes Vorstandsmitglied, Geschäftsführendes Präsidialmitglied eines kommunalen Spitzenverbands (Bayerischer Gemeindetag, Bayerischer Landkreistag, Bayerischer Städtetag, Bayerischer Bezirketag – Körperschaften des öffentlichen Rechts –)

Hauptgeschäftsführer, Hauptgeschäftsführerin der Handwerkskammer Niederbayern-Oberpfalz

Ministerialdirigent, Ministerialdirigentin[1])

Polizeipräsident, Polizeipräsidentin[2])

Präsident, Präsidentin der Akademie der Wissenschaften[3])

Präsident, Präsidentin der Bayerischen Landesanstalt für Landwirtschaft

Präsident, Präsidentin der Lotterie- und Spielbankverwaltung

Präsident, Präsidentin der Verwaltung der staatlichen Schlösser, Gärten und Seen

Präsident, Präsidentin des Landesamts für Asyl und Rückführungen

Präsident, Präsidentin des Landesamts für Finanzen

Präsident, Präsidentin des Landesamts für Gesundheit und Lebensmittelsicherheit

Präsident, Präsidentin des Landesamts für Statistik

Präsident, Präsidentin des Landesamts für Umwelt

Präsident, Präsidentin des Landesamts für Verfassungsschutz

Präsident, Präsidentin des Landesamts für Digitalisierung, Breitband und Vermessung

Präsident, Präsidentin des Zentrums Bayern Familie und Soziales

[1]) Auch als Landesbeauftragter oder Landesbeauftragte für den Datenschutz oder als Abteilungsleiter oder Abteilungsleiterin beim Bayerischen Obersten Rechnungshof.

[2]) Des Landeskriminalamts oder des Polizeipräsidiums München.

[3]) Soweit der Amtsinhaber oder die Amtsinhaberin zugleich Professor oder Professorin ist, kann abweichend von Art. 5 Satz 1 die Besoldung aus dem zuerst übertragenen Amt gewährt werden. Dies gilt auch für befristete Leistungsbezüge für die Dauer der Befristung.

Besoldungsgruppe B 7

Geschäftsführendes Vorstandsmitglied, Geschäftsführendes Präsidialmitglied eines kommunalen Spitzenverbands (Bayerischer Gemeindetag, Bayerischer Landkreistag, Bayerischer Städtetag, Bayerischer Bezirketag – Körperschaften des öffentlichen Rechts –)

Hauptgeschäftsführer, Hauptgeschäftsführerin der Handwerkskammer für Oberbayern

Ministerialdirigent, Ministerialdirigentin

Präsident, Präsidentin des Landesamts für Gesundheit und Lebensmittelsicherheit und Landesarzt für Bayern

Präsident, Präsidentin des Landesamts für Steuern

Regierungspräsident, Regierungspräsidentin

Vizepräsident, Vizepräsidentin des Bayerischen Obersten Rechnungshofs

Besoldungsgruppe B 8

Geschäftsführendes Vorstandsmitglied, Geschäftsführendes Präsidialmitglied eines kommunalen Spitzenverbands (Bayerischer Gemeindetag, Bayerischer Landkreistag, Bayerischer Städtetag, Bayerischer Bezirketag – Körperschaften des öffentlichen Rechts –)

Landespolizeipräsident, Landespolizeipräsidentin

Regierungspräsident, Regierungspräsidentin von Oberbayern

Besoldungsgruppe B 9

Ministerialdirektor, Ministerialdirektorin[1])

Präsident, Präsidentin des Bayerischen Obersten Rechnungshofs

[1]) In den Staatsministerien können zwei leitende Beamte oder Beamtinnen bestellt werden; die Ernennung zum Ministerialdirektor oder zur Ministerialdirektorin setzt voraus, dass dem Beamten oder der Beamtin mindestens die fachliche Teilamtsleitung über mehrere Abteilungen oder die ständige Vertretung über den gesamten Geschäftsbereich oder die Funktion eines Bevollmächtigten des Freistaates Bayern beim Bund übertragen ist.

Besoldungsgruppe B 10

Staatsrat, Staatsrätin[1])

[1]) Als Amtschef oder Amtschefin der Staatskanzlei.

Besoldungsgruppe B 11

. . .

Besoldungsordnung W

Besoldungsgruppe W 1

Juniorprofessor, Juniorprofessorin

Nachwuchsprofessor, Nachwuchsprofessorin

Besoldungsgruppe W 2

Professor, Professorin[1])

Professor, Professorin an einer Kunsthochschule

Universitätsprofessor, Universitätsprofessorin

[1]) An einer Fachhochschule oder an einem Fachhochschulstudiengang einer Universität.

Besoldungsgruppe W 3

Präsident, Präsidentin oder Rektor, Rektorin der . . .[1])

Professor, Professorin[2])

Professor, Professorin an einer Kunsthochschule

Universitätsprofessor, Universitätsprofessorin

[1]) Der Amtsbezeichnung ist ein Zusatz beizufügen, der auf die Hochschule hinweist, der der Amtsinhaber oder die Amtsinhaberin angehört.

[2]) An einer Fachhochschule oder an einem Fachhochschulstudiengang einer Universität.

Besoldungsordnung R

Besoldungsgruppe R 1

Richter, Richterin am Amtsgericht[1]) [2])

Richter, Richterin am Arbeitsgericht[1]) [2])

Richter, Richterin am Landgericht[2])

Richter, Richterin am Sozialgericht[2])

Richter, Richterin am Verwaltungsgericht

Staatsanwalt, Staatsanwältin[3])

[1]) Erhält als der ständige Vertreter oder die ständige Vertreterin eines Direktors oder einer Direktorin an einem Amtsgericht oder Arbeitsgericht mit bis zu fünf Planstellen für Richter und Richterinnen eine Amtszulage nach Anlage 4.

[2]) Erhält als der ständige Vertreter oder die ständige Vertreterin eines weiteren aufsichtführenden Richters oder einer weiteren aufsichtführenden Richterin eine Amtszulage nach Anlage 4.

[3]) Erhält als Gruppenleiter oder Gruppenleiterin bei der Staatsanwaltschaft eine Amtszulage nach Anlage 4.

Besoldungsgruppe R 2

Direktor, Direktorin des Amtsgerichts[1])

Direktor, Direktorin des Arbeitsgerichts[1]) [2])

Oberstaatsanwalt, Oberstaatsanwältin[3]) [4]) [5]) [6])

Richter, Richterin am Amtsgericht[7]) [8])

Richter, Richterin am Arbeitsgericht[7]) [8])

Richter, Richterin am Finanzgericht

Richter, Richterin am Landessozialgericht

Richter, Richterin am Oberlandesgericht

Richter, Richterin am Bayerischen Verwaltungsgerichtshof

Richter, Richterin am Sozialgericht[8])

Vizepräsident, Vizepräsidentin des Amtsgerichts[9])

Vizepräsident, Vizepräsidentin des Arbeitsgerichts[9])

Vizepräsident, Vizepräsidentin des Landgerichts[9])

Vizepräsident, Vizepräsidentin des Sozialgerichts[9])

Vizepräsident, Vizepräsidentin des Verwaltungsgerichts[9])

Vorsitzender Richter, Vorsitzende Richterin am Landgericht[10])

Vorsitzender Richter, Vorsitzende Richterin am Verwaltungsgericht

---

[1]) An einem Gericht mit bis zu fünf Planstellen für Richter und Richterinnen. Erhält an einem Gericht mit sechs und mehr Planstellen für Richter und Richterinnen eine Amtszulage nach Anlage 4.

[2]) Die Amtsbezeichnung führen Leiter und Leiterinnen von Arbeitsgerichten mit bis zu 22 Planstellen für Richter und Richterinnen.

[3]) Als Abteilungsleiter oder Abteilungsleiterin bei einer Staatsanwaltschaft; erhält als Leiter oder Leiterin einer staatsanwaltschaftlichen Zweigstelle mit neun und mehr Planstellen für Staatsanwälte und Staatsanwältinnen eine Amtszulage nach Anlage 4.

[4]) Als Dezernent oder Dezernentin bei einer Generalstaatsanwaltschaft.

[5]) Erhält als der ständige Vertreter oder die ständige Vertreterin eines Leitenden Oberstaatsanwalts oder einer Leitenden Oberstaatsanwältin der Besoldungsgruppe R 3 oder R 4 eine Amtszulage nach Anlage 4.

[6]) Als Hauptabteilungsleiter oder Hauptabteilungsleiterin bei einer Staatsanwaltschaft mit 60 bis 119 Planstellen für Staatsanwälte und Staatsanwältinnen; erhält eine Amtszulage nach Anlage 4. An einer solchen Staatsanwaltschaft ist je mindestens eine solche Planstelle der Besoldungsgruppe R 2 mit Amtszulage nach Anlage 4 auszubringen.

[7]) Als der ständige Vertreter oder die ständige Vertreterin eines Direktors oder einer Direktorin an einem Gericht mit sechs und mehr Planstellen für Richter und Richterinnen; erhält als der ständige Vertreter oder die ständige Vertreterin eines Direktors oder einer Direktorin der Besoldungsgruppe R 3 eine Amtszulage nach Anlage 4.

[8]) Als weiterer aufsichtführender Richter oder weitere aufsichtführende Richterin. Bei acht und mehr Planstellen für Richter und Richterinnen kann für weitere aufsichtführende Richter und Richterinnen je eine, bei 15 Planstellen und auf je fünf weitere Planstellen je eine weitere Planstelle für Richterinnen und Richter der Besoldungsgruppe R 2 ausgebracht werden. An einem Gericht mit fünfzehn und mehr Planstellen für Richter und Richterinnen ist je mindestens eine solche Planstelle der Besoldungsgruppe R 2 auszubringen. Erhält als Leiter oder Leiterin einer Hauptabteilung an einem Gericht mit 151 und mehr Planstellen für Richter und Richterinnen eine Amtszulage nach Anlage 4.

[9]) Erhält als der ständige Vertreter oder die ständige Vertreterin eines Präsidenten oder einer Präsidentin der Besoldungsgruppe R 3 oder R 4 eine Amtszulage nach Anlage 4.

[10]) Erhält als weiterer aufsichtführender Richter oder aufsichtführende Richterin an einem Landgericht mit 30 und mehr Planstellen für Richter und Richterinnen, einschließlich der Planstellen für Richter und Richterinnen der Gerichte, über die der Präsident oder die Präsidentin die Dienstaufsicht führt, eine Amtszulage nach Anlage 4; bei 60 und auf je 30 weitere solche Planstellen können je drei weitere Planstellen der Besoldungsgruppe R 2 mit Amtszulage nach Anlage 4 ausgebracht werden.

Besoldungsgruppe R 3

Direktor, Direktorin des Amtsgerichts[1]) [2])

Leitender Oberstaatsanwalt, Leitende Oberstaatsanwältin[3]) [4]) [11])

Oberstaatsanwalt, Oberstaatsanwältin[5]) [6])

Präsident, Präsidentin des Arbeitsgerichts[7]) [8])

Präsident, Präsidentin des Landgerichts[8])

Präsident, Präsidentin des Sozialgerichts[8])

Präsident, Präsidentin des Verwaltungsgerichts[8])

Richter, Richterin am Bayerischen Obersten Landesgericht

Vizepräsident, Vizepräsidentin des Amtsgerichts[9])

Vizepräsident, Vizepräsidentin des Finanzgerichts[10])

Vizepräsident, Vizepräsidentin des Landesarbeitsgerichts[0])

Vizepräsident, Vizepräsidentin des Landgerichts[9])

Vizepräsident, Vizepräsidentin des Verwaltungsgerichts[9])

Vorsitzender Richter, Vorsitzende Richterin am Finanzgericht

Vorsitzender Richter, Vorsitzende Richterin am Landesarbeitsgericht

Vorsitzender Richter, Vorsitzende Richterin am Landessozialgericht

Vorsitzender Richter, Vorsitzende Richterin am Oberlandesgericht

Vorsitzender Richter, Vorsitzende Richterin am Bayerischen Verwaltungsgerichtshof

[1]) An einem Gericht mit 20 bis 40 Planstellen für Richter und Richterinnen.

[2]) Als Leiter oder Leiterin eines Gerichts mit Zentralstellenfunktion als Zentrales Mahngericht für Bayern.

[3]) Als Abteilungsleiter oder Abteilungsleiterin bei einer Generalstaatsanwaltschaft.

[4]) Als Leiter oder Leiterin einer Staatsanwaltschaft mit bis zu 19 Planstellen für Staatsanwälte und Staatsanwältinnen.

[5]) Als der ständige Vertreter oder die ständige Vertreterin eines Leitenden Oberstaatsanwalts oder einer Leitenden Oberstaatsanwältin der Besoldungsgruppe R 5 oder R 6; erhält als der ständige Vertreter oder die ständige Vertreterin eines Leitenden Oberstaatsanwalts oder einer Leitenden Oberstaatsanwältin der Besoldungsgruppe R 6 eine Amtszulage nach Anlage 4.

[6]) Als Hauptabteilungsleiter oder Hauptabteilungsleiterin bei einer Staatsanwaltschaft mit 120 und mehr Planstellen für Staatsanwälte und Staatsanwältinnen. An einer solchen Staatsanwaltschaft sind je mindestens vier solcher Planstellen der Besoldungsgruppe R 3 auszubringen.

[7]) Die Amtsbezeichnung führen Leiter und Leiterinnen von Arbeitsgerichten mit 23 und mehr Planstellen für Richter und Richterinnen.

[8]) An einem Gericht mit bis zu 40 Planstellen für Richter und Richterinnen einschließlich der Planstellen für Richter und Richterinnen der Gerichte, über die der Präsident oder die Präsidentin die Dienstaufsicht führt.

[9]) Als der ständige Vertreter oder die ständige Vertreterin eines Präsidenten oder einer Präsidentin der Besoldungsgruppe R 5 oder R 6.

[10]) Erhält als der ständige Vertreter oder die ständige Vertreterin eines Präsidenten oder einer Präsidentin der Besoldungsgruppe R 6 eine Amtszulage nach Anlage 4.

[11]) Erhält als der ständige Vertreter oder die ständige Vertreterin eines Generalstaatsanwalts oder einer Generalstaatsanwältin der Besoldungsgruppe R 6 eine Amtszulage nach Anlage 4.

Besoldungsgruppe R 4

Leitender Oberstaatsanwalt, Leitende Oberstaatsanwältin[1]),[5])

Präsident, Präsidentin des Amtsgerichts[2])

Präsident, Präsidentin des Arbeitsgerichts[3])

Präsident, Präsidentin des Landgerichts[2])

Präsident, Präsidentin des Sozialgerichts[3])

Präsident, Präsidentin des Verwaltungsgerichts[2])

Vizepräsident, Vizepräsidentin des Landessozialgerichts[4])

Vizepräsident, Vizepräsidentin des Oberlandesgerichts[4])

Vizepräsident, Vizepräsidentin des Bayerischen Obersten Landesgerichts[6])

Vizepräsident, Vizepräsidentin des Bayerischen Verwaltungsgerichtshofs[4])

Vorsitzender Richter, Vorsitzende Richterin am Bayerischen Obersten Landesgericht

[1]) Als Leiter oder Leiterin einer Staatsanwaltschaft mit 20 bis 59 Planstellen für Staatsanwälte und Staatsanwältinnen.

[2]) An einem Gericht mit 41 bis 80 Planstellen für Richter und Richterinnen einschließlich der Planstellen für Richter und Richterinnen der Gerichte, über die der Präsident oder die Präsidentin die Dienstaufsicht führt.

[3]) An einem Gericht mit 41 und mehr Planstellen für Richter und Richterinnen einschließlich der Planstellen für Richter und Richterinnen der Gerichte, über die der Präsident oder die Präsidentin die Dienstaufsicht führt.

[4]) Als der ständige Vertreter oder die ständige Vertreterin eines Präsidenten oder einer Präsidentin der Besoldungsgruppe R 8.

[5]) Als der ständige Vertreter oder die ständige Vertreterin eines Generalstaatsanwalts oder einer Generalstaatsanwältin der Besoldungsgruppe R 7.

[6]) Erhält eine Zulage nach Anlage 4.

Besoldungsgruppe R 5

Leitender Oberstaatsanwalt, Leitende Oberstaatsanwältin[1])

Präsident, Präsidentin des Amtsgerichts[2])

Präsident, Präsidentin des Finanzgerichts[3])

Präsident, Präsidentin des Landgerichts[2])

Präsident, Präsidentin des Verwaltungsgerichts[2])

Vizepräsident, Vizepräsidentin des Oberlandesgerichts[4])

[1]) Als Leiter oder Leiterin einer Staatsanwaltschaft mit 60 bis 119 Planstellen für Staatsanwälte und Staatsanwältinnen.

[2]) An einem Gericht mit 81 bis 150 Planstellen für Richter und Richterinnen einschließlich der Planstellen für Richter und Richterinnen der Gerichte, über die der Präsident oder die Präsidentin die Dienstaufsicht führt.

III

[3]) An einem Gericht mit bis zu 25 Planstellen für Richter und Richterinnen im Bezirk.

[4]) Als der ständige Vertreter oder die ständige Vertreterin eines Präsidenten oder einer Präsidentin der Besoldungsgruppe R 9.

Besoldungsgruppe R 6

Generalstaatsanwalt, Generalstaatsanwältin[1])[6])

Leitender Oberstaatsanwalt, Leitende Oberstaatsanwältin[2])

Präsident, Präsidentin des Amtsgerichts[3])

Präsident, Präsidentin des Finanzgerichts[4])

Präsident, Präsidentin des Landesarbeitsgerichts[5])

Präsident, Präsidentin des Landgerichts[3])

[1]) Als Leiter oder Leiterin einer Generalstaatsanwaltschaft mit bis zu 299 Planstellen für Staatsanwälte und Staatsanwältinnen im Bezirk.

[2]) Als Leiter oder Leiterin einer Staatsanwaltschaft mit 120 und mehr Planstellen für Staatsanwälte und Staatsanwältinnen.

[3]) An einem Gericht mit 151 und mehr Planstellen für Richter und Richterinnen einschließlich der Planstellen für Richter und Richterinnen der Gerichte, über die der Präsident oder die Präsidentin die Dienstaufsicht führt.

[4]) An einem Gericht mit 26 und mehr Planstellen für Richter und Richterinnen im Bezirk.

[5]) An einem Gericht mit 26 bis 100 Planstellen für Richter und Richterinnen im Bezirk.

[6]) Erhält als Leiter oder Leiterin der Generalstaatsanwaltschaft, die die staatsanwaltschaftlichen Geschäfte beim Bayerischen Obersten Landesgericht wahrnimmt, eine Amtszulage nach Anlage 4

Besoldungsgruppe R 7

Generalstaatsanwalt, Generalstaatsanwältin[1])[2])

[1]) Als Leiter oder Leiterin einer Generalstaatsanwaltschaft mit 300 und mehr Planstellen für Staatsanwälte und Staatsanwältinnen im Bezirk.

[2]) Erhält als Leiter oder Leiterin der Generalstaatsanwaltschaft, die die staatsanwaltlichen Geschäfte beim Bayerischen Obersten Landesgericht wahrnimmt, eine Amtszulage nach Anlage 4.

Besoldungsgruppe R 8

Präsident, Präsidentin des Landessozialgerichts

Präsident, Präsidentin des Oberlandesgerichts[1])

Präsident, Präsidentin des Bayerischen Obersten Landesgerichts

Präsident, Präsidentin des Bayerischen Verwaltungsgerichtshofs

[1]) An einem Gericht mit bis zu 799 Planstellen für Richter und Richterinnen im Bezirk.

Besoldungsgruppe R 9

Präsident, Präsidentin des Oberlandesgerichts[1])

[1]) An einem Gericht mit 800 und mehr Planstellen für Richter und Richterinnen im Bezirk.

Besoldungsordnungen kw

Besoldungsordnung A kw

Besoldungsgruppe A 5 kw

Kontrollgehilfe, Kontrollgehilfin

Städtischer Masseur und Bademeister, Städtische Masseurin und Bademeisterin

Besoldungsgruppe A 6 kw

Friedhofverwalter, Friedhofverwalterin

Kontrollmeister, Kontrollmeisterin

Städtischer Masseur und Oberbademeister, Städtische Masseurin und Oberbademeisterin

Besoldungsgruppe A 7 kw

Friedhofoberverwalter, Friedhofoberverwalterin

Oberkontrollmeister, Oberkontrollmeisterin

Städtischer Masseur und Hauptbademeister, Städtische Masseurin und Hauptbademeisterin

Besoldungsgruppe A 8 kw

Friedhofhauptverwalter, Friedhofhauptverwalterin

Hauptkontrollmeister, Hauptkontrollmeisterin

Besoldungsgruppe A 9 kw

Staatsbankinspektor, Staatsbankinspektorin

Besoldungsgruppe A 10 kw

Betriebsoberinspektor, Betriebsoberinspektorin

Sozialoberinspektor, Sozialoberinspektorin[1])

[1]) Erhält eine Stellenzulage in Höhe von 46,07 €.

Besoldungsgruppe A 11 kw

. . .

Besoldungsgruppe A 12 kw

Fachstudienrat, Fachstudienrätin
– im Hochschuldienst –

Institutslehrer, Institutslehrerin
– am Zentrum für Bildungsforschung –

Religionsoberlehrer, Religionsoberlehrerin an einer beruflichen Schule

Wirtschaftsoberlehrer, Wirtschaftsoberlehrerin

Besoldungsgruppe A 13 kw

Akademischer Rat, Akademische Rätin[1])

Baurat, Baurätin[1])

Blindenoberlehrer, Blindenoberlehrerin[2])

Hauptlehrer, Hauptlehrerin[3])
– im Justizvollzugsdienst –

Medizinalrat, Medizinalrätin[1])

Oberlehrer, Oberlehrerin
– im Justizvollzugsdienst –

Pharmazierat, Pharmazierätin[1])

Polizeihauptlehrer, Polizeihauptlehrerin[3])

Regierungsrat, Regierungsrätin[1])

Studienrat, Studienrätin[1])

Taubstummenlehrer, Taubstummenlehrerin

Taubstummenoberlehrer, Taubstummenoberlehrerin[2])

Wissenschaftlicher Assistent, Wissenschaftliche Assistentin an einer wissenschaftlichen Hochschule oder einer wissenschaftlichen Anstalt[4])

[1]) Als wissenschaftliches Personal an Hochschulen, soweit eine Übernahme in Ämter der neuen Personalstruktur noch nicht oder nicht erfolgt.

[2]) Erhält eine Amtszulage nach Anlage 4.

[3]) Erhält eine Amtszulage nach Anlage 4.

[4]) Erhält bei Ausübung einer selbstständigen Unterrichtstätigkeit von mindestens drei Semesterwochenstunden eine Vergütung von jährlich 615 €.

Besoldungsgruppe A 14 kw

Akademischer Oberrat, Akademische Oberrätin[1])

Bezirksoberpfarrer, Bezirksoberpfarrerin

Direktor, Direktorin bei den Wissenschaftlichen Anstalten[2])

Oberbaurat, Oberbaurätin[1])

Oberregierungschemierat, Oberregierungschemierätin

Oberregierungsgewerberat, Oberregierungsgewerberätin

Oberregierungsmedizinalrat, Oberregierungsmedizinalrätin

Oberregierungsrat, Oberregierungsrätin[1])

Oberstudienrat, Oberstudienrätin[1])

Singschuldirektor, Singschuldirektorin der Stadt Würzburg

Staatsarchivdirektor, Staatsarchivdirektorin

[1]) Als wissenschaftliches Personal an Hochschulen, soweit eine Übernahme in Ämter der neuen Personalstruktur noch nicht oder nicht erfolgt.

[2]) Erhält eine Amtszulage nach Anlage 4.

Besoldungsgruppe A 15 kw

Akademischer Direktor, Akademische Direktorin[1])

Baudirektor, Baudirektorin[1])

Chemiedirektor, Chemiedirektorin[1])

Landwirtschaftsdirektor, Landwirtschaftsdirektorin[1])

Medizinaldirektor, Medizinaldirektorin[1])

Pharmaziedirektor, Pharmaziedirektorin[1])

Regierungsdirektor, Regierungsdirektorin[1])

Studiendirektor, Studiendirektorin[1])

[1]) Als wissenschaftliches Personal an Hochschulen, soweit eine Übernahme in Ämter der neuen Personalstruktur noch nicht oder nicht erfolgt.

Besoldungsgruppe A 16 kw

Direktor, Direktorin des Staatlichen Forschungsinstituts für Geochemie in Bamberg

Kanzler, Kanzlerin der Fachhochschule Kempten

Obermedizinaldirektor, Obermedizinaldirektorin[1])

Oberstudiendirektor, Oberstudiendirektorin[1]) [2])

Stadtdirektor, Stadtdirektorin

– in einer Stadt mit bis zu 50 000 Einwohnern –

---

[1]) Als wissenschaftliches Personal an Hochschulen, soweit eine Übernahme in Ämter der neuen Personalstruktur noch nicht oder nicht erfolgt.

[2]) Am Staatsinstitut für Frühpädagogik.

III

Besoldungsordnung B kw

Besoldungsgruppe B 2 kw

Direktor, Direktorin bei der Bayerischen Staatsforsten

Kanzler, Kanzlerin der Universität Bayreuth

Polizeivizepräsident, Polizeivizepräsidentin des Präsidiums der Bayerischen Bereitschaftspolizei

Präsident, Präsidentin des Polizeiverwaltungsamts

Stadtdirektor, Stadtdirektorin

– in einer Stadt mit bis zu 100 000 Einwohnern –

Vizepräsident, Vizepräsidentin

– einer früheren Bezirksfinanzdirektion –

Besoldungsgruppe B 3 kw

Direktor, Direktorin des Hauses der Bayerischen Geschichte

Direktor, Direktorin des Planungsverbands äußerer Wirtschaftsraum München

Präsident, Präsidentin

– als Leiter oder Leiterin einer früheren Bezirksfinanzdirektion –

Präsident, Präsidentin der Autobahndirektion Südbayern

Präsident, Präsidentin einer Autobahndirektion

Präsident, Präsidentin einer Direktion für Ländliche Entwicklung

Stadtdirektor, Stadtdirektorin

– in einer Stadt mit bis zu 500 000 Einwohnern –

Besoldungsgruppe B 4 kw

Generaldirektor, Generaldirektorin der Bayerischen Staatsgemäldesammlungen

Generaldirektor, Generaldirektorin der Staatsbibliothek

Generalkonservator, Generalkonservatorin des Landesamts für Denkmalpflege

Geschäftsführender Direktor, Geschäftsführende Direktorin der Landesgewerbeanstalt Bayern

Polizeipräsident, Polizeipräsidentin der Bereitschaftspolizei

Präsident, Präsidentin der Autobahndirektion Nordbayern

Präsident, Präsidentin der Verwaltung der staatlichen Schlösser, Gärten und Seen

Besoldungsgruppe B 5 kw

Präsident, Präsidentin

– als Leiter oder Leiterin einer früheren Bezirksfinanzdirektion –

Stadtdirektor, Stadtdirektorin

– der Landeshauptstadt München –

Besoldungsgruppe B 6 kw

. . .

Besoldungsgruppe B 7 kw

Präsident, Präsidentin, Rektor, Rektorin der Universität Würzburg

Besoldungsgruppe B 8 kw

. . .

Besoldungsordnung C kw

Besoldungsgruppe C 1 kw

Künstlerischer Assistent, Künstlerische Assistentin

Wissenschaftlicher Assistent, Wissenschaftliche Assistentin

Besoldungsgruppe C 2 kw

Hochschuldozent, Hochschuldozentin[1])

Oberassistent, Oberassistentin[1])

Oberingenieur, Oberingenieurin

Professor, Professorin
- an einer Fachhochschule –
- an einer wissenschaftlichen Hochschule mit Fachhochschulstudiengängen, soweit überwiegend in diesen tätig –

Professor, Professorin an einer Kunsthochschule

Professor, Professorin an einer wissenschaftlichen Hochschule
- an einer künstlerisch-wissenschaftlichen Hochschule –
- soweit überwiegend in Studiengängen tätig, in denen Aufgaben der wissenschaftlichen Hochschulen und der Fachhochschulen miteinander verbunden werden[2]) –

Universitätsprofessor, Universitätsprofessorin
- an einer künstlerisch-wissenschaftlichen Hochschule[3]) –

---

[1]) Erhält eine Stellenzulage in Höhe von 104,32 €, soweit als Oberarzt oder Oberärztin einer Hochschulklinik tätig.

[2]) Nur an einer wissenschaftlichen Hochschule, die weder Universität ist noch einer Universität gleichgestellt ist.

[3]) Soweit die Hochschule das Recht zur Promotion und Habilitation besitzt.

Besoldungsgruppe C 3 kw

Professor, Professorin
- an einer Fachhochschule –
- an einer wissenschaftlichen Hochschule mit Fachhochschulstudiengängen, soweit überwiegend in diesen tätig –

Professor, Professorin an einer Kunsthochschule

Professor, Professorin an einer wissenschaftlichen Hochschule[1])

Universitätsprofessor, Universitätsprofessorin[2])

---

[1]) Nur an einer wissenschaftlichen Hochschule, die weder Universität ist noch einer Universität gleichgestellt ist.

[2]) Auch an einer künstlerisch-wissenschaftlichen Hochschule, soweit die Hochschule das Recht zur Promotion und Habilitation besitzt.

Besoldungsgruppe C 4 kw

Professor, Professorin an einer Kunsthochschule

Professor, Professorin an einer wissenschaftlichen Hochschule[1])

Universitätsprofessor, Universitätsprofessorin[2])

---

[1]) Nur an einer wissenschaftlichen Hochschule, die weder Universität ist noch einer Universität gleichgestellt ist.

[2]) Auch an einer künstlerisch-wissenschaftlichen Hochschule, soweit die Hochschule das Recht zur Promotion und Habilitation besitzt.

Anlage 2

Hinzufügung von Zusätzen zu den Amtsbezeichnungen (Art. 22 Abs. 2 Satz 2)

Den in Anlage 1 dargestellten Amtsbezeichnungen der Besoldungsordnung A können Zusätze wie folgt hinzugefügt werden:

Amtsbezeichnung	Zusätze
Wachtmeister, Wachtmeisterin	Betriebs- Justiz-
Oberwachtmeister, Oberwachtmeisterin	Betriebs- Justiz-
Hauptwachtmeister, Hauptwachtmeisterin	Betriebs- Justiz-
Oberwart, Oberwartin	Betriebs- Vermessungs-
Sekretär, Sekretärin	Archiv- Betriebs- Bibliotheks- Forst- Gesundheits- Hygiene- – im Justizvollzugsdienst Justiz- Justizsicherheits- Pflege- Polizei- Regierungs- Steuer- Technischer, Technische Vermessungs- Verwaltungs- Verwaltungsbetriebs- Vollstreckungs-
Obersekretär, Obersekretärin	Archiv- Betriebs- Bibliotheks- Forst- Gesundheits- Hygiene- – im Justizvollzugsdienst – im Verbraucherschutz Justiz- Justizsicherheits- Landwirtschafts- Museumsbetriebs-

Amtsbezeichnung	Zusätze
	Pflege- Polizei- Regierungs- Steuer- Technischer, Technische Vermessungs- Verwaltungs- Verwaltungsbetriebs- Vollstreckungs-
Hauptsekretär, Hauptsekretärin	Archiv- Betriebs- Bibliotheks- Forst- Gesundheits- Hygiene- – im Justizvollzugsdienst – im Verbraucherschutz Justiz- Justizsicherheits- Landwirtschafts- Pflege- Polizei- Regierungs- Steuer- Technischer, Technische Vermessungs- Verwaltungs- Verwaltungsbetriebs- Vollstreckungs-
Inspektor, Inspektorin	Archiv- Bibliotheks- Brand- Forst- Garten- Gesundheits- Hygiene- – im Justizvollzugsdienst – im Verbraucherschutz Justiz- Justizsicherheits- Justizverwaltungs- Kultur- Landwirtschafts- Pflege- Polizei- Rechtspflege- Regierungs- Sozial-

Amtsbezeichnung	Zusätze
	Steuer- Technischer, Technische Urkunds- Vermessungs- Verwaltungs- Vollstreckungs-
Oberinspektor, Oberinspektorin	Archiv- Bibliotheks- Brand- Forst- Garten- Hygiene- – im Justizvollzugsdienst – im Krankenpflegedienst – im Verbraucherschutz Justiz- Justizverwaltungs- Kultur- Landwirtschafts- Pflege- Polizei- Rechtspflege- Regierungs- Sozial- Steuer- Technischer, Technische Vermessungs- Verwaltungs-
Amtmann, Amtfrau	Archiv- Bibliotheks- Brand- Forst- Garten- Hygiene- – im Justizvollzugsdienst – im Krankenpflegedienst – im Verbraucherschutz Justiz- Justizverwaltungs- Kultur- Landwirtschafts- Pflege- Polizei- Rechtspflege- Regierungs- Sozial- Steuer-

Amtsbezeichnung	Zusätze
	Technischer, Technische Vermessungs- Verwaltungs-
Amtsrat, Amtsrätin	Archiv- Bibliotheks- Brand- Forst- Garten- – im Justizvollzugsdienst – im Verbraucherschutz – in der Krankenhausbetriebsleitung Justiz- Justizverwaltungs- Kultur- Landwirtschafts- Pflege- Polizei- Rechtspflege- Regierungs- Sozial- Steuer- Technischer, Technische Vermessungs- Verwaltungs-
Rat, Rätin	Archiv- Bau- Berg- Bewährungshilfe- Bibliotheks- Brand- Chemie- Eich- Fischerei-[1]) Forst- Garten- Gerichtshilfe- Gewerbe- Hauswirtschafts- – im Verbraucherschutz – in der Krankenhausbetriebsleitung Justizverwaltungs- Kriminal- Kultur- Landwirtschafts- Medizinal- Pflege- Pharmazie- Polizei-

III

III

Amtsbezeichnung	Zusätze
	Rechts-[2]) Rechtspflege- Regierungs- Sozial- Technischer, Technische Vermessungs- Verwaltungs- Veterinär-
Pfarrer, Pfarrerin	– im Justizvollzugsdienst
Oberrat, Oberrätin	Archiv- Bau- Berg- Bibliotheks- Brand- Chemie- Eich- Fischerei-[3]) Forst- Garten- Gewerbe- Hauswirtschafts- Kriminal- Kultur- Landwirtschafts- Pflege- Pharmazie- Medizinal- Polizei- – rechts-[4]) Rechtspflege- – regierungs –[5]) Sozial- Technischer, Technische Vermessungs- – verwaltungs –[6]) Veterinär-
Dekan, Dekanin	– im Justizvollzugsdienst
Direktor, Direktorin	Archiv- Bau- Berg- Bibliotheks- Brand- Chemie- Eich- Fischerei-[7]) Forst- Garten-

Amtsbezeichnung	Zusätze
	Gewerbe- Hauswirtschafts- Kriminal- Kultur- Landwirtschafts- Medizinal- Museums- Pflege- Pharmazie- Polizei- Rechts-[8]) Rechtspflege- Regierungs- Sammlungs- Sozial- Technischer, Technische Vermessungs- Verwaltungs- Veterinär-
Leitender Direktor, Leitende Direktorin	Archiv- Bau- Berg- Bibliotheks- Brand- Chemie- Eich- Fischerei-[9]) Forst- Garten- Gewerbe- Hauswirtschafts- Kriminal- Kultur- Landwirtschafts- Medizinal- Museums- Pflege- Pharmazie- Polizei- Rechts-[10]) Rechtspflege- Regierungs- Sammlungs- Sozial- Technischer, Technische Vermessungs- Verwaltungs- Veterinär-

Amtsbezeichnung	Zusätze
Leitender Medizinaldirektor, Leitende Medizinaldirektorin	– im polizeiärztlichen Dienst

[1]) Für die Fischereifachberater der Bezirke.

[2]) Juristen, die überwiegend Justitiarsaufgaben wahrnehmen.

[3]) Für die Fischereifachberater der Bezirke.

[4]) Die Amtsbezeichnung lautet „Oberrechtsrat, Oberrechtsrätin" und gilt für Juristen, die überwiegend Justitiarsaufgaben wahrnehmen.

[5]) Die Amtsbezeichnung lautet „Oberregierungsrat, Oberregierungsrätin".

[6]) Die Amtsbezeichnung lautet „Oberverwaltungsrat, Oberverwaltungsrätin".

[7]) Für die Fischereifachberater der Bezirke.

[8]) Juristen, die überwiegend Justitiarsaufgaben wahrnehmen.

[9]) Für die Fischereifachberater der Bezirke.

[10]) Juristen, die überwiegend Justitiarsaufgaben wahrnehmen.

Bayerisches Besoldungsgesetz (BayBesG)
Besoldungstabellen

Erhöhung der Bezüge ab 1. Oktober 2026 auf der Grundlage des Ministerratsbeschlusses vom 19. Mai 2026 im Vorgriff auf den Gesetzesbeschluss des Bayerischen Landtags um 2,82 % bzw. Erhöhung des Grundbetrags für Anwärterinnen und Anwärter um jeweils 60 Euro gegenüber dem vorherigen Stand. Die Besoldungstabellen ab 01.10.2026 gelten daher vorbehaltlich der Verabschiedung des Gesetzes durch den Bayerischen Landtag.

Anlage 3

Besoldungsordnung A
Grundgehaltssätze
(Monatsbeträge in Euro)

Gültig ab 1. Oktober 2026

Besol-dungs-gruppe	2-Jahres-Rhythmus		3-Jahres-Rhythmus				4-Jahres-Rhythmus			
	Stufe									
	2	3	4	5	6	7	8	9	10	11
A 3	2862,51	2918,48	2974,44	3030,39	3086,39	3142,33	3198,30	3254,25		
A 4	2933,87	2999,80	3065,67	3131,56	3197,43	3263,30	3329,16	3395,02		
A 5	2970,80	3036,31	3101,87	3167,40	3232,95	3298,51	3364,08	3429,62		
A 6	3044,42	3116,34	3188,30	3260,31	3332,28	3404,26	3476,20	3548,14		
A 7	3160,90	3251,47	3342,02	3432,59	3523,20	3587,82	3652,50	3717,21		
A 8	3239,61	3355,64	3471,74	3587,77	3703,86	3781,23	3858,57	3935,95	4013,32	
A 9	3387,91	3511,77	3635,61	3759,50	3883,35	3968,50	4053,67	4138,81	4223,97	
A 10	3636,87	3795,55	3954,29	4112,99	4271,68	4377,47	4484,70	4592,91	4701,17	
A 11		4159,37	4321,98	4486,08	4652,44	4763,31	4874,25	4986,24	5099,36	5212,45
A 12			4654,97	4853,32	5054,05	5188,92	5323,77	5458,65	5593,52	5728,39
A 13				5395,56	5613,99	5759,62	5905,25	6050,92	6196,54	6342,19
A 14				5771,02	6054,27	6243,16	6432,02	6620,86	6809,73	6998,59
A 15					6627,72	6876,92	7126,05	7375,24	7624,41	7873,54
A 16					7304,89	7593,09	7881,29	8169,44	8457,61	8745,78

Besoldungsordnung B
Grundgehaltssätze
(Monatsbeträge in Euro)

Gültig ab 1. Oktober 2026

Besoldungsgruppe	Betrag
B 2	9 110,38
B 3	9 633,94
B 4	10 182,33
B 5	10 811,52
B 6	11 405,64
B 7	11 983,61
B 8	12 585,96
B 9	13 333,92
B 10	15 656,50
B 11	16 255,12

Besoldungsordnung C kw
Grundgehaltssätze
(Monatsbeträge in Euro)

Gültig ab 1. Oktober 2026

Besoldungsgruppe	Stufe														
	1	2	3	4	5	6	7	8	9	10	11	12	13	14	15
	2-Jahres-Rhythmus														
C 1 kw	4458,35	4601,16	4743,92	4886,70	5031,48	5177,08	5322,70	5468,34	5613,99	5759,62	5905,25	6050,92	6196,54	6342,19	
C 2 kw	4467,24	4694,83	4922,36	5154,32	5386,40	5618,49	5850,60	6082,68	6314,78	6546,88	6778,93	7011,03	7243,11	7475,28	7707,37
C 3 kw	4879,59	5141,36	5404,19	5666,99	5929,76	6192,59	6455,37	6718,16	6980,95	7243,77	7506,55	7769,38	8032,14	8294,96	8557,76
C 4 kw	6115,82	6379,96	6644,18	6908,34	7172,55	7436,69	7700,89	7965,00	8229,20	8493,38	8757,56	9021,72	9285,93	9550,10	9814,26

III

Besoldungsordnung R
Grundgehaltssätze
(Monatsbeträge in Euro)

Gültig ab 1. Oktober 2026

Besoldungsgruppe	Stufe									
	2	3	4	5	6	7	8	9	10	11
	2-Jahres-Rhythmus									
R 1	5 401,84	5 698,52	5 995,16	6 291,80	6 588,46	6 885,16	7 181,76	7 478,49	7 775,10	8 071,81
R 2			6 705,31	7 001,98	7 298,65	7 595,31	7 891,95	8 188,56	8 485,26	8 781,89
R 3	9 633,94									
R 4	10 182,33									
R 5	10 811,52									
R 6	11 405,64									
R 7	11 983,61									
R 8	12 585,96									
R 9	13 333,92									

Besoldungsordnung W
Grundgehaltssätze
(Monatsbeträge in Euro)

Gültig ab 1. Oktober 2026

Besoldungsgruppe	Festbetrag
W 1	5694,94

Besoldungsgruppe	Stufe		
	1	2	3
	5 Jahre	7 Jahre	
W 2	7 016,67	7 294,24	7 710,52
W 3	8 265,62	8 543,15	8 890,05

Anlage 4

Strukturzulage, Amtszulagen und Zulagen für besondere Berufsgruppen

(Monatsbeträge)
– in der gesetzlichen Reihenfolge –

Gültig ab 1. Oktober 2026

Rechtsgrundlage (BayBesG, Bayerische Besoldungsordnungen)		Betrag in Euro, Prozentsatz
Art. 27 Abs. 2, Abs. 6 Satz 2		286,50
Art. 33 Satz 1	A 9 bis A 13	115,00
	Beamte und Beamtinnen im Polizeivollzugsdienst in A 5	26,42
Art. 34 Abs. 2 Satz 1 Nr. 1	A 3 bis A 5	172,98
	A 6 bis A 9	230,63
	A 10 und höher	288,29
Art. 34 Abs. 2 Satz 1 Nr. 2, 4, 5	nach einer Dienstzeit von einem Jahr	95,74
	nach einer Dienstzeit von zwei Jahren	191,52
Art. 34 Abs. 2 Satz 1 Nr. 3		191,52
Art. 34 Abs. 2 Satz 1 Nr. 6	als Hubschrauberführer oder Hubschrauberführerin	276,77
	als Flugtechniker oder Flugtechnikerin	221,42
Art. 107 Abs. 2 Satz 6		115,00
Besoldungsgruppe	**Fußnote**	
A 6	3	50 % des Unterschiedsbetrags zwischen dem Endgrundgehalt der Besoldungsgruppe A 6 und dem Endgrundgehalt der Besoldungsgruppe A 7
A 7	4	50 % des jeweiligen Unterschiedsbetrags zum Grundgehalt der Besoldungsgruppe A 8
A 9	1	57,66
	3, 4, 6	367,67

Rechtsgrundlage (BayBesG, Bayerische Besoldungsordnungen)		Betrag in Euro, Prozentsatz
A 10	1, Spiegelstrich 1	76,87
	Spiegelstrich 2	153,73
	2	57,66
A 11	2, Spiegelstrich 1	76,87
	Spiegelstrich 2	153,73
A 12	1	76,87
	2	313,45
A 13	1, 3, 7, 12	256,18
	9	373,64
	4 in Verbindung mit Art. 27 Abs. 5 Satz 2	256,18 330,79
	10	313,45
A 14	1, 2	256,18
	4, 5	233,65
A 15	1, 3, 4, 5	256,18
	2	213,57
	8	233,65
A 16	1, 7	286,50
	3, Spiegelstrich 1	213,57
	Spiegelstrich 2	170,79
	4	341,54
R 1	1, 3	283,20
	2	141,61
R 2	1, 3, 5, 6, 7, 8, 9, 10	283,20
R 3	5, 10, 11	283,20
R 4	6	283,20
R 6	6	283,20
R 7	2	283,20
A 13 kw	2	228,66
	3	256,18
A 14 kw	2	298,83

Anlage 5

Orts- und Familienzuschlag
(Monatsbeträge in Euro)

Gültig ab 1. Oktober 2026

<table>
<tr><th>Ortsklasse</th><th>Stufe L</th><th>Stufe V</th><th>Stufe 1</th><th>Stufe 2</th><th>zzgl. für das 3. Kind</th><th>zzgl. je weiterem Kind</th></tr>
<tr><td>I</td><td rowspan="6"></td><td rowspan="4">87,51</td><td rowspan="3">346,98</td><td rowspan="2">506,90</td><td rowspan="2">495,64</td><td rowspan="2">593,37</td></tr>
<tr><td>II</td></tr>
<tr><td>III</td><td>542,58</td><td>510,51</td><td>640,81</td></tr>
<tr><td>IV</td><td>370,73</td><td>578,24</td><td>525,84</td><td>688,72</td></tr>
<tr><td>V</td><td>112,50</td><td>394,46</td><td>613,90</td><td>541,61</td><td>737,05</td></tr>
<tr><td>VI</td><td>137,50</td><td>418,20</td><td>693,03</td><td>557,87</td><td>785,88</td></tr>
<tr><td>VII</td><td>170,26</td><td>170,26</td><td>546,06</td><td>784,86</td><td>574,59</td><td>835,19</td></tr>
</table>

Erhöhungsbeträge für die Besoldungsgruppen A 3 bis A 10

Der Orts- und Familienzuschlag ab der Stufe 1 erhöht sich für jedes zu berücksichtigende Kind wie folgt:

Ortsklasse	Besoldungsgruppe							
	A 3	A 4	A 5	A 6	A 7	A 8	A 9	A 10
I	35,15	31,12	30,05	27,96	24,59	22,34	18,09	10,91
II	37,26	34,96	33,76	31,40	27,63	25,09	20,31	12,25
III	41,40	38,85	37,51	34,88	30,70	27,87	22,55	13,60
IV	45,99	43,15	41,67	38,73	34,11	30,97	25,06	15,11
V	50,54	47,41	45,79	42,57	37,47	34,03	27,52	16,61
VI	54,92	51,52	49,75	46,27	40,72	36,97	29,91	18,06
VII	60,35	56,61	54,68	50,83	44,74	40,62	32,87	19,83

Soweit dadurch im Einzelfall die Besoldung hinter derjenigen aus einer niedrigeren Besoldungsgruppe zurückbleibt, wird der Unterschiedsbetrag zusätzlich gewährt.

Anlage 6

Auslandsbesoldung

(Monatsbeträge in Euro)

Gültig ab 1. Oktober 2026

Grundgehaltsspanne von–bis	1	2	3	4	5	6	7	8	9	10	11	12	13	14	15
von		2 848,18	3 170,47	3 536,70	3 952,77	4 425,62	4 976,05	5 612,89	6 336,53	7 158,71	8 092,87	9 154,35	10 360,35	11 730,69	13 287,66
bis	2 848,17	3 170,46	3 536,69	3 952,76	4 425,61	4 976,04	5 612,88	6 336,52	7 158,70	8 092,86	9 154,34	10 360,34	11 730,68	13 287,65	
Zonenstufe															
1															
2															
3															
4															
5															
6															
7															
8															
9															
10	Die betragsmäßige Zuordnung ergibt sich aus Anlage VI (VI.1, VI.2) zum Bundesbesoldungsgesetz.														
11															
12															
13															
14															
15															
16															
17															
18															
19															
20															

Zonenstufe	Monatsbetrag
1	
2	
3	
4	
5	
6	
7	
8	
9	
10	siehe Verweisung
11	
12	
13	
14	
15	
16	
17	
18	
19	
20	

Anlage 7

Stellenzulagen

(Monatsbeträge)

Gültig ab 1. Oktober 2026

Rechtsgrundlage Art. 51 Abs. 1	Höhe Art. 51 Abs. 2
	Höchstbetrag (Betrag in Euro)
Nrn. 1, 4	bis zu 140,67
Nr. 2	bis zu 105,50
Nr. 5	bis zu 52,75
	Prozentsatz
Nrn. 3, 7 Die Zulage beträgt in den Besoldungsgruppen	4,7 % des Endgrundgehalts oder, bei festen Gehältern, des Grundgehalts der Besoldungsgruppe
A 3 bis A 5	A 5
A 6 bis A 9	A 9
A 10 bis A 13	A 13
A 14, A 15, R 1	A 15
A 16, B 2 bis B 4, R 2 bis R 4	B 3
B 5 bis B 7, R 5 bis R 7	B 6
B 8 bis B 10, R 8	B 9
	Betrag (in Euro)
Nr. 6	100,00

Anlage 8

Sonstige Zulagen

(Monatsbeträge)

– in der gesetzlichen Reihenfolge –

Gültig ab 1. Oktober 2026

Rechtsgrundlage		Betrag in Euro, Vomhundertsatz
Art. 57 Abs. 2	bei Ausübung eines Amtes der Besoldungsgruppe R 1	282,76
	bei Ausübung eines Amtes der Besoldungsgruppe R 2 oder R 3	316,52
Art. 57 Abs. 3		7,5 % des Monatsgrundgehalts

Anlage 9

Mehrarbeitsvergütung
(Stundensätze)

Gültig ab 1. Oktober 2026

Rechtsgrundlage: Art. 61 Abs. 5 Satz 2	
Mehrarbeit (ohne Schuldienst) Besoldungsgruppen	**Betrag in Euro**
A 3 bis A 4	16,06
A 5 bis A 8	19,00
A 9 bis A 12	26,09
A 13 bis A 16, R 1 und R 2	35,95

Mehrarbeit (im Schuldienst) nach Schularten	**Besoldungsgruppen**	**Betrag in Euro**
an Grundschulen und Mittelschulen	A 9 bis A 11	24,28
	ab A 12	30,10
an Realschulen und Sonderschulen	A 9 bis A 12	24,28
	ab A 13	35,65
an Gymnasien, an beruflichen Schulen und an Fachhochschulen	A 9 bis A 12	24,28
	ab A 13	41,69

Anlage 10

Anwärtergrundbetrag

(Monatsbeträge in Euro)

Gültig ab 1. Oktober 2026

Eingangsamt, in das der Anwärter oder die Anwärterin nach Abschluss des Vorbereitungsdienstes voraussichtlich eintritt	Grundbetrag
A 3 bis A 4	1449,33
A 5 bis A 8	1569,93
A 9 bis A 11	1623,85
A 12	1763,44
A 13	1795,21
A 13 + Zulage gemäß Art. 33 Satz 1	1830,08

Verordnung über die Gewährung von Hochschulleistungsbezügen und einer Nebenamtsvergütung (Bayerische Hochschulleistungsbezügeverordnung – BayHLeistBV)

Vom 14. Januar 2011 (GVBl. S. 50)

Zuletzt geändert durch
Verordnung zur Anpassung des Landesrechts an die geltende Geschäftsverteilung
vom 26. März 2019 (GVBl. S. 98)

Auf Grund von Art. 74, 99 Abs. 1 Satz 1 und Art. 107 Abs. 5 Satz 3 des Bayerischen Besoldungsgesetzes (BayBesG) vom 5. August 2010 (GVBl. S. 410, ber. S. 764, BayRS 2032-1-1-F) erlässt das Bayerische Staatsministerium für Wissenschaft, Forschung und Kunst im Einvernehmen mit dem Bayerischen Staatsministerium der Finanzen folgende Verordnung:

§ 1 Geltungsbereich

$_{1}$Diese Verordnung regelt die Vergabe von Hochschulleistungsbezügen an Professoren und Professorinnen sowie hauptberufliche Mitglieder von Hochschulleitungen gemäß Art. 69 bis 73 und 107 Abs. 5 Satz 3 des Bayerischen Besoldungsgesetzes (BayBesG). $_{2}$Ferner wird die Höhe der Nebenamtsvergütung für Präsidenten und Präsidentinnen einer Hochschule gemäß Art. 99 Abs. 1 Satz 1 BayBesG festgesetzt.

§ 2 Hochschulleistungsbezüge

$_{1}$Hochschulleistungsbezüge sind Bestandteile der Besoldung der Professoren und Professorinnen, die

1. aus Anlass von Berufungs- und Bleibeverhandlungen (§ 3),
2. für besondere Leistungen in Forschung, Lehre, Kunst, Weiterbildung oder Nachwuchsförderung (§ 4) sowie
3. für die Wahrnehmung von Funktionen oder besonderen Aufgaben im Rahmen der Hochschulselbstverwaltung oder der Hochschulleitung (§ 5)

gewährt werden können. $_{2}$Satz 1 Nr. 3 gilt auch für hauptberufliche Mitglieder von Hochschulleitungen, die nach Maßgabe der Besoldungsordnung W besoldet werden.

§ 3 Berufungs- und Bleibe-Leistungsbezüge

(1) $_{1}$Aus Anlass von Berufungs- und Bleibeverhandlungen können Berufungs- und Bleibe-Leistungsbezüge gewährt werden, um einen Professor oder eine Professorin für die Hochschule zu gewinnen (Berufungs-Leistungsbezüge) oder zum Verbleiben an der Hochschule zu bewegen (Bleibe-Leistungsbezüge). $_{2}$Bei der Entscheidung über die Vergabe von Berufungs-Leistungsbezügen sind insbesondere die individuelle Qualifikation, etwaige Evaluierungsergebnisse und die Bewerberlage sowie die Arbeitsmarktsituation in dem jeweiligen Fach zu berücksichtigen. $_{3}$Bleibe-Leistungsbezüge dürfen nur gewährt werden, wenn ein Ruf an eine andere, in der Regel außerbayerische, Hochschule vorgelegt oder das Einstellungsinteresse eines anderen Dienstherrn oder Arbeitgebers glaubhaft gemacht wird. $_{4}$Bei der Gewährung von Bleibe-Leistungsbezügen sollen Vorteile aus dem nicht erforderlichen Ortswechsel durch einen Abschlag gegenüber dem Berufungsangebot angemessen berücksichtigt werden.

(2) Berufungs- und Bleibe-Leistungsbezüge können als Einmalzahlung oder als laufende monatliche Zahlung gewährt werden; als laufende monatliche Zahlung können sie befristet oder unbefristet vergeben werden.

(3) Ein neuer oder höherer Berufungs- oder Bleibe-Leistungsbezug soll frühestens nach Ablauf von drei Jahren seit der letzten Gewährung aus einem solchen Anlass gewährt werden.

(4) $_{1}$Bei der Gewährung von unbefristeten Berufungs- und Bleibe-Leistungsbezügen kann festgelegt werden, dass diese an den allgemeinen Besoldungsanpassungen mit

dem Vom-Hundert-Satz teilnehmen, um den die Grundgehälter der Besoldungsordnung W angepasst werden. 2Es kann ferner festgelegt werden, dass Berufungs- und Bleibeleistungsbezüge zurückzuzahlen sind, wenn der Professor oder die Professorin innerhalb von drei Jahren seit Gewährung dieser Leistungsbezüge an eine andere Hochschule wechselt.

§ 4 Besondere Leistungsbezüge

(1) 1Für besondere Leistungen in Forschung, Lehre, Kunst, Weiterbildung oder Nachwuchsförderung, die im Rahmen der hauptamtlichen Tätigkeit in der Regel über mehrere Jahre erbracht werden sollen, können besondere Leistungsbezüge gewährt werden. 2Besondere Leistungen im Sinn von Satz 1 sind auf der Grundlage der in Abs. 2 bis 6 nicht abschließend aufgeführten Kriterien festzustellen; die Hochschulen legen die Kriterien für besondere Leistungen entsprechend dem jeweiligen Aufgabenprofil näher fest. 3Dabei soll auf eine angemessene Gewichtung der unterschiedlichen Kriterien geachtet werden. 4Für die Einwerbung von Drittmitteln ist Art. 71 Abs. 1 Satz 2 BayBesG zu beachten.

(2) Kriterien für besondere Leistungen in der Forschung können insbesondere sein:

1. Herausragende Forschungsleistungen, die durch Preise, Ehrungen, Auszeichnungen oder Forschungsevaluationen nachgewiesen werden,
2. besondere Leistungen bei der Umsetzung von Forschungsergebnissen (z. B. Erfindungen, Patente, Forschungstransfer),
3. durch Forschungspublikationen ausgewiesene Forschungsleistungen,
4. Erfolge bei der Einwerbung von Drittmitteln unter Berücksichtigung der fachspezifischen Gegebenheiten,
5. besondere Leistungen beim Technologietransfer sowie in der angewandten Forschung und Entwicklung an Fachhochschulen,
6. besondere Leistungen beim Aufbau und der Leitung von Forschergruppen.

(3) Kriterien für besondere Leistungen in der Lehre können insbesondere sein:

1. Lehrleistungen, die durch Preise, Auszeichnungen, Ehrungen oder Lehrevaluationen nachgewiesen werden,
2. Lehrtätigkeiten, die über die Lehrverpflichtung hinaus geleistet werden oder auf diese nicht anzurechnen sind und nicht gesondert vergütet werden,
3. besondere Lehrbelastungen mit überdurchschnittlichem Betreuungsaufwand,
4. besonderes Engagement und besondere Erfolge bei der Studienreform, der Internationalisierung des Lehrangebots und der Entwicklung neuer Studienangebote,
5. Einwerbung von Drittmitteln für die Lehre,
6. besondere Leistungen bei der Entwicklung von besonderen Formen und Methoden der Lehre, der Verbesserung der Qualität der Lehre und von Lehr- und Lernmaterial (z. B. multimediale Lehrangebote).

(4) Kriterien für besondere Leistungen in der Kunst können insbesondere sein:

1. Besondere Leistungen auf dem Gebiet der Kunstausübung, insbesondere herausragende Konzerttätigkeiten,
2. besondere Leistungen auf dem Gebiet der künstlerischen Entwicklungsvorhaben und
3. herausragende und insbesondere durch Preise, Ehrungen und Auszeichnungen anerkannte künstlerische Leistungen.

(5) Kriterien für besondere Leistungen in der Weiterbildung können insbesondere sein:

1. Lehrtätigkeiten im Bereich der Weiterbildung und der berufsbegleitenden Studiengänge, die über die Lehrverpflichtung hinausgehen oder auf diese nicht anzurechnen sind und nicht gesondert vergütet werden,
2. besondere Lehrbelastungen mit überdurchschnittlichem Betreuungsaufwand,
3. besondere Leistungen bei der Entwicklung von Weiterbildungsangeboten.

(6) Kriterien für besondere Leistungen in der Nachwuchsförderung können insbesondere besondere Initiativen und Erfolge bei der Betreuung von Promotionen und weitergehenden wissenschaftlichen Qualifikationen, bei der Betreuung des wissenschaftlichen Nach-

wuchses und bei der Leitung von Graduiertenkollegs und ähnlichen Einrichtungen sein.

(7) 1Besondere Leistungsbezüge werden als Einmalzahlung oder als monatliche Zahlungen für einen Zeitraum von bis zu fünf Jahren befristet vergeben. 2Im Fall einer wiederholten Vergabe können sie frühestens nach einer Bezugsdauer von insgesamt drei Jahren unbefristet gewährt werden. 3Besondere Leistungsbezüge, die unbefristet vergeben wurden, können bei einem erheblichen Leistungsabfall für die Zukunft ganz oder teilweise widerrufen werden.

(8) Bei der Gewährung von besonderen Leistungsbezügen kann festgelegt werden, dass diese an den allgemeinen Besoldungsanpassungen mit dem Vom-Hundert-Satz teilnehmen, um den die Grundgehälter der Besoldungsordnung W angepasst werden.

§ 5 Funktions-Leistungsbezüge

(1) 1Mitgliedern der Hochschulleitung, die nach Maßgabe der Besoldungsgruppen W 2 oder W 3 besoldet werden, können für die Dauer der Wahrnehmung dieser Aufgaben Funktions-Leistungsbezüge gewährt werden. 2Funktions-Leistungsbezüge können auch Professoren und Professorinnen der Besoldungsgruppen W 2 oder W 3 gewährt werden, die besondere Aufgaben in der Hochschulselbstverwaltung wahrnehmen.

(2) Besondere Aufgaben in der Hochschulselbstverwaltung im Sinn des Abs. 1 Satz 2 sind insbesondere die Tätigkeiten als Dekan oder Dekanin und Studiendekan oder Studiendekanin.

(3) 1Die Höhe der Funktions-Leistungsbezüge ist insbesondere nach der im Einzelfall mit der wahrgenommenen Funktion und Aufgabe verbundenen Belastung und Verantwortung sowie der Größe der Hochschule, der Fakultät oder einer vergleichbaren Organisationseinheit zu bemessen. 2Bei der Bemessung von Funktions-Leistungsbezügen soll eine etwaige Ermäßigung der Lehrverpflichtung berücksichtigt werden. 3Funktions-Leistungsbezüge können ganz oder teilweise erfolgsabhängig gewährt werden.

§ 6 Zuständigkeiten, Verfahren

(1) 1Für die nach dieser Rechtsverordnung zu treffenden Entscheidungen ist der Präsident oder die Präsidentin der Hochschule zuständig. 2Das Staatsministerium für Wissenschaft und Kunst (Staatsministerium) kann sich bei Entscheidungen über die Gewährung von Berufungs- und Bleibe-Leistungsbezügen die Zustimmung vorbehalten. 3Vor Entscheidungen über die Gewährung von Berufungs- und Bleibe-Leistungsbezügen und von besonderen Leistungsbezügen holt der Präsident oder die Präsidentin eine Stellungnahme des zuständigen Dekans oder der zuständigen Dekanin ein; bei Professoren oder Professorinnen in klinischen Einrichtungen des Klinikums ist auch der Ärztliche Direktor oder die Ärztliche Direktorin anzuhören.

(2) Abweichend von Abs. 1 ist für Entscheidungen über die Gewährung von Hochschulleistungsbezügen an Präsidentinnen und Präsidenten das Staatsministerium zuständig.

(3) Entscheidungen über die Vergabe von Hochschulleistungsbezügen bedürfen der Schriftform und sind aktenkundig zu machen.

§ 7 Einhaltung des Vergaberahmens

(1) 1Bei der Entscheidung über die Gewährung von Hochschulleistungsbezügen ist auf die Einhaltung des Vergaberahmens nach Art. 73 Abs. 1 Satz 1 BayBesG zu achten. 2Hierzu kann das Staatsministerium nach Art. 73 Abs. 1 Satz 2 BayBesG den für die einzelne Hochschule maßgeblichen individuellen Besoldungsdurchschnitt festlegen und sich im Rahmen des Besoldungsdurchschnitts in einem zentralen Ansatz eine Reserve für hochschulübergreifende Verlagerungen vorbehalten.

(2) 1Bei herausragenden Berufungen oder zur Verhinderung des Weggangs besonders qualifizierter Professoren und Professorinnen können in besonderen Ausnahmefällen mit Zustimmung des Staatsministeriums Berufungs- und Bleibe-Leistungsbezüge (§ 3) zunächst von der Anrechnung auf den individuellen Besoldungsdurchschnitt anteilig ausgenommen werden. 2Die nicht angerechneten Anteile der Hochschulleistungsbezüge werden auf den beim Staatsministerium gebilde-

III

III

ten zentralen Ansatz verrechnet. 3Dem kann bei der Anpassung des individuellen Besoldungsdurchschnitts im Folgejahr Rechnung getragen werden.

(3) Die für die Bezügeauszahlung zuständigen Stellen stellen im Rahmen ihrer Zuständigkeit den Hochschulen und dem Staatsministerium die für die Überwachung der Einhaltung des Besoldungsdurchschnitts erforderlichen Angaben und Daten zur Verfügung; Entsprechendes gilt für die Hochschulen gegenüber dem Staatsministerium.

(4) Mindestens 15 v. H. des Gesamtbetrags der Hochschulleistungsbezüge der jeweiligen Hochschule sollen auf besondere Leistungsbezüge (§ 4) entfallen.

§ 8 Ermächtigung zum Erlass näherer Regelungen

1Die Hochschulen können durch Satzung nähere Regelungen über das hochschulinterne Verfahren der Bewertung der besonderen Leistungen im Sinn des § 4 Abs. 1 Satz 1 treffen sowie weitere Aufgaben in der Hochschulselbstverwaltung im Sinn des § 5 Abs. 1 Satz 2 festlegen, für die Funktions-Leistungsbezüge gewährt werden können. 2Die Hochschulleitung erlässt im Benehmen mit dem Senat Grundsätze für die Vergabe von Berufungs- und Bleibe-Leistungsbezügen (§ 3), besonderen Leistungsbezügen (§ 4) und Funktions-Leistungsbezügen gemäß § 5 Abs. 1 Satz 2; diese sind innerhalb der Hochschule zu veröffentlichen.

§ 9 Nebenamtsvergütung

Die Nebenamtsvergütung für Präsidenten und Präsidentinnen gemäß Art. 99 Abs. 1 BayBesG beträgt 35 € je Lehrveranstaltungsstunde.

§ 10 Inkrafttreten, Übergangsbestimmungen

(1) Diese Verordnung tritt mit Wirkung vom 1. Januar 2011 in Kraft.

(2) 1Professoren und Professorinnen der Besoldungsgruppe C 2 an staatlichen Fachhochschulen und in Fachhochschulstudiengängen anderer staatlicher Hochschulen im Sinn des Art. 107 Abs. 5 Satz 3 BayBesG, die einen Antrag auf Übertragung eines Amts der Besoldungsgruppe W 2 gestellt haben, kann die Hochschulleitung frühestens ab dem Zeitpunkt der Antragstellung und ab dem 1. des Monats, der auf den Zeitpunkt folgt, in dem der Professor oder die Professorin auf Grund der an der jeweiligen Hochschule üblichen Wartezeit und voraussichtlichen Verfügbarkeit einer besetzbaren C 3-Stelle in ein Amt der Besoldungsgruppe C 3 berufen worden wäre, ruhegehaltfähige besondere Leistungsbezüge bis zu dem Umfang unbefristet gewähren, der zum Ausgleich der Besoldungsnachteile erforderlich ist, die durch die nicht mehr mögliche Übertragung eines Amts der Besoldungsgruppe C 3 eintreten würden; für die Hochschulleistungsbezüge nach Halbsatz 1 gelten § 4 Abs. 8 und Art. 13 des Bayerischen Beamtenversorgungsgesetzes. 2Der fiktive Verlauf der Besoldungsentwicklung, die bei einer Übertragung eines Amtes der Besoldungsgruppe C 3 eingetreten wäre, ist dabei zu berücksichtigen. 3Der Gesamtbetrag des Grundgehalts und der Leistungsbezüge nach den Sätzen 1 und 2 darf das um 25 v. H. des Differenzbetrags zwischen dem Endgrundgehalt von C 3 und dem Endgrundgehalt von C 2 verminderte Endgrundgehalt der Besoldungsgruppe C 3 nicht übersteigen. 4Voraussetzung für die Gewährung von besonderen Leistungsbezügen nach den Sätzen 1 und 2 ist, dass der Professor oder die Professorin im Zeitpunkt der Gewährung ein breites Fachgebiet, besondere Funktionen auf Dauer oder Fächer mit Schwerpunktcharakter in einem bestimmten Studiengang wahrnimmt, neben der fachlichen und pädagogischen auch die persönliche Eignung besitzt und damit die Berufungsvoraussetzungen in ein Amt der Besoldungsgruppe C 3 erfüllt hätte. 5Das Vorliegen dieser Voraussetzungen prüft die Hochschulleitung im Benehmen mit dem Senat und dem Fakultätsrat in einem Begutachtungsverfahren. 6§ 7 Abs. 1 gilt entsprechend.

(3) Professoren und Professorinnen der Besoldungsordnung C, die gemäß Art. 107 Abs. 5 Sätze 1 und 2 BayBesG beantragen, ihnen ein Amt der Besoldungsordnung W zu übertragen, können abweichend von § 4 Abs. 7 Satz 1 bereits bei der erstmaligen Vergabe besondere Leistungsbezüge unbefristet gewährt werden.

Verordnung über die Gewährung von Zulagen (Bayerische Zulagenverordnung – BayZulV)

Vom 16. November 2010 (GVBl. S. 747)

Zuletzt geändert durch
Verordnung zur Änderung der Bayerischen Zulagenverordnung
vom 10. Dezember 2024 (GVBl. S. 646)

Inhaltsübersicht

Auf Grund von Art. 51 Abs. 4 und Art. 55 Abs. 1 des Bayerischen Besoldungsgesetzes (BayBesG) vom 5. August 2010 (GVBl. S. 410, BayRS 2032-1-1-F) erlässt die Bayerische Staatsregierung folgende Verordnung:

Teil 1
Stellenzulagen

§ 1 Lehrzulage

(1) $_1$Beamte und Beamtinnen des Verwaltungs- und Vollzugsdienstes sowie Richter und Richterinnen, Staatsanwälte und Staatsanwältinnen und Landesanwälte und Landesanwältinnen, die in ihrem Hauptamt mindestens zur Hälfte als Lehrende in der Ausbildung von Nachwuchskräften oder der dienstlichen Fortbildung oder in einer sonstigen im öffentlichen Interesse liegenden Aus- oder Fortbildung verwendet werden, erhalten eine Lehrzulage. $_2$Die Verpflichtung zur Lehrtätigkeit im Sinn des Satzes 1 muss im Durchschnitt wöchentlich mehr als zehn Unterrichtsstunden betragen (Mindestmaß der Regellehrverpflichtung); Art. 51 Abs. 1 Nr. 1 Halbsatz 2 des Bayerischen Besoldungsgesetzes (BayBesG) ist zu beachten.

(2) $_1$Keine Lehrzulage erhalten Lehrende nach Abs. 1

1. an Ausbildungsstätten für Beamte und Beamtinnen mit Einstieg in der vierten Qualifikationsebene, wenn ihnen ein Amt in einer höheren Besoldungsgruppe als A 16 oder R 2 übertragen ist,
2. an Ausbildungsstätten für Beamte und Beamtinnen mit Einstieg in der dritten Qualifikationsebene, wenn ihnen ein Amt in einer höheren Besoldungsgruppe als A 15 oder R 1 übertragen ist,
3. an Ausbildungsstätten für Beamte und Beamtinnen mit Einstieg in der zweiten Qualifikationsebene, wenn ihnen ein Amt in einer höheren Besoldungsgruppe als A 14 oder R 1 übertragen ist.

$_2$Bei eigenständigen Fortbildungsstätten bestimmt sich die nach Satz 1 Nrn. 1 bis 3 maßgebliche Besoldungsgruppe nach dem Qualifikationsniveau der Fortbildungsstätte. $_3$Besteht ein solches nicht, bestimmt sich die Zuordnung gemäß Satz 1 nach dem Qualifikationsniveau der Mehrheit der Teilnehmer und Teilnehmerinnen an einer Fortbildungsmaßnahme.

§ 2 Lehrtätigkeit

(1) $_1$Lehrtätigkeit im Sinn des § 1 ist die methodische Vermittlung vorwiegend theoretischen Wissens als Lehrende an der Hochschule für den öffentlichen Dienst in Bayern, an anderen verwaltungseigenen Schulen, sonstigen Ausbildungs- oder Fortbildungsstätten, im Rahmen von geschlossenen Lehrgängen oder als Arbeitsgemeinschaftsleiter und Arbeitsgemeinschaftsleiterinnen für Rechtsreferendare und Rechtsreferendarinnen, Rechtspraktikanten und Rechtspraktikantinnen oder sonstige Nachwuchskräfte. $_2$Als geschlossene Lehrgänge gelten solche mit vorgeschriebenem festen Lehrplan und Lehrgangsziel.

(2) Als Lehrtätigkeit gelten nicht eine vorwiegend praktische Ausbildungstätigkeit (auch in Lehrwerkstätten), eine Ausbildung am Arbeitsplatz sowie die Unterweisung und Anleitung an Einrichtungen, Maschinen, Geräten, Waffen und sonstigen Ausbildungsgegenständen.

§ 3 Höhe der Lehrzulage

(1) $_1$Die Höhe der monatlichen Lehrzulage richtet sich nach der maßgeblichen Regellehrverpflichtung pro Woche (§ 1 Abs. 1 Satz 2) und ist nach Besoldungsgruppen gestaffelt. $_2$Die Beträge der Lehrzulage im Einzelnen und deren Höchstsatz ergeben sich aus Anlage 1. $_3$Eine Unterrichtsstunde hat 45 Minuten.

(2) $_1$Bei teilzeitbeschäftigten Beamten und Beamtinnen sind die Mindestunterrichtsstunden nach Anlage 1 entsprechend dem Grad der Teilzeitbeschäftigung zu kürzen. $_2$Satz 1 gilt entsprechend bei Dienstermäßigung für Richter und Richterinnen.

§ 4 Ausschlusswirkung der Lehrzulage

(1) $_1$Im Rahmen einer Tätigkeit, für die der oder die Lehrende eine Lehrzulage erhält, steht eine zusätzliche Lehr- und Prüfungsver-

gütung oder ein zusätzliches Vortragshonorar nicht zu. $_{2}$Das gilt nicht für Lehr- oder Prüfungstätigkeiten, die nicht zur hauptamtlichen Lehrtätigkeit gehören, für welche die Lehrzulage gewährt wird.

(2) $_{1}$Durch die Lehrzulage werden alle mit der zulageberechtigenden Tätigkeit verbundenen Erschwernisse und Aufwendungen abgegolten. $_{2}$Ansprüche nach dem Reisekostenrecht bleiben davon unberührt.

§ 5 Lehrerfunktionszulage

(1) $_{1}$Lehrkräfte erhalten für die Dauer der Wahrnehmung einer besonderen Funktion eine Lehrerfunktionszulage nach Maßgabe der Anlage 2. $_{2}$Sie wird nur gewährt, wenn die Lehrkraft die Funktion für mindestens einen Monat wahrnimmt. $_{3}$Die Wahrnehmung der Funktion muss mindestens 15 v. H. der auf dem jeweiligen Dienstposten anfallenden Gesamttätigkeit in Anspruch nehmen.

(2) $_{1}$Übt eine Lehrkraft mehrere der in Anlage 2 genannten Funktionen aus, wird die Lehrerfunktionszulage nur einmal für die überwiegend ausgeübte Funktion gewährt. $_{2}$Werden von einer Lehrkraft mehrere Funktionen in gleichem Umfang ausgeübt, ist der höhere Zulagenbetrag zu zahlen.

§ 6 Luftfahrtgeräteprüferzulage

$_{1}$Beamte und Beamtinnen erhalten eine Luftfahrtgeräteprüferzulage nach Anlage 3, wenn sie die Lizenz für freigabeberechtigtes Personal besitzen und als freigabeberechtigtes Personal von Luftfahrtgerät überwiegend verwendet werden. $_{2}$Die Luftfahrtgeräteprüferzulage wird nicht gewährt, wenn eine andere Prüferlaubnis die Lizenz für freigabeberechtigtes Personal lediglich einschließt.

§ 7 Steuerprüferzulage

$_{1}$Beamte und Beamtinnen der Steuerverwaltung in den Besoldungsgruppen A 6 bis A 13 erhalten für die Zeit ihrer überwiegenden Verwendung im Außendienst der Steuerprüfung eine Steuerprüferzulage nach Maßgabe der Anlage 3. $_{2}$Satz 1 gilt auch für die Prüfungsbeamten und Prüfungsbeamtinnen der Finanzgerichte, die überwiegend im Außendienst tätig sind.

§ 7a Justizwachtmeisterzulage

$_{1}$Beamte und Beamtinnen des Justizwachtmeisterdienstes bei den Gerichten und Staatsanwaltschaften, die zur Aufrechterhaltung von Sicherheit und Ordnung verwendet werden, erhalten eine Justizwachtmeisterzulage nach Maßgabe der Anlage 3. $_{2}$Die Verwendung nach Satz 1 umfasst, dass die Beamten und Beamtinnen für Ruhe, Ordnung und Sicherheit in den Justizgebäuden sorgen.

§ 8 Gewährung der Stellenzulagen bei Teilzeitbeschäftigung

Bei teilzeitbeschäftigten Beamten und Beamtinnen sind die Stellenzulagen gemäß Art. 6 BayBesG zu kürzen.

§ 9 Konkurrenzregelungen

(1) $_{1}$Eine Stellenzulage nach Art. 51 Abs. 1 Nr. 5 BayBesG wird nicht neben einer Zulage nach Art. 34 Abs. 2 Satz 1 Nr. 5 BayBesG gewährt. $_{2}$Eine Stellenzulage nach Art. 51 Abs. 1 Nr. 8 BayBesG wird nicht neben einer Zulage nach Art. 34 Abs. 2 Satz 1 Nr. 3 BayBesG gewährt.

(2) Eine Stellenzulage nach Art. 51 Abs. 1 Nr. 3 BayBesG wird neben einer Zulage nach Art. 34 Abs. 2 BayBesG nur insoweit gewährt, als sie diese übersteigt.

(3) Eine Lehrzulage wird neben einer Zulage nach Art. 34 Abs. 2 BayBesG nur in Höhe der Hälfte des nach Anlage 1 maßgeblichen Betrags gewährt.

(4) $_{1}$Abs. 1 bis 3 gelten entsprechend, wenn und solange eine Zulage nach Art. 34 Abs. 2 BayBesG gemäß Art. 21 Abs. 1 Satz 3 BayBesG fortgezahlt oder eine Ausgleichszulage nach Art. 52 Abs. 1 BayBesG gezahlt wird. $_{2}$Dies gilt nicht, soweit die Zulage nach Art. 34 Abs. 2 Satz 1 BayBesG gemäß Art. 21 Abs. 1 Satz 3 BayBesG nicht mindestens in Höhe des nach Anlage 3 maßgeblichen Betrags der Stellenzulage fortgezahlt wird. $_{3}$Ist der Ausgleichsbetrag nach Art. 21 Abs. 1 Satz 3 BayBesG geringer als die Stellenzulage in Höhe des nach Anlage 3 maßgeblichen Betrags, wird die Stellenzulage in der Höhe des Differenzbetrags gezahlt.

§ 10 Haushaltsvorbehalt

$_1$Im staatlichen Bereich können Stellenzulagen nach Teil 1 nur nach Maßgabe des Staatshaushalts gewährt werden. $_2$Im Haushaltsplan sind diese Stellen als Zulagenstellen kenntlich zu machen.

Teil 2
Zulagen für besondere Erschwernisse

§ 11 Zulage für Dienst zu ungünstigen Zeiten

(1) $_1$Beamte und Beamtinnen in Besoldungsgruppen mit aufsteigenden Grundgehaltssätzen sowie Empfänger und Empfängerinnen von Anwärterbezügen erhalten eine Zulage für Dienst zu ungünstigen Zeiten, wenn sie mit mehr als fünf Stunden im Kalendermonat zum Dienst zu ungünstigen Zeiten herangezogen werden. $_2$Bei Teilzeitbeschäftigung ist die Mindeststundenzahl des Satzes 1 im Verhältnis der ermäßigten zur regelmäßigen Arbeitszeit herabzusetzen.

(2) $_1$Dienst zu ungünstigen Zeiten ist der Dienst

1. an Sonntagen und gesetzlichen Wochenfeiertagen, an den Samstagen vor Ostern und Pfingsten nach 12.00 Uhr; dies gilt auch für den 24. und 31. Dezember jeden Jahres nach 12.00 Uhr, wenn diese Tage nicht auf einen Sonntag fallen,
2. an den übrigen Samstagen von 13.00 Uhr bis 20.00 Uhr sowie
3. im Übrigen in der Zeit zwischen 20.00 Uhr und 6.00 Uhr.

$_2$Bereitschaftsdienst, der zu ungünstigen Zeiten geleistet wird, ist voll zu berücksichtigen. $_3$Wachdienst ist nur zulagefähig, wenn er mit mehr als 24 Stunden im Kalendermonat zu ungünstigen Zeiten geleistet wird. $_4$Zum Dienst zu ungünstigen Zeiten gehören nicht die Rufbereitschaft, Dienstsport und Reisezeiten bei Dienstreisen. $_5$Rufbereitschaft im Sinn des Satzes 4 ist das Bereithalten des oder der hierzu Verpflichteten in seiner oder ihrer Wohnung (Hausrufbereitschaft) oder das Bereithalten an einem von ihm oder ihr anzuzeigenden und dienstlich genehmigten Ort seiner oder ihrer Wahl (Wahlrufbereitschaft), um bei Bedarf zu Dienstleistungen sofort abgerufen werden zu können. $_6$Beim Wohnen in einer Gemeinschaftsunterkunft gilt als Wohnung die Gemeinschaftsunterkunft.

(3) $_1$Die Beträge für jede volle Zeitstunde ergeben sich nach Maßgabe der Anlage 4. $_2$Für Dienst über volle Stunden hinaus wird die Zulage anteilig gewährt.

§ 12 Luftrückführungszulage

(1) Polizeivollzugsbeamte und Polizeivollzugsbeamtinnen erhalten für die dienstlich veranlasste Begleitung von ausländerrechtlichen Rückführungsmaßnahmen auf dem Luftweg eine Luftrückführungszulage nach Maßgabe der Anlage 4.

(2) $_1$Die Rückführungsmaßnahme auf dem Luftweg beginnt mit dem Schließen der Außentüren des Luftfahrzeugs und endet mit der Übergabe der Rückzuführenden an die Behörden des Zielstaates. $_2$Werden die Rückzuführenden im Zielstaat zurückgewiesen, endet die Rückführung mit dem Öffnen der Außentüren des Luftfahrzeugs auf dem ersten deutschen Flughafen. $_3$In allen anderen Fällen endet die Rückführung in dem Zeitpunkt, in dem die Rückzuführenden nicht mehr an die Behörden des Zielstaates übergeben werden können oder eine unmittelbare Rückkehr der Rückzuführenden nicht mehr möglich ist. $_4$Verzögert sich die Rückreise des Beamten oder der Beamtin aus einem von dem Beamten oder der Beamtin zu vertretenden Grund, endet die Rückführungsmaßnahme bereits zu diesem Zeitpunkt.

§ 13 Krankenpflegezulage

(1) Beamte und Beamtinnen im Krankenpflegedienst erhalten eine monatliche Krankenpflegezulage nach Maßgabe der Anlage 4, wenn sie

1. in psychiatrischen Krankenhäusern, Kliniken, Abteilungen oder Stationen Patienten pflegen,

2. in neurologischen Kliniken, Abteilungen oder Stationen ständig geisteskranke Patienten pflegen,
3. in psychiatrischen oder neurologischen Krankenhäusern, Kliniken oder Abteilungen im Elektroencephalogramm-Dienst (EEG-Dienst) oder in der Röntgendiagnostik tätig sind und ständig mit geisteskranken Patienten umgehen, oder
4. zu arbeitstherapeutischen Zwecken ständig mit geisteskranken Patienten zusammenarbeiten oder sie bei der Arbeitstherapie beaufsichtigen.

(2) 1Beamte und Beamtinnen im Krankenpflegedienst, die die Grund- und Behandlungspflege zeitlich überwiegend bei

1. an schweren Infektionskrankheiten erkrankten Patienten (z. B. Tuberkulose-Patienten), die wegen der Ansteckungsgefahr in besonderen Infektionsabteilungen oder Infektionsstationen untergebracht sind,
2. Kranken in geriatrischen Abteilungen oder Stationen,
3. gelähmten oder an multipler Sklerose erkrankten Patienten,
4. Patienten nach Transplantationen innerer Organe oder von Knochenmark,
5. an AIDS (Vollbild) erkrankten Patienten,
6. Patienten, bei denen Chemotherapien durchgeführt oder die mit Strahlen oder mit inkorporierten radioaktiven Stoffen behandelt werden,
7. Patienten in Einheiten für Intensivmedizin

ausüben, erhalten die Zulage nach Abs. 1 nach Maßgabe der Anlage 4. 2Die Krankenpflegezulage erhalten auch Beamte und Beamtinnen, die unmittelbare Aufsichtsfunktionen im Krankenpflegedienst über die vorstehend genannten ihnen ständig unterstellten Beamten und Beamtinnen wahrnehmen; das gilt auch für deren ständige Vertreter.

(3) Beamte und Beamtinnen im Krankenpflegedienst, die

1. zeitlich überwiegend Kranke in geschlossenen oder halbgeschlossenen (Open-door-System) psychiatrischen Abteilungen oder Stationen oder als Beamte oder Beamtinnen des Justizvollzugsdienstes ständig Kranke in psychiatrischen Abteilungen oder Stationen pflegen,
2. ständig in Abteilungen für zwangsasylierte asoziale Tuberkulosekranke tätig sind,
3. als Beamte des Justizvollzugsdienstes die Voraussetzungen einer Zulage nach Abs. 2 erfüllen,

erhalten die Zulage nach Abs. 1 nach Maßgabe der Anlage 4.

(4) Beamte und Beamtinnen im Krankenpflegedienst der

1. Fachlaufbahn Justiz, die im Justizvollzug tätig sind, sowie der
2. Fachlaufbahn Gesundheit der Bezirke, die im Maßregelvollzug (§ 61 Nr. 1 bis 3 des Strafgesetzbuchs) tätig sind,

erhalten eine monatliche Krankenpflegezulage nach Maßgabe der Anlage 4.

(5) 1Eine Krankenpflegezulage nach Abs. 3 wird nicht neben einer Krankenpflegezulage nach den Abs. 1 und 2 gewährt. 2Sind die Voraussetzungen für eine Krankenpflegezulage nach Abs. 1 und 2 erfüllt, so werden beide Zulagen nebeneinander gewährt.

§ 14 Sondereinsatzzulage

1Polizeivollzugsbeamte und Polizeivollzugsbeamtinnen, die

1. Aufgaben in einem Spezialeinsatzkommando für besondere polizeiliche Einsätze oder
2. Aufgaben in einem Rauschgifteinsatzkommando, in einem Unterstützungskommando, in einem Mobilen Einsatzkommando, in einem Technischen Einsatzkommando oder in der Führungsgruppe der Polizeiinspektionen Spezialeinheiten wahrnehmen oder
3. als Ermittler und Ermittlerinnen in einer zivilen Einsatzgruppe verwendet werden,

erhalten eine monatliche Sondereinsatzzulage nach Anlage 4. 2Satz 1 gilt auch für Beamte und Beamtinnen, die unter einer ihnen verliehenen, auf Dauer angelegten veränderten Identität (Legende) als Verdeckte Ermittler

III

und Verdeckte Ermittlerinnen verwendet sind.

§ 14a Reaktorzulage

Beamte und Beamtinnen im Sinn des Art. 132 des Bayerischen Beamtengesetzes, die bei der Werkfeuerwehr der Technischen Universität in Garching verwendet werden und voll feuerwehrdiensttauglich sind, erhalten eine monatliche Reaktorzulage nach Anlage 4.

§ 15 Fliegererschwerniszulage

1Polizeivollzugsbeamte und Polizeivollzugsbeamtinnen, die als

1. Hubschrauberführer und Hubschrauberführerinnen oder
2. Flugtechniker und Flugtechnikerinnen

in fliegenden Verbänden oder diesen gleichgestellten Einrichtungen, Einheiten und Dienststellen verwendet werden, erhalten eine monatliche Fliegererschwerniszulage nach Maßgabe der Anlage 4, deren betragsmäßige Gestaltung von einer Zusatzqualifikation abhängig ist. 2Zusatzqualifikation im Sinn des Satzes 1 sind insbesondere Instrumentenflugberechtigung sowie die erworbene Ausbildung im Umgang mit Bildverstärkerbrille oder Wärmebildkamera.

(2) 1Die Zulage nach Abs. 1 erhalten nach Maßgabe der Anlage 4 auch Polizeivollzugsbeamte und Polizeivollzugsbeamtinnen, wenn sie

1. auf Grund von Dienstvorschriften oder Dienstanweisungen als nichtständige Hubschrauberbesatzungsangehörige zum Mitfliegen in Hubschraubern dienstlich verpflichtet sind und mindestens zehn Flüge im laufenden Kalendermonat nachweisen,
2. in Erfüllung ihrer Aufgaben als Prüfer und Prüferinnen von Hubschraubern zum Mitfliegen verpflichtet sind.

2Eine Anrechnung von Flügen aus anderen Kalendermonaten und von Reiseflügen ist nicht zulässig. 3Werden im laufenden Kalendermonat weniger als zehn, jedoch mindestens fünf Flüge nachgewiesen, vermindert sich die Zulage für jeden fehlenden Flug um 10 v. H. des maßgebenden Betrags.

§ 16 Bergführerzulage

(1) 1Polizeivollzugsbeamte und Polizeivollzugsbeamtinnen mit gültigem Nachweis über eine erfolgreich abgeschlossene Ausbildung zum Polizeibergführer oder zur Polizeibergführerin erhalten bei Verwendung als Bergführer oder Bergführerin in der Bergausbildung von Polizeivollzugsbeamten und Polizeivollzugsbeamtinnen eine monatliche Bergführerzulage nach Anlage 4. 2Die Zulage nach Satz 1 erhalten auch Beamte und Beamtinnen für die Dauer ihrer in geschlossenen Lehrgängen stattfindenden Ausbildung zum Bergführer oder zur Bergführerin.

(2) Polizeivollzugsbeamte und Polizeivollzugsbeamtinnen, die nach erfolgreich abgeschlossener Ausbildung nicht nach Abs. 1 Satz 1 verwendet werden, jedoch zur Erhaltung ihres bergsteigerischen Könnens verpflichtet sind, erhalten eine verminderte Bergführerzulage nach Anlage 4.

§ 17 Taucherzulage

(1) Beamte und Beamtinnen erhalten für Tauchertätigkeiten eine Zulage.

(2) 1Tauchertätigkeiten sind Übungen oder Arbeiten im Wasser

1. im Taucheranzug ohne Helm und ohne Tauchgerät,
2. mit Helm oder Tauchgerät.

2Zu den Tauchertätigkeiten gehören auch Übungen oder Arbeiten in Pressluft (Druckkammern).

(3) 1Die Taucherzulage wird nach Stunden berechnet; die maßgeblichen Stundensätze, wie auch die Staffelung nach Tauchtiefen des Stundensatzes im Fall des Abs. 2 Satz 1 Nr. 2, bestimmen sich nach Anlage 4. 2Die Zulagenbeträge nach Satz 1 Halbsatz 2 Alternative 2 erhöhen sich für eine Tauchertätigkeit

1. in Strömung mit Stromschutz gleich welcher Art um 15 v. H.,
2. in Strömung ohne Stromschutz um 30 v. H.,

3. in Seewasserstraßen oder auf offener See um 25 v. H.,
4. bei Lufttemperaturen von weniger als plus 3 Grad Celsius um 25 v. H.,
5. unter Eisdecken, Wracks oder Bauteilen um 30 v. H.

3Die Zeiten sind für jeden Kalendertag zu ermitteln, das Ergebnis ist zu runden. 4Dabei bleiben Zeiten von weniger als zehn Minuten unberücksichtigt; Zeiten von zehn bis dreißig Minuten werden auf eine halbe Stunde, von mehr als dreißig Minuten auf eine volle Stunde aufgerundet. 5Als Tauchzeit gilt

1. für Helmtaucher und Helmtaucherinnen die Zeit unter dem geschlossenen Taucherhelm,
2. für Schwimmtaucher und Schwimmtaucherinnen die Zeit unter der Atemmaske und
3. für Arbeiten in Druckkammern die Zeit von Beginn des Einschleusens bis zum Ende des Ausschleusens.

§ 18 Sprengstoffentschärferzulage, Sprengstoffermittlerzulage

(1) 1Beamte und Beamtinnen mit gültigem Nachweis über eine erfolgreich abgeschlossene Ausbildung zum Sprengstoffentschärfer oder zur Sprengstoffentschärferin, deren ständige Aufgabe das Behandeln von unkonventionellen Spreng- und Brandvorrichtungen ist, erhalten eine Zulage. 2Die Zulage nach Satz 1 wird gewährt für jeden Einsatz im unmittelbaren Gefahrenbereich, der erforderlich wird, um verdächtige Gegenstände einer näheren Behandlung zu unterziehen. 3Unmittelbarer Gefahrenbereich ist der Wirkungsbereich einer möglichen Explosion oder eines Brandes. 4Der Zulagenbetrag für jeden Einsatz sowie der monatliche Höchstbetrag sind in Anlage 4 bestimmt.

(2) 1Die Zulage nach Abs. 1 kann bei besonderen Schwierigkeiten bei dem Unschädlichmachen oder Delaborieren von Spreng- und Brandvorrichtungen oder ähnlichen Gegenständen, die explosionsgefährliche Stoffe enthalten, nach Maßgabe der Anlage 4 erhöht werden. 2An die Stelle des Höchstbetrags nach Abs. 1 Satz 4 tritt der Höchstbetrag nach Abs. 3.

(3) Die Zulagen nach Abs. 1 und 2 dürfen zusammen den in Anlage 4 bestimmten Monatsgesamtbetrag nicht übersteigen.

(4) 1Beamte und Beamtinnen mit gültigem Nachweis über eine erfolgreich abgeschlossene Ausbildung zum Sprengstoffermittler oder zur Sprengstoffermittlerin, die im Rahmen ihrer Tätigkeit als Sprengstoffermittler oder Sprengstoffermittlerin mit explosionsgefährlichen Stoffen umgehen (insbesondere Sicherstellung, Asservierung und Transport) erhalten eine verminderte Zulage. 2Der Zulagenbetrag für jeden Einsatz sowie der monatliche Höchstbetrag sind in Anlage 4 bestimmt.

§ 19 Gewährung der Erschwerniszulagen bei Teilzeitbeschäftigung

§ 8 gilt entsprechend für die Erschwerniszulagen, die in festen Monatsbeträgen gezahlt werden.

§ 20 Konkurrenzregelungen

(1) 1Die Zulage für Dienst zu ungünstigen Zeiten nach § 11 wird nicht gewährt neben

1. der Auslandsbesoldung (Art. 38 BayBesG),
2. einer Zulage nach Art. 51 Abs. 1 Nr. 3 BayBesG; ausgenommen sind die Beamten und Beamtinnen der Besoldungsgruppen A 3 bis A 9, die in den Lagezentren oder Leitstellen oberster Dienstbehörden tätigen Polizeivollzugsbeamten und Polizeivollzugsbeamtinnen bis Besoldungsgruppe A 13 sowie die beim Bayerischen Landtag tätigen Polizeivollzugsbeamten und Polizeivollzugsbeamtinnen der Besoldungsgruppen A 10 bis A 13,
3. einer Vergütung im Vollstreckungsdienst (Art. 63 BayBesG),
4. einer Zulage auf Grund Art. 6 Abs. 2 Satz 1 des Gesetzes über das öffentliche Versicherungswesen in Verbindung mit Art. 56 Abs. 4 des Gesetzes über das öffentliche Versorgungswesen.

2Die Zulage nach § 11 Abs. 3 Satz 1 entfällt oder sie verringert sich, soweit der Dienst zu ungünstigen Zeiten auf andere Weise als mit abgegolten oder ausgeglichen gilt.

(2) Beim Zusammentreffen einer Krankenpflegezulage nach § 13 Abs. 1 bis 3 mit einer Zulage nach Art. 34 Abs. 2 Satz 1 Nr. 3 BayBesG ist diese mit einem Betrag in Höhe von 61,58 Euro auf die Krankenpflegezulage anzurechnen.

(3) 1Die Sondereinsatzzulage nach § 14 wird nicht gewährt neben

1. einer Zulage nach Art. 34 Abs. 2 Satz 1 Nr. 1 oder Nr. 6 BayBesG,
2. einer Fliegererschwerniszulage nach § 15.

2Beim Zusammentreffen einer Sondereinsatzzulage mit einer Zulage nach Art. 34 Abs. 2 Satz 1 Nr. 2 und einer Zulage nach Art. 51 Abs. 1 Nr. 3 BayBesG wird der sich nach § 9 Abs. 2 ergebende Betrag nicht gezahlt.

(4) In den Fällen von Abs. 1 Nr. 2, Abs. 2 und 3 gilt der Ausschluss auch dann, wenn und solange die jeweilige Zulage gemäß Art. 21 Abs. 1 Satz 3 BayBesG fortgezahlt wird oder eine Ausgleichszulage nach Art. 52 Abs. 1 BayBesG noch nicht bis zur Hälfte abgebaut ist.

Teil 3
Übergangs- und Schlussvorschriften

§ 21 (weggefallen)

§ 22 Inkrafttreten, Außerkrafttreten

(1) Diese Verordnung tritt am 1. Januar 2011 in Kraft.

(2) § 21 tritt mit Ablauf des 31. Dezember 2025 außer Kraft.

Anlage 1

Lehrzulage
(Monatsbeträge in Euro)

Gültig ab 1. Februar 2025

Rechtsgrundlage

§ 3 Abs. 1 Satz 1

	A 3 bis A 5	A 6 bis A 8	ab A 9 und höher
Regellehrverpflichtung von			
mindestens 20 Unterrichtsstunden	68,41	88,93	102,61
mindestens 15 Unterrichtsstunden	51,30	68,41	75,22
mehr als 10 Unterrichtsstunden	34,19	44,46	51,30

Der Höchstsatz der Lehrzulage von 102,61 € gilt für Leiter und Leiterinnen einer Arbeitsgemeinschaft für Rechtsreferendare und Rechtsreferendarinnen sowie Rechtspraktikanten und Rechtspraktikantinnen bereits ab einer Regellehrverpflichtung von mindestens 17 Unterrichtsstunden.

Anlage 2

Lehrerfunktionszulage
(Monatsbeträge in Euro)

Gültig ab 1. Februar 2025

Nr.	Lehrkräfte – Funktionen	
1.	Fachoberlehrer und Fachoberlehrerinnen (ohne Fachhochschulausbildung) in der Besoldungsgruppe A 11	
1.1	als Fachbetreuer oder Fachbetreuerin an einer beruflichen Schule für Fächer, in denen Pflichtunterricht in praktischer Fachkunde, in Fachpraxis, in Schreibtechnik, in Fremdsprachen oder in Musik erteilt wird, wobei die Bestellung zum Fachbetreuer oder zur Fachbetreuerin durch die Ernennungsbehörde verfügt sein muss	68,41
1.2	als zentraler Fachberater oder zentrale Fachberaterin an den Städtischen Realschulen der Landeshauptstadt München	68,41
2.	Zweite Realschulkonrektoren und Zweite Realschulkonrektorinnen, Realschulkonrektoren und Realschulkonrektorinnen, Realschulrektoren und Realschulrektorinnen, Realschuldirektoren und Realschuldirektorinnen, Zweite Sonderschulkonrektoren und Zweite Sonderschulkonrektorinnen, Sonderschulkonrektoren und Sonderschulkonrektorinnen, Sonderschulrektoren und Sonderschulrektorinnen	
	als Leiter oder Leiterin eines Seminars für die Ausbildung von Lehrern und Lehrerinnen an Realschulen oder Förderschulen	102,61
3.	Studienräte und Studienrätinnen im Förderschuldienst	
3.1	als Leiter oder Leiterin eines Schülerheims	68,41

Nr.	Lehrkräfte – Funktionen	
3.2	als Fachberater oder Fachberaterin für Hör- und Sprachgeschädigte bei den Gesundheitsämtern	68,41
4.	Studienräte und Studienrätinnen, Oberstudienräte und Oberstudienrätinnen	
4.1	als Leiter oder Leiterin eines Schülerheims	68,41
4.2	als Landesbeauftragter oder Landesbeauftragte für den Computereinsatz und Programmierten Unterricht im Fachunterricht	102,61
4.3	als Seminarlehrer oder Seminarlehrerin an beruflichen Schulen	102,61
4.4	als Seminarlehrer oder Seminarlehrerin an Gymnasien	102,61
4.5	als medienpädagogisch-informationstechnischer Berater oder medienpädagogisch-informationstechnische Beraterin bei dem oder der Ministerialbeauftragten	102,61
4.6	als medienpädagogisch-informationstechnischer Berater oder medienpädagogisch-informationstechnische Beraterin im Regierungsbezirk für den Bereich der beruflichen Schulen (ohne Fachoberschulen und Berufsoberschulen)	102,61
5.	Studiendirektoren und Studiendirektorinnen[1]), Oberstudiendirektoren und Oberstudiendirektorinnen	
	als ständiger stellvertretender Seminarvorstand	68,41/ 102,61[2])
6.	Studiendirektoren und Studiendirektorinnen[3]), Oberstudiendirektoren und Oberstudiendirektorinnen an Gymnasien	
	als Seminarvorstand, soweit kein ständiger stellvertretender Seminarvorstand bestellt ist	68,41/ 102,61

Anlage 3

Luftfahrtgeräteprüferzulage, Steuerprüferzulage und Justizwachtmeisterzulage (Monatsbeträge in Euro)

Gültig ab 1. Februar 2025

Rechtsgrundlage		
§ 6		136,81
§ 7	A 6 bis A 8	22,82
	A 9 bis A 13	51,30
§ 7a		88,42

[1]) Die Zulage erhalten nur Studiendirektoren und Studiendirektorinnen, die als solche ständige Vertreter und Vertreterinnen von Schulleitern oder Schulleiterinnen sind.

[2]) Studiendirektoren und Studiendirektorinnen erhalten eine Zulage von 102,61 €, Oberstudiendirektoren und Oberstudiendirektorinnen eine Zulage von 68,41 €.

[3]) Die Zulage erhalten nur Studiendirektoren und Studiendirektorinnen, denen die Leitung der Schule übertragen ist.

Bayerische Zulagenverordnung (BayZulV)

Erhöhung der Bezüge ab 1. Oktober 2026 auf der Grundlage des Ministerratsbeschlusses vom 19. Mai 2026 im Vorgriff auf den Gesetzesbeschluss des Bayerischen Landtags um 2,82 % bzw. Erhöhung des Grundbetrags für Anwärterinnen und Anwärter um jeweils 60 Euro gegenüber dem vorherigen Stand. Die Besoldungstabellen ab 01.10.2026 gelten daher vorbehaltlich der Verabschiedung des Gesetzes durch den Bayerischen Landtag.

Anlage 4

Erschwerniszulagen

Gültig ab 1. Oktober 2026

Rechtsgrundlage				Betrag in Euro
				je Stunde
§ 11 Abs. 2 Satz 1	Nr. 1			4,36
		in der Zeit zwischen 20:00 Uhr und 6:00 Uhr		5,69
	Nr. 2			0,86
		für Beamte und Beamtinnen mit einer Zulage nach Art. 34 Abs. 2 Satz 1 Nr. 2 bis 6 BayBesG		1,09
	Nr. 3			5,69
				je Maßnahme
§ 12	innereuropäische Maßnahme			70,00
	außereuropäische Maßnahme			100,00
				je Monat
§ 13	Abs. 1			21,10
	Abs. 2			63,32
	Abs. 3			84,42
	Abs. 4			163,55
§ 14	Satz 1	Nr. 1		343,89
		Nr. 2, 3		211,00
	Satz 2			211,00
§ 14a				188,61
§ 15	Abs. 1 Satz 1	Nr. 1	mit Zusatzqualifikation	495,85
			ohne Zusatzqualifikation	436,08
		Nr. 2	mit Zusatzqualifikation	445,21
			ohne Zusatzqualifikation	385,43
	Abs. 2			63,32
§ 16	Abs. 1			52,75
	Abs. 2			21,10

Rechtsgrundlage				Betrag in Euro
				je Stunde
§17 Abs. 3 Satz 1 in Verbindung mit §17 Abs. 2 Satz 1	Nr. 1			3,79
	Nr. 2	Tauchtiefe	bis zu 5 m	15,76
			mehr als 5 m	19,11
			mehr als 10 m	23,73
			mehr als 15 m bis zu 20 m	30,58
			je weitere 5 m	6,10
§18	Abs. 1		je Einsatz	35,15
			monatlicher Höchstbetrag	527,42
	Abs. 2 Satz 1		je Einsatz bis zu	351,69
	Abs. 3		monatlicher Gesamtbetrag	1125,36
	Abs. 4		je Einsatz	21,10
			monatlicher Höchstbetrag	316,54

III

IV Versorgung

Bayerisches Beamtenversorgungsgesetz (BayBeamtVG)

Vom 5. August 2010 (GVBl. S. 410, S. 764)

Zuletzt geändert durch
Viertes Modernisierungsgesetz Bayern
vom 26. März 2026 (GVBl. S. 75)

Inhaltsübersicht

IV

Teil 1
Allgemeine Vorschriften

Art. 1 Geltungsbereich

(1) Dieses Gesetz regelt die Versorgung der Beamten und Beamtinnen, Richter und Richterinnen des Staates sowie der Beamten und Beamtinnen der Gemeinden, der Gemeindeverbände und der sonstigen unter der Aufsicht des Staates stehenden Körperschaften, Anstalten und Stiftungen des öffentlichen Rechts sowie ihrer Hinterbliebenen.

(2) Die Versorgung der kommunalen Wahlbeamten und Wahlbeamtinnen wird durch besonderes Gesetz geregelt.

(3) Dieses Gesetz gilt nicht für Ehrenbeamte, Ehrenbeamtinnen, ehrenamtliche Richter und ehrenamtliche Richterinnen, soweit dies nicht ausdrücklich gesetzlich vorgesehen ist.

(4) Dieses Gesetz gilt nicht für die Beamten und Beamtinnen der öffentlich-rechtlichen Religionsgesellschaften und weltanschaulichen Gemeinschaften sowie deren Verbände.

Art. 2 Arten der Versorgung, Begriffsbestimmungen

(1) Versorgungsbezüge sind

1. Ruhegehalt oder Unterhaltsbeitrag (Art. 11 bis 30),
2. Hinterbliebenenversorgung (Art. 31 bis 44),
3. Unfallfürsorge (Art. 45 bis 66),
4. Übergangsgeld (Art. 67),
5. Bezüge bei Verschollenheit (Art. 68),
6. familienbezogene Leistungen (Art. 69 bis 74, 114a Abs. 2),
7. Sonderzahlung (Art. 75 bis 79),

(2) 1Soweit Vorschriften dieses Gesetzes auf Beamte und Beamtinnen, Ruhestandsbeamte und Ruhestandsbeamtinnen sowie entlassene Beamte und Beamtinnen Bezug nehmen, gilt dies entsprechend für Richter und Richterinnen, in Ruhestand getretene oder versetzte Richter und Richterinnen sowie entlassene Richter und Richterinnen, soweit nicht ausdrücklich etwas anderes bestimmt ist. 2Das Richterverhältnis steht dem Beamtenverhältnis im Sinn dieses Gesetzes gleich, soweit nicht ausdrücklich etwas anderes bestimmt ist.

Art. 3 Regelung durch Gesetz

(1) Die Versorgung wird durch Gesetz geregelt.

(2) 1Zusicherungen, Vereinbarungen und Vergleiche, die eine höhere als die gesetzlich zustehende Versorgung verschaffen sollen, sind unwirksam. 2Das Gleiche gilt für Versicherungsverträge, die zu diesem Zweck abgeschlossen werden.

(3) Auf die gesetzlich zustehende Versorgung kann weder ganz noch teilweise verzichtet werden.

Art. 4 Allgemeine Anpassung

(1) Wird die Besoldung nach Art. 16 des Bayerischen Besoldungsgesetzes (BayBesG) angepasst, sind von demselben Zeitpunkt an die Versorgungsbezüge durch Gesetz entsprechend zu regeln.

(2) Als Anpassung gilt auch die Neufassung der Grundgehaltstabelle mit unterschiedlicher Änderung der Grundgehaltssätze und die allgemeine Erhöhung oder Verminderung der Besoldung um feste Beträge.

Art. 5 Zahlungsweise

(1) 1Die Versorgungsbezüge werden, soweit nichts anderes bestimmt ist, monatlich im Voraus gezahlt. 2Besteht der Anspruch auf Versorgung nicht für einen vollen Kalendermonat, so wird nur der Teil der Bezüge gezahlt, der auf den Anspruchszeitraum entfällt, soweit gesetzlich nichts anderes bestimmt ist.

(2) Werden Versorgungsbezüge nach dem Tag der Fälligkeit gezahlt, so besteht kein Anspruch auf Verzugszinsen.

(3) Haben Versorgungsberechtigte ihren Wohnsitz oder dauernden Aufenthalt außerhalb der Europäischen Union, so kann die Pensionsbehörde die Zahlung der Versorgungsbezüge von der Bestellung eines oder einer Empfangsbevollmächtigten im Geltungsbereich dieses Gesetzes abhängig machen.

(4) 1Für die Zahlung der Versorgungsbezüge haben Versorgungsberechtigte auf Verlangen der Pensionsbehörde ein Konto anzugeben oder einzurichten, auf das die Überweisung erfolgen kann. 2Die Kontoeinrichtungs-, Kontoführungs- oder Buchungsgebühren tragen

die Versorgungsberechtigten. 3Die Übermittlungskosten mit Ausnahme der Kosten für die Gutschrift auf dem Konto der Versorgungsberechtigten trägt die Pensionsbehörde; bei einer Überweisung der Versorgungsbezüge auf ein außerhalb des einheitlichen Euro-Zahlungsverkehrsraums Single Euro Payment Area (SEPA) geführtes Konto tragen die Versorgungsberechtigten die Kosten und die Gefahr der Übermittlung der Versorgungsbezüge sowie die Kosten einer Meldung nach § 67 der Außenwirtschaftsverordnung. 4Eine Auszahlung auf andere Weise kann nur zugestanden werden, wenn den Versorgungsberechtigten die Einrichtung oder Benutzung eines Kontos aus wichtigem Grund nicht zugemutet werden kann.

(5) 1Bei der Berechnung von Versorgungsbezügen sind die sich ergebenden Bruchteile eines Cents unter 0,5 abzurunden und ab 0,5 aufzurunden. 2Zwischenrechnungen werden jeweils auf zwei Dezimalstellen durchgeführt. 3Jeder Versorgungsbestandteil ist einzeln zu runden.

Art. 6 Abtretung, Verpfändung, Aufrechnung, Zurückbehaltungsrecht

(1) Ansprüche auf Versorgungsbezüge können nur abgetreten oder verpfändet werden, soweit sie der Pfändung unterliegen.

(2) 1Gegenüber Ansprüchen auf Versorgungsbezüge kann der Dienstherr ein Aufrechnungs- oder Zurückbehaltungsrecht nur in Höhe des pfändbaren Teils der Versorgungsbezüge geltend machen. 2Dies gilt nicht, soweit gegen die Versorgungsberechtigten ein Anspruch auf Schadensersatz wegen vorsätzlicher unerlaubter Handlung besteht oder der Dienstherr mit Ansprüchen auf Rückzahlung überzahlter Besoldung oder Versorgungsbezüge für denselben Zeitraum aufrechnet.

(3) 1Ansprüche auf Sterbegeld (Art. 33), auf Erstattung der Kosten des Heilverfahrens (Art. 50) und der Pflege (Art. 51), auf Unfallausgleich (Art. 52), auf Unfallsterbegeld (Art. 57) sowie auf einmalige Unfallentschädigung (Art. 62) und auf Schadensausgleich (Art. 66) können weder gepfändet noch abgetreten noch verpfändet werden. 2Forderungen des Dienstherrn gegen Verstorbene aus Vorschuss- oder Darlehensgewährungen sowie aus Überzahlungen von Besoldung oder Versorgungsbezügen können auf das Sterbegeld angerechnet werden.

Art. 7 Rückforderung von Versorgungsbezügen

(1) Werden Versorgungsberechtigte durch eine gesetzliche Änderung ihrer Versorgungsbezüge mit rückwirkender Kraft schlechter gestellt, so sind die Unterschiedsbeträge nicht zu erstatten.

(2) 1Im Übrigen regelt sich die Rückforderung zu viel gezahlter Versorgungsbezüge nach den Vorschriften des Bürgerlichen Gesetzbuchs (BGB) über die Herausgabe einer ungerechtfertigten Bereicherung, soweit gesetzlich nichts anderes bestimmt ist. 2Der Kenntnis des Mangels des rechtlichen Grundes der Zahlung steht es gleich, wenn der Mangel so offensichtlich war, dass die Empfänger ihn hätten erkennen müssen. 3Von der Rückforderung kann aus Billigkeitsgründen ganz oder teilweise abgesehen werden.

(3) § 52 Abs. 4 und 5 des Beamtenversorgungsgesetzes (BeamtVG) in der am 31. August 2006 geltenden Fassung gilt fort.

Art. 8 Verjährung

1Ansprüche auf Versorgungsbezüge und auf Rückzahlung von Versorgungsbezügen verjähren in drei Jahren; Ansprüche auf Rückzahlung von Versorgungsbezügen verjähren in zehn Jahren, wenn durch vorsätzlich oder leichtfertig unrichtige oder unvollständige Angaben oder das vorsätzliche oder leichtfertige pflichtwidrige Unterlassen von Angaben die Gewährung oder Belassung von Versorgungsbezügen bewirkt wurde. 2Die Verjährung beginnt mit dem Schluss des Jahres, in dem der Anspruch entstanden ist. 3Im Übrigen sind die §§ 194 bis 218 BGB entsprechend anzuwenden.

Art. 9 Festsetzung, Zuständigkeit, Verordnungsermächtigung

(1) Die Festsetzung und Abrechnung der Versorgungsbezüge, die Bestimmung der Zahlungsempfänger, die Entscheidung über die Berücksichtigung von Zeiten als ruhegehalt-

IV

fähige Dienstzeit sowie die Bewilligung von Versorgungsbezügen auf Grund von Kannvorschriften obliegt der Pensionsbehörde.

(2) $_{1}$Für die Versorgungsberechtigten des Staates wird die Pensionsbehörde durch Rechtsverordnung der Staatsregierung bestimmt. $_{2}$In der Rechtsverordnung kann die Zuständigkeit der Pensionsbehörde für weitere Versorgungsangelegenheiten bestimmt werden. $_{3}$Zu diesen Versorgungsangelegenheiten gehört auch die Erteilung einer Bescheinigung, dass die Voraussetzungen für die kraft Gesetzes erfolgte Nachversicherung vorliegen. $_{4}$Außerhalb des staatlichen Bereichs werden die Befugnisse der Pensionsbehörden durch die obersten Dienstbehörden wahrgenommen, die diese Befugnisse auf andere Dienststellen übertragen können. $_{5}$Unberührt bleiben gesetzliche Vorschriften, die eine ausschließliche Zuständigkeit anderer Behörden bestimmen.

(3) Entscheidungen über die Bewilligung von Versorgungsbezügen auf Grund von Kannvorschriften dürfen erst beim Eintritt des Versorgungsfalls getroffen werden; vorherige Zusicherungen sind unwirksam.

(4) $_{1}$Ob Zeiten auf Grund der Art. 18 bis 20 und 22 als ruhegehaltfähige Dienstzeit zu berücksichtigen sind, soll bei der Berufung in das Beamtenverhältnis entschieden werden; diese Entscheidungen stehen unter dem Vorbehalt eines Gleichbleibens der Rechtslage, die ihnen zugrunde liegt. $_{2}$Sie werden von der Einstellungsbehörde getroffen; bei Beamten und Beamtinnen des Staates ergehen die Entscheidungen im Einvernehmen mit der Pensionsbehörde, es sei denn, das Staatsministerium der Finanzen und für Heimat ist Einstellungsbehörde.

(5) $_{1}$Entscheidungen in versorgungsrechtlichen Angelegenheiten, die eine grundsätzliche, über den Einzelfall hinausgehende Bedeutung haben, sind vom Staatsministerium der Finanzen und für Heimat zu treffen. $_{2}$Für die Versorgungsberechtigten der Gemeinden, der Gemeindeverbände und der sonstigen unter der Aufsicht des Staates stehenden Körperschaften, Anstalten und Stiftungen des öffentlichen Rechts stehen die Befugnisse des Satzes 1 der obersten Dienstbehörde zu.

Art. 10 Anzeige- und Mitwirkungspflichten

(1) Die Beschäftigungsstelle hat der Pensionsbehörde jede Verwendung von Versorgungsberechtigten unter Angabe der gewährten Bezüge, ebenso jede spätere Änderung der Bezüge oder die Zahlungseinstellung sowie die Gewährung einer Versorgung unverzüglich anzuzeigen.

(2) $_{1}$Versorgungsberechtigte haben der Pensionsbehörde unverzüglich

1. alle Tatsachen anzugeben, die für die Versorgung erheblich sind, und auf Verlangen der Pensionsbehörde der Erteilung der erforderlichen Auskünfte durch Dritte zuzustimmen,
2. Änderungen in den Verhältnissen, die für die Versorgung erheblich sind oder über die im Zusammenhang mit der Versorgung Erklärungen abgegeben worden sind, mitzuteilen,
3. Beweismittel zu bezeichnen und auf Verlangen der Pensionsbehörde Beweisurkunden vorzulegen oder ihrer Vorlage zuzustimmen.

$_{2}$Satz 1 gilt entsprechend für Personen, die Versorgungsleistungen zu erstatten haben. $_{3}$Die Pensionsbehörde kann Erkenntnisse und Beweismittel an Sachverständige weitergeben, soweit dies zur Entscheidung über die Versorgung notwendig ist. $_{4}$Die Versorgungsberechtigten werden hierüber durch die Pensionsbehörde informiert.

(3) $_{1}$Kommen Versorgungsberechtigte den ihnen nach Abs. 2 oder nach anderen Bestimmungen dieses Gesetzes auferlegten Mitwirkungsverpflichtungen schuldhaft nicht nach, so kann ihnen die Versorgung ganz oder teilweise auf Zeit oder auf Dauer entzogen werden. $_{2}$Beim Vorliegen besonderer Verhältnisse kann die Versorgung ganz oder teilweise wieder zuerkannt werden. $_{3}$Die Entscheidung trifft die Pensionsbehörde.

Teil 2
Versorgungsbezüge

Abschnitt 1
Ruhegehalt, Unterhaltsbeitrag

Unterabschnitt 1
Anspruchsvoraussetzungen

Art. 11 Entstehen und Berechnung des Ruhegehalts

(1) 1Ein Ruhegehalt wird nur gewährt, wenn der Beamte oder die Beamtin

1. eine Dienstzeit von mindestens fünf Jahren abgeleistet hat oder
2. infolge Krankheit, Verwundung oder sonstiger Beschädigung, die er oder sie sich ohne grobes Verschulden bei Ausübung oder aus Veranlassung des Dienstes zugezogen hat, dienstunfähig geworden ist (Dienstbeschädigung).

2Die Dienstzeit wird vom Zeitpunkt der ersten Berufung in das Beamtenverhältnis ab gerechnet und nur berücksichtigt, sofern sie ruhegehaltfähig ist. 3Zeiten, die kraft gesetzlicher Vorschrift als ruhegehaltfähig gelten oder nach Art. 18 als ruhegehaltfähige Dienstzeit berücksichtigt werden, sind einzurechnen. 4Satz 3 gilt nicht für Zeiten, die der Beamte oder die Beamtin vor dem 3. Oktober 1990 in dem in Art. 3 des Einigungsvertrags genannten Gebiet zurückgelegt hat.

(2) 1Der Anspruch auf Ruhegehalt entsteht mit dem Beginn des Ruhestands. 2Bei Beamten und Beamtinnen auf Zeit ruht der Anspruch bis zum Ende des Monats, in dem die Altersgrenze nach Art. 62, 143 des Bayerischen Beamtengesetzes (BayBG) erreicht oder die Dienstunfähigkeit festgestellt wird. 3Satz 2 gilt nicht für den Präsidenten des Bayerischen Obersten Rechnungshofs.

(3) Das Ruhegehalt wird auf der Grundlage der ruhegehaltfähigen Bezüge und der ruhegehaltfähigen Dienstzeit berechnet.

Unterabschnitt 2
Ruhegehaltfähige Bezüge

Art. 12 Ruhegehaltfähige Bezüge

(1) 1Ruhegehaltfähige Bezüge sind

1. das Grundgehalt,
2. die Strukturzulage,
3. Amtszulagen und Zulagen für besondere Berufsgruppen,
4. der Orts- und Familienzuschlag der Stufen L und V,
5. Hochschulleistungsbezüge (Art. 13),
6. die Vollstreckungsvergütung (Abs. 2),
7. die besondere Zulage für Richter und Richterinnen (Abs. 3),
8. die Ministerialzulage (Abs. 4),
9. die Verbandszulage (Abs. 4a),

die dem Beamten oder der Beamtin nach Nrn. 1 bis 3 zuletzt zugestanden haben oder nach Nr. 4, sofern nach dem Bayerischen Besoldungsgesetz ein Orts- und Familienzuschlag der Stufen L und V zustehen würde. 2Bei Teilzeitbeschäftigung und Beurlaubung ohne Grundbezüge (Freistellung) sowie bei eingeschränkter Verwendung wegen begrenzter Dienstfähigkeit nach § 27 des Beamtenstatusgesetzes (BeamtStG) sind jeweils die dem letzten Amt entsprechenden vollen ruhegehaltfähigen Bezüge anzusetzen.

(2) 1Die Vollstreckungsvergütung für Gerichtsvollzieher und Gerichtsvollzieherinnen im Vollstreckungsaußendienst ist in Höhe von 8 v. H. des Endgrundgehalts der Besoldungsgruppe, die der Bemessung der Versorgungsbezüge des Beamten oder der Beamtin zugrunde liegt, ruhegehaltfähig, wenn die Vollstreckungsvergütung für mindestens zehn Jahre und bei Eintritt in den Ruhestand bezogen wurde oder ohne vorangegangene Dienstunfähigkeit bezogen worden wäre. 2Bei Inanspruchnahme von Altersteilzeit im Blockmodell tritt der Beginn der Freistellungsphase an die Stelle des Eintritts in den Ruhestand nach Satz 1. 3Das Unterschreiten der Mindestbezugsdauer ist unschädlich, wenn es auf einer Dienstbeschädigung beruht. 4Bei anderweitiger Verwendung wegen Verlustes der Tauglichkeit für den Vollstreckungsaußendienst bemisst sich die ruhegehaltfähige

IV

Vollstreckungsvergütung höchstens nach der Besoldungsgruppe des Spitzenamtes des Gerichtsvollzieherdienstes.

(3) Die besondere Zulage, die ein Richter als Generalsekretär oder eine Richterin als Generalsekretärin des Verfassungsgerichtshofs nach Art. 56 Abs. 1 BayBesG erhält, ist ruhegehaltfähig, wenn die Tätigkeit mindestens zehn Jahre und bei Eintritt in den Ruhestand ausgeübt wurde.

(4) 1Die Ministerialzulage ist ruhegehaltfähig, wenn sie mindestens 15 Jahre und unmittelbar vor Beginn des Ruhestands zugestanden hat. 2Abs. 1 Satz 2 gilt entsprechend.

(4a) Für die Verbandszulage gilt Abs. 4 entsprechend.

(5) 1Ist ein Beamter oder eine Beamtin aus einem Amt in den Ruhestand getreten oder versetzt worden, das kein Eingangsamt seiner oder ihrer Qualifikationsebene gemäß Art. 23 BayBesG, kein besonderes Eingangsamt gemäß Art. 24 BayBesG oder ein laufbahnfreies Amt ist, und standen die Grundbezüge dieses oder eines mindestens gleichwertigen Amtes vor Eintritt oder Versetzung in den Ruhestand nicht mindestens zwei Jahre zu, so sind ruhegehaltfähig nur die Bezüge des vorher bekleideten Amtes. 2Die Zweijahresfrist kommt bei Ämterhöherstufungen mit gesetzlicher Überleitung nicht zur Anwendung. 3Hat der Beamte oder die Beamtin vorher kein Amt bekleidet, so setzt das Staatsministerium der Finanzen und für Heimat die ruhegehaltfähigen Bezüge bis zur Höhe der ruhegehaltfähigen Bezüge der nächst niedrigeren Besoldungsgruppe fest.

(6) Das Ruhegehalt eines Beamten oder einer Beamtin, der oder die früher ein höher besoldetes Amt bekleidet hat und dem oder der diese Bezüge mindestens zwei Jahre zustanden, wird nach den höheren ruhegehaltfähigen Bezügen des früheren Amtes berechnet, wenn der Übertritt nicht lediglich auf einen im eigenen Interesse gestellten Antrag erfolgte.

(7) 1Verringern sich bei einem Wechsel in ein Amt der Besoldungsordnung W die ruhegehaltfähigen Bezüge, so berechnet sich das Ruhegehalt aus den ruhegehaltfähigen Bezügen des früheren Amtes, sofern die Grundbezüge des früheren Amtes mindestens zwei Jahre zugestanden haben. 2Ruhegehaltfähig ist die zum Zeitpunkt des Wechsels erreichte Stufe des Grundgehalts. 3Auf die Zweijahresfrist nach Satz 1 wird der Zeitraum, in dem der Beamte oder die Beamtin Grundbezüge aus einem Amt der Besoldungsordnung W erhalten hat, angerechnet.

(8) 1In die Fristen nach Abs. 4 bis 7 ist die innerhalb dieser Fristen liegende Zeit einer Beurlaubung ohne Grundbezüge einzurechnen, soweit sie als ruhegehaltfähig berücksichtigt wird. 2Die Fristen kommen nicht zur Anwendung, wenn der Beamte oder die Beamtin vor Ablauf der Fristen infolge Dienstbeschädigung in den Ruhestand versetzt worden ist.

(9) Das Ruhegehalt nach einem früheren Amt darf die ruhegehaltfähigen Bezüge des letzten Amtes nicht übersteigen.

Art. 13 Ruhegehaltfähigkeit von Hochschulleistungsbezügen

(1) 1Unbefristete Hochschulleistungsbezüge sind vorbehaltlich der Abs. 4 und 5 ruhegehaltfähig, soweit sie jeweils zuletzt und mindestens für die Dauer von zwei Jahren zugestanden haben. 2Art. 12 Abs. 1 Satz 2 und Abs. 8 Satz 2 gilt entsprechend. 3In die Zweijahresfrist nach Satz 1 sind Zeiten eines unmittelbar vorhergehenden, unbefristeten Hochschulleistungsbezugs einzurechnen; dies gilt auch, wenn vergleichbare Leistungsbezüge von einem anderen inländischen Dienstherrn in einem Beamtenverhältnis gewährt wurden. 4Wurden die Hochschulleistungsbezüge nach Satz 1 von der Hochschule gewährt und während einer Beurlaubung ohne Grundbezüge von einer außeruniversitären Forschungseinrichtung bezahlt, sind sie unter den Voraussetzungen des Art. 14 Abs. 1 Satz 2 Nr. 4 Halbsatz 2 und Abs. 2 für die Zweijahresfrist zu berücksichtigen. 5Werden sie ganz oder teilweise für die Zukunft widerrufen, gelten sie insoweit als befristet.

(2) 1Befristete Hochschulleistungsbezüge nach Art. 70 und 71 BayBesG sind vorbehaltlich der Abs. 4 und 5 bei wiederholter Vergabe ruhe-

gehaltfähig, soweit sie insgesamt mindestens für die Dauer von zehn Jahren zugestanden haben. 2Vergleichbare befristete Leistungsbezüge in einem Beamtenverhältnis bei einem anderen inländischen Dienstherrn sind höchstens für die Dauer von fünf Jahren zu berücksichtigen. 3Hochschulleistungsbezüge, die zunächst befristet und dann unbefristet vergeben wurden, werden spätestens ruhegehaltfähig, wenn sie zehn Jahre zugestanden haben. 4Abs. 1 Satz 4 gilt entsprechend.

(3) Funktions-Leistungsbezüge an Professoren und Professorinnen nach Art. 72 BayBesG für die Wahrnehmung von Aufgaben der Hochschulselbstverwaltung sind vorbehaltlich der Abs. 4 und 5 ruhegehaltfähig in Höhe der Hälfte, soweit sie mindestens fünf Jahre zugestanden haben, und in voller Höhe, soweit sie mindestens zehn Jahre zugestanden haben; Abs. 2 Satz 2 gilt entsprechend.

(4) 1Wurden mehrere ruhegehaltfähige Hochschulleistungsbezüge gewährt, ist der höchste Betrag, der sich jeweils nach Abs. 1 bis 3 ergibt, anzusetzen. 2Nach Abs. 1 ruhegehaltfähige Hochschulleistungsbezüge sind zusammenzurechnen. 3Soweit der Gesamtbetrag der über einen Zeitraum von zehn Jahren gleichzeitig bezogenen Hochschulleistungsbezüge nach Abs. 1 und 2 höher ist als der sich nach Satz 1 ergebende Betrag, ist dieser Betrag anzusetzen. 4Gleiches gilt, wenn Funktions-Leistungsbezüge für die jeweils nach Abs. 3 maßgebliche Dauer gleichzeitig neben Hochschulleistungsbezügen nach Abs. 1 bis 3 bezogen werden.

(5) 1Hochschulleistungsbezüge nach Abs. 1 bis 4 sind insgesamt bis höchstens 22 v. H. des zuletzt zustehenden Grundgehalts ruhegehaltfähig; dynamisierte Hochschulleistungsbezüge sind dabei vorrangig anzusetzen. 2Die Grenze kann durch Erklärung der Hochschule auf bis zu 38 v. H. des jeweiligen Grundgehalts für höchstens 12 v. H. der im Haushaltsplan ausgewiesenen W 2- und W 3-Stellen und auf bis zu 57 v. H. des jeweiligen Grundgehalts für weitere höchstens 5 v. H. der im Haushaltsplan ausgewiesenen W 3-Stellen überschritten werden. 3Bei der Berechnung sind die sich ergebenden Stellenbruchteile aufzurunden. 4Die Erklärung ist von der für die Vergabe von Hochschulleistungsbezügen zuständigen Stelle abzugeben und nur wirksam, wenn sie in schriftlicher, aber nicht elektronischer Form bei der Vergabe des Hochschulleistungsbezugs abgegeben wird; hat der Professor oder die Professorin mehreren Hochschulen angehört, ist maßgeblich, ob die letzte Hochschule diese Erklärung abgegeben hat.

(6) 1Funktions-Leistungsbezüge an hauptberufliche Mitglieder von Hochschulleitungen sind ruhegehaltfähig, wenn der Beamte oder die Beamtin aus dem Beamtenverhältnis auf Zeit in den Ruhestand tritt und die Funktions-Leistungsbezüge mindestens fünf Jahre zugestanden haben. 2Tritt der Beamte oder die Beamtin aus dem Beamtenverhältnis auf Zeit nicht in den Ruhestand, gelten hinsichtlich des zugrunde liegenden Beamtenverhältnisses auf Lebenszeit Abs. 3 bis 5 entsprechend.

(7) Hochschulleistungsbezüge, die als Einmalzahlung vergeben werden, sind nicht ruhegehaltfähig.

Unterabschnitt 3
Ruhegehaltfähige Dienstzeit

Art. 14 Regelmäßige ruhegehaltfähige Dienstzeit

(1) 1Ruhegehaltfähig ist die Dienstzeit, die der Beamte oder die Beamtin ab der ersten Berufung in ein Beamtenverhältnis im Dienst eines inländischen öffentlich-rechtlichen Dienstherrn im Beamtenverhältnis zurückgelegt hat. 2Dies gilt nicht für die Zeit

1. im Beamtenverhältnis auf Widerruf im Sinn des § 4 Abs. 4 Buchst. b BeamtStG,
2. einer Tätigkeit, aus der ohne Ruhegehaltsberechtigung nur Gebühren bezogen werden,
3. einer ehrenamtlichen Tätigkeit,
4. einer Beurlaubung ohne Grundbezüge; die Zeit einer Beurlaubung ohne Grundbezüge kann berücksichtigt werden, wenn spätestens bei Beendigung des Urlaubs schriftlich zugestanden worden ist, dass dieser öffentlichen Belangen oder dienstlichen Interessen dient,

IV

5. eines schuldhaften Fernbleibens vom Dienst unter Verlust der Grundbezüge,
6. für die eine Abfindung aus öffentlichen Mitteln gewährt wurde.

3Zeiten der eingeschränkten Verwendung eines Beamten oder einer Beamtin wegen begrenzter Dienstfähigkeit nach § 27 BeamtStG sind mindestens im Umfang der Zurechnungszeit nach Art. 23 Abs. 1 Satz 1 ruhegehaltfähig.

(2) 1Die Berücksichtigung der Zeit einer Beurlaubung als ruhegehaltfähige Dienstzeit setzt die Zahlung eines Versorgungszuschlags für die Dauer der Beurlaubung voraus. 2Der Versorgungszuschlag beträgt 30 v. H. der ohne Beurlaubung zustehenden ruhegehaltfähigen Bezüge (Art. 12) zuzüglich der auf den Beurlaubungszeitraum entfallenden Sonderzahlung; diese bemessen sich bei Teilbeurlaubung nach dem Umfang der Beurlaubung. 3Unbefristete und befristete Hochschulleistungsbezüge (Art. 13) sind von Anfang an in voller Höhe zu berücksichtigen. 4Das Staatsministerium der Finanzen und für Heimat kann Ausnahmen zulassen und nähere Bestimmungen zum Verfahren treffen.

(3) 1Nicht ruhegehaltfähig sind Dienstzeiten

1. in einem Beamtenverhältnis, das durch Verlust der Beamtenrechte (§ 24 Abs. 1 BeamtStG) oder durch Disziplinarurteil beendet worden ist,
2. in einem Beamtenverhältnis auf Probe oder auf Widerruf, das durch Entlassung wegen einer Handlung beendet worden ist, die im Beamtenverhältnis auf Lebenszeit mindestens eine Kürzung der Dienstbezüge zur Folge hätte,
3. in einem Beamtenverhältnis, das durch Entlassung auf Antrag des Beamten oder der Beamtin beendet worden ist,
   a) wenn ein Verfahren mit der Folge des Verlustes der Beamtenrechte oder der Entfernung aus dem Beamtenverhältnis drohte oder
   b) wenn der Antrag gestellt wurde, um einer drohenden Entlassung nach Nr. 2 zuvorzukommen.

2Das Staatsministerium der Finanzen und für Heimat kann Ausnahmen zulassen.

(4) Der im Beamtenverhältnis zurückgelegten Dienstzeit stehen gleich

1. die Zeit als Mitglied der Bundesregierung oder einer Landesregierung,
2. die Zeit als Parlamentarischer Staatssekretär oder Parlamentarische Staatssekretärin bei einem Mitglied der Bundesregierung oder einer Landesregierung, soweit entsprechende Voraussetzungen vorliegen,
3. auf Antrag die Zeit als Mitglied des Bundestags oder eines Landtags, wenn das jeweilige Abgeordnetenrecht das vorsieht,
4. die Zeit des juristischen Vorbereitungsdienstes im öffentlich-rechtlichen Ausbildungsverhältnis,
5. die im öffentlichen Dienst einer zwischenstaatlichen oder überstaatlichen Einrichtung zurückgelegte Dienstzeit; Abs. 1 Satz 2 Nr. 6 findet keine Anwendung.

Art. 15 Erhöhung der ruhegehaltfähigen Dienstzeit

1Die ruhegehaltfähige Dienstzeit nach Art. 14 erhöht sich um die Zeit, die ein Ruhestandsbeamter oder eine Ruhestandsbeamtin

1. in einer die Arbeitskraft voll beanspruchenden entgeltlichen Beschäftigung im Beamtenverhältnis, im Berufssoldatenverhältnis oder in einem Amtsverhältnis im Sinn des Art. 14 Abs. 4 Nr. 1 bis 3 zurückgelegt hat, ohne einen neuen Versorgungsanspruch zu erlangen,
2. in einer Tätigkeit im Sinn des Art. 14 Abs. 4 Nr. 5 zurückgelegt hat.

2Art. 14 Abs. 1 Satz 2 Nr. 4 bis 6, Abs. 2 und 3 gilt entsprechend, soweit nichts anderes bestimmt ist.

Art. 16 Berufsmäßiger Wehrdienst und vergleichbare Zeiten

(1) Als ruhegehaltfähig gilt die Dienstzeit, in der ein Beamter oder eine Beamtin berufsmäßig im Dienst der Bundeswehr, der Nationalen Volksarmee der ehemaligen Deutschen Demokratischen Republik oder im Vollzugsdienst der Polizei gestanden hat.

(2) Art. 14 Abs. 1 Satz 2 Nr. 4 bis 6, Abs. 2 und 3 gilt entsprechend.

Art. 17 Nichtberufsmäßiger Wehrdienst und vergleichbare Zeiten

(1) Als ruhegehaltfähig gilt die Zeit, während der ein Beamter oder eine Beamtin

1. nichtberufsmäßigen Wehrdienst in der Bundeswehr oder der Nationalen Volksarmee der ehemaligen Deutschen Demokratischen Republik, Vollzugsdienst der Polizei oder Zivildienst geleistet hat oder
2. sich auf Grund einer Krankheit oder Verwundung als Folge eines Dienstes nach Nr. 1 oder nach Art. 16 Abs. 1 im Anschluss an die Entlassung arbeitsunfähig in einer Heilbehandlung befunden hat.

(2) Art. 14 Abs. 1 Satz 2 Nr. 1, 4 bis 6, Abs. 2 und 3 gilt entsprechend.

Art. 18 Zeiten im privatrechtlichen Arbeitsverhältnis im öffentlichen Dienst

1Als ruhegehaltfähig sollen auch folgende Zeiten berücksichtigt werden, in denen ein Beamter oder eine Beamtin im privatrechtlichen Arbeitsverhältnis im Dienst eines öffentlich-rechtlichen Dienstherrn ohne von dem Beamten oder der Beamtin zu vertretende Unterbrechung tätig war, sofern diese Tätigkeit zur Ernennung geführt hat:

1. Zeiten einer hauptberuflichen in der Regel einem Beamten oder einer Beamtin obliegenden oder später einem Beamten oder einer Beamtin übertragenen entgeltlichen Beschäftigung oder
2. Zeiten einer für die Fachlaufbahn des Beamten oder der Beamtin förderlichen Tätigkeit.

2Das gilt auch für eine Tätigkeit im Dienst von Einrichtungen, die von mehreren öffentlich-rechtlichen Dienstherren durch Staatsvertrag oder Verwaltungsabkommen zur Erfüllung oder Koordinierung ihnen obliegender hoheitsrechtlicher Aufgaben geschaffen worden sind.

Art. 19 Sonstige Zeiten

Die Zeit, während der ein Beamter oder eine Beamtin

1. a) als Rechtsanwalt, Rechtsanwältin oder als Beamter, Beamtin oder Notar, Notarin, der oder die ohne Ruhegehaltsberechtigung nur Gebühren bezogen hat, oder
   b) hauptberuflich im Dienst öffentlich-rechtlicher Religionsgesellschaften oder ihrer Verbände (Art. 140 des Grundgesetzes) oder im öffentlichen oder nichtöffentlichen Schuldienst oder
   c) hauptberuflich im Dienst der Fraktionen des Bundestags oder der Landtage oder kommunaler Vertretungskörperschaften oder
   d) hauptberuflich im Dienst von kommunalen Spitzenverbänden oder ihren Landesverbänden sowie von Spitzenverbänden der Sozialversicherung oder ihren Landesverbänden

   tätig gewesen ist oder
2. hauptberuflich im ausländischen öffentlichen Dienst gestanden hat oder
3. a) auf wissenschaftlichem, künstlerischem, technischem oder wirtschaftlichem Gebiet besondere Fachkenntnisse erworben hat, die die notwendige Voraussetzung für die Wahrnehmung des Amtes bilden, oder
   b) als Entwicklungshelfer oder Entwicklungshelferin im Sinn des Entwicklungshelfer-Gesetzes tätig gewesen ist,

kann als ruhegehaltfähige Dienstzeit berücksichtigt werden, die Zeit nach Nr. 1 Buchst. a und Nr. 3 jedoch höchstens bis zur Hälfte und in der Regel nicht über zehn Jahre hinaus.

Art. 20 Ausbildungszeiten

(1) Die Mindestzeit

1. der vorgeschriebenen Ausbildung (insbesondere Fachschul-, Hochschul- und praktische Ausbildung, Vorbereitungsdienst, übliche Prüfungszeit),
2. einer praktischen hauptberuflichen Tätigkeit, die für die Übernahme in das Beamtenverhältnis vorgeschrieben ist,

kann als ruhegehaltfähige Dienstzeit berücksichtigt werden, die Regelstudienzeit einer

Fachschul- oder Hochschulausbildung einschließlich der Prüfungszeit bis zu drei Jahren.

(2) Für Beamte und Beamtinnen des Vollzugsdienstes und des Einsatzdienstes der Feuerwehr können Zeiten einer praktischen Ausbildung und einer praktischen hauptberuflichen Tätigkeit anstelle einer Berücksichtigung nach Abs. 1 bis zu einer Gesamtzeit von fünf Jahren als ruhegehaltfähige Dienstzeit berücksichtigt werden, wenn sie für die Wahrnehmung des Amtes förderlich sind.

(3) Die allgemeine Schulbildung zählt nicht zur vorgeschriebenen Ausbildung, auch dann nicht, wenn sie durch eine andere Art der Ausbildung ersetzt wurde.

IV

(4) 1Bei anderen als Regelbewerbern und Regelbewerberinnen können Zeiten nach Abs. 1 als ruhegehaltfähig berücksichtigt werden, soweit sie für Regelbewerber und Regelbewerberinnen vorgeschrieben sind. 2Ist eine Fachlaufbahn des ausgeübten Amtes bei einem Dienstherrn noch nicht gestaltet, so gilt das Gleiche für solche Zeiten, die bei Gestaltung der Fachlaufbahn mindestens vorgeschrieben werden müssen.

Art. 21 Zeiten in dem in Art. 3 des Einigungsvertrags genannten Gebiet

(1) 1Wehrdienstzeiten und vergleichbare Zeiten nach den Art. 16 und 17, Beschäftigungszeiten nach Art. 18 und sonstige Zeiten nach den Art. 19 und 22, die der Beamte oder die Beamtin vor dem 3. Oktober 1990 in dem in Art. 3 des Einigungsvertrags genannten Gebiet zurückgelegt hat, werden nicht als ruhegehaltfähige Dienstzeit berücksichtigt, sofern die allgemeine Wartezeit für die gesetzliche Rentenversicherung erfüllt ist und diese Zeiten als rentenrechtliche Zeiten berücksichtigungsfähig sind. 2Ausbildungszeiten im Sinn des Art. 20 sind nicht ruhegehaltfähig, soweit die allgemeine Wartezeit für die gesetzliche Rentenversicherung erfüllt ist. 3Rentenrechtliche Zeiten sind auch solche im Sinn des Art. 2 des Renten-Überleitungsgesetzes.

(2) Sofern die allgemeine Wartezeit für die gesetzliche Rentenversicherung nicht erfüllt ist, können die in Abs. 1 genannten Zeiten im Rahmen der dort genannten Vorschriften insgesamt höchstens bis zu fünf Jahren als ruhegehaltfähig berücksichtigt werden.

Art. 22 Wissenschaftliche Qualifikationszeiten

1Für Professoren und Professorinnen ist die Zeit der hauptberuflichen Angehörigkeit zum Lehrkörper einer Hochschule nach der Habilitation, der Erbringung gleichwertiger wissenschaftlicher Leistungen oder einer Juniorprofessur ruhegehaltfähig. 2Als ruhegehaltfähig kann auch die für die Promotion benötigte Zeit bis zu zwei Jahren berücksichtigt werden. 3Als Promotionszeit gilt der unmittelbar vor der abschließenden Prüfung liegende Zeitraum, sofern kein abweichender Zeitraum ab der Zulassung zum Promotionsverfahren nachgewiesen wird. 4Zeiten für die Erbringung der Habilitationsleistungen, sonstiger gleichwertiger wissenschaftlicher Leistungen oder einer Juniorprofessur, die im Angestelltenverhältnis verbracht wird, können bis zu drei Jahre berücksichtigt werden, es sei denn die Habilitationsordnung schreibt eine andere Mindestzeit vor. 5Die nach erfolgreichem Abschluss eines Hochschulstudiums vor der Ernennung zum Professor oder zur Professorin liegende Zeit einer hauptberuflichen Tätigkeit nach Art. 57 Abs. 3 Satz 1 Nr. 3 des Bayerischen Hochschulinnovationsgesetzes (BayHIG) kann als ruhegehaltfähig berücksichtigt werden, soweit sie als Mindestvoraussetzung für die Einstellung gefordert wird; im Übrigen kann eine nach erfolgreichem Abschluss eines Hochschulstudiums vor der Ernennung liegende Zeit einer hauptberuflichen Tätigkeit, in der besondere Fachkenntnisse erworben wurden, die für die Wahrnehmung des Amtes förderlich sind, bis zu fünf Jahren in vollem Umfang, darüber hinaus bis zur Hälfte als ruhegehaltfähig berücksichtigt werden. 6Zeiten nach Satz 5 dürfen in der Regel insgesamt nicht über zehn Jahre hinaus als ruhegehaltfähig berücksichtigt werden.

Art. 23 Zurechnungszeit und besondere Verwendungen

(1) 1Ist der Beamte oder die Beamtin vor Vollendung des 62. Lebensjahres wegen

Dienstunfähigkeit in den Ruhestand versetzt worden, wird die Zeit von der Versetzung in den Ruhestand bis zum Ablauf des Monats der Vollendung des 62. Lebensjahres für die Berechnung des Ruhegehalts der ruhegehaltfähigen Dienstzeit zu zwei Dritteln hinzugerechnet, soweit sie nicht nach anderen Vorschriften als ruhegehaltfähig berücksichtigt wird (Zurechnungszeit). 2Ist der Beamte oder die Beamtin nach § 29 BeamtStG erneut in das Beamtenverhältnis berufen worden, so wird eine der Berechnung des früheren Ruhegehalts zugrunde gelegene Zurechnungszeit insoweit berücksichtigt, als die Zahl der dem neuen Ruhegehalt zugrunde liegenden Dienstjahre hinter der Zahl der dem früheren Ruhegehalt zugrunde gelegenen Dienstjahre zurückbleibt.

(2) 1Die Zeit der Verwendung eines Beamten oder einer Beamtin in Ländern, in denen er oder sie gesundheitsschädigenden klimatischen Einflüssen ausgesetzt war, sowie die Zeit einer besonderen Auslandsverwendung (Art. 64 Abs. 2) kann bis zum Doppelten als ruhegehaltfähige Dienstzeit berücksichtigt werden, wenn sie ununterbrochen mindestens ein Jahr gedauert hat. 2Entsprechendes gilt für Beurlaubungen, wenn die Tätigkeit in den in Satz 1 genannten Gebieten öffentlichen Belangen oder dienstlichen Interessen diente und dies spätestens bei Beendigung des Urlaubs anerkannt worden ist.

(3) Sind sowohl die Voraussetzungen des Abs. 1 als auch die des Abs. 2 erfüllt, findet nur die günstigere Vorschrift Anwendung.

Art. 24 Allgemeine Bestimmungen zur Berücksichtigung von Dienstzeiten

(1) Zeiten einer Teilzeitbeschäftigung und einer eingeschränkten Verwendung wegen begrenzter Dienstfähigkeit sind nur zu dem Teil ruhegehaltfähig, der dem Verhältnis der ermäßigten zur regelmäßigen Arbeitszeit entspricht.

(2) Zeiten im Sinn der Art. 16 bis 19 und 21 werden nur berücksichtigt, wenn sie vor der Berufung in das Beamtenverhältnis zurückgelegt wurden.

(3) Hauptberuflich ist eine Tätigkeit, wenn sie gegen Entgelt erbracht wird, den Schwerpunkt der beruflichen Tätigkeit darstellt, dem durch Ausbildung und Berufswahl geprägten Berufsbild entspricht und deren Beschäftigungsumfang im gleichen Zeitraum im Beamtenverhältnis zulässig gewesen wäre.

(4) Im Rahmen der Ermessensausübung nach den Art. 19, 20 und 22 Satz 2 bis 6 ist zu berücksichtigen, dass die Gesamtversorgung aus den dort genannten Tätigkeiten hervorgehenden Versorgungsleistungen und den nach diesem Gesetz zu leistenden Versorgungsbezügen die Höchstgrenze nach Art. 85 Abs. 2 nicht übersteigen soll.

Art. 25 Ausschlusszeiten

(1) 1Zeiten einer Tätigkeit

1. für das Ministerium für Staatssicherheit oder
2. für das Amt für Nationale Sicherheit oder
3. die auf Grund einer besonderen persönlichen Nähe zum System der ehemaligen Deutschen Demokratischen Republik übertragen war,

sind einschließlich der davor zurückgelegten Zeiten nicht ruhegehaltfähig. 2Das Vorliegen der Voraussetzung nach Nr. 3 wird insbesondere widerlegbar vermutet, wenn der Beamte oder die Beamtin

1. vor oder bei Übertragung der Tätigkeit eine hauptamtliche oder hervorgehobene ehrenamtliche Funktion in der Sozialistischen Einheitspartei Deutschlands, dem Freien Deutschen Gewerkschaftsbund, der Freien Deutschen Jugend oder einer vergleichbaren systemunterstützenden Partei oder Organisation innehatte oder
2. als mittlere oder obere Führungskraft in zentralen Staatsorganen, als obere Führungskraft beim Rat eines Bezirks, als Vorsitzender oder Vorsitzende des Rats eines Kreises oder einer kreisfreien Stadt oder in einer vergleichbaren Funktion tätig war oder
3. hauptamtlich Lehrender oder Lehrende an den Bildungseinrichtungen der staatstragenden Parteien oder einer Massenorganisation oder gesellschaftlichen Organisation war oder

IV

4. Absolvent oder Absolventin der Akademie für Staat und Recht oder einer vergleichbaren Bildungseinrichtung war.

(2) Zeiten einer Tätigkeit als Angehöriger oder Angehörige der Grenztruppen der ehemaligen Deutschen Demokratischen Republik sind nicht ruhegehaltfähig.

Unterabschnitt 4
Ruhegehalt

Art. 26 Höhe des Ruhegehalts

(1) $_{1}$Das Ruhegehalt wird durch Anwendung eines Vomhundertsatzes (Ruhegehaltssatz) auf die ruhegehaltfähigen Bezüge (Art. 12) ermittelt. $_{2}$Der Ruhegehaltssatz beträgt für jedes Jahr ruhegehaltfähiger Dienstzeit 1,79375 v. H., insgesamt jedoch höchstens 71,75 v. H. $_{3}$Der Ruhegehaltssatz ist auf zwei Dezimalstellen zu runden. $_{4}$Dabei ist die zweite Dezimalstelle um eins zu erhöhen, wenn in der dritten Stelle eine der Ziffern fünf bis neun verbleiben würde. $_{5}$Zur Ermittlung der gesamten ruhegehaltfähigen Dienstjahre sind etwa anfallende Tage unter Benutzung des Nenners 365 umzurechnen; Sätze 3 und 4 gelten entsprechend.

(2) $_{1}$Das Ruhegehalt vermindert sich um 3,6 v. H. für jedes Jahr, um das der Beamte oder die Beamtin

1. vor Ablauf des Monats, in dem die Altersgrenze nach Art. 62 Satz 1, Art. 143 Abs. 1 BayBG erreicht wird, nach Art. 64 Nr. 1 BayBG in den Ruhestand versetzt wird,
2. vor Ablauf des Monats, in dem das 65. Lebensjahr vollendet wird, nach Art. 64 Nr. 2 BayBG in den Ruhestand versetzt wird,
3. vor Ablauf des Monats, in dem das 65. Lebensjahr vollendet wird, wegen Dienstunfähigkeit (§ 26 Abs. 1 BeamtStG), die nicht auf einem Dienstunfall beruht, in den Ruhestand versetzt wird,
4. vor Ablauf des Monats, in dem die Altersgrenze nach Art. 129 Satz 1, Art. 143 Abs. 2 BayBG erreicht wird, nach Art. 129 Satz 2 BayBG in den Ruhestand versetzt wird; dies gilt auch bei entsprechenden Ruhestandsversetzungen nach Art. 130 bis 132 BayBG

(Versorgungsabschlag). $_{2}$Der Versorgungsabschlag darf 10,8 v. H. nicht übersteigen. $_{3}$Abs. 1 Satz 3 bis 5 gilt entsprechend. $_{4}$Gilt für den Beamten oder die Beamtin eine Altersgrenze nach Art. 129 bis 132 und 143 Abs. 2 BayBG, tritt sie in den Fällen des Satzes 1 Nr. 2 und 3 an die Stelle des 65. Lebensjahres.

(3) $_{1}$Ein Versorgungsabschlag entfällt

1. in den Fällen des Abs. 2 Satz 1 Nr. 1, wenn der Beamte oder die Beamtin zum Zeitpunkt der Ruhestandsversetzung das 64. Lebensjahr vollendet hat und eine Dienstzeit von 45 Jahren erreicht wird,
2. in den Fällen des Abs. 2 Satz 1 Nr. 2 und 3, wenn der Beamte oder die Beamtin zum Zeitpunkt der Ruhestandsversetzung das 64. Lebensjahr vollendet hat und eine Dienstzeit von 40 Jahren erreicht wird,
3. in den Fällen des Abs. 2 Satz 1 Nr. 4, wenn eine nach Art. 14 Abs. 1 ruhegehaltfähige Dienstzeit von 20 Jahren zurückgelegt worden ist
   a) bis zum 31. Dezember 2016 im Schicht- oder Wechselschichtdienst,
   b) ab dem 1. Januar 2017 mit mindestens 450 abgerechneten Stunden Nacht-, Sonntags- und Feiertagsdienst pro Kalenderjahr oder
   c) in vergleichbar belastenden unregelmäßigen Diensten.

$_{2}$Bei der Ermittlung der Dienstzeit nach Satz 1 Nr. 1 und 2 werden Zeiten nach Art. 14, 16 bis 18, 20 und 22 Satz 1 mit der Maßgabe berücksichtigt, dass Zeiten einer Teilzeitbeschäftigung in vollem Umfang Berücksichtigung finden. $_{3}$Dem Beamten oder der Beamtin zuzuordnende Zeiten einer Kindererziehung sind bis zur Vollendung des zehnten Lebensjahres des Kindes einzubeziehen. $_{4}$Soweit sich Zeiten überschneiden, sind sie nur einmal zu berücksichtigen.

(4) $_{1}$Tritt der Beamte oder die Beamtin mit Erreichen einer Altersgrenze nach Art. 62 Satz 2 BayBG oder Art. 53 Abs. 5 Satz 1 BayHIG in den Ruhestand, erhöht sich das Ruhegehalt um 3,6 v. H. für jedes volle Jahr, um das die Altersgrenze nach Art. 62 Satz 1,

Art. 143 BayBG überschritten wird (Versorgungsaufschlag). $_{2}$Abs. 1 Satz 3 bis 5 gilt entsprechend.

(5) $_{1}$Das Ruhegehalt beträgt mindestens 35 v. H. der ruhegehaltfähigen Bezüge (Art. 12). $_{2}$An dessen Stelle treten, wenn dies günstiger ist, 66,5 v. H. der ruhegehaltfähigen Bezüge aus der Endstufe der Besoldungsgruppe A 3. $_{3}$Die Sätze 1 und 2 sind nicht anzuwenden, wenn der Beamte oder die Beamtin eine ruhegehaltfähige Dienstzeit nach den Art. 14, 16, 17, 18 und 22 Satz 1 von weniger als fünf Jahren zurückgelegt hat. $_{4}$Satz 3 gilt nicht bei Versetzung in den Ruhestand wegen Dienstbeschädigung.

(6) $_{1}$Übersteigt beim Zusammentreffen von Mindestversorgung nach Abs. 5 mit einer Rente nach Anwendung des Art. 85 die Versorgung das nach Abs. 1 bis 4 erdiente Ruhegehalt, so ruht die Versorgung bis zur Höhe des Unterschieds zwischen dem erdienten Ruhegehalt und der Mindestversorgung; in den von Art. 103 erfassten Fällen gilt das nach dieser Vorschrift maßgebliche Ruhegehalt als erdient. $_{2}$Der Orts- und Familienzuschlag nach Art. 69 Abs. 2 bleibt bei der Berechnung außer Betracht. $_{3}$Die Summe aus Versorgung und Rente darf nicht hinter dem Betrag der Mindestversorgung zuzüglich des Orts- und Familienzuschlags nach Art. 69 Abs. 2 zurückbleiben. $_{4}$Zahlbar bleibt mindestens das erdiente Ruhegehalt zuzüglich des Orts- und Familienzuschlags nach Art. 69 Abs. 2. $_{5}$Sätze 1 bis 4 gelten entsprechend für Hinterbliebene.

(7) $_{1}$In den einstweiligen Ruhestand versetzten Beamten oder Beamtinnen wird vorübergehend ein erhöhtes Ruhegehalt in Höhe von 71,75 v. H. der ruhegehaltfähigen Bezüge nach Art. 12 gewährt. $_{2}$Das erhöhte Ruhegehalt wird für die Dauer der Zeit gewährt, in der sie das Amt, aus dem die Versetzung in den einstweiligen Ruhestand erfolgte, innehatten, jedoch mindestens sechs Monate und längstens drei Jahre.

Art. 27 Vorübergehende Erhöhung des Ruhegehaltssatzes

(1) Der nach Art. 26 Abs. 1, Art. 28, 53 Abs. 3 oder Art. 103 Abs. 5 bis 7 berechnete Ruhegehaltssatz erhöht sich vorübergehend, wenn der Beamte oder die Beamtin vor Erreichen der gesetzlichen Altersgrenze nach Art. 62 Satz 1, Art. 143 BayBG in den Ruhestand getreten oder versetzt worden ist und

1. bis zum Beginn des Ruhestands die Wartezeit von sechzig Kalendermonaten für eine Rente der gesetzlichen Rentenversicherung erfüllt war,
2. der Beamte oder die Beamtin
   a) wegen Dienstunfähigkeit im Sinn des § 26 Abs. 1 BeamtStG in den Ruhestand versetzt wurde oder
   b) wegen Erreichens einer besonderen Altersgrenze in den Ruhestand getreten ist,
3. ein Ruhegehaltssatz von 66,97 v. H. noch nicht erreicht war und
4. keine Einkünfte im Sinn des Art. 83 Abs. 4 bezogen werden; die Einkünfte bleiben außer Betracht, soweit sie durchschnittlich im Monat einen Betrag von 630 € nicht überschreiten.

(2) $_{1}$Die Erhöhung des Ruhegehalts beträgt 0,95667 v. H. der ruhegehaltfähigen Bezüge für je zwölf Kalendermonate der für die Erfüllung der Wartezeit (Abs. 1 Satz 1 Nr. 1) anrechnungsfähigen Pflichtbeitragszeiten, soweit sie nicht von Art. 73 Abs. 1 erfasst werden und nicht als ruhegehaltfähig berücksichtigt sind; Art. 24 Abs. 2 gilt entsprechend. $_{2}$Der hiernach berechnete Ruhegehaltssatz darf 66,97 v. H. nicht überschreiten. $_{3}$In den Fällen des Art. 26 Abs. 2 ist das Ruhegehalt, das sich nach Anwendung der Sätze 1 und 2 ergibt, entsprechend zu vermindern. $_{4}$Für die Berechnung nach Satz 1 sind verbleibende Kalendermonate unter Benutzung des Nenners 12 umzurechnen; Art. 26 Abs. 1 Satz 3 und 4 gilt entsprechend.

(3) $_{1}$Die Erhöhung entfällt spätestens mit Ablauf des Monats, in dem der Ruhestandsbeamte oder die Ruhestandsbeamtin die gesetzliche Altersgrenze nach Art. 62 Satz 1, Art. 143 BayBG erreicht. $_{2}$Sie endet vorher mit Ablauf des Monats,

1. der dem Beginn des Bezugs einer Versichertenrente der gesetzlichen Rentenversicherung vorhergeht,

2. in dem der Wegfall der Erhöhung in den Fällen des Abs. 1 Nr. 2 Buchst. a mitgeteilt wird, weil keine Dienstunfähigkeit mehr vorliegt, oder
3. der dem Monat des Bezugs von Einkünften vorhergeht, die nicht nach Abs. 1 Nr. 4 außer Betracht bleiben.

$_{3}$Art. 45 Abs. 3 gilt sinngemäß.

(4) $_{1}$Die Erhöhung des Ruhegehaltssatzes wird auf Antrag vorgenommen. $_{2}$Anträge, die innerhalb von drei Monaten nach Eintritt oder Versetzung in den Ruhestand gestellt werden, gelten als zum Zeitpunkt des Ruhestandseintritts oder der Ruhestandsversetzung gestellt. $_{3}$Wird der Antrag zu einem späteren Zeitpunkt gestellt, so tritt die Erhöhung vom Beginn des Antragsmonats an ein.

Art. 28 Ruhegehaltssatz für Beamte und Beamtinnen auf Zeit

$_{1}$Für Beamte und Beamtinnen auf Zeit, die eine ruhegehaltfähige Dienstzeit von zehn Jahren zurückgelegt haben, beträgt das Ruhegehalt, wenn es für sie günstiger ist, nach einer Amtszeit von acht Jahren als Beamter oder Beamtin auf Zeit 35 v. H. der ruhegehaltfähigen Bezüge und steigt mit jedem weiteren vollen Amtsjahr als Beamter oder Beamtin auf Zeit um 1,91333 v. H. der ruhegehaltfähigen Bezüge bis zum Höchstruhegehaltssatz von 71,75 v. H. $_{2}$Als Amtszeit rechnet hierbei auch die Zeit bis zur Dauer von fünf Jahren, die ein Beamter oder eine Beamtin auf Zeit im einstweiligen Ruhestand zurückgelegt hat. $_{3}$Art. 26 Abs. 2 und 3 finden Anwendung.

Unterabschnitt 5
Unterhaltsbeitrag; Beamte und Beamtinnen auf Probe und auf Zeit in leitender Funktion

Art. 29 Unterhaltsbeitrag für entlassene Beamte und Beamtinnen

$_{1}$Einem Beamten oder einer Beamtin auf Lebenszeit, der oder die wegen Dienstunfähigkeit oder Erreichens der Altersgrenze nach § 22 Abs. 1 Nr. 2, § 23 Abs. 1 Nr. 2 und 3 BeamtStG entlassen ist, kann ein Unterhaltsbeitrag bis zur Höhe des Ruhegehalts bewilligt werden. $_{2}$Gleiches gilt für einen Beamten oder eine Beamtin auf Zeit oder auf Probe, der oder die wegen Dienstunfähigkeit entlassen ist.

Art. 30 Beamte und Beamtinnen auf Zeit in leitender Funktion

(1) Art. 29 findet auf Beamtenverhältnisse auf Zeit nach Art. 45 BayBG keine Anwendung.

(2) Aus diesen Beamtenverhältnissen auf Probe und auf Zeit ergibt sich kein selbstständiger Anspruch auf Versorgung; die Unfallfürsorge bleibt hiervon unberührt.

(3) Tritt ein Beamter oder eine Beamtin auf Zeit nach Ablauf der Amtszeit wieder in das vorherige Amt im Beamtenverhältnis auf Lebenszeit ein, berechnen sich die ruhegehaltfähigen Bezüge aus dem Beamtenverhältnis auf Lebenszeit zuzüglich eines Unterschiedsbetrags in Höhe eines Viertels zwischen diesen und den Bezügen, die im Beamtenverhältnis auf Zeit ruhegehaltfähig wären.

(4) Wird der Beamte oder die Beamtin auf Zeit während der Amtszeit wegen Dienstunfähigkeit in den Ruhestand versetzt, berechnen sich die ruhegehaltfähigen Bezüge aus dem Beamtenverhältnis auf Zeit.

Abschnitt 2
Hinterbliebenenversorgung

Art. 31 Allgemeines

Die Hinterbliebenenversorgung umfasst

1. Bezüge für den Sterbemonat (Art. 32),
2. Sterbegeld (Art. 33),
3. Witwengeld (Art. 35),
4. Witwenabfindung (Art. 37),
5. Waisengeld (Art. 39),
6. Unterhaltsbeiträge (Art. 38, 39 Abs. 2 Satz 2, Art. 42).

Unterabschnitt 1
Einmalige Leistungen

Art. 32 Bezüge für den Sterbemonat

(1) Die Bezüge einschließlich Aufwandsentschädigungen für den Sterbemonat werden nicht zurückgefordert.

(2) Die noch nicht gezahlten Teile der Bezüge für den Sterbemonat können an den Ehegatten und die Abkömmlinge gezahlt werden.

Art. 33 Sterbegeld

(1) $_1$Sterbegeld wird bezahlt beim Tode eines Beamten oder einer Beamtin, eines Ruhestandsbeamten oder einer Ruhestandsbeamtin sowie eines entlassenen Beamten oder einer entlassenen Beamtin, der oder die im Sterbemonat einen Unterhaltsbeitrag erhalten hat. $_2$Anspruch auf Sterbegeld haben

1. der Ehegatte,
2. die Abkömmlinge des oder der Verstorbenen,
3. auf Antrag
   a) die Verwandten der aufsteigenden Linie,
   b) Geschwister,
   c) Geschwisterkinder oder
   d) Stiefkinder,

   wenn sie zur Zeit des Todes mit dem oder der Verstorbenen in häuslicher Gemeinschaft gelebt haben.

$_3$Bei Vorliegen eines wichtigen Grundes kann von dieser Rangfolge abgewichen oder das Sterbegeld aufgeteilt werden.

(2) $_1$Das Sterbegeld beträgt das Zweifache der laufenden monatlichen Bezüge des oder der Verstorbenen im Sterbemonat ausschließlich der Zuschläge für Personen nach § 53 Abs. 4 Nr. 2 des Bundesbesoldungsgesetzes, des Auslandsverwendungszuschlags und der Vergütungen. $_2$Art. 12 Abs. 1 Satz 2 gilt entsprechend. $_3$Sterbegeld aus anderen Beschäftigungsverhältnissen kann angerechnet werden.

(3) $_1$Sind Anspruchsberechtigte nach Abs. 1 Satz 2 nicht vorhanden, ist sonstigen Personen, die die Kosten der letzten Krankheit oder der Bestattung getragen haben, auf Antrag Kostensterbegeld zu gewähren. $_2$Es wird bis zur Höhe ihrer Aufwendungen, höchstens jedoch in Höhe des Sterbegeldes nach Abs. 2 gewährt.

(4) $_1$Stirbt ein Empfänger von Witwengeld, so erhalten die Kinder der in Abs. 1 Satz 1 genannten Personen Sterbegeld, wenn sie berechtigt sind, Waisengeld oder einen Unterhaltsbeitrag zu beziehen und zur Zeit des Todes zur häuslichen Gemeinschaft des oder der Verstorbenen gehört haben. $_2$Das Sterbegeld beträgt das Zweifache des Witwengeldes. $_3$Dies gilt entsprechend, wenn an Stelle des Witwengeldes Unterhaltsbeitrag bezogen wird. $_4$Abs. 2 Satz 3 gilt entsprechend.

Unterabschnitt 2
Laufende Leistungen

Art. 34 Versorgungsurheber

Versorgungsurheber für die in diesem Unterabschnitt geregelten Ansprüche sind, soweit nichts anderes bestimmt ist, verstorbene

1. Beamte und Beamtinnen auf Lebenszeit, die die Voraussetzungen des Art. 11 Abs. 1 erfüllt haben,
2. Beamte und Beamtinnen auf Zeit, die die Voraussetzungen des Art. 123 BayBG erfüllt haben,
3. Ruhestandsbeamte und Ruhestandsbeamtinnen sowie
4. Beamte und Beamtinnen auf Probe, die an den Folgen einer Dienstbeschädigung (§ 28 Abs. 1 BeamtStG) verstorben sind oder denen die Entscheidung über die Versetzung in den Ruhestand wegen Dienstunfähigkeit (§ 28 Abs. 2 BeamtStG) zugestellt war.

Art. 35 Witwengeld

(1) Witwer oder Witwen eines Versorgungsurhebers erhalten Witwengeld.

(2) Kein Anspruch besteht, wenn

1. die Ehe weniger als ein Jahr gedauert hat, es sei denn, nach den besonderen Umständen des Falls ist die Annahme nicht gerechtfertigt, dass es der alleinige oder überwiegende Zweck der Heirat war, dem Witwer oder der Witwe eine Versorgung zu verschaffen oder
2. der Versorgungsurheber sich zum Zeitpunkt der Eheschließung bereits im Ruhestand befand und die Altersgrenze nach Art. 62 Satz 1, Art. 143 Abs. 1 BayBG erreicht hatte.

Art. 36 Höhe des Witwengeldes

(1) $_{1}$Das Witwengeld beträgt 55 v. H. des Ruhegehalts, das der Versorgungsurheber erhalten hat oder hätte erhalten können, wenn er am Todestag in den Ruhestand getreten wäre. $_{2}$Das Witwengeld beträgt nach Anwendung des Art. 74 mindestens 60 v. H. des Ruhegehalts nach Art. 26 Abs. 5 Satz 2. $_{3}$Art. 26 Abs. 7, Art. 27 und 73 finden keine Anwendung. $_{4}$Änderungen des Mindestruhegehalts (Art. 26 Abs. 5) sind zu berücksichtigen.

(2) $_{1}$War der Witwer oder die Witwe mehr als zwanzig Jahre jünger als der Versorgungsurheber und ist aus der Ehe kein Kind hervorgegangen, so wird das Witwengeld nach Abs. 1 für jedes angefangene Jahr des Altersunterschieds über zwanzig Jahre um 5 v. H. gekürzt, höchstens um 50 v. H. $_{2}$Dem gekürzten Betrag werden 5 v. H. des Witwengeldes nach Abs. 1 für jedes angefangene Jahr der Ehedauer über fünf Jahre hinaus hinzugerechnet, bis das volle Witwengeld wieder erreicht ist. $_{3}$Das nach Sätzen 1 und 2 errechnete Witwengeld darf nicht hinter dem Mindestwitwengeld zurückbleiben.

Art. 37 Witwenabfindung

(1) Ein Witwer oder eine Witwe mit Anspruch auf Witwengeld oder auf einen Unterhaltsbeitrag erhält im Fall einer Wiederverheiratung eine Witwenabfindung.

(2) Die Witwenabfindung beträgt das Vierundzwanzigfache des Betrags, der in den letzten zwölf Monaten vor Wiederverheiratung nach Anwendung der Anrechnungs-, Kürzungs- und Ruhensvorschriften durchschnittlich monatlich bezahlt wurde; bestand der Anspruch auf Witwengeld oder auf Unterhaltsbeitrag für einen kürzeren Zeitraum, ist dieser Zeitraum zugrunde zu legen.

Art. 38 Unterhaltsbeitrag für nicht witwengeldberechtigte Witwer oder Witwen

$_{1}$In den Fällen des Art. 35 Abs. 2 Nr. 2 ist ein angemessener Unterhaltsbeitrag bis zur Höhe des Witwengeldes zu gewähren. $_{2}$Erwerbseinkommen und Erwerbsersatzeinkommen sind in angemessenem Umfang anzurechnen. $_{3}$Wird ein Erwerbsersatzeinkommen nicht beantragt oder wird auf ein Erwerbs- oder Erwerbsersatzeinkommen verzichtet oder wird an deren Stelle eine Kapitalleistung, Abfindung oder Beitragserstattung gezahlt, ist der Betrag zu berücksichtigen, der ansonsten zu zahlen wäre.

Art. 39 Waisengeld

(1) Kinder des Versorgungsurhebers erhalten Waisengeld.

(2) $_{1}$Kein Waisengeld wird gewährt, wenn das Kindschaftsverhältnis durch Annahme als Kind begründet wurde und der Versorgungsurheber in diesem Zeitpunkt bereits im Ruhestand war und die Altersgrenze nach Art. 62 Satz 1, Art. 143 BayBG erreicht hatte. $_{2}$In diesen Fällen kann ein Unterhaltsbeitrag bis zur Höhe des Waisengeldes bewilligt werden.

Art. 40 Höhe des Waisengeldes

(1) $_{1}$Das Waisengeld beträgt für die Halbwaise 12 v. H. und für die Vollwaise 20 v. H. des Ruhegehalts, das der Versorgungsurheber erhalten hat oder hätte erhalten können, wenn er am Todestag in den Ruhestand getreten wäre. $_{2}$Art. 26 Abs. 7, Art. 27 und 73 finden keine Anwendung. $_{3}$Änderungen des Mindestruhegehalts (Art. 26 Abs. 5) sind zu berücksichtigen.

(2) Wenn der überlebende Elternteil nicht zum Bezug von Witwengeld berechtigt ist und auch keinen Unterhaltsbeitrag in Höhe des Witwengeldes erhält, wird das Waisengeld nach dem Satz für Vollwaisen gezahlt; es darf zuzüglich des Unterhaltsbeitrags den Betrag des Witwengeldes und des Waisengeldes nach dem Satz für Halbwaisen nicht übersteigen.

(3) Ergeben sich für eine Waise Waisengeldansprüche aus Beamtenverhältnissen mehrerer Personen, wird nur das höchste Waisengeld gezahlt.

Art. 41 Zusammentreffen von Witwengeld, Waisengeld und Unterhaltsbeiträgen

(1) $_{1}$Witwengeld, Waisengeld und Unterhaltsbeiträge nach Art. 38 oder 105 dürfen weder einzeln noch zusammen den Betrag des ihrer Berechnung zugrunde zu legenden Ruhege-

halts übersteigen. 2Ergibt sich zusammen ein höherer Betrag, so werden die einzelnen Bezüge im gleichen Verhältnis gekürzt.

(2) Nach dem Ausscheiden Versorgungsberechtigter, die Bezüge nach Abs. 1 erhalten, erhöhen sich die verbleibenden Bezüge vom Beginn des folgenden Monats an insoweit, als sie nach Abs. 1 noch nicht den vollen Betrag erhalten.

(3) Unterhaltsbeiträge nach Art. 39 Abs. 2 Satz 2 dürfen nur insoweit bewilligt werden, als sie allein oder zusammen mit gesetzlichen Hinterbliebenenbezügen die in Abs. 1 Satz 1 bezeichnete Höchstgrenze nicht übersteigen.

Art. 42 Unterhaltsbeitrag für Hinterbliebene

1Dem Witwer oder der Witwe und den Kindern eines Beamten oder einer Beamtin, dem oder der nach Art. 29 ein Unterhaltsbeitrag bewilligt worden war oder hätte bewilligt werden können, kann die in den Art. 35, 36 und 38 bis 41 vorgesehene Versorgung bis zu der dort bezeichneten Höhe als Unterhaltsbeitrag bewilligt werden. 2Art. 37 gilt entsprechend.

Art. 43 Beginn der Zahlungen

1Ansprüche nach diesem Unterabschnitt entstehen mit Beginn des Monats, in dem die gesetzlichen Voraussetzungen erfüllt sind, frühestens jedoch mit dem Ablauf des Sterbemonats. 2Kinder, die nach diesem Zeitpunkt geboren werden, erhalten Waisengeld oder Unterhaltsbeitrag nach Art. 42 vom Beginn des Geburtsmonats an.

Art. 44 Erlöschen der Hinterbliebenenversorgung

(1) Der Anspruch auf Hinterbliebenenversorgung erlischt

1. für jeden Berechtigten und jede Berechtigte mit dem Ende des Monats, in dem er oder sie stirbt,
2. für jeden Witwer und jede Witwe außerdem mit dem Ende des Monats, in dem er oder sie sich verheiratet,
3. für jede Waise außerdem mit dem Ende des Monats, in dem sie das 18. Lebensjahr vollendet.

(2) 1Die Ansprüche der Waisen auf Waisengeld und Unterhaltsbeitrag bestehen nach Vollendung des 18. Lebensjahres auf Antrag längstens bis zur Vollendung des 27. Lebensjahres, solange die Waise

1. sich in Schul- oder Berufsausbildung oder in einer Übergangszeit von höchstens vier Monaten befindet,
2. ein freiwilliges soziales Jahr, ein freiwilliges ökologisches Jahr oder einen ähnlichen Dienst leistet oder
3. wegen körperlicher, geistiger oder seelischer Behinderung außerstande ist, sich selbst zu unterhalten.

2Im Fall des Satzes 1 Nr. 3 wird das Waisengeld ungeachtet der Höhe eines eigenen Einkommens dem Grunde nach gewährt; soweit ein eigenes Einkommen der Waise das Zweifache des Mindestvollwaisengeldes (Art. 26 Abs. 5 Satz 2 in Verbindung mit Art. 40 Abs. 1) übersteigt, wird es zur Hälfte auf das Waisengeld zuzüglich des Orts- und Familienzuschlags nach Art. 69 Abs. 2 angerechnet.

(3) 1In den Fällen des Abs. 2 Satz 1 Nr. 1 wird eine Waise, die

1. den gesetzlichen Grundwehrdienst oder Zivildienst geleistet hat oder
2. sich anstelle des gesetzlichen Grundwehrdienstes freiwillig für die Dauer von nicht mehr als drei Jahren zum Wehrdienst verpflichtet hat oder
3. eine vom gesetzlichen Wehrdienst oder Zivildienst befreiende Tätigkeit als Entwicklungshelfer im Sinn des § 1 Abs. 1 des Entwicklungshelfer-Gesetzes ausgeübt hat,

für einen der Dauer dieser Dienste oder der Tätigkeit entsprechenden Zeitraum, höchstens für die Dauer des inländischen Grundwehrdienstes oder bei anerkannten Kriegsdienstverweigerern für die Dauer des inländischen gesetzlichen Zivildienstes, über das 27. Lebensjahr hinaus berücksichtigt. 2Wird der gesetzliche Grundwehrdienst oder Zivildienst in einem Mitgliedstaat der Europäischen Union oder einem Staat, auf den das

Abkommen über den Europäischen Wirtschaftsraum Anwendung findet, geleistet, so ist die Dauer dieses Dienstes maßgebend.

(4) Das Waisengeld nach Abs. 2 Satz 1 Nr. 3 wird über das 27. Lebensjahr hinaus nur gewährt, wenn

1. die Behinderung bei Vollendung des 27. Lebensjahres bestanden hat oder bis zu dem sich nach Abs. 3 ergebenden Zeitpunkt eingetreten ist, wenn die Waise sich in verzögerter Schul- oder Berufsausbildung befunden hat, und
2. die Waise ledig oder verwitwet ist oder ihr Ehegatte oder früherer Ehegatte ihr keinen ausreichenden Unterhalt leisten kann oder dem Grunde nach nicht unterhaltspflichtig ist und sie nicht unterhält.

(5) 1Hat ein Witwer oder eine Witwe sich wieder verheiratet und wird die Ehe aufgelöst, so lebt der Anspruch auf Witwengeld oder Unterhaltsbeitrag wieder auf. 2Ein von dem Witwer oder der Witwe infolge Auflösung der Ehe erworbener neuer Versorgungs-, Unterhalts- oder Rentenanspruch ist auf das Witwengeld und den Orts- und Familienzuschlag nach Art. 69 Abs. 2 anzurechnen; wird eine derartige Leistung nicht beantragt oder wird auf sie verzichtet oder wird an ihrer Stelle eine Abfindung, Kapitalleistung oder Beitragserstattung gezahlt, ist der Betrag anzurechnen, der ansonsten zu zahlen wäre. 3Der Auflösung der Ehe steht die Nichtigerklärung gleich. 4Auf das Witwengeld oder den Unterhaltsbeitrag ist ferner die Witwenabfindung (Art. 37) in angemessenen monatlichen Teilbeträgen anzurechnen.

Abschnitt 3
Unfallfürsorge

Unterabschnitt 1
Allgemeine Vorschriften; Verfahren

Art. 45 Allgemeines

(1) 1Wird ein Beamter oder eine Beamtin durch einen Dienstunfall verletzt, wird Unfallfürsorge gewährt. 2Unfallfürsorge wird auch dem Kind einer Beamtin gewährt, das durch deren Dienstunfall während der Schwangerschaft unmittelbar geschädigt wurde. 3Satz 2 gilt auch, wenn die Schädigung durch besondere Einwirkungen verursacht worden ist, die allgemein geeignet sind, bei der Mutter eine Erkrankung im Sinn des Art. 46 Abs. 3 zu verursachen.

(2) 1Die Unfallfürsorge umfasst

1. Heilverfahren (Art. 50, 51),
2. Unfallausgleich (Art. 52),
3. Unfallruhegehalt oder Unterhaltsbeitrag (Art. 53 bis 55),
4. Unfallsterbegeld (Art. 57),
5. Unfall-Hinterbliebenenversorgung (Art. 58 bis 61),
6. einmalige Unfallentschädigung (Art. 62),
7. Schadensausgleich (Art. 66).

2Im Fall des Abs. 1 Satz 2 und 3 erhält das Kind der Beamtin als Unfallfürsorge Heilverfahren (Art. 50, 51), Unfallausgleich (Art. 52) und Unterhaltsbeitrag (Art. 56).

(3) 1Auf Verlangen der Pensionsbehörde haben sich die Beteiligten von einer von dieser bestimmten Person ärztlich oder psychologisch untersuchen oder beobachten zu lassen und die erforderlichen Auskünfte zu erteilen, soweit dies zur Entscheidung über die Gewährung von Unfallfürsorge erforderlich ist. 2Die Pensionsbehörde ist zur Weitergabe von Erkenntnissen und Beweismitteln an die mit der Begutachtung beauftragte Person berechtigt. 3Art. 67 BayBG gilt entsprechend.

(4) 1Im Übrigen gelten die allgemeinen Vorschriften. 2Der Ersatz von Sachschäden, die durch einen Dienstunfall verursacht wurden, richtet sich nach Art. 98 BayBG.

Art. 46 Dienstunfall

(1) 1Dienstunfall ist ein auf äußerer Einwirkung beruhendes, plötzliches, örtlich und zeitlich bestimmbares, einen Körperschaden verursachendes Ereignis, das in Ausübung oder infolge des Dienstes eingetreten ist. 2Zum Dienst gehören auch

1. Dienstreisen, Dienstgänge und die dienstliche Tätigkeit am Bestimmungsort,

2. die Teilnahme an dienstlichen Veranstaltungen und
3. Nebentätigkeiten im öffentlichen Dienst oder ihm gleichstehenden Dienst, zu deren Übernahme der Beamte oder die Beamtin gemäß Art. 81 BayBG verpflichtet ist oder die auf Vorschlag oder Veranlassung des Dienstherrn übernommen werden.

(2) 1Als Dienst gilt auch

1. das Zurücklegen des mit dem Dienst zusammenhängenden Wegs zwischen Familienwohnung und Dienststelle,
2. ein Abweichen in vertretbarem Umfang von dem unmittelbaren Weg zwischen der Familienwohnung und der Dienststelle, wenn
   a) das dem Grunde nach kindergeldberechtigende Kind des Beamten oder der Beamtin, das mit ihm oder ihr in einem Haushalt lebt, wegen seiner oder ihrer beruflichen Tätigkeit oder der des Ehegatten fremder Obhut anvertraut wird oder
   b) der Beamte oder die Beamtin mit anderen berufstätigen oder in der gesetzlichen Unfallversicherung versicherten Personen gemeinsam ein Fahrzeug für den Weg nach und von der Dienststelle benutzt,
3. das Zurücklegen der mit dem Dienst zusammenhängenden Wege zwischen der Unterkunft, die der Beamte oder die Beamtin wegen der Entfernung der Familienwohnung vom Dienstort an diesem oder in dessen Nähe genommen hat, und der Familienwohnung oder der Dienststelle.

2Satz 1 gilt auch für die mit dem Dienst zusammenhängenden Wege zwischen Familienwohnung oder Unterkunft und einem anderen vom Dienstherrn zur Verfügung gestellten Arbeitsplatz sowie in den Fällen des Satzes 1 Nr. 2 Buchst. a für das Zurücklegen von Wegen, um ein Kind fremder Obhut anzuvertrauen oder aus fremder Obhut abzuholen, wenn in der Familienwohnung Dienst geleistet wird. 3Ein Unfall bei Durchführung des Heilverfahrens (Art. 50) oder auf einem hierzu notwendigen Weg gilt als Folge eines Dienstunfalls.

(3) 1Als Dienstunfall gilt auch die Erkrankung an einer in Anlage 1 der Berufskrankheiten-Verordnung vom 31. Oktober 1997 (BGBl. I S. 2623) in der jeweils geltenden Fassung genannten Krankheit, wenn der Beamte oder die Beamtin nach der Art seiner oder ihrer dienstlichen Verrichtung der Gefahr der Erkrankung besonders ausgesetzt war, es sei denn, dass der Beamte oder die Beamtin sich die Krankheit außerhalb des Dienstes zugezogen hat. 2Die Erkrankung an einer solchen Krankheit gilt jedoch stets als Dienstunfall, wenn sie durch gesundheitsschädigende Verhältnisse verursacht worden ist, denen der Beamte oder die Beamtin am Ort des dienstlich angeordneten Aufenthalts im Ausland besonders ausgesetzt war.

(4) 1Als Dienstunfall gilt auch ein tätlicher rechtswidriger Angriff auf den Beamten oder die Beamtin außerhalb des Dienstes, der im Hinblick auf pflichtgemäßes dienstliches Verhalten oder wegen der Eigenschaft als Beamter oder Beamtin erfolgt ist und einen Körperschaden verursacht hat. 2Als Dienstunfall gilt ferner ein Körperschaden, den ein Beamter oder eine Beamtin im Ausland erleidet, wenn er oder sie bei Kriegshandlungen, Aufruhr oder Unruhen, denen er oder sie am Ort seines dienstlich angeordneten Aufenthalts im Ausland besonders ausgesetzt war, angegriffen wird.

(5) Unfallfürsorge wie bei einem Dienstunfall kann auch gewährt werden, wenn ein Beamter oder eine Beamtin zur Wahrnehmung einer Tätigkeit, die öffentlichen Belangen oder dienstlichen Interessen dient, beurlaubt worden ist und in Ausübung oder infolge dieser Tätigkeit einen Körperschaden erleidet.

Art. 47 Meldung und Untersuchungsverfahren

(1) 1Unfälle, aus denen Unfallfürsorgeansprüche nach diesem Gesetz entstehen können, sind dem oder der Dienstvorgesetzten innerhalb einer Ausschlussfrist von zwei Jahren nach dem Eintritt des Unfalls schriftlich zu melden. 2Die Frist nach Satz 1 gilt auch dann als gewahrt, wenn der Unfall bei der Pensionsbehörde gemeldet worden ist.

IV

(2) 1Nach Ablauf der Ausschlussfrist wird Unfallfürsorge nur gewährt, wenn seit dem Unfall noch nicht zehn Jahre vergangen sind und glaubhaft gemacht wird, dass mit der Möglichkeit eines Körperschadens oder einer Erkrankung auf Grund des Unfallereignisses nicht habe gerechnet werden können oder dass der oder die Berechtigte durch außerhalb seines oder ihres Willens liegende Umstände gehindert war, den Unfall zu melden. 2Die Meldung muss, nachdem mit der Möglichkeit eines Körperschadens oder einer Erkrankung gerechnet werden konnte oder das Hindernis für die Meldung weggefallen ist, innerhalb von drei Monaten erfolgen. 3Die Unfallfürsorge wird in diesen Fällen vom Tage der Meldung an gewährt; zur Vermeidung von Härten kann sie auch von einem früheren Zeitpunkt an gewährt werden.

IV

(3) 1Der oder die Dienstvorgesetzte hat jeden Unfall, der ihm oder ihr gemeldet oder von Amts wegen bekannt wird, sofort zu untersuchen. 2Über das Ergebnis ist eine Niederschrift zu fertigen und an die Pensionsbehörde weiterzugeben. 3Die Pensionsbehörde entscheidet über die Anerkennung als Dienstunfall und die Gewährung der Unfallfürsorge.

(4) 1Unfallfürsorge nach Art. 45 Abs. 1 Satz 2 wird nur gewährt, wenn der Unfall der Beamtin innerhalb der Fristen nach den Abs. 1 und 2 gemeldet und als Dienstunfall anerkannt worden ist. 2Der Anspruch auf Unfallfürsorge nach Art. 45 Abs. 2 Satz 2 ist innerhalb von zwei Jahren vom Tag der Geburt an von den Sorgeberechtigten geltend zu machen. 3Abs. 2 gilt mit der Maßgabe, dass die Zehnjahresfrist am Tag der Geburt zu laufen beginnt. 4Der Antrag muss, nachdem mit der Möglichkeit einer Schädigung durch einen Dienstunfall der Mutter während der Schwangerschaft gerechnet werden konnte oder das Hindernis für den Antrag weggefallen ist, innerhalb von drei Monaten gestellt werden.

Art. 48 Nichtgewährung von Unfallfürsorge

(1) Unfallfürsorge wird nicht gewährt, wenn die Verletzten den Dienstunfall pflichtwidrig vorsätzlich herbeigeführt haben.

(2) 1Haben Verletzte eine die Heilbehandlung betreffende Anordnung ohne gesetzlichen oder sonstigen wichtigen Grund nicht befolgt und wird dadurch die Dienst- oder Erwerbsfähigkeit ungünstig beeinflusst, so kann die Pensionsbehörde die Unfallfürsorge insoweit versagen. 2Die Verletzten sind auf diese Folgen schriftlich hinzuweisen.

Art. 49 Begrenzung der Unfallfürsorgeansprüche

(1) 1Die Verletzten und ihre Hinterbliebenen haben aus Anlass eines Dienstunfalls gegen den Dienstherrn nur die in diesem Abschnitt geregelten Ansprüche. 2Ist der Beamte oder die Beamtin nach dem Dienstunfall in den Dienstbereich eines anderen öffentlich-rechtlichen Dienstherrn versetzt worden, so richten sich die Ansprüche gegen diesen nach dem für ihn maßgeblichen Recht; das Gleiche gilt in den Fällen des gesetzlichen Übertritts oder der Übernahme bei der Umbildung von Körperschaften.

(2) 1Weitergehende Ansprüche auf Grund allgemeiner gesetzlicher Vorschriften können gegen einen öffentlich-rechtlichen Dienstherrn im Bundesgebiet oder gegen die in seinem Dienst stehenden Personen nur dann geltend gemacht werden, wenn der Dienstunfall

1. durch eine vorsätzliche unerlaubte Handlung einer solchen Person verursacht worden ist oder
2. bei der Teilnahme am allgemeinen Verkehr eingetreten ist.

2Im Fall des Satzes 1 Nr. 2 sind Leistungen, die dem Beamten oder der Beamtin und seinen oder ihren Hinterbliebenen nach diesem Gesetz gewährt werden, auf diese weitergehenden Ansprüche anzurechnen; der Dienstherr, der Leistungen nach diesem Gesetz gewährt, hat keinen Anspruch auf Ersatz dieser Leistungen gegen einen anderen öffentlich-rechtlichen Dienstherrn im Bundesgebiet, der zu einem weitergehenden Schadensersatz verpflichtet ist.

(3) Ersatzansprüche gegen andere Personen bleiben unberührt.

(4) 1Auf laufende und einmalige Geldleistungen, die nach diesem Gesetz wegen eines Körperschadens im Rahmen einer Verwendung bei der Europäischen Union und deren Organe gewährt werden, sind Geldleistungen anzurechnen, die wegen desselben Schadens von anderer Seite erbracht werden. 2Hierzu gehören insbesondere Geldleistungen, die von Drittstaaten oder zwischenstaatlichen oder überstaatlichen Einrichtungen gewährt oder veranlasst werden. 3Nicht anzurechnen sind Leistungen privater Schadensversicherungen, die auf Beiträgen der Verletzten beruhen. 4Dies gilt nicht, wenn von den in Sätzen 1 und 2 genannten Stellen mindestens die Hälfte der Beiträge oder Zuschüsse in dieser Höhe gezahlt wurden.

Unterabschnitt 2
Leistungen der Unfallfürsorge

Art. 50 Heilverfahren, Verordnungsermächtigung

(1) Das Heilverfahren umfasst die notwendige

1. ärztliche und zahnärztliche Behandlung,
2. Versorgung mit Arznei-, Verband-, Heil- und Hilfsmitteln sowie ergänzende Leistungen,
3. Pflege (Art. 51),
4. Behandlung in Krankenhäusern und Rehabilitationseinrichtungen.

(2) 1Die Verletzten sind verpflichtet, sich Maßnahmen des Heilverfahrens zu unterziehen, wenn sie nach einer von der Pensionsbehörde eingeholten ärztlichen Stellungnahme zur Sicherung des Heilerfolgs notwendig sind. 2Dies gilt nicht, wenn die Maßnahmen mit einer erheblichen Gefahr für Leben oder Gesundheit verbunden sind oder einen erheblichen Eingriff in die körperliche Unversehrtheit bedeuten.

(3) Verursachen die Folgen des Dienstunfalls außergewöhnliche Kosten für Kleider- und Wäscheverschleiß, so sind diese in angemessenem Umfang zu ersetzen.

(4) Das Nähere zu Umfang und Durchführung des Heilverfahrens regelt das Staatsministerium der Finanzen und für Heimat durch Rechtsverordnung.

Art. 51 Pflegekosten

(1) Für ärztlich verordnete häusliche Krankenpflege (Grund- und Behandlungspflege) werden die notwendigen Kosten erstattet, wenn dadurch eine Krankenhausbehandlung vermieden oder verkürzt werden kann.

(2) Ist der oder die Verletzte infolge des Dienstunfalls so hilflos, dass er oder sie nicht ohne fremde Hilfe und Pflege auskommen kann, sind die notwendigen Pflegekosten in angemessenem Umfang zu erstatten.

Art. 52 Unfallausgleich

(1) 1Ist der oder die Verletzte infolge des Dienstunfalls in der Erwerbsfähigkeit länger als sechs Monate um mindestens 25 v. H. beschränkt, so wird, solange dieser Zustand andauert, neben der Besoldung oder dem Ruhegehalt ein Unfallausgleich gewährt. 2Dieser beträgt bei einer Minderung der Erwerbsfähigkeit um

1. 30 v. H. 181,26 €,
2. 40 v. H. 246,46 €,
3. 50 v. H. 366,93 €,
4. 60 v. H. 456,46 €,
5. 70 v. H. 626,66 €,
6. 80 v. H. 747,13 €,
7. 90 v. H. 899,65 €,
8. 100 v. H. 1000,22 €.

3Eine um 5 v. H. geringere Minderung der Erwerbsfähigkeit wird vom höheren Zehnergrad mit umfasst. 4Ein Anspruch auf Unfallausgleich besteht auch während einer Beurlaubung ohne Besoldung.

(2) 1Die Minderung der Erwerbsfähigkeit ist nach der körperlichen Beeinträchtigung im allgemeinen Erwerbsleben zu beurteilen. 2Eine unfallunabhängige Minderung der Erwerbsfähigkeit bleibt außer Betracht. 3Beruht eine Minderung der Erwerbsfähigkeit auf einem früheren Dienstunfall, kann ein einheitlicher Unfallausgleich festgesetzt werden. 4Für äußere Körperschäden können Mindestvomhundertsätze festgesetzt werden. 5Vorübergehende Gesundheitsstörungen sind

IV

nicht zu berücksichtigen; als vorübergehend gilt ein Zeitraum bis zu sechs Monaten.

(3) Bei Erstattung von Pflegekosten nach Art. 51 Abs. 2 ist der Unfallausgleich um die Hälfte zu mindern.

Art. 53 Unfallruhegehalt

(1) 1Ein Beamter oder eine Beamtin, der oder die wegen dauernder Dienstunfähigkeit infolge eines Dienstunfalls in den Ruhestand versetzt wird, erhält Unfallruhegehalt. 2Abweichend von Art. 12 ist den ruhegehaltfähigen Bezügen das Grundgehalt der Stufe zugrunde zu legen, das bei anforderungsgerechten Leistungen bis zum Eintritt in den Ruhestand wegen Erreichens der gesetzlichen Altersgrenze hätte erreicht werden können.

(2) Für die Berechnung des Unfallruhegehalts eines Beamten oder einer Beamtin, der oder die vor Vollendung des 62. Lebensjahres in den Ruhestand versetzt worden ist, wird der ruhegehaltfähigen Dienstzeit nur die Hälfte der Zurechnungszeit nach Art. 23 Abs. 1 hinzugerechnet; Art. 23 Abs. 3 gilt entsprechend.

(3) 1Der Ruhegehaltssatz nach Art. 26 Abs. 1 erhöht sich um 20 v. H. 2Er darf 63,78 v. H. nicht unter- und den Höchstruhegehaltssatz nach Art. 26 Abs. 1 nicht überschreiten. 3Das Unfallruhegehalt beträgt mindestens 71,75 v. H. aus der Endstufe der Besoldungsgruppe A 3.

Art. 54 Erhöhtes Unfallruhegehalt

(1) 1Erleidet ein Beamter oder eine Beamtin bei Ausübung einer Diensthandlung, mit der eine besondere Lebensgefahr verbunden ist, infolge dieser Gefährdung einen Dienstunfall, so sind bei der Bemessung des Unfallruhegehalts 80 v. H. der ruhegehaltfähigen Bezüge aus der Endstufe der übernächsten Besoldungsgruppe zugrunde zu legen, wenn er oder sie infolge dieses Dienstunfalls dauernd dienstunfähig ist und bei Versetzung in den Ruhestand infolge des Dienstunfalls in der Erwerbsfähigkeit um mindestens 50 v. H. beschränkt ist. 2Satz 1 gilt mit der Maßgabe, dass sich für einen Beamten oder eine Beamtin mit einem Einstieg nach Art. 7 Abs. 1 Satz 1 Nr. 1 LlbG (erste Qualifikationsebene) die ruhegehaltfähigen Bezüge mindestens nach der Besoldungsgruppe A 6, für einen Beamten oder eine Beamtin mit einem Einstieg nach Art. 7 Abs. 1 Satz 1 Nr. 2 LlbG (zweite Qualifikationsebene) mindestens nach der Besoldungsgruppe A 9, für einen Beamten oder eine Beamtin mit einem Einstieg nach Art. 7 Abs. 1 Satz 1 Nr. 3 LlbG (dritte Qualifikationsebene) mindestens nach der Besoldungsgruppe A 12 und für einen Beamten oder eine Beamtin mit einem Einstieg nach Art. 7 Abs. 1 Satz 1 Nr. 4 LlbG (vierte Qualifikationsebene) mindestens nach der Besoldungsgruppe A 16 bemessen.

(2) Erhöhtes Unfallruhegehalt wird auch gewährt, wenn der Beamte oder die Beamtin

1. in Ausübung des Dienstes durch einen tätlichen rechtswidrigen Angriff oder
2. außerhalb des Dienstes durch einen Angriff im Sinn des Art. 46 Abs. 4

einen Dienstunfall mit den in Abs. 1 genannten Folgen erleidet.

Art. 55 Unterhaltsbeitrag für frühere Beamte und Beamtinnen sowie frühere Ruhestandsbeamte und Ruhestandsbeamtinnen

(1) Ein früherer Beamter oder eine frühere Beamtin, der oder die durch einen Dienstunfall verletzt wurde und dessen oder deren Beamtenverhältnis nicht durch Eintritt oder Versetzung in den Ruhestand geendet hat, erhält neben dem Heilverfahren (Art. 50, 51) für die Dauer einer durch den Dienstunfall verursachten Erwerbsbeschränkung einen Unterhaltsbeitrag.

(2) 1Der Unterhaltsbeitrag beträgt

1. bei völliger Erwerbsunfähigkeit 63,78 v. H. der ruhegehaltfähigen Bezüge nach Abs. 4,
2. bei Minderung der Erwerbsfähigkeit um wenigstens 25 v. H. den der Minderung entsprechenden Teil des Unterhaltsbeitrags nach Nr. 1.

2Die Minderung der Erwerbsfähigkeit ist nach der körperlichen Beeinträchtigung im allgemeinen Erwerbsleben zu beurteilen. 3Art. 52 Abs. 3 gilt entsprechend.

(3) Im Fall des Abs. 2 Satz 1 Nr. 2 kann der Unterhaltsbeitrag, solange der oder die Verletzte aus Anlass des Unfalls unverschuldet

arbeitslos ist, bis auf den Betrag nach Abs. 2 Satz 1 Nr. 1 erhöht werden.

(4) 1Die ruhegehaltfähigen Bezüge bestimmen sich nach Art. 12 Abs. 1. 2Bei einem früheren Beamten oder einer früheren Beamtin auf Widerruf im Vorbereitungsdienst sind die Bezüge zugrunde zu legen, die er oder sie bei der Ernennung zum Beamten auf Probe zuerst erhalten hätte; das Gleiche gilt bei einem früheren Polizeivollzugsbeamten oder einer früheren Polizeivollzugsbeamtin auf Widerruf mit Bezügen. 3Ist der Beamte oder die Beamtin wegen Dienstunfähigkeit infolge des Dienstunfalls entlassen worden, gilt Art. 53 Abs. 1 Satz 2 entsprechend. 4Der Unterhaltsbeitrag für einen früheren Beamten oder eine frühere Beamtin auf Widerruf, der oder die ein Amt bekleidete, das seine oder ihre Arbeitskraft nur nebenbei beanspruchte, ist nach billigem Ermessen festzusetzen.

(5) 1Ist der Beamte oder die Beamtin wegen Dienstunfähigkeit infolge des Dienstunfalls entlassen worden, darf der Unterhaltsbeitrag nach Abs. 2 Satz 1 Nr. 1 nicht hinter dem Mindestunfallruhegehalt (Art. 53 Abs 3 Satz 3) zurückbleiben. 2Ist der Beamte oder die Beamtin wegen Dienstunfähigkeit infolge eines Dienstunfalls der in Art. 54 bezeichneten Art entlassen worden und war er oder sie im Zeitpunkt der Entlassung infolge des Dienstunfalls in der Erwerbsfähigkeit um mindestens 50 v. H. beschränkt, treten an die Stelle des Mindestunfallruhegehalts 80 v. H. der ruhegehaltfähigen Bezüge aus der Endstufe der Besoldungsgruppe, die sich bei sinngemäßer Anwendung des Art. 54 ergibt. 3Abs. 4 Satz 4 gilt entsprechend.

(6) Abs. 1 bis 5 gelten entsprechend für frühere Ruhestandsbeamte oder Ruhestandsbeamtinnen, wenn diese die Rechte als Ruhestandbeamte oder Ruhestandsbeamtinnen verloren haben oder das Ruhegehalt aberkannt worden ist.

Art. 56 Unterhaltsbeitrag bei Schädigung eines ungeborenen Kindes

(1) Der Unterhaltsbeitrag wird im Fall des Art. 45 Abs. 1 Satz 2 und 3 für die Dauer der durch einen Dienstunfall der Mutter verursachten Minderung der Erwerbsfähigkeit gewährt

1. bei Verlust der Erwerbsfähigkeit in Höhe des Mindestunfallwaisengeldes nach Art. 58 Satz 2 in Verbindung mit Art. 53 Abs. 3 Satz 3,
2. bei Minderung der Erwerbsfähigkeit um mindestens 25 v. H. in Höhe eines der Minderung der Erwerbsfähigkeit entsprechenden Teils des Unterhaltsbeitrags nach Nr. 1.

(2) 1Art. 55 Abs. 2 Satz 2 gilt entsprechend. 2Bei Minderjährigen wird die Minderung der Erwerbsfähigkeit nach den Auswirkungen bemessen, die sich bei Erwachsenen mit gleichem Gesundheitsschaden ergeben würden.

(3) Der Unterhaltsbeitrag beträgt vor Vollendung des 14. Lebensjahres 30 v. H., vor Vollendung des 18. Lebensjahres 50 v. H. der Sätze nach Abs. 1.

(4) Auf den Unterhaltsbeitrag werden erstattete Pflegekosten (Art. 51 Abs. 2) angerechnet.

(5) Besteht neben dem Anspruch auf Unterhaltsbeitrag ein Anspruch auf Waisengeld nach beamtenrechtlichen Grundsätzen, wird nur der höhere Versorgungsbezug gezahlt.

Art. 57 Unfallsterbegeld

(1) 1Ist der oder die Verletzte an den Folgen des Dienstunfalls verstorben, wird Unfallsterbegeld gewährt. 2Das Unfallsterbegeld beträgt das Dreifache der laufenden monatlichen Bezüge des Verstorbenen, mindestens aber 8000 €; im Übrigen gilt Art. 33 Abs. 1 bis 3 entsprechend.

(2) Auf das Unfallsterbegeld ist Sterbegeld nach Art. 33 Abs. 1 zu 50 v. H. und Sterbegeld nach Art. 33 Abs. 3 in voller Höhe anzurechnen.

Art. 58 Unfallhinterbliebenenversorgung

1Ist ein Beamter, eine Beamtin oder ein Ruhestandsbeamter oder eine Ruhestandsbeamtin mit Anspruch auf Unfallruhegehalt verstorben, richtet sich die Hinterbliebenenversorgung nach den allgemeinen Vorschriften unter Berücksichtigung des Unfallruhegehalts, soweit nichts Abweichendes bestimmt ist. 2Ist der Tod infolge des Dienstunfalls eingetreten, beträgt das Waisengeld für jedes waisengeldberechtigte Kind (Art. 39) 30 v. H. des Unfallruhegehalts und wird auch elternlosen Enkeln gewährt, deren Unterhalt zur Zeit des Dienstunfalls ganz oder überwiegend durch den Verstorbenen oder die Verstorbene bestritten wurde. 3In den Fällen des Art. 38 wird keine Unfallhinterbliebenenversorgung gewährt.

Art. 59 Unterhaltsbeitrag für Verwandte der aufsteigenden Linie

1Verwandten der aufsteigenden Linie, deren Unterhalt zur Zeit des Dienstunfalls ganz oder überwiegend durch den Verstorbenen oder die Verstorbene (Art. 58 Satz 2) bestritten wurde, ist für die Dauer der Bedürftigkeit ein Unterhaltsbeitrag von zusammen 30 v. H. des Unfallruhegehalts zu gewähren, mindestens jedoch 40 v. H. des nach Art. 53 Abs. 3 Satz 3 errechneten Betrags. 2Sind mehrere Anspruchsberechtigte vorhanden, so wird der Unterhaltsbeitrag den Eltern vor den Großeltern gewährt; an die Stelle eines verstorbenen Elternteils treten dessen Eltern.

Art. 60 Unterhaltsbeitrag für Hinterbliebene

(1) 1Ist in den Fällen des Art. 55 der oder die Anspruchsberechtigte an den Folgen des Dienstunfalls verstorben, erhält der Witwer oder die Witwe für die Dauer von zwei Jahren einen Unterhaltsbeitrag in Höhe des Witwengeldes, das sich nach den allgemeinen Vorschriften unter Zugrundelegung des Unterhaltsbeitrags nach Art. 55 Abs. 2 Satz 1 Nr. 1 ergibt. 2Abweichend hiervon wird Unterhaltsbeitrag gewährt, solange der Witwer oder die Witwe ein Kind des oder der Verstorbenen erzieht. 3Wurde der oder die Anspruchsberechtigte wegen Dienstunfähigkeit infolge des Dienstunfalls entlassen, kann der Unterhaltsbeitrag auch über zwei Jahre hinaus gewährt werden, soweit dies zur Vermeidung unbilliger Härten notwendig ist, auch wenn der oder die Anspruchsberechtigte nicht an den Folgen des Dienstunfalls verstorben ist.

(2) Der Unterhaltsbeitrag für die Waisen richtet sich nach den allgemeinen Vorschriften unter Zugrundelegung des Unterhaltsbeitrags nach Art. 55 Abs. 2 Satz 1 Nr. 1.

Art. 61 Höchstgrenzen der Hinterbliebenenversorgung

1Die Unfallversorgung der Hinterbliebenen (Art. 58 bis 60) darf insgesamt die Bezüge (Unfallruhegehalt oder Unterhaltsbeitrag) nicht übersteigen, die der oder die Verstorbene erhalten hat oder hätte erhalten können. 2Art. 41 ist entsprechend anzuwenden. 3Der Unfallausgleich (Art. 52) sowie der Zuschlag bei Arbeitslosigkeit (Art. 55 Abs. 3) bleiben sowohl bei der Berechnung des Unterhaltsbeitrags nach Art. 60 als auch bei der vergleichenden Berechnung nach Art. 41 außer Betracht.

Art. 62 Einmalige Unfallentschädigung

(1) 1Ein Beamter oder eine Beamtin, der oder die einen Dienstunfall der in Art. 54 bezeichneten Art erleidet, erhält neben einer beamtenrechtlichen Versorgung bei Beendigung des Dienstverhältnisses eine einmalige Unfallentschädigung, wenn nach Feststellung der Pensionsbehörde die Erwerbsfähigkeit infolge des Dienstunfalls zu diesem Zeitpunkt um wenigstens 50 v. H. beeinträchtigt ist. 2Die einmalige Unfallentschädigung beträgt bei einer Minderung der Erwerbsfähigkeit von

1. mindestens 50 v. H. 90 000 €,
2. mindestens 60 v. H. 108 000 €,
3. mindestens 70 v. H. 126 000 €,
4. mindestens 80 v. H. 144 000 €,
5. mindestens 90 v. H. 162 000 € und
6. 100 v. H. 180 000 €.

(2) Ist ein Beamter oder eine Beamtin an den Folgen eines Dienstunfalls der in Art. 54 bezeichneten Art verstorben, ohne eine einmalige Unfallentschädigung nach Abs. 1 erhalten zu haben, wird den Hinterbliebenen eine einmalige Unfallentschädigung nach Maßgabe der folgenden Bestimmungen gewährt:

1. Die Witwe oder der Witwer sowie die versorgungsberechtigten Kinder erhalten

eine Entschädigung in Höhe von insgesamt 108 000 €.

2. Sind Anspruchsberechtigte im Sinn der Nr. 1 nicht vorhanden, so erhalten die Eltern und die nicht versorgungsberechtigten Kinder eine Entschädigung in Höhe von insgesamt 36 000 €.
3. Sind Anspruchsberechtigte im Sinn der Nrn. 1 und 2 nicht vorhanden, so erhalten die Großeltern und Enkel eine Entschädigung in Höhe von insgesamt 18 000 €.

(3) 1Einmalige Unfallentschädigung nach Maßgabe der Abs. 1 und 2 wird auch gewährt, wenn Beamte oder Beamtinnen im Sinn der Verordnung über die einmalige Unfallentschädigung nach § 43 Abs. 3 des Beamtenversorgungsgesetzes vom 24. Juni 1977 (BGBl. I S. 1011) in der jeweils geltenden Fassung, einen Dienstunfall erleiden, der nur auf die eigentümlichen Verhältnisse des Dienstes zurückzuführen ist, und die in Abs. 1 genannten Folgen vorliegen.

Art. 63 Ehrenbeamte und Ehrenbeamtinnen

1Erleidet ein Ehrenbeamter oder eine Ehrenbeamtin einen Dienstunfall (Art. 46), so besteht Anspruch auf ein Heilverfahren (Art. 50). 2Außerdem kann Ersatz von Sachschäden (Art. 45 Abs. 4) und, für Ehrenbeamte und Ehrenbeamtinnen des Staates im Einvernehmen mit dem Staatsministerium der Finanzen und für Heimat oder der von ihm bestimmten Stelle, ein nach billigem Ermessen festzusetzender Unterhaltsbeitrag bewilligt werden. 3Das Gleiche gilt für die Hinterbliebenen.

Unterabschnitt 3 Einsatzversorgung

Art. 64 Einsatzunfall

(1) 1Erleidet ein Beamter oder eine Beamtin während einer besonderen Auslandsverwendung auf Grund der mit dieser Verwendung verbundenen gesteigerten Gefährdungslage in Ausübung oder infolge des Dienstes bei einem Unfall oder einer Erkrankung im Sinn von Art. 46 eine gesundheitliche Schädigung, liegt ein Einsatzunfall vor. 2Dies gilt auch, wenn eine Erkrankung, ihre Folgen oder ein Unfall bei einer besonderen Auslandsverwendung im Sinn von Abs. 2

1. auf gesundheitsschädigende oder sonst vom Inland wesentlich abweichende Verhältnisse zurückzuführen ist oder
2. bei dienstlicher Verwendung im Ausland im Zusammenhang mit einer Verschleppung oder einer Gefangenschaft steht oder
3. darauf beruht, dass der Beamte oder die Beamtin aus sonstigen mit dem Dienst zusammenhängenden Gründen dem Einflussbereich des Dienstherrn entzogen ist.

(2) 1Eine besondere Auslandsverwendung ist eine Verwendung im Rahmen eines internationalen humanitären, friedenssichernden oder friedensschaffenden Einsatzes im Ausland auf Grund eines Übereinkommens oder einer Vereinbarung mit einer über- oder zwischenstaatlichen Einrichtung oder mit einem auswärtigen Staat auf Beschluss der Bundesregierung oder außerhalb des deutschen Hoheitsgebiets auf Schiffen oder in Luftfahrzeugen. 2Dem steht eine sonstige Verwendung im Ausland oder außerhalb des deutschen Hoheitsgebiets auf Schiffen oder in Luftfahrzeugen mit vergleichbar gesteigerter Gefährdungslage gleich. 3Die Entscheidung, ob eine vergleichbar gesteigerte Gefährdungslage vorliegt, trifft die oberste Dienstbehörde. 4Die Verwendung im Sinn der Sätze 1 und 2 beginnt mit dem Eintreffen im Einsatzgebiet und endet mit dem Verlassen des Einsatzgebiets.

(3) Art. 46 Abs. 5 gilt entsprechend.

(4) 1Auf Geldleistungen, die im Zusammenhang mit einer besonderen Auslandsverwendung nach diesem Gesetz gewährt werden, sind Geldleistungen anzurechnen, die wegen desselben Schadens von anderer Seite erbracht werden. 2Hierzu gehören insbesondere Geldleistungen, die von Drittstaaten oder von zwischenstaatlichen oder überstaatlichen Einrichtungen gewährt oder veranlasst werden. 3Nicht anzurechnen sind Leistungen privater Schadensversicherungen, die auf Beiträgen der Verletzten beruhen. 4Dies gilt nicht, wenn von den in Satz 2 genannten Stellen mindes-

tens die Hälfte der Beiträge oder Zuschüsse in dieser Höhe gezahlt wurden.

(5) 1Die Unfallfürsorge ist ausgeschlossen, wenn sich der Beamte oder die Beamtin vorsätzlich oder grob fahrlässig der Gefährdung ausgesetzt oder die Gründe für eine Verschleppung, Gefangenschaft oder sonstige Einflussbereichsentziehung herbeigeführt hat. 2Unfallfürsorge kann ganz oder teilweise gewährt werden, wenn der Ausschluss für die Betreffenden eine unbillige Härte wäre.

IV

Art. 65 Unfallfürsorge bei Einsatzunfall

(1) Erleidet ein Beamter oder eine Beamtin einen Einsatzunfall oder ein diesem gleichgestelltes Ereignis, wird Unfallfürsorge gemäß Art. 45 Abs. 2 mit der Maßgabe gewährt, dass der Einsatzunfall oder ein diesem gleichstehendes Ereignis als Dienstunfall der in Art. 54 bezeichneten Art gilt, wenn die dort genannten Folgen vorliegen.

(2) Ist der Beamte oder die Beamtin an den Folgen eines Einsatzunfalls oder einem diesem gleichgestellten Ereignis im Sinn des Art. 64 verstorben, wird das erhöhte Unfallruhegehalt nach Art. 54 der Unfallhinterbliebenenversorgung (Art. 58) zugrunde gelegt und eine einmalige Entschädigung gemäß Art. 62 Abs. 2 gewährt.

Art. 66 Schadensausgleich

(1) 1Schäden, die einem Beamten oder einer Beamtin während einer Verwendung im Sinn des Art. 64 Abs. 2 infolge von besonderen, vom Inland wesentlich abweichenden Verhältnissen, insbesondere infolge von Kriegshandlungen, kriegerischen Ereignissen, Aufruhr, Unruhen oder Naturkatastrophen oder als Folge der Ereignisse nach Art. 64 Abs. 1 entstehen, werden im angemessenen Umfang ersetzt. 2Gleiches gilt für Schäden des Beamten oder der Beamtin durch einen Gewaltakt gegen staatliche Amtsträger, Einrichtungen oder Maßnahmen, wenn der Beamte oder die Beamtin von dem Gewaltakt in Ausübung des Dienstes oder wegen der Beamteneigenschaft betroffen ist.

(2) 1Ist ein Beamter oder eine Beamtin an den Folgen eines schädigenden Ereignisses der in Abs. 1 bezeichneten Art verstorben, wird ein Ausgleich in angemessenem Umfang gewährt

1. dem Witwer oder der Witwe sowie den nach beamtenrechtlichen Grundsätzen versorgungsberechtigten Kindern,
2. den Eltern sowie den nach beamtenrechtlichen Grundsätzen nicht versorgungsberechtigten Kindern, wenn Hinterbliebene nach Nr. 1 nicht vorhanden sind.

2Der Ausgleich für ausgefallene Versicherungen wird der natürlichen Person gewährt, die der Beamte oder die Beamtin im Versicherungsvertrag begünstigt hat.

(3) Art. 46 Abs. 5 gilt entsprechend.

Abschnitt 4
Übergangsgeld, Bezüge bei Verschollenheit

Art. 67 Übergangsgeld

(1) 1Ein Beamter oder eine Beamtin mit Grundbezügen, der oder die nicht auf eigenen Antrag entlassen wird, erhält als Übergangsgeld nach vollendeter einjähriger Beschäftigungszeit das Einfache und bei längerer Beschäftigungszeit für jedes weitere volle Jahr ihrer Dauer die Hälfte, insgesamt höchstens das Sechsfache der Besoldung des letzten Monats nach Art. 2 Abs. 2 Nr. 1 bis 4 BayBesG einschließlich der nicht als Einmalzahlung gewährten Hochschulleistungsbezüge. 2Art. 12 Abs. 1 Satz 2 gilt entsprechend. 3Das Übergangsgeld wird auch dann gewährt, wenn der Beamte oder die Beamtin im Zeitpunkt der Entlassung ohne Grundbezüge beurlaubt war. 4Maßgebend ist die Besoldung, die der Beamte oder die Beamtin im Zeitpunkt der Entlassung erhalten hätte.

(2) 1Als Beschäftigungszeit gilt die Zeit ununterbrochener hauptberuflicher entgeltlicher Tätigkeit im Dienst desselben Dienstherrn oder der Verwaltung, deren Aufgaben der Dienstherr übernommen hat, sowie im Fall der Versetzung die entsprechende Zeit im Dienst des früheren Dienstherrn; die vor einer Beurlaubung ohne Grundbezüge liegende Beschäftigungszeit wird mit berücksichtigt. 2Zeiten mit einer Ermäßigung der regelmäßi-

gen Arbeitszeit sind nur zu dem Teil anzurechnen, der dem Verhältnis der ermäßigten zur regelmäßigen Arbeitszeit entspricht.

(3) Das Übergangsgeld wird nicht gewährt, wenn

1. der Beamte oder die Beamtin wegen eines Verhaltens im Sinn der §§ 22, 23 Abs. 1 Nr. 1, Abs. 2 und 3 Nr. 1 BeamtStG entlassen wird oder
2. ein Unterhaltsbeitrag nach Art. 29 bewilligt wird oder
3. die Beschäftigungszeit als ruhegehaltfähige Dienstzeit angerechnet wird oder
4. der Beamte oder die Beamtin mit der Berufung in ein Richterverhältnis oder mit der Ernennung zum Beamten oder zur Beamtin auf Zeit entlassen wird oder
5. ein Beamter oder eine Beamtin auf Zeit einer gesetzlichen Verpflichtung, das Amt nach Ablauf der Amtszeit unter erneuter Berufung in das Beamtenverhältnis weiterzuführen, nicht nachkommt.

(4) 1Das Übergangsgeld wird in Monatsbeträgen für die der Entlassung folgende Zeit wie die Besoldung gezahlt. 2Es ist längstens bis zum Ende des Monats zu zahlen, in dem der Beamte oder die Beamtin die für sein oder ihr Beamtenverhältnis bestimmte gesetzliche Altersgrenze erreicht hat. 3Beim Tode der Berechtigten ist der noch nicht ausgezahlte Betrag den Hinterbliebenen in einer Summe zu zahlen.

(5) Bezieht der entlassene Beamte oder die entlassene Beamtin Erwerbs- oder Erwerbsersatzeinkommen im Sinn des Art. 83 Abs. 4, verringert sich das Übergangsgeld um den Betrag dieser Einkünfte.

Art. 68 Bezüge bei Verschollenheit

(1) Verschollene erhalten die ihnen zustehenden Bezüge bis zum Ablauf des Monats, in dem die Pensionsbehörde feststellt, dass ihr Ableben mit Wahrscheinlichkeit anzunehmen ist.

(2) 1Mit Beginn des Folgemonats erhalten die Personen, die im Fall des Todes der Verschollenen Witwen- oder Waisengeld erhalten würden oder einen Unterhaltsbeitrag erhalten könnten, diese Bezüge. 2Art. 32 und 33 gelten nicht.

(3) 1Kehren Verschollene zurück, so lebt der Anspruch auf Bezüge, soweit nicht besondere gesetzliche Gründe entgegenstehen, wieder auf. 2Nachzahlungen sind längstens für die Dauer eines Jahres zu leisten; die nach Abs. 2 für den gleichen Zeitraum gewährten Bezüge sind anzurechnen.

(4) Ergibt sich, dass bei einem Beamten oder einer Beamtin die Voraussetzungen des Art. 9 BayBesG vorliegen, so können die nach Abs. 2 gezahlten Bezüge von ihm oder ihr zurückgefordert werden.

(5) Werden Verschollene für tot erklärt oder die Todeszeit gerichtlich festgestellt oder eine Sterbeurkunde über den Tod des oder der Verschollenen ausgestellt, so ist die Hinterbliebenenversorgung mit Beginn des Folgemonats unter Berücksichtigung des festgestellten Todeszeitpunkts neu festzusetzen.

Abschnitt 5
Familienbezogene Leistungen

Unterabschnitt 1
Orts- und Familienzuschlag, Ausgleichsbetrag

Art. 69 Orts- und Familienzuschlag

(1) 1Auf den Orts- und Familienzuschlag finden die für Beamte und Beamtinnen geltenden Vorschriften des Bayerischen Besoldungsgesetzes Anwendung. 2Im Fall des Art. 36 Abs. 1 Satz 2 BayBesG ist auf die Ortsklasse I abzustellen. 3Besteht kein Anspruch nach Abs. 2, ist bei der Bemessung des Witwengeldes nach Art. 36 Abs. 1 der Orts- und Familienzuschlag der Stufe L nach dem Hauptwohnsitz des Witwers oder der Witwe zugrunde zu legen, bei der Bemessung des Waisengeldes nach Art. 40 Abs. 1 die Stufe L oder V nach dem Hauptwohnsitz der Waise.

(2) 1Der nach dem Bayerischen Besoldungsgesetz zustehende Orts- und Familienzuschlag ab der Stufe 1 wird neben dem Ruhegehalt gezahlt. 2Er wird unter Berücksichtigung der nach den Verhältnissen des Beamten, der Beamtin, des Ruhestandsbeamten oder der Ruhestandsbeamtin für die Bemessung des Orts- und Familienzuschlags in Be-

IV

tracht kommenden Kinder neben dem Witwengeld gezahlt, soweit der Witwer oder die Witwe Anspruch auf Kindergeld für diese Kinder hat oder ohne Berücksichtigung der §§ 64, 65 des Einkommensteuergesetzes (EStG) oder der §§ 3, 4 des Bundeskindergeldgesetzes (BKGG) haben würde. 3Soweit kein Anspruch nach Satz 2 besteht, wird der Orts- und Familienzuschlag ab der Stufe 1 neben dem Waisengeld gezahlt, wenn die Waise bei den Stufen des Orts- und Familienzuschlags zu berücksichtigen ist oder zu berücksichtigen wäre, wenn der Beamte, die Beamtin, der Ruhestandsbeamte oder die Ruhestandsbeamtin noch lebte. 4Hatte der Versorgungsurheber zum Zeitpunkt seines Todes Anspruch auf Orts- und Familienzuschlag nach Art. 36 Abs. 6 BayBesG und wird die Pflege von dem Witwer, der Witwe oder der Waise fortgeführt, ist die Stufe 1 oder folgende bei der Hinterbliebenenversorgung zu berücksichtigen, solange die Anspruchsvoraussetzungen weiterhin vorliegen. 5Sind nach dem Tode eines Beamten, einer Beamtin, eines Ruhestandsbeamten oder einer Ruhestandsbeamtin mehrere Versorgungsempfänger vorhanden, richtet sich die Ortsklasse einheitlich nach dem Hauptwohnsitz des Witwers oder der Witwe. 6Ist kein Witwer oder keine Witwe vorhanden, richtet sich die Ortsklasse einheitlich nach dem Hauptwohnsitz des jüngsten Versorgungsempfängers. 7Sind mehrere Anspruchsberechtigte vorhanden, wird der Orts- und Familienzuschlag ab der Stufe 1 auf die Anspruchsberechtigten nach der Zahl der auf sie entfallenden Kinder oder Anspruchsberechtigte nach Art. 36 Abs. 6 BayBesG zu gleichen Teilen aufgeteilt.

Art. 70 Ausgleichsbetrag

1Neben dem Waisengeld wird ein Ausgleichsbetrag gezahlt, der dem Betrag für das erste Kind nach § 66 Abs. 1 EStG entspricht, wenn in der Person der Waise die Voraussetzungen des § 32 Abs. 1 bis 5 EStG erfüllt sind, Ausschlussgründe nach § 65 EStG nicht vorliegen, keine Person vorhanden ist, die nach § 62 EStG oder nach § 1 BKGG anspruchsberechtigt ist, und die Waise keinen Anspruch auf Kindergeld nach § 1 Abs. 2 BKGG hat. 2Der Ausgleichsbetrag gilt für die Anwendung der Art. 83 bis 87 nicht als Versorgungsbezug. 3Besteht Anspruch auf mehrere Waisengelder wird der Ausgleichsbetrag nur neben den neuen Versorgungsbezügen gezahlt.

Unterabschnitt 2
Zuschlag für Zeiten der Kindererziehung und der Pflege neben dem Ruhegehalt

Art. 71 Kindererziehungs- und Kindererziehungsergänzungszuschläge

(1) 1Hat ein Beamter oder eine Beamtin ein nach dem 31. Dezember 1991 geborenes Kind erzogen, erhöht sich das Ruhegehalt für jeden Monat einer ihm oder ihr zuzuordnenden Kindererziehungszeit um einen Kindererziehungszuschlag. 2Dies gilt nicht, wenn der Beamte oder die Beamtin wegen der Erziehung des Kindes in der gesetzlichen Rentenversicherung versicherungspflichtig (§ 3 Satz 1 Nr. 1 des Sechsten Buches Sozialgesetzbuch – SGB VI) war und die allgemeine Wartezeit für eine Rente der gesetzlichen Rentenversicherung erfüllt ist.

(2) 1Die Kindererziehungszeit beginnt nach Ablauf des Monats der Geburt und endet nach 36 Kalendermonaten, spätestens mit dem Ablauf des Monats, in dem die Erziehung endet. 2Wird während dieses Zeitraums vorn erziehenden Elternteil ein weiteres Kind erzogen, für das ihm eine Kindererziehungszeit zuzuordnen ist, wird die Kindererziehungszeit für dieses und jedes weitere Kind um die Anzahl der Kalendermonate der gleichzeitigen Erziehung verlängert.

(3) Für die Zuordnung der Kindererziehungszeit zu einem Elternteil (§ 56 Abs. 1 Satz 1 Nr. 3 und Abs. 3 Nr. 2 und 3 des Ersten Buches Sozialgesetzbuch) gilt § 56 Abs. 2 SGB VI entsprechend.

(4) 1Der Kindererziehungszuschlag beträgt für jeden Monat der Kindererziehung 4,40 €. 2Er darf zusammen mit dem auf die Kindererziehungszeit entfallenden Anteil des Ruhegehalts das Ruhegehalt nicht übersteigen, das sich bei Berücksichtigung des Zeitraums der Kindererziehung als ruhegehaltfähige Dienstzeit für diesen Zeitraum ergeben würde.

(5) Für Zeiten, für die kein Kindererziehungszuschlag zusteht, erhöht sich das Ruhegehalt um einen Kindererziehungsergänzungszuschlag, wenn

1. nach dem 31. Dezember 1991 liegende Zeiten der Erziehung eines Kindes bis zur Vollendung des zehnten Lebensjahres oder Zeiten der nicht erwerbsmäßigen Pflege eines pflegebedürftigen Kindes (§ 3 SGB VI) bis zur Vollendung des 18. Lebensjahres
   a) mit entsprechenden Zeiten für ein anderes Kind zusammentreffen oder
   b) mit Zeiten im Beamtenverhältnis, die als ruhegehaltfähig berücksichtigt werden, oder Zeiten nach Art. 72 Abs. 1 Satz 1 zusammentreffen,
2. für diese Zeiten kein Anspruch nach § 70 Abs. 3a Satz 2 SGB VI besteht und
3. dem Beamten oder der Beamtin die Zeiten nach Abs. 3 zuzuordnen sind.

(6) $_1$Der Kindererziehungsergänzungszuschlag beträgt für jeden angefangenen Monat, in dem die Voraussetzungen des Abs. 5 erfüllt waren,

1. im Fall des Abs. 5 Nr. 1 Buchst. a 1,12 €
2. im Fall des Abs. 5 Nr. 1 Buchst. b 0,83 €.

$_2$Abs. 4 Satz 2 gilt entsprechend.

(7) $_1$Das um Kindererziehungs- und Kindererziehungsergänzungszuschläge erhöhte Ruhegehalt darf nicht höher sein als das Ruhegehalt, das sich unter Berücksichtigung des Höchstruhegehaltssatzes und der ruhegehaltfähigen Bezüge aus der Endstufe der Besoldungsgruppe, aus der sich das Ruhegehalt berechnet, ergeben würde. $_2$Errechnet sich das Ruhegehalt nach Art. 26 Abs. 5, werden der Kindererziehungs- und der Kindererziehungsergänzungszuschlag in Höhe des Betrags gezahlt, um den das erdiente Ruhegehalt und diese Zuschläge das Ruhegehalt nach Art. 26 Abs. 5 übersteigen.

(8) Für die Anwendung des Art. 26 Abs. 2 und 4 sowie von Ruhens-, Kürzungs- und Anrechnungsvorschriften gelten der Kindererziehungs- und Kindererziehungsergänzungszuschlag als Teil des Ruhegehalts.

(9) $_1$Hat ein Beamter oder eine Beamtin vor der Berufung in ein Beamtenverhältnis ein vor dem 1. Januar 1992 geborenes Kind erzogen, gelten Abs. 1 bis 4, 7 und 8 entsprechend mit der Maßgabe, dass die Kindererziehungszeit 30 Kalendermonate nach Ablauf des Monats der Geburt endet. $_2$§§ 249 und 249a SGB VI gelten entsprechend.

Art. 72 Pflegezuschlag und Kinderpflegeergänzungszuschlag

(1) $_1$War ein Beamter oder eine Beamtin wegen nicht erwerbsmäßiger Pflege von Pflegebedürftigen nach § 3 Satz 1 Nr. 1a SGB VI versicherungspflichtig, wird für die Zeit der Pflege ein Pflegezuschlag zum Ruhegehalt in Höhe von 2,96 € für jeden Monat der Pflege gezahlt. $_2$Dies gilt nicht, wenn die allgemeine Wartezeit in der gesetzlichen Rentenversicherung erfüllt ist.

(2) $_1$Wenn der oder die Pflegebedürftige nach Abs. 1 ein nach Art. 71 Abs. 3 zuzuordnendes Kind war, wird zusätzlich ein Kinderpflegeergänzungszuschlag in Höhe des Betrags nach Art. 71 Abs. 6 Satz 1 Nr. 1 für jeden Monat der Pflege gewährt. $_2$Der Kinderpflegeergänzungszuschlag wird längstens bis zur Vollendung des 18. Lebensjahres des Kindes und nicht neben Leistungen nach Art. 71 oder § 70 Abs. 3a SGB VI gewährt.

(3) $_1$Art. 71 Abs. 4 Satz 2 gilt entsprechend mit der Maßgabe, dass für gleiche Zeiträume zustehende Zuschläge nach Art. 71 einzubeziehen sind. $_2$Art. 71 Abs. 7 und 8 gilt entsprechend.

Art. 73 Vorübergehende Gewährung von Zuschlägen

(1) $_1$Versorgungsempfänger und Versorgungsempfängerinnen, die vor Erreichen der Altersgrenze nach Art. 62 Satz 1, Art. 143 Abs. 1 BayBG in den Ruhestand versetzt worden sind oder in den Ruhestand getreten sind, erhalten vorübergehend Leistungen entsprechend den Art. 71 und 72, wenn

1. bis zum Beginn des Ruhestands die allgemeine Wartezeit für eine Rente der gesetzlichen Rentenversicherung erfüllt ist,
2. a) sie wegen Dienstunfähigkeit im Sinn des § 26 Abs. 1 BeamtStG in den Ruhestand versetzt worden sind oder

b) sie wegen Erreichens einer besonderen Altersgrenze in den Ruhestand getreten sind,

3. entsprechende Leistungen nach dem Sechsten Buch Sozialgesetzbuch dem Grunde nach zustehen, jedoch vor dem Erreichen der maßgebenden Altersgrenze noch nicht gewährt werden,
4. sie einen Ruhegehaltssatz von 66,97 v. H. noch nicht erreicht haben und
5. keine Einkünfte im Sinn des Art. 83 Abs. 4 bezogen werden; die Einkünfte bleiben außer Betracht, soweit sie durchschnittlich im Monat 630 € nicht überschreiten.

$_{2}$Durch die Leistung nach Satz 1 darf der Betrag nicht überschritten werden, der sich bei Berechnung des Ruhegehalts mit einem Ruhegehaltssatz von 66,97 v. H. ergibt.

(2) $_{1}$Die Leistung entfällt spätestens mit Ablauf des Monats, in dem der Versorgungsempfänger oder die Versorgungsempfängerin die gesetzliche Altersgrenze nach Art. 62 Satz 1, Art. 143 Abs. 1 BayBG erreicht. $_{2}$Sie endet vorher mit Ablauf des Monats,

1. der dem Beginn des Bezugs einer Versichertenrente der gesetzlichen Rentenversicherung vorhergeht oder
2. der dem Monat des Bezugs von Einkünften vorhergeht, die nicht nach Abs. 1 Nr. 5 außer Betracht bleiben.

(3) $_{1}$Die Leistung wird auf Antrag gewährt. $_{2}$Anträge, die innerhalb von drei Monaten nach dem Eintritt oder der Versetzung in den Ruhestand gestellt werden, gelten als zum Zeitpunkt des Ruhestandseintritts oder der Ruhestandsversetzung gestellt. $_{3}$Wird der Antrag zu einem späteren Zeitpunkt gestellt, so wird die Leistung vom Beginn des Antragsmonats an gewährt.

Unterabschnitt 3
Zuschlag zum Witwengeld

Art. 74 Kinderzuschlag zum Witwengeld

(1) $_{1}$Das Witwengeld nach Art. 36 Abs. 1 erhöht sich für jeden Monat einer nach Art. 71 Abs. 3 dem Witwer oder der Witwe zuzuordnenden Kindererziehungszeit bis zum Ablauf des Monats, in dem das Kind das dritte Lebensjahr vollendet hat, um einen Kinderzuschlag. $_{2}$Er beträgt für die ersten 36 Monate der Kindererziehungszeit 2,19 € je Monat und für jeden weiteren Monat 1,11 €. $_{3}$Satz 1 gilt nicht bei Bezügen nach Art. 36 in Verbindung mit Art. 26 Abs. 5 Satz 2.

(2) $_{1}$War die Kindererziehungszeit dem oder der vor Vollendung des dritten Lebensjahres des Kindes Verstorbenen zugeordnet, erhalten Witwer und Witwen den Kinderzuschlag anteilig mindestens für die Zeit, die bis zum Ablauf des Monats, in dem das Kind das dritte Lebensjahr vollendet hat, fehlt. $_{2}$Stirbt ein Beamter oder eine Beamtin vor der Geburt des Kindes, sind der Berechnung des Kinderzuschlags 36 Kalendermonate zugrunde zu legen, wenn das Kind innerhalb von 300 Tagen nach dem Tod geboren wird. $_{3}$Ist das Kind später geboren, wird der Zuschlag erst nach Ablauf des in Art. 71 Abs. 2 Satz 1 genannten Zeitraums gewährt. $_{4}$Verstirbt das Kind vor der Vollendung des dritten Lebensjahres, ist der Kinderzuschlag anteilig zu gewähren.

(3) Der Kinderzuschlag gilt für die Anwendung von Ruhens-, Kürzungs- und Anrechnungsvorschriften als Teil des Witwengeldes.

Abschnitt 6
Sonderzahlung

Art. 75 Anspruch und Bestandteile

$_{1}$Versorgungsberechtigte mit laufenden Versorgungsbezügen erhalten eine jährliche Sonderzahlung. $_{2}$Sie besteht aus einem Grundbetrag (Art. 76) und einem Sonderbetrag für Kinder (Art. 77).

Art. 76 Grundbetrag

(1) $_{1}$Als Grundbetrag der jährlichen Sonderzahlung wird ein Zwölftel der für das laufende Kalenderjahr zustehenden Versorgungsbezüge unter Zugrundelegung der Vomhundertsätze nach Abs. 2 gewährt. $_{2}$Versorgungsbezüge im Sinn des Satzes 1 sind

1. die laufenden Versorgungsbezüge vor Anwendung von Ruhens- und Anrechnungsvorschriften mit Ausnahme des Orts- und Familienzuschlags, des Unfallausgleichs (Art. 52), des Ausgleichsbetrags (Art. 70) und der Zuschläge nach Art. 71 bis 74,
2. der Orts- und Familienzuschlag.

(2) Es gelten folgende Vomhundertsätze:

1. 60 v. H. für Bezüge nach Abs. 1 Satz 2 Nr. 1 für die Besoldungsgruppen A 3 bis A 11 und 56 v. H. für die übrigen Besoldungsgruppen,
2. 84,29 v. H. für den Orts- und Familienzuschlag.

(3) Bezüge, deren Zahlung auf Grund eines Verwaltungsakts eingestellt wurde, sind nicht zu berücksichtigen, solange sie nur infolge der Aussetzung einer sofortigen Vollziehung oder der völligen oder teilweisen Wiederherstellung der aufschiebenden Wirkung eines Rechtsbehelfs auszuzahlen sind.

Art. 77 Sonderbetrag für Kinder

(1) 1Für jedes Kind, für das im jeweiligen Monat des Kalenderjahres Orts- und Familienzuschlag gewährt wird, wird ein monatlicher Sonderbetrag von jeweils 2,13 € gezahlt. 2Art. 76 Abs. 3 gilt entsprechend.

(2) 1Der Sonderbetrag wird für jeden Berechtigten oder jede Berechtigte nur einmal gewährt. 2Der Anspruch aus einem Dienstverhältnis geht dem Anspruch aus einem Versorgungsverhältnis vor. 3Der Anspruch aus einem späteren Versorgungsverhältnis geht dem Anspruch aus einem früheren Versorgungsverhältnis vor.

Art. 78 Ausschlusstatbestände

(1) Werden während des Kalenderjahres Versorgungsbezüge im Rahmen eines Disziplinarverfahrens teilweise einbehalten oder gelten kraft Gesetzes in voller Höhe als einbehalten, besteht Anspruch auf jährliche Sonderzahlung nur, wenn die einbehaltenen Versorgungsbezüge nachzuzahlen sind.

(2) Kein Anspruch auf jährliche Sonderzahlung besteht, wenn ein Unterhaltsbeitrag durch Gnadenerweis oder Disziplinarmaßnahme bewilligt ist.

Art. 79 Zahlungsweise, Teilsonderzahlung

(1) Die jährliche Sonderzahlung wird mit den laufenden Versorgungsbezügen für den Monat Dezember bezahlt.

(2) 1Entfällt der Anspruch auf Versorgungsbezüge während des Kalenderjahres, wird die bis zu diesem Zeitpunkt zustehende Sonderzahlung mit den laufenden Versorgungsbezügen für den letzten Anspruchsmonat gezahlt oder, wenn dies nicht möglich ist, entsprechend nachgezahlt. 2Beim Tod eines oder einer Versorgungsberechtigten findet Art. 32 entsprechende Anwendung.

Abschnitt 7
Verlust der Versorgung

Art. 80 Verlust der Versorgung infolge Verurteilung

(1) Ruhestandsbeamte und Ruhestandsbeamtinnen, die durch ein deutsches Gericht im ordentlichen Strafverfahren

1. wegen einer vorsätzlichen Tat zu Freiheitsstrafe von mindestens zwei Jahren oder
2. wegen einer vorsätzlichen Tat, die nach den Vorschriften über Friedensverrat, Hochverrat, Gefährdung des demokratischen Rechtsstaates oder Landesverrat und Gefährdung der äußeren Sicherheit strafbar ist, zu Freiheitsstrafe von mindestens sechs Monaten

verurteilt worden sind, verlieren mit der Rechtskraft der Entscheidung ihre Rechte als Ruhestandsbeamte und Ruhestandsbeamtinnen; dies gilt für Hinterbliebene entsprechend.

(2) Entsprechendes gilt, wenn auf Grund einer Entscheidung des Bundesverfassungsgerichts gemäß Art. 18 des Grundgesetzes ein Grundrecht verwirkt wurde oder gegen Ruhestandsbeamte oder Ruhestandsbeamtinnen wegen einer vor Beendigung des Beamtenverhältnisses begangenen Tat eine Entscheidung ergeht, die nach § 24 BeamtStG zum Verlust der Beamtenrechte führt.

(3) Art. 60 und 61 BayBG und Art. 39 bis 41 des Bayerischen Disziplinargesetzes finden entsprechende Anwendung.

Art. 81 Verlust der Versorgungsbezüge bei Ablehnung einer erneuten Berufung

1Kommt ein Ruhestandsbeamter oder eine Ruhestandsbeamtin seinen oder ihren Verpflichtungen aus § 29 Abs. 2, 4 und 5, § 30 Abs. 3 Satz 1 BeamtStG schuldhaft nicht nach, obwohl auf die Folgen eines solchen Verhaltens schriftlich hingewiesen worden ist, so verliert er oder sie für diese Zeit die Versorgungsbezüge. 2Die Pensionsbehörde stellt den Verlust der Versorgungsbezüge fest. 3Eine disziplinarrechtliche Verfolgung wird dadurch nicht ausgeschlossen.

Art. 82 Verlust der Versorgung bei verfassungsfeindlicher Betätigung

(1) 1Die Pensionsbehörde kann anordnen, dass Empfänger von Hinterbliebenenversorgung die Versorgungsbezüge auf Zeit oder auf Dauer teilweise oder ganz verlieren, wenn sie sich gegen die freiheitliche demokratische Grundordnung im Sinn des Grundgesetzes betätigt haben. 2Der Sachverhalt ist in entsprechender Anwendung der Vorschriften des Bayerischen Disziplinargesetzes über die Durchführung des behördlichen Disziplinarverfahrens zu ermitteln.

(2) Art. 80 Abs. 1 und 2 bleiben unberührt.

IV

Teil 3
Anrechnungs-, Kürzungs- und Ruhensvorschriften

Abschnitt 1
Zusammentreffen mit anderen Bezügen und Einkünften

Unterabschnitt 1
Ruhensvorschriften

Art. 83 Zusammentreffen von Versorgungsbezügen mit Erwerbs- und Erwerbsersatzeinkommen

(1) Beziehen Versorgungsberechtigte Erwerbs- oder Erwerbsersatzeinkommen (Abs. 4), werden daneben Versorgungsbezüge nur bis zum Erreichen der in Abs. 2 bezeichneten Höchstgrenze gezahlt.

(2) 1Als Höchstgrenze gelten

1. für Ruhestandsbeamte und Ruhestandsbeamtinnen sowie für Witwer und Witwen die ruhegehaltfähigen Bezüge aus der Endstufe der Besoldungsgruppe, aus der sich das Ruhegehalt berechnet, mindestens ein Betrag in Höhe des Eineinhalbfachen der jeweils ruhegehaltfähigen Bezüge aus der Endstufe der Besoldungsgruppe A 3,
2. für Waisen 40 v. H. des Betrags, der sich nach Nr. 1 ergibt,
3. für Ruhestandsbeamte und Ruhestandsbeamtinnen, die wegen Dienstunfähigkeit, die nicht auf einem Dienstunfall beruht, oder nach Art. 64 Nr. 2 BayBG in den Ruhestand versetzt worden sind, bis zum Ablauf des Monats, in dem sie die gesetzliche Altersgrenze nach Art. 62 Satz 1, Art. 143 Abs. 1 BayBG erreichen, 71,75 v. H. der ruhegehaltfähigen Bezüge aus der Endstufe der Besoldungsgruppe, aus der sich das Ruhegehalt berechnet, mindestens aus einem Betrag in Höhe des Eineinhalbfachen der jeweils ruhegehaltfähigen Bezüge aus der Endstufe der Besoldungsgruppe A 3, zuzüglich 630 €; das gilt auch für Empfänger eines Unterhaltsbeitrags nach Art. 29 bei Entlassung wegen Dienstunfähigkeit oder nach Art. 55 mit Ausnahme der Entlassung wegen Dienstunfähigkeit infolge des Dienstunfalls.

2Die Höchstgrenze erhöht sich um den zustehenden Orts- und Familienzuschlag nach Art. 69 Abs. 2; dabei sind auch die Kinder einzubeziehen, die nur beim Orts- und Familienzuschlag neben dem Verwendungseinkommen berücksichtigt werden.

(3) 1Den Versorgungsberechtigten ist mindestens ein Betrag in Höhe von 20 v. H. des Versorgungsbezugs (Art. 2 Abs. 1) zu belassen. 2Dies gilt nicht bei Bezug von Verwendungseinkommen aus einer den ruhegehaltfähigen Bezügen mindestens vergleichbaren Besoldungs- oder Entgeltgruppe oder sonstigem, in der Höhe vergleichbaren Verwendungseinkommen.

(4) 1Erwerbseinkommen sind Einkünfte aus nichtselbstständiger Arbeit einschließlich Abfindungen, aus selbstständiger Arbeit, aus gewerblicher sowie land- und forstwirtschaftlicher Tätigkeit abzüglich der Werbungskosten oder Betriebsausgaben. 2Als Erwerbseinkommen gelten auch Gewinne aus Kapitalgesellschaften, in denen Versorgungsberechtigte ohne angemessene Vergütung

tätig sind, soweit die Gewinne auf die Tätigkeit entfallen; im Übrigen bleiben Einkünfte aus Kapitalvermögen unberücksichtigt. 3Nicht als Erwerbseinkommen gelten:

1. Aufwandsentschädigungen,
2. Unfallausgleich (Art. 52),
3. steuerfreie Leistungen zur Grundpflege oder hauswirtschaftlichen Versorgung,
4. Leistungsprämien im öffentlichen Dienst im Sinn des Art. 67 BayBesG und vergleichbare tarifliche Leistungen im öffentlichen Dienst,
5. Jubiläumszuwendungen im Sinn des Art. 101 BayBG und
6. Einkünfte aus Tätigkeiten im Sinn des Art. 82 Abs. 1 Satz 1 Nr. 4 BayBG.

4Erwerbsersatzeinkommen sind Leistungen, die auf Grund oder in entsprechender Anwendung öffentlich-rechtlicher Vorschriften kurzfristig erbracht werden, um Erwerbseinkommen zu ersetzen. 5Die Berücksichtigung des Erwerbs- und Erwerbsersatzeinkommens erfolgt monatsbezogen. 6Wird Einkommen nicht in Monatsbeträgen erzielt, ist es mit einem Zwölftel des Jahresbezugs je Kalendermonat anzusetzen; mit Ausnahme der Sonderzahlung nach Art. 82 BayBesG und vergleichbarer Erwerbseinkommen, deren Berücksichtigung Art. 79 folgt.

(5) 1Nach Ablauf des Monats, in dem der oder die Versorgungsberechtigte die Regelaltersgrenze nach Art. 62 Satz 1, Art. 143 Abs. 1 BayBG erreicht, gelten die Abs. 1 bis 4 nur für Erwerbseinkommen aus einer Verwendung im öffentlichen Dienst (Verwendungseinkommen). 2Dies ist jede Beschäftigung im Dienst von Körperschaften, Anstalten und Stiftungen des deutschen öffentlichen Rechts oder ihrer Verbände; ausgenommen ist die Beschäftigung bei öffentlich-rechtlichen Religionsgesellschaften oder ihren Verbänden. 3Der Verwendung im öffentlichen Dienst steht gleich die Verwendung im öffentlichen Dienst einer zwischenstaatlichen oder überstaatlichen Einrichtung, an der eine Körperschaft oder ein Verband im Sinn des Satzes 2 durch Zahlung von Beiträgen oder Zuschüssen oder in anderer Weise beteiligt ist. 4Ab dem Kalenderjahr, in dem die Voraussetzungen des Satzes 1 erfüllt sind oder in dem der oder die Versorgungsberechtigte die Altersgrenze nach Art. 129 Satz 1, Art. 143 Abs. 2 BayBG erreicht, ist das Verwendungseinkommen mit einem Zwölftel des Jahresbezugs je Kalendermonat anzusetzen. 5Für Ruhestandsbeamte und Ruhestandsbeamtinnen mit Verwendungseinkommen wird die Höchstgrenze nach Abs. 2 Satz 1 Nr. 1 Alternative 1 ab der für sie geltenden gesetzlichen Altersgrenze für den Ruhestandseintritt mit dem Faktor 1,5 vervielfacht. 6Satz 5 gilt nicht für Ruhestandsbeamte und Ruhestandsbeamtinnen, die wegen Dienstunfähigkeit, die nicht auf einem Dienstunfall beruht, oder auf Antrag nach Art. 64 Nr. 2 BayBG in den Ruhestand versetzt wurden.

(6) Bezieht ein Beamter oder eine Beamtin im einstweiligen Ruhestand Erwerbs- oder Erwerbsersatzeinkommen, das nicht Verwendungseinkommen ist, ruhen die Versorgungsbezüge in Höhe von 50 v. H. des Betrags, um den sie und das Einkommen die Höchstgrenze übersteigen.

Art. 84 Zusammentreffen mehrerer Versorgungsbezüge

(1) 1Erhalten aus einer Verwendung im öffentlichen Dienst (Art. 83 Abs. 5)

1. ein Ruhestandsbeamter oder eine Ruhestandsbeamtin Ruhegehalt oder eine ähnliche Versorgung,
2. ein Witwer, eine Witwe oder Waise Witwen- oder Waisengeld oder eine ähnliche Versorgung,
3. ein Witwer oder eine Witwe Ruhegehalt oder eine ähnliche Versorgung

als neue Versorgungsbezüge, so sind neben den neuen Versorgungsbezügen die früheren Versorgungsbezüge nur bis zum Erreichen der in Abs. 2 bezeichneten Höchstgrenze zu zahlen. 2Dabei darf die Gesamtversorgung nicht hinter der früheren Versorgung zurückbleiben.

(2) 1Als Höchstgrenze gelten in Fällen des

1. Abs. 1 Nr. 1 das Ruhegehalt, das sich unter Zugrundelegung der gesamten ruhegehaltfähigen Dienstzeit und der ruhegehaltfähigen Bezüge aus der Endstufe der

Besoldungsgruppe, aus der sich das frühere Ruhegehalt berechnet, ergibt,

2. Abs. 1 Nr. 2 das Witwen- oder Waisengeld, das sich aus dem Ruhegehalt nach Nr. 1 ergibt,
3. Abs. 1 Nr. 3 71,75 v. H., in den Fällen des Art. 54 80 v. H. der ruhegehaltfähigen Bezüge aus der Endstufe der Besoldungsgruppe, aus der sich das dem Witwengeld zugrunde liegende Ruhegehalt bemisst.

2Die Höchstgrenze erhöht sich um den Orts- und Familienzuschlag nach Art. 69 Abs. 2; dabei sind auch die Kinder einzubeziehen, die nur beim Unterschiedsbetrag neben den neuen Versorgungsbezügen berücksichtigt werden. 3Ist bei einem an der Ruhensregelung nach Satz 1 Nr. 1 oder 2 beteiligten Versorgungsbezug das Ruhegehalt um einen Versorgungsabschlag gemindert oder um einen Versorgungsaufschlag erhöht, ist das für die Höchstgrenze maßgebende Ruhegehalt entsprechend festzusetzen. 4In den Fällen des Satzes 1 Nr. 3 ist Satz 3 entsprechend anzuwenden, wenn das dem Witwengeld zugrunde liegende Ruhegehalt einem Versorgungsabschlag oder Versorgungsaufschlag unterliegt.

IV

(3) Im Fall des Abs. 1 Nr. 3 ist neben dem neuen Versorgungsbezug mindestens ein Betrag in Höhe von 20 v. H. des früheren Versorgungsbezugs zu belassen.

(4) 1Erwirbt ein Ruhestandsbeamter oder eine Ruhestandsbeamtin einen Anspruch auf Witwengeld oder eine ähnliche Versorgung, so wird daneben das Ruhegehalt zuzüglich des Orts- und Familienzuschlags nach Art. 69 Abs. 2 nur bis zum Erreichen der in Abs. 2 Satz 1 Nr. 3 und Satz 4 bezeichneten Höchstgrenze gezahlt. 2Die Gesamtbezüge dürfen nicht hinter dem Ruhegehalt zuzüglich des Orts- und Familienzuschlags nach Art. 69 Abs. 2 sowie eines Betrags in Höhe von 20 v. H. des neuen Versorgungsbezugs zurückbleiben.

Art. 85 Zusammentreffen von Versorgungsbezügen mit Renten oder Altersgeld

(1) 1Versorgungsbezüge werden neben Renten nur bis zum Erreichen der in Abs. 2 bezeichneten Höchstgrenze gezahlt. 2Als Renten gelten

1. Renten aus den gesetzlichen Rentenversicherungen,
2. Renten aus einer zusätzlichen Alters- oder Hinterbliebenenversorgung für Angehörige des öffentlichen Dienstes,
3. Renten nach dem Gesetz über die Alterssicherung der Landwirte,
4. Renten aus der gesetzlichen Unfallversicherung, wobei ein dem Unfallausgleich (Art. 52) entsprechender Betrag unberücksichtigt bleibt; bei einer Minderung der Erwerbsfähigkeit um 20 v. H. bleiben zwei Drittel des Mindestunfallausgleichs nach Art. 52, bei einer Minderung der Erwerbsfähigkeit um 10 v. H. ein Drittel des Mindestunfallausgleichs nach Art. 52 unberücksichtigt,
5. Leistungen aus einer berufsständischen Versorgungseinrichtung oder aus einer befreienden Lebensversicherung, zu denen der Arbeitgeber auf Grund eines Beschäftigungsverhältnisses im öffentlichen Dienst mindestens die Hälfte der Beiträge oder Zuschüsse in dieser Höhe geleistet hat,
6. sonstige Versorgungsleistungen, zu denen der Arbeitgeber auf Grund eines Beschäftigungsverhältnisses im öffentlichen Dienst mindestens die Hälfte der Beiträge oder Zuschüsse in dieser Höhe geleistet hat.

3Zu den Renten und Leistungen rechnet nicht der Kinderzuschuss und der Zuschlag zur Waisenrente. 4Renten, Rentenerhöhungen und Rentenminderungen, die auf § 1587b BGB, § 1 des Gesetzes zur Regelung von Härten im Versorgungsausgleich oder § 1 des Versorgungsausgleichsgesetzes (VersAusglG) beruhen einschließlich auf der internen Teilung beamten- oder soldatenversorgungsrechtlicher Anwartschaften nach Bundesrecht oder entsprechendem Landesrecht beruhender Leistungen sowie Zuschläge oder Abschläge nach § 76c SGB VI, bleiben unberücksichtigt. 5Leistungen nach Satz 2 Nr. 5 und 6, die während Zeiten einer Beurlaubung ohne Grundbezüge begründet wurden, sind nicht zu berücksichtigen.

(2) $_{1}$Als Höchstgrenze gelten

1. für Ruhestandsbeamte und Ruhestandsbeamtinnen der Betrag, der sich als Ruhegehalt ergeben würde, wenn der Berechnung zugrunde gelegt werden
   a) bei den ruhegehaltfähigen Bezügen die Endstufe der Besoldungsgruppe, aus der sich das Ruhegehalt berechnet,
   b) als ruhegehaltfähige Dienstzeit die Zeit vom vollendeten 17. Lebensjahr bis zum Eintritt des Versorgungsfalls abzüglich von Zeiten nach Art. 25, zuzüglich ruhegehaltfähiger Dienstzeiten vor Vollendung des 17. Lebensjahres sowie der Zeiten, um die sich die ruhegehaltfähige Dienstzeit erhöht, und der bei der Rente berücksichtigten Zeiten einer rentenversicherungspflichtigen Beschäftigung oder Tätigkeit nach Eintritt des Versorgungsfalls,
2. für Witwer, Witwen und Waisen der Betrag, der sich als Witwen- oder Waisengeld aus dem Ruhegehalt nach Nr. 1 ergeben würde.

$_{2}$Die Höchstgrenze erhöht sich um den zustehenden Orts- und Familienzuschlag nach Art. 69 Abs. 2. $_{3}$Ist bei einem an der Ruhensregelung beteiligten Versorgungsbezug das Ruhegehalt um einen Versorgungsabschlag gemindert oder um einen Versorgungsaufschlag erhöht, ist das für die Höchstgrenze maßgebende Ruhegehalt entsprechend festzusetzen.

(3) Als Renten im Sinn des Abs. 1 gelten nicht

1. bei Ruhestandsbeamten und Ruhestandsbeamtinnen Hinterbliebenenrenten aus einer Beschäftigung oder Tätigkeit des Ehegatten,
2. bei Witwern, Witwen und Waisen Renten auf Grund einer eigenen Beschäftigung oder Tätigkeit.

(4) $_{1}$Wird eine Rente im Sinn des Abs. 1 Satz 2 nicht beantragt oder auf sie verzichtet oder wird bei Eintritt des Rentenfalls an deren Stelle eine Kapitalleistung, Beitragserstattung oder Abfindung gezahlt, so tritt an die Stelle der Rente der Betrag, der vom Leistungsträger ansonsten zu zahlen wäre. $_{2}$Bei Zahlung einer Abfindung, Beitragserstattung oder eines sonstigen Kapitalbetrags ist der sich bei einer Verrentung ergebende Betrag zugrunde zu legen. $_{3}$Dies gilt nicht, wenn der Ruhestandsbeamte oder die Ruhestandsbeamtin innerhalb von drei Monaten nach Zufluss den Kapitalbetrag zuzüglich der hierauf gewährten Zinsen an den Dienstherrn abführt. $_{4}$Die Kapitalbeträge nach Satz 2 sind um die allgemeinen Anpassungen nach Art. 4 zu erhöhen oder zu vermindern, die sich nach dem Zeitpunkt der Entstehung des Anspruchs auf die Kapitalbeträge bis zur Gewährung von Versorgungsbezügen ergeben. $_{5}$Der Verrentungsbetrag nach Satz 2 errechnet sich bezogen auf den Monat aus dem Verhältnis zwischen dem nach Satz 4 dynamisierten Kapitalbetrag und dem Verrentungsfaktor, der sich aus dem 12-fachen Betrag des gemittelten Kapitalwerts nach der vom Bundesministerium der Finanzen zu § 14 Abs. 1 des Bewertungsgesetzes im Bundessteuerblatt Teil I veröffentlichten Tabelle ergibt.

(5) $_{1}$Bei der Ermittlung der nach Abs. 1 anzusetzenden Rente bleibt der Teil der Rente außer Ansatz, der auf freiwilligen Beitragsleistungen oder auf einer Höherversicherung beruht. $_{2}$Dies gilt nicht, soweit der Arbeitgeber mindestens die Hälfte der Beiträge oder Zuschüsse in dieser Höhe geleistet hat.

(6) Den in Abs. 1 Satz 2 bezeichneten Renten stehen entsprechende wiederkehrende Geldleistungen gleich, die auf Grund der Zugehörigkeit zu Zusatz- oder Sonderversorgungssystemen der ehemaligen Deutschen Demokratischen Republik geleistet werden oder die von einem ausländischen Versicherungsträger nach einem für die Bundesrepublik Deutschland wirksamen zwischen- oder überstaatlichen Abkommen gewährt werden.

(7) $_{1}$Beziehen Versorgungsberechtigte Altersgeld oder Hinterbliebenenaltersgeld nach dem Altersgeldgesetz des Bundes oder nach vergleichbarem Landesrecht, so ruhen die Versorgungsbezüge in Höhe des jeweiligen Betrags dieser Leistungen. $_{2}$Abs. 3 gilt entsprechend.

IV

Art. 86 Zusammentreffen von Versorgungsbezügen mit Versorgung aus zwischenstaatlicher und überstaatlicher Verwendung

(1) 1Erhält ein Ruhestandsbeamter oder eine Ruhestandsbeamtin aus der Verwendung im öffentlichen Dienst einer zwischenstaatlichen oder überstaatlichen Einrichtung eine Versorgung, ruht das Ruhegehalt nach diesem Gesetz in Höhe des Betrags, um den die Summe aus beiden Versorgungsbezügen die in Abs. 2 genannte Höchstgrenze übersteigt. 2Es ruht mindestens in Höhe des Betrags, der einer Minderung des Vomhundertsatzes von 1,79375 für jedes Jahr im zwischenstaatlichen oder überstaatlichen Dienst entspricht. 3Der Orts- und Familienzuschlag nach Art. 69 Abs. 2 ruht in Höhe von 2,5 v. H. für jedes Jahr im zwischenstaatlichen oder überstaatlichen Dienst. 4Art. 26 Abs. 1 Satz 3 bis 5 ist jeweils entsprechend anzuwenden. 5Die Versorgungsbezüge ruhen in voller Höhe, wenn der Ruhestandsbeamte oder die Ruhestandsbeamtin als Invaliditätspension die Höchstversorgung aus dem Amt bei der zwischenstaatlichen oder überstaatlichen Einrichtung erhält. 6Bei Anwendung des Satzes 1 wird die Zeit, in welcher der Beamte oder die Beamtin, ohne ein Amt bei einer zwischenstaatlichen oder überstaatlichen Einrichtung auszuüben, dort einen Anspruch auf Vergütung oder sonstige Entschädigung hat und Ruhegehaltsansprüche erwirbt, als Zeit im zwischenstaatlichen oder überstaatlichen Dienst gerechnet; Entsprechendes gilt für Zeiten nach dem Ausscheiden aus dem Dienst einer zwischenstaatlichen oder überstaatlichen Einrichtung, die dort bei der Berechnung des Ruhegehalts wie Dienstzeiten berücksichtigt werden.

(2) Als Höchstgrenze gelten die in Art. 84 Abs. 2 bezeichneten Höchstgrenzen sinngemäß; dabei ist als Ruhegehalt das Ruhegehalt nach diesem Gesetz zugrunde zu legen, das sich unter Einbeziehung der Zeiten einer Verwendung im öffentlichen Dienst einer zwischenstaatlichen oder überstaatlichen Einrichtung als ruhegehaltfähige Dienstzeit und auf der Grundlage der ruhegehaltfähigen Bezüge aus der Endstufe der nächst höheren Besoldungsgruppe ergibt.

(3) 1Verzichtet der Beamte, die Beamtin, der Ruhestandsbeamte oder die Ruhestandsbeamtin beim Ausscheiden aus dem öffentlichen Dienst einer zwischenstaatlichen oder überstaatlichen Einrichtung auf eine Versorgung oder wird an deren Stelle eine Abfindung, Beitragserstattung oder ein sonstiger Kapitalbetrag gezahlt, ist Abs. 1 mit der Maßgabe anzuwenden, dass an die Stelle der Versorgung der Betrag tritt, der vom Leistungsträger ansonsten zu zahlen wäre; erfolgt die Zahlung eines Kapitalbetrags, weil kein Anspruch auf laufende Versorgung besteht, so ist der sich bei einer Verrentung des Kapitalbetrags ergebende Betrag zugrunde zu legen. 2Art. 85 Abs. 4 Satz 4 und 5 gilt entsprechend. 3Dies gilt nicht, wenn der Beamte, die Beamtin, der Ruhestandsbeamte oder die Ruhestandsbeamtin innerhalb eines Jahres nach Beendigung der Verwendung oder der Berufung in das Beamtenverhältnis den Kapitalbetrag zuzüglich der hierauf gewährten Zinsen an den Dienstherrn abführt.

(4) Hat der Beamte, die Beamtin, der Ruhestandsbeamte oder die Ruhestandsbeamtin schon vor dem Ausscheiden aus dem zwischenstaatlichen oder überstaatlichen öffentlichen Dienst unmittelbar oder mittelbar Zahlungen aus dem Kapitalbetrag erhalten oder hat die zwischenstaatliche oder überstaatliche Einrichtung diesen durch Aufrechnung oder in anderer Form verringert, ist die Zahlung nach Abs. 3 in Höhe des ungekürzten Kapitalbetrags zu leisten.

(5) 1Erhalten der Witwer, die Witwe oder die Waisen eines Beamten, einer Beamtin, eines Ruhestandsbeamten oder einer Ruhestandsbeamtin Hinterbliebenenbezüge von der zwischenstaatlichen oder überstaatlichen Einrichtung, ruht das Witwen-, Witwer- oder Waisengeld nach diesem Gesetz in Höhe des Betrags, der sich unter Anwendung der Abs. 1 und 2 nach dem entsprechenden Anteilsatz ergibt. 2Abs. 1 Satz 3, Abs. 3, 4 und 6 finden entsprechende Anwendung.

(6) 1Der Ruhensbetrag darf die von der zwischenstaatlichen oder überstaatlichen Ein-

richtung gewährte Versorgung nicht übersteigen. 2Dem Ruhestandsbeamten oder der Ruhestandsbeamtin ist mindestens ein Betrag in Höhe von 20 v. H. des Ruhegehalts nach diesem Gesetz zu belassen. 3Satz 2 gilt nicht, wenn die Unterschreitung der Mindestbelassung darauf beruht, dass

1. das Ruhegehalt nach diesem Gesetz in Höhe des Betrags ruht, der einer Minderung des Vomhundertsatzes um 1,79375 für jedes Jahr im zwischenstaatlichen oder überstaatlichen Dienst entspricht, oder
2. Abs. 1 Satz 5 anzuwenden ist.

Art. 87 Zusammentreffen von Versorgungsbezügen mit Entschädigung oder Versorgungsbezügen nach dem Abgeordnetenstatut des Europäischen Parlaments

(1) Beziehen Versorgungsberechtigte eine Entschädigung nach Art. 10 des Beschlusses 2005/684/EG, so werden die Versorgungsbezüge um 50 v. H., jedoch höchstens um 50 v. H. der Entschädigung gekürzt.

(2) 1Beziehen Versorgungsberechtigte Versorgungsbezüge nach Art. 14, 15 und 17 des Beschlusses 2005/684/EG, ruhen die Versorgungsbezüge um 50 v. H. des Betrags, um den sie und die Versorgungsbezüge nach dem Beschluss 2005/684/EG die Entschädigung nach Art. 10 des Beschlusses 2005/684/EG übersteigen. 2Das Übergangsgeld nach Art. 13 des Beschlusses 2005/684/EG zählt zu den Versorgungsbezügen.

Unterabschnitt 2
Gemeinsame Bestimmungen

Art. 88 Erhöhung der Höchstgrenzen

(1) 1Im Auszahlungsmonat der Sonderzahlung (Art. 79) sind die Höchstgrenzen nach

1. Art. 83 Abs. 2 Nr. 1 und 2 um den Grundbetrag nach Art. 83 BayBesG und
2. Art. 83 Abs. 2 Nr. 3, Art. 84 Abs. 2, Art. 85 Abs. 2 und Art. 86 Abs. 2 um den Grundbetrag nach Art. 76

zu erhöhen. 2Zusätzlich sind die Höchstgrenzen um den Sonderbetrag für Kinder nach Art. 77 Abs. 1 zu erhöhen.

(2) Die Höchstgrenzen nach Art. 83 Abs. 2 sind bei Versorgungsberechtigten mit ruhegehaltfähigen Bezügen aus einer der Besoldungsgruppen A 1 bis A 8 zusätzlich um den Erhöhungsbetrag nach Art. 84 BayBesG zu erhöhen.

Art. 89 Mindestbelassung bei Unterhaltsbeitrag nach Art. 55

Bei Bezug eines Unterhaltsbeitrags nach Art. 55 ist mindestens ein Betrag zu belassen, der unter Berücksichtigung der Minderung der Erwerbsfähigkeit infolge des Dienstunfalls dem Unfallausgleich entspricht.

Art. 90 Reihenfolge der Anwendung der Anrechnungs-, Kürzungs- und Ruhensvorschriften

(1) Der Anwendung der Ruhensvorschriften nach Art. 83 bis 87 gehen sonstige Anrechnungs- und Kürzungsvorschriften vor, soweit nichts anderes bestimmt ist.

(2) 1Bei Zusammentreffen von zwei Versorgungsbezügen mit Erwerbs- oder Erwerbsersatzeinkommen ist zunächst der neuere und dann der frühere Versorgungsbezug nach Art. 83 zu regeln. 2Bei der Regelung des früheren Versorgungsbezugs ist dem Einkommen der nicht ruhende Teil des neueren Versorgungsbezugs hinzuzurechnen. 3Die Berechnungsreihenfolge ist umzukehren, soweit dies für die Versorgungsberechtigten günstiger ist. 4Die Versorgungsberechtigten dürfen nicht besser gestellt werden, als wenn kein Erwerbs- oder Erwerbsersatzeinkommen bezogen würde.

(3) Bei Zusammentreffen von Versorgungsbezügen mit Erwerbs- oder Erwerbsersatzeinkommen und Renten ist Art. 83 mit der nach Art. 85 Abs. 1 bis 6 verbleibenden Gesamtversorgung anzuwenden.

(4) 1Bei Zusammentreffen von zwei Versorgungsbezügen mit einer Rente ist zunächst der neuere Versorgungsbezug nach Art. 85 Abs. 1 bis 5 und danach der frühere Versorgungsbezug unter Berücksichtigung des gekürzten neueren Versorgungsbezugs nach Art. 84 zu regeln. 2Der hiernach gekürzte frühere Versorgungsbezug ist unter Berücksich-

IV

tigung des gekürzten neueren Versorgungsbezugs nach Art. 85 Abs. 1 bis 5 zu regeln; für die Berechnung der Höchstgrenze nach Art. 85 Abs. 2 ist hierbei die Zeit bis zum Eintritt des neueren Versorgungsfalls zu berücksichtigen.

(5) Der nach Art. 86 berechnete Ruhensbetrag ist von den nach Anwendung der Art. 83 bis 85 Abs. 1 bis 6 und Art. 87 verbleibenden Versorgungsbezügen abzuziehen.

(6) Der Ruhensbetrag nach Art. 85 Abs. 7 ist von den nach Anwendung der Art. 83 bis 85 Abs. 1 bis 6, Art. 86 und 87 verbleibenden Versorgungsbezügen abzuziehen.

IV

Art. 91 Nichtberücksichtigung der Versorgungsbezüge

1Werden Versorgungsberechtigte im öffentlichen Dienst (Art. 83 Abs. 5) verwendet, so sind ihre Bezüge aus dieser Beschäftigung ohne Rücksicht auf die Versorgungsbezüge zu bemessen. 2Das Gleiche gilt für eine auf Grund der Beschäftigung zu gewährende Versorgung.

Abschnitt 2 Versorgungsausgleich

Art. 92 Kürzung der Versorgungsbezüge wegen Versorgungsausgleichs

(1) 1Sind bei der Durchführung eines Versorgungsausgleichs Anwartschaften in einer gesetzlichen Rentenversicherung nach § 1587b Abs. 2 BGB oder §§ 14 und 16 VersAusglG rechtskräftig begründet oder Anwartschaften nach dem Bundesversorgungsteilungsgesetz (BVersTG) oder entsprechendem Landesrecht rechtskräftig übertragen worden, werden die Versorgungsbezüge des oder der Ausgleichsverpflichteten und seiner oder ihrer Hinterbliebenen nach Anwendung von Ruhens-, Kürzungs- und Anrechnungsvorschriften um den nach Abs. 2 oder 3 berechneten Betrag gekürzt. 2Das einer Vollwaise zu gewährende Waisengeld wird nicht gekürzt, wenn nach dem Recht der gesetzlichen Rentenversicherungen die Voraussetzungen für die Gewährung einer Waisenrente aus der Versicherung des oder der Ausgleichsberechtigten nicht erfüllt sind.

(2) 1Der Kürzungsbetrag für das Ruhegehalt berechnet sich aus dem Monatsbetrag der durch die Entscheidung des Familiengerichts begründeten oder übertragenen Anwartschaften. 2Dieser Betrag erhöht oder vermindert sich um die der nach dem Ende der Ehezeit bis zum Zeitpunkt des Eintritts oder der Versetzung in den Ruhestand eingetretenen allgemeinen Anpassungen nach Art. 4. 3Vom Zeitpunkt des Eintritts oder der Versetzung in den Ruhestand an, bei einem Ruhestandsbeamten oder einer Ruhestandsbeamtin vom Tag nach dem Ende der Ehezeit an, erhöht oder vermindert sich der Kürzungsbetrag in dem Verhältnis, in dem sich das Ruhegehalt vor Anwendung von Ruhens-, Kürzungs- und Anrechnungsvorschriften durch allgemeine Anpassungen nach Art. 4 erhöht oder vermindert.

(3) Der Kürzungsbetrag für das Witwen- und Waisengeld berechnet sich aus dem Kürzungsbetrag nach Abs. 2 für das Ruhegehalt, das der Beamte oder die Beamtin erhalten hat oder hätte erhalten können, wenn er oder sie am Todestag in den Ruhestand getreten wäre, nach den Anteilssätzen des Witwen- oder Waisengeldes.

(4) Ein Unterhaltsbeitrag nach Art. 105 Abs. 3 wird nicht gekürzt.

(5) In den Fällen des § 5 des Gesetzes zur Regelung von Härten im Versorgungsausgleich oder der §§ 33, 34 VersAusglG steht die Zahlung des Ruhegehalts des oder der Verpflichteten für den Fall rückwirkender oder erst nachträglich bekannt werdender Rentengewährung an den Ausgleichsberechtigten oder die Ausgleichsberechtigte unter dem Vorbehalt der Rückforderung.

Art. 93 Abwendung der Kürzung der Versorgungsbezüge

(1) 1Wurde der Versorgungsausgleich nach §§ 14 und 16 VersAusglG durchgeführt, kann die Kürzung der Versorgungsbezüge nach Art. 92 ganz oder teilweise durch Zahlung eines Kapitalbetrags an den Dienstherrn abgewendet werden. 2Als voller Kapitalbetrag wird der Betrag angesetzt, der auf Grund der Entscheidung des Familiengerichts zur Begründung der Anwartschaft auf die bestimm-

te Rente zu leisten gewesen wäre, erhöht oder vermindert um die nach dem Tag, an dem die Entscheidung des Familiengerichts ergangen ist, bis zum Tag der Zahlung des Kapitalbetrags eingetretenen allgemeinen Anpassungen nach Art. 4. $_{3}$Vom Zeitpunkt des Eintritts oder der Versetzung in den Ruhestand an, bei einem Ruhestandsbeamten oder einer Ruhestandsbeamtin von dem Tag, an dem die Entscheidung des Familiengerichts ergangen ist, erhöht oder vermindert sich der Kapitalbetrag in dem Verhältnis, in dem sich das Ruhegehalt vor Anwendung von Ruhens-, Kürzungs- und Anrechnungsvorschriften durch allgemeine Anpassungen nach Art. 4 erhöht oder vermindert.

(2) Bei Zahlung eines Teilbetrags vermindert sich die Kürzung der Versorgungsbezüge in dem entsprechenden Verhältnis.

Teil 4 Versorgungslastenteilung bei landesinternen Dienstherrenwechseln

Art. 94 Dienstherrenwechsel

(1) $_{1}$Ein Dienstherrenwechsel liegt vor, wenn eine Person, die in einem in Art. 1 Abs. 1 genannten Rechtsverhältnis steht, bei ihrem Dienstherrn ausscheidet und in ein in Art. 1 Abs. 1 genanntes Rechtsverhältnis eines anderen Dienstherrn tritt. $_{2}$Einbezogen sind auch Wechsel in kommunale Wahlbeamtenverhältnisse oder in Dienstordnungsangestelltenverhältnisse der Sozialversicherungsträger und umgekehrt. $_{3}$Ausgenommen sind Beamte und Beamtinnen auf Widerruf.

(2) Als Dienstherrenwechsel gilt auch die Übernahme in den Dienst nach Maßgabe der §§ 16 und 17 BeamtStG und der Art. 51 und 52 BayBG, soweit die abgebende Körperschaft bestehen bleibt und nicht etwas anderes geregelt wird.

Art. 95 Versorgungslastenteilung

(1) Eine Versorgungslastenteilung findet bei einem Dienstherrenwechsel statt, wenn der abgebende Dienstherr dem Dienstherrenwechsel zugestimmt hat und zwischen dem Ausscheiden und dem Eintritt keine zeitliche Unterbrechung liegt.

(2) $_{1}$Die Zustimmung muss vor dem Wirksamwerden des Dienstherrenwechsels schriftlich gegenüber dem aufnehmenden Dienstherrn erklärt werden. $_{2}$Sie darf nur aus dienstlichen Gründen verweigert werden. $_{3}$Sie gilt als erteilt, wenn Beamte und Beamtinnen auf Zeit mit Ablauf ihrer Dienst- oder Amtszeit bei einem neuen Dienstherrn eintreten oder wenn eine Wahl Voraussetzung für die Begründung des Beamtenverhältnisses ist.

(3) Eine zeitliche Unterbrechung ist unschädlich, wenn Personen auf Grund einer gesetzlichen Verpflichtung übernommen werden und keine Nachversicherung durchgeführt wurde.

Art. 96 Abfindung

(1) Die Versorgungslastenteilung erfolgt durch Zahlung einer Abfindung.

(2) $_{1}$Die Höhe der Abfindung entspricht dem Produkt aus den Bezügen (Art. 97 Abs. 1), den in vollen Monaten ausgedrückten Dienstzeiten (Art. 97 Abs. 2) und einem Bemessungssatz. $_{2}$Der Bemessungssatz ist vom Lebensalter der wechselnden Person zum Zeitpunkt des Ausscheidens beim abgebenden Dienstherrn abhängig und beträgt

1. bis Vollendung des 30. Lebensjahres 15 v. H.,
2. bis Vollendung des 50. Lebensjahres 20 v. H.,
3. nach Vollendung des 50. Lebensjahres 25 v. H.

(3) Maßgebend sind die Verhältnisse zum Zeitpunkt des Ausscheidens; Nachberechnungen finden nicht statt.

(4) $_{1}$Bei Beamten und Beamtinnen auf Zeit, die nach Ablauf ihrer beim abgebenden Dienstherrn begründeten Dienst- und Amtszeit nicht in den Ruhestand getreten wären, ist eine Abfindung in Höhe der Kosten zu zahlen, die im Fall des Ausscheidens zum Zeitpunkt des Dienstherrenwechsels für eine Nachversicherung der bei ihm zurückgelegten Zeiten in der gesetzlichen Rentenversicherung angefallen wären. $_{2}$Hat der abge-

bende Dienstherr auf Grund eines früheren Dienstherrenwechsels eine Abfindung nach diesem Gesetz oder nach dem Versorgungslastenteilungs-Staatsvertrag erhalten, so hat er neben der Abfindung nach Satz 1 diesen Betrag zuzüglich Zinsen in Höhe von 4,5 v. H. pro Jahr ab dem Zeitpunkt des Erhalts der Zahlung an den aufnehmenden Dienstherrn zu bezahlen.

Art. 97 Berechnungsgrundlagen

(1) $_1$Bezüge sind die nach Art. 12 und 13 ruhegehaltfähigen Bezüge einschließlich der vom abgebenden Dienstherrn nach Art. 82 bis 87 BayBesG zu leistenden Sonderzahlung. $_2$Auf die Erfüllung von Mindestdienst- oder -bezugszeiten kommt es nicht an. $_3$Die Bezüge sind als Monatsbetrag anzusetzen.

(2) $_1$Dienstzeiten sind die Zeiten, die beim abgebenden Dienstherrn und bei früheren Dienstherren in einem in Art. 1 Abs. 1 und 2 genannten Rechtsverhältnis zurückgelegt wurden, soweit sie ruhegehaltfähig sind. $_2$Einzubeziehen sind Zeiten, die bei Dienstherren außerhalb des Geltungsbereichs dieses Gesetzes in einem Beamten-, Richter- oder Soldatenverhältnis zurückgelegt wurden, soweit sie ruhegehaltfähig sind. $_3$Ausgenommen sind Zeiten in einem Beamtenverhältnis auf Widerruf sowie Zeiten, für die eine Nachversicherung durchgeführt wurde. $_4$Dem Dienstherrenwechsel unmittelbar vorangehende Abordnungszeiten beim aufnehmenden Dienstherrn sind diesem zuzurechnen, es sei denn, der aufnehmende Dienstherr hat hierfür einen Versorgungszuschlag an den abgebenden Dienstherrn entrichtet.

Art. 98 Weitere Zahlungsansprüche

(1) Liegt ein Dienstherrenwechsel ohne die Voraussetzungen des Art. 95 vor und hat der abgebende Dienstherr auf Grund eines früheren Dienstherrenwechsels eine Abfindung nach diesem Gesetz oder nach dem Versorgungslastenteilungs-Staatsvertrag erhalten, so hat er diesen Betrag zuzüglich Zinsen in Höhe von 4,5 v. H. pro Jahr ab dem Zeitpunkt des Erhalts der Zahlung an den aufnehmenden Dienstherrn zu bezahlen, wenn nicht bereits eine Nachversicherung durchgeführt wurde.

(2) Hat der aufnehmende Dienstherr auf Grund eines Dienstherrenwechsels eine Abfindung erhalten und scheidet die wechselnde Person beim aufnehmenden Dienstherrn ohne Versorgungsansprüche aus, hat der aufnehmende Dienstherr dem abgebenden Dienstherrn die Kosten einer Nachversicherung zu erstatten oder im Fall eines bestehenden Versorgungsanspruchs gegenüber dem abgebenden Dienstherrn die erhaltene Abfindung zuzüglich Zinsen in Höhe von 4,5 v. H. pro Jahr ab dem Zeitpunkt des Erhalts der Zahlung an diesen zurückzuzahlen.

Art. 99 Dokumentationspflichten und Zahlungsmodalitäten

(1) Der zahlungspflichtige Dienstherr hat die Berechnung des Zahlungsbetrags durchzuführen und dem berechtigten Dienstherrn gegenüber nachzuweisen.

(2) $_1$Die Abfindung ist innerhalb von sechs Monaten nach Aufnahme beim neuen Dienstherrn zu leisten. $_2$In Fällen des Art. 95 Abs. 3 beginnt die Frist nach Mitteilung der Aufnahme durch den neuen Dienstherrn.

(3) Die beteiligten Dienstherren können abweichende Zahlungsregelungen vereinbaren.

(4) Die Abwicklung kann auf andere Stellen übertragen werden.

Art. 99a Wechsel in einen Mitgliedstaat der Europäischen Union

(1) $_1$Auf Antrag erhalten nachzuversichernde

1. Beamte und Beamtinnen auf Lebenszeit, die nach Erfüllung der Wartezeit nach Art. 11 Abs. 1 Nr. 1 oder
2. Beamte und Beamtinnen auf Zeit, die nach einer Dienstzeit von mindestens zehn Jahren

auf Antrag entlassen wurden, eine ergänzende Versorgungsabfindung, wenn sie im unmittelbaren Anschluss eine im Inland herkömmlich in einem öffentlich-rechtlichen Dienstverhältnis ausgeübte Beschäftigung im öffentlichen Dienst eines Mitgliedstaates der Europäischen Union aufnehmen. $_2$Die Unmittelbarkeit wird vermutet, wenn zwischen der Beendigung des Dienstverhältnisses und dem Beginn des Beschäftigungsverhältnisses im Ausland nicht mehr als drei Monate vergangen sind. $_{3}$Art. 10 Abs. 2 und 3 gilt entsprechend.

(2) Der Anspruch auf eine ergänzende Versorgungsabfindung besteht nicht, wenn das Beamtenverhältnis ohne den Antrag durch Entfernung aus dem Beamtenverhältnis oder wegen einer vor Beendigung des Beamtenverhältnisses begangenen Tat durch den Verlust der Beamtenrechte geendet hätte.

(3) $_{1}$Die ergänzende Versorgungsabfindung bemisst sich nach dem Unterschiedsbetrag der um einen Abschlag von 15 v. H. verminderten Versorgungsanwartschaft und der durch Nachversicherung begründeten Anwartschaft zum Zeitpunkt der Beendigung des Beamtenverhältnisses. $_{2}$Art. 97 findet mit Ausnahme des Art. 97 Abs. 2 Satz 3 und mit der Maßgabe entsprechende Anwendung, dass Zeiten, für die Ansprüche nach dem Altersgeldgesetz des Bundes oder nach vergleichbarem Landesrecht erworben wurden, nicht als Dienstzeiten gelten. $_{3}$Der Unterschiedsbetrag wird in einen Barwert umgerechnet, dem die gesetzliche Altersgrenze nach Art. 62 Satz 1 BayBG und die statistische Lebenserwartung zu Grunde liegt. $_{4}$Er erhöht sich um einen pauschalen Aufschlag von 40 v. H., wenn die ergänzende Versorgungsabfindung der inländischen Steuerpflicht unterliegt. $_{5}$Die für die Barwertermittlung notwendigen Berechnungsgrundlagen gibt das Staatsministerium der Finanzen und für Heimat bekannt.

(4) $_{1}$Bei erneuter Berufung in ein Beamtenverhältnis wird die ergänzende Versorgungsabfindung in entsprechender Anwendung von Art. 85 auf die Versorgungsbezüge angerechnet. $_{2}$Die Anrechnung unterbleibt, wenn die um die allgemeinen Anpassungen nach Art. 4 erhöhte oder verminderte ergänzende Versorgungsabfindung innerhalb eines Jahres nach der erneuten Berufung vollständig an den Dienstherrn zurückgezahlt wird. $_{3}$Art. 85 Abs. 4 Satz 3 findet keine Anwendung.

Teil 5
Überleitungs- und Übergangsvorschriften

Abschnitt 1
Überleitung vorhandener Versorgungsberechtigter

Art. 100 Besondere Bestandskraft

(1) $_{1}$Der Versorgung der am 1. Januar 2011 vorhandenen Ruhestandsbeamten und Ruhestandsbeamtinnen sind der Ruhegehaltssatz, die ruhegehaltfähige Dienstzeit, die mit dem Anpassungsfaktor belegten ruhegehaltfähigen Bezüge, die prozentuale Verminderung des Ruhegehalts auf Grund vorzeitiger Ruhestandsversetzung und die Besoldungsgruppe, aus der sich das Ruhegehalt berechnet, wie sie sich aus der letzten bestandskräftigen Festsetzung vor dem 1. Januar 2011 unter Berücksichtigung der seither vorgenommenen Anpassungen der Versorgungsbezüge ergeben, zugrunde zu legen. $_{2}$Werden nach diesem Zeitpunkt neue Beweismittel bekannt, die einen dieser Werte betreffen, gelten Art. 48, 49 und 51 des Bayerischen Verwaltungsverfahrensgesetzes entsprechend; die Neufestsetzung erfolgt nur in Bezug auf den betroffenen Wert, dabei ist der Ruhegehaltssatz für am 31. Dezember 1991 vorhandene Beamte und Beamtinnen, Ruhestandsbeamte und Ruhestandsbeamtinnen nach Art. 103 Abs. 5 bis 9 zu ermitteln. $_{3}$Soweit noch keine Festsetzung erfolgt oder die letzte Festsetzung vor dem 1. Januar 2011 noch nicht bestandskräftig ist, ist bis zur Bestandskraft der Festsetzung oder bis zur rechtskräftigen Entscheidung über die Festsetzung das am 31. Dezember 2010 geltende Recht anzuwenden; nach Eintritt der Bestandskraft oder Rechtskraft gilt Satz 1 entsprechend. $_{4}$Art. 12 Abs. 1 Satz 1 Nr. 4 und Art. 26 Abs. 5 bleiben unberührt. $_{5}$Für frühere Beamte und Beamtinnen, die am 1. Januar 2011 einen Unterhaltsbeitrag erhalten, der nicht auf einem Dienstunfall beruht, gelten Sätze 1 bis 3 entsprechend für die festgesetzten Unterhaltsbeiträge.

(2) $_{1}$Beruht die Versorgung auf einem Beamtenverhältnis, das vor dem 1. Januar 1966

begründet wurde, ist Art. 85 mit der Maßgabe anzuwenden, dass der zu berücksichtigende Rentenbetrag um 40 v. H. gemindert und neben den Renten mindestens ein Betrag von 40 v. H. der Versorgungsbezüge belassen wird. 2Der Ausgleichsbetrag nach Art. 2 § 2 Abs. 1 des 2. Haushaltsstrukturgesetzes vom 22. Dezember 1981 (BGBl. I S. 1523) darf den sich aus Art. 85 ergebenden Ruhensbetrag nicht übersteigen. 3Der Ausgleichsbetrag vermindert sich um die Hälfte des Betrags, um den sich die Versorgungsbezüge auf Grund einer allgemeinen Bezügeanpassung nach Art. 4 erhöhen; er ist auf die Mindestbelassung nach Satz 2 anzurechnen. 4Art. 21, 26 Abs. 6 und Art. 85 Abs. 4 gelten nicht für am 1. Oktober 1994 vorhandene Ruhestandsbeamte und Ruhestandsbeamtinnen. 5Bei am 1. Januar 2002 vorhandenen Ruhestandsbeamten und Ruhestandsbeamtinnen bleiben bei der Anwendung des Art. 85 Renten nach Art. 85 Abs. 1 Satz 2 Nr. 4 außer Ansatz.

(3) 1Für die am 1. Januar 2011 vorhandenen Hinterbliebenen, die Witwen- oder Waisengeld erhalten, gelten Abs. 1 Satz 1 bis 3 und Abs. 2 entsprechend, auch für den für die Höhe des Witwengeldes maßgeblichen Vomhundertsatz. 2Art. 36 Abs. 1 Satz 2 bis 4, Art. 105 Abs. 2 Satz 2, Art. 40 Abs. 1 Satz 3 und Art. 44 bleiben unberührt. 3Für die am 1. Januar 2011 vorhandenen Hinterbliebenen, die einen Unterhaltsbeitrag erhalten, der nicht auf einem Dienstunfall beruht, gelten Sätze 1 und 2 entsprechend für die festgesetzten Unterhaltsbeiträge.

(4) 1Für die am 31. Dezember 2010 vorhandenen Unfallfürsorgeberechtigten steht ein vor dem 1. Januar 2011 erlittener Dienstunfall oder Einsatzunfall im Sinn des Beamtenversorgungsgesetzes in der zu diesem Zeitpunkt geltenden Fassung dem Dienstunfall oder Einsatzunfall im Sinn dieses Gesetzes gleich. 2Art. 52 Abs. 3 findet keine Anwendung. 3Auf die am 31. Dezember 1991 vorhandenen Beamten und Beamtinnen, denen auf Grund eines bis zu diesem Zeitpunkt erlittenen Dienstunfalls ein Unfallausgleich gewährt wird, findet § 35 des Beamtenversorgungsgesetzes in der am 31. Dezember 1991 geltenden Fassung mit der Maßgabe Anwendung, dass bei Ermittlung des Unfallausgleichs die Unfallausgleichsbeträge des Art. 52 Abs. 1 zugrunde zu legen sind. 4Der Unfallausgleich ist mindestens in der bis zum 30. Juni 2023 geltenden Höhe unter Berücksichtigung der bis zu diesem Zeitpunkt geltenden Grundrentenbeträge des Bundesversorgungsgesetzes zu zahlen. 5Für das Unfallruhegehalt gilt Abs. 1 entsprechend, für die Unfall-Hinterbliebenenversorgung und die Höchstgrenze der Hinterbliebenenversorgung gilt Abs. 3; bei Neufestsetzungen ist in den Fällen, in denen § 36 BeamtVG Anwendung gefunden hat, Art. 53 Abs. 3 anzuwenden. 6Für Unterhaltsbeiträge für frühere Beamte und Beamtinnen, frühere Ruhestandsbeamte und Ruhestandsbeamtinnen sowie bei Schädigung eines ungeborenen Kindes gelten Art. 55 und 56 mit der Maßgabe, dass in Art. 55 Abs. 2 Satz 1 an die Stelle der Zahl „63,78" das Wort „sechsundsechzigzweidrittel", an die Stelle der Zahl „25" die Zahl „20" tritt. 7Ein am 31. Dezember 2010 zustehender Unterhaltsbeitrag für Hinterbliebene nach § 41 BeamtVG oder Hilflosigkeitszuschlag nach § 34 Abs. 2 BeamtVG wird weiterhin gewährt und ist bei Anpassungen der Versorgungsbezüge entsprechend anzupassen; für den Unterhaltsbeitrag nach § 41 BeamtVG gelten Art. 37 und 44, für den Hilflosigkeitszuschlag § 13 der Heilverfahrensverordnung in der am 31. Dezember 2010 geltenden Fassung sinngemäß.

(5) 1Für die Berechnung der Höchstgrenzen nach Art. 84 Abs. 2 Satz 1 Nr. 1 sowie Art. 85 Abs. 2 gilt Art. 103 Abs. 5 bis 9 entsprechend. 2Es ist mindestens der Ruhegehaltssatz nach Abs. 1 zugrunde zu legen, oder soweit am 31. Dezember 2010 bereits eine entsprechende Ruhensregelung anzuwenden war, mindestens der damals zugrunde liegende Ruhegehaltssatz der Höchstgrenze.

Art. 101 Bezügebestandteile

(1) 1Versorgungsempfänger und Versorgungsempfängerinnen mit ruhegehaltfähigen Bezügen der Besoldungsordnungen A und C sowie der Besoldungsgruppen R 1 und

R 2 werden den betragsmäßig entsprechenden Stufen des Grundgehalts der Anlage 3 zum Bayerischen Besoldungsgesetz zugeordnet. 2Weist die Grundgehaltstabelle den bisherigen Betrag nicht aus, erfolgt die Zuordnung zu der Stufe der Besoldungsgruppe mit dem nächsthöheren Betrag. 3Die so ermittelte Stufe des Grundgehalts und der zugehörige Betrag treten ab 1. Januar 2011 an die Stelle der nach Art. 100 Abs. 1 Satz 1 und Abs. 2 Satz 1 geltenden Werte. 4Versorgungsempfänger und Versorgungsempfängerinnen mit ruhegehaltfähigen Bezügen der Besoldungsordnungen B und W sowie der Besoldungsgruppen R 3 bis R 8 werden den Grundgehältern der Anlage 3 zum Bayerischen Besoldungsgesetz zugeordnet. 5Die Grundgehälter der Versorgungsberechtigten mit Bezügen der früheren Bayerischen Besoldungsordnung HS bestimmen sich nach Anlage 6 zum Gesetz zur Anpassung der Bezüge 2009/2010 und nehmen an Anpassungen nach Art. 4 teil; das gilt auch für die festgesetzten Sondergrundgehälter und Zuschüsse zur Ergänzung des Grundgehalts.

(2) 1Abs. 1 gilt nicht für Versorgungsempfänger und Versorgungsempfängerinnen, deren ruhegehaltfähige Bezüge sich am 31. Dezember 2010 nach der Besoldungsgruppe A 1 oder A 2 bestimmen. 2Die zu diesem Zeitpunkt geltenden Grundgehaltsbeträge gelten für die Berechnung der Versorgungsbezüge fort und nehmen an allgemeinen Bezügeanpassungen nach Art. 4 teil. 3Das gilt entsprechend für ruhegehaltfähige Bezüge der früheren Besoldungsgruppe B 1.

(3) Mit der Zuordnung nach Abs. 1 entfällt bei Versorgungsempfängern und Versorgungsempfängerinnen mit ruhegehaltfähigen Bezügen der Besoldungsgruppen A 6 bis A 8 die allgemeine Stellenzulage nach Nr. 27 Abs. 1 Buchst. a Doppelbuchst. aa der Vorbemerkungen zu den Besoldungsordnungen A und B des Bundesbesoldungsgesetzes in der am 31. August 2006 geltenden Fassung.

(4) 1Die der Berechnung der Versorgungsbezüge am 31. Dezember 2010 zugrunde liegenden Zuschläge nach den §§ 50a und 50b BeamtVG werden zum 1. Januar 2011 als Zuschlag im Sinn des Art. 71, die Zuschläge nach § 50d BeamtVG als Zuschlag im Sinn des Art. 72, die Zuschläge nach § 50e BeamtVG als Zuschläge im Sinn des Art. 73 und der Zuschlag nach § 50c BeamtVG als Zuschlag im Sinn des Art. 74 übergeleitet. 2Die übergeleiteten Zuschläge nehmen ab diesem Zeitpunkt an der allgemeinen Anpassung der Versorgungsbezüge nach Art. 4 teil. 3Art. 71 Abs. 7 und 8, Art. 72 Abs. 3 Satz 2, Art. 73 Abs. 2 und Art. 74 Abs. 3 gelten entsprechend.

(5) 1Durch die Anwendung des Art. 85 Abs. 1 Satz 2 Nr. 3 auf Leistungen, die vor dem 1. Januar 2011 zugestanden haben, darf der Betrag der Versorgungsbezüge nach Anwendung von Anrechnungs-, Ruhens- und Kürzungsvorschriften nicht unter den Betrag fallen, der vor dem 1. Januar 2011 ohne Berücksichtigung von Kanndienstzeiten im Sinn des Art. 24 Abs. 4 zuletzt zugestanden hat; die Anrechnung sonstiger Renten im Sinn des Art. 85 Abs. 1 bleibt unberührt. 2Der Betrag nach Satz 1 erhöht oder vermindert sich um erstmals nach dem 31. Dezember 2010 zustehende oder nicht mehr zustehende Anteile des Familienzuschlags oder des Orts- und Familienzuschlags und nimmt an den allgemeinen Anpassungen der Versorgungsbezüge gemäß Art. 4 teil.

(6) Zu den ruhegehaltfähigen Bezügen im Sinn des Art. 100 Abs. 1 zählen und nehmen an den allgemeinen Anpassungen der Versorgungsbezüge nach Art. 4 teil:

1. die Amtszulagen zu den Besoldungsgruppen der Bundesbesoldungsordnungen des Bundesbesoldungsgesetzes in der am 31. August 2006 geltenden Fassung,

2. die Ausgleichszulagen nach § 13 Abs. 1 und 2 des Bundesbesoldungsgesetzes in der am 31. August 2006 geltenden Fassung, soweit sie Bezüge ausgleichen, die an allgemeinen Bezügeanpassungen teilgenommen haben,

3. die Zuschüsse zum Grundgehalt nach Nr. 2 der Vorbemerkungen zu Bundesbesoldungsordnung C zum Bundesbesoldungsgesetz in der bis zum Ablauf des 22. Februar 2002 geltenden Fassung, soweit sie für ruhegehaltfähig erklärt wurden,

4. die Überleitungszulage nach Art. 14 § 1 Abs. 1 des Gesetzes zur Reform des öffentlichen Dienstrechts (Reformgesetz) vom 24. Februar 1997 (BGBl. I S. 322),
5. die Zulagen nach § 5 Abs. 3 Satz 1 Buchst. a und b der Zweiten Verordnung über besoldungsrechtliche Übergangsregelungen nach Herstellung der Einheit Deutschlands (Zweite Besoldungs-Übergangsverordnung – 2. BesÜV) in der am 31. August 2006 geltenden Fassung,
6. die Überleitungszulage nach Art. IX § 11 des Zweiten Gesetzes zur Vereinheitlichung und Neuregelung des Besoldungsrechts in Bund und Ländern (2. BesVNG) vom 23. Mai 1975 (BGBl. I S. 1173),
7. der Zuschuss zur Ergänzung des Grundgehalts nach Fußnote 2 zu den Besoldungsgruppen HS 3 kw und HS 4 kw der Anlage 1 zum Bayerischen Besoldungsgesetz in der am 31. Dezember 2010 geltenden Fassung,
8. die Zulagen nach Nrn. 6 und 27 der Vorbemerkungen zu den Bundesbesoldungsordnungen A und B zum Bundesbesoldungsgesetz in der am 31. August 2006 geltenden Fassung,
9. die Zulage für Gerichtsvollzieher nach § 12 der Verordnung über die Vergütung für Beamte im Vollstreckungsdienst (Vollstreckungsvergütungsverordnung – VollstrVergV) in der am 31. August 2006 geltenden Fassung,
10. die Amtszulage nach Fußnote 7 zu Besoldungsgruppe A 12 der Anlage 7 zum Gesetz zur Anpassung der Bezüge 2007/2008 (BayBVAnpG 2007/2008),
11. die Ausgleichszulage nach § 7 Abs. 5 des Dritten Gesetzes zur Änderung des Bayerischen Besoldungsgesetzes (Drittes Bayerisches Besoldungsänderungsgesetz – 3. BayBesÄndG) vom 13. März 1972 (GVBl. S. 61),
12. die Zulage nach Art. 10 Abs. 7 des Zweiten Gesetzes zur Neuregelung des Bayerischen Besoldungsrechts (Zweites Bayerisches Besoldungsneuregelungsgesetz – 2. BayBesNG) vom 29. Mai 1970 (GVBl. S. 201),
13. die Stellenzulage nach Nr. 15 der Anlage I (AV-BayBesO) zum Bayerischen Besoldungsgesetz vom 10. November 1970 (GVBl. S. 545),
14. die Zulage nach Art. 5 Abs. 2 des Zweiten Gesetzes zur Änderung des Bayerischen Besoldungsgesetzes (Zweites Bayerisches Besoldungsänderungsgesetz – 2. BayBesÄndG) vom 27. Oktober 1970 (GVBl. S. 496),
15. die Zulage nach Nr. 2b der Vorbemerkungen zu Bundesbesoldungsordnung C zum Bundesbesoldungsgesetz in der bis zum 22. Februar 2002 geltenden Fassung,
16. die Amtszulagen zu den Besoldungsgruppen der Besoldungsordnungen des Bayerischen Besoldungsgesetzes in der am 31. Dezember 2010 geltenden Fassung.

(7) Zu den ruhegehaltfähigen Bezügen im Sinn des Art. 100 Abs. 1 zählen und nehmen nicht an den allgemeinen Anpassungen der Versorgungsbezüge nach Art. 4 teil:

1. der Anpassungszuschlag nach § 71 BeamtVG in der am 31. Dezember 1983 geltenden Fassung nach Maßgabe des Art. 32 des Gesetzes über Maßnahmen zur Entlastung der öffentlichen Haushalte und zur Stabilisierung der Finanzentwicklung in der Rentenversicherung sowie über die Verlängerung der Investitionshilfeabgabe (Haushaltsbegleitgesetz 1984) vom 22. Dezember 1983 (BGBl. I S. 1532) in der am 31. August 2006 geltenden Fassung,
2. der Strukturausgleich nach Art. 1 § 6 des Gesetzes über die Anpassung von Dienst- und Versorgungsbezügen in Bund und Ländern 1991 (Bundesbesoldungs- und -versorgungsanpassungsgesetz 1991 – BBVAnpG 91) vom 21. Februar 1992 (BGBl. I S. 266) nach Maßgabe des Art. 2 Abs. 4 des Gesetzes über die Anpassung von Dienst- und Versorgungsbezügen in Bund und Ländern 1998 (Bundesbesoldungs- und -versorgungsanpassungsgesetz 1998 – BBVAnpG 98) vom 6. August 1998 (BGBl. I S. 2026),

3. der Anpassungszuschlag nach § 71 BeamtVG in der am 30. Juni 1997 geltenden Fassung nach Maßgabe des Art. 4 Nr. 12 und 13 des Reformgesetzes,
4. der Zuschlag zum Grundgehalt (Erhöhungszuschlag) nach Art. 5 § 1 Abs. 1 oder Art. 6 Abs. 1 des Siebenten Gesetzes zur Änderung des Bundesbesoldungsgesetzes (7. BesÄndG) vom 15. April 1970 (BGBl. I S. 339) nach Maßgabe des Art. 2 Abs. 4 BBVAnpG 98,
5. die Ausgleichszulage nach § 81 Abs. 1 des Bundesbesoldungsgesetzes in der am 31. August 2006 geltenden Fassung,
6. die Überleitungszulage nach Art. IX § 11 2. BesVNG,
7. die Ausgleichszulage nach Art. IX § 13 2. BesVNG,
8. der Zuschuss zur Ergänzung des Grundgehalts nach Fußnote 2 zu den Besoldungsgruppen HS 3 kw und HS 4 kw der Anlage 1 Anhang, Teil 1 zum Bayerischen Besoldungsgesetz in der am 31. Dezember 2010 geltenden Fassung,
9. die Zulagen nach Nrn. 8, 9, 10, 12, 13a und Stellenzulagen nach Nrn. 23, 25 und 26 der Vorbemerkungen zu den Bundesbesoldungsordnungen A und B zum Bundesbesoldungsgesetz in der am 31. August 2006 geltenden Fassung nach Maßgabe des § 81 Abs. 2 des Bundesbesoldungsgesetzes in der am 31. August 2006 geltenden Fassung und des Art. 5 Abs. 1 BayBVAnpG 2007/2008,
10. die Zulagen nach Nrn. 8, 9, 10, 12, 13a und Stellenzulagen nach Nrn. 23, 25 und 26 der Vorbemerkungen zu den Bundesbesoldungsordnungen A und B zum Bundesbesoldungsgesetz in der am 31. Dezember 1998 geltenden Fassung,
11. das Kolleggeld nach Fußnote 2 zu den Besoldungsgruppen HS 3 kw und HS 4 kw der Anlage 1 Anhang Teil 1 zum Bayerischen Besoldungsgesetz in der am 31. Dezember 2010 geltenden Fassung,
12. die Ausgleichszulagen nach § 13 Abs. 1 und 2 des Bundesbesoldungsgesetzes in der am 31. August 2006 geltenden Fassung, soweit sie nicht von Abs. 6 Nr. 2 erfasst sind.

Art. 102 Versorgung künftiger Hinterbliebener, Versorgungsausgleich

(1) 1Der Hinterbliebenenversorgung nach am 1. Januar 2011 vorhandenen Ruhestandsbeamten oder Ruhestandsbeamtinnen ist das von den Verstorbenen bezogene jeweilige Ruhegehalt zugrunde zu legen; Art. 100 Abs. 2 Satz 4 und 5 und Abs. 5 gilt entsprechend. 2Für die Hinterbliebenenversorgung aus einer vor dem 1. Januar 2002 geschlossenen Ehe, bei der mindestens ein Ehegatte vor dem 2. Januar 1962 geboren ist, beträgt das Witwengeld (Art. 35) 60 v. H. des Ruhegehalts, das der oder die Verstorbene erhalten hat oder hätte erhalten können, wenn er oder sie am Todestag in den Ruhestand getreten wäre; Art. 74 ist in diesen Fällen nicht anzuwenden.

(2) 1Ist die Entscheidung des Familiengerichts vor dem 1. Januar 2011 wirksam geworden, wird die Kürzung des im Zeitpunkt der Wirksamkeit der Entscheidung zustehenden Ruhegehalts nach Art. 92 bei am 1. Januar 2011 vorhandenen Ruhestandsbeamten und Ruhestandsbeamtinnen erst dann vorgenommen, wenn aus der Versicherung des berechtigten Ehegatten eine Rente zu gewähren oder eine Zahlung nach § 5 BVersTG oder entsprechendem Landesrecht zu leisten ist. 2Art. 92 Abs. 5 findet entsprechende Anwendung.

(3) Art. 100 Abs. 3 Satz 1 und 2 gilt entsprechend im Fall des Art. 44 Abs. 5 Satz 1, soweit der frühere Anspruch vor dem 1. Januar 2011 entfallen ist.

Abschnitt 2
Übergangsregelung für vorhandene Beamte und Beamtinnen

Art. 103 Besondere Bestimmungen zu den ruhegehaltfähigen Bezügen, zur ruhegehaltfähigen Dienstzeit und zum Ruhegehalt

(1) 1Die der Berechnung der Versorgungsbezüge zugrunde liegenden ruhegehaltfähigen

IV

Bezüge werden bis zur ersten Anpassung nach Art. 4 nach dem 31. Dezember 2010 durch Multiplikation mit dem Anpassungsfaktor 0,96750 vermindert. $_{2}$Dies gilt nicht bei Bezug von Mindestruhegehalt nach Art. 26 Abs. 5, erhöhtem Unfallruhegehalt nach Art. 54 oder von Bezügen entpflichteter Professoren und Professorinnen nach Art. 113 Abs. 1.

(2) $_{1}$Für ein vor dem 1. Januar 1992 geborenes Kind ist die Zeit eines Erziehungsurlaubs bis zu dem Tag ruhegehaltfähig, an dem das Kind 15 Monate alt wird. $_{2}$Dies gilt entsprechend für die Zeit einer Kindererziehung von der Geburt des Kindes bis zu dem Tag, an dem das Kind 15 Monate alt wird, die in eine Freistellung vom Dienst nach Art. 80a oder 86a BayBG in der am 31. Dezember 1991 geltenden Fassung fällt.

(3) Zeiten einer Altersteilzeit nach Art. 91 BayBG oder Altersdienstermäßigung nach Art. 8c Abs. 1 Satz 1 des Bayerischen Richtergesetzes in der am 31. Dezember 2009 geltenden Fassung, die vor dem 1. Januar 2010 angetreten worden ist, sind zu neun Zehnteln der Arbeitszeit ruhegehaltfähig, die der Bemessung der ermäßigten Arbeitszeit während der Altersteilzeit zugrunde gelegt worden ist.

(4) Der Zeitraum der Verwendung eines Beamten oder einer Beamtin zum Zweck der Aufbauhilfe im Beitrittsgebiet wird bis zum 31. Dezember 1995 doppelt als ruhegehaltfähige Dienstzeit berücksichtigt, wenn die Verwendung ununterbrochen mindestens ein Jahr gedauert hat.

(5) $_{1}$Hat das Beamtenverhältnis oder ein unmittelbar vorangehendes anderes öffentlich-rechtliches Dienstverhältnis, aus dem der Beamte oder die Beamtin in den Ruhestand tritt, bereits am 31. Dezember 1991 bestanden, tritt an die Stelle des Ruhegehaltssatzes nach Art. 26 Abs. 1 der nach Abs. 6 und 7 berechnete Ruhegehaltssatz, soweit dies für den Beamten oder die Beamtin günstiger ist. $_{2}$Den Berechnungen wird die nach diesem Gesetz ermittelte ruhegehaltfähige Dienstzeit mit der Maßgabe zugrunde gelegt, dass

1. Zeiten einer Fachschul- oder Hochschulausbildung nach Art. 20 Abs. 1 im Umfang der tatsächlichen Studiendauer, höchstens jedoch bis zur Regelstudienzeit einschließlich Prüfungszeit zu berücksichtigen sind,
2. Art. 20 Abs. 2 keine Anwendung findet und
3. die Zurechnungszeit nach Art. 23 Abs. 1 nur in Höhe von einem Drittel bis zum Ende des Monats der Vollendung des 55. Lebensjahres zur ruhegehaltfähigen Dienstzeit hinzugerechnet wird.

(6) $_{1}$Für die vor dem 1. Januar 1992 zurückgelegte ruhegehaltfähige Dienstzeit beträgt der Ruhegehaltssatz bis zu einer zehnjährigen Dienstzeit 35 v. H.; er steigt je weiterem vollem Jahr ruhegehaltfähiger Dienstzeit um 2 Prozentpunkte bis zu einer 25jährigen Dienstzeit und um einen Prozentpunkt bis zu einer 35jährigen Dienstzeit. $_{2}$Art. 26 Abs. 1 Satz 3 bis 5 ist entsprechend anzuwenden.

(7) $_{1}$Der Ruhegehaltssatz nach Abs. 6 erhöht sich um einen Prozentpunkt je vollem Jahr ruhegehaltfähiger Dienstzeit die nach dem 31. Dezember 1991 zurückgelegt wurde bis zum Höchstsatz von 75 v. H. $_{2}$Beträgt die ruhegehaltfähige Dienstzeit nach Abs. 6 Satz 1 keine zehn Jahre, bleibt die Zeit bis zum vollen zehnten Jahr bei der ruhegehaltfähigen Dienstzeit nach Satz 1 außer Ansatz. $_{3}$Nach der zweiten auf den 1. Januar 2011 folgenden Anpassung nach Art. 4 ist der nach den Sätzen 1 und 2 ermittelte Ruhegehaltssatz mit dem Faktor 0,95667 zu multiplizieren. $_{4}$Art. 26 Abs. 1 Satz 3 bis 5 ist entsprechend anzuwenden.

(8) Errechnet sich der maßgebende Ruhegehaltssatz nach den Abs. 5 bis 7, ist entsprechend diesen Vorschriften auch der Ruhegehaltssatz für die Höchstgrenze nach Art. 84 Abs. 2 und Art. 85 Abs. 2 zu berechnen.

(9) $_{1}$Die Voraussetzungen des Abs. 5 sind auch dann erfüllt, wenn dem Beamtenverhältnis, aus dem der Ruhestandseintritt erfolgt, mehrere öffentlich-rechtliche Dienstverhältnisse in unmittelbarem zeitlichen Zusammenhang mit dem am 31. Dezember 1991 bestehenden öffentlich-rechtlichen Dienstverhältnis vorangegangen sind. $_{2}$Einem öffentlich-rechtlichen Dienstverhältnis steht ein Beschäftigungsverhältnis im Sinn des § 5 Abs. 1 Nr. 2 und des § 6 Abs. 1 Nr. 2 SGB VI gleich.

(10) Art. 26 Abs. 2 ist auf am 1. Januar 2001 vorhandene Beamte und Beamtinnen, die bis zum 16. November 1950 geboren sind und am 16. November 2000 schwerbehindert im Sinn des § 2 Abs. 2 des Neunten Buches Sozialgesetzbuch sind sowie nach Art. 64 Nr. 2 BayBG in den Ruhestand versetzt werden, nicht anzuwenden.

(11) 1Art. 100 Abs. 2 Satz 1 bis 3 gilt entsprechend. 2Art. 85 Abs. 4 Satz 2 findet bei am 1. Oktober 1994 vorhandenen Beamten und Beamtinnen keine Anwendung, wenn die Rente zu diesem Zeitpunkt bereits abgegolten war.

(12) 1Beamte und Beamtinnen des Vollzugsdienstes und Beamte und Beamtinnen des Einsatzdienstes der Feuerwehr, die vor Vollendung der Altersgrenze nach Art. 62 Satz 1, Art. 143 Abs. 1 BayBG wegen Erreichens der für sie geltenden Altersgrenze nach Art. 129, 143 Abs. 2 BayBG in den Ruhestand treten, erhalten einen einmaligen Ausgleich. 2Der Ausgleich beträgt für

Beamte und Beamtinnen des Geburtsjahrgangs	
bis 1955	4091 €
1956	3200 €
1957	2400 €
1958	1600 €
1959	800 €

3Der Ausgleich verringert sich jeweils um ein Fünftel für jedes Jahr, um das über die Altersgrenze nach Art. 129, 143 Abs. 2 BayBG hinaus Dienst geleistet wird. 4Der Ausgleich wird nicht neben einer einmaligen Unfallentschädigung nach Art. 62 sowie im Fall der Bewilligung von Urlaub nach Art. 90 Abs. 1 Nr. 2 BayBG in der am 31. Dezember 2024 geltenden Fassung gewährt. 5Schwebt zum Zeitpunkt des Eintritts in den Ruhestand gegen den Beamten oder die Beamtin ein Verfahren auf Rücknahme der Ernennung oder das nach § 24 Abs. 1 BeamtStG zum Verlust der Beamtenrechte führen könnte oder ist gegen den Beamten oder die Beamtin Disziplinarklage erhoben worden, darf der Ausgleich erst nach dem rechtskräftigen Abschluss des Verfahrens gewährt werden, wenn kein Verlust der Versorgungsbezüge eingetreten ist. 6Die disziplinarrechtlichen Vorschriften bleiben unberührt.

Art. 104 Ruhegehalt und Übergangsgeld auf Grund von Übergangsregelungen im Besoldungsrecht

(1) 1Ruhegehaltfähige Bezüge im Sinn des Art. 12 Abs. 1 sind

1. Zuschüsse zum Grundgehalt von Professoren und Professorinnen der Besoldungsordnung C kw nach Art. 107 Abs. 3 BayBesG, soweit sie für ruhegehaltfähig erklärt wurden,
2. die Überleitungszulage nach Art. 108 Abs. 1 BayBesG, soweit sie ruhegehaltfähige Bezüge im Sinn dieses Gesetzes ersetzt und
3. die Ausgleichszulage nach Art. 108 Abs. 2 BayBesG, soweit sie ruhegehaltfähige Bezüge nach früherem Recht ersetzt.

2Die Zuschüsse nach Satz 1 Nr. 1 nehmen an allgemeinen Bezügeanpassungen nach Art. 4 mit dem Vomhundertsatz teil, um den die Grundgehaltssätze erhöht werden; das gilt entsprechend für die Überleitungszulage nach Satz 1 Nr. 2 und die Ausgleichszulage nach Satz 1 Nr. 3, soweit sie für Bezüge gewährt werden, die an allgemeinen Bezügeanpassungen teilgenommen haben.

(2) Art. 22 gilt entsprechend für Hochschuldozenten, Hochschuldozentinnen, Oberassistenten, Oberassistentinnen, Oberingenieure, Oberingenieurinnen sowie wissenschaftliche und künstlerische Assistenten und Assistentinnen (Art. 107 Abs. 1 BayBesG).

(3) Für die in Abs. 2 genannten Personen beträgt das Übergangsgeld abweichend von Art. 67 Abs. 1 Satz 1 für ein Jahr Dienstzeit das Einfache, insgesamt höchstens das Sechsfache der Besoldung des letzten Monats.

Art. 105 Hinterbliebenenversorgung

(1) Für die Hinterbliebenenversorgung aus einer vor dem 1. Januar 2002 geschlossenen Ehe, bei der mindestens ein Ehegatte vor dem 2. Januar 1962 geboren ist, beträgt das Witwengeld (Art. 35) 60 v. H. des Ruhegehalts, das der oder die Verstorbene erhalten hat oder

IV

hätte erhalten können, wenn er oder sie am Todestag in den Ruhestand getreten wäre; Art. 74 ist in diesen Fällen nicht anzuwenden.

(2) 1Wenn die Ehe vor dem 1. Juli 1977 geschieden worden ist, ist dem schuldlos oder aus überwiegendem Verschulden des anderen Ehepartners geschiedenen Ehepartner eines verstorbenen Beamten oder Ruhestandsbeamten oder einer verstorbenen Beamtin oder Ruhestandsbeamtin, die oder der im Fall des Fortbestehens der Ehe Witwengeld erhalten hätte, ein Unterhaltsbeitrag bis zur Höhe des Witwengeldes insoweit zu gewähren, als der oder die Verstorbene zu Lebzeiten noch Unterhalt zu leisten hatte. 2Eine später eingetretene oder eintretende Änderung der Verhältnisse kann berücksichtigt werden. 3Dies gilt entsprechend für den früheren Ehepartner eines verstorbenen Beamten oder einer verstorbenen Beamtin, der oder die einem schuldlos oder aus überwiegendem Verschulden des anderen Ehepartners geschiedenen Ehepartner gleichgestellt ist und dessen oder deren Ehe aufgehoben oder für nichtig erklärt war.

(3) 1Einem geschiedenen Ehepartner, der im Fall des Fortbestehens der Ehe Witwengeld erhalten hätte, ist auf Antrag ein Unterhaltsbeitrag insoweit zu gewähren, als der geschiedene Ehepartner im Zeitpunkt des Todes gegen den Versorgungsurheber einen Anspruch auf schuldrechtlichen Versorgungsausgleich nach § 1587f Nr. 2 BGB in der am 31. August 2009 geltenden Fassung wegen einer Anwartschaft oder eines Anspruchs nach § 1587a Abs. 2 Nr. 1 BGB in der am 31. August 2009 geltenden Fassung hatte. 2Der Unterhaltsbeitrag wird jedoch nur gewährt,

1. solange der geschiedene Ehepartner erwerbsgemindert im Sinn des Sechsten Buches Sozialgesetzbuch ist oder
2. solange er mindestens ein waisengeldberechtigtes Kind erzieht oder die Sorge für ein waisengeldberechtigtes Kind mit körperlichen oder geistigen Gebrechen hat oder
3. wenn er die Regelaltersgrenze nach §§ 35, 235 SGB VI erreicht hat.

3Der nach Satz 1 festgestellte Betrag ist in einem Vomhundertsatz des Witwengeldes festzusetzen; der Unterhaltsbeitrag darf fünf Sechstel des entsprechend Art. 92 gekürzten Witwengeldes nicht übersteigen. 4Dem geschiedenen Ehepartner werden frühere Ehepartner einer aufgehobenen oder für nichtig erklärten Ehe gleichgestellt. 5Art. 37, 42 und 43 gelten entsprechend.

(4) Wenn das Scheidungsverfahren bis zum 31. Juli 1989 rechtshängig geworden ist oder die Parteien bis zum 31. Juli 1989 eine Vereinbarung nach § 1587o BGB in der damals geltenden Fassung getroffen haben, ist ein Unterhaltsbeitrag nach Abs. 3 auch insoweit zu gewähren, als ein Anspruch auf schuldrechtlichen Versorgungsausgleich besteht, weil

1. die Begründung von Rentenanwartschaften in einer gesetzlichen Rentenversicherung mit Rücksicht auf die Vorschrift des § 1587b Abs. 3 Satz 1 zweiter Halbsatz BGB nicht möglich war,
2. der ausgleichspflichtige Ehegatte die ihm nach § 1587b Abs. 3 Satz 1 erster Halbsatz BGB auferlegten Zahlungen zur Begründung von Rentenanwartschaften in einer gesetzlichen Rentenversicherung nicht erbracht hat,
3. in den Ausgleich Leistungen der betrieblichen Altersversorgung auf Grund solcher Anwartschaften oder Aussichten einzubeziehen sind, die im Zeitpunkt des Erlasses der Entscheidung noch nicht unverfallbar waren, oder
4. das Familiengericht nach § 1587b Abs. 4 BGB eine Regelung in der Form des schuldrechtlichen Versorgungsausgleichs getroffen hat oder die Ehegatten nach § 1587o BGB den schuldrechtlichen Versorgungsausgleich vereinbart haben.

Art. 106 Übergangsregelung zur Anhebung der Altersgrenzen

(1) Für Beamte und Beamtinnen, die nach Art. 64 Nr. 1 BayBG in den Ruhestand versetzt werden, ist Art. 26 Abs. 2 Satz 1 Nr. 1 mit folgenden Maßgaben anzuwenden:

1. An die Stelle der Altersgrenze nach Art. 62 Satz 1 BayBG tritt bei vor dem 1. Januar 1949 Geborenen das 65. Lebensjahr.

2. An die Stelle der Altersgrenze nach Art. 62 Satz 1 BayBG treten bei nach dem 31. Dezember 1948 und vor dem 1. Januar 1950 Geborenen folgende Altersgrenzen:

Geburtsdatum	Lebensalter	
	Jahr	Monat
31. Januar 1949	65	1
28. Februar 1949	65	2
31. Dezember 1949	65	3

(2) Für Beamte und Beamtinnen, die nach Art. 64 Nr. 2 BayBG in den Ruhestand versetzt werden, ist Art. 26 Abs. 2 Satz 1 Nr. 2 mit folgenden Maßgaben anzuwenden:

1. An die Stelle des 65. Lebensjahres tritt bei vor dem 1. Januar 1952 Geborenen die Vollendung des 63. Lebensjahres.
2. An die Stelle des 65. Lebensjahres treten bei nach dem 31. Dezember 1951 und vor dem 1. Januar 1964 Geborenen folgende Altersgrenzen:

Geburtsdatum	Lebensalter	
	Jahr	Monat
31. Januar 1952	63	1
29. Februar 1952	63	2
31. März 1952	63	3
30. April 1952	63	4
31. Mai 1952	63	5
31. Dezember 1952	63	6
31. Dezember 1953	63	7
31. Dezember 1954	63	8
31. Dezember 1955	63	9
31. Dezember 1956	63	10
31. Dezember 1957	63	11
31. Dezember 1958	64	
31. Dezember 1959	64	2
31. Dezember 1960	64	4
31. Dezember 1961	64	6
31. Dezember 1962	64	8
31. Dezember 1963	64	10

(3) Für Beamte und Beamtinnen, die vor dem 1. Januar 2024 wegen Dienstunfähigkeit (§ 26 Abs. 1 BeamtStG), die nicht auf einem Dienstunfall beruht, in den Ruhestand versetzt werden, ist Art. 26 Abs. 2 Satz 1 Nr. 3 mit der Maßgabe anzuwenden, dass an die Stelle des 65. Lebensjahres folgende Altersgrenzen treten:

Zeitpunkt der Versetzung in den Ruhestand vor dem	Lebensalter	
	Jahr	Monat
1. Januar 2012	63	
1. Februar 2012	63	1
1. März 2012	63	2
1. April 2012	63	3
1. Mai 2012	63	4
1. Juni 2012	63	5
1. Januar 2013	63	6
1. Januar 2014	63	7
1. Januar 2015	63	8
1. Januar 2016	63	9
1. Januar 2017	63	10
1. Januar 2018	63	11
1. Januar 2019	64	
1. Januar 2020	64	2
1. Januar 2021	64	4
1. Januar 2022	64	6
1. Januar 2023	64	8
1. Januar 2024	64	10

(4) Gilt für Beamte und Beamtinnen, die wegen Dienstunfähigkeit in den Ruhestand versetzt werden, die besondere Altersgrenze nach Art. 143 Abs. 2 BayBG, tritt diese in Art. 23 Abs. 1 und Art. 53 Abs. 2 jeweils an die Stelle des 62. Lebensjahres.

Abschnitt 3
Anpassungen der Versorgung

Art. 107 Besondere Maßgaben

(1) $_1$Ab der ersten Anpassung nach Art. 4 nach Inkrafttreten dieses Gesetzes werden die der Berechnung der Versorgungsbezüge zugrunde liegenden ruhegehaltfähigen Bezüge durch Multiplikation mit dem Anpassungsfaktor 0,96208 vermindert. $_2$Dies gilt nicht bei Bezug von Mindestruhegehalt nach Art. 26 Abs. 5.

(2) $_1$In Versorgungsfällen, die vor der zweiten auf das Inkrafttreten dieses Gesetzes folgen-

den Anpassung nach Art. 4 eingetreten sind, wird der den Versorgungsbezügen zugrunde liegende Ruhegehaltssatz mit dem Inkrafttreten und vor dem Vollzug der zweiten Anpassung nach Art. 4 mit dem Faktor 0,95667 vervielfältigt; Art. 26 Abs. 1 Satz 3 und 4 ist anzuwenden. 2Der den Versorgungsbezügen zugrunde liegende, nach Art. 53 Abs. 3 Satz 1 oder nach § 36 Abs. 3 Satz 1 BeamtVG ermittelte Ruhegehaltssatz nimmt im Umfang des Erhöhungssatzes von 20 v. H. nicht an der Absenkung nach Satz 1 teil; der Ausgleichsbetrag nach Abs. 3 Satz 1 vermindert sich auf den Betrag der Absenkung des Versorgungsbezugs. 3Dies gilt auch für den Ruhegehaltssatz nach Art. 103. 4Der so ermittelte Ruhegehaltssatz tritt für die am 1. Januar 2011 vorhandenen Versorgungsberechtigten an die Stelle des Ruhegehaltssatzes nach Art. 100. 5Für die übrigen Versorgungsberechtigten gilt er als neu festgesetzt und ist ab dem Tag der zweiten Anpassung nach Art. 4 der Berechnung der Versorgungsbezüge zugrunde zu legen.

(3) 1Wurde der nach Art. 100 maßgebliche Ruhegehaltssatz nach § 36 Abs. 3 BeamtVG in der bis 31. August 2006 geltenden Fassung berechnet, wird in Höhe des Betrags, um den sich die Versorgung vor der Anwendung von Anrechnungs-, Kürzungs- und Ruhensvorschriften durch die Anwendung des Abs. 1 verringert, ein Ausgleichsbetrag zu den Versorgungsbezügen gewährt. 2Dieser verringert sich bei den auf die zweite Anpassung nach Art. 4 nach dem 31. Dezember 2010 folgenden Anpassungen jeweils um die Hälfte der sich aus diesen Anpassungen ergebenden Erhöhungsgewinne der Versorgungsbezüge vor der Anwendung von Anrechnungs-, Kürzungs- und Ruhensvorschriften. 3Sätze 1 und 2 gelten auch für Versorgungsempfänger nach § 82 BeamtVG in der am 31. Dezember 1991 geltenden Fassung.

(4) Wurde das Ruhegehalt nach § 37 oder § 91 Abs. 2 Nr. 1 BeamtVG in der bis 31. August 2006 geltenden Fassung oder nach Art. 54 oder 113 Abs. 1 ermittelt, sind Abs. 1 und 2 nicht anzuwenden.

(5) Bis zur zweiten nach dem 1. Januar 2011 folgenden Anpassung nach Art. 4 sind folgende Maßgaben anzuwenden:

1. in Art. 26 Abs. 1 Satz 2 und Abs. 7 Satz 1, Art. 28 Satz 1, Art. 53 Abs. 3 Satz 3, Art. 83 Abs. 2 Satz 1 Nr. 3 und Art. 84 Abs. 2 Satz 1 Nr. 3 tritt an die Stelle der Zahl „71,75" die Zahl „75",
2. in Art. 26 Abs. 1 Satz 2 und Art. 86 Abs. 1 Satz 2 und Abs. 6 Satz 3 Nr. 1 tritt an die Stelle der Zahl „1,79375" die Zahl „1,875",
3. in Art. 27 Abs. 1 Satz 1 Nr. 3 und Abs. 2 Satz 2 und Art. 73 Abs. 1 Satz 1 Nr. 4 und Satz 2 tritt an die Stelle der Zahl „66,97" die Zahl „70",
4. in Art. 27 Abs. 2 Satz 1 tritt an die Stelle der Zahl „0,95667" die Zahl „1",
5. in Art. 28 Satz 1 tritt an die Stelle der Zahl „1,91333" die Zahl „2" und
6. in Art. 53 Abs. 3 Satz 2 und Art. 55 Abs. 2 Satz 1 Nr. 1 tritt an die Stelle der Zahl „63,78" das Wort „sechsundsechzigzweidrittel".

Abschnitt 4
Übergangsvorschriften zur Versorgungslastenteilung

Art. 108 Laufende Erstattungen

Zum 1. Januar 2011 laufende Erstattungen werden nach den bisherigen Anteilen fortgeführt.

Art. 109 Versorgungslastenteilung bei vergangenen Dienstherrenwechseln ohne laufende Erstattung

(1) 1Hat vor Inkrafttreten dieses Gesetzes ein Dienstherrenwechsel stattgefunden, der die gesetzlichen Voraussetzungen für eine Versorgungslastenteilung erfüllte, so tragen die beteiligten Dienstherren die Versorgungsbezüge bei Eintritt des Versorgungsfalls im Verhältnis der Dienstzeiten, die beim abgebenden und beim aufnehmenden Dienstherrn in einem in Art. 1 Abs. 1 und 2 genannten Rechtsverhältnis abgeleistet wurden, soweit diese ruhegehaltfähig sind. 2Zeiten in einem Beamtenverhältnis auf Widerruf bleiben unberücksichtigt. 3Zeiten einer Beurlaubung, für die der beur-

laubende Dienstherr die Ruhegehaltfähigkeit anerkannt oder zugesichert hat, stehen den bei ihm abgeleisteten ruhegehaltfähigen Dienstzeiten gleich. 4Zeiten einer Abordnung zum aufnehmenden Dienstherrn vor dem Dienstherrenwechsel gelten als beim abgebenden Dienstherrn abgeleistete Dienstzeiten.

(2) Wurde dem Beamten oder der Beamtin aus Anlass oder nach der Übernahme von dem aufnehmenden Dienstherrn ein höherwertiges Amt verliehen, bemisst sich der Anteil des abgebenden Dienstherrn, als wäre der Beamte oder die Beamtin in dem beim abgebenden Dienstherrn zuletzt bekleideten Amt verblieben.

(3) 1Wird der Beamte oder die Beamtin in den einstweiligen Ruhestand versetzt, entsteht die Verpflichtung des abgebenden Dienstherrn erst mit der Antragsaltersgrenze des Beamten oder der Beamtin, spätestens jedoch mit Einsetzen der Hinterbliebenenversorgung. 2Die Zeit im einstweiligen Ruhestand wird, soweit sie ruhegehaltfähig ist, zu Lasten des aufnehmenden Dienstherrn berücksichtigt.

(4) 1Der abgebende Dienstherr kann anstelle der Erstattung nach Abs. 1 bis 3 eine Abfindung an den erstattungsberechtigten Dienstherrn leisten. 2Die Abfindung wird nach Art. 96 und Art. 97 mit der Maßgabe des Art. 110 Abs. 2 berechnet; Art. 110 Abs. 3 und 5 gilt entsprechend.

Art. 110 Versorgungslastenteilung im Fall eines zusätzlichen Dienstherrenwechsels nach Art. 95

(1) Erfolgt in Fällen des Art. 109 nach dem 31. Dezember 2010 ein Dienstherrenwechsel, der die Voraussetzungen des Art. 95 erfüllt, haben neben dem zuletzt abgebenden Dienstherrn auch die früheren, nach bisherigem Recht erstattungspflichtigen Dienstherren eine Abfindung an den aufnehmenden Dienstherrn zu leisten; für die früheren Dienstherren tritt die Abfindung anstelle der Erstattung nach Art. 109 Abs. 1 bis 3.

(2) Die Abfindungen nach Abs. 1 werden nach Art. 96 und Art. 97 mit folgenden Maßgaben berechnet:

1. Abweichend von Art. 97 Abs. 2 sind Zeiten bei früheren zahlungspflichtigen Dienstherren nicht zu berücksichtigen.
2. Für die Berechnung der von den früheren Dienstherren zu leistenden Abfindung sind die Bezüge abweichend von Art. 96 Abs. 3 bis 31. Dezember 2010 entsprechend den linearen Anpassungen zu dynamisieren.
3. Dienstzeiten bei weiteren Dienstherren, die nicht zur Erstattung verpflichtet sind, werden den zahlungspflichtigen Dienstherren und dem berechtigten Dienstherrn anteilig zugerechnet (Quotelung); die Aufteilung erfolgt nach dem Verhältnis der Zeiten, die die wechselnde Person bei den zahlungspflichtigen Dienstherren abgeleistet hat und beim berechtigten Dienstherrn bis zum Erreichen der für die wechselnde Person geltenden gesetzlichen Altersgrenze ableisten würde; abweichend hiervon werden die Zeiten dem nachfolgenden zahlungspflichtigen Dienstherrn zugerechnet, wenn er die wechselnde Person ohne Zustimmung übernommen hat.

(3) Der von den früheren Dienstherren zu leistende Abfindungsbetrag ist vom Zeitpunkt des Inkrafttretens dieses Gesetzes mit 4,5 v. H. pro Jahr zu verzinsen.

(4) 1Für den zuletzt abgebenden Dienstherrn gilt Art. 99 Abs. 2 Satz 1 entsprechend. 2Die früheren Dienstherren müssen die Abfindung innerhalb von sechs Monaten leisten, nachdem sie vom zahlungsberechtigten Dienstherrn über den letzten Dienstherrenwechsel unterrichtet wurden.

(5) 1Die beteiligten Dienstherren unterrichten sich gegenseitig über die für die Abfindung maßgeblichen Umstände. 2Art. 98 Abs. 2 sowie Art. 99 Abs. 1, 3 und 4 gelten entsprechend.

Art. 111 Versorgungslastenteilung im Fall eines zusätzlichen Dienstherrenwechsels nach dem Versorgungslastenteilungs-Staatsvertrag

1Erfolgt in Fällen des Art. 109 nach dem 31. Dezember 2010 ein Dienstherrenwechsel, der unter § 3 des Versorgungslastenteilungs-Staatsvertrags fällt, haben die frühe-

IV

ren, nach bisherigem Recht erstattungspflichtigen Dienstherren anstelle der Erstattung nach Art. 109 Abs. 1 bis 3 eine Abfindung an den zuletzt abgebenden Dienstherrn zu leisten. $_{2}$Art. 110 Abs. 2, 3, 4 Satz 2 und Abs. 5 gilt entsprechend.

Art. 112 Übernahme der Versorgungslasten in Altfällen

$_{1}$Der Freistaat Bayern trägt die gesetzlichen Versorgungsbezüge für die Beamten und Beamtinnen der früheren staatlichen Polizeiverwaltungen und für ihre Hinterbliebenen aus den vor Ablauf des 8. Mai 1945 eingetretenen Versorgungsfällen auch insoweit, als er nach § 82 Abs. 2 des Gesetzes zur Regelung der Rechtsverhältnisse der unter Art. 131 des Grundgesetzes fallenden Personen nicht zahlungspflichtig ist. $_{2}$Er trägt ferner die Versorgung für die unter Kapitel II des Gesetzes zur Regelung der Rechtsverhältnisse der unter Art. 131 des Grundgesetzes fallenden Personen fallenden früheren Bediensteten des Reichsnährstands, die am 8. Mai 1945 bei Einrichtungen des Reichsnährstands in Bayern beschäftigt waren; das Gleiche gilt für unter Kapitel II des Gesetzes zur Regelung der Rechtsverhältnisse der unter Artikel 131 des Grundgesetzes fallenden Personen fallende Versorgungsempfänger und Versorgungsempfängerinnen des Reichsnährstands, die am 8. Mai 1945 von einer Versorgungskasse des Reichsnährstands in Bayern Versorgungsbezüge erhalten haben.

Abschnitt 5
Sonstige Übergangsvorschriften

Art. 113 Entpflichtete Professoren und Professorinnen

(1) $_{1}$Für entpflichtete Professoren und Professorinnen finden Art. 10 sowie Art. 83 bis 93 Anwendung. $_{2}$Ihre Bezüge gelten für diese Zwecke als Ruhegehalt, die Empfänger und Empfängerinnen als Ruhestandsbeamte und Ruhestandsbeamtinnen. $_{3}$Die Bezüge gelten unter Hinzurechnung des zustehenden, mindestens des zuletzt bis zum 30. September 1978 zugesicherten Vorlesungsgeldes (Kolleggeldpauschale) als Höchstgrenze im Sinn des Art. 83 Abs. 2 Satz 1 Nr. 1 und 3. $_{4}$Art. 91 gilt nicht für entpflichtete Professoren und Professorinnen, die die Aufgaben der von ihnen bis zur Entpflichtung innegehabten Stelle vertretungsweise wahrnehmen. $_{5}$Art. 101 Abs. 1 Satz 5 gilt entsprechend.

(2) Entpflichtete Professoren und Professorinnen gelten als Ruhestandsbeamte und Ruhestandsbeamtinnen im Sinn des Art. 34 mit der Maßgabe, dass sich die Bemessung des den Hinterbliebenenbezügen zugrunde zu legenden Ruhegehalts sowie des Sterbe-, Witwen- und Waisengeldes nach dem vor dem 1. Januar 1977 geltenden Recht bestimmt.

(3) Die Versorgung der Hinterbliebenen eines emeritierungsberechtigten Professors oder einer emeritierungsberechtigten Professorin bestimmt sich nach allgemeinen Regeln, wenn der Professor oder die Professorin vor der Entpflichtung stirbt.

Art. 113a Überleitung von Versorgungsberechtigten mit Besoldungsgruppen W 2 und W 3; Hochschulleistungsbezüge

(1) $_{1}$Bei Professoren, Professorinnen sowie hauptberuflichen Mitgliedern von Hochschulleitungen, die vor dem 1. Januar 2013 aus einem Amt der Besoldungsgruppe W 2 oder W 3 in den Ruhestand getreten sind, wird das ruhegehaltfähige Grundgehalt neu festgesetzt. $_{2}$Dazu werden sie den Stufen des Grundgehalts der Anlage 3 BayBesG unter Berücksichtigung von Zeiten nach Art. 42a Abs. 1 und 3 Satz 2 BayBesG zugeordnet; Art. 42a Abs. 2 und 3 Satz 1 sowie Abs. 4 Satz 1 BayBesG gilt entsprechend. $_{3}$Die ruhegehaltfähigen Hochschulleistungsbezüge verringern sich anteilig um den Betrag der Erhöhung des Grundgehalts am 1. Januar 2013, insgesamt jedoch höchstens in Höhe der Hälfte der ruhegehaltfähigen Leistungsbezüge. $_{4}$Ruhegehaltfähige Hochschulleistungsbezüge, die einem Professor oder einer Professorin auf Grund Art. 107 Abs. 5 Satz 3 BayBesG in Verbindung mit der nach Art. 74 BayBesG zu erlassenden Rechtsverordnung gewährt wurden, verringern sich um den Be-

trag der Erhöhung des Grundgehalts am 1. Januar 2013; diese Leistungsbezüge verringern sich vorrangig. $_{5}$Bei der Anwendung der Sätze 3 und 4 bleibt die lineare Anpassung der Besoldung nach Art. 110 Abs. 1 zum 1. Januar 2013 außer Betracht.

(2) Für Hinterbliebene gilt Abs. 1 entsprechend.

(3) $_{1}$Für am 1. Januar 2013 vorhandene Professoren, Professorinnen sowie hauptberufliche Mitglieder von Hochschulleitungen abgegebene Erklärungen nach

1. § 33 Abs. 3 Satz 1 des Bundesbesoldungsgesetzes,
2. § 6 Abs. 6 Satz 1 der Bayerischen Hochschulleistungsbezügeverordnung in der bis zum Ablauf des 31. Dezember 2010 geltenden Fassung,
3. Art. 13 Abs. 5 Satz 2 in der bis zum Ablauf des 31. Dezember 2012 geltenden Fassung oder
4. Art. 113 Abs. 4 Satz 2 in der bis zum Ablauf des 31. Dezember 2012 geltenden Fassung

bleiben wirksam. $_{2}$Die in den Erklärungen festgelegte Höchstgrenze der Ruhegehaltfähigkeit wird nach folgender Formel umgerechnet:

$$\text{Grenzsatz}_{2013} = \frac{\text{GG W n}_{2012} \times (1 + \text{Grenzsatz}_{2012}) - \text{GG W n Stufe m}_{2013}}{\text{GG W n Endstufe}_{2013}}$$

Grenzsatz_{2013} = Neue Höchstgrenze ab 1. Januar 2013

GG W n_{2012} = Grundgehalt der Besoldungsgruppe W 2 oder W 3 am 31. Dezember 2012

Grenzsatz_{2012} = In der Erklärung festgelegte Höchstgrenze der Ruhegehaltfähigkeit der Hochschulleistungsbezüge

$\text{GG W n Endstufe}_{2013}$ = Grundgehalt der Endstufe der Besoldungsgruppe W 2 oder W 3 am 1. Januar 2013; dabei bleibt die lineare Anpassung der Besoldung nach Art. 110 Abs. 1 BayBesG zum 1. Januar 2013 außer Betracht.

$_{3}$Die umgerechneten Höchstgrenzen beziehen sich auf das jeweilige Endgrundgehalt. $_{4}$Die Erklärungen verlieren mit der Abgabe einer neuen Erklärung nach Art. 13 Abs. 5 Satz 2 ihre Wirksamkeit.

Art. 114 (weggefallen)

Art. 114a Kindererziehungszuschlag für vor 1992 geborene Kinder

(1) Den am 1. Januar 2019 vorhandenen Versorgungsempfängern ist ein den Versorgungsbezügen zugrunde liegender Kindererziehungszuschlag nach Art. 71 Abs. 9 ab dem 1. Januar 2019 auf der Grundlage des ab diesem Zeitpunkt geltenden Bemessungszeitraums zu gewähren.

(2) $_{1}$Den am 1. Januar 2019 vorhandenen Versorgungsempfängern, deren ruhegehaltfähiger Dienstzeit eine Zeit des Erziehungsurlaubs oder der Kindererziehung nach Art. 103 Abs. 2 oder nach § 6 Abs. 1 Satz 4 und 5 BeamtVG in der bis zum 31. Dezember 1991 geltenden Fassung zugrunde liegt, ist ab dem 1. Januar 2019 ein Zuschlag zum Ruhegehalt zu gewähren. $_{2}$Der Zuschlag berechnet sich mit 1,35 v. H. der ruhegehaltfähigen Bezüge für die Erziehung des Kindes vom siebten bis einschließlich des fünfzehnten Lebensmonats abzüglich des auf diesen Zeitraum entfallenden Anteils des Ruhegehalts; Teilmonate sind taggenau zu berechnen, Art. 26 Abs. 1 Satz 3 und 4 gilt entsprechend. $_{3}$Art. 71 Abs. 7 und 8 gilt entsprechend.

(3) Für Zeiträume vor dem 1. Januar 2019 sind die Abs. 1 und 2 in der bis zum 31. Dezember 2018 geltenden Fassung weiter anzuwenden.

Art. 114b Pflegezuschlag und Kinderpflegeergänzungszuschlag für am 1. Januar 2017 vorhandene Versorgungsempfänger

$_{1}$Am 1. Januar 2017 vorhandene Versorgungsempfänger erhalten die nach Art. 72 in der bis 31. Dezember 2016 geltenden Fassung zustehenden Pflegezuschläge und Kinderpflegeergänzungszuschläge weiter. 2Die Zuschläge nehmen an allgemeinen Bezügeanpassungen nach Art. 4 teil.

Art. 114c Übergangsvorschrift für am 1. Januar 2020 vorhandene Versorgungsempfänger

Die ruhegehaltfähigen Grundgehälter der am 1. Januar 2020 vorhandenen Versorgungsempfänger aus

1. den Besoldungsgruppen A 3 bis A 10, R 1 und R 2 der Stufe 1,
2. der Besoldungsgruppe A 11 der Stufe 2,
3. der Besoldungsgruppe A 12 der Stufe 3,
4. den Besoldungsgruppen A 13 und A 14 der Stufe 4,
5. den Besoldungsgruppen A 15 und A 16 der Stufe 5

gelten mit den am 31. Dezember 2019 geltenden Beträgen fort; sie nehmen ab 1. Januar 2020 an den allgemeinen Bezügeanpassungen nach Art. 4 teil.

Art. 114d Übergangsvorschrift für am 1. Januar 2022 vorhandene Versorgungsempfänger

1Durch die Anwendung des Art. 85 Abs. 1 Satz 2 Nr. 6 auf Leistungen, die vor dem 1. Januar 2022 zugestanden haben, darf der Betrag der Versorgungsbezüge nach Anwendung von Anrechnungs-, Ruhens- und Kürzungsvorschriften nicht unter den Betrag fallen, der vor dem 1. Januar 2022 ohne Berücksichtigung von Kanndienstzeiten im Sinn des Art. 24 Abs. 4 zuletzt zugestanden hat; die Anrechnung sonstiger Renten im Sinn des Art. 85 Abs. 1 bleibt unberührt. 2Der Betrag nach Satz 1 erhöht oder vermindert sich um erstmals nach dem 31. Dezember 2021 zustehende oder nicht mehr zustehende Anteile des Familienzuschlags oder des Orts- und Familienzuschlags und nimmt an den allgemeinen Anpassungen der Versorgungsbezüge gemäß Art. 4 teil.

Art. 114e (weggefallen)

Art. 114f Einmalige Energiepreispauschale

(1) 1Versorgungsempfängern und Versorgungsempfängerinnen, die am 1. Dezember 2022 ihren Wohnsitz im Inland und Anspruch auf Ruhegehalt, Witwengeld, Waisengeld oder einen entsprechenden Unterhaltsbeitrag hatten, wird eine einmalige Energiepreispauschale in Höhe von 300 € gewährt. 2Die Energiepreispauschale wird nur einmal gewährt. 3Sie steht nicht zu, wenn

1. eine Rente im Sinn des Art. 85 Abs. 1 Satz 2 Nr. 1 oder Nr. 3 oder Altersgeld im Sinn des Art. 85 Abs. 7 bezogen wird,
2. nach Art. 84 anzurechnende Versorgungsbezüge bezogen werden oder
3. ein Anspruch auf eine Energiepreispauschale nach Abschnitt XV EStG oder anderen öffentlich-rechtlichen Vorschriften besteht oder bestand.

4Die Energiepreispauschale ist bei Ruhens-, Anrechnungs- und Kürzungsregelungen nicht zu berücksichtigen.

(2) Die Zahlung der Energiepreispauschale steht für den Fall nachträglich bekannt werdender Tatsachen, nach denen kein Anspruch nach Abs. 1 besteht, unter dem Vorbehalt der Rückforderung.

Art. 114g Übergangsvorschriften zu orts- und familienbezogenen Versorgungsbestandteilen

(1) 1Am 31. März 2023 zugestandene Familienzuschläge werden vor dem 1. April 2023 vorhandenen Versorgungsempfängern in entsprechender Anwendung des bis 31. März 2023 geltenden Rechts solange anstelle des Orts- und Familienzuschlags weiter gewährt, bis die Anspruchsvoraussetzungen nach dem am 31. März 2023 geltenden Recht nicht mehr vorliegen oder ein höherer Orts- und Familienzuschlag zusteht. 2Die Zuschläge nehmen nicht an den allgemeinen Anpassungen der Versorgungsbezüge nach Art. 4 teil. 3Verstirbt der Versorgungsurheber nach dem 30. April 2023, findet abweichend von Satz 1 Art. 69 Anwendung.

(2) 1Ein Differenzbetrag nach Art. 109 Abs. 3 BayBesG, der vor der Versetzung oder dem

Eintritt in den Ruhestand zuletzt zugestanden hat, wird Ruhestandsbeamten oder Ruhestandsbeamtinnen mit folgenden Maßgaben weiter gewährt:

1. soweit er auf einem am 31. März 2023 bestehenden Anspruch auf Familienzuschlag der Stufe 1 beruht, gilt er als ruhegehaltfähiger Bezug;
2. soweit er auf einem am 31. März 2023 bestehenden Anspruch auf Unterschiedsbetrag des Familienzuschlags zwischen der Stufe 1 und der nach dem Bayerischen Besoldungsgesetz zustehenden Stufe beruht, wird er neben dem Ruhegehalt weitergezahlt;
3. soweit er auf einem am 31. März 2023 bestehenden Anspruch auf Ballungsraumzulage nach Art. 94 BayBesG in der am 31. März 2023 geltenden Fassung beruht, bleibt er außer Ansatz.

$_2$Der Differenzbetrag vermindert sich jeweils um den Betrag, um den sich ein daneben zustehender Orts- und Familienzuschlag erhöht. $_3$Der Anspruch entfällt, wenn die jeweiligen Anspruchsvoraussetzungen nach dem am 31. März 2023 geltenden Recht nicht mehr vorliegen oder der Orts- und Familienzuschlag die betragsmäßige Summe der Familienzuschläge nach dem am 31. März 2023 geltenden Recht übersteigt. $_4$Abs. 1 Satz 2 gilt entsprechend.

Art. 114h Übergangsvorschrift aufgrund Anpassung der Lehrerbesoldung

(1) $_1$Eine Zulage nach Art. 108 Abs. 13 BayBesG, die vor Versetzung oder Eintritt in den Ruhestand zuletzt zugestanden hat, zählt zu den ruhegehaltfähigen Bezügen gemäß Art. 12 Abs. 1. $_2$Im Fall des Art. 12 Abs. 5 Satz 1 ist die Zulage nach Art. 108 Abs. 13 Satz 1 BayBesG anzusetzen, die zugestanden hätte. $_3$Die Zulage nimmt an den allgemeinen Bezügeanpassungen nach Art. 4 teil.

(2) $_1$Für Versorgungsempfänger und Versorgungsempfängerinnen, deren ruhegehaltfähige Bezüge am 31. August 2028 eine Amtszulage nach Fußnote 2 zu der Besoldungsgruppe A 12 der Anlage 1 oder eine Amtszulage nach Fußnote 4 zu der Besoldungsgruppe A 13 der Anlage 1 zum Bayerischen Besoldungsgesetz umfassen, gelten die zu diesem Zeitpunkt geltenden Beträge der Amtszulagen für die Berechnung der Versorgungsbezüge fort und nehmen an den allgemeinen Bezügeanpassungen nach Art. 4 teil. $_2$Die Fortgeltung der Beträge gilt auch für eine Zulage nach Art. 108 Abs. 13 BayBesG in der am 31. August 2028 geltenden Fassung.

Art. 114i Inflationsausgleichszahlungen

(1) $_1$Die am 9. Dezember 2023 vorhandenen Versorgungsempfänger und Versorgungsempfängerinnen erhalten eine einmalige Sonderzahlung ausgezahlt, die sich aus einem Betrag von 1800 € nach dem jeweils maßgeblichen Ruhegehaltssatz und den Anteilssätzen des Witwen- und Waisengeldes sowie des Unterhaltsbeitrags ergibt. $_2$Bei Empfängern und Empfängerinnen von Mindestversorgungsbezügen gilt der jeweils maßgebende Mindestruhegehaltssatz.

(2) $_1$Versorgungsempfänger und Versorgungsempfängerinnen mit Anspruch auf laufende Versorgungsbezüge erhalten in den Monaten Januar 2024 bis Oktober 2024 (Bezugsmonate) monatliche Sonderzahlungen neben ihren Versorgungsbezügen, die sich aus einem Betrag von 120 € nach dem jeweils maßgeblichen Ruhegehaltssatz und den Anteilssätzen des Witwen- und Waisengeldes sowie des Unterhaltsbeitrags ergeben. $_2$Abs. 1 Satz 2 gilt entsprechend.

(3) $_1$Die Inflationsausgleichszahlungen werden jedem Versorgungsempfänger und jeder Versorgungsempfängerin nur einmal gewährt. $_2$Beim Zusammentreffen mit entsprechenden Leistungen aus einem anderen Rechtsverhältnis im öffentlichen Dienst werden die Inflationsausgleichszahlungen mit der Maßgabe gewährt, dass

1. der Anspruch aus einem Dienst-, Arbeits- oder Ausbildungsverhältnis dem Anspruch als Versorgungsempfänger oder Versorgungsempfängerin vorgeht,
2. sich beim Zusammentreffen von Ruhegehalt mit Hinterbliebenenversorgung die Inflationsausgleichszahlungen nach dem

Ruhegehalt bemessen und neben dem Ruhegehalt gewährt werden sowie

3. im Übrigen der Anspruch aus einem späteren Rechtsverhältnis als Versorgungsempfänger oder als Versorgungsempfängerin dem Anspruch aus einem früheren Rechtsverhältnis als Versorgungsempfänger oder Versorgungsempfängerin vorgeht.

3Im Falle der Gewährung einer Inflationsausgleichszahlung oder einer vergleichbaren Leistung aus einem früheren Rechtsverhältnis als Versorgungsempfänger oder Versorgungsempfängerin wird diese Zahlung auf die nach den Abs. 1 und 2 zustehenden Inflationsausgleichzahlungen angerechnet. 4Soweit die Inflationsausgleichszahlungen aus einem vorrangigen Rechtsverhältnis geringer sind als die an sich zustehenden Inflationsausgleichszahlungen aus dem Rechtsverhältnis als Versorgungsempfänger oder Versorgungsempfängerin, wird der Differenzbetrag auf Antrag beim nachrangigen Rechtsverhältnis ausgezahlt.

(4) 1Die Inflationsausgleichszahlungen gelten nicht als Teil des Ruhegehalts und bleiben bei der Anwendung von Ruhens-, Anrechnungs- und Kürzungsvorschriften sowie bei Vorschriften über die anteilige Kürzung nach Art. 41 außer Betracht. 2Gleiches gilt für die Inflationsausgleichszahlungen nach Art. 109a BayBesG und für entsprechende Leistungen aus einem anderen Rechtsverhältnis im öffentlichen Dienst. 3Auf die Inflationsausgleichzahlungen finden die Vorschriften des Teils 1 entsprechend Anwendung.

Teil 6
Schlussvorschriften

Art. 115 Gleichstehende Tatbestände

(1) Für die Anwendung der Art. 5 bis 7 und 9, des Teils 2 Abschnitte 5 und 7 und des Teils 3 gelten

1. Unterhaltsbeiträge nach Art. 29 als Ruhegehalt,
2. Unterhaltsbeiträge nach Art. 55 als Ruhegehalt, außer für die Anwendung des Art. 80,
3. Unterhaltsbeiträge nach Art. 42 und 60 als Witwen- oder Waisengeld,
4. Unterhaltsbeiträge nach Art. 38 und 59 als Witwengeld,
5. Unterhaltsbeiträge nach Art. 105 Abs. 2 als Witwengeld, außer für die Anwendung des Art. 92,
6. Unterhaltsbeiträge nach Art. 39 und 56 als Waisengeld,
7. Unterhaltsbeiträge nach Art. 63 als Ruhegehalt, Witwen- oder Waisengeld,
8. die Bezüge der nach § 32 des Deutschen Richtergesetzes oder einer entsprechenden gesetzlichen Vorschrift nicht im Amt befindlicher Richter und Richterinnen und Mitglieder des Bayerischen Obersten Rechnungshofs als Ruhegehalt;

die Empfänger der vorgenannten Bezüge gelten als Ruhestandsbeamte oder Ruhestandsbeamtinnen, Witwer oder Witwen oder Waisen.

(2) Folgende Vorschriften dieses Gesetzes finden entsprechende Anwendung:

1. die Vorschriften der Ehe auf Lebenspartnerschaften,
2. die Vorschriften über Ehegatten auf Lebenspartner,
3. die Vorschriften über Witwer und Witwen auf hinterbliebene Lebenspartner und
4. die Vorschriften über die Eheschließung auf die Begründung einer Lebenspartnerschaft.

(2a) 1Abs. 2 gilt für die Zeit vom 1. August 2001 bis 31. Dezember 2010 entsprechend. 2Hinterbliebenenversorgung und Familienzuschläge für diesen Zeitraum werden jedoch frühestens ab dem 1. Januar des Haushaltsjahres der Geltendmachung gewährt, und nur, wenn über den Anspruch noch nicht unanfechtbar entschieden ist. 3Ist der Versorgungsurheber vor dem 1. Januar 2011 verstorben und wurde der Antrag auf Hinterbliebenenversorgung unanfechtbar abgelehnt, wird auf Antrag mit Wirkung nur für die Zukunft erneut entschieden; Art. 100 Abs. 3 Satz 1 und 3 findet keine Anwendung. 4Sterbegeld und Unfallsterbegeld werden nicht rückwirkend gewährt. 5Sofern durch die rückwirkende Bewilligung von Versorgungsbezügen an einen Lebenspartner die Anspruchsberechtigung eines Dritten entfällt, werden diese Leistungen nicht zurückgefordert.

(3) Die in Art. 100 Abs. 1 Satz 1 BayBesG genannten Körperschaften des öffentlichen Rechts haben bei Aufstellung ihrer Dienstordnungen die Versorgung für die dienstordnungsmäßig Angestellten nach den Grundsätzen dieses Gesetzes zu bestimmen.

(4) 1Bei der Ermittlung der Mindestbezugsdauer der Verbandszulage (Art. 12 Abs. 1 Satz 1 Nr. 9 und Abs. 4a) sind Bezugszeiten wesensgleicher Zulagen vor dem 1. April 2020 bei den bayerischen Kommunalen Spitzenverbänden oder dem Bayerischen Kommunalen Prüfungsverband einzubeziehen. 2Für am 1. Januar 2019 vorhandene Beamte und Beamtinnen, die bis einschließlich 31. März 2020 in Ruhestand getreten sind oder versetzt wurden, gilt Art. 12 Abs. 1 Satz 1 Nr. 9 und Abs. 4a entsprechend mit der Maßgabe, dass die Versorgungsbezüge mit Wirkung ab dem 1. April 2020 neu festzusetzen sind.

Art. 116 Ermächtigung zum Erlass von Verwaltungsvorschriften

Das Staatsministerium der Finanzen und für Heimat erlässt die zur Durchführung dieses Gesetzes erforderlichen Verwaltungsvorschriften.

Art. 117 Anpassung der Versorgung

1Bei Ruhestandsbeamten und Ruhestandsbeamtinnen, deren Versorgungsbezügen ein Grundgehalt der Besoldungsgruppen A 1 bis A 8 zugrunde liegt, vermindert sich das Grundgehalt um 74,89 €, wenn den ruhegehaltfähigen Bezügen die Stellenzulage nach Anlage I Besoldungsordnungen A und B Vorbemerkung Nr. 27 Abs. 1 Buchst. a oder b des Bundesbesoldungsgesetzes in der bis zum 31. Dezember 1989 geltenden Fassung bei Eintritt in den Ruhestand nicht zugrunde gelegen hat. 2Satz 1 ist entsprechend auf die Hinterbliebenenversorgung anzuwenden.

Art. 118 Inkrafttreten, Außerkrafttreten

(1) 1Dieses Gesetz trat am 1. Januar 2011 in Kraft und wurde als § 2 des Gesetzes zum Neuen Dienstrecht in Bayern vom 5. August 2010 (GVBl. S. 410) verkündet. 2Abweichend von Satz 1 traten Art. 9 Abs. 2 Satz 1 und Art. 50 Abs. 4 dieses Gesetzes am 1. November 2010 in Kraft.

(2) Art. 114g Abs. 3 und 4 tritt mit Ablauf des 31. Dezember 2026 außer Kraft.

Gesetz über die Bildung von Versorgungsrücklagen im Freistaat Bayern (BayVersRücklG)

Vom 11. Dezember 2012 (GVBl. S. 613)

Zuletzt geändert durch
Haushaltsgesetz 2026/2027
vom 8. Mai 2026 (GVBl. S. 208)

Inhaltsübersicht

Teil 1
Allgemeines

Art. 1 Geltungsbereich

(1) Die Vorschriften des Teils 2 regeln, soweit nichts anderes bestimmt ist, die Versorgungsrücklage des Freistaates Bayern für seine Beamten und Beamtinnen, Richter und Richterinnen, Versorgungsberechtigten sowie für die Mitglieder der Staatsregierung, die ehemaligen Mitglieder der Staatsregierung und deren versorgungsberechtigte Hinterbliebenen.

(2) Die Vorschriften des Teils 3 regeln, soweit nichts anderes bestimmt ist, die Versorgungsrücklagen der Gemeinden, Gemeindeverbände und sonstigen unter der Aufsicht des Staates stehenden Körperschaften, Anstalten und Stiftungen des öffentlichen Rechts für deren Beamten und Beamtinnen, dienstordnungsmäßig Angestellten (Art. 100 des Bayerischen Besoldungsgesetzes) und Versorgungsberechtigten.

(3) Dieses Gesetz gilt nicht

1. für Körperschaften, Anstalten und Stiftungen des öffentlichen Rechts, die auf Grund gesetzlicher Vorschriften in ihrer Bilanz oder im Haushalt auszuweisende Rückstellungen bilden müssen, durch die ihre künftigen Versorgungsausgaben in vollem Umfang gedeckt sind, und
2. für die öffentlich-rechtlichen Religionsgemeinschaften und ihre Verbände.

Teil 2
Bayerischer Pensionsfonds

Art. 2 Errichtung

Zur Finanzierung der Versorgungsaufwendungen wird beim Freistaat Bayern eine Versorgungsrücklage als Sondervermögen unter dem Namen „Bayerischer Pensionsfonds" errichtet.

Art. 3 Zweckbindung

$_1$Das Sondervermögen dient der Sicherung der Versorgungsaufwendungen. $_2$Es darf nach Maßgabe des Art. 7 nur zur Entlastung von Versorgungsaufwendungen verwendet werden. $_3$Ansprüche der Versorgungsberechtigten gegen das Sondervermögen werden nicht begründet.

Art. 4 Rechtsform

$_1$Das Sondervermögen ist nicht rechtsfähig. $_2$Es kann unter seinem Namen im rechtsgeschäftlichen Verkehr handeln, klagen und verklagt werden. $_3$Der allgemeine Gerichtsstand des Sondervermögens ist München.

Art. 5 Verwaltung, Anlage der Mittel

(1) $_1$Das Staatsministerium der Finanzen und für Heimat (Staatsministerium) verwaltet das Sondervermögen. $_2$Es kann die Verwaltung der Mittel auf Körperschaften, Anstalten oder andere Einrichtungen innerhalb oder außerhalb der Staatsverwaltung übertragen.

(2) $_1$Die dem Sondervermögen zufließenden Mittel einschließlich der Erträge sind so anzulegen, dass größtmögliche Sicherheit und Rentabilität gewährleistet sind. $_2$Das Staatsministerium wird ermächtigt, die näheren Einzelheiten zur Anlage der Mittel zu regeln.

Art. 6 Zuführung der Mittel

(1) Pauschale Zuführungen zum Sondervermögen erfolgen nach Maßgabe des Staatshaushalts.

(2) An den Freistaat Bayern bezahlte Versorgungszuschläge (Art. 14 Abs. 2 des Bayerischen Beamtenversorgungsgesetzes) sind dem Sondervermögen zuzuführen.

Art. 7 Verwendung des Sondervermögens, Entnahmeplan

(1) Entnahmen aus dem Sondervermögen sind ab dem Jahr 2023 über einen Zeitraum von mindestens 15 Jahren zur Entlastung von Versorgungsaufwendungen zulässig.

(2) $_1$Bei Entnahmen aus dem Sondervermögen ist ein Entnahmeplan zu erstellen. $_2$Der Entnahmeplan ist dem Landtag vorzulegen.

(3) $_1$Die Entnahmen haben sich am Finanzierungsbedarf künftiger Versorgungsaufwendungen und dem Ziel einer Verstetigung der Haushaltsbelastung zu orientieren. $_2$Höhe und Zeitpunkt der Entnahmen werden durch die Haushaltsgesetze geregelt.

Art. 8 Vermögenstrennung

Das Sondervermögen ist von den übrigen Vermögen, Rechten und Verbindlichkeiten getrennt zu halten; es darf nicht beliehen oder zum inneren Vermögensausgleich verwendet werden.

Art. 9 Wirtschaftsplan

Das Staatsministerium stellt für das Sondervermögen für jedes Wirtschaftsjahr einen Wirtschaftsplan auf.

Art. 10 Jahresrechnung, Geschäftsbericht

(1) 1Soweit die Verwaltung der Mittel des Sondervermögens einer Einrichtung übertragen wurde (Art. 5 Abs. 1 Satz 2), legt diese dem Staatsministerium jährlich einen Bericht über die Verwaltung der Mittel des Sondervermögens vor. 2Das Staatsministerium stellt am Ende jeden Rechnungsjahres die Jahresrechnung des Sondervermögens auf.

(2) In den Jahresrechnungen sind der Bestand des Sondervermögens einschließlich der Forderungen und Verbindlichkeiten sowie die Einnahmen und Ausgaben auszuweisen.

(3) 1Das Staatsministerium erstellt für jedes Haushaltsjahr auf der Grundlage der Jahresrechnung einen Geschäftsbericht über den Bestand und die Entwicklung des Sondervermögens sowie dessen Anlage und Verwaltung. 2Der Geschäftsbericht ist zu veröffentlichen und dem Landtag zu übersenden.

Art. 11 Beirat

(1) 1Für das Sondervermögen wird ein Beirat gebildet. 2Er wirkt bei allen wichtigen Fragen mit. 3Insbesondere ist er zu den Anlagerichtlinien, dem Wirtschaftsplan, der Jahresrechnung und dem Geschäftsbericht zu hören. 4Er ist ferner zu Entnahmeplänen zu hören und hat hierzu eine schriftliche Stellungnahme abzugeben, die dem Entnahmeplan zur Vorlage an den Landtag beizufügen ist.

(2) 1Der Beirat besteht aus acht Mitgliedern, die vom Staatsministerium für die Dauer von fünf Jahren berufen werden. 2Dem Beirat gehören zwei Vertreter des Staatsministeriums, ein von den für die Sozialversicherungsträger zuständigen Aufsichtsbehörden im Einvernehmen vorgeschlagener Vertreter der Sozialversicherungsträger, zwei vom Staatsministerium zu bestimmende Sachverständige aus Wirtschaft oder Wissenschaft, ein Vertreter des Bayerischen Beamtenbunds, ein Vertreter des Bayerischen Richtervereins e. V. und ein Vertreter des Deutschen Gewerkschaftsbunds an. 3Der Vorsitz wird von einem der Vertreter des Staatsministeriums geführt. 4Bei Stimmengleichheit entscheidet der Vorsitzende. 5Stellvertreter des Vorsitzenden ist der weitere Vertreter des Staatsministeriums. 6Für jedes Mitglied des Beirats ist ein Stellvertreter zu berufen. 7Scheidet ein Beiratsmitglied oder ein Stellvertreter vorzeitig aus, so wird für den Rest seiner Amtszeit ein Nachfolger bestimmt.

(3) Das Sondervermögen zahlt an die Beiratsmitglieder und ihre Stellvertreter für ihre Tätigkeit keine Vergütung; Auslagen werden nicht erstattet.

(4) Der Beirat gibt sich eine Geschäftsordnung.

Art. 12 Auflösung

Der Bayerische Pensionsfonds gilt nach Auszahlung seines Vermögens als aufgelöst.

Teil 3
Versorgungsrücklagen der unter der Aufsicht des Staats stehenden Körperschaften, Anstalten und Stiftungen des öffentlichen Rechts

Art. 13 Errichtung

(1) Zur Finanzierung der Versorgungsaufwendungen bilden die unter der Aufsicht des Freistaates Bayern stehenden Körperschaften, Anstalten und Stiftungen des öffentlichen Rechts Versorgungsrücklagen.

(2) 1Sie bilden ihre Versorgungsrücklage gemeinsam mit dem Freistaat Bayern, soweit nicht nach Abs. 3 bis 5 etwas anderes bestimmt ist. 2Dies gilt entsprechend, wenn sie Staatsbeamte oder Staatsbeamtinnen beschäftigen, deren Bezüge oder Versorgungsbezüge aus eigenen Mitteln zu bestreiten sind.

(3) 1Die Mitglieder des Bayerischen Versorgungsverbands bilden bei diesem eine gemeinsame Versorgungsrücklage. 2Die gemeinsame Versorgungsrücklage ist in der Bilanz des Versorgungsverbands gesondert auszuweisen. 3Das Nähere regelt die Satzung des Bayerischen Versorgungsverbands. 4Mitglieder ver-

gleichbarer Versorgungswerke außerhalb des Geltungsbereichs dieses Gesetzes können sich nach Maßgabe der Satzung des jeweiligen Versorgungswerks einer dort gebildeten Versorgungsrücklage anschließen.

(4) Gemeinden und Gemeindeverbände, die nicht Mitglieder des Bayerischen Versorgungsverbands sind, bilden jeweils eigene zweckgebundene Sonderrücklagen für ihre Versorgungsaufwendungen.

(5) 1Sonstige Körperschaften, Anstalten und Stiftungen des öffentlichen Rechts, denen gestattet wurde, ihre Versorgungsrücklage allein oder gemeinsam mit Gemeinden und Gemeindeverbänden zu bilden, führen die Rücklagenbildung in der bisherigen Form fort. 2Dies gilt entsprechend für die Sozialversicherungsträger, denen die gemeinsame Bildung von Versorgungsrücklagen bei ihren jeweiligen Landesverbänden gestattet wurde.

Art. 14 Anzuwendende Vorschriften

Für die Zweckbindung, die Vermögenstrennung und die Auflösung der Versorgungsrücklagen gelten Art. 3, 8 und 12 entsprechend.

Art. 15 Rechtsform

Die Rechtsform der Versorgungsrücklagen der Gemeinden und Gemeindeverbände und der sonstigen unter der Aufsicht des Staates stehenden Körperschaften, Anstalten und Stiftungen des öffentlichen Rechts sowie der beim Bayerischen Versorgungsverband gebildeten gemeinsamen Versorgungsrücklage wird durch die jeweiligen haushaltsrechtlichen Bestimmungen oder, soweit dies danach zulässig ist, durch Satzung bestimmt.

Art. 16 Verwaltung, Anlage der Mittel

(1) Für die Anlage und Verwaltung der gemeinsam mit dem Freistaat Bayern gebildeten Versorgungsrücklagen gilt Art. 5.

(2) 1Für die Anlage und Verwaltung der Versorgungsrücklagen der Gemeinden, Gemeindeverbände und sonstigen Körperschaften, Anstalten und Stiftungen des öffentlichen Rechts gelten die jeweiligen haushaltsrechtlichen Vorschriften, soweit dieses Gesetz nichts anderes bestimmt. 2Die Versorgungsrücklagen dürfen nur zweckgebunden und nicht als innere Darlehen im Vermögenshaushalt verwendet werden. 3Die in Satz 1 genannten Einrichtungen können den Bayerischen Versorgungsverband mit der Verwaltung der Mittel ihrer Versorgungsrücklage beauftragen und, soweit der Bayerische Versorgungsverband die bei ihm gebildete Versorgungsrücklage in einem Pensionsfonds anlegt, sich an diesem Pensionsfonds mit eigenen Anteilen beteiligen. 4Für die Träger der Sozialversicherung gelten §§ 80 bis 86 des Vierten Buches Sozialgesetzbuch entsprechend.

(3) 1Der Bayerische Versorgungsverband verwaltet die bei ihm gebildete Versorgungsrücklage nach den allgemein für ihn geltenden Vorschriften. 2Er kann die Versorgungsrücklage in einem Pensionsfonds gemeinsam mit seinem Sondervermögen nach Art. 45 des Gesetzes über das öffentliche Versorgungswesen anlegen.

Art. 17 Zuführung der Mittel

(1) 1Zuführungen zu den Versorgungsrücklagen sind bis einschließlich des Jahres 2017 jährlich nachträglich bis 15. Februar des Folgejahres in Höhe

1. der sich durch die Maßnahmen nach § 14a Abs. 2 und 2a des Bundesbesoldungsgesetzes in der bis zum Ablauf des 31. August 2006 geltenden Fassung verminderten Besoldungs- und Versorgungsausgaben des laufenden Jahres und
2. der Hälfte der durch die Absenkung des Versorgungsniveaus nach dem Versorgungsänderungsgesetz 2001 vom 20. Dezember 2001 (BGBl. I S. 3926) und durch die Fortführung dieser Maßnahmen durch das Bayerische Beamtenversorgungsgesetz verminderten Versorgungsausgaben des laufenden Jahres

zu leisten. 2Die Zuführungen nach Satz 1 können mit den Anteilssätzen 0,57 v. H. der Besoldungsausgaben und 2,83 v. H. der Versorgungsausgaben des abgelaufenen Kalenderjahres pauschaliert werden.

(2) 1Der Bayerische Versorgungsverband kann in seiner Satzung unter Beachtung des Abs. 1 Satz 1 ein anderes Berechnungsverfahren vor-

sehen. 2Soweit die Mitglieder des Bayerischen Versorgungsverbands eine gemeinsame Versorgungsrücklage bei diesem bilden oder soweit Nichtmitglieder diesen mit der Verwaltung ihrer Versorgungsrücklage beauftragen (Art. 16 Abs. 2 Satz 3), sind die von den Mitgliedern oder sonstigen Beteiligten zugeführten Beträge jeweils gesondert auszuweisen.

(3) 1Die Körperschaften, Anstalten und Stiftungen des öffentlichen Rechts, die ihre Versorgungsrücklage gemeinsam mit dem Freistaat Bayern bilden, leisten auf ihre Zuführungen eine Abschlagszahlung in der zu erwartenden Höhe bis 15. Februar des laufenden Jahres. 2Die Beträge sind unmittelbar dem Bayerischen Pensionsfonds zuzuführen und gesondert auszuweisen. 3Sozialversicherungsträger, die ihre Versorgungsrücklage gemeinsam mit dem Freistaat Bayern bilden, können bis einschließlich des Jahres 2030 Zuführungen über Abs. 1 hinaus leisten, soweit dies auf Grund sozialversicherungsrechtlicher Vorschriften zulässig ist.

(4) Soweit Gemeinden und Gemeindeverbände mit sonstigen Körperschaften, Anstalten und Stiftungen des öffentlichen Rechts gemeinsame Versorgungsrücklagen bilden, sind die jeweils zugeführten Beträge gesondert auszuweisen.

Art. 18 Verwendung der Versorgungsrücklagen

(1) Entnahmen aus dem Sondervermögen sind ab dem Jahr 2018 über einen Zeitraum von mindestens 15 Jahren zur Entlastung von Versorgungsaufwendungen zulässig.

(2) 1Für die Entnahme aus den Versorgungsrücklagen sind Entnahmepläne aufzustellen. 2Diese sind der zuständigen obersten Aufsichtsbehörde (Art. 137 des Bayerischen Beamtengesetzes) anzuzeigen. 3Die Körperschaften, Anstalten und Stiftungen des öffentlichen Rechts, die ihre Versorgungsrücklage nach Art. 17 Abs. 3 gemeinsam mit dem Freistaat Bayern bilden, können Entnahmen nur im Rahmen der von ihnen zugeführten Beträge und den daraus entstandenen Erträgen vorsehen. 4Für die beim Bayerischen Versorgungsverband gebildete gemeinsame Versorgungsrücklage beschließt der Verwaltungsrat des Versorgungsverbands im Rahmen der Festsetzung des Umlagesatzes, in welcher Weise die Versorgungsrücklage neben der satzungsmäßig zu leistenden Umlage zur Finanzierung der Versorgungsleistung herangezogen werden soll.

Art. 19 Wirtschaftsplan, Geschäftsbericht

1Dienstherren mit eigenen Versorgungsrücklagen sowie der Bayerische Versorgungsverband stellen für ihren Bereich für jedes Wirtschaftsjahr Wirtschaftspläne auf. 2Sie können zusätzlich Geschäftsberichte veröffentlichen.

Teil 4
Schlussvorschriften

Art. 20 (weggefallen)

Art. 21 Inkrafttreten, Außerkrafttreten

(1) Dieses Gesetz tritt am 1. Januar 2013 in Kraft.

(2) Mit Ablauf des 31. Dezember 2012 tritt das Gesetz über die Bildung von Versorgungsrücklagen im Freistaat Bayern (BayVersRücklG) vom 26. Juli 1999 (GVBl. S. 309, BayRS 2032-0-F), zuletzt geändert durch § 7 des Gesetzes vom 30. März 2012 (GVBl. S. 94), außer Kraft.

Verordnung über das Heilverfahren nach Dienstunfällen (Bayerische Heilverfahrensverordnung – BayHeilvfV)

Vom 10. Dezember 2010 (GVBl. S. 865)

Zuletzt geändert durch
Verordnung zur Änderung der Bayerischen Beihilfeverordnung und der Bayerischen Heilverfahrensverordnung
vom 7. Juli 2026 (GVBl. S. 495)

Auf Grund des Art. 50 Abs. 4 des Bayerischen Beamtenversorgungsgesetzes (BayBeamtVG) vom 5. August 2010 (GVBl. S. 410, 528, ber. S. 764, BayRS 2033-1-1-F) erlässt das Bayerische Staatsministerium der Finanzen folgende Verordnung:

Teil 1
Allgemeines

§ 1 Arten des Heilverfahrens

Der Anspruch auf Durchführung des Heilverfahrens wird dadurch erfüllt, dass die notwendigen und angemessenen Kosten des Heilverfahrens erstattet werden, soweit nicht der Dienstherr das Heilverfahren selbst durchführt.

§ 2 Ärztliche Gutachten

1Soweit in oder auf Grund dieser Verordnung ein ärztliches Gutachten vorgesehen ist, kann auch das Gutachten eines Amtsarztes oder einer Amtsärztin, eines beamteten Arztes oder einer beamteten Ärztin oder von der Pensionsbehörde allgemein oder im Einzelfall bezeichneter Ärzte und Ärztinnen gefordert werden. 2Führt der Dienstherr das Heilverfahren selbst durch, treten an die Stelle der in dieser Verordnung bezeichneten Ärzte und Ärztinnen die jeweils für die Durchführung des Heilverfahrens bestimmten Ärzte und Ärztinnen.

Teil 2
Kostenerstattung

§ 3 Erstattungsverfahren

(1) 1Die Kostenerstattung ist bei der zuständigen Pensionsbehörde schriftlich und unter Vorlage der Belege zu beantragen. 2Die Vorlage von Zweitschriften oder Belegkopien ist ausreichend. 3Im Fall der Erstattung verbleiben die Belege bei der Pensionsbehörde.

(2) 1Auf Antrag können vorläufige Zahlungen gewährt werden. 2Vorläufige Zahlungen stehen unter dem Vorbehalt, dass die Voraussetzungen der Kostenerstattung nachträglich festgestellt werden. 3Im Fall einer stationären Behandlung kann auf Antrag gegenüber dem Krankenhausträger die vorläufige Kostenübernahme erklärt werden; Ansprüche der Verletzten auf Unfallfürsorgeleistungen des Dienstherrn sind durch und in Höhe von unmittelbaren Zahlungen des Staates an den Krankenhausträger erfüllt. 4Liegen die Voraussetzungen für die Kostenerstattung nicht vor, sind die Verletzten zur Rückerstattung auch der an den Krankenhausträger verauslagten Kosten verpflichtet.

§ 4 Notwendigkeit und Angemessenheit

(1) 1Die angemessenen Kosten medizinisch notwendiger Maßnahmen werden in vollem Umfang erstattet. 2Die Abschnitte III bis V und § 45 der Bayerischen Beihilfeverordnung (BayBhV) mit den zugehörigen Anlagen gelten entsprechend, soweit in dieser Verordnung nichts anderes bestimmt ist.

(2) 1Die Kosten werden unabhängig von der Erfüllung beihilferechtlicher Wartezeiten, dem Alter der Verletzten, oder den in §§ 17, 22 BayBhV genannten Indikationen erstattet. 2Die Kosten für eine Haushaltshilfe werden unter den Voraussetzungen des § 25 Abs. 1 BayBhV erstattet. 3Bei ambulanter Heilbehandlung werden die Kosten einer Haushaltshilfe erstattet, wenn der Haushalt wegen der Schwere des Gesundheitsschadens nicht vom Verletzten oder von einer anderen im Haushalt lebenden Person weitergeführt werden kann.

(3) $_1$Die Kosten für Hilfsmittel werden über die in der Bayerischen Beihilfeverordnung genannten Höchstbeträge hinaus erstattet, soweit keine günstigere Beschaffung möglich ist. $_2$Bei Kuren werden die Kosten für Unterkunft und Verpflegung bis zur Höhe des Tage- und Übernachtungsgeldes nach Art. 8 und 9 des Bayerischen Reisekostengesetzes (BayRKG) erstattet.

§ 5 Pflegekosten

(1) Die Kosten für eine notwendige Pflege werden erstattet, solange Verletzte infolge des Dienstunfalls dauerhaft mindestens erhebliche Beeinträchtigungen der Selbstständigkeit oder der Fähigkeiten im Sinne des § 15 Abs. 3 Satz 4 Nr. 2 des Elften Buches Sozialgesetzbuch (SGB XI) aufweisen und deshalb der Hilfe durch andere bedürfen.

(2) $_1$Bei der häuslichen Pflege durch berufsmäßige Pflegekräfte werden Pflegekosten nach Art und Schwere des Gesundheitsschadens unter Berücksichtigung der notwendigen Pflege in Höhe der beihilfefähigen Höchstbeträge nach § 32 Abs. 1 BayBhV erstattet. $_2$Wird nachgewiesen, dass höhere Kosten notwendig sind, um die notwendigen Pflegeleistungen zu erbringen, kann auch der über den Betrag nach Satz 1 hinausgehende Betrag erstattet werden.

(3) $_1$Wird die notwendige Pflege durch andere geeignete Personen erbracht, werden 75 % der Pflegekosten nach Abs. 2 Satz 1 erstattet. $_2$Wenn eine in Satz 1 genannte Person einen Beruf aufgegeben hat, um die Pflege ausüben zu können und der Ausfall des Arbeitseinkommens die Pflegekosten nach Satz 1 übersteigt, kann der Ausfall des Arbeitseinkommens bis zur Höhe der Pflegekosten nach Abs. 2 Satz 1 erstattet werden.

(4) $_1$Wird die notwendige Pflege durch berufsmäßige Pflegekräfte und andere geeignete Personen erbracht, werden die Pflegekosten nach Abs. 2 Satz 1 erstattet. $_2$Betragen die Kosten für die berufsmäßige Pflegekraft weniger als 25 % der Pflegekosten nach Abs. 2 Satz 1, werden nur die Kosten für die berufsmäßige Pflegekraft und die Pflegekosten nach Abs. 3 erstattet.

(5) Für die Erstattung von Aufwendungen für eine notwendige Verhinderungspflege oder Kurzzeitpflege gilt § 33 BayBhV entsprechend.

(6) $_1$Die Kosten für eine nicht nur vorübergehende stationäre Pflege in einer geeigneten und zugelassenen Pflegeeinrichtung (§ 72 Abs. 1 SGB XI) werden entsprechend dem Umfang der erforderlichen Hilfe erstattet, wenn die Pflege sonst nicht gewährleistet ist. $_2$Auf die erstattungsfähigen Kosten für erforderliche Pflege, Unterkunft und Verpflegung ist ein angemessener Betrag für Einsparungen im Haushalt anzurechnen. $_3$Anzurechnen ist der Wert für Verpflegung nach § 2 Abs. 1 der Sozialversicherungsentgeltverordnung (SvEV) sowie bei Alleinstehenden zusätzlich der Wert für Unterkunft nach § 2 Abs. 3 SvEV.

(7) $_1$Die erstattungsfähigen Beträge können monatlich im Voraus gezahlt werden. $_2$Erfolgt die Pflege nicht für den gesamten Kalendermonat, sind die Leistungen entsprechend zu mindern. $_3$Der Anspruch auf Erstattung von Pflegekosten ruht bei stationärer Behandlung und Kuren. $_4$Die Zahlung kann ganz oder teilweise weiter erfolgen, wenn das Ruhen eine weitere Versorgung der Verletzten gefährden würde.

§ 6 Sonstige Kosten

$_1$Erstattet werden auch die Kosten für

1. blindentechnische und vergleichbare spezielle Grundausbildungen (insbesondere Kosten für Lehrgang, Fahrt, Verpflegung und Übernachtung) nach vorheriger Genehmigung der Maßnahme durch die Pensionsbehörde,
2. die Unterkunft in einem Einbettzimmer bei einer voll- oder teilstationären Krankenhausbehandlung, wenn dies auf Grund besonderer dienstlicher Gründe erforderlich ist,
3. sonstige Hilfsgeräte für behinderte Menschen sowie Gebrauchsgegenstände des täglichen Lebens (Alltagshilfen), die der Überwindung der Dienstunfallfolgen dienen und die geeignet sind, notwendige Verrichtungen des täglichen Lebens zu erleichtern,
4. aufgrund der Dienstunfallfolgen erforderliche Änderungen an Schuhen, Bekleidung und anderen Gebrauchsgegenständen des täglichen Lebens in angemessenem Umfang.

$_2$Als Kosten für Hilfsmittel gelten auch die Kosten für Unterhalt, Wartung, Instandsetzung und Ersatz, wenn die Unbrauchbarkeit oder der Verlust nicht auf Missbrauch, Vorsatz oder grober Fahrlässigkeit der Verletzten beruht. $_{3}$Bei Erstattung der Kosten für den Ersatz eines unbrauchbar gewordenen Hilfsmittels kann sein Verkaufswert angerechnet werden. $_{4}$Verletzte, bei denen Blindheit als Dienstunfallfolge anerkannt ist, erhalten monatlich 210 € zum Unterhalt eines Blindenhundes und als Beihilfe zu den Aufwendungen für fremde Führung.

§ 7 Besondere Erstattungsvoraussetzungen

(1) $_{1}$Die Kosten für Hilfsmittel und Zubehör und für eine notwendige Ausbildung in ihrem Gebrauch werden nur erstattet, wenn die Hilfsmittel schriftlich verordnet sind, und, soweit sie 1000 € übersteigen, wenn die Pensionsbehörde die Erstattung vorher zugesagt hat. $_{2}$Ist die vorherige Anerkennung der Erstattungsfähigkeit unterblieben, werden die Kosten nur erstattet, wenn das Versäumnis entschuldbar ist und die sachlichen Voraussetzungen für eine Anerkennung der Erstattungsfähigkeit nachgewiesen sind oder wenn das Hilfsmittel während einer stationären Behandlung verordnet und angepasst wurde.

(2) $_{1}$Die Verletzten haben der Pensionsbehörde den Beginn einer Krankenhausbehandlung unverzüglich anzuzeigen. $_{2}$Hat diese auf Grund eines ärztlichen Gutachtens (§ 2) entschieden, dass eine Krankenhausbehandlung nicht notwendig ist, werden die Kosten hierfür nur bis zum Ablauf des auf den Tag der Zustellung der Entscheidung folgenden Tages erstattet.

§ 8 Kraftfahrzeughilfe

$_{1}$Kraftfahrzeughilfe wird gewährt, wenn die verletzte Person infolge des Dienstunfalles nicht nur vorübergehend auf die Benutzung eines Kraftfahrzeugs angewiesen ist, um die erforderlichen Wege im Arbeits- und Alltagsleben zurückzulegen und die Pensionsbehörde vor der Entstehung der Aufwendungen die Kraftfahrzeughilfe zugesagt hat. $_{2}$§ 40 Abs. 2, 3 und 5 des Siebten Buches Sozialgesetzbuch gilt mit der Maßgabe entsprechend, dass die §§ 6 und 8 der Kraftfahrzeughilfe-Verordnung keine Anwendung finden.

§ 9 Wohnumfeldanpassung

(1) $_{1}$Aufwendungen für eine bedarfsgerechte Anpassung wie Ausstattung, Umbau oder Ausbau der bisher genutzten Wohnung sowie die Aufwendungen für einen Umzug in eine bedarfsgerechte Wohnung werden in notwendigem und zweckmäßigem Umfang erstattet, wenn die Maßnahme infolge des Dienstunfalles nicht nur vorübergehend erforderlich ist. $_{2}$Erforderlichkeit im Sinne des Satzes 1 liegt vor, wenn infolge des Dienstunfalls in der Wohnung die Verrichtungen des täglichen Lebens nicht oder nur unter unzumutbaren Erschwernissen ausgeführt werden können oder die Wohnung mit allen für die verletzte Person erforderlichen Räumen nicht oder nur unter unzumutbaren Erschwernissen zugänglich und nutzbar ist oder der Arbeitsplatz von der bisher genutzten Wohnung nur mit unzumutbaren Erschwernissen erreicht werden kann. $_{3}$Erstattet werden auch die notwendigen Kosten für Wartung und Reparatur von behinderungsbedingter, technischer Ausstattung, die im Rahmen einer Wohnumfeldanpassung nach Satz 1 erfolgte.

(2) $_{1}$Die Aufwendungen für Maßnahmen nach Abs. 1 Satz 1 werden nur erstattet, wenn die Pensionsbehörde die Erstattung vorher zugesagt hat. $_{2}$Bei Maßnahmen ab 5000 € hat die verletzte Person zwei Vergleichsangebote beizubringen.

Teil 3
Durchführung des Heilverfahrens durch den Dienstherrn

§ 10 Anwendungsbereich

Für die Beamten und Beamtinnen, die Anspruch auf freie Heilfürsorge haben (Art. 96 BayBesG), wird das Heilverfahren im Wege der freien Heilfürsorge durch den Dienstherrn durchgeführt.

Teil 4
Sonstige Leistungen

§ 11 Ausschlussuntersuchungen

Die Kosten für eine Untersuchung, Beobachtung und Begutachtung im unmittelbaren Anschluss an ein Unfallereignis werden auch dann erstattet, wenn diese Maßnahmen nur der Feststellung dienen, ob Unfallfolgen eingetreten sind.

§ 12 Verdienstausfall

1Den in Art. 55 des Bayerischen Beamtenversorgungsgesetzes (BayBeamtVG) genannten Personen kann für die Dauer einer Heilbehandlung der durch die Heilbehandlung entstandene Verdienstausfall erstattet werden. 2Der Erstattungsbetrag und ein Unterhaltsbeitrag (Art. 55 BayBeamtVG) dürfen zusammen den Unterhaltsbeitrag nach Art. 55 Abs. 2 Satz 1 Nr. 1 BayBeamtVG nicht übersteigen. 3Ehrenbeamten und Ehrenbeamtinnen (Art. 63 BayBeamtVG) kann ein Verdienstausfall nach billigem Ermessen erstattet werden.

IV

§ 13 Kleidungs- und Wäscheverschleiß

(1) Die durch die Folgen des Dienstunfalls verursachten außergewöhnlichen Kosten für Kleider- und Wäscheverschleiß (Art. 50 Abs. 3 BayBeamtVG) sind unter entsprechender Anwendung des § 46 Abs. 1 Satz 1 Nr. 2 des Vierzehnten Buches Sozialgesetzbuch zu ersetzen.

(2) 1Der Pauschbetrag wird monatlich im Voraus gezahlt. 2Die in Sonderfällen den Höchstsatz des Pauschbetrags übersteigenden Aufwendungen werden jeweils für das abgelaufene Kalenderjahr erstattet.

§ 14 Fahrtkosten

1Fahrtkosten werden außer in den in § 26 Satz 1 BayBhV genannten Fällen auch erstattet für

1. Fahrten zu ambulanten Behandlungen,
2. Begleitpersonen, wenn die Begleitung der Verletzten nach ärztlichem Gutachten erforderlich war,
3. Besuchsfahrten von Ehegatten, Kindern und Eltern der Verletzten bei einer Krankenhausbehandlung, wenn und soweit die Besuchsfahrt nach Befürwortung durch einen in § 2 bezeichneten Arzt zur Sicherung des Heilerfolgs dringend erforderlich war.

2Für die Erstattung von Fahrtkosten finden Art. 5 und 6 Abs. 6 BayRKG entsprechende Anwendung.

Teil 5 Durchführungsbestimmungen; Ausnahmen

§ 15 Durchführungsbestimmungen; Ausnahmen

(1) Das Staatsministerium der Finanzen und für Heimat erlässt die zur Durchführung dieser Verordnung erforderlichen Verwaltungsvorschriften.

(2) Die oberste Dienstbehörde, im staatlichen Bereich das Staatsministerium der Finanzen und für Heimat, kann in besonders begründeten Ausnahmefällen zur Vermeidung besonderer Härtefälle über diese Verordnung hinaus eine weitergehende Kostenerstattung zulassen.

Teil 6 Übergangs- und Schlussbestimmungen

§ 16 Inkrafttreten; Ersetzung von Bundesrecht; Übergangsvorschriften

(1) Diese Verordnung tritt am 1. Januar 2011 in Kraft.

(2) 1Kosten, die bis einschließlich 31. Dezember 2023 entstanden sind, werden nach den bis zum Ablauf des 31. Dezember 2023 geltenden Vorschriften erstattet. 2Bei ärztlichen Untersuchungen und Behandlungen ist der Behandlungstag maßgebend, bei Arznei-, Verband- und Hilfsmitteln der Tag der ärztlichen Verordnung. 3Für nach Maßgabe der §§ 12, 23, 27, 28, 30, 32 und 34 der Orthopädieverordnung (OrthV) bereits gewährte Leistungen sind die §§ 24, 26, 29, 31 Satz 1, § 33 Satz 1 und § 34 Abs. 2 OrthV in der am 31. Dezember 2023 geltenden Fassung weiter anzuwenden.

(3) 1Pflegebedürftige Verletzte, die bis einschließlich 31. Dezember 2010 Pflegegeld gemäß § 12 HeilvfV bezogen haben, werden mit Wirkung vom 1. Januar 2011 in eine Pflegestufe nach § 32 BayBhV eingestuft und erhalten Pflegekosten gemäß § 5. 2Übersteigt das bisher gezahlte Pflegegeld die Pflegekosten gemäß § 5, wird es als Pauschale weitergezahlt; ändern sich die der Einstufung zugrun-

de liegenden Verhältnisse erheblich, sind die Pflegekosten gemäß § 5 neu festzusetzen.

(4) Leistungen gemäß § 5 Abs. 5, die für im Zeitraum vom 1. Januar 2025 bis einschließlich 30. Juni 2025 entstandene Aufwendungen nach § 33 Abs. 1 und 2 sowie § 34 BayBhV in der am 30. Juni 2025 geltenden Fassung gewährt werden, werden auf die Leistungen auf der Grundlage des gemeinsamen Betrages nach § 33 Abs. 5 BayBhV für das Kalenderjahr 2025 angerechnet.

V Personalvertretung

V

Bayerisches Personalvertretungsgesetz (BayPVG)

in der Fassung der Bekanntmachung vom 11. November 1986 (GVBl. S. 349)

Zuletzt geändert durch
Gesetz zur Änderung des Bayerischen Gesetzes über das Erziehungs- und Unterrichtswesen und weiterer Rechtsvorschriften
vom 28. Juli 2026 (GVBl. S. 379)

Inhaltsübersicht

Teil 1
Allgemeine Vorschriften

Art. 1 Bildung von Personalvertretungen

In den Verwaltungen, Gerichten, Schulen und Betrieben des Staates, der Gemeinden, Gemeindeverbände und der sonstigen der Aufsicht des Staates unterliegenden oder nicht bundesunmittelbaren Körperschaften, Anstalten und Stiftungen des öffentlichen Rechts werden Personalvertretungen gebildet.

Art. 2 Zusammenarbeit; Gewerkschaften und Arbeitgeberverbände

(1) Dienststelle und Personalvertretung arbeiten im Rahmen der Gesetze und Tarifverträge vertrauensvoll und im Zusammenwirken mit den in der Dienststelle vertretenen Gewerkschaften und Arbeitgebervereinigungen zum Wohl der Beschäftigten und zur Erfüllung der dienstlichen Aufgaben zusammen.

(2) Zur Wahrnehmung der in diesem Gesetz genannten Aufgaben und Befugnisse der in der Dienststelle vertretenen Gewerkschaften ist deren Beauftragten nach Unterrichtung des Dienststellenleiters oder seines Vertreters Zugang zu der Dienststelle zu gewähren, soweit dem nicht unumgängliche Notwendigkeiten des Dienstablaufs, zwingende Sicherheitsvorschriften oder der Schutz von Dienstgeheimnissen entgegenstehen.

(3) Die Aufgaben der Gewerkschaften und der Vereinigungen der Arbeitgeber werden durch dieses Gesetz nicht berührt.

(4) Die Personalvertretung wird bei Maßnahmen, bei deren Vorbereitung eine Beteiligung nach Art. 16 des Bayerischen Beamtengesetzes (BayBG) oder nach Art. 3 Abs. 3 des Leistungslaufbahngesetzes (LlbG) vorgesehen ist, nicht beteiligt.

Art. 3 Verhältnis zum Tarifvertrag

Durch Tarifvertrag kann das Personalvertretungsrecht nicht abweichend von diesem Gesetz geregelt werden.

Art. 4 Beschäftigte

(1) $_{1}$Beschäftigte im Sinn dieses Gesetzes sind die Beamten und Arbeitnehmer einschließlich der zu ihrer Berufsausbildung Beschäftigten. $_{2}$Richter sind nicht Beschäftigte im Sinn dieses Gesetzes.

(2) $_{1}$Wer Beamter ist, bestimmen die Beamtengesetze. $_{2}$Dienstanfänger stehen den Beamten gleich.

(3) $_{1}$Arbeitnehmer im Sinn dieses Gesetzes sind Beschäftigte, die auf Grund eines privatrechtlichen Vertrages im Dienst eines in Art. 1 genannten Rechtsträgers zu fremdbestimmter Arbeit in persönlicher Abhängigkeit verpflichtet sind. $_{2}$Als Arbeitnehmer gelten auch Beschäftigte, die sich in einer beruflichen Ausbildung befinden.

(4) Als Beschäftigte im Sinn dieses Gesetzes gelten nicht

a) die in den Art. 58, 65, 68, 69 und 83 BayHIG genannten Personen; Gleiches gilt für den Personenkreis nach Art. 73 Abs. 3 BayHIG,

b) in Lehre und Forschung tätige habilitierte Personen an Forschungsstätten, die nicht wissenschaftliche Hochschulen sind,

c) Personen, deren Beschäftigung vorwiegend durch Beweggründe karitativer oder religiöser Art bestimmt ist, ohne auf Grund eines Dienst- oder Arbeitsvertrags im Arbeitsverbund mit anderen Beschäftigten in einer Dienststelle tätig zu sein,

d) Personen, die vorwiegend zu ihrer Heilung, Wiedereingewöhnung oder Erziehung beschäftigt werden.

(5) Bei der Ermittlung der Zahl der in der Regel Beschäftigten im Sinn dieses Gesetzes sind Beschäftigte in der Freistellungsphase der Altersteilzeit, sofern die entsprechende Stelle künftig nachbesetzt werden soll, Beschäftigte in der Elternzeit sowie ohne Bezüge beurlaubte Beschäftigte mitzuzählen.

Art. 5 Gruppen

Die Beamten und Arbeitnehmer bilden je eine Gruppe.

Art. 6 Dienststellen

(1) Die einzelnen Behörden, Verwaltungsstellen, Gerichte, Schulen und Betriebe des Staates bilden je eine Dienststelle im Sinn dieses Gesetzes.

(2) $_{1}$Die einer Mittelbehörde unmittelbar nachgeordnete Behörde bildet mit den ihr nachgeordneten Stellen eine Dienststelle; dies gilt nicht, soweit auch die weiter nachgeordneten Stellen im Verwaltungsaufbau nach Aufgabenbereich und Organisation selbständig sind. $_{2}$Mittelbehörde im Sinn dieses Gesetzes ist die der obersten Dienstbehörde unmittelbar nachgeordnete Behörde, der andere Dienststellen nachgeordnet sind.

(3) $_{1}$Nebenstellen und Teile einer staatlichen Dienststelle, die räumlich weit von dieser entfernt liegen oder durch Aufgabenbereich und Organisation eigenständig sind, gelten als selbständige Dienststellen, wenn die Mehrheit ihrer wahlberechtigten Beschäftigten dies in geheimer Abstimmung beschließt. $_{2}$Der Beschluß kann nur für den Ablauf der Amtszeit etwa bestehender Personalvertretungen gefaßt oder wieder aufgehoben werden, es sei denn, die Nebenstelle oder der Teil einer Dienststelle wird neu errichtet.

(4) Die Gesamtheit der Grundschulen und Mittelschulen innerhalb eines Bereichs eines Staatlichen Schulamts und die Gesamtheit der der Aufsicht einer Regierung unterstehenden Förderschulen und Klinikschulen bilden je eine Dienststelle im Sinn dieses Gesetzes; Abs. 3 findet keine Anwendung.

(5) $_{1}$Die Gemeinden, Gemeindeverbände und die sonstigen Körperschaften, Anstalten und Stiftungen des öffentlichen Rechts bilden je eine Dienststelle im Sinn dieses Gesetzes. $_{2}$Abs. 3 gilt entsprechend, für Gemeinden jedoch mit der Maßgabe, daß nur durch Aufgabenbereich und Organisation eigenständige Nebenstellen und Teile der Dienststelle als selbständige Dienststellen gelten können. $_{3}$Bei Gemeinden und Gemeindeverbänden kann die Entscheidung nach Abs. 3 auch durch das in ihrer Verfassung vorgesehene oberste Organ getroffen werden; der Beschluß kann nur von der Seite aufgehoben werden, die ihn gefaßt hat.

(6) Gemeinsame Dienststellen verschiedener, in Art. 1 genannter Körperschaften, Anstalten und Stiftungen des öffentlichen Rechts gelten jeweils als eine Dienststelle im Sinn dieses Gesetzes.

(7) Abs. 3 findet auf Dienststellen der staatlichen Polizei keine Anwendung.

Art. 7 Vertretung der Dienststelle

(1) $_{1}$Für die Dienststelle handelt ihr Leiter. $_{2}$Er kann sich bei Verhinderung durch seinen ständigen Vertreter, bei obersten Dienstbehörden auch durch den Ministerialdirektor oder den Leiter der Verwaltungs- oder Personalabteilung, bei Mittelbehörden auch durch den Leiter der Verwaltungs- oder Personalabteilung, bei Hochschulen auch durch den leitenden Beamten der Hochschulverwaltung, dessen ständigen Vertreter oder den Leiter der Personalabteilung vertreten lassen. $_{3}$Soweit der leitende Beamte der Hochschulverwaltung als Dienstvorgesetzter für Maßnahmen zuständig ist, handelt er für die Hochschule; er kann sich bei Verhinderung durch seinen ständigen Vertreter oder den Leiter der Personalabteilung vertreten lassen. $_{4}$Mit Zustimmung der Personalvertretung kann sich der Leiter der Dienststelle auch durch einen anderen Beschäftigten vertreten lassen, ohne dass ein Fall der Verhinderung vorliegt.

(2) Bei Gemeinden, Gemeindeverbänden und sonstigen Körperschaften, Anstalten und Stiftungen des öffentlichen Rechts richtet sich die Vertretung nach den hierfür geltenden Vorschriften.

(3) In Zweifelsfällen bestimmt die oberste Dienstbehörde oder, falls eine oberste Dienstbehörde nicht vorhanden ist oder nicht entscheidet, die Aufsichtsbehörde den Leiter der Dienststelle und seinen Vertreter.

Art. 8 Verbot der Behinderung, Benachteiligung und Begünstigung

Personen, die Aufgaben oder Befugnisse nach diesem Gesetz wahrnehmen, dürfen darin nicht behindert und wegen ihrer Tätigkeit nicht benachteiligt oder begünstigt werden; dies gilt auch für ihre berufliche Entwicklung.

Art. 9 Schutz der Auszubildenden als Mitglied der Personalvertretung

(1) Beabsichtigt der Arbeitgeber, einen in einem Berufsausbildungsverhältnis nach dem Berufsbildungsgesetz, dem Krankenpflegegesetz in der am 31. Dezember 2019 geltenden Fassung, dem Altenpflegegesetz in der am

31. Dezember 2019 geltenden Fassung, dem Pflegeberufegesetz, dem Notfallsanitätergesetz, dem MT-Berufe-Gesetz, dem MTA-Gesetz in der am 31. Dezember 2022 geltenden Fassung oder dem Hebammengesetz in der am 31. Dezember 2019 geltenden Fassung stehenden Beschäftigten (Auszubildenden), der Mitglied einer Personalvertretung oder einer Jugend- und Auszubildendenvertretung ist, nach erfolgreicher Beendigung des Berufsausbildungsverhältnisses nicht in ein Arbeitsverhältnis auf unbestimmte Zeit zu übernehmen, so hat er dies drei Monate vor Beendigung des Berufsausbildungsverhältnisses dem Auszubildenden schriftlich mitzuteilen.

(2) Verlangt ein in Abs. 1 genannter Auszubildender innerhalb der letzten drei Monate vor Beendigung des Berufsausbildungsverhältnisses schriftlich vom Arbeitgeber seine Weiterbeschäftigung, so gilt zwischen dem Auszubildenden und dem Arbeitgeber im Anschluß an das erfolgreiche Berufsausbildungsverhältnis ein Arbeitsverhältnis auf unbestimmte Zeit als begründet.

(3) Die Abs. 1 und 2 gelten auch, wenn das Berufsausbildungsverhältnis vor Ablauf eines Jahres nach Beendigung der Amtszeit der Personalvertretung oder der Jugend- und Auszubildendenvertretung erfolgreich endet.

(4) $_1$Der Arbeitgeber kann spätestens bis zum Ablauf von zwei Wochen nach Beendigung des Berufsausbildungsverhältnisses beim Verwaltungsgericht beantragen,

1. festzustellen, daß ein Arbeitsverhältnis nach den Abs. 2 oder 3 nicht begründet wird, oder
2. das bereits nach den Abs. 2 oder 3 begründete Arbeitsverhältnis aufzulösen,

wenn Tatsachen vorliegen, auf Grund derer dem Arbeitgeber unter Berücksichtigung aller Umstände die Weiterbeschäftigung nicht zugemutet werden kann. $_2$In dem Verfahren vor dem Verwaltungsgericht ist die Personalvertretung, bei einem Mitglied der Jugend- und Auszubildendenvertretung auch diese beteiligt.

(5) Die Abs. 2 bis 4 sind unabhängig davon anzuwenden, ob der Arbeitgeber seiner Mitteilungspflicht nach Abs. 1 nachgekommen ist.

Art. 10 Schweigepflicht

(1) $_1$Personen, die Aufgaben oder Befugnisse nach diesem Gesetz wahrgenommen haben oder wahrnehmen, haben über die ihnen dabei bekanntgewordenen Angelegenheiten und Tatsachen Stillschweigen zu bewahren. $_2$Abgesehen von den Fällen des Art. 69 Abs. 2 Satz 6 und Art. 93 gilt die Schweigepflicht nicht für

1. die Mitglieder der Personalvertretung und der Jugend- und Auszubildendenvertretung gegenüber den übrigen Mitgliedern der Vertretung,
2. die in Satz 1 bezeichneten Personen gegenüber der zuständigen Personalvertretung sowie der zuständigen Jugend- und Auszubildendenvertretung,
3. den Personalrat gegenüber der vorgesetzten Dienststelle, gegenüber der bei ihr gebildeten Stufenvertretung und gegenüber dem Gesamtpersonalrat, wenn der Personalrat sie im Rahmen ihrer Befugnisse anruft,
4. die Stufenvertretung und den Gesamtpersonalrat gegenüber dem Personalrat, dem nach Art. 80 Abs. 2 Satz 2 oder Abs. 3 Satz 3 Gelegenheit zur Äußerung gegeben wird,
5. für die Anrufung der Einigungsstelle.

(2) Die Schweigepflicht besteht nicht für Angelegenheiten oder Tatsachen, die offenkundig sind, ihrer Bedeutung nach keiner Geheimhaltung bedürfen oder wenn der Leiter der Dienststelle in begründeten Einzelfällen von der Einhaltung der Schweigepflicht entbindet.

Art. 11 Unfallfürsorge

Erleidet ein Beamter anläßlich der Wahrnehmung von Rechten oder Erfüllung von Pflichten nach diesem Gesetz einen Unfall, der im Sinn der beamtenrechtlichen Unfallfürsorgevorschriften ein Dienstunfall wäre, so sind diese Vorschriften entsprechend anzuwenden.

V

Teil 2
Personalrat, Stufenvertretung, Gesamtpersonalrat, Personalversammlung

Kapitel 1
Wahl und Zusammensetzung des Personalrats

Art. 12 Personalratsfähige Dienststellen; Kleindienststellen

(1) In allen Dienststellen, die in der Regel mindestens fünf Wahlberechtigte beschäftigen, von denen drei wählbar sind, werden Personalräte gebildet.

(2) Dienststellen, bei denen die Voraussetzungen des Abs. 1 nicht gegeben sind, werden von der übergeordneten Dienststelle im Einvernehmen mit der Stufenvertretung einer benachbarten Dienststelle zugeteilt.

V

Art. 13 Wahlberechtigung

(1) 1Wahlberechtigt sind alle Beschäftigten, es sei denn, daß ihnen infolge Richterspruchs das Recht aberkannt ist, in öffentlichen Angelegenheiten zu wählen oder zu stimmen. 2Wahlberechtigt sind auch Beschäftigte, die einer gemeinsamen Einrichtung mit der Bezeichnung Jobcenter nach §§ 6d, 44b des Zweiten Buches Sozialgesetzbuch zur Arbeitsleistung überlassen werden. 3Beschäftigte, die am Wahltag länger als zwölf Monate unter Wegfall der Bezüge beurlaubt sind, sind nicht wahlberechtigt.

(2) 1Wer zu einer Dienststelle abgeordnet, ihr nach § 20 Beamtenstatusgesetz (BeamtStG) zugewiesen oder auf Grund einer entsprechenden arbeitsvertraglichen Vereinbarung bei ihr eingesetzt ist, wird in ihr wahlberechtigt, sobald die Abordnung, die Zuweisung oder der Einsatz länger als drei Monate gedauert hat; im gleichen Zeitpunkt verliert er das Wahlrecht bei der alten Dienststelle. 2Das gilt nicht für Beschäftigte, die als Mitglieder einer Stufenvertretung oder des Gesamtpersonalrats freigestellt sind, sowie für Abordnungen zur Teilnahme an Lehrgängen. 3Satz 1 gilt ferner nicht, wenn feststeht, daß der Beschäftigte binnen weiterer neun Monate in die alte Dienststelle zurückkehren wird.

(3) Nicht wahlberechtigt sind

a) Beschäftigte, die für die Erfüllung einer bestimmten Aufgabe für eine Dauer von höchstens sechs Monaten eingestellt sind, es sei denn, daß sie regelmäßig wiederkehrend beschäftigt werden,
b) Dienstanfänger, Beamte im Vorbereitungsdienst und Beschäftigte in entsprechender Berufsausbildung, die ausschließlich zum Zweck der Ausbildung ohne engere Bindung zur Dienststelle beschäftigt werden,
c) Beschäftigte mit Eintritt in die Freistellungsphase der Altersteilzeit.

Art. 14 Wählbarkeit

(1) 1Wählbar sind alle Wahlberechtigten, die am Wahltag

a) seit drei Monaten dem Geschäftsbereich ihrer obersten Dienstbehörde angehören und
b) seit sechs Monaten in öffentlichen Verwaltungen oder von diesen geführten Betrieben beschäftigt sind.

2Wählbar sind auch Beschäftigte, die nach Art. 13 Abs. 1 Satz 2 wahlberechtigt sind. 3Nicht wählbar ist, wer

a) infolge Richertspruchs die Fähigkeit, öffentliche Ämter zu bekleiden und Rechte aus öffentlichen Wahlen zu erlangen, nicht besitzt oder
b) am Wahltag noch länger als zwölf Monate unter Wegfall der Bezüge beurlaubt ist.

(2) Nicht wählbar sind für die Personalvertretung ihrer Dienststelle die in Art. 7 Abs. 1 Satz 1 bis 3, Abs. 2 und 3 genannten Personen sowie Beschäftigte, die zu selbständigen Entscheidungen in Personalangelegenheiten der Dienststelle befugt sind.

(3) Nicht wählbar sind für die Personalvertretungen der Dienststellen von Gemeinden und Gemeindeverbänden Beschäftigte, die dem in ihrer Verfassung vorgesehenen obersten Organ angehören.

Art. 15 Wählbarkeit in besonderen Fällen

(1) Besteht die oberste Dienstbehörde oder die Dienststelle weniger als ein Jahr oder wird

in ihr die Arbeit regelmäßig wiederkehrend unterbrochen, so bedarf es für die Wählbarkeit nicht der Voraussetzung des Art. 14 Abs. 1 Buchst. a.

(2) Die Voraussetzung des Art. 14 Abs. 1 Buchst. b entfällt, wenn nicht mindestens fünfmal soviel wählbare Beschäftigte jeder Gruppe vorhanden wären, als nach den Art. 16 und 17 zu wählen sind.

Art. 16 Größe des Personalrats

(1) $_{1}$Der Personalrat besteht in den Dienststellen mit in der Regel

5 bis 20 wahlberechtigten Beschäftigten aus einer Person,

21 wahlberechtigten Beschäftigten bis 50 Beschäftigten aus drei Mitgliedern,

51 bis 150 Beschäftigten aus fünf Mitgliedern,

151 bis 300 Beschäftigten aus sieben Mitgliedern,

301 bis 600 Beschäftigten aus neun Mitgliedern,

601 bis 1000 Beschäftigten aus elf Mitgliedern.

$_{2}$Die Zahl der Mitglieder erhöht sich in Dienststellen mit 1001 bis 5000 Beschäftigten um je zwei für je weitere angefangene 1000, mit 5001 und mehr Beschäftigten um je zwei für je weitere angefangene 2000.

(2) Die Höchstzahl der Mitglieder beträgt fünfundzwanzig.

Art. 17 Verteilung der Sitze auf die Gruppen

(1) $_{1}$Sind in der Dienststelle Angehörige verschiedener Gruppen beschäftigt, so muß jede Gruppe entsprechend ihrer Stärke im Personalrat vertreten sein, wenn dieser aus mindestens drei Mitgliedern besteht. $_{2}$Bei gleicher Stärke der Gruppen entscheidet das Los. $_{3}$Macht eine Gruppe von ihrem Recht, im Personalrat vertreten zu sein, keinen Gebrauch, so verliert sie ihren Anspruch auf Vertretung.

(2) Der Wahlvorstand errechnet die Verteilung der Sitze auf die Gruppen nach den Grundsätzen der Verhältniswahl und stellt den Anteil an Frauen und Männern bei den wahlberechtigten Beschäftigten insgesamt und in den einzelnen Gruppen fest.

(3) Eine Gruppe erhält mindestens

bei weniger als 51 Gruppenangehörigen einen Vertreter,

bei 51 bis 200 Gruppenangehörigen zwei Vertreter,

bei 201 bis 600 Gruppenangehörigen drei Vertreter,

bei 601 bis 1000 Gruppenangehörigen vier Vertreter,

bei 1001 und mehr Gruppenangehörigen fünf Vertreter.

(4) $_{1}$Eine Gruppe, der in der Regel nicht mehr als fünf Beschäftigte angehören, erhält nur dann eine Vertretung, wenn sie mindestens ein Zwanzigstel der Beschäftigten der Dienststelle umfaßt. $_{2}$Erhält sie keine Vertretung und findet Gruppenwahl statt, so kann sich jeder Angehörige dieser Gruppe durch Erklärung gegenüber dem Wahlvorstand einer anderen Gruppe anschließen.

(5) Der Personalrat soll sich aus Vertretern der verschiedenen Beschäftigungsarten zusammensetzen.

(6) Frauen und Männer sollen bei der Bildung des Personalrats entsprechend ihrem Anteil an den wahlberechtigten Beschäftigten der Dienststelle berücksichtigt werden.

Art. 18 Abweichende Sitzverteilung

(1) Die Verteilung der Mitglieder des Personalrats auf die Gruppen kann abweichend von Art. 17 geordnet werden, wenn jede Gruppe dies vor der Neuwahl in getrennter geheimer Abstimmung beschließt.

(2) $_{1}$Für jede Gruppe können auch Angehörige anderer Gruppen vorgeschlagen werden. $_{2}$Die Gewählten gelten als Vertreter derjenigen Gruppe, für die sie vorgeschlagen worden sind.

Art. 19 Grundsätze des Wahlverfahrens

(1) Der Personalrat wird in geheimer und unmittelbarer Wahl gewählt.

(2) $_{1}$Besteht der Personalrat aus mehr als einer Person, so wählen die Beamten und Arbeitnehmer ihre Vertreter (Art. 17) je in getrennten Wahlgängen, es sei denn, daß die wahlbe-

rechtigten Angehörigen jeder Gruppe vor der Neuwahl in getrennten geheimen Abstimmungen die gemeinsame Wahl beschließen. $_2$Der Beschluß bedarf der Mehrheit der Stimmen aller Wahlberechtigten jeder Gruppe.

(3) $_1$Die Wahl wird nach den Grundsätzen der Verhältniswahl durchgeführt. $_2$Wird nur ein Wahlvorschlag eingereicht, so findet Personenwahl statt. $_3$In Dienststellen, deren Personalrat aus einer Person besteht, wird dieser mit einfacher Stimmenmehrheit gewählt. $_4$Das gleiche gilt für Gruppen, denen nur ein Vertreter im Personalrat zusteht.

(4) $_1$Zur Wahl des Personalrats können die wahlberechtigten Beschäftigten und die in der Dienststelle vertretenen Gewerkschaften Wahlvorschläge machen. $_2$Die Wahlvorschläge sollen mindestens soviele Bewerberinnen und Bewerber enthalten wie erforderlich sind, um die anteilige Verteilung der Sitze im Personalrat auf Frauen und Männer zu erreichen. $_3$Jeder Wahlvorschlag der Beschäftigten muß von mindestens einem Zwanzigstel der wahlberechtigten Gruppenangehörigen, jedoch von mindestens drei Wahlberechtigten unterzeichnet sein. $_4$In jedem Fall genügt die Unterzeichnung durch 50 wahlberechtigte Gruppenangehörige. $_5$Die nach Art. 14 Abs. 2 nicht wählbaren Beschäftigten dürfen keine Wahlvorschläge machen oder unterzeichnen. $_6$Anstelle der Unterzeichnung ist auch die Einreichung in elektronischer Form unter Verwendung einer qualifiziert elektronischen Signatur zulässig.

(5) Ist gemeinsame Wahl beschlossen worden, so muß jeder Wahlvorschlag der Beschäftigten von mindestens einem Zwanzigstel der wahlberechtigten Beschäftigten unterzeichnet sein; Abs. 4 Satz 3 bis 6 gilt entsprechend.

(6) $_1$Werden bei gemeinsamer Wahl für eine Gruppe gruppenfremde Bewerber vorgeschlagen, muß der Wahlvorschlag von mindestens einem Zwanzigstel der wahlberechtigten Angehörigen der Gruppe unterzeichnet sein, für die sie vorgeschlagen sind. $_2$Abs. 4 Satz 4 bis 6 gilt entsprechend.

(7) $_1$Jeder Wahlvorschlag einer Gewerkschaft muss von zwei Beauftragten unterzeichnet sein. $_2$Ein von mehreren Gewerkschaften eingereichter gemeinsamer Wahlvorschlag muss von je zwei Beauftragten jeder beteiligten Gewerkschaft unterzeichnet sein. $_3$Die Beauftragten müssen Beschäftigte der Dienststelle sein und einer in der Dienststelle vertretenen Gewerkschaft angehören. $_4$Bei Zweifeln an der Beauftragung kann der Wahlvorstand verlangen, dass die Gewerkschaft die Beauftragung bestätigt. $_5$Abs. 4 Satz 6 gilt entsprechend.

(8) Jeder Beschäftigte kann nur auf einem Wahlvorschlag benannt werden.

(9) $_1$Findet Verhältniswahl statt, hat der Wahlberechtigte so viele Stimmen, wie bei getrennter Wahl Gruppenvertreter, bei gemeinsamer Wahl Personalratsmitglieder zu wählen sind. $_2$Der Wahlberechtigte kann seine Stimme nur Bewerbern geben, deren Namen in demselben Wahlvorschlag enthalten sind. $_3$Er kann durch Kennzeichnung eines Wahlvorschlags diesen unverändert annehmen. $_4$Innerhalb der Gesamtzahl der für jede Gruppe zulässigen Stimmen kann er einem Bewerber bis zu drei Stimmen geben.

Art. 20 Bestellung oder Wahl des Wahlvorstands

(1) $_1$Spätestens fünf Monate vor Ablauf seiner Amtszeit bestellt der Personalrat drei Wahlberechtigte als Wahlvorstand und einen von ihnen als Vorsitzenden. $_2$Im Wahlvorstand sollen Frauen und Männer vertreten sein. $_3$Die Mehrheit der Mitglieder des Wahlvorstands soll dem Geschlecht angehören, auf das die Mehrheit der in der Dienststelle Beschäftigten entfällt. $_4$Sind in der Dienststelle Angehörige verschiedener Gruppen beschäftigt, so soll jede Gruppe im Wahlvorstand vertreten sein. $_5$Beschäftigte im Sinn des Art. 13 Abs. 1 Satz 2 können nicht als Mitglieder des Wahlvorstands bestellt werden.

(2) $_1$Besteht vier Monate vor Ablauf der Amtszeit des Personalrats kein Wahlvorstand, so beruft der Leiter der Dienststelle auf Antrag von mindestens drei Wahlberechtigten oder einer in der Dienststelle vertretenen Gewerkschaft eine Personalversammlung zur Wahl des Wahlvorstands ein. $_2$Abs. 1 gilt entsprechend. $_3$Die Personalversammlung wählt sich einen Versammlungsleiter.

Art. 21 Wahl des Wahlvorstands in personalratslosen Dienststellen

$_{1}$Besteht in einer Dienststelle, die die Voraussetzungen des Art. 12 Abs. 1 erfüllt, kein Personalrat, so beruft der Leiter der Dienststelle eine Personalversammlung zur Wahl des Wahlvorstands ein. $_{2}$Art. 20 Abs. 2 Satz 3 gilt entsprechend.

Art. 22 Bestellung des Wahlvorstands durch den Dienststellenleiter

$_{1}$Findet eine Personalversammlung (Art. 20 Abs. 2, Art. 21) nicht statt oder wählt die Personalversammlung keinen Wahlvorstand, so bestellt ihn der Leiter der Dienststelle auf Antrag von mindestens drei Wahlberechtigten oder einer in der Dienststelle vertretenen Gewerkschaft. $_{2}$Artikel 20 Abs. 1 gilt entsprechend.

Art. 23 Aufgaben des Wahlvorstands

(1) $_{1}$Der Wahlvorstand hat die Wahl unverzüglich einzuleiten und sie durchzuführen. $_{2}$Kommt der Wahlvorstand dieser Verpflichtung nicht nach, so beruft der Leiter der Dienststelle auf Antrag von mindestens drei Wahlberechtigten oder einer in der Dienststelle vertretenen Gewerkschaft eine Personalversammlung zur Wahl eines neuen Wahlvorstands ein. $_{3}$Art. 20 Abs. 2 Satz 3 und Art. 22 gelten entsprechend.

(2) $_{1}$Unverzüglich nach Abschluß der Wahl nimmt der Wahlvorstand öffentlich die Auszählung der Stimmen vor, stellt deren Ergebnis in einer Niederschrift fest und gibt es den Angehörigen der Dienststelle durch Aushang bekannt. $_{2}$Dem Dienststellenleiter und den in der Dienststelle vertretenen Gewerkschaften ist eine Abschrift der Niederschrift zu übersenden.

Art. 24 Schutz und Kosten der Wahl

(1) $_{1}$Niemand darf die Wahl des Personalrats behindern oder in einer gegen die guten Sitten verstoßenden Weise beeinflussen. $_{2}$Insbesondere darf kein Wahlberechtigter in der Ausübung des aktiven und passiven Wahlrechts beschränkt werden. $_{3}$Art. 47 Abs. 1, 2, 3 Satz 1 und 2 gilt für Mitglieder des Wahlvorstands und Wahlbewerber entsprechend.

(2) $_{1}$Die Kosten der Wahl trägt die Dienststelle. $_{2}$Notwendige Versäumnis von Arbeitszeit infolge der Ausübung des Wahlrechts, der Teilnahme an den in den Art. 20 bis 23 genannten Personalversammlungen oder der Betätigung im Wahlvorstand hat keine Minderung der Besoldung oder des Arbeitsentgelts zur Folge. $_{3}$Für die Mitglieder des Wahlvorstands gelten Art. 44 Abs. 1 Satz 2 und 3 und Art. 46 Abs. 2 Satz 2 und 3 und Abs. 5 Satz 1 entsprechend.

(3) Die Dienststelle erstattet dem Beschäftigten die notwendigen Fahrkosten für die Reise vom dienstlichen Wohnsitz zum Wahlort und zurück nach den Vorschriften über Reisekostenvergütung der Beamten.

Art. 25 Wahlanfechtung

(1) Mindestens drei Wahlberechtigte, jede in der Dienststelle vertretene Gewerkschaft oder der Leiter der Dienststelle können binnen einer Frist von 14 Tagen, vom Tag der Bekanntgabe des Wahlergebnisses an gerechnet, die Wahl beim Verwaltungsgericht anfechten, wenn gegen wesentliche Vorschriften über das Wahlrecht, die Wählbarkeit oder das Wahlverfahren verstoßen worden und eine Berichtigung nicht erfolgt ist, es sei denn, daß durch den Verstoß das Wahlergebnis nicht geändert oder beeinflußt werden konnte.

(2) $_{1}$Bis zur rechtskräftigen Entscheidung des Verwaltungsgerichts und bis zur Feststellung des Wahlergebnisses bei der Wiederholungswahl führt der Personalrat die Geschäfte weiter. $_{2}$Wird die Wahl für ungültig erklärt, so bleiben die vorher gefaßten Beschlüsse des Personalrats in Kraft.

Kapitel 2
Amtszeit des Personalrats

Art. 26 Beginn und Dauer der regelmäßigen Amtszeit

(1) $_{1}$Die regelmäßige Amtszeit des Personalrats beträgt fünf Jahre. $_{2}$Die Amtszeit beginnt mit dem Tag der Wahl oder, wenn zu diesem Zeitpunkt noch ein Personalrat besteht, mit dem Ablauf seiner Amtszeit.

(2) Die Amtszeit des Personalrats endet am 31. Juli des Jahres, in dem nach Abs. 3 die regelmäßigen Personalratswahlen stattfinden.

(3) Die regelmäßigen Personalratswahlen finden alle fünf Jahre in der Zeit vom 1. Mai bis 31. Juli statt.

(4) 1Für die während der regelmäßigen Amtszeit gewählten Personalräte endet die Amtszeit am 31. Juli des Jahres, in dem die regelmäßigen Personalratswahlen stattfinden. 2Art. 27 Abs. 5 bleibt unberührt.

Art. 27 Vorzeitige Neuwahl

(1) Der Personalrat ist neu zu wählen, wenn

a) mit Ablauf von 30 Monaten, vom Tag der Wahl gerechnet, die Zahl der regelmäßig Beschäftigten um die Hälfte, mindestens aber um 50 gestiegen oder gesunken ist oder

b) die Gesamtzahl der Mitglieder des Personalrats auch nach Eintreten sämtlicher Ersatzmitglieder um mehr als ein Viertel der vorgeschriebenen Zahl gesunken ist oder

c) der Personalrat mit der Mehrheit seiner Mitglieder seinen Rücktritt beschlossen hat oder

d) der Personalrat durch gerichtliche Entscheidung aufgelöst ist.

(2) In den Fällen des Abs. 1 Buchst. a bis c führt der Personalrat die Geschäfte weiter, bis der neue Personalrat gewählt ist.

(3) Ist eine in der Dienststelle vorhandene Gruppe, die bisher im Personalrat vertreten war, durch kein Mitglied des Personalrats mehr vertreten, so wählt diese Gruppe neue Mitglieder.

(4) Abs. 1 Buchst. a gilt nicht für jahreszeitlich oder durch die Witterung bedingte Änderungen der Zahl der regelmäßig Beschäftigten.

(5) Hat die Amtszeit des Personalrats zu Beginn des in Art. 26 Abs. 3 für die regelmäßigen Personalratswahlen festgelegten Zeitraums noch nicht ein Jahr betragen, so ist der Personalrat in dem übernächsten Zeitraum der regelmäßigen Personalratswahlen neu zu wählen.

Art. 27a Um- und Neubildungen von Dienststellen

(1) 1Werden Dienststellen oder Teile von ihnen in andere Dienststellen eingegliedert oder Dienststellen oder Teile von ihnen zu einer neuen Dienststelle zusammengeschlossen oder bilden sie durch Ausgliederung eine neue Dienststelle, so ist der Personalrat bei der aufnehmenden oder neu gebildeten Dienststelle neu zu wählen. 2Die Mitglieder der bis zum Zeitpunkt des Wirksamwerdens der Eingliederung oder der Neubildung bestehenden Personalräte, die der aufnehmenden oder neu gebildeten Dienststelle angehören, bestellen gemeinsam unverzüglich einen Wahlvorstand. 3Sie führen die Geschäfte der Personalvertretung gemeinsam weiter (Übergangspersonalrat), bis sich der neue Personalrat konstituiert hat, längstens jedoch für die Dauer von zwölf Monaten. 4Ist eine Gruppe im Übergangspersonalrat nicht vertreten, übernehmen die übrigen Mitglieder des Übergangspersonalrats die Vertretung. 5Gehören der neu gebildeten Dienststelle keine Personalratsmitglieder an, tritt an die Stelle des Übergangspersonalrats die bei der übergeordneten Behörde gebildete Stufenvertretung. 6Ist eine solche nicht vorhanden, nimmt der bei der neu gebildeten Dienststelle zu bildende Wahlvorstand bis zur Wahl des Personalrats die Geschäfte wahr. 7Spätestens zwei Wochen nach Wirksamwerden der Eingliederung oder Neubildung sind die Mitglieder des Übergangspersonalrats durch die bisherigen Vorsitzenden zur Wahl des Vorstands und des Vorsitzenden sowie deren Stellvertreter einzuberufen und die Wahlen nach den Art. 32 und 33 durchzuführen. 8Art. 20 Abs. 2 und Art. 28 bis 52 gelten für den Übergangspersonalrat entsprechend.

(2) 1Eine Neuwahl gemäß Abs. 1 Satz 1 findet nicht statt, wenn sich die Zahl der Beschäftigten in der aufnehmenden Dienststelle um weniger als ein Fünftel geändert hat oder die Eingliederung oder die Neubildung weniger als zwölf Monate vor Beginn des für die nächsten regelmäßigen Personalratswahlen festgelegten Zeitraums wirksam werden. 2In diesen Fällen nimmt der Übergangspersonalrat die Geschäfte der Personalvertretung bis zur konstituierenden Sitzung des auf Grund der nächsten regelmäßigen Wahl gebildeten Personalrats wahr.

(3) 1Die Personalratswahlen bei der verbleibenden Dienststelle bestimmen sich nach

Art. 26 und 27. 2Gehören der verbleibenden Dienststelle keine Personalratsmitglieder oder Ersatzmitglieder mehr an, so nimmt der die Neuwahl durchführende Wahlvorstand bis zur Wahl des neuen Personalrats die Geschäfte der Personalvertretung wahr.

(4) 1Die Staatsministerien werden ermächtigt, für ihren Geschäftsbereich im Einvernehmen mit dem Staatsministerium der Finanzen und für Heimat durch Rechtsverordnung die Folgen von Auflösung, Umbildung oder Neubildung von Dienststellen, die zu einer Änderung im Stufenaufbau der Staatsverwaltung führen, auf die Personalvertretungen abweichend von Abs. 1 bis 3 zu regeln, um Erschwernisse auszugleichen und eine ausreichende Interessenwahrnehmung der Beschäftigten sicherzustellen. 2Dabei können insbesondere Bestimmungen getroffen werden über

1. die vorübergehende Fortführung der Geschäfte durch die bisherigen Personalräte,
2. die vorübergehende Wahrnehmung der Aufgaben neu zu wählender Personalräte durch die bisherigen oder deren Vorstände,
3. die Mitgliedschaft in Personalräten, wenn der Gewählte in Vollzug der Umbildung bei einer anderen Dienststelle verwendet wird,
4. besondere Beteiligungsrechte der Personalvertretungen an den durch die Umbildung veranlassten personellen Maßnahmen,
5. die Dauer der Wahlperiode und die Verlängerung der Amtszeit der Personalräte,
6. die Voraussetzungen und den Zeitpunkt für die Neuwahl der Personalräte,
7. die Bestellung der Wahlvorstände für Neuwahlen.

Art. 28 Ausschluss eines Mitglieds; Auflösung des Personalrats

(1) 1Auf Antrag eines Viertels der Wahlberechtigten, des Leiters der Dienststelle oder einer in der Dienststelle vertretenen Gewerkschaft kann das Verwaltungsgericht den Ausschluß eines Mitglieds aus dem Personalrat oder die Auflösung des Personalrats wegen grober Vernachlässigung seiner gesetzlichen Befugnisse oder wegen grober Verletzung seiner gesetzlichen Pflichten beschließen. 2Der Personalrat kann aus den gleichen Gründen den Ausschluß eines Mitglieds beantragen.

(2) 1Ist der Personalrat aufgelöst, so setzt der Vorsitzende der Fachkammer des Verwaltungsgerichts einen Wahlvorstand ein. 2Dieser hat unverzüglich eine Neuwahl einzuleiten. 3Bis zur Neuwahl nimmt der Wahlvorstand die dem Personalrat nach diesem Gesetz zustehenden Befugnisse und Pflichten wahr.

Art. 29 Erlöschen der Mitgliedschaft

(1) Die Mitgliedschaft im Personalrat erlischt durch

a) Ablauf der Amtszeit,
b) Niederlegung des Amts,
c) Beendigung des Dienstverhältnisses,
d) Ausscheiden aus der Dienststelle,
e) Verlust der Wählbarkeit,
f) Ablauf von zwölf Monaten seit dem Eintritt in eine Beurlaubung unter Wegfall der Bezüge,
g) gerichtliche Entscheidung nach Art. 28,
h) Feststellung nach Ablauf der in Art. 25 bezeichneten Frist, daß der Gewählte nicht wählbar war.

(2) Die Mitgliedschaft im Personalrat wird durch einen Wechsel der Gruppenzugehörigkeit eines Mitglieds nicht berührt; dieses bleibt Vertreter der Gruppe, die es gewählt hat.

(3) Abs. 1 Buchst. c gilt nicht für betrieblich bedingte Unterbrechungen des Dienstverhältnisses.

Art. 30 Ruhen der Mitgliedschaft

Die Mitgliedschaft eines Beamten im Personalrat ruht, solange ihm die Führung der Dienstgeschäfte zeitweilig verboten oder er disziplinarrechtlich vorläufig des Dienstes enthoben ist.

Art. 31 Ersatzmitglieder

(1) 1Scheidet ein Mitglied aus dem Personalrat aus, so tritt ein Ersatzmitglied ein. 2Das gleiche gilt, wenn ein Mitglied des Personalrats zeitweilig verhindert ist, für die Dauer der Verhinderung.

V

(2) $_1$Die Ersatzmitglieder werden der Reihe nach aus den nicht gewählten Beschäftigten derjenigen Vorschlagslisten entnommen, denen die zu ersetzenden Mitglieder angehören. $_2$Ist das ausgeschiedene oder verhinderte Mitglied mit einfacher Stimmenmehrheit gewählt, so tritt der nichtgewählte Beschäftigte mit der nächsthöheren Stimmenzahl als Ersatzmitglied ein. $_3$Bei gleicher Stimmenzahl entscheidet das Los.

(3) Art. 29 Abs. 2 gilt entsprechend bei einem Wechsel der Gruppenzugehörigkeit vor dem Eintritt des Ersatzmitgliedes in den Personalrat.

(4) Im Fall des Art. 27 Abs. 1 Buchst. d treten Ersatzmitglieder nicht ein.

Kapitel 3
Geschäftsführung des Personalrates, Aufgaben der Schwerbehindertenvertretung

Art. 32 Vorstand; Vorsitzender

(1) $_1$Der Personalrat bildet aus seiner Mitte den Vorstand. $_2$Diesem gehört ein Mitglied jeder im Personalrat vertretenen Gruppe an. $_3$Frauen und Männer sollen dabei gleichermaßen berücksichtigt werden. $_4$Die Vertreter jeder Gruppe wählen das auf sie entfallende Vorstandsmitglied und ein stellvertretendes Vorstandsmitglied. $_5$Bei Stimmengleichheit entscheidet das Los.

(2) $_1$Der Personalrat wählt mit einfacher Stimmenmehrheit in geheimer Wahl aus den Mitgliedern des Vorstands einen Vorsitzenden und bis zu zwei stellvertretende Vorsitzende. $_2$Dabei sind die Gruppen zu berücksichtigen, denen der Vorsitzende nicht angehört, es sei denn, daß die Vertreter dieser Gruppe darauf verzichten.

(3) $_1$Der Vorsitzende führt die laufenden Geschäfte und vertritt den Personalrat im Rahmen der von diesem gefaßten Beschlüsse. $_2$In Angelegenheiten, die nur eine Gruppe betreffen, vertritt ein der Gruppe angehörendes Vorstandsmitglied im Benehmen mit dem Vorsitzenden den Personalrat.

(4) $_1$In Angelegenheiten, in denen der Personalrat zu beteiligen ist, kann durch einstimmigen Beschluss dem Vorsitzenden die Entscheidung im Einvernehmen mit den übrigen Vorstandsmitgliedern übertragen werden; in dem Beschluss sind die Angelegenheiten zu bestimmen. $_2$In diesem Fall beteiligt der Vorsitzende in Angelegenheiten, die nur die Angehörigen einer Gruppe betreffen, nur die dieser Gruppe angehörenden Vorstandsmitglieder; dies gilt entsprechend für Angelegenheiten, die die Angehörigen nur zweier Gruppen betreffen. $_3$Wird im Vorstand kein Einvernehmen erzielt, so entscheidet der Personalrat nach Maßgabe der Art. 37 bis 39. $_4$Der Vorsitzende hat die Personalratsmitglieder regelmäßig über die getroffenen Entscheidungen zu unterrichten. $_5$Sobald ein Personalratsmitglied einem Beschluss nach Satz 1 widerspricht, gilt dieser als aufgehoben.

Art. 33 Erweiterter Vorstand

$_1$Hat der Personalrat drei oder mehr Mitglieder, ist von den Vertretern der stärksten Gruppe im Personalrat ein weiteres Mitglied als stellvertretender Vorsitzender in den Vorstand zu wählen; bei gleicher Stärke der Gruppen entscheidet das Los. $_2$Hat der Personalrat elf oder mehr Mitglieder, so wählt er aus seiner Mitte mit einfacher Stimmenmehrheit daneben ein weiteres Mitglied in den Vorstand. $_3$Sind Mitglieder des Personalrats aus Wahlvorschlagslisten mit verschiedenen Bezeichnungen gewählt worden und sind im Vorstand Mitglieder aus derjenigen Liste nicht vertreten, die die größte oder zweitgrößte Anzahl aller von den Angehörigen der Dienststelle abgegebenen Stimmen erhalten hat, so ist das weitere Vorstandsmitglied aus dieser Liste zu wählen.

Art. 34 Sitzungen; Teilnahmerecht

(1) $_1$Spätestens zwei Wochen nach dem Wahltag sind die Mitglieder des Personalrats durch den Wahlvorstand zur Vornahme der nach Art. 32 oder 33 vorgeschriebenen Wahl einzuberufen und die Wahlen durchzuführen. $_2$Der Wahlvorstand leitet die Sitzung, bis der Personalrat aus seiner Mitte einen Wahlleiter bestellt hat. $_3$Für die Anfechtung dieser Wahlen gilt Art. 25 entsprechend mit der Maßgabe, daß anstelle der in Art. 25 Abs. 1 genann-

ten drei Wahlberechtigten jedes Mitglied des Personalrats die Wahl anfechten kann.

(2) $_1$Die weiteren Sitzungen beraumt der Vorsitzende des Personalrats an. $_2$Er setzt die Tagesordnung fest und leitet die Verhandlung. $_3$Er hat die Mitglieder des Personalrates zu den Sitzungen rechtzeitig unter Mitteilung der Tagesordnung zu laden sowie der Jugend- und Auszubildendenvertretung und der Schwerbehindertenvertretung den Zeitpunkt und die Tagesordnung der Sitzung bekanntzugeben.

(3) Auf Antrag eines Viertels der Mitglieder des Personalrats, der Mehrheit der Vertreter einer Gruppe, des Leiters der Dienststelle, in Angelegenheiten, die besonders schwerbehinderte Menschen betreffen, der Schwerbehindertenvertretung oder in Angelegenheiten, die besonders Beschäftigte im Sinn von Art. 58 Abs. 1 betreffen, der Mehrheit der Mitglieder der Jugend- und Auszubildendenvertretung hat der Vorsitzende eine Sitzung anzuberaumen und den Gegenstand, dessen Beratung beantragt ist, auf die Tagesordnung zu setzen.

(4) $_1$Der Leiter der Dienststelle nimmt an den Sitzungen, die auf sein Verlangen anberaumt sind, und an den Sitzungen, zu denen er ausdrücklich eingeladen ist, teil. $_2$Er kann einen Vertreter der für die Dienststelle zuständigen Arbeitgebervereinigung hinzuziehen; in diesem Fall ist je einem Vertreter der unter den Mitgliedern des Personalrats vertretenen Gewerkschaften die Teilnahme an den Sitzungen zu ermöglichen.

Art. 35 Nichtöffentlichkeit und Sitzungsteilnahme

(1) $_1$Die Sitzungen des Personalrats sind nicht öffentlich. $_2$Sie finden in der Regel während der Arbeitszeit statt. $_3$Der Personalrat hat bei der Anberaumung seiner Sitzungen auf die dienstlichen Erfordernisse Rücksicht zu nehmen. $_4$Der Leiter der Dienststelle ist vom Zeitpunkt der Sitzung vorher zu verständigen.

(2) $_1$Die Sitzungen des Personalrats finden in der Regel in Anwesenheit seiner Mitglieder vor Ort statt. $_2$Die Sitzung kann vollständig oder unter Zuschaltung einzelner Personalratsmitglieder mittels Video- oder Telefonkonferenz durchgeführt werden, wenn

1. vorhandene Einrichtungen genutzt werden, die durch die Dienststelle zur dienstlichen Nutzung vorgesehen sind,
2. nicht mindestens ein Viertel der Mitglieder oder die Mehrheit der Vertreter einer Gruppe des Personalrats binnen einer von dem Vorsitzenden zu bestimmenden Frist gegenüber dem Vorsitzenden widerspricht und
3. der Personalrat geeignete organisatorische Maßnahmen trifft, um sicherzustellen, dass Dritte vom Inhalt der Sitzung keine Kenntnis nehmen können.

$_3$Eine Aufzeichnung der Sitzung ist unzulässig. $_4$Personalratsmitglieder, die mittels Video- oder Telefonkonferenz an Sitzungen teilnehmen, gelten als anwesend im Sinne des Art. 37 Abs. 1 und 2. $_5$Art. 41 Abs. 1 Satz 4 findet mit der Maßgabe Anwendung, dass der Vorsitzende vor Beginn der Beratung die zugeschalteten Personalratsmitglieder feststellt und in die Anwesenheitsliste einträgt. $_6$Das Recht eines Personalratsmitglieds auf Teilnahme an der Sitzung vor Ort bleibt durch die Durchführung der Sitzung mittels Video- oder Telefonkonferenz unberührt, es sei denn, dass die Sitzung vollständig per Video- oder Telefonkonferenz durchgeführt wird. $_7$Auf Antrag eines Viertels der Mitglieder des Personalrats hat der Vorsitzende eine Sitzung im Verfahren nach Satz 2 anzuberaumen. $_8$Im Falle eines Widerspruchs nach Satz 2 Nr. 2 entscheidet der Vorsitzende.

Art. 36 Erweitertes Teilnahmerecht

(1) $_1$Der Personalrat kann von Fall zu Fall beschließen, daß je ein Beauftragter der unter den Mitgliedern des Personalrats vertretenen Gewerkschaften berechtigt ist, an den Sitzungen mit beratender Stimme teilzunehmen. $_2$Gleiches gilt hinsichtlich je eines Mitglieds der Stufenvertretungen, die bei den übergeordneten Dienststellen bestehen, oder eines Mitglieds des zugeordneten Gesamtpersonalrats.

(2) $_1$Der Personalrat kann in der Personalangelegenheit eines einzelnen Beschäftigten dessen Anhörung in einer Personalratssitzung beschließen. $_2$Bei Beratung und Beschlussfassung darf dieser Beschäftigte nicht anwesend sein. $_3$Art. 43 Abs. 3 gilt entsprechend.

V

Art. 37 Beschlussfassung und Beschlussfähigkeit

(1) 1Die Beschlüsse des Personalrats werden mit einfacher Stimmenmehrheit der anwesenden Mitglieder gefaßt. 2Bei Stimmengleichheit ist ein Antrag abgelehnt.

(2) Der Personalrat ist nur beschlußfähig, wenn mindestens die Hälfte seiner Mitglieder anwesend ist; Stellvertretung durch Ersatzmitglieder ist zulässig.

(3) In einfachen Angelegenheiten kann der Vorsitzende im Umlaufverfahren auf einem dauerhaften Datenträger abstimmen lassen, wenn kein Mitglied des Personalrats diesem Verfahren widerspricht.

(4) 1Bei der Beratung und Abstimmung über Angelegenheiten eines Mitglieds des Personalrats darf dieses Mitglied nicht anwesend sein. 2Dasselbe gilt für Angelegenheiten, bei denen es auf seiten der Dienststelle mitgewirkt hat, sowie für Angelegenheiten von Angehörigen eines Mitglieds des Personalrats, hinsichtlich deren ihm nach § 383 Abs. 1 Nr. 1 bis 3 der Zivilprozeßordnung ein Zeugnisverweigerungsrecht zusteht. 3Ein Beschluss ist nichtig, wenn an der Beratung oder Beschlussfassung ein ausgeschlossenes Mitglied mitgewirkt hat, es sei denn, dass durch die Mitwirkung die Beschlussfassung nicht geändert oder beeinflusst werden konnte. 4Die Nichtigkeit des Beschlusses berührt die Wirksamkeit einer Maßnahme, die die Dienststselle im Vertrauen auf den Beschluss des Personalrats durchgeführt hat, nicht.

Art. 38 Gemeinsame Beschlüsse; Beschlüsse von Gruppen

(1) Über die gemeinsamen Angelegenheiten der Beamten und Arbeitnehmer wird vom Personalrat gemeinsam beraten und beschlossen.

(2) 1In Angelegenheiten, die Angehörige nur einer Gruppe betreffen, sind allein die Vertreter dieser Gruppe zur Beratung und Beschlußfassung berufen, es sei denn, daß sie gemeinsame Beratung im Personalrat beschließen. 2Dies gilt nicht für eine Gruppe, die im Personalrat nicht vertreten ist.

(3) Abs. 2 gilt entsprechend für Angelegenheiten, die lediglich die Angehörigen zweier Gruppen betreffen.

Art. 39 Aussetzung von Beschlüssen

(1) 1Erachtet die Mehrheit der Vertreter einer Gruppe oder der Mitglieder der Jugend- und Auszubildendenvertretung einen Beschluß des Personalrats als eine erhebliche Beeinträchtigung wichtiger Interessen der durch sie vertretenen Beschäftigten, so ist auf ihren Antrag der Beschluß auf die Dauer von einer Woche vom Zeitpunkt der Beschlußfassung an auszusetzen. 2In dieser Frist soll, gegebenenfalls mit Hilfe der unter den Mitgliedern des Personalrats oder der Jugend- und Auszubildendenvertretung vertretenen Gewerkschaften, eine Verständigung versucht werden. 3Bei Aussetzung eines Beschlusses nach Satz 1 verlängern sich außer in den Fällen von Art. 47 Abs. 2 und 3, Art. 70 Abs. 2 Satz 4 und Art. 77 Abs. 3 Fristen nach diesem Gesetz um die Dauer der Aussetzung, wenn dem Leiter der Dienststelle eine Mitteilung über den Aussetzungsbeschluss innerhalb offener Frist zugeht.

(2) 1Nach Ablauf der Frist ist über die Angelegenheit neu zu beschließen. 2Wird der erste Beschluß bestätigt, so kann der Antrag auf Aussetzung nicht wiederholt werden.

(3) Die Abs. 1 und 2 gelten entsprechend, wenn die Schwerbehindertenvertretung einen Beschluß des Personalrats als eine erhebliche Beeinträchtigung wichtiger Interessen der schwerbehinderten Menschen erachtet.

Art. 40 Teilnahmerecht von weiteren Vertretern; Stimmrecht

(1) 1Ein Vertreter der Jugend- und Auszubildendenvertretung, der von dieser benannt wird, und die Schwerbehindertenvertretung sollen an allen Sitzungen des Personalrates beratend teilnehmen. 2An der Behandlung von Angelegenheiten, die besonders Beschäftigte im Sinn von Art. 58 Abs. 1 betreffen, kann die gesamte Jugend- und Auszubildendenvertretung beratend teilnehmen.

(2) Bei Beschlüssen, die überwiegend Beschäftigte im Sinn von Art. 58 Abs. 1 betreffen, haben die Mitglieder der Jugend- und Auszubildendenvertretung Stimmrecht.

(3) 1Das in Abs. 2 genannte Stimmrecht gilt für die Schwerbehindertenvertretung entsprechend. 2Ist die Schwerbehindertenvertretung zugleich ein Mitglied des Personalrats, kann das Stimmrecht nur als Schwerbehindertenvertretung ausgeübt werden. 3Für die Ausübung des Stimmrechts als Mitglied des Personalrats gilt Art. 31 Abs. 1 und 2 entsprechend.

Art. 41 Niederschrift

(1) 1Über jede Verhandlung des Personalrats ist eine Niederschrift aufzunehmen, die mindestens den Wortlaut der Beschlüsse und das Stimmenverhältnis, mit dem sie gefaßt sind, enthält. 2Die Niederschrift ist vom Vorsitzenden und einem weiteren Mitglied zu unterzeichnen. 3Anstelle der Unterzeichnung ist auch die elektronische Form unter Verwendung einer qualifiziert elektronischen Signatur zulässig. 4Der Niederschrift ist eine Anwesenheitsliste beizufügen, in die sich jeder Teilnehmer eigenhändig einzutragen hat.

(2) 1Die Mitglieder des Personalrats erhalten einen Abdruck der Niederschrift. 2Haben der Leiter der Dienststelle, Beauftragte von Gewerkschaften und Arbeitgebervereinigungen, die Mitglieder der Jugend- und Auszubildendenvertretung oder die Schwerbehindertenvertretung an der Sitzung teilgenommen, so ist ihnen der entsprechende Teil der Niederschrift im Abdruck zuzuleiten. 3Einwendungen gegen die Niederschrift sind unverzüglich schriftlich zu erheben und der Niederschrift beizufügen.

Art. 42 Geschäftsordnung

Sonstige Bestimmungen über die Geschäftsführung können in einer Geschäftsordnung getroffen werden, die der Personalrat mit der Mehrheit der Stimmen seiner Mitglieder beschließt.

Art. 43 Sprechstunden

(1) 1Der Personalrat kann Sprechstunden während der Arbeitszeit einrichten. 2Zeit und Ort bestimmt er im Einvernehmen mit dem Leiter der Dienststelle. 3Die Geschäftsordnung kann die Durchführung der Sprechstunde mittels Video- oder Telefonkonferenz vorsehen. 4Art. 35 Abs. 2 Satz 2 Nr. 1 und 3 sowie Satz 3 gilt entsprechend.

(2) An Sprechstunden des Personalrates kann ein Mitglied der Jugend- und Auszubildendenvertretung zur Beratung von Beschäftigten im Sinn von Art. 58 Abs. 1 teilnehmen, sofern die Jugend- und Auszubildendenvertretung keine eigenen Sprechstunden einrichtet; dies gilt entsprechend für die Schwerbehindertenvertretung.

(3) Notwendige Versäumnis von Arbeitszeit wegen des Besuchs der Sprechstunden oder sonstiger Inanspruchnahme des Personalrats hat keine Minderung der Besoldung oder des Arbeitsentgelts zur Folge.

Art. 44 Kostentragung; Geschäftsbedarf; Bekanntmachungen

(1) 1Die durch die Tätigkeit des Personalrats entstehenden Kosten trägt die Dienststelle. 2Mitglieder des Personalrats erhalten bei Reisen, die zur Erfüllung ihrer Aufgaben notwendig sind, Reisekostenvergütung nach den Vorschriften über die Reisekostenvergütung der Beamten mit der Maßgabe, daß die Reisekostenvergütung nach den für Beamte der Besoldungsgruppe A 15 geltenden Bestimmungen zu bemessen ist. 3Sie erhalten bei Reisen, die zur Erfüllung ihrer Aufgaben notwendig sind, auch Ersatz der Sachschäden an ihren privateigenen Kraftfahrzeugen in dem Umfang und bis zu der Höhe, wie er Beamten des Dienstherren gewährt wird.

(2) Für die Sitzungen, die Sprechstunden und die laufende Geschäftsführung hat die Dienststelle in erforderlichem Umfang Räume, den Geschäftsbedarf und, soweit erforderlich, Büropersonal zur Verfügung zu stellen.

(3) Dem Personalrat werden in allen Dienststellen geeignete Plätze für Bekanntmachungen und Anschläge zur Verfügung gestellt und er kann sie in einem von der Dienststelle bereits eingerichteten Intranet veröffentlichen lassen.

Art. 45 Verbot der Erhebung von Beiträgen

Der Personalrat darf für seine Zwecke von den Beschäftigten keine Beiträge erheben oder annehmen.

V

V

Kapitel 4
Rechtsstellung der Personalratsmitglieder

Art. 46 Ehrenamt; Arbeitszeitversäumnis; Freistellung; Fortbildung

(1) Die Mitglieder des Personalrats führen ihr Amt unentgeltlich als Ehrenamt.

(2) 1Versäumnis von Arbeitszeit, die zur ordnungsgemäßen Durchführung der Aufgaben des Personalrats erforderlich ist, hat keine Minderung der Besoldung oder des Arbeitsentgelts zur Folge. 2Werden Personalratsmitglieder durch die Erfüllung ihrer Aufgaben über die regelmäßige Arbeitszeit hinaus erheblich mehr beansprucht, so ist ihnen Dienstbefreiung in entsprechender Anwendung des Art. 87 Abs. 2 Satz 2 BayBG zu gewähren. 3Bei Reisen, die zur Erfüllung ihrer Aufgaben notwendig sind, erhalten sie Freizeitausgleich entsprechend den für Beamte geltenden Regelungen.

(3) 1Mitglieder des Personalrats sind auf Antrag des Personalrats von ihrer dienstlichen Tätigkeit freizustellen, wenn und soweit es nach Umfang und Art der Dienststelle zur ordnungsgemäßen Durchführung ihrer Aufgaben erforderlich ist. 2Bei der Auswahl der freizustellenden Mitglieder hat der Personalrat zunächst die nach Art. 32 Abs. 2 gewählten Vorstandsmitglieder, sodann die übrigen Vorstandsmitglieder zu berücksichtigen. 3Bei weiteren Freistellungen sind die im Personalrat vertretenen Wahlvorschlagslisten nach den Grundsätzen der Verhältniswahl zu berücksichtigen. 4Dabei sind die nach Satz 2 freigestellten Vorstandsmitglieder von den auf jede Wahlvorschlagsliste entfallenden Freistellungen abzurechnen. 5Die Freistellung darf nicht zur Beeinträchtigung des beruflichen Werdegangs führen.

(4) 1Auf Antrag des Personalrats sind mindestens freizustellen in Dienststellen mit in der Regel

400 bis 800 Beschäftigten ein Personalratsmitglied,

801 bis 1600 Beschäftigten zwei Personalratsmitglieder,

1601 bis 2400 Beschäftigten drei Personalratsmitglieder.

2In Dienststellen mit über 2400 Beschäftigten ist für je angefangene 1500 Beschäftigte ein weiteres Personalratsmitglied ganz freizustellen. 3Eine entsprechende teilweise Freistellung mehrerer Mitglieder ist möglich.

(5) 1Die Mitglieder des Personalrats und das jeweils erste Ersatzmitglied sind unter Fortzahlung der Bezüge für die Teilnahme an Schulungs- und Bildungsveranstaltungen vom Dienst freizustellen, soweit diese Kenntnisse vermitteln, die unmittelbar für die Tätigkeit im Personalrat erforderlich sind; dabei sind die dienstlichen Interessen angemessen zu berücksichtigen. 2In der Regel umfaßt die Freistellung nach Satz 1

1. bei erstmals in den Personalrat gewählten Mitgliedern fünf Kalendertage, die ganz oder teilweise auch in der unmittelbar folgenden Amtszeit in Anspruch genommen werden können,
2. darüber hinaus bis zu fünf Kalendertage für Mitglieder des Personalrats, denen innerhalb ihrer Personalvertretung besondere in der Schulung zu behandelnde Aufgaben zugewiesen sind.

3Für die Teilnahme teilzeitbeschäftigter Personalratsmitglieder an Schulungs- und Bildungsveranstaltungen gilt Abs. 2 Satz 2 entsprechend.

Art. 47 Besonderer Schutz bei Kündigung, Versetzung oder Abordnung

(1) Für die Mitglieder des Personalrats, die in einem Arbeitsverhältnis stehen, gelten die §§ 15 und 16 des Kündigungsschutzgesetzes entsprechend.

(2) 1Die außerordentliche Kündigung von Mitgliedern des Personalrats, die in einem Arbeitsverhältnis stehen, bedarf der Zustimmung des Personalrats. 2Verweigert der Personalrat seine Zustimmung oder äußert er sich nicht innerhalb von drei Tagen nach Eingang des Antrags, so kann das Verwaltungsgericht sie auf Antrag des Dienststellenleiters ersetzen, wenn die außerordentliche Kündigung unter Berücksichtigung aller Umstände gerechtfertigt ist. 3In dem Verfahren vor dem Verwaltungsgericht ist der betroffene Arbeitnehmer Beteiligter.

(3) 1Mitglieder des Personalrats dürfen gegen ihren Willen nur versetzt oder abgeordnet werden, wenn dies auch unter Berücksichtigung der Mitgliedschaft im Personalrat aus wichtigen dienstlichen Gründen unvermeidbar ist. 2Als Versetzung im Sinn des Satzes 1 gilt auch die mit einem Wechsel des Dienstorts verbundene Umsetzung in derselben Dienststelle; das Einzugsgebiet im Sinn des Umzugskostenrechts gehört zum Dienstort. 3Die Versetzung oder Abordnung von Mitgliedern des Personalrats bedarf der Zustimmung des Personalrats; Abs. 2 Satz 2 und 3 gilt entsprechend mit der Maßgabe, daß für die Frist Art. 70 Abs. 2 Satz 3 bis 5 gilt.

(4) 1Für Dienstanfänger, Beamte im Vorbereitungsdienst und Beschäftigte in entsprechender Berufausbildung gelten die Abs. 1 bis 3 nicht. 2Die Abs. 2 und 3 gelten ferner nicht bei der Versetzung oder Abordnung dieser Beschäftigten zu einer anderen Dienststelle im Anschluß an das Ausbildungsverhältnis. 3Die Mitgliedschaft der in Satz 1 bezeichneten Beschäftigten im Personalrat ruht unbeschadet des Art. 29, solange sie entsprechend den Erfordernissen ihrer Ausbildung zu einer anderen Dienststelle versetzt oder abgeordnet sind.

Kapitel 5
Personalversammlung

Art. 48 Zusammensetzung und Leitung; Teilversammlung

(1) 1Die Personalversammlung besteht aus den Beschäftigten der Dienststelle. 2Sie wird vom Vorsitzenden des Personalrats geleitet. 3Sie ist nicht öffentlich. 4Die für Beschäftigte im Sinn des Art. 13 Abs. 1 Satz 2 geltenden arbeitsrechtlichen Regelungen bleiben unberührt.

(2) 1Kann nach den dienstlichen Verhältnissen eine gemeinsame Versammlung aller Beschäftigten nicht stattfinden, so sind Teilversammlungen abzuhalten. 2Das Teilnahmerecht an den Teilversammlungen steht allen Mitgliedern des Personalrats sowie den Beschäftigten zu, für die sie abgehalten werden.

(3) 1Der Personalrat kann die Personalversammlung im Einvernehmen mit der Dienststellenleitung ganz oder teilweise mittels Videokonferenz durchführen. 2Art. 35 Abs. 2 Satz 2 Nr. 1 und 3 sowie Satz 3 gilt entsprechend. 3Abs. 2 bleibt unberührt.

Art. 49 Ordentliche und außerordentliche Personalversammlung

(1) Der Personalrat hat einmal in jedem Kalenderhalbjahr in einer Personalversammlung einen Tätigkeitsbericht zu erstatten.

(2) Der Personalrat ist berechtigt und auf Wunsch des Leiters der Dienststelle oder eines Viertels der wahlberechtigten Beschäftigten verpflichtet, eine Personalversammlung einzuberufen und den Gegenstand, dessen Beratung beantragt ist, auf die Tagesordnung zu setzen.

Art. 50 Zeitpunkt

(1) 1Die in den Art. 20 bis 23 und in Art. 49 Abs. 1 bezeichneten und die auf Wunsch des Leiters der Dienststelle einberufenen Personalversammlungen finden während der Arbeitszeit statt, soweit nicht die dienstlichen Verhältnisse zwingend eine andere Regelung erfordern. 2Die Teilnahme an der Personalversammlung hat keine Minderung der Besoldung oder des Arbeitsentgelts zur Folge. 3Notwendige Fahrkosten werden nach den Vorschriften über Reisekostenvergütung der Beamten erstattet. 4Soweit in den Fällen des Satzes 1 Personalversammlungen aus dienstlichen Gründen außerhalb der Arbeitszeit stattfinden müssen, ist den Teilnehmern Dienstbefreiung in entsprechender Anwendung des Art. 87 Abs. 2 Satz 2 BayBG zu gewähren.

(2) 1Andere Personalversammlungen finden außerhalb der Arbeitszeit statt. 2Hiervon kann im Einvernehmen mit dem Leiter der Dienststelle abgewichen werden.

Art. 51 Befugnisse und Zuständigkeiten

1Die Personalversammlung kann dem Personalrat Anträge unterbreiten und zu seinen Beschlüssen Stellung nehmen. 2Sie kann alle Angelegenheiten behandeln, die die Dienststelle oder ihre Beschäftigten unmittelbar betreffen, einschließlich Fragen des Beamten-, Tarif-, Arbeits- und Sozialrechts. 3Die Erörterung parteipolitischer Angelegenheiten ist unzulässig; Art. 67 Abs. 2 und Art. 68 Abs. 1 Satz 2 gelten für die Personalversammlung entsprechend.

Art. 52 Erweitertes Teilnahmerecht

(1) $_{1}$Der Personalrat oder die Personalversammlung kann von Fall zu Fall beschließen, daß je ein Beauftragter der in der Dienststelle vertretenen Gewerkschaften und ein Beauftragter der zuständigen Arbeitgebervereinigung berechtigt sind, mit beratender Stimme an der Personalversammlung teilzunehmen. $_{2}$Gleiches gilt hinsichtlich je eines Mitglieds der Stufenvertretungen, die bei den übergeordneten Dienststellen bestehen, oder eines Mitglieds des zugeordneten Gesamtpersonalrats. $_{3}$Der Personalrat hat gegebenenfalls die Einberufung der Personalversammlung den in Satz 1 genannten Gewerkschaften, der Arbeitgebervereinigung bzw. der Stufenvertretung oder dem Gesamtpersonalrat mitzuteilen.

(2) $_{1}$Der Leiter der Dienststelle kann an den Personalversammlungen teilnehmen. $_{2}$An den Versammlungen, die auf seinen Wunsch einberufen sind oder zu denen er ausdrücklich eingeladen ist, hat er teilzunehmen. $_{3}$Er kann einen Vertreter der zuständigen Arbeitgebervereinigung hinzuziehen; in diesem Fall kann auch je ein Beauftragter der in der Dienststelle vertretenen Gewerkschaften an der Personalversammlung teilnehmen.

Kapitel 6
Stufenvertretungen und Gesamtpersonalrat

Art. 53 Bildung von Stufenvertretungen

(1) $_{1}$Für den Geschäftsbereich mehrstufiger Verwaltungen des Staates werden bei den Mittelbehörden Bezirkspersonalräte, bei den obersten Dienstbehörden Hauptpersonalräte gebildet. $_{2}$Mittelbehörde im Sinn dieser Vorschrift sind auch der Standort Nürnberg des Bayerischen Landesamts für Steuern und die Regionalabteilungen Nord und Ost im Landesamt für Digitalisierung, Breitband und Vermessung. $_{3}$Für die Gesamtheit der der Aufsicht einer Regierung unterstehenden Förderschulen und Klinikschulen ist die Regierung nicht Mittelbehörde im Sinn dieser Vorschrift. $_{4}$Das Landesamt für Schule ist Mittelbehörde im Sinn dieser Vorschrift, soweit es für die Personalverwaltung der Beschäftigten an den Schulen zuständig ist.

(2) $_{1}$Die Mitglieder des Bezirkspersonalrats werden von den zum Geschäftsbereich der Mittelbehörde, die Mitglieder des Hauptpersonalrats von den zum Geschäftsbereich der obersten Dienstbehörde gehörenden Beschäftigten gewählt.

$_{2}$Bei weniger als 1501 Beschäftigten bestehen die Stufenvertretungen aus sieben,

bei 1 501 bis 3 000 Beschäftigten aus neun,

bei 3 001 bis 5 000 Beschäftigten aus elf,

bei 5 001 bis 7 000 Beschäftigten aus dreizehn,

bei 7 001 bis 10 000 Beschäftigten aus fünfzehn,

bei 10 001 und mehr Beschäftigten aus siebzehn Mitgliedern.

$_{3}$Für den Hauptpersonalrat beim Staatsministerium für Unterricht und Kultus und für den Hauptpersonalrat beim Staatsministerium des Innern, für Sport und Integration erhöht sich bei 10 001 und mehr Beschäftigten die Zahl der Mitglieder um je zwei für je weitere angefangene 5000 Beschäftigte bis zu insgesamt fünfundzwanzig Mitgliedern.

(3) $_{1}$Die Art. 13 bis 15, 17 Abs. 1, 2, 5 und 6, Art. 18 bis 21, 23 und 24 gelten entsprechend. $_{2}$Art. 14 Abs. 2 gilt nur für die Beschäftigten der Dienststelle, bei der die Stufenvertretung zu errichten ist. $_{3}$Eine Personalversammlung zur Bestellung des Bezirks- oder Hauptwahlvorstands findet nicht statt. $_{4}$An ihrer Stelle übt der Leiter der Dienststelle, bei der die Stufenvertretung zu errichten ist, die Befugnis zur Bestellung des Wahlvorstands nach den Art. 20 Abs. 2, Art. 21 und 23 aus. $_{5}$In den Fällen des Abs. 6 erhöht sich die Zahl der Mitglieder der Bezirks- und Hauptwahlvorstände entsprechend.

(4) Werden in einer Verwaltung die Personalräte und Stufenvertretungen gleichzeitig gewählt, so führen die bei den Dienststellen bestehenden Wahlvorstände die Wahlen der Stufenvertretungen im Auftrag des Bezirks- oder Hauptwahlvorstands durch; andernfalls bestellen auf sein Ersuchen die Personalräte oder, wenn solche nicht bestehen, die Leiter der Dienststellen die örtlichen Wahlvorstände für die Wahl der Stufenvertretungen.

(5) 1In den Stufenvertretungen erhält jede Gruppe mindestens einen Vertreter. 2Besteht die Stufenvertretung aus mehr als neun Mitgliedern, erhält jede Gruppe mindestens zwei Vertreter. 3Art. 17 Abs. 4 gilt entsprechend.

(6) Als besondere Gruppen gelten:

1. für die Bildung der Bezirkspersonalräte bei den Regierungen die Lehrer an Grundschulen und Mittelschulen und die Lehrer an beruflichen Schulen mit Ausnahme der Beruflichen Oberschulen,
2. für die Bildung des Bezirkspersonalrats beim Landesamt für Schule jeweils die Lehrer an Gymnasien, Realschulen und beruflichen Schulen,
3. für die Bildung des Hauptpersonalrats beim Staatsministerium für Unterricht und Kultus jeweils die Lehrer an Gymnasien, Realschulen, beruflichen Schulen, Förderschulen samt Klinikschulen, Grundschulen und Mittelschulen,
4. für die Bildung des Hauptpersonalrats beim Staatsministerium des Innern, für Sport und Integration
   a) die Beamten der Landespolizei und
   b) der Bereitschaftspolizei;

   hierbei sind die Beamten des Landeskriminalamts, des Polizeiverwaltungsamts und des Landesamts für Verfassungsschutz der Gruppe der Beamten der Landespolizei zuzurechnen.

Art. 53a (Anfechtung der Wahl der Stufenvertretungen)

(1) Art. 25 gilt für die Wahl der Stufenvertretungen entsprechend.

(2) 1Bezieht sich ein Verstoß der in Art. 25 genannten Art nur auf einzelne Dienststellen, so ist sie nur für diesen Bereich für ungültig zu erklären und nach Maßgabe der Entscheidung zu wiederholen. 2Die Wiederholungswahl findet nach denselben Vorschriften, denselben Wahlvorschlägen und auf Grund derselben Wählerverzeichnisse statt, soweit nicht die Entscheidung hinsichtlich der Wahlvorschläge und Wählerverzeichnisse Abweichungen vorschreibt. 3Die Wahl soll binnen sechzig Tagen nach Rechtskraft der Entscheidung stattfinden.

(3) 1Bis zur Feststellung des Wahlergebnisses auf Grund der Wiederholungswahl führt die Stufenvertretung die Geschäfte weiter. 2Die vorher gefaßten Beschlüsse bleiben in Kraft.

Art. 54 Entsprechende Anwendung von Vorschriften

(1) 1Für die Stufenvertretungen gelten die Art. 26 bis 42, 44, 45, 46 Abs. 1, 2, 3 und 5, Art. 47 entsprechend. 2Bei der entsprechenden Anwendung von Art. 34 Abs. 1 tritt an die Stelle der Frist von zwei Wochen die Frist von drei Wochen. 3Bei Fahrten von Mitgliedern einer staatlichen Stufenvertretung, die von ihrer dienstlichen Tätigkeit voll oder überwiegend freigestellt sind und bei denen der Freistellungsbeschluss zu einem Wechsel des Dienstortes geführt hat, zwischen dem Dienstort, bei dem die Stufenvertretung gebildet ist, und ihrem Wohnort finden die Bestimmungen des Art. 3 Abs. 5, Art. 5 Abs. 1, Art. 6 Abs. 1 bis 3, 5 und 6, Art. 8 Abs. 1 und Art. 9 Abs. 1, 2 und 4 des Bayerischen Reisekostengesetzes entsprechende Anwendung.

(2) Auf Antrag der Stufenvertretung sind mindestens freizustellen bei einer Stufenvertretung mit

9 bis 11 Mitgliedern ein Vorstandsmitglied,

13 bis 15 Mitgliedern zwei Vorstandsmitglieder,

17 und mehr Mitgliedern drei Vorstandsmitglieder.

(3) Art. 32 Abs. 4 und Art. 38 Abs. 2 und 3 gelten entsprechend für die Angelegenheiten, die Angehörige der in Art. 53 Abs. 6 genannten Gruppen betreffen.

Art. 55 Bildung von Gesamtpersonalräten

1Soweit gemäß Art. 6 Abs. 3 und 5 Satz 2 und 3 einzelne Dienststellen gebildet werden, wird neben den einzelnen Personalräten ein Gesamtpersonalrat errichtet. 2Bei Gemeinden wird ein Gesamtpersonalrat auch für den Bereich einer Nebenstelle oder eines Dienststellenteils errichtet, die gemäß Art. 6 Abs. 5 Satz 2 und 3 als selbständige Dienststelle gel-

V

ten, wenn in diesem Bereich weitere Nebenstellen oder Dienststellenteile gemäß Art. 6 Abs. 5 Satz 2 und 3 verselbständigt werden.

Art. 56 Entsprechende Anwendung von Vorschriften

1Für den Gesamtpersonalrat gelten Art. 53 Abs. 2 bis 5, Art. 53a und Art. 54 Abs. 1 und 2 entsprechend. 2Bei entsprechender Anwendung von Art. 54 Abs. 1 Satz 1 in Verbindung mit Art. 27a Abs. 1 gehören auch die Mitglieder der bis zum Zeitpunkt des Wirksamwerdens der Eingliederung oder der Neubildung bestehenden Gesamtpersonalräte, die der aufnehmenden oder neu gebildeten Dienststelle angehören, dem Übergangspersonalrat an.

V

Teil 3 Jugend- und Auszubildendenvertretung

Art. 57 Bildung von Jugend- und Auszubildendenvertretungen; Allgemeine Aufgaben

(1) In Dienststellen, bei denen Personalvertretungen gebildet sind und in denen in der Regel mindestens fünf zur Jugend- und Auszubildendenvertretung wahlberechtigte Beschäftigte tätig sind, werden Jugend- und Auszubildendenvertretungen gebildet.

(2) Die Jugend- und Auszubildendenvertretung hat folgende allgemeine Aufgaben:

1. Maßnahmen, die den Beschäftigten im Sinn von Art. 58 Abs. 1 dienen, insbesondere in Fragen der Berufsbildung, beim Personalrat zu beantragen,
2. Maßnahmen, die der Gleichbehandlung von weiblichen und männlichen Jugendlichen und Auszubildenden dienen, zu beantragen,
3. darüber zu wachen, daß die zugunsten der Beschäftigten im Sinn von Art. 58 Abs. 1 geltenden Gesetze, Verordnungen, Unfallverhütungsvorschriften, Tarifverträge, Dienstvereinbarungen und Verwaltungsanordnungen durchgeführt werden,
4. Anregungen und Beschwerden von Beschäftigten im Sinn von Art. 58 Abs. 1, insbesondere in Fragen der Berufsbildung, entgegenzunehmen und, falls sie berechtigt erscheinen, beim Personalrat auf eine Erledigung hinzuwirken; die Jugend- und Auszubildendenvertretung hat die betroffenen Beschäftigten im Sinn von Art. 58 Abs. 1 über den Stand und das Ergebnis der Verhandlungen zu informieren.

(3) 1Die Jugend- und Auszubildendenvertretung nimmt ihre Aufgaben in Zusammenarbeit mit der Personalvertretung wahr. 2Sie ist zur Durchführung ihrer Aufgaben von der Personalvertretung rechtzeitig und umfassend zu unterrichten. 3Die Jugend- und Auszubildendenvertretung kann verlangen, daß ihr der Personalrat die zur Durchführung ihrer Aufgaben erforderlichen Unterlagen zur Verfügung stellt.

(4) Die Dienststellenleitung und die Jugend- und Auszubildendenvertretung sollen mindestens einmal im Halbjahr zu einer Besprechung zusammentreten.

Art. 58 Wahlberechtigung und Wählbarkeit

(1) 1Wahlberechtigt sind alle Beschäftigten, die

1. das 18. Lebensjahr noch nicht vollendet haben (jugendliche Beschäftigte) oder
2. Dienstanfänger, Beamte im Vorbereitungsdienst, Auszubildende oder dual Studierende im Arbeitnehmerverhältnis sind.

2Art. 13 gilt entsprechend.

(2) 1Wählbar sind die wahlberechtigten Beschäftigten im Sinn von Abs. 1 und die nach Art. 13 wahlberechtigten Beschäftigten, die am Wahltag noch nicht das 27. Lebensjahr vollendet haben. 2Art. 14 Abs. 1 Satz 1 Buchst. a, Satz 2 und 3, Abs. 2 und 3 gilt entsprechend. 3Die Mitglieder der Personalvertretung können nicht zu Mitgliedern der Jugend- und Auszubildendenvertretung gewählt werden.

Art. 59 Größe und Zusammensetzung

(1) Die Jugend- und Auszubildendenvertretung besteht in Dienststellen mit in der Regel

5 bis 20 Beschäftigten im Sinn von Art. 58 Abs. 1 aus einem Mitglied,

21 bis 50 Beschäftigten im Sinn von Art. 58 Abs. 1 aus drei Mitgliedern,

51 bis 200 Beschäftigten im Sinn von Art. 58 Abs. 1 aus fünf Mitgliedern,

mehr als 200 Beschäftigten im Sinn von Art. 58 Abs. 1 aus sieben Mitgliedern.

(2) Die Jugend- und Auszubildendenvertretung soll sich aus Vertretern der verschiedenen Beschäftigungsarten der der Dienststelle angehörenden Beschäftigten im Sinn von Art. 58 Abs. 1 zusammensetzen.

(3) Frauen und Männer sollen bei der Jugend- und Auszubildendenvertretung entsprechend ihrem Anteil an den nach Art. 58 Wahlberechtigten berücksichtigt werden.

Art. 60 Wahlvorstand; Wahl; Amtszeit; Vorsitz

(1) $_{1}$Der Personalrat bestellt den Wahlvorstand und seinen Vorsitzenden. $_{2}$Art. 19 Abs. 1, 3, 4 Satz 1 und 2, Abs. 5, 7, 8 und 9, Art. 24 Abs. 1 und 2 und Art. 25 gelten entsprechend.

(2) $_{1}$Die regelmäßige Amtszeit der Jugend- und Auszubildendenvertretung beträgt zwei Jahre und sechs Monate. $_{2}$Die regelmäßige Wahl der Jugend- und Auszubildendenvertretung findet alle zwei Jahre sechs Monate in der Zeit vom 1. Mai bis 31. Juli des Jahres, in dem regelmäßige Personalratswahlen nach Art. 26 Abs. 3 stattfinden, bzw. in der Zeit vom 1. November des Jahres, in dem zwei Jahre der Amtszeit der regelmäßig auf fünf Jahre gewählten Personalräte verstrichen sind, bis 31. Januar des Folgejahres (Zwischentermin) statt. $_{3}$Die Amtszeit der Jugend- und Auszubildendenvertretung endet am 31. Juli des Jahres, in dem nach Art. 26 Abs. 3 regelmäßige Personalratswahlen stattfinden, bzw. bei Wahlen der Jugend- und Auszubildendenvertretung zu einem Zwischentermin am 31. Januar des Jahres, in dem drei Jahre der Amtszeit der regelmäßig auf fünf Jahre gewählten Personalräte verstrichen sind. $_{4}$Für eine außerhalb des regelmäßigen Wahlzeitraums gewählte Jugend- und Auszubildendenvertretung endet die Amtszeit zum nächsten regelmäßigen Ende der Amtszeit der Jugend- und Auszubildendenvertretungen nach Maßgabe von Satz 3. $_{5}$Art. 26 Abs. 1 Satz 2, Art. 27 Abs. 1 Buchst. b bis d, Abs. 2, Abs. 5, Art. 27a bis 29 Abs. 1 Buchst. d und f bis Art. 31 gelten sinngemäß.

(3) $_{1}$Besteht die Jugend- und Auszubildendenvertretung aus drei oder mehr Mitgliedern, so wählt sie aus ihrer Mitte einen Vorsitzenden und dessen Stellvertreter. $_{2}$Frauen und Männer sollen dabei gleichermaßen berücksichtigt werden.

Art. 61 Befugnisse

(1) Die Befugnisse der Jugend- und Auszubildendenvertretung gegenüber dem Personalrat bestimmen sich nach Art. 34 Abs. 3, Art. 39 und 40.

(2) $_{1}$Die Jugend- und Auszubildendenvertretung kann nach Verständigung des Personalrats Sitzungen abhalten; Art. 34 Abs. 1 und 2, Art. 35 Abs. 1 Satz 1 bis 3, Abs. 2 und Art. 37 gelten sinngemäß. $_{2}$Der Leiter der Dienststelle ist durch den Personalrat vom Zeitpunkt der Sitzung vorher zu verständigen. $_{3}$An den Sitzungen kann ein vom Personalrat beauftragtes Personalratsmitglied teilnehmen.

Art. 62 Entsprechende Anwendung von Vorschriften

$_{1}$Für die Jugend- und Auszubildendenvertretung gelten Art. 32 Abs. 3 Satz 1, Art. 43 bis 45, Art. 46 Abs. 1, 2 und 3 Satz 1 und 5, Abs. 5, Art. 47 Abs. 1 und Art. 68 Abs. 1 Satz 2 sinngemäß. $_{2}$Art. 47 gilt entsprechend mit der Maßgabe, daß die außerordentliche Kündigung, die Versetzung und Abordnung von Mitgliedern der Jugend- und Auszubildendenvertretung der Zustimmung des Personalrats bedürfen. $_{3}$Für Mitglieder des Wahlvorstands und Wahlbewerber gilt Art. 47 Abs. 1, 2, 3 Satz 1 und 2 entsprechend.

Art. 63 Jugend- und Auszubildendenversammlung

$_{1}$Die Jugend- und Auszubildendenvertretung hat einmal in jedem Kalenderjahr eine Jugend- und Auszubildendenversammlung durchzuführen. $_{2}$Diese soll möglichst unmittelbar vor oder nach einer ordentlichen Personalversammlung stattfinden. $_{3}$Sie wird vom Vorsitzenden der Jugend- und Auszubildendenvertretung geleitet. $_{4}$Der Personalratsvorsitzende oder ein vom Personalrat beauftragtes anderes Mitglied soll an der Jugend- und Auszubildendenversammlung teilnehmen.

5Die für die Personalversammlung geltenden Vorschriften sind sinngemäß anzuwenden.

Art. 64 Jugend- und Auszubildendenstufenvertretungen; Gesamt-Jugend- und Auszubildendenvertretung

(1) 1Für den Geschäftsbereich mehrstufiger Verwaltungen werden, soweit Stufenvertretungen bestehen, bei den Behörden der Mittelstufe Bezirksjugend- und Auszubildendenvertretungen und bei den obersten Dienstbehörden Hauptjugend- und Auszubildendenvertretungen gebildet; Art. 43 findet keine Anwendung. 2Für die Jugend- und Auszubildendenstufenvertretungen gelten Art. 53 Abs. 2 Satz 1 und Abs. 4, Art. 53a, Art. 54 Abs. 1 Satz 2, Art. 57 bis 62 entsprechend.

(2) 1Soweit gemäß Art. 6 Abs. 3 und Abs. 5 Satz 2 und 3 einzelne Dienststellen gebildet werden, wird neben den einzelnen Jugend- und Auszubildendenvertretungen eine Gesamtjugend- und Auszubildendenvertretung gebildet. 2Abs. 1 Satz 2 gilt entsprechend.

Teil 4
Beteiligung der Personalvertretung

Kapitel 1
Allgemeines

Art. 65 und 66 (weggefallen)

Art. 67 Grundsätze für die Zusammenarbeit

(1) 1Der Leiter der Dienststelle und die Personalvertretung sollen einmal im Monat, bei Bedarf auch öfter, zu gemeinschaftlichen Besprechungen zusammentreten. 2In ihnen soll auch die Gestaltung des Dienstbetriebs behandelt werden, insbesondere alle Vorgänge, die die Beschäftigten wesentlich berühren. 3Sie haben über strittige Fragen mit dem ernsten Willen zur Einigung zu verhandeln und Vorschläge für die Beilegung von Meinungsverschiedenheiten zu machen. 4Der Personalrat hat zur gemeinschaftlichen Besprechung

1. die Schwerbehindertenvertretung,
2. die Jugend- und Auszubildendenvertretung, wenn Angelegenheiten behandelt werden, die besonders Beschäftigte im Sinn vom Art. 58 Abs. 1 betreffen,

beizuziehen.

(2) 1Dienststelle und Personalvertretung haben alles zu unterlassen, was geeignet ist, die Arbeit und den Frieden der Dienststelle zu gefährden. 2Insbesondere dürfen Dienststellen und Personalvertretung keine Maßnahmen des Arbeitskampfes gegeneinander durchführen. 3Arbeitskämpfe tariffähiger Parteien werden hierdurch nicht berührt.

(3) Außenstehende Stellen dürfen erst angerufen werden, nachdem eine Einigung in der Dienststelle nicht erzielt worden ist.

Art. 68 Diskriminierungsverbot und Neutralitätsgebot

(1) 1Dienststelle und Personalvertretung haben dafür zu sorgen, daß alle in der Dienststelle tätigen Personen nach Recht und Billigkeit behandelt werden, insbesondere, daß jede unterschiedliche Behandlung von Personen wegen ihrer Abstammung, Religion, Nationalität, Herkunft, politischen oder gewerkschaftlichen Betätigung oder Einstellung oder wegen ihres Geschlechtes unterbleibt. 2Der Leiter der Dienststelle und die Personalvertretung dürfen sich in der Dienststelle nicht parteipolitisch betätigen; die Behandlung von Tarif-, Besoldungs- und Sozialangelegenheiten wird dadurch nicht berührt.

(2) Soweit sich Beschäftigte, die Aufgaben nach diesem Gesetz wahrnehmen, auch in der Dienststelle für ihre Gewerkschaft betätigen, müssen sie sich so verhalten, daß das Vertrauen der Verwaltungsangehörigen in die Objektivität und Neutralität ihrer Amtsführung nicht beeinträchtigt wird.

(3) Die Personalvertretung hat sich für die Wahrung der Vereinigungsfreiheit der Beschäftigten einzusetzen.

Art. 69 Allgemeine Aufgaben; Informationsrecht; Teilnahme an Prüfungen

(1) Der Personalrat hat folgende allgemeine Aufgaben:

a) Maßnahmen, die der Dienststelle und ihren Angehörigen dienen, zu beantragen,

b) dafür zu sorgen, daß die zugunsten der Beschäftigten geltenden Gesetze, Verordnungen, Tarifverträge, Dienstvereinbarungen und Verwaltungsanordnungen durchgeführt werden,

c) Anregungen und Beschwerden von Beschäftigten entgegenzunehmen und, falls sie berechtigt erscheinen, durch Verhandlung mit dem Leiter der Dienststelle auf ihre Erledigung hinzuwirken,

d) die Eingliederung schwerbehinderter Menschen und sonstiger schutzbedürftiger, insbesondere älterer Personen in die Dienststelle zu fördern und für eine ihren Fähigkeiten und Kenntnissen entsprechende Beschäftigung zu sorgen; die Schwerbehindertenvertretung ist vor einer Entscheidung zu hören,

e) Maßnahmen zur beruflichen Förderung schwerbehinderter Menschen zu beantragen; die Schwerbehindertenvertretung ist vor einer Entscheidung zu hören,

f) die Eingliederung ausländischer Beschäftigter in die Dienststelle und das Verständnis zwischen ihnen und den deutschen Beschäftigten zu fördern,

g) mit der Jugend- und Auszubildendenvertretung zur Förderung der Belange der Beschäftigten im Sinn von Art. 58 Abs. 1 eng zusammenzuarbeiten,

h) bei Einstellung, Beschäftigung, Aus-, Fort- und Weiterbildung und beim beruflichen Fortkommen auf die Gleichbehandlung von Frauen und Männern zu achten und entsprechende Maßnahmen zu beantragen.

(2) $_{1}$Der Personalrat ist zur Durchführung seiner Aufgaben rechtzeitig und umfassend zu unterrichten. $_{2}$Ihm sind die hierfür erforderlichen Unterlagen zur Verfügung zu stellen. $_{3}$Bei einer Einstellung, Beförderung und Übertragung der Dienstaufgaben eines anderen Amtes mit höherem Endgrundgehalt oder höherer Amtszulage für eine Dauer von mehr als sechs Monaten kann der Personalrat auch die zur Erfüllung seiner Aufgaben erforderliche Vorlage von Bewerbungsunterlagen verlangen. $_{4}$Von dienstlichen Beurteilungen ist nur die abschließende Bewertung bekanntzugeben. $_{5}$Sofern für eine Auswahlentscheidung eine Binnendifferenzierung nach Art. 16 Abs. 2, Art. 17 Abs. 7 LlbG vorzunehmen ist, sind auch die Bewertungen der wesentlichen Beurteilungskriterien mitzuteilen. $_{6}$Personalakten dürfen nur mit schriftlicher Zustimmung des Beschäftigten und nur von einem von ihm bestimmten Mitglied des Personalrats eingesehen werden.

(3) $_{1}$Zu Anträgen und Vorschlägen des Personalrats soll der Dienststellenleiter innerhalb von vier Wochen Stellung nehmen. $_{2}$Entspricht die Dienststelle einem Antrag des Personalrats nicht, so ist die Ablehnung auf einem dauerhaften Datenträger zu begründen.

(4) $_{1}$Bei Prüfungen, die eine Dienststelle von den Beschäftigten ihres Bereichs abnimmt, kann ein Mitglied der für diesen Bereich zuständigen Personalvertretung, das von dieser benannt ist, mit beratender Stimme teilnehmen. $_{2}$Dies gilt nicht für Prüfungen an Hochschulen sowie für die Teilnahme an der Beratung des Prüfungsergebnisses. $_{3}$Satz 1 gilt auch für Prüfungen, die oberste Dienstbehörden für ihren Geschäftsbereich und gleichzeitig für andere Dienststellen abhalten.

Kapitel 2
Formen und Verfahren der Mitbestimmung und Mitwirkung

Art. 70 Mitbestimmungsverfahren

(1) $_{1}$Soweit eine Maßnahme der Mitbestimmung des Personalrats unterliegt (Art. 75, 75a Abs. 1), kann sie nur mit seiner Zustimmung getroffen werden. $_{2}$Das gilt, ausgenommen in den Fällen des Art. 75 Abs. 1, auch, soweit eine Maßnahme nur als Versuch oder zur Erprobung durchgeführt werden soll. $_{3}$Die beabsichtigte Maßnahme ist auf Antrag des Personalrats vor der Durchführung mit dem Ziel einer Verständigung eingehend mit ihm zu erörtern. $_{4}$Bei Gemeinden und Gemeindeverbänden, sonstigen Körperschaften, Anstalten und Stiftungen des öffentlichen Rechts soll die Mitbestimmung des Personalrats erfolgen, bevor das zuständige Organ endgültig entscheidet. $_{5}$Der Beschluß des Per-

sonalrats ist dem zuständigen Organ zur Kenntnis zu bringen.

(2) $_{1}$Der Leiter der Dienststelle unterrichtet den Personalrat auf einem dauerhaften Datenträger von der beabsichtigten Maßnahme und beantragt seine Zustimmung. $_{2}$Die Gründe für die beabsichtigte Maßnahme sind anzugeben, es sei denn, sie sind offenkundig, der Personalrat verzichtet darauf oder der Unterrichtungsanspruch ist rechtlich begrenzt. $_{3}$Der Beschluß des Personalrats über die beantragte Zustimmung ist dem Leiter der Dienststelle innerhalb von zwei Wochen bzw. bei einem Beschluss des bei einem nicht als Mittelbehörde geltenden Polizeipräsidium gebildeten Personalrats innerhalb von drei Wochen mitzuteilen. $_{4}$Der Personalrat und die Dienststellenleitung können im Einzelfall oder für die Dauer der Amtszeit des Personalrats auf einem dauerhaften Datenträger von Satz 3 abweichende Fristen vereinbaren. $_{5}$In dringenden Fällen kann der Leiter der Dienststelle diese Frist auf eine Woche abkürzen. $_{6}$Die Maßnahme gilt als gebilligt, wenn nicht der Personalrat fristgerecht die Zustimmung unter Angabe der Gründe auf einem dauerhaften Datenträger verweigert. $_{7}$Soweit der Personalrat dabei Beschwerden oder Behauptungen tatsächlicher Art vorträgt, die für einen Beschäftigten ungünstig sind oder ihm nachteilig werden können, hat der Leiter der Dienststelle dem Beschäftigten Gelegenheit zur Äußerung zu geben; die Äußerung ist aktenkundig zu machen.

(3) Der Leiter der Dienststelle teilt dem Personalrat auf einem dauerhaften Datenträger mit, wenn die Dienststelle eine Maßnahme, die der Personalrat gebilligt hat oder die nach Absatz 2 Satz 5 als gebilligt gilt, nicht durchführt.

(4) $_{1}$Kommt eine Einigung nicht zustande, so kann der Leiter der Dienststelle oder der Personalrat die Angelegenheit binnen zwei Wochen auf dem Dienstweg den übergeordneten Dienststellen, bei denen Stufenvertretungen bestehen, vorlegen. $_{2}$Bei Gemeinden und Gemeindeverbänden, sonstigen Körperschaften, Anstalten und Stiftungen des öffentlichen Rechts mit einem Gesamtpersonalrat ist die Angelegenheit der Dienststelle vorzulegen, bei der der Gesamtpersonalrat besteht. $_{3}$In Zweifelsfällen bestimmt die Aufsichtsbehörde die anzurufende Stelle. $_{4}$Abs. 2 gilt entsprechend. $_{5}$Legt der Leiter der Dienststelle die Angelegenheit nach Satz 1 der übergeordneten Dienststelle vor, teilt er dies dem Personalrat mit. $_{6}$Legt der Personalrat die Angelegenheit der übergeordneten Dienststelle vor, unterrichtet er den Leiter der Dienststelle. $_{7}$Die übergeordnete Dienststelle soll die Angelegenheit, sofern sie dem Anliegen des Personalrats nicht oder nicht in vollem Umfang entspricht, innerhalb von sechs Wochen der bei ihr gebildeten Stufenvertretung vorlegen.

(5) $_{1}$Ergibt sich zwischen der obersten Dienstbehörde und der bei ihr bestehenden zuständigen Personalvertretung keine Einigung, so entscheidet die Einigungsstelle (Art. 71). $_{2}$In den Fällen des Satzes 1 ist die Erklärung eines der Beteiligten, die Entscheidung der Einigungsstelle herbeiführen zu wollen, nur innerhalb von zwei Monaten zulässig, seitdem in der betroffenen Angelegenheit der letzte Kontakt stattgefunden hat. $_{3}$Die Einigungsstelle soll binnen zwei Monaten nach der Erklärung nach Satz 2 entscheiden. $_{4}$Die oberste Dienstbehörde kann einen Beschluss der Einigungsstelle gemäß Satz 1, der wegen seiner Auswirkungen auf das Gemeinwesen wesentlicher Bestandteil der Regierungsgewalt ist, innerhalb von vier Wochen nach dessen Zugang aufheben und endgültig entscheiden. $_{5}$Die Aufhebung ist den Beteiligten bekannt zu geben und auf einem dauerhaften Datenträger zu begründen.

(6) $_{1}$In den Fällen des Art. 75 Abs. 1 und 4 Satz 1 Nr. 7, 10, 11 und 13 sowie Art. 75a Abs. 1 beschließt die Einigungsstelle abweichend von Abs. 5 Satz 1 eine Empfehlung an die oberste Dienstbehörde, wenn sie sich deren Auffassung nicht anschließt. $_{2}$Die oberste Dienstbehörde entscheidet sodann endgültig.

(7) $_{1}$Der Leiter der Dienststelle kann bei Maßnahmen, die der Natur der Sache nach keinen Aufschub dulden, bis zur endgültigen Entscheidung vorläufige Regelungen treffen. $_{2}$Er hat dem Personalrat die vorläufige Regelung mitzuteilen und zu begründen und unverzüglich das Verfahren nach den Abs. 2, 4 und 5 einzuleiten oder fortzusetzen.

Art. 70a Initiativrecht

(1) $_{1}$Beantragt der Personalrat eine Maßnahme, die nach Art. 75 Abs. 4 Satz 1 Nr. 1 bis 6, 8 und 9 seiner Mitbestimmung unterliegt, so hat er sie auf einem dauerhaften Datenträger dem Leiter der Dienststelle vorzuschlagen. $_{2}$Entspricht der Leiter der Dienststelle dem Antrag nicht oder nicht in vollem Umfang, so teilt er dem Personalrat seine unverzüglich zu treffende Entscheidung unter Angabe der Gründe auf einem dauerhaften Datenträger mit. $_{3}$Das weitere Verfahren bestimmt sich nach Art. 70 Abs. 4 und 5.

(2) $_{1}$Beantragt der Personalrat eine Maßnahme, die nach Art. 75 Abs. 1 Satz 1 Nr. 2, 4 und 9, Abs. 4 Satz 1 Nr. 7 oder nach Art. 75a Abs. 1 seiner Mitbestimmung unterliegt, so gilt Abs. 1 Satz 1 und 2 entsprechend. $_{2}$Entspricht der Leiter der Dienststelle dem Antrag nicht, so bestimmt sich das weitere Verfahren nach Art. 70 Abs. 4; die oberste Dienstbehörde entscheidet endgültig.

(3) $_{1}$Beantragt der Personalrat eine Maßnahme, die nach Art. 76 Abs. 2 Nr. 1 bis 3 seiner Mitwirkung unterliegt, so hat er sie auf einem dauerhaften Datenträger dem Leiter der Dienststelle vorzuschlagen. $_{2}$Abs. 1 Satz 2 gilt entsprechend. $_{3}$Das weitere Verfahren bestimmt sich nach Art. 72 Abs. 4.

Art. 71 Einigungsstelle

(1) $_{1}$Die Einigungsstelle wird von Fall zu Fall bei der obersten Dienstbehörde gebildet. $_{2}$Sie besteht aus je drei Beisitzern, die von der obersten Dienstbehörde und der bei ihr bestehenden zuständigen Personalvertretung bestellt werden, und einem unparteiischen Vorsitzenden, auf dessen Person sich beide Seiten einigen. $_{3}$Die Beisitzer sind unverzüglich zu bestellen, sobald einer der Beteiligten erklärt hat, die Entscheidung der Einigungsstelle herbeiführen zu wollen. $_{4}$Der Einigungsstelle sollen Frauen und Männer angehören. $_{5}$Der Vorsitzende muß die Befähigung zum Richteramt besitzen. $_{6}$Die Beisitzer müssen als Beamte oder Arbeitnehmer dem öffentlichen Dienst angehören. $_{7}$Unter den Beisitzern, die von der Personalvertretung bestellt werden, muß sich je ein Beamter und ein Arbeitnehmer befinden; betrifft die Angelegenheit nur die Beamten oder die im Arbeitsverhältnis stehenden Beschäftigten, kann die Personalvertretung die drei Beisitzer aus der betroffenen Gruppe bestellen. $_{8}$Kommt eine Einigung über die Person des Vorsitzenden nicht zustande, so bestellt ihn der Präsident des Verwaltungsgerichtshofs.

(2) $_{1}$Die Verhandlung ist nicht öffentlich. $_{2}$Der obersten Dienstbehörde und der zuständigen Personalvertretung ist Gelegenheit zur mündlichen Äußerung zu geben. $_{3}$Im Einvernehmen mit den Beteiligten kann die Äußerung auf einem dauerhaften Datenträger erfolgen. $_{4}$Für die Verhandlung und Beschlussfassung der Einigungsstelle gilt Art. 35 Abs. 2 Satz 1, 2 Nr. 1 und 3 sowie Satz 3 entsprechend. $_{5}$Die Verhandlung und Beschlussfassung mittels Video- oder Telefonkonferenz ist unzulässig, wenn ein Mitglied der Einigungsstelle binnen einer von dem Vorsitzenden zu bestimmenden Frist gegenüber dem Vorsitzenden widerspricht. $_{6}$Mitglieder der Einigungsstelle, die mittels Video- oder Telefonkonferenz teilnehmen, gelten als anwesend.

(3) $_{1}$Die Einigungsstelle entscheidet durch Beschluß. $_{2}$Sie kann den Anträgen der Beteiligten auch teilweise entsprechen. $_{3}$Der Beschluß wird mit Stimmenmehrheit gefaßt. $_{4}$Er muß sich im Rahmen der geltenden Rechtsvorschriften, insbesondere des Haushaltsrechts, halten.

(4) Bestellt die oberste Dienstbehörde oder der zuständige Personalrat keine Beisitzer oder bleiben die von einer Seite bestellten Beisitzer trotz rechtzeitiger Einladung der Sitzung fern, so entscheiden der Vorsitzende und die erschienenen Beisitzer nach Maßgabe des Abs. 3 allein.

(5) $_{1}$Der Beschluß ist den Beteiligten zuzustellen. $_{2}$Er bindet, abgesehen von den Fällen des Art. 70 Abs. 6, die Beteiligten, soweit er eine Entscheidung im Sinn des Abs. 3 enthält.

(6) Art. 44 Abs. 1 und 2 und Art. 46 Abs. 2 gelten entsprechend.

Art. 72 Mitwirkungsverfahren

(1) $_{1}$Soweit der Personalrat an Entscheidungen mitwirkt (Art. 76 Abs. 1 und 2, Art. 77

Abs. 1), ist die beabsichtigte Maßnahme vor der Durchführung mit dem Ziel einer Verständigung rechtzeitig und eingehend mit ihm zu erörtern. 2Dies gilt auch, soweit eine Maßnahme nur als Versuch oder zur Erprobung durchgeführt werden soll. 3Art. 70 Abs. 1 Satz 4 und 5 gilt entsprechend.

(2) 1Äußert sich der Personalrat nicht innerhalb von zwei Wochen bzw. äußert sich der bei einem nicht als Mittelbehörde geltenden Polizeipräsidium gebildete Personalrat nicht innerhalb von drei Wochen oder hält er bei Erörterungen seine Einwendungen oder Vorschläge nicht aufrecht, so gilt die beabsichtigte Maßnahme als gebilligt. 2Erhebt der Personalrat Einwendungen, so hat er dem Leiter der Dienststelle die Gründe mitzuteilen. 3Art. 70 Abs. 2 Satz 4 und 7 gilt entsprechend.

V

(3) 1Entspricht die Dienststelle den Einwendungen des Personalrats nicht oder nicht in vollem Umfang, so teilt sie dem Personalrat ihre Entscheidung unter Angabe der Gründe auf einem dauerhaften Datenträger mit. 2Eine Mitteilung auf einem dauerhaften Datenträger erfolgt auch dann, wenn die Dienststelle eine Maßnahme, die der Personalrat gebilligt hat oder die nach Abs. 2 Satz 1 als gebilligt gilt, nicht durchführt.

(4) 1Der Personalrat einer nachgeordneten Dienststelle kann die Angelegenheit innerhalb von zwei Wochen, in den Fällen des Art. 77 Abs. 1 binnen einer Woche nach Zugang der Mitteilung auf dem Dienstweg den übergeordneten Dienststellen, bei denen Stufenvertretungen bestehen, mit dem Antrag auf Entscheidung vorlegen. 2Diese entscheiden nach Verhandlung mit der bei ihnen bestehenden Stufenvertretung. 3Art. 70 Abs. 4 Satz 2, 3 und 7 gilt entsprechend.

(5) Ist ein Antrag gemäß Abs. 4 gestellt, so ist die beabsichtigte Maßnahme bis zur Entscheidung der angerufenen Dienststelle auszusetzen.

(6) Art. 70 Abs. 7 gilt entsprechend.

Art. 73 Dienstvereinbarungen

(1) 1Dienstvereinbarungen sind, soweit eine gesetzliche oder tarifliche Regelung nicht besteht, in den Fällen der Art. 75 Abs. 4, Art. 75a Abs. 1 und Art. 76 Abs. 1 Satz 1 Nr. 2, 7, 8 und 10 und Abs. 2 Nr. 1 bis 3 zulässig. 2Arbeitsentgelte und sonstige Arbeitsbedingungen, die üblicherweise durch Tarifvertrag geregelt werden, können nicht Gegenstand einer Dienstvereinbarung sein; dies gilt nicht, wenn ein Tarifvertrag den Abschluß ergänzender Dienstvereinbarungen ausdrücklich zuläßt. 3Dienstvereinbarungen sind ferner zulässig für Regelungen

1. zur Umsetzung des § 167 Abs. 2 des Neunten Buches Sozialgesetzbuch (SGB IX),
2. des betrieblichen Gesundheitsmanagements,
3. nach den §§ 7 und 12 des Arbeitszeitgesetzes, soweit ein Tarifvertrag dies vorsieht, oder
4. zur Einführung, Ausgestaltung und Aufhebung von Kurzarbeit in Dienststellen, Nebenstellen oder Dienststellenteilen unter den Voraussetzungen des § 95 des Dritten Buches Sozialgesetzbuch und der dazu ergangenen weiteren Rechts- und Verwaltungsvorschriften, soweit eine tarifliche Regelung nicht besteht.

(2) 1Dienstvereinbarungen werden durch Dienststelle und Personalrat gemeinsam beschlossen. 2Sie sind von beiden Seiten in schriftlicher und elektronischer Form abzuschließen und in geeigneter Weise bekanntzumachen.

(3) Dienstvereinbarungen, die für einen größeren Bereich gelten, gehen den Dienstvereinbarungen für einen kleineren Bereich vor.

(4) 1Dienstvereinbarungen können, soweit nichts anderes vereinbart ist, mit einer Frist von drei Monaten gekündigt werden. 2Nach Ablauf einer Dienstvereinbarung gelten ihre Regelungen weiter, wenn und soweit dies ausdrücklich vereinbart worden ist.

Art. 74 Durchführung von Entscheidungen

(1) Entscheidungen, an denen der Personalrat beteiligt war, führt die Dienststelle durch, es sei denn, daß im Einzelfall etwas anderes vereinbart ist.

(2) Der Personalrat darf nicht durch einseitige Handlungen in den Dienstbereich eingreifen.

Kapitel 3
Angelegenheiten, in denen der Personalrat zu beteiligen ist

Art. 75 Mitbestimmung in Personal- und Sozialangelegenheiten

(1) 1Der Personalrat hat mitzubestimmen in Personalangelegenheiten bei

1. Einstellung – mit Ausnahme der Fälle, in denen das Beamtenverhältnis nach Ablegung der Qualifikationsprüfung auf Grund von Rechtsvorschriften endet (§ 22 Abs. 4 BeamtStG, Art. 29 Abs. 1 LlbG) und der Vorbereitungsdienst eine allgemeine Ausbildungsstätte im Sinn des Art. 12 Abs. 1 Satz 1 des Grundgesetzes ist –, Ablehnung der Ernennung zum Beamten auf Lebenszeit;
2. Beförderung im Sinn des Art. 2 Abs. 2 LlbG, Übertragung eines Amtes im Wege der Ausbildungsqualifizierung (Art. 37 LlbG);
3. Übertragung der Dienstaufgaben eines anderen Amtes mit höherem oder niedrigerem Endgrundgehalt oder höherer oder niedrigerer Amtszulage für eine Dauer von mehr als sechs Monaten, Zulassung zur Ausbildungsqualifizierung (Art. 37 LlbG), Teilnahme an der modularen Qualifizierung (Art. 20 LlbG);

3a. Eingruppierung;

4. Höhergruppierung, Übertragung einer höher zu bewertenden Tätigkeit für eine Dauer von mehr als sechs Monaten;
5. Rückgruppierung, Übertragung einer niedriger zu bewertenden Tätigkeit für eine Dauer von mehr als sechs Monaten;
6. Versetzung, Umsetzung innerhalb der Dienststelle, wenn sie mit einem Wechsel des Dienstorts verbunden ist (das Einzugsgebiet im Sinn des Umzugskostenrechts gehört zum Dienstort);
7. Abordnung für eine Dauer von mehr als drei Monaten, es sei denn, daß der Beschäftigte mit der Abordnung einverstanden ist;
8. Hinausschiebung des Eintritts in den Ruhestand wegen Erreichens der Altersgrenze, Ablehnung des Antrags auf Hinausschieben des Eintritts in den Ruhestand wegen Erreichens der Altersgrenze;
9. Weiterbeschäftigung von Arbeitnehmern über die Altersgrenze hinaus, Ablehnung der Weiterbeschäftigung von Arbeitnehmern über die Altersgrenze hinaus;
10. Anordnungen, welche die Freiheit in der Wahl der Wohnung beschränken;
11. Versagung oder Widerruf der Genehmigung einer Nebentätigkeit, soweit es sich nicht um Beschäftigte handelt, bei deren Einstellung das Mitbestimmungsrecht des Personalrats nach Nr. 1 ausgeschlossen ist;
12. Ablehnung eines Antrags auf Teilzeitbeschäftigung, Ermäßigung der Arbeitszeit oder Urlaub oder Widerruf einer genehmigten Teilzeitbeschäftigung;
13. Geltendmachung von Ersatzansprüchen gegen einen Beschäftigten;
14. Zuweisung nach § 20 BeamtStG oder einer entsprechenden tarifrechtlichen Regelung für eine Dauer von mehr als drei Monaten.

2Bei der Geltendmachung von Ersatzansprüchen gegen einen Beschäftigten (Satz 1 Nr. 13) wird der Personalrat nur auf Antrag des Beschäftigten beteiligt; dieser ist von der beabsichtigten Maßnahme rechtzeitig vorher in Kenntnis zu setzen.

(2) Der Personalrat kann die Zustimmung zu einer Maßnahme nach Abs. 1 nur verweigern, wenn

1. die Maßnahme gegen ein Gesetz, eine Verordnung, eine Bestimmung in einem Tarifvertrag, eine gerichtliche Entscheidung oder eine Verwaltungsanordnung oder gegen eine Richtlinie im Sinn des Abs. 4 Satz 1 Nr. 13 verstößt oder
2. die durch Tatsachen begründete Besorgnis besteht, daß durch die Maßnahme der betroffene Beschäftigte oder andere Beschäftigte benachteiligt werden, ohne daß dies aus dienstlichen oder persönlichen Gründen gerechtfertigt ist oder

V

3. die durch Tatsachen begründete Besorgnis besteht, daß der Beschäftigte oder Bewerber den Frieden in der Dienststelle durch unsoziales oder gesetzwidriges Verhalten stören werde.

(3) 1Der Personalrat hat mitzubestimmen in sozialen Angelegenheiten bei

1. Gewährung von Unterstützungen, Vorschüssen, Darlehen und entsprechenden sozialen Zuwendungen, wenn der Beschäftigte es beantragt;
2. Zuweisung und Kündigung von Wohnungen, über die die Dienststelle verfügt;
3. Zuweisung von Dienst- und Pachtland und Festsetzung der Nutzungsbedingungen.

2In den Fällen des Satzes 1 Nr. 1 bestimmt auf Verlangen des Antragstellers nur der Vorstand des Personalrats mit. 3Die Dienststelle hat dem Personalrat nach Abschluß jedes Kalenderjahres einen Überblick über die Unterstützungen und entsprechenden sozialen Zuwendungen zu geben. 4Dabei sind die Anträge und die Leistungen gegenüberzustellen. 5Auskunft über die von den Antragstellern angeführten Gründe wird hierbei nicht erteilt.

(4) 1Der Personalrat hat, soweit eine gesetzliche oder tarifliche Regelung nicht besteht, ferner mitzubestimmen über

1. Beginn und Ende der täglichen Arbeitszeit und der Pausen sowie die Verteilung der Arbeitszeit auf die einzelnen Wochentage sowie generelle Regelungen zur Anordnung von Dienstbereitschaft, Bereitschaftsdienst, Rufbereitschaft, Mehrarbeit und Überstunden sowie Einführung, Änderung und Aufhebung von Arbeitszeitmodellen;
2. Zeit, Ort und Art der Auszahlung der Besoldung und Arbeitsentgelte;
3. Aufstellung des Urlaubsplans;
4. Fragen der Lohngestaltung innerhalb der Dienststelle, insbesondere die Aufstellung von Entlohnungsgrundsätzen, die Einführung und Anwendung von neuen Entlohnungsmethoden und deren Änderung sowie die Festsetzung der Akkord- und Prämiensätze und vergleichbarer leistungsbezogener Entgelte, einschließlich der Geldfaktoren;
5. Errichtung, Verwaltung und Auflösung von Sozialeinrichtungen ohne Rücksicht auf ihre Rechtsform;
6. Durchführung der Berufsausbildung bei Arbeitnehmern;
7. Bestellung und Abberufung von Vertrauens- und Betriebsärzten, Fachkräften für Arbeitssicherheit, Sicherheitsbeauftragten und Datenschutzbeauftragten;
8. Maßnahmen zur Verhütung von Dienst- und Arbeitsunfällen und sonstigen Gesundheitsschädigungen;
9. Grundsätze über die Bewertung von anerkannten Vorschlägen im Rahmen des betrieblichen Vorschlagswesens;
10. Inhalt von Personalfragebogen;
11. Beurteilungsrichtlinien;
12. Aufstellung von Sozialplänen einschließlich Plänen für Umschulungen zum Ausgleich oder zur Milderung von wirtschaftlichen Nachteilen, die dem Beschäftigten infolge von Rationalisierungsmaßnahmen entstehen;
13. Erlaß von Richtlinien über die personelle Auswahl bei Einstellungen, Versetzungen, Umgruppierungen und Kündigungen.

2Muß für Gruppen von Beschäftigten die tägliche Arbeitszeit (Satz 1 Nr. 1) nach Erfordernissen, die die Dienststelle nicht voraussehen kann, unregelmäßig und kurzfristig festgesetzt werden, so beschränkt sich die Mitbestimmung auf die Grundsätze für die Aufstellung der Dienstpläne.

Art. 75a Mitbestimmung bei technischen Einrichtungen und automatisierten Verfahren

(1) Der Personalrat hat, soweit eine gesetzliche oder tarifliche Regelung nicht besteht, mitzubestimmen bei

1. Einführung, Anwendung und erheblicher Änderung technischer Einrichtungen zur Überwachung des Verhaltens oder der Leistung der Beschäftigten,
2. Einführung, Anwendung und erheblicher Änderung von automatisierten Verfahren zur Personalverwaltung.

(2) 1Der Personalrat ist von der Erteilung von Aufträgen für Organisationsuntersuchungen, die Maßnahmen nach Abs. 1 vorausgehen, rechtzeitig und umfassend zu unterrichten. 2Das Ergebnis dieser Organisationsuntersuchungen ist mit ihm zu erörtern.

Art. 76 Mitwirkung in Personal-, Sozial- und Organisationsangelegenheiten

(1) 1Der Personalrat wirkt mit in sozialen und persönlichen Angelegenheiten bei

1. Vorbereitung von Verwaltungsanordnungen einer Dienststelle für die innerdienstlichen sozialen oder persönlichen Angelegenheiten der Beschäftigten ihres Geschäftsbereichs;
2. Regelung der Ordnung in der Dienststelle und des Verhaltens der Beschäftigten;
3. Erlaß von Disziplinarverfügungen und bei Erhebung der Disziplinarklage gegen einen Beamten, wenn dem Disziplinarverfahren eine auf den gleichen Tatbestand gestützte Disziplinarverfügung nicht vorausgegangen ist;
4. Verlängerung der Probezeit;
5. Entlassung von Beamten auf Probe oder auf Widerruf oder bei Entlassung aus einem öffentlich-rechtlichen Ausbildungsverhältnis, wenn die Entlassung nicht vom Beschäftigten selbst beantragt wurde;
6. vorzeitiger Versetzung in den Ruhestand, Versagung der vorzeitigen Versetzung in den Ruhestand und bei Feststellung der begrenzten Dienstfähigkeit;
7. allgemeinen Fragen der Fortbildung der Beschäftigten;
8. Aufstellung von Grundsätzen für die Auswahl von Teilnehmern an Fortbildungsveranstaltungen;
9. Bestellung und Abberufung von Beauftragten nach § 181 SGB IX und von Gleichstellungsbeauftragten sowie Ansprechpartnern;
10. Maßnahmen zur Förderung der Familienfreundlichkeit der Arbeitsbedingungen;
11. Versagung oder Widerruf der Teilnahme eines Beschäftigten an allen bereits eingeführten Arbeitsformen außerhalb der Dienststelle.

2Satz 1 Nr. 2 gilt nicht für Polizei, Berufsfeuerwehr und Strafvollzug im Fall eines Notstands. 3In den Fällen von Satz 1 Nr. 3 bis 6 wird der Personalrat nur auf Antrag des Beschäftigten beteiligt; in diesen Fällen ist der Beschäftigte von der beabsichtigten Maßnahme rechtzeitig vorher in Kenntnis zu setzen. 4Im Fall des Satzes 1 Nr. 3 kann der Beschäftigte die Beteiligung desjenigen Personalrats beantragen, der an der Dienststelle, der der betroffene Beschäftigte angehört, gebildet ist; in den Fällen des Art. 80 Abs. 2 und 3 kann der Beschäftigte stattdessen die Beteiligung der danach bestimmten Personalvertretung beantragen. 5Der Personalrat kann bei der Mitwirkung nach Satz 1 Nr. 3 Einwendungen auf die in Art. 75 Abs. 2 Nr. 1 und 2 bezeichneten Gründe stützen.

(2) Der Personalrat wirkt mit bei

1. Einführung grundlegend neuer Arbeitsmethoden;
2. Maßnahmen zur Hebung der Arbeitsleistung und zur Erleichterung des Arbeitsablaufs;
3. Gestaltung der Arbeitsplätze sowie Einführung, Änderung und Aufhebung von Arbeitsformen außerhalb der Dienststelle;
4. Auflösung, Verlegung und Zusammenlegung von Dienststellen oder wesentlichen Teilen von ihnen;
5. Aufstellung von Grundsätzen für die Personalbedarfsberechnung.

(3) 1Vor der Weiterleitung von Personalanforderungen zum Haushaltsvoranschlag ist der Personalrat anzuhören. 2Gibt der Personalrat einer nachgeordneten Dienststelle zu den Personalanforderungen eine Stellungnahme ab, so ist diese mit den Personalanforderungen der übergeordneten Dienststelle vorzulegen. 3Das gilt entsprechend für Neu-, Um- und Erweiterungsbauten von Diensträumen.

Art. 77 Beteiligung bei Kündigungen und Entlassungen

(1) 1Der Personalrat wirkt bei der ordentlichen Kündigung durch den Arbeitgeber mit. 2Der Personalrat kann gegen die Kündigung Ein-

wendungen nur erheben, wenn nach seiner Ansicht

1. bei der Auswahl des zu kündigenden Arbeitnehmers soziale Gesichtspunkte nicht oder nicht ausreichend berücksichtigt worden sind,
2. die Kündigung gegen eine Richtlinie im Sinn des Art. 75 Abs. 4 Satz 1 Nr. 13 verstößt,
3. der zu kündigende Arbeitnehmer an einem anderen Arbeitsplatz in derselben Dienststelle oder in einer anderen Dienststelle desselben Verwaltungszweigs an demselben Dienstort einschließlich seines Einzugsgebiets weiterbeschäftigt werden kann,
4. die Weiterbeschäftigung des Arbeitnehmers nach zumutbaren Umschulungs- oder Fortbildungsmaßnahmen möglich ist oder
5. eine Weiterbeschäftigung des Arbeitnehmers unter geänderten Vertragsbedingungen möglich ist und der Arbeitnehmer sein Einverständnis hiermit erklärt.

$_{3}$Wird dem Arbeitnehmer gekündigt, obwohl der Personalrat nach Satz 2 Einwendungen gegen die Kündigung erhoben hat, so ist dem Arbeitnehmer mit der Kündigung eine Abschrift der Stellungnahme des Personalrats zuzuleiten, es sei denn, daß die Stufenvertretung in der Verhandlung nach Art. 72 Abs. 4 Satz 2 die Einwendungen nicht aufrechterhalten hat.

(2) $_{1}$Hat der Arbeitnehmer im Fall des Abs. 1 Satz 3 nach dem Kündigungsschutzgesetz Klage auf Feststellung erhoben, daß das Arbeitsverhältnis durch die Kündigung nicht aufgelöst ist, so muß der Arbeitgeber auf Verlangen des Arbeitnehmers diesen nach Ablauf der Kündigungsfrist bis zum rechtskräftigen Abschluß des Rechtsstreits bei unveränderten Arbeitsbedingungen weiterbeschäftigen. $_{2}$Auf Antrag des Arbeitgebers kann das Arbeitsgericht ihn durch einstweilige Verfügung von der Verpflichtung zur Weiterbeschäftigung nach Satz 1 entbinden, wenn

1. die Klage des Arbeitnehmers keine hinreichende Aussicht auf Erfolg bietet oder mutwillig erscheint oder
2. die Weiterbeschäftigung des Arbeitnehmers zu einer unzumutbaren wirtschaftlichen Belastung des Arbeitgebers führen würde oder
3. der Widerspruch des Personalrats offensichtlich unbegründet war.

(3) $_{1}$Vor fristlosen Entlassungen, außerordentlichen Kündigungen und vor der Beendigung des Arbeitsverhältnisses während der Probezeit ist der Personalrat anzuhören. $_{2}$Der Dienststellenleiter hat die beabsichtigte Maßnahme zu begründen. $_{3}$Hat der Personalrat Bedenken, so hat er sie unter Angabe der Gründe dem Dienststellenleiter unverzüglich, spätestens jedoch innerhalb von drei Arbeitstagen, bei Beendigung des Arbeitsverhältnisses während der Probezeit spätestens innerhalb von zwei Wochen, auf einem dauerhaften Datenträger mitzuteilen.

(4) Eine Kündigung ist unwirksam, wenn der Personalrat nicht beteiligt worden ist.

Art. 77a Erörterung bei leistungsbezogenen Maßnahmen

$_{1}$Die Gewährung von Leistungsbezügen bzw. Leistungsentgelt und die Ablehnung des leistungsbezogenen Stufenaufstiegs bzw. die leistungsbezogene Verkürzung oder Verlängerung des Stufenaufstiegs sind vor der Durchführung mit dem Personalrat zu erörtern. $_{2}$Hierfür ist er rechtzeitig und auf einem dauerhaften Datenträger unter Beifügung der erforderlichen Unterlagen über die betroffenen Beschäftigten sowie die Höhe und die Dauer der zu gewährenden Beträge zu unterrichten.

Art. 78 Ausnahmen von der Beteiligung

(1) $_{1}$Art. 69 Abs. 2 Satz 3 bis 5, Art. 70a Abs. 2, Art. 75 Abs. 1, Art. 76 Abs. 1 Satz 1 Nr. 3, 4, 5 und 6, Art. 77 und 77a gelten nicht für

1. die Beamten und Beamtenstellen der Besoldungsgruppe A 16 und höher sowie die Arbeitnehmer in entsprechender Stellung;
2. Lehrpersonen an Einrichtungen der Lehrer-, Fachlehrer- und Förderlehrerausbildung;
3. das nicht zu den habilitierten Personen zählende wissenschaftliche Personal an

Forschungsstätten, die keine wissenschaftlichen Hochschulen sind;

4. durch Bühnendienstvertrag oder Gastspielvertrag verpflichtete Mitglieder von Theatern sowie durch Sondervertrag verpflichtete Personen in leitender Stellung an Theatern;
5. Leiter sowie Mitglieder von Orchestern mit Ausnahme der technischen Beschäftigten;
6. sonstige Beschäftigte mit vorwiegend wissenschaftlicher oder künstlerischer Tätigkeit sowie wissenschaftliche und künstlerische Mitarbeiter und Lehrkräfte für besondere Aufgaben (Art. 71 und 74 BayHIG);
7. leitende Arbeitnehmer, wenn sie nach Dienststellung und Dienstvertrag
   a) zur selbständigen Einstellung und Entlassung von in der Dienststelle oder in ihrer Abteilung beschäftigten Arbeitnehmern berechtigt sind oder
   b) Generalvollmacht oder Prokura haben oder
   c) im wesentlichen eigenverantwortlich Aufgaben wahrnehmen, die ihnen regelmäßig wegen deren Bedeutung für den Bestand und die Entwicklung der Dienststelle im Hinblick auf besondere Erfahrungen und Kenntnisse übertragen werden.

$_2$Satz 1 Nr. 6 gilt nicht in den Fällen des Art. 75 Abs. 1 Satz 1 Nr. 10 bis 13.

(2) Art. 69 Abs. 2 Satz 3 bis 5, Art. 75 Abs. 1 und Art. 76 Abs. 1 Satz 1 Nr. 3, 4, 5 und 6, Art. 77 und 77a gelten für die in Art. 14 Abs. 2 und 3 bezeichneten Beschäftigten und für die Beamten auf Zeit nur, wenn sie es beantragen.

(3) Von Einstellungen und vor Versetzungen und Kündigungen soll der Personalrat in den Fällen des Abs. 1 Satz 1 Nr. 4 bis 7 eine Mitteilung erhalten.

Art. 79 Beteiligung bei Arbeitsschutz und Unfallverhütung

(1) Der Personalrat hat bei der Bekämpfung von Unfall- und Gesundheitsgefahren die für den Arbeitsschutz zuständigen Behörden, die Träger der gesetzlichen Unfallversicherung und die übrigen in Betracht kommenden Stellen durch Anregung, Beratung und Auskunft zu unterstützen und sich für die Durchführung der Vorschriften über den Arbeitsschutz und die Unfallverhütung in der Dienststelle einzusetzen.

(2) $_1$Der Dienststellenleiter und die in Abs. 1 genannten Stellen sind verpflichtet, bei allen im Zusammenhang mit dem Arbeitsschutz oder der Unfallverhütung stehenden Besichtigungen und Fragen und bei Unfalluntersuchungen den Personalrat oder die von ihm bestimmten Personalratsmitglieder derjenigen Dienststelle hinzuzuziehen, in der die Besichtigung oder Untersuchung stattfindet. $_2$Der Dienststellenleiter hat dem Personalrat unverzüglich die den Arbeitsschutz und die Unfallverhütung betreffenden Auflagen und Anordnungen der in Abs. 1 genannten Stellen mitzuteilen.

(3) An den Besprechungen des Dienststellenleiters mit den Sicherheitsbeauftragten nach § 22 Abs. 2 des Siebten Buches Sozialgesetzbuch (SGB VII) nehmen vom Personalrat beauftragte Personalratsmitglieder teil.

(4) Der Personalrat erhält die Niederschriften über Untersuchungen, Besichtigungen und Besprechungen, zu denen er nach den Abs. 2 und 3 hinzuzuziehen ist.

(5) Der Dienststellenleiter hat dem Personalrat eine Durchschrift der nach § 193 Abs. 5 SGB VII vom Personalrat zu unterschreibenden Unfallanzeige oder des nach beamtenrechtlichen Vorschriften zu erstattenden Berichts auszuhändigen.

Kapitel 4
Beteiligung der Stufenvertretungen und des Gesamtpersonalrats

Art. 80 Zuständigkeit

(1) In Angelegenheiten, in denen die Dienststelle zur Entscheidung befugt ist, ist der bei ihr gebildete Personalrat zu beteiligen.

(2) $_1$In Angelegenheiten, in denen die übergeordnete Dienststelle zur Entscheidung befugt ist, ist an Stelle des Personalrats die bei der zuständigen Dienststelle gebildete Stu-

fenvertretung zu beteiligen. $_{2}$Vor einem Beschluß in Angelegenheiten, die einzelne Beschäftigte oder Dienststellen betreffen, gibt die Stufenvertretung dem Personalrat Gelegenheit zur Äußerung. $_{3}$In diesem Fall verlängern sich die Fristen der Art. 70 und 72 um eine Woche.

(3) $_{1}$Abs. 2 gilt entsprechend für die Verteilung der Zuständigkeit zwischen Personalrat und Gesamtpersonalrat. $_{2}$Der Personalrat kann Angelegenheiten, die in seiner Zuständigkeit liegen, allgemein oder im Einzelfall dem Gesamtpersonalrat mit dessen Zustimmung übertragen. $_{3}$Sind Angelegenheiten dem Gesamtpersonalrat übertragen, so gibt dieser vor einem Beschluß dem Personalrat Gelegenheit zur Äußerung.

(4) $_{1}$In Angelegenheiten, in denen eine andere als die Körperschaft, der die Dienststelle angehört, zur Entscheidung berufen ist, ist der Personalrat der Dienststelle zu beteiligen, auf die oder deren Beschäftigte sich die Maßnahme erstreckt. $_{2}$Dies gilt entsprechend, wenn innerhalb des Geschäftsbereichs einer obersten Dienstbehörde die Dienststelle des Beschäftigten zwar nicht zur Entscheidung befugt ist, die zur Entscheidung berufene Dienststelle der Beschäftigungsbehörde aber nicht übergeordnet ist. $_{3}$Ist ein Gesamtpersonalrat gebildet, so tritt dieser an die Stelle des Personalrats.

(5) Für die Befugnisse und Pflichten der Stufenvertretungen und des Gesamtpersonalrats gelten die Art. 67 bis 79 mit Ausnahme des Art. 67 Abs. 1 Satz 1 entsprechend.

(6) $_{1}$Ist der bei der Dienststelle gebildete Personalrat oder Gesamtpersonalrat zeitweilig an der Wahrnehmung der Beteiligungsrechte gemäß Abs. 1 verhindert, wird die bei der übergeordneten Dienststelle gebildete Stufenvertretung beteiligt. $_{2}$Dies gilt auch in den Fällen des Art. 47 Abs. 2 und 3.

(7) Ist eine Dienststelle neu errichtet und ist bei ihr ein Personalrat noch nicht gebildet worden, wird bis auf die Dauer von längstens 6 Monaten die bei der übergeordneten Dienststelle gebildete Stufenvertretung beteiligt.

Teil 5
Arbeitsgemeinschaft der Hauptpersonalräte

Art. 81 Bildung und Aufgaben

(1) $_{1}$Die Hauptpersonalräte bei den obersten Dienstbehörden bilden die Arbeitsgemeinschaft der Hauptpersonalräte. $_{2}$Die Personalräte der obersten Dienstbehörden, bei denen kein Hauptpersonalrat gebildet wird, gelten insoweit als Hauptpersonalräte. $_{3}$Die Amtszeit der Arbeitsgemeinschaft beträgt fünf Jahre. $_{4}$Sie beginnt mit dem Ablauf der vorangegangenen Amtszeit der Arbeitsgemeinschaft. $_{5}$Die Amtszeit endet am 31. Juli des Jahres, in dem die regelmäßigen Personalratswahlen nach Art. 26 Abs. 3 stattfinden. $_{6}$Jeder Hauptpersonalrat entsendet ein Mitglied und bestimmt bis zu zwei stellvertretende Mitglieder.

(2) $_{1}$Die Arbeitsgemeinschaft wählt mit einfacher Mehrheit einen Vorsitzenden und bis zu zwei stellvertretende Vorsitzende aus dem Kreis ihrer Mitglieder. $_{2}$Die Arbeitsgemeinschaft kann aus dem Kreis der Hauptpersonalräte eine Person wählen, die den Vorsitzenden bei der Führung der laufenden Geschäfte unterstützt und mit beratender Stimme an den Sitzungen der Arbeitsgemeinschaft teilnimmt.

(3) $_{1}$Die Arbeitsgemeinschaft der Hauptpersonalräte ist anzuhören bei Entscheidungen

1. der Staatsregierung, die für Geschäftsbereiche der obersten Dienstbehörden unmittelbar verbindliche Regelungen enthalten,
2. von obersten Dienstbehörden, die den Geschäftsbereich anderer oberster Dienstbehörden betreffen,

wenn diese Maßnahmen nach Art. 75 Abs. 4 Satz 1 Nr. 5, 12, 13, Art. 75a Abs. 1, Art. 76 Abs. 1 Satz 1 Nr. 10 oder Abs. 2 Nr. 1 bis 4 zum Gegenstand haben.

$_{2}$Dies gilt nicht, wenn nach gesetzlichen Vorschriften die Spitzenorganisationen der zuständigen Gewerkschaften und Berufsverbände zu beteiligen sind.

(4) $_{1}$Die nach der Verordnung über die Geschäftsverteilung der Bayerischen Staatsregierung für die Entscheidung bzw. die Vorbe-

reitung der Entscheidung zuständige oberste Dienstbehörde unterrichtet die Arbeitsgemeinschaft der Hauptpersonalräte rechtzeitig und umfassend von der beabsichtigten Maßnahme. 2Die Stellungnahme der Arbeitsgemeinschaft der Hauptpersonalräte ist der nach Satz 1 zuständigen obersten Dienstbehörde innerhalb von vier Wochen mitzuteilen. 3Die Befugnisse und Pflichten der Personalvertretungen werden durch diese Regelung nicht berührt.

(5) Die oberste Dienstbehörde, deren Geschäftsbereich der Vorsitzende der Arbeitsgemeinschaft der Hauptpersonalräte angehört, hat die durch die Tätigkeit der Arbeitsgemeinschaft der Hauptpersonalräte entstehenden Kosten zu tragen sowie für die Sitzungen und die laufende Geschäftsführung im erforderlichen Umfang Räume, Geschäftsbedarf und Büropersonal zur Verfügung zu stellen.

(6) 1Die Arbeitsgemeinschaft der Schwerbehindertenvertretungen der obersten Landesbehörden bestimmt aus dem Kreis der Hauptschwerbehindertenvertretungen und der Schwerbehindertenvertretungen der obersten Dienstbehörden, bei denen keine Hauptschwerbehindertenvertretung gebildet ist, einen Vertreter. 2Die Hauptjugend- und Auszubildendenvertretungen bestimmen aus ihrem Kreis einen Vertreter. 3Die nach den Sätzen 1 und 2 bestimmten Vertreter sollen an den Sitzungen der Arbeitsgemeinschaft beratend teilnehmen.

(7) Art. 8, 10, 11, 29 Abs. 1, Art. 30, 31 Abs. 1, Art. 35, 44 Abs. 1 Satz 2 und 3, Abs. 3 und Art. 46 Abs. 1 und 2 finden auf die rechtliche Stellung der Mitglieder bzw. die Sitzungen der Arbeitsgemeinschaft der Hauptpersonalräte entsprechende Anwendung.

(8) Die Arbeitsgemeinschaft der Hauptpersonalräte gibt sich mit der Mehrheit der Stimmen ihrer Mitglieder eine Geschäftsordnung.

Teil 6
Gerichtliche Entscheidungen

Art. 82 Zuständigkeit und Verfahren

(1) Die Verwaltungsgerichte entscheiden außer in den Fällen der Art. 9 Abs. 4, Art. 25, 28, 47 Abs. 2 sowie Art. 53a und 56 über

1. Wahlberechtigung und Wählbarkeit;
2. Wahl, Amtszeit und Zusammensetzung der Personalvertretungen und der in Art. 57 genannten Vertreter;
3. Zuständigkeit, Geschäftsführung und Rechtsstellung der Personalvertretungen und der in Art. 57 genannten Vertreter;
4. Bestehen oder Nichtbestehen von Dienstvereinbarungen;
5. Streitigkeiten nach Art. 71 Abs. 3 Satz 4.

(2) 1§ 2 Abs. 2 des Gerichtskostengesetzes sowie die Vorschriften des Arbeitsgerichtsgesetzes über das Beschlußverfahren mit Ausnahme des § 89 Abs. 1 und der §§ 92 bis 96a des Arbeitsgerichtsgesetzes gelten entsprechend. 2Die Entscheidung des Verwaltungsgerichtshofs ist endgültig.

Art. 83 Bildung und Besetzung der Fachkammern und des Fachsenats

(1) 1Für die nach diesem Gesetz zu treffenden Entscheidungen sind bei den Verwaltungsgerichten Fachkammern und beim Verwaltungsgerichtshof ein Fachsenat zu bilden. 2Die Zuständigkeit einer Fachkammer kann auf die Bezirke anderer Gerichte oder Teile von ihnen erstreckt werden.

(2) 1Die Fachkammer besteht aus einem Vorsitzenden und ehrenamtlichen Beisitzern, der Fachsenat aus einem Vorsitzenden und richterlichen und ehrenamtlichen Beisitzern. 2Die ehrenamtlichen Beisitzer müssen Beschäftigte der in Art. 1 genannten Körperschaften sein. 3Sie werden je zur Hälfte von

1. den unter den Beschäftigten vertretenen Gewerkschaften und
2. den Staatsministerien und den kommunalen Spitzenverbänden

vorgeschlagen und durch den Verwaltungsgerichtshof berufen. 4Hierbei sind Frauen und Männer gleichermaßen zu berücksichtigen. 5Für die Berufung und Stellung der Beisitzer und ihre Heranziehung zu den Sitzungen gelten die Vorschriften des Arbeitsgerichtsgesetzes über die ehrenamtlichen Richter bei den Arbeitsgerichten und Landesarbeitsgerichten entsprechend.

(3) Die Fachkammer wird tätig in der Besetzung mit einem Vorsitzenden und je zwei nach Abs. 2 Nr. 1 und 2 berufenen Beisitzern.

(4) Der Fachsenat wird tätig in der Besetzung mit einem Vorsitzenden, zwei richterlichen und je einem nach Abs. 2 Nr. 1 und 2 berufenen Beisitzer.

Teil 7 Vorschriften für besondere Verwaltungszweige und die Behandlung von Verschlußsachen

Kapitel 1 Vorschriften für besondere Verwaltungszweige und für den Bayerischen Rundfunk

V

Art. 84 Bayerischer Rundfunk

Für Beschäftigte des Bayerischen Rundfunks gilt dieses Gesetz mit folgenden Abweichungen:

1. Beschäftigte des Bayerischen Rundfunks im Sinn dieses Gesetzes sind die durch Arbeitsvertrag unbefristet oder auf Zeit festangestellten Mitarbeiter des Bayerischen Rundfunks einschließlich der zu ihrer Berufsausbildung Beschäftigten.
2. Die Dienststelle im Sinn dieses Gesetzes ist der Bayerische Rundfunk; Art. 6 Abs. 3 gilt entsprechend.
3. Für den Bayerischen Rundfunk handelt der Intendant.
4. Wählbar sind alle Wahlberechtigten, die am Wahltag seit mindestens zwölf Monaten dem Bayerischen Rundfunk angehören. Nicht wählbar ist, wer infolge Richterspruchs die Fähigkeit, öffentliche Ämter zu bekleiden und Rechte aus öffentlichen Wahlen zu erlangen, nicht besitzt.
5. Nicht wählbar zum Personalrat sind der Intendant, sein ständiger Vertreter, die Direktoren, die Studioleiter, der Leiter der Personalabteilung und Beschäftigte, die zu selbständigen Entscheidungen in Personalangelegenheiten des Bayerischen Rundfunks befugt sind.
6. Die Einigungsstelle gemäß Art. 70 Abs. 5 wird beim Bayerischen Rundfunk errichtet. Kommt eine Einigung über die Person des Vorsitzenden nicht zustande, so bestimmt ihn das Verwaltungsgericht München.
7. Soweit es sich in den Fällen des Art. 75 Abs. 1 um Angelegenheiten von Redakteuren, Programmgestaltern, Leitern sowie Mitarbeitern von Orchestern mit Ausnahme der technischen Beschäftigten handelt, beschließt die Einigungsstelle, wenn sie sich nicht der Auffassung des Intendanten anschließt, eine Empfehlung an diesen; der Intendant entscheidet sodann endgültig.
8. Art. 70a Abs. 2, Art. 75 Abs. 1, Art. 76 Abs. 1 Satz 1 Nr. 3 bis 6 und Art. 77 gelten nicht für den Intendanten, die Direktoren, die Hauptabteilungsleiter und andere Beschäftigte, zu deren Einstellung der Verwaltungsrat gemäß der Satzung des Bayerischen Rundfunks seine Zustimmung zu erteilen hat.
9. Von Einstellungen und vor Versetzungen und Kündigungen soll der Personalrat in den Fällen der Nr. 8 eine Mitteilung erhalten.

Art. 85 Bayerischer Jugendring; Bayerisches Rotes Kreuz

(1) $_1$Für die Beschäftigten des Bayerischen Jugendrings gilt dieses Gesetz mit der Maßgabe, daß die Untergliederungen des Bayerischen Jugendrings (Art. 32 Abs. 2 des Gesetzes zur Ausführung der Sozialgesetze) als selbständige Dienststellen gelten. $_2$Art. 55 findet keine Anwendung.

(2) $_1$Für die Beschäftigten des Bayerischen Roten Kreuzes gilt dieses Gesetz mit der Maßgabe, dass die Kreis- und Bezirksverbände und die Landesgeschäftsstelle jeweils als selbstständige Dienststellen gelten und bei der Landesgeschäftsstelle ein Gesamtpersonalrat gebildet wird. $_2$Art. 6 Abs. 3 findet mit der Maßgabe Anwendung, dass nur durch Aufgabenbereich und Organisation eigenständige Nebenstellen und Teile der Dienststelle als selbstständige Dienststellen gelten können. $_3$Art. 55 findet keine Anwendung. $_4$Art. 1 Satz 2 des BRK-Gesetzes bleibt unberührt.

Art. 86 Allgemeine Ortskrankenkasse Bayern (AOK Bayern)

Für die Beschäftigten der AOK Bayern gilt dieses Gesetz mit der Maßgabe, daß

1. die Direktionen und die Zentrale der AOK Bayern als selbständige Dienststellen gelten und
2. bei den Direktionen und der Zentrale Gesamtpersonalräte gebildet werden, wenn in deren Bereich Geschäftsstellen oder andere Einrichtungen gemäß Art. 6 Abs. 5 Satz 2 verselbständigt werden.

Art. 87 Deutsche Rentenversicherung

1Der Gesamtpersonalrat, falls ein solcher nicht gebildet, der Personalrat jedes landesunmittelbaren Trägers der Rentenversicherung wählt aus seiner Mitte mit einfacher Mehrheit in geheimer Wahl das gemäß § 140 Abs. 2 Nr. 2 des Sechsten Buches Sozialgesetzbuch in die Arbeitsgruppe Personalvertretung der Deutschen Rentenversicherung Bund zu entsendende Mitglied sowie ein stellvertretendes Mitglied. 2Bei Stimmengleichheit entscheidet das Los.

Art. 88 Gemeinsame Angelegenheiten von Richtern, Staatsanwälten und anderen Beschäftigten

In Angelegenheiten, die sowohl Richter oder Staatsanwälte als auch andere Beschäftigte des Gerichts bzw. der Staatsanwaltschaft betreffen (gemeinsame Angelegenheiten im Sinn des Art. 27 Abs. 5 und Art. 37 Abs. 1 des Bayerischen Richter- und Staatsanwaltsgesetzes – BayRiStAG), gilt Art. 34 mit folgender Maßgabe:

1. Sind an einer Angelegenheit sowohl der Personalrat als auch der Richterrat (Staatsanwaltsrat) beteiligt, so teilt der Vorsitzende dem Richterrat (Staatsanwaltsrat) den entsprechenden Teil der Tagesordnung mit und gibt ihm Gelegenheit, Mitglieder in die Sitzung des Personalrats zu entsenden (Art. 32 Abs. 1 und 2 BayRiStAG).
2. Der Vorsitzende des Personalrats hat auf Antrag des Richterrats (des Staatsanwaltsrats) oder des aufsichtführenden Richters des Gerichts (des Leiters der Staatsanwaltschaft) eine Sitzung des Personalrats anzuberaumen und die gemeinsame Angelegenheit, deren Beratung beantragt ist, auf die Tagesordnung zu setzen.

Art. 89 Bayerische Bereitschaftspolizei

(1) Für die Beschäftigten der Bayerischen Bereitschaftspolizei gilt dieses Gesetz mit folgenden Abweichungen:

1. Personalvertretungen sind auch die Vertrauenspersonen der Beamten in Ausbildung und der nicht zum Stammpersonal gehörenden Beamten der Einsatzstufen.
2. Nicht wählbar ist ein Beamter auch, wenn gegen ihn im letzten Jahr vor dem Tag der Wahl wegen eines Verstoßes gegen die Pflicht zur Verfassungstreue (§ 33 Abs. 1 BeamtStG), gegen die Gehorsamspflicht (§ 35 Satz 2 und 3 BeamtStG) oder gegen das Streikverbot eine Disziplinarmaßnahme verhängt worden ist, die nur im gerichtlichen Disziplinarverfahren ausgesprochen werden kann. Die Mitgliedschaft im Personalrat erlischt außer in den Fällen des Art. 29, wenn gegen den Beamten eine in Satz 1 bezeichnete Disziplinarmaßnahme verhängt wird.
3. Bei der Einstellung von Beamten in Ausbildung oder von nicht zum Stammpersonal gehörenden Beamten der Einsatzstufe ist der Personalrat nicht zu beteiligen; Art. 75 Abs. 1 Satz 1 Nr. 1 ist in diesen Fällen nicht anwendbar. In den Fällen des Art. 76 Abs. 2 Nr. 4 wird der Personalrat nicht beteiligt. Art. 75 Abs. 4 Satz 1 Nr. 1 gilt nicht bei Beamten der Bereitschaftspolizeiabteilungen. In den Fällen des Art. 75 Abs. 1 Satz 1 Nr. 10 tritt bei Beamten in Ausbildung sowie bei den nicht zum Stammpersonal gehörenden Beamten der Einsatzstufen an die Stelle der Mitbestimmung die Mitwirkung des Personalrats. Art. 75 Abs. 1 Satz 1 Nr. 6 und 7 gilt nicht für die Beamten in Ausbildung; nach Abschluss der Ausbildung tritt für die Beamten auf Probe in diesen Fällen an Stelle der Mitbestimmung die Mitwirkung.
4. Die Vorschriften über die Jugend- und Auszubildendenvertretung gelten nicht für die Polizeivollzugsbeamten.

V

(2) Für die Stufenvertretungen gelten die Vorschriften von Abs. 1 Nr. 2 und 3 entsprechend.

(3) 1Die Beamten in Ausbildung und die nicht zum Stammpersonal gehörenden Beamten der Einsatzstufen sind für die Personalvertretung nicht wählbar; sie wählen in jeder Hundertschaft eine Vertrauensperson und zwei Stellvertreter. 2Für die Wahl, die Amtszeit und die Rechte und Pflichten der Vertrauensperson gilt folgendes:

1. a) Wahlberechtigt und wählbar in der jeweiligen Hundertschaft sind alle Beamten, die sich in Ausbildung befinden und der Hundertschaft angehören oder zu ihr abgeordnet sind und die nicht zum Stammpersonal gehörenden Beamten der Einsatzstufen.
   b) Die Wahl der Vertrauensperson und ihrer Stellvertreter ist geheim und unmittelbar. Gewählt ist, wer mehr als die Hälfte der abgegebenen gültigen Stimmen erhalten hat. Wird diese Mehrheit im ersten Wahlgang von keinem Bewerber erreicht, so ist eine Stichwahl unter den beiden Bewerbern mit der höchsten Stimmenzahl vorzunehmen. Bei Stimmengleichheit in der Stichwahl entscheidet das Los.
   c) Zur Wahl der Vertrauensperson können die wahlberechtigten Beamten in Ausbildung Wahlvorschläge machen. Jeder Wahlvorschlag darf nur einen Bewerber enthalten und muß von mindestens zehn Wahlberechtigten unterzeichnet sein. Jeder Bewerber kann nur auf einem Wahlvorschlag benannt werden.
   d) Spätestens vier Wochen vor Ablauf der Amtszeit der Vertrauensperson benennt der für die Hundertschaft zuständige Personalrat drei Wahlberechtigte als Wahlvorstand und einen von ihnen als Vorsitzenden. Dem Wahlvorstand obliegt die Durchführung der Wahl. Art. 24 Abs. 1 Satz 1 und 2 ist entsprechend anzuwenden.
2. a) Die Amtszeit der Vertrauensperson beträgt ein Jahr. Für ihren Beginn gilt Art. 26 Abs. 1 Satz 2 entsprechend.
   b) Das Amt der Vertrauensperson endet vor Ablauf der Amtszeit durch Niederlegung des Amts, Beendigung des Dienstverhältnisses oder Versetzung und Abordnung von länger als drei Monaten.
   c) Die Vertrauensperson ist neu zu wählen, wenn ihr Amt vorzeitig endet und kein Stellvertreter vorhanden ist oder wenn seit dem Tag der Wahl in der Hundertschaft mehr als die Hälfte der Beamten in Ausbildung gewechselt hat.
3. a) Die Vertrauensperson nimmt Anregungen, Anträge und Beschwerden der Beschäftigten in innerdienstlichen Angelegenheiten und der Fürsorge entgegen und vertritt sie gegenüber dem Führer der Hundertschaft und dem Personalrat. Sie soll zur vertrauensvollen Zusammenarbeit zwischen dem Führer der Hundertschaft und den Beschäftigten innerhalb der Hundertschaft beitragen. Für die Vertrauensperson gelten die Bestimmungen der Art. 34 Abs. 2 Satz 3 und Abs. 3, Art. 39 Abs. 1 und 2, Art. 40 Abs. 1 und Art. 62 Satz 1 sinngemäß.
   b) Der Führer der Hundertschaft hat der Vertrauensperson mit Vorschlägen in Fragen des inneren Dienstbetriebs und der Fürsorge zu hören, soweit nicht die Angelegenheit über den Bereich hinausgeht, für den die Vertrauensperson gewählt ist. Er hat die Vorschläge sorgfältig zu prüfen und, soweit sie ihm geeignet erscheinen, zu berücksichtigen.
   c) Bei Beschlüssen des Personalrats, die die Personalangelegenheiten, die sozialen oder persönlichen Angelegenheiten der Beamten in Ausbildung und der nicht zum Stammpersonal gehörenden Beamten der Einsatzstufen betreffen, hat die jeweilige Vertrauensperson ein Stimmrecht.
   d) Die Vertrauensperson darf gegen ihren Willen nur versetzt oder abgeordnet werden, wenn es auch unter Berücksichtigung ihres Amts aus wichtigen dienstlichen Gründen unvermeidbar ist.

Für den Führer der Hundertschaft und die Vertrauensperson gelten im übrigen Art. 8, 10, 11, 67, 68, 74, 76 Abs. 1 Nr. 1 und Abs. 2 Nr. 2 sinngemäß.

(4) 1Die Mitglieder der Personalvertretungen sind, sofern sie nicht völlig von ihrer dienstlichen Tätigkeit freigestellt sind, von der Teilnahme an einem Einsatz und an einer Übung, die außerhalb des Dienstorts durchgeführt wird, nicht befreit; während dieser Zeit ruhen ihre Befugnisse. 2Kann eine Personalvertretung deshalb ihre Befugnisse nicht wahrnehmen, so ist der Lauf der Fristen nach Art. 70, 72 und 80 solange gehemmt. 3In diesem Fall dürfen Entscheidungen, an denen die Personalvertretung zu beteiligen ist, nur getroffen werden, wenn sie keinen Aufschub dulden.

Art. 90 Landesamt für Verfassungsschutz

Für das Landesamt für Verfassungsschutz gilt dieses Gesetz mit folgenden Abweichungen:

1. Der Leiter des Landesamts für Verfassungsschutz kann nach Anhörung des Personalrats bestimmen, daß Beschäftigte, bei denen dies wegen ihrer dienstlichen Aufgaben dringend geboten ist, nicht an Personalversammlungen teilnehmen.
2. Die Vorschriften über eine Beteiligung von Vertretern oder Beauftragten der Gewerkschaften und Arbeitgebervereinigungen sowie Stufenvertretungs- oder Gesamtpersonalratsmitgliedern (Art. 34 Abs. 4 Satz 2, Art. 36 Abs. 1, Art. 39 Abs. 1, Art. 52) sind nicht anzuwenden.
3. Bei der Beteiligung der Stufenvertretung und der Einigungsstelle sind Angelegenheiten, die lediglich Beschäftigte des Landesamts für Verfassungsschutz betreffen, wie Verschlußsachen des Geheimhaltungsgrades „VS-vertraulich" zu behandeln (Art. 93), soweit nicht das Staatsministerium des Innern, für Sport und Integration etwas anderes bestimmt.

Art. 91 Personalvertretung der Staatsanwälte

Für die Personalvertretung der Staatsanwälte gelten die besonderen Vorschriften des Teils 3 des Bayerischen Richter- und Staatsanwaltsgesetzes; die Bestimmungen dieses Gesetzes finden nur Anwendung, soweit im Bayerischen Richter- und Staatsanwaltsgesetz darauf verwiesen wird.

Art. 92 Dienststellen im Ausland

Für Dienststellen im Ausland gilt dieses Gesetz mit folgenden Abweichungen:

1. Lokal Beschäftigte sind nicht Beschäftigte im Sinn des Art. 4;
2. für gerichtliche Entscheidungen nach Art. 82 ist das Verwaltungsgericht zuständig, in dessen Bezirk die oberste Dienstbehörde ihren Sitz hat.

Kapitel 2
Vorschriften für die Behandlung von Verschlußsachen

Art. 93 Behandlung von Verschlusssachen

(1) 1Soweit eine Angelegenheit, an der eine Personalvertretung zu beteiligen ist, als Verschlußsache mindestens des Geheimhaltungsgrades „VS-vertraulich" eingestuft ist, tritt an die Stelle der Personalvertretung ein Ausschuß. 2Dem Ausschuß gehört höchstens je ein in entsprechender Anwendung des Art. 32 Abs. 1 gewählter Vertreter der im Personalrat vertretenen Gruppen an. 3Die Mitglieder des Ausschusses müssen nach den dafür geltenden Bestimmungen ermächtigt sein, Kenntnis von Verschlußsachen des in Betracht kommenden Geheimhaltungsgrades zu erhalten. 4Personalvertretungen bei Dienststellen, die Behörden der Mittelstufe nachgeordnet sind, bilden keinen Ausschuß; an ihre Stelle tritt der Ausschuß des Bezirkspersonalrats.

(2) Wird der zuständige Ausschuß nicht rechtzeitig gebildet, ist der Ausschuß der bei der Dienststelle bestehenden Stufenvertretung oder, wenn dieser nicht rechtzeitig gebildet wird, der Ausschuß der bei der obersten Dienstbehörde bestehenden Stufenvertretung zu beteiligen.

(3) Die Einigungsstelle (Art. 71) besteht in den in Abs. 1 Satz 1 bezeichneten Fällen aus je einem Beisitzer, der von der obersten Dienstbehörde und der bei ihr bestehenden zustän-

V

digen Personalvertretung bestellt wird, und einem unparteiischen Vorsitzenden, die nach den dafür geltenden Bestimmungen ermächtigt sind, von Verschlußsachen des in Betracht kommenden Geheimhaltungsgrades Kenntnis zu erhalten.

(4) 1Die Art. 39, 40, 80 Abs. 2 Satz 2 und 3 und die Vorschriften über die Beteiligung der Gewerkschaften und Arbeitgebervereinigungen sowie der Stufenvertretungs- oder Gesamtpersonalratsmitglieder in den Art. 34 Abs. 4 Satz 2 und Art. 36 Abs. 1 sind nicht anzuwenden. 2Angelegenheiten, die als Verschlußsachen mindestens des Geheimhaltungsgrades „VS-vertraulich" eingestuft sind, werden in der Personalversammlung nicht behandelt.

(5) 1Die oberste Dienstbehörde kann anordnen, daß in den Fällen des Abs. 1 Satz 1 dem Ausschuß und der Einigungsstelle Unterlagen nicht vorgelegt und Auskünfte nicht erteilt werden dürfen, soweit dies zur Vermeidung von Nachteilen für das Wohl der Bundesrepublik Deutschland oder eines ihrer Länder oder auf Grund internationaler Verpflichtungen geboten ist. 2Im Verfahren nach Art. 82 sind die gesetzlichen Voraussetzungen für die Anordnung glaubhaft zu machen.

Teil 8
Ergänzende Vorschriften

Art. 94 Erlass von Vorschriften

(1) Die Staatsregierung erläßt die zur Durchführung dieses Gesetzes erforderlichen Rechts- und Verwaltungsvorschriften.

(2) Zur Regelung der in den Art. 12 bis 24, 53, 55 bis 59, 64 bis 66 und 89 Abs. 3 bezeichneten Wahlen erläßt die Staatsregierung durch Rechtsverordnung Vorschriften über

a) die Vorbereitung der Wahl, insbesondere die Aufstellung der Wählerlisten und die Errechnung der Vertreterzahl,
b) die Frist für die Einsichtnahme in die Wählerlisten und die Erhebung von Einsprüchen,
c) die Vorschlagslisten und die Frist für ihre Einreichung,
d) das Wahlausschreiben und die Fristen für seine Bekanntmachung,
e) die Stimmabgabe,
f) die Feststellung des Wahlergebnisses und die Fristen für seine Bekanntmachung,
g) die Aufbewahrung der Wahlakten,
h) die Durchführung von Teilwiederholungswahlen (Art. 53a).

Art. 95 Religionsgemeinschaften

Dieses Gesetz findet keine Anwendung auf Religionsgemeinschaften und ihre karitativen und erzieherischen Einrichtungen ohne Rücksicht auf ihre Rechtsform; ihnen bleibt die selbständige Ordnung eines Personalvertretungsrechts überlassen.

Teil 9
Schlussvorschriften

Art. 96 (weggefallen)

Art. 97 Inkrafttreten, Außerkrafttreten

(1) 1Dieses Gesetz ist dringlich. 2Es tritt am 1. Mai 1974 in Kraft.[1])

(2) Art. 96a tritt mit Ablauf des 31. Juli 2023 außer Kraft.

[1]) Diese Vorschrift betrifft das Inkrafttreten des Gesetzes in der ursprünglichen Fassung vom 29. April 1974 (GVBl. S. 157). Der Zeitpunkt des Inkrafttretens der späteren Änderungen ergibt sich aus den jeweiligen Änderungsgesetzen.

Vollzug des Bayerischen Personalvertretungsgesetzes (BayPVG); Rundschreiben zur Reisekostenvergütung, zum Sachschadenersatz bei Personalratsreisen sowie zur Freistellung von Personalratsmitgliedern

Vom 25. August 2023

Das Staatsministerium der Finanzen und für Heimat gibt zur Reisekostenvergütung für Personalratsmitglieder, zum Sachschadenersatz bei Personalratsreisen und zur Freistellung von Personalratsmitgliedern folgende Hinweise:

1. Reisekostenvergütung für die Mitglieder der Personalvertretungen, Art. 44 Abs. 1 Satz 2 BayPVG

1.1 Personalratsreisen; Genehmigungsfreiheit

$_{1}$Bei den in Art. 44 Abs. 1 Satz 2 BayPVG genannten Reisen der Mitglieder der Personalvertretungen handelt es sich nicht um Dienstreisen im Sinne des Art. 2 Abs. 2 BayRKG, weil diese Reisen nicht der Erledigung von Dienstgeschäften (Aufgaben der Dienststelle), sondern der Erfüllung der Aufgaben der Personalvertretung dienen. $_{2}$Damit ist für Reisen der Mitglieder des Personalrats im Sinne des Art. 44 Abs. 1 Satz 2 BayPVG die Genehmigung des Dienststellenleiters nicht erforderlich. $_{3}$Im Übrigen finden die für die Beamtinnen und Beamten geltenden Bestimmungen des Reisekostenrechts auf Reisen von Personalratsmitgliedern Anwendung mit der Besonderheit, dass sich der Umfang der Erstattung einheitlich nach den für die Beamtinnen und Beamten der Besoldungsgruppe A 15 geltenden Vorschriften richtet.

1.2 Notwendige Reisen

1.2.1 Reisen sind zur Erfüllung der Aufgaben von Personalräten notwendig, wenn das Personalratsmitglied am Zielort der Reise Tätigkeiten auszuüben hat, die sich innerhalb des gesetzlichen Aufgabenbereichs des Personalrats oder des einzelnen Personalratsmitglieds bewegen.

1.2.2 $_{1}$Fahrten zwischen Wohnung und Sitz der Geschäftsstelle der Personalvertretung an der Dienststelle sind keine notwendigen Reisen im Sinne des Art. 44 Abs. 1 Satz 2 BayPVG. $_{2}$Dies gilt auch dann, wenn das Personalratsmitglied für die Tätigkeit in der bei der Dienststelle bestehenden Personalvertretung ganz oder teilweise freigestellt ist.

1.3 Fahrten zwischen Wohnung und Dienststelle bei freigestellten Personalräten der Stufenvertretungen

1.3.1 $_{1}$Personalräte, die als Mitglieder einer Stufenvertretung oder eines Gesamtpersonalrats voll oder überwiegend freigestellt sind, haben Anspruch auf Reisekostenvergütung gem. Art. 54 Abs. 1 Satz 3 BayPVG (in Verbindung mit Art. 56 Satz 1 BayPVG) für die täglichen Fahrten zwischen ihrem Wohnort und dem Sitz der Geschäftsstelle der Stufenvertretung, wenn der Freistellungsbeschluss zu einem Wechsel des Dienstortes geführt hat. $_{2}$Die Aufwandserstattung ist unter entsprechender Anwendung der in Art. 54 Abs. 1 Satz 3 BayPVG genannten reisekostenrechtlichen Regelungen zu gewähren.

1.3.2 $_{1}$Bei Bezirks-, Haupt- und Gesamtpersonalräten, die nicht oder nicht überwiegend freigestellt sind, ergibt sich kein Wechsel des Beschäftigungsortes. $_{2}$Damit fallen auch keine täglichen Fahrten zwischen ihrem Wohnort und dem Sitz der Geschäftsstelle der Stufenvertretung an. $_{3}$Auf Reisen eines Mitglieds der Stufenvertretung etwa zu den Sitzungen dieses Gremiums finden gem. Art. 54 Abs. 1 Satz 1 in Verbindung mit Art. 44 Abs. 1 Satz 2 BayPVG die für die Beamtinnen und Beamten geltenden Bestimmungen des Reisekostenrechts Anwendung mit der Besonderheit, dass sich der Umfang der Erstattung einheitlich nach den für die Beamtinnen und Beamten der Besoldungsgruppe A 15 geltenden Vorschriften richtet.

1.3.3 Personalräte, die als Mitglieder einer Stufenvertretung zwar voll oder überwiegend freigestellt sind, deren Freistellung aber zu keinem Wechsel des Dienstortes geführt hat, weil der bisherige Dienstort mit dem Sitz der Geschäftsstelle der Stufenvertretung identisch ist, haben ebenfalls keinen Anspruch auf Reisekostenvergütung für die täglichen Fahrten zwischen ihrem Wohnort und dem Sitz der Personalvertretung.

1.4 Überprüfung durch die Dienststellen

1Die Kosten tragende Dienststelle ist ungeachtet der Genehmigungsfreiheit von Personalratsreisen berechtigt und verpflichtet nachzuprüfen, ob die gesetzlichen Voraussetzungen für eine Erstattungspflicht gegeben sind. 2Sie hat neben den allgemein geltenden reisekostenrechtlichen Voraussetzungen zu beurteilen, ob die Reise zur Erfüllung der gesetzlichen Aufgaben des Personalrats erforderlich war und ob die Grundsätze der gebotenen Sparsamkeit beachtet worden sind. 3Nur in diesem Rahmen besteht eine Erstattungspflicht der Kosten tragenden Dienststelle. 4Im Interesse einer vertrauensvollen Zusammenarbeit zwischen Dienststelle und Personalrat, zur Vermeidung finanzieller Risiken für den Personalrat und aus Gründen der Bereithaltung der erforderlichen Haushaltsmittel durch die Dienststelle wird dem Personalrat empfohlen, sich im Zweifel rechtzeitig vor Antritt der Reise mit dem Dienststellenleiter über die Erstattung der Reisekosten durch die Dienststelle zu verständigen.

V

1.5 Verbuchung im Haushalt

Die Reisekostenvergütung für die Mitglieder des Personalrats ist beim Festtitel 527 21 zu buchen (Reisekostenvergütungen für Reisen in Personalvertretungsangelegenheiten und in Vertretung der Interessen der Schwerbehinderten).

2. Ersatz von Sachschäden bei Personalratsreisen, Art. 44 Abs. 1 Satz 3 BayPVG

2.1 Anspruchsvoraussetzungen

2.1.1 Haben Personalratsmitglieder bei einer Reise, die zur Erfüllung ihrer Aufgaben notwendig ist, an ihrem privateigenen Kraftfahrzeug einen Sachschaden erlitten, erhalten sie Sachschadenersatz, wie er Beamtinnen und Beamten des Dienstherrn auf einer Dienstreise zusteht.

2.1.2 1Sachschäden an Kraftfahrzeugen bei Dienstreisen von Beamtinnen und Beamten werden durch eine zwischen dem Freistaat Bayern und der Ecclesia Versicherungsdienst GmbH abgeschlossene Dienstfahrt-Fahrzeugversicherung abgedeckt. 2Die Mitglieder der Personalvertretungen werden in den Versicherungsschutz miteinbezogen.

2.1.3 Da Reisen von Personalratsmitgliedern keiner Dienstreisegenehmigung bedürfen, erhalten Personalratsmitglieder für Sachschäden bei notwendigen Reisen aus Gleichbehandlungsgründen nur dann Ersatz, wenn bei einer Beamtin oder einem Beamten bei einer entsprechenden Dienstreise triftige Gründe für die Benutzung eines Kraftfahrzeugs vorgelegen hätten und wenn das Personalratsmitglied die Obliegenheiten aus dem Versicherungsvertrag erfüllt, die eine vergleichbare Beamtin oder einen vergleichbaren Beamten getroffen hätten.

2.1.4 Reisen zu Schulungs- und Bildungsveranstaltungen gemäß Art. 46 Abs. 5 BayPVG entsprechen nicht den Fortbildungsreisen der Beamtinnen und Beamten (Art. 24 Abs. 1 BayRKG), sondern den Dienstreisen (Art. 2 Abs. 2 BayRKG), wenn das Personalratsmitglied durch Beschluss des Personalrats zur Teilnahme verpflichtet ist.

2.1.5 Privateigene Kraftfahrzeuge im Sinne des Art. 44 Abs. 1 Satz 3 BayPVG sind alle dem Personalratsmitglied, einem Familienangehörigen oder einer anderen mit dem Personalratsmitglied in häuslicher Gemeinschaft lebenden Person gehörenden Kraftfahrzeuge (vgl. Abschnitt 13 Nr. 2.2.1 VV-BeamtR).

2.2 Obliegenheiten

2.2.1 1Die Personalratsmitglieder haben den Schadenersatzanspruch selbständig geltend zu machen. 2Hierzu ist der Schadensfall unverzüglich der Ecclesia Versicherungsdienst GmbH (Anschrift: Ecclesia Versicherungsdienst GmbH, Ecclesiastr. 1-4, 32758 Detmold) unter

Angabe der Versicherungsnummer 80.007.832 anzuzeigen. 3Die Entstehung des Schadens ist ausführlich zu schildern. 4Es ist eine schriftliche Bestätigung der Dienststelle beizufügen, bei der das Personalratsgremium gebildet ist, als dessen Mitglied der Personalrat die Personalratsreise unternommen hat. 5Die Dienststelle ist nach entsprechender Unterrichtung durch das Personalratsgremium verpflichtet, diese Bestätigung auszustellen.

2.2.2 Das Personalratsmitglied hat in der Schadensanzeige Auskunft über eine anderweitig für das Fahrzeug bestehende Fahrzeugversicherung unter Angabe des Versicherungsunternehmens und der Versicherungsschein-Nummer zu erteilen.

2.2.3 1Bei Verletzung dieser Obliegenheiten besteht Leistungsfreiheit für die Ecclesia Versicherungsdienst GmbH. 2Gleichzeitig erlischt der Schadenersatzanspruch gegen den Freistaat Bayern.

2.3 Haftungsausschlüsse

Soweit die Dienstfahrt-Fahrzeugversicherung Haftungsausschlüsse enthält, wird der Sachschaden bei sonst gegebenen Voraussetzungen unmittelbar durch den Dienstherrn bzw. Arbeitgeber ersetzt.

2.4 Erstattung nach anderen Vorschriften

Liegen die Voraussetzungen des Art. 44 Abs. 1 Satz 3 BayPVG nicht vor, so kann dem Personalratsmitglied gegebenenfalls Ersatz gemäß Abschnitt 13 Nr. 2.4 VV-BeamtR gewährt werden.

3. Freistellung von Personalratsmitgliedern von ihrer dienstlichen Tätigkeit, Art. 46 Abs. 3 bis 5 BayPVG

3.1 Generelle Freistellungen, Art. 46 Abs. 3 Satz 1 BayPVG

Mitglieder des Personalrats sind auf Antrag des Personalrats von ihrer dienstlichen Tätigkeit freizustellen, wenn und soweit es nach Umfang und Art der Dienststelle zur ordnungsgemäßen Durchführung ihrer Aufgaben erforderlich ist (Art. 46 Abs. 3 Satz 1 BayPVG).

3.1.1 Umfang der Freistellungen

3.1.1.1 1Der Umfang der Freistellung richtet sich nach den konkreten Verhältnissen in der Dienststelle, insbesondere nach Art und Umfang der in der Dienststelle für die Personalvertretung regelmäßig anfallenden Aufgaben. 2Voraussetzung für eine Freistellung ist, dass die Personalratsaufgaben ohne eine Freistellung nicht ordnungsgemäß durchgeführt werden können. 3Eine Freistellung kommt nicht in Betracht, wenn für Personalratsaufgaben nicht regelmäßig ein bestimmter, der Pauschalierung zugänglicher Mindestaufwand anfällt. 4Auch eine vorübergehende höhere Belastung mit Personalratstätigkeit, die sich erfahrungsgemäß nicht ständig wiederholt, wird bei der Bemessung der Freistellung nicht berücksichtigt. 5In diesen Fällen ist jedoch das Recht des Personalratsmitglieds zu beachten, zur ordnungsgemäßen Durchführung seiner Aufgaben Arbeitszeit zu versäumen (Art. 46 Abs. 2 Satz 1 BayPVG).

3.1.1.2 1Das Gesetz enthält abhängig von der Zahl der in der Regel Beschäftigten Mindestquoten für die Freistellung. 2Für die Ermittlung der Anzahl der in der Regel Beschäftigten ist als maßgebender Zeitpunkt grundsätzlich der Beginn der Amtszeit des Personalrats heranzuziehen. 3Ergibt bereits zu diesem Zeitpunkt eine Prognose in die Zukunft, dass für die Dauer der Amtszeit die Zahl der in der Regel Beschäftigten auf eine bestimmte Anzahl steigen oder fallen wird, so ist diese Zahl zugrunde zu legen. 4Vergrößert oder verkleinert sich die Zahl der Beschäftigten während der Amtszeit des Personalrats nicht nur vorübergehend mit der Folge, dass die maßgeblichen Stichzahlen über- oder unterschritten werden, sind die Freistellungsquoten den veränderten Verhältnissen anzupassen. 5Bei der Ermittlung der Zahl der in der Regel Beschäftigten werden neben den in Art. 4 Abs. 5 BayPVG genannten Beschäftigten auch jene Beschäftigten mitgezählt, die nicht nur für kurze Zeit (länger als drei Monate) zur Dienststelle abgeordnet sind. 6Abgeordnete Beschäftigte werden bei der abordnenden Dienststelle unabhängig von der Abordnungszeit berücksichtigt.

V

3.1.1.3 ₁Die Mindestquoten sind nicht zu unterschreiten, dürfen aber bei einem nachgewiesenen regelmäßig anfallenden Mehrbedarf überschritten werden. ₂Für Dienststellen, bei denen wegen der geringeren Zahl der Beschäftigten keine Mindestfreistellung vorgeschrieben ist, werden im folgenden Richtwerte für die erfahrungsgemäß ausreichenden anteiligen Freistellungen angegeben. ₃Diese Richtwerte gehen von einem durchschnittlichen Anfall der Personalratsaufgaben in der Dienststelle aus. ₄Von ihnen muss nach oben oder unten abgewichen werden, wenn besondere Umstände bei der Dienststelle, ihrem Aufgabenbereich und ihren Beschäftigten dies erfordern (z. B. besondere räumliche Verhältnisse, Vorhandensein von Nebenstellen, besonders starke Fluktuation der Beschäftigten oder ähnliche Umstände).

V

3.1.1.4 ₁Die Freistellungsquoten können auf mehrere Mitglieder verteilt werden, Art. 46 Abs. 4 Satz 3 BayPVG. ₂Entsprechendes gilt für Richtwerte. ₃So können etwa für ein freizustellendes Personalratsmitglied zwei Mitglieder je zur Hälfte oder im Verhältnis von einem Drittel zu zwei Dritteln, drei Mitglieder je zu einem Drittel usw. freigestellt werden. ₄Dabei sind die Grundsätze der Art. 46 Abs. 3 Sätze 2 bis 4 BayPVG entsprechend zu beachten. ₅Die Verteilung richtet sich insbesondere nach der Aufgabenverteilung innerhalb des Vorstands des Personalrats, nach der Stärke der einzelnen Beschäftigtengruppen in der Dienststelle, dem Arbeitsanfall für die jeweiligen Gruppenvertreter und der Vertretung der Gruppen im Personalrat.

3.1.1.4.1 Freistellung der Mitglieder örtlicher Personalvertretungen

₁In Dienststellen mit 400 und mehr Beschäftigten gelten die Mindestfreistellungsquoten der Art. 46 Abs. 4 Sätze 1 und 2 BayPVG. ₂Für Dienststellen mit in der Regel weniger als 400 Beschäftigten werden folgende Richtwerte empfohlen:

Zahl der regelmäßig in der Dienststelle Beschäftigten	Umfang der Freistellung (Richtwerte)
bis 99	0,2
100 bis 199	0,4
200 bis 299	0,6
300 bis 399	0,8

3.1.1.4.2 Freistellung von Mitgliedern der Stufenvertretungen

₁Für die Stufenvertretungen gelten abhängig von der Zahl der Vorstandsmitglieder besondere Staffeln (vgl. Art. 54 Abs. 2 BayPVG). ₂Auch hier kann davon ausgegangen werden, dass eine entsprechende teilweise Freistellung mehrerer Mitglieder möglich ist. ₃Zu beachten ist dabei, dass eine Übertragung der Freistellungsquote auf nicht dem Vorstand angehörende Personalratsmitglieder ausgeschlossen ist (vgl. BVerwG, Beschluss vom 25. Februar 1983, 6 P 15/80). ₄Mitgliedern von Stufenvertretungen, die nicht dem Vorstand angehören, kann eine Freistellung daher nur gewährt werden, wenn und soweit dies nachweislich zusätzlich zur ordnungsgemäßen Durchführung der Aufgaben der Personalvertretung erforderlich ist (Art. 54 Abs. 1 Satz 1 in Verbindung mit Art. 46 Abs. 3 Satz 1 BayPVG).

3.1.1.4.3 Freistellung von Mitgliedern der Gesamtpersonalräte

₁Die besonderen Staffeln der Stufenvertretungen gelten auch für Gesamtpersonalräte (Art. 56 BayPVG in Verbindung mit Art. 54 Abs. 2 BayPVG). ₂Für die Freistellung von Mitgliedern der Gesamtpersonalräte werden im Übrigen folgende Richtwerte empfohlen:

Zahl der Beschäftigten, für die die Stufenvertretung zuständig ist	Umfang der Freistellung (Richtwerte)
90 bis 300	0,2
301 und mehr	0,4

3.1.1.4.4 Freistellung von Mitgliedern der Jugend- und Auszubildendenvertretungen

1Eine Mindestfreistellung ist nicht vorgesehen. 2Die Freistellung richtet sich allein nach Art. 46 Abs. 3 Satz 1 BayPVG.

3.1.2 Auswahl der freizustellenden Personalratsmitglieder, Art. 46 Abs. 3 Sätze 2 bis 4 BayPVG

3.1.2.1 1Die Auswahl, welches Personalratsmitglied freigestellt werden soll, obliegt dem Personalrat als Ganzem. 2Er schlägt der Dienststelle die für eine Freistellung vorgesehenen Beschäftigten vor.

3.1.2.2 1Im Interesse des Minderheitenschutzes ist für die Auswahl eine bestimmte Reihenfolge festgelegt. 2Nach Art. 46 Abs. 3 Satz 2 BayPVG sind zunächst die zum Vorsitzenden bzw. seinen Stellvertretern gewählten Vorstandsmitglieder auszuwählen. 3Bei weiteren Freistellungen müssen die übrigen Vorstandsmitglieder vor den anderen Personalratsmitgliedern aus Wahlvorschlagslisten berücksichtigt werden. 4Bei der Verteilung der Freistellung unter den übrigen Vorstandsmitgliedern darf dabei die unterschiedliche Geschäftsverteilung innerhalb des Personalrats als Ermessensgesichtspunkt nur berücksichtigt werden, wenn sie in einer Geschäftsordnung nach Art. 42 BayPVG geregelt ist (BayVGH, Beschluss vom 17. September 1992, 17 P 92.1614; vgl. FMS vom 22. Dezember 1992, Az. 25-P 1050 – 13/1231 – 78 885). 5Die Freistellung anhand der Wahlvorschlagslisten erfolgt nach Maßgabe des d'Hondtschen Höchstzahlverfahrens (vgl. als Beispiel hierzu § 5 WO-BayPVG), wobei die bereits freigestellten Vorstandsmitglieder abzurechnen sind (Art. 46 Abs. 3 Satz 4 BayPVG).

3.1.2.3 1Nachrückende Ersatzmitglieder bekommen nicht automatisch die Freistellungsanteile der ausscheidenden Mitglieder übertragen. 2Die Freistellung muss neu beantragt und geprüft werden.

3.1.2.4 1Eine Freistellung gegen den erklärten Willen des Personalratsmitglieds ist nicht möglich. 2Ist ein Mitglied mit der Freistellung nicht einverstanden, kann von der in Art. 46 Abs. 3 Sätze 2 bis 4 BayPVG festgelegten Reihenfolge abgewichen werden.

3.1.2.5 Die Bestimmungen über die Auswahl der freizustellenden Personalratsmitglieder finden keine Anwendung bei der Freistellung von Mitgliedern der Jugend- und Auszubildendenvertretungen (vgl. Art. 62 Satz 1 BayPVG).

3.1.3 Entscheidung über die Freistellung

1Die Entscheidung über die Freistellung selbst und ihren Umfang trifft die Dienststelle unter Beachtung der Art. 46 Abs. 4 und Art. 54 Abs. 2 BayPVG (BVerwG, Beschluss vom 17. Januar 1969, VII P 6.67 – BverwGE 31, 1; BayVGH, Beschluss vom 18. Februar 1972, 2 IX 70, PersV 1972, 334). 2Zuständig für die Entscheidung ist jeweils die Dienststelle, bei der die Personalvertretung gebildet ist, deren Mitglied freigestellt werden soll.

3.1.4 Wirkungen der Freistellung

1Nach Art. 8 BayPVG dürfen Personen, die Aufgaben oder Befugnisse nach dem Personalvertretungsgesetz wahrnehmen, darin nicht behindert und wegen ihrer Tätigkeit nicht benachteiligt oder begünstigt werden; dies gilt auch für ihre berufliche Entwicklung. 2Dieses allgemeine Benachteiligungsverbot wird für die freigestellten Personalratsmitglieder durch besondere Vorschriften konkretisiert.

3.1.4.1 Fortzahlung der Bezüge und des Arbeitsentgelts, Art. 46 Abs. 2 Satz 1 BayPVG

1Den von der dienstlichen Tätigkeit freigestellten Mitgliedern des Personalrats werden ihre Bezüge oder ihr Arbeitsentgelt fortgezahlt. 2Die Arbeitszeitversäumnis hat keine Minderung der Besoldung oder des Arbeitsentgelts zur Folge (Art. 46 Abs. 2 Satz 1 BayPVG). 3Für die Berechnung der Besoldung bzw. des Arbeitsentgelts gilt das Lohnausfallprinzip. 4Das Personalratsmitglied hat für die Dauer der Arbeitszeitversäumnis Anspruch auf Fortzahlung der Besoldung oder des Entgelts, die oder das es erhalten hätte, wenn es keine Personalratstätigkeit ausgeübt, sondern gearbeitet hätte. 5Dabei sind dem freigestellten Personalratsmitglied auch

V

die vor der Freistellung entsprechend der Tätigkeit regelmäßig gewährten tariflichen Zuschläge für Nacht-, Sonntags- und Feiertagsarbeit, Überstunden und Mehrarbeit weiter zu gewähren, auch wenn sie diese Tätigkeiten aufgrund der Freistellung nicht mehr zu verrichten haben (vgl. BAG, Urteil vom 21. September 1977, 4 AZR 292/76, PersV 1979, 119). $_{6}$Regelmäßig zugestandene Erschwerniszulagen und Stellenzulagen der Beamtinnen und Beamten sowie die in Monatsbeträgen festgelegten Zulagen der Arbeitnehmerinnen und Arbeitnehmer sind ebenfalls weiter zu gewähren (vgl. BVerwG, Urteil vom 13. September 2001, 2 C 34/00, ZBR 2002, 314; Nr. 55.3.2 BayVwVBes). $_{7}$Dagegen steht dem Personalratsmitglied kein Anspruch auf Leistungen zu, die keinen Entgeltcharakter haben, sondern zum Ersatz besonderer Aufwendungen bestimmt sind, wenn diese Aufwendungen infolge der Freistellung entfallen.

3.1.4.2 Freizeitausgleich, Art. 46 Abs. 2 Satz 2 BayPVG

$_{1}$Werden Personalratsmitglieder durch die Erfüllung ihrer Aufgaben über die regelmäßige Arbeitszeit hinaus erheblich mehr beansprucht, so ist ihnen Dienstbefreiung in entsprechender Anwendung des Art. 87 Abs. 2 Satz 2 BayBG zu gewähren (Art. 46 Abs. 2 Satz 2 BayPVG). $_{2}$Wird demnach ein Personalratsmitglied durch seine Personalratstätigkeit mehr als fünf Stunden im Monat über die regelmäßige Arbeitszeit hinaus beansprucht, ist ihm innerhalb von drei Monaten für die über die regelmäßige Arbeitszeit hinaus geleistete Mehrarbeit entsprechende Dienstbefreiung zu gewähren. Im Arbeitnehmerbereich gelten die tariflichen Bestimmungen.

3.1.4.3 Keine Beeinträchtigung des beruflichen Werdegangs, Art. 46 Abs. 3 Satz 5 BayPVG

$_{1}$Die Freistellung darf nicht zur Beeinträchtigung des beruflichen Werdegangs führen (Art. 46 Abs. 3 Satz 5 BayPVG). $_{2}$Dies gilt wegen des allgemeinen Benachteiligungsverbots gemäß Art. 8 BayPVG auch für Beschäftigte, die zwar nicht formell als Personalratsmitglieder vom Dienst freigestellt sind, jedoch wegen den anfallenden Personalratsaufgaben nur eingeschränkt Dienst verrichten.

3.1.4.3.1 Dienstliche Beurteilung

$_{1}$Die Tätigkeit der verbeamteten Mitglieder einer Personalvertretung unterliegt nicht der dienstlichen Beurteilung, weil die unentgeltliche und ehrenamtliche Personalratstätigkeit (Art. 46 Abs. 1 BayPVG) keine Dienstleistung im Sinne des Leistungslaufbahngesetzes (LlbG) ist, die Gegenstand der Beurteilung sein könnte. $_{2}$Auf Art. 17a LlbG wird hingewiesen.

3.1.4.3.2 Teilnahme an der modularen Qualifizierung und der Ausbildungsqualifizierung

$_{1}$Voll freigestellten Personalratsmitgliedern steht im Rahmen der gesetzlichen Vorschriften auch die Teilnahme an der modularen Qualifizierung offen. $_{2}$Sofern eine entsprechende Eignung für die modulare Qualifizierung (Art. 58 Abs. 5 Nr. 2 LlbG) vorliegt, besteht grundsätzlich die Möglichkeit zur Teilnahme an den entsprechenden Modulen (Benachteiligungsverbot). $_{3}$Die Teilnahme an den vorgesehenen Maßnahmen und das Bestehen der Prüfung ist jedoch auch für freigestellte Personalratsmitglieder Voraussetzung für den erfolgreichen Abschluss der modularen Qualifizierung und den Erwerb der entsprechenden Qualifikation für die Ämter ab der nächsthöheren Qualifikationsebene (Begünstigungsverbot).

$_{4}$Wurde die Eignung gem. Art. 58 Abs. 5 Nr. 2 LlbG noch nicht in der letzten periodischen Beurteilung vergeben bzw. liegt die periodische Beurteilung länger als drei Jahre zurück (Art. 20 Abs. 4 LlbG), so ist auf die Umstände des Einzelfalls abzustellen und regelmäßig über die Möglichkeit der Vergabe der Eignung für die modulare Qualifizierung im Wege der fiktiven Laufbahnnachzeichnung (Art. 17a Abs. 3 und Abs. 1 LlbG) zu entscheiden.

$_{5}$Entsprechendes gilt für die Vergabe der Eignung für die Teilnahme an der Ausbildungsqualifizierung (Art. 58 Abs. 5 Nr. 1 LlbG). $_{6}$Die Teilnahme an der Ausbildungsqualifizierung (Art. 37 LlbG) ist hingegen in der Regel nicht mit der Tätigkeit als Personalratsmitglied kompatibel anzusehen, da die Ausbildung sowohl zeitlich als auch örtlich den vollen Einsatz der Beamtin oder des Beamten erfordert.

3.1.4.3.3 Vergabe leistungsbezogener Besoldungs- und Vergütungselemente

$_{1}$Bei der Verteilung der Leistungselemente nach dem BayBesG (Leistungsstufe, Art. 66 BayBesG, und Leistungsprämie, Art. 67 BayBesG) sowie der außertariflichen Leistungsprämien im Arbeitnehmerbereich sind das Urteil des Bundesverwaltungsgerichts vom 23. Januar 2020 (Az. 2 C 22.18) und das Urteil des Bundesarbeitsgerichts vom 26. August 2020 (Az. 7 AZR 345/18) zu beachten. $_{2}$Die Entscheidungen sind jeweils zum Geltungsbereich des Bundespersonalvertretungsgesetzes ergangen und auf die Rechtslage nach dem BayPVG übertragbar. $_{3}$Das Bundesverwaltungsgericht hat entschieden, dass vollständig vom Dienst freigestellte Personalratsmitglieder regelmäßig keinen Anspruch auf leistungsbezogene Besoldung haben. $_{4}$Das Bundesarbeitsgericht hat sich mit der zitierten Entscheidung der Rechtsprechung des Bundesverwaltungsgerichts angeschlossen. $_{5}$Das Lohnausfallprinzip des Art. 46 Abs. 2 Satz 1 BayPVG erfasst die durch Verwaltungsentscheidung zuerkannten und damit zahlbar gemachten leistungsbezogenen Besoldungsinstrumente. $_{6}$Daraus resultiert jedoch während der Vollfreistellung kein Anspruch auf Einbeziehung in die zu treffende Ermessensentscheidung des Dienstherrn über ihre Vergabe.

$_{7}$Das Beeinträchtigungsverbot des Art. 46 Abs. 3 Satz 5 BayPVG schützt das berufliche Fortkommen der freigestellten Beamtinnen und Beamten in der Laufbahn und die damit in Zusammenhang stehenden Personalentscheidungen. $_{8}$Dazu gehört nicht die Bewilligung einer der verschiedenen Formen der Leistungsbesoldung und damit auch nicht das Recht auf ermessensfehlerfreie Entscheidung über ihre Vergabe.

$_{9}$Auch das allgemeine Benachteiligungsverbot des Art. 8 BayPVG gibt keinen Anspruch auf Einbeziehung in die Ermessensentscheidung über die Gewährung leistungsbezogener Besoldungsinstrumente. $_{10}$Der Anspruch setzt voraus, dass der oder die betroffene Beschäftigte – wäre keine vollständige Freistellung erfolgt – eine individuelle herausragende Leistung erbracht hätte. $_{11}$Eine solche prognostische Annahme aufgrund belastbarer Tatsachengrundlage ist bei einem vom Dienst freigestellten Personalratsmitglied nahezu ausgeschlossen.

$_{12}$Ausnahmsweise kommt dann ein Anspruch auf Einbeziehung in die Ermessensentscheidung in Betracht, wenn der Beschäftigte in der Zeit vor seiner Freistellung wiederholt eine Form der Leistungsbesoldung (persönlich oder als Teammitglied) für herausragende besondere Leistungen erhalten hat. $_{13}$In diesem eng begrenzten Ausnahmefall ist es allenfalls denkbar, zu der durch Tatsachen fundierten Annahme zu gelangen, dass der betreffende Beschäftigte ohne Freistellung – erneut – persönlich oder im Team eine herausragende besondere dienstliche Leistung erbracht hätte.

$_{14}$Ein Anspruch eines teilweise freigestellten Personalratsmitglieds auf ermessensfehlerfreie Entscheidung über die Gewährung einer Leistungsprämie für einen Zeitraum, der in die Phase seiner Teilfreistellung fällt, setzt tatbestandlich eine tatsächlich erbrachte und als herausragend zu bewertende besondere dienstliche Leistung voraus. $_{15}$Das Herausragen der dienstlichen Leistung ist nach den Anforderungen des jeweils von der Beamtin oder dem Beamten wahrgenommenen Amts zu bewerten, die erheblich überschritten sein müssen (vgl. BayVGH, Urteil vom 23. März 2023, 14 B 21.1122).

3.1.4.3.4 Arbeitnehmerinnen und Arbeitnehmer, die als Personalratsmitglieder vollständig oder teilweise vom Dienst freigestellt sind, nehmen an Höhergruppierungen aufgrund von tarifvertraglichen Neubewertungen der Tätigkeitsmerkmale teil.

3.1.4.3.5 Folgen einer Beendigung der Freistellung

$_{1}$Endet die Freistellung einer oder eines Beschäftigten, so ist sie oder er entsprechend dem Amt, das sie oder er in diesem Zeitpunkt innehat, oder entsprechend den Tätigkeitsmerkmalen der arbeitsvertraglich vereinbarten Entgeltgruppe, wieder zu verwenden. 2Sie oder er hat keinen Anspruch darauf, auf demselben Dienstposten oder Arbeitsplatz, auf dem sie oder er vor ihrer oder seiner Freistellung tätig war, wieder beschäftigt zu werden. 3Insbesondere bei länger dauernden Freistellungen wird es in aller Regel erforderlich sein, den Dienstposten oder Arbeitsplatz des freigestellten Personalratsmitglieds in der Zwischenzeit neu zu besetzen. 4Die Beschäftigten sind aber im Anschluss an die Freistellung auf Dienstposten oder Arbeitsplätzen wieder zu verwenden, die dem Amt ihrer Besoldungsgruppe bzw. den Tätigkeitsmerkmalen ihrer Entgeltgruppe entsprechen. 5Wünsche des Beschäftigten hinsichtlich der Wiederverwendung sind in diesem Rahmen soweit wie möglich zu berücksichtigen.

V

3.2 Freistellung für die Teilnahme an Schulungs- und Bildungsveranstaltungen, Art. 46 Abs. 5 BayPVG

3.2.1 Voraussetzungen

1Nach Art. 46 Abs. 5 BayPVG sind die Mitglieder des Personalrats sowie das jeweils erste Ersatzmitglied unter Fortzahlung der Bezüge für die Teilnahme an Schulungs- und Bildungsveranstaltungen vom Dienst freizustellen, soweit diese Kenntnisse vermitteln, die unmittelbar für die Tätigkeit im Personalrat erforderlich sind; dabei sind die dienstlichen Interessen angemessen zu berücksichtigen. 2Dem Begriff der unmittelbaren Erforderlichkeit kommt eine sach- und personenbezogene Bedeutung zu.

3Es wird darauf hingewiesen, dass Art. 46 Abs. 5 Satz 2 BayPVG zwei Regelbeispiele enthält, die Art. 46 Abs. 5 Satz 1 BayPVG konkretisieren, diesen grundsätzlichen Schulungsanspruch jedoch nicht erschöpfen. 4Unter Einhaltung der Voraussetzungen des Art. 46 Abs. 5 Satz 1 BayPVG sind über die Regelbeispiele des Satzes 2 hinausgehende Schulungen von Personalratsmitgliedern möglich.

3.2.1.1 Begriff der Schulungs- und Bildungsveranstaltung

3.2.1.1.1 1Schulungs- und Bildungsveranstaltungen im Sinne des Art. 46 Abs. 5 BayPVG zeichnen sich nach der Rechtsprechung durch eine auf einen Lernerfolg angelegte Wissensvermittlung mittels eines zugrundeliegenden didaktischen Konzepts aus. 2Kennzeichnend ist danach die Vermittlung eines bestimmten, in einem Arbeitsplan festgelegten Lehrstoffs durch Unterricht, der einen individuellen Kontakt zwischen Lehrenden und Lernenden ermöglicht. 3Tagungs- und Messebesuche sind daher keine Schulungs- und Bildungsveranstaltungen, weil es ihnen an der Vermittlung eines bestimmten, in einem Arbeitsplan festgelegten Lehrstoffs durch Unterricht fehlt. 4Formate, die im Schwerpunkt dem Erfahrungs- und Meinungsaustausch, nicht aber der auf einen Lernerfolg angelegten Wissensvermittlung dienen, sind ebenfalls keine Schulungs- und Bildungsveranstaltungen im Sinne des Art. 46 BayPVG.

3.2.1.1.2 Klarstellend wird darauf hingewiesen, dass ein in eine Schulungs- und Bildungsveranstaltung integrierter (einführender) Erfahrungsaustausch oder eine (abschließende) Diskussion ohne Weiteres erstattungsfähig sind, wenn die Formate in das didaktische Konzept der Schulungsveranstaltung eingebettet sind und sich zeitlich in einem angemessenen Gesamtrahmen halten.

3.2.1.2 Objektive Erforderlichkeit

3.2.1.2.1 1Die Schulung muss objektiv unmittelbar erforderlich sein, also Sachgebiete direkt betreffen, ohne deren Kenntnis die jeweiligen Personalvertretungen ihre gesetzlichen Aufgaben nicht sachgerecht erfüllen können. 2Nicht jede für die Personalratsarbeit lediglich nützliche Veranstaltung erfüllt diese Anforderungen.

3.2.1.2.2 1Objektiv erforderlich sind mindestens Kenntnisse des Personalvertretungsrechts in seinen Grundzügen (Grundschulungen). 2Darüber hinaus gehört zur Grundschulung regelmäßig auch die Vermittlung von Grundkenntnissen des Dienst-, Tarif- und Arbeitsrechts (vgl. BVerwG, Beschluss vom

14. Juni 2006, 6 P 13/05). $_{3}$Für die Prüfung der Erforderlichkeit wird darauf hingewiesen, dass die ordnungsgemäße Aufgabenerfüllung der Personalvertretung und die dafür notwendigen Kenntnisse auch im Interesse der Dienststellenleitung sind.

3.2.1.2.3 $_{1}$Die erforderliche Dauer der Schulung richtet sich nach Umfang und Schwierigkeit des zu behandelnden Themas sowie nach den Erfahrungen und Kenntnissen, welche die einzelnen Teilnehmer bereits besitzen. $_{2}$Die Freistellung für eine Grundschulung umfasst in der Regel fünf Kalendertage (Art. 46 Abs. 5 Satz 2 Nr. 1 BayPVG), die für eine Spezialschulung bis zu fünf Kalendertage je regulär andauernder Amtszeit (Art. 46 Abs. 5 Satz 2 Nr. 2 BayPVG), wobei auch eine Aufteilung der Freistellung (z. B. drei und zwei Kalendertage) möglich ist. $_{3}$Nach Art. 46 Abs. 5 Satz 2 Nr. 1 a. E. BayPVG kann die fünftägige Grundschulung ganz oder teilweise auch in der unmittelbar folgenden Amtszeit in Anspruch genommen werden. $_{4}$Damit werden Fälle berücksichtigt, in denen eine Ausschöpfung des pauschalierten Grundschulungsanspruchs innerhalb der ersten Amtszeit nicht möglich ist. $_{5}$Ein Grund muss hierfür nicht angegeben werden. $_{6}$Eine Übertragung der verbleibenden Tage des Schulungsanspruchs in die sich unmittelbar anschließende Amtszeit ist daher möglich. $_{7}$Es wird zugleich darauf hingewiesen, dass derartige Schulungen für erstmals in den Personalrat gewählte Personalratsmitglieder die für die praktische Tätigkeit erforderlichen Grundkenntnisse vermitteln. $_{8}$Eine zeitnahe Schulung in der ersten Amtszeit ist daher sehr wünschenswert.

3.2.1.2.4 Kein Entfall des Grundschulungsanspruchs wegen vorheriger Schulung als Mitglied der Jugend- und Auszubildendenvertretung

$_{1}$Eine vorherige Schulung als Mitglied der Jugend- und Auszubildendenvertretung lässt den Anspruch auf eine Grundschulung als Personalvertretungsmitglied nicht entfallen. $_{2}$Schulungen für Jugend- und Auszubildendenvertretungen sind speziell auf die andersartigen und im Umfang abweichenden Aufgaben und Rechte der Jugend- und Auszubildendenvertretung zugeschnitten. $_{3}$Gleiches gilt für eine vorherige Tätigkeit in der Schwerbehindertenvertretung.

3.2.1.2.5 Grundlegende Rechtsänderungen

Bei grundlegenden Änderungen in für die Personalvertretungstätigkeit wichtigen Rechtsmaterien – insbesondere bei einer umfangreichen inhaltlichen und/oder systematischen Novellierung des Bayerischen Personalvertretungsgesetzes selbst – ist jedenfalls eine gegenüber der Grundschulung kürzere Einführungsschulung erforderlich, wenn die neuen Kenntnisse nicht zumutbar in einem Selbststudium erlernt werden können.

3.2.1.2.6 Spezialschulungen

$_{1}$Eine Spezialschulung dient der Vermittlung der erforderlichen Kenntnisse für die Wahrnehmung besonderer Aufgaben bzw. auf besonderen Sachgebieten in der Personalvertretung. $_{2}$Sie ist für solche Personalvertretungen erforderlich, die mit diesen Aufgaben oder Sachgebieten in nicht unwesentlichem Umfang gegenwärtig befasst sind oder in naher Zukunft befasst sein werden. $_{3}$Zu den Themen von Spezialschulungen hat sich eine umfangreiche Kasuistik herausgebildet, wobei die Erforderlichkeit der Schulung stets dienststellen- und anlassbezogen im Einzelfall zu prüfen und durch die Personalvertretung darzulegen ist. $_{4}$In aller Regel nicht dazu gehören allgemeine Fortbildungsmaßnahmen für die Beschäftigten (z. B. allgemeine Rhetorik- und EDV-Kurse). $_{5}$Die Vermittlung von Kenntnissen über ein Spezialgebiet ist regelmäßig nur an ein Mitglied der betroffenen Personalvertretung notwendig. $_{6}$Behandeln Schulungen Themen von übergreifender Bedeutung für den gesamten Personalrat, kann es auch erforderlich sein, je ein Mitglied der im Personalrat vertretenen Gruppen zu entsenden.

$_{7}$Auch Spezialschulungen sollten aus Gründen der Wirtschaftlichkeit zeitnah zur Entstehung des aktuellen Schulungsbedarfs erfolgen (Aktualität der Schulung), damit die vermittelten Kenntnisse für einen möglichst langen Zeitraum der regelmäßig fünfjährigen Amtszeit zur Verfügung stehen. $_{8}$Der Grundsatz der Aktualität der Schulung gebietet es nicht, abzuwarten bis erforderliche Kenntnisse tatsächlich benötigt werden. $_{9}$Bei einem vorhersehbaren Schulungsbedarf sollten Spezialschulungen bereits im Vorfeld der Übernahme spezieller Aufgaben erfolgen, um zukünftige Aufgaben vorbereitet übernehmen zu können.

$_{10}$Eine wiederholte Spezialschulung ist dagegen nur erforderlich, wenn sich die rechtlichen oder tatsächlichen Grundlagen seit der Erstschulung grundlegend geändert haben, z. B. durch eine wesentliche Änderung der Rechtslage oder grundlegende technische Neuerungen, und die neuen Kenntnisse nicht zumutbar in einem Selbststudium erworben werden können.

$_{11}$Spezialschulungen dauern in der Regel ein bis drei Tage.

3.2.1.2.7 Abgrenzungsfragen

$_{1}$Der Besuch von Veranstaltungen über künftig möglicherweise zu erwartende Änderungen im Arbeits-, Dienst- oder Tarifrecht ist nicht objektiv erforderlich, da die Gestaltung der tariflichen und dienstrechtlichen Grundlagen nicht zu den Aufgaben der Personalvertretung gehört. $_{2}$Dies gilt auch z. B. für Schulungen zum Arbeitskampfrecht sowie für rein gewerkschaftsspezifische Veranstaltungen.

3.2.1.3 Subjektive Erforderlichkeit

3.2.1.3.1 Die Schulung muss subjektiv erforderlich sein, d. h. das zu entsendende Mitglied muss der Schulung auf den Sachgebieten bedürftig sein, die Gegenstand der Veranstaltung sind.

3.2.1.3.2 $_{1}$Einer Grundschulung im Personalvertretungsrecht bedürfen alle erstmals in eine Personalvertretung gewählten Mitglieder sowie das jeweilige erste Ersatzmitglied. $_{2}$Bei einer Wiederwahl in die Personalvertretung oder als jeweiliges erstes Ersatzmitglied – auch nach einer Unterbrechung – besteht grundsätzlich kein neuer Grundschulungsanspruch, sofern eine Teilnahme an einer Grundschulung bereits erfolgt ist. $_{3}$Eine Ausnahme kann bei Unterbrechungen von langer Dauer in Betracht kommen. $_{4}$Für eine wiederholte Grundschulung müssen daher besondere Gründe dargelegt werden. $_{5}$Haben Mitglieder bzw. Ersatzmitglieder bis zur Wiederwahl noch nicht oder nicht vollständig an einer fünftägigen Grundschulung teilgenommen, gilt Art. 46 Abs. 5 Satz 2 Nr. 1 a. E. BayPVG hinsichtlich der Wahrnehmung der Grundschulung.

3.2.1.3.3 Für weitere Ersatzmitglieder kann eine Freistellung für eine Grundschulung sinnvoll sein, wenn zu erwarten ist, dass diese aufgrund ihres jeweiligen Listenplatzes ähnlich häufig an den Sitzungen der Personalvertretung wie die ordentlichen Mitglieder teilnehmen werden, z. B. bei einer absehbar längeren Abwesenheit eines Personalvertretungsmitglieds.

3.2.1.3.4 $_{1}$Einer Spezialschulung sind nur solche Mitglieder bedürftig, denen innerhalb ihrer Personalvertretung besondere in der Schulung zu behandelnde Aufgaben zugewiesen sind (Art. 46 Abs. 5 Satz 2 Nr. 2 BayPVG), für die kein anderes Mitglied entsprechende Kenntnisse besitzt. $_{2}$Kenntnisse aus anderen Tätigkeiten – auch außerhalb der Personalvertretung – sind dabei zu berücksichtigen. $_{3}$Schulungen, die erst kurz vor Ende der Amtszeit des zu entsendenden Mitglieds erfolgen würden, sind in der Regel nicht erforderlich.

3.2.1.4 Grundsatz der Verhältnismäßigkeit

3.2.1.4.1 $_{1}$Bei der Ermittlung der unmittelbaren Erforderlichkeit ist auch zu beachten, dass die Dienststellen nach Art. 44 Abs. 1 BayPVG die Kosten für die Schulungen zu tragen haben. $_{2}$Nach dem Grundsatz der Verhältnismäßigkeit, insbesondere dem auch für die Personalvertretung als Teil der öffentlichen Verwaltung geltenden Gebot der sparsamen Verwendung öffentlicher Mittel dürfen die Kosten und die dienstlichen Beeinträchtigungen nicht in einem unangemessenen Verhältnis zu dem zu erwartenden Schulungseffekt stehen. $_{3}$Dies gilt auch für die Zahl der an Schulungen teilnehmenden Personalratsmitglieder, für die Schulungsdauer sowie für die Wahl des Veranstaltungsortes wegen der dadurch entstehenden Reisekosten (vgl. BVerwG, Beschluss vom 27. April 1979, 6 P 45/78, BVerwGE 58, 54; BVerwG, Beschluss vom 12. November 2012, 6 P 4/12). 4Daraus ergibt sich für die Dienststelle auch die Möglichkeit, einen Personalrat auf ein in Dauer und Umfang der behandelten Schulungsinhalte gleichwertiges Angebot zu verweisen, wenn dieses erheblich günstiger ist.

3.2.1.4.2 1Bestehen kostengünstigere Veranstaltungen – auch durch einen anderen Anbieter – sind diese grundsätzlich vorzuziehen. 2Personalvertretungsmitglieder haben zwar grundsätzlich das Recht, Bildungsangebote in von ihnen bevorzugten Bildungseinrichtungen auszuwählen. 3Soweit sich die hierdurch entstehenden Mehrkosten im angemessenen Rahmen halten, sind diese zu erstatten. 4Sofern aber Schulungs- und Bildungsangebote angeboten werden, die eine vergleichbare Kenntnisvermittlung anbieten und wesentlich niedrigere Kosten verursachen, sind diese Angebote vorzuziehen (vgl. VG Ansbach, Beschluss vom 6. Mai 2022, AN 8 P 20.00238, rechtskräftig; OVG Hamburg, Beschluss vom 14. November 2005, 8 Bf 241/05.PVL, PersV 2006, 396-399). 5Wurden diese Angebote dennoch nicht vorgezogen, so hat die Dienststelle nur die Kosten zu erstatten, die bei Wahrnehmung des kostengünstigeren Angebots angefallen wären (vgl. VG Ansbach, Beschluss vom 6. Mai 2022, AN 8 P 20.00238, rechtskräftig; vgl. auch BVerwG, Beschluss vom 12. November 2012, 6 P 4/12).

3.2.1.4.3 1Die Dienststellen haben bei der Haushaltsaufstellung und -bewirtschaftung darauf zu achten, dass im Rahmen der allgemeinen Haushaltsentwicklung die erforderlichen Mittel bereitgestellt werden. 2Nach den turnusmäßigen Personalratswahlen (vgl. Art. 26 BayPVG) besteht regelmäßig ein erhöhtes Schulungsbedürfnis für die neu gewählten Personalräte. 3Eine Abweichung bei Erschöpfung der haushaltsplanmäßig angesetzten Mittel kommt nur im Falle eines unvorhergesehenen und unabweisbaren Schulungsbedürfnisses in Betracht (vgl. Art. 37 Abs. 1 BayHO). 4In diesem Fall hat die Personalvertretung den Bedarf an zusätzlichen über- oder außerplanmäßigen Mitteln so rechtzeitig anzuzeigen, dass diese noch vor Entstehen der Verpflichtung nachbewilligt werden können. 5Die Personalvertretungen sind rechtzeitig auf die Haushaltssituation hinzuweisen.

3.2.1.5 Formen von Schulungsveranstaltungen

3.2.1.5.1 1Neben Seminaren, z. B. bei einer Gewerkschaft, einem Berufsverband oder einem neutralen Schulungsanbieter, kommen auch andere Bildungsformen zur Wissensvermittlung in Betracht. 2Hierzu zählen z B. durch die Dienststelle organisierte Schulungen, Fernlehrgänge im Selbststudium und ggf. mit einer abschließenden Präsenzveranstaltung zur Reflexion und Vertiefung der Schulungsinhalte sowie Online-Schulungen. 3Diese Formate stehen gleichwertig nebeneinander. 4Bei der Auswahl des Schulungsformats durch die Personalvertretung sind die spezifischen Vor- und Nachteile zu berücksichtigen. 5Die Personalvertretung trifft ihre Auswahl nach pflichtgemäßem Ermessen. 6Das geeignetste und für die Wissensvermittlung effektivste Schulungsformat berücksichtigt individuelle Präferenzen der zu entsendenden Mitglieder, z. B. die Vereinbarkeit von Familie und Beruf, den Grad der Selbstständigkeit der Wissensaneignung und persönliche Lernpräferenzen. 7Zwischen den Schulungsformaten und auch innerhalb der Schulungsformate hat die Personalvertretung auch den Grundsätzen der Wirtschaftlichkeit und Sparsamkeit Rechnung zu tragen. 8Allein aus Kostengründen haben digitale Lernformate jedoch keinen Vorrang vor Präsenzveranstaltungen.

3.2.1.5.2 1Sind mehrere Mitglieder der Personalvertretungen zu schulen, sollte falls möglich eine ressort- oder hausinterne Schulungsveranstaltung (ggf. in Kooperation mit gewerkschaftlichen oder anderen Schulungsanbietern) in Betracht gezogen werden. 2Hierdurch entfallen Reise-, Übernachtungs- und Verpflegungskosten sowie Kosten für Schulungsräumlichkeiten. 3Die Dienststelle muss jedoch organisatorisch sicherstellen, dass der ungestörte Ablauf der Veranstaltung und die ununterbrochene Teilnahme aller Personalvertretungsmitglieder gewährleistet ist. 4Die Gewerkschaften und Berufsverbände können im Rahmen der vertrauensvollen Zusammenarbeit frühzeitig aktiv in die Planung einer derartigen Veranstaltung (Zweck, Form, Ablauf) einbezogen werden.

3.2.2 Verfahren

3.2.2.1 1Die Personalvertretung entscheidet unter Berücksichtigung der genannten Voraussetzungen durch Beschluss, welche ihrer Mitglieder an Veranstaltungen im Sinne des Art. 46 Abs. 5 BayPVG teilnehmen sollen und beantragt die Freistellung rechtzeitig vorher bei der Dienststelle, bei der sie gebildet ist. 2Dabei sind Thema, Ort, Zeit und Dauer der Veranstaltung, der Teilnehmerkreis und die Zahl der Teilnehmer aus der Dienststelle mitzuteilen. 3Die Dienststelle entscheidet über die Freistellung vom Dienst für die von der Personalvertretung bestimmten Mitglieder. 4Dabei hat sie zugleich über die Kostenübernahme zu entscheiden. 5Einwendungen der Dienststelle sind der Personalvertretung unverzüglich bekannt zu geben.

V

3.2.2.2 1Zuständig ist die Dienststelle, bei der die Personalvertretung gebildet ist, die den Schulungsanspruch für sich geltend macht. 2Für die Entscheidung über Freistellungen von Mitgliedern der Stufenvertretungen ist also die jeweilige Mittelbehörde oder oberste Dienstbehörde zuständig. 3Diese bezieht in die Entscheidung gegebenenfalls die Stellungnahme der Dienststelle ein, der das freizustellende Mitglied der Stufenvertretung angehört. 4Entsprechendes gilt für die Freistellung von Mitgliedern der Gesamtpersonalvertretungen.

3.2.3 Wirkung der Freistellung

3.2.3.1 Während der Zeit der Freistellung vom Dienst werden die Bezüge fortgezahlt.

3.2.3.2 1Freizeitausgleich für die Zeit der Teilnahme an Schulungs- und Bildungsveranstaltungen einschließlich der Hin- und Rückfahrt, die außerhalb der Arbeitszeit des teilnehmenden Personalratsmitglieds liegt oder länger als die regelmäßige Arbeitszeit dauert, kann nicht gewährt werden. 2Art. 46 Abs. 2 Satz 2 BayPVG ist nicht anwendbar, da Art. 46 Abs. 5 abschließend den Freistellungsanspruch für Schulungen regelt (BVerwG, Urteil vom 23. Oktober 1980, 2 C 43.78, PersV 1982, 63).

3.2.3.3 1Für die Teilnahme teilzeitbeschäftigter Personalratsmitglieder an Schulungs- und Bildungsveranstaltungen regelt Art. 46 Abs. 5 Satz 3 BayPVG, dass ihnen Dienstbefreiung entsprechend Art. 46 Abs. 2 Satz 2 BayPVG in Verbindung mit Art. 87 Abs. 2 Satz 2 BayBG zu gewähren ist, soweit die Schulungen innerhalb der regelmäßigen Arbeitszeit eines Vollzeitbeschäftigten, jedoch außerhalb der individuellen Arbeitszeit dieser Teilnehmer stattfinden. 2Bei gleitender Arbeitszeit sind dies die Zeiträume, die außerhalb der individuellen Sollzeit der Teilzeitbeschäftigten und innerhalb der Sollzeit der vergleichbaren Vollzeitbeschäftigten liegen.

3.2.4 Kostentragung

1Den Teilnehmern sind die durch die Schulung entstandenen Kosten zu erstatten (Art. 44 Abs. 1 Satz 1 BayPVG). 2Gemäß dem allgemein geltenden Grundsatz der Verhältnismäßigkeit ist die Erstattung auf die Kosten beschränkt, die ihrer Art nach notwendig und in der Höhe angemessen sind. 3Die Dienststelle hat die entstehenden Kosten grundsätzlich bereits bei der Entscheidung über die Freistellung zu berücksichtigen. 4Die nachträgliche Ablehnung der Erstattung ist in der Regel ausgeschlossen (vgl. BVerwG, Beschluss vom 7. Dezember 1994, 6 P 36.93, PersV 1995, 369).

3.2.4.1 Reisekosten

1Die Reisekostenerstattung richtet sich gemäß Art. 44 Abs. 1 Satz 2 BayPVG nach den Vorschriften über die Reisekosten für die Beamtinnen und Beamten der Besoldungsgruppe A 15. 2Reisen zu Schulungs- und Bildungsveranstaltungen gemäß Art. 46 Abs. 5 BayPVG entsprechen nicht den Fortbildungsreisen der Beamtinnen und Beamten (Art. 24 Abs. 1 BayRKG), sondern deren Dienstreisen (Art. 2 Abs. 2 BayRKG; vgl. BVerwG, Beschluss vom 7. Dezember 1994, 6 P 36.93, PersV 1995, 369).

3.2.4.2 Grenzbetrag für Präsenzveranstaltungen

$_{1}$Aus Gründen der Verwaltungsvereinfachung können Seminargebühren unter Einschluss des Entgelts für Verpflegung und Unterkunft ohne Aufschlüsselung des Kostennachweises als angemessene Kosten anerkannt werden, wenn sie bei Schulungen außerhalb des Dienst- oder Wohnortes des Teilnehmers einen angemessenen Grenzbetrag je Schulungstag nicht übersteigen. $_{2}$Der angemessene Grenzbetrag beträgt bei Schulungen, die ab dem 1. September 2023 beginnen, 170 Euro je Schulungstag. $_{3}$Überschreitet die Zahl der notwendigen Übernachtungen die Zahl der Schulungstage, ist zusätzlich ein Betrag von bis zu 50 v. H. des Tagesgeldsatzes nach Art. 8 Abs. 2 Satz 1 BayRKG als angemessen anzuerkennen.

3.2.4.3 Grenzbetrag für nicht in Präsenz abgehaltene Veranstaltungen

$_{1}$Bei Schulungen, bei denen die Inhaltsvermittlung nicht in Präsenz erfolgt, die also insbesondere als Online-Veranstaltung abgehalten werden, beträgt der angemessene Grenzbetrag 75 Euro je Schulungstag. $_{2}$Sofern Schulungen sich aus Präsenz- und Online-Angeboten zusammensetzen, ist eine tageweise Aufteilung der Kosten auf die jeweiligen Präsenz- und Onlineanteile vorzunehmen (Beispiel: eine fünftägige Schulung bestehend aus drei Präsenz- und zwei Onlinetagen führt zur Erstattung von 3 x 170 Euro und 2 x 75 Euro).

3.2.4.4 Den Grenzbetrag übersteigende Schulungskosten

$_{1}$Übersteigt die Summe aus der Seminargebühr und den Kosten für Verpflegung und Unterkunft den oben genannten Grenzbetrag von 170 Euro je Schulungstag, so ist die Angemessenheit der Kosten im Einzelnen nachzuweisen und zu belegen. $_{2}$Das freizustellende Personalratsmitglied hat zu diesem Zweck einen Kostenvoranschlag oder Belege vorzulegen, aus denen sich ergeben muss, welche Leistungen der Schulungsträger erbringt und welche Preise die Schulungsteilnehmer für die einzelnen Leistungen zu zahlen haben. $_{3}$Die Anzahl der notwendigen Übernachtungen sowie der Preis für die einzelne Übernachtung müssen ebenso zu ersehen sein wie die Anzahl und die Einzelpreise der zu berechnenden Frühstücks-, Mittag- und Abendessen. $_{4}$Auch die Seminargebühren sind nach den Einzelleistungen des Schulungsträgers aufzuschlüsseln.

3.2.4.5 Kosten der Schulungseinrichtungen

3.2.4.5.1 $_{1}$Die Dienststelle darf nur mit denjenigen Kosten belastet werden, die dem Schulungsanbieter infolge der Durchführung personalvertretungsrechtlicher Schulungen tatsächlich entstanden sind. $_{2}$Deshalb sind nur klar abgrenzbare Kosten, die durch die konkrete Veranstaltung entstanden sind, erstattungsfähig. $_{3}$Sachlich und personell schulungsunabhängige Kosten dürfen in den Seminarkosten nicht enthalten sein. $_{4}$Eine pauschalierte Darstellung oder Vermischung der Kosten ist nicht zulässig, denn eine Gewerkschaft darf aus den Schulungsveranstaltungen auf Kosten der Dienststelle keinen Gewinn erzielen (vgl. BayVGH, Beschluss vom 3. Mai 2000, 17 P 99.3640).

3.2.4.5.2 $_{1}$Die Vorhaltekosten, d. h. die sachlichen und personellen Generalunkosten eines Schulungsträgers, sind daher in keinem Fall als angemessene Kosten anzuerkennen. $_{2}$Die Dienststelle kann nicht verpflichtet werden, solche Kosten zu tragen. $_{3}$Das für die Teilnahme an einer Schulungs- und Bildungsveranstaltung freizustellende Personalratsmitglied hat auf Verlangen eine Bescheinigung des Schulungsträgers vorzulegen, aus der hervorgeht, dass solche Vorhaltekosten nicht geltend gemacht werden. $_{4}$Bei gewerkschaftlichen oder gewerkschaftsnahen Schulungsangeboten dient dies dazu, das arbeitskampfrechtliche Verbot der Gegnerfinanzierung abzusichern.

3.2.4.5.3 $_{1}$Lediglich in den Fällen, in denen ein als gemeinnützig anerkannter gewerkschaftlicher Veranstalter ausschließlich personalvertretungsrechtliche oder zusätzlich auch betriebsverfassungsrechtliche Schulungen durchführt, kann der Schulungsveranstalter die Kosten kalkulatorisch auf der Grundlage vorangegangener Jahresergebnisse ermitteln und der Preisgestaltung für die kommende Schulungsperiode zugrunde legen. $_{2}$Durch Einzelnachweis oder kalkulatorisch dürfen in diesen Fällen Aufwendungen für Heizung, Strom, Wasser, Mobiliar, allgemeine Lehrmittel, Reinigungskosten, Personal- und Personalnebenkosten berücksichtigt werden.

3.2.4.5.4 Bei den Personal- und Personalnebenkosten können nur die Kosten für Dozentinnen und Dozenten sowie von Verwaltungskräften erstattet werden, die für die Organisation und Durchführung entsprechender Veranstaltungen notwendig sind.

3.2.4.5.5 $_{1}$Kosten, die lediglich aufgrund des Erwerbs einer Immobilie oder für deren Unterhalt und Verwaltung entstehen bzw. entstanden sind, können nicht erstattet werden. $_{2}$Dazu zählen insbesondere Kosten für Abschreibungen, die Kosten für Fremd- und Eigenkapitalverzinsung, Mietkosten und Mietnebenkosten, Grundstückabgaben und Steuern. $_{3}$Da diese Kosten schulungsunabhängig sind, dürfen sie auch der Kalkulation nicht zugrunde gelegt werden.

3.2.4.6 Günstigerprüfung

3.2.4.6.1 Wird ein höherer Betrag als der oben genannte Grenzbetrag geltend gemacht, ist insbesondere zu prüfen, ob ggf. kostengünstigere gleichwertige Veranstaltungen – an einem näheren Ort oder durch einen anderen Anbieter – bestehen.

3.2.4.6.2 $_{1}$Mitglieder der Personalvertretungen haben das Recht, Bildungsangebote in von ihnen bevorzugten Bildungseinrichtungen auszuwählen. $_{2}$Die Personalvertretung darf sich für die effektivste, also diejenige Schulung entscheiden, die die benötigten Kenntnisse am besten vermittelt (vgl. BVerwG, Beschluss vom 27. April 1979, 6 P 45.78). $_{3}$Insbesondere müssen sich Mitglieder einer Gewerkschaft nicht allein aus Kostengründen auf Schulungs- und Bildungsangebote konkurrierender Gewerkschaften verweisen lassen (vgl. OVG Berlin, Beschluss vom 20. Dezember 1999, 60 PV 5.98).

3.2.4.6.3 $_{1}$Die Personalvertretung ist mit Rücksicht auf das Gebot der sparsamen Verwendung öffentlicher Mittel jedoch nicht berechtigt, gleichwertige behördeninterne Schulungsangebote oder Angebote neutraler Träger zu Gunsten einer wesentlich kostenaufwendigeren gewerkschaftlichen Schulung auszuschlagen (vgl. BVerwG, Beschluss vom 16. Juni 2011, 6 PB 5.11; Beschluss vom 12. November 2012, 6 P 4.12). $_{2}$Eine solche Gleichwertigkeit ist gegeben, wenn die vermittelten Schulungen nach Inhalt, Format und Dauer vergleichbar sind und – insbesondere durch weisungsfreie (externe) Dozentinnen oder Dozenten – sichergestellt ist, dass in der Schulung nicht einseitig der Rechtsstandpunkt der Dienststelle vermittelt wird.

3.2.4.6.4 $_{1}$Das Vorliegen einer unverhältnismäßigen Kostenbelastung der Dienststelle bei kostengünstigeren Vergleichsschulungen ist unter Berücksichtigung der aus Art. 2 Abs. 1 BayPVG folgenden personalvertretungsrechtlichen Unterstützungsfunktion der Gewerkschaften und Berufsverbände zu beurteilen. $_{2}$Eine unverhältnismäßige Kostenbelastung der Dienststelle ist jedenfalls dann anzunehmen, wenn eine gewerkschaftliche Schulung mehr als achtzig Prozent teurer als eine gleichwertige Schulung eines neutralen externen Anbieters ist (VG Ansbach, Beschluss vom 6. Mai 2022, AN 8 P 20.00238, rechtskräftig).

3.2.5 Verbuchung im Haushalt

Die erstattungsfähigen Auslagen sind im Haushaltsplan jeweils beim Titel 527 21 zu buchen.

3.2.6 Dienst- und Arbeitsbefreiung für die Teilnahme an Personalratsschulungen

3.2.6.1 $_{1}$Schulungen, die Kenntnisse vermitteln, die für die Aufgabenerfüllung der Personalvertretung in der jeweiligen Dienststelle nützlich sind, ohne dass die Voraussetzungen des Art. 46 Abs. 5 BayPVG erfüllt sind (so genannte „förderliche" Personalratsschulungen), gelten für Beamtinnen und Beamte, die Personalratsmitglieder sind, als berufliche Fortbildungsveranstaltungen im Sinne des

§ 10 Abs. 1 Satz 1 Nr. 5 der Bayerischen Urlaubs- und Mutterschutzverordnung (UrlMV). 2Eine Kostenübernahme ist nicht möglich. 3Die Vorschriften über die Anrechnung auf den Erholungsurlaub (§ 10 Abs. 7 UrlMV) finden Anwendung.

3.2.6.2 Für sonstige Fortbildungsmaßnahmen, die einen Bezug zur Personalratstätigkeit haben, kommt eine Freistellung entsprechend § 10 Abs. 1 Satz 2 UrlMV gegen Einarbeitung in Betracht.

3.2.6.3 Zuständig für die Entscheidung sind die unmittelbaren Dienstvorgesetzten.

3.2.6.4 Für Arbeitnehmerinnen und Arbeitnehmer gelten die Vorschriften der UrlMV entsprechend der Maßgabe in den Durchführungshinweisen zu § 29 TV-L.

4. Entsprechende Anwendung für andere Personalvertretungen

Die vorstehenden Hinweise gelten entsprechend für die Stufen- und Gesamtpersonalräte, die Jugend- und Auszubildendenvertretungen und die Vertrauenspersonen bei der Bayerischen Bereitschaftspolizei, soweit in den für sie geltenden Bestimmungen auf die genannten Vorschriften verwiesen wird (vgl. Art. 54, 56, 64, 89 BayPVG) und in den vorstehenden Hinweisen nichts Besonderes geregelt wird.

5. Inkrafttreten, Außerkrafttreten

1Dieses Schreiben tritt am 1. September 2023 in Kraft. 2Das Rundschreiben des Staatsministeriums der Finanzen vom 17. November 1998, Az. 25 – P 1050 – 12/230 – 64 606, zuletzt geändert durch Schreiben vom 16. Dezember 2016, Az. PE-P 26-P 1050-3/10, wird mit Ablauf des 31. August 2023 aufgehoben.

Wahlordnung zum Bayerischen Personalvertretungsgesetz (WO-BayPVG)

Vom 12. Dezember 1995 (GVBl. S. 868)

Zuletzt geändert durch
Verordnung zur Änderung der Wahlordnung zum Bayerischen Personalvertretungsgesetz
vom 18. Juli 2023 (GVBl. S. 470)

Inhaltsübersicht

Dritter Abschnitt
Wahl der Jugend- und Auszubildendenvertretung

Zweiter Teil
Wahl des Bezirkspersonalrats und der Bezirksjugend- und Auszubildendenvertretung

Erster Abschnitt
Wahl des Bezirkspersonalrats

Zweiter Abschnitt
Wahl der Bezirksjugend- und Auszubildendenvertretung

Dritter Teil
Wahl des Hauptpersonalrats und der Hauptjugend- und Auszubildendenvertretung

Erster Abschnitt
Wahl des Hauptpersonalrats

Zweiter Abschnitt
Wahl der Hauptjugend- und Auszubildendenvertetung

Vierter Teil
Wahl des Gesamtpersonalrats und der Gesamtjugend- und Auszubildendenvertretung

Fünfter Teil
Teilwiederholungswahlen

Sechster Teil
Wahl der Vertrauensperson der Beamten in Ausbildung und der nicht zum Stammpersonal gehörenden Beamten der Einsatzstufen bei der Bayerischen Bereitschaftspolizei

Siebter Teil
Schlußvorschriften

V

Auf Grund des Art. 90 Abs. 2 des Bayerischen Personalvertretungsgesetzes (BayPVG) in der Fassung der Bekanntmachung vom 11. November 1986 (GVBl. S. 349, BayRS 2035-1-F), zuletzt geändert durch Gesetz vom 13. Mai 1995 (GVBl. S. 171), erlässt die Bayerische Staatsregierung folgende Verordnung:

Erster Teil
Wahl des Personalrats

Erster Abschnitt
Gemeinsame Vorschriften über Vorbereitung und Durchführung der Wahl

§ 1 Wahlvorstand, Wahlhelfer

(1) 1Der Wahlvorstand führt die Wahl des Personalrats durch. 2Bei seinen Entscheidungen, die in Sitzungen getroffen werden, haben sämtliche Mitglieder, im Verhinderungsfall die Ersatzmitglieder, mitzuwirken; die Ersatzmitglieder sollen derselben Gruppe angehören wie die verhinderten Mitglieder. 3Er fasst seine Beschlüsse mit einfacher Stimmenmehrheit seiner Mitglieder; Stimmenthaltung ist nicht zulässig. 4Der Vorsitzende führt die laufenden Geschäfte und vertritt den Wahlvorstand im Rahmen der von diesem gefassten Beschlüsse.

(2) 1Werden Sitzungen des Wahlvorstands, die als nichtöffentliche Sitzungen abgehalten werden können, als solche abgehalten, gelten die Mitglieder als in der Sitzung anwesend im Sinne des Abs. 1 Satz 2, wenn

1. sie mittels in der Dienststelle verfügbarer und nach den allgemeinen Regelungen der Dienststelle zur dienstlichen Nutzung vorgesehener Einrichtungen für Video- oder Telefonkonferenzen zur Sitzung zugeschaltet sind und
2. kein Mitglied der Sitzungsteilnahme mittels Video- oder Telefonkonferenz rechtzeitig vor Beginn der Sitzung widerspricht.

2Der Wahlvorstand trifft geeignete organisatorische Maßnahmen, um sicherzustellen, dass Dritte vom Inhalt der Sitzung keine Kenntnis nehmen können. 3Eine Aufzeichnung der Sitzung ist unzulässig. 4Abweichend von Abs. 4 Satz 2 genügt für die Niederschriften der Sitzungen nach Satz 1, dass ein Mitglied des Wahlvorstandes die Niederschrift unterzeichnet und die übrigen Mitglieder ihre Zustimmung zur Niederschrift auf einem dauerhaften Datenträger erklären. 5Die jeweilige Zustimmung ist gemeinsam mit der Niederschrift zu Dokumentationszwecken aufzubewahren.

(3) 1Bekanntmachungen des Wahlvorstands sind schriftlich abzufassen; soweit nichts anderes bestimmt ist, genügt die Unterzeichnung durch den Vorsitzenden. 2Die Bekanntgabe hat durch Aushang eines Abdrucks an geeigneter Stelle in der Dienststelle und ihren nachgeordneten Stellen, Nebenstellen oder Teilen, die nicht als selbständige Dienststellen gelten, bis zum Abschluss der Stimmabgabe zu erfolgen. 3Die Bekanntgabe soll auch mittels der in der Dienststelle vorhandenen Informations- und Kommunikationstechnik erfolgen. 4Eine ausschließlich nach Satz 3 erfolgende Bekanntgabe ist zulässig, wenn alle Wahlberechtigten die Möglichkeit zur Kenntnisnahme haben.

(4) 1Der Wahlvorstand fertigt über jede Sitzung, in der über Einsprüche gegen das Wählerverzeichnis (§ 3), über die Ermittlung der Zahl der zu wählenden Personalratsmitglieder und die Verteilung der Personalratssitze auf die Gruppen (§ 5), über die Zulassung von Wahlvorschlägen und die Gewährung von Mängelbeseitigungsfristen (§ 10) entschieden wird, eine Niederschrift. 2Sie ist von sämtlichen Mitgliedern des Wahlvorstands zu unterzeichnen. 3Anstelle der Unterzeichnung ist auch die elektronische Form (§ 126a des Bürgerlichen Gesetzbuchs – BGB) unter Verwendung einer qualifizierten elektronischen Signatur zulässig.

(5) 1Die Dienststelle hat den Wahlvorstand bei der Erfüllung seiner Aufgaben zu unterstützen.

2Sie hat insbesondere

a) die notwendigen Unterlagen (Beschäftigtenlisten u. a.) zur Verfügung zu stellen und zu ergänzen,

b) über personelle Veränderungen laufend zu informieren,

c) die sonst erforderlichen Auskünfte zu erteilen,

d) für die Vorbereitung und Durchführung der Wahl in erforderlichem Umfang Räume, den Geschäftsbedarf und etwa benötigte Schreibkräfte zur Verfügung zu stellen.

(6) Der Wahlvorstand gibt die Namen seiner Mitglieder, deren dienstliche Anschrift, E-Mail-Adresse, Telefon- und Telefaxnummer sowie die Namen etwaiger Ersatzmitglieder unverzüglich nach seiner Bestellung, Wahl oder Einsetzung, spätestens jedoch einundneunzig Kalendertage vor dem ersten Tag der Stimmabgabe bekannt.

(7) Der Wahlvorstand kann wahlberechtigte Beschäftigte zu seiner Unterstützung bei der Durchführung der Stimmabgabe und bei der Stimmenzählung bestellen (Wahlhelfer); dabei soll er Frauen und Männer sowie die in der Dienststelle vertretenen Gruppen angemessen berücksichtigen.

§ 2 Feststellung der Beschäftigtenzahl, Wählerverzeichnis

(1) Der Wahlvorstand stellt die Zahl der in der Regel tätigen Beschäftigten und ihre Verteilung auf die Gruppen zum Zeitpunkt des Erlasses des Wahlausschreibens fest.

(2) $_{1}$Der Wahlvorstand stellt ein Verzeichnis der wahlberechtigten Beschäftigten (Wählerverzeichnis), getrennt nach den Gruppen, auf. $_{2}$Er stellt den Anteil an Frauen und Männern bei den wahlberechtigten Beschäftigten insgesamt und in den einzelnen Gruppen fest. $_{3}$Er hat bis zum Abschluß der Stimmabgabe mit Unterstützung der Dienststelle das Wählerverzeichnis auf dem laufenden zu halten und zu berichtigen.

(3) Ein Abdruck des Wählerverzeichnisses ist vom Tag der Einleitung der Wahl (§ 6 Abs. 4) bis zum Abschluss der Stimmabgabe an geeigneter Stelle zur Einsicht auszulegen.

§ 3 Einsprüche gegen das Wählerverzeichnis

(1) Die Beschäftigten können beim Wahlvorstand schriftlich oder in elektronischer Form (§ 126a BGB) binnen dreißig Kalendertagen seit Auslegung des Wählerverzeichnisses (§ 2 Abs. 3) Einspruch gegen seine Richtigkeit einlegen.

(2) $_{1}$Über den Einspruch entscheidet der Wahlvorstand unverzüglich. $_{2}$Ist der Einspruch begründet, so hat der Wahlvorstand das Wählerverzeichnis zu berichtigen. $_{3}$Die Entscheidung ist der Person, die den Einspruch eingelegt hat, unverzüglich, spätestens jedoch fünf Kalendertage vor dem ersten Tag der Stimmabgabe schriftlich oder in elektronischer Form (§ 126a BGB) mitzuteilen.

(3) $_{1}$Nach Ablauf der Einspruchsfrist hat der Wahlvorstand das Wählerverzeichnis nochmals auf seine Vollständigkeit zu prüfen. $_{2}$Danach ist das Wählerverzeichnis nur bei Schreibfehlern, offenbaren Unrichtigkeiten, zur Erledigung rechtzeitig eingelegter Einsprüche, bei Eintritt oder Ausscheiden von Beschäftigten und bei Änderung der Gruppenzugehörigkeit bis zum Abschluß der Stimmabgabe zu berichtigen oder zu ergänzen.

§ 4 Vorabstimmungen

(1) $_{1}$Soll die Verteilung der Mitglieder des Personalrats auf die Gruppen abweichend von Art. 17 des Bayerischen Personalvertretungsgesetzes (BayPVG) geordnet werden (Art. 18 Abs. 1 BayPVG) oder soll, wenn der Personalrat aus mehr als einer Person besteht, die gemeinsame Wahl durchgeführt werden (Art. 19 Abs. 2 BayPVG), so sind hierzu entsprechende Vorabstimmungen erforderlich. $_{2}$Die Durchführung derartiger Vorabstimmungen obliegt nicht dem Wahlvorstand.

(2) $_{1}$Das Ergebnis dieser Vorabstimmungen wird nur berücksichtigt, wenn es dem Wahlvorstand spätestens vierundachtzig Kalendertage vor dem ersten Tag der Stimmabgabe vorliegt. $_{2}$Hierbei ist dem Wahlvorstand glaubhaft zu machen, daß das Ergebnis unter Leitung eines aus mindestens drei wahlberechtigten Beschäftigten bestehenden Abstimmungsvorstands in geheimen und nach Gruppen getrennten Abstimmungen zustandegekommen ist. $_{3}$Dem Abstimmungsvorstand muß ein Mitglied jeder in der Dienststelle vertretenen Gruppe angehören.

§ 5 Ermittlung der Zahl der zu wählenden Personalratsmitglieder; Verteilung der Sitze auf die Gruppen

(1) $_1$Der Wahlvorstand ermittelt die Zahl der zu wählenden Mitglieder des Personalrats (Art. 16 BayPVG). $_2$Ist eine von Art. 17 BayPVG abweichende Verteilung der Mitglieder des Personalrats auf die Gruppen (Art. 18 Abs. 1 BayPVG) nicht beschlossen worden, so errechnet der Wahlvorstand die Verteilung der Personalratssitze auf die Gruppen (Art. 17 Abs. 1 bis 4 BayPVG) nach dem Höchstzahlverfahren (Abs. 2 und 3).

(2) $_1$Die Zahlen der der Dienststelle angehörenden Beamten und Arbeitnehmer (§ 2 Abs. 1) werden nebeneinandergestellt und der Reihe nach durch 1, 2, 3 usw. geteilt. $_2$Auf die jeweils höchste Teilzahl (Höchstzahl) wird solange ein Sitz zugeteilt, bis alle Personalratssitze (Art. 16 Abs. 1 BayPVG) verteilt sind. $_3$Jede Gruppe erhält soviele Sitze, wie Höchstzahlen auf sie entfallen. $_4$Ist bei zwei oder drei gleichen Höchstzahlen nur noch ein Sitz oder sind bei drei gleichen Höchstzahlen nur noch zwei Sitze zu verteilen, so entscheidet das Los.

(3) $_1$Entfallen bei der Verteilung der Sitze nach Abs. 2 auf eine Gruppe weniger Sitze, als ihr nach Art. 17 Abs. 3 BayPVG zustehen, so erhält sie die in Art. 17 Abs. 3 BayPVG vorgeschriebene Zahl von Sitzen. $_2$Die Zahl der Sitze der übrigen Gruppen vermindert sich entsprechend. $_3$Dabei werden die jeweils zuletzt zugeteilten Sitze zuerst gekürzt. $_4$Ist bei gleichen Höchstzahlen nur noch um einen Sitz zu kürzen, entscheidet das Los, welche Gruppe den Sitz abzugeben hat. $_5$Sitze, die einer Gruppe nach dem BayPVG mindestens zustehen, können ihr nicht entzogen werden.

(4) Haben in einer Dienststelle alle Gruppen die gleiche Höchstzahl von Angehörigen, so erübrigt sich die Errechnung der Sitze nach dem Höchstzahlverfahren; in diesem Fall entscheidet das Los, wem die höhere Zahl von Sitzen zufällt.

§ 6 Wahlausschreiben

(1) $_1$Nach Ablauf der Frist für die Bekanntgabe des Ergebnisses etwaiger Vorabstimmungen (§ 4 Abs. 2) und spätestens siebzig Kalendertage vor dem ersten Tag der Stimmabgabe erläßt der Wahlvorstand ein Wahlausschreiben. $_2$Es ist von sämtlichen Mitgliedern des Wahlvorstands zu unterschreiben und am Tag seines Erlasses bekanntzugeben; ein Abdruck dieser Wahlordnung ist beizufügen.

(2) Das Wahlausschreiben muß enthalten

a) Ort und Tag seines Erlasses;
b) die Zahl der zu wählenden Mitglieder des Personalrats, getrennt nach Beamten und Arbeitnehmern;
c) Angaben über die Anteile von Frauen und Männern bei den wahlberechtigten Beschäftigten in der Dienststelle insgesamt und getrennt nach Beamten und Arbeitnehmern;
d) Angaben darüber, ob die Beamten und Arbeitnehmer ihre Vertreter in getrennten Wahlgängen wählen (Gruppenwahl) oder vor Erlaß des Wahlausschreibens gemeinsame Wahl beschlossen worden ist;
e) die Angabe, wo und wann das Wählerverzeichnis und diese Wahlordnung zur Einsicht ausliegen;
f) den Hinweis, daß nur Beschäftigte wählen können, die in das Wählerverzeichnis eingetragen sind;
g) den Hinweis, daß Frauen und Männer entsprechend ihrem Anteil an den wahlberechtigten Beschäftigten in der Dienststelle vertreten sein sollen;
h) den Hinweis, daß Einsprüche gegen das Wählerverzeichnis nur binnen dreißig Kalendertagen seit Auslegung des Wählerverzeichnisses (§ 2 Abs. 3) schriftlich oder in elektronischer Form (§ 126a BGB) beim Wahlvorstand eingelegt werden können; der letzte Tag der Einspruchsfrist ist anzugeben;
i) die Mindestzahl von wahlberechtigten Beschäftigten, von denen ein Wahlvorschlag unterzeichnet oder qualifiziert elektronisch signiert sein muß, soweit er nicht von einer der in der Dienststelle vertretenen Gewerkschaften gemacht wird, und den Hinweis, daß jede sich bewerbende Person (Bewerber) für die Wahl des Personalrats nur auf einem Wahlvorschlag benannt werden kann;

k) den Hinweis, dass ein Wahlvorschlag von einer in der Dienststelle vertretenen Gewerkschaft von zwei Beauftragten und ein von mehreren Gewerkschaften eingereichter gemeinsamer Wahlvorschlag von je zwei Beauftragten jeder beteiligten Gewerkschaft unterzeichnet oder qualifiziert elektronisch signiert sein muss, wobei die Beauftragten Beschäftigte der Dienststelle sein und einer in der Dienststelle vertretenen Gewerkschaft angehören müssen (Art. 19 Abs. 7 BayPVG);

l) die Aufforderung, Wahlvorschläge innerhalb von fünfundzwanzig Kalendertagen nach Erlass des Wahlausschreibens beim Wahlvorstand einzureichen; der letzte Zeitpunkt der Einreichungsfrist ist anzugeben;

m) den Hinweis, daß nur fristgerecht eingereichte Wahlvorschläge berücksichtigt werden und daß nur gewählt werden kann, wer in einem solchen Wahlvorschlag aufgenommen ist;

n) den Ort, an dem die Wahlvorschläge bekanntgegeben werden;

o) den Ort und die Zeit der Stimmabgabe;

p) einen Hinweis auf die Möglichkeit der schriftlichen Stimmabgabe (§ 17);

q) einen Hinweis darauf, ob für Beschäftigte im Schichtbetrieb (§ 19 Abs. 1) oder von nachgeordneten Stellen, Nebenstellen oder Teilen einer Dienststelle (§ 19 Abs. 2) die schriftliche Stimmabgabe angeordnet wird, wann in diesem Fall die Wahlunterlagen ausgehändigt oder übersandt werden und wo gleichwohl die Möglichkeit zur persönlichen Stimmabgabe besteht;

r) Ort und Zeit der Sitzung, in der das Wahlergebnis festgestellt wird;

s) den Ort, an dem Einsprüche, Wahlvorschläge und andere Erklärungen gegenüber dem Wahlvorstand abzugeben sind.

(3) Offenbare Unrichtigkeiten des Wahlausschreibens können vom Wahlvorstand jederzeit berichtigt werden.

(4) Mit Erlaß des Wahlausschreibens ist die Wahl eingeleitet.

§ 7 Wahlvorschläge, Einreichungsfrist

(1) $_1$Zur Wahl des Personalrats können die wahlberechtigten Beschäftigten und die in der Dienststelle vertretenen Gewerkschaften Wahlvorschläge machen. $_2$Die nach Art. 14 Abs. 2 BayPVG nicht wählbaren Beschäftigten dürfen keine Wahlvorschläge machen, unterzeichnen oder qualifiziert elektronisch signieren (Art. 19 Abs. 4 Satz 5 BayPVG).

(2) $_1$Die Wahlvorschläge sind innerhalb von fünfundzwanzig Kalendertagen nach Erlass des Wahlausschreibens einzureichen. $_2$Die Angaben nach § 8 Abs. 4 Satz 1 bis 4 sollen zusätzlich elektronisch übermittelt werden. $_3$Bei Gruppenwahl sind für die einzelnen Gruppen getrennte Wahlvorschläge in getrennten Dokumenten einzureichen. $_4$Der Wahlvorstand kann die Einreichungsfrist am letzten Tag auf das Ende der üblichen Dienstzeit begrenzen.

V

§ 8 Inhalt der Wahlvorschläge

(1) Jeder Wahlvorschlag soll mindestens doppelt so viele Bewerber erhalten wie

a) bei Gruppenwahl Gruppenvertreter,

b) bei gemeinsamer Wahl Personalratsmitglieder

zu wählen sind.

(2) Die Zahl der Bewerber soll

a) bei Gruppenwahl das Zehnfache der Zahl der Gruppenvertreter,

b) bei gemeinsamer Wahl das Zehnfache der Zahl der Personalratsmitglieder

nicht überschreiten.

(3) Jeder Wahlvorschlag soll mindestens so viele Bewerberinnen und Bewerber enthalten wie erforderlich sind, um die anteilige Verteilung der Sitze im Personalrat auf Frauen und Männer zu erreichen.

(4) $_1$Die Namen der einzelnen Bewerber sind auf dem Wahlvorschlag untereinander aufzuführen und mit fortlaufenden Nummern zu versehen. $_2$Außer dem Familiennamen sind der Vorname, die Amts-, Berufs- oder Funktionsbezeichnung und die Beschäftigungsstelle anzugeben. $_3$Bei gruppenfremden Bewerbern ist zusätzlich die Gruppenzugehörigkeit

anzugeben. $_4$Bei gemeinsamer Wahl sind in dem Wahlvorschlag die Bewerber jeweils nach Gruppen zusammenzufassen. $_5$Der Wahlvorschlag darf keine Änderungen enthalten; stattdessen ist ein neuer Wahlvorschlag zu fertigen und zu unterzeichnen oder qualifiziert elektronisch zu signieren.

(5) $_1$Jeder Wahlvorschlag der Beschäftigten muß

a) bei Gruppenwahl von mindestens einem Zwanzigstel der wahlberechtigten Gruppenangehörigen, jedoch mindestens von drei wahlberechtigten Gruppenangehörigen,
b) bei gemeinsamer Wahl von mindestens einem Zwanzigstel der wahlberechtigten Beschäftigten, jedoch mindestens von drei wahlberechtigten Beschäftigten,
c) bei gemeinsamer Wahl, bei der für eine Gruppe gruppenfremde Bewerber vorgeschlagen werden, von mindestens einem Zwanzigstel der wahlberechtigten Angehörigen der Gruppe, für die sie vorgeschlagen sind,

unterzeichnet oder qualifiziert elektronisch zu signieren sein. $_2$In jedem Fall genügen

a) bei Gruppenwahl die Unterschriften oder qualifizierten elektronischen Signaturen von 50 wahlberechtigten Gruppenangehörigen,
b) bei gemeinsamer Wahl die Unterschriften oder qualifizierten elektronischen Signaturen von 50 wahlberechtigten Beschäftigten und
c) bei gemeinsamer Wahl, bei der für eine Gruppe gruppenfremde Bewerber vorgeschlagen werden, die Unterschriften oder qualifizierten elektronischen Signaturen von 50 wahlberechtigten Angehörigen der Gruppe, für die sie vorgeschlagen sind.

$_3$Nach Einreichung des Wahlvorschlags kann eine Unterschrift oder qualifizierte elektronische Signatur nicht mehr zurückgenommen werden. $_4$§ 10 Abs. 4 bleibt unberührt.

(6) $_1$Aus dem Wahlvorschlag der Beschäftigten soll zu ersehen sein, welche der unterzeichnenden oder signierenden Personen zur Vertretung des Vorschlags gegenüber dem Wahlvorstand und zur Entgegennahme von Erklärungen und Entscheidungen des Wahlvorstands berechtigt ist (Listenvertreter). $_2$Fehlt eine Angabe hierüber, gilt die unterzeichnende oder signierende Person als berechtigt, die an erster Stelle steht.

(7) $_1$Jeder Wahlvorschlag einer Gewerkschaft muss von zwei Beauftragten unterzeichnet oder qualifiziert elektronisch signiert sein. $_2$Ein von mehreren Gewerkschaften eingereichter gemeinsamer Wahlvorschlag muss von je zwei Beauftragten jeder beteiligten Gewerkschaft unterzeichnet oder qualifiziert elektronisch signiert sein. $_3$Die Beauftragten müssen Beschäftigte der Dienststelle sein und einer in der Dienststelle vertretenen Gewerkschaft angehören. $_4$Im Fall der Verselbständigung von Dienststellenteilen oder Nebenstellen ist es ausreichend, wenn die Gewerkschaftsbeauftragten Beschäftigte der Gesamtdienststelle sind. $_5$Bei Zweifeln an der Beauftragung oder der Mitgliedschaft kann der Wahlvorstand eine Bestätigung der Gewerkschaft in schriftlicher oder elektronischer Form (§ 126a BGB) verlangen. $_6$Die Gewerkschaft hat auf dem Wahlvorschlag zu vermerken, welche unterzeichnende oder signierende Person der Listenvertreter ist. $_7$Fehlt eine solche Bezeichnung, gilt die unterzeichnende oder signierende Person, die an erster Stelle steht, als Listenvertreter.

(8) Der Wahlvorschlag kann mit einem Kennwort versehen werden.

§ 9 Sonstige Erfordernisse

(1) Jeder Bewerber kann für die Wahl des Personalrats nur auf einem Wahlvorschlag vorgeschlagen werden.

(2) Dem Wahlvorschlag ist die Zustimmung in schriftlicher oder elektronischer Form (§ 126a BGB) der in ihm aufgeführten Bewerber zur Aufnahme in den Wahlvorschlag beizufügen; die Zustimmung kann nicht widerrufen werden.

(3) $_1$Jede vorschlagsberechtigte Person (§ 8 Abs. 5) kann ihre Unterschrift oder qualifizierte elektronische Signatur zur Wahl des Personalrats rechtswirksam nur für einen Wahlvorschlag abgeben. $_2$Jede in der Dienststelle vertretene Gewerkschaft kann bei gemeinsamer Wahl nur einen, bei Gruppenwahl für jede Gruppe nur einen Wahlvorschlag machen.

(4) Eine Verbindung von Wahlvorschlägen ist unzulässig.

§ 10 Behandlung der Wahlvorschläge durch den Wahlvorstand; ungültige Wahlvorschläge

(1) 1Der Wahlvorstand vermerkt auf den Wahlvorschlägen den Tag und die Uhrzeit des Eingangs; im Fall des Abs. 5 ist auch der Zeitpunkt des Eingangs des berichtigten Wahlvorschlags zu vermerken. 2Er hat die Wahlvorschläge unverzüglich auf ihre Gültigkeit zu überprüfen.

(2) 1Wahlvorschläge, die ungültig sind, insbesondere weil sie bei der Einreichung nicht die erforderliche Anzahl von Unterschriften oder qualifizierten elektronischen Signaturen aufweisen, weil sie nicht fristgerecht eingereicht worden sind oder weil sie Änderungen enthalten (§ 8 Abs. 4 Satz 5), gibt der Wahlvorstand unverzüglich nach Eingang unter Angabe der Gründe zurück. 2Die Zurückziehung der Unterschriften oder qualifizierten elektronischen Signaturen nach Einreichung des Wahlvorschlags beeinträchtigt dessen Gültigkeit nicht (§ 8 Abs. 5 Satz 3); Abs. 4 bleibt unberührt.

(3) 1Der Wahlvorstand hat einen Bewerber, der mit seiner Zustimmung in schriftlicher oder elektronischer Form (§ 126a BGB) auf mehreren Wahlvorschlägen benannt ist, aufzufordern, innerhalb von drei Kalendertagen zu erklären, auf welchem Wahlvorschlag er benannt bleiben will. 2Gibt der Bewerber diese Erklärung nicht fristgerecht ab, so wird er von sämtlichen Wahlvorschlägen gestrichen.

(4) 1Der Wahlvorstand hat vorschlagsberechtigte Beschäftigte (§ 8 Abs. 5), die mehrere Wahlvorschläge unterzeichnet oder qualifiziert elektronisch signiert haben, aufzufordern, innerhalb von drei Kalendertagen zu erklären, welche Unterschrift oder qualifizierte elektronische Signatur sie aufrechterhalten. 2Wird diese Erklärung nicht fristgerecht abgegeben, zählt keine Unterschrift oder qualifizierte elektronische Signatur. 3Entsprechendes gilt bei Gewerkschaften, die bei gemeinsamer Wahl mehrere, bei Gruppenwahl für eine Gruppe mehrere Wahlvorschläge gemacht haben.

(5) 1Wahlvorschläge, die

a) nichtwählbare Personen bezeichnen,
b) den Erfordernissen des § 8 Abs. 4 nicht entsprechen,
c) ohne die Zustimmung der Bewerber in schriftlicher oder elektronischer Form (§ 126a BGB) eingereicht sind,
d) infolge von Streichungen gemäß Abs. 4 nicht mehr die erforderliche Anzahl von Unterschriften aufweisen,

hat der Wahlvorstand mit der Aufforderung zurückzugeben, die Mängel innerhalb einer Frist von fünf Kalendertagen zu beseitigen. 2Werden die Mängel nicht fristgerecht beseitigt, sind diese Wahlvorschläge ungültig.

§ 11 Fehlen gültiger Wahlvorschläge

(1) Ist nach Ablauf der in § 7 Abs. 2 und § 10 Abs. 3 bis 5 genannten Fristen bei Gruppenwahl nicht für jede Gruppe ein gültiger Wahlvorschlag, bei gemeinsamer Wahl überhaupt kein gültiger Wahlvorschlag eingegangen, so gibt der Wahlvorstand unverzüglich bekannt

a) bei Gruppenwahl, für welche Gruppe oder für welche Gruppen keine Vertreter gewählt werden können,
b) bei gemeinsamer Wahl, daß diese Wahl nicht stattfinden kann.

(2) Gleichzeitig gibt der Wahlvorstand im Fall des Abs. 1 Buchst. a die sich hieraus ergebenden Abweichungen bei der Sitzverteilung im Personalrat und bei der den Wahlberechtigten zustehenden Stimmenzahl bekannt.

§ 12 Vergabe von Ordnungsnummern, Bezeichnung der Wahlvorschläge

(1) 1Nach Ablauf der in § 7 Abs. 2 und § 10 Abs. 3 bis 5 genannten Fristen ermittelt der Wahlvorstand die Reihenfolge der Wahlvorschläge auf dem Stimmzettel (Vergabe von Ordnungsnummern). 2Maßgeblich ist hierfür die Zahl der bei der letzten Wahl auf die Wahlvorschläge entfallenen Stimmen; bei gleicher Stimmenzahl entscheidet das Los. 3Für Wahlvorschläge, die an der letzten Wahl nicht teilgenommen haben, werden die folgenden Plätze auf dem Stimmzettel ausgelost.

(2) 1Der Wahlvorstand bezeichnet die Wahlvorschläge mit dem Familien- und Vornamen der in dem Wahlvorschlag an erster und zweiter Stelle benannten Bewerber, bei gemeinsamer Wahl mit dem Familien- und Vornamen der für die Gruppen an erster Stelle benannten Bewerber. 2Bei Wahlvorschlägen, die mit einem Kennwort versehen sind, ist die Angabe des Kennworts ausreichend.

§ 13 Bekanntgabe der Wahlvorschläge

(1) 1Spätestens vierzehn Kalendertage vor dem ersten Tag der Stimmabgabe gibt der Wahlvorstand die als gültig anerkannten Wahlvorschläge mit der nach § 12 zugeteilten Ordnungsnummer und Bezeichnung bzw. dem Kennwort bekannt. 2Die Stimmzettel sollen in diesem Zeitpunkt vorliegen.

V

(2) Die Bekanntgabe der Namen der Personen, die Wahlvorschläge unterzeichnet oder qualifiziert elektronisch signiert haben, ist unzulässig.

§ 14 Ausübung des Wahlrechts, Stimmzettel

(1) Wählen kann nur, wer in das Wählerverzeichnis eingetragen ist.

(2) 1Das Wahlrecht wird durch Abgabe eines Stimmzettels, der mindestens einmal gefaltet sein muß, ausgeübt. 2Bei Gruppenwahl müssen die Stimmzettel für jede Gruppe, bei gemeinsamer Wahl alle Stimmzettel dieselbe Größe, Farbe, Beschaffenheit und Beschriftung haben.

(3) 1Ist nach den Grundsätzen der Verhältniswahl zu wählen (§ 25 Abs. 1), so kann die Stimme für den gesamten Wahlvorschlag (Vorschlagsliste) oder für Bewerber, deren Namen in demselben Wahlvorschlag enthalten sind, abgegeben werden. 2Ist nach den Grundsätzen der Personenwahl zu wählen (§ 28 Abs. 1), so wird die Stimme für die zu wählenden einzelnen Bewerber abgegeben.

§ 15 Ungültige und unbrauchbare Stimmzettel

(1) Ungültig sind Stimmzettel,

a) die nicht mindestens einmal gefaltet sind,
b) die bei schriftlicher Stimmabgabe nicht in einem Wahlumschlag abgegeben sind,
c) die nicht vom Wahlvorstand ausgegeben worden sind,
d) aus denen sich der Wille des Wählers nicht zweifelsfrei ergibt,
e) die ein besonderes Merkmal, einen Zusatz oder einen Vorbehalt enthalten.

(2) Mehrere bei schriftlicher Stimmabgabe in einem Wahlumschlag enthaltene Stimmzettel, die gleich lauten, werden als eine Stimme gezählt.

(3) 1Hat die abstimmende Person (Wähler) einen Stimmzettel verschrieben oder versehentlich unbrauchbar gemacht, so ist ihr auf Verlangen gegen Rückgabe des unbrauchbaren Stimmzettels ein neuer Stimmzettel auszuhändigen. 2Der Wahlvorstand hat den zurückgegebenen Stimmzettel unverzüglich in Gegenwart des Wählers zu vernichten.

§ 16 Wahlhandlung

(1) 1Der Wahlvorstand trifft Vorkehrungen, daß der Wähler den Stimmzettel im Wahlraum unbeobachtet kennzeichnen und zusammenfalten kann. 2Für die Aufnahme des Stimmzettels sind Wahlurnen zu verwenden. 3Vor Beginn der Stimmabgabe hat der Wahlvorstand festzustellen, daß die Wahlurnen leer sind und sie zu verschließen. 4Sie müssen so eingerichtet sein, daß die eingeworfenen Stimmzettel nicht vor Öffnung der Urne entnommen werden können. 5Findet Gruppenwahl statt, so kann die Stimmabgabe nach Gruppen getrennt durchgeführt werden; bei gemeinsamer Durchführung kann auf die Verwendung getrennter Wahlurnen verzichtet werden, wenn auf Grund der Beschaffenheit der Stimmzettel (§ 14 Abs. 2 Satz 2) keine Verwechslungsgefahr besteht. 6Die wahlberechtigten Beschäftigten können während der Abstimmung im Wahlraum anwesend sein.

(2) 1Ein Wähler, der durch körperliches Gebrechen an der Stimmabgabe behindert ist, bestimmt eine Person seines Vertrauens, der er sich bei der Stimmabgabe bedienen will, und gibt dies dem Wahlvorstand bekannt. 2Die Hilfeleistung hat sich auf die Erfüllung der Wünsche des Wählers zur Stimmabgabe zu beschränken. 3Die Vertrauensperson darf

gemeinsam mit dem Wähler die Wahlzelle aufsuchen, soweit dies zur Hilfestellung erforderlich ist. 4Die Vertrauensperson ist zur Geheimhaltung der Kenntnisse verpflichtet, die sie bei der Hilfestellung von der Wahl eines anderen erlangt hat. 5Wahlbewerber, Mitglieder des Wahlvorstands und Wahlhelfer dürfen nicht zur Hilfeleistung herangezogen werden.

(3) Solange der Wahlraum zur Stimmabgabe geöffnet ist, müssen mindestens zwei Mitglieder des Wahlvorstands im Wahlraum anwesend sein; sind Wahlhelfer bestellt (§ 1 Abs. 6), genügt die Anwesenheit eines Mitglieds des Wahlvorstands und eines Wahlhelfers.

(4) 1Vor Einwurf des Stimmzettels in die Urne ist festzustellen, ob der Wähler im Wählerverzeichnis eingetragen ist. 2Ist dies der Fall, wirft der Wähler den mindestens einmal zusammengefalteten Stimmzettel in die Wahlurne. 3Die Stimmabgabe ist im Wählerverzeichnis zu vermerken.

(5) 1Wird die Wahlhandlung unterbrochen oder wird das Wahlergebnis nicht unmittelbar nach Abschluß der Stimmabgabe festgestellt, so hat der Wahlvorstand für die Zwischenzeit die Wahlurne so zu verschließen und aufzubewahren, daß der Einwurf oder die Entnahme von Stimmzetteln ohne Beschädigung des Verschlusses unmöglich ist. 2Bei Wiedereröffnung der Wahl oder bei Entnahme der Stimmzettel zur Stimmzählung hat sich der Wahlvorstand davon zu überzeugen, daß der Verschluß unversehrt ist.

(6) 1Nach Ablauf der für die Abstimmung festgesetzten Zeit dürfen nur noch diejenigen Wahlberechtigten abstimmen, die sich in diesem Zeitpunkt im Wahlraum befinden. 2Sodann erklärt der anwesende Wahlvorstand die Wahlhandlung für beendet.

§ 17 Schriftliche Stimmabgabe, Briefwahl

(1) 1Beschäftigten hat der Wahlvorstand auf Verlangen

1. den Stimmzettel und den Wahlumschlag,
2. einen größeren Freiumschlag, der die Anschrift des Wahlvorstands und als Absender den Namen und die dienstliche Anschrift des Wahlberechtigten sowie den Vermerk „Schriftliche Stimmabgabe" trägt,
3. eine vorgedruckte, vom Wähler abzugebende Erklärung, in der dieser gegenüber dem Wahlvorstand versichert, dass er den Stimmzettel persönlich gekennzeichnet hat, oder, soweit unter den Voraussetzungen des § 16 Abs. 2 erforderlich, durch eine Person seines Vertrauens hat kennzeichnen lassen,

auszuhändigen oder zu übersenden. 2Der Wahlvorstand hat die Aushändigung oder Übersendung im Wählerverzeichnis zu vermerken.

(2) 1Der Wähler gibt seine Stimme in der Weise ab,

a) dass er den Stimmzettel unbeobachtet persönlich kennzeichnet, in den Wahlumschlag legt und den Wahlumschlag verschließt,
b) dass er die vorgedruckte Erklärung unter Angabe des Ortes und des Datums unterschreibt und
c) dass er den verschlossenen Wahlumschlag, in den der Stimmzettel gelegt ist (Buchst. a), zusammen mit der unterschriebenen Erklärung (Buchst. b) in dem Freiumschlag verschließt und diesen so rechtzeitig an den Wahlvorstand absendet oder übergibt, dass er vor Abschluss der Stimmabgabe vorliegt.

2Der Wähler kann, soweit unter den Voraussetzungen des § 16 Abs. 2 erforderlich, die in Satz 1 bezeichneten Tätigkeiten durch eine Person seines Vertrauens verrichten lassen. 3Die persönliche Stimmabgabe bleibt bis zur Behandlung der schriftlich abgegebenen Stimme gemäß § 18 Abs. 1 möglich; § 18 Abs. 2 ist in diesem Fall entsprechend anzuwenden mit der Maßgabe, dass die persönliche Stimmabgabe zu vermerken ist.

(3) 1Beschäftigte, die zu einer auswärtigen Dienststelle abgeordnet sind, ohne in ihr wahlberechtigt zu sein, können ihre Stimme nur schriftlich gemäß Abs. 1 und 2 Satz 1 und 2 abgeben. 2Gleiches gilt für die Studierenden an der Hochschule für den öffentlichen Dienst in Bayern und die Lehrgangsteil-

V

nehmer an der Bayerischen Verwaltungsschule und den Verwaltungsschulen des Freistaates Bayern sowie für Wahlberechtigte gemäß Art. 13 Abs. 1 Satz 2 BayPVG. 3Die Aushändigung oder Übersendung der Wahlunterlagen nach Abs. 1 erfolgt von Amts wegen durch den Wahlvorstand.

§ 18 Behandlung der schriftlich abgegebenen Stimmen

(1) Während des für die Stimmabgabe vorgesehenen Zeitraums entnimmt der Wahlvorstand die Wahlumschläge und die vorgedruckten Erklärungen nach § 17 Abs. 1 Satz 1 Nr. 3 den bis zu diesem Zeitpunkt eingegangenen Wahlbriefen und legt, wenn die Stimmabgabe nach § 17 Abs. 2 Satz 1 ordnungsgemäß erfolgt ist, die Wahlbriefe nach Vermerk der Stimmabgabe im Wählerverzeichnis in die Wahlurne.

(2) 1Verspätet eingehende Briefumschläge hat der Wahlvorstand mit einem Vermerk über den Zeitpunkt des Eingangs ungeöffnet zu den Wahlunterlagen zu nehmen. 2Die Briefumschläge sind einen Monat nach Bekanntgabe des Wahlergebnisses ungeöffnet durch den Personalrat zu vernichten, wenn die Wahl nicht angefochten worden ist.

§ 19 Stimmabgabe bei Schichtbetrieb und bei Nebenstellen und Teilen von Dienststellen

(1) Für die Beschäftigten im Schichtbetrieb kann der Wahlvorstand die schriftliche Stimmabgabe anordnen.

(2) Für die Beschäftigten von nachgeordneten Stellen, Nebenstellen oder Teilen einer Dienststelle, die nicht als selbständige Dienststellen gelten, hat der Wahlvorstand die Stimmabgabe in diesen Stellen durchzuführen oder die schriftliche Stimmabgabe anzuordnen.

(3) 1Im Fall der Anordnung der schriftlichen Stimmabgabe nach Abs. 1 oder Abs. 2 hat der Wahlvorstand die Briefwahlunterlagen von Amts wegen auszuhändigen oder zu übersenden. 2§ 17 Abs. 2 Satz 3 gilt entsprechend mit der Maßgabe, dass im Fall des Abs. 2 die persönliche Stimmabgabe nur am Sitz der Dienststelle möglich ist.

(4) Für die Grundschulen und Mittelschulen innerhalb des Bereichs eines staatlichen Schulamts gilt der Sitz des Schulamts, für die Gesamtheit der der Aufsicht einer Regierung unterstehenden Förderschulen und Schulen für Kranke gilt der Sitz der Regierung als Sitz der Dienststelle im Sinn des Abs. 3 Satz 2.

(5) 1Für die Beschäftigten der Ämter für Ernährung, Landwirtschaft und Forsten, die nicht unmittelbar am Amt selbst eingesetzt sind, kann der Wahlvorstand die Stimmabgabe auch in den Ämtern oder an anderen, von ihm bestimmten, günstig gelegenen Orten durchführen. 2Satz 1 gilt entsprechend für Beschäftigte der Forstbetriebe der Bayerischen Staatsforsten.

§ 20 Feststellung des Wahlergebnisses

(1) Spätestens am vierten Kalendertag nach Beendigung der Stimmabgabe stellt der Wahlvorstand das Wahlergebnis fest.

(2) Nach Öffnung der Wahlurne entnimmt der Wahlvorstand hieraus und aus den Wahlumschlägen die Stimmzettel und prüft ihre Gültigkeit.

(3) Der Wahlvorstand zählt

a) im Fall der Verhältniswahl die auf sämtliche Bewerber einer jeden Vorschlagsliste sowie die auf die einzelnen Bewerber innerhalb der Vorschlagsliste,
b) im Fall der Personenwahl die auf jeden einzelnen Bewerber

entfallenden gültigen Stimmen zusammen.

(4) Stimmzettel, über deren Gültigkeit oder Ungültigkeit der Wahlvorstand beschließt, weil sie zu Zweifeln Anlass geben, sind mit fortlaufender Nummer zu versehen und von den übrigen Stimmzetteln gesondert bei den Wahlunterlagen aufzubewahren.

(5) Die Sitzung, in der das Wahlergebnis festgestellt wird, ist für die Beschäftigten öffentlich.

§ 21 Wahlniederschrift

(1) 1Über das Wahlergebnis fertigt der Wahlvorstand eine Niederschrift, die von sämtli-

chen Mitgliedern des Wahlvorstandes zu unterzeichnen ist. $_{2}$Die Niederschrift muss enthalten

a) bei Gruppenwahl die Summe der von jeder Gruppe abgegebenen Stimmzettel und Stimmen, bei gemeinsamer Wahl die Summe aller abgegebenen Stimmzettel und Stimmen,
b) bei Gruppenwahl die Summe der von jeder Gruppe abgegebenen gültigen Stimmzettel und Stimmen, bei gemeinsamer Wahl die Summe aller abgegebenen gültigen Stimmzettel und Stimmen,
c) die Zahl der ungültigen Stimmzettel,
d) die für die Gültigkeit oder Ungültigkeit zweifelhafter Stimmzettel maßgebenden Gründe,
e) im Fall der Verhältniswahl die Zahl der auf sämtliche Bewerber einer jeden Vorschlagsliste sowie die auf die einzelnen Bewerber innerhalb der Vorschlagsliste entfallenden gültigen Stimmen, die Errechnung der Höchstzahlen und ihre Verteilung auf die Vorschlagslisten, im Fall der Personenwahl die Zahl der auf jeden Bewerber entfallenen gültigen Stimmen,
f) die Namen der gewählten Bewerber.

(2) Besondere Vorkommnisse bei der Wahlhandlung oder der Feststellung des Wahlergebnisses sind in der Niederschrift zu vermerken.

(3) Dem Dienststellenleiter und den in der Dienststelle vertretenen Gewerkschaften übersendet der Wahlvorstand eine Abschrift der Niederschrift.

§ 22 Benachrichtigung der gewählten Bewerber

Der Wahlvorstand benachrichtigt die als Personalratsmitglieder Gewählten unverzüglich schriftlich oder in elektronischer Form (§ 126a BGB) von ihrer Wahl.

§ 23 Bekanntgabe des Wahlergebnisses

(1) Der Wahlvorstand gibt das Wahlergebnis unverzüglich nach dessen Feststellung (§ 20) durch zweiwöchigen Aushang bekannt.

(2) Diese Bekanntmachung muß enthalten

a) die Zahl der Wahlberechtigten,
b) die Zahl der Wähler,
c) die Zahl der gültigen und ungültigen Stimmzettel,
d) die Zahl der gültigen Stimmen,
e) die Verteilung der Stimmen auf die Vorschlagslisten bzw. auf die Bewerber,
f) die Namen und die Reihenfolge der als Personalratsmitglieder gewählten Bewerber und die Namen der jeweiligen ersten Ersatzmitglieder.

§ 24 Aufbewahrung der Wahlunterlagen

Die Wahlunterlagen (Niederschriften, Bekanntmachungen, Stimmzettel usw.) werden vom Personalrat mindestens bis zur Durchführung der nächsten Personalratswahl aufbewahrt.

Zweiter Abschnitt
Besondere Vorschriften für das Wahlverfahren

Erster Unterabschnitt
Wahlverfahren bei Vorliegen mehrerer Wahlvorschläge (Verhältniswahl)

§ 25 Voraussetzungen für Verhältniswahl, Stimmzettel, Stimmabgabe

(1) $_{1}$Nach den Grundsätzen der Verhältniswahl (Listenwahl) ist zu wählen, wenn

a) bei Gruppenwahl für die betreffende Gruppe mehrere gültige Wahlvorschläge,
b) bei gemeinsamer Wahl mehrere gültige Wahlvorschläge

eingegangen sind. $_{2}$In diesen Fällen hat jeder Wähler so viele Stimmen, wie bei Gruppenwahl Vertreter der Gruppe, der er angehört, bei gemeinsamer Wahl Personalratsmitglieder insgesamt zu wählen sind. $_{3}$Er kann jedoch auch bei gemeinsamer Wahl für die Bewerber der einzelnen Gruppen nur so viele Stimmen abgeben, als Vertreter dieser Gruppen zu wählen sind.

(2) $_{1}$Der Wähler kann seine Stimme nur Bewerbern geben, deren Namen in demselben Wahlvorschlag enthalten sind. $_{2}$Andere Namen dürfen nicht hinzugefügt werden. $_{3}$Der

Wähler kann entweder einen Wahlvorschlag (Vorschlagsliste) durch Ankreuzen der Vorschlagsliste unverändert annehmen oder innerhalb der Gesamtzahl der für jede Gruppe zulässigen Stimmen einzelnen Bewerbern bis zu drei Stimmen geben (Stimmenhäufung).

(3) 1Auf dem Stimmzettel sind die Vorschlagslisten in der Reihenfolge der Ordnungsnummern unter Angabe von Familienname, Vorname, Amts-, Berufs- oder Funktionsbezeichnung und Beschäftigungsstelle der Bewerber aus dem Wahlvorschlag nebeneinander aufzuführen; jeder Bewerber kann hierbei nur einmal aufgeführt werden. 2Bei gruppenfremden Bewerbern ist zusätzlich die Gruppenzugehörigkeit anzugeben. 3Die Bezeichnung der Vorschlagslisten bestimmt sich nach § 12 Abs. 2. 4Der Stimmzettel muß einen Hinweis auf die dem Wähler zustehende Stimmenzahl (Abs. 1 Satz 2 und 3) und auf die Möglichkeit der Stimmenhäufung enthalten. 5Ferner muß er einen Hinweis darauf enthalten, daß der Wähler seine Stimme nur Bewerbern geben kann, deren Namen in demselben Wahlvorschlag aufgeführt sind (Abs. 2).

(4) 1Will der Wähler einen Wahlvorschlag unverändert annehmen, so hat er auf dem Stimmzettel die Vorschlagsliste anzukreuzen, für die er seine Stimme abgeben will. 2In diesem Fall wird auf die Bewerber in ihrer Reihenfolge auf dem Wahlvorschlag solange jeweils eine Stimme zugeteilt, bis die Gesamtstimmenzahl ausgeschöpft ist.

(5) Will der Wähler innerhalb eines Wahlvorschlags einzelnen Bewerbern mehr als eine Stimme geben, so hat er dies durch Beifügen der Zahl der Stimmen, die er den Bewerben geben will (zwei oder drei), oder einer entsprechenden Anzahl von Kreuzen zu den Namen der Bewerber zu kennzeichnen.

(6) Kreuzt der Wähler eine Wahlvorschlagsliste an, die weniger Bewerber enthält, als ihm Stimmen zustehen, so verzichtet er auf seine weiteren Stimmen.

(7) Kreuzt der Wähler eine Vorschlagsliste an und gibt er zugleich einzelnen Bewerbern in dieser Vorschlagsliste Stimmen, ohne die ihm zustehende Stimmenzahl voll auszuschöpfen, so werden die noch verbleibenden Reststimmen auf die nicht angekreuzten Bewerber in ihrer Reihenfolge auf dem Wahlvorschlag von oben nach unten verteilt.

(8) Gibt der Wähler einzelnen Bewerbern eines Wahlvorschlags weniger Stimmen, als ihm insgesamt zustehen, ohne dabei die Vorschlagsliste anzukreuzen, so verzichtet er damit auf seine weiteren Stimmen.

(9) 1Gibt der Wähler einzelnen Bewerbern insgesamt mehr Stimmen, als ihm nach der Gesamtstimmenzahl zustehen, so sind die Stimmen der Bewerber in der Reihenfolge auf dem Wahlvorschlag von unten nach oben solange unberücksichtigt zu lassen, bis die Gesamtstimmenzahl nicht mehr überschritten ist. 2Gibt der Wähler bei gemeinsamer Wahl den Bewerbern einer Gruppe mehr Stimmen, als ihm insgesamt für jede Gruppe zustehen, gilt Satz 1 entsprechend.

(10) Stimmen, die einem Bewerber im Weg der Stimmenhäufung über die zulässige Häufungszahl hinaus oder durch Beifügung einer nicht lesbaren Häufungszahl gegeben werden, sind ungültig.

§ 26 Ermittlung der gewählten Vertreter der Gruppen bei der Gruppenwahl

(1) 1Bei Gruppenwahl werden die auf sämtliche Bewerber einer jeden Vorschlagsliste entfallenen Stimmen zusammengezählt. 2Als gültige Stimmen gelten insoweit auch die Stimmen, die für Bewerber abgegeben worden sind, die nach Bekanntgabe der Wahlvorschläge (§ 13) ihre Wählbarkeit verloren haben. 3Die so ermittelten Gesamtstimmenzahlen der einzelnen Vorschlagslisten jeder Gruppe werden nebeneinandergestellt und der Reihe nach durch 1, 2, 3 usw. geteilt. 4Auf die jeweils höchste Teilzahl (Höchstzahl) wird solange ein Sitz zugeteilt, bis alle der Gruppe zustehenden Sitze (§ 5) verteilt sind. 5Ist bei gleichen Höchstzahlen nur noch ein Sitz oder sind bei drei gleichen Höchstzahlen nur noch zwei Sitze zu verteilen, so entscheidet das Los.

(2) Enthält eine Vorschlagsliste weniger Bewerber, als ihr nach den Höchstzahlen Sitze zustehen würden, so fallen die überschüssigen Sitze den übrigen Vorschlagslisten in der Reihenfolge der nächsten Höchstzahlen zu.

(3) $_1$Innerhalb der Vorschlagslisten sind die Sitze auf die Bewerber in der Reihenfolge der von ihnen erreichten Stimmenzahlen zu verteilen. $_2$Haben mehrere Bewerber die gleiche Stimmenzahl erhalten, entscheidet die Reihenfolge der Benennung im Wahlvorschlag (§ 8 Abs. 4).

§ 27 Ermittlung der gewählten Vertreter der Gruppen bei gemeinsamer Wahl

(1) $_1$Bei gemeinsamer Wahl werden die auf sämtliche Bewerber gleicher Gruppenzugehörigkeit einer jeden Vorschlagsliste entfallenen Stimmen zusammengezählt. $_2$Als gültige Stimmen gelten insoweit auch die Stimmen, die für Bewerber abgegeben worden sind, die nach Bekanntgabe der Wahlvorschläge (§ 13) ihre Wählbarkeit verloren haben. $_3$Die so ermittelten Gesamtstimmenzahlen der Bewerber gleicher Gruppenzugehörigkeit einer jeden Vorschlagsliste werden nebeneinandergestellt und der Reihe nach durch 1, 2, 3 usw. geteilt. $_4$§ 26 Abs. 1 Satz 4 und 5 gelten entsprechend.

(2) Enthält eine Vorschlagsliste weniger Bewerber einer Gruppe, als dieser nach den Höchstzahlen Sitze zustehen würden, so fallen die restlichen Sitze dieser Gruppe den Angehörigen derselben Gruppe auf den übrigen Vorschlagslisten in der Reihenfolge der nächsten Höchstzahlen zu.

(3) $_1$Innerhalb der Vorschlagslisten werden die den einzelnen Gruppen zustehenden Sitze auf die Angehörigen der entsprechenden Gruppe in der Reihenfolge der von ihnen erreichten Stimmenzahlen verteilt. $_2$§ 26 Abs. 3 Satz 2 gilt entsprechend.

Zweiter Unterabschnitt
Wahlverfahren bei Vorliegen eines Wahlvorschlags sowie für die Wahl eines Personalratsmitglieds oder eines Gruppenvertreters (Personenwahl)

§ 28 Voraussetzungen für Personenwahl, Stimmzettel, Stimmabgabe

(1) Nach den Grundsätzen der Personenwahl ist zu wählen, wenn

a) bei Gruppenwahl für die betreffende Gruppe nur ein gültiger Wahlvorschlag eingegangen ist oder nur ein Vertreter zu wählen ist,

b) bei gemeinsamer Wahl nur ein gültiger Wahlvorschlag eingegangen ist oder insgesamt nur ein Personalratsmitglied zu wählen ist.

(2) $_1$Ist bei Gruppenwahl nur ein Gruppenvertreter oder bei gemeinsamer Wahl nur ein Personalratsmitglied zu wählen, so werden in den Stimmzetteln die Bewerber aus den Wahlvorschlägen in alphabetischer Reihenfolge unter Angabe von Familienname, Vorname, Amts-, Berufs- oder Funktionsbezeichnung und Beschäftigungsstelle übernommen. $_2$Bei gruppenfremden Bewerbern und im Fall des Satzes 1 Alternative 2 ist auch die Gruppenzugehörigkeit aufzunehmen. $_3$Weitere Angaben dürfen die Stimmzettel nicht enthalten.

(3) $_1$Ist bei Gruppenwahl für die betreffende Gruppe oder bei gemeinsamer Wahl insgesamt nur ein gültiger Wahlvorschlag eingegangen, so werden in den Stimmzettel die Bewerber aus dem Wahlvorschlag in unveränderter Reihenfolge unter Angabe von Familienname, Vorname, Amts-, Berufs- oder Funktionsbezeichnung und Beschäftigungsstelle übernommen. $_2$Bei gruppenfremden Bewerbern ist auch die Gruppenzugehörigkeit aufzunehmen. $_3$Weitere Angaben dürfen die Stimmzettel nicht enthalten.

(4) Jeder Bewerber kann in dem Stimmzettel nur einmal aufgeführt werden.

§ 29 Stimmabgabe und Ermittlung der gewählten Bewerber bei Wahl nur eines Gruppenvertreters oder nur eines Personalratsmitglieds

(1) $_1$Der Wähler hat auf dem Stimmzettel den Namen des Bewerbers anzukreuzen, für den er seine Stimme abgeben will. $_2$Kreuzt der Wähler mehrere Bewerber an, ist der Stimmzettel ungültig (§ 15 Abs. 1 Buchst. d).

(2) $_1$Gewählt ist der Bewerber, der die meisten Stimmen erhalten hat. $_2$Bei gleicher Stimmenzahl entscheidet das Los.

§ 30 Stimmabgabe und Ermittlung der gewählten Bewerber bei Vorliegen eines Wahlvorschlags

(1) $_{1}$Der Wähler hat auf dem Stimmzettel den Namen der Bewerber anzukreuzen, für die er seine Stimme abgeben will. $_{2}$Einem Bewerber kann nicht mehr als eine Stimme gegeben werden. $_{3}$Der Wähler darf

a) bei Gruppenwahl nicht mehr Namen ankreuzen, als Gruppenvertreter zu wählen sind,

b) bei gemeinsamer Wahl nicht mehr Namen ankreuzen, als Personalratsmitglieder insgesamt zu wählen sind und von den Bewerbern der einzelnen Gruppen nur so viele Namen ankreuzen, als Vertreter dieser Gruppe zu wählen sind.

$_{4}$Kreuzt der Wähler mehr Namen an, als Bewerber zu wählen sind, ist der Stimmzettel ungültig (§ 15 Abs. 1 Buchst. d).

(2) $_{1}$Bei Gruppenwahl sind die Bewerber in der Reihenfolge der jeweils höchsten auf sie entfallenen Stimmenzahl gewählt. $_{2}$Bei gleicher Stimmenzahl entscheidet das Los.

(3) $_{1}$Bei gemeinsamer Wahl werden die den einzelnen Gruppen zustehenden Sitze mit den Bewerbern dieser Gruppe in der Reihenfolge der jeweils höchsten auf sie entfallenen Stimmenzahlen besetzt. $_{2}$Abs. 2 Satz 2 findet Anwendung.

Dritter Abschnitt Wahl der Jugend- und Auszubildendenvertretung

§ 31 Jugend- und Auszubildendenversammlung

(1) $_{1}$Vor der Wahl der Jugend- und Auszubildendenvertretung hat der Vorsitzende des Personalrats die zur Jugend- und Auszubildendenvertretung wahlberechtigten Beschäftigten (Art. 58 Abs. 1 BayPVG) in einer Jugend- und Auszubildendenversammlung in geeigneter Weise über Bedeutung, Zweck und Aufgaben der Jugend- und Auszubildendenvertretung und über den Wahlvorgang zu unterrichten. $_{2}$Die Jugend- und Auszubildendenversammlung wird vom Vorsitzenden der Jugend- und Auszubildendenvertretung oder, wenn eine Jugend- und Auszubildendenvertretung nicht besteht, vom Vorsitzenden des Wahlvorstands einberufen und geleitet.

(2) $_{1}$Für die Studierenden an der Hochschule für den öffentlichen Dienst in Bayern und die Lehrgangsteilnehmer an den Verwaltungsschulen des Freistaates Bayern findet die Jugend- und Auszubildendenversammlung vor den regelmäßigen Wahlen zu den Jugend- und Auszubildendenvertretungen an der jeweiligen Schule statt. $_{2}$Die Jugend- und Auszubildendenversammlung wird vom Vorsitzenden der Hauptjugend- und Auszubildendenvertretung oder, wenn eine Hauptjugend- und Auszubildendenvertretung nicht besteht, vom Vorsitzenden des Hauptwahlvorstands einberufen und geleitet; die Unterrichtung im Sinn des Abs. 1 Satz 1 ist Aufgabe des Hauptpersonalrats, der hierfür ein Mitglied bestimmt.

(3) $_{1}$Für die Lehrgangsteilnehmer an der Bayerischen Verwaltungsschule findet die Jugend- und Auszubildendenversammlung vor den regelmäßigen Wahlen zu den Jugend- und Auszubildendenvertretungen an den Ausbildungsorten der Schule statt. $_{2}$Die Jugend- und Auszubildendenversammlung wird vom Vorsitzenden der Bezirksjugend- und Auszubildendenvertretung bei der jeweiligen Bezirksregierung oder, wenn eine Bezirksjugend- und Auszubildendenvertretung nicht besteht, vom jeweiligen Vorsitzenden des Bezirkswahlvorstands einberufen und geleitet; die Unterrichtung im Sinne des Abs. 1 Satz 1 ist Aufgabe des Bezirkspersonalrats bei der jeweiligen Bezirksregierung, der hierfür ein Mitglied bestimmt.

(4) Für die Durchführung der Jugend- und Auszubildendenversammlung mittels Videokonferenz gilt Art. 48 Abs. 3 BayPVG entsprechend.

(5) Wahlbeeinflussung in der Jugend- und Auszubildendenversammlung ist unzulässig.

§ 32 Vorbereitung und Durchführung der Wahl

(1) $_{1}$Für die Vorbereitung und Durchführung der Wahl der Jugend- und Auszubildendenvertretung gelten die §§ 1 bis 3, 6 bis 25, 28, 29 und 30 Abs. 1 entsprechend mit der Abweichung, dass sich die Zahl der zu wählenden

Mitglieder der Jugend- und Auszubildendenvertretung ausschließlich aus Art. 59 Abs. 1 BayPVG ergibt und dass die Vorschriften über Gruppenwahl (Art. 19 Abs. 2 BayPVG), über den Minderheitenschutz (Art. 17 Abs. 3 BayPVG), über die Zusammenfassung der Bewerber in den Wahlvorschlägen nach Gruppen (§ 8 Abs. 4 Satz 4) und über die Begrenzung der Zahl der abzugebenden Stimmen durch die Zahl der zu wählenden Gruppenvertreter bei der Stimmenhäufung (§ 25 Abs. 1 Satz 3 und Abs. 2 Satz 3) keine Anwendung finden. $_2$Der Wahlvorstand besteht aus drei Beschäftigten; ihm muss mindestens eine nach Art. 14 BayPVG wählbare Person, die nicht zur Jugend- und Auszubildendenvertretung wahlberechtigt ist, angehören. $_3$Sind an nachgeordneten Stellen, Nebenstellen oder Teilen einer Dienststelle, die nicht als selbständige Dienststellen gelten, keine wahlberechtigten Beschäftigten vorhanden, kann dort auf die Bekanntgabe von Bekanntmachungen verzichtet werden; bei Eintritt von wahlberechtigten Beschäftigten vor Abschluss der Stimmabgabe ist dies unverzüglich nachzuholen.

(2) $_1$Sind mehrere Mitglieder der Jugend- und Auszubildendenvertretung zu wählen und ist die Wahl auf Grund mehrerer Vorschlagslisten durchgeführt worden, so werden die auf sämtliche Bewerber einer jeden Vorschlagsliste entfallenen Stimmen zusammengezählt. $_2$Als gültige Stimmen gelten insoweit auch die Stimmen, die für Bewerber abgegeben worden sind, die nach Bekanntgabe der Wahlvorschläge (§ 13) ihre Wählbarkeit verloren haben. $_3$Die so ermittelten Gesamtstimmenzahlen der einzelnen Vorschlagslisten werden nebeneinander gestellt und der Reihe nach durch 1, 2, 3 usw. geteilt. $_4$Auf die jeweils höchste Teilzahl (Höchstzahl) wird solange ein Sitz zugeteilt, bis alle Sitze (Art. 59 Abs. 1 BayPVG) verteilt sind. $_5$Ist bei gleichen Höchstzahlen noch ein Sitz oder sind bei drei gleichen Höchstzahlen nur noch zwei Sitze zu verteilen, so entscheidet das Los. $_6$§ 26 Abs. 2 und 3 finden Anwendung.

(3) Sind mehrere Mitglieder der Jugend- und Auszubildendenvertretung zu wählen und ist die Wahl auf Grund eines Wahlvorschlags durchgeführt worden, so sind die Bewerber in der Reihenfolge der jeweils höchsten auf sie entfallenen Stimmenzahlen gewählt; bei Stimmengleichheit entscheidet das Los.

Zweiter Teil
Wahl des Bezirkspersonalrats und der Bezirksjugend- und Auszubildendenvertretung

Erster Abschnitt
Wahl des Bezirkspersonalrats

§ 33 Entsprechende Anwendung der Vorschriften über die Wahl des Personalrats

Für die Wahl des Bezirkspersonalrats gelten die Vorschriften der §§ 1 bis 30 entsprechend, soweit sich aus den §§ 34 bis 42 nichts anderes ergibt.

§ 34 Leitung der Wahl, Bekanntmachungen des Bezirkswahlvorstands

(1) $_1$Der Bezirkswahlvorstand leitet die Wahlen des Bezirkspersonalrats. $_2$Die Durchführung der Wahl in den einzelnen Dienststellen übernehmen die örtlichen Wahlvorstände im Auftrag und nach den Richtlinien des Bezirkswahlvorstands.

(2) Bekanntmachungen des Bezirkswahlvorstands sind von den örtlichen Wahlvorständen bekanntzugeben.

(3) $_1$Mitteilungen der Wahlvorstände nach den folgenden Vorschriften bedürfen der Textform. $_2$Die Übersendung von Wahlunterlagen (§ 24) und Mitteilungen kann auch elektronisch oder fernschriftlich erfolgen.

§ 35 Feststellung der Beschäftigtenzahl, Wählerverzeichnis

(1) Die örtlichen Wahlvorstände stellen die Zahl der in den Dienststellen in der Regel tätigen Beschäftigten fest und teilen diese Zahlen unverzüglich dem Bezirkswahlvorstand mit.

(2) $_1$Die Aufstellung der Wählerverzeichnisse und die Behandlung von Einsprüchen ist Aufgabe der örtlichen Wahlvorstände. $_2$Sie teilen dem Bezirkswahlvorstand die Zahl der wahlberechtigten Beschäftigten, getrennt nach

V

den Gruppen, unverzüglich mit. 3Der Anteil an Frauen und Männern bei den wahlberechtigten Beschäftigten insgesamt und in den einzelnen Gruppen ist festzustellen.

§ 36 Ermittlung der Zahl der zu wählenden Bezirkspersonalratsmitglieder, Verteilung der Sitze auf die Gruppen

(1) Der Bezirkswahlvorstand ermittelt die Zahl der zu wählenden Mitglieder des Bezirkspersonalrats und die Verteilung der Sitze auf die Gruppen.

(2) Ist eine abweichende Verteilung der Mitglieder des Bezirkspersonalrats auf die Gruppen nicht beschlossen worden und entfallen bei der Verteilung der Sitze nach § 5 Abs. 2 auf eine Gruppe weniger Sitze, als ihr nach Art. 53 Abs. 5 BayPVG mindestens zustehen, so erhält sie die in Art. 53 Abs. 5 BayPVG vorgeschriebene Zahl von Sitzen.

V

§ 37 Gleichzeitige Wahl

Die Wahl des Bezirkspersonalrats soll möglichst gleichzeitig mit der Wahl der Personalräte in demselben Bezirk stattfinden.

§ 38 Wahlausschreiben

(1) Das vom Bezirkswahlvorstand zu erlassende Wahlausschreiben muß enthalten

a) Ort und Tag seines Erlasses;

b) die Zahl der zu wählenden Mitglieder des Bezirkspersonalrats, getrennt nach den Gruppen;

c) Angaben über die Anteile von Frauen und Männern bei den wahlberechtigten Beschäftigten im Geschäftsbereich insgesamt und in den einzelnen Gruppen;

d) Angaben darüber, ob die Gruppen ihre Vertreter in getrennten Wahlgängen wählen (Gruppenwahl) oder vor Erlaß des Wahlausschreibens gemeinsame Wahl beschlossen worden ist;

e) den Hinweis, daß nur Beschäftigte wählen können, die in das Wählerverzeichnis eingetragen sind;

f) den Hinweis, daß Frauen und Männer im Bezirkspersonalrat entsprechend ihrem Anteil an den wahlberechtigten Beschäftigten im Geschäftsbereich vertreten sein sollen;

g) die Mindestzahl von wahlberechtigten Beschäftigten, von denen ein Wahlvorschlag unterzeichnet oder qualifiziert elektronisch signiert sein muß, soweit er nicht von einer in einer Dienststelle des Geschäftsbereichs vertretenen Gewerkschaft gemacht wird, und den Hinweis, daß jeder Bewerber nur auf einem Wahlvorschlag benannt werden kann;

h) den Hinweis, dass ein Wahlvorschlag von einer im Geschäftsbereich der Mittelbehörde vertretenen Gewerkschaft von zwei Beauftragten und ein von mehreren im Geschäftsbereich der Mittelbehörde vertretenen Gewerkschaften eingereichter gemeinsamer Wahlvorschlag von je zwei Beauftragten jeder beteiligten Gewerkschaft unterzeichnet oder qualifiziert elektronisch signiert sein muss, wobei die Beauftragten Beschäftigte im Geschäftsbereich der Mittelbehörde sein und einer dort vertretenen Gewerkschaft angehören müssen;

i) die Aufforderung, Wahlvorschläge innerhalb von fünfundzwanzig Kalendertagen nach Erlass des Wahlausschreibens beim Bezirkswahlvorstand einzureichen; der letzte Zeitpunkt der Einreichungsfrist ist anzugeben;

k) den Hinweis, daß nur fristgerecht eingereichte Wahlvorschläge berücksichtigt werden und daß nur gewählt werden kann, wer in einen solchen Wahlvorschlag aufgenommen ist;

l) den Tag oder die Tage der Stimmabgabe;

m) Ort und Zeit der Sitzung, in der das Wahlergebnis festgestellt wird.

(2) Findet die Wahl des Bezirkspersonalrats nicht gleichzeitig mit der Wahl des örtlichen Personalrats statt, ergänzt der örtliche Wahlvorstand das Wahlausschreiben durch die folgenden Angaben:

a) die Angabe, wo und wann das für die örtliche Dienststelle aufgestellte Wählerverzeichnis und diese Wahlordnung zur Einsicht ausliegen;

b) den Hinweis, daß Einsprüche gegen das Wählerverzeichnis nur binnen dreißig Kalendertagen seit Auslegung des Wählerverzeichnisses (§ 2 Abs. 3) schriftlich oder in elektronischer Form (§ 126a BGB) beim örtlichen Wahlvorstand eingelegt werden können; der letzte Tag der Einspruchsfrist ist anzugeben;

c) den Ort, an dem die Wahlvorschläge bekanntgegeben werden;
d) den Ort und die Tageszeit der Stimmabgabe;
e) einen Hinweis auf die Möglichkeit der schriftlichen Stimmabgabe (§§ 17, 42);
f) einen Hinweis darauf, ob für Beschäftigte im Schichtbetrieb (§ 19 Abs. 1) oder von nachgeordneten Stellen, Nebenstellen oder Teilen einer Dienststelle (§ 19 Abs. 2) die schriftliche Stimmabgabe angeordnet wird, wann in diesem Fall die Wahlunterlagen ausgehändigt oder übersandt werden und wo gleichwohl die Möglichkeit zur persönlichen Stimmabgabe besteht;
g) den Ort, an dem Einsprüche und andere Erklärungen gegenüber dem Wahlvorstand abzugeben sind.

(3) Bei gleichzeitiger Wahl von Bezirkspersonalrat und örtlichem Personalrat kann der Wahlvorstand die Angaben nach Abs. 2 durch einen Hinweis auf die entsprechenden Angaben im Wahlausschreiben des örtlichen Wahlvorstands ersetzen.

(4) Der örtliche Wahlvorstand vermerkt auf dem Wahlausschreiben den ersten und letzten Tag des Aushangs.

(5) Offenbare Unrichtigkeiten des Wahlausschreibens können vom Bezirkswahlvorstand, offenbare Unrichtigkeiten der Ergänzung des Wahlausschreibens vom örtlichen Wahlvorstand jederzeit berichtigt werden.

(6) Mit Erlaß des Wahlausschreibens ist die Wahl eingeleitet.

§ 39 (weggefallen)

§ 40 Sitzungsniederschriften

(1) $_1$Der Bezirkswahlvorstand fertigt eine Niederschrift über jede Sitzung, in der über die Ermittlung der Zahl der zu wählenden Mitglieder des Bezirkspersonalrats und die Verteilung der Sitze im Bezirkspersonalrat auf die Gruppen sowie über die Zulassung von Wahlvorschlägen entschieden wird. $_2$Die Niederschrift ist von sämtlichen Mitgliedern des Bezirkswahlvorstands zu unterzeichnen.

(2) Die Niederschrift über die Sitzungen, in denen über Einsprüche gegen das Wählerverzeichnis entschieden wird, fertigt der örtliche Wahlvorstand.

§ 41 Stimmabgabe, Stimmzettel

$_1$Findet die Wahl des Bezirkspersonalrats zugleich mit der Wahl der Personalräte statt, so ist im Fall der schriftlichen Stimmabgabe für die Stimmzettel zu beiden Wahlen nur ein Wahlumschlag, ein Freiumschlag und eine persönliche Erklärung zu verwenden. $_2$Für die Wahl des Bezirkspersonalrats sind Stimmzettel von anderer Farbe als für die Wahl des Personalrats zu verwenden.

§ 42 Schriftliche Stimmabgabe, Briefwahl

(1) $_1$Gehören in einer Dienststelle einer Gruppe in der Regel nicht mehr als fünf wahlberechtigte Beschäftigte an, so können diese ihre Stimme zur Wahl des Bezirkspersonalrats nur schriftlich beim Bezirkswahlvorstand abgeben. $_2$Der örtliche Wahlvorstand hat die Wahlpapiere (§ 17 Abs. 1) von Amts wegen auszuhändigen oder zu übersenden.

(2) $_1$Der örtliche Wahlvorstand vermerkt die Aushändigung oder Übersendung der Wahlpapiere jeweils im Wählerverzeichnis und teilt dies dem Bezirkswahlvorstand mit, der daraufhin ein besonderes Wählerverzeichnis aufstellt. $_2$§ 17 Abs. 1 und 2 Satz 1 und 2 sowie § 18 finden entsprechende Anwendung.

§ 43 Feststellung und Bekanntmachung des Wahlergebnisses

(1) $_1$Die örtlichen Wahlvorstände zählen die abgegebenen Stimmen gemäß § 20 Abs. 3 zusammen. $_2$Sie fertigen eine Wahlniederschrift gemäß § 21.

(2) $_1$Die Niederschrift ist unverzüglich nach Feststellung des Wahlergebnisses dem Bezirkswahlvorstand zu übersenden. $_2$Die bei der Dienststelle entstandenen Unterlagen für die Wahl des Bezirkspersonalrats (§ 24) werden zusammen mit einer Abschrift der Niederschrift vom Personalrat aufbewahrt.

V

(3) 1Der Bezirkswahlvorstand stellt spätestens am achten Kalendertag nach Beendigung der Stimmabgabe das Ergebnis der Wahl fest. 2Er zählt im Fall der Verhältniswahl die auf sämtliche Bewerber, bei gemeinsamer Wahl auch die auf sämtliche Bewerber gleicher Gruppenzugehörigkeit einer jeden Vorschlagsliste sowie die auf die einzelnen Bewerber innerhalb der Vorschlagsliste, im Fall der Personenwahl die auf jeden einzelnen Bewerber entfallenen Stimmen zusammen.

(4) 1Sobald die Namen der als Mitglieder und Ersatzmitglieder des Bezirkspersonalrats gewählten Bewerber feststehen, teilt sie der Bezirkswahlvorstand den örtlichen Wahlvorständen mit. 2Die örtlichen Wahlvorstände geben sie unverzüglich durch zweiwöchigen Aushang bekannt.

V

Zweiter Abschnitt
Wahl der Bezirksjugend- und Auszubildendenvertretung

§ 44 Bestellung des Bezirkswahlvorstands

1Der Bezirkspersonalrat bestellt den Bezirkswahlvorstand und seinen Vorsitzenden (Art. 64 Abs. 1 in Verbindung mit Art. 60 Abs. 1 Satz 1 BayPVG). 2Dem Bezirkswahlvorstand muß mindestens eine nach Art. 14 BayPVG wählbare Person, die nicht zur Bezirksjugend- und Auszubildendenvertretung wahlberechtigt ist, angehören.

§ 45 Vorbereitung und Durchführung der Wahl

(1) Für die Vorbereitung und Durchführung der Wahl der Bezirksjugend- und Auszubildendenvertretung gelten die §§ 1 bis 3, 6 Abs. 1, §§ 7 bis 25, 28, 29, 30 Abs. 1, 34 bis 43 entsprechend mit der Abweichung, daß sich die Zahl der zu wählenden Mitglieder der Bezirksjugend- und Auszubildendenvertretung ausschließlich aus Art. 59 Abs. 1 BayPVG ergibt und daß die Vorschriften über Gruppenwahl (Art. 19 Abs. 2 BayPVG), über den Minderheitenschutz (Art. 17 Abs. 3 BayPVG), über die Zusammenfassung der Bewerber in den Wahlvorschlägen nach Gruppen (§ 8 Abs. 4 Satz 4) und über die Begrenzung der Zahl der abzugebenden Stimmen durch die Zahl der zu wählenden Gruppenvertreter bei der Stimmenhäufung (§ 25 Abs. 1 Satz 3 und Abs. 2 Satz 3) keine Anwendung finden.

(2) 1Sind an einer Dienststelle keine wahlberechtigten Beschäftigten vorhanden, teilt der Personalrat oder, wenn ein solcher nicht besteht, der Leiter der Dienststelle dies dem Bezirkswahlvorstand mit. 2Im Fall des Satzes 1 kann auf die Bestellung eines örtlichen Wahlvorstands und die Bekanntgabe von Bekanntmachungen verzichtet werden; bei Eintritt von wahlberechtigten Beschäftigten vor Abschluss der Stimmabgabe ist beides unverzüglich nachzuholen.

(3) § 32 Abs. 2 und 3 gelten entsprechend.

Dritter Teil
Wahl des Hauptpersonalrats und der Hauptjugend- und Auszubildendenvertretung

Erster Abschnitt
Wahl des Hauptpersonalrats

§ 46 Entsprechende Anwendung der Vorschriften über die Wahl des Bezirkspersonalrats

Für die Wahl des Hauptpersonalrats gelten die Vorschriften der §§ 33 bis 43 entsprechend, soweit sich aus den §§ 47 bis 50 nichts anderes ergibt.

§ 47 Leitung der Wahl

1Der Hauptwahlvorstand leitet die Wahl des Hauptpersonalrats. 2Die Durchführung der Wahl in den einzelnen Dienststellen übernehmen die örtlichen Wahlvorstände im Auftrag und nach den Richtlinien des Hauptwahlvorstands.

§ 48 Durchführung der Wahl nach Bezirken

(1) 1Der Hauptwahlvorstand kann die bei den Mittelbehörden bestehenden Bezirkswahlvorstände oder die auf sein Ersuchen dort bestellten örtlichen Wahlvorstände beauftragen,

a) die von den örtlichen Wahlvorständen im Bereich der Mittelbehörde festzustellenden Zahlen der in der Regel tätigen Beschäftigten und ihre Verteilung auf die Gruppen zusammenzustellen,
b) die Zahl der im Bereich der Mittelbehörde wahlberechtigten Beschäftigten, getrennt nach den Gruppen, sowie den Anteil an Frauen und Männern bei den wahlberechtigten Beschäftigten insgesamt und in den einzelnen Gruppen festzustellen,
c) die bei den Dienststellen im Bereich der Mittelbehörde festgestellten Wahlergebnisse zusammenzustellen,
d) Bekanntmachungen des Hauptwahlvorstands an die übrigen örtlichen Wahlvorstände im Bereich der Mittelbehörden weiterzuleiten.

2Die Wahlvorstände bei den Mittelbehörden unterrichten in diesen Fällen die übrigen örtlichen Wahlvorstände im Bereich der Mittelbehörden darüber, dass die in Satz 1 Buchst. a bis c genannten Angaben an sie einzusenden sind.

(2) Die Wahlvorstände bei den Mittelbehörden fertigen über die Zusammenstellung der Wahlergebnisse (Abs. 1 Satz 1 Buchst. c) eine Niederschrift.

(3) Die Wahlvorstände bei den Mittelbehörden übersenden dem Hauptwahlvorstand unverzüglich die in Abs. 1 Satz 1 Buchst. a und b genannten Zusammenstellungen und die Niederschrift über die Zusammenstellung der Wahlergebnisse (Abs. 2).

§ 49 (weggefallen)

§ 50 Feststellung des Wahlergebnisses

Für die Feststellung des Wahlergebnisses verlängert sich die Frist des § 43 Abs. 3 Satz 1 um weitere vier Kalendertage.

Zweiter Abschnitt Wahl der Hauptjugend- und Auszubildendenvertetung

§ 51 Bestellung des Hauptwahlvorstands

1Der Hauptpersonalrat bestellt den Hauptwahlvorstand und seinen Vorsitzenden (Art. 64 Abs. 1 in Verbindung mit Art. 60 Abs. 1 Satz 1 BayPVG). 2Dem Hauptwahlvorstand muß mindestens eine nach Art. 14 BayPVG wählbare Person, die nicht zur Hauptjugend- und Auszubildendenvertretung wahlberechtigt ist, angehören.

§ 52 Vorbereitung und Durchführung der Wahl

Für die Wahl der Hauptjugend- und Auszubildendenvertretung gelten die Vorschriften der §§ 45 und 47 bis 50 entsprechend.

Vierter Teil Wahl des Gesamtpersonalrats und der Gesamtjugend- und Auszubildendenvertretung

§ 53 Entsprechende Anwendung der Vorschriften über die Wahl der Personalrats

(1) Für die Wahl des Gesamtpersonalrats gelten die Vorschriften der §§ 1 bis 30 und 34 bis 43 entsprechend.

(2) 1Für die Wahl der Gesamtjugend- und Auszubildendenvertretung gilt § 45 entsprechend. 2Der Gesamtpersonalrat bestellt den Wahlvorstand für die Wahl der Gesamtjugend- und Auszubildendenvertretung und dessen Vorsitzenden (Art. 64 Abs. 2 und Abs. 1 Satz 2 in Verbindung mit Art. 60 Abs. 1 Satz 1 BayPVG). 3Dem Wahlvorstand für die Wahl der Gesamtjugend- und Auszubildendenvertretung muß mindestens eine nach Art. 14 BayPVG wählbare Person, die nicht zur Gesamtjugend- und Auszubildendenvertretung wahlberechtigt ist, angehören.

Fünfter Teil Teilwiederholungswahlen

§ 54 Vorbereitung und Durchführung

(1) 1Die Durchführung von Teilwiederholungswahlen in den von der Wahlanfechtung betroffenen Dienststellen (Art. 53a BayPVG) obliegt auf allen Stufen den mit der Durchführung der teilweise angefochtenen Wahlen betrauten Wahlvorständen. 2Das Amt des

Wahlvorstands endet insoweit nicht mit der Bestellung des Wahlleiters in der konstituierenden Sitzung (Art. 34 Abs. 1 Satz 2 BayPVG).

(2) Spätestens am dritten Arbeitstag nach Rechtskraft der Entscheidung (Art. 53a Abs. 2 Satz 3 BayPVG) gibt der Wahlvorstand für die Wahl der Stufenvertretung die Namen seiner Mitglieder, deren dienstliche Anschrift, E-Mail-Adresse, Telefon- und Telefaxnummer sowie die Namen etwaiger Ersatzmitglieder in den Dienststellen, für deren Bereich die Wahl für ungültig erklärt worden ist, bekannt.

(3) 1Die Teilwiederholungswahl findet nach denselben Vorschriften, denselben Wahlvorschlägen und auf Grund derselben Wählerverzeichnisse statt, soweit nicht die Entscheidung hinsichtlich der Wahlvorschläge und Wählerverzeichnisse Abweichungen vorschreibt. 2Diejenigen Schritte des Wahlverfahrens, die von der Wahlanfechtung und der Entscheidung nicht betroffen sind, hat der Wahlvorstand nicht zu wiederholen; die Gesamtdauer des Wahlverfahrens verkürzt sich entsprechend. 3Die Auslegung des Wählerverzeichnisses, der Erlaß des Wahlausschreibens und die Bekanntgabe der Wahlvorschläge haben stets zu erfolgen. 4Vorabstimmungen nach § 4 finden nicht statt.

(4) Die Bekanntgabe des Wahlergebnisses auf Grund der Teilwiederholungswahl erfolgt in allen Dienststellen des Geschäftsbereichs der jeweiligen Mittelbehörde oder obersten Dienstbehörde.

(5) Ergibt sich durch die Teilwiederholungswahl keine Änderung in der Zusammensetzung der Mitglieder der Stufenvertretung, so erübrigt sich eine neuerliche konstituierende Sitzung (Art. 34 Abs. 1 Satz 1 BayPVG).

(6) Die vorstehenden Regelungen gelten für die Teilwiederholungswahl des Gesamtpersonalrats sowie der Stufen- und Gesamtjugend- und Auszubildendenvertretung entsprechend.

Sechster Teil
Wahl der Vertrauensperson der Beamten in Ausbildung und der nicht zum Stammpersonal gehörenden Beamten der Einsatzstufen bei der Bayerischen Bereitschaftspolizei

§ 55 Entsprechende Anwendung von Vorschriften

(1) Für die Wahl der Vertrauensperson und ihrer Stellvertreter gelten § 1 Abs. 1 bis 5, Abs. 7, §§ 2, 3 und 6, § 7 Abs. 2, § 8 Abs. 4 Satz 2 und Abs. 6, §§ 9 bis 16, 20, 22, 23 und 56 sinngemäß, soweit nachfolgend nichts anderes bestimmt ist, und mit der Abweichung, daß die Vorschriften über die Gruppenwahl (Art. 19 Abs. 2 BayPVG) und die Feststellung der Anteile von Frauen und Männern an den Wahlberechtigten insgesamt und den einzelnen Gruppen (Art. 17 Abs. 2 BayPVG) keine Anwendung finden.

(2) Die Fristen in § 3 Abs. 1 und § 6 Abs. 2 Buchst. h werden auf zehn Kalendertage, die Frist in § 6 Abs. 1 auf einundzwanzig Kalendertage, die Fristen in § 6 Abs. 2 Buchst. 1 und § 7 Abs. 2 auf neun Kalendertage, die Frist in § 10 Abs. 5 auf drei Kalendertage und die Frist in § 13 Abs. 1 auf fünf Kalendertage gekürzt.

(3) Der Wahlvorstand gibt die Namen seiner Mitglieder, deren dienstliche Anschrift, E-Mail-Adresse, Telefon- und Telefaxnummer sowie die Namen etwaiger Ersatzmitglieder unverzüglich nach seiner Benennung in der Dienststelle bekannt.

(4) 1Wahlvorschläge können nur für die Wahl der Vertrauensperson eingereicht werden. 2Jeder Wahlvorschlag der wahlberechtigten Beamten muß von zehn Wahlberechtigten unterzeichnet oder qualifiziert elektronisch signiert sein. 3Bei Wahlvorschlägen der in der Dienststelle vertretenen Gewerkschaften ist die Unterzeichnung oder qualifizierte elektronische Signatur durch eine beauftragte Person ausreichend; die unterzeichnende oder signierende Person, die an erster Stelle steht, gilt als Listenvertreter. 4Die Vertrauensperson und jeder ihrer Stellvertreter werden in besonderen

Wahlgängen gewählt. $_{5}$Aus den nicht zur Vertrauensperson gewählten Bewerbern wird der erste Stellvertreter, aus den restlichen Bewerbern der zweite Stellvertreter gewählt. $_{6}$Dieses Verfahren ist im Wahlausschreiben bekanntzugeben. $_{7}$Bei jedem Wahlgang sollen Stimmzettel von verschiedener Farbe verwendet werden.

(5) $_{1}$Über das Wahlergebnis fertigt der Wahlvorstand eine Niederschrift, die von sämtlichen Mitgliedern des Wahlvorstands zu unterzeichnen ist. $_{2}$Die Niederschrift muß die Zahl der abgegebenen Stimmen, die Namen der gewählten Bewerber, die für jeden Bewerber abgegebene Zahl der Stimmen und die Zahl der ungültigen Stimmen enthalten.

(6) Die Wahlunterlagen (Niederschriften, Bekanntmachungen, Stimmzettel usw.) werden von dem für die Hundertschaft zuständigen Personalrat mindestens bis zur nächsten Wahl der Vertrauensperson aufbewahrt.

Siebter Teil
Schlußvorschriften

§ 56 Berechnung von Fristen

$_{1}$Für die Berechnung der in dieser Verordnung festgelegten Fristen finden die §§ 186 bis 193 des Bürgerlichen Gesetzbuches entsprechende Anwendung. $_{2}$Arbeitstage im Sinn dieser Verordnung sind die Wochentage Montag bis Freitag mit Ausnahme der gesetzlichen Feiertage.

§ 56a Sonderregelungen für die regelmäßigen Wahlen 2021

(1) $_{1}$Werden im Rahmen der Vorbereitung und Durchführung der regelmäßigen Wahlen 2021 Sitzungen des Wahlvorstands, die als nichtöffentliche Sitzungen abgehalten werden können, als solche abgehalten, gelten die Mitglieder als in der Sitzung anwesend im Sinne des § 1 Abs. 1 Satz 2, wenn

1. sie mittels in der Dienststelle verfügbarer und nach den allgemeinen Regelungen der Dienststelle zur dienstlichen Nutzung freigegebener audiovisueller Einrichtungen zur Sitzung zugeschalten sind und
2. kein Mitglied der Sitzungsteilnahme mittels audiovisueller Zuschaltung rechtzeitig vor Beginn der Sitzung widerspricht.

$_{2}$Abweichend von § 1 Abs. 3 Satz 2 genügt für die Niederschriften dieser Sitzungen, dass ein Mitglied des Wahlvorstandes die Niederschrift unterzeichnet und die übrigen Mitglieder ihre Zustimmung zur Niederschrift auf einem dauerhaften Datenträger erklären. $_{3}$Die jeweilige Zustimmung ist gemeinsam mit der Niederschrift zu Dokumentationszwecken aufzubewahren.

(2) § 17 ist mit folgenden Maßgaben anzuwenden:

1. Abweichend von § 17 Abs. 1 Satz 1 sind den Beschäftigten die Unterlagen für die schriftliche Stimmabgabe unabhängig vom Vorliegen eines Verhinderungsgrundes auf Verlangen auszuhändigen oder zu übersenden; zusätzlich zu den in § 17 Abs. 1 Satz 1 Nr. 1 und 2 vorgesehenen Unterlagen ist jedem Briefwähler eine vorgedruckte, vom Wähler abzugebende Erklärung, in der dieser gegenüber dem Wahlvorstand versichert, dass er den Stimmzettel persönlich gekennzeichnet hat, oder, soweit unter den Voraussetzungen des § 16 Abs. 2 erforderlich, durch eine Person seines Vertrauens hat kennzeichnen lassen, auszuhändigen oder zu übersenden.
2. Abweichend von § 17 Abs. 2 Satz 1 gibt der Wähler seine Stimme in der Weise ab,
   a) dass er den Stimmzettel unbeobachtet persönlich kennzeichnet, in den Wahlumschlag legt und den Wahlumschlag verschließt,
   b) dass er die vorgedruckte Erklärung unter Angabe des Ortes und des Datums unterschreibt und
   c) dass er den verschlossenen Wahlumschlag, in den der Stimmzettel gelegt ist (Buchst. a), zusammen mit der unterschriebenen Erklärung (Buchst. b) in dem Freiumschlag verschließt und diesen so rechtzeitig an den Wahlvorstand absendet oder übergibt, dass er vor Abschluss der Stimmabgabe vorliegt.

(3) $_{1}$Abweichend von § 18 Abs. 1 entnimmt der Wahlvorstand den Freiumschlägen neben den Wahlumschlägen die vorgedruckten Erklärungen nach Abs. 2 Nr. 1 Halbsatz 2. $_{2}$Ist die schriftliche Stimmabgabe ordnungsgemäß erfolgt (Abs. 2 Nr. 2), legt der Wahlvorstand den Wahlumschlag nach dem Vermerk der Stimmabgabe im Wählerverzeichnis in die Wahlurne.

(4) $_{1}$Die Anordnung der schriftlichen Stimmabgabe durch den örtlichen Wahlvorstand ist neben den in § 19 Abs. 1 und 2 genannten Fällen für alle wahlberechtigten Beschäftigten zulässig, wenn zum Zeitpunkt der Wahl die Möglichkeit der Stimmabgabe in der Dienststelle aufgrund des Infektionsgeschehens anlässlich der Corona-Pandemie voraussichtlich nicht sichergestellt werden kann. $_{2}$Die Anordnung nach Satz 1 ist mit Erlass des Wahlausschreibens entsprechend § 6 Abs. 2 Buchst. q und § 38 Abs. 2 Buchst. f bekanntzugeben. $_{3}$§ 19 Abs. 3 Satz 1 gilt entsprechend.

(5) $_{1}$Unter den Voraussetzungen des Abs. 4 kann durch den örtlichen Wahlvorstand nachträglich die schriftliche Stimmabgabe angeordnet werden, wenn zunächst persönliche Stimmabgabe vorgesehen war. $_{2}$Bereits bekanntgegebene Wahlausschreiben sind entsprechend zu ergänzen.

(6) Die Regelungen der Abs. 1 bis 5 gelten auch für Neuwahlen auf Grund der Art. 27, 27a und 28 BayPVG sowie für Wiederholungs- und Teilwiederholungswahlen, soweit die Wahlhandlung vor dem 1. August 2023 stattfindet.

§ 57 Inkrafttreten

Diese Verordnung tritt am 1. Februar 1996 in Kraft.

VI Reise- und Umzugskosten/Trennungsgeld

Bayerisches Gesetz über die Reisekostenvergütung der Beamten und Richter (Bayerisches Reisekostengesetz – BayRKG)

Vom 24. April 2001 (GVBl. S. 133)

Zuletzt geändert durch
Gesetz zur Änderung dienstrechtlicher Vorschriften
vom 23. Dezember 2025 (GVBl. S. 643)

Der Landtag des Freistaates Bayern hat das folgende Gesetz beschlossen, das hiermit bekannt gemacht wird:

Abschnitt I Allgemeines

Art. 1 Geltungsbereich

(1) Dieses Gesetz regelt die Erstattung von Auslagen für Dienstreisen und Dienstgänge (Reisekostenvergütung) der Beamten und Richter des Freistaates Bayern, der Beamten der Gemeinden, Gemeindeverbände und sonstigen unter der Aufsicht des Staates stehenden Körperschaften, Anstalten und Stiftungen des öffentlichen Rechts und der zu diesen Dienstherren abgeordneten Beamten.

(2) Das Gesetz regelt ferner die Erstattung von

1. Auslagen aus Anlass der Abordnung (Trennungsgeld, Art. 23),
2. Auslagen für Reisen aus Anlass der Einstellung, einer Versetzung, Abordnung oder Aufhebung einer Abordnung (Art. 14 Abs. 1 und 2),
3. Auslagen für Aus- und Fortbildungsreisen (Art. 24 Abs. 1 bis 3) und
4. Fahrkosten für Fahrten zwischen Wohnung und Dienststätte aus besonderem dienstlichen Anlass (Art. 24 Abs. 4).

Abschnitt II Reisekostenvergütung

Art. 2 Begriffsbestimmungen

(1) Dienstreisende im Sinn dieses Gesetzes sind die in Art. 1 Abs. 1 genannten Personen, die eine Dienstreise oder einen Dienstgang ausführen.

(2) $_1$Dienstreisen im Sinn dieses Gesetzes sind Reisen zur Erledigung von Dienstgeschäften außerhalb des Dienstorts, die schriftlich oder elektronisch angeordnet oder genehmigt worden sind. $_2$Dienstort ist die Gemeinde, in der sich die Dienststelle befindet, bei der Dienstreisende ständig oder überwiegend Dienst zu leisten haben. $_3$Haben Dienstreisende keine Dienststelle im Sinn von Satz 2, gilt die Dienststelle, der Berechtigte organisatorisch zugeordnet sind, als Dienststelle im Sinn dieses Gesetzes; dies gilt auch bei Tele- oder Wohnraumarbeit und in Fällen des Abs. 4. $_4$Dienstreisen sind auch Reisen aus Anlass der Einstellung, einer Versetzung, Abordnung oder Aufhebung einer Abordnung sowie Reisen von einem dem vorübergehenden Aufenthalt dienenden Ort zum Dienstort, wenn im Übrigen die Voraussetzungen des Satzes 1 erfüllt sind.

(3) $_1$Auslandsdienstreisen sind Dienstreisen zwischen Inland und Ausland sowie im Ausland. $_2$Als Auslandsdienstreisen gelten nicht Dienstreisen der im Grenzverkehr tätigen Dienstreisenden im Bereich ausländischer Lokalgrenzbehörden, zwischen solchen Bereichen und zwischen diesen und dem Inland; dies gilt entsprechend für die in den Saalforsten beschäftigten Dienstreisenden.

(4) Darf der Beschäftigte seine Dienstgeschäfte auch außerhalb seines Dienstortes erbringen, obwohl dienstliche Gründe dies nicht erfordern, so sind Reisen hierfür keine Dienstreisen.

(5) $_1$Dienstgänge im Sinn dieses Gesetzes sind Gänge oder Fahrten am Dienst- oder Wohnort zur Erledigung von Dienstgeschäften außerhalb der Dienststätte, die angeordnet oder genehmigt worden sind. $_2$Dem Wohnort steht

VI

ein dem vorübergehenden Aufenthalt dienender Ort gleich. 3Abs. 4 gilt für Dienstgänge entsprechend.

(6) 1Der Anordnung oder Genehmigung einer Dienstreise oder eines Dienstgangs im Inland bedarf es nicht, wenn dies nach dem Amt des Dienstreisenden oder nach dem Wesen des Dienstgeschäfts nicht in Betracht kommt. 2Entsprechendes gilt, wenn angeordnete dienstliche Aufträge oder festgelegte Einsatzpläne eine Dienstreise oder einen Dienstgang erforderlich machen.

Art. 3 Anspruch auf Reisekostenvergütung

(1) 1Dienstreisende haben Anspruch auf Reisekostenvergütung zur Abgeltung der dienstlich veranlassten Mehraufwendungen. 2Art und Umfang bestimmt ausschließlich dieses Gesetz. 3Der Nachweis der Mehraufwendungen kann bis zum Ablauf eines halben Jahres nach Antragstellung von der für die Abrechnung zuständigen Stelle (Art. 26) verlangt werden. 4Werden Nachweise auf Anforderung nicht innerhalb von drei Monaten vorgelegt, kann der Antrag insoweit abgelehnt werden.

(2) Reisekostenvergütung wird nur insoweit gewährt, als die Aufwendungen und die Dauer der Dienstreise oder des Dienstgangs zur Erledigung des Dienstgeschäfts notwendig waren.

(3) 1Auf die Reisekostenvergütung sind Zuwendungen Dritter, die Dienstreisenden ihres Amts wegen für dieselbe Dienstreise oder denselben Dienstgang gewährt wurden, anzurechnen. 2Art. 11 bleibt unberührt.

(4) Bei Dienstreisen und Dienstgängen für eine auf Vorschlag oder Verlangen der zuständigen Behörden wahrgenommene Nebentätigkeit haben Dienstreisende nur insoweit Anspruch auf Reisekostenvergütung, als die Stelle, bei der die Nebentätigkeit ausgeübt wird, Auslagenerstattung für dieselbe Dienstreise oder denselben Dienstgang nicht zu gewähren hat; dies gilt auch dann, wenn Dienstreisende auf ihren Anspruch gegen die Stelle verzichtet haben.

(5) 1Die Reisekostenvergütung ist innerhalb einer Ausschlussfrist von einem halben Jahr bei der Beschäftigungsbehörde schriftlich oder elektronisch zu beantragen. 2Die Frist beginnt mit dem Tag nach Beendigung der Dienstreise oder des Dienstgangs, in den Fällen des Art. 20 mit Ablauf des Tages, an dem den Dienstreisenden bekannt wird, dass die Dienstreise oder der Dienstgang nicht ausgeführt wird.

(6) Auf Reisekostenvergütung und Kostenerstattung nach Art. 1 Abs. 2 kann ganz oder teilweise verzichtet werden.

Art. 4 Art der Reisekostenvergütung

Die Reisekostenvergütung umfasst

1. Fahrkostenerstattung (Art. 5),
2. Wegstrecken- und Mitnahmeentschädigung (Art. 6),
3. Tagegeld (Art. 8),
4. Übernachtungsgeld (Art. 9),
5. Erstattung der Auslagen bei längerem Aufenthalt am Geschäftsort (Art. 10),
6. Erstattung der Nebenkosten (Art. 12),
7. Erstattung der Auslagen bei Dienstreisen bis zu sechs Stunden Dauer und bei Dienstgängen (Art. 13),
8. Aufwandsvergütung (Art. 18),
9. Pauschvergütung (Art. 19),
10. Erstattung der Auslagen für Reisevorbereitungen und bei vorzeitiger Beendigung des Dienstgeschäfts (Art. 20).

Art. 5 Fahrkostenerstattung

(1) 1Für Strecken, die mit regelmäßig verkehrenden Beförderungsmitteln zurückgelegt worden sind, werden die entstandenen notwendigen Fahrkosten erstattet, und zwar beim Benutzen von

VI

	Land- oder Wasserfahrzeugen	Flugzeugen	Schlafwagen
den Angehörigen der Besoldungsgruppen	bis zu den Kosten der		
A 1 bis A 7	zweiten Klasse	Touristen- oder Economyklasse	Touristenklasse
den übrigen Besoldungsgruppen	ersten Klasse	Touristen- oder Economyklasse	Doppel- oder Einbettklasse

$_{2}$Fahrpreisermäßigungen sind zu berücksichtigen. $_{3}$Wird die Dienstreise an der Wohnung angetreten oder beendet, werden höchstens die Fahrkosten erstattet, die bei der Abreise oder Ankunft an der Dienststelle angefallen wären; dies gilt nicht, wenn es zur Erledigung des konkreten Dienstgeschäfts aus dienstlichen Gründen erforderlich ist, die Dienstreise zwischen zwanzig Uhr und sechs Uhr oder an einem Samstag, Sonntag oder gesetzlichen Feiertag anzutreten oder zu beenden. $_{4}$Fahrkosten werden nicht erstattet, wenn das regelmäßig verkehrende Beförderungsmittel oder ein anderes Beförderungsmittel unentgeltlich benutzt werden kann.

(2) $_{1}$Ist der Dienstreisende noch nicht Angehöriger einer Besoldungsgruppe, so ist die Besoldungsgruppe seines Eingangsamts maßgebend. $_{2}$Die Rückwirkung der Einweisung in eine Planstelle und die Rückwirkung der Zuteilung eines Amts zu einer anderen Besoldungsgruppe bleiben unberücksichtigt. $_{3}$Ehrenbeamte werden den Beamten der übrigen Besoldungsgruppen im Sinn des Absatzes 1 Satz 1 gleichgestellt.

(3) Die Kosten einer höheren Klasse werden erstattet, wenn Dienstreisende sie aus dienstlichen Gründen benutzen mussten.

(4) $_{1}$Dienstreisende, denen nach Absatz 1 die Fahrkosten der niedrigsten Klasse zu erstatten wären, werden bei einem Grad der Behinderung von wenigstens 50 die Auslagen für die nächsthöhere Klasse erstattet. $_{2}$Dieselbe Vergünstigung kann anderen Dienstreisenden gewährt werden, wenn ihr körperlicher oder gesundheitlicher Zustand das Benutzen der höheren Klasse rechtfertigt.

(5) $_{1}$Für Strecken, die aus triftigen Gründen mit anderen als den in Art. 6 genannten nicht regelmäßig verkehrenden Beförderungsmitteln zurückgelegt worden sind, werden die entstandenen notwendigen Fahrkosten erstattet. $_{2}$Liegen keine triftigen Gründe vor, so darf keine höhere Reisekostenvergütung gewährt werden als beim Benutzen eines regelmäßig verkehrenden Beförderungsmittels.

Art. 6 Wegstrecken- und Mitnahmeentschädigung

(1) $_{1}$Für Strecken, die Dienstreisende aus triftigen Gründen mit einem ihnen gehörenden Fahrzeug zurücklegen, wird als Auslagenersatz eine Wegstreckenentschädigung gewährt, und zwar je Kilometer bei Benutzung eines

1. Kraftwagens 0,40 €,
2. Motorrads oder Motorrollers 0,17 €,
3. Mopeds oder Mofas 0,10 €,
4. Fahrrads oder elektrisch betriebenen, zweirädrigen Fahrzeugs 0,10 €.

$_{2}$Dem Fahrzeug im Sinn des Satzes 1 steht das unentgeltlich zur Verfügung gestellte Fahrzeug des Ehegatten, des Lebenspartners im Sinn des § 1 des Lebenspartnerschaftsgesetzes oder eines mit dem Dienstreisenden in häuslicher Gemeinschaft lebenden Verwandten oder Verschwägerten gleich. $_{3}$Mit der Wegstreckenentschädigung nach Satz 1 sind die Aufwendungen für die Mitnahme von Gepäck abgegolten.

(2) Dienstreisende, die in ihrem Fahrzeug Personen mitgenommen haben, die Anspruch auf Wegstreckenentschädigung gegen denselben Dienstherrn haben, erhalten Mitnahmeentschädigung je Person und Kilometer in Höhe

von 0,02 € bei Benutzung eines Kraftwagens und in Höhe von 0,01 € bei Benutzung eines Motorrades oder Motorrollers.

(3) Sind Dienstreisende von einer im öffentlichen Dienst stehenden Person mitgenommen worden, die Anspruch auf Fahrkostenerstattung gegen einen anderen Dienstherrn hat, so erhalten sie Mitnahmeentschädigung nach Absatz 2, soweit ihnen Auslagen für die Mitnahme entstanden sind.

(4) Zur Abgeltung der Mehraufwendungen, die durch regelmäßig in größerem Umfang erforderliche Fahrten mit privateigenen Kraftwagen auf unbefestigten Forststrecken verursacht werden, erhalten im Forstdienst tätige Dienstreisende nach näherer Bestimmung der obersten Dienstbehörde zur Wegstreckenentschädigung nach Absatz 1 Satz 1 Nr. 1 einen Zuschlag von 0,03 € je Kilometer.

(5) Wegstrecken- und Mitnahmeentschädigung werden nicht gewährt, wenn ein Dienstfahrzeug unentgeltlich benutzt werden kann.

(6) $_1$Für Strecken, die Dienstreisende ohne Vorliegen triftiger Gründe mit einem ihnen gehörenden Fahrzeug zurücklegen, wird eine Wegstreckenentschädigung gewährt, und zwar je Kilometer bei Benutzung eines

1. Kraftwagens 0,25 €,
2. Motorrads oder Motorrollers 0,12 €,
3. Mopeds oder Mofas 0,07 €,
4. Fahrrads oder elektrisch betriebenen, zweirädrigen Fahrzeugs 0,04 €.

$_2$Art. 5 Abs. 1 Satz 4 gilt sinngemäß.

(7) Art. 5 Abs. 1 Satz 3 gilt entsprechend.

Art. 7 Dauer der Dienstreise

$_1$Die Dauer der Dienstreise richtet sich nach der Abreise und der Ankunft an der Wohnung. $_2$Wird die Dienstreise an der Dienststelle angetreten oder beendet, so tritt diese an die Stelle der Wohnung.

Art. 8 Tagegeld

(1) Bei einer Dienstreise, die nicht mehr als einen vollen Kalendertag beansprucht, beträgt das Tagegeld bei einer Dauer

von mehr als sechs bis acht Stunden 4,50 €,
von mehr als acht bis zwölf Stunden 7,50 €,
von mehr als zwölf Stunden 15,00 €.

(2) $_1$Bei einer mehrtägigen Dienstreise beträgt das Tagegeld für den vollen Kalendertag 21,50 €. $_2$Für den Tag des Antritts und für den Tag der Beendigung einer mehrtägigen Dienstreise beträgt das Tagegeld bei einer Dauer

von mehr als sechs bis acht Stunden 6,50 €,
von mehr als acht bis zwölf Stunden 11,00 €,
von mehr als zwölf Stunden 21,50 €.

(3) Bei mehreren Dienstreisen an einem Kalendertag wird jede Reise für sich berechnet; es wird jedoch zusammen nicht mehr als ein volles Tagegeld gewährt.

(4) Erstreckt sich eine Dienstreise auf zwei Kalendertage und steht Dienstreisenden ein Übernachtungsgeld nicht zu, so ist, wenn dies für sie günstiger ist, das Tagegeld so zu berechnen, als ob die Dienstreise an einem Kalendertag ausgeführt worden wäre.

(5) Die oberste Dienstbehörde kann in begründeten Ausnahmefällen unter Berücksichtigung der häuslichen Ersparnis die Erstattung entstandener notwendiger Auslagen für Verpflegung, die über den Pauschbeträgen der Absätze 1 bis 4 liegen, zulassen.

Art. 9 Übernachtungsgeld

(1) $_1$Übernachtungsgeld wird bei einer mindestens achtstündigen Dienstreise gewährt, wenn diese sich über mehrere Kalendertage erstreckt oder bis drei Uhr angetreten worden ist. $_2$Übernachtungsgeld wird nicht für eine Nacht gewährt, in der die Dienstreise nach drei Uhr angetreten oder vor zwei Uhr beendet worden ist.

(2) Das Übernachtungsgeld für eine Nacht ohne belegmäßigen Nachweis beträgt 18,50 €.

(3) $_1$Die entstandenen notwendigen Übernachtungskosten werden erstattet. $_2$Übernachtungskosten, die die Kosten des Frühstücks einschließen, sind vorab um 20 v. H. des Tagegeldes nach Art. 8 Abs. 2 Satz 1 zu kürzen.

(4) $_1$Abweichend von Absatz 1 wird ein Übernachtungsgeld nicht gewährt, wenn wegen der Benutzung von Beförderungsmitteln keine

Übernachtungskosten anfallen. ₂Für dieselbe Nacht wird ein Übernachtungsgeld nur gewährt, wenn wegen der frühen Ankunft oder späten Abfahrt des Beförderungsmittels eine Unterkunft in Anspruch genommen oder beibehalten werden musste.

Art. 10 Erstattung der Auslagen bei längerem Aufenthalt am Geschäftsort

(1) 1Dauert der Aufenthalt an demselben auswärtigen Geschäftsort länger als 14 Tage, so werden als Vergütung vom 15. Tag an 50 v. H. des Tage- und Übernachtungsgeldes (Art. 8 Abs. 2 Satz 1, Art. 9 Abs. 2) und vom 43. Tag an Trennungstagegeld und Reisebeihilfen wie bei einer Abordnung (Art. 23) gewährt; Art. 9 Abs. 3 wird insoweit nicht angewandt. 2Zu den Aufenthaltstagen rechnen alle Tage zwischen dem Hinreisetag und dem Rückreisetag.

(2) Die oberste Dienstbehörde kann abweichend von Absatz 1 das volle Tage- und Übernachtungsgeld (Art. 8 Abs. 2 Satz 1, Art. 9 Abs. 2 und 3) in besonderen Fällen über die 14-Tagefrist hinaus, längstens jedoch bis zu drei Monaten bewilligen.

VI

Art. 11 Kürzung des Tage- und Übernachtungsgeldes und der Vergütung nach Art. 10 Abs. 1

(1) 1Erhalten Dienstreisende ihres Amts wegen unentgeltlich Verpflegung, ist

1. vom Tagegeld (Art. 8) für das Frühstück 20 v. H., für das Mittag- und Abendessen je 40 v. H. des vollen Satzes,
2. von der Vergütung nach Art. 10 für das Frühstück 15 v. H., für das Mittag- und Abendessen je 25 v. H.,

höchstens jedoch ein Betrag bis zur Höhe des jeweiligen Tagegeldes einzubehalten. 2Das Tagegeld und die Vergütung nach Art. 10 Abs. 1 werden nach Satz 1 auch gekürzt, wenn von dritter Seite Verpflegung bereitgestellt wird und das Entgelt für sie in den erstattbaren Fahr- oder Nebenkosten enthalten ist.

(2) 1Erhalten Dienstreisende ihres Amts wegen unentgeltlich Unterkunft oder werden die Auslagen für das Benutzen von Schlaf-, Liegewagen oder Schiffskabinen erstattet, wird Übernachtungsgeld (Art. 9) nicht gewährt, die Vergütung nach Art. 10 Abs. 1 wird um 35 v. H. gekürzt. 2Das gleiche gilt, wenn von dritter Seite Unterkunft bereitgestellt wird und das Entgelt für sie in den erstattbaren Nebenkosten enthalten ist.

(3) Die Absätze 1 und 2 sind auch dann anzuwenden, wenn Dienstreisende ihres Amts wegen unentgeltlich bereitgestellte Verpflegung oder Unterkunft ohne triftigen Grund nicht in Anspruch nehmen.

(4) Die oberste Dienstbehörde kann in besonderen Fällen niedrigere Kürzungssätze zulassen.

Art. 12 Erstattung der Nebenkosten

Zur Erledigung des Dienstgeschäfts entstandene notwendige Auslagen, die nicht nach Art. 5 bis 11 zu erstatten sind, werden als Nebenkosten erstattet.

Art. 13 Erstattung der Auslagen bei Dienstreisen bis zu sechs Stunden Dauer und bei Dienstgängen

1Bei Dienstreisen bis zu sechs Stunden Dauer und bei Dienstgängen stehen Dienstreisenden Fahrkostenerstattung (Art. 5), Wegstrecken- und Mitnahmeentschädigung (Art. 6) und Nebenkostenerstattung (Art. 12) zu. 2Daneben werden die entstandenen notwendigen Auslagen für Verpflegung bis zur Höhe von 4,50 € sowie für Unterkunft erstattet; Art. 8 Abs. 5 gilt entsprechend.

Art. 14 Bemessung der Reisekostenvergütung in besonderen Fällen

(1) 1Bei Dienstreisen aus Anlass der Einstellung, einer Versetzung, Abordnung oder Aufhebung einer Abordnung wird das Tagegeld für die Zeit bis zur Ankunft am neuen Dienstort gewährt; im Übrigen gilt Art. 7. 2Das Tagegeld wird für die Zeit bis zum Ablauf des Ankunftstags gewährt, wenn Dienstreisende vom nächsten Tag an Trennungsreise- oder Trennungstagegeld erhalten; daneben wird Übernachtungsgeld gewährt. 3Bei Dienstreisen aus Anlass einer Versetzung, Abordnung oder Aufhebung einer Abordnung wird das Tagegeld von dem Beginn des Abfahrtstages an gewährt, wenn für den vorhergehenden Tag Trennungsreise- oder Trennungstagegeld gewährt wird. 4Art. 11 bleibt unberührt.

(2) Bei Dienstreisen aus Anlass der Einstellung wird höchstens die Reisekostenvergütung gewährt, die bei einer Dienstreise vom Wohnort zum Dienstort zustünde.

(3) Bei einer Dienstreise nach dem Wohnort wird für die Dauer des Aufenthalts an diesem Ort kein Tage- und Übernachtungsgeld gewährt; notwendige Auslagen werden wie bei einem Dienstgang (Art. 13) erstattet.

(4) $_{1}$Übernachten Dienstreisende in ihrer außerhalb des Geschäftsorts gelegenen Wohnung, so wird kein Übernachtungsgeld gewährt, die Vergütung nach Art. 10 Abs. 1 wird um 35 v. H. gekürzt. $_{2}$Für volle Kalendertage des Aufenthalts am Wohnort wird kein Tagegeld und keine Vergütung nach Art. 10 Abs. 1 gewährt. $_{3}$Die notwendigen Auslagen für die Fahrten zwischen dem Geschäftsort und dem Wohnort (Art. 5 und 6) werden bis zur Höhe der nach den Sätzen 1 und 2 eingesparten Beträge erstattet.

(5) Wer eine Dienstreise als Beisitzer eines Disziplinargerichts oder Dienstgerichts ausführt, wird für die Fahrkostenerstattung Beamten der übrigen Besoldungsgruppen im Sinn des Art. 5 Abs. 1 Satz 1 gleichgestellt.

Art. 15 Verbindung von Dienstreisen mit privaten Reisen

(1) $_{1}$Wird eine Dienstreise mit einer privaten Reise verbunden, ist die Reisekostenvergütung so zu bemessen, als wäre nur die Dienstreise durchgeführt worden. $_{2}$Die Reisekostenvergütung darf die nach dem tatsächlichen Reiseverlauf entstandenen Kosten nicht übersteigen. $_{3}$Dies gilt auch in Fällen des Art. 2 Abs. 4.

(2) $_{1}$Ist der Antritt einer Dienstreise vom Urlaubsort aus angeordnet oder genehmigt worden, gilt der Urlaubsort als Ausgangsort der Dienstreise. $_{2}$Absatz 1 Satz 2 gilt entsprechend. $_{3}$Ist die Dienstreise erst nach dem Ende des Urlaubs anzutreten, wird Reisekostenvergütung vom Urlaubsort zum Geschäftsort und vom Geschäftsort zum Dienstort oder zur Wohnung (Art. 7) gewährt. $_{4}$Auf den sich nach Satz 3 ergebenden Fahrkostenersatz werden Fahrkosten für die kürzeste Reisestrecke vom letzten Urlaubsort zum Dienstort oder zur Wohnung angerechnet.

(3) $_{1}$Wird aus dienstlichen Gründen die vorzeitige Beendigung eines Urlaubs angeordnet, wird für die Rückreise vom letzten Urlaubsort zum Dienstort oder zur Wohnung (Art. 7) Reisekostenvergütung gewährt. $_{2}$Sonstige Aufwendungen der Dienstreisenden und der sie begleitenden Personen, die durch die vorzeitige Beendigung eines Urlaubs verursacht worden sind, werden in angemessenem Umfang erstattet. $_{3}$Für die Urlaubsreise angefallene Fahrkosten des Dienstreisenden und der sie begleitenden Personen können im Verhältnis des auf Grund der vorzeitigen Urlaubsbeendigung nicht ausgenutzten Teils des Urlaubs erstattet werden.

Art. 16 Zwischendienstreisen

$_{1}$Zwischendienstreisen sind Reisen zur Erledigung von Dienstgeschäften außerhalb des Dienstreisegeschäftsortes, die von diesem Ort aus angetreten und an ihm wieder beendet werden. $_{2}$Durch Zwischendienstreisen werden weder die Dienstreise noch der Aufenthalt an demselben auswärtigen Geschäftsort im Sinn des Art. 10 unterbrochen. $_{3}$Ist eine Übernachtung außerhalb des Dienstreisegeschäftsorts oder des Wohnorts notwendig, werden neben dem Übernachtungsgeld die notwendigen Auslagen für das Beibehalten der Unterkunft am bisherigen Geschäftsort nach Maßgabe der Art. 9 und 10 erstattet.

Art. 17 Erkrankung während einer Dienstreise

$_{1}$Ist bei einer Erkrankung eine Rückkehr in die Wohnung nicht möglich, wird die Reisekostenvergütung weitergewährt. $_{2}$Bei Aufnahme in ein Krankenhaus wird für jeden vollen Kalendertag des Krankenhausaufenthalts nur Ersatz der notwendigen Auslagen für das Beibehalten der Unterkunft am Geschäftsort nach Maßgabe der Art. 9 und 10 gewährt. $_{3}$Für eine Besuchsreise eines Angehörigen aus Anlass einer durch ärztliche Bescheinigung nachgewiesenen schweren Erkrankung der Berechtigten kann eine Reisebeihilfe in sinngemäßer Anwendung der trennungsgeldrechtlichen Vorschriften (Art. 23) gewährt werden.

Art. 18 Aufwandsvergütung

1Dienstreisende, denen erfahrungsgemäß geringere Aufwendungen für Verpflegung oder Unterkunft als allgemein entstehen, erhalten nach näherer Bestimmung der obersten Dienstbehörde an Stelle der Reisekostenvergütung im Sinn des Art. 4 Nrn. 3 bis 5 und 7 entsprechend den notwendigen Mehrauslagen eine Aufwandsvergütung. 2Die Aufwandsvergütung kann auch nach Stundensätzen gewährt werden.

Art. 19 Pauschvergütung

Die oberste Dienstbehörde kann bei regelmäßigen oder gleichartigen Dienstreisen oder Dienstgängen an Stelle der Reisekostenvergütung im Sinn des Art. 4 Nrn. 1 bis 8 oder Teilen davon eine Pauschvergütung gewähren, die nach dem Durchschnitt der in einem bestimmten Zeitraum sonst anfallenden Einzelvergütungen zu bemessen ist.

VI

Art. 20 Erstattung der Auslagen für Reisevorbereitungen und bei vorzeitiger Beendigung des Dienstgeschäfts

Wird eine Dienstreise oder ein Dienstgang aus Gründen, die der Dienstreisende nicht zu vertreten hat, nicht ausgeführt oder vorzeitig beendet, so werden die durch die Vorbereitung oder die vorzeitige Beendigung entstandenen notwendigen Auslagen erstattet.

Art. 21 Gerichtsvollzieher

Die Einzelheiten der Reisekostenerstattung der Gerichtsvollzieher bei Dienstreisen und Dienstgängen in Vollstreckungsangelegenheiten regelt das Staatsministerium der Justiz durch Rechtsverordnung.

Art. 22 Richter

(1) Für Dienstreisen und Dienstgänge von Richtern

1. zur Wahrnehmung eines richterlichen Amtsgeschäfts, das ihnen nach richterlicher Anordnung, nach der Geschäftsverteilung oder nach einer ihr gleichstehenden Anordnung obliegt,
2. zur Wahrnehmung eines weiteren Richteramts, das ihnen übertragen ist,
3. zur Teilnahme an einer Sitzung des Präsidiums, dem sie angehören,

bedarf es keiner Anordnung oder Genehmigung.

(2) Bei der Festsetzung der Reisekostenvergütung ist als Dauer des Dienstgeschäfts die tatsächliche Dauer des richterlichen Amtsgeschäfts, der Wahrnehmung des weiteren Richteramts oder der Teilnahme an der Sitzung des Präsidiums zugrunde zu legen.

Abschnitt III
Trennungsgeld und Erstattung von Auslagen bei Reisen aus besonderem Anlass

Art. 23 Trennungsgeld

(1) 1Beamte und Richter, die an einen Ort außerhalb des Dienst- oder Wohnorts ohne Zusage der Umzugskostenvergütung abgeordnet werden, erhalten für die ihnen dadurch entstehenden notwendigen Auslagen unter Berücksichtigung der häuslichen Ersparnis ein Trennungsgeld nach Maßgabe einer Rechtsverordnung, die das Staatsministerium der Finanzen und für Heimat erlässt. 2Das Staatsministerium der Finanzen und für Heimat wird ferner ermächtigt, für Abordnungen vom Inland in das Ausland und vom Ausland in das Inland durch Rechtsverordnung nähere Vorschriften über das Trennungsgeld zu erlassen, soweit die besonderen Bedürfnisse des Auslandsdienstes und die besonderen Verhältnisse im Ausland es erfordern. 3Der Abordnung steht eine vorübergehende dienstliche Tätigkeit bei einer anderen Stelle als einer Dienststelle und eine Zuweisung nach § 20 des Beamtenstatusgesetzes oder § 123a des Beamtenrechtsrahmengesetz gleich.

(2) 1Den Beamten, die zum Zweck ihrer Ausbildung einer Ausbildungsstelle an einem anderen Ort als dem bisherigen Ausbildungs- oder Wohnort zugewiesen werden, können die ihnen dadurch entstehenden notwendigen Mehrauslagen ganz oder teilweise erstattet werden. 2Die Höhe der erstattbaren Mehrauslagen wird durch Rechtsverordnung bestimmt, die das Staatsministerium der Finanzen und für Heimat erlässt.

Art. 24 Erstattung von Auslagen bei Reisen aus besonderem Anlass

(1) [1]Bei Reisen zum Zweck der Aus- oder Fortbildung können erstattet werden:

1. 75 v. H. des Tagegeldes nach Art. 8,
2. die entstandenen notwendigen Übernachtungskosten nach Art. 9,
3. Fahrkosten nach Art. 5 Abs. 1 bis zu dem Betrag, der Dienstreisenden der Besoldungsgruppe A 7 zu erstatten wäre,
4. 75 v. H. der Wegstrecken- und Mitnahmeentschädigung nach Art. 6 und
5. die entstandenen notwendigen Nebenkosten nach Art. 12.

[2]Findet die Veranstaltung am Dienst- oder Wohnort statt, werden nur die notwendigen Fahrkosten und Nebenkosten erstattet. [3]Im Übrigen gilt Abschnitt II dieses Gesetzes entsprechend.

(2) Mit Zustimmung der obersten Dienstbehörde kann in besonderen Fällen Auslagenerstattung wie bei Dienstreisen gewährt werden.

(3) Absatz 1 gilt entsprechend bei Reisen zum Ablegen von vorgeschriebenen Qualifikationsprüfungen.

(4) Für Fahrten zwischen Wohnung und regelmäßiger Dienststätte aus besonderem dienstlichen Anlass können die entstandenen notwendigen Fahrkosten erstattet werden.

Abschnitt IV
Schlussvorschriften

Art. 25 Ermächtigung und Verwaltungsvorschriften

Das Staatsministerium der Finanzen und für Heimat wird ermächtigt,

1. durch Rechtsverordnung die in Art. 6 Abs. 1, 2 und 6, Art. 8 Abs. 1 und 2, Art. 9 Abs. 2 und 3, Art. 11 Abs. 1 und 2 und Art. 13 genannten Beträge und Vomhundertsätze veränderten wirtschaftlichen oder steuerlichen Verhältnissen, die Klasseneinteilung in Art. 5 Abs. 1 und die Klassifizierung der Fahrzeuge in Art. 6 Abs. 1 anzupassen,
2. durch Rechtsverordnung abweichende Vorschriften über die Reisekostenvergütung bei Auslandsdienstreisen (Auslandsreisekostenverordnung) zu erlassen, soweit die besonderen Verhältnisse bei diesen Reisen es erfordern,
3. die zur Durchführung dieses Gesetzes erforderlichen allgemeinen Verwaltungsvorschriften zu erlassen.

Art. 26 Zuständigkeit, Verordnungsermächtigung

[1]Für den Vollzug des Gesetzes ist, soweit nichts anderes bestimmt ist, die Beschäftigungsbehörde (Art. 3 Abs. 5) zuständig. [2]Die obersten Dienstbehörden können ihre Befugnisse nach Art. 10 Abs. 2, Art. 11 Abs. 4, Art. 18 Satz 1, Art. 19, Art. 24 Abs. 2 sowie die Zuständigkeit der Beschäftigungsbehörden auf andere Dienststellen übertragen, im staatlichen Bereich durch Rechtsverordnung. [3]Eine Konzentration auf eine oder einzelne Behörden ist zulässig. [4]Die Staatsregierung kann für den staatlichen Bereich durch Rechtsverordnung die Organisation von Reisen und Dienstgängen, deren Kosten nach Maßgabe dieses Gesetzes durch den Freistaat Bayern zu tragen sein können, sowie die Festsetzung und Anordnung der Reisekostenvergütung bei einer oder mehreren Behörden konzentrieren.

Art. 27 Verweisungen

Ist in Rechts- und Verwaltungsvorschriften auf Vorschriften und Bezeichnungen Bezug genommen, die nach diesem Gesetz nicht mehr gelten, so treten an ihre Stelle die entsprechenden Vorschriften und Bezeichnungen dieses Gesetzes.

Art. 28 Inkrafttreten

Dieses Gesetz tritt mit Wirkung vom 1. April 2001 in Kraft.

Verordnung über die Reisekostenvergütung bei Auslandsdienstreisen (Bayerische Auslandsreisekostenverordnung – BayARV)

Vom 8. Dezember 2002 (GVBl. S. 992)

Zuletzt geändert durch
Verordnung zur Anpassung des Landesrechts an die geltende Geschäftsverteilung
vom 26. März 2019 (GVBl. S. 98)

Auf Grund der Art. 25 Nr. 2 des Bayerischen Gesetzes über die Reisekostenvergütung der Beamten und Richter (Bayerisches Reisekostengesetz – BayRKG) vom 24. April 2001 (GVBl. S. 133, BayRS 2032-4-1-F) erlässt das Bayerische Staatsministerium der Finanzen folgende Verordnung:

§ 1 Geltungsbereich

Für Auslandsdienstreisen gelten, soweit diese Verordnung nichts anderes bestimmt, die Vorschriften des Bayerischen Reisekostengesetzes vom 24. April 2001 (GVBl. S. 133, BayRS 2032-4-1-F) und die dazu erlassenen Rechts- und Verwaltungsvorschriften.

VI

§ 2 Flugkostenerstattung

1Bei Flugreisen werden die Kosten bis zur Höhe der für das Benutzen der Business Class oder einer vergleichbaren Klasse entstehenden Kosten erstattet. 2Den Angehörigen ab den Besoldungsgruppen B 9 und R 9 können die Auslagen bis zur Höhe der Kosten der Ersten Klasse erstattet werden.

§ 3 Auslandstagegeld, Auslandsübernachtungsgeld

(1) 1Das Staatsministerium der Finanzen und für Heimat setzt die Auslandstage- und Auslandsübernachtungsgelder für mehrtägige Dienstreisen durch Verwaltungsvorschrift fest. 2Sind die nachgewiesenen Übernachtungskosten höher als das nach Satz 1 zustehende Übernachtungsgeld, können die Mehrkosten erstattet werden, wenn sie notwendig sind. 3Für eintägige Auslandsdienstreisen sowie für den Tag des Antritts und der Beendigung einer mehrtägigen Auslandsdienstreise beträgt das Tagegeld bei einer Abwesenheitsdauer von weniger als 24 Stunden, aber mindestens 14 Stunden 80 v. H., von mindestens 8 Stunden 40 v. H. der Auslandstagegelder nach Satz 1.

(2) 1Für die in der Verwaltungsvorschrift nach Absatz 1 Satz 1

1. nicht aufgeführten Übersee- und Außengebiete eines Landes sind die Auslandstage- und Auslandsübernachtungsgelder des Mutterlandes,
2. nicht erfassten Gebiete oder Länder ist das Auslandstage- und Auslandsübernachtungsgeld von Luxemburg

maßgebend. 2Absatz 1 Sätze 2 und 3 gelten entsprechend.

(3) Die oberste Dienstbehörde oder die von ihr ermächtigte Behörde kann das Auslandstage- und Auslandsübernachtungsgeld ermäßigen, soweit für Verpflegung und Unterkunft erfahrungsgemäß geringere Aufwendungen als allgemein üblich entstehen.

§ 4 Grenzübertritt

(1) 1Für den Tag des Grenzübertritts bestimmt sich das Tage- und Übernachtungsgeld nach dem Ort, den Dienstreisende vor 24 Uhr Ortszeit zuletzt erreichen. 2Wird bei Auslandsdienstreisen das Inland vor 24 Uhr zuletzt erreicht, wird Auslandstagegeld für den Ort des letzten Dienstgeschäfts im Ausland gezahlt.

(2) Bei Flugreisen gilt ein Land in dem Zeitpunkt als erreicht, in dem das Flugzeug dort landet; Zwischenlandungen bleiben unberücksichtigt, es sei denn, dass durch sie Übernachtungen notwendig werden.

(3) Bei Dienstreisen vom Inland in das Ausland und zurück, die keinen vollen Kalendertag beanspruchen, wird Auslandstagegeld für

den Ort des Dienstgeschäfts, bei mehreren Geschäftsorten für den Ort des letzten Dienstgeschäfts im Ausland gewährt.

§ 5 Vergütung bei längerem Aufenthalt am Geschäftsort

(1) Dauert der Aufenthalt an demselben ausländischen Geschäftsort länger als 14 Tage, so ist an Stelle der Kürzungsregelung in Art. 10 Abs. 1 Satz 1 BayRKG das Auslandstage- und Auslandsübernachtungsgeld vom 15. Tag an um 25 v. H. zu ermäßigen.

(2) Die oberste Dienstbehörde oder die von ihr ermächtigte Behörde kann abweichend von Absatz 1 das volle Auslandstage- und Auslandsübernachtungsgeld nach § 3 in besonderen Fällen über die 14-Tage-Frist hinaus, längstens jedoch bis zu drei Monaten bewilligen.

(3) Das Auslandstage- und Auslandsübernachtungsgeld nach Absatz 1 gilt bei Anwendung der Art. 11 und 14 Abs. 4 BayRKG als Tage- und Übernachtungsgeld.

§ 6 In-Kraft-Treten, Außer-Kraft-Treten, Übergangsvorschrift

(1) Diese Verordnung tritt mit Wirkung vom 1. Oktober 2002 in Kraft.

(2) Mit Ablauf des 30. September 2002 treten außer Kraft:

1. Verordnung über die Reisekostenvergütung bei Auslandsdienstreisen vom 2. Oktober 1969 (BayRS 2032-4-4-F), zuletzt geändert durch § 5 der Verordnung vom 12. Januar 2001 (GVBl. S. 169),
2. Bekanntmachung des Bayerischen Staatsministeriums der Finanzen über Allgemeine Verwaltungsvorschriften zur Bayerischen Auslandsreisekostenverordnung (VV-BayARV) vom 14. Dezember 1970 (StAnz. Nr. 51, FMBl. 1971 S. 2).

(3) Bis 31. Dezember 2002 findet die Verordnung in der bis 30. September 2002 geltenden Fassung Anwendung, wenn dies für Dienstreisende günstiger ist.

Bayerisches Gesetz über die Umzugskostenvergütung der Beamten und Richter (Bayerisches Umzugskostengesetz – BayUKG)

Vom 24. Juni 2005 (GVBl. S. 192)

Zuletzt geändert durch
Verordnung zur Anpassung des Landesrechts an die geltende Geschäftsverteilung
vom 26. März 2019 (GVBl. S. 98)

Der Landtag des Freistaates Bayern hat das folgende Gesetz beschlossen, das hiermit bekannt gemacht wird:

Art. 1 Geltungsbereich

Dieses Gesetz regelt die Erstattung von Auslagen aus Anlass der in Art. 4 und 11 Abs. 1 bezeichneten Umzüge.

Art. 2 Persönlicher Anwendungsbereich

(1) Berechtigte sind:

1. Beamtinnen und Beamte des Freistaates Bayern, der Gemeinden, der Gemeindeverbände und der sonstigen unter der Aufsicht des Staates stehenden Körperschaften, Anstalten und Stiftungen des öffentlichen Rechts sowie die zu diesen Dienstherrn abgeordneten Beamtinnen und Beamten mit Ausnahme der Ehrenbeamtinnen und Ehrenbeamten,
2. Richterinnen und Richter des Freistaates Bayern sowie in den Landesdienst abgeordnete Richterinnen und Richter mit Ausnahme der ehrenamtlichen Richterinnen und Richter,
3. im Ruhestand befindliche Beamtinnen und Beamte sowie Richterinnen und Richter im Sinn der Nrn. 1 und 2,
4. frühere Beamtinnen und Beamte sowie Richterinnen und Richter im Sinn der Nrn. 1 und 2, die wegen Dienstunfähigkeit oder Erreichens der Altersgrenze entlassen worden sind,
5. Hinterbliebene der in den Nrn. 1 bis 4 bezeichneten Personen,
6. Personen, die vor der Begründung eines Beamten- oder Richterverhältnisses aus Anlass der Einstellung umziehen.

(2) Hinterbliebene sind der Ehegatte, der Lebenspartner, Verwandte bis zum zweiten Grad, Pflegekinder und Pflegeeltern, wenn diese Personen zur Zeit des Todes zur häuslichen Gemeinschaft des Verstorbenen gehört haben.

(3) Eine häusliche Gemeinschaft im Sinn dieses Gesetzes setzt ein Zusammenleben in gemeinsamer Wohnung oder in enger Betreuungsgemeinschaft in demselben Haus voraus.

Art. 3 Anspruch auf Umzugskostenvergütung oder auf Umzugskostenbeihilfe

(1) $_1$Voraussetzung für den Anspruch auf Umzugskostenvergütung oder auf Umzugskostenbeihilfe ist eine schriftliche oder elektronische Zusage. $_2$Die Zusage ist in den Fällen des Art. 4 Abs. 2 nur wirksam, wenn sie vor Beginn des Umzugs erteilt wird. $_3$Die Zusage der Umzugskostenvergütung soll gleichzeitig mit der den Umzug veranlassenden Maßnahme oder Weisung erteilt werden.

(2) $_1$Umzugskostenvergütung und Umzugskostenbeihilfe werden nach Beendigung des Umzugs gewährt. $_2$Sie sind innerhalb einer Ausschlussfrist von einem halben Jahr bei der für personalrechtliche Maßnahmen der Berechtigten zuständigen Behörde, von den Hinterbliebenen (Art. 2 Abs. 1 Nr. 5) bei der letzten für die verstorbene Person zuständigen Behörde, schriftlich oder elektronisch zu beantragen. $_3$Die Frist beginnt mit dem Tag nach Beendigung des Umzugs, in den Fällen des Abs. 4 mit der Bekanntgabe des Widerrufs. $_4$Art. 9 Abs. 4 bleibt unberührt.

(3) Zuwendungen, die für denselben Umzug von einer anderen Dienst- oder Beschäfti-

gungsstelle gewährt werden, sind auf die Leistungen nach diesem Gesetz anzurechnen.

(4) 1Wird die Zusage der Umzugskostenvergütung oder Umzugskostenbeihilfe aus von der berechtigten Person nicht zu vertretenden Gründen widerrufen, so werden die durch die Vorbereitung des Umzugs entstandenen notwendigen, nach diesem Gesetz erstattungsfähigen Auslagen erstattet. 2Muss in diesem Fall ein anderer Umzug durchgeführt werden, so ist dafür Umzugskostenvergütung oder Umzugskostenbeihilfe zuzusagen; Satz 1 bleibt unberührt.

(5) 1Umzugskostenvergütung wird nicht gewährt, wenn nicht innerhalb von fünf Jahren nach Wirksamwerden der Zusage der Umzugskostenvergütung umgezogen wird. 2Entsprechendes gilt für die Gewährung der Umzugskostenbeihilfe.

Art. 4 Gewährung der Umzugskostenvergütung

(1) Die Umzugskostenvergütung ist zuzusagen für Umzüge aus Anlass

1. der Versetzung aus dienstlichen Gründen, sofern nicht mit einer baldigen weiteren Versetzung an einen anderen Dienstort zu rechnen ist,
2. der Aufhebung einer Versetzung nach einem Umzug mit Zusage der Umzugskostenvergütung,
3. der nicht nur vorübergehenden Zuteilung aus dienstlichen Gründen zu einer anderen Dienststelle der Beschäftigungsbehörde,
4. der Übertragung eines anderen oder eines neuen Richteramts (§ 32 Abs. 1 und 2 des Deutschen Richtergesetzes),
5. der Änderung des Dienstorts in Folge einer Maßnahme nach Art. 12 Abs. 1,
6. der Anweisung der oder des Dienstvorgesetzten nach Art. 74 Abs. 2 des Bayerischen Beamtengesetzes,
7. der Räumung einer Dienstwohnung aus dienstlichen Gründen.

(2) Die Umzugskostenvergütung kann zugesagt werden für Umzüge aus Anlass

1. der Einstellung, wenn nach vorheriger Feststellung an der Einstellung ein besonderes dienstliches Interesse bestanden hat,
2. der Abordnung,
3. der Zuweisung nach § 20 des Beamtenstatusgesetzes oder § 123a des Beamtenrechtsrahmengesetzes oder entsprechender kommunalrechtlicher Vorschriften,
4. der vorübergehenden Zuteilung aus dienstlichen Gründen zu einer anderen Dienststelle der Beschäftigungsbehörde,
5. einer vorübergehenden dienstlichen Tätigkeit bei einer anderen Stelle als einer Dienststelle,
6. der Aufhebung oder Beendigung einer Maßnahme nach den Nrn. 2 bis 5 nach einem Umzug mit Zusage der Umzugskostenvergütung,
7. der Übertragung eines weiteren Richteramts (§ 27 Abs. 2 des Deutschen Richtergesetzes.

(3) 1Die Umzugskostenvergütung darf in den Fällen des Abs. 1 Nrn. 1 bis 5 und des Abs. 2 nur zugesagt werden, wenn der neue Dienstort ein anderer als der bisherige Dienstort ist und die Wohnung der Berechtigten nicht am neuen Dienstort oder in dessen Einzugsgebiet liegt. 2Einzugsgebiet ist das inländische Gebiet, das auf einer üblicherweise befahrenen Strecke nicht mehr als 30 Kilometer von der Dienststelle entfernt ist.

Art. 5 Umzugskostenvergütung

(1) Die Umzugskostenvergütung umfasst

1. Beförderungsauslagen (Art. 6),
2. Reisekosten (Art. 7),
3. Mietentschädigung und Wohnungsvermittlungsgebühren (Art. 8),
4. Pauschvergütung für sonstige Umzugsauslagen (Art. 9).

(2) 1Die auf Grund einer Zusage nach Art. 4 Abs. 2 Nr. 1 gewährte Umzugskostenvergütung ist zurückzuzahlen, wenn das Dienstverhältnis der Beamtin oder des Beamten vor Ablauf von zwei Jahren nach Beendigung des Umzugs aus einem von ihr oder ihm zu vertretenden Grund endet. 2Die oberste Dienstbehörde kann hiervon Ausnahmen zulassen,

VI

wenn die Beamtin oder der Beamte unmittelbar in ein Dienst- oder Beschäftigungsverhältnis zu einer Körperschaft, Anstalt oder Stiftung des öffentlichen Rechts oder einer öffentlichen Interessen dienenden Einrichtung übertritt.

Art. 6 Beförderungsauslagen

(1) 1Die Auslagen für das Befördern des Umzugsguts von der bisherigen zur neuen Wohnung werden durch eine Pauschvergütung in Höhe von 400 € oder durch Erstattung der notwendigen Auslagen ersetzt. 2Liegt die neue Wohnung im Ausland, so werden in den Fällen des Art. 4 Abs. 1 Nr. 7 die notwendigen Beförderungsauslagen bis zum inländischen Grenzort erstattet.

(2) Auslagen für das Befördern von Umzugsgut, das sich außerhalb der bisherigen Wohnung befindet, werden höchstens insoweit erstattet, als sie beim Befördern mit dem übrigen Umzugsgut erstattungsfähig wären.

(3) 1Umzugsgut sind die Wohnungseinrichtung und in angemessenem Umfang andere bewegliche Gegenstände und Haustiere, die sich am Tag vor dem Einladen des Umzugsguts im Eigentum oder Gebrauch der berechtigten Person oder anderer Personen, die zu ihrer häuslichen Gemeinschaft gehören, befinden. 2Andere Personen im Sinn des Satzes 1 sind der Ehegatte, der Lebenspartner, sowie die ledigen Kinder, Stief- und Pflegekinder. 3Es gehören ferner dazu die nicht ledigen in Satz 2 genannten Kinder, Verwandte bis zum zweiten Grad und Pflegeeltern, wenn die berechtigte Person diesen Personen aus gesetzlicher oder sittlicher Verpflichtung nicht nur vorübergehend Unterkunft und Unterhalt gewährt, sowie Hausangestellte und solche Personen, deren Hilfe der Umziehende aus beruflichen oder gesundheitlichen Gründen nicht nur vorübergehend bedarf.

Art. 7 Reisekosten

(1) 1Für die Reise der Berechtigten und der zur häuslichen Gemeinschaft gehörenden Personen (Art. 6 Abs. 3 Sätze 2 und 3) von der bisherigen zur neuen Wohnung wird Fahrtkostenerstattung, bei Benutzung eines Kraftfahrzeugs Wegstrecken- und Mitnahmeentschädigung wie bei Dienstreisen gewährt. 2Entsprechendes gilt für eine weitere Reise einer der in Satz 1 genannten Personen vom bisherigen zum neuen Wohnort und zurück. 3Für jede Reise einer berechtigten Person dürfen nicht mehr als 200 € erstattet werden.

(2) Art. 6 Abs. 1 Satz 2 gilt entsprechend.

Art. 8 Mietentschädigung und Wohnungsvermittlungsgebühren

(1) 1Miete für die bisherige Wohnung und Garage wird für volle Kalendermonate bis zu dem Zeitpunkt, zu dem das Mietverhältnis frühestens gelöst werden konnte, längstens jedoch für sechs Monate erstattet, wenn für dieselbe Zeit Miete für die neue Wohnung gezahlt werden musste. 2Die bisherige Wohnung im eigenen Haus oder die Eigentumswohnung steht der Mietwohnung gleich; in diesen Fällen ist der ortsübliche Mietwert der Wohnung erstattungsfähig.

(2) Miete für die neue Wohnung und Garage, die nach Lage des Wohnungsmarkts für volle Kalendermonate gezahlt werden musste, während der die Wohnung noch nicht benutzt werden konnte, wird längstens für drei Monate erstattet, wenn für dieselbe Zeit Miete für die bisherige Wohnung gezahlt werden musste.

(3) Miete nach den Abs. 1 und 2 wird nicht für eine Zeit erstattet, in der die Wohnung oder die Garage ganz oder teilweise anderweitig vermietet oder benutzt worden ist.

(4) 1Die notwendigen ortsüblichen Wohnungsvermittlungsgebühren zum Erlangen einer angemessenen Wohnung werden erstattet. 2Erwerben Berechtigte ein eigenes Haus oder eine Eigentumswohnung, so kann eine Vermittlungsgebühr hierfür bis zu dem Betrag erstattet werden, der für die Vermittlung einer angemessenen Mietwohnung angefallen wäre.

Art. 9 Pauschvergütung für sonstige Umzugsauslagen

(1) 1Berechtigte, die am Tag vor dem Einladen des Umzugsguts eine eigene Wohnung hatten und nach dem Umzug wieder eingerichtet

VI

haben, erhalten zur Abgeltung der sonstigen Umzugsauslagen eine Pauschvergütung in Höhe von 600 €. 2Die Pauschvergütung erhöht sich für jede in Art. 6 Abs. 3 Sätze 2 und 3 genannte Person um 150 €, wenn sie auch nach dem Umzug mit der berechtigten Person in häuslicher Gemeinschaft lebt. 3Für denselben Umzug steht nur einer berechtigten Person die Pauschvergütung für sonstige Umzugsauslagen zu.

(2) Berechtigte, bei denen die Voraussetzungen des Abs. 1 Satz 1 nicht gegeben sind, erhalten eine Pauschvergütung in Höhe von 20 v. H. des Betrags nach Abs. 1.

(3) 1Eine Wohnung im Sinn des Abs. 1 ist eine abgeschlossene Mehrheit von Räumen, welche die Führung eines Haushalts ermöglicht, darunter stets ein Raum mit Küche oder Kochgelegenheit. 2Zu einer Wohnung gehören außerdem Wasserversorgung, -entsorgung und Toilette.

(4) Die Auslagen für den durch den Umzug bedingten zusätzlichen Unterricht der Kinder der Berechtigten (Art. 6 Abs. 3 Sätze 2 und 3) werden zu 75 v. H., höchstens jedoch bis zu einem Betrag von 400 € pro Kind erstattet, sofern sie innerhalb eines Jahres nach Beendigung des Umzugs angefallen und innerhalb weiterer sechs Monate geltend gemacht worden sind.

Art. 10 Umzugskostenvergütung bei Auslandsumzügen

Bei Auslandsumzügen (§ 13 des Bundesumzugskostengesetzes) bestimmt sich der Anspruch auf Umzugskostenvergütung nach Maßgabe der Auslandsumzugskostenverordnung, soweit nichts Abweichendes bestimmt ist.

Art. 11 Gewährung einer Umzugskostenbeihilfe

(1) Die Gewährung einer Umzugskostenbeihilfe kann auf Antrag zugesagt werden für Umzüge aus Anlass

1. eines Wohnungswechsels, der notwendig ist, weil die Wohnung wegen der Zahl der zur häuslichen Gemeinschaft gehörenden Kinder unzureichend wird,
2. der Räumung einer dienstherrneigenen oder im Besetzungsrecht des Dienstherrn stehenden Mietwohnung, wenn die Wohnung im dienstlichen Interesse geräumt werden soll,
3. eines Wohnungswechsels wegen des Gesundheitszustands der berechtigten Person oder des mit ihr in häuslicher Gemeinschaft lebenden Ehegatten, Lebenspartners oder Kindes (Art. 6 Abs. 3 Sätze 2 und 3), wenn die Notwendigkeit des Umzugs durch ein amtsärztliches Zeugnis nachgewiesen wird.

(2) 1Die Umzugskostenbeihilfe beträgt 600 €. 2Für jede auch nach dem Umzug zur häuslichen Gemeinschaft der berechtigten Person gehörende Person im Sinn des Art. 6 Abs. 3 Sätze 2 und 3 erhöht sich dieser Betrag um 250 €.

(3) 1Die auf Grund einer Zusage nach Abs. 1 Nr. 1 oder Nr. 3 gewährte Umzugskostenbeihilfe ist zurückzuzahlen, wenn das Dienstverhältnis der Berechtigten vor Ablauf von zwei Jahren nach Beendigung des Umzugs aus einem von ihnen zu vertretenden Grund endet. 2Art. 5 Abs. 2 Satz 2 gilt entsprechend.

Art. 12 Gewährung eines Auslagenersatzes

(1) 1Ändert sich der Dienstort von Berechtigten in Folge

1. der Verlegung oder Auflösung der bisherigen Dienststelle,
2. einer auf Landesgesetz oder -verordnung beruhenden wesentlichen Änderung des Aufbaus einer Dienststelle,
3. der Verschmelzung einer Behörde mit einer anderen Behörde,
4. des Anschlusses einer Behörde oder einer Organisationseinheit einer Behörde an eine andere Behörde oder
5. des Aufgabenübergangs von einer Dienststelle auf eine andere Stelle,
6. des Wegfalls von Aufgaben von Behörden,
7. der Übertragung von Aufgaben von Behörden auf Personen des Privatrechts (Beliehene),

ist auf Antrag von der Zusage der Umzugskostenvergütung abzusehen, wenn Berech-

VI

tigte zum Zeitpunkt des Dienstortwechsels das 50. Lebensjahr vollendet haben oder der Umzug aus anderen berechtigten persönlichen Gründen nicht durchgeführt wird und zwingende dienstliche Gründe nicht entgegenstehen.

(2) 1Wurde auf die Zusage der Umzugskostenvergütung verzichtet, erhalten Berechtigte für die durchgeführten Fahrten von ihrer Wohnung zur neuen Dienststelle, soweit die Wegstrecke zur bisherigen Dienststelle überschritten wird, bei Nutzung

1. ihres privaten Kraftfahrzeugs 0,20 € pro Kilometer oder bei Vorliegen triftiger Gründe 0,30 € pro Kilometer, höchstens jedoch für eine einfache Wegstrecke von 100 Kilometern oder
2. regelmäßig verkehrender Beförderungsmittel eine Fahrtkostenerstattung nach Maßgabe des Art. 5 Abs. 1 des Bayerischen Reisekostengesetzes, höchstens jedoch bis zu den notwendigen Jahresfahrtkosten der zweiten Klasse.

2Bei auswärtigem Verbleib erhalten Berechtigte neben Fahrtkostenerstattung nach Maßgabe des Satzes 1 für eine wöchentliche Heimfahrt einen Mietzuschuss in Höhe von bis zu 300 € pro Monat. 3Die Fahrtkostenerstattung und der Mietzuschuss werden längstens für die Dauer von zehn Jahren ab dem Zeitpunkt des Dienstortwechsels gewährt. 4In den Fällen des Art. 4 Abs. 3 ist bei Vorliegen der übrigen Voraussetzungen ein Antrag der Berechtigten für die Gewährung der Fahrtkostenerstattung ausreichend.

(3) Neben den Leistungen nach den Abs. 1 und 2 sind Leistungen nach der Bayerischen Trennungsgeldverordnung ausgeschlossen.

(4) Beamtinnen und Beamte der Gemeinden, Gemeindeverbände und der sonstigen unter der Aufsicht des Staates stehenden Körperschaften, Anstalten und Stiftungen des öffentlichen Rechts sowie zu diesen Dienstherrn abgeordnete Beamtinnen und Beamte erhalten den Auslagenersatz nur, wenn die Abs. 1 bis 3 durch Satzung für anwendbar erklärt wurden.

Art. 13 Trennungsgeld

(1) 1Bei Maßnahmen im Sinn von

1. Art. 4 Abs. 1 Nrn. 1 bis 5,
2. Art. 4 Abs. 2 Nrn. 2 bis 7,
3. Art. 4 Abs. 2 Nr. 1 mit Zusage der Umzugskostenvergütung

wird aus Anlass einer getrennten Haushaltsführung oder eines Beibehaltens der Wohnung oder Unterkunft am bisherigen Wohnort Trennungsgeld nach Maßgabe einer Rechtsverordnung gewährt. 2Trennungsgeld darf nur gewährt werden, wenn sich die Wohnung der berechtigten Person nicht am neuen Dienstort oder in dessen Einzugsgebiet befindet.

(2) 1Ist Berechtigten die Umzugskostenvergütung zugesagt worden, so darf Trennungsgeld nur gewährt werden, wenn sie uneingeschränkt umzugswillig sind und nachweislich wegen Wohnungsmangels am neuen Dienstort einschließlich seines Einzugsgebiets (Art. 4 Abs. 3 Satz 2) nicht umziehen können. 2Diese Voraussetzungen müssen seit dem Tag der Zusage der Umzugskostenvergütung oder, falls für Berechtigte günstiger, seit dem Wirksamwerden der Maßnahme erfüllt sein.

Art. 14 Ermächtigung, Rechts- und Verwaltungsvorschriften

(1) Das Staatsministerium der Finanzen und für Heimat wird ermächtigt, durch Rechtsverordnung

1. die in Art. 7 Abs. 1, Art. 9 Abs. 1 und Abs. 4 und in Art. 11 Abs. 2 genannten Beträge veränderten wirtschaftlichen Verhältnissen anzupassen,
2. abweichende Vorschriften über die Umzugskostenvergütung und das Trennungsgeld bei Auslandsumzügen zu erlassen,
3. nähere Vorschriften über die Gewährung von Trennungsgeld zu erlassen.

(2) 1Die zur Durchführung dieses Gesetzes erforderlichen allgemeinen Verwaltungsvorschriften erlässt das Staatsministerium der Finanzen und für Heimat.2Verwaltungsvorschriften, die nur den Geschäftsbereich eines Staatsministeriums betreffen, erlässt dieses Staatsministerium im Einvernehmen mit dem Staatsministerium der Finanzen und für Heimat.

Art. 15 Zuständigkeiten

1Der Vollzug des Gesetzes obliegt, soweit nichts anderes bestimmt ist, der für personalrechtliche Maßnahmen der Berechtigten zuständigen Behörde. 2Die obersten Dienstbehörden können ihre Befugnisse nach Art. 5 Abs. 2 Satz 2 und Art. 11 Abs. 3 Satz 2 sowie die Zuständigkeit der nach Satz 1 für den Vollzug zuständigen Behörden auf andere Dienststellen übertragen, im staatlichen Bereich durch Rechtsverordnung. 3Eine Konzentration auf eine oder einzelne Behörden ist zulässig. 4Die Staatsregierung kann für den staatlichen Bereich durch Rechtsverordnung die Abrechnung der Umzugskostenvergütung und Umzugskostenbeihilfe bei einer oder mehreren Behörden konzentrieren.

Art. 15a Übergangsregelung

Für Fahrten, die bis einschließlich 31. Dezember 2017 durchgeführt wurden, wird Auslagenersatz gemäß Art. 12 in der bis zum 31. Dezember 2017 geltenden Fassung gewährt.

Art. 16 Inkrafttreten

Dieses Gesetz tritt am 1. Juli 2005 in Kraft.

VI

Verordnung über das Trennungsgeld der Beamten und Richter (Bayerische Trennungsgeldverordnung – BayTGV)

Vom 15. Juli 2002 (GVBl. S. 346)

Zuletzt geändert durch
Verordnung zur Änderung der Verordnung über das Landesamt für Finanzen und der Bayerischen Trennungsgeldverordnung
vom 5. Februar 2018 (GVBl. S. 64)

Auf Grund von Art. 15 Abs. 1 Satz 1 und Abs. 2 Satz 2 in Verbindung mit Art. 19 Abs. 1 Satz 1 des Bayerischen Gesetzes über die Umzugskostenvergütung der Beamten und Richter – Bayerisches Umzugskostengesetz – BayUKG – (BayRS 2032-5-1-F), zuletzt geändert durch § 20 des Gesetzes vom 24. April 2001 (GVBl. S. 140), und Art. 23 Abs. 1 Satz 1 und Abs. 2 Satz 2 des Bayerischen Gesetzes über die Reisekostenvergütung der Beamten und Richter (Bayerisches Reisekostengesetz – BayRKG) vom 24. April 2001 (GVBl. S. 133, BayRS 2032-4-1-F) erlässt das Bayerische Staatsministerium der Finanzen folgende Verordnung:

§ 1 Geltungs- und Anwendungsbereich

(1) Berechtigte nach dieser Verordnung sind Beamte und Richter des Freistaates Bayern, Beamte der Gemeinden, der Gemeindeverbände und der sonstigen unter der Aufsicht des Staates stehenden Körperschaften, Anstalten und Stiftungen des öffentlichen Rechts und der zu den genannten Dienstherren abgeordneten Beamten und Richter.

(2) Trennungsgeld wird gewährt aus Anlass der

1. Versetzung aus dienstlichen Gründen,
2. Aufhebung einer Versetzung nach einem Umzug mit Zusage der Umzugskostenvergütung,
3. Verlegung der Dienststelle,
4. nicht nur vorübergehenden Zuteilung aus dienstlichen Gründen zu einer anderen Dienststelle der Beschäftigungsbehörde,
5. Übertragung eines anderen, eines neuen oder eines weiteren Richteramts (§ 27 Abs. 2, § 32 Abs. 1 und 2 Deutsches Richtergesetz, Art. 9 Bayerisches Richtergesetz),
6. Abordnung,
7. Zuweisung nach § 123a des Beamtenrechtsrahmengesetzes,
8. vorübergehenden Zuteilung aus dienstlichen Gründen zu einer anderen Dienststelle der Beschäftigungsbehörde,
9. vorübergehenden dienstlichen Tätigkeit bei einer anderen Stelle als einer Dienststelle,
10. Aufhebung oder Beendigung einer Maßnahme nach den Nummern 6 bis 9 nach einem Umzug mit Zusage der Umzugskostenvergütung,
11. Einstellung mit Zusage der Umzugskostenvergütung längstens bis zu einem Jahr.

(3) [1]Trennungsgeld wird nur gewährt, wenn der neue Dienstort ein anderer als der bisherige Dienstort ist und sich die Wohnung der berechtigten Person nicht am neuen Dienstort oder in dessen Einzugsgebiet (Art. 4 Abs. 3 Satz 2 BayUKG) befindet. [2]Bei Maßnahmen nach Abs. 2 Nrn. 6 bis 9 ohne Zusage der Umzugskostenvergütung findet die Einzugsgebietsregelung keine Anwendung.

§ 2 Trennungsgeld nach Zusage der Umzugskostenvergütung

(1) [1]Ist Umzugskostenvergütung zugesagt, steht Trennungsgeld zu,

1. wenn Berechtigte seit dem Tag des Wirksamwerdens der Zusage oder, falls für sie günstiger, der Maßnahme nach § 1 Abs. 2 uneingeschränkt umzugswillig sind und
2. solange sie wegen Wohnungsmangels am neuen Dienstort einschließlich seines Einzugsgebiets (Art. 4 Abs. 3 Satz 2 BayUKG) nicht umziehen können.

[2]Uneingeschränkt umzugswillig ist, wer sich unter Ausschöpfung aller Möglichkeiten nachweislich und fortwährend um eine angemessene Wohnung bemüht. [3]Angemessen ist eine Wohnung, die der Dienststellung und den familiären Bedürfnissen der Berechtigten entspricht. [4]Bei unverheirateten Berechtigten ohne eigene Wohnung (Art. 9 Abs. 3 BayUKG) gilt als angemessene Wohnung auch ein möbliertes Zimmer oder eine bereitgestellte Gemeinschaftsunterkunft. [5]Kein Trennungsgeld erhält, wer sich nur um eine Nebenwohnung bemüht.

(2) [1]Nach Wegfall des Wohnungsmangels darf Trennungsgeld nur weitergewährt werden, wenn und solange dem Umzug der umzugswilligen Berechtigten im Zeitpunkt des Wegfalls des Wohnungsmangels einer der folgenden Hinderungsgründe entgegensteht:

1. vorübergehende schwere Erkrankung der Berechtigten oder ihrer Familienangehörigen (Art. 6 Abs. 3 Sätze 2 und 3 BayUKG) bis zur Dauer von einem Jahr;
2. Beschäftigungsverbote für die Berechtigte oder eine Familienangehörige (Art. 6 Abs. 3 Sätze 2 und 3 BayUKG) nach § 2 Abs. 2, § 4 Abs. 1 BayMuSchV;
3. Schul- oder Berufsausbildung eines Kindes (Art. 6 Abs. 3 Sätze 2 und 3 BayUKG) bis zum Ende des Schul- oder Ausbildungsjahres. Befindet sich das Kind in der vorletzten Jahrgangsstufe einer weiterführenden Schulausbildung oder im vorletzten Ausbildungsjahr eines Berufsausbildungsverhältnisses, so verlängert sich der Zeitraum bis zum Ende des folgenden Schul- oder Ausbildungsjahres;
4. Schul- oder Berufsausbildung eines schwer behinderten Kindes (Art. 6 Abs. 3 Sätze 2 und 3 BayUKG) bis zur Beendigung der Ausbildung, solange diese am neuen Dienst- oder Wohnort oder in erreichbarer Entfernung davon wegen der Behinderung nicht fortgesetzt werden kann,
5. akute lebensbedrohende Erkrankung oder plötzlich eintretende Pflegebedürftigkeit eines Elternteils der Berechtigten oder ihrer Ehegatten oder eingetragenen Lebenspartner, wenn dieser in hohem Maße Hilfe von Familienangehörigen des Berechtigten (Art. 6 Abs. 3 Satz 2 und 3 BayUKG) erhält, bis zur Dauer von einem Jahr;
6. Schul- oder erste Berufsausbildung des Ehegatten oder des eingetragenen Lebenspartners in entsprechender Anwendung der Nummer 3;
7. Errichtung oder Kauf eines Eigenheims oder einer Eigentumswohnung am neuen Dienstort einschließlich seines Einzugsgebiets (Art. 4 Abs. 3 Satz 2 BayUKG), wenn die damit zusammenhängenden Vorbereitungen oder Vertragsverhandlungen schon soweit fortgeschritten sind, dass dem Berechtigten ein Rücktritt von dem Bauvorhaben oder dem Kaufvertrag billigerweise nicht mehr zugemutet werden kann.

[2]Trennungsgeld darf auch gewährt werden, wenn zum Zeitpunkt des Wirksamwerdens der dienstlichen Maßnahme kein Wohnungsmangel, aber einer oder mehrere der in Satz 1 genannten Hinderungsgründe vorliegen. [3]Liegt bei Wegfall des Hinderungsgrundes ein neuer Hinderungsgrund im Sinn des Satzes 1 vor, ist mit Zustimmung der obersten Dienstbehörde vom Vorliegen der Voraussetzungen des Absatzes 1 längstens bis zu einem weiteren Jahr abzusehen. [4]Nach Wegfall des Hinderungsgrundes darf Trennungsgeld auch bei erneutem Wohnungsmangel nicht gewährt werden.

(3) Ist ein Umzug, für den Umzugskostenvergütung zugesagt ist, aus Anlass einer Maßnahme nach § 1 Abs. 2 vor deren Wirksamwerden durchgeführt, kann Trennungsgeld in sinngemäßer Anwendung dieser Verordnung bis zum Tag vor der Dienstantrittsreise, längstens für drei Monate gewährt werden.

(4) [1]Wird die Zusage der Umzugskostenvergütung außerhalb eines Rechtsbehelfsverfahrens aufgehoben, wird dadurch ein Trennungsgeldanspruch nicht begründet; ein erloschener Trennungsgeldanspruch lebt nicht wieder auf. [2]Dies gilt nicht für den Fall der Rücknahme der Zusage der Umzugskostenvergütung, wenn im Zeitpunkt der Zusage Gründe für die Nichtzusage vorlagen, die der zuständigen Behörde jedoch erst später bekannt wurden.

VI

§ 3 Trennungsgeld beim auswärtigen Verbleiben

(1) 1Berechtigte, die nicht täglich zum Wohnort zurückkehren und denen die tägliche Rückkehr zum Wohnort nicht zuzumuten oder aus dienstlichen Gründen nicht gestattet ist, erhalten für die ersten sieben Tage nach dem Tag der Beendigung der Dienstantrittsreise Trennungsreisegeld in Höhe des Tage- und Übernachtungsgeldes wie bei Dienstreisen. 2Die tägliche Rückkehr zum Wohnort ist in der Regel nicht zuzumuten, wenn die einfache Entfernung zur Wohnung auf der kürzesten verkehrsüblichen Straßenverbindung mehr als 60 km beträgt. 3Die Siebentagefrist verlängert sich nicht um die Tage, an denen Berechtigte vom Dienstort abwesend sind oder Urlaub haben. 4Die oberste Dienstbehörde kann das Trennungsreisegeld in besonderen Fällen über die Siebentagefrist hinaus bewilligen.

VI

(2) 1Im Anschluss an das Trennungsreisegeld wird Trennungstagegeld gewährt. 2Behalten Berechtigte ihre Wohnung (Art. 9 Abs. 3 BayUKG) bei, beträgt der Trennungstagegeldanspruch bei

1. Berechtigten, die in häuslicher Gemeinschaft (Art. 2 Abs. 3 BayUKG) mit
   a) ihrem Ehegatten oder eingetragenen Lebenspartner leben,
   b) einem Verwandten bis zum zweiten Grad, einem Pflegekind oder Pflegeeltern leben und ihnen aus gesetzlicher oder sittlicher Verpflichtung nicht nur vorübergehend Unterkunft und Unterhalt ganz oder überwiegend gewähren oder
   c) einer Person leben, deren Hilfe sie aus beruflichen oder nach ärztlichem Zeugnis aus gesundheitlichen Gründen nicht nur vorübergehend bedürfen,

   13,60 €,
2. sonstigen Berechtigten 9,20 €.

3Berechtigte, die ihre Unterkunft beibehalten, erhalten als Trennungstagegeld 6,30 €.

(3) Art. 11 BayRKG gilt entsprechend.

§ 4 Sonderbestimmungen bei auswärtigem Verbleiben

(1) Für volle Kalendertage

1. der Abwesenheit vom neuen Dienstort und dem Ort der auf Grund einer dienstlichen Maßnahme nach § 1 Abs. 2 bezogenen Unterkunft,
2. eines Aufenthalts in einem Krankenhaus, einer Sanatoriumsbehandlung oder einer Heilkur,
3. der Beschäftigungsverbote nach den mutterschutzrechtlichen Bestimmungen (§ 2 Abs. 2 Nr. 2)

erhalten Berechtigte an Stelle des Trennungsreisegeldes Ersatz der notwendigen Auslagen für die Unterkunft am Dienstort, an Stelle des Trennungstagegeldes 35 v. H. des Satzes nach § 3 Abs. 2; bei Aufgabe der Unterkunft oder Bereitstellung unentgeltlicher Unterkunft des Amts wegen wird kein Trennungsgeld gewährt.

(2) Auf das Tagegeld des Trennungsreisegeldes ist die für eine Dienstreise oder einen Dienstgang von weniger als 24 Stunden zustehende Reisekostenvergütung für Verpflegungsmehraufwand anzurechnen.

(3) Wird bei einer Änderung des Dienstortes auf Grund einer Maßnahme nach § 1 Abs. 2 oder nach einem Umzug mit Zusage der Umzugskostenvergütung kein Trennungsgeld für die bisherige Unterkunft mehr gewährt, werden die notwendigen Auslagen für diese Unterkunft bis zu dem Zeitpunkt erstattet, zu dem das Mietverhältnis frühestens gelöst werden kann.

(4) 1Ändert sich der neue Dienstort auf Grund einer Maßnahme nach § 1 Abs. 2 für längstens drei Monate, werden nachgewiesene notwendige Kosten für das Beibehalten der Unterkunft am bisherigen Dienstort erstattet. 2Bei tatsächlicher oder zumutbarer täglicher Rückkehr wird neben dem Trennungsgeld nach § 3 eine Entschädigung nach § 6 Abs. 1 und 3 gewährt.

(5) 1Wird der Dienstort in den Fällen des Absatz 1 Nr. 3 oder auf Grund einer Erkrankung verlassen, werden die Fahrauslagen für die Fahrt zum Wohnort und zurück wie bei einer

Dienstreise erstattet. $_{2}$Nach Rückkehr steht Berechtigten kein Trennungsreisegeld zu, wenn die Unterkunft wieder in Anspruch genommen werden kann, für die das Trennungsgeld bis zur Rückkehr gewährt wird.

(6) Verbleibt der Berechtigte an einem auswärtigen Dienstort, an dem auch dessen Ehegatte oder eingetragener Lebenspartner beschäftigt ist oder wohnt, und erhalten beide Trennungsgeld nach § 3 oder eine entsprechende Entschädigung nach den Vorschriften anderer Dienstherren, hat der Berechtigte nur Anspruch auf Trennungstagegeld nach § 3 Abs. 2 Satz 2 Nr. 2.

(7) Erhalten Berechtigte in den Fällen des § 1 Abs. 2 Nrn. 7 und 9 von der Beschäftigungsstelle eine dem Trennungsgeld entsprechende Entschädigung, ist diese auf das Trennungsgeld anzurechnen.

(8) Berechtigte, denen erfahrungsgemäß geringere Aufwendungen für Verpflegung oder Unterkunft als allgemein entstehen, erhalten nach näherer Bestimmung der obersten Dienstbehörde entsprechend den notwendigen Mehrauslagen ein ermäßigtes Trennungsgeld.

§ 5 Reisebeihilfe für Heimfahrten

(1) $_{1}$Berechtigte nach § 3 erhalten eine Reisebeihilfe für jeden halben Monat, wenn sie die Voraussetzungen des § 3 Abs. 2 Satz 2 Nr. 1 Buchst. a oder b erfüllen oder das 18. Lebensjahr noch nicht vollendet haben, im Übrigen für jeden Monat. $_{2}$Ändern sich die Voraussetzungen des Satzes 1, so beginnt der neue Anspruchszeitraum erst nach Ablauf des bisherigen, sofern dies für die Berechtigten günstiger ist. $_{3}$Der Anspruchszeitraum wird aus Anlass einer neuen Maßnahme nach § 1 Abs. 2 durch Samstage, Sonn- und Feiertage und Tage der Dienstantrittsreise nicht unterbrochen. $_{4}$Eine Reisebeihilfe wird nur gewährt, wenn die Reise im maßgebenden Anspruchszeitraum beginnt. $_{5}$Zusätzliche Reisebeihilfen können von der obersten Dienstbehörde bewilligt werden, wenn eine dem Berechtigten gestellte Unterkunft vorübergehend aus dienstlichen Gründen nicht genutzt werden kann.

(2) An Stelle einer Reise der Berechtigten kann auch eine Reise des Ehegatten, des eingetragenen Lebenspartners, eines Kindes oder einer Person nach § 3 Abs. 2 Satz 2 Nr. 1 Buchst. b berücksichtigt werden.

(3) $_{1}$Als Reisebeihilfe werden die entstandenen notwendigen Fahrauslagen bis zur Höhe der Kosten der für die Berechtigten billigsten Fahrkarte der allgemein niedrigsten Klasse einschließlich Zuschläge eines regelmäßig verkehrenden Beförderungsmittels vom Dienstort zum bisherigen Wohnort und zurück erstattet. $_{2}$Bei Benutzung anderer als regelmäßig verkehrender Beförderungsmittel beträgt die Reisebeihilfe 65 v. H. der Sätze nach Art. 6 Abs. 6 Satz 1 BayRKG für jeden vollen Kilometer der kürzesten verkehrsüblichen Straßenverbindung zwischen Dienstort und bisheriger Wohnung und zurück, bei Mitnahme in einem Kraftfahrzeug eines Dritten, der im öffentlichen Dienst beschäftigt ist und Anspruch auf Wegstreckenentschädigung hat, begrenzt auf die Sätze nach Art. 6 Abs. 2 BayRKG. $_{3}$Je Heimfahrt werden höchstens 240 € erstattet; Art. 5 Abs. 1 Satz 4 BayRKG gilt sinngemäß. $_{4}$In besonderen Fällen können die tatsächlich entstandenen Flugkosten erstattet werden. $_{5}$An die Stelle des bisherigen Wohnorts kann fallweise auch ein anderer Aufenthaltsort von Angehörigen (§ 3 Abs. 2 Satz 2 Nr. 1 Buchst. a und b) treten, sofern dadurch die Reisebeihilfe nach Satz 1 oder 2 nicht überschritten wird.

(4) In besonderen Einzelfällen kann die oberste Dienstbehörde auch eine über Absatz 3 hinausgehende Reisebeihilfe gewähren.

§ 6 Trennungsgeld bei täglicher Rückkehr zum Wohnort

(1) Berechtigte, die täglich an den Wohnort zurückkehren oder denen die tägliche Rückkehr zuzumuten ist (§ 3 Abs. 1 Satz 2), erhalten als Trennungsgeld Fahrkostenerstattung, Wegstrecken- und Mitnahmeentschädigung wie bei Dienstreisen (Art. 5 und 6 BayRKG), soweit die Wegstrecke zur bisherigen Dienststelle überschritten wird.

(2) $_{1}$Zusätzlich wird ein Verpflegungszuschuss von 2 € je Arbeitstag gewährt, wenn die notwendige Abwesenheit von der Wohnung mehr als elf Stunden beträgt, es sei denn,

dass Anspruch auf Reisekostenvergütung für Verpflegungsmehraufwand besteht oder des Amts wegen unentgeltlich Verpflegung gewährt wird. $_{2}$Mehrarbeitsstunden werden berücksichtigt, wenn sie angeordnet sind. $_{3}$Bei Dienstschichten, die sich über zwei Kalendertage erstrecken, wird die Abwesenheitsdauer für jede Schicht berechnet.

(3) Muss aus dienstlichen Gründen am Dienstort übernachtet werden, werden die dadurch entstandenen notwendigen Mehraufwendungen erstattet.

(4) $_{1}$Das Trennungsgeld nach Absatz 1 darf das in einem Kalendermonat zustehende Trennungsgeld nach den §§ 3 und 4 sowie das Tage- und Übernachtungsgeld für die Hin- und Rückreise (Art. 14 Abs. 1 BayRKG) nicht übersteigen, wenn der Berechtigte täglich zurückkehrt, obwohl ihm dies nicht zuzumuten ist (§ 3 Abs. 1 Satz 2). $_{2}$Als Übernachtungsgeld des Trennungsreisegeldes wird höchstens der Betrag gemäß Art. 9 Abs. 2 BayRKG berücksichtigt.

§ 7 Sonderfälle

(1) Anspruch auf Trennungsgeld besteht weiter, wenn sich aus Anlass einer neuen Maßnahme nach § 1 Abs. 2 der neue Dienstort nicht ändert.

(2) Nach einem Umzug, für den Umzugskostenvergütung nicht zu gewähren ist, darf das Trennungsgeld nicht höher sein als das bisherige.

(3) $_{1}$Trennungsgeld kann ganz oder teilweise versagt werden, wenn die Führung der Dienstgeschäfte verboten ist oder infolge einer vorläufigen Dienstenthebung oder einer gesetzmäßig angeordneten Freiheitsentziehung der Dienst nicht ausgeübt werden kann. $_{2}$Das gilt nicht, wenn Berechtigte auf Grund einer dienstlichen Weisung am Dienstort bleiben.

(4) Trennungsgeld steht nur zu, solange Anspruch auf Besoldung besteht.

§ 8 Sondervorschriften für Berechtigte in Ausbildung

(1) $_{1}$Berechtigte, die zum Zweck ihrer Ausbildung einer Ausbildungsstelle an einem anderen Ort als dem bisherigen Ausbildungs- oder Wohnort zugewiesen werden (Art. 23 Abs. 2 BayRKG), können Trennungsgeld nach Maßgabe der Absätze 2 bis 4 erhalten. $_{2}$Zum neuen Ausbildungsort im Sinn des Satzes 1 gehört auch sein Einzugsgebiet (Art. 4 Abs. 3 Satz 2 BayUKG); dies gilt nicht bei der Teilnahme an einem Ausbildungslehrgang mit geschlossener Unterbringung der Lehrgangsteilnehmer.

(2) $_{1}$Berechtigten, die nicht täglich zum Wohnort zurückkehren und denen die tägliche Rückkehr nicht zugemutet werden kann (§ 3 Abs. 1 Satz 2), können bis zu 75 v. H. der Leistungen nach § 3 Abs. 1 und 2 gewährt werden. $_{2}$Für Kalendertage, an denen Berechtigte des Amts wegen nur Verpflegung oder Unterkunft unentgeltlich erhalten, können bis zu 75 v. H. der Leistungen nach § 3 Abs. 2 und 3 gewährt werden. $_{3}$Für volle Kalendertage, an denen Berechtigte des Amts wegen unentgeltlich Verpflegung und Unterkunft erhalten, entfallen die Leistungen nach Satz 1. $_{4}$Die Gewährung von Reisebeihilfen für Familienheimfahrten wird hierdurch nicht berührt.

(3) $_{1}$Kehren Berechtigte täglich zum Wohnort zurück oder ist ihnen die tägliche Rückkehr zuzumuten (§ 3 Abs. 1 Satz 2), können sie als Trennungsgeld Fahrkostenerstattung, Wegstrecken- und Mitnahmeentschädigung nach folgender Maßgabe erhalten, soweit die Wegstrecke zur bisherigen Ausbildungsstelle überschritten wird:

1. Fahrkosten wie bei Dienstreisen für Angehörige der Besoldungsgruppe bis A 7 nach Art. 5 Abs. 1, 4 und 5 BayRKG;
2. Wegstrecken- und Mitnahmeentschädigung gemäß Art. 6 BayRKG mit der Maßgabe, dass nur Wegstreckenentschädigung bis zur Höhe von 65 v. H. der Sätze nach Art. 6 Abs. 6 Satz 1 BayRKG gewährt wird.

$_{2}$Die Fahrkostenerstattung und Wegstreckenentschädigung darf das in einem Kalendermonat nach § 8 Abs. 2 zustehende Trennungsreise- und Trennungstagegeld nicht übersteigen, wenn der Berechtigte täglich zurückkehrt, obwohl ihm dies nicht zuzumuten ist (§ 3 Abs. 1 Satz 2). $_{3}$Ferner können bis zu 50 v. H. des Verpflegungszuschusses nach § 6 Abs. 2 gewährt werden.

(4) 1Dauert die Zuweisung zur auswärtigen Ausbildung an denselben Ausbildungsort länger als zwei Monate, so darf Berechtigten gemäß § 3 Abs. 2 Satz 3 Trennungsgeld nur solange gezahlt werden, als sie nachweislich am neuen Ausbildungsort keine Dauerunterkunft erhalten können; nach Ablauf von 14 Tagen, vom Tag nach der Beendigung der Antrittsreise an gerechnet, darf Trennungsgeld nicht mehr gezahlt werden. 2Satz 1 gilt nicht bei der Teilnahme an einem Ausbildungslehrgang mit geschlossener Unterbringung der Lehrgangsteilnehmer.

§ 9 Ende des Trennungsgeldanspruchs

(1) Das Trennungsgeld wird bis zum Tag des Wegfalls der maßgebenden Voraussetzungen gewährt.

(2) Bei einem Umzug mit Zusage der Umzugskostenvergütung wird Trennungsgeld längstens gewährt bis vor den Tag, für den Berechtigte für ihre Person Reisekostenerstattung nach Art. 7 Abs. 1 Satz 1 BayUKG erhalten, im Übrigen bis zum Tag des Ausladens des Umzugsguts.

(3) Bei einer neuen dienstlichen Maßnahme nach § 1 Abs. 2 wird Trennungsgeld bis zu dem Tag gewährt, an dem der Dienstort verlassen wird, bei Gewährung von Reisekostenvergütung für diesen Tag bis zum vorausgehenden Tag.

§ 10 Verfahrensvorschriften

(1) 1Das Trennungsgeld ist innerhalb einer Ausschlussfrist von einem halben Jahr nach Beginn der Maßnahme nach § 1 Abs. 2 oder § 8 Abs. 1 Satz 1 schriftlich bei der Bewilligungsstelle (§ 11 Satz 1) zu beantragen. 2Die Bewilligung ist schriftlich zu erteilen.

(2) 1Trennungsgeld wird monatlich nachträglich auf Grund von Forderungsnachweisen gezahlt, die Berechtigte innerhalb einer Ausschlussfrist von einem halben Jahr nach Ablauf des maßgebenden Kalendermonats schriftlich abzugeben haben. 2Satz 1 gilt entsprechend für Anträge auf Reisebeihilfe nach Ablauf des maßgebenden Anspruchszeitraums. 3Berechtigte haben nachzuweisen, dass die Voraussetzungen für die Trennungsgeldgewährung vorliegen, insbesondere haben sie das fortwährende Bemühen um eine Wohnung (§ 2 Abs. 1) zu belegen.

(3) Berechtigte sind verpflichtet, alle Änderungen, die für die Gewährung des Trennungsgeldes von Bedeutung sein können, unverzüglich ihrer Abrechnungsstelle schriftlich anzuzeigen.

§ 11 Zuständigkeit

1Für den Vollzug der Verordnung ist, soweit nichts anderes bestimmt ist, die Beschäftigungsbehörde zuständig; sie ist Bewilligungs- und Abrechnungsstelle. 2Die obersten Dienstbehörden können ihre Befugnisse nach § 2 Abs. 2 Satz 3, § 3 Abs. 1 Satz 4 und § 4 Abs. 8 sowie die Zuständigkeit der Beschäftigungsbehörden auf andere Dienststellen übertragen, im staatlichen Bereich durch Rechtsverordnung. 3Eine Konzentration der Bewilligungs- oder Abrechnungsstellen auf eine oder einzelne Behörden ist zulässig.

§ 12 Inkrafttreten, Übergangsregelung

(1) Diese Verordnung tritt am 1. August 2002 in Kraft.

(2) Ist der Anspruch auf Trennungsgeld bis einschließlich 31. Dezember 2016 entstanden, findet die Bayerische Trennungsgeldverordnung in der bis zu diesem Tag geltenden Fassung Anwendung.

VII Beihilfe/Fürsorge

Beihilfe

Fürsorge

Verordnung über die Beihilfefähigkeit von Aufwendungen in Krankheits-, Geburts-, Pflege- und sonstigen Fällen (Bayerische Beihilfeverordnung – BayBhV)

Vom 2. Januar 2007 (GVBl. S. 15)

Zuletzt geändert durch
Verordnung zur Änderung der Bayerischen Beihilfeverordnung und der Bayerischen Heilverfahrensverordnung
vom 7. Juli 2026 (GVBl. S. 495)

Inhaltsübersicht

VII

Auf Grund des Art. 86a Abs. 5 Satz 1 des Bayerischen Beamtengesetzes (BayBG) in der Fassung der Bekanntmachung vom 27. August 1998 (GVBl. S. 702, BayRS 2030-1-1-F), zuletzt geändert durch § 1 des Gesetzes vom 8. Dezember 2006 (GVBl. S. 987), erlässt das Bayerische Staatsministerium der Finanzen folgende Verordnung:

Abschnitt I Allgemeines

§ 1 Anwendungsbereich, Zweckbestimmung und Rechtsnatur

(1) 1Diese Verordnung regelt die Gewährung von Beihilfen in Krankheits-, Pflege- und Geburtsfällen, bei Maßnahmen zur Früherkennung von Krankheiten, bei Schutzimpfungen und sonstigen Fällen. 2Die Beihilfen ergänzen in diesen Fällen die Eigenvorsorge, die aus den laufenden Bezügen zu bestreiten ist.

(2) 1Auf die Beihilfe besteht ein Rechtsanspruch. 2Der Anspruch kann nicht abgetreten, verpfändet oder gepfändet werden; jedoch ist die Pfändung durch einen Forderungsgläubiger bezüglich des für seine Forderung zustehenden und noch nicht ausgezahlten Betrags einer Beihilfe zulässig.

VII

Abschnitt II Personenkreis, Zusammentreffen mehrerer Beihilfeberechtigungen, Konkurrenzregelungen

§ 2 Beihilfeberechtigte Personen

(1) Beihilfeberechtigt sind

1. Beamtinnen, Beamte, Richterinnen und Richter sowie Dienstanfängerinnen und Dienstanfänger,
2. Ruhestandsbeamtinnen, Ruhestandsbeamte, Richterinnen und Richter im Ruhestand sowie frühere Beamtinnen, Beamte, Richterinnen und Richter, die wegen Dienstunfähigkeit oder Erreichens der Altersgrenze entlassen wurden oder wegen Ablaufs der Dienstzeit ausgeschieden sind,
3. Witwen und Witwer, hinterbliebene Lebenspartner (Lebenspartnerinnen und Lebenspartner im Sinn des § 1 des Lebenspartnerschaftsgesetzes) sowie die in Art. 39 des Bayerischen Beamtenversorgungsgesetzes (BayBeamtVG) genannten Kinder der in Nrn. 1 und 2 bezeichneten Personen.

(2) 1Beihilfeberechtigung der in Abs. 1 bezeichneten Personen besteht nur, wenn und solange sie Grundbezüge, Amtsbezüge, Anwärterbezüge, Ruhegehalt, Übergangsgeld auf Grund gesetzlichen Anspruchs, Witwengeld, Versorgungsbezüge für hinterbliebene Lebenspartner, Waisengeld nach dem Satz für Vollwaisen oder Unterhaltsbeitrag erhalten. 2Sie besteht auch, wenn Bezüge wegen Anwendung von Ruhens- oder Anrechnungsvorschriften nicht gezahlt werden.

(3) Beihilfeberechtigt sind nicht

1. Ehrenbeamtinnen und -beamte sowie ehrenamtliche Richterinnen und Richter,
2. Beamtinnen und Beamte sowie Richterinnen und Richter, wenn das Dienstverhältnis auf weniger als ein Jahr befristet ist, es sei denn, dass sie insgesamt mindestens ein Jahr ununterbrochen im öffentlichen Dienst beschäftigt sind,
3. Beamtinnen, Beamte, Richterinnen, Richter und Versorgungsempfänger, denen Leistungen nach § 11 des Europaabgeordnetengesetzes (EuAbgG), § 27 des Abgeordnetengesetzes (AbgG) oder entsprechenden vorrangigen landesrechtlichen Vorschriften zustehen.

§ 3 Berücksichtigungsfähige Angehörige

(1) Berücksichtigungsfähige Angehörige sind

1. der Ehegatte oder der Lebenspartner der oder des Beihilfeberechtigten,
2. die im Orts- und Familienzuschlag nach dem Bayerischen Besoldungsgesetz berücksichtigungsfähigen Kinder von Beihilfeberechtigten.

(2) Als berücksichtigungsfähig gelten auch Kinder, für die der Anspruch auf den kinderbezogenen Anteil im Orts- und Familienzuschlag nur entfällt, weil das Kindergeld oder der Kinderfreibetrag nach Abschluss einer erstmaligen Berufsausbildung oder eines

Erststudiums wegen des Umfangs der Erwerbstätigkeit in der weiteren Ausbildung (§ 32 Abs. 4 Satz 2 und 3 des Einkommensteuergesetzes – EStG) nicht gewährt wird; dies gilt bis zum Ablauf des Monats, für den ohne Beachtung des maßgebenden Umfangs der Erwerbstätigkeit der kinderbezogene Anteil im Orts- und Familienzuschlag gezahlt würde, längstens bis zum Ablauf des Monats, in dem das entsprechende Kind das in § 32 Abs. 4 Satz 1 Nr. 1 und 2 EStG genannte Lebensalter vollendet hat.

(3) Berücksichtigungsfähige Angehörige sind nicht

1. Geschwister von Beihilfeberechtigten oder deren Ehegatten oder deren Lebenspartner,
2. Ehegatten oder Lebenspartner und Kinder beihilfeberechtigter Waisen.

§ 4 (weggefallen)

§ 5 Zusammentreffen mehrerer Beihilfeberechtigungen

(1) 1Beim Zusammentreffen mehrerer Beihilfeberechtigungen auf Grund beamtenrechtlicher Vorschriften schließt eine Beihilfeberechtigung

1. aus einem neuen Dienstverhältnis die Beihilfeberechtigung aus einem bereits bestehenden Dienstverhältnis,
2. aus einem Dienstverhältnis die Beihilfeberechtigung aus einem Rechtsverhältnis als Versorgungsempfänger,
3. auf Grund eines neuen Versorgungsbezugs die Beihilfeberechtigung auf Grund früherer Versorgungsbezüge aus.

2Satz 1 Nr. 3 gilt nicht, soweit es sich bei dem neuen Versorgungsbezug um ein Witwengeld oder Versorgungsbezüge für hinterbliebene Lebenspartner handelt.

(2) Die Beihilfeberechtigung nach anderen als beamtenrechtlichen Vorschriften geht der Beihilfeberechtigung aus einem Rechtsverhältnis als Versorgungsempfänger vor.

(3) 1Die Beihilfeberechtigung auf Grund beamtenrechtlicher Vorschriften oder ein dem Grunde nach bestehender Anspruch auf Leistungen der Krankenfürsorge in entsprechender Anwendung der Beihilferegelungen für Beamtinnen und Beamte schließt die Berücksichtigungsfähigkeit als Angehöriger aus. 2Die Beihilfeberechtigung nach anderen als beamtenrechtlichen Vorschriften geht der Berücksichtigungsfähigkeit als Angehöriger vor.

(4) Der Beihilfeberechtigung nach beamtenrechtlichen Vorschriften steht der Anspruch auf Fürsorgeleistungen nach § 11 EuAbgG, § 27 AbgG oder entsprechenden vorrangigen landesrechtlichen Vorschriften, nach § 79 des Bundesbeamtengesetzes gegen das Bundeseisenbahnvermögen oder entsprechenden kirchenrechtlichen Vorschriften gleich.

(5) 1Eine Beihilfeberechtigung nach anderen als beamtenrechtlichen Vorschriften ist gegeben, wenn ein Anspruch auf Beihilfen auf Grund privatrechtlicher Rechtsbeziehungen nach einer dieser Verordnung im Wesentlichen vergleichbaren Regelung besteht. 2Keine im Wesentlichen vergleichbare Regelung stellt der bei teilzeitbeschäftigten Arbeitnehmerinnen und Arbeitnehmern zu quotelnde Beihilfeanspruch dar.

(6) 1Ist ein Kind bei mehreren Beihilfeberechtigten berücksichtigungsfähig, wird Beihilfe für seine Aufwendungen nur dem Beihilfeberechtigten gewährt, der den entsprechenden Anteil des Orts- und Familienzuschlags oder vergleichbare Vergütungsbestandteile erhält oder den die Beihilfeberechtigten in einer gemeinsamen Erklärung bestimmt haben. 2Ist im Beihilferecht des Bundes oder eines Landes eine feste Zuordnung von Kindern vorgesehen, gilt das Wahlrecht nach Satz 1 als ausgeübt.

§ 6 Zusammentreffen des Beihilfeanspruchs mit anderen Ansprüchen

(1) 1Bei vorrangig in Anspruch zu nehmenden oder anzurechnenden Leistungen im Sinn des Art. 96 Abs. 2 Sätze 2 bis 5 des Bayerischen Beamtengesetzes (BayBG) handelt es sich um Leistungsansprüche, die auf Rechtsvorschriften oder arbeitsvertraglichen Vereinbarungen nach Bundes- oder Landesrecht beruhen. 2Gewährte Zuschüsse im Sinn des Art. 96 Abs. 2 Satz 4 BayBG werden in voller Höhe

auf die beihilfefähigen Aufwendungen angerechnet. [3]Bei der Versorgung mit Zahnersatz und Zahnkronen nach Maßgabe der §§ 14 bis 17 sind hierbei 75 % als gewährte Leistung anzurechnen; Berechnungsgrundlage ist der Betrag, aus dem sich der Zuschuss der Krankenkasse errechnet. [4]Sätze 2 und 3 gelten auch, soweit Leistungserbringer in anderen Mitgliedstaaten der Europäischen Union in Anspruch genommen wurden. [5]Art. 96 Abs. 2 Satz 3 BayBG gilt nicht

1. für Leistungen nach dem Zwölften Buch Sozialgesetzbuch (SGB XII), wenn Ansprüche auf den Sozialhilfeträger übergeleitet sind,
2. für berücksichtigungsfähige Kinder eines Beihilfeberechtigten, die von der Versicherung in der gesetzlichen Kranken- oder Rentenversicherung einer anderen Person, der Witwe oder des Witwers oder des hinterbliebenen Lebenspartners erfasst werden.

(2) Nicht beihilfefähig sind Aufwendungen

1. insoweit, als Schadenersatz von Dritten erlangt werden kann oder hätte erlangt werden können oder die Ansprüche auf einen anderen übergegangen oder übertragen worden sind; abweichend hiervon sind Aufwendungen beihilfefähig, die auf einem Ereignis beruhen, das nach Art. 14 BayBG zum Übergang des gesetzlichen Schadenersatzanspruchs auf den Dienstherrn führt,
2. von Beamtinnen und Beamten, denen auf Grund von Art. 96 des Bayerischen Besoldungsgesetzes (BayBesG) Heilfürsorge zusteht.

Abschnitt III
Grundsatz der Beihilfefähigkeit

§ 7 Beihilfefähigkeit der Aufwendungen

(1) [1]Beihilfefähig sind nach den folgenden Vorschriften Aufwendungen, wenn

1. sie dem Grunde nach medizinisch notwendig,
2. sie der Höhe nach angemessen sind und
3. die Beihilfefähigkeit nicht ausdrücklich ausgeschlossen ist.

[2]Die Angemessenheit der Aufwendungen für ärztliche, zahnärztliche und psychotherapeutische Leistungen beurteilt sich ausschließlich nach dem Gebührenrahmen der

1. Gebührenordnung für Ärzte (GOÄ),
2. Gebührenordnung für Zahnärzte (GOZ),
3. Gebührenordnung für Psychologische Psychotherapeuten und Kinder- und Jugendlichenpsychotherapeuten (GOP).

[3]Soweit keine begründeten besonderen Umstände vorliegen, kann nur eine Gebühr, die den Schwellenwert des Gebührenrahmens nicht überschreitet, als angemessen angesehen werden. [4]Leistungen, die auf der Grundlage einer Vereinbarung nach § 2 Abs. 1 GOÄ sowie § 2 Abs. 1 GOZ erbracht werden, sind grundsätzlich nur nach den Vorgaben des Satzes 3 beihilfefähig. [5]Aufwendungen für Heilpraktikerleistungen sind nach Maßgabe der **Anlage 1** beihilfefähig. [6]Über die Notwendigkeit und die Angemessenheit entscheidet die Festsetzungsstelle.

(2) [1]Voraussetzung für die Beihilfefähigkeit ist, dass im Zeitpunkt des Entstehens der Aufwendungen Beihilfeberechtigung besteht und bei Aufwendungen für Angehörige diese berücksichtigungsfähig sind. [2]Die Aufwendungen gelten in dem Zeitpunkt als entstanden, in dem die sie begründende Leistung erbracht wird.

(3) [1]Notwendigkeit und Angemessenheit von Leistungen können auch auf der Basis von Verträgen und Vereinbarungen bewertet werden. [2]Die Dienstherren – im staatlichen Bereich das Staatsministerium der Finanzen und für Heimat (Staatsministerium) – können hierzu mit Personen oder Einrichtungen, die Leistungen erbringen oder Rechnungen ausstellen, mit Versicherungen und anderen Kostenträgern sowie deren Zusammenschlüsse Verträge über Beihilfeangelegenheiten abschließen, wenn dies im Interesse einer wirtschaftlicheren Krankenfürsorge liegt. [3]Dabei können auch feste Preise vereinbart werden, die unter den maßgeblichen Gebührensätzen und Höchstbeträgen liegen. [4]Sofern der Verband der privaten Krankenversicherung e. V., die entsprechenden Landesverbände, private Krankenversicherungsunternehmen oder an-

dere Beihilfeträger des Bundes, der Länder und sonstiger Dienstherren Verträge im Sinn des Satzes 2 mit Leistungserbringern geschlossen haben, können die vereinbarten Leistungsgrundsätze ebenfalls der Beihilfefestsetzung zugrunde gelegt werden.

(4) Nicht beihilfefähig sind

1. die in den §§ 8 bis 41, 43 und 44 genannten Aufwendungen, die für den Ehegatten oder den Lebenspartner des Beihilfeberechtigten entstanden sind, soweit dessen Gesamtbetrag der Einkünfte (§ 2 Abs. 3 in Verbindung mit Abs. 5a EStG) im zweiten Kalenderjahr vor der Stellung des Beihilfeantrags den in Art. 96 Abs. 1 Satz 1 BayBG festgelegten Höchstbetrag übersteigt, es sei denn, dass dem Ehegatten oder dem Lebenspartner trotz ausreichender und rechtzeitiger Krankenversicherung wegen angeborener Leiden oder bestimmter Krankheiten auf Grund eines individuellen Ausschlusses keine Versicherungsleistungen gewährt werden oder dass die Leistungen hierfür auf Dauer eingestellt worden sind (Aussteuerung). Die Einhaltung dieser Höchstgrenze ist in regelmäßigen Abständen auf Verlangen der Beihilfefestsetzungsstelle durch die Vorlage eines Auszugs des Einkommensteuerbescheids des Bezugsjahres zu belegen. Hat der berücksichtigungsfähige Ehegatte oder Lebenspartner im laufenden Kalenderjahr keine Einkünfte mehr, die den in Art. 96 Abs. 1 Satz 1 BayBG festgelegten Höchstbetrag übersteigen und erklärt der Beihilfeberechtigte, dass im laufenden Kalenderjahr dieser Höchstbetrag auch nicht überschritten wird, kann unter dem Vorbehalt des Widerrufs eine Beihilfe bereits im laufenden Kalenderjahr gewährt werden; dem Beihilfeberechtigten ist aufzugeben, zu Beginn des folgenden Kalenderjahres zu erklären, ob die Einkünfte des berücksichtigungsfähigen Ehegatten oder Lebenspartners im abgelaufenen Kalenderjahr den Höchstbetrag überschritten haben. Die oberste Dienstbehörde – im staatlichen Bereich das Staatsministerium – kann in anderen besonderen Ausnahmefällen, die nur bei Anlegung des strengsten Maßstabes anzunehmen sind, die Gewährung von Beihilfen zulassen;
2. Aufwendungen nach Art. 96 Abs. 2 Satz 6 BayBG; hierzu zählen auch Werkstätten für behinderte Menschen;
3. Aufwendungen, die auf der Grundlage einer Vereinbarung nach § 2 Abs. 3 GOZ, Anlage 1 Abschnitt G Allgemeine Bestimmungen Satz 2 bis 4 GOZ sowie nach § 1 Abs. 2 Satz 2 GOÄ erbracht werden;
4. Aufwendungen für medizinisch notwendige Leistungen, die als Folge medizinisch nicht notwendiger Maßnahmen, insbesondere ästhetischer Operationen, Tätowierungen oder Piercings entstehen;
5. Aufwendungen im Zusammenhang mit der Erbringung medizinischer Leistungen mittels Telekommunikationstechnologien für die Beschaffung, den Betrieb oder die technische Anbindung der Endgeräte sowie für Telekommunikationsdienstleistungen; dies gilt nicht für Aufwendungen für Geräte und deren Betrieb, die ausschließlich für eine medizinische Behandlung notwendig sind.

(5) Aufwendungen für Untersuchungen oder Behandlungen nach wissenschaftlich nicht allgemein anerkannten Methoden einschließlich der hierbei verordneten Arznei- und Verbandmittel und Medizinprodukte, die in

1. **Anlage 2** Nr. 1 aufgeführt sind, sind nicht beihilfefähig (Ausschluss),
2. **Anlage 2** Nr. 2 aufgeführt sind, sind nur unter den jeweiligen dort genannten Voraussetzungen beihilfefähig (Teilausschluss).

Abschnitt IV
Beihilfefähige Aufwendungen in Krankheitsfällen

§ 8 Ärztliche, zahnärztliche, psychotherapeutische Leistungen und Heilpraktikerleistungen

1Aus Anlass einer Krankheit sind beihilfefähig die Aufwendungen für

1. ärztliche Leistungen und Heilpraktikerleistungen,
2. ambulante psychotherapeutische Leistungen mittels wissenschaftlich anerkannter Verfahren nach der Anlage Abschnitt B und G GOÄ nach Maßgabe der §§ 9 bis 13,
3. zahnärztliche und kieferorthopädische Leistungen nach Maßgabe der §§ 14 bis 17.

2Nicht beihilfefähig sind Aufwendungen für Begutachtungen, die weder im Rahmen einer Behandlung noch bei der Durchführung dieser Vorschriften erbracht werden.

§ 9 Allgemeine Abrechnungsgrundlagen für psychotherapeutische Leistungen

(1) 1Zu den psychotherapeutischen Leistungen gehören Leistungen der

1. psychosomatischen Grundversorgung (§ 10),
2. psychotherapeutischen Sprechstunde (Abs. 5),
3. Gruppenpsychotherapeutischen Grundversorgung (Abs. 6),
4. psychotherapeutischen Akutbehandlung (Abs. 8),
5. tiefenpsychologisch fundierten und analytischen Psychotherapie (§ 11),
6. Verhaltenstherapie (§ 12),
7. Systemischen Therapie (§ 12a).

2Aufwendungen für Leistungen nach Satz 1 Nr. 1 sowie 4 bis 7 sind nur beihilfefähig bei

1. affektiven Störungen (depressiven Episoden, rezidivierenden depressiven Störungen, Dysthymie),
2. Angststörungen und Zwangsstörungen,
3. somatoformen Störungen und dissoziativen Störungen (Konversionsstörungen),
4. Anpassungsstörungen und Reaktionen auf schwere Belastungen,
5. Essstörungen,
6. nichtorganischen Schlafstörungen,
7. sexuellen Funktionsstörungen,
8. Persönlichkeitsstörungen und Verhaltensstörungen,
9. Verhaltensstörungen und emotionalen Störungen mit Beginn in der Kindheit und Jugend.

3Eine Psychotherapie kann neben oder nach einer somatischen ärztlichen Behandlung von Krankheiten oder deren Auswirkungen angewandt werden, wenn psychische Faktoren einen wesentlichen pathogenetischen Anteil daran haben und sich ein Ansatz für die Anwendung einer Psychotherapie bietet; Indikationen hierfür können nur sein:

1. psychische Störungen und Verhaltensstörungen durch psychotrope Substanzen, im Fall einer Abhängigkeit nur wenn Suchtmittelfreiheit oder Abstinenz erreicht ist oder innerhalb von zehn Sitzungen erreicht werden kann,
2. psychische Störungen und Verhaltensstörungen durch Opioide und gleichzeitiger stabiler substitutionsgestützter Behandlung im Zustand der Beigebrauchfreiheit,
3. seelische Krankheit auf Grund frühkindlicher emotionaler Mangelzustände oder tiefgreifender Entwicklungsstörungen; in Ausnahmefällen auch seelische Krankheiten, die im Zusammenhang mit frühkindlichen körperlichen Schädigungen oder Missbildungen stehen,
4. seelische Krankheit als Folge schwerer chronischer Krankheitsverläufe,
5. schizophrene und affektive psychotische Störungen.

(2) 1Aufwendungen für psychotherapeutische Behandlungen, die zu den wissenschaftlich anerkannten Verfahren gehören und nach der Anlage B und G GOÄ abgerechnet werden, sind beihilfefähig, wenn

1. sie der Feststellung, Heilung oder Linderung von seelischen Krankheiten nach Abs. 1 dienen, bei denen Psychotherapie indiziert ist,
2. nach einer biographischen Analyse oder Verhaltensanalyse und gegebenenfalls nach den probatorischen Sitzungen nach Abs. 7 die Voraussetzungen für einen Behandlungserfolg gegeben sind und
3. die Festsetzungsstelle vor Beginn oder Verlängerung der Behandlung die Beihilfefähigkeit der Aufwendungen auf Grund eines auf einem pseudonymisierten Bericht der Psychotherapeutin oder des Psycho-

VII

therapeuten beruhenden vertrauensärztlichen Gutachtens zur Notwendigkeit und zu Art und Umfang der Behandlung anerkannt hat.

$_{2}$Satz 1 gilt nicht für psychotherapeutische Behandlungen im Rahmen von stationären Krankenhaus- oder Rehabilitationsbehandlungen. $_{3}$Mit der Erstellung von Gutachten nach Satz 1 Nr. 3 sind Gutachterinnen und Gutachter zu beauftragen, die nach § 35 der Richtlinie des Gemeinsamen Bundesausschusses über die Durchführung der Psychotherapie (Psychotherapie-Richtlinie) vom 19. Februar 2009 (BAnz 2009 S. 1399), in der jeweils geltenden Fassung, bestellt sind.

(3) $_{1}$Auf die Einholung eines Gutachtens im Rahmen des Voranerkennungsverfahrens nach Abs. 2 Satz 1 Nr. 3 kann verzichtet werden, wenn sichergestellt ist, dass die zuständige Beihilfefestsetzungsstelle selbst in der Lage ist, Notwendigkeit, Art und Umfang der Behandlung zu bewerten. $_{2}$Von dem Anerkennungsverfahren nach Abs. 2 Satz 1 Nr. 3 ist abzusehen, wenn der Festsetzungsstelle nach den probatorischen Sitzungen die Feststellung der Psychotherapeutin oder des Psychotherapeuten vorgelegt wird, dass die Behandlung bei Einzel- oder Gruppenbehandlung im Rahmen einer Kurzzeittherapie nicht mehr als 24 Sitzungen, bei Personen, die das 21. Lebensjahr noch nicht vollendet haben, und bei Menschen mit einer geistigen Behinderung für nicht mehr als 30 Sitzungen unter Einbeziehung von Bezugspersonen, erfordert.

(4) $_{1}$Eine Sitzung der Psychotherapie umfasst eine Behandlungsdauer von mindestens 50 Minuten bei einer Einzelbehandlung und von in der Regel mindestens 100 Minuten bei einer Gruppenbehandlung. $_{2}$Eine Gruppenbehandlung kann auch mit einer Behandlungsdauer von 50 Minuten durchgeführt werden, in diesen Fällen erhöht sich die Gesamtzahl der beihilfefähigen Sitzungen entsprechend. $_{3}$Bei einer Kombination von Einzel- und Gruppenbehandlung richtet sich die Anzahl der beihilfefähigen Sitzungen nach der überwiegend durchgeführten Anwendungsform. $_{4}$Überwiegt die Einzelbehandlung, so wird eine als Gruppenbehandlung durchgeführte Doppelstunde von mindestens 100 Minuten als eine Einzelstunde der Einzelbehandlung gewertet; überwiegt die Gruppenbehandlung, so wird eine als Einzelbehandlung durchgeführte Einzelstunde von mindestens 50 Minuten als eine Doppelstunde der Gruppenbehandlung gewertet. $_{5}$Erbrachte Sitzungen im Rahmen der psychotherapeutischen Akutbehandlung nach Abs. 8 werden mit der Anzahl der Sitzungen mit der Kurzzeittherapie verrechnet. $_{6}$Muss in besonders begründeten Ausnahmefällen die Behandlung über 24 oder 30 Sitzungen hinaus verlängert werden, ist die Festsetzungsstelle hiervon unverzüglich zu unterrichten. $_{7}$Aufwendungen für weitere Sitzungen sind nur nach vorheriger Anerkennung durch die Festsetzungsstelle auf Grund der Stellungnahme durch ein vertrauensärztliches Gutachten zur Notwendigkeit und Umfang beihilfefähig; Abs. 2 Satz 1 Nr. 3 und Abs. 3 gelten entsprechend. $_{8}$Die bereits in Anspruch genommenen Sitzungen der Kurzzeittherapie sind auf die nach Satz 7 genehmigten Sitzungen anzurechnen.

(5) $_{1}$Aufwendungen für eine psychotherapeutische Sprechstunde als Einzeltherapie sind je Krankheitsfall für bis zu sechs Sitzungen in Einheiten von mindestens 25 Minuten beihilfefähig. $_{2}$Für Personen, die das 21. Lebensjahr noch nicht vollendet haben, und für Menschen mit einer geistigen Behinderung sind Aufwendungen für bis zu zehn Sitzungen je Krankheitsfall als Einzeltherapie beihilfefähig. $_{3}$Die durchgeführten Sprechstunden werden nicht auf die bestehenden beihilfefähigen Therapiekontingente angerechnet.

(6) $_{1}$Aufwendungen für die Gruppenpsychotherapeutische Grundversorgung sind je Krankheitsfall für bis zu vier Sitzungen in Einheiten von 100 Minuten beihilfefähig. $_{2}$Bei Personen, die das 21. Lebensjahr noch nicht vollendet haben, und bei Menschen mit einer geistigen Behinderung sind unter Einbeziehung von Bezugspersonen zusätzlich bis zu 100 Minuten je Krankheitsfall beihilfefähig. $_{3}$Die Sitzungen können auch in Einheiten von 50 Minuten unter entsprechender Erhöhung der Gesamtzahl der Sitzungen durchgeführt werden. $_{4}$Abs. 5 Satz 3 gilt entsprechend.

(7) 1Aufwendungen für bis zu fünf probatorische Sitzungen, bei analytischer Psychotherapie für bis zu acht probatorische Sitzungen, sind beihilfefähig, auch wenn Bezugspersonen einbezogen werden. 2Bei Personen, die das 21. Lebensjahr noch nicht vollendet haben, und bei Menschen mit einer geistigen Behinderung sind zwei zusätzliche probatorische Sitzungen beihilfefähig. 3Die probatorische Sitzung umfasst im Einzelsetting 50 Minuten und im Gruppensetting 100 Minuten. 4Probatorische Sitzungen im Gruppensetting können auch in Einheiten von 50 Minuten unter entsprechender Erhöhung der Gesamtzahl der Sitzungen durchgeführt werden. 5Probatorische Sitzungen sind nicht auf die beihilfefähigen Kontingente der Behandlungen von Kurz- oder Langzeittherapien anzurechnen.

(8) 1Aufwendungen für Leistungen einer psychotherapeutischen Akutbehandlung sind als Einzeltherapie in Einheiten von mindestens 25 Minuten bis zu 24 Sitzungen je Krankheitsfall beihilfefähig. 2Für Personen, die das 21. Lebensjahr noch nicht vollendet haben, und für Menschen mit einer geistigen Behinderung sind abweichend von Satz 1 bis zu 30 Sitzungen als Einzeltherapie unter Einbeziehung von Bezugspersonen beihilfefähig. 3Sind im Anschluss an die Akutbehandlung weitere Behandlungen nach den §§ 11 bis 12a erforderlich, sind Aufwendungen für weitere Sitzungen nur nach vorheriger Anerkennung durch die Festsetzungsstelle auf Grund eines vertrauensärztlichen Gutachtens zu Notwendigkeit und Umfang der Behandlung beihilfefähig; Abs. 2 Satz 1 Nr. 3 und Abs. 3 gelten entsprechend. 4Die Zahl der durchgeführten Akutbehandlungen wird auf die Zahl der bewilligten Sitzungen nach den §§ 11 bis 12a angerechnet.

(9) 1Bei der psychosomatischen Grundversorgung ist Abs. 2 Satz 1 Nr. 2 und 3 nicht anzuwenden. 2Maßnahmen nach Abs. 2 Satz 1 Nr. 2 sind auch dann beihilfefähig, wenn sich eine psychotherapeutische Behandlung als nicht notwendig erwiesen hat.

(10) 1Eine Therapie mittels katathymen Bilderlebens ist nur im Rahmen eines übergeordneten tiefenpsychologischen Therapiekonzepts, eine Rational Emotive Therapie nur im Rahmen eines umfassenden verhaltenstherapeutischen Behandlungskonzepts beihilfefähig. 2Aufwendungen für eine Eye-Movement-Desensitization-and-Reprocessing-Behandlung (EMDR) sind nur bei Personen, die das 18. Lebensjahr vollendet haben, mit posttraumatischen Belastungsstörungen im Rahmen eines umfassenden Behandlungskonzepts der Verhaltenstherapie, der tiefenpsychologisch fundierten Psychotherapie oder analytischen Psychotherapie sowie der Systemischen Therapie beihilfefähig.

(11) Erfolgt die Behandlung durch eine Psychologische Psychotherapeutin oder einen Psychologischen Psychotherapeuten, eine Kinder- und Jugendlichenpsychotherapeutin oder einen Kinder- und Jugendlichenpsychotherapeuten oder eine Psychotherapeutin oder einen Psychotherapeuten, muss spätestens nach den probatorischen Sitzungen und vor der Einleitung des Begutachtungsverfahrens der ärztliche Nachweis einer somatischen (organischen) Abklärung erbracht werden (Konsiliarbericht).

(12) Nicht beihilfefähig sind

1. Aufwendungen für gleichzeitige Behandlungen nach Abs. 8 sowie den §§ 10 bis 12a und
2. die in § 13 aufgeführten Behandlungsverfahren.

§ 10 Psychosomatische Grundversorgung

(1) Die beihilfefähige psychosomatische Grundversorgung umfasst:

1. verbale Interventionen im Rahmen der Anlage Nr. 849 GOÄ oder
2. übende und suggestive Interventionen nach Anlage Nr. 845 bis 847 GOÄ – autogenes Training, progressiver Muskelrelaxation nach Jacobson, Hypnose –.

(2) 1Beihilfefähig sind je Krankheitsfall bei

1. verbaler Intervention als Einzelbehandlung bis zu 25 Sitzungen, sowohl über einen kürzeren Zeitraum als auch im Verlauf chronischer Erkrankungen über einen längeren Zeitraum in niederfrequenter Form,

VII

2. autogenem Training und progressiver Muskelrelaxation nach Jacobson als Einzel- oder Gruppenbehandlung bis zu zwölf Sitzungen; eine Kombination von Einzel- und Gruppenbehandlung ist hierbei möglich, sowie
3. Hypnose als Einzelbehandlung bis zu zwölf Sitzungen.

₂Leistungen nach Satz 1 Nr. 1 dürfen nicht in derselben Sitzung mit Leistungen nach Satz 1 Nrn. 2 und 3 kombiniert werden. ₃Neben den Aufwendungen für eine verbale Intervention nach Anlage Nr. 849 GOÄ sind Aufwendungen für körperbezogene Leistungen der Ärztin oder des Arztes beihilfefähig.

(3) Aufwendungen für eine verbale Intervention sind nur beihilfefähig, wenn die Behandlung von einer Fachärztin oder einem Facharzt für

1. Allgemeinmedizin,
2. Augenheilkunde,
3. Frauenheilkunde und Geburtshilfe,
4. Haut- und Geschlechtskrankheiten,
5. Innere Medizin,
6. Kinder- und Jugendmedizin,
7. Kinder- und Jugendpsychiatrie und -psychotherapie,
8. Neurologie,
9. Phoniatrie und Pädaudiologie,
10. Psychiatrie und Psychotherapie,
11. Psychotherapeutische Medizin oder Psychosomatische Medizin und Psychotherapie oder
12. Urologie

durchgeführt wird.

(4) Aufwendungen für übende und suggestive Interventionen (autogenes Training, progressive Muskelrelaxation nach Jacobson, Hypnose) sind nur dann beihilfefähig, wenn die Behandlung von Ärztinnen oder Ärzten, Psychologischen Psychotherapeutinnen oder Psychologischen Psychotherapeuten oder Kinder- und Jugendlichenpsychotherapeutinnen oder Kinder- und Jugendlichenpsychotherapeuten oder Psychotherapeutinnen oder Psychotherapeuten erbracht werden, soweit diese über entsprechende Kenntnisse und Erfahrungen in der Anwendung übender und suggestiver Verfahren verfügen.

§ 11 Tiefenpsychologisch fundierte und analytische Psychotherapie

(1) ₁Aufwendungen für Behandlungen der tiefenpsychologisch fundierten und der analytischen Psychotherapie sind je Krankheitsfall nur in folgendem Umfang beihilfefähig:

1. tiefenpsychologisch fundierte Psychotherapie von Personen, die das 21. Lebensjahr vollendet haben:

	Einzelbehandlung	Gruppenbehandlung
a) Regelfall	60 Sitzungen	60 Sitzungen
b) Ausnahmefälle	weitere 40 Sitzungen	weitere 20 Sitzungen

2. analytische Psychotherapie von Personen, die das 21. Lebensjahr vollendet haben:

	Einzelbehandlung	Gruppenbehandlung
a) Regelfall	160 Sitzungen	80 Sitzungen
b) Ausnahmefälle	nochmals weitere 140 Sitzungen	nochmals weitere 70 Sitzungen

3. tiefenpsychologisch fundierte oder analytische Psychotherapie von Personen, die das 14. Lebensjahr noch nicht vollendet haben:

	Einzelbehandlung	Gruppenbehandlung
a) Regelfall	70 Sitzungen	60 Sitzungen
b) Ausnahmefälle	nochmals weitere 80 Sitzungen	nochmals weitere 30 Sitzungen

4. tiefenpsychologisch fundierte oder analytische Psychotherapie von Personen, die das 14. Lebensjahr, aber noch nicht das 21. Lebensjahr vollendet haben:

	Einzelbehandlung	Gruppenbehandlung
a) Regelfall	90 Sitzungen	60 Sitzungen
b) Ausnahmefälle	nochmals weitere 90 Sitzungen	nochmals weitere 30 Sitzungen

₂In den Fällen des Satzes 1 Nr. 4 sind Aufwendungen für eine Psychotherapie, die vor dem 21. Lebensjahr begonnen wurde, zur Sicherung des Therapieerfolges auch nach Vollendung des 21. Lebensjahres beihilfefähig.

[3]Zeigt sich bei der Therapie, dass das Behandlungsziel innerhalb der Stundenzahl nicht erreicht wird, kann in medizinisch besonders begründeten Einzelfällen eine weitere begrenzte Behandlungsdauer anerkannt werden. [4]Voraussetzung für die Anerkennung ist das Vorliegen einer Indikation nach § 9 Abs. 1, die nach ihrer besonderen Symptomatik und Struktur eine besondere tiefenpsychologisch fundierte oder analytische Bearbeitung erfordert und eine hinreichende Prognose über das Erreichen des Behandlungsziels erlaubt. [5]Die Anerkennung, die erst im letzten Behandlungsabschnitt erfolgen darf, erfordert eine Stellungnahme durch ein vertrauensärztliches Gutachten im Sinne des § 9 Abs. 2 Satz 1 Nr. 3, § 9 Abs. 3 Satz 1 gilt nicht.

(2) Wird die medizinische Notwendigkeit der Einbeziehung von Bezugspersonen nachgewiesen, sind hierdurch entstandene Aufwendungen wie folgt beihilfefähig:

1. bei Personen, die das 21. Lebensjahr noch nicht vollendet haben, und bei Menschen mit einer geistigen Behinderung sind die dafür vorgesehenen Sitzungen bei Einzelbehandlung bis zu einem Viertel und bei Gruppenbehandlung bis zur Hälfte der bewilligten Zahl von Sitzungen zusätzlich anzuerkennen,
2. bei Personen, die das 21. Lebensjahr vollendet haben, werden die dafür vorgesehenen Sitzungen in voller Höhe auf die bewilligte Zahl von Sitzungen angerechnet.

(3) Bei einer Kombination von Einzel- und Gruppenbehandlung nach Abs. 1 gilt § 9 Abs. 4 Satz 3 und 4 entsprechend.

(4) [1]Wird die Behandlung durch ärztliche Psychotherapeutinnen oder Psychotherapeuten durchgeführt, müssen diese die Bezeichnung „Fachärztin" oder „Facharzt" für

1. Psychotherapeutische Medizin oder Psychosomatische Medizin und Psychotherapie,
2. Psychiatrie und Psychotherapie,
3. Kinder- und Jugendpsychiatrie und -psychotherapie führen oder

Ärztinnen oder Ärzte mit der Bereichs- oder Zusatzbezeichnung „Psychotherapie" oder „Psychoanalyse" sein. [2]Eine Fachärztin oder ein Facharzt für

1. Psychotherapeutische Medizin oder
2. Psychiatrie und Psychotherapie oder
3. Kinder- und Jugendpsychiatrie und -psychotherapie sowie

eine Ärztin oder ein Arzt mit der Bereichsbezeichnung „Psychotherapie" kann nur tiefenpsychologisch fundierte Psychotherapie (Anlage Nr. 860 bis 862 GOÄ) erbringen. [3]Eine Ärztin bzw. ein Arzt mit der Bereichs- oder Zusatzbezeichnung „Psychoanalyse" oder mit der vor dem 1. April 1984 verliehenen Bereichsbezeichnung „Psychotherapie" kann auch analytische Psychotherapie (Anlage Nr. 863 und 864 GOÄ) erbringen.

(5) Leistungen der anerkannten Psychotherapieform tiefenpsychologisch fundierte oder analytische Psychotherapie dürfen bei Personen, die das 21. Lebensjahr vollendet haben, nur von folgenden Personen erbracht werden:

1. Psychotherapeutinnen und Psychotherapeuten, die die Voraussetzungen nach § 95c des Fünften Buches Sozialgesetzbuch (SGB V) zur Eintragung in das Arztregister erfüllen, mit einer Weiterbildung für die Behandlung von Erwachsenen auf dem Gebiet der tiefenpsychologisch fundierten oder analytischen Psychotherapie,
2. Psychologischen Psychotherapeutinnen und Psychologischen Psychotherapeuten mit einer vertieften Ausbildung auf dem Gebiet der tiefenpsychologisch fundierten oder analytischen Psychotherapie.

(6) [1]Leistungen der anerkannten Psychotherapieform tiefenpsychologisch fundierte oder analytische Psychotherapie dürfen bei Personen, die das 21. Lebensjahr noch nicht vollendet haben, nur von folgenden Personen erbracht werden:

1. Psychotherapeutinnen und Psychotherapeuten mit einer Weiterbildung für die Behandlung von Kindern und Jugendlichen auf dem Gebiet der tiefenpsychologisch fundierten oder analytischen Psychotherapie,
2. Psychologischen Psychotherapeutinnen und Psychologischen Psychotherapeuten mit einer vertieften Ausbildung auf dem Gebiet der tiefenpsychologisch fundierten

oder analytischen Psychotherapie und einer Zusatzqualifikation für die Behandlung von Kindern und Jugendlichen, die die Anforderungen des § 4 Abs. 2 der Psychotherapie-Vereinbarung erfüllen,

3. Kinder- und Jugendlichenpsychotherapeutinnen und Kinder- und Jugendlichenpsychotherapeuten mit einer vertieften Ausbildung auf dem Gebiet der tiefenpsychologisch fundierten oder analytischen Psychotherapie.

₂Abweichend von Satz 1 sind bei einem Beginn der Behandlung zwischen dem 18. und dem 21. Lebensjahr auch Aufwendungen für Behandlungen von Psychotherapeutinnen und Psychotherapeuten im Sinne des Abs. 5 zu den in Abs. 1 Satz 1 Nr. 1 und 2 sowie Satz 3 bis 5 genannten Grundsätzen beihilfefähig.

(7) Psychotherapeutinnen und Psychotherapeuten, die eine EMDR durchführen, müssen die jeweiligen therapeutenspezifischen Voraussetzungen der Abs. 3 bis 5 erfüllen und Kenntnisse und praktische Erfahrungen in der Behandlung der posttraumatischen Belastungsstörung und in der EMDR im Rahmen einer Aus- oder Weiterbildung erworben haben.

§ 12 Verhaltenstherapie

(1) Aufwendungen für Verhaltenstherapien sind je Krankheitsfall nur in folgendem Umfang beihilfefähig:

	Einzelbehandlung	Gruppenbehandlung
1. Regelfall	60 Sitzungen	60 Sitzungen
2. Ausnahmefälle	weitere 20 Sitzungen	weitere 20 Sitzungen

(2) § 11 Abs. 1 Satz 3 bis 5 und Abs. 2 und 3 gilt entsprechend.

(3) ₁Wird die Behandlung durch ärztliche Psychotherapeutinnen oder ärztliche Psychotherapeuten durchgeführt, müssen diese die Bezeichnung „Fachärztin" oder „Facharzt" für

1. Psychotherapeutische Medizin oder Psychosomatische Medizin,
2. Psychiatrie und Psychotherapie,
3. Kinder- und Jugendpsychiatrie und -psychotherapie führen oder

Ärztinnen oder Ärzte mit der Bereichs- oder Zusatzbezeichnung „Psychotherapie" sein. ₂Ärztliche Psychotherapeutinnen bzw. ärztliche Psychotherapeuten können die Behandlung durchführen, wenn sie nachweisen, dass sie während ihrer Weiterbildung schwerpunktmäßig Kenntnisse und Erfahrungen in Verhaltenstherapie erworben haben.

(4) Leistungen der Verhaltenstherapie dürfen bei Personen, die das 21. Lebensjahr vollendet haben, nur von folgenden Personen erbracht werden:

1. Psychotherapeutinnen und Psychotherapeuten, die die Voraussetzungen nach § 95c SGB V zur Eintragung in das Arztregister erfüllen, mit einer Weiterbildung für die Behandlung von Erwachsenen auf dem Gebiet der Verhaltenstherapie,
2. Psychologischen Psychotherapeutinnen und Psychologischen Psychotherapeuten mit einer vertieften Ausbildung auf dem Gebiet der Verhaltenstherapie.

(5) ₁Leistungen der Verhaltenstherapie dürfen bei Personen, die das 21. Lebensjahr noch nicht vollendet haben, nur von folgenden Personen erbracht werden:

1. Psychotherapeutinnen und Psychotherapeuten, die die Voraussetzungen nach § 95c SGB V zur Eintragung in das Arztregister erfüllen, mit einer Weiterbildung für die Behandlung von Kindern und Jugendlichen auf dem Gebiet der Verhaltenstherapie,
2. Psychologischen Psychotherapeutinnen und Psychologischen Psychotherapeuten mit einer vertieften Ausbildung auf dem Gebiet der Verhaltenstherapie und einer Zusatzqualifikation für die Behandlung von Kindern und Jugendlichen, die die Anforderungen des § 4 Abs. 2 der Psychotherapie-Vereinbarung erfüllen,
3. Kinder- und Jugendlichenpsychotherapeutinnen und Kinder- und Jugendlichenpsychotherapeuten mit einer vertieften Ausbildung auf dem Gebiet der Verhaltenstherapie.

₂Abweichend von Satz 1 sind bei einem Beginn der Behandlung zwischen dem 18. und

VII

dem 21. Lebensjahr auch Aufwendungen für Behandlungen von Psychotherapeutinnen und Psychotherapeuten im Sinne des Abs. 4 beihilfefähig.

(6) Psychotherapeutinnen und Psychotherapeuten, die eine EMDR durchführen, müssen die jeweiligen therapeutenspezifischen Voraussetzungen der Abs. 3 bis 5 erfüllen und Kenntnisse und praktische Erfahrungen in der Behandlung der posttraumatischen Belastungsstörung und in der EMDR im Rahmen einer Weiterbildung erworben haben.

§ 12a Systemische Therapie

(1) Aufwendungen für eine Systemische Therapie sind je Krankheitsfall in folgendem Umfang, auch im Mehrpersonensetting, beihilfefähig:

	Einzelbehandlung	Gruppenbehandlung
1. Regelfall	36 Sitzungen	36 Sitzungen
2. Ausnahmefälle	weitere 12 Sitzungen	weitere 12 Sitzungen

(2) § 11 Abs. 1 Satz 3 bis 5 und Abs. 3 gilt entsprechend.

(3) Wird die Behandlung durch ärztliche Psychotherapeutinnen oder ärztliche Psychotherapeuten durchgeführt, muss diese Person Fachärztin oder Facharzt mit erfolgreicher Weiterbildung auf dem Gebiet der Systemischen Therapie für eines der folgenden Fachgebiete sein:

1. Psychiatrie und Psychotherapie,
2. Psychosomatische Medizin und Psychotherapie,
3. Kinder- und Jugendpsychiatrie und -psychotherapie oder
4. Ärztin oder Arzt mit der Zusatzbezeichnung „Psychotherapie".

(4) Leistungen der Systemischen Therapie dürfen bei Personen, die das 21. Lebensjahr vollendet haben, nur von folgenden Personen erbracht werden:

1. Psychotherapeutinnen und Psychotherapeuten, die die Voraussetzungen nach § 95c SGB V zur Eintragung in das Arztregister erfüllen, mit einer Weiterbildung für die Behandlung von Erwachsenen auf dem Gebiet der Systemischen Therapie,
2. Psychologischen Psychotherapeutinnen und Psychologischen Psychotherapeuten mit einer vertieften Ausbildung auf dem Gebiet der Systemischen Therapie,
3. Psychologischen Psychotherapeutinnen und Psychologischen Psychotherapeuten mit einer vertieften Ausbildung in einem Verfahren nach § 11 oder § 12 und einer Zusatzqualifikation im Sinne des § 4 Abs. 5 der Psychotherapie-Vereinbarung auf dem Gebiet der Systemischen Therapie.

(5) 1Leistungen der Systemischen Therapie dürfen bei Personen, die das 21. Lebensjahr noch nicht vollendet haben, nur von folgenden Personen erbracht werden:

1. Psychotherapeutinnen und Psychotherapeuten, die die Voraussetzungen nach § 95c SGB V zur Eintragung in das Arztregister erfüllen, mit einer Weiterbildung auf dem Gebiet der Systemischen Therapie,
2. Psychologischen Psychotherapeutinnen und Psychologischen Psychotherapeuten mit einer Weiterbildung für die Behandlung von Kindern und Jugendlichen und einer vertieften Ausbildung auf dem Gebiet der Systemischen Therapie,
3. Psychologischen Psychotherapeutinnen und Psychologischen Psychotherapeuten mit einer Weiterbildung für die Behandlung von Kindern und Jugendlichen und einer vertieften Ausbildung in einem Verfahren nach § 11 oder § 12 und einer Zusatzqualifikation im Sinne des § 4 Abs. 5 der Psychotherapie-Vereinbarung auf dem Gebiet der Systemischen Therapie.

2Abweichend von Satz 1 sind bei einem Beginn der Behandlung zwischen dem 18. und dem 21. Lebensjahr auch Aufwendungen für Behandlungen von Psychotherapeutinnen und Psychotherapeuten im Sinne des Abs. 4 beihilfefähig.

(6) Psychotherapeutinnen und Psychotherapeuten, die eine EMDR durchführen, müssen die jeweiligen therapeutenspezifischen Voraussetzungen der Abs. 3 bis 5 erfüllen und Kenntnisse und praktische Erfahrungen in der

Behandlung der posttraumatischen Belastungsstörung und in der EMDR im Rahmen einer Weiterbildung erworben haben.

§ 13 Nicht beihilfefähige psychotherapeutische Behandlungsverfahren

1Nicht beihilfefähig sind Aufwendungen für

1. Familientherapie,
2. Funktionelle Entspannung nach M. Fuchs,
3. Gesprächspsychotherapie (z. B. nach Rogers),
4. Gestalttherapie,
5. Körperbezogene Therapie,
6. Konzentrative Bewegungstherapie,
7. Logotherapie,
8. Musiktherapie,
9. Psychodrama,
10. Respiratorisches Biofeedback,
11. Transaktionsanalyse.

2Nicht zu den psychotherapeutischen Leistungen im Sinn der §§ 9 bis 12a gehören Behandlungen, die zur schulischen, beruflichen oder sozialen Anpassung oder Förderung bestimmt sind. 3Entsprechendes gilt für Maßnahmen der Erziehungs-, Ehe-, Lebens- oder Sexualberatung, für heilpädagogische und ähnliche Maßnahmen sowie für psychologische Maßnahmen, die der Aufarbeitung und Überwindung sozialer Konflikte dienen.

§ 14 Auslagen, Material- und Laborkosten bei zahnärztlichen Leistungen

Die bei einer zahnärztlichen Behandlung nach Anlage 1 Abschnitt C Nrn. 2150 bis 2320, Abschnitte F und K GOZ entstandenen Aufwendungen für Material- und Laborkosten nach § 9 GOZ (u. a. Edelmetalle und Keramik) sowie die nach § 4 Abs. 3 GOZ gesondert abrechenbaren Praxiskosten sind zu 60 % beihilfefähig.

§ 15 Kieferorthopädische Leistungen

1Aufwendungen für kieferorthopädische Leistungen sind nur beihilfefähig, wenn vor Behandlungsbeginn

1. ein Heil- und Kostenplan vorgelegt wird und
2. die behandelte Person das 18. Lebensjahr noch nicht vollendet hat.

2Die Altersbegrenzung nach Satz 1 Nr. 2 gilt nicht bei schweren Kieferanomalien,

1. die eine kombinierte kieferchirurgische und kieferorthopädische Behandlung erfordern, sowie
2. in besonderen Ausnahmefällen, wenn nach einem zahnärztlichen Gutachten (§ 48 Abs. 7) eine alleinige kieferorthopädische Behandlung medizinisch ausreichend ist.

§ 16 Funktionsanalytische und funktionstherapeutische Leistungen

1Aufwendungen für funktionsanalytische und funktionstherapeutische Leistungen sind nur beihilfefähig bei Vorliegen mindestens einer der folgenden Indikationen:

1. Kiefergelenks- und Muskelerkrankungen (Myoarthropathien, craniomandibuläre Dysfunktionen, myofasciales Schmerzsyndrom),
2. im Zusammenhang mit der Behandlung von Zahnfleischerkrankungen (Parodonthopathien),
3. umfangreiche Gebisssanierungen,
4. umfangreiche kieferorthopädische Maßnahmen (einschließlich kieferorthopädisch-kieferchirurgischer Operationen),
5. im Zusammenhang mit der Behandlung von Aufbissschienen mit adjustierten Oberflächen nach Anlage 1 Nr. 7010 und 7020 GOZ.

2Eine umfangreiche Gebisssanierung liegt nur vor, wenn insgesamt mindestens acht Seitenzähne mit Inlays oder Kronen sanierungsbedürftig sind oder fehlen. 3Außerdem ist der erhobene Befund in geeigneter Form nachzuweisen.

§ 17 Implantologische Leistungen

1Aufwendungen für implantologische Leistungen sind nur beihilfefähig, wenn eine konventionelle prothetische Versorgung ohne Implantate nicht möglich ist und eine der folgenden Indikationen vorliegt:

1. größere Kiefer- oder Gesichtsdefekte, die ihre Ursache haben in:
   a) Tumoroperationen,
   b) Entzündungen des Kiefers,
   c) Operationen infolge von großen Zysten,

VII

d) Operationen infolge von Osteopathien, sofern keine Kontraindikation für eine Implantatversorgung vorliegt,
e) angeborenen Fehlbildungen des Kiefers – wie Lippen-Kiefer-Gaumen-Spalten oder ektodermale Dysplasien – oder
f) Unfällen,

2. dauerhaft bestehende extreme Xerostomie, insbesondere im Rahmen einer Tumorbehandlung,
3. generalisierte genetische Nichtanlage von Zähnen, wenn in mindestens einem Kiefer weniger als acht Zähne angelegt sind, oder
4. nicht willentlich beeinflussbare muskuläre Fehlfunktionen im Mund- und Gesichtsbereich.

$_{2}$Liegen die Indikationen nicht vor, sind die Aufwendungen für mehr als zwei Implantate pro Kieferhälfte, einschließlich vorhandener Implantate, zu deren Aufwendungen Beihilfen oder vergleichbare Leistungen aus öffentlichen Kassen gewährt wurden, von der Beihilfefähigkeit ausgeschlossen. $_{3}$Dabei sind die Gesamtaufwendungen der implantologischen Versorgung entsprechend dem Verhältnis der Zahl der nichtbeihilfefähigen Implantate zur Gesamtzahl der Implantate zu mindern. $_{4}$Unabhängig von den Sätzen 2 und 3 sind die Aufwendungen für Suprakonstruktionen im Rahmen der Gebührenordnung für Zahnärzte beihilfefähig. $_{5}$§ 14 gilt entsprechend.

§ 18 Arznei-, Verbandmittel und vergleichbare Medizinprodukte

$_{1}$Beihilfefähig sind die aus Anlass einer Krankheit bei ärztlichen und zahnärztlichen Leistungen oder Heilpraktikerleistungen nach §§ 8 bis 17 verbrauchten oder nach Art und Umfang in Textform verordneten

1. apothekenpflichtige Arzneimittel nach § 2 des Arzneimittelgesetzes,
2. Verbandmittel,
3. Harn- und Blutteststreifen sowie
4. Stoffe und Zubereitungen aus Stoffen, die als Medizinprodukte nach § 3 Nr. 1 bis 3 des Medizinproduktegesetzes in der am 25. Mai 2021 geltenden Fassung zur Anwendung am oder im menschlichen Körper bestimmt sind.

$_{2}$Aufwendungen für ärztlich verordnete hormonelle Kontrazeptiva und eingesetzte Intrauterinpessare sind nur unter folgenden Voraussetzungen beihilfefähig:

1. bei Personen bis zur Vollendung des 22. Lebensjahres,
2. wenn diese Mittel zur Behandlung eines Krankheitszustands verordnet werden oder
3. für nicht verschreibungspflichtige Notfallkontrazeptiva, soweit sie ärztlich verordnet wurden und Hinweise auf einen sexuellen Missbrauch oder eine Vergewaltigung vorliegen.

$_{3}$Nicht beihilfefähig sind Aufwendungen

1. für Mittel, die überwiegend zur Behandlung der erektilen Dysfunktion, zur Rauchentwöhnung, zur Abmagerung oder zur Zügelung des Appetits, zur Regulierung des Körpergewichts oder zur Verbesserung des Haarwuchses dienen,
2. für Mittel, die geeignet sind, Güter des täglichen Bedarfs zu ersetzen,
3. Vitaminpräparate, die keine Fertigarzneimittel im Sinn des Arzneimittelgesetzes darstellen,
4. Geriatrika und Roborantia.

§ 19 Heilbehandlungen

(1) $_{1}$Aus Anlass einer Krankheit sind die ärztlich oder zahnärztlich in Textform verordneten Heilbehandlungen und die dabei verbrauchten Stoffe nach Maßgabe der Anlage 3 beihilfefähig. $_{2}$Aufwendungen für Ergotherapie (Teil 9 der Anlage 3) einschließlich der verbrauchten Stoffe sind bei einer in Textform erstellten Verordnung durch eine Psychotherapeutin oder einen Psychotherapeuten, die oder der die Voraussetzungen nach § 95c SGB V zur Eintragung in das Arztregister erfüllt, ebenfalls beihilfefähig. $_{3}$Zur Heilbehandlung gehören auch ärztlich verordnete Bäder, ausgenommen Saunabäder und Aufenthalte in Mineral- oder Thermalbädern außerhalb von Maßnahmen nach §§ 29, 30. $_{4}$Die Heilbehandlung muss von einer der folgenden Per-

sonen im Rahmen des jeweiligen Berufsbilds erbracht werden:

1. Anlage 3 Teil 1 bis 7:
   a) Physiotherapeutin oder Physiotherapeut,
   b) Masseurin und medizinische Bademeisterin oder Masseur und medizinischer Bademeister,
   c) Krankengymnastin oder Krankengymnast,
2. Anlage 3 Teil 8:
   a) Logopädin oder Logopäde,
   b) Sprachtherapeutin oder Sprachtherapeut,
   c) staatlich geprüfte Atem-, Sprech- und Stimmlehrerin der Schule Schlaffhorst-Andersen oder staatlich geprüfter Atem-, Sprech- und Stimmlehrer der Schule Schlaffhorst-Andersen,
   d) Sprachheilpädagogin oder Sprachheilpädagoge,
   e) klinische Linguistin oder klinischer Linguist,
   f) klinische Sprechwissenschaftlerin oder klinischer Sprechwissenschaftler,
   g) bei Kindern für sprachtherapeutische Leistungen bei Sprachentwicklungsstörungen, Stottern oder Poltern auch
      aa) Sprachheilpädagogin oder Sprachheilpädagoge,
      bb) Diplomlehrerin für Sprachgeschädigte oder Sprachgestörte oder Diplomlehrer für Sprachgeschädigte oder Sprachgestörte,
      cc) Diplomvorschulerzieherin für Sprachgeschädigte oder Sprachgestörte oder Diplomvorschulerzieher für Sprachgeschädigte oder Sprachgestörte,
      dd) Diplomerzieherin für Sprachgeschädigte oder Sprachgestörte oder Diplomerzieher für Sprachgeschädigte oder Sprachgestörte,
   h) Diplompatholinguistin oder Diplompatholinguist,
3. Anlage 3 Teil 9, als Therapieergänzung bei Bedarf in Kombination mit Teil 6:
   a) Ergotherapeutin oder Ergotherapeut,
   b) Beschäftigungs- und Arbeitstherapeutin oder Beschäftigungs- und Arbeitstherapeut,
4. Anlage 3 Teil 10:
   a) Podologin oder Podologe,
   b) medizinische Fußpflegerin oder medizinischer Fußpfleger nach § 1 des Podologengesetzes,
5. Anlage 3 Teil 11:
   a) Diätassistentin oder Diätassistent,
   b) Oecotrophologin oder Oecotrophologe,
   c) Ernährungswissenschaftlerin oder Ernährungswissenschaftler.

$_5$Abweichend von Satz 4 sind die Aufwendungen für ärztlich verordneten Rehabilitationssport und Funktionstraining je Übungseinheit nach Nr. 7 der Anlage 3 auch dann beihilfefähig, wenn sie in anerkannten Rehabilitationssport- und Funktionstrainingsgruppen erbracht werden.

(2) $_1$Aufwendungen für eine erweiterte ambulante Physiotherapie (EAP) – Anlage 3 Nr. 15 – sind nur auf Grund einer krankenhausärztlichen Verordnung, einer Verordnung von Ärztinnen und Ärzten mit den Gebietsbezeichnungen Orthopädie, Neurologie, Chirurgie und Physikalische und Rehabilitative Medizin oder von Allgemeinärztinnen oder -ärzten mit der Zusatzbezeichnung Physikalische und Rehabilitative Medizin und nur bei Vorliegen einer der folgenden Indikationen beihilfefähig:

1. Wirbelsäulensyndrome mit erheblicher Symptomatik bei
   a) Knie
      aa) Kniebandrupturen, mit Ausnahme der Ruptur eines isolierten Innenbandes,
      bb) Knorpelschäden am Kniegelenk nach Durchführung einer Knorpelzelltransplantation oder nach Anwendung von Knorpelchips,
   b) nachgewiesenen Spondylolysen und Spondylolisthesen mit radikulärer, muskulärer und statischer Symptomatik,
   c) instabilen Wirbelsäulenverletzungen im Rahmen der konservativen und/oder postoperativen Behandlung mit muskulärem Defizit und Fehlstatik,

d) lockerer korrigierbarer thorakaler Scheuermann-Kyphose > 50° nach Copp,
2. Operation am Skelettsystem
   a) posttraumatische Osteosynthesen,
   b) Osteotomien der großen Röhrenknochen,
3. Prothetischer Gelenkersatz bei Bewegungseinschränkungen und/oder muskulärem Defizit
   a) Schulterprothesen,
   b) Knieendoprothesen,
   c) Hüftendoprothesen,
4. Operativ oder konservativ behandelte Gelenkerkrankungen (einschließlich Instabilitäten)
   a) Kniebandrupturen (Ausnahme isoliertes Innenband),
   b) Schultergelenkläsionen, insbesondere nach
      aa) operativ versorgter Bankard-Läsion,
      bb) Rotatorenmanschettenruptur,
      cc) schwerer Schultersteife (frozen shoulder),
      dd) Impingement-Syndrom,
      ee) Schultergelenkluxation,
      ff) tendinosis calcarea,
      gg) periathritis humero-scapularis (PHS),
   c) Achillessehnenrupturen und Achillessehnenabriss,
5. Amputationen.

2Die Aufwendungen sind nur bei Durchführung in einer Einrichtung, die durch die gesetzlichen Krankenkassen oder Berufsgenossenschaften zur ambulanten Rehabilitation oder zur EAP zugelassen ist, beihilfefähig.

(3) 1Aufwendungen für ein ärztlich verordnetes Medizinisches Aufbautraining (MAT) oder eine medizinische Trainingstherapie (MTT) mit Sequenztrainingsgeräten zur Behandlung von Erkrankungen der Wirbelsäule (Anlage 3 Nr. 16) sind nur bis zu maximal 25 Sitzungen je Kalenderhalbjahr und nur bei Vorliegen der folgenden Voraussetzungen beihilfefähig:

1. Verordnung des medizinischen Aufbautrainings von Krankenhausärztinnen oder -ärzten, von Ärztinnen oder Ärzten mit den Gebietsbezeichnungen Orthopädie, Neurologie, Chirurgie und Physikalische und Rehabilitative Medizin, von Allgemeinärztinnen oder Allgemeinärzten mit der Zusatzbezeichnung Physikalische und Rehabilitative Medizin,
2. Therapieplanung und Ergebniskontrolle von einem Arzt der Therapieeinrichtung und
3. Durchführung jeder einzelnen therapeutischen Sitzung unter ärztlicher Aufsicht; die Durchführung therapeutischer und diagnostischer Leistungsbestandteile ist teilweise an speziell geschultes medizinisches Personal delegationsfähig.

2Fitness- und Kräftigungsmethoden, die nicht den Anforderungen des ärztlich geleiteten Medizinischen Aufbautrainings entsprechen, sind nicht beihilfefähig, auch wenn sie an identischen Trainingsgeräten mit gesundheitsfördernder Zielsetzung durchgeführt werden.

(4) 1Aufwendungen für eine ärztlich verordnete physiotherapeutische Komplexbehandlung in der Palliativversorgung (Anlage 3 Nr. 21) – sind gesondert beihilfefähig bei

1. passiven Bewegungsstörungen mit Verlust, Einschränkung und Instabilität funktioneller Bewegung im Bereich der Wirbelsäule, der Gelenke, der discoligamentären Strukturen,
2. aktiven Bewegungsstörungen bei Muskeldysbalancen oder -insuffizienz,
3. atrophischen und dystrophischen Muskelveränderungen,
4. spastischen Lähmungen – cerebral oder spinal bedingt –,
5. schlaffen Lähmungen,
6. abnormen Bewegungen oder Koordinationsstörungen bei Erkrankungen des zentralen Nervensystems,
7. Schmerzen bei strukturellen Veränderungen im Bereich der Bewegungsorgane,
8. funktionellen Störungen von Organsystemen, zum Beispiel Herz-Kreislauferkrankungen, Lungen- oder Bronchialerkrankungen, Erkrankungen eines Schließmuskels oder der Beckenbodenmuskulatur,

VII

9. unspezifischen schmerzhaften Bewegungsstörungen, Funktionsstörungen, auch bei allgemeiner Dekonditionierung.

₂Satz 1 gilt nicht, wenn die physiotherapeutische Komplexbehandlung Bestandteil einer spezialisierten ambulanten Palliativversorgung (§ 39 Abs. 1) ist.

(5) ₁Die Aufwendungen für Heilbehandlungen im Rahmen einer stationären oder teilstationären Behandlung in Einrichtungen, die der Betreuung und der Behandlung von Kranken oder Behinderten dienen, sind nur nach folgenden Maßgaben und unter der Voraussetzung beihilfefähig, dass die Behandlungen durch die in Abs. 1 genannten Personen durchgeführt werden:

1. Art und Umfang der durchgeführten und nachgewiesenen Heilbehandlung sind bis zu den in der Anlage 3 genannten Höchstbeträgen beihilfefähig; ein darüber hinaus in Rechnung gestellter Pflegesatz für Heilbehandlung oder sonstige Betreuung ist nicht beihilfefähig.
2. Wird bei einer teilstationären und stationären Behandlung anstelle einer Einzelabrechnung ein einheitlicher Kostensatz für Heilbehandlung, Verpflegung und sonstige Betreuung berechnet, so sind für Heilbehandlungen je Tag der Anwesenheit in der Einrichtung pauschal 10,50 € beihilfefähig; Platzfreihaltegebühren sind nicht beihilfefähig.

₂Einrichtungen, die der Betreuung und der Behandlung von Kranken oder Behinderten dienen, sind z. B. Frühfördereinrichtungen, Ganztagsschulen, Werkstätten für behinderte Menschen.

§ 19a Neuropsychologische Therapie

(1) ₁Aufwendungen für ambulante neuropsychologische Therapien sind beihilfefähig, wenn sie

1. der Behandlung akut erworbener Hirnschädigungen oder Hirnerkrankungen dienen, insbesondere nach Schlaganfall oder Schädel-Hirn-Trauma, und
2. durchgeführt werden von Fachärztinnen oder Fachärzten für
   a) Neurologie,
   b) Nervenheilkunde, Psychiatrie, Psychiatrie und Psychotherapie,
   c) Kinder- und Jugendmedizin mit Schwerpunkt Neuropädiatrie oder
   d) Neurochirurgie und Kinder- und Jugendpsychiatrie und -psychotherapie,

   die zusätzlich zu ihrer Gebietsbezeichnung über eine neuropsychologische Zusatzqualifikation verfügen.

₂Satz 1 gilt auch bei Behandlungen, die durchgeführt werden von

1. Psychotherapeutinnen oder Psychotherapeuten, die aufgrund einer Weiterbildung im Gebiet der neuropsychologischen Psychotherapie die Voraussetzungen nach § 95c SGB V zur Eintragung in das Arztregister erfüllen, oder
2. folgenden Psychotherapeutinnen oder Psychotherapeuten, wenn diese über eine neuropsychologische Qualifikation verfügen:
   a) ärztliche Psychotherapeutinnen oder Psychotherapeuten,
   b) psychologische Psychotherapeutinnen oder Psychotherapeuten oder
   c) Kinder- und Jugendlichenpsychotherapeutinnen oder -psychotherapeuten.

wenn diese über eine neuropsychologische Zusatzqualifikation verfügen. ₃Der Umfang der beihilfefähigen Aufwendungen richtet sich nach Abs. 3.

(2) Nicht beihilfefähig sind Aufwendungen für eine ambulante neuropsychologische Therapie, wenn

1. ausschließlich angeborene Einschränkungen oder Behinderungen der Hirnleistungsfunktionen ohne sekundäre organische Hirnschädigung behandelt werden, insbesondere Aufmerksamkeitsdefizit-Syndrom mit oder ohne Hyperaktivität (ADHS oder ADS), Intelligenzminderung,
2. es sich um Hirnerkrankungen mit progredientem Verlauf im fortgeschrittenen Stadium, insbesondere mittel- und hochgradige Demenz vom Alzheimertyp, handelt oder
3. die Hirnschädigung oder die Hirnerkrankung mit neuropsychologischen Defiziten

VII

bei erwachsenen Patientinnen und Patienten länger als fünf Jahre zurückliegt.

(3) 1Aufwendungen für neuropsychologische Behandlungen sind in folgendem Umfang beihilfefähig:

1. bis zu fünf probatorische Sitzungen,
2. bei Einzelbehandlung, gegebenenfalls unter Einbeziehung von Bezugspersonen

	wenn eine Behandlungseinheit mindestens 25 Minuten dauert	wenn eine Behandlungseinheit mindestens 50 Minuten dauert
Regelfall	120 Behandlungseinheiten	60 Behandlungseinheiten
Ausnahmefall	40 weitere Behandlungseinheiten	20 weitere Behandlungseinheiten

sowie

3. bei Gruppenbehandlung, bei Kindern und Jugendlichen gegebenenfalls unter Einbeziehung von Bezugspersonen

wenn eine Behandlungseinheit mindestens 50 Minuten dauert	wenn eine Behandlungseinheit mindestens 100 Minuten dauert
80 Behandlungseinheiten	40 Behandlungseinheiten.

2Bei einer Kombination von Einzel- und Gruppenbehandlung ist die gesamte Behandlung nach Satz 1 Nr. 2 beihilfefähig.

VII

§ 19b Gebärdensprachdolmetscherinnen oder Gebärdensprachdolmetscher

Sind auf Grund einer Hörbehinderung bei der Durchführung von ärztlichen Untersuchungen und sonstigen medizinischen Maßnahmen die Leistungen einer Gebärdensprachdolmetscherin oder eines Gebärdensprachdolmetschers erforderlich, sind die in entsprechender Anwendung des § 9 Abs. 5 und 6 sowie der §§ 5 und 6 Abs. 1 des Justizvergütungs- und -entschädigungsgesetzes sich ergebenden Vergütungen beihilfefähig.

§ 20 Komplextherapien

1Werden Leistungen nach §§ 8 bis 12a und 19 in Form von ambulanten oder voll- oder teilstationären Komplextherapien erbracht und pauschal berechnet, sind abweichend von § 7 Abs. 1 und § 19 die entstandenen Aufwendungen unter den Voraussetzungen und bis zur Höhe der Vergütungen, die von gesetzlichen Krankenkassen oder Rentenversicherungsträgern auf Grund entsprechender Vereinbarungen auf Bundes- oder Landesebene für medizinische Leistungen oder auf Grund von Vereinbarungen und Verträgen im Sinn des § 7 Abs. 3 zu tragen sind, beihilfefähig. 2Eine Komplextherapie ist eine aus verschiedenen, sich ergänzenden Teilen zusammengesetzte Therapie spezifischer Krankheitsbilder, die von einem interdisziplinären Team erbracht wird. 3Als Komplextherapie gelten insbesondere Leistungen

1. von psychiatrischen und von psychosomatischen Institutsambulanzen nach § 118 SGB V,
2. von sozialpädiatrischen Zentren nach § 119 Abs. 1 Satz 1 SGB V,
3. von Medizinischen Behandlungszentren für Erwachsene mit geistiger Behinderung oder schweren Mehrfachbehinderungen nach § 119c SGB V,
4. der besonderen Versorgung nach § 140a Abs. 1 SGB V,
5. der sozialmedizinischen Nachsorgemaßnahmen, die
   a) im Anschluss an stationäre Behandlungen in Krankenhäusern nach § 28 oder Einrichtungen der medizinischen Rehabilitation nach § 29 Abs. 1 Nr. 3 und Abs. 4,
   b) bei chronisch Kranken oder schwerstkranken Personen, die das 14., in besonders schwerwiegenden Fällen das 18. Lebensjahr, noch nicht vollendet haben,
   c) zur Verkürzung eines stationären Aufenthalts oder zur Sicherung einer daran anschließenden ambulanten ärztlichen Behandlung erforderlich sind.

§ 21 Aufwendungen für Hilfsmittel, Geräte zur Selbstbehandlung und Selbstkontrolle, für Körperersatzstücke sowie für digitale Gesundheitsanwendungen

(1) 1Die Aufwendungen für Anschaffung oder Miete der in der **Anlage 4** unter der jeweiligen Hilfsmittelgruppe genannten oder vergleichbarer Geräte zur Selbstbehandlung und zur Selbstkontrolle, Körperersatzstücke sowie die Unterweisung im Gebrauch dieser Gegen-

stände sind beihilfefähig, wenn sie ärztlich in Textform verordnet sind; dies gilt nicht für Gegenstände von geringem oder umstrittenem therapeutischen Nutzen oder geringem Abgabepreis oder Gegenstände, die der allgemeinen Lebenshaltung unterliegen. 2Mieten für Hilfsmittel und Geräte zur Selbstbehandlung und Selbstkontrolle sind nur beihilfefähig, soweit sie nicht höher als die entsprechenden Anschaffungskosten sind und sich dadurch eine Anschaffung erübrigt.

(2) Aufwendungen für den Ersatz eines unbrauchbar gewordenen oder verlorengegangenen Hilfsmittels oder Geräts im Sinn des Abs. 1 Satz 1 sind in der bisherigen Ausführung auch ohne erneute ärztliche Verordnung beihilfefähig, wenn die Ersatzbeschaffung innerhalb von sechs Monaten seit dem Kauf erfolgt.

(3) Aufwendungen für Reparaturen der Hilfsmittel und Geräte im Sinn des Abs. 1 Satz 1 sind stets ohne ärztliche Verordnung beihilfefähig.

(4) 1Die innerhalb eines Kalenderjahres über 100 € hinausgehenden Aufwendungen für Betrieb und Unterhaltung der Hilfsmittel, Geräte und Körperersatzstücke im Sinn des Abs. 1 Satz 1 sind beihilfefähig. 2Nicht beihilfefähig sind Aufwendungen für

1. Batterien für Hörgeräte,
2. Pflege- und Reinigungsmittel für Kontaktlinsen sowie
3. Versicherungen für Hilfsmittel, Geräte und Körperersatzstücke im Sinne des Abs. 1 Satz 1.

3Die Sätze 1 und 2 Nr. 1 und 2 gelten nicht für Personen bis zur Vollendung des 18. Lebensjahres.

(5) 1Die Aufwendungen für die erneute Beschaffung von Hörhilfen sind nur beihilfefähig, wenn seit dem Kauf der bisherigen Hörhilfe vier Jahre vergangen sind. 2Dies gilt nicht, wenn eine erneute Versorgung mit einer Hörhilfe vor Ablauf dieses Zeitraums auf Grund eines ärztlichen Gutachtens wegen einer Verschlechterung der Hörfähigkeit medizinisch erforderlich ist. 3Ist vor Ablauf dieses Zeitraums die erneute Beschaffung der Hörhilfe wegen Verlust oder Unbrauchbarkeit notwendig, sind die Aufwendungen des nach **Anlage 4** vorgesehenen Höchstbetrags zu 50 % beihilfefähig.

(6) 1Aufwendungen für ärztlich verordnete Voll- oder Teilperücken einschließlich Befestigungselementen wie Klebestreifen und Spangen sowie Materialien zur Befestigung sind bis zu einem Betrag von 512 € beihilfefähig, wenn, vorübergehend oder langfristig, großflächiger und massiver Haarverlust wegen einer Krankheit oder im Zusammenhang mit einer Krankheit vorliegt, insbesondere bei

1. Chemotherapie,
2. Strahlenbehandlung,
3. vorübergehender oder dauerhafter Medikamentengabe,
4. Operationen,
5. Infekten oder entzündlichen Erkrankungen,
6. Stoffwechselerkrankungen,
7. psychischen Erkrankungen mit oder durch Haarverlust,
8. sonstigen Erkrankungen mit Haarverlust,
9. Deformation des Kopfes mit entstellender Wirkung,
10. Unfallfolgen.

2Aufwendungen für eine zweite Voll- oder Teilperücke zum Wechseln sind nur beihilfefähig, wenn eine Voll- oder Teilperücke länger als ein Jahr getragen werden muss. 3Aufwendungen für die erneute Beschaffung einer Voll- oder Teilperücke sind beihilfefähig, wenn

1. seit der vorangegangenen Beschaffung einer Voll- oder Teilperücke aus Kunststoff ein Jahr vergangen ist,
2. seit der vorangegangenen Beschaffung einer Voll- oder Teilperücke aus Echthaar zwei Jahre vergangen sind oder
3. sich bei Kindern vor Ablauf der vorgenannten Zeiträume die Kopfform geändert hat.

4Bei der Erstverordnung sind auch die Aufwendungen für einen Perückenkopf beihilfefähig.

(7) Über die Beihilfefähigkeit der Aufwendungen für Hilfsmittel und Geräte zur Selbstbehandlung und Selbstkontrolle, die weder in

VII

der Anlage 4 aufgeführt noch den dort aufgeführten Gegenständen vergleichbar sind und deren Anschaffungswert einen Betrag von 600 € übersteigt, entscheidet die oberste Dienstbehörde, im staatlichen Bereich das Staatsministerium.

(8) $_{1}$Beihilfefähig sind Aufwendungen für digitale Gesundheitsanwendungen,

1. die im vom Bundesinstitut für Arzneimittel und Medizinprodukte veröffentlichten Verzeichnis für digitale Gesundheitsanwendungen nach § 139e SGB V enthalten sind, und
2. nach einer in Textform erstellten Verordnung einer Ärztin, eines Arztes, einer Psychotherapeutin oder eines Psychotherapeuten,
3. in Höhe der Kosten für die Standardversion, sofern nicht aus ärztlicher oder therapeutischer Sicht die Notwendigkeit einer erweiterten Version schriftlich begründet wurde.

$_{2}$Daneben sind die Aufwendungen für notwendiges und angemessenes Zubehör, soweit es ausschließlich für die Nutzung der Software zwingend erforderlich ist, beihilfefähig. $_{3}$Nicht beihilfefähig sind Aufwendungen für

1. die zur Nutzung der digitalen Gesundheitsanwendung erforderlichen Endgeräte, deren technische Anbindung, Betrieb oder Telekommunikationsdienstleistungen,
2. Zweit- oder Mehrfachbeschaffungen zur Nutzung auf verschiedenen Endgeräten; dies gilt auch für den Fall, dass eine teurere Version der digitalen Gesundheitsanwendung Lizenzen für die Nutzung auf mehreren Endgeräten beinhaltet und
3. Zubehör, das den allgemeinen Lebenshaltungskosten zuzurechnen ist, insbesondere Aktualisierungs- oder Ergänzungssoftware für Betriebsprogramme, Kopfhörer, Mikrofone oder vergleichbare Hardware, digitale Waagen.

§ 22 Aufwendungen für Sehhilfen, sonstige visusverbessernde Maßnahmen

(1) $_{1}$Aufwendungen für Sehhilfen sind nach den Abs. 2 bis 6 beihilfefähig. $_{2}$Voraussetzung für die erstmalige Beschaffung einer Sehhilfe ist eine augenärztliche Verordnung in Textform. $_{3}$Für die erneute Beschaffung einer Brille oder von Kontaktlinsen genügt die Refraktionsbestimmung einer Augenoptikerin oder eines Augenoptikers; die Aufwendungen hierfür sind bis zu 13 € je Sehhilfe beihilfefähig, Abs. 9 bleibt unberührt.

(2) Aufwendungen für Brillen sind – einschließlich Handwerksleistung, jedoch ohne Brillenfassung – bis zu folgenden Höchstbeträgen beihilfefähig:

1. für vergütete Gläser mit Gläserstärken bis +/- 6 Dioptrien (dpt); bei Mehrstärkengläser ist der Fernteil maßgebend:
   a) Einstärkengläser:
      für das sph. Glas bis zu 31,00 €,
      für das cyl. Glas bis zu 41,00 €,
   b) Mehrstärkengläser:
      für das sph. Glas bis zu 72,00 €,
      für das cyl. Glas bis zu 92,50 €,
2. bei Gläserstärken über +/- 6 Dioptrien (dpt); bei Mehrstärkengläser ist der Fernteil maßgebend:
   zuzüglich je Glas 21 €,
3. Gleitsichtgläser:
   zuzüglich je Glas 21 €,
4. Gläser mit prismatischer Wirkung:
   zuzüglich je Glas 21 €.

(3) $_{1}$Neben den Höchstbeträgen nach Abs. 2 sind bei folgenden Indikationen die Mehraufwendungen für Kunststoffgläser, Leichtgläser (hochbrechende mineralische Gläser) zuzüglich je Glas bis zu 21 € beihilfefähig

1. bei Gläserstärken ab +/- 6 dpt,
2. bei Anisometropien ab 2 dpt,
3. unabhängig von der Gläserstärke
   a) bei Kindern bis zum 14. Lebensjahr,
   b) bei Erkrankten mit chronischem Druckekzem der Nase, mit Fehlbildungen oder Missbildungen des Gesichts, insbesondere im Nasen- und Ohrenbereich, wenn trotz optimaler Anpassung unter Verwendung von Silikatgläsern ein befriedigender Sitz der Brille nicht gewährleistet ist.

$_{2}$Neben den Höchstbeträgen nach Abs. 2 sind bei folgenden Indikationen die Mehraufwendungen für getönte oder phototrope Gläser

(Lichtschutzgläser) je Glas bis zu 11 € beihilfefähig bei:

1. umschriebenen Transparenzverlusten (Trübungen) im Bereich der brechenden Medien, die zu Lichtstreuungen führen (z. B. Hornhautnarben, Glaskörpertrübungen, Linsentrübungen),
2. krankhaften, andauernden Pupillenerweiterungen sowie den Blendschutz herabsetzenden Substanzverlusten der Iris (z. B. Iriskolobom, Aniridie, traumatische Mydriasis, Iridodialyse),
3. Fortfall der Pupillenverengung (z. B. absolute und reflektorische Pupillenstarre, Adie-Kerr-Syndrom),
4. chronisch-rezidivierenden Reizzuständen der vorderen und mittleren Augenabschnitte, die medikamentös nicht behebbar sind (z. B. Keratokonjunktivitis, Iritis, Zyklitis),
5. entstellenden Veränderungen im Bereich der Lider und ihrer Umgebung (z. B. Lidkolobom, Lagophthalmus, Narbenzug) und Behinderung des Tränenflusses,
6. Ziliarneuralgie,
7. blendungsbedingenden entzündlichen oder degenerativen Erkrankungen der Netzhaut/Aderhaut oder der Sehnerven,
8. totaler Farbenblindheit,
9. Albinismus,
10. unerträglichen Blendungserscheinungen bei praktischer Blindheit,
11. intrakraniellen Erkrankungen, bei denen nach ärztlicher Erfahrung eine pathologische Blendungsempfindlichkeit besteht (z. B. Hirnverletzungen, Hirntumoren),
12. Gläsern ab + 10 dpt.

$_3$Die Mehraufwendungen nach den Sätzen 1 und 2 sind nebeneinander beihilfefähig.

(4) $_1$Die Mehraufwendungen für Kontaktlinsen sind nur in medizinisch zwingend erforderlichen Ausnahmefällen nach § 33 Abs. 3 SGB V beihilfefähig. $_2$Sofern hierbei Aufwendungen für Kurzzeitlinsen geltend gemacht werden, sind diese bis zu 154 € (sphärisch) und 230 € (torisch) im Kalenderjahr beihilfefähig. $_3$Liegen die in Satz 1 genannten Voraussetzungen nicht vor, sind nur die vergleichbaren Kosten nach den Abs. 2 und 3 beihilfefähig. $_4$Neben den Aufwendungen für Kontaktlinsen sind folgende Aufwendungen im Rahmen der Abs. 2 und 3 beihilfefähig für

1. eine Reservebrille oder
2. eine Nahbrille (bei eingesetzten Kontaktlinsen) sowie eine Reservebrille zum Ersatz der Kontaktlinsen und eine Reservebrille zum Ausgleich des Sehfehlers im Nahbereich bei Aphakie.

(5) Im Übrigen sind die Aufwendungen für die erneute Beschaffung von Sehhilfen nur beihilfefähig, wenn bei gleichbleibender Sehschärfe seit dem Kauf der bisherigen Sehhilfe drei Jahre – bei weichen Kontaktlinsen zwei Jahre – vergangen sind oder vor Ablauf dieses Zeitraums die erneute Beschaffung der Sehhilfe notwendig ist, weil

1. sich die Refraktion (Brechkraft) geändert hat,
2. die bisherige Sehhilfe verloren gegangen oder unbrauchbar geworden ist oder
3. sich bei Kindern die Kopfform geändert hat.

(6) Müssen Schulkinder während des Schulsports eine Sportbrille tragen, sind notwendige Aufwendungen – einschließlich Handwerksleistung – in folgendem Umfang beihilfefähig:

1. für Gläser im Rahmen der Höchstbeträge nach den Abs. 2 und 3 (die Voraussetzungen des Abs. 3 Satz 1 entfallen),
2. für eine Brillenfassung bis zu 52 €.

(7) Die Aufwendungen für Speziallinsen und Brillengläser, die der Krankenbehandlung bei Augenverletzungen oder Augenerkrankungen dienen (therapeutische Sehhilfen) sind in den nach § 33 Abs. 2 Satz 2 Halbsatz 2 und Satz 3 SGB V genannten Fällen beihilfefähig.

(8) Lässt sich durch Verordnung einer Brille oder von Kontaktlinsen das Lesen normaler Zeitungsschrift nicht erreichen, können die Aufwendungen für eine vergrößernde Sehhilfe (Lupe, Leselupe, Leselineale, Fernrohrbrille, Fernrohrlupenbrille, elektronisches Lesegerät, Prismenlupenbrille u. Ä.) als beihilfefähig anerkannt werden.

(9) Die Aufwendungen für Bildschirmarbeitsbrillen, Brillenversicherungen und Etuis sind nicht beihilfefähig.

VII

(10) 1Aufwendungen für sonstige visusverbessernde Maßnahmen sind nur in den nachfolgend genannten Fällen und unter den jeweils genannten Voraussetzungen beihilfefähig:

1. Austausch natürlicher Linsen:

   bei einer reinen visusverbessernden Operation, insbesondere einer Kataraktoperation, sind Aufwendungen nur beihilfefähig, wenn der Austausch die einzige Möglichkeit ist, um eine Verbesserung des Visus zu erreichen; die Aufwendungen für die Linsen sind dabei nur bis zur Höhe der Kosten einer Monofokallinse, höchstens bis zu 300 € pro Linse beihilfefähig.

2. Chirurgische Hornhautkorrektur durch Laserbehandlung:

   Aufwendungen sind nur beihilfefähig, wenn eine Korrektur durch eine Brille oder Kontaktlinsen nach augenärztlicher Feststellung nicht möglich ist.

3. Implantation einer additiven Linse, auch einer Add-on-Intraokularlinse:

   Aufwendungen sind nur beihilfefähig, wenn die Implantation die einzige Möglichkeit ist, um eine Verbesserung des Visus zu erreichen.

4. Implantation einer phaken Intraokularlinse:

   Aufwendungen sind nur beihilfefähig, wenn die Implantation die einzige Möglichkeit ist, um eine Verbesserung des Visus zu erreichen.

2Aufwendungen für visusverbessernde Maßnahmen nach Satz 1 Nr. 2 bis 4 sind nur bei einer befürwortenden amts- oder vertrauensärztlichen Bewertung beihilfefähig.

§ 23 Aufwendungen für Blindenhilfsmittel sowie die erforderliche Schulung in Orientierung und Mobilität

(1) Aufwendungen für Blindenhilfsmittel sowie die erforderliche Unterweisung im Gebrauch (Mobilitätstraining) sind im folgenden Umfang beihilfefähig:

1. Anschaffungen zweier Langstöcke sowie elektronischer Blindenleitgeräte nach ärztlicher Verordnung,
2. Aufwendungen für eine Ausbildung im Gebrauch des Langstocks sowie für eine Schulung in Orientierung und Mobilität bis zu folgenden Höchstbeträgen:

   a) je Unterrichtsstunde (60 Minuten), einschließlich 15 Minuten Vor- und Nachbereitung sowie der Erstellung von Unterrichtsmaterial bis zu 100 Stunden — 85,00 €,

   b) Fahrzeitentschädigung je Zeitstunde, wobei jede angefangene Stunde im Fünf-Minuten-Takt anteilig berechnet wird — 68,00 €,

   c) Fahrtkostenerstattung für Fahrten einer Trainingskraft je gefahrenem Kilometer oder die niedrigsten Kosten eines regelmäßig verkehrenden Beförderungsmittels — 0,40 €,

   das Mobilitätstraining erfolgt grundsätzlich als Einzeltraining und kann sowohl ambulant als auch in einer Spezialeinrichtung (stationär) durchgeführt werden. Werden an einem Tag mehrere Blinde unterrichtet, können die genannten Aufwendungen der Trainingskraft nur nach entsprechender Teilung berücksichtigt werden;

3. Aufwendungen für ein erforderliches Nachtraining (z. B. bei Wegfall eines noch vorhandenen Sehrestes, Wechsel des Wohnortes) entsprechend Nr. 2;
4. Aufwendungen eines ergänzenden Trainings an Blindenleitgeräten können in der Regel bis zu 30 Stunden, einschließlich der Kosten für Unterkunft und Verpflegung sowie notwendiger Fahrtkosten der Trainingskraft in entsprechendem Umfang anerkannt werden; die Anerkennung weiterer Stunden ist bei entsprechender Bescheinigung der Notwendigkeit möglich.

(2) 1Sofern die Trainingskraft nicht gegenüber den gesetzlichen Krankenkassen zur Rechnungsstellung berechtigt ist, sind die entsprechenden Aufwendungen durch eine Rechnung einer Blindenorganisation nachzuweisen. 2Sofern Umsatzsteuerpflicht besteht (es

VII

ist ein Nachweis des Finanzamts vorzulegen), erhöhen sich die beihilfefähigen Aufwendungen um die jeweils gültige Umsatzsteuer.

§ 24 Häusliche Krankenpflege, Kurzzeitpflege bei fehlender Pflegebedürftigkeit, Übergangspflege im Krankenhaus

(1) 1Die Aufwendungen einer nach Abs. 4 verordneten

1. notwendigen vorübergehenden häuslichen Krankenpflege in Form von Grundpflege und hauswirtschaftlicher Versorgung oder
2. psychiatrischen häuslichen Krankenpflege in Form von Grundpflege und hauswirtschaftlicher Versorgung

sind beihilfefähig; die Grundpflege muss überwiegen. 2Daneben sind Aufwendungen für Behandlungspflege beihilfefähig. 3Bei einer Pflege durch Ehegatten, Lebenspartner, Kinder, Eltern, Großeltern, Enkelkinder, Schwiegersöhne, Schwiegertöchter, Schwäger, Schwägerinnen, Schwiegereltern und Geschwister des Beihilfeberechtigten oder der berücksichtigungsfähigen Angehörigen sind die folgenden Aufwendungen beihilfefähig:

1. Fahrtkosten,
2. eine für die Pflege gewährte Vergütung bis zur Höhe des Ausfalls an Arbeitseinkommen, wenn wegen der Ausübung der Pflege eine mindestens halbtägige Erwerbstätigkeit aufgegeben wird; eine an Ehegatten, Lebenspartner und Eltern des Pflegebedürftigen gewährte Vergütung ist nicht beihilfefähig.

4Beihilfefähig sind die Aufwendungen einer Krankenpflegekraft bis zur Höhe der Kosten von Leistungen, die von den Krankenkassen in vergleichbaren Fällen auf der Grundlage des § 37 SGB V gewährt werden.

(2) Aufwendungen für eine nach Abs. 4 verordnete Kurzzeitpflege entsprechend § 33 Abs. 3 bis 5 in geeigneten Einrichtungen sind beihilfefähig, wenn

1. häusliche Krankenpflege nach Abs. 1 bei schwerer Krankheit oder wegen akuter Verschlimmerung einer Krankheit nicht ausreichend ist, insbesondere nach
   a) einem Krankenhausaufenthalt,
   b) einer ambulanten Operation oder
   c) einer ambulanten Krankenhausbehandlung,
2. keine Pflegebedürftigkeit der Pflegegrade 2 bis 5 im Sinn des § 31 Abs. 2 vorliegt.

(3) 1Aufwendungen für eine Übergangspflege, die im unmittelbaren Anschluss an eine Krankenhausbehandlung (§ 28) erbracht wird, sind für längstens zehn Tage je Krankenhausbehandlung beihilfefähig, wenn

1. häusliche Krankenpflege (Abs. 1) oder
2. Kurzzeitpflege (Abs. 2, § 33 Abs. 3 bis 5) oder
3. Behandlungen in Rehabilitationseinrichtungen (§ 29) oder
4. Pflegeleistungen nach Abschnitt VI

nicht oder nur unter erheblichem Aufwand erbracht werden können. 2Beihilfefähig sind die Aufwendungen bis zur Höhe der auf der Grundlage des § 39e SGB V in Verbindung mit § 132m SGB V vereinbarten Kosten. 3Nicht beihilfefähig sind während des Zeitraums der Übergangspflege Wahlleistungen im Sinne des Art. 96 Abs. 2 Satz 7 BayBG.

(4) Voraussetzung für eine Anerkennung der Beihilfefähigkeit ist bei Leistungen nach

1. Abs. 1 Satz 1 Halbsatz 1 Nr. 1, Satz 2 und 3 sowie Abs. 2 die Verordnung durch eine Ärztin oder einen Arzt,
2. Abs. 1 Satz 1 Halbsatz 1 Nr. 2 die Verordnung durch
   a) eine Fachärztin oder einen Facharzt für
      aa) Nervenheilkunde,
      bb) Neurologie,
      cc) psychosomatische Medizin und Psychotherapie,
      dd) Psychiatrie und Psychotherapie,
      ee) Kinder- und Jugendpsychiatrie und -psychotherapie; in therapeutisch begründeten Fällen auch in der Übergangsphase ab dem vollendeten 18. Lebensjahr bis zur Vollendung des 21. Lebensjahres der Patientin oder des Patienten,

VII

b) eine Psychotherapeutin oder einen Psychotherapeuten, die oder der die Voraussetzungen nach § 95c SGB V zur Eintragung in das Arztregister erfüllt.

3. Abs. 3 die Verordnung durch die behandelnde Krankenhausärztin oder den behandelnden Krankenhausarzt.

§ 24a Soziotherapie

(1) 1Aus Anlass einer schweren psychischen Erkrankung ist eine fachärztlich verordnete Soziotherapie beihilfefähig, wenn Erkrankte nicht in der Lage sind, ärztliche oder ärztlich verordnete Leistungen selbstständig in Anspruch zu nehmen und durch die Soziotherapie eine Krankenhausbehandlung vermieden oder verkürzt wird. 2Dies gilt auch, wenn die Krankenhausbehandlung geboten, aber nicht durchführbar ist. 3Schwere psychische Erkrankungen nach Satz 1 sind Erkrankungen

1. des schizophrenen Formenkreises
   a) Schizophrenie (ICD-10-Nrn.: F 20.0–20.6)
   b) schizotype Störung (ICD-10-Nr.: F 21)
   c) anhaltende wahnhafte Störung (ICD-10-Nr.: F 22)
   d) induzierte wahnhafte Störung (ICD-10-Nr.: F 24)
   e) schizoaffektive Störung (ICD-10-Nr.: F 25)

   und
2. der affektiven Störungen
   a) gegenwärtig schwere depressive Episode mit psychotischen Symptomen im Rahmen einer bipolaren affektiven Störung (ICD-10-Nr.: F 31.5)
   b) schwere depressive Episode mit psychotischen Symptomen (ICD-10-Nr.: F 32.3)
   c) gegenwärtig schwere depressive Episode mit psychotischen Symptomen im Rahmen einer rezidivierenden depressiven Störung (ICD-10-Nr.: F 33.3).

4Die Verordnung nach Satz 1 muss erfolgen von

1. einer Fachärztin oder einem Facharzt
   a) für Neurologie,
   b) für Nervenheilkunde,
   c) für Psychosomatische Medizin und Psychotherapie,
   d) für Psychiatrie,
   e) für Psychiatrie und Psychotherapie,
   f) für Kinder- und Jugendpsychiatrie und -psychotherapie – in therapeutisch begründeten Fällen in der Übergangsphase ab dem 18. Lebensjahr bis zur Vollendung des 21. Lebensjahres –,
2. einer Psychologischen Psychotherapeutin oder einem Psychologischen Psychotherapeuten,
3. einer Kinder- und Jugendlichenpsychotherapeutin oder einem Kinder- und Jugendlichenpsychotherapeuten – in therapeutisch begründeten Fällen in der Übergangsphase ab dem 18. Lebensjahr bis zur Vollendung des 21. Lebensjahres –.

5Die Soziotherapie muss von einer Fachkrankenschwester für Psychiatrie oder einem Fachpfleger für Psychiatrie, von einer Diplom-Sozialarbeiterin oder einem Diplom-Sozialarbeiter oder einer Sozialpädagogin oder einem Sozialpädagogen durchgeführt werden, die oder der zu einer Leistungserbringung im Sinn des § 37a SGB V berechtigt ist.

(2) 1Behandlungen sind je Krankheitsfall, gegebenenfalls nach höchstens fünf probatorischen Sitzungen, höchstens bis zu 120 Stunden innerhalb eines Zeitraums von maximal drei Jahren als Einzel- oder Gruppentherapie beihilfefähig; die probatorischen Sitzungen bei dem Therapeuten, der die Behandlung durchführt, werden auf die Zahl der verordneten Sitzungen angerechnet. 2Soziotherapie wird in der Regel als Einzelmaßnahme erbracht.

(3) Beihilfefähig sind die Aufwendungen für einen der in Abs. 1 Satz 5 genannten Leistungserbringer bis zur Höhe der Kosten von Leistungen, die von den Krankenkassen in vergleichbaren Fällen auf der Grundlage des § 37a SGB V gewährt werden.

§ 25 Familien- und Haushaltshilfe

(1) Beihilfefähig sind die Aufwendungen einer Familien- und Haushaltshilfe, wenn

1. die sonst den Haushalt führende beihilfeberechtigte oder berücksichtigungsfähige Person (§ 3 Abs. 1) wegen ihrer notwendigen außerhäuslichen Unterbringung (§§ 27 bis 30 und 36) oder wegen Todes den Haushalt nicht weiterführen kann,

VII

2. im Haushalt mindestens eine beihilfeberechtigte oder berücksichtigungsfähige Person verbleibt, die pflegebedürftig ist oder das zwölfte Lebensjahr noch nicht vollendet hat,
3. keine andere im Haushalt lebende Person den Haushalt, gegebenenfalls auch an einzelnen Stunden oder Tagen, weiterführen kann.

(2) Ferner sind die Aufwendungen einer Familien- und Haushaltshilfe beihilfefähig

1. in den ersten sieben Tagen nach Ende einer außerhäuslichen Unterbringung oder
2. wenn nach personenbezogener ärztlicher Bescheinigung ein an sich erforderlicher stationärer Krankenhausaufenthalt durch eine Familien- und Haushaltshilfe vermieden wird.

(3) 1Kosten der Haushaltsführung und Kinderbetreuung, die Beihilfeberechtigten oder deren berücksichtigungsfähigen Angehörigen auch außerhalb der in Abs. 1 und 2 genannten Zeiträume entstehen, sind auch im Fall der krankheitsbedingten Verhinderung der den Haushalt führenden beihilfeberechtigten oder berücksichtigungsfähigen Person nicht beihilfefähig. 2§ 24 Abs. 1 Satz 3 gilt entsprechend. 3Im Fall des Todes der haushaltsführenden Person (Abs. 1 Nr. 1) sind Aufwendungen einer Familien- und Haushaltshilfe höchstens für sechs Monate, in Ausnahmefällen für zwölf Monate nach dem Todesfall beihilfefähig.

(4) 1Werden anstelle der Beschäftigung einer Familien- und Haushaltshilfe Kinder unter zwölf Jahren oder pflegebedürftige berücksichtigungsfähige oder selbst beihilfeberechtigte Angehörige in einem Heim, einer sonstigen geeigneten Einrichtung oder in einem fremden Haushalt untergebracht, sind die Aufwendungen hierfür bis zu den sonst notwendigen Kosten einer Familien- und Haushaltshilfe beihilfefähig. 2Die Kosten für eine Unterbringung im Haushalt einer der in § 24 Abs. 1 Satz 3 genannten Personen sind – mit Ausnahme notwendiger Fahrtkosten bis zu dem in Satz 1 genannten Höchstbetrag – nicht beihilfefähig.

(5) Angemessen sind die Aufwendungen einer Familien- und Haushaltshilfe bis zur Höhe der Kosten von Leistungen, die von den Krankenkassen in vergleichbaren Fällen auf der Grundlage des § 38 SGB V gewährt werden.

§ 26 Fahrtkosten

1Beihilfefähig sind die Aufwendungen für Fahrten

1. im Zusammenhang mit Leistungen, die stationär erbracht werden; dies gilt bei einer Verlegung in ein anderes Krankenhaus nur, wenn die Verlegung aus zwingenden medizinischen Gründen erforderlich ist, oder bei einer mit Einwilligung der Festsetzungsstelle erfolgten Verlegung in ein wohnortnahes Krankenhaus, ausgenommen eine Rückbeförderung wegen Erkrankung während einer Urlaubsreise oder anderen privaten Reise,
2. als Rettungsfahrten und -flüge, auch dann, wenn eine stationäre Behandlung nicht erforderlich ist,
3. als Begleitfahrten von Beihilfeberechtigten und berücksichtigungsfähigen Angehörigen, die während der Fahrt einer fachlichen Betreuung oder der besonderen Einrichtungen eines Krankenkraftwagens bedürfen oder bei denen dies auf Grund ihres Zustands zu erwarten ist (Krankentransport),
4. zu einer ambulanten Krankenbehandlung sowie zu einer vor- oder nachstationären Behandlung, zur Durchführung einer ambulanten Operation im Krankenhaus oder in einer Facharztpraxis, wenn dadurch eine an sich gebotene vollstationäre oder teilstationäre Krankenhausbehandlung vermieden oder verkürzt wird oder diese nicht durchführbar ist, wie zu einer stationären Krankenhausbehandlung bis zu einer Höhe von 200 €,
5. zu ambulanten Behandlungen sowie bei Inanspruchnahme von Vorsorgemaßnahmen nach § 41 in besonderen Ausnahmefällen nach vorheriger Genehmigung der Festsetzungsstelle.

2Fahrtkosten sind bis zur Höhe der niedrigsten Klasse regelmäßig verkehrender Beförderungsmittel und Kosten einer Gepäckbeförderung beihilfefähig. 3Höhere Fahrtkosten sind nur beihilfefähig, wenn sie unvermeidbar waren; wurde ein privater Personenkraftwagen

VII

benutzt, ist höchstens der in Art. 6 Abs. 6 Satz 1 Nr. 1 des Bayerischen Reisekostengesetzes (BayRKG) genannte Betrag beihilfefähig. ₄Bei Fahrten nach Satz 1 den Nrn. 2 und 3 sind die nach jeweiligem Landesrecht berechneten Beträge beihilfefähig.

§ 27 Auswärtige ambulante Behandlungen

₁Die Aufwendungen für Unterkunft bei notwendigen auswärtigen ambulanten ärztlichen, zahnärztlichen und psychotherapeutischen Leistungen sind bis zum Höchstbetrag von 26 € täglich beihilfefähig. ₂Ist eine Begleitperson erforderlich, so sind deren Kosten für Unterkunft ebenfalls bis zum Höchstbetrag von 26 € täglich beihilfefähig. ₃Die Vorschrift findet bei einer Heilkur oder bei kurähnlichen Maßnahmen keine Anwendung.

§ 28 Krankenhausleistungen

(1) ₁In nach § 108 SGB V zugelassenen Krankenhäusern sind Aufwendungen für

1. vor- und nachstationäre Behandlungen nach § 1 Abs. 3 Satz 1 des Krankenhausentgeltgesetzes (KHEntgG) und § 115a SGB V sowie stationsäquivalente psychiatrische Behandlung nach § 115d SGB V,
2. voll- und teilstationäre allgemeine Krankenhausleistungen nach § 2 Abs. 2 KHEntgG, § 2 Abs. 2 der Bundespflegesatzverordnung (BPflV) sowie tagesstationäre Behandlungen nach § 115e SGB V,
3. andere im Zusammenhang mit Nrn. 1 und 2 berechenbare Leistungen im Rahmen der §§ 8 und 18 sowie
4. Unterkunft und Verpflegung einer Begleitperson außerhalb des Krankenhauses bis zur Höhe der Kosten für eine Mitaufnahme der Begleitperson in das Krankenhaus, wenn die Anwesenheit aus medizinischen Gründen notwendig, eine Mitaufnahme in das Krankenhaus jedoch nicht möglich ist,

beihilfefähig. ₂Beihilfefähig sind ferner, abzüglich der Eigenbeteiligung gemäß Art. 96 Abs. 2 Satz 7 BayBG, die Aufwendungen für

1. gesondert berechnete wahlärztliche Leistungen (§ 17 KHEntgG, § 16 Satz 2 BPflV) sowie
2. gesondert berechnete Unterkunft (§ 17 KHEntgG, § 16 Satz 2 BPflV) bis zur Höhe der Kosten eines Zweibettzimmers der jeweiligen Fachabteilung.

(2) ₁In allen anderen Krankenhäusern sind bei Indikationen, die bei einer Behandlung in einem Krankenhaus nach Abs. 1 mit Fallpauschalen nach dem Krankenhausentgeltgesetz (KHEntgG) abgerechnet würden, die folgenden Leistungen beihilfefähig:

1. die allgemeinen Krankenhausleistungen (Abs. 1 Satz 1 Nr. 2) bis zu dem Betrag, der sich aus den Teilbeträgen
   a) Fallpauschalenentgelt,
      dies ist das Produkt aus dem zuletzt vereinbarten Bundesbasisfallwert gemäß § 10 Abs. 9 KHEntgG mit der Bewertungsrelation
      aa) gemäß Teil a, Spalte 4 des DRG Fallpauschalenkatalogs (Versorgung durch Hauptabteilungen) oder
      bb) gemäß Teil b, Spalte 4 des DRG Fallpauschalenkatalogs (Versorgung durch Belegabteilungen)

      unter Ansatz der tatsächlichen Verweildauer, und
   b) Pflegeentgelt,
      dies ist das Produkt aus dem nach § 15 Abs. 2a Satz 1 KHEntgG maßgeblichen Betrag mit der entsprechenden Bewertungsrelation aus dem Pflegeerlöskatalog
      aa) gemäß Teil a, Spalte 14 des DRG Fallpauschalenkatalogs (Versorgung durch Hauptabteilungen) oder
      bb) gemäß Teil b, Spalte 16 des DRG Fallpauschalenkatalogs (Versorgung durch Belegabteilungen),

      unter Ansatz der tatsächlichen Verweildauer, und
   c) Zusatzentgelte,
      sofern sie in der Rechnung ausgewiesen sind, bis zu der im Zusatzentgeltkatalog nach § 9 Abs. 1 Nr. 2 KHEntgG ausgewiesenen Höhe,

   zusammensetzt sowie
2. gesondert berechnete Wahlleistungen für Unterkunft im Sinn des Abs. 1 Satz 2 Nr. 2 bis zur Höhe von 1,5 % der zuletzt verein-

VII

barten oberen Korridorgrenze des Basisfallwerts gemäß § 10 Abs. 9 KHEntgG abzüglich der Eigenbeteiligung gemäß Art. 96 Abs. 2 Satz 7 BayBG.

2Beihilfefähig sind bei allen anderen Indikationen

1. der Gesamtbetrag des Basis- und des Abteilungspflegesatzes des behandelnden Krankenhauses bei der Untersuchung und Behandlung von Personen,
   a) die das 18. Lebensjahr vollendet haben, vollstationär bis zu 324,63 € und teilstationär bis zu 225,60 € täglich,
   b) die das 18. Lebensjahr noch nicht vollendet haben, vollstationär bis zu 462,80 € und teilstationär bis zu 345,80 € täglich, sowie
2. gesondert berechnete Wahlleistungen für Unterkunft entsprechend Satz 1 Nr. 2.

3Die Sätze 1 und 2 gelten nicht im Fall einer stationären Notfallbehandlung, wenn das nicht nach § 108 SGB V zugelassene behandelnde Krankenhaus das nächstgelegene geeignete Krankenhaus ist. 4Abs. 1 Satz 2 Nr. 1 gilt entsprechend. 5Aufwendungen für die medizinisch notwendige Unterbringung einer Begleitperson sind beihilfefähig. 6Nicht beihilfefähig sind Aufwendungen für Leistungen, die zusätzlich in Rechnung gestellt werden und die Bestandteil der Leistungen nach Abs. 1 Satz 1 Nr. 2 sind.

Abschnitt V
Rehabilitationsleistungen

§ 29 Beihilfe bei Behandlung in Rehabilitationseinrichtungen

(1) 1Die Aufwendungen für die stationäre Behandlung in

1. Einrichtungen für Anschlussheilbehandlungen,
2. Einrichtungen für Suchtbehandlungen und
3. in sonstigen Einrichtungen der medizinischen Rehabilitation

sind nach Maßgabe der Abs. 2 bis 7 beihilfefähig. 2Aufwendungen für ambulante Rehabilitationsmaßnahmen in Rehabilitationseinrichtungen oder durch wohnortnahe Einrichtungen sind nach Maßgabe des Abs. 8 beihilfefähig.

(2) 1Einrichtungen für Anschlussheilbehandlungen sind auf medizinische Rehabilitationsmaßnahmen besonders spezialisierte Einrichtungen, welche die Voraussetzungen für entsprechende stationäre Maßnahmen der Träger der Sozialversicherung erfüllen. 2Anschlussheilbehandlungen liegen nur vor, wenn sie sich unmittelbar an einen Krankenhausaufenthalt anschließen oder bei einer zeitlichen Unterbrechung zum Krankenhausaufenthalt mit diesem in zeitlichem Zusammenhang stehen.

(3) Einrichtungen für Suchtbehandlungen sind auf Suchtbehandlungen zur Entwöhnung spezialisierte Einrichtungen, welche die Voraussetzungen für entsprechende stationäre Maßnahmen der Träger der Sozialversicherung erfüllen.

(4) Sonstige Einrichtungen der medizinischen Rehabilitation sind nur solche, welche die Voraussetzungen des § 107 Abs. 2 SGB V erfüllen (Rehabilitationseinrichtungen).

(5) Voraussetzung für die Beihilfefähigkeit von Aufwendungen bei stationären Maßnahmen in Einrichtungen nach den Abs. 2 und 3 ist, dass die Maßnahme nach begründeter ärztlicher Bescheinigung nach Art und vorgesehener Dauer notwendig ist und ambulante Maßnahmen nicht ausreichend sind.

(6) 1Voraussetzung für die Beihilfefähigkeit von Aufwendungen bei stationären Maßnahmen in Einrichtungen nach Abs. 4 ist, dass es sich nicht um eine Anschlussheilbehandlung (Abs. 2) handelt und nach einer diagnosespezifischen fachärztlichen Bescheinigung die Art und Schwere der Erkrankung die stationäre Behandlung und die vorgesehene Dauer medizinisch notwendig macht und ambulante Behandlungen oder eine Kur nicht ausreichend sind. 2Eine Bescheinigung nach Satz 1 ist nicht erforderlich, wenn die beihilfeberechtigte oder berücksichtigungsfähige Person mit der Mitteilung der Entscheidung über die Pflegebedürftigkeit (§ 40) eine Rehabilitationsempfehlung erhalten hat, aus der hervorgeht, dass die Durchführung einer Rehabilitationsmaßnahme im Sinne des Abs. 4 erforderlich ist. 3Pflegen Beihilfeberechtigte (§ 2 Abs. 1 und 2) oder

VII

berücksichtigungsfähige Angehörige (§ 3 Abs. 1 und 2) eine Angehörige oder einen Angehörigen ist abweichend von Satz 1 eine begründete ärztliche Bescheinigung, dass die Maßnahme nach Abs. 4 nach Art und vorgesehener Dauer notwendig ist, ausreichend. 4Die Beihilfefähigkeit ist ab einer Dauer von 30 Tagen von der vorherigen Anerkennung der Beihilfefähigkeit durch die Beihilfestelle abhängig. 5Die Anerkennung wird erteilt, wenn die lange Dauer ärztlich besonders begründet wird oder durch eine medizinische Bescheinigung nachgewiesen ist.

(7) 1Aus Anlass einer stationären Behandlung in Einrichtungen nach den Abs. 2 bis 4 sind beihilfefähig die Aufwendungen

1. für gesondert erbrachte und berechnete Leistungen nach den §§ 8, 18 und 19,
2. nach § 25,
3. für Pflege, Unterkunft und Verpflegung bis zum niedrigsten Tagessatz zuzüglich Kurtaxe,
4. für den ärztlichen Schlussbericht,
5. für die An- und Abreise; zur Abgeltung dieser Aufwendungen ist eine Entfernungspauschale für jeden vollen Kilometer der Entfernung zwischen Wohnung und der Einrichtung nach den Abs. 2 bis 4 und dem in Art. 6 Abs. 6 Satz 1 Nr. 1 BayRKG genannten Betrag anzusetzen, höchstens jedoch 200 €, unabhängig vom benutzten Beförderungsmittel. Die Entfernung bestimmt sich regelmäßig nach der kürzesten üblicherweise mit einem Kraftfahrzeug zwischen Wohnung und Einrichtung zurückzulegenden Strecke. Außerdem sind bei Fahrten mit regelmäßig verkehrenden Beförderungsmitteln die nachgewiesenen Kosten für nicht persönlich mitgeführtes Gepäck beihilfefähig.

2Satz 1 Nr. 3 und 5 gilt auch für Begleitpersonen, wenn die Notwendigkeit der Begleitung durch amtlichen Ausweis oder medizinisches Gutachten festgestellt ist und die Einrichtung bestätigt, dass für eine Erfolg versprechende Behandlung eine Begleitperson notwendig ist. 3Im Rahmen einer familienorientierten Rehabilitation für berücksichtigungsfähige Kinder, die an schweren chronischen Erkrankungen, insbesondere Krebserkrankungen oder Mukoviszidose leiden oder deren Zustand nach Operationen am Herzen oder nach Organtransplantationen eine solche Maßnahme erfordern, gilt Satz 1 Nr. 3 und 5 unter sinngemäßer Anwendung des Satzes 2 auch für mehrere Begleitpersonen aus dem Kreis der Familienangehörigen. 4Liegt die Bescheinigung nach Abs. 6 Satz 1 oder Satz 3 nicht vor, sind nur die Aufwendungen nach Nr. 1 beihilfefähig.

(8) 1Aus Anlass einer Behandlung in Einrichtungen nach Abs. 1 Satz 2 sind beihilfefähig die Aufwendungen

1. für Leistungen nach den §§ 8, 18 und 19, auch soweit eine Berechnung in Form von Tagespauschalen erfolgt,
2. für nachgewiesene Fahrtkosten bis zu 10 € pro Behandlungstag für die Hin- und Rückfahrt, sofern die Rehabilitationseinrichtung keine kostenfreie Transportmöglichkeit anbietet.

2Wurde ein privater Personenkraftwagen benutzt, ist höchstens der in Art. 6 Abs. 6 Satz 1 Nr. 1 BayRKG genannte Betrag für jeden vollen Kilometer der Entfernung zwischen Wohnung und der Einrichtung beihilfefähig.

§ 30 Beihilfe bei Kuren

(1) Die Aufwendungen für

1. Kuren in Einrichtungen der medizinischen Rehabilitation,
2. Mütterkuren und Mutter- oder Vater-Kind-Kuren,
3. ambulante Heilkuren

sind beihilfefähig.

(2) Kuren in Einrichtungen der medizinischen Rehabilitation sind Heilbehandlungen im Sinn des § 19, die mit Unterkunft und Verpflegung kurmäßig in Einrichtungen nach § 29 Abs. 4 durchgeführt werden und für die die Voraussetzungen für eine Beihilfe nach § 29 Abs. 6 Satz 1 oder Satz 3 nicht erfüllt sind.

(3) Mütterkuren und Mutter- oder Vater-Kind-Kuren sind Maßnahmen in Form einer Rehabilitationskur in einer Einrichtung des Müttergenesungswerks oder einer anderen, nach

§ 41 SGB V als gleichartig anerkannten Einrichtung.

(4) 1Ambulante Heilkuren sind Maßnahmen für aktive Bedienstete nach § 2 Abs. 1 Nr. 1 zur Wiederherstellung und Erhaltung der Dienstfähigkeit sowie Maßnahmen für die übrigen Beihilfeberechtigten sowie für berücksichtigungsfähige Angehörige bei erheblich beeinträchtigter Gesundheit. 2Die Kuren müssen mit Heilbehandlungen nach § 19 nach einem ärztlich erstellten Kurplan in einem im Heilkurorteverzeichnis des Staatsministeriums aufgeführten Heilkurort durchgeführt werden. 3Die Unterkunft muss sich im Heilkurgebiet befinden.

(5) 1Bei Kuren nach den vorstehenden Abs. sind beihilfefähig die Aufwendungen für

1. gesondert erbrachte und berechnete Leistungen nach den §§ 8, 18 und 19,
2. Familien- und Haushaltshilfe nach § 25,
3. Fahrtkosten nach § 29 Abs. 7 Satz 1 Nr. 5,
4. die Kurtaxe,
5. den ärztlichen Schlussbericht,
6. eine behördlich als notwendig anerkannte Begleitperson für Schwerbehinderte,
7. Unterkunft und Verpflegung bis zu 26 € pro Tag und Person, begrenzt auf eine Dauer von höchstens 21 Tagen.

2Bei Pauschalpreisen in Einrichtungen nach Abs. 3, für die eine Preisvereinbarung mit einem Sozialleistungsträger besteht, ist die Beihilfefähigkeit auf den Pauschalpreis begrenzt.

(6) 1Die Aufwendungen nach Abs. 5 sind nur beihilfefähig, wenn

1. erstmalig eine Wartezeit von insgesamt fünf Jahren Beihilfeberechtigung oder Berücksichtigungsfähigkeit nach diesen oder entsprechenden Beihilfevorschriften erfüllt ist,
2. im laufenden und den beiden vergangenen Kalenderjahren keine Heilkur nach Abs. 1 bis 4 durchgeführt und beendet wurde,
3. ambulante ärztliche Behandlungen und Heilbehandlungen außerhalb von Kurmaßnahmen wegen erheblich beeinträchtigter Gesundheit nicht ausreichend sind,
4. die medizinische Notwendigkeit vor Beginn der Kur durch eine ärztliche Bescheinigung nachgewiesen ist,
5. die Kur nicht weit überwiegend der Vorsorge dient; Gleiches gilt für Maßnahmen, deren Zweck eine berufliche Rehabilitation ist, wenn medizinisch keine kurmäßigen Maßnahmen mehr erforderlich sind.

2Von der Einhaltung der Fristen nach Satz 1 Nr. 1 und 2 darf nur abgesehen werden bei schwerem chronischen Leiden, wenn nach einer diagnosespezifischen fachärztlichen Bescheinigung aus zwingenden medizinischen Gründen eine Heilkur in einem kürzeren Zeitabstand notwendig ist.

Abschnitt VI
Aufwendungen in Pflegefällen

§ 31 Beihilfefähige Aufwendungen bei dauernder Pflegebedürftigkeit

(1) Bei dauernder Pflegebedürftigkeit sind neben anderen nach den §§ 8 bis 30, 41 und 44 beihilfefähigen Aufwendungen pflegebedingte Aufwendungen beihilfefähig für Pflegebedürftige

1. er Pflegegrade 2, 3, 4 oder 5 nach Maßgabe der §§ 32 bis 38 und
2. des Pflegegrades 1 nach § 38a.

(2) 1Pflegebedürftig sind Personen, die gesundheitlich bedingte Beeinträchtigungen der Selbstständigkeit oder der Fähigkeiten aufweisen und deshalb der Hilfe durch andere bedürfen. 2Es muss sich um Personen handeln, die körperliche, kognitive oder psychische Beeinträchtigungen oder gesundheitlich bedingte Belastungen oder Anforderungen nicht selbstständig kompensieren oder bewältigen können. 3Die Pflegebedürftigkeit muss auf Dauer, voraussichtlich für mindestens sechs Monate, und mit mindestens der in § 15 des Elften Buches Sozialgesetzbuch (SGB XI) festgelegten Schwere bestehen.

(3) 1Für Personen, die nach § 28 Abs. 2 SGB XI Leistungen zur Hälfte erhalten, wird zu den Pflegekosten in den Fällen der §§ 32 bis 38a in wertmäßig gleicher Höhe eine Beihilfe gewährt; § 6 Abs. 1 Satz 2 bis 5 und § 46 sind

VII

hierbei nicht anzuwenden. $_{2}$Über diesen Gesamtwert hinausgehende Aufwendungen sind im Rahmen des § 32 Abs. 1 beihilfefähig.

(4) Die Festsetzungsstelle beteiligt sich an den angemessenen Kosten für eine Pflegeberatung im Sinn des § 7a SGB XI unmittelbar gegenüber dem Träger der Pflegeberatung, wenn Beihilfeberechtigte und ihre berücksichtigungsfähigen Angehörigen

1. Beihilfeleistungen nach den §§ 32 bis 38a beziehen oder
2. Leistungen der Pflegeversicherung beantragt haben und erkennbar Hilfe- und Beratungsbedarf besteht.

§ 32 Häusliche und teilstationäre Pflege

(1) $_{1}$Bei einer häuslichen Pflege durch geeignete Pflegekräfte oder einer teilstationären Pflege in einer Tages- oder Nachtpflegeeinrichtung sind entsprechend den Pflegegraden des § 15 SGB XI monatlich beihilfefähig die Aufwendungen für Pflegebedürftige

	bis höchstens
1. des Pflegegrades 2	796 €,
2. des Pflegegrades 3	1497 €,
3. des Pflegegrades 4	2012 €,
4. des Pflegegrades 5	3352 €;

daneben sind bei einer teilstationären Betreuung Aufwendungen für Zuschläge nach § 43b SGB XI beihilfefähig.

$_{2}$Die häusliche Pflege umfasst

1. körperbezogene Pflegemaßnahmen,
2. pflegerische Betreuungsmaßnahmen,
3. Hilfen bei der Haushaltsführung in den in § 14 Abs. 2 SGB XI genannten Bereichen
   a) Mobilität,
   b) kognitive und kommunikative Fähigkeiten,
   c) Verhaltensweisen und psychische Problemlagen,
   d) Selbstversorgung,
   e) Bewältigung von und selbstständiger Umgang mit krankheits- oder therapiebedingten Anforderungen und Belastungen und
   f) Gestaltung des Alltagslebens und sozialer Kontakte und
4. die pflegefachliche Anleitung von Pflegebedürftigen und Pflegepersonen.

$_{3}$Geeignete Pflegekräfte sind Personen, die

1. bei ambulanten Pflegeeinrichtungen (Pflegedienste) angestellt sind und die unter ständiger Verantwortung einer ausgebildeten Pflegekraft Pflegebedürftige in ihrer Wohnung mit Leistungen der häuslichen Pflege versorgen (§ 71 Abs. 1, § 72 SGB XI),
2. bei der Pflegekasse angestellt sind (§ 77 Abs. 2 SGB XI),
3. von der privaten Pflegeversicherung zur Pflege und hauswirtschaftlichen Versorgung zugelassen sind oder
4. mit der Pflegekasse einen Einzelvertrag nach § 77 Abs. 1 SGB XI geschlossen haben.

(2) $_{1}$Bei einer häuslichen Pflege durch andere geeignete Personen wird eine Pauschalbeihilfe gewährt. $_{2}$Sie richtet sich nach den Pflegegraden des § 15 SGB XI und beträgt monatlich

1. im Pflegegrad 2	347 €,
2. im Pflegegrad 3	599 €,
3. im Pflegegrad 4	800 €,
4. im Pflegegrad 5	990 €.

$_{3}$Daneben ist der Entlastungsbetrag (§ 38) beihilfefähig. $_{4}$Ein aus der privaten oder der sozialen Pflegeversicherung zustehendes Pflegegeld und entsprechende Leistungen auf Grund sonstiger Rechtsvorschriften sind anzurechnen. $_{5}$Für Personen, die nicht gegen das Risiko der Pflegebedürftigkeit versichert sind, werden die Leistungen nach Satz 2 zur Hälfte gewährt. $_{6}$Besteht der Anspruch auf Pauschalbeihilfe nicht für einen vollen Kalendermonat, ist die Pauschalbeihilfe um ein Dreißigstel für jeden nicht in Anspruch genommenen Tag zu mindern. $_{7}$Pauschalbeihilfe wird während einer Verhinderungs- oder Kurzzeitpflege nach § 33 für bis zu acht Wochen je Kalenderjahr fortgewährt. $_{8}$Die Höhe der fortgewährten Pauschalbeihilfe beträgt die Hälfte der vor Beginn der Verhinderungs- oder Kurzzeitpflege geleisteten Pauschalbeihilfe. $_{9}$Verstirbt die oder der Pflegebedürftige, wird die Pauschalbeihilfe bis zum Ende des Kalendermonats gewährt, in dem der Tod eingetreten ist. $_{10}$Pflegebedürftige Personen in vollstationären Einrichtungen der Behindertenhilfe (§ 37) erhalten eine ungeminderte Pauschalbeihilfe anteilig für die Tage, an denen sie sich in häuslicher Pflege befinden.

(3) 1Wird die ambulante Pflege teilweise durch Pflegekräfte (Abs. 1) und durch andere geeignete Personen (Abs. 2) erbracht, wird die Beihilfe nach den Abs. 1 und 2 anteilig gewährt; maßgebend ist das in der privaten oder sozialen Pflegeversicherung zugrunde gelegte Verhältnis der anteiligen Inanspruchnahme. 2Während einer Verhinderungs- und Kurzzeitpflege (§§ 33) gilt Abs. 2 Satz 7 und 8 entsprechend.

(4) 1Erfolgt die pflegerische Betreuung in ambulant betreuten Wohngruppen, werden neben Leistungen nach den Abs. 1 bis 3 zusätzlich folgende Leistungen gewährt, wenn die private oder soziale Pflegeversicherung hierfür anteilige Leistungen gezahlt hat:

1. zusätzliche Leistungen für Pflegebedürftige in ambulant betreuten Wohngruppen nach § 45f SGB XI,
2. Anschubfinanzierung zur Gründung von ambulant betreuten Wohngruppen nach § 45g SGB XI sowie
3. Leistungen in gemeinschaftlichen Wohnformen mit Verträgen zur pflegerischen Versorgung gemäß § 92c SGB XI nach § 45h SGB XI.

2Die Leistungen der Pflegeversicherung sind anzurechnen. 3Abs. 2 Satz 5 und § 31 Abs. 3 Satz 1 gelten entsprechend.

(5) 1Die teilstationäre Pflege umfasst auch die notwendige Beförderung der pflegebedürftigen Person von der Wohnung zur Einrichtung der Tages- oder Nachtpflege und zurück. 2Aufwendungen für Leistungen der teilstationären Tages- und Nachtpflege sind neben den Aufwendungen der ambulanten häuslichen Pflege nach den Abs. 1 bis 3 beihilfefähig.

(6) Neben einer Leistung nach Abs. 2 sind Aufwendungen für Beratungen nach § 37 Abs. 3 bis 3c SGB XI ohne Anrechnung nach Abs. 3 beihilfefähig.

§ 33 Verhinderungspflege, Kurzzeitpflege

(1) Ist eine Pflegeperson nach § 32 Abs. 2 wegen Urlaub, Krankheit oder aus anderen Gründen an der häuslichen Pflege gehindert, so sind die Aufwendungen für die erwerbsmäßige Ersatzpflege durch andere als Personen nach Abs. 2 nach den Vorgaben des Abs. 5 beihilfefähig (Verhinderungspflege).

(2) 1Bei einer Verhinderungspflege durch Pflegepersonen, die mit dem Pflegebedürftigen bis zum zweiten Grad verwandt oder verschwägert sind oder mit ihm in häuslicher Gemeinschaft leben, sind die Aufwendungen nur bis zur Höhe der Pauschalbeihilfe nach § 32 Abs. 2 für bis zu zwei Monate beihilfefähig. 2Notwendige Aufwendungen, die der Pflegeperson im Zusammenhang mit der Verhinderungspflege entstanden sind, sind bei Nachweis beihilfefähig. 3Die Aufwendungen nach den Sätzen 1 und 2 zusammen sind maximal bis zu dem in Abs. 5 genannten Betrag pro Kalenderjahr beihilfefähig. 4Wird die Pflege durch die in Satz 1 genannten Personen erwerbsmäßig ausgeübt, findet Abs. 1 Anwendung.

(3) 1Kann die häusliche Pflege nach § 32 Abs. 1 und 2 zeitweise nicht oder nicht in vollem Umfang erbracht werden, so sind die Aufwendungen für vollstationäre Pflege nach den Vorgaben des Abs. 5 beihilfefähig (Kurzzeitpflege). 2Erfolgt die Unterbringung vollstationär, liegen aber die Voraussetzungen des Satzes 1 nicht vor, so sind die für die Pflege anfallenden Kosten bis zum Höchstbetrag nach § 32 Abs. 1 beihilfefähig.

(4) 1Pflegeaufwendungen für eine Kurzzeitpflege sind in begründeten Einzelfällen bei zu Hause gepflegten Pflegebedürftigen in geeigneten Einrichtungen der Hilfe für behinderte Menschen und anderen geeigneten Einrichtungen beihilfefähig, wenn die Pflege in einer von den Pflegekassen zur Kurzzeitpflege zugelassenen Pflegeeinrichtung nicht möglich ist oder nicht zumutbar erscheint. 2§ 37 findet keine Anwendung. 3Sind in den Aufwendungen für die Einrichtung Kosten für Unterkunft, Verpflegung und Investitionen enthalten, ohne gesondert ausgewiesen zu sein, so sind 60 % der Aufwendungen beihilfefähig.

(5) 1Aufwendungen für Leistungen nach den Abs. 1, 3 und 4 sind bis zu einem beide Pflegearten umfassenden gemeinsamen Betrag

VII

von 3539 € im Kalenderjahr beihilfefähig. 2§ 31 Abs. 3 Satz 1 gilt entsprechend.

§ 34 Versorgung bei Inanspruchnahme von Vorsorge- oder Rehabilitationsleistungen durch die Pflegeperson

(1) 1Aufwendungen für eine Versorgung einer pflegebedürftigen beihilfeberechtigten oder berücksichtigungsfähigen Person in Einrichtungen nach § 29 Abs. 2 und 4, in der die Pflegeperson gleichzeitig selbst Leistungen

1. nach § 29 Abs. 2 und 4 oder
2. einer Vorsorge- oder Rehabilitationseinrichtung nach § 23 Abs. 4 Satz 1 und § 40 Abs. 2 Satz 1 SGB V, § 15 Abs. 2 des Sechsten Buches Sozialgesetzbuch (SGB VI) oder eine vergleichbare stationäre Vorsorge- oder Rehabilitationsmaßnahme

in Anspruch nimmt, sind nach den näheren Vorgaben der Sätze 2 bis 4 sowie Abs. 2 beihilfefähig. 2Anstelle der Versorgung in einer Einrichtung nach § 29 Abs. 2 und 4 kann eine Versorgung in einer vollstationären Pflegeeinrichtung erfolgen, wenn die erforderliche Versorgung durch die Einrichtung nach § 29 Abs. 2 und 4 nicht sichergestellt werden kann. 3Die Sätze 1 und 2 gelten nicht, wenn die pflegebedürftige beihilfeberechtigte oder berücksichtigungsfähige Person selbst die Voraussetzungen für eine Beihilfegewährung nach § 29 Abs. 4 und 6 erfüllt. 4§ 32 Abs. 2 Satz 7 und 8 gilt nicht, solange sich die Pflegeperson in einer Einrichtung nach Satz 1 befindet und die pflegebedürftige beihilfeberechtigte oder berücksichtigungsfähige Person nach Satz 1 oder Satz 2 versorgt wird.

(2) 1Beihilfefähig sind bei einer Versorgung nach Abs. 1 Satz 1 die pflegebedingten Aufwendungen einschließlich der Aufwendungen für Betreuung, die Aufwendungen für Leistungen der medizinischen Behandlungspflege, die Aufwendungen für Unterkunft und Verpflegung sowie die betriebsnotwendigen Investitionsaufwendungen bis zur Höhe des durchschnittlichen Gesamtheimentgelts im Sinne des § 42b Abs. 5 Satz 2 bis 4 SGB XI. 2Abweichend von Satz 1 sind bei einer Versorgung nach Abs. 1 Satz 2 die Aufwendungen in Höhe des Gesamtheimentgelts für die jeweilige Pflegeeinrichtung im Sinne des § 42b Abs. 5 Satz 5 SGB XI beihilfefähig. 3§ 29 Abs. 7 Satz 1 Nr. 5 gilt entsprechend.

§ 35 Aufwendungen für Pflegehilfsmittel, Maßnahmen zur Verbesserung des individuellen Wohnumfelds sowie für digitale Pflegeanwendungen

1Beihilfefähig sind Aufwendungen für

1. Pflegehilfsmittel,
2. Maßnahmen zur Verbesserung des Wohnumfeldes der pflegebedürftigen Person,
3. digitale Pflegeanwendungen bei häuslicher Pflege bis zu einem Betrag von insgesamt 40 € im Monat sowie damit einhergehende ergänzende Unterstützungsleistungen durch ambulante Pflegeeinrichtungen bis zu einem Betrag von insgesamt 30 € im Monat,

wenn die private oder soziale Pflegeversicherung hierfür anteilige Zuschüsse gezahlt hat. 2Bei in der privaten Pflegeversicherung Versicherten ist der Betrag beihilfefähig, aus dem der anteilige Zuschuss berechnet wurde. 3§ 31 Abs. 3 gilt entsprechend.

§ 36 Stationäre Pflege

(1) 1Bei stationärer Pflege in einer zugelassenen Pflegeeinrichtung im Sinn des § 72 Abs. 1 Satz 1 SGB XI oder in einer vergleichbaren Pflegeeinrichtung sind die nach dem Grad der Pflegebedürftigkeit entstehenden pflegebedingten Aufwendungen beihilfefähig. 2Beihilfefähig sind pflegebedingte Aufwendungen, Aufwendungen der sozialen Betreuung sowie der medizinischen Behandlungspflege bis zu einem Pauschalbetrag von monatlich

1. für Pflegebedürftige des Pflegegrades 2 — 805 €,
2. für Pflegebedürftige des Pflegegrades 3 — 1319 €,
3. für Pflegebedürftige des Pflegegrades 4 — 1855 €,
4. für Pflegebedürftige des Pflegegrades 5 — 2096 €.

3Daneben sind Aufwendungen für Zuschläge nach den §§ 43b, 43c SGB XI sowie § 132g

VII

SGB V beihilfefähig. 4Abweichend von Satz 2 gilt in den Fällen des § 141 Abs. 8 SGB XI der am 31. Dezember 2016 jeweils maßgebende beihilfefähige Betrag, wenn dieser höher ist als der nach Satz 2 für Januar 2017 beihilfefähige Betrag. 5§ 31 Abs. 3 gilt mit Ausnahme des Zuschlags nach § 132g SGB V entsprechend.

(2) Der Anerkennungsbetrag, der nach § 87a Abs. 4 SGB XI an Einrichtungen zu zahlen ist, die stationäre Pflegeleistungen im Sinn des § 43 SGB XI erbringen, ist neben den Leistungen nach Abs. 1 beihilfefähig, wenn der Pflegebedürftige nach Durchführung aktivierender oder rehabilitativer Maßnahmen durch das Personal der Pflegeeinrichtung in einen niedrigeren Pflegegrad zurückgestuft wurde oder festgestellt wurde, dass er nicht mehr pflegebedürftig im Sinn der §§ 14 und 15 SGB XI ist.

(3) 1Zu den Aufwendungen zuzüglich eines gegebenenfalls zustehenden Zuschlags nach § 43c SGB XI für Pflegeleistungen, die über die nach Abs. 1 Satz 2 beihilfefähigen Aufwendungen hinausgehen, Unterkunft und Verpflegung einschließlich der Investitionskosten wird keine Beihilfe gewährt, es sei denn, dass sie den Eigenanteil des Einkommens nach Satz 3 übersteigen. 2Einkommen sind die Dienst- und Versorgungsbezüge (ohne den kinderbezogenen Anteil im Orts- und Familienzuschlag) nach beamtenrechtlichen Vorschriften oder Grundsätzen sowie die Renten aus der gesetzlichen Rentenversicherung und aus einer zusätzlichen Alters- und Hinterbliebenenversorgung der beihilfeberechtigten Person sowie der Gesamtbetrag der Einkünfte (§ 2 Abs. 3 EStG) des Ehegatten oder Lebenspartners im zweiten Kalenderjahr vor der Stellung des Beihilfeantrags. 3Der Eigenanteil beträgt

1. bei Beihilfeberechtigten mit Einkommen bis zur Höhe des Endgehalts der Besoldungsgruppe A 9 BayBesG
   a) mit einem berücksichtigungsfähigen Angehörigen 30 % des Einkommens,
   b) mit mehreren berücksichtigungsfähigen Angehörigen 25 % des Einkommens,
2. bei Beihilfeberechtigten mit höherem Einkommen
   a) mit einem berücksichtigungsfähigen Angehörigen 40 % des Einkommens,
   b) mit mehreren berücksichtigungsfähigen Angehörigen 35 % des Einkommens,
3. bei allein stehenden Beihilfeberechtigten und bei gleichzeitiger stationärer Pflege der beihilfeberechtigten Person und aller berücksichtigungsfähigen Angehörigen 70 % des Einkommens.

4Im Monat des Beginns und der Beendigung der stationären Pflege ist der Eigenanteil nach Satz 3 nur entsprechend der tatsächlichen Dauer der stationären Unterbringung zu berücksichtigen; § 191 des Bürgerlichen Gesetzbuchs gilt entsprechend. 5Die den Eigenanteil übersteigenden Aufwendungen nach Satz 1 werden als Beihilfe gezahlt.

§ 37 Einrichtungen der Behindertenhilfe

1Aufwendungen für Pflegebedürftige

1. in einer vollstationären Einrichtung im Sinne des § 71 Abs. 4 Nr. 1 SGB XI, in der die Teilhabe am Arbeitsleben, an Bildung oder die soziale Teilhabe, die schulische Ausbildung oder die Erziehung behinderter Menschen im Vordergrund des Einrichtungszwecks stehen,
2. in Räumlichkeiten im Sinne des § 71 Abs. 4 Nr. 3 SGB XI, in denen Leistungen der Eingliederungshilfe für Menschen mit Behinderungen nach Teil 2 des Neunten Buches Sozialgesetzbuch (SGB IX) erbracht werden,

sind nach Art und Umfang des § 43a SGB XI beihilfefähig. 2§ 31 Abs. 3 gilt entsprechend. 3Daneben sind Aufwendungen für einen Zuschlag nach § 132g SGB V beihilfefähig. 4Auf diesen Zuschlag ist § 31 Abs. 3 nicht anwendbar.

§ 38 Angebote zur Unterstützung im Alltag, Entlastungsbetrag

(1) 1Für Pflegebedürftige in häuslicher Pflege mit mindestens Pflegegrad 2 sind Aufwendungen für Leistungen zur Unterstützung im Alltag im Sinn des § 45a SGB XI bis zu 40 % des nach § 36 SGB XI je Kalendermonat für den jeweiligen Pflegegrad vorgesehenen Höchstleistungsbetrags beihilfefähig, wenn die private oder soziale Pflegeversicherung hierfür anteilige Leistungen erbracht hat. 2Die

VII

nach Satz 1 als beihilfefähig anerkannten Beträge sind auf den jeweiligen Höchstbetrag nach § 32 Abs. 1 Satz 1 anzurechnen. 3Im Übrigen bestimmen sich Art und Umfang der anteiligen Beihilfeleistungen nach § 45b SGB XI. 4§ 31 Abs. 3 gilt entsprechend.

(2) 1Bei einer häuslichen Pflege ist neben Leistungen nach § 32 ein Entlastungsbetrag beihilfefähig. 2Art und Umfang der anteiligen Beihilfeleistungen bestimmen sich nach den §§ 45b und 141 Abs. 2 SGB XI. 3Voraussetzung für die Beihilfefähigkeit des Zuschlags nach § 141 Abs. 2 SGB XI ist die Vorlage einer Kopie der Mitteilung der Pflegekasse oder der privaten Pflegeversicherung im Sinn des § 141 Abs. 2 Satz 3 SGB XI. 4§ 31 Abs. 3 gilt entsprechend.

§ 38a Beihilfefähige Aufwendungen bei Pflegegrad 1

Für pflegebedürftige beihilfeberechtigte oder berücksichtigungsfähige Personen des Pflegegrades 1 sind Aufwendungen beihilfefähig für

1. Beratung zu Hause nach § 32 Abs. 6,
2. zusätzliche Leistungen in ambulant betreuten Wohngruppen nach § 32 Abs. 4, wenn Leistungen nach § 38 Abs. 2 bezogen oder für eine spätere Inanspruchnahme angespart werden,
3. Pflegehilfsmittel, Maßnahmen zur Verbesserung des Wohnumfeldes sowie digitale Pflegeanwendungen nach § 35,
4. zusätzliche Betreuung und Aktivierung in stationären Pflegeeinrichtungen nach § 36 Abs. 1 Satz 3,
5. vollstationäre Pflege nach § 36 Abs. 1 in Höhe von 131 € monatlich,
6. Angebote zur Unterstützung im Alltag und Entlastungsbetrag nach § 38,
7. Anschubfinanzierung zur Gründung von ambulant betreuten Wohngruppen nach § 32 Abs. 4 Satz 1 Halbsatz 2 und Satz 2,
8. Rückstufung nach § 36 Abs. 2.

§ 39 Palliativversorgung

(1) 1Aufwendungen für spezialisierte ambulante Palliativversorgung sind nach einer ärztlichen Bescheinigung beihilfefähig, wenn wegen einer nicht heilbaren, fortschreitenden und weit fortgeschrittenen Erkrankung bei einer zugleich begrenzten Lebenserwartung eine besonders aufwändige Versorgung notwendig ist. 2Die Aufwendungen sind angemessen bis zur Höhe der Kosten von Leistungen, die von den Krankenkassen in vergleichbaren Fällen auf der Grundlage des § 37b SGB V gewährt werden.

(2) 1Beihilfeberechtigte und berücksichtigungsfähige Angehörige, die keiner Krankenhausbehandlung bedürfen, haben Anspruch auf Beihilfe zu den Aufwendungen stationärer oder teilstationärer Versorgung in Hospizen, in denen palliativ-medizinische Behandlung erbracht wird, wenn eine ambulante Versorgung im eigenen Haushalt oder in der Familie nicht erbracht werden kann. 2Die Aufwendungen sind nach Maßgabe einer ärztlichen Bescheinigung beihilfefähig für die Versorgung (einschließlich Unterkunft und Verpflegung) in Hospizen nach Maßgabe des § 39a SGB V, jedoch höchstens bis zur Höhe des Zuschusses, den die gesetzliche Krankenversicherung erbringt. 3Darüber hinaus können Leistungen nach diesem Abschnitt erbracht werden, sofern die zuständige Pflegekasse anteilig Leistungen erbringt. 4Die Beihilfe ist insoweit zu mindern, als unter Anrechnung der Leistungen anderer Sozialleistungsträger die tatsächlichen kalendertäglichen Kosten überschritten werden.

§ 40 Festsetzungsverfahren bei pflegebedingten Aufwendungen

1Die Festsetzungsstelle entscheidet über die Beihilfefähigkeit der Aufwendungen nach Abschnitt VI auf Grund eines ärztlichen Gutachtens, das zu dem Vorliegen der dauernden Pflegebedürftigkeit sowie zu Art und notwendigem Umfang der Pflege Stellung nimmt. 2Bei Versicherten der privaten oder sozialen Pflegeversicherung ist auf Grund des für die Versicherung erstellten Gutachtens zu entscheiden. 3Satz 2 gilt auch bezüglich der Überleitung in Pflegegrade im Sinn des § 140 SGB XI; das von dem privaten Pflegeversicherungsunternehmen oder der Pflegekasse der pflegebedürftigen Person übermittelte schriftliche Ergebnis der Überleitung ist der Beihilfestelle in Kopie vorzulegen. 4In anderen Fällen bedarf es eines amts- oder vertrauensärztlichen Gutachtens. 5Die Beihilfe wird ab Beginn des Monats der erstmaligen Antragstellung gewährt, frühestens jedoch ab dem Zeitpunkt, von dem an die Anspruchsvoraussetzungen vorliegen.

Abschnitt VII Aufwendungen in sonstigen Fällen

§ 41 Beihilfefähige Aufwendungen bei Vorsorgemaßnahmen

(1) Aus Anlass von Maßnahmen zur Früherkennung von Krankheiten sind nach Maßgabe der hierzu ergangenen Richtlinien des Bundesausschusses der Ärzte und Krankenkassen die folgenden Aufwendungen beihilfefähig:

1. bei Kindern bis zur Vollendung des sechsten Lebensjahres die Kosten für Untersuchungen zur Früherkennung von Krankheiten, die eine körperliche oder geistige Entwicklung des Kindes in nicht geringfügigem Maß gefährden,
2. bei Kindern und Jugendlichen die Kosten für eine Jugendgesundheitsuntersuchung zwischen dem vollendeten 13. und dem vollendeten 14. Lebensjahr, wobei die Untersuchung auch bis zu zwölf Monate vor und nach diesem Zeitintervall durchgeführt werden kann (Toleranzgrenze),
3. bei Frauen und Männern vom Beginn des 18. Lebensjahres an die Kosten für jährlich eine Untersuchung zur Früherkennung von Krebserkrankungen sowie von der Vollendung des 50. Lebensjahres an die Kosten für Maßnahmen zur Früherkennung des kolorektalen Karzinoms; Aufwendungen für ein Mammographie-Screening zwischen dem vollendeten 50. und 75. Lebensjahr sind jedes zweite Jahr beihilfefähig,
4. bei Personen von der Vollendung des 35. Lebensjahres an die Kosten für Maßnahmen zur Früherkennung von Hautkrebs; diese Aufwendungen sind jedes zweite Jahr beihilfefähig,
5. bei Personen von der Vollendung des 35. Lebensjahres an die Kosten für eine Gesundheitsuntersuchung, insbesondere zur Früherkennung von Herz-, Kreislauf- und Nierenerkrankungen sowie von Zuckerkrankheit. Diese Aufwendungen sind jedes zweite Jahr beihilfefähig,
6. bei Männern von der Vollendung des 65. Lebensjahres an die Kosten eines Screenings zur Früherkennung von Bauchaortenaneurysmen.

(2) 1Aufwendungen für Maßnahmen im Rahmen des Früherkennungsprogramms für erblich belastete Personen mit einem erhöhten familiären Brust- oder Eierstockkrebsrisiko sind für Personen nach den §§ 2 und 3 beihilfefähig, wenn die Maßnahmen in einem der in der Anlage 5 Nr. 1 genannten, im Deutschen Konsortium Familiärer Brust- und Eierstockkrebs (FBREK) zusammengeschlossenen universitären Zentren oder von deren Kooperationspartnern durchgeführt werden. 2Maßnahmen nach Satz 1 umfassen folgende Leistungen:

1. Risikofeststellung, Aufklärung und interdisziplinäre Beratung,
   a) 1005,45 € pro Familie für eine einmalige Risikofeststellung mit einer Aufklärung sowie einer interdisziplinären Erstberatung, einer Stammbaumerfassung und der Mitteilung des Genbefundes; die Pauschale umfasst auch die Beratung weiterer Familienmitglieder,
   b) bei Aufklärung zur diagnostischen genetischen Untersuchung durch einen Kooperationspartner der in Anlage 5 Nr. 1 genannten Zentren
      aa) 469,21 €, sofern keine Anschlussbetreuung im kooperierenden FBREK-Zentrum mehr erfolgt, oder
      bb) 603,27 €, sofern noch eine Anschlussbetreuung im kooperierenden FBREK-Zentrum erfolgt,
   c) 134,06 € einmalig für ein Entscheidungscoaching für BRCA1/2-Mutationträgerinnen durch spezialisiert Pflegende,
2. Genetische Untersuchung,
   a) 3485,56 € für eine genetische Untersuchung bei einer an Brust- oder Eierstockkrebs erkrankten Person (Indexfall); die genetische Analyse wird bei

VII

den Indexfällen durchgeführt; dabei handelt es sich in der Regel um einen diagnostischen Gentest, dessen Kosten der erkrankten Person zugerechnet werden,

b) 268,12 € für einen prädiktiven Gentest; ein prädiktiver Gentest liegt vor, wenn sich aus dem Test keine Therapieoptionen für die Indexperson mehr ableiten lassen, die genetische Analyse also keinen diagnostischen Charakter hat; eine solche Situation ist gesondert durch eine schriftliche ärztliche Stellungnahme zu attestieren; die Kosten einer sich als prädiktiver Gentest darstellenden genetischen Analyse der Indexperson werden der gesunden ratsuchenden Person zugerechnet oder

c) sofern ratsuchende Personen bis 2015 getestet wurden,

   aa) 2547,14 € bei einer erneuten Genpanel-Untersuchung zur Komplettierung der Indextestung oder

   bb) 938,42 € für eine bioinformatorische Auswertung bei Vorliegen von Daten aus einer Komplementärdiagnostik,

VII

3. Intensivierte Früherkennungs- und Nachsorgemaßnahmen,

   a) 670,30 € jährlich für intensivierte Früherkennungs- und Nachsorgemaßnahmen oder

   b) einmalig 603,27 €, sofern wegen des Wegfalls des erhöhten Risikos bei Nichterkrankten die intensivierte Früherkennung beendet wird und im entsprechenden Kalenderjahr noch keine Pauschale nach Buchst. a erstattet wurde.

3Aufwendungen nach Satz 2 Nr. 2 sind nicht nebeneinander beihilfefähig. 4Aufwendungen für präventive Operationen sind nicht Bestandteil der Früherkennungsmaßnahmen nach Satz 2 Nr. 3.

(3) 1Aufwendungen für Maßnahmen im Rahmen des Früherkennungsprogramms für erblich belastete Personen mit einem erhöhten familiären Darmkrebsrisiko sind für Personen nach den §§ 2 und 3 beihilfefähig, wenn die Maßnahmen in einem der in der Anlage 5 Nr. 2 genannten, im Deutschen Konsortium Familiärer Darmkrebs (Hereditäres Nicht-Polypöses Colorektales Carcinom – HNPCC) zusammengeschlossenen universitären Zentren durchgeführt werden. 2Maßnahmen nach Satz 1 umfassen die

1. Risikofeststellung und interdisziplinäre Beratung,

   a) einmalig 603,27 € für die erstmalige Risikofeststellung und interdisziplinäre Beratung einschließlich Erhebung des Familienbefundes und Organisation der diagnostischen Abklärung unter der Voraussetzung, dass die revidierten Bethesda-Kriterien in der Familie der ratsuchenden Person erfüllt sind,

   b) 335,15 € für jede weitere Beratung einer Person, in deren Familie bereits das Lynch-Syndrom oder Polyposis-Syndrom bekannt ist,

2. Tumorgewebsdiagnostik,

   503,75 € für die immunhistochemische Untersuchung am Tumorgewebe hinsichtlich der Expression der Mismatch-Reparatur-Gene MLH1, MSH2, MSH6 und PMS sowie gegebenenfalls die Mikrosatellitenanalyse und Testung auf somatische Mutationen im Tumorgewebe; ist die Analyse des Tumorgewebes negativ und das Ergebnis eindeutig, sind Aufwendungen für weitere Untersuchungen auf eine Mutation nicht beihilfefähig,

3. Genetische Analyse,

   a) 3485,56 € für eine genetische Analyse zur Mutationssuche auf eine bis dahin in der Familie nicht identifizierte Keimbahnmutation bei einer an Darmkrebs erkrankten Person (Indexfall) oder bei Vorliegen der Voraussetzungen bei einer ratsuchenden Person (Verdachtsfall), wenn die Einschlusskriterien und möglichst eine abgeschlossene Tumorgewebsdiagnostik, die auf das Vorliegen einer MMR-Mutation hinweist, vorliegen,

   b) 268,12 € für die prädiktive oder diagnostische Testung weiterer Personen auf eine in der Familie bekannte Genmutation,

4. Früherkennungsmaßnahmen,

   603,27 € für eine jährliche endoskopische Untersuchung des Magendarmtraktes einschließlich Biopsien, Polypektomien und Videoendoskopien unter den Voraussetzungen, dass ein Lynch- oder ein Polyposis-Syndrom vorliegt.

(4) Beihilfefähig sind Aufwendungen für prophylaktische zahnärztliche Leistungen nach Anlage 1 Nr. 1000 bis 1020, 1040 und 2000 GOZ.

(5) Bei Personen, die das 16. Lebensjahr vollendet haben, sind Aufwendungen beihilfefähig für

1. ärztliche Beratungen zu Fragen der medikamentösen Präexpositionsprophylaxe zur Verhütung einer Ansteckung mit HIV,
2. Untersuchungen, die bei Anwendung der für die medikamentöse Präexpositionsprophylaxe zugelassenen Arzneimittel erforderlich sind,
3. ärztlich verordnete zugelassene Arzneimittel zur Präexpositionsprophylaxe.

(6) 1Aufwendungen für Schutzimpfungen sind auf der Grundlage der Empfehlungen der Ständigen Impfkommission beim Robert Koch-Institut beihilfefähig. 2Nicht beihilfefähig sind Impfungen anlässlich privater Reisen in Gebiete außerhalb der Europäischen Union.

§ 42 Beihilfefähige Aufwendungen bei Geburt

Aus Anlass einer Geburt sind beihilfefähig die Aufwendungen

1. für die ärztliche Betreuung während der Schwangerschaft und nach der Entbindung,
2. entsprechend §§ 8 bis 19, 25, 26, 28 und 44 Abs. 1 Nr. 2,
3. für die Hebamme,
4. für eine Haus- und Wochenpflegekraft bei Hausentbindung oder ambulanter Entbindung in einer Krankenanstalt bis zu zwei Wochen nach der Geburt, wenn die Wöchnerin nicht bereits wegen Krankheit von einer Berufs- oder Ersatzpflegekraft nach § 24 gepflegt wird; § 24 Abs. 1 Satz 3 gilt entsprechend,
5. entsprechend § 28 für das Kind.

§ 43 Künstliche Befruchtung, Sterilisation, Kontrazeption

(1) 1Aufwendungen für eine künstliche Befruchtung einschließlich der im Zusammenhang damit verordneten Arzneimittel sowie gegebenenfalls Leistungen nach Abs. 3 sind nur dann zu 50 % beihilfefähig, wenn auf Grund eines Behandlungsplans

1. die Maßnahmen nach ärztlicher Feststellung erforderlich sind,
2. eine hinreichende Aussicht besteht, dass durch die Maßnahmen eine Schwangerschaft herbeigeführt wird,
3. die Personen, die diese Maßnahmen in Anspruch nehmen wollen, miteinander verheiratet sind und
4. ausschließlich Ei- und Samenzellen der Ehegatten verwendet werden.

2Beihilfefähig sind Aufwendungen für Personen, die das 25. Lebensjahr vollendet haben. 3Nicht beihilfefähig sind Aufwendungen für Frauen, die das 40. Lebensjahr und für Männer, die das 50. Lebensjahr vollendet haben.

(2) 1Die für Maßnahmen nach Abs. 1 zur Verfügung stehenden Verfahren sind unter folgenden Voraussetzungen beihilfefähig:

VII

	Verfahren	Indikationen	max. Anzahl der Versuche
1.	Intrazervikale, intrauterine oder intratubare Insemination im Spontanzyklus, ggf. nach Ovulationstiming ohne Polyovulation (drei oder mehr Follikel)	– somatische Ursachen (z. B. Impotentia coeundi, retrograde Ejakulation, Hypospadie, Zervikalkanastenose, Dyspareunie), – gestörte Spermatozoen-Mukus-Interaktion, – Subfertilität des Mannes, – immunologisch bedingte Sterilität,	acht
2.	Intrazervikale, intrauterine oder intratubare Insemination nach hormoneller Stimulation zur Polyovulation (drei oder mehr Follikel)	– Subfertilität des Mannes, – immunologisch bedingte Sterilität,	drei
3.	In-vitro-Fertilisation (IVF) mit Embryo-Transfer (ET), ggf. als Zygoten-Transfer oder als intratubarer Embryo-Transfer (EIFT = Embryo-Intrafallopian-Transfer)	– Zustand nach Tubenamputation, – anders (auch mikrochirurgisch) nicht behandelbarer Tubenverschluss, – anders nicht behandelbarer tubarer Funktionsverlust, auch bei Endometriose, – idiopathische (unerklärbare) Sterilität, sofern – einschließlich einer psychologischen Exploration – alle diagnostischen und sonstigen therapeutischen Möglichkeiten der Sterilitätsbehandlung ausgeschöpft sind, – Subfertilität des Mannes, sofern Behandlungsversuche nach Nr. 2 keinen Erfolg versprechen oder erfolglos geblieben sind, – immunologisch bedingte Sterilität, sofern Behandlungsversuche nach Nr. 2 keinen Erfolg versprechen oder erfolglos geblieben sind,	drei (Der dritte Versuch ist nur beihilfefähig, wenn in einem von zwei Behandlungszyklen eine Befruchtung stattgefunden hat.)
4.	Intratubarer Gameten-Transfer (GIFT)	– anders nicht behandelbarer tubarer Funktionsverlust, auch bei Endometriose, – idiopathische (unerklärbare) Sterilität, sofern – einschließlich einer psychologischen Exploration – alle diagnostischen und sonstigen therapeutischen Möglichkeiten der Sterilitätsbehandlung ausgeschöpft sind,	zwei

VII

Verfahren	Indikationen	max. Anzahl der Versuche
	– Subfertilität des Mannes, sofern Behandlungsversuche nach Nr. 2 keinen Erfolg versprechen oder erfolglos geblieben sind,	
5. Intracytoplasmatische Spermieninjektion (ICSI)	– schwere männliche Fertilitätsstörung, dokumentiert durch zwei aktuelle Spermiogramme, die auf der Grundlage des Handbuchs der WHO zu „Examination and processing of human semen" erstellt worden sind; die Untersuchung des Mannes durch Ärztinnen oder Ärzte mit der Zusatzbezeichnung „Andrologie" muss der Indikationsstellung vorausgehen, – nach Kryokonservierung gemäß Abs. 4 bei nachgewiesener Fertilitätsstörung der Frau unabhängig von einer männlichen Fertilitätsstörung.	drei (Der dritte Versuch ist nur beihilfefähig, wenn in einem von zwei Behandlungszyklen eine Befruchtung stattgefunden hat.)

2Die Zuordnung der Kosten zu den jeweiligen Ehepartnern erfolgt nach der Person, anlässlich deren Beratung und Behandlung die Kosten entstehen.

3Danach werden die Aufwendungen

1. dem Ehemann zugeordnet
   a) für Maßnahmen im Zusammenhang mit der Gewinnung, Untersuchung und Aufbereitung, gegebenenfalls einschließlich der Kapazitation des männlichen Samens,
   b) für die in Nr. 12.1 der Richtlinien über künstliche Befruchtung genannten Laboruntersuchungen des Ehemanns,
   c) für die Beratung des Ehepaares nach Nr. 16 der Richtlinien über künstliche Befruchtung und die gegebenenfalls in diesem Zusammenhang erfolgende humangenetische Beratung,
2. der Ehefrau zugeordnet
   a) für die Beratung des Ehepaares nach Nr. 14 der Richtlinien über künstliche Befruchtung,
   b) für die in Nr. 12.1 der Richtlinien über künstliche Befruchtung genannten Laboruntersuchungen der Ehefrau,
   c) für die extrakorporalen Maßnahmen im Zusammenhang mit der Zusammenführung von Eizellen und Samenzellen.

(3) Aufwendungen für die Kryokonservierung von imprägnierten Eizellen sind beihilfefähig,

1. soweit und solange die Voraussetzungen für eine künstliche Befruchtung nach Abs. 1 vorliegen,
2. wenn diese im Zusammenhang mit Maßnahmen der künstlichen Befruchtung nach Abs. 2 entstehen,

längstens jedoch für die Dauer von drei Jahren.

(4) Abweichend von Abs. 3 können Aufwendungen für die Kryokonservierung einschließlich Entnahme, vorhergehender Aufbereitung und nachfolgender Lagerung von Ei- oder Samenzellen oder von Keimzellgewebe und die dazugehörigen medizinischen Maßnahmen einschließlich hormoneller Stimulation in medizinisch begründeten Ausnahmefällen höchs-

VII

tens bis zum Erreichen der Höchstaltersgrenze für eine künstliche Befruchtung nach Abs. 1 Satz 3, längstens jedoch für die Dauer von 15 Jahren als beihilfefähig anerkannt werden.

(5) ₁Aufwendungen für eine Sterilisation sind nur beihilfefähig, wenn diese auf Grund einer Krankheit notwendig ist. ₂In diesen Fällen sind die im Einzelfall erforderlichen Leistungen nach näherer Maßgabe der in §§ 8 bis 13, 18 und 26 bis 28 bezeichneten Aufwendungen beihilfefähig.

(6) Beihilfefähig sind die Aufwendungen

1. für die ärztliche Beratung über Fragen der Empfängnisregelung einschließlich hierzu erforderlicher Untersuchungen und die Verordnung von Empfängnis regelnden Mitteln,
2. aus Anlass eines beabsichtigten Schwangerschaftsabbruchs für die ärztliche Beratung über die Erhaltung oder den nicht rechtswidrigen Abbruch der Schwangerschaft,
3. für die ärztliche Untersuchung und Begutachtung zur Feststellung der Voraussetzungen für einen nicht rechtswidrigen Schwangerschaftsabbruch oder eine nicht rechtswidrige Sterilisation.

VII

§ 44 Sonstige Aufwendungen

(1) Aus Anlass einer Krankheit sind beihilfefähig die Aufwendungen für

1. eine behördlich angeordnete Entseuchung und die dabei verbrauchten Stoffe,
2. Erste Hilfe.

(2) Beihilfefähig sind Aufwendungen bei postmortalen Organspenden für die Vermittlung, Entnahme, Versorgung, Organisation der Bereitstellung und den Transport des Organs zur Transplantation, soweit es sich bei den Organempfängern um beihilfeberechtigte oder berücksichtigungsfähige Personen handelt.

(3) ₁Aufwendungen für eine Spenderin oder einen Spender von Organen, Geweben, Blutstammzellen oder anderen Blutbestandteilen sind entsprechend den Abschnitten IV und V beihilfefähig, wenn die Empfängerin oder der Empfänger der Spende selbst beihilfeberechtigt ist oder zum Kreis der berücksichtigungsfähigen Angehörigen zählt. ₂Beihilfefähig ist auch der nachgewiesene Ausfall von Arbeitseinkünften

1. der Spenderin oder des Spenders,
2. von Personen, die als Spenderin oder Spender vorgesehen waren, aber nicht in Betracht kommen.

₃Dem Arbeitgeber der Spenderin oder des Spenders wird auf Antrag das fortgezahlte Entgelt entsprechend dem Bemessungssatz der Empfängerin oder des Empfängers erstattet.

(4) Aufwendungen für die Registrierung von Beihilfeberechtigten und berücksichtigungsfähigen Angehörigen für die Suche nach einer nicht verwandten Blutstammzellspenderin oder einem nicht verwandten Blutstammzellspender im Zentralen Knochenmarkspender-Register sind beihilfefähig.

(5) Erkranken Beihilfeberechtigte oder berücksichtigungsfähige Angehörige an Krebs, beteiligt sich die Festsetzungsstelle an den angemessenen personenbezogenen Kosten unmittelbar gegenüber dem jeweiligen klinischen Krebsregister für jede

1. verarbeitete Meldung zur Neuerkrankung an einem Tumor im Sinn von § 65c Abs. 4 Satz 2 bis 4 und 5 SGB V sowie
2. landesrechtlich vorgesehene Meldung der zu übermittelnden klinischen Daten an ein klinisches Krebsregister im Sinn von § 65c Abs. 6 SGB V.

§ 45 Außerhalb der Bundesrepublik Deutschland entstandene Aufwendungen

(1) ₁Außerhalb der Bundesrepublik Deutschland entstandene Aufwendungen sind nur beihilfefähig, wenn es sich um Aufwendungen nach den §§ 8 bis 29, 31 bis 44 handelt und nur insoweit und bis zu der Höhe, wie sie in der Bundesrepublik Deutschland beim Verbleiben am Wohnort entstanden und beihilfefähig gewesen wären (Kostenvergleich). ₂Soweit ein Beleg inhaltlich nicht den im Inland geltenden Anforderungen entspricht oder der Beihilfeberechtigte die für den Kostenvergleich notwendigen Angaben nicht beibringt, kann die Festsetzungsstelle im Rahmen des Satzes 1 nach billigem Ermessen die Ange-

messenheit der Aufwendungen feststellen, wenn der Beihilfeberechtigte mindestens eine Bescheinigung des Krankheitsbildes und der ungefähr erbrachten Leistungen, auf Anforderung auch eine Übersetzung der Belege, vorlegt. 3Bei innerhalb der Europäischen Union entstandenen beihilfefähigen Aufwendungen einschließlich stationärer Leistungen in öffentlichen Krankenhäusern wird kein Kostenvergleich durchgeführt. 4Abweichend von Satz 1 sind Aufwendungen, die anlässlich eines vorübergehenden privaten Aufenthalts außerhalb Europas entstanden sind, nicht beihilfefähig. 5Die Beschränkungen der Sätze 1, 3 und 4 gelten nicht für Aufwendungen, die anlässlich von Notfallbehandlungen in Krankenhäusern entstehen. 6Bei stationären Maßnahmen nach § 29 Abs. 1, die in Gebieten außerhalb der Europäischen Union durchgeführt werden, gilt Abs. 3 Nr. 3 entsprechend.

(2) 1Aufwendungen nach Abs. 1 sind ohne Beschränkung auf die Kosten in der Bundesrepublik Deutschland beihilfefähig, wenn

1. sie bei einer Dienstreise eines Beihilfeberechtigten entstanden sind, es sei denn, dass die Behandlung bis zur Rückkehr in die Bundesrepublik Deutschland hätte aufgeschoben werden können;
2. die Beihilfefähigkeit vor Antritt der Reise anerkannt worden ist. 2Die Anerkennung der Beihilfefähigkeit kommt ausnahmsweise in Betracht, wenn durch ein amts- oder vertrauensärztliches Gutachten nachgewiesen ist, dass die Behandlung außerhalb der Bundesrepublik Deutschland zwingend notwendig ist, weil hierdurch eine wesentlich größere Erfolgsaussicht zu erwarten ist. Die Anerkennung der Beihilfefähigkeit von Aufwendungen, die im Zusammenhang mit einer Kur oder ähnlichen Maßnahmen entstehen, ist nach Maßgabe der Abs. 1 und 3 zulässig;
3. sie für ärztliche und zahnärztliche Leistungen 550 € je Krankheitsfall nicht übersteigen oder bei in der Nähe der deutschen Grenze wohnenden Personen aus akutem Anlass das nächstgelegene Krankenhaus aufgesucht werden muss.

(3) 1Aus Anlass stationärer oder ambulanter Maßnahmen im Sinn von § 30 Abs. 1 Nr. 1 und 3 außerhalb der Bundesrepublik Deutschland entstandene Aufwendungen sind ausnahmsweise beihilfefähig, wenn bei Antritt der Reise

1. bei ambulanten Heilkuren der Kurort im Heilkurorteverzeichnis Ausland aufgeführt ist,
2. die Voraussetzungen des § 30 vorliegen und
3. bei Maßnahmen außerhalb der Europäischen Union durch ein amts- oder vertrauensärztliches Gutachten nachgewiesen ist, dass die Maßnahme wegen der wesentlich größeren Erfolgsaussicht außerhalb der Europäischen Union zwingend notwendig ist.

2Die Aufwendungen nach §§ 8 bis 19, 30 Abs. 5 Satz 1 Nr. 1, 2, 4, 5 und Satz 2 sind ohne Beschränkung auf die Kosten in der Bundesrepublik Deutschland beihilfefähig. 3Abs. 1 Satz 2 und 3 gilt entsprechend.

(4) Voraussetzungen und Umfang der Beihilfefähigkeit von Aufwendungen von Beamtinnen und Beamten sowie deren berücksichtigungsfähigen Angehörigen mit dienstlichem Wohnsitz im Ausland bestimmen sich nach der **Anlage 6**.

Abschnitt VIII
Leistungsumfang, Verfahren

§ 46 Bemessung der Beihilfen

(1) 1Die Beihilfe bemisst sich nach den in Art. 96 Abs. 3 Satz 2 BayBG genannten personenbezogenen Vomhundertsätzen (Bemessungssätze). 2Der Bemessungssatz für entpflichtete Hochschullehrer beträgt 50 %; abweichend hiervon beträgt der Bemessungssatz dann 70 %, wenn dem entpflichteten Hochschullehrer auf Grund einer weiteren Beihilfeberechtigung nach § 2 Abs. 1 Nr. 2, die jedoch gemäß § 5 Abs. 1 nachrangig ist, ein Bemessungssatz von 70 % zustehen würde.

(2) 1Der nach Art. 96 Abs. 3 Satz 3 Halbsatz 2 BayBG bei mehreren Beihilfeberechtigten nur einmal zu gewährende erhöhte Bemessungssatz von 70 % wird dem Beihilfeberechtigten

VII

gewährt, der die entsprechenden Kinderanteile des Orts- und Familienzuschlags erhält. 2Eine hiervon abweichende Zuordnung ist nur im Fall einer gemeinsamen anderweitigen Bestimmung durch die Beihilfeberechtigten möglich; bereits vor dem 1. Januar 2007 getroffene Vereinbarungen gelten fort. 3Abweichende Bestimmungen nach Satz 2 sollen nur in Ausnahmefällen geändert werden. 4§ 5 Abs. 6 Satz 2 gilt entsprechend.

(3) 1Bei freiwilligen Mitgliedern der gesetzlichen Krankenversicherung wird ein nach Anrechnung von Kassenleistungen im Sinn von Art. 96 Abs. 2 Satz 4 BayBG verbleibender beihilfefähiger Differenzbetrag zu 100 % erstattet (Differenzkostenbeihilfe). 2Beihilfefähige Aufwendungen, zu denen die gesetzliche Krankenversicherung keine Zuschüsse gewährt, werden zu den jeweils nach Art. 96 Abs. 3 Satz 2 BayBG maßgebenden Bemessungssätzen erstattet.

(4) Für die Anwendung des Abs. 1 gelten die Aufwendungen

1. nach § 25 Abs. 1 und 2 als Aufwendungen der jüngsten verbleibenden Person,
2. einer Begleitperson sowie von Begleitpersonen im Rahmen einer familienorientierten Rehabilitation als Aufwendungen des Begleiteten,
3. nach § 42 Nrn. 1 bis 4 als Aufwendungen der Mutter,
4. nach § 42 Nr. 5 für das gesunde Neugeborene als Aufwendungen der Mutter,
5. nach § 44 Abs. 2 und 3 als Aufwendungen der Empfängerin oder des Empfängers von Organen, Geweben, Blutstammzellen oder anderen Blutbestandteilen.

(5) Für beihilfefähige Aufwendungen, für die trotz ausreichender und rechtzeitiger Versicherung wegen angeborener Leiden oder bestimmter Krankheiten auf Grund eines individuellen Ausschlusses keine Versicherungsleistungen gewährt werden oder für die die Leistungen auf Dauer eingestellt worden sind (Aussteuerung), erhöht sich der Bemessungssatz um 20 Prozentpunkte, jedoch höchstens auf 90 %, wenn das Versicherungsunternehmen die Bedingungen nach § 257 Abs. 2a Satz 1 Nr. 1 bis 4 SGB V erfüllt.

(6) 1Die oberste Dienstbehörde – im staatlichen Bereich das Staatsministerium – kann den Bemessungssatz erhöhen,

1. für Aufwendungen infolge einer Dienstbeschädigung,
2. in besonderen Ausnahmefällen, die nur bei Anlegung des strengsten Maßstabs anzunehmen sind; eine Erhöhung ist ausgeschlossen in Fällen der §§ 31 bis 39.

2Die oberste Dienstbehörde – im staatlichen Bereich das Staatsministerium – kann die Zuständigkeit nach Satz 1 auf eine andere Behörde übertragen.

§ 47 Begrenzung der Beihilfen

(1) 1Bei Leistungen von Dritten im Sinn von Art. 96 Abs. 2 Satz 2 BayBG handelt es sich um Leistungen aus einer Krankenversicherung, einer Pflegeversicherung, auf Grund von Rechtsvorschriften oder arbeitsvertraglichen Vereinbarungen. 2Leistungen aus Krankentagegeld-, Krankenhaustagegeld-, Pflegetagegeld-, Pflegerentenzusatz- und Pflegerentenversicherungen – soweit diese nicht der Befreiung von der Versicherungspflicht nach § 22 SGB XI dienen – bleiben unberücksichtigt. 3Dem Grunde nach beihilfefähig sind die in den §§ 8 bis 45 genannten Aufwendungen in tatsächlicher Höhe, für die im Einzelfall eine Beihilfe gewährt wird.

(2) 1Die in Abs. 1 bezeichneten Leistungen sind durch Belege nachzuweisen. 2Soweit Leistungen aus einer Krankenversicherung oder Pflegeversicherung nachweislich nach einem Vomhundertsatz bemessen werden, ist ein Einzelnachweis nicht erforderlich. 3In diesem Fall wird die Leistung der Krankenversicherung oder Pflegeversicherung nach diesem Vomhundertsatz von den dem Grunde nach beihilfefähigen Aufwendungen errechnet. 4Der Summe der mit einem Antrag geltend gemachten Aufwendungen ist die Summe der hierauf entfallenden Versicherungsleistungen gegenüberzustellen; Aufwendungen nach den §§ 28 bis 39 werden getrennt abgerechnet.

(3) 1Vor dem Abzug der Eigenbeteiligungen gemäß Art. 96 Abs. 3 Satz 5 BayBG ist bei Bedarf die Begrenzung gemäß Art. 96 Abs. 2

Satz 2 BayBG durchzuführen. $_{2}$Die Abzugsbeträge gelten mit dem Datum des Entstehens der Aufwendungen als erbracht.

(4) $_{1}$Die Beihilfestelle hat die individuelle Höchstgrenze gemäß Art. 96 Abs. 3 Satz 7 und 8 BayBG anhand der im Januar eines Kalenderjahres maßgebenden Bezüge und Renten festzustellen. $_{2}$Abweichend hiervon ist bei einem Beginn der Beihilfeberechtigung während des laufenden Kalenderjahres der Tag der Berufung in ein Beamtenverhältnis, im Fall von Hinterbliebenen der Todestag des verstorbenen Beihilfeberechtigten maßgebend. $_{3}$Die nach den Sätzen 1 und 2 festgestellte Höchstgrenze vermindert sich bei verheirateten oder in einer eingetragenen Lebenspartnerschaft lebenden Beihilfeberechtigten um 15 %; sind beide Ehegatten oder Lebenspartner beihilfeberechtigt, erfolgt die Minderung des Einkommens um 15 % jeweils für jeden Beihilfeberechtigten gesondert. $_{4}$Die nach Satz 3 festgestellte Höchstgrenze vermindert sich für jedes berücksichtigungsfähige Kind um den sich nach § 32 Abs. 6 Satz 1 und 2 EStG ergebenden Betrag; ist ein Kind bei mehreren Beihilfeberechtigten berücksichtigungsfähig, erfolgt die Minderung nach Halbsatz 1 bei dem Beihilfeberechtigten, der nach § 5 Abs. 6 zur Geltendmachung der Aufwendungen für Kinder berechtigt ist. $_{5}$Auf der Basis des gegebenenfalls nach den Sätzen 3 und 4 geminderten fiktiven Jahresbetrags wird die individuelle Höchstgrenze von 2 % oder 1 % errechnet. $_{6}$Ab dem Zeitpunkt der Überschreitung der Belastungsgrenze ist die festgesetzte Beihilfe für den Rest des Kalenderjahres nicht mehr nach Art. 96 Abs. 3 Satz 5 BayBG zu mindern.

(5) $_{1}$Wurden im Jahr des Todes des verstorbenen Beihilfeberechtigten bereits Eigenbehalte nach Abs. 3 Satz 1 berücksichtigt, werden diese bei der Feststellung der Belastungsgrenze gemäß Art. 96 Abs. 3 Satz 7 und 8 BayBG dem überlebenden Ehegatten oder Lebenspartner zugerechnet. $_{2}$Bei einem Anspruch gemäß Art. 89 Abs. 4 Satz 1 BayBG oder Art. 96 Abs. 1 Satz 4 BayBG kommt Art. 96 Abs. 3 Satz 5 BayBG nicht zur Anwendung; bezüglich des Beginns und des Endes der Beurlaubung gilt Abs. 4 Satz 2 entsprechend.

§ 48 Verfahren

(1) $_{1}$Beihilfen müssen vom Beihilfeberechtigten schriftlich beantragt werden. $_{2}$Zulässig ist die Verwendung von EDV-Ausdrucken der Beihilfefestsetzungsstellen zur Abfrage der erforderlichen Daten. $_{3}$Alternativ zu Satz 1 kann die Antragsstellung auch mittels einer vom Dienstherrn bereitgestellten Anwendungssoftware (Beihilfe-App) erfolgen, für deren Freischaltung eine einmalige sichere elektronische Authentifizierung des Beihilfeberechtigten erforderlich ist. $_{4}$Die vom Dienstherren bereitgestellte Beihilfe-App muss die Integrität und Vertraulichkeit des übermittelten Datensatzes durch technische Maßnahmen, sowie die Anforderungen an die Barrierefreiheit nach § 9 Abs. 1 Satz 1 und 2 der Bayerischen Digitalverordnung gewährleisten. $_{5}$Abweichend von den Sätzen 1 bis 3 gilt als Beihilfeantrag:

1. die Übermittlung der abrechnungsrelevanten Daten
   a) im Fall des § 31 Abs. 4 durch den Träger der Pflegeberatung oder
   b) im Fall des § 44 Abs. 5 durch das jeweilige Krebsregister

   oder
2. im Fall des § 44 Abs. 3 Satz 3 die Antragstellung durch den Arbeitgeber.

(2) Beihilfen werden nur zu den Aufwendungen gewährt, die durch Belege nachgewiesen sind, soweit nichts anderes bestimmt ist.

(3) $_{1}$Die Beihilfeanträge sind mit Belegen der Festsetzungsstelle vorzulegen; die Vorlage von Zweitschriften oder Rechnungskopien ist ausreichend. $_{2}$Mit den übersandten Belegen ist entsprechend Art. 110 Abs. 2 BayBG zu verfahren. $_{3}$Die bei der Bearbeitung der Beihilfen bekannt gewordenen Angelegenheiten sind geheim zu halten.

(4) $_{1}$Dem Beihilfeberechtigten können Abschlagszahlungen geleistet werden. $_{2}$Bei kostenintensiven Aufwendungsarten, z. B. stationären Krankenhausbehandlungen, kann die Überweisung der festgesetzten Beihilfe unmittelbar an den Leistungserbringer erfolgen, wenn der Beihilfeberechtigte dies beantragt und die Festsetzungsstelle dem Antrag zu-

stimmt. 3Sollen hierbei bestehende Möglichkeiten eines elektronischen Datenaustauschs zwischen den Leistungserbringern oder von diesen mit der Rechnungsstellung beauftragten Dritten und der Festsetzungsstelle genutzt werden, ist von Beihilfeberechtigten und gegebenenfalls den behandelten volljährigen berücksichtigungsfähigen Angehörigen die Einwilligung in die erforderliche Datenverarbeitung sowie die Entbindung von der Schweigepflicht der Leistungserbringer einzuholen.

(5) Ist in den Fällen des § 26 Satz 1 Nr. 5 und des § 29 Abs. 6 Satz 4 die vorherige Anerkennung der Beihilfefähigkeit unterblieben, wird eine Beihilfe nur gewährt, wenn das Versäumnis entschuldbar ist und die sachlichen Voraussetzungen für eine Anerkennung der Beihilfefähigkeit nachgewiesen sind.

(6) 1Eine Beihilfe wird nur bei einer Antragsstellung innerhalb der in Art. 96 Abs. 3a BayBG bestimmten Frist gewährt. 2Für den Beginn der Frist ist bei Beihilfen nach § 32 Abs. 2 Satz 2 der letzte Tag des Monats, in dem die Pflege erbracht wurde, und bei Aufwendungen nach § 30 Abs. 5 Satz 1 Nr. 7 der Tag der Beendigung der Heilkur maßgebend. 3Hat ein Sozialhilfeträger vorgeleistet, beginnt die Frist mit dem Ersten des Monats, der auf den Monat folgt, in dem der Sozialhilfeträger die Aufwendungen bezahlt.

(7) 1Zur Überprüfung von Notwendigkeit und Angemessenheit einzelner geltend gemachter Aufwendungen kann die Festsetzungsstelle Gutachterinnen oder Gutachter, Beratungsärztinnen oder Beratungsärzte und sonstige geeignete Stellen unter Übermittlung der erforderlichen Daten beteiligen, wobei personenbezogene Daten nur mit Einwilligung des Beihilfeberechtigten übermittelt werden dürfen. 2Die Zuerkennung der Eignung setzt voraus, dass die mit der Bewertung betrauten Personen nach dem Verpflichtungsgesetz zur Wahrung der Daten verpflichtet werden.

(8) 1Die nach Art. 96 Abs. 4 BayBG zuständigen Dienststellen überprüfen bei entsprechenden Anhaltspunkten die Möglichkeit der Feststellung und Geltendmachung etwaiger Regressansprüche. 2Zur Umsetzung im staatlichen Bereich ist die in Art. 96 Abs. 4 Satz 3 BayBG bezeichnete staatliche Stelle befugt, bei den Staatsanwaltschaften Auskünfte zu Strafverfahren gegen Leistungserbringer wegen berufsbezogener Vermögens- und Korruptionsdelikte einzuholen, die so erhaltenen Informationen darauf hin zu überprüfen, ob sich unter den Geschädigten Beihilfeberechtigte befinden und im Fall der Übereinstimmung zur Geltendmachung von Ansprüchen nach Satz 1 zu verwenden. 3Nähere Vorgaben zur Umsetzung können vom Staatsministerium und dem Staatsministerium der Justiz gemeinsam festgelegt werden. 4Die nach Art. 96 Abs. 4 Satz 3 BayBG zuständige staatliche Stelle hat die von den Staatsanwaltschaften übermittelten Daten unverzüglich zu löschen, sobald eine Verarbeitung dieser Daten für die Prüfung nach Satz 2 nicht mehr erforderlich ist. 5Dies gilt insbesondere für Daten Geschädigter, die nach der Prüfung als beihilfeberechtigt ausscheiden.

Abschnitt IX
Schlussbestimmungen

§ 49 Ausnahmen

(1) Ist der Tod eines Beihilfeberechtigten während einer Dienstreise oder einer Abordnung oder vor der Ausführung eines dienstlich bedingten Umzugs außerhalb des Familienwohnsitzes der verstorbenen Person eingetreten, sind die Kosten der Überführung der Leiche oder Urne beihilfefähig; der Bemessungssatz für diese Kosten beträgt 100 %.

(2) 1Die oberste Dienstbehörde – im staatlichen Bereich das Staatsministerium – kann in besonders begründeten Ausnahmefällen, die nur bei Anlegung des strengsten Maßstabs anzunehmen sind, über diese Verordnung hinaus die Gewährung von Beihilfen zulassen. 2Die oberste Dienstbehörde kann die Entscheidung im Sinn des Satzes 1 für bestimmte Fallgruppen von Aufwendungen auf eine nachgeordnete Behörde übertragen.

§ 50 Inkrafttreten

Diese Verordnung tritt mit Wirkung vom 1. Januar 2007 in Kraft.

§ 51 Übergangsvorschriften

(1) Auf die im Zeitpunkt des Inkrafttretens dieser Vorschrift vorhandenen Empfänger von Versorgungsbezügen nach § 2 Abs. 1 Nr. 2 und deren berücksichtigungsfähige Ehegatten oder Lebenspartner sowie Witwen und Witwer sowie hinterbliebene Lebenspartnerinnen und Lebenspartner (§ 2 Abs. 1 Nr. 3) und die in Art. 44 Abs. 2 Satz 1 Nr. 3 und Abs. 4 BayBeamtVG bezeichneten Waisen findet § 47 Abs. 1 und 2 keine Anwendung, wenn diese Personen am 1. Oktober 1985 Versorgungsbezüge erhielten und in einem Festkostentarif einer privaten Krankenversicherung versichert sind, solange dieser Tarif beibehalten wird.

(2) $_1$§ 5 Abs. 1 Satz 2 gilt nicht für Versorgungsempfänger, deren Beihilfeanspruch auf einem vor dem 1. April 2011 entstandenen Anspruch auf Hinterbliebenenversorgung beruht. $_2$Soweit nach § 49 Abs. 3 in Einzelfällen einer Beihilfegewährung nach einem von § 5 Abs. 1 Nr. 2 BayBhV in der bis 31. März 2011 geltenden Fassung abweichenden Rangverhältnis zugestimmt wurde, verbleibt es bei diesen Entscheidungen. $_3$Bei Beurlaubungen ohne Dienstbezüge nach Art. 89 Abs. 1 und 4 BayBG, die vor dem 1. Oktober 2024 begonnen wurden, gilt § 5 Abs. 3 Satz 1 in der am 30. September 2024 geltenden Fassung bis zur Beendigung der Beurlaubung.

(3) In den Fällen des § 141 Abs. 1 und 2 SGB XI sind die §§ 31 bis 35 und 37 bis 40 in der bis zum 31. Dezember 2016 geltenden Fassung einschließlich der bis dahin geltenden Rechtslage des SGB XI weiterhin anzuwenden, sofern dies zu einer Besserstellung der beihilfeberechtigten und berücksichtigungsfähigen Personen führt.

(4) Beihilfen, die für im Zeitraum vom 1. Januar 2025 bis einschließlich 30. Juni 2025 entstandene Aufwendungen nach § 33 Abs. 1 und 2 sowie § 34 in der am 30. Juni 2025 geltenden Fassung gewährt werden, werden auf die Beihilfeleistungen auf der Grundlage des gemeinsamen Betrages nach § 33 Abs. 5 für das Kalenderjahr 2025 angerechnet.

VII

Anlage 1
zu § 7 Abs. 1

Beihilfefähige Höchstbeträge bei von Heilpraktikerinnen und Heilpraktikern erbrachten Leistungen

GebüH-Nr.	Leistungsbeschreibung	beihilfefähiger Höchstbetrag
Sp. 1	Sp. 2	Sp. 3
1–10	**Allgemeine Leistungen**	
1	Für die eingehende, das gewöhnliche Maß übersteigende Untersuchung	12,50 €
2a	Erhebung der homöopathischen Erstanamnese mit einer Mindestdauer von einer Stunde je Behandlungsfall	80,00 €
2b	Durchführung des vollständigen Krankenexamens mit Repertorisation nach den Regeln der klassischen Homöopathie *Anmerkung: Die Leistung nach Ziffer 2b ist in einer Sitzung nur einmal und innerhalb von sechs Monaten höchstens dreimal berechnungsfähig.*	35,00 €
3	Kurze Information, auch mittels Fernsprecher, oder Ausstellung einer Wiederholungsverordnung, als einzige Leistung pro Inanspruchnahme der Heilpraktikerin/des Heilpraktikers	3,00 €
4	Eingehende Beratung, die das gewöhnliche Maß übersteigt, von mindestens 15 Minuten Dauer, gegebenenfalls einschließlich einer Untersuchung *Anmerkung: Eine Leistung nach Ziffer 4 ist nur als alleinige Leistung oder in Zusammenhang mit einer Leistung nach Ziffer 1 oder 17.1 beihilfefähig.*	18,50 €
5	Beratung, auch mittels Fernsprecher, gegebenenfalls, einschließlich einer kurzen Untersuchung *Anmerkung: Eine Leistung nach Ziffer 5 ist nur einmal pro Behandlungsfall neben einer anderen Leistung beihilfefähig.*	9,00 €
6	Für die gleichen Leistungen wie unter 5, jedoch außerhalb der normalen Sprechstundenzeit	13,00 €
7	Für die gleichen Leistungen wie unter 5, jedoch bei Nacht, zwischen 20 und 7 Uhr	18,00 €
8	Für die gleichen Leistungen wie unter 5, jedoch sonn- und feiertags *Anmerkung: Als allgemeine Sprechstunde gilt die durch Aushang festgesetzte Zeit, selbst wenn sie nach 20 Uhr festgesetzt ist. Eine Berechnung des Honorars nach Ziffern 6 bis 8 kann also nur dann erfolgen, wenn die Beratung außerhalb der festgesetzten Zeiten stattfand und der Patient nicht schon vor Ablauf derselben im Wartezimmer anwesend war. Ebenso können für Sonn- und Feiertage nicht die dafür vorgesehenen erhöhten Honorare zur Berechnung kommen, wenn der Heilpraktiker gewohnheitsmäßig an Sonn- und Feiertagen Sprechstunden hält.*	20,00 €
9	**Hausbesuch einschließlich Beratung**	
9.1	bei Tag	24,00 €

GebüH-Nr.	Leistungsbeschreibung	beihilfefähiger Höchstbetrag
Sp. 1	Sp. 2	Sp. 3
9.2	In dringenden Fällen (Eilbesuch, sofort ausgeführt)	26,00 €
9.3	bei Nacht und an Sonn- und Feiertagen	29,00 €
10	**Nebengebühren für Hausbesuche**	
10.1	für jede angefangene Stunde bei Tag – bis zu 2 km Entfernung zwischen Praxis- und Besuchsort	4,00 €
10.2	für jede angefangene Stunde bei Nacht – bis zu 2 km Entfernung zwischen Praxis- und Besuchsort	8,00 €
10.5	für jeden zurückgelegten km bei Tag von 2 bis 25 km Entfernung zwischen Praxis- und Besuchsort	1,00 €
10.6	für jeden zurückgelegten km bei Nacht von 2 bis 25 km Entfernung zwischen Praxis- und Besuchsort	2,00 €
10.7	Handelt es sich um einen Fernbesuch von über 25 km Entfernung zwischen Praxis- und Besuchsort, so können pro Kilometer an Reisekosten in Anrechnung gebracht werden. *Anmerkung: Die Wegkilometer werden nach dem jeweils günstigsten benutzbaren Fahrtweg berechnet. Besucht der Heilpraktiker mehrere Patienten bei einer Besuchsfahrt, werden die Fahrtkosten entsprechend aufgeteilt.*	0,20 €
10.8	Handelt es sich bei einem Krankenbesuch um eine Reise, welche länger als 6 Stunden dauert, so kann die Heilpraktikerin/der Heilpraktiker anstelle des Wegegeldes die tatsächlich entstandenen Reisekosten in Abrechnung bringen und außerdem für den Zeitaufwand pro Stunde Reisezeit berechnen. Die Patientin bzw. der Patient ist hiervon vorher in Kenntnis zu setzen.	16,00 €
11	**Schriftliche Auslassungen und Krankheitsbescheinigungen**	
11.1	Kurze Krankheitsbescheinigung oder Brief im Interesse der Patientin/des Patienten	5,00 €
11.2	Ausführlicher Krankheitsbericht oder Gutachten (DIN A4 engzeilig maschinengeschrieben): Ausführlicher schriftlicher Krankheits- und Befundbericht (einschließlich Angaben zur Anamnese, zu dem(n) Befund(en), zur epikritischen Bewertung und gegebenenfalls zur Therapie)	15,00 €
	Schriftliche gutachtliche Äußerung	16,00 €
11.3	Individuell angefertigter schriftlicher Diätplan bei Ernährungs- und Stoffwechselstörungen	8,00 €
12	**Chemisch-physikalische Untersuchungen**	
12.1	Harnuntersuchungen qualitativ mittels Verwendung eines Mehrfachreagenzträgers (Teststreifen) durch visuellen Farbvergleich *Anmerkung: Die einfache qualitative Untersuchung auf Zucker und Eiweiß sowie die Bestimmung des ph-Wertes und des spezifischen Gewichtes sind nicht berechnungsfähig.*	3,00 €

GebüH-Nr.	Leistungsbeschreibung	beihilfefähiger Höchstbetrag
Sp. 1	Sp. 2	Sp. 3
12.2	Harnuntersuchung quantitativ (es ist anzugeben, auf welchen Stoff untersucht wurde, z. B. Zucker usw.)	4,00 €
12.4	Harnuntersuchung, nur Sediment	4,00 €
12.7	Blutstatus (nicht neben Nummer 12.9, 12.10, 12.11)	10,00 €
12.8	Blutzuckerbestimmung	2,00 €
12.9	Hämoglobinbestimmung	3,00 €
12.10	Differenzierung des gefärbten Blutausstriches	6,00 €
12.11	Zählung der Leuko- und Erythrozyten: Erythrozytenzahl und/oder Hämatokrit und/oder Hämoglobin und/oder mittleres Zellvolumen (MCV) und die errechneten Kenngrößen (z.B. MCH, MCHC) und die Erythrozytenverteilungskurve und/oder Leukozytenzahl und/oder Thrombozytenzahl.	3,00 €
	Differenzierung der Leukozyten, elektronischzytometrisch, zytochemisch-zytometrisch oder mittels mechanisierter Mustererkennung (Bildanalyse)	1,00 €
12.12	Blutkörperchen-Senkungsgeschwindigkeit (BKS) einschl. Blutentnahme	3,00 €
12.13	Einfache mikroskopische und/oder chemische Untersuchungen von Körperflüssigkeiten und Ausscheidungen auch mit einfachen oder schwierigen Färbeverfahren sowie Dunkelfeld, pro Untersuchung *Anmerkung: Die Art der Untersuchung ist anzugeben.*	6,00 €
12.14	Aufwendige Chemogramme von Körperflüssigkeiten und Ausscheidungen je nach Umfang pro Einzeluntersuchung *Anmerkung: Die Art der Untersuchung ist anzugeben.*	7,00 €
13	**Sonstige Untersuchungen**	
13.1	Sonstige Untersuchungen unter Zuhilfenahme spezieller Apparaturen oder Färbeverfahren besonders schwieriger Art, z. B. ph-Messungen im strömenden Blut oder Untersuchungen nach v. Bremer, Enderlein usw. *Anmerkung: Die Art der Untersuchung ist anzugeben.*	6,00 €
14	**Spezielle Untersuchungen**	
14.1	Binokulare mikroskopische Untersuchung des Augenvordergrundes *Anmerkung: Eine Leistung nach Ziffer 14.1 kann nicht neben einer Leistung nach Ziffer 1 oder Ziffer 4 berechnet werden. Leistungen nach Ziffer 14.1 und Ziffer 14.2 können nicht nebeneinander berechnet werden.*	8,00 €

<table>
<tr><th>GebüH-Nr.</th><th colspan="2">Leistungsbeschreibung</th><th>beihilfefähiger Höchstbetrag</th></tr>
<tr><th>Sp. 1</th><th colspan="2">Sp. 2</th><th>Sp. 3</th></tr>
<tr><td>14.2</td><td colspan="2">Binokulare Spiegelung des Augenhintergrundes
Anmerkung: Eine Leistung nach Ziffer 14.1 kann nicht neben einer Leistung nach Ziffer 1 oder Ziffer 4 berechnet werden. Leistungen nach Ziffer 14.1 und Ziffer 14.2 können nicht nebeneinander berechnet werden.</td><td>8,00 €</td></tr>
<tr><td>14.3</td><td colspan="2">Grundumsatzbestimmung nach Read</td><td>5,00 €</td></tr>
<tr><td>14.4</td><td colspan="2">Grundumsatzbestimmung mit Hilfe der Atemgasuntersuchung</td><td>20,00 €</td></tr>
<tr><td>14.5</td><td colspan="2">Prüfung der Lungenkapazität (Spirometrische Untersuchung)</td><td>7,00 €</td></tr>
<tr><td>14.6</td><td colspan="2">Elektrokardiogramm mit Phonokardiogramm und Ergometrie, vollständiges Programm</td><td>41,00 €</td></tr>
<tr><td>14.7</td><td colspan="2">Elektrokardiogramm mit Standardableitungen, Goldbergerableitungen, Nehbsche Ableitungen, Brustwandableitungen</td><td>14,00 €</td></tr>
<tr><td>14.8</td><td colspan="2">Oszillogramm-Methoden</td><td>11,00 €</td></tr>
<tr><td>14.9</td><td colspan="2">Spezielle Herz-Kreislauf-Untersuchungen
Anmerkung: Nicht neben Ziffer 1 oder Ziffer 4 berechenbar.</td><td>8,00 €</td></tr>
<tr><td>14.10</td><td colspan="2">Ultraschall-Gefäßdoppler-Untersuchung zu peripheren Venendruck- und/oder Strömungsmessungen</td><td>9,00 €</td></tr>
<tr><td>17</td><td colspan="2">Neurologische Untersuchungen</td><td></td></tr>
<tr><td>17.1</td><td colspan="2">Neurologische Untersuchung</td><td>21,00 €</td></tr>
<tr><td>18–23</td><td colspan="2">Spezielle Behandlungen</td><td></td></tr>
<tr><td>20</td><td colspan="2">Atemtherapie, Massagen</td><td></td></tr>
<tr><td>20.1</td><td colspan="2">Atemtherapeutische Behandlungsverfahren</td><td>8,00 €</td></tr>
<tr><td>20.2</td><td colspan="2">Nervenpunktmassage nach Cornelius, Aurelius u. a., Spezialnervenmassage</td><td>6,00 €</td></tr>
<tr><td>20.3</td><td colspan="2">Bindegewebsmassage</td><td>6,00 €</td></tr>
<tr><td>20.4</td><td colspan="2">Teilmassage (Massage einzelner Körperteile)</td><td>4,00 €</td></tr>
<tr><td>20.5</td><td colspan="2">Großmassage</td><td>6,00 €</td></tr>
<tr><td rowspan="3">20.6</td><td rowspan="3">Sondermassagen</td><td>Unterwasserdruckstrahlmassage (Wanneninhalt mindestens 400 Liter, Leistung der Apparatur mindestens 4 bar)</td><td>8,00 €</td></tr>
<tr><td>Massage im extramuskulären Bereich (z. B. Bindegewebsmassage, Periostmassage, manuelle Lymphdrainage)</td><td>6,00 €</td></tr>
<tr><td>Extensionsbehandlung mit Schrägbett, Extensionstisch, Perlgerät</td><td>6,00 €</td></tr>
<tr><td>20.7</td><td colspan="2">Behandlung mit physikalischen oder medicomechanischen Apparaten</td><td>6,00 €</td></tr>
<tr><td>20.8</td><td colspan="2">Einreibungen zu therapeutischen Zwecken in die Haut</td><td>4,00 €</td></tr>
</table>

GebüH-Nr.	Leistungsbeschreibung	beihilfefähiger Höchstbetrag
Sp. 1	Sp. 2	Sp. 3
21	**Akupunktur**	
21.1	Akupunktur einschließlich Pulsdiagnose	23,00 €
21.2	Moxibustionen, Injektionen und Quaddelungen in Akupunkturpunkte	7,00 €
22	**Inhalationen**	
22.1	Inhalationen, soweit sie von der Heilpraktikerin/dem Heilpraktiker mit den verschiedenen Apparaten in der Sprechstunde ausgeführt werden	3,00 €
24–30	**Blutentnahmen – Injektionen – Infusionen – Hautableitungsverfahren**	
24	**Eigenblut, Eigenharn**	
24.1	Eigenblutinjektion	11,00 €
25	**Injektionen, Infusionen**	
25.1	Injektion, subkutan	5,00 €
25.2	Injektion, intramuskulär	5,00 €
25.3	Injektion, intravenös, intraarteriell	7,00 €
25.4	Intrakutane Reiztherapie (Quaddelbehandlung), pro Sitzung	7,00 €
25.5	Injektion, intraartikulär	11,50 €
25.6	Neural- oder segmentgezielte Injektionen nach Hunecke	11,50 €
25.7	Infusion	8,00 €
25.8	Dauertropfeninfusion *Anmerkung: Die Beihilfefähigkeit der mit der Infusion eingebrachten Medikamente richtet sich nach dem Beihilferecht des jeweiligen Beihilfeträgers.*	12,50 €
26	**Blutentnahmen**	
26.1	Blutentnahme	3,00 €
26.2	Aderlass	12,00 €
27	**Hautableitungsverfahren, Hautreizverfahren**	
27.1	Setzen von Blutegeln, ggf. einschl. Verband	5,00 €
27.2	Skarifikation der Haut	4,00 €
27.3	Setzen von Schröpfköpfen, unblutig	5,00 €
27.4	Setzen von Schröpfköpfen, blutig	5,00 €
27.5	Schröpfkopfmassage einschl. Gleitmittel	5,00 €
27.6	Anwendung großer Saugapparate für ganze Extremitäten	5,00 €
27.7	Setzen von Fontanellen	5,00 €
27.8	Setzen von Cantharidenblasen	5,00 €
27.9	Reinjektion des Blaseninhaltes (aus Nummer 27.8)	5,00 €
27.10	Anwendung von Pustulantien	5,00 €
27.12	Biersche Stauung	5,00 €

VII

GebüH-Nr.	Leistungsbeschreibung	beihilfefähiger Höchstbetrag
Sp. 1	Sp. 2	Sp. 3
28	**Infiltrationen**	
28.1	Behandlung mittels paravertebraler Infiltration, einmalig	9,00 €
28.2	Behandlung mittels paravertebraler Infiltration, mehrmalig	15,00 €
29	**Roedersches Verfahren**	
29.1	Roedersches Behandlungs- und Mandelabsaugverfahren	5,00 €
30	**Sonstiges**	
30.1	Spülung des Ohres	5,00 €
31	**Wundversorgung, Verbände und Verwandtes**	
31.1	Eröffnung eines oberflächlichen Abszesses	9,00 €
31.2	Entfernung von Aknepusteln pro Sitzung	8,00 €
32	**Versorgung einer frischen Wunde**	
32.1	bei einer kleinen Wunde	8,00 €
32.2	bei einer größeren und verunreinigten Wunde	13,00 €
33	**Verbände (außer zur Wundbehandlung)**	
33.1	Verbände, jedes Mal	5,00 €
33.2	Elastische Stütz- und Pflasterverbände	7,00 €
33.3	Kompressions- oder Zinkleimverband *Anmerkung: Die Beihilfefähigkeit des für den Verband verbrauchten Materials richtet sich nach dem Beihilferecht des jeweiligen Beihilfeträgers.*	10,00 €
34	**Gelenk- und Wirbelsäulenbehandlung**	
34.1	Chiropraktische Behandlung	4,00 €
34.2	Gezielter chiropraktischer Eingriff an der Wirbelsäule *Anmerkung: Die Leistung nach Ziffer 34.2 ist nur einmal je Sitzung berechnungsfähig.*	17,00 €
35	**Osteopathische Behandlung**	
35.1	des Unterkiefers	11,00 €
35.2	des Schultergelenkes und der Wirbelsäule	21,00 €
35.3	der Handgelenke, des Oberschenkels, des Unterschenkels, des Vorderarmes und der Fußgelenke	21,00 €
35.4	des Schlüsselbeins und der Kniegelenke	12,00 €
35.5	des Daumens	10,00 €
35.6	einzelner Finger und Zehen	10,00 €
36	**Hydro- und Elektrotherapie, Medizinische Bäder und sonstige hydrotherapeutische Anwendungen** *Anmerkung: Alle nicht aufgeführten Bäder sind nicht beihilfefähig.*	
36.1	Leitung eines ansteigenden Vollbades	7,00 €
36.2	Leitung eines ansteigenden Teilbades	4,00 €
36.3	Spezialdarmbad (subaquales Darmbad)	13,00 €
36.4	Kneippsche Güsse	4,00 €

VII

GebüH-Nr.	Leistungsbeschreibung	beihilfefähiger Höchstbetrag
Sp. 1	Sp. 2	Sp. 3
37	**Elektrische Bäder und Heißluftbäder** *Anmerkung: Alle nicht aufgeführten Bäder sind nicht beihilfefähig.*	
37.1	Teilheißluftbad, z. B. Kopf oder Arm	3,00 €
37.2	Ganzheißluftbad, z. B. Rumpf oder Beine	5,00 €
37.3	Heißluftbad im geschlossenen Kasten	5,00 €
37.4	Elektrisches Vierzellenbad	4,00 €
37.5	Elektrisches Vollbad (Stangerbad)	8,00 €
38	**Spezialpackungen** *Anmerkung: Alle nicht aufgeführten Packungen sind nicht beihilfefähig.*	
38.1	Fangopackungen	3,00 €
38.2	Paraffinpackungen, örtliche	3,00 €
38.3	Paraffinganzpackungen	3,00 €
38.4	Kneippsche Wickel- und Ganzpackungen, Prießnitz- und Schlenzpackungen	3,00 €
39	**Elektro-physikalische Heilmethoden**	
39.1	Einfache oder örtliche Lichtbestrahlungen	3,00 €
39.2	Ganzbestrahlungen	8,00 €
39.4	Faradisation, Galvanisation und verwandte Verfahren (Schwellstromgeräte)	4,00 €
39.5	Anwendung der Influenzmaschine	4,00 €
39.6	Anwendung von Heizsonnen (Infrarot)	4,00 €
39.7	Verschorfung mit heißer Luft und heißen Dämpfen	8,00 €
39.8	Behandlung mit hochgespannten Strömen, Hochfrequenzströmen in Verbindung mit verschiedenen Apparaten	3,00 €
39.9	Langwellenbehandlung (Diathermie), Kurzwellen- und Mikrowellenbehandlung	3,00 €
39.10	Magnetfeldtherapie mit besonderen Spezialapparaten	4,00 €
39.11	Elektromechanische und elektrothermische Behandlung (je nach Aufwand und Dauer)	4,00 €
39.12	Niederfrequente Reizstromtherapie, z. B. Jono-Modulator	4,00 €
39.13	Ultraschall-Behandlung	4,00 €

Anlage 2
zu § 7 Abs. 5

Beihilfefähigkeit wissenschaftlich nicht allgemein anerkannter Methoden

1. Völliger Ausschluss
   Die Aufwendungen für folgende wissenschaftlich nicht allgemein anerkannte Methoden sind von der Beihilfefähigkeit ausgeschlossen:

A

– Anwendung tonmodulierter Verfahren, Audio-Psycho-Phonologische Therapie (z. B. nach Tomatis, Hörtraining nach Dr. Volf, Audiovokale Integration und Therapie, Psychophonie-Verfahren zur Behandlung einer Migräne)
– Atlastherapie nach Arlen
– Autohomologe Immuntherapien (z. B. ACTI-Cell)
– Autologe-Target-Cytokine-Therapie (ATC) nach Dr. Klehr
– Ayurvedische Behandlungen, z. B. nach Maharishi

B

– Behandlung mit nicht beschleunigten Elektronen nach Dr. Nuhr
– Biophotonen-Therapie
– Bioresonatorentests
– Blutkristallisationstests zur Erkennung von Krebserkrankungen
– Bogomoletz-Serum
– Brechkraftverändernde Operation der Hornhaut des Auges (Keratomileusis) nach Prof. Barraquer

C

– Colon-Hydro-Therapie und ihre Modifikationen
– Computergestützte mechanische Distraktionsverfahren, zur nichtoperativen segmentalen Distraktion an der Wirbelsäule (z. B. SpineMED, DRX 9000, Accu-SPINA)
– Cytotoxologische Lebensmitteltests

D

– DermoDyne-Therapie(DermoDyne-Lichtimpfung)

E

– Elektro-Neural-Behandlungen nach Dr. Croon
– Elektro-Neural-Diagnostik
– Epidurale Wirbelsäulenkathetertechnik (z. B. nach Racz)

F

– Frischzellentherapie

G

– Ganzheitsbehandlungen auf bioelektrisch-heilmagnetischer Grundlage (z. B. Bioresonanztherapie, Decoderdermographie, Elektroakupunktur nach Dr. Voll, Elektronische Systemdiagnostik, Medikamententests nach der Bioelektrischen Funktionsdiagnostik (BFD), Mora-Therapie)
– Gezielte vegetative Umstimmungsbehandlung oder gezielte vegetative Gesamtumschaltung durch negative statische Elektrizität

H

– Heileurhythmie
– Hernien, Behandlung ohne Operation
– Höhenflüge zur Asthma- oder Keuchhustenbehandlung
– Hornhautimplantation refraktiv zur Korrektur der Presbyopie

I

– Immuno-augmentative Therapie (IAT)
– Immunseren (Serocytol-Präparate)
– Iso- oder hyperbare Inhalationstherapien mit ionisiertem oder nichtionisiertem Sauerstoff/ Ozon einschließlich der oralen, parenteralen oder perkutanen Aufnahme (z. B. Hämatogene Oxydationstherapie, Sauerstoff-Darmsanierung, Sauerstoff-Mehrschritt-Therapie nach Prof. Dr. von Ardenne)

K

– Kinesiologische Behandlung
– Kirlian-Fotographie

- Kombinierte Serumtherapie (z. B. Wiedemann-Kur)
- Konduktive Förderung nach Petö, sofern nicht als heilpädagogische Behandlung von der Beihilfefähigkeit ausgeschlossen

L

- Laser-Behandlung im Bereich der physikalischen Therapie

N

- Neurostimulation nach Molsberger (NSM)
- Neurotopische Diagnostik und Therapie
- Niedrig dosierter, gepulster Ultraschall

O

- Osmotische Entwässerungstherapie

P

- Photobiomodulation (PBM) bei trockener altersbedingter Makuladegeneration (AMD)
- Photodynamische Lasertherapie in der Parodontologie
- Psycotron-Therapie
- Pulsierende Signaltherapie (PST)
- Pyramidenenergiebestrahlung

R

- Regeneresen-Therapie
- Reinigungsprogramm mit Megavitaminen und Ausschwitzen
- Rimkus-Methode
- Rolfing-Behandlung

S

- Schwingfeld-Therapie
- SIPARI-Therapie

T

- Thermoregulationsdiagnostik
- Transorbitale Wechselstromstimulation bei Optikusatrophie
- Trockenzellentherapie

V

- Vaduril-Injektionen gegen Parodontose
- Vibrationsmassage des Kreuzbeins
- visuelle Restitutionstherapie

Z

- Zellmilieu-Therapie

2. Teilweiser Ausschluss
Die Beihilfefähigkeit der Aufwendungen für folgende wissenschaftlich nicht allgemein anerkannte Methoden sind begrenzt:
   a) Chelat-Therapie
   Aufwendungen sind nur beihilfefähig bei Behandlung von Schwermetallvergiftung, Morbus Wilson und Siderose. Aufwendungen für alternative Schwermetallausleitungen gehören nicht zur Behandlung von Schwermetallvergiftungen.
   b) Fokussierte Extracorporale Stoßwellentherapie (f-ESWT)
      aa) Die Aufwendungen sind im orthopädischen, chirurgischen und schmerztherapeutischen Bereich nur beihilfefähig bei Behandlung folgender Indikationen:
         aaa) Achillodynie (therapierefraktär),
         bbb) Bursitis trochanterica (therapierefraktär),
         ccc) Epicondylitis humeri radialis (therapierefraktär),
         ddd) Fasziitis plantaris,
         eee) Patellaspitzensyndrom (therapierefraktär),
         fff) Pseudarthrose,
         ggg) Tendinosis calcarea.
      bb) Auf der Grundlage des Beschlusses der Bundesärztekammer zur Analogbewertung der ESWT sind Gebühren nach der Anlage Nr. 1800 GOÄ beihilfefähig.
      cc) Daneben sind keine Zuschläge beihilfefähig.
      dd) Die Aufwendungen der ESWT in sonstigen Anwendungsbereichen werden vom Teilausschluss nicht erfasst.
   c) Hyperbare Sauerstofftherapie (Überdruckbehandlung)
   Aufwendungen sind nur beihilfefähig bei Behandlung von Kohlenmonoxyd-

VII

vergiftung, Gasgangrän, chronischen Knocheninfektionen, Septikämien, schweren Verbrennungen, Gasembolien, peripherer Ischämie, diabetischem Fußsyndrom ab Wagner-Stadium II oder bei mit Perzeptionsstörungen des Innenohres verbundenen Tinnitusleiden.

d) Hyperthermie-Behandlungen
Aufwendungen sind nur beihilfefähig bei Tumorbehandlungen in Kombination mit Chemo- oder Strahlentherapie.

e) Klimakammerbehandlungen
Aufwendungen sind nur beihilfefähig, soweit andere übliche Behandlungsmethoden nicht zum Erfolg geführt haben und die Festsetzungsstelle auf Grund eines amts- oder vertrauensärztlichen Gutachtens die Beihilfefähigkeit vor Beginn der Behandlung anerkannt hat. Die Gutachterperson wird von der Festsetzungsstelle bestimmt.

f) Lanthasol-Aerosol-Inhalationskur
Aufwendungen sind nur beihilfefähig bei Aerosol-Inhalationskuren mit hochwirksamen Medikamenten, z. B. mit Aludrin.

g) Magnetfeldtherapie
Die Therapie mit Magnetfeldern ist beihilfefähig bei Behandlung der atrophen Pseudarthrose sowie bei Endoprothesenlockerung, idiopathischer Hüftnekrose und verzögerter Knochenbruchheilung, wenn sie in Verbindung mit einer sachgerechten chirurgischen Therapie durchgeführt wird, sowie im Rahmen einer repetitiven transcraniellen Magnetstimulation bei Depressionen.

h) Modifizierte Eigenblutbehandlung
Aufwendungen mit autologen Thrombozytenkonzentraten wie plättchenreiches Plasma (PRP) und plättchenreiches Fibrin (PRF) sind nur bei den folgenden Behandlungen beihilfefähig:
   aa) Zahnheilkunde
   nach Extraktion eines oder mehrerer Zähne
      aaa) zum Volumenerhalt des Knochens beziehungsweise Alveolarfortsatzes (postextraktioneller, zum Beispiel präimplantologisch indizierter Kieferkammerhalt; Socket/Ridge Preservation) oder
      bbb) zur Verbesserung der Alveolenheilung und Reduktion des Alveolitis-Risikos (PRF als solide PRF-Plug-Matrix) insbesondere im Rahmen einer operativen Weisheitszahnentfernung
   bb) Augenheilkunde
   bei einer trockenen Glandulae tarsales (Meibom-Drüsen-Dysfunktion, Sicca-Syndrom, Keratokonjunktivitis sicca etc.) mit autologen Serumaugentropfen aus Eigenblut als Tränenersatzstoff

i) Ozontherapie
Aufwendungen sind nur beihilfefähig bei Gasinsufflationen, wenn damit arterielle Verschlusserkrankungen behandelt werden und die Festsetzungsstelle auf Grund eines amts- oder vertrauensärztlichen Gutachtens die Beihilfefähigkeit vor Beginn der Behandlung anerkannt hat. Die Gutachterperson wird von der Festsetzungsstelle bestimmt.

j) Radiale Stoßwellentherapie (r-ESWT)
   aa) Die Aufwendungen sind im orthopädischen, chirurgischen und schmerztherapeutischen Bereich nur beihilfefähig bei Behandlung folgender Indikationen:
      aaa) Achillodynie (therapierefraktär),
      bbb) Bursitis trochanterica (therapierefraktär),
      ccc) Epicondylitis humeri radialis (therapierefraktär),
      ddd) Fasziitis plantaris,
      eee) Patellaspitzensyndrom (therapierefraktär).
   bb) Auf der Grundlage des Beschlusses der Bundesärztekammer zur Analogbewertung der r-ESWT sind Gebühren nach der Anlage Nr. 302 GOÄ beihilfefähig.

VII

cc) Daneben sind keine Zuschläge beihilfefähig.

k) Therapeutisches Reiten (Hippotherapie)
Aufwendungen sind nur beihilfefähig bei ausgeprägten cerebralen Bewegungsstörungen (Spastik) oder schwerer geistiger Behinderung, sofern die ärztlich verordnete und indizierte Behandlung von Angehörigen der Gesundheits- oder Medizinalfachberufe (z. B. Krankengymnastin oder Krankengymnast) mit entsprechender Zusatzausbildung durchgeführt wird. Die Leistung wird Anlage 3 Nr. 4 bis 6 zugeordnet.

l) Thymustherapie und Behandlung mit Thymuspräparaten
Aufwendungen sind nur beihilfefähig bei Krebsbehandlungen, wenn andere übliche Behandlungsmethoden nicht zum Erfolg geführt haben.

Anlage 3
zu § 19 Abs. 1

Beihilfefähige Höchstbeträge für ärztlich und zahnärztlich verordnete Heilbehandlungen

1Vorbemerkungen: Innerhalb des durch den Richtwert angegebenen Zeitrahmens ist die Therapiemaßnahme durchzuführen sowie die Vor- und Nachbereitung inklusive Dokumentation der Therapiemaßnahme. 2Der Richtwert darf nur aus medizinischen Gründen unterschritten werden. 3Einige Maßnahmen sehen nach deren Durchführung eine Nachruhe vor. 4Der Zeitrahmen für die Nachruhe beträgt 20 bis 25 Minuten.

Nr.	Leistung	beihilfefähiger Höchstbetrag in Euro
	Teil 1 Inhalation	
1	Inhalationstherapie, auch mittels Ultraschallvernebelung	
	a) als Einzelinhalation	12,40
	b) als Rauminhalation in einer Gruppe, je Teilnehmerin oder Teilnehmer	4,80
	c) als Rauminhalation in einer Gruppe bei Anwendung ortsgebundener natürlicher Heilwässer, je Teilnehmerin oder Teilnehmer	7,50
	Aufwendungen für die für Inhalationen erforderlichen Zusätze sind daneben gesondert beihilfefähig.	
2	Radon-Inhalation	
	a) im Stollen	14,90
	b) mittels Hauben	18,20
	Teil 2 Krankengymnastik, Bewegungsübungen	
3	Physiotherapeutische Befundung und Berichte	
	a) physiotherapeutische Erstbefundung zur Erstellung eines Behandlungsplans, einmal je Behandlungsfall	16,50
	b) physiotherapeutischer Bericht auf schriftliche Anforderung der verordnenden Person	67,70
	c) physiotherapeutische Diagnostik (PD), einmal je Blankoverordnung	36,70
	d) Bedarfsdiagnostik (BD), einmal je Blankoverordnung	27,50
4	Krankengymnastik (KG), auch auf neurophysiologischer Grundlage, Atemtherapie, einschließlich der zur Leistungserbringung erforderlichen Massage, als Einzelbehandlung, Richtwert: 15 bis 25 Minuten	29,70
5	Krankengymnastik auf neurophysiologischer Grundlage [KG-ZNS nach Bobath, Vojta, Propriozeptive Neuromuskuläre Fazilitation (PNF)] bei zentralen Bewegungsstörungen nach Vollendung des 18. Lebensjahres, als Einzelbehandlung, Richtwert: 25 bis 35 Minuten	47,10

Nr.	Leistung	beihilfefähiger Höchstbetrag in Euro
6	Krankengymnastik auf neurophysiologischer Grundlage (KG-ZNS-Kinder nach Bobath, Vojta) bei zentralen Bewegungsstörungen bis zur Vollendung des 18. Lebensjahres als Einzelbehandlung, Richtwert: 30 bis 45 Minuten	58,90
7	Krankengymnastik (KG) in einer Gruppe (2 bis 5 Personen), je Teilnehmerin oder Teilnehmer, Richtwert: 20 bis 30 Minuten	13,30
8	Krankengymnastik bei zerebralen Dysfunktionen in einer Gruppe (2 bis 4 Personen), je Teilnehmerin oder Teilnehmer, Richtwert: 20 bis 30 Minuten	16,60
9	Krankengymnastik (Atemtherapie) insbesondere bei Mukoviszidose und schweren Bronchialerkrankungen als Einzelbehandlung, Richtwert: 60 Minuten	89,00
10	Krankengymnastik im Bewegungsbad	
	a) als Einzelbehandlung einschließlich der erforderlichen Nachruhe, Richtwert: 20 bis 30 Minuten	33,90
	b) in einer Gruppe (2 bis 3 Personen), je Teilnehmerin oder Teilnehmer, einschließlich der erforderlichen Nachruhe, Richtwert: 20 bis 30 Minuten	24,20
	c) in einer Gruppe (4 bis 5 Personen), je Teilnehmerin oder Teilnehmer, einschließlich der erforderlichen Nachruhe, Richtwert: 20 bis 30 Minuten	16,00
11	Manuelle Therapie, Richtwert: 15 bis 25 Minuten	35,60
12	Chirogymnastik (funktionelle Wirbelsäulengymnastik) als Einzelbehandlung, Richtwert: 15 bis 20 Minuten	20,50
13	Bewegungsübungen	
	a) als Einzelbehandlung, Richtwert: 10 bis 20 Minuten	13,70
	b) in einer Gruppe (2 bis 5 Personen), Richtwert: 10 bis 20 Minuten	8,50
14	Bewegungsübungen im Bewegungsbad	
	a) als Einzelbehandlung einschließlich der erforderlichen Nachruhe, Richtwert: 20 bis 30 Minuten	32,90
	b) in einer Gruppe (2 bis 3 Personen), je Teilnehmerin oder Teilnehmer, einschließlich der erforderlichen Nachruhe, Richtwert: 20 bis 30 Minuten	24,00
	c) in einer Gruppe (4 bis 5 Personen), je Teilnehmerin oder Teilnehmer, einschließlich der erforderlichen Nachruhe, Richtwert: 20 bis 30 Minuten	16,30

VII

Nr.	Leistung	beihilfefähiger Höchstbetrag in Euro
15	Erweiterte ambulante Physiotherapie (EAP), Richtwert: 120 Minuten je Behandlungstag	115,30
16	Gerätegestützte Krankengymnastik (KG-Gerät) einschließlich Medizinischen Aufbautrainings (MAT) und Medizinischer Trainingstherapie (MTT), je Sitzung für eine parallele Einzelbehandlung (bis zu 3 Personen), Richtwert: 60 Minuten	55,90
17	Traktionsbehandlung mit Gerät (zum Beispiel Schrägbrett, Extensionstisch, Perl'sches Gerät, Schlingentisch) als Einzelbehandlung, Richtwert: 10 bis 20 Minuten	8,80
	Teil 3 Massagen	
18	Massage eines einzelnen Körperteils oder mehrerer Körperteile	
	a) Klassische Massagetherapie (KMT), Segment-, Periost-, Reflexzonen-, Bürsten- und Colonmassage, Richtwert: 15 bis 20 Minuten	21,70
	b) Bindegewebsmassage (BGM), Richtwert: 20 bis 30 Minuten	26,00
19	Manuelle Lymphdrainage (MLD)	
	a) Teilbehandlung, Richtwert: 30 Minuten	36,00
	b) Großbehandlung, Richtwert: 45 Minuten	54,00
	c) Ganzbehandlung, Richtwert: 60 Minuten	72,00
	d) Kompressionsbandagierung einer Extremität; Aufwendungen für das notwendige Polster- und Bindenmaterial (zum Beispiel Mullbinden, Kurzzugbinden, Fließpolsterbinden) sind daneben beihilfefähig	23,00
20	Unterwasserdruckstrahlmassage einschließlich der erforderlichen Nachruhe, Richtwert: 15 bis 20 Minuten	33,80
	Teil 4 Palliativversorgung	
21	Physiotherapeutische Komplexbehandlung in der Palliativversorgung, Richtwert: 60 Minuten	66,00
	Teil 5 Packungen, Hydrotherapie, Bäder	
22	Heiße Rolle einschließlich der erforderlichen Nachruhe, Richtwert: 10 bis 15 Minuten	13,60
23	Warmpackung eines einzelnen Körperteils oder mehrerer Körperteile einschließlich der erforderlichen Nachruhe	
	a) bei Anwendung wiederverwendbarer Packungsmaterialien (zum Beispiel Fango-Paraffin, Moor-Paraffin, Pelose, Turbatherm)	16,20

VII

Nr.	Leistung	beihilfefähiger Höchstbetrag in Euro
	b) bei Anwendung einmal verwendbarer natürlicher Peloide (Heilerde, Moor, Naturfango, Pelose, Schlamm, Schlick) ohne Verwendung von Folie oder Vlies zwischen Haut und Peloid, als Teilpackung	36,20
	c) bei Anwendung einmal verwendbarer natürlicher Peloide (Heilerde, Moor, Naturfango, Pelose, Schlamm, Schlick) ohne Verwendung von Folie oder Vlies zwischen Haut und Peloid, als Großpackung	47,80
24	Schwitzpackung (zum Beispiel spanischer Mantel, Salzhemd, Dreiviertel-Packung nach Kneipp) einschließlich der erforderlichen Nachruhe	19,70
25	Kaltpackung (Teilpackung)	
	a) Anwendung von Lehm, Quark oder Ähnlichem	10,20
	b) Anwendung einmal verwendbarer Peloide (Heilerde, Moor, Naturfango, Pelose, Schlamm, Schlick) ohne Verwendung von Folie oder Vlies zwischen Haut und Peloid	20,30
26	Heublumensack, Peloidkompresse	12,10
27	Sonstige Packungen (zum Beispiel Wickel, Auflagen, Kompressen), auch mit Zusatz	6,10
28	Trockenpackung	4,10
29	a) Teilguss, Teilblitzguss, Wechselteilguss	4,10
	b) Vollguss, Vollblitzguss, Wechselvollguss	6,10
	c) Abklatschung, Abreibung, Abwaschung	5,40
30	a) an- oder absteigendes Teilbad (zum Beispiel nach Hauffe) einschließlich der erforderlichen Nachruhe	16,20
	b) an- oder absteigendes Vollbad (Überwärmungsbad) einschließlich der erforderlichen Nachruhe	26,40
31	Wechselbad einschließlich der erforderlichen Nachruhe	
	a) Teilbad	12,10
	b) Vollbad	17,60
32	Bürstenmassagebad einschließlich der erforderlichen Nachruhe	25,10
33	Naturmoorbad einschließlich der erforderlichen Nachruhe	
	a) Teilbad	43,30
	b) Vollbad	55,40
34	Sandbad einschließlich der erforderlichen Nachruhe	
	a) Teilbad	37,90
	b) Vollbad	43,30
35	Balneo-Photo-Therapie (Sole-Phototherapie) und Licht-Öl-Bad einschließlich Nachfetten und der erforderlichen Nachruhe	43,30
36	Medizinische Bäder mit Zusatz	
	a) Hand- oder Fußbad	8,80
	b) Teilbad einschließlich der erforderlichen Nachruhe	17,60

Nr.	Leistung	beihilfefähiger Höchstbetrag in Euro
	c) Vollbad einschließlich der erforderlichen Nachruhe	24,40
	d) bei mehreren Zusätzen je weiterer Zusatz	4,10
37	Gashaltige Bäder	
	a) gashaltiges Bad (zum Beispiel Kohlensäurebad, Sauerstoffbad) einschließlich der erforderlichen Nachruhe	27,80
	b) gashaltiges Bad mit Zusatz einschließlich der erforderlichen Nachruhe	29,70
	c) Kohlendioxidgasbad (Kohlensäuregasbad) einschließlich der erforderlichen Nachruhe	27,70
	d) Radon-Bad einschließlich der erforderlichen Nachruhe	24,40
	e) Radon-Zusatz, je 500 000 Millistat	4,10
38	Aufwendungen für andere als die in diesem Abschnitt bezeichneten Bäder sind nicht beihilfefähig. Bei Hand- oder Fußbad, Teil- oder Vollbad mit ortsgebundenen natürlichen Heilwässern erhöhen sich die jeweils angegebenen beihilfefähigen Höchstbeträge nach Nr. 36 Buchst. a bis c und nach Nr. 37 Buchst. b um 4,10 €. Weitere Zusätze hierzu sind nach Maßgabe der Nr. 36 Buchst. d beihilfefähig.	
	Teil 6 Kälte- und Wärmebehandlung	
39	Kältetherapie eines einzelnen Körperteils oder mehrerer Körperteile mit lokaler Applikation intensiver Kälte in Form von Eiskompressen, tiefgekühlten Eis- oder Gelbeuteln, direkter Abreibung, Kaltgas und Kaltluft mit entsprechenden Apparaturen sowie Eisteilbädern in Fuß- oder Armbadewannen, Richtwert: 5 bis 10 Minuten	12,90
40	Wärmetherapie eines einzelnen Körperteils oder mehrerer Körperteile mittels Heißluft Richtwert: 10 bis 20 Minuten	7,50
41	Ultraschall-Wärmetherapie, Richtwert: 10 bis 20 Minuten	14,70
	Teil 7 Elektrotherapie	
42	Elektrotherapie eines einzelnen Körperteils oder mehrerer Körperteile mit individuell eingestellten Stromstärken und Frequenzen, Richtwert: 10 bis 20 Minuten	8,50
43	Elektrostimulation bei Lähmungen, Richtwert: je Muskelnerveinheit 5 bis 10 Minuten	18,70
44	Iontophorese	8,20
45	Hydroelektrisches Teilbad (Zwei- oder Vierzellenbad), Richtwert: 10 bis 20 Minuten	14,90
46	Hydroelektrisches Vollbad (zum Beispiel Stangerbad), auch mit Zusatz, einschließlich der erforderlichen Nachruhe, Richtwert: 10 bis 20 Minuten	29,00

Nr.	Leistung	beihilfefähiger Höchstbetrag in Euro
	Teil 8 Stimm-, Sprech-, Sprach- und Schlucktherapie	
47	Stimm-, sprech-, sprach- und schlucktherapeutische Erstdiagnostik zur Erstellung eines Behandlungsplans, einmal je Behandlungsfall; bei Wechsel der Leistungserbringerin oder des Leistungserbringers innerhalb des Behandlungsfalls sind die Aufwendungen für eine erneute Erstdiagnostik beihilfefähig. Je Kalenderjahr sind Aufwendungen für bis zu zwei Einheiten Diagnostik (entweder eine Einheit Erstdiagnostik und eine Einheit Bedarfsdiagnostik oder zwei Einheiten Bedarfsdiagnostik) innerhalb eines Behandlungsfalls beihilfefähig, Richtwert: 60 Minuten	120,90
48	Stimm-, sprech-, sprach- und schlucktherapeutische Bedarfsdiagnostik; je Kalenderjahr sind Aufwendungen für bis zu zwei Einheiten Diagnostik (entweder eine Einheit Erstdiagnostik und eine Einheit Bedarfsdiagnostik oder zwei Einheiten Bedarfsdiagnostik) innerhalb eines Behandlungsfalls beihilfefähig, Richtwert: 30 Minuten	60,50
49	Bericht an die verordnende Person	6,80
50	Bericht auf besondere Anforderung der verordnenden Person	120,90
51	Einzelbehandlung bei Stimm-, Sprech-, Sprach- und Schluckstörungen	
	a) Richtwert: 30 Minuten	57,10
	b) Richtwert: 45 Minuten	76,10
	c) Richtwert: 60 Minuten	95,10
52	Gruppenbehandlung bei Stimm-, Sprech-, Sprach- und Schluckstörungen, je Teilnehmerin oder Teilnehmer	
	a) Gruppe (2 Personen), Richtwert: 45 Minuten	68,50
	b) Gruppe (3 bis 5 Personen), Richtwert: 45 Minuten	34,60
	c) Gruppe (2 Personen), Richtwert: 90 Minuten	119,90
	d) Gruppe (3 bis 5 Personen), Richtwert: 90 Minuten	60,00
	Teil 9 Ergotherapie	
53	Funktionsanalyse und Erstgespräch einschließlich Beratung und Behandlungsplanung, einmal je Behandlungsfall	47,70
54	Einzelbehandlung	
	a) bei motorisch-funktionellen Störungen, Richtwert: 45 Minuten	57,00
	b) bei sensomotorischen oder perzeptiven Störungen, Richtwert: 60 Minuten	76,00
	c) bei psychisch-funktionellen Störungen, Richtwert: 75 Minuten	94,90

Nr.	Leistung	beihilfefähiger Höchstbetrag in Euro
55	Einzelbehandlung als Beratung zur Integration in das häusliche und soziale Umfeld im Rahmen eines Besuchs im häuslichen oder sozialen Umfeld, einmal je Behandlungsfall	
	a) bei motorisch-funktionellen Störungen, Richtwert: 120 Minuten	151,90
	b) bei sensomotorischen oder perzeptiven Störungen, Richtwert: 120 Minuten	182,60
	c) bei psychisch-funktionellen Störungen, Richtwert: 120 Minuten	152,40
56	Parallelbehandlung (bei Anwesenheit von zwei zu behandelnden Personen)	
	a) bei motorisch-funktionellen Störungen, je Teilnehmerin oder Teilnehmer, Richtwert: 45 Minuten	45,60
	b) bei sensomotorischen oder perzeptiven Störungen, je Teilnehmerin oder Teilnehmer, Richtwert: 60 Minuten	60,80
	c) bei psychisch-funktionellen Störungen, je Teilnehmerin oder Teilnehmer, Richtwert: 75 Minuten	76,00
57	Gruppenbehandlung (3 bis 6 Personen)	
	a) bei motorisch-funktionellen Störungen, je Teilnehmerin oder Teilnehmer, Richtwert: 45 Minuten	20,00
	b) bei sensomotorischen oder perzeptiven Störungen, je Teilnehmerin oder Teilnehmer, Richtwert: 60 Minuten	26,60
	c) bei psychisch-funktionellen Störungen, je Teilnehmerin oder Teilnehmer, Richtwert: 105 Minuten	46,50
58	Hirnleistungstraining/Neuropsychologisch orientierte Einzelbehandlung, Richtwert: 45 Minuten	57,00
59	Hirnleistungstraining als Einzelbehandlung bei der Beratung zur Integration in das häusliche und soziale Umfeld im Rahmen eines Besuchs im häuslichen oder sozialen Umfeld, einmal je Behandlungsfall, Richtwert: 120 Minuten	152,40
60	Hirnleistungstraining als Parallelbehandlung bei Anwesenheit von zwei zu behandelnden Personen, je Teilnehmerin oder Teilnehmer, Richtwert: 45 Minuten	45,60
61	Hirnleistungstraining als Gruppenbehandlung, je Teilnehmerin oder Teilnehmer, Richtwert: 60 Minuten	26,60

Nr.	Leistung	beihilfefähiger Höchstbetrag in Euro
	Teil 10 Podologie	
62	Podologische Behandlung (klein), Richtwert: 35 Minuten	35,20
63	Podologische Behandlung (groß), Richtwert: 50 Minuten	50,60
64	Podologische Befundung, je Behandlung	3,50
65	Erst- und Eingangsbefundung	
	a) Erstbefundung (klein), Richtwert: 20 Minuten	27,90
	b) Erstbefundung (groß), einmal je Kalenderjahr, Richtwert: 45 Minuten	56,00
	c) Eingangsbefundung, einmal je Leistungserbringer Richtwert: 20 Minuten	22,50
66	Therapiebericht auf schriftliche Anforderung der verordnenden Person	16,90
67	Anpassung einer einteiligen unilateralen oder bilateralen Nagelkorrekturspange, zum Beispiel nach Ross Fraser	99,10
68	Fertigung einer einteiligen unilateralen oder bilateralen Nagelkorrekturspange, zum Beispiel nach Ross Fraser	54,30
69	Nachregulierung der einteiligen unilateralen oder bilateralen Nagelkorrekturspange, zum Beispiel nach Ross Fraser	49,70
70	Vorbereitung des Nagels, Anpassung und Aufsetzen einer mehrteiligen bilateralen Nagelkorrekturspange	97,70
71	Vorbereitung des Nagels, Anpassung und Aufsetzen einer einteiligen Kunststoff- oder Metall-Nagelkorrekturspange	53,90
72	Indikationsspezifische Kontrolle auf Sitz- und Passgenauigkeit	17,30
73	Behandlungsabschluss ggf. unter Einschluss der Entfernung der Nagelkorrekturspange	26,00
73.1	Nagelspangenbehandlung, zweimal je Behandlungstag Aufwendungen für Leistungen der Nrn. 67 bis 71 sind daneben nicht beihilfefähig.	55,90
73.2	Aufschlag für besonderen Aufwand bei der Behandlung von Kindern bis zur Vollendung des 14. Lebensjahres oder von Personen mit Unguis incarnatus in den Stadien 2 bis 3 (Diagnosegruppe UI2), zweimal je Behandlungstag Aufwendungen für Leistungen der Nrn. 67 bis 71 sind daneben nicht beihilfefähig.	16,90
	Teil 11 Ernährungstherapie	
74	Ernährungstherapeutische Anamnese, einmal je Behandlungsfall Richtwert: 30 Minuten	39,90
75	Ernährungstherapeutische Anamnese, einmal je Behandlungsfall Richtwert: 60 Minuten	79,70

VII

Nr.	Leistung	beihilfefähiger Höchstbetrag in Euro
76	Berechnung und Auswertung von Ernährungsprotokollen und Entwicklung entsprechender individueller Empfehlungen, Richtwert: 60 Minuten	65,20
77	Notwendige Abstimmung der Therapie mit einer dritten Partei	65,20
78	Ernährungstherapeutische Intervention als Einzelbehandlung, Richtwert: 30 Minuten	39,90
79	Ernährungstherapeutische Intervention als Einzelbehandlung, Richtwert: 60 Minuten	79,90
80	Ernährungstherapeutische Intervention im häuslichen oder sozialen Umfeld als Einzelbehandlung, Richtwert: 60 Minuten	79,90
81	Ernährungstherapeutische Intervention als Gruppenbehandlung, Richtwert: 30 Minuten	27,90
82	Ernährungstherapeutische Intervention als Gruppenbehandlung, Richtwert: 60 Minuten	55,80
	Teil 12 Sonstiges	
83	Ärztlich verordneter Hausbesuch einschließlich der Fahrtkosten, pauschal Werden auf demselben Weg mehrere Patientinnen oder Patienten besucht, sind die Aufwendungen nur anteilig je Patientin oder Patient beihilfefähig.	27,60
84	Besuch eines oder mehrerer Patienten in einer sozialen Einrichtung oder Gemeinschaft, einschließlich der Fahrtkosten, je Patient pauschal	23,10
85	Hausbesuch bei der Beratung im häuslichen und sozialen Umfeld (Mehraufwand) Der Hausbesuch ist nur beihilfefähig, wenn Leistungen nach der Nr. 55 Buchst. a bis c, Nr. 59 oder Nr. 80 ohne ärztlich verordneten Hausbesuch erbracht wurden. Aufwendungen für Leistungen der Nrn. 83 und 84 sind daneben nicht beihilfefähig.	27,60
86	Übermittlungsgebühr für Mitteilung oder Bericht an die verordnende Person	1,40
87	Versorgungsbezogene Pauschale je Blankoverordnung	98,60

Anlage 4
zu § 21 Abs. 1

Beihilfefähige ärztlich verordnete Hilfsmittel, Geräte zur Selbstbehandlung und Selbstkontrolle sowie Körperersatzstücke

1. **Absauggeräte**
1.1 Ballspritze
1.2 Gerät zum Entfernen von Körperflüssigkeiten oder Fremdstoffen mittels Erzeugung von Unterdruck, einschließlich Zubehör
1.3 Katheder, auch Ballonkatheder, und Zubehör
1.4 Milchpumpe
2. **Adaptionshilfen**
2.1 Anzieh- und Ausziehhilfe
2.2 Helfende Hand, Scherenzange
2.3 Hilfsmittel zur Unterstützung von Verrichtungen im Alltag zur Bewahrung der Selbstständigkeit
2.4 Kopfring mit Stab, Kopfschreiber
2.5 Lesehilfe (Leseständer, Blattwendestab, Blattwendegerät, Blattlesegerät, Auflagegestell)
2.6 Mundstab/-greifstab
3. **Apparate zur elektronischen Nerven- oder Muskelstimulation**
3.1 Defibrillatorweste
3.2 Elektrostimulationsgerät
3.3 Fepo-Gerät (funktionelle elektronische Peronaeus-Prothese)
3.4 Gerät zur Behandlung mit elektromagnetischen Wechselfeldern bei atropher Pseudarthrose, Endoprothesenlockerung, idiopathischer Hüftnekrose oder verzögerter Knochenbruchheilung (in Verbindung mit einer sachgerechten chirurgischen Therapie)
3.5 Schwellstromapparat
4. **Applikationshilfen**
4.1 Ernährungssonde
4.2 Glasstäbchen
4.3 GnRH-Pumpe im Rahmen der Kinderwunschbehandlung
4.4 Infusionsbesteck oder -gerät und Zubehör
4.5 Kanülen und Zubehör
4.6 Klyso
4.7 Spritze
5. **Bade- und Duschhilfen**
5.1 Auftriebshilfe (bei bestehender Schwerbehinderung)
5.2 Badestrumpf/Duschstrumpf
5.3 Badewannensitz (bei bestehender Schwerbehinderung, Totalendoprothese, Hüftgelenk-Luxations-Gefahr oder Polyarthritis)
5.4 Badewannenverkürzer
5.5 Duschsitz oder -stuhl
6. **Bandagen**
6.1 Armtragegurt oder -tuch
6.2 Beugebandage
6.3 Bruchband
6.4 Clavicula-Bandage
6.5 Ellenbogenbandage
6.6 Epicondylitisbandage oder -spange mit Pelotten

6.7 Gilchrist-Bandage
6.8 Handgelenk-Bandage
6.9 Handgelenkriemen
6.10 Kniekappe/-bandage, Kreuzgelenkbandage
6.11 Knöchel- und Gelenkstütze
6.12 Kreuzstützbandage
6.13 Leibbinde, jedoch keine Nieren-, Flanell- und Wärmeleibbinde
6.14 Lumbalbandage
6.15 Mangoldsche Schnürbandage
6.16 Narbenbandage
6.17 Spreizfußbandage
6.18 Sprunggelenkbandage
6.19 Sprunggelenkmanschette

7. Blindenhilfsmittel

7.1 Blindenleitgerät (Ultraschallbrille, Ultraschallleitgerät)
7.2 Blindenführhund
7.3 Blindenstock, -langstock oder -taststock
7.4 Farberkennungsgerät
7.5 Irisschale mit geschwärzter Pupille bei entstellenden Veränderungen der Hornhaut eines blinden Auges
7.6 Schutzbrille für Blinde

8. Gehhilfen

8.1 Delta-Gehrad
8.2 Gehhilfe und Gehübungsgerät
8.3 Krankenstock
8.4 Krücke
8.5 Rollator
8.6 Wasserfeste Gehhilfe

9. Hilfsmittel bei Tracheostoma und Laryngektomie

9.1 Aquamat (Spezialkanüle für Kehlkopflose)
9.2 Billroth-Batist-Lätzchen
9.3 Phonator
9.4 Tracheostomaversorgungsartikel, auch Wasserschutzgerät

10. Hilfsmittel für die Anwendung am Auge

10.1 Augenbadewanne, -dusche, -spülglas, -flasche, -pinsel, -pipette oder -stäbchen
10.2 Augenklappe/-abdeckpflaster

11. Hilfsmittel zum Glukosemanagement

11.1 Blutzuckermessgerät
11.2 Gerät zur kontinuierlichen Gewebezuckermessung (Continuous Glucose Monitoring – CGM, Flash Glucose Monitoring – FGM) einschließlich Sensoren bei Personen mit Diabetes mellitus sowie bei anderen Erkrankungen mit implizierten häufigen Hypoglykämien/Hypoglykämiewahrnehmungsstörung; daneben sind Aufwendungen für übliche Blutzuckermessgeräte einschließlich der erforderlichen Blutteststreifen beihilfefähig
11.3 Hochtontherapiegerät (nur bei Diabetes mellitus)
11.4 Insulinapplikationshilfen und Zubehör (Insulindosiergerät, -pumpe, -injektor)
11.5 Lanzette zur Insulintherapie

12. Hilfsmittel zum Hautschutz

12.1 Manschette als Kratzschutz bei Hautekzem

12.2 Neurodermitis-Overall für Personen, die das zwölfte Lebensjahr noch nicht vollendet haben (zwei pro Jahr und bis zu 80 € je Overall)

13. Hilfsmittel zur Behandlung von Hüftdysplasie bei Kindern

13.1 Pavlik-Bandage

13.2 Spreizhose/-schale/-wagenaufsatz

14. Hilfsmittel zur Kompressionstherapie

14.1 Krampfaderbinde

14.2 Textiles Kompressionshilfsmittel (z. B. Kompressionsstrümpfe/-strumpfhose)

14.3 Wechseldruckgerät

15. Hörhilfen

15.1 Cochlea-Implantate einschließlich Zubehör

15.2 Gehörschutz

15.3 Hörgeräte (Hinter-dem-Ohr-Geräte [HdO-Geräte] sowie In-dem-Ohr-Geräte [IdO-Geräte] einschließlich Otoplastik, Taschengeräte, Hörbrillen, Schallsignale überleitende Geräte [C.R.O.S.-Geräte, Contralateral Routing of Signals], drahtlose Hörhilfen), alle fünf Jahre einschließlich der Nebenkosten, es sei denn, aus medizinischen oder technischen Gründen ist eine vorzeitige Verordnung zwingend erforderlich; Aufwendungen sind für Personen ab 15 Jahren auf 1500 € je Ohr begrenzt, gegebenenfalls zuzüglich der Aufwendungen für eine medizinisch indizierte notwendige Fernbedienung; der Höchstbetrag kann überschritten werden, soweit dies erforderlich ist, um eine ausreichende Versorgung bei beidseitiger an Gehörlosigkeit grenzender Schwerhörigkeit oder bei vergleichbar schwerwiegenden Sachverhalten zu gewährleisten

15.4 Lichtsignalanlage für Gehörlose und hochgradig Schwerhörige

15.5 Rauchwarnmelder für Gehörlose und hochgradig Schwerhörige

15.6 Tinnitusgerät

15.7 Übertragungsanlage (zur Befriedigung von allgemeinen Grundbedürfnissen des täglichen Lebens zusätzlich zu einem Hörgerät oder einem Cochlea-Implantat oder wenn bei peripherer Normalhörigkeit auf Grund einer auditiven Verarbeitungs- und Wahrnehmungsstörung eine pathologische Einschränkung des Sprachverstehens im Störschall besteht)

15.8 Vibrationstrainer bei Gehörlosigkeit

16. Inhalations- und Atemtherapiegeräte

16.1 Atemtherapiegerät

16.2 Impulsvibrator

16.3 Inhalationsgerät, einschließlich Sauerstoff und Zubehör, jedoch keine Luftbefeuchter, -filter, -wäscher

17. Inkontinenzhilfen

17.1 Bettnässer-Weckgerät

17.2 Einmal-Schutzhose bei Querschnittsgelähmten

17.3 Gummihose sowie saugende körpernah getragene Inkontinenzhilfen (insbesondere Fixierhosen für Inkontinenzvorlagen, saugende Inkontinenzhosen und -vorlagen) bei Blasen- oder Darminkontinenz

17.4 Penisklemme

17.5 Sphinkter-Stimulator

17.6 Urinal

18. Kranken-/Behindertenfahrzeuge

18.1 Elektromobil bis 2500 €, ausgenommen Zulassung und Versicherung

18.2 Krankenfahrstuhl (auch elektrisch) und Zubehör

19. Krankenpflegeartikel

19.1 Fingerling

19.2 Fixiersystem (zum Beispiel für Krankenbett und Rollstuhl)
19.3 Krankenpflegebett
19.4 Kieferspreizgerät/Kiefermuskeltrainer
19.5 Mundsperrer

20. Lagerungshilfen sowie Hilfsmittel gegen Dekubitus

20.1 Abduktionskissen/-keil
20.2 Dekubitus-Schutzmittel (z. B. Auf- oder Unterlagen für das Bett, Spezialmatratzen, Keile, Kissen, Auf- oder Unterlagen für den Rollstuhl, Schützer für Ellenbogen, Unterschenkel und Füße)
20.3 Gipsbett, Liegeschale

21. Messgeräte für Körperzustände/-funktionen

21.1 Alarmgerät für Personen mit Epilepsie
21.2 Blutgerinnungsmessgerät (bei erforderlicher Dauerantikoagulation oder künstlichen Herzklappenersatz)
21.3 Herz-Atmungs-Überwachungsgerät oder -monitor
21.4 Koagulationsmessgerät
21.5 Peak-Flow-Meter

22. Mobilitätshilfen

22.1 Auffahrrampe für einen Krankenfahrstuhl
22.2 Aufrichteschlaufe
22.3 Aufrichtstuhl (für Aufrichtfunktion sind bis zu 150 € beihilfefähig)
22.4 Aufstehgestelle
22.5 Behinderten-Dreirad
22.6 Drehscheibe, Umsetzhilfe
22.7 Hebekissen
22.8 Katapultsitz
22.9 Lifter (Krankenlifter, Multilift, Bad-Helfer, Krankenheber oder Badewannenlifter)
22.10 Rollbrett
22.11 Rutschbrett

23. Orthesen/Schienen

23.1 Fingerschiene
23.2 Halskrawatte, Hals-, Kopf-, Kinnstütze
23.3 Klumpfußschiene
23.4 Klumphandschiene
23.5 Orthese, Orthoprothese, Korrekturschiene, Korsett und Ähnliches, auch Haltemanschette und Ähnliches
23.6 Peronaeusschiene, Heidelberger Winkel
23.7 Quengelschiene
23.8 Suspensorium
23.9 Symphysengürtel

24. Prothesen

24.1 Kniepolster/-rutscher bei Unterschenkelamputation
24.2 Körperersatzstücke einschließlich Zubehör, abzüglich eines Eigenanteils von 15 € für Brustprothesenhalter und 40 € für Badeanzüge, Bodys oder Korseletts für Brustprothesenträgerinnen
24.3 Stubbies
24.4 Stumpfstrumpf

25. Schuhe und Einlagen

25.1 Einlagen, orthopädische, einschließlich der zur Anpassung notwendigen Ganganalyse
25.2 Fersenschutz (Kissen, Polster, Schale, Schoner)

25.3 Fußteil-Entlastungsschuh (Einzelschuhversorgung)
25.4 Gehgipsgalosche
25.5 Innenschuh, orthopädischer
25.6 Korrektursicherungsschuh
25.7 Maßschuhe, orthopädische, die nicht serienmäßig herstellbar sind, abzüglich eines Eigenanteils von 64 €:
25.7.1 Badeschuhe (Erstausstattung ein Paar, Ersatzbeschaffung in der Regel frühestens nach vier Jahren)
25.7.2 Hausschuhe (Erstausstattung zwei Paar, Ersatzbeschaffung in der Regel frühestens nach zwei Jahren),
25.7.3 Interimsschuhe (wegen vorübergehender Versorgung entfällt der Eigenanteil von 64 €)
25.7.4 Sportschuhe (Erstausstattung ein Paar, Ersatzbeschaffung in der Regel frühestens nach zwei Jahren)
25.7.5 Straßenschuhe (Erstausstattung zwei Paar, Ersatzbeschaffung in der Regel frühestens nach zwei Jahren)
25.8 Orthesenschuhe, abzüglich eines Eigenanteils von 64 €
25.9 Orthopädische Zurichtungen an Konfektionsschuhen (höchstens sechs Paar Schuhe pro Jahr)
25.10 Spezialschuhe für Personen mit Diabetes mellitus, abzüglich eines Eigenanteils von 64 €
25.11 Stabilisationsschuhe bei Sprunggelenkschäden, Achillessehnenschäden oder Lähmungszuständen (eine gleichzeitige Versorgung mit Orthesen oder Orthesenschuhen ist ausgeschlossen)
25.12 Verbandsschuhe (Einzelschuhversorgung)

26. Sitz- und Stehhilfen

26.1 Arthrodesensitzkissen oder -sitzkoffer
26.2 Schrägliegebrett
26.3 Sitzkissen für Oberschenkelamputierte
26.4 Sitzschale, wenn Sitzkorsett nicht ausreicht
26.5 Strickleiter zum Aufrichten und Übersetzen Gelähmter
26.6 Therapiestuhl

27. Sprechhilfen

27.1 Lispelsonde
27.2 Sprachverstärker nach Kehlkopfresektion

28. Stomaartikel

28.1 Stomaversorgungsartikel, Sphinkter-Plastik
28.2 Urostomiebeutel
28.3 Vorfallbandage bei Mastdarm- oder Scheidenvorfall

29. Therapeutische Hilfsmittel zur Mobilisation

29.1 Bewegungsschiene
29.2 Knetmaterial für Übungszwecke bei cerebral-paretischen Kindern
29.3 Krabbler für Personen mit Spastik
29.4 Spastikerhilfe (Gymnastik-/Übungsgeräte)
29.5 Stehübungsgerät
29.6 Therapeutisches Bewegungsgerät (nur mit Spasmenschaltung)

30. Toilettenhilfen

30.1 Hilfsmittel zur Toilettenverrichtung bei Schwerbehinderung oder Personen mit Hüfttotalendoprothese
30.2 Klosett-Matratze für den häuslichen Bereich bei dauernder Bettlägerigkeit und bestehender Inkontinenz

31. Sonstige Hilfsmittel

31.1 Anpassungen für diverse Gebrauchsgegenstände (zum Beispiel Universalhalter bei Schwerbehinderung zur Erleichterung der Körperpflege und Nahrungsaufnahme)

31.2 Bestrahlungsmaske für ambulante Strahlentherapie

31.3 Communicator bei Sprech- oder Sprachstörungen

31.4 Computerspezialausstattung bei Behinderung; Spezialhardware und Spezialsoftware bis zu 3500 €, gegebenenfalls zuzüglich bis zu 5400 € für eine Braillezeile mit 40 Modulen

31.5 Gesichtsteilersatzstücke (Ektoprothese, Epithese)

31.6 Heimdialysegerät

31.7 Psoriasiskamm

31.8 Schlafpositionsgerät zur Lagetherapie bei positionsabhängiger obstruktiver Schlafapnoe (eine gleichzeitige Versorgung mit einem Atemtherapiegerät ist ausgeschlossen)

31.9 Schutzhelm bei Behinderung, Kopfschützer

Anlage 5
(zu § 41 Abs. 2)

Klinische Zentren mit umfassenden Versorgungskonzepten zur Erkennung und Therapie von erblich bedingten Krebserkrankungen

1. Im Deutschen Konsortium Familiärer Brust- und Eierstockkrebs (FBREK) zusammengeschlossene universitäre Zentren

1.1 Berlin
Charité – Universitätsmedizin Berlin, Brustzentrum

1.2 Dresden
Medizinische Fakultät der Technischen Universität Dresden
Klinik und Poliklinik für Frauenheilkunde und Geburtshilfe

1.3 Düsseldorf
Universitätsklinikum Düsseldorf, Frauenklinik, Brustzentrum

1.4 Erlangen
Universitätsklinikum Erlangen, Familiäres Brust- und Eierstockkrebszentrum

1.5 Frankfurt
Universitätsklinikum Frankfurt
Klinik für Frauenheilkunde und Geburtshilfe

1.6 Freiburg
Institut für Humangenetik des Universitätsklinikums Freiburg

1.7 Göttingen
Universitäts-Medizin Göttingen, Brustzentrum, Gynäkologisches Krebszentrum

1.8 Greifswald
Institut für Humangenetik der Universitätsmedizin Greifswald

1.9 Halle
Universitätsklinikum Halle, Klinik und Poliklinik für Gynäkologie

1.10 Hamburg
Brustzentrum Klinik und Poliklinik für Gynäkologie
Universitätsklinikum Hamburg-Eppendorf

1.11 Hannover
Institut für Humangenetik, Medizinische Hochschule Hannover

1.12 Heidelberg
Institut für Humangenetik der Universität Heidelberg

1.13 Kiel
Klinik für Gynäkologie und Geburtshilfe des Universitätsklinikums Schleswig-Holstein

1.14 Köln
Zentrum Familiärer Brust- und Eierstockkrebs

1.15 Leipzig
Institut für Humangenetik der Universität Leipzig,
Zentrum für familiären Brust- und Eierstockkrebs

1.16 Lübeck
Klinik für Frauenheilkunde und Geburtshilfe
Zentrum für Familiären Brust- und Eierstockkrebs

1.17 Mainz
Zentrum für familiären Brust- und Eierstockkrebs der Universitätsmedizin Mainz, Institut für Humangenetik und Klinik für Frauengesundheit

1.18 München
Universitätsfrauenklinik der Ludwig-Maximilians-Universität München-Großhadern
Universitätsfrauenklinik der Technischen Universität München am Klinikum rechts der Isar

1.19 Münster
Institut für Humangenetik der Universität Münster

1.20 Regensburg
Institut für Humangenetik, Universität Regensburg

1.21 Tübingen
Universität Tübingen, Institut für Humangenetik

1.22 Ulm
Frauenklinik und Poliklinik der Universität Ulm

1.23 Würzburg
Institut für Humangenetik der Universität Würzburg

2. Im Deutschen Konsortium Familiärer Darmkrebs (HNPCC) zusammengeschlossene universitäre Zentren

2.1 Berlin
Gastroenterologie, Rheumatologie und Infektiologie der Charité – Universitätsmedizin Berlin, Campus Benjamin Franklin
Medizinische Klinik mit Schwerpunkt Hepatologie und Gastroenterologie der Charité – Universitätsmedizin Berlin, Campus Charité Mitte

2.2 Bochum
Medizinische Universitätsklinik der Ruhr-Universität Bochum, Knappschaftskrankenhaus

2.3 Bonn
Institut für Humangenetik des Universitätsklinikums Bonn, Biomedizinisches Zentrum

2.4 Dresden
Institut für Klinische Genetik des Universitätsklinikums Carl Gustav Carus Dresden, Abteilung Chirurgische Forschung

2.5 Düsseldorf
Institut für Humangenetik des Universitätsklinikums Düsseldorf

2.6 Halle (Saale)
Universitätsklinikum Halle (Saale)

2.7 Hamburg
II. Medizinische Klinik und Poliklinik des Universitätsklinikums Hamburg

2.8 Hannover
Institut für Humangenetik der Medizinischen Hochschule Hannover

2.9 Heidelberg
Pathologisches Institut des Universitätsklinikums Heidelberg, Abteilung für Angewandte Tumorbiologie

2.10 Leipzig
Klinik und Poliklinik für Onkologie, Gastroenterologie, Hepatologie, Pneumologie und Infektiologie des Universitätsklinikums Leipzig

2.11 Lübeck
Institut für Pathologie des Universitätsklinikums Schleswig-Holstein, Molekularpathologie, Campus Lübeck

2.12 Magdeburg
Medizinische Fakultät der Universitätsklinik für Gastroenterologie, Hepatologie und Infektiologie der Otto-von-Guericke Universität Magdeburg

2.13 München
Medizinische Klinik und Poliklinik IV der Ludwig-Maximilians-Universität München, Campus Innenstadt
Medizinisch-Genetisches Zentrum

2.14 Münster
Institut für Humangenetik des Universitätsklinikums Münster

2.15 Tübingen
Institut für Medizinische Genetik und angewandte Genomik des Universitätsklinikums Tübingen

2.16 Ulm
Klinik für Innere Medizin I des Universitätsklinikums Ulm

Anlage 6

Sonderregelungen für Bedienstete mit dienstlichem Wohnsitz im Ausland

I. Beamtinnen und Beamte

1. **Zu § 3 Abs. 1 Nr. 2**
Berücksichtigungsfähig sind die nicht selbst beihilfeberechtigten Kinder des Beihilfeberechtigten, für die ein Kinderzuschlag nach Art. 38 BayBesG gezahlt wird oder nur deshalb nicht gezahlt wird, weil im Inland ein Haushalt eines Elternteils besteht, der für das Kind bis zum Erreichen der Volljährigkeit sorgeberechtigt ist oder war.

2. **Zu § 7 Abs. 1**
Die Angemessenheit der Aufwendungen für ärztliche, zahnärztliche und psychotherapeutische Leistungen beurteilt sich anstelle der Gebührenordnung für Ärzte, der Gebührenordnung für Zahnärzte und der Gebührenordnung für Psychologische Psychotherapeuten und Kinder- und Jugendlichenpsychotherapeuten (GOP) unter Berücksichtigung der besonderen Verhältnisse im Ausland nach den ortsüblichen Gebühren; Entsprechendes gilt für Heilpraktikerleistungen.

3. **Zu § 7 Abs. 4 Nr. 2 sowie Art. 96 Abs. 1 BayBG**
Zu dem in dieser Vorschrift genannten Einkommensbetrag tritt in entsprechender Anwendung von § 55 des Bundesbesoldungsgesetzes der für den Dienstort jeweils geltende Kaufkraftausgleich hinzu.

4. **Zu §§ 9 bis 12**
Bei ambulant durchgeführten psychotherapeutischen Behandlungen und Maßnahmen der psychosomatischen Grundversorgung ist im Einzelfall unter Beteiligung von Gutachterpersonen das Vorliegen der jeweiligen Abrechnungsvoraussetzungen zu prüfen.

5. **Zu § 14**
Ist bei zahnärztlichen Sonderleistungen der auf zahntechnische Leistungen, Edelmetalle und Keramik entfallende Kostenanteil nicht nachgewiesen oder nicht zu ermitteln, ist der hierauf entfallende Anteil mit 40 % des Gesamtrechnungsbetrags anzusetzen.

6. **Zu § 19**
Die Angemessenheit der Aufwendungen für ärztlich in Textform verordnete Heilbehandlungen beurteilt sich anstelle der Anlage 3 unter Berücksichtigung der besonderen Verhältnisse im Ausland nach den ortsüblichen Gebühren. Die beihilfefähigen Aufwendungen mindern sich um 10 % der Kosten, die die nach dieser Vorschrift maßgeblichen Höchstsätze der Anlage 3 übersteigen, höchstens jedoch um 10 €. Satz 2 ist bei Kindern bis zur Vollendung des 18. Lebensjahres nicht anzuwenden.

7. **Zu §§ 21 bis 23**
Zu den für diese Vorschrift maßgebenden Höchstbeträgen tritt in entsprechender Anwendung von § 55 des Bundesbesoldungsgesetzes der für den Dienstort jeweils geltende Kaufkraftausgleich hinzu, wenn die Aufwendungen in Fremdwährung entstanden sind.

8. **Zu § 25**
Bei einer notwendigen ambulanten ärztlichen Behandlung des den Haushalt allein führenden Elternteils außerhalb des Gastlandes findet die Vorschrift entsprechende Anwendung, wenn mindestens ein Kind unter vier Jahren im Haushalt zurückbleibt und die auswärtige Behandlung wenigstens zwei Übernachtungen erfordert. Werden in diesen Fällen Kinder unter vier Jahren mitgenommen, sind die notwendigen Beförderungskosten beihilfefähig.
Wird die Weiterführung des Haushalts von einer der in § 24 Abs. 1 Satz 3 genannten Person übernommen, so sind die Fahrtkosten bis zur Höhe der Kosten einer Familien- und Haushaltshilfe beihilfefähig.
Zu den in dieser Vorschrift genannten Höchstbeträgen tritt in entsprechender Anwendung von § 55 des Bundesbesoldungsgesetzes der für den Dienstort jeweils geltende Kaufkraftausgleich hinzu.

9. **Zu § 26**
Ist bei Krankheit oder Geburt eine notwendige medizinische Versorgung im Gastland nicht gewährleistet, sind die Kosten der Beförderung zum nächstgelegenen geeigneten Behandlungsort beihilfefähig, wenn die Festsetzungsstelle die Beihilfefähigkeit dieser Aufwendungen vorher dem Grunde nach anerkannt hat, es sei denn, dass eine sofortige Behandlung geboten war. Entsprechendes gilt aus Anlass von Maßnahmen nach §§ 29 und 30.

10. **Zu § 27**
Die Vorschrift gilt auch bei notwendiger ambulanter ärztlicher, zahnärztlicher und psychotherapeutischer Behandlung außerhalb des Gastlandes.
Dies gilt auch bei einer außerhalb des Gastlandes erforderlichen stationären Behandlung für eine nach ärztlicher Bescheinigung notwendige Begleitperson.
Zum Höchstbetrag tritt in entsprechender Anwendung von § 55 des Bundesbesoldungsgesetzes der für den Behandlungsort jeweils geltende Kaufkraftausgleich hinzu.

11. **Zu § 28**
Für Unterkunft und Verpflegung in ausländischen Krankenanstalten sind unter Berücksichtigung der besonderen Verhältnisse am Behandlungsort die entstandenen Aufwendungen beihilfefähig, soweit die Unterbringung einem Zweibettzimmer im Inland entspricht, es sei denn, aus medizinischen Gründen ist eine andere Unterbringung notwendig. Die in Art. 96 Abs. 2 Satz 7 BayBG genannten Eigenbeteiligungen sind entsprechend zu berücksichtigen.

12. **Zu § 29**
Die Anerkennung der Beihilfefähigkeit einer stationären Rehabilitationsmaßnahme in einer entsprechenden ausländischen Einrichtung hat zur Voraussetzung, dass die Einrichtung amts- oder vertrauensärztlich als zur stationären Behandlung und Pflege im Sinn des § 29 Abs. 2 bis 4 geeignet erklärt und die Behandlung nicht in Verbindung mit einem Inlandsaufenthalt durchgeführt werden kann. Dem Beihilfeantrag sind entsprechende Unterlagen über die stationäre Rehabilitationseinrichtung beizufügen.
Wird eine Rehabilitationsmaßnahme, auf die ein Anspruch aus anderen Sicherungssystemen besteht (vgl. Art. 96 Abs. 2 Sätze 3 und 4 BayBG), im Inland gewährt, so gelten auch die Beförderungskosten zwischen dem Auslandsdienstort und dem inländischen Behandlungsort als beihilfefähige Aufwendungen, soweit diese vom Kostenträger nicht erstattet werden. Dies gilt nicht, wenn die Rehabilitationsmaßnahme mit gleicher Erfolgsaussicht auch im Gastland oder in der näheren Umgebung durchgeführt werden kann und die beihilfefähigen Aufwendungen in diesem Fall niedriger sind als die Durchführung der entsprechenden Behandlung im Inland.

13. **Zu § 30**
Zu den in dieser Vorschrift genannten Höchstbeträgen tritt in entsprechender Anwendung von § 55 des Bundesbesoldungsgesetzes der für den Behandlungsort jeweils geltende Kaufkraftausgleich hinzu.

14. **Zu § 42 Nr. 4**
Ist im Geburtsfall eine sachgemäße ärztliche Versorgung am Dienstort nicht gewährleistet und muss dieser wegen späterer Fluguntauglichkeit vorzeitig verlassen werden, sind die Aufwendungen für eine Familien- und Haushaltshilfe entsprechend § 25 Abs. 1 für die Dauer der ärztlich festgestellten unvermeidbaren Abwesenheit vom Dienstort beihilfefähig. Im Geburtsfall sind die Kosten für Unterkunft am Entbindungsort vor Aufnahme in eine Krankenanstalt entsprechend den Unterkunftskosten bei notwendigen auswärtigen ambulanten ärztlichen Leistungen beihilfefähig. Dies gilt nicht für die Unterkunft im Haushalt eines nahen Angehörigen.

15. **Zu § 46 sowie Art. 96 Abs. 3 Sätze 1 bis 3 BayBG**
Der Bemessungssatz erhöht sich auf 100 % der beihilfefähigen Aufwendungen
   1. für Kosten der Beförderung zum nächstgelegenen geeigneten Behand-

lungsort (Nr. 9), soweit diese den Betrag von 153 € übersteigen,
2. für die unter Nr. 19 genannten Fälle der Leichen- und Urnenüberführung.

16. **Zu § 48 Abs. 6**
Diese Regelung findet auch auf Beförderungskosten zum nächstgelegenen Behandlungsort (Nummer 9) Anwendung.

17. **Zu § 48 Abs. 6 Satz 1**
Die Antragsfrist ist gewahrt, wenn der Beihilfeantrag innerhalb dieser Frist bei der zuständigen Beschäftigungsdienststelle im Ausland vorgelegt wird.

18. **Zu § 49 Abs. 2**
Bei Beamtinnen und Beamten mit dienstlichem Wohnsitz im Ausland und in das Ausland abgeordneten Beamtinnen und Beamten sind die Kosten der Leichen- und Urnenüberführung vom Gastland in die Bundesrepublik Deutschland bis zur Höhe der Überführungskosten an den vom Hinterbliebenen gewählten Beisetzungsort beihilfefähig.

19. **Beihilfefähige, außerhalb des Gastlandes entstehende Aufwendungen**
Aufwendungen, die während eines nicht dienstlich bedingten Aufenthalts außerhalb des Gastlandes und außerhalb der Europäischen Union im Ausland entstehen, sind nur insoweit und bis zu der Höhe beihilfefähig, wie sie bei Behandlung im Gastland oder in der Bundesrepublik Deutschland entstanden und beihilfefähig gewesen wären. Dies gilt nicht in den Fällen der Nr. 9.

II. Arbeitnehmer

Sofern in das Ausland entsandte Arbeitnehmerinnen und Arbeitnehmer auf Grund von Art. 144 Abs. 1 BayBG noch einen Beihilfeanspruch haben, finden die Regelungen des Abschnitts I mit der Maßgabe entsprechende Anwendung, dass sich für diese Beschäftigten der Bemessungssatz für die im Ausland entstehenden, nach Anrechnung der Kassenleistung verbleibenden beihilfefähigen Aufwendungen auf 100 % erhöht, wenn sie nach deutschem Recht in der gesetzlichen Krankenversicherung pflichtversichert sind oder freiwillig versichert sind und einen Beitragszuschuss nach § 257 SGB V erhalten.

Für die bei den Auslandsdienststellen beschäftigten nicht entsandten deutschen und nichtdeutschen Arbeitnehmerinnen und Arbeitnehmer, die auf Grund von Art. 144 Abs. 1 BayBG noch einen Beihilfeanspruch haben, finden die Regelungen des Abschnitts I mit folgenden Maßgaben entsprechende Anwendung:

1. **Zu Abschnitt I Nr. 1 (§ 3 Abs. 1 Nr. 2)**
Zu Aufwendungen für Kinder kann eine Beihilfe gewährt werden, wenn das Kind bei sinngemäßer Anwendung der für entsandte Bedienstete geltenden Beihilfevorschriften berücksichtigungsfähig wäre.

2. **Zu Abschnitt I Nr. 3 (§ 7 Abs. 4 Nr. 2 sowie Art. 96 Abs. 1 BayBG)**
An die Stelle des in dieser Vorschrift genannten Einkommensbetrags tritt der dem ortsüblichen Einkommensniveau entsprechende Betrag für eine vergleichbare Beschäftigung im Inland. In Zweifelsfällen ist das ortsübliche Einkommen für eine der Entgeltgruppe 5 des TV-L vergleichbare Tätigkeit zugrunde zu legen. Ein Kaufkraftausgleich wird nicht vorgenommen.

3. **Zu Abschnitt I Nr. 9 (§ 26)**
Die Kosten der Beförderung zur Behandlung außerhalb des Landes sind nur dann beihilfefähig, wenn aufgrund einer amts- oder vertrauensärztlichen Stellungnahme außergewöhnliche Gründe dies rechtfertigen und die Festsetzungsstelle die Beihilfefähigkeit dieser Aufwendungen vorher dem Grunde nach anerkannt hat, es sei denn, dass eine sofortige Einlieferung in ein Krankenhaus außerhalb des Landes unabweisbar war.

4. **Zu Abschnitt I Nr. 10 (§ 27)**
Nr. 3 findet entsprechende Anwendung.

5. **Zu Abschnitt I Nrn. 12 und 13 (§ 29, 30)**
Zu den Aufwendungen für Rehabilitationsmaßnahmen werden Beihilfen nicht gewährt.

6. **Zu Abschnitt I Nr. 14 (§ 42)**
Nr. 3 findet entsprechende Anwendung.

7. **Zu Abschnitt I Nr. 15 (§ 46 sowie Art. 96 Abs. 3 Sätze 1 bis 3 BayBG)**
Für die nicht entsandten deutschen Arbeitnehmerinnen und Arbeitnehmer, die nach deutschem Recht in der gesetzlichen Krankenversicherung pflichtversichert sind, erhöht sich der Bemessungssatz für die im Ausland entstehenden, nach Anrechnung der Kassenleistung verbleibenden beihilfefähigen Aufwendungen auf 100 %.

8. **Zu Abschnitt I Nr. 18 (§ 49 Abs. 2)**
Abschnitt I Nr. 18 findet keine Anwendung.

Allgemeine Verwaltungsvorschrift zum Vollzug der Bayerischen Beihilfeverordnung (Bayerische Beihilfevollzugsbekanntmachung – BayBhVBek)

Vom 6. März 2023 (BayMBl. Nr. 133)

Inhaltsübersicht

VII

0. Hinweis zur Nummerierung und Gliederungsaufbau

1Die nachfolgende Systematik der Nummerierung soll die Suche nach der passenden Bestimmung oder Erläuterung zu einem bestimmten Paragraphen der Bayerischen Beihilfeverordnung (BayBhV) erleichtern. 2Aus diesem Grund wurde auf eine fortlaufende Nummerierung verzichtet. 3Die Nummerierung entspricht der Paragraphenfolge der Bayerischen Beihilfeverordnung. 4Die erste Ziffer der Nummerierung bezieht sich auf den Paragraphen, die zweite Ziffer in der Regel auf den Absatz (zum Beispiel enthält die Nr. 1.1 Erläuterungen zu § 1 Abs. 1 BayBhV). 5Soweit allgemeine Hinweise zum jeweiligen Paragraphen erforderlich sind, werden diese mit der Ziffer „0" an der zweiten Stelle der Nummerierung gesetzt und den Bestimmungen sowie Erläuterungen im Einzelnen vorangestellt (zum Beispiel Nr. 1.0.1 mit allgemeinen Hinweisen zu § 1 BayBhV). 6Ab der dritten Ziffer folgen fortlaufende Nummern. 7Bei Bestimmungen und Erläuterungen zu Paragraphen, die nicht in Absätzen untergliedert sind, beginnt die fortlaufende Nummerierung bereits bei der zweiten Ziffer. 8Paragraphen ohne Zitiernamen oder Abkürzung sind solche der Bayerischen Beihilfeverordnung.

1. Anwendungsbereich, Zweckbestimmung und Rechtsnatur

1.0.1 Diese Bekanntmachung gilt für Beamtinnen und Beamte, Richterinnen und Richter, Ruhestandsbeamtinnen und Ruhestandsbeamte, Richterinnen und Richter im Ruhestand, deren Hinterbliebene sowie Dienstanfängerinnen und Dienstanfänger des Freistaates Bayern.

1.0.2 Für Arbeitnehmerinnen und Arbeitnehmer des Freistaates Bayern gilt diese Bekanntmachung entsprechend, sofern das Arbeitsverhältnis vor dem 1. Januar 2001 begründet wurde (Art. 144 Abs. 1 Satz 1 des Bayerischen Beamtengesetzes – BayBG).

1.0.3 Den Gemeinden und den sonstigen der Aufsicht des Freistaates Bayern unterstehenden Körperschaften, Anstalten und Stiftungen des öffentlichen Rechts wird empfohlen, entsprechend dieser Bekanntmachung zu verfahren.

1.1 1Die Beihilfe ist eine eigenständige beamtenrechtliche Krankenfürsorge, die der Versicherungsfreiheit der Beamten in der gesetzlichen Krankenversicherung Rechnung trägt. 2Durch die Beihilfe erfüllt der Dienstherr die dem Beamten und seiner Familie gegenüber bestehende beamtenrechtliche und soziale Verpflichtung, sich an den Krankheitskosten mit dem Anteil zu beteiligen, der durch die Eigenvorsorge nicht abgedeckt wird. 3Die Fürsorgepflicht verlangt jedoch keine lückenlose anteilige Erstattung jeglicher Aufwendungen (vergleiche Bundesverwaltungsgericht, Urteil vom 28. Mai 2008, BVerwG 2 C 24.07 und Urteil vom 20. Mai 2008, BVerwG 2 C 49.07).

1.2.1 1Der Anspruch auf Beihilfe ist vererblich. 2Die Erbeneigenschaft ist bei der Antragstellung in geeigneter Weise, zum Beispiel durch die Vorlage eines Erbscheines (§§ 2365 bis 2367 des Bürgerlichen Gesetzbuchs – BGB), nachzuweisen. 3Auf die Vorlage eines Erbscheines kann verzichtet werden, wenn

a) der überlebende Ehegatte bzw. Lebenspartner (Lebenspartner und Lebenspartnerin im Sinne des § 1 des Lebenspartnerschaftsgesetzes) oder

b) Kinder der verstorbenen Person

Beihilfeanträge stellen und die Überweisung der Beihilfe weiterhin auf das Bezügekonto der verstorbenen beihilfeberechtigten Person erfolgt. 4Satz 3 gilt nicht, wenn sich Anhaltspunkte dafür ergeben, dass die antragstellende Person nicht Erbe ist. 5Satz 3 gilt entsprechend bei einer Antragstellung durch Eltern oder Geschwister der verstorbenen beihilfeberechtigten Person, wenn eine Antragsstellung durch eine der in Satz 3 Buchst. a und b genannten Personen nicht möglich ist.

1.2.2 1Hat das Nachlassgericht eine Nachlasspflegschaft (§ 1960 BGB) angeordnet, kann die Beihilfe auch auf das Konto der nachlasspflegenden Person gezahlt werden. 2Zu dessen Rechten gehört sowohl das Stellen von Beihilfeanträgen als auch das Entgegennehmen von Beihilfezahlungen.

1.2.3 Die Beihilfegewährung zu Aufwendungen der beihilfeberechtigten Person und ihrer berücksichtigungsfähigen Angehörigen, die bis zum Todestag entstanden sind, erfolgt nach den am Tage vor dem Tod jeweils maßgebenden personenbezogenen Bemessungssätzen des Art. 96 Abs. 3 BayBG.

1.2.4 Bis zum Zeitpunkt des Todes einer beihilfeberechtigten Person sowie in Unkenntnis ihres Todes noch erlassene Beihilfebescheide sind aus Anlass des Todes nicht zurückzunehmen.

1.2.5 Hat die beihilfeberechtigte Person noch zu Lebzeiten einen Antrag auf Direktabrechnung mit Leistungserbringer im Sinne des § 48 Abs. 4 Satz 2 gestellt, ist auch in Fall des Todes der beihilfeberechtigten Person die zustehende Beihilfe an den im Antrag auf Direktabrechnung bezeichneten Leistungserbringer, zum Beispiel ein Krankenhaus, zu überweisen.

1.2.6 Mit den übersandten Belegen ist nach § 48 Abs. 3 zu verfahren.

2. Beihilfeberechtigte Personen

2.1.1 Die in § 2 Abs. 1 Nr. 3 genannten Personen sind, soweit sie Ansprüche nach § 2 Abs. 2 haben, bereits von dem Tage an selbst beihilfeberechtigt, an dem die beihilfeberechtigte Person stirbt.

2.1.2 Empfänger von Unterhaltsbeitrag auf Grund disziplinarrechtlicher Regelungen und von Gnadenunterhaltsbeiträgen sind nicht beihilfeberechtigt.

2.1.3 $_{1}$Wird während der Elternzeit die Tätigkeit im Beamtenverhältnis auf ein elternzeitunschädliches Maß reduziert, besteht der Beihilfeanspruch aufgrund des Anspruchs auf Teildienstbezüge unverändert fort. $_{2}$Entfällt während der Elternzeit der Anspruch auf Bezüge, besteht nach Art. 96 Abs. 1 Satz 2 BayBG ein gesonderter Anspruch auf Beihilfe. $_{3}$§ 5 Abs. 3 Satz 1 ist zu beachten.

2.1.4 $_{1}$Bei einer familienpolitischen Beurlaubung ist im Fall eines in der gesetzlichen Krankenversicherung versicherten Ehegatten oder Lebenspartners bezüglich des Art. 89 Abs. 4 Satz 2 BayBG davon auszugehen, dass ein Zugang der beurlaubten Beamtin oder des beurlaubten Beamten zur Familienversicherung (§ 10 des Fünften Buches Sozialgesetzbuch – SGB V) möglich ist. $_{2}$Besteht kein Anspruch auf Familienversicherung, hat die beurlaubte Beamtin oder der beurlaubte Beamte dies nachzuweisen.

2.2.1 Als Ruhens- und Anrechnungsvorschriften kommen in Betracht Art. 38 Satz 2, Art. 83 bis 87 und Art. 44 Abs. 4 und 5 des Bayerischen Beamtenversorgungsgesetzes (BayBeamtVG) sowie Art. 10 des Bayerischen Besoldungsgesetzes (BayBesG).

2.2.2 $_{1}$Der Anspruch auf Beihilfe bleibt bei Sonderurlaub ohne Bezüge nach § 13 Abs. 2 Satz 1 der Bayerischen Urlaubs- und Mutterschutzverordnung (UrlMV) von längstens einem Monat unberührt. $_{2}$Dauert der Sonderurlaub länger als einen Monat, entfällt der Beihilfeanspruch von Anbeginn der Beurlaubung.

2.2.3 Bezüglich des Beihilfeanspruchs des überlebenden Ehegatten bzw. des überlebenden Lebenspartners zählen Empfänger von Halbwaisengeld zum Kreis der berücksichtigungsfähigen Angehörigen.

2.2.4 Steht dem überlebenden Ehegatten bzw. dem überlebenden Lebenspartner auf Grund einer Beschäftigung im öffentlichen Dienst als Arbeitnehmerin bzw. Arbeitnehmer noch ein Beihilfeanspruch zu (vergleiche Art. 144 Abs. 1 Satz 1 BayBG), so sind die Aufwendungen der Halbwaisen abweichend von § 5 Abs. 2 nur aus dem beamtenrechtlichen Beihilfeanspruch des überlebenden Ehegatten bzw. des überlebenden Lebenspartners zu gewähren.

2.2.5 $_{1}$Wenn der überlebende Elternteil eines Kindes der verstorbenen Person nicht zum Bezug von Witwengeld oder Versorgungsbezüge für hinterbliebene Lebenspartner berechtigt ist und auch keinen Unterhaltsbeitrag in Höhe des Witwengeldes oder der Versorgungsbezüge für hinterbliebene Lebenspartner erhält, erhält das Kind Waisengeld nach dem Satz für Vollwaisen (vergleiche Art. 40 Abs. 2 BayBeamtVG). $_{2}$Das Kind hat in solchen Fällen einen eigenen Anspruch auf Beihilfe.

2.3.1 $_{1}$Beihilfeberechtigte erhalten als Mitglied bzw. ehemaliges Mitglied des Deutschen Bundestages nach § 27 Abs. 1 des Abgeordnetengesetzes (AbgG) einen Zuschuss zu den notwendigen Kosten in Krankheits-, Pflege- und Geburtsfällen in sinngemäßer Anwendung der für Bundesbeamte geltenden Vorschriften. $_{2}$Unter den in § 27 Abs. 2 AbgG genannten Voraussetzungen wird stattdessen ein Zuschuss zu den Krankenversicherungsbeiträgen gewährt. $_{3}$Eine Beihilfegewährung nach der Bayerischen Beihilfeverordnung ist ausgeschlossen (§ 2 Abs. 2).

2.3.2 $_{1}$Werden Beamtinnen und Beamte sowie Richterinnen und Richter zu Mitgliedern des Bayerischen Landtags gewählt, ruht das Beamten- bzw. Richterverhältnis ohne Fortzahlung der Dienstbezüge (Art. 30 des Bayerischen Abgeordnetengesetzes – BayAbgG). $_{2}$Sie haben deshalb gemäß § 2 Abs. 2 keinen Anspruch auf Beihilfeleistungen aus dem ruhenden Dienstverhältnis, sondern Ansprüche nach Art. 20 BayAbgG. $_{3}$Ein Versorgungsempfänger bleibt als solcher beihilfeberechtigt nach § 2 Abs. 1 Nr. 2, 3, da ein Anspruch nach Art. 20 BayAbgG nur besteht, soweit sich ein Beihilfeanspruch nicht aus anderen Vorschriften ergibt. $_{4}$Da es sich bei Art. 20 BayAbgG nicht um eine vorrangige Regelung handelt, ist auch § 5 Abs. 1 Nr. 2 in Verbindung mit § 5 Abs. 2 nicht einschlägig.

3. Berücksichtigungsfähige Angehörige

3.1.1 Bei dem Grunde nach berücksichtigungsfähigen Angehörigen, die selbst beihilfeberechtigt sind, sind Art. 96 Abs. 1 Satz 3 BayBG und § 5 Abs. 3 zu beachten.

3.1.2 Die Vorschrift erfasst nicht nur beim Familienzuschlag berücksichtigte, sondern auch berücksichtigungsfähige Kinder.

3.1.3 Zu Aufwendungen, die vor Begründung der eigenen Beihilfeberechtigung entstanden sind, jedoch erst danach geltend gemacht werden, sind Beihilfen demjenigen zu gewähren, bei dem die betreffende Person bei Entstehen der Aufwendungen berücksichtigungsfähiger Angehöriger war.

3.2.1 $_{1}$Solange der kinderbezogene Anteil im Familienzuschlag gewährt wird, bleiben Kinder in der Beihilfe berücksichtigungsfähig; dies gilt unabhängig davon, ob nachträglich festgestellt wird, dass ein entsprechender Anspruch nicht bestanden hat und der auf die Kinder entfallende Teil des Familienzuschlags zurückgefordert wird. $_{2}$Sofern für diese Kinder ein eigenständiger Anspruch auf Beihilfe besteht, vergleiche Art. 96 Abs. 1 Satz 3 BayBG.

3.2.2 $_{1}$Nr. 3.2.1 gilt entsprechend bei Arbeitnehmerinnen und Arbeitnehmern, die nach Art. 144 Abs. 1 Satz 1 BayBG noch Anspruch auf Beihilfe haben, bezüglich der kinderbezogenen Entgeltbestandteile nach § 11 des Tarifvertrag zur Überleitung der Beschäftigten der Länder in den TV-L und zur Regelung des Übergangsrechts (TVÜ-Länder) oder § 8 des Tarifvertrags zur Überleitung der Ärztinnen und Ärzte an Universitätskliniken (TVÜ-Ärzte) für Kinder, die bis 31. Dezember 2006 geboren wurden (§ 11 Abs. 3 Buchst. a TVÜ-Länder oder § 8 Abs. 3 TVÜ-Ärzte). $_{2}$Für Kinder, die nach dem 31. Dezember 2006 geboren wurden, gilt Satz 1 entsprechend, wenn bei einer Geburt vor dem 1. Januar 2007 ein Anspruch auf kinderbezogenen Entgeltbestandteile nach § 11 TVÜ-Länder oder § 8 TVÜ-Ärzte bestanden hätte.

3.2.3 Welchem Beihilfeberechtigten im Einzelfall die Beihilfe gewährt wird, ergibt sich aus § 5 Abs. 6.

3.3 Die nach § 3 Abs. 1 Nr. 2 berücksichtigungsfähige Tochter eines Beihilfeberechtigten ist auch hinsichtlich der Geburt ihres Kindes berücksichtigungsfähig.

5. Zusammentreffen mehrerer Beihilfeberechtigungen

5.2.1 $_{1}$Die Beihilfeberechtigung nach beamtenrechtlichen Vorschriften aus einem Rechtsverhältnis als Versorgungsempfänger wird durch eine Beihilfeberechtigung nach anderen als beamtenrechtlichen Vorschriften im Sinne von § 5 Abs. 2 und 5 nicht ausgeschlossen. $_{2}$Sie bleibt bestehen, wenn aus der Beihilfeberechtigung nach anderen als beamtenrechtlichen Vorschriften im konkreten Fall dem Grunde nach keine Beihilfe zusteht.

Beispiel:
Eine als krankenversicherungspflichtige Angestellte im öffentlichen Dienst beschäftigte Witwengeldempfängerin hat bei einer Krankenhausbehandlung Wahlleistungen in Anspruch genommen. Aus dem Arbeitnehmerverhältnis, das vor dem 1. Januar 2001 begründet wurde, steht ihr insoweit keine Beihilfe zu, da sie in diesem Fall infolge der Verweisung auf Sachleistungen dem Grunde nach keine Beihilfeberechtigung als Arbeitnehmerin hat (§ 3 Abs. 1 Satz 1 Bh-TV, in der Fassung des Buchst. B des Rundschreibens des Bundesministeriums des Innern vom 17. Februar 1971, GMBl. S. 111). Da somit keine vorgehende Beihilfeberechtigung vorliegt, steht ihr eine Beihilfe aus dem Rechtsverhältnis als Versorgungsempfängerin zu.

5.2.2 $_1$Die Aufstockung einer nach anderen als beamtenrechtlichen Vorschriften gewährten Beihilfe durch eine Beihilfe aus dem Rechtsverhältnis als Versorgungsempfänger ist ausgeschlossen. $_2$Steht Beihilfe aus einer vorgehenden Beihilfeberechtigung zu, ist diese in Anspruch zu nehmen. $_3$Soweit die vorgehende Beihilfeberechtigung auf Grund einer Teilzeitbeschäftigung als Arbeitnehmer besteht, gelten die Ausführungen zu Abs. 5 sinngemäß.

5.2.3 $_1$Soweit in der privaten Krankenversicherung versicherte Versorgungsempfänger im öffentlichen Dienst eine Teilzeitbeschäftigung als Arbeitnehmer ausüben, die vor dem 1. Januar 2001 begonnen wurde, und auf Grund ihres dienstrechtlichen Status keinen Beitragszuschuss nach § 257 des Fünften Buches Sozialgesetzbuch (SGB V) oder keine Pflichtmitgliedschaft in der gesetzlichen Krankenversicherung erlangen können, ist aus Fürsorgegründen § 5 Abs. 2 nicht anzuwenden. $_2$In diesen Fällen geht die Beihilfeberechtigung als Versorgungsempfänger vor und verdrängt die Beihilfeberechtigung aus dem Teilzeitarbeitnehmerverhältnis.

5.3 $_1$Die Nrn. 5.2.1 bis 5.2.3 gelten entsprechend. $_2$Die Ausschlussregelungen des Art. 96 Abs. 1 Satz 1 und 3 BayBG, § 7 Abs. 4 Nr. 2 sind zu beachten.

5.5 $_1$Wird einem teilzeitbeschäftigten Ehegatten bzw. Lebenspartner eines Beamten der auf Grund des Art. 144 Abs. 1 Satz 1 BayBG oder vergleichbarer tarifvertraglicher Regelungen zustehende Anspruch auf Beihilfe in Krankheits- und Geburtsfällen entsprechend dem Umfang der Arbeitszeit gequotelt, besteht Anspruch auf Beihilfe über den beamteten Ehegatten bzw. Lebenspartner, wenn die sonstigen beihilferechtlichen Voraussetzungen (zum Beispiel Art. 96 Abs. 1 Satz 1 BayBG, § 7 Abs. 4 Nr. 2) erfüllt sind. $_2$Von den beihilfefähigen Aufwendungen ist die auf Grund des Art. 144 Abs. 1 Satz 1 BayBG oder vergleichbarer tarifvertraglicher Regelungen zustehende Beihilfe in Abzug zu bringen (Art. 96 Abs. 2 Satz 4 BayBG). $_3$Eine Beihilfegewährung zu Pflegeleistungen erfolgt bei Vorliegen der Voraussetzungen der §§ 32 bis 39 ausschließlich aus dem Beihilfeanspruch des verbeamteten Ehegatten bzw. Lebenspartners.

5.6.1 Nr. 3.2.2 gilt entsprechend.

5.6.2 $_1$Ist das Elternpaar nicht beim gleichen Dienstherrn tätig, sind Vergleichsmitteilungen über getroffene Bestimmungen auszutauschen. $_2$Dies gilt auch in den Fällen, in denen einer der Ehegatten Beihilfeleistungen nach den Beihilfebestimmungen des Bundes oder eines anderen Landes erhält.

6. Zusammentreffen des Beihilfeanspruchs mit anderen Ansprüchen

6.1.1 $_1$Zu den vorrangigen Leistungen gehören Sachleistungen (zum Beispiel ärztliche und zahnärztliche Versorgung, Krankenhausleistungen, belegärztliche Leistungen, Heilmittel, die auf Kranken- oder Behandlungsschein oder Chipkarte gewährt werden sowie kieferorthopädische Behandlung) einer gesetzlichen Krankenkasse, der gesetzlichen Unfallversicherung, der Rentenversicherung sowie sonstiger Leistungsträger, zum Beispiel der Versorgungsverwaltung nach dem Bundesversorgungsgesetz (BVG). $_2$Dies gilt ferner zum Beispiel auch für Ansprüche gegen zwischen- oder überstaatliche Organisationen und Ansprüche nach dem Gesetz über die Krankenversicherung der Landwirte. $_3$Ferner gehören dazu Ansprüche nach dem Bundesversorgungsgesetz, und zwar auf Leistungen der Kriegsopferfürsorge auch dann, wenn sie nach sozialhilferechtlichen Grundsätzen gewährt werden, es sei denn, dass sie vom Einkommen oder Vermögen des Leistungsberechtigten oder seiner unterhaltsverpflichteten Angehörigen wieder eingezogen werden.

6.1.2 $_1$Festbeträge gelten als Sachleistung; darüber hinausgehende Aufwendungen sind nach Art. 96 Abs. 2 Satz 3 BayBG nicht beihilfefähig. $_2$Festbeträge können gebildet werden für

a) Arznei- und Verbandmittel (§ 35 SGB V),
b) Hilfsmittel (§ 36 SGB V).

$_3$Als Festbeträge gelten auch

a) die Vertragssätze nach § 33 Abs. 7 SGB V,
b) der Zuschuss nach § 33 Abs. 3 Satz 3 SGB V,
c) der Zuschuss nach § 33 Abs. 4 Satz 1 SGB V sowie
d) der Festbetrag nach § 133 Abs. 2 SGB V.

6.1.3 $_1$Ansprüche des nichtehelichen Kindes gegen seine Mutter oder seinen Vater auf Ersatz von Aufwendungen bei Krankheit sind im Rahmen der Unterhaltspflicht zu erfüllen (vergleiche § 1615a in Verbindung mit § 1610 Abs. 2, §§ 1615 ff. BGB). $_2$Der Unterhaltsanspruch des nichtehelichen Kindes gegen seinen Vater fällt jedoch nicht unter die Ansprüche auf Kostenerstattung nach § 6 Abs. 1 Satz 1; dies gilt ohne Rücksicht darauf, wem dieser Anspruch zusteht. $_3$Daher kann die Mutter nicht auf etwaige Ansprüche gegen den Vater des Kindes verwiesen werden, wenn sie für Aufwendungen dieser Art Beihilfen beansprucht.

6.1.4 $_1$Eine nach der BayBhV zustehende Beihilfe hat Vorrang vor den Leistungen nach dem Zwölften Buch Sozialgesetzbuch (§ 2 Abs. 1 SGB XII), auch wenn nach dem SGB XII vorgeleistet wird. $_2$Gleiches gilt gegenüber Leistungen aus dem Entschädigungsfond für Schäden aus Kraftfahrzeugunfällen nach § 12 Abs. 1 des Pflichtversicherungsgesetzes (PflVG).

6.1.5 Zu den dem Grunde nach beihilfefähigen Aufwendungen sind unter Anrechnung der Zuschüsse von Gesundheitssystemen anderen Mitgliedstaaten der Europäischen Union Beihilfeleistungen zu gewähren.

6.2.1 $_1$Die gemäß Art. 14 Abs. 1 BayBG auf den Freistaat Bayern übergehenden oder von der beihilfeberechtigten Person abgetretenen Schadensersatzansprüche werden durch das Landesamt für Finanzen – Dienststelle Regensburg – geltend gemacht (§ 3 Abs. 7 Vertretungsverordnung – VertrV). $_2$Die Beihilfefestsetzungsstellen haben die Dienststelle Regensburg über derartige Schadensfälle alsbald zu unterrichten.

6.2.2 Art. 14 BayBG erfasst sowohl Ansprüche der Beamtin bzw. des Beamten als auch Ansprüche von berücksichtigungsfähigen Angehörigen und Versorgungsempfängern.

6.2.3 $_1$Auch bei Arbeitnehmerinnen und Arbeitnehmern kann gegen Abtretung der Schadenersatzansprüche nach Nr. 6.2.1 Satz 1 verfahren werden. $_2$Die Schadensersatzansprüche werden vom Landesamt für Finanzen – Dienststelle Ansbach – geltend gemacht (§ 3 Abs. 8 VertrV). $_3$Im Übrigen gilt Nr. 6.2.1 sinngemäß.

7. Beihilfefähigkeit der Aufwendungen

7.1.1 $_1$Aufwendungen für Vorsorgemaßnahmen sind nur nach Maßgabe des § 41 beihilfefähig. $_2$Aufwendungen für andere vorbeugende Maßnahmen (zum Beispiel ungezielte umfassende Untersuchungen – sogenanntes Check-up) sind nicht beihilfefähig.

7.1.2 $_1$Bei Untersuchungen und diagnostischen Maßnahmen in Diagnosekliniken sind Fahrt- und Unterkunftskosten (§§ 26, 27) notwendig, wenn es sich um einen Problemfall handelt. $_2$Ein Problemfall liegt nur dann vor, wenn dies durch einen Arzt ausdrücklich bestätigt wird.

7.1.3 $_1$Die Gebührenordnung für Ärzte (GOÄ) und die Gebührenordnung für Zahnärzte (GOZ) stecken den für die Bemessung der Vergütung maßgebenden Rahmen ab und zählen die Kriterien auf, die bei der Festsetzung im Einzelnen zugrunde zu legen sind. $_2$Die Spannenregelungen dienen nicht dazu, die Einfachsätze an die wirtschaftliche Entwicklung anzupassen. $_3$Der in der Gebührenordnung für Ärzte und der Gebührenordnung für Zahnärzte vorgegebene Bemessungsrahmen enthält im Zusammenwirken mit den Gebührenverzeichnissen eine Variationsbreite für die Gebührenbemessung, die, bezogen auf die einzelne Leistung, grundsätzlich ausreicht, um auch schwierige Leistungen angemessen zu vergüten. $_4$Liquidationen, die neben der Abrechnung erbrachter ärztlicher Leistungen nach der Gebührenordnung für Ärzte in Übereinstimmung mit der aktuellen Rechtslage auch die entsprechende Umsatzsteuer ausweisen, sind in vollem Umfang, das heißt einschließlich der Umsatzsteuer, beihilfefähig, zum Beispiel bei der Abrechnung von Leistungen selbständig tätiger Belegärztinnen und Belegärzte oder Laborärztinnen und Laborärzte.

7.1.4 $_1$Maßstab für die Angemessenheit von Aufwendungen (§ 7 Abs. 1 Satz 2) sind die Gebühren nach der Gebührenordnung für Ärzte oder der Gebührenordnung für Zahnärzte auch dann, wenn die Leistung von einer Ärztin oder Zahnärztin bzw. einem Arzt oder Zahnarzt oder in dessen Verantwortung erbracht, jedoch von anderer Seite (zum Beispiel einer Klinik) in Rechnung gestellt wird; dies gilt nicht, soweit eine andere öffentliche Gebührenordnung Anwendung findet. $_2$Als andere öffentliche Gebührenordnung gelten zum Beispiel die landesrechtlichen Gesetze über den Rettungsdienst. $_3$Darin ist geregelt, dass für Leistungen des Rettungsdienstes (Notfallrettung oder Krankentransport) Benutzungsentgelte zwischen den Leistungsträgern und bestimmten Kostenträgern zu vereinbaren sind, die auch für alle anderen Benutzer verbindlich sind. $_4$Pauschal berechnete Benutzungsentgelte für Leistungen des Rettungsdienstes sind beihilfefähig, wenn sie auf Grundlage dieser Gesetze vereinbart wurden und einheitlich berechnet werden.

7.1.5 $_1$Die Angemessenheit der Aufwendungen für Leistungen von Psychotherapeutinnen, Psychotherapeuten, Psychologischer Psychotherapeutinnen, Psychologischer Psychotherapeuten sowie von Kinder- und Jugendlichenpsychotherapeutinnen und Kinder- und Jugendlichenpsychotherapeuten bei Privatbehandlung richtet sich nach der Gebührenordnung für Ärzte mit der Maßgabe, dass Vergütungen nur für Leistungen berechnungsfähig sind, die in den Abschnitten B und G der Anlage Gebührenverzeichnis für ärztliche Leistungen der Gebührenordnung für Ärzte aufgeführt sind, vergleiche § 1 Abs. 2 Gebührenordnung für Psychologische Psychotherapeuten und Kinder- und Jugendlichenpsychotherapeuten (GOP). $_2$Dabei handelt es sich insbesondere um folgende Gebührennummern:

a) Nrn. 1, 3, 4, 34, 60, 70 (ausgenommen Dienst- und Arbeitsunfähigkeitsbescheinigungen), 75, 80, 85, 95 aus Abschnitt B der Anlage Gebührenverzeichnis für ärztliche Leistungen der Gebührenordnung für Ärzte,

b) Nrn. 808, 835, 845, 846, 847, 855, 856, 857, 860, 861, 862, 863, 864, 865, 870, 871 aus Abschnitt G der Anlage Gebührenverzeichnis für ärztliche Leistungen der Gebührenordnung für Ärzte.

$_3$Gebühren für Leistungen nach Abschnitt B sowie Gebühren für Leistungen nach Nrn. 808, 835, 845, 846, 847, 855, 856, 857 und 860 des Abschnittes G der Anlage Gebührenverzeichnis für ärztliche Leistungen der Gebührenordnung für Ärzte unterliegen nicht dem Voranerkennungsverfahren durch vertrauensärztliche Gutachter, sie sind unabhängig von den übrigen Behandlungsnummern nach Abschnitt G der Anlage Gebührenverzeichnis für ärztliche Leistungen beihilfefähig. $_4$Der analoge Ansatz von Nr. 860 sowie von Nr. 808 der Anlage Gebührenverzeichnis für ärztliche Leistungen der Gebührenordnung für Ärzte zur Abgeltung und Erhebung der biographischen Anamnese sowie der Einleitung und Verlängerung von verhaltenstherapeutischen Maßnahmen ist als beihilfefähig anzuerkennen.

7.1.6 $_1$Überschreitet eine Gebühr für ärztliche, zahnärztliche und psychotherapeutische Leistungen den in § 5 Abs. 2 Satz 4, Abs. 3 Satz 2 GOÄ, § 5 Abs. 2 Satz 4 GOZ vorgesehenen Schwellenwert, so kann sie nach § 7

Abs. 1 nur dann als angemessen angesehen werden, wenn in der schriftlichen Begründung der Rechnung (§ 12 Abs. 3 Satz 1 und 2 GOÄ, § 10 Abs. 3 Satz 1 und 2 GOZ) dargelegt ist, dass erheblich über das gewöhnliche Maß hinausgehende Umstände dies rechtfertigen. 2Derartige Umstände können in der Regel nur gegeben sein, wenn die einzelne Leistung aus bestimmten Gründen

a) besonders schwierig war,
b) einen außergewöhnlichen Zeitaufwand beanspruchte oder
c) wegen anderer besonderer Umstände bei der Ausführung erheblich über das gewöhnliche Maß hinausging

und diese Umstände nicht bereits in der Leistungsbeschreibung des Gebührenverzeichnisses berücksichtigt sind (§ 5 Abs. 2 Satz 3 GOÄ, § 5 Abs. 2 Satz 3 GOZ; vergleiche zum Beispiel Nr. 2382 der Anlage Gebührenverzeichnis für ärztliche Leistungen der Gebührenordnung für Ärzte, Nr. 6050 der Anlage 1 Gebührenverzeichnis für zahnärztliche Leistungen der Gebührenordnung für Zahnärzte). 3Nach dem Urteil des Bundesverwaltungsgerichts vom 30. Mai 1996 – 2 C 10/5 – ist ein Überschreiten dann gerechtfertigt, wenn Besonderheiten dies rechtfertigen. 4Die Besonderheiten müssen allerdings bei der Behandlung des betreffenden Patienten, das heißt abweichend von der Mehrzahl der Behandlungsfälle auftreten. 5Die Besonderheiten eines angewendeten Verfahrens können alleine eine Überschreitung des Schwellenwertes nicht rechtfertigen (siehe auch OVG Lüneburg, Urteil vom 13. November 2012 – 5 LC 222/11).

7.1.7 1Nach § 12 Abs. 3 Satz 2 GOÄ, § 10 Abs. 3 Satz 2 GOZ ist die Begründung auf Verlangen näher zu erläutern. 2Bestehen bei der Festsetzungsstelle erhebliche Zweifel darüber, ob die in der Begründung dargelegten Umstände den Umfang der Überschreitung des Schwellenwertes rechtfertigen, soll sie die beihilfeberechtigte Person bitten, die Begründung durch die Ärztin oder Zahnärztin bzw. den Arzt oder Zahnarzt erläutern zu lassen, soweit dies nicht bereits von der Krankenversicherung der beihilfeberechtigten Person veranlasst worden ist. 3Werden die Zweifel nicht ausgeräumt, ist entsprechend § 48 Abs. 7 zu verfahren.

7.1.8 Ist die beihilfeberechtigte Person zivilgerichtlich rechtskräftig zur Begleichung der Honorarforderung einer Ärztin oder eines Arztes verurteilt, ist die Vergütung regelmäßig als angemessen im Sinne des Beihilferechts anzuerkennen (vergleiche BVerwG, Urteil vom 25. November 2004 – 2 C 30.03).

7.1.9 1Nach § 2 Abs. 1 GOÄ, § 2 Abs. 1 GOZ kann durch Vereinbarung nur noch eine von § 3 GOÄ, § 3 GOZ abweichende Höhe der Vergütung festgelegt werden (Abdingung). 2Eine Abdingung der Gebührenordnung für Ärzte insgesamt und die Anwendung anderer Gebührenordnungen ist nicht zulässig; eine Abdingung der Gebührenordnung für Zahnärzte ist nach Maßgabe des § 2 Abs. 3 Satz 1 GOZ zulässig. 3Gebühren, die auf einer Abdingung nach § 2 GOÄ, § 2 Abs. 1 GOZ beruhen, können grundsätzlich nur bis zum Schwellenwert als angemessen im Sinne der Bayerischen Beihilfeverordnung angesehen werden, es sei denn, eine Überschreitung des Schwellenwertes bis zum höchsten Gebührensatz (§ 5 Abs. 1, 3 GOÄ, § 5 Abs. 1 GOZ) ist nach der Begründung entsprechend Nrn. 5 und 6 gerechtfertigt. 4Ausnahmen können in außergewöhnlichen, medizinisch besonders gelagerten Einzelfällen von der obersten Dienstbehörde, im staatlichen Bereich das für Finanzen zuständige Staatsministerium, zugelassen werden.

7.1.10 Abrechnungen auf der Basis eines Nebenkostentarifs der Deutschen Krankenhausgesellschaft (DKG-NT) sind in voller Höhe beihilfefähig.

7.1.11 Zu den besonderen gebührenrechtlichen Fragen wird auf die als Anhang 1 beigefügten Hinweise zum Gebührenrecht verwiesen.

7.3 1Die beihilferechtliche Berücksichtigung von Pauschalabrechnungen, die auf der Basis eines zwischen den in Satz 4 genannten Vertragspartnern geschlossenen Vereinbarung berechnet werden, bedürfen keiner weiteren Prüfung durch die Festsetzungsstelle. 2Die Pauschalbeträge sind als beihilfefähig anzuerkennen, sofern in den Abrechnungsunterlagen in geeigneter Weise auf das private Krankenversicherungsunternehmen und die Vereinbarung Bezug genommen wird.

7.4.1 Einkommensgrenze nach Art. 96 Abs. 1 Satz 1 BayBG

7.4.1.1 Der im Jahr der Antragstellung maßgebende Gesamtbetrag der Einkünfte ist aus dem Einkommensteuerbescheid für das Bezugsjahr (zweites Kalenderjahr vor der Antragstellung) ersichtlich; Einkünfte aus Kapitalvermögen (§ 2 Abs. 2 EStG), die der Abgeltungsteuer unterliegen und im Steuerbescheid nicht aufgeführt sind, sind dem dort ausgewiesenen Gesamtbetrag der Einkünfte hinzuzurechnen.

7.4.1.2 Bei einem individuellen Ausschluss oder einer Aussteuerung von Versicherungsleistungen sind nur die Aufwendungen für die entsprechenden Leiden oder Krankheiten beihilfefähig.

7.4.1.3 $_{1}$Für die Beihilfefähigkeit ist nicht das Entstehen der Aufwendungen, sondern jeweils der Eingang des Beihilfeantrags bei der Beihilfestelle maßgebend. $_{2}$Dies bedeutet, dass es nicht auf das Entstehen der Aufwendungen, sondern auf die Geltendmachung des Beihilfeanspruchs ankommt, wobei die Antragsfrist nach Art. 96 Abs. 3a BayBG zu beachten ist.

7.4.1.4 $_{1}$Auf Grund einer Überschreitung der Einkommensgrenze nach Art. 96 Abs. 1 BayBG im Bezugsjahr können im übernächsten Kalenderjahr grundsätzlich keine Aufwendungen für den Ehegatten oder den Lebenspartner (Lebenspartner und Lebenspartnerin im Sinne des § 1 des Lebenspartnerschaftsgesetzes) mehr geltend gemacht werden. $_{2}$Abweichend von Satz 1 können im übernächsten Kalenderjahr noch zu den Aufwendungen aus dem vorangehenden Kalenderjahr Beihilfeleistungen gewährt werden, die wegen verspäteter Rechnungsstellung nicht rechtzeitig geltend gemacht werden konnten; der Ehegatte bzw. der Lebenspartner hat sich um eine rechtzeitige Ausstellung der Rechnung zu bemühen.

7.4.1.5 $_{1}$Die für die beihilferechtliche Prüfung nicht benötigten Angaben auf dem Steuerbescheid können unkenntlich gemacht werden. $_{2}$Die Festsetzungsstelle kann an Stelle des Steuerbescheides andere Einkommensnachweise fordern oder zulassen, wenn die beihilfeberechtigte Person keinen Steuerbescheid vorlegen kann (zum Beispiel bei Nichtveranlagung) oder der Steuerbescheid nicht alle von § 2 Abs. 3 und 5a EStG erfassten Einkünfte abbildet (zum Beispiel Pauschalsteuer auf Zinseinkünfte).

7.5 Bestehen Zweifel, ob eine neue Behandlungsmethode wissenschaftlich allgemein anerkannt ist und werden diese durch ein amts- oder vertrauensärztliches Gutachten bestätigt, ist der obersten Dienstbehörde zu berichten.

8. Ärztliche, zahnärztliche, psychotherapeutische Leistungen und Heilpraktikerleistungen

8.1 $_{1}$Legasthenie ist keine Erkrankung im Sinne des § 8. $_{2}$Aufwendungen für eine derartige Behandlung sind daher nicht beihilfefähig.

8.2 $_{1}$Für die Prüfung, ob die Aufwendungen aus Anlass einer Krankheit entstanden sind und notwendig waren, ist die Kenntnis der Diagnose erforderlich. $_{2}$Ohne Angabe der Diagnose in der Rechnung können die Aufwendungen nicht geprüft werden. $_{3}$Der antragstellenden Person ist Gelegenheit zu geben, die fehlenden Angaben beizubringen.

8.3 $_{1}$Bei zahnärztlicher Behandlung ist die Angabe der Diagnose erforderlich bei funktionsanalytischen und funktionstherapeutischen Leistungen. $_{2}$Bei implantologischen Leistungen ist die Angabe der Diagnose nur bei den in § 17 Satz 1 genannten Fällen erforderlich; ist keine Diagnose angegeben, ist davon auszugehen, dass die genannten besonderen Voraussetzungen nicht vorliegen.

8.4 Aufwendungen für ärztliche Bescheinigungen zum Nachweis der Dienstunfähigkeit und Dienstfähigkeit des Beihilfeberechtigten sind beihilfefähig.

8.5 Aufwendungen für Heil- und Kostenpläne bei zahnärztlicher und kieferorthopädischer Behandlung sind mit Ausnahme der nach § 2 Abs. 3 GOZ erstellten Heil- und Kostenpläne beihilfefähig.

9. Allgemeine Abrechnungsgrundlagen für psychotherapeutische Leistungen

9.2.1 $_{1}$Die Festsetzungsstelle erteilt Aufträge für Gutachten (§ 9 Abs. 2 Satz 3) mit den Formblättern 1 und 2 (siehe Nr. 9.2.6, Anhang 4). $_{2}$Die vertrauliche Liste von Personen, die Gutachten erstellen, kann im passwortgeschützten Bereich auf der Internetseite des Bundesverwaltungsamts (https://www.bva.bund.de) unter der Rubrik „Services", „Bundesbedienstete", „Gesundheit und Vorsorge", „Beihilfe", „Gutachterliste" abgerufen werden. $_{3}$Die Anforderung eines Gutachtens hat in pseudonymisierter Form zu erfolgen. $_{4}$Die Festsetzungsstelle vergibt hierzu einen von ihr festgelegten Pseudonymisierungscode. $_{5}$Bei Erst- und Zweitgutachten ist derselbe Pseudonymisierungscode zu verwenden. $_{6}$Im Hinblick auf Art. 35 Satz 1, Art. 41 Abs. 1 des Bayerischen Verwaltungsverfahrensgesetzes (BayVwVfG) ist hierbei sicherzustellen, dass das erstellte Gutachten eindeutig einem Beihilfeanspruch zugeordnet werden kann.

9.2.1.1 $_{1}$Zur Einleitung eines Gutachterverfahrens hat die beihilfeberechtigte Person der Festsetzungsstelle das Formblatt 1 („Antrag auf Anerkennung der Beihilfefähigkeit für Psychotherapie") ausgefüllt vorzulegen. $_{2}$Außerdem hat sie (oder die Patientin bzw. der Patient) den behandelnden Therapeuten zu ersuchen, auf Formblatt 2 einen Bericht für den Gutachter zu erstellen.

9.2.1.2 Therapeutinnen und Therapeuten im Sinne des § 9 Abs. 6 sollen zusätzlich mit Formblatt 3 (siehe Nr. 9.2.6, Anhang 4) den erforderlichen ärztlichen Konsiliarbericht zur Abklärung einer somatischen (organischen) Krankheit (vergleiche § 1 Abs. 3 Satz 2 des Psychotherapeutengesetzes – PsychThG) einholen.

9.2.1.3 $_{1}$Die Therapeutin bzw. der Therapeut hat das ausgefüllte Formblatt 2 und gegebenenfalls das Formblatt 3 in einem verschlossenen, als vertrauliche Arztsache gekennzeichneten Umschlag der Festsetzungsstelle zur Weiterleitung an die Person, die das Gutachten erstellt, zu übermitteln. $_{2}$Der Eingang der ausgefüllten Formblätter gilt als Antrag auf Anerkennung der Beihilfefähigkeit der Aufwendungen für Psychotherapie.

9.2.1.4 Nach Erhalt aller Unterlagen gibt die Festsetzungsstelle mittels des Formblatts 4 (siehe Nr. 9.2.6, Anhang 4) ein Gutachten nach Formblatt 5 (siehe Nr. 9.2.6, Anhang 4) in Auftrag und leitet der Person, die das Gutachten erstellt, zugleich folgende Unterlagen zu:

a) den als vertrauliche Arztsache gekennzeichneten ungeöffneten Umschlag der Therapeutin bzw. des Therapeuten,

b) das ausgefüllte Formblatt 1 (in Kopie, ohne die Seite 4 – Schweigepflichtentbindung der Patientin bzw. des Patienten –, sofern dieser nicht bereits vom Therapeuten entnommen wurde),

c) Formblatt 5 in dreifacher Ausfertigung,

d) einen an die Festsetzungsstelle adressierten, als vertrauliche Arztsache gekennzeichneten Freiumschlag.

9.2.1.5 $_{1}$Die Person, die das Gutachten erstellt, übermittelt die Stellungnahme nach Formblatt 5 („Psychotherapie Gutachten") – in zweifacher Ausfertigung – in einem Freiumschlag der Festsetzungsstelle. $_{2}$Diese leitet eine Ausfertigung des „Psychotherapie-Gutachtens" an die Therapeutin bzw. den Therapeuten weiter.

9.2.1.6 Auf Grundlage der gutachterlichen Stellungnahme erteilt die Festsetzungsstelle der beihilfeberechtigten Person einen rechtsmittelfähigen Bescheid über die Anerkennung der Beihilfefähigkeit der Aufwendungen für Psychotherapie nach Formblatt 6 (siehe Nr. 9.2.6, Anhang 4).

9.2.2 $_{1}$Legt die beihilfeberechtigte Person gegen den Bescheid der Festsetzungsstelle Widerspruch ein, kann die Festsetzungsstelle im Rahmen des Widerspruchsverfahrens ein Zweitgutachten einholen. $_{2}$Ein Zweitgutachten ist nicht einzuholen, wenn die psychotherapeutische Behandlung auf Grund einer gutachtlichen Stellungnahme abgelehnt wurde, weil die Therapeutin bzw. der Therapeut die in § 11 Abs. 5 bis 8, § 12 Abs. 3 bis 6 und § 12a Abs. 3 und 4 aufgeführten Voraussetzungen nicht erfüllt.

9.2.2.1 Zur Einleitung eines Zweitgutachterverfahrens hat die beihilfeberechtigte Person (oder die Patientin bzw. der Patient) die behandelnde Therapeutin oder den behandelnden Therapeuten zu ersuchen, den „Erstbericht" an die Person, die das Gutachten erstellt hat, auf Formblatt 2 zu ergänzen, wobei insbesondere die Notwendigkeit der Behandlung erneut begründet und auf die Ablehnungsgründe der Beihilfestelle sowie des Gutachtens eingegangen werden sollte.

9.2.2.2 Die Therapeutin bzw. der Therapeut soll den ergänzten Bericht sowie alle bisherigen Unterlagen zum vorherigen Gutachten – unter Wahrung der Vorgaben der Nr. 9.2.1 Satz 3 ff. – in einem verschlossenen, als vertrauliche Arztsache gekennzeichneten Umschlag der Festsetzungsstelle zur Weiterleitung an die Person, die das zweite Gutachten erstellt, übermitteln unter gleichzeitigem Verweis auf den Auftrag oder das Ersuchen der beihilfeberechtigten Person oder der Patientin bzw. des Patienten.

9.2.2.3 1Nach Erhalt der Unterlagen gibt die Festsetzungsstelle ein Zweitgutachten in Auftrag und leitet hierzu der Person, die das Zweitgutachten erstellen soll, zugleich folgende Unterlagen zu:

a) den als vertrauliche Arztsache gekennzeichneten ungeöffneten Umschlag der Therapeutin bzw. des Therapeuten,

b) Psychotherapie-Gutachten (Erstgutachten) in Kopie,

c) einen an die Festsetzungsstelle adressierten, als vertrauliche Arztsache gekennzeichneten Freiumschlag.

2Bezüglich der Person, die das Zweitgutachten erstellen soll, vergleiche Nr. 9.2.1 Satz 2.

3Zudem sollte die Person, die das Erstgutachten erstellt hat und die psychotherapeutische Behandlung ablehnte, nicht gleichzeitig die Person sein, die das Zweitgutachten erstellen soll. 4Es ist eine andere Person für das Zweitgutachten einzuschalten.

9.2.2.4 Die Person, die das Zweitgutachten erstellt, übermittelt die Stellungnahme in einem Freiumschlag der Festsetzungsstelle.

9.2.2.5 Auf Grundlage der (zweit-)gutachterlichen Stellungnahme erteilt die Festsetzungsstelle der beihilfeberechtigten Person einen Abhilfe- oder Widerspruchsbescheid.

9.2.3 1Bei einer Verlängerung der Behandlung oder Folgebehandlung (§ 11 Abs. 1, § 12 Abs. 1 und § 12a Abs. 1) leitet die Festsetzungsstelle den von der Therapeutin bzw. vom Therapeuten begründeten Verlängerungsbericht (Bericht zum Fortführungsantrag nach Formblatt 2) mit einem Freiumschlag der Person, die das Erstgutachten erstellt hat, zu. 2Dabei ist das Formblatt 5 um die zusätzlichen Angaben bei Folgebegutachtung zu ergänzen. 3Im Übrigen gelten die Nrn. 9.2.1.5 bis 9.2.2.5 entsprechend.

9.2.4 1Um eine Konzentration auf einzelne Personen, die Gutachten erstellen, zu vermeiden, sind die Anträge zur gutachterlichen Stellungnahme von der Festsetzungsstelle im Rotationsverfahren zu vergeben. 2Die Kosten des Gutachtens in Höhe von 50 € und des Zweitgutachtens in Höhe von 85 € jeweils zuzüglich gesetzlicher Umsatzsteuer, soweit diese in Rechnung gestellt wird, trägt die Festsetzungsstelle (Beihilfetitel).

9.2.5 1Die Festsetzungsstelle kann von dem beihilferechtlichen Voranerkennungsverfahren nach § 9 Abs. 2 Satz 1 Nr. 3 absehen, wenn die gesetzliche oder private Krankenversicherung der beihilfeberechtigten Person (oder der Patientin bzw. des Patienten) bereits eine Leistungszusage auf Grund eines durchgeführten Gutachterverfahrens erteilt hat, aus der sich Art und Umfang der Behandlung und die Qualifikation der Therapeutin bzw. des Therapeuten ergeben. 2Der Umfang der beihilfefähigen Aufwendungen richtet sich nach §§ 11 und 12.

9.2.6 Die im Rahmen des Gutachterverfahrens anzuwendenden Formblätter 1 bis 6 werden im Anhang 4 (vergleiche Nr. 48.1.3) herausgegeben.

9.3 1Bei Akutbehandlungen, die von Therapeutinnen und Therapeuten im Sinne des Abs. 6 durchgeführt werden, ist die Vorlage eines Konsiliarberichts nicht erforderlich. 2Erst bei einem Übergang in eine übliche Langzeittherapie ist im Rahmen des dann erforderlichen Gutachterverfahrens (vergleiche

Satz 2) auch die Vorlage eines Konsiliarberichts erforderlich.

11. Tiefenpsychologisch fundierte und analytische Psychotherapie

11.2.1 1Bei einer Kurzzeittherapie, die von Therapeutinnen und Therapeuten im Sinne des Abs. 6 durchgeführt werden, ist die Vorlage eines Konsiliarberichts nicht erforderlich. 2Erst bei einem Übergang in eine übliche Langzeittherapie ist im Rahmen des dann erforderlichen Gutachterverfahrens (vergleiche Satz 4) auch die Vorlage eines Konsiliarberichts erforderlich.

11.2.2 Beim Wechsel der Kurzzeittherapie in eine genehmigungspflichtige Langzeittherapie sind erneute probatorische Sitzungen nicht beihilfefähig.

11.2.3 Soweit im Rahmen einer Kurzzeittherapie auch Bezugspersonen einzubeziehen sind, gelten Abs. 3, § 12 Abs. 2 und Nr. 11.3 sinngemäß mit der Maßgabe, dass über die medizinische Notwendigkeit die Therapeutin oder der Therapeut eigenverantwortlich entscheidet.

11.3 Ist im Fall der Nr. 1 für die Einbeziehung von Bezugspersonen eine höhere Anzahl als ein Viertel der vorgesehenen Sitzungen für eine Einzelbehandlung oder die Hälfte der vorgesehenen Sitzungen für eine Gruppenbehandlung erforderlich, so werden die über die in Nr. 1 hinausgehenden Sitzungen auf die Sitzungen für Einzel- oder Gruppenbehandlung nach Abs. 1 Satz 1 angerechnet.

VII

12. Verhaltenstherapie

12.2 Die Nrn. 11.2.1 bis 11.2.3 gelten entsprechend.

12a. Systemische Therapie

Aufwendungen für eine Systemische Therapie sind unter analogem Ansatz (§ 6 Abs. 2 GOÄ) der Nr. 870 der Anlage Gebührenverzeichnis für ärztliche Leistungen der Gebührenordnung für Ärzte beihilfefähig.

14. Auslagen, Material- und Laborkosten bei zahnärztlichen Leistungen

Aufwendungen für Material- und Labor- sowie Praxiskosten sind durch eine § 10 Abs. 2 Nr. 5 und 6 GOZ entsprechende Rechnung der Zahnärztin, des Zahnarztes oder des Dentallabors nachzuweisen.

15. Kieferorthopädische Leistungen

15.1 Aufwendungen für kieferorthopädische Leistungen sind unabhängig von den angewandten Methoden oder den verwendeten Therapiegeräten nur beihilfefähig, wenn vor Behandlungsbeginn zum Nachweis der medizinischen Notwendigkeit der Behandlung ein Heil- und Kostenplan vorgelegt wird und die geplanten diagnostischen und therapeutischen Maßnahmen auf Dauer zur Heilung oder Linderung oder beides geeignet sind.

15.2 Bezüglich der Beihilfefähigkeit von Heil- und Kostenplänen bei kieferorthopädischer Behandlung vergleiche Nr. 8.4.

15.3 1Maßnahmen nach den Nrn. 6030 bis 6050 sowie 6060 bis 6090 der Anlage 1 Gebührenverzeichnis für zahnärztliche Leistungen der Gebührenordnung für Zahnärzte umfassen alle Leistungen zur Kieferumformung und Einstellung in den Regelbiss innerhalb eines Zeitraumes von bis zu vier Jahren, unabhängig von den angewandten Methoden oder den verwendeten Therapiegeräten (vergleiche BVerwG, Urteil vom 5. März 2021 – 5 C 8.19 –). 2Sofern eine aktive kieferorthopädische Weiterbehandlung (Maßnahmen nach Nrn. 6030 bis 6050 oder 6060 bis 6090 der Anlage 1 Gebührenverzeichnis für zahnärztliche Leistungen der Gebührenordnung für Zahnärzte) über den bis zu vierjährigen Zeitraum hinaus medizinisch erforderlich wird, ist die Vorlage eines neuen Heil- und Kostenplans erforderlich. 3Dieser ist im letzten Quartal vor Ablauf der vierjährigen Behandlung, das heißt im 16. Behandlungsquartal, vorzulegen. 4Kieferorthopädische Leistungen, die nach dem 16. Behandlungsquartal durchgeführt werden, sind nur dann beihilfefähig, wenn die Festsetzungsstelle die Beihilfefähigkeit, gegebenenfalls nach fachzahnärztlicher Begutachtung, vorher anerkannt hat. 5Entsprechendes gilt für erforderliche Zweitbehandlungen.

15.4 Erfolgten die aktiven Behandlungsmaßnahmen innerhalb der Regelbehandlungszeit von bis zu vier Jahren und sind anschließend ausschließlich Retentionsmaßnahmen nach Nr. 6210 der Anlage 1 Gebührenverzeichnis für zahnärztliche Leistungen der Gebührenordnung für Zahnärzte oder Begleitleistungen nach Nrn. 6180 bis 6230 der Anlage 1 Gebührenverzeichnis für zahnärztliche Leistungen der Gebührenordnung für Zahnärzte medizinisch notwendig, ist kein neuer Heil- und Kostenplan erforderlich.

15.5 Eine vor Vollendung des 18. Lebensjahres begonnene Behandlung bleibt einschließlich einer gegebenenfalls erforderlichen Verlängerung auch nach Vollendung des 18. Lebensjahres weiterhin beihilfefähig.

15.6 $_{1}$Maßnahmen nach den Nrn. 6190, 6200 und 6240 der Anlage 1 Gebührenverzeichnis für zahnärztliche Leistungen der Gebührenordnung für Zahnärzte können auch unabhängig von einer kieferorthopädischen Behandlung notwendig sein. $_{2}$Diese Leistungen sind auch ohne Vorlage eines Heil- und Kostenplans dem Grunde nach beihilfefähig.

16. Funktionsanalytische und funktionstherapeutische Leistungen

$_{1}$Bezüglich der Frage, ob die Aufwendungen aus Anlass einer Krankheit entstanden sind und notwendig waren, vergleiche Nr. 8.2. $_{2}$Die Aufwendungen für Nrn. 8000 ff. der Anlage 1 Gebührenverzeichnis für zahnärztliche Leistungen der Gebührenordnung für Zahnärzte sind in Zusammenhang mit umfangreichen kieferorthopädischen Maßnahmen (vergleiche § 16 Satz 1 Nr. 4) nur beihilfefähig, wenn die Voraussetzungen des § 15 vorliegen. $_{3}$Der erforderliche Befund nach § 16 Satz 3 kann durch Vorlage des ausgefüllten Beiblatts zum Klinischen Funktionsstatus, abrufbar unter https://www.dgfdt.de/richtlinien_formulare, belegt werden.

17. Implantologische Leistungen

17.1 Bezüglich der Frage, ob die Aufwendungen aus Anlass einer Krankheit entstanden sind und notwendig waren, vergleiche Nr. 8.2.

17.2 Vom Begriff der implantologischen Leistungen werden neben den Leistungen nach Abschnitt K der Anlage 1 Gebührenverzeichnis für zahnärztliche Leistungen der Gebührenordnung für Zahnärzte auch Aufwendungen für gegebenenfalls erforderliche vorbereitende operative Maßnahmen (zum Beispiel Knochenaufbau) nach der Anlage Gebührenverzeichnis für ärztliche Leistungen der Gebührenordnung für Ärzte erfasst.

17.3 Es ist davon auszugehen, dass zu bereits vorhandenen Implantaten Beihilfen oder vergleichbare Leistungen aus öffentlichen Kassen gewährt wurden, sofern die beihilfeberechtigte Person nicht in geeigneter Weise, zum Beispiel durch Beihilfebescheide oder Rechnungen, eine Finanzierung ohne Leistungen eines Dienstherrn oder öffentlichen Arbeitgebers glaubhaft machen kann (BVerwG, Urteil vom 28. Mai 2008 – 2 C 12.07).

17.4 Die Beihilfegewährung zu Aufwendungen für den Austausch von Sekundärteilen erfolgt sinngemäß nach § 17 Satz 1 bis 3, 5.

18. Arznei-, Verbandmittel und vergleichbare Medizinprodukte

18.1 $_{1}$Von § 18 erfasst werden nur Medizinprodukte im Sinne des § 3 Nr. 1 Buchst. d und Nrn. 2, 3, 5 des Medizinproduktegesetzes (MPG) in der am 25. Mai 2021 geltenden Fassung. $_{2}$Aufwendungen für die in § 18 Satz 1 Nr. 1 bis 4 genannte Präparate und Produkte, die ohne ausdrücklichen Wiederholungsvermerk der Ärztin, Zahnärztin oder Heilpraktikerin bzw. des Arztes, Zahnarztes oder Heilpraktikers erneut beschafft worden sind, sind nicht beihilfefähig. $_{3}$Ist die Zahl der Wiederholungen nicht angegeben, sind nur die Aufwendungen für eine Wiederholung beihilfefähig.

18.2 $_{1}$Aufwendungen für Geriatrika und Stärkungsmittel sind nicht beihilfefähig. $_{2}$Beihilfefähig sind die Aufwendungen für verordnete Arzneimittel zur Vorbeugung gegen Rachitis und Karies (zum Beispiel D-Fluoretten, Vigantoletten) bei Säuglingen und Kleinkindern.

18.3 Aufwendungen für Notfallkontrazeptiva sind bei der in § 18 Satz 2 genannten Personengruppe bei entsprechender ärztlicher Verordnung beihilfefähig.

18.4 1Zu den Mitteln, die nach § 18 Satz 4 Nr. 1 geeignet sind, Güter des täglichen Bedarfs zu ersetzen, gehören zum Beispiel Diätkost, ballaststoffreiche Kost, glutenfreie Nahrung, Säuglingsfrühnahrung, Mineral- und Heilwässer, medizinische Körperpflegemittel, Nahrungsergänzungsmittel. 2In Ausnahmefällen sind Aufwendungen für zur enteralen Ernährung (Aminosäuremischungen, Eiweißhydrolysate, Elementardiäten und Sondennahrung) beihilfefähig, wenn diese auf Grund einer ärztlichen Verordnung notwendig sind bei

a) Ahornsirupkrankheit,
b) AIDS-assoziierten Diarrhöen,
c) angeborenen Defekten im Kohlenhydrat- oder Fettstoffwechsel,
d) angeborenen Enzymdefekten, die mit speziellen Aminosäuremischungen behandelt werden,
e) Colitis ulcerosa,
f) Epilepsien, wenn trotz optimierter antikonvulsiver Therapie eine ausreichende Anfallskontrolle nicht gelingt,
g) erheblichen Störungen der Nahrungsaufnahme, insbesondere bei neurologischen Schluckbeschwerden oder Tumoren der oberen Schluckstraße (zum Beispiel Mundboden- und Zungenkarzinom),
h) Kurzdarmsyndrom,
i) Morbus Crohn,
j) Mukoviszidose,
k) Multiplen Nahrungsmittelallergien,
l) Niereninsuffizienz,
m) Phenylketonurie,
n) postoperativer Nachsorge,
o) Tumortherapien (auch nach der Behandlung).

18.5 1Aufwendungen für Elementardiäten für Säuglinge (bis zur Vollendung des ersten Lebensjahres) und Kleinkinder (Zeit zwischen dem ersten und dritten Lebensjahr) mit Kuhmilcheiweißallergie sind abweichend von § 18 Satz 4 Nr. 1 beihilfefähig. 2Die Beihilfefähigkeit nach Satz 1 gilt ferner für einen Zeitraum von einem halben Jahr bei Säuglingen und Kleinkindern mit Neurodermitis, sofern Elementardiäten für diagnostische Zwecke eingesetzt werden.

19. Heilbehandlungen

19.1.1 1Die in § 19 Abs. 1 genannten Behandler sind grundsätzlich Angehörige von Gesundheits- oder Medizinalfachberufen, bei denen eine staatliche Regelung der Berufsausbildung oder des Berufsbildes oder eine akademische Ausbildung besteht. 2Nicht beihilfefähig sind insbesondere Aufwendungen für Leistungen, die von Beschäftigungs- und Arbeitstherapeuten auf dem Gebiet der Arbeitstherapie, von Diplom-Pädagogen, Eurhythmielehrern, Eutoniepädagogen und -therapeuten, Gymnastiklehrern, Heilpädagogen, Kunsttherapeuten, Maltherapeuten, Montessoritherapeuten, Musiktherapeuten, Sonderschullehrern und Sportlehrern erbracht werden.

19.1.2 1Zu den staatlich anerkannten Sprachtherapeutinnen oder staatlich anerkannten Sprachtherapeuten (§ 19 Abs. 1 Satz 3 Nr. 2 Buchst. b) gehören auch Sprachtherapeutinnen oder Sprachtherapeuten mit Bachelor- oder Masterabschluss. 2Zu den medizinischen Sprachheilpädagoginnen und Sprachheilpädagogen (§ 19 Abs. 1 Satz 3 Nr. 2 Buchst. d) gehören auch Sprachheilpädagoginnen und Sprachheilpädagogen nach § 19 Abs. 1 Satz 3 Nr. 2 Buchst. g) Doppelbuchst. aa.

19.1.3 1Beihilfefähig sind nur Aufwendungen für die in Anlage 3 genannten Heilbehandlungen. 2Über die Beihilfefähigkeit der Aufwendungen für Heilbehandlungen, die weder in Anlage 3 aufgeführt noch den dort aufgeführten Leistungen vergleichbar sind, entscheidet die oberste Dienstbehörde.

19.1.4 Werden im Rahmen einer stationären Krankenhausbehandlung oder stationären Rehabilitationsmaßnahme Aufwendungen für Heilbehandlungen gesondert in Rechnung gestellt, sind diese nach den Vorgaben des § 19 sowie der Anlage 3 beihilfefähig.

19.2.1 1Eine Verlängerung der erweiterten ambulanten Physiotherapie erfordert eine erneute ärztliche Verordnung. 2Eine Bescheinigung der Therapieeinrichtung oder der bei dieser beschäftigten Ärztinnen bzw. Ärzte reicht nicht aus. 3Nach Abschluss der erweiterten ambulanten Physiotherapie ist der Beihilfestelle die Therapiedokumentation zusammen mit der Rechnung vorzulegen.

19.2.2 1Die erweiterte ambulante Physiotherapie umfasst je Behandlungstag mindestens folgende Leistungen:

a) krankengymnastische Einzeltherapie
b) physikalische Therapie nach Bedarf und
c) medizinisches Aufbautraining,

2Bei Bedarf können dies Leistungen nach Satz 1 um folgende zusätzliche Leistungen ergänzt werden:

a) Lymphdrainage oder Massage/Bindegewebsmassage,
b) Isokinetik,
c) Unterwassermassage.

19.2.3 Die durchgeführten Leistungen sind durch die Patientin bzw. den Patienten auf der Tagesdokumentation unter Angabe des Datums zu bestätigen.

19.2.4 Die in Nr. 19.2.2 Satz 2 genannten zusätzlichen Leistungen sind mit dem Höchstbetrag nach Nr. 15 des Leistungsverzeichnisses der Anlage 3 abgegolten.

19.3 Nach der Leistungsbeschreibung der Nr. 16 der Anlage 3 gilt als Krankheitsfall der Zeitraum eines Kalenderhalbjahres.

19a. Neuropsychologische Therapie

19a.1 Die ambulante neuropsychologische Therapie umfasst Diagnostik und Therapie geistiger (kognitiver) und seelischer (emotional-affektiver) Störungen, Schädigungen und Behinderungen nach erworbener Hirnschädigung oder Hirnerkrankung unter Berücksichtigung der individuellen physischen und psychischen Ressourcen, der biographischen Bezüge, der interpersonalen Beziehungen, der sozialen und beruflichen Anforderungen sowie der inneren Kontextfaktoren (zum Beispiel Antrieb, Motivation, Anpassungsfähigkeit des oder der Hirngeschädigten oder Hirnerkrankten).

19a.3 1Da in der Anlage Gebührenverzeichnis für ärztliche Leistungen der Gebührenordnung für Ärzte für die Abrechnung der ambulanten neuropsychologischen Therapie keine eigenständige Gebührenziffer enthalten ist, ist eine Abrechnung nur unter der Bildung analoger Gebühren möglich (§ 6 Abs. 2 GOÄ). 2Hierfür kommen insbesondere die Nrn. 849, 860, 870, 871 der Anlage Gebührenverzeichnis für ärztliche Leistungen der Gebührenordnung für Ärzte in Betracht. 3Aufwendungen für eine Behandlungseinheit als Einzelbehandlung sind bis zur Höhe des Betrages entsprechend der Nr. 870 der Anlage Gebührenverzeichnis für ärztliche Leistungen der Gebührenordnung für Ärzte beihilfefähig.

20. Komplextherapien

20.1 1Zu den Komplextherapien gehören unter anderem Asthmaschulungen, COPD-Schulungen, ambulante Entwöhnungstherapien, ambulante Tinnitustherapien (Pauschalabrechnung), ambulante kardiologische Therapien, Diabetikerschulungen, Adipositasschulungen, Neurodermitisschulungen. 2Die integrierte Versorgung ermöglicht eine verschiedene Leistungssektoren übergreifende oder eine interdisziplinär fachübergreifende Versorgung (zum Beispiel Krankenhäuser, ambulante ärztliche Versorgung, Heilbehandlungen nach der Anlage 3).

20.2 Nicht zu den Komplextherapien zählen unter anderem die psychiatrische Krankenpflege.

20.3 Die im Rahmen einer interdisziplinären Frühförderung durchgeführten Eingangs-, Quartalsuntersuchungen und Teamgespräche gelten als eigenständige Komplexleistung.

21. Aufwendungen für Hilfsmittel, Geräte zur Selbstbehandlung und Selbstkontrolle sowie für Körperersatzstücke

21.1.1 1Die Anlage 4 enthält Oberbegriffe von Hilfsmitteln, die mehrere Ausführungen erfassen können. 2Angesichts der Vielzahl von Produkten und deren zum Teil herstellerspezifischen Bezeichnungen muss in jedem Einzelfall geprüft und entschieden werden, ob ein Hilfsmittel unter einen der Oberbegriffe der Anlagen 4 subsumiert werden kann. 3Zur innerdienstlichen Orientierungs- und Entscheidungshilfe kann auf ein vom Ministerium der Finanzen Rheinland-Pfalz zur Verfügung gestelltes internes Hilfsmittelverzeichnis (https://fm.rlp.de/de/themen/verwaltung/finanzielles-dienstrecht/beihilfe/hilfsmittel verzeichnis/) zurückgegriffen werden. 4Maßgebliche Rechtsgrundlage für die Beihilfefestsetzung sind jedoch die in § 21 enthaltenen Vorgaben.

21.1.2 Die in der Anlage 4 genannten Kompressionsstrümpfe/-strumpfhosen erfassen auch medizinische Kompressionswadenstrümpfe, -(halb)schenkelstrümpfe, -stumpfstrümpfe, -armstrümpfe sowie Narbenkompressionsbandagen, Ein- und Mehrkammergeräte und Befestigungshilfen (zum Beispiel Hautkleber, Strumpfhaltersysteme, Leibteile, Leibgurte).

21.1.3 Die Aufwendungen für ärztlich in Schriftform verordnete Windeln sind bei bestehender Inkontinenz beihilfefähig.

21.1.4 Der Vergleich der Kosten von Miete und Anschaffung soll in der Regel auf Grundlage des ärztlich verordneten zeitlichen Rahmens der Behandlung erfolgen.

21.4 Die Begriffe Betrieb und Unterhaltung der Hilfsmittel, Geräte zur Selbstbehandlung und Selbstkontrolle und Körperersatzstücke erfassen auch die technischen Kontrollen und die Wartung dieser Gegenstände.

22. Aufwendungen für Sehhilfen, sonstige visusverbessernde Maßnahmen

22.5 Die in Abs. 5 genannte Frist für die erneute Beschaffung einer Sehhilfe bei unveränderten Sehwerten bezieht sich auf die jeweils erforderliche Ausführungsart der erneut anzuschaffenden Sehhilfe.

22.7 Die Aufwendungen für therapeutische Sehhilfen sind bei Vorliegen der in § 17 der Hilfsmittel-Richtlinie/HilfsM-RL des Gemeinsamen Bundesausschusses genannten Indikationen beihilfefähig.

24. Häusliche Krankenpflege, Kurzzeitpflege bei fehlender Pflegebedürftigkeit

24.1.1 1Die Häusliche Krankenpflege erfasst die Bereiche

a) Grundpflege mit den Teilbereichen Mobilität und Motorik (zum Beispiel Betten, Lagern, Hilfe beim An- und Auskleiden), Hygiene (zum Beispiel Körperpflege, Benutzung der Toilette) und Nahrungsaufnahme,

b) hauswirtschaftliche Versorgung (insbesondere Einkaufen, Besorgung von Arzneimitteln, Kochen, Reinigen der Wohnung, Spülen, Müllentsorgung, Wechseln und Waschen der Wäsche und Kleidung, das Beheizen),

c) Behandlungspflege (insbesondere Verbandwechsel, Injektionen, Katheterisierung, Einreibungen, Beatmungspflege, Blasenspülung, Blutdruckmessung, Blutzuckermessung, Dekubitusbehandlung).

2Die ärztliche Bescheinigung muss Angaben über Art, Dauer und die tägliche Stundenzahl der Leistungen enthalten.

24.1.2 1Häusliche Krankenpflege wird im Haushalt der beihilfeberechtigten Person oder deren berücksichtigungsfähigen Angehörigen oder sonstigen Personen erbracht. 2Ferner sind Leistungen der Krankenpflege beihilfefähig, die an sonstigen Orten, an denen sich die erkrankte Person regelmäßig wiederkehrend aufhält und an denen die verordneten Maßnahmen erbracht werden können, wenn die Leistung aus medizinisch-pflegerischen Gründen während des Aufenthaltes an diesem Ort notwendig ist. 3Orte im Sinne des Satzes 2 sind insbesondere Schulen, Kindergärten, betreute Wohnformen oder Arbeitsstätten.

24.1.3 1Beihilfefähig sind Aufwendungen bis zu den von der AOK Bayern mit den Leistungserbringern vereinbarten Vergütungen. 2Bis zu dieser Höhe können auch die Kosten für einen Einsatz mehrerer Pflegekräfte oder eine von einer Ärztin bzw. einem Arzt für geeignet erklärte Ersatzpflegekraft berücksichtigt werden. 3Erfolgt die Krankenpflege nicht für den gesamten Kalendermonat, ist der Höchstsatz entsprechend zu mindern.

24.1.4 [1]Bei einer vorübergehenden Krankenpflege einer in einem Alten- bzw. Seniorenwohnheim nicht wegen dauernder Pflegebedürftigkeit wohnenden Person ist der zu den allgemeinen Unterbringungskosten berechnete Pflegezuschlag bis zur Höhe der Kosten einer Berufspflegekraft beihilfefähig. [2]Aufwendungen für Unterkunft und Verpflegung sind nicht beihilfefähig.

24.1.5 Als Aufgabe einer Beschäftigung gilt auch die vorübergehende Beurlaubung ohne Entgelt.

24a. Soziotherapie

24a.1.1 [1]Der soziotherapeutische Leistungserbringer koordiniert die Inanspruchnahme ärztlicher Behandlungen und verordneter Leistungen für die zu behandelnde Person gemäß einem zu erstellenden soziotherapeutischen Betreuungsplan. [2]Dies umfasst sowohl aktive Hilfe und Begleitung als auch Anleitung zur Selbsthilfe. [3]Dabei soll der soziotherapeutische Leistungserbringer die zu behandelnden Person zur Selbständigkeit anleiten und sie so von der soziotherapeutischen Betreuung unabhängig machen.

24a.1.2 Aus der Verordnung muss die jeweilige Diagnose nach § 24a Abs. 1 Satz 3 erkennbar sein.

24a.2.1 Als Krankheitsfall gilt eine Phase der Behandlungsbedürftigkeit bei einer der in § 24a Abs. 1 Satz 3 genannten Indikationen von bis zu drei Jahren.

24a.2.2 [1]Soziotherapie kann in Absprache von Arzt und Leistungserbringer in besonderen Fällen auch in gruppentherapeutischen Maßnahmen erbracht werden. [2]Dabei kann die Gruppengröße je nach Zielsetzung einer Sitzung bis zu zwölf Teilnehmer umfassen. [3]Bei gruppentherapeutischen Maßnahmen umfasst die Soziotherapieeinheit 90 Minuten.

24a.3 Beihilfefähig sind Aufwendungen bis zu den von der AOK Bayern mit den Leistungserbringern vereinbarten Vergütungen.

25. Familien- und Haushaltshilfe

25.1.1 [1]Der Umfang der Tätigkeit einer Familien- und Haushaltshilfe wird durch ärztliche Verordnung festgelegt. [2]Fahrtkosten der Ersatzkraft sind nur von der nächstgelegenen Einrichtung beihilfefähig.

25.1.2 [1]Die Voraussetzungen des § 25 Abs. 1 sind auch erfüllt, wenn die den Haushalt führende Person aufgrund einer ärztlichen Bescheinigung als notwendige Begleitung einer beihilfeberechtigten Person oder einer berücksichtigungsfähigen Person zu einer beihilfefähigen stationären Maßnahme als Begleitperson in das Krankenhaus mit aufgenommen wird. [2]Aufwendungen für eine Familien- und Haushaltshilfe sind insbesondere dann beihilfefähig, wenn die den Haushalt führende Person als Begleitperson eines stationär aufgenommenen Kindes im Krankenhaus aufgenommen wird und dies nach amts- oder vertrauensärztlicher Feststellung des wegen des Alters des Kindes und seiner eine stationäre Langzeittherapie erfordernden schweren Erkrankung aus medizinischen Gründen notwendig ist. [3]Dies gilt ferner auch für Nrn. 28.1.5.1 und 28.1.5.2 Satz 1.

25.2 Die Nr. 25.1.1 gilt entsprechend.

25.3 [1]Zu den Kosten der üblichen Haushaltsführung und Kinderbetreuung im Sinne des § 25 Abs. 3 Satz 1 zählen unter anderem Aufwendungen der Unterbringung von Kindern in Kindertagesstätten, Kindergärten, bei sonstigen Personen, die gegen Entgelt die Betreuung von Kindern übernehmen (Tagesmütter) sowie für die Inanspruchnahme von Dienstleistungen im hauswirtschaftlichen Bereich (zum Beispiel durch Zugehpersonal oder sonstige Dienstleister). [2]Als Teil der allgemeinen Lebenshaltungskosten sind diese Kosten aus den Bezügen zu bestreiten.

25.5 Beihilfefähig sind Aufwendungen bis zu den von der AOK Bayern mit den Leistungserbringern vereinbarten Vergütungen.

26. Fahrtkosten

26.1 [1]Aufwendungen für Besuchsfahrten sind nicht beihilfefähig. [2]Abweichend von Satz 1 können Aufwendungen für regelmäßige Fahrten der Eltern zum Besuch seines im

Krankenhaus aufgenommenen Kindes als beihilfefähig anerkannt werden, wenn nach er amts- oder vertrauensärztlicher Feststellung oder nach ärztlicher Notwendigkeitsbescheinigung der Besuch wegen des Alters des Kindes und seiner eine stationäre Langzeittherapie erfordernden schweren Erkrankung aus medizinischen Gründen notwendig ist. 3§ 26 Satz 2 und 3 gelten entsprechend.

26.2 1Fahrtkosten zu einer ambulanten Behandlung sind in besonderen Ausnahmefällen beihilfefähig. 2Diese Fahrten bedürfen dem Grunde nach der vorherigen Genehmigung der Festsetzungsstelle. 3Die Genehmigung der Beihilfefähigkeit der Fahrtkosten zu ambulanten Behandlungen von beihilfeberechtigten Personen oder deren berücksichtigungsfähigen Angehörigen gilt als erteilt bei

a) Schwerbehinderten, die einen Schwerbehindertenausweis mit dem Merkzeichen „aG" (außergewöhnliche Gehbehinderung); „Bl" (blind) oder „H" (hilflos) vorlegen,

b) Nachweis der Pflegegrade 3 und 4,

c) Fahrten zur ambulanten Dialyse, onkologischen Strahlentherapie, onkologischen Chemotherapie.

d) Fahrten zur ambulanten Rehabilitation, sofern die Art der Erkrankung keinen Krankentransport erfordert (§ 26 Satz 1 Nr. 3) und die Fahrtkosten nicht bereits in den Kosten der Rehabilitationseinrichtung enthalten sind.

26.3 Aufwendungen für ein Taxi sind nur dann als beihilfefähig zu berücksichtigen, wenn nach ärztlicher Bescheinigung öffentliche Verkehrsmittel nicht benutzt werden können.

26.4 1Fahrtkosten zur ambulanten oder stationären Krankenbehandlung können grundsätzlich nur zwischen dem Aufenthaltsort der beihilfeberechtigten Person oder deren berücksichtigungsfähigen Angehörigen und der nächst gelegenen geeigneten Behandlungsmöglichkeit als beihilfefähig anerkannt werden; dies gilt entsprechend für die Rückfahrt. 2Nächstgelegene geeignete Behandlungsmöglichkeit muss nicht zwangsläufig das nächstgelegene Krankenhaus sein.

26.5 Bei Fahrten anlässlich Untersuchungen in Diagnosekliniken ist Nr. 7.1.2 zu beachten.

26.6 Transportkosten, die im Rahmen einer Eigenblutspende anfallen, sind bis zur nächstgelegenen objektiv geeigneten Behandlungseinrichtung und nur bis zur Höhe des in § 26 Satz 3 bestimmten Betrages beihilfefähig.

27. Auswärtige ambulante Behandlungen

Bei auswärtigen Übernachtungen anlässlich Untersuchungen in Diagnosekliniken ist die Nr. 7.1.2 zu beachten.

28. Krankenhausleistungen

28.1.1 1Voraussetzung für die Durchführung stationsäquivalenter Behandlung ist eine bestehende Indikation für eine stationäre Behandlung. 2Eine stationsäquivalente psychiatrische Behandlung umfasst eine komplexe, aufsuchende, zeitlich begrenzte Behandlung durch ein multiprofessionelles Team im Lebensumfeld der zu behandelnden Person, wobei auch Teilleistungen genutzt werden können, die in der Klinik erbracht werden. 3Das multiprofessionelle Team umfasst psychiatrisch-psychotherapeutisch ausgebildete Mitarbeiterinnen und Mitarbeiter aus der Gruppe der Ärztinnen und Ärzte (mit Sicherstellung des Facharztstandards für Psychiatrie und Psychotherapie sowie Nervenheilkunde) und der Gesundheits- und Krankenhauspflege sowie zumindest einer der folgenden Berufe: Sozialarbeiterinnen oder Sozialarbeiter, Psychologinnen oder Psychologen, Ergotherapeutinnen oder Ergotherapeuten, Bewegungstherapeutinnen und oder Bewegungstherapeuten oder anderen Spezialtherapeutinnen oder Spezialtherapeuten.

28.1.2 1Bei Aufwendungen für allgemeine Krankenhausleistungen sind bezüglich des Beihilfeanspruches und des Bemessungssatzes grundsätzlich die Verhältnisse am ersten Tag des Aufenthaltes maßgebend. 2Treten während des stationären Aufenthaltes Veränderungen ein, die Auswirkungen auf die Art und den Umfang des Beihilfeanspruchs haben, ist abweichend von Satz 1 eine tagesanteilige Abrechnung vorzunehmen; der Entlassungstag ist hierbei nicht einzubeziehen.

28.1.3 $_{1}$Mehraufwendungen für ein Einbettzimmer sind auch dann nicht beihilfefähig, wenn die allgemeinen Krankenhausleistungen bereits die Kosten der Unterbringung in einem Zweibettzimmer umfassen. $_{2}$Umfassen die allgemeinen Krankenhausleistungen nur Zimmer mit drei und mehr Betten und werden als gesonderte Unterkunft nur Einbettzimmer angeboten, sind 50 % dieser Wahlleistung der jeweiligen Fachabteilung als Zweibettzimmerzuschlag beihilfefähig; Art. 96 Abs. 2 Satz 7 Nr. 2 BayBG gilt entsprechend.

28.1.4 Als Kosten eines Zweibettzimmers werden die niedrigsten Kosten für ein solches Zimmer in der Fachabteilung als beihilfefähig anerkannt, das auf Grund der medizinischen Notwendigkeit für eine Unterbringung in Betracht kommt.

28.1.5 Bei der Bewertung der Unterbringungskosten von Begleitpersonen ist wie folgt zu differenzieren:

28.1.5.1 Erfolgt die Abrechnung einer Krankenhausbehandlung noch nach den Vorgaben der Bundespflegesatzverordnung (BPflV), ist die Unterbringung einer Begleitperson im Krankenhaus, die aus medizinischen Gründen notwendig ist, durch den Pflegesatz nach der Bundespflegesatzverordnung abgegolten; die Kosten für die Unterbringung einer Begleitperson außerhalb des Krankenhauses sind in solchen Fällen nicht beihilfefähig.

28.1.5.2 $_{1}$Werden Krankenhausbehandlungen nach den Vorgaben des Krankenhausentgeltgesetzes (KHEntgG) abgerechnet, kann für die Unterbringung einer Begleitperson im Krankenhaus, die aus medizinischen Gründen notwendig ist (§ 2 Abs. 2 Satz 2 Nr. 3 KHEntgG), auf der Basis des § 17b Abs. 1 Satz 4 des Krankenhausfinanzierungsgesetzes (KHG) ein Zuschlag für die Aufnahme von Begleitpersonen verrechnet werden; dies gilt nicht für Entlassungs- und Verlegungstage, die nicht zugleich Aufnahmetag sind. $_{2}$Entsprechende Kosten sind bis zu der vereinbarten Höhe für den Aufnahmetag und jeden weiteren Tag des vollstationären Krankenhausaufenthalts beihilfefähig. $_{3}$Die Vereinbarung von Zuschlägen für die Aufnahme von Begleitpersonen nach § 17b Abs. 1 Satz 4 KHG wird im Internet veröffentlicht (zum Beispiel auf der Internetseite des GKV-Spitzenverbandes unter Startseite > Krankenversicherung > Krankenhäuser > Abrechnung > Zu, Abschläge, Auswahlfeld „Zuschlag für die Aufnahme von Begleitpersonen", https://www.gkv-spitzenverband.de/krankenver sicherung/krankenhaeuser/ krankenhaeuser_abrechnung/zu_abschlaege/zu_abschlaege.jsp). $_{4}$Besonders berechnete Kosten für eine medizinisch nicht notwendige Unterbringung einer Begleitperson sind nicht beihilfefähig.

28.1.6 $_{1}$Nach § 8 Abs. 2 KHEntgG dürfen zusätzlich zu einer Fallpauschale Zusatzentgelte, Zu- und Abschläge sowie sonstige festgelegte Entgelte berechnet werden. $_{2}$Eine Aufstellung der aktuellen Zuschläge ist auf der Homepage des GKV-Spitzenverbandes abrufbar (Startseite > Krankenversicherung > Krankenhäuser > Abrechnung > Zu, Abschläge – https://www.gkvspitzenverband.de/krankenversicherung/krankenhaeuser/krankenhaeuser_abrechnung/zu_ab schlaege/zu_abschlaege.jsp). $_{3}$Entsprechende Aufwendungen sind beihilfefähig.

28.1.7 Aufwendungen für eine in Rechnung gestellte Wahlleistung „Unterbringung in einem Ein- oder Zweibettzimmer" (§ 17 KHEntgG und § 16 BPflV) für den Entlassungstag sind nicht beihilfefähig.

28.1.8 Besonders in Rechnung gestellte belegärztliche Leistungen (§ 18 KHEntgG, § 16 BPflV) sind neben den wahlärztlichen Leistungen (§ 17 KHEntgG und § 16 BPflV) beihilfefähig.

28.1.9 $_{1}$Der Abzug der Eigenbeteiligung nach Art. 96 Abs. 2 Satz 7 Nr. 1 BayBG bei Inanspruchnahme von wahlärztlichen Leistungen ist nur für Tage vorzunehmen, für die dem Grunde nach die Inanspruchnahme von wahlärztlichen Leistungen vereinbart wurde. $_{2}$Hierzu sind der Beihilfefestsetzungsstelle die schriftlich geschlossenen Wahlleistungsvereinbarungen vorzulegen. $_{3}$Für den Abzug der Eigenbeteiligungen nach Art. 96 Abs. 2 Satz 7

BayBG zählen Aufnahme- und Entlassungstag als ein Tag.

28.1.10 1Vor-, nach- sowie teilstationär erbrachte wahlärztliche Leistungen unterliegen nicht der Eigenbeteiligung nach Art. 96 Abs. 2 Satz 7 Nr. 1 BayBG. 2Dies gilt auch für belegärztliche Leistungen (§ 18 KHEntgG, § 16 BPflV).

28.1.11 1Die Eigenbeteiligung für wahlärztliche Leistungen pro Aufenthaltstag im Krankenhaus kann bei allen stationären Aufwendungen – auch bei der Krankenhausabrechnung – berücksichtigt werden. 2Werden wahlärztliche Leistungen von externen Dritten erbracht und vor Beendigung des stationären Krankenhausaufenthaltes in Rechnung gestellt, kann die Beihilfeabrechnung hierzu ohne Abzug einer Eigenbeteiligung durchgeführt werden. 3Die Sätze 1 und 2 gelten nicht im Fall der Direktabrechnung nach § 48 Abs. 4 Satz 2. 4Der Eigenbehalt nach Art. 96 Abs. 2 Satz 7 Nr. 1 BayBG ist hier erst bei der Geltendmachung der wahlärztlichen Leistungen zu berücksichtigen.

28.1.12 Eine gegebenenfalls erforderliche Begrenzung nach Art. 96 Abs. 2 Satz 2 BayBG in Verbindung mit § 47 Abs. 1 und 2 erfolgt vor Abzug der Eigenbeteiligungen nach Art. 96 Abs. 2 Satz 7 BayBG.

28.1.13 Der Ansatz der Eigenbeteiligungen nach Art. 96 Abs. 2 Satz 7 BayBG erfolgt nach Anwendung der persönlichen Bemessungssätze.

28.2 1Die Feststellung des jeweiligen Höchstbetrages erfolgt getrennt ist nach Kostenarten (allgemeine Krankenhausleistung, § 28 Abs. 2 Satz 1 Nr. 1; Wahlleistung Unterbringung, § 28 Abs. 2 Satz 1 Nr. 2). 2Die von den Kliniken in Rechnung gestellte Umsatzsteuer ist grundsätzlich beihilfefähig und kann bis zum maßgebenden beihilfefähigen Höchstbetrag berücksichtigt werden. 3Die Nr. 28.1.12 gilt entsprechend.

29. Beihilfe bei Behandlungen in Rehabilitationseinrichtungen

29.1 Rehabilitationsleistungen, die stationär erbracht werden, unterliegen nicht der Eigenbeteiligung nach Art. 96 Abs. 2 Satz 7 BayBG.

29.2 1Von einem zeitlichen Zusammenhang kann grundsätzlich immer dann ausgegangen werden, wenn die Unterbrechung nicht länger als drei Wochen andauert. 2Bei einer längeren Unterbrechung kann dennoch von einem zeitlichen Zusammenhang ausgegangen werden, wenn die Anschlussheilbehandlung aus medizinischen Gründen oder aufgrund der Auslastung der Einrichtung nicht innerhalb der Frist angetreten werden kann.

29.5.1 1Die ärztliche Bescheinigung (§ 29 Abs. 5 Satz 1) oder das amts- oder vertrauensärztliche Gutachten (§ 29 Abs. 5 Satz 3) muss vor dem Beginn der Maßnahme erstellt worden sein. 2Darin sollen Angaben zur Einrichtung und zur Dauer der Maßnahme enthalten sein. 3Die Voraussetzungen nach § 29 Abs. 5 Satz 1 gelten bei Maßnahmen nach § 29 Abs. 1 Nr. 1 auch dann als erfüllt, wenn die Kostenübernahmeerklärung zum Beispiel eines privaten Krankenversicherungsunternehmens, die auch Angaben über den Ort und die Dauer der Behandlung enthalten soll, vorgelegt wird.

29.5.2 1Liegen die Voraussetzungen des § 29 Abs. 5 Satz 2 nicht vor, ist die Möglichkeit einer Abrechnung nach § 30 Abs. 2 zu prüfen. 2Liegen auch die hierfür erforderlichen Voraussetzungen (§ 30 Abs. 6) nicht vor, sind nur die Aufwendungen nach §§ 8, 18 und 19 beihilfefähig.

29.5.3 Für den Anerkennungsbescheid nach § 29 Abs. 5 Satz 5 kann das Formblatt 8 (vergleiche Nr. 48.3.3, Anhang 4) verwendet werden.

29.6.1 Die Anwesenheit einer Begleitperson kann notwendig sein, wenn zum Beispiel

a) aus schwerwiegenden psychologischen Gründen eine Trennung eines minderjährigen Kindes von der Bezugsperson eine erfolgreiche Durchführung der stationären Rehabilitation gefährden würde oder

b) wenn der Betroffene wegen einer schweren Behinderung (zum Beispiel Blindheit) einer ständigen Hilfe bedarf, die von der Einrichtung nicht erbracht werden kann oder

c) während der stationären Rehabilitation eine Einübung der Begleitperson in therapeutische Verfahren, Verhaltensregeln oder Nutzung von technischen Hilfen notwendig ist.

29.6.2 Werden im Rahmen einer familienorientierten Rehabilitation für Begleitpersonen, die nach § 3 berücksichtigungsfähig sind, Leistungen nach §§ 8, 18 und 19 gesondert berechnet, sind diese Behandlungskosten den jeweiligen berücksichtigungsfähigen Angehörigen zuzuordnen.

29.6.3 $_{1}$Der Schlussbericht (§ 29 Abs. 6 Satz 1 Nr. 4) soll bestätigen, dass eine stationäre Rehabilitation ordnungsgemäß durchgeführt worden ist. $_{2}$Darüber hinausgehende medizinische Angaben sind nicht erforderlich.

29.6.4 $_{1}$Führen beihilfeberechtigte Personen und ihre berücksichtigungsfähigen Angehörigen zur gleichen Zeit und in derselben Einrichtung gemeinsam eine stationäre Rehabilitationsbehandlung durch, gelten gemeinsame Fahrten dorthin als eine Fahrt; dies gilt nicht bei Benutzung öffentlicher Verkehrsmittel. $_{2}$Ist die zu behandelnde Person gehunfähig oder ähnlich in der Bewegung eingeschränkt oder bedarf er während der Fahrt einer medizinischen Überwachung, können bei der Anreise zu Maßnahmen nach § 29 Abs. 1 Nr. 1 abweichend von § 29 Abs. 6 Satz 1 Nr. 5 Fahrtkosten für Fahrten nach § 26 Satz 1 Nr. 3 in sinngemäßer Anwendung von § 26 Satz 4 als beihilfefähig anerkannt werden.

30. Beihilfe bei Kuren

30.3.1 Die Anerkennung der Beihilfefähigkeit der Aufwendungen dieser Maßnahme, die grundsätzlich stationär durchgeführt wird, setzt voraus, dass in der Bescheinigung nach § 30 Abs. 6 Satz 1 Nr. 4 oder Satz 2 Nr. 1 die Kurbedürftigkeit der Mutter bzw. des Vaters bestätigt wird.

30.3.2 $_{1}$Für Kinder, die bei Mutter- oder Vater-Kind-Kuren in die Einrichtung mit aufgenommen werden, obwohl sie selbst nicht behandlungsbedürftig sind, sind die Aufwendungen neben den Aufwendungen für die Mutter oder den Vater beihilfefähig, wenn deren Einbeziehung nach ärztlicher Bescheinigung für den Erfolg der Maßnahme Voraussetzung ist (zum Beispiel Unzumutbarkeit der Trennung von Mutter oder Vater und Kind wegen besonderer familiärer Verhältnisse oder des Alters des Kindes, wenn das Kind sonst nicht versorgt werden könnte). $_{2}$Aufwendungen für das Kind nach Satz 1 sind dem behandelnden Elternteil zuzurechnen.

30.3.3 $_{1}$Ist alleine das Kind behandlungsbedürftig, so handelt es sich nicht um eine Mutter- oder Vater-Kind-Kur. $_{2}$In diesem Fall ist eine stationäre Rehabilitation (§ 29 Abs. 4, 5 Satz 2 und 3) für das Kind zu beantragen.

30.3.4 $_{1}$Um eine anerkannte Einrichtung handelt es sich, wenn ein Versorgungsvertrag nach § 111a SGB V zwischen der Einrichtung und der gesetzlichen Krankenkasse besteht. $_{2}$Sofern die entstandenen Aufwendungen in pauschalen Tagessätzen abgerechnet werden, sind auch die Kosten des nicht behandlungsbedürftigen Kindes in voller Höhe beihilfefähig. $_{3}$Nr. 30.3.2 Satz 2 gilt entsprechend.

30.4.1 Maßnahmen, die eine Dauer von 21 Tagen deutlich unterschreiten, gelten nicht als ambulante Heilkuren.

30.4.2 Das Heilkurorteverzeichnis wird als Anhang 2 herausgegeben.

30.5.1 $_{1}$Nrn. 29.6.1 und 29.6.2 gelten entsprechend. $_{2}$Liegen die erforderlichen Voraussetzungen (§ 30 Abs. 6) nicht vor, sind nur die Aufwendungen nach §§ 8, 18 und 19 beihilfefähig.

30.5.2 $_{1}$Reisetage werden bei der Feststellung der Dauer der Kur nach § 30 Abs. 5 Satz 1 Nr. 7 nicht berücksichtigt. $_{2}$Eine Verlängerung einer Kur nach § 30 Abs. 1 Nr. 1 und 3 ist nicht beihilfefähig.

30.5.3 Bei der Mutter- oder Vater-Kind-Kur handelt es sich um eine einheitliche Maßnahme mit der Folge, dass auch nur einmal die Fahrkosten (für die Hauptperson – Mutter oder Vater) nach § 30 Abs. 5 Satz 1 Nr. 3 als beihilfefähig anerkannt werden können; dies gilt nicht bei Benutzung öffentlicher Verkehrsmittel.

30.6.1 Bei der Berechnung der Wartezeit nach Abs. 6 Satz 1 Nr. 2 bleiben solche Kuren außer Betracht, für die keine Beihilfe nach Abs. 5

Satz 1 Nr. 2 bis 7 gewährt wurde oder die aus zwingenden Gründen (zum Beispiel stationäre Behandlung der beihilfeberechtigten Person oder deren berücksichtigungsfähiger Angehöriger, Todesfall eines Angehörigen) abgebrochen wurden.

30.6.2 $_{1}$In der ärztlichen Bescheinigung (§ 30 Abs. 6 Satz 1 Nr. 4) oder dem amts- oder vertrauensärztlichen Gutachten (§ 30 Abs. 6 Satz 2 Nr. 1) soll die Einrichtung im Sinne des § 29 Abs. 1 oder der Kurort angegeben werden. $_{2}$Sie darf grundsätzlich nicht älter als vier Monate sein.

30.6.3 $_{1}$Bei aktiven Bediensteten ist bei allen Formen von Kuren im Sinne des § 30 Abs. 1 eine amtsärztliche Begutachtung erforderlich. $_{2}$Bei Bediensteten in Altersteilzeit, die sich in der Freistellungsphase befinden, ist abweichend von § 30 Abs. 6 Satz 2 eine Prüfung, ob die Leistungsvoraussetzungen gegeben sind, nach den Vorgaben des § 30 Abs. 6 Satz 1 ausreichend. $_{3}$Dies gilt auch während einer Beurlaubung ohne Dienstbezüge im Sinne der Art. 89 und 99 Abs. 1 Satz 1 Nr. 2 BayBG.

30.6.4 § 30 Abs. 6 Satz 3 gilt entsprechend bei der erstmaligen Durchführung von Kuren bei Kindern im Vorschulalter.

30.6.5 Der Zeitraum nach § 30 Abs. 6 Satz 2 Nr. 3 beträgt vier Monate nach Bekanntgabe des Bescheides, soweit amtsärztlich nicht anderes bestimmt ist.

30.6.6 Aus der amtsärztlichen Bescheinigung muss hervorgehen, dass ambulante ärztliche Behandlungen und Heilbehandlungen außerhalb von Kurmaßnahmen bereits ausgeschöpft oder wegen erheblich beeinträchtigter Gesundheit nicht ausreichend sind.

30.6.7 Für den Anerkennungsbescheid nach § 30 Abs. 6 Satz 2 kann das Formblatt 9 (vergleiche Nr. 48.3.3, Anhang 4) verwendet werden.

31. Beihilfefähige Aufwendungen bei dauernder Pflegebedürftigkeit

31.1.1 $_{1}$Die Beihilfefähigkeit umfasst Aufwendungen für körperbezogenen Pflegemaßnahmen, pflegerischen Betreuungsmaßnahmen und Hilfen bei der Haushaltsführung bei Vorliegen einer Pflegedürftigkeit im Sinne der §§ 14 und 15 SGB XI. $_{2}$Aufwendungen für eine notwendige Behandlungspflege sind daneben nach § 24 beihilfefähig.

31.2.1 Zur Feststellung der Pflegebedürftigkeit und zum Verfahren siehe § 40 sowie die Nr. 40.

31.2.2 $_{1}$Die Beschäftigung und Betreuung zum Beispiel in einer Werkstatt für Menschen mit Behinderung ist keine Pflege im Sinne des § 31 (vergleiche Art. 96 Abs. 2 Satz 6 BayBG). $_{2}$Werkstattgebühren und Versicherungsbeiträge für Menschen mit Behinderung sind deshalb nicht beihilfefähig (vergleiche § 7 Abs. 4 Nr. 2). $_{3}$Ebenfalls nicht beihilfefähig sind mittelbare Folgekosten, die durch einen zur Erfüllung der Schulpflicht vorgeschriebenen Sonderschulunterricht entstehen (zum Beispiel Fahrtkosten).

31.4 $_{1}$Die Pflegeberatung nach § 7a SGB XI ist für die pflegebedürftige Person kostenfrei. $_{2}$Aufwendungen für eine Pflegeberatung werden der Festsetzungsstelle vom Träger der Pflegeberatung in Rechnung gestellt und sind direkt an diesen zu zahlen, wenn die Pflegeberatung für eine beihilfeberechtigte oder berücksichtigungsfähige Person erfolgte und die Voraussetzungen nach § 31 Abs. 4 Nr. 1 oder 2 erfüllt sind. $_{3}$Der nach § 7 Abs. 3 Satz 4 maßgebenden Pauschalbetrag pro Beratungsgespräch wird vom für Finanzen zuständige Staatsministerium bekanntgegeben. $_{4}$In Ausnahmefällen kann für eine beratungsbedürftige beihilfeberechtigte oder berücksichtigungsfähige Person die Pauschale mehrfach berechnet werden. $_{5}$In Zweifelsfällen ist eine unmittelbare Abklärung durch die Festsetzungsstelle mit der compass GmbH möglich.

32. Häusliche und teilstationäre Pflege

32.1.1 $_{1}$Nach § 89 SGB XI werden Vergütungen der ambulanten Leistungen der häuslichen Pflegehilfe und der ergänzenden Unterstützungsleistungen für alle Pflegebedürftige nach einheitlichen Grundsätzen vereinbart. $_{2}$Aufwendungen für Pflegeeinsätze sind angemessen, soweit sie sich im Rahmen dieser Vergütungsvereinbarungen halten. $_{3}$Die jeweiligen pflegegradabhängigen Einsätze gelten als erbracht, soweit nicht § 32 Abs. 3 Anwendung findet. $_{4}$Fahrtkosten der Pflegekraft sind nicht gesondert beihilfefähig. $_{5}$Investitionskosten, die von ambulanten Pflegediensten in Rechnung gestellt werden, sind nicht beihilfefähig (vgl. § 32 Abs. 1 Satz 2).

32.1.2 $_{1}$Der Umfang des beihilfefähigen Pflegeaufwandes ist abhängig von der Zuordnung zu einer der fünf Pflegegrade. $_{2}$Die Zuordnung zu einem Pflegegrad erfolgt durch die private oder soziale Pflegeversicherung oder durch ein amts- oder vertrauensärztliches Gutachten (§ 40).

32.1.3 $_{1}$Bis zu den festgelegten Obergrenzen der beihilfefähigen Aufwendungen sind die Kosten einer teilstationären Pflege in einer Tages- oder Nachtpflegeeinrichtung beihilfefähig. $_{2}$Stellt die teilstationäre Pflegeeinrichtung einen Pauschalsatz für Pflegeleistungen und Unterkunft und Verpflegung in Rechnung, sind 50 % des Pauschalsatzes als Pflegekosten anzusetzen.

32.2.1 $_{1}$Der Anspruch auf Pauschalbeihilfe setzt voraus, dass die pflegebedürftige Person mit der Pauschalbeihilfe die erforderlichen körperbezogenen Pflegemaßnahmen, pflegerischen Betreuungsmaßnahmen und Hilfen bei der Haushaltsführung in geeigneter Weise selbst sicherstellt. $_{2}$Die Pauschalbeihilfe stellt kein Entgelt für erbrachte Pflegeleistungen dar.

32.2.2 Die Höhe der Pauschalbeihilfe ist abhängig von der Zuordnung zu einem der fünf Pflegegrade (vergleiche hierzu Nrn. 32.1.2 und 32.1.3).

32.2.3 $_{1}$Zeiten, für die Aufwendungen einer vollstationären Krankenhausbehandlung nach § 28, einer stationären Rehabilitation nach § 29 oder in einer stationären Einrichtung im Sinne der §§ 36 und 37 für den Pflegebedürftigen geltend gemacht werden, unterbrechen die häusliche Dauerpflege. $_{2}$Für diese Zeiten wird die Pauschalbeihilfe anteilig nicht gewährt. $_{3}$Dies gilt nicht in den ersten vier Wochen einer vollstationären Krankenhausbehandlung (§ 28) oder stationären Rehabilitation (§ 29). $_{4}$Bei einem stationären Krankenhausaufenthalt oder einer stationären Rehabilitation (§ 29) beginnt die Vier-Wochen-Frist mit dem Aufnahmetag. $_{5}$Bei einem unmittelbaren Wechsel von einem akutstationären Krankenhausaufenthalt in eine stationäre Rehabilitation liegt ein einheitlicher Unterbrechungszeitraum vor; die Vier-Wochen-Frist beginnt mit dem Aufnahmetag der stationären Krankenhausbehandlung zu laufen. $_{6}$Bei einer Kürzung setzt die Leistung mit dem Entlassungstag wieder ein.

32.2.4 Die zeitweise Abwesenheit des Pflegebedürftigen wegen des Besuchs eines Sonderkindergartens, einer Sonderschule, einer Werkstatt für behinderte Menschen oder einer anderen vergleichbaren Einrichtung unterbrechen die häusliche Dauerpflege nicht.

32.2.5 $_{1}$Entsprechende Leistungen auf Grund sonstiger Rechtsvorschriften im Sinne von § 32 Abs. 2 Satz 4 sind zum Beispiel solche nach § 35 Abs. 1 Bundesversorgungsgesetz (BVG), Art. 51 BayBeamtVG. $_{2}$Dies gilt nicht für Leistungen nach § 64a SGB XII.

32.2.6 $_{1}$Erfolgt die eigenverantwortlich sichergestellte Pflege (Nr. 32.2.1 Satz 1) nicht für den gesamten Kalendermonat, ist die Pauschalbeihilfe entsprechend zu mindern; dabei ist der Kalendermonat mit 30 Tagen anzusetzen. $_{2}$Bei Kurzzeitpflege erfolgt keine Kürzung der Pauschalbeihilfe für den ersten und den letzten Tag der Inanspruchnahme einer Kurzzeitpflege (§ 34).

32.2.7 Hinsichtlich einer laufenden Abschlagszahlung siehe Nr. 48.4.2.

32.2.8 $_{1}$Ist bei Personen im Sinne des § 32 Abs. 2 Satz 10 die Pflege im häuslichen Bereich (zum Beispiel an den Wochenenden oder in Ferienzeiten) nicht sichergestellt, kann Beihilfe nach Maßgabe des § 33 oder des § 34 gewährt werden. $_{2}$Eine Anrechnung auf die Beihilfe nach § 37 ist nicht vorzunehmen. $_{3}$Sofern für die pflegebedürftige Person in dieser Zeit, in der keine Pflege im häuslichen Bereich durchgeführt werden kann, die Unterbringung in derselben vollstationären Einrichtung der Hilfe für behinderte Menschen sichergestellt wird, kann eine Beihilfegewährung nach § 33 oder § 34 nicht erfolgen. $_{4}$Die dadurch entstehenden Aufwendungen sind mit der Beihilfe zu den Aufwendungen nach § 37 abgegolten.

32.2.9 Bei vorübergehender Abwesenheit der pflegebedürftigen Person von der teilstationären Pflegeeinrichtung gelten die Vorgaben der Nr. 36.1.5 sinngemäß.

32.3.1 $_1$Bei einer Kombination der Leistungen nach § 32 Abs. 1 und 2 ist das in der privaten oder sozialen Pflegeversicherung zugrunde gelegte Verhältnis der anteiligen Inanspruchnahme auf der Basis des tatsächlich in Anspruch genommenen Betrags der Sachleistung im Verhältnis zum Höchstbetrag der Sachleistung nach § 36 Abs. 3 SGB XI auch für die Beihilfe maßgeblich. $_2$Zum Nachweis dieses Verhältnisses kann auch die entsprechende Leistungsabrechnung der privaten oder sozialen Pflegeversicherung bei der beihilfeberechtigten Person angefordert werden.

32.3.2 Bei einer Kombinationspflege kann grundsätzlich unterstellt werden, dass die Pflege im erforderlichen Umfang sichergestellt ist.

32.3.3 Beispiele:

32.3.3.1 $_1$Der in der privaten Pflegeversicherung versicherte Versorgungsempfänger nimmt als Pflegebedürftiger des Pflegegrads 2 zu jeweils 50 % die Pflege durch Berufspflegekräfte (362 € von 724 €) und das Pflegegeld (158 € von 316 €) in Anspruch. $_2$Die Rechnung für die Pflege durch Berufspflegekräfte beträgt 362 €.

a) **Leistungen der privaten Pflegeversicherung**
- **zu den Aufwendungen für die Berufspflegekraft**
  30 % von 362 € = 108,60 €
- **zum Pflegegeld**
  30 % von 158 € = 47,40 €

Gesamt = 156,00 €

b) **Leistungen der Beihilfe**
Die hälftige Höchstgrenze (50 % aus 724 € = 362 €) wird nicht überschritten.
- **zu den Aufwendungen für die Berufspflegekraft**
  70 % von 362 € = 253,40 €
- **Pauschalbeihilfe**
  158 € abzüglich 47,40 € der privaten Krankenversicherung = 110,60 €

Gesamt = 364,00 €

32.3.3.2 $_1$Der in der sozialen Pflegeversicherung versicherte Versorgungsempfänger nimmt als Pflegebedürftiger des Pflegegrads 2 zu jeweils 50 % die Pflege durch Berufspflegekräfte (362 € von 724 €) und das Pflegegeld (158 € von 316 €) in Anspruch; die hälftige Höchstgrenze für Pflegekräfte wird nicht überschritten. $_2$Als Person nach § 28 Abs. 2 SGB XI erhält der Versorgungsempfänger von der sozialen Pflegeversicherung in diesem Fall von der Hälfte 50 %.

a) **Leistungen der sozialen Pflegeversicherung**
- **zu den Aufwendungen für die Berufspflegekraft**
  50 % von 362 € = 181,00 €
- **zum Pflegegeld**
  50 % von 158 € = 79,00 €

Gesamt = 260,00 €

b) **Leistungen der Beihilfe**
- **zu den Aufwendungen für die Berufspflegekraft in gleichem Wert der Leistungen der sozialen Pflegeversicherung (§ 31 Abs. 3)** = 181,00 €
- **Pauschalbeihilfe**
  50 % von 316 € = 158 € abzüglich des anteiligen Pflegegeldes der sozialen Pflegeversicherung von 79 € = 79,00 €

Gesamt = 260,00 €

32.3.4 Ist in der privaten oder sozialen Pflegeversicherung die Inanspruchnahme von Leistungen nach § 38 SGB XI auf Grund der Ausschöpfung des Leistungsrahmens nach § 36 Abs. 3 und 4 SGB XI nicht möglich, ist die Gewährung von Leistungen nach § 32 Abs. 3 ebenfalls ausgeschlossen.

32.5.1 Aufwendungen der teilstationären Pflege sind zusätzlich zu Aufwendungen nach den § 32 Abs. 1 bis 3 beihilfefähig, ohne dass eine Anrechnung auf diese Aufwendungen erfolgt.

32.5.2 $_1$Kosten für Fahrten zur teilstationären Pflegeeinrichtung sind Bestandteil der mit der Pflegeeinrichtung geschlossenen Pflegesatzvereinbarungen und sind im Rahmen des jeweils maßgebenden Höchstbetrages nach § 32 Abs. 1 Satz 1 beihilfefähig. 2Sofern Fahrtkosten nicht in der Rechnung der Einrichtung enthalten sind und gesondert geltend gemacht werden, sind diese nach den Vorgaben des § 26 Satz 2 und 3 bei Fahrten von Angehörigen zu ermitteln oder die tatsächlichen Fahrtkosten bei Beförderung mit öffentlichen Verkehrsmitteln zu berücksichtigen und im Rahmen der Höchstbeträge nach § 32 Abs. 1 Satz 1 mit zu berücksichtigen.

32.6 1Beihilfen werden zu Aufwendungen für Beratungsbesuche gewährt, wenn die private oder soziale Pflegeversicherung hierfür anteilig Zuschüsse zahlt. 2Die Durchführung der Beratungen ist nach § 37 Abs. 4 SGB XI auch gegenüber der Festsetzungsstelle zu belegen. 3Der Umfang der anteiligen Beihilfeleistungen bestimmt sich nach § 37 Abs. 3 SGB XI.

33. Verhinderungspflege

33.1 1Beihilfen zu Aufwendungen für eine Verhinderungspflege können bis zum Erreichen des Höchstbetrages nach § 33 Abs. 1 Satz 1 ohne eine Beiziehung der Entscheidung der privaten oder sozialen Pflegeversicherung gewährt werden. 2Die Gewährung von Beihilfeleistungen unter Nutzung der Übertragungsmöglichkeit des § 33 Abs. 1 Satz 2 sowie gegebenenfalls in Kombination mit Leistungen nach § 38, insbesondere für noch nicht genutzte Kontingente aus den Vorjahren, soll auf der Basis der jeweiligen Entscheidung der privaten oder sozialen Pflegeversicherung erfolgen.

33.2 1Ob die Pflegeperson mit dem Pflegebedürftigen verwandt oder verschwägert ist, richtet sich nach §§ 1589, 1590 BGB. 2Als notwendige Aufwendungen im Sinne des § 33 Abs. 2 Satz 2 gelten zum Beispiel Fahrtkosten der Pflegeperson.

34. Kurzzeitpflege

1Beihilfen zu Aufwendungen für eine Kurzzeitpflege können bis zum Erreichen des Höchstbetrages nach § 34 Abs. 1 Satz 1 ohne eine Beiziehung der Entscheidung der privaten oder sozialen Pflegeversicherung gewährt werden. 2Die Gewährung von Beihilfeleistungen unter Nutzung der Übertragungsmöglichkeit des § 34 Abs. 1 Satz 2 soll auf der Basis der jeweiligen Entscheidung der privaten oder sozialen Pflegeversicherung erfolgen.

35. Aufwendungen für Pflegehilfsmittel sowie für Maßnahmen zur Verbesserung des individuellen Wohnumfelds

35.1 Werden Aufwendungen von Pflegehilfsmitteln von der privaten oder sozialen Pflegeversicherung nicht bezuschusst oder anerkannt, ist eine mögliche Beihilfefähigkeit der Aufwendungen nach § 21 zu prüfen.

35.2 Aufwendungen für Inkontinenzartikel sind im Rahmen des § 21 beihilfefähig.

36. Stationäre Pflege

36.1.1 1Werden zu den Kosten einer stationären Pflege Leistungen der privaten oder sozialen Pflegeversicherung erbracht, ist davon auszugehen, dass die Pflegeeinrichtung eine nach § 72 Abs. 1 SGB XI zugelassene Einrichtung ist. 2Bei den Pflegesätzen dieser Einrichtungen ist eine Differenzierung nach Kostenträgern nicht zulässig (§ 84 Abs. 3 SGB XI).

36.1.2 Zusatzleistungen im Sinne des § 88 Abs. 1 SGB XI sind nicht beihilfefähig.

36.1.3 Investitionskosten sind die in § 82 Abs. 3 SGB XI genannten Aufwendungen.

36.1.4 1Bei vorübergehender Abwesenheit von Pflegebedürftigen aus dem Pflegeheim wegen Krankheit gelten die Aufwendungen für Betten- und Platzfreihaltegebühren für die Dauer der jeweiligen Abwesenheit, im Übrigen bis zu 42 Kalendertagen als Pflegeleistungen. 2Beihilfefähig sind die nach § 87a Abs. 1 Satz 7 SGB XI geminderten Beträge.

36.1.5 1Besteht der Anspruch auf Beihilfe nicht für einen vollen Kalendermonat und werden die in § 36 Abs. 1 Satz 2 genannte beihilfefähigen Höchstbeträge nicht durch pflegebedingte Aufwendungen, Aufwendungen der sozialen Betreuung sowie der medizinischen Behandlungspflege ausgeschöpft, können bis zum Erreichen des jeweils maß-

VII

gebenden beihilfefähigen Höchstbetrages auch Aufwendungen für Unterkunft, Verpflegung und Investitionskosten berücksichtigt werden. 2Zu darüber hinausgehenden Kosten für Unterkunft, Verpflegung und Investitionskosten ist eine Beihilfegewährung nach den Vorgaben des § 36 Abs. 3 möglich.

36.2.1 1Beihilfeleistungen zu Anerkennungsbeträgen sind bei Nachweis entsprechender Leistungen der Pflegekasse oder der Pflegeversicherung auf Antrag des Beihilfeberechtigten unmittelbar an die Pflegeeinrichtung zu erbringen. 2Insoweit gelten die besonderen Voraussetzungen nach Nr. 48.6.5 als erfüllt.

36.2.2 Ab dem Zeitpunkt der Rückstufung des Pflegebedürftigen sind Beihilfeleistungen zu pflegebedingten Aufwendungen nach dem niedrigeren Pflegegrad zu gewähren.

36.2.3 Erfolgt vor Ablauf des Zeitraums nach § 87a Abs. 4 Satz 3 SGB XI eine Höherstufung des Pflegebedürftigen, sind die zum Anerkennungsbetrag gewährten Beihilfeleistungen von der stationären Pflegeeinrichtung zurückzufordern.

VII

36.3.1 Die in der Rechnung eines Pflegeheims ausgewiesenen Investitionskosten des tatsächlich belegten Zimmers sind der Beihilfefestsetzung im Sinne des § 36 Abs. 3 zugrunde zu legen.

36.3.2 1Zusatzleistungen im Sinne des § 88 Abs. 1 SGB XI, die im Vorfeld der Inanspruchnahme zwischen dem Heimträger und dem Pflegebedürftigen zu vereinbaren sind (§ 88 Abs. 1 in Verbindung mit Abs. 2 SGB XI) sind nicht beihilfefähig. 2Zusatzleistungen in diesem Sinne sind insbesondere Komfortleistungen bei Unterkunft und Verpflegung (zum Beispiel im Vergleich zu anderen Zimmern des Heimes besondere Größe, besondere Lage des Zimmers, gesonderte Verpflegung) sowie zusätzliche pflegerisch-betreuende Maßnahme.

36.3.3 Als Endgehalt der Besoldungsgruppe A 9 wird das Endgrundgehalt der Besoldungsgruppe A 9 zuzüglich des Familienzuschlags Stufe 1 und der Strukturzulage nach Art. 33 in Verbindung mit Anlage 4 BayBesG zugrunde gelegt; das für Finanzen zuständige Staatsministerium der Finanzen und für Heimat gibt den jeweiligen Betrag bekannt.

36.3.4 Das Einkommen ist vom Beihilfeberechtigten durch Vorlage geeigneter Unterlagen nachzuweisen.

36.3.4.1 1Dienstbezüge im Sinne des § 36 Abs. 3 sind die in Art. 2 Abs. 2 BayBesG genannten Bruttobezüge (Familienzuschlag ohne kinderbezogene Anteile) oder vergleichbare beamtenrechtliche Bezüge nach Bundes- oder Landesrecht; Versorgungsbezüge sind die in Art. 2 Abs. 1 Nr. 1 bis 6 BayBeamtVG genannten Bruttobezüge (mit Ausnahme des Unterschiedsbetrages nach Art. 69 Abs. 2 BayBeamtVG), soweit nicht nach Art. 92 BayBeamtVG (Versorgungsausgleich) geringere Versorgungsbezüge zustehen, oder vergleichbare beamtenversorgungsrechtliche Bezüge nach Bundes- oder Landesrecht. 2Unfallausgleich nach Art. 52 BayBeamtVG, Unfallentschädigung nach Art. 62 BayBeamtVG (auch wenn diese Leistungen im Rahmen der Unfallfürsorge bei einem Einsatzunfall nach Art. 65 BayBeamtVG gewährt werden) und Leistungen für Kindererziehung nach § 294 SGB VI bleiben unberücksichtigt. 3Beim Zusammentreffen von Versorgungsbezügen mit Verwendungseinkommen, Versorgung aus zwischenstaatlicher oder überstaatlicher Verwendung, mehrerer Versorgungsbezüge oder mit den in Abs. 3 Satz 2 bezeichneten Renten ist die Summe aller nach Anwendung von Ruhens- oder Anrechnungsvorschriften gezahlten Dienst- oder Versorgungsbezüge zugrunde zu legen.

36.3.4.2 Renten sind mit ihrem Zahlbetrag zu berücksichtigen; dies ist bei Renten aus der gesetzlichen Rentenversicherung der Betrag, der sich ohne Berücksichtigung des Beitragszuschusses und vor Abzug der Beiträge zur Kranken- und Pflegeversicherung ergibt.

36.3.4.3 1Einkommen von Kindern bleiben unberücksichtigt. 2Einkommen aus geringfügigen Tätigkeiten (§ 8 SGB IV) bleiben außer Ansatz.

36.3.4.4 Bei Halbwaisen, die sich am 31. Dezember 2006 bereits in stationärer Pflege befanden und Beihilfeleistungen nach § 9 Abs. 7 der Beihilfevorschriften des Bundes in der am 31. Dezember 2006 geltenden Fassung erhielten, ist anstelle des Eigenanteils nach § 36 Abs. 3 Satz 3 weiterhin nach den Vorgaben des § 9 Abs. 7 Satz 6 Nr. 3 der Beihilfevorschriften des Bundes in der am 31. Dezember 2006 geltenden Fassung zu verfahren, solange die Notwendigkeit für eine dauernde Unterbringung fortbesteht.

36.3.5 Berücksichtigungsfähige Angehörige im Sinne des § 36 Abs. 3 Satz 3 Nr. 1 bis 3 sind

a) Personen, die nach § 3 Abs. 1 und 2 zu berücksichtigen oder nach § 5 Abs. 3 nur deshalb nicht zu berücksichtigen sind, weil sie selbst beihilfeberechtigt sind,
b) Kinder, die nach Art. 96 Abs. 1 Satz 3 BayBG nicht zu berücksichtigen sind, weil sie einen eigenständigen Anspruch auf Beihilfe und auf Heilfürsorge haben.

36.3.6 Bei gleichzeitiger stationärer Pflege der beihilfeberechtigten Person und aller berücksichtigungsfähigen Angehörigen ist eine Aufteilung des einkommensabhängigen Eigenanteils nach § 36 Abs. 3 Satz 3 Nr. 3 zu gleichen Teilen nach der Zahl der stationär gepflegten Personen vorzunehmen.

36.3.7 Die Beihilfe ist in voller Höhe des nach Anrechnung des Eigenanteils verbleibenden Betrages zu zahlen; Art. 96 Abs. 3 Satz 2 und 3 BayBG sowie § 46 Abs. 3 und 5 finden keine Anwendung.

36.3.8 Hinsichtlich einer laufenden Abschlagszahlung siehe Nr. 48.4.2.

37. Vollstationäre Einrichtungen der Hilfe für Menschen mit Behinderung

37.1 1Beihilfefähig sind 15 % der nach Teil 2 Kapitel 8 des SGB IX vereinbarten Vergütung, höchstens 266 € monatlich. 2Wird für die Tage, an denen die pflegebedürftigen Menschen mit Behinderungen zu Hause gepflegt und betreut werden, anteilige Pauschalbeihilfe gewährt, gelten die Tage der An- und Abreise als volle Tage der häuslichen Pflege.

37.2 Bei zu Hause gepflegten Kindern bis zur Vollendung des 18. Lebensjahres, die ausnahmsweise eine Kurzzeitpflege in geeigneten Einrichtungen der Hilfe für Menschen mit Behinderungen und anderen geeigneten Einrichtungen erhalten, erfolgt die Abrechnung ausschließlich nach § 34 Abs. 2.

38. Angebote zur Unterstützung im Alltag, Entlastungsbetrag

1Die Inanspruchnahme des Umwandlungsanspruchs nach § 38 Abs. 1 und die Inanspruchnahme des Entlastungsbetrages nach § 38 Abs. 2 erfolgen unabhängig voneinander. 2Ein Vorrang-Nachrang-Verhältnis zwischen diesen beiden Ansprüchen besteht nicht.

39. Palliativversorgung

39.1 Die spezialisierte ambulante Palliativversorgung (SAPV) umfasst ärztliche und pflegerische Leistungen einschließlich ihrer Koordination, insbesondere zur Schmerztherapie und Symptomkontrolle, und zielt darauf ab, die Betreuung in der vertrauten häuslichen Umgebung zu ermöglichen.

39.2.1 1Hospize sind Einrichtungen, in denen unheilbar Kranke in ihrer letzten Lebensphase palliativmedizinisch, das heißt leidensmindernd, pflegerisch und seelisch betreut werden. 2Das Hospiz muss einen Versorgungsvertrag mit der mindestens einer gesetzlichen Krankenkasse abgeschlossen haben.

39.2.2 In Ausnahmefällen können die Kosten bis zur Höhe der Kosten einer Hospizbehandlung auch in anderen Häusern, die palliativmedizinische Versorgung erbringen, übernommen werden, wenn auf Grund der Besonderheit der Erkrankung oder eines Mangels an Hospizplätzen eine Unterbringung in einem wohnortnahen Hospiz nicht möglich ist.

40. Festsetzungsverfahren bei pflegebedingten Aufwendungen

40.1 Dem Antrag auf Beihilfe ist ein Nachweis über die Zuordnung zu einem Pflegegrad nach § 15 Abs. 1 Satz 1 und Abs. 3 Satz 3 SGB XI beizufügen.

40.2 1Für Versicherte der privaten oder sozialen Pflegeversicherung stellt deren Versicherung die Pflegebedürftigkeit, den Pflegegrad

VII

sowie den Leistungsbeginn fest (gesetzliche Verpflichtung). $_{2}$Diese Feststellung ist auch für die Festsetzungsstelle maßgebend und dieser vom Antragsteller in geeigneter Weise zugänglich zu machen (zum Beispiel Abschrift des Gutachtens, gegebenenfalls schriftliche Leistungszusage der Versicherung). $_{3}$Ohne einen derartigen Nachweis ist diesbezüglich eine Bearbeitung des Antrages nicht möglich (vergleiche Art. 22 BayVwVfG). $_{4}$Der Zeitpunkt der Beantragung von Leistungen der privaten oder sozialen Pflegeversicherung gilt als Zeitpunkt des Antrags auf entsprechende Beihilfeleistungen.

40.3 Besteht keine Pflegeversicherung, ist durch die Beihilfestelle ein amts- oder vertrauensärztliches Gutachten über die Pflegebedürftigkeit und die Zuordnung zu einem bestimmten Pflegegrad vorzulegen.

40.4 $_{1}$Erhebt die beihilfeberechtigte Person gegen einen Beihilfebescheid Widerspruch mit der Begründung, der von der Pflegeversicherung anerkannte Pflegegrad sei zu niedrig, ist die Entscheidung über den Widerspruch bis zum Eintritt der Unanfechtbarkeit der Feststellung der sozialen oder privaten Pflegeversicherung auszusetzen. $_{2}$Danach ist unter Berücksichtigung der Feststellung der Pflegeversicherung über den Widerspruch zu entscheiden.

41. Beihilfefähige Aufwendungen bei Vorsorgemaßnahmen

41.1.1 Folgende Richtlinien des Gemeinsamen Bundesausschusses der Ärzte und Krankenkassen sind zu beachten (abrufbar unter www.g-ba.de > Startseite > Richtlinien):

a) die Krebsfrüherkennungs-Richtlinie des Gemeinsamen Bundesausschusses vom 18. Juni 2009 in der jeweils geltenden Fassung,

b) die Kinder-Richtlinie des Gemeinsamen Bundesausschusses vom 18. Juni 2015 in der jeweils geltenden Fassung,

c) die Jugendgesundheitsuntersuchungs-Richtlinie des Gemeinsamen Bundesausschusses vom 26. Juni 1998 in der jeweils geltenden Fassung.

d) die Gesundheitsuntersuchungs-Richtlinie des Gemeinsamen Bundesausschusses vom 19. Dezember 2019 in der jeweils geltenden Fassung.

41.1.2 Zusätzlich zu den in der Nr. 41.1.1 genannten Vorsorgeleistungen sind folgende Früherkennungsuntersuchungen beihilfefähig:

a) U 10 bei Personen, die das siebte, aber noch nicht das neunte Lebensjahr vollendet haben,

b) U 11 bei Personen, die das neunte, aber noch nicht das elfte Lebensjahr vollendet haben,

c) J 2 bei Personen, die das 16., aber noch nicht das 18. Lebensjahr vollendet haben.

41.5 Bei ausbildungsbedingten, vorübergehenden Auslandsaufenthalten sind auch besondere Impfungen, deren Durchführung vor einem Aufenthalt in bestimmten Regionen von der Ständigen Impfkommission (STIKO) empfohlen wird, beihilfefähig.

42. Beihilfefähige Aufwendungen bei Geburt

42.1 $_{1}$Für die Schwangerschaftsüberwachung werden die vom Gemeinsamen Bundesausschuss beschlossenen Richtlinien über die ärztliche Betreuung während der Schwangerschaft und nach der Entbindung (Mutterschafts-Richtlinien) vom 10. Dezember 1985 in der jeweils geltenden Fassung zugrunde gelegt. $_{2}$Danach sind bei Schwangeren auch die Aufwendungen für einen HIV-Test beihilfefähig.

42.2 Leistungsabrechnungen von Hebammen richten sich nach den jeweiligen Verordnungen der Bundesländer über die Gebühren für Leistungen der Hebammen außerhalb der gesetzlichen Krankenversicherung, in dem die Beihilfeberechtigte oder berücksichtigungsfähige Angehörige ihren Wohn- oder Aufenthaltsort hat.

42.3 Leistungen einer Hebamme (zum Beispiel Geburtsvorbereitung einschließlich Schwangerschaftsgymnastik) nach der jeweils maßgebenden Hebammengebührenordnung bedürfen keiner ärztlichen Verordnung, soweit nicht in der jeweils geltenden Hebammengebührenordnung etwas anderes bestimmt ist.

43. Künstliche Befruchtung, Sterilisation, Kontrazeption

43.1.1 $_{1}$Die in den vom Gemeinsamen Bundesausschuss beschlossenen Richtlinien über künstliche Befruchtung vom 14. August 1990 in der jeweils geltenden Fassung bestimmten medizinischen Einzelheiten zum Umfang der ärztlichen Maßnahmen zur künstlichen Befruchtung sind auch für den Bereich der Beihilfe heranzuziehen. $_{2}$Hierzu zählt im Bedarfsfall auch eine verlängerte Embryokultur (Blastozystenkultur).

43.1.2 Vorausgehende Untersuchungen zur Diagnosefindung und Abklärung, ob und gegebenenfalls welche Methode der künstlichen Befruchtung zum Einsatz kommt, fallen nicht unter die hälftige Beihilfefähigkeit.

43.1.3 $_{1}$Die maßgebliche Altersgrenze für beide Partner muss in jedem Behandlungszyklus (Zyklusfall) zum Zeitpunkt des ersten Zyklustages im Spontanzyklus, des ersten Stimulationstages im stimulierten Zyklus oder des ersten Tages der Down-Regulation erfüllt sein. $_{2}$Liegt nur bei einem die geforderte Altersgrenze vor, ist die gesamte Maßnahme nicht beihilfefähig.

43.1.4 $_{1}$Nach Geburt eines Kindes besteht, sofern alle weiteren Voraussetzungen gegeben sind, erneut ein Anspruch auf Herbeiführung einer Schwangerschaft durch künstliche Befruchtung. $_{2}$Dies gilt auch, wenn eine sogenannte „klinische Schwangerschaft" (zum Beispiel Nachweis durch Ultraschall, Eileiterschwangerschaft) vorlag, die zu einer Fehlgeburt führte.

43.1.5 $_{1}$Nicht beihilfefähig sind Aufwendungen für heterologe Insemination und heterologe In-vitro-Fertilisation. $_{2}$Bezüglich der Maßnahmen zur künstlichen Befruchtung nach einer vorangegangenen Sterilisation, vergleiche Nr. 43.3.

43.2 $_{1}$Sofern eine Indikation sowohl für Maßnahmen zur In-vitro-Fertilisation als auch zum intratubaren Gameten-Transfer vorliegt, dürfen die Maßnahmen nur alternativ durchgeführt werden. $_{2}$Bei der In-vitro-Fertilisation gelten die Maßnahmen als vollständig durchgeführt, wenn die Eizellkultur angesetzt worden ist. $_{3}$Bei der Intracytoplasmatischen Spermieninjektion gilt die Maßnahme dann als vollständig durchgeführt, wenn die Spermieninjektion in die Eizelle oder Eizellen erfolgt ist.

43.3 Die Refertilisierung nach vorausgegangener früherer Sterilisierung, die nicht medizinisch notwendig war, kann nicht als Krankheit anerkannt werden, sodass die entsprechenden Aufwendungen nicht beihilfefähig sind.

43.4 Aufwendungen für einen nicht rechtswidrigen Schwangerschaftsabbruch sind Aufwendungen aus Anlass einer Krankheit.

44. Sonstige Aufwendungen

44.2 $_{1}$Nach dem Transplantationsgesetz (TPG) in der Fassung der Bekanntmachung vom 4. September 2007 (BGBl. I S. 2206) in der jeweils geltenden Fassung stellt die Entnahme von vermittlungspflichtigen Organen einschließlich der Vorbereitung von Entnahme, Vermittlung und Übertragung eine gemeinschaftliche Aufgabe der Transplantationszentren und der anderen Krankenhäuser in regionaler Zusammenarbeit (§ 11 Abs. 1 Satz 1 TPG) dar. $_{2}$Mit der Organisation dieser Aufgabe wurde durch Vertrag die Deutsche Stiftung Organtransplantation (DSO) als „Koordinierungsstelle" im Sinne des § 11 Abs. 1 Satz 2 TPG beauftragt. $_{3}$Vertragspartner ist unter anderem der Verband der privaten Krankenversicherung. $_{4}$Die Finanzierung der Organbeschaffung bei postmortaler Organspende durch die Deutsche Stiftung Organtransplantation als Koordinierungsstelle erfolgt in Form einer Organisations- sowie einer Flugtransportkostenpauschale. $_{5}$Das für Finanzen zuständige Staatsministerium (§ 7 Abs. 3 Satz 2) gibt die jeweiligen Beträge bekannt.

45. Außerhalb der Bundesrepublik Deutschland entstandene Aufwendungen

45.1.1 Rechnungsbeträge in ausländischer Währung sind mit dem am Tage der Festsetzung der Beihilfe gültigen EZB-Referenzkurs (https://bankenverband.de/service/waeh

rungsrechner/) auf zwei Dezimalstellen nach dem Komma gerundet umzurechnen.

45.1.2 1Den Belegen über Aufwendungen von mehr als 550 € ist eine Übersetzung beizufügen. 2Bis 550 € sind kurze Angaben der beihilfeberechtigten Person über Art und Umfang der Behandlung ausreichend.

45.1.3 1Für die beihilfefähigen Aufwendungen von beihilfeberechtigten Personen und deren berücksichtigungsfähigen Angehörigen mit ständigem Wohnsitz außerhalb von Deutschland gilt als Wohnort

a) bei Versorgungsempfängern der Sitz der Festsetzungsstelle,
b) bei den übrigen Beihilfeberechtigten der Dienstort.

2Dies gilt nicht, soweit die besonderen Bestimmungen nach § 45 Abs. 4 anzuwenden sind.

45.1.4 1Aufwendungen für Behandlungen in der Hochgebirgsklinik Davos-Wolfgang (Schweiz) gelten als in der Bundesrepublik Deutschland entstanden, wenn nach Bescheinigung eines Facharztes eine Behandlung unter Einfluss von Hochgebirgsklima medizinisch indiziert ist. 2Der Umfang der Beihilfefähigkeit richtet sich nach § 29 Abs. 4 bis 6, sofern nicht im Einzelfall eine Krankenhausbehandlung nach § 28 medizinisch indiziert ist. 3In diesem Fall sind die Aufwendungen ohne Begrenzung des § 28 Abs. 2 Satz 1 beihilfefähig, Eigenbeteiligungen nach Art. 96 Abs. 3 Satz 7 BayBG sind zu beachten.

45.1.5 Befindet sich ein Heimdialysepatient vorübergehend aus privaten Gründen im außereuropäischen Ausland, sind abweichend von § 45 Abs. 1 Satz 4 die Aufwendungen beihilfefähig, die im gleichen Zeitraum bei Durchführung einer ambulanten Dialyse in der der Wohnung am nächsten gelegenen inländischen Dialyseeinrichtung entstanden wären.

45.1.6 1§ 45 Abs. 1 Satz 4 ist bei ausbildungsbedingten, vorübergehenden Auslandsaufenthalten nicht anzuwenden; dies gilt auch in den Fällen, in denen zum Beispiel das Hauptstudium im Ausland durchgeführt wird. 2Die Beihilfeabrechnung erfolgt auf Grundlage des § 45 Abs. 1 Satz 1 bis 3. 3Entsprechendes gilt für beihilfeberechtigte Personen und deren berücksichtigungsfähige Angehörige mit Hauptwohnsitz im Ausland.

45.1.7 Ob das Land des vorübergehenden Aufenthalts dem Kontinent Europa zuzuordnen ist, ist nach der üblichen geographischen Klassifizierung zu bewerten; nicht erfasst werden danach die in Asien liegenden Gebiete von Russland und der Türkei.

45.1.8 1Bei innerhalb der Europäischen Union entstandenen beihilfefähigen Aufwendungen einschließlich stationärer Leistungen in öffentlichen Krankenhäusern ist die Durchführung eines Kostenvergleichs nicht erforderlich. 2Beihilfefähige Höchstbeträge und Ausschlüsse sind jedoch zu beachten.

45.2 Bezüglich der nach § 45 Abs. 2 Satz 1 Nr. 3 erforderlichen Bewertung der Kosten je Krankheitsfall ist auf den einzelnen Beleg abzustellen.

45.3 Das Heilkurorteverzeichnis wird vom für Finanzen zuständigen Staatsministerium als Anhang 3 herausgegeben.

46. Bemessung der Beihilfen

46.1 Maßgebend für die Höhe des Bemessungssatzes ist der Zeitpunkt des Entstehens der Aufwendungen (§ 7 Abs. 2).

46.2.1 1Nr. 46.1 gilt entsprechend. 2Der nach Art. 96 Abs. 3 Satz 3 Halbsatz 2 BayBG erhöhte Bemessungssatz ist für alle Aufwendungen zugrunde zu legen, die während des Zeitraums der Zahlung des erhöhten Familienzuschlages entstanden sind oder entstanden wären, wenn ein Familienzuschlag zustünde (§ 3 Abs. 1 Nr. 2).

46.2.2 Entfällt die Berücksichtigungsfähigkeit von Kindern nur aufgrund des Umfangs der Erwerbstätigkeit in der weiteren Ausbildung (vergleiche § 3 Abs. 2), wird der erhöhte Bemessungssatz bis zum Abschluss der weiteren Ausbildung, längstens jedoch bis zum Ablauf des Monats, in dem das entsprechende Kind das 21. bzw. 25. Lebensjahr vollendet, weitergewährt.

46.2.3 Nr. 3.2.2 gilt entsprechend.

46.2.4 Nr. 5.6.2 gilt entsprechend.

46.3.1 Die Regelungen des Abs. 3 gelten nur für die in Art. 96 Abs. 2 Satz 5 BayBG genannten Leistungen.

46.3.2 1Nicht zu den beihilfefähigen Aufwendungen gehören Selbstbehalte nach speziellen Tarifen der gesetzlichen Krankenversicherung (zum Beispiel Tarife mit Selbstbehalten). 2Diese Selbstbehalte sind neben den gewährten Zuschüssen anzurechnen.

46.4 1Die Aufwendungen zur Versorgung eines gesunden Neugeborenen im Krankenhaus (Fallpauschalen P66D, P67D oder P67E und Wahlleistungen im Sinne von § 28 Abs. 1 Satz 2) gelten als Aufwendungen der Mutter und sind mit deren Bemessungssatz beihilfefähig (§§ 46 Abs. 4 Nr. 4 in Verbindung mit § 42 Nr. 5 und § 28). 2Eigenbeteiligungen nach Art. 96 Abs. 2 Satz 7 BayBG sind lediglich für die Mutter abzuziehen.

46.5.1 1Eine ausreichende Versicherung im Sinne des § 46 Abs. 5 liegt vor, wenn sich aus den Versicherungsbedingungen ergibt, dass die Versicherung in den üblichen Fällen ambulanter und stationärer Krankenhausbehandlung wesentlich zur Entlastung des Versicherten beiträgt, das heißt zusammen mit der Beihilfe das Kostenrisiko in Krankheitsfällen weitgehend deckt. 2Dabei ist es unerheblich, wenn für einzelne Aufwendungen die Versicherungsleistung verhältnismäßig gering ist. 3Das Erfordernis der rechtzeitigen Versicherung soll sicherstellen, dass das Risiko eines verspäteten Versicherungsabschlusses nicht zu einer erhöhten Belastung des Dienstherrn führt. 4Eine rechtzeitige Versicherung liegt vor, wenn sie im Zusammenhang mit dem Eintritt in das Beamtenverhältnis, bei Eheschließung sowie Geburt eines Kindes abgeschlossen wird. 5Wird in diesem Zusammenhang die Möglichkeit des Zugangs zu einem privaten Krankenversicherungsunternehmen zu den Bedingungen der Öffnungsaktion gegebenenfalls unter Ansatz eines begrenzten Risikozuschlages (Nr. 46.5.2 Satz 1) nicht genutzt, entfällt die Erhöhung des Bemessungssatzes.

46.5.2 1Der Leistungsausschluss muss im Versicherungsschein als persönliche Sonderbedingung ausgewiesen sein; ein Leistungsausschluss ist nur dann zu berücksichtigen, wenn dieser nachweislich nicht durch Zahlung eines Risikozuschlages hätte abgewendet werden können. 2Ein Leistungsausschluss liegt unter anderem dann nicht vor, wenn Krankenversicherungen in ihren Tarifen für einzelne Behandlungen generell keine Leistungen vorsehen oder in ihren Versicherungsbedingungen einzelne Tatbestände (zum Beispiel Suchtkrankheiten, vorüber gehende Pflegebedürftigkeit, Krankheiten, für die anderweitige Ansprüche bestehen) vom Versicherungsschutz ausnehmen oder der Leistungsausschluss nur für Leistungen aus einer Höher- oder Zusatzversicherung gilt. 3Das Gleiche gilt für Aufwendungen, die während einer in den Versicherungsbedingungen vorgesehenen Wartezeit anfallen.

46.5.3 1Eine Einstellung von Versicherungsleistungen liegt nur vor, wenn nach einer bestimmten Dauer einer Krankheit die Leistungen für diese Krankheit nach den Versicherungsbedingungen ganz eingestellt werden, im Ergebnis also ein nachträglicher Versicherungsausschluss vorliegt. 2Diese Voraussetzung ist nicht gegeben, wenn Versicherungsleistungen nur zeitweilig entfallen, weil zum Beispiel ein tariflich festgelegter Jahreshöchstbetrag oder eine gewisse Zahl von Behandlungen in einem kalendermäßig begrenzten Zeitraum überschritten ist.

46.5.4 Abs. 5 findet keine Anwendung für Aufwendungen nach §§ 31 bis 39.

47. Begrenzung der Beihilfen

47.1 1Für die Begrenzung der Beihilfen sind die in einem Beihilfeantrag zusammengefassten, dem Grunde nach beihilfefähigen Aufwendungen den dazu gewährten Leistungen aus einer Krankenversicherung sowie vergleichbaren Leistungen gegenüberzustellen. 2Das beamtenrechtliche Sterbegeld nach Art. 33 Abs. 3 und Art. 57 Abs. 1 BayBeamtVG bleibt hiervon unberührt. 3Dem Grunde nach beihilfefähig sind alle in §§ 8 bis 44 näher bezeichneten Aufwendungen, auch wenn und soweit sie über etwaige Höchstbeträge, sonstige Begrenzungen oder Einschränkungen hinausgehen (zum Beispiel Kosten eines

VII

Einbettzimmers bei Krankenhausbehandlungen, Arzthonorare, die den Höchstsatz der Gebührenordnungen übersteigen), nicht jedoch Aufwendungen für nicht verordnete Arznei-, Verbandmittel und Medizinprodukte, für Mittel nach § 18 Satz 4 sowie die nach § 7 Abs. 5 von der Beihilfefähigkeit ausgeschlossenen Aufwendungen.

47.2.1 $_{1}$Aus Gründen der Verwaltungsvereinfachung ist nicht jedem einzelnen Rechnungsbetrag – etwa für die einzelnen Positionen – die hierzu jeweils gewährte Versicherungsleistung gegenüberzustellen. $_{2}$Vielmehr sind alle im Antrag geltend gemachten Aufwendungen, ausgenommen solche nach §§ 29 bis 39, den insgesamt hierzu gewährten Versicherungsleistungen gegenüberzustellen. $_{3}$Beitragsrückerstattungen sind keine Leistungen aus Anlass einer Krankheit.

47.2.2 $_{1}$Der Nachweis, dass Versicherungsleistungen auf Grund des Versicherungsvertrages nach einem Vomhundertsatz bemessen sind, soll beim ersten Antrag durch Vorlage des Versicherungsscheines oder einer Bescheinigung der Krankenversicherung erbracht werden. $_{2}$Änderungen der Versicherungsverhältnisse sind bei der nächsten Antragstellung nachzuweisen. $_{3}$Abweichende geringere Erstattungen können im Einzelfall nachgewiesen werden.

47.2.3 Übersteigt der Betrag der nach Art. 96 Abs. 3 Satz 2 und 3 BayBG sowie § 46 errechneten Beihilfe zusammen mit den Leistungen aus einer Krankenversicherung sowie vergleichbare Leistungen den Gesamtbetrag der dem Grunde nach beihilfefähigen Aufwendungen, ist die Beihilfe um den übersteigenden Betrag zu kürzen.

47.2.4 Zur Ausgleichsfähigkeit der Eigenbeteiligungen nach Art. 96 Abs. 2 Satz 7 BayBG im Rahmen der 100 %-Begrenzung vergleiche Nr. 28.1.11.

47.3.1 Art. 96 Abs. 3 Satz 5 BayBG findet keine Anwendung auf Harn- und Blutteststreifen sowie auf bei ärztlichen oder zahnärztlichen Behandlungen verbrauchte Arznei- und Verbandmittel, die als Auslagen abgerechnet werden (vergleiche § 10 GOÄ).

47.3.2 $_{1}$Maßgebend für den Abzugsbetrag nach Art. 96 Abs. 3 Satz 5 BayBG ist der Apothekenabgabepreis der jeweiligen Packung (Einheit) des verordneten Arznei- und Verbandmittels oder der Abgabepreis von Medizinprodukten im Sinne der Nr. 18.1. $_{2}$Steht die ärztlich verordnete Menge nicht als Packungseinheit zur Verfügung und erfolgt deshalb die Abgabe in mehreren Teilpackungen, ist die Eigenbeteiligung nach Satz 1 nur einmal in Abzug zu bringen. $_{3}$Die Abzugsbetragsregelung gilt – unabhängig vom Bezugsweg – auch für Arznei- und Verbandmittel aus Versandapotheken.

47.3.3 $_{1}$Für Arzneimittel, die Schwangere aufgrund ihrer Schwangerschaft benötigen, fallen nach Art. 96 Abs. 3 Satz 6 Nr. 3 BayBG keine Eigenbeteiligungen an. $_{2}$Im Gegensatz hierzu sind bezüglich der Aufwendungen für Arzneimitteltherapien ohne direkte Kausalität zur Schwangerschaft (unter anderem Arzneimittel zur Behandlung von Erkrankungen, an denen Schwangere bereits vor der Schwangerschaft litten, Antibiotikatherapie bei einer bakteriellen Mittelohrentzündung und Ähnliches) Eigenbehalte nach Art. 96 Abs. 3 Satz 5 BayBG auch bei Schwangeren zu berücksichtigen. $_{3}$Zum Nachweis der Voraussetzungen des Art. 96 Abs. 3 Satz 6 Nr. 3 BayBG ist in geeigneter Weise eine entsprechende Kennzeichnung des verordneten Arzneimittels durch die verschreibende Ärztin bzw. den verschreibenden Arzt erforderlich.

47.4.1 Bei der Prüfung, ob die Belastungsgrenze von 2 % oder 1 % überschritten ist, sind die tatsächlich bei der Beihilfefestsetzung berücksichtigten Eigenbeteiligungen des Beihilfeberechtigten und seines berücksichtigungsfähigen Ehegatten bzw. Lebenspartners zusammen zu zählen, sofern keine Freistellung nach Art. 96 Abs. 3 Satz 6 Nr. 2 BayBG vorliegt.

47.4.2 $_{1}$Maßgebend für die Feststellung des Einkommens nach § 47 Abs. 4 Satz 2 sind die in Art. 96 Abs. 3 Satz 7 BayBG genannten Dienst- oder Versorgungsbezüge sowie die genannten Renten des Beihilfeberechtigten. $_{2}$Entsprechende sowie sonstige Einkommen des Ehegatten bzw. des Lebenspartners bleiben bei der Feststellung des individuellen Belastungsgrenzbetrages unberücksichtigt; dies gilt bei Witwen, Witwern und überlebenden Lebenspartnern auch für Renten, die auf eigenständigen, unmittelbaren Ansprüchen der Witwe, des Witwers bzw. des überlebenden Lebenspartners beruhen.

47.4.2.1 1Auf der Basis der Januarbezüge und -renten (vergleiche Nr. 47.4.2) eines Kalenderjahres ist nach § 47 Abs. 4 Satz 1 ein fiktives Jahresgehalt (Multiplikationsfaktor 12) zu ermitteln; sofern nur ein Anspruch auf Bezüge für einen Teilmonat besteht (Art. 4 Abs. 2 BayBesG), ist von den fiktiven vollen Monatsbezügen auszugehen. 2Art. 6 BayBesG ist zu beachten. 3Veränderungen der Höhe der Bezüge, die während des laufenden Kalenderjahres eintreten, bleiben unberücksichtigt; dies gilt auch bezüglich einer ehegatten-, lebenspartner- und kinderbezogenen Minderung der individuellen Höchstgrenze nach § 47 Abs. 4 Satz 4 bis 6.

47.4.2.2 Beginnt das Beamtenverhältnis erst im Lauf eines Kalenderjahres, ist nach § 47 Abs. 4 Satz 2 anhand des Bezügeanspruchs im Monat der Ernennung die individuelle Höchstgrenze zu ermitteln; Nr. 47.4.2.1 gilt entsprechend.

47.4.2.3 1Die Nrn. 47.4.2.1 und 47.4.2.2 gelten sinngemäß für eigenständige Beihilfeansprüche von Hinterbliebenen (§ 47 Abs. 4 Satz 3). 2Auf Grund des Art. 32 BayBeamtVG ist der Monat der erstmaligen Gewährung von Hinterbliebenenbezügen maßgebend.

47.4.3 1Personen, für die nach Art. 96 Abs. 3 Satz 6 Nr. 2 BayBG keine Eigenbeteiligungen anfallen, werden bei der Prüfung, ob die Belastungsgrenze von 1 % maßgebend ist, nicht berücksichtigt. 2Entsprechendes gilt für berücksichtigungsfähige Kinder.

47.4.4 Als „schwerwiegend chronisch krank" gilt, wer ein Jahr lang mindestens einmal pro Quartal einer ärztlichen Behandlung bedarf und gleichzeitig eines der folgenden Merkmale erfüllt:

47.4.4.1 Es liegt eine Pflegebedürftigkeit des Pflegegrades 3, 4 oder 5 nach dem zweiten Kapitel SGB XI vor.

47.4.4.2 Es liegt ein Grad der Behinderung (GdB) nach §§ 152, 153 Abs. 2 SGB IX oder ein Grad der Schädigungsfolgen (GdS) nach § 30 Abs. 1 BVG in Verbindung mit der Versorgungsmedizin-Verordnung oder eine Minderung der Erwerbsfähigkeit (MdE) nach § 56 Abs. 2 SGB VII von mindestens 60 % vor, wobei die genannten Einschränkungen zumindest auch durch die Krankheit nach Nr. 47.4.4 begründet sein müssen.

47.4.4.3 Es ist eine kontinuierliche medizinische Versorgung (zum Beispiel ärztliche oder psychotherapeutische Behandlung, Arzneimitteltherapie, Behandlungspflege, Versorgung mit Heil- und Hilfsmitteln) erforderlich, ohne die nach ärztlicher Einschätzung eine lebensbedrohliche Verschlimmerung, eine Verminderung der Lebenserwartung oder eine dauerhafte Beeinträchtigung der Lebensqualität durch die auf Grund der Krankheit nach Nr. 47.4.4 verursachte Gesundheitsstörung zu erwarten ist.

47.4.4.4 1Werden die Voraussetzungen nach Nrn. 47.4.4.1 bis 47.4.4.3 nicht erfüllt, liegt keine nach der Bayerischen Beihilfeverordnung berücksichtigungsfähige „chronische Krankheit" vor. 2Die Feststellung erfolgt durch die Festsetzungsstelle. 3Die beihilfeberechtigte Person muss durch geeignete Nachweise darlegen (zum Beispiel ärztliche Bescheinigung, mehrere Liquidationen mit entsprechenden Diagnosen, mehrere Verordnungen), dass eine Dauerbehandlung vorliegt. 4Das weitere Vorliegen einer chronischen Erkrankung ist in geeigneter Weise zu überwachen. 5Dies ist nicht erforderlich, soweit auf Grund der Art der Erkrankung ein Wegfall des chronischen Krankheitszustands nicht zu erwarten ist.

47.4.5 1Bei beihilfeberechtigten Personen und deren berücksichtigungsfähigen Angehörigen, deren Kosten der Unterbringung in einem Heim oder einer ähnlichen Einrichtung durch einen Träger der Sozialhilfe oder der Kriegsopferfürsorge getragen werden, ist bei Berechnung der Belastungsgrenze nur der Regelsatz des Haushaltsvorstandes nach der Regelsatzverordnung maßgebend. 2Dies gilt gleichermaßen auch für Sozialhilfeempfänger außerhalb dieser Einrichtungen.

47.5.1 Die Nrn. 47.4.2.1 und 47.4.2.2 gelten sinngemäß auch im Fall der Rückkehr aus einer Beurlaubung (§ 47 Abs. 5 Satz 2) oder wenn wegen disziplinarischer Maßnahmen keine Bezüge zustehen.

47.5.2 Wird im Rahmen der Zuordnung bereits einbehaltener Eigenbeteiligungen nach § 47 Abs. 5 Satz 1 eine Überschreitung der individuellen Belastungsobergrenze des verwitweten Ehegatten bzw. des überlebenden Lebenspartners festgestellt, erfolgt eine Freistellung für das verbleibende Kalenderjahr; eine Erstattung des die individuellen Belastungsobergrenze von Hinterbliebenen übersteigenden Differenzbetrages erfolgt nicht, da aus dem Beihilfeanspruch der Hinterbliebenen tatsächlich keine Eigenbeteiligungen einbehalten wurden.

47.5.3 Eine Zuordnung nach § 47 Abs. 5 Satz 1 bei eigenständig beihilfeberechtigten Waisen (§ 2 Abs. 1 Nr. 2, Abs. 2) ist nicht erforderlich, da Waisen vom Abzug von Eigenbeteiligungen freigestellt sind (Art. 96 Abs. 3 Satz 6 Nr. 1 BayBG).

48. Verfahren

48.1.1 Besteht im Zeitpunkt der Antragstellung keine Beihilfeberechtigung mehr, sind Beihilfen zu den Aufwendungen zu gewähren, für die die Voraussetzungen nach § 7 Abs. 2 erfüllt waren.

48.1.2 ₁Beihilfen sind bei einer Antragstellung in Papierform mit den Formblättern 7a und 7b im Anhang 4 zu beantragen; dies gilt auch für Sozialhilfeträger bei überleitbaren Ansprüchen nach § 93 SGB XII. ₂Bei einer Anwendung von Vordrucken nach § 48 Abs. 1 Satz 2 sind die Bestimmungen des Datenschutzes zu beachten.

48.1.3 Eine Zusammenstellung der Formblätter 1 bis 11 ist im Anhang 4 enthalten.

48.1.4 ₁Antragsberechtigt ist nur die beihilfeberechtigte Person selbst. ₂Bei getrennt lebenden Ehegatten bzw. Lebenspartnern kann ausnahmsweise der berücksichtigungsfähige Ehegatte bzw. Lebenspartner nach Absprache unter den Beteiligten und im Benehmen mit der Festsetzungsstelle der beihilfeberechtigten Person die ihn betreffenden Belege gegebenenfalls mit der ausgefüllten Zusammenstellung der Aufwendungen unmittelbar der Festsetzungsstelle zuleiten. ₃Entsprechendes gilt für berücksichtigungsfähige, volljährige Kinder, die nicht im Haushalt der beihilfeberechtigten Person wohnen. ₄In diesen Fällen hat die beihilfeberechtigte Person bei der Stellung seines Beihilfeantrages hierauf in geeigneter Weise Bezug zu nehmen.

48.2 Bei der Geltendmachung von stationären Krankenhausleistungen ist die Entlassungsanzeige des Krankenhauses vorzulegen.

48.3.1 Belege können in Papierform oder bei einer elektronischen Antragstellung in Dateiform übermittelt werden.

48.3.2 ₁Belege, zu deren Aufwendungen Beihilfeleistungen aufgrund individueller Kürzungen nicht in der beantragten Höhe gewährt wurde, sind im Hinblick auf Art. 39 Abs. 1 BayVwVfG stets in Papier- oder Dateiform zurückzugeben. ₂Dies gilt nicht bei Minderungen aufgrund von Eigenbehalte nach Art. 96 Abs. 2 Satz 7 und Abs. 3 Satz 5 BayBG sowie bei Minderungen nach § 14 (Art. 39 Abs. 2 Nr. 4 BayVwVfG).

48.4.1 ₁Soweit ein Krankenhaus, eine stationäre Rehabilitationseinrichtung oder eine Dialyseinstitution auch beim Nachweis der Beihilfeberechtigung auf Vorauszahlungen nicht verzichtet, können auf Antrag der beihilfeberechtigten Person Abschlagszahlungen geleistet werden. ₂Für die Beantragung kann das Formblatt 10 (Nr. 48.1.3) verwendet werden.

48.4.2 Im Fall der Direktabrechnung von stationären Krankenhausbehandlungen im schriftlichen Verfahren ist Folgendes zu beachten:

48.4.2.1 ₁Die jeweiligen Rechtsbeziehungen zwischen der beihilfeberechtigten Person und dem Beihilfeträger und die der beihilfeberechtigten oder berücksichtigungsfähigen Person zum Krankenhaus bleiben unberührt. ₂Seitens der Beihilfestelle erfolgt weder ein Schuldbeitritt noch eine Schuldübernahme.

48.4.2.2 1Gegebenenfalls erforderliche Klärungen von Unstimmigkeiten oder Fehlern in der Rechnung sowie die Anforderung fehlender abrechnungsrelevanter Unterlagen soll im Vorfeld der Beihilfefestsetzung zwischen der Beihilfestelle und dem Krankenhaus erfolgen. 2Gelingt dies nicht, sind eventuelle Rechtsstreitigkeiten nach der Beihilfefestsetzung zwischen der behandelten Person und dem Krankenhaus zu klären.

48.4.2.3 1Erfasst werden nur Krankenhäuser, die nach § 108 SGB V zugelassen sind (§ 28 Abs. 1) und auch nur dann, wenn sie der Rahmenvereinbarung zwischen der Deutschen Krankenhausgesellschaft (DKG) und dem Bundesministerium des Innern und für Heimat (BMI) beitreten. 2Dies kann sowohl generell durch ausdrücklichen Beitritt als auch im jeweiligen einzelnen Behandlungsfall durch bloße Übersendung des Beihilfeantrags an die Beihilfestelle zur Direktabrechnung erfolgen. 3Beihilfeberechtigten Personen, die eine Direktabrechnung wünschen, ist zu empfehlen, wenn möglich im Vorfeld der Behandlung individuell zu klären, ob das behandelnde Krankenhaus am Direktabrechnungsverfahren teilnimmt.

48.4.2.4 Beihilfeleistungen zu Aufwendungen für Behandlungen in Privatkliniken oder Kliniken im Ausland können nur im Rahmen der in § 48 Abs. 1 genannten Antragsmöglichkeiten beantragt werden.

48.4.2.5 1Die Krankenhausdirektabrechnung erfasst beihilfefähigen Aufwendungen für allgemeine Krankenhausleistungen und gegebenenfalls Wahlleistungen für gesonderte Unterkunft sowie wahlärztliche Leistungen, wenn diese ausnahmeweise in der Krankenhausrechnung mit liquidiert werden, finden die Regelungen zur Direktabrechnung auch Anwendung. 2Nicht beihilfefähige Leistungen, insbesondere für eine gesonderte Unterbringung, sowie Eigenbeteiligungen nach Art. 96 Abs. 2 Satz 7 Nr. 2 BayBG müssen weiterhin von der beihilfeberechtigten oder berücksichtigungsfähigen Person unmittelbar dem Krankenhaus erstattet werden.

48.4.2.6 Das Abrechnungsverfahren gliedert sich in die drei Teilschritte:

1. Aufnahmeverfahren im Krankenhaus,
2. Übermittlung der Rechnung und anderer Unterlagen durch das Krankenhaus an die Festsetzungsstelle und
3. Beihilfezahlung unmittelbar an das Krankenhaus.

48.4.2.7 1Das Direktabrechnungsverfahren beginnt mit der Stellung eines Antrags auf Direktabrechnung (Formblatt 11 im Anhang 4). 2Nach der Behandlung sendet das Krankenhaus den Antrag zusammen mit der Rechnung an die Beihilfestelle. 3Nach Prüfung der Rechnung wird der Rechnungsbetrag in Höhe der Beihilfe durch die Beihilfestelle an das Krankenhaus überwiesen. 4Die beihilfeberechtigte Person erhält einen abschließenden Bescheid.

48.4.2.8 1Ist die Durchführung einer Direktabrechnung nicht möglich, erhält die beihilfeberechtigte Person einen entsprechenden Ablehnungsbescheid, dessen Inhalt auch dem Krankenhaus mitgeteilt wird. 2In diesem Fall ist dann das übliche Beihilfeverfahren zu beschreiten. 3Beihilfeleistungen können in diesem Fall nur im Rahmen der in § 48 Abs. 1 genannten Antragsmöglichkeiten beantragt werden.

48.4.3 1In den Fällen des § 32 Abs. 2 und § 36 kann auf Antrag und für die Dauer von jeweils bis zu zwölf Monaten monatlich ein Abschlag auf die Beihilfe gezahlt werden. 2Danach ist die Beihilfe unter Berücksichtigung möglicher Unterbrechungszeiten (Nr. 32.2.3) endgültig festzusetzen.

48.6.1 Bei Versäumnis der Antragsfrist ist eine Wiedereinsetzung in den vorigen Stand zu gewähren, sofern die Voraussetzungen des Art. 32 BayVwVfG vorliegen.

48.6.2 1Hat ein Sozialhilfeträger vorgeleistet, kann er auf Grund einer schriftlichen Überleitungsanzeige nach § 93 SGB XII einen Beihilfeanspruch geltend machen. 2Der Beihilfeanspruch geht damit in der Höhe und in dem Umfang, wie er der beihilfeberechtigten Person zusteht, auf den Sozialhilfeträger über. 3Eine Überleitung nach § 93 SGB XII ist rechtlich nur zulässig, wenn Aufwendungen für die beihilfeberechtigte Person selbst oder bei Hilfe in besonderen Lebenslagen für seinen nicht getrennt lebenden Ehegatten bzw. Lebenspartner oder für seine berücksichtigungsfähigen minderjährigen unverheirateten Kinder (nicht Pflegekinder und Stiefkinder) entstanden sind. 4In allen übrigen Fällen ist eine Überleitung nicht zulässig; gegen eine derartige Überleitungsanzeige ist durch die Festsetzungsstelle Widerspruch einzulegen und gegebenenfalls Anfechtungsklage zu erheben.

48.6.3 1Leitet der Sozialhilfeträger nicht über, sondern nimmt die beihilfeberechtigte Person nach § 19 Abs. 5 SGB XII im Wege des Aufwendungsersatzes in Anspruch, kann nur die beihilfeberechtigte Person den Beihilfeanspruch geltend machen; die Zahlung an den Sozialhilfeträger ist zulässig. 2Die Abtretung des Beihilfeanspruchs an den Sozialhilfeträger ist ausgeschlossen (vergleiche § 1 Abs. 2 Satz 2).

48.6.4 1Hat ein Sozialhilfeträger Aufwendungen vorgeleistet, liegt ein Beleg im Sinne von Abs. 3 Satz 1 vor, wenn die Rechnung

a) den Erbringer der Leistungen (zum Beispiel Heim, Anstalt),

b) den Leistungsempfänger (untergebrachte oder behandelte Person),

c) die Art (zum Beispiel Pflege, Heilbehandlung) und den Zeitraum der erbrachten Leistungen und

d) die Leistungshöhe

enthält. 2Die Rechnung muss vom Erbringer der Leistung erstellt werden. 3Ausnahmsweise kann auch ein Beleg des Sozialhilfeträgers anerkannt werden, der die entsprechenden Angaben enthält. 4In diesem Fall ist zusätzlich die Angabe des Datums der Vorleistung (vergleiche Abs. 6 Satz 3) und gegebenenfalls der schriftlichen Überleitungsanzeige erforderlich.

48.6.5 1Die Überweisung des festgesetzten Beihilfezahlbetrags erfolgt grundsätzlich nur auf das Bezügekonto der beihilfeberechtigten Person. 2Lediglich in besonders zu begründenden Ausnahmesituationen, die nur unter Anlegung eines strengen Maßstabes anzunehmen sind, kann eine Überweisung auf ein Drittkonto erfolgen. 3Das Vorliegen einer besonderen Ausnahmesituation ist von der beihilfeberechtigten Person gegenüber der Beihilfefestsetzungsstelle unter Angabe des Zahlungsempfängers sowie dessen Bankverbindung darzulegen. 4Hiervon unberührt bleibt die Möglichkeit, bei stationären Behandlungen und Dialysebehandlung Abschlagszahlungen zu beantragen, deren Auszahlung auch unmittelbar an die Leistungserbringer erfolgen kann.

48.6.6 Abweichend von Nr. 48.6.5 erfolgt im Fall einer Direktabrechnung nach § 48 Abs. 4 Satz 2 die Überweisung stets auf das Konto des Leistungserbringers oder in den Fällen des § 31 Abs. 4 und § 44 Abs. 3 Satz 3 und Abs. 5 auf das Konto der Pflegeberatung, des Arbeitgebers der spendenden Person sowie des jeweiligen Krebsregisters.

48.7.1 1Amts- oder Vertrauensärztinnen und Amts- oder Vertrauensärzte sowie Personen, die von der privaten oder sozialen Pflegeversicherung mit der Erstellung von Gutachten zur Feststellung einer Pflegebedürftigkeit beauftragt werden, gelten ebenfalls als Gutachterinnen bzw. Gutachter. 2Gutachten sind mit Einverständnis der beihilfeberechtigten Person einzuholen, sofern dazu persönliche Daten weitergegeben werden. 3Wird das Einverständnis verweigert und kann die Berechtigung des Anspruchs nicht anderweitig (insbesondere durch Übermittlung pseudonymisierter Daten) nachgewiesen werden, wird eine Beihilfe nicht gewährt.

48.7.2 Mit Ausnahme der Gutachten nach § 40 Satz 2 obliegt die Auswahl von vertrauensärztlichen Gutachterinnen bzw. Gutachter sowie Beratungsärztinnen bzw. Beratungsärzte der Beihilfefestsetzungsstelle.

49. Ausnahmen

49.2.1 1Die Festlegung der Fallgestaltungen, in denen eine Delegation erfolgen soll, erfolgt durch die oberste Dienstbehörde. 2Im Fall der Delegation entscheidet die nachgeordnete Behörde sowohl über Erst- als auch mögliche Folgeanträge.

49.2.2 In Fallgestaltungen, die neu auftreten oder in denen noch keine Standardisierung des Entscheidungsablaufs möglich ist, ist die Ausnahmeentscheidung weiterhin durch die zuständige oberste Dienstbehörde zu treffen.

50. Inkrafttreten

Die Bekanntmachung tritt am 1. April 2023 in Kraft.

51. Außerkrafttreten

Mit Ablauf des 31. März 2023 tritt die Bekanntmachung des Bayerischen Staatsministeriums der Finanzen über den Vollzug der Bayerischen Beihilfeverordnung (BayBhV) vom 26. Juli 2007 (FMBl. S. 291, StAnz. Nr. 32), die zuletzt durch Bekanntmachung vom 5. Oktober 2022 (BayMBl. Nr. 586) geändert worden ist, außer Kraft.

Anhang 1
(Nr. 7.1.11 BayBhVBek)

Hinweise zum Gebührenrecht

1. Gebührenordnung für Ärzte (GOÄ)

1.1 Bemessung der Gebühren

1Nach § 5 GOÄ bemisst sich die Höhe der einzelnen Gebühr nach dem Einfachen bis Dreieinhalbfachen, bei den sogenannten medizinisch-technischen Leistungen – § 5 Abs. 3 GOÄ – nach dem Einfachen bis Zweieinhalbfachen sowie bei Laborleistungen – § 5 Abs. 4 GOÄ – nach dem Einfachen bis 1,3fachen des im Gebührenverzeichnis angegebenen Gebührensatzes. 2Überschreitet eine Gebühr den in § 5 Abs. 2 Satz 4, Abs. 3 oder Abs. 4 GOÄ vorgesehenen Schwellenwert, so kann sie nur dann als angemessen angesehen werden, wenn der Rechnungsaussteller dargelegt hat, dass Besonderheiten der in § 5 Abs. 2 Satz 1 GOÄ genannten Bemessungskriterien die Überschreitung der Schwellenwerte rechtfertigen. 3Aus der Begründung der Rechnung muss ersichtlich sein, dass die Leistung auf Grund der tatsächlichen Umstände vom Typischen und Durchschnittlichen erheblich abweicht. 4Dazu reicht im Allgemeinen eine stichwortartige Kurzbegründung aus, in der die „Besonderheiten" der einzelnen Leistung substantiiert angesprochen sind. 5Besonderheiten der Bemessungskriterien können in der Regel nur gegeben sein, wenn die einzelne Leistung aus bestimmten Gründen

a) besonders schwierig war oder
b) einen besonderen Zeitaufwand beanspruchte oder
c) wegen anderer besonderer Umstände bei der Ausführung über das gewöhnliche Maß hinausging.

6Eine einfache Wiederholung der Bemessungskriterien reicht folglich nicht aus.

7Nach dem Urteil des Bundesverwaltungsgerichts (BVerwG) vom 17. Februar 1994 – 2 C 10.92 – (NJW 1994 S. 3023) hat die Überschreitung des Schwellenwertes „den Charakter einer Ausnahme"; Gebühren bis zum Schwellenwert sind danach nicht nur für einfache oder höchstens durchschnittlich schwierige und aufwändige Behandlungsfälle, sondern für die große Mehrzahl aller Behandlungsfälle zur Verfügung gestellt und decken in diesem Rahmen auch die Mehrzahl der schwierigeren und aufwendigeren Behandlungsfälle ab. 8In Fortführung dieser Rechtsprechung hat das BVerwG mit Urteil vom 30. Mai 1996 – 2 C 10.95 – (NJW 1996 S. 3094) darauf hingewiesen, dass die Beihilfefestsetzungsstellen zur Überprüfung der ärztlichen Gebührenrechnungen befugt und eventuelle Zweifel anhand der Gebührenordnung einschließlich des Gebührenverzeichnisses zu beurteilen sind. 9Eine vorherige Bekanntgabe der Auffassung des Dienstherrn sei nicht generell, sondern nur in den Ausnahmefällen erforderlich, in denen bei objektiven Unklarheiten der Gebührenordnung für Ärzte ernsthaft widerstreitende Auffassungen über die Berechtigung eines Gebührenansatzes bestehen.

10Aufwendungen über den Schwellenwert hinaus sind nicht schon wegen der Besonderheiten der angewandten Verfahren beihilfefähig, sondern vor allem wegen Besonderheiten, die gerade bei der Behandlung des betreffenden Patienten, abweichend von der Mehrzahl der Behandlungsfälle, aufgetreten sind (personenbezogene Bemessungskriterien), zum Beispiel besondere Erschwernis bei einer Unterleibsoperation wegen anlagebedingter starker Blutungsneigung der Patientin. 11Besonderheiten im Bereich des behandelnden Arztes, zum Beispiel seine besondere Qualifikation (zum Beispiel Chefarzt, Professor) oder der Einsatz eines besonders teuren Gerätes bei der Leistungserbringung scheiden als Gründe für die Überschreitung der Schwellenwerte grundsätzlich aus.

12Besonderheiten der patientenbezogenen Bemessungskriterien rechtfertigen die Überschreitung des Schwellenwertes jeweils nur bei den Leistungen, mit denen sie im Zusam-

VII

menhang stehen (leistungsbezogene Begründungen). $_{13}$Verwachsungen im Operationsbereich können zum Beispiel Anlass für das Überschreiten des Schwellenwertes bei der Operationsgebühr geben, stellen aber in der Regel keine gebührenrechtliche Besonderheit bezüglich anderer ärztlicher Leistungen wie zum Beispiel Visiten, Infusionen, Injektionen dar. $_{14}$Als leistungsbezogene Begründung kann unter Umständen auch die Schwierigkeit des Krankheitsfalles angesehen werden (§ 5 Abs. 2 Satz 2 GOÄ), zum Beispiel bei Leistungen in den ersten Tagen nach einem Unfall mit vielfältigen Verletzungen.

$_{15}$Bei wahlärztlichen Leistungen, die weder vom Wahlarzt noch von dessen vor Abschluss des Vertrages über die Wahlleistungen benannten ständigen ärztlichen Vertreter persönlich erbracht werden, ist ein Überschreiten der Schwellenwerte nicht zulässig (§ 5 Abs. 5 GOÄ).

1.2 Leistungen bei Nacht oder an Sonn- und Feiertagen

$_{1}$Nach Auffassung des zuständigen Bundesministeriums ist eine Leistungserbringung außerhalb der üblichen Präsenz des Arztes im Krankenhaus für sich allein keine ausreichende Begründung für ein Überschreiten der Schwellenwerte nach § 5 Abs. 2 GOÄ (2,3facher, 1,8facher oder 1,15facher Satz). $_{2}$Ein über die Schwellenwerte hinausgehender Multiplikator kann allenfalls dann gerechtfertigt sein, wenn sonstige besondere Umstände des § 5 Abs. 2 GOÄ vorliegen.

1.3 Minderung der ärztlichen Honorare bei stationärer Behandlung

$_{1}$Nach § 6a Abs. 1 Satz 1 GOÄ sind bei vollstationären, teilstationären sowie vor- und nachstationären privatärztlichen Leistungen die nach dieser Verordnung berechneten Gebühren einschließlich der darauf entfallenden Zuschläge (ausgenommen der Zuschlag nach Buchstabe J im Abschnitt B V) um 25 % zu mindern. $_{2}$Abweichend davon beträgt die Minderung für Leistungen nach § 6a Abs. 1 Satz 1 GOÄ von Belegärzten oder niedergelassenen anderen Ärzten 15 %.

$_{3}$Entsprechende Minderungssätze gelten nach § 7 GOZ auch für vollstationäre, teilstationäre sowie vor- und nachstationäre privatzahnärztliche Leistungen.

$_{4}$Der jeweilige Minderungsbetrag ist in der Rechnung anzugeben (§ 12 Abs. 2 Nr. 3 GOÄ, § 10 Abs. 2 Nr. 3 GOZ). $_{5}$Für die Begründungspflicht bei Überschreiten der Schwellenwerte ist der Gebührensatz vor Abzug des Minderungsbetrages maßgebend (§ 12 Abs. 3 Satz 1 GOÄ, § 10 Abs. 3 Satz 1 GOZ).

$_{6}$Nach den Urteilen des Bundesgerichtshofes (BGH) vom 14. Januar 1998 – IV ZR 61/97 – (NJW 1998 S. 1790), vom 17. September 1998 – III ZR 222/97 – (NJW 1999 S. 868) und vom 13. Juni 2002 – III ZR 186/01 – (NJW 2002 S. 2948) sind die Gebühren nach § 6a Abs. 1 GOÄ für sämtliche wahlärztliche, belegärztliche, konsiliarärztliche und sonstige privatärztliche Leistungen zu mindern, die untrennbar mit einer vollstationären, teilstationären sowie vor- und nachstationären Behandlung verbunden sind. $_{7}$Dies gilt unabhängig vom Ort der Leistungserbringung – auch wenn die Ärztin bzw. der Arzt für solche Leistungen eigenes Personal, Geräte oder Materialien eingesetzt hat (externe Leistungserbringung). $_{8}$Der Vorschrift liegt zur Harmonisierung von Bundespflegesatzverordnung und Gebührenordnung für Ärzte eine pauschalierende Betrachtungsweise zugrunde, die nicht darauf abstellt, ob, bei wem und in welcher Höhe Sach- und Personalkosten für die Leistungen im Einzelfall entstehen, denn § 6a GOÄ soll nicht das Kosteninteresse des Leistungserbringers, sondern die Patientin bzw. den Patienten vor finanziellen Benachteiligungen schützen.

1.4 Berechenbarkeit einer Leistung nach Nr. 4 des Gebührenverzeichnisses der Gebührenordnung für Ärzte

Das für das Gebührenrecht zuständige Bundesministerium hat zur Frage der Berechnungsfähigkeit einer Leistung nach Nr. 4 des Gebührenverzeichnisses der Gebührenordnung für Ärzte wie folgt Stellung genommen:

„Nach ihrem Sinn und Zweck soll die Gebührenposition nach Nr. 4 des GOÄ-Gebührenverzeichnisses die Abrechnung einer Anamneseerhebung und/oder Beratung auch dann ermöglichen, wenn diese nach den besonderen Umständen des Behandlungsfalles die Einbeziehung einer Bezugs- oder Begleitperson erfordert, weil eine unmittelbare Vornahme gegenüber dem behandelten Patienten nicht möglich oder nicht sinnvoll ist.

Sofern die Anamneseerhebung über eine Bezugsperson bei bestimmten Personengruppen (z. B. bei Kindern) auch bei „normalem" Gesundheitszustand den Regelfall bildet, muss diese als mit den Leistungen nach den Nrn. 1 bzw. 3 abgegolten betrachtet werden. Eine Berechnung der Nr. 4 im Zusammenhang mit der Behandlung von Kindern wird deshalb in der Regel nur bei Vorliegen besonderer Erschwernisse (z. B. bei behinderten Kindern) geboten sein.

Sofern aus im Einzelfall gegebenem Anlass die Leistung nach Nr. 4 – auch im Hinblick auf eine dabei unter Einbeziehung einer Bezugsperson vorgenommene Beratung – berechnet werden kann, ist daneben für die Abrechnung einer Beratung nach den Nrn. 1 oder 3 kein Raum. Da es sich bei der im Leistungstext der Nr. 4 angesprochenen „Unterweisung und Führung der Bezugsperson(en)" charakteristischerweise um eine Leistung mit beratendem Inhalt handelt, ist diese mit der Gebühr nach Nr. 4 abgegolten und kann daneben nicht gesondert nach den Nrn. 1 oder 3 abgerechnet werden. Dem steht das Fehlen eines formellen Abrechnungsausschlusses (z. B. „... ist daneben nicht berechnungsfähig"), dem insoweit ohnehin nur deklaratorische Bedeutung zukommen könnte, nicht entgegen, da sich der Abrechnungsausschluss allgemein bereits aus § 4 Abs. 2a Satz 1 GOÄ ergibt."

VII

1.5 Wegegeld und Besuchsgebühren

Das für das Gebührenrecht zuständige Bundesministerium hat zur Frage der Voraussetzungen für die Berechnung von Wegegeld und Besuchsgebühren nach der Gebührenordnung für Ärzte wie folgt Stellung genommen:

„Wegegeld nach § 8 GOÄ und Besuchsgebühren nach den Nrn. 48 bis 51 sowie Zuschläge nach Abschnitt B V, Buchstaben E bis H und K 2 des Gebührenverzeichnisses der GOÄ werden nur für Besuche gezahlt. Ein Besuch im gebührenrechtlichen Sinn liegt vor, wenn ein Arzt zur Ausübung seiner ärztlichen Tätigkeit einen Patienten an einem Ort aufsucht, an dem er üblicherweise nicht seiner beruflichen Tätigkeit nachgeht.

Besuchsgebühren nach den Nrn. 48, 50 und/oder 51 sind für Besuche von Krankenhaus- und Belegärzten im Krankenhaus nicht berechnungsfähig (Abschnitt B Ziff. 6 des Gebührenverzeichnisses der GOÄ).

Soweit niedergelassene Ärzte oder Ärzte anderer Krankenhäuser vom Krankenhaus oder vom behandelnden Krankenhausarzt zum Konsilium oder zur Mitbehandlung gerufen werden, kommt die Berechnung von Wegegeld und Besuchsgebühren nur in Betracht, wenn der Arzt nicht vereinbarungsgemäß oder regelmäßig beigezogen, sondern für einen bestimmten Patienten im konkreten Fall angefordert wird."

1.6 Ambulantes Operieren

1 Nach Abschnitt C Nr. VIII des Gebührenverzeichnisses für ärztliche Leistungen der Gebührenordnung für Ärzte können zu ambulanten Operations- und Anästhesieleistungen Zuschläge nach Nrn. 440 bis 449 berechnet werden. 2 Die Zuschläge sind nur mit dem einfachen Gebührensatz berechnungsfähig und in der Rechnung unmittelbar im Anschluss an die zugeordnete operative bzw. anästhesiologische Leistung aufzuführen.

1.7 Kreuzband-Ruptur

1 Aus Gründen der Normsystematik und des Normzwecks sind mit dem Ansatz der Nr. 2191 der Anlage der Gebührenordnung für Ärzte (arthroskopische Operation mit primärer Naht, Reinsertion, Rekonstruktion oder plastischem Ersatz eines Kreuz- oder Seitenbands an einem Kniegelenk – einschließlich Kapselnaht) die Aufwendungen für die Entnahme der Semitendinosus- sowie der Gracilissehne mit abgegolten. 2 Damit sind neben der Nr. 2191 der Anlage der Gebührenordnung für Ärzte zusätzlich verrechnete Ge-

bühren nach der Nr. 2083 oder der Nr. 2064 der Anlage der Gebührenordnung für Ärzte für die Präparation der genannten Sehnen nicht beihilfefähig (LG München II, Urteil vom 22. Oktober 2013, AN 1 K 13.00010, LG München I, Urteil vom 31. März 2010, 9 S 13229/09).

3Ferner ist der zusätzliche Absatz der Nr. 2257 der Anlage der Gebührenordnung für Ärzte dann nicht beihilfefähig, wenn neben der Nr. 2191 die Nr. 2195 der Anlage der Gebührenordnung für Ärzte verrechnet wurde (LG München I, Urteil vom 31. März 2010, 9 S 13229/09).

4Besondere Umstände bei der Leistungserbringung können durch die Anwendung eines entsprechenden Steigerungsfaktors – mit entsprechender Einzelfall bezogener Begründung – berücksichtigt werden.

1.8 Aufwendungen des Einsatzes eines Femtosekundenlasers bei einer Katarakt-Operation

1Zur Frage des Ansatzes einer eigenständigen Gebührenposition für den Einsatz eines Femtosekundenlasers bei einer Katarakt-Operation hat der Bundesgerichtshof dieses Verfahren als eine besondere Ausführung einer Katarakt-Operation gewertet. 2Hierfür kann nach der Entscheidung des Bundesgerichtshofes der Laser-Zuschlag nach Nr. 441 der Anlage der Gebührenordnung für Ärzte angesetzt werden, ein (zusätzlicher) Analogansatz der Nr. 5855 der Anlage der Gebührenordnung für Ärzte ist hingegen unzulässig (Urteile vom 14. Oktober 2021, Az. III ZR 350/20 und 353/20).

1.9 Sonstige Auslegungsfragen zur Gebührenordnung für Ärzte und analoge Bewertungen

1Bei der Bundesärztekammer wurde ein „Zentraler Konsultationsausschuss für Gebührenordnungsfragen" eingerichtet. 2Dieser Konsultationsausschuss gibt sachverständige Stellungnahmen oder Gutachten zu grundsätzlichen Auslegungsfragen der Gebührenordnung für Ärzte gegenüber Ärztekammern und Mitgliedern ab. 3Die einvernehmlichen Beschlüsse sind bei der Festsetzung der Beihilfen zu berücksichtigen. 4Nach § 6 Abs. 2 GOÄ kann der Arzt selbständige ärztliche Leistungen, die in der Anlage Gebührenverzeichnis für ärztliche Leistungen der Gebührenordnung für Ärzte nicht aufgenommen sind, entsprechend einer nach Art, Kosten- und Zeitaufwand gleichwertigen Leistung der Anlage Gebührenverzeichnisses für ärztliche Leistungen berechnen (analoge Bewertung). 5Das in Nr. 1.9.1 dargestellte von der Bundesärztekammer herausgegebene Verzeichnis analoger Bewertungen ist bei der Festsetzung der Beihilfen zu berücksichtigen. 6Darin sind die Beschlüsse des Zentralen Konsultationsausschusses zu Analogbewertungen enthalten.

1.9.1 Verzeichnis der Analogbewertungen

Nummer	Leistung	Analog-Nummer GOÄ	Punktzahl	Gebühr in €
A 36	Strukturierte Schulung einer Einzelperson mit einer Mindestdauer von 20 Minuten bei Asthma bronchiale, Hypertonie – einschließlich Evaluation – zur Qualitätssicherung zum Erlernen und Umsetzen des Behandlungsmanagements, einschließlich Auswertung standardisierter Fragebögen, je Sitzung	33	300	17,49
A 72	Vorläufiger Entlassungsbericht im Krankenhaus	70	40	2,33

VII

Nummer	Leistung	Analog-Nummer GOÄ	Punktzahl	Gebühr in €
A 353	Einbringung des Kontrastmittels mittels intraarterieller Hochdruckinjektion zur selektiven Arteriographie (z. B. Nierenarterie), einschließlich Röntgenkontrolle und ggf. einschließlich fortlaufender EKG-Kontrolle, je Arterie	351	500	29,14
A 409	A-Bild-Sonographie	410	200	11,66
A 482	Relaxometrie während und/oder nach einer Allgemeinanästhesie bei Vorliegen von die Wirkungsdauer von Muskelrelaxantien verändernden Vorerkrankungen (z. B. AChE-Hemmer-Mangel) oder gravierenden pathophysiologischen Zuständen (z. B. Unterkühlung)	832	158	9,21
A 496	Drei-in-eins-Block, Knie- oder Fußblock	476	380	22,15
A 618*	H2-Atemtest (z. B. Laktosetoleranztest), einschließlich Verabreichung der Testsubstanz, Probeentnahmen und Messungen der H2-Konzentration, einschließlich Kosten	617*	341	19,88
A 619*	Durchführung des 13C-Harnstoff-Atemtests, einschließlich Verabreichung der Testsubstanz und Probeentnahmen	615*	227	13,23
A 658	Hochverstärktes Oberflächen-EKG aus drei orthogonalen Ableitungen mit Signalermittlung zur Analyse ventrikulärer Spätpotentiale im Frequenz- und Zeitbereich (Spätpotential-EKG)	652	445	25,94
A 704	Analtonometrie	1791	148	8,63
A 707	Untersuchung des Dünndarms mittels Kapselendoskopie und Auswertung des Bildmaterials bei unklarer gastrointestinaler Blutung, nach vorausgegangener Endoskopie des oberen und unteren Gastrointestinaltraktes. Voraussetzung für das Erbringen der Kapselendoskopie ist die Gebietsbezeichnung Fachärztin/Facharzt für Innere Medizin mit Schwerpunkt Gastroenterologie (zukünftig Fachärztin/Facharzt für Innere Medizin und Schwerpunkt Gastroenterologie). Der Zeitaufwand für die Auswertung der Videodokumentation beträgt durchschnittlich zwei Stunden. Ist er im konkreten Fall	684 plus 687	1200 plus 1500	69,94 plus 87,43

VII

Nummer	Leistung	Analog-Nummer GOÄ	Punktzahl	Gebühr in €
	deutlich niedriger oder deutlich höher, ist dies beim Ansatz des Steigerungsfaktors zu berücksichtigen.			
A 795	Kipptisch-Untersuchung mit kontinuierlicher EKG- und Blutdruckregistrierung	648	605	35,26
A 796*	Ergometrische Funktionsprüfung mittels Fahrrad- oder Laufbandergometer (physikalisch definierte und reproduzierbare Belastungsstufen), einschließlich Dokumentation	650*	152	8,86
A 888	Psychiatrische Behandlung zur Reintegration eines Erwachsenen mit psychopathologisch definiertem Krankheitsbild als Gruppenbehandlung (in Gruppen von 3 bis 8 Teilnehmern) durch syndrombezogene verbale Intervention als therapeutische Konsequenz aus den dokumentierten Ergebnissen der selbsterbrachten Leistung nach Nr. 801, Dauer mindestens 50 Minuten, je Teilnehmer und Sitzung	887	200	11,66
A 1006*	Gezielte weiterführende differenzialdiagnostische sonographische Abklärung bei aufgrund einer Untersuchung nach Nr. 415 erhobenem Verdacht auf Schädigung eines Fetus durch Fehlbildung oder Erkrankung oder ausgewiesener besonderer Risikosituation (Genetik, Anamnese, exogene Noxe) unter Verwendung eines Ultraschalluntersuchungsgerätes, das mindestens über 64 Kanäle im Sende- und Empfangsbereich, eine variable Tiefenfokussierung, mindestens 64 Graustufen und eine aktive Vergrößerungsmöglichkeit für Detaildarstellungen verfügt, ggf. mehrfach, zur gezielten Ausschlussdiagnostik bis zu dreimal im gesamten Schwangerschaftsverlauf, im Positivfall einer fetalen Fehlbildung oder Erkrankung auch häufiger, Anlage 1c zu Abschnitt B. Nr. 4 der Mutterschafts-Richtlinien in der jeweils geltenden Fassung gilt entsprechend, je Sitzung	5373*	1900	110,75
A 1007	Farbkodierte Doppler-echokardiographische Untersuchung eines Fetus einschließlich Bilddokumentation, einschließlich eindimensionaler Doppler-echokardiographi-	424 plus 404	700 plus 250 (Einfachsatz)	40,80 plus 14,57

Nummer	Leistung	Analog-Nummer GOÄ	Punktzahl	Gebühr in €
	scher Untersuchung, ggf. einschließlich Untersuchung mit cw-Doppler und Frequenzspektrumanalyse, ggf. einschließlich zweidimensionaler echokardiographischer Untersuchung mittels Time-Motion-Verfahren (M-Mode), ggf. zusätzlich zur Leistung nach Nr. A 1006 Anlage 1d zu Abschnitt B. Nr. 4 der Mutterschafts-Richtlinien in der jeweils geltenden Fassung gilt entsprechend.	plus 406	plus 200 (Einfachsatz)	plus 11,66
A 1008	Weiterführende differenzialdiagnostische sonographische Abklärung des fetomaternalen Gefäßsystems mittels Duplexverfahren, ggf. farbkodiert und/oder direktionale Doppler-sonographische Untersuchung im fetomaternalen Gefäßsystem, einschließlich Frequenzspektrumanalyse, ggf. zusätzlich zu den Untersuchungen nach Nrn. 415 oder A 1006, Anlage 1d zu Abschnitt B. Nr. 4 der Mutterschafts-Richtlinien in der jeweils geltenden Fassung gilt entsprechend. *Bei Mehrlingen sind die Leistungen nach Nrn. A 1006, A 1007 und A 1008 entsprechend der Zahl der Mehrlinge mehrfach berechnungsfähig.*	649	650	37,89
	Voraussetzung für das Einbringen der Leistungen nach Nrn. A 1006, A 1007 und A 1008 ist der Nachweis der Fachkunde Sonographie des Fetus in der Frauenheilkunde oder der fakultativen Weiterbildung Spezielle Geburtshilfe und Perinatalmedizin oder einer gleichwertigen Qualifikation.			
A 1157	Chorionzottenbiopsie, transvaginal oder transabdominal unter Ultraschallsicht	1158	739	43,07
A 1387	Netzhaut-Glaskörper-chirurgischer Eingriff bei anliegender oder abgelöster Netzhaut ohne netzhautablösende Membranen, einschließlich Parsplana-Vitrektomie, Retinopexie, ggf. einschließlich Glaskörper-Tamponade, ggf. einschließlich Membran-Peeling. *Neben Nr. A 1387 sind keine zusätzlichen Eingriffe an Netzhaut und Glaskörper berechnungsfähig.*	2551	7500	437,15

VII

Nummer	Leistung	Analog-Nummer GOÄ	Punktzahl	Gebühr in €
A 1387.1	Netzhaut-Glaskörper-chirurgischer Eingriff bei anliegender und/oder abgelöster Netzhaut mit netzhautablösenden Membranen und/oder therapierefraktärem Glaukom und/oder submakulärer Chirurgie, einschließlich Parsplana-Vitrektomie, Buckelchirurgie, Retinopexie, Glaskörper-Tamponade, Membran-Peeling, ggf. einschließlich Rekonstruktion eines Iris-Diaphragmas, ggf. einschließlich Retinotomie, ggf. einschließlich Daunomycin-Spülung, ggf. einschließlich Zell-Transplantation, ggf. einschließlich Versiegelung eines Netzhautlochs mit Thrombozytenkonzentraten, ggf. einschließlich weiterer mikrochirurgischer Eingriffe an Netzhaut oder Glaskörper (z. B. Pigmentgewinnung und -implantation).			
	Neben Nr. A 1387.1 sind keine zusätzlichen Gebührenpositionen für weitere Eingriffe an Netzhaut oder Glaskörper berechnungsfähig.	2551 plus 2531	7500 plus 7500	437,15 plus 437,15
	Ergänzende Abrechnungsempfehlung zu den Nrn. A 1387 und 1387.1: *Die Ausschlussbestimmungen bei Nrn. A 1387 und A 1387.1, wonach keine zusätzlichen Gebührenpositionen für weitere Eingriffe an Netzhaut oder Glaskörper berechnungsfähig sind, gelten nicht für Netzhaut-Glaskörper-chirurgische Eingriffe bei Ruptur des Augapfels mit oder ohne Gewebeverlust oder bei Resektion uvealer Tumoren und/oder Durchführung einer Macula-Rotation. Neben Leistungen nach Nrn. A 1387 oder A 1387.1 können in diesen Ausnahmefällen – je nach Indikation – die genannten Maßnahmen als zusätzliche Leistungen berechnet werden, wie z. B. Nr. A 1387.2 für die Macula-Rotation.*			
A 1387.2	Macula-Rotation	1375	3500	204,01
A 1716	Spaltung einer Harnröhrenstriktur unter Sicht (z. B. nach Sachse)	1802	739	43,07
A 1833a	Wechsel eines suprapubischen Harnblasenfistelkatheters, einschl. Spülung, Katheterfixation und Verband	1833	237	13,81

VII

Nummer	Leistung	Analog-Nummer GOÄ	Punktzahl	Gebühr in €
A 3289	Operation eines großen Leisten- oder Schenkelbruchs oder Rezidivoperation eines Leisten- oder Schenkelbruches, jeweils einschließlich Implantation eines Netzes	3286	2000	116,57
A 3732*	Troponin-T-Schnelltest	3741*	200	11,66
A 3733*	Trockenchemische Bestimmung von Theophyllin	3736*	120	6,99
A 3734*	Qualitativer immunologischer Nachweis von Albumin im Stuhl	3736*	120	6,99
A 3757*	Eiweißuntersuchung aus eiweißarmen Flüssigkeiten (z. B. Liquor-, Gelenk- oder Pleurapunktat)	3760*	70	4,08
A 4463*	Qualitative Bestimmung von Antikörpern mittels Ligandenassay – ggf. einschließlich Doppelbestimmung und aktueller Bezugskurve	4462*	230	13,41
A 5830*	Computergestützte Individual-Ausblendung (Multileaf-Kollimatoren = MLC) einmal je Feld und Bestrahlungsserie, einschließlich Programmierung. *Individuelle Ausblendungen zum Schutz von Normalgewebe und Organen können anstelle von Bleiblöcken auch durch Programmierung eines (Mikro)Multileaf-Kollimators erstellt werden, wobei für den Programmieraufwand die analoge Nr. 5378 GOÄ einmal je Feld und Bestrahlungsserie angesetzt werden kann. Der je nach Feldkonfiguration und Feldgröße unterschiedliche Schwierigkeitsgrad ist über den Gebührenrahmen nach § 5 Absatz 2 und 3 zu berücksichtigen.*	5378*	1000	58,29
A 5860*	Radiochirurgisch stereotaktische Bestrahlung benigner Tumoren mittels Linearbeschleuniger – einschließlich Fixierung mit Ring oder Maske –, einschließlich vorausgegangener Bestrahlungsplanung, einschließlich Anwendung eines Simulators und Anfertigung einer Körperquerschnittszeichnung oder Benutzung eines Körperquerschnitts anhand vorliegender Untersuchungen, einschließlich individueller Be-			

VII

Nummer	Leistung	Analog-Nummer GOÄ	Punktzahl	Gebühr in €
	rechnung der Dosisverteilung mit Hilfe eines Prozessrechners. *Unter radiochirurgischer Bestrahlung (Radiochirurgie) ist die einzeitige stereotaktische Bestrahlung mittels Linearbeschleuniger zu verstehen.* *Die Radiochirurgie ist nur einmal in sechs Monaten berechnungsfähig. Diese Therapie ist grundsätzlich bei folgenden Indikationen geeignet: Akustikusneurinom, Hypophysenadenom, Meningeom, Arteriovenöse Malformation, medikamentös oder operativ therapierefraktäre Trigeminusalgesie, Chordom.* *Die nach § 10 GOÄ zulässigen Kosten für Material können zusätzlich berechnet werden.*	6 × 5855*	6 × 6900	6 × 402,18
A 5861	Radiochirurgisch stereotaktische Bestrahlung primär maligner Tumoren oder von Hirnmetastasen mittels Linearbeschleuniger – einschließlich Fixierung mit Ring oder Maske –, einschließlich vorausgegangener Bestrahlungsplanung, einschließlich Anwendung eines Simulators und Anfertigung einer Körperquerschnittszeichnung oder Benutzung eines Körperquerschnitts anhand vorliegender Untersuchungen, einschließlich individueller Berechnung der Dosisverteilung mit Hilfe eines Prozessrechners. *Unter radiochirurgischer Bestrahlung (Radiochirurgie) ist die einzeitige stereotaktische Bestrahlung mittels Linearbeschleuniger zu verstehen.* *Die Radiochirurgie ist nur einmal in sechs Monaten berechnungsfähig. Diese Therapie ist grundsätzlich bei folgenden Indikationen geeignet: Inoperabler primärer Hirntumor oder Rezidiv eines Hirntumors, symptomatische Metastase ZNS, Aderhautmelanom.* *Die nach § 10 GOÄ zulässigen Kosten für Material können zusätzlich berechnet werden.*	3,5 × 5855*	3,5 × 6900	3,5 × 402,18

Nummer	Leistung	Analog-Nummer GOÄ	Punktzahl	Gebühr in €
A 7001	Untersuchung der alters- oder erkrankungsbedingten Visusäquivalenz, z. B. bei Amblyopie, Medientrübung oder fehlender Mitarbeit Zu diesen Untersuchungen zählen beispielsweise Sehschärfenprüfungen mittels Preferential Looking, die Untersuchung des Interferenzvisus und die Untersuchung des Crowding-Phänomens.	1225	121	7,05
A 7002	Qualitative Aniseikonieprüfung mittels einfacher Trennerverfahren Die Untersuchung nach Nr. A 7002 kann nur bei besonderer Begründung, und dann auch zusätzlich zur Kernleistung nach Nr. 1200, berechnet werden.	1200	59	3,44
A 7003	Quantitative Aniseikoniemessung, ggf. einschließlich qualitativer Aniseikonieprüfung	1226	182	10,61
A 7006	Bestimmung elektronisch vergrößernder Sehhilfen, je Sitzung	1227	248	14,46
A 7007	Quantitative Untersuchung der Hornhautsensibilität Nr. A 7007 ist nicht berechnungsfähig neben Nr. 6	825	83	4,84
A 7008	Konfokale Scanning-Mikroskopie der vorderen Augenabschnitte, einschließlich quantitativer Beurteilung des Hornhautendothels und Messung von Hornhautdicke und Streulicht, ggf. einschließlich Bilddokumentation je Auge	1249	484	28,21
A 7009	Quantitative topographische Untersuchung der Hornhautbrechkraft mittels computergestützter Videokeratoskopie, ggf. an beiden Augen	415	300	17,49
A 7010	Laserscanning-Ophthalmoskopie	1249	484	28,21
A 7011	Biomorphometrische Untersuchung des hinteren Augenpols, ggf. beidseits Weiterführende Untersuchung des Augenhintergrunds einschließlich Papillenanalyse, beispielsweise mittels Heidelberg Retinatomograph (HRT) oder Optic Nerve Head Analyzer (ONHA)	423	500	29,41
A 7012	Frequenz-Verdopplungs-Perimetrie oder Rauschfeld-Perimetrie	1229	182	10,61

VII

Nummer	Leistung	Analog-Nummer GOÄ	Punktzahl	Gebühr in €
A 7013	Überschwellige und/oder schwellenbestimmende quantitativ abgestufte, rechnergestützte statische Rasterperimetrie, einschließlich Dokumentation	1227	248	14,46
A 7014	Ultraschall-Biomikroskopie der vorderen Augenabschnitte, einmal je Sitzung	413	280	16,32
A 7015	Optische und sonographische Messung der Vorderkammertiefe und/oder der Hornhautdicke des Auges	410	200	11,66
	für die Untersuchung des anderen Auges in der gleichen Sitzung	420	80	4,66
A 7016	Berechnung einer intraokularen Linse, je Auge	1212	132	7,69
A 7017	Zweidimensionale Laserdoppler-Untersuchung der Netzhautgefäße mit Farbkodierung, ggf. beidseits	424 plus 406	700 plus 200	40,80 plus 11,66
A 7018	Einlegen eines Plastikröhrchens in die ableitenden Tränenwege bis in die Nasenhöhle, ggf. einschließlich Nahtfixation, je Auge	1298	132	7,69
A 7019	Prismenadaptionstest vor Augenmuskeloperationen, je Sitzung	1215	121	7,05
A 7020*	Präoperative kontrollierte Bulbushypotonie mittels Okulopression	1257*	242	14,11
A 7021	Operative Reposition einer intraokularen Linse	1353	832	48,50
A 7022	Chirurgische Maßnahmen zur Wiederherstellung der Pupillenfunktion und/oder Einsetzen eines Irisblendenrings	1326	1110	64,70
A 7023	Messung der Zyklotropie mittels haploskopischer Verfahren und/oder Laserscanning Ophthalmoskopie	1217	242	14,11
A 7024	Differenzierende Analyse der Augenstellung beider Augen mittels Messung von Horizontal-, Vertikal- und Zyklo-Deviation an Tangentenskalen in neun Blickrichtungen, einschließlich Kopfneige-Test	1217	242	14,11
A 7025	Korrektur dynamischer Schielwinkelveränderungen mittels retroäquatorialer Myopexie (sog. Fadenoperation nach Cüppers) an einem geraden Augenmuskel	1376	1480	86,27
A 7026	Chirurgische Maßnahmen bei Erkrankungen des Aufhängeapparates der Linse			

VII

Nummer	Leistung	Analog-Nummer GOÄ	Punktzahl	Gebühr in €
	Eine Berechnung der Nr. 7026 neben einer Katarakt-Operation, z. B. nach Nrn. 1349 bis 1351, Nr. 1362, Nr. 1374 oder Nr. 1375, ist in dergleichen Sitzung nur bei präoperativer Indikationsstellung zu diesem Zweiteingriff aufgrund des Vorliegens einer besonderen Erkrankung (z. B. der subluxierten Linse bei Marfan-Syndrom oder Pseudeoexfoliationssyndrom) zulässig.	1326	1480	86,27
A 7027	Operation einer Netzhautablösung mit eindellenden Maßnahmen, einschließlich Kryopexie der Netzhaut und/oder Endolaser-Applikation	1368	3030	176,61
A 7028	Untersuchung und Beurteilung einer okulär bedingten Kopfzwangshaltung, beispielsweise mit Prismenadaptionstest oder Disparometer	1217	242	14,11
A 7029	Isolierte Kryotherapie zur Behandlung oder Verhinderung einer Netzhautablösung, als alleinige Leistung	1366	1110	64,70

* Reduzierter Gebührenrahmen

VII

1.9.2 Medizinisches Aufbautraining/ Medizinische Trainingstherapie

Nach einem Beschluss der Bundesärztekammer zur Analogbewertung sind folgende Leistungen bis zum 2,3fachen bzw. 1,8fachen der Einfachsätze der Gebührenordnung für Ärzte beihilfefähig:

a) Eingangsuntersuchung zur Medizinischen Trainingstherapie/zum Medizinischem Aufbautraining einschließlich biomechanischer Funktionsanalyse der Wirbelsäule, spezieller Schmerzanamnese und gegebenenfalls anderer funktionsbezogener Messverfahren sowie Dokumentation analog Nr. 842 der Anlage der Gebührenordnung für Ärzte.

   Die Berechnung einer Kontrolluntersuchung analog Nr. 842 der Anlage der Gebührenordnung für Ärzte ist nicht vor Abschluss der Behandlungsserie möglich.

b) Medizinische Trainingstherapie/Medizinisches Aufbautraining mit Sequenztraining einschließlich progressiv-dynamischem Muskeltraining mit speziellen Therapiemaschinen (zum Beispiel MedX-CE- oder LE-Therapiemaschinen oder Beides) analog Nr. 846 der Anlage der Gebührenordnung für Ärzte, zuzüglich zusätzliches Geräte-Sequenztraining analog Nr. 558 der Anlage der Gebührenordnung für Ärzte (je Sitzung), zuzüglich begleitende krankengymnastische Übungen nach Nr. 506 der Anlage der Gebührenordnung für Ärzte. Die Nrn. 846 analog, 558 analog und 506 sind pro Sitzung jeweils nur einmal berechnungsfähig.

1.9.3 Extrakorporale Stoßwellentherapie

1 Auf Grundlage eines Beschlusses der Bundesärztekammer kann die Extrakorporale Stoßwellentherapie bei den in Nr. 2 Buchst. b der Anlage 2 zu § 7 Abs. 5 genannten Indikationen

analog Nr. 1800 der Anlage der Gebührenordnung für Ärzte (je Sitzung, 1480 Punkte) berechnet werden. Daneben sind keine Zuschläge beihilfefähig. 2Die Behandlung einer Pseudarthrose setzt auf Grund größerer Risiken zwingend besondere Kenntnisse und Erfahrungen in der Traumatologie voraus, die verbunden mit einem im Einzelfall höheren Schwierigkeitsgrad und überdurchschnittlichen Zeitaufwand Gebühren bis zum 3,5fachen Gebührensatz rechtfertigen können.

2. Gebührenordnung für Zahnärzte (GOZ)

2.1 Praxiskosten

1Gemäß § 4 Abs. 3 GOZ sind mit den Gebühren die Praxiskosten einschließlich der Kosten für Füllungsmaterial, für den Sprechstundenbedarf sowie für die Anwendung von Instrumenten und Apparaten abgegolten, soweit nicht im Gebührenverzeichnis etwas anderes bestimmt ist, oder wenn die Aufwendungen einen erheblichen Anteil am Honorar der Zahnärztin bzw. des Zahnarztes für diese Leistung ausmachen würde. 2Zu den Praxiskosten gehören nicht Kosten für zahntechnische Leistungen (§ 9 GOZ). 3Diese sind neben den Gebühren gesondert berechnungsfähig. 4Implantatbohrsätze gehören ebenfalls nicht zu den Praxisgebühren und können gesondert berechnet werden (BGH, Urteil vom 27. Mai 2004 – III ZR 264/03). 5Nicht berechnungsfähig sind dagegen die Kosten, die der Zahnärztin bzw. dem Zahnarzt für die Bevorratung von Implantaten entstehen. 6Sie sind als Praxiskosten mit den Gebühren abgegolten.

7Eine gesonderte Berechnung von Auslagen nach § 10 GOÄ darf nur bei den in § 6 Abs. 1 GOZ ausdrücklich genannten Leistungen erfolgen. 8Eine entsprechende Anwendung des § 10 GOÄ auch auf andere zahnärztliche Leistungen ist gemäß § 1 Abs. 1 GOZ ausgeschlossen (vergleiche Verwaltungsgerichtshof Baden-Württemberg, Beschluss vom 19. April 1999 – 4 S 3178/98).

2.2 Bemessung der Gebühren

Für die Bemessung der Gebühren gemäß § 5 GOZ gelten die Hinweise zum ärztlichen Gebührenrecht unter Nr. 1.1 entsprechend.

2.3 Gebühren für andere Leistungen

1Die Anwendung des Gebührenverzeichnisses für ärztliche Leistungen durch Zahnärzte ist auf die in § 6 Abs. 2 GOZ genannten Abschnitte und einzelne Gebührenziffern des Gebührenverzeichnisses für ärztliche Leistungen der Gebührenordnung für Ärzte begrenzt. 2Soweit Zahnärzte Leistungen aus diesen Abschnitten erbringen, bestimmt sich die Vergütung dieser Leistungen nach den Vorschriften der Gebührenordnung für Ärzte in der jeweils geltenden Fassung. 3Berechnet ein Zahnarzt nach der Anlage 1 Gebührenverzeichnis für zahnärztliche Leistungen der Gebührenordnung für Ärzte, erfassen die darin enthaltenen Abrechnungsbestimmungen auch Leistungen, die der Zahnarzt auf der Grundlage der Gebührenordnung für Zahnärzte erbringt.

4Zur Anwendung der Gebührenordnung für Ärzte durch Zahnärzte hat das für das Gebührenrecht zuständige Bundesministerium für Gesundheit wie folgt Stellung genommen:

„Die Verweisung betrifft nur solche Abschnitte der GOÄ, in denen Leistungen enthalten sind, die für Zahnärzte nach dem Berufsrecht in Frage kommen können. Die Verweisung auf ganze Abschnitte des Gebührenverzeichnisses für ärztliche Leistungen ist aus pragmatischen, regelungstechnischen Gründen erfolgt. Aus diesen Abschnitten kann der Zahnarzt nicht alle Leistungen erbringen und berechnen, sondern nur solche Leistungen, die zu seinen beruflichen Leistungen gehören (§ 1 Abs. 1 GOZ) und den Regeln der zahnärztlichen Kunst entsprechen (§ 1 Abs. 2 GOZ)."

2.4 Analoge Bewertungen

1Gemäß § 6 Abs. 1 GOZ können selbständige zahnärztliche Leistungen, die erst nach Inkrafttreten der Gebührenordnung für Zahnärzte auf Grund wissenschaftlicher Erkenntnisse entwickelt werden, entsprechend einer nach Art, Kosten- und Zeitaufwand gleichwertigen Leistung des Gebührenverzeichnisses für zahnärztliche Leistungen berechnet werden. 2Vermeintliche Lücken im Gebührenverzeichnis oder anderweitige Auffassungen über den Wert einer zahnärztlichen Leistung rechtfertigen keine analoge Bewertung. $_{3}$Dies gilt auch für Leistungen, die lediglich eine besondere Ausführung einer nach dem Gebührenverzeichnis bewerteten Leistung darstellen (§ 4 Abs. 2 GOZ).

2.5 Einzelfragen zum Gebührenverzeichnis der Anlage 1 der Gebührenordnung für Zahnärzte

2.5.1 Gesteuerte Geweberegeneration

$_{1}$Für das Einbringen und Entfernen der Membran im Rahmen der gesteuerten Geweberegenerationsbehandlung (Guided Tissue Regeneration, GTR) kann Nr. 4130 der Anlage 1 der Gebührenordnung für Zahnärzte analog als Komplexgebühr oder Nrn. 4120 und 4110 der Anlage 1 der Gebührenordnung für Zahnärzte analog jeweils als gesonderte Gebühr für das Einbringen und Entfernen der Membran berechnet werden. $_{2}$Die Kosten für die Membranen (Manschetten) können gesondert berechnet werden.

2.5.2 Abschläge bei kieferorthopädischen Behandlungen

$_{1}$Mit Rücksicht auf die Länge des Behandlungszeitraums für kieferorthopädische Behandlungen nach Nrn. 6030 bis 6080 der Anlage 1 der Gebührenordnung für Zahnärzte können quartalsmäßige Abschlagszahlungen als beihilfefähig anerkannt werden. $_{2}$Die Beihilfeleistungen stehen unter dem Vorbehalt einer ordnungsgemäßen Schluss- oder Gesamtabrechnung über den Leistungskomplex gemäß den jeweiligen Vorgaben der Gebührenordnung. $_{3}$Die Leistungen nach Nrn. 6030 bis 6080 der Anlage 1 der Gebührenordnung für Zahnärzte umfassen alle im Behandlungsplan festgelegten Maßnahmen innerhalb eines Zeitraumes von bis zu vier Jahren. $_{4}$Für einen Verlängerungszeitraum der ursprünglichen Kieferumformung kann regelmäßig pro Jahr der Weiterbehandlung ein Viertel der jeweils vollen Gebühr unter Berücksichtigung der Kriterien des § 5 Abs. 2 GOZ als angemessen angesehen werden (vergleiche BayVGH, Beschluss vom 24. März 1997 – 3 B 95.1895).

2.5.3 Eingliederung von Klebebrackets bei kieferorthopädischen Behandlungen

$_{1}$Für die Eingliederung von Klebebrackets im Rahmen einer kieferorthopädischen Behandlung kann neben der Nr. 6100 der Anlage 1 der Gebührenordnung für Zahnärzte nicht zusätzlich auch die Nr. 2197 der Anlage 1 der Gebührenordnung für Zahnärzte abgerechnet werden, weil deren selbstständige Berechnungsfähigkeit nach § 4 Abs. 2 Satz 2 GOZ ausgeschlossen ist. $_{2}$Denn mit dem Begriff „Eingliederung eines Klebebrackets" wird eine Technik umschrieben, die im Sinne eines Oberbegriffs auch die Adhäsivtechnik umfasst (BVerwG, Urteil vom 5. März 2021 – 5 C 11/19).

2.5.4 Retentionsmaßnahmen bei kieferorthopädischen Behandlungen

$_{1}$Für die Eingliederung eines festsitzenden Lingualretainers sind neben den Maßnahmen zur Umformung eines Kiefers nach den Nrn. 6030 bis 6080 der Anlage 1 der Gebührenordnung für Zahnärzte Aufwendungen für Leistungen, die zusätzlich nach den Nrn. 6100 und 6140 der Anlage 1 der Gebührenordnung für Zahnärzte in analoger Anwendung nach § 6 Abs. 1 GOZ abgerechnet werden, nicht beihilfefähig, da die Eingliederung eines solchen Retainers als Maßnahme der Retention eine Überschneidung mit dem Leistungsinhalt der Nrn. 6030 bis 6080 der Anlage 1 der Gebührenordnung für Zahnärzte bewirkt. $_{2}$Wenn in diesem Zusammenhang bereits der analoge Ansatz der Nrn. 6100 und 6140 der Anlage 1 der Gebührenordnung für Zahnärzte nicht beihilfefähig ist, ist in der Folge der ebenfalls analoge Ansatz der Nr. 2197 der Anlage 1 der Gebührenordnung für Zahnärzte zur Abgeltung der adhäsiven Befestigung von Klebebrackets ebenfalls nicht beihilfefähig (BVerwG, Urteile vom 26. Februar 2021 – 5 C 7.19 und vom 5. März 2021 – 5 C 8.19).

2.5.5 Relationsbestimmung

$_{1}$Die Leistungen für die Versorgung mit Einlagefüllungen (Nrn. 2150 bis 2170 der Anlage 1 der Gebührenordnung für Zahnärzte), Kronen (Nrn. 2200 bis 2220 der Anlage 1 der Gebührenordnung für Zahnärzte), Brücken (Nrn. 5000 bis 5040 der Anlage 1 der Gebührenordnung für Zahnärzte) und Prothesen (Nrn. 5200 bis 5230 der Anlage 1 der Gebührenordnung für Zahnärzte) umfassen nach den Abrechnungsbestimmungen der Nrn. 2220, 5040 und 5230 der Anlage 1 der Gebührenordnung für Zahnärzte auch die Relationsbestimmung sowie die Bestimmung der Kieferrelation. 2Deshalb dürfen in zeitlichem Zusammenhang mit diesen Leistungen keine Gebühren aus dem Abschnitt J der Anlage 1 der Gebührenordnung für Zahnärzte (funktionsanalytische und funktionstherapeutische Leistungen) berechnet werden. 3Bei umfangreichen oder aufwändigen Maßnahmen ist eine beihilferechtliche Anerkennung nach den Vorgaben des § 16 BayBhV möglich.

2.5.6 Nr. 3 der Anlage der Gebührenordnung für Ärzte

Nr. 3 der Anlage der Gebührenordnung für Ärzte ist neben Nr. 0010 der Anlage 1 der Gebührenordnung für Zahnärzte berechnungsfähig, da es sich einerseits um eine (reine) Beratungsgebühr, anderseits um eine Untersuchungsgebühr handelt; andere Leistungspositionen der Gebührenordnung für Ärzte und Gebührenordnung für Zahnärzte sind daneben nicht beihilfefähig.

2.5.7 Nr. 5 der Anlage der Gebührenordnung für Ärzte

Nr. 5 der Anlage der Gebührenordnung für Ärzte ist berechnungsfähig, da eine vergleichbare Leistung nicht in der Gebührenordnung für Zahnärzte enthalten ist.

2.6 Beschlüsse des Beratungsforums für Gebührenordnungsfragen

1Die Bundeszahnärztekammer, der Verband der Privaten Krankenversicherung und die Beihilfestellen von Bund und Ländern haben im Jahr 2013 die Einrichtung eines Beratungsforums für Gebührenordnungsfragen vereinbart, um im partnerschaftlichen Miteinander daran zu arbeiten, Rechtsunsicherheiten nach der Novellierung der Gebührenordnung für Zahnärzte zu beseitigen. 2Das neue Gremium hat die Aufgabe übernommen, grundsätzliche Auslegungsfragen der Gebührenordnung für Zahnärzte, Fragen der privatzahnärztlichen Qualitätssicherung sowie Fragen des Inhalts und der Abgrenzung privatzahnärztlicher Leistungen zu diskutieren und möglichst einvernehmlich zu beantworten. 3Ein wichtiges Ziel ist dabei die Verbesserung der Beziehung zwischen Patient, Zahnarzt und Versicherungsmitarbeitern in der täglichen Praxis.

4Mit der erklärten Zielsetzung, Probleme im Vorfeld zu lösen und dadurch Auslegungsstreitigkeiten oder vielfache gerichtliche Auseinandersetzungen zu vermeiden, haben sich die Mitglieder des Beratungsforums einvernehmlich auf die nachfolgenden Beschlüsse verständigt, die von den Vorständen der Gremien der Mitglieder bestätigt wurden. 5Diese sind bei der Festsetzung der Beihilfe zu berücksichtigen.

Berechnungsfähigkeit des Operationsmikroskops

1. 1Der Zuschlag für die Anwendung des Operationsmikroskops ist nur für die in der Nr. 0110 der Anlage 1 der Gebührenordnung für Zahnärzte abschließend aufgezählten Gebührenpositionen berechnungsfähig. 2Eine analoge Anwendung dieser Zuschlagsposition oder anderer Positionen der Gebührenordnung für Zahnärzte für die Verwendung des Operationsmikroskops bei anderen als den in Nr. 0110 der Anlage 1 der Gebührenordnung für Zahnärzte bezeichneten Leistungen kommt nicht in Betracht. 3Wird eine nicht zuschlagsfähige Leistung erbracht, die aufgrund von darzulegender Schwierigkeit oder Zeitaufwand den Einsatz des Operationsmikroskops erfordert, kann dies mittels des § 5 oder des § 2 der Gebührenordnung für Zahnärzte abgebildet werden.

Zusätzliche Berechnung der Nr. 2197 der Anlage 1 der Gebührenordnung für Zahnärzte neben der Nr. 2000 der Anlage 1 der Gebührenordnung für Zahnärzte

2. Im Zusammenhang mit der Versiegelung von kariesfreien Zahnfissuren mit aushärtenden Kunststoffen und Glattflächenversiegelung nach der Nr. 2000 der Anlage 1

VII

der Gebührenordnung für Zahnärzte ist die Nr. 2197 der Anlage 1 der Gebührenordnung für Zahnärzte für die adhäsive Befestigung der Versiegelung nicht zusätzlich berechnungsfähig, da die adhäsive Befestigung der Versiegelung nach der wissenschaftlichen „Neubeschreibung einer präventionsorientierten Zahn-, Mund- und Kieferheilkunde" Bestandteil der Fissurenversiegelung ist.

Stillung einer übermäßigen Blutung

3. $_{1}$Die Nr. 3050 der Anlage 1 der Gebührenordnung für Zahnärzte ist im Rahmen der dentoalveolären Chirurgie gegebenenfalls als selbständige Leistung zusätzlich berechenbar, wenn die Blutung das typische Maß bei dem Eingriff deutlich übersteigt und eine Unterbrechung der eigentlichen operativen Maßnahme erfordert. $_{2}$In allen anderen Fällen sind Blutstillungsmaßnahmen (auch größeren Umfangs), die ortsgleich mit chirurgischen Leistungen erfolgen, Bestandteil der jeweiligen Hauptleistung und dürfen nicht gesondert nach Nr. 3050 der Anlage 1 der Gebührenordnung für Zahnärzte berechnet werden. $_{3}$Dies gilt auch für die chirurgischen Leistungen aus der Gebührenordnung für Ärzte, die für den Zahnarzt gemäß § 6 Abs. 2 GOZ geöffnet sind.

Adhäsive Wurzelfüllung

4. Die Nr. 2197 der Anlage 1 der Gebührenordnung für Zahnärzte ist bei adhäsiver Befestigung der Wurzelfüllung neben der Nr. 2440 der Anlage 1 der Gebührenordnung für Zahnärzte zusätzlich berechnungsfähig.

Trennung von Liquidation und Erstattung

5. Bestimmungen, welche tarifbedingte Vertragsbestandteile des Versicherungsvertrages im reinen Innenverhältnis zwischen Versichertem und Versicherer sind, haben keinen Einfluss auf die Berechenbarkeit von Leistungen nach der Gebührenordnung für Zahnärzte.

Wurzelkanalbehandlungen

6. $_{1}$Der Verschluss atypisch weiter apikaler Foramina unter Verwendung von Mineral Trioxid Aggregate (MTA) wird in den Fällen, in denen ohne apikalen Verschluss (Apexifikation) eine ordnungsgemäße Wurzelfüllung nicht möglich ist und insofern der apikale Verschluss eine nach Art, Material- und apparativem Einsatz selbstständige Leistung darstellt, gemäß § 6 Abs. 1 GOZ analog berechnet. $_{2}$Um eine vollständige Aushärtung des Mineral Trioxid Aggregates zu gewährleisten, sollte die Wurzelfüllung in einer folgenden getrennten Sitzung erfolgen. $_{3}$Aus grundsätzlichen Erwägungen empfiehlt die Bundeszahnärztekammer keine konkrete Analoggebühr. $_{4}$Der Verband der Privaten Krankenversicherung e. V. (PKV-Verband) hält als Analoggebühr die Nr. 2060 der Anlage 1 der Gebührenordnung für Zahnärzte für angemessen.

7. $_{1}$Der Verschluss innerhalb des Parodontiums gelegener Perforationen des Wurzelkanalsystems stellt eine selbstständige Leistung dar und wird gemäß § 6 Abs. 1 GOZ analog berechnet. $_{2}$Aus grundsätzlichen Erwägungen empfiehlt die Bundeszahnärztekammer keine konkrete Analoggebühr. $_{3}$Der PKV-Verband hält als Analoggebühr die Nr. 2060 der Anlage 1 der Gebührenordnung für Zahnärzte für angemessen.

8. $_{1}$Die Entfernung frakturierter Wurzelkanalinstrumente aus dem Wurzelkanalsystem stellt eine selbstständige Leistung dar und wird gemäß § 6 Abs. 1 GOZ analog berechnet. $_{2}$Aus grundsätzlichen Erwägungen empfiehlt die Bundeszahnärztekammer keine konkrete Analoggebühr. $_{3}$Der PKV-Verband hält als Analoggebühr die Nr. 2300 der Anlage 1 der Gebührenordnung für Zahnärzte (Entfernung eines Wurzelstiftes) für angemessen.

9. $_{1}$Die Entfernung nekrotischen Pulpagewebes vor der Aufbereitung des Wurzelkanals stellt eine selbstständige Leistung dar und wird gemäß § 6 Abs. 1 GOZ

analog berechnet. 2Aus grundsätzlichen Erwägungen empfiehlt die Bundeszahnärztekammer keine konkrete Analoggebühr. 3Der PKV-Verband hält als Analoggebühr die Nr. 2360 der Anlage 1 der Gebührenordnung für Zahnärzte (Vitalexstirpation) für angemessen.

10. 1Das erschwerte Aufsuchen verengter Wurzelkanaleingänge und das Überwinden natürlicher Hindernisse bei der Aufbereitung des Wurzelkanals (zum Beispiel Dentikel, Obliterationen, Verengungen, Krümmungen) sowie natürlicher oder iatrogener Stufen stellen keine selbstständigen, analog zu berechnenden Leistungen dar, sondern sind mit der Grundleistung unter Berücksichtigung von § 5 Abs. 2 GOZ zu berechnen.

    2Anmerkung zu Beschlüsse Wurzelkanalbehandlungen:
    Über die analoge Berechnungsfähigkeit der Entfernung vorhandenen definitive Wurzelkanalfüllmaterials konnte kein Konsens erzielt werden.

Materialkosten

11. 1Mit den Gebühren der Gebührenordnung für Zahnärzte sind grundsätzlich gemäß § 4 Abs. 3 GOZ alle Auslagen abgegolten, soweit im Gebührenverzeichnis nichts anderes bestimmt ist. 2Darüber hinaus sind – bezugnehmend auf das BGH-Urteil vom 27. Mai 2004 (Az.: III ZR 264/03) – folgende Materialien zusätzlich berechnungsfähig:
    - Oraqix® im Zusammenhang mit der Nr. 0080 der Anlage 1 der Gebührenordnung für Zahnärzte,
    - ProRoot MTA® im Zusammenhang mit der Berechnung der Nr. 2440 der Anlage 1 der Gebührenordnung für Zahnärzte,
    - Harvard MTA OptiCaps® im Zusammenhang mit der Berechnung der Nr. 2440 der Anlage 1 der Gebührenordnung für Zahnärzte.

Anästhesieleistungen

12. 1Die Nrn. 490, 491, 493, 494 der Anlage der Gebührenordnung für Ärzte dürfen von Zahnärzten ohne ärztliche Approbation nicht zum Zwecke der intraoralen Lokal- oder Leitungsanästhesie berechnet werden. 2Die Berechnung der Nr. 494 der Anlage der Gebührenordnung für Ärzte ist auch für den MKG-Chirurgen zum alleinigen Zwecke der Schmerzausschaltung bei zahnärztlich-chirurgischen Leistungen fachlich nicht indiziert und daher nicht berechnungsfähig.

Zuschlag digitales Röntgen

13. Im Zusammenhang mit den in der zahnärztlichen Therapie gängigen Röntgenaufnahmen (Nrn. 5000, 5002, 5004 der Anlage der Gebührenordnung für Ärzte) ist eine Berechnung der Nr. 5298 der Anlage der Gebührenordnung für Ärzte nicht zulässig.

Chirurgie/Implantation

14. 1Neben der Nr. 9100 der Anlage 1 der Gebührenordnung für Zahnärzte ist die Nr. 9090 der Anlage 1 der Gebührenordnung für Zahnärzte nicht berechnungsfähig. 2Neben den Nrn. 9110, 9120 der Anlage 1 der Gebührenordnung für Zahnärzte ist die Nr. 9090 der Anlage 1 der Gebührenordnung für Zahnärzte dann berechnungsfähig, wenn die Knochentransplantation im Operationsgebiet nicht der Auffüllung des durch die Anhebung der Kieferhöhlenschleimhaut entstandenen Hohlraumes dient. 3Dies ist bei der Auffüllung von Knochendefiziten mit Eigenknochen im Bereich der Implantatschulter bei zeitgleicher Implantation oder beim Ausgleich von Knochendefiziten des Alveolarkamms mit Eigenknochen getrennt vom Bereich des Sinuslifts der Fall. 4Wird neben den Nrn. 9110, 9120 der Anlage 1 der Gebührenordnung für Zahnärzte die Nr. 9100 der Anlage 1 der Gebührenordnung für Zahnärzte in Ansatz gebracht, ist eine Berechnung der Nr. 9090 der Anlage 1 der Gebührenordnung für Zahnärzte in derselben Kieferhälfte nicht möglich.

Fotodokumentation

15. $_{1}$Im Rahmen einer zahnärztlichen Behandlung sind Fotos, die ausschließlich zu dokumentarischen Zwecken angefertigt worden sind, mit den Gebührennummern abgegolten und dürfen nicht gesondert berechnet werden. $_{2}$Fotos, die therapeutischen oder diagnostischen Zwecken, nicht jedoch einer kieferorthopädischen Auswertung dienen, sind analog berechnungsfähig. $_{3}$Aus grundsätzlichen Erwägungen empfiehlt die Bundeszahnärztekammer keine konkrete Analoggebühr. $_{4}$Der PKV-Verband hält als Analoggebühr die Nr. 6000 der Anlage 1 der Gebührenordnung für Zahnärzte für angemessen.

Protokollnotiz 6. November 2015:

Die Träger der Beihilfe schließen sich den Empfehlungen des PKV-Verbandes zu den Beschlüssen 6, 7, 8, 9 und 15 an.

Provisorien

16. $_{1}$Die Wiedereingliederung (inklusive Säuberung, gegebenenfalls Wiederanpassung) andernorts angefertigter direkter oder laborgefertigter Provisorien ist analog zu berechnen. $_{2}$Aus grundsätzlichen Erwägungen empfiehlt die Bundeszahnärztekammer keine konkrete Analoggebühr. $_{3}$Der PKV-Verband und die Beihilfeträger halten als Analoggebühr die Nr. 2260 der Anlage 1 der Gebührenordnung für Zahnärzte für angemessen.

Knochenresektion

17. $_{1}$Neben Extraktionen ist die Nr. 3230 der Anlage 1 der Gebührenordnung für Zahnärzte dann gesondert berechnungsfähig, wenn die Resektion aufgrund eigenständiger Indikation (nicht zur oder durch die Zahnentfernung notwendig) mit einem separaten auf der Rechnung dokumentierten Operationszugang erbracht wird und es sich insofern um eine selbstständige Leistung handelt. $_{2}$Die eigenständige Indikation ist auf der Rechnung zu erläutern.

Abschnittsübergreifende Berechnung

18. Die Auflistung einer Gebührennummer in einem bestimmten Abschnitt der Gebührenordnung für Zahnärzte hat nicht zur Folge, dass die dieser Gebührennummer zuzuordnende Leistung nur in Zusammenhang mit einem Leistungsgeschehen berechnungsfähig wäre, das fachlich diesem Gebührenordnungsabschnitt zuzuordnen ist.

Periimplantitis-Behandlung

19. $_{1}$Eine Periimplantitis-Behandlung im offenen Verfahren stellt eine selbstständige Leistung dar und wird gemäß § 6 Abs. 1 GOZ analog berechnet. $_{2}$Aus grundsätzlichen Erwägungen empfiehlt die Bundeszahnärztekammer keine konkrete Analoggebühr. $_{3}$Der PKV-Verband und die Beihilfeträger halten als Analoggebühr je nach Lokalisation die Nr. 4090 oder die Nr. 4100 der Anlage 1 der Gebührenordnung für Zahnärzte für angemessen.

Protrusionsschiene

20. $_{1}$Die Eingliederung einer Protrusionsschiene, zum Beispiel zur Behandlung einer Schlafapnoe, stellt eine selbstständige Leistung dar und wird gemäß § 6 Abs. 1 GOZ analog berechnet. $_{2}$Aus grundsätzlichen Erwägungen empfiehlt die Bundeszahnärztekammer keine konkrete Analoggebühr. $_{3}$Der PKV-Verband und die Beihilfeträger halten als Analoggebühr die Nr. 7010 der Anlage 1 der Gebührenordnung für Zahnärzte (Eingliederung eines Aufbissbehelfs mit adjustierter Oberfläche) für angemessen.

Begründung bei Vereinbarungen

21. $_{1}$Eine Überschreitung des 3,5fachen Steigerungssatzes im Rahmen einer abweichenden Vereinbarung nach § 2 GOZ erfordert dann eine Begründung auf Verlangen des/der Zahlungspflichtigen, wenn der Vereinbarung Kriterien gemäß § 5 Abs. 2 GOZ zugrunde liegen. $_{2}$Die Wirksamkeit der Vereinbarung bleibt hiervon unberührt.

Computergesteuerte Anästhesie

22. Die computergesteuerte Anästhesie (zum Beispiel WAND/STA) erfüllt trotz modifizierter Handhabung die Leistungsinhalte der Nr. 0090 oder Nr. 0100 der Anlage 1 der Gebührenordnung für Zahnärzte und ist je nach Lokalisation und Indikation originär nach den Nr. 0090 der Anlage 1 der Gebührenordnung für Zahnärzte für die Infiltrationsanästhesie (dazu zählen auch die intraligamentäre, intrakanaläre, intrapulpäre und intraossäre Anästhesie) oder Nr. 0100 der Anlage 1 der Gebührenordnung für Zahnärzte für die Leitungsanästhesie zu berechnen.

Berechnung „je Kieferhälfte oder Frontzahnbereich“

23. $_1$Im Falle der Berechnungsweise einer Gebühr „je Kieferhälfte oder Frontzahnbereich“ ist zu berücksichtigen, dass der Frontzahnbereich nur Anwendung findet, wenn die Leistung im Bereich von Eckzahn bis Eckzahn durchgeführt wird. $_2$Geht der Bereich über den Eckzahn hinaus, so wird nach Kieferhälften (Quadranten) berechnet. $_3$Eine Berechnungsweise je Frontzahnbereich und je Kieferhälfte ist nicht zulässig.

Berechnungsweise der Nr. 2030 der Anlage 1 der Gebührenordnung für Zahnärzte

24. Für die Nr. 2030 GOZ gilt: Wird in allen vier Kieferhälften präpariert und gefüllt und sind daneben jeweils besondere Maßnahmen erforderlich, kann die Nr. 2030 GOZ in einer Sitzung maximal achtmal berechnet werden (viermal im Oberkiefer, viermal im Unterkiefer).

Zugriff auf die Gebührenordnung für Ärzte für Mund-, Kiefer-, Gesichtschirurgen

25. $_1$Erbringen Mund-, Kiefer-, Gesichtschirurgen Leistungen, die im Gebührenverzeichnis für zahnärztliche Leistungen aufgeführt sind, sind die Vergütungen für diese Leistungen nach der jeweils geltenden Fassung der Gebührenordnung für Zahnärzte zu berechnen. $_2$Ein Wahlrecht zwischen Gebührenordnung für Ärzte und Gebührenordnung für Zahnärzte besteht insoweit nicht.

Nr. 5000 der Anlage der Gebührenordnung für Ärzte

26. $_1$Von der Nr. 5000 der Anlage der Gebührenordnung für Ärzte ist die Aufnahme eines Zahns, Implantats oder zahnlosen Kieferabschnitts je Projektion umfasst. $_2$Die Abrechnungsbestimmung nach der Nr. 5000 der Anlage der Gebührenordnung für Ärzte ist zu beachten.

Wurzelamputation

27. $_1$Die Entfernung einer oder mehrerer Wurzeln eines mehrwurzeligen Zahnes (Wurzelamputation) unter Belassung der klinischen oder prothetischen Krone stellt eine selbstständige Leistung dar und wird gemäß § 6 Abs. 1 GOZ analog berechnet. $_2$Aus grundsätzlichen Erwägungen empfiehlt die Bundeszahnärztekammer keine konkrete Analoggebühr. $_3$Der PKV-Verband und die Beihilfeträger halten – je nach Aufwand – die Nrn. 3110, 3120 oder 3130 der Anlage 1 der Gebührenordnung für Zahnärzte für angemessen.

Table Tops

28. $_1$„Table Tops“ als langzeitprovisorische Maßnahme im indirekten Verfahren (laborgefertigt) stellen eine selbstständige Leistung dar und werden gemäß § 6 Abs. 1 GOZ analog berechnet. $_2$Aus grundsätzlichen Erwägungen empfiehlt die Bundeszahnärztekammer keine konkrete Analoggebühr. $_3$Der PKV-Verband und die Beihilfeträger halten als Analoggebühr die Nr. 7080 der Anlage 1 der Gebührenordnung für Zahnärzte für angemessen. $_4$Im Falle einer adhäsiven Befestigung ist die Nr. 2197 der Anlage 1 der Gebührenordnung für Zahnärzte zusätzlich berechnungsfähig.
29. $_1$„Table Tops“ als definitive Maßnahme sind als Oberbegriff für die Versorgung

von verlorengegangenen Funktionsflächen als Folge einer Fehlfunktion der Okklusion und Artikulation zu verstehen. 2Entsprechend des Defektes unterscheiden sich die Table Tops in ihrer Ausdehnung voneinander. 3Dementsprechend richtet sich die analoge Berechnung einer Gebühr nach der konkreten Ausdehnung der verlorengegangenen Funktionsflächen. 4Vor der Versorgung mit Table Tops müssen alle notwendigen Schritte einer Funktionsdiagnostik oder -therapie durchgeführt worden sein (zum Beispiel Schienentherapie).

Teleskopbrücke

30. Im Falle einer sattelfreien, rein parodontal abgestützten teleskopierenden Brücke – im Gegensatz zu einer Teleskopprothese – ist die Nr. 5210 der Anlage 1 der Gebührenordnung für Zahnärzte nicht zusätzlich zu den Nrn. 5040 und 5070 der Anlage 1 der Gebührenordnung für Zahnärzte berechnungsfähig.

Wiederherstellung/Wiederbefestigung einer definitiven Krone zum temporären Verbleib

31. 1Das Umarbeiten einer definitiven Krone oder Brücke zu einem Provisorium oder einer Wiederbefestigung oder Beidem der definitiven Krone oder Brücke zum provisorischen Verbleib sind in der Gebührenordnung für Zahnärzte nicht beschrieben. 2Die Leistung wird gemäß § 6 Abs. 1 GOZ analog berechnet. 3Aus grundsätzlichen Erwägungen empfiehlt die Bundeszahnärztekammer keine konkrete Analoggebühr. 4Der PKV-Verband und die Beihilfeträger halten als Analoggebühr – je nach Aufwand – die Nr. 2260, 2270 oder 5120 der Anlage 1 der Gebührenordnung für Zahnärzte je Zahn oder je Brückenpfeiler für angemessen. 5Das Wiedereingliedern dieses Provisoriums, gegebenenfalls auch mehrmals, einschließlich Entfernung, ist mit der Berechnung der Analoggebühr abgegolten.

NICO (Behandlung einer chronischen Kieferostitis als Störfeld)

32. 1Bei der Behandlung der sogenannten NICO (Neuralgia Inducing Cavitational Osteonecrosis), der fettig-degenerativen Osteolyse/Osteonekrose im Kieferknochen oder ähnlicher Diagnosen, handelt es sich um medizinische nicht notwendige Maßnahmen, da die Wirksamkeit durch wissenschaftlich medizinisch fundierte Studienuntersuchungen nicht belegt ist. 2Darüber hinaus ist das vermeintliche Krankheitsbild der NICO weder nach ICD10 Schlüssel noch in den Verzeichnissen der WHO als Erkrankung gelistet. 3Es besteht daher keine medizinische Notwendigkeit für die Durchführung der Diagnostik und der Behandlungen dieser Erkrankung, wie zum Beispiel Cavitat-Diagnostik, OroTox-Tests sowie die Entfernung eines chronischen NICO-Störfeldes. 4Vor diesem Hintergrund kommt nur eine Berechnung gemäß § 2 Abs. 3 GOZ – nach umfassender und qualifizierter Aufklärung – in Betracht.

Elektronische Funktionsdiagnostik durch Zahntechniklabore

33. 1Nach § 1 des Zahnheilkundegesetzes (ZHG) ist die Ausübung der Zahnheilkunde approbierten Zahnärzten vorbehalten. 2Nach § 1 Abs. 3 ZHG ist Ausübung der Zahnheilkunde die „berufsmäßige, auf zahnärztlich-wissenschaftliche Erkenntnisse gegründete Feststellung und Behandlung von Zahn-, Mund- und Kieferkrankheiten. 3Als Krankheit ist jede von der Norm abweichende Erscheinung im Bereich der Zähne, des Mundes und der Kiefer anzusehen, einschließlich der Anomalien der Zahnstellung und des Fehlens von Zähnen." 4Die „Feststellung und Behandlung von Zahn-, Mund- und Kieferkrankheiten" (§ 1 Abs. 3 ZHG), also Diagnose und Therapie einschließlich der Versorgung mit Zahnersatz sind dem Zahnarzt übertragen und diesem vorbehalten. 5Eine Übertragung zahnärztlicher Leistungen, das heißt insbesondere in-

traorales Scannen, das Eingliedern von Zahnersatz oder intraorale manipulative Tätigkeiten an Patient oder Zahntechnik und Ähnliches an Zahntechniker ist ein Verstoß gegen die Bestimmungen des Zahnheilkundegesetzes und nicht zulässig.

Teilleistungen bei Einlagefüllungen, Stiftaufbauten und Schienen

41. 1Teilleistungen bei der Anfertigung von Stiftaufbauten oder Einlagefüllungen (Kapitel C der Anlage 1 der Gebührenordnung für Zahnärzte) sind gemäß den Leistungsinhalten und den Abrechnungsbestimmungen der Nrn. 2230 oder 2240 der Anlage 1 der Gebührenordnung für Zahnärzte analog berechnungsfähig. 2Die angefallenen Material- und Laborkosten sind ebenfalls berechnungsfähig. 3Voraussetzung für die Anwendung dieses Beschlusses ist, dass es dem Zahnarzt objektiv auf Dauer unmöglich war, die Behandlung fortzusetzen oder eine Fortsetzung aus medizinischen Gründen nicht indiziert war.
42. 1Teilleistungen bei der Anfertigung von Schienen (Kapitel H der Anlage 1 der Gebührenordnung für Zahnärzte) sind gemäß dem Leistungsinhalt und der Abrechnungsbestimmung der Nr. 5240 der Anlage 1 der Gebührenordnung für Zahnärzte analog berechnungsfähig. 2Die angefallenen Material- und Laborkosten sind ebenfalls berechnungsfähig. 3Voraussetzung für die Anwendung dieses Beschlusses ist, dass es dem Zahnarzt objektiv auf Dauer unmöglich war, die Behandlung fortzusetzen oder eine Fortsetzung aus medizinischen Gründen nicht indiziert war.

Provisorische Stiftverankerung bereits vorhandener Kronen

43. 1Die provisorische Verankerung von bereits vorhandenen definitiven oder provisorischen Kronen auf frakturierten, aber erhaltungswürdigen Zähnen mit reversiblen Stiftaufbauten im Rahmen einer endodontischen Versorgung ist analog berechnungsfähig. 2Aus grundsätzlichen Erwägungen empfiehlt die Bundeszahnärztekammer keine konkrete Analoggebühr. 3Der PKV-Verband und die Beihilfeträger halten als Analoggebühr die Nr. 2270 der Anlage 1 der Gebührenordnung für Zahnärzte (Provisorium im direkten Verfahren mit Abformung, je Zahn oder Implantat, einschließlich Entfernung) für angemessen.

Erneuerung einer Primärteleskopkrone

44. 1Die Erneuerung eines Primärteleskops im Rahmen der Reparatur einer teleskopverankerten Versorgung stellt eine selbstständige Leistung dar, die nicht in der Gebührenordnung für Zahnärzte beschrieben ist. 2Aus grundsätzlichen Erwägungen empfiehlt die Bundeszahnärztekammer keine konkrete Analoggebühr. 3Der PKV-Verband und die Beihilfeträger halten als Analoggebühr die Nr. 5000 und ggf. zusätzlich die Nr. 5090 der Anlage 1 der Gebührenordnung für Zahnärzte für angemessen. 4Mit der Berechnung sind auch folgende zahnärztliche Leistungen abgegolten: Präparieren des Zahnes oder Implantates, Relationsbestimmung, Abformungen, Einproben, provisorisches Eingliedern, festes Einfügen der Krone, Nachkontrolle und Korrekturen.

Subgingivale medikamentöse antibakterielle Lokalapplikation am Implantat

45. 1Eine subgingivale medikamentöse antibakterielle Lokalapplikation im Rahmen einer Periimplantitisbehandlung an einem Implantat stellt eine selbstständige Leistung dar, die nicht in der Gebührenordnung für Zahnärzte beschrieben ist. 2Aus grundsätzlichen Erwägungen empfiehlt die Bundeszahnärztekammer keine konkrete Analoggebühr. 3Der PKV-Verband und die Beihilfeträger halten als Analoggebühr die Nr. 4025 der Anlage 1 der Gebührenordnung für Zahnärzte für angemessen.

Adjuvante antimikrobielle Photodynamische Therapie (aPDT) im Rahmen einer Periimplantitis-Behandlung zusätzlich zum manuellen Debridement

46. $_{1}$Die Durchführung der adjuvanten aPDT (antimikrobielle Photodynamische Therapie) zusätzlich zum manuellen Debridement im Rahmen einer nichtchirurgischen Behandlung der Periimplantitis im Einklang mit der S3-Leitlinie „Die Behandlung periimplantärer Infektionen an Zahnimplantaten" stellt eine selbstständige Leistung dar, die nicht in der Gebührenordnung für Zahnärzte beschrieben ist. $_{2}$Die Berechnung der analogen Leistung gemäß Gebührenordnung für Zahnärzte ist neben der Leistung für die parodontalchirurgische Therapie am Implantat (Nr. 4070 der Anlage 1 der Gebührenordnung für Zahnärzte) zulässig. $_{3}$Aus grundsätzlichen Erwägungen empfiehlt die Bundeszahnärztekammer keine konkrete Analoggebühr. $_{4}$Der PKV-Verband und die Beihilfeträger halten als Analoggebühr die Nr. 4110 der Anlage 1 der Gebührenordnung für Zahnärzte für angemessen.

Teilleistungen nach den Nrn. 5210 und 5220 der Anlage 1 der Gebührenordnung für Zahnärzte

48. Der PKV-Verband, die Beihilfeträger und die Bundeszahnärztekammer stimmen überein, dass die Regelungen der Nr. 5240 der Anlage 1 der Gebührenordnung für Zahnärzte nicht nur für die in der Leistungslegende genannten Nrn. 5200 und 5230 der Anlage 1 der Gebührenordnung für Zahnärzte, sondern auch für die Nrn. 5210 und 5220 der Anlage 1 der Gebührenordnung für Zahnärzte entsprechend Anwendung finden sollen.

Anwendung OP Mikroskop

50. $_{1}$Die operationsmikroskopische Untersuchung zur Feststellung intrakoronaler oder intrakanalärer pathologischer Veränderungen eines Zahnes ist nur berechnungsfähig als alleinige endodontologische Leistung oder neben der Trepanation nach Nr. 2390 der Anlage 1 der Gebührenordnung für Zahnärzte. $_{2}$Weitere endodontologische Leistungen sind sitzungsgleich nicht berechnungsfähig. $_{3}$Aus grundsätzlichen Erwägungen empfiehlt die Bundeszahnärztekammer keine konkrete Analoggebühr. $_{4}$Da eine analoge Berechnung von Zuschlägen nicht in Betracht kommt, halten der PKV-Verband und die Beihilfeträger unter Berücksichtigung der Bewertung der einschlägigen Zuschlagsposition nach der Nr. 0110 der Anlage 1 der Gebührenordnung für Zahnärzte die analoge Berechnung der Nr. 2290 der Anlage 1 der Gebührenordnung für Zahnärzte (höchstens zum 2,3fachen Faktor) für angemessen.

    $_{5}$In den Fällen, in denen trotz der oben genannten Veränderungen des Wurzelkanalsystems in gleicher Sitzung eine Wurzelkanalbehandlung durchgeführt wird, ist die Anwendung des OP-Mikroskops in dieser Sitzung mit der Berechnung der Nr. 0110 der Anlage 1 der Gebührenordnung für Zahnärzte (als Zuschlagsleistung zu den Nrn. 2360, 2410 und 2440 der Anlage 1 der Gebührenordnung für Zahnärzte) abgegolten und darf nicht zusätzlich analog berechnet werden.

Protokollnotiz 18. November 2022:

Beschluss Nr. 50 hebt Beschluss Nr. 1 für den in Beschluss Nr. 50 genannten Anwendungsfall auf.

Wiederherstellung der Funktion eines direkten Provisoriums

51. $_{1}$Die Wiederherstellung der Funktion eines direkten Provisoriums mit Abformung ist in der Gebührenordnung für Zahnärzte nicht beschrieben und ist daher gemäß § 6 Abs. 1 GOZ analog zu berechnen. $_{2}$Aus grundsätzlichen Erwägungen empfiehlt die Bundeszahnärztekammer keine konkrete Analoggebühr. $_{3}$Der PKV-Verband und die Beihilfeträger halten als Analoggebühr die Nr. 2270 der Anlage 1 der Gebührenordnung für Zahnärzte für angemessen. $_{4}$Die Abformung ist mit der Analoggebühr abgegolten. $_{5}$Das Abformmaterial ist zusätzlich

berechnungsfähig. 6Die Abrechnungsbestimmungen nach Nr. 2270 der Anlage 1 der Gebührenordnung für Zahnärzte sind anzuwenden.

Nr. 0090 neben Nr. 0100 der Anlage 1 der Gebührenordnung für Zahnärzte

52. Die Infiltrationsanästhesie nach der Nr. 0090 der Anlage 1 der Gebührenordnung für Zahnärzte ist bei Vorliegen einer medizinischen Notwendigkeit zahn-/regionsgleich neben der Leitungsanästhesie nach der Nr. 0100 der Anlage 1 der Gebührenordnung für Zahnärzte berechnungsfähig.

Auswertung digitaler Situationsmodelle

53. 1Die kieferorthopädische Analyse eines digitalen Situationsmodellpaares (dreidimensionale, graphische oder metrische Analysen, Diagramme), das nach optisch-elektronischer Abformung einschließlich einfacher Bissregistrierung zur Diagnose oder Planung vorliegt, stellt eine selbstständige Leistung dar und wird gemäß § 6 Abs. 1 GOZ analog berechnet. 2Aus grundsätzlichen Erwägungen empfiehlt die Bundeszahnärztekammer keine konkrete Analoggebühr. 3Der PKV-Verband und die Beihilfeträger halten als Analoggebühr die Nr. 6010 der Anlage 1 der Gebührenordnung für Zahnärzte für angemessen.

Die PAR-Behandlungsstrecke in der Gebührenordnung für Zahnärzte basierend auf der S3-Leitlinie „Die Behandlung von Parodontitis Stadium I bis III" der Deutschen Gesellschaft für Parodontologie

Die Erhebung eines Gingivalindex oder eines Parodontalindex oder beides (zum Beispiel des Parodontalen Screening-Index PSI) im Rahmen einer Unterstützenden Parodontitistherapie (UPT)

54. 1Die Erhebung mindestens eines Gingivalindex oder eines Parodontalindex oder beides (zum Beispiel des Parodontalen Screening-Index PSI) im Rahmen einer Unterstützenden Parodontitistherapie (UPT) – im Einklang mit der Empfehlung aus der S3-Leitlinie „Die Behandlung von Parodontitis Stadium I bis III" zur Häufigkeit der Durchführung der Unterstützenden Parodontitistherapie – mehr als zweimal im Jahr ist in der Gebührenordnung für Zahnärzte nicht beschrieben. 2Die Bundeszahnärztekammer, der PKV-Verband und die Beihilfeträger sehen die Nr. 4005 der Anlage 1 der Gebührenordnung für Zahnärzte zusätzlich zur originären Leistung bis zu in der Regel zweimal analog innerhalb eines Jahres als berechnungsfähig an.

Die subgingivale Instrumentierung (AIT) in der zweiten Therapiestufe

55. 1Die subgingivale Instrumentierung in der zweiten Therapiestufe gemäß der S3-Leitlinie „Die Behandlung von Parodontitis Stadium I bis III" der Deutschen Gesellschaft für Parodontologie e. V. (DG Paro) und der Deutschen Gesellschaft für Zahn-, Mund- und Kieferheilkunde e. V. (DGZMK) ist aufgrund der darin nicht enthaltenen Weichgewebskürettage nicht in der Gebührenordnung für Zahnärzte beschrieben. 2Die Bundeszahnärztekammer, der PKV-Verband und die Beihilfeträger empfehlen als Analoggebühren für die subgingivale Instrumentierung am einwurzeligen Zahn die Nr. 3010a der Anlage 1 der Gebührenordnung für Zahnärzte und am mehrwurzeligen Zahn die Nr. 4138a der Anlage 1 der Gebührenordnung für Zahnärzte. 3Um Erstattungsschwierigkeiten vorzubeugen ist verpflichtend auf der Rechnung anzugeben: „GOZ-Nr. 3010a" bzw. „4138a" mit der Beschreibung „Subgingivale Instrumentierung – PAR (AIT)". 4Die Nrn. 4070 bzw. 4075 der Anlage 1 der Gebührenordnung für Zahnärzte sind daneben nicht berechnungsfähig. 5Die Entfernung der gingivalen/supragingivalen weichen und harten Beläge ist originär nach der Gebührenordnung für Zahnärzte zu berechnen.

VII

Lokalisierte subgingivale Instrumentierung bei Resttaschen in der Unterstützenden Parodontitistherapie (UPT)

56. 1Die subgingivale Instrumentierung bei Resttaschen im Rahmen einer Unterstützenden Parodontitistherapie (UPT) gemäß der S3-Leitlinie „Die Behandlung von Parodontitis Stadium I bis III" der DG Paro und DGZMK ist eine selbstständige, nicht in der Gebührenordnung für Zahnärzte beschriebene Leistung. 2Die Leistung ist gemäß § 6 Abs. 1 GOZ analog zu berechnen. 3Die Bundeszahnärztekammer, der PKV-Verband und die Beihilfeträger empfehlen als Analoggebühr die Nr. 0090a der Anlage 1 der Gebührenordnung für Zahnärzte für den einwurzeligen Zahn und die Nr. 2197a der Anlage 1 der Gebührenordnung für Zahnärzte für den mehrwurzeligen Zahn. 4Um Erstattungsschwierigkeiten vorzubeugen ist verpflichtend auf der Rechnung anzugeben: GOZ-Nr. „0090a" bzw. „2197a" mit der Beschreibung „Subgingivale Instrumentierung – UPT". 5Die Nrn. 4070 bzw. 4075 der Anlage 1 der Gebührenordnung für Zahnärzte sind daneben nicht berechnungsfähig. 6Die Entfernung der gingivalen/supragingivalen weichen und harten Beläge ist originär nach der Gebührenordnung für Zahnärzte zu berechnen.

Parodontale Diagnostik einschließlich Staging und Grading des Parodontitisfalles und Dokumentation auf Formblatt

57. 1Die Parodontale Diagnostik einschließlich Staging und Grading gemäß der S3-Leitlinie „Die Behandlung von Parodontitis Stadium I bis III" der DG Paro und der DGZMK ist analog berechnungsfähig. 2Die Ergebnisse sind auf einem wissenschaftlich anerkannten Formblatt vollständig zu dokumentieren. 3Dieses Formblatt ist dem Zahlungspflichtigen auf dessen Verlangen zu überreichen. 4Die Bundeszahnärztekammer, der PKV-Verband und die Beihilfeträger empfehlen für die parodontale Diagnostik einschließlich Staging und Grading und Dokumentation als Analoggebühr die Nr. 8000 der Anlage 1 der Gebührenordnung für Zahnärzte. 5Die Leistung ist einmal je Parodontitis-Behandlungsstrecke berechnungsfähig. 6Um Erstattungsschwierigkeiten vorzubeugen ist verpflichtend auf der Rechnung anzugeben: GOZ-Nr. „8000a" mit der Beschreibung „PAR-Diagnostik, Staging/Grading, Dokumentation". 7Die Nr. 4000 der Anlage 1 der Gebührenordnung für Zahnärzte ist daneben nicht berechnungsfähig. 8Die Ausfertigung des Formblattes für den Zahlungspflichtigen kann nach Auffassung der Bundeszahnärztekammer, des PKV-Verbandes und der Beihilfeträger mit der Nr. 4030 der Anlage 1 der Gebührenordnung für Zahnärzte analog berechnet werden. 9Um Erstattungsschwierigkeiten vorzubeugen ist verpflichtend auf der Rechnung anzugeben: GOZNr. „4030a" mit der Beschreibung „Ausfertigung PAR-Formblatt".

Qualifiziertes parodontologisches Aufklärungs- und Therapiegespräch (ATG) zum personalisierten Behandlungsplan

58. 1Das qualifizierte parodontologische Aufklärungs- und Therapiegespräch zum personalisierten Behandlungsplan in der ersten Therapiestufe gemäß der S3-Leitlinie „Die Behandlung von Parodontitis Stadium I bis III" der DG Paro und der DGZMK ist analog berechnungsfähig. 2Die Leistung umfasst die Aufklärung über:
    - Diagnose,
    - Gründe der Erkrankung,
    - Risikofaktoren,
    - Therapiealternativen,
    - zu erwartende Vor- und Nachteile der Behandlung,
    - die Option, die Behandlung nicht durchzuführen

VII

sowie die Erläuterung des personalisierten Therapieplanes einschließlich notwendiger Verhaltensänderungen und allgemeinmedizinischer Wechselwirkungen. 3Die Bundeszahnärztekammer, der PKV-Verband und die Beihilfeträger empfehlen als Analoggebühr die Nr. 2110 der Anlage 1 der Gebührenordnung für Zahnärzte. 4Die Leistung ist einmal je Parodontitis-Behandlungsstrecke berechnungsfähig. 5Um Erstattungsschwierigkeiten vorzubeugen ist verpflichtend auf der Rechnung anzugeben: GOZ-Nr. „2110a" mit der Beschreibung „Parodontologisches Aufklärungs- und Therapiegespräch (ATG)". 6Andere Gesprächs- und Beratungsleistungen sind daneben nicht berechnungsfähig.

Befundevaluation (BEV)

59. 1Die parodontologische Reevaluation ist nach medizinischer Notwendigkeit je nach Schweregrad bis zu dreimal innerhalb eines Jahres berechnungsfähig. 2Sie umfasst die erneute Dokumentation des klinischen Befunds, einschließlich der Bestimmung der Sondierungstiefen und Sondierungsblutung, der Zahnlockerung, des Furkationsbefalls, des röntgenologischen Knochenabbaus sowie die Angabe des Knochenabbaus in Relation zum Patientenalter (Prozent/Alter). 3Die individuelle Reaktion auf die zweite bzw. dritte Therapiestufe und die Unterstützende Parodontitistherapie (UPT) wird bestimmt, indem die erhobenen Befunddaten mit den Daten der Eingangsdiagnostik bzw. der vorangegangenen Befundevaluation (BEV) verglichen werden. 4Die Leistung enthält auch die Aufklärung des Patienten über die Maßnahmen der UPT und über die weiteren geplanten Interventionen. 5Die Bundeszahnärztekammer, der PKV-Verband und die Beihilfeträger empfehlen als Analoggebühr die Nr. 5070 der Anlage 1 der Gebührenordnung für Zahnärzte. 6Um Erstattungsschwierigkeiten vorzubeugen ist verpflichtend auf der Rechnung anzugeben: GOZ-Nr. „5070a" mit der Beschreibung „Befundevaluation – PAR". 7Die Nrn. 4000, 4005(a) der Anlage 1 der Gebührenordnung für Zahnärzte und weitere Gesprächs- und Beratungsleistungen sind daneben nicht berechnungsfähig.

Anhang 2
(Nr. 30.4.2 BayBhVBek)

Heilkurorteverzeichnis Inland

1. Heilkurorte Inland

Name ohne „Bad"	PLZ	Gemeinde	Anerkenntnis als Heilkurort ist erteilt für: (Ortsteile, sofern nicht B, G, K*)	Artbezeichnung
A				
Aachen	52066	Aachen	Burtscheid	Heilbad
	52062	Aachen	Monheimsallee	Heilbad
Aalen	73433	Aalen	Röthardt	Ort mit Heilstollen-Kurbetrieb
Abbach	93077	Bad Abbach	Bad Abbach, Abbach-Schloßberg, Au, Kalkofen, Weichs	Heilbad
Ahlbeck	17419	Ahlbeck	G	Ostseeheilbad
Ahrenshoop	18347	Ostseebad Ahrenshoop	G	Seebad
Aibling	83043	Bad Aibling	G	Heilbad
Alexandersbad	95680	Bad Alexandersbad	G	Heilbad
Altenau	38707	Altenau	G	Heilklimatischer Kurort
Andernach	56626	Andernach	Bad Tönisstein	Heilbad
Arolsen	34454	Bad Arolsen	K	Heilbad
Aue-Schlema	08301	Aue-Bad Schlema	Bad Schlema, Wildbach	Heilbad
Aulendorf	88326	Aulendorf	Aulendorf	Kneippkurort
B				
Baden-Baden	76530	Baden-Baden	Baden-Baden, Balg, Lichtental, Oos	Heilbad
Badenweiler	79410	Badenweiler	Badenweiler	Heilbad
Baiersbronn	72270	Baiersbronn	Schönmünzach-Schwarzenberg	Kneippkurort
			Obertal	Heilklimatischer Kurort
Baltrum	26579	Baltrum	G	Nordseeheilbad
Bansin	17429	Bansin	G	Ostseeheilbad
Bayersoien	82435	Bad Bayersoien	Bad Bayersoien	Heilbad
Bayreuth	95410	Bayreuth	B – Lohengrin Therme Bayreuth	Ort mit Heilquellenkurbetrieb

VII

Name ohne „Bad"	PLZ	Gemeinde	Anerkenntnis als Heilkurort ist erteilt für: (Ortsteile, sofern nicht B, G, K*)	Artbezeichnung
Bayrischzell	83735	Bayrischzell	G	Heilklimatischer Kurort
Bederkesa	27624	Bad Bederkesa	G	Ort mit Moor-Kurbetrieb
Bellingen	79415	Bad Bellingen	Bad Bellingen	(Mineral-)Heilbad
Belzig	14806	Bad Belzig	Bad Belzig	(Thermalsole-)Heilbad
Bentheim	48455	Bad Bentheim	Bad Bentheim	(Mineral-)Heilbad
Berchtesgaden	83471	Berchtesgaden	G	Heilklimatischer Kurort
Bergzabern	76887	Bad Bergzabern	Bad Bergzabern	Kneippheilbad und Heilklimatischer Kurort
Berka	99438	Bad Berka	G	Ort mit Heilquellen-Kurbetrieb
Berleburg	57319	Bad Berleburg	Bad Berleburg	Kneippheilbad
Berneck	95460	Bad Berneck i. Fichtelgebirge	Bad Berneck i. Fichtelgebirge Frankenhammer, Kutschenrangen, Rödlasberg, Warmeleithen	Kneippheilbad
Bernkastel-Kues	54470	Bernkastel-Kues	Kueser Plateau	Heilklimatischer Kurort
Bertrich	56864	Bad Bertrich	Bad Bertrich	Heilbad
Beuren	72660	Beuren	G	Ort mit Heilquellen-Kurbetrieb
Bevensen	29549	Bad Bevensen	Bad Bevensen	(Jod- u. Sole-)Heilbad
Biberach	88400	Biberach	Jordanbad	Kneippkurort
Binz	18609	Ostseebad Binz auf Rügen	G	Seebad
Birnbach	84364	Bad Birnbach	Bad Birnbach, Aunham	Heilbad
Bischofsgrün	95493	Bischofsgrün	G	Heilklimatischer Kurort
Bischofswiesen	83483	Bischofswiesen	G	Heilklimatischer Kurort
Blankenburg (Harz)	38889	Blankenburg (Harz)	G	Heilbad
Blieskastel	66440	Blieskastel	Mitte (Alschbach, Blieskastel, Lautzkirchen)	Kneippkurort
Bocklet	97708	Bad Bocklet	Bad Bocklet – ohne den Gemeindeteil Nickersfelden	Mineral- und Moorheilbad

VII

Name ohne „Bad"	PLZ	Gemeinde	Anerkenntnis als Heilkurort ist erteilt für: (Ortsteile, sofern nicht B, G, K*)	Artbezeichnung
Bodenmais	94249	Bodenmais	G	Heilklimatischer Kurort
Bodenteich	29389	Bodenteich	G	Kneippkurort
Boll	73087	Bad Boll	Bad Boll	Ort mit Heilquellen-Kurbetrieb
Boltenhagen	23944	Ostseebad Boltenhagen	G	Ostseeheilbad
Boppard	56154	Boppard	a) Boppard b) Bad Salzig	Kneippheilbad Heilbad
Borkum	26757	Borkum	G	Nordseeheilbad
Brambach	08648	Bad Brambach	Bad Brambach	Mineralheilbad
Bramstedt	24576	Bad Bramstedt	Bad Bramstedt	(Moor-)Heilbad
Breisig	53498	Bad Breisig	Bad Breisig	Heilbad
Brilon	59929	Brilon	Brilon	Kneippheilbad
Brückenau	97769	Bad Brückenau	G – sowie Gemeindeteil Eckarts des Marktes Zeitlofs	Heilbad, Mineral- und Moorbad
Buchau	88422	Bad Buchau	Bad Buchau	(Moor- u. Mineral-)Heilbad
Buckow	15377	Buckow	G – ausgenommen der Ortsteil Hasenholz	Kneippkurort
Bünde	32257	Bünde	Randringhausen	Kurmittelgebiet (Heilquelle und Moor)
Büsum	25761	Büsum	Büsum	Nordseeheilbad
Burg	03096	Burg	Burg	Ort mit Heilquellenkurbetrieb
Burgbrohl	56659	Burgbrohl	Bad Tönisstein	Heilbad
Burg auf Fehmarn	23769	Burg auf Fehmarn	Burg	Ostseeheilbad
C				
Camberg	65520	Bad Camberg	K	Kneippheilbad
Colberg-Heldburg	98663	Bad Colberg-Heldburg	Bad Colberg	Ort mit Heilquellen-Kurbetrieb
Cuxhaven	27478	Cuxhaven	G	Nordseeheilbad
D				
Dahme	23747	Dahme	Dahme	Ostseeheilbad
Damp	24351	Damp	Damp 2000	Ostseeheilbad

VII

Name ohne „Bad"	PLZ	Gemeinde	Anerkenntnis als Heilkurort ist erteilt für: (Ortsteile, sofern nicht B, G, K*)	Artbezeichnung
Daun	54550	Daun	Daun	Kneippkurort und Heilklimatischer Kurort
Detmold	32760	Detmold	Hiddesen	Kneippkurort
Ditzenbach	73342	Bad Ditzenbach	Bad Ditzenbach	Heilbad
Dobel	75335	Dobel	G	Heilklimatischer Kurort
Doberan	18209	Bad Doberan	a) Bad Doberan b) Heiligendamm	(Moor-)Heilbad Seeheilbad
Driburg	33014	Bad Driburg	Bad Driburg, Hermannsborn	Heilbad
Düben	04849	Bad Düben	Bad Düben	Moorheilbad
Dürkheim	67098	Bad Dürkheim	Bad Dürkheim	Heilbad
Dürrheim	78073	Bad Dürrheim	Bad Dürrheim	(Sole-)Heilbad, Heilklimatischer Kurort und Kneippkurort
E				
Ehlscheid	56581	Ehlscheid	G	Heilklimatischer Kurort
Eilsen	31707	Bad Eilsen	G	Ort mit Heilquellen-Kurbetrieb
Elster	04645	Bad Elster	Bad Elster, Sohl	Mineral- und Moorheilbad
Ems	56130	Bad Ems	Bad Ems	Heilbad
Emstal	34308	Bad Emstal	Sand	Heilbad
Endbach	35080	Bad Endbach	K	Heilbad, Kneippheilbad
Endorf	83093	Bad Endorf	Bad Endorf, Eisenbartling, Hofham, Kurf, Rachental, Ströbing	Heilbad
Erwitte	59597	Erwitte	Bad Westernkotten	Heilbad
Esens	26422	Esens	Bensersiel	Nordseeheilbad
Essen	49152	Bad Essen	Bad Essen	Ort mit Sole-Kurbetrieb
Eutin	23701	Eutin	G	Heilklimatischer Kurort
F				
Feilnbach	83075	Bad Feilnbach	G – ausgenommen die Gemeindeteile der ehemaligen Gemeinde Dettendorf	Heilbad

VII

Name ohne „Bad"	PLZ	Gemeinde	Anerkenntnis als Heilkurort ist erteilt für: (Ortsteile, sofern nicht B, G, K*)	Artbezeichnung
Feldberger Seenlandschaft	17258	Feldberger Seenlandschaft	Feldberg	Kneippkurort
Finsterbergen	99898	Finsterbergen	G	Heilklimatischer Kurort
Fischen	87538	Fischen/Allgäu	G	Heilklimatischer Kurort
Frankenhausen	06567	Bad Frankenhausen	G	Sole-Heilbad
Freiburg	79098	Freiburg	Ortsbereich „An den Heilquellen"	Ort mit Heilquellen-Kurbetrieb
Freienwalde	16259	Bad Freienwalde	Bad Freienwalde	(Moor-)Heilbad
Freudenstadt	72250	Freudenstadt	Freudenstadt	Kneippkurort und Heilklimatischer Kurort
Friedrichroda	99894	Friedrichroda	Friedrichroda, Finsterbergen	Heilklimatischer Kurort
Friedrichskoog	25718	Friedrichskoog	Friedrichskoog	Nordseeheilbad
Füssen	87629	Füssen	a) Bad Faulenbach b) G	Heilbad Kneippkurort
Füssing	94072	Bad Füssing	Bad Füssing, Aichmühle, Ainsen, Angering, Brandschachen, Dürnöd, Egglfing a. Inn, Eitlöd, Flickenöd, Gögging, Holzhäuser, Holzhaus, Hub, Irching, Mitterreuthen, Oberreuthen, Pichl, Pimsöd, Poinzaun, Riedenburg, Safferstetten, Schieferöd, Schöchlöd, Steinreuth, Thalau, Thalham, Thierham, Unterreuthen, Voglöd, Weidach, Wies, Würding, Zieglöd, Zwicklam	Heilbad
G				
Gaggenau	76571	Gaggenau	Bad Rotenfels	Ort mit Heilquellen-Kurbetrieb
Gandersheim	37581	Bad Gandersheim	Bad Gandersheim	Soleheilbad
Garmisch-Partenkirchen	82467	Garmisch-Partenkirchen	G – ohne das eingegliederte Gebiet der ehemaligen Gemeinde Wamberg	Heilklimatischer Kurort
Gelting	24395	Gelting	G	Kneippkurort
Gersfeld	36129	Gersfeld (Rhön)	K	Heilklimatischer Kurort

VII

Name ohne „Bad"	PLZ	Gemeinde	Anerkenntnis als Heilkurort ist erteilt für: (Ortsteile, sofern nicht B, G, K*)	Artbezeichnung
Glücksburg	24960	Glücksburg	Glücksburg	Ostseeheilbad
Göhren	18586	Ostseebad Göhren	G	Kneippkurort
Goslar	38644	Goslar	Hahnenklee, Bockswiese	Heilklimatischer Kurort
Gottleuba-Berggießhübel	01816	Bad Gottleuba –	a) Bad Gottleuba	Moorheilbad
	01819	Berggießhübel	b) Berggießhübel	Kneippkurort
Graal-Müritz	18181	Graal-Müritz	G	Ostseeheilbad
Grasellenbach	64689	Grasellenbach	K	Kneippheilbad
Griesbach i. Rottal	94086	Bad Griesbach i. Rottal	Bad Griesbach i. Rottal, Weghof	Heilbad
Grömitz	23743	Grömitz	Grömitz	Ostseeheilbad
Grönenbach	87728	Bad Grönenbach	Bad Grönenbach, Au, Brandholz, in der Tarrast, Egg, Gmeinschwenden, Greit, Herbisried, Hueb, Klevers, Kornhofen, Kreuzbühl, Manneberg, Niederholz, Ölmühle, Raupolz, Rechberg, Rothenstein, Schwenden, Seefeld, Waldeck b. Grönenbach, Ziegelberg, Ziegelstadel	Kneippheilbad
			Ehwiesmühle, Falken, Jttelsburg, Schulerloch, Streifen, Thal, Vordergsäng, Hintergsäng, Grönenbach-Weiler	Kneippkurort
Großenbrode	23775	Großenbrode	G	Ostseeheilbad
Grund	37539	Bad Grund	Bad Grund	Heilklimatischer Kurort mit Heilstollenkurbetrieb
H				
Haffkrug-Scharbeutz	23683	Haffkrug-Scharbeutz	Haffkrug	Ostseeheilbad
Harzburg	38667	Bad Harzburg	K	(Sole-)Heilbad

VII

Name ohne „Bad"	PLZ	Gemeinde	Anerkenntnis als Heilkurort ist erteilt für: (Ortsteile, sofern nicht B, G, K*)	Artbezeichnung
Heilbrunn	83670	Bad Heilbrunn	Bad Heilbrunn, Achmühl, Baumberg, Bernwies, Graben, Hinterstallau, Hub, Kiensee, Langau, Linden, Mürnsee, Oberbuchen, Oberenzenau, Obermühl, Obersteinbach, Ostfeld, Ramsau, Reindlschmiede, Schönau, Unterbuchen, Unterenzenau, Untersteinbach, Voglherd, Weiherweber, Wiesweber, Wörnern	Heilklimatischer Kurort
Heiligenhafen	23774	Heiligenhafen	Heiligenhafen	Ostseeheilbad
Heiligenstadt	37308	Heilbad Heiligenstadt	G	(Sole-)Heilbad
Helgoland	27498	Helgoland	G	Nordseeheilbad
Herbstein	36358	Herbstein	B	Heilbad
Heringsdorf	17442	Heringsdorf	G	Ostseeheilbad und (Sole-)Heilbad
Herrenalb	76332	Bad Herrenalb	Bad Herrenalb	Heilbad und Heilklimatischer Kurort
Hersfeld	36251	Bad Hersfeld	K	(Mineral-)Heilbad
Hille	32479	Hille	Rothenuffeln	Kurmittelgebiet (Heilquelle und Moor)
Hindelang	87541	Bad Hindelang	G	Kneippheilbad und Heilklimatischer Kurort
Hinterzarten	79856	Hinterzarten	G	Heilklimatischer Kurort
Hitzacker (Elbe)	29456	Hitzacker (Elbe)	Hitzacker (Elbe)	Kneippkurort
Höchenschwand	79862	Höchenschwand	Höchenschwand	Heilklimatischer Kurort
Honnef	53604	Bad Honnef	G	Erholungsort mit Kurmittelgebiet
Hönningen	53557	Bad Hönningen	Bad Hönningen	Heilbad
Hohwacht	24321	Hohwacht	G	Ostseeheilbad
Homburg	61348	Bad Homburg v. d. Höhe	K	Heilbad
Horn	32805	Horn-Bad Meinberg	Bad Meinberg	Heilbad

VII

Name ohne „Bad"	PLZ	Gemeinde	Anerkenntnis als Heilkurort ist erteilt für: (Ortsteile, sofern nicht B, G, K*)	Artbezeichnung
I				
Iburg	49186	Bad Iburg	Bad Iburg	Kneippkurort
Isny	88316	Isny	Isny, Neutrauchburg	Heilklimatischer Kurort
J				
Jonsdorf	02796	Jonsdorf	G	Kneippkurort
Juist	26571	Juist	G	Nordseeheilbad
K				
Karlshafen	34385	Bad Karlshafen	K	Heilbad
Kassel	34117	Kassel	Wilhelmshöhe	Kneippheilbad und (Thermal-Sole-)Heilbad
Kellenhusen	23746	Kellenhusen	Kellenhusen	Ostseeheilbad
Kissingen	97688	Bad Kissingen	G – ohne die Gemeindeteile Albertshausen und Poppenroth	Mineral- und Moorbad
Klosterlausnitz	07639	Bad Klosterlausnitz	G	Heilbad
König	64732	Bad König	K	Heilbad
Königsfeld	78126	Königsfeld	Königsfeld, Bregnitz, Grenier	Kneippkurort und Heilklimatischer Kurort
Königshofen	97631	Bad Königshofen i. Grabfeld	G – ohne die eingegliederten Gebiete der ehemaligen Gemeinden Aub und Merkershausen	Heilbad
Königstein	61462	Königstein im Taunus	a) K b) Falkenstein	Heilklimatischer Kurort
Kösen	06628	Bad Kösen	G	Heilbad
Kötzting	93444	Bad Kötzting	G	Kneippheilbad und Kneippkurort
Kohlgrub	82433	Bad Kohlgrub	G	Heilbad
Kreuth	83708	Kreuth	G	Heilklimatischer Kurort
Kreuznach	55543	Bad Kreuznach	Bad Kreuznach	Heilbad
Krozingen	79189	Bad Krozingen	Bad Krozingen	Heilbad
Krumbach	86381	Krumbach (Schwaben)	B – Sanatorium Krumbad	Peloidkurbetrieb

VII

Name ohne „Bad"	PLZ	Gemeinde	Anerkenntnis als Heilkurort ist erteilt für: (Ortsteile, sofern nicht B, G, K*)	Artbezeichnung
Kühlungsborn	18225	Ostseebad Kühlungsborn	G	Seebad
L				
Laasphe	57334	Bad Laasphe	Bad Laasphe	Kneippheilbad
Laer	49196	Bad Laer	G	(Sole-)Heilbad
Langensalza	99947	Bad Langensalza	K	(Schwefel-Sole-)Heilbad
Langeoog	26465	Langeoog	G	Nordseeheilbad
Lausick	04651	Bad Lausick	G	Heilbad
Lauterberg	37431	Bad Lauterberg	Bad Lauterberg	Kneippheilbad
Lennestadt	57368	Lennestadt	Saalhausen	Kneippkurort
Lenzkirch	79853	Lenzkirch	Lenzkirch, Saig	Heilklimatischer Kurort
Liebenstein	36448	Bad Liebenstein	G	Heilbad
Liebenwerda	04924	Bad Liebenwerda	Dobra, Kosilenzien, Maasdorf, Zeischa	Ort mit Peloidkurbetrieb
Liebenzell	75378	Bad Liebenzell	Bad Liebenzell	Heilbad
Lindenfels	64678	Lindenfels	K	Heilklimatischer Kurort
Lippspringe	33175	Bad Lippspringe	Bad Lippspringe	Heilbad und Heilklimatischer Kurort
Lippstadt	59556	Lippstadt	Bad Waldliesborn	Heilbad
Lobenstein	07356	Lobenstein	G	(Moor-)Heilbad
Ludwigsburg	71638	Ludwigsburg	Hoheneck	Ort mit Heilquellen-Kurbetrieb
M				
Malente	23714	Malente	Malente-Gremsmühlen, Krummsee, Timmdorf	Heilklimatischer Kurort
Manderscheid	54531	Manderscheid	Manderscheid	Heilklimatischer Kurort und Kneippkurort
Marienberg	56470	Bad Marienberg	Bad Marienberg (nur Stadtteile Bad Marienberg, Zinnhain und der Gebietsteil der Gemarkung Langenbach, begrenzt durch die Gemarkungsgrenze Hardt, Zinnhain, Marienberg sowie die Bahntrasse Eberbach-Bad Marienberg)	Kneippheilbad

VII

Name ohne „Bad"	PLZ	Gemeinde	Anerkenntnis als Heilkurort ist erteilt für: (Ortsteile, sofern nicht B, G, K*)	Artbezeichnung
Marktschellenberg	83487	Marktschellenberg	G	Heilklimatischer Kurort
Masserberg	98666	Masserberg	Masserberg	Heilklimatischer Kurort
Mergentheim	97980	Bad Mergentheim	Bad Mergentheim	Heilbad
Mölln	23879	Mölln	Mölln	Kneippkurort
Mössingen	72116	Mössingen	Bad Sebastiansweiler	Ort mit Heilquellen-Kurbetrieb
Münder	31848	Bad Münder	Bad Münder	Ort mit Heilquellen-Kurbetrieb
Münster/Stein	55583	Bad Münster am Stein-Ebernburg	Bad Münster am Stein	(Mineral-)Heilbad und Heilklimatischer Kurort
Münstereifel	53902	Bad Münstereifel	Bad Münstereifel	Kneippheilbad
Münstertal/ Schwarzwald	79244	Münstertal	G	Ort mit Heilstollen-Kurbetrieb
Muskau	02953	Bad Muskau	G	Ort mit Moorkurbetrieb
N				
Nauheim	61231	Bad Nauheim	K	Heilbad und Kneippkurort
Naumburg	34311	Naumburg	K	Kneippheilbad
Nenndorf	31542	Bad Nenndorf	Bad Nenndorf	Moorheilbad, Mineralheilbad und Thermalheilbad
Neualbenreuth	95698	Bad Neualbenreuth	G,	Heilbad,
			Kurmittelhaus Sibyllenbad und Badehaus Maiersreuth	Ort mit Heilquellen-Kurbetrieb
Neubulach	75386	Neubulach	Neubulach	Heilklimatischer Kurort, Ort mit Heilstollen-Kurbetrieb
Neuenahr	53474	Bad Neuenahr-Ahrweiler	Bad Neuenahr	Heilbad
Neuharlingersiel	26427	Neuharlingersiel	Neuharlingersiel	Nordseeheilbad
Neukirchen	34626	Neukirchen	K	Kneippkurort
Neustadt/D	93333	Neustadt a. d. Donau	Bad Gögging	Heilbad

Name ohne „Bad"	PLZ	Gemeinde	Anerkenntnis als Heilkurort ist erteilt für: (Ortsteile, sofern nicht B, G, K*)	Artbezeichnung
Neustadt/Harz	99762	Neustadt/Harz	G	Heilklimatischer Kurort
Neustadt/S	97616	Bad Neustadt a. d. Saale	Bad Neustadt a. d. Saale	Heilbad
Nidda	63667	Nidda	Bad Salzhausen	Heilbad
Nieheim	33039	Nieheim	Nieheim	Heilklimatischer Kurort
Nonnweiler	66620	Nonnweiler	Nonnweiler	Heilklimatischer Kurort
Norddorf	25946	Norddorf auf Amrum	Norddorf	Nordseeheilbad
Norden	26506	Norddeich/Westermarsch II	Norden	Nordseeheilbad
Norderney	26548	Norderney	G	Nordseeheilbad
Nordstrand	25845	Nordstrand	G	Nordseeheilbad
Nümbrecht	51588	Nümbrecht	G	Heilklimatischer Kurort
O				
Oberstaufen	87534	Oberstaufen	G – ausgenommen die Gemeindeteile Aach i. Allgäu, Hänse, Hagspiel, Hütten, Krebs, Nägeleshalde	Schrothheilbad und Heilklimatischer Kurort
Oberstdorf	87561	Oberstdorf	Oberstdorf, Anatswald, Birgsau, Dietersberg, Ebene, Einödsbach, Faistenoy, Gerstruben, Gottenried, Gruben, Gundsbach, Jauchen, Kornau, Reute, Ringang, Schwand, Spielmannsau	Kneippkurort und Heilklimatischer Kurort
Oeynhausen	32545	Bad Oeynhausen	Bad Oeynhausen	Heilbad
Olsberg	59939	Olsberg	Olsberg	Kneippheilbad
Orb	63619	Bad Orb	G	Heilbad
Ottobeuren	87724	Ottobeuren	Ottobeuren, Eldern	Kneippkurort
Oy-Mittelberg	87466	Oy-Mittelberg	Oy	Kneippkurort
P				
Pellworm	25847	Pellworm	Pellworm	Nordseeheilbad
Petershagen	32469	Petershagen	Hopfenberg	Kurmittelgebiet
Peterstal-Griesbach	77740	Bad Peterstal-Griesbach	G	Heilbad und Kneippkurort

VII

Name ohne „Bad"	PLZ	Gemeinde	Anerkenntnis als Heilkurort ist erteilt für: (Ortsteile, sofern nicht B, G, K*)	Artbezeichnung
Prerow	18375	Ostseebad Prerow	G	Seebad
Preußisch Oldendorf	32361	Preußisch Oldendorf	Bad Holzhausen	Heilbad
Prien	83209	Prien a. Chiemsee	G – ohne die eingegliederten Gebiete der ehemaligen Gemeinde Wildenwart und den Gemeindeteil Vachendorf	Kneippkurort
Pyrmont	31812	Bad Pyrmont	K	(Moor- und Mineral-)Heilbad
R				
Radolfzell	78315	Radolfzell	Mettnau	Kneippkurort
Ramsau	83486	Ramsau b. Berchtesgaden	G	Heilklimatischer Kurort
Rappenau	74906	Bad Rappenau	Bad Rappenau	(Sole-)Heilbad
Reichenhall	83435	Bad Reichenhall	Bad Reichenhall, Bayerisch Gmain und Gemeindeteil Kibling der Gemeinde Schneizlreuth	Mineral- und Moorbad
Reichshof	51580	Reichshof	Eckenhagen	Heilklimatischer Kurort
Rengsdorf	56579	Rengsdorf	Rengsdorf	Heilklimatischer Kurort
Rippoldsau-Schapbach	77776	Bad Rippoldsau-Schapbach	Bad Rippoldsau	(Moor- und Mineral-)Heilbad
Rodach	96476	Bad Rodach b. Coburg	Rodach b. Coburg	Heilbad
Rothenfelde	49214	Bad Rothenfelde	G	(Sole-)Heilbad
Rottach-Egern	83700	Rottach-Egern	G	Heilklimatischer Kurort
S				
Saalfeld/Saale	07318	Saalfeld/Saale	G, ausgenommen Ortsteil Arnsgereuth	Ort mit Heilstollenkurbetrieb
Saarow	15526	Bad Saarow	Bad Saarow	(Thermalsole- und Moor-)Heilbad
Sachsa	37441	Bad Sachsa	Bad Sachsa	Heilklimatischer Kurort
Säckingen	79713	Bad Säckingen	Bad Säckingen	Heilbad
Salzdetfurth	31162	Bad Salzdetfurth	Bad Salzdetfurth, Detfurth	(Moor- und Sole-)Heilbad

VII

Name ohne „Bad"	PLZ	Gemeinde	Anerkenntnis als Heilkurort ist erteilt für: (Ortsteile, sofern nicht B, G, K*)	Artbezeichnung
Salzgitter	38259	Salzgitter	Salzgitter-Bad	Ort mit Sole-Kurbetrieb
Salzschlirf	36364	Bad Salzschlirf	G	(Mineral- und Sole-)Heilbad
Salzuflen	32105	Bad Salzuflen	Bad Salzuflen	Heilbad und Kneippkurort
Salzungen	36433	Bad Salzungen	Bad Salzungen, Dorf Allendorf	(Sole-)Heilbad
Sasbachwalden	77887	Sasbachwalden	G	Heilklimatischer Kurort und Kneippkurort
Sassendorf	59505	Bad Sassendorf	Bad Sassendorf	(Sole-)Heilbad
Saulgau	88348	Saulgau	Saulgau	Heilbad
Schandau	01814	Bad Schandau	Bad Schandau, Krippen, Ostrau	Kneippkurort
Scharbeutz	23683	Scharbeutz	Scharbeutz	Ostseeheilbad
Scheidegg	88175	Scheidegg	G	Kneippkurort und Heilklimatischer Kurort
Schieder	32816	Schieder-Schwalenberg	Schieder, Glashütte	Kneippkurort
Schlangenbad	65388	Schlangenbad	K	Heilbad
Schleiden	53937	Schleiden	Gemünd	Kneippkurort
Schluchsee	79859	Schluchsee	Schluchsee, Faulenfürst, Fischbach	Heilklimatischer Kurort
Schmallenberg	57392	Schmallenberg	a) Bad Fredeburg	Kneippheilbad und Ort mit Heilstollen-Kurbetrieb
			b) Grafschaft	Heilklimatischer Kurort
			c) Nordenau	Ort mit Heilstollen-Kurbetrieb
Schmiedeberg	06905	Bad Schmiedeberg	G	Heilbad
Schömberg	75328	Schömberg	Schömberg	Heilklimatischer Kurort und Kneippkurort
Schönau	83471	Schönau a. Königssee	G	Heilklimatischer Kurort
Schönberg	24217	Schönberg	Holm	Heilbad und Kneippkurort
Schönborn	76669	Bad Schönborn	a) Bad Mingolsheim	Heilbad

VII

Name ohne „Bad"	PLZ	Gemeinde	Anerkenntnis als Heilkurort ist erteilt für: (Ortsteile, sofern nicht B, G, K*)	Artbezeichnung
			b) Langenbrücken	Ort mit Heilquellen-Kurbetrieb
Schönebeck-Salzelmen	39624	Schönebeck-Salzelmen	G	(Sole-)Heilbad
Schönwald	78141	Schönwald	G	Heilklimatischer Kurort
Schussenried	88427	Bad Schussenried	Bad Schussenried	(Moor-)Heilbad
Schwalbach	65307	Bad Schwalbach	K	Heilbad und Kneippkurort
Schwangau	87645	Schwangau	G	Heilklimatischer Kurort
Schwartau	23611	Bad Schwartau	Bad Schwartau	(Jodsole- und Moor-)Heilbad
Segeberg	23795	Bad Segeberg	G	Heilbad
Sellin	18586	Ostseebad Sellin	G	Seebad
Siegsdorf	83313	Siegsdorf	B – Adelholzener Primusquelle Bad Adelholzen	Heilquellen-Kurbetrieb
Sobernheim	55566	Bad Sobernheim	Bad Sobernheim	Heilbad
Soden am Taunus	65812	Bad Soden am Taunus	K	Ort mit Heilmittelkurbetrieb
Soden-Salmünster	63628	Bad Soden-Salmünster	Bad Soden	(Mineral-)Heilbad
Soltau	29614	Soltau	Soltau	Ort mit Sole-Kurbetrieb
Sooden-Allendorf	37242	Bad Sooden-Allendorf	K	Heilbad
Spiekeroog	26474	Spiekeroog	G	Nordseeheilbad
St. Blasien	79837	St. Blasien	St. Blasien	Kneippkurort und Heilklimatischer Kurort
St. Peter-Ording	25826	St. Peter-Ording	St. Peter-Ording	Nordseeheilbad und Schwefelbad
Staffelstein	96226	Bad Staffelstein	G	Heilbad,
			Thermalsolbad Bad Staffelstein – Obermain Therme	Ort mit Heilquellen-Kurbetrieb
Steben	95138	Bad Steben	Bad Steben, Obersteben	Mineral- und Moorbad
Stützerbach	98714	Stützerbach	Stützerbach	Heilkurort
Stuttgart	70173	Stuttgart	Berg, Bad Cannstatt	Mineralbad, Ort mit Heilquellen-Kurbetrieb

Name ohne „Bad"	PLZ	Gemeinde	Anerkenntnis als Heilkurort ist erteilt für: (Ortsteile, sofern nicht B, G, K*)	Artbezeichnung
Suderode	06507	Bad Suderode	G	(Calciumsole-)Heilbad
Sülze	18334	Bad Sülze	G	Peloid-Kurbetrieb
Sulza	99518	Bad Sulza	G	(Sole-)Heilbad
T				
Tabarz	99891	Tabarz	G	Kneippheilbad
Tecklenburg	49545	Tecklenburg	Tecklenburg	Kneippkurort
Tegernsee	83684	Tegernsee	G	Heilklimatischer Kurort
Teinach-Zavelstein	75385	Bad Teinach-Zavelstein	Bad Teinach	Heilbad
Templin	17268	Templin	Templin	(Thermalsole-)Heilbad
Tennstedt	99955	Bad Tennstedt	G	Ort mit Heilquellen-Kurbetrieb
Thiessow	18586	Ostseebad Thiessow	G	Seebad
Thyrnau	94136	Thyrnau	B – Sanatorium Kellberg	Mineralquellen-Kurbetrieb
Timmendorfer Strand	23669	Timmendorfer Strand	Timmendorfer Strand, Niendorf	Ostseeheilbad
Titisee-Neustadt	79822	Titisee-Neustadt	Titisee	Kneippkurort
Todtmoos	79682	Todtmoos	G	Heilklimatischer Kurort
Tölz	83646	Bad Tölz	a) Gebiet der ehemaligen Stadt Bad Tölz	Moorheilbad und Heilklimatischer Kurort
			b) Gebiet der ehemaligen Gemeinde Oberfischbach	Heilklimatischer Kurort
Traben-Trarbach	56841	Traben-Trarbach	Bad Wildstein	Heilbad
Travemünde	23570	Travemünde	Travemünde	Ostseeheilbad
Treuchtlingen	91757	Treuchtlingen	B – Altmühltherme/Lambertusbad	Ort mit Heilquellen-Kurbetrieb
Triberg	78098	Triberg	Triberg	Heilklimatischer Kurort
U				
Überkingen	73337	Bad Überkingen	Bad Überkingen	Heilbad
Überlingen	88662	Überlingen	Überlingen	Kneippheilbad
Urach	72574	Bad Urach	Bad Urach	Heilbad

Name ohne „Bad"	PLZ	Gemeinde	Anerkenntnis als Heilkurort ist erteilt für: (Ortsteile, sofern nicht B, G, K*)	Artbezeichnung
V				
Vallendar	56179	Vallendar	Vallendar	Kneippkurort
Vilbel	61118	Bad Vilbel	K	Ort mit Heilquellen-Kurbetrieb
Villingen-Schwenningen	78050	Villingen-Schwenningen	Villingen	Kneippkurort
Vlotho	32602	Vlotho	Seebruch, Senkelteich, Valdorf-West	Kurmittelgebiet (Heilquelle und Moor)
W				
Waldbronn	76337	Waldbronn	Gemeindeteile Busenbach, Reichenbach	Ort mit Heilquellen-Kurbetrieb
Waldsee	88399	Bad Waldsee	Bad Waldsee, Steinach	(Moor-)Heilbad und Kneippkurort
Wangerland	26434	Wangerland	Horumersiel, Schillig	Nordseeheilbad
Wangerooge	26486	Wangerooge	G	Nordseeheilbad
Warburg	34414	Warburg	Germete	Kurmittelbetrieb (Heilquelle)
Waren	17192	Waren/Müritz	Waren/Müritz	(Sole-)Heilbad
Warnemünde	18119	Hansestadt Rostock	G	Seebad
Weiskirchen	66709	Weiskirchen	Weiskirchen	Heilklimatischer Kurort
Weißenstadt	95163	Weißenstadt am See	B – Kurzentrum Weißenstadt am See	Ort mit Heilquellen-Kurbetrieb
Wenningstedt	25996	Wenningstedt (Sylt)	Wenningstedt	Nordseeheilbad
Westerland	25980	Westerland	Westerland	Nordseeheilbad
Wiesbaden	65189	Wiesbaden	K	Heilbad
Wiesenbad	09488	Thermalbad Wiesenbad	Thermalbad Wiesenbad	Ort mit Heilquellen-Kurbetrieb
Wiessee	83707	Bad Wiessee	G	Heilbad
Wildbad	75323	Bad Wildbad	Bad Wildbad	Heilbad
Wildungen	34537	Bad Wildungen	K, Reinhardshausen	Heilbad
Willingen	34508	Willingen (Upland)	a) K	Kneippheilbad und Heilklimatischer Kurort
			b) Usseln	Heilklimatischer Kurort

VII

Name ohne „Bad"	PLZ	Gemeinde	Anerkenntnis als Heilkurort ist erteilt für: (Ortsteile, sofern nicht B, G, K*)	Artbezeichnung
Wilsnack	19336	Bad Wilsnack	K	(Thermalsole- und Moor-)Heilbad
Wimpfen	74206	Bad Wimpfen	Bad Wimpfen, Erbach, Fleckinger Mühle, Höhenhöfe	(Sole-)Heilbad
Windsheim	91438	Bad Windsheim	Bad Windsheim, Kleinwindsheimer, Walkmühle	Heilbad
Winterberg	59955	Winterberg	Winterberg, Altastenberg, Elkeringhausen	Heilklimatischer Kurort
Wittdün/Amrum	25946	Wittdün auf Amrum	Wittdün	Nordseeheilbad
Wittmund	26409	Wittmund	Carolinensiel-Harlingersiel	Nordseeheilbad
Wörishofen	86825	Bad Wörishofen	Bad Wörishofen, Hartenthal, Oberes Hart, Obergammenried, Schöneschach, Untergammenried, Unteres Hart	Kneippheilbad
Wolfegg	88364	Wolfegg	G	Heilklimatischer Kurort
Wolkenstein	09429	Wolkenstein	Warmbad	Heilbad
Wünnenberg	33181	Bad Wünnenberg	Bad Wünnenberg	Kneippheilbad
Wurzach	88410	Bad Wurzach	Bad Wurzach	(Moor-)Heilbad
Wustrow	18347	Ostseebad Wustrow	G	Seebad
Wyk a. F.	25938	Wyk auf Föhr	Wyk	Nordseeheilbad
Z				
Zingst	18374	Ostseebad Zingst	G	Ostseeheilbad
Zwesten	34596	Zwesten	K	Ort mit Heilquellen-Kurbetrieb
Zwischenahn	26160	Bad Zwischenahn	Bad Zwischenahn	Moorheilbad und Kneippkurort

*) Legende:

B = Einzelkurbetrieb

G = gesamtes Gemeindegebiet

K = nur Kerngemeinde, Kernstadt

2. Register der Heilkurorte (Ortsteile),

die wegen Zugehörigkeit zu einer größeren Einheit an anderer Stelle aufgeführt sind.

Heilkurort ohne Zusatz „Bad"	aufgeführt bei
A	
Abbach-Schloßberg	Abbach
Achmühl	Heilbrunn
Adelholzen	Siegsdorf
Aichmühle	Füssing
Ainsen	Füssing
Alschbach	Blieskastel
Altastenberg	Winterberg
Anatswald	Oberstdorf
An den Heilquellen	Freiburg
Angering	Füssing
Au	Abbach
Au	Grönenbach
Aunham	Birnbach
B	
Balg	Baden-Baden
Baumberg	Heilbrunn
Bayerisch Gmain	Reichenhall
Bensersiel	Esens
Bernwies	Heilbrunn
Berg	Stuttgart
Berggießhübel	Gottleuba-Berggießhübel
Birgsau	Oberstdorf
Bockswiese	Goslar
Bodendorf	Sinzig
Brandholz	Grönenbach
Brandschachen	Füssing
Bregnitz	Königsfeld
Burtscheid	Aachen
Busenbach	Waldbronn
C	
Cannstadt	Stuttgart
Carolinensiel-Harlesiel	Wittmund
D	
Detfurth	Salzdetfurth
Dietersberg	Oberstdorf
Dobra	Liebenwerda
Dürnöd	Füssing
E	
Ebene	Oberstdorf
Eckarts	Brückenau
Eckenhagen	Reichshof
Egg	Grönenbach
Egglfing a. Inn	Füssing
Einödsbach	Oberstdorf
Eisenbartling	Endorf
Eitlöd	Füssing
Eldern	Ottobeuren
Elkeringhausen	Winterberg
Erbach	Wimpfen
F	
Faistenoy	Oberstdorf
Faulenbach	Füssen
Faulenfürst	Schluchsee
Feldberg	Feldberger Seenlandschaft
Fischbach	Schluchsee
Fleckinger Mühle	Wimpfen
Flickenöd	Füssing
Frankenhammer	Berneck
Fredeburg	Schmallenberg
G	
Gemünd	Schleiden
Germete	Warburg

VII

Heilkurort ohne Zusatz „Bad"	aufgeführt bei
Gerstruben	Oberstdorf
Glashütte	Schieder
Gmeinschwenden	Grönenbach
Gögging	Füssing
Gögging	Neustadt a.d. Donau
Gottenried	Oberstdorf
Gottleuba	Gottleuba-Berggießhübel
Graben	Heilbrunn
Grafschaft	Schmallenberg
Greit	Grönenbach
Gremsmühlen	Malente
Grenier	Königsfeld
Griesbach	Peterstal-Griesbach
Gruben	Oberstdorf
Gundsbach	Oberstdorf
H	
Hahnenklee	Goslar
Hartenthal	Wörishofen
Harthausen	Aibling
Hausberge	Porta Westfalica
Heiligendamm	Doberan
Herbisried	Grönenbach
Hermannsborn	Driburg
Hiddesen	Detmold
Hinterstallau	Heilbrunn
Höhenhöfe	Wimpfen
Hofham	Endorf
Hoheneck	Ludwigsburg
Holm	Schönberg
Holzhäuser	Füssing
Holzhaus	Füssing
Holzhausen	Preußisch Oldendorf
Hopfen am Berg	Petershagen
Horumersiel	Wangerland
Hub	Füssing

VII

Heilkurort ohne Zusatz „Bad"	aufgeführt bei
Hub	Heilbrunn
Hueb	Grönenbach
I	
In der Tarrast	Grönenbach
Irching	Füssing
J	
Jauchen	Oberstdorf
Jordanbad	Biberach
K	
Kalkofen	Abbach
Kellberg	Thyrnau
Kibling der Gemeinde Schneizlreuth	Reichenhall
Kiensee	Heilbrunn
Kleinwindsheimer Mühle	Windsheim
Klevers	Grönenbach
Kornofen	Grönenbach
Kornau	Oberstdorf
Kosilenzien	Liebenwerda
Kreuzbühl	Grönenbach
Krippen	Schandau
Krummsee	Malente
Kurf	Endorf
Kutschenrangen	Berneck
L	
Langau	Heilbrunn
Langenbach	Marienberg
Langenbrücken	Schönborn
Lautzkirchen	Blieskastel
Lichtental	Baden-Baden
Linden	Heilbrunnn

Heilkurort ohne Zusatz „Bad"	aufgeführt bei
M	
Maasdorf	Liebenwerda
Manneberg	Grönenbach
Meinberg	Horn
Mettnau	Radolfzell
Mingolsheim	Schönberg
Mitterreuthen	Füssing
Monheimsallee	Aachen
Mürnsee	Heilbrunn
N	
Neutrauchburg	Isny
Niederholz	Grönenbach
Niendorf	Timmendorfer Strand
Nordenau	Schmallenberg
O	
Oberbuchen	Heilbrunn
Oberenzenau	Heilbrunn
Oberes Hart	Wörishofen
Oberfischbach	Tölz
Obergammenried	Wörishofen
Obermühl	Heilbrunn
Oberreuthen	Füssing
Obersteinbach	Heilbrunn
Obertal	Baiersbronn
Ölmühle	Grönenbach
Oos	Baden-Baden
Ostfeld	Heilbrunn
Ostrau	Schandau
P	
Pichl	Füssing
Pimsöd	Füssing
Poinzaun	Füssing

Heilkurort ohne Zusatz „Bad"	aufgeführt bei
R	
Rachental	Endorf
Ramsau	Heilbrunn
Randringhausen	Bünde
Raupolz	Grönenbach
Rechberg	Grönenbach
Reichenbach	Waldbronn
Reindlschmiede	Heilbrunn
Reute	Oberstdorf
Riedenburg	Füssing
Ringang	Oberstdorf
Rödlasberg	Berneck
Röthardt	Aalen
Rotenfels	Gaggenau
Rothenstein	Grönenbach
Rothenuffeln	Hille
S	
Saalhausen	Lennestadt
Safferstetten	Füssing
Saig	Lenzkirch
Salzhausen	Nidda
Salzig	Boppard
Sand	Emstal
Schieferöd	Füssing
Schillig	Wangerland
Schöchlöd	Füssing
Schönau	Heilbrunn
Schöneschach	Wörishofen
Schwand	Oberstdorf
Schwarzenberg-Schön-münzach	Baiersbronn
Schwenden	Grönenbach
Sebastiansweiler	Mössingen
Seebruch	Vlotho
Seefeld	Grönenbach
Senkelteich	Vlotho
Sohl	Elster
Spielmannsau	Oberstdorf

VII

Heilkurort ohne Zusatz „Bad"	aufgeführt bei
Steinach	Waldsee
Steinreuth	Füssing
Ströbing	Endorf
T	
Thalau	Füssing
Thalham	Füssing
Thierham	Füssing
Thürham	Aibling
Timmdorf	Malente
Tönisstein	Andernach
Tönisstein	Burgbrohl
U	
Unterbuchen	Heilbrunn
Unterenzenau	Heilbrunn
Unteres Hart	Wörishofen
Untergammenried	Wörishofen
Untersteinbach	Heilbrunn
Unterreuthen	Füssing
Usseln	Willingen
V	
Valdorf-West	Vlotho
Voglherd	Heilbrunn
Voglöd	Füssing

Heilkurort ohne Zusatz „Bad"	aufgeführt bei
W	
Waldegg b. Grönenbach	Grönenbach
Waldliesborn	Lippstadt
Walkmühle	Windsheim
Waren/Müritz	Waren
Warmbad	Wolkenstein
Warmeleithen	Berneck
Weghof	Griesbach
Weichs	Abbach
Weidach	Füssing
Weiherweber	Heilbrunn
Westernkotten	Erwitte
Wies	Füssing
Wiesweber	Heilbrunn
Wildbach	Aue-Schlema
Wildstein	Traben-Trarbach
Wilhelmshöhe	Kassel
Wörnern	Heilbrunn
Würding	Füssing
Z	
Zeitlofs	Brückenau
Zeischa	Liebenwerda
Zell	Aibling
Ziegelberg	Grönenbach
Ziegelstadel	Grönenbach
Zieglöd	Füssing
Zinnheim	Marienberg
Zwicklarn	Füssing

Anhang 3
(Nr. 45.3 BayBhVBek)

Heilkurorteverzeichnis Ausland

1. Heilkurorte EU-Ausland

Land	Heilkurorte
Frankreich	Aix-les-Bains
	Amélie-les-Bains-Palada
	Cambo-les-Bains
	La Roche-Posay
Italien	Abano Terme
	Galzignano Terme
	Ischia
	Meran
	Montegrotto Terme
	Montepulciano
Kroatien	Cres
Österreich	Badgastein
	Bad Hall in Tirol
	Bad Hofgastein
	Bad Schönau
	Bad Traunstein
	Oberlaa
Polen	Bad Flinsberg/Swieradow-Zdroy
	Kolberg/Kolobrzeg
	Swinemünde/Świnoujście
	Ustroń
Rumänien	Bad Felix/Băile Felix
Slowakei	Dudince
	Pieštany
	Turčianske Teplice
Tschechien	Bad Belohrad/Lázně Bělohrad
	Bad Joachimsthal/Jáchymov
	Bad Luhatschowitz/Luhačovice
	Bad Teplitz/Lázně Teplice v Čechách
	Franzensbad/Františkovy Lázně
	Freiwaldau/Lázně Jesenik
	Johannisbad/Janské Lázně
	Karlsbad/Karlovy Vary
	Konstantinsbad/Konstantinovy Lázně
	Marienbad/Mariánské Lázně
Ungarn	Bad Héviz
	Bad Zalakaros
	Bük
	Hajdúszoboszló
	Harkány
	Komárom
	Sárvár

2. Heilkurorte Nicht-EU-Ausland

Land	Heilkurorte
Israel	Ein Boqeq
Jordanien	Sweimeh

VII

Anhang 4

(hier nicht aufgenommen)

Ergänzende Bestimmungen zum Vollzug der Bayerischen Beihilfeverordnung (ErgBBayBhV)

Vom 13. August 2009 (FMBl. S. 358, 2014 S. 50)

Zuletzt geändert durch
Zweiundzwanzigste Änderung der Bekanntmachung über die Ergänzenden Bestimmungen zum Vollzug der Bayerischen Beihilfeverordnung
vom 2. März 2026 (BayMBl. Nr. 104)

Abschnitt 1

1. Kostenpauschalen bei Organtransplantationen

1.1 Bis zum 31. Dezember 2000 waren die Kosten der Organbereitstellung pauschal in den entsprechenden Sonderentgelten und Fallpauschalen berücksichtigt (§ 7 Abs. 2 Satz 2 Nr. 2 der BPflV).

Das Transplantationsgesetz (TPG) vom 5. November 1997 (BGBl. I Nr. 74, S. 2631) sieht dem gegenüber eine Trennung der Verantwortlichkeit in Bezug auf die Organentnahme einerseits sowie die Organvermittlung andererseits vor. Die Entnahme von vermittlungspflichtigen Organen einschließlich der Vorbereitung von Entnahme, Vermittlung und Übertragung ist gemeinschaftliche Aufgabe der Transplantationszentren und der anderen Krankenhäuser in regionaler Zusammenarbeit (§ 11 Abs. 1 Satz 1 TPG). Mit der Organisation dieser Aufgabe haben die Spitzenverbände der Krankenkassen gemeinsam, die Bundesärztekammer sowie die Deutsche Krankenhausgesellschaft durch Vertrag die Deutsche Stiftung Organtransplantation (DSO) als „Koordinierungsstelle" im Sinne des § 11 Abs. 1 Satz 2 TPG beauftragt (Bekanntmachung des Vertrags und seiner Genehmigung vom 27. Juni 2000, BAnz. Nr. 131a vom 15. Juli 2000). In diesem Vertrag wurden zugleich die Aufgaben der Koordinierungsstelle geregelt. Die Finanzierung der Organbeschaffung bei postmortaler Organspende durch die DSO als Koordinierungsstelle erfolgt in Form einer Organisations- sowie einer Flugtransportkostenpauschale; die Höhe der Pauschalen wird zwischen den genannten Vertragsparteien vereinbart (§ 11 Abs. 2 TPG).

Zur Wahrung der sich aus der bis 31. Dezember 2000 geltenden Regelung ergebenden Gleichbehandlung von gesetzlich und privat versicherten Patienten bei der Berechnung der Kosten für die Organbeschaffung (Abgeltung mit den Krankenhausentgelten, die für alle Patienten – unabhängig vom Versichertenstatus – gleich waren), wurde vom Verband der privaten Krankenversicherung e. V. mit der DSO für privat versicherte Organempfänger die Anwendung des mit den gesetzlichen Krankenkassen abgestimmten Aufwendungsersatzes (Organisations- sowie Flugtransportkostenpauschale, auch in entsprechender Höhe) vereinbart. Diese Vereinbarung gilt seit 1. Januar 2001.

1.2 Die DSO hat sich gegenüber dem Bundesministerium des Innern und zugleich gegenüber allen Beihilfestellen des Bundes und der Länder mit Schreiben vom 1. Februar 2002 verpflichtet, bei Beihilfeberechtigten wie folgt abzurechnen:

1.2.1 Die Vergütung für die Bereitstellung eines postmortal gespendeten Organs zur Transplantation erfolgt durch die DSO in Form einer Organisationspauschale sowie gegebenenfalls einer Flugtransportkostenpauschale. Diese Pauschale wird gegenüber dem Beihilfeberechtigten bzw. dessen berücksichtigungsfähigen Angehörigen in Rechnung gestellt.

Die Sätze der Organisations- sowie der Flugtransportkostenpauschale entsprechen den von den Vertragsparteien des Vertrages nach § 11 Abs. 2 TPG jeweils vereinbarten Pauschalen für gesetzlich versicherte Organemp-

VII

fänger nach § 8 Abs. 1 des Vertrages nach § 11 Abs. 2 TPG in Verbindung mit den dazugehörigen Anlagen. Ändern sich die Pauschalen auf Grund einer neuen Vereinbarung nach § 11 Abs. 2 TPG zwischen den genannten Vertragsparteien, gelten die geänderten Pauschalen ab Inkrafttreten der neuen Vereinbarung. Die DSO verpflichtet sich, das Bundesministerium des Innern spätestens vier Wochen vor Inkrafttreten über den Inhalt der neuen Vereinbarung zu unterrichten.

1.2.2 Bei der Vereinbarung der unter Nr. 1.2.1 genannten Pauschalen wurde von bestimmten Fallzahlen ausgegangen. Für den Fall des Überschreitens oder des Unterschreitens dieser Fallzahlen ist eine Nachzahlungspflicht der gesetzlichen Krankenkassen bzw. eine Rückerstattungspflicht der DSO festgelegt. Diese Regelungen gelten auch bei Organempfängern, die beihilfeberechtigt oder berücksichtigungsfähig sind. Nr. 1.2.1 findet bezüglich der erforderlichen Informationen entsprechende Anwendung.

1.3 Bezüglich der beihilferechtlichen Abrechnung von Organisations- sowie Flugtransportkostenpauschalen wird auf Folgendes hingewiesen:

Im Jahr 2026 werden folgende Vergütungen berechnet:

a) eine Organisationspauschale je transplantiertem Organ in Höhe von 36 174 €,

b) bei extrarenalen Organen (zurzeit Herz, Leber, Lunge, Pankreas und Darm) zusätzlich eine Pauschale für Flugkosten von 20 143 € je transplantiertem Organ, für das ein eigenständiger Flug durchgeführt wurde,

c) bei Organen mit Einsatz der Maschinenperfusion Niere zusätzlich eine Pauschale von 2424 €.

Diese von der DSO jeweils in Rechnung gestellten Vergütungen sind nach § 44 Abs. 2 Nr. 1 BayBhV beihilfefähig.

2. Endgehalt der Besoldungsgruppe A 9

Der Grenzbetrag auf der Basis des Endgrundgehalts der BesGr. A 9 zur Festlegung der maßgebenden Höhe des Eigenbehalts bei stationärer Unterbringung (vergleiche Nr. 36.3.3 der Bayerischen Beihilfevollzugsbekanntmachung) beträgt für Aufwendungen, die ab dem

a) 1. November 2024 entstehen 4156,93 €,

b) 1. Februar 2025 entstehen 4385,56 €.

Abschnitt 2

1. Inkrafttreten

Diese Bekanntmachung tritt mit Wirkung vom 1. August 2009 in Kraft.

2. Außerkrafttreten

Mit Ablauf des 31. Juli 2009 treten folgende Bekanntmachungen des Bayerischen Staatsministeriums der Finanzen außer Kraft:

- Bekanntmachung vom 23. Mai 2002 (FMBl S. 210, StAnz Nr. 23) – Abschnitt B –,
- Bekanntmachung vom 14. April 2004 (FMBl S. 79, StAnz Nr. 17),
- Bekanntmachung vom 30. Juni 2004 (FMBl S. 127, StAnz Nr. 28),
- Bekanntmachung vom 11. Oktober 2004 (FMBl S. 153, StAnz Nr. 43),
- Bekanntmachung vom 27. Oktober 2005 (FMBl S. 180, StAnz Nr. 44).

Hinweise zur Beschaffung von speziellen Sehhilfen am Bildschirmarbeitsplatz (Bildschirmbrillenbekanntmachung – HBSBBek)

Vom 25. September 2024 (BayMBl. Nr. 455)

1. Allgemeines

1.1 Rechtliche Grundlagen

$_{1}$Nach Anhang Teil 4 Abs. 2 Nr. 1 der Verordnung zur arbeitsmedizinischen Vorsorge (ArbMedVV) vom 18. Dezember 2008 (BGBl. I S. 2768) in der jeweils geltenden Fassung hat der Arbeitgeber beziehungsweise Dienstherr seinen Beschäftigten (Beamtinnen und Beamten, Richterinnen und Richtern, Arbeitnehmerinnen und Arbeitnehmern) eine angemessene Untersuchung der Augen und des Sehvermögens anzubieten. $_{2}$Die arbeitsmedizinische Vorsorge erfolgt durch die Betriebsärztin oder den Betriebsarzt beziehungsweise Ärztinnen oder Ärzte im Sinne von § 7 ArbMedVV. $_{3}$Der Sehtest kann durch die Betriebsärztin oder den Betriebsarzt, aber auch durch eine andere fachkundige Person erfolgen. $_{4}$Erweist sich aufgrund der Ergebnisse dieser Untersuchung eine augenärztliche Untersuchung als erforderlich, ist diese zu ermöglichen.

$_{5}$Den Beschäftigten sind im erforderlichen Umfang spezielle Sehhilfen für ihre Arbeit an Bildschirmgeräten zur Verfügung zu stellen, wenn Untersuchungsergebnis ist, dass spezielle Sehhilfen notwendig und normale Sehhilfen nicht geeignet sind.

1.2 Definition der Begriffe „normale Sehhilfen", „spezielle Sehhilfen"

$_{1}$**Normale Sehhilfen** sind zur Korrektur einer Fehlsichtigkeit notwendig und genügen den Sehanforderungen des Alltags. $_{2}$Darunter sind unter anderem Fernbrillen, Gleitsichtbrillen und Lesebrillen zu verstehen. $_{3}$**Spezielle Sehhilfen** sind an die besonderen Bedingungen und die individuellen Sehanforderungen der Bildschirmarbeit des Beschäftigten angepasst. $_{4}$Sie eignen sich nicht als Alltagsbrille. $_{5}$Bildschirmbrillen können mit Einstärken-, Mehrstärken- oder speziellen Bildschirmgleitsichtgläsern ausgestattet sein.

1.3 Erforderlichkeit einer speziellen Sehhilfe bei altersbedingter Veränderung des Sehens

$_{1}$Mit dem Alter vermindert sich das Akkommodationsvermögen, so dass etwa ab dem 45. Lebensjahr eine Lesebrille erforderlich werden kann, bei Hyperopie auch schon früher. $_{2}$Eine Lesebrille ist für die Bildschirmarbeit geeignet, wenn sie ein ausreichend großes Sehfeld besitzt und bei noch ausreichendem Akkommodationsvermögen scharfes Sehen auf Entfernungen zwischen Tastatur (ca. 40 cm) und Bildschirm (ca. 50 bis 80 cm) ermöglicht.

$_{3}$Wenn die Lesebrille für die Bildschirmarbeit nicht mehr ausreicht, oder die Universalgleitsichtbrille zwar für den Alltag ausreicht, aber zu Beschwerden bei der Bildschirmarbeit führt, ist eine Bildschirmbrille notwendig.

$_{4}$**In der Regel gilt:**

$_{5}$Wer bei der Bildschirmarbeit keine asthenopischen (fehlsichtigkeitsbedingten) Beschwerden hat und dessen Sehschärfe in der Bildschirmdistanz ausreichend ist, benötigt keine spezielle Sehhilfe für die Bildschirmarbeit.

2. Feststellung der Notwendigkeit einer speziellen Sehhilfe am Bildschirmarbeitsplatz, augenärztliche Untersuchung, Brillenanfertigung

(Notwendigkeit einer Sehhilfe)

$_{1}$Die Notwendigkeit und Art (Gebrauchseigenschaften) einer Bildschirmbrille wird durch die Betriebsärztin oder den Betriebsarzt festgestellt, sofern die jeweilige oberste Dienstbehörde keine andere Verfahrensweise zur Feststellung der Notwendigkeit und Art (Gebrauchseigenschaft) einer Bildschirmbrille festgelegt hat.

$_{2}$Hierbei ist wie folgt vorzugehen:

a) Arbeitsmedizinische Vorsorge bei Tätigkeiten an Bildschirmgeräten nach der Verordnung zur arbeitsmedizinischen Vorsorge durch die Betriebsärztin beziehungsweise den Betriebsarzt

$_{1}$Beschäftigten ist, unabhängig von der Dauer der Tätigkeit am Bildschirmgerät eine arbeitsmedizinische Vorsorge vom Arbeitgeber beziehungsweise Dienstherrn anzubieten und zu bezahlen.

$_{2}$Integraler Bestandteil der Vorsorge ist ein Sehtest gemäß der Bekanntmachung von Arbeitsmedizinischen Regeln, hier: AMR Nummer 14.1 „Angemessene Untersuchung der Augen und des Sehvermögens" des Bundesministeriums für Arbeit und Soziales vom 4. Dezember 2013 (GMBl. S. 1264) und Entscheidungsgrundlage für die Empfehlung einer Bildschirmbrille ist das Testen der Sehschärfe (unter Berücksichtigung arbeitsplatzrelevanter Sehabstände). $_{3}$Dazu gehört auch die Prüfung, ob mit der Alltagsbrille (Gleitsicht-, Fern- oder Lesebrille) eine ausreichende Sehschärfe in Bildschirmdistanz erreicht wird. $_{4}$Sollte sich bei der Untersuchung herausstellen, dass eine Anpassung der Alltagsbrille notwendig ist, hat diese Anpassung zu erfolgen. $_{5}$Erst wenn sich im Rahmen der weiteren Bildschirmarbeit mit der entsprechend angepassten Alltagsbrille weiterhin der Bedarf einer speziellen Sehhilfe ergibt, kann eine Kostenübernahme der Bildschirmbrille gemäß Nr. 3 erfolgen. $_{6}$Wird von der Betriebsärztin oder dem Betriebsarzt eine Bildschirmbrille für erforderlich gehalten, hat diese oder dieser, sofern keine augenärztliche Untersuchung für erforderlich gehalten wird, auch den Typ der vorgesehenen Brillengläser und deren Gebrauchseigenschaften (Einstärken-, Mehrstärken- oder spezielle Bildschirmgleitsichtgläser) festzulegen.

b) Untersuchung durch eine Augenärztin beziehungsweise einen Augenarzt

$_{1}$Hält die Betriebsärztin oder der Betriebsarzt eine augenärztliche Untersuchung für notwendig, ist diese vom Arbeitgeber beziehungsweise Dienstherrn anzubieten. $_{2}$Beispielsweise kann es vorkommen, dass komplexere Augenerkrankungen oder besondere Fragestellungen eine augenärztliche Expertise zur Entscheidung über eine Bildschirmbrille oder deren Beschaffenheit erfordern. $_{3}$Eine augenärztliche Untersuchung ist zum Beispiel anzubieten, wenn Anhaltspunkte für die Notwendigkeit einer Brille mit Prismen bestehen.

c) Brillenanfertigung durch die Optikerin beziehungsweise den Optiker

$_{1}$Die Optikerin beziehungsweise der Optiker bestimmt

1. Refraktionswerte,
2. Visus,
3. Addition ausgehend von der Fernwirkung (für die kürzeste angegebene Entfernung: Tastatur und Leseentfernung),

und gibt diese Werte und Bezeichnungen auf der Rechnung an.

$_{2}$Die Brille muss den funktionellen Anforderungen des Bildschirmarbeitsplatzes der oder des Beschäftigten genügen und entspiegelt sein. $_{3}$Getönte Gläser sind ungeeignet. $_{4}$Kontaktlinsen und Universalgleitsichtgläser erfüllen grundsätzlich nicht die Anforderungen an eine Bildschirmbrille. $_{5}$Einstärkengläser sind Bildschirmgleitsichtgläsern vorzuziehen, wenn dies die Additionswerte erlauben und das Akkommodationsvermögen ausreicht.

$_{6}$Bei speziellen Bildschirmgleitsichtgläsern werden anhand der angegebenen Hauptsehentfernungen die Wirkungsbereiche im Glas so angepasst, dass am Bildschirm in normaler Kopfhaltung gearbeitet werden kann. $_{7}$Dazu müssen außerdem die Gläser sowie die Brillenfassung ausreichend groß sein.

$_{8}$Bei regelmäßigem Publikumsverkehr kann der Fernteil der Brillengläser auf diese Entfernung korrigiert werden. $_{9}$Dies führt allerdings, technisch bedingt, zu einer Einschränkung der Sehbereichsbreite für die Bildschirmentfernung und kann, abhängig von der Addition, die Bildschirmgeeignetheit der Brille stark einschränken.

3. Erstattung der Kosten für eine evtl. erforderliche augenärztliche Untersuchung bzw. für die Beschaffung einer Bildschirmbrille:

Erstattung der Kosten für eine evtl. erforderliche augenärztliche Untersuchung bzw. für die Beschaffung einer Bildschirmbrille:

[1]Die Kosten für eine eventuell noch erforderliche augenärztliche Untersuchung und für die Beschaffung einer Bildschirmbrille trägt der Arbeitgeber beziehungsweise Dienstherr. [2]Zur Gewährleistung einer einheitlichen Verfahrensweise ist das als Anlage 1 beigefügte Antragsformular zu verwenden.

[3]Nach § 11 der Gebührenordnung für Ärzte (GOÄ) sind in den Fällen, in denen ein Leistungsträger im Sinne des § 12 des Ersten Buches Sozialgesetzbuch oder ein sonstiger öffentlich-rechtlicher Kostenträger die Zahlung leistet, die ärztlichen Leistungen nach den Gebührensätzen des Gebührenverzeichnisses mit dem einfachen Satz zu berechnen (§ 5 Abs. 1 Satz 2 GOÄ). [4]**Diese Regelung findet nur Anwendung, wenn der Ärztin oder dem Arzt vor der Inanspruchnahme eine von der Beschäftigungsdienststelle ausgestellte Bescheinigung vorgelegt wird** (vergleiche Anlage 2). [5]In aller Regel sind nur folgende GOÄ-Nummern erstattungsfähig: 1, 6, 70, 1200 oder 1201, 1202, 1203, 1204 und 1207. [6]Weitere Leistungen im Einzelfall können nur bei individuellen Besonderheiten und entsprechender ausführlicher Begründung erstattet werden.

[7]Die Kostenerstattung für die Bildschirmbrille erfolgt ausschließlich entsprechend den Rahmenverträgen mit dem Landesinnungsverband des bayerischen Augenoptiker-Handwerks und der Augenoptiker-Innung für Mittel- und Unterfranken über die Versorgung der Beschäftigten des Freistaates Bayern mit Bildschirmbrillen.

[8]Die Kosten für die augenärztliche Untersuchung und die erstattungsfähigen Kosten für die Bildschirmbrille werden den Beschäftigten aus Mitteln der Beschäftigungsdienststelle erstattet und sind jeweils bei Titel 546 49 zu verbuchen. [9]Bei den Landratsämtern zählen die Kosten zum Sachaufwand nach § 5 Nr. 2 der Verordnung zur Ausführung des Art. 53 Abs. 2 der Landkreisordnung für den Freistaat Bayern.

4. Inkrafttreten, Außerkrafttreten

(Inkrafttreten)

[1]Diese Bekanntmachung tritt am 1. Oktober 2024 in Kraft. [2]Mit Ablauf des 30. September 2024 tritt die Gemeinsame Bekanntmachung des Staatsministeriums der Finanzen und des Staatsministeriums für Arbeit und Sozialordnung, Familie und Frauen vom 26. Mai 2009 (FMBl. S. 266, StAnz. Nr. 28) außer Kraft.

Anlagen 1 bis 2

(hier nicht aufgenommen)

Bayerische Richtlinie für die Gewährung von Vorschüssen in besonderen Fällen (Bayerische Vorschussrichtlinie – BayVR)

Vom 13. Juli 2015 (FMBl. S. 138)

1. Geltungsbereich

1.1 Diese Richtlinie regelt die Gewährung unverzinslicher Vorschüsse an Beamtinnen und Beamte, Richterinnen und Richter sowie Arbeitnehmerinnen und Arbeitnehmer (Beschäftigte) des Freistaates Bayern, die Anspruch auf laufende Bezüge haben. Arbeitnehmerinnen und Arbeitnehmer müssen sich in einem ungekündigten Arbeitsverhältnis auf unbestimmte Zeit oder in einem auf mindestens drei Jahre befristeten ungekündigten Arbeitsverhältnis befinden und ihre Probezeit beendet haben.

1.2 Diese Richtlinie gilt nicht für

1.2.1 Empfänger von Versorgungsbezügen;

1.2.2 Beamte auf Widerruf, die nur vorübergehend mit der Wahrnehmung von Aufgaben nach § 3 Abs. 2 BeamtStG betraut werden;

1.2.3 Beamte auf Widerruf im Vorbereitungsdienst (Anwärter) sowie alle sonstigen in einem Ausbildungsverhältnis stehenden Personen, es sei denn, die Ausbildung der Beamten auf Widerruf im Vorbereitungsdienst erfolgt im Rahmen einer sog. Bedarfsausbildung.

2. Allgemeines

2.1 Vorschüsse dürfen nicht zu einer untragbaren Verschuldung führen. Die Tilgung des Vorschusses muss gesichert erscheinen.

2.2 Im Rahmen der zulässigen Höchstbeträge (Nr. 4) können Vorschüsse aus verschiedenen Anlässen nebeneinander bewilligt werden.

2.3 Sind aus demselben Anlass mehrere Beschäftigte berechtigt, so kann der Vorschuss nur einmal bewilligt werden.

2.4 Vorschüsse dürfen nicht bewilligt werden, soweit für denselben Zweck sonstige Leistungen zustehen.

2.5 Vorschüsse sollen nicht bewilligt werden, wenn der Antrag mehr als sechs Monate vor oder nach dem Ereignis gestellt wird, das die unabwendbaren Aufwendungen verursacht. Im Fall der Beschaffung oder Erstellung einer Wohnung (Nr. 3.2.2) gilt der Tag der Beziehbarkeit der Wohnung als das für die Antragstellung maßgebende Ereignis.

3. Bewilligungsvoraussetzungen

3.1 Vorschüsse können bewilligt werden, wenn die Beschäftigten durch besondere Anlässe zu unabwendbaren Aufwendungen genötigt sind, die sie aus eigenen Mitteln (Mittel des Beschäftigten und des mit ihm in häuslicher Gemeinschaft lebenden Ehegatten oder eingetragenen Lebenspartners sowie Leistungen, Zuwendungen und unverzinsliche Darlehen von dritter Seite) nicht bestreiten können.

3.2 Besondere Anlässe im Sinn der Nr. 3.1 sind:

3.2.1 Wohnungswechsel aus zwingendem Anlass.

3.2.2 Beschaffen oder Erstellen einer angemessenen Wohnung am Dienstort einschließlich seines Einzugsgebietes (Art. 4 Abs. 3 Sätze 1 und 2 BayUKG).

3.2.3 Beschaffen von Möbeln und Hausrat aus Anlass der Eheschließung oder der Begründung einer eingetragenen Lebenspartnerschaft, des erstmaligen Bezugs einer eigenen Wohnung (Art. 9 Abs. 3 BayUKG), sowie der Ehescheidung oder Aufhebung einer eingetragenen Lebenspartnerschaft.

3.2.4 Erstausstattung eines Säuglings oder Kleinkindes, für das der Beschäftigte Anspruch auf Kindergeld hat.

3.2.5 Ungedeckter Verlust von Möbeln, Hausrat und Bekleidung, z. B. durch Brand oder Wasserschaden.

VII

3.2.6 Zahnersatz, Krankheit oder Tod, soweit die notwendigen Aufwendungen nicht durch sonstige Leistungen oder im Todesfall durch einen Nachlass des Verstorbenen abgedeckt sind.

3.2.7 Schwere Erkrankung, Ableben und Bestattung von unterstützungsbedürftigen, beihilferechtlich nicht berücksichtigungsfähigen Familienangehörigen.

3.2.8 Verringerung der Arbeitszeit zur kurzfristigen Überbrückung einer plötzlichen Pflegebedürftigkeit von Angehörigen im Sinn des Art. 4 BayBG.

3.2.9 Beschaffen von Kraftfahrzeugen durch Schwerbehinderte mit einer nicht nur vorübergehenden Behinderung von mindestens 70 v. H. oder von mindestens 50 v. H. bei erheblicher Gehbehinderung, wenn sie ein eigenes Kraftfahrzeug für das Zurücklegen des Weges zwischen Wohnung und Arbeitsstätte benötigen und im Zeitraum von fünf Jahren vor der Antragstellung kein Vorschuss aus gleichem Anlass gewährt wurde.

3.3 Der Vorschuss muss in voller Höhe zweckentsprechend verwendet werden. Nicht zweckentsprechend verwendete Beträge sind unverzüglich zurückzuzahlen.

4. Vorschusshöhe

4.1 Der Vorschuss kann bis zur Höhe der unabwendbaren, nicht durch eigene Mittel abgedeckten Aufwendungen im Sinn der Nr. 3.1 gewährt werden. Er darf jedoch 5000 Euro, in den Fällen der Nrn. 3.2.8 und 3.2.9 7500 Euro, nicht übersteigen.

4.2 Werden mehrere Vorschüsse aus verschiedenen Anlässen nebeneinander beantragt oder wird vor der vollständigen Tilgung eines Vorschusses ein weiterer Vorschuss aus anderem Anlass beantragt, so darf der jeweilige Vorschuss im Rahmen der Höchstbeträge nach Nr. 4.1 nur insoweit gewährt werden, als dieser mit den noch offenen Vorschüssen den für einen der Anlässe nach Nr. 4.1 höchstmöglichen Vorschuss um nicht mehr als 2500 Euro übersteigt.

5. Tilgung

5.1 Der Vorschuss wird durch Einbehalt der von der Bewilligungsstelle festgesetzten monatlichen Tilgungsrate von den laufenden Bezügen des Beschäftigten getilgt. Die Tilgung beginnt mit dem übernächsten Zahltag der laufenden Bezüge, der auf die Auszahlung des Vorschusses folgt.

5.2 Der Vorschuss ist in längstens vierzig Monaten in jeweils gleichen monatlichen Raten zu tilgen. Die monatliche Tilgung soll mindestens 100 Euro betragen. Soweit der Vorschuss zu Leistungen verwendet wird, für die der Beschäftigte in der Folge Ersatz erhält (z. B. Versicherungsleistungen), ist dieser über die laufende Tilgung hinaus zur Abdeckung des Vorschusses zu verwenden. Werden mehrere Vorschüsse nebeneinander bewilligt oder wird vor der vollständigen Tilgung eines Vorschusses ein weiterer Vorschuss aus anderem Anlass bewilligt, so können die Vorschüsse zusammengelegt und die monatliche Tilgungsrate neu festgesetzt werden.

5.3 Der Vorschuss muss spätestens bis zum Ende des Beschäftigungsverhältnisses vollständig getilgt sein. Bei vorzeitigem Ende des Beschäftigungsverhältnisses ist der ungetilgte Vorschuss in einer Summe zurückzuzahlen. Endet das Beschäftigungsverhältnis vorzeitig aus Gründen, die der Beschäftigte nicht zu vertreten hat, kann auf Antrag die Rückzahlung des Vorschussrestes im Rahmen der bisherigen Tilgungsraten zugelassen werden.

5.4 Lassen besondere Umstände die laufende Tilgung des Vorschusses vorübergehend als Härte erscheinen, kann auf Antrag die monatliche Tilgungsrate für die Dauer bis zu zwölf Monaten bis auf die Hälfte ermäßigt oder die Tilgung für die Dauer bis zu sechs Monaten ausgesetzt werden. Bei Elternzeit nach dem Bundeselterngeld- und Elternzeitgesetz oder nach den §§ 12 ff. der Urlaubsverordnung kann die Tilgung des Vorschusses für die gesamte Dauer der Beurlaubung ermäßigt oder ausgesetzt werden. Dabei kann der Gesamttilgungszeitraum nach Nr. 5.2 Satz 1 entsprechend überschritten werden.

5.5 Bei einer Verminderung der laufenden Bezüge des Beschäftigten, bei einer längerfristigen Beurlaubung ohne Bezüge oder eines Übergangs in eine Teilzeitbeschäftigung kann auf Antrag die monatliche Tilgungsrate angemessen ermäßigt werden. Dabei soll nach Möglichkeit der Gesamttilgungszeitraum von vierzig Monaten nicht überschritten werden.

6. Bewilligung

6.1 Der Vorschuss wird auf Antrag bewilligt. Der Antrag muss schriftlich unter Verwendung des von den Bewilligungsstellen bereitgestellten amtlichen Vordrucks gestellt werden. Bewilligungsstelle ist, soweit die oberste Dienstbehörde nichts anderes bestimmt, die Stelle, der die Befugnis zur Festsetzung und Anordnung der laufenden Bezüge des Beschäftigten übertragen ist. Die Bewilligungsstelle regelt gleichzeitig mit der Bewilligung des Vorschusses das Tilgungsverfahren.

6.2 In besonderen Fällen kann das Staatsministerium Abweichungen von dieser Richtlinie zulassen.

7. Andere Dienstherren

Den Gemeinden, Gemeindeverbänden und sonstigen unter der Aufsicht des Staates stehenden Körperschaften, Anstalten und Stiftungen des öffentlichen Rechts wird empfohlen, beim Gewähren unverzinslicher Vorschüsse an ihre Beschäftigten diesen Richtlinien entsprechend zu verfahren. Art. 91 Abs. 2 BayBesG ist zu beachten.

8. Vollzugshinweise

Als Anlage dieser Bekanntmachung werden Allgemeine Vollzugshinweise angefügt.

9. Inkrafttreten, Außerkrafttreten

9.1 Diese Bekanntmachung tritt am 1. August 2015 in Kraft.

9.2 Mit Ablauf des 31. Juli 2015 tritt die Bekanntmachung des Bayerischen Staatsministeriums der Finanzen über die Neufassung der Bayerischen Richtlinien für die Gewährung von Vorschüssen in besonderen Fällen (Bayerische Vorschussrichtlinien – BayVR) und der Allgemeinen Vollzugshinweise zu den Bayerischen Vorschussrichtlinien (AVz-BayVR) vom 19. Oktober 1994 (FMBl S. 346, StAnz Nr. 43,) außer Kraft.

9.3 Vorschüsse, die nach den bis zum 31. Juli 2015 geltenden Bestimmungen bewilligt wurden, bleiben unberührt. Nachbewilligungen nach der ab 1. August 2015 geltenden Richtlinie sind ausgeschlossen.

Allgemeine Vollzugshinweise zur Bayerischen Vorschussrichtlinie (VollzBayVR)

Nachfolgend werden durch das Bayerische Staatsministerium der Finanzen, für Landesentwicklung und Heimat (im Folgenden: Staatsministerium) Allgemeine Vollzugshinweise zur Bayerischen Vorschussrichtlinie in der ab 1. August 2015 geltenden Fassung bekannt gegeben:

1. Zu Nr. 1 BayVR

Die unverzinslichen Vorschüsse nach der Bayerischen Vorschussrichtlinie sind Vorschüsse auf die den Beschäftigten zustehenden laufenden Bezüge; sie sind keine Vorschüsse im Sinn des Art. 60 BayHO. Die Gewährung unverzinslicher Vorschüsse ist eine freiwillige, besondere Fürsorgeleistung des Dienstherrn gegenüber seinen Beschäftigten, die zweckgebunden auf bestimmte Sonderbelastungen zugeschnitten ist. Sie kommt nur für längere Zeit an den Dienstherrn gebundene Beschäftigte in Betracht, bei denen besondere Anlässe und daraus resultierende unabwendbare Aufwendungen eines gewissen Umfanges ein über die Regelalimentation hinausgehendes helfendes Eingreifen des Dienstherrn erfordern. Die Bayerische Vorschussrichtlinie ist eine die Fürsorgepflicht des Dienstherrn konkretisierende eigenständige Regelung mit Ausnahmecharakter und einer extensiven Auslegung nicht zugänglich. An Beschäftigte darf in Ausnahme von Nr. 1.1 Satz 1 BayVR ein unverzinslicher Vorschuss auch in der Zeit gewährt werden, in der sie wegen der Mutterschutzfristen nach dem Mutterschutzgesetz keinen Anspruch auf laufende Bezüge haben.

2. Zu Nr. 2.3 BayVR

Aus demselben Anlass sind mehrere Beschäftigte berechtigt, wenn bei ihnen gleichzeitig derselbe Antragsgrund vorliegt. Ist dies der Fall (z. B. nach Nr. 3.2.3 BayVR beim Beschaffen von Möbeln und Hausrat aus Anlass der Eheschließung) und gehören die berechtigten Beschäftigten zu verschiedenen Behörden, so hat die Bewilligungsstelle die Bewilligung des Vorschusses unter Angabe des Grundes und der Höhe der Bewilligungsbehörde des anderen Berechtigten anzuzeigen. Auf Antrag kann ein Vorschuss auch auf mehrere vorschussberechtigte Antragsteller aufgeteilt werden.

3. Zu Nr. 2.4 BayVR

Die Gewährung von Vorschüssen nach der Bayerischen Vorschussrichtlinie hat subsidiären Charakter (z. B. gegenüber Erstattungen durch die Beihilfe oder durch Versicherungen). Das gilt nur dann, wenn der Anspruch auf sonstige Leistungen zweifelsfrei feststeht und auch realisierbar ist. Neben einer Umzugskostenvergütung nach dem Bayerischen Umzugskostengesetz darf kein Vorschuss nach Nr. 3.2.1 BayVR gewährt werden.

4. Zu Nr. 2.5 BayVR

Die unabwendbaren Aufwendungen, zu denen ein Vorschuss bewilligt werden kann, müssen in einem nahen zeitlichen Zusammenhang zu dem Anlass stehen. Ein derartiger Zusammenhang ist in der Regel zu verneinen, wenn die Aufwendungen mehr als sechs Monate vor oder nach dem jeweiligen maßgebenden Ereignis entstehen.

5. Zu Nr. 3.1 BayVR

Vorschüsse dürfen aufgrund ihrer Zweckbestimmung nur bewilligt werden, wenn

a) ein besonderer Anlass vorliegt, der unabwendbare Aufwendungen zwingend erfordert,

   und

b) die unabwendbaren Aufwendungen ganz oder teilweise nicht aus eigenen Mitteln bestritten werden können.

Diese Voraussetzungen müssen nebeneinander vorliegen. Soweit der Beschäftigte unabwendbare Aufwendungen, die an sich die Bewilligung eines Vorschusses rechtfertigen würden, aus eigenen Mitteln bestreiten kann, darf kein Vorschuss bewilligt werden. Eine

VII

Abweichung hiervon kann auch nicht nach Nr. 6.2 BayVR zugelassen werden, weil dies dem Sinn und Zweck der Bayerischen Vorschussrichtlinie widersprechen würde.

6. Zu Nr. 3.2 BayVR

Die abschließende Aufzählung der Anlässe im Sinn der Nr. 3.1 BayVR, die die Gewährung eines Vorschusses rechtfertigen, dient dem einheitlichen und gleichmäßigen Vollzug. Aus anderen als den genannten Anlässen darf ein Vorschuss mit Zustimmung des Staatsministeriums ausnahmsweise bewilligt werden (Nr. 6.2 BayVR), wenn die in Nr. 3.1 BayVR geforderten grundsätzlichen Voraussetzungen zweifelsfrei vorliegen und die unabwendbaren Aufwendungen nicht vorhersehbar waren, so dass sich der Beschäftigte darauf nicht oder nicht ausreichend einrichten konnte.

7. Zu Nr. 3.2.1 BayVR

7.1 Ein Wohnungswechsel aus zwingendem Anlass liegt insbesondere vor, wenn die bisherige Wohnung

a) durch den Vermieter gekündigt wird,

b) infolge Eheschließung, Begründung einer eingetragenen Lebenspartnerschaft, Geburt oder Annahme eines Kindes oder wegen sonstiger Änderung der persönlichen Verhältnisse nicht mehr ausreichend im Sinn der Bayerischen Wohnungsvergaberichtlinien ist,

c) aus ärztlich nachgewiesenen gesundheitlichen Gründen, infolge einer Ehescheidung, Aufhebung einer eingetragenen Lebenspartnerschaft oder wegen sonstiger zwingender Gründe aufgegeben werden muss; Nr. 9.3 gilt entsprechend.

7.2 Unabwendbare Aufwendungen im Sinn der Nr. 3.1 BayVR und damit vorschussfähig sind hier allein die Auslagen für das Befördern des Umzugsgutes nach Art. 6 BayUKG und die sonstigen Umzugsauslagen bis zur Höhe der Sätze der Pauschvergütung nach Art. 9 Abs. 1 und 2 BayUKG. Auslagen für das Beschaffen von Möbeln und Hausrat aus Anlass des Wohnungswechsels sind nicht vorschussfähig.

8. Zu Nr. 3.2.2 BayVR

8.1 Bei der Beurteilung der Angemessenheit einer Wohnung sind die Bayerischen Wohnungsvergaberichtlinien heranzuziehen.

8.2 Zu den unabwendbaren Aufwendungen für das Beschaffen oder Erstellen einer Wohnung gehören z. B.:

a) Beschaffungskosten: Wohnungsvermittlungsgebühren, Mietvorauszahlungen, Baukostenzuschüsse, Erwerb von Genossenschaftsanteilen, Ablösungsbeträge, Instandsetzungskosten;

b) Erstellungskosten: Kaufpreis oder Baukosten für den Kauf oder die Herstellung einer Eigentumswohnung, eines Eigenheims oder Einfamilienhauses (Planungskosten, Erschließungskosten, Kosten für die Hausanschlüsse an die Versorgungsleitungen, für Rohbau und Innenausbau sowie für die Außenanlagen).

Die Gewährung eines Vorschusses zu den genannten unabwendbaren Aufwendungen ist nur zulässig, wenn der Beschäftigte die Wohnung zum Zwecke der Eigennutzung beschafft oder erstellt.

8.3 Zu den Aufwendungen für den Erwerb von Grundstücken werden keine Vorschüsse gewährt.

8.4 Abweichend von Nr. 3.2.2 3.2.2 BayVR kann ein unverzinslicher Vorschuss auch dann gewährt werden, wenn sich die Wohnung außerhalb des Einzugsgebietes des Dienstortes befindet, sofern die tägliche Rückkehr zum Wohnort möglich und zumutbar im Sinn des § 3 Abs. 1 Satz 2 BayTGV ist. Die hierfür nach Nr. 6.2 BayVR erforderliche Zustimmung des Staatsministeriums wird hiermit allgemein erteilt.

9. Zu Nr. 3.2.3 BayVR

9.1 Die verschiedenen Anlässe dieser Regelung lassen unter Umständen eine mehrmalige Vorschussgewährung zum Beschaffen von Möbeln und Hausrat zu (z. B. aus Anlass der erstmaligen Begründung eines Hausstandes, der Eheschließung, der Ehescheidung).

9.2 Die in Nr. 3.2.2 BayVR bestimmte Begrenzung auf Wohnungen im Einzugsgebiet sowie die hierzu ergangene Ausnahmeregelung in Nr. 8.4 sind entsprechend anzuwenden.

9.3 Bei der Ehescheidung oder Aufhebung einer eingetragenen Lebenspartnerschaft kann ein unverzinslicher Vorschuss zum Beschaffen von Möbeln und Hausrat bereits ab dem Zeitpunkt des Getrenntlebens gewährt werden.

10. Zu Nrn. 3.2.6 und 3.2.7 BayVR

Notwendige Aufwendungen im Sinn dieser Bestimmungen sind alle Aufwendungen, die dem Beschäftigten aus Anlass und im unmittelbaren Zusammenhang mit der eigenen Erkrankung oder der Erkrankung oder des Todes des Ehegatten oder der eigenen Kinder, Stief- oder Pflegekinder zwangsläufig erwachsen sind. Ferner sind notwendig im Sinn dieser Bestimmungen alle Aufwendungen, die dem Beschäftigten für Zahnersatz bei dem oben bestimmten Personenkreis zwangsläufig entstehen.

11. Zu Nr. 3.2.8 BayVR

Zum Nachweis der Pflegebedürftigkeit des Angehörigen ist ein ärztliches Gutachten ausreichend.

12. Zu Nr. 3.3 BayVR

Die Bewilligungsstelle kann vom Beschäftigten verlangen, dass er die zweckentsprechende Verwendung des vollen Betrages des bewilligten Vorschusses nachweist. Ein Nachweis über die zweckentsprechende Verwendung des Vorschusses ist regelmäßig zu verlangen, wenn der Antrag auf Bewilligung des Vorschusses bereits vor dem Ereignis gestellt worden ist, das die unabwendbaren Aufwendungen verursacht. Der Nachweis gilt als erbracht, wenn der Beschäftigte den Eintritt des Ereignisses schriftlich anzeigt und die für die Vorschusshöhe vorausgesetzten unabwendbaren Aufwendungen belegt. Sind keine Belege vorhanden, so genügt die pflichtgemäße Versicherung des Beschäftigten. Wird nach entsprechender Aufforderung durch die Bewilligungsstelle die zweckentsprechende Verwendung des bewilligten Vorschusses nicht nachgewiesen, ist dieser unverzüglich zurückzuzahlen.

13. Zu Nr. 4 BayVR

13.1 Sind die vorschussfähigen Aufwendungen des Beschäftigten niedriger als 1000 Euro, so besteht nach der Zweckbestimmung der Bayerischen Vorschussrichtlinie grundsätzlich keine Notwendigkeit zur Gewährung eines Vorschusses. Vorschüsse von weniger als 1000 Euro sollen daher in der Regel nicht bewilligt werden.

13.2 Soweit nach den steuerrechtlichen Vorschriften die Zinsersparnisse aus unverzinslichen Arbeitgeberdarlehen als Sachbezüge zu versteuern sind, ist der Dienstherr (hier die Bezügestelle bzw. die zahlende Kasse) gehalten, die auf die Zinsersparnis entfallende Lohnsteuer bei jeder Lohnzahlung neben der sonst anfallenden Lohnsteuer vom Arbeitslohn des Beschäftigten einzubehalten und an das zuständige Finanzamt abzuführen. Des Weiteren sind die auf die Zinsersparnis ggf. entfallenden Beiträge zur Sozialversicherung zu entrichten.

14. Zu Nr. 5.2 BayVR

In besonderen Fällen, in denen die Festsetzung der monatlichen Mindesttilgungsrate von 100 Euro eine Härte bedeuten würde, kann die Tilgungsrate ausnahmsweise niedriger festgesetzt werden. Nr. 5.2 Satz 1 BayVR bleibt unberührt.

15. Zu Nr. 5.3 BayVR

Beantragt ein Beschäftigter vor Ablauf der Tilgungsfrist, ihn zu entlassen oder kündigt er oder werden andere Umstände bekannt, die sein Ausscheiden ohne laufende Versorgung vor Ablauf der Tilgungsfrist erwarten lassen, ist der ungetilgte Vorschuss in einer Summe zurückzuzahlen. Bei altersbedingtem Ausscheiden des Beschäftigten mit laufenden Versorgungs- oder Rentenbezügen gilt Nr. 5.3 Satz 3 BayVR. Diese Bestimmung ist ferner anzuwenden bei einer Beendigung des Beschäftigungsverhältnisses wegen Versetzung zu einem anderen Dienstherrn oder im Fall des Todes des Beschäftigten auf Antrag eines Hinterbliebenen (Ehegatte, eingetragener Lebenspartner, Verwandte bis zum zweiten Grad, Pflegekinder und Pflegeeltern, wenn diese Personen zur Zeit des Todes zur häuslichen Gemeinschaft des Verstorbenen gehört haben).

16. Zu Nr. 5.5 BayVR

Eine Beurlaubung ohne Bezüge entbindet nicht von den festgesetzten Tilgungsraten. Wird die finanzielle Leistungsfähigkeit des Beschäftigten erheblich eingeschränkt, kann auf Antrag die Tilgungsrate angemessen ermäßigt werden (Nr. 5.5 Satz 1 BayVR). Bei kurzzeitiger Beurlaubung ohne Bezüge kann an Stelle der Ermäßigung der Tilgungsrate nach Nr. 5.5 BayVR auch eine vorübergehende Ermäßigung oder Aussetzung der Tilgung nach Nr. 5.4 BayVR zugestanden werden.

17. Zu Nr. 6.1 BayVR

17.1 Für den Nachweis der besonderen Anlässe und der unabwendbaren Aufwendungen, die die Bewilligung eines Vorschusses rechtfertigen (Nr. 3.1 und 3.2 BayVR), genügen in der Regel die Angaben im Antrag, deren Richtigkeit unterschriftlich versichert wird. Die unabwendbaren Aufwendungen, zu denen ein Vorschuss beantragt wird, sind grundsätzlich einzeln darzustellen und zu erläutern. Der Bewilligungsstelle bleibt es vorbehalten, begründende Unterlagen anzufordern.

17.2 Der Antrag sowie ggf. angeforderte Unterlagen sind bei der Bewilligungsstelle einzureichen.

17.3 Die unverzinslichen Vorschüsse nach der Bayerischen Vorschussrichtlinie werden im Rahmen der Bezügeabrechnungsverfahren im täglichen Zahltag ausgezahlt.

18. Zu Nr. 6.2 BayVR

Das Staatsministerium kann Abweichungen von der Bayerischen Vorschussrichtlinie nur in besonderen Fällen zulassen. Das bedeutet, dass übliche Schwierigkeiten, die sich im Rahmen nicht ungewöhnlicher Umstände ergeben können, keine Ausnahmeentscheidungen rechtfertigen. Einem Ausnahmeantrag wird in der Regel entsprochen werden, wenn

a) ein außergewöhnlicher Umstand vorliegt,
b) dieser Umstand unabwendbare Aufwendungen zwingend erfordert,
c) die Aufwendungen nicht vorhersehbar waren, so dass sich der Beschäftigte nicht oder nicht ausreichend darauf einrichten konnte und
d) die Aufwendungen ganz oder teilweise nicht aus eigenen Mitteln (Nr. 3.1 BayVR) bestritten werden können.

Die genannten Voraussetzungen müssen nebeneinander vorliegen und im Antrag eingehend erläutert und begründet sein.

VIII Soziale Schutzvorschriften/ Familienförderung/Vermögensbildung

Gleichberechtigung

Familienförderung

Vermögensbildung

Bayerisches Gesetz zur Gleichstellung von Frauen und Männern (Bayerisches Gleichstellungsgesetz – BayGlG)

Vom 24. Mai 1996 (GVBl. S. 186)

Zuletzt geändert durch
Viertes Modernisierungsgesetz Bayern
vom 26. März 2026 (GVBl. S. 75)

Inhaltsübersicht

Teil 1
Allgemeine Vorschriften

Art. 1 Geltungsbereich

(1) $_{1}$Dieses Gesetz gilt, soweit gesetzlich nichts anderes bestimmt ist, für die Behörden, Gerichte und sonstigen öffentlichen Stellen des Freistaates Bayern, die Gemeinden, Gemeindeverbände und die sonstigen der Aufsicht des Freistaates Bayern unterstehenden juristischen Personen des öffentlichen Rechts. $_{2}$Es ist darauf hinzuwirken, daß Vereinigungen, Einrichtungen und Unternehmen, deren Anteile sich unmittelbar oder mittelbar ganz oder überwiegend in öffentlicher Hand befinden, die Ziele dieses Gesetzes berücksichtigen.

(2) Dieses Gesetz findet keine Anwendung auf die Religionsgemeinschaften sowie ihre erzieherischen und karitativen Einrichtungen ohne Rücksicht auf ihre Rechtsform.

(3) Die Vorschriften dieses Gesetzes sind nicht anzuwenden, wenn die Gleichstellung in besonderen Rechtsvorschriften geregelt ist.

Art. 2 Ziele des Gesetzes

(1) $_{1}$Die Verwirklichung der Gleichstellung von Frauen und Männern im öffentlichen Dienst in Bayern wird nach Maßgabe dieses Gesetzes unter Wahrung des Vorrangs von Eignung, Befähigung und fachlicher Leistung (Art. 94 Abs. 2 der Verfassung) gefördert. $_{2}$Ziel dieses Gesetzes ist die Chancengleichheit von Frauen und Männern. $_{3}$Ziel der Förderung ist insbesondere

1. die Erhöhung der Frauen- und Männeranteile in Bereichen, in denen sie jeweils geringer beschäftigt sind als der andere Anteil,
2. die Chancengleichheit von Frauen und Männern zu sichern,
3. auf eine bessere Vereinbarkeit von Familie und Erwerbstätigkeit für Frauen und Männer hinzuwirken.

$_{4}$Eine geringere Beschäftigung von Frauen oder Männern im Sinne dieses Gesetzes liegt vor, wenn der Frauen- oder Männeranteil innerhalb einer Dienststelle in einem Bereich erheblich unter 50 % liegt. $_{5}$Jede Entgelt- oder Besoldungsgruppe im Zusammenhang mit der Leistungs- oder Fachlaufbahn bildet einen Bereich.

(2) Weiteres Ziel ist es, auf die gleichberechtigte Teilhabe von Frauen und Männern in Gremien hinzuwirken.

(3) Ziel ist ferner, dass alle Beschäftigten, besonders in Vorgesetzten- und Leitungsfunktionen,

1. die tatsächliche Durchsetzung der Gleichberechtigung von Frauen und Männern fördern,
2. auf die Beseitigung bestehender Nachteile hinwirken,
3. die Chancengleichheit in allen Aufgabenbereichen als durchgängiges Leitprinzip berücksichtigen.

Art. 3 Begriffsbestimmungen

(1) $_{1}$Beschäftigte im Sinn dieses Gesetzes sind alle Bediensteten unabhängig davon, ob der Beschäftigung ein Beamten-, Richter-, Arbeits- oder Ausbildungsverhältnis zugrunde liegt, es sei denn, das Beschäftigungsverhältnis beruht auf einer Wahl. $_{2}$Bei den Angaben von Beschäftigtenzahlen in Art. 4 Abs. 1 Satz 2 und Art. 13 Abs. 1 Satz 2 werden die Beschäftigten pro Person gezählt. $_{3}$Art. 4 Abs. 2 bis 5 des Bayerischen Personalvertretungsgesetzes (BayPVG) gilt entsprechend.

(2) $_{1}$Dienststellen im Sinn dieses Gesetzes sind die Dienststellen im Sinn des Art. 6 Abs. 1 BayPVG; Art. 6 Abs. 2, 4, 5 Satz 1 und Abs. 6 BayPVG gilt entsprechend. $_{2}$Soweit Dienststellen für andere Dienststellen Befugnisse zur Vornahme von Einstellungen, Ernennungen, Beförderungen oder Übertragungen höher zu bewertender Tätigkeiten ausüben, haben sie insoweit die Aufgaben der ihr unterstellten Dienststellen nach diesem Gesetz wahrzunehmen; die Aufgaben der Ansprechpartnerinnen und Ansprechpartner bleiben hiervon unberührt.

(3) $_{1}$Gremien im Sinn dieses Gesetzes sind Vorstände, Beiräte, Kommissionen, Ausschüsse, Verwaltungs- und Aufsichtsräte sowie vergleichbare Organe. $_{2}$Dies gilt nicht für die Mitglieder der Staatsregierung, für den Landtag, für die Gerichtsbarkeit und für die

Mitgliedschaft in Gremien, soweit hierfür durch Rechtsnormen oder Vereinssatzungen ein Wahlverfahren vorgeschrieben ist.

(4) Berichtsjahr im Sinne des Art. 5 Abs. 1 ist das Jahr, in dem das Gleichstellungskonzept zu erstellen ist.

(5) Familienaufgaben im Sinne dieses Gesetzes liegen vor, wenn die Voraussetzungen des Art. 89 Abs. 1 Nr. 1 des Bayerischen Beamtengesetzes bei den jeweiligen Beschäftigten gegeben sind.

(6) 1Unternehmen mit Mehrheitsbeteiligung des Freistaates Bayern im Sinne des Art. 20 Abs. 2 sind Aktiengesellschaften, Gesellschaften mit beschränkter Haftung und Europäische Gesellschaften (Societas Europaea – SE), jeweils mit Sitz im Inland,

1. deren Anteile zur Mehrheit vom Freistaat Bayern gehalten werden,
2. die große Kapitalgesellschaften (§ 267 Abs. 3 des Handelsgesetzbuches) sind und deren Anteile zur Mehrheit von Gesellschaften gehalten werden, deren Anteile ihrerseits zur Mehrheit vom Freistaat Bayern gehalten werden, oder
3. die in der Regel mehr als 500 Arbeitnehmerinnen und Arbeitnehmer haben und deren Anteile zur Mehrheit von Gesellschaften gehalten werden, deren Anteile ihrerseits zur Mehrheit
   a) vom Freistaat Bayern gehalten werden oder
   b) von Gesellschaften gehalten werden, bei denen sich die Inhaberschaften an den Anteilen in dieser Weise bis zu Gesellschaften fortsetzen, deren Anteile zur Mehrheit vom Freistaat Bayern gehalten werden.

2Anteile, die über ein Sondervermögen des Freistaates Bayern gehalten werden, bleiben außer Betracht. 3Dem Freistaat Bayern stehen öffentlich-rechtliche Anstalten des Freistaates Bayern, die unternehmerisch tätig sind, gleich.

Teil 2
Gleichstellungsförderung

Abschnitt I
Gleichstellungskonzept

Art. 4 Aufstellung von Gleichstellungskonzepten

(1) 1Die Dienststellen erstellen alle fünf Jahre nach Maßgabe ihrer dienst- oder arbeitsrechtlichen Zuständigkeit unter frühzeitiger Mitwirkung der Gleichstellungsbeauftragten, soweit solche nicht bestellt sind, der Ansprechpartnerinnen und Ansprechpartner, ein Gleichstellungskonzept. 2Die Dienststelle kann von der Erstellung von Gleichstellungskonzepten absehen, soweit nur geringfügige Befugnisse zur Vornahme von Einstellungen, Ernennungen, Beförderungen oder Übertragungen höher zu bewertender Tätigkeiten bestehen oder weniger als regelmäßig 100 Beschäftigte betroffen sind; dies gilt nicht für oberste Landesbehörden. 3Dienststellen, die nach Art. 3 Abs. 2 Satz 2 die Aufgaben anderer Dienststellen wahrnehmen, erstellen für den gesamten Bereich, für den sie zuständig sind, ein Gleichstellungskonzept. 4Dienststellen, in denen nach Satz 2 kein Gleichstellungskonzept erstellt werden muss, können im Konzept der übergeordneten Behörde berücksichtigt werden, auch wenn die Voraussetzungen des Art. 3 Abs. 2 Satz 2 nicht vorliegen. 5Ändern sich wesentliche Voraussetzungen des Gleichstellungskonzepts, so ist dieses an die Entwicklung anzupassen.

(2) 1Die Dienststellen erstellen nach der halben Laufzeit der Gleichstellungskonzepte eine tabellarische Datenübersicht über die Anteile von Frauen und Männern in der Dienststelle. 2Die Inhalte richten sich nach den von der beim Staatsministerium für Familie, Arbeit und Soziales (Staatsministerium) bestehenden Leitstelle für die Gleichstellung von Frauen und Männern zur Verfügung gestellten Mustervorlagen. 3Abs. 1 Satz 2 bis 4 gilt entsprechend.

(3) Kreisangehörige Gemeinden können im Rahmen ihrer Leistungsfähigkeit ein Gleichstellungskonzept erstellen.

(4) Daten, die Rückschlüsse auf Einzelpersonen zulassen, insbesondere solche, die auf einer Datenbasis von weniger als fünf Personen beruhen, dürfen in den Gleichstellungskonzepten nach Abs. 1 sowie den tabellarischen Datenübersichten nach Abs. 2 nicht angegeben werden.

Art. 5 Inhalt des Gleichstellungskonzepts

(1) 1Grundlage des Gleichstellungskonzepts ist eine Beschreibung der Situation der weiblichen Beschäftigten im Vergleich zu den männlichen Beschäftigten. 2Hierfür sind jeweils zum Stichtag 30. Juni des Berichtsjahres die bisherigen Gleichstellungsmaßnahmen und gleichstellungsrelevante Daten auszuwerten.

(2) Die vorhandenen Unterschiede im Vergleich der Anteile von Frauen und Männern sind ausgehend von den von der beim Staatsministerium bestehenden Leitstelle für die Gleichstellung von Frauen und Männern zur Verfügung gestellten Mustervorlagen darzustellen und zu erläutern.

(3) 1Zur Erhöhung der jeweils erheblich unterrepräsentierten Frauen- oder Männeranteile in Vorgesetzten- und Leitungsfunktionen in den einzelnen Bereichen sind Zielvorgaben festzulegen, die während der Laufzeit des Gleichstellungskonzeptes erreicht werden sollen. 2Maßnahmen zur Erreichung dieser Zielvorgaben sowie zur Durchsetzung personeller und organisatorischer Verbesserungen anhand von zeitbezogenen und messbaren Zielvorgaben sind zu entwickeln und darzustellen.

(4) Darüber hinaus sind Initiativen zur Sicherung der Chancengleichheit von Frauen und Männern und der Vereinbarkeit von Familie und Erwerbstätigkeit, insbesondere strukturelle Maßnahmen zu entwickeln und darzustellen.

(5) Die kostenmäßigen Auswirkungen sind darzustellen.

(6) Die Gemeinden und Gemeindeverbände können, unbeschadet von Art. 4 Abs. 2, durch Satzung den Inhalt des Gleichstellungskonzepts zur Erreichung der Ziele des Gesetzes nach Art. 2 abweichend von den Abs. 1 bis 5 regeln.

Art. 6 Bekanntgabe des Gleichstellungskonzepts und Begründungspflichten

(1) Das Gleichstellungskonzept sowie die tabellarische Datenübersicht sind in den betroffenen Dienststellen in geeigneter Form bekanntzugeben.

(2) Wenn das Gleichstellungskonzept nicht umgesetzt worden ist oder die Zielvorgaben nach Art. 5 Abs. 3 nicht erreicht wurden, sind die Gründe hierfür bei der Aufstellung des nächsten Gleichstellungskonzepts darzulegen, entsprechend Abs. 1 bekanntzugeben und mit den Gleichstellungsbeauftragten zu erörtern.

(3) Das erstellte Gleichstellungskonzept und die tabellarische Datenübersicht sind von der Dienststelle der beim Staatsministerium bestehenden Leitstelle für die Gleichstellung von Frauen und Männern unverzüglich zur Kenntnis zu geben.

Abschnitt II
Sonstige Maßnahmen zur Förderung der Gleichstellung

Art. 7 Stellenausschreibung

(1) 1Ein Arbeitsplatz darf nicht nur für Frauen oder nur für Männer ausgeschrieben werden, es sei denn, ein bestimmtes Geschlecht ist unverzichtbare Voraussetzung für die ausgeschriebene Tätigkeit. 2Bei der Stellenausschreibung soll jeweils die männliche und die weibliche Form der ausgeschriebenen Berufsbezeichnung verwendet werden.

(2) Bei der Ausschreibung von Stellen, auch bei Vorgesetzten- und Leitungsfunktionen, ist auf eine Teilzeitbeschäftigungsmöglichkeit hinzuweisen.

(3) In Stellenausschreibungen soll jeweils das Geschlecht, das in erheblich geringerer Zahl beschäftigt ist, besonders aufgefordert werden, sich zu bewerben.

Art. 8 Einstellung und beruflicher Aufstieg

(1) Unter Wahrung des Vorrangs von Eignung, Befähigung und fachlicher Leistung,

der dienst- oder tarifrechtlichen Vorschriften und sonstiger rechtlicher Vorgaben hat die Dienststelle nach Maßgabe der dem Gleichstellungskonzept entsprechenden Personalplanung den geringer beschäftigten Anteil von Frauen oder Männern in den Bereichen, in denen sie in erheblich geringerer Zahl beschäftigt sind,

1. bei der Besetzung von Beamten-, Richter- und Arbeitnehmerstellen, auch mit Vorgesetzten- und Leitungsfunktionen sowie von Stellen für die Berufsausbildung,
2. bei der Beförderung und Übertragung höher zu bewertender Tätigkeiten, auch mit Vorgesetzten- und Leitungsfunktionen

zu erhöhen.

(2) Bei der Besetzung von Beamten-, Richter- und Arbeitnehmerstellen, von Stellen für die Berufsausbildung sowie bei der Beförderung und Übertragung höher zu bewertender Tätigkeiten auch mit Vorgesetzten- und Leitungsfunktionen sind dienstlich feststellbare soziale Erfahrungen und Fähigkeiten aus der Betreuung von Kindern oder Pflegebedürftigen und aus ehrenamtlicher Tätigkeit mit zu berücksichtigen.

Art. 9 Fortbildung

(1) Frauen und Männer sind bei der Auswahl der Teilnehmenden an Fortbildungsveranstaltungen im Regelfall entsprechend ihrem Anteil an der jeweiligen Zielgruppe der Fortbildung zu berücksichtigen.

(2) Auch Beschäftigten mit Familienaufgaben und Teilzeitbeschäftigten ist die Teilnahme an Fortbildungsveranstaltungen in geeigneter Weise zu ermöglichen.

(3) Fortbildungskurse, die den Beschäftigten den beruflichen Aufstieg, insbesondere auch aus den unteren Einkommensgruppen, erleichtern, sind in ausreichendem Umfang anzubieten; Abs. 1 gilt entsprechend.

(4) Im Rahmen der Fortbildungsangebote sind, insbesondere für Beschäftigte im Organisations- und Personalwesen sowie in Vorgesetzten- und Leitungsfunktionen, folgende Themen vorzusehen:

1. Chancengleichheit,
2. geschlechtersensible Sichtweise,
3. Gleichstellung und
4. Verhinderung der Benachteiligung aufgrund des Geschlechts am Arbeitsplatz.

Art. 10 Teilzeitarbeit, flexible Arbeitszeiten und mobiles Arbeiten

(1) 1Unter Berücksichtigung der Funktionsfähigkeit der Verwaltung und der personalwirtschaftlichen und organisatorischen Möglichkeiten ist ein ausreichendes Angebot an Teilzeitarbeitsplätzen zu schaffen. 2Dies gilt auch für Stellen mit Vorgesetzten- oder Leitungsaufgaben. 3Die Wahrnehmung von Vorgesetzten- und Leitungsaufgaben ist grundsätzlich auch bei Reduzierung der Arbeitszeit aufgrund von Familienaufgaben möglich. 4Es ist darauf hinzuwirken, dass sich daraus für die Teilzeitbeschäftigten und die übrigen Beschäftigten keine Mehrbelastungen ergeben. 5Die Sätze 1 und 4 gelten entsprechend für mobiles Arbeiten.

(2) Streben Beschäftigte, die aus familiären Gründen teilzeitbeschäftigt sind, wieder eine Vollzeitbeschäftigung an, sollen sie bei der Neubesetzung eines gleichwertigen Arbeitsplatzes, unter Wahrung des Vorrangs von Eignung, Befähigung und fachlicher Leistung sowie der personalwirtschaftlichen Möglichkeiten vorrangig berücksichtigt werden.

(3) Soweit dienstliche Belange nicht entgegenstehen, soll im Rahmen der gesetzlichen, tarifvertraglichen und sonstigen Regelungen der Arbeitszeit im Einzelfall Beschäftigten mit Familienaufgaben bei Notwendigkeit über die gleitende Arbeitszeit hinaus eine flexible Gestaltung der Arbeitszeit ermöglicht werden.

Art. 11 Beurlaubung

(1) 1Beschäftigten, die aus familiären Gründen beurlaubt sind, soll durch organisatorische Maßnahmen, insbesondere durch das Angebot von Fort- und Weiterbildungsmaßnahmen, die Möglichkeit eingeräumt werden, die Verbindung zum Beruf aufrechtzuerhalten. 2Sie sind über das Angebot an Fort- und Weiterbildungsveranstaltungen zu informieren. 3Ihnen soll die Teilnahme ermöglicht werden.

(2) Notwendige Auslagen für die Teilnahme werden in entsprechender Anwendung des Reisekostengesetzes erstattet, wenn die jeweilige Bildungsmaßnahme in Abstimmung mit der Dienststelle erfolgt und sie unmittelbar auf die Wiederaufnahme der beruflichen Tätigkeit vorbereitet.

(3) In geeigneten Fällen sind Urlaubs- und Krankheitsvertretungen sowie sonstige zulässig befristete Beschäftigungsmöglichkeiten im Einvernehmen mit der Dienststelle auf Antrag vorrangig Beschäftigten anzubieten, die aus familiären Gründen beurlaubt sind, soweit nicht der Zweck der Beurlaubung oder dienstliche Belange entgegenstehen.

(4) Streben Beschäftigte, die aus familiären Gründen beurlaubt sind, vorzeitig wieder eine Vollzeit- oder Teilzeitbeschäftigung an, sollen sie bei der Neubesetzung eines gleichwertigen Arbeitsplatzes unter Wahrung der Eignung, Befähigung und fachlichen Leistung vorrangig berücksichtigt werden.

(5) Mit den Beurlaubten sollen Beratungsgespräche geführt werden, in denen sie über Einsatzmöglichkeiten während und nach der Beurlaubung informiert werden.

Art. 12 Benachteiligungsverbot bei Teilzeitbeschäftigung und Beurlaubung

(1) $_1$Teilzeitbeschäftigung darf das berufliche Fortkommen nicht beeinträchtigen; eine unterschiedliche Behandlung von Teilzeitbeschäftigten gegenüber Vollzeitbeschäftigten ist nur zulässig, wenn sachliche Gründe sie rechtfertigen. $_2$Teilzeitbeschäftigung darf sich nicht nachteilig auf die dienstliche Beurteilung und Beförderung auswirken. $_3$Entsprechendes gilt für Beschäftigte, die flexible Arbeitszeitmodelle oder mobiles Arbeiten in Anspruch nehmen.

(2) Entsprechendes gilt für die Beurlaubung von Beschäftigten mit Familienaufgaben; eine regelmäßige Gleichbehandlung von Zeiten der Beurlaubung mit der Teilzeitbeschäftigung ist damit nicht verbunden.

Teil 3
Gleichstellungsbeauftragte – Ansprechpartnerinnen und Ansprechpartner

Art. 13 Bestellung

(1) $_1$Bei den obersten Landesbehörden und bei Dienststellen, die über die Befugnis verfügen, Einstellungen, Beförderungen oder Übertragungen höher zu bewertender Tätigkeiten vorzunehmen, werden Gleichstellungsbeauftragte und eine Stellvertretung mit deren Einverständnis nach vorheriger interner Ausschreibung bestellt. $_2$Die Dienststelle kann von der Bestellung von Gleichstellungsbeauftragten und Stellvertretungen absehen, soweit nur geringfügige Befugnisse zur Vornahme von Einstellungen, Ernennungen, Beförderungen oder Übertragungen höher zu bewertender Tätigkeiten bestehen oder weniger als regelmäßig 100 Beschäftigte betroffen sind. $_3$Der Aufsicht des Freistaates Bayern unterstehende juristische Personen des öffentlichen Rechts können Gleichstellungsbeauftragte bestellen; Art. 19 bleibt unberührt.

(2) $_1$Die Dienststelle hat den Beschäftigten die Gleichstellungsbeauftragten nach Bestellung in geeigneter Weise bekanntzumachen und die Gleichstellungsbeauftragten im Geschäftsverteilungsplan auszuweisen. $_2$Die Dienststellenleitung teilt nach Bestellung der beim Staatsministerium bestehenden Leitstelle für die Gleichstellung von Frauen und Männern unverzüglich die Namen der Gleichstellungsbeauftragten mit.

(3) $_1$Soweit auf Grund des Abs. 1 Satz 1 und 2 Gleichstellungsbeauftragte nicht zu bestellen sind oder von einer Bestellung abgesehen wird, werden in den Dienststellen Ansprechpartnerinnen und Ansprechpartner für die Beschäftigten und die zuständigen Gleichstellungsbeauftragten bestellt. $_2$Diese nehmen für ihre Dienststelle die Aufgaben nach Art. 14 Abs. 2 Satz 2, Art. 15 Abs. 2 und 3 und Art. 17 Abs. 1 wahr. $_3$Abs. 2 Satz 1 gilt entsprechend. $_4$Die übrigen Aufgaben der Gleichstellungsbeauftragten nehmen in diesem Fall die Gleichstellungsbeauftragten der jeweils zuständigen Dienststelle wahr.

(4) 1Die Bestellung der Gleichstellungsbeauftragten erfolgt für die Dauer von fünf Jahren mit der Möglichkeit der Verlängerung. 2Bei einer Verlängerung ist eine erneute Ausschreibung nicht erforderlich. 3Unverzüglich nach Ende der Bestellung, spätestens jedoch nach drei Monaten, werden neue Gleichstellungsbeauftragte bestellt. 4Die Bestellung kann in beiderseitigem Einverständnis vorzeitig aufgehoben, im übrigen nur aus wichtigem Grund widerrufen werden. 5In diesen Fällen erfolgt bis zum Ende der laufenden Periode eine unverzügliche Neubestellung; beginnt die Amtszeit innerhalb des letzten Jahres der laufenden Periode, endet sie mit Ablauf der darauf folgenden Periode.

Art. 14 Rechtsstellung

(1) 1Die Gleichstellungsbeauftragten sind grundsätzlich der Dienststellenleitung oder deren ständiger Vertretung unmittelbar zu unterstellen. 2Bei obersten Landesbehörden und bei Mittelbehörden ist auch die Zuordnung zur Leitung der Verwaltungs- oder Personalabteilung und bei Hochschulen die Zuordnung für die wissenschafts- und kunststützenden Mitarbeiterinnen und Mitarbeiter zur Leitung der Hochschulverwaltung oder zur Leitung der Personalabteilung möglich.

(2) 1Die Gleichstellungsbeauftragten, die Personalvertretungen und die Dienststellen arbeiten vertrauensvoll zusammen. 2Die Gleichstellungsbeauftragten nehmen an den regelmäßig stattfindenden Besprechungen zwischen Dienststelle und Personalvertretung teil.

(3) 1Die Gleichstellungsbeauftragten sind in der Erfüllung ihrer Aufgaben weisungsfrei. 2Eine dienstliche Beurteilung der Tätigkeit erfolgt nur auf Antrag der Gleichstellungsbeauftragten.

(4) Die Gleichstellungsbeauftragten können sich ohne Einhaltung des Dienstwegs an andere Gleichstellungsbeauftragte und an die Frauenbeauftragte der Staatsregierung wenden, sich mit ihnen beraten und Informationen austauschen, soweit nicht ohne Einwilligung der Betroffenen personenbezogene Daten übermittelt werden.

(5) 1Die Gleichstellungsbeauftragten dürfen nicht behindert, benachteiligt oder begünstigt werden; dies gilt auch für die berufliche Entwicklung. 2Sie besitzen die gleiche persönliche Rechtsstellung, insbesondere den gleichen Kündigungs-, Versetzungs- und Abordnungsschutz, wie ein Mitglied des Personalrats, ungeachtet der unterschiedlichen Aufgabenstellung.

(6) 1Die Gleichstellungsbeauftragten sind von ihrer sonstigen dienstlichen Tätigkeit freizustellen, wenn und soweit es nach Art und Umfang der Dienststelle zur ordnungsgemäßen Wahrnehmung ihrer Aufgaben notwendig ist. 2Hierzu gehört auch die Teilnahme an Fortbildungsveranstaltungen, soweit diese Kenntnisse vermitteln, die für ihre Tätigkeit erforderlich sind; dabei sind die dienstlichen Interessen angemessen zu berücksichtigen. 3Eine Änderung in der Höhe der Dienstbezüge oder des Arbeitsentgelts ist mit den Freistellungen nach den Sätzen 1 und 2 nicht verbunden.

(7) Die Gleichstellungsbeauftragten sind mit den zur Erfüllung ihrer Aufgaben notwendigen und angemessenen personellen und sachlichen Mitteln auszustatten.

Art. 15 Aufgaben

(1) 1Die Gleichstellungsbeauftragten fördern und überwachen den Vollzug dieses Gesetzes und des Gleichstellungskonzepts und unterstützen dessen Umsetzung. 2Die Gleichstellungsbeauftragten fördern zusätzlich mit eigenen Initiativen die Durchführung dieses Gesetzes und die Verbesserung der Situation von Frauen sowie die Vereinbarkeit von Familie und Erwerbstätigkeit für Frauen und Männer.

(2) Die Gleichstellungsbeauftragten wirken im Rahmen ihrer Zuständigkeit an allen Angelegenheiten des Geschäftsbereichs mit, die grundsätzliche Bedeutung für die Gleichstellung von Frauen und Männern, die Vereinbarkeit von Familie und Erwerbstätigkeit und die Sicherung der Chancengleichheit haben können.

(3) 1Zu den Aufgaben der Gleichstellungsbeauftragten gehört auch die Beratung zu Gleichstellungsfragen und Unterstützung der Beschäftigten in Einzelfällen. 2Die Beschäftigten können sich unmittelbar an die Gleichstellungsbeauftragten wenden.

Art. 16 Aufgaben der Stellvertretung

(1) $_{1}$Die Stellvertretung wird grundsätzlich im Vertretungsfall tätig. $_{2}$Die Stellvertretung hat dieselben Aufgaben, Rechte und Pflichten aus den Art. 14, 15 und 17 wie die Gleichstellungsbeauftragten.

(2) $_{1}$Abweichend von Abs. 1 können die Gleichstellungsbeauftragten ihrer Stellvertretung mit deren Einverständnis und dem Einverständnis der Dienststellenleitung Aufgaben zur eigenständigen Erledigung übertragen. $_{2}$Eine Übertragung der Mehrheit der Aufgaben darf nicht erfolgen. $_{3}$Eine Aufhebung der Übertragung nach Satz 1 können die Gleichstellungsbeauftragten jederzeit ohne Zustimmung der Stellvertretung vornehmen. $_{4}$Die Aufhebung der Aufgabenübertragung ist gegenüber der Dienststellenleitung anzuzeigen.

(3) Im Falle des Abs. 2 Satz 1 wird die Stellvertretung anstelle der Gleichstellungsbeauftragten entsprechend der Aufgabenübertragung gemäß Art. 14 Abs. 6 Satz 1 freigestellt.

Art. 17 Rechte und Pflichten

(1) Die Gleichstellungsbeauftragten haben ein unmittelbares Vortragsrecht bei der Dienststellenleitung und werden von dieser bei der Durchführung ihrer Aufgaben unterstützt.

(2) $_{1}$Die Gleichstellungsbeauftragten sind zur Durchführung ihrer Aufgaben rechtzeitig und umfassend zu unterrichten, bei Personalangelegenheiten spätestens gleichzeitig mit der Einleitung eines personalvertretungsrechtlichen Beteiligungsverfahrens. $_{2}$Die hierfür erforderlichen Unterlagen sind frühzeitig vorzulegen und die erbetenen Auskünfte zu erteilen.

(3) $_{1}$Die Gleichstellungsbeauftragten sind frühzeitig an wichtigen gleichstellungsrelevanten Vorhaben zu beteiligen. $_{2}$Eine Beteiligung in Personalangelegenheiten findet auf Antrag der Betroffenen statt; die Gleichstellungsbeauftragten sind auf Antrag ferner zu beteiligen, wenn sie hinreichende Anhaltspunkte dafür vortragen, daß die Ziele dieses Gesetzes nicht beachtet werden. $_{3}$Eine Beteiligung an Vorstellungsgesprächen findet nur auf Antrag der Betroffenen statt. $_{4}$Auf das Antragsrecht aus Satz 3 ist spätestens im Rahmen der Einladung zum Vorstellungsgespräch hinzuweisen. $_{5}$Die Personalakten dürfen nur mit Zustimmung der Betroffenen eingesehen werden.

(4) $_{1}$Die Gleichstellungsbeauftragten, ihre Vertretungen sowie die ihnen zur Aufgabenerfüllung zugewiesenen Beschäftigten sind hinsichtlich personenbezogener Daten und anderer vertraulicher Angelegenheiten auch über die Zeit ihrer Bestellung hinaus zum Stillschweigen verpflichtet, soweit die betroffenen Beschäftigten sie von dieser Pflicht nicht entbunden haben. $_{2}$Satz 1 gilt für die Ansprechpartnerinnen und Ansprechpartner im Sinn des Art. 13 Abs. 3 entsprechend.

(5) Die Rechte und Pflichten des Personalrats bleiben unberührt.

(6) Die Gleichstellungsbeauftragten können Informationsveranstaltungen sowie sonstige Aufklärungsarbeit im Einvernehmen mit der Dienststelle durchführen.

(7) Die Gleichstellungsbeauftragten dürfen sich in Ausübung ihres Amtes nicht parteipolitisch betätigen.

Art. 18 Beanstandungsrecht

(1) $_{1}$Bei Verstößen gegen dieses Gesetz, das Gleichstellungskonzept und andere Vorschriften über die Gleichbehandlung von Frauen und Männern haben die Gleichstellungsbeauftragten das Recht, diese Verstöße zu beanstanden. $_{2}$Für die Beanstandung ist eine Frist von zehn Arbeitstagen nach Unterrichtung der Gleichstellungsbeauftragten oder nach Kenntniserlangung der Gleichstellungsbeauftragten von den in Satz 1 genannten Verstößen einzuhalten. $_{3}$Die Beanstandung ist bei der Dienststellenleitung in Textform einzulegen.

(2) $_{1}$Über die Beanstandung entscheidet die Dienststellenleitung oder die für sie handelnde Stelle innerhalb einer Frist von einem Monat. $_{2}$Sie soll die beanstandete Maßnahme und ihre Durchführung so lange aufschieben. $_{3}$Hält sie die Beanstandung für begründet, sind die Maßnahme und ihre Folgen soweit möglich zu berichtigen sowie die Ergebnisse der Beanstandung für Wiederholungsfälle zu berücksichtigen. $_{4}$Hält sie die Beanstandung nicht für begründet, so ist die Ablehnung der Beanstandung in Textform zu begründen.

(3) $_{1}$Bei einer Ablehnung der Beanstandung durch die Dienststellenleitung können die Gleichstellungsbeauftragten die beim Staatsministerium bestehende Leitstelle für die Gleichstellung von Frauen und Männern zur Mediation hinzuziehen. $_{2}$Die Mediation ist für beide Seiten freiwillig. $_{3}$Die Dienststellenleitung kann für die Mediation eine weitere neutrale Person hinzuziehen. $_{4}$Die Leitstelle für die Gleichstellung von Frauen und Männern hilft den Beteiligten im Rahmen der Mediation innerhalb eines Monats nach der Hinzuziehung eine Einigung zu erarbeiten. $_{5}$Einigen sich die Gleichstellungsbeauftragten und Dienststellenleitung, soll diese Einigung für beide Beteiligten verbindlich sein. $_{6}$Die Einigung ist in Textform festzuhalten.

Art. 19 Kommunale Gleichstellungsbeauftragte

(1) $_{1}$Die Bezirke, die Landkreise und kreisfreien Gemeinden bestellen, in der Regel nach vorheriger Ausschreibung, hauptamtliche oder teilhauptamtliche Gleichstellungsbeauftragte und eine Stellvertretung mit deren Einverständnis. $_{2}$Die Gleichstellungsbeauftragten wirken im Rahmen der Zuständigkeit und finanziellen Leistungsfähigkeit des Bezirks, des Landkreises und der Gemeinde auf die Gleichstellung von Frauen und Männern in Familie, Beruf und Gesellschaft hin. $_{3}$Die Einzelheiten der Bestellung richten sich nach Art. 13 Abs. 2 und 4, die Aufgaben, Rechte und Pflichten der Gleichstellungsbeauftragten nach den Art. 14 bis 18, soweit nicht durch Satzung etwas anderes bestimmt wird. $_{4}$Die Satzung kann eine Beteiligung bei Vorstellungsgesprächen auch ohne Antrag der Betroffenen vorsehen.

(2) Kreisangehörige Gemeinden können Gleichstellungsbeauftragte mit deren Einverständnis bestellen; Abs. 1 gilt entsprechend.

(3) Die Staatsregierung unterstützt die kommunalen Gleichstellungsbeauftragten durch Einrichtung einer Vernetzungsstelle bei der beim Staatsministerium bestehenden Leitstelle für die Gleichstellung von Frauen und Männern.

Teil 4
Gremien

Art. 20 Vertretung von Frauen und Männern in Gremien

(1) Alle an Besetzungsverfahren von Gremien Beteiligten, auch wenn es sich dabei um gesellschaftliche Institutionen, Organisationen, Verbände und Gruppen handelt, die nicht Träger öffentlicher Verwaltung sind, haben nach Maßgabe dieses Gesetzes auf eine gleichberechtigte Teilhabe von Frauen und Männern in Gremien hinzuwirken.

(2) $_{1}$Für Unternehmen mit Mehrheitsbeteiligung des Freistaates Bayern gelten § 393a Abs. 2 des Aktiengesetzes, § 77a Abs. 2 und 3 des Gesetzes betreffend die Gesellschaften mit beschränkter Haftung sowie § 52a Abs. 2 des SE-Ausführungsgesetzes entsprechend. $_{2}$Für Unternehmen mit Mehrheitsbeteiligung des Freistaates Bayern, die der Mitbestimmung unterliegen, gelten die gesetzlichen Regelungen und Wahlordnungen zur Mitbestimmung in Unternehmen mit Mehrheitsbeteiligung des Bundes entsprechend.

Teil 5
Schlußvorschriften

Art. 21 Übergangsvorschriften

(1) Gleichstellungskonzepte nach den Vorschriften der Art. 4 und 5 sind erstmals zum Stichtag 30. Juni 2026 zu erstellen.

(2) $_{1}$Die Gleichstellungskonzepte sind der beim Staatsministerium bestehenden Leitstelle für die Gleichstellung von Frauen und Männern nach Art. 6 Abs. 3 erstmals bis zum 31. Dezember 2026 zur Kenntnis zu geben. $_{2}$Die tabellarischen Datenübersichten sind erstmals zum Stichtag 31. Dezember 2028 zu erstellen und der beim Staatsministerium bestehenden Leitstelle für die Gleichstellung von Frauen und Männern erstmals bis zum 30. Juni 2029 zur Kenntnis zu geben.

(3) $_{1}$Das Beteiligungsgebot für den Vorstand oder für Geschäftsführer nach Art. 20 Abs. 2 ist erstmals ab dem 1. September 2028 bei der Bestellung einzelner oder mehrerer Vor-

standsmitglieder oder Geschäftsführer einzuhalten. 2Der jeweilige Mindestanteil von Frauen und Männern im Aufsichtsrat nach Art. 20 Abs. 2 ist erstmals bei erforderlich werdenden Besetzungen einzelner oder mehrerer Sitze ab dem 1. September 2028 zu beachten. 3Reicht die Anzahl der zu besetzenden Sitze nicht aus, um den Mindestanteil zu erreichen, sind diese Sitze mit Personen des unterrepräsentierten Geschlechts zu besetzen, um dessen Anteil sukzessive zu steigern. 4Bestehende Mandate können in den Fällen der Sätze 1 bis 3 bis zu ihrem vorgesehenen Ende wahrgenommen werden.

Art. 22 Inkrafttreten

Dieses Gesetz tritt am 1. Juli 1996 in Kraft.

Bayerisches Behindertengleichstellungsgesetz (BayBGG)

Vom 9. Juli 2003 (GVBl. S. 419, 2008 S. 479)

Zuletzt geändert durch
Viertes Modernisierungsgesetz Bayern
vom 26. März 2026 (GVBl. S. 75)

Inhaltsübersicht

Abschnitt 1
Allgemeine Bestimmungen

Art. 1 Aufgaben und Ziele

(1) Aus der Bejahung des Lebens jedes Menschen erwächst die Aufgabe, geborenes und ungeborenes Leben umfassend zu schützen.

(2) Gleichberechtigung sowie volle und wirksame Teilhabe in allen Lebensbereichen von Menschen mit Behinderung sind eine gesamtgesellschaftliche Aufgabe.

(3) $_1$Ziel dieses Gesetzes ist es, das Leben und die Würde von Menschen mit Behinderung zu schützen, ihre Benachteiligung zu beseitigen und zu verhindern sowie die gleichberechtigte Teilhabe von Menschen mit Behinderung am Leben in der Gesellschaft zu gewährleisten, ihre Inklusion zu fördern und ihnen eine selbstbestimmte Lebensführung zu ermöglichen. $_2$Dabei gilt der Grundsatz der ganzheitlichen Betreuung und Förderung. $_3$Den besonderen Bedürfnissen von Menschen mit Behinderung wird Rechnung getragen. $_4$Das gilt auch, soweit deren Behinderung, wie im Fall von Menschen mit seelischer Behinderung, nicht offenkundig ist.

Art. 2 Behinderung

$_1$Menschen mit Behinderung im Sinn dieses Gesetzes sind Menschen, die langfristige körperliche, seelische, geistige oder Sinnesbeeinträchtigungen haben, welche sie in Wechselwirkung mit von außen wirkenden Barrieren an der gleichberechtigten Teilhabe an der Gesellschaft hindern können. $_2$Als langfristig gilt ein Zeitraum, der mit hoher Wahrscheinlichkeit länger als sechs Monate andauert.

Art. 3 Frauen mit Behinderung

$_1$Um die Benachteiligung von Frauen mit Behinderung wegen mehrerer Gründe zu vermeiden, sind deren besondere Belange zu berücksichtigen, bestehende Benachteiligungen zu beseitigen und künftige Benachteiligungen zu verhindern. $_2$Dabei sind besondere Maßnahmen zur Förderung der tatsächlichen Durchsetzung der Gleichberechtigung von Frauen mit Behinderung und zur Beseitigung bestehender Benachteiligungen zulässig.

Art. 4 Barrierefreiheit

$_1$Barrierefrei ist, was für Menschen mit Behinderung in der allgemein üblichen Weise, ohne besondere Erschwernis und grundsätzlich ohne fremde Hilfe auffindbar, zugänglich und nutzbar ist. $_2$An der Barrierefreiheit fehlt es, wenn Menschen mit Behinderung die Mitnahme oder der Einsatz benötigter Hilfsmittel unmöglich ist, verweigert oder erschwert wird.

Art. 5 Benachteiligung

$_1$Eine Benachteiligung liegt vor, wenn Menschen mit und ohne Behinderung ohne zwingenden Grund unterschiedlich behandelt werden und dadurch Menschen mit Behinderung in der gleichberechtigten Teilhabe am Leben in der Gesellschaft unmittelbar oder mittelbar beeinträchtigt werden. $_2$Die Versagung angemessener Vorkehrungen für Menschen mit Behinderung ist eine Benachteiligung im Sinn dieses Gesetzes.

Art. 6 Kommunikation von Menschen mit Hör- oder Sprachbehinderung

(1) Die Deutsche Gebärdensprache ist als eigenständige Sprache anerkannt.

(2) Lautsprachbegleitende Gebärden sind als Kommunikationsform der deutschen Sprache anerkannt.

(3) $_1$Menschen mit Hör- oder Sprachbehinderung haben nach Maßgabe der einschlägigen Gesetze das Recht, die Deutsche Gebärdensprache, lautsprachbegleitende Gebärden oder andere geeignete Kommunikationshilfen zu verwenden. $_2$Aufwendungen der in Satz 1 genannten Personen für die Verwendung der Gebärdensprache oder anderer geeigneter Kommunikationshilfen werden nur nach Maßgabe des Art. 11 erstattet.

Art. 7 Sicherung der Teilhabe

$_1$Die zuständigen Staatsministerien entwickeln Fachprogramme zur Sicherstellung der Teilhabe von Menschen mit Behinderung am Leben in der Gesellschaft. $_2$Dabei soll insbesondere Menschen mit geistiger Behinderung oder Mehrfachbehinderung, Menschen mit schweren Verhaltensstörungen und Menschen mit psychischer Erkrankung, die großen Hilfebedarf haben, eine Teilhabe am Leben in der Gesellschaft ermöglicht werden.

Art. 8 Selbsthilfe-Organisationen

Die Selbsthilfe-Organisationen von Menschen mit Behinderung oder chronischer Krankheit und von deren Angehörigen nehmen für die Sicherung der Teilhabe wichtige Aufgaben im Bereich der Behindertenhilfe wahr.

Abschnitt 2
Verpflichtung zur Gleichstellung und Barrierefreiheit

Art. 9 Benachteiligungsverbot

(1) 1Die Behörden und sonstigen öffentlichen Stellen des Freistaates Bayern mit Ausnahme der Staatsanwaltschaften, die Gemeinden, Gemeindeverbände und die sonstigen der Aufsicht des Freistaates Bayern unterstehenden juristischen Personen des öffentlichen Rechts mit Ausnahme des Bayerischen Rundfunks und der Bayerischen Landeszentrale für neue Medien (Träger öffentlicher Gewalt) fördern im Rahmen ihres jeweiligen Aufgabenbereichs die in Art. 1 genannten Ziele und beachten diese bei der Planung von Maßnahmen. 2Ferner ist darauf hinzuwirken, dass auch Vereinigungen, Einrichtungen und Unternehmen, deren Anteile sich unmittelbar oder mittelbar ganz oder überwiegend in öffentlicher Hand befinden, diese Ziele berücksichtigen. 3In Bereichen bestehender Benachteiligungen von Menschen mit Behinderung gegenüber Menschen ohne Behinderung sind besondere Maßnahmen zum Abbau und zur Beseitigung dieser Benachteiligungen zulässig. 4Bei der Anwendung von Gesetzen zur tatsächlichen Durchsetzung der Gleichberechtigung von Frauen und Männern ist den besonderen Belangen von Frauen mit Behinderung Rechnung zu tragen.

(2) Ein Träger öffentlicher Gewalt im Sinn des Abs. 1 Satz 1 darf Menschen mit Behinderung nicht benachteiligen.

(3) Besondere Benachteiligungsverbote zu Gunsten von Menschen mit Behinderung in anderen Rechtsvorschriften bleiben unberührt.

Art. 10 Herstellung von Barrierefreiheit in den Bereichen Bau und Verkehr

(1) 1Neu-, Um- und Erweiterungsbauten der Behörden, Gerichte und sonstigen öffentlichen Stellen des Freistaates Bayern sowie entsprechende Bauten der Gemeinden, Gemeindeverbände und der sonstigen der Aufsicht des Freistaates Bayern unterstehenden juristischen Personen des öffentlichen Rechts sollen entsprechend den allgemein anerkannten Regeln der Technik barrierefrei gestaltet werden. 2Gleiches gilt für Tageseinrichtungen für Kinder, die von einem Träger öffentlicher Gewalt getragen werden; dies gilt auch für die Staatsanwaltschaften, den Bayerischen Rundfunk und die Bayerische Landeszentrale für neue Medien. 3Von den Anforderungen nach den Sätzen 1 und 2 kann abgewichen werden, wenn mit einer anderen Lösung in gleichem Maße die Anforderungen an die Barrierefreiheit erfüllt werden. 4Die Regelungen der Bayerischen Bauordnung bleiben unberührt.

(2) Die in Abs. 1 Satz 1 und 2 genannten Stellen sollen anlässlich der Durchführung von investiven Baumaßnahmen nach Abs. 1 bauliche Barrieren in den nicht von diesen Baumaßnahmen unmittelbar betroffenen Gebäudeteilen, soweit sie dem Publikumsverkehr dienen, feststellen und unter Berücksichtigung der baulichen Gegebenheiten abbauen, sofern die Feststellung und der Abbau nicht einen unverhältnismäßigen Aufwand darstellen.

(3) 1Die in Abs. 1 Satz 1 und 2 genannten Stellen sind verpflichtet, die Barrierefreiheit bei Anmietungen der von ihnen genutzten Bauten zu berücksichtigen. 2Künftig sollen möglichst nur barrierefreie Bauten angemietet werden, soweit die Anmietung nicht eine unangemessene wirtschaftliche Belastung zur Folge hätte.

(4) Sonstige bauliche oder andere Anlagen, öffentliche Wege, Plätze und Straßen sowie öffentlich zugängliche Verkehrsanlagen und Beförderungsmittel im öffentlichen Personennahverkehr sind nach Maßgabe der einschlägigen Rechtsvorschriften barrierefrei zu gestalten.

Art. 11 Recht auf Verwendung von Gebärdensprache oder anderen Kommunikationshilfen, Verordnungsermächtigung

(1) $_{1}$Zur Wahrnehmung eigener Rechte im Verwaltungsverfahren können Menschen mit Hör- oder Sprachbehinderung nach Maßgabe der Rechtsverordnung nach Abs. 2 mit Trägern öffentlicher Gewalt in Deutscher Gebärdensprache, mit lautsprachbegleitenden Gebärden oder über andere geeignete Kommunikationshilfen kommunizieren. $_{2}$Die Träger öffentlicher Gewalt haben dafür auf Antrag der Berechtigten nach Maßgabe der Rechtsverordnung nach Abs. 2 die notwendigen Aufwendungen zu erstatten. $_{3}$Hör- oder sprachbehinderten Eltern nicht hör- oder sprachbehinderter Kinder werden nach Maßgabe der Rechtsverordnung nach Abs. 2 auf Antrag die notwendigen Aufwendungen für die Kommunikation mit der Kindertageseinrichtung, Tagespflegestelle oder Schule in deutscher Gebärdensprache, mit lautsprachbegleitenden Gebärden oder über andere geeignete Kommunikationshilfen erstattet. $_{4}$Die Sätze 1 und 2 gelten auch für die Staatsanwaltschaften.

(2) Die Staatsregierung bestimmt durch Rechtsverordnung,

1. Voraussetzung und Umfang des Anspruchs nach Abs. 1 Satz 1, wobei eine Regelung dahingehend getroffen werden kann, dass ein Anspruch nur dann besteht, wenn der hör- oder sprachbehinderte Mensch einen Gebärdendolmetscher, einen Gebärdensprachdozenten, der hörend und der Lautsprache mächtig ist, oder eine sonstige gemäß Nr. 4 anerkannte Kommunikationshilfe selbst zur Verfügung stellt,
2. Voraussetzungen und Umfang der Ansprüche nach Abs. 1 Sätze 2 und 3,
3. Grundsätze für eine angemessene Vergütung oder eine Erstattung von notwendigen Aufwendungen für die Dolmetscherdienste oder den Einsatz anderer geeigneter Kommunikationshilfen und
4. Kommunikationsformen, die als andere geeignete Kommunikationshilfen im Sinn des Abs. 1 anzusehen sind.

(3) Für die Anerkennung von Prüfungen für Gebärdensprachdozenten erlässt das Staatsministerium für Familie, Arbeit und Soziales (Staatsministerium) eine Rechtsverordnung, in der zu regeln ist:

1. die Prüfungsart,
2. das Prüfungsverfahren,
3. die Übertragbarkeit der Zuständigkeit zur Abhaltung der Prüfung auf geeignete Institute und die Regelung der Vergütung in diesen Fällen und
4. die Voraussetzungen der Anerkennung von bereits tätigen Gebärdensprachdozenten ohne Ablegung der Prüfung.

Art. 12 Gestaltung von Bescheiden und Vordrucken, Verordnungsermächtigung

(1) $_{1}$Träger öffentlicher Gewalt haben bei der Gestaltung von schriftlichen Bescheiden, Allgemeinverfügungen, öffentlich-rechtlichen Verträgen und Vordrucken eine Behinderung von Menschen zu berücksichtigen; dies gilt auch für die Staatsanwaltschaften, den Bayerischen Rundfunk und die Landeszentrale für neue Medien. $_{2}$Zur Wahrnehmung eigener Rechte im Verwaltungsverfahren können blinde und sehbehinderte Menschen nach Maßgabe der Rechtsverordnung nach Abs. 2 insbesondere verlangen, dass ihnen Bescheide, öffentlich-rechtliche Verträge und Vordrucke ohne zusätzliche Kosten auch in einer für sie wahrnehmbaren Form zugänglich gemacht werden. $_{3}$Vorschriften über Form, Bekanntmachung und Zustellung von Verwaltungsakten bleiben unberührt.

(2) Die Staatsregierung bestimmt durch Rechtsverordnung, unter Berücksichtigung der technischen, finanziellen, wirtschaftlichen und verwaltungsorganisatorischen Möglichkeiten, unter welchen Voraussetzungen und in welcher Art und Weise die in Abs. 1 genannten Dokumente blinden und sehbehinderten Menschen zugänglich gemacht werden.

Art. 13 Verständlichkeit

(1) $_{1}$Träger öffentlicher Gewalt sollen sich gegenüber Menschen mit Behinderung in dem nach ihrem jeweiligen Bedarf notwendigen

Umfang einfach und verständlich ausdrücken. 2Wenn das nötig ist, sollen sie ihnen auf Verlangen insbesondere Bescheide, Allgemeinverfügungen, öffentlich-rechtliche Verträge und Vordrucke in einfachen und verständlichen Worten erläutern.

(2) 1Reicht das nicht aus, sollen sie auf Verlangen bei der Erläuterung in dem nach dem jeweiligen Bedarf notwendigen Umfang besonders leicht verständliche Sprache benutzen. 2Sprache ist besonders leicht verständlich, wenn sie sich an dafür eingeführte Standards hält.

(3) Mehrkosten dürfen den Betroffenen daraus nicht entstehen.

(4) Träger öffentlicher Gewalt sollen Informationen im Rahmen der Verhältnismäßigkeit in besonders leicht verständlicher Sprache im Sinn des Abs. 2 Satz 2 bereitstellen.

Art. 14 Barrierefreies Internet und Intranet, Verordnungsermächtigung

(1) 1Träger öffentlicher Gewalt gestalten ihre Internet- und Intranetauftritte und -angebote sowie die von ihnen zur Verfügung gestellten grafischen Programmoberflächen, die mit Mitteln der Informationstechnik dargestellt werden, unter Berücksichtigung der nach Satz 2 zu erlassenden Rechtsverordnung schrittweise technisch so, dass sie von Menschen mit Behinderung grundsätzlich uneingeschränkt genutzt werden können; dies gilt entsprechend für die Staatsanwaltschaften und Gerichte. 2Die Staatsregierung bestimmt durch Rechtsverordnung, nach Maßgabe der technischen, finanziellen, wirtschaftlichen und verwaltungsorganisatorischen Möglichkeiten:

1. die anzustrebenden technischen Standards sowie den Zeitpunkt ihrer verbindlichen Anwendung,
2. die zu gestaltenden Bereiche und Arten amtlicher Informationen,
3. Übergangsfristen zur Anpassung bereits bestehender Angebote,
4. Informationspflichten bei Internetauftritten und -angeboten, die zur Barrierefreiheit veröffentlicht werden sollen,
5. Verfahren zur Überwachung nach den Vorgaben des Art. 8 Abs. 1 bis 3 der Richtlinie (EU) 2016/2102 sowie Verfahren zur Berichterstattung, um die Vorgaben des Art. 8 Abs. 4 bis 6 der Richtlinie (EU) 2016/2102 zu erfüllen,
6. Verfahren um die Einhaltung der Anforderungen der Art. 4, 5 und 7 Abs. 1 der Richtlinie (EU) 2016/2102 zu gewährleisten.

(2) Für Websites und mobile Anwendungen im Sinn des Art. 1 der Richtlinie (EU) 2016/2102 öffentlicher Stellen im Sinn des Art. 3 Abs. 1 der Richtlinie (EU) 2016/2102 gilt Abs. 1 entsprechend.

Abschnitt 3
Rechtsbehelfe

Art. 15 Barrierefreie Medien

1Der Bayerische Rundfunk und die Bayerische Landeszentrale für neue Medien sollen ferner die Ziele aus Art. 1 bei ihren Planungen und Maßnahmen beachten. 2Hierzu sollen insbesondere Fernsehprogramme untertitelt oder mit Gebärdensprache begleitet und mit Bildbeschreibungen versehen werden. 3Diejenigen Träger öffentlicher Gewalt, denen kommunikationspolitische Angelegenheiten übertragen sind, sollen darauf hinwirken, dass auch der von Art. 9 Abs. 1 Satz 1 nicht erfasste öffentlich-rechtliche Rundfunk im Rahmen der technischen, finanziellen, wirtschaftlichen und verwaltungsorganisatorischen Möglichkeiten die in Art. 1 genannten Ziele aktiv fördert und bei der Planung von Maßnahmen beachtet.

Art. 16 Rechtsschutz durch Verbände

1Werden Menschen mit Behinderung in ihren Rechten aus Art. 9 Abs. 2, Art. 10 Abs. 1, Art. 11 Abs. 1, Art. 12 Abs. 1 Satz 2 oder Art. 14 Satz 1 verletzt, können an ihrer Stelle und mit ihrem Einverständnis die nach § 15 Abs. 3 des Behindertengleichstellungsgesetzes (BGG) anerkannten Verbände sowie deren bayerische Landesverbände, die nicht selbst am Verfahren beteiligt sind, Rechtsschutz beantragen. 2Gleiches gilt bei Verstößen gegen Vorschriften des Landesrechts, die einen Anspruch auf Herstellung von Barrierefreiheit im Sinn des Art. 4 oder auf Verwendung von Gebärdensprache oder anderen Kommunikationshilfen im Sinn des Art. 6 Abs. 3 vorsehen. 3In all diesen Fällen müssen alle Verfahrensvoraussetzungen wie bei einem Rechtsschutzersuchen durch den Menschen mit Behinderung selbst vorliegen.

Abschnitt 4
Beauftragte für die Belange von Menschen mit Behinderung; Landesbehindertenrat

Art. 17 Verbandsklagerecht

(1) 1Ein nach § 15 Abs. 3 BGG anerkannter Verband oder dessen bayerischer Landesverband kann, ohne in seinen Rechten verletzt zu sein, Klage nach Maßgabe der Verwaltungsgerichtsordnung (VwGO) oder des Sozialgerichtsgesetzes erheben auf Feststellung eines Verstoßes durch Träger der öffentlichen Gewalt gegen

1. das Benachteiligungsverbot des Art. 9 Abs. 2 und die Verpflichtung zur Herstellung der Barrierefreiheit in Art. 10 Abs. 1, Art. 11 Abs. 1, Art. 12 Abs. 1 Satz 2, Art. 14 Satz 1,
2. die Vorschriften zur Herstellung der Barrierefreiheit in Art. 9 Abs. 1 Satz 5 des Bayerischen Straßen- und Wegegesetzes (BayStrWG), Art. 4 Abs. 3 Satz 3 und 4 des Gesetzes über den öffentlichen Personennahverkehr in Bayern.

2Satz 1 gilt nicht, wenn eine Maßnahme auf Grund einer Entscheidung in einem verwaltungs- oder sozialgerichtlichen Streitverfahren erlassen worden ist.

(2) 1Eine Klage ist nur zulässig, wenn der Verband durch die Maßnahme in seinem satzungsgemäßen Aufgabenbereich berührt wird. 2Soweit ein Mensch mit Behinderung selbst seine Rechte durch eine Gestaltungs- oder Leistungsklage verfolgen kann oder hätte verfolgen können, kann die Klage nach Abs. 1 nur erhoben werden, wenn der Verband geltend macht, dass es sich bei der Maßnahme um einen Fall von allgemeiner Bedeutung handelt. 3Dies ist insbesondere der Fall, wenn eine Vielzahl gleichgelagerter Fälle vorliegt. 4Vor Erhebung der Klage nach Abs. 1 Satz 1 fordert der Verband die betroffene Behörde auf, zu der von ihm behaupteten Rechtsverletzung Stellung zu nehmen. 5§ 72 VwGO gilt entsprechend.

Art. 18 Der oder die Beauftragte für die Belange von Menschen mit Behinderung

(1) 1Die Staatsregierung beruft für die Dauer einer Legislaturperiode zu ihrer Beratung und Unterstützung in Fragen der Behindertenpolitik einen Beauftragten oder eine Beauftragte für die Belange von Menschen mit Behinderung. 2Der oder die Beauftragte wird vom Ministerpräsidenten namens der Staatsregierung berufen. 3Wiederberufung ist zulässig.

(2) 1Der oder die Beauftragte

1. ist unabhängig und weisungsungebunden,
2. kann aus dem Amt vor Ablauf der Legislaturperiode nur abberufen werden, wenn eine entsprechende Anwendung der Vorschriften über die Amtsenthebung von Richtern auf Lebenszeit dies rechtfertigt,
3. ist öffentliche Stelle im Sinne des Bayerischen Datenschutzgesetzes und als Amtsträger zur Verschwiegenheit verpflichtet und
4. hat berufliche oder gewerbliche Tätigkeiten, die neben dem Amt wahrgenommen werden, offen zu legen.

2Er oder sie ist dem Staatsministerium für Familie, Arbeit und Soziales zugewiesen, bei dem eine finanziell und personell angemessene und mit dem Notwendigen ausgestattete Geschäftsstelle angesiedelt ist. 3Art. 55 der Verfassung bleibt unberührt.

(3) Der oder die Beauftragte ist ressortübergreifend tätig und

1. arbeitet zur Erfüllung der Amtsaufgaben mit allen Geschäftsbereichen zusammen,
2. regt Maßnahmen zur verbesserten Teilhabe von Menschen mit Behinderung an,
3. bearbeitet unbeschadet des Petitionsrechts und der Entscheidungsverantwortung der vollziehenden Stellen die an ihn oder sie gerichteten Anregungen von einzelnen Betroffenen, Verbänden, Selbsthilfegruppen, kommunalen Beauftragten und anderen Organisationen im thematisch einschlägigen Bereich,

VIII

4. wird zu allen Gesetzes-, Verordnungs- und sonstigen wichtigen Vorhaben der Staatsregierung frühzeitig angehört, soweit sie im Schwerpunkt thematisch einschlägige Fragen behandeln oder berühren.

Art. 19 Beauftragte auf kommunalen Ebenen für die Belange von Menschen mit Behinderung

$_{1}$Zur Verwirklichung der Gleichstellung von Menschen mit Behinderung sollen die Bezirke, die Landkreise und die kreisfreien Gemeinden eine Persönlichkeit zur Beratung in Fragen der Behindertenpolitik bestellen. $_{2}$Die Beauftragten auf kommunaler Ebene sind in der Erfüllung ihrer Aufgaben weisungsfrei, soweit nicht durch Satzung etwas anderes bestimmt wird. $_{3}$Näheres, insbesondere die Beteiligung bei behindertenspezifischen Belangen, wird durch Satzung oder anderweitige Regelung bestimmt.

Art. 20 Landesbehindertenrat, Verordnungsermächtigung

(1) $_{1}$Um die Umsetzung dieses Gesetzes und die Verwirklichung der in Art. 1 Abs. 3 genannten Ziele zu fördern, wird ein Landesbehindertenrat gegründet. $_{2}$Er wird von der Staatsregierung in geeigneter Weise zu Fragen der Fortentwicklung und Umsetzung der Behindertenpolitik in Bayern einbezogen.

(2) $_{1}$Der Landesbehindertenrat muss durch seine Mitglieder die Menschen mit Behinderung in ihrer Gesamtheit auf Landesebene repräsentieren. $_{2}$Dabei ist auf ein ausgewogenes Verhältnis von Frauen und Männern zu achten. $_{3}$Dem Landesbehindertenrat gehören neben dem Vorsitzenden und dem oder der Beauftragten der Bayerischen Staatsregierung für die Belange von Menschen mit Behinderung 15 weitere Mitglieder an. $_{4}$Den Vorsitz führt der Staatsminister für Familie, Arbeit und Soziales. $_{5}$Die Amtsperiode des Landesbehindertenrats beträgt fünf Jahre. $_{6}$Die Geschäftsführung obliegt dem Staatsministerium.

(3) $_{1}$Die 15 weiteren Mitglieder des Landesbehindertenrats setzen sich aus Vertretern der Selbsthilfeorganisationen, der Freien und Öffentlichen Wohlfahrtspflege sowie der kommunalen Beauftragten für die Belange von Menschen mit Behinderung zusammen. $_{2}$Für jedes dieser Mitglieder ist ein Stellvertreter zu benennen. $_{3}$Die Mitglieder und ihre Vertreter werden auf Vorschlag der Verbände für die Dauer der Amtsperiode des Landesbehindertenrats vom Vorsitzenden berufen. $_{4}$Erneute Berufung ist zulässig. $_{5}$Die Mitglieder und ihre Stellvertreter üben ihre Tätigkeit ehrenamtlich aus. $_{6}$Sie können ihr Amt jederzeit niederlegen. $_{7}$Aus wichtigem Grund können sie von ihrem Amt abberufen werden.

(4) Das Nähere insbesondere zu Auswahl, Berufung und Abberufung der Mitglieder bzw. Stellvertreter nach Abs. 3 wird durch Rechtsverordnung des Staatsministeriums geregelt.

Bundeskindergeldgesetz (BKGG)

in der Fassung der Bekanntmachung vom 28. Januar 2009 (BGBl. I S. 142, S. 3177)

Zuletzt geändert durch
Dreizehntes Gesetz zur Änderung des Zweiten Buches Sozialgesetzbuch und anderer Gesetze
vom 16. April 2026 (BGBl. I Nr. 107)

Inhaltsübersicht

Erster Abschnitt
Leistungen

§ 1 Anspruchsberechtigte

(1) Kindergeld nach diesem Gesetz für seine Kinder erhält, wer nach § 1 Absatz 1 und 2 des Einkommensteuergesetzes nicht unbeschränkt steuerpflichtig ist und auch nicht nach § 1 Abs. 3 des Einkommensteuergesetzes als unbeschränkt steuerpflichtig behandelt wird und

1. in einem Versicherungspflichtverhältnis zur Bundesagentur für Arbeit nach dem Dritten Buch Sozialgesetzbuch steht oder versicherungsfrei nach § 28 Absatz 1 Nummer 1 des Dritten Buches Sozialgesetzbuch ist oder
2. als Entwicklungshelfer Unterhaltsleistungen im Sinne des § 4 Absatz 1 Nummer 1 des Entwicklungshelfer-Gesetzes erhält oder als Missionar der Missionswerke und -gesellschaften, die Mitglieder oder Vereinbarungspartner des Evangelischen Missionswerkes Hamburg, der Arbeitsgemeinschaft Evangelikaler Missionen e. V., des Deutschen katholischen Missionsrates oder der Arbeitsgemeinschaft pfingstlich-charismatischer Missionen sind, tätig ist oder
3. eine nach § 123a des Beamtenrechtsrahmengesetzes oder § 29 des Bundesbeamtengesetzes oder § 20 des Beamtenstatusgesetzes bei einer Einrichtung außerhalb Deutschlands zugewiesene Tätigkeit ausübt oder
4. als Ehegatte oder Lebenspartner eines Mitglieds der Truppe oder des zivilen Gefolges eines NATO-Mitgliedstaates die Staatsangehörigkeit eines EU/EWR-Mitgliedstaates besitzt und in Deutschland seinen Wohnsitz oder gewöhnlichen Aufenthalt hat.

(2) 1Kindergeld für sich selbst erhält, wer

1. in Deutschland einen Wohnsitz oder seinen gewöhnlichen Aufenthalt hat,
2. Vollwaise ist oder den Aufenthalt seiner Eltern nicht kennt und
3. nicht bei einer anderen Person als Kind zu berücksichtigen ist.

2§ 2 Absatz 2 und 3 sowie die §§ 4 und 5 sind entsprechend anzuwenden. 3Im Fall des § 2 Absatz 2 Satz 1 Nummer 3 wird Kindergeld längstens bis zur Vollendung des 25. Lebensjahres gewährt.

(3) 1Ein nicht freizügigkeitsberechtigter Ausländer erhält Kindergeld nur, wenn er

1. eine Niederlassungserlaubnis oder eine Erlaubnis zum Daueraufenthalt-EU besitzt,
2. eine Blaue Karte EU, eine ICT-Karte, eine Mobiler-ICT-Karte oder eine Aufenthaltserlaubnis besitzt, die für einen Zeitraum von mindestens sechs Monaten zur Ausübung einer Erwerbstätigkeit berechtigen oder berechtigt haben oder diese erlauben, es sei denn, die Aufenthaltserlaubnis wurde
   a) nach § 16e des Aufenthaltsgesetzes zu Ausbildungszwecken, nach § 19c Absatz 1 des Aufenthaltsgesetzes zum Zweck der Beschäftigung als Au-Pair oder zum Zweck der Saisonbeschäftigung, nach § 19e des Aufenthaltsgesetzes zum Zweck der Teilnahme an einem Europäischen Freiwilligendienst oder nach § 20a Absatz 5 Satz 1 des Aufenthaltsgesetzes zur Suche nach einer Erwerbstätigkeit oder nach Maßnahmen zur Anerkennung ausländischer Berufsqualifikationen erteilt,
   b) nach § 16b des Aufenthaltsgesetzes zum Zweck eines Studiums, nach § 16d des Aufenthaltsgesetzes für Maßnahmen zur Anerkennung ausländischer Berufsqualifikationen, nach § 20 des Aufenthaltsgesetzes zur Suche nach einer Erwerbstätigkeit oder nach § 20a Absatz 5 Satz 2 des Aufenthaltsgesetzes zur Suche nach einer Erwerbstätigkeit oder nach Maßnahmen zur Anerkennung ausländischer Berufsqualifikationen erteilt und er ist weder erwerbstätig noch nimmt er Elternzeit nach § 15 des Bundeselterngeld- und Elternzeitgesetzes oder laufende Geldleistungen nach dem Dritten Buch Sozialgesetzbuch in Anspruch,
   c) nach § 23 Absatz 1 des Aufenthaltsgesetzes wegen eines Krieges in seinem Heimatland oder nach den § 23a oder § 25 Absatz 3 bis 5 des Aufenthaltsgesetzes erteilt,

VIII

3. eine in Nummer 2 Buchstabe c genannte Aufenthaltserlaubnis besitzt und im Bundesgebiet berechtigt erwerbstätig ist oder Elternzeit nach § 15 des Bundeselterngeld- und Elternzeitgesetzes oder laufende Geldleistungen nach dem Dritten Buch Sozialgesetzbuch in Anspruch nimmt,
4. eine in Nummer 2 Buchstabe c genannte Aufenthaltserlaubnis besitzt und sich seit mindestens 15 Monaten erlaubt, gestattet oder geduldet im Bundesgebiet aufhält oder
5. eine Beschäftigungsduldung gemäß § 60d in Verbindung mit § 60a Absatz 2 Satz 3 des Aufenthaltsgesetzes besitzt.

$_2$Abweichend von Satz 1 Nummer 3 erste Alternative erhält ein minderjähriger nicht freizügigkeitsberechtigter Ausländer unabhängig von einer Erwerbstätigkeit Kindergeld.

§ 2 Kinder

(1) Als Kinder werden auch berücksichtigt

1. vom Berechtigten in seinen Haushalt aufgenommene Kinder seines Ehegatten oder Lebenspartners,
2. Pflegekinder (Personen, mit denen der Berechtigte durch ein familienähnliches, auf Dauer berechnetes Band verbunden ist, sofern er sie nicht zu Erwerbszwecken in seinen Haushalt aufgenommen hat und das Obhuts- und Pflegeverhältnis zu den Eltern nicht mehr besteht),
3. vom Berechtigten in seinen Haushalt aufgenommene Enkel.

(2) $_1$Ein Kind, das das 18. Lebensjahr vollendet hat, wird berücksichtigt, wenn es

1. noch nicht das 21. Lebensjahr vollendet hat, nicht in einem Beschäftigungsverhältnis steht und bei einer Agentur für Arbeit im Inland als Arbeitsuchender gemeldet ist oder
2. noch nicht das 25. Lebensjahr vollendet hat und
   a) für einen Beruf ausgebildet wird oder
   b) sich in einer Übergangszeit von höchstens vier Monaten befindet, die zwischen zwei Ausbildungsabschnitten oder zwischen einem Ausbildungsabschnitt und der Ableistung des gesetzlichen Wehr- oder Zivildienstes, einer vom Wehr- oder Zivildienst befreienden Tätigkeit als Entwicklungshelfer oder als Dienstleistender im Ausland nach § 14b des Zivildienstgesetzes oder der Ableistung des freiwilligen Wehrdienstes nach § 58b des Soldatengesetzes oder der Ableistung eines freiwilligen Dienstes im Sinne des Buchstaben d liegt, oder
   c) eine Berufsausbildung mangels Ausbildungsplatzes nicht beginnen oder fortsetzen kann oder
   d) einen der folgenden freiwilligen Dienste leistet:
      aa) ein freiwilliges soziales Jahr im Sinne des Jugendfreiwilligendienstegesetzes,
      bb) ein freiwilliges ökologisches Jahr im Sinne des Jugendfreiwilligendienstegesetzes,
      cc) einen Bundesfreiwilligendienst im Sinne des Bundesfreiwilligendienstgesetzes,
      dd) eine Freiwilligentätigkeit im Rahmen des Europäischen Solidaritätskorps im Sinne der Verordnung (EU) 2021/888 des Europäischen Parlaments und des Rates vom 20. Mai 2021 zur Aufstellung des Programms für das Europäische Solidaritätskorps und zur Aufhebung der Verordnungen (EU) 2018/1475 und (EU) Nr. 375/2014 (ABl. L 202 vom 8. 6. 2021, S. 32),
      ee) einen anderen Dienst im Ausland im Sinne von § 5 des Bundesfreiwilligendienstgesetzes,
      ff) einen entwicklungspolitischen Freiwilligendienst „weltwärts" im Sinne der Förderleitlinie des Bundesministeriums für wirtschaftliche Zusammenarbeit und Entwicklung vom 1. Januar 2016,
      gg) einen Freiwilligendienst aller Generationen im Sinne von § 2 Absatz 1a des Siebten Buches Sozialgesetzbuch oder

hh) einen Internationalen Jugendfreiwilligendienst im Sinne der Richtlinie des Bundesministeriums für Familie, Senioren, Frauen und Jugend vom 4. Januar 2021 (GMBl. S. 77) oder

3. wegen körperlicher, geistiger oder seelischer Behinderung außerstande ist, sich selbst zu unterhalten; Voraussetzung ist, dass die Behinderung vor Vollendung des 25. Lebensjahres eingetreten ist.

2Nach Abschluss einer erstmaligen Berufsausbildung oder eines Erststudiums wird ein Kind in den Fällen des Satzes 1 Nummer 2 nur berücksichtigt, wenn das Kind keiner Erwerbstätigkeit nachgeht. 3Eine Erwerbstätigkeit mit bis zu 20 Stunden regelmäßiger wöchentlicher Arbeitszeit, ein Ausbildungsdienstverhältnis oder ein geringfügiges Beschäftigungsverhältnis im Sinne der §§ 8 und 8a des Vierten Buches Sozialgesetzbuch sind unschädlich.

(3) 1In den Fällen des Absatzes 2 Satz 1 Nummer 1 oder Nummer 2 Buchstabe a und b wird ein Kind, das

1. den gesetzlichen Grundwehrdienst oder Zivildienst geleistet hat oder
2. sich an Stelle des gesetzlichen Grundwehrdienstes freiwillig für die Dauer von nicht mehr als drei Jahren zum Wehrdienst verpflichtet hat oder
3. eine vom gesetzlichen Grundwehrdienst oder Zivildienst befreiende Tätigkeit als Entwicklungshelfer im Sinne des § 1 Absatz 1 des Entwicklungshelfer-Gesetzes ausgeübt hat,

für einen der Dauer dieser Dienste oder der Tätigkeit entsprechenden Zeitraum, höchstens für die Dauer des inländischen gesetzlichen Grundwehrdienstes, bei anerkannten Kriegsdienstverweigerern für die Dauer des inländischen gesetzlichen Zivildienstes über das 21. oder 25. Lebensjahr hinaus berücksichtigt. 2Wird der gesetzliche Grundwehrdienst oder Zivildienst in einem Mitgliedstaat der Europäischen Union oder einem Staat, auf den das Abkommen über den Europäischen Wirtschaftsraum Anwendung findet, geleistet, so ist die Dauer dieses Dienstes maßgebend. 3Absatz 2 Satz 2 und 3 gilt entsprechend.

(4) 1Kinder, für die einer anderen Person nach dem Einkommensteuergesetz Kindergeld oder ein Kinderfreibetrag zusteht, werden nicht berücksichtigt. 2Dies gilt nicht für Kinder, die in den Haushalt des Anspruchsberechtigten nach § 1 aufgenommen worden sind oder für die dieser die höhere Unterhaltsrente zahlt, wenn sie weder in seinen Haushalt noch in den Haushalt eines nach § 62 des Einkommensteuergesetzes Anspruchsberechtigten aufgenommen sind.

(5) 1Kinder, die weder einen Wohnsitz noch ihren gewöhnlichen Aufenthalt in Deutschland haben, werden nicht berücksichtigt. 2Dies gilt nicht gegenüber Berechtigten nach § 1 Absatz 1 Nummer 2 und 3, wenn sie die Kinder in ihren Haushalt aufgenommen haben.

(6) Die Bundesregierung wird ermächtigt, durch Rechtsverordnung, die nicht der Zustimmung des Bundesrates bedarf, zu bestimmen, dass einem Berechtigten, der in Deutschland erwerbstätig ist oder sonst seine hauptsächlichen Einkünfte erzielt, für seine in Absatz 5 Satz 1 bezeichneten Kinder Kindergeld ganz oder teilweise zu leisten ist, soweit dies mit Rücksicht auf die durchschnittlichen Lebenshaltungskosten für Kinder in deren Wohnland und auf die dort gewährten dem Kindergeld vergleichbaren Leistungen geboten ist.

§ 3 Zusammentreffen mehrerer Ansprüche

(1) Für jedes Kind werden nur einer Person Kindergeld, Kinderzuschlag und Leistungen für Bildung und Teilhabe gewährt.

(2) 1Erfüllen für ein Kind mehrere Personen die Anspruchsvoraussetzungen, so werden das Kindergeld, der Kinderzuschlag und die Leistungen für Bildung und Teilhabe derjenigen Person gewährt, die das Kind in ihren Haushalt aufgenommen hat. 2Ist ein Kind in den gemeinsamen Haushalt von Eltern, von einem Elternteil und dessen Ehegatten oder Lebenspartner, von Pflegeeltern oder Großeltern aufgenommen worden, bestimmen diese untereinander den Berechtigten. 3Wird eine Bestimmung nicht getroffen, bestimmt das Fa-

VIII

miliengericht auf Antrag den Berechtigten. 4Antragsberechtigt ist, wer ein berechtigtes Interesse an der Leistung des Kindergeldes hat. 5Lebt ein Kind im gemeinsamen Haushalt von Eltern und Großeltern, werden das Kindergeld, der Kinderzuschlag und die Leistungen für Bildung und Teilhabe vorrangig einem Elternteil gewährt; sie werden an einen Großelternteil gewährt, wenn der Elternteil gegenüber der zuständigen Stelle auf seinen Vorrang schriftlich verzichtet hat.

(3) 1Ist das Kind nicht in den Haushalt einer der Personen aufgenommen, die die Anspruchsvoraussetzungen erfüllen, wird das Kindergeld derjenigen Person gewährt, die dem Kind eine Unterhaltsrente zahlt. 2Zahlen mehrere anspruchsberechtigte Personen dem Kind Unterhaltsrenten, wird das Kindergeld derjenigen Person gewährt, die dem Kind laufend die höchste Unterhaltsrente zahlt. 3Werden gleich hohe Unterhaltsrenten gezahlt oder zahlt keiner der Berechtigten dem Kind Unterhalt, so bestimmen die Berechtigten untereinander, wer das Kindergeld erhalten soll. 4Wird eine Bestimmung nicht getroffen, so gilt Absatz 2 Satz 3 und 4 entsprechend.

§ 4 Andere Leistungen für Kinder

1Kindergeld wird nicht für ein Kind gezahlt, für das eine der folgenden Leistungen zu zahlen ist oder bei entsprechender Antragstellung zu zahlen wäre:

1. Leistungen für Kinder, die im Ausland gewährt werden und dem Kindergeld oder der Kinderzulage aus der gesetzlichen Unfallversicherung nach § 217 Absatz 3 des Siebten Buches Sozialgesetzbuch in der bis zum 30. Juni 2020 geltenden Fassung oder dem Kinderzuschuss aus der gesetzlichen Rentenversicherung nach § 270 des Sechsten Buches Sozialgesetzbuch in der bis zum 16. November 2016 geltenden Fassung vergleichbar sind,
2. Leistungen für Kinder, die von einer zwischen- oder überstaatlichen Einrichtung gewährt werden und dem Kindergeld vergleichbar sind.

2Steht ein Berechtigter in einem Versicherungspflichtverhältnis zur Bundesagentur für Arbeit nach dem Dritten Buch Sozialgesetzbuch oder ist er versicherungsfrei nach § 28 Absatz 1 Nummer 1 des Dritten Buches Sozialgesetzbuch oder steht er in Deutschland in einem öffentlich-rechtlichen Dienst- oder Amtsverhältnis, so wird sein Anspruch auf Kindergeld für ein Kind nicht nach Satz 1 Nummer 2 mit Rücksicht darauf ausgeschlossen, dass sein Ehegatte oder Lebenspartner als Beamter, Ruhestandsbeamter oder sonstiger Bediensteter der Europäischen Gemeinschaften für das Kind Anspruch auf Kinderzulage hat.

§ 5 Beginn und Ende des Anspruchs

(1) Das Kindergeld, der Kinderzuschlag und die Leistungen für Bildung und Teilhabe werden vom Beginn des Monats an gewährt, in dem die Anspruchsvoraussetzungen erfüllt sind; sie werden bis zum Ende des Monats gewährt, in dem die Anspruchsvoraussetzungen wegfallen.

(2) Das Kindergeld wird rückwirkend nur für die letzten sechs Monate vor Beginn des Monats gezahlt, in dem der Antrag auf Kindergeld eingegangen ist.

(3) 1Der Kinderzuschlag wird nicht für Zeiten vor der Antragstellung gewährt. 2§ 28 des Zehnten Buches Sozialgesetzbuch gilt mit der Maßgabe, dass der Antrag unverzüglich nach Ablauf des Monats, in dem die Ablehnung oder Erstattung der anderen Leistungen bindend geworden ist, nachzuholen ist.

§ 6 Höhe des Kindergeldes

(1) Das Kindergeld beträgt monatlich für jedes Kind 259 Euro.

(2) 1Werden die Freibeträge für Kinder nach § 31 Satz 1 in Verbindung mit § 32 Absatz 6 Satz 1 des Einkommensteuergesetzes angehoben, wird das Kindergeld entsprechend erhöht. 2Das Kindergeld ist dabei auf volle Euro kaufmännisch zu runden.

(3) 1Darüber hinaus wird für jedes Kind, für das für den Monat Juli 2022 ein Anspruch auf Kindergeld besteht, für den Monat Juli 2022 ein Einmalbetrag in Höhe von 100 Euro gezahlt. 2Ein Anspruch in Höhe des Einmalbetrags von 100 Euro für das Kalenderjahr 2022 besteht auch für ein Kind, für das nicht für den

Monat Juli 2022, jedoch für mindestens einen anderen Kalendermonat im Kalenderjahr 2022 ein Anspruch auf Kindergeld besteht.

§ 6a Kinderzuschlag

(1) Personen erhalten für in ihrem Haushalt lebende unverheiratete oder nicht verpartnerte Kinder, die noch nicht das 25. Lebensjahr vollendet haben, einen Kinderzuschlag, wenn

1. sie für diese Kinder nach diesem Gesetz oder nach dem X. Abschnitt des Einkommensteuergesetzes Anspruch auf Kindergeld oder Anspruch auf andere Leistungen im Sinne von § 4 haben,
2. sie mit Ausnahme des Wohngeldes, des Kindergeldes und des Kinderzuschlags über Einkommen im Sinne des § 11 Absatz 1 Satz 1 und 2 des Zweiten Buches Sozialgesetzbuch in Höhe von mindestens 900 Euro oder, wenn sie alleinerziehend sind, in Höhe von mindestens 600 Euro verfügen, wobei Beträge nach § 11b des Zweiten Buches Sozialgesetzbuch nicht abzusetzen sind, und
3. bei Bezug des Kinderzuschlags keine Hilfebedürftigkeit im Sinne des § 9 des Zweiten Buches Sozialgesetzbuch besteht, wobei die Bedarfe nach § 28 des Zweiten Buches Sozialgesetzbuch außer Betracht bleiben. Bei der Prüfung der Hilfebedürftigkeit ist das für den Antragsmonat bewilligte Wohngeld zu berücksichtigen. Wird kein Wohngeld bezogen und könnte mit Wohngeld und Kinderzuschlag Hilfebedürftigkeit vermieden werden, ist bei der Prüfung Wohngeld in der Höhe anzusetzen, in der es voraussichtlich für den Antragsmonat zu bewilligen wäre.

(1a) Ein Anspruch auf Kinderzuschlag besteht abweichend von Absatz 1 Nummer 3, wenn

1. bei Bezug von Kinderzuschlag Hilfebedürftigkeit besteht, der Bedarfsgemeinschaft zur Vermeidung von Hilfebedürftigkeit aber mit ihrem Einkommen, dem Kinderzuschlag und dem Wohngeld höchstens 100 Euro fehlen,
2. sich bei der Ermittlung des Einkommens der Eltern nach § 11b Absatz 2 bis 3 des Zweiten Buches Sozialgesetzbuch wegen Einkommen aus Erwerbstätigkeit Absetzbeträge in Höhe von mindestens 100 Euro ergeben und
3. kein Mitglied der Bedarfsgemeinschaft Leistungen nach dem Zweiten oder nach dem Zwölften Buch Sozialgesetzbuch erhält oder beantragt hat.

(2) 1Der monatliche Höchstbetrag des Kinderzuschlags deckt zusammen mit dem für ein erstes Kind nach § 66 des Einkommensteuergesetzes zu zahlenden Kindergeld ein Zwölftel des steuerfrei zu stellenden sächlichen Existenzminimums eines Kindes für das jeweilige Kalenderjahr mit Ausnahme des Anteils für Bildung und Teilhabe. 2Steht dieses Existenzminimum eines Kindes zu Beginn eines Jahres nicht fest, ist insoweit der für das Jahr geltende Betrag für den Mindestunterhalt eines Kindes in der zweiten Altersstufe nach der Mindestunterhaltsverordnung maßgeblich. 3Als Höchstbetrag des Kinderzuschlags in dem jeweiligen Kalenderjahr gilt der Betrag, der sich zu Beginn des Jahres nach den Sätzen 1 und 2 ergibt, mindestens jedoch ein Betrag in Höhe des Vorjahres. 4Der Betrag nach Satz 3 erhöht sich um einen Sofortzuschlag in Höhe von 25 Euro.

(3) 1Ausgehend vom Höchstbetrag mindert sich der jeweilige Kinderzuschlag, wenn das Kind nach den §§ 11 bis 12 des Zweiten Buches Sozialgesetzbuch zu berücksichtigendes Einkommen oder Vermögen hat. 2Bei der Berücksichtigung des Einkommens bleiben das Wohngeld, das Kindergeld und der Kinderzuschlag außer Betracht. 3Der Kinderzuschlag wird um 45 Prozent des zu berücksichtigenden Einkommens des Kindes monatlich gemindert. 4Ein Anspruch auf Zahlung des Kinderzuschlags für ein Kind besteht nicht, wenn zumutbare Anstrengungen unterlassen wurden, Ansprüche auf Einkommen des Kindes geltend zu machen. 5Abweichend von § 12 Absatz 2 Satz 1 des Zweiten Buches Sozialgesetzbuch wird Vermögen nur berücksichtigt, wenn es 40 000 Euro für die berechtigte Person und 15 000 Euro für jedes weitere Mitglied der Bedarfsgemeinschaft übersteigt. 6Ist das zu berücksichtigende Vermögen höher als der

nach den Sätzen 1 bis 5 verbleibende monatliche Anspruch auf Kinderzuschlag, so dass es den Kinderzuschlag für den ersten Monat des Bewilligungszeitraums vollständig mindert, entfällt der Anspruch auf Kinderzuschlag. $_{7}$Ist das zu berücksichtigende Vermögen niedriger als der monatliche Anspruch auf Kinderzuschlag, ist der Kinderzuschlag im ersten Monat des Bewilligungszeitraums um einen Betrag in Höhe des zu berücksichtigenden Vermögens zu mindern und ab dem folgenden Monat Kinderzuschlag ohne Minderung wegen des Vermögens zu zahlen.

(4) Die Summe der einzelnen Kinderzuschläge nach den Absätzen 2 und 3 bildet den Gesamtkinderzuschlag.

(5) $_{1}$Der Gesamtkinderzuschlag wird in voller Höhe gewährt, wenn das nach den §§ 11 bis 11b des Zweiten Buches Sozialgesetzbuch mit Ausnahme des Wohngeldes und des Kinderzuschlags zu berücksichtigende Einkommen der Eltern einen Betrag in Höhe der bei der Berechnung des Grundsicherungsgeldes nach dem Zweiten Buch Sozialgesetzbuch zu berücksichtigenden Bedarfe der Eltern (Gesamtbedarf der Eltern) nicht übersteigt und kein zu berücksichtigendes Vermögen der Eltern nach § 12 des Zweiten Buches Sozialgesetzbuch vorhanden ist. $_{2}$Als Einkommen oder Vermögen der Eltern gilt dabei dasjenige der Mitglieder der Bedarfsgemeinschaft mit Ausnahme des Einkommens oder Vermögens der in dem Haushalt lebenden Kinder. $_{3}$Absatz 3 Satz 5 gilt entsprechend. $_{4}$Zur Feststellung des Gesamtbedarfs der Eltern sind die Bedarfe für Unterkunft und Heizung in dem Verhältnis aufzuteilen, das sich aus den im 12. Bericht der Bundesregierung über die Höhe des Existenzminimums von Erwachsenen und Kindern festgestellten entsprechenden Bedarfen für Alleinstehende, Ehepaare, Lebenspartnerschaften und Kinder ergibt.

(6) $_{1}$Der Gesamtkinderzuschlag wird um das zu berücksichtigende Einkommen der Eltern gemindert, soweit es deren Bedarf übersteigt. $_{2}$Wenn das zu berücksichtigende Einkommen der Eltern nicht nur aus Erwerbseinkünften besteht, ist davon auszugehen, dass die Überschreitung des Gesamtbedarfs der Eltern durch die Erwerbseinkünfte verursacht wird, wenn nicht die Summe der anderen Einkommensteile für sich genommen diesen maßgebenden Betrag übersteigt. $_{3}$Der Gesamtkinderzuschlag wird um 45 Prozent des Betrags, um den die monatlichen Erwerbseinkünfte den maßgebenden Betrag übersteigen, monatlich gemindert. $_{4}$Anderes Einkommen oder Vermögen der Eltern mindern den Gesamtkinderzuschlag in voller Höhe. $_{5}$Bei der Berücksichtigung des Vermögens gilt Absatz 3 Satz 6 und 7 entsprechend.

(7) $_{1}$Über den Gesamtkinderzuschlag ist jeweils für sechs Monate zu entscheiden (Bewilligungszeitraum). $_{2}$Der Bewilligungszeitraum beginnt mit dem Monat, in dem der Antrag gestellt wird, jedoch frühestens nach Ende eines laufenden Bewilligungszeitraums. $_{3}$Änderungen in den tatsächlichen oder rechtlichen Verhältnissen während des laufenden Bewilligungszeitraums sind abweichend von § 48 des Zehnten Buches Sozialgesetzbuch nicht zu berücksichtigen, es sei denn, die Zusammensetzung der Bedarfsgemeinschaft oder der Höchstbetrag des Kinderzuschlags ändert sich. $_{4}$Wird ein neuer Antrag gestellt, unverzüglich nachdem der Verwaltungsakt nach § 48 des Zehnten Buches Sozialgesetzbuch wegen einer Änderung der Bedarfsgemeinschaft aufgehoben worden ist, so beginnt ein neuer Bewilligungszeitraum unmittelbar nach dem Monat, in dem sich die Bedarfsgemeinschaft geändert hat.

(8) $_{1}$Für die Ermittlung des monatlich zu berücksichtigenden Einkommens ist der Durchschnitt des Einkommens aus den sechs Monaten vor Beginn des Bewilligungszeitraums maßgeblich. $_{2}$Bei Personen, die den selbst genutzten Wohnraum mieten, sind als monatliche Bedarfe für Unterkunft und Heizung die laufenden Bedarfe für den ersten Monat des Bewilligungszeitraums zugrunde zu legen. $_{3}$Bei Personen, die an dem selbst genutzten Wohnraum Eigentum haben, sind als monatliche Bedarfe für Unterkunft und Heizung die Bedarfe aus den durchschnittlichen Monatswerten des Kalenderjahres vor Beginn des Bewilligungszeitraums zugrunde zu

legen. 4Liegen die entsprechenden Monatswerte für den Wohnraum nicht vor, soll abweichend von Satz 3 ein Durchschnitt aus den letzten vorliegenden Monatswerten für den Wohnraum zugrunde gelegt werden, nicht jedoch aus mehr als zwölf Monatswerten. 5Im Übrigen sind die tatsächlichen und rechtlichen Verhältnisse zu Beginn des Bewilligungszeitraums maßgeblich.

§ 6b Leistungen für Bildung und Teilhabe

(1) 1Personen erhalten Leistungen für Bildung und Teilhabe für ein Kind, wenn sie für dieses Kind nach diesem Gesetz oder nach dem X. Abschnitt des Einkommensteuergesetzes Anspruch auf Kindergeld oder Anspruch auf andere Leistungen im Sinne von § 4 haben und wenn

1. das Kind mit ihnen in einem Haushalt lebt und sie für ein Kind Kinderzuschlag nach § 6a beziehen oder
2. im Falle der Bewilligung von Wohngeld sie und das Kind, für das sie Kindergeld beziehen, zu berücksichtigende Haushaltsmitglieder sind.

2Satz 1 gilt entsprechend, wenn das Kind, nicht jedoch die berechtigte Person zu berücksichtigendes Haushaltsmitglied im Sinne von Satz 1 Nummer 2 ist und die berechtigte Person Leistungen nach dem Zweiten oder Zwölften Buch Sozialgesetzbuch bezieht. 3Wird das Kindergeld nach § 74 Absatz 1 des Einkommensteuergesetzes oder nach § 48 Absatz 1 des Ersten Buches Sozialgesetzbuch ausgezahlt, stehen die Leistungen für Bildung und Teilhabe dem Kind oder der Person zu, die dem Kind Unterhalt gewährt.

(2) 1Die Leistungen für Bildung und Teilhabe entsprechen den Leistungen zur Deckung der Bedarfe nach § 28 Absatz 2 bis 7 des Zweiten Buches Sozialgesetzbuch. 2§ 28 Absatz 1 Satz 2 des Zweiten Buches Sozialgesetzbuch gilt entsprechend. 3Für die Bemessung der Leistungen für die Schülerbeförderung nach § 28 Absatz 4 des Zweiten Buches Sozialgesetzbuch sind die erforderlichen tatsächlichen Aufwendungen zu berücksichtigen, soweit sie nicht von Dritten übernommen werden. 4Die Leistungen nach Satz 1 gelten nicht als Einkommen oder Vermögen im Sinne dieses Gesetzes. 5§ 19 Absatz 3 des Zweiten Buches Sozialgesetzbuch findet keine Anwendung.

(2a) Ansprüche auf Leistungen für Bildung und Teilhabe verjähren in zwölf Monaten nach Ablauf des Kalendermonats, in dem sie entstanden sind.

(3) Für die Erbringung der Leistungen für Bildung und Teilhabe gelten die §§ 29, 30 und 40 Absatz 6 des Zweiten Buches Sozialgesetzbuch entsprechend.

§ 6c Unterhaltspflichten

Unterhaltspflichten werden durch den Kinderzuschlag nicht berührt.

§ 6d Kinderfreizeitbonus aus Anlass der COVID-19-Pandemie für Familien mit Kinderzuschlag, Wohngeld oder Sozialhilfe

(1) 1Personen erhalten eine Einmalzahlung in Höhe von 100 Euro für ein Kind, welches das 18. Lebensjahr noch nicht vollendet hat und für das sie für den Monat August 2021 Kindergeld nach diesem Gesetz oder nach dem X. Abschnitt des Einkommensteuergesetzes oder andere Leistungen im Sinne von § 4 beziehen, wenn

1. sie für dieses Kind für den Monat August 2021 Kinderzuschlag nach § 6a beziehen,
2. sie und dieses Kind oder nur dieses Kind zu berücksichtigende Haushaltsmitglieder im Sinne der §§ 5 und 6 Absatz 1 des Wohngeldgesetzes sind und die Wohngeldbewilligung den Monat August 2021 umfasst oder
3. dieses Kind für den Monat August 2021 Leistungen nach dem Dritten Kapitel des Zwölften Buches Sozialgesetzbuch bezieht.

2Eines gesonderten Antrags bedarf es in den Fällen des Satzes 1 Nummer 1 nicht. 3In den Fällen des Satzes 1 Nummer 2 und 3 bedarf es eines Antrags; § 9 Absatz 1 Satz 2 ist entsprechend anzuwenden.

(2) 1Die Einmalzahlung nach Absatz 1 Satz 1 ist bei Sozialleistungen, deren Zahlung von anderen Einkommen abhängig ist, nicht als Einkommen zu berücksichtigen. 2Der Anspruch auf die Einmalzahlung nach Absatz 1 Satz 1 ist unpfändbar. 3§ 6c gilt entsprechend.

VIII

Zweiter Abschnitt
Organisation und Verfahren

§ 7 Zuständigkeit

(1) Die Bundesagentur für Arbeit (Bundesagentur) führt dieses Gesetz nach fachlichen Weisungen des Bundesministeriums für Familie, Senioren, Frauen und Jugend durch.

(2) Die Bundesagentur führt bei der Durchführung dieses Gesetzes die Bezeichnung „Familienkasse".

(3) Abweichend von Absatz 1 führen die Länder § 6b als eigene Angelegenheit aus.

§ 7a Datenübermittlung

(1) Die Träger der Leistungen nach § 6b und die Träger der Grundsicherung für Arbeitsuchende teilen sich alle Tatsachen mit, die für die Erbringung und Abrechnung der Leistungen nach § 6b dieses Gesetzes und § 28 des Zweiten Buches Sozialgesetzbuch erforderlich sind.

(2) $_{1}$Die zuständige Familienkasse übermittelt dem Bundeszentralamt für Steuern unter den Vorgaben des § 139b Absatz 10 Satz 2 und 3 der Abgabenordnung die internationale Bankkontonummer (IBAN), bei ausländischen Kreditinstituten auch den internationalen Banken-Identifizierungsschlüssel (BIC), des Kontos, auf welches das Kindergeld zuletzt ausgezahlt worden ist. $_{2}$Ist in den Fällen des Satzes 1 der Familienkasse die Identifikationsnummer nicht bekannt, darf sie diese Identifikationsnummer unter Angabe der in § 139b Absatz 3 der Abgabenordnung genannten Daten beim Bundeszentralamt für Steuern abfragen.

§ 7b Automatisiertes Abrufverfahren

Macht das Bundesministerium der Finanzen von seiner Ermächtigung nach § 68 Absatz 6 Satz 2 des Einkommensteuergesetzes Gebrauch und erlässt eine Rechtsverordnung zur Durchführung von automatisierten Abrufen nach § 68 Absatz 6 Satz 1 des Einkommensteuergesetzes, so ist die Rechtsverordnung im Geltungsbereich dieses Gesetzes entsprechend anzuwenden.

§ 8 Aufbringung der Mittel

(1) Die Aufwendungen der Bundesagentur für die Durchführung dieses Gesetzes trägt der Bund.

(2) Der Bund stellt der Bundesagentur nach Bedarf die Mittel bereit, die sie für die Zahlung des Kindergeldes und des Kinderzuschlags benötigt.

(3) $_{1}$Der Bund erstattet die Verwaltungskosten, die der Bundesagentur aus der Durchführung dieses Gesetzes entstehen. $_{2}$Näheres wird durch Verwaltungsvereinbarung geregelt.

(4) Abweichend von den Absätzen 1 bis 3 tragen die Länder die Ausgaben für die Leistungen nach § 6b und ihre Durchführung.

§ 9 Antrag

(1) $_{1}$Das Kindergeld und der Kinderzuschlag sind schriftlich zu beantragen. $_{2}$Der Antrag soll bei der nach § 13 zuständigen Familienkasse gestellt werden. $_{3}$Den Antrag kann außer dem Berechtigten auch stellen, wer ein berechtigtes Interesse an der Leistung des Kindergeldes hat.

(2) $_{1}$Vollendet ein Kind das 18. Lebensjahr, so wird es für den Anspruch auf Kindergeld nur dann weiterhin berücksichtigt, wenn der oder die Berechtigte anzeigt, dass die Voraussetzungen des § 2 Absatz 2 vorliegen. $_{2}$Absatz 1 gilt entsprechend.

(3) $_{1}$Die Leistungen für Bildung und Teilhabe sind bei der zuständigen Stelle zu beantragen. $_{2}$Absatz 1 Satz 3 gilt entsprechend.

§ 10 Auskunftspflicht

(1) $_{1}$§ 60 Absatz 1 des Ersten Buches Sozialgesetzbuch gilt auch für die bei dem Antragsteller oder Berechtigten berücksichtigten Kinder, für den nicht dauernd getrennt lebenden Ehegatten des Antragstellers oder Berechtigten und für die sonstigen Personen, bei denen die bezeichneten Kinder berücksichtigt werden. $_{2}$§ 60 Absatz 4 des Zweiten Buches Sozialgesetzbuch gilt entsprechend.

(2) Soweit es zur Durchführung der §§ 2 und 6a erforderlich ist, hat der jeweilige Arbeitgeber der in diesen Vorschriften bezeichneten Personen auf Verlangen der zuständigen Stelle eine Bescheinigung über den Arbeitslohn, die einbehaltenen Steuern und Sozialabgaben auszustellen.

(3) Die Familienkassen können den nach Absatz 2 Verpflichteten eine angemessene Frist zur Erfüllung der Pflicht setzen.

§ 11 Gewährung des Kindergeldes und des Kinderzuschlags

(1) Das Kindergeld und der Kinderzuschlag werden monatlich gewährt.

(2) Auszuzahlende Beträge sind auf Euro abzurunden, und zwar unter 50 Cent nach unten, sonst nach oben.

(3) Abweichend von § 47 Absatz 1 des Ersten Buches Sozialgesetzbuch werden das sozialrechtliche Kindergeld und der Kinderzuschlag ausschließlich auf das angegebene Konto bei einem Geldinstitut, für das die Verordnung (EU) Nr. 260/2012 gilt, überwiesen. Die Überweisung erfolgt kostenfrei.

(4) § 45 Absatz 3 des Zehnten Buches Sozialgesetzbuch findet keine Anwendung.

(5) Ein rechtswidriger nicht begünstigender Verwaltungsakt ist abweichend von § 44 Absatz 1 des Zehnten Buches Sozialgesetzbuch für die Zukunft zurückzunehmen; er kann ganz oder teilweise auch für die Vergangenheit zurückgenommen werden.

(6) Wird ein Verwaltungsakt über die Bewilligung von Kinderzuschlag aufgehoben, sind bereits erbrachte Leistungen abweichend von § 50 Absatz 1 des Zehnten Buches Sozialgesetzbuch nicht zu erstatten, soweit der Bezug von Kinderzuschlag den Anspruch auf Leistungen nach dem Zweiten Buch Sozialgesetzbuch ausschließt oder mindert.

(7) Entsprechend anwendbar sind die Vorschriften des Dritten Buches Sozialgesetzbuch über

1. die Aufhebung von Verwaltungsakten (§ 330 Absatz 2, 3 Satz 1) sowie
2. die vorläufige Zahlungseinstellung nach § 331 mit der Maßgabe, dass die Familienkasse auch zur teilweisen Zahlungseinstellung berechtigt ist, wenn sie von Tatsachen Kenntnis erhält, die zu einem geringeren Leistungsanspruch führen.

§ 12 Aufrechnung

§ 51 des Ersten Buches Sozialgesetzbuch gilt für die Aufrechnung eines Anspruchs auf Erstattung von Kindergeld und Kinderzuschlag gegen einen späteren Anspruch auf Kindergeld und Kinderzuschlag eines oder einer mit dem Erstattungspflichtigen in Haushaltsgemeinschaft lebenden Berechtigten entsprechend, soweit es sich um laufendes Kindergeld oder laufenden Kinderzuschlag für ein Kind handelt, das bei beiden berücksichtigt werden konnte.

§ 13 Zuständige Stelle

(1) $_1$Für die Entgegennahme des Antrages und die Entscheidungen über den Anspruch ist die Familienkasse (§ 7 Absatz 2) zuständig, in deren Bezirk der Berechtigte seinen Wohnsitz hat. $_2$Hat der Berechtigte keinen Wohnsitz im Geltungsbereich dieses Gesetzes, ist die Familienkasse zuständig, in deren Bezirk er seinen gewöhnlichen Aufenthalt hat. $_3$Hat der Berechtigte im Geltungsbereich dieses Gesetzes weder einen Wohnsitz noch einen gewöhnlichen Aufenthalt, ist die Familienkasse zuständig, in deren Bezirk er erwerbstätig ist. $_4$In den übrigen Fällen ist die Familienkasse Bayern Nord zuständig.

(2) Die Entscheidungen über den Anspruch trifft die Leitung der Familienkasse.

(3) Der Vorstand der Bundesagentur kann für bestimmte Bezirke oder Gruppen von Berechtigten die Entscheidungen über den Anspruch auf Kindergeld und Kinderzuschlag einheitlich einer anderen Familienkasse übertragen.

(4) Für die Leistungen nach § 6b bestimmen abweichend von den Absätzen 1 und 2 die Landesregierungen oder die von ihnen beauftragten Stellen die für die Durchführung zuständigen Behörden.

§ 14 Bescheid, Bekanntgabe von Verwaltungsakten durch Bereitstellung zum Datenabruf

(1) $_1$Wird der Antrag auf Kindergeld, Kinderzuschlag oder Leistungen für Bildung und Teilhabe abgelehnt, ist ein Bescheid zu erteilen. $_2$Das Gleiche gilt, wenn das Kindergeld,

der Kinderzuschlag oder die Leistungen für Bildung und Teilhabe entzogen werden.

(2) Abweichend von § 37 Absatz 2a des Zehnten Buches Sozialgesetzbuch gilt für die Bekanntgabe von elektronischen Verwaltungsakten zum Kindergeld und zum Kinderzuschlag § 9 Absatz 1 des Onlinezugangsgesetzes.

§ 15 Rechtsweg

Für Streitigkeiten nach diesem Gesetz sind die Gerichte der Sozialgerichtsbarkeit zuständig.

Dritter Abschnitt
Bußgeldvorschriften

§ 16 Ordnungswidrigkeiten

(1) Ordnungswidrig handelt, wer vorsätzlich oder leichtfertig

1. entgegen § 60 Absatz 1 Satz 1 Nummer 1 oder Nummer 3 des Ersten Buches Sozialgesetzbuch in Verbindung mit § 10 Absatz 1 auf Verlangen nicht die leistungserheblichen Tatsachen angibt oder Beweisurkunden vorlegt,
2. entgegen § 60 Absatz 1 Satz 1 Nummer 2 des Ersten Buches Sozialgesetzbuch eine Änderung in den Verhältnissen, die für einen Anspruch auf Kindergeld, Kinderzuschlag oder Leistungen für Bildung und Teilhabe erheblich ist, nicht, nicht richtig, nicht vollständig oder nicht rechtzeitig mitteilt oder
3. entgegen § 10 Absatz 2 oder Absatz 3 auf Verlangen eine Bescheinigung nicht, nicht richtig, nicht vollständig oder nicht rechtzeitig ausstellt.

(2) Die Ordnungswidrigkeit kann mit einer Geldbuße geahndet werden.

(3) § 66 des Zehnten Buches Sozialgesetzbuch gilt entsprechend.

(4) Verwaltungsbehörden im Sinne des § 36 Absatz 1 Nummer 1 des Gesetzes über Ordnungswidrigkeiten sind die nach § 409 der Abgabenordnung bei Steuerordnungswidrigkeiten wegen des Kindergeldes nach dem X. Abschnitt des Einkommensteuergesetzes zuständigen Verwaltungsbehörden.

Vierter Abschnitt
Übergangs- und Schlussvorschriften

§ 17 Recht der Europäischen Gemeinschaft

[1]Soweit in diesem Gesetz Ansprüche Deutschen vorbehalten sind, haben Angehörige der anderen Mitgliedstaaten der Europäischen Union, Flüchtlinge und Staatenlose nach Maßgabe des Vertrages zur Gründung der Europäischen Gemeinschaft und der auf seiner Grundlage erlassenen Verordnungen die gleichen Rechte. [2]Auch im Übrigen bleiben die Bestimmungen der genannten Verordnungen unberührt.

§ 18 Anwendung des Sozialgesetzbuches

Soweit dieses Gesetz keine ausdrückliche Regelung trifft, ist bei der Ausführung das Sozialgesetzbuch anzuwenden.

§ 19 Übergangsvorschriften

(1) Ist für die Nachzahlung und Rückforderung von Kindergeld und Zuschlag zum Kindergeld für Berechtigte mit geringem Einkommen der Anspruch eines Jahres vor 1996 maßgeblich, finden die §§ 10, 11 und 11a in der bis zum 31. Dezember 1995 geltenden Fassung Anwendung.

(2) Verfahren, die am 1. Januar 1996 anhängig sind, werden nach den Vorschriften des Sozialgesetzbuches und des Bundeskindergeldgesetzes in der bis zum 31. Dezember 1995 geltenden Fassung zu Ende geführt, soweit in § 78 des Einkommensteuergesetzes nichts anderes bestimmt ist.

(3) Wird Kinderzuschlag vor dem 1. Juli 2019 bewilligt, finden die Regelungen des Bundeskindergeldgesetzes in der bis zum 30. Juni 2019 geltenden Fassung weiter Anwendung, mit Ausnahme der Regelung zum monatlichen Höchstbetrag des Kinderzuschlags nach § 20 Absatz 3.

(4) § 6c lässt Unterhaltsleistungen, die vor dem 30. Juni 2021 fällig geworden sind, unberührt.

§ 20 Anwendungsvorschrift

(1) [1]§ 1 Absatz 3 in der am 19. Dezember 2006 geltenden Fassung ist in Fällen, in denen eine Entscheidung über den Anspruch auf Kindergeld für Monate in dem Zeitraum

zwischen dem 1. Januar 1994 und dem 18. Dezember 2006 noch nicht bestandskräftig geworden ist, anzuwenden, wenn dies für den Antragsteller günstiger ist. 2In diesem Fall werden die Aufenthaltsgenehmigungen nach dem Ausländergesetz den Aufenthaltstiteln nach dem Aufenthaltsgesetz entsprechend den Fortgeltungsregelungen in § 101 des Aufenthaltsgesetzes gleichgestellt.

(2) (weggefallen)

(3) Abweichend von § 6a Absatz 2 beträgt für die Zeit vom 1. Juli 2019 bis zum 31. Dezember 2020 der monatliche Höchstbetrag des Kinderzuschlags für jedes zu berücksichtigende Kind 185 Euro.

(3a) Abweichend von § 6a Absatz 2 beträgt der monatliche Höchstbetrag des Kinderzuschlags im Kalenderjahr 2023 für jedes zu berücksichtigende Kind 250 Euro.

(4) Wird einer Person Kinderzuschlag für einen nach dem 30. Juni 2019 und vor dem 1. Juli 2021 beginnenden Bewilligungszeitraum bewilligt und wird ihr der Verwaltungsakt erst nach Ablauf des ersten Monats des Bewilligungszeitraums bekannt gegeben, endet dieser Bewilligungszeitraum abweichend von § 6a Absatz 7 Satz 1 am Ende des fünften Monats nach dem Monat der Bekanntgabe des Verwaltungsaktes.

VIII

(5) 1Abweichend von § 6a Absatz 7 Satz 1 wird in Fällen, in denen der höchstmögliche Gesamtkinderzuschlag bezogen wird und der sechsmonatige Bewilligungszeitraum in der Zeit vom 1. April 2020 bis zum 30. September 2020 endet, der Bewilligungszeitraum von Amts wegen einmalig um weitere sechs Monate verlängert. 2Satz 1 gilt entsprechend, wenn der ursprüngliche Bewilligungszeitraum in Anwendung des § 20 Absatz 4 mehr als sechs Monate umfasst.

(6) (weggefallen)

(6a) (weggefallen)

(7) 1In Fällen, in denen der Bewilligungszeitraum vor dem 1. April 2020 begonnen hat, kann im April oder Mai 2020 einmalig während des laufenden Bewilligungszeitraums ein Antrag auf Überprüfung gestellt werden. 2Bei der Überprüfung ist abweichend von § 6a Absatz 8 Satz 1 als monatlich zu berücksichtigendes Einkommen der Eltern nur das Einkommen aus dem Monat vor dem Überprüfungsantrag zugrunde zu legen. 3Im Übrigen sind die bereits für den laufenden Bewilligungszeitraum nach Absatz 8 ermittelten tatsächlichen und rechtlichen Verhältnisse zugrunde zu legen. 4Die Voraussetzung nach § 6a Absatz 1 Nummer 3, dass bei Bezug des Kinderzuschlags keine Hilfebedürftigkeit besteht, ist nicht anzuwenden. 5Ergibt die Überprüfung einen höheren Kinderzuschlag, wird für die restlichen Monate des Bewilligungszeitraums Kinderzuschlag in der neuen Höhe bewilligt; anderenfalls ist der Antrag abzulehnen. 6Ist ein Bewilligungsbescheid für einen Bewilligungszeitraum, der vor dem 1. April 2020 beginnt, noch nicht ergangen, gelten die Sätze 1 bis 5 entsprechend. 7In den Fällen nach den Sätzen 1 bis 6 ist die Verlängerungsregelung nach Absatz 5 nicht anzuwenden.

(8) 1§ 1 Absatz 2 Satz 3 und § 2 Absatz 2 und 3 in der Fassung des Artikels 3 des Gesetzes vom 19. Juli 2006 (BGBl. I S. 1652) ist für Kinder, die im Kalenderjahr 2006 das 24. Lebensjahr vollendeten, mit der Maßgabe anzuwenden, dass jeweils an die Stelle der Angabe „25. Lebensjahres" die Angabe „26. Lebensjahres" und an die Stelle der Angabe „25. Lebensjahr" die Angabe „26. Lebensjahr" tritt; für Kinder, die im Kalenderjahr 2006 das 25. oder 26. Lebensjahr vollendeten, sind § 1 Absatz 2 Satz 3 und § 2 Absatz 2 und 3 weiterhin in der bis zum 31. Dezember 2006 geltenden Fassung anzuwenden. 2§ 1 Absatz 2 Satz 3 und § 2 Absatz 2 und 3 in der Fassung des Artikels 3 des Gesetzes vom 19. Juli 2006 (BGBl. I S. 1652) sind erstmals für Kinder anzuwenden, die im Kalenderjahr 2007 wegen einer vor Vollendung des 25. Lebensjahres eingetretenen körperlichen, geistigen oder seelischen Behinderung außerstande sind, sich selbst zu unterhalten; für Kinder, die wegen einer vor dem 1. Januar 2007 in der Zeit ab der Vollendung des 25. Lebensjahres und vor Vollendung des 27. Lebensjahres eingetretenen körperlichen, geistigen oder seelischen Behinderung außerstande sind, sich selbst zu unterhalten, ist § 2 Absatz 2 Satz 1 Nummer 3 weiterhin in der bis zum

31. Dezember 2006 geltenden Fassung anzuwenden. 3§ 2 Absatz 3 Satz 1 in der Fassung des Artikels 3 des Gesetzes vom 19. Juli 2006 (BGBl. I S. 1652) ist für Kinder, die im Kalenderjahr 2006 das 24. Lebensjahr vollendeten, mit der Maßgabe anzuwenden, dass an die Stelle der Angabe „über das 21. oder 25. Lebensjahr hinaus" die Angabe „über das 21. oder 26. Lebensjahr hinaus" tritt; für Kinder, die im Kalenderjahr 2006 das 25., 26. oder 27. Lebensjahr vollendeten, ist § 2 Absatz 3 Satz 1 weiterhin in der bis zum 31. Dezember 2006 geltenden Fassung anzuwenden.

(9) § 2 Absatz 2 Satz 1 Nummer 2 Buchstabe d in der am 31. Juli 2014 geltenden Fassung ist auf Freiwilligendienste im Sinne der Verordnung (EU) Nr. 1288/2013 des Europäischen Parlaments und des Rates vom 11. Dezember 2013 zur Einrichtung von „Erasmus+", dem Programm der Union für allgemeine und berufliche Bildung, Jugend und Sport, und zur Aufhebung der Beschlüsse Nr. 1719/2006/EG, Nr. 1720/2006/EG und Nr. 1298/2008/EG (ABl. L 347 vom 20. 12. 2013, S. 50), die ab dem 1. Januar 2014 begonnen wurden, ab dem 1. Januar 2014 anzuwenden.

(9a) § 2 Absatz 2 Satz 2 in der Fassung des Artikels 13 des Gesetzes vom 16. Juli 2009 (BGBl. I S. 1959) ist ab dem 1. Januar 2010 anzuwenden.

(10) § 2 Absatz 2 Satz 4 in der Fassung des Artikels 2 Absatz 8 des Gesetzes vom 16. Mai 2008 (BGBl. I S. 842) ist erstmals ab dem 1. Januar 2009 anzuwenden.

(11) § 2 Absatz 3 ist letztmals bis zum 31. Dezember 2018 anzuwenden; Voraussetzung ist in diesen Fällen, dass das Kind den Dienst oder die Tätigkeit vor dem 1. Juli 2011 angetreten hat.

(12) § 6 Absatz 3 in der am 1. Januar 2018 geltenden Fassung ist auf Anträge anzuwenden, die nach dem 31. Dezember 2017 eingehen.

(13) 1§ 1 Absatz 3 Satz 1 Nummer 1 bis 4 in der Fassung des Artikels 34 des Gesetzes vom 12. Dezember 2019 (BGBl. I S. 2451) ist für Entscheidungen anzuwenden, die Zeiträume betreffen, die nach dem letzten Tag des sechsten auf die Verkündung des Fachkräfteeinwanderungsgesetzes folgenden Kalendermonats beginnen. 2§ 1 Absatz 3 Satz 1 Nummer 5 in der Fassung des Artikels 34 des Gesetzes vom 12. Dezember 2019 (BGBl. I S. 2451) ist für Entscheidungen anzuwenden, die Zeiträume betreffen, die nach dem 31. Dezember 2019 beginnen. 3§ 1 Absatz 3 Nummer 2 Buchstabe c in der Fassung des Artikels 5 Nummer 1 des Gesetzes vom 23. Mai 2022 (BGBl. I S. 760) ist für Entscheidungen anzuwenden, die Zeiträume betreffen, die nach dem 31. Mai 2022 beginnen. 4§ 1 Absatz 3 Satz 1 Nummer 2 in der Fassung des Artikels 42 des Gesetzes vom 2. Dezember 2024 (BGBl. 2024 I Nr. 387) ist für Entscheidungen anzuwenden, die Zeiträume betreffen, die nach dem 31. Mai 2024 beginnen.

§ 21 Sondervorschrift zur Steuerfreistellung des Existenzminimums eines Kindes in den Veranlagungszeiträumen 1983 bis 1995 durch Kindergeld

1In Fällen, in denen die Entscheidung über die Höhe des Kindergeldanspruchs für Monate in dem Zeitraum zwischen dem 1. Januar 1983 und dem 31. Dezember 1995 noch nicht bestandskräftig geworden ist, kommt eine von den §§ 10 und 11 in der jeweils geltenden Fassung abweichende Bewilligung von Kindergeld nur in Betracht, wenn die Einkommensteuer formell bestandskräftig und hinsichtlich der Höhe der Kinderfreibeträge nicht vorläufig festgesetzt sowie das Existenzminimum des Kindes nicht unter der Maßgabe des § 53 des Einkommensteuergesetzes steuerfrei belassen worden ist. 2Dies ist vom Kindergeldberechtigten durch eine Bescheinigung des zuständigen Finanzamtes nachzuweisen. 3Nach Vorlage dieser Bescheinigung hat die Familienkasse den vom Finanzamt ermittelten Unterschiedsbetrag zwischen der festgesetzten Einkommensteuer und der Einkommensteuer, die nach § 53 Satz 6 des Einkommensteuergesetzes festzusetzen gewesen wäre, wenn die Voraussetzungen nach § 53 Satz 1 und 2 des Einkommensteuergesetzes vorgelegen hätten, als zusätzliches Kindergeld zu zahlen.

Einkommensteuergesetz (EStG)

in der Fassung der Bekanntmachung vom 8. Oktober 2009 (BGBl. I S. 3366, S. 3862)

Zuletzt geändert durch
Neuntes Gesetz zur Änderung von Vorschriften im Steuerberatungsrecht sowie im Steuerrecht vom 29. Juni 2026 (BGBl. I Nr. 197)

– Auszug –

Inhaltsübersicht

I. Steuerpflicht

§ 1 Steuerpflicht

(1) $_{1}$Natürliche Personen, die im Inland einen Wohnsitz oder ihren gewöhnlichen Aufenthalt haben, sind unbeschränkt einkommensteuerpflichtig. $_{2}$Zum Inland im Sinne dieses Gesetzes gehört auch der der Bundesrepublik Deutschland zustehende Anteil

1. an der ausschließlichen Wirtschaftszone, soweit dort
   a) die lebenden und nicht lebenden natürlichen Ressourcen der Gewässer über dem Meeresboden, des Meeresbodens und seines Untergrunds erforscht, ausgebeutet, erhalten oder bewirtschaftet werden,
   b) andere Tätigkeiten zur wirtschaftlichen Erforschung oder Ausbeutung der ausschließlichen Wirtschaftszone ausgeübt werden, wie beispielsweise die Energieerzeugung aus Wasser, Strömung und Wind oder
   c) künstliche Inseln errichtet oder genutzt werden und Anlagen und Bauwerke für die in den Buchstaben a und b genannten Zwecke errichtet oder genutzt werden, und
2. am Festlandsockel, soweit dort
   a) dessen natürliche Ressourcen erforscht oder ausgebeutet werden; natürliche Ressourcen in diesem Sinne sind die mineralischen und sonstigen nicht lebenden Ressourcen des Meeresbodens und seines Untergrunds sowie die zu den sesshaften Arten gehörenden Lebewesen, die im nutzbaren Stadium entweder unbeweglich auf oder unter dem Meeresboden verbleiben oder sich nur in ständigem körperlichen Kontakt mit dem Meeresboden oder seinem Untergrund fortbewegen können; oder
   b) künstliche Inseln errichtet oder genutzt werden und Anlagen und Bauwerke für die in Buchstabe a genannten Zwecke errichtet oder genutzt werden.

(2) $_{1}$Unbeschränkt einkommensteuerpflichtig sind auch deutsche Staatsangehörige, die

1. im Inland weder einen Wohnsitz noch ihren gewöhnlichen Aufenthalt haben und
2. zu einer inländischen juristischen Person des öffentlichen Rechts in einem Dienstverhältnis stehen und dafür Arbeitslohn aus einer inländischen öffentlichen Kasse beziehen

sowie zu ihrem Haushalt gehörende Angehörige, die die deutsche Staatsangehörigkeit besitzen oder keine Einkünfte oder nur Einkünfte beziehen, die ausschließlich im Inland einkommensteuerpflichtig sind. $_{2}$Dies gilt nur für natürliche Personen, die in dem Staat, in dem sie ihren Wohnsitz oder ihren gewöhnlichen Aufenthalt haben, lediglich in einem der beschränkten Einkommensteuerpflicht ähnlichen Umfang zu einer Steuer vom Einkommen herangezogen werden.

(3) $_{1}$Auf Antrag werden auch natürliche Personen als unbeschränkt einkommensteuerpflichtig behandelt, die im Inland weder einen Wohnsitz noch ihren gewöhnlichen Aufenthalt haben, soweit sie inländische Einkünfte im Sinne des § 49 haben. $_{2}$Dies gilt nur, wenn ihre Einkünfte im Kalenderjahr mindestens zu 90 Prozent der deutschen Einkommensteuer unterliegen oder die nicht der deutschen Einkommensteuer unterliegenden Einkünfte den Grundfreibetrag nach § 32a Absatz 1 Satz 2 Nummer 1 nicht übersteigen; dieser Betrag ist zu kürzen, soweit es nach den Verhältnissen im Wohnsitzstaat des Steuerpflichtigen notwendig und angemessen ist. $_{3}$Inländische Einkünfte, die nach einem Abkommen zur Vermeidung der Doppelbesteuerung nur der Höhe nach beschränkt besteuert werden dürfen, gelten hierbei als nicht der deutschen Einkommensteuer unterliegend. $_{4}$Unberücksichtigt bleiben bei der Ermittlung der Einkünfte nach Satz 2 nicht der deutschen Einkommensteuer unterliegende Einkünfte, die im Ausland nicht besteuert werden, soweit vergleichbare Einkünfte im Inland steuerfrei sind. $_{5}$Weitere Voraussetzung ist, dass die Höhe der nicht der deutschen Einkommensteuer unterliegenden Einkünfte durch eine Bescheinigung der zuständigen ausländischen Steuerbehörde nachgewiesen wird. $_{6}$Der Steuerabzug nach

§ 50a ist ungeachtet der Sätze 1 bis 4 vorzunehmen.

(4) Natürliche Personen, die im Inland weder einen Wohnsitz noch ihren gewöhnlichen Aufenthalt haben, sind vorbehaltlich der Absätze 2 und 3 und des § 1a beschränkt einkommensteuerpflichtig, wenn sie inländische Einkünfte im Sinne des § 49 haben.

§ 1a (EU- und EWR-Staatsangehörige)

(1) Für Staatsangehörige eines Mitgliedstaates der Europäischen Union oder eines Staates, auf den das Abkommen über den Europäischen Wirtschaftsraum anwendbar ist, die nach § 1 Absatz 1 unbeschränkt einkommensteuerpflichtig sind oder die nach § 1 Absatz 3 als unbeschränkt einkommensteuerpflichtig zu behandeln sind, gilt bei Anwendung von § 10 Absatz 1a und § 26 Absatz 1 Satz 1 Folgendes:

1. Aufwendungen im Sinne des § 10 Absatz 1a sind auch dann als Sonderausgaben abziehbar, wenn der Empfänger der Leistung oder Zahlung nicht unbeschränkt einkommensteuerpflichtig ist. 2Voraussetzung ist, dass
   a) der Empfänger seinen Wohnsitz oder gewöhnlichen Aufenthalt im Hoheitsgebiet eines anderen Mitgliedstaates der Europäischen Union oder eines Staates hat, auf den das Abkommen über den Europäischen Wirtschaftsraum Anwendung findet und
   b) die Besteuerung der nach § 10 Absatz 1a zu berücksichtigenden Leistung oder Zahlung beim Empfänger durch eine Bescheinigung der zuständigen ausländischen Steuerbehörde nachgewiesen wird;
2. der nicht dauernd getrennt lebende Ehegatte ohne Wohnsitz oder gewöhnlichen Aufenthalt im Inland wird auf Antrag für die Anwendung des § 26 Absatz 1 Satz 1 als unbeschränkt einkommensteuerpflichtig behandelt. 2Nummer 1 Satz 2 Buchstabe a gilt entsprechend. 3Bei Anwendung des § 1 Absatz 3 Satz 2 ist auf die Einkünfte beider Ehegatten abzustellen und der Grundfreibetrag nach § 32a Absatz 1 Satz 2 Nummer 1 zu verdoppeln.

(2) Für unbeschränkt einkommensteuerpflichtige Personen im Sinne des § 1 Absatz 2, die die Voraussetzungen des § 1 Absatz 3 Satz 2 bis 5 erfüllen, und für unbeschränkt einkommensteuerpflichtige Personen im Sinne des § 1 Absatz 3, die die Voraussetzungen des § 1 Absatz 2 Satz 1 Nummer 1 und 2 erfüllen und an einem ausländischen Dienstort tätig sind, gilt die Regelung des Absatzes 1 Nummer 2 entsprechend mit der Maßgabe, dass auf Wohnsitz oder gewöhnlichen Aufenthalt im Staat des ausländischen Dienstortes abzustellen ist.

II. Einkommen

1. Sachliche Voraussetzungen für die Besteuerung

§ 2 Umfang der Besteuerung, Begriffsbestimmungen

(1) 1Der Einkommensteuer unterliegen

1. Einkünfte aus Land- und Forstwirtschaft,
2. Einkünfte aus Gewerbebetrieb,
3. Einkünfte aus selbständiger Arbeit,
4. Einkünfte aus nichtselbständiger Arbeit,
5. Einkünfte aus Kapitalvermögen,
6. Einkünfte aus Vermietung und Verpachtung,
7. sonstige Einkünfte im Sinne des § 22,

die der Steuerpflichtige während seiner unbeschränkten Einkommensteuerpflicht oder als inländische Einkünfte während seiner beschränkten Einkommensteuerpflicht erzielt. 2Zu welcher Einkunftsart die Einkünfte im einzelnen Fall gehören, bestimmt sich nach den §§ 13 bis 24.

(2) 1Einkünfte sind

1. bei Land- und Forstwirtschaft, Gewerbebetrieb und selbständiger Arbeit der Gewinn (§§ 4 bis 7k und 13a),
2. bei den anderen Einkunftsarten der Überschuss der Einnahmen über die Werbungskosten (§§ 8 bis 9a).

$_2$Bei Einkünften aus Kapitalvermögen tritt § 20 Absatz 9 vorbehaltlich der Regelung in § 32d Absatz 2 an die Stelle der §§ 9 und 9a.

(3) Die Summe der Einkünfte, vermindert um den Altersentlastungsbetrag, den Entlastungsbetrag für Alleinerziehende und den Abzug nach § 13 Absatz 3, ist der Gesamtbetrag der Einkünfte.

(4) Der Gesamtbetrag der Einkünfte, vermindert um die Sonderausgaben und die außergewöhnlichen Belastungen, ist das Einkommen.

(5) $_1$Das Einkommen, vermindert um die Freibeträge nach § 32 Absatz 6 und um die sonstigen vom Einkommen abzuziehenden Beträge, ist das zu versteuernde Einkommen; dieses bildet die Bemessungsgrundlage für die tarifliche Einkommensteuer. $_2$Knüpfen andere Gesetze an den Begriff des zu versteuernden Einkommens an, ist für deren Zweck das Einkommen in allen Fällen des § 32 um die Freibeträge nach § 32 Absatz 6 zu vermindern.

(5a) $_1$Knüpfen außersteuerliche Rechtsnormen an die in den vorstehenden Absätzen definierten Begriffe (Einkünfte, Summe der Einkünfte, Gesamtbetrag der Einkünfte, Einkommen, zu versteuerndes Einkommen) an, erhöhen sich für deren Zwecke diese Größen um die nach § 32d Absatz 1 und nach § 43 Absatz 5 zu besteuernden Beträge sowie um die nach § 3 Nummer 40 steuerfreien Beträge und mindern sich um die nach § 3c Absatz 2 nicht abziehbaren Beträge. $_2$Knüpfen außersteuerliche Rechtsnormen an die in den Absätzen 1 bis 3 genannten Begriffe (Einkünfte, Summe der Einkünfte, Gesamtbetrag der Einkünfte) an, mindern sich für deren Zwecke diese Größen um die nach § 10 Absatz 1 Nummer 5 abziehbaren Kinderbetreuungskosten.

(5b) Soweit Rechtsnormen dieses Gesetzes an die in den vorstehenden Absätzen definierten Begriffe (Einkünfte, Summe der Einkünfte, Gesamtbetrag der Einkünfte, Einkommen, zu versteuerndes Einkommen) anknüpfen, sind Kapitalerträge nach § 32d Absatz 1 und § 43 Absatz 5 nicht einzubeziehen.

(6) $_1$Die tarifliche Einkommensteuer, vermindert um den Unterschiedsbetrag nach § 32c Absatz 1 Satz 2, die anzurechnenden ausländischen Steuern und die Steuerermäßigungen, vermehrt um die Steuer nach § 32d Absatz 3 und 4, die Steuer nach § 34c Absatz 5 und den Zuschlag nach § 3 Absatz 4 Satz 2 des Forstschäden-Ausgleichsgesetzes in der Fassung der Bekanntmachung vom 26. August 1985 (BGBl. I S. 1756), das zuletzt durch Artikel 412 der Verordnung vom 31. August 2015 (BGBl. I S. 1474) geändert worden ist, in der jeweils geltenden Fassung, ist die festzusetzende Einkommensteuer. $_2$Wurde der Gesamtbetrag der Einkünfte in den Fällen des § 10a Absatz 2 um Sonderausgaben nach § 10a Absatz 1 gemindert, ist für die Ermittlung der festzusetzenden Einkommensteuer der Anspruch auf Zulage nach Abschnitt XI der tariflichen Einkommensteuer hinzuzurechnen; bei der Ermittlung der dem Steuerpflichtigen zustehenden Zulage bleibt die Erhöhung der Grundzulage nach § 84 Satz 2 außer Betracht. $_3$Wird das Einkommen in den Fällen des § 31 um die Freibeträge nach § 32 Absatz 6 gemindert, ist der Anspruch auf Kindergeld nach Abschnitt X der tariflichen Einkommensteuer hinzuzurechnen; nicht jedoch für Kalendermonate, in denen durch Bescheid der Familienkasse ein Anspruch auf Kindergeld festgesetzt, aber wegen § 70 Absatz 1 Satz 2 nicht ausgezahlt wurde.

(7) $_1$Die Einkommensteuer ist eine Jahressteuer. $_2$Die Grundlagen für ihre Festsetzung sind jeweils für ein Kalenderjahr zu ermitteln. $_3$Besteht während eines Kalenderjahres sowohl unbeschränkte als auch beschränkte Einkommensteuerpflicht, so sind die während der beschränkten Einkommensteuerpflicht erzielten inländischen Einkünfte in eine Veranlagung zur unbeschränkten Einkommensteuerpflicht einzubeziehen.

(8) Die Regelungen dieses Gesetzes zu Ehegatten und Ehen sind auch auf Lebenspartner und Lebenspartnerschaften anzuwenden.

4. Überschuss der Einnahmen über die Werbungskosten

§ 8 Einnahmen

(1) $_1$Einnahmen sind alle Güter, die in Geld oder Geldeswert bestehen und dem Steuer-

pflichtigen im Rahmen einer der Einkunftsarten des § 2 Absatz 1 Satz 1 Nummer 4 bis 7 zufließen. $_{2}$Zu den Einnahmen in Geld gehören auch zweckgebundene Geldleistungen, nachträgliche Kostenerstattungen, Geldsurrogate und andere Vorteile, die auf einen Geldbetrag lauten. $_{3}$Satz 2 gilt nicht bei Gutscheinen und Geldkarten, die ausschließlich zum Bezug von Waren oder Dienstleistungen berechtigen und die Kriterien des § 2 Absatz 1 Nummer 10 des Zahlungsdiensteaufsichtsgesetzes erfüllen.

(2) $_{1}$Einnahmen, die nicht in Geld bestehen (Wohnung, Kost, Waren, Dienstleistungen und sonstige Sachbezüge), sind mit den um übliche Preisnachlässe geminderten üblichen Endpreisen am Abgabeort anzusetzen. $_{2}$Für die private Nutzung eines betrieblichen Kraftfahrzeugs zu privaten Fahrten gilt § 6 Absatz 1 Nummer 4 Satz 2 entsprechend. $_{3}$Kann das Kraftfahrzeug auch für Fahrten zwischen Wohnung und erster Tätigkeitsstätte sowie Fahrten nach § 9 Absatz 1 Satz 3 Nummer 4a Satz 3 genutzt werden, erhöht sich der Wert in Satz 2 für jeden Kalendermonat um 0,03 Prozent des Listenpreises im Sinne des § 6 Absatz 1 Nummer 4 Satz 2 für jeden Kilometer der Entfernung zwischen Wohnung und erster Tätigkeitsstätte sowie der Fahrten nach § 9 Absatz 1 Satz 3 Nummer 4a Satz 3. $_{4}$Der Wert nach den Sätzen 2 und 3 kann mit dem auf die private Nutzung und die Nutzung zu Fahrten zwischen Wohnung und erster Tätigkeitsstätte sowie Fahrten nach § 9 Absatz 1 Satz 3 Nummer 4a Satz 3 entfallenden Teil der gesamten Kraftfahrzeugaufwendungen angesetzt werden, wenn die durch das Kraftfahrzeug insgesamt entstehenden Aufwendungen durch Belege und das Verhältnis der privaten Fahrten und der Fahrten zwischen Wohnung und erster Tätigkeitsstätte sowie Fahrten nach § 9 Absatz 1 Satz 3 Nummer 4a Satz 3 zu den übrigen Fahrten durch ein ordnungsgemäßes Fahrtenbuch nachgewiesen werden; § 6 Absatz 1 Nummer 4 Satz 3 zweiter Halbsatz gilt entsprechend. $_{5}$Die Nutzung des Kraftfahrzeugs zu einer Familienheimfahrt im Rahmen einer doppelten Haushaltsführung ist mit 0,002 Prozent des Listenpreises im Sinne des § 6 Absatz 1 Nummer 4 Satz 2 für jeden Kilometer der Entfernung zwischen dem Ort des eigenen Hausstands und dem Beschäftigungsort anzusetzen; dies gilt nicht, wenn für diese Fahrt ein Abzug von Werbungskosten nach § 9 Absatz 1 Satz 3 Nummer 5 Satz 5 und 6 in Betracht käme; Satz 4 ist sinngemäß anzuwenden. $_{6}$Bei Arbeitnehmern, für deren Sachbezüge durch Rechtsverordnung nach § 17 Absatz 1 Satz 1 Nummer 4 des Vierten Buches Sozialgesetzbuch Werte bestimmt worden sind, sind diese Werte maßgebend. $_{7}$Die Werte nach Satz 6 sind auch bei Steuerpflichtigen anzusetzen, die nicht der gesetzlichen Rentenversicherungspflicht unterliegen. $_{8}$Wird dem Arbeitnehmer während einer beruflichen Tätigkeit außerhalb seiner Wohnung und ersten Tätigkeitsstätte oder im Rahmen einer beruflich veranlassten doppelten Haushaltsführung vom Arbeitgeber oder auf dessen Veranlassung von einem Dritten eine Mahlzeit zur Verfügung gestellt, ist diese Mahlzeit mit dem Wert nach Satz 6 (maßgebender amtlicher Sachbezugswert nach der Sozialversicherungsentgeltverordnung) anzusetzen, wenn der Preis für die Mahlzeit 60 Euro nicht übersteigt. $_{9}$Der Ansatz einer nach Satz 8 bewerteten Mahlzeit unterbleibt, wenn beim Arbeitnehmer für ihm entstehende Mehraufwendungen für Verpflegung ein Werbungskostenabzug nach § 9 Absatz 4a Satz 1 bis 7 in Betracht käme. $_{10}$Die oberste Finanzbehörde eines Landes kann mit Zustimmung des Bundesministeriums der Finanzen für weitere Sachbezüge der Arbeitnehmer Durchschnittswerte festsetzen. $_{11}$Sachbezüge, die nach Satz 1 zu bewerten sind, bleiben außer Ansatz, wenn die sich nach Anrechnung der vom Steuerpflichtigen gezahlten Entgelte ergebenden Vorteile insgesamt 50 Euro im Kalendermonat nicht übersteigen; die nach Absatz 1 Satz 3 nicht zu den Einnahmen in Geld gehörenden Gutscheine und Geldkarten bleiben nur dann außer Ansatz, wenn sie zusätzlich zum ohnehin geschuldeten Arbeitslohn gewährt werden. $_{12}$Der Ansatz eines Sachbezugs für eine dem Arbeitnehmer vom Arbeitgeber, auf dessen Veranlassung von einem verbundenen Unter-

nehmen (§ 15 des Aktiengesetzes) oder bei einer juristischen Person des öffentlichen Rechts als Arbeitgeber auf dessen Veranlassung von einem entsprechend verbundenen Unternehmen zu eigenen Wohnzwecken überlassene Wohnung unterbleibt, soweit das vom Arbeitnehmer gezahlte Entgelt mindestens zwei Drittel des ortsüblichen Mietwerts und dieser nicht mehr als 25 Euro je Quadratmeter ohne umlagefähige Kosten im Sinne der Verordnung über die Aufstellung von Betriebskosten beträgt.

(3) 1Erhält ein Arbeitnehmer auf Grund seines Dienstverhältnisses Waren oder Dienstleistungen, die vom Arbeitgeber nicht überwiegend für den Bedarf seiner Arbeitnehmer hergestellt, vertrieben oder erbracht werden und deren Bezug nicht nach § 40 pauschal versteuert wird, so gelten als deren Werte abweichend von Absatz 2 die um 4 Prozent geminderten Endpreise, zu denen der Arbeitgeber oder der dem Abgabeort nächstansässige Abnehmer die Waren oder Dienstleistungen fremden Letztverbrauchern im allgemeinen Geschäftsverkehr anbietet. 2Die sich nach Abzug der vom Arbeitnehmer gezahlten Entgelte ergebenden Vorteile sind steuerfrei, soweit sie aus dem Dienstverhältnis insgesamt 1080 Euro im Kalenderjahr nicht übersteigen.

(4) 1Im Sinne dieses Gesetzes werden Leistungen des Arbeitgebers oder auf seine Veranlassung eines Dritten (Sachbezüge oder Zuschüsse) für eine Beschäftigung nur dann zusätzlich zum ohnehin geschuldeten Arbeitslohn erbracht, wenn

1. die Leistung nicht auf den Anspruch auf Arbeitslohn angerechnet,
2. der Anspruch auf Arbeitslohn nicht zugunsten der Leistung herabgesetzt,
3. die verwendungs- oder zweckgebundene Leistung nicht anstelle einer bereits vereinbarten künftigen Erhöhung des Arbeitslohns gewährt und
4. bei Wegfall der Leistung der Arbeitslohn nicht erhöht

wird. 2Unter den Voraussetzungen des Satzes 1 ist von einer zusätzlich zum ohnehin geschuldeten Arbeitslohn erbrachten Leistung auch dann auszugehen, wenn der Arbeitnehmer arbeitsvertraglich oder auf Grund einer anderen arbeits- oder dienstrechtlichen Rechtsgrundlage (wie Einzelvertrag, Betriebsvereinbarung, Tarifvertrag, Gesetz) einen Anspruch auf diese hat.

§ 9 Werbungskosten

(1) 1Werbungskosten sind Aufwendungen zur Erwerbung, Sicherung und Erhaltung der Einnahmen. 2Sie sind bei der Einkunftsart abzuziehen, bei der sie erwachsen sind. 3Werbungskosten sind auch

1. Schuldzinsen und auf besonderen Verpflichtungsgründen beruhende Renten und dauernde Lasten, soweit sie mit einer Einkunftsart in wirtschaftlichem Zusammenhang stehen. 2Bei Leibrenten kann nur der Anteil abgezogen werden, der sich nach § 22 Nummer 1 Satz 3 Buchstabe a Doppelbuchstabe bb ergibt;
2. Steuern vom Grundbesitz, sonstige öffentliche Abgaben und Versicherungsbeiträge, soweit solche Ausgaben sich auf Gebäude oder auf Gegenstände beziehen, die dem Steuerpflichtigen zur Einnahmeerzielung dienen;
3. Beiträge zu Berufsständen und sonstigen Berufsverbänden, deren Zweck nicht auf einen wirtschaftlichen Geschäftsbetrieb gerichtet ist;
4. Aufwendungen des Arbeitnehmers für die Wege zwischen Wohnung und erster Tätigkeitsstätte im Sinne des Absatzes 4. 2Zur Abgeltung dieser Aufwendungen ist für jeden Arbeitstag, an dem der Arbeitnehmer die erste Tätigkeitsstätte aufsucht eine Entfernungspauschale für jeden vollen Kilometer der Entfernung zwischen Wohnung und erster Tätigkeitsstätte von 0,38 Euro anzusetzen, höchstens jedoch 4500 Euro im Kalenderjahr; ein höherer Betrag als 4500 Euro ist anzusetzen, soweit der Arbeitnehmer einen eigenen oder ihm zur Nutzung überlassenen Kraftwagen benutzt. 3Die Entfernungspauschale gilt nicht für Flugstrecken und Strecken mit steuerfreier Sammelbeförderung nach § 3 Nummer 32. 4Für die Bestimmung der

VIII

Entfernung ist die kürzeste Straßenverbindung zwischen Wohnung und erster Tätigkeitsstätte maßgebend; eine andere als die kürzeste Straßenverbindung kann zugrunde gelegt werden, wenn diese offensichtlich verkehrsgünstiger ist und vom Arbeitnehmer regelmäßig für die Wege zwischen Wohnung und erster Tätigkeitsstätte benutzt wird. 5Nach §8 Absatz 2 Satz 11 oder Absatz 3 steuerfreie Sachbezüge für Fahrten zwischen Wohnung und erster Tätigkeitsstätte mindern den nach Satz 2 abziehbaren Betrag; ist der Arbeitgeber selbst der Verkehrsträger, ist der Preis anzusetzen, den ein dritter Arbeitgeber an den Verkehrsträger zu entrichten hätte. 6Hat ein Arbeitnehmer mehrere Wohnungen, so sind die Wege von einer Wohnung, die nicht der ersten Tätigkeitsstätte am nächsten liegt, nur zu berücksichtigen, wenn sie den Mittelpunkt der Lebensinteressen des Arbeitnehmers bildet und nicht nur gelegentlich aufgesucht wird. 7Nach §3 Nummer 37 steuerfreie Sachbezüge mindern den nach Satz 2 abziehbaren Betrag nicht; §3c Absatz 1 ist nicht anzuwenden.

4a. Aufwendungen des Arbeitnehmers für beruflich veranlasste Fahrten, die nicht Fahrten zwischen Wohnung und erster Tätigkeitsstätte im Sinne des Absatzes 4 sowie keine Familienheimfahrten sind. 2Anstelle der tatsächlichen Aufwendungen, die dem Arbeitnehmer durch die persönliche Benutzung eines Beförderungsmittels entstehen, können die Fahrtkosten mit den pauschalen Kilometersätzen angesetzt werden, die für das jeweils benutzte Beförderungsmittel (Fahrzeug) als höchste Wegstreckenentschädigung nach dem Bundesreisekostengesetz festgesetzt sind. 3Hat ein Arbeitnehmer keine erste Tätigkeitsstätte (§9 Absatz 4) und hat er nach den dienst- oder arbeitsrechtlichen Festlegungen sowie den diese ausfüllenden Absprachen und Weisungen zur Aufnahme seiner beruflichen Tätigkeit dauerhaft denselben Ort oder dasselbe weiträumige Tätigkeitsgebiet typischerweise arbeitstäglich aufzusuchen, gilt Absatz 1 Satz 3 Nummer 4 und Absatz 2 für die Fahrten von der Wohnung zu diesem Ort oder dem zur Wohnung nächstgelegenen Zugang zum Tätigkeitsgebiet entsprechend. 4Für die Fahrten innerhalb des weiträumigen Tätigkeitsgebietes gelten die Sätze 1 und 2 entsprechend.

5. notwendige Mehraufwendungen, die einem Arbeitnehmer wegen einer beruflich veranlassten doppelten Haushaltsführung entstehen. 2Eine doppelte Haushaltsführung liegt nur vor, wenn der Arbeitnehmer außerhalb des Ortes seiner ersten Tätigkeitsstätte einen eigenen Hausstand unterhält und auch am Ort der ersten Tätigkeitsstätte wohnt. 3Das Vorliegen eines eigenen Hausstandes setzt das Innehaben einer Wohnung sowie eine finanzielle Beteiligung an den Kosten der Lebensführung voraus. 4Als Unterkunftskosten für eine doppelte Haushaltsführung können die tatsächlichen Aufwendungen für die Nutzung der Unterkunft angesetzt werden, höchstens 1000 Euro im Monat bei einer Unterkunft im Inland und höchstens 2000 Euro im Monat bei einer Unterkunft im Ausland; die Grenze von 2000 Euro bei einer Unterkunft im Ausland gilt nicht, wenn eine Dienst- oder Werkswohnung verpflichtend und zweckgebunden genutzt werden muss oder deren Kosten für Zwecke des Mietzuschusses nach §54 des Bundesbesoldungsgesetzes als notwendig anerkannt worden sind. 5Aufwendungen für die Wege vom Ort der ersten Tätigkeitsstätte zum Ort des eigenen Hausstandes und zurück (Familienheimfahrt) können jeweils nur für eine Familienheimfahrt wöchentlich abgezogen werden. 6Zur Abgeltung der Aufwendungen für eine Familienheimfahrt ist eine Entfernungspauschale von 0,38 Euro für jeden vollen Kilometer der Entfernung zwischen dem Ort des eigenen Hausstandes und dem Ort der ersten Tätigkeitsstätte anzusetzen. 7Nummer 4 Satz 3 bis 5 ist entsprechend anzuwen-

den. $_{8}$Aufwendungen für Familienheimfahrten mit einem dem Steuerpflichtigen im Rahmen einer Einkunftsart überlassenen Kraftfahrzeug werden nicht berücksichtigt.

5a. notwendige Mehraufwendungen eines Arbeitnehmers für beruflich veranlasste Übernachtungen an einer Tätigkeitsstätte, die nicht erste Tätigkeitsstätte ist. $_{2}$Übernachtungskosten sind die tatsächlichen Aufwendungen für die persönliche Inanspruchnahme einer Unterkunft zur Übernachtung. $_{3}$Soweit höhere Übernachtungskosten anfallen, weil der Arbeitnehmer eine Unterkunft gemeinsam mit Personen nutzt, die in keinem Dienstverhältnis zum selben Arbeitgeber stehen, sind nur diejenigen Aufwendungen anzusetzen, die bei alleiniger Nutzung durch den Arbeitnehmer angefallen wären. $_{4}$Nach Ablauf von 48 Monaten einer längerfristigen beruflichen Tätigkeit an derselben Tätigkeitsstätte, die nicht erste Tätigkeitsstätte ist, können Unterkunftskosten nur noch bis zur Höhe des Betrags nach Nummer 5 angesetzt werden. $_{5}$Eine Unterbrechung dieser beruflichen Tätigkeit an derselben Tätigkeitsstätte führt zu einem Neubeginn, wenn die Unterbrechung mindestens sechs Monate dauert.

5b. notwendige Mehraufwendungen, die einem Arbeitnehmer während seiner auswärtigen beruflichen Tätigkeit auf einem Kraftfahrzeug des Arbeitgebers oder eines vom Arbeitgeber beauftragten Dritten im Zusammenhang mit einer Übernachtung in dem Kraftfahrzeug für Kalendertage entstehen, an denen der Arbeitnehmer eine Verpflegungspauschale nach Absatz 4a Satz 3 Nummer 1 und 2 sowie Satz 5 zur Nummer 1 und 2 beanspruchen könnte. $_{2}$Anstelle der tatsächlichen Aufwendungen, die dem Arbeitnehmer im Zusammenhang mit einer Übernachtung in dem Kraftfahrzeug entstehen, kann im Kalenderjahr einheitlich eine Pauschale von 9 Euro für jeden Kalendertag berücksichtigt werden, an dem der Arbeitnehmer eine Verpflegungspauschale nach Absatz 4a Satz 3 Nummer 1 und 2 sowie Satz 5 zur Nummer 1 und 2 beanspruchen könnte,

6. Aufwendungen für Arbeitsmittel, zum Beispiel für Werkzeuge und typische Berufskleidung. $_{2}$Nummer 7 bleibt unberührt;

7. Absetzungen für Abnutzung und für Substanzverringerung, Sonderabschreibungen nach § 7b und erhöhte Absetzungen. $_{2}$§ 6 Absatz 2 Satz 1 bis 3 ist in Fällen der Anschaffung oder Herstellung von Wirtschaftsgütern entsprechend anzuwenden.

(2) $_{1}$Durch die Entfernungspauschalen sind sämtliche Aufwendungen abgegolten, die durch die Wege zwischen Wohnung und erster Tätigkeitsstätte im Sinne des Absatzes 4 und durch die Familienheimfahrten veranlasst sind. $_{2}$Aufwendungen für die Benutzung öffentlicher Verkehrsmittel können angesetzt werden, soweit sie den im Kalenderjahr insgesamt als Entfernungspauschale abziehbaren Betrag übersteigen. $_{3}$Menschen mit Behinderungen,

1. deren Grad der Behinderung mindestens 70 beträgt,
2. deren Grad der Behinderung weniger als 70, aber mindestens 50 beträgt und die in ihrer Bewegungsfähigkeit im Straßenverkehr erheblich beeinträchtigt sind,

können anstelle der Entfernungspauschalen die tatsächlichen Aufwendungen für die Wege zwischen Wohnung und erster Tätigkeitsstätte und für Familienheimfahrten ansetzen. $_{4}$Die Voraussetzungen der Nummern 1 und 2 sind durch amtliche Unterlagen nachzuweisen.

(3) Absatz 1 Satz 3 Nummer 4 bis 5a sowie die Absätze 2 und 4a gelten bei den Einkunftsarten im Sinne des § 2 Absatz 1 Satz 1 Nummer 5 bis 7 entsprechend.

(4) $_{1}$Erste Tätigkeitsstätte ist die ortsfeste betriebliche Einrichtung des Arbeitgebers, eines verbundenen Unternehmens (§ 15 des Aktiengesetzes) oder eines vom Arbeitgeber bestimmten Dritten, der der Arbeitnehmer dauerhaft zugeordnet ist. $_{2}$Die Zuordnung im Sinne des Satzes 1 wird durch die dienst- oder

arbeitsrechtlichen Festlegungen sowie die diese ausfüllenden Absprachen und Weisungen bestimmt. 3Von einer dauerhaften Zuordnung ist insbesondere auszugehen, wenn der Arbeitnehmer unbefristet, für die Dauer des Dienstverhältnisses oder über einen Zeitraum von 48 Monaten hinaus an einer solchen Tätigkeitsstätte tätig werden soll. 4Fehlt eine solche dienst- oder arbeitsrechtliche Festlegung auf eine Tätigkeitsstätte oder ist sie nicht eindeutig, ist erste Tätigkeitsstätte die betriebliche Einrichtung, an der der Arbeitnehmer dauerhaft

1. typischerweise arbeitstäglich tätig werden soll oder
2. je Arbeitswoche zwei volle Arbeitstage oder mindestens ein Drittel seiner vereinbarten regelmäßigen Arbeitszeit tätig werden soll.

5Je Dienstverhältnis hat der Arbeitnehmer höchstens eine erste Tätigkeitsstätte. 6Liegen die Voraussetzungen der Sätze 1 bis 4 für mehrere Tätigkeitsstätten vor, ist diejenige Tätigkeitsstätte erste Tätigkeitsstätte, die der Arbeitgeber bestimmt. 7Fehlt es an dieser Bestimmung oder ist sie nicht eindeutig, ist die der Wohnung örtlich am nächsten liegende Tätigkeitsstätte die erste Tätigkeitsstätte. 8Als erste Tätigkeitsstätte gilt auch eine Bildungseinrichtung, die außerhalb eines Dienstverhältnisses zum Zwecke eines Vollzeitstudiums oder einer vollzeitigen Bildungsmaßnahme aufgesucht wird; die Regelungen für Arbeitnehmer nach Absatz 1 Satz 3 Nummer 4 und 5 sowie Absatz 4a sind entsprechend anzuwenden.

VIII

(4a) 1Mehraufwendungen des Arbeitnehmers für die Verpflegung sind nur nach Maßgabe der folgenden Sätze als Werbungskosten abziehbar. 2Wird der Arbeitnehmer außerhalb seiner Wohnung und ersten Tätigkeitsstätte beruflich tätig (auswärtige berufliche Tätigkeit), ist zur Abgeltung der ihm tatsächlich entstandenen, beruflich veranlassten Mehraufwendungen eine Verpflegungspauschale anzusetzen. 3Diese beträgt

1. 28 Euro für jeden Kalendertag, an dem der Arbeitnehmer 24 Stunden von seiner Wohnung und ersten Tätigkeitsstätte abwesend ist,
2. jeweils 14 Euro für den An- und Abreisetag, wenn der Arbeitnehmer an diesem, einem anschließenden oder vorhergehenden Tag außerhalb seiner Wohnung übernachtet,
3. 14 Euro für den Kalendertag, an dem der Arbeitnehmer ohne Übernachtung außerhalb seiner Wohnung mehr als 8 Stunden von seiner Wohnung und der ersten Tätigkeitsstätte abwesend ist; beginnt die auswärtige berufliche Tätigkeit an einem Kalendertag und endet am nachfolgenden Kalendertag ohne Übernachtung, werden 14 Euro für den Kalendertag gewährt, an dem der Arbeitnehmer den überwiegenden Teil der insgesamt mehr als 8 Stunden von seiner Wohnung und der ersten Tätigkeitsstätte abwesend ist.

4Hat der Arbeitnehmer keine erste Tätigkeitsstätte, gelten die Sätze 2 und 3 entsprechend; Wohnung im Sinne der Sätze 2 und 3 ist der Hausstand, der den Mittelpunkt der Lebensinteressen des Arbeitnehmers bildet sowie eine Unterkunft am Ort der ersten Tätigkeitsstätte im Rahmen der doppelten Haushaltsführung. 5Bei einer Tätigkeit im Ausland treten an die Stelle der Pauschbeträge nach Satz 3 länderweise unterschiedliche Pauschbeträge, die für die Fälle der Nummer 1 mit 120 sowie der Nummern 2 und 3 mit 80 Prozent der Auslandstagegelder nach dem Bundesreisekostengesetz vom Bundesministerium der Finanzen im Einvernehmen mit den obersten Finanzbehörden der Länder aufgerundet auf volle Euro festgesetzt werden; dabei bestimmt sich der Pauschbetrag nach dem Ort, den der Arbeitnehmer vor 24 Uhr Ortszeit zuletzt erreicht, oder, wenn dieser Ort im Inland liegt, nach dem letzten Tätigkeitsort im Ausland. 6Der Abzug der Verpflegungspauschalen ist auf die ersten drei Monate einer längerfristigen beruflichen Tätigkeit an derselben Tätigkeitsstätte beschränkt. 7Eine Unterbrechung der beruflichen Tätigkeit an derselben Tätigkeitsstätte führt zu einem Neubeginn, wenn sie mindestens vier Wochen dauert. 8Wird dem Arbeitnehmer anlässlich oder während einer Tätigkeit außerhalb seiner ersten Tätigkeitsstätte vom Arbeitgeber oder auf dessen Veranlassung von einem Dritten eine Mahlzeit zur Verfügung gestellt, sind die nach den Sätzen 3 und 5 ermittelten Verpflegungspauschalen zu kürzen:

1. für Frühstück um 20 Prozent,
2. für Mittag- und Abendessen um jeweils 40 Prozent,

der nach Satz 3 Nummer 1 gegebenenfalls in Verbindung mit Satz 5 maßgebenden Verpflegungspauschale für einen vollen Kalendertag; die Kürzung darf die ermittelte Verpflegungspauschale nicht übersteigen. $_{9}$Satz 8 gilt auch, wenn Reisekostenvergütungen wegen der zur Verfügung gestellten Mahlzeiten einbehalten oder gekürzt werden oder die Mahlzeiten nach § 40 Absatz 2 Satz 1 Nummer 1a pauschal besteuert werden. $_{10}$Hat der Arbeitnehmer für die Mahlzeit ein Entgelt gezahlt, mindert dieser Betrag den Kürzungsbetrag nach Satz 8. $_{11}$Erhält der Arbeitnehmer steuerfreie Erstattungen für Verpflegung, ist ein Werbungskostenabzug insoweit ausgeschlossen. $_{12}$Die Verpflegungspauschalen nach den Sätzen 3 und 5, die Dreimonatsfrist nach den Sätzen 6 und 7 sowie die Kürzungsregelungen nach den Sätzen 8 bis 10 gelten entsprechend auch für den Abzug von Mehraufwendungen für Verpflegung, die bei einer beruflich veranlassten doppelten Haushaltsführung entstehen, soweit der Arbeitnehmer vom eigenen Hausstand im Sinne des § 9 Absatz 1 Satz 3 Nummer 5 abwesend ist; dabei ist für jeden Kalendertag innerhalb der Dreimonatsfrist, an dem gleichzeitig eine Tätigkeit im Sinne des Satzes 2 oder des Satzes 4 ausgeübt wird, nur der jeweils höchste in Betracht kommende Pauschbetrag abziehbar. $_{13}$Die Dauer einer Tätigkeit im Sinne des Satzes 2 an dem Tätigkeitsort, an dem die doppelte Haushaltsführung begründet wurde, ist auf die Dreimonatsfrist anzurechnen, wenn sie ihr unmittelbar vorausgegangen ist.

(5) $_{1}$§ 4 Absatz 5 Satz 1 Nummer 1 bis 4, 6b bis 8a, 10, 12 und Absatz 6 gilt sinngemäß. $_{2}$Die §§ 4k, 6 Absatz 1 Nummer 1a und § 6e gelten entsprechend.

(6) $_{1}$Aufwendungen des Steuerpflichtigen für seine Berufsausbildung oder für sein Studium sind nur dann Werbungskosten, wenn der Steuerpflichtige zuvor bereits eine Erstausbildung (Berufsausbildung oder Studium) abgeschlossen hat oder wenn die Berufsausbildung oder das Studium im Rahmen eines Dienstverhältnisses stattfindet. $_{2}$Eine Berufsausbildung als Erstausbildung nach Satz 1 liegt vor, wenn eine geordnete Ausbildung mit einer Mindestdauer von 12 Monaten bei vollzeitiger Ausbildung und mit einer Abschlussprüfung durchgeführt wird. $_{3}$Eine geordnete Ausbildung liegt vor, wenn sie auf der Grundlage von Rechts- oder Verwaltungsvorschriften oder internen Vorschriften eines Bildungsträgers durchgeführt wird. $_{4}$Ist eine Abschlussprüfung nach dem Ausbildungsplan nicht vorgesehen, gilt die Ausbildung mit der tatsächlichen planmäßigen Beendigung als abgeschlossen. $_{5}$Eine Berufsausbildung als Erstausbildung hat auch abgeschlossen, wer die Abschlussprüfung einer durch Rechts- oder Verwaltungsvorschriften geregelten Berufsausbildung mit einer Mindestdauer von 12 Monaten bestanden hat, ohne dass er zuvor die entsprechende Berufsausbildung durchlaufen hat.

Entscheidung des Bundesverfassungsgerichts Vom 19. November 2019 (BGBl. 2022 I S. 413)

Aus dem Beschluss des Bundesverfassungsgerichts vom 19. November 2019 – 2 BvL 22/14 u. a. – wird folgende Entscheidungsformel veröffentlicht:

§ 9 Absatz 6 des Einkommensteuergesetzes in der Fassung des Gesetzes zur Umsetzung der Beitreibungsrichtlinie sowie zur Änderung steuerlicher Vorschriften (Beitreibungsrichtlinie-Umsetzungsgesetz – BeitrRLUmsG) vom 7. Dezember 2011 (Bundesgesetzblatt I Seite 2592) ist mit dem Grundgesetz vereinbar.

Die vorstehende Entscheidungsformel hat gemäß § 31 Absatz 2 des Bundesverfassungsgerichtsgesetzes Gesetzeskraft.

§ 9a Pauschbeträge für Werbungskosten

$_{1}$Für Werbungskosten sind bei der Ermittlung der Einkünfte die folgenden Pauschbeträge abzuziehen, wenn nicht höhere Werbungskosten nachgewiesen werden:

1. a) von den Einnahmen aus nichtselbständiger Arbeit vorbehaltlich Buchstabe b:
   ein Arbeitnehmer-Pauschbetrag von 1230 Euro;
   b) von den Einnahmen aus nichtselbständiger Arbeit, soweit es sich um Versorgungsbezüge im Sinne des § 19 Absatz 2 handelt:
   ein Pauschbetrag von 102 Euro;
2. (weggefallen)
3. von den Einnahmen im Sinne des § 22 Nummer 1, 1a und 5:
   ein Pauschbetrag von insgesamt 102 Euro.

2Der Pauschbetrag nach Satz 1 Nummer 1 Buchstabe b darf nur bis zur Höhe der um den Versorgungsfreibetrag einschließlich des Zuschlags zum Versorgungsfreibetrag (§ 19 Absatz 2) geminderten Einnahmen, die Pauschbeträge nach Satz 1 Nummer 1 Buchstabe a und Nummer 3 dürfen nur bis zur Höhe der Einnahmen abgezogen werden. 3Beitragszahlungen an Gewerkschaften als Werbungskosten im Sinne des § 9 Absatz 1 Satz 3 Nummer 3 werden neben den Pauschbeträgen im Sinne des Satzes 1 berücksichtigt.

VIII

5. Sonderausgaben

§ 10

(1) Sonderausgaben sind die folgenden Aufwendungen, wenn sie weder Betriebsausgaben noch Werbungskosten sind oder wie Betriebsausgaben oder Werbungskosten behandelt werden:

1. (weggefallen)
2. a) Beiträge zu den gesetzlichen Rentenversicherungen oder zur landwirtschaftlichen Alterskasse sowie zu berufsständischen Versorgungseinrichtungen, die den gesetzlichen Rentenversicherungen vergleichbare Leistungen erbringen;
   b) Beiträge des Steuerpflichtigen
      aa) zum Aufbau einer eigenen kapitalgedeckten Altersversorgung, wenn der Vertrag nur die Zahlung einer monatlichen, auf das Leben des Steuerpflichtigen bezogenen lebenslangen Leibrente nicht vor Vollendung des 62. Lebensjahres oder zusätzlich die ergänzende Absicherung des Eintritts der Berufsunfähigkeit (Berufsunfähigkeitsrente), der verminderten Erwerbsfähigkeit (Erwerbsminderungsrente) oder von Hinterbliebenen (Hinterbliebenenrente) vorsieht. 2Hinterbliebene in diesem Sinne sind der Ehegatte des Steuerpflichtigen und die Kinder, für die er Anspruch auf Kindergeld oder auf einen Freibetrag nach § 32 Absatz 6 hat. 3Der Anspruch auf Waisenrente darf längstens für den Zeitraum bestehen, in dem der Rentenberechtigte die Voraussetzungen für die Berücksichtigung als Kind im Sinne des § 32 erfüllt;
      bb) für seine Absicherung gegen den Eintritt der Berufsunfähigkeit oder der verminderten Erwerbsfähigkeit (Versicherungsfall), wenn der Vertrag nur die Zahlung einer monatlichen, auf das Leben des Steuerpflichtigen bezogenen lebenslangen Leibrente für einen Versicherungsfall vorsieht, der bis zur Vollendung des 67. Lebensjahres eingetreten ist. 2Der Vertrag kann die Beendigung der Rentenzahlung wegen eines medizinisch begründeten Wegfalls der Berufsunfähigkeit oder der verminderten Erwerbsfähigkeit vorsehen. 3Die Höhe der zugesagten Rente kann vom Alter des Steuerpflichtigen bei Eintritt des Versicherungsfalls abhängig gemacht werden, wenn der Steuerpflichtige das 55. Lebensjahr vollendet hat.

   2Die Ansprüche nach Buchstabe b dürfen nicht vererblich, nicht übertragbar, nicht beleihbar, nicht veräußerbar und nicht kapitalisierbar sein. 3Anbieter und Steuerpflichtiger können vereinbaren, dass bis zu zwölf Monatsleistungen in einer Auszahlung zusammengefasst werden oder eine Kleinbetragsrente im Sinne von § 93 Absatz 3 Satz 2 oder 4 abgefunden wird. 4Bei der Berechnung der Kleinbetragsrente sind alle bei einem Anbieter bestehenden Verträge des Steuerpflichtigen jeweils nach Buchstabe b Doppelbuchstabe aa oder Doppelbuchstabe bb zusammenzurechnen. 5Neben den genannten Auszahlungsformen darf kein weiterer Anspruch auf Auszahlungen bestehen. 6Zu den Beiträgen nach den Buchstaben a und b ist der nach § 3 Nummer 62 steuerfreie Arbeitgeberanteil zur gesetzlichen Rentenversicherung und ein diesem gleichgestellter steuerfreier Zuschuss des Arbeitgebers hinzuzurechnen. 7Beiträge nach § 168 Absatz 1 Nummer 1b oder 1c oder nach § 172 Absatz 3 oder 3a des Sechsten Buches Sozialgesetzbuch werden abweichend von Satz 6 nur auf Antrag des Steuerpflichtigen hinzugerechnet;

3. Beiträge zu
   a) Krankenversicherungen, soweit diese zur Erlangung eines durch das Zwölfte Buch Sozialgesetzbuch bestimmten sozialhilfegleichen Versorgungsniveaus erforderlich sind und sofern auf die Leistungen ein Anspruch besteht. 2Für Beiträge zur gesetzlichen Krankenversicherung sind dies die nach dem Dritten Titel des Ersten Abschnitts des Achten Kapitels des Fünften Buches Sozialgesetzbuch oder die nach dem Sechsten Abschnitt des Zweiten Gesetzes über die Krankenversicherung der Landwirte festgesetzten Beiträge; Voraussetzung für die Berücksichtigung beim Steuerpflichtigen ist die Angabe der erteilten Identifikationsnummer (§ 139b der Abgabenordnung) des Kindes in der Einkommensteuererklärung des Steuerpflichtigen. 3Für Beiträge zu einer privaten Krankenversicherung sind dies die Beitragsanteile, die auf Vertragsleistungen entfallen, die, mit Ausnahme der auf das Krankengeld entfallenden Beitragsanteile, in Art, Umfang und Höhe den Leistungen nach dem Dritten Kapitel des Fünften Buches Sozialgesetzbuch vergleichbar sind; § 158 Absatz 2 des Versicherungsaufsichtsgesetzes gilt entsprechend. 4Wenn sich aus den Krankenversicherungsbeiträgen nach Satz 2 ein Anspruch auf Krankengeld oder ein Anspruch auf eine Leistung, die anstelle von Krankengeld gewährt wird, ergeben kann, ist der jeweilige Beitrag um 4 Prozent zu vermindern;
   b) gesetzlichen Pflegeversicherungen (soziale Pflegeversicherung und private Pflege-Pflichtversicherung).

2Als eigene Beiträge des Steuerpflichtigen können auch eigene Beiträge im Sinne der Buchstaben a oder b eines Kindes behandelt werden, wenn der Steuerpflichtige die Beiträge des Kindes, für das ein Anspruch auf einen Freibetrag nach § 32 Absatz 6 oder auf Kindergeld besteht, durch Leistungen in Form von Bar- oder Sachunterhalt wirtschaftlich getragen hat, unabhängig von Einkünften oder Bezügen des Kindes. 3Satz 2 gilt entsprechend, wenn der Steuerpflichtige die Beiträge für ein unterhaltsberechtigtes Kind trägt, welches nicht selbst Versicherungsnehmer ist, sondern der andere Elternteil. 4Hat der Steuerpflichtige in den Fällen des Absatzes 1a Nummer 1 eigene Beiträge im Sinne des Buchstaben a oder des Buchstaben b zum Erwerb einer Krankenversicherung oder gesetzlichen Pflegeversicherung für einen geschiedenen oder dauernd getrennt lebenden unbeschränkt einkommensteuerpflichtigen Ehegatten geleistet, dann werden diese abweichend von Satz 1 als eigene Beiträge des geschiedenen oder dauernd getrennt lebenden unbeschränkt einkommensteuerpflichtigen Ehegatten behandelt. 5Beiträge, die für nach Ablauf des Veranlagungszeitraums beginnende Beitragsjahre geleistet wer-

VIII

den und in der Summe das Dreifache der auf den Veranlagungszeitraum entfallenden Beiträge überschreiten, sind in dem Veranlagungszeitraum anzusetzen, für den sie geleistet wurden;

3a. Beiträge zu Kranken- und Pflegeversicherungen, soweit diese nicht nach Nummer 3 zu berücksichtigen sind; Beiträge zu Versicherungen gegen Arbeitslosigkeit, zu Erwerbs- und Berufsunfähigkeitsversicherungen, die nicht unter Nummer 2 Satz 1 Buchstabe b fallen, zu Unfall- und Haftpflichtversicherungen sowie zu Risikoversicherungen, die nur für den Todesfall eine Leistung vorsehen; Beiträge zu Versicherungen im Sinne des § 10 Absatz 1 Nummer 2 Buchstabe b Doppelbuchstabe bb bis dd in der am 31. Dezember 2004 geltenden Fassung, wenn die Laufzeit dieser Versicherungen vor dem 1. Januar 2005 begonnen hat und ein Versicherungsbeitrag bis zum 31. Dezember 2004 entrichtet wurde; § 10 Absatz 1 Nummer 2 Satz 2 bis 6 und Absatz 2 Satz 2 in der am 31. Dezember 2004 geltenden Fassung ist in diesen Fällen weiter anzuwenden;

4. gezahlte Kirchensteuer; dies gilt nicht, soweit die Kirchensteuer als Zuschlag zur Kapitalertragsteuer oder als Zuschlag auf die nach dem gesonderten Tarif des § 32d Absatz 1 ermittelte Einkommensteuer gezahlt wurde;

5. 80 Prozent der Aufwendungen, höchstens 4800 Euro je Kind, für Dienstleistungen zur Betreuung eines zum Haushalt des Steuerpflichtigen gehörenden Kindes im Sinne des § 32 Absatz 1, welches das 14. Lebensjahr noch nicht vollendet hat oder wegen einer vor Vollendung des 25. Lebensjahres eingetretenen körperlichen, geistigen oder seelischen Behinderung außerstande ist, sich selbst zu unterhalten. 2Dies gilt nicht für Aufwendungen für Unterricht, die Vermittlung besonderer Fähigkeiten sowie für sportliche und andere Freizeitbetätigungen. 3Ist das zu betreuende Kind nicht nach § 1 Absatz 1 oder Absatz 2 unbeschränkt einkommensteuerpflichtig, ist der in Satz 1 genannte Betrag zu kürzen, soweit es nach den Verhältnissen im Wohnsitzstaat des Kindes notwendig und angemessen ist. 4Voraussetzung für den Abzug der Aufwendungen nach Satz 1 ist, dass der Steuerpflichtige für die Aufwendungen eine Rechnung erhalten hat und die Zahlung auf das Konto des Erbringers der Leistung erfolgt ist;

6. (weggefallen)

7. Aufwendungen für die eigene Berufsausbildung bis zu 6000 Euro im Kalenderjahr. 2Bei Ehegatten, die die Voraussetzungen des § 26 Absatz 1 Satz 1 erfüllen, gilt Satz 1 für jeden Ehegatten. 3Zu den Aufwendungen im Sinne des Satzes 1 gehören auch Aufwendungen für eine auswärtige Unterbringung. 4§ 4 Absatz 5 Satz 1 Nummer 6b und 6c sowie § 9 Absatz 1 Satz 3 Nummer 4 und 5, Absatz 2, 4 Satz 8 und Absatz 4a sind bei der Ermittlung der Aufwendungen anzuwenden.

8. (weggefallen)

9. 30 Prozent des Entgelts, höchstens 5000 Euro, das der Steuerpflichtige für ein Kind, für das er Anspruch auf einen Freibetrag nach § 32 Absatz 6 oder auf Kindergeld hat, für dessen Besuch einer Schule in freier Trägerschaft oder einer überwiegend privat finanzierten Schule entrichtet, mit Ausnahme des Entgelts für Beherbergung, Betreuung und Verpflegung. 2Voraussetzung ist, dass die Schule in einem Mitgliedstaat der Europäischen Union oder in einem Staat belegen ist, auf den das Abkommen über den Europäischen Wirtschaftsraum Anwendung findet, und die Schule zu einem von dem zuständigen inländischen Ministerium eines Landes, von der Kultusministerkonferenz der Länder oder von einer inländischen Zeugnisanerkennungsstelle anerkannten oder einem inländischen Abschluss an einer öffentlichen Schule als gleichwertig anerkannten allgemein bildenden oder berufsbildenden Schul-, Jahrgangs- oder Berufs-

abschluss führt. $_{3}$Der Besuch einer anderen Einrichtung, die auf einen Schul-, Jahrgangs- oder Berufsabschluss im Sinne des Satzes 2 ordnungsgemäß vorbereitet, steht einem Schulbesuch im Sinne des Satzes 1 gleich. $_{4}$Der Besuch einer Deutschen Schule im Ausland steht dem Besuch einer solchen Schule gleich, unabhängig von ihrer Belegenheit. $_{5}$Der Höchstbetrag nach Satz 1 wird für jedes Kind, bei dem die Voraussetzungen vorliegen, je Elternpaar nur einmal gewährt.

(1a) $_{1}$Sonderausgaben sind auch die folgenden Aufwendungen:

1. Unterhaltsleistungen an den geschiedenen oder dauernd getrennt lebenden unbeschränkt einkommensteuerpflichtigen Ehegatten, wenn der Geber dies mit Zustimmung des Empfängers beantragt, bis zu 13 805 Euro im Kalenderjahr. $_{2}$Der Höchstbetrag nach Satz 1 erhöht sich um den Betrag der im jeweiligen Veranlagungszeitraum nach Absatz 1 Nummer 3 für die Absicherung des geschiedenen oder dauernd getrennt lebenden unbeschränkt einkommensteuerpflichtigen Ehegatten aufgewandten Beiträge. $_{3}$Der Antrag kann jeweils nur für ein Kalenderjahr gestellt und nicht zurückgenommen werden. $_{4}$Die Zustimmung ist mit Ausnahme der nach § 894 der Zivilprozessordnung als erteilt geltenden bis auf Widerruf wirksam. $_{5}$Der Widerruf ist vor Beginn des Kalenderjahres, für das die Zustimmung erstmals nicht gelten soll, gegenüber dem Finanzamt zu erklären. $_{6}$Die Sätze 1 bis 5 gelten für Fälle der Nichtigkeit oder der Aufhebung der Ehe entsprechend. $_{7}$Voraussetzung für den Abzug der Aufwendungen ist die Angabe der erteilten Identifikationsnummer (§ 139b der Abgabenordnung) der unterhaltenen Person in der Steuererklärung des Unterhaltsleistenden, wenn die unterhaltene Person der unbeschränkten oder beschränkten Steuerpflicht unterliegt. $_{8}$Die unterhaltene Person ist für diese Zwecke verpflichtet, dem Unterhaltsleistenden ihre erteilte Identifikationsnummer (§ 139b der Abgabenordnung) mitzuteilen. $_{9}$Kommt die unterhaltene Person dieser Verpflichtung nicht nach, ist der Unterhaltsleistende berechtigt, bei der für ihn zuständigen Finanzbehörde die Identifikationsnummer der unterhaltenen Person zu erfragen;
2. auf besonderen Verpflichtungsgründen beruhende, lebenslange und wiederkehrende Versorgungsleistungen, die nicht mit Einkünften in wirtschaftlichem Zusammenhang stehen, die bei der Veranlagung außer Betracht bleiben, wenn der Empfänger unbeschränkt einkommensteuerpflichtig ist. $_{2}$Dies gilt nur für
   a) Versorgungsleistungen im Zusammenhang mit der Übertragung eines Mitunternehmeranteils an einer Personengesellschaft, die eine Tätigkeit im Sinne der §§ 13, 15 Absatz 1 Satz 1 Nummer 1 oder des § 18 Absatz 1 ausübt,
   b) Versorgungsleistungen im Zusammenhang mit der Übertragung eines Betriebs oder Teilbetriebs, sowie
   c) Versorgungsleistungen im Zusammenhang mit der Übertragung eines mindestens 50 Prozent betragenden Anteils an einer Gesellschaft mit beschränkter Haftung, wenn der Übergeber als Geschäftsführer tätig war und der Übernehmer diese Tätigkeit nach der Übertragung übernimmt.

   $_{3}$Satz 2 gilt auch für den Teil der Versorgungsleistungen, der auf den Wohnteil eines Betriebs der Land- und Forstwirtschaft entfällt. $_{4}$Voraussetzung für den Abzug der Aufwendungen ist die Angabe der erteilten Identifikationsnummer (§ 139b der Abgabenordnung) des Empfängers in der Steuererklärung des Leistenden; Nummer 1 Satz 8 und 9 gilt entsprechend;
3. Ausgleichsleistungen zur Vermeidung eines Versorgungsausgleichs nach § 6 Absatz 1 Satz 2 Nummer 2 und § 23 des Versorgungsausgleichsgesetzes sowie § 1408 Absatz 2 und § 1587 des Bürgerlichen Gesetzbuchs, soweit der Verpflichtete dies mit Zustimmung des Berechtigten beantragt und der Berechtigte unbeschränkt einkommensteuerpflichtig ist. $_{2}$Nummer 1

Satz 3 bis 5 gilt entsprechend. 3Voraussetzung für den Abzug der Aufwendungen ist die Angabe der erteilten Identifikationsnummer (§ 139b der Abgabenordnung) des Berechtigten in der Steuererklärung des Verpflichteten; Nummer 1 Satz 8 und 9 gilt entsprechend;

4. Ausgleichszahlungen im Rahmen des Versorgungsausgleichs nach den §§ 20 bis 22 und 26 des Versorgungsausgleichsgesetzes und nach den §§ 1587f, 1587g und 1587i des Bürgerlichen Gesetzbuchs in der bis zum 31. August 2009 geltenden Fassung sowie nach § 3a des Gesetzes zur Regelung von Härten im Versorgungsausgleich, soweit die ihnen zu Grunde liegenden Einnahmen bei der ausgleichspflichtigen Person der Besteuerung unterliegen, wenn die ausgleichsberechtigte Person unbeschränkt einkommensteuerpflichtig ist. 2Nummer 3 Satz 3 gilt entsprechend.

(2) 1Voraussetzung für den Abzug der in Absatz 1 Nummern 2, 3 und 3a bezeichneten Beträge (Vorsorgeaufwendungen) ist, dass sie

1. nicht in unmittelbarem wirtschaftlichen Zusammenhang mit steuerfreien Einnahmen stehen; ungeachtet dessen sind Vorsorgeaufwendungen im Sinne des Absatzes 1 Nummer 2, 3 und 3a zu berücksichtigen, soweit
   a) sie in unmittelbarem wirtschaftlichen Zusammenhang mit in einem Mitgliedstaat der Europäischen Union oder einem Vertragsstaat des Abkommens über den Europäischen Wirtschaftsraum oder in der Schweizerischen Eidgenossenschaft erzielten Einnahmen stehen,
   b) diese Einnahmen nach einem Abkommen zur Vermeidung der Doppelbesteuerung im Inland steuerfrei sind und
   c) der andere Staat keinerlei steuerliche Berücksichtigung von Vorsorgeaufwendungen im Rahmen der Besteuerung dieser Einnahmen zulässt;

   steuerfreie Zuschüsse zu einer Kranken- oder Pflegeversicherung stehen insgesamt in unmittelbarem wirtschaftlichen Zusammenhang mit den Vorsorgeaufwendungen im Sinne des Absatzes 1 Nummer 3,

2. geleistet werden an
   a) Versicherungsunternehmen,
      aa) die ihren Sitz oder ihre Geschäftsleitung in einem Mitgliedstaat der Europäischen Union oder einem Vertragsstaat des Abkommens über den Europäischen Wirtschaftsraum haben und das Versicherungsgeschäft im Inland betreiben dürfen, oder
      bb) denen die Erlaubnis zum Geschäftsbetrieb im Inland erteilt ist.

      2Darüber hinaus werden Beiträge nur berücksichtigt, wenn es sich um Beträge im Sinne des Absatzes 1 Nummer 3 Satz 1 Buchstabe a an eine Einrichtung handelt, die eine anderweitige Absicherung im Krankheitsfall im Sinne des § 5 Absatz 1 Nummer 13 des Fünften Buches Sozialgesetzbuch oder eine der Beihilfe oder freien Heilfürsorge vergleichbare Absicherung im Sinne des § 193 Absatz 3 Satz 2 Nummer 2 des Versicherungsvertragsgesetzes gewährt. 3Dies gilt entsprechend, wenn ein Steuerpflichtiger, der weder seinen Wohnsitz noch seinen gewöhnlichen Aufenthalt im Inland hat, mit den Beiträgen einen Versicherungsschutz im Sinne des Absatzes 1 Nummer 3 Satz 1 erwirbt,
   b) berufsständische Versorgungseinrichtungen,
   c) einen Sozialversicherungsträger oder
   d) einen Anbieter im Sinne des § 80.

2Vorsorgeaufwendungen nach Absatz 1 Nummer 2 Buchstabe b werden nur berücksichtigt, wenn die Beiträge zugunsten eines Vertrags geleistet wurden, der nach § 5a des Altersvorsorgeverträge-Zertifizierungsgesetzes zertifiziert ist, wobei die Zertifizierung Grundlagenbescheid im Sinne des § 171 Absatz 10 der Abgabenordnung ist.

(2a) 1Bei Vorsorgeaufwendungen nach Absatz 1 Nummer 2 Buchstabe b hat der Anbieter als mitteilungspflichtige Stelle nach Maßgabe des § 93c der Abgabenordnung und unter Angabe der Vertrags- oder der Versicherungsdaten die Höhe der im jeweiligen Beitragsjahr geleisteten Beiträge und die Zertifizierungsnummer an die zentrale Stelle (§ 81) zu übermitteln. 2§ 22a Absatz 2 gilt entsprechend. 3§ 72a Absatz 4 und § 93c Absatz 4 der Abgabenordnung finden keine Anwendung.

(2b) 1Bei Vorsorgeaufwendungen nach Absatz 1 Nummer 3 hat das Versicherungsunternehmen, der Träger der gesetzlichen Kranken- und Pflegeversicherung, die Künstlersozialkasse oder eine Einrichtung im Sinne des Absatzes 2 Satz 1 Nummer 2 Buchstabe a Satz 2 als mitteilungspflichtige Stelle nach Maßgabe des § 93c der Abgabenordnung und unter Angabe der Vertrags- oder der Versicherungsdaten die Höhe der im jeweiligen Beitragsjahr geleisteten und erstatteten Beiträge sowie die in § 93c Absatz 1 Nummer 2 Buchstabe c der Abgabenordnung genannten Daten mit der Maßgabe, dass insoweit als Steuerpflichtiger die versicherte Person gilt, an die zentrale Stelle (§ 81) zu übermitteln; sind Versicherungsnehmer und versicherte Person nicht identisch, sind zusätzlich die Identifikationsnummer und der Tag der Geburt des Versicherungsnehmers anzugeben. 2Auf der Grundlage des § 65a des Fünften Buches Sozialgesetzbuch nach den Satzungen der gesetzlichen Krankenkassen erbrachte Bonusleistungen gelten bis zu einer Höhe von 150 Euro pro versicherter Person und Beitragsjahr nicht als Beitragserstattung; diese Summe übersteigende Bonusleistungen gelten stets als Beitragserstattung. 3Der Steuerpflichtige kann nachweisen, dass Bonusleistungen in Höhe des übersteigenden Betrags nicht als Beitragserstattung zu qualifizieren sind. 4Satz 1 gilt nicht, soweit diese Daten mit der elektronischen Lohnsteuerbescheinigung (§ 41b Absatz 1 Satz 2) oder der Rentenbezugsmitteilung (§ 22a Absatz 1 Satz 1 Nummer 4) zu übermitteln sind. 5§ 22a Absatz 2 gilt entsprechend. 6Zuständige Finanzbehörde im Sinne des § 72a Absatz 4 und des § 93c Absatz 4 der Abgabenordnung ist das Bundeszentralamt für Steuern. 7Wird in den Fällen des § 72a Absatz 4 der Abgabenordnung eine unzutreffende Höhe der Beiträge übermittelt, ist die entgangene Steuer mit 30 Prozent des zu hoch ausgewiesenen Betrags anzusetzen.

(2c) 1Bei Vorsorgeaufwendungen nach Absatz 1 Nummer 2 Buchstabe a hat der Träger der gesetzlichen Rentenversicherung, die landwirtschaftliche Alterskasse oder die berufsständische Versorgungseinrichtung als mitteilungspflichtige Stelle nach Maßgabe des § 93c der Abgabenordnung unter Angabe der Versicherungsdaten die Höhe der im jeweiligen Beitragsjahr geleisteten und erstatteten Beiträge an die zentrale Stelle (§ 81) zu übermitteln. 2Satz 1 gilt nicht, soweit diese Daten mit der elektronischen Lohnsteuerbescheinigung (§ 41b Absatz 1 Satz 2) zu übermitteln sind. 3§ 22a Absatz 2 gilt entsprechend. 4§ 72a Absatz 4 und § 93c Absatz 4 der Abgabenordnung finden keine Anwendung.

(3) 1Vorsorgeaufwendungen nach Absatz 1 Nummer 2 sind bis zu dem Höchstbeitrag zur knappschaftlichen Rentenversicherung, aufgerundet auf einen vollen Betrag in Euro, zu berücksichtigen. 2Bei zusammenveranlagten Ehegatten verdoppelt sich der Höchstbetrag. 3Der Höchstbetrag nach Satz 1 oder 2 ist bei Steuerpflichtigen, die

1. Arbeitnehmer sind und die während des ganzen oder eines Teils des Kalenderjahres
   a) in der gesetzlichen Rentenversicherung versicherungsfrei oder auf Antrag des Arbeitgebers von der Versicherungspflicht befreit waren und denen für den Fall ihres Ausscheidens aus der Beschäftigung auf Grund des Beschäftigungsverhältnisses eine lebenslängliche Versorgung oder an deren Stelle eine Abfindung zusteht oder die in der gesetzlichen Rentenversicherung nachzuversichern sind oder
   b) nicht der gesetzlichen Rentenversicherungspflicht unterliegen, eine Berufstätigkeit ausgeübt und im Zusammenhang damit auf Grund vertraglicher Vereinbarungen Anwartschaftsrechte auf eine Altersversorgung erworben haben, oder
2. Einkünfte im Sinne des § 22 Nummer 4 erzielen und die ganz oder teilweise ohne

VIII

eigene Beitragsleistung einen Anspruch auf Altersversorgung erwerben,

um den Betrag zu kürzen, der, bezogen auf die Einnahmen aus der Tätigkeit, die die Zugehörigkeit zum genannten Personenkreis begründen, dem Gesamtbeitrag (Arbeitgeber- und Arbeitnehmeranteil) zur allgemeinen Rentenversicherung entspricht. $_{4}$Im Kalenderjahr 2013 sind 76 Prozent der nach den Sätzen 1 bis 3 ermittelten Vorsorgeaufwendungen anzusetzen. $_{5}$Der sich danach ergebende Betrag, vermindert um den nach §3 Nummer 62 steuerfreien Arbeitgeberanteil zur gesetzlichen Rentenversicherung und einen diesem gleichgestellten steuerfreien Zuschuss des Arbeitgebers, ist als Sonderausgabe abziehbar. $_{6}$Der Prozentsatz in Satz 4 erhöht sich in den folgenden Kalenderjahren bis zum Kalenderjahr 2022 um je 2 Prozentpunkte je Kalenderjahr; ab dem Kalenderjahr 2023 beträgt er 100 Prozent. $_{7}$Beiträge nach §168 Absatz 1 Nummer 1b oder 1c oder nach §172 Absatz 3 oder 3a des Sechsten Buches Sozialgesetzbuch vermindern den abziehbaren Betrag nach Satz 5 nur, wenn der Steuerpflichtige die Hinzurechnung dieser Beiträge zu den Vorsorgeaufwendungen nach Absatz 1 Nummer 2 Satz 7 beantragt hat.

(4) $_{1}$Vorsorgeaufwendungen im Sinne des Absatzes 1 Nummer 3 und 3a können je Kalenderjahr insgesamt bis 2800 Euro abgezogen werden. $_{2}$Der Höchstbetrag beträgt 1900 Euro bei Steuerpflichtigen, die ganz oder teilweise ohne eigene Aufwendungen einen Anspruch auf vollständige oder teilweise Erstattung oder Übernahme von Krankheitskosten haben oder für deren Krankenversicherung Leistungen im Sinne des §3 Nummer 9, 14, 57 oder 62 erbracht werden. $_{3}$Bei zusammen veranlagten Ehegatten bestimmt sich der gemeinsame Höchstbetrag aus der Summe der jedem Ehegatten unter den Voraussetzungen von Satz 1 und 2 zustehenden Höchstbeträge. $_{4}$Übersteigen die Vorsorgeaufwendungen im Sinne des Absatzes 1 Nummer 3 die nach den Sätzen 1 bis 3 zu berücksichtigenden Vorsorgeaufwendungen, sind diese abzuziehen und ein Abzug von Vorsorgeaufwendungen im Sinne des Absatzes 1 Nummer 3a scheidet aus.

(4a) $_{1}$Ist in den Kalenderjahren 2013 bis 2019 der Abzug der Vorsorgeaufwendungen nach Absatz 1 Nummer 2 Buchstabe a, Absatz 1 Nummer 3 und Nummer 3a in der für das Kalenderjahr 2004 geltenden Fassung des §10 Absatz 3 mit folgenden Höchstbeträgen für den Vorwegabzug

Kalenderjahr	Vorwegabzug für den Steuerpflichtigen	Vorwegabzug im Fall der Zusammenveranlagung von Ehegatten
2013	2100	4200
2014	1800	3600
2015	1500	3000
2016	1200	2400
2017	900	1800
2018	600	1200
2019	300	600

zuzüglich des Erhöhungsbetrags nach Satz 3 günstiger, ist der sich danach ergebende Betrag anstelle des Abzugs nach Absatz 3 und 4 anzusetzen. $_{2}$Mindestens ist bei Anwendung des Satzes 1 der Betrag anzusetzen, der sich ergeben würde, wenn zusätzlich noch die Vorsorgeaufwendungen nach Absatz 1 Nummer 2 Buchstabe b in die Günstigerprüfung einbezogen werden würden; der Erhöhungsbetrag nach Satz 3 ist nicht hinzuzurechnen. $_{3}$Erhöhungsbetrag sind die Beiträge nach Absatz 1 Nummer 2 Buchstabe b, soweit sie nicht den um die Beiträge nach Absatz 1 Nummer 2 Buchstabe a und den nach §3 Nummer 62 steuerfreien Arbeitgeberanteil zur gesetzlichen Rentenversicherung und einen diesem gleichgestellten steuerfreien Zuschuss verminderten Höchstbetrag nach Absatz 3 Satz 1 bis 3 überschreiten; Absatz 3 Satz 4 und 6 gilt entsprechend.

(4b) $_{1}$Erhält der Steuerpflichtige für die von ihm für einen anderen Veranlagungszeitraum geleisteten Aufwendungen im Sinne des Satzes 2 einen steuerfreien Zuschuss, ist dieser den erstatteten Aufwendungen gleichzustellen. $_{2}$Übersteigen bei den Sonderausgaben nach Absatz 1 Nummer 2 bis 3a die im Veranlagungszeitraum erstatteten Aufwendungen die geleisteten Aufwendungen (Erstattungsüberhang), ist der Erstattungsüberhang mit anderen im Rahmen der jeweiligen Nummer anzusetzenden Aufwendungen zu verrechnen. 3Ein verbleibender Betrag des sich bei den Aufwendungen nach Absatz 1 Nummer 3 und 4 ergebenden Erstattungsüberhangs ist dem Gesamtbetrag der Einkünfte hinzuzurechnen. 4Nach Maßgabe des § 93c der Abgabenordnung haben Behörden im Sinne des § 6 Absatz 1 der Abgabenordnung und andere öffentliche Stellen, die einem Steuerpflichtigen für die von ihm geleisteten Beiträge im Sinne des Absatzes 1 Nummer 2, 3 und 3a steuerfreie Zuschüsse gewähren oder Vorsorgeaufwendungen im Sinne dieser Vorschrift erstatten als mitteilungspflichtige Stellen, neben den nach § 93c Absatz 1 der Abgabenordnung erforderlichen Angaben, die zur Gewährung und Prüfung des Sonderausgabenabzugs nach § 10 erforderlichen Daten an die zentrale Stelle zu übermitteln. 5§ 22a Absatz 2 gilt entsprechend. 6§ 72a Absatz 4 und § 93c Absatz 4 der Abgabenordnung finden keine Anwendung.

(5) Durch Rechtsverordnung wird bezogen auf den Versicherungstarif bestimmt, wie der nicht abziehbare Teil der Beiträge zum Erwerb eines Krankenversicherungsschutzes im Sinne des Absatzes 1 Nummer 3 Buchstabe a Satz 3 durch einheitliche prozentuale Abschläge auf die zugunsten des jeweiligen Tarifs gezahlte Prämie zu ermitteln ist, soweit der nicht abziehbare Beitragsteil nicht bereits als gesonderter Tarif oder Tarifbaustein ausgewiesen wird.

(6) Absatz 1 Nummer 2 Buchstabe b Doppelbuchstabe aa ist für Vertragsabschlüsse vor dem 1. Januar 2012 mit der Maßgabe anzuwenden, dass der Vertrag die Zahlung der Leibrente nicht vor der Vollendung des 60. Lebensjahres vorsehen darf.

§ 10a Zusätzliche Altersvorsorge

(1) 1In der inländischen gesetzlichen Rentenversicherung Pflichtversicherte können Altersvorsorgebeiträge (§ 82) jährlich bis zu 1800 Euro zuzüglich der dafür nach Abschnitt XI zustehenden Zulage als Sonderausgaben abziehen; das Gleiche gilt für

1. Empfänger von inländischer Besoldung nach dem Bundesbesoldungsgesetz oder einem Landesbesoldungsgesetz,
2. Empfänger von Amtsbezügen aus einem inländischen Amtsverhältnis, deren Versorgungsrecht die entsprechende Anwendung des § 69e Absatz 3 und 4 des Beamtenversorgungsgesetzes vorsieht,
3. die nach § 5 Absatz 1 Satz 1 Nummer 2 und 3 des Sechsten Buches Sozialgesetzbuch versicherungsfrei Beschäftigten, die nach § 6 Absatz 1 Satz 1 Nummer 2 oder nach § 230 Absatz 2 Satz 2 des Sechsten Buches Sozialgesetzbuch von der Versicherungspflicht befreiten Beschäftigten, deren Versorgungsrecht die entsprechende Anwendung des § 69e Absatz 3 und 4 des Beamtenversorgungsgesetzes vorsieht,
4. Beamte, Richter, Berufssoldaten und Soldaten auf Zeit, die ohne Besoldung beurlaubt sind, für die Zeit einer Beschäftigung, wenn während der Beurlaubung die Gewährleistung einer Versorgungsanwartschaft unter den Voraussetzungen des § 5 Absatz 1 Satz 1 des Sechsten Buches Sozialgesetzbuch auf diese Beschäftigung erstreckt wird, und
5. Steuerpflichtige im Sinne der Nummern 1 bis 4, die beurlaubt sind und deshalb keine Besoldung, Amtsbezüge oder Entgelt erhalten, sofern sie eine Anrechnung von Kindererziehungszeiten nach § 56 des Sechsten Buches Sozialgesetzbuch in Anspruch nehmen könnten, wenn die Versicherungsfreiheit in der inländischen gesetzlichen Rentenversicherung nicht bestehen würde,

wenn sie spätestens bis zum Ablauf des Beitragsjahres (§ 88) gegenüber der zuständigen Stelle (§ 81a) schriftlich oder elektronisch eingewilligt haben, dass diese der zentralen Stelle (§ 81) jährlich unter Angabe der Identifikationsnummer die Zugehörigkeit zum begünstigten Personenkreis bestätigt und die zentrale Stelle diese Bestätigung für das Zulageverfahren verarbeiten darf. 2Bei der Erteilung der Einwilligung ist der Steuerpflichtige darauf hinzuweisen, dass er die Einwilligung vor Beginn des Kalenderjahres, für das sie erstmals nicht mehr gelten soll, gegenüber der zuständigen Stelle widerrufen kann. 3Versicherungspflichtige nach dem Gesetz über die Alterssicherung der Landwirte stehen Pflichtversicherten gleich; dies gilt auch für Personen, die

1. eine Anrechnungszeit nach § 58 Absatz 1 Nummer 3 oder Nummer 6 des Sechsten Buches Sozialgesetzbuch in der gesetzlichen Rentenversicherung erhalten und
2. unmittelbar vor einer Anrechnungszeit nach § 58 Absatz 1 Nummer 3 oder Nummer 6 des Sechsten Buches Sozialgesetzbuch einer der im ersten Halbsatz, in Satz 1 oder in Satz 4 genannten begünstigten Personengruppen angehörten.

$_{4}$Die Sätze 1 und 2 gelten entsprechend für Steuerpflichtige, die nicht zum begünstigten Personenkreis nach Satz 1 oder 3 gehören und eine Rente wegen voller Erwerbsminderung oder Erwerbsunfähigkeit oder eine Versorgung wegen Dienstunfähigkeit aus einem der in Satz 1 oder 3 genannten Alterssicherungssysteme beziehen, wenn unmittelbar vor dem Bezug der entsprechenden Leistungen der Leistungsbezieher einer der in Satz 1 oder 3 genannten begünstigten Personengruppen angehörte; dies gilt nicht, wenn der Steuerpflichtige das 67. Lebensjahr vollendet hat. $_{5}$Satz 1 gilt entsprechend für Steuerpflichtige, die das 67. Lebensjahr noch nicht vollendet haben und im Beitragsjahr (§ 88)

1. Einkünfte nach § 15 oder § 18 Absatz 1 Nummer 1 bis 3 erzielen und eine Steuererklärung für das Beitragsjahr abgegeben haben oder
2. Einkünfte nach § 19 erzielen und
   a) als Pflichtmitglied in einer berufsständischen Versorgungseinrichtung eine Versorgungsabgabe an diese Versorgungseinrichtung entrichtet haben und
   b) spätestens bis zum Ablauf des Beitragsjahres gegenüber der zuständigen Stelle (§ 81a) schriftlich oder elektronisch eingewilligt haben, dass diese der zentralen Stelle (§ 81) jährlich unter Angabe der steuerlichen Identifikationsnummer (§ 139b der Abgabenordnung) des Steuerpflichtigen mitteilt, dass der Steuerpflichtige zum begünstigten Personenkreis gehört, und die zentrale Stelle diese Daten für das Zulageverfahren verarbeiten darf; Satz 2 ist entsprechend anzuwenden.

$_{6}$Bei der Ermittlung der dem Steuerpflichtigen zustehenden Zulage nach Satz 1 bleibt die Erhöhung der Grundzulage nach § 84 Satz 2 außer Betracht.

(1a) $_{1}$Steuerpflichtige, die eine Kinderzulage für ein Kind beantragen oder auf den Ehegatten übertragen haben, das im Beitragsjahr sein viertes Lebensjahr noch nicht vollendet hat und für das gegenüber dem Steuerpflichtigen oder seinem Ehegatten Kindergeld festgesetzt worden ist, stehen einem in der inländischen gesetzlichen Rentenversicherung Pflichtversicherten gleich, wenn eine Anrechnung von Kindererziehungszeiten nach § 56 des Sechsten Buches Sozialgesetzbuch nur auf Grund eines fehlenden oder noch nicht beschiedenen Antrags auf Berücksichtigung von Kindererziehungszeiten bislang nicht erfolgt ist. $_{2}$Voraussetzung ist, dass der Steuerpflichtige spätestens am Tag nach der Vollendung des vierten Lebensjahres des Kindes die Kindererziehungszeiten beim zuständigen Träger der gesetzlichen Rentenversicherung beantragt. $_{3}$Werden die Kindererziehungszeiten vom Träger der gesetzlichen Rentenversicherung nicht anerkannt, entfällt rückwirkend die Förderberechtigung nach Satz 1. $_{4}$Wurde das Kind am 1. Januar geboren, gilt Satz 1 mit der Maßgabe, dass das fünfte Lebensjahr noch nicht vollendet sein darf.

(1b) $_{1}$Sofern eine Zulagenummer (§ 90 Absatz 1 Satz 2) durch die zentrale Stelle oder eine Versicherungsnummer nach § 147 des Sechsten Buches Sozialgesetzbuch noch nicht vergeben ist, haben die in Absatz 1 Satz 1 Nummer 1 bis 5 genannten Steuerpflichtigen über die zuständige Stelle eine Zulagenummer bei der zentralen Stelle zu beantragen. $_{2}$Für Empfänger einer Versorgung im Sinne des Absatzes 1 Satz 4 gilt Satz 1 entsprechend.

(2) $_{1}$Ist der Sonderausgabenabzug nach Absatz 1 für den Steuerpflichtigen günstiger als der Anspruch auf die Zulage nach Abschnitt XI, erhöht sich die unter Berücksichtigung des Sonderausgabenabzugs ermittelte tarifliche Einkommensteuer um den Anspruch

auf Zulage. $_{2}$In den anderen Fällen scheidet der Sonderausgabenabzug aus. $_{3}$Die Günstigerprüfung wird von Amts wegen vorgenommen. $_{4}$Absatz 1 Satz 5 ist anzuwenden.

(3) $_{1}$Der Abzugsbetrag nach Absatz 1 steht im Fall der Veranlagung von Ehegatten nach § 26 Absatz 1 jedem Ehegatten unter den Voraussetzungen des Absatzes 1 gesondert zu. $_{2}$Gehört nur ein Ehegatte zu dem nach Absatz 1 begünstigten Personenkreis und ist der andere Ehegatte nach § 79 Satz 2 zulageberechtigt, sind bei dem nach Absatz 1 abzugsberechtigten Ehegatten die von beiden Ehegatten geleisteten Altersvorsorgebeiträge und die dafür zustehenden Zulagen bei der Anwendung der Absätze 1 und 2 zu berücksichtigen. $_{3}$Der Höchstbetrag nach Absatz 1 Satz 1 erhöht sich in den Fällen des Satzes 2 um 120 Euro. $_{4}$Dabei sind die von dem Ehegatten, der zu dem nach Absatz 1 begünstigten Personenkreis gehört, geleisteten Altersvorsorgebeiträge vorrangig zu berücksichtigen, jedoch mindestens 120 Euro der von dem anderen Ehegatten geleisteten Altersvorsorgebeiträge. $_{5}$Gehören beide Ehegatten zu dem nach Absatz 1 begünstigten Personenkreis und liegt ein Fall der Veranlagung nach § 26 Absatz 1 vor, ist bei der Günstigerprüfung nach Absatz 2 der Anspruch auf Zulage beider Ehegatten anzusetzen.

(4) $_{1}$Im Fall des Absatzes 2 Satz 1 stellt das Finanzamt die über den Zulageanspruch nach Abschnitt XI hinausgehende Steuerermäßigung gesondert fest und teilt diese der zentralen Stelle (§ 81) mit; § 10d Absatz 4 Satz 3 bis 5 gilt entsprechend. $_{2}$Sind Altersvorsorgebeiträge zugunsten von mehreren Verträgen geleistet worden, erfolgt die Zurechnung im Verhältnis der nach Absatz 1 berücksichtigten Altersvorsorgebeiträge. $_{3}$Ehegatten ist der nach Satz 1 festzustellende Betrag auch im Fall der Zusammenveranlagung jeweils getrennt zuzurechnen; die Zurechnung erfolgt im Verhältnis der nach Absatz 1 berücksichtigten Altersvorsorgebeiträge. $_{4}$Werden Altersvorsorgebeiträge nach Absatz 3 Satz 2 berücksichtigt, die der nach § 79 Satz 2 zulageberechtigte Ehegatte zugunsten eines auf seinen Namen lautenden Vertrages geleistet hat, ist die hierauf entfallende Steuerermäßigung dem Vertrag zuzurechnen, zu dessen Gunsten die Altersvorsorgebeiträge geleistet wurden. $_{5}$Die Übermittlung an die zentrale Stelle erfolgt unter Angabe der Vertragsnummer und der Identifikationsnummer (§ 139b Abgabenordnung) sowie der Zulage- oder Versicherungsnummer nach § 147 des Sechsten Buches Sozialgesetzbuch.

(5) $_{1}$Nach Maßgabe des § 93c der Abgabenordnung hat der Anbieter als mitteilungspflichtige Stelle auch unter Angabe der Vertragsdaten die Höhe der im jeweiligen Beitragsjahr zu berücksichtigenden Altersvorsorgebeiträge sowie die Zulage- oder die Versicherungsnummer nach § 147 des Sechsten Buches Sozialgesetzbuch an die zentrale Stelle zu übermitteln. $_{2}$§ 22a Absatz 2 gilt entsprechend. $_{3}$§ 72a Absatz 4 der Abgabenordnung findet keine Anwendung. $_{4}$Die übrigen Voraussetzungen für den Sonderausgabenabzug nach den Absätzen 1 bis 3 werden im Wege der Datenerhebung und des automatisierten Datenabgleichs nach § 91 überprüft. $_{5}$Erfolgt eine Datenübermittlung nach Satz 1 und wurde noch keine Zulagenummer (§ 90 Absatz 1 Satz 2) durch die zentrale Stelle oder keine Versicherungsnummer nach § 147 des Sechsten Buches Sozialgesetzbuch vergeben, gilt § 90 Absatz 1 Satz 2 und 3 entsprechend.

(6) $_{1}$Für die Anwendung der Absätze 1 bis 5 stehen den in der inländischen gesetzlichen Rentenversicherung Pflichtversicherten nach Absatz 1 Satz 1 die Pflichtmitglieder in einem ausländischen gesetzlichen Alterssicherungssystem gleich, wenn diese Pflichtmitgliedschaft

1. mit einer Pflichtmitgliedschaft in einem inländischen Alterssicherungssystem nach Absatz 1 Satz 1 oder 3 vergleichbar ist und
2. vor dem 1. Januar 2010 begründet wurde.

$_{2}$Für die Anwendung der Absätze 1 bis 5 stehen den Steuerpflichtigen nach Absatz 1 Satz 4 die Personen gleich,

1. die aus einem ausländischen gesetzlichen Alterssicherungssystem eine Leistung erhalten, die den in Absatz 1 Satz 4 genannten Leistungen vergleichbar ist,

2. die unmittelbar vor dem Bezug der entsprechenden Leistung nach Satz 1 oder Absatz 1 Satz 1 oder 3 begünstigt waren und
3. die noch nicht das 67. Lebensjahr vollendet haben.

3Als Altersvorsorgebeiträge (§ 82) sind bei den in Satz 1 oder 2 genannten Personen nur diejenigen Beiträge zu berücksichtigen, die vom Abzugsberechtigten zugunsten seines vor dem 1. Januar 2010 abgeschlossenen Vertrags geleistet wurden. 4Endet die unbeschränkte Steuerpflicht eines Zulageberechtigten im Sinne des Satzes 1 oder 2 durch Aufgabe des inländischen Wohnsitzes oder gewöhnlichen Aufenthalts und wird die Person nicht nach § 1 Absatz 3 als unbeschränkt einkommensteuerpflichtig behandelt, so gelten die §§ 93 und 94 entsprechend; § 99 Absatz 1 in der am 31. Dezember 2008 geltenden Fassung ist anzuwenden.

(7) Soweit nichts anderes bestimmt ist, sind die Regelungen des § 10a und des Abschnitts XI in der für das jeweilige Beitragsjahr geltenden Fassung anzuwenden.

IV. Tarif

§ 31 Familienleistungsausgleich

VIII

1Die steuerliche Freistellung eines Einkommensbetrags in Höhe des Existenzminimums eines Kindes einschließlich der Bedarfe für Betreuung und Erziehung oder Ausbildung wird im gesamten Veranlagungszeitraum entweder durch die Freibeträge nach § 32 Absatz 6 oder durch Kindergeld nach Abschnitt X bewirkt. 2Soweit das Kindergeld dafür nicht erforderlich ist, dient es der Förderung der Familie. 3Im laufenden Kalenderjahr wird Kindergeld als Steuervergütung monatlich gezahlt. 4Bewirkt der Anspruch auf Kindergeld für den gesamten Veranlagungszeitraum die nach Satz 1 gebotene steuerliche Freistellung nicht vollständig und werden deshalb bei der Veranlagung zur Einkommensteuer die Freibeträge nach § 32 Absatz 6 vom Einkommen abgezogen, erhöht sich die unter Abzug dieser Freibeträge ermittelte tarifliche Einkommensteuer um den Anspruch auf Kindergeld für den gesamten Veranlagungszeitraum; bei nicht zusammenveranlagten Eltern wird der Kindergeldanspruch im Umfang des Kinderfreibetrags angesetzt. 5Bei der Prüfung der Steuerfreistellung und der Hinzurechnung nach Satz 4 bleibt der Anspruch auf Kindergeld für Kalendermonate unberücksichtigt, in denen durch Bescheid der Familienkasse ein Anspruch auf Kindergeld festgesetzt, aber wegen § 70 Absatz 1 Satz 2 nicht ausgezahlt wurde. 6Satz 4 gilt entsprechend für mit dem Kindergeld vergleichbare Leistungen nach § 65. 7Besteht nach ausländischem Recht Anspruch auf Leistungen für Kinder, wird dieser insoweit nicht berücksichtigt, als er das inländische Kindergeld übersteigt.

§ 32 Kinder, Freibeträge für Kinder

(1) Kinder sind

1. im ersten Grad mit dem Steuerpflichtigen verwandte Kinder,
2. Pflegekinder (Personen, mit denen der Steuerpflichtige durch ein familienähnliches, auf längere Dauer berechnetes Band verbunden ist, sofern er sie nicht zu Erwerbszwecken in seinen Haushalt aufgenommen hat und das Obhuts- und Pflegeverhältnis zu den Eltern nicht mehr besteht).

(2) 1Besteht bei einem angenommenen Kind das Kindschaftsverhältnis zu den leiblichen Eltern weiter, ist es vorrangig als angenommenes Kind zu berücksichtigen. 2Ist ein im ersten Grad mit dem Steuerpflichtigen verwandtes Kind zugleich ein Pflegekind, ist es vorrangig als Pflegekind zu berücksichtigen.

(3) Ein Kind wird in dem Kalendermonat, in dem es lebend geboren wurde, und in jedem folgenden Kalendermonat, zu dessen Beginn es das 18. Lebensjahr noch nicht vollendet hat, berücksichtigt.

(4) 1Ein Kind, das das 18. Lebensjahr vollendet hat, wird berücksichtigt, wenn es

1. noch nicht das 21. Lebensjahr vollendet hat, nicht in einem Beschäftigungsverhältnis steht und bei einer Agentur für Arbeit im Inland als Arbeitsuchender gemeldet ist oder

2. noch nicht das 25. Lebensjahr vollendet hat und
   a) für einen Beruf ausgebildet wird oder
   b) sich in einer Übergangszeit von höchstens vier Monaten befindet, die zwischen zwei Ausbildungsabschnitten oder zwischen einem Ausbildungsabschnitt und der Ableistung des gesetzlichen Wehr- oder Zivildienstes, einer vom Wehr- oder Zivildienst befreienden Tätigkeit als Entwicklungshelfer oder als Dienstleistender im Ausland nach § 14b des Zivildienstgesetzes oder der Ableistung des freiwilligen Wehrdienstes nach § 58b des Soldatengesetzes oder der Ableistung eines freiwilligen Dienstes im Sinne des Buchstaben d liegt, oder
   c) eine Berufsausbildung mangels Ausbildungsplatzes nicht beginnen oder fortsetzen kann oder
   d) einen der folgenden freiwilligen Dienste leistet:
      aa) ein freiwilliges soziales Jahr im Sinne des Jugendfreiwilligendienstegesetzes,
      bb) ein freiwilliges ökologisches Jahr im Sinne des Jugendfreiwilligendienstegesetzes,
      cc) einen Bundesfreiwilligendienst im Sinne des Bundesfreiwilligendienstgesetzes,
      dd) eine Freiwilligentätigkeit im Rahmen des Europäischen Solidaritätskorps im Sinne der Verordnung (EU) 2021/888 des Europäischen Parlaments und des Rates vom 20. Mai 2021 zur Aufstellung des Programms für das Europäische Solidaritätskorps und zur Aufhebung der Verordnungen (EU) 2018/1475 und (EU) Nr. 375/2014 (ABl. L 202 vom 8. 6. 2021, S. 32),
      ee) einen anderen Dienst im Ausland im Sinne von § 5 des Bundesfreiwilligendienstgesetzes,
      ff) einen entwicklungspolitischen Freiwilligendienst „weltwärts" im Sinne der Förderleitlinie des Bundesministeriums für wirtschaftliche Zusammenarbeit und Entwicklung vom 1. Januar 2016,
      gg) einen Freiwilligendienst aller Generationen im Sinne von § 2 Absatz 1a des Siebten Buches Sozialgesetzbuch oder
      hh) einen Internationalen Jugendfreiwilligendienst im Sinne der Richtlinie des Bundesministeriums für Familie, Senioren, Frauen und Jugend vom 4. Januar 2021 (GMBl S. 77) oder
3. wegen körperlicher, geistiger oder seelischer Behinderung außerstande ist, sich selbst zu unterhalten; Voraussetzung ist, dass die Behinderung vor Vollendung des 25. Lebensjahres eingetreten ist.

₂Nach Abschluss einer erstmaligen Berufsausbildung oder eines Erststudiums wird ein Kind in den Fällen des Satzes 1 Nummer 2 nur berücksichtigt, wenn das Kind keiner Erwerbstätigkeit nachgeht. ₃Eine Erwerbstätigkeit mit bis zu 20 Stunden regelmäßiger wöchentlicher Arbeitszeit, ein Ausbildungsdienstverhältnis oder ein geringfügiges Beschäftigungsverhältnis im Sinne der §§ 8 und 8a des Vierten Buches Sozialgesetzbuch sind unschädlich.

(5) ₁In den Fällen des Absatzes 4 Satz 1 Nummer 1 oder Nummer 2 Buchstabe a und b wird ein Kind, das

1. den gesetzlichen Grundwehrdienst oder Zivildienst geleistet hat, oder
2. sich anstelle des gesetzlichen Grundwehrdienstes freiwillig für die Dauer von nicht mehr als drei Jahren zum Wehrdienst verpflichtet hat, oder
3. eine vom gesetzlichen Grundwehrdienst oder Zivildienst befreiende Tätigkeit als Entwicklungshelfer im Sinne des § 1 Absatz 1 des Entwicklungshelfer-Gesetzes ausgeübt hat,

für einen der Dauer dieser Dienste oder der Tätigkeit entsprechenden Zeitraum, höchstens für die Dauer des inländischen gesetzlichen Grundwehrdienstes oder bei anerkannten Kriegsdienstverweigerern für die Dauer des inländischen gesetzlichen Zivildienstes über das 21. oder 25. Lebensjahr hinaus berücksichtigt. 2Wird der gesetzliche Grundwehrdienst oder Zivildienst in einem Mitgliedstaat der Europäischen Union oder einem Staat, auf den das Abkommen über den Europäischen Wirtschaftsraum Anwendung findet, geleistet, so ist die Dauer dieses Dienstes maßgebend. 3Absatz 4 Satz 2 und 3 gilt entsprechend.

(6) 1Bei der Veranlagung zur Einkommensteuer wird für jedes zu berücksichtigende Kind des Steuerpflichtigen ein Freibetrag von 3414 Euro für das sächliche Existenzminimum des Kindes (Kinderfreibetrag) sowie ein Freibetrag von 1464 Euro für den Betreuungs- und Erziehungs- oder Ausbildungsbedarf des Kindes vom Einkommen abgezogen. 2Bei Ehegatten, die nach den §§ 26, 26b zusammen zur Einkommensteuer veranlagt werden, verdoppeln sich die Beträge nach Satz 1, wenn das Kind zu beiden Ehegatten in einem Kindschaftsverhältnis steht. 3Die Beträge nach Satz 2 stehen dem Steuerpflichtigen auch dann zu, wenn

1. der andere Elternteil verstorben oder nicht unbeschränkt einkommensteuerpflichtig ist oder
2. der Steuerpflichtige allein das Kind angenommen hat oder das Kind nur zu ihm in einem Pflegekindschaftsverhältnis steht.

4Für ein nicht nach § 1 Absatz 1 oder 2 unbeschränkt einkommensteuerpflichtiges Kind können die Beträge nach den Sätzen 1 bis 3 nur abgezogen werden, soweit sie nach den Verhältnissen seines Wohnsitzstaates notwendig und angemessen sind. 5Für jeden Kalendermonat, in dem die Voraussetzungen für einen Freibetrag nach den Sätzen 1 bis 4 nicht vorliegen, ermäßigen sich die dort genannten Beträge um ein Zwölftel. 6Abweichend von Satz 1 wird bei einem unbeschränkt einkommensteuerpflichtigen Elternpaar, bei dem die Voraussetzungen des § 26 Absatz 1 Satz 1 nicht vorliegen, auf Antrag eines Elternteils der dem anderen Elternteil zustehende Kinderfreibetrag auf ihn übertragen, wenn er, nicht jedoch der andere Elternteil, seiner Unterhaltspflicht gegenüber dem Kind für das Kalenderjahr im Wesentlichen nachkommt oder der andere Elternteil mangels Leistungsfähigkeit nicht unterhaltspflichtig ist; die Übertragung des Kinderfreibetrags führt stets auch zur Übertragung des Freibetrags für den Betreuungs- und Erziehungs- oder Ausbildungsbedarf. 7Eine Übertragung nach Satz 6 scheidet für Zeiträume aus, für die Unterhaltsleistungen nach dem Unterhaltsvorschussgesetz gezahlt werden. 8Bei minderjährigen Kindern wird der dem Elternteil, in dessen Wohnung das Kind nicht gemeldet ist, zustehende Freibetrag für den Betreuungs- und Erziehungs- oder Ausbildungsbedarf auf Antrag des anderen Elternteils auf diesen übertragen, wenn bei dem Elternpaar die Voraussetzungen des § 26 Absatz 1 Satz 1 nicht vorliegen. 9Eine Übertragung nach Satz 8 scheidet aus, wenn der Übertragung widersprochen wird, weil der Elternteil, bei dem das Kind nicht gemeldet ist, Kinderbetreuungskosten trägt oder das Kind regelmäßig in einem nicht unwesentlichen Umfang betreut. 10Die den Eltern nach den Sätzen 1 bis 9 zustehenden Freibeträge können auf Antrag auch auf einen Stiefelternteil oder Großelternteil übertragen werden, wenn dieser das Kind in seinen Haushalt aufgenommen hat oder dieser einer Unterhaltspflicht gegenüber dem Kind unterliegt. 11Die Übertragung nach Satz 10 kann auch mit Zustimmung des berechtigten Elternteils erfolgen, die nur für künftige Kalenderjahre widerrufen werden kann. 12Voraussetzung für die Berücksichtigung des Kinderfreibetrags sowie des Freibetrags für den Betreuungs- und Erziehungs- oder Ausbildungsbedarf des Kindes ist die Identifizierung des Kindes durch die an dieses Kind vergebene Identifikationsnummer (§ 139b der Abgabenordnung). 13Ist das Kind nicht nach einem Steuergesetz steuerpflichtig (§ 139a Absatz 2 der Abgabenordnung), ist es in anderer geeigneter Weise zu identifizieren. 14Die nachträgliche Identifizierung oder nachträgliche Vergabe der Identifikationsnummer wirkt auf Monate zurück, in denen die übrigen Voraussetzungen für die Gewährung des Kinderfreibetrags sowie des Freibetrags für den Betreuungs- und Erziehungs- oder Ausbildungsbedarf des Kindes vorliegen.

§ 32a Einkommensteuertarif

(1) 1Die tarifliche Einkommensteuer bemisst sich nach dem auf volle Euro abgerundeten zu versteuernden Einkommen. 2Sie beträgt ab dem Veranlagungszeitraum 2026 vorbehaltlich der §§ 32b, 32d, 34, 34a, 34b und 34c jeweils in Euro für zu versteuernde Einkommen

1. bis 12 348 Euro (Grundfreibetrag):
   0;
2. von 12 349 Euro bis 17 799 Euro:
   (914,51 · y + 1 400) · y;
3. von 17 800 Euro bis 69 878 Euro:
   (173,10 · z + 2 397) · z + 1 034,87;
4. von 69 879 Euro bis 277 825 Euro:
   0,42 · x – 11 135,63;
5. von 277 826 Euro an:
   0,45 · x – 19 470,38.

3Die Größe „y" ist ein Zehntausendstel des den Grundfreibetrag übersteigenden Teils des auf einen vollen Euro-Betrag abgerundeten zu versteuernden Einkommens. 4Die Größe „z" ist ein Zehntausendstel des 17 799 Euro übersteigenden Teils des auf einen vollen Euro-Betrag abgerundeten zu versteuernden Einkommens. 5Die Größe „x" ist das auf einen vollen Euro-Betrag abgerundete zu versteuernde Einkommen. 6Der sich ergebende Steuerbetrag ist auf den nächsten vollen Euro-Betrag abzurunden.

(2) bis (4) (weggefallen)

(5) Bei Ehegatten, die nach den §§ 26, 26b zusammen zur Einkommensteuer veranlagt werden, beträgt die tarifliche Einkommensteuer vorbehaltlich der §§ 32b, 32d, 34, 34a, 34b und 34c das Zweifache des Steuerbetrags, der sich für die Hälfte ihres gemeinsam zu versteuernden Einkommens nach Absatz 1 ergibt (Splitting-Verfahren).

(6) 1Das Verfahren nach Absatz 5 ist auch anzuwenden zur Berechnung der tariflichen Einkommensteuer für das zu versteuernde Einkommen

1. bei einem verwitweten Steuerpflichtigen für den Veranlagungszeitraum, der dem Kalenderjahr folgt, in dem der Ehegatte verstorben ist, wenn der Steuerpflichtige und sein verstorbener Ehegatte im Zeitpunkt seines Todes die Voraussetzungen des § 26 Absatz 1 Satz 1 erfüllt haben,
2. bei einem Steuerpflichtigen, dessen Ehe in dem Kalenderjahr, in dem er sein Einkommen bezogen hat, aufgelöst worden ist, wenn in diesem Kalenderjahr
   a) der Steuerpflichtige und sein bisheriger Ehegatte die Voraussetzungen des § 26 Absatz 1 Satz 1 erfüllt haben,
   b) der bisherige Ehegatte wieder geheiratet hat und
   c) der bisherige Ehegatte und dessen neuer Ehegatte ebenfalls die Voraussetzungen des § 26 Absatz 1 Satz 1 erfüllen.

2Voraussetzung für die Anwendung des Satzes 1 ist, dass der Steuerpflichtige nicht nach den §§ 26, 26a einzeln zur Einkommensteuer veranlagt wird.

X. Kindergeld

§ 62 Anspruchsberechtigte

(1) 1Für Kinder im Sinne des § 63 hat Anspruch auf Kindergeld nach diesem Gesetz, wer

1. im Inland einen Wohnsitz oder seinen gewöhnlichen Aufenthalt hat oder
2. ohne Wohnsitz oder gewöhnlichen Aufenthalt im Inland
   a) nach § 1 Absatz 2 unbeschränkt einkommensteuerpflichtig ist oder
   b) nach § 1 Absatz 3 als unbeschränkt einkommensteuerpflichtig behandelt wird.

2Voraussetzung für den Anspruch nach Satz 1 ist, dass der Berechtigte durch die an ihn vergebene Identifikationsnummer (§ 139b der Abgabenordnung) identifiziert wird. 3Die nachträgliche Vergabe der Identifikationsnummer wirkt auf Monate zurück, in denen die Voraussetzungen des Satzes 1 vorliegen.

(1a) 1Begründet ein Staatsangehöriger eines anderen Mitgliedstaates der Europäischen Union oder eines Staates, auf den das Abkommen über den Europäischen Wirtschaftsraum Anwendung findet, im Inland einen Wohnsitz oder gewöhnlichen Aufenthalt, so hat er für die ersten drei Monate ab Begründung des Wohnsitzes oder des gewöhnlichen Aufenthalts keinen Anspruch auf Kindergeld. $_{2}$Dies gilt nicht, wenn er nachweist, dass er inländische Einkünfte im Sinne des § 2 Absatz 1 Satz 1 Nummer 1 bis 4 mit Ausnahme von Einkünften nach § 19 Absatz 1 Satz 1 Nummer 2 erzielt. $_{3}$Nach Ablauf des in Satz 1 genannten Zeitraums hat er Anspruch auf Kindergeld, es sei denn, die Voraussetzungen des § 2 Absatz 2 oder Absatz 3 des Freizügigkeitsgesetzes/EU liegen nicht vor oder es sind nur die Voraussetzungen des § 2 Absatz 2 Nummer 1a des Freizügigkeitsgesetzes/EU erfüllt, ohne dass vorher eine andere der in § 2 Absatz 2 des Freizügigkeitsgesetzes/EU genannten Voraussetzungen erfüllt war. $_{4}$Die Prüfung, ob die Voraussetzungen für einen Anspruch auf Kindergeld gemäß Satz 2 vorliegen oder gemäß Satz 3 nicht gegeben sind, führt die Familienkasse in eigener Zuständigkeit durch. $_{5}$Lehnt die Familienkasse eine Kindergeldfestsetzung in diesem Fall ab, hat sie ihre Entscheidung der zuständigen Ausländerbehörde mitzuteilen. $_{6}$Wurde das Vorliegen der Anspruchsvoraussetzungen durch die Verwendung gefälschter oder verfälschter Dokumente oder durch Vorspiegelung falscher Tatsachen vorgetäuscht, hat die Familienkasse die zuständige Ausländerbehörde unverzüglich zu unterrichten.

(2) Ein nicht freizügigkeitsberechtigter Ausländer erhält Kindergeld nur, wenn er

1. eine Niederlassungserlaubnis oder eine Erlaubnis zum Daueraufenthalt-EU besitzt,
2. eine Blaue Karte EU, eine ICT-Karte, eine Mobiler-ICT-Karte oder eine Aufenthaltserlaubnis besitzt, die für einen Zeitraum von mindestens sechs Monaten zur Ausübung einer Erwerbstätigkeit berechtigen oder berechtigt haben oder diese erlauben, es sei denn, die Aufenthaltserlaubnis wurde
   a) nach § 16e des Aufenthaltsgesetzes zu Ausbildungszwecken, nach § 19c Absatz 1 des Aufenthaltsgesetzes zum Zweck der Beschäftigung als Au-Pair oder zum Zweck der Saisonbeschäftigung, nach § 19e des Aufenthaltsgesetzes zum Zweck der Teilnahme an einem Europäischen Freiwilligendienst oder nach § 20a Absatz 5 Satz 1 des Aufenthaltsgesetzes zur Suche nach einer Erwerbstätigkeit oder nach Maßnahmen zur Anerkennung ausländischer Berufsqualifikationen erteilt,
   b) nach § 16b des Aufenthaltsgesetzes zum Zweck eines Studiums, nach § 16d des Aufenthaltsgesetzes für Maßnahmen zur Anerkennung ausländischer Berufsqualifikationen, nach § 20 des Aufenthaltsgesetzes zur Suche nach einer Erwerbstätigkeit oder nach § 20a Absatz 5 Satz 2 des Aufenthaltsgesetzes zur Suche nach einer Erwerbstätigkeit oder nach Maßnahmen zur Anerkennung ausländischer Berufsqualifikationen erteilt und er ist weder erwerbstätig noch nimmt er Elternzeit nach § 15 des Bundeselterngeld- und Elternzeitgesetzes oder laufende Geldleistungen nach dem Dritten Buch Sozialgesetzbuch in Anspruch,
   c) nach § 23 Absatz 1 des Aufenthaltsgesetzes wegen eines Krieges in seinem Heimatland oder nach den § 23a oder § 25 Absatz 3 bis 5 des Aufenthaltsgesetzes erteilt,
3. eine in Nummer 2 Buchstabe c genannte Aufenthaltserlaubnis besitzt und im Bundesgebiet berechtigt erwerbstätig ist oder Elternzeit nach § 15 des Bundeselterngeld- und Elternzeitgesetzes oder laufende Geldleistungen nach dem Dritten Buch Sozialgesetzbuch in Anspruch nimmt,
4. eine in Nummer 2 Buchstabe c genannte Aufenthaltserlaubnis besitzt und sich seit mindestens 15 Monaten erlaubt, gestattet oder geduldet im Bundesgebiet aufhält oder
5. eine Beschäftigungsduldung gemäß § 60d in Verbindung mit § 60a Absatz 2 Satz 3 des Aufenthaltsgesetzes besitzt.

§ 63 Kinder

(1) $_{1}$Als Kinder werden berücksichtigt

1. Kinder im Sinne des § 32 Absatz 1,
2. vom Berechtigten in seinen Haushalt aufgenommene Kinder seines Ehegatten,

3. vom Berechtigten in seinen Haushalt aufgenommene Enkel.

2§ 32 Absatz 3 bis 5 gilt entsprechend. 3Voraussetzung für die Berücksichtigung ist die Identifizierung des Kindes durch die an dieses Kind vergebene Identifikationsnummer (§ 139b der Abgabenordnung). 4Ist das Kind nicht nach einem Steuergesetz steuerpflichtig (§ 139a Absatz 2 der Abgabenordnung), ist es in anderer geeigneter Weise zu identifizieren. 5Die nachträgliche Identifizierung oder nachträgliche Vergabe der Identifikationsnummer wirkt auf Monate zurück, in denen die Voraussetzungen der Sätze 1 bis 4 vorliegen. 6Kinder, die weder einen Wohnsitz noch ihren gewöhnlichen Aufenthalt im Inland, in einem Mitgliedstaat der Europäischen Union oder in einem Staat, auf den das Abkommen über den Europäischen Wirtschaftsraum Anwendung findet, haben, werden nicht berücksichtigt, es sei denn, sie leben im Haushalt eines Berechtigten im Sinne des § 62 Absatz 1 Satz 1 Nummer 2 Buchstabe a. 7Kinder im Sinne von § 2 Absatz 4 Satz 2 des Bundeskindergeldgesetzes werden nicht berücksichtigt.

(2) Die Bundesregierung wird ermächtigt, durch Rechtsverordnung, die nicht der Zustimmung des Bundesrates bedarf, zu bestimmen, dass einem Berechtigten, der im Inland erwerbstätig ist oder sonst seine hauptsächlichen Einkünfte erzielt, für seine in Absatz 1 Satz 3 erster Halbsatz bezeichneten Kinder Kindergeld ganz oder teilweise zu leisten ist, soweit dies mit Rücksicht auf die durchschnittlichen Lebenshaltungskosten für Kinder in deren Wohnsitzstaat und auf die dort gewährten dem Kindergeld vergleichbaren Leistungen geboten ist.

§ 64 Zusammentreffen mehrerer Ansprüche

(1) Für jedes Kind wird nur einem Berechtigten Kindergeld gezahlt.

(2) 1Bei mehreren Berechtigten wird das Kindergeld demjenigen gezahlt, der das Kind in seinen Haushalt aufgenommen hat. 2Ist ein Kind in den gemeinsamen Haushalt von Eltern, einem Elternteil und dessen Ehegatten, Pflegeeltern oder Großeltern aufgenommen worden, so bestimmen diese untereinander den Berechtigten. 3Wird eine Bestimmung nicht getroffen, so bestimmt das Familiengericht auf Antrag den Berechtigten. 4Den Antrag kann stellen, wer ein berechtigtes Interesse an der Zahlung des Kindergeldes hat. 5Lebt ein Kind im gemeinsamen Haushalt von Eltern und Großeltern, so wird das Kindergeld vorrangig einem Elternteil gezahlt; es wird an einen Großelternteil gezahlt, wenn der Elternteil gegenüber der zuständigen Stelle auf seinen Vorrang schriftlich verzichtet hat.

(3) 1Ist das Kind nicht in den Haushalt eines Berechtigten aufgenommen, so erhält das Kindergeld derjenige, der dem Kind eine Unterhaltsrente zahlt. 2Zahlen mehrere Berechtigte dem Kind Unterhaltsrenten, so erhält das Kindergeld derjenige, der dem Kind die höchste Unterhaltsrente zahlt. 3Werden gleich hohe Unterhaltsrenten gezahlt oder zahlt keiner der Berechtigten dem Kind Unterhalt, so bestimmen die Berechtigten untereinander, wer das Kindergeld erhalten soll. 4Wird eine Bestimmung nicht getroffen, so gilt Absatz 2 Satz 3 und 4 entsprechend.

§ 65 Andere Leistungen für Kinder

1Kindergeld wird nicht für ein Kind gezahlt, für das eine der folgenden Leistungen zu zahlen ist oder bei entsprechender Antragstellung zu zahlen wäre:

1. Leistungen für Kinder, die im Ausland gewährt werden und dem Kindergeld oder der Kinderzulage aus der gesetzlichen Unfallversicherung nach § 217 Absatz 3 des Siebten Buches Sozialgesetzbuch in der bis zum 30. Juni 2020 geltenden Fassung oder dem Kinderzuschuss aus der gesetzlichen Rentenversicherung nach § 270 des Sechsten Buches Sozialgesetzbuch in der bis zum 16. November 2016 geltenden Fassung vergleichbar sind,
2. Leistungen für Kinder, die von einer zwischen- oder überstaatlichen Einrichtung gewährt werden und dem Kindergeld vergleichbar sind.

2Soweit es für die Anwendung von Vorschriften dieses Gesetzes auf den Erhalt von Kindergeld ankommt, stehen die Leistungen nach

Satz 1 dem Kindergeld gleich. $_{3}$Steht ein Berechtigter in einem Versicherungspflichtverhältnis zur Bundesagentur für Arbeit nach § 24 des Dritten Buches Sozialgesetzbuch oder ist er versicherungsfrei nach § 28 Absatz 1 Nummer 1 des Dritten Buches Sozialgesetzbuch oder steht er im Inland in einem öffentlich-rechtlichen Dienst- oder Amtsverhältnis, so wird sein Anspruch auf Kindergeld für ein Kind nicht nach Satz 1 Nummer 2 mit Rücksicht darauf ausgeschlossen, dass sein Ehegatte als Beamter, Ruhestandsbeamter oder sonstiger Bediensteter der Europäischen Union für das Kind Anspruch auf Kinderzulage hat.

§ 66 Höhe des Kindergeldes, Zahlungszeitraum

(1) Das Kindergeld beträgt monatlich für jedes Kind 259 Euro.

(2) Das Kindergeld wird monatlich vom Beginn des Monats an gezahlt, in dem die Anspruchsvoraussetzungen erfüllt sind, bis zum Ende des Monats, in dem die Anspruchsvoraussetzungen wegfallen.

(3) $_{1}$Werden die Freibeträge für Kinder nach § 31 Satz 1 in Verbindung mit § 32 Absatz 6 Satz 1 angehoben, wird das Kindergeld entsprechend erhöht. $_{2}$Das Kindergeld ist dabei auf volle Euro kaufmännisch zu runden.

§ 67 Antrag

$_{1}$Das Kindergeld ist bei der zuständigen Familienkasse elektronisch nach amtlich vorgeschriebenem Datensatz über die amtlich vorgeschriebene Schnittstelle zu beantragen; die Familienkasse kann auf die elektronische Antragstellung verzichten, wenn das Kindergeld schriftlich beantragt und der Antrag vom Berechtigten eigenhändig unterschrieben wird. $_{2}$Den Antrag kann außer dem Berechtigten auch stellen, wer ein berechtigtes Interesse an der Leistung des Kindergeldes hat. $_{3}$In Fällen des Satzes 2 ist § 62 Absatz 1 Satz 2 bis 3 anzuwenden. $_{4}$Der Berechtigte ist zu diesem Zweck verpflichtet, demjenigen, der ein berechtigtes Interesse an der Leistung des Kindergeldes hat, seine an ihn vergebene Identifikationsnummer (§ 139b der Abgabenordnung) mitzuteilen. $_{5}$Kommt der Berechtigte dieser Verpflichtung nicht nach, teilt die zuständige Familienkasse demjenigen, der ein berechtigtes Interesse an der Leistung des Kindergeldes hat, auf seine Anfrage die Identifikationsnummer des Berechtigten mit.

§ 68 Besondere Mitwirkungspflichten und Offenbarungsbefugnis

(1) $_{1}$Wer Kindergeld beantragt oder erhält, hat Änderungen in den Verhältnissen, die für die Leistung erheblich sind oder über die im Zusammenhang mit der Leistung Erklärungen abgegeben worden sind, unverzüglich der zuständigen Familienkasse mitzuteilen. $_{2}$Ein Kind, das das 18. Lebensjahr vollendet hat, ist auf Verlangen der Familienkasse verpflichtet, an der Aufklärung des für die Kindergeldzahlung maßgebenden Sachverhalts mitzuwirken; § 101 der Abgabenordnung findet insoweit keine Anwendung.

(2) (weggefallen)

(3) Auf Antrag des Berechtigten erteilt die das Kindergeld auszahlende Stelle eine Bescheinigung über das für das Kalenderjahr ausgezahlte Kindergeld.

(4) $_{1}$Die Familienkassen dürfen den Stellen, die die Bezüge im öffentlichen Dienst anweisen, den für die jeweilige Kindergeldzahlung maßgebenden Sachverhalt durch automatisierte Abrufverfahren bereitstellen oder Auskunft über diesen Sachverhalt erteilen. $_{2}$Das Bundesministerium der Finanzen wird ermächtigt, durch Rechtsverordnung ohne Zustimmung des Bundesrates zur Durchführung von automatisierten Abrufen nach Satz 1 die Voraussetzungen, unter denen ein Datenabruf erfolgen darf, festzulegen.

(5) $_{1}$Zur Erfüllung der in § 31a Absatz 2 der Abgabenordnung genannten Mitteilungspflichten und zur Prüfung der jeweiligen Anspruchsvoraussetzungen und zur Bemessung der jeweiligen Leistung dürfen die Familienkassen den Leistungsträgern, die für Leistungen der Arbeitsförderung nach § 19 Absatz 2, für Leistungen der Grundsicherung für Arbeitsuchende nach § 19a Absatz 2, für Kindergeld, Kinderzuschlag, Leistungen für Bildung und Teilhabe und Elterngeld nach § 25 Absatz 3 oder für Leistungen der Sozialhilfe nach § 28

Absatz 2 des Ersten Buches Sozialgesetzbuch zuständig sind, und den nach § 9 Absatz 1 Satz 2 des Unterhaltsvorschussgesetzes zuständigen Stellen den für die jeweilige Kindergeldzahlung maßgebenden Sachverhalt in einem automatisierten Abrufverfahren übermitteln. 2Das Bundesministerium der Finanzen wird ermächtigt, durch Rechtsverordnung mit Zustimmung des Bundesrates zur Durchführung von automatisierten Abrufen nach Satz 1 die Voraussetzungen, unter denen ein Datenabruf erfolgen darf, festzulegen.

(6) 1Zur Prüfung und Bemessung der in Artikel 3 Absatz 1 Buchstabe j in Verbindung mit Artikel 1 Buchstabe z der Verordnung (EG) Nr. 883/2004 des Europäischen Parlaments und des Rates vom 29. April 2004 zur Koordinierung der Systeme der sozialen Sicherheit (ABl. L 166 vom 30. 4. 2004, S. 1), die zuletzt durch die Verordnung (EU) 2017/492 (ABl. L 76 vom 22. 3. 2017, S. 13) geändert worden ist, genannten Familienleistungen dürfen die Familienkassen den zuständigen öffentlichen Stellen eines Mitgliedstaates der Europäischen Union den für die jeweilige Kindergeldzahlung maßgebenden Sachverhalt durch automatisierte Abrufverfahren bereitstellen. 2Das Bundesministerium der Finanzen wird ermächtigt, durch Rechtsverordnung ohne Zustimmung des Bundesrates zur Durchführung von automatisierten Abrufen nach Satz 1 die Voraussetzungen, unter denen ein Datenabruf erfolgen darf, festzulegen.

(7) 1Die Datenstelle der Rentenversicherung darf den Familienkassen in einem automatisierten Abrufverfahren die zur Überprüfung des Anspruchs auf Kindergeld nach § 62 Absatz 1a und 2 erforderlichen Daten übermitteln; § 79 Absatz 2 bis 4 des Zehnten Buches Sozialgesetzbuch gilt entsprechend. 2Die Träger der Leistungen nach dem Zweiten und Dritten Buch Sozialgesetzbuch dürfen den Familienkassen in einem automatisierten Abrufverfahren die zur Überprüfung des Anspruchs auf Kindergeld nach § 62 erforderlichen Daten übermitteln. 3Das Bundesministerium für Arbeit und Soziales wird ermächtigt, durch Rechtsverordnung mit Zustimmung des Bundesrates die Voraussetzungen für das Abrufverfahren und Regelungen zu den Kosten des Verfahrens nach Satz 2 festzulegen.

§ 69 Datenübermittlung an die Familienkassen

1Erfährt das Bundeszentralamt für Steuern, dass ein Kind, für das Kindergeld gezahlt wird, verzogen ist oder von Amts wegen von der Meldebehörde abgemeldet wurde, hat es der zuständigen Familienkasse unverzüglich die in § 139b Absatz 3 Nummer 1, 3, 5, 8 und 14 der Abgabenordnung genannten Daten zum Zweck der Prüfung der Rechtmäßigkeit des Bezugs von Kindergeld zu übermitteln. 2Die beim Bundeszentralamt für Steuern gespeicherten Daten für ein Kind, für das Kindergeld gezahlt wird, werden auf Anfrage auch den Finanzämtern zur Prüfung der Rechtmäßigkeit der Berücksichtigung der Freibeträge nach § 32 Absatz 6 zur Verfügung gestellt. 3Erteilt das Bundeszentralamt für Steuern auf Grund der Geburt eines Kindes eine neue Identifikationsnummer nach § 139b der Abgabenordnung, übermittelt es der zuständigen Familienkasse zum Zweck der Prüfung des Bezugs von Kindergeld unverzüglich

1. die in § 139b Absatz 3 Nummer 1, 3, 5, 8 und 10 der Abgabenordnung genannten Daten des Kindes sowie
2. soweit vorhanden, die in § 139b Absatz 3 Nummer 1, 3, 5, 8 und 10 und Absatz 3a der Abgabenordnung genannten Daten der Personen, bei denen für dieses Kind nach § 39e Absatz 1 ein Kinderfreibetrag berücksichtigt wird.

§ 70 Festsetzung und Zahlung des Kindergeldes

(1) 1Das Kindergeld nach § 62 wird von den Familienkassen durch Bescheid festgesetzt und ausgezahlt. 2Die Auszahlung von festgesetztem Kindergeld erfolgt rückwirkend nur für die letzten sechs Monate vor Beginn des Monats, in dem der Antrag auf Kindergeld eingegangen ist. 3Der Anspruch auf Kindergeld nach § 62 bleibt von dieser Auszahlungsbeschränkung unberührt.

(2) 1Soweit in den Verhältnissen, die für den Anspruch auf Kindergeld erheblich sind, Än-

derungen eintreten, ist die Festsetzung des Kindergeldes mit Wirkung vom Zeitpunkt der Änderung der Verhältnisse aufzuheben oder zu ändern. 2Ist die Änderung einer Kindergeldfestsetzung nur wegen einer Anhebung der in § 66 Absatz 1 genannten Kindergeldbeträge erforderlich, kann von der Erteilung eines schriftlichen Änderungsbescheides abgesehen werden.

(3) 1Materielle Fehler der letzten Festsetzung können durch Aufhebung oder Änderung der Festsetzung mit Wirkung ab dem auf die Bekanntgabe der Aufhebung oder Änderung der Festsetzung folgenden Monat beseitigt werden. 2Bei der Aufhebung oder Änderung der Festsetzung nach Satz 1 ist § 176 der Abgabenordnung entsprechend anzuwenden; dies gilt nicht für Monate, die nach der Verkündung der maßgeblichen Entscheidung eines obersten Bundesgerichts beginnen.

§ 71 Vorläufige Einstellung der Zahlung des Kindergeldes

(1) Die Familienkasse kann die Zahlung des Kindergeldes ohne Erteilung eines Bescheides vorläufig einstellen, wenn

1. sie Kenntnis von Tatsachen erhält, die kraft Gesetzes zum Ruhen oder zum Wegfall des Anspruchs führen, und
2. die Festsetzung, aus der sich der Anspruch ergibt, deshalb mit Wirkung für die Vergangenheit aufzuheben ist.

(2) 1Soweit die Kenntnis der Familienkasse nicht auf Angaben des Berechtigten beruht, der das Kindergeld erhält, sind dem Berechtigten unverzüglich die vorläufige Einstellung der Zahlung des Kindergeldes sowie die dafür maßgeblichen Gründe mitzuteilen. 2Ihm ist Gelegenheit zu geben, sich zu äußern.

(3) Die Familienkasse hat die vorläufig eingestellte Zahlung des Kindergeldes unverzüglich nachzuholen, soweit die Festsetzung, aus der sich der Anspruch ergibt, zwei Monate nach der vorläufigen Einstellung der Zahlung nicht mit Wirkung für die Vergangenheit aufgehoben oder geändert wird.

§ 72 (weggefallen)

§ 73 (weggefallen)

§ 74 Zahlung des Kindergeldes in Sonderfällen

(1) 1Das für ein Kind festgesetzte Kindergeld nach § 66 Absatz 1 kann an das Kind ausgezahlt werden, wenn der Kindergeldberechtigte ihm gegenüber seiner gesetzlichen Unterhaltspflicht nicht nachkommt. 2Dies gilt auch, wenn der Kindergeldberechtigte mangels Leistungsfähigkeit nicht unterhaltspflichtig ist oder nur Unterhalt in Höhe eines Betrags zu leisten braucht, der geringer ist als das für die Auszahlung in Betracht kommende Kindergeld. 3Die Auszahlung kann auch an die Person oder Stelle erfolgen, die dem Kind Unterhalt gewährt.

(2) Für Erstattungsansprüche der Träger von Sozialleistungen gegen die Familienkasse gelten die §§ 102 bis 109 und 111 bis 113 des Zehnten Buches Sozialgesetzbuch entsprechend.

§ 75 Aufrechnung

(1) Mit Ansprüchen auf Erstattung von Kindergeld kann die Familienkasse gegen Ansprüche auf Kindergeld bis zu deren Hälfte aufrechnen, wenn der Leistungsberechtigte nicht nachweist, dass er dadurch hilfebedürftig im Sinne der Vorschriften des Zwölften Buches Sozialgesetzbuch über die Hilfe zum Lebensunterhalt oder im Sinne der Vorschriften des Zweiten Buches Sozialgesetzbuch über die Leistungen zur Sicherung des Lebensunterhalts wird.

(2) Absatz 1 gilt für die Aufrechnung eines Anspruchs auf Erstattung von Kindergeld gegen einen späteren Kindergeldanspruch eines mit dem Erstattungspflichtigen in Haushaltsgemeinschaft lebenden Berechtigten entsprechend, soweit es sich um laufendes Kindergeld für ein Kind handelt, das bei beiden berücksichtigt werden kann oder konnte.

§ 76 Pfändung

Der Anspruch auf Kindergeld kann nur wegen gesetzlicher Unterhaltsansprüche eines Kindes, für das Kindergeld festgesetzt und dem Berechtigten ausgezahlt wird, gepfändet werden.

§ 77 Erstattung von Kosten im Vorverfahren

(1) [1]Soweit der Einspruch gegen die Kindergeldfestsetzung erfolgreich ist, hat die Familienkasse demjenigen, der den Einspruch erhoben hat, die zur zweckentsprechenden Rechtsverfolgung oder Rechtsverteidigung notwendigen Aufwendungen zu erstatten. [2]Dies gilt auch, wenn der Einspruch nur deshalb keinen Erfolg hat, weil die Verletzung einer Verfahrens- oder Formvorschrift nach § 126 der Abgabenordnung unbeachtlich ist. [3]Aufwendungen, die durch das Verschulden eines Erstattungsberechtigten entstanden sind, hat dieser selbst zu tragen; das Verschulden eines Vertreters ist dem Vertretenen zuzurechnen.

(2) Die Gebühren und Auslagen eines Bevollmächtigten oder Beistandes, der nach den Vorschriften des Steuerberatungsgesetzes zur geschäftsmäßigen Hilfeleistung in Steuersachen befugt ist, sind erstattungsfähig, wenn dessen Zuziehung notwendig war.

(3) [1]Die Familienkasse setzt auf Antrag den Betrag der zu erstattenden Aufwendungen fest. [2]Die Kostenentscheidung bestimmt auch, ob die Zuziehung eines Bevollmächtigten oder Beistandes im Sinne des Absatzes 2 notwendig war.

§ 78 Übergangsregelungen

(1) bis (4) (weggefallen)

(5) [1]Abweichend von § 64 Absatz 2 und 3 steht Berechtigten, die für Dezember 1990 für ihre Kinder Kindergeld in dem in Artikel 3 des Einigungsvertrages genannten Gebiet bezogen haben, das Kindergeld für diese Kinder auch für die folgende Zeit zu, solange sie ihren Wohnsitz oder gewöhnlichen Aufenthalt in diesem Gebiet beibehalten und die Kinder die Voraussetzungen ihrer Berücksichtigung weiterhin erfüllen. [2]§ 64 Absatz 2 und 3 ist insoweit erst für die Zeit vom Beginn des Monats an anzuwenden, in dem ein hierauf gerichteter Antrag bei der zuständigen Stelle eingegangen ist; der hiernach Berechtigte muss die nach Satz 1 geleisteten Zahlungen gegen sich gelten lassen.

XI. Altersvorsorgezulage

§ 79 Zulageberechtigte

[1]Die in § 10a Absatz 1 genannten Personen haben Anspruch auf eine Altersvorsorgezulage (Zulage). [2]Ist nur ein Ehegatte nach Satz 1 begünstigt, so ist auch der andere Ehegatte zulageberechtigt, wenn

1. beide Ehegatten nicht dauernd getrennt leben (§ 26 Absatz 1),
2. beide Ehegatten ihren Wohnsitz oder gewöhnlichen Aufenthalt in einem Mitgliedstaat der Europäischen Union oder einem Staat haben, auf den das Abkommen über den Europäischen Wirtschaftsraum anwendbar ist,
3. ein auf den Namen des anderen Ehegatten lautender Altersvorsorgevertrag besteht,
4. der andere Ehegatte zugunsten des Altersvorsorgevertrags nach Nummer 3 im jeweiligen Beitragsjahr mindestens 120 Euro geleistet hat und
5. die Auszahlungsphase des Altersvorsorgevertrags nach Nummer 3 noch nicht begonnen hat.

[3]Satz 1 gilt entsprechend für die in § 10a Absatz 6 Satz 1 und 2 genannten Personen, sofern sie unbeschränkt steuerpflichtig sind oder für das Beitragsjahr nach § 1 Absatz 3 als unbeschränkt steuerpflichtig behandelt werden. [4]Ist ein nach Satz 1 begünstigter Ehegatte nach § 1 Absatz 2 unbeschränkt einkommensteuerpflichtig, gilt Satz 2 mit der Maßgabe, dass Nummer 2 keine Anwendung findet.

§ 80 Anbieter

Anbieter im Sinne dieses Gesetzes sind Anbieter von Altersvorsorgeverträgen gemäß § 1 Absatz 2 des Altersvorsorgeverträge-Zertifizierungsgesetzes sowie die in § 82 Absatz 2 genannten Versorgungseinrichtungen.

§ 81 Zentrale Stelle

Zentrale Stelle im Sinne dieses Gesetzes ist die Deutsche Rentenversicherung Bund.

§ 81a Zuständige Stelle

[1]Zuständige Stelle ist bei einem

1. Empfänger von Besoldung nach dem Bundesbesoldungsgesetz oder einem Lan-

desbesoldungsgesetz die die Besoldung anordnende Stelle,

2. Empfänger von Amtsbezügen im Sinne des § 10a Absatz 1 Satz 1 Nummer 2 die die Amtsbezüge anordnende Stelle,
3. versicherungsfrei Beschäftigten sowie bei einem von der Versicherungspflicht befreiten Beschäftigten im Sinne des § 10a Absatz 1 Satz 1 Nummer 3 der die Versorgung gewährleistende Arbeitgeber der rentenversicherungsfreien Beschäftigung,
4. Beamten, Richter, Berufssoldaten und Soldaten auf Zeit im Sinne des § 10a Absatz 1 Satz 1 Nummer 4 der zur Zahlung des Arbeitsentgelts verpflichtete Arbeitgeber,
5. Empfänger einer Versorgung im Sinne des § 10a Absatz 1 Satz 4 die die Versorgung anordnende Stelle und
6. Mitglied einer berufsständischen Versorgungseinrichtung im Sinne des § 10a Absatz 1 Satz 5 Nummer 2 die berufsständische Versorgungseinrichtung.

$_{2}$Für die in § 10a Absatz 1 Satz 1 Nummer 5 genannten Steuerpflichtigen gilt Satz 1 entsprechend.

§ 82 Altersvorsorgebeiträge

(1) $_{1}$Geförderte Altersvorsorgebeiträge sind im Rahmen des in § 10a Absatz 1 Satz 1 genannten Höchstbetrags

1. Beiträge,
2. Tilgungsleistungen,

die der Zulageberechtigte (§ 79) bis zum Beginn der Auszahlungsphase zugunsten eines auf seinen Namen lautenden Vertrags leistet, der nach § 5 des Altersvorsorgeverträge-Zertifizierungsgesetzes zertifiziert ist (Altersvorsorgevertrag). $_{2}$Die Zertifizierung ist Grundlagenbescheid im Sinne des § 171 Absatz 10 der Abgabenordnung. $_{3}$Als Tilgungsleistungen gelten auch Beiträge, die vom Zulageberechtigten zugunsten eines auf seinen Namen lautenden Altersvorsorgevertrags im Sinne des § 1 Absatz 1a Satz 1 Nummer 3 des Altersvorsorgeverträge-Zertifizierungsgesetzes erbracht wurden und die zur Tilgung eines im Rahmen des Altersvorsorgevertrags abgeschlossenen Darlehens abgetreten wurden. $_{4}$Im Fall der Übertragung von gefördertem Altersvorsorgevermögen nach § 1 Absatz 1 Satz 1 Nummer 10 Buchstabe b des Altersvorsorgeverträge-Zertifizierungsgesetzes in einen Altersvorsorgevertrag im Sinne des § 1 Absatz 1a Satz 1 Nummer 3 des Altersvorsorgeverträge-Zertifizierungsgesetzes gelten die Beiträge nach Satz 1 Nummer 1 ab dem Zeitpunkt der Übertragung als Tilgungsleistungen nach Satz 3; eine erneute Förderung nach § 10a oder Abschnitt XI erfolgt insoweit nicht. $_{5}$Tilgungsleistungen nach den Sätzen 1 und 3 werden nur berücksichtigt, wenn das zugrunde liegende Darlehen für eine nach dem 31. Dezember 2007 vorgenommene wohnungswirtschaftliche Verwendung im Sinne des § 92a Absatz 1 Satz 1 eingesetzt wurde. $_{6}$Bei einer Aufgabe der Selbstnutzung nach § 92a Absatz 3 Satz 1 gelten im Beitragsjahr der Aufgabe der Selbstnutzung auch die nach der Aufgabe der Selbstnutzung geleisteten Beiträge oder Tilgungsleistungen als Altersvorsorgebeiträge nach Satz 1. $_{7}$Bei einer Reinvestition nach § 92a Absatz 3 Satz 9 Nummer 1 gelten im Beitragsjahr der Reinvestition auch die davor geleisteten Beiträge oder Tilgungsleistungen als Altersvorsorgebeiträge nach Satz 1. $_{8}$Bei einer Wiederaufnahme der Selbstnutzung nach § 92a Absatz 3 Satz 9 Nummer 5 oder bei einem beruflich bedingten Umzug nach § 92a Absatz 4 gelten

1. im Beitragsjahr des Wegzugs auch die nach dem Wegzug und
2. im Beitragsjahr des Wiedereinzugs auch die vor dem Wiedereinzug

geleisteten Beiträge und Tilgungsleistungen als Altersvorsorgebeiträge nach Satz 1.

(2) $_{1}$Zu den Altersvorsorgebeiträgen gehören auch

a) die aus dem individuell versteuerten Arbeitslohn des Arbeitnehmers geleisteten Beiträge an einen Pensionsfonds, eine Pensionskasse oder eine Direktversicherung zum Aufbau einer kapitalgedeckten betrieblichen Altersversorgung und
b) Beiträge des Arbeitnehmers und des ausgeschiedenen Arbeitnehmers, die dieser

im Fall der zunächst durch Entgeltumwandlung (§ 1a des Betriebsrentengesetzes) finanzierten und nach § 3 Nummer 63 oder § 10a und diesem Abschnitt geförderten kapitalgedeckten betrieblichen Altersversorgung nach Maßgabe des § 1a Absatz 4, des § 1b Absatz 5 Satz 1 Nummer 2 und des § 22 Absatz 3 Nummer 1 Buchstabe a des Betriebsrentengesetzes selbst erbringt.

$_{2}$Satz 1 gilt nur, wenn

1. a) vereinbart ist, dass die zugesagten Altersversorgungsleistungen als monatliche Leistungen in Form einer lebenslangen Leibrente oder als Ratenzahlungen im Rahmen eines Auszahlungsplans mit einer anschließenden Teilkapitalverrentung ab spätestens dem 85. Lebensjahr ausgezahlt werden und die Leistungen während der gesamten Auszahlungsphase gleich bleiben oder steigen; dabei können bis zu zwölf Monatsleistungen in einer Auszahlung zusammengefasst und bis zu 30 Prozent des zu Beginn der Auszahlungsphase zur Verfügung stehenden Kapitals außerhalb der monatlichen Leistungen ausgezahlt werden, und
   b) ein vereinbartes Kapitalwahlrecht nicht oder nicht außerhalb des letzten Jahres vor dem vertraglich vorgesehenen Beginn der Altersversorgungsleistung ausgeübt wurde, oder
2. bei einer reinen Beitragszusage nach § 1 Absatz 2 Nummer 2a des Betriebsrentengesetzes der Pensionsfonds, die Pensionskasse oder die Direktversicherung eine lebenslange Zahlung als Altersversorgungsleistung zu erbringen hat.

$_{3}$Die §§ 3 und 4 des Betriebsrentengesetzes stehen dem vorbehaltlich des § 93 nicht entgegen.

(3) $_{1}$Zu den Altersvorsorgebeiträgen nach Absatz 1 gehören auch diejenigen Beitragsanteile, die für eine vereinbarte zehn- oder zwanzigjährige Rentengarantiezeit verwendet werden. $_{2}$Zu den Altersvorsorgebeiträgen nach Absatz 2 gehören in den Fällen von Absatz 2 Satz 2 auch diejenigen Beitragsanteile, die zur Absicherung der verminderten Erwerbsfähigkeit des Zulageberechtigten und zur Hinterbliebenenversorgung verwendet werden, wenn in der Leistungsphase die Auszahlung in Form einer Rente erfolgt. $_{3}$Hinterbliebene sind hierfür der Ehegatte und diejenigen Kinder, für die dem Zulageberechtigten zum Zeitpunkt des Eintritts des Versorgungsfalles ein Anspruch auf Kindergeld oder ein Freibetrag nach § 32 Absatz 6 zugestanden hätte; der Anspruch auf Waisenrente oder auf Waisengeld darf längstens für den Zeitraum bestehen, in dem der Rentenberechtigte die Voraussetzungen für die Berücksichtigung als Kind im Sinne des § 32 erfüllt. $_{4}$Satz 2 gilt auch in den Fällen, in denen ein Bestandsvertag nach § 52 Absatz 50a Satz 1 oder 2 zunächst bestand und § 82 in der bis zum 31. Dezember 2026 geltenden Fassung keine Anwendung mehr findet, weil eine Erklärung nach § 52 Absatz 50a Satz 4 vorliegt oder nach § 52 Absatz 50a Satz 6, 7 oder 8 dieses Gesetz in der aktuellen Fassung angewendet wird.

(4) Nicht zu den Altersvorsorgebeiträgen zählen

1. Aufwendungen, die vermögenswirksame Leistungen nach dem Fünften Vermögensbildungsgesetz in der jeweils geltenden Fassung darstellen,
2. prämienbegünstigte Aufwendungen nach dem Wohnungsbau-Prämiengesetz in der Fassung der Bekanntmachung vom 30. Oktober 1997 (BGBl. I S. 2678), zuletzt geändert durch Artikel 5 des Gesetzes vom 29. Juli 2008 (BGBl. I S. 1509), in der jeweils geltenden Fassung,
3. Aufwendungen, die im Rahmen des § 10 als Sonderausgaben geltend gemacht werden,
4. Zahlungen nach § 92a Absatz 2 Satz 4 Nummer 1 und Absatz 3 Satz 9 Nummer 2 oder
5. Übertragungen im Sinne des § 3 Nummer 55 bis 55c.

(5) $_{1}$Hat der Steuerpflichtige nach dem 31. Dezember 2026 mehr als zwei Altersvorsorgeverträge nach § 1 Absatz 1, 1b, 1c

oder 1d des Altersvorsorgeverträge-Zertifizierungsgesetzes abgeschlossen, so werden die geleisteten Beiträge ab dem dritten dieser abgeschlossenen Verträge nicht mehr als Altersvorsorgebeiträge und dieser Vertrag nicht als zertifizierter Altersvorsorgevertrag behandelt. $_{2}$Maßgeblich für die Reihenfolge der Altersvorsorgeverträge nach Satz 1 ist das Datum des jeweiligen Vertragsabschlusses. $_{3}$Der Anbieter hat der zentralen Stelle (§ 81) nach amtlich vorgeschriebenem Datensatz durch amtlich bestimmte Datenfernübertragung das Datum des Abschlusses und der Beendigung eines Altersvorsorgevertrages nach § 1 Absatz 1, 1b, 1c oder 1d des Altersvorsorgeverträge-Zertifizierungsgesetzes jeweils unverzüglich, im Fall der Übertragung von Altersvorsorgevermögen nach § 1 Absatz 1 Nummer 10 Buchstabe b des Altersvorsorgeverträge-Zertifizierungsgesetzes sowie in den Fällen des § 93 Absatz 1 Satz 4 Buchstabe c, Absatz 1a Satz 1 oder Absatz 2 Satz 2 und 3 unverzüglich nach der Übertragung, unter Angabe der Vertragsdaten und der in § 93c Absatz 1 Satz 1 Nummer 2 der Abgabenordnung genannten Daten zu übermitteln. $_{4}$Die zentrale Stelle teilt dem Anbieter des dritten Vertrages unverzüglich mit, wenn ein Fall nach Satz 1 vorliegt.

§ 83 Altersvorsorgezulage

In Abhängigkeit von den geleisteten Altersvorsorgebeiträgen wird eine Zulage gezahlt, die sich aus einer Grundzulage (§ 84) und einer Kinderzulage (§ 85) zusammensetzt.

§ 84 Grundzulage

$_{1}$Zulageberechtigte nach § 79 Satz 1 erhalten jährlich als Grundzulage

1. 50 Prozent der im Beitragsjahr bis zu einer Höhe von 360 Euro geleisteten Altersvorsorgebeiträge (§ 82) und
2. 25 Prozent der im Beitragsjahr in einer Höhe von 360,01 Euro bis zu einer Höhe von 1800 Euro geleisteten Altersvorsorgebeiträge.

$_{2}$Für Zulageberechtigte nach § 79 Satz 1, die zu Beginn des Beitragsjahres (§ 88) das 25. Lebensjahr noch nicht vollendet haben, erhöht sich die Grundzulage nach Satz 1 um einmalig 200 Euro. $_{3}$Zulageberechtigte nach § 79 Satz 2 haben Anspruch auf eine Grundzulage nach Satz 1; diese Grundzulage beträgt jedoch höchstens 175 Euro. $_{4}$Für die Berechnung der Grundzulage nach Satz 3 werden die geförderten Altersvorsorgebeiträge des nach § 79 Satz 1 zum begünstigten Personenkreis gehörenden Ehegatten zugrunde gelegt.

§ 85 Kinderzulage

(1) $_{1}$Für jedes Kind, für das gegenüber dem Zulageberechtigten Kindergeld festgesetzt wird, beträgt die Kinderzulage jährlich 100 Prozent der im Beitragsjahr bis zu einer Höhe von 1800 Euro geleisteten Altersvorsorgebeiträge (§ 82); die Kinderzulage beträgt jedoch höchstens 300 Euro pro Kind. $_{2}$Steht die Kinderzulage einem nach § 79 Satz 2 begünstigten Ehegatten zu, so sind für die Berechnung der Kinderzulage nach Satz 1 die geförderten Altersvorsorgebeiträge des anderen Ehegatten zu Grunde zu legen. $_{3}$Der Anspruch auf Kinderzulage entfällt für den Veranlagungszeitraum, für den das Kindergeld insgesamt zurückgefordert wird. $_{4}$Erhalten mehrere Zulageberechtigte für dasselbe Kind Kindergeld, steht die Kinderzulage demjenigen zu, dem gegenüber für den ersten Anspruchszeitraum (§ 66 Absatz 2) im Kalenderjahr Kindergeld festgesetzt worden ist.

(2) $_{1}$Bei Eltern verschiedenen Geschlechts, die miteinander verheiratet sind, nicht dauernd getrennt leben (§ 26 Absatz 1) und ihren Wohnsitz oder gewöhnlichen Aufenthalt in einem Mitgliedstaat der Europäischen Union oder einem Staat haben, auf den das Abkommen über den Europäischen Wirtschaftsraum (EWR-Abkommen) anwendbar ist, wird die Kinderzulage der Mutter zugeordnet, auf Antrag beider Eltern dem Vater. $_{2}$Bei Eltern gleichen Geschlechts, die miteinander verheiratet sind oder eine Lebenspartnerschaft führen, nicht dauernd getrennt leben (§ 26 Absatz 1) und ihren Wohnsitz oder gewöhnlichen Aufenthalt in einem Mitgliedstaat der Europäischen Union oder einem Staat haben, auf den das EWR-Abkommen anwendbar ist, ist die Kinderzulage dem Elternteil zuzuord-

nen, dem gegenüber das Kindergeld festgesetzt wird, auf Antrag beider Eltern dem anderen Elternteil. 3Der Antrag kann für ein abgelaufenes Beitragsjahr nicht zurückgenommen werden.

§ 86 Mindesteigenbeitrag

Die Grundzulage nach § 84 Satz 1 und 2 sowie die Kinderzulage nach § 85 werden ab dem Beitragsjahr 2027 nur gewährt, wenn der Zulageberechtigte einen Mindesteigenbeitrag von 120 Euro leistet.

§ 87 Zusammentreffen mehrerer Verträge

(1) 1Zahlt der nach § 79 Satz 1 Zulageberechtigte Altersvorsorgebeiträge zugunsten mehrerer Verträge, so wird die Zulage nur für zwei dieser Verträge gewährt. 2Der insgesamt nach § 86 zu leistende Mindesteigenbeitrag muss zugunsten dieser Verträge geleistet worden sein. 3Die Zulage ist entsprechend dem Verhältnis der auf diese Verträge geleisteten Beiträge zu verteilen.

(2) 1Der nach § 79 Satz 2 Zulageberechtigte kann die Zulage für das jeweilige Beitragsjahr nicht auf mehrere Altersvorsorgeverträge verteilen. 2Es ist nur der Altersvorsorgevertrag begünstigt, für den zuerst die Zulage beantragt wird.

§ 88 Entstehung des Anspruchs auf Zulage

Der Anspruch auf die Zulage entsteht mit Ablauf des Kalenderjahres, in dem die Altersvorsorgebeiträge geleistet worden sind (Beitragsjahr).

§ 89 Antrag

(1) 1Der Zulageberechtigte hat den Antrag auf Zulage nach amtlich vorgeschriebenem Vordruck bis zum Ablauf des zweiten Kalenderjahres, das auf das Beitragsjahr (§ 88) folgt, bei dem Anbieter seines Vertrages einzureichen; dies kann auch elektronisch unter Angabe der erforderlichen Antragsdaten erfolgen, wenn sowohl der Anbieter als auch der Zulageberechtigte mit diesem Verfahren einverstanden sind. 2Hat der Zulageberechtigte im Beitragsjahr Altersvorsorgebeiträge für mehrere Verträge gezahlt, so hat er mit dem Zulageantrag zu bestimmen, auf welche Verträge die Zulage überwiesen werden soll. 3Beantragt der Zulageberechtigte die Zulage für mehr als zwei Verträge, so wird die Zulage nur für die zwei Verträge mit den höchsten Altersvorsorgebeiträgen gewährt. 4Sofern eine Zulagenummer (§ 90 Absatz 1 Satz 2) durch die zentrale Stelle (§ 81) oder eine Versicherungsnummer nach § 147 des Sechsten Buches Sozialgesetzbuch für den nach § 10a Absatz 1 Satz 5 Nummer 1 Förderberechtigten oder den nach § 79 Satz 2 berechtigten Ehegatten noch nicht vergeben ist, hat dieser über seinen Anbieter eine Zulagenummer bei der zentralen Stelle zu beantragen. 5Der Antragsteller ist verpflichtet, dem Anbieter unverzüglich eine Änderung der Verhältnisse mitzuteilen, die zu einer Minderung oder zum Wegfall des Zulageanspruchs führt; dies kann auch elektronisch erfolgen, wenn sowohl der Anbieter als auch der Zulageberechtigte mit diesem Verfahren einverstanden sind.

(1a) 1Der Zulageberechtigte kann den Anbieter seines Vertrages unter Angabe der erforderlichen Antragsdaten schriftlich bevollmächtigen, für ihn abweichend von Absatz 1 die Zulage für jedes Beitragsjahr zu beantragen; dies kann auch elektronisch erfolgen, wenn sowohl der Anbieter als auch der Zulageberechtigte mit diesem Verfahren einverstanden sind. 2Absatz 1 Satz 5 gilt entsprechend. 3Ein Widerruf der Vollmacht ist bis zum Ablauf des Beitragsjahres, für das der Anbieter keinen Antrag auf Zulage stellen soll, gegenüber dem Anbieter zu erklären.

(2) 1Der Anbieter ist verpflichtet,

a) die Vertragsdaten,

b) die Identifikationsnummer, die Versicherungsnummer nach § 147 des Sechsten Buches Sozialgesetzbuch, die Zulagenummer des Zulageberechtigten und dessen Ehegatten oder einen Antrag auf Vergabe einer Zulagenummer eines nach § 10a Absatz 1 Satz 5 Nummer 1 Förderberechtigten oder eines nach § 79 Satz 2 berechtigten Ehegatten,

c) die Identifikationsnummer des Kindes sowie die weiteren für die Gewährung der Kinderzulage erforderlichen Daten,

VIII

d) die Höhe der geleisteten Altersvorsorgebeiträge und

e) das Vorliegen einer nach Absatz 1a erteilten Vollmacht

als die für die Ermittlung und Überprüfung des Zulageanspruchs und Durchführung des Zulageverfahrens erforderlichen Daten zu erfassen. $_2$Er hat die Daten der bei ihm im Laufe eines Kalendervierteljahres eingegangenen Anträge bis zum Ende des folgenden Monats nach amtlich vorgeschriebenem Datensatz durch amtlich bestimmte Datenfernübertragung an die zentrale Stelle zu übermitteln, es sei denn, im Beitragsjahr wurden keine Altersvorsorgebeiträge nach § 82 Absatz 1 Satz 1 Nummer 1 oder Absatz 2 geleistet. $_3$Dies gilt auch im Fall des Absatzes 1 Satz 5. $_4$§ 22a Absatz 2 gilt entsprechend.

(3) $_1$Ist der Anbieter nach Absatz 1a Satz 1 bevollmächtigt worden, hat er der zentralen Stelle die nach Absatz 2 Satz 1 erforderlichen Angaben für jedes Kalenderjahr bis zum Ablauf des auf das Beitragsjahr folgenden Kalenderjahres zu übermitteln. $_2$Liegt die Bevollmächtigung erst nach dem im Satz 1 genannten Meldetermin vor, hat der Anbieter die Angaben bis zum Ende des folgenden Kalendervierteljahres nach der Bevollmächtigung, spätestens jedoch bis zum Ablauf der in Absatz 1 Satz 1 genannten Antragsfrist, zu übermitteln. $_3$Absatz 2 Satz 2 und 3 gilt sinngemäß.

§ 90 Verfahren

(1) $_1$Die zentrale Stelle ermittelt auf Grund der von ihr erhobenen oder der ihr übermittelten Daten, ob und in welcher Höhe ein Zulageanspruch besteht. $_2$Soweit der zuständige Träger der Rentenversicherung keine Versicherungsnummer vergeben hat, vergibt die zentrale Stelle zur Erfüllung der ihr nach diesem Abschnitt zugewiesenen Aufgaben eine Zulagenummer. $_3$Die zentrale Stelle teilt im Fall eines Antrags nach § 10a Absatz 1b der zuständigen Stelle, im Fall eines Antrags nach § 89 Absatz 1 Satz 4 dem Anbieter die Zulagenummer mit; von dort wird sie an den Antragsteller weitergeleitet.

(2) $_1$Die zentrale Stelle veranlasst die Auszahlung an den Anbieter zugunsten der Zulageberechtigten durch die zuständige Kasse nach erfolgter Berechnung nach Absatz 1 und Überprüfung nach § 91. $_2$Ein gesonderter Bescheid ergeht vorbehaltlich des Absatzes 4 nicht. $_3$Der Anbieter hat die erhaltenen Zulagen unverzüglich den begünstigten Verträgen gutzuschreiben. $_4$Zulagen, die nach Beginn der Auszahlungsphase für das Altersvorsorgevermögen von der zentralen Stelle an den Anbieter überwiesen werden, können vom Anbieter an den Anleger ausgezahlt werden. $_5$Besteht kein Zulageanspruch, so teilt die zentrale Stelle dies dem Anbieter durch Datensatz mit. $_6$Die zentrale Stelle teilt dem Anbieter die Altersvorsorgebeiträge im Sinne des § 82, auf die § 10a oder dieser Abschnitt angewendet wurde, durch Datensatz mit. $_7$Beantragt ein nach § 79 Satz 2 mittelbar zulageberechtigter Ehegatte für seinen Altersvorsorgevertrag, der kein Bestandsvertrag nach § 52 Absatz 50a Satz 1 ist, eine Zulage und hat der unmittelbar förderberechtigte Ehegatte einen Bestandsvertrag, besteht kein Anspruch auf eine Altersvorsorgezulage für den mittelbar zulageberechtigten Ehegatten.

(3) $_1$Erkennt die zentrale Stelle bis zum Ende des zweiten auf die Ermittlung der Zulage folgenden Jahres nachträglich auf Grund neuer, berichtigter oder stornierter Daten, dass der Zulageanspruch ganz oder teilweise nicht besteht oder weggefallen ist, so hat sie zu Unrecht gutgeschriebene oder ausgezahlte Zulagen bis zum Ablauf eines Jahres nach der Erkenntnis zurückzufordern und dies dem Zulageberechtigten durch Bescheid nach Absatz 4 Satz 1 Nummer 2 und dem Anbieter durch Datensatz mitzuteilen. $_2$Bei bestehendem Vertragsverhältnis hat der Anbieter das Konto zu belasten. $_3$Die ihm im Kalendervierteljahr mitgeteilten Rückforderungsbeträge hat er bis zum zehnten Tag des dem Kalendervierteljahr folgenden Monats in einem Betrag bei der zentralen Stelle anzumelden und an diese abzuführen. $_4$Die Anmeldung nach Satz 3 ist nach amtlich vorgeschriebenem Vordruck abzugeben. $_5$Sie gilt als Steueranmeldung im Sinne der Abgabenordnung. $_6$Abweichend von Satz 1 gilt die Ausschlussfrist für den Personenkreis der Kindererzie-

henden nach § 10a Absatz 1a und deren nach § 79 Satz 2 förderberechtigten Ehegatten nicht; die zentrale Stelle hat die Zulage des Zulageberechtigten als auch des nach § 79 Satz 2 förderberechtigten Ehegatten bis zur Vollendung des fünften Lebensjahres des Kindes, das für die Anerkennung der Förderberechtigung nach § 10a Absatz 1a maßgebend war, zurückzufordern, wenn die Kindererziehungszeiten bis zu diesem Zeitpunkt in der gesetzlichen Rentenversicherung nicht angerechnet wurden. $_{7}$Hat der Zulageberechtigte die Kindererziehungszeiten innerhalb der in § 10a Absatz 1a genannten Frist beantragt, der zuständige Träger der gesetzlichen Rentenversicherung aber nicht innerhalb der Ausschlussfrist von Satz 6 darüber abschließend beschieden, verlängert sich die Ausschlussfrist um drei Monate nach Kenntniserlangung der zentralen Stelle vom Erlass des Bescheides.

(3a) $_{1}$Erfolgt nach der Durchführung einer versorgungsrechtlichen Teilung eine Rückforderung von zu Unrecht gezahlten Zulagen, setzt die zentrale Stelle den Rückforderungsbetrag nach Absatz 3 unter Anrechnung bereits vom Anbieter einbehaltener und abgeführter Beträge gegenüber dem Zulageberechtigten fest, soweit

1. das Guthaben auf dem Vertrag des Zulageberechtigten zur Zahlung des Rückforderungsbetrags nach § 90 Absatz 3 Satz 1 nicht ausreicht und
2. im Rückforderungsbetrag ein Zulagebetrag enthalten ist, der in der Ehe- oder Lebenspartnerschaftszeit ausgezahlt wurde.

$_{2}$Erfolgt nach einer Inanspruchnahme eines Altersvorsorge-Eigenheimbetrags im Sinne des § 92a Absatz 1 oder während einer Darlehenstilgung bei Altersvorsorgeverträgen nach § 1 Absatz 1a des Altersvorsorgeverträge-Zertifizierungsgesetzes eine Rückforderung zu Unrecht gezahlter Zulagen, setzt die zentrale Stelle den Rückforderungsbetrag nach Absatz 3 unter Anrechnung bereits vom Anbieter einbehaltener und abgeführter Beträge gegenüber dem Zulageberechtigten fest, soweit das Guthaben auf dem Altersvorsorgevertrag des Zulageberechtigten zur Zahlung des Rückforderungsbetrags nicht ausreicht. $_{3}$Der Anbieter hat in diesen Fällen der zentralen Stelle die nach Absatz 3 einbehaltenen und abgeführten Beträge nach amtlich vorgeschriebenem Datensatz durch amtlich bestimmte Datenfernübertragung mitzuteilen.

(4) $_{1}$Eine Festsetzung der Zulage erfolgt

1. von Amts wegen, wenn die nach den vorliegenden Daten abschließend berechnete Zulage von der beantragten Zulage abweicht,
2. im Falle des Absatzes 3 von Amts wegen,
3. auf besonderen Antrag des Zulageberechtigten, sofern nicht bereits eine Festsetzung nach Nummer 1, 2 oder 4 erfolgt ist, oder
4. auf Anforderung des zuständigen Finanzamtes, wenn dessen Daten von den Daten der zentralen Stelle abweichen; eine gesonderte Festsetzung unterbleibt, wenn eine Festsetzung nach den Nummern 1 bis 3 bereits erfolgt ist, für das Beitragsjahr keine Zulage beantragt wurde oder die Frist nach Absatz 3 Satz 1 abgelaufen ist.

$_{2}$Der Antrag nach Satz 1 Nummer 3 ist schriftlich oder elektronisch innerhalb eines Jahres vom Zulageberechtigten an die zentrale Stelle zu richten; die Frist beginnt mit der Erteilung der Bescheinigung nach § 92, die die Ermittlungsergebnisse für das Beitragsjahr enthält, für das eine Festsetzung der Zulage erfolgen soll. $_{3}$Der Anbieter teilt auf Anforderung der zentralen Stelle nach amtlich vorgeschriebenem Datensatz durch amtlich bestimmte Datenfernübertragung das Datum der Erteilung der nach Satz 2 maßgebenden Bescheinigung nach § 92 mit. $_{4}$Er hat auf Anforderung weitere ihm vorliegende, für die Festsetzung erforderliche Unterlagen beizufügen; eine ergänzende Stellungnahme kann beigefügt werden; dies kann auch elektronisch erfolgen, wenn sowohl der Anbieter als auch die zentrale Stelle mit diesem Verfahren einverstanden sind. $_{5}$Die zentrale Stelle teilt die Festsetzung auch dem Anbieter und die Festsetzung nach Satz 1 Nummer 4 auch dem Finanzamt mit; erfolgt keine Festsetzung nach Satz 1 Nummer 4, teilt dies die zentrale Stelle dem Finanzamt ebenfalls mit. $_{6}$Im Übrigen gilt Absatz 3 entsprechend. $_{7}$Satz 1 Nummer 1 gilt nicht, wenn der Datensatz nach § 89 Absatz 2 auf Grund von unzureichenden oder fehlerhaften Angaben des Zulageberechtigten abgewiesen sowie um eine Fehlermeldung ergänzt worden ist und die Angaben nicht innerhalb der Antragsfrist des § 89 Absatz 1 Satz 1 von dem Zulageberechtigten an den Anbieter nachgereicht werden.

(5) $_{1}$Im Rahmen des Festsetzungsverfahrens oder Einspruchsverfahrens kann der Zulageberechtigte bis zum rechtskräftigen Abschluss des Festsetzungsverfahrens oder Einspruchsverfahrens eine nicht fristgerecht abgegebene Einwilligung nach § 10a Absatz 1 Satz 1 zweiter Halbsatz oder Satz 5 Nummer 2 Buchstabe b gegenüber der zuständigen Stelle nachholen. $_{2}$Über die Nachholung hat er die zentrale Stelle unter Angabe des Datums der Erteilung der Einwilligung unmittelbar zu informieren. $_{3}$Hat der Zulageberechtigte im Rahmen des Festsetzungsverfahrens oder Einspruchsverfahrens eine wirksame Einwilligung gegenüber der zuständigen Stelle erteilt, wird er so gestellt, als hätte er die Einwilligung innerhalb der Frist nach § 10a Absatz 1 Satz 1 zweiter Halbsatz oder Satz 5 Nummer 2 Buchstabe b wirksam gestellt.

Gesetz zum Elterngeld und zur Elternzeit (Bundeselterngeld- und Elternzeitgesetz – BEEG)

in der Fassung der Bekanntmachung vom 27. Januar 2015 (BGBl. I S. 33)

Zuletzt geändert durch
Wehrdienst-Modernisierungsgesetz
vom 22. Dezember 2025 (BGBl. I Nr. 370)

Abschnitt 1 Elterngeld

§ 1 Berechtigte

(1) $_1$Anspruch auf Elterngeld hat, wer

1. einen Wohnsitz oder seinen gewöhnlichen Aufenthalt in Deutschland hat,
2. mit seinem Kind in einem Haushalt lebt,
3. dieses Kind selbst betreut und erzieht und
4. keine oder keine volle Erwerbstätigkeit ausübt.

$_2$Bei Mehrlingsgeburten besteht nur ein Anspruch auf Elterngeld.

(2) $_1$Anspruch auf Elterngeld hat auch, wer, ohne eine der Voraussetzungen des Absatzes 1 Satz 1 Nummer 1 zu erfüllen,

1. nach § 4 des Vierten Buches Sozialgesetzbuch dem deutschen Sozialversicherungsrecht unterliegt oder im Rahmen seines in Deutschland bestehenden öffentlich-rechtlichen Dienst- oder Amtsverhältnisses vorübergehend ins Ausland abgeordnet, versetzt oder kommandiert ist,
2. Entwicklungshelfer oder Entwicklungshelferin im Sinne des § 1 des Entwicklungshelfer-Gesetzes ist oder als Missionar oder Missionarin der Missionswerke und -gesellschaften, die Mitglieder oder Vereinbarungspartner des Evangelischen Missionswerkes Hamburg, der Arbeitsgemeinschaft Evangelikaler Missionen e. V. oder der Arbeitsgemeinschaft pfingstlich-charismatischer Missionen sind, tätig ist oder
3. die deutsche Staatsangehörigkeit besitzt und nur vorübergehend bei einer zwischen- oder überstaatlichen Einrichtung tätig ist, insbesondere nach den Entsenderichtlinien des Bundes beurlaubte Beamte und Beamtinnen, oder wer vorübergehend eine nach § 123a des Beamtenrechtsrahmengesetzes oder § 29 des Bundesbeamtengesetzes zugewiesene Tätigkeit im Ausland wahrnimmt.

$_2$Dies gilt auch für mit der nach Satz 1 berechtigten Person in einem Haushalt lebende Ehegatten oder Ehegattinnen.

(3) $_1$Anspruch auf Elterngeld hat abweichend von Absatz 1 Satz 1 Nummer 2 auch, wer

1. mit einem Kind in einem Haushalt lebt, das er mit dem Ziel der Annahme als Kind aufgenommen hat,
2. ein Kind des Ehegatten oder der Ehegattin in seinen Haushalt aufgenommen hat oder
3. mit einem Kind in einem Haushalt lebt und die von ihm erklärte Anerkennung der Vaterschaft nach § 1594 Absatz 2 des Bürgerlichen Gesetzbuchs noch nicht wirksam oder über die von ihm beantragte Vaterschaftsfeststellung nach § 1600d des Bürgerlichen Gesetzbuchs noch nicht entschieden ist.

$_2$Für angenommene Kinder und Kinder im Sinne des Satzes 1 Nummer 1 sind die Vorschriften dieses Gesetzes mit der Maßgabe anzuwenden, dass statt des Zeitpunktes der Geburt der Zeitpunkt der Aufnahme des Kindes bei der berechtigten Person maßgeblich ist.

(4) Können die Eltern wegen einer schweren Krankheit, Schwerbehinderung oder Todes der Eltern ihr Kind nicht betreuen, haben Verwandte bis zum dritten Grad und ihre Ehegatten oder Ehegattinnen Anspruch auf Elterngeld, wenn sie die übrigen Voraussetzungen nach Absatz 1 erfüllen und wenn von anderen Berechtigten Elterngeld nicht in Anspruch genommen wird.

(5) Der Anspruch auf Elterngeld bleibt unberührt, wenn die Betreuung und Erziehung des Kindes aus einem wichtigen Grund nicht sofort aufgenommen werden kann oder wenn sie unterbrochen werden muss.

(6) Eine Person ist nicht voll erwerbstätig, wenn

1. ihre Arbeitszeit 32 Wochenstunden im Durchschnitt des Lebensmonats nicht übersteigt,
2. sie eine Beschäftigung zur Berufsbildung ausübt oder
3. sie als eine im Sinne der §§ 23 und 43 des Achten Buches Sozialgesetzbuch geeignete Kindertagespflegeperson tätig ist.

(6a) Als erwerbstätig im Sinne dieses Gesetzes gelten auch Personen, die vorübergehend nicht arbeiten, solange sie

1. sich in einem Arbeitsverhältnis befinden oder
2. selbständig erwerbstätig sind.

(7) $_1$Ein nicht freizügigkeitsberechtigter Ausländer oder eine nicht freizügigkeitsberechtigte Ausländerin ist nur anspruchsberechtigt, wenn diese Person

1. eine Niederlassungserlaubnis oder eine Erlaubnis zum Daueraufenthalt-EU besitzt,
2. eine Blaue Karte EU, eine ICT-Karte, eine Mobiler-ICT-Karte oder eine Aufenthaltserlaubnis besitzt, die für einen Zeitraum von mindestens sechs Monaten zur Ausübung einer Erwerbstätigkeit berechtigen oder berechtigt haben oder diese erlauben, es sei denn, die Aufenthaltserlaubnis wurde
   a) nach § 16e des Aufenthaltsgesetzes zu Ausbildungszwecken, nach § 19c Absatz 1 des Aufenthaltsgesetzes zum Zweck der Beschäftigung als Au-Pair oder zum Zweck der Saisonbeschäftigung, nach § 19e des Aufenthaltsgesetzes zum Zweck der Teilnahme an einem Europäischen Freiwilligendienst oder nach § 20a Absatz 5 Satz 1 des Aufenthaltsgesetzes zur Suche nach einer Erwerbstätigkeit oder nach Maßnahmen zur Anerkennung ausländischer Berufsqualifikationen erteilt,
   b) nach § 16b des Aufenthaltsgesetzes zum Zweck eines Studiums, nach § 16d des Aufenthaltsgesetzes für Maßnahmen zur Anerkennung ausländischer Berufsqualifikationen, nach § 20 des Aufenthaltsgesetzes zur Suche nach einer Erwerbstätigkeit oder nach § 20a Absatz 5 Satz 2 des Aufenthaltsgesetzes zur Suche nach einer Erwerbstätigkeit oder nach Maßnahmen zur Anerkennung ausländischer Berufsqualifikationen erteilt und die Person ist weder erwerbstätig noch nimmt sie Elternzeit nach § 15 dieses Gesetzes oder laufende Geldleistungen nach dem Dritten Buch Sozialgesetzbuch in Anspruch,
   c) nach § 23 Absatz 1 des Aufenthaltsgesetzes wegen eines Krieges im Heimatland dieser Person oder nach § 23a oder § 25 Absatz 3 bis 5 des Aufenthaltsgesetzes erteilt,
3. eine in Nummer 2 Buchstabe c genannte Aufenthaltserlaubnis besitzt und im Bundesgebiet berechtigt erwerbstätig ist oder Elternzeit nach § 15 dieses Gesetzes oder laufende Geldleistungen nach dem Dritten Buch Sozialgesetzbuch in Anspruch nimmt,
4. eine in Nummer 2 Buchstabe c genannte Aufenthaltserlaubnis besitzt und sich seit mindestens 15 Monaten erlaubt, gestattet oder geduldet im Bundesgebiet aufhält oder
5. eine Beschäftigungsduldung gemäß § 60d in Verbindung mit § 60a Absatz 2 Satz 3 des Aufenthaltsgesetzes besitzt.

$_2$Abweichend von Satz 1 Nummer 3 erste Alternative ist ein minderjähriger nicht freizügigkeitsberechtigter Ausländer oder eine minderjährige nicht freizügigkeitsberechtigte Ausländerin unabhängig von einer Erwerbstätigkeit anspruchsberechtigt.

(8) $_1$Ein Anspruch entfällt, wenn die berechtigte Person im letzten abgeschlossenen Veranlagungszeitraum vor der Geburt des Kindes ein zu versteuerndes Einkommen nach § 2 Absatz 5 des Einkommensteuergesetzes in Höhe von mehr als 175 000 Euro erzielt hat. $_2$Erfüllt auch eine andere Person die Voraussetzungen des Absatzes 1 Satz 1 Nummer 2 oder der Absätze 3 oder 4, entfällt abweichend von Satz 1 der Anspruch, wenn die Summe des zu versteuernden Einkommens beider Personen mehr als 175 000 Euro beträgt.

§ 2 Höhe des Elterngeldes

(1) 1Elterngeld wird in Höhe von 67 Prozent des Einkommens aus Erwerbstätigkeit vor der Geburt des Kindes gewährt. 2Es wird bis zu einem Höchstbetrag von 1800 Euro monatlich für volle Lebensmonate gezahlt, in denen die berechtigte Person kein Einkommen aus Erwerbstätigkeit hat. 3Das Einkommen aus Erwerbstätigkeit errechnet sich nach Maßgabe der §§ 2c bis 2f aus der um die Abzüge für Steuern und Sozialabgaben verminderten Summe der positiven Einkünfte aus

1. nichtselbständiger Arbeit nach § 2 Absatz 1 Satz 1 Nummer 4 des Einkommensteuergesetzes sowie
2. Land- und Forstwirtschaft, Gewerbebetrieb und selbständiger Arbeit nach § 2 Absatz 1 Satz 1 Nummer 1 bis 3 des Einkommensteuergesetzes,

die im Inland zu versteuern sind und die die berechtigte Person durchschnittlich monatlich im Bemessungszeitraum nach § 2b oder in Lebensmonaten der Bezugszeit nach § 2 Absatz 3 hat.

(2) 1In den Fällen, in denen das Einkommen aus Erwerbstätigkeit vor der Geburt geringer als 1000 Euro war, erhöht sich der Prozentsatz von 67 Prozent um 0,1 Prozentpunkte für je 2 Euro, um die dieses Einkommen den Betrag von 1000 Euro unterschreitet, auf bis zu 100 Prozent. 2In den Fällen, in denen das Einkommen aus Erwerbstätigkeit vor der Geburt höher als 1200 Euro war, sinkt der Prozentsatz von 67 Prozent um 0,1 Prozentpunkte für je 2 Euro, um die dieses Einkommen den Betrag von 1200 Euro überschreitet, auf bis zu 65 Prozent.

(3) 1Für Lebensmonate nach der Geburt des Kindes, in denen die berechtigte Person ein Einkommen aus Erwerbstätigkeit hat, das durchschnittlich geringer ist als das Einkommen aus Erwerbstätigkeit vor der Geburt, wird Elterngeld in Höhe des nach den Absätzen 1 oder 2 maßgeblichen Prozentsatzes des Unterschiedsbetrages dieser Einkommen aus Erwerbstätigkeit gezahlt. 2Als Einkommen aus Erwerbstätigkeit vor der Geburt ist dabei höchstens der Betrag von 2770 Euro anzusetzen. 3Der Unterschiedsbetrag nach Satz 1 ist für das Einkommen aus Erwerbstätigkeit in Lebensmonaten, in denen die berechtigte Person Basiselterngeld in Anspruch nimmt, und in Lebensmonaten, in denen sie Elterngeld Plus im Sinne des § 4a Absatz 2 in Anspruch nimmt, getrennt zu berechnen.

(4) 1Elterngeld wird mindestens in Höhe von 300 Euro gezahlt. 2Dies gilt auch, wenn die berechtigte Person vor der Geburt des Kindes kein Einkommen aus Erwerbstätigkeit hat.

§ 2a Geschwisterbonus und Mehrlingszuschlag

(1) 1Lebt die berechtigte Person in einem Haushalt mit

1. zwei Kindern, die noch nicht drei Jahre alt sind, oder
2. drei oder mehr Kindern, die noch nicht sechs Jahre alt sind,

wird das Elterngeld um 10 Prozent, mindestens jedoch um 75 Euro erhöht (Geschwisterbonus). 2Zu berücksichtigen sind alle Kinder, für die die berechtigte Person die Voraussetzungen des § 1 Absatz 1 und 3 erfüllt und für die sich das Elterngeld nicht nach Absatz 4 erhöht.

(2) 1Für angenommene Kinder, die noch nicht 14 Jahre alt sind, gilt als Alter des Kindes der Zeitraum seit der Aufnahme des Kindes in den Haushalt der berechtigten Person. 2Dies gilt auch für Kinder, die die berechtigte Person entsprechend § 1 Absatz 3 Satz 1 Nummer 1 mit dem Ziel der Annahme als Kind in ihren Haushalt aufgenommen hat. 3Für Kinder mit Behinderung im Sinne von § 2 Absatz 1 Satz 1 des Neunten Buches Sozialgesetzbuch liegt die Altersgrenze nach Absatz 1 Satz 1 bei 14 Jahren.

(3) Der Anspruch auf den Geschwisterbonus endet mit Ablauf des Monats, in dem eine der in Absatz 1 genannten Anspruchsvoraussetzungen entfällt.

(4) 1Bei Mehrlingsgeburten erhöht sich das Elterngeld um je 300 Euro für das zweite und jedes weitere Kind (Mehrlingszuschlag). 2Dies gilt auch, wenn ein Geschwisterbonus nach Absatz 1 gezahlt wird.

§ 2b Bemessungszeitraum

(1) 1Für die Ermittlung des Einkommens aus nichtselbstständiger Erwerbstätigkeit im Sin-

ne von § 2c vor der Geburt sind die zwölf Kalendermonate vor dem Kalendermonat der Geburt des Kindes maßgeblich. $_{2}$Bei der Bestimmung des Bemessungszeitraums nach Satz 1 bleiben Kalendermonate unberücksichtigt, in denen die berechtigte Person

1. im Zeitraum nach § 4 Absatz 1 Satz 2 und 3 und Absatz 5 Satz 3 Nummer 1 Buchstabe b, Nummer 2 Buchstabe b, Nummer 3 Buchstabe b und Nummer 4 Buchstabe b Elterngeld für ein älteres Kind bezogen hat,
2. während der Schutzfristen nach § 3 des Mutterschutzgesetzes nicht beschäftigt werden durfte oder Mutterschaftsgeld nach dem Fünften Buch Sozialgesetzbuch oder nach dem Zweiten Gesetz über die Krankenversicherung der Landwirte oder Krankentagegeld nach § 192 Absatz 5 Satz 2 des Versicherungsvertragsgesetzes bezogen hat,
3. eine Krankheit hatte, die maßgeblich durch eine Schwangerschaft bedingt war, oder
4. Wehrdienst nach dem Wehrpflichtgesetz oder nach dem Vierten Abschnitt des Soldatengesetzes oder Zivildienst nach dem Zivildienstgesetz geleistet hat.

$_{3}$Abweichend von Satz 2 sind Kalendermonate im Sinne des Satzes 2 Nummer 1 bis 4 auf Antrag der berechtigten Person zu berücksichtigen. $_{4}$Abweichend von Satz 2 bleiben auf Antrag bei der Ermittlung des Einkommens für die Zeit vom 1. März 2020 bis zum Ablauf des 23. September 2022 auch solche Kalendermonate unberücksichtigt, in denen die berechtigte Person aufgrund der COVID-19-Pandemie ein geringeres Einkommen aus Erwerbstätigkeit hatte und dies glaubhaft machen kann. $_{5}$Satz 2 Nummer 1 gilt in den Fällen des § 27 Absatz 1 Satz 1 mit der Maßgabe, dass auf Antrag auch Kalendermonate mit Elterngeldbezug für ein älteres Kind nach Vollendung von dessen 14. Lebensmonat unberücksichtigt bleiben, soweit der Elterngeldbezug von der Zeit vor Vollendung des 14. Lebensmonats auf danach verschoben wurde.

(2) $_{1}$Für die Ermittlung des Einkommens aus selbstständiger Erwerbstätigkeit im Sinne von § 2d vor der Geburt sind die jeweiligen steuerlichen Gewinnermittlungszeiträume maßgeblich, die dem letzten abgeschlossenen steuerlichen Veranlagungszeitraum vor der Geburt des Kindes zugrunde liegen. $_{2}$Haben in einem Gewinnermittlungszeitraum die Voraussetzungen des Absatzes 1 Satz 2 oder Satz 4 vorgelegen, sind auf Antrag die Gewinnermittlungszeiträume maßgeblich, die dem diesen Ereignissen vorangegangenen abgeschlossenen steuerlichen Veranlagungszeitraum zugrunde liegen.

(3) $_{1}$Abweichend von Absatz 1 ist für die Ermittlung des Einkommens aus nichtselbstständiger Erwerbstätigkeit vor der Geburt der letzte abgeschlossene steuerliche Veranlagungszeitraum vor der Geburt maßgeblich, wenn die berechtigte Person in den Zeiträumen nach Absatz 1 oder Absatz 2 Einkommen aus selbstständiger Erwerbstätigkeit hatte. $_{2}$Haben im Bemessungszeitraum nach Satz 1 die Voraussetzungen des Absatzes 1 Satz 2 oder Satz 4 vorgelegen, ist Absatz 2 Satz 2 mit der zusätzlichen Maßgabe anzuwenden, dass für die Ermittlung des Einkommens aus nichtselbstständiger Erwerbstätigkeit vor der Geburt der vorangegangene steuerliche Veranlagungszeitraum maßgeblich ist.

(4) $_{1}$Abweichend von Absatz 3 ist auf Antrag der berechtigten Person für die Ermittlung des Einkommens aus nichtselbstständiger Erwerbstätigkeit allein der Bemessungszeitraum nach Absatz 1 maßgeblich, wenn die zu berücksichtigende Summe der Einkünfte aus Land- und Forstwirtschaft, Gewerbebetrieb und selbstständiger Arbeit nach § 2 Absatz 1 Satz 1 Nummer 1 bis 3 des Einkommensteuergesetzes

1. in den jeweiligen steuerlichen Gewinnermittlungszeiträumen, die dem letzten abgeschlossenen steuerlichen Veranlagungszeitraum vor der Geburt des Kindes zugrunde liegen, durchschnittlich weniger als 35 Euro im Kalendermonat betrug und
2. in den jeweiligen steuerlichen Gewinnermittlungszeiträumen, die dem steuerlichen Veranlagungszeitraum der Geburt des Kindes zugrunde liegen, bis einschließlich zum Kalendermonat vor der Geburt des Kindes durchschnittlich weniger als 35 Euro im Kalendermonat betrug.

2Abweichend von § 2 Absatz 1 Satz 3 Nummer 2 ist für die Berechnung des Elterngeldes im Fall des Satzes 1 allein das Einkommen aus nichtselbstständiger Erwerbstätigkeit maßgeblich. 3Die für die Entscheidung über den Antrag notwendige Ermittlung der Höhe der Einkünfte aus Land- und Forstwirtschaft, Gewerbebetrieb und selbstständiger Arbeit erfolgt für die Zeiträume nach Satz 1 Nummer 1 entsprechend § 2d Absatz 2; in Fällen, in denen zum Zeitpunkt der Entscheidung kein Einkommensteuerbescheid vorliegt, und für den Zeitraum nach Satz 1 Nummer 2 erfolgt die Ermittlung der Höhe der Einkünfte entsprechend § 2d Absatz 3. 4Die Entscheidung über den Antrag erfolgt abschließend auf der Grundlage der Höhe der Einkünfte, wie sie sich aus den gemäß Satz 3 vorgelegten Nachweisen ergibt.

§ 2c Einkommen aus nichtselbstständiger Erwerbstätigkeit

(1) 1Der monatlich durchschnittlich zu berücksichtigende Überschuss der Einnahmen aus nichtselbstständiger Arbeit in Geld oder Geldeswert über ein Zwölftel des Arbeitnehmer-Pauschbetrags, vermindert um die Abzüge für Steuern und Sozialabgaben nach den §§ 2e und 2f, ergibt das Einkommen aus nichtselbstständiger Erwerbstätigkeit. 2Nicht berücksichtigt werden Einnahmen, die im Lohnsteuerabzugsverfahren nach den lohnsteuerlichen Vorgaben als sonstige Bezüge zu behandeln sind. 3Die zeitliche Zuordnung von Einnahmen erfolgt nach den lohnsteuerlichen Vorgaben für das Lohnsteuerabzugsverfahren. 4Maßgeblich ist der Arbeitnehmer-Pauschbetrag nach § 9a Satz 1 Nummer 1 Buchstabe a des Einkommensteuergesetzes in der am 1. Januar des Kalenderjahres vor der Geburt des Kindes für dieses Jahr geltenden Fassung.

(2) 1Grundlage der Ermittlung der Einnahmen sind die Angaben in den für die maßgeblichen Kalendermonate erstellten Lohn- und Gehaltsbescheinigungen des Arbeitgebers. 2Die Richtigkeit und Vollständigkeit der Angaben in den maßgeblichen Lohn- und Gehaltsbescheinigungen wird vermutet.

(3) 1Grundlage der Ermittlung der nach den §§ 2e und 2f erforderlichen Abzugsmerkmale für Steuern und Sozialabgaben sind die Angaben in der Lohn- und Gehaltsbescheinigung, die für den letzten Kalendermonat im Bemessungszeitraum mit Einnahmen nach Absatz 1 erstellt wurde. 2Soweit sich in den Lohn- und Gehaltsbescheinigungen des Bemessungszeitraums eine Angabe zu einem Abzugsmerkmal geändert hat, ist die von der Angabe nach Satz 1 abweichende Angabe maßgeblich, wenn sie in der überwiegenden Zahl der Kalendermonate des Bemessungszeitraums gegolten hat. 3§ 2c Absatz 2 Satz 2 gilt entsprechend.

(4) 1Der anteilige Arbeitnehmer-Pauschbetrag nach Absatz 1 Satz 1 ist nicht zu berücksichtigen, wenn dem Ansässigkeitsstaat der berechtigten Person nach einem Abkommen zur Vermeidung der Doppelbesteuerung das Besteuerungsrecht für das Elterngeld zusteht und wenn das aus Deutschland gezahlte Elterngeld nach den maßgebenden Vorschriften des Ansässigkeitsstaats der Steuer unterliegt. 2Unterliegt das Elterngeld im Ansässigkeitsstaat nach dessen maßgebenden Vorschriften nicht der Steuer, so ist der Arbeitnehmer-Pauschbetrag nach Absatz 1 entsprechend zu berücksichtigen.

§ 2d Einkommen aus selbstständiger Erwerbstätigkeit

(1) Die monatlich durchschnittlich zu berücksichtigende Summe der positiven Einkünfte aus Land- und Forstwirtschaft, Gewerbebetrieb und selbstständiger Arbeit (Gewinneinkünfte), vermindert um die Abzüge für Steuern und Sozialabgaben nach den §§ 2e und 2f, ergibt das Einkommen aus selbstständiger Erwerbstätigkeit.

(2) 1Bei der Ermittlung der im Bemessungszeitraum zu berücksichtigenden Gewinneinkünfte sind die entsprechenden im Einkommensteuerbescheid ausgewiesenen Gewinne anzusetzen. 2Ist kein Einkommensteuerbescheid zu erstellen, werden die Gewinneinkünfte in entsprechender Anwendung des Absatzes 3 ermittelt.

(3) 1Grundlage der Ermittlung der in den Bezugsmonaten zu berücksichtigenden Gewinneinkünfte ist eine Gewinnermittlung, die mindestens den Anforderungen des § 4 Absatz 3 des Einkommensteuergesetzes ent-

VIII

spricht. $_{2}$Als Betriebsausgaben sind 25 Prozent der zugrunde gelegten Einnahmen oder auf Antrag die damit zusammenhängenden tatsächlichen Betriebsausgaben anzusetzen.

(4) $_{1}$Soweit nicht in § 2c Absatz 3 etwas anderes bestimmt ist, sind bei der Ermittlung der nach § 2e erforderlichen Abzugsmerkmale für Steuern die Angaben im Einkommensteuerbescheid maßgeblich. $_{2}$§ 2c Absatz 3 Satz 2 gilt entsprechend.

(5) Die zeitliche Zuordnung von Einnahmen und Ausgaben erfolgt nach den einkommensteuerrechtlichen Grundsätzen.

§ 2e Abzüge für Steuern

(1) $_{1}$Als Abzüge für Steuern sind Beträge für die Einkommensteuer, den Solidaritätszuschlag und, wenn die berechtigte Person kirchensteuerpflichtig ist, die Kirchensteuer zu berücksichtigen. $_{2}$Die Abzüge für Steuern werden einheitlich für Einkommen aus nichtselbstständiger und selbstständiger Erwerbstätigkeit auf Grundlage einer Berechnung anhand des am 1. Januar des Kalenderjahres vor der Geburt des Kindes für dieses Jahr geltenden Programmablaufplans für die maschinelle Berechnung der vom Arbeitslohn einzubehaltenden Lohnsteuer, des Solidaritätszuschlags und der Maßstabsteuer für die Kirchenlohnsteuer im Sinne von § 39b Absatz 6 des Einkommensteuergesetzes nach den Maßgaben der Absätze 2 bis 5 ermittelt.

(2) $_{1}$Bemessungsgrundlage für die Ermittlung der Abzüge für Steuern ist die monatlich durchschnittlich zu berücksichtigende Summe der Einnahmen nach § 2c, soweit sie von der berechtigten Person zu versteuern sind, und der Gewinneinkünfte nach § 2d. $_{2}$Bei der Ermittlung der Abzüge für Steuern nach Absatz 1 werden folgende Pauschalen berücksichtigt:

1. der Arbeitnehmer-Pauschbetrag nach § 9a Satz 1 Nummer 1 Buchstabe a des Einkommensteuergesetzes, wenn die berechtigte Person von ihr zu versteuernde Einnahmen hat, die unter § 2c fallen, und
2. eine Vorsorgepauschale
   a) mit den Teilbeträgen nach § 39b Absatz 2 Satz 5 Nummer 3 Buchstabe b, c und e des Einkommensteuergesetzes, falls die berechtigte Person von ihr zu versteuernde Einnahmen nach § 2c hat, ohne in der gesetzlichen Rentenversicherung oder einer vergleichbaren Einrichtung versicherungspflichtig gewesen zu sein, oder
   b) mit den Teilbeträgen nach § 39b Absatz 2 Satz 5 Nummer 3 Buchstabe a bis c und e des Einkommensteuergesetzes in allen übrigen Fällen,

   wobei die Höhe der Teilbeträge ohne Berücksichtigung der besonderen Regelungen zur Berechnung der Beiträge nach § 55 Absatz 3 und § 58 Absatz 3 des Elften Buches Sozialgesetzbuch bestimmt wird.

(3) $_{1}$Als Abzug für die Einkommensteuer ist der Betrag anzusetzen, der sich unter Berücksichtigung der Steuerklasse und des Faktors nach § 39f des Einkommensteuergesetzes nach § 2c Absatz 3 ergibt; die Steuerklasse VI bleibt unberücksichtigt. $_{2}$War die berechtigte Person im Bemessungszeitraum nach § 2b in keine Steuerklasse eingereiht oder ist ihr nach § 2d zu berücksichtigender Gewinn höher als ihr nach § 2c zu berücksichtigender Überschuss der Einnahmen über ein Zwölftel des Arbeitnehmer-Pauschbetrags, ist als Abzug für die Einkommensteuer der Betrag anzusetzen, der sich unter Berücksichtigung der Steuerklasse IV ohne Berücksichtigung eines Faktors nach § 39f des Einkommensteuergesetzes ergibt.

(4) $_{1}$Als Abzug für den Solidaritätszuschlag ist der Betrag anzusetzen, der sich nach den Maßgaben des Solidaritätszuschlagsgesetzes 1995 für die Einkommensteuer nach Absatz 3 ergibt. $_{2}$Freibeträge für Kinder werden nach den Maßgaben des § 3 Absatz 2a des Solidaritätszuschlagsgesetzes 1995 berücksichtigt.

(5) $_{1}$Als Abzug für die Kirchensteuer ist der Betrag anzusetzen, der sich unter Anwendung eines Kirchensteuersatzes von 8 Prozent für die Einkommensteuer nach Absatz 3 ergibt. $_{2}$Freibeträge für Kinder werden nach den Maßgaben des § 51a Absatz 2a des Einkommensteuergesetzes berücksichtigt.

(6) Vorbehaltlich der Absätze 2 bis 5 werden Freibeträge und Pauschalen nur berücksich-

tigt, wenn sie ohne weitere Voraussetzung jeder berechtigten Person zustehen.

(7) 1Abzüge für Steuern nach Absatz 1 Satz 1 sind nicht zu berücksichtigen, wenn dem Ansässigkeitsstaat der berechtigten Person nach einem Abkommen zur Vermeidung der Doppelbesteuerung das Besteuerungsrecht für das Elterngeld zusteht und wenn das aus Deutschland gezahlte Elterngeld nach den maßgebenden Vorschriften des Ansässigkeitsstaats der Steuer unterliegt. 2Unterliegt das Elterngeld im Ansässigkeitsstaat nach dessen maßgebenden Vorschriften nicht der Steuer, so sind die Abzüge für Steuern nach den Absätzen 1 bis 6 entsprechend zu berücksichtigen.

§ 2f Abzüge für Sozialabgaben

(1) 1Als Abzüge für Sozialabgaben sind Beträge für die gesetzliche Sozialversicherung oder für eine vergleichbare Einrichtung sowie für die Arbeitsförderung zu berücksichtigen. 2Die Abzüge für Sozialabgaben werden einheitlich für Einkommen aus nichtselbstständiger und selbstständiger Erwerbstätigkeit anhand folgender Beitragssatzpauschalen ermittelt:

1. 9 Prozent für die Kranken- und Pflegeversicherung, falls die berechtigte Person in der gesetzlichen Krankenversicherung nach § 5 Absatz 1 Nummer 1 bis 12 des Fünften Buches Sozialgesetzbuch versicherungspflichtig gewesen ist,
2. 10 Prozent für die Rentenversicherung, falls die berechtigte Person in der gesetzlichen Rentenversicherung oder einer vergleichbaren Einrichtung versicherungspflichtig gewesen ist, und
3. 2 Prozent für die Arbeitsförderung, falls die berechtigte Person nach dem Dritten Buch Sozialgesetzbuch versicherungspflichtig gewesen ist.

(2) 1Bemessungsgrundlage für die Ermittlung der Abzüge für Sozialabgaben ist die monatlich durchschnittlich zu berücksichtigende Summe der Einnahmen nach § 2c und der Gewinneinkünfte nach § 2d. 2Einnahmen aus Beschäftigungen im Sinne des § 8, des § 8a oder des § 20 Absatz 3 Satz 1 des Vierten Buches Sozialgesetzbuch werden nicht berücksichtigt. 3Für Einnahmen aus Beschäftigungsverhältnissen im Sinne des § 20 Absatz 2 des Vierten Buches Sozialgesetzbuch ist der Betrag anzusetzen, der sich nach § 344 Absatz 3 des Dritten Buches Sozialgesetzbuch für diese Einnahmen ergibt, wobei der Faktor im Sinne des § 20 Absatz 2a Satz 2 des Vierten Buches Sozialgesetzbuch unter Zugrundelegung der Beitragssatzpauschalen nach Absatz 1 bestimmt wird.

(3) Andere Maßgaben zur Bestimmung der sozialversicherungsrechtlichen Beitragsbemessungsgrundlagen werden nicht berücksichtigt.

§ 3 Anrechnung von anderen Einnahmen

(1) 1Auf das der berechtigten Person nach § 2 oder nach § 2 in Verbindung mit § 2a zustehende Elterngeld werden folgende Einnahmen angerechnet:

1. Mutterschaftsleistungen
   a) in Form des Mutterschaftsgeldes nach dem Fünften Buch Sozialgesetzbuch oder nach dem Zweiten Gesetz über die Krankenversicherung der Landwirte mit Ausnahme des Mutterschaftsgeldes nach § 19 Absatz 2 des Mutterschutzgesetzes oder
   b) in Form des Zuschusses zum Mutterschaftsgeld nach § 20 des Mutterschutzgesetzes, die der berechtigten Person für die Zeit ab dem Tag der Geburt des Kindes zustehen,
2. Dienst- und Anwärterbezüge sowie Zuschüsse, die der berechtigten Person nach beamten- oder soldatenrechtlichen Vorschriften für die Zeit eines Beschäftigungsverbots ab dem Tag der Geburt des Kindes zustehen,
3. dem Elterngeld oder den Mutterschaftsleistungen vergleichbare Leistungen, auf die eine nach § 1 berechtigte Person außerhalb Deutschlands oder gegenüber einer über- oder zwischenstaatlichen Einrichtung Anspruch hat,
4. Elterngeld, das der berechtigten Person für ein älteres Kind zusteht, oder dem Elterngeld oder den Mutterschaftsleistungen vergleichbare Leistungen für ein älteres Kind, auf die die berechtigte Person außerhalb Deutschlands oder gegenüber ei-

ner über- oder zwischenstaatlichen Einrichtung Anspruch hat,

5. Einnahmen, die der berechtigten Person als Ersatz für Erwerbseinkommen zustehen und
   a) die nicht bereits für die Berechnung des Elterngeldes nach § 2 berücksichtigt werden oder
   b) bei deren Berechnung das Elterngeld nicht berücksichtigt wird.

$_{2}$Stehen der berechtigten Person die Einnahmen nur für einen Teil des Lebensmonats des Kindes zu, sind sie nur auf den entsprechenden Teil des Elterngeldes anzurechnen. $_{3}$Für jeden Kalendermonat, in dem Einnahmen nach Satz 1 Nummer 4 oder Nummer 5 im Bemessungszeitraum bezogen worden sind, wird der Anrechnungsbetrag um ein Zwölftel gemindert. $_{4}$Beginnt der Bezug von Einnahmen nach Satz 1 Nummer 5 nach der Geburt des Kindes und berechnen sich die anzurechnenden Einnahmen auf der Grundlage eines Einkommens, das geringer ist als das Einkommen aus Erwerbstätigkeit im Bemessungszeitraum, so ist der Teil des Elterngeldes in Höhe des nach § 2 Absatz 1 oder 2 maßgeblichen Prozentsatzes des Unterschiedsbetrages zwischen dem durchschnittlichen monatlichen Einkommen aus Erwerbstätigkeit im Bemessungszeitraum und dem durchschnittlichen monatlichen Bemessungseinkommen der anzurechnenden Einnahmen von der Anrechnung freigestellt.

(2) $_{1}$Bis zu einem Betrag von 300 Euro ist das Elterngeld von der Anrechnung nach Absatz 1 frei, soweit nicht Einnahmen nach Absatz 1 Satz 1 Nummer 1 bis 3 auf das Elterngeld anzurechnen sind. $_{2}$Dieser Betrag erhöht sich bei Mehrlingsgeburten um je 300 Euro für das zweite und jedes weitere Kind.

(3) Solange kein Antrag auf die in Absatz 1 Satz 1 Nummer 3 genannten vergleichbaren Leistungen gestellt wird, ruht der Anspruch auf Elterngeld bis zur möglichen Höhe der vergleichbaren Leistung.

§ 4 Bezugsdauer, Anspruchsumfang

(1) $_{1}$Elterngeld wird als Basiselterngeld oder als Elterngeld Plus gewährt. $_{2}$Es kann ab dem Tag der Geburt bezogen werden. $_{3}$Basiselterngeld kann bis zur Vollendung des 14. Lebensmonats des Kindes bezogen werden. $_{4}$Elterngeld Plus kann bis zur Vollendung des 32. Lebensmonats bezogen werden, solange es ab dem 15. Lebensmonat in aufeinander folgenden Lebensmonaten von zumindest einem Elternteil in Anspruch genommen wird. $_{5}$Für angenommene Kinder und Kinder im Sinne des § 1 Absatz 3 Satz 1 Nummer 1 kann Elterngeld ab Aufnahme bei der berechtigten Person längstens bis zur Vollendung des achten Lebensjahres des Kindes bezogen werden.

(2) $_{1}$Elterngeld wird in Monatsbeträgen für Lebensmonate des Kindes gezahlt. $_{2}$Der Anspruch endet mit dem Ablauf des Lebensmonats, in dem eine Anspruchsvoraussetzung entfallen ist.

(3) $_{1}$Die Eltern haben gemeinsam Anspruch auf zwölf Monatsbeträge Basiselterngeld. $_{2}$Ist das Einkommen aus Erwerbstätigkeit eines Elternteils in zwei Lebensmonaten gemindert, haben die Eltern gemeinsam Anspruch auf zwei weitere Monate Basiselterngeld (Partnermonate). $_{3}$Statt für einen Lebensmonat Basiselterngeld zu beanspruchen, kann die berechtigte Person jeweils zwei Lebensmonate Elterngeld Plus beziehen.

(4) $_{1}$Ein Elternteil hat Anspruch auf höchstens zwölf Monatsbeträge Basiselterngeld zuzüglich der höchstens vier zustehenden Monatsbeträge Partnerschaftsbonus nach § 4b. $_{2}$Ein Elternteil hat nur Anspruch auf Elterngeld, wenn er es mindestens für zwei Lebensmonate bezieht. $_{3}$Lebensmonate des Kindes, in denen einem Elternteil nach § 3 Absatz 1 Satz 1 Nummer 1 bis 3 anzurechnende Leistungen oder nach § 192 Absatz 5 Satz 2 des Versicherungsvertragsgesetzes Versicherungsleistungen zustehen, gelten als Monate, für die dieser Elternteil Basiselterngeld nach § 4a Absatz 1 bezieht.

(5) $_{1}$Abweichend von Absatz 3 Satz 1 beträgt der gemeinsame Anspruch der Eltern auf Basiselterngeld für ein Kind, das

1. mindestens sechs Wochen vor dem voraussichtlichen Tag der Entbindung geboren wurde: 13 Monatsbeträge Basiselterngeld;

2. mindestens acht Wochen vor dem voraussichtlichen Tag der Entbindung geboren wurde: 14 Monatsbeträge Basiselterngeld;
3. mindestens zwölf Wochen vor dem voraussichtlichen Tag der Entbindung geboren wurde: 15 Monatsbeträge Basiselterngeld;
4. mindestens 16 Wochen vor dem voraussichtlichen Tag der Entbindung geboren wurde: 16 Monatsbeträge Basiselterngeld.

2Für die Berechnung des Zeitraums zwischen dem voraussichtlichen Tag der Entbindung und dem tatsächlichen Tag der Geburt ist der voraussichtliche Tag der Entbindung maßgeblich, wie er sich aus dem ärztlichen Zeugnis oder dem Zeugnis einer Hebamme oder eines Entbindungspflegers ergibt.

3Im Fall von

1. Satz 1 Nummer 1
   a) hat ein Elternteil abweichend von Absatz 4 Satz 1 Anspruch auf höchstens 13 Monatsbeträge Basiselterngeld zuzüglich der höchstens vier zustehenden Monatsbeträge Partnerschaftsbonus nach § 4b,
   b) kann Basiselterngeld abweichend von Absatz 1 Satz 3 bis zur Vollendung des 15. Lebensmonats des Kindes bezogen werden und
   c) kann Elterngeld Plus abweichend von Absatz 1 Satz 4 bis zur Vollendung des 32. Lebensmonats des Kindes bezogen werden, solange es ab dem 16. Lebensmonat in aufeinander folgenden Lebensmonaten von zumindest einem Elternteil in Anspruch genommen wird;
2. Satz 1 Nummer 2
   a) hat ein Elternteil abweichend von Absatz 4 Satz 1 Anspruch auf höchstens 14 Monatsbeträge Basiselterngeld zuzüglich der höchstens vier zustehenden Monatsbeträge Partnerschaftsbonus nach § 4b,
   b) kann Basiselterngeld abweichend von Absatz 1 Satz 3 bis zur Vollendung des 16. Lebensmonats des Kindes bezogen werden und
   c) kann Elterngeld Plus abweichend von Absatz 1 Satz 4 bis zur Vollendung des 32. Lebensmonats des Kindes bezogen werden, solange es ab dem 17. Lebensmonat in aufeinander folgenden Lebensmonaten von zumindest einem Elternteil in Anspruch genommen wird;
3. Satz 1 Nummer 3
   a) hat ein Elternteil abweichend von Absatz 4 Satz 1 Anspruch auf höchstens 15 Monatsbeträge Basiselterngeld zuzüglich der höchstens vier zustehenden Monatsbeträge Partnerschaftsbonus nach § 4b,
   b) kann Basiselterngeld abweichend von Absatz 1 Satz 3 bis zur Vollendung des 17. Lebensmonats des Kindes bezogen werden und
   c) kann Elterngeld Plus abweichend von Absatz 1 Satz 4 bis zur Vollendung des 32. Lebensmonats des Kindes bezogen werden, solange es ab dem 18. Lebensmonat in aufeinander folgenden Lebensmonaten von zumindest einem Elternteil in Anspruch genommen wird;
4. Satz 1 Nummer 4
   a) hat ein Elternteil abweichend von Absatz 4 Satz 1 Anspruch auf höchstens 16 Monatsbeträge Basiselterngeld zuzüglich der höchstens vier zustehenden Monatsbeträge Partnerschaftsbonus nach § 4b,
   b) kann Basiselterngeld abweichend von Absatz 1 Satz 3 bis zur Vollendung des 18. Lebensmonats des Kindes bezogen werden und
   c) kann Elterngeld Plus abweichend von Absatz 1 Satz 4 bis zur Vollendung des 32. Lebensmonats des Kindes bezogen werden, solange es ab dem 19. Lebensmonat in aufeinander folgenden Lebensmonaten von zumindest einem Elternteil in Anspruch genommen wird.

(6) 1Ein gleichzeitiger Bezug von Basiselterngeld beider Elternteile ist nur in einem der ersten zwölf Lebensmonate des Kindes möglich. 2Bezieht einer der beiden Elternteile Elterngeld Plus, so kann dieser Elternteil das Elterngeld Plus gleichzeitig zum Bezug von Basiselterngeld oder von Elterngeld Plus des anderen Elternteils beziehen. 3§ 4b bleibt un-

VIII

berührt. 4Abweichend von Satz 1 können bei Mehrlingsgeburten und Frühgeburten im Sinne des Absatzes 5 sowie bei Kindern, bei denen eine Behinderung im Sinne von § 2 Absatz 1 Satz 1 des Neunten Buches Sozialgesetzbuch ärztlich festgestellt wird und bei Kindern, die einen Geschwisterbonus nach § 2a Absatz 1 in Verbindung mit Absatz 2 Satz 3 auslösen, beide Elternteile gleichzeitig Basiselterngeld beziehen.

§ 4a Berechnung von Basiselterngeld und Elterngeld Plus

(1) Basiselterngeld wird allein nach den Vorgaben der §§ 2 bis 3 ermittelt.

(2) 1Elterngeld Plus wird nach den Vorgaben der §§ 2 bis 3 und den zusätzlichen Vorgaben der Sätze 2 und 3 ermittelt. 2Das Elterngeld Plus beträgt monatlich höchstens die Hälfte des Basiselterngeldes, das der berechtigten Person zustünde, wenn sie während des Elterngeldbezugs keine Einnahmen im Sinne des § 2 oder des § 3 hätte oder hat. 3Für die Berechnung des Elterngeldes Plus halbieren sich:

1. der Mindestbetrag für das Elterngeld nach § 2 Absatz 4 Satz 1,
2. der Mindestbetrag des Geschwisterbonus nach § 2a Absatz 1 Satz 1,
3. der Mehrlingszuschlag nach § 2a Absatz 4 sowie
4. die von der Anrechnung freigestellten Elterngeldbeträge nach § 3 Absatz 2.

VIII

§ 4b Partnerschaftsbonus

(1) Wenn beide Elternteile

1. nicht weniger als 24 und nicht mehr als 32 Wochenstunden im Durchschnitt des Lebensmonats erwerbstätig sind und
2. die Voraussetzungen des § 1 erfüllen,

hat jeder Elternteil für diesen Lebensmonat Anspruch auf einen zusätzlichen Monatsbetrag Elterngeld Plus (Partnerschaftsbonus).

(2) 1Die Eltern haben je Elternteil Anspruch auf höchstens vier Monatsbeträge Partnerschaftsbonus. 2Sie können den Partnerschaftsbonus nur beziehen, wenn sie ihn jeweils für mindestens zwei Lebensmonate in Anspruch nehmen.

(3) Die Eltern können den Partnerschaftsbonus nur gleichzeitig und in aufeinander folgenden Lebensmonaten beziehen.

(4) Treten während des Bezugs des Partnerschaftsbonus die Voraussetzungen für einen alleinigen Bezug nach § 4c Absatz 1 Nummer 1 bis 3 ein, so kann der Bezug durch einen Elternteil nach § 4c Absatz 2 fortgeführt werden.

(5) Das Erfordernis des Bezugs in aufeinander folgenden Lebensmonaten nach Absatz 3 und § 4 Absatz 1 Satz 4 gilt auch dann als erfüllt, wenn sich während des Bezugs oder nach dem Ende des Bezugs herausstellt, dass die Voraussetzungen für den Partnerschaftsbonus nicht in allen Lebensmonaten, für die der Partnerschaftsbonus beantragt wurde, vorliegen oder vorlagen.

§ 4c Alleiniger Bezug durch einen Elternteil

(1) Ein Elternteil kann abweichend von § 4 Absatz 4 Satz 1 zusätzlich auch das Elterngeld für die Partnermonate nach § 4 Absatz 3 Satz 2 beziehen, wenn das Einkommen aus Erwerbstätigkeit für zwei Lebensmonate gemindert ist und

1. bei diesem Elternteil die Voraussetzungen für den Entlastungsbetrag für Alleinerziehende nach § 24b Absatz 1 und 3 des Einkommensteuergesetzes vorliegen und der andere Elternteil weder mit ihm noch mit dem Kind in einer Wohnung lebt,
2. mit der Betreuung durch den anderen Elternteil eine Gefährdung des Kindeswohls im Sinne von § 1666 Absatz 1 und 2 des Bürgerlichen Gesetzbuchs verbunden wäre oder
3. die Betreuung durch den anderen Elternteil unmöglich ist, insbesondere, weil er wegen einer schweren Krankheit oder einer Schwerbehinderung sein Kind nicht betreuen kann; für die Feststellung der Unmöglichkeit der Betreuung bleiben wirtschaftliche Gründe und Gründe einer Verhinderung wegen anderweitiger Tätigkeiten außer Betracht.

(2) 1Liegt eine der Voraussetzungen des Absatzes 1 Nummer 1 bis 3 vor, so hat ein El-

ternteil, der in mindestens zwei bis höchstens vier aufeinander folgenden Lebensmonaten nicht weniger als 24 und nicht mehr als 32 Wochenstunden im Durchschnitt des Lebensmonats erwerbstätig ist, für diese Lebensmonate Anspruch auf zusätzliche Monatsbeträge Elterngeld Plus. $_2$§ 4b Absatz 5 gilt entsprechend.

§ 4d Weitere Berechtigte

$_1$Die §§ 4 bis 4c gelten in den Fällen des § 1 Absatz 3 und 4 entsprechend. $_2$Der Bezug von Elterngeld durch nicht sorgeberechtigte Elternteile und durch Personen, die nach § 1 Absatz 3 Satz 1 Nummer 2 und 3 Anspruch auf Elterngeld haben, bedarf der Zustimmung des sorgeberechtigten Elternteils.

Abschnitt 2
Verfahren und Organisation

§ 5 Zusammentreffen von Ansprüchen

(1) Erfüllen beide Elternteile die Anspruchsvoraussetzungen, bestimmen sie, wer von ihnen die Monatsbeträge für welche Lebensmonate des Kindes in Anspruch nimmt.

(2) $_1$Beanspruchen beide Elternteile zusammen mehr als die ihnen nach § 4 Absatz 3 und § 4b oder nach § 4 Absatz 3 und § 4b in Verbindung mit § 4d zustehenden Monatsbeträge, so besteht der Anspruch eines Elternteils, der nicht über die Hälfte der zustehenden Monatsbeträge hinausgeht, ungekürzt; der Anspruch des anderen Elternteils wird gekürzt auf die vom Gesamtanspruch verbleibenden Monatsbeträge. $_2$Beansprucht jeder der beiden Elternteile mehr als die Hälfte der ihm zustehenden Monatsbeträge, steht jedem Elternteil die Hälfte des Gesamtanspruchs der Monatsbeträge zu.

(3) $_1$Die Absätze 1 und 2 gelten in den Fällen des § 1 Absatz 3 und 4 entsprechend. $_2$Wird eine Einigung mit einem nicht sorgeberechtigten Elternteil oder einer Person, die nach § 1 Absatz 3 Satz 1 Nummer 2 und 3 Anspruch auf Elterngeld hat, nicht erzielt, so kommt es abweichend von Absatz 2 allein auf die Entscheidung des sorgeberechtigten Elternteils an.

§ 6 Auszahlung

Elterngeld wird im Laufe des Lebensmonats gezahlt, für den es bestimmt ist.

§ 7 Antragstellung

(1) $_1$Elterngeld ist schriftlich zu beantragen. $_2$Es wird rückwirkend nur für die letzten drei Lebensmonate vor Beginn des Lebensmonats geleistet, in dem der Antrag auf Elterngeld eingegangen ist. $_3$Im Antrag ist anzugeben, für welche Lebensmonate Basiselterngeld, für welche Lebensmonate Elterngeld Plus oder für welche Lebensmonate Partnerschaftsbonus beantragt wird.

(2) $_1$Die im Antrag getroffenen Entscheidungen können bis zum Ende des Bezugszeitraums geändert werden. $_2$Eine Änderung kann rückwirkend nur für die letzten drei Lebensmonate vor Beginn des Lebensmonats verlangt werden, in dem der Änderungsantrag eingegangen ist. $_3$Sie ist außer in den Fällen besonderer Härte unzulässig, soweit Monatsbeträge bereits ausgezahlt sind. $_4$Abweichend von den Sätzen 2 und 3 kann für einen Lebensmonat, in dem bereits Elterngeld Plus bezogen wurde, nachträglich Basiselterngeld beantragt werden. $_5$Im Übrigen finden die für die Antragstellung geltenden Vorschriften auch auf den Änderungsantrag Anwendung.

(3) $_1$Der Antrag ist, außer im Fall des § 4c und der Antragstellung durch eine allein sorgeberechtigte Person, zu unterschreiben von der Person, die ihn stellt, und zur Bestätigung der Kenntnisnahme auch von der anderen berechtigten Person. $_2$Die andere berechtigte Person kann gleichzeitig

1. einen Antrag auf Elterngeld stellen oder
2. der Behörde anzeigen, wie viele Monatsbeträge sie beansprucht, wenn mit ihrem Anspruch die Höchstgrenzen nach § 4 Absatz 3 in Verbindung mit § 4b überschritten würden.

$_3$Liegt der Behörde von der anderen berechtigten Person weder ein Antrag auf Elterngeld noch eine Anzeige nach Satz 2 vor, so werden sämtliche Monatsbeträge der berechtigten Person ausgezahlt, die den Antrag gestellt hat; die andere berechtigte Person kann bei einem späteren Antrag abweichend von § 5 Absatz 2 nur die unter Berücksichtigung von § 4 Absatz 3 in Verbindung mit § 4b vom Gesamtanspruch verbleibenden Monatsbeträge erhalten.

§ 8 Auskunftspflicht, Nebenbestimmungen

(1) Soweit im Antrag auf Elterngeld Angaben zum voraussichtlichen Einkommen aus Erwerbstätigkeit gemacht wurden, ist nach Ablauf des Bezugszeitraums für diese Zeit das tatsächliche Einkommen aus Erwerbstätigkeit nachzuweisen.

(1a) 1Die Mitwirkungspflichten nach § 60 des Ersten Buches Sozialgesetzbuch gelten

1. im Falle des § 1 Absatz 8 Satz 2 auch für die andere Person im Sinne des § 1 Absatz 8 Satz 2 und
2. im Falle des § 4b oder des § 4b in Verbindung mit § 4d Satz 1 für beide Personen, die den Partnerschaftsbonus beantragt haben.

2§ 65 Absatz 1 und 3 des Ersten Buches Sozialgesetzbuch gilt entsprechend.

(2) 1Elterngeld wird in den Fällen, in denen die berechtigte Person nach ihren Angaben im Antrag im Bezugszeitraum voraussichtlich kein Einkommen aus Erwerbstätigkeit haben wird, unter dem Vorbehalt des Widerrufs für den Fall gezahlt, dass sie entgegen ihren Angaben im Antrag Einkommen aus Erwerbstätigkeit hat. 2In den Fällen, in denen zum Zeitpunkt der Antragstellung der Steuerbescheid für den letzten abgeschlossenen steuerlichen Veranlagungszeitraum vor der Geburt des Kindes nicht vorliegt und nach den Angaben im Antrag die Beträge nach § 1 Absatz 8 voraussichtlich nicht überschritten werden, wird das Elterngeld unter dem Vorbehalt des Widerrufs für den Fall gezahlt, dass entgegen den Angaben im Antrag die Beträge nach § 1 Absatz 8 überschritten werden.

(3) Über die Höhe des Elterngeldes wird bis zum Nachweis der jeweils erforderlichen Angaben vorläufig unter Berücksichtigung der glaubhaft gemachten Angaben entschieden, wenn

1. zum Zeitpunkt der Antragstellung der Steuerbescheid für den letzten abgeschlossenen Veranlagungszeitraum vor der Geburt des Kindes nicht vorliegt und noch nicht angegeben werden kann, ob die Beträge nach § 1 Absatz 8 überschritten werden,
2. das Einkommen aus Erwerbstätigkeit vor der Geburt nicht ermittelt werden kann oder
3. die berechtigte Person nach den Angaben im Antrag auf Elterngeld im Bezugszeitraum voraussichtlich Einkommen aus Erwerbstätigkeit hat.

§ 9 Einkommens- und Arbeitszeitnachweis, Auskunftspflicht des Arbeitgebers

(1) 1Soweit es zum Nachweis des Einkommens aus Erwerbstätigkeit oder der wöchentlichen Arbeitszeit erforderlich ist, hat der Arbeitgeber der nach § 12 zuständigen Behörde für bei ihm Beschäftigte das Arbeitsentgelt, die für die Ermittlung der nach den §§ 2e und 2f erforderlichen Abzugsmerkmale für Steuern und Sozialabgaben sowie die Arbeitszeit auf Verlangen zu bescheinigen; das Gleiche gilt für ehemalige Arbeitgeber. 2Für die in Heimarbeit Beschäftigten und die ihnen Gleichgestellten (§ 1 Absatz 1 und 2 des Heimarbeitsgesetzes) tritt an die Stelle des Arbeitgebers der Auftraggeber oder Zwischenmeister.

(2) 1Für den Nachweis des Einkommens aus Erwerbstätigkeit kann die nach § 12 Absatz 1 zuständige Behörde auch das in § 108a Absatz 1 des Vierten Buches Sozialgesetzbuch vorgesehene Verfahren zur elektronischen Abfrage und Übermittlung von Entgeltbescheinigungsdaten nutzen. 2Sie darf dieses Verfahren nur nutzen, wenn die betroffene Arbeitnehmerin oder der betroffene Arbeitnehmer zuvor in dessen Nutzung eingewilligt hat. 3Wenn der betroffene Arbeitgeber ein systemgeprüftes Entgeltabrechnungsprogramm nutzt, ist er verpflichtet, die jeweiligen Entgeltbescheinigungsdaten mit dem in § 108a Absatz 1 des Vierten Buches Sozialgesetzbuch vorgesehenen Verfahren zu übermitteln.

VIII

§ 10 Verhältnis zu anderen Sozialleistungen

(1) Das Elterngeld und vergleichbare Leistungen der Länder sowie die nach § 3 auf die Leistung angerechneten Einnahmen oder Leistungen bleiben bei Sozialleistungen, deren Zahlung von anderen Einkommen abhängig ist, bis zu einer Höhe von insgesamt 300 Euro im Monat als Einkommen unberücksichtigt.

(2) Das Elterngeld und vergleichbare Leistungen der Länder sowie die nach § 3 auf die Leistung angerechneten Einnahmen oder Leistungen dürfen bis zu einer Höhe von insgesamt 300 Euro nicht dafür herangezogen werden, um auf Rechtsvorschriften beruhende Leistungen anderer, auf die kein Anspruch besteht, zu versagen.

(3) Soweit die berechtigte Person Elterngeld Plus bezieht, bleibt das Elterngeld nur bis zur Hälfte des Anrechnungsfreibetrags, der nach Abzug der anderen nach Absatz 1 nicht zu berücksichtigenden Einnahmen für das Elterngeld verbleibt, als Einkommen unberücksichtigt und darf nur bis zu dieser Höhe nicht dafür herangezogen werden, um auf Rechtsvorschriften beruhende Leistungen anderer, auf die kein Anspruch besteht, zu versagen.

(4) Die nach den Absätzen 1 bis 3 nicht zu berücksichtigenden oder nicht heranzuziehenden Beträge vervielfachen sich bei Mehrlingsgeburten mit der Zahl der geborenen Kinder.

(5) $_{1}$Die Absätze 1 bis 4 gelten nicht bei Leistungen nach dem Zweiten Buch Sozialgesetzbuch, dem Zwölften Buch Sozialgesetzbuch, § 6a des Bundeskindergeldgesetzes und dem Asylbewerberleistungsgesetz. $_{2}$Bei den in Satz 1 bezeichneten Leistungen bleiben das Elterngeld und vergleichbare Leistungen der Länder sowie die nach § 3 auf das Elterngeld angerechneten Einnahmen in Höhe des nach § 2 Absatz 1 berücksichtigten Einkommens aus Erwerbstätigkeit vor der Geburt bis zu 300 Euro im Monat als Einkommen unberücksichtigt. $_{3}$Soweit die berechtigte Person Elterngeld Plus bezieht, verringern sich die Beträge nach Satz 2 um die Hälfte. $_{4}$Abweichend von Satz 2 bleibt Mutterschaftsgeld gemäß § 19 des Mutterschutzgesetzes in voller Höhe unberücksichtigt.

(6) Die Absätze 1 bis 4 gelten entsprechend, soweit für eine Sozialleistung ein Kostenbeitrag erhoben werden kann, der einkommensabhängig ist.

§ 11 Unterhaltspflichten

$_{1}$Unterhaltsverpflichtungen werden durch die Zahlung des Elterngeldes und vergleichbarer Leistungen der Länder nur insoweit berührt, als die Zahlung 300 Euro monatlich übersteigt. $_{2}$Soweit die berechtigte Person Elterngeld Plus bezieht, werden die Unterhaltspflichten insoweit berührt, als die Zahlung 150 Euro übersteigt. $_{3}$Die in den Sätzen 1 und 2 genannten Beträge vervielfachen sich bei Mehrlingsgeburten mit der Zahl der geborenen Kinder. $_{4}$Die Sätze 1 bis 3 gelten nicht in den Fällen des § 1361 Absatz 3, der §§ 1579, 1603 Absatz 2 und des § 1611 Absatz 1 des Bürgerlichen Gesetzbuchs.

§ 12 Zuständigkeit; Bewirtschaftung der Mittel

(1) $_{1}$Die Landesregierungen oder die von ihnen beauftragten Stellen bestimmen die für die Ausführung dieses Gesetzes zuständigen Behörden. $_{2}$Zuständig ist die von den Ländern für die Durchführung dieses Gesetzes bestimmte Behörde des Bezirks, in dem das Kind, für das Elterngeld beansprucht wird, zum Zeitpunkt der ersten Antragstellung seinen inländischen Wohnsitz hat. $_{3}$Hat das Kind, für das Elterngeld beansprucht wird, in den Fällen des § 1 Absatz 2 zum Zeitpunkt der ersten Antragstellung keinen inländischen Wohnsitz, so ist die von den Ländern für die Durchführung dieses Gesetzes bestimmte Behörde des Bezirks zuständig, in dem die berechtigte Person ihren letzten inländischen Wohnsitz hatte; hilfsweise ist die Behörde des Bezirks zuständig, in dem der entsendende Dienstherr oder Arbeitgeber der berechtigten Person oder der Arbeitgeber des Ehegatten oder der Ehegattin der berechtigten Person den inländischen Sitz hat.

(2) Den nach Absatz 1 zuständigen Behörden obliegt auch die Beratung zur Elternzeit.

(3) 1Der Bund trägt die Ausgaben für das Elterngeld. 2Die damit zusammenhängenden Einnahmen sind an den Bund abzuführen. 3Für die Ausgaben und die mit ihnen zusammenhängenden Einnahmen sind die Vorschriften über das Haushaltsrecht des Bundes einschließlich der Verwaltungsvorschriften anzuwenden.

§ 13 Rechtsweg

(1) 1Über öffentlich-rechtliche Streitigkeiten in Angelegenheiten der §§ 1 bis 12 entscheiden die Gerichte der Sozialgerichtsbarkeit. 2§ 85 Absatz 2 Nummer 2 des Sozialgerichtsgesetzes gilt mit der Maßgabe, dass die zuständige Stelle nach § 12 bestimmt wird.

(2) Widerspruch und Anfechtungsklage haben keine aufschiebende Wirkung.

§ 14 Bußgeldvorschriften

(1) Ordnungswidrig handelt, wer vorsätzlich oder fahrlässig

1. entgegen § 8 Absatz 1 einen Nachweis nicht, nicht richtig, nicht vollständig oder nicht rechtzeitig erbringt,
2. entgegen § 9 Absatz 1 eine dort genannte Angabe nicht, nicht richtig, nicht vollständig oder nicht rechtzeitig bescheinigt,
3. entgegen § 60 Absatz 1 Satz 1 Nummer 1 des Ersten Buches Sozialgesetzbuch, auch in Verbindung mit § 8 Absatz 1a Satz 1, eine Angabe nicht, nicht richtig, nicht vollständig oder nicht rechtzeitig macht,
4. entgegen § 60 Absatz 1 Satz 1 Nummer 2 des Ersten Buches Sozialgesetzbuch, auch in Verbindung mit § 8 Absatz 1a Satz 1, eine Mitteilung nicht, nicht richtig, nicht vollständig oder nicht rechtzeitig macht oder
5. entgegen § 60 Absatz 1 Satz 1 Nummer 3 des Ersten Buches Sozialgesetzbuch, auch in Verbindung mit § 8 Absatz 1a Satz 1, eine Beweisurkunde nicht, nicht richtig, nicht vollständig oder nicht rechtzeitig vorlegt.

(2) Die Ordnungswidrigkeit kann mit einer Geldbuße von bis zu zweitausend Euro geahndet werden.

(3) Verwaltungsbehörden im Sinne des § 36 Absatz 1 Nummer 1 des Gesetzes über Ordnungswidrigkeiten sind die in § 12 Absatz 1 genannten Behörden.

Abschnitt 3
Elternzeit für Arbeitnehmerinnen und Arbeitnehmer

§ 15 Anspruch auf Elternzeit

(1) 1Arbeitnehmerinnen und Arbeitnehmer haben Anspruch auf Elternzeit, wenn sie

1. a) mit ihrem Kind,
   b) mit einem Kind, für das sie die Anspruchsvoraussetzungen nach § 1 Absatz 3 oder 4 erfüllen, oder
   c) mit einem Kind, das sie in Vollzeitpflege nach § 33 des Achten Buches Sozialgesetzbuch aufgenommen haben,

   in einem Haushalt leben und
2. dieses Kind selbst betreuen und erziehen.

2Nicht sorgeberechtigte Elternteile und Personen, die nach Satz 1 Nummer 1 Buchstabe b und c Elternzeit nehmen können, bedürfen der Zustimmung des sorgeberechtigten Elternteils.

(1a) 1Anspruch auf Elternzeit haben Arbeitnehmerinnen und Arbeitnehmer auch, wenn sie mit ihrem Enkelkind in einem Haushalt leben und dieses Kind selbst betreuen und erziehen und

1. ein Elternteil des Kindes minderjährig ist oder
2. ein Elternteil des Kindes sich in einer Ausbildung befindet, die vor Vollendung des 18. Lebensjahres begonnen wurde und die Arbeitskraft des Elternteils im Allgemeinen voll in Anspruch nimmt.

2Der Anspruch besteht nur für Zeiten, in denen keiner der Elternteile des Kindes selbst Elternzeit beansprucht.

(2) 1Der Anspruch auf Elternzeit besteht bis zur Vollendung des dritten Lebensjahres eines Kindes. 2Ein Anteil von bis zu 24 Monaten kann zwischen dem dritten Geburtstag und dem vollendeten achten Lebensjahr des Kindes in Anspruch genommen werden. 3Die Zeit

VIII

der Mutterschutzfrist nach § 3 Absatz 2 und 3 des Mutterschutzgesetzes wird für die Elternzeit der Mutter auf die Begrenzung nach den Sätzen 1 und 2 angerechnet. 4Bei mehreren Kindern besteht der Anspruch auf Elternzeit für jedes Kind, auch wenn sich die Zeiträume im Sinne der Sätze 1 und 2 überschneiden. 5Bei einem angenommenen Kind und bei einem Kind in Vollzeit- oder Adoptionspflege kann Elternzeit von insgesamt bis zu drei Jahren ab der Aufnahme bei der berechtigten Person, längstens bis zur Vollendung des achten Lebensjahres des Kindes genommen werden; die Sätze 2 und 4 sind entsprechend anwendbar, soweit sie die zeitliche Aufteilung regeln. 6Der Anspruch kann nicht durch Vertrag ausgeschlossen oder beschränkt werden.

(3) 1Die Elternzeit kann, auch anteilig, von jedem Elternteil allein oder von beiden Elternteilen gemeinsam genommen werden. 2Satz 1 gilt in den Fällen des Absatzes 1 Satz 1 Nummer 1 Buchstabe b und c entsprechend.

(4) 1Die Arbeitnehmerin oder der Arbeitnehmer darf während der Elternzeit nicht mehr als 32 Wochenstunden im Durchschnitt des Monats erwerbstätig sein. 2Die Beschränkung auf 32 Wochenstunden im Durchschnitt des Monats gilt nicht für die Tätigkeit einer im Sinne der §§ 23 und 43 des Achten Buches Sozialgesetzbuch geeigneten Kindertagespflegeperson. 3Die Ausübung einer Teilzeitarbeit bei einem anderen Arbeitgeber oder einer selbständigen Erwerbstätigkeit nach Satz 1 bedürfen der Zustimmung des Arbeitgebers. 4Dieser kann seine Zustimmung nur innerhalb von vier Wochen nach der Beantragung aus dringenden betrieblichen Gründen in Textform verweigern.

(5) 1Der Arbeitnehmer oder die Arbeitnehmerin kann eine Verringerung der Arbeitszeit und ihre Verteilung beantragen. 2Der Antrag kann mit der Mitteilung nach Absatz 7 Satz 1 Nummer 5 in Textform verbunden werden. 3Über den Antrag sollen sich der Arbeitgeber und der Arbeitnehmer oder die Arbeitnehmerin innerhalb von vier Wochen einigen. 4Lehnt der Arbeitgeber den Antrag ab, so hat er dies dem Arbeitnehmer oder der Arbeitnehmerin innerhalb der Frist nach Satz 3 mit einer Begründung mitzuteilen. 5Unberührt bleibt das Recht, sowohl die vor der Elternzeit bestehende Teilzeitarbeit unverändert während der Elternzeit fortzusetzen, soweit Absatz 4 beachtet ist, als auch nach der Elternzeit zu der Arbeitszeit zurückzukehren, die vor Beginn der Elternzeit vereinbart war.

(6) Der Arbeitnehmer oder die Arbeitnehmerin kann gegenüber dem Arbeitgeber, soweit eine Einigung nach Absatz 5 nicht möglich ist, unter den Voraussetzungen des Absatzes 7 während der Gesamtdauer der Elternzeit zweimal eine Verringerung seiner oder ihrer Arbeitszeit beanspruchen.

(7) 1Für den Anspruch auf Verringerung der Arbeitszeit gelten folgende Voraussetzungen:

1. Der Arbeitgeber beschäftigt, unabhängig von der Anzahl der Personen in Berufsbildung, in der Regel mehr als 15 Arbeitnehmer und Arbeitnehmerinnen,
2. das Arbeitsverhältnis in demselben Betrieb oder Unternehmen besteht ohne Unterbrechung länger als sechs Monate,
3. die vertraglich vereinbarte regelmäßige Arbeitszeit soll für mindestens zwei Monate auf einen Umfang von nicht weniger als 15 und nicht mehr als 32 Wochenstunden im Durchschnitt des Monats verringert werden,
4. dem Anspruch stehen keine dringenden betrieblichen Gründe entgegen und
5. der Anspruch auf Teilzeit wurde dem Arbeitgeber
   a) für den Zeitraum bis zum vollendeten dritten Lebensjahr des Kindes sieben Wochen und
   b) für den Zeitraum zwischen dem dritten Geburtstag und dem vollendeten achten Lebensjahr des Kindes 13 Wochen

vor Beginn der Teilzeittätigkeit in Textform mitgeteilt.

2Der Antrag muss den Beginn und den Umfang der verringerten Arbeitszeit enthalten. 3Die gewünschte Verteilung der verringerten Arbeitszeit soll im Antrag angegeben werden. 4Falls der Arbeitgeber die beanspruchte Verringerung oder Verteilung der Arbeitszeit

VIII

ablehnt, muss die Ablehnung innerhalb der in Satz 5 genannten Frist und mit Begründung in Textform erfolgen. 5Hat ein Arbeitgeber die Verringerung der Arbeitszeit

1. in einer Elternzeit zwischen der Geburt und dem vollendeten dritten Lebensjahr des Kindes nicht spätestens vier Wochen nach Zugang des Antrags oder
2. in einer Elternzeit zwischen dem dritten Geburtstag und dem vollendeten achten Lebensjahr des Kindes nicht spätestens acht Wochen nach Zugang des Antrags

in Textform abgelehnt, gilt die Zustimmung als erteilt und die Verringerung der Arbeitszeit entsprechend den Wünschen der Arbeitnehmerin oder des Arbeitnehmers als festgelegt. 6Haben Arbeitgeber und Arbeitnehmerin oder Arbeitnehmer über die Verteilung der Arbeitszeit kein Einvernehmen nach Absatz 5 Satz 2 erzielt und hat der Arbeitgeber nicht innerhalb der in Satz 5 genannten Fristen die gewünschte Verteilung in Textform abgelehnt, gilt die Verteilung der Arbeitszeit entsprechend den Wünschen der Arbeitnehmerin oder des Arbeitnehmers als festgelegt. 7Soweit der Arbeitgeber den Antrag auf Verringerung oder Verteilung der Arbeitszeit rechtzeitig ablehnt, kann die Arbeitnehmerin oder der Arbeitnehmer Klage vor dem Gericht für Arbeitssachen erheben.

VIII

§ 16 Inanspruchnahme der Elternzeit

(1) 1Wer Elternzeit beanspruchen will, muss sie

1. für den Zeitraum bis zum vollendeten dritten Lebensjahr des Kindes spätestens sieben Wochen und
2. für den Zeitraum zwischen dem dritten Geburtstag und dem vollendeten achten Lebensjahr des Kindes spätestens 13 Wochen

vor Beginn der Elternzeit in Textform vom Arbeitgeber verlangen. 2Verlangt die Arbeitnehmerin oder der Arbeitnehmer Elternzeit nach Satz 1 Nummer 1, muss sie oder er gleichzeitig erklären, für welche Zeiten innerhalb von zwei Jahren Elternzeit genommen werden soll. 3Bei dringenden Gründen ist ausnahmsweise eine angemessene kürzere Frist möglich. 4Nimmt die Mutter die Elternzeit im Anschluss an die Mutterschutzfrist, wird die Zeit der Mutterschutzfrist nach § 3 Absatz 2 und 3 des Mutterschutzgesetzes auf den Zeitraum nach Satz 2 angerechnet. 5Nimmt die Mutter die Elternzeit im Anschluss an einen auf die Mutterschutzfrist folgenden Erholungsurlaub, werden die Zeit der Mutterschutzfrist nach § 3 Absatz 2 und 3 des Mutterschutzgesetzes und die Zeit des Erholungsurlaubs auf den Zweijahreszeitraum nach Satz 2 angerechnet. 6Jeder Elternteil kann seine Elternzeit auf drei Zeitabschnitte verteilen; eine Verteilung auf weitere Zeitabschnitte ist nur mit der Zustimmung des Arbeitgebers möglich. 7Der Arbeitgeber kann die Inanspruchnahme eines dritten Abschnitts einer Elternzeit innerhalb von acht Wochen nach Zugang des Antrags aus dringenden betrieblichen Gründen ablehnen, wenn dieser Abschnitt im Zeitraum zwischen dem dritten Geburtstag und dem vollendeten achten Lebensjahr des Kindes liegen soll. 8Der Arbeitgeber hat dem Arbeitnehmer oder der Arbeitnehmerin die Elternzeit zu bescheinigen. 9Bei einem Arbeitgeberwechsel ist bei der Anmeldung der Elternzeit auf Verlangen des neuen Arbeitgebers eine Bescheinigung des früheren Arbeitgebers über bereits genommene Elternzeit durch die Arbeitnehmerin oder den Arbeitnehmer vorzulegen.

(2) Können Arbeitnehmerinnen aus einem von ihnen nicht zu vertretenden Grund eine sich unmittelbar an die Mutterschutzfrist des § 3 Absatz 2 und 3 des Mutterschutzgesetzes anschließende Elternzeit nicht rechtzeitig verlangen, können sie dies innerhalb einer Woche nach Wegfall des Grundes nachholen.

(3) 1Die Elternzeit kann vorzeitig beendet oder im Rahmen des § 15 Absatz 2 verlängert werden, wenn der Arbeitgeber zustimmt. 2Die vorzeitige Beendigung wegen der Geburt eines weiteren Kindes oder in Fällen besonderer Härte, insbesondere bei Eintritt einer schweren Krankheit, Schwerbehinderung oder Tod eines Elternteils oder eines Kindes der berechtigten Person oder bei erheblich gefährdeter wirtschaftlicher Existenz der El-

tern nach Inanspruchnahme der Elternzeit, kann der Arbeitgeber unbeschadet von Satz 3 nur innerhalb von vier Wochen aus dringenden betrieblichen Gründen schriftlich ablehnen. 3Die Elternzeit kann zur Inanspruchnahme der Schutzfristen des § 3 des Mutterschutzgesetzes auch ohne Zustimmung des Arbeitgebers vorzeitig beendet werden; in diesen Fällen soll die Arbeitnehmerin dem Arbeitgeber die Beendigung der Elternzeit rechtzeitig mitteilen. 4Eine Verlängerung der Elternzeit kann verlangt werden, wenn ein vorgesehener Wechsel der Anspruchsberechtigten aus einem wichtigen Grund nicht erfolgen kann.

(4) Stirbt das Kind während der Elternzeit, endet diese spätestens drei Wochen nach dem Tod des Kindes.

(5) Eine Änderung in der Anspruchsberechtigung hat der Arbeitnehmer oder die Arbeitnehmerin dem Arbeitgeber unverzüglich mitzuteilen.

§ 17 Urlaub

(1) 1Der Arbeitgeber kann den Erholungsurlaub, der dem Arbeitnehmer oder der Arbeitnehmerin für das Urlaubsjahr zusteht, für jeden vollen Kalendermonat der Elternzeit um ein Zwölftel kürzen. 2Dies gilt nicht, wenn der Arbeitnehmer oder die Arbeitnehmerin während der Elternzeit bei seinem oder ihrem Arbeitgeber Teilzeitarbeit leistet.

(2) Hat der Arbeitnehmer oder die Arbeitnehmerin den ihm oder ihr zustehenden Urlaub vor dem Beginn der Elternzeit nicht oder nicht vollständig erhalten, hat der Arbeitgeber den Resturlaub nach der Elternzeit im laufenden oder im nächsten Urlaubsjahr zu gewähren.

(3) Endet das Arbeitsverhältnis während der Elternzeit oder wird es im Anschluss an die Elternzeit nicht fortgesetzt, so hat der Arbeitgeber den noch nicht gewährten Urlaub abzugelten.

(4) Hat der Arbeitnehmer oder die Arbeitnehmerin vor Beginn der Elternzeit mehr Urlaub erhalten, als ihm oder ihr nach Absatz 1 zusteht, kann der Arbeitgeber den Urlaub, der dem Arbeitnehmer oder der Arbeitnehmerin nach dem Ende der Elternzeit zusteht, um die zu viel gewährten Urlaubstage kürzen.

§ 18 Kündigungsschutz

(1) 1Der Arbeitgeber darf das Arbeitsverhältnis ab dem Zeitpunkt, von dem an Elternzeit verlangt worden ist, nicht kündigen. 2Der Kündigungsschutz nach Satz 1 beginnt

1. frühestens acht Wochen vor Beginn einer Elternzeit bis zum vollendeten dritten Lebensjahr des Kindes und
2. frühestens 14 Wochen vor Beginn einer Elternzeit zwischen dem dritten Geburtstag und dem vollendeten achten Lebensjahr des Kindes.

3Während der Elternzeit darf der Arbeitgeber das Arbeitsverhältnis nicht kündigen. 4In besonderen Fällen kann ausnahmsweise eine Kündigung für zulässig erklärt werden. 5Die Zulässigkeitserklärung erfolgt durch die für den Arbeitsschutz zuständige oberste Landesbehörde oder die von ihr bestimmte Stelle. 6Die Bundesregierung kann mit Zustimmung des Bundesrates allgemeine Verwaltungsvorschriften zur Durchführung des Satzes 4 erlassen.

(2) Absatz 1 gilt entsprechend, wenn Arbeitnehmer oder Arbeitnehmerinnen

1. während der Elternzeit bei demselben Arbeitgeber Teilzeitarbeit leisten oder
2. ohne Elternzeit in Anspruch zu nehmen, Teilzeitarbeit leisten und Anspruch auf Elterngeld nach § 1 während des Zeitraums nach § 4 Absatz 1 Satz 2, 3 und 5 haben.

§ 19 Kündigung zum Ende der Elternzeit

Der Arbeitnehmer oder die Arbeitnehmerin kann das Arbeitsverhältnis zum Ende der Elternzeit nur unter Einhaltung einer Kündigungsfrist von drei Monaten kündigen.

§ 20 Zur Berufsbildung Beschäftigte, in Heimarbeit Beschäftigte

(1) 1Die zu ihrer Berufsbildung Beschäftigten gelten als Arbeitnehmer und Arbeitnehmerinnen im Sinne dieses Gesetzes. 2Die Elternzeit wird auf die Dauer einer Berufsausbildung nicht angerechnet, es sei denn, dass während der Elternzeit die Berufsausbildung nach § 7a des Berufsbildungsgesetzes oder

§ 27b der Handwerksordnung in Teilzeit durchgeführt wird. 3§ 15 Absatz 4 Satz 1 bleibt unberührt.

(2) 1Anspruch auf Elternzeit haben auch die in Heimarbeit Beschäftigten und die ihnen Gleichgestellten (§ 1 Absatz 1 und 2 des Heimarbeitsgesetzes), soweit sie am Stück mitarbeiten. 2Für sie tritt an die Stelle des Arbeitgebers der Auftraggeber oder Zwischenmeister und an die Stelle des Arbeitsverhältnisses das Beschäftigungsverhältnis.

§ 21 Befristete Arbeitsverträge

(1) Ein sachlicher Grund, der die Befristung eines Arbeitsverhältnisses rechtfertigt, liegt vor, wenn ein Arbeitnehmer oder eine Arbeitnehmerin zur Vertretung eines anderen Arbeitnehmers oder einer anderen Arbeitnehmerin für die Dauer eines Beschäftigungsverbotes nach dem Mutterschutzgesetz, einer Elternzeit, einer auf Tarifvertrag, Betriebsvereinbarung oder einzelvertraglichen Vereinbarung beruhenden Arbeitsfreistellung zur Betreuung eines Kindes oder für diese Zeiten zusammen oder für Teile davon eingestellt wird.

(2) Über die Dauer der Vertretung nach Absatz 1 hinaus ist die Befristung für notwendige Zeiten einer Einarbeitung zulässig.

(3) Die Dauer der Befristung des Arbeitsvertrags muss kalendermäßig bestimmt oder bestimmbar oder den in den Absätzen 1 und 2 genannten Zwecken zu entnehmen sein.

(4) 1Der Arbeitgeber kann den befristeten Arbeitsvertrag unter Einhaltung einer Frist von mindestens drei Wochen, jedoch frühestens zum Ende der Elternzeit, kündigen, wenn die Elternzeit ohne Zustimmung des Arbeitgebers vorzeitig endet und der Arbeitnehmer oder die Arbeitnehmerin die vorzeitige Beendigung der Elternzeit mitgeteilt hat. 2Satz 1 gilt entsprechend, wenn der Arbeitgeber die vorzeitige Beendigung der Elternzeit in den Fällen des § 16 Absatz 3 Satz 2 nicht ablehnen darf.

(5) Das Kündigungsschutzgesetz ist im Falle des Absatzes 4 nicht anzuwenden.

(6) Absatz 4 gilt nicht, soweit seine Anwendung vertraglich ausgeschlossen ist.

(7) 1Wird im Rahmen arbeitsrechtlicher Gesetze oder Verordnungen auf die Zahl der beschäftigten Arbeitnehmer und Arbeitnehmerinnen abgestellt, so sind bei der Ermittlung dieser Zahl Arbeitnehmer und Arbeitnehmerinnen, die sich in der Elternzeit befinden oder zur Betreuung eines Kindes freigestellt sind, nicht mitzuzählen, solange für sie aufgrund von Absatz 1 ein Vertreter oder eine Vertreterin eingestellt ist. 2Dies gilt nicht, wenn der Vertreter oder die Vertreterin nicht mitzuzählen ist. 3Die Sätze 1 und 2 gelten entsprechend, wenn im Rahmen arbeitsrechtlicher Gesetze oder Verordnungen auf die Zahl der Arbeitsplätze abgestellt wird.

Abschnitt 4 Statistik und Schlussvorschriften

§ 22 Bundesstatistik

(1) 1Zur Beurteilung der Auswirkungen dieses Gesetzes sowie zu seiner Fortentwicklung sind laufende Erhebungen zum Bezug von Elterngeld als Bundesstatistiken durchzuführen. 2Die Erhebungen erfolgen zentral beim Statistischen Bundesamt.

(2) 1Die Statistik zum Bezug von Elterngeld erfasst vierteljährlich zum jeweils letzten Tag des aktuellen und der vorangegangenen zwei Kalendermonate für Personen, die in einem dieser Kalendermonate Elterngeld bezogen haben, für jedes den Anspruch auslösende Kind folgende Erhebungsmerkmale:

1. Art der Berechtigung nach § 1,
2. Grundlagen der Berechnung des zustehenden Monatsbetrags nach Art und Höhe (§ 2 Absatz 1, 2, 3 oder 4, § 2a Absatz 1 oder 4, § 2c, die §§ 2d, 2e oder § 2f),
3. Höhe und Art des zustehenden Monatsbetrags (§ 4a Absatz 1 und 2 Satz 1) ohne die Berücksichtigung der Einnahmen nach § 3,
4. Art und Höhe der Einnahmen nach § 3,
5. Inanspruchnahme der als Partnerschaftsbonus gewährten Monatsbeträge nach § 4b Absatz 1 und der weiteren Monatsbeträge Elterngeld Plus nach § 4c Absatz 2,
6. Höhe des monatlichen Auszahlungsbetrags,

VIII

7. Geburtstag des Kindes,
8. für die Elterngeld beziehende Person:
   a) Geschlecht, Geburtsjahr und -monat,
   b) Staatsangehörigkeit,
   c) Wohnsitz oder gewöhnlicher Aufenthalt,
   d) Familienstand und unverheiratetes Zusammenleben mit dem anderen Elternteil,
   e) Vorliegen der Voraussetzungen nach § 4c Absatz 1 Nummer 1 und
   f) Anzahl der im Haushalt lebenden Kinder.

2Die Angaben nach den Nummern 2, 3, 5 und 6 sind für jeden Lebensmonat des Kindes bezogen auf den nach § 4 Absatz 1 möglichen Zeitraum des Leistungsbezugs zu melden.

(3) Hilfsmerkmale sind:

1. Name und Anschrift der zuständigen Behörde,
2. Name und Telefonnummer sowie Adresse für elektronische Post der für eventuelle Rückfragen zur Verfügung stehenden Person und
3. Kennnummer des Antragstellers oder der Antragstellerin.

§ 23 Auskunftspflicht; Datenübermittlung an das Statistische Bundesamt

(1) 1Für die Erhebung nach § 22 besteht Auskunftspflicht. 2Die Angaben nach § 22 Absatz 3 Nummer 2 sind freiwillig. 3Auskunftspflichtig sind die nach § 12 Absatz 1 zuständigen Stellen.

(2) 1Die Antragstellerin oder der Antragsteller ist gegenüber den nach § 12 Absatz 1 zuständigen Stellen zu den Erhebungsmerkmalen nach § 22 Absatz 2 auskunftspflichtig. 2Die zuständigen Stellen nach § 12 Absatz 1 dürfen die Angaben nach § 22 Absatz 2 Satz 1 Nummer 8, soweit sie für den Vollzug dieses Gesetzes nicht erforderlich sind, nur durch technische und organisatorische Maßnahmen getrennt von den übrigen Daten nach § 22 Absatz 2 und nur für die Übermittlung an das Statistische Bundesamt verwenden und haben diese unverzüglich nach Übermittlung an das Statistische Bundesamt zu löschen.

(3) Die in sich schlüssigen Angaben sind als Einzeldatensätze elektronisch bis zum Ablauf von 30 Arbeitstagen nach Ablauf des Berichtszeitraums an das Statistische Bundesamt zu übermitteln.

§ 24 Übermittlung von Tabellen mit statistischen Ergebnissen durch das Statistische Bundesamt

1Zur Verwendung gegenüber den gesetzgebenden Körperschaften und zu Zwecken der Planung, jedoch nicht zur Regelung von Einzelfällen, übermittelt das Statistische Bundesamt Tabellen mit statistischen Ergebnissen, auch soweit Tabellenfelder nur einen einzigen Fall ausweisen, an die fachlich zuständigen obersten Bundes- oder Landesbehörden. 2Tabellen, deren Tabellenfelder nur einen einzigen Fall ausweisen, dürfen nur dann übermittelt werden, wenn sie nicht differenzierter als auf Regierungsbezirksebene, im Falle der Stadtstaaten auf Bezirksebene, aufbereitet sind.

§ 24a Übermittlung von Einzelangaben durch das Statistische Bundesamt

(1) 1Zur Abschätzung von Auswirkungen der Änderungen dieses Gesetzes im Rahmen der Zwecke nach § 24 übermittelt das Statistische Bundesamt auf Anforderung des fachlich zuständigen Bundesministeriums diesem oder von ihm beauftragten Forschungseinrichtungen Einzelangaben ab dem Jahr 2007 ohne Hilfsmerkmale mit Ausnahme des Merkmals nach § 22 Absatz 3 Nummer 3 für die Entwicklung und den Betrieb von Mikrosimulationsmodellen. 2Die Einzelangaben dürfen nur im hierfür erforderlichen Umfang und mittels eines sicheren Datentransfers übermittelt werden.

(2) 1Bei der Verarbeitung der Daten nach Absatz 1 ist das Statistikgeheimnis nach § 16 des Bundesstatistikgesetzes zu wahren. 2Dafür ist die Trennung von statistischen und nichtstatistischen Aufgaben durch Organisation und Verfahren zu gewährleisten. 3Die nach Absatz 1 übermittelten Daten dürfen nur für die Zwecke verwendet werden, für die sie übermittelt wurden. 4Die übermittelten Einzeldaten sind nach dem Erreichen des Zweckes zu löschen, zu dem sie übermittelt wurden.

(3) 1Personen, die Empfängerinnen und Empfänger von Einzelangaben nach Absatz 1 Satz 1 sind, unterliegen der Pflicht zur Geheimhaltung nach § 16 Absatz 1 und 10 des Bundesstatistikgesetzes. 2Personen, die Einzelangaben nach Absatz 1 Satz 1 erhalten sollen, müssen Amtsträger oder für den öffentlichen Dienst besonders Verpflichtete sein. 3Personen, die Einzelangaben erhalten sollen und die nicht Amtsträger oder für den öffentlichen Dienst besonders Verpflichtete sind, sind vor der Übermittlung zur Geheimhaltung zu verpflichten. 4§ 1 Absatz 2, 3 und 4 Nummer 2 des Verpflichtungsgesetzes vom 2. März 1974 (BGBl. I S. 469, 547), das durch § 1 Nummer 4 des Gesetzes vom 15. August 1974 (BGBl. I S. 1942) geändert worden ist, gilt in der jeweils geltenden Fassung entsprechend. 5Die Empfängerinnen und Empfänger von Einzelangaben dürfen aus ihrer Tätigkeit gewonnene Erkenntnisse nur für die in Absatz 1 genannten Zwecke verwenden.

§ 25 Automatisierter Datenabruf bei den Standesämtern

Beantragt eine Person Elterngeld, so ist die nach § 12 Absatz 1 zuständige Behörde berechtigt, zur Prüfung des Anspruchs nach § 1 die folgenden Daten über die Beurkundung der Geburt eines Kindes bei dem für die Entgegennahme der Anzeige der Geburt zuständigen Standesamt gemäß § 68 Absatz 3 des Personenstandsgesetzes automatisiert abzurufen, wenn die antragstellende Person zuvor in die elektronische Datenübermittlung eingewilligt hat:

1. Tag und Ort der Geburt des Kindes,
2. Geburtsname und Vornamen des Kindes,
3. Familiennamen, Geburtsnamen und Vornamen der Eltern des Kindes.

§ 26 Anwendung der Bücher des Sozialgesetzbuches

(1) Soweit dieses Gesetz zum Elterngeld keine ausdrückliche Regelung trifft, ist bei der Ausführung des Ersten und Zweiten Abschnitts das Erste Kapitel des Zehnten Buches Sozialgesetzbuch anzuwenden.

(2) § 328 Absatz 3 und § 331 des Dritten Buches Sozialgesetzbuch gelten entsprechend.

§ 27 Sonderregelung aus Anlass der COVID-19-Pandemie

(1) 1Übt ein Elternteil eine systemrelevante Tätigkeit aus, so kann sein Bezug von Elterngeld auf Antrag für die Zeit vom 1. März 2020 bis 31. Dezember 2020 aufgeschoben werden. 2Der Bezug der verschobenen Lebensmonate ist spätestens bis zum 30. Juni 2021 anzutreten. 3Wird von der Möglichkeit des Aufschubs Gebrauch gemacht, so kann das Basiselterngeld abweichend von § 4 Absatz 1 Satz 2 und 3 auch noch nach Vollendung des 14. Lebensmonats bezogen werden. 4In der Zeit vom 1. März 2020 bis 30. Juni 2021 entstehende Lücken im Elterngeldbezug sind abweichend von § 4 Absatz 1 Satz 4 unschädlich.

(2) 1Für ein Verschieben des Partnerschaftsbonus genügt es, wenn nur ein Elternteil einen systemrelevanten Beruf ausübt. 2Hat der Bezug des Partnerschaftsbonus bereits begonnen, so gelten allein die Bestimmungen des Absatzes 3.

(3) Liegt der Bezug des Partnerschaftsbonus ganz oder teilweise vor dem Ablauf des 23. September 2022 und kann die berechtigte Person die Voraussetzungen des Bezugs aufgrund der COVID-19-Pandemie nicht einhalten, gelten die Angaben zur Höhe des Einkommens und zum Umfang der Arbeitszeit, die bei der Beantragung des Partnerschaftsbonus glaubhaft gemacht worden sind.

§ 28 Übergangsvorschrift

(1) Für die vor dem 1. September 2021 geborenen oder mit dem Ziel der Adoption aufgenommenen Kinder ist dieses Gesetz in der bis zum 31. August 2021 geltenden Fassung weiter anzuwenden.

(1a) Für die nach dem 31. August 2021 und vor dem 1. April 2024 geborenen oder mit dem Ziel der Adoption aufgenommenen Kinder ist dieses Gesetz in der bis zum 31. März 2024 geltenden Fassung weiter anzuwenden.

(1b) Für die nach dem 31. März 2024 und vor dem 1. Mai 2025 geborenen oder mit dem Ziel der Adoption aufgenommenen Kinder ist

VIII

dieses Gesetz in der bis zum 30. April 2025 geltenden Fassung weiter anzuwenden.

(2) Für die dem Erziehungsgeld vergleichbaren Leistungen der Länder sind § 8 Absatz 1 und § 9 des Bundeserziehungsgeldgesetzes in der bis zum 31. Dezember 2006 geltenden Fassung weiter anzuwenden.

(3) $_{1}$§ 1 Absatz 7 Satz 1 Nummer 1 bis 4 in der Fassung des Artikels 36 des Gesetzes vom 12. Dezember 2019 (BGBl. I S. 2451) ist für Entscheidungen anzuwenden, die Zeiträume betreffen, die nach dem 29. Februar 2020 beginnen. $_{2}$§ 1 Absatz 7 Satz 1 Nummer 5 in der Fassung des Artikels 36 des Gesetzes vom 12. Dezember 2019 (BGBl. I S. 2451) ist für Entscheidungen anzuwenden, die Zeiträume betreffen, die nach dem 31. Dezember 2019 beginnen. $_{3}$§ 1 Absatz 7 Satz 1 Nummer 2 Buchstabe c in der Fassung des Artikels 12 Nummer 1 des Gesetzes vom 23. Mai 2022 (BGBl. I S. 760) ist für Entscheidungen anzuwenden, die Zeiträume betreffen, die nach dem 31. Mai 2022 beginnen. $_{4}$§ 1 Absatz 7 Satz 1 Nummer 2 Buchstabe a und b in der Fassung des Artikels 43 des Gesetzes vom 2. Dezember 2024 (BGBl. 2024 I Nr. 387) ist für Entscheidungen anzuwenden, die Zeiträume betreffen, die nach dem 31. Mai 2024 beginnen.

(4) $_{1}$§ 9 Absatz 2 ist auf Kinder anwendbar, die nach dem 31. Dezember 2021 geboren oder mit dem Ziel der Adoption aufgenommen worden sind. $_{2}$§ 25 ist auf Kinder anwendbar, die nach dem 31. Oktober 2024 geboren oder mit dem Ziel der Adoption aufgenommen worden sind. $_{3}$Für die nach dem 31. Dezember 2021 und vor dem 1. November 2024 geborenen oder mit dem Ziel der Adoption aufgenommenen Kinder ist § 25 in der bis zum 31. Oktober 2024 geltenden Fassung weiter anzuwenden. $_{4}$Zur Erprobung des Verfahrens können diese Regelungen in Pilotprojekten mit Zustimmung des Bundesministeriums für Familie, Senioren, Frauen und Jugend, des Bundesministeriums für Arbeit und Soziales und des Bundesministeriums des Innern und für Heimat auf Kinder, die vor dem 1. Januar 2022 geboren oder mit dem Ziel der Adoption aufgenommen worden sind, angewendet werden.

(5) $_{1}$§ 1 Absatz 8 ist auf Kinder anwendbar, die ab dem 1. April 2025 geboren oder mit dem Ziel der Adoption angenommen worden sind. $_{2}$Für die ab dem 1. April 2024 und vor dem 1. April 2025 geborenen oder mit dem Ziel der Adoption angenommenen Kinder gilt § 1 Absatz 8 mit der Maßgabe, dass ein Anspruch entfällt, wenn die berechtigte Person im letzten abgeschlossenen Veranlagungszeitraum vor der Geburt des Kindes ein zu versteuerndes Einkommen nach § 2 Absatz 5 des Einkommensteuergesetzes in Höhe von mehr als 200 000 Euro erzielt hat. $_{3}$Erfüllt auch eine andere Person die Voraussetzungen des § 1 Absatz 1 Satz 1 Nummer 2 oder des Absatzes 3 oder 4, entfällt in diesem Zeitraum abweichend von § 1 Absatz 8 Satz 1 der Anspruch, wenn die Summe des zu versteuernden Einkommens beider Personen mehr als 200 000 Euro beträgt.

Bayerisches Familiengeldgesetz (BayFamGG)

Vom 24. Juli 2018 (GVBl. S. 613)

Zuletzt geändert durch
Gesetz zur Änderung des Bayerischen Familiengeldgesetzes und weiterer Rechtsvorschriften vom 21. November 2025 (GVBl. S. 570)

Art. 1 Zweckbestimmung

1In Weiterentwicklung des Bayerischen Landeserziehungsgeldes erhalten Eltern von Kindern, die vor dem 1. Januar 2025 geboren wurden, mit dem Bayerischen Familiengeld eine vom gewählten Lebensmodell der Familie unabhängige, gesonderte Anerkennung ihrer Erziehungsleistung. 2Eltern erhalten zugleich den nötigen Gestaltungsspielraum, frühe Erziehung und Bildung der Kinder einschließlich gesundheitsförderlicher Maßnahmen in der jeweils von ihnen gewählten Form zu ermöglichen, zu fördern und insbesondere auch entsprechend qualitativ zu gestalten. 3Das Familiengeld dient damit nicht der Existenzsicherung. 4Es soll auf existenzsichernde Sozialleistungen nicht angerechnet werden.

Art. 2 bis 8 (weggefallen)

VIII

Art. 9 Ordnungswidrigkeiten

(1) Ordnungswidrig handelt, wer vorsätzlich oder fahrlässig

1. entgegen § 60 Abs. 1 Satz 1 Nr. 1 oder Satz 2 SGB I eine Angabe nicht, nicht richtig, nicht vollständig oder nicht rechtzeitig macht oder auf Verlangen der zuständigen Behörde der Erteilung der erforderlichen Auskünfte durch Dritte nicht zustimmt,
2. entgegen § 60 Abs. 1 Satz 1 Nr. 2 oder Satz 2 SGB I eine Mitteilung nicht, nicht richtig, nicht vollständig oder nicht rechtzeitig macht oder
3. entgegen § 60 Abs. 1 Satz 1 Nr. 3 oder Satz 2 SGB I auf Verlangen der zuständigen Behörde eine Beweisurkunde nicht, nicht richtig, nicht vollständig oder nicht rechtzeitig vorlegt oder ihrer Vorlage nicht zustimmt.

(2) Die Ordnungswidrigkeit kann mit einer Geldbuße von bis zu fünftausend Euro geahndet werden.

Art. 9a Übergangsvorschriften

(1) Hinsichtlich vor dem 1. Januar 2025 geborener Kinder sind Art. 2 bis 8 in der am 30. Dezember 2025 geltenden Fassung weiter anzuwenden.

(2) 1Anträge auf Familiengeld für Kinder, die ab dem 1. Januar 2025 geboren wurden, sind unbeachtlich. 2Dies gilt auch, soweit kein gesonderter Antrag auf das Familiengeld gestellt wurde, sondern der Antrag auf Elterngeld gemäß Art. 6 Abs. 1 Satz 2 des Bayerischen Familiengeldgesetzes (BayFamGG) in der am 30. Dezember 2025 geltenden Fassung als Antrag auf Familiengeld gilt.

Bayerisches Landespflegegeldgesetz (BayLPflGG)

Vom 24. Juli 2018 (GVBl. S. 613)

Zuletzt geändert durch
Gesetz zur Änderung des Bayerischen Landespflegegeldgesetzes
vom 23. Dezember 2025 (GVBl. S. 650)

Art. 1 Zweckbestimmung

1Mit dem Landespflegegeld soll das Selbstbestimmungsrecht der pflegebedürftigen Menschen jenseits der Gestaltung ihres Alltags über die Leistungen der sozialen Pflegeversicherung (Elftes Buch Sozialgesetzbuch – SGB XI), über die Leistungen der Sozialhilfe (Zwölftes Buch Sozialgesetzbuch – SGB XII) und über die Leistungen der Grundsicherung für Arbeitsuchende (Zweites Buch Sozialgesetzbuch) hinaus gestärkt werden. 2Das Landespflegegeld dient damit nicht der Deckung des notwendigen pflegerischen Bedarfs, von Teilhabebedarfen oder der Existenzsicherung. 3Es soll auf Leistungen zur Deckung des pflegerischen Bedarfs und von Teilhabebedarfen sowie auf existenzsichernde Sozialleistungen nicht angerechnet werden.

Art. 2 Berechtigte

(1) 1Anspruch auf Landespflegegeld für das jeweilige Pflegegeldjahr hat, wer

1. den Vorgaben des Bundesmeldegesetzes (BMG) entsprechend mit seiner alleinigen Wohnung oder Hauptwohnung im Freistaat Bayern gemeldet ist und
2. nachweist, dass er an mindestens einem Tag des Pflegegeldjahres in einem Umfang von mindestens Pflegegrad 2 pflegebedürftig war.

2Maßgeblich für die Voraussetzung nach Satz 1 Nr. 1 ist der letzte Tag des jeweiligen Pflegegeldjahres.

(2) Pflegegeldjahr ist der Zeitraum vom 1. Januar bis zum 31. Dezember eines Jahres.

(3) Landespflegegeld wird nur gewährt, wenn die Pflegebedürftigkeit nach Abs. 1 Satz 1 Nr. 2 von der Pflegekasse oder von einem Versicherungsunternehmen, das eine private Pflege-Pflichtversicherung durchführt, nach § 18 SGB XI oder von einem Träger der Sozialhilfe nach § 62 SGB XII festgestellt ist.

(4) 1Das Landespflegegeld beträgt 500 € pro Pflegegeldjahr. 2Es wird bis zum 31. Januar des auf das Pflegegeldjahr folgenden Kalenderjahres auf ein Konto des Antragstellers überwiesen. 3Der Anspruch auf Landespflegegeld ist nicht abtretbar, nicht pfändbar und nicht vererblich. 4Das Landespflegegeld ist kein Pflegegeld nach landesgesetzlichen Vorschriften im Sinne des § 4 Abs. 1 Nr. 7 des Rundfunkbeitragsstaatsvertrags. 5Erhält der Rechtsnachfolger des Leistungsempfängers die Leistung innerhalb von drei Monaten nach dem Ableben des Leistungsempfängers, so ist seitens der zuständigen Behörde von einer Rückforderung abzusehen.

Art. 3 Antragstellung

(1) 1Das Landespflegegeld ist in Textform bis zum Ablauf von drei Monaten nach Ende des jeweiligen Pflegegeldjahres beim Landesamt für Pflege (Landesamt) zu beantragen. 2Der Antrag kann bereits vor Ablauf des Pflegegeldjahres gestellt werden. 3Er wirkt für die folgenden Pflegegeldjahre fort, solange er nicht zurückgenommen wird.

(2) Das Landesamt stellt zur Beantragung des Landespflegegelds ein elektronisches Formular zur Verfügung, das bei der Antragstellung verwendet werden soll.

Art. 4 Zuständigkeit, Verfahren, Rechtsweg

(1) Zuständig für den Vollzug dieses Gesetzes ist das Landesamt.

(2) Soweit dieses Gesetz keine ausdrückliche Regelung trifft, sind bei der Ausführung das Erste Buch Sozialgesetzbuch (SGB I), § 331 des Dritten Buches Sozialgesetzbuch, § 118 Abs. 3 bis 4a des Sechsten Buches Sozialgesetzbuch und das Erste und Zweite Kapitel des Zehnten Buches Sozialgesetzbuch entsprechend anzuwenden.

(3) 1Zur Überprüfung der Anspruchsberechtigung kann das Landesamt die in § 34 Abs. 1 Satz 1 BMG genannten Merkmale des Antragstellers verarbeiten. 2Kann ein Datensatz nicht zugeordnet werden, gleicht das Landesamt diesen mit den für die Meldedatenverarbeitung zuständigen Stellen ab. 3Das Landesamt löscht die durch die für die Meldedatenverarbeitung zuständigen Stellen übermittelten Daten unverzüglich nach Abschluss der Bearbeitung, spätestens aber sechs Monate nach ihrer Übermittlung.

(4) Für Streitigkeiten in Angelegenheiten dieses Gesetzes ist der Rechtsweg zu den Sozialgerichten gegeben.

Art. 5 Ordnungswidrigkeiten

(1) Ordnungswidrig handelt, wer vorsätzlich oder fahrlässig

1. entgegen § 60 Abs. 1 Satz 1 Nr. 1 oder Satz 2 SGB I eine Angabe nicht, nicht richtig, nicht vollständig oder nicht rechtzeitig macht oder auf Verlangen des Landesamts der Erteilung der erforderlichen Auskünfte durch Dritte nicht zustimmt,
2. entgegen § 60 Abs. 1 Satz 1 Nr. 2 oder Satz 2 SGB I eine Mitteilung nicht, nicht richtig, nicht vollständig oder nicht rechtzeitig macht oder
3. entgegen § 60 Abs. 1 Satz 1 Nr. 3 oder Satz 2 SGB I auf Verlangen des Landesamts eine Beweisurkunde nicht, nicht richtig, nicht vollständig oder nicht rechtzeitig vorlegt oder ihrer Vorlage nicht zustimmt.

(2) Die Ordnungswidrigkeit kann mit einer Geldbuße von bis zu fünftausend Euro geahndet werden.

Art. 6 Übergangsregelungen

(1) 1Art. 2 Abs. 1 Satz 2 findet keine Anwendung auf Anträge, die bis zum 31. Dezember 2025 gestellt werden. 2Für diese Anträge ist der Zeitpunkt der Antragstellung maßgeblich. 3Ist ein Antrag bis zum Ablauf des 31. Dezember 2025 bei dem Landesamt eingegangen, so ist für die Bemessung des Anspruchs für das am 31. Dezember 2025 endende Pflegegeldjahr Art. 2 Abs. 4 Satz 1 in der am 31. Dezember 2025 geltenden Fassung weiter anzuwenden.

(2) Abweichend von Art. 2 Abs. 2 endet das am 1. Oktober 2024 begonnene Pflegegeldjahr am 31. Dezember 2025.

Art. 7 Inkrafttreten

Dieses Gesetz trat am 1. Mai 2018 in Kraft und wurde als § 4 des Zweiten Gesetzes zur Änderung des Haushaltsgesetzes 2017/2018 (2. Nachtragshaushaltsgesetz 2018 – 2. NHG 2018) vom 24. Juli 2018 (GVBl. S. 613) verkündet.

Fünftes Gesetz zur Förderung der Vermögensbildung der Arbeitnehmer (Fünftes Vermögensbildungsgesetz – 5. VermBG)

in der Fassung der Bekanntmachung vom 4. März 1994 (BGBl. I S. 406)

Zuletzt geändert durch
Jahressteuergesetz 2024
vom 2. Dezember 2024 (BGBl. I Nr. 387)

§ 1 Persönlicher Geltungsbereich

(1) Die Vermögensbildung der Arbeitnehmer durch vereinbarte vermögenswirksame Leistungen der Arbeitgeber wird nach den Vorschriften dieses Gesetzes gefördert.

(2) Arbeitnehmer im Sinne dieses Gesetzes sind Arbeiter und Angestellte einschließlich der zu ihrer Berufsausbildung Beschäftigten. Als Arbeitnehmer gelten auch die in Heimarbeit Beschäftigten.

(3) Die Vorschriften dieses Gesetzes gelten nicht

1. für vermögenswirksame Leistungen juristischer Personen an Mitglieder des Organs, das zur gesetzlichen Vertretung der juristischen Person berufen ist,
2. für vermögenswirksame Leistungen von Personengesamtheiten an die durch Gesetz, Satzung oder Gesellschaftsvertrag zur Vertretung der Personengesamtheit berufenen Personen.

(4) Für Beamte, Richter, Berufssoldaten und Soldaten auf Zeit gelten die nachstehenden Vorschriften dieses Gesetzes entsprechend.

§ 2 Vermögenswirksame Leistungen, Anlageformen

(1) Vermögenswirksame Leistungen sind Geldleistungen, die der Arbeitgeber für den Arbeitnehmer anlegt

1. als Sparbeiträge des Arbeitnehmers auf Grund eines Sparvertrags über Wertpapiere oder andere Vermögensbeteiligungen (§ 4)
   a) zum Erwerb von Aktien, die vom Arbeitgeber ausgegeben werden oder an einer deutschen Börse zum regulierten Markt zugelassen oder in den Freiverkehr einbezogen sind,
   b) zum Erwerb von Wandelschuldverschreibungen, die vom Arbeitgeber ausgegeben werden oder an einer deutschen Börse zum regulierten Markt zugelassen oder in den Freiverkehr einbezogen sind, sowie von Gewinnschuldverschreibungen, die vom Arbeitgeber ausgegeben werden, zum Erwerb von Namensschuldverschreibungen des Arbeitgebers jedoch nur dann, wenn auf dessen Kosten die Ansprüche des Arbeitnehmers aus der Schuldverschreibung durch ein Kreditinstitut verbürgt oder durch ein Versicherungsunternehmen privatrechtlich gesichert sind und das Kreditinstitut oder Versicherungsunternehmen im Geltungsbereich dieses Gesetzes zum Geschäftsbetrieb befugt ist,
   c) zum Erwerb von Anteilen an OGAW-Sondervermögen sowie an als Sondervermögen aufgelegten offenen Publikums-AIF nach den §§ 218 und 219 des Kapitalanlagegesetzbuchs sowie von Anteilen an offenen EU-Investmentvermögen und offenen ausländischen AIF, die nach dem Kapitalanlagegesetzbuch vertrieben werden dürfen, wenn nach dem Jahresbericht für das vorletzte Geschäftsjahr, das dem Kalenderjahr des Abschlusses des Vertrags im Sinne des § 4 oder des § 5 vorausgeht, der Wert der Aktien in diesem Investmentvermögen 60 Prozent des Werts dieses Investmentvermögens nicht unterschreitet; für neu aufgelegte Invest-

VIII

mentvermögen ist für das erste und zweite Geschäftsjahr der erste Jahresbericht oder der erste Halbjahresbericht nach Auflegung des Investmentvermögens maßgebend,

d) (weggefallen)

e) (weggefallen)

f) zum Erwerb von Genußscheinen, die vom Arbeitgeber als Wertpapiere ausgegeben werden oder an einer deutschen Börse zum regulierten Markt zugelassen oder in den Freiverkehr einbezogen sind und von Unternehmen mit Sitz und Geschäftsleitung im Geltungsbereich dieses Gesetzes, die keine Kreditinstitute sind, ausgegeben werden, wenn mit den Genußscheinen das Recht am Gewinn eines Unternehmens verbunden ist und der Arbeitnehmer nicht als Mitunternehmer im Sinne des § 15 Abs. 1 Satz 1 Nr. 2 des Einkommensteuergesetzes anzusehen ist,

g) zur Begründung oder zum Erwerb eines Geschäftsguthabens bei einer Genossenschaft mit Sitz und Geschäftsleitung im Geltungsbereich dieses Gesetzes; ist die Genossenschaft nicht der Arbeitgeber, so setzt die Anlage vermögenswirksamer Leistungen voraus, daß die Genossenschaft entweder ein Kreditinstitut oder eine Bau- oder Wohnungsgenossenschaft im Sinne des § 2 Abs. 1 Nr. 2 des Wohnungsbau-Prämiengesetzes ist, die zum Zeitpunkt der Begründung oder des Erwerbs des Geschäftsguthabens seit mindestens drei Jahren im Genossenschaftsregister ohne wesentliche Änderung ihres Unternehmensgegenstandes eingetragen und nicht aufgelöst ist oder Sitz und Geschäftsleitung in dem in Artikel 3 des Einigungsvertrages genannten Gebiet hat und dort entweder am 1. Juli 1990 als Arbeiterwohnungsbaugenossenschaft, Gemeinnützige Wohnungsbaugenossenschaft oder sonstige Wohnungsbaugenossenschaft bestanden oder einen nicht unwesentlichen Teil von Wohnungen aus dem Bestand einer solchen Bau- oder Wohnungsgenossenschaft erworben hat,

h) zur Übernahme einer Stammeinlage oder zum Erwerb eines Geschäftsanteils an einer Gesellschaft mit beschränkter Haftung mit Sitz und Geschäftsleitung im Geltungsbereich dieses Gesetzes, wenn die Gesellschaft das Unternehmen des Arbeitgebers ist,

i) zur Begründung oder zum Erwerb einer Beteiligung als stiller Gesellschafter im Sinne des § 230 des Handelsgesetzbuchs am Unternehmen des Arbeitgebers mit Sitz und Geschäftsleitung im Geltungsbereich dieses Gesetzes, wenn der Arbeitnehmer nicht als Mitunternehmer im Sinne des § 15 Abs. 1 Nr. 2 des Einkommensteuergesetzes anzusehen ist,

k) zur Begründung oder zum Erwerb einer Darlehensforderung gegen den Arbeitgeber, wenn auf dessen Kosten die Ansprüche des Arbeitnehmers aus dem Darlehensvertrag durch ein Kreditinstitut verbürgt oder durch ein Versicherungsunternehmen privatrechtlich gesichert sind und das Kreditinstitut oder Versicherungsunternehmen im Geltungsbereich dieses Gesetzes zum Geschäftsbetrieb befugt ist,

l) zur Begründung oder zum Erwerb eines Genußrechts am Unternehmen des Arbeitgebers mit Sitz und Geschäftsleitung im Geltungsbereich dieses Gesetzes, wenn damit das Recht am Gewinn dieses Unternehmens verbunden ist, der Arbeitnehmer nicht als Mitunternehmer im Sinne des § 15 Abs. 1 Nr. 2 des Einkommensteuergesetzes anzusehen ist und über das Genußrecht kein Genußschein im Sinne des Buchstaben f ausgegeben wird,

2. als Aufwendungen des Arbeitnehmers auf Grund eines Wertpapier-Kaufvertrags (§ 5),

3. als Aufwendungen des Arbeitnehmers auf Grund eines Beteiligungs-Vertrags (§ 6) oder eines Beteiligungs-Kaufvertrags (§ 7),

VIII

4. als Aufwendungen des Arbeitnehmers nach den Vorschriften des Wohnungsbau-Prämiengesetzes; die Voraussetzungen für die Gewährung einer Prämie nach dem Wohnungsbau-Prämiengesetz brauchen nicht vorzuliegen; die Anlage vermögenswirksamer Leistungen als Aufwendungen nach § 2 Abs. 1 Nr. 2 des Wohnungsbau-Prämiengesetzes für den ersten Erwerb von Anteilen an Bau- und Wohnungsgenossenschaften setzt voraus, daß die Voraussetzungen der Nummer 1 Buchstabe g zweiter Halbsatz erfüllt sind,
5. als Aufwendungen des Arbeitnehmers
   a) zum Bau, zum Erwerb, zum Ausbau oder zur Erweiterung eines im Inland belegenen Wohngebäudes oder einer im Inland belegenen Eigentumswohnung,
   b) zum Erwerb eines Dauerwohnrechts im Sinne des Wohnungseigentumsgesetzes an einer im Inland belegenen Wohnung,
   c) zum Erwerb eines im Inland belegenen Grundstücks zum Zwecke des Wohnungsbaus oder
   d) zur Erfüllung von Verpflichtungen, die im Zusammenhang mit den in den Buchstaben a bis c bezeichneten Vorhaben eingegangen sind,

   sofern der Anlage nicht ein von einem Dritten vorgefertigtes Konzept zu Grunde liegt, bei dem der Arbeitnehmer vermögenswirksame Leistungen zusammen mit mehr als 15 anderen Arbeitnehmern anlegen kann; die Förderung der Aufwendungen nach den Buchstaben a bis c setzt voraus, daß sie unmittelbar für die dort bezeichneten Vorhaben verwendet werden,
6. als Sparbeiträge des Arbeitnehmers auf Grund eines Sparvertrags (§ 8),
7. als Beiträge des Arbeitnehmers auf Grund eines Kapitalversicherungsvertrags (§ 9),
8. als Aufwendungen des Arbeitnehmers, der nach § 18 Abs. 2 oder 3 die Mitgliedschaft in einer Genossenschaft oder Gesellschaft mit beschränkter Haftung gekündigt hat, zur Erfüllung von Verpflichtungen aus der Mitgliedschaft, die nach dem 31. Dezember 1994 fortbestehen oder entstehen.

(2) Aktien, Wandelschuldverschreibungen, Gewinnschuldverschreibungen oder Genußscheine eines Unternehmens, das im Sinne des § 18 Abs. 1 des Aktiengesetzes als herrschendes Unternehmen mit dem Unternehmen des Arbeitgebers verbunden ist, stehen Aktien, Wandelschuldverschreibungen, Gewinnschuldverschreibungen oder Genußscheinen im Sinne des Absatzes 1 Nr. 1 Buchstabe a, b oder f gleich, die vom Arbeitgeber ausgegeben werden. Ein Geschäftsguthaben bei einer Genossenschaft mit Sitz und Geschäftsleitung im Geltungsbereich dieses Gesetzes, die im Sinne des § 18 Abs. 1 des Aktiengesetzes als herrschendes Unternehmen mit dem Unternehmen des Arbeitgebers verbunden ist, steht einem Geschäftsguthaben im Sinne des Absatzes 1 Nr. 1 Buchstabe g bei einer Genossenschaft, die das Unternehmen des Arbeitgebers ist, gleich. Eine Stammeinlage oder ein Geschäftsanteil an einer Gesellschaft mit beschränkter Haftung mit Sitz und Geschäftsleitung im Geltungsbereich dieses Gesetzes, die im Sinne des § 18 Abs. 1 des Aktiengesetzes als herrschendes Unternehmen mit dem Unternehmen des Arbeitgebers verbunden ist, stehen einer Stammeinlage oder einem Geschäftsanteil im Sinne des Absatzes 1 Nr. 1 Buchstabe h an einer Gesellschaft, die das Unternehmen des Arbeitgebers ist, gleich. Eine Beteiligung als stiller Gesellschafter an einem Unternehmen mit Sitz und Geschäftsleitung im Geltungsbereich dieses Gesetzes, das im Sinne des § 18 Abs. 1 des Aktiengesetzes als herrschendes Unternehmen mit dem Unternehmen des Arbeitgebers verbunden ist oder das auf Grund eines Vertrags mit dem Arbeitgeber an dessen Unternehmen gesellschaftsrechtlich beteiligt ist, steht einer Beteiligung als stiller Gesellschafter im Sinne des Absatzes 1 Nr. 1 Buchstabe i gleich. Eine Darlehensforderung gegen ein Unternehmen mit Sitz und Geschäftsleitung im Geltungsbereich dieses Gesetzes, das im Sinne des § 18 Abs. 1 des Aktiengesetzes als

herrschendes Unternehmen mit dem Unternehmen des Arbeitgebers verbunden ist, oder ein Genußrecht an einem solchen Unternehmen stehen einer Darlehensforderung oder einem Genußrecht im Sinne des Absatzes 1 Nr. 1 Buchstabe k oder l gleich.

(3) Die Anlage vermögenswirksamer Leistungen in Gewinnschuldverschreibungen im Sinne des Absatzes 1 Nr. 1 Buchstabe b und des Absatzes 2 Satz 1, in denen neben der gewinnabhängigen Verzinsung eine gewinnunabhängige Mindestverzinsung zugesagt ist, setzt voraus, daß

1. die gewinnunabhängige Mindestverzinsung der Gewinnschuldverschreibung im Regelfall die Hälfte der Gesamtverzinsung nicht überschreitet oder
2. die gewinnunabhängige Mindestverzinsung zum Zeitpunkt der Ausgabe der Gewinnschuldverschreibung die Hälfte der Emissionsrendite festverzinslicher Wertpapiere nicht überschreitet, die in den Monatsberichten der Deutschen Bundesbank für den viertletzten Kalendermonat ausgewiesen wird, der dem Kalendermonat der Ausgabe vorausgeht.

(4) Die Anlage vermögenswirksamer Leistungen in Genußscheinen und Genußrechten im Sinne des Absatzes 1 Nr. 1 Buchstabe f und l und des Absatzes 2 Satz 1 und 5 setzt voraus, daß eine Rückzahlung zum Nennwert nicht zugesagt ist; ist neben dem Recht am Gewinn eine gewinnunabhängige Mindestverzinsung zugesagt, gilt Absatz 3 entsprechend.

(5) Der Anlage vermögenswirksamer Leistungen nach Absatz 1 Nr. 1 Buchstabe f, i bis l, Absatz 2 Satz 1, 4 und 5 sowie Absatz 4 in einer Genossenschaft mit Sitz und Geschäftsleitung im Geltungsbereich dieses Gesetzes stehen § 19 und eine Festsetzung durch Satzung gemäß § 20 des Genossenschaftsgesetzes nicht entgegen.

(5a) Der Arbeitgeber hat vor der Anlage vermögenswirksamer Leistungen im eigenen Unternehmen in Zusammenarbeit mit dem Arbeitnehmer Vorkehrungen zu treffen, die der Absicherung der angelegten vermögenswirksamen Leistungen bei einer während der Dauer der Sperrfrist eintretenden Zahlungsunfähigkeit des Arbeitgebers dienen. Das Bundesministerium für Arbeit und Sozialordnung berichtet den gesetzgebenden Körperschaften bis zum 30. Juni 2002 über die nach Satz 1 getroffenen Vorkehrungen.

(6) Vermögenswirksame Leistungen sind steuerpflichtige Einnahmen im Sinne des Einkommensteuergesetzes und Einkommen, Verdienst oder Entgelt (Arbeitsentgelt) im Sinne der Sozialversicherung und des Dritten Buches Sozialgesetzbuch. Reicht der nach Abzug der vermögenswirksamen Leistung verbleibende Arbeitslohn zur Deckung der einzubehaltenden Steuern, Sozialversicherungsbeiträge und Beiträge zur Bundesagentur für Arbeit nicht aus, so hat der Arbeitnehmer dem Arbeitgeber den zur Deckung erforderlichen Betrag zu zahlen.

(7) Vermögenswirksame Leistungen sind arbeitsrechtlich Bestandteil des Lohns oder Gehalts. Der Anspruch auf die vermögenswirksame Leistung ist nicht übertragbar.

§ 3 Vermögenswirksame Leistungen für Angehörige, Überweisung durch den Arbeitgeber, Kennzeichnungs-, Bestätigungs- und Mitteilungspflichten

(1) Vermögenswirksame Leistungen können auch angelegt werden

1. zugunsten des nicht dauernd getrennt lebenden Ehegatten oder Lebenspartners des Arbeitnehmers,
2. zugunsten der in § 32 Abs. 1 des Einkommensteuergesetzes bezeichneten Kinder, die zu Beginn des maßgebenden Kalenderjahrs das 17. Lebensjahr noch nicht vollendet hatten oder die in diesem Kalenderjahr lebend geboren wurden oder
3. zugunsten der Eltern oder eines Elternteils des Arbeitnehmers, wenn der Arbeitnehmer als Kind die Voraussetzungen der Nummer 2 erfüllt.

Dies gilt nicht für die Anlage vermögenswirksamer Leistungen auf Grund von Verträgen nach den §§ 5 bis 7.

VIII

(2) Der Arbeitgeber hat die vermögenswirksamen Leistungen für den Arbeitnehmer unmittelbar an das Unternehmen oder Institut zu überweisen, bei dem sie angelegt werden sollen. Er hat dabei gegenüber dem Unternehmen oder Institut die vermögenswirksamen Leistungen zu kennzeichnen. Das Unternehmen oder Institut hat die nach § 2 Abs. 1 Nr. 1 bis 5, Abs. 2 bis 4 angelegten vermögenswirksamen Leistungen und die Art ihrer Anlage zu kennzeichnen. Kann eine vermögenswirksame Leistung nicht oder nicht mehr die Voraussetzungen des § 2 Abs. 1 bis 4 erfüllen, so hat das Unternehmen oder Institut dies dem Arbeitgeber unverzüglich schriftlich mitzuteilen. Die Sätze 1 bis 4 gelten nicht für die Anlage vermögenswirksamer Leistungen auf Grund von Verträgen nach den §§ 5, 6 Abs. 1 und § 7 Abs. 1 mit dem Arbeitgeber.

(3) Für eine vom Arbeitnehmer gewählte Anlage nach § 2 Abs. 1 Nr. 5 hat der Arbeitgeber auf Verlangen des Arbeitnehmers die vermögenswirksamen Leistungen an den Arbeitnehmer zu überweisen, wenn dieser dem Arbeitgeber eine schriftliche Bestätigung seines Gläubigers vorgelegt hat, daß die Anlage bei ihm die Voraussetzungen des § 2 Abs. 1 Nr. 5 erfüllt; Absatz 2 gilt in diesem Falle nicht. Der Arbeitgeber hat die Richtigkeit der Bestätigung nicht zu prüfen.

§ 4 Sparvertrag über Wertpapiere oder andere Vermögensbeteiligungen

(1) Ein Sparvertrag über Wertpapiere oder andere Vermögensbeteiligungen im Sinne des § 2 Abs. 1 Nr. 1 ist ein Sparvertrag mit einem Kreditinstitut oder einer Kapitalverwaltungsgesellschaft, in dem sich der Arbeitnehmer verpflichtet, als Sparbeiträge zum Erwerb von Wertpapieren im Sinne des § 2 Abs. 1 Nr. 1 Buchstabe a bis f, Abs. 2 Satz 1, Abs. 3 und 4 oder zur Begründung oder zum Erwerb von Rechten im Sinne des § 2 Abs. 1 Nr. 1 Buchstabe g bis l, Abs. 2 Satz 2 bis 5 und Abs. 4 einmalig oder für die Dauer von sechs Jahren seit Vertragsabschluß laufend vermögenswirksame Leistungen einzahlen zu lassen oder andere Beträge einzuzahlen.

(2) Die Förderung der auf Grund eines Vertrags nach Absatz 1 angelegten vermögenswirksamen Leistungen setzt voraus, daß

1. die Leistungen eines Kalenderjahrs, vorbehaltlich des Absatzes 3, spätestens bis zum Ablauf des folgenden Kalenderjahrs zum Erwerb der Wertpapiere oder zur Begründung oder zum Erwerb der Rechte verwendet und bis zur Verwendung festgelegt werden und
2. die mit den Leistungen erworbenen Wertpapiere unverzüglich nach ihrem Erwerb bis zum Ablauf einer Frist von sieben Jahren (Sperrfrist) festgelegt werden und über die Wertpapiere oder die mit den Leistungen begründeten oder erworbenen Rechte bis zum Ablauf der Sperrfrist nicht durch Rückzahlung, Abtretung, Beleihung oder in anderer Weise verfügt wird.

Die Sperrfrist gilt für alle auf Grund des Vertrags angelegten vermögenswirksamen Leistungen und beginnt am 1. Januar des Kalenderjahrs, in dem der Vertrag abgeschlossen worden ist. Als Zeitpunkt des Vertragsabschlusses gilt der Tag, an dem die vermögenswirksame Leistung, bei Verträgen über laufende Einzahlungen die erste vermögenswirksame Leistung, beim Kreditinstitut oder bei der Kapitalverwaltungsgesellschaft eingeht.

(3) Vermögenswirksame Leistungen, die nicht bis zum Ablauf der Frist nach Absatz 2 Nr. 1 verwendet worden sind, gelten als rechtzeitig verwendet, wenn sie am Ende eines Kalenderjahrs insgesamt 150 Euro nicht übersteigen und bis zum Ablauf der Sperrfrist nach Absatz 2 verwendet oder festgelegt werden.

(4) Eine vorzeitige Verfügung ist abweichend von Absatz 2 unschädlich, wenn

1. der Arbeitnehmer oder sein von ihm nicht dauernd getrennt lebender Ehegatte oder Lebenspartner nach Vertragsabschluß gestorben oder völlig erwerbsunfähig geworden ist,
2. der Arbeitnehmer nach Vertragsabschluß, aber vor der vorzeitigen Verfügung geheiratet oder eine Lebenspartnerschaft be-

VIII

gründet hat und im Zeitpunkt der vorzeitigen Verfügung mindestens zwei Jahre seit Beginn der Sperrfrist vergangen sind,

3. der Arbeitnehmer nach Vertragsabschluß arbeitslos geworden ist und die Arbeitslosigkeit mindestens ein Jahr lang ununterbrochen bestanden hat und im Zeitpunkt der vorzeitigen Verfügung noch besteht,
4. der Arbeitnehmer den Erlös innerhalb der folgenden drei Monate unmittelbar für die eigene Weiterbildung oder für die seines von ihm nicht dauernd getrennt lebenden Ehegatten oder Lebenspartners einsetzt und die Maßnahme außerhalb des Betriebes, dem er oder der Ehegatte oder der Lebenspartner angehört, durchgeführt wird und Kenntnisse und Fertigkeiten vermittelt werden, die dem beruflichen Fortkommen dienen und über arbeitsplatzbezogene Anpassungsfortbildungen hinausgehen; für vermögenswirksame Leistungen, die der Arbeitgeber für den Arbeitnehmer nach § 2 Absatz 1 Nummer 1 Buchstabe a, b, f bis l angelegt hat und die Rechte am Unternehmen des Arbeitgebers begründen, gilt dies nur bei Zustimmung des Arbeitgebers; bei nach § 2 Abs. 2 gleichgestellten Anlagen gilt dies nur bei Zustimmung des Unternehmens, das im Sinne des § 18 Abs. 1 des Aktiengesetzes als herrschendes Unternehmen mit dem Unternehmen des Arbeitgebers verbunden ist,
5. der Arbeitnehmer nach Vertragsabschluß unter Aufgabe der nichtselbständigen Arbeit eine Erwerbstätigkeit, die nach § 138 Abs. 1 der Abgabenordnung der Gemeinde mitzuteilen ist, aufgenommen hat oder
6. festgelegte Wertpapiere veräußert werden und der Erlös bis zum Ablauf des Kalendermonats, der dem Kalendermonat der Veräußerung folgt, zum Erwerb von in Absatz 1 bezeichneten Wertpapieren wiederverwendet wird; der bis zum Ablauf des der Veräußerung folgenden Kalendermonats nicht wiederverwendete Erlös gilt als rechtzeitig wiederverwendet, wenn er am Ende eines Kalendermonats insgesamt 150 Euro nicht übersteigt.

(5) Unschädlich ist auch, wenn in die Rechte und Pflichten des Kreditinstituts oder der Kapitalverwaltungsgesellschaft aus dem Sparvertrag an seine Stelle ein anderes Kreditinstitut oder eine andere Kapitalverwaltungsgesellschaft während der Laufzeit des Vertrags durch Rechtsgeschäft eintritt.

(6) Werden auf einen Vertrag über laufend einzuzahlende vermögenswirksame Leistungen oder andere Beträge in einem Kalenderjahr, das dem Kalenderjahr des Vertragsabschlusses folgt, weder vermögenswirksame Leistungen noch andere Beträge eingezahlt, so ist der Vertrag unterbrochen und kann nicht fortgeführt werden. Das gleiche gilt, wenn mindestens alle Einzahlungen eines Kalenderjahrs zurückgezahlt oder die Rückzahlungsansprüche aus dem Vertrag abgetreten oder beliehen werden.

§ 5 Wertpapier-Kaufvertrag

(1) Ein Wertpapier-Kaufvertrag im Sinne des § 2 Abs. 1 Nr. 2 ist ein Kaufvertrag zwischen dem Arbeitnehmer und dem Arbeitgeber zum Erwerb von Wertpapieren im Sinne des § 2 Abs. 1 Nr. 1 Buchstabe a bis f, Abs. 2 Satz 1, Abs. 3 und 4 durch den Arbeitnehmer mit der Vereinbarung, den vom Arbeitnehmer geschuldeten Kaufpreis mit vermögenswirksamen Leistungen zu verrechnen oder mit anderen Beträgen zu zahlen.

(2) Die Förderung der auf Grund eines Vertrags nach Absatz 1 angelegten vermögenswirksamen Leistungen setzt voraus, daß

1. mit den Leistungen eines Kalenderjahrs spätestens bis zum Ablauf des folgenden Kalenderjahrs die Wertpapiere erworben werden und
2. die mit den Leistungen erworbenen Wertpapiere unverzüglich nach ihrem Erwerb bis zum Ablauf einer Frist von sechs Jahren (Sperrfrist) festgelegt werden und über die Wertpapiere bis zum Ablauf der Sperrfrist nicht durch Rückzahlung, Abtretung, Beleihung oder in anderer Weise verfügt wird; die Sperrfrist beginnt am 1. Januar des Kalenderjahrs, in dem das Wertpapier erworben worden ist; § 4 Abs. 4 Nr. 1 bis 5 gilt entsprechend.

§ 6 Beteiligungs-Vertrag

(1) Ein Beteiligungs-Vertrag im Sinne des § 2 Abs. 1 Nr. 3 ist ein Vertrag zwischen dem Arbeitnehmer und dem Arbeitgeber über die Begründung von Rechten im Sinne des § 2 Abs. 1 Nr. 1 Buchstabe g bis l und Abs. 4 für den Arbeitnehmer am Unternehmen des Arbeitgebers mit der Vereinbarung, die vom Arbeitnehmer für die Begründung geschuldete Geldsumme mit vermögenswirksamen Leistungen zu verrechnen oder mit anderen Beträgen zu zahlen.

(2) Ein Beteiligungs-Vertrag im Sinne des § 2 Abs. 1 Nr. 3 ist auch ein Vertrag zwischen dem Arbeitnehmer und

1. einem Unternehmen, das nach § 2 Abs. 2 Satz 2 bis 5 mit dem Unternehmen des Arbeitgebers verbunden oder nach § 2 Abs. 2 Satz 4 an diesem Unternehmen beteiligt ist, über die Begründung von Rechten im Sinne des § 2 Abs. 1 Nr. 1 Buchstabe g bis l, Abs. 2 Satz 2 bis 5 und Abs. 4 für den Arbeitnehmer an diesem Unternehmen oder
2. einer Genossenschaft mit Sitz und Geschäftsleitung im Geltungsbereich dieses Gesetzes, die ein Kreditinstitut oder eine Bau- oder Wohnungsgenossenschaft ist, die die Voraussetzungen des § 2 Abs. 1 Nr. 1 Buchstabe g zweiter Halbsatz erfüllt, über die Begründung eines Geschäftsguthabens für den Arbeitnehmer bei dieser Genossenschaft

mit der Vereinbarung, die vom Arbeitnehmer für die Begründung der Rechte oder des Geschäftsguthabens geschuldete Geldsumme mit vermögenswirksamen Leistungen zahlen zu lassen oder mit anderen Beträgen zu zahlen.

(3) Die Förderung der auf Grund eines Vertrags nach Absatz 1 oder 2 angelegten vermögenswirksamen Leistungen setzt voraus, daß

1. mit den Leistungen eines Kalenderjahrs spätestens bis zum Ablauf des folgenden Kalenderjahrs die Rechte begründet werden und
2. über die mit den Leistungen begründeten Rechte bis zum Ablauf einer Frist von sechs Jahren (Sperrfrist) nicht durch Rückzahlung, Abtretung, Beleihung oder in anderer Weise verfügt wird; die Sperrfrist beginnt am 1. Januar des Kalenderjahrs, in dem das Recht begründet worden ist; § 4 Abs. 4 Nr. 1 bis 5 gilt entsprechend.

§ 7 Beteiligungs-Kaufvertrag

(1) Ein Beteiligungs-Kaufvertrag im Sinne des § 2 Abs. 1 Nr. 3 ist ein Kaufvertrag zwischen dem Arbeitnehmer und dem Arbeitgeber zum Erwerb von Rechten im Sinne des § 2 Abs. 1 Nr. 1 Buchstabe g bis l, Abs. 2 Satz 2 bis 5 und Abs. 4 durch den Arbeitnehmer mit der Vereinbarung, den vom Arbeitnehmer geschuldeten Kaufpreis mit vermögenswirksamen Leistungen zu verrechnen oder mit anderen Beträgen zu zahlen.

(2) Ein Beteiligungs-Kaufvertrag im Sinne des § 2 Abs. 1 Nr. 3 ist auch ein Kaufvertrag zwischen dem Arbeitnehmer und einer Gesellschaft mit beschränkter Haftung, die nach § 2 Abs. 2 Satz 3 mit dem Unternehmen des Arbeitgebers verbunden ist, zum Erwerb eines Geschäftsanteils im Sinne des § 2 Abs. 1 Nr. 1 Buchstabe h an dieser Gesellschaft durch den Arbeitnehmer mit der Vereinbarung, den vom Arbeitnehmer geschuldeten Kaufpreis mit vermögenswirksamen Leistungen zahlen zu lassen oder mit anderen Beträgen zu zahlen.

(3) Für die Förderung der auf Grund eines Vertrags nach Absatz 1 oder 2 angelegten vermögenswirksamen Leistungen gilt § 6 Abs. 3 entsprechend.

§ 8 Sparvertrag

(1) Ein Sparvertrag im Sinne des § 2 Abs. 1 Nr. 6 ist ein Sparvertrag zwischen dem Arbeitnehmer und einem Kreditinstitut, in dem die in den Absätzen 2 bis 5 bezeichneten Vereinbarungen, mindestens aber die in den Absätzen 2 und 3 bezeichneten Vereinbarungen, getroffen sind.

(2) Der Arbeitnehmer ist verpflichtet,

1. einmalig oder für die Dauer von sechs Jahren seit Vertragsabschluß laufend, mindestens aber einmal im Kalenderjahr,

VIII

als Sparbeiträge vermögenswirksame Leistungen einzahlen zu lassen oder andere Beträge einzuzahlen und

2. bis zum Ablauf einer Frist von sieben Jahren (Sperrfrist) die eingezahlten vermögenswirksamen Leistungen bei dem Kreditinstitut festzulegen und die Rückzahlungsansprüche aus dem Vertrag weder abzutreten noch zu beleihen.

Der Zeitpunkt des Vertragsabschlusses und der Beginn der Sperrfrist bestimmen sich nach den Regelungen des §4 Abs. 2 Satz 2 und 3.

(3) Der Arbeitnehmer ist abweichend von der in Absatz 2 Satz 1 Nr. 2 bezeichneten Vereinbarung zu vorzeitiger Verfügung berechtigt, wenn eine der in §4 Abs. 4 Nr. 1 bis 5 bezeichneten Voraussetzungen erfüllt ist.

(4) Der Arbeitnehmer ist abweichend von der in Absatz 2 Satz 1 Nr. 2 bezeichneten Vereinbarung auch berechtigt, vor Ablauf der Sperrfrist mit eingezahlten vermögenswirksamen Leistungen zu erwerben

1. Wertpapiere im Sinne des §2 Abs. 1 Nr. 1 Buchstabe a bis f, Abs. 2 Satz 1, Abs. 3 und 4,
2. Schuldverschreibungen, die vom Bund, von den Ländern, von den Gemeinden, von anderen Körperschaften des öffentlichen Rechts, vom Arbeitgeber, von einem im Sinne des §18 Abs. 1 des Aktiengesetzes als herrschendes Unternehmen mit dem Unternehmen des Arbeitgebers verbundenen Unternehmen oder von einem Kreditinstitut mit Sitz und Geschäftsleitung im Geltungsbereich dieses Gesetzes ausgegeben werden, Namensschuldverschreibungen des Arbeitgebers jedoch nur dann, wenn auf dessen Kosten die Ansprüche des Arbeitnehmers aus der Schuldverschreibung durch ein Kreditinstitut verbürgt oder durch ein Versicherungsunternehmen privatrechtlich gesichert sind und das Kreditinstitut oder Versicherungsunternehmen im Geltungsbereich dieses Gesetzes zum Geschäftsbetrieb befugt ist,
3. Genußscheine, die von einem Kreditinstitut mit Sitz und Geschäftsleitung im Geltungsbereich dieses Gesetzes, das nicht der Arbeitgeber ist, als Wertpapiere ausgegeben werden, wenn mit den Genußscheinen das Recht am Gewinn des Kreditinstituts verbunden ist, der Arbeitnehmer nicht als Mitunternehmer im Sinne des §15 Abs. 1 Nr. 2 des Einkommensteuergesetzes anzusehen ist und die Voraussetzungen des §2 Abs. 4 erfüllt sind,
4. Anleiheforderungen, die in ein Schuldbuch des Bundes oder eines Landes eingetragen werden,
5. Anteile an einem Sondervermögen, die von Kapitalverwaltungsgesellschaften im Sinne des Kapitalanlagegesetzbuchs ausgegeben werden und nicht unter §2 Abs. 1 Nr. 1 Buchstabe c fallen, oder
6. Anteile an offenen EU-Investmentvermögen und ausländischen AIF, die nach dem Kapitalanlagegesetzbuch vertrieben werden dürfen.

Der Arbeitnehmer ist verpflichtet, bis zum Ablauf der Sperrfrist die nach Satz 1 erworbenen Wertpapiere bei dem Kreditinstitut, mit dem der Sparvertrag abgeschlossen ist, festzulegen und über die Wertpapiere nicht zu verfügen; diese Verpflichtung besteht nicht, wenn eine der in §4 Abs. 4 Nr. 1 bis 5 bezeichneten Voraussetzungen erfüllt ist.

(5) Der Arbeitnehmer ist abweichend von der in Absatz 2 Satz 1 Nummer 2 bezeichneten Vereinbarung auch berechtigt, vor Ablauf der Sperrfrist die Überweisung eingezahlter vermögenswirksamer Leistungen auf einen von ihm oder seinem nicht dauernd getrennt lebenden Ehegatten oder Lebenspartner abgeschlossenen Bausparvertrag zu verlangen, wenn weder mit der Auszahlung der Bausparsumme begonnen worden ist noch die überwiesenen Beträge vor Ablauf der Sperrfrist ganz oder zum Teil zurückgezahlt noch Ansprüche aus dem Bausparvertrag abgetreten oder beliehen werden oder wenn eine solche vorzeitige Verfügung nach §2 Absatz 3 Satz 2 Nummer 1 und 2 des Wohnungsbau-Prämiengesetzes in der Fassung der Bekanntmachung vom 30. Oktober 1997 (BGBl. I S. 2678), das zuletzt durch Artikel 7

VIII

des Gesetzes vom 5. April 2011 (BGBl. I S. 554) geändert worden ist, in der jeweils geltenden Fassung unschädlich ist. Satz 1 gilt für vor dem 1. Januar 2009 und nach dem 31. Dezember 2008 abgeschlossene Bausparverträge.

§ 9 Kapitalversicherungsvertrag

(1) Ein Kapitalversicherungsvertrag im Sinne des § 2 Abs. 1 Nr. 7 ist ein Vertrag über eine Kapitalversicherung auf den Erlebens- und Todesfall gegen laufenden Beitrag, der für die Dauer von mindestens zwölf Jahren und mit den in den Absätzen 2 bis 5 bezeichneten Vereinbarungen zwischen dem Arbeitnehmer und einem Versicherungsunternehmen abgeschlossen ist, das im Geltungsbereich dieses Gesetzes zum Geschäftsbetrieb befugt ist.

(2) Der Arbeitnehmer ist verpflichtet, als Versicherungsbeiträge vermögenswirksame Leistungen einzahlen zu lassen oder andere Beträge einzuzahlen.

(3) Die Versicherungsbeiträge enthalten keine Anteile für Zusatzleistungen wie für Unfall, Invalidität oder Krankheit.

(4) Der Versicherungsvertrag sieht vor, daß bereits ab Vertragsbeginn ein nicht kürzbarer Anteil von mindestens 50 Prozent des gezahlten Beitrags als Rückkaufswert (§ 169 des Versicherungsvertragsgesetzes) erstattet oder der Berechnung der prämienfreien Versicherungsleistung (§ 165 des Versicherungsvertragsgesetzes) zugrunde gelegt wird.

(5) Die Gewinnanteile werden verwendet

1. zur Erhöhung der Versicherungsleistung oder
2. auf Verlangen des Arbeitnehmers zur Verrechnung mit fälligen Beiträgen, wenn er nach Vertragsabschluß arbeitslos geworden ist und die Arbeitslosigkeit mindestens ein Jahr lang ununterbrochen bestanden hat und im Zeitpunkt der Verrechnung noch besteht.

§ 10 Vereinbarung zusätzlicher vermögenswirksamer Leistungen

(1) Vermögenswirksame Leistungen können in Verträgen mit Arbeitnehmern, in Betriebsvereinbarungen, in Tarifverträgen oder in bindenden Festsetzungen (§ 19 des Heimarbeitsgesetzes) vereinbart werden.

(2) bis (4) (weggefallen)

(5) Der Arbeitgeber kann auf tarifvertraglich vereinbarte vermögenswirksame Leistungen die betrieblichen Sozialleistungen anrechnen, die dem Arbeitnehmer in dem Kalenderjahr bisher schon als vermögenswirksame Leistungen erbracht worden sind.

§ 11 Vermögenswirksame Anlage von Teilen des Arbeitslohns

(1) Der Arbeitgeber hat auf schriftliches Verlangen des Arbeitnehmers einen Vertrag über die vermögenswirksame Anlage von Teilen des Arbeitslohns abzuschließen.

(2) Auch vermögenswirksam angelegte Teile des Arbeitslohns sind vermögenswirksame Leistungen im Sinne dieses Gesetzes.

(3) Zum Abschluß eines Vertrags nach Absatz 1, wonach die Lohnteile nicht zusammen mit anderen vermögenswirksamen Leistungen für den Arbeitnehmer angelegt und überwiesen werden sollen, ist der Arbeitgeber nur dann verpflichtet, wenn der Arbeitnehmer die Anlage von Teilen des Arbeitslohns in monatlichen der Höhe nach gleichbleibenden Beträgen von mindestens 13 Euro oder in vierteljährlichen der Höhe nach gleichbleibenden Beträgen von mindestens 39 Euro oder nur einmal im Kalenderjahr in Höhe eines Betrags von mindestens 39 Euro verlangt. Der Arbeitnehmer kann bei der Anlage in monatlichen Beträgen während des Kalenderjahrs die Art der vermögenswirksamen Anlage und das Unternehmen oder Institut, bei dem sie erfolgen soll, nur mit Zustimmung des Arbeitgebers wechseln.

(4) Der Arbeitgeber kann einen Termin im Kalenderjahr bestimmen, zu dem die Arbeitnehmer des Betriebs oder Betriebsteils die einmalige Anlage von Teilen des Arbeitslohns nach Absatz 3 verlangen können. Die Bestimmung dieses Termins unterliegt der Mitbestimmung des Betriebsrats oder der zuständigen Personalvertretung; das für die Mitbestimmung in sozialen Angelegenheiten vorgeschriebene Verfahren ist einzuhalten. Der nach Satz 1 bestimmte Termin ist den

Arbeitnehmern in jedem Kalenderjahr erneut in geeigneter Form bekanntzugeben. Zu einem anderen als dem nach Satz 1 bestimmten Termin kann der Arbeitnehmer eine einmalige Anlage nach Absatz 3 nur verlangen

1. von Teilen des Arbeitslohns, den er im letzten Lohnzahlungszeitraum des Kalenderjahrs erzielt, oder
2. von Teilen besonderer Zuwendungen, die im Zusammenhang mit dem Weihnachtsfest oder Jahresende gezahlt werden.

(5) Der Arbeitnehmer kann jeweils einmal im Kalenderjahr von dem Arbeitgeber schriftlich verlangen, daß der Vertrag über die vermögenswirksame Anlage von Teilen des Arbeitslohns aufgehoben, eingeschränkt oder erweitert wird. Im Fall der Aufhebung ist der Arbeitgeber nicht verpflichtet, in demselben Kalenderjahr einen neuen Vertrag über die vermögenswirksame Anlage von Teilen des Arbeitslohns abzuschließen.

(6) In Tarifverträgen oder Betriebsvereinbarungen kann von den Absätzen 3 bis 5 abgewichen werden.

§ 12 Freie Wahl der Anlage

Vermögenswirksame Leistungen werden nur dann nach den Vorschriften dieses Gesetzes gefördert, wenn der Arbeitnehmer die Art der vermögenswirksamen Anlage und das Unternehmen oder Institut, bei dem sie erfolgen soll, frei wählen kann. Einer Förderung steht jedoch nicht entgegen, daß durch Tarifvertrag die Anlage auf die Formen des § 2 Abs. 1 Nr. 1 bis 5, Abs. 2 bis 4 beschränkt wird. Eine Anlage im Unternehmen des Arbeitgebers nach § 2 Abs. 1 Nr. 1 Buchstabe g bis l und Abs. 4 ist nur mit Zustimmung des Arbeitgebers zulässig.

§ 13 Anspruch auf Arbeitnehmer-Sparzulage

(1) Der Arbeitnehmer hat Anspruch auf eine Arbeitnehmer-Sparzulage nach Absatz 2, wenn er gegenüber dem Unternehmen, dem Institut oder dem in § 3 Absatz 3 genannten Gläubiger in die Datenübermittlung nach Maßgabe des § 15 Absatz 1 Satz 2 und 3 eingewilligt hat und sein Einkommen die Grenze von 40 000 Euro oder bei einer Zusammenveranlagung nach § 26b des Einkommensteuergesetzes von 80 000 Euro nicht übersteigt. Maßgeblich ist das zu versteuernde Einkommen nach § 2 Absatz 5 des Einkommensteuergesetzes in dem Kalenderjahr, in dem die vermögenswirksamen Leistungen angelegt worden sind.

(2) Die Arbeitnehmer-Sparzulage beträgt 20 Prozent der nach § 2 Absatz 1 Nummer 1 bis 3, Absatz 2 bis 4 angelegten vermögenswirksamen Leistungen, soweit sie 400 Euro im Kalenderjahr nicht übersteigen, und 9 Prozent der nach § 2 Absatz 1 Nummer 4 und 5 angelegten vermögenswirksamen Leistungen, soweit sie 470 Euro im Kalenderjahr nicht übersteigen.

(3) Die Arbeitnehmer-Sparzulage gilt weder als steuerpflichtige Einnahme im Sinne des Einkommensteuergesetzes noch als Einkommen, Verdienst oder Entgelt (Arbeitsentgelt) im Sinne der Sozialversicherung und des Dritten Buches Sozialgesetzbuch; sie gilt arbeitsrechtlich nicht als Bestandteil des Lohns oder Gehalts. Der Anspruch auf Arbeitnehmer-Sparzulage ist nicht übertragbar.

(4) Der Anspruch auf Arbeitnehmer-Sparzulage entsteht mit Ablauf des Kalenderjahrs, in dem die vermögenswirksamen Leistungen angelegt worden sind.

(5) Der Anspruch auf Arbeitnehmer-Sparzulage entfällt rückwirkend, soweit die in den §§ 4 bis 7 genannten Fristen oder bei einer Anlage nach § 2 Abs. 1 Nr. 4 die in § 2 Abs. 1 Nr. 3 und 4 und Abs. 3 Satz 1 des Wohnungsbau-Prämiengesetzes vorgesehenen Voraussetzungen nicht eingehalten werden. Satz 1 gilt für vor dem 1. Januar 2009 und nach dem 31. Dezember 2008 abgeschlossene Bausparverträge. Der Anspruch entfällt nicht, wenn die Sperrfrist nicht eingehalten wird, weil

1. der Arbeitnehmer das Umtausch- oder Abfindungsangebot eines Wertpapier-Emittenten angenommen hat oder Wertpapiere dem Aussteller nach Auslosung oder Kündigung durch den Aussteller zur Einlösung vorgelegt worden sind,

2. die mit den vermögenswirksamen Leistungen erworbenen oder begründeten Wertpapiere oder Rechte im Sinne des § 2 Abs. 1 Nr. 1, Abs. 2 bis 4 ohne Mitwirkung des Arbeitnehmers wertlos geworden sind oder
3. der Arbeitnehmer über nach § 2 Abs. 1 Nr. 4 angelegte vermögenswirksame Leistungen nach Maßgabe des § 4 Abs. 4 Nr. 4 in Höhe von mindestens 30 Euro verfügt.

§ 14 Festsetzung der Arbeitnehmer-Sparzulage, Anwendung der Abgabenordnung, Verordnungsermächtigung, Rechtsweg

(1) Die Verwaltung der Arbeitnehmer-Sparzulage obliegt den Finanzämtern. Die Arbeitnehmer-Sparzulage wird aus den Einnahmen an Lohnsteuer gezahlt.

(2) Auf die Arbeitnehmer-Sparzulage sind die für Steuervergütungen geltenden Vorschriften der Abgabenordnung entsprechend anzuwenden. Dies gilt nicht für § 163 der Abgabenordnung.

(3) Für die Arbeitnehmer-Sparzulage gelten die Strafvorschriften des § 370 Abs. 1 bis 4, der §§ 371, 375 Abs. 1 und des § 376 sowie die Bußgeldvorschriften der §§ 378, 379 Abs. 1 und 4 und der §§ 383 und 384 der Abgabenordnung entsprechend. Für das Strafverfahren wegen einer Straftat nach Satz 1 sowie der Begünstigung einer Person, die eine solche Tat begangen hat, gelten die §§ 385 bis 408, für das Bußgeldverfahren wegen einer Ordnungswidrigkeit nach Satz 1 die §§ 409 bis 412 der Abgabenordnung entsprechend.

(4) Die Arbeitnehmer-Sparzulage wird auf Antrag durch das für die Besteuerung des Arbeitnehmers nach dem Einkommen zuständige Finanzamt festgesetzt. Der Arbeitnehmer hat den Antrag nach amtlich vorgeschriebenem Vordruck zu stellen. Die Arbeitnehmer-Sparzulage wird fällig

a) mit Ablauf der für die Anlageform vorgeschriebenen Sperrfrist, nach diesem Gesetz,
b) mit Ablauf der im Wohnungsbau-Prämiengesetz oder in der Verordnung zur Durchführung des Wohnungsbau-Prämiengesetzes genannten Sperr- und Rückzahlungsfristen. Bei Bausparverträgen gelten die in § 2 Abs. 3 Satz 1 des Wohnungsbau-Prämiengesetzes genannten Sperr- und Rückzahlungsfristen und zwar unabhängig davon, ob der Vertrag vor dem 1. Januar 2009 oder nach dem 31. Dezember 2008 abgeschlossen worden ist,
c) mit Zuteilung des Bausparvertrags oder
d) in den Fällen unschädlicher Verfügung.

(5) Ein Bescheid über die Ablehnung der Festsetzung einer Arbeitnehmer-Sparzulage ist aufzuheben und die Arbeitnehmer-Sparzulage ist nachträglich festzusetzen, wenn der Einkommensteuerbescheid nach Ergehen des Ablehnungsbescheides geändert wird und dadurch erstmals festgestellt wird, dass die Einkommensgrenzen des § 13 Absatz 1 unterschritten sind. Die Frist für die Festsetzung der Arbeitnehmer-Sparzulage endet in diesem Fall nicht vor Ablauf eines Jahres nach Bekanntgabe des geänderten Steuerbescheides. Satz 2 gilt entsprechend, wenn der geänderten Einkommensteuerfestsetzung kein Bescheid über die Ablehnung der Festsetzung einer Arbeitnehmer-Sparzulage vorangegangen ist.

(6) Besteht für Aufwendungen, die vermögenswirksame Leistungen darstellen, ein Anspruch auf Arbeitnehmer-Sparzulage und hat der Arbeitnehmer hierfür abweichend von § 1 Satz 2 Nummer 1 des Wohnungsbau-Prämiengesetzes eine Wohnungsbauprämie beantragt, endet die Frist für die Festsetzung der Arbeitnehmer-Sparzulage nicht vor Ablauf eines Jahres nach Bekanntgabe der Mitteilung über die Änderung des Prämienanspruchs.

(7) Die Bundesregierung wird ermächtigt, durch Rechtsverordnung mit Zustimmung des Bundesrates das Verfahren bei der Festsetzung und der Auszahlung der Arbeitnehmer-Sparzulage näher zu regeln, soweit dies zur Vereinfachung des Verfahrens erforderlich ist. Dabei kann auch bestimmt werden, daß der Arbeitgeber, das Unternehmen, das Institut oder der in § 3 Abs. 3 genannte Gläubiger bei der Antragstellung mitwirkt und ihnen die

Arbeitnehmer-Sparzulage zugunsten des Arbeitnehmers überwiesen wird.

(8) In öffentlich-rechtlichen Streitigkeiten über die auf Grund dieses Gesetzes ergehenden Verwaltungsakte der Finanzbehörden ist der Finanzrechtsweg gegeben.

§ 15 Elektronische Vermögensbildungsbescheinigung, Verordnungsermächtigungen, Haftung, Anrufungsauskunft, Außenprüfung

(1) Das Unternehmen, das Institut oder der in § 3 Absatz 3 genannte Gläubiger hat der für die Besteuerung des Arbeitnehmers nach dem Einkommen zuständigen Finanzbehörde nach Maßgabe des § 93c der Abgabenordnung neben den in § 93c Absatz 1 der Abgabenordnung genannten Daten folgende Angaben zu übermitteln (elektronische Vermögensbildungsbescheinigung), wenn der Arbeitnehmer gegenüber der mitteilungspflichtigen Stelle in die Datenübermittlung eingewilligt hat:

1. den jeweiligen Jahresbetrag der nach § 2 Abs. 1 Nr. 1 bis 5, Abs. 2 bis 4 angelegten vermögenswirksamen Leistungen sowie die Art ihrer Anlage,
2. das Kalenderjahr, dem diese vermögenswirksamen Leistungen zuzuordnen sind, und
3. entweder das Ende der für die Anlageform vorgeschriebenen Sperrfrist nach diesem Gesetz oder bei einer Anlage nach § 2 Abs. 1 Nr. 4 das Ende der im Wohnungsbau-Prämiengesetz oder in der Verordnung zur Durchführung des Wohnungsbau-Prämiengesetzes genannten Sperr- und Rückzahlungsfristen, entweder das Ende der für die Anlageform vorgeschriebenen Sperrfrist nach diesem Gesetz oder bei einer Anlage nach § 2 Abs. 1 Nr. 4 das Ende der im Wohnungsbau-Prämiengesetz oder in der Verordnung zur Durchführung des Wohnungsbau-Prämiengesetzes genannten Sperr- und Rückzahlungsfristen. Bei Bausparverträgen sind die in § 2 Abs. 3 Satz 1 des Wohnungsbau-Prämiengesetzes genannten Sperr- und Rückzahlungsfristen zu bescheinigen unabhängig davon, ob der Vertrag vor dem 1. Januar 2009 oder nach dem 31. Dezember 2008 abgeschlossen worden ist.

Die Einwilligung nach Satz 1 ist spätestens bis zum Ablauf des zweiten Kalenderjahres, das auf das Kalenderjahr der Anlage der vermögenswirksamen Leistungen folgt, zu erteilen. Dabei hat der Arbeitnehmer dem Mitteilungspflichtigen die Identifikationsnummer mitzuteilen. Wird die Einwilligung nach Ablauf des Kalenderjahres der Anlage der vermögenswirksamen Leistungen abgegeben, sind die Daten bis zum Ende des folgenden Kalendervierteljahres zu übermitteln.

(1a) In den Fällen des Absatzes 1 ist für die Anwendung des § 72a Absatz 4 und des § 93c Absatz 4 Satz 1 der Abgabenordnung die für die Besteuerung der mitteilungspflichtigen Stelle nach dem Einkommen zuständige Finanzbehörde zuständig. Die nach Absatz 1 übermittelten Daten können durch die nach Satz 1 zuständige Finanzbehörde zum Zweck der Anwendung des § 93c Absatz 4 Satz 1 der Abgabenordnung bei den für die Besteuerung der Arbeitnehmer nach dem Einkommen zuständigen Finanzbehörden abgerufen und verwendet werden.

(2) Die Bundesregierung wird ermächtigt, durch Rechtsverordnung mit Zustimmung des Bundesrates weitere Vorschriften zu erlassen über

1. Aufzeichnungs- und Mitteilungspflichten des Arbeitgebers und des Unternehmens oder Instituts, bei dem die vermögenswirksamen Leistungen angelegt sind, und
2. die Festlegung von Wertpapieren und die Art der Festlegung, soweit dies erforderlich ist, damit nicht die Arbeitnehmer-Sparzulage zu Unrecht gezahlt, versagt, nicht zurückgefordert oder nicht einbehalten wird.

(3) Haben der Arbeitgeber, das Unternehmen, das Institut oder der in § 3 Abs. 3 genannte Gläubiger ihre Pflichten nach diesem Gesetz oder nach einer auf Grund dieses Gesetzes erlassenen Rechtsverordnung verletzt, so haften sie für die Arbeitnehmer-Sparzulage, die wegen ihrer Pflichtverletzung zu Unrecht

VIII

gezahlt, nicht zurückgefordert oder nicht einbehalten worden ist.

(4) Das Finanzamt, das für die Besteuerung nach dem Einkommen der in Absatz 3 Genannten zuständig ist, hat auf deren Anfrage Auskunft darüber zu erteilen, wie im einzelnen Fall die Vorschriften über vermögenswirksame Leistungen anzuwenden sind, die nach § 2 Absatz 1 Nummer 1 bis 5 und Absatz 2 bis 4 angelegt werden.

(5) Das für die Lohnsteuer-Außenprüfung zuständige Finanzamt kann bei den in Absatz 3 Genannten eine Außenprüfung durchführen, um festzustellen, ob sie ihre Pflichten nach diesem Gesetz oder nach einer auf Grund dieses Gesetzes erlassenen Rechtsverordnung, soweit diese mit der Anlage vermögenswirksamer Leistungen nach § 2 Abs. 1 Nr. 1 bis 5, Abs. 2 bis 4 zusammenhängen, erfüllt haben. Die §§ 195 bis 203a der Abgabenordnung gelten entsprechend.

§ 16 (gegenstandslos)

§ 16a Gleichstellung der Wertpapierinstitute

Für die Anwendung der vorstehenden Vorschriften dieses Gesetzes sind Wertpapierinstitute im Sinne des Wertpapierinstitutsgesetzes den Kreditinstituten sowie den Kapitalverwaltungsgesellschaften im Sinne des Kapitalanlagegesetzbuchs gleichgestellt.

§ 17 Anwendungsvorschriften

(1) Die vorstehenden Vorschriften dieses Gesetzes gelten vorbehaltlich der nachfolgenden Absätze für vermögenswirksame Leistungen, die nach dem 31. Dezember 1993 angelegt werden.

(2) Für vermögenswirksame Leistungen, die vor dem 1. Januar 1994 angelegt werden, gilt, soweit Absatz 5 nichts anderes bestimmt, § 17 des Fünften Vermögensbildungsgesetzes in der Fassung der Bekanntmachung vom 19. Januar 1989 (BGBl. I S. 137) – Fünftes Vermögensbildungsgesetz 1989 –, unter Berücksichtigung der Änderung durch Artikel 2 Nr. 1 des Gesetzes vom 13. Dezember 1990 (BGBl. I S. 2749).

(3) Für vermögenswirksame Leistungen, die im Jahr 1994 angelegt werden auf Grund eines vor dem 1. Januar 1994 abgeschlossenen Vertrags

1. nach § 4 Abs. 1 oder § 5 Abs. 1 des Fünften Vermögensbildungsgesetzes 1989 zum Erwerb von Aktien oder Wandelschuldverschreibungen, die keine Aktien oder Wandelschuldverschreibungen im Sinne des vorstehenden § 2 Abs. 1 Nr. 1 Buchstaben a oder b, Abs. 2 Satz 1 sind, oder
2. nach § 6 Abs. 2 des Fünften Vermögensbildungsgesetzes 1989 über die Begründung eines Geschäftsguthabens bei einer Genossenschaft, die keine Genossenschaft im Sinne des vorstehenden § 2 Abs. 1 Nr. 1 Buchstabe g, Abs. 2 Satz 2 ist, oder
3. nach § 6 Abs. 2 oder § 7 Abs. 2 des Fünften Vermögensbildungsgesetzes 1989 über die Übernahme einer Stammeinlage oder zum Erwerb eines Geschäftsanteils an einer Gesellschaft mit beschränkter Haftung, die keine Gesellschaft im Sinne des vorstehenden § 2 Abs. 1 Nr. 1 Buchstabe h, Abs. 2 Satz 3 ist,

gelten statt der vorstehenden §§ 2, 4, 6 und 7 die §§ 2, 4, 6 und 7 des Fünften Vermögensbildungsgesetzes 1989.

(4) Für vermögenswirksame Leistungen, die nach dem 31. Dezember 1993 auf Grund eines Vertrages im Sinne des § 17 Abs. 5 Satz 1 des Fünften Vermögensbildungsgesetzes 1989 angelegt werden, gilt § 17 Abs. 5 und 6 des Fünften Vermögensbildungsgesetzes 1989.

(5) Für vermögenswirksame Leistungen, die vor dem 1. Januar 1994 auf Grund eines Vertrags im Sinne des Absatzes 3 angelegt worden sind, gelten § 4 Abs. 2 bis 5, § 5 Abs. 2, § 6 Abs. 3 und § 7 Abs. 3 des Fünften Vermögensbildungsgesetzes 1989 über Fristen für die Verwendung vermögenswirksamer Leistungen und über Sperrfristen nach dem 31. Dezember 1993 nicht mehr. Für vermögenswirksame Leistungen, die vor dem 1. Januar 1990 auf Grund eines Vertrags im Sinne des § 17 Abs. 2 des Fünften Vermögensbildungsgesetzes 1989 über die Begründung einer oder

mehrerer Beteiligungen als stiller Gesellschafter angelegt worden sind, gilt § 7 Abs. 3 des Fünften Vermögensbildungsgesetzes in der Fassung der Bekanntmachung vom 19. Februar 1987 (BGBl. I S. 630) über die Sperrfrist nach dem 31. Dezember 1993 nicht mehr.

(6) Für vermögenswirksame Leistungen, die vor dem 1. Januar 1999 angelegt worden sind, gilt § 13 Abs. 1 und 2 dieses Gesetzes in der Fassung der Bekanntmachung vom 4. März 1994 (BGBl. I S. 406).

(7) § 13 Abs. 1 Satz 1 und Abs. 2 in der Fassung des Artikels 2 des Gesetzes vom 7. März 2009 (BGBl. I S. 451) ist erstmals für vermögenswirksame Leistungen anzuwenden, die nach dem 31. Dezember 2008 angelegt werden.

(8) § 8 Abs. 5, § 13 Abs. 5 Satz 1 und 2, § 14 Abs. 4 Satz 4 Buchstabe b und § 15 Abs. 1 Nr. 3 in der Fassung des Artikels 7 des Gesetzes vom 29. Juli 2008 (BGBl. I S. 1509) sind erstmals für vermögenswirksame Leistungen anzuwenden, die nach dem 31. Dezember 2008 angelegt werden.

(9) § 4 Abs. 4 Nr. 4 und § 13 Abs. 5 Satz 3 Nr. 3 in der Fassung des Artikels 1 des Gesetzes vom 8. Dezember 2008 (BGBl. I S. 2373) ist erstmals bei Verfügungen nach dem 31. Dezember 2008 anzuwenden.

(10) § 14 Absatz 4 Satz 2 in der Fassung des Artikels 12 des Gesetzes vom 16. Juli 2009 (BGBl. I S. 1959) ist erstmals für vermögenswirksame Leistungen anzuwenden, die nach dem 31. Dezember 2006 angelegt werden, und in Fällen, in denen am 22. Juli 2009 über einen Antrag auf Arbeitnehmer-Sparzulage noch nicht bestandskräftig entschieden ist.

(11) § 13 Absatz 1 Satz 2 in der Fassung des Artikels 10 des Gesetzes vom 8. Dezember 2010 (BGBl. I S. 1768) ist erstmals für vermögenswirksame Leistungen anzuwenden, die nach dem 31. Dezember 2008 angelegt werden.

(12) § 2 Absatz 1 Nummer 5 in der Fassung des Artikels 13 des Gesetzes vom 7. Dezember 2011 (BGBl. I S. 2592) ist erstmals für vermögenswirksame Leistungen anzuwenden, die nach dem 31. Dezember 2011 angelegt werden.

(13) § 3 Absatz 1 Satz 1 Nummer 1 in der Fassung des Artikels 18 des Gesetzes vom 26. Juni 2013 (BGBl. I S. 1809) ist erstmals für vermögenswirksame Leistungen anzuwenden, die nach dem 31. Dezember 2012 angelegt werden. § 4 Absatz 4 Nummer 1, 2 und 4 sowie § 8 Absatz 5 Satz 1 in der Fassung des Artikels 18 des Gesetzes vom 26. Juni 2013 (BGBl. I S. 1809) sind erstmals bei Verfügungen nach dem 31. Dezember 2012 anzuwenden.

(14) Das Bundesministerium der Finanzen teilt den Zeitpunkt der erstmaligen Anwendung der §§ 13 und 14 Absatz 4 sowie des § 15 in der Fassung des Artikels 18 des Gesetzes vom 26. Juni 2013 (BGBl. I S. 1809) durch ein im Bundessteuerblatt zu veröffentlichendes Schreiben mit. Bis zu diesem Zeitpunkt sind die §§ 13 und 14 Absatz 4 sowie der § 15 in der Fassung des Artikels 13 des Gesetzes vom 7. Dezember 2011 (BGBl. I S. 2592) weiter anzuwenden.

(15) § 2 Absatz 1 Nummer 1 in der Fassung des Artikels 5 des Gesetzes vom 18. Dezember 2013 (BGBl. I S. 4318) ist erstmals für vermögenswirksame Leistungen anzuwenden, die nach dem 31. Dezember 2013 angelegt werden. § 4 Absatz 4 Nummer 4 in der Fassung des Artikels 5 des Gesetzes vom 18. Dezember 2013 (BGBl. I S. 4318) ist erstmals bei Verfügungen nach dem 31. Dezember 2013 anzuwenden.

(16) Zur Abwicklung von Verträgen, die vor dem 25. Mai 2018 unter den Voraussetzungen des § 15 Absatz 1 Satz 4 in der am 30. Juni 2013 geltenden Fassung abgeschlossen wurden, sind das Unternehmen, das Institut oder der in § 3 Absatz 3 genannte Gläubiger verpflichtet, die Daten nach Maßgabe des § 15 Absatz 1 Satz 1 zu übermitteln, es sei denn, der Arbeitnehmer hat der Datenübermittlung schriftlich widersprochen.

(17) § 13 Absatz 1 Satz 1 in der Fassung des Artikels 34 des Gesetzes vom 11. Dezember 2023 (BGBl. 2023 I Nr. 354) ist erstmals für vermögenswirksame Leistungen anzuwenden, die nach dem 31. Dezember 2023 angelegt werden.

(18) § 16a ist rückwirkend ab Inkrafttreten des Wertpapierinstitutsgesetzes vom 12. Mai 2021 (BGBl. I S. 990) anzuwenden.

§ 18 Kündigung eines vor 1994 abgeschlossenen Anlagevertrages und der Mitgliedschaft in einer Genossenschaft oder Gesellschaft mit beschränkter Haftung

(1) Hat sich der Arbeitnehmer in einem Vertrag im Sinne des § 17 Abs. 3 verpflichtet, auch nach dem 31. Dezember 1994 vermögenswirksame Leistungen überweisen zu lassen oder andere Beträge zu zahlen, so kann er den Vertrag bis zum 30. September 1994 auf den 31. Dezember 1994 mit der Wirkung schriftlich kündigen, daß auf Grund dieses Vertrags vermögenswirksame Leistungen oder andere Beträge nach dem 31. Dezember 1994 nicht mehr zu zahlen sind.

(2) Ist der Arbeitnehmer im Zusammenhang mit dem Abschluß eines Vertrags im Sinne des § 17 Abs. 3 Nr. 2 Mitglied in einer Genossenschaft geworden, so kann er die Mitgliedschaft bis zum 30. September 1994 auf den 31. Dezember 1994 mit der Wirkung schriftlich kündigen, daß nach diesem Zeitpunkt die Verpflichtung, Einzahlungen auf einen Geschäftsanteil zu leisten und ein Eintrittsgeld zu zahlen, entfällt. Weitergehende Rechte des Arbeitnehmers nach dem Statut der Genossenschaft bleiben unberührt. Der ausgeschiedene Arbeitnehmer kann die Auszahlung des Auseinandersetzungsguthabens, die Genossenschaft kann die Zahlung eines den ausgeschiedenen Arbeitnehmer treffenden Anteils an einem Fehlbetrag zum 1. Januar 1998 verlangen.

(3) Ist der Arbeitnehmer im Zusammenhang mit dem Abschluß eines Vertrags im Sinne des § 17 Abs. 3 Nr. 3 Gesellschafter einer Gesellschaft mit beschränkter Haftung geworden, so kann er die Mitgliedschaft bis zum 30. September 1994 auf den 31. Dezember 1994 schriftlich kündigen. Weitergehende Rechte des Arbeitnehmers nach dem Gesellschaftsvertrag bleiben unberührt. Der zum Austritt berechtigte Arbeitnehmer kann von der Gesellschaft als Abfindung den Verkehrswert seines Geschäftsanteils verlangen; maßgebend ist der Verkehrswert im Zeitpunkt des Zugangs der Kündigungserklärung. Der Arbeitnehmer kann die Abfindung nur verlangen, wenn die Gesellschaft sie ohne Verstoß gegen § 30 Abs. 1 des Gesetzes betreffend die Gesellschaften mit beschränkter Haftung zahlen kann. Hat die Gesellschaft die Abfindung bezahlt, so stehen dem Arbeitnehmer aus seinem Geschäftsanteil keine Rechte mehr zu. Kann die Gesellschaft bis zum 31. Dezember 1996 die Abfindung nicht gemäß Satz 4 zahlen, so ist sie auf Antrag des zum Austritt berechtigten Arbeitnehmers aufzulösen. § 61 Abs. 1, Abs. 2 Satz 1 und Abs. 3 des Gesetzes betreffend die Gesellschaften mit beschränkter Haftung gilt im übrigen entsprechend.

(4) Werden auf Grund der Kündigung nach Absatz 1, 2 oder 3 Leistungen nicht erbracht, so hat der Arbeitnehmer dies nicht zu vertreten.

(5) Hat der Arbeitnehmer nach Absatz 1 einen Vertrag im Sinne des § 17 Abs. 3 Nr. 2 oder nach Absatz 2 die Mitgliedschaft in einer Genossenschaft gekündigt, so gelten beide Kündigungen als erklärt, wenn der Arbeitnehmer dies nicht ausdrücklich ausgeschlossen hat. Entsprechendes gilt, wenn der Arbeitnehmer nach Absatz 1 einen Vertrag im Sinne des § 17 Abs. 3 Nr. 3 oder nach Absatz 3 die Mitgliedschaft in einer Gesellschaft mit beschränkter Haftung gekündigt hat.

(6) Macht der Arbeitnehmer von seinem Kündigungsrecht nach Absatz 1 keinen Gebrauch, so gilt die Verpflichtung, vermögenswirksame Leistungen überweisen zu lassen, nach dem 31. Dezember 1994 als Verpflichtung, andere Beträge in entsprechender Höhe zu zahlen.

Gesetz über vermögenswirksame Leistungen für Beamte, Richter, Berufssoldaten und Soldaten auf Zeit

in der Fassung der Bekanntmachung vom 16. Mai 2002 (BGBl. I S. 1778)

Zuletzt geändert durch
Gesetz zum Abbau verzichtbarer Anordnungen der Schriftform im Verwaltungsrecht des Bundes
vom 29. März 2017 (BGBl. I S. 626)

§ 1

(1) Vermögenswirksame Leistungen nach dem Fünften Vermögensbildungsgesetz erhalten

1. Bundesbeamte, Beamte der Länder, der Gemeinden, der Gemeindeverbände sowie der sonstigen der Aufsicht eines Landes unterstehenden Körperschaften, Anstalten und Stiftungen des öffentlichen Rechts; ausgenommen sind die Ehrenbeamten und entpflichtete Hochschullehrer,
2. Richter des Bundes und der Länder; ausgenommen sind die ehrenamtlichen Richter,
3. Berufssoldaten und Soldaten auf Zeit mit Anspruch auf Besoldung oder Ausbildungsgeld (§ 30 Abs. 2 des Soldatengesetzes).

(2) Vermögenswirksame Leistungen werden für die Kalendermonate gewährt, in denen dem Berechtigten Dienstbezüge, Anwärterbezüge oder Ausbildungsgeld nach § 30 Abs. 2 des Soldatengesetzes zustehen und er diese Bezüge erhält.

(3) Der Anspruch auf die vermögenswirksamen Leistungen entsteht frühestens für den Kalendermonat, in dem der Berechtigte die nach § 4 Abs. 1 erforderlichen Angaben mitteilt, und für die beiden vorangegangenen Monate desselben Kalenderjahres.

§ 2

(1) Die vermögenswirksame Leistung beträgt 6,65 Euro. Teilzeitbeschäftigte erhalten den Betrag, der dem Verhältnis der ermäßigten zur regelmäßigen Arbeitszeit entspricht; bei begrenzter Dienstfähigkeit nach bundes- oder landesrechtlicher Regelung gilt Entsprechendes.

(2) Beamte auf Widerruf im Vorbereitungsdienst, deren Anwärterbezüge nebst Familienzuschlag der Stufe 1 971,45 Euro monatlich nicht erreichen, erhalten 13,29 Euro.

(3) Für die Höhe der vermögenswirksamen Leistung sind die Verhältnisse am Ersten des Kalendermonats maßgebend. Wird das Dienstverhältnis nach dem Ersten des Kalendermonats begründet, ist für diesen Monat der Tag des Beginns des Dienstverhältnisses maßgebend.

(4) Die vermögenswirksame Leistung ist bis zum Ablauf der auf den Monat der Mitteilung nach § 4 Abs. 1 folgenden drei Kalendermonate, danach monatlich im Voraus zu zahlen.

§ 3

(1) Die vermögenswirksame Leistung wird dem Berechtigten im Kalendermonat nur einmal gewährt.

(2) Bei mehreren Dienstverhältnissen ist das Dienstverhältnis maßgebend, aus dem der Berechtigte einen Anspruch auf vermögenswirksame Leistungen hat. Sind solche Leistungen für beide Dienstverhältnisse vorgesehen, sind sie aus dem zuerst begründeten Verhältnis zu zahlen.

(3) Erreicht die vermögenswirksame Leistung nach Absatz 2 nicht den Betrag nach § 2 dieses Gesetzes, ist der Unterschiedsbetrag aus dem anderen Dienstverhältnis zu zahlen.

(4) Die Absätze 1 bis 3 gelten entsprechend für vermögenswirksame Leistungen aus einem anderen Rechtsverhältnis, auch wenn die Regelungen im Einzelnen nicht übereinstimmen.

§ 4

(1) Der Berechtigte teilt seiner Dienststelle oder der nach Landesrecht bestimmten Stelle schriftlich oder elektronisch die Art der gewählten Anlage mit und gibt hierbei, soweit dies nach der Art der Anlage erforderlich ist, das Unternehmen oder Institut mit der Nummer des Kontos an, auf das die Leistung eingezahlt werden soll.

(2) Für die vermögenswirksamen Leistungen nach diesem Gesetz und die vermögenswirksame Anlage von Teilen der Bezüge nach dem Fünften Vermögensbildungsgesetz soll der Berechtigte möglichst dieselbe Anlageart und dasselbe Unternehmen oder Institut wählen.

(3) Der Wechsel der Anlage bedarf im Falle des § 11 Abs. 3 Satz 2 des Fünften Vermögensbildungsgesetzes nicht der Zustimmung der zuständigen Stelle, wenn der Berechtigte diesen Wechsel aus Anlass der erstmaligen Gewährung der vermögenswirksamen Leistung verlangt.

§ 5 (weggefallen)

§ 6

Dieses Gesetz gilt nicht für die öffentlich-rechtlichen Religionsgemeinschaften und ihre Verbände.

VIII

IX Verfassung/Verwaltung

Verfassung

Verwaltung

Grundgesetz für die Bundesrepublik Deutschland

Vom 23. Mai 1949 (BGBl. S. 1)

Zuletzt geändert durch
Gesetz zur Änderung des Grundgesetzes
(Artikel 109, 115 und 143h)
vom 22. März 2025 (BGBl. I Nr. 94)

Inhaltsübersicht

IX

IX

XI. Übergangs- und Schlußbestimmungen

PRÄAMBEL

Im Bewußtsein seiner Verantwortung vor Gott und den Menschen, von dem Willen beseelt, als gleichberechtigtes Glied in einem vereinten Europa dem Frieden der Welt zu dienen, hat sich das Deutsche Volk kraft seiner verfassungsgebenden Gewalt dieses Grundgesetz gegeben.

Die Deutschen in den Ländern Baden-Württemberg, Bayern, Berlin, Brandenburg, Bremen, Hamburg, Hessen, Mecklenburg-Vorpommern, Niedersachsen, Nordrhein-Westfalen, Rheinland-Pfalz, Saarland, Sachsen, Sachsen-Anhalt, Schleswig-Holstein und Thüringen haben in freier Selbstbestimmung die Einheit und Freiheit Deutschlands vollendet. Damit gilt dieses Grundgesetz für das gesamte Deutsche Volk.

I. Die Grundrechte

Artikel 1 (Schutz der Menschenwürde)

(1) Die Würde des Menschen ist unantastbar. Sie zu achten und zu schützen ist Verpflichtung aller staatlichen Gewalt.

(2) Das Deutsche Volk bekennt sich darum zu unverletzlichen und unveräußerlichen Menschenrechten als Grundlage jeder menschlichen Gemeinschaft, des Friedens und der Gerechtigkeit in der Welt.

(3) Die nachfolgenden Grundrechte binden Gesetzgebung, vollziehende Gewalt und Rechtsprechung als unmittelbar geltendes Recht.

Artikel 2 (Persönliche Freiheit)

IX

(1) Jeder hat das Recht auf die freie Entfaltung seiner Persönlichkeit, soweit er nicht die Rechte anderer verletzt und nicht gegen die verfassungsmäßige Ordnung oder das Sittengesetz verstößt.

(2) Jeder hat das Recht auf Leben und körperliche Unversehrtheit. Die Freiheit der Person ist unverletzlich. In diese Rechte darf nur auf Grund eines Gesetzes eingegriffen werden.

Artikel 3 (Gleichheit vor dem Gesetz)

(1) Alle Menschen sind vor dem Gesetz gleich.

(2) Männer und Frauen sind gleichberechtigt. Der Staat fördert die tatsächliche Durchsetzung der Gleichberechtigung von Frauen und Männern und wirkt auf die Beseitigung bestehender Nachteile hin.

(3) Niemand darf wegen seines Geschlechtes, seiner Abstammung, seiner Rasse, seiner Sprache, seiner Heimat und Herkunft, seines Glaubens, seiner religiösen oder politischen Anschauungen benachteiligt oder bevorzugt werden. Niemand darf wegen seiner Behinderung benachteiligt werden.

Artikel 4 (Glaubens- und Bekenntnisfreiheit)

(1) Die Freiheit des Glaubens, des Gewissens und die Freiheit des religiösen und weltanschaulichen Bekenntnisses sind unverletzlich.

(2) Die ungestörte Religionsausübung wird gewährleistet.

(3) Niemand darf gegen sein Gewissen zum Kriegsdienst mit der Waffe gezwungen werden. Das Nähere regelt ein Bundesgesetz.

Artikel 5 (Freie Meinungsäußerung)

(1) Jeder hat das Recht, seine Meinung in Wort, Schrift und Bild frei zu äußern und zu verbreiten und sich aus allgemein zugänglichen Quellen ungehindert zu unterrichten. Die Pressefreiheit und die Freiheit der Berichterstattung durch Rundfunk und Film werden gewährleistet. Eine Zensur findet nicht statt.

(2) Diese Rechte finden ihre Schranken in den Vorschriften der allgemeinen Gesetze, den gesetzlichen Bestimmungen zum Schutze der Jugend und in dem Recht der persönlichen Ehre.

(3) Kunst und Wissenschaft, Forschung und Lehre sind frei. Die Freiheit der Lehre entbindet nicht von der Treue zur Verfassung.

Artikel 6 (Ehe, Familie, uneheliche Kinder)

(1) Ehe und Familie stehen unter dem besonderen Schutze der staatlichen Ordnung.

(2) Pflege und Erziehung der Kinder sind das natürliche Recht der Eltern und die zuvörderst ihnen obliegende Pflicht. Über ihre Betätigung wacht die staatliche Gemeinschaft.

(3) Gegen den Willen der Erziehungsberechtigten dürfen Kinder nur auf Grund eines Gesetzes von der Familie getrennt werden, wenn die Erziehungsberechtigten versagen

oder wenn die Kinder aus anderen Gründen zu verwahrlosen drohen.

(4) Jede Mutter hat Anspruch auf den Schutz und die Fürsorge der Gemeinschaft.

(5) Den unehelichen Kindern sind durch die Gesetzgebung die gleichen Bedingungen für ihre leibliche und seelische Entwicklung und ihre Stellung in der Gesellschaft zu schaffen wie den ehelichen Kindern.

Artikel 7 (Schulwesen)

(1) Das gesamte Schulwesen steht unter der Aufsicht des Staates.

(2) Die Erziehungsberechtigten haben das Recht, über die Teilnahme des Kindes am Religionsunterricht zu bestimmen.

(3) Der Religionsunterricht ist in den öffentlichen Schulen mit Ausnahme der bekenntnisfreien Schulen ordentliches Lehrfach. Unbeschadet des staatlichen Aufsichtsrechtes wird der Religionsunterricht in Übereinstimmung mit den Grundsätzen der Religionsgemeinschaften erteilt. Kein Lehrer darf gegen seinen Willen verpflichtet werden, Religionsunterricht zu erteilen.

(4) Das Recht zur Errichtung von privaten Schulen wird gewährleistet. Private Schulen als Ersatz für öffentliche Schulen bedürfen der Genehmigung des Staates und unterstehen den Landesgesetzen. Die Genehmigung ist zu erteilen, wenn die privaten Schulen in ihren Lehrzielen und Einrichtungen sowie in der wissenschaftlichen Ausbildung ihrer Lehrkräfte nicht hinter den öffentlichen Schulen zurückstehen und eine Sonderung der Schüler nach den Besitzverhältnissen der Eltern nicht gefördert wird. Die Genehmigung ist zu versagen, wenn die wirtschaftliche und rechtliche Stellung der Lehrkräfte nicht genügend gesichert ist.

(5) Eine private Volksschule ist nur zuzulassen, wenn die Unterrichtsverwaltung ein besonderes pädagogisches Interesse anerkennt oder, auf Antrag von Erziehungsberechtigten, wenn sie als Gemeinschaftsschule, als Bekenntnis- oder Weltanschauungsschule errichtet werden soll und eine öffentliche Volksschule dieser Art in der Gemeinde nicht besteht.

(6) Vorschulen bleiben aufgehoben.

Artikel 8 (Versammlungsfreiheit)

(1) Alle Deutschen haben das Recht, sich ohne Anmeldung oder Erlaubnis friedlich und ohne Waffen zu versammeln.

(2) Für Versammlungen unter freiem Himmel kann dieses Recht durch Gesetz oder auf Grund eines Gesetzes beschränkt werden.

Artikel 9 (Vereinigungsfreiheit)

(1) Alle Deutschen haben das Recht, Vereine und Gesellschaften zu bilden.

(2) Vereinigungen, deren Zwecke oder deren Tätigkeit den Strafgesetzen zuwiderlaufen oder die sich gegen die verfassungsmäßige Ordnung oder gegen den Gedanken der Völkerverständigung richten, sind verboten.

(3) Das Recht, zur Wahrung und Förderung der Arbeits- und Wirtschaftsbedingungen Vereinigungen zu bilden, ist für jedermann und für alle Berufe gewährleistet. Abreden, die dieses Recht einschränken oder zu behindern suchen, sind nichtig, hierauf gerichtete Maßnahmen sind rechtswidrig. Maßnahmen nach den Artikeln 12a, 35 Abs. 2 und 3, Artikel 87a Abs. 4 und Artikel 91 dürfen sich nicht gegen Arbeitskämpfe richten, die zur Wahrung und Förderung der Arbeits- und Wirtschaftsbedingungen von Vereinigungen im Sinne des Satzes 1 geführt werden.

Artikel 10 (Brief- und Postgeheimnis)

(1) Das Briefgeheimnis sowie das Post- und Fernmeldegeheimnis sind unverletzlich.

(2) Beschränkungen dürfen nur auf Grund eines Gesetzes angeordnet werden. Dient die Beschränkung dem Schutze der freiheitlichen demokratischen Grundordnung oder des Bestandes oder der Sicherung des Bundes oder eines Landes, so kann das Gesetz bestimmen, daß sie dem Betroffenen nicht mitgeteilt wird und daß an die Stelle des Rechtsweges die Nachprüfung durch von der Volksvertretung bestellte Organe und Hilfsorgane tritt.

Artikel 11 (Freizügigkeit)

(1) Alle Deutschen genießen Freizügigkeit im ganzen Bundesgebiet.

(2) Dieses Recht darf nur durch Gesetz oder auf Grund eines Gesetzes und nur für die Fälle eingeschränkt werden, in denen eine ausreichende Lebensgrundlage nicht vorhanden ist und der Allgemeinheit daraus besondere Lasten entstehen würden oder in denen es zur Abwehr einer drohenden Gefahr für den Bestand oder die freiheitliche demokratische Grundordnung des Bundes oder eines Landes, zur Bekämpfung von Seuchengefahr, Naturkatastrophen oder besonders schweren Unglücksfällen, zum Schutze der Jugend vor Verwahrlosung oder um strafbaren Handlungen vorzubeugen, erforderlich ist.

Artikel 12 (Freiheit des Berufes)

(1) Alle Deutschen haben das Recht, Beruf, Arbeitsplatz und Ausbildungsstätte frei zu wählen. Die Berufsausübung kann durch Gesetz oder auf Grund eines Gesetzes geregelt werden.

(2) Niemand darf zu einer bestimmten Arbeit gezwungen werden, außer im Rahmen einer herkömmlichen allgemeinen, für alle gleichen öffentlichen Dienstleistungspflicht.

(3) Zwangsarbeit ist nur bei einer gerichtlich angeordneten Freiheitsentziehung zulässig.

Artikel 12a (Wehrpflicht, Ersatzdienst)

(1) Männer können vom vollendeten achtzehnten Lebensjahr an zum Dienst in den Streitkräften, im Bundesgrenzschutz oder in einem Zivilschutzverband verpflichtet werden.

(2) Wer aus Gewissensgründen den Kriegsdienst mit der Waffe verweigert, kann zu einem Ersatzdienst verpflichtet werden. Die Dauer des Ersatzdienstes darf die Dauer des Wehrdienstes nicht übersteigen. Das Nähere regelt ein Gesetz, das die Freiheit der Gewissensentscheidung nicht beeinträchtigen darf und auch eine Möglichkeit des Ersatzdienstes vorsehen muß, die in keinem Zusammenhang mit den Verbänden der Streitkräfte und des Bundesgrenzschutzes steht.

(3) Wehrpflichtige, die nicht zu einem Dienst nach Absatz 1 oder 2 herangezogen sind, können im Verteidigungsfalle durch Gesetz oder auf Grund eines Gesetzes zu zivilen Dienstleistungen für Zwecke der Verteidigung einschließlich des Schutzes der Zivilbevölkerung in Arbeitsverhältnisse verpflichtet werden; Verpflichtungen in öffentlich-rechtliche Dienstverhältnisse sind nur zur Wahrnehmung polizeilicher Aufgaben oder solcher hoheitlichen Aufgaben der öffentlichen Verwaltung, die nur in einem öffentlich-rechtlichen Dienstverhältnis erfüllt werden können, zulässig. Arbeitsverhältnisse nach Satz 1 können bei den Streitkräften, im Bereich ihrer Versorgung sowie bei der öffentlichen Verwaltung begründet werden; Verpflichtungen in Arbeitsverhältnisse im Bereiche der Versorgung der Zivilbevölkerung sind nur zulässig, um ihren lebensnotwendigen Bedarf zu decken oder ihren Schutz sicherzustellen.

(4) Kann im Verteidigungsfalle der Bedarf an zivilen Dienstleistungen im zivilen Sanitäts- und Heilwesen sowie in der ortsfesten militärischen Lazarettorganisation nicht auf freiwilliger Grundlage gedeckt werden, so können Frauen vom vollendeten achtzehnten bis zum vollendeten fünfundfünfzigsten Lebensjahr durch Gesetz oder auf Grund eines Gesetzes zu derartigen Dienstleistungen herangezogen werden. Sie dürfen auf keinen Fall zum Dienst mit der Waffe verpflichtet werden.

(5) Für die Zeit vor dem Verteidigungsfalle können Verpflichtungen nach Absatz 3 nur nach Maßgabe des Artikels 80a Abs. 1 begründet werden. Zur Vorbereitung auf Dienstleistungen nach Absatz 3, für die besondere Kenntnisse oder Fertigkeiten erforderlich sind, kann durch Gesetz oder auf Grund eines Gesetzes die Teilnahme an Ausbildungsveranstaltungen zur Pflicht gemacht werden. Satz 1 findet insoweit keine Anwendung.

(6) Kann im Verteidigungsfalle der Bedarf an Arbeitskräften für die in Absatz 3 Satz 2 genannten Bereiche auf freiwilliger Grundlage nicht gedeckt werden, so kann zur Sicherung dieses Bedarfs die Freiheit der Deutschen, die Ausübung eines Berufs oder den Arbeitsplatz aufzugeben, durch Gesetz oder auf Grund eines Gesetzes eingeschränkt werden. Vor Eintritt des Verteidigungsfalles gilt Absatz 5 Satz 1 entsprechend.

Artikel 13 (Unverletzlichkeit der Wohnung)

(1) Die Wohnung ist unverletzlich.

(2) Durchsuchungen dürfen nur durch den Richter, bei Gefahr im Verzuge auch durch die in den Gesetzen vorgesehenen anderen Organe angeordnet und nur in der dort vorgeschriebenen Form durchgeführt werden.

(3) Begründen bestimmte Tatsachen den Verdacht, daß jemand eine durch Gesetz einzeln bestimmte besonders schwere Straftat begangen hat, so dürfen zur Verfolgung der Tat auf Grund richterlicher Anordnung technische Mittel zur akustischen Überwachung von Wohnungen, in denen der Beschuldigte sich vermutlich aufhält, eingesetzt werden, wenn die Erforschung des Sachverhalts auf andere Weise unverhältnismäßig erschwert oder aussichtslos wäre. Die Maßnahme ist zu befristen. Die Anordnung erfolgt durch einen mit drei Richtern besetzten Spruchkörper. Bei Gefahr im Verzuge kann sie auch durch einen einzelnen Richter getroffen werden.

(4) Zur Abwehr dringender Gefahren für die öffentliche Sicherheit, insbesondere einer gemeinen Gefahr oder einer Lebensgefahr, dürfen technische Mittel zur Überwachung von Wohnungen nur auf Grund richterlicher Anordnung eingesetzt werden. Bei Gefahr im Verzuge kann die Maßnahme auch durch eine andere gesetzlich bestimmte Stelle angeordnet werden; eine richterliche Entscheidung ist unverzüglich nachzuholen.

(5) Sind technische Mittel ausschließlich zum Schutze der bei einem Einsatz in Wohnungen tätigen Personen vorgesehen, kann die Maßnahme durch eine gesetzlich bestimmte Stelle angeordnet werden. Eine anderweitige Verwertung der hierbei erlangten Erkenntnisse ist nur zum Zwecke der Strafverfolgung oder der Gefahrenabwehr und nur zulässig, wenn zuvor die Rechtmäßigkeit der Maßnahme richterlich festgestellt ist; bei Gefahr im Verzuge ist die richterliche Entscheidung unverzüglich nachzuholen.

(6) Die Bundesregierung unterrichtet den Bundestag jährlich über den nach Absatz 3 sowie über den im Zuständigkeitsbereich des Bundes nach Absatz 4 und, soweit richterlich überprüfungsbedürftig, nach Absatz 5 erfolgten Einsatz technischer Mittel. Ein vom Bundestag gewähltes Gremium übt auf der Grundlage dieses Berichts die parlamentarische Kontrolle aus. Die Länder gewährleisten eine gleichwertige parlamentarische Kontrolle.

(7) Eingriffe und Beschränkungen dürfen im übrigen nur zur Abwehr einer gemeinen Gefahr oder einer Lebensgefahr für einzelne Personen, auf Grund eines Gesetzes auch zur Verhütung dringender Gefahren für die öffentliche Sicherheit und Ordnung, insbesondere zur Behebung der Raumnot, zur Bekämpfung von Seuchengefahr oder zum Schutze gefährdeter Jugendlicher vorgenommen werden.

Artikel 14 (Eigentum, Erbrecht und Enteignung)

(1) Das Eigentum und das Erbrecht werden gewährleistet. Inhalt und Schranken werden durch die Gesetze bestimmt.

(2) Eigentum verpflichtet. Sein Gebrauch soll zugleich dem Wohle der Allgemeinheit dienen.

(3) Eine Enteignung ist nur zum Wohle der Allgemeinheit zulässig. Sie darf nur durch Gesetz oder auf Grund eines Gesetzes erfolgen, das Art und Ausmaß der Entschädigung regelt. Die Entschädigung ist unter gerechter Abwägung der Interessen der Allgemeinheit und der Beteiligten zu bestimmen. Wegen der Höhe der Entschädigung steht im Streitfalle der Rechtsweg vor den ordentlichen Gerichten offen.

Artikel 15 (Sozialisierung)

Grund und Boden, Naturschätze und Produktionsmittel können zum Zwecke der Vergesellschaftung durch ein Gesetz, das Art und Ausmaß der Entschädigung regelt, in Gemeineigentum oder in andere Formen der Gemeinwirtschaft überführt werden. Für die Entschädigung gilt Art. 14 Abs. 3 Satz 3 und 4 entsprechend.

Artikel 16 (Ausbürgerung, Auslieferung)

(1) Die Deutsche Staatsangehörigkeit darf nicht entzogen werden. Der Verlust der Staatsange-

hörigkeit darf nur auf Grund eines Gesetzes und gegen den Willen des Betroffenen nur dann eintreten, wenn der Betroffene dadurch nicht staatenlos wird.

(2) Kein Deutscher darf an das Ausland ausgeliefert werden. Durch Gesetz kann eine abweichende Regelung für Auslieferungen an einen Mitgliedstaat der Europäischen Union oder an einen internationalen Gerichtshof getroffen werden, soweit rechtsstaatliche Grundsätze gewahrt sind.

Artikel 16a (Asylrecht)

(1) Politisch Verfolgte genießen Asylrecht.

(2) Auf Absatz 1 kann sich nicht berufen, wer aus einem Mitgliedstaat der Europäischen Gemeinschaften oder aus einem anderen Drittstaat einreist, in dem die Anwendung des Abkommens über die Rechtsstellung der Flüchtlinge und der Konvention zum Schutze der Menschenrechte und Grundfreiheiten sichergestellt ist. Die Staaten außerhalb der Europäischen Gemeinschaften, auf die die Voraussetzungen des Satzes 1 zutreffen, werden durch Gesetz, das der Zustimmung des Bundesrates bedarf, bestimmt. In den Fällen des Satzes 1 können aufenthaltsbeendende Maßnahmen unabhängig von einem hiergegen eingelegten Rechtsbehelf vollzogen werden.

(3) Durch Gesetz, das der Zustimmung des Bundesrates bedarf, können Staaten bestimmt werden, bei denen auf Grund der Rechtslage, der Rechtsanwendung und der allgemeinen politischen Verhältnisse gewährleistet erscheint, daß dort weder politische Verfolgung noch unmenschliche oder erniedrigende Bestrafung oder Behandlung stattfindet. Es wird vermutet, daß ein Ausländer aus einem solchen Staat nicht verfolgt wird, solange er nicht Tatsachen vorträgt, die die Annahme begründen, daß er entgegen dieser Vermutung politisch verfolgt wird.

(4) Die Vollziehung aufenthaltsbeendender Maßnahmen wird in den Fällen des Absatzes 3 und in anderen Fällen, die offensichtlich unbegründet sind oder als offensichtlich unbegründet gelten, durch das Gericht nur ausgesetzt, wenn ernstliche Zweifel an der Rechtmäßigkeit der Maßnahme bestehen; der Prüfungsumfang kann eingeschränkt werden und verspätetes Vorbringen unberücksichtigt bleiben. Das Nähere ist durch Gesetz zu bestimmen.

(5) Die Absätze 1 bis 4 stehen völkerrechtlichen Verträgen von Mitgliedstaaten der Europäischen Gemeinschaften untereinander und mit dritten Staaten nicht entgegen, die unter Beachtung der Verpflichtungen aus dem Abkommen über die Rechtsstellung der Flüchtlinge und der Konvention zum Schutze der Menschenrechte und Grundfreiheiten, deren Anwendung in den Vertragsstaaten sichergestellt sein muß, Zuständigkeitsregelungen für die Prüfung von Asylbegehren einschließlich der gegenseitigen Anerkennung von Asylentscheidungen treffen.

Artikel 17 (Petitionsrecht)

Jedermann hat das Recht, sich einzeln oder in Gemeinschaft mit anderen schriftlich mit Bitten oder Beschwerden an die zuständigen Stellen und an die Volksvertretung zu wenden.

Artikel 17a (Wehrdienst, Ersatzdienst)

(1) Gesetze über Wehrdienst und Ersatzdienst können bestimmen, daß für die Angehörigen der Streitkräfte und des Ersatzdienstes während der Zeit des Wehr- oder Ersatzdienstes das Grundrecht, seine Meinung in Wort, Schrift und Bild frei zu äußern und zu verbreiten (Artikel 5 Abs. 1 Satz 1 erster Halbsatz), das Grundrecht der Versammlungsfreiheit (Artikel 8) und das Petitionsrecht (Artikel 17), soweit es das Recht gewährt, Bitten oder Beschwerden in Gemeinschaft mit anderen vorzubringen, eingeschränkt werden.

(2) Gesetze, die der Verteidigung einschließlich des Schutzes der Zivilbevölkerung dienen, können bestimmen, daß die Grundrechte der Freizügigkeit (Artikel 11) und der Unverletzlichkeit der Wohnung (Artikel 13) eingeschränkt werden.

Artikel 18 (Verwirkung von Grundrechten)

Wer die Freiheit der Meinungsäußerung, insbesondere die Pressefreiheit (Artikel 5 Abs. 1), die Lehrfreiheit (Artikel 5 Abs. 3), die Versammlungsfreiheit (Artikel 8), die Vereinigungsfreiheit (Artikel 9), das Brief-, Post- und Fernmeldegeheimnis (Artikel 10), das Eigentum (Artikel 14) oder das Asylrecht (Artikel 16a) zum Kampfe gegen die freiheitliche demokratische Grundordnung mißbraucht, verwirkt diese Grundrechte. Die Verwirkung und ihr Ausmaß werden durch das Bundesverfassungsgericht ausgesprochen.

Artikel 19 (Einschränkung von Grundrechten)

(1) Soweit nach diesem Grundgesetz ein Grundrecht durch Gesetz oder auf Grund eines Gesetzes eingeschränkt werden kann, muß das Gesetz allgemein und nicht nur für den Einzelfall gelten. Außerdem muß das Gesetz das Grundrecht unter Angabe des Artikels nennen.

(2) In keinem Falle darf ein Grundrecht in seinem Wesensgehalt angetastet werden.

(3) Die Grundrechte gelten auch für inländische juristische Personen, soweit sie ihrem Wesen nach auf diese anwendbar sind.

(4) Wird jemand durch die öffentliche Gewalt in seinen Rechten verletzt, so steht ihm der Rechtsweg offen. Soweit eine andere Zuständigkeit nicht begründet ist, ist der ordentliche Rechtsweg gegeben. Artikel 10 Abs. 2 Satz 2 bleibt unberührt.

II. Der Bund und die Länder

Artikel 20 (Demokratische, rechtsstaatliche Verfassung)

(1) Die Bundesrepublik Deutschland ist ein demokratischer und sozialer Bundesstaat.

(2) Alle Staatsgewalt geht vom Volke aus. Sie wird vom Volke in Wahlen und Abstimmungen und durch besondere Organe der Gesetzgebung, der vollziehenden Gewalt und der Rechtsprechung ausgeübt.

(3) Die Gesetzgebung ist an die verfassungsmäßige Ordnung, die vollziehende Gewalt und die Rechtsprechung sind an Gesetz und Recht gebunden.

(4) Gegen jeden, der es unternimmt, diese Ordnung zu beseitigen, haben alle Deutschen das Recht zum Widerstand, wenn andere Abhilfe nicht möglich ist.

Artikel 20a (Schutz der natürlichen Lebensgrundlagen)

Der Staat schützt auch in Verantwortung für die künftigen Generationen die natürlichen Lebensgrundlagen und die Tiere im Rahmen der verfassungsmäßigen Ordnung durch die Gesetzgebung und nach Maßgabe von Gesetz und Recht durch die vollziehende Gewalt und die Rechtsprechung.

Artikel 21 (Parteien)

(1) Die Parteien wirken bei der politischen Willensbildung des Volkes mit. Ihre Gründung ist frei. Ihre innere Ordnung muß demokratischen Grundsätzen entsprechen. Sie müssen über die Herkunft und Verwendung ihrer Mittel sowie über ihr Vermögen öffentlich Rechenschaft geben.

(2) Parteien, die nach ihren Zielen oder nach dem Verhalten ihrer Anhänger darauf ausgehen, die freiheitliche demokratische Grundordnung zu beeinträchtigen oder zu beseitigen oder den Bestand der Bundesrepublik Deutschland zu gefährden, sind verfassungswidrig.

(3) Parteien, die nach ihren Zielen oder dem Verhalten ihrer Anhänger darauf ausgerichtet sind, die freiheitliche demokratische Grundordnung zu beeinträchtigen oder zu beseitigen oder den Bestand der Bundesrepublik Deutschland zu gefährden, sind von staatlicher Finanzierung ausgeschlossen. Wird der Ausschluss festgestellt, so entfällt auch eine steuerliche Begünstigung dieser Parteien und von Zuwendungen an diese Parteien.

(4) Über die Frage der Verfassungswidrigkeit nach Absatz 2 sowie über den Ausschluss von staatlicher Finanzierung nach Absatz 3 entscheidet das Bundesverfassungsgericht.

(5) Das Nähere regeln Bundesgesetze.

Artikel 22 (Hauptstadt Berlin, Bundesflagge)

(1) Die Hauptstadt der Bundesrepublik Deutschland ist Berlin. Die Repräsentation des Gesamtstaates in der Hauptstadt ist Aufgabe des Bundes. Das Nähere wird durch Bundesgesetz geregelt.

(2) Die Bundesflagge ist schwarz-rot-gold.

Artikel 23 (Europäische Union)

(1) Zur Verwirklichung eines vereinten Europas wirkt die Bundesrepublik Deutschland bei der Entwicklung der Europäischen Union mit, die demokratischen, rechtsstaatlichen, sozialen und föderativen Grundsätzen und dem Grundsatz der Subsidiarität verpflichtet ist und einen diesem Grundgesetz im wesentlichen vergleichbaren Grundrechtsschutz gewährleistet. Der Bund kann hierzu durch Gesetz mit Zustimmung des Bundesrates Hoheitsrechte übertragen. Für die Begründung der Europäischen Union sowie für Änderungen ihrer vertraglichen Grundlagen und vergleichbare Regelungen, durch die dieses Grundgesetz seinem Inhalt nach geändert oder ergänzt wird oder solche Änderungen oder Ergänzungen ermöglicht werden, gilt Artikel 79 Abs. 2 und 3.

(1a) Der Bundestag und der Bundesrat haben das Recht, wegen Verstoßes eines Gesetzgebungsakts der Europäischen Union gegen das Subsidiaritätsprinzip vor dem Gerichtshof der Europäischen Union Klage zu erheben. Der Bundestag ist hierzu auf Antrag eines Viertels seiner Mitglieder verpflichtet. Durch Gesetz, das der Zustimmung des Bundesrates bedarf, können für die Wahrnehmung der Rechte, die dem Bundestag und dem Bundesrat in den vertraglichen Grundlagen der Europäischen Union eingeräumt sind, Ausnahmen von Artikel 42 Abs. 2 Satz 1 und Artikel 52 Abs. 3 Satz 1 zugelassen werden.

(2) In Angelegenheiten der Europäischen Union wirken der Bundestag und durch den Bundesrat die Länder mit. Die Bundesregierung hat den Bundestag und den Bundesrat umfassend und zum frühestmöglichen Zeitpunkt zu unterrichten.

(3) Die Bundesregierung gibt dem Bundestag Gelegenheit zur Stellungnahme vor ihrer Mitwirkung an Rechtsetzungsakten der Europäischen Union. Die Bundesregierung berücksichtigt die Stellungnahmen des Bundestages bei den Verhandlungen. Das Nähere regelt ein Gesetz.

(4) Der Bundesrat ist an der Willensbildung des Bundes zu beteiligen, soweit er an einer entsprechenden innerstaatlichen Maßnahme mitzuwirken hätte oder soweit die Länder innerstaatlich zuständig wären.

(5) Soweit in einem Bereich ausschließlicher Zuständigkeiten des Bundes Interessen der Länder berührt sind oder soweit im übrigen der Bund das Recht zur Gesetzgebung hat, berücksichtigt die Bundesregierung die Stellungnahme des Bundesrates. Wenn im Schwerpunkt Gesetzgebungsbefugnisse der Länder, die Einrichtung ihrer Behörden oder ihre Verwaltungsverfahren betroffen sind, ist bei der Willensbildung des Bundes insoweit die Auffassung des Bundesrates maßgeblich zu berücksichtigen; dabei ist die gesamtstaatliche Verantwortung des Bundes zu wahren. In Angelegenheiten, die zu Ausgabenerhöhungen oder Einnahmeminderungen für den Bund führen können, ist die Zustimmung der Bundesregierung erforderlich.

(6) Wenn im Schwerpunkt ausschließliche Gesetzgebungsbefugnisse der Länder auf den Gebieten der schulischen Bildung, der Kultur oder des Rundfunks betroffen sind, wird die Wahrnehmung der Rechte, die der Bundesrepublik Deutschland als Mitgliedstaat der Europäischen Union zustehen, vom Bund auf einen vom Bundesrat benannten Vertreter der Länder übertragen. Die Wahrnehmung der Rechte erfolgt unter Beteiligung und in Abstimmung mit der Bundesregierung; dabei ist die gesamtstaatliche Verantwortung des Bundes zu wahren.

(7) Das Nähere zu den Absätzen 4 bis 6 regelt ein Gesetz, das der Zustimmung des Bundesrates bedarf.

Artikel 24 (Supranationale Einrichtungen)

(1) Der Bund kann durch Gesetz Hoheitsrechte auf zwischenstaatliche Einrichtungen übertragen.

(1a) Soweit die Länder für die Ausübung der staatlichen Befugnisse und die Erfüllung der staatlichen Aufgaben zuständig sind, können sie mit Zustimmung der Bundesregierung Hoheitsrechte auf grenznachbarschaftliche Einrichtungen übertragen.

(2) Der Bund kann sich zur Wahrung des Friedens einem System gegenseitiger kollek-

tiver Sicherheit einordnen; er wird hierbei in die Beschränkungen seiner Hoheitsrechte einwilligen, die eine friedliche und dauerhafte Ordnung in Europa und zwischen den Völkern der Welt herbeiführen und sichern.

(3) Zur Regelung zwischenstaatlicher Streitigkeiten wird der Bund Vereinbarungen über eine allgemeine, umfassende, obligatorische, internationale Schiedsgerichtsbarkeit beitreten.

Artikel 25 (Regeln des Völkerrechts)

Die allgemeinen Regeln des Völkerrechts sind Bestandteil des Bundesrechtes. Sie gehen den Gesetzen vor und erzeugen Rechte und Pflichten unmittelbar für die Bewohner des Bundesgebietes.

Entscheidung des Bundesverfassungsgerichts vom 6. Dezember 2006 (BGBl. I 2007 S. 33)

Aus dem Beschluss des Bundesverfassungsgerichts vom 6. Dezember 2006 – 2 BvM 9/03 – wird die Entscheidungsformel veröffentlicht:

Eine allgemeine Regel des Völkerrechts, nach der ein lediglich pauschaler Immunitätsverzicht zur Aufhebung des Schutzes der Immunität auch für solches Vermögen genügt, das dem Entsendestaat im Empfangsstaat zur Aufrechterhaltung der Funktionsfähigkeit seiner diplomatischen Mission dient, ist nicht feststellbar.

Die vorstehende Entscheidungsformel hat gemäß § 31 Abs. 2 des Bundesverfassungsgerichtsgesetzes Gesetzeskraft.

Artikel 26 (Angriffskrieg, Kriegswaffen)

(1) Handlungen, die geeignet sind und in der Absicht vorgenommen werden, das friedliche Zusammenleben der Völker zu stören, insbesondere die Führung eines Angriffskrieges vorzubereiten, sind verfassungswidrig. Sie sind unter Strafe zu stellen.

(2) Zur Kriegsführung bestimmte Waffen dürfen nur mit Genehmigung der Bundesregierung hergestellt, befördert und in Verkehr gebracht werden. Das Nähere regelt ein Bundesgesetz.

Artikel 27 (Handelsflotte)

Alle deutschen Kauffahrteischiffe bilden eine einheitliche Handelsflotte.

Artikel 28 (Länder und Gemeinden)

(1) Die verfassungsmäßige Ordnung in den Ländern muß den Grundsätzen des republikanischen, demokratischen und sozialen Rechtsstaates im Sinne dieses Grundgesetzes entsprechen. In den Ländern, Kreisen und Gemeinden muß das Volk eine Vertretung haben, die aus allgemeinen, unmittelbaren, freien, gleichen und geheimen Wahlen hervorgegangen ist. Bei Wahlen in Kreisen und Gemeinden sind auch Personen, die die Staatsangehörigkeit eines Mitgliedstaates der Europäischen Gemeinschaft besitzen, nach Maßgabe von Recht der Europäischen Gemeinschaft wahlberechtigt und wählbar. In Gemeinden kann an die Stelle einer gewählten Körperschaft die Gemeindeversammlung treten.

(2) Den Gemeinden muß das Recht gewährleistet sein, alle Angelegenheiten der örtlichen Gemeinschaft im Rahmen der Gesetze in eigener Verantwortung zu regeln. Auch die Gemeindeverbände haben im Rahmen ihres gesetzlichen Aufgabenbereiches nach Maßgabe der Gesetze das Recht der Selbstverwaltung. Die Gewährleistung der Selbstverwaltung umfaßt auch die Grundlagen der finanziellen Eigenverantwortung, zu diesen Grundlagen gehört eine den Gemeinden mit Hebesatzrecht zustehende wirtschaftskraftbezogene Steuerquelle.

(3) Der Bund gewährleistet, daß die verfassungsmäßige Ordnung der Länder den Grundrechten und den Bestimmungen der Absätze 1 und 2 entspricht.

Artikel 29 (Neugliederung des Bundesgebiets)

(1) Das Bundesgebiet kann neu gegliedert werden, um zu gewährleisten, daß die Länder nach Größe und Leistungsfähigkeit die ihnen obliegenden Aufgaben wirksam erfüllen können. Dabei sind die landsmannschaftliche Verbundenheit, die geschichtlichen und kulturellen Zusammenhänge, die wirtschaftliche Zweckmäßigkeit sowie die Erfordernisse der Raumordnung und der Landesplanung zu berücksichtigen.

(2) Maßnahmen zur Neugliederung des Bundesgebietes ergehen durch Bundesgesetz, das der Bestätigung durch Volksentscheid bedarf. Die betroffenen Länder sind zu hören.

(3) Der Volksentscheid findet in den Ländern statt, aus deren Gebieten oder Gebietsteilen ein neues oder neu umgrenztes Land gebildet werden soll (betroffene Länder). Abzustimmen ist über die Frage, ob die betroffenen Länder wie bisher bestehenbleiben sollen oder ob das neue oder neu umgrenzte Land gebildet werden soll. Der Volksentscheid für die Bildung eines neuen oder neu umgrenzten Landes kommt zustande, wenn in dessen künftigem Gebiet und insgesamt in den Gebieten oder Gebietsteilen eines betroffenen Landes, deren Landeszugehörigkeit im gleichen Sinne geändert werden soll, jeweils eine Mehrheit der Änderung zustimmt. Er kommt nicht zustande, wenn im Gebiet eines der betroffenen Länder eine Mehrheit die Änderung ablehnt; die Ablehnung ist jedoch unbeachtlich, wenn in einem Gebietsteil, dessen Zugehörigkeit zu dem betroffenen Land geändert werden soll, eine Mehrheit von zwei Dritteln der Änderung zustimmt, es sei denn, daß im Gesamtgebiet des betroffenen Landes eine Mehrheit von zwei Dritteln die Änderung ablehnt.

(4) Wird in einem zusammenhängenden, abgegrenzten Siedlungs- und Wirtschaftsraum, dessen Teile in mehreren Ländern liegen und der mindestens eine Million Einwohner hat, von einem Zehntel der in ihm zum Bundestag Wahlberechtigten durch Volksbegehren gefordert, daß für diesen Raum eine einheitliche Landeszugehörigkeit herbeigeführt werde, so ist durch Bundesgesetz innerhalb von zwei Jahren entweder zu bestimmen, ob die Landeszugehörigkeit gemäß Absatz 2 geändert wird, oder daß in den betroffenen Ländern eine Volksbefragung stattfindet.

(5) Die Volksbefragung ist darauf gerichtet festzustellen, ob eine in dem Gesetz vorzuschlagende Änderung der Landeszugehörigkeit Zustimmung findet. Das Gesetz kann verschiedene, jedoch nicht mehr als zwei Vorschläge der Volksbefragung vorlegen. Stimmt eine Mehrheit einer vorgeschlagenen Änderung der Landeszugehörigkeit zu, so ist durch Bundesgesetz innerhalb von zwei Jahren zu bestimmen, ob die Landeszugehörigkeit gemäß Absatz 2 geändert wird. Findet ein der Volksbefragung vorgelegter Vorschlag eine den Maßgaben des Absatzes 3 Satz 3 und 4 entsprechende Zustimmung, so ist innerhalb von zwei Jahren nach der Durchführung der Volksbefragung ein Bundesgesetz zur Bildung des vorgeschlagenen Landes zu erlassen, das der Bestätigung durch Volksentscheid nicht mehr bedarf.

(6) Mehrheit im Volksentscheid und in der Volksbefragung ist die Mehrheit der abgegebenen Stimmen, wenn sie mindestens ein Viertel der zum Bundestag Wahlberechtigten umfaßt. Im übrigen wird das Nähere über Volksentscheid, Volksbegehren und Volksbefragung durch ein Bundesgesetz geregelt; dieses kann auch vorsehen, daß Volksbegehren innerhalb eines Zeitraumes von fünf Jahren nicht wiederholt werden können.

(7) Sonstige Änderungen des Gebietsbestandes der Länder können durch Staatsverträge der beteiligten Länder oder durch Bundesgesetz mit Zustimmung des Bundesrates erfolgen, wenn das Gebiet, dessen Landeszugehörigkeit geändert werden soll, nicht mehr als 50 000 Einwohner hat. Das Nähere regelt ein Bundesgesetz, das der Zustimmung des Bundesrates und der Mehrheit der Mitglieder des Bundestages bedarf. Es muß die Anhörung der betroffenen Gemeinden und Kreise vorsehen.

(8) Die Länder können eine Neugliederung für das jeweils von ihnen umfaßte Gebiet oder für Teilgebiete abweichend von den Vorschriften der Absätze 2 bis 7 durch Staatsvertrag regeln. Die betroffenen Gemeinden und Kreise sind zu hören. Der Staatsvertrag bedarf der Bestätigung durch Volksentscheid in jedem beteiligten Land. Betrifft der Staatsvertrag Teilgebiete der Länder, kann die Bestätigung auf Volksentscheide in diesen Teilgebieten beschränkt werden; Satz 5 zweiter Halbsatz findet keine Anwendung. Bei einem Volksentscheid entscheidet die Mehrheit der abgegebenen Stimmen, wenn sie mindestens ein Viertel der zum Bundestag Wahlberech-

tigten umfaßt; das Nähere regelt ein Bundesgesetz. Der Staatsvertrag bedarf der Zustimmung des Bundestages.

Artikel 30 (Funktionen der Länder)

Die Ausübung der staatlichen Befugnisse und die Erfüllung der staatlichen Aufgaben ist Sache der Länder, soweit dieses Grundgesetz keine andere Regelung trifft oder zuläßt.

Artikel 31 (Vorrang des Bundesrechts)

Bundesrecht bricht Landesrecht.

Artikel 32 (Auswärtige Beziehungen)

(1) Die Pflege der Beziehungen zu auswärtigen Staaten ist Sache des Bundes.

(2) Vor dem Abschlusse eines Vertrages, der die besonderen Verhältnisse eines Landes berührt, ist das Land rechtzeitig zu hören.

(3) Soweit die Länder für die Gesetzgebung zuständig sind, können sie mit Zustimmung der Bundesregierung mit auswärtigen Staaten Verträge abschließen.

Artikel 33 (Staatsbürger, öffentlicher Dienst)

(1) Jeder Deutsche hat in jedem Lande die gleichen staatsbürgerlichen Rechte und Pflichten.

(2) Jeder Deutsche hat nach seiner Eignung, Befähigung und fachlichen Leistung gleichen Zugang zu jedem öffentlichen Amte.

(3) Der Genuß bürgerlicher und staatsbürgerlicher Rechte, die Zulassung zu öffentlichen Ämtern sowie die im öffentlichen Dienste erworbenen Rechte sind unabhängig von dem religiösen Bekenntnis. Niemandem darf aus seiner Zugehörigkeit oder Nichtzugehörigkeit zu einem Bekenntnisse oder einer Weltanschauung ein Nachteil erwachsen.

(4) Die Ausübung hoheitsrechtlicher Befugnisse ist als ständige Aufgabe in der Regel Angehörigen des öffentlichen Dienstes zu übertragen, die in einem öffentlich-rechtlichen Dienst- und Treueverhältnis stehen.

(5) Das Recht des öffentlichen Dienstes ist unter Berücksichtigung der hergebrachten Grundsätze des Berufsbeamtentums zu regeln und fortzuentwickeln.

Artikel 34 (Amtshaftung bei Amtspflichtverletzungen)

Verletzt jemand in Ausübung eines ihm anvertrauten öffentlichen Amtes die ihm einem Dritten gegenüber obliegende Amtspflicht, so trifft die Verantwortlichkeit grundsätzlich den Staat oder die Körperschaft, in deren Dienst er steht. Bei Vorsatz oder grober Fahrlässigkeit bleibt der Rückgriff vorbehalten. Für den Anspruch auf Schadensersatz und für den Rückgriff darf der ordentliche Rechtsweg nicht ausgeschlossen werden.

Artikel 35 (Rechts- und Amtshilfe)

(1) Alle Behörden des Bundes und der Länder leisten sich gegenseitig Rechts- und Amtshilfe.

(2) Zur Aufrechterhaltung oder Wiederherstellung der öffentlichen Sicherheit oder Ordnung kann ein Land in Fällen von besonderer Bedeutung Kräfte und Einrichtungen des Bundesgrenzschutzes zur Unterstützung seiner Polizei anfordern, wenn die Polizei ohne diese Unterstützung eine Aufgabe nicht oder nur unter erheblichen Schwierigkeiten erfüllen könnte. Zur Hilfe bei einer Naturkatastrophe oder bei einem besonders schweren Unglücksfall kann ein Land Polizeikräfte anderer Länder, Kräfte und Einrichtungen anderer Verwaltungen sowie des Bundesgrenzschutzes und der Streitkräfte anfordern.

(3) Gefährdet die Naturkatastrophe oder der Unglücksfall das Gebiet mehr als eines Landes, so kann die Bundesregierung, soweit es zur wirksamen Bekämpfung erforderlich ist, den Landesregierungen die Weisung erteilen, Polizeikräfte anderen Ländern zur Verfügung zu stellen, sowie Einheiten des Bundesgrenzschutzes und der Streitkräfte zur Unterstützung der Polizeikräfte einsetzen. Maßnahmen der Bundesregierung nach Satz 1 sind jederzeit auf Verlangen des Bundesrates, im übrigen unverzüglich nach Beseitigung der Gefahr aufzuheben.

Artikel 36 (Landsmannschaftliche Gleichbehandlung)

(1) Bei den obersten Bundesbehörden sind Beamte aus allen Ländern in angemessenem

Verhältnis zu verwenden. Die bei den übrigen Bundesbehörden beschäftigten Personen sollen in der Regel aus dem Lande genommen werden, in dem sie tätig sind.

(2) Die Wehrgesetze haben auch die Gliederung des Bundes in Länder und ihre besonderen landsmannschaftlichen Verhältnisse zu berücksichtigen.

Artikel 37 (Bundeszwang)

(1) Wenn ein Land die ihm nach dem Grundgesetze oder einem anderen Bundesgesetze obliegenden Bundespflichten nicht erfüllt, kann die Bundesregierung mit Zustimmung des Bundesrates die notwendigen Maßnahmen treffen, um das Land im Wege des Bundeszwanges zur Erfüllung seiner Pflichten anzuhalten.

(2) Zur Durchführung des Bundeszwanges hat die Bundesregierung oder ihr Beauftragter das Weisungsrecht gegenüber allen Ländern und ihren Behörden.

III. Der Bundestag

Artikel 38 (Wahl)

(1) Die Abgeordneten des Deutschen Bundestages werden in allgemeiner, unmittelbarer, freier, gleicher und geheimer Wahl gewählt. Sie sind Vertreter des ganzen Volkes, an Aufträge und Weisungen nicht gebunden und nur ihrem Gewissen unterworfen.

(2) Wahlberechtigt ist, wer das achtzehnte Lebensjahr vollendet hat; wählbar ist, wer das Alter erreicht hat, mit dem die Volljährigkeit eintritt.

(3) Das Nähere bestimmt ein Bundesgesetz.

Artikel 39 (Wahlperiode, Zusammentritt)

(1) Der Bundestag wird vorbehaltlich der nachfolgenden Bestimmungen auf vier Jahre gewählt. Seine Wahlperiode endet mit dem Zusammentritt eines neuen Bundestages. Die Neuwahl findet frühestens sechsundvierzig, spätestens achtundvierzig Monate nach Beginn der Wahlperiode statt. Im Falle einer Auflösung des Bundestages findet die Neuwahl innerhalb von sechzig Tagen statt.

(2) Der Bundestag tritt spätestens am dreißigsten Tage nach der Wahl zusammen.

(3) Der Bundestag bestimmt den Schluß und den Wiederbeginn seiner Sitzungen. Der Präsident des Bundestages kann ihn früher einberufen. Er ist hierzu verpflichtet, wenn ein Drittel der Mitglieder, der Bundespräsident oder der Bundeskanzler es verlangen.

Artikel 40 (Präsidium, Geschäftsordnung)

(1) Der Bundestag wählt seinen Präsidenten, dessen Stellvertreter und die Schriftführer. Er gibt sich eine Geschäftsordnung.

(2) Der Präsident übt das Hausrecht und die Polizeigewalt im Gebäude des Bundestages aus. Ohne seine Genehmigung darf in den Räumen des Bundestages keine Durchsuchung oder Beschlagnahme stattfinden.

Artikel 41 (Wahlprüfung)

(1) Die Wahlprüfung ist Sache des Bundestages. Er entscheidet auch, ob ein Abgeordneter des Bundestages die Mitgliedschaft verloren hat.

(2) Gegen die Entscheidung des Bundestages ist die Beschwerde an das Bundesverfassungsgericht zulässig.

(3) Das Nähere regelt ein Bundesgesetz.

Artikel 42 (Öffentlichkeit, Beschlussfassung)

(1) Der Bundestag verhandelt öffentlich. Auf Antrag eines Zehntels seiner Mitglieder oder auf Antrag der Bundesregierung kann mit Zweidrittelmehrheit die Öffentlichkeit ausgeschlossen werden. Über den Antrag wird in nichtöffentlicher Sitzung entschieden.

(2) Zu einem Beschlusse des Bundestages ist die Mehrheit der abgegebenen Stimmen erforderlich, soweit dieses Grundgesetz nichts anderes bestimmt. Für die vom Bundestage vorzunehmenden Wahlen kann die Geschäftsordnung Ausnahmen zulassen.

(3) Wahrheitsgetreue Berichte über die öffentlichen Sitzungen des Bundestages und seiner Ausschüsse bleiben von jeder Verantwortlichkeit frei.

Artikel 43 (Anwesenheit der Bundesminister)

(1) Der Bundestag und seine Ausschüsse können die Anwesenheit jedes Mitgliedes der Bundesregierung verlangen.

(2) Die Mitglieder des Bundesrates und der Bundesregierung sowie ihre Beauftragten haben zu allen Sitzungen des Bundestages und seiner Ausschüsse Zutritt. Sie müssen jederzeit gehört werden.

Artikel 44 (Untersuchungsausschüsse)

(1) Der Bundestag hat das Recht und auf Antrag eines Viertels seiner Mitglieder die Pflicht, einen Untersuchungsausschuß einzusetzen, der in öffentlicher Verhandlung die erforderlichen Beweise erhebt. Die Öffentlichkeit kann ausgeschlossen werden.

(2) Auf Beweiserhebungen finden die Vorschriften über den Strafprozeß sinngemäß Anwendung. Das Brief-, Post- und Fernmeldegeheimnis bleibt unberührt.

(3) Gerichte und Verwaltungsbehörden sind zur Rechts- und Amtshilfe verpflichtet.

(4) Die Beschlüsse der Untersuchungsausschüsse sind der richterlichen Erörterung entzogen. In der Würdigung und Beurteilung des der Untersuchung zugrunde liegenden Sachverhaltes sind die Gerichte frei.

Artikel 45 (Ausschuss für die Angelegenheiten der Europäischen Union)

Der Bundestag bestellt einen Ausschuß für die Angelegenheiten der Europäischen Union. Er kann ihn ermächtigen, die Rechte des Bundestages gemäß Artikel 23 gegenüber der Bundesregierung wahrzunehmen. Er kann ihn auch ermächtigen, die Rechte wahrzunehmen, die dem Bundestag in den vertraglichen Grundlagen der Europäischen Union eingeräumt sind.

Artikel 45a (Ausschüsse für Auswärtiges und Verteidigung)

(1) Der Bundestag bestellt einen Ausschuß für auswärtige Angelegenheiten und einen Ausschuß für Verteidigung.

(2) Der Ausschuß für Verteidigung hat auch die Rechte eines Untersuchungsausschusses. Auf Antrag eines Viertels seiner Mitglieder hat er die Pflicht, eine Angelegenheit zum Gegenstand seiner Untersuchung zu machen.

(3) Artikel 44 Abs. 1 findet auf dem Gebiet der Verteidigung keine Anwendung.

Artikel 45b (Wehrbeauftragter)

Zum Schutz der Grundrechte und als Hilfsorgan des Bundestages bei der Ausübung der parlamentarischen Kontrolle wird ein Wehrbeauftragter des Bundestages berufen. Das Nähere regelt ein Bundesgesetz.

Artikel 45c (Petitionsausschuss)

(1) Der Bundestag bestellt einen Petitionsausschuß, dem die Behandlung der nach Artikel 17 an den Bundestag gerichteten Bitten und Beschwerden obliegt.

(2) Die Befugnisse des Ausschusses zur Überprüfung von Beschwerden regelt ein Bundesgesetz.

Artikel 45d (Parlamentarisches Kontrollgremium)

(1) Der Bundestag bestellt ein Gremium zur Kontrolle der nachrichtendienstlichen Tätigkeit des Bundes.

(2) Das Nähere regelt ein Bundesgesetz.

Artikel 46 (Indemnität, Immunität)

(1) Ein Abgeordneter darf zu keiner Zeit wegen seiner Abstimmung oder wegen einer Äußerung, die er im Bundestage oder in einem seiner Ausschüsse getan hat, gerichtlich oder dienstlich verfolgt oder sonst außerhalb des Bundestages zur Verantwortung gezogen werden. Dies gilt nicht für verleumderische Beleidigungen.

(2) Wegen einer mit Strafe bedrohten Handlung darf ein Abgeordneter nur mit Genehmigung des Bundestages zur Verantwortung gezogen oder verhaftet werden, es sei denn, daß er bei Begehung der Tat oder im Laufe des folgenden Tages festgenommen wird.

(3) Die Genehmigung des Bundestages ist ferner bei jeder anderen Beschränkung der persönlichen Freiheit eines Abgeordneten oder zur Einleitung eines Verfahrens gegen einen Abgeordneten gemäß Artikel 18 erforderlich.

(4) Jedes Strafverfahren und jedes Verfahren gemäß Artikel 18 gegen einen Abgeordneten, jede Haft und jede sonstige Beschränkung seiner persönlichen Freiheit sind auf Verlangen des Bundestages auszusetzen.

Artikel 47 (Zeugnisverweigerungsrecht)

Die Abgeordneten sind berechtigt, über Personen, die ihnen in ihrer Eigenschaft als Abgeordnete oder denen sie in dieser Eigenschaft Tatsachen anvertraut haben, sowie über diese Tatsachen selbst das Zeugnis zu verweigern. Soweit dieses Zeugnisverweigerungsrecht reicht, ist die Beschlagnahme von Schriftstücken unzulässig.

Artikel 48 (Ansprüche der Abgeordneten)

(1) Wer sich um einen Sitz im Bundestage bewirbt, hat Anspruch auf den zur Vorbereitung seiner Wahl erforderlichen Urlaub.

(2) Niemand darf gehindert werden, das Amt eines Abgeordneten zu übernehmen und auszuüben. Eine Kündigung oder Entlassung aus diesem Grunde ist unzulässig.

(3) Die Abgeordneten haben Anspruch auf eine angemessene, ihre Unabhängigkeit sichernde Entschädigung. Sie haben das Recht der freien Benutzung aller staatlichen Verkehrsmittel. Das Nähere regelt ein Bundesgesetz.

Artikel 49 (weggefallen)

IV. Der Bundesrat

Artikel 50 (Funktion)

Durch den Bundesrat wirken die Länder bei der Gesetzgebung und Verwaltung des Bundes und in Angelegenheiten der Europäischen Union mit.

Artikel 51 (Zusammensetzung)

(1) Der Bundesrat besteht aus Mitgliedern der Regierungen der Länder, die sie bestellen und abberufen. Sie können durch andere Mitglieder ihrer Regierungen vertreten werden.

(2) Jedes Land hat mindestens drei Stimmen, Länder mit mehr als zwei Millionen Einwohnern haben vier, Länder mit mehr als sechs Millionen Einwohnern fünf, Länder mit mehr als sieben Millionen Einwohnern sechs Stimmen.

(3) Jedes Land kann so viele Mitglieder entsenden, wie es Stimmen hat. Die Stimmen eines Landes können nur einheitlich und nur durch anwesende Mitglieder oder deren Vertreter abgegeben werden.

Artikel 52 (Präsident, Geschäftsordnung)

(1) Der Bundesrat wählt seinen Präsidenten auf ein Jahr.

(2) Der Präsident beruft den Bundesrat ein. Er hat ihn einzuberufen, wenn die Vertreter von mindestens zwei Ländern oder die Bundesregierung es verlangen.

(3) Der Bundesrat faßt seine Beschlüsse mit mindestens der Mehrheit seiner Stimmen. Er gibt sich eine Geschäftsordnung. Er verhandelt öffentlich. Die Öffentlichkeit kann ausgeschlossen werden.

(3a) Für Angelegenheiten der Europäischen Union kann der Bundesrat eine Europakammer bilden, deren Beschlüsse als Beschlüsse des Bundesrates gelten; die Anzahl der einheitlich abzugebenden Stimmen der Länder bestimmt sich nach Artikel 51 Abs. 2.

(4) Den Ausschüssen des Bundesrates können andere Mitglieder oder Beauftragte der Regierungen der Länder angehören.

Artikel 53 (Anwesenheit der Bundesregierung)

Die Mitglieder der Bundesregierung haben das Recht und auf Verlangen die Pflicht, an den Verhandlungen des Bundesrates und seiner Ausschüsse teilzunehmen. Sie müssen jederzeit gehört werden. Der Bundesrat ist von der Bundesregierung über die Führung der Geschäfte auf dem laufenden zu halten.

IVa. Gemeinsamer Ausschuß

Artikel 53a (Zusammensetzung, Verfahren)

(1) Der Gemeinsame Ausschuß besteht zu zwei Dritteln aus Abgeordneten des Bundestages, zu einem Drittel aus Mitgliedern des

Bundesrates. Die Abgeordneten werden vom Bundestage entsprechend dem Stärkeverhältnis der Fraktionen bestimmt; sie dürfen nicht der Bundesregierung angehören. Jedes Land wird durch ein von ihm bestelltes Mitglied des Bundesrates vertreten; diese Mitglieder sind nicht an Weisungen gebunden. Die Bildung des Gemeinsamen Ausschusses und sein Verfahren werden durch eine Geschäftsordnung geregelt, die vom Bundestage zu beschließen ist und der Zustimmung des Bundesrates bedarf.

(2) Die Bundesregierung hat den Gemeinsamen Ausschuß über ihre Planungen für den Verteidigungsfall zu unterrichten. Die Rechte des Bundestages und seiner Ausschüsse nach Artikel 43 Abs. 1 bleiben unberührt.

V. Der Bundespräsident

Artikel 54 (Bundesversammlung)

(1) Der Bundespräsident wird ohne Aussprache von der Bundesversammlung gewählt. Wählbar ist jeder Deutsche, der das Wahlrecht zum Bundestage besitzt und das vierzigste Lebensjahr vollendet hat.

(2) Das Amt des Bundespräsidenten dauert fünf Jahre. Anschließende Wiederwahl ist nur einmal zulässig.

(3) Die Bundesversammlung besteht aus den Mitgliedern des Bundestages und einer gleichen Anzahl von Mitgliedern, die von den Volksvertretungen der Länder nach den Grundsätzen der Verhältniswahl gewählt werden.

(4) Die Bundesversammlung tritt spätestens 30 Tage vor Ablauf der Amtszeit des Bundespräsidenten, bei vorzeitiger Beendigung spätestens 30 Tage nach diesem Zeitpunkt zusammen. Sie wird von dem Präsidenten des Bundestages einberufen.

(5) Nach Ablauf der Wahlperiode beginnt die Frist des Absatzes 4 Satz 1 mit dem ersten Zusammentritt des Bundestages.

(6) Gewählt ist, wer die Stimmen der Mehrheit der Mitglieder der Bundesversammlung erhält. Wird diese Mehrheit in zwei Wahlgängen von keinem Bewerber erreicht, so ist gewählt, wer in einem weiteren Wahlgang die meisten Stimmen auf sich vereinigt.

(7) Das Nähere regelt ein Bundesgesetz.

Artikel 55 (Unabhängigkeit des Bundespräsidenten)

(1) Der Bundespräsident darf weder der Regierung noch einer gesetzgebenden Körperschaft des Bundes oder eines Landes angehören.

(2) Der Bundespräsident darf kein anderes besoldetes Amt, kein Gewerbe und keinen Beruf ausüben und weder der Leitung noch dem Aufsichtsrat eines auf Erwerb gerichteten Unternehmens angehören.

Artikel 56 (Eidesleistung)

Der Bundespräsident leistet bei seinem Amtsantritt vor den versammelten Mitgliedern des Bundestages und des Bundesrates folgenden Eid: „Ich schwöre, daß ich meine Kraft dem Wohle des deutschen Volkes widmen, seinen Nutzen mehren, Schaden von ihm wenden, das Grundgesetz und die Gesetze des Bundes wahren und verteidigen, meine Pflichten gewissenhaft erfüllen und Gerechtigkeit gegen jedermann üben werde. So wahr mir Gott helfe." Der Eid kann auch ohne religiöse Beteuerung geleistet werden.

Artikel 57 (Vertretung)

Die Befugnisse des Bundespräsidenten werden im Falle seiner Verhinderung oder bei vorzeitiger Erledigung des Amtes durch den Präsidenten des Bundesrates wahrgenommen.

Artikel 58 (Gegenzeichnung)

Anordnungen und Verfügungen des Bundespräsidenten bedürfen zu ihrer Gültigkeit der Gegenzeichnung durch den Bundeskanzler oder durch den zuständigen Bundesminister. Dies gilt nicht für die Ernennung und Entlassung des Bundeskanzlers, die Auflösung des Bundestages gemäß Artikel 63 und das Ersuchen gemäß Artikel 69 Abs. 3.

Artikel 59 (Völkerrechtliche Vertretungsmacht)

(1) Der Bundespräsident vertritt den Bund völkerrechtlich. Er schließt im Namen des Bundes die Verträge mit auswärtigen Staaten. Er beglaubigt und empfängt die Gesandten.

(2) Verträge, welche die politischen Beziehungen des Bundes regeln oder sich auf Gegenstände der Bundesgesetzgebung beziehen, bedürfen der Zustimmung oder der Mitwirkung der jeweils für die Bundesgesetzgebung zuständigen Körperschaften in der Form eines Bundesgesetzes. Für Verwaltungsabkommen gelten die Vorschriften über die Bundesverwaltung entsprechend.

Artikel 60 (Ernennung der Bundesbeamten)

(1) Der Bundespräsident ernennt und entläßt die Bundesrichter, die Bundesbeamten, die Offiziere und Unteroffiziere, soweit gesetzlich nichts anderes bestimmt ist.

(2) Er übt im Einzelfalle für den Bund das Begnadigungsrecht aus.

(3) Er kann diese Befugnisse auf andere Behörden übertragen.

(4) Die Absätze 2 bis 4 des Artikels 46 finden auf den Bundespräsidenten entsprechende Anwendung.

Artikel 61 (Anklage vor dem Bundesverfassungsgericht)

(1) Der Bundestag oder der Bundesrat können den Bundespräsidenten wegen vorsätzlicher Verletzung des Grundgesetzes oder eines anderen Bundesgesetzes vor dem Bundesverfassungsgericht anklagen. Der Antrag auf Erhebung der Anklage muß von mindestens einem Viertel der Mitglieder des Bundestages oder einem Viertel der Stimmen des Bundesrates gestellt werden. Der Beschluß auf Erhebung der Anklage bedarf der Mehrheit von zwei Dritteln der Mitglieder des Bundestages oder von zwei Dritteln der Stimmen des Bundesrates. Die Anklage wird von einem Beauftragten der anklagenden Körperschaft vertreten.

(2) Stellt das Bundesverfassungsgericht fest, daß der Bundespräsident einer vorsätzlichen Verletzung des Grundgesetzes oder eines anderen Bundesgesetzes schuldig ist, so kann es ihn des Amtes für verlustig erklären. Durch einstweilige Anordnung kann es nach der Erhebung der Anklage bestimmen, daß er an der Ausübung seines Amtes verhindert ist.

VI. Die Bundesregierung

Artikel 62 (Zusammensetzung)

Die Bundesregierung besteht aus dem Bundeskanzler und aus den Bundesministern.

Artikel 63 (Wahl des Bundeskanzlers; Bundestagsauflösung)

(1) Der Bundeskanzler wird auf Vorschlag des Bundespräsidenten vom Bundestage ohne Aussprache gewählt.

(2) Gewählt ist, wer die Stimmen der Mehrheit der Mitglieder des Bundestages auf sich vereinigt. Der Gewählte ist vom Bundespräsidenten zu ernennen.

(3) Wird der Vorgeschlagene nicht gewählt, so kann der Bundestag binnen vierzehn Tagen nach dem Wahlgange mit mehr als der Hälfte seiner Mitglieder einen Bundeskanzler wählen.

(4) Kommt eine Wahl innerhalb dieser Frist nicht zustande, so findet unverzüglich ein neuer Wahlgang statt, in dem gewählt ist, wer die meisten Stimmen erhält. Vereinigt der Gewählte die Stimmen der Mehrheit der Mitglieder des Bundestages auf sich, so muß der Bundespräsident ihn binnen sieben Tagen nach der Wahl ernennen. Erreicht der Gewählte diese Mehrheit nicht, so hat der Bundespräsident binnen sieben Tagen entweder ihn zu ernennen oder den Bundestag aufzulösen.

Artikel 64 (Ernennung der Bundesminister)

(1) Die Bundesminister werden auf Vorschlag des Bundeskanzlers vom Bundespräsidenten ernannt und entlassen.

(2) Der Bundeskanzler und die Bundesminister leisten bei der Amtsübernahme vor dem Bundestage den in Artikel 56 vorgesehenen Eid.

Artikel 65 (Verantwortung, Geschäftsordnung)

Der Bundeskanzler bestimmt die Richtlinien der Politik und trägt dafür die Verantwortung. Innerhalb dieser Richtlinien leitet jeder Bundesminister seinen Geschäftsbereich selbständig und unter eigener Verantwortung. Über Meinungsverschiedenheiten zwischen den Bundesministern entscheidet die Bundesregierung. Der Bundeskanzler leitet ihre Geschäfte nach einer von der Bundesregierung beschlossenen und vom Bundespräsidenten genehmigten Geschäftsordnung.

Artikel 65a (Befehls- und Kommandogewalt)

Der Bundesminister für Verteidigung hat die Befehls- und Kommandogewalt über die Streitkräfte.

Artikel 66 (Kein Nebenberuf)

Der Bundeskanzler und die Bundesminister dürfen kein anderes besoldetes Amt, kein Gewerbe und keinen Beruf ausüben und weder der Leitung noch ohne Zustimmung des Bundestages dem Aufsichtsrate eines auf Erwerb gerichteten Unternehmens angehören.

Artikel 67 (Misstrauensvotum)

(1) Der Bundestag kann dem Bundeskanzler das Mißtrauen nur dadurch aussprechen, daß er mit der Mehrheit seiner Mitglieder einen Nachfolger wählt und den Bundespräsidenten ersucht, den Bundeskanzler zu entlassen. Der Bundespräsident muß dem Ersuchen entsprechen und den Gewählten ernennen.

(2) Zwischen dem Antrage und der Wahl müssen 48 Stunden liegen.

Artikel 68 (Vertrauensvotum – Bundestagsauflösung)

(1) Findet ein Antrag des Bundeskanzlers, ihm das Vertrauen auszusprechen, nicht die Zustimmung der Mehrheit der Mitglieder des Bundestages, so kann der Bundespräsident auf Vorschlag des Bundeskanzlers binnen 21 Tagen den Bundestag auflösen. Das Recht zur Auflösung erlischt, sobald der Bundestag mit der Mehrheit seiner Mitglieder einen anderen Bundeskanzler wählt.

(2) Zwischen dem Antrage und der Abstimmung müssen 48 Stunden liegen.

Artikel 69 (Stellvertreter des Bundeskanzlers)

(1) Der Bundeskanzler ernennt einen Bundesminister zu seinem Stellvertreter.

(2) Das Amt des Bundeskanzlers oder eines Bundesministers endigt in jedem Falle mit dem Zusammentritt eines neuen Bundestages, das Amt eines Bundesministers auch mit jeder anderen Erledigung des Amtes des Bundeskanzlers.

(3) Auf Ersuchen des Bundespräsidenten ist der Bundeskanzler, auf Ersuchen des Bundeskanzlers oder des Bundespräsidenten ein Bundesminister verpflichtet, die Geschäfte bis zur Ernennung seines Nachfolgers weiterzuführen.

VII. Die Gesetzgebung des Bundes

Artikel 70 (Gesetzgebung des Bundes und der Länder)

(1) Die Länder haben das Recht der Gesetzgebung, soweit dieses Grundgesetz nicht dem Bunde Gesetzgebungsbefugnisse verleiht.

(2) Die Abgrenzung der Zuständigkeit zwischen Bund und Ländern bemißt sich nach den Vorschriften dieses Grundgesetzes über die ausschließliche und die konkurrierende Gesetzgebung.

Artikel 71 (Ausschließliche Gesetzgebung)

Im Bereiche der ausschließlichen Gesetzgebung des Bundes haben die Länder die Befugnis zur Gesetzgebung nur, wenn und soweit sie hierzu in einem Bundesgesetze ausdrücklich ermächtigt werden.

Artikel 72 (Konkurrierende Gesetzgebung)

(1) Im Bereich der konkurrierenden Gesetzgebung haben die Länder die Befugnis zur Gesetzgebung, solange und soweit der Bund von seiner Gesetzgebungszuständigkeit nicht durch Gesetz Gebrauch gemacht hat.

(2) Auf den Gebieten des Artikels 74 Abs. 1 Nr. 4, 7, 11, 13, 15, 19a, 20, 22, 25 und 26 hat der Bund das Gesetzgebungsrecht, wenn und soweit die Herstellung gleichwertiger Lebensverhältnisse im Bundesgebiet oder die Wahrung der Rechts- oder Wirtschaftseinheit

im gesamtstaatlichen Interesse eine bundesgesetzliche Regelung erforderlich macht.

(3) Hat der Bund von seiner Gesetzgebungszuständigkeit Gebrauch gemacht, können die Länder durch Gesetz hiervon abweichende Regelungen treffen über:

1. das Jagdwesen (ohne das Recht der Jagdscheine);
2. den Naturschutz und die Landschaftspflege (ohne die allgemeinen Grundsätze des Naturschutzes, das Recht des Artenschutzes oder des Meeresnaturschutzes);
3. die Bodenverteilung;
4. die Raumordnung;
5. den Wasserhaushalt (ohne stoff- oder anlagenbezogene Regelungen);
6. die Hochschulzulassung und die Hochschulabschlüsse;
7. die Grundsteuer.

Bundesgesetze auf diesen Gebieten treten frühestens sechs Monate nach ihrer Verkündung in Kraft, soweit nicht mit Zustimmung des Bundesrates anderes bestimmt ist. Auf den Gebieten des Satzes 1 geht im Verhältnis von Bundes- und Landesrecht das jeweils spätere Gesetz vor.

(4) Durch Bundesgesetz kann bestimmt werden, daß eine bundesgesetzliche Regelung, für die eine Erforderlichkeit im Sinne des Absatzes 2 nicht mehr besteht, durch Landesrecht ersetzt werden kann.

Artikel 73 (Sachgebiete der ausschließlichen Gesetzgebung)

(1) Der Bund hat die ausschließliche Gesetzgebung über:

1. die auswärtigen Angelegenheiten sowie die Verteidigung einschließlich des Schutzes der Zivilbevölkerung;
2. die Staatsangehörigkeit im Bunde;
3. die Freizügigkeit, das Passwesen, das Melde- und Ausweiswesen, die Ein- und Auswanderung und die Auslieferung;
4. das Währungs-, Geld- und Münzwesen, Maße und Gewichte sowie die Zeitbestimmung;
5. die Einheit des Zoll- und Handelsgebietes, die Handels- und Schiffahrtsverträge, die Freizügigkeit des Warenverkehrs und den Waren- und Zahlungsverkehr mit dem Auslande einschließlich des Zoll- und Grenzschutzes;

5a. den Schutz deutschen Kulturgutes gegen Abwanderung ins Ausland;

6. den Luftverkehr;

6a. den Verkehr von Eisenbahnen, die ganz oder mehrheitlich im Eigentum des Bundes stehen (Eisenbahnen des Bundes), den Bau, die Unterhaltung und das Betreiben von Schienenwegen der Eisenbahnen des Bundes sowie die Erhebung von Entgelten für die Benutzung dieser Schienenwege;

7. das Postwesen und die Telekommunikation;
8. die Rechtsverhältnisse der im Dienste des Bundes und der bundesunmittelbaren Körperschaften des öffentlichen Rechtes stehenden Personen;
9. den gewerblichen Rechtsschutz, das Urheberrecht und das Verlagsrecht;

9a. die Abwehr von Gefahren des internationalen Terrorismus durch das Bundeskriminalpolizeiamt in Fällen, in denen eine länderübergreifende Gefahr vorliegt, die Zuständigkeit einer Landespolizeibehörde nicht erkennbar ist oder die oberste Landesbehörde um eine Übernahme ersucht;

10. die Zusammenarbeit des Bundes und der Länder
    a) in der Kriminalpolizei,
    b) zum Schutze der freiheitlichen demokratischen Grundordnung, des Bestandes und der Sicherheit des Bundes oder eines Landes (Verfassungsschutz) und
    c) zum Schutze gegen Bestrebungen im Bundesgebiet, die durch Anwendung von Gewalt oder darauf gerichtete Vorbereitungshandlungen auswärtige Belange der Bundesrepublik Deutschland gefährden,

sowie die Einrichtung eines Bundeskriminalpolizeiamtes und die internationale Verbrechensbekämpfung;

11. die Statistik für Bundeszwecke;
12. das Waffen- und das Sprengstoffrecht;
13. die Versorgung der Kriegsbeschädigten und Kriegshinterbliebenen und die Fürsorge für die ehemaligen Kriegsgefangenen;
14. die Erzeugung und Nutzung der Kernenergie zu friedlichen Zwecken, die Errichtung und den Betrieb von Anlagen, die diesen Zwecken dienen, den Schutz gegen Gefahren, die bei Freiwerden von Kernenergie oder durch ionisierende Strahlen entstehen, und die Beseitigung radioaktiver Stoffe.

(2) Gesetze nach Absatz 1 Nr. 9a bedürfen der Zustimmung des Bundesrates.

Artikel 74 (Sachgebiete der konkurrierenden Gesetzgebung)

(1) Die konkurrierende Gesetzgebung erstreckt sich auf folgende Gebiete:

1. das bürgerliche Recht, das Strafrecht, die Gerichtsverfassung, das gerichtliche Verfahren (ohne das Recht des Untersuchungshaftvollzugs), die Rechtsanwaltschaft, das Notariat und die Rechtsberatung;
2. das Personenstandswesen;
3. das Vereinsrecht;
4. das Aufenthalts- und Niederlassungsrecht der Ausländer;
5. (weggefallen)
6. die Angelegenheiten der Flüchtlinge und Vertriebenen;
7. die öffentliche Fürsorge (ohne das Heimrecht);
8. (weggefallen)
9. die Kriegsschäden und die Wiedergutmachung;
10. die Kriegsgräber und Gräber anderer Opfer des Krieges und Opfer von Gewaltherrschaft;
11. das Recht der Wirtschaft (Bergbau, Industrie, Energiewirtschaft, Handwerk, Gewerbe, Handel, Bank- und Börsenwesen, privatrechtliches Versicherungswesen) ohne das Recht des Ladenschlusses, der Gaststätten, der Spielhallen, der Schaustellung von Personen, der Messen, der Ausstellungen und der Märkte;
12. das Arbeitsrecht einschließlich der Betriebsverfassung, des Arbeitsschutzes und der Arbeitsvermittlung sowie die Sozialversicherung einschließlich der Arbeitslosenversicherung;
13. die Regelung der Ausbildungsbeihilfen und die Förderung der wissenschaftlichen Forschung;
14. das Recht der Enteignung, soweit sie auf den Sachgebieten der Artikel 73 und 74 in Betracht kommt;
15. die Überführung von Grund und Boden, von Naturschätzen und Produktionsmitteln in Gemeineigentum oder in andere Formen der Gemeinwirtschaft;
16. die Verhütung des Mißbrauchs wirtschaftlicher Machtstellung;
17. die Förderung der land- und forstwirtschaftlichen Erzeugung (ohne das Recht der Flurbereinigung), die Sicherung der Ernährung, die Ein- und Ausfuhr land- und forstwirtschaftlicher Erzeugnisse, die Hochsee- und Küstenfischerei und den Küstenschutz;
18. den städtebaulichen Grundstücksverkehr, das Bodenrecht (ohne das Recht der Erschließungsbeiträge) und das Wohngeldrecht, das Altschuldenhilferecht, das Wohnungsbauprämienrecht, das Bergarbeiterwohnungsbaurecht und das Bergmannssiedlungsrecht;
19. Maßnahmen gegen gemeingefährliche oder übertragbare Krankheiten bei Menschen und Tieren, Zulassung zu ärztlichen und anderen Heilberufen und zum Heilgewerbe, sowie das Recht des Apothekenwesens, der Arzneien, der Medizinprodukte, der Heilmittel, der Betäubungsmittel und der Gifte;

19a. die wirtschaftliche Sicherung der Krankenhäuser und die Regelung der Krankenhauspflegesätze;
20. das Recht der Lebensmittel einschließlich der ihrer Gewinnung dienenden Tiere, das Recht der Genussmittel, Bedarfsgegenstände und Futtermittel sowie den Schutz beim Verkehr mit land- und forstwirtschaftlichem Saat- und Pflanzgut, den Schutz der Pflanzen gegen Krankheiten und Schädlinge sowie den Tierschutz;
21. die Hochsee- und Küstenschiffahrt sowie die Seezeichen, die Binnenschiffahrt, den Wetterdienst, die Seewasserstraßen und die dem allgemeinen Verkehr dienenden Binnenwasserstraßen;
22. den Straßenverkehr, das Kraftfahrwesen, den Bau und die Unterhaltung von Landstraßen für den Fernverkehr sowie die Erhebung und Verteilung von Gebühren oder Entgelten für die Benutzung öffentlicher Straßen mit Fahrzeugen;
23. die Schienenbahnen, die nicht Eisenbahnen des Bundes sind, mit Ausnahme der Bergbahnen;
24. die Abfallwirtschaft, die Luftreinhaltung und die Lärmbekämpfung (ohne Schutz vor verhaltensbezogenem Lärm);
25. die Staatshaftung;
26. die medizinisch unterstützte Erzeugung menschlichen Lebens, die Untersuchung und die künstliche Veränderung von Erbinformationen sowie Regelungen zur Transplantation von Organen, Geweben und Zellen;
27. die Statusrechte und -pflichten der Beamten der Länder, Gemeinden und anderen Körperschaften des öffentlichen Rechts sowie der Richter in den Ländern mit Ausnahme der Laufbahnen, Besoldung und Versorgung;
28. das Jagdwesen;
29. den Naturschutz und die Landschaftspflege;
30. die Bodenverteilung;
31. die Raumordnung;
32. den Wasserhaushalt;
33. die Hochschulzulassung und die Hochschulabschlüsse.

(2) Gesetze nach Absatz 1 Nr. 25 und 27 bedürfen der Zustimmung des Bundesrates.

Artikel 75 (weggefallen)

Artikel 76 (Gesetzesvorlagen)

(1) Gesetzesvorlagen werden beim Bundestage durch die Bundesregierung, aus der Mitte des Bundestages oder durch den Bundesrat eingebracht.

(2) Vorlagen der Bundesregierung sind zunächst dem Bundesrat zuzuleiten. Der Bundesrat ist berechtigt, innerhalb von sechs Wochen zu diesen Vorlagen Stellung zu nehmen. Verlangt er aus wichtigem Grunde, insbesondere mit Rücksicht auf den Umfang einer Vorlage, eine Fristverlängerung, so beträgt die Frist neun Wochen. Die Bundesregierung kann eine Vorlage, die sie bei der Zuleitung an den Bundesrat ausnahmsweise als besonders eilbedürftig bezeichnet hat, nach drei Wochen oder, wenn der Bundesrat ein Verlangen nach Satz 3 geäußert hat, nach sechs Wochen dem Bundestag zuleiten, auch wenn die Stellungnahme des Bundesrates noch nicht bei ihr eingegangen ist; sie hat die Stellungnahme des Bundesrates unverzüglich nach Eingang dem Bundestag nachzureichen. Bei Vorlagen zur Änderung dieses Grundgesetzes und zur Übertragung von Hoheitsrechten nach Artikel 23 oder Artikel 24 beträgt die Frist zur Stellungnahme neun Wochen; Satz 4 findet keine Anwendung.

(3) Vorlagen des Bundesrates sind dem Bundestag durch die Bundesregierung innerhalb von sechs Wochen zuzuleiten. Sie soll hierbei ihre Auffassung darlegen. Verlangt sie aus wichtigem Grunde, insbesondere mit Rücksicht auf den Umfang einer Vorlage, eine Fristverlängerung, so beträgt die Frist neun Wochen. Wenn der Bundesrat eine Vorlage ausnahmsweise als besonders eilbedürftig bezeichnet hat, beträgt die Frist drei Wochen oder, wenn die Bundesregierung ein Verlangen nach Satz 3 geäußert hat, sechs Wochen.

Bei Vorlagen zur Änderung dieses Grundgesetzes und zur Übertragung von Hoheitsrechten nach Artikel 23 oder Artikel 24 beträgt die Frist neun Wochen; Satz 4 findet keine Anwendung. Der Bundestag hat über die Vorlagen in angemessener Frist zu beraten und Beschluß zu fassen.

Artikel 77 (Gesetzgebungsverfahren)

(1) Die Bundesgesetze werden vom Bundestage beschlossen. Sie sind nach ihrer Annahme durch den Präsidenten des Bundestages unverzüglich dem Bundesrate zuzuleiten.

(2) Der Bundesrat kann binnen drei Wochen nach Eingang des Gesetzesbeschlusses verlangen, daß ein aus Mitgliedern des Bundestages und des Bundesrates für die gemeinsame Beratung von Vorlagen gebildeter Ausschuß einberufen wird. Die Zusammensetzung und das Verfahren dieses Ausschusses regelt eine Geschäftsordnung, die vom Bundestag beschlossen wird und der Zustimmung des Bundesrates bedarf. Die in diesen Ausschuß entsandten Mitglieder des Bundesrates sind nicht an Weisungen gebunden. Ist zu einem Gesetz die Zustimmung des Bundesrates erforderlich, so können auch der Bundestag und die Bundesregierung die Einberufung verlangen. Schlägt der Ausschuß eine Änderung des Gesetzesbeschlusses vor, so hat der Bundestag erneut Beschluß zu fassen.

(2a) Soweit zu einem Gesetz die Zustimmung des Bundesrates erforderlich ist, hat der Bundesrat, wenn ein Verlangen nach Absatz 2 Satz 1 nicht gestellt oder das Vermittlungsverfahren ohne einen Vorschlag zur Änderung des Gesetzesbeschlusses beendet ist, in angemessener Frist über die Zustimmung Beschluß zu fassen.

(3) Soweit zu einem Gesetze die Zustimmung des Bundesrates nicht erforderlich ist, kann der Bundesrat, wenn das Verfahren nach Abs. 2 beendigt ist, gegen ein vom Bundestage beschlossenes Gesetz binnen zwei Wochen Einspruch einlegen. Die Einspruchsfrist beginnt im Falle des Absatzes 2 letzter Satz mit dem Eingange des vom Bundestage erneut gefaßten Beschlusses, in allen anderen Fällen mit dem Eingange der Mitteilung des Vorsitzenden des in Absatz 2 vorgesehenen Ausschusses, daß das Verfahren vor dem Ausschusse abgeschlossen ist.

(4) Wird der Einspruch mit der Mehrheit der Stimmen des Bundesrates beschlossen, so kann er durch Beschluß der Mehrheit der Mitglieder des Bundestages zurückgewiesen werden. Hat der Bundesrat den Einspruch mit einer Mehrheit von mindestens zwei Dritteln seiner Stimmen beschlossen, so bedarf die Zurückweisung durch den Bundestag einer Mehrheit von zwei Dritteln, mindestens der Mehrheit der Mitglieder des Bundestages.

Artikel 78 (Zustandekommen der Gesetze)

Ein vom Bundestage beschlossenes Gesetz kommt zustande, wenn der Bundesrat zustimmt, den Antrag gemäß Artikel 77 Abs. 2 nicht stellt, innerhalb der Frist des Artikels 77 Abs. 3 keinen Einspruch einlegt oder ihn zurücknimmt oder wenn der Einspruch vom Bundestage überstimmt wird.

Artikel 79 (Änderung des Grundgesetzes)

(1) Das Grundgesetz kann nur durch ein Gesetz geändert werden, das den Wortlaut des Grundgesetzes ausdrücklich ändert oder ergänzt. Bei völkerrechtlichen Verträgen, die eine Friedensregelung, die Vorbereitung einer Friedensregelung oder den Abbau einer besatzungsrechtlichen Ordnung zum Gegenstand haben oder der Verteidigung der Bundesrepublik zu dienen bestimmt sind, genügt zur Klarstellung, daß die Bestimmungen des Grundgesetzes dem Abschluß und dem Inkraftsetzen der Verträge nicht entgegenstehen, eine Ergänzung des Wortlautes des Grundgesetzes, die sich auf diese Klarstellung beschränkt.

(2) Ein solches Gesetz bedarf der Zustimmung von zwei Dritteln der Mitglieder des Bundestages und zwei Dritteln der Stimmen des Bundesrates.

(3) Eine Änderung dieses Grundgesetzes, durch welche die Gliederung des Bundes in Länder, die grundsätzliche Mitwirkung der

Länder bei der Gesetzgebung oder die in den Artikeln 1 und 20 niedergelegten Grundsätze berührt werden, ist unzulässig.

Artikel 80 (Erlass von Rechtsverordnungen)

(1) Durch Gesetz können die Bundesregierung, ein Bundesminister oder die Landesregierungen ermächtigt werden, Rechtsverordnungen zu erlassen. Dabei müssen Inhalt, Zweck und Ausmaß der erteilten Ermächtigung im Gesetze bestimmt werden. Die Rechtsgrundlage ist in der Verordnung anzugeben. Ist durch Gesetz vorgesehen, daß eine Ermächtigung weiter übertragen werden kann, so bedarf es zur Übertragung der Ermächtigung einer Rechtsverordnung.

(2) Der Zustimmung des Bundesrates bedürfen, vorbehaltlich anderweitiger bundesgesetzlicher Regelung, Rechtsverordnungen der Bundesregierung oder eines Bundesministers über Grundsätze und Gebühren für die Benutzung der Einrichtungen des Postwesens und der Telekommunikation, über die Grundsätze der Erhebung des Entgelts für die Benutzung der Einrichtungen der Eisenbahnen des Bundes, über den Bau und Betrieb der Eisenbahnen, sowie Rechtsverordnungen auf Grund von Bundesgesetzen, die der Zustimmung des Bundesrates bedürfen oder die von den Ländern im Auftrage des Bundes oder als eigene Angelegenheit ausgeführt werden.

(3) Der Bundesrat kann der Bundesregierung Vorlagen für den Erlaß von Rechtsverordnungen zuleiten, die seiner Zustimmung bedürfen.

(4) Soweit durch Bundesgesetz oder auf Grund von Bundesgesetzen Landesregierungen ermächtigt werden, Rechtsverordnungen zu erlassen, sind die Länder zu einer Regelung auch durch Gesetz befugt.

Artikel 80a (Verteidigungsfall, Spannungsfall)

(1) Ist in diesem Grundgesetz oder in einem Bundesgesetz über die Verteidigung einschließlich des Schutzes der Zivilbevölkerung bestimmt, daß Rechtsvorschriften nur nach Maßgabe dieses Artikels angewandt werden dürfen, so ist die Anwendung außer im Verteidigungsfalle nur zulässig, wenn der Bundestag den Eintritt des Spannungsfalles festgestellt oder wenn er der Anwendung besonders zugestimmt hat. Die Feststellung des Spannungsfalles und die besondere Zustimmung in den Fällen des Artikels 12a Abs. 5 Satz 1 und Abs. 6 Satz 2 bedürfen einer Mehrheit von zwei Dritteln der abgegebenen Stimmen.

(2) Maßnahmen auf Grund von Rechtsvorschriften nach Absatz 1 sind aufzuheben, wenn der Bundestag es verlangt.

(3) Abweichend von Absatz 1 ist die Anwendung solcher Rechtsvorschriften auch auf der Grundlage und nach Maßgabe eines Beschlusses zulässig, der von einem internationalen Organ im Rahmen eines Bündnisvertrages mit Zustimmung der Bundesregierung gefaßt wird. Maßnahmen nach diesem Absatz sind aufzuheben, wenn der Bundestag es mit der Mehrheit seiner Mitglieder verlangt.

Artikel 81 (Gesetzgebungsnotstand)

(1) Wird im Falle des Artikels 68 der Bundestag nicht aufgelöst, so kann der Bundespräsident auf Antrag der Bundesregierung mit Zustimmung des Bundesrates für eine Gesetzesvorlage den Gesetzgebungsnotstand erklären, wenn der Bundestag sie ablehnt, obwohl die Bundesregierung sie als dringlich bezeichnet hat. Das gleiche gilt, wenn eine Gesetzesvorlage abgelehnt worden ist, obwohl der Bundeskanzler mit ihr den Antrag des Artikels 68 verbunden hatte.

(2) Lehnt der Bundestag die Gesetzesvorlage nach Erklärung des Gesetzgebungsnotstandes erneut ab oder nimmt er sie in einer für die Bundesregierung als unannehmbar bezeichneten Fassung an, so gilt das Gesetz als zustande gekommen, soweit der Bundesrat ihm zustimmt. Das gleiche gilt, wenn die Vorlage vom Bundestage nicht innerhalb von vier Wochen nach der erneuten Einbringung verabschiedet wird.

(3) Während der Amtszeit eines Bundeskanzlers kann auch jede andere vom Bundestage abgelehnte Gesetzesvorlage innerhalb einer Frist von sechs Monaten nach der ersten Erklärung des Gesetzgebungsnotstandes gemäß Absatz 1 und 2 verabschiedet werden.

Nach Ablauf der Frist ist während der Amtszeit des gleichen Bundeskanzlers eine weitere Erklärung des Gesetzgebungsnotstandes unzulässig.

(4) Das Grundgesetz darf durch ein Gesetz, das nach Absatz 2 zustande kommt, weder geändert noch ganz oder teilweise außer Kraft oder außer Anwendung gesetzt werden.

Artikel 82 (Verkündung, In-Kraft-Treten)

(1) Die nach den Vorschriften dieses Grundgesetzes zustande gekommenen Gesetze werden vom Bundespräsidenten nach Gegenzeichnung ausgefertigt und im Bundesgesetzblatt verkündet. Das Bundesgesetzblatt kann in elektronischer Form geführt werden. Rechtsverordnungen werden von der Stelle, die sie erlässt, ausgefertigt. Das Nähere zur Verkündung und zur Form von Gegenzeichnung und Ausfertigung von Gesetzen und Rechtsverordnungen regelt ein Bundesgesetz.

(2) Jedes Gesetz und jede Rechtsverordnung soll den Tag des Inkrafttretens bestimmen. Fehlt eine solche Bestimmung, so treten sie mit dem 14. Tage nach Ablauf des Tages in Kraft, an dem das Bundesgesetzblatt ausgegeben worden ist.

VIII. Die Ausführung der Bundesgesetze und die Bundesverwaltung

Artikel 83 (Grundsatz: landeseigene Verwaltung)

Die Länder führen die Bundesgesetze als eigene Angelegenheit aus, soweit dieses Grundgesetz nichts anderes bestimmt oder zuläßt.

Artikel 84 (Bundesaufsicht bei landeseigener Verwaltung)

(1) Führen die Länder die Bundesgesetze als eigene Angelegenheit aus, so regeln sie die Einrichtung der Behörden und das Verwaltungsverfahren. Wenn Bundesgesetze etwas anderes bestimmen, können die Länder davon abweichende Regelungen treffen. Hat ein Land eine abweichende Regelung nach Satz 2 getroffen, treten in diesem Land hierauf bezogene spätere bundesgesetzliche Regelungen der Einrichtung der Behörden und des Verwaltungsverfahrens frühestens sechs Monate nach ihrer Verkündung in Kraft, soweit nicht mit Zustimmung des Bundesrates anderes bestimmt ist. Artikel 72 Abs. 3 Satz 3 gilt entsprechend. In Ausnahmefällen kann der Bund wegen eines besonderen Bedürfnisses nach bundeseinheitlicher Regelung das Verwaltungsverfahren ohne Abweichungsmöglichkeit für die Länder regeln. Diese Gesetze bedürfen der Zustimmung des Bundesrates. Durch Bundesgesetz dürfen Gemeinden und Gemeindeverbänden Aufgaben nicht übertragen werden.

(2) Die Bundesregierung kann mit Zustimmung des Bundesrates allgemeine Verwaltungsvorschriften erlassen.

(3) Die Bundesregierung übt die Aufsicht darüber aus, daß die Länder die Bundesgesetze dem geltenden Rechte gemäß ausführen. Die Bundesregierung kann zu diesem Zwecke Beauftragte zu den obersten Landesbehörden entsenden, mit deren Zustimmung und, falls diese Zustimmung versagt wird, mit Zustimmung des Bundesrates auch zu den nachgeordneten Behörden.

(4) Werden Mängel, die die Bundesregierung bei der Ausführung der Bundesgesetze in den Ländern festgestellt hat, nicht beseitigt, so beschließt auf Antrag der Bundesregierung oder des Landes der Bundesrat, ob das Land das Recht verletzt hat. Gegen den Beschluß des Bundesrates kann das Bundesverfassungsgericht angerufen werden.

(5) Der Bundesregierung kann durch Bundesgesetz, das der Zustimmung des Bundesrates bedarf, zur Ausführung von Bundesgesetzen die Befugnis verliehen werden, für besondere Fälle Einzelweisungen zu erteilen. Sie sind, außer wenn die Bundesregierung den Fall für dringlich erachtet, an die obersten Landesbehörden zu richten.

Artikel 85 (Landesverwaltung im Bundesauftrag)

(1) Führen die Länder die Bundesgesetze im Auftrage des Bundes aus, so bleibt die Einrichtung der Behörden Angelegenheit der

Länder, soweit nicht Bundesgesetze mit Zustimmung des Bundesrates etwas anderes bestimmen. Durch Bundesgesetz dürfen Gemeinden und Gemeindeverbänden Aufgaben nicht übertragen werden.

(2) Die Bundesregierung kann mit Zustimmung des Bundesrates allgemeine Verwaltungsvorschriften erlassen. Sie kann die einheitliche Ausbildung der Beamten und Angestellten regeln. Die Leiter der Mittelbehörden sind mit ihrem Einvernehmen zu bestellen.

(3) Die Landesbehörden unterstehen den Weisungen der zuständigen obersten Bundesbehörden. Die Weisungen sind, außer wenn die Bundesregierung es für dringlich erachtet, an die obersten Landesbehörden zu richten. Der Vollzug der Weisung ist durch die obersten Landesbehörden sicherzustellen.

(4) Die Bundesaufsicht erstreckt sich auf Gesetzmäßigkeit und Zweckmäßigkeit der Ausführung. Die Bundesregierung kann zu diesem Zwecke Bericht und Vorlage der Akten verlangen und Beauftragte zu allen Behörden entsenden.

Artikel 86 (Bundeseigene Verwaltung)

Führt der Bund die Gesetze durch bundeseigene Verwaltung oder durch bundesunmittelbare Körperschaften oder Anstalten des öffentlichen Rechtes aus, so erläßt die Bundesregierung, soweit nicht das Gesetz Besonderes vorschreibt, die allgemeinen Verwaltungsvorschriften. Sie regelt, soweit das Gesetz nichts anderes bestimmt, die Einrichtung der Behörden.

IX

Artikel 87 (Gegenstände der Bundeseigenverwaltung)

(1) In bundeseigener Verwaltung mit eigenem Verwaltungsunterbau werden geführt der Auswärtige Dienst, die Bundesfinanzverwaltung und nach Maßgabe des Artikels 89 die Verwaltung der Bundeswasserstraßen und der Schiffahrt. Durch Bundesgesetz können Bundesgrenzschutzbehörden, Zentralstellen für das polizeiliche Auskunfts- und Nachrichtenwesen, für die Kriminalpolizei und zur Sammlung von Unterlagen für Zwecke des Verfassungsschutzes und des Schutzes gegen Bestrebungen im Bundesgebiet, die durch Anwendung von Gewalt oder darauf gerichtete Vorbereitungshandlungen auswärtige Belange der Bundesrepublik Deutschland gefährden, eingerichtet werden.

(2) Als bundesunmittelbare Körperschaften des öffentlichen Rechtes werden diejenigen sozialen Versicherungsträger geführt, deren Zuständigkeitsbereich sich über das Gebiet eines Landes hinaus erstreckt. Soziale Versicherungsträger, deren Zuständigkeitsbereich sich über das Gebiet eines Landes, aber nicht über mehr als drei Länder hinaus erstreckt, werden abweichend von Satz 1 als landesunmittelbare Körperschaften des öffentlichen Rechtes geführt, wenn das aufsichtsführende Land durch die beteiligten Länder bestimmt ist.

(3) Außerdem können für Angelegenheiten, für die dem Bunde die Gesetzgebung zusteht, selbständige Bundesoberbehörden und neue bundesunmittelbare Körperschaften und Anstalten des öffentlichen Rechtes durch Bundesgesetz errichtet werden. Erwachsen dem Bunde auf Gebieten, für die ihm die Gesetzgebung zusteht, neue Aufgaben, so können bei dringendem Bedarf bundeseigene Mittel- und Unterbehörden mit Zustimmung des Bundesrates und der Mehrheit der Mitglieder des Bundestages errichtet werden.

Artikel 87a (Streitkräfte und ihr Einsatz)

(1) Der Bund stellt Streitkräfte zur Verteidigung auf. Ihre zahlenmäßige Stärke und die Grundzüge ihrer Organisation müssen sich aus dem Haushaltsplan ergeben.

(1a) Zur Stärkung der Bündnis- und Verteidigungsfähigkeit kann der Bund ein Sondervermögen für die Bundeswehr mit eigener Kreditermächtigung in Höhe von einmalig bis zu 100 Milliarden Euro errichten. Auf die Kreditermächtigung sind Artikel 109 Absatz 3 und Artikel 115 Absatz 2 nicht anzuwenden. Das Nähere regelt ein Bundesgesetz.

(2) Außer zur Verteidigung dürfen die Streitkräfte nur eingesetzt werden, soweit dieses Grundgesetz es ausdrücklich zuläßt.

(3) Die Streitkräfte haben im Verteidigungsfalle und im Spannungsfalle die Befugnis, zivile Objekte zu schützen und Aufgaben der

Verkehrsregelung wahrzunehmen, soweit dies zur Erfüllung ihres Verteidigungsauftrages erforderlich ist. Außerdem kann den Streitkräften im Verteidigungsfalle und im Spannungsfalle der Schutz ziviler Objekte auch zur Unterstützung polizeilicher Maßnahmen übertragen werden; die Streitkräfte wirken dabei mit den zuständigen Behörden zusammen.

(4) Zur Abwehr einer drohenden Gefahr für den Bestand oder die freiheitliche demokratische Grundordnung des Bundes oder eines Landes kann die Bundesregierung, wenn die Voraussetzungen des Artikels 91 Abs. 2 vorliegen und die Polizeikräfte sowie der Bundesgrenzschutz nicht ausreichen, Streitkräfte zur Unterstützung der Polizei und des Bundesgrenzschutzes beim Schutze von zivilen Objekten und bei der Bekämpfung organisierter und militärisch bewaffneter Aufständischer einsetzen. Der Einsatz von Streitkräften ist einzustellen, wenn der Bundestag oder der Bundesrat es verlangen.

Artikel 87b (Bundeswehrverwaltung)

(1) Die Bundeswehrverwaltung wird in bundeseigener Verwaltung mit eigenem Verwaltungsunterbau geführt. Sie dient den Aufgaben des Personalwesens und der unmittelbaren Deckung des Sachbedarfs der Streitkräfte. Aufgaben der Beschädigtenversorgung und des Bauwesens können der Bundeswehrverwaltung nur durch Bundesgesetz, das der Zustimmung des Bundesrates bedarf, übertragen werden. Der Zustimmung des Bundesrates bedürfen ferner Gesetze, soweit sie die Bundeswehrverwaltung zu Eingriffen in Rechte Dritter ermächtigen; das gilt nicht für Gesetze auf dem Gebiete des Personalwesens.

(2) Im übrigen können Bundesgesetze, die der Verteidigung einschließlich des Wehrersatzwesens und des Schutzes der Zivilbevölkerung dienen, mit Zustimmung des Bundesrates bestimmen, daß sie ganz oder teilweise in bundeseigener Verwaltung mit eigenem Verwaltungsunterbau oder von den Ländern im Auftrage des Bundes ausgeführt werden. Werden solche Gesetze von den Ländern im Auftrage des Bundes ausgeführt, so können sie mit Zustimmung des Bundesrates bestimmen, daß die der Bundesregierung und den zuständigen obersten Bundesbehörden auf Grund des Artikels 85 zustehenden Befugnisse ganz oder teilweise Bundesoberbehörden übertragen werden; dabei kann bestimmt werden, daß diese Behörden beim Erlaß allgemeiner Verwaltungsvorschriften gemäß Artikel 85 Abs. 2 Satz 1 nicht der Zustimmung des Bundesrates bedürfen.

Artikel 87c (Auftragsverwaltung im Kernenergiebereich)

Gesetze, die auf Grund des Artikels 73 Abs. 1 Nr. 14 ergehen, können mit Zustimmung des Bundesrates bestimmen, daß sie von den Ländern im Auftrag des Bundes ausgeführt werden.

Artikel 87d (Luftverkehrsverwaltung)

(1) Die Luftverkehrsverwaltung wird in Bundesverwaltung geführt. Aufgaben der Flugsicherung können auch durch ausländische Flugsicherungsorganisationen wahrgenommen werden, die nach Recht der Europäischen Gemeinschaft zugelassen sind. Das Nähere regelt ein Bundesgesetz.

(2) Durch Bundesgesetz, das der Zustimmung des Bundesrates bedarf, können Aufgaben der Luftverkehrsverwaltung den Ländern als Auftragsverwaltung übertragen werden.

Artikel 87e (Eisenbahnverkehrsverwaltung)

(1) Die Eisenbahnverkehrsverwaltung für Eisenbahnen des Bundes wird in bundeseigener Verwaltung geführt. Durch Bundesgesetz können Aufgaben der Eisenbahnverkehrsverwaltung den Ländern als eigene Angelegenheit übertragen werden.

(2) Der Bund nimmt die über den Bereich der Eisenbahnen des Bundes hinausgehenden Aufgaben der Eisenbahnverkehrsverwaltung wahr, die ihm durch Bundesgesetz übertragen werden.

(3) Eisenbahnen des Bundes werden als Wirtschaftsunternehmen in privat-rechtlicher Form geführt. Diese stehen im Eigentum des Bundes, soweit die Tätigkeit des Wirtschafts-

unternehmens den Bau, die Unterhaltung und das Betreiben von Schienenwegen umfaßt. Die Veräußerung von Anteilen des Bundes an den Unternehmen nach Satz 2 erfolgt auf Grund eines Gesetzes; die Mehrheit der Anteile an diesen Unternehmen verbleibt beim Bund. Das Nähere wird durch Bundesgesetz geregelt.

(4) Der Bund gewährleistet, daß dem Wohl der Allgemeinheit, insbesondere den Verkehrsbedürfnissen, beim Ausbau und Erhalt des Schienennetzes der Eisenbahnen des Bundes sowie bei deren Verkehrsangeboten auf diesem Schienennetz, soweit diese nicht den Schienenpersonennahverkehr betreffen, Rechnung getragen wird. Das Nähere wird durch Bundesgesetz geregelt.

(5) Gesetze auf Grund der Absätze 1 bis 4 bedürfen der Zustimmung des Bundesrates. Der Zustimmung des Bundesrates bedürfen ferner Gesetze, die die Auflösung, die Verschmelzung und die Aufspaltung von Eisenbahnunternehmen des Bundes, die Übertragung von Schienenwegen der Eisenbahnen des Bundes an Dritte sowie die Stillegung von Schienenwegen der Eisenbahnen des Bundes regeln oder Auswirkungen auf den Schienenpersonennahverkehr haben.

Artikel 87f (Postwesen, Telekommunikation)

(1) Nach Maßgabe eines Bundesgesetzes, das der Zustimmung des Bundesrates bedarf, gewährleistet der Bund im Bereich des Postwesens und der Telekommunikation flächendeckend angemessene und ausreichende Dienstleistungen.

(2) Dienstleistungen im Sinne des Absatzes 1 werden als privatwirtschaftliche Tätigkeiten durch die aus dem Sondervermögen Deutsche Bundespost hervorgegangenen Unternehmen und durch andere private Anbieter erbracht. Hoheitsaufgaben im Bereich des Postwesens und der Telekommunikation werden in bundeseigener Verwaltung ausgeführt.

(3) Unbeschadet des Absatzes 2 Satz 2 führt der Bund in der Rechtsform einer bundesunmittelbaren Anstalt des öffentlichen Rechts einzelne Aufgaben in bezug auf die aus dem Sondervermögen Deutsche Bundespost hervorgegangenen Unternehmen nach Maßgabe eines Bundesgesetzes aus.

Artikel 88 (Bundesbank)

Der Bund errichtet eine Währungs- und Notenbank als Bundesbank. Ihre Aufgaben und Befugnisse können im Rahmen der Europäischen Union der Europäischen Zentralbank übertragen werden, die unabhängig ist und dem vorrangigen Ziel der Sicherung der Preisstabilität verpflichtet.

Artikel 89 (Bundeswasserstraßen)

(1) Der Bund ist Eigentümer der bisherigen Reichswasserstraßen.

(2) Der Bund verwaltet die Bundeswasserstraßen durch eigene Behörden. Er nimmt die über den Bereich eines Landes hinausgehenden staatlichen Aufgaben der Binnenschiffahrt und die Aufgaben der Seeschifffahrt wahr, die ihm durch Gesetz übertragen werden. Er kann die Verwaltung von Bundeswasserstraßen, soweit sie im Gebiete eines Landes liegen, diesem Lande auf Antrag als Auftragsverwaltung übertragen. Berührt eine Wasserstraße das Gebiet mehrerer Länder, so kann der Bund das Land beauftragen, für das die beteiligten Länder es beantragen.

(3) Bei der Verwaltung, dem Ausbau und dem Neubau von Wasserstraßen sind die Bedürfnisse der Landeskultur und der Wasserwirtschaft im Einvernehmen mit den Ländern zu wahren.

Artikel 90 (Bundesstraßen)

(1) Der Bund bleibt Eigentümer der Bundesautobahnen und sonstigen Bundesstraßen des Fernverkehrs. Das Eigentum ist unveräußerlich.

(2) Die Verwaltung der Bundesautobahnen wird in Bundesverwaltung geführt. Der Bund kann sich zur Erledigung seiner Aufgaben einer Gesellschaft privaten Rechts bedienen. Diese Gesellschaft steht im unveräußerlichen Eigentum des Bundes. Eine unmittelbare oder mittelbare Beteiligung Dritter an der Gesellschaft und deren Tochtergesellschaften ist ausgeschlossen. Eine Beteiligung Privater im

Rahmen von Öffentlich-Privaten Partnerschaften ist ausgeschlossen für Streckennetze, die das gesamte Bundesautobahnnetz oder das gesamte Netz sonstiger Bundesfernstraßen in einem Land oder wesentliche Teile davon umfassen. Das Nähere regelt ein Bundesgesetz.

(3) Die Länder oder die nach Landesrecht zuständigen Selbstverwaltungskörperschaften verwalten die sonstigen Bundesstraßen des Fernverkehrs im Auftrage des Bundes.

(4) Auf Antrag eines Landes kann der Bund die sonstigen Bundesstraßen des Fernverkehrs, soweit sie im Gebiet dieses Landes liegen, in Bundesverwaltung übernehmen.

Artikel 91 (Abwehr drohender Gefahr)

(1) Zur Abwehr einer drohenden Gefahr für den Bestand oder die freiheitliche demokratische Grundordnung des Bundes oder eines Landes kann ein Land Polizeikräfte anderer Länder sowie Kräfte und Einrichtungen anderer Verwaltungen und des Bundesgrenzschutzes anfordern.

(2) Ist das Land, in dem die Gefahr droht, nicht selbst zur Bekämpfung der Gefahr bereit oder in der Lage, so kann die Bundesregierung die Polizei in diesem Lande und die Polizeikräfte anderer Länder ihren Weisungen unterstellen sowie Einheiten des Bundesgrenzschutzes einsetzen. Die Anordnung ist nach Beseitigung der Gefahr, im übrigen jederzeit auf Verlangen des Bundesrates aufzuheben. Erstreckt sich die Gefahr auf das Gebiet mehr als eines Landes, so kann die Bundesregierung, soweit es zur wirksamen Bekämpfung erforderlich ist, den Landesregierungen Weisungen erteilen; Satz 1 und Satz 2 bleiben unberührt.

VIIIa. Gemeinschaftsaufgaben, Verwaltungszusammenarbeit

Artikel 91a (Gemeinschaftsaufgaben)

(1) Der Bund wirkt auf folgenden Gebieten bei der Erfüllung von Aufgaben der Länder mit, wenn diese Aufgaben für die Gesamtheit bedeutsam sind und die Mitwirkung des Bundes zur Verbesserung der Lebensverhältnisse erforderlich ist (Gemeinschaftsaufgaben):

1. Verbesserung der regionalen Wirtschaftsstruktur,
2. Verbesserung der Agrarstruktur und des Küstenschutzes.

(2) Durch Bundesgesetz mit Zustimmung des Bundesrates werden die Gemeinschaftsaufgaben sowie Einzelheiten der Koordinierung näher bestimmt.

(3) Der Bund trägt in den Fällen des Absatzes 1 Nr. 1 die Hälfte der Ausgaben in jedem Land. In den Fällen des Absatzes 1 Nr. 2 trägt der Bund mindestens die Hälfte; die Beteiligung ist für alle Länder einheitlich festzusetzen. Das Nähere regelt das Gesetz. Die Bereitstellung der Mittel bleibt der Feststellung in den Haushaltsplänen des Bundes und der Länder vorbehalten.

Artikel 91b (Zusammenwirken von Bund und Ländern)

(1) Bund und Länder können auf Grund von Vereinbarungen in Fällen überregionaler Bedeutung bei der Förderung von Wissenschaft, Forschung und Lehre zusammenwirken. Vereinbarungen, die im Schwerpunkt Hochschulen betreffen, bedürfen der Zustimmung aller Länder. Dies gilt nicht für Vereinbarungen über Forschungsbauten einschließlich Großgeräten.

(2) Bund und Länder können auf Grund von Vereinbarungen zur Feststellung der Leistungsfähigkeit des Bildungswesens im internationalen Vergleich und bei diesbezüglichen Berichten und Empfehlungen zusammenwirken.

(3) Die Kostentragung wird in der Vereinbarung geregelt.

Artikel 91c (Zusammenwirken bei informationstechnischen Systemen)

(1) Bund und Länder können bei der Planung, der Errichtung und dem Betrieb der für ihre Aufgabenerfüllung benötigten informationstechnischen Systeme zusammenwirken.

(2) Bund und Länder können auf Grund von Vereinbarungen die für die Kommunikation zwischen ihren informationstechnischen Systemen notwendigen Standards und Sicher-

heitsanforderungen festlegen. Vereinbarungen über die Grundlagen der Zusammenarbeit nach Satz 1 können für einzelne nach Inhalt und Ausmaß bestimmte Aufgaben vorsehen, dass nähere Regelungen bei Zustimmung einer in der Vereinbarung zu bestimmenden qualifizierten Mehrheit für Bund und Länder in Kraft treten. Sie bedürfen der Zustimmung des Bundestages und der Volksvertretungen der beteiligten Länder; das Recht zur Kündigung dieser Vereinbarungen kann nicht ausgeschlossen werden. Die Vereinbarungen regeln auch die Kostentragung.

(3) Die Länder können darüber hinaus den gemeinschaftlichen Betrieb informationstechnischer Systeme sowie die Errichtung von dazu bestimmten Einrichtungen vereinbaren.

(4) Der Bund errichtet zur Verbindung der informationstechnischen Netze des Bundes und der Länder ein Verbindungsnetz. Das Nähere zur Errichtung und zum Betrieb des Verbindungsnetzes regelt ein Bundesgesetz mit Zustimmung des Bundesrates.

(5) Der übergreifende informationstechnische Zugang zu den Verwaltungsleistungen von Bund und Ländern wird durch Bundesgesetz mit Zustimmung des Bundesrates geregelt.

Artikel 91d (Vergleichsstudien)

Bund und Länder können zur Feststellung und Förderung der Leistungsfähigkeit ihrer Verwaltungen Vergleichsstudien durchführen und die Ergebnisse veröffentlichen.

Artikel 91e (Zusammenwirken auf dem Gebiet der Grundsicherung für Arbeitsuchende)

(1) Bei der Ausführung von Bundesgesetzen auf dem Gebiet der Grundsicherung für Arbeitsuchende wirken Bund und Länder oder die nach Landesrecht zuständigen Gemeinden und Gemeindeverbände in der Regel in gemeinsamen Einrichtungen zusammen.

(2) Der Bund kann zulassen, dass eine begrenzte Anzahl von Gemeinden und Gemeindeverbänden auf ihren Antrag und mit Zustimmung der obersten Landesbehörde die Aufgaben nach Absatz 1 allein wahrnimmt. Die notwendigen Ausgaben einschließlich der Verwaltungsausgaben trägt der Bund, soweit die Aufgaben bei einer Ausführung von Gesetzen nach Absatz 1 vom Bund wahrzunehmen sind.

(3) Das Nähere regelt ein Bundesgesetz, das der Zustimmung des Bundesrates bedarf.

IX. Die Rechtsprechung

Artikel 92 (Gerichtsorganisation)

Die rechtsprechende Gewalt ist den Richtern anvertraut; sie wird durch das Bundesverfassungsgericht, durch die in diesem Grundgesetze vorgesehenen Bundesgerichte und durch die Gerichte der Länder ausgeübt.

Artikel 93 (Bundesverfassungsgericht)

(1) Das Bundesverfassungsgericht ist ein allen übrigen Verfassungsorganen gegenüber selbständiger und unabhängiger Gerichtshof des Bundes.

(2) Das Bundesverfassungsgericht besteht aus Bundesrichtern und anderen Mitgliedern; es gliedert sich in zwei Senate. In jeden Senat werden je zur Hälfte vom Bundestag und vom Bundesrat acht Richter gewählt; sie dürfen weder dem Bundestag, dem Bundesrat, der Bundesregierung noch entsprechenden Organen eines Landes angehören. Durch Bundesgesetz nach Absatz 5 kann vorgesehen werden, dass das Wahlrecht vom anderen Wahlorgan ausgeübt werden kann, wenn innerhalb einer zu bestimmenden Frist nach dem Ende der Amtszeit oder dem vorzeitigen Ausscheiden eines Richters eine Wahl seines Nachfolgers nicht zustande kommt.

(3) Die Amtszeit der Mitglieder des Bundesverfassungsgerichts dauert zwölf Jahre, längstens bis zum Ende des Monats, in dem das Mitglied das 68. Lebensjahr vollendet. Nach Ablauf der Amtszeit führen die Richter ihre Amtsgeschäfte bis zur Ernennung des Nachfolgers fort. Eine anschließende oder spätere Wiederwahl ist ausgeschlossen.

(4) Das Bundesverfassungsgericht gibt sich eine Geschäftsordnung, die das Plenum beschließt.

(5) Ein Bundesgesetz regelt die Verfassung und das Verfahren des Bundesverfassungsgerichts. Es kann für Verfassungsbeschwerden die vorherige Erschöpfung des Rechtsweges zur Voraussetzung machen und ein besonderes Annahmeverfahren vorsehen.

Artikel 94 (Zuständigkeit des Bundesverfassungsgerichts)

(1) Das Bundesverfassungsgericht entscheidet:

1. über die Auslegung dieses Grundgesetzes aus Anlass von Streitigkeiten über den Umfang der Rechte und Pflichten eines obersten Bundesorgans oder anderer Beteiligter, die durch dieses Grundgesetz oder in der Geschäftsordnung eines obersten Bundesorgans mit eigenen Rechten ausgestattet sind;
2. bei Meinungsverschiedenheiten oder Zweifeln über die förmliche und sachliche Vereinbarkeit von Bundesrecht oder Landesrecht mit diesem Grundgesetz oder die Vereinbarkeit von Landesrecht mit sonstigem Bundesrecht auf Antrag der Bundesregierung, einer Landesregierung oder eines Viertels der Mitglieder des Bundestages;

2a. bei Meinungsverschiedenheiten, ob ein Gesetz den Voraussetzungen des Artikels 72 Absatz 2 entspricht, auf Antrag des Bundesrates, einer Landesregierung oder der Volksvertretung eines Landes;

3. bei Meinungsverschiedenheiten über Rechte und Pflichten des Bundes und der Länder, insbesondere bei der Ausführung von Bundesrecht durch die Länder und bei der Ausübung der Bundesaufsicht;
4. in anderen öffentlich-rechtlichen Streitigkeiten zwischen dem Bund und den Ländern, zwischen verschiedenen Ländern oder innerhalb eines Landes, soweit nicht ein anderer Rechtsweg gegeben ist;

4a. über Verfassungsbeschwerden, die von jedermann mit der Behauptung erhoben werden können, durch die öffentliche Gewalt in einem seiner Grundrechte oder in einem seiner in Artikel 20 Absatz 4, 33, 38, 101, 103 und 104 enthaltenen Rechte verletzt zu sein;

4b. über Verfassungsbeschwerden von Gemeinden und Gemeindeverbänden wegen Verletzung des Rechts auf Selbstverwaltung nach Artikel 28 durch ein Gesetz, bei Landesgesetzen jedoch nur, soweit nicht Beschwerde beim Landesverfassungsgericht erhoben werden kann;

4c. über Beschwerden von Vereinigungen gegen ihre Nichtanerkennung als Partei für die Wahl zum Bundestag;

5. in den übrigen in diesem Grundgesetz vorgesehenen Fällen.

(2) Das Bundesverfassungsgericht entscheidet außerdem auf Antrag des Bundesrates, einer Landesregierung oder der Volksvertretung eines Landes, ob im Falle des Artikels 72 Absatz 4 die Erforderlichkeit für eine bundesgesetzliche Regelung nach Artikel 72 Absatz 2 nicht mehr besteht oder Bundesrecht in den Fällen des Artikels 125a Absatz 2 Satz 1 nicht mehr erlassen werden könnte. Die Feststellung, dass die Erforderlichkeit entfallen ist oder Bundesrecht nicht mehr erlassen werden könnte, ersetzt ein Bundesgesetz nach Artikel 72 Absatz 4 oder nach Artikel 125a Absatz 2 Satz 2. Der Antrag nach Satz 1 ist nur zulässig, wenn eine Gesetzesvorlage nach Artikel 72 Absatz 4 oder nach Artikel 125a Absatz 2 Satz 2 im Bundestag abgelehnt oder über sie nicht innerhalb eines Jahres beraten und Beschluss gefasst oder wenn eine entsprechende Gesetzesvorlage im Bundesrat abgelehnt worden ist.

(3) Das Bundesverfassungsgericht wird ferner in den ihm sonst durch Bundesgesetz zugewiesenen Fällen tätig.

(4) Die Entscheidungen des Bundesverfassungsgerichts binden die Verfassungsorgane des Bundes und der Länder sowie alle Gerichte und Behörden. Ein Bundesgesetz bestimmt, in welchen Fällen seine Entscheidungen Gesetzeskraft haben.

Artikel 95 (Oberste Gerichtshöfe)

(1) Für die Gebiete der ordentlichen, der Verwaltungs-, der Finanz-, der Arbeits- und der Sozialgerichtsbarkeit errichtet der Bund als

oberste Gerichtshöfe den Bundesgerichtshof, das Bundesverwaltungsgericht, den Bundesfinanzhof, das Bundesarbeitsgericht und das Bundessozialgericht.

(2) Über die Berufung der Richter dieser Gerichte entscheidet der für das jeweilige Sachgebiet zuständige Bundesminister gemeinsam mit einem Richterwahlausschuß, der aus den für das jeweilige Sachgebiet zuständigen Ministern der Länder und einer gleichen Anzahl von Mitgliedern besteht, die vom Bundestage gewählt werden.

(3) Zur Wahrung der Einheitlichkeit der Rechtsprechung ist ein Gemeinsamer Senat der in Absatz 1 genannten Gerichte zu bilden. Das Nähere regelt ein Bundesgesetz.

Artikel 96 (Bundesgerichte)

(1) Der Bund kann für Angelegenheiten des gewerblichen Rechtsschutzes ein Bundesgericht errichten.

(2) Der Bund kann Wehrstrafgerichte für die Streitkräfte als Bundesgerichte errichten. Sie können die Strafgerichtsbarkeit nur im Verteidigungsfalle sowie über Angehörige der Streitkräfte ausüben, die in das Ausland entsandt oder an Bord von Kriegsschiffen eingeschifft sind. Das Nähere regelt ein Bundesgesetz. Diese Gerichte gehören zum Geschäftsbereich des Bundesjustizministers. Ihre hauptamtlichen Richter müssen die Befähigung zum Richteramt haben.

(3) Oberster Gerichtshof für die in Absatz 1 und 2 genannten Gerichte ist der Bundesgerichtshof.

(4) Der Bund kann für Personen, die zu ihm in einem öffentlich-rechtlichen Dienstverhältnis stehen, Bundesgerichte zur Entscheidung in Disziplinarverfahren und Beschwerdeverfahren errichten.

(5) Für Strafverfahren auf den folgenden Gebieten kann ein Bundesgesetz mit Zustimmung des Bundesrates vorsehen, dass Gerichte der Länder Gerichtsbarkeit des Bundes ausüben:

1. Völkermord;
2. völkerstrafrechtliche Verbrechen gegen die Menschlichkeit;
3. Kriegsverbrechen;
4. andere Handlungen, die geeignet sind und in der Absicht vorgenommen werden, das friedliche Zusammenleben der Völker zu stören (Artikel 26 Abs. 1);
5. Staatsschutz.

Artikel 97 (Unabhängigkeit der Richter)

(1) Die Richter sind unabhängig und nur dem Gesetze unterworfen.

(2) Die hauptamtlich und planmäßig endgültig angestellten Richter können wider ihren Willen nur kraft richterlicher Entscheidung und nur aus Gründen und unter den Formen, welche die Gesetze bestimmen, vor Ablauf ihrer Amtszeit entlassen oder dauernd oder zeitweise ihres Amtes enthoben oder an eine andere Stelle oder in den Ruhestand versetzt werden. Die Gesetzgebung kann Altersgrenzen festsetzen, bei deren Erreichung auf Lebenszeit angestellte Richter in den Ruhestand treten. Bei Veränderung der Einrichtung der Gerichte oder ihrer Bezirke können Richter an ein anderes Gericht versetzt oder aus dem Amte entfernt werden, jedoch nur unter Belassung des vollen Gehaltes.

Artikel 98 (Rechtsstellung der Richter)

(1) Die Rechtsstellung der Bundesrichter ist durch besonderes Bundesgesetz zu regeln.

(2) Wenn ein Bundesrichter im Amte oder außerhalb des Amtes gegen die Grundsätze des Grundgesetzes oder gegen die verfassungsmäßige Ordnung eines Landes verstößt, so kann das Bundesverfassungsgericht mit Zweidrittelmehrheit auf Antrag des Bundestages anordnen, daß der Richter in ein anderes Amt oder in den Ruhestand zu versetzen ist. Im Falle eines vorsätzlichen Verstoßes kann auf Entlassung erkannt werden.

(3) Die Rechtsstellung der Richter in den Ländern ist durch besondere Landesgesetze zu regeln, soweit Artikel 74 Abs. 1 Nr. 27 nichts anderes bestimmt.

(4) Die Länder können bestimmen, daß über die Anstellung der Richter in den Ländern der Landesjustizminister gemeinsam mit einem Richterwahlausschuß entscheidet.

(5) Die Länder können für Landesrichter eine Absatz 2 entsprechende Regelung treffen. Geltendes Landesverfassungsrecht bleibt unberührt. Die Entscheidung über eine Richteranklage steht dem Bundesverfassungsgericht zu.

Artikel 99 (Verfassungsstreitigkeiten durch Landesgesetz zugewiesen)

Dem Bundesverfassungsgerichte kann durch Landesgesetz die Entscheidung von Verfassungsstreitigkeiten innerhalb eines Landes, den in Artikel 95 Abs. 1 genannten obersten Gerichtshöfen für den letzten Rechtszug die Entscheidung in solchen Sachen zugewiesen werden, bei denen es sich um die Anwendung von Landesrecht handelt.

Artikel 100 (Verfassungsrechtliche Vorentscheidung)

(1) Hält ein Gericht ein Gesetz, auf dessen Gültigkeit es bei der Entscheidung ankommt, für verfassungswidrig, so ist das Verfahren auszusetzen und, wenn es sich um die Verletzung der Verfassung eines Landes handelt, die Entscheidung des für Verfassungsstreitigkeiten zuständigen Gerichtes des Landes, wenn es sich um die Verletzung dieses Grundgesetzes handelt, die Entscheidung des Bundesverfassungsgerichtes einzuholen. Dies gilt auch, wenn es sich um die Verletzung dieses Grundgesetzes durch Landesrecht oder um die Unvereinbarkeit eines Landesgesetzes mit einem Bundesgesetze handelt.

(2) Ist in einem Rechtsstreite zweifelhaft, ob eine Regel des Völkerrechtes Bestandteil des Bundesrechts ist und ob sie unmittelbar Rechte und Pflichten für den einzelnen erzeugt (Artikel 25), so hat das Gericht die Entscheidung des Bundesverfassungsgerichtes einzuholen.

(3) Will das Verfassungsgericht eines Landes bei der Auslegung des Grundgesetzes von einer Entscheidung des Bundesverfassungsgerichtes oder des Verfassungsgerichtes eines anderen Landes abweichen, so hat das Verfassungsgericht die Entscheidung des Bundesverfassungsgerichtes einzuholen.

Entscheidung des Bundesverfassungsgerichts vom 6. Dezember 2006 (BGBl. I 2007 S. 33)

Aus dem Beschluss des Bundesverfassungsgerichts vom 6. Dezember 2006 – 2 BvM 9/03 – wird die Entscheidungsformel veröffentlicht:

Eine allgemeine Regel des Völkerrechts, nach der ein lediglich pauschaler Immunitätsverzicht zur Aufhebung des Schutzes der Immunität auch für solches Vermögen genügt, das dem Entsendestaat im Empfangsstaat zur Aufrechterhaltung der Funktionsfähigkeit seiner diplomatischen Mission dient, ist nicht feststellbar.

Die vorstehende Entscheidungsformel hat gemäß § 31 Abs. 2 des Bundesverfassungsgerichtsgesetzes Gesetzeskraft.

Artikel 101 (Verbot von Ausnahmegerichten)

(1) Ausnahmegerichte sind unzulässig. Niemand darf seinem gesetzlichen Richter entzogen werden.

(2) Gerichte für besondere Sachgebiete können nur durch Gesetz errichtet werden.

Artikel 102 (Abschaffung der Todesstrafe)

Die Todesstrafe ist abgeschafft.

Artikel 103 (Grundrechtsgarantien für das Strafverfahren)

(1) Vor Gericht hat jedermann Anspruch auf rechtliches Gehör.

(2) Eine Tat kann nur bestraft werden, wenn die Strafbarkeit gesetzlich bestimmt war, bevor die Tat begangen wurde.

(3) Niemand darf wegen derselben Tat auf Grund der allgemeinen Strafgesetze mehrmals bestraft werden.

Artikel 104 (Rechtsgarantien bei Freiheitsentziehung)

(1) Die Freiheit der Person kann nur auf Grund eines förmlichen Gesetzes und nur unter Beachtung der darin vorgeschriebenen Formen beschränkt werden. Festgehaltene Personen dürfen weder seelisch noch körperlich mißhandelt werden.

(2) Über die Zulässigkeit und Fortdauer einer Freiheitsentziehung hat nur der Richter zu entscheiden. Bei jeder nicht auf richterlicher

Anordnung beruhenden Freiheitsentziehung ist unverzüglich eine richterliche Entscheidung herbeizuführen. Die Polizei darf aus eigener Machtvollkommenheit niemanden länger als bis zum Ende des Tages nach dem Ergreifen in eigenem Gewahrsam halten. Das Nähere ist gesetzlich zu regeln.

(3) Jeder wegen des Verdachtes einer strafbaren Handlung vorläufig Festgenommene ist spätestens am Tage nach der Festnahme dem Richter vorzuführen, der ihm die Gründe der Festnahme mitzuteilen, ihn zu vernehmen und ihm Gelegenheit zu Einwendungen zu geben hat. Der Richter hat unverzüglich entweder einen mit Gründen versehenen schriftlichen Haftbefehl zu erlassen oder die Freilassung anzuordnen.

(4) Von jeder richterlichen Entscheidung über die Anordnung oder Fortdauer einer Freiheitsentziehung ist unverzüglich ein Angehöriger des Festgehaltenen oder eine Person seines Vertrauens zu benachrichtigen.

X. Das Finanzwesen

Artikel 104a (Tragung der Ausgaben)

(1) Der Bund und die Länder tragen gesondert die Ausgaben, die sich aus der Wahrnehmung ihrer Aufgaben ergeben, soweit dieses Grundgesetz nichts anderes bestimmt.

(2) Handeln die Länder im Auftrage des Bundes, trägt der Bund die sich daraus ergebenden Ausgaben.

(3) Bundesgesetze, die Geldleistungen gewähren und von den Ländern ausgeführt werden, können bestimmen, daß die Geldleistungen ganz oder zum Teil vom Bund getragen werden. Bestimmt das Gesetz, daß der Bund die Hälfte der Ausgaben oder mehr trägt, wird es im Auftrage des Bundes durchgeführt. Bei der Gewährung von Leistungen für Unterkunft und Heizung auf dem Gebiet der Grundsicherung für Arbeitsuchende wird das Gesetz im Auftrage des Bundes ausgeführt, wenn der Bund drei Viertel der Ausgaben oder mehr trägt.

(4) Bundesgesetze, die Pflichten der Länder zur Erbringung von Geldleistungen, geldwerten Sachleistungen oder vergleichbaren Dienstleistungen gegenüber Dritten begründen und von den Ländern als eigene Angelegenheit oder nach Absatz 3 Satz 2 im Auftrag des Bundes ausgeführt werden, bedürfen der Zustimmung des Bundesrates, wenn daraus entstehende Ausgaben von den Ländern zu tragen sind.

(5) Der Bund und die Länder tragen die bei ihren Behörden entstehenden Verwaltungsausgaben und haften im Verhältnis zueinander für eine ordnungsmäßige Verwaltung. Das Nähere bestimmt ein Bundesgesetz, das der Zustimmung des Bundesrates bedarf.

(6) Bund und Länder tragen nach der innerstaatlichen Zuständigkeits- und Aufgabenverteilung die Lasten einer Verletzung von supranationalen oder völkerrechtlichen Verpflichtungen Deutschlands. In Fällen länderübergreifender Finanzkorrekturen der Europäischen Union tragen Bund und Länder diese Lasten im Verhältnis 15 zu 85. Die Ländergesamtheit trägt in diesen Fällen solidarisch 35 vom Hundert der Gesamtlasten entsprechend einem allgemeinen Schlüssel; 50 vom Hundert der Gesamtlasten tragen die Länder, die die Lasten verursacht haben, anteilig entsprechend der Höhe der erhaltenen Mittel. Das Nähere regelt ein Bundesgesetz, das der Zustimmung des Bundesrates bedarf.

Artikel 104b (Finanzhilfen für besonders bedeutsame Investitionen)

(1) Der Bund kann, soweit dieses Grundgesetz ihm Gesetzgebungsbefugnisse verleiht, den Ländern Finanzhilfen für besonders bedeutsame Investitionen der Länder und der Gemeinden (Gemeindeverbände) gewähren, die

1. zur Abwehr einer Störung des gesamtwirtschaftlichen Gleichgewichts oder
2. zum Ausgleich unterschiedlicher Wirtschaftskraft im Bundesgebiet oder
3. zur Förderung des wirtschaftlichen Wachstums

erforderlich sind. Abweichend von Satz 1 kann der Bund im Falle von Naturkatastrophen oder außergewöhnlichen Notsituationen, die sich der Kontrolle des Staates entziehen und die staatliche Finanzlage erheblich beeinträchtigen, auch ohne Gesetzgebungsbefugnisse Finanzhilfen gewähren.

(2) Das Nähere, insbesondere die Arten der zu fördernden Investitionen, wird durch Bundesgesetz, das der Zustimmung des Bundesrates bedarf, oder auf Grund des Bundeshaushaltsgesetzes durch Verwaltungsvereinbarung geregelt. Das Bundesgesetz oder die Verwaltungsvereinbarung kann Bestimmungen über die Ausgestaltung der jeweiligen Länderprogramme zur Verwendung der Finanzhilfen vorsehen. Die Festlegung der Kriterien für die Ausgestaltung der Länderprogramme erfolgt im Einvernehmen mit den betroffenen Ländern. Zur Gewährleistung der zweckentsprechenden Mittelverwendung kann die Bundesregierung Bericht und Vorlage der Akten verlangen und Erhebungen bei allen Behörden durchführen. Die Mittel des Bundes werden zusätzlich zu eigenen Mitteln der Länder bereitgestellt. Sie sind befristet zu gewähren und hinsichtlich ihrer Verwendung in regelmäßigen Zeitabständen zu überprüfen. Die Finanzhilfen sind im Zeitablauf mit fallenden Jahresbeträgen zu gestalten.

(3) Bundestag, Bundesregierung und Bundesrat sind auf Verlangen über die Durchführung der Maßnahmen und die erzielten Verbesserungen zu unterrichten.

Artikel 104c (Finanzhilfen)

Der Bund kann den Ländern Finanzhilfen für gesamtstaatlich bedeutsame Investitionen sowie besondere, mit diesen unmittelbar verbundene, befristete Ausgaben der Länder und Gemeinden (Gemeindeverbände) zur Steigerung der Leistungsfähigkeit der kommunalen Bildungsinfrastruktur gewähren. Artikel 104b Absatz 2 Satz 1 bis 3, 5, 6 und Absatz 3 gilt entsprechend. Zur Gewährleistung der zweckentsprechenden Mittelverwendung kann die Bundesregierung Berichte und anlassbezogen die Vorlage von Akten verlangen.

Artikel 104d (Finanzhilfen für sozialen Wohnungsbau)

Der Bund kann den Ländern Finanzhilfen für gesamtstaatlich bedeutsame Investitionen der Länder und Gemeinden (Gemeindeverbände) im Bereich des sozialen Wohnungsbaus gewähren. Artikel 104b Absatz 2 Satz 1 bis 5 sowie Absatz 3 gilt entsprechend.

Artikel 105 (Gesetzgebungszuständigkeit)

(1) Der Bund hat die ausschließliche Gesetzgebung über die Zölle und Finanzmonopole.

(2) Der Bund hat die konkurrierende Gesetzgebung über die Grundsteuer. Er hat die konkurrierende Gesetzgebung über die übrigen Steuern, wenn ihm das Aufkommen dieser Steuern ganz oder zum Teil zusteht oder die Voraussetzungen des Artikels 72 Abs. 2 vorliegen.

(2a) Die Länder haben die Befugnis zur Gesetzgebung über die örtlichen Verbrauch- und Aufwandsteuern, solange und soweit sie nicht bundesgesetzlich geregelten Steuern gleichartig sind. Sie haben die Befugnis zur Bestimmung des Steuersatzes bei der Grunderwerbsteuer.

(3) Bundesgesetze über Steuern, deren Aufkommen den Ländern oder den Gemeinden (Gemeindeverbänden) ganz oder zum Teil zufließt, bedürfen der Zustimmung des Bundesrates.

Artikel 106 (Steuerverteilung)

(1) Der Ertrag der Finanzmonopole und das Aufkommen der folgenden Steuern stehen dem Bund zu:

1. die Zölle,
2. die Verbrauchsteuern, soweit sie nicht nach Absatz 2 den Ländern, nach Absatz 3 Bund und Ländern gemeinsam oder nach Absatz 6 den Gemeinden zustehen,
3. die Straßengüterverkehrsteuer, die Kraftfahrzeugsteuer und sonstige auf motorisierte Verkehrsmittel bezogene Verkehrsteuern,
4. die Kapitalverkehrsteuern, die Versicherungsteuer und die Wechselsteuer,
5. die einmaligen Vermögensabgaben und die zur Durchführung des Lastenausgleichs erhobenen Ausgleichsabgaben,
6. die Ergänzungsabgabe zur Einkommensteuer und zur Körperschaftsteuer,
7. Abgaben im Rahmen der Europäischen Gemeinschaften.

(2) Das Aufkommen der folgenden Steuern steht den Ländern zu:

1. die Vermögensteuer,
2. die Erbschaftsteuer,

3. die Verkehrsteuern, soweit sie nicht nach Absatz 1 dem Bund oder nach Absatz 3 Bund und Ländern gemeinsam zustehen,
4. die Biersteuer,
5. die Abgabe von Spielbanken.

(3) Das Aufkommen der Einkommensteuer, der Körperschaftsteuer und der Umsatzsteuer steht dem Bund und den Ländern gemeinsam zu (Gemeinschaftsteuern), soweit das Aufkommen der Einkommensteuer nicht nach Absatz 5 und das Aufkommen der Umsatzsteuer nicht nach Absatz 5a den Gemeinden zugewiesen wird. Am Aufkommen der Einkommensteuer und der Körperschaftsteuer sind der Bund und die Länder je zur Hälfte beteiligt. Die Anteile von Bund und Ländern an der Umsatzsteuer werden durch Bundesgesetz, das der Zustimmung des Bundesrates bedarf, festgesetzt. Bei der Festsetzung ist von folgenden Grundsätzen auszugehen:

1. Im Rahmen der laufenden Einnahmen haben der Bund und die Länder gleichmäßig Anspruch auf Deckung ihrer notwendigen Ausgaben. Dabei ist der Umfang der Ausgaben unter Berücksichtigung einer mehrjährigen Finanzplanung zu ermitteln.
2. Die Deckungsbedürfnisse des Bundes und der Länder sind so aufeinander abzustimmen, daß ein billiger Ausgleich erzielt, eine Überbelastung der Steuerpflichtigen vermieden und die Einheitlichkeit der Lebensverhältnisse im Bundesgebiet gewahrt wird.

Zusätzlich werden in die Festsetzung der Anteile von Bund und Ländern an der Umsatzsteuer Steuermindereinnahmen einbezogen, die den Ländern ab 1. Januar 1996 aus der Berücksichtigung von Kindern im Einkommensteuerrecht entstehen. Das Nähere bestimmt das Bundesgesetz nach Satz 3.

(4) Die Anteile von Bund und Ländern an der Umsatzsteuer sind neu festzusetzen, wenn sich das Verhältnis zwischen den Einnahmen und Ausgaben des Bundes und der Länder wesentlich anders entwickelt; Steuermindereinnahmen, die nach Absatz 3 Satz 5 in die Festsetzung der Umsatzsteueranteile zusätzlich einbezogen werden, bleiben hierbei unberücksichtigt. Werden den Ländern durch Bundesgesetz zusätzliche Ausgaben auferlegt oder Einnahmen entzogen, so kann die Mehrbelastung durch Bundesgesetz, das der Zustimmung des Bundesrates bedarf, auch mit Finanzzuweisungen des Bundes ausgeglichen werden, wenn sie auf einen kurzen Zeitraum begrenzt ist. In dem Gesetz sind die Grundsätze für die Bemessung dieser Finanzzuweisungen und für ihre Verteilung auf die Länder zu bestimmen.

(5) Die Gemeinden erhalten einen Anteil an dem Aufkommen der Einkommensteuer, der von den Ländern an ihre Gemeinden auf der Grundlage der Einkommensteuerleistungen ihrer Einwohner weiterzuleiten ist. Das Nähere bestimmt ein Bundesgesetz, das der Zustimmung des Bundesrates bedarf. Es kann bestimmen, daß die Gemeinden Hebesätze für den Gemeindeanteil festsetzen.

(5a) Die Gemeinden erhalten ab dem 1. Januar 1998 einen Anteil an dem Aufkommen der Umsatzsteuer. Er wird von den Ländern auf der Grundlage eines orts- und wirtschaftsbezogenen Schlüssels an ihre Gemeinden weitergeleitet. Das Nähere wird durch Bundesgesetz, das der Zustimmung des Bundesrates bedarf, bestimmt.

(6) Das Aufkommen der Grundsteuer und Gewerbesteuer steht den Gemeinden, das Aufkommen der örtlichen Verbrauch- und Aufwandsteuern steht den Gemeinden oder nach Maßgabe der Landesgesetzgebung den Gemeindeverbänden zu. Den Gemeinden ist das Recht einzuräumen, die Hebesätze der Grundsteuer und Gewerbesteuer im Rahmen der Gesetze festzusetzen. Bestehen in einem Land keine Gemeinden, so steht das Aufkommen der Grundsteuer und Gewerbesteuer sowie der örtlichen Verbrauch- und Aufwandsteuern dem Land zu. Bund und Länder können durch eine Umlage an dem Aufkommen der Gewerbesteuer beteiligt werden. Das Nähere über die Umlage bestimmt ein Bundesgesetz, das der Zustimmung des Bundesrates bedarf. Nach Maßgabe der Landesgesetzgebung können die Grundsteuer und Gewerbesteuer sowie der Gemeindeanteil vom Aufkommen der Einkommensteuer und der Umsatzsteuer als Be-

messungsgrundlagen für Umlagen zugrunde gelegt werden.

(7) Von dem Länderanteil am Gesamtaufkommen der Gemeinschaftsteuern fließt den Gemeinden und Gemeindeverbänden insgesamt ein von der Landesgesetzgebung zu bestimmender Hundertsatz zu. Im übrigen bestimmt die Landesgesetzgebung, ob und inwieweit das Aufkommen der Landessteuern den Gemeinden (Gemeindeverbänden) zufließt.

(8) Veranlaßt der Bund in einzelnen Ländern oder Gemeinden (Gemeindeverbänden) besondere Einrichtungen, die diesen Ländern oder Gemeinden (Gemeindeverbänden) unmittelbar Mehrausgaben oder Mindereinnahmen (Sonderbelastungen) verursachen, gewährt der Bund den erforderlichen Ausgleich, wenn und soweit den Ländern oder Gemeinden (Gemeindeverbänden) nicht zugemutet werden kann, die Sonderbelastungen zu tragen. Entschädigungsleistungen Dritter und finanzielle Vorteile, die diesen Ländern oder Gemeinden (Gemeindeverbänden) als Folge der Einrichtungen erwachsen, werden bei dem Ausgleich berücksichtigt.

(9) Als Einnahmen und Ausgaben der Länder im Sinne dieses Artikels gelten auch die Einnahmen und Ausgaben der Gemeinden (Gemeindeverbände).

Artikel 106a (Personennahverkehr)

Den Ländern steht ab 1. Januar 1996 für den öffentlichen Personennahverkehr ein Betrag aus dem Steueraufkommen des Bundes zu. Das Nähere regelt ein Bundesgesetz, das der Zustimmung des Bundesrates bedarf. Der Betrag nach Satz 1 bleibt bei der Bemessung der Finanzkraft nach Artikel 107 Abs. 2 unberücksichtigt.

Artikel 106b (Ausgleich infolge der Übertragung der Kfz-Steuer)

Den Ländern steht ab dem 1. Juli 2009 infolge der Übertragung der Kraftfahrzeugsteuer auf den Bund ein Betrag aus dem Steueraufkommen des Bundes zu. Das Nähere regelt ein Bundesgesetz, das der Zustimmung des Bundesrates bedarf.

Artikel 107 (Örtliches Aufkommen)

(1) Das Aufkommen der Landessteuern und der Länderanteil am Aufkommen der Einkommensteuer und der Körperschaftsteuer stehen den einzelnen Ländern insoweit zu, als die Steuern von den Finanzbehörden in ihrem Gebiet vereinnahmt werden (örtliches Aufkommen). Durch Bundesgesetz, das der Zustimmung des Bundesrates bedarf, sind für die Körperschaftsteuer und die Lohnsteuer nähere Bestimmungen über die Abgrenzung sowie über Art und Umfang der Zerlegung des örtlichen Aufkommens zu treffen. Das Gesetz kann auch Bestimmungen über die Abgrenzung und Zerlegung des örtlichen Aufkommens anderer Steuern treffen. Der Länderanteil am Aufkommen der Umsatzsteuer steht den einzelnen Ländern, vorbehaltlich der Regelungen nach Absatz 2, nach Maßgabe ihrer Einwohnerzahl zu.

(2) Durch Bundesgesetz, das der Zustimmung des Bundesrates bedarf, ist sicherzustellen, dass die unterschiedliche Finanzkraft der Länder angemessen ausgeglichen wird; hierbei sind die Finanzkraft und der Finanzbedarf der Gemeinden (Gemeindeverbände) zu berücksichtigen. Zu diesem Zweck sind in dem Gesetz Zuschläge zu und Abschläge von der jeweiligen Finanzkraft bei der Verteilung der Länderanteile am Aufkommen der Umsatzsteuer zu regeln. Die Voraussetzungen für die Gewährung von Zuschlägen und für die Erhebung von Abschlägen sowie die Maßstäbe für die Höhe dieser Zuschläge und Abschläge sind in dem Gesetz zu bestimmen. Für Zwecke der Bemessung der Finanzkraft kann die bergrechtliche Förderabgabe mit nur einem Teil ihres Aufkommens berücksichtigt werden. Das Gesetz kann auch bestimmen, dass der Bund aus seinen Mitteln leistungsschwachen Ländern Zuweisungen zur ergänzenden Deckung ihres allgemeinen Finanzbedarfs (Ergänzungszuweisungen) gewährt. Zuweisungen können unabhängig von den Maßstäben nach den Sätzen 1 bis 3 auch solchen leistungsschwachen Ländern gewährt werden, deren Gemeinden (Gemeindeverbände) eine besonders geringe Steuerkraft aufweisen (Gemeindesteuerkraftzuweisungen), so-

wie außerdem solchen leistungsschwachen Ländern, deren Anteile an den Fördermitteln nach Artikel 91b ihre Einwohneranteile unterschreiten.

Artikel 108 (Finanzverwaltung)

(1) Zölle, Finanzmonopole, die bundesgesetzlich geregelten Verbrauchsteuern einschließlich der Einfuhrumsatzsteuer, die Kraftfahrzeugsteuer und sonstige auf motorisierte Verkehrsmittel bezogene Verkehrsteuern ab dem 1. Juli 2009 sowie die Abgaben im Rahmen der Europäischen Gemeinschaften werden durch Bundesfinanzbehörden verwaltet. Der Aufbau dieser Behörden wird durch Bundesgesetz geregelt. Soweit Mittelbehörden eingerichtet sind, werden deren Leiter im Benehmen mit den Landesregierungen bestellt.

(2) Die übrigen Steuern werden durch Landesfinanzbehörden verwaltet. Der Aufbau dieser Behörden und die einheitliche Ausbildung der Beamten können durch Bundesgesetz mit Zustimmung des Bundesrates geregelt werden. Soweit Mittelbehörden eingerichtet sind, werden deren Leiter im Einvernehmen mit der Bundesregierung bestellt.

(3) Verwalten die Landesfinanzbehörden Steuern, die ganz oder zum Teil dem Bund zufließen, so werden sie im Auftrage des Bundes tätig. Artikel 85 Abs. 3 und 4 gilt mit der Maßgabe, daß an die Stelle der Bundesregierung der Bundesminister der Finanzen tritt.

IX

(4) Durch Bundesgesetz, das der Zustimmung des Bundesrates bedarf, kann bei der Verwaltung von Steuern ein Zusammenwirken von Bundes- und Landesfinanzbehörden sowie für Steuern, die unter Absatz 1 fallen, die Verwaltung durch Landesfinanzbehörden und für andere Steuern die Verwaltung durch Bundesfinanzbehörden vorgesehen werden, wenn und soweit dadurch der Vollzug der Steuergesetze erheblich verbessert oder erleichtert wird. Für die den Gemeinden (Gemeindeverbänden) allein zufließenden Steuern kann die den Landesfinanzbehörden zustehende Verwaltung durch die Länder ganz oder zum Teil den Gemeinden (Gemeindeverbänden) übertragen werden. Das Bundesgesetz nach Satz 1 kann für ein Zusammenwirken von Bund und Ländern bestimmen, dass bei Zustimmung einer im Gesetz genannten Mehrheit Regelungen für den Vollzug von Steuergesetzen für alle Länder verbindlich werden.

(4a) Durch Bundesgesetz, das der Zustimmung des Bundesrates bedarf, können bei der Verwaltung von Steuern, die unter Absatz 2 fallen, ein Zusammenwirken von Landesfinanzbehörden und eine länderübergreifende Übertragung von Zuständigkeiten auf Landesfinanzbehörden eines oder mehrerer Länder im Einvernehmen mit den betroffenen Ländern vorgesehen werden, wenn und soweit dadurch der Vollzug der Steuergesetze erheblich verbessert oder erleichtert wird. Die Kostentragung kann durch Bundesgesetz geregelt werden.

(5) Das von den Bundesfinanzbehörden anzuwendende Verfahren wird durch Bundesgesetz geregelt. Das von den Landesfinanzbehörden und in den Fällen des Absatzes 4 Satz 2 von den Gemeinden (Gemeindeverbänden) anzuwendende Verfahren kann durch Bundesgesetz mit Zustimmung des Bundesrates geregelt werden.

(6) Die Finanzgerichtsbarkeit wird durch Bundesgesetz einheitlich geregelt.

(7) Die Bundesregierung kann allgemeine Verwaltungsvorschriften erlassen, und zwar mit Zustimmung des Bundesrates, soweit die Verwaltung den Landesfinanzbehörden oder Gemeinden (Gemeindeverbänden) obliegt.

Artikel 109 (Haushaltswirtschaft)

(1) Bund und Länder sind in ihrer Haushaltswirtschaft selbständig und voneinander unabhängig.

(2) Bund und Länder erfüllen gemeinsam die Verpflichtungen der Bundesrepublik Deutschland aus Rechtsakten der Europäischen Gemeinschaft auf Grund des Artikels 104 des Vertrags zur Gründung der Europäischen Gemeinschaft zur Einhaltung der Haushaltsdisziplin und tragen in diesem Rahmen den Erfordernissen des gesamtwirtschaftlichen Gleichgewichts Rechnung.

(3) Die Haushalte von Bund und Ländern sind grundsätzlich ohne Einnahmen aus Krediten auszugleichen. Bund und Länder können Regelungen zur im Auf- und Abschwung symmetrischen Berücksichtigung der Auswirkungen einer von der Normallage abweichenden konjunkturellen Entwicklung sowie eine Ausnahmeregelung für Naturkatastrophen oder außergewöhnliche Notsituationen, die sich der Kontrolle des Staates entziehen und die staatliche Finanzlage erheblich beeinträchtigen, vorsehen. Für die Ausnahmeregelung ist eine entsprechende Tilgungsregelung vorzusehen. Die nähere Ausgestaltung regelt für den Haushalt des Bundes Artikel 115 mit der Maßgabe, dass Satz 1 entsprochen ist, wenn die Einnahmen aus Krediten 0,35 vom Hundert im Verhältnis zum nominalen Bruttoinlandsprodukt nicht überschreiten. Von den zu berücksichtigenden Einnahmen aus Krediten ist der Betrag abzuziehen, um den die Verteidigungsausgaben, die Ausgaben des Bundes für den Zivil- und Bevölkerungsschutz sowie für die Nachrichtendienste, für den Schutz der informationstechnischen Systeme und für die Hilfe für völkerrechtswidrig angegriffene Staaten 1 vom Hundert im Verhältnis zum nominalen Bruttoinlandsprodukt übersteigen. Die Gesamtheit der Länder entspricht Satz 1, wenn die durch sie erzielten Einnahmen aus Krediten 0,35 vom Hundert im Verhältnis zum nominalen Bruttoinlandsprodukt nicht überschreiten. Die Aufteilung der für die Gesamtheit der Länder zulässigen Kreditaufnahme nach Satz 6 auf die einzelnen Länder regelt ein Bundesgesetz mit Zustimmung des Bundesrates. Die nähere Ausgestaltung für die Haushalte der Länder regeln diese im Rahmen ihrer verfassungsrechtlichen Kompetenzen. Bestehende landesrechtliche Regelungen, die hinter der gemäß Satz 7 festgelegten Kreditobergrenze zurückbleiben, treten außer Kraft.

(4) Durch Bundesgesetz, das der Zustimmung des Bundesrates bedarf, können für Bund und Länder gemeinsam geltende Grundsätze für das Haushaltsrecht, für eine konjunkturgerechte Haushaltswirtschaft und für eine mehrjährige Finanzplanung aufgestellt werden.

(5) Sanktionsmaßnahmen der Europäischen Gemeinschaft im Zusammenhang mit den Bestimmungen in Artikel 104 des Vertrags zur Gründung der Europäischen Gemeinschaft zur Einhaltung der Haushaltsdisziplin tragen Bund und Länder im Verhältnis 65 zu 35. Die Ländergesamtheit trägt solidarisch 35 vom Hundert der auf die Länder entfallenden Lasten entsprechend ihrer Einwohnerzahl; 65 vom Hundert der auf die Länder entfallenden Lasten tragen die Länder entsprechend ihrem Verursachungsbeitrag. Das Nähere regelt ein Bundesgesetz, das der Zustimmung des Bundesrates bedarf.

Artikel 109a (Haushaltsnotlage, Stabilitätsrat)

(1) Zur Vermeidung von Haushaltsnotlagen regelt ein Bundesgesetz, das der Zustimmung des Bundesrates bedarf,

1. die fortlaufende Überwachung der Haushaltswirtschaft von Bund und Ländern durch ein gemeinsames Gremium (Stabilitätsrat),
2. die Voraussetzungen und das Verfahren zur Feststellung einer drohenden Haushaltsnotlage,
3. die Grundsätze zur Aufstellung und Durchführung von Sanierungsprogrammen zur Vermeidung von Haushaltsnotlagen.

(2) Dem Stabilitätsrat obliegt ab dem Jahr 2020 die Überwachung der Einhaltung der Vorgaben des Artikels 109 Absatz 3 durch Bund und Länder. Die Überwachung orientiert sich an den Vorgaben und Verfahren aus Rechtsakten auf Grund des Vertrages über die Arbeitsweise der Europäischen Union zur Einhaltung der Haushaltsdisziplin.

(3) Die Beschlüsse des Stabilitätsrats und die zugrunde liegenden Beratungsunterlagen sind zu veröffentlichen.

Artikel 110 (Haushaltsplan)

(1) Alle Einnahmen und Ausgaben des Bundes sind in den Haushaltsplan einzustellen; bei Bundesbetrieben und bei Sondervermögen brauchen nur die Zuführungen oder die Ablieferungen eingestellt zu werden. Der

Haushaltsplan ist in Einnahme und Ausgabe auszugleichen.

(2) Der Haushaltsplan wird für ein oder mehrere Rechnungsjahre, nach Jahren getrennt, vor Beginn des ersten Rechnungsjahres durch das Haushaltsgesetz festgestellt. Für Teile des Haushaltsplanes kann vorgesehen werden, daß sie für unterschiedliche Zeiträume, nach Rechnungsjahren getrennt, gelten.

(3) Die Gesetzesvorlage nach Absatz 2 Satz 1 sowie Vorlagen zur Änderung des Haushaltsgesetzes und des Haushaltsplanes werden gleichzeitig mit der Zuleitung an den Bundesrat beim Bundestage eingebracht; der Bundesrat ist berechtigt, innerhalb von sechs Wochen, bei Änderungsvorlagen innerhalb von drei Wochen, zu den Vorlagen Stellung zu nehmen.

(4) In das Haushaltsgesetz dürfen nur Vorschriften aufgenommen werden, die sich auf die Einnahmen und Ausgaben des Bundes und auf den Zeitraum beziehen, für den das Haushaltsgesetz beschlossen wird. Das Haushaltsgesetz kann vorschreiben, daß die Vorschriften erst mit der Verkündung des nächsten Haushaltsgesetzes oder bei Ermächtigung nach Artikel 115 zu einem späteren Zeitpunkt außer Kraft treten.

Artikel 111 (Haushaltsvorgriff)

(1) Ist bis zum Schluß eines Rechnungsjahres der Haushaltsplan für das folgende Jahr nicht durch Gesetz festgestellt, so ist bis zu seinem Inkrafttreten die Bundesregierung ermächtigt, alle Ausgaben zu leisten, die nötig sind,

a) um gesetzlich bestehende Einrichtungen zu erhalten und gesetzlich beschlossene Maßnahmen durchzuführen,

b) um die rechtlich begründeten Verpflichtungen des Bundes zu erfüllen,

c) um Bauten, Beschaffungen und sonstige Leistungen fortzusetzen oder Beihilfen für diese Zwecke weiter zu gewähren, sofern durch den Haushaltsplan eines Vorjahres bereits Beträge bewilligt worden sind.

(2) Soweit nicht auf besonderem Gesetze beruhende Einnahmen aus Steuern, Abgaben und sonstigen Quellen oder die Betriebsmittelrücklage die Ausgaben unter Absatz 1 decken, darf die Bundesregierung die zur Aufrechterhaltung der Wirtschaftsführung erforderlichen Mittel bis zur Höhe eines Viertels der Endsumme des abgelaufenen Haushaltsplanes im Wege des Kredits flüssig machen.

Artikel 112 (Über- und außerplanmäßige Ausgaben)

Überplanmäßige und außerplanmäßige Ausgaben bedürfen der Zustimmung des Bundesministers der Finanzen. Sie darf nur im Falle eines unvorhergesehenen und unabweisbaren Bedürfnisses erteilt werden. Näheres kann durch Bundesgesetz bestimmt werden.

Artikel 113 (Ausgabenerhöhung, Einnahmeminderung)

(1) Gesetze, welche die von der Bundesregierung vorgeschlagenen Ausgaben des Haushaltsplanes erhöhen oder neue Ausgaben in sich schließen oder für die Zukunft mit sich bringen, bedürfen der Zustimmung der Bundesregierung. Das gleiche gilt für Gesetze, die Einnahmeminderungen in sich schließen oder für die Zukunft mit sich bringen. Die Bundesregierung kann verlangen, daß der Bundestag die Beschlußfassung über solche Gesetze aussetzt. In diesem Fall hat die Bundesregierung innerhalb von sechs Wochen dem Bundestage eine Stellungnahme zuzuleiten.

(2) Die Bundesregierung kann innerhalb von vier Wochen, nachdem der Bundestag das Gesetz beschlossen hat, verlangen, daß der Bundestag erneut Beschluß faßt.

(3) Ist das Gesetz nach Artikel 78 zustande gekommen, kann die Bundesregierung ihre Zustimmung nur innerhalb von sechs Wochen und nur dann versagen, wenn sie vorher das Verfahren nach Absatz 1 Satz 3 und 4 oder nach Absatz 2 eingeleitet hat. Nach Ablauf dieser Frist gilt die Zustimmung als erteilt.

Artikel 114 (Rechnungslegung, Bundesrechnungshof)

(1) Der Bundesminister der Finanzen hat dem Bundestage und dem Bundesrate über alle Einnahmen und Ausgaben sowie über das Vermögen und die Schulden im Laufe des

nächsten Rechnungsjahres zur Entlastung der Bundesregierung Rechnung zu legen.

(2) Der Bundesrechnungshof, dessen Mitglieder richterliche Unabhängigkeit besitzen, prüft die Rechnung sowie die Wirtschaftlichkeit und Ordnungsmäßigkeit der Haushalts- und Wirtschaftsführung des Bundes. Zum Zweck der Prüfung nach Satz 1 kann der Bundesrechnungshof auch bei Stellen außerhalb der Bundesverwaltung Erhebungen vornehmen; dies gilt auch in den Fällen, in denen der Bund den Ländern zweckgebundene Finanzierungsmittel zur Erfüllung von Länderaufgaben zuweist. Er hat außer der Bundesregierung unmittelbar dem Bundestage und dem Bundesrate jährlich zu berichten. Im übrigen werden die Befugnisse des Bundesrechnungshofes durch Bundesgesetz geregelt.

Artikel 115 (Kreditaufnahme)

(1) Die Aufnahme von Krediten sowie die Übernahme von Bürgschaften, Garantien oder sonstigen Gewährleistungen, die zu Ausgaben in künftigen Rechnungsjahren führen können, bedürfen einer der Höhe nach bestimmten oder bestimmbaren Ermächtigung durch Bundesgesetz.

(2) Einnahmen und Ausgaben sind grundsätzlich ohne Einnahmen aus Krediten auszugleichen. Diesem Grundsatz ist entsprochen, wenn die Einnahmen aus Krediten 0,35 vom Hundert im Verhältnis zum nominalen Bruttoinlandsprodukt nicht überschreiten. Zusätzlich sind bei einer von der Normallage abweichenden konjunkturellen Entwicklung die Auswirkungen auf den Haushalt im Auf- und Abschwung symmetrisch zu berücksichtigen. Von den zu berücksichtigenden Einnahmen aus Krediten ist der Betrag abzuziehen, um den die Verteidigungsausgaben, die Ausgaben des Bundes für den Zivil- und Bevölkerungsschutz sowie für die Nachrichtendienste, für den Schutz der informationstechnischen Systeme und für die Hilfe für völkerrechtswidrig angegriffene Staaten 1 vom Hundert im Verhältnis zum nominalen Bruttoinlandsprodukt übersteigen. Abweichungen der tatsächlichen Kreditaufnahme von der nach den Sätzen 1 bis 4 zulässigen Kreditobergrenze werden auf einem Kontrollkonto erfasst; Belastungen, die den Schwellenwert von 1,5 vom Hundert im Verhältnis zum nominalen Bruttoinlandsprodukt überschreiten, sind konjunkturgerecht zurückzuführen. Näheres, insbesondere die Bereinigung der Einnahmen und Ausgaben um finanzielle Transaktionen und um Verteidigungsausgaben, die Ausgaben des Bundes für den Zivil- und Bevölkerungsschutz sowie für die Nachrichtendienste, für den Schutz der informationstechnischen Systeme und für die Hilfe für völkerrechtswidrig angegriffene Staaten oberhalb von 1 vom Hundert im Verhältnis zum nominalen Bruttoinlandsprodukt sowie das Verfahren zur Berechnung der Obergrenze der jährlichen Nettokreditaufnahme unter Berücksichtigung der konjunkturellen Entwicklung auf der Grundlage eines Konjunkturbereinigungsverfahrens sowie die Kontrolle und den Ausgleich von Abweichungen der tatsächlichen Kreditaufnahme von der Regelgrenze, regelt ein Bundesgesetz. Im Falle von Naturkatastrophen oder außergewöhnlichen Notsituationen, die sich der Kontrolle des Staates entziehen und die staatliche Finanzlage erheblich beeinträchtigen, können diese Kreditobergrenzen auf Grund eines Beschlusses der Mehrheit der Mitglieder des Bundestages überschritten werden. Der Beschluss ist mit einem Tilgungsplan zu verbinden. Die Rückführung der nach Satz 7 aufgenommenen Kredite hat binnen eines angemessenen Zeitraumes zu erfolgen.

Xa. Verteidigungsfall

Artikel 115a (Feststellung des Verteidigungsfalles)

(1) Die Feststellung, daß das Bundesgebiet mit Waffengewalt angegriffen wird oder ein solcher Angriff unmittelbar droht (Verteidigungsfall), trifft der Bundestag mit Zustimmung des Bundesrates. Die Feststellung erfolgt auf Antrag der Bundesregierung und bedarf einer Mehrheit von zwei Dritteln der abgegebenen Stimmen, mindestens der Mehrheit der Mitglieder des Bundestages.

(2) Erfordert die Lage unabweisbar ein sofortiges Handeln und stehen einem rechtzeitigen

Zusammentritt des Bundestages unüberwindliche Hindernisse entgegen oder ist er nicht beschlußfähig, so trifft der Gemeinsame Ausschuß diese Feststellung mit einer Mehrheit von zwei Dritteln der abgegebenen Stimmen, mindestens der Mehrheit seiner Mitglieder.

(3) Die Feststellung wird vom Bundespräsidenten gemäß Artikel 82 im Bundesgesetzblatt verkündet. Ist dies nicht rechtzeitig möglich, so erfolgt die Verkündung in anderer Weise; sie ist im Bundesgesetzblatt nachzuholen, sobald die Umstände es zulassen.

(4) Wird das Bundesgebiet mit Waffengewalt angegriffen und sind die zuständigen Bundesorgane außerstande, sofort die Feststellung nach Absatz 1 Satz 1 zu treffen, so gilt diese Feststellung als getroffen und als zu dem Zeitpunkt verkündet, in dem der Angriff begonnen hat. Der Bundespräsident gibt diesen Zeitpunkt bekannt, sobald die Umstände es zulassen.

(5) Ist die Feststellung des Verteidigungsfalles verkündet und wird das Bundesgebiet mit Waffengewalt angegriffen, so kann der Bundespräsident völkerrechtliche Erklärungen über das Bestehen des Verteidigungsfalles mit Zustimmung des Bundestages abgeben. Unter den Voraussetzungen des Absatzes 2 tritt an die Stelle des Bundestages der Gemeinsame Ausschuß.

Artikel 115b (Übergang der Befehls- und Kommandogewalt)

Mit der Verkündung des Verteidigungsfalles geht die Befehls- und Kommandogewalt über die Streitkräfte auf den Bundeskanzler über.

Artikel 115c (Konkurrierende Gesetzgebung im Verteidigungsfall)

(1) Der Bund hat für den Verteidigungsfall das Recht der konkurrierenden Gesetzgebung auch auf den Sachgebieten, die zur Gesetzgebungszuständigkeit der Länder gehören. Diese Gesetze bedürfen der Zustimmung des Bundesrates.

(2) Soweit es die Verhältnisse während des Verteidigungsfalles erfordern, kann durch Bundesgesetz für den Verteidigungsfall

1. bei Enteignungen abweichend von Artikel 14 Abs. 3 Satz 2 die Entschädigung vorläufig geregelt werden,
2. für Freiheitsentziehungen eine von Artikel 104 Abs. 2 Satz 3 und Abs. 3 Satz 1 abweichende Frist, höchstens jedoch eine solche von vier Tagen, für den Fall festgesetzt werden, daß ein Richter nicht innerhalb der für Normalzeiten geltenden Frist tätig werden konnte.

(3) Soweit es zur Abwehr eines gegenwärtigen oder unmittelbar drohenden Angriffs erforderlich ist, kann für den Verteidigungsfall durch Bundesgesetz mit Zustimmung des Bundesrates die Verwaltung und das Finanzwesen des Bundes und der Länder abweichend von den Abschnitten VIII, VIIIa und X geregelt werden, wobei die Lebensfähigkeit der Länder, Gemeinden und Gemeindeverbände, insbesondere auch in finanzieller Hinsicht, zu wahren ist.

(4) Bundesgesetze nach den Absätzen 1 und 2 Nr. 1 dürfen zur Vorbereitung ihres Vollzuges schon vor Eintritt des Verteidigungsfalles angewandt werden.

Artikel 115d (Gesetzgebungsverfahren im Verteidigungsfall)

(1) Für die Gesetzgebung des Bundes gilt im Verteidigungsfalle abweichend von Artikel 76 Abs. 2, Artikel 77 Abs. 1 Satz 2 und Abs. 2 bis 4, Artikel 78 und Artikel 82 Abs. 1 die Regelung der Absätze 2 und 3.

(2) Gesetzesvorlagen der Bundesregierung, die sie als dringlich bezeichnet, sind gleichzeitig mit der Einbringung beim Bundestage dem Bundesrate zuzuleiten. Bundestag und Bundesrat beraten diese Vorlagen unverzüglich gemeinsam. Soweit zu einem Gesetze die Zustimmung des Bundesrates erforderlich ist, bedarf es zum Zustandekommen des Gesetzes der Zustimmung der Mehrheit seiner Stimmen. Das Nähere regelt eine Geschäftsordnung, die vom Bundestage beschlossen wird und der Zustimmung des Bundesrates bedarf.

(3) Für die Verkündung der Gesetze gilt Artikel 115a Abs. 3 Satz 2 entsprechend.

Artikel 115e (Befugnisse des gemeinsamen Ausschusses)

(1) Stellt der Gemeinsame Ausschuß im Verteidigungsfalle mit einer Mehrheit von zwei Dritteln der abgegebenen Stimmen, mindestens mit der Mehrheit seiner Mitglieder fest, daß dem rechtzeitigen Zusammentritt des Bundestages unüberwindliche Hindernisse entgegenstehen oder daß dieser nicht beschlußfähig ist, so hat der Gemeinsame Ausschuß die Stellung von Bundestag und Bundesrat und nimmt deren Rechte einheitlich wahr.

(2) Durch ein Gesetz des Gemeinsamen Ausschusses darf das Grundgesetz weder geändert noch ganz oder teilweise außer Kraft oder außer Anwendung gesetzt werden. Zum Erlaß von Gesetzen nach Artikel 23 Abs. 1 Satz 2, Artikel 24 Abs. 1 oder Artikel 29 ist der Gemeinsame Ausschuß nicht befugt.

Artikel 115f (Einsatz des Bundesgrenzschutzes; Weisungen an Landesregierungen)

(1) Die Bundesregierung kann im Verteidigungsfalle, soweit es die Verhältnisse erfordern,

1. den Bundesgrenzschutz im gesamten Bundesgebiete einsetzen;
2. außer der Bundesverwaltung auch den Landesregierungen und, wenn sie es für dringlich erachtet, den Landesbehörden Weisungen erteilen und diese Befugnis auf von ihr zu bestimmende Mitglieder der Landesregierungen übertragen.

(2) Bundestag, Bundesrat und der Gemeinsame Ausschuß sind unverzüglich von den nach Absatz 1 getroffenen Maßnahmen zu unterrichten.

Artikel 115g (Bundesverfassungsgericht)

Die verfassungsmäßige Stellung und die Erfüllung der verfassungsmäßigen Aufgaben des Bundesverfassungsgerichtes und seiner Richter dürfen nicht beeinträchtigt werden. Das Gesetz über das Bundesverfassungsgericht darf durch ein Gesetz des Gemeinsamen Ausschusses nur insoweit geändert werden, als dies auch nach Auffassung des Bundesverfassungsgerichtes zur Aufrechterhaltung der Funktionsfähigkeit des Gerichtes erforderlich ist. Bis zum Erlaß eines solchen Gesetzes kann das Bundesverfassungsgericht die zur Erhaltung der Arbeitsfähigkeit des Gerichtes erforderlichen Maßnahmen treffen. Beschlüsse nach Satz 2 und Satz 3 faßt das Bundesverfassungsgericht mit der Mehrheit der anwesenden Richter.

Artikel 115h (Ablauf von Wahlperioden, Amtszeiten)

(1) Während des Verteidigungsfalles ablaufende Wahlperioden des Bundestages oder der Volksvertretungen der Länder enden sechs Monate nach Beendigung des Verteidigungsfalles. Die im Verteidigungsfalle ablaufende Amtszeit des Bundespräsidenten sowie bei vorzeitiger Erledigung seines Amtes die Wahrnehmung seiner Befugnisse durch den Präsidenten des Bundesrates enden neun Monate nach Beendigung des Verteidigungsfalles. Die im Verteidigungsfalle ablaufende Amtszeit eines Mitgliedes des Bundesverfassungsgerichtes endet sechs Monate nach Beendigung des Verteidigungsfalles.

(2) Wird eine Neuwahl des Bundeskanzlers durch den Gemeinsamen Ausschuß erforderlich, so wählt dieser einen neuen Bundeskanzler mit der Mehrheit seiner Mitglieder; der Bundespräsident macht dem Gemeinsamen Ausschuß einen Vorschlag. Der Gemeinsame Ausschuß kann dem Bundeskanzler das Mißtrauen nur dadurch aussprechen, daß er mit der Mehrheit von zwei Dritteln seiner Mitglieder einen Nachfolger wählt.

(3) Für die Dauer des Verteidigungsfalles ist die Auflösung des Bundestages ausgeschlossen.

Artikel 115i (Befugnisse der Landesregierungen)

(1) Sind die zuständigen Bundesorgane außerstande, die notwendigen Maßnahmen zur Abwehr der Gefahr zu treffen, und erfordert die Lage unabweisbar ein sofortiges selbständiges Handeln in einzelnen Teilen des

Bundesgebietes, so sind die Landesregierungen oder die von ihnen bestimmten Behörden oder Beauftragten befugt, für ihren Zuständigkeitsbereich Maßnahmen im Sinne des Artikels 115f Abs. 1 zu treffen.

(2) Maßnahmen nach Absatz 1 können durch die Bundesregierung, im Verhältnis zu Landesbehörden und nachgeordneten Bundesbehörden auch durch die Ministerpräsidenten der Länder jederzeit aufgehoben werden.

Artikel 115k (Außer-Kraft-Treten von Gesetzen und Rechtsverordnungen)

(1) Für die Dauer ihrer Anwendbarkeit setzen Gesetze nach den Artikeln 115c, 115e und 115g und Rechtsverordnungen, die auf Grund solcher Gesetze ergehen, entgegenstehendes Recht außer Anwendung. Dies gilt nicht gegenüber früherem Recht, das auf Grund der Artikel 115c, 115e und 115g erlassen worden ist.

(2) Gesetze, die der Gemeinsame Ausschuß beschlossen hat, und Rechtsverordnungen, die auf Grund solcher Gesetze ergangen sind, treten spätestens sechs Monate nach Beendigung des Verteidigungsfalles außer Kraft.

(3) Gesetze, die von den Artikeln 91a, 91b, 104a, 106 und 107 abweichende Regelungen enthalten, gelten längstens bis zum Ende des zweiten Rechnungsjahres, das auf die Beendigung des Verteidigungsfalles folgt. Sie können nach Beendigung des Verteidigungsfalles durch Bundesgesetz mit Zustimmung des Bundesrates geändert werden, um zu der Regelung gemäß den Abschnitten VIIIa und X überzuleiten.

IX

Artikel 115l (Beendigung des Verteidigungsfalles)

(1) Der Bundestag kann jederzeit mit Zustimmung des Bundesrates Gesetze des Gemeinsamen Ausschusses aufheben. Der Bundesrat kann verlangen, daß der Bundestag hierüber beschließt. Sonstige zur Abwehr der Gefahr getroffene Maßnahmen des Gemeinsamen Ausschusses oder der Bundesregierung sind aufzuheben, wenn der Bundestag und der Bundesrat es beschließen.

(2) Der Bundestag kann mit Zustimmung des Bundesrates jederzeit durch einen vom Bundespräsidenten zu verkündenden Beschluß den Verteidigungsfall für beendet erklären. Der Bundesrat kann verlangen, daß der Bundestag hierüber beschließt. Der Verteidigungsfall ist unverzüglich für beendet zu erklären, wenn die Voraussetzungen für seine Feststellung nicht mehr gegeben sind.

(3) Über den Friedensschluß wird durch Bundesgesetz entschieden.

XI. Übergangs- und Schlußbestimmungen

Artikel 116 (Begriff „Deutscher"; Wiedereinbürgerung)

(1) Deutscher im Sinne dieses Grundgesetzes ist vorbehaltlich anderweitiger gesetzlicher Regelung, wer die deutsche Staatsangehörigkeit besitzt oder als Flüchtling oder Vertriebener deutscher Volkszugehörigkeit oder als dessen Ehegatte oder Abkömmling in dem Gebiete des Deutschen Reiches nach dem Stande vom 31. Dezember 1937 Aufnahme gefunden hat.

(2) Frühere deutsche Staatsangehörige, denen zwischen dem 30. Januar 1933 und dem 8. Mai 1945 die Staatsangehörigkeit aus politischen, rassischen oder religiösen Gründen entzogen worden ist, und ihre Abkömmlinge sind auf Antrag wieder einzubürgern. Sie gelten als nicht ausgebürgert, sofern sie nach dem 8. Mai 1945 ihren Wohnsitz in Deutschland genommen haben und nicht einen entgegengesetzten Willen zum Ausdruck gebracht haben.

Artikel 117 (Übergangsregelung für Artikel 3 und Artikel 11)

(1) Das dem Artikel 3 Abs. 2 entgegenstehende Recht bleibt bis zu seiner Anpassung an diese Bestimmung des Grundgesetzes in Kraft, jedoch nicht länger als bis zum 31. März 1953.

(2) Gesetze, die das Recht der Freizügigkeit mit Rücksicht auf die gegenwärtige Raumnot

einschränken, bleiben bis zu ihrer Aufhebung durch Bundesgesetz in Kraft.

Artikel 118 (Neugliederung von Baden-Württemberg)

Die Neugliederung in dem die Länder Baden, Württemberg-Baden und Württemberg-Hohenzollern umfassenden Gebiete kann abweichend von den Vorschriften des Artikels 29 durch Vereinbarung der beteiligten Länder erfolgen. Kommt eine Vereinbarung nicht zustande, so wird die Neugliederung durch Bundesgesetz geregelt, das eine Volksbefragung vorsehen muß.

Artikel 118a (Neugliederung Berlin/Brandenburg)

Die Neugliederung in dem die Länder Berlin und Brandenburg umfassenden Gebiet kann abweichend von den Vorschriften des Artikels 29 unter Beteiligung ihrer Wahlberechtigten durch Vereinbarung beider Länder erfolgen.

Artikel 119 (Flüchtlinge und Vertriebene)

In Angelegenheiten der Flüchtlinge und Vertriebenen, insbesondere zu ihrer Verteilung auf die Länder, kann bis zu einer bundesgesetzlichen Regelung die Bundesregierung mit Zustimmung des Bundesrates Verordnungen mit Gesetzeskraft erlassen. Für besondere Fälle kann dabei die Bundesregierung ermächtigt werden, Einzelweisungen zu erteilen. Die Weisungen sind außer bei Gefahr im Verzuge an die obersten Landesbehörden zu richten.

Artikel 120 (Besatzungskosten, Kriegsfolgelasten, Soziallasten)

(1) Der Bund trägt die Aufwendungen für Besatzungskosten und die sonstigen inneren und äußeren Kriegsfolgelasten nach näherer Bestimmung von Bundesgesetzen. Soweit diese Kriegsfolgelasten bis zum 1. Oktober 1969 durch Bundesgesetze geregelt worden sind, tragen Bund und Länder im Verhältnis zueinander die Aufwendungen nach Maßgabe dieser Bundesgesetze. Soweit Aufwendungen für Kriegsfolgelasten, die in Bundesgesetzen weder geregelt worden sind noch geregelt werden, bis zum 1. Oktober 1965 von den Ländern, Gemeinden (Gemeindeverbänden) oder sonstigen Aufgabenträgern, die Aufgaben von Ländern oder Gemeinden erfüllen, erbracht worden sind, ist der Bund zur Übernahme von Aufwendungen dieser Art auch nach diesem Zeitpunkt nicht verpflichtet. Der Bund trägt die Zuschüsse zu den Lasten der Sozialversicherung mit Einschluß der Arbeitslosenversicherung und der Arbeitslosenhilfe. Die durch diesen Absatz geregelte Verteilung der Kriegsfolgelasten auf Bund und Länder läßt die gesetzliche Regelung von Entschädigungsansprüchen für Kriegsfolgen unberührt.

(2) Die Einnahmen gehen auf den Bund zu demselben Zeitpunkte über, an dem der Bund die Ausgaben übernimmt.

Artikel 120a (Lastenausgleich)

(1) Die Gesetze, die der Durchführung des Lastenausgleichs dienen, können mit Zustimmung des Bundesrates bestimmen, daß sie auf dem Gebiete der Ausgleichsleistungen teils durch den Bund, teils im Auftrage des Bundes durch die Länder ausgeführt werden und daß die der Bundesregierung und den zuständigen obersten Bundesbehörden auf Grund des Artikels 85 insoweit zustehenden Befugnisse ganz oder teilweise dem Bundesausgleichsamt übertragen werden. Das Bundesausgleichsamt bedarf bei Ausübung dieser Befugnisse nicht der Zustimmung des Bundesrates; seine Weisungen sind, abgesehen von den Fällen der Dringlichkeit, an die obersten Landesbehörden (Landesausgleichsämter) zu richten.

(2) Artikel 87 Abs. 3 Satz 2 bleibt unberührt.

Artikel 121 (Begriff „Mehrheit")

Mehrheit der Mitglieder des Bundestages und der Bundesversammlung im Sinne dieses Grundgesetzes ist die Mehrheit ihrer gesetzlichen Mitgliederzahl.

Artikel 122 (Aufhebung früherer Gesetzgebungszuständigkeiten)

(1) Vom Zusammentritt des Bundestages an werden die Gesetze ausschließlich von den in diesem Grundgesetze anerkannten gesetzgebenden Gewalten beschlossen.

(2) Gesetzgebende und bei der Gesetzgebung beratend mitwirkende Körperschaften, deren Zuständigkeit nach Absatz 1 endet, sind mit diesem Zeitpunkt aufgelöst.

Artikel 123 (Fortgelten bisherigen Rechts; Staatsverträge)

(1) Recht aus der Zeit vor dem Zusammentritt des Bundestages gilt fort, soweit es dem Grundgesetze nicht widerspricht.

(2) Die vom Deutschen Reich abgeschlossenen Staatsverträge, die sich auf Gegenstände beziehen, für die nach diesem Grundgesetze die Landesgesetzgebung zuständig ist, bleiben, wenn sie nach allgemeinen Rechtsgrundsätzen gültig sind und fortgelten, unter Vorbehalt aller Rechte und Einwendungen der Beteiligten in Kraft, bis neue Staatsverträge durch die nach diesem Grundgesetze zuständigen Stellen abgeschlossen werden oder ihre Beendigung auf Grund der in ihnen enthaltenen Bestimmungen anderweitig erfolgt.

Artikel 124 (Fortgelten bei ausschließlicher Gesetzgebung)

Recht, das Gegenstände der ausschließlichen Gesetzgebung des Bundes betrifft, wird innerhalb seines Geltungsbereiches Bundesrecht.

Artikel 125 (Fortgelten bei konkurrierender Gesetzgebung)

Recht, das Gegenstände der konkurrierenden Gesetzgebung des Bundes betrifft, wird innerhalb seines Geltungsbereiches Bundesrecht,

1. soweit es innerhalb einer oder mehrerer Besatzungszonen einheitlich gilt,
2. soweit es sich um Recht handelt, durch das nach dem 8. Mai 1945 früheres Reichsrecht abgeändert worden ist.

Artikel 125a (Übergangsregelung bei Kompetenzänderung)

(1) Recht, das als Bundesrecht erlassen worden ist, aber wegen der Änderung des Artikels 74 Abs. 1, der Einfügung des Artikels 84 Abs. 1 Satz 7, des Artikels 85 Abs. 1 Satz 2 oder des Artikels 105 Abs. 2a Satz 2 oder wegen der Aufhebung der Artikel 74a, 75 oder 98 Abs. 3 Satz 2 nicht mehr als Bundesrecht erlassen werden könnte, gilt als Bundesrecht fort. Es kann durch Landesrecht ersetzt werden.

(2) Recht, das auf Grund des Artikels 72 Abs. 2 in der bis zum 15. November 1994 geltenden Fassung erlassen worden ist, aber wegen Änderung des Artikels 72 Abs. 2 nicht mehr als Bundesrecht erlassen werden könnte, gilt als Bundesrecht fort. Durch Bundesgesetz kann bestimmt werden, dass es durch Landesrecht ersetzt werden kann.

(3) Recht, das als Landesrecht erlassen worden ist, aber wegen Änderung des Artikels 73 nicht mehr als Landesrecht erlassen werden könnte, gilt als Landesrecht fort. Es kann durch Bundesrecht ersetzt werden.

Artikel 125b (Überleitung Föderalismusreform)

(1) Recht, das auf Grund des Artikels 75 in der bis zum 1. September 2006 geltenden Fassung erlassen worden ist und das auch nach diesem Zeitpunkt als Bundesrecht erlassen werden könnte, gilt als Bundesrecht fort. Befugnisse und Verpflichtungen der Länder zur Gesetzgebung bleiben insoweit bestehen. Auf den in Artikel 72 Abs. 3 Satz 1 genannten Gebieten können die Länder von diesem Recht abweichende Regelungen treffen, auf den Gebieten des Artikels 72 Abs. 3 Satz 1 Nr. 2, 5 und 6 jedoch erst, wenn und soweit der Bund ab dem 1. September 2006 von seiner Gesetzgebungszuständigkeit Gebrauch gemacht hat, in den Fällen der Nummern 2 und 5 spätestens ab dem 1. Januar 2010, im Falle der Nummer 6 spätestens ab dem 1. August 2008.

(2) Von bundesgesetzlichen Regelungen, die auf Grund des Artikels 84 Abs. 1 in der vor dem 1. September 2006 geltenden Fassung erlassen worden sind, können die Länder abweichende Regelungen treffen, von Regelungen des Verwaltungsverfahrens bis zum 31. Dezember 2008 aber nur dann, wenn ab dem 1. September 2006 in dem jeweiligen Bundesgesetz Regelungen des Verwaltungsverfahrens geändert worden sind.

(3) Auf dem Gebiet des Artikels 72 Absatz 3 Satz 1 Nummer 7 darf abweichendes Landesrecht der Erhebung der Grundsteuer frühestens für Zeiträume ab dem 1. Januar 2025 zugrunde gelegt werden.

Artikel 125c (Überleitung Föderalismusreform)

(1) Recht, das auf Grund des Artikels 91a Abs. 2 in Verbindung mit Abs. 1 Nr. 1 in der bis zum 1. September 2006 geltenden Fassung erlassen worden ist, gilt bis zum 31. Dezember 2006 fort.

(2) Die nach Artikel 104a Abs. 4 in der bis zum 1. September 2006 geltenden Fassung in den Bereichen der Gemeindeverkehrsfinanzierung und der sozialen Wohnraumförderung geschaffenen Regelungen gelten bis zum 31. Dezember 2006 fort. Die im Bereich der Gemeindeverkehrsfinanzierung für die besonderen Programme nach § 6 Absatz 1 des Gemeindeverkehrsfinanzierungsgesetzes sowie die mit dem Gesetz über Finanzhilfen des Bundes nach Artikel 104a Absatz 4 des Grundgesetzes an die Länder Bremen, Hamburg, Mecklenburg-Vorpommern, Niedersachsen sowie Schleswig-Holstein für Seehäfen vom 20. Dezember 2001 nach Artikel 104a Absatz 4 in der bis zum 1. September 2006 geltenden Fassung geschaffenen Regelungen gelten bis zu ihrer Aufhebung fort. Eine Änderung des Gemeindeverkehrsfinanzierungsgesetzes durch Bundesgesetz ist zulässig. Die sonstigen nach Artikel 104a Absatz 4 in der bis zum 1. September 2006 geltenden Fassung geschaffenen Regelungen gelten bis zum 31. Dezember 2019 fort, soweit nicht ein früherer Zeitpunkt für das Außerkrafttreten bestimmt ist oder wird. Artikel 104b Absatz 2 Satz 4 gilt entsprechend.

(3) Artikel 104b Absatz 2 Satz 5 ist erstmals auf nach dem 31. Dezember 2019 in Kraft getretene Regelungen anzuwenden.

Artikel 126 (Zweifel über Fortgelten von Recht)

Meinungsverschiedenheiten über das Fortgelten von Recht als Bundesrecht entscheidet das Bundesverfassungsgericht.

Artikel 127 (Recht des Vereinigten Wirtschaftsgebietes)

Die Bundesregierung kann mit Zustimmung der Regierungen der beteiligten Länder Recht der Verwaltung des Vereinigten Wirtschaftsgebietes, soweit es nach Artikel 124 oder 125 als Bundesrecht fortgilt, innerhalb eines Jahres nach Verkündung dieses Grundgesetzes in den Ländern Baden, Groß-Berlin, Rheinland-Pfalz und Württemberg-Hohenzollern in Kraft setzen.

Artikel 128 (Fortbestehen von Weisungsrechten)

Soweit fortgeltendes Recht Weisungsrechte im Sinne des Artikels 84 Abs. 5 vorsieht, bleiben sie bis zu einer anderweitigen gesetzlichen Regelung bestehen.

Artikel 129 (Fortgelten von Ermächtigungen)

(1) Soweit in Rechtsvorschriften, die als Bundesrecht fortgelten, eine Ermächtigung zum Erlasse von Rechtsverordnungen oder allgemeinen Verwaltungsvorschriften sowie zur Vornahme von Verwaltungsakten enthalten ist, geht sie auf die nunmehr sachlich zuständigen Stellen über. In Zweifelsfällen entscheidet die Bundesregierung im Einvernehmen mit dem Bundesrate; die Entscheidung ist zu veröffentlichen.

(2) Soweit in Rechtsvorschriften, die als Landesrecht fortgelten, eine solche Ermächtigung enthalten ist, wird sie von den nach Landesrecht zuständigen Stellen ausgeübt.

(3) Soweit Rechtsvorschriften im Sinne der Absätze 1 und 2 zu ihrer Änderung oder Ergänzung oder zum Erlaß von Rechtsvorschriften an Stelle von Gesetzen ermächtigen, sind diese Ermächtigungen erloschen.

(4) Die Vorschriften der Absätze 1 und 2 gelten entsprechend, soweit in Rechtsvorschriften auf nicht mehr geltende Vorschriften oder nicht mehr bestehende Einrichtungen verwiesen ist.

Artikel 130 (Körperschaften des öffentlichen Rechts)

(1) Verwaltungsorgane und sonstige der öffentlichen Verwaltung oder Rechtspflege die-

nende Einrichtungen, die nicht auf Landesrecht oder Staatsverträgen zwischen Ländern beruhen, sowie die Betriebsvereinigung der südwestdeutschen Eisenbahnen und der Verwaltungsrat für das Post- und Fernmeldewesen für das französische Besatzungsgebiet unterstehen der Bundesregierung. Diese regelt mit Zustimmung des Bundesrates die Überführung, Auflösung oder Abwicklung.

(2) Oberster Disziplinarvorgesetzter der Angehörigen dieser Verwaltungen und Einrichtungen ist der zuständige Bundesminister.

(3) Nicht landesunmittelbare und nicht auf Staatsverträgen zwischen den Ländern beruhende Körperschaften und Anstalten des öffentlichen Rechtes unterstehen der Aufsicht der zuständigen obersten Bundesbehörde.

Artikel 131 (Frühere Angehörige des öffentlichen Dienstes)

Die Rechtsverhältnisse von Personen einschließlich der Flüchtlinge und Vertriebenen, die am 8. Mai 1945 im öffentlichen Dienste standen, aus anderen als beamten- oder tarifrechtlichen Gründen ausgeschieden sind und bisher nicht oder nicht ihrer früheren Stellung entsprechend verwendet werden, sind durch Bundesgesetz zu regeln. Entsprechendes gilt für Personen einschließlich der Flüchtlinge und Vertriebenen, die am 8. Mai 1945 versorgungsberechtigt waren und aus anderen als beamten- oder tarifrechtlichen Gründen keine oder keine entsprechende Versorgung mehr erhalten. Bis zum Inkrafttreten des Bundesgesetzes können vorbehaltlich anderweitiger landesrechtlicher Regelung Rechtsansprüche nicht geltend gemacht werden.

Artikel 132 (gegenstandslos)

Artikel 133 (Vereinigtes Wirtschaftsgebiet, Rechtsnachfolge)

Der Bund tritt in die Rechte und Pflichten der Verwaltung des Vereinigten Wirtschaftsgebietes ein.

Artikel 134 (Reichsvermögen, Rechtsnachfolge)

(1) Das Vermögen des Reiches wird grundsätzlich Bundesvermögen.

(2) Soweit es nach seiner ursprünglichen Zweckbestimmung überwiegend für Verwaltungsaufgaben bestimmt war, die nach diesem Grundgesetze nicht Verwaltungsaufgaben des Bundes sind, ist es unentgeltlich auf die nunmehr zuständigen Aufgabenträger und, soweit es nach seiner gegenwärtigen, nicht nur vorübergehenden Benutzung Verwaltungsaufgaben dient, die nach diesem Grundgesetze nunmehr von den Ländern zu erfüllen sind, auf die Länder zu übertragen. Der Bund kann auch sonstiges Vermögen den Ländern übertragen.

(3) Vermögen, das dem Reich von den Ländern und Gemeinden (Gemeindeverbänden) unentgeltlich zur Verfügung gestellt wurde, wird wiederum Vermögen der Länder und Gemeinden (Gemeindeverbände), soweit es nicht der Bund für eigene Verwaltungsaufgaben benötigt.

(4) Das Nähere regelt ein Bundesgesetz, das der Zustimmung des Bundesrates bedarf.

Artikel 135 (Gebietsänderungen, Rechtsnachfolge)

(1) Hat sich nach dem 8. Mai 1945 bis zum Inkrafttreten dieses Grundgesetzes die Landeszugehörigkeit eines Gebietes geändert, so steht in diesem Gebiete das Vermögen des Landes, dem das Gebiet angehört hat, dem Lande zu, dem es jetzt angehört.

(2) Das Vermögen nicht mehr bestehender Länder und nicht mehr bestehender anderer Körperschaften und Anstalten des öffentlichen Rechtes geht, soweit es nach seiner ursprünglichen Zweckbestimmung überwiegend für Verwaltungsaufgaben bestimmt war, oder nach seiner gegenwärtigen, nicht nur vorübergehenden Benutzung überwiegend Verwaltungsaufgaben dient, auf das Land oder die Körperschaft oder Anstalt des öffentlichen Rechtes über, die nunmehr diese Aufgaben erfüllen.

(3) Grundvermögen nicht mehr bestehender Länder geht einschließlich des Zubehörs, soweit es nicht bereits zu Vermögen im Sinne des Absatzes 1 gehört, auf das Land über, in dessen Gebiet es gelegen ist.

(4) Sofern ein überwiegendes Interesse des Bundes oder das besondere Interesse eines Gebietes es erfordert, kann durch Bundesgesetz eine von den Absätzen 1 bis 3 abweichende Regelung getroffen werden.

(5) Im übrigen wird die Rechtsnachfolge und die Auseinandersetzung, soweit sie nicht bis zum 1. Januar 1952 durch Vereinbarung zwischen den beteiligten Ländern oder Körperschaften oder Anstalten des öffentlichen Rechtes erfolgt, durch Bundesgesetz geregelt, das der Zustimmung des Bundesrates bedarf.

(6) Beteiligungen des ehemaligen Landes Preußen an Unternehmen des privaten Rechtes gehen auf den Bund über. Das Nähere regelt ein Bundesgesetz, das auch Abweichendes bestimmen kann.

(7) Soweit über Vermögen, das einem Lande oder einer Körperschaft oder Anstalt des öffentlichen Rechtes nach den Absätzen 1 bis 3 zufallen würde, von dem danach Berechtigten durch ein Landesgesetz, auf Grund eines Landesgesetzes oder in anderer Weise bei Inkrafttreten des Grundgesetzes verfügt worden war, gilt der Vermögensübergang als vor der Verfügung erfolgt.

Artikel 135a (Erfüllung alter Verbindlichkeiten)

(1) Durch die in Artikel 134 Absatz 4 und Artikel 135 Absatz 5 vorbehaltene Gesetzgebung des Bundes kann auch bestimmt werden, daß nicht oder nicht in voller Höhe zu erfüllen sind

1. Verbindlichkeiten des Reiches sowie Verbindlichkeiten des ehemaligen Landes Preußen und sonstiger nicht mehr bestehender Körperschaften und Anstalten des öffentlichen Rechts,
2. Verbindlichkeiten des Bundes oder anderer Körperschaften und Anstalten des öffentlichen Rechts, welche mit dem Übergang von Vermögenswerten nach Artikel 89, 90, 134 und 135 im Zusammenhang stehen, und Verbindlichkeiten dieser Rechtsträger, die auf Maßnahmen der in Nummer 1 bezeichneten Rechtsträger beruhen,
3. Verbindlichkeiten der Länder und Gemeinden (Gemeindeverbände), die aus Maßnahmen entstanden sind, welche diese Rechtsträger vor dem 1. August 1945 zur Durchführung von Anordnungen der Besatzungsmächte oder zur Beseitigung eines kriegsbedingten Notstandes im Rahmen dem Reich obliegender oder vom Reich übertragener Verwaltungsaufgaben getroffen haben.

(2) Absatz 1 findet entsprechende Anwendung auf Verbindlichkeiten der Deutschen Demokratischen Republik oder ihrer Rechtsträger sowie auf Verbindlichkeiten des Bundes oder anderer Körperschaften und Anstalten des öffentlichen Rechts, die mit dem Übergang von Vermögenswerten der Deutschen Demokratischen Republik auf Bund, Länder und Gemeinden im Zusammenhang stehen, und auf Verbindlichkeiten, die auf Maßnahmen der Deutschen Demokratischen Republik oder ihrer Rechtsträger beruhen.

Artikel 136 (Erster Zusammentritt des Bundesrates)

(1) Der Bundesrat tritt erstmalig am Tage des ersten Zusammentritts des Bundestages zusammen.

(2) Bis zur Wahl des ersten Bundespräsidenten werden dessen Befugnisse von dem Präsidenten des Bundesrates ausgeübt. Das Recht der Auflösung des Bundestages steht ihm nicht zu.

Artikel 137 (Wählbarkeit von Beamten, Soldaten und Richtern)

(1) Die Wählbarkeit von Beamten, Angestellten des öffentlichen Dienstes, Berufssoldaten, freiwilligen Soldaten auf Zeit und Richtern im Bund, in den Ländern und den Gemeinden kann gesetzlich beschränkt werden.

(2) und (3) (gegenstandslos)

Artikel 138 (Notariat)

Änderungen der Einrichtungen des jetzt bestehenden Notariats in den Ländern Baden, Bayern, Württemberg-Baden und Württemberg-Hohenzollern bedürfen der Zustimmung der Regierungen dieser Länder.

Statt Baden, Württemberg-Baden und Württemberg-Hohenzollern: Baden-Württemberg.

Artikel 139 (Befreiungsgesetze)

Die zur „Befreiung des deutschen Volkes vom Nationalsozialismus und Militarismus" erlassenen Rechtsvorschriften werden von den Bestimmungen dieses Grundgesetzes nicht berührt.

Artikel 140 (Religionsfreiheit, Religionsgesellschaften)

Die Bestimmungen der Artikel 136, 137, 138, 139 und 141 der Deutschen Verfassung vom 11. August 1919 sind Bestandteile dieses Grundgesetzes.

Die Bestimmungen der **Weimarer Reichsverfassung** lauten:

Artikel 136

(1) Die bürgerlichen und staatsbürgerlichen Rechte und Pflichten werden durch die Ausübung der Religionsfreiheit weder bedingt noch beschränkt.

(2) Der Genuß bürgerlicher und staatsbürgerlicher Rechte sowie die Zulassung zu öffentlichen Ämtern sind unabhängig von dem religiösen Bekenntnis.

(3) Niemand ist verpflichtet, seine religiöse Überzeugung zu offenbaren. Die Behörden haben nur soweit das Recht, nach der Zugehörigkeit zu einer Religionsgesellschaft zu fragen, als davon Rechte und Pflichten abhängen oder eine gesetzlich angeordnete statistische Erhebung dies erfordert.

(4) Niemand darf zu einer kirchlichen Handlung oder Feierlichkeit oder zur Teilnahme an religiösen Übungen oder zur Benutzung einer religiösen Eidesform gezwungen werden.

Artikel 137

(1) Es besteht keine Staatskirche.

(2) Die Freiheit der Vereinigung zur Religionsgesellschaften wird gewährleistet. Der Zusammenschluß von Religionsgesellschaften innerhalb des Reichsgebiets unterliegt keinen Beschränkungen.

(3) Jede Religionsgesellschaft ordnet und verwaltet ihre Angelegenheiten selbständig innerhalb der Schranken des für alle geltenden Gesetzes. Sie verleiht ihre Ämter ohne Mitwirkung des Staates oder der bürgerlichen Gemeinde.

(4) Religionsgesellschaften erwerben die Rechtsfähigkeit nach den allgemeinen Vorschriften des bürgerlichen Rechts.

(5) Die Religionsgesellschaften bleiben Körperschaften des öffentlichen Rechtes, soweit sie solche bisher waren. Anderen Religionsgesellschaften sind auf ihren Antrag gleiche Rechte zu gewähren, wenn sie durch ihre Verfassung und die Zahl ihrer Mitglieder die Gewähr der Dauer bieten. Schließen sich mehrere derartige öffentlich-rechtliche Religionsgesellschaften zu einem Verbande zusammen, so ist auch dieser Verband eine öffentlich-rechtliche Körperschaft.

(6) Die Religionsgesellschaften, welche Körperschaften des öffentlichen Rechtes sind, sind berechtigt, auf Grund der bürgerlichen Steuerlisten nach Maßgabe der landesrechtlichen Bestimmungen Steuern zu erheben.

(7) Den Religionsgesellschaften werden die Vereinigungen gleichgestellt, die sich die gemeinschaftliche Pflege einer Weltanschauung zur Aufgabe machen.

(8) Soweit die Durchführung dieser Bestimmungen eine weitere Regelung erfordert, liegt diese der Landesgesetzgebung ob.

Artikel 138

(1) Die auf Gesetz, Vertrag oder besonderen Rechtstiteln beruhenden Staatsleistungen an die Religionsgesellschaften werden durch die Landesgesetzgebung abgelöst. Die Grundsätze hierfür stellt das Reich auf.

(2) Das Eigentum und andere Rechte der Religionsgesellschaften und religiösen Vereine an ihren für Kultus-, Unterrichts- und Wohltätigkeitszwecke bestimmten Anstalten, Stiftungen und sonstigen Vermögen werden gewährleistet.

Artikel 139

Der Sonntag und die staatlich anerkannten Feiertage bleiben als Tage der Arbeitsruhe und der seelischen Erhebung gesetzlich geschützt.

Artikel 141

Soweit das Bedürfnis nach Gottesdienst und Seelsorge im Heer, in Krankenhäusern, Strafanstalten oder sonstigen öffentlichen Anstalten besteht, sind die Religionsgesellschaften zur Vornahme religiöser Handlungen zuzulassen, wobei jeder Zwang fernzuhalten ist.

Artikel 141 (Landesrechtliche Regelung des Religionsunterrichts)

Artikel 7 Abs. 3 Satz 1 findet keine Anwendung in einem Lande, in dem am 1. Januar 1949 eine andere landesrechtliche Regelung bestand.

Artikel 142 (Grundrechte in Landesverfassungen)

Ungeachtet der Vorschrift des Artikels 31 bleiben Bestimmungen der Landesverfassungen auch insoweit in Kraft, als sie in Übereinstimmung mit den Artikeln 1 bis 18 dieses Grundgesetzes Grundrechte gewährleisten.

Artikel 143 (Abweichungen vom Grundgesetz aufgrund Einigungsvertrag)

(1) Recht in dem in Artikel 3 des Einigungsvertrags genannten Gebiet kann längstens bis zum 31. Dezember 1992 von Bestimmungen dieses Grundgesetzes abweichen, soweit und solange infolge der unterschiedlichen Verhältnisse die völlige Anpassung an die grundgesetzliche Ordnung noch nicht erreicht werden kann. Abweichungen dürfen nicht gegen Artikel 19 Abs. 2 verstoßen und müssen mit den in Artikel 79 Abs. 3 genannten Grundsätzen vereinbar sein.

(2) Abweichungen von den Abschnitten II, VIII, VIIIa, IX, X und XI sind längstens bis zum 31. Dezember 1995 zulässig.

(3) Unabhängig von Absatz 1 und 2 haben Artikel 41 des Einigungsvertrags und Regelungen zu seiner Durchführung auch insoweit Bestand, als sie vorsehen, daß Eingriffe in das Eigentum auf dem in Artikel 3 dieses Vertrags genannten Gebiet nicht mehr rückgängig gemacht werden.

Artikel 143a (Umwandlung der Bundeseisenbahnen)

(1) Der Bund hat die ausschließliche Gesetzgebung über alle Angelegenheiten, die sich aus der Umwandlung der in bundeseigener Verwaltung geführten Bundeseisenbahnen in Wirtschaftsunternehmen ergeben. Artikel 87e Abs. 5 findet entsprechende Anwendung. Beamte der Bundeseisenbahnen können durch Gesetz unter Wahrung ihrer Rechtsstellung und der Verantwortung des Dienstherrn einer privat-rechtlich organisierten Eisenbahn des Bundes zur Dienstleistung zugewiesen werden.

(2) Gesetze nach Absatz 1 führt der Bund aus.

(3) Die Erfüllung der Aufgaben im Bereich des Schienenpersonennahverkehrs der bisherigen Bundeseisenbahnen ist bis zum 31. Dezember 1995 Sache des Bundes. Dies gilt auch für die entsprechenden Aufgaben der Eisenbahnverkehrsverwaltung. Das Nähere wird durch Bundesgesetz geregelt, das der Zustimmung des Bundesrates bedarf.

Artikel 143b (Umwandlung der Bundespost)

(1) Das Sondervermögen Deutsche Bundespost wird nach Maßgabe eines Bundesgesetzes in Unternehmen privater Rechtsform umgewandelt. Der Bund hat die ausschließliche Gesetzgebung über alle sich hieraus ergebenden Angelegenheiten.

(2) Die vor der Umwandlung bestehenden ausschließlichen Rechte des Bundes können durch Bundesgesetz für eine Übergangszeit den aus der Deutschen Bundespost POSTDIENST und der Deutschen Bundespost TELEKOM hervorgegangenen Unternehmen verliehen werden. Die Kapitalmehrheit am Nachfolgeunternehmen der Deutschen Bundespost POSTDIENST darf der Bund frühestens fünf Jahre nach Inkrafttreten des Gesetzes aufgeben. Dazu bedarf es eines Bundesgesetzes mit Zustimmung des Bundesrates.

(3) Die bei der Deutschen Bundespost tätigen Bundesbeamten werden unter Wahrung ihrer Rechtsstellung und der Verantwortung des Dienstherrn bei den privaten Unternehmen beschäftigt. Die Unternehmen üben Dienstherrnbefugnisse aus. Das Nähere bestimmt ein Bundesgesetz.

Artikel 143c (Beträge aus dem Bundeshaushalt)

(1) Den Ländern stehen ab dem 1. Januar 2007 bis zum 31. Dezember 2019 für den durch die Abschaffung der Gemeinschaftsaufgaben Ausbau und Neubau von Hochschulen einschließlich Hochschulkliniken und Bildungsplanung sowie für den durch die Abschaffung der Finanzhilfen zur Verbesserung der Verkehrsverhältnisse der Gemeinden und zur sozialen Wohnraumförderung bedingten Wegfall der Finanzierungsanteile des Bundes jährlich Beträge aus dem Haushalt des Bundes zu. Bis zum 31. Dezember 2013 werden diese Beträge aus dem Durchschnitt der Finanzierungsanteile des Bundes im Referenzzeitraum 2000 bis 2008 ermittelt.

(2) Die Beträge nach Absatz 1 werden auf die Länder bis zum 31. Dezember 2013 wie folgt verteilt:

1. als jährliche Festbeträge, deren Höhe sich nach dem Durchschnittsanteil eines jeden Landes im Zeitraum 2000 bis 2003 errechnet;
2. jeweils zweckgebunden an den Aufgabenbereich der bisherigen Mischfinanzierungen.

(3) Bund und Länder überprüfen bis Ende 2013, in welcher Höhe die den Ländern nach Absatz 1 zugewiesenen Finanzierungsmittel zur Aufgabenerfüllung der Länder noch angemessen und erforderlich sind. Ab dem 1. Januar 2014 entfällt die nach Absatz 2 Nr. 2 vorgesehene Zweckbindung der nach Absatz 1 zugewiesenen Finanzierungsmittel; die investive Zweckbindung des Mittelvolumens bleibt bestehen. Die Vereinbarungen aus dem Solidarpakt II bleiben unberührt.

(4) Das Nähere regelt ein Bundesgesetz, das der Zustimmung des Bundesrates bedarf.

Artikel 143d (Haushaltswirtschaft, Schuldenbremse)

(1) Artikel 109 und 115 in der bis zum 31. Juli 2009 geltenden Fassung sind letztmals auf das Haushaltsjahr 2010 anzuwenden. Artikel 109 und 115 in der ab dem 1. August 2009 geltenden Fassung sind erstmals für das Haushaltsjahr 2011 anzuwenden; am 31. Dezember 2010 bestehende Kreditermächtigungen für bereits eingerichtete Sondervermögen bleiben unberührt. Die Länder dürfen im Zeitraum vom 1. Januar 2011 bis zum 31. Dezember 2019 nach Maßgabe der geltenden landesrechtlichen Regelungen von den Vorgaben des Artikels 109 Absatz 3 abweichen. Die Haushalte der Länder sind so aufzustellen, dass im Haushaltsjahr 2020 die Vorgabe aus Artikel 109 Absatz 3 Satz 5 erfüllt wird. Der Bund kann im Zeitraum vom 1. Januar 2011 bis zum 31. Dezember 2015 von der Vorgabe des Artikels 115 Absatz 2 Satz 2 abweichen. Mit dem Abbau des bestehenden Defizits soll im Haushaltsjahr 2011 begonnen werden. Die jährlichen Haushalte sind so aufzustellen, dass im Haushaltsjahr 2016 die Vorgabe aus Artikel 115 Absatz 2 Satz 2 erfüllt wird; das Nähere regelt ein Bundesgesetz.

(2) Als Hilfe zur Einhaltung der Vorgaben des Artikels 109 Absatz 3 ab dem 1. Januar 2020 können den Ländern Berlin, Bremen, Saarland, Sachsen-Anhalt und Schleswig-Holstein für den Zeitraum 2011 bis 2019 Konsolidierungshilfen aus dem Haushalt des Bundes in Höhe von insgesamt 800 Millionen Euro jährlich gewährt werden. Davon entfallen auf Bremen 300 Millionen Euro, auf das Saarland 260 Millionen Euro und auf Berlin, Sachsen-Anhalt und Schleswig-Holstein jeweils 80 Millionen Euro. Die Hilfen werden auf der Grundlage einer Verwaltungsvereinbarung nach Maßgabe eines Bundesgesetzes mit Zustimmung des Bundesrates geleistet. Die Gewährung der Hilfen setzt einen vollständigen Abbau der Finanzierungsdefizite bis zum Jahresende 2020 voraus. Das Nähere, insbesondere die jährlichen Abbauschritte der Finanzierungsdefizite, die Überwachung des Abbaus der Finanzierungsdefizite durch den Stabilitätsrat sowie die Konsequenzen im Falle der Nichteinhaltung der Abbauschritte, wird durch Bundesgesetz mit Zustimmung des Bundesrates und durch Verwaltungsvereinbarung geregelt. Die gleichzeitige Gewährung der Konsolidierungshilfen und Sanierungshilfen auf Grund einer extremen Haushaltsnotlage ist ausgeschlossen.

(3) Die sich aus der Gewährung der Konsolidierungshilfen ergebende Finanzierungslast wird hälftig von Bund und Ländern, von letzteren aus ihrem Umsatzsteueranteil, getragen. Das Nähere wird durch Bundesgesetz mit Zustimmung des Bundesrates geregelt.

(4) Als Hilfe zur künftig eigenständigen Einhaltung der Vorgaben des Artikels 109 Absatz 3 können den Ländern Bremen und Saarland ab dem 1. Januar 2020 Sanierungshilfen in Höhe von jährlich insgesamt 800 Millionen Euro aus dem Haushalt des Bundes gewährt werden. Die Länder ergreifen hierzu Maßnahmen zum Abbau der übermäßigen Verschuldung sowie zur Stärkung der Wirtschafts- und Finanzkraft. Das Nähere regelt ein Bundesgesetz, das der Zustimmung

des Bundesrates bedarf. Die gleichzeitige Gewährung der Sanierungshilfen und Sanierungshilfen auf Grund einer extremen Haushaltsnotlage ist ausgeschlossen.

Artikel 143e (Bundesautobahnen und sonstige Fernstraßen)

(1) Die Bundesautobahnen werden abweichend von Artikel 90 Absatz 2 längstens bis zum 31. Dezember 2020 in Auftragsverwaltung durch die Länder oder die nach Landesrecht zuständigen Selbstverwaltungskörperschaften geführt. Der Bund regelt die Umwandlung der Auftragsverwaltung in Bundesverwaltung nach Artikel 90 Absatz 2 und 4 durch Bundesgesetz mit Zustimmung des Bundesrates.

(2) Auf Antrag eines Landes, der bis zum 31. Dezember 2018 zu stellen ist, übernimmt der Bund abweichend von Artikel 90 Absatz 4 die sonstigen Bundesstraßen des Fernverkehrs, soweit sie im Gebiet dieses Landes liegen, mit Wirkung zum 1. Januar 2021 in Bundesverwaltung.

(3) Durch Bundesgesetz mit Zustimmung des Bundesrates kann geregelt werden, dass ein Land auf Antrag die Aufgabe der Planfeststellung und Plangenehmigung für den Bau und für die Änderung von Bundesautobahnen und von sonstigen Bundesstraßen des Fernverkehrs, die der Bund nach Artikel 90 Absatz 4 oder Artikel 143e Absatz 2 in Bundesverwaltung übernommen hat, im Auftrage des Bundes übernimmt und unter welchen Voraussetzungen eine Rückübertragung erfolgen kann.

Artikel 143f (Außerkrafttreten)

Artikel 143d, das Gesetz über den Finanzausgleich zwischen Bund und Ländern sowie sonstige auf der Grundlage von Artikel 107 Absatz 2 in seiner ab dem 1. Januar 2020 geltenden Fassung erlassene Gesetze treten außer Kraft, wenn nach dem 31. Dezember 2030 die Bundesregierung, der Bundestag oder gemeinsam mindestens drei Länder Verhandlungen über eine Neuordnung der bundesstaatlichen Finanzbeziehungen verlangt haben und mit Ablauf von fünf Jahren nach Notifikation des Verhandlungsverlangens der Bundesregierung, des Bundestages oder der Länder beim Bundespräsidenten keine gesetzliche Neuordnung der bundesstaatlichen Finanzbeziehungen in Kraft getreten ist. Der Tag des Außerkrafttretens ist im Bundesgesetzblatt bekannt zu geben.

Artikel 143g (Übergangsregelung)

Für die Regelung der Steuerertragsverteilung, des Länderfinanzausgleichs und der Bundesergänzungszuweisungen bis zum 31. Dezember 2019 ist Artikel 107 in seiner bis zum Inkrafttreten des Gesetzes zur Änderung des Grundgesetzes vom 13. Juli 2017 geltenden Fassung weiter anzuwenden.

Artikel 143h (Sondervermögen)

(1) Der Bund kann ein Sondervermögen mit eigener Kreditermächtigung für zusätzliche Investitionen in die Infrastruktur und für zusätzliche Investitionen zur Erreichung der Klimaneutralität bis zum Jahr 2045 mit einem Volumen von bis zu 500 Milliarden Euro errichten. Zusätzlichkeit liegt vor, wenn im jeweiligen Haushaltsjahr eine angemessene Investitionsquote im Bundeshaushalt erreicht wird. Auf die Kreditermächtigung sind Artikel 109 Absatz 3 und Artikel 115 Absatz 2 nicht anzuwenden. Investitionen aus dem Sondervermögen können innerhalb einer Laufzeit von zwölf Jahren bewilligt werden. Zuführungen aus dem Sondervermögen in den Klima- und Transformationsfonds werden in Höhe von 100 Milliarden Euro vorgenommen. Das Nähere regelt ein Bundesgesetz.

(2) Aus dem Sondervermögen nach Absatz 1 Satz 1 stehen den Ländern 100 Milliarden Euro auch für Investitionen der Länder in deren Infrastruktur zur Verfügung. Die Länder haben dem Bund über die Mittelverwendung Bericht zu erstatten. Der Bund ist zur Prüfung der zweckentsprechenden Mittelverwendung berechtigt. Das Nähere regelt ein Bundesgesetz mit Zustimmung des Bundesrates.

Artikel 144 (Ratifizierung des Grundgesetzes)

(1) Dieses Grundgesetz bedarf der Annahme durch die Volksvertretungen in zwei Dritteln

der deutschen Länder, in denen es zunächst gelten soll.

(2) Soweit die Anwendung dieses Grundgesetzes in einem der in Artikel 23 aufgeführten Länder oder in einem Teile eines dieser Länder Beschränkungen unterliegt, hat das Land oder der Teil des Landes das Recht, gemäß Artikel 38 Vertreter in den Bundestag und gemäß Artikel 50 Vertreter in den Bundesrat zu entsenden.

Artikel 145 (Verkündung des Grundgesetzes)

(1) Der Parlamentarische Rat stellt in öffentlicher Sitzung unter Mitwirkung der Abgeordneten Groß-Berlins die Annahme dieses Grundgesetzes fest, fertigt es aus und verkündet es.

(2) Dieses Grundgesetz tritt mit Ablauf des Tages der Verkündung in Kraft.

(3) Es ist im Bundesgesetzblatt zu veröffentlichen.

Der Tag der Verkündung war der 23. Mai 1949.

Artikel 146 (Außer-Kraft-Treten des Grundgesetzes)

Dieses Grundgesetz, das nach Vollendung der Einheit und Freiheit Deutschlands für das gesamte deutsche Volk gilt, verliert seine Gültigkeit an dem Tage, an dem eine Verfassung in Kraft tritt, die von dem deutschen Volke in freier Entscheidung beschlossen worden ist.

Verfassung des Freistaates Bayern

in der Fassung der Bekanntmachung vom 15. Dezember 1998 (GVBl. S. 991)

Zuletzt geändert durch
Gesetz zur Änderung der Verfassung des Freistaates Bayern
– Angemessene Finanzausstattung der Gemeinden –
vom 19. November 2013 (GVBl. S. 642)

Inhaltsübersicht

IX

Angesichts des Trümmerfeldes, zu dem eine Staats- und Gesellschaftsordnung ohne Gott, ohne Gewissen und ohne Achtung vor der Würde des Menschen die Überlebenden des zweiten Weltkrieges geführt hat, in dem festen Entschlusse, den kommenden deutschen Geschlechtern die Segnungen des Friedens, der Menschlichkeit und des Rechtes dauernd zu sichern, gibt sich das Bayerische Volk, eingedenk seiner mehr als tausendjährigen Geschichte, nachstehende demokratische Verfassung

Erster Hauptteil Aufbau und Aufgaben des Staates

1. Abschnitt Die Grundlagen des Bayerischen Staates

Art. 1 (Freistaat; Landesfarben; Landeswappen)

(1) Bayern ist ein Freistaat.

(2) Die Landesfarben sind Weiß und Blau.

(3) Das Landeswappen wird durch Gesetz bestimmt.

Art. 2 (Volksstaat)

(1) $_1$Bayern ist ein Volksstaat. $_2$Träger der Staatsgewalt ist das Volk.

(2) $_1$Das Volk tut seinen Willen durch Wahlen und Abstimmung kund. $_2$Mehrheit entscheidet.

Art. 3 (Rechts-, Kultur- und Sozialstaat)

(1) $_1$Bayern ist ein Rechts-, Kultur- und Sozialstaat. $_2$Er dient dem Gemeinwohl.

(2) $_1$Der Staat schützt die natürlichen Lebensgrundlagen und die kulturelle Überlieferung. $_2$Er fördert und sichert gleichwertige Lebensverhältnisse und Arbeitsbedingungen in ganz Bayern, in Stadt und Land.

Art. 3a (Geeintes Europa)

$_1$Bayern bekennt sich zu einem geeinten Europa, das demokratischen, rechtsstaatlichen, sozialen und föderativen Grundsätzen sowie dem Grundsatz der Subsidiarität verpflichtet ist, die Eigenständigkeit der Regionen wahrt und deren Mitwirkung an europäischen Entscheidungen sichert. $_2$Bayern arbeitet mit anderen europäischen Regionen zusammen.

Art. 4 (Ausübung der Staatsgewalt)

Die Staatsgewalt wird ausgeübt durch die stimmenberechtigten Staatsbürger selbst, durch die von ihnen gewählte Volksvertretung und durch die mittelbar oder unmittelbar von ihr bestellten Vollzugsbehörden und Richter.

Art. 5 (Teilung der Staatsgewalt)

(1) Die gesetzgebende Gewalt steht ausschließlich dem Volk und der Volksvertretung zu.

(2) Die vollziehende Gewalt liegt in den Händen der Staatsregierung und der nachgeordneten Vollzugsbehörden.

(3) Die richterliche Gewalt wird durch unabhängige Richter ausgeübt.

Art. 6 (Staatsangehörigkeit)

(1) Die Staatsangehörigkeit wird erworben

1. durch Geburt;
2. durch Legitimation;
3. durch Eheschließung;
4. durch Einbürgerung.

(2) Die Staatsangehörigkeit kann nicht aberkannt werden.

(3) Das Nähere regelt ein Gesetz über die Staatsangehörigkeit.

Art. 7 (Staatsbürger; Rechte des Staatsbürgers)

(1) Staatsbürger ist ohne Unterschied der Geburt, der Rasse, des Geschlechts, des Glaubens und des Berufs jeder Staatsangehörige, der das 18. Lebensjahr vollendet hat.

(2) Der Staatsbürger übt seine Rechte aus durch Teilnahme an Wahlen, Bürgerbegehren und Bürgerentscheiden sowie Volksbegehren und Volksentscheiden.

(3) Die Ausübung dieser Rechte kann von der Dauer eines Aufenthalts bis zu einem Jahr abhängig gemacht werden.

Art. 8 (Staatsbürgerliche Gleichstellung)

Alle deutschen Staatsangehörigen, die in Bayern ihren Wohnsitz haben, besitzen die gleichen Rechte und haben die gleichen Pflichten wie die bayerischen Staatsangehörigen.

Art. 9 (Gliederung des Staatsgebietes)

(1) Das Staatsgebiet gliedert sich in Kreise (Regierungsbezirke); die Abgrenzung erfolgt durch Gesetz.

(2) $_1$Die Kreise sind in Bezirke eingeteilt; die kreisunmittelbaren Städte stehen den Bezirken gleich. $_2$Die Einteilung wird durch Rechtsverordnung der Staatsregierung bestimmt; hierzu ist die vorherige Genehmigung des Landtags einzuholen.

Art. 10 (Gemeindeverbände)

(1) Für das Gebiet jedes Kreises und jedes Bezirks besteht ein Gemeindeverband als Selbstverwaltungskörper.

(2) Der eigene Wirkungskreis der Gemeindeverbände wird durch die Gesetzgebung bestimmt.

(3) $_1$Den Gemeindeverbänden können durch Gesetz weitere Aufgaben übertragen werden, die sie namens des Staates zu erfüllen haben. $_2$Sie besorgen diese Aufgaben entweder nach den Weisungen der Staatsbehörden oder kraft besonderer Bestimmung selbständig.

(4) Das wirtschaftliche und kulturelle Eigenleben im Bereich der Gemeindeverbände ist vor Verödung zu schützen.

Art. 11 (Aufgaben der Gemeinde)

(1) $_1$Jeder Teil des Staatsgebiets ist einer Gemeinde zugewiesen. $_2$Eine Ausnahme hiervon machen bestimmte unbewohnte Flächen (ausmärkische Gebiete).

(2) $_1$Die Gemeinden sind ursprüngliche Gebietskörperschaften des öffentlichen Rechts. $_2$Sie haben das Recht, ihre eigenen Angelegenheiten im Rahmen der Gesetze selbst zu ordnen und zu verwalten, insbesonders ihre Bürgermeister und Vertretungskörper zu wählen.

(3) Durch Gesetz können den Gemeinden Aufgaben übertragen werden, die sie namens des Staates zu erfüllen haben.

(4) Die Selbstverwaltung der Gemeinden dient dem Aufbau der Demokratie in Bayern von unten nach oben.

(5) Für die Selbstverwaltung in der Gemeinde gilt der Grundsatz der Gleichheit der politischen Rechte und Pflichten aller in der Gemeinde wohnenden Staatsbürger.

Art. 12 (Gemeindewahl, Gemeindevermögen)

(1) Die Grundsätze für die Wahl zum Landtag gelten auch für die Gemeinden und Gemeindeverbände.

(2) $_1$Das Vermögen der Gemeinden und Gemeindeverbände kann unter keinen Umständen zum Staatsvermögen gezogen werden. $_2$Die Vergabung solchen Vermögens ist unzulässig.

(3) $_1$Die Staatsbürger haben das Recht, Angelegenheiten des eigenen Wirkungskreises der Gemeinden und Landkreise durch Bürgerbegehren und Bürgerentscheid zu regeln. $_2$Das Nähere regelt ein Gesetz.

2. Abschnitt
Der Landtag

Art. 13 (Zusammensetzung des Landtags)

(1) Der Landtag besteht aus 180[1]) Abgeordneten des bayerischen Volkes.

(2) $_1$Die Abgeordneten sind Vertreter des Volkes, nicht nur einer Partei. $_2$Sie sind nur ihrem Gewissen verantwortlich und an Aufträge nicht gebunden.

Art. 14 (Wahl und Wählbarkeit der Abgeordneten)

(1) $_1$Die Abgeordneten werden in allgemeiner, gleicher, unmittelbarer und geheimer

[1]) Für den 14. Landtag s. § 2 Abs. 3 Nr. 2 des Gesetzes vom 20. Februar 1998 (GVBl. S. 39).

Wahl nach einem verbesserten Verhältniswahlrecht von allen wahlberechtigten Staatsbürgern in Wahlkreisen und Stimmkreisen gewählt. 2Jeder Regierungsbezirk bildet einen Wahlkreis. 3Jeder Landkreis und jede kreisfreie Gemeinde bildet einen Stimmkreis. 4Soweit es der Grundsatz der Wahlgleichheit erfordert, sind räumlich zusammenhängende Stimmkreise abweichend von Satz 3 zu bilden. 5Je Wahlkreis darf höchstens ein Stimmkreis mehr gebildet werden als Abgeordnete aus der Wahlkreisliste zu wählen sind. 6Durch Überhang- und Ausgleichsmandate, die in Anwendung dieser Grundsätze zugeteilt werden, kann die Zahl der Abgeordneten nach Art. 13 Abs. 1 überschritten werden.

(2) Wählbar ist jeder wahlfähige Staatsbürger, der das 18. Lebensjahr vollendet hat.

(3) Die Wahl findet an einem Sonntag oder öffentlichen Ruhetag statt.

(4) Wahlvorschläge, auf die im Land nicht mindestens fünf vom Hundert der insgesamt abgegebenen gültigen Stimmen entfallen, erhalten keinen Sitz im Landtag zugeteilt.

(5) Das Nähere bestimmt das Landeswahlgesetz.

Art. 15 (Staatsfeindliche Wählergruppen)

(1) Wählergruppen, deren Mitglieder oder Förderer darauf ausgehen, die staatsbürgerlichen Freiheiten zu unterdrücken oder gegen Volk, Staat oder Verfassung Gewalt anzuwenden, dürfen sich an Wahlen und Abstimmungen nicht beteiligen.

(2) Die Entscheidung darüber, ob diese Voraussetzungen vorliegen, trifft auf Antrag der Staatsregierung oder einer der im Landtag vertretenen politischen Parteien der Bayerische Verfassungsgerichtshof.

Art. 16 (Wahldauer)

(1) 1Der Landtag wird auf fünf Jahre gewählt. 2Seine Wahlperiode beginnt mit seinem ersten Zusammentritt und endet mit dem Zusammentritt eines neuen Landtags. 3Die Neuwahl findet frühestens 59 Monate, spätestens 62 Monate nach dem Tag statt, an dem der vorausgegangene Landtag gewählt worden ist.

(2) Der Landtag tritt spätestens am 22. Tag nach der Wahl zusammen.

Art. 16a (Parlamentarische Opposition)

(1) Parlamentarische Opposition ist ein grundlegender Bestandteil der parlamentarischen Demokratie.

(2) 1Die Fraktionen und die Mitglieder des Landtags, welche die Staatsregierung nicht stützen, haben das Recht auf ihrer Stellung entsprechende Wirkungsmöglichkeiten in Parlament und Öffentlichkeit. 2Sie haben Anspruch auf eine zur Erfüllung ihrer besonderen Aufgaben erforderliche Ausstattung.

(3) Das Nähere wird durch Gesetz geregelt.

Art. 17 (Zusammentritt zur Sitzungsperiode)

(1) Der Landtag tritt jedes Jahr im Herbst am Sitz der Staatsregierung zusammen.

(2) Der Präsident kann ihn früher einberufen. Er muß ihn einberufen, wenn es die Staatsregierung oder mindestens ein Drittel der Landtagsmitglieder verlangt.

(3) Der Landtag bestimmt den Schluß der Tagung und den Zeitpunkt des Wiederzusammentritts.

Art. 18 (Auflösung und Abberufung)

(1) Der Landtag kann sich vor Ablauf seiner Wahldauer durch Mehrheitsbeschluß seiner gesetzlichen Mitgliederzahl selbst auflösen.

(2) Er kann im Falle des Art. 44 Abs. 5 vom Landtagspräsidenten aufgelöst werden.

(3) Er kann auf Antrag von einer Million wahlberechtigter Staatsbürger durch Volksentscheid abberufen werden.

(4) Die Neuwahl des Landtags findet spätestens am sechsten Sonntag nach der Auflösung oder Abberufung statt.

Art. 19 (Verlust der Mitgliedschaft)

Die Mitgliedschaft beim Landtag während der Wahldauer geht verloren durch Verzicht, Ungültigkeitserklärung der Wahl, nachträgliche Änderung des Wahlergebnisses und Verlust der Wahlfähigkeit.

Art. 20 (Präsidium und Geschäftsordnung)

(1) Der Landtag wählt aus seiner Mitte ein Präsidium, bestehend aus einem Präsidenten, dessen Stellvertretern und den Schriftführern.

(2) Zwischen zwei Tagungen führt das Präsidium die laufenden Geschäfte des Landtags fort.

(3) Der Landtag gibt sich eine Geschäftsordnung.

Art. 21 (Hausrecht und Hausverwaltung im Landtag)

(1) Der Präsident übt das Hausrecht und die Polizeigewalt im Landtagsgebäude aus.

(2) Er führt die Hausverwaltung, verfügt über die Einnahmen und Ausgaben des Hauses und vertritt den Staat in allen Rechtsgeschäften und Rechtsstreitigkeiten dieser Verwaltung.

Art. 22 (Öffentlichkeit und Ausschluss der Öffentlichkeit; Verhandlungsberichte)

(1) $_1$Der Landtag verhandelt öffentlich. $_2$Auf Antrag von 50 Mitgliedern oder der Staatsregierung kann mit Zweidrittelmehrheit der anwesenden Mitglieder die Öffentlichkeit für die Behandlung eines bestimmten Gegenstandes ausgeschlossen werden. $_3$Sie muß ausgeschlossen werden, wenn und solange es die Staatsregierung zur Begründung ihres Antrags auf Ausschluß der Öffentlichkeit verlangt. $_4$Der Landtag entscheidet darüber, ob und in welcher Art die Öffentlichkeit über solche Verhandlungen unterrichtet werden soll.

(2) Wahrheitsgetreue Berichte über die Verhandlungen in den öffentlichen Sitzungen des Landtags oder seiner Ausschüsse bleiben von jeder Verantwortlichkeit frei, es sei denn, daß es sich um die Wiedergabe von Ehrverletzungen handelt.

Art. 23 (Beschlussverfahren)

(1) Der Landtag beschließt mit einfacher Mehrheit der abgegebenen Stimmen, sofern die Verfassung kein anderes Stimmverhältnis vorschreibt.

(2) Zur Beschlußfähigkeit des Landtags ist die Anwesenheit der Mehrheit seiner Mitglieder erforderlich.

(3) Die in der Verfassung vorgesehenen Ausnahmen bleiben unberührt.

Art. 24 (Landtag und Regierung)

(1) Der Landtag und seine Ausschüsse können das Erscheinen des Ministerpräsidenten und jedes Staatsministers und Staatssekretärs verlangen.

(2) $_1$Die Mitglieder der Staatsregierung und die von ihnen bestellten Beauftragten haben zu allen Sitzungen des Landtags und seiner Ausschüsse Zutritt. $_2$Sie müssen während der Beratung jederzeit, auch außerhalb der Tagesordnung, gehört werden.

Art. 25 (Untersuchungsausschüsse)

(1) Der Landtag hat das Recht und auf Antrag von einem Fünftel seiner Mitglieder die Pflicht, Untersuchungsausschüsse einzusetzen.

(2) Bei der Einsetzung jedes neuen Untersuchungsausschusses wechselt der Vorsitz unter den Fraktionen entsprechend ihrem Stärkeverhältnis im Landtag.

(3) $_1$Diese Ausschüsse und die von ihnen ersuchten Behörden können in entsprechender Anwendung der Strafprozeßordnung alle erforderlichen Beweise erheben, auch Zeugen und Sachverständige vorladen, vernehmen, beeidigen und das Zeugniszwangsverfahren gegen sie durchführen. $_2$Das Brief-, Post-, Telegraphen- und Fernsprechgeheimnis bleibt jedoch unberührt. $_3$Die Gerichts- und Verwaltungsbehörden sind verpflichtet, dem Ersuchen dieser Ausschüsse um Beweiserhebung Folge zu leisten. $_4$Die Akten der Behörden sind ihnen auf Verlangen vorzulegen.

(4) $_1$Auf Antrag von einem Fünftel ihrer Mitglieder haben die Ausschüsse zulässigen Anträgen nach Absatz 3 stattzugeben. $_2$Hält die Mehrheit der Mitglieder dieses Ausschusses einen Antrag nach Absatz 3 für unzulässig, so entscheidet darüber der Landtag. $_3$Gegen dessen Entscheidung kann der Bayerische Verfassungsgerichtshof angerufen werden.

(5) $_1$Die Untersuchungsausschüsse verhandeln öffentlich, doch wird die Öffentlichkeit

IX

auf Verlangen einer Zweidrittelmehrheit ausgeschlossen. 2Art. 22 Abs. 1 Satz 3 und 4 gilt entsprechend.

Art. 25a (Enquete-Kommission)

1Zur Vorbereitung von Entscheidungen über umfangreiche und bedeutsame Angelegenheiten, die in die Zuständigkeit des Freistaates Bayern fallen, kann der Landtag eine Enquete-Kommission einsetzen. 2Auf Antrag eines Fünftels seiner Mitglieder ist er dazu verpflichtet. 3Der Antrag muß den Auftrag der Kommission bezeichnen. 4Das Nähere regelt die Geschäftsordnung des Landtags.

Art. 26 (Zwischenausschuss)

(1) 1Der Landtag bestellt zur Wahrung der Rechte der Volksvertretung gegenüber der Staatsregierung und zur Behandlung dringlicher Staatsangelegenheiten für die Zeit außerhalb der Tagung sowie nach der Auflösung oder der Abberufung des Landtags bis zum Zusammentritt des neuen Landtags einen Zwischenausschuß. 2Dieser Ausschuß hat die Befugnisse des Landtags, doch kann er nicht Ministeranklage erheben und nicht Gesetze beschließen oder Volksbegehren behandeln.

(2) Für diesen Ausschuß gelten die Bestimmungen des Art. 25.

Art. 27 (Freiheit der Abstimmung)

Kein Mitglied des Landtags darf zu irgendeiner Zeit wegen seiner Abstimmung gerichtlich oder dienstlich verfolgt oder sonst außerhalb der Versammlung zur Verantwortung gezogen werden.

Art. 28 (Immunität)

(1) Kein Mitglied des Landtags kann ohne dessen Genehmigung während der Tagung wegen einer mit Strafe bedrohten Handlung zur Untersuchung gezogen oder verhaftet werden, es sei denn, daß es bei Ausübung der Tat oder spätestens im Laufe des folgenden Tages festgenommen worden ist.

(2) Die gleiche Genehmigung ist erforderlich, wenn der Abgeordnete anderweitig in seiner persönlichen Freiheit beschränkt und dadurch in der Ausübung seines Abgeordnetenberufes beeinträchtigt wird.

(3) 1Jedes Strafverfahren gegen ein Mitglied des Landtags und jede Haft oder sonstige Beschränkung seiner persönlichen Freiheit wird auf Verlangen des Landtags für die Dauer der Tagung aufgehoben. 2Ein solches Verlangen kann jedoch nicht gestellt werden, wenn der Abgeordnete eines unpolitischen Verbrechens bezichtigt wird. 3Ob dieser Fall vorliegt, entscheidet der Landtag.

Art. 29 (Zeugnisverweigerungsrecht)

(1) 1Die Mitglieder des Landtags sind berechtigt, über Personen, die ihnen in ihrer Eigenschaft als Abgeordnete Tatsachen anvertrauten oder denen sie in Ausübung ihres Abgeordnetenberufes Tatsachen anvertraut haben, sowie über diese Tatsachen selbst das Zeugnis zu verweigern. 2Soweit dieses Zeugnisverweigerungsrecht reicht, ist die Beschlagnahme von Schriftstücken bei ihnen unzulässig.

(2) Eine Untersuchung oder Beschlagnahme darf in den Räumen des Landtags nur mit Genehmigung des Präsidenten vorgenommen werden.

Art. 30 (Unbehinderte Amtsausübung)

Abgeordnete bedürfen zur Ausübung ihres Amtes als Mitglied des Landtags keines Urlaubs von ihrem Arbeitgeber.

Art. 31 (Aufwandsentschädigung)

Die Mitglieder des Landtags haben das Recht zur freien Fahrt auf allen staatlichen Verkehrseinrichtungen in Bayern sowie auf eine Aufwandsentschädigung.

Art. 32 (Mitglieder des Zwischenausschusses)

(1) Die Art. 27 mit 31 gelten für das Präsidium des Landtags sowie für die Mitglieder des Zwischenausschusses und ihre ersten Stellvertreter.

(2) In den Fällen des Art. 28 wird die Mitwirkung des Landtags durch die Mitwirkung des Zwischenausschusses ersetzt.

Art. 33 (Wahlprüfung)

1Die Wahlprüfung obliegt dem Landtag. 2Wird die Gültigkeit einer Wahl bestritten, so entscheidet der Bayerische Verfassungsgerichtshof. $_{3}$Er entscheidet auch über die Frage, ob ein Abgeordneter die Mitgliedschaft beim Landtag verloren hat.

Art. 33a (Landesbeauftragter für den Datenschutz)

(1) Der Landtag wählt auf Vorschlag der Staatsregierung einen Landesbeauftragten für den Datenschutz.

(2) Der Landesbeauftragte für den Datenschutz kontrolliert nach Maßgabe des Gesetzes bei den öffentlichen Stellen die Einhaltung der Vorschriften über den Datenschutz.

(3) $_{1}$Der Landesbeauftragte für den Datenschutz ist in Ausübung seines Amts unabhängig und nur dem Gesetz unterworfen. $_{2}$Er untersteht der Dienstaufsicht des Landtagspräsidenten.

(4) $_{1}$Der Landesbeauftragte für den Datenschutz wird auf sechs Jahre gewählt. $_{2}$Wiederwahl ist zulässig. $_{3}$Er kann ohne seine Zustimmung vor Ablauf seiner Amtszeit nur mit Zweidrittelmehrheit der Mitgliederzahl des Landtags abberufen werden, wenn eine entsprechende Anwendung der Vorschriften über die Amtsenthebung von Richtern auf Lebenszeit dies rechtfertigt.

(5) Das Nähere wird durch Gesetz geregelt.

3. Abschnitt
Der Senat

Art. 34 bis 42 (weggefallen)

4. Abschnitt
Die Staatsregierung

Art. 43 (Zusammensetzung der Staatsregierung)

(1) Die Staatsregierung ist die oberste leitende und vollziehende Behörde des Staates.

(2) Sie besteht aus dem Ministerpräsidenten und bis zu 17 Staatsministern und Staatssekretären.

Art. 44 (Der Ministerpräsident)

(1) Der Ministerpräsident wird von dem neu gewählten Landtag spätestens innerhalb einer Woche nach seinem Zusammentritt auf die Dauer von fünf Jahren gewählt.

(2) Wählbar ist jeder wahlberechtigte Bayer, der das 40. Lebensjahr vollendet hat.

(3) $_{1}$Der Ministerpräsident kann jederzeit von seinem Amt zurücktreten. $_{2}$Er muß zurücktreten, wenn die politischen Verhältnisse ein vertrauensvolles Zusammenarbeiten zwischen ihm und dem Landtag unmöglich machen. $_{3}$Der Rücktritt des Ministerpräsidenten hat den Rücktritt der Staatsregierung zur Folge. $_{4}$Bis zur Neuwahl eines Ministerpräsidenten geht die Vertretung Bayerns nach außen auf den Landtagspräsidenten über. $_{5}$Während dieser Zeit kann der Landtagspräsident vom Landtag nicht abberufen werden.

(4) Bei Rücktritt oder Tod des Ministerpräsidenten während seiner Amtsdauer wird in der nächsten Sitzung des Landtags ein neuer Ministerpräsident für den Rest der laufenden Amtsdauer gewählt.

(5) Kommt die Neuwahl innerhalb von vier Wochen nicht zustande, muß der Landtagspräsident den Landtag auflösen.

Art. 45 (Berufungs- und Entlassungsbefugnis)

Der Ministerpräsident beruft und entläßt mit Zustimmung des Landtags die Staatsminister und die Staatssekretäre.

Art. 46 (Stellvertreter)

Der Ministerpräsident bestimmt mit Zustimmung des Landtags seinen Stellvertreter aus der Zahl der Staatsminister.

Art. 47 (Geschäftsbereich)

(1) Der Ministerpräsident führt in der Staatsregierung den Vorsitz und leitet ihre Geschäfte.

(2) Er bestimmt die Richtlinien der Politik und trägt dafür die Verantwortung gegenüber dem Landtag.

(3) Er vertritt Bayern nach außen.

(4) Er übt in Einzelfällen das Begnadigungsrecht aus.

(5) Er unterbreitet dem Landtag die Vorlagen der Staatsregierung.

Art. 48 (Drohende Gefährdung der öffentlichen Sicherheit)

(1) Die Staatsregierung kann bei drohender Gefährdung der öffentlichen Sicherheit und Ordnung das Recht der öffentlichen freien Meinungsäußerung (Art. 110), die Pressefreiheit (Art. 111), das Brief-, Post-, Telegraphen- und Fernsprechgeheimnis (Art. 112) und die Versammlungsfreiheit (Art. 113) zunächst auf die Dauer einer Woche einschränken oder aufheben.

(2) 1Sie hat gleichzeitig die Einberufung des Landtags zu veranlassen, ihn von allen getroffenen Maßnahmen unverzüglich zu verständigen und diese auf Verlangen des Landtags ganz oder teilweise aufzuheben. 2Bestätigt der Landtag mit der Mehrheit seiner gesetzlichen Mitgliederzahl die getroffenen Maßnahmen, so wird ihre Geltung um einen Monat verlängert.

(3) Gegen die getroffenen Maßnahmen ist außerdem Beschwerde zum Bayerischen Verfassungsgerichtshof zulässig; dieser hat innerhalb einer Woche wenigstens eine vorläufige Entscheidung zu treffen.

Art. 49

1Der Ministerpräsident bestimmt die Zahl und die Abgrenzung der Geschäftsbereiche (Staatsministerien). 2Dies bedarf der Bestätigung durch Beschluß des Landtags.

Art. 50

1Jedem Staatsminister wird durch den Ministerpräsidenten ein Geschäftsbereich oder eine Sonderaufgabe zugewiesen. 2Der Ministerpräsident kann sich selbst einen oder mehrere Geschäftsbereiche vorbehalten oder einem Staatsminister mehrere Geschäftsbereiche zuweisen.

Art. 51 (Staatsminister und Staatssekretär)

(1) Gemäß den vom Ministerpräsidenten bestimmten Richtlinien der Politik führt jeder Staatsminister seinen Geschäftsbereich selbständig und unter eigener Verantwortung gegenüber dem Landtag.

(2) 1Die Staatssekretäre sind an die Weisungen des Staatsministers, dem sie zugewiesen sind, gebunden. 2Im Falle der Verhinderung des Staatsministers handeln sie selbständig und unter eigener Verantwortung gegenüber dem Landtag.

Art. 52 (Staatskanzlei)

Zur Unterstützung des Ministerpräsidenten und der Staatsregierung in ihren verfassungsmäßigen Aufgaben besteht eine Staatskanzlei.

Art. 53 (Geschäftsordnung)

1Die Staatsregierung gibt sich eine Geschäftsordnung. 2In dieser wird die Zuweisung der Geschäfte an die einzelnen Geschäftsbereiche geregelt. 3Jede Aufgabe der Staatsverwaltung ist einem Geschäftsbereich zuzuteilen.

Art. 54 (Abstimmung)

1Die Staatsregierung faßt ihre Beschlüsse mit Stimmenmehrheit der Abstimmenden. 2Bei Stimmengleichheit entscheidet die Stimme des Ministerpräsidenten. 3Zur Beschlußfähigkeit ist die Anwesenheit der Mehrheit der Mitglieder erforderlich. 4Kein Mitglied darf sich der Stimme enthalten.

Art. 55 (Grundsätze der Geschäftsführung)

Für die Geschäftsführung der Staatsregierung und der einzelnen Staatsministerien gelten folgende Grundsätze:

(1) Die Staatsverwaltung wird nach der Verfassung, den Gesetzen und dem Haushaltsplan geführt.

(2) 1Der Staatsregierung und den einzelnen Staatsministerien obliegt der Vollzug der Gesetze und Beschlüsse des Landtags. 2Zu diesem Zwecke können die erforderlichen Ausführungs- und Verwaltungsverordnungen von ihr erlassen werden. 3Rechtsverordnungen, die über den Rahmen einer Ausführungsverordnung hinausgehen, bedürfen besonderer gesetzlicher Ermächtigung.

(3) $_{1}$Die Staatsregierung beschließt über alle dem Landtag zu unterbreitenden Vorlagen. $_{2}$Die Unterrichtung des Landtags durch die Staatsregierung bleibt einer Vereinbarung zwischen Landtag und Staatsregierung auf gesetzlicher Grundlage vorbehalten.

(4) $_{1}$Die Staatsregierung ernennt die leitenden Beamten der Staatsministerien und die Vorstände der den Ministerien unmittelbar untergeordneten Behörden. $_{2}$Die übrigen Beamten werden durch die zuständigen Staatsminister oder durch die von ihnen beauftragten Behörden ernannt.

(5) $_{1}$Die gesamte Staatsverwaltung ist der Staatsregierung und den zuständigen Staatsministerien untergeordnet. $_{2}$Den Staatsministerien obliegt auch im Rahmen der Gesetze die Aufsicht über die Gemeinden und Gemeindeverbände sowie die sonstigen Körperschaften des öffentlichen Rechts und die öffentlich-rechtlichen Stiftungen.

(6) Jeder Staatsminister übt die Dienstaufsicht über die Behörden und Beamten seines Geschäftsbereichs aus.

(7) Jeder Staatsminister entscheidet über Verwaltungsbeschwerden im Rahmen seines Geschäftsbereichs.

Art. 56 (Eidesleistung)

Sämtliche Mitglieder der Staatsregierung leisten vor ihrem Amtsantritt vor dem Landtag einen Eid auf die Staatsverfassung.

Art. 57 (Kein Nebenberuf)

$_{1}$Der Ministerpräsident, die Staatsminister und die Staatssekretäre dürfen ein anderes besoldetes Amt, einen Beruf oder ein Gewerbe nicht ausüben; sie dürfen nicht Mitglieder des Aufsichtsrats oder Vorstands einer privaten Erwerbsgesellschaft sein. $_{2}$Eine Ausnahme besteht für Gesellschaften, bei denen der überwiegende Einfluß des Staates sichergestellt ist.

Art. 58 (Gehaltsansprüche)

Gehalt, Ruhegehalt und Hinterbliebenenversorgung der Mitglieder der Staatsregierung werden durch Gesetz geregelt.

Art. 59 (Ministeranklage)

Der Landtag ist berechtigt, den Ministerpräsidenten, jeden Staatsminister und Staatssekretär vor dem Bayerischen Verfassungsgerichtshof anzuklagen, daß sie vorsätzlich die Verfassung oder ein Gesetz verletzt haben.

5. Abschnitt
Der Verfassungsgerichtshof

Art. 60 (Begriffsdeutung)

Als oberstes Gericht für staatsrechtliche Fragen besteht der Bayerische Verfassungsgerichtshof.

Art. 61 (Zuständigkeit des Verfassungsgerichtshofs)

(1) Der Verfassungsgerichtshof entscheidet über Anklagen gegen ein Mitglied der Staatsregierung oder des Landtags.

(2) Die Anklage gegen ein Mitglied der Staatsregierung ist darauf gerichtet, daß die Verfassung oder ein Gesetz von ihm vorsätzlich verletzt worden ist.

(3) Die Anklage gegen ein Mitglied des Landtags ist darauf gerichtet, daß es in gewinnsüchtiger Absicht seinen Einfluß oder sein Wissen als Mitglied des Vertretungskörpers in einer das Ansehen der Volksvertretung gröblich gefährdenden Weise mißbraucht hat oder daß es vorsätzlich Mitteilungen, deren Geheimhaltung in einer Sitzung des Landtags oder einer seiner Ausschüsse beschlossen worden ist, in der Voraussicht, daß sie öffentlich bekannt werden, einem anderen zur Kenntnis gebracht hat.

(4) $_{1}$Die Erhebung der Anklage erfolgt durch den Landtag auf Antrag von einem Drittel der gesetzlichen Mitgliederzahl und bedarf einer Zweidrittelmehrheit dieser Zahl. $_{2}$Jedes Mitglied der Staatsregierung oder des Landtags kann Antrag gegen sich selbst stellen.

Art. 62 (Ausschluss von Wählergruppen)

Der Verfassungsgerichtshof entscheidet über den Ausschluß von Wählergruppen von Wahlen und Abstimmungen (Art. 15 Abs. 2).

Art. 63 (Gültigkeit von Wahlen)

Der Verfassungsgerichtshof entscheidet über die Gültigkeit der Wahl der Mitglieder des Landtags und den Verlust der Mitgliedschaft zum Landtag (Art. 33).

Art. 64 (Verfassungsstreitigkeiten)

Der Verfassungsgerichtshof entscheidet über Verfassungsstreitigkeiten zwischen den obersten Staatsorganen oder in der Verfassung mit eigenen Rechten ausgestatteten Teilen eines obersten Staatsorgans.

Art. 65 (Gültigkeit von Gesetzen)

Der Verfassungsgerichtshof entscheidet über die Verfassungsmäßigkeit von Gesetzen (Art. 92).

Art. 66 (Übergriffe von Behörden)

Der Verfassungsgerichtshof entscheidet über Beschwerden wegen Verletzung der verfassungsmäßigen Rechte durch eine Behörde (Art. 48 Abs. 3, Art. 120).

Art. 67 (Besondere Fälle)

Der Verfassungsgerichtshof entscheidet ferner in den besonderen ihm durch Gesetz zugewiesenen Fällen.

Art. 68 (Zusammensetzung)

(1) Der Verfassungsgerichtshof wird beim Oberlandesgericht in München gebildet.

(2) Der Gerichtshof setzt sich zusammen:

a) in den in Art. 61 geregelten Fällen aus einem der Präsidenten der bayerischen Oberlandesgerichte, acht Berufsrichtern, von denen drei dem Verwaltungsgerichtshof angehören, sowie zehn weiteren Mitgliedern, welche vom Landtag gewählt werden;

b) in den Fällen des Art. 65 aus dem Präsidenten und acht Berufsrichtern, von denen drei dem Verwaltungsgerichtshof angehören;

c) in den übrigen Fällen aus dem Präsidenten, drei Berufsrichtern, von denen zwei dem Verwaltungsgerichtshof angehören, und fünf vom Landtag gewählten Mitgliedern.

(3) 1Der Präsident und die Berufsrichter werden vom Landtag gewählt. 2Sie können nicht Mitglieder des Landtags sein.

Art. 69 (Organisation)

Die weiteren Bestimmungen über die Organisation des Gerichtshofs und über das Verfahren vor ihm sowie über die Vollstreckung seiner Urteile werden durch Gesetz geregelt.

6. Abschnitt
Die Gesetzgebung

Art. 70 (Allgemein gültige Gebote und Verbote)

(1) Die für alle verbindlichen Gebote und Verbote bedürfen der Gesetzesform.

(2) Auch der Staatshaushalt muß vom Landtag durch formelles Gesetz festgestellt werden.

(3) Das Recht der Gesetzgebung kann vom Landtag nicht übertragen werden, auch nicht auf seine Ausschüsse.

(4) 1Über Angelegenheiten der Europäischen Union hat die Staatsregierung den Landtag zu unterrichten. 2Ist das Recht der Gesetzgebung durch die Übertragung von Hoheitsrechten auf die Europäische Union betroffen, kann die Staatsregierung in ihren verfassungsmäßigen Aufgaben durch Gesetz gebunden werden. 3Ist das Recht der Gesetzgebung durch ein Vorhaben der Europäischen Union betroffen, hat die Staatsregierung bei ihren verfassungsmäßigen Aufgaben die Stellungnahmen des Landtags maßgeblich zu berücksichtigen. 4Das Nähere regelt ein Gesetz.

Art. 71 (Vorlage der Gesetze)

Die Gesetzesvorlagen werden vom Ministerpräsidenten namens der Staatsregierung, aus der Mitte des Landtags oder vom Volk (Volksbegehren) eingebracht.

Art. 72 (Gesetzbeschluss – Staatsverträge)

(1) Die Gesetze werden vom Landtag oder vom Volk (Volksentscheid) beschlossen.

(2) Staatsverträge werden vom Ministerpräsidenten nach vorheriger Zustimmung des Landtags abgeschlossen.

Art. 73 (Ausnahme für Staatshaushalt)

Über den Staatshaushalt findet kein Volksentscheid statt.

Art. 74 (Volksentscheid und Volksbegehren)

(1) Ein Volksentscheid ist herbeizuführen, wenn ein Zehntel der stimmberechtigten Staatsbürger das Begehren nach Schaffung eines Gesetzes stellt.

(2) Dem Volksbegehren muß ein ausgearbeiteter und mit Gründen versehener Gesetzentwurf zugrunde liegen.

(3) Das Volksbegehren ist vom Ministerpräsidenten namens der Staatsregierung unter Darlegung ihrer Stellungnahme dem Landtag zu unterbreiten.

(4) Wenn der Landtag das Volksbegehren ablehnt, kann er dem Volk einen eigenen Gesetzentwurf zur Entscheidung mit vorlegen.

(5) $_1$Rechtsgültige Volksbegehren sind von der Volksvertretung binnen drei Monaten nach Unterbreitung zu behandeln und binnen weiterer drei Monate dem Volk zur Entscheidung vorzulegen. $_2$Der Ablauf dieser Fristen wird durch die Auflösung des Landtags gehemmt.

(6) Die Volksentscheide über Volksbegehren finden gewöhnlich im Frühjahr oder Herbst statt.

(7) Jeder dem Volk zur Entscheidung vorgelegte Gesetzentwurf ist mit einer Weisung der Staatsregierung zu begleiten, die bündig und sachlich sowohl die Begründung der Antragsteller wie die Auffassung der Staatsregierung über den Gegenstand darlegen soll.

Art. 75 (Verfassungsänderung)

(1) $_1$Die Verfassung kann nur im Wege der Gesetzgebung geändert werden. $_2$Anträge auf Verfassungsänderungen, die den demokratischen Grundgedanken der Verfassung widersprechen, sind unzulässig.

(2) $_1$Beschlüsse des Landtags auf Änderung der Verfassung bedürfen einer Zweidrittelmehrheit der Mitgliederzahl. $_2$Sie müssen dem Volk zur Entscheidung vorgelegt werden.

(3) Meinungsverschiedenheiten darüber, ob durch ein Gesetz die Verfassung geändert wird oder ob ein Antrag auf unzulässige Verfassungsänderung vorliegt, entscheidet der Bayerische Verfassungsgerichtshof.

(4) Änderungen der Verfassung sind im Text der Verfassung oder in einem Anhang aufzunehmen.

Art. 76 (Verkündung der Gesetze)

(1) Die verfassungsmäßig zustande gekommenen Gesetze werden vom Ministerpräsidenten ausgefertigt und auf seine Anordnung binnen Wochenfrist im Bayerischen Gesetz- und Verordnungsblatt bekanntgemacht.

(2) In jedem Gesetz muß der Tag bestimmt sein, an dem es in Kraft tritt.

7. Abschnitt
Die Verwaltung

Art. 77 (Organisation und Einrichtung von Behörden)

(1) $_1$Die Organisation der allgemeinen Staatsverwaltung, die Regelung der Zuständigkeiten und der Art der Bestellung der staatlichen Organe erfolgen durch Gesetz. $_2$Die Einrichtung der Behörden im einzelnen obliegt der Staatsregierung und auf Grund der von ihr erteilten Ermächtigung den einzelnen Staatsministerien.

(2) Für die Organisation der Behörden und die Regelung ihres Verfahrens hat als Richtschnur zu dienen, daß unter Wahrung der notwendigen Einheitlichkeit der Verwaltung alle entbehrliche Zentralisation vermieden, die Entschlußkraft und die Selbstverantwortung der Organe gehoben wird und die Rechte der Einzelperson genügend gewahrt werden.

Art. 78 (Haushaltsplan des Staates)

(1) Alle Einnahmen und Ausgaben des Staates müssen für jedes Jahr veranschlagt und in den Haushaltsplan eingestellt werden.

(2) Ausgaben, die zur Deckung der Kosten bestehender bereits bewilligter Einrichtungen und zur Erfüllung rechtlicher Verpflich-

tungen des Staates erforderlich sind, müssen in den Haushaltsplan eingestellt werden.

(3) Der Haushaltsplan wird vor Beginn des Rechnungsjahres durch Gesetz festgestellt.

(4) Wird der Staatshaushalt im Landtag nicht rechtzeitig verabschiedet, so führt die Staatsregierung den Haushalt zunächst nach dem Haushaltsplan des Vorjahres weiter.

(5) $_{1}$Beschlüsse des Landtags, welche die im Entwurf des Haushaltsplans eingesetzten Ausgaben erhöhen, sind auf Verlangen der Staatsregierung noch einmal zu beraten. $_{2}$Diese Beratung darf ohne Zustimmung der Staatsregierung nicht vor Ablauf von 14 Tagen stattfinden.

(6) Die Ausgaben werden in der Regel für ein Jahr, in besonderen Fällen auch für eine längere Dauer bewilligt.

Art. 79 (Ausgabendeckung)

Eine Angelegenheit, welche Ausgaben verursacht, für die im festgesetzten Haushaltsplan kein entsprechender Betrag eingestellt ist, darf seitens des Landtags nur in Beratung gezogen und beschlossen werden, wenn gleichzeitig für die notwendige Deckung gesorgt wird.

Art. 80 (Rechnungslegung)

(1) $_{1}$Über die Verwendung aller Staatseinnahmen legt der Staatsminister der Finanzen im folgenden Rechnungsjahr zur Entlastung der Staatsregierung dem Landtag Rechnung. $_{2}$Die Rechnungsprüfung erfolgt durch einen mit richterlicher Unabhängigkeit ausgestatteten Rechnungshof.

(2) $_{1}$Der Landtag wählt auf Vorschlag der Staatsregierung den Präsidenten des Rechnungshofs. $_{2}$Die Wahldauer beträgt 12 Jahre. $_{3}$Wiederwahl ist ausgeschlossen. $_{4}$Er kann ohne seine Zustimmung vor Ablauf seiner Amtszeit nur abberufen werden, wenn eine entsprechende Anwendung der Vorschriften über die Amtsenthebung von Richtern auf Lebenszeit dies rechtfertigt. $_{5}$Die Durchführung eines Amtsenthebungsverfahrens bedarf der Zustimmung des Landtags mit Zweidrittelmehrheit seiner Mitgliederzahl.

(3) Das Nähere wird durch Gesetz geregelt.

Art. 81 (Grundstockvermögen)

$_{1}$Das Grundstockvermögen des Staates darf in seinem Wertbestand nur auf Grund eines Gesetzes verringert werden. $_{2}$Der Erlös aus der Veräußerung von Bestandteilen des Grundstockvermögens ist zu Neuerwerbungen für dieses Vermögen zu verwenden.

Art. 82

(1) Der Haushalt ist grundsätzlich ohne Nettokreditaufnahme auszugleichen.

(2) $_{1}$Bei einer von der Normallage abweichenden konjunkturellen Entwicklung kann von Abs. 1 abgewichen werden. $_{2}$In diesem Fall sind die Auswirkungen auf den Haushalt im Auf- und Abschwung symmetrisch zu berücksichtigen.

(3) $_{1}$Bei Naturkatastrophen oder außergewöhnlichen Notsituationen, die sich der Kontrolle des Staates entziehen und die staatliche Finanzlage erheblich beeinträchtigen, kann von Abs. 1 abgewichen werden. $_{2}$Hierfür ist eine entsprechende Tilgungsregelung vorzusehen. $_{3}$Die Kredite sind binnen eines angemessenen Zeitraums zurückzuführen.

(4) Die Aufnahme von Krediten sowie die Übernahme von Bürgschaften, Garantien oder sonstigen Gewährleistungen, die zu Ausgaben in künftigen Rechnungsjahren führen können, bedürfen einer der Höhe nach bestimmten oder bestimmbaren Ermächtigung durch Gesetz.

(5) Das Nähere bestimmt ein Gesetz.

Art. 83 (Die Gemeindeangelegenheiten)

(1) In den eigenen Wirkungskreis der Gemeinden (Art. 11 Abs. 2) fallen insbesonders die Verwaltung des Gemeindevermögens und der Gemeindebetriebe; der örtliche Verkehr nebst Straßen- und Wegebau; die Versorgung der Bevölkerung mit Wasser, Licht, Gas und elektrischer Kraft; Einrichtungen zur Sicherung der Ernährung; Ortsplanung, Wohnungsbau und Wohnungsaufsicht; örtliche Polizei, Feuerschutz; örtliche Kulturpflege; Volks- und Berufsschulwesen und Erwachsenenbildung; Vormundschaftswesen und Wohlfahrtspflege; örtliches Gesundheitswe-

sen; Ehe- und Mütterberatung sowie Säuglingspflege; Schulhygiene und körperliche Ertüchtigung der Jugend; öffentliche Bäder; Totenbestattung; Erhaltung ortsgeschichtlicher Denkmäler und Bauten.

(2) $_{1}$Die Gemeinden sind verpflichtet, einen Haushaltsplan aufzustellen. $_{2}$Sie haben das Recht, ihren Bedarf durch öffentliche Abgaben zu decken. $_{3}$Der Staat gewährleistet den Gemeinden im Rahmen seiner finanziellen Leistungsfähigkeit eine angemessene Finanzausstattung.

(3) $_{1}$Überträgt der Staat den Gemeinden Aufgaben, verpflichtet er sie zur Erfüllung von Aufgaben im eigenen Wirkungskreis oder stellt er besondere Anforderungen an die Erfüllung bestehender oder neuer Aufgaben, hat er gleichzeitig Bestimmungen über die Deckung der Kosten zu treffen. $_{2}$Führt die Wahrnehmung dieser Aufgaben zu einer Mehrbelastung der Gemeinden, ist ein entsprechender finanzieller Ausgleich zu schaffen.

(4) $_{1}$Die Gemeinden unterstehen der Aufsicht der Staatsbehörden. $_{2}$In den Angelegenheiten des eigenen Wirkungskreises der Gemeinden wacht der Staat nur über die Erfüllung der gesetzlichen Pflichten und die Einhaltung der gesetzlichen Vorschriften durch die Gemeinden. $_{3}$In den Angelegenheiten des übertragenen Wirkungskreises sind die Gemeinden überdies an die Weisungen der übergeordneten Staatsbehörden gebunden. $_{4}$Der Staat schützt die Gemeinden bei Durchführung ihrer Aufgaben.

(5) Verwaltungsstreitigkeiten zwischen den Gemeinden und dem Staate werden von den Verwaltungsgerichten entschieden.

(6) Die Bestimmungen der Absätze 2 mit 5 gelten auch für die Gemeindeverbände.

(7) $_{1}$Die kommunalen Spitzenverbände sollen rechtzeitig gehört werden, bevor durch Gesetz oder Rechtsverordnung Angelegenheiten geregelt werden, welche die Gemeinden oder die Gemeindeverbände berühren. $_{2}$Die Staatsregierung vereinbart zur Umsetzung des Konnexitätsprinzips (Abs. 3) ein Konsultationsverfahren mit den kommunalen Spitzenverbänden.

8. Abschnitt
Die Rechtspflege

Art. 84 (Völkerrecht)

Die allgemein anerkannten Grundsätze des Völkerrechts gelten als Bestandteil des einheimischen Rechts.

Art. 85 (Richter)

Die Richter sind nur dem Gesetz unterworfen.

Art. 86 (Sondergerichte)

(1) $_{1}$Ausnahmegerichte sind unstatthaft. $_{2}$Niemand darf seinem gesetzlichen Richter entzogen werden.

(2) Gerichte für besondere Sachgebiete sind nur kraft gesetzlicher Bestimmung zulässig.

Art. 87 (Schutz der Richter)

(1) $_{1}$Die Richter können gegen ihren Willen nur kraft richterlicher Entscheidung und nur aus Gründen und unter den Formen, die gesetzlich bestimmt sind, dauernd oder zeitweise ihres Amtes enthoben oder an eine andere Stelle oder in den Ruhestand versetzt werden. $_{2}$Die gesetzliche Bestimmung einer Altersgrenze ist zulässig.

(2) Die Richter der ordentlichen Gerichtsbarkeit werden auf Lebenszeit ernannt.

Art. 88 (Laienmitwirkung)

$_{1}$An der Rechtspflege sollen Männer und Frauen aus dem Volke mitwirken. $_{2}$Ihre Zuziehung und die Art ihrer Auswahl wird durch Gesetz geregelt.

Art. 89 (Staatsanwalt)

Die öffentlichen Ankläger vor den Strafgerichten sind an die Weisungen ihrer vorgesetzten Behörde gebunden.

Art. 90 (Öffentlichkeit der Gerichtsverhandlungen)

$_{1}$Die Verhandlungen vor allen Gerichten sind öffentlich. $_{2}$Bei Gefährdung der Staatssicherheit oder der öffentlichen Sittlichkeit kann die Öffentlichkeit durch Gerichtsbeschluß ausgeschlossen werden.

Art. 91 (Rechtliches Gehör; Verteidigung)

(1) Vor Gericht hat jedermann Anspruch auf rechtliches Gehör.

(2) Jeder wegen einer strafbaren Handlung Angeklagte kann sich eines Verteidigers bedienen.

Art. 92 (Verfassungswidrigkeit von Gesetzen)

Hält der Richter ein Gesetz für verfassungswidrig, so hat er die Entscheidung des Verfassungsgerichtshofs herbeizuführen.

Art. 93 (Verwaltungsgerichtsbarkeit)

Verwaltungsrechtliche Streitigkeiten entscheiden die Verwaltungsgerichte.

9. Abschnitt
Die Beamten

Art. 94 (Ernennung oder Wahl)

(1) Die Beamten des Staates, der Gemeinden und Gemeindeverbände werden nach Maßgabe der Gesetze vom Volk gewählt oder von den zuständigen Behörden ernannt.

(2) $_{1}$Die öffentlichen Ämter stehen allen wahlberechtigten Staatsbürgern nach ihrer charakterlichen Eignung, nach ihrer Befähigung und ihren Leistungen offen, die, soweit möglich, durch Prüfungen im Wege des Wettbewerbs festgestellt werden. $_{2}$Für die Beförderung des Beamten gelten dieselben Grundsätze.

Art. 95 (Rechte des Beamten)

(1) $_{1}$Die Grundlagen des Beamtenverhältnisses werden durch Gesetz geregelt. $_{2}$Das Berufsbeamtentum wird grundsätzlich aufrechterhalten.

(2) Den Beamten steht für die Verfolgung ihrer vermögensrechtlichen Ansprüche der ordentliche Rechtsweg offen.

(3) Gegen jedes dienstliche Straferkenntnis muß der Beschwerdeweg und ein Wiederaufnahmeverfahren offenstehen.

(4) $_{1}$In die Nachweise über die Person des Beamten dürfen ungünstige Tatsachen erst eingetragen werden, wenn der Beamte Gelegenheit gehabt hat, sich über sie zu äußern. $_{2}$Die Äußerung des Beamten ist in den Personalnachweis mitaufzunehmen.

(5) Jeder Beamte hat das Recht, seine sämtlichen Personalnachweise jederzeit einzusehen.

Art. 96 (Pflichten des Beamten)

$_{1}$Die Beamten sind Diener des ganzen Volkes, nicht einer einzelnen Partei. $_{2}$Der Beamte hat sich jederzeit zum demokratisch-konstitutionellen Staat zu bekennen und zu ihm innerhalb und außerhalb des Dienstes zu stehen.

Art. 97 (Amtspflichtverletzung)

$_{1}$Verletzt ein Beamter in Ausübung der ihm anvertrauten öffentlichen Gewalt schuldhaft die ihm einem anderen gegenüber obliegende Amtspflicht, so haftet für die Folgen der Staat oder diejenige öffentliche Körperschaft, in deren Diensten der Beamte steht. $_{2}$Der Rückgriff gegen den Beamten bleibt vorbehalten. $_{3}$Der ordentliche Rechtsweg darf nicht ausgeschlossen werden.

Zweiter Hauptteil
Grundrechte und Grundpflichten

Art. 98 (Einschränkung von Grundrechten)

$_{1}$Die durch die Verfassung gewährleisteten Grundrechte dürfen grundsätzlich nicht eingeschränkt werden. $_{2}$Einschränkungen durch Gesetz sind nur zulässig, wenn die öffentliche Sicherheit, Sittlichkeit, Gesundheit und Wohlfahrt es zwingend erfordern. $_{3}$Sonstige Einschränkungen sind nur unter den Voraussetzungen des Art. 48 zulässig. $_{4}$Der Verfassungsgerichtshof hat Gesetze und Verordnungen für nichtig zu erklären, die ein Grundrecht verfassungswidrig einschränken.

Art. 99 (Schutz gegen Angriffe auf die Verfassung)

$_{1}$Die Verfassung dient dem Schutz und dem geistigen und leiblichen Wohl aller Einwohner. $_{2}$Ihr Schutz gegen Angriffe von außen ist gewährleistet durch das Völkerrecht, nach innen durch die Gesetze, die Rechtspflege und die Polizei.

Art. 100 (Schutz der Menschenwürde)

$_1$Die Würde des Menschen ist unantastbar. $_2$Sie zu achten und zu schützen ist Verpflichtung aller staatlichen Gewalt.

Art. 101 (Entfaltung der Persönlichkeit)

Jedermann hat die Freiheit, innerhalb der Schranken der Gesetze und der guten Sitten alles zu tun, was anderen nicht schadet.

Art. 102 (Rechtsgarantien bei Freiheitsentziehung)

(1) Die Freiheit der Person ist unverletzlich.

(2) $_1$Jeder von der öffentlichen Gewalt Festgenommene ist spätestens am Tage nach der Festnahme dem zuständigen Richter vorzuführen. $_2$Dieser hat dem Festgenommenen mitzuteilen, von welcher Behörde und aus welchen Gründen die Festnahme verfügt worden ist, und ihm Gelegenheit zu geben, Einwendungen gegen die Festnahme zu erheben. $_3$Er hat gegen den Festgenommenen entweder Haftbefehl zu erlassen oder ihn unverzüglich in Freiheit zu setzen.

Art. 103 (Eigentum und Erbrecht)

(1) Eigentumsrecht und Erbrecht werden gewährleistet.

(2) Eigentumsordnung und Eigentumsgebrauch haben auch dem Gemeinwohl zu dienen.

Art. 104 (Grundrechte vor Gericht)

(1) Eine Handlung kann nur dann mit Strafe belegt werden, wenn die Strafbarkeit gesetzlich bestimmt war, bevor die Handlung begangen wurde.

(2) Niemand darf wegen derselben Tat zweimal gerichtlich bestraft werden.

Art. 105 (Asylrecht)

Ausländer, die unter Nichtbeachtung der in dieser Verfassung niedergelegten Grundrechte im Ausland verfolgt werden und nach Bayern geflüchtet sind, dürfen nicht ausgeliefert und ausgewiesen werden.

Art. 106 (Unverletzlichkeit der Wohnung)

(1) Jeder Bewohner Bayerns hat Anspruch auf eine angemessene Wohnung.

(2) Die Förderung des Baues billiger Volkswohnungen ist Aufgabe des Staates und der Gemeinden.

(3) Die Wohnung ist für jedermann eine Freistätte und unverletzlich.

Art. 107 (Glaubens-, Gewissens- und Bekenntnisfreiheit)

(1) Die Glaubens- und Gewissensfreiheit ist gewährleistet.

(2) Die ungestörte Religionsausübung steht unter staatlichem Schutz.

(3) $_1$Durch das religiöse Bekenntnis wird der Genuß der bürgerlichen und staatsbürgerlichen Rechte weder bedingt noch beschränkt. $_2$Den staatsbürgerlichen Pflichten darf es keinen Abbruch tun.

(4) Die Zulassung zu den öffentlichen Ämtern ist von dem religiösen Bekenntnis unabhängig.

(5) $_1$Niemand ist verpflichtet, seine religiöse Überzeugung zu offenbaren. $_2$Die Behörden haben nur soweit das Recht, nach der Zugehörigkeit zu einer Religionsgemeinschaft zu fragen, als davon Rechte und Pflichten abhängen oder eine gesetzlich angeordnete statistische Erhebung dies erfordert.

(6) Niemand darf zu einer kirchlichen Handlung oder zur Teilnahme an religiösen Übungen oder Feierlichkeiten oder zur Benutzung einer religiösen Eidesformel gezwungen werden.

Art. 108 (Freiheit von Kunst und Wissenschaft)

Die Kunst, die Wissenschaft und ihre Lehre sind frei.

Art. 109 (Freizügigkeit)

(1) $_1$Alle Bewohner Bayerns genießen volle Freizügigkeit. $_2$Sie haben das Recht, sich an jedem beliebigen Ort aufzuhalten und niederzulassen, Grundstücke zu erwerben und jeden Erwerbszweig zu betreiben.

(2) Alle Bewohner Bayerns sind berechtigt, nach außerdeutschen Ländern auszuwandern.

Art. 110 (Recht der freien Meinungsäußerung)

(1) $_1$Jeder Bewohner Bayerns hat das Recht, seine Meinung durch Wort, Schrift, Druck, Bild oder in sonstiger Weise frei zu äußern. $_2$An diesem Recht darf ihn kein Arbeits- und Anstellungsvertrag hindern und niemand darf ihn benachteiligen, wenn er von diesem Recht Gebrauch macht.

(2) Die Bekämpfung von Schmutz und Schund ist Aufgabe des Staates und der Gemeinden.

Art. 111 (Pressefreiheit)

(1) Die Presse hat die Aufgabe, im Dienst des demokratischen Gedankens über Vorgänge, Zustände und Einrichtungen und Persönlichkeiten des öffentlichen Lebens wahrheitsgemäß zu berichten.

(2) $_1$Vorzensur ist verboten. $_2$Gegen polizeiliche Verfügungen, welche die Pressefreiheit berühren, kann gerichtliche Entscheidung verlangt werden.

Art. 111a (Freiheit des Rundfunks)

(1) $_1$Die Freiheit des Rundfunks wird gewährleistet. $_2$Der Rundfunk dient der Information durch wahrheitsgemäße, umfassende und unparteiische Berichterstattung sowie durch die Verbreitung von Meinungen. $_3$Er trägt zur Bildung und Unterhaltung bei. $_4$Der Rundfunk hat die freiheitliche demokratische Grundordnung, die Menschenwürde, religiöse und weltanschauliche Überzeugungen zu achten. $_5$Die Verherrlichung von Gewalt sowie Darbietungen, die das allgemeine Sittlichkeitsgefühl grob verletzen, sind unzulässig. $_6$Meinungsfreiheit, Sachlichkeit, gegenseitige Achtung, Schutz vor Verunglimpfung sowie die Ausgewogenheit des Gesamtprogramms sind zu gewährleisten.

(2) $_1$Rundfunk wird in öffentlicher Verantwortung und in öffentlich-rechtlicher Trägerschaft betrieben. $_2$An der Kontrolle des Rundfunks sind die in Betracht kommenden bedeutsamen politischen, weltanschaulichen und gesellschaftlichen Gruppen angemessen zu beteiligen. $_3$Der Anteil der von der Staatsregierung und dem Landtag in die Kontrollorgane entsandten Vertreter darf ein Drittel nicht übersteigen. $_4$Die weltanschaulichen und gesellschaftlichen Gruppen wählen oder berufen ihre Vertreter selbst.

(3) Das Nähere regelt ein Gesetz.

Art. 112 (Brief-, Post-, Telegraphen- und Fernmeldegeheimnis)

(1) Das Brief-, Post-, Telegraphen- und Fernsprechgeheimnis ist unverletzlich.

(2) Beschränkungen des Rundfunkempfanges sowie des Bezuges von Druck-Erzeugnissen sind unzulässig.

Art. 113 (Versammlungsfreiheit)

Alle Bewohner Bayerns haben das Recht, sich ohne Anmeldung oder besondere Erlaubnis friedlich und unbewaffnet zu versammeln.

Art. 114 (Vereinigungsfreiheit)

(1) Alle Bewohner Bayerns haben das Recht, Vereine und Gesellschaften zu bilden.

(2) Vereine und Gesellschaften, die rechts- oder sittenwidrige Zwecke verfolgen oder solche Mittel gebrauchen oder die darauf ausgehen, die staatsbürgerlichen Freiheiten zu vernichten oder gegen Volk, Staat oder Verfassung Gewalt anzuwenden, können verboten werden.

(3) Der Erwerb der Rechtsfähigkeit steht jedem Verein gemäß den Vorschriften des bürgerlichen Rechts frei.

Art. 115 (Petitionsrecht)

(1) Alle Bewohner Bayerns haben das Recht, sich schriftlich mit Bitten oder Beschwerden an die zuständigen Behörden oder an den Landtag zu wenden.

(2) Die Rechte des Landtags zur Überprüfung von Beschwerden werden durch Gesetz geregelt.

Art. 116 (Zugang zu öffentlichen Ämtern)

Alle Staatsangehörigen ohne Unterschied sind entsprechend ihrer Befähigung und ihren Leistungen zu den öffentlichen Ämtern zuzulassen.

Art. 117 (Treuepflicht gegenüber dem Staat)

$_1$Der ungestörte Genuß der Freiheit für jedermann hängt davon ab, daß alle ihre Treuepflicht gegenüber Volk und Verfassung, Staat und Gesetzen erfüllen. $_2$Alle haben die Verfassung und die Gesetze zu achten und zu befolgen, an den öffentlichen Angelegenheiten Anteil zu nehmen und ihre körperlichen und geistigen Kräfte so zu betätigen, wie es das Wohl der Gesamtheit erfordert.

Art. 118 (Gleichheit vor dem Gesetz; Titel; Orden)

(1) $_1$Vor dem Gesetz sind alle gleich. $_2$Die Gesetze verpflichten jeden in gleicher Weise und jeder genießt auf gleiche Weise den Schutz der Gesetze.

(2) $_1$Frauen und Männer sind gleichberechtigt. $_2$Der Staat fördert die tatsächliche Durchsetzung der Gleichberechtigung von Frauen und Männern und wirkt auf die Beseitigung bestehender Nachteile hin.

(3) $_1$Alle öffentlich-rechtlichen Vorrechte und Nachteile der Geburt oder des Standes sind aufgehoben. $_2$Adelsbezeichnungen gelten nur als Bestandteil des Namens; sie dürfen nicht mehr verliehen und können durch Adoption nicht mehr erworben werden.

(4) $_1$Titel dürfen nur verliehen werden, wenn sie mit einem Amt oder einem Beruf in Verbindung stehen. $_2$Sie sollen außerhalb des Amtes oder Berufs nicht geführt werden. $_3$Akademische Grade fallen nicht unter dieses Verbot.

(5) Orden und Ehrenzeichen dürfen vom Staat nur nach Maßgabe der Gesetze verliehen werden.

Art. 118a (Benachteiligungsverbot)

$_1$Menschen mit Behinderungen dürfen nicht benachteiligt werden. $_2$Der Staat setzt sich für gleichwertige Lebensbedingungen von Menschen mit und ohne Behinderung ein.

Art. 119 (Rassen- und Völkerhass)

Rassen- und Völkerhaß zu entfachen ist verboten und strafbar.

Art. 120 (Verfassungsbeschwerde)

Jeder Bewohner Bayerns, der sich durch eine Behörde in seinen verfassungsmäßigen Rechten verletzt fühlt, kann den Schutz des Bayerischen Verfassungsgerichtshofes anrufen.

Art. 121 (Übernahme von Ehrenämtern)

$_1$Alle Bewohner Bayerns sind zur Übernahme von Ehrenämtern, insbesondere als Vormund, Waisenrat, Jugendpfleger, Schöffe und Geschworener verpflichtet. $_2$Staat und Gemeinden fördern den ehrenamtlichen Einsatz für das Gemeinwohl. $_3$Das Nähere bestimmen die Gesetze.

Art. 122 (Hilfeleistungspflicht)

Bei Unglücksfällen, Notständen und Naturkatastrophen und im nachbarlichen Verkehr sind alle nach Maßgabe der Gesetze zur gegenseitigen Hilfe verpflichtet.

Art. 123 (Steuerwesen)

(1) Alle sind im Verhältnis ihres Einkommens und Vermögens und unter Berücksichtigung ihrer Unterhaltspflicht zu den öffentlichen Lasten heranzuziehen.

(2) Verbrauchssteuern und Besitzsteuern müssen zueinander in einem angemessenen Verhältnis stehen.

(3) $_1$Die Erbschaftssteuer dienst auch dem Zwecke, die Ansammlungen von Riesenvermögen in den Händen einzelner zu verhindern. $_2$Sie ist nach dem Verwandtschaftsverhältnis zu staffeln.

Dritter Hauptteil
Das Gemeinschaftsleben

1. Abschnitt
Ehe, Familie und Kinder

Art. 124 (Ehe und Familie)

(1) Ehe und Familie sind die natürliche und sittliche Grundlage der menschlichen Gemeinschaft und stehen unter dem besonderen Schutz des Staates.

(2) Mann und Frau haben in der Ehe grundsätzlich die gleichen bürgerlichen Rechte und Pflichten.

Art. 125 (Kinder)

(1) 1Kinder sind das köstlichste Gut eines Volkes. 2Sie haben Anspruch auf Entwicklung zu selbstbestimmungsfähigen und verantwortungsfähigen Persönlichkeiten. 3Jede Mutter hat Anspruch auf den Schutz und die Fürsorge des Staates.

(2) Die Reinhaltung, Gesundung und soziale Förderung der Familie ist gemeinsame Aufgabe des Staates und der Gemeinden.

(3) Kinderreiche Familien haben Anspruch auf angemessene Fürsorge, insbesondere auf gesunde Wohnungen.

Art. 126 (Erziehungsrecht der Eltern; nichteheliche Kinder; Jugendschutz)

(1) 1Die Eltern haben das natürliche Recht und die oberste Pflicht, ihre Kinder zur leiblichen, geistigen und seelischen Tüchtigkeit zu erziehen. 2Sie sind darin durch Staat und Gemeinden zu unterstützen. 3In persönlichen Erziehungsfragen gibt der Wille der Eltern den Ausschlag.

(2) Uneheliche Kinder haben den gleichen Anspruch auf Förderung wie eheliche Kinder.

(3) 1Kinder und Jugendliche sind durch staatliche und gemeindliche Maßnahmen und Einrichtungen gegen Ausbeutung sowie gegen sittliche, geistige und körperliche Verwahrlosung und gegen Misshandlung zu schützen. 2Fürsorgeerziehung ist nur auf gesetzlicher Grundlage zulässig.

Art. 127 (Erziehungsbeeinflussung der Religionsgemeinschaften)

Das eigene Recht der Religionsgemeinschaften und staatlich anerkannten weltanschaulichen Gemeinschaften auf einen angemessenen Einfluß bei der Erziehung der Kinder ihres Bekenntnisses oder ihrer Weltanschauung wird unbeschadet des Erziehungsrechtes der Eltern gewährleistet.

2. Abschnitt
Bildung und Schule, Schutz der natürlichen Lebensgrundlagen und der kulturellen Überlieferung

Art. 128 (Schulausbildung; Begabtenförderung)

(1) Jeder Bewohner Bayerns hat Anspruch darauf, eine seinen erkennbaren Fähigkeiten und seiner inneren Berufung entsprechende Ausbildung zu erhalten.

(2) Begabten ist der Besuch von Schulen und Hochschulen, nötigenfalls aus öffentlichen Mitteln, zu ermöglichen.

Art. 129 (Volksschul- und Berufsschulpflicht)

(1) Alle Kinder sind zum Besuch der Volksschule und der Berufsschule verpflichtet.

(2) Der Unterricht an diesen Schulen ist unentgeltlich.

Art. 130 (Staatliche Schulaufsicht)

(1) Das gesamte Schul- und Bildungswesen steht unter der Aufsicht des Staates, er kann daran die Gemeinden beteiligen.

(2) Die Schulaufsicht wird durch hauptamtlich tätige, fachmännisch vorgebildete Beamte ausgeübt.

Art. 131 (Bildungsziele)

(1) Die Schulen sollen nicht nur Wissen und Können vermitteln, sondern auch Herz und Charakter bilden.

(2) Oberste Bildungsziele sind Ehrfurcht vor Gott, Achtung vor religiöser Überzeugung und vor der Würde des Menschen, Selbstbeherrschung, Verantwortungsgefühl und Verantwortungsfreudigkeit, Hilfsbereitschaft, Aufgeschlossenheit für alles Wahre, Gute und Schöne und Verantwortungsbewußtsein für Natur und Umwelt.

(3) Die Schüler sind im Geiste der Demokratie, in der Liebe zur bayerischen Heimat und zum deutschen Volk und im Sinne der Völkerversöhnung zu erziehen.

(4) Die Mädchen und Buben sind außerdem in der Säuglingspflege, Kindererziehung und Hauswirtschaft besonders zu unterweisen.

Art. 132 (Schulwahl)

Für den Aufbau des Schulwesens ist die Mannigfaltigkeit der Lebensberufe, für die Aufnahme eines Kindes in eine bestimmte Schule sind seine Anlagen, seine Neigung, seine Leistung und seine innere Berufung maßgebend, nicht aber die wirtschaftliche und gesellschaftliche Stellung der Eltern.

Art. 133 (Öffentliche Schulen; Schulen von Religions- und weltanschaulichen Gemeinschaften)

(1) $_{1}$Für die Bildung der Jugend ist durch öffentliche Anstalten zu sorgen. $_{2}$Bei ihrer Einrichtung wirken Staat und Gemeinde zusammen. $_{3}$Auch die anerkannten Religionsgemeinschaften und weltanschaulichen Gemeinschaften sind Bildungsträger.

(2) Die Lehrer an öffentlichen Schulen haben grundsätzlich die Rechte und Pflichten der Staatsbeamten.

Art. 134 (Private Schulen)

(1) $_{1}$Privatschulen müssen den an die öffentlichen Schulen gestellten Anforderungen entsprechen. $_{2}$Sie können nur mit Genehmigung des Staates errichtet und betrieben werden.

(2) Die Genehmigung ist zu erteilen, wenn die Schule in ihren Lehrzielen (Art. 131) und Einrichtungen sowie in der wissenschaftlichen Ausbildung ihrer Lehrer nicht hinter den gleichartigen öffentlichen Schulen zurücksteht, wenn die wirtschaftliche und rechtliche Stellung der Lehrer genügend gesichert ist und gegen die Person des Schulleiters keine Bedenken bestehen.

(3) $_{1}$Private Volksschulen dürfen nur unter besonderen Voraussetzungen zugelassen werden. $_{2}$Diese Voraussetzungen liegen insbesondere vor, wenn den Erziehungsberechtigten eine öffentliche Schule ihres Bekenntnisses oder ihrer Weltanschauung nicht zur Verfügung steht.

Art. 135 (Öffentliche Volksschulen)

$_{1}$Die öffentlichen Volksschulen sind gemeinsame Schulen für alle volksschulpflichtigen Kinder. $_{2}$In ihnen werden die Schüler nach den Grundsätzen der christlichen Bekenntnisse unterrichtet und erzogen. $_{3}$Das Nähere bestimmt das Volksschulgesetz.

Art. 136 (Religionsunterricht)

(1) An allen Schulen sind beim Unterricht die religiösen Empfindungen aller zu achten.

(2) $_{1}$Der Religionsunterricht ist ordentliches Lehrfach aller Volksschulen, Berufsschulen, mittleren und höheren Lehranstalten. $_{2}$Er wird erteilt in Übereinstimmung mit den Grundsätzen der betreffenden Religionsgemeinschaft.

(3) Kein Lehrer kann gezwungen oder gehindert werden, Religionsunterricht zu erteilen.

(4) Die Lehrer bedürfen der Bevollmächtigung durch die Religionsgemeinschaften zur Erteilung des Religionsunterrichts.

(5) Die erforderlichen Schulräume sind zur Verfügung zu stellen.

Art. 137 (Teilnahme am Religionsunterricht)

(1) Die Teilnahme am Religionsunterricht und an kirchlichen Handlungen und Feierlichkeiten bleibt der Willenserklärung der Erziehungsberechtigten, vom vollendeten 18. Lebensjahr ab der Willenserklärung der Schüler überlassen.

(2) Für Schüler, die nicht am Religionsunterricht teilnehmen, ist ein Unterricht über die allgemein anerkannten Grundsätze der Sittlichkeit einzurichten.

Art. 138 (Hochschulen)

(1) $_{1}$Die Errichtung und Verwaltung der Hochschulen ist Sache des Staates. $_{2}$Eine Ausnahme bilden die kirchlichen Hochschulen (Art. 150 Abs. 1).$_{3}$Weitere Ausnahmen bedürfen staatlicher Genehmigung.

(2) $_{1}$Die Hochschulen haben das Recht der Selbstverwaltung. $_{2}$Die Studierenden sind daran zu beteiligen, soweit es sich um ihre Angelegenheiten handelt.

Art. 139 (Erwachsenenbildung)

Die Erwachsenenbildung ist durch Volkshochschulen und sonstige mit öffentlichen Mitteln unterstützte Einrichtungen zu fördern.

Art. 140 (Förderung von Kunst und Wissenschaft)

(1) Kunst und Wissenschaft sind von Staat und Gemeinde zu fördern.

(2) Sie haben insbesonders Mittel zur Unterstützung schöpferischer Künstler, Gelehrter und Schriftsteller bereitzustellen, die den Nachweis ernster künstlerischer oder kultureller Tätigkeit erbringen.

(3) Das kulturelle Leben und der Sport sind von Staat und Gemeinden zu fördern.

Art. 141 (Schutz der natürlichen Lebensgrundlagen und der kulturellen Überlieferung; Recht auf Naturgenuss)

(1) $_1$Der Schutz der natürlichen Lebensgrundlagen ist, auch eingedenk der Verantwortung für die kommenden Generationen, der besonderen Fürsorge jedes einzelnen und der staatlichen Gemeinschaft anvertraut. $_2$Tiere werden als Lebewesen und Mitgeschöpfe geachtet und geschützt. $_3$Mit Naturgütern ist schonend und sparsam umzugehen. $_4$Es gehört auch zu den vorrangigen Aufgaben von Staat, Gemeinden und Körperschaften des öffentlichen Rechts,

- Boden, Wasser und Luft als natürliche Lebensgrundlagen zu schützen, eingetretene Schäden möglichst zu beheben oder auszugleichen und auf möglichst sparsamen Umgang mit Energie zu achten,
- die Leistungsfähigkeit des Naturhaushaltes zu erhalten und dauerhaft zu verbessern,
- den Wald wegen seiner besonderen Bedeutung für den Naturhaushalt zu schützen und eingetretene Schäden möglichst zu beheben oder auszugleichen,
- die heimischen Tier- und Pflanzenarten und ihre notwendigen Lebensräume sowie kennzeichnende Orts- und Landschaftsbilder zu schonen und zu erhalten.

(2) Staat, Gemeinden und Körperschaften des öffentlichen Rechts haben die Aufgabe,

- die Denkmäler der Kunst, der Geschichte und der Natur sowie die Landschaft zu schützen und zu pflegen,
- herabgewürdigte Denkmäler der Kunst und der Geschichte möglichst ihrer früheren Bestimmung wieder zuzuführen,
- die Abwanderung deutschen Kunstbesitzes ins Ausland zu verhüten.

(3) $_1$Der Genuß der Naturschönheiten und die Erholung in der Freien Natur, insbesondere das Betreten von Wald und Bergweide, das Befahren der Gewässer und die Aneignung wildwachsender Waldfrüchte in ortsüblichem Umfang ist jedermann gestattet. $_2$Dabei ist jedermann verpflichtet, mit Natur und Landschaft pfleglich umzugehen. $_3$Staat und Gemeinde sind berechtigt und verpflichtet, der Allgemeinheit die Zugänge zu Bergen, Seen, Flüssen und sonstigen landschaftlichen Schönheiten freizuhalten und allenfalls durch Einschränkungen des Eigentumsrechtes freizumachen sowie Wanderwege und Erholungsparks anzulegen.

3. Abschnitt
Religion und Religionsgemeinschaften

Art. 142 (Vereinigungsfreiheit; Selbstverwaltungsrecht)

(1) Es besteht keine Staatskirche.

(2) Die Freiheit der Vereinigung zu gemeinsamer Hausandacht, zu öffentlichen Kulthandlungen und Religionsgemeinschaften sowie deren Zusammenschluß innerhalb Bayerns unterliegen im Rahmen der allgemein geltenden Gesetze keinerlei Beschränkung.

(3) $_1$Kirchen und anerkannte Religionsgemeinschaften sowie solche weltanschauliche Gemeinschaften, deren Bestrebungen den allgemein geltenden Gesetzen nicht widersprechen, sind von staatlicher Bevormundung frei. $_2$Sie ordnen und verwalten ihre Angelegenheiten innerhalb der Schranken der für alle geltenden Gesetze selbständig. $_3$Sie verleihen ihre Ämter ohne Mitwirkung des Staates oder der politischen Gemeinde.

Art. 143 (Rechtsform der Kulturgemeinschaften)

(1) Die Religionsgemeinschaften und weltanschaulichen Gemeinschaften erwerben die Rechtsfähigkeit nach den Vorschriften des bürgerlichen Rechts.

(2) 1Kirchen und anerkannte Religionsgemeinschaften bleiben Körperschaften des öffentlichen Rechts, soweit sie es bisher waren. 2Anderen anerkannten Religionsgemeinschaften sowie solchen weltanschaulichen Gemeinschaften, deren Bestrebungen den allgemein geltenden Gesetzen nicht widersprechen, sind nach einer Bestandszeit von fünf Jahren auf Antrag die gleichen Rechte zu gewähren.

(3) Kirchen und Religionsgemeinschaften sowie weltanschauliche Gemeinschaften, die Körperschaften des öffentlichen Rechts sind, dürfen auf Grund der öffentlichen Steuerlisten Steuern erheben.

Art. 144 (Schutz der Geistlichen)

(1) In der Erfüllung ihrer Amtspflichten genießen die Geistlichen den Schutz des Staates.

(2) Jede öffentliche Verächtlichmachung der Religion, ihrer Einrichtungen, der Geistlichen und Ordensleute in ihrer Eigenschaft als Religionsdiener ist verboten und strafbar.

(3) Geistliche können vor Gerichten und anderen Behörden nicht um Auskunft über Tatsachen angehalten werden, die ihnen in ihrer Eigenschaft als Seelsorger anvertraut worden sind.

Art. 145 (Leistungen an Religionsgemeinschaften)

(1) Die auf Gesetz, Vertrag oder anderen Rechtstiteln beruhenden bisherigen Leistungen des Staates oder der politischen Gemeinden an die Religionsgemeinschaften bleiben aufrechterhalten.

(2) Neue freiwillige Leistungen des Staates, der politischen Gemeinden und Gemeindeverbände an eine Religionsgemeinschaft werden durch Zuschläge zu den Staatssteuern und Umlagen der Angehörigen dieser Religionsgemeinschaften aufgebracht.

Art. 146 (Eigentum und andere Rechte)

Das Eigentum und andere Rechte der Religionsgemeinschaften, religiöser Vereine, Orden, Kongregationen, weltanschaulichen Gemeinschaften an ihren für Kultus-, Unterrichts- und Wohltätigkeitszwecke bestimmten Anstalten, Stiftungen und sonstigen Vermögen werden gewährleistet.

Art. 147 (Schutz von Sonn- und Feiertagen)

Die Sonntage und staatlich anerkannten Feiertage bleiben als Tage der seelischen Erhebung und der Arbeitsruhe gesetzlich geschützt.

Art. 148 (Seelsorge in Anstalten)

Soweit das Bedürfnis nach Gottesdienst und Seelsorge in Krankenhäusern, Strafanstalten oder sonstigen öffentlichen Anstalten besteht, sind die Religionsgemeinschaften zur Vornahme religiöser Handlungen zuzulassen, wobei jeder Zwang fernzuhalten ist.

Art. 149 (Beerdigung)

(1) 1Die Gemeinden haben dafür zu sorgen, daß jeder Verstorbene schicklich beerdigt werden kann. 2Über die Mitwirkung der Religionsgemeinschaften haben diese selbst zu bestimmen.

(2) In Friedhöfen, die nur für einzelne Religionsgemeinschaften bestimmt sind, ist die Beisetzung Andersgläubiger unter den für sie üblichen Formen und ohne räumliche Absonderung zu gestatten, wenn ein anderer geeigneter Begräbnisplatz nicht vorhanden ist.

(3) Im übrigen bemißt sich der Simultangebrauch der Kirchen und Friedhöfe nach bisherigem Recht, soweit nicht durch Gesetz Abänderungen getroffen werden.

Art. 150 (Ausbildung von Geistlichen)

(1) Die Kirchen haben das Recht, ihre Geistlichen auf eigenen kirchlichen Hochschulen auszubilden und fortzubilden.

(2) Die theologischen Fakultäten an den Hochschulen bleiben erhalten.

Vierter Hauptteil
Wirtschaft und Arbeit

1. Abschnitt
Die Wirtschaftsordnung

Art. 151 (Begriff der wirtschaftlichen Freiheit)

(1) Die gesamte wirtschaftliche Tätigkeit dient dem Gemeinwohl, insbesonders der Gewährleistung eines menschenwürdigen

Daseins für alle und der allmählichen Erhöhung der Lebenshaltung aller Volksschichten.

(2) 1Innerhalb dieser Zwecke gilt Vertragsfreiheit nach Maßgabe der Gesetze. 2Die Freiheit der Entwicklung persönlicher Entschlußkraft und die Freiheit der selbständigen Betätigung des einzelnen in der Wirtschaft wird grundsätzlich anerkannt. 3Die wirtschaftliche Freiheit des einzelnen findet ihre Grenze in der Rücksicht auf den Nächsten und auf die sittlichen Forderungen des Gemeinwohls. 4Gemeinschädliche und unsittliche Rechtsgeschäfte, insbesonders alle wirtschaftlichen Ausbeutungsverträge sind rechtswidrig und nichtig.

Art. 152 (Versorgung mit lebensnotwendigen Gütern)

1Die geordnete Herstellung und Verteilung der wirtschaftlichen Güter zur Deckung des notwendigen Lebensbedarfes der Bevölkerung wird vom Staat überwacht. 2Ihm obliegt die Sicherstellung der Versorgung des Landes mit elektrischer Kraft.

Art. 153 (Schutz von Klein- und Mittelbetrieben)

1Die selbständigen Kleinbetriebe und Mittelstandsbetriebe in Landwirtschaft, Handwerk, Handel, Gewerbe und Industrie sind in der Gesetzgebung und Verwaltung zu fördern und gegen Überlastung und Aufsaugung zu schützen. 2Sie sind in ihren Bestrebungen, ihre wirtschaftliche Freiheit und Unabhängigkeit sowie ihre Entwicklung durch genossenschaftliche Selbsthilfe zu sichern, vom Staat zu unterstützen. 3Der Aufstieg tüchtiger Kräfte aus nichtselbständiger Arbeit zu selbständigen Existenzen ist zu fördern.

Art. 154 (Berufsverbände)

1Die auf demokratischer Grundlage aus den Kreisen der Berufsverbände gewählten Selbstverwaltungsorgane der Wirtschaft nehmen an den wirtschaftlichen Gestaltungsaufgaben teil. 2Das Nähere bestimmt ein Gesetz.

Art. 155 (Genossenschaften)

1Zum Zweck einer möglichst gleichmäßigen Befriedigung der wirtschaftlichen Bedürfnisse aller Bewohner können unter Berücksichtigung der Lebensinteressen der selbständigen, produktiv tätigen Kräfte der Wirtschaft durch Gesetz besondere Bedarfsdeckungsgebiete gebildet und dafür Körperschaften des öffentlichen Rechts auf genossenschaftlicher Grundlage errichtet werden. 2Sie haben im Rahmen der Gesetze das Recht auf Selbstverwaltung.

Art. 156 (Konzerne und Kartelle)

1Der Zusammenschluß von Unternehmungen zum Zwecke der Zusammenballung wirtschaftlicher Macht und der Monopolbildung ist unzulässig. 2Insbesondere sind Kartelle, Konzerne und Preisabreden verboten, welche die Ausbeutung der breiten Massen der Bevölkerung oder die Vernichtung selbständiger mittelständischer Existenzen bezwecken.

Art. 157 (Kapital- und Kreditwesen)

(1) Kapitalbildung ist nicht Selbstzweck, sondern Mittel zur Entfaltung der Volkswirtschaft.

(2) Das Geld- und Kreditwesen dient der Werteschaffung und der Befriedigung der Bedürfnisse aller Bewohner.

2. Abschnitt Das Eigentum

Art. 158 (Begriff der Verpflichtung)

1Eigentum verpflichtet gegenüber der Gesamtheit. 2Offenbarer Mißbrauch des Eigentums- oder Besitzrechts genießt keinen Rechtsschutz.

Art. 159 (Enteignung)

1Eine Enteignung darf nur in den gesetzlich vorgesehenen Fällen und gegen angemessene Entschädigung erfolgen, die auch in Form einer Rente gewährt werden kann. 2Wegen der Höhe der Entschädigung steht im Streitfall der Rechtsweg vor den ordentlichen Gerichten offen.

Art. 160 (Bodenschätze, Gemeineigentum)

(1) Eigentum an Bodenschätzen, die für die allgemeine Wirtschaft von größerer Bedeu-

tung sind, an wichtigen Kraftquellen, Eisenbahnen und anderen der Allgemeinheit dienenden Verkehrswegen und Verkehrsmitteln, an Wasserleitungen und Unternehmungen der Energieversorgung steht in der Regel Körperschaften oder Genossenschaften des öffentlichen Rechtes zu.

(2) $_1$Für die Allgemeinheit lebenswichtige Produktionsmittel, Großbanken und Versicherungsunternehmungen können in Gemeineigentum überführt werden, wenn die Rücksicht auf die Gesamtheit es erfordert. $_2$Die Überführung erfolgt auf gesetzlicher Grundlage und gegen angemessene Entschädigung.

(3) In Gemeineigentum stehende Unternehmen können, wenn es dem wirtschaftlichen Zweck entspricht, in einer privatwirtschaftlichen Form geführt werden.

Art. 161 (Nutzung von Grund und Boden)

(1) $_1$Die Verteilung und Nutzung des Bodens wird von Staats wegen überwacht. $_2$Mißbräuche sind abzustellen.

(2) Steigerungen des Bodenwertes, die ohne besonderen Arbeits- oder Kapitalaufwand des Eigentümers entstehen, sind für die Allgemeinheit nutzbar zu machen.

Art. 162 (Geistiges Eigentum)

Das geistige Eigentum, das Recht der Urheber, der Erfinder und Künstler genießen den Schutz und die Obsorge des Staates.

3. Abschnitt
Die Landwirtschaft

Art. 163 (Grund und Boden)

(1) $_1$Grund und Boden sind frei. $_2$Der Bauer ist nicht an die Scholle gebunden.

(2) Der in der land- und forstwirtschaftlichen Kultur stehende Grund und Boden aller Besitzgrößen dient der Gesamtheit des Volkes.

(3) Das bäuerliche Eigentum an Grund und Boden wird gewährleistet.

(4) $_1$Bauernland soll seiner Zweckbestimmung nicht entfremdet werden. $_2$Der Erwerb von land- und forstwirtschaftlich genutztem Boden soll von einem Nachweis der Eignung für sachgemäße Bewirtschaftung abhängig gemacht werden; er darf nicht lediglich der Kapitalanlage dienen.

(5) Enteignungen an land- und forstwirtschaftlichem Grund und Boden sind nur für dringende Zwecke des Gesamtwohls, insbesondere der Siedlung, gegen angemessene Entschädigung unter Schonung der Mustergüter und Beispielwirtschaften zulässig.

Art. 164 (Förderung der landwirtschaftlichen Bevölkerung)

(1) Der landwirtschaftlichen Bevölkerung wird durch Anwendung des technischen Fortschritts auf ihren Lebensbereich, Verbesserung der Berufsausbildung, Pflege des landwirtschaftlichen Genossenschaftswesens und Förderung der Erzeugung und des Absatzes ein menschenwürdiges Auskommen auf der ererbten Heimatscholle gewährleistet.

(2) $_1$Ein angemessenes landwirtschaftliches Einkommen wird durch eine den allgemeinen Wirtschaftsverhältnissen entsprechende Preis- und Lohngestaltung sowie durch Marktordnungen sichergestellt. $_2$Diesen werden Vereinbarungen zwischen den Organisationen der Erzeuger, Verteiler und Verbraucher zugrunde gelegt.

Art. 165 (Verhinderung der Überschuldung)

Die Überschuldung landwirtschaftlicher Betriebe ist durch die Gesetzgebung möglichst zu verhindern.

4. Abschnitt
Die Arbeit

Art. 166 (Recht auf Arbeit)

(1) Arbeit ist die Quelle des Volkswohlstandes und steht unter dem besonderen Schutz des Staates.

(2) Jedermann hat das Recht, sich durch Arbeit eine auskömmliche Existenz zu schaffen.

(3) Er hat das Recht und die Pflicht, eine seinen Anlagen und seiner Ausbildung entsprechende Arbeit im Dienste der Allgemeinheit nach näherer Bestimmung der Gesetze zu wählen.

Art. 167 (Schutz der Arbeitskraft)

(1) Die menschliche Arbeitskraft ist als wertvollstes wirtschaftliches Gut eines Volkes gegen Ausbeutung, Betriebsgefahren und sonstige gesundheitliche Schädigungen geschützt.

(2) Ausbeutung, die gesundheitliche Schäden nach sich zieht, ist als Körperverletzung strafbar.

(3) Die Verletzung von Bestimmungen zum Schutz gegen Gefahren und gesundheitliche Schädigungen in Betrieben wird bestraft.

Art. 168 (Arbeitsentgelt; Fürsorge)

(1) $_1$Jede ehrliche Arbeit hat den gleichen sittlichen Wert und Anspruch auf angemessenes Entgelt. $_2$Männer und Frauen erhalten für gleiche Arbeit den gleichen Lohn.

(2) Arbeitsloses Einkommen arbeitsfähiger Personen wird nach Maßgabe der Gesetze mit Sondersteuern belegt.

(3) Jeder Bewohner Bayerns, der arbeitsunfähig ist oder dem keine Arbeit vermittelt werden kann, hat ein Recht auf Fürsorge.

Art. 169 (Mindestlöhne; Tarifverträge)

(1) Für jeden Berufszweig können Mindestlöhne festgesetzt werden, die dem Arbeitnehmer eine den jeweiligen kulturellen Verhältnissen entsprechende Mindestlebenshaltung für sich und seine Familie ermöglichen.

(2) Die Gesamtvereinbarungen zwischen Arbeitgeber- und Arbeitnehmerverbänden über das Arbeitsverhältnis sind für die Verbandsangehörigen verpflichtend und können, wenn es das Gesamtinteresse erfordert, für allgemein verbindlich erklärt werden.

Art. 170 (Vereinigungsfreiheit)

(1) Die Vereinigungsfreiheit zur Wahrung und Förderung der Arbeits- und Wirtschaftsbedingungen ist für jedermann und für alle Berufe gewährleistet.

(2) Alle Abreden und Maßnahmen, welche die Vereinigungsfreiheit einschränken oder zu behindern suchen, sind rechtswidrig und nichtig.

Art. 171 (Sozialversicherung)

Jedermann hat Anspruch auf Sicherung gegen die Wechselfälle des Lebens durch eine ausreichende Sozialversicherung im Rahmen der Gesetze.

Art. 172 (Rechte und Pflichten der Arbeitnehmer und Arbeitgeber)

Die Rechte und Pflichten der Arbeitnehmer und Arbeitgeber werden in einem besonderen Gesetz geregelt.

Art. 173 (Höchstarbeitszeiten)

Über die tägliche und wöchentliche Höchstarbeitszeit werden durch Gesetz besondere Bestimmungen erlassen.

Art. 174 (Urlaubsrecht)

(1) $_1$Jeder Arbeitnehmer hat ein Recht auf Erholung. $_2$Es wird grundsätzlich gewährleistet durch ein freies Wochenende und durch einen Jahresurlaub unter Fortbezug des Arbeitsentgelts. $_3$Die besonderen Verhältnisse in einzelnen Berufen werden durch Gesetz geregelt. $_4$Der Lohnausfall an gesetzlichen Feiertagen ist zu vergüten.

(2) Der 1. Mai ist gesetzlicher Feiertag.

Art. 175 (Mitbestimmungsrecht)

$_1$Die Arbeitnehmer haben bei allen wirtschaftlichen Unternehmungen ein Mitbestimmungsrecht in den sie berührenden Angelegenheiten sowie in Unternehmungen von erheblicher Bedeutung einen unmittelbaren Einfluß auf die Leitung und die Verwaltung der Betriebe. $_2$Zu diesem Zwecke bilden sie Betriebsräte nach Maßgabe eines besonderen Gesetzes. $_3$Dieses enthält auch Bestimmungen über die Mitwirkung der Betriebsräte bei Einstellung und Entlassung von Arbeitnehmern.

Art. 176 (Mitwirkung der Arbeitnehmer im Wirtschaftsleben)

Die Arbeitnehmer als gleichberechtigte Glieder der Wirtschaft nehmen zusammen mit den übrigen in der Wirtschaft Tätigen an den wirtschaftlichen Gestaltungsaufgaben teil.

Art. 177 (Arbeitsstreitigkeiten)

(1) Arbeitsstreitigkeiten werden durch Arbeitsgerichte entschieden, die aus einer gleichen Anzahl von Arbeitnehmern und Arbeitgebern und einem unabhängigen Vorsitzenden zusammengesetzt sind.

(2) Schiedssprüche in Arbeitsstreitigkeiten können gemäß den bestehenden Gesetzen für allgemein verbindlich erklärt werden.

Schluß- und Übergangsbestimmungen

Art. 178 (Föderativer Bundesstaat)

1Bayern wird einem künftigen deutschen demokratischen Bundesstaat beitreten. 2Er soll auf einem freiwilligen Zusammenschluß der deutschen Einzelstaaten beruhen, deren staatsrechtliches Eigenleben zu sichern ist.

Art. 179 (Keine Zwangsmitgliedschaft)

1Die in dieser Verfassung bezeichneten sozialen, wirtschaftlichen und kulturellen Körperschaften, Selbstverwaltungsorgane der Wirtschaft und Organisationen der Erzeuger, Verteiler und Verbraucher (Art. 154, 155, 164) sind keine öffentlichen Behörden und dürfen keine staatlichen Machtbefugnisse ausüben. 2Zwangsmitgliedschaft bei ihnen ist ausgeschlossen.

Art. 180 (Übertragung von Hoheitsrechten)

Bis zur Errichtung eines deutschen demokratischen Bundesstaates ist die bayerische Staatsregierung ermächtigt, soweit es unumgänglich notwendig ist, mit Zustimmung des Bayerischen Landtags Zuständigkeiten des Staates Bayern auf den Gebieten der auswärtigen Beziehungen, der Wirtschaft, Ernährung, des Geldwesens und des Verkehrs an den Rat der Ministerpräsidenten der Staaten der US-Zone oder andere deutsche Gemeinschaftseinrichtungen mehrerer Staaten oder Zonen abzutreten.

Art. 181 (Staatsverträge)

Das Recht des Bayerischen Staates, im Rahmen seiner Zuständigkeit Staatsverträge abzuschließen, bleibt unberührt.

Art. 182 (Konkordate)

Die früher geschlossenen Staatsverträge, insbesondere die Verträge mit den christlichen Kirchen vom 24. Januar 1925 bleiben in Kraft.

Art. 183 (Wiedergutmachung)

Alle durch die nationalsozialistische Gewaltherrschaft wegen ihrer religiösen oder politischen Haltung oder wegen ihrer Rasse Geschädigten haben im Rahmen der Gesetzgebung Anspruch auf Wiedergutmachung.

Art. 184 (Anti-NS-Gesetze)

Die Gültigkeit von Gesetzen, die gegen Nationalsozialismus und Militarismus gerichtet sind oder ihre Folgen beseitigen wollen, wird durch diese Verfassung nicht berührt oder beschränkt.

Art. 185 (Regierungsbezirke)

Die alten Kreise (Regierungsbezirke) mit ihren Regierungssitzen werden ehestens wiederhergestellt.

Art. 186 (Aufgehobene und gültige Gesetze)

(1) Die Bayerische Verfassung vom 14. August 1919 ist aufgehoben.

(2) Die übrigen Gesetze und Verordnungen bleiben vorläufig in Kraft, soweit ihnen diese Verfassung nicht entgegensteht.

(3) Anordnungen der Behörden, die auf Grund bisheriger Gesetze in rechtsüblicher Weise getroffen waren, behalten ihre Gültigkeit bis zur Aufhebung im Wege anderweitiger Anordnung oder Gesetzgebung.

Art. 187 (Beamteneid)

Alle Beamten und Angestellten im öffentlichen Dienst sind auf diese Verfassung zu vereidigen.

Art. 188 (Aushändigung der Verfassung)

Jeder Schüler erhält vor Beendigung der Schulpflicht einen Abdruck dieser Verfassung.

Allgemeine Geschäftsordnung für die Behörden des Freistaates Bayern (AGO)

Vom 12. Dezember 2000 (GVBl. S. 873, 2001 S. 28)

Zuletzt geändert durch
Änderung der Allgemeinen Geschäftsordnung für die Behörden des Freistaates Bayern
vom 28. April 2026 (GVBl. S. 259)

Inhaltsübersicht

Auf Grund des Art. 43 Abs. 1 der Verfassung erlässt die Bayerische Staatsregierung folgende Allgemeine Geschäftsordnung:

Erster Teil
Allgemeine Vorschriften

§ 1 Geltungsbereich

(1) $_{1}$Die Allgemeine Geschäftsordnung gilt für alle Behörden des Freistaates Bayern. $_{2}$Behörde im Sinn dieser Geschäftsordnung ist jede Stelle, die Aufgaben der öffentlichen Verwaltung wahrnimmt.

(2) Regelungen in Rechtsvorschriften, in bundeseinheitlichen Verwaltungsvorschriften oder Verwaltungsvorschriften der Staatsregierung, die dieser Geschäftsordnung entsprechen oder entgegenstehen, bleiben unberührt.

§ 2 Allgemeine Gestaltungsziele

(1) Die Aufgaben des Staates sind im Rahmen der Rechtsordnung insbesondere allgemeinwohlbezogen, zielorientiert, wirtschaftlich und sparsam, bürgerfreundlich, umweltgerecht, sozialverträglich und mitarbeiterbezogen zu erfüllen.

(2) Die Aufgabenerfüllung einschließlich der Aufgabenkritik sowie die Verwaltungsorganisation sind mit dem Ziel des Abbaus, der Privatisierung, der Delegation, der Vereinfachung und der Beschleunigung stetig zu überprüfen und zu verbessern.

§ 3 Vollzug

(1) Diese Geschäftsordnung enthält Rahmenvorschriften, die die Behörden für ihren Bereich ergänzen können.

(2) $_{1}$Die Beschäftigten sind mit dieser Geschäftsordnung in geeigneter Weise vertraut zu machen. $_{2}$Sie wirken an der steten Verbesserung der Aufgabenerfüllung im Sinn des § 2 mit.

(3) $_{1}$Die Staatsministerien können für ihren Geschäftsbereich zur Erprobung neuer Organisationsgrundsätze, Verfahren oder Techniken von einzelnen Vorschriften dieser Geschäftsordnung zeitlich befristet abweichende Regelungen zulassen. $_{2}$Unbefristete Abweichungen von zwingenden Vorschriften dieser Geschäftsordnung bedürfen des Benehmens des Staatsministeriums des Innern, für Sport und Integration.

Zweiter Teil
Bürgerorientierte Verwaltung

§ 4 Grundsätze

(1) $_{1}$Die Behörden richten ihre Maßnahmen zur Gestaltung einer wirksamen bürgerfreundlichen und dienstleistungsorientierten Verwaltung an den Bedürfnissen der Bürger aus. $_{2}$Die Bürgerfreundlichkeit und Dienstleistungsorientierung der Behörden ist stetig zu verbessern.

(2) $_{1}$Den Bürgern ist freundlich und mit Verständnis für ihre Belange zu begegnen. $_{2}$Ihnen sind soweit wie möglich Rat und Hilfe zu gewähren. $_{3}$Sie sind bei der Abgabe von Anträgen und Erklärungen zu unterstützen und über Zuständigkeiten, notwendige Unterlagen oder Möglichkeiten zur Gestaltung und Beschleunigung des Verfahrens zu informieren.

(3) $_{1}$Das Verwaltungshandeln muss nachvollziehbar und unparteiisch sein. $_{2}$Auf sachbezogene Vorstellungen der Bürger ist bei der Ermessensausübung und bei der Ausfüllung unbestimmter Rechtsbegriffe besonders einzugehen.

(4) Hat ein Gericht zu Gunsten eines Bürgers entschieden, so soll vorbehaltlich besonderer Vorschriften ein Rechtsmittel nur eingelegt werden, wenn ein öffentliches Interesse die weitere Rechtsverfolgung auch unter Berücksichtigung der dem Bürger hieraus erwachsenden Belastung erfordert.

(5) Die Behörden und Organisationseinheiten wirken so zusammen, dass für die Bürger ein möglichst geringer Aufwand durch persönliche Vorsprachen und Schriftverkehr entsteht.

§ 5 Bürgernähe

(1) Die Behörden sollen für die Bürger persönlich, telefonisch, schriftlich, per Telefax und elektronisch erreichbar sein.

(2) Während der Öffnungszeiten nach § 6 Abs. 1 Satz 1 müssen Rechtsbehelfe, Anträge und sonstige Erklärungen, die an Fristen ge-

bunden oder besonders dringlich sind, entgegengenommen werden können.

(3) Gehen bei der Behörde regelmäßig fristgebundene Dokumente (= papiergebundene oder auf Datenträgern gespeicherte Informationen) ein, muss der Tag des Eingangs zuverlässig festgestellt werden können.

§ 6 Öffnungszeiten

(1) 1Behörden mit Besucherverkehr sollen an Arbeitstagen von 8.00 Uhr bis 16.00 Uhr (am Freitag bis 14.00 Uhr) geöffnet sein. 2Bei Bedarf sollen den Bedürfnissen der Bürger angepasste zusätzliche Sprechzeiten angeboten werden. 3Kürzere Sprechzeiten können, soweit dienstliche Belange es erfordern, abweichend von Satz 1 unter Berücksichtigung der Bedürfnisse der Bürger festgelegt werden; Organisationseinheiten mit erheblichem Besucherverkehr müssen in der Woche mindestens 25 Stunden offen gehalten werden. 4Nach Möglichkeit soll vorrangig eine individuelle Terminvereinbarung angestrebt werden.

(2) 1Bei Bedarf sollen Sprechstunden und Amtstage auch außerhalb des Dienstsitzes abgehalten werden. 2Sie sind ortsüblich bekannt zu geben.

§ 7 Besucherverkehr

(1) 1Für die Bürger sollen nur kurze Wartezeiten und möglichst wenig Anlaufstellen entstehen. 2Organisationseinheiten mit erheblichem Besucherverkehr sollen im Dienstgebäude so untergebracht werden, dass sie auf kurzen Wegen leicht erreicht werden können. 3Den Besuchern sollen ansprechende Wartebereiche zur Verfügung stehen.

(2) 1Werdende Mütter, Besucher mit Kleinkindern, Schwerbehinderte und Bürger, denen aus ersichtlich gesundheitlichen Gründen keine längere Wartezeit zugemutet werden kann, haben den Vortritt vor anderen Besuchern. 2Hierauf soll in den Wartebereichen gut sichtbar hingewiesen werden.

(3) 1Mitgliedern des Europäischen Parlaments, des Deutschen Bundestags und des Bayerischen Landtags ist Schutz und auf Ersuchen Hilfe zu gewähren. 2Sie sind bevorzugt und auch außerhalb der Öffnungszeiten zu empfangen.

(4) 1Die Dienstgebäude werden gekennzeichnet. 2Im gesamten Dienstgebäude sind einheitliche und übersichtliche Orientierungshilfen anzubringen.

§ 8 Information, Medien- und Öffentlichkeitsarbeit

(1) 1Die Öffentlichkeit ist über Leistungen, Zuständigkeiten, Verfahren oder Termine rechtzeitig und angemessen zu informieren. 2Neben Informationen in elektronischer Form, Broschüren, Merkblättern, Vordrucken und Ähnlichem können auch Informationsveranstaltungen, Bürgertelefone, Anhörungen, Ausstellungen oder ein Tag der offenen Tür angeboten werden.

(2) Amtliche Nachrichten und Mitteilungen sind gemäß Art. 4 des Bayerischen Pressegesetzes auf Verlangen allen Medien unter gleichen Bedingungen unentgeltlich zur Verfügung zu stellen.

§ 9 Auskünfte, Akteneinsicht

(1) 1Soweit die Auskunft oder Einsicht in Akten, Dateien und Ähnliches (Akteneinsicht) nicht in Rechtsvorschriften geregelt ist, kann die Behörde Auskünfte und Akteneinsicht nach Maßgabe des Abs. 2 erteilen. 2Der Anspruch von Betroffenen auf Auskunft über die zu ihrer Person gespeicherten Daten nach Art. 15 der Verordnung (EU) 2016/679 (Datenschutz-Grundverordnung) oder anderen Vorschriften bleibt unberührt.

(2) 1Auskunft oder Akteneinsicht, die nicht ausschließlich Angelegenheiten des Antragstellers zum Gegenstand hat, darf nur gewährt werden, wenn ein berechtigtes Interesse glaubhaft gemacht wird. 2Auskunft oder Akteneinsicht darf nicht gewährt werden, wenn besondere Rechts- und Verwaltungsvorschriften, das öffentliche Interesse oder überwiegende Interessen Dritter entgegenstehen.

(3) Bei der Akteneinsicht ist sicherzustellen, dass nur berechtigte Personen Einsicht nehmen und die Inhalte von diesen nicht verändert werden können.

Dritter Teil
Ablauforganisation

Abschnitt I
Allgemeine Grundsätze

§ 10 Einsatz der Informations- und Kommunikationstechnik

(1) $_{1}$Die Vorgänge sollen vorrangig mit Unterstützung von Informations- und Kommunikationstechnik (IuK-Technik) bearbeitet und aufbewahrt werden, soweit zwingende Gründe der Wirtschaftlichkeit, Rechtmäßigkeit und Zweckmäßigkeit nicht entgegenstehen. $_{2}$Die Staatsministerien regeln für ihren Geschäftsbereich das Nähere.

(2) Die Beschäftigten sind im erforderlichen Umgang mit IuK-Technik zu schulen und zu betreuen.

(3) Durch technische und organisatorische Maßnahmen ist sicherzustellen, dass die datenschutzrechtlichen Vorschriften gewahrt sowie elektronische Daten und Programme vor unberechtigter Einsichtnahme, Veränderung und Verlust geschützt werden.

(4) $_{1}$Für die Erledigung dienstlicher Aufgaben dürfen nur dienstlich bereitgestellte Geräte und Datenträger sowie freigegebene Programme (Ausstattung) benutzt werden. $_{2}$Die Ausstattung darf nur von dazu ermächtigten Personen verändert werden. $_{3}$Dienstlich bereitgestellte Geräte, Programme und Netzzugänge dürfen grundsätzlich nicht für private Zwecke verwendet werden; besondere Regelungen über die Einrichtung und Benutzung dienstlicher Telekommunikationsanlagen (Dienstanschlussvorschriften) bleiben unberührt. $_{4}$Die obersten Dienstbehörden oder die von ihnen beauftragten Behörden können Ausnahmen von den Regelungen der Sätze 1 und 3 zulassen.

(5) Einzelheiten zum Einsatz und zur Nutzung der IuK-Technik, der technischen und organisatorischen Gestaltung sowie die erforderlichen Maßnahmen zum Datenschutz und zur Datensicherheit sind behördenspezifisch zu regeln.

§ 11 Kommunikation mit Behörden und mit Dritten

(1) $_{1}$Behörden verkehren untereinander und mit Dritten grundsätzlich unmittelbar. $_{2}$Berührt eine dienstliche Angelegenheit den Aufgabenbereich einer anderen Behörde, ist diese zu informieren. $_{3}$Bei Außenterminen ist das Leitbild einer schlanken Verwaltung zu wahren. $_{4}$Die im Verfahren federführende Behörde vertritt den Staat grundsätzlich allein. $_{5}$Mehr als zwei staatliche Amtsträger sollen einen Außentermin nicht wahrnehmen.

(2) $_{1}$Bei der Kommunikation mit höheren Behörden ist der Dienstweg einzuhalten. $_{2}$Dies gilt nicht, wenn es sich um eilige, regelmäßig wiederkehrende oder einfache Angelegenheiten handelt, wenn davon auszugehen ist, dass die übergeordnete Behörde nicht tätig werden wird oder wenn unmittelbare Kommunikation zugelassen ist.

(3) $_{1}$Nachgeordnete Behörden verkehren mit Bundestag und Bundesrat über die Staatsministerien. $_{2}$Das Gleiche gilt für die Kommunikation mit Bundesministerien, den Ministerien anderer Länder und mit Bundesoberbehörden, soweit nicht unmittelbare Kommunikation zugelassen oder aus besonderen Gründen unerlässlich ist. $_{3}$Bei einer unmittelbaren Kommunikation ist der Empfänger auf die Unterrichtung des Staatsministeriums ausdrücklich hinzuweisen.

(4) $_{1}$Mit dem Bayerischen Landtag verkehren nur der Ministerpräsident und die Staatsministerien unmittelbar. $_{2}$Die Richtlinien für den Verkehr der Staatsministerien mit dem Landtag sind zu beachten.

(5) $_{1}$Für die Kommunikation mit Behörden außerhalb der Bundesrepublik Deutschland, mit diplomatischen Vertretungen und Konsulaten und mit zwischenstaatlichen Einrichtungen sind die Richtlinien über den amtlichen Verkehr in das Ausland und mit ausländischen Dienststellen im Inland (Amtlicher Verkehr Auslandsdienststellen – AVAR) zu beachten. $_{2}$Für den Verkehr mit Stationierungsstreitkräften gelten besondere Vorschriften.

Abschnitt II
Geschäftsgang

§ 12 Behandlung der Eingänge

(1) $_{1}$Es wird eine zentrale Eingangsstelle vorgehalten, die die an die Behörde gerichteten Sendungen (Eingänge) entgegennimmt. $_{2}$Sie

bearbeitet die Eingänge nach Maßgabe der folgenden Absätze und gibt sie in den Geschäftsgang.

(2) $_1$Bei allen Eingängen sind der Tag, und soweit erforderlich, der genaue Zeitpunkt des Eingangs festzuhalten; ausgenommen hiervon sind Zeitungen, Werbeschriften und ähnliche Sendungen. $_2$Dienstliche Eingänge, die bei Dienstbeginn im Briefkasten oder im Postfach vorgefunden werden und die fristgebunden sind, sollen den zusätzlichen Vermerk „Frühleerung" erhalten; das gilt nicht für Sendungen, bei denen der Eingang gemäß § 5 Abs. 3 zuverlässig festgestellt werden kann.

(3) $_1$Offensichtlich fehlgeleitete Eingänge (Irrläufer) werden unter Angabe des Eingangszeitpunktes unverzüglich an die richtigen Empfänger weitergeleitet. $_2$Technisch unvollständige oder unleserliche elektronische Sendungen werden möglichst mit einem entsprechenden Hinweis an die absendende Stelle zurückgeleitet.

(4) $_1$Eingänge, die an Beschäftigte erkennbar persönlich gerichtet sind, sind diesen unmittelbar und ungeöffnet zuzuleiten. $_2$Sind die Empfänger abwesend, können die Sendungen von der Vertretung geöffnet werden, wenn äußere Merkmale einen dienstlichen Inhalt erkennen lassen oder wenn sich die Empfänger mit dem Öffnen der Sendungen einverstanden erklärt haben. $_3$Enthält der Eingang eine dienstliche Mitteilung, ist nach Abs. 6 zu verfahren. $_4$Bei Eingängen mit der Behördenanschrift und dem Zusatz „zu Händen von" ist sicherzustellen, dass die bezeichneten Personen von ihnen Kenntnis erhalten. $_5$Eingänge, die als Personalsache gekennzeichnet sind, dürfen nur von den zuständigen Personal verwaltenden Stellen geöffnet werden. $_6$Sendungen an Personalvertretungen, Schwerbehindertenvertretungen und Gleichstellungsbeauftragte sind diesen ungeöffnet und unmittelbar zuzuleiten.

(5) $_1$Nicht oder unzureichend freigemachte Sendungen sollen angenommen und das Nachentgelt soll an den Zusteller entrichtet werden. $_2$Die Annahme kann verweigert werden, wenn das Verhalten der absendenden Stelle Absicht erkennen lässt.

(6) $_1$Bei dezentral eingehenden Sendungen tragen die Empfänger die Verantwortung für die ordnungsgemäße Bearbeitung der Eingänge, die Registrierung vorgangsrelevanter Dokumente und die Weitergabe in den Geschäftsgang. $_2$Dies gilt auch für elektronischen Posteingang etwa auf personengebundenen E-Mail-Adressen oder dezentralen Funktionspostfächern, die regelmäßig, mindestens zweimal arbeitstäglich auf neue Eingänge zu überprüfen sind.

§ 13 Weitergabe in den Geschäftsgang

Die Eingänge sind nach ihrer Registrierung unverzüglich und unmittelbar der Leitung der sachbearbeitenden Organisationseinheit zuzuleiten, soweit sich nicht die Behördenleitung oder sonstige Vorgesetzte die Durchsicht bestimmter Eingänge vorbehalten haben oder die unmittelbare Zuleitung an die sachbearbeitenden Beschäftigten zugelassen ist.

§ 14 Weiterleitung bei Unzuständigkeit

$_1$Dienstliche Eingänge, für die die Behörde nicht zuständig ist und die nicht bereits nach § 12 Abs. 3 behandelt worden sind, sind unverzüglich an die richtigen Empfänger weiterzuleiten. $_2$Die Absender sollen von der Weiterleitung verständigt werden (Abgabenachricht). $_3$Die Weiterleitung unterbleibt, wenn sich aus dem Eingang offenkundig ein entgegenstehender Wille des Absenders ergibt, insbesondere weil im Eingang so sensible Daten enthalten sind, dass ein Wille des Absenders angenommen werden muss, über deren Weiterleitung selbst zu bestimmen. $_4$Im Falle des Satzes 3 ist dem Absender nach Möglichkeit der richtige Empfänger mitzuteilen.

§ 15 Allgemeine Grundsätze für die Sachbearbeitung

(1) $_1$Eingänge sind so einfach, zweckmäßig und schnell wie möglich zu bearbeiten. $_2$Papiergebundener Schriftverkehr soll nur geführt werden, wenn dies rechtlich geboten oder zweckmäßiger ist.

(2) $_1$Mehrere in einer Sache notwendige Erhebungen sollen zur gleichen Zeit angestellt, Stellungnahmen anderer Behörden und Stellen unter Fristsetzung gleichzeitig angefordert (Sternverfahren) und Besprechungen mit allen Beteiligten abgehalten werden. $_2$Bei aufwändigen Verfahren soll eine koordinie-

rende Stelle bestimmt werden, die das Verfahren steuert, zeitlich überwacht, auf eine straffe Durchführung achtet und als Ansprechpartner für Dritte zur Verfügung steht (Projektmanagement).

(3) $_{1}$Angemessene Fristen sollen unter Berücksichtigung der allgemeinen Bearbeitungszeiten eine sachgerechte Erledigung ermöglichen. $_{2}$Können Fristen nicht eingehalten werden, ist rechtzeitig eine Verlängerung zu beantragen.

(4) $_{1}$Die Beteiligten sind zu unterrichten, sobald absehbar ist, dass der Antrag oder das Anliegen nicht innerhalb einer angemessenen Frist erledigt werden kann (Zwischenmitteilung). $_{2}$Der Grund für die Verzögerung und der voraussichtliche Erledigungszeitpunkt sollen angegeben werden.

(5) $_{1}$Der Beschleunigungsvermerk „SOFORT" darf nur angebracht werden, wenn eine vorrangige Bearbeitung sachlich geboten ist. $_{2}$Soweit der Grund für die vorrangige Bearbeitung nicht offensichtlich ist, ist er stichwortartig unter Angabe des Erledigungszeitpunktes dem Beschleunigungsvermerk hinzuzufügen. $_{3}$Sofort-Sachen sind vor allen anderen Vorgängen zu bearbeiten.

§ 16 Abstimmung, Federführung, Beteiligung

(1) $_{1}$Mehrere an einem Verfahren beteiligte Behörden oder Organisationseinheiten stimmen ihr Handeln ab und wirken auf eine einheitliche Haltung hin. $_{2}$Eine Abstimmung mit übergeordneten Stellen ist auf die nächsthöhere Behörde zu beschränken, sofern nicht das zuständige Staatsministerium Abweichendes bestimmt.

(2) $_{1}$Federführend für die Bearbeitung innerhalb einer Behörde ist diejenige Organisationseinheit, die nach dem sachlichen Inhalt der Angelegenheit auf Grund der Geschäftsverteilung überwiegend zuständig ist. $_{2}$Bei Zweifeln über die Federführung bleibt die zuerst befasste Organisationseinheit bis zur Klärung der Federführung zuständig. $_{3}$Kommt keine Einigung zustande, entscheidet die nächste gemeinsame höhere Stelle. $_{4}$Die federführende Organisationseinheit beschränkt Abstimmungen und Mitzeichnungen auf das gebotene Mindestmaß und überwacht den zeitgerechten Abschluss des Verfahrens.

(3) $_{1}$Berührt eine Angelegenheit die Zuständigkeiten mehrerer Organisationseinheiten, beteiligt die federführende Organisationseinheit diese rechtzeitig. $_{2}$Eine Mitzeichnung fachlich beteiligter Organisationseinheiten ist nur vorzusehen, wenn es der Inhalt des Entwurfsdokuments notwendig macht oder in dem vorhergehenden Abstimmungsverfahren kein Einvernehmen erzielt werden konnte. $_{3}$Mitzeichnungen fachlich beteiligter Organisationseinheiten sollen in geeigneten Fällen gleichzeitig eingeholt werden (Sternmitzeichnung). $_{4}$Inhaltliche Änderungen oder Ergänzungen dürfen nur im Einvernehmen mit der federführenden Organisationseinheit vorgenommen werden; sie sind kenntlich zu machen und nachvollziehbar darzustellen. $_{5}$Kommt keine Einigung zustande, ist die abweichende Meinung zu vermerken.

§ 17 Bearbeitung besonderer Fälle

(1) Die Beantwortung von Eingängen, die in der Gesamtschau als Meinungsäußerung ohne Ziel einer konkreten Sachentscheidung der Verwaltung zu bewerten sind, kann unterbleiben.

(2) $_{1}$Enthält ein Eingang grobe Beschimpfungen oder Beleidigungen von Behörden, Behördenangehörigen oder Dritten und ist er nicht an eine Frist gebunden, unterbleibt eine Beantwortung. $_{2}$Abweichend von Satz 1 kann dem Absender mitgeteilt werden, dass der Eingang wegen der ungehörigen Form nicht bearbeitet wird, wenn dies zweckmäßig erscheint. $_{3}$Die Abgabe an andere Behörden und die Möglichkeit strafrechtlicher Verfolgung bleiben unberührt.

(3) $_{1}$Eingänge, die die absendende Stelle nicht oder unzureichend erkennen lassen, werden grundsätzlich nicht bearbeitet; § 12 Abs. 3 Satz 2 gilt für elektronische Eingänge entsprechend. $_{2}$Unabhängig hiervon sind zum Schutz privater und öffentlicher Güter und Rechte die notwendigen Maßnahmen zu ergreifen und andere Behörden zu informieren.

(4) $_{1}$Die Beantwortung von Eingängen, die bei verständiger Würdigung lediglich frühere,

ordnungsgemäß bearbeitete Anträge wiederholen, kann unterbleiben. 2Abweichend von Satz 1 kann dem Antragsteller mitgeteilt werden, dass der Eingang mit Blick auf die frühere Entscheidung nicht bearbeitet wird, wenn dies zweckmäßig erscheint.

§ 18 Förmliche Bearbeitung der Vorgänge

(1) Jeder Vorgang muss die zugehörigen Eingänge, die Art der Bearbeitung, die wesentlichen Schritte des Geschäftsgangs und die Erledigung in ihrer zeitlichen Reihenfolge nachvollziehbar, vollständig und dauerhaft erkennen lassen.

(2) 1Über Besprechungen, Telefongespräche, Auskünfte und sonstige aus den Akten nicht unmittelbar ersichtliche Sachverhalte, die für die Bearbeitung bedeutsam sein können, soll ein Aktenvermerk gefertigt werden. 2Für schriftliche Äußerungen, die für die Bearbeitung und die Nachvollziehbarkeit des Vorgangs bedeutsam sind, ist ein Entwurfsdokument zu fertigen, das den Inhalt des Originals vollständig wiedergibt und zusätzlich alle notwendigen Bearbeitungsvermerke enthält.

(3) Als abschließende Bearbeitungsvermerke kommen in Betracht:

- WV = Wiedervorlage, wenn die Bearbeitung zu einem späteren Zeitpunkt fortzusetzen ist, weil insbesondere weitere Bearbeitungsschritte erforderlich sind oder der Vollzug zu überwachen ist;
- z. A. = zum Akt, wenn nichts zu veranlassen oder die Bearbeitung abgeschlossen ist;
- z. V. = zum Vorgang, wenn ein vorausgegangener Behandlungsvermerk („WV" oder „z. A.") weitergelten soll;
- Wl = Weglegen, wenn das Dokument wegen seiner geringen oder vorübergehenden Bedeutung nicht in einem Vorgang dauerhaft aufzubewahren ist; diese Dokumente werden sechs Monate nach ihrem Eingang vernichtet, wenn kein anderer Zeitpunkt verfügt worden ist.

§ 19 Niederschrift

1Über mündliche Erklärungen von besonderer tatsächlicher oder rechtlicher Bedeutung ist eine Niederschrift aufzunehmen. 2Sie muss neben dem wörtlichen oder dem wesentlichen Inhalt der Erklärung die notwendigen persönlichen Angaben der erklärenden Person enthalten und ist dieser mit dem Zusatz „Vorgelesen (oder: selbst gelesen), genehmigt und unterschrieben" und mit Datumsangabe zur Unterschrift vorzulegen. 3Verweigert sie die Unterschrift, so ist das in der Niederschrift zu vermerken. 4Die aufnehmende Person schließt die Niederschrift durch ihre Unterschrift ab.

§ 20 Vordrucke und Arbeitshilfen für standardisierte Arbeitsvorgänge

(1) 1Für wiederkehrende, gleichartige Arbeitsvorgänge sowie sonstige standardisierte Dokumententeile sollen einheitliche und arbeitsgerechte Vorlagen, Vordrucke und ähnliche Arbeitshilfen verwendet werden. 2Sie sollen möglichst in elektronischen Medien und Informationsdiensten zur allgemeinen Verwendung bereitgehalten werden.

(2) 1Allgemein gültige, verbindliche Vordrucke, die von Formularverlagen, Druckereien und sonstigen Dritten verwertet werden dürfen, sind als Muster zu veröffentlichen. 2Von Privaten hergestellte Vordrucke und Formulare, die urheberrechtlich geschützt sind, dürfen nur mit Erlaubnis des Urhebers vervielfältigt und zur allgemeinen Verwendung zur Verfügung gestellt werden.

§ 21 Formale Gestaltungsregeln

(1) 1Dienstliche Dokumente müssen mindestens Absender (Behördenbezeichnung, Angabe der Anschrift und der Telekommunikationsdienste), Empfänger, Datum, Geschäftszeichen, Bezug und Betreff enthalten. 2Die einem Dokument beigefügten Anlagen sollen der Anzahl und dem Inhalt nach benannt werden.

(2) Bei der Gestaltung dienstlicher Dokumente sollen die einschlägigen DIN-Normen nach Maßgabe der Anlagen 1 und 2 beachtet werden.

(3) Elektronische Dokumente und Daten, die an Dritte übermittelt werden, sind unter Be-

achtung der Standards und Richtlinien für die Informations- und Kommunikationstechnik in der bayerischen Verwaltung (in der jeweils geltenden Fassung) zu erstellen.

§ 22 Sprachliche Gestaltungsregeln

(1) $_{1}$Dienstliche Schreiben sollen höflich, klar und für den Empfänger verständlich sein sowie Fremdwörter möglichst vermeiden. $_{2}$Sachdarstellungen und Rechtsausführungen sind auf das Wesentliche zu beschränken; es ist auf das einzugehen, was der Empfänger vorgebracht hat. $_{3}$Insbesondere in belastenden Schreiben ist unbeschadet des Art. 39 des Bayerischen Verwaltungsverfahrensgesetzes (BayVwVfG) durch eine sachgerechte Begründung anzustreben, die Entscheidung für den Empfänger verständlich und nachvollziehbar zu machen.

(2) Schreiben sollen grundsätzlich im persönlichen Briefstil mit Anrede und Schlussformel verfasst werden, es sei denn, der Briefstil ist nach Inhalt und Zweck des Schreibens nicht angebracht.

(3) Rechts- und Verwaltungsvorschriften in dienstlichen Schreiben sollen nach den für die Redaktion von Vorschriften geltenden Richtlinien zitiert werden.

(4) Abzukürzende Wörter werden beim erstmaligen Gebrauch ausgeschrieben und die Abkürzung in Klammern angegeben, es sei denn, die Abkürzung ist allgemein üblich oder es kann davon ausgegangen werden, dass ihre Bedeutung dem Empfänger bekannt ist.

(5) $_{1}$Im dienstlichen Schriftverkehr und in der Normsprache wenden die Behörden die Amtliche Regelung der deutschen Rechtschreibung an. $_{2}$Mehrgeschlechtliche Schreibweisen durch Wortbinnenzeichen wie Genderstern, Doppelpunkt, Gender-Gap oder Mediopunkt sind unzulässig.

§ 23 Unterschriftsbefugnis, Verantwortung

(1) $_{1}$Jede Behörde regelt die Unterschriftsbefugnis. $_{2}$Den sachbearbeitenden Beschäftigten soll grundsätzlich in allen Angelegenheiten ihres Aufgabengebiets, in denen sie ein abschließendes Ergebnis erarbeiten, die Unterschriftsbefugnis übertragen werden.

(2) $_{1}$Für den sachlichen Inhalt, den Verfahrensablauf und die Form der von ihnen erstellten dienstlichen Dokumente tragen grundsätzlich die sachbearbeitenden Beschäftigten die Verantwortung. $_{2}$Haben sachbearbeitende Beschäftigte auf Weisung gehandelt, beschränkt sich ihre Verantwortung auf die weisungsgemäße Abfassung des Textes; sie können ihre abweichende Meinung in einem Aktenvermerk festhalten. $_{3}$Wer mitzeichnet oder unterschreibt, übernimmt im Rahmen seiner Zuständigkeit die Verantwortung für den Inhalt.

§ 24 Form der Unterschrift

(1) $_{1}$Reinschriften sollen von der unterschriftsberechtigten Person grundsätzlich eigenhändig unterschrieben werden. $_{2}$Ausgenommen sind unbeschadet des Art. 37 Abs. 3 und 4 BayVwVfG oder vergleichbarer Vorschriften Dokumente, die in automatisierten Verfahren hergestellt oder elektronisch versendet werden. $_{3}$Der Name der unterschreibenden Person ist in Druckschrift anzugeben, die Amtsbezeichnung kann angegeben werden. $_{4}$Reinschriften, die nicht eigenhändig unterschrieben werden, werden mit dem Namen der unterschriftsberechtigten Person, dem der Zusatz „gez." vorangestellt wird, versehen.

(2) Entwurfsdokumente und Bearbeitungsvermerke sind vom Verfasser und den mitzeichnenden Behördenangehörigen unter Angabe des Datums abzuzeichnen und von der unterschriftsberechtigten Person schlusszuzeichnen.

§ 25 Dienstsiegel

(1) Elektronisch hergestellte Dokumente können gemäß § 8 Abs. 4 der Verordnung zur Ausführung des Gesetzes über das Wappen des Freistaates Bayern auch mit maschinell oder elektronisch erzeugbaren Siegelabdrucken versehen werden.

(2) Die Zahl der Dienstsiegel sowie die Zahl der Beschäftigten, die berechtigt sind, ein Dienstsiegel zu verwenden, sind auf das unbedingt notwendige Maß zu beschränken.

(3) Dienstsiegel dürfen nur verwendet werden,

1. in gesetzlich vorgeschriebenen Fällen,
2. wenn an die Form und die Beweiskraft des Dokuments besondere Anforderungen zu stellen sind (z. B. Urkunden, Ausweise).

(4) $_{1}$Dienstsiegel sowie schutzwürdige Vordrucke, Plaketten und Ähnliches sind sicher aufzubewahren und vor Missbrauch und Verlust zu schützen. $_{2}$Sie sind zu erfassen. $_{3}$Ihr Gebrauch und ihre Aufbewahrung sind zu überwachen.

(5) $_{1}$Der Verlust eines Dienstsiegels ist der ausgebenden Organisationseinheit unverzüglich anzuzeigen. $_{2}$Nicht mehr verwendete Dienstsiegel sind zu vernichten. $_{3}$Der Verlust oder die Vernichtung ist festzuhalten.

§ 26 Versand

(1) Unter Berücksichtigung sachlicher Erfordernisse ist die wirtschaftlichste Versendungsart zu wählen.

(2) $_{1}$Für den Schriftverkehr innerhalb und zwischen Behörden soll vorrangig elektronischer Dokumentenaustausch (elektronische Post und Telefax) vor Briefpost genutzt werden, soweit technische, rechtliche, wirtschaftliche oder sonstige Gründe nicht entgegenstehen. $_{2}$Grundsätzlich dürfen Dokumente und Dateien, die schutzwürdige personenbezogene Daten oder sonstige vertrauliche Informationen enthalten, elektronisch oder mit Telefax nur versendet werden, wenn durch geeignete Sicherungsmaßnahmen (z. B. Verschlüsselung) eine angemessene Datensicherheit gewährleistet wird. $_{3}$Sätze 1 und 2 gelten auch für den Dokumentenversand an Dritte außerhalb des Behördenbereichs, soweit das Einverständnis des Empfängers vorliegt oder unterstellt werden kann. $_{4}$Auf den gleichzeitigen oder nachträglichen Versand von Papierdokumenten ist zu verzichten.

(3) $_{1}$Der Versand der Dokumente ist in geeigneter Weise festzuhalten. $_{2}$Zustellungsnachweise sind unverzüglich zum zugehörigen Vorgang zu geben.

§ 27 Schriftgutverwaltung

(1) $_{1}$Sachlich zusammengehörige Dokumente sollen innerhalb der Akten vorgangsweise und innerhalb eines Vorgangs in zeitlicher Reihenfolge abgelegt werden. $_{2}$Die Vorgänge werden nach einem Aktenplan verwaltet und aufbewahrt. $_{3}$Für zusammenhängende Verwaltungsbereiche sollen einheitliche Aktenpläne eingeführt werden.

(2) Vorgänge sind nach Abschluss der Bearbeitung bis zu ihrer Aussonderung so aufzubewahren, dass die datenschutzrechtlichen Anforderungen gewahrt werden, sie nicht verändert werden können, sie jederzeit wiederherstellbar sind und Berechtigte stets darauf zugreifen können.

Vierter Teil
Dienstgebäude, Diensteinrichtungen

Abschnitt I
Dienstgebäude und Diensträume

§ 28 Anbringen von Kreuzen in Dienstgebäuden

Im Eingangsbereich eines jeden Dienstgebäudes ist als Ausdruck der geschichtlichen und kulturellen Prägung Bayerns gut sichtbar ein Kreuz anzubringen.

§ 29 Benutzung und Unterhaltung von Dienstgebäuden

(1) Dienstgebäude, Diensträume und ihnen zugehörige Anlagen dürfen nur mit Einwilligung der Behördenleitung oder der von ihr beauftragten Organisationseinheit für außerdienstliche Zwecke benutzt werden.

(2) $_{1}$Der Arbeitsplatz ist von den Beschäftigten bei Abwesenheit gegen unbefugte Benutzung und Einsichtnahme zu schützen. $_{2}$Die Nutzung durch eine Vertretung muss möglich sein.

(3) Benutzung, Unterhaltung, Reinigung, Sicherung und der Brandschutz der Dienstgebäude, Diensträume und Einrichtungsgegenstände sollen in einer Hausordnung geregelt werden.

§ 30 Anbieten von Waren und Dienstleistungen

(1) In Dienstgebäuden, Diensträumen und dienstlichen Anlagen dürfen Waren und Dienstleistungen für private Zwecke nicht angeboten, vertrieben oder vermittelt werden.

(2) 1Die Behördenleitung oder die von ihr beauftragte Organisationseinheit kann Ausnahmen von Abs. 1 zulassen für

1. Kantinen,
2. das Aufstellen von Automaten,
3. den gelegentlichen Vertrieb von Waren und Dienstleistungen durch Beschäftigte, Personalvertretungen oder Selbsthilfeeinrichtungen,
4. den Vertrieb von Waren und Dienstleistungen, die für die Bürger bestimmt sind und im sachlichen Zusammenhang mit den von der Behörde wahrzunehmenden Aufgaben angeboten werden; der Wettbewerb darf dabei nicht beeinträchtigt werden.

2Die Waren und Dienstleistungen dürfen nur in kleinen Mengen angeboten und vertrieben werden. 3Der Dienstbetrieb darf nicht beeinträchtigt werden.

§ 31 Politische Betätigung

1Jegliche Werbung für politische Parteien, Wählergruppen, Bürgerinitiativen oder vergleichbare Vereinigungen sowie für deren Meinungen und Anliegen ist unzulässig. 2Politische Abzeichen dürfen im Dienst nicht getragen werden.

§ 32 Sammlungen

(1) Sammlungen in Dienstgebäuden, Diensträumen und dienstlichen Anlagen sind nur zulässig, soweit

1. sie unter den Beschäftigten für behördliche Veranstaltungen oder für übliche Aufmerksamkeiten bei persönlichen Anlässen durchgeführt werden oder
2. die Behördenleitung oder eine von ihr beauftragte Organisationseinheit für soziale oder gemeinnützige Zwecke eine Ausnahme erteilt.

(2) Es dürfen keine offenen Spendenlisten verwendet werden.

Abschnitt II
Diensteinrichtungen

§ 33 Gestaltung von Arbeitsplätzen

Arbeitsplätze und Diensteinrichtungen sind nach den anerkannten arbeitswissenschaftlichen und ergonomischen Erkenntnissen so zu gestalten, dass möglichst wirtschaftliche Arbeitsergebnisse erzielt und die Leistungsfähigkeit und Arbeitsfreude der Beschäftigten erhalten werden.

§ 34 Dienstkraftfahrzeuge

Für jedes Dienstkraftfahrzeug wird ein Fahrtenbuch geführt, soweit nicht in anderer geeigneter Weise insbesondere der Zweck der Fahrt, das Fahrziel, die Zeit, die Fahrleistung und die Namen der lenkenden sowie mitfahrenden Personen festgehalten werden.

§ 35 Dienstausweise

(1) 1Beschäftigte, die regelmäßig Außendienst wahrnehmen, sollen einen Dienstausweis erhalten und sich damit erforderlichenfalls im Außendienst unaufgefordert ausweisen. 2Sonstige Beschäftigte können einen Dienstausweis erhalten.

(2) Dienstausweise sollen den Vor- und Zunamen, die Beschäftigungsbehörde, ein Lichtbild und die Unterschrift des Beschäftigten enthalten.

(3) 1Beim Ausscheiden aus der Beschäftigungsbehörde ist der Dienstausweis unaufgefordert der ausstellenden Behörde zurückzugeben. 2Der Verlust des Dienstausweises ist der ausstellenden Behörde unverzüglich anzuzeigen; er wird nicht veröffentlicht.

(4) Über die ausgegebenen Dienstausweise ist ein Verzeichnis zu führen.

(5) 1Dienstausweise mit einem elektronischen Speicher können für weitere Funktionen verwendet werden (z. B. Zugangssysteme, digitale Signatur). 2Die Beschäftigten sind über die weiteren Funktionen, insbesondere über den Umfang der Datenspeicherung in geeigneter Form zu informieren.

Fünfter Teil
Schlussvorschriften

§ 36 Juristische Personen des öffentlichen Rechts

Gemeinden, Landkreisen, Bezirken und sonstigen juristischen Personen des öffentlichen Rechts wird empfohlen, nach dieser Geschäftsordnung zu verfahren.

§ 37 In-Kraft-Treten

Diese Bekanntmachung tritt am 1. Januar 2001 in Kraft.

Anlage 1

(hier nicht aufgenommen)

Anlage 2

Erläuterungen zum Briefblatt

Allgemeines
Sämtliche Maße in der Anlage 1 sind in mm angegeben.

Das abgebildete Muster eines Briefblattes entspricht Form B der DIN 676 (= tiefgestelltes Anschriftenfeld). Bei der Form A (= hochgestelltes Anschriftenfeld) steht für den Briefkopf (= Behördenbezeichnung) statt einem 45 mm hohem Feld eines mit 27 mm zur Verfügung. Die Felder für die Postanschrift des Absenders und des Empfängers, die Bezugszeichenzeile und die Faltmarken verschieben sich somit gegenüber der Form B um jeweils 18 mm nach oben.

Die Zitate „Nr. …" beziehen sich jeweils auf die Norm DIN 5008.

Das amtliche Regelwerk zur deutschen Rechtschreibung geht im Zweifelsfall den Bestimmungen der DIN 5008 vor.

1. Briefkopf mit Bezeichnung der Behörde
Der Behördenbezeichnung sollen, ausgenommen für die Behördenleitung und durch Rechts- oder Verwaltungsvorschriften vorgegebene besondere Bezeichnungen, keine weiteren Zusätze (z. B. Bezeichnung der Organisationseinheit, persönliche Namensangaben, Beauftragte) hinzugefügt werden.

2. Postanschrift des Absenders
Das Feld enthält die Postfachanschrift der Behörde mit Behördenbezeichnung, Postfachnummer, Postleitzahl und Ortsname. Bei Behörden, die Großempfänger sind, werden nur die Postleitzahl und der Ortsname angegeben.

3. Anschriftenfeld
3.1 Das Anschriftenfeld soll maschinell lesbar sein. Bei handgeschriebenen Aufschriften sollen daher Blockbuchstaben verwendet werden.

3.2 Adressierung

Bei Schreiben an Behörden, juristische Personen und sonstige nicht natürliche Personen wird im Allgemeinen lediglich die sachliche Bezeichnung der Behörde oder der Organisation angegeben. Der persönliche Name der Leitungsperson oder eines Angehörigen soll nur dann angegeben werden, wenn es sich um eine persönliche Angelegenheit handelt oder wenn besondere Verhältnisse das erfordern.

Bei Zustellung durch die Deutsche Post AG ist regelmäßig die Postfachanschrift (Postfachnummer, Postleitzahl und Ort) anzugeben. Die Zustellanschrift (Straße, Hausnummer, Postleitzahl und Ort) wird angegeben, wenn der Empfänger kein Postfach besitzt oder die Zustellung an das Postfach nicht möglich ist (z. B. bei der Zustellung von Paketen). Bei Großempfängern ist bei Zustellung durch die Deutsche Post AG nur die Großempfänger-Postleitzahl und der Ort anzugeben; Zustell- oder Postfachangaben werden nicht angegeben.

Die Schreibweise des Ortsnamens richtet sich nach dem Amtlichen Ortsverzeichnis für Bayern.

Die Postleitzahlen im Inland sind stets fünfstellig und ebenso wie die Ortsangabe nicht gesperrt, fett oder kursiv zu schreiben und nicht in Klammern zu setzen oder zu unterstreichen.

Die Anschrift ist ohne Leerzeilen zu gestalten.

3.3 Sammelanschrift

Bei Dokumenten, die in derselben Angelegenheit an mehrere Empfänger gerichtet sind, soll eine Sammelanschrift verwendet werden, soweit im Entwurfsdokument nicht „Einzelanschriften" verfügt worden ist. Wird keine Sammelanschrift verwendet, soll das Dokument für die Adressaten erkennen lassen, an welche weiteren Empfänger es gerichtet wurde, sofern rechtliche Gründe oder Zweckmäßigkeitserwägungen nicht entgegenstehen (s. a. Nummer 8 dieser Erläuterungen).

Sind bei einem abgegrenzten Empfängerkreis der Versendungsstelle und den Adressaten alle Empfänger bekannt, genügt im Anschriftenfeld eine Kurzbezeichnung (z. B. „Regierungen", „Finanzämter"). In den übrigen

Fällen soll dem Schreiben eine gesonderte Verteilerliste vorangestellt werden.

4. Name
Dem Namen der sachbearbeitenden bzw. auskunftsberechtigten Person soll die Bezeichnung „Frau" bzw. „Herr" oder der Vorname vorangestellt werden.

5. Datum
Abweichend von Nr. 8.4.1 kann das Datum bei der nummerischen Schreibweise weiterhin in der bisherigen Form (in der Reihenfolge Tag – Monat – Jahr durch Punkte gegliedert) geschrieben werden.

6. Anlagen
Der Anlagenvermerk wird abweichend von Nr. 12.13.1 im Abstand von einer Leerzeile nach dem Betreff geschrieben.

Die Anlagen sollen verständlich und eindeutig benannt und unter dem Leitwort „Anlage(n)" einzeln aufgeführt werden.

Werden Anlagen wieder benötigt, wird der Zusatz „g. R." (= „gegen Rückgabe") bei den betreffenden Anlagen angefügt.

Nach der Aufzählung der Anlagen sollen zwei Leerzeilen eingefügt werden.

7. Grußformel
Die Behördenbezeichnung wird abweichend von Nr. 12.11 nach dem Gruß nicht wiederholt.

8. Verteilvermerk
Empfänger von Kopien können mit einem Abstand von einer Leerzeile nach der Angabe des Unterzeichners in einem Verteilvermerk aufgeführt werden (vgl. Nr. 12.13).

9. Geschäftsangaben
In den Geschäftsangaben sollen alle Dienstgebäude, die Zustellanschrift, die Sprechzeiten, die Erreichbarkeit mit öffentlichen Nahverkehrsmitteln (einschließlich nächstgelegene Haltestellen), Parkmöglichkeiten für Behinderte, die Nummern der Hauptanschlüsse aller Kommunikationsmittel (einschließlich Internet) sowie die Bankverbindungen aufgeführt werden.

Verwaltungsgerichtsordnung (VwGO)

in der Fassung der Bekanntmachung vom 19. März 1991 (BGBl. I S. 686)

Zuletzt geändert durch
Gesetz zur weiteren Digitalisierung der Zwangsvollstreckung
vom 20. Mai 2026 (BGBl. I Nr. 152)

Inhaltsübersicht

Teil I
Gerichtsverfassung

1. Abschnitt
Gerichte

§ 1 (Unabhängigkeit)

Die Verwaltungsgerichtsbarkeit wird durch unabhängige, von den Verwaltungsbehörden getrennte Gerichte ausgeübt.

§ 2 (Gliederung)

Gerichte der Verwaltungsgerichtsbarkeit sind in den Ländern die Verwaltungsgerichte und je ein Oberverwaltungsgericht, im Bund das Bundesverwaltungsgericht mit Sitz in Leipzig.

§ 3 (Gerichtsorganisation)

(1) Durch Gesetz werden angeordnet

1. die Errichtung und Aufhebung eines Verwaltungsgerichts oder eines Oberverwaltungsgerichts,
2. die Verlegung eines Gerichtssitzes,
3. Änderungen in der Abgrenzung der Gerichtsbezirke,
4. die Zuweisung einzelner Sachgebiete an ein Verwaltungsgericht für die Bezirke mehrerer Verwaltungsgerichte,

4a. die Zuweisung von Verfahren, bei denen sich die örtliche Zuständigkeit nach § 52 Nr. 2 Satz 1, 2 oder 5 bestimmt, an ein anderes Verwaltungsgericht oder an mehrere Verwaltungsgerichte des Landes,

5. die Errichtung einzelner Kammern des Verwaltungsgerichts oder einzelner Senate des Oberverwaltungsgerichts an anderen Orten,
6. der Übergang anhängiger Verfahren auf ein anderes Gericht bei Maßnahmen nach den Nummern 1, 3, 4 und 4a, wenn sich die Zuständigkeit nicht nach den bisher geltenden Vorschriften richten soll.

(2) Mehrere Länder können die Errichtung eines gemeinsamen Gerichts oder gemeinsamer Spruchkörper eines Gerichts oder die Ausdehnung von Gerichtsbezirken über die Landesgrenzen hinaus, auch für einzelne Sachgebiete, vereinbaren.

§ 4 (Präsidium, Geschäftsverteilung)

Für die Gerichte der Verwaltungsgerichtsbarkeit gelten die Vorschriften des Zweiten Titels des Gerichtsverfassungsgesetzes entsprechend. Die Mitglieder und drei Vertreter des für Entscheidungen nach § 99 Abs. 2 zuständigen Spruchkörpers bestimmt das Präsidium jeweils für die Dauer von vier Jahren. Die Mitglieder und ihre Vertreter müssen Richter auf Lebenszeit sein.

§ 5 (Besetzung, Kammern)

(1) Das Verwaltungsgericht besteht aus dem Präsidenten und aus den Vorsitzenden Richtern und weiteren Richtern in erforderlicher Anzahl.

(2) Bei dem Verwaltungsgericht werden Kammern gebildet.

(3) Die Kammer des Verwaltungsgerichts entscheidet in der Besetzung von drei Richtern und zwei ehrenamtlichen Richtern, soweit nicht ein Einzelrichter entscheidet. Bei Beschlüssen außerhalb der mündlichen Verhandlung und bei Gerichtsbescheiden (§ 84) wirken die ehrenamtlichen Richter nicht mit.

§ 6 (Einzelrichter)

(1) Die Kammer soll in der Regel den Rechtsstreit einem ihrer Mitglieder als Einzelrichter zur Entscheidung übertragen, wenn

1. die Sache keine besonderen Schwierigkeiten tatsächlicher oder rechtlicher Art aufweist und
2. die Rechtssache keine grundsätzliche Bedeutung hat.

Ein Richter auf Probe darf im ersten Jahr nach seiner Ernennung nicht Einzelrichter sein.

(2) Der Rechtsstreit darf dem Einzelrichter nicht übertragen werden, wenn bereits vor der Kammer mündlich verhandelt worden ist, es sei denn, daß inzwischen ein Vorbehalts-, Teil- oder Zwischenurteil ergangen ist.

(3) Der Einzelrichter kann nach Anhörung der Beteiligten den Rechtsstreit auf die Kammer zurückübertragen, wenn sich aus einer wesentlichen Änderung der Prozeßlage ergibt, daß die Rechtssache grundsätzliche Bedeutung hat oder die Sache besondere Schwierigkeiten tatsächlicher oder rechtlicher Art

aufweist. Eine erneute Übertragung auf den Einzelrichter ist ausgeschlossen.

(4) Beschlüsse nach den Absätzen 1 und 3 sind unanfechtbar. Auf eine unterlassene Übertragung kann ein Rechtsbehelf nicht gestützt werden.

§§ 7 und 8 (weggefallen)

§ 9 (Oberverwaltungsgericht)

(1) Das Oberverwaltungsgericht besteht aus dem Präsidenten und aus den Vorsitzenden Richtern und weiteren Richtern in erforderlicher Anzahl.

(2) Bei dem Oberverwaltungsgericht werden Senate gebildet.

(3) Die Senate des Oberverwaltungsgerichts entscheiden in der Besetzung von drei Richtern; die Landesgesetzgebung kann vorsehen, daß die Senate in der Besetzung von fünf Richtern entscheiden, von denen zwei auch ehrenamtliche Richter sein können. Für die Fälle des § 48 Abs. 1 kann auch vorgesehen werden, daß die Senate in der Besetzung von fünf Richtern und zwei ehrenamtlichen Richtern entscheiden. Satz 1 Halbsatz 2 und Satz 2 gelten nicht für die Fälle des § 99 Abs. 2.

(4) In Verfahren nach § 48 Absatz 1 Satz 1 Nummer 3 bis 15 kann der Senat den Rechtsstreit einem seiner Mitglieder als Einzelrichter zur Entscheidung übertragen, wenn

1. die Sache keine besonderen Schwierigkeiten tatsächlicher oder rechtlicher Art aufweist und
2. die Rechtssache keine grundsätzliche Bedeutung hat.

§ 6 Absatz 2 bis 4 gilt entsprechend.

§ 10 (Bundesverwaltungsgericht)

(1) Das Bundesverwaltungsgericht besteht aus dem Präsidenten und aus den Vorsitzenden Richtern und weiteren Richtern in erforderlicher Anzahl.

(2) Bei dem Bundesverwaltungsgericht werden Senate gebildet.

(3) Die Senate des Bundesverwaltungsgerichts entscheiden in der Besetzung von fünf Richtern, bei Beschlüssen außerhalb der mündlichen Verhandlung in der Besetzung von drei Richtern.

(4) In Verfahren nach § 50 Absatz 1 Nummer 6 kann der Senat in einer Besetzung mit drei Richtern entscheiden, wenn

1. die Sache keine besonderen Schwierigkeiten tatsächlicher oder rechtlicher Art aufweist und
2. die Rechtssache keine grundsätzliche Bedeutung hat.

§ 6 Absatz 2 bis 4 gilt entsprechend.

§ 11 (Großer Senat)

(1) Bei dem Bundesverwaltungsgericht wird ein Großer Senat gebildet.

(2) Der Große Senat entscheidet, wenn ein Senat in einer Rechtsfrage von der Entscheidung eines anderen Senats oder des Großen Senats abweichen will.

(3) Eine Vorlage an den Großen Senat ist nur zulässig, wenn der Senat, von dessen Entscheidung abgewichen werden soll, auf Anfrage des erkennenden Senats erklärt hat, daß er an seiner Rechtsauffassung festhält. Kann der Senat, von dessen Entscheidung abgewichen werden soll, wegen einer Änderung des Geschäftsverteilungsplanes mit der Rechtsfrage nicht mehr befaßt werden, tritt der Senat an seine Stelle, der nach dem Geschäftsverteilungsplan für den Fall, in dem abweichend entschieden wurde, nunmehr zuständig wäre. Über die Anfrage und die Antwort entscheidet der jeweilige Senat durch Beschluß in der für Urteile erforderlichen Besetzung.

(4) Der erkennende Senat kann eine Frage von grundsätzlicher Bedeutung dem Großen Senat zur Entscheidung vorlegen, wenn das nach seiner Auffassung zur Fortbildung des Rechts oder zur Sicherung einer einheitlichen Rechtsprechung erforderlich ist.

(5) Der Große Senat besteht aus dem Präsidenten und je einem Richter der Revisionssenate, in denen der Präsident nicht den Vorsitz führt. Legt ein anderer als ein Revisionssenat vor oder soll von dessen Entscheidung abgewichen werden, ist auch ein Mitglied dieses Senats im Großen Senat vertreten. Bei einer Verhinderung des Präsidenten tritt ein Richter des Senats, dem er angehört, an seine Stelle.

(6) Die Mitglieder und die Vertreter werden durch das Präsidium für ein Geschäftsjahr bestellt. Das gilt auch für das Mitglied eines anderen Senats nach Absatz 5 Satz 2 und für seinen Vertreter. Den Vorsitz im Großen Senat führt der Präsident, bei Verhinderung das dienstälteste Mitglied. Bei Stimmengleichheit gibt die Stimme des Vorsitzenden den Ausschlag.

(7) Der Große Senat entscheidet nur über die Rechtsfrage. Er kann ohne mündliche Verhandlung entscheiden. Seine Entscheidung ist in der vorliegenden Sache für den erkennenden Senat bindend.

§ 12 (Großer Senat des OVG)

(1) Die Vorschriften des § 11 gelten für das Oberverwaltungsgericht entsprechend, soweit es über eine Frage des Landesrechts endgültig entscheidet. An die Stelle der Revisionssenate treten die nach diesem Gesetz gebildeten Berufungssenate.

(2) Besteht ein Oberverwaltungsgericht nur aus zwei Berufungssenaten, so treten an die Stelle des Großen Senats die Vereinigten Senate.

(3) Durch Landesgesetz kann eine abweichende Zusammensetzung des Großen Senats bestimmt werden.

§ 13 (Geschäftsstelle)

Bei jedem Gericht wird eine Geschäftsstelle eingerichtet. Sie wird mit der erforderlichen Anzahl von Urkundsbeamten besetzt.

§ 14 (Rechts- und Amtshilfe)

Alle Gerichte und Verwaltungsbehörden leisten den Gerichten der Verwaltungsgerichtsbarkeit Rechts- und Amtshilfe.

2. Abschnitt
Richter

§ 15 (Ernennung)

(1) Die Richter werden auf Lebenszeit ernannt, soweit nicht in §§ 16 und 17 Abweichendes bestimmt ist.

(2) (weggefallen)

(3) Die Richter des Bundesverwaltungsgerichts müssen das fünfunddreißigste Lebensjahr vollendet haben.

§ 16 (Richter im Nebenamt)

Bei dem Oberverwaltungsgericht und bei dem Verwaltungsgericht können auf Lebenszeit ernannte Richter anderer Gerichte und ordentliche Professoren des Rechts für eine bestimmte Zeit von mindestens zwei Jahren, längstens jedoch für die Dauer ihres Hauptamtes, zu Richtern im Nebenamt ernannt werden.

§ 17 (Richter auf Probe, Richter kraft Auftrags, Richter auf Zeit)

Bei den Verwaltungsgerichten können auch folgende Richter verwendet werden:

1. Richter auf Probe,
2. Richter kraft Auftrags und
3. Richter auf Zeit.

§ 18 (Deckung vorübergehenden Personalbedarfs)

Zur Deckung eines nur vorübergehenden Personalbedarfs kann ein Beamter auf Lebenszeit mit der Befähigung zum Richteramt für die Dauer von mindestens zwei Jahren, längstens jedoch für die Dauer seines Hauptamts, zum Richter auf Zeit ernannt werden. § 15 Absatz 1 Satz 1 und 3 sowie Absatz 2 des Deutschen Richtergesetzes ist entsprechend anzuwenden.

3. Abschnitt
Ehrenamtliche Richter

§ 19 (Gleiche Rechte)

Der ehrenamtliche Richter wirkt bei der mündlichen Verhandlung und der Urteilsfindung mit gleichen Rechten wie der Richter mit.

§ 20 (Persönliche Voraussetzungen)

Der ehrenamtliche Richter muß Deutscher sein. Er soll das 25. Lebensjahr vollendet und seinen Wohnsitz innerhalb des Gerichtsbezirks haben.

§ 21 (Ausschluss)

(1) Vom Amt des ehrenamtlichen Richters sind ausgeschlossen

1. Personen, die infolge Richterspruchs die Fähigkeit zur Bekleidung öffentlicher Ämter nicht besitzen oder wegen einer

vorsätzlichen Tat zu einer Freiheitsstrafe von mehr als sechs Monaten verurteilt worden sind,

2. Personen, gegen die Anklage wegen einer Tat erhoben ist, die den Verlust der Fähigkeit zur Bekleidung öffentlicher Ämter zur Folge haben kann,
3. Personen, die nicht das Wahlrecht zu den gesetzgebenden Körperschaften des Landes besitzen.

(2) Personen, die in Vermögensverfall geraten sind, sollen nicht zu ehrenamtlichen Richtern berufen werden.

§ 22 (Ausgeschlossene Personengruppen)

Zu ehrenamtlichen Richtern können nicht berufen werden

1. Mitglieder des Bundestages, des Europäischen Parlaments, der gesetzgebenden Körperschaften eines Landes, der Bundesregierung oder einer Landesregierung,
2. Richter,
3. Beamte und Angestellte im öffentlichen Dienst, soweit sie nicht ehrenamtlich tätig sind,
4. Berufssoldaten und Soldaten auf Zeit,
5. Rechtsanwälte, Notare und Personen, die fremde Rechtsangelegenheiten geschäftsmäßig besorgen.

§ 23 (Ablehnungsberechtigte)

(1) Die Berufung zum Amt des ehrenamtlichen Richters dürfen ablehnen

1. Geistliche und Religionsdiener,
2. Schöffen und andere ehrenamtliche Richter,
3. Personen, die zwei Amtsperioden lang als ehrenamtliche Richter bei Gerichten der allgemeinen Verwaltungsgerichtsbarkeit tätig gewesen sind,
4. Ärzte, Krankenpfleger, Hebammen,
5. Apothekenleiter, die keinen weiteren Apotheker beschäftigen,
6. Personen, die die Regelaltersgrenze nach dem Sechsten Buch Sozialgesetzbuch erreicht haben.

(2) In besonderen Härtefällen kann außerdem auf Antrag von der Übernahme des Amtes befreit werden.

§ 24 (Entbindung vom Amt)

(1) Ein ehrenamtlicher Richter ist von seinem Amt zu entbinden, wenn er

1. nach §§ 20 bis 22 nicht berufen werden konnte oder nicht mehr berufen werden kann oder
2. seine Amtspflichten gröblich verletzt hat oder
3. einen Ablehnungsgrund nach § 23 Abs. 1 geltend macht oder
4. die zur Ausübung seines Amtes erforderlichen geistigen oder körperlichen Fähigkeiten nicht mehr besitzt oder
5. seinen Wohnsitz im Gerichtsbezirk aufgibt.

(2) In besonderen Härtefällen kann außerdem auf Antrag von der weiteren Ausübung des Amtes entbunden werden.

(3) Die Entscheidung trifft ein Senat des Oberverwaltungsgerichts in den Fällen des Absatzes 1 Nr. 1, 2 und 4 auf Antrag des Präsidenten des Verwaltungsgerichts, in den Fällen des Absatzes 1 Nr. 3 und 5 und des Absatzes 2 auf Antrag des ehrenamtlichen Richters. Die Entscheidung ergeht durch Beschluß nach Anhörung des ehrenamtlichen Richters. Sie ist unanfechtbar.

(4) Absatz 3 gilt entsprechend in den Fällen des § 23 Abs. 2.

(5) Auf Antrag des ehrenamtlichen Richters ist die Entscheidung nach Absatz 3 von dem Senat des Oberverwaltungsgerichts aufzuheben, wenn Anklage nach § 21 Nr. 2 erhoben war und der Angeschuldigte rechtskräftig außer Verfolgung gesetzt oder freigesprochen worden ist.

§ 25 (Amtszeit)

Die ehrenamtlichen Richter werden auf fünf Jahre gewählt.

§ 26 (Wahlausschuss)

(1) Bei jedem Verwaltungsgericht wird ein Ausschuß zur Wahl der ehrenamtlichen Richter bestellt.

(2) Der Ausschuß besteht aus dem Präsidenten des Verwaltungsgerichts als Vorsitzen-

dem, einem von der Landesregierung bestimmten Verwaltungsbeamten und sieben Vertrauensleuten als Beisitzern. Die Vertrauensleute, ferner sieben Vertreter werden aus den Einwohnern des Verwaltungsgerichtsbezirks vom Landtag oder von einem durch ihn bestimmten Landtagsausschuß oder nach Maßgabe eines Landesgesetzes gewählt. Sie müssen die Voraussetzungen zur Berufung als ehrenamtliche Richter erfüllen. Die Landesregierungen werden ermächtigt, durch Rechtsverordnung die Zuständigkeit für die Bestimmung des Verwaltungsbeamten abweichend von Satz 1 zu regeln. Sie können diese Ermächtigung auf oberste Landesbehörden übertragen. In den Fällen des § 3 Abs. 2 richtet sich die Zuständigkeit für die Bestellung des Verwaltungsbeamten sowie des Landes für die Wahl der Vertrauensleute nach dem Sitz des Gerichts. Die Landesgesetzgebung kann in diesen Fällen vorsehen, dass jede beteiligte Landesregierung einen Verwaltungsbeamten in den Ausschuss entsendet und dass jedes beteiligte Land mindestens zwei Vertrauensleute bestellt.

(3) Der Ausschuß ist beschlußfähig, wenn wenigstens der Vorsitzende, ein Verwaltungsbeamter und drei Vertrauensleute anwesend sind.

§ 27 (Erforderliche Zahl)

Die für jedes Verwaltungsgericht erforderliche Zahl von ehrenamtlichen Richtern wird durch den Präsidenten so bestimmt, daß voraussichtlich jeder zu höchstens zwölf ordentlichen Sitzungstagen im Jahr herangezogen wird.

§ 28 (Vorschlagsliste)

Die Kreise und kreisfreien Städte stellen in jedem fünften Jahr eine Vorschlagsliste für ehrenamtliche Richter auf. Der Ausschuß bestimmt für jeden Kreis und für jede kreisfreie Stadt die Zahl der Personen, die in die Vorschlagsliste aufzunehmen sind. Hierbei ist die doppelte Anzahl der nach § 27 erforderlichen ehrenamtlichen Richter zugrunde zu legen. Für die Aufnahme in die Liste ist die Zustimmung von zwei Dritteln der anwesenden Mitglieder der Vertretungskörperschaft des Kreises oder der kreisfreien Stadt, mindestens jedoch die Hälfte der gesetzlichen Mitgliederzahl erforderlich. Die jeweiligen Regelungen zur Beschlussfassung der Vertretungskörperschaft bleiben unberührt. Die Vorschlagslisten sollen außer dem Namen auch den Geburtsort, den Geburtstag und Beruf des Vorgeschlagenen enthalten; sie sind dem Präsidenten des zuständigen Verwaltungsgerichts zu übermitteln.

§ 29 (Auswahl)

(1) Der Ausschuß wählt aus den Vorschlagslisten mit einer Mehrheit von mindestens zwei Dritteln der Stimmen die erforderliche Zahl von ehrenamtlichen Richtern.

(2) Bis zur Neuwahl bleiben die bisherigen ehrenamtlichen Richter im Amt.

§ 30 (Reihenfolge; Hilfsliste)

(1) Das Präsidium des Verwaltungsgerichts bestimmt vor Beginn des Geschäftsjahres die Reihenfolge, in der die ehrenamtlichen Richter zu den Sitzungen heranzuziehen sind.

(2) Für die Heranziehung von Vertretern bei unvorhergesehener Verhinderung kann eine Hilfsliste aus ehrenamtlichen Richtern aufgestellt werden, die am Gerichtssitz oder in seiner Nähe wohnen.

§ 31 (weggefallen)

§ 32 (Entschädigung)

Der ehrenamtliche Richter und der Vertrauensmann (§ 26) erhalten eine Entschädigung nach dem Justizvergütungs- und -entschädigungsgesetz.

§ 33 (Ordnungsgeld)

(1) Gegen einen ehrenamtlichen Richter, der sich ohne genügende Entschuldigung zu einer Sitzung nicht rechtzeitig einfindet oder der sich seinen Pflichten auf andere Weise entzieht, kann ein Ordnungsgeld festgesetzt werden. Zugleich können ihm die durch sein Verhalten verursachten Kosten auferlegt werden.

(2) Die Entscheidung trifft der Vorsitzende. Bei nachträglicher Entschuldigung kann er sie ganz oder zum Teil aufheben.

§ 34 (Oberverwaltungsgericht)

§§ 19 bis 33 gelten für die ehrenamtlichen Richter bei dem Oberverwaltungsgericht entsprechend, wenn die Landesgesetzgebung bestimmt hat, daß bei diesem Gericht ehrenamtliche Richter mitwirken.

4. Abschnitt
Vertreter des öffentlichen Interesses

§ 35 (Oberbundesanwalt)

(1) Die Bundesregierung bestellt einen Vertreter des Bundesinteresses beim Bundesverwaltungsgericht und richtet ihn im Bundesministerium des Innern, für Bau und Heimat ein. Der Vertreter des Bundesinteresses beim Bundesverwaltungsgericht kann sich an jedem Verfahren vor dem Bundesverwaltungsgericht beteiligen; dies gilt nicht für Verfahren vor den Wehrdienstsenaten. Er ist an die Weisungen der Bundesregierung gebunden.

(2) Das Bundesverwaltungsgericht gibt dem Vertreter des Bundesinteresses beim Bundesverwaltungsgericht Gelegenheit zur Äußerung.

§ 36 (Oberverwaltungsgericht, Verwaltungsgericht)

(1) Bei dem Oberverwaltungsgericht und bei dem Verwaltungsgericht kann nach Maßgabe einer Rechtsverordnung der Landesregierung ein Vertreter des öffentlichen Interesses bestimmt werden. Dabei kann ihm allgemein oder für bestimmte Fälle die Vertretung des Landes oder von Landesbehörden übertragen werden.

(2) § 35 Abs. 2 gilt entsprechend.

IX

§ 37 (Befähigung zum Richteramt)

(1) Der Vertreter des Bundesinteresses beim Bundesverwaltungsgericht und seine hauptberuflichen Mitarbeiter des höheren Dienstes müssen die Befähigung zum Richteramt haben.

(2) Der Vertreter des öffentlichen Interesses bei dem Oberverwaltungsgericht und bei dem Verwaltungsgericht muß die Befähigung zum Richteramt nach dem Deutschen Richtergesetz haben; § 174 bleibt unberührt.

5. Abschnitt
Gerichtsverwaltung

§ 38 (Dienstaufsicht)

(1) Der Präsident des Gerichts übt die Dienstaufsicht über die Richter, Beamten, Angestellten und Arbeiter aus.

(2) Übergeordnete Dienstaufsichtsbehörde für das Verwaltungsgericht ist der Präsident des Oberverwaltungsgerichts.

§ 39 (Keine Verwaltungsgeschäfte)

Dem Gericht dürfen keine Verwaltungsgeschäfte außerhalb der Gerichtsverwaltung übertragen werden.

6. Abschnitt
Verwaltungsrechtsweg und Zuständigkeit

§ 40 (Öffentlich-rechtliche Streitigkeiten)

(1) Der Verwaltungsrechtsweg ist in allen öffentlich-rechtlichen Streitigkeiten nichtverfassungsrechtlicher Art gegeben, soweit die Streitigkeiten nicht durch Bundesgesetz einem anderen Gericht ausdrücklich zugewiesen sind. Öffentlich-rechtliche Streitigkeiten auf dem Gebiet des Landesrechts können einem anderen Gericht auch durch Landesgesetz zugewiesen werden.

(2) Für vermögensrechtliche Ansprüche aus Aufopferung für das gemeine Wohl und aus öffentlich-rechtlicher Verwahrung sowie für Schadensersatzansprüche aus der Verletzung öffentlich-rechtlicher Pflichten, die nicht auf einem öffentlich-rechtlichen Vertrag beruhen, ist der ordentliche Rechtsweg gegeben; dies gilt nicht für Streitigkeiten über das Bestehen und die Höhe eines Ausgleichsanspruchs im Rahmen des Artikels 14 Abs. 1 Satz 2 des Grundgesetzes. Die besonderen Vorschriften des Beamtenrechts sowie über den Rechtsweg bei Ausgleich von Vermögensnachteilen wegen Rücknahme rechtswidriger Verwaltungsakte bleiben unberührt.

§ 41 (weggefallen)

§ 42 (Anfechtungsklage; Verpflichtungsklage)

(1) Durch Klage kann die Aufhebung eines Verwaltungsakts (Anfechtungsklage) sowie die Verurteilung zum Erlaß eines abgelehnten

oder unterlassenen Verwaltungsakts (Verpflichtungsklage) begehrt werden.

(2) Soweit gesetzlich nichts anderes bestimmt ist, ist die Klage nur zulässig, wenn der Kläger geltend macht, durch den Verwaltungsakt oder seine Ablehnung oder Unterlassung in seinen Rechten verletzt zu sein.

§ 43 (Feststellungsklage)

(1) Durch Klage kann die Feststellung des Bestehens oder Nichtbestehens eines Rechtsverhältnisses oder der Nichtigkeit eines Verwaltungsakts begehrt werden, wenn der Kläger ein berechtigtes Interesse an der baldigen Feststellung hat (Feststellungsklage).

(2) Die Feststellung kann nicht begehrt werden, soweit der Kläger seine Rechte durch Gestaltungs- oder Leistungsklage verfolgen kann oder hätte verfolgen können. Dies gilt nicht, wenn die Feststellung der Nichtigkeit eines Verwaltungsakts begehrt wird.

§ 44 (Mehrere Klagebegehren)

Mehrere Klagebegehren können vom Kläger in einer Klage zusammen verfolgt werden, wenn sie sich gegen denselben Beklagten richten, im Zusammenhang stehen und dasselbe Gericht zuständig ist.

§ 44a (Rechtsbehelfe gegen behördliche Verfahrenshandlungen)

Rechtsbehelfe gegen behördliche Verfahrenshandlungen können nur gleichzeitig mit den gegen die Sachentscheidung zulässigen Rechtsbehelfen geltend gemacht werden. Dies gilt nicht, wenn behördliche Verfahrenshandlungen vollstreckt werden können oder gegen einen Nichtbeteiligten ergehen.

§ 45 (Erster Rechtszug)

Das Verwaltungsgericht entscheidet im ersten Rechtszug über alle Streitigkeiten, für die der Verwaltungsrechtsweg offensteht.

§ 46 (Zweiter Rechtszug)

Das Oberverwaltungsgericht entscheidet über das Rechtsmittel

1. der Berufung gegen Urteile des Verwaltungsgerichts und
2. der Beschwerde gegen andere Entscheidungen des Verwaltungsgerichts.

§ 47 (Gültigkeit von Satzungen, von Rechtsvorschriften)

(1) Das Oberverwaltungsgericht entscheidet im Rahmen seiner Gerichtsbarkeit auf Antrag über die Gültigkeit

1. von Satzungen, die nach den Vorschriften des Baugesetzbuchs erlassen worden sind, sowie von Rechtsverordnungen auf Grund des § 246 Abs. 2 des Baugesetzbuchs,
2. von anderen im Rang unter dem Landesgesetz stehenden Rechtsvorschriften, sofern das Landesrecht dies bestimmt.

(2) Den Antrag kann jede natürliche oder juristische Person, die geltend macht, durch die Rechtsvorschrift oder deren Anwendung in ihren Rechten verletzt zu sein oder in absehbarer Zeit verletzt zu werden, sowie jede Behörde innerhalb eines Jahres nach Bekanntmachung der Rechtsvorschrift stellen. Er ist gegen die Körperschaft, Anstalt oder Stiftung zu richten, welche die Rechtsvorschrift erlassen hat. Das Oberverwaltungsgericht kann dem Land und anderen juristischen Personen des öffentlichen Rechts, deren Zuständigkeit durch die Rechtsvorschrift berührt wird, Gelegenheit zur Äußerung binnen einer zu bestimmenden Frist geben. § 65 Abs. 1 und 4 und § 66 sind entsprechend anzuwenden.

(3) Das Oberverwaltungsgericht prüft die Vereinbarkeit der Rechtsvorschrift mit Landesrecht nicht, soweit gesetzlich vorgesehen ist, daß die Rechtsvorschrift ausschließlich durch das Verfassungsgericht eines Landes nachprüfbar ist.

(4) Ist ein Verfahren zur Überprüfung der Gültigkeit der Rechtsvorschrift bei einem Verfassungsgericht anhängig, so kann das Oberverwaltungsgericht anordnen, daß die Verhandlung bis zur Erledigung des Verfahrens vor dem Verfassungsgericht auszusetzen sei.

(5) Das Oberverwaltungsgericht entscheidet durch Urteil oder, wenn es eine mündliche Verhandlung nicht für erforderlich hält, durch Beschluß. Kommt das Oberverwaltungsgericht zu der Überzeugung, daß die Rechtsvorschrift ungültig ist, so erklärt es sie für unwirksam; in diesem Fall ist die Entscheidung allgemein verbindlich und die Entscheidungsformel vom Antragsgegner ebenso zu veröf-

fentlichen wie die Rechtsvorschrift bekanntzumachen wäre. Für die Wirkung der Entscheidung gilt § 183 entsprechend.

(6) Das Gericht kann auf Antrag eine einstweilige Anordnung erlassen, wenn dies zur Abwehr schwerer Nachteile oder aus anderen wichtigen Gründen dringend geboten ist.

§ 48 (Erster Rechtszug)

(1) Das Oberverwaltungsgericht entscheidet im ersten Rechtszug über sämtliche Streitigkeiten, die betreffen

1. die Errichtung, den Betrieb, die sonstige Innehabung, die Veränderung, die Stillegung, den sicheren Einschluß und den Abbau von Anlagen im Sinne der §§ 7 und 9a Abs. 3 des Atomgesetzes,

1a. das Bestehen und die Höhe von Ausgleichsansprüchen auf Grund der §§ 7e und 7f des Atomgesetzes,

2. die Bearbeitung, Verarbeitung und sonstige Verwendung von Kernbrennstoffen außerhalb von Anlagen der in § 7 des Atomgesetzes bezeichneten Art (§ 9 des Atomgesetzes) und die wesentliche Abweichung oder die wesentliche Veränderung im Sinne des § 9 Abs. 1 Satz 2 des Atomgesetzes sowie die Aufbewahrung von Kernbrennstoffen außerhalb der staatlichen Verwahrung (§ 6 des Atomgesetzes),

3. die Errichtung, den Betrieb und die Änderung von Kraftwerken mit Feuerungsanlagen für feste, flüssige und gasförmige Brennstoffe mit einer Feuerungswärmeleistung von mehr als dreihundert Megawatt,

3a. die Errichtung, den Betrieb und die Änderung von Anlagen zur Nutzung von Windenergie an Land mit einer Gesamthöhe von mehr als 50 Metern sowie Anlagen von Windenergie auf See im Küstenmeer,

3b. die Errichtung, den Betrieb und die Änderung von Kraft-Wärme-Kopplungsanlagen im Sinne des Kraft-Wärme-Kopplungsgesetzes ab einer Feuerungswärmeleistung von 50 Megawatt,

3c. die Errichtung, den Betrieb und die Änderung von
   a) Anlagen nach § 2 Nummer 1 des Geothermie-Beschleunigungsgesetzes vom 22. Dezember 2025 (BGBl. 2025 I Nr. 348, S. 2) in der jeweils geltenden Fassung einschließlich der Streitigkeiten nach § 10 Absatz 2 des Geothermie-Beschleunigungsgesetzes,
   b) Anlagen nach § 2 Nummer 3 des Geothermie-Beschleunigungsgesetzes mit einer thermischen Leistung von mindestens 500 Kilowatt einschließlich der Streitigkeiten nach § 10 Absatz 2 des Geothermie-Beschleunigungsgesetzes sowie
   c) Leitungen nach § 2 Nummer 5 des Geothermie-Beschleunigungsgesetzes einschließlich der Streitigkeiten nach § 10 Absatz 2 des Geothermie-Beschleunigungsgesetzes,

3d. die Errichtung, den Betrieb und die Änderung von
   a) Anlagen nach § 2 Absatz 1 Nummer 1 des Wasserstoffbeschleunigungsgesetzes vom 29. März 2026 (BGBl. 2026 I Nr. 84, S. 2), in der jeweils geltenden Fassung, mit einer elektrischen Nennleistung von mindestens 30 Megawatt und den dazugehörigen Leitungen nach § 2 Absatz 1 Nummer 13 und 14 des Wasserstoffbeschleunigungsgesetzes und
   b) Anlagen nach § 2 Absatz 1 Nummer 3 des Wasserstoffbeschleunigungsgesetzes, sofern diese eine Speicherkapazität von 25 Tonnen Wasserstoff oder mehr haben, und der dazugehörigen Leitungen nach § 2 Absatz 1 Nummer 13 und 14 des Wasserstoffbeschleunigungsgesetzes,

4. Planfeststellungsverfahren gemäß § 43 des Energiewirtschaftsgesetzes, soweit nicht die Zuständigkeit des Bundesverwaltungsgerichts nach § 50 Absatz 1 Nummer 6 begründet ist,

4a. Planfeststellungs- oder Plangenehmigungsverfahren für die Errichtung, den Betrieb und die Änderung von Einrichtungen nach § 66 Absatz 1 des Windenergie-auf-See-Gesetzes, soweit nicht die Zuständigkeit des Bundesverwaltungsgerichts nach § 50 Absatz 1 Nummer 6 begründet ist,

5. Verfahren für die Errichtung, den Betrieb und die wesentliche Änderung von ortsfesten Anlagen zur Verbrennung oder thermischen Zersetzung von Abfällen mit einer jährlichen Durchsatzleistung (effektive Leistung) von mehr als einhunderttausend Tonnen und von ortsfesten Anlagen, in denen ganz oder teilweise Abfälle im Sinne des § 48 des Kreislaufwirtschaftsgesetzes gelagert oder abgelagert werden,

6. das Anlegen, die Erweiterung oder Änderung und den Betrieb von Verkehrsflughäfen und von Verkehrslandeplätzen mit beschränktem Bauschutzbereich,

7. Planfeststellungsverfahren für den Bau oder die Änderung der Strecken von Straßenbahnen, Magnetschwebebahnen und von öffentlichen Eisenbahnen sowie für den Bau oder die Änderung von Rangier- und Containerbahnhöfen,

8. Planfeststellungsverfahren für den Bau oder die Änderung von Bundesfernstraßen und Landesstraßen,

9. Planfeststellungsverfahren für den Neubau oder den Ausbau von Bundeswasserstraßen,

10. Planfeststellungsverfahren für Maßnahmen des öffentlichen Küsten- oder Hochwasserschutzes,

11. Planfeststellungsverfahren nach § 68 Absatz 1 des Wasserhaushaltsgesetzes oder nach landesrechtlichen Vorschriften für die Errichtung, die Erweiterung oder die Änderung von Häfen, die für Wasserfahrzeuge mit mehr als 1350 Tonnen Tragfähigkeit zugänglich sind, unbeschadet der Nummer 9,

12. Planfeststellungsverfahren nach § 68 Absatz 1 des Wasserhaushaltsgesetzes für die Errichtung, die Erweiterung oder die Änderung von Wasserkraftanlagen mit einer elektrischen Nettoleistung von mehr als 100 Megawatt,

12a. Gewässerbenutzungen im Zusammenhang mit der aufgrund des Kohleverstromungsbeendigungsgesetzes vorgesehenen Einstellung von Braunkohletagebauen,

12b. Planfeststellungsverfahren für Gewässerausbauten im Zusammenhang mit der aufgrund des Kohleverstromungsbeendigungsgesetzes vorgesehenen Einstellung von Braunkohletagebauen,

13. Planfeststellungsverfahren nach dem Bundesberggesetz,

14. Zulassungen von
    a) Rahmenbetriebsplänen,
    b) Hauptbetriebsplänen,
    c) Sonderbetriebsplänen und
    d) Abschlussbetriebsplänen

    sowie Grundabtretungsbeschlüsse, jeweils im Zusammenhang mit der aufgrund des Kohleverstromungsbeendigungsgesetzes vorgesehenen Einstellung von Braunkohletagebauen,

15. Planfeststellungsverfahren nach § 65 Absatz 1 in Verbindung mit Anlage 1 Nummer 19.7 des Gesetzes über die Umweltverträglichkeitsprüfung für die Errichtung und den Betrieb oder die Änderung von Dampf- oder Warmwasserpipelines und

16. Planfeststellungs- oder Plangenehmigungsverfahren sowie Genehmigungsverfahren nach dem Kohlendioxid-Speicherung-und-Transport-Gesetz.

Satz 1 gilt auch für Streitigkeiten über Genehmigungen, die anstelle einer Planfeststellung erteilt werden, sowie für Streitigkeiten über sämtliche für das Vorhaben erforderlichen Genehmigungen und Erlaubnisse, auch soweit sie Nebeneinrichtungen betreffen, die mit ihm in einem räumlichen und betrieblichen Zusammenhang stehen. Die Länder können durch Gesetz vorschreiben, daß über Streitigkeiten, die Besitzeinweisungen in den Fällen des Satzes 1 betreffen, das Oberverwaltungsgericht im ersten Rechtszug entscheidet.

(2) Das Oberverwaltungsgericht entscheidet im ersten Rechtszug ferner über Klagen gegen die von einer obersten Landesbehörde nach § 3 Abs. 2 Nr. 1 des Vereinsgesetzes ausgesprochenen Vereinsverbote und nach § 8 Abs. 2 Satz 1 des Vereinsgesetzes erlassenen Verfügungen.

(3) Abweichend von § 21e Absatz 4 des Gerichtsverfassungsgesetzes soll das Präsidium des Oberverwaltungsgerichts anordnen, dass ein Spruchkörper, der in einem Verfahren nach Absatz 1 Satz 1 Nummer 3 bis 16 tätig geworden ist, für dieses nach einer Änderung der Geschäftsverteilung zuständig bleibt.

Entscheidung des Bundesverfassungsgerichts

vom 29. September 2020 (BGBl. I S. 2652)

Aus dem Beschluss des Bundesverfassungsgerichts vom 29. September 2020 – 1 BvR 1550/19 – wird folgende Entscheidungsformel veröffentlicht:

1. Die Beschwerdeführerinnen sind dadurch in ihrem Grundrecht aus Artikel 14 Absatz 1 des Grundgesetzes verletzt, dass der Gesetzgeber auch für den Zeitraum nach dem 30. Juni 2018 weder durch das Sechzehnte Gesetz zur Änderung des Atomgesetzes vom 10. Juli 2018 (Bundesgesetzblatt I Seite 1122) noch durch ein anderes Gesetz eine Neuregelung in Kraft gesetzt hat, die eine im Wesentlichen vollständige Verstromung der den Kernkraftwerken in Anlage 3 Spalte 2 zum Atomgesetz zugewiesenen Elektrizitätsmengen sicherstellt oder einen angemessenen Ausgleich für nicht mehr verstrombare Teile dieser Elektrizitätsmengen gewährt (vgl. BVerfGE 143, 246 <248, Nummer 1 der Entscheidungsformel>).

   (**Anmerkung der Redaktion**: Durch das oben genannte Sechzehnte Gesetz zur Änderung des Atomgesetzes wurde in § 48 VwGO Absatz 1 Satz 1 Nr. 1a eingefügt. Laut Urteilsbegründung ist das Änderungsgesetz nicht wirksam in Kraft getreten.)
2. Der Gesetzgeber bleibt zur Neuregelung verpflichtet.

Die vorstehende Entscheidungsformel hat gemäß § 31 Absatz 2 des Bundesverfassungsgerichtsgesetzes Gesetzeskraft.

§ 49 (Dritter Rechtszug)

Das Bundesverwaltungsgericht entscheidet über das Rechtsmittel

1. der Revision gegen Urteile des Oberverwaltungsgerichts nach § 132,
2. der Revision gegen Urteile des Verwaltungsgerichts nach §§ 134 und 135,
3. der Beschwerde nach § 99 Abs. 2 und § 133 Abs. 1 dieses Gesetzes sowie nach § 17a Abs. 4 Satz 4 des Gerichtsverfassungsgesetzes.

§ 50 (Bundesverwaltungsgericht im ersten Rechtszug)

(1) Das Bundesverwaltungsgericht entscheidet im ersten und letzten Rechtszug

1. über öffentlich-rechtliche Streitigkeiten nichtverfassungsrechtlicher Art zwischen dem Bund und den Ländern und zwischen verschiedenen Ländern,
2. über Klagen gegen die vom Bundesminister des Innern, für Bau und Heimat nach § 3 Abs. 2 Nr. 2 des Vereinsgesetzes ausgesprochenen Vereinsverbote und nach § 8 Abs. 2 Satz 1 des Vereinsgesetzes erlassenen Verfügungen,
3. über Streitigkeiten gegen Abschiebungsanordnungen nach § 58a des Aufenthaltsgesetzes und ihre Vollziehung, sowie den Erlass eines Einreise- und Aufenthaltsverbots auf dieser Grundlage,
4. über Klagen gegen den Bund, denen Vorgänge im Geschäftsbereich des Bundesnachrichtendienstes zugrunde liegen,
5. über Klagen gegen Maßnahmen und Entscheidungen nach § 12 Absatz 3a des Abgeordnetengesetzes, nach den Vorschriften des Elften Abschnitts des Abgeordnetengesetzes, nach § 6b des Bundesministergesetzes und nach § 7 des Gesetzes über die Rechtsverhältnisse der Parlamentarischen Staatssekretäre in Verbindung mit § 6b des Bundesministergesetzes,
6. über sämtliche Streitigkeiten, die Planfeststellungsverfahren und Plangenehmigungsverfahren für Vorhaben betreffen, die in dem Allgemeinen Eisenbahngesetz, dem Bundeswasserstraßengesetz, dem Energieleitungsausbaugesetz, dem Bundesbedarfsplangesetz, dem § 43e Absatz 4 des Energiewirtschaftsgesetzes, dem § 76 Ab-

satz 1 des Windenergie-auf-See-Gesetzes oder dem Magnetschwebebahnplanungsgesetz bezeichnet sind, über sämtliche Streitigkeiten zu Verfahren im Sinne des § 17e Absatz 1 des Bundesfernstraßengesetzes, über sämtliche Streitigkeiten, die in § 9 Absatz 2 des Wasserstoffbeschleunigungsgesetzes bezeichnet sind, sowie über die ihm nach dem LNG-Beschleunigungsgesetz zugewiesenen Verfahren,

7. über die ihm nach dem Energiesicherungsgesetz zugewiesenen Verfahren.

(2) In Verfahren nach Absatz 1 Nummer 6 ist § 48 Absatz 3 entsprechend anzuwenden.

(3) Hält das Bundesverwaltungsgericht nach Absatz 1 Nr. 1 eine Streitigkeit für verfassungsrechtlich, so legt es die Sache dem Bundesverfassungsgericht zur Entscheidung vor.

§ 51 (Verbot eines Teilvereins)

(1) Ist gemäß § 5 Abs. 2 des Vereinsgesetzes das Verbot des Gesamtvereins anstelle des Verbots eines Teilvereins zu vollziehen, so ist ein Verfahren über eine Klage dieses Teilvereins gegen das ihm gegenüber erlassene Verbot bis zum Erlaß der Entscheidung über eine Klage gegen das Verbot des Gesamtvereins auszusetzen.

(2) Eine Entscheidung des Bundesverwaltungsgerichts bindet im Falle des Absatzes 1 die Oberverwaltungsgerichte.

(3) Das Bundesverwaltungsgericht unterrichtet die Oberverwaltungsgerichte über die Klage eines Vereins nach § 50 Abs. 1 Nr. 2.

§ 52 (Örtliche Zuständigkeit)

Für die örtliche Zuständigkeit gilt folgendes:

1. In Streitigkeiten, die sich auf unbewegliches Vermögen oder ein ortsgebundenes Recht oder Rechtsverhältnis beziehen, ist nur das Verwaltungsgericht örtlich zuständig, in dessen Bezirk das Vermögen oder der Ort liegt.
2. Bei Anfechtungsklagen gegen den Verwaltungsakt einer Bundesbehörde, einer bundesunmittelbaren Körperschaft, Anstalt oder Stiftung des öffentlichen Rechts, ist das Verwaltungsgericht örtlich zuständig, in dessen Bezirk die Bundesbehörde, die Körperschaft, Anstalt oder Stiftung ihren Sitz hat, vorbehaltlich der Nummern 1 und 4. Dies gilt auch bei Verpflichtungsklagen in den Fällen des Satzes 1. In Streitigkeiten nach dem Asylgesetz ist jedoch das Verwaltungsgericht örtlich zuständig, bei dem bereits ein Verfahren von Familienangehörigen im Sinne des § 26 Absatz 1 bis 3 des Asylgesetzes anhängig ist, es sei denn, die Streitigkeit bezieht sich auf ein Verfahren nach § 18a des Asylgesetzes und der Ausländer ist noch verpflichtet, sich an einem Standort gemäß § 18a Absatz 6 oder Absatz 6a des Asylgesetzes aufzuhalten; dies gilt unabhängig davon, ob die Familie bereits vor der Ankunft des Ausländers im Hoheitsgebiet der Mitgliedstaaten bestanden hat; im Übrigen ist das Verwaltungsgericht örtlich zuständig, in dessen Bezirk der Ausländer nach dem Asylgesetz seinen Aufenthalt zu nehmen hat; ist eine örtliche Zuständigkeit danach nicht gegeben, bestimmt sie sich nach Nummer 3. Soweit ein Land, in dem der Ausländer seinen Aufenthalt zu nehmen hat, von der Möglichkeit nach § 83 Absatz 3 des Asylgesetzes Gebrauch gemacht hat, ist das Verwaltungsgericht örtlich zuständig, das nach dem Landesrecht für Streitigkeiten nach dem Asylgesetz betreffend den Herkunftsstaat des Ausländers zuständig ist. Für Klagen gegen den Bund auf Gebieten, die in die Zuständigkeit der diplomatischen und konsularischen Auslandsvertretungen der Bundesrepublik Deutschland fallen, auf dem Gebiet der Visumangelegenheiten auch, wenn diese in die Zuständigkeit des Bundesamts für Auswärtige Angelegenheiten fallen, ist das Verwaltungsgericht örtlich zuständig, in dessen Bezirk die Bundesregierung ihren Sitz hat.
3. Bei allen anderen Anfechtungsklagen vorbehaltlich der Nummern 1 und 4 ist das Verwaltungsgericht örtlich zuständig, in dessen Bezirk der Verwaltungsakt erlassen wurde. Ist er von einer Behörde, deren Zuständigkeit sich auf mehrere Verwaltungsgerichtsbezirke erstreckt, oder von einer gemeinsamen Behörde mehrerer oder aller Länder erlassen, so ist das Verwaltungsge-

IX

richt zuständig, in dessen Bezirk der Beschwerte seinen Sitz oder Wohnsitz hat. Fehlt ein solcher innerhalb des Zuständigkeitsbereichs der Behörde, so bestimmt sich die Zuständigkeit nach Nummer 5. Bei Anfechtungsklagen gegen Verwaltungsakte einer von den Ländern mit der Vergabe von Studienplätzen beauftragten Behörde ist jedoch das Verwaltungsgericht örtlich zuständig, in dessen Bezirk die Behörde ihren Sitz hat. Dies gilt auch bei Verpflichtungsklagen in den Fällen der Sätze 1, 2 und 4.

4. Für alle Klagen aus einem gegenwärtigen oder früheren Beamten-, Richter-, Wehrpflicht-, Wehrdienst- oder Zivildienstverhältnis und für Streitigkeiten, die sich auf die Entstehung eines solchen Verhältnisses beziehen, ist das Verwaltungsgericht örtlich zuständig, in dessen Bezirk der Kläger oder Beklagte seinen dienstlichen Wohnsitz oder in Ermangelung dessen seinen Wohnsitz hat. Hat der Kläger oder Beklagte keinen dienstlichen Wohnsitz oder keinen Wohnsitz innerhalb des Zuständigkeitsbereichs der Behörde, die den ursprünglichen Verwaltungsakt erlassen hat, so ist das Gericht örtlich zuständig, in dessen Bezirk diese Behörde ihren Sitz hat. Die Sätze 1 und 2 gelten für Klagen nach § 79 des Gesetzes zur Regelung der Rechtsverhältnisse der unter Artikel 131 des Grundgesetzes fallenden Personen entsprechend.

5. In allen anderen Fällen ist das Verwaltungsgericht örtlich zuständig, in dessen Bezirk der Beklagte seinen Sitz, Wohnsitz oder in Ermangelung dessen seinen Aufenthalt hat oder seinen letzten Wohnsitz oder Aufenthalt hatte.

§ 53 (Bestimmung des zuständigen Gerichts)

(1) Das zuständige Gericht innerhalb der Verwaltungsgerichtsbarkeit wird durch das nächsthöhere Gericht bestimmt,

1. wenn das an sich zuständige Gericht in einem einzelnen Fall an der Ausübung der Gerichtsbarkeit rechtlich oder tatsächlich verhindert ist,
2. wenn es wegen der Grenzen verschiedener Gerichtsbezirke ungewiß ist, welches Gericht für den Rechtsstreit zuständig ist,
3. wenn der Gerichtsstand sich nach § 52 richtet und verschiedene Gerichte in Betracht kommen,
4. wenn verschiedene Gerichte sich rechtskräftig für zuständig erklärt haben,
5. wenn verschiedene Gerichte, von denen eines für den Rechtsstreit zuständig ist, sich rechtskräftig für unzuständig erklärt haben.

(2) Wenn eine örtliche Zuständigkeit nach § 52 nicht gegeben ist, bestimmt das Bundesverwaltungsgericht das zuständige Gericht.

(3) Jeder am Rechtsstreit Beteiligte und jedes mit dem Rechtsstreit befaßte Gericht kann das im Rechtszug höhere Gericht oder das Bundesverwaltungsgericht anrufen. Das angerufene Gericht kann ohne mündliche Verhandlung entscheiden.

Teil II
Verfahren

7. Abschnitt
Allgemeine Verfahrensvorschriften

§ 54 (Ausschließung, Ablehnung von Gerichtspersonen)

(1) Für die Ausschließung und Ablehnung der Gerichtspersonen gelten §§ 41 bis 49 der Zivilprozeßordnung entsprechend.

(2) Von der Ausübung des Amtes als Richter oder ehrenamtlicher Richter ist auch ausgeschlossen, wer bei dem vorausgegangenen Verwaltungsverfahren mitgewirkt hat.

(3) Besorgnis der Befangenheit nach § 42 der Zivilprozeßordnung ist stets dann begründet, wenn der Richter oder ehrenamtliche Richter der Vertretung einer Körperschaft angehört, deren Interessen durch das Verfahren berührt werden.

§ 55 (Öffentlichkeit, Sitzungspolizei, Gerichtssprache, Beratung, Abstimmung)

§§ 169, 171a bis 198 des Gerichtsverfassungsgesetzes über die Öffentlichkeit, Sitzungspolizei, Gerichtssprache, Beratung und Abstimmung finden entsprechende Anwendung.

§ 55a (Elektronische Dokumente)

(1) Vorbereitende Schriftsätze und deren Anlagen, schriftlich einzureichende Anträge und Erklärungen der Beteiligten sowie schriftlich einzureichende Auskünfte, Aussagen, Gutachten, Übersetzungen, Anträge und Erklärungen Dritter können nach Maßgabe der Absätze 2 bis 6 als elektronische Dokumente bei Gericht eingereicht werden.

(2) Das elektronische Dokument muss für die Bearbeitung durch das Gericht geeignet sein. Die Bundesregierung bestimmt durch Rechtsverordnung mit Zustimmung des Bundesrates technische Rahmenbedingungen für die Übermittlung und die Eignung zur Bearbeitung durch das Gericht sowie das Nähere zur Verarbeitung von Daten der Postfachinhaber nach Absatz 4 Satz 1 Nummer 3 und 4 in einem sicheren elektronischen Verzeichnis.

(3) Das elektronische Dokument muss mit einer qualifizierten elektronischen Signatur der verantwortenden Person versehen sein oder von der verantwortenden Person signiert und auf einem sicheren Übermittlungsweg eingereicht werden. Satz 1 gilt nicht für Anlagen, die vorbereitenden Schriftsätzen beigefügt sind. Soll ein schriftlich einzureichender Antrag oder eine schriftlich einzureichende Erklärung eines Beteiligten oder eines Dritten als elektronisches Dokument eingereicht werden, so kann der unterschriebene Antrag oder die unterschriebene Erklärung in ein elektronisches Dokument übertragen und durch den Bevollmächtigten, den Vertreter oder den Beistand nach Satz 1 übermittelt werden.

(4) Sichere Übermittlungswege sind

1. der Übermittlungsweg zwischen den besonderen elektronischen Anwaltspostfächern nach den §§ 31a und 31b der Bundesrechtsanwaltsordnung oder einem entsprechenden, auf gesetzlicher Grundlage errichteten elektronischen Postfach und der elektronischen Poststelle des Gerichts,
2. der Übermittlungsweg zwischen einem nach Durchführung eines Identifizierungsverfahrens eingerichteten Postfach einer Behörde oder einer juristischen Person des öffentlichen Rechts und der elektronischen Poststelle des Gerichts,
3. der Übermittlungsweg zwischen einem nach Durchführung eines Identifizierungsverfahrens eingerichteten elektronischen Postfach einer natürlichen oder juristischen Person oder einer sonstigen Vereinigung und der elektronischen Poststelle des Gerichts,
4. der Übermittlungsweg zwischen einem nach Durchführung eines Identifizierungsverfahrens genutzten Postfach- und Versanddienst eines Nutzerkontos im Sinne des § 2 Absatz 5 des Onlinezugangsgesetzes und der elektronischen Poststelle des Gerichts,
5. sonstige bundeseinheitliche Übermittlungswege, die durch Rechtsverordnung der Bundesregierung mit Zustimmung des Bundesrates festgelegt werden, bei denen die Authentizität und Integrität der Daten sowie die Barrierefreiheit gewährleistet sind.

Das Nähere zu den Übermittlungswegen gemäß Satz 1 Nummer 2 bis 4 regelt die Rechtsverordnung nach Absatz 2 Satz 2.

(5) Ein elektronisches Dokument ist eingegangen, sobald es auf der für den Empfang bestimmten Einrichtung des Gerichts gespeichert ist. Dem Absender ist eine automatisierte Bestätigung über den Zeitpunkt des Eingangs zu erteilen. Die Vorschriften dieses Gesetzes über die Beifügung von Abschriften für die übrigen Beteiligten finden keine Anwendung.

(6) Ist ein elektronisches Dokument für das Gericht zur Bearbeitung nicht geeignet, ist dies dem Absender unter Hinweis auf die Unwirksamkeit des Eingangs unverzüglich mitzuteilen. Das Dokument gilt als zum Zeitpunkt der früheren Einreichung eingegangen, sofern der Absender es unverzüglich in einer für das Gericht zur Bearbeitung geeigneten Form nachreicht und glaubhaft macht, dass es mit dem zuerst eingereichten Dokument inhaltlich übereinstimmt.

(7) Soweit eine handschriftliche Unterzeichnung durch den Richter oder den Urkundsbeamten der Geschäftsstelle vorgeschrieben ist,

genügt dieser Form die Aufzeichnung als elektronisches Dokument, wenn die verantwortenden Personen am Ende des Dokuments ihren Namen hinzufügen und das Dokument mit einer qualifizierten elektronischen Signatur versehen. Der in Satz 1 genannten Form genügt auch ein elektronisches Dokument, in welches das handschriftlich unterzeichnete Schriftstück gemäß § 55b Absatz 6 Satz 4 übertragen worden ist.

§ 55b (Elektronische Prozessakten)

(1) Die Prozessakten werden elektronisch geführt. Die Bundesregierung und die Landesregierungen bestimmen jeweils für ihren Bereich durch Rechtsverordnung die organisatorischen und dem Stand der Technik entsprechenden technischen Rahmenbedingungen für die Bildung, Führung und Aufbewahrung der elektronischen Akten einschließlich der einzuhaltenden Anforderungen der Barrierefreiheit. Die Landesregierungen können die Ermächtigung nach Satz 2 auf die für die Verwaltungsgerichtsbarkeit zuständigen obersten Landesbehörden übertragen. Die Rechtsverordnung der Bundesregierung bedarf nicht der Zustimmung des Bundesrates.

(2) Akten, die in Papierform angelegt wurden, können in Papierform weitergeführt werden. Sie können ab einem bestimmten Stichtag oder Ereignis in elektronischer Form weitergeführt werden. Der Beginn der Weiterführung der Akten in elektronischer Form ist aktenkundig zu machen. Werden die Akten in Papierform geführt, ist von einem elektronischen Dokument ein Ausdruck für die Akten zu fertigen. Kann dies bei Anlagen zu vorbereitenden Schriftsätzen nicht oder nur mit unverhältnismäßigem Aufwand erfolgen, so kann ein Ausdruck unterbleiben. Die Daten sind in diesem Fall dauerhaft zu speichern; der Speicherort ist aktenkundig zu machen.

(3) Wird das elektronische Dokument auf einem sicheren Übermittlungsweg eingereicht, so ist dies aktenkundig zu machen.

(4) Ist das elektronische Dokument mit einer qualifizierten elektronischen Signatur versehen und nicht auf einem sicheren Übermittlungsweg eingereicht, muss der Ausdruck einen Vermerk darüber enthalten,

1. welches Ergebnis die Integritätsprüfung des Dokumentes ausweist,
2. wen die Signaturprüfung als Inhaber der Signatur ausweist,
3. welchen Zeitpunkt die Signaturprüfung für die Anbringung der Signatur ausweist.

(5) Ein eingereichtes elektronisches Dokument kann im Falle von Absatz 2 nach Ablauf von sechs Monaten gelöscht werden.

(6) Werden die Prozessakten elektronisch geführt, sind in Papierform vorliegende Schriftstücke und sonstige Unterlagen nach dem Stand der Technik zur Ersetzung der Urschrift in ein elektronisches Dokument zu übertragen. Es ist sicherzustellen, dass das elektronische Dokument mit den vorliegenden Schriftstücken und sonstigen Unterlagen bildlich und inhaltlich übereinstimmt. Das elektronische Dokument ist mit einem Übertragungsnachweis zu versehen, der das bei der Übertragung angewandte Verfahren und die bildliche und inhaltliche Übereinstimmung dokumentiert. Wird ein von den verantwortenden Personen handschriftlich unterzeichnetes gerichtliches Schriftstück übertragen, ist der Übertragungsnachweis mit einer qualifizierten elektronischen Signatur des Urkundsbeamten der Geschäftsstelle zu versehen. Die in Papierform vorliegenden Schriftstücke und sonstigen Unterlagen können sechs Monate nach der Übertragung vernichtet werden, sofern sie nicht rückgabepflichtig sind.

(7) Die Bundesregierung kann durch Rechtsverordnung mit Zustimmung des Bundesrates die für die Übermittlung elektronischer Akten zwischen Behörden und Gerichten geltenden Standards bestimmen.

§ 55c Formulare; Verordnungsermächtigung

Das Bundesministerium der Justiz und für Verbraucherschutz kann durch Rechtsverordnung mit Zustimmung des Bundesrates elektronische Formulare einführen. Die Rechtsverordnung kann bestimmen, dass die in den Formularen enthaltenen Angaben ganz oder teilweise in strukturierter maschinenlesbarer

Form zu übermitteln sind. Die Formulare sind auf einer in der Rechtsverordnung zu bestimmenden Kommunikationsplattform im Internet zur Nutzung bereitzustellen. Die Rechtsverordnung kann bestimmen, dass eine Identifikation des Formularverwenders abweichend von § 55a Absatz 3 auch durch Nutzung des elektronischen Identitätsnachweises nach § 18 des Personalausweisgesetzes, § 12 des eID-Karte-Gesetzes oder § 78 Absatz 5 des Aufenthaltsgesetzes erfolgen kann.

§ 55d Nutzungspflicht für Rechtsanwälte, Behörden und vertretungsberechtigte Bevollmächtigte

Vorbereitende Schriftsätze und deren Anlagen sowie schriftlich einzureichende Anträge und Erklärungen, die durch einen Rechtsanwalt, durch eine Behörde oder durch eine juristische Person des öffentlichen Rechts einschließlich der von ihr zur Erfüllung ihrer öffentlichen Aufgaben gebildeten Zusammenschlüsse eingereicht werden, sind als elektronisches Dokument zu übermitteln. Gleiches gilt für die nach diesem Gesetz vertretungsberechtigten Personen und Bevollmächtigten, für die ein sicherer Übermittlungsweg nach § 55a Absatz 4 Satz 1 Nummer 1 oder 3 zur Verfügung steht; ausgenommen sind nach § 67 Absatz 2 Satz 2 Nummer 1 Halbsatz 1 oder Nummer 2 vertretungsbefugte Personen. Ist eine Übermittlung aus technischen Gründen vorübergehend nicht möglich, bleibt die Übermittlung nach den allgemeinen Vorschriften zulässig. Die vorübergehende Unmöglichkeit ist bei der Ersatzeinreichung oder unverzüglich danach glaubhaft zu machen; auf Anforderung ist ein elektronisches Dokument nachzureichen.

§ 56 (Zustellung)

(1) Anordnungen und Entscheidungen, durch die eine Frist in Lauf gesetzt wird, sowie Terminbestimmungen und Ladungen sind zuzustellen, bei Verkündung jedoch nur, wenn es ausdrücklich vorgeschrieben ist.

(2) Zugestellt wird von Amts wegen nach den Vorschriften der Zivilprozessordnung.

(3) Wer nicht im Inland wohnt, hat auf Verlangen einen Zustellungsbevollmächtigten zu bestellen.

§ 56a (Öffentliche Bekanntmachung)

(1) Sind gleiche Bekanntgaben an mehr als fünfzig Personen erforderlich, kann das Gericht für das weitere Verfahren die Bekanntgabe durch öffentliche Bekanntmachung anordnen. In dem Beschluß muß bestimmt werden, in welchen Tageszeitungen die Bekanntmachungen veröffentlicht werden; dabei sind Tageszeitungen vorzusehen, die in dem Bereich verbreitet sind, in dem sich die Entscheidung voraussichtlich auswirken wird. Der Beschluß ist den Beteiligten zuzustellen. Die Beteiligten sind darauf hinzuweisen, auf welche Weise die weiteren Bekanntgaben bewirkt werden und wann das Dokument als zugestellt gilt. Der Beschluß ist unanfechtbar. Das Gericht kann den Beschluß jederzeit aufheben; es muß ihn aufheben, wenn die Voraussetzungen des Satzes 1 nicht vorlagen oder nicht mehr vorliegen.

(2) Die öffentliche Bekanntmachung erfolgt durch Aushang an der Gerichtstafel oder durch Veröffentlichung in einem elektronischen Informations- und Kommunikationssystem, das im Gericht öffentlich zugänglich ist und durch Veröffentlichung im Bundesanzeiger sowie in den im Beschluss nach Absatz 1 Satz 2 bestimmten Tageszeitungen. Bei einer Entscheidung genügt die öffentliche Bekanntmachung der Entscheidungsformel und der Rechtsbehelfsbelehrung. Statt des bekannt zu machenden Dokuments kann eine Benachrichtigung öffentlich bekannt gemacht werden, in der angegeben ist, wo das Dokument eingesehen werden kann. Eine Terminbestimmung oder Ladung muss im vollständigen Wortlaut öffentlich bekannt gemacht werden.

(3) Das Dokument gilt als an dem Tage zugestellt, an dem seit dem Tage der Veröffentlichung im Bundesanzeiger zwei Wochen verstrichen sind; darauf ist in jeder Veröffentlichung hinzuweisen. Nach der öffentlichen Bekanntmachung einer Entscheidung können die Beteiligten eine Ausfertigung schriftlich anfordern; darauf ist in der Veröffentlichung gleichfalls hinzuweisen.

§ 57 (Fristen)

(1) Der Lauf einer Frist beginnt, soweit nichts anderes bestimmt ist, mit der Zustellung oder,

wenn diese nicht vorgeschrieben ist, mit der Eröffnung oder Verkündung.

(2) Für die Fristen gelten die Vorschriften der §§ 222, 224 Abs. 2 und 3, §§ 225 und 226 der Zivilprozeßordnung.

§ 58 (Belehrung über Rechtsbehelf)

(1) Die Frist für ein Rechtsmittel oder einen anderen Rechtsbehelf beginnt nur zu laufen, wenn der Beteiligte über den Rechtsbehelf, die Verwaltungsbehörde oder das Gericht, bei denen der Rechtsbehelf anzubringen ist, den Sitz und die einzuhaltende Frist schriftlich oder elektronisch belehrt worden ist.

(2) Ist die Belehrung unterblieben oder unrichtig erteilt, so ist die Einlegung des Rechtsbehelfs nur innerhalb eines Jahres seit Zustellung, Eröffnung oder Verkündung zulässig, außer wenn die Einlegung vor Ablauf der Jahresfrist infolge höherer Gewalt unmöglich war oder eine schriftliche oder elektronische Belehrung dahin erfolgt ist, daß ein Rechtsbehelf nicht gegeben sei. § 60 Abs. 2 gilt für den Fall höherer Gewalt entsprechend.

§ 59 (weggefallen)

§ 60 (Wiedereinsetzung in den vorigen Stand)

(1) Wenn jemand ohne Verschulden verhindert war, eine gesetzliche Frist einzuhalten, so ist ihm auf Antrag Wiedereinsetzung in den vorigen Stand zu gewähren.

IX

(2) Der Antrag ist binnen zwei Wochen nach Wegfall des Hindernisses zu stellen; bei Versäumung der Frist zur Begründung der Berufung, des Antrags auf Zulassung der Berufung, der Revision, der Nichtzulassungsbeschwerde oder der Beschwerde beträgt die Frist einen Monat. Die Tatsachen zur Begründung des Antrags sind bei der Antragstellung oder im Verfahren über den Antrag glaubhaft zu machen. Innerhalb der Antragsfrist ist die versäumte Rechtshandlung nachzuholen. Ist dies geschehen, so kann die Wiedereinsetzung auch ohne Antrag gewährt werden.

(3) Nach einem Jahr seit dem Ende der versäumten Frist ist der Antrag unzulässig, außer wenn der Antrag vor Ablauf der Jahresfrist infolge höherer Gewalt unmöglich war.

(4) Über den Wiedereinsetzungsantrag entscheidet das Gericht, das über die versäumte Rechtshandlung zu befinden hat.

(5) Die Wiedereinsetzung ist unanfechtbar.

§ 61 (Beteiligungsfähigkeit)

Fähig, am Verfahren beteiligt zu sein, sind

1. natürliche und juristische Personen,
2. Vereinigungen, soweit ihnen ein Recht zustehen kann,
3. Behörden, sofern das Landesrecht dies bestimmt.

§ 62 (Prozessfähigkeit)

(1) Fähig zur Vornahme von Verfahrenshandlungen sind

1. die nach bürgerlichem Recht Geschäftsfähigen,
2. die nach bürgerlichem Recht in der Geschäftsfähigkeit Beschränkten, soweit sie durch Vorschriften des bürgerlichen oder öffentlichen Rechts für den Gegenstand des Verfahrens als geschäftsfähig anerkannt sind.

(2) Betrifft ein Einwilligungsvorbehalt nach § 1825 des Bürgerlichen Gesetzbuchs den Gegenstand des Verfahrens, so ist ein geschäftsfähiger Betreuter nur insoweit zur Vornahme von Verfahrenshandlungen fähig, als er nach den Vorschriften des bürgerlichen Rechts ohne Einwilligung des Betreuers handeln kann oder durch Vorschriften des öffentlichen Rechts als handlungsfähig anerkannt ist.

(3) Für Vereinigungen sowie für Behörden handeln ihre gesetzlichen Vertreter und Vorstände.

(4) §§ 53 bis 58 der Zivilprozeßordnung gelten entsprechend.

§ 63 (Beteiligte)

Beteiligte am Verfahren sind

1. der Kläger,
2. der Beklagte,
3. der Beigeladene (§ 65),

4. der Vertreter des Bundesinteresses beim Bundesverwaltungsgericht oder der Vertreter des öffentlichen Interesses, falls er von seiner Beteiligungsbefugnis Gebrauch macht.

§ 64 (Streitgenossenschaft)

Die Vorschriften der §§ 59 bis 63 der Zivilprozeßordnung über die Streitgenossenschaft sind entsprechend anzuwenden.

§ 65 (Beiladung)

(1) Das Gericht kann, solange das Verfahren noch nicht rechtskräftig abgeschlossen oder in höherer Instanz anhängig ist, von Amts wegen oder auf Antrag andere, deren rechtliche Interessen durch die Entscheidung berührt werden, beiladen.

(2) Sind an dem streitigen Rechtsverhältnis Dritte derart beteiligt, daß die Entscheidung auch ihnen gegenüber nur einheitlich ergehen kann, so sind sie beizuladen (notwendige Beiladung).

(3) Kommt nach Absatz 2 die Beiladung von mehr als fünfzig Personen in Betracht, kann das Gericht durch Beschluß anordnen, daß nur solche Personen beigeladen werden, die dies innerhalb einer bestimmten Frist beantragen. Der Beschluß ist unanfechtbar. Er ist im Bundesanzeiger bekanntzumachen. Er muß außerdem in Tageszeitungen veröffentlicht werden, die in dem Bereich verbreitet sind, in dem sich die Entscheidung voraussichtlich auswirken wird. Die Bekanntmachung kann zusätzlich in einem von dem Gericht für Bekanntmachungen bestimmten Informations- und Kommunikationssystem erfolgen. Die Frist muß mindestens drei Monate seit Veröffentlichung im Bundesanzeiger betragen. In der Veröffentlichung in Tageszeitungen ist mitzuteilen, an welchem Tage die Frist abläuft. Für die Wiedereinsetzung in den vorigen Stand bei Versäumung der Frist gilt § 60 entsprechend. Das Gericht soll Personen, die von der Entscheidung erkennbar in besonderem Maße betroffen werden, auch ohne Antrag beiladen.

(4) Der Beiladungsbeschluß ist allen Beteiligten zuzustellen. Dabei sollen der Stand der Sache und der Grund der Beiladung angegeben werden. Die Beiladung ist unanfechtbar.

§ 66 (Stellung des Beigeladenen)

Der Beigeladene kann innerhalb der Anträge eines Beteiligten selbständig Angriffs- und Verteidigungsmittel geltend machen und alle Verfahrenshandlungen wirksam vornehmen. Abweichende Sachanträge kann er nur stellen, wenn eine notwendige Beiladung vorliegt.

§ 67 (Bevollmächtigte Vertreter)

(1) Die Beteiligten können vor dem Verwaltungsgericht den Rechtsstreit selbst führen.

(2) Die Beteiligten können sich durch einen Rechtsanwalt oder einen Rechtslehrer an einer staatlichen oder staatlich anerkannten Hochschule eines Mitgliedstaates der Europäischen Union, eines anderen Vertragsstaates des Abkommens über den Europäischen Wirtschaftsraum oder der Schweiz, der die Befähigung zum Richteramt besitzt, als Bevollmächtigten vertreten lassen. Darüber hinaus sind als Bevollmächtigte vor dem Verwaltungsgericht vertretungsbefugt nur

1. Beschäftigte des Beteiligten oder eines mit ihm verbundenen Unternehmens (§ 15 des Aktiengesetzes); Behörden und juristische Personen des öffentlichen Rechts einschließlich der von ihnen zur Erfüllung ihrer öffentlichen Aufgaben gebildeten Zusammenschlüsse können sich auch durch Beschäftigte anderer Behörden oder juristischer Personen des öffentlichen Rechts einschließlich der von ihnen zur Erfüllung ihrer öffentlichen Aufgaben gebildeten Zusammenschlüsse vertreten lassen,
2. volljährige Familienangehörige (§ 15 der Abgabenordnung, § 11 des Lebenspartnerschaftsgesetzes), Personen mit Befähigung zum Richteramt und Streitgenossen, wenn die Vertretung nicht im Zusammenhang mit einer entgeltlichen Tätigkeit steht,
3. Steuerberater, Steuerbevollmächtigte, Wirtschaftsprüfer und vereidigte Buchprüfer, Personen und Vereinigungen im

IX

Sinne der §§ 3a und 3c des Steuerberatungsgesetzes im Rahmen ihrer Befugnisse nach § 3a des Steuerberatungsgesetzes, zu beschränkter geschäftsmäßiger Hilfeleistung in Steuersachen nach den §§ 3d und 3e des Steuerberatungsgesetzes berechtigte Personen im Rahmen dieser Befugnisse sowie Gesellschaften im Sinne des § 3 Satz 1 Nummer 2 und 3 des Steuerberatungsgesetzes, die durch Personen im Sinne des § 3 Satz 2 des Steuerberatungsgesetzes handeln, in Abgabenangelegenheiten,

3a. Steuerberater, Steuerbevollmächtigte, Wirtschaftsprüfer und vereidigte Buchprüfer, Personen und Vereinigungen im Sinne der §§ 3a und 3c des Steuerberatungsgesetzes im Rahmen ihrer Befugnisse nach § 3a des Steuerberatungsgesetzes, zu beschränkter geschäftsmäßiger Hilfeleistung in Steuersachen nach den §§ 3d und 3e des Steuerberatungsgesetzes berechtigte Personen im Rahmen dieser Befugnisse sowie Gesellschaften im Sinne des § 3 Satz 1 Nummer 2 und 3 des Steuerberatungsgesetzes, die durch Personen im Sinne des § 3 Satz 2 des Steuerberatungsgesetzes handeln, in Angelegenheiten finanzieller Hilfeleistungen im Rahmen staatlicher Hilfsprogramme zur Abmilderung der Folgen der COVID-19-Pandemie, wenn und soweit diese Hilfsprogramme eine Einbeziehung der Genannten als prüfende Dritte vorsehen,

4. berufsständische Vereinigungen der Landwirtschaft für ihre Mitglieder,

5. Gewerkschaften und Vereinigungen von Arbeitgebern sowie Zusammenschlüsse solcher Verbände für ihre Mitglieder oder für andere Verbände oder Zusammenschlüsse mit vergleichbarer Ausrichtung und deren Mitglieder,

6. Vereinigungen, deren satzungsgemäße Aufgaben die gemeinschaftliche Interessenvertretung, die Beratung und Vertretung von Menschen mit Behinderungen wesentlich umfassen und die unter Berücksichtigung von Art und Umfang ihrer Tätigkeit sowie ihres Mitgliederkreises die Gewähr für eine sachkundige Prozessvertretung bieten, für ihre Mitglieder in Angelegenheiten des Schwerbehindertenrechts sowie der damit im Zusammenhang stehenden Angelegenheiten,

7. juristische Personen, deren Anteile sämtlich im wirtschaftlichen Eigentum einer der in den Nummern 5 und 6 bezeichneten Organisationen stehen, wenn die juristische Person ausschließlich die Rechtsberatung und Prozessvertretung dieser Organisation und ihrer Mitglieder oder anderer Verbände oder Zusammenschlüsse mit vergleichbarer Ausrichtung und deren Mitglieder entsprechend deren Satzung durchführt, und wenn die Organisation für die Tätigkeit der Bevollmächtigten haftet,

8. Patentanwälte in den in § 39 Absatz 1 Satz 1 des Agrargeoschutz-Durchführungsgesetzes genannten Angelegenheiten.

Bevollmächtigte, die keine natürlichen Personen sind, handeln durch ihre Organe und mit der Prozessvertretung beauftragten Vertreter.

(3) Das Gericht weist Bevollmächtigte, die nicht nach Maßgabe des Absatzes 2 vertretungsbefugt sind, durch unanfechtbaren Beschluss zurück. Prozesshandlungen eines nicht vertretungsbefugten Bevollmächtigten und Zustellungen oder Mitteilungen an diesen Bevollmächtigten sind bis zu seiner Zurückweisung wirksam. Das Gericht kann den in Absatz 2 Satz 2 Nr. 1 und 2 bezeichneten Bevollmächtigten durch unanfechtbaren Beschluss die weitere Vertretung untersagen, wenn sie nicht in der Lage sind, das Sach- und Streitverhältnis sachgerecht darzustellen.

(4) Vor dem Bundesverwaltungsgericht und dem Oberverwaltungsgericht müssen sich die Beteiligten, außer im Prozesskostenhilfeverfahren, durch Prozessbevollmächtigte vertreten lassen. Dies gilt auch für Prozesshandlungen, durch die ein Verfahren vor dem Bundesverwaltungsgericht oder einem Oberverwaltungsgericht eingeleitet wird. Als Bevollmächtigte sind nur die in Absatz 2 Satz 1

bezeichneten Personen zugelassen. Behörden und juristische Personen des öffentlichen Rechts einschließlich der von ihnen zur Erfüllung ihrer öffentlichen Aufgaben gebildeten Zusammenschlüsse können sich durch eigene Beschäftigte mit Befähigung zum Richteramt oder durch Beschäftigte mit Befähigung zum Richteramt anderer Behörden oder juristischer Personen des öffentlichen Rechts einschließlich der von ihnen zur Erfüllung ihrer öffentlichen Aufgaben gebildeten Zusammenschlüsse vertreten lassen. Vor dem Bundesverwaltungsgericht sind auch die in Absatz 2 Satz 2 Nr. 5 bezeichneten Organisationen einschließlich der von ihnen gebildeten juristischen Personen gemäß Absatz 2 Satz 7 Nr. 7 als Bevollmächtigte zugelassen, jedoch nur in Angelegenheiten, die Rechtsverhältnisse im Sinne des § 52 Nr. 4 betreffen, in Personalvertretungsangelegenheiten und in Angelegenheiten, die in einem Zusammenhang mit einem gegenwärtigen oder früheren Arbeitsverhältnis von Arbeitnehmern im Sinne des § 5 des Arbeitsgerichtsgesetzes stehen, einschließlich Prüfungsangelegenheiten. Die in Satz 5 genannten Bevollmächtigten müssen durch Personen mit der Befähigung zum Richteramt handeln. Vor dem Oberverwaltungsgericht sind auch die in Absatz 2 Satz 2 Nr. 3 bis 7 bezeichneten Personen und Organisationen als Bevollmächtigte zugelassen. Ein Beteiligter, der nach Maßgabe der Sätze 3, 5 und 7 zur Vertretung berechtigt ist, kann sich selbst vertreten.

(5) Richter dürfen nicht als Bevollmächtigte vor dem Gericht auftreten, dem sie angehören. Ehrenamtliche Richter dürfen, außer in den Fällen des Absatzes 2 Satz 2 Nr. 1, nicht vor einem Spruchkörper auftreten, dem sie angehören. Absatz 3 Satz 1 und 2 gilt entsprechend.

(6) Die Vollmacht ist schriftlich zu den Gerichtsakten einzureichen. Sie kann nachgereicht werden; hierfür kann das Gericht eine Frist bestimmen. Der Mangel der Vollmacht kann in jeder Lage des Verfahrens geltend gemacht werden. Das Gericht hat den Mangel der Vollmacht von Amts wegen zu berücksichtigen, wenn nicht als Bevollmächtigter ein Rechtsanwalt auftritt. Ist ein Bevollmächtigter bestellt, sind die Zustellungen oder Mitteilungen des Gerichts an ihn zu richten.

(7) In der Verhandlung können die Beteiligten mit Beiständen erscheinen. Beistand kann sein, wer in Verfahren, in denen die Beteiligten den Rechtsstreit selbst führen können, als Bevollmächtigter zur Vertretung in der Verhandlung befugt ist. Das Gericht kann andere Personen als Beistand zulassen, wenn dies sachdienlich ist und hierfür nach den Umständen des Einzelfalls ein Bedürfnis besteht. Absatz 3 Satz 1 und 3 und Absatz 5 gelten entsprechend. Das von dem Beistand Vorgetragene gilt als von dem Beteiligten vorgebracht, soweit es nicht von diesem sofort widerrufen oder berichtigt wird.

§ 67a (Gemeinsamer Bevollmächtigter)

(1) Sind an einem Rechtsstreit mehr als zwanzig Personen im gleichen Interesse beteiligt, ohne durch einen Prozeßbevollmächtigten vertreten zu sein, kann das Gericht ihnen durch Beschluß aufgeben, innerhalb einer angemessenen Frist einen gemeinsamen Bevollmächtigten zu bestellen, wenn sonst die ordnungsgemäße Durchführung des Rechtsstreits beeinträchtigt wäre. Bestellen die Beteiligten einen gemeinsamen Bevollmächtigten nicht innerhalb der ihnen gesetzten Frist, kann das Gericht einen Rechtsanwalt als gemeinsamen Vertreter durch Beschluß bestellen. Die Beteiligten können Verfahrenshandlungen nur durch den gemeinsamen Bevollmächtigten oder Vertreter vornehmen. Beschlüsse nach den Sätzen 1 und 2 sind unanfechtbar.

(2) Die Vertretungsmacht erlischt, sobald der Vertreter oder der Vertretene dies dem Gericht schriftlich oder zu Protokoll des Urkundsbeamten der Geschäftsstelle erklärt; der Vertreter kann die Erklärung nur hinsichtlich aller Vertretenen abgeben. Gibt der Vertretene eine solche Erklärung ab, so erlischt die Vertretungsmacht nur, wenn zugleich die Bestellung eines anderen Bevollmächtigten angezeigt wird.

8. Abschnitt
Besondere Vorschriften für Anfechtungs- und Verpflichtungsklagen

§ 68 (Nachprüfung im Vorverfahren)

(1) Vor Erhebung der Anfechtungsklage sind Rechtmäßigkeit und Zweckmäßigkeit des Verwaltungsakts in einem Vorverfahren nachzuprüfen. Einer solchen Nachprüfung bedarf es nicht, wenn ein Gesetz dies bestimmt oder wenn

1. der Verwaltungsakt von einer obersten Bundesbehörde oder von einer obersten Landesbehörde erlassen worden ist, außer wenn ein Gesetz die Nachprüfung vorschreibt, oder
2. der Abhilfebescheid oder der Widerspruchsbescheid erstmalig eine Beschwer enthält.

(2) Für die Verpflichtungsklage gilt Absatz 1 entsprechend, wenn der Antrag auf Vornahme des Verwaltungsakts abgelehnt worden ist.

§ 69 (Widerspruch)

Das Vorverfahren beginnt mit der Erhebung des Widerspruchs.

§ 70 (Frist)

(1) Der Widerspruch ist innerhalb eines Monats, nachdem der Verwaltungsakt dem Beschwerten bekanntgegeben worden ist, schriftlich, in elektronischer Form nach § 3a Absatz 2 des Verwaltungsverfahrensgesetzes, schriftformersetzend nach § 3a Absatz 3 des Verwaltungsverfahrensgesetzes und § 9a Absatz 5 des Onlinezugangsgesetzes oder zur Niederschrift bei der Behörde zu erheben, die den Verwaltungsakt erlassen hat. Die Frist wird auch durch Einlegung bei der Behörde, die den Widerspruchsbescheid zu erlassen hat, gewahrt.

(2) §§ 58 und 60 Abs. 1 bis 4 gelten entsprechend.

§ 71 (Anhörung)

Ist die Aufhebung oder Änderung eines Verwaltungsakts im Widerspruchsverfahren erstmalig mit einer Beschwer verbunden, soll der Betroffene vor Erlaß des Abhilfebescheids oder des Widerspruchsbescheids gehört werden.

§ 72 (Abhilfe)

Hält die Behörde den Widerspruch für begründet, so hilft sie ihm ab und entscheidet über die Kosten.

§ 73 (Widerspruchsbescheid)

(1) Hilft die Behörde dem Widerspruch nicht ab, so ergeht ein Widerspruchsbescheid. Diesen erläßt

1. die nächsthöhere Behörde, soweit nicht durch Gesetz eine andere höhere Behörde bestimmt wird,
2. wenn die nächsthöhere Behörde eine oberste Bundes- oder oberste Landesbehörde ist, die Behörde, die den Verwaltungsakt erlassen hat,
3. in Selbstverwaltungsangelegenheiten die Selbstverwaltungsbehörde, soweit nicht durch Gesetz anderes bestimmt wird.

Abweichend von Satz 2 Nr. 1 kann durch Gesetz bestimmt werden, dass die Behörde, die den Verwaltungsakt erlassen hat, auch für die Entscheidung über den Widerspruch zuständig ist.

(2) Vorschriften, nach denen im Vorverfahren des Absatzes 1 Ausschüsse oder Beiräte an die Stelle einer Behörde treten, bleiben unberührt. Die Ausschüsse oder Beiräte können abweichend von Absatz 1 Nr. 1 auch bei der Behörde gebildet werden, die den Verwaltungsakt erlassen hat.

(3) Der Widerspruchsbescheid ist zu begründen, mit einer Rechtsmittelbelehrung zu versehen und zuzustellen. Zugestellt wird von Amts wegen nach den Vorschriften des Verwaltungszustellungsgesetzes. Der Widerspruchsbescheid bestimmt auch, wer die Kosten trägt.

§ 74 (Frist zur Klageerhebung)

(1) Die Anfechtungsklage muß innerhalb eines Monats nach Zustellung des Widerspruchsbescheids erhoben werden. Ist nach § 68 ein Widerspruchsbescheid nicht erforderlich, so muß die Klage innerhalb eines

Monats nach Bekanntgabe des Verwaltungsakts erhoben werden.

(2) Für die Verpflichtungsklage gilt Absatz 1 entsprechend, wenn der Antrag auf Vornahme des Verwaltungsakts abgelehnt worden ist.

§ 75 (Verzögerung der Sachentscheidung)

Ist über einen Widerspruch oder über einen Antrag auf Vornahme eines Verwaltungsakts ohne zureichenden Grund in angemessener Frist sachlich nicht entschieden worden, so ist die Klage abweichend von § 68 zulässig. Die Klage kann nicht vor Ablauf von drei Monaten seit der Einlegung des Widerspruchs oder seit dem Antrag auf Vornahme des Verwaltungsakts erhoben werden, außer wenn wegen besonderer Umstände des Falles eine kürzere Frist geboten ist. Liegt ein zureichender Grund dafür vor, daß über den Widerspruch noch nicht entschieden oder der beantragte Verwaltungsakt noch nicht erlassen ist, so setzt das Gericht das Verfahren bis zum Ablauf einer von ihm bestimmten Frist, die verlängert werden kann, aus. Wird dem Widerspruch innerhalb der vom Gericht gesetzten Frist stattgegeben oder der Verwaltungsakt innerhalb dieser Frist erlassen, so ist die Hauptsache für erledigt zu erklären.

§ 76 (weggefallen)

§ 77 (Ersetzung von Einspruchs- und Beschwerdeverfahren)

(1) Alle bundesrechtlichen Vorschriften in anderen Gesetzen über Einspruchs- oder Beschwerdeverfahren sind durch die Vorschriften dieses Abschnitts ersetzt.

(2) Das gleiche gilt für landesrechtliche Vorschriften über Einspruchs- oder Beschwerdeverfahren als Voraussetzung der verwaltungsgerichtlichen Klage.

§ 78 (Klagegegner)

(1) Die Klage ist zu richten

1. gegen den Bund, das Land oder die Körperschaft, deren Behörde den angefochtenen Verwaltungsakt erlassen oder den beantragten Verwaltungsakt unterlassen hat; zur Bezeichnung des Beklagten genügt die Angabe der Behörde,
2. sofern das Landesrecht dies bestimmt, gegen die Behörde selbst, die den angefochtenen Verwaltungsakt erlassen oder den beantragten Verwaltungsakt unterlassen hat.

(2) Wenn ein Widerspruchsbescheid erlassen ist, der erstmalig eine Beschwer enthält (§ 68 Abs. 1 Satz 2 Nr. 2), ist Behörde im Sinne des Absatzes 1 die Widerspruchsbehörde.

§ 79 (Gegenstand der Anfechtungsklage)

(1) Gegenstand der Anfechtungsklage ist

1. der ursprüngliche Verwaltungsakt in der Gestalt, die er durch den Widerspruchsbescheid gefunden hat,
2. der Abhilfebescheid oder Widerspruchsbescheid, wenn dieser erstmalig eine Beschwer enthält.

(2) Der Widerspruchsbescheid kann auch dann alleiniger Gegenstand der Anfechtungsklage sein, wenn und soweit er gegenüber dem ursprünglichen Verwaltungsakt eine zusätzliche selbständige Beschwer enthält. Als eine zusätzliche Beschwer gilt auch die Verletzung einer wesentlichen Verfahrensvorschrift, sofern der Widerspruchsbescheid auf dieser Verletzung beruht. § 78 Abs. 2 gilt entsprechend.

§ 80 (Aufschiebende Wirkung; sofortige Vollziehung; Aussetzung der Vollziehung)

(1) Widerspruch und Anfechtungsklage haben aufschiebende Wirkung. Das gilt auch bei rechtsgestaltenden und feststellenden Verwaltungsakten sowie bei Verwaltungsakten mit Doppelwirkung (§ 80a).

(2) Die aufschiebende Wirkung entfällt nur

1. bei der Anforderung von öffentlichen Abgaben und Kosten,
2. bei unaufschiebbaren Anordnungen und Maßnahmen von Polizeivollzugsbeamten,
3. in anderen durch Bundesgesetz oder für Landesrecht durch Landesgesetz vorgeschriebenen Fällen, insbesondere für Widersprüche und Klagen Dritter gegen Verwaltungsakte, die Investitionen oder die Schaffung von Arbeitsplätzen betreffen,

3a. für Widersprüche und Klagen Dritter gegen Verwaltungsakte, die die Zulassung von Vorhaben betreffend Bundesverkehrswege und Mobilfunknetze zum Gegenstand haben und die nicht unter Nummer 3 fallen,

4. in den Fällen, in denen die sofortige Vollziehung im öffentlichen Interesse oder im überwiegenden Interesse eines Beteiligten von der Behörde, die den Verwaltungsakt erlassen oder über den Widerspruch zu entscheiden hat, besonders angeordnet wird.

Die Länder können auch bestimmen, daß Rechtsbehelfe keine aufschiebende Wirkung haben, soweit sie sich gegen Maßnahmen richten, die in der Verwaltungsvollstreckung durch die Länder nach Bundesrecht getroffen werden.

(3) In den Fällen des Absatzes 2 Satz 1 Nummer 4 ist das besondere Interesse an der sofortigen Vollziehung des Verwaltungsakts schriftlich zu begründen. Einer besonderen Begründung bedarf es nicht, wenn die Behörde bei Gefahr im Verzug, insbesondere bei drohenden Nachteilen für Leben, Gesundheit oder Eigentum vorsorglich eine als solche bezeichnete Notstandsmaßnahme im öffentlichen Interesse trifft.

(4) Die Behörde, die den Verwaltungsakt erlassen oder über den Widerspruch zu entscheiden hat, kann in den Fällen des Absatzes 2 die Vollziehung aussetzen, soweit nicht bundesgesetzlich etwas anderes bestimmt ist. Bei der Anforderung von öffentlichen Abgaben und Kosten kann sie die Vollziehung auch gegen Sicherheit aussetzen. Die Aussetzung soll bei öffentlichen Abgaben und Kosten erfolgen, wenn ernstliche Zweifel an der Rechtmäßigkeit des angegriffenen Verwaltungsakts bestehen oder wenn die Vollziehung für den Abgaben- oder Kostenpflichtigen eine unbillige, nicht durch überwiegende öffentliche Interessen gebotene Härte zur Folge hätte.

(5) Auf Antrag kann das Gericht der Hauptsache die aufschiebende Wirkung in den Fällen des Absatzes 2 Satz 1 Nummer 1 bis 3a ganz oder teilweise anordnen, im Falle des Absatzes 2 Satz 1 Nummer 4 ganz oder teilweise wiederherstellen. Der Antrag ist schon vor Erhebung der Anfechtungsklage zulässig. Ist der Verwaltungsakt im Zeitpunkt der Entscheidung schon vollzogen, so kann das Gericht die Aufhebung der Vollziehung anordnen. Die Wiederherstellung der aufschiebenden Wirkung kann von der Leistung einer Sicherheit oder von anderen Auflagen abhängig gemacht werden. Sie kann auch befristet werden.

(6) In den Fällen des Absatzes 2 Satz 1 Nummer 1 ist der Antrag nach Absatz 5 nur zulässig, wenn die Behörde einen Antrag auf Aussetzung der Vollziehung ganz oder zum Teil abgelehnt hat. Das gilt nicht, wenn

1. die Behörde über den Antrag ohne Mitteilung eines zureichenden Grundes in angemessener Frist sachlich nicht entschieden hat oder

2. eine Vollstreckung droht.

(7) Das Gericht der Hauptsache kann Beschlüsse über Anträge nach Absatz 5 jederzeit ändern oder aufheben. Jeder Beteiligte kann die Änderung oder Aufhebung wegen veränderter oder im ursprünglichen Verfahren ohne Verschulden nicht geltend gemachter Umstände beantragen.

(8) In dringenden Fällen kann der Vorsitzende entscheiden.

§ 80a (Rechtsbehelf eines Dritten)

(1) Legt ein Dritter einen Rechtsbehelf gegen den an einen anderen gerichteten, diesen begünstigenden Verwaltungsakt ein, kann die Behörde

1. auf Antrag des Begünstigten nach § 80 Absatz 2 Satz 1 Nummer 4 die sofortige Vollziehung anordnen,

2. auf Antrag des Dritten nach § 80 Abs. 4 die Vollziehung aussetzen und einstweilige Maßnahmen zur Sicherung der Rechte des Dritten treffen.

(2) Legt ein Betroffener gegen einen an ihn gerichteten belastenden Verwaltungsakt, der einen Dritten begünstigt, einen Rechtsbehelf ein, kann die Behörde auf Antrag des Dritten nach § 80 Absatz 2 Satz 1 Nummer 4 die sofortige Vollziehung anordnen.

(3) Das Gericht kann auf Antrag Maßnahmen nach den Absätzen 1 und 2 ändern oder aufheben oder solche Maßnahmen treffen. § 80 Abs. 5 bis 8 gilt entsprechend.

§ 80b (Aufschiebende Wirkung)

(1) Die aufschiebende Wirkung des Widerspruchs und der Anfechtungsklage endet mit der Unanfechtbarkeit oder, wenn die Anfechtungsklage im ersten Rechtszug abgewiesen worden ist, drei Monate nach Ablauf der gesetzlichen Begründungsfrist des gegen die abweisende Entscheidung gegebenen Rechtsmittels. Dies gilt auch, wenn die Vollziehung durch die Behörde ausgesetzt oder die aufschiebende Wirkung durch das Gericht wiederhergestellt oder angeordnet worden ist, es sei denn, die Behörde hat die Vollziehung bis zur Unanfechtbarkeit ausgesetzt.

(2) Das Rechtsmittelgericht kann auf Antrag anordnen, daß die aufschiebende Wirkung fortdauert.

(3) § 80 Abs. 5 bis 8 und die §§ 80a und 80c gelten entsprechend.

§ 80c (Aufschiebende Wirkung im ersten Rechtszug)

(1) In Verfahren nach § 48 Absatz 1 Satz 1 Nummer 3 bis 15 und § 50 Absatz 1 Nummer 6 gelten für die Anordnung oder Wiederherstellung der aufschiebenden Wirkung (§§ 80 und 80a) ergänzend die Absätze 2 bis 4. Von Satz 1 ausgenommen sind in § 48 Absatz 1 Satz 1 Nummer 6 das Anlegen von Verkehrsflughäfen und von Verkehrslandeplätzen mit beschränktem Bauschutzbereich sowie in § 48 Absatz 1 Satz 1 Nummer 13 Planfeststellungsverfahren für Braunkohletagebaue.

(2) Das Gericht kann einen Mangel des angefochtenen Verwaltungsaktes außer Acht lassen, wenn offensichtlich ist, dass dieser in absehbarer Zeit behoben sein wird. Ein solcher Mangel kann insbesondere sein

1. eine Verletzung von Verfahrens- oder Formvorschriften oder
2. ein Mangel bei der Abwägung im Rahmen der Planfeststellung oder der Plangenehmigung.

Das Gericht soll eine Frist zur Behebung des Mangels setzen. Verstreicht die Frist, ohne dass der Mangel behoben worden ist, gilt § 80 Absatz 7 entsprechend. Satz 1 gilt grundsätzlich nicht für Verfahrensfehler gemäß § 4 Absatz 1 des Umwelt-Rechtsbehelfsgesetzes.

(3) Entscheidet das Gericht im Rahmen einer Vollzugsfolgenabwägung, soll es die Anordnung oder Wiederherstellung der aufschiebenden Wirkung in der Regel auf diejenigen Maßnahmen des angefochtenen Verwaltungsaktes beschränken, bei denen dies erforderlich ist, um anderenfalls drohende irreversible Nachteile zu verhindern. Es kann die beschränkte Anordnung oder Wiederherstellung der aufschiebenden Wirkung von der Leistung einer Sicherheit durch den Begünstigten des angefochtenen Verwaltungsaktes abhängig machen.

(4) Das Gericht hat im Rahmen einer Vollzugsfolgenabwägung die Bedeutung von Vorhaben besonders zu berücksichtigen, wenn ein Bundesgesetz feststellt, dass diese im überragenden öffentlichen Interesse liegen.

9. Abschnitt
Verfahren im ersten Rechtszug

§ 81 (Erhebung der Klage)

(1) Die Klage ist bei dem Gericht schriftlich zu erheben. Bei dem Verwaltungsgericht kann sie auch zu Protokoll des Urkundsbeamten der Geschäftsstelle erhoben werden. § 129a Absatz 2 der Zivilprozessordnung gilt entsprechend.

(2) Der Klage und allen Schriftsätzen sollen vorbehaltlich des § 55a Absatz 5 Satz 3 Abschriften für die übrigen Beteiligten beigefügt werden.

§ 82 (Inhalt der Klageschrift)

(1) Die Klage muß den Kläger, den Beklagten und den Gegenstand des Klagebegehrens bezeichnen. Sie soll einen bestimmten Antrag enthalten. Die zur Begründung dienenden Tatsachen und Beweismittel sollen angegeben, die angefochtene Verfügung und der

Widerspruchsbescheid sollen in Abschrift beigefügt werden.

(2) Entspricht die Klage diesen Anforderungen nicht, hat der Vorsitzende oder der nach § 21g des Gerichtsverfassungsgesetzes zuständige Berufsrichter (Berichterstatter) den Kläger zu der erforderlichen Ergänzung innerhalb einer bestimmten Frist aufzufordern. Er kann dem Kläger für die Ergänzung eine Frist mit ausschließender Wirkung setzen, wenn es an einem der in Absatz 1 Satz 1 genannten Erfordernisse fehlt. Für die Wiedereinsetzung in den vorigen Stand gilt § 60 entsprechend.

§ 83 (Verweisung)

Für die sachliche und örtliche Zuständigkeit gelten die §§ 17 bis 17b des Gerichtsverfassungsgesetzes entsprechend. Beschlüsse entsprechend § 17a Abs. 2 und 3 des Gerichtsverfassungsgesetzes sind unanfechtbar.

§ 84 (Gerichtsbescheid)

(1) Das Gericht kann ohne mündliche Verhandlung durch Gerichtsbescheid entscheiden, wenn die Sache keine besonderen Schwierigkeiten tatsächlicher oder rechtlicher Art aufweist und der Sachverhalt geklärt ist. Die Beteiligten sind vorher zu hören. Die Vorschriften über Urteile gelten entsprechend.

(2) Die Beteiligten können innerhalb eines Monats nach Zustellung des Gerichtsbescheids

1. Berufung einlegen, wenn sie zugelassen worden ist (§ 124a),
2. Zulassung der Berufung oder mündliche Verhandlung beantragen; wird von beiden Rechtsbehelfen Gebrauch gemacht, findet mündliche Verhandlung statt,
3. Revision einlegen, wenn sie zugelassen worden ist,
4. Nichtzulassungsbeschwerde einlegen oder mündliche Verhandlung beantragen, wenn die Revision nicht zugelassen worden ist; wird von beiden Rechtsbehelfen Gebrauch gemacht, findet mündliche Verhandlung statt,
5. mündliche Verhandlung beantragen, wenn ein Rechtsmittel nicht gegeben ist.

(3) Der Gerichtsbescheid wirkt als Urteil; wird rechtzeitig mündliche Verhandlung beantragt, gilt er als nicht ergangen.

(4) Wird mündliche Verhandlung beantragt, kann das Gericht in dem Urteil von einer weiteren Darstellung des Tatbestandes und der Entscheidungsgründe absehen, soweit es der Begründung des Gerichtsbescheides folgt und dies in seiner Entscheidung feststellt.

§ 85 (Zustellung der Klage)

Der Vorsitzende verfügt die Zustellung der Klage an den Beklagten. Zugleich mit der Zustellung ist der Beklagte aufzufordern, sich schriftlich zu äußern; § 81 Abs. 1 Satz 2 gilt entsprechend. Hierfür kann eine Frist gesetzt werden.

§ 86 (Erforschung des Sachverhalts)

(1) Das Gericht erforscht den Sachverhalt von Amts wegen; die Beteiligten sind dabei heranzuziehen. Es ist an das Vorbringen und an die Beweisanträge der Beteiligten nicht gebunden.

(2) Ein in der mündlichen Verhandlung gestellter Beweisantrag kann nur durch einen Gerichtsbeschluß, der zu begründen ist, abgelehnt werden.

(3) Der Vorsitzende hat darauf hinzuwirken, daß Formfehler beseitigt, unklare Anträge erläutert, sachdienliche Anträge gestellt, ungenügende tatsächliche Angaben ergänzt, ferner alle für die Feststellung und Beurteilung des Sachverhalts wesentlichen Erklärungen abgegeben werden.

(4) Die Beteiligten sollen zur Vorbereitung der mündlichen Verhandlung Schriftsätze einreichen. Hierzu kann sie der Vorsitzende unter Fristsetzung auffordern. Die Schriftsätze sind den Beteiligten von Amts wegen zu übermitteln.

(5) Den Schriftsätzen sind die Urkunden oder elektronischen Dokumente, auf die Bezug genommen wird, in Abschrift ganz oder im Auszug beizufügen. Sind die Urkunden dem Gegner bereits bekannt oder sehr umfangreich, so genügt die genaue Bezeichnung mit dem Anerbieten, Einsicht bei Gericht zu gewähren.

§ 87 (Vorbereitende richterliche Anordnungen)

(1) Der Vorsitzende oder der Berichterstatter hat schon vor der mündlichen Verhandlung alle Anordnungen zu treffen, die notwendig sind, um den Rechtsstreit möglichst in einer mündlichen Verhandlung zu erledigen. Er kann insbesondere

1. die Beteiligten zur Erörterung des Sach- und Streitstandes und zur gütlichen Beilegung des Rechtsstreits laden und einen Vergleich entgegennehmen;
2. den Beteiligten die Ergänzung oder Erläuterung ihrer vorbereitenden Schriftsätze, die Vorlegung von Urkunden, die Übermittlung von elektronischen Dokumenten und die Vorlegung von anderen zur Niederlegung bei Gericht geeigneten Gegenständen aufgeben, insbesondere eine Frist zur Erklärung über bestimmte klärungsbedürftige Punkte setzen;
3. Auskünfte einholen;
4. die Vorlage von Urkunden oder die Übermittlung von elektronischen Dokumenten anordnen;
5. das persönliche Erscheinen der Beteiligten anordnen; § 95 gilt entsprechend;
6. Zeugen und Sachverständige zur mündlichen Verhandlung laden.

(2) Die Beteiligten sind von jeder Anordnung zu benachrichtigen.

(3) Der Vorsitzende oder der Berichterstatter kann einzelne Beweise erheben. Dies darf nur insoweit geschehen, als es zur Vereinfachung der Verhandlung vor dem Gericht sachdienlich und von vornherein anzunehmen ist, daß das Gericht das Beweisergebnis auch ohne unmittelbaren Eindruck von dem Verlauf der Beweisaufnahme sachgemäß zu würdigen vermag.

§ 87a (Entscheidung des Vorsitzenden)

(1) Der Vorsitzende entscheidet, wenn die Entscheidung im vorbereitenden Verfahren ergeht,

1. über die Aussetzung und das Ruhen des Verfahrens;
2. bei Zurücknahme der Klage, Verzicht auf den geltend gemachten Anspruch oder Anerkenntnis des Anspruchs, auch über einen Antrag auf Prozesskostenhilfe;
3. bei Erledigung des Rechtsstreits in der Hauptsache, auch über einen Antrag auf Prozesskostenhilfe;
4. über den Streitwert;
5. über Kosten;
6. über die Beiladung.

(2) Im Einverständnis der Beteiligten kann der Vorsitzende auch sonst anstelle der Kammer oder des Senats entscheiden.

(3) Ist ein Berichterstatter bestellt, so entscheidet dieser anstelle des Vorsitzenden.

§ 87b (Fristsetzung)

(1) Der Vorsitzende oder der Berichterstatter kann dem Kläger eine Frist setzen zur Angabe der Tatsachen, durch deren Berücksichtigung oder Nichtberücksichtigung im Verwaltungsverfahren er sich beschwert fühlt. Die Fristsetzung nach Satz 1 kann mit der Fristsetzung nach § 82 Abs. 2 Satz 2 verbunden werden.

(2) Der Vorsitzende oder der Berichterstatter kann einem Beteiligten unter Fristsetzung aufgeben, zu bestimmten Vorgängen

1. Tatsachen anzugeben oder Beweismittel zu bezeichnen,
2. Urkunden oder andere bewegliche Sachen vorzulegen sowie elektronische Dokumente zu übermitteln, soweit der Beteiligte dazu verpflichtet ist.

(3) Das Gericht kann Erklärungen und Beweismittel, die erst nach Ablauf einer nach den Absätzen 1 und 2 gesetzten Frist vorgebracht werden, zurückweisen und ohne weitere Ermittlungen entscheiden, wenn

1. ihre Zulassung nach der freien Überzeugung des Gerichts die Erledigung des Rechtsstreits verzögern würde und
2. der Beteiligte die Verspätung nicht genügend entschuldigt und
3. der Beteiligte über die Folgen einer Fristversäumung belehrt worden ist.

Der Entschuldigungsgrund ist auf Verlangen des Gerichts glaubhaft zu machen. Satz 1 gilt nicht, wenn es mit geringem Aufwand möglich ist, den Sachverhalt auch ohne Mitwirkung des Beteiligten zu ermitteln.

(4) Abweichend von Absatz 3 hat das Gericht in Verfahren nach § 48 Absatz 1 Satz 1 Nummer 3 bis 15 und § 50 Absatz 1 Nummer 6 Erklärungen und Beweismittel, die erst nach Ablauf einer nach den Absätzen 1 und 2 gesetzten Frist vorgebracht werden, zurückzuweisen und ohne weitere Ermittlungen zu entscheiden, wenn der Beteiligte

1. die Verspätung nicht genügend entschuldigt und
2. über die Folgen einer Fristversäumung belehrt worden ist.

Absatz 3 Satz 2 und 3 gilt entsprechend.

§ 87c (Vorrang und Beschleunigung)

(1) Verfahren nach § 48 Absatz 1 Satz 1 Nummer 3 bis 15 und § 50 Absatz 1 Nummer 6 sollen vorrangig und beschleunigt durchgeführt werden. Dies gilt auch

1. für Verfahren nach § 47 Absatz 1 Nummer 1, wenn sie Bauleitpläne mit Darstellungen oder Festsetzungen von Flächen für die in § 48 Absatz 1 Satz 1 Nummer 3, 3a, 3b oder 5 genannten Vorhaben zum Gegenstand haben und
2. für Verfahren nach § 47 Absatz 1 Nummer 2, wenn sie Raumordnungspläne mit Festlegungen von Gebieten zur Nutzung von Windenergie zum Gegenstand haben.

Besonders zu priorisieren sind Verfahren über Vorhaben, wenn ein Bundesgesetz feststellt, dass diese im überragenden öffentlichen Interesse liegen. Von Satz 1 ausgenommen sind in § 48 Absatz 1 Satz 1 Nummer 6 das Anlegen von Verkehrsflughäfen und von Verkehrslandeplätzen mit beschränktem Bauschutzbereich sowie in § 48 Absatz 1 Satz 1 Nummer 13 Planfeststellungsverfahren für Braunkohletagebaue.

(2) In den in Absatz 1 genannten Verfahren soll der Vorsitzende oder der Berichterstatter in geeigneten Fällen die Beteiligten zu einem frühen ersten Termin zur Erörterung des Sach- und Streitstandes und zur gütlichen Beilegung des Rechtsstreits laden. Kommt es in diesem Termin nicht zu einer gütlichen Beilegung des Rechtsstreits, erörtert der Vorsitzende oder der Berichterstatter mit den Beteiligten den weiteren Ablauf des Verfahrens und die mögliche Terminierung der mündlichen Verhandlung.

§ 88 (Bindung an das Klagebegehren)

Das Gericht darf über das Klagebegehren nicht hinausgehen, ist aber an die Fassung der Anträge nicht gebunden.

§ 89 (Widerklage)

(1) Bei dem Gericht der Klage kann eine Widerklage erhoben werden, wenn der Gegenanspruch mit dem in der Klage geltend gemachten Anspruch oder mit den gegen ihn vorgebrachten Verteidigungsmitteln zusammenhängt. Dies gilt nicht, wenn in den Fällen des § 52 Nr. 1 für die Klage wegen des Gegenanspruchs ein anderes Gericht zuständig ist.

(2) Bei Anfechtungs- und Verpflichtungsklagen ist die Widerklage ausgeschlossen.

§ 90 (Rechtshängigkeit)

Durch Erhebung der Klage wird die Streitsache rechtshängig. In Verfahren nach dem Siebzehnten Titel des Gerichtsverfassungsgesetzes wegen eines überlangen Gerichtsverfahrens wird die Streitsache erst mit Zustellung der Klage rechtshängig.

§ 91 (Änderung der Klage)

(1) Eine Änderung der Klage ist zulässig, wenn die übrigen Beteiligten einwilligen oder das Gericht die Änderung für sachdienlich hält.

(2) Die Einwilligung des Beklagten in die Änderung der Klage ist anzunehmen, wenn er sich, ohne ihr zu widersprechen, in einem Schriftsatz oder in einer mündlichen Verhandlung auf die geänderte Klage eingelassen hat.

(3) Die Entscheidung, daß eine Änderung der Klage nicht vorliegt oder zuzulassen sei, ist nicht selbständig anfechtbar.

§ 92 (Zurücknahme der Klage)

(1) Der Kläger kann bis zur Rechtskraft des Urteils seine Klage zurücknehmen. Die Zu-

rücknahme nach Stellung der Anträge in der mündlichen Verhandlung setzt die Einwilligung des Beklagten und, wenn ein Vertreter des öffentlichen Interesses an der mündlichen Verhandlung teilgenommen hat, auch seine Einwilligung voraus. Die Einwilligung gilt als erteilt, wenn der Klagerücknahme nicht innerhalb von zwei Wochen seit Zustellung des die Rücknahme enthaltenden Schriftsatzes widersprochen wird; das Gericht hat auf diese Folge hinzuweisen.

(2) Die Klage gilt als zurückgenommen, wenn der Kläger das Verfahren trotz Aufforderung des Gerichts länger als zwei Monate nicht betreibt. Absatz 1 Satz 2 und 3 gilt entsprechend. Der Kläger ist in der Aufforderung auf die sich aus Satz 1 und § 155 Abs. 2 ergebenden Rechtsfolgen hinzuweisen. Das Gericht stellt durch Beschluß fest, daß die Klage als zurückgenommen gilt.

(3) Ist die Klage zurückgenommen oder gilt sie als zurückgenommen, so stellt das Gericht das Verfahren durch Beschluß ein und spricht die sich nach diesem Gesetz ergebenden Rechtsfolgen der Zurücknahme aus. Der Beschluß ist unanfechtbar.

§ 93 (Gemeinsame Verhandlung; Trennung)

Das Gericht kann durch Beschluß mehrere bei ihm anhängige Verfahren über den gleichen Gegenstand zu gemeinsamer Verhandlung und Entscheidung verbinden und wieder trennen. Es kann anordnen, daß mehrere in einem Verfahren erhobene Ansprüche in getrennten Verfahren verhandelt und entschieden werden.

§ 93a (Musterverfahren)

(1) Ist die Rechtmäßigkeit einer behördlichen Maßnahme Gegenstand von mehr als zwanzig Verfahren, kann das Gericht eines oder mehrere geeignete Verfahren vorab durchführen (Musterverfahren) und die übrigen Verfahren aussetzen. Die Beteiligten sind vorher zu hören. Der Beschluß ist unanfechtbar.

(2) Ist über die durchgeführten Verfahren rechtskräftig entschieden worden, kann das Gericht nach Anhörung der Beteiligten über die ausgesetzten Verfahren durch Beschluß entscheiden, wenn es einstimmig der Auffassung ist, daß die Sachen gegenüber rechtskräftig entschiedenen Musterverfahren keine wesentlichen Besonderheiten tatsächlicher oder rechtlicher Art aufweisen und der Sachverhalt geklärt ist. Das Gericht kann in einem Musterverfahren erhobene Beweise einführen; es kann nach seinem Ermessen die wiederholte Vernehmung eines Zeugen oder eine neue Begutachtung durch denselben oder andere Sachverständige anordnen. Beweisanträge zu Tatsachen, über die bereits im Musterverfahren Beweis erhoben wurde, kann das Gericht ablehnen, wenn ihre Zulassung nach seiner freien Überzeugung nicht zum Nachweis neuer entscheidungserheblicher Tatsachen beitragen und die Erledigung des Rechtsstreits verzögern würde. Die Ablehnung kann in der Entscheidung nach Satz 1 erfolgen. Den Beteiligten steht gegen den Beschluß nach Satz 1 das Rechtsmittel zu, das zulässig wäre, wenn das Gericht durch Urteil entschieden hätte. Die Beteiligten sind über dieses Rechtsmittel zu belehren.

§ 94 (Aussetzung der Verhandlung)

Das Gericht kann, wenn die Entscheidung des Rechtsstreits ganz oder zum Teil von dem Bestehen oder Nichtbestehen eines Rechtsverhältnisses abhängt, das den Gegenstand eines anderen anhängigen Rechtsstreits bildet oder von einer Verwaltungsbehörde festzustellen ist, anordnen, daß die Verhandlung bis zur Erledigung des anderen Rechtsstreits oder bis zur Entscheidung der Verwaltungsbehörde auszusetzen sei.

§ 95 (Persönliches Erscheinen)

(1) Das Gericht kann das persönliche Erscheinen eines Beteiligten anordnen. Als persönliches Erscheinen gilt auch die nach § 102a Absatz 2 Satz 1 gestattete Teilnahme per Bild- und Tonübertragung. Für den Fall des Ausbleibens kann es Ordnungsgeld wie gegen einen im Vernehmungstermin nicht erschienenen Zeugen androhen. Bei schuldhaftem Ausbleiben setzt das Gericht durch Beschluß das angedrohte Ordnungsgeld fest. Androhung und Festsetzung des Ordnungsgeldes können wiederholt werden.

(2) Ist Beteiligter eine juristische Person oder eine Vereinigung, so ist das Ordnungsgeld dem nach Gesetz oder Satzung Vertretungsberechtigten anzudrohen und gegen ihn festzusetzen.

(3) Das Gericht kann einer beteiligten öffentlich-rechtlichen Körperschaft oder Behörde aufgeben, zur mündlichen Verhandlung einen Beamten oder Angestellten zu entsenden, der mit einem schriftlichen Nachweis über die Vertretungsbefugnis versehen und über die Sach- und Rechtslage ausreichend unterrichtet ist.

§ 96 (Beweiserhebung)

(1) Das Gericht erhebt Beweis in der mündlichen Verhandlung. Es kann insbesondere Augenschein einnehmen, Zeugen, Sachverständige und Beteiligte vernehmen und Urkunden heranziehen.

(2) Das Gericht kann in geeigneten Fällen schon vor der mündlichen Verhandlung durch eines seiner Mitglieder als beauftragten Richter Beweis erheben lassen oder durch Bezeichnung der einzelnen Beweisfragen ein anderes Gericht um die Beweisaufnahme ersuchen.

§ 97 (Beweistermin)

Die Beteiligten werden von allen Beweisterminen benachrichtigt und können der Beweisaufnahme beiwohnen. Sie können an Zeugen und Sachverständige sachdienliche Fragen richten. Wird eine Frage beanstandet, so entscheidet das Gericht.

§ 98 (Anwendbare Vorschriften)

Soweit dieses Gesetz nicht abweichende Vorschriften enthält, sind auf die Beweisaufnahme §§ 358 bis 444 und 450 bis 494 der Zivilprozeßordnung entsprechend anzuwenden.

§ 99 (Urkunden-, Aktenvorlage; Auskunftspflicht)

(1) Behörden sind zur Vorlage von Urkunden oder Akten, zur Übermittlung elektronischer Dokumente und zu Auskünften verpflichtet. Führen Behörden die Akten elektronisch, sind diese als digital durchsuchbare Dokumente vorzulegen, soweit dies technisch möglich ist. Wenn das Bekanntwerden des Inhalts dieser Urkunden, Akten, elektronischen Dokumente oder dieser Auskünfte dem Wohl des Bundes oder eines Landes Nachteile bereiten würde oder wenn die Vorgänge nach einem Gesetz oder ihrem Wesen nach geheim gehalten werden müssen, kann die zuständige oberste Aufsichtsbehörde die Vorlage von Urkunden oder Akten, die Übermittlung der elektronischen Dokumente und die Erteilung der Auskünfte verweigern.

(2) Auf Antrag eines Beteiligten stellt das Oberverwaltungsgericht ohne mündliche Verhandlung durch Beschluss fest, ob die Verweigerung der Vorlage der Urkunden oder Akten, der Übermittlung der elektronischen Dokumente oder der Erteilung von Auskünften rechtmäßig ist. Verweigert eine oberste Bundesbehörde die Vorlage, Übermittlung oder Auskunft mit der Begründung, das Bekanntwerden des Inhalts der Urkunden, der Akten, der elektronischen Dokumente oder der Auskünfte würde dem Wohl des Bundes Nachteile bereiten, entscheidet das Bundesverwaltungsgericht; Gleiches gilt, wenn das Bundesverwaltungsgericht nach § 50 für die Hauptsache zuständig ist. Der Antrag ist bei dem für die Hauptsache zuständigen Gericht zu stellen. Dieses gibt den Antrag und die Hauptsacheakten an den nach § 189 zuständigen Spruchkörper ab. Die oberste Aufsichtsbehörde hat die nach Absatz 1 Satz 2 verweigerten Urkunden oder Akten auf Aufforderung dieses Spruchkörpers vorzulegen, die elektronischen Dokumente zu übermitteln oder die verweigerten Auskünfte zu erteilen. Sie ist zu diesem Verfahren beizuladen. Das Verfahren unterliegt den Vorschriften des materiellen Geheimschutzes. Können diese nicht eingehalten werden oder macht die zuständige Aufsichtsbehörde geltend, dass besondere Gründe der Geheimhaltung oder des Geheimschutzes der Übergabe der Urkunden oder Akten oder der Übermittlung der elektronischen Dokumente an das Gericht entgegenstehen, wird die Vorlage oder Übermittlung nach Satz 5 dadurch bewirkt, dass die Urkunden, Akten oder elektronischen Do-

kumente dem Gericht in von der obersten Aufsichtsbehörde bestimmten Räumlichkeiten zur Verfügung gestellt werden. Für die nach Satz 5 vorgelegten Akten, elektronischen Dokumente und für die gemäß Satz 8 geltend gemachten besonderen Gründe gilt § 100 nicht. Die Mitglieder des Gerichts sind zur Geheimhaltung verpflichtet; die Entscheidungsgründe dürfen Art und Inhalt der geheim gehaltenen Urkunden, Akten, elektronischen Dokumente und Auskünfte nicht erkennen lassen. Für das nichtrichterliche Personal gelten die Regelungen des personellen Geheimschutzes. Soweit nicht das Bundesverwaltungsgericht entschieden hat, kann der Beschluss selbständig mit der Beschwerde angefochten werden. Über die Beschwerde gegen den Beschluss eines Oberverwaltungsgerichts entscheidet das Bundesverwaltungsgericht. Für das Beschwerdeverfahren gelten die Sätze 4 bis 11 sinngemäß.

§ 100 (Akteneinsicht)

(1) Die Beteiligten können die Gerichtsakten und die dem Gericht vorgelegten Akten einsehen. Beteiligte können sich auf ihre Kosten durch die Geschäftsstelle Ausfertigungen, Auszüge, Ausdrucke und Abschriften erteilen lassen.

(2) Werden die Prozessakten elektronisch geführt, wird Akteneinsicht durch Bereitstellung des Inhalts der Akten zum Abruf oder durch Übermittlung des Inhalts der Akten auf einem sicheren Übermittlungsweg gewährt. Auf besonderen Antrag wird Akteneinsicht durch Einsichtnahme in die Akten in Diensträumen gewährt. Ein Aktenausdruck oder ein Datenträger mit dem Inhalt der Akten wird auf besonders zu begründenden Antrag nur übermittelt, wenn der Antragsteller hieran ein berechtigtes Interesse darlegt. Stehen der Akteneinsicht in der nach Satz 1 vorgesehenen Form wichtige Gründe entgegen, kann die Akteneinsicht in der nach den Sätzen 2 und 3 vorgesehenen Form auch ohne Antrag gewährt werden. Über einen Antrag nach Satz 3 entscheidet der Vorsitzende; die Entscheidung ist unanfechtbar. § 87a Absatz 3 gilt entsprechend.

(3) Werden die Prozessakten in Papierform geführt, wird Akteneinsicht durch Einsichtnahme in die Akten in Diensträumen gewährt. Die Akteneinsicht kann, soweit nicht wichtige Gründe entgegenstehen, auch durch Bereitstellung des Inhalts der Akten zum Abruf oder durch Übermittlung des Inhalts der Akten auf einem sicheren Übermittlungsweg gewährt werden. Nach dem Ermessen des Vorsitzenden kann der nach § 67 Absatz 2 Satz 1 und 2 Nummer 3 bis 6 bevollmächtigten Person die Mitnahme der Akten in die Wohnung oder Geschäftsräume gestattet werden. § 87a Absatz 3 gilt entsprechend.

(4) In die Entwürfe zu Urteilen, Beschlüssen und Verfügungen, die Arbeiten zu ihrer Vorbereitung und die Dokumente, die Abstimmungen betreffen, wird Akteneinsicht nach den Absätzen 1 bis 3 nicht gewährt.

§ 101 (Mündliche Verhandlung)

(1) Das Gericht entscheidet, soweit nichts anderes bestimmt ist, auf Grund mündlicher Verhandlung. Die mündliche Verhandlung soll so früh wie möglich stattfinden.

(2) Mit Einverständnis der Beteiligten kann das Gericht ohne mündliche Verhandlung entscheiden.

(3) Entscheidungen des Gerichts, die nicht Urteile sind, können ohne mündliche Verhandlung ergehen, soweit nichts anderes bestimmt ist.

§ 102 (Ladung der Beteiligten)

(1) Sobald der Termin zur mündlichen Verhandlung bestimmt ist, sind die Beteiligten mit einer Ladungsfrist von mindestens zwei Wochen, bei dem Bundesverwaltungsgericht von mindestens vier Wochen, zu laden. In dringenden Fällen kann der Vorsitzende die Frist abkürzen.

(2) Bei der Ladung ist darauf hinzuweisen, daß beim Ausbleiben eines Beteiligten auch ohne ihn verhandelt und entschieden werden kann.

(3) Die Gerichte der Verwaltungsgerichtsbarkeit können Sitzungen auch außerhalb des Gerichtssitzes abhalten, wenn dies zur sachdienlichen Erledigung notwendig ist.

(4) § 227 Abs. 3 Satz 1 der Zivilprozeßordnung ist nicht anzuwenden.

§ 102a (Videoübertragung)

(1) Die mündliche Verhandlung kann in geeigneten Fällen und soweit ausreichende Kapazitäten zur Verfügung stehen als Videoverhandlung stattfinden. Eine mündliche Verhandlung findet als Videoverhandlung statt, wenn an ihr mindestens ein Verfahrensbeteiligter per Bild- und Tonübertragung teilnimmt. Verfahrensbeteiligte nach dieser Vorschrift sind die Beteiligten, ihre Bevollmächtigten und Beistände.

(2) Das Gericht kann unter den Voraussetzungen des Absatzes 1 Satz 1 auf Antrag eines Verfahrensbeteiligten oder von Amts wegen die Teilnahme per Bild- und Tonübertragung für einen Verfahrensbeteiligten, mehrere oder alle Verfahrensbeteiligte gestatten. Die Ablehnung eines Antrags auf Teilnahme per Bild- und Tonübertragung ist kurz zu begründen.

(3) Das Gericht kann auf Antrag oder von Amts wegen die Vernehmung eines Zeugen, Sachverständigen oder Beteiligten per Bild- und Tonübertragung gestatten. Das Antragsrecht steht den Verfahrensbeteiligten, Zeugen und Sachverständigen zu. Absatz 1 gilt entsprechend.

(4) Den Verfahrensbeteiligten und Dritten ist es untersagt, die Übertragung aufzuzeichnen. Hierauf sind sie zu Beginn der Verhandlung hinzuweisen. Das Gericht kann die Videoverhandlung oder die Bild- und Tonübertragung nach Absatz 3 für die Zwecke des § 160a der Zivilprozessordnung ganz oder teilweise aufzeichnen. Über Beginn und Ende der Aufzeichnung hat das Gericht die Verfahrensbeteiligten und im Falle von Absatz 3 auch die Zeugen und Sachverständigen zu informieren.

(5) Entscheidungen nach dieser Vorschrift sind unanfechtbar.

(6) Die Absätze 1 bis 5 gelten entsprechend für Erörterungstermine (§ 87 Absatz 1 Satz 2 Nummer 1 und § 87c Absatz 2 Satz 1).

§ 103 (Ablauf der Verhandlung)

(1) Der Vorsitzende eröffnet und leitet die mündliche Verhandlung.

(2) Nach Aufruf der Sache trägt der Vorsitzende oder der Berichterstatter den wesentlichen Inhalt der Akten vor.

(3) Hierauf erhalten die Beteiligten das Wort, um ihre Anträge zu stellen und zu begründen.

§ 104 (Erörterung der Streitsache)

(1) Der Vorsitzende hat die Streitsache mit den Beteiligten tatsächlich und rechtlich zu erörtern.

(2) Der Vorsitzende hat jedem Mitglied des Gerichts auf Verlangen zu gestatten, Fragen zu stellen. Wird eine Frage beanstandet, so entscheidet das Gericht.

(3) Nach Erörterung der Streitsache erklärt der Vorsitzende die mündliche Verhandlung für geschlossen. Das Gericht kann die Wiedereröffnung beschließen.

§ 105 (Niederschrift)

Für das Protokoll gelten die §§ 159 bis 165 der Zivilprozeßordnung entsprechend.

§ 106 (Vergleich)

Um den Rechtsstreit vollständig oder zum Teil zu erledigen, können die Beteiligten zu Protokoll des Gerichts oder des beauftragten oder ersuchten Richters einen Vergleich schließen, soweit sie über den Gegenstand des Vergleichs verfügen können. Ein gerichtlicher Vergleich kann auch dadurch geschlossen werden, daß die Beteiligten einen in der Form eines Beschlusses ergangenen Vorschlag des Gerichts, des Vorsitzenden oder des Berichterstatters schriftlich oder durch Erklärung zu Protokoll in der mündlichen Verhandlung gegenüber dem Gericht annehmen.

10. Abschnitt
Urteile und andere Entscheidungen

§ 107 (Entscheidung durch Urteil)

Über die Klage wird, soweit nichts anderes bestimmt ist, durch Urteil entschieden.

§ 108 (Richterliche Überzeugung)

(1) Das Gericht entscheidet nach seiner freien, aus dem Gesamtergebnis des Verfahrens gewonnenen Überzeugung. In dem Urteil sind die Gründe anzugeben, die für die richterliche Überzeugung leitend gewesen sind.

(2) Das Urteil darf nur auf Tatsachen und Beweisergebnisse gestützt werden, zu denen die Beteiligten sich äußern konnten.

§ 109 (Zwischenurteil)

Über die Zulässigkeit der Klage kann durch Zwischenurteil vorab entschieden werden.

§ 110 (Teilurteil)

Ist nur ein Teil des Streitgegenstands zur Entscheidung reif, so kann das Gericht ein Teilurteil erlassen.

§ 111 (Zwischenurteil über den Grund)

Ist bei einer Leistungsklage ein Anspruch nach Grund und Betrag streitig, so kann das Gericht durch Zwischenurteil über den Grund vorab entscheiden. Das Gericht kann, wenn der Anspruch für begründet erklärt ist, anordnen, daß über den Betrag zu verhandeln ist.

§ 112 (Mitwirkende Richter)

Das Urteil kann nur von den Richtern und ehrenamtlichen Richtern gefällt werden, die an der dem Urteil zugrunde liegenden Verhandlung teilgenommen haben.

§ 113 (Ausspruch)

(1) Soweit der Verwaltungsakt rechtswidrig und der Kläger dadurch in seinen Rechten verletzt ist, hebt das Gericht den Verwaltungsakt und den etwaigen Widerspruchsbescheid auf. Ist der Verwaltungsakt schon vollzogen, so kann das Gericht auf Antrag auch aussprechen, daß und wie die Verwaltungsbehörde die Vollziehung rückgängig zu machen hat. Dieser Ausspruch ist nur zulässig, wenn die Behörde dazu in der Lage und diese Frage spruchreif ist. Hat sich der Verwaltungsakt vorher durch Zurücknahme oder anders erledigt, so spricht das Gericht auf Antrag durch Urteil aus, daß der Verwaltungsakt rechtswidrig gewesen ist, wenn der Kläger ein berechtigtes Interesse an dieser Feststellung hat.

(2) Begehrt der Kläger die Änderung eines Verwaltungsaktes, der einen Geldbetrag festsetzt oder eine darauf bezogene Feststellung trifft, kann das Gericht den Betrag in anderer Höhe festsetzen oder die Feststellung durch eine andere ersetzen. Erfordert die Ermittlung des festzusetzenden oder festzustellenden Betrags einen nicht unerheblichen Aufwand, kann das Gericht die Änderung des Verwaltungsaktes durch Angabe der zu Unrecht berücksichtigten oder nicht berücksichtigten tatsächlichen oder rechtlichen Verhältnisse so bestimmen, daß die Behörde den Betrag auf Grund der Entscheidung errechnen kann. Die Behörde teilt den Beteiligten das Ergebnis der Neuberechnung unverzüglich formlos mit; nach Rechtskraft der Entscheidung ist der Verwaltungsakt mit dem geänderten Inhalt neu bekanntzugeben.

(3) Hält das Gericht eine weitere Sachaufklärung für erforderlich, kann es, ohne in der Sache selbst zu entscheiden, den Verwaltungsakt und den Widerspruchsbescheid aufheben, soweit nach Art oder Umfang die noch erforderlichen Ermittlungen erheblich sind und die Aufhebung auch unter Berücksichtigung der Belange der Beteiligten sachdienlich ist. Auf Antrag kann das Gericht bis zum Erlaß des neuen Verwaltungsakts eine einstweilige Regelung treffen, insbesondere bestimmen, daß Sicherheiten geleistet werden oder ganz oder zum Teil bestehen bleiben und Leistungen zunächst nicht zurückgewährt werden müssen. Der Beschluß kann jederzeit geändert oder aufgehoben werden. Eine Entscheidung nach Satz 1 kann nur binnen sechs Monaten seit Eingang der Akten der Behörde bei Gericht ergehen.

(4) Kann neben der Aufhebung eines Verwaltungsaktes eine Leistung verlangt werden, so ist im gleichen Verfahren auch die Verurteilung zur Leistung zulässig.

(5) Soweit die Ablehnung oder Unterlassung des Verwaltungsaktes rechtswidrig und der Kläger dadurch in seinen Rechten verletzt ist, spricht das Gericht die Verpflichtung der Verwaltungsbehörde aus, die beantragte Amtshandlung vorzunehmen, wenn die Sache spruchreif ist. Andernfalls spricht es die Verpflichtung aus, den Kläger unter Beachtung der Rechtsauffassung des Gerichts zu bescheiden.

§ 114 (Ermessensentscheidungen)

Soweit die Verwaltungsbehörde ermächtigt ist, nach ihrem Ermessen zu handeln, prüft das Gericht auch, ob der Verwaltungsakt oder die Ablehnung oder Unterlassung des Verwaltungsakts rechtswidrig ist, weil die gesetzlichen Grenzen des Ermessens überschritten sind oder von dem Ermessen in einer dem Zweck der Ermächtigung nicht entsprechenden Weise Gebrauch gemacht ist. Die Verwaltungsbehörde kann ihre Ermessenserwägungen hinsichtlich des Verwaltungsaktes auch noch im verwaltungsgerichtlichen Verfahren ergänzen.

§ 115 (Anfechtungsklage)

§§ 113 und 114 gelten entsprechend, wenn nach § 79 Abs. 1 Nr. 2 und Abs. 2 der Widerspruchsbescheid Gegenstand der Anfechtungsklage ist.

§ 116 (Verkündung, Zustellung)

(1) Das Urteil wird, wenn eine mündliche Verhandlung stattgefunden hat, in der Regel in dem Termin, in dem die mündliche Verhandlung geschlossen wird, verkündet, in besonderen Fällen in einem sofort anzuberaumenden Termin, der nicht über zwei Wochen hinaus angesetzt werden soll. Das Urteil ist den Beteiligten zuzustellen. Der Vorsitzende kann den Beteiligten, ihren Bevollmächtigten und Beiständen gestatten, an der Urteilsverkündung per Bild- und Tonübertragung teilzunehmen.

(2) Statt der Verkündung ist die Zustellung des Urteils zulässig; dann ist das Urteil binnen zwei Wochen nach der mündlichen Verhandlung der Geschäftsstelle zu übermitteln.

(3) Entscheidet das Gericht ohne mündliche Verhandlung, so wird die Verkündung durch Zustellung an die Beteiligten ersetzt.

§ 117 (Inhalt des Urteils)

(1) Das Urteil ergeht „Im Namen des Volkes". Es ist schriftlich abzufassen und von den Richtern, die bei der Entscheidung mitgewirkt haben, zu unterzeichnen. Ist ein Richter verhindert, seine Unterschrift beizufügen, so wird dies mit dem Hinderungsgrund vom Vorsitzenden oder, wenn er verhindert ist, vom dienstältesten beisitzenden Richter unter dem Urteil vermerkt. Der Unterschrift der ehrenamtlichen Richter bedarf es nicht.

(2) Das Urteil enthält

1. die Bezeichnung der Beteiligten, ihrer gesetzlichen Vertreter und der Bevollmächtigten nach Namen, Beruf, Wohnort und ihrer Stellung im Verfahren,
2. die Bezeichnung des Gerichts und die Namen der Mitglieder, die bei der Entscheidung mitgewirkt haben,
3. die Urteilsformel,
4. den Tatbestand,
5. die Entscheidungsgründe,
6. die Rechtsmittelbelehrung.

(3) Im Tatbestand ist der Sach- und Streitstand unter Hervorhebung der gestellten Anträge seinem wesentlichen Inhalt nach gedrängt darzustellen. Wegen der Einzelheiten soll auf Schriftsätze, Protokolle und andere Unterlagen verwiesen werden, soweit sich aus ihnen der Sach- und Streitstand ausreichend ergibt.

(4) Ein Urteil, das bei der Verkündung noch nicht vollständig abgefaßt war, ist vor Ablauf von zwei Wochen, vom Tage der Verkündung an gerechnet, vollständig abgefaßt der Geschäftsstelle zu übermitteln. Kann dies ausnahmsweise nicht geschehen, so ist innerhalb dieser zwei Wochen das von den Richtern unterschriebene Urteil ohne Tatbestand, Entscheidungsgründe und Rechtsmittelbelehrung der Geschäftsstelle zu übermitteln; Tatbestand, Entscheidungsgründe und Rechtsmittelbelehrung sind alsbald nachträglich niederzulegen, von den Richtern besonders zu unterschreiben und der Geschäftsstelle zu übermitteln.

(5) Das Gericht kann von einer weiteren Darstellung der Entscheidungsgründe absehen, soweit es der Begründung des Verwaltungsakts oder des Widerspruchsbescheids folgt und dies in seiner Entscheidung feststellt.

(6) Der Urkundsbeamte der Geschäftsstelle hat auf dem Urteil den Tag der Zustellung und im Falle des § 116 Abs. 1 Satz 1 den Tag der Verkündung zu vermerken und diesen Ver-

merk zu unterschreiben. Werden die Akten elektronisch geführt, hat der Urkundsbeamte der Geschäftsstelle den Vermerk in einem gesonderten Dokument festzuhalten. Das Dokument ist mit dem Urteil untrennbar zu verbinden.

§ 118 (Berichtigung)

(1) Schreibfehler, Rechenfehler und ähnliche offenbare Unrichtigkeiten im Urteil sind jederzeit vom Gericht zu berichtigen.

(2) Über die Berichtigung kann ohne vorgängige mündliche Verhandlung entschieden werden. Der Berichtigungsbeschluß wird auf dem Urteil und den Ausfertigungen vermerkt. Ist das Urteil elektronisch abgefasst, ist auch der Beschluss elektronisch abzufassen und mit dem Urteil untrennbar zu verbinden.

§ 119 (Antrag auf Berichtigung)

(1) Enthält der Tatbestand des Urteils andere Unrichtigkeiten oder Unklarheiten, so kann die Berichtigung binnen zwei Wochen nach Zustellung des Urteils beantragt werden.

(2) Das Gericht entscheidet ohne Beweisaufnahme durch Beschluß. Der Beschluß ist unanfechtbar. Bei der Entscheidung wirken nur die Richter mit, die beim Urteil mitgewirkt haben. Ist ein Richter verhindert, so entscheidet bei Stimmengleichheit die Stimme des Vorsitzenden. Der Berichtigungsbeschluß wird auf dem Urteil und den Ausfertigungen vermerkt. Ist das Urteil elektronisch abgefasst, ist auch der Beschluss elektronisch abzufassen und mit dem Urteil untrennbar zu verbinden.

§ 120 (Urteilsergänzung)

(1) Wenn ein nach dem Tatbestand von einem Beteiligten gestellter Antrag oder die Kostenfolge bei der Entscheidung ganz oder zum Teil übergangen ist, so ist auf Antrag das Urteil durch nachträgliche Entscheidung zu ergänzen.

(2) Die Entscheidung muß binnen zwei Wochen nach Zustellung des Urteils beantragt werden.

(3) Die mündliche Verhandlung hat nur den nicht erledigten Teil des Rechtsstreits zum Gegenstand. Von der Durchführung einer mündlichen Verhandlung kann abgesehen werden, wenn mit der Ergänzung des Urteils nur über einen Nebenanspruch oder über die Kosten entschieden werden soll und wenn die Bedeutung der Sache keine mündliche Verhandlung erfordert.

§ 121 (Wirkung rechtskräftiger Urteile)

Rechtskräftige Urteile binden, soweit über den Streitgegenstand entschieden worden ist,

1. die Beteiligten und ihre Rechtsnachfolger und
2. im Falle des § 65 Abs. 3 die Personen, die einen Antrag auf Beiladung nicht oder nicht fristgemäß gestellt haben.

§ 122 (Beschlüsse, Begründung)

(1) §§ 88, 108 Abs. 1 Satz 1, §§ 118, 119 und 120 gelten entsprechend für Beschlüsse.

(2) Beschlüsse sind zu begründen, wenn sie durch Rechtsmittel angefochten werden können oder über einen Rechtsbehelf entscheiden. Beschlüsse über die Aussetzung der Vollziehung (§§ 80, 80a) und über einstweilige Anordnungen (§ 123) sowie Beschlüsse nach Erledigung des Rechtsstreits in der Hauptsache (§ 161 Abs. 2) sind stets zu begründen. Beschlüsse, die über ein Rechtsmittel entscheiden, bedürfen keiner weiteren Begründung, soweit das Gericht das Rechtsmittel aus den Gründen der angefochtenen Entscheidung als unbegründet zurückweist.

11. Abschnitt
Einstweilige Anordnung

§ 123 (Einstweilige Anordnung bezüglich Streitgegenstand)

(1) Auf Antrag kann das Gericht, auch schon vor Klageerhebung, eine einstweilige Anordnung in bezug auf den Streitgegenstand treffen, wenn die Gefahr besteht, daß durch eine Veränderung des bestehenden Zustandes die Verwirklichung eines Rechts des Antragstellers vereitelt oder wesentlich erschwert werden könnte. Einstweilige Anordnungen sind auch zur Regelung eines vorläufigen Zustands in bezug auf ein streitiges Rechtsverhältnis zulässig, wenn diese Regelung, vor

allem bei dauernden Rechtsverhältnissen, um wesentliche Nachteile abzuwenden oder drohende Gewalt zu verhindern oder aus anderen Gründen nötig erscheint.

(2) Für den Erlaß einstweiliger Anordnungen ist das Gericht der Hauptsache zuständig. Dies ist das Gericht des ersten Rechtszugs und, wenn die Hauptsache im Berufungsverfahren anhängig ist, das Berufungsgericht. § 80 Abs. 8 ist entsprechend anzuwenden.

(3) Für den Erlaß einstweiliger Anordnungen gelten §§ 920, 921, 923, 926, 928 bis 932, 938, 939, 941 und 945 der Zivilprozeßordnung entsprechend.

(4) Das Gericht entscheidet durch Beschluß.

(5) Die Vorschriften der Absätze 1 bis 3 gelten nicht für die Fälle der §§ 80 und 80a.

Teil III
Rechtsmittel und Wiederaufnahme des Verfahrens

12. Abschnitt
Berufung

§ 124 (Berufung gegen Endurteile)

(1) Gegen Endurteile einschließlich der Teilurteile nach § 110 und gegen Zwischenurteile nach den §§ 109 und 111 steht den Beteiligten die Berufung zu, wenn sie von dem Verwaltungsgericht oder dem Oberverwaltungsgericht zugelassen wird.

(2) Die Berufung ist nur zuzulassen,

1. wenn ernstliche Zweifel an der Richtigkeit des Urteils bestehen,
2. wenn die Rechtssache besondere tatsächliche oder rechtliche Schwierigkeiten aufweist,
3. wenn die Rechtssache grundsätzliche Bedeutung hat,
4. wenn das Urteil von einer Entscheidung des Oberverwaltungsgerichts, des Bundesverwaltungsgerichts, des Gemeinsamen Senats der obersten Gerichtshöfe des Bundes oder des Bundesverfassungsgerichts abweicht und auf dieser Abweichung beruht oder
5. wenn ein der Beurteilung des Berufungsgerichts unterliegender Verfahrensmangel geltend gemacht wird und vorliegt, auf dem die Entscheidung beruhen kann.

§ 124a (Zulassung der Berufung)

(1) Das Verwaltungsgericht lässt die Berufung in dem Urteil zu, wenn die Gründe des § 124 Abs. 2 Nr. 3 oder Nr. 4 vorliegen. Das Oberverwaltungsgericht ist an die Zulassung gebunden. Zu einer Nichtzulassung der Berufung ist das Verwaltungsgericht nicht befugt.

(2) Die Berufung ist, wenn sie von dem Verwaltungsgericht zugelassen worden ist, innerhalb eines Monats nach Zustellung des vollständigen Urteils bei dem Verwaltungsgericht einzulegen. Die Berufung muss das angefochtene Urteil bezeichnen.

(3) Die Berufung ist in den Fällen des Absatzes 2 innerhalb von zwei Monaten nach Zustellung des vollständigen Urteils zu begründen. Die Begründung ist, sofern sie nicht zugleich mit der Einlegung der Berufung erfolgt, bei dem Oberverwaltungsgericht einzureichen. Die Begründungsfrist kann auf einen vor ihrem Ablauf gestellten Antrag von dem Vorsitzenden des Senats verlängert werden. Die Begründung muss einen bestimmten Antrag enthalten sowie die im Einzelnen anzuführenden Gründe der Anfechtung (Berufungsgründe). Mangelt es an einem dieser Erfordernisse, so ist die Berufung unzulässig.

(4) Wird die Berufung nicht in dem Urteil des Verwaltungsgerichts zugelassen, so ist die Zulassung innerhalb eines Monats nach Zustellung des vollständigen Urteils zu beantragen. Der Antrag ist bei dem Verwaltungsgericht zu stellen. Er muss das angefochtene Urteil bezeichnen. Innerhalb von zwei Monaten nach Zustellung des vollständigen Urteils sind die Gründe darzulegen, aus denen die Berufung zuzulassen ist. Die Begründung ist, soweit sie nicht bereits mit dem Antrag vorgelegt worden ist, bei dem Oberverwaltungsgericht einzureichen. Die Stellung des Antrags hemmt die Rechtskraft des Urteils.

(5) Über den Antrag entscheidet das Oberverwaltungsgericht durch Beschluss. Die Berufung ist zuzulassen, wenn einer der Gründe

des § 124 Abs. 2 dargelegt ist und vorliegt. Der Beschluss soll kurz begründet werden. Mit der Ablehnung des Antrags wird das Urteil rechtskräftig. Lässt das Oberverwaltungsgericht die Berufung zu, wird das Antragsverfahren als Berufungsverfahren fortgesetzt; der Einlegung einer Berufung bedarf es nicht.

(6) Die Berufung ist in den Fällen des Absatzes 5 innerhalb eines Monats nach Zustellung des Beschlusses über die Zulassung der Berufung zu begründen. Die Begründung ist bei dem Oberverwaltungsgericht einzureichen. Absatz 3 Satz 3 bis 5 gilt entsprechend.

§ 125 (Anwendbare Vorschriften)

(1) Für das Berufungsverfahren gelten die Vorschriften des Teils II entsprechend, soweit sich aus diesem Abschnitt nichts anderes ergibt. § 84 findet keine Anwendung.

(2) Ist die Berufung unzulässig, so ist sie zu verwerfen. Die Entscheidung kann durch Beschluß ergehen. Die Beteiligten sind vorher zu hören. Gegen den Beschluß steht den Beteiligten das Rechtsmittel zu, das zulässig wäre, wenn das Gericht durch Urteil entschieden hätte. Die Beteiligten sind über dieses Rechtsmittel zu belehren.

§ 126 (Zurücknahme)

(1) Die Berufung kann bis zur Rechtskraft des Urteils zurückgenommen werden. Die Zurücknahme nach Stellung der Anträge in der mündlichen Verhandlung setzt die Einwilligung des Beklagten und, wenn ein Vertreter des öffentlichen Interesses an der mündlichen Verhandlung teilgenommen hat, auch seine Einwilligung voraus.

(2) Die Berufung gilt als zurückgenommen, wenn der Berufungskläger das Verfahren trotz Aufforderung des Gerichts länger als drei Monate nicht betreibt. Absatz 1 Satz 2 gilt entsprechend. Der Berufungskläger ist in der Aufforderung auf die sich aus Satz 1 und § 155 Abs. 2 ergebenden Rechtsfolgen hinzuweisen. Das Gericht stellt durch Beschluß fest, daß die Berufung als zurückgenommen gilt.

(3) Die Zurücknahme bewirkt den Verlust des eingelegten Rechtsmittels. Das Gericht entscheidet durch Beschluß über die Kostenfolge.

§ 127 (Anschlussberufung)

(1) Der Berufungsbeklagte und die anderen Beteiligten können sich der Berufung anschließen. Die Anschlussberufung ist bei dem Oberverwaltungsgericht einzulegen.

(2) Die Anschließung ist auch statthaft, wenn der Beteiligte auf die Berufung verzichtet hat oder die Frist für die Berufung oder den Antrag auf Zulassung der Berufung verstrichen ist. Sie ist zulässig bis zum Ablauf eines Monats nach der Zustellung der Berufungsbegründungsschrift.

(3) Die Anschlussberufung muss in der Anschlussschrift begründet werden. § 124a Abs. 3 Satz 2, 4 und 5 gilt entsprechend.

(4) Die Anschlussberufung bedarf keiner Zulassung.

(5) Die Anschließung verliert ihre Wirkung, wenn die Berufung zurückgenommen oder als unzulässig verworfen wird.

§ 128 (Umfang der Prüfung)

Das Oberverwaltungsgericht prüft den Streitfall innerhalb des Berufungsantrags im gleichen Umfange wie das Verwaltungsgericht. Es berücksichtigt auch neu vorgebrachte Tatsachen und Beweismittel.

§ 128a (Neue Erklärungen, Beweismittel)

(1) Neue Erklärungen und Beweismittel, die im ersten Rechtszug entgegen einer hierfür gesetzten Frist (§ 87b Abs. 1 und 2) nicht vorgebracht worden sind, sind nur zuzulassen, wenn nach der freien Überzeugung des Gerichts ihre Zulassung die Erledigung des Rechtsstreits nicht verzögern würde oder wenn der Beteiligte die Verspätung genügend entschuldigt. Der Entschuldigungsgrund ist auf Verlangen des Gerichts glaubhaft zu machen. Satz 1 gilt nicht, wenn der Beteiligte im ersten Rechtszug über die Folgen einer Fristversäumung nicht nach § 87b Abs. 3 Nr. 3 belehrt worden ist oder wenn es mit geringem Aufwand möglich ist, den Sachverhalt auch ohne Mitwirkung des Beteiligten zu ermitteln.

(2) Erklärungen und Beweismittel, die das Verwaltungsgericht zu Recht zurückgewiesen hat, bleiben auch im Berufungsverfahren ausgeschlossen.

§ 129 (Bindung an Anträge)

Das Urteil des Verwaltungsgerichts darf nur soweit geändert werden, als eine Änderung beantragt ist.

§ 130 (Aufhebung, Zurückverweisung)

(1) Das Oberverwaltungsgericht hat die notwendigen Beweise zu erheben und in der Sache selbst zu entscheiden.

(2) Das Oberverwaltungsgericht darf die Sache, soweit ihre weitere Verhandlung erforderlich ist, unter Aufhebung des Urteils und des Verfahrens an das Verwaltungsgericht nur zurückverweisen,

1. soweit das Verfahren vor dem Verwaltungsgericht an einem wesentlichen Mangel leidet und aufgrund dieses Mangels eine umfangreiche oder aufwändige Beweisaufnahme notwendig ist oder
2. wenn das Verwaltungsgericht noch nicht in der Sache selbst entschieden hat

und ein Beteiligter die Zurückverweisung beantragt.

(3) Das Verwaltungsgericht ist an die rechtliche Beurteilung der Berufungsentscheidung gebunden.

§ 130a (Berufung unbegründet)

Das Oberverwaltungsgericht kann über die Berufung durch Beschluß entscheiden, wenn es sie einstimmig für begründet oder einstimmig für unbegründet hält und eine mündliche Verhandlung nicht für erforderlich hält. § 125 Abs. 2 Satz 3 bis 5 gilt entsprechend.

§ 130b (Begründung)

Das Oberverwaltungsgericht kann in dem Urteil über die Berufung auf den Tatbestand der angefochtenen Entscheidung Bezug nehmen, wenn es sich die Feststellungen des Verwaltungsgerichts in vollem Umfange zu eigen macht. Von einer weiteren Darstellung der Entscheidungsgründe kann es absehen, soweit es die Berufung aus den Gründen der angefochtenen Entscheidung als unbegründet zurückweist.

§ 131 (weggefallen)

13. Abschnitt
Revision

§ 132 (Revision gegen Entscheidung des Oberverwaltungsgerichts)

(1) Gegen das Urteil des Oberverwaltungsgerichts (§ 49 Nr. 1) und gegen Beschlüsse nach § 47 Abs. 5 Satz 1 steht den Beteiligten die Revision an das Bundesverwaltungsgericht zu, wenn das Oberverwaltungsgericht oder auf Beschwerde gegen die Nichtzulassung das Bundesverwaltungsgericht sie zugelassen hat.

(2) Die Revision ist nur zuzulassen, wenn

1. die Rechtssache grundsätzliche Bedeutung hat,
2. das Urteil von einer Entscheidung des Bundesverwaltungsgerichts, des Gemeinsamen Senats der obersten Gerichtshöfe des Bundes oder des Bundesverfassungsgerichts abweicht und auf dieser Abweichung beruht oder
3. ein Verfahrensmangel geltend gemacht wird und vorliegt, auf dem die Entscheidung beruhen kann.

(3) Das Bundesverwaltungsgericht ist an die Zulassung gebunden.

§ 133 (Beschwerde gegen Nichtzulassung)

(1) Die Nichtzulassung der Revision kann durch Beschwerde angefochten werden.

(2) Die Beschwerde ist bei dem Gericht, gegen dessen Urteil Revision eingelegt werden soll, innerhalb eines Monats nach Zustellung des vollständigen Urteils einzulegen. Die Beschwerde muß das angefochtene Urteil bezeichnen.

(3) Die Beschwerde ist innerhalb von zwei Monaten nach der Zustellung des vollständigen Urteils zu begründen. Die Begründung ist bei dem Gericht, gegen dessen Urteil Revision eingelegt werden soll, einzureichen. In der Begründung muß die grundsätzliche Bedeutung der Rechtssache dargelegt oder die Entscheidung, von der das Urteil abweicht, oder der Verfahrensmangel bezeichnet werden.

(4) Die Einlegung der Beschwerde hemmt die Rechtskraft des Urteils.

(5) Wird der Beschwerde nicht abgeholfen, entscheidet das Bundesverwaltungsgericht durch Beschluß. Der Beschluß soll kurz begründet werden; von einer Begründung kann abgesehen werden, wenn sie nicht geeignet ist, zur Klärung der Voraussetzungen beizutragen, unter denen eine Revision zuzulassen ist. Mit der Ablehnung der Beschwerde durch das Bundesverwaltungsgericht wird das Urteil rechtskräftig.

(6) Liegen die Voraussetzungen des § 132 Abs. 2 Nr. 3 vor, kann das Bundesverwaltungsgericht in dem Beschluß das angefochtene Urteil aufheben und den Rechtsstreit zur anderweitigen Verhandlung und Entscheidung zurückverweisen.

§ 134 (Sprungrevision)

(1) Gegen das Urteil eines Verwaltungsgerichts (§ 49 Nr. 2) steht den Beteiligten die Revision unter Übergehung der Berufungsinstanz zu, wenn der Kläger und der Beklagte der Einlegung der Sprungrevision schriftlich zustimmen und wenn sie von dem Verwaltungsgericht im Urteil oder auf Antrag durch Beschluß zugelassen wird. Der Antrag ist innerhalb eines Monats nach Zustellung des vollständigen Urteils schriftlich zu stellen. Die Zustimmung zu der Einlegung der Sprungrevision ist dem Antrag oder, wenn die Revision im Urteil zugelassen ist, der Revisionsschrift beizufügen.

(2) Die Revision ist nur zuzulassen, wenn die Voraussetzungen des § 132 Abs. 2 Nr. 1 oder 2 vorliegen. Das Bundesverwaltungsgericht ist an die Zulassung gebunden. Die Ablehnung der Zulassung ist unanfechtbar.

(3) Lehnt das Verwaltungsgericht den Antrag auf Zulassung der Revision durch Beschluß ab, beginnt mit der Zustellung dieser Entscheidung der Lauf der Frist für den Antrag auf Zulassung der Berufung von neuem, sofern der Antrag in der gesetzlichen Frist und Form gestellt und die Zustimmungserklärung beigefügt war. Läßt das Verwaltungsgericht die Revision durch Beschluß zu, beginnt der Lauf der Revisionsfrist mit der Zustellung dieser Entscheidung.

(4) Die Revision kann nicht auf Mängel des Verfahrens gestützt werden.

(5) Die Einlegung der Revision und die Zustimmung gelten als Verzicht auf die Berufung, wenn das Verwaltungsgericht die Revision zugelassen hat.

§ 135 (Ausschluss der Berufung)

Gegen das Urteil eines Verwaltungsgerichts (§ 49 Nr. 2) steht den Beteiligten die Revision an das Bundesverwaltungsgericht zu, wenn durch Bundesgesetz die Berufung ausgeschlossen ist. Die Revision kann nur eingelegt werden, wenn das Verwaltungsgericht oder auf Beschwerde gegen die Nichtzulassung das Bundesverwaltungsgericht sie zugelassen hat. Für die Zulassung gelten die §§ 132 und 133 entsprechend.

§ 136 (weggefallen)

§ 137 (Verletzung von Bundesrecht)

(1) Die Revision kann nur darauf gestützt werden, daß das angefochtene Urteil auf der Verletzung

1. von Bundesrecht oder
2. einer Vorschrift des Verwaltungsverfahrensgesetzes eines Landes, die ihrem Wortlaut nach mit dem Verwaltungsverfahrensgesetz des Bundes übereinstimmt,

beruht.

(2) Das Bundesverwaltungsgericht ist an die in dem angefochtenen Urteil getroffenen tatsächlichen Feststellungen gebunden, außer wenn in bezug auf diese Feststellungen zulässige und begründete Revisionsgründe vorgebracht sind.

(3) Wird die Revision auf Verfahrensmängel gestützt und liegt nicht zugleich eine der Voraussetzungen des § 132 Abs. 2 Nr. 1 und 2 vor, so ist nur über die geltend gemachten Verfahrensmängel zu entscheiden. Im übrigen ist das Bundesverwaltungsgericht an die geltend gemachten Revisionsgründe nicht gebunden.

§ 138 (Revisionsgründe)

Ein Urteil ist stets als auf der Verletzung von Bundesrecht beruhend anzusehen, wenn

1. das erkennende Gericht nicht vorschriftsmäßig besetzt war,
2. bei der Entscheidung ein Richter mitgewirkt hat, der von der Ausübung des Richteramts kraft Gesetzes ausgeschlossen oder wegen Besorgnis der Befangenheit mit Erfolg abgelehnt war,
3. einem Beteiligten das rechtliche Gehör versagt war,
4. ein Beteiligter im Verfahren nicht nach Vorschrift des Gesetzes vertreten war, außer wenn er der Prozeßführung ausdrücklich oder stillschweigend zugestimmt hat,
5. das Urteil auf eine mündliche Verhandlung ergangen ist, bei der die Vorschriften über die Öffentlichkeit des Verfahrens verletzt worden sind, oder
6. die Entscheidung nicht mit Gründen versehen ist.

§ 139 (Einlegung der Revision)

(1) Die Revision ist bei dem Gericht, dessen Urteil angefochten wird, innerhalb eines Monats nach Zustellung des vollständigen Urteils oder des Beschlusses über die Zulassung der Revision nach § 134 Abs. 3 Satz 2 schriftlich einzulegen. Die Revisionsfrist ist auch gewahrt, wenn die Revision innerhalb der Frist bei dem Bundesverwaltungsgericht eingelegt wird. Die Revision muß das angefochtene Urteil bezeichnen.

(2) Wird der Beschwerde gegen die Nichtzulassung der Revision abgeholfen oder läßt das Bundesverwaltungsgericht die Revision zu, so wird das Beschwerdeverfahren als Revisionsverfahren fortgesetzt, wenn nicht das Bundesverwaltungsgericht das angefochtene Urteil nach § 133 Abs. 6 aufhebt; der Einlegung einer Revision durch den Beschwerdeführer bedarf es nicht. Darauf ist in dem Beschluß hinzuweisen.

(3) Die Revision ist innerhalb von zwei Monaten nach Zustellung des vollständigen Urteils oder des Beschlusses über die Zulassung der Revision nach § 134 Abs. 3 Satz 2 zu begründen; im Falle des Absatzes 2 beträgt die Begründungsfrist einen Monat nach Zustellung des Beschlusses über die Zulassung der Revision. Die Begründung ist bei dem Bundesverwaltungsgericht einzureichen. Die Begründungsfrist kann auf einen vor ihrem Ablauf gestellten Antrag von dem Vorsitzenden verlängert werden. Die Begründung muß einen bestimmten Antrag enthalten, die verletzte Rechtsnorm und, soweit Verfahrensmängel gerügt werden, die Tatsachen angeben, die den Mangel ergeben.

§ 140 (Zurücknahme)

(1) Die Revision kann bis zur Rechtskraft des Urteils zurückgenommen werden. Die Zurücknahme nach Stellung der Anträge in der mündlichen Verhandlung setzt die Einwilligung des Revisionsbeklagten und, wenn der Vertreter des Bundesinteresses beim Bundesverwaltungsgericht an der mündlichen Verhandlung teilgenommen hat, auch seine Einwilligung voraus.

(2) Die Zurücknahme bewirkt den Verlust des eingelegten Rechtsmittels. Das Gericht entscheidet durch Beschluß über die Kostenfolge.

§ 141 (Anwendbare Vorschriften)

Für die Revision gelten die Vorschriften über die Berufung entsprechend, soweit sich aus diesem Abschnitt nichts anderes ergibt. Die §§ 87a, 130a und 130b finden keine Anwendung.

§ 142 (Keine Klageänderung, Beiladung)

(1) Klageänderungen und Beiladungen sind im Revisionsverfahren unzulässig. Das gilt nicht für Beiladungen nach § 65 Abs. 2.

(2) Ein im Revisionsverfahren nach § 65 Abs. 2 Beigeladener kann Verfahrensmängel nur innerhalb von zwei Monaten nach Zustellung des Beiladungsbeschlusses rügen. Die Frist kann auf einen vor ihrem Ablauf gestellten Antrag von dem Vorsitzenden verlängert werden.

§ 143 (Unzulässige Revision)

Das Bundesverwaltungsgericht prüft, ob die Revision statthaft und ob sie in der gesetzlichen Form und Frist eingelegt und begründet worden ist. Mangelt es an einem dieser Erfordernisse, so ist die Revision unzulässig.

§ 144 (Revisionsentscheidung)

(1) Ist die Revision unzulässig, so verwirft sie das Bundesverwaltungsgericht durch Beschluß.

(2) Ist die Revision unbegründet, so weist das Bundesverwaltungsgericht die Revision zurück.

(3) Ist die Revision begründet, so kann das Bundesverwaltungsgericht

1. in der Sache selbst entscheiden,
2. das angefochtene Urteil aufheben und die Sache zur anderweitigen Verhandlung und Entscheidung zurückverweisen.

Das Bundesverwaltungsgericht verweist den Rechtsstreit zurück, wenn der im Revisionsverfahren nach § 142 Abs. 1 Satz 2 Beigeladene ein berechtigtes Interesse daran hat.

(4) Ergeben die Entscheidungsgründe zwar eine Verletzung des bestehenden Rechts, stellt sich die Entscheidung selbst aber aus anderen Gründen als richtig dar, so ist die Revision zurückzuweisen.

(5) Verweist das Bundesverwaltungsgericht die Sache bei der Sprungrevision nach § 49 Nr. 2 und nach § 134 zur anderweitigen Verhandlung und Entscheidung zurück, so kann es nach seinem Ermessen auch an das Oberverwaltungsgericht zurückverweisen, das für die Berufung zuständig gewesen wäre. Für das Verfahren vor dem Oberverwaltungsgericht gelten dann die gleichen Grundsätze, wie wenn der Rechtsstreit auf eine ordnungsgemäß eingelegte Berufung bei dem Oberverwaltungsgericht anhängig geworden wäre.

(6) Das Gericht, an das die Sache zur anderweitigen Verhandlung und Entscheidung zurückverwiesen ist, hat seiner Entscheidung die rechtliche Beurteilung des Revisionsgerichts zugrunde zu legen.

(7) Die Entscheidung über die Revision bedarf keiner Begründung, soweit das Bundesverwaltungsgericht Rügen von Verfahrensmängeln nicht für durchgreifend hält. Das gilt nicht für Rügen nach § 138 und, wenn mit der Revision ausschließlich Verfahrensmängel geltend gemacht werden, für Rügen, auf denen die Zulassung der Revision beruht.

§ 145 (weggefallen)

14. Abschnitt
Beschwerde, Erinnerung, Anhörungsrüge

§ 146 (Beschwerde gegen Entscheidungen des Verwaltungsgerichts)

(1) Gegen die Entscheidungen des Verwaltungsgerichts, des Vorsitzenden oder des Berichterstatters, die nicht Urteile oder Gerichtsbescheide sind, steht den Beteiligten und den sonst von der Entscheidung Betroffenen die Beschwerde an das Oberverwaltungsgericht zu, soweit nicht in diesem Gesetz etwas anderes bestimmt ist.

(2) Prozeßleitende Verfügungen, Aufklärungsanordnungen, Beschlüsse über eine Vertagung oder die Bestimmung einer Frist, Beweisbeschlüsse, Beschlüsse über Ablehnung von Beweisanträgen, über Verbindung und Trennung von Verfahren und Ansprüchen und über die Ablehnung von Gerichtspersonen sowie Beschlüsse über die Ablehnung der Prozesskostenhilfe, wenn das Gericht ausschließlich die persönlichen oder wirtschaftlichen Voraussetzungen der Prozesskostenhilfe verneint, können nicht mit der Beschwerde angefochten werden.

(3) Außerdem ist vorbehaltlich einer gesetzlich vorgesehenen Beschwerde gegen die Nichtzulassung der Revision die Beschwerde nicht gegeben in Streitigkeiten über Kosten, Gebühren und Auslagen, wenn der Wert des Beschwerdegegenstandes zweihundert Euro nicht übersteigt.

(4) Die Beschwerde gegen Beschlüsse des Verwaltungsgerichts in Verfahren des vorläufigen Rechtsschutzes (§§ 80, 80a und 123) ist innerhalb eines Monats nach Bekanntgabe der Entscheidung zu begründen. Die Begründung ist, sofern sie nicht bereits mit der Beschwerde vorgelegt worden ist, bei dem Oberverwaltungsgericht einzureichen. Sie muss einen bestimmten Antrag enthalten, die Gründe darlegen, aus denen die Entscheidung abzuändern oder aufzuheben ist, und sich mit der angefochtenen Entscheidung auseinander setzen. Mangelt es an einem dieser Erfordernisse, ist die Beschwerde als unzulässig zu verwerfen. Das Verwaltungsgericht legt die Beschwerde

unverzüglich vor; § 148 Abs. 1 findet keine Anwendung. Das Oberverwaltungsgericht prüft nur die dargelegten Gründe.

§ 147 (Einlegung der Beschwerde)

(1) Die Beschwerde ist bei dem Gericht, dessen Entscheidung angefochten wird, schriftlich oder zu Protokoll des Urkundsbeamten der Geschäftsstelle innerhalb von zwei Wochen nach Bekanntgabe der Entscheidung einzulegen. § 67 Abs. 4 bleibt unberührt.

(2) Die Beschwerdefrist ist auch gewahrt, wenn die Beschwerde innerhalb der Frist bei dem Beschwerdegericht eingeht.

§ 148 (Abhilfe; Vorlage)

(1) Hält das Verwaltungsgericht, der Vorsitzende oder der Berichterstatter, dessen Entscheidung angefochten wird, die Beschwerde für begründet, so ist ihr abzuhelfen; sonst ist sie unverzüglich dem Oberverwaltungsgericht vorzulegen.

(2) Das Verwaltungsgericht soll die Beteiligten von der Vorlage der Beschwerde an das Oberverwaltungsgericht in Kenntnis setzen.

§ 149 (Aufschiebende Wirkung; Aussetzung der Vollziehung)

(1) Die Beschwerde hat nur dann aufschiebende Wirkung, wenn sie die Festsetzung eines Ordnungs- oder Zwangsmittels zum Gegenstand hat. Das Gericht, der Vorsitzende oder der Berichterstatter, dessen Entscheidung angefochten wird, kann auch sonst bestimmen, daß die Vollziehung der angefochtenen Entscheidung einstweilen auszusetzen ist.

(2) §§ 178 und 181 Abs. 2 des Gerichtsverfassungsgesetzes bleiben unberührt.

§ 150 (Entscheidung durch Beschluss)

Über die Beschwerde entscheidet das Oberverwaltungsgericht durch Beschluß.

§ 151 (Beauftragter, ersuchter Richter; Urkundsbeamter)

Gegen die Entscheidungen des beauftragten oder ersuchten Richters oder des Urkundsbeamten kann innerhalb von zwei Wochen nach Bekanntgabe die Entscheidung des Gerichts beantragt werden. Der Antrag ist schriftlich oder zu Protokoll des Urkundsbeamten der Geschäftsstelle des Gerichts zu stellen. §§ 147 bis 149 gelten entsprechend.

§ 152 (Beschwerden an das Bundesverwaltungsgericht)

(1) Entscheidungen des Oberverwaltungsgerichts können vorbehaltlich des § 99 Abs. 2 und des § 133 Abs. 1 dieses Gesetzes sowie des § 17a Abs. 4 Satz 4 des Gerichtsverfassungsgesetzes nicht mit der Beschwerde an das Bundesverwaltungsgericht angefochten werden.

(2) Im Verfahren vor dem Bundesverwaltungsgericht gilt für Entscheidungen des beauftragten oder ersuchten Richters oder des Urkundsbeamten der Geschäftsstelle § 151 entsprechend.

§ 152a (Rüge eines beschwerten Beteiligten)

(1) Auf die Rüge eines durch eine gerichtliche Entscheidung beschwerten Beteiligten ist das Verfahren fortzuführen, wenn

1. ein Rechtsmittel oder ein anderer Rechtsbehelf gegen die Entscheidung nicht gegeben ist und
2. das Gericht den Anspruch dieses Beteiligten auf rechtliches Gehör in entscheidungserheblicher Weise verletzt hat.

Gegen eine der Endentscheidung vorausgehende Entscheidung findet die Rüge nicht statt.

(2) Die Rüge ist innerhalb von zwei Wochen nach Kenntnis von der Verletzung des rechtlichen Gehörs zu erheben; der Zeitpunkt der Kenntniserlangung ist glaubhaft zu machen. Nach Ablauf eines Jahres seit Bekanntgabe der angegriffenen Entscheidung kann die Rüge nicht mehr erhoben werden. Formlos mitgeteilte Entscheidungen gelten mit dem vierten Tag nach Aufgabe zur Post als bekannt gegeben. Die Rüge ist schriftlich oder zu Protokoll des Urkundsbeamten der Geschäftsstelle bei dem Gericht zu erheben, dessen Entscheidung angegriffen wird. § 67 Abs. 4 bleibt unberührt. Die Rüge muss die angegriffene Entscheidung bezeichnen und das Vorliegen der in Absatz 1 Satz 1 Nr. 2 genannten Voraussetzungen darlegen.

(3) Den übrigen Beteiligten ist, soweit erforderlich, Gelegenheit zur Stellungnahme zu geben.

(4) Ist die Rüge nicht statthaft oder nicht in der gesetzlichen Form oder Frist erhoben, so ist sie als unzulässig zu verwerfen. Ist die Rüge unbegründet, weist das Gericht sie zurück. Die Entscheidung ergeht durch unanfechtbaren Beschluss. Der Beschluss soll kurz begründet werden.

(5) Ist die Rüge begründet, so hilft ihr das Gericht ab, indem es das Verfahren fortführt, soweit dies aufgrund der Rüge geboten ist. Das Verfahren wird in die Lage zurückversetzt, in der es sich vor dem Schluss der mündlichen Verhandlung befand. In schriftlichen Verfahren tritt an die Stelle des Schlusses der mündlichen Verhandlung der Zeitpunkt, bis zu dem Schriftsätze eingereicht werden können. Für den Ausspruch des Gerichts ist § 343 der Zivilprozessordnung entsprechend anzuwenden.

(6) § 149 Abs. 1 Satz 2 ist entsprechend anzuwenden.

15. Abschnitt
Wiederaufnahme des Verfahrens

§ 153 (Wiederaufnahme rechtskräftig beendeter Verfahren)

(1) Ein rechtskräftig beendetes Verfahren kann nach den Vorschriften des Vierten Buchs der Zivilprozeßordnung wiederaufgenommen werden.

(2) Die Befugnis zur Erhebung der Nichtigkeitsklage und der Restitutionsklage steht auch dem Vertreter des öffentlichen Interesses, im Verfahren vor dem Bundesverwaltungsgericht im ersten und letzten Rechtszug auch dem Vertreter des Bundesinteresses beim Bundesverwaltungsgericht zu.

Teil IV
Kosten und Vollstreckung

16. Abschnitt
Kosten

§ 154 (Kostenpflichtige)

(1) Der unterliegende Teil trägt die Kosten des Verfahrens.

(2) Die Kosten eines ohne Erfolg eingelegten Rechtsmittels fallen demjenigen zur Last, der das Rechtsmittel eingelegt hat.

(3) Dem Beigeladenen können Kosten nur auferlegt werden, wenn er Anträge gestellt oder Rechtsmittel eingelegt hat; § 155 Abs. 4 bleibt unberührt.

(4) Die Kosten des erfolgreichen Wiederaufnahmeverfahrens können der Staatskasse auferlegt werden, soweit sie nicht durch das Verschulden eines Beteiligten entstanden sind.

(5) Soweit der Antragsteller allein auf Grund von § 80c Absatz 2 unterliegt, fallen die Gerichtskosten dem obsiegenden Teil zur Last. Absatz 3 bleibt unberührt.

§ 155 (Verteilung auf mehrere Beteiligte)

(1) Wenn ein Beteiligter teils obsiegt, teils unterliegt, so sind die Kosten gegeneinander aufzuheben oder verhältnismäßig zu teilen. Sind die Kosten gegeneinander aufgehoben, so fallen die Gerichtskosten jedem Teil zur Hälfte zur Last. Einem Beteiligten können die Kosten ganz auferlegt werden, wenn der andere nur zu einem geringen Teil unterlegen ist.

(2) Wer einen Antrag, eine Klage, ein Rechtsmittel oder einen anderen Rechtsbehelf zurücknimmt, hat die Kosten zu tragen.

(3) Kosten, die durch einen Antrag auf Wiedereinsetzung in den vorigen Stand entstehen, fallen dem Antragsteller zur Last.

(4) Kosten, die durch Verschulden eines Beteiligten entstanden sind, können diesem auferlegt werden.

§ 156 (Anerkenntnis)

Hat der Beklagte durch sein Verhalten keine Veranlassung zur Erhebung der Klage gegeben, so fallen dem Kläger die Prozeßkosten zur Last, wenn der Beklagte den Anspruch sofort anerkennt.

§ 157 (weggefallen)

§ 158 (Anfechtung)

(1) Die Anfechtung der Entscheidung über die Kosten ist unzulässig, wenn nicht gegen die Entscheidung in der Hauptsache ein Rechtsmittel eingelegt wird.

(2) Ist eine Entscheidung in der Hauptsache nicht ergangen, so ist die Entscheidung über die Kosten unanfechtbar.

§ 159 (Gesamtschuldner)

Besteht der kostenpflichtige Teil aus mehreren Personen, so gilt § 100 der Zivilprozeßordnung entsprechend. Kann das streitige Rechtsverhältnis dem kostenpflichtigen Teil gegenüber nur einheitlich entschieden werden, so können die Kosten den mehreren Personen als Gesamtschuldnern auferlegt werden.

§ 160 (Vergleich)

Wird der Rechtsstreit durch Vergleich erledigt und haben die Beteiligten keine Bestimmung über die Kosten getroffen, so fallen die Gerichtskosten jedem Teil zur Hälfte zur Last. Die außergerichtlichen Kosten trägt jeder Beteiligte selbst.

§ 161 (Kostenentscheidung)

(1) Das Gericht hat im Urteil oder, wenn das Verfahren in anderer Weise beendet worden ist, durch Beschluß über die Kosten zu entscheiden.

(2) Ist der Rechtsstreit in der Hauptsache erledigt, so entscheidet das Gericht außer in den Fällen des § 113 Abs. 1 Satz 4 nach billigem Ermessen über die Kosten des Verfahrens durch Beschluß; der bisherige Sach- und Streitstand ist zu berücksichtigen. Der Rechtsstreit ist auch in der Hauptsache erledigt, wenn der Beklagte der Erledigungserklärung des Klägers nicht innerhalb von zwei Wochen seit Zustellung des die Erledigungserklärung enthaltenden Schriftsatzes widerspricht und er vom Gericht auf diese Folge hingewiesen worden ist.

(3) In den Fällen des § 75 fallen die Kosten stets dem Beklagten zur Last, wenn der Kläger mit seiner Bescheidung vor Klageerhebung rechnen durfte.

§ 162 (Zu erstattende Kosten)

(1) Kosten sind die Gerichtskosten (Gebühren und Auslagen) und die zur zweckentsprechenden Rechtsverfolgung oder Rechtsverteidigung notwendigen Aufwendungen der Beteiligten einschließlich der Kosten des Vorverfahrens.

(2) Die Gebühren und Auslagen eines Rechtsanwalts oder eines Rechtsbeistands, in den in § 67 Absatz 2 Satz 2 Nummer 3 und 3a genannten Angelegenheiten auch einer der dort genannten Personen, sind stets erstattungsfähig. Soweit ein Vorverfahren geschwebt hat, sind Gebühren und Auslagen erstattungsfähig, wenn das Gericht die Zuziehung eines Bevollmächtigten für das Vorverfahren für notwendig erklärt. Juristische Personen des öffentlichen Rechts und Behörden können an Stelle ihrer tatsächlichen notwendigen Aufwendungen für Post- und Telekommunikationsdienstleistungen den in Nummer 7002 der Anlage 1 zum Rechtsanwaltsvergütungsgesetz bestimmten Höchstsatz der Pauschale fordern.

(3) Die außergerichtlichen Kosten des Beigeladenen sind nur erstattungsfähig, wenn sie das Gericht aus Billigkeit der unterliegenden Partei oder der Staatskasse auferlegt.

§ 163 (Wertfestsetzung)

(1) Wird die Wertfestsetzung für die Gerichtsgebühren

1. nach § 63 Absatz 3 des Gerichtskostengesetzes oder
2. infolge einer Beschwerde gegen die Festsetzung des Streitwerts nach § 68 des Gerichtskostengesetzes

geändert, so kann das Gericht seine getroffene Kostenentscheidung von Amts wegen ändern. Wird die Kostenentscheidung nach Satz 1 geändert, ist auch eine bereits erfolgte Kostenfestsetzung von Amts wegen zu ändern.

(2) Für die Entscheidung nach Absatz 1 Satz 1 gilt § 118 Absatz 2 entsprechend. Vor der Entscheidung sind die Beteiligten zu hören. Die Änderung der Kostenentscheidung ist nur innerhalb von sechs Monaten zulässig, nachdem die Änderung der Wertfestsetzung Rechtskraft erlangt hat. Die Änderung der Kostenentscheidung hat keine Änderung der übrigen Teile des Urteils oder des Beschlusses zur Folge.

(3) Entscheidungen nach Absatz 1 Satz 1 sind unanfechtbar. Auf Entscheidungen nach Absatz 1 Satz 2 ist § 165 anzuwenden.

§ 164 (Kostenfestsetzung)

Der Urkundsbeamte des Gerichts des ersten Rechtszugs setzt auf Antrag den Betrag der zu erstattenden Kosten fest.

§ 165 (Anfechtung)

Die Beteiligten können die Festsetzung der zu erstattenden Kosten anfechten. § 151 gilt entsprechend.

§ 165a (Anwendbarkeit der ZPO)

§ 110 der Zivilprozessordnung gilt entsprechend.

§ 166 (Prozesskostenhilfe)

(1) Die Vorschriften der Zivilprozeßordnung über die Prozesskostenhilfe sowie § 569 Abs. 3 Nr. 2 der Zivilprozessordnung gelten entsprechend. Einem Beteiligten, dem Prozesskostenhilfe bewilligt worden ist, kann auch ein Steuerberater, Steuerbevollmächtigter, Wirtschaftsprüfer oder vereidigter Buchprüfer beigeordnet werden. Die Vergütung richtet sich nach den für den beigeordneten Rechtsanwalt geltenden Vorschriften des Rechtsanwaltsvergütungsgesetzes.

(2) Die Prüfung der persönlichen und wirtschaftlichen Verhältnisse nach den §§ 114 bis 116 der Zivilprozessordnung einschließlich der in § 118 Absatz 2 der Zivilprozessordnung bezeichneten Maßnahmen, der Beurkundung von Vergleichen nach § 118 Absatz 1 Satz 3 der Zivilprozessordnung und der Entscheidungen nach § 118 Absatz 2 Satz 4 der Zivilprozessordnung obliegt dem Urkundsbeamten der Geschäftsstelle des jeweiligen Rechtszugs, wenn der Vorsitzende ihm das Verfahren insoweit überträgt. Liegen die Voraussetzungen für die Bewilligung der Prozesskostenhilfe hiernach nicht vor, erlässt der Urkundsbeamte die den Antrag ablehnende Entscheidung; anderenfalls vermerkt der Urkundsbeamte in den Prozessakten, dass dem Antragsteller nach seinen persönlichen und wirtschaftlichen Verhältnissen Prozesskostenhilfe gewährt werden kann und in welcher Höhe gegebenenfalls Monatsraten oder Beträge aus dem Vermögen zu zahlen sind.

(3) Dem Urkundsbeamten obliegen im Verfahren über die Prozesskostenhilfe ferner die Bestimmung des Zeitpunkts für die Einstellung und eine Wiederaufnahme der Zahlungen nach § 120 Absatz 3 der Zivilprozessordnung sowie die Änderung und die Aufhebung der Bewilligung der Prozesskostenhilfe nach den §§ 120a und 124 Absatz 1 Nummer 2 bis 5 der Zivilprozessordnung.

(4) Der Vorsitzende kann Aufgaben nach den Absätzen 2 und 3 zu jedem Zeitpunkt an sich ziehen. § 5 Absatz 1 Nummer 1, die §§ 6, 7, 8 Absatz 1 bis 4 und § 9 des Rechtspflegergesetzes gelten entsprechend mit der Maßgabe, dass an die Stelle des Rechtspflegers der Urkundsbeamte der Geschäftsstelle tritt.

(5) § 87a Absatz 3 gilt entsprechend.

(6) Gegen Entscheidungen des Urkundsbeamten nach den Absätzen 2 und 3 kann innerhalb von zwei Wochen nach Bekanntgabe die Entscheidung des Gerichts beantragt werden.

(7) Durch Landesgesetz kann bestimmt werden, dass die Absätze 2 bis 6 für die Gerichte des jeweiligen Landes nicht anzuwenden sind.

17. Abschnitt
Vollstreckung

§ 167 (Anwendbare Vorschriften)

(1) Soweit sich aus diesem Gesetz nichts anderes ergibt, gilt für die Vollstreckung das Achte Buch der Zivilprozeßordnung entsprechend. Vollstreckungsgericht ist das Gericht des ersten Rechtszugs.

(2) Urteile auf Anfechtungs- und Verpflichtungsklagen können nur wegen der Kosten für vorläufig vollstreckbar erklärt werden.

(3) Die §§ 752a und 753a der Zivilprozessordnung sind mit der Maßgabe anzuwenden, dass an die Stelle der in § 79 Absatz 2 Satz 1 und 2 Nummer 3 und 4 der Zivilprozessordnung Genannten die in § 67 Absatz 2 Satz 1 genannten Rechtsanwälte und die in § 67 Absatz 2 Satz 2 Nummer 3 und 3a Genannten treten.

§ 168 (Vollstreckungstitel)

(1) Vollstreckt wird

1. aus rechtskräftigen und aus vorläufig vollstreckbaren gerichtlichen Entscheidungen,
2. aus einstweiligen Anordnungen,
3. aus gerichtlichen Vergleichen,
4. aus Kostenfestsetzungsbeschlüssen,
5. aus den für vollstreckbar erklärten Schiedssprüchen öffentlich-rechtlicher Schiedsgerichte, sofern die Entscheidung über die Vollstreckbarkeit rechtskräftig oder für vorläufig vollstreckbar erklärt ist.

(2) Für die Vollstreckung können den Beteiligten auf ihren Antrag Ausfertigungen des Urteils ohne Tatbestand und ohne Entscheidungsgründe erteilt werden, deren Zustellung in den Wirkungen der Zustellung eines vollständigen Urteils gleichsteht.

§ 169 (Vollstreckung zu Gunsten von Gebietskörperschaften u. ä.)

(1) Soll zugunsten des Bundes, eines Landes, eines Gemeindeverbandes, einer Gemeinde oder einer Körperschaft, Anstalt oder Stiftung des öffentlichen Rechts vollstreckt werden, so richtet sich die Vollstreckung nach dem Verwaltungsvollstreckungsgesetz. Vollstreckungsbehörde im Sinne des Verwaltungsvollstreckungsgesetzes ist der Vorsitzende des Gerichts des ersten Rechtszugs; er kann für die Ausführung der Vollstreckung eine andere Vollstreckungsbehörde oder einen Gerichtsvollzieher in Anspruch nehmen.

(2) Wird die Vollstreckung zur Erzwingung von Handlungen, Duldungen und Unterlassungen im Wege der Amtshilfe von Organen der Länder vorgenommen, so ist sie nach landesrechtlichen Bestimmungen durchzuführen.

§ 170 (Vollstreckung gegen Gebietskörperschaften u. ä.)

(1) Soll gegen den Bund, ein Land, einen Gemeindeverband, eine Gemeinde, eine Körperschaft, eine Anstalt oder Stiftung des öffentlichen Rechts wegen einer Geldforderung vollstreckt werden, so verfügt auf Antrag des Gläubigers das Gericht des ersten Rechtszugs die Vollstreckung. Es bestimmt die vorzunehmenden Vollstreckungsmaßnahmen und ersucht die zuständige Stelle um deren Vornahme. Die ersuchte Stelle ist verpflichtet, dem Ersuchen nach den für sie geltenden Vollstreckungsvorschriften nachzukommen.

(2) Das Gericht hat vor Erlaß der Vollstreckungsverfügung die Behörde oder bei Körperschaften, Anstalten und Stiftungen des öffentlichen Rechts, gegen die vollstreckt werden soll, die gesetzlichen Vertreter von der beabsichtigten Vollstreckung zu benachrichtigen mit der Aufforderung, die Vollstreckung innerhalb einer vom Gericht zu bemessenden Frist abzuwenden. Die Frist darf einen Monat nicht übersteigen.

(3) Die Vollstreckung ist unzulässig in Sachen, die für die Erfüllung öffentlicher Aufgaben unentbehrlich sind oder deren Veräußerung ein öffentliches Interesse entgegensteht. Über Einwendungen entscheidet das Gericht nach Anhörung der zuständigen Aufsichtsbehörde oder bei obersten Bundes- oder Landesbehörden des zuständigen Ministers.

(4) Für öffentlich-rechtliche Kreditinstitute gelten die Absätze 1 bis 3 nicht.

(5) Der Ankündigung der Vollstreckung und der Einhaltung einer Wartefrist bedarf es nicht, wenn es sich um den Vollzug einer einstweiligen Anordnung handelt.

§ 171 (Keine Vollstreckungsklausel)

In den Fällen der §§ 169, 170 Abs. 1 bis 3 bedarf es einer Vollstreckungsklausel nicht.

§ 172 (Zwangsgeld)

Kommt die Behörde in den Fällen des § 113 Abs. 1 Satz 2 und Abs. 5 und des § 123 der ihr im Urteil oder in der einstweiligen Anordnung auferlegten Verpflichtung nicht nach, so kann das Gericht des ersten Rechtszugs auf Antrag unter Fristsetzung gegen sie ein Zwangsgeld bis zehntausend Euro durch Beschluß androhen, nach fruchtlosem Fristablauf festsetzen und von Amts wegen vollstrecken. Das Zwangsgeld kann wiederholt angedroht, festgesetzt und vollstreckt werden.

Teil V
Schluß- und Übergangsbestimmungen

§ 173 (Grundsätzliche Anwendbarkeit von GVG und ZPO)

Soweit dieses Gesetz keine Bestimmungen über das Verfahren enthält, sind das Gerichtsverfassungsgesetz und die Zivilprozeßordnung einschließlich § 278 Absatz 5 und § 278a entsprechend anzuwenden, wenn die grundsätzlichen Unterschiede der beiden Verfahrensarten dies nicht ausschließen; das Leitentscheidungsverfahren nach den §§ 552b und 565 der Zivilprozessordnung ist nicht anzuwenden. Die Vorschriften des Siebzehnten Titels des Gerichtsverfassungsgesetzes sind mit der Maßgabe entsprechend anzuwenden, dass an die Stelle des Oberlandesgerichts das Oberverwaltungsgericht, an die Stelle des Bundesgerichtshofs das Bundesverwaltungsgericht und an die Stelle der Zivilprozessordnung die Verwaltungsgerichtsordnung tritt. Gericht im Sinne des § 1062 der Zivilprozeßordnung ist das zuständige Verwaltungsgericht, Gericht im Sinne des § 1065 der Zivilprozeßordnung das zuständige Oberverwaltungsgericht.

§ 174 (Befähigung zum höheren Verwaltungsdienst)

(1) Für den Vertreter des öffentlichen Interesses bei dem Oberverwaltungsgericht und bei dem Verwaltungsgericht steht der Befähigung zum Richteramt nach dem Deutschen Richtergesetz die Befähigung zum höheren Verwaltungsdienst gleich, wenn sie nach mindestens dreijährigem Studium der Rechtswissenschaft an einer Universität und dreijähriger Ausbildung im öffentlichen Dienst durch Ablegen der gesetzlich vorgeschriebenen Prüfungen erlangt worden ist.

(2) Bei Kriegsteilnehmern gilt die Voraussetzung des Absatzes 1 als erfüllt, wenn sie den für sie geltenden besonderen Vorschriften genügt haben.

§ 175 (Verfahren vor 18. April 2018)

§ 43 des Einführungsgesetzes zum Gerichtsverfassungsgesetz gilt entsprechend.

§ 176 (Besetzung des Gerichts)

Bei den Verwaltungsgerichten dürfen bis zum Ablauf des 31. Dezember 2025 abweichend von § 29 Absatz 1 des Deutschen Richtergesetzes bei einer gerichtlichen Entscheidung auch mitwirken:

1. zwei abgeordnete Richter auf Lebenszeit oder
2. ein abgeordneter Richter auf Lebenszeit und entweder ein Richter auf Probe oder ein Richter kraft Auftrags.

§ 177 (Papierform)

Dokumente und Aktenteile, die nach den Verschlusssachenanweisungen des Bundes oder der Länder als Verschlusssache höher als VS-NUR FÜR DEN DIENSTGEBRAUCH eingestuft sind, dürfen bis zum 31. Dezember 2035 abweichend von den §§ 55a bis 55d in Papierform erstellt, geführt und übermittelt werden. Dokumente und Aktenteile, die nach den Verschlusssachenanweisungen des Bundes oder der Länder als Verschlusssache VS-NUR FÜR DEN DIENSTGEBRAUCH eingestuft sind, dürfen bis zum 31. Dezember 2035 abweichend von den §§ 55a bis 55d in Papierform übermittelt werden. Die für die Handhabung von Verschlusssachen geltenden Geheimschutzvorschriften bleiben unberührt.

§§ 178 und 179 (Änderungsvorschriften)

§ 180 (Vernehmung, Vereidigung nach VwVfG und SGB X)

Erfolgt die Vernehmung oder die Vereidigung von Zeugen und Sachverständigen nach dem Verwaltungsverfahrensgesetz oder nach dem Zehnten Buch Sozialgesetzbuch durch das Verwaltungsgericht, so findet sie vor dem dafür im Geschäftsverteilungsplan bestimmten Richter statt. Über die Rechtmäßigkeit einer Verweigerung des Zeugnisses, des Gutachtens oder der Eidesleistung nach dem Verwaltungsverfahrensgesetz oder nach dem Zehnten Buch Sozialgesetzbuch entscheidet das Verwaltungsgericht durch Beschluß.

§§ 181 und 182 (Änderungsvorschriften)

§ 183 (Nichtigkeit von Landesrecht)

Hat das Verfassungsgericht eines Landes die Nichtigkeit von Landesrecht festgestellt oder Vorschriften des Landesrechts für nichtig erklärt, so bleiben vorbehaltlich einer besonderen gesetzlichen Regelung durch das Land die nicht mehr anfechtbaren Entscheidungen der Gerichte der Verwaltungsgerichtsbarkeit, die auf der für nichtig erklärten Norm beruhen, unberührt. Die Vollstreckung aus einer solchen Entscheidung ist unzulässig. § 767 der Zivilprozeßordnung gilt entsprechend.

§ 184 (Verwaltungsgerichtshof)

Das Land kann bestimmen, daß das Oberverwaltungsgericht die bisherige Bezeichnung „Verwaltungsgerichtshof" weiterführt.

§ 185 (Besonderheiten für bestimmte Bundesländer)

(1) In den Ländern Berlin und Hamburg treten an die Stelle der Kreise im Sinne des § 28 die Bezirke.

(2) Die Länder Berlin, Brandenburg, Bremen, Hamburg, Mecklenburg-Vorpommern, Saarland und Schleswig-Holstein können Abweichungen von den Vorschriften des § 73 Abs. 1 Satz 2 zulassen.

(3) In den Ländern Berlin und Bremen treten an die Stelle der Landesstraßen im Sinne des § 48 Absatz 1 Satz 1 Nummer 8 die Straßen I. Ordnung nach § 20 Nummer 1 des Berliner Straßengesetzes und die Straßen der Gruppe A nach § 3 Absatz 1 Nummer 1 des Bremischen Landesstraßengesetzes.

§ 186 (Besonderheiten für Stadtstaaten)

§ 22 Nr. 3 findet in den Ländern Berlin, Bremen und Hamburg auch mit der Maßgabe Anwendung, daß in der öffentlichen Verwaltung ehrenamtlich tätige Personen nicht zu ehrenamtlichen Richtern berufen werden können. § 6 des Einführungsgesetzes zum Gerichtsverfassungsgesetz gilt entsprechend.

§ 187 (Ermächtigungen für Länder)

(1) Die Länder können den Gerichten der Verwaltungsgerichtsbarkeit Aufgaben der Disziplinargerichtsbarkeit und der Schiedsgerichtsbarkeit bei Vermögensauseinandersetzungen öffentlich-rechtlicher Verbände übertragen, diesen Gerichten Berufsgerichte angliedern sowie dabei die Besetzung und das Verfahren regeln.

(2) Die Länder können ferner für das Gebiet des Personalvertretungsrechts von diesem Gesetz abweichende Vorschriften über die Besetzung und das Verfahren der Verwaltungsgerichte und des Oberverwaltungsgerichts erlassen.

§ 188 (Zusammenfassung von Sachgebieten)

Die Sachgebiete in Angelegenheiten der Fürsorge mit Ausnahme der Angelegenheiten der Sozialhilfe und des Asylbewerberleistungsgesetzes, der Jugendhilfe, der Schwerbehindertenfürsorge sowie der Ausbildungsförderung sollen in einer Kammer oder in einem Senat zusammengefaßt werden. Gerichtskosten (Gebühren und Auslagen) werden in den Verfahren dieser Art nicht erhoben; dies gilt nicht für Erstattungsstreitigkeiten zwischen Sozialleistungsträgern.

§ 188a (Wirtschaftsrecht)

Für Angelegenheiten des Wirtschaftsrechts können besondere Kammern oder Senate gebildet werden (Wirtschaftskammern, Wirtschaftssenate). Die Sachgebiete der Wirtschaftsverfassung, Wirtschaftslenkung, Marktordnung und Außenwirtschaft, des Gewerberechts sowie des Post-, Fernmelde- und Telekommunikationsrechts sollen in den Wirtschaftskammern oder Wirtschaftssenaten zusammengefasst werden. Darüber hinaus können den Wirtschaftskammern oder Wirtschaftssenaten weitere Streitigkeiten mit einem Bezug zum Wirtschaftsrecht zugewiesen werden.

§ 188b (Planungsrecht)

Für Angelegenheiten des Planungsrechts sollen besondere Kammern oder Senate gebildet werden (Planungskammern, Planungssenate). Ihnen können insbesondere auch Sachgebiete zugewiesen werden, die mit den Angelegenheiten des Planungsrechts im Zusammenhang stehen.

§ 189 (Bildung von Fachsenaten)

Für die nach § 99 Abs. 2 zu treffenden Entscheidungen sind bei den Oberverwaltungsgerichten und dem Bundesverwaltungsgericht Fachsenate zu bilden.

§ 190 (Unberührtes Bundesrecht)

Die folgenden Gesetze, die von diesem Gesetz abweichen, bleiben unberührt:

1. das Lastenausgleichsgesetz vom 14. August 1952 (Bundesgesetzbl. I S. 446) in der Fassung der dazu ergangenen Änderungsgesetze,
2. das Gesetz über die Errichtung eines Bundesaufsichtsamtes für das Versicherungs- und Bausparwesen vom 31. Juli 1951 (Bundesgesetzbl. I S. 480) in der Fassung des Gesetzes zur Ergänzung des Gesetzes über die Errichtung eines Bundesaufsichtsamtes für das Versicherungs- und Bausparwesen vom 22. Dezember 1954 (Bundesgesetzbl. I S. 501),
3. (weggefallen)
4. das Flurbereinigungsgesetz vom 14. Juli 1953 (Bundesgesetzbl. I S. 591),
5. das Personalvertretungsgesetz vom 5. August 1955 (Bundesgesetzbl. I S. 477),
6. die Wehrbeschwerdeordnung (WBO) vom 23. Dezember 1956 (Bundesgesetzbl. I S. 1066),
7. das Kriegsgefangenenentschädigungsgesetz (KgfEG) in der Fassung vom 8. Dezember 1956 (Bundesgesetzbl. I S. 908),
8. § 13 Abs. 2 des Patentgesetzes und die Vorschriften über das Verfahren vor dem Deutschen Patentamt.

§ 191 (Änderungsvorschrift)

(1) (Änderungsvorschrift)

(2) § 127 des Beamtenrechtsrahmengesetzes und § 54 des Beamtenstatusgesetzes bleiben unberührt.

§ 192 (Änderungsvorschrift)

§ 193 (Verfassungsstreitigkeiten)

In einem Land, in dem kein Verfassungsgericht besteht, bleibt eine dem Oberverwaltungsgericht übertragene Zuständigkeit zur Entscheidung von Verfassungsstreitigkeiten innerhalb des Landes bis zur Errichtung eines Verfassungsgerichts unberührt.

§ 194 (Übergangsvorschrift)

(1) Die Zulässigkeit der Berufungen richtet sich nach dem bis zum 31. Dezember 2001 geltenden Recht, wenn vor dem 1. Januar 2002

1. die mündliche Verhandlung, auf die das anzufechtende Urteil ergeht, geschlossen worden ist,
2. in Verfahren ohne mündliche Verhandlung die Geschäftsstelle die anzufechtende Entscheidung zum Zwecke der Zustellung an die Parteien herausgegeben hat.

(2) Im Übrigen richtet sich die Zulässigkeit eines Rechtsmittels gegen eine gerichtliche Entscheidung nach dem bis zum 31. Dezember 2001 geltenden Recht, wenn vor dem 1. Januar 2002 die gerichtliche Entscheidung bekannt gegeben oder verkündet oder von Amts wegen an Stelle einer Verkündung zugestellt worden ist.

(3) Fristgerecht vor dem 1. Januar 2002 eingelegte Rechtsmittel gegen Beschlüsse in Verfahren der Prozesskostenhilfe gelten als durch das Oberverwaltungsgericht zugelassen.

(4) In Verfahren, die vor dem 1. Januar 2002 anhängig geworden sind oder für die die Klagefrist vor diesem Tage begonnen hat, sowie in Verfahren über Rechtsmittel gegen gerichtliche Entscheidungen, die vor dem 1. Januar 2002 bekannt gegeben oder verkündet oder von Amts wegen an Stelle einer Verkündung zugestellt worden sind, gelten für die Prozessvertretung der Beteiligten die bis zu diesem Zeitpunkt geltenden Vorschriften.

(5) § 40 Abs. 2 Satz 1, § 154 Abs. 3, § 162 Abs. 2 Satz 3 und § 188 Satz 2 sind für die ab 1. Januar 2002 bei Gericht anhängig werdenden Verfahren in der zu diesem Zeitpunkt geltenden Fassung anzuwenden.

(6) Für am 1. Januar 2024 noch anhängige Verfahren aus dem Sachgebiet der Kriegsopferfürsorge gilt § 67 Absatz 2 Satz 2 Nummer 6 in der am 31. Dezember 2023 geltenden Fassung weiter.

§ 195 (In-Kraft-Treten)

(1) (Inkrafttreten)

(2) bis (6) (weggefallen)

(7) Für Rechtsvorschriften im Sinne des § 47, die vor dem 1. Januar 2007 bekannt gemacht worden sind, gilt die Frist des § 47 Abs. 2 in der bis zum Ablauf des 31. Dezember 2006 geltenden Fassung.

Gesetz zur Ausführung der Verwaltungsgerichtsordnung (AGVwGO)

in der Fassung der Bekanntmachung vom 20. Juni 1992 (GVBl. S. 162)

Zuletzt geändert durch
Gesetz zur Änderung des Gesetzes zur Ausführung der Verwaltungsgerichtsordnung
vom 22. April 2022 (GVBl. S. 148)

Art. 1 Bayerische Verwaltungsgerichtsbarkeit

(1) ₁Das Oberverwaltungsgericht für den Freistaat Bayern führt die Bezeichnung „Bayerischer Verwaltungsgerichtshof". ₂Der Verwaltungsgerichtshof hat seinen Sitz und die Mehrzahl seiner Senate in München. ₃In Ansbach werden mindestens sechs auswärtige Senate des Verwaltungsgerichtshofs errichtet.

(2) Die bayerischen Verwaltungsgerichte haben ihren Sitz

1. in München für den Regierungsbezirk Oberbayern,
2. in Regensburg für die Regierungsbezirke Niederbayern und Oberpfalz,
3. in Bayreuth für den Regierungsbezirk Oberfranken,
4. in Ansbach für den Regierungsbezirk Mittelfranken,
5. in Würzburg für den Regierungsbezirk Unterfranken,
6. in Augsburg für den Regierungsbezirk Schwaben.

Art. 2 Personalvertretungs- und Disziplinarangelegenheiten

(1) ₁Für Personalvertretungsangelegenheiten nach Bundes- und nach Landesrecht werden gebildet:

1. im ersten Rechtszug je eine Fachkammer am Verwaltungsgericht München mit Zuständigkeit für Oberbayern, Niederbayern und Schwaben sowie je eine Fachkammer am Verwaltungsgericht Ansbach mit Zuständigkeit für die Oberpfalz, Oberfranken, Mittelfranken und Unterfranken,
2. im zweiten Rechtszug je ein Fachsenat am Verwaltungsgerichtshof.

₂Für die Besetzung und das Verfahren der Gerichte der Verwaltungsgerichtsbarkeit in Personalvertretungsangelegenheiten nach dem Bayerischen Personalvertretungsgesetz gelten dessen Vorschriften.

(2) ₁Die Vorschriften des Bayerischen Disziplinargesetzes über die Bildung von Spruchkörpern für Disziplinarsachen bleiben unberührt. ₂Für die Besetzung und das Verfahren der Gerichte der Verwaltungsgerichtsbarkeit in Disziplinarsachen gelten die Vorschriften des Bayerischen Disziplinargesetzes.

Art. 3 Dienstaufsicht

Der Staatsminister des Innern, für Sport und Integration übt die Dienstaufsicht über den Präsidenten des Verwaltungsgerichtshofs aus.

Art. 4 Zuständigkeit für Normenkontrollverfahren

₁Der Verwaltungsgerichtshof entscheidet im Rahmen seiner Gerichtsbarkeit auf Antrag über die Gültigkeit von Rechtsvorschriften, die im Rang unter dem Landesgesetz stehen. ₂Über Satzungen nach Art. 81 Abs. 1 der Bayerischen Bauordnung entscheidet der Verwaltungsgerichtshof nur, wenn

1. der Antrag von einer Behörde gestellt wird und
2. die Rechtssache grundsätzliche Bedeutung hat.

Art. 5 Zuständigkeit des Verwaltungsgerichtshofs für Streitigkeiten über Besitzeinweisungen

Der Verwaltungsgerichtshof entscheidet im ersten Rechtszug über Streitigkeiten, die Besitzeinweisungen in den Fällen des § 48 Abs. 11 Satz 1 VwGO betreffen.

Art. 6 Großer Senat

1Der Große Senat beim Verwaltungsgerichtshof besteht aus dem Präsidenten und sechs Richtern. 2Bei einer Verhinderung des Präsidenten tritt sein Stellvertreter an seine Stelle. 3Ruft der erkennende Senat den Großen Senat an, weil er in einer Rechtsfrage von der Entscheidung eines anderen Senats oder des Großen Senats abweichen will, so entsendet jeder beteiligte Senat einen abstimmungsberechtigten Richter zu den Sitzungen des Großen Senats. 4Wird der Große Senat zur Klärung einer grundsätzlichen Rechtsfrage angerufen, so entsendet der erkennende Senat einen abstimmungsberechtigten Richter zu den Sitzungen des Großen Senats.

Art. 7 Geschäftsordnung; Gewährung von Zulagen

(1) 1Der Verwaltungsgerichtshof gibt sich eine Geschäftsordnung, die das Präsidium beschließt. 2Sie bedarf der Genehmigung des Staatsministers des Innern, für Sport und Integration.

(2) 1Der Präsident des Verwaltungsgerichtshofs erlässt für jedes Verwaltungsgericht eine Geschäftsordnung. 2Das Präsidium des Verwaltungsgerichts ist vorher gutachtlich zu hören.

(3) Die Präsidenten der Verwaltungsgerichte und des Verwaltungsgerichtshofs können nach Maßgabe des Art. 56 Abs. 2 des Bayerischen Besoldungsgesetzes besondere Zulagen nach gerichtsinterner Ausschreibung im Benehmen mit dem Präsidium und Richterrat jeweils für die Dauer eines Geschäftsjahres gewähren.

Art. 8 Urkundsbeamte

(1) Urkundsbeamte der Geschäftsstelle sind Beamte beim Verwaltungsgerichtshof und bei den Verwaltungsgerichten, die für ein Amt ab der Besoldungsgruppe A 7 qualifiziert sind.

(2) Als stellvertretende Urkundsbeamte können bei Bedarf bestellt werden:

1. Beamte auf Widerruf für den Einstieg in der zweiten oder dritten Qualifikationsebene,
2. nichtbeamtete Kräfte und
3. in Ausnahmefällen, insbesondere während ihrer Ausbildung im Rahmen der Ausbildungsqualifizierung für Ämter ab der zweiten Qualifikationsebene, Beamte beim Verwaltungsgerichtshof und den Verwaltungsgerichten, die in der ersten Qualifikationsebene eingestiegen sind.

(3) 1Die stellvertretenden Urkundsbeamten werden vom Präsidenten des Gerichts bestellt. 2Die Bestellung ist schriftlich vorzunehmen; sie kann auf einzelne Arten von Geschäften oder zeitlich beschränkt werden. 3Sie ist jederzeit widerruflich und gilt nur für die Dauer der Verwendung bei dem Gericht, dessen Präsident die Bestellung verfügt hat.

Art. 9 Vertrauensleute des Ausschusses zur Wahl der ehrenamtlichen Richter

(1) 1Die Vertrauensleute und ihre Vertreter werden vom Bezirkstag, mit seiner Ermächtigung vom Bezirksausschuss gewählt. 2Art. 42 Abs. 3 der Bezirksordnung ist anzuwenden.

(2) Für den beim Verwaltungsgericht Regensburg zu bestellenden Ausschuss zur Wahl der ehrenamtlichen Verwaltungsrichter wählt der Bezirkstag Niederbayern je vier, der Bezirkstag Oberpfalz je drei Vertrauensleute und Vertreter.

(3) 1Die Vertrauensleute und ihre Vertreter werden auf vier Jahre gewählt. 2Die §§ 23 und 24 Abs. 1 und 2 VwGO gelten entsprechend; über die Befreiung von der Übernahme oder der weiteren Ausübung des Amts und über die Entbindung von diesem Amt entscheidet der Bezirkstag, mit seiner Ermächtigung der Bezirksausschuss.

Art. 10 Zuständigkeit als Schiedsgerichte

(1) Die Gerichte der Verwaltungsgerichtsbarkeit sind als Schiedsgerichte zuständig für Vermögensauseinandersetzungen öffentlich-rechtlicher Verbände, soweit das in besonderen Gesetzen bestimmt ist.

(2) 1Für die Besetzung der Schiedsgerichte und für das Verfahren gelten die Bestimmungen der Verwaltungsgerichtsordnung, für das Verfahren jedoch nur, soweit in besonderen Gesetzen nicht anderes bestimmt ist. 2Die Schiedsgerichte entscheiden unter Würdigung der Rechts- und Sachlage nach billigem Ermessen.

Art. 11 Rechtsbehelfe

(1) Soweit nicht anderes bestimmt wird, tritt der Widerspruch an die Stelle aller förmlichen Rechtsbehelfe, die das Landesrecht für das Verwaltungsverfahren einräumt.

(2) Unberührt bleiben die Rechtsbehelfe nach dem Bayerischen Disziplinargesetz.

(3) Unberührt bleiben die Rechtsbehelfe nach dem Landeswahlgesetz, dem Bezirkswahlgesetz und dem Gemeinde- und Landkreiswahlgesetz, soweit sie nicht Voraussetzung der verwaltungsgerichtlichen Klage sind.

Art. 12 Widerspruchsverfahren

(1) $_1$Gegen einen nur an ihn gerichteten Verwaltungsakt kann der Betroffene

1. im Bereich des Kommunalabgabenrechts,
2. im Bereich des Landwirtschaftsrechts einschließlich des Rechts landwirtschaftlicher Subventionen sowie im Bereich des Rechts forstlicher Subventionen und jagdrechtlicher Abschlussplanverfahren,
3. im Bereich des Schulrechts einschließlich des Rechts der Schulfinanzierung und Schülerbeförderung,
4. in den Bereichen des Ausbildungs- und Studienförderungsrechts, des Heimrechts, des Kinder- und Jugendhilferechts, der Kinder-, Jugend- und Familienförderung, des Kriegsopferfürsorgerechts, des Schwerbehindertenrechts, des Unterhaltsvorschussrechts, des Wohngeldrechts, des Rundfunkabgabenrechts und im Rahmen der Förderungen nach dem Europäischen Sozialfonds (ESF-Förderung), soweit jeweils der Verwaltungsrechtsweg eröffnet ist,
5. in Angelegenheiten der Beamten mit Ausnahme des Disziplinarrechts,
6. bei personenbezogenen Prüfungsentscheidungen

entweder Widerspruch einlegen oder unmittelbar Klage erheben; in den Angelegenheiten der Nr. 5 gilt Entsprechendes für Leistungs- und Feststellungsklagen. $_2$Richtet sich der Verwaltungsakt in diesen Bereichen an mehrere Betroffene, kann jeder von ihnen unmittelbar Klage erheben, wenn alle Betroffenen zustimmen. $_3$Wird unmittelbar Klage erhoben, bedarf es keiner Durchführung eines Vorverfahrens nach § 68 VwGO.

(2) Soweit in Abs. 1 nichts Abweichendes geregelt ist, entfällt das Vorverfahren nach § 68 VwGO.

(3) $_1$Die Abs. 1 und 2 gelten nur für Verfahren der Behörden des Freistaates Bayern, der Gemeinden und Gemeindeverbände und der sonstigen der Aufsicht des Freistaates Bayern unterstehenden juristischen Personen des öffentlichen Rechts. $_2$§ 68 Abs. 1 Satz 2 Nrn. 1 und 2 VwGO sowie sonstige abweichende Regelungen in anderen Gesetzen und Rechtsverordnungen bleiben unberührt.

Art. 13 Vertretungsbehörden

$_1$Vertretungsbehörde des Freistaates Bayern vor den Gerichten der Verwaltungsgerichtsbarkeit ist in den Fällen des § 45 VwGO die Ausgangsbehörde und in den übrigen Fällen die Landesanwaltschaft Bayern, soweit die Vertretung nicht auf eine andere Behörde oder Stelle übertragen ist. $_2$Das Nähere regelt die Staatsregierung durch Rechtsverordnung. $_3$Die Regelungen der Vertretungsverordnung bleiben unberührt.

Art. 14 Inkrafttreten

$_1$Dieses Gesetz ist dringlich. $_2$Es tritt am 1. Dezember 1960 in Kraft. $_3$Die Art. 1, 5 bis 8, 10 und 11 des Gesetzes treten am 1. April 1960 in Kraft.*)

IX

*) Diese Vorschrift betrifft das In-Kraft-Treten des Gesetzes in der ursprünglichen Fassung vom 28. November 1960 (GVBl. S. 266). Der Zeitpunkt des In-Kraft-Tretens der späteren Änderungen ergibt sich aus den jeweiligen Änderungsgesetzen.

Bayerisches Verwaltungsverfahrensgesetz (BayVwVfG)

Vom 23. Dezember 1976 (GVBl. S. 544)

Zuletzt geändert durch
Gesetz zur Änderung des Bayerischen Verwaltungsverfahrensgesetzes und weiterer Rechtsvorschriften
vom 23. Dezember 2024 (GVBl. S. 599)

Inhaltsübersicht

IX

Erster Teil
Anwendungsbereich, örtliche Zuständigkeit, elektronische Kommunikation, Amtshilfe, europäische Verwaltungszusammenarbeit

Abschnitt I
Anwendungsbereich, örtliche Zuständigkeit, elektronische Kommunikation

Art. 1 Anwendungsbereich

(1) 1Dieses Gesetz gilt für die öffentlich-rechtliche Verwaltungstätigkeit der Behörden des Freistaates Bayern, der Gemeinden und Gemeindeverbände und der sonstigen der Aufsicht des Freistaates Bayern unterstehenden juristischen Personen des öffentlichen Rechts, soweit nicht Rechtsvorschriften des Freistaates Bayern inhaltsgleiche oder entgegenstehende Bestimmungen enthalten. 2Verfahrensregelungen in Rechtsvorschriften des Bundes bleiben unberührt.

(2) Behörde im Sinn dieses Gesetzes ist jede Stelle, die Aufgaben der öffentlichen Verwaltung wahrnimmt.

Art. 2 Ausnahmen vom Anwendungsbereich

(1) 1Dieses Gesetz gilt nicht für die Tätigkeit der Kirchen, der Religionsgemeinschaften und der weltanschaulichen Gemeinschaften sowie ihrer Verbände und Einrichtungen. 2Das Gesetz gilt auch nicht für die Anstalten des öffentlichen Rechts „Bayerischer Rundfunk".

IX

(2) Dieses Gesetz gilt ferner nicht für

1. Verfahren der Finanzbehörden nach der Abgabenordnung,
2. die Strafverfolgung, die Verfolgung und Ahndung von Ordnungswidrigkeiten, die Rechtshilfe für das Ausland in Straf- und Zivilsachen und, unbeschadet des Art. 80 Abs. 4, für Maßnahmen des Richterdienstrechts,
3. Verfahren im Zusammenhang mit Ehrungen und der Ausübung des Begnadigungsrechts,
4. Verfahren nach dem Sozialgesetzbuch,
5. das Recht des Lastenausgleichs,
6. das Recht der Wiedergutmachung.

(3) Das Gesetz gilt für die Tätigkeit

1. der Gerichtsverwaltungen und der Behörden der Justizverwaltung einschließlich der ihrer Aufsicht unterliegenden Körperschaften des öffentlichen Rechts nur, soweit die Tätigkeit der Nachprüfung durch die Gerichte der Verwaltungsgerichtsbarkeit oder durch die in verwaltungsrechtlichen Anwalts- und Notarsachen zuständigen Gerichte unterliegt,
2. der Behörden bei Leistungs-, Eignungs- und ähnlichen Prüfungen von Personen nur, soweit nicht die Besonderheiten des Prüfungsverfahrens entgegenstehen.

Art. 3 Örtliche Zuständigkeit

(1) Örtlich zuständig ist

1. in Angelegenheiten, die sich auf unbewegliches Vermögen oder ein ortsgebundenes Recht oder Rechtsverhältnis beziehen, die Behörde, in deren Bezirk das Vermögen oder der Ort liegt,
2. in Angelegenheiten, die sich auf den Betrieb eines Unternehmens oder einer seiner Betriebsstätten, auf die Ausübung eines Berufs oder auf eine andere dauernde Tätigkeit beziehen, die Behörde, in deren Bezirk das Unternehmen oder die Betriebsstätte betrieben oder der Beruf oder die Tätigkeit ausgeübt wird oder werden soll,
3. in anderen Angelegenheiten, die
   a) eine natürliche Person betreffen, die Behörde, in deren Bezirk die natürliche Person ihren gewöhnlichen Aufenthalt hat oder zuletzt hatte,
   b) eine juristische Person oder eine Vereinigung betreffen, die Behörde, in deren Bezirk die juristische Person oder die Vereinigung ihren Sitz hat oder zuletzt hatte,
4. in Angelegenheiten, bei denen sich die Zuständigkeit nicht aus den Nummern 1 bis 3 ergibt, die Behörde, in deren Bezirk der Anlaß für die Amtshandlung hervortritt.

(2) 1Sind nach Absatz 1 mehrere Behörden zuständig, so entscheidet die Behörde, die zuerst mit der Sache befaßt worden ist, es sei denn, die gemeinsame fachlich zuständige Aufsichtsbehörde bestimmt, daß eine andere örtlich zuständige Behörde zu entscheiden hat. 2Sie kann in den Fällen, in denen eine gleiche Angelegenheit sich auf mehrere Betriebsstätten eines Betriebs oder Unternehmens bezieht, eine der nach Absatz 1 Nr. 2 zuständigen Behörden als gemeinsame zuständige Behörde bestimmen, wenn dies unter Wahrung der Interessen der Beteiligten zur einheitlichen Entscheidung geboten ist. 3Diese Aufsichtsbehörde entscheidet ferner über die örtliche Zuständigkeit, wenn sich mehrere Behörden für zuständig oder für unzuständig halten oder wenn die Zuständigkeit aus anderen Gründen zweifelhaft ist. 4Fehlt eine gemeinsame Aufsichtsbehörde, so treffen die fachlich zuständigen Aufsichtsbehörden die Entscheidung gemeinsam.

(3) Ändern sich im Lauf des Verwaltungsverfahrens die die Zuständigkeit begründenden Umstände, so kann die bisher zuständige Behörde das Verwaltungsverfahren fortführen, wenn dies unter Wahrung der Interessen der Beteiligten der einfachen und zweckmäßigen Durchführung des Verfahrens dient und die nunmehr zuständige Behörde zustimmt.

(4) 1Bei Gefahr im Verzug ist für unaufschiebbare Maßnahmen jede Behörde örtlich zuständig, in deren Bezirk der Anlaß für die Amtshandlung hervortritt. 2Die nach Absatz 1 Nrn. 1 bis 3 örtlich zuständige Behörde ist unverzüglich zu unterrichten.

Art. 3a Elektronische Kommunikation

(1) Die Übermittlung elektronischer Dokumente ist zulässig, soweit der Empfänger hierfür einen Zugang eröffnet.

(2) 1Eine durch Rechtsvorschrift angeordnete Schriftform kann, soweit nicht durch Rechtsvorschrift etwas anderes bestimmt ist, durch die elektronische Form ersetzt werden. 2Der elektronischen Form genügt ein elektronisches Dokument, das mit einer qualifizierten elektronischen Signatur versehen ist. 3Die Signierung mit einem Pseudonym, das die Identifizierung der Person des Signaturschlüsselinhabers nicht unmittelbar durch die Behörde ermöglicht, ist nicht zulässig.

(3) Die Schriftform kann auch ersetzt werden

1. durch unmittelbare Abgabe der Erklärung in einem elektronischen Formular, das von der Behörde in einem Eingabegerät oder über öffentlich zugängliche Netze zur Verfügung gestellt wird; bei einer Eingabe über öffentlich zugängliche Netze muss ein elektronischer Identitätsnachweis nach § 18 des Personalausweisgesetzes, nach § 12 des eID-Karte-Gesetzes oder nach § 78 Abs. 5 des Aufenthaltsgesetzes erfolgen;
2. durch Übermittlung einer von dem Erklärenden elektronisch signierten Erklärung an die Behörde
   a) aus einem besonderen elektronischen Anwaltspostfach nach den §§ 31a und 31b der Bundesrechtsanwaltsordnung oder aus einem entsprechenden, auf gesetzlicher Grundlage errichteten elektronischen Postfach;
   b) aus einem elektronischen Postfach einer Behörde oder einer juristischen Person des öffentlichen Rechts, das nach Durchführung eines Identifizierungsverfahrens nach den Regelungen der auf Grund des § 130a Abs. 2 Satz 2 der Zivilprozessordnung erlassenen Rechtsverordnung eingerichtet wurde;
   c) aus einem elektronischen Postfach einer natürlichen oder juristischen Person oder einer sonstigen Vereinigung, das nach Durchführung eines Identifizierungsverfahrens nach den Regelungen der auf Grund des § 130a Abs. 2 Satz 2 der Zivilprozessordnung erlassenen Rechtsverordnung eingerichtet wurde;
   d) mit der Versandart nach § 5 Abs. 5 des De-Mail-Gesetzes;
3. bei elektronischen Verwaltungsakten oder sonstigen elektronischen Dokumenten der Behörde,
   a) indem diese mit dem qualifizierten elektronischen Siegel der Behörde versehen werden;

b) durch Versendung einer De-Mail-Nachricht nach § 5 Abs. 5 des De-Mail-Gesetzes, bei der die Bestätigung des akkreditierten Diensteanbieters die erlassende Behörde als Nutzer des De-Mail-Kontos erkennen lässt;

4. durch sonstige sichere Verfahren, die durch Rechtsverordnung der Staatsregierung festgelegt werden, welche den Datenübermittler (Absender der Daten) authentifizieren und die Integrität des elektronisch übermittelten Datensatzes sowie die Barrierefreiheit gewährleisten.

(4) $_1$Ist ein der Behörde übermitteltes elektronisches Dokument für sie zur Bearbeitung nicht geeignet, teilt sie dies dem Absender unter Angabe der für sie geltenden technischen Rahmenbedingungen unverzüglich mit. $_2$Macht ein Empfänger geltend, er könne das von der Behörde übermittelte elektronische Dokument nicht bearbeiten, hat sie es ihm erneut in einem geeigneten elektronischen Format oder als Schriftstück zu übermitteln.

(5) $_1$Ermöglicht die Behörde die unmittelbare Abgabe einer Erklärung in einem elektronischen Formular, das von der Behörde in einem Eingabegerät oder über öffentlich zugängliche Netze zur Verfügung gestellt wird, so hat sie dem Erklärenden vor Abgabe der Erklärung Gelegenheit zu geben, die gesamte Erklärung auf Vollständigkeit und Richtigkeit zu prüfen. $_2$Nach der Abgabe ist dem Erklärenden eine Kopie der Erklärung zur Verfügung zu stellen.

IX

Art. 3b Selbsteintritt

(1) Kommt eine staatliche Behörde einer schriftlichen Weisung der Aufsichtsbehörde nicht fristgerecht nach, so kann der Leiter der Aufsichtsbehörde an Stelle der angewiesenen Behörde handeln (Selbsteintritt).

(2) Der Selbsteintritt gegenüber einem Landratsamt als Staatsbehörde ist nur zulässig, wenn der fachlich zuständige Minister ein sofortiges Handeln aus wichtigen Gründen des öffentlichen Wohls, insbesondere in Fällen von überörtlicher oder landesweiter Bedeutung, im Einzelfall für erforderlich hält und dies gegenüber der Aufsichtsbehörde erklärt.

Abschnitt II
Amtshilfe

Art. 4 Amtshilfepflicht

(1) Jede Behörde leistet anderen Behörden auf Ersuchen ergänzende Hilfe (Amtshilfe).

(2) Amtshilfe liegt nicht vor, wenn

1. Behörden einander innerhalb eines bestehenden Weisungsverhältnisses Hilfe leisten,
2. die Hilfeleistung in Handlungen besteht, die der ersuchten Behörde als eigene Aufgabe obliegen.

Art. 5 Voraussetzungen und Grenzen der Amtshilfe

(1) Eine Behörde kann um Amtshilfe insbesondere dann ersuchen, wenn sie

1. aus rechtlichen Gründen die Amtshandlung nicht selbst vornehmen kann,
2. aus tatsächlichen Gründen, besonders weil die zur Vornahme der Amtshandlung erforderlichen Dienstkräfte oder Einrichtungen fehlen, die Amtshandlung nicht selbst vornehmen kann,
3. zur Durchführung ihrer Aufgaben auf die Kenntnis von Tatsachen angewiesen ist, die ihr unbekannt sind und die sie selbst nicht ermitteln kann,
4. zur Durchführung ihrer Aufgaben Urkunden oder sonstige Beweismittel benötigt, die sich im Besitz der ersuchten Behörde befinden,
5. die Amtshandlung nur mit wesentlich größerem Aufwand vornehmen könnte als die ersuchte Behörde.

(2) $_1$Die ersuchte Behörde darf Hilfe nicht leisten, wenn

1. sie hierzu aus rechtlichen Gründen nicht in der Lage ist,
2. durch die Hilfeleistung dem Wohl des Bundes oder eines Landes erhebliche Nachteile bereitet würden.

$_2$Die ersuchte Behörde ist insbesondere zur Vorlage von Urkunden oder Akten sowie zur Erteilung von Auskünften nicht verpflichtet, wenn die Vorgänge nach einem Gesetz oder ihrem Wesen nach geheimgehalten werden müssen.

(3) Die ersuchte Behörde braucht Hilfe nicht zu leisten, wenn

1. eine andere Behörde die Hilfe wesentlich einfacher oder mit wesentlich geringerem Aufwand leisten kann,
2. sie die Hilfe nur mit unverhältnismäßig großem Aufwand leisten könnte,
3. sie unter Berücksichtigung der Aufgaben der ersuchenden Behörde durch die Hilfeleistung die Erfüllung ihrer eigenen Aufgaben ernstlich gefährden würde.

(4) Die ersuchte Behörde darf die Hilfe nicht deshalb verweigern, weil sie das Ersuchen aus anderen als den in Absatz 3 genannten Gründen oder weil sie die mit der Amtshilfe zu verwirklichende Maßnahme für unzweckmäßig hält.

(5) $_1$Hält die ersuchte Behörde sich zur Hilfe nicht für verpflichtet, so teilt sie der ersuchenden Behörde ihre Auffassung mit. $_2$Besteht diese auf der Amtshilfe, so entscheidet über die Verpflichtung zur Amtshilfe die gemeinsame fachlich zuständige Aufsichtsbehörde oder, sofern eine solche nicht besteht, die für die ersuchte Behörde fachlich zuständige Aufsichtsbehörde.

Art. 6 Auswahl der Behörde

Kommen für die Amtshilfe mehrere Behörden in Betracht, so soll nach Möglichkeit eine Behörde der untersten Verwaltungsstufe des Verwaltungszweigs ersucht werden, dem die ersuchende Behörde angehört.

Art. 7 Durchführung der Amtshilfe

(1) Die Zulässigkeit der Maßnahme, die durch die Amtshilfe verwirklicht werden soll, richtet sich nach dem für die ersuchende Behörde, die Durchführung der Amtshilfe nach dem für die ersuchte Behörde geltenden Recht.

(2) $_1$Die ersuchende Behörde trägt gegenüber der ersuchten Behörde die Verantwortung für die Rechtmäßigkeit der zu treffenden Maßnahme. $_2$Die ersuchte Behörde ist für die Durchführung der Amtshilfe verantwortlich.

Art. 8 Kosten der Amtshilfe

(1) $_1$Die ersuchende Behörde hat der ersuchten Behörde für die Amtshilfe keine Verwaltungsgebühr zu entrichten. $_2$Besondere Aufwendungen hat sie der ersuchten Behörde auf Anforderung zu erstatten, wenn sie 35 € übersteigen. $_3$Leisten Behörden desselben Rechtsträgers einander Amtshilfe, so werden die Aufwendungen nicht erstattet.

(2) Nimmt die ersuchte Behörde zur Durchführung der Amtshilfe eine kostenpflichtige Amtshandlung vor, so stehen ihr die von einem Dritten hierfür geschuldeten Kosten (Verwaltungsgebühren, Benutzungsgebühren und Auslagen) zu.

Abschnitt III
Europäische Verwaltungszusammenarbeit

Art. 8a Grundsätze der Hilfeleistung

(1) Jede Behörde leistet Behörden anderer Mitgliedstaaten der Europäischen Union auf Ersuchen Hilfe, soweit dies nach Maßgabe von Rechtsakten der Europäischen Union geboten ist.

(2) $_1$Behörden anderer Mitgliedstaaten der Europäischen Union können um Hilfe ersucht werden, soweit dies nach Maßgabe von Rechtsakten der Europäischen Union zugelassen ist. $_2$Um Hilfe ist zu ersuchen, soweit dies nach Maßgabe von Rechtsakten der Europäischen Union geboten ist.

(3) Art. 5, 7 und 8 Abs. 2 sind entsprechend anzuwenden, soweit Rechtsakte der Europäischen Union nicht entgegenstehen.

Art. 8b Form und Behandlung der Ersuchen

(1) $_1$Ersuchen sind in deutscher Sprache an Behörden anderer Mitgliedstaaten der Europäischen Union zu richten; soweit erforderlich, ist eine Übersetzung beizufügen. $_2$Die Ersuchen sind gemäß den gemeinschaftsrechtlichen Vorgaben und unter Angabe des maßgeblichen Rechtsakts zu begründen.

(2) $_1$Ersuchen von Behörden anderer Mitgliedstaaten der Europäischen Union dürfen nur erledigt werden, wenn sich ihr Inhalt in deutscher Sprache aus den Akten ergibt. $_2$Soweit erforderlich, soll bei Ersuchen in einer

IX

anderen Sprache von der ersuchenden Behörde eine Übersetzung verlangt werden.

(3) Ersuchen von Behörden anderer Mitgliedstaaten der Europäischen Union können abgelehnt werden, wenn sie nicht ordnungsgemäß und unter Angabe des maßgeblichen Rechtsakts begründet sind und die erforderliche Begründung nach Aufforderung nicht nachgereicht wird.

(4) $_1$Einrichtungen und Hilfsmittel der Kommission zur Behandlung von Ersuchen sollen genutzt werden. $_2$Informationen sollen elektronisch übermittelt werden.

Art. 8c Kosten der Hilfeleistung

Ersuchende Behörden anderer Mitgliedstaaten der Europäischen Union haben Verwaltungsgebühren oder Auslagen nur zu erstatten, soweit dies nach Maßgabe von Rechtsakten der Europäischen Union verlangt werden kann.

Art. 8d Mitteilungen von Amts wegen

(1) $_1$Die zuständige Behörde teilt den Behörden anderer Mitgliedstaaten der Europäischen Union und der Kommission Angaben über Sachverhalte und Personen mit, soweit dies nach Maßgabe von Rechtsakten der Europäischen Union geboten ist. $_2$Dabei sollen die hierzu eingerichteten Informationsnetze genutzt werden.

(2) Übermittelt eine Behörde Angaben nach Abs. 1 an die Behörde eines anderen Mitgliedstaates der Europäischen Union, unterrichtet sie den Betroffenen über die Tatsache der Übermittlung, soweit Rechtsakte der Europäischen Union dies vorsehen; dabei ist auf die Art der Angaben sowie auf die Zweckbestimmung und die Rechtsgrundlage der Übermittlung hinzuweisen.

Art. 8e Anwendbarkeit

$_1$Die Regelungen dieses Abschnitts sind mit Inkrafttreten des jeweiligen Rechtsakts der Europäischen Union, wenn dieser unmittelbare Wirkung entfaltet, im Übrigen mit Ablauf der jeweiligen Umsetzungsfrist anzuwenden. $_2$Sie gelten auch im Verhältnis zu den anderen Vertragsstaaten des Abkommens über den Europäischen Wirtschaftsraum, soweit Rechtsakte der Europäischen Union auch auf diese Staaten anzuwenden sind.

Zweiter Teil
Allgemeine Vorschriften über das Verwaltungsverfahren

Abschnitt I
Verfahrensgrundsätze

Art. 9 Begriff des Verwaltungsverfahrens

Das Verwaltungsverfahren im Sinn dieses Gesetzes ist die nach außen wirkende Tätigkeit der Behörden, die auf die Prüfung der Voraussetzungen, die Vorbereitung und den Erlaß eines Verwaltungsakts oder auf den Abschluß eines öffentlich-rechtlichen Vertrags gerichtet ist; es schließt den Erlaß des Verwaltungsakts oder den Abschluß des öffentlich-rechtlichen Vertrags ein.

Art. 10 Nichtförmlichkeit des Verwaltungsverfahrens

$_1$Das Verwaltungsverfahren ist an bestimmte Formen nicht gebunden, soweit keine besonderen Rechtsvorschriften für die Form des Verfahrens bestehen. $_2$Es ist einfach, zweckmäßig und zügig durchzuführen.

Art. 11 Beteiligungsfähigkeit

Fähig, am Verfahren beteiligt zu sein, sind

1. natürliche und juristische Personen,
2. Vereinigungen, soweit ihnen ein Recht zustehen kann,
3. Behörden.

Art. 12 Handlungsfähigkeit

(1) Fähig zur Vornahme von Verfahrenshandlungen sind

1. natürliche Personen, die nach bürgerlichem Recht geschäftsfähig sind,
2. natürliche Personen, die nach bürgerlichem Recht in der Geschäftsfähigkeit beschränkt sind, soweit sie für den Gegenstand des Verfahrens durch Vorschriften des bürgerlichen Rechts als geschäftsfähig

oder durch Vorschriften des öffentlichen Rechts als handlungsfähig anerkannt sind,

3. juristische Personen und Vereinigungen (Art. 11 Nr. 2) durch ihre gesetzlichen Vertreter oder durch besonders Beauftragte,
4. Behörden durch ihre Leiter, deren Vertreter oder Beauftragte.

(2) Betrifft ein Einwilligungsvorbehalt nach § 1825 des Bürgerlichen Gesetzbuchs den Gegenstand des Verfahrens, so ist ein geschäftsfähiger Betreuter nur insoweit zur Vornahme von Verfahrenshandlungen fähig, als er nach den Vorschriften des bürgerlichen Rechts ohne Einwilligung des Betreuers handeln kann oder durch Vorschriften des öffentlichen Rechts als handlungsfähig anerkannt ist.

(3) Die §§ 53 und 55 der Zivilprozessordnung gelten entsprechend.

Art. 13 Beteiligte

(1) Beteiligte sind

1. Antragsteller und Antragsgegner,
2. diejenigen, an die die Behörde den Verwaltungsakt richten will oder gerichtet hat,
3. diejenigen, mit denen die Behörde einen öffentlich-rechtlichen Vertrag schließen will oder geschlossen hat,
4. diejenigen, die nach Absatz 2 von der Behörde zu dem Verfahren hinzugezogen worden sind.

(2) $_1$Die Behörde kann von Amts wegen oder auf Antrag diejenigen, deren rechtliche Interessen durch den Ausgang des Verfahrens berührt werden können, als Beteiligte hinzuziehen. $_2$Hat der Ausgang des Verfahrens rechtsgestaltende Wirkung für einen Dritten, so ist dieser auf Antrag als Beteiligter zu dem Verfahren hinzuzuziehen; soweit er der Behörde bekannt ist, hat diese ihn von der Einleitung des Verfahrens zu benachrichtigen.

(3) Wer anzuhören ist, ohne daß die Voraussetzungen des Absatzes 1 vorliegen, wird dadurch nicht Beteiligter.

Art. 14 Bevollmächtigte und Beistände

(1) $_1$Ein Beteiligter kann sich durch einen Bevollmächtigten vertreten lassen. $_2$Die Vollmacht ermächtigt zu allen das Verwaltungsverfahren betreffenden Verfahrenshandlungen, sofern sich aus ihrem Inhalt nicht etwas anderes ergibt. $_3$Der Bevollmächtigte hat auf Verlangen seine Vollmacht schriftlich nachzuweisen. $_4$Ein Widerruf der Vollmacht wird der Behörde gegenüber erst wirksam, wenn er ihr zugeht.

(2) Die Vollmacht wird weder durch den Tod des Vollmachtgebers noch durch eine Veränderung in seiner Handlungsfähigkeit oder seiner gesetzlichen Vertretung aufgehoben; der Bevollmächtigte hat jedoch, wenn er für den Rechtsnachfolger im Verwaltungsverfahren auftritt, dessen Vollmacht auf Verlangen schriftlich beizubringen.

(3) $_1$Ist für das Verfahren ein Bevollmächtigter bestellt, so soll sich die Behörde an ihn wenden. $_2$Sie kann sich an den Beteiligten selbst wenden, soweit er zur Mitwirkung verpflichtet ist. $_3$Wendet sich die Behörde an den Beteiligten, so soll der Bevollmächtigte verständigt werden. $_4$Vorschriften über die Zustellung an Bevollmächtigte bleiben unberührt.

(4) $_1$Ein Beteiligter kann zu Verhandlungen und Besprechungen mit einem Beistand erscheinen. $_2$Das von dem Beistand Vorgetragene gilt als von dem Beteiligten vorgebracht, soweit dieser nicht unverzüglich widerspricht.

(5) Bevollmächtigte und Beistände sind zurückzuweisen, wenn sie entgegen § 3 des Rechtsdienstleistungsgesetzes Rechtsdienstleistungen erbringen.

(6) $_1$Bevollmächtigte und Beistände können vom Vortrag zurückgewiesen werden, wenn sie hierzu ungeeignet sind; vom mündlichen Vortrag könenn sie nur zurückgewiesen werden, wenn sie zum sachgemäßen Vortrag nicht fähig sind. $_2$Nicht zurückgewiesen werden können Personen, die nach § 67 Abs. 2 Sätze 1 und 2 Nrn. 3 bis 7 der Verwaltungsgerichtsordnung zur Vertretung im verwaltungsgerichtlichen Verfahren befugt sind.

(7) $_1$Die Zurückweisung nach den Absätzen 5 und 6 ist auch dem Beteiligten, dessen Bevollmächtigter oder Beistand zurückgewiesen wird, mitzuteilen. $_2$Verfahrenshandlun-

gen des zurückgewiesenen Bevollmächtigten oder Beistands, die dieser nach der Zurückweisung vornimmt, sind unwirksam.

Art. 15 Bestellung eines Empfangsbevollmächtigten

1Ein Beteiligter ohne Wohnsitz oder gewöhnlichen Aufenthalt, Sitz oder Geschäftsleitung im Inland hat der Behörde auf Verlangen innerhalt einer angemessenen Frist einen Empfangsbevollmächtigten im Inland zu benennen. 2Unterlässt er dies, gilt ein an ihn gerichtetes Schriftstück am siebten Tag nach der Aufgabe zur Post und ein elektronisch übermitteltes Dokument am vierten Tag nach der Absendung als zugegangen. 3Dies gilt nicht, wenn feststeht, dass das Dokument den Empfänger nicht oder zu einem späteren Zeitpunkt erreicht hat. 4Auf die Rechtsfolgen der Unterlassung ist der Beteiligte hinzuweisen.

Art. 16 Bestellung eines Vertreters von Amts wegen

(1) Ist ein Vertreter nicht vorhanden, so hat das Betreuungsgericht, für einen minderjährigen Beteiligten das Familiengericht auf Ersuchen der Behörde einen geeigneten Vertreter zu bestellen

1. für einen Beteiligten, dessen Person unbekannt ist,
2. für einen abwesenden Beteiligten, dessen Aufenthalt unbekannt ist oder der an der Besorgung seiner Angelegenheiten verhindert ist,
3. für einen Beteiligten ohne Aufenthalt im Geltungsbereich des Grundgesetzes, wenn er der Aufforderung der Behörde, einen Vertreter zu bestellen, innerhalb der ihm gesetzten Frist nicht nachgekommen ist,
4. für einen Beteiligten, der infolge einer psychischen Krankheit oder körperlichen, geistigen oder seelischen Behinderung nicht in der Lage ist, in dem Verwaltungsverfahren selbst tätig zu werden,
5. bei herrenlosen Sachen, auf die sich das Verfahren bezieht, zur Wahrung der sich in bezug auf die Sache ergebenden Rechte und Pflichten.

(2) Für die Bestellung des Vertreters ist in den Fällen des Absatzes 1 Nr. 4 das Gericht zuständig, in dessen Bezirk der Beteiligte seinen gewöhnlichen Aufenthalt hat; im übrigen ist das Gericht zuständig, in dessen Bezirk die ersuchende Behörde ihren Sitz hat.

(3) 1Der Vertreter hat gegen den Rechtsträger der Behörde, die um seine Bestellung ersucht hat, Anspruch auf eine angemessene Vergütung und auf die Erstattung seiner baren Auslagen. 2Die Behörde kann von dem Vertretenen Ersatz ihrer Aufwendungen verlangen. 3Sie bestimmt die Vergütung und stellt die Auslagen und Aufwendungen fest.

(4) Im übrigen gelten für die Bestellung und für das Amt des Vertreters in den Fällen des Absatzes 1 Nr. 4 die Vorschriften über die Betreuung, in den übrigen Fällen die Vorschriften über die Pflegschaft entsprechend.

Art. 17 Vertreter bei gleichförmigen Eingaben

(1) 1Bei Anträgen und Eingaben, die in einem Verwaltungsverfahren von mehr als 50 Personen auf Unterschriftslisten unterzeichnet oder in Form vervielfältigter gleichlautender Texte eingereicht worden sind (gleichförmige Eingaben), gilt für das Verfahren derjenige Unterzeichner als Vertreter der übrigen Unterzeichner, der darin mit seinem Namen, seinem Beruf und seiner Anschrift als Vertreter bezeichnet ist, soweit er nicht von ihnen als Bevollmächtigter bestellt worden ist. 2Vertreter kann nur eine natürliche Person sein.

(2) 1Die Behörde kann gleichförmige Eingaben, die die Angaben nach Absatz 1 Satz 1 nicht deutlich sichtbar auf jeder mit einer Unterschrift versehenen Seite enthalten oder dem Erfordernis des Absatzes 1 Satz 2 nicht entsprechen, unberücksichtigt lassen. 2Will die Behörde so verfahren, so hat sie dies durch ortsübliche Bekanntmachung mitzuteilen. 3Die Behörde kann ferner gleichförmige Eingaben insoweit unberücksichtigt lassen, als Unterzeichner ihren Namen oder ihre Anschrift nicht oder unleserlich angegeben haben.

(3) 1Die Vertretungsmacht erlischt, sobald der Vertreter oder der Vertretene dies der Behörde schriftlich erklärt; der Vertreter kann eine

IX

solche Erklärung nur hinsichtlich aller Vertretenen abgeben. 2Gibt der Vertretene eine solche Erklärung ab, so soll er der Behörde zugleich mitteilen, ob er seine Eingabe aufrechterhält und ob er einen Bevollmächtigten bestellt hat.

(4) 1Endet die Vertretungsmacht des Vertreters, so kann die Behörde die nicht mehr Vertretenen auffordern, innerhalb einer angemessenen Frist einen gemeinsamen Vertreter zu bestellen. 2Sind mehr als 50 Personen aufzufordern, so kann die Behörde die Aufforderung ortsüblich bekanntmachen. 3Wird der Aufforderung nicht fristgemäß entsprochen, so kann die Behörde von Amts wegen einen gemeinsamen Vertreter bestellen.

Art. 18 Vertreter für Beteiligte bei gleichem Interesse

(1) 1Sind an einem Verwaltungsverfahren mehr als 50 Personen im gleichen Interesse beteiligt, ohne vertreten zu sein, so kann die Behörde sie auffordern, innerhalb einer angemessenen Frist einen gemeinsamen Vertreter zu bestellen, wenn sonst die ordnungsmäßige Durchführung des Verwaltungsverfahrens beeinträchtigt wäre. 2Kommen sie der Aufforderung nicht fristgemäß nach, so kann die Behörde von Amts wegen einen gemeinsamen Vertreter bestellen. 3Vertreter kann nur eine natürliche Person sein.

(2) 1Die Vertretungsmacht erlischt, sobald der Vertreter oder der Vertretene dies der Behörde schriftlich erklärt; der Vertreter kann eine solche Erklärung nur hinsichtlich aller Vertretenen abgeben. 2Gibt der Vertretene eine solche Erklärung ab, so soll er der Behörde zugleich mitteilen, ob er seine Eingabe aufrechterhält oder ob er einen Bevollmächtigten bestellt hat.

Art. 19 Gemeinsame Vorschriften für Vertreter bei gleichförmigen Eingaben und bei gleichem Interesse

(1) 1Der Vertreter hat die Interessen der Vertretenen sorgfältig wahrzunehmen. 2Er kann alle das Verwaltungsverfahren betreffenden Verfahrenshandlungen vornehmen. 3An Weisungen ist er nicht gebunden.

(2) Art. 14 Abs. 5 bis 7 gelten entsprechend.

(3) 1Der von der Behörde bestellte Vertreter hat gegen deren Rechtsträger Anspruch auf angemessene Vergütung und auf Erstattung seiner baren Auslagen. 2Die Behörde kann von den Vertretenen zu gleichen Anteilen Ersatz ihrer Aufwendungen verlangen. 3Sie bestimmt die Vergütung und stellt die Auslagen und Aufwendungen fest.

Art. 20 Ausgeschlossene Personen

(1) 1In einem Verwaltungsverfahren darf für eine Behörde nicht tätig werden,

1. wer selbst Beteiligter ist,
2. wer Angehöriger eines Beteiligten ist,
3. wer einen Beteiligten kraft Gesetzes oder Vollmacht allgemein oder in diesem Verwaltungsverfahren vertritt,
4. wer Angehöriger einer Person ist, die einen Beteiligten in diesem Verfahren vertritt,
5. wer bei einem Beteiligten gegen Entgelt beschäftigt ist oder bei ihm als Mitglied des Vorstands, des Aufsichtsrats oder eines gleichartigen Organs tätig ist; dies gilt nicht für den, dessen Anstellungskörperschaft Beteiligte ist,
6. wer außerhalb seiner amtlichen Eigenschaft in der Angelegenheit ein Gutachten abgegeben hat oder sonst tätig geworden ist.

2Dem Beteiligten steht gleich, wer durch die Tätigkeit oder durch die Entscheidung einen unmittelbaren Vorteil oder Nachteil erlangen kann. 3Dies gilt nicht, wenn der Vor- oder Nachteil nur darauf beruht, daß jemand einer Berufs- oder Bevölkerungsgruppe angehört, deren gemeinsame Interessen durch die Angelegenheit berührt werden.

(2) Absatz 1 gilt nicht für Wahlen zu einer ehrenamtlichen Tätigkeit und für die Abberufung von ehrenamtlich Tätigen.

(3) Wer nach Absatz 1 ausgeschlossen ist, darf bei Gefahr im Verzug unaufschiebbare Maßnahmen treffen.

(4) 1Hält sich ein Mitglied eines Ausschusses (Art. 88) für ausgeschlossen oder bestehen

Zweifel, ob die Voraussetzungen des Absatzes 1 gegeben sind, ist dies dem Vorsitzenden des Ausschusses mitzuteilen. 2Der Ausschuß entscheidet über den Ausschluß. 3Der Betroffene darf an dieser Entscheidung nicht mitwirken. 4Das ausgeschlossene Mitglied darf bei der weiteren Beratung und Beschlußfassung nicht zugegen sein.

(5) 1Angehörige im Sinn des Absatzes 1 Nrn. 2 und 4 sind:

1. der Verlobte,
2. der Ehegatte oder der Lebenspartner im Sinn des Lebenspartnerschaftsgesetzes (Lebenspartner),
3. Verwandte und Verschwägerte gerader Linie,
4. Geschwister,
5. Kinder der Geschwister,
6. Ehegatten der Geschwister und Geschwister des Ehegatten sowie Lebenspartner der Geschwister und Geschwister des Lebenspartners,
7. Geschwister der Eltern,
8. Personen, die durch ein auf längere Dauer angelegtes Pflegeverhältnis mit häuslicher Gemeinschaft wie Eltern und Kind miteinander verbunden sind (Pflegeeltern und Pflegekinder).

2Angehörige sind die in Satz 1 aufgeführten Personen auch dann, wenn

1. in den Fällen der Nummern 2, 3 und 6 die die Beziehung begründende Ehe oder Lebenspartnerschaft nicht mehr besteht,
2. in den Fällen der Nummern 3 bis 7 die Verwandtschaft oder Schwägerschaft durch Annahme als Kind erloschen ist,
3. im Fall der Nummer 8 die häusliche Gemeinschaft nicht mehr besteht, sofern die Personen weiterhin wie Eltern und Kind miteinander verbunden sind.

IX

Art. 21 Besorgnis der Befangenheit

(1) 1Liegt ein Grund vor, der geeignet ist, Mißtrauen gegen eine unparteiische Amtsausübung zu rechtfertigen, oder wird von einem Beteiligten das Vorliegen eines solchen Grundes behauptet, so hat, wer in einem Verwaltungsverfahren für eine Behörde tätig werden soll, den Leiter der Behörde oder den von diesem Beauftragten zu unterrichten und sich auf dessen Anordnung der Mitwirkung zu enthalten. 2Betrifft die Besorgnis der Befangenheit den Leiter der Behörde, so trifft diese Anordnung die Aufsichtsbehörde, sofern sich der Behördenleiter nicht selbst einer Mitwirkung enthält.

(2) Für Mitglieder eines Ausschusses (Art. 88) gilt Art. 20 Abs. 4 entsprechend.

Art. 22 Beginn des Verfahrens

1Die Behörde entscheidet nach pflichtgemäßem Ermessen, ob und wann sie ein Verwaltungsverfahren durchführt. 2Dies gilt nicht, wenn die Behörde auf Grund von Rechtsvorschriften

1. von Amts wegen oder auf Antrag tätig werden muß,
2. nur auf Antrag tätig werden darf und ein Antrag nicht vorliegt.

Art. 23 Amtssprache

(1) Die Amtssprache ist deutsch.

(2) 1Werden bei einer Behörde in einer fremden Sprache Anträge gestellt oder Eingaben, Belege, Urkunden oder sonstige Dokumente vorgelegt, soll die Behörde unverzüglich die Vorlage einer Übersetzung verlangen. 2In begründeten Fällen kann die Vorlage einer beglaubigten oder von einem öffentlich bestellten oder beeidigten Dolmetscher oder Übersetzer angefertigten Übersetzung verlangt werden. 3Wird die verlangte Übersetzung nicht unverzüglich vorgelegt, so kann die Behörde auf Kosten des Beteiligten selbst eine Übersetzung beschaffen. 4Hat die Behörde Dolmetscher oder Übersetzer herangezogen, erhalten diese in entsprechender Anwendung des Justizvergütungs- und -entschädigungsgesetzes eine Vergütung.

(3) Soll durch eine Anzeige, einen Antrag oder die Abgabe einer Willenserklärung eine Frist in Lauf gesetzt werden, innerhalb deren die Behörde in einer bestimmten Weise tätig werden muß, und gehen diese in einer fremden Sprache ein, so beginnt der Lauf der Frist

erst mit dem Zeitpunkt, in dem der Behörde eine Übersetzung vorliegt.

(4) 1Soll durch eine Anzeige, einen Antrag oder eine Willenserklärung, die in fremder Sprache eingehen, zugunsten eines Beteiligten eine Frist gegenüber der Behörde gewahrt, ein öffentlich-rechtlicher Anspruch geltend gemacht oder eine Leistung begehrt werden, so gelten die Anzeige, der Antrag oder die Willenserklärung als zum Zeitpunkt des Eingangs der Behörde abgegeben, wenn auf Verlangen der Behörde innerhalb einer von dieser zu setzenden angemessenen Frist eine Übersetzung vorgelegt wird. 2Andernfalls ist der Zeitpunkt des Eingangs der Übersetzung maßgebend, soweit sich nicht aus zwischenstaatlichen Vereinbarungen etwas anderes ergibt. 3Auf diese Rechtsfolge ist bei der Fristsetzung hinzuweisen.

Art. 24 Untersuchungsgrundsatz

(1) 1Die Behörde ermittelt den Sachverhalt von Amts wegen. 2Sie bestimmt Art und Umfang der Ermittlungen; an das Vorbringen und an die Beweisanträge der Beteiligten ist sie nicht gebunden.

(2) Die Behörde hat alle für den Einzelfall bedeutsamen, auch die für die Beteiligten günstigen Umstände zu berücksichtigen.

(3) Die Behörde darf die Entgegennahme von Erklärungen oder Anträgen, die in ihren Zuständigkeitsbereich fallen, nicht deshalb verweigern, weil sie die Erklärung oder den Antrag in der Sache für unzulässig oder unbegründet hält.

Art. 25 Beratung, Auskunft

(1) 1Die Behörde soll die Angabe von Erklärungen, die Stellung von Anträgen oder die Berichtigung von Erklärungen oder Anträgen anregen, wenn diese offensichtlich nur versehentlich oder aus Unkenntnis unterblieben oder unrichtig abgegeben oder gestellt worden sind. 2Sie erteilt, soweit erforderlich, Auskunft über die den Beteiligten im Verwaltungsverfahren zustehenden Rechte und die ihnen obliegenden Pflichten.

(2) 1Die Behörde erörtert, soweit erforderlich, bereits vor Stellung eines Antrags mit dem zukünftigen Antragsteller, welche Nachweise und Unterlagen von ihm zu erbringen sind und in welcher Weise das Verfahren beschleunigt werden kann. 2Soweit es der Verfahrensbeschleunigung dient, soll sie dem Antragsteller nach Eingang des Antrags unverzüglich Auskunft über die voraussichtliche Verfahrensdauer und die Vollständigkeit der Antragsunterlagen geben.

Art. 25a Frühe Öffentlichkeitsbeteiligung

(1) 1Die Behörde wirkt darauf hin, dass der Träger eines Vorhabens, das nicht nur unwesentliche Auswirkungen auf die Belange einer größeren Zahl von Dritten haben kann, die von dem Vorhaben betroffene Öffentlichkeit bei der Planung bereits frühzeitig vor Stellung des Antrags unterrichtet (frühe Öffentlichkeitsbeteiligung). 2Satz 1 gilt nicht, soweit die betroffene Öffentlichkeit bereits nach anderen Rechtsvorschriften vor der Antragstellung zu beteiligen ist. 3Beteiligungsrechte nach anderen Rechtsvorschriften bleiben unberührt.

(2) Der Vorhabenträger soll die betroffene Öffentlichkeit über die Ziele des Vorhabens, die Mittel, es zu verwirklichen, und die voraussichtlichen Auswirkungen des Vorhabens unterrichten und Gelegenheit zur Äußerung und Erörterung geben.

(3) 1Der Vorhabenträger soll Inhalt und abschließendes Ergebnis der frühen Öffentlichkeitsbeteiligung

1. in einem verkehrsüblichen elektronischen Format unverzüglich, spätestens mit der Antragstellung, an die Behörde übermitteln und
2. der betroffenen Öffentlichkeit mitteilen.

2Für die Übermittlung nach Satz 1 Nr. 1 soll auch ein maschinenlesbares Format verwendet werden, wenn auf Seiten des Vorhabenträgers und der Behörde die technischen Voraussetzungen vorliegen und kein unverhältnismäßig hoher Aufwand entsteht.

Art. 26 Beweismittel

(1) 1Die Behörde bedient sich der Beweismittel, die sie nach pflichtgemäßem Ermessen

zur Ermittlung des Sachverhalts für erforderlich hält. 2Sie kann insbesondere

1. Auskünfte jeder Art einholen,
2. Beteiligte anhören, Zeugen und Sachverständige vernehmen oder die schriftliche oder elektronische Äußerung von Beteiligten, Sachverständigen und Zeugen einholen,
3. Urkunden und Akten beiziehen,
4. den Augenschein einnehmen.

(2) 1Die Beteiligten sollen bei der Ermittlung des Sachverhalts mitwirken. 2Sie sollen insbesondere ihnen bekannte Tatsachen und Beweismittel angeben. 3Eine weitergehende Pflicht, bei der Ermittlung des Sachverhalts mitzuwirken, insbesondere eine Pflicht zum persönlichen Erscheinen oder zur Aussage, besteht nur, soweit sie durch Rechtsvorschrift besonders vorgesehen ist.

(3) 1Für Zeugen und Sachverständige besteht eine Pflicht zur Aussage oder zur Erstattung von Gutachten, wenn sie durch Rechtsvorschrift vorgesehen ist. 2Falls die Behörde Zeugen und Sachverständige herangezogen hat, erhalten diese auf Antrag in entsprechender Anwendung des Justizvergütungs- und -entschädigungsgesetzes eine Entschädigung oder Vergütung.

Art. 27 Versicherung an Eides Statt

(1) 1Die Behörde darf bei der Ermittlung des Sachverhalts eine Versicherung an Eides Statt nur verlangen und abnehmen, wenn die Abnahme der Versicherung über den betreffenden Gegenstand und in dem betreffenden Verfahren durch Gesetz oder Rechtsverordnung vorgesehen und die Behörde durch Rechtsvorschrift für zuständig erklärt worden ist. 2Eine Versicherung an Eides Statt soll nur gefordert werden, wenn andere Mittel zur Erforschung der Wahrheit nicht vorhanden sind, zu keinem Ergebnis geführt haben oder einen unverhältnismäßigen Aufwand erfordern. 3Von eidesunfähigen Personen im Sinn des § 393 der Zivilprozessordnung darf eine eidesstattliche Versicherung nicht verlangt werden.

(2) 1Wird die Versicherung an Eides Statt von einer Behörde zur Niederschrift aufgenommen, so sind zur Aufnahme nur der Behördenleiter, sein allgemeiner Vertreter sowie Angehörige des öffentlichen Dienstes befugt, welche die Befähigung zum Richteramt haben. 2Andere Angehörige des öffentlichen Dienstes kann der Behördenleiter oder sein allgemeiner Vertreter hierzu allgemein oder im Einzelfall schriftlich ermächtigen.

(3) 1Die Versicherung besteht darin, daß der Versichernde die Richtigkeit seiner Erklärung über den betreffenden Gegenstand bestätigt und erklärt: „Ich versichere an Eides Statt, daß ich nach bestem Wissen die reine Wahrheit gesagt und nichts verschwiegen habe." 2Bevollmächtigte und Beistände sind berechtigt, an der Aufnahme der Versicherung an Eides Statt teilzunehmen.

(4) 1Vor der Aufnahme der Versicherung an Eides Statt ist der Versichernde über die Bedeutung der eidesstattlichen Versicherung und die strafrechtlichen Folgen einer unrichtigen oder unvollständigen eidesstattlichen Versicherung zu belehren. 2Die Belehrung ist in der Niederschrift zu vermerken.

(5) 1Die Niederschrift hat ferner die Namen der anwesenden Personen sowie den Ort und den Tag der Niederschrift zu enthalten. 2Die Niederschrift ist demjenigen, der die eidesstattliche Versicherung abgibt, zur Genehmigung vorzulesen oder auf Verlangen zur Durchsicht vorzulegen. 3Die erteilte Genehmigung ist zu vermerken und von dem Versichernden zu unterschreiben. 4Die Niederschrift ist sodann von demjenigen, der die Versicherung an Eides Statt aufgenommen hat, sowie von dem Schriftführer zu unterschreiben.

Art. 27a Bekanntmachung im Internet

(1) 1Ist durch Rechtsvorschrift eine öffentliche oder ortsübliche Bekanntmachung angeordnet, so ist diese dadurch zu bewirken, dass der Inhalt der Bekanntmachung auch auf einer Internetseite der Behörde oder ihres Verwaltungsträgers zugänglich gemacht wird. 2Soweit durch Rechtsvorschrift nichts anderes bestimmt ist, ist für die Einhaltung einer vorgeschriebenen Frist die Zugänglichmachung im Internet nach Satz 1 maßgeblich.

(2) Abs. 1 gilt nicht, wenn eine Zugänglichmachung im Internet, insbesondere aus technischen Gründen, nicht möglich ist.

Art. 27b Zugänglichmachung auszulegender Dokumente

(1) 1Ist durch Rechtsvorschrift die Auslegung von Dokumenten zur Einsicht angeordnet, so ist sie dadurch zu bewirken, dass die Dokumente zugänglich gemacht werden

1. auf einer Internetseite der für die Auslegung zuständigen Behörde oder ihres Verwaltungsträgers und
2. auf mindestens eine andere Weise.

2Ist eine Veröffentlichung der auszulegenden Unterlagen im Internet, insbesondere aus technischen Gründen, nicht möglich, so wird die angeordnete Auslegung zur Einsicht durch die andere Zugangsmöglichkeit nach Satz 1 Nr. 2 bewirkt.

(2) In der Bekanntmachung der Auslegung sind anzugeben

1. der Zeitraum der Auslegung,
2. die Internetseite, auf der die Zugänglichmachung erfolgt, sowie
3. Art und Ort der anderen Zugangsmöglichkeit.

(3) Die Behörde kann verlangen, dass die Dokumente, die für die Auslegung einzureichen sind, in einem verkehrsüblichen elektronischen Format eingereicht werden.

(4) Sind in den auszulegenden Dokumenten Geheimnisse nach Art. 30 enthalten, so ist derjenige, der diese Dokumente einreichen muss, verpflichtet,

1. diese Geheimnisse zu kennzeichnen und
2. der Behörde zum Zwecke der Auslegung zusätzlich eine Darstellung vorzulegen, die den Inhalt der betreffenden Teile der Dokumente ohne Preisgabe der Geheimnisse beschreibt.

Art. 27c Erörterung mit Verfahrensbeteiligten oder der Öffentlichkeit

(1) Ist durch Rechtsvorschrift eine Erörterung, insbesondere ein Erörterungstermin, eine mündliche Verhandlung oder eine Antragskonferenz angeordnet, kann sie ersetzt werden

1. durch eine Onlinekonsultation oder
2. mit Einwilligung der zur Teilnahme Berechtigten durch eine Video- oder Telefonkonferenz.

(2) 1Bei einer Onlinekonsultation ist den zur Teilnahme Berechtigten innerhalb einer vorher bekannt zu machenden Frist Gelegenheit zu geben, sich schriftlich oder elektronisch zu äußern. 2Die Frist soll mindestens eine Woche betragen. 3Werden für die Onlinekonsultation Informationen zur Verfügung gestellt, so gilt Art. 27b Abs. 4 entsprechend.

(3) Sonstige Regelungen, die die Durchführung einer Erörterung nach Abs. 1 betreffen, bleiben unberührt.

Art. 28 Anhörung Beteiligter

(1) Bevor ein Verwaltungsakt erlassen wird, der in Rechte eines Beteiligten eingreift, ist diesem Gelegenheit zu geben, sich zu den für die Entscheidung erheblichen Tatsachen zu äußern.

(2) Von der Anhörung kann abgesehen werden, wenn sie nach den Umständen des Einzelfalls nicht geboten ist, insbesondere wenn

1. eine sofortige Entscheidung wegen Gefahr im Verzug oder im öffentlichen Interesse notwendig erscheint,
2. durch die Anhörung die Einhaltung einer für die Entscheidung maßgeblichen Frist in Frage gestellt würde,
3. von den tatsächlichen Angaben eines Beteiligten, die dieser in einem Antrag oder einer Erklärung gemacht hat, nicht zu seinen Ungunsten abgewichen werden soll,
4. die Behörde eine Allgemeinverfügung oder gleichartige Verwaltungsakte in größerer Zahl oder Verwaltungsakte mit Hilfe automatischer Einrichtungen erlassen will,
5. Maßnahmen in der Verwaltungsvollstreckung getroffen werden sollen.

(3) Eine Anhörung unterbleibt, wenn ihr ein zwingendes öffentliches Interesse entgegensteht.

Art. 29 Akteneinsicht durch Beteiligte

(1) 1Die Behörde hat den Beteiligten Einsicht in die einzelnen Teile der das Verfahren betreffenden Akten zu gestatten, soweit deren

Kenntnis zur Geltendmachung oder Verteidigung ihrer rechtlichen Interessen erforderlich ist. 2Satz 1 gilt bis zum Abschluß des Verwaltungsverfahrens nicht für Entwürfe zu Entscheidungen sowie die Arbeiten zu ihrer unmittelbaren Vorbereitung. 3Soweit nach den Art. 17 und 18 eine Vertretung stattfindet, haben nur die Vertreter Anspruch auf Akteneinsicht.

(2) Die Behörde ist zur Gestattung der Akteneinsicht nicht verpflichtet, soweit durch sie die ordnungsgemäße Erfüllung der Aufgaben der Behörde beeinträchtigt, das Bekanntwerden des Inhalts der Akten dem Wohl des Bundes oder eines Landes Nachteile bereiten würde oder soweit die Vorgänge nach einem Gesetz oder ihrem Wesen nach, namentlich wegen der berechtigten Interessen der Beteiligten oder dritter Personen, geheimgehalten werden müssen.

(3) 1Die Akteneinsicht erfolgt bei der Behörde, die die Akten führt. 2Organen der Rechtspflege können die Akten zur Einsicht vorübergehend in ihre Geschäftsräume hinausgegeben werden. 3Im Einzelfall kann die Einsicht auch bei einer anderen Behörde oder bei einer diplomatischen oder berufskonsularischen Vertretung der Bundesrepublik Deutschland im Ausland erfolgen; weitere Ausnahmen kann die Behörde, die die Akten führt, gestatten.

Art. 30 Geheimhaltung

Die Beteiligten haben Anspruch darauf, daß ihre Geheimnisse, insbesondere die zum persönlichen Lebensbereich gehörenden Geheimnisse sowie die Betriebs- und Geschäftsgeheimnisse, von der Behörde nicht unbefugt offenbart werden.

IX

Abschnitt II
Fristen, Termine, Wiedereinsetzung

Art. 31 Fristen und Termine

(1) Für die Berechnung von Fristen und für die Bestimmung von Terminen gelten die §§ 187 bis 193 des Bürgerlichen Gesetzbuchs entsprechend, soweit nicht durch die Absätze 2 bis 5 etwas anderes bestimmt ist.

(2) Der Lauf einer Frist, die von einer Behörde gesetzt wird, beginnt mit dem Tag, der auf die Bekanntgabe der Frist folgt, außer wenn dem Betroffenen etwas anderes mitgeteilt wird.

(3) 1Fällt das Ende einer Frist auf einen Sonntag, einen gesetzlichen Feiertag oder einen Samstag, so endet die Frist mit dem Ablauf des nächstfolgenden Werktags. 2Dies gilt nicht, wenn dem Betroffenen unter Hinweis auf diese Vorschrift ein bestimmter Tag als Ende der Frist mitgeteilt worden ist.

(4) Hat eine Behörde Leistungen nur für einen bestimmten Zeitraum zu erbringen, so endet dieser Zeitraum auch dann mit dem Ablauf seines letzten Tags, wenn dieser auf einen Sonntag, einen gesetzlichen Feiertag oder einen Samstag fällt.

(5) Der von einer Behörde gesetzte Termin ist auch dann einzuhalten, wenn er auf einen Sonntag, gesetzlichen Feiertag oder Samstag fällt.

(6) Ist eine Frist nach Stunden bestimmt, so werden Sonntage, gesetzliche Feiertage oder Samstage mitgerechnet.

(7) 1Fristen, die von einer Behörde gesetzt sind, können verlängert werden. 2Sind solche Fristen bereits abgelaufen, so können sie rückwirkend verlängert werden, insbesondere wenn es unbillig wäre, die durch den Fristablauf eingetretenen Rechtsfolgen bestehen zu lassen. 3Die Behörde kann die Verlängerung der Frist nach Art. 36 mit einer Nebenbestimmung verbinden.

Art. 32 Wiedereinsetzung in den vorigen Stand

(1) 1War jemand ohne Verschulden verhindert, eine gesetzliche Frist einzuhalten, so ist ihm auf Antrag Wiedereinsetzung in den vorigen Stand zu gewähren. 2Das Verschulden eines Vertreters ist dem Vertretenen zuzurechnen.

(2) 1Der Antrag ist innerhalb von zwei Wochen nach Wegfall des Hindernisses zu stellen. 2Die Tatsachen zur Begründung des Antrags sind bei der Antragstellung oder im Verfahren über den Antrag glaubhaft zu machen. 3Innerhalb der Antragsfrist ist die versäumte Handlung nachzuholen. 4Ist dies ge-

schehen, so kann Wiedereinsetzung auch ohne Antrag gewährt werden.

(3) Nach einem Jahr seit dem Ende der versäumten Frist kann die Wiedereinsetzung nicht mehr beantragt oder die versäumte Handlung nicht mehr nachgeholt werden, außer wenn dies vor Ablauf der Jahresfrist infolge höherer Gewalt unmöglich war.

(4) Über den Antrag auf Wiedereinsetzung entscheidet die Behörde, die über die versäumte Handlung zu befinden hat.

(5) Die Wiedereinsetzung ist unzulässig, wenn sich aus einer Rechtsvorschrift ergibt, daß sie ausgeschlossen ist.

Abschnitt III
Amtliche Beglaubigung

Art. 33 Beglaubigung von Dokumenten

(1) 1Jede Behörde ist befugt, Abschriften von Urkunden, die sie selbst ausgestellt hat, zu beglaubigen. 2Darüber hinaus sind die von der Staatsregierung durch Rechtsverordnung bestimmten Behörden befugt, Abschriften zu beglaubigen, wenn die Urschrift von einer Behörde ausgestellt ist oder die Abschrift zur Vorlage bei einer Behörde benötigt wird, sofern nicht durch Rechtsvorschrift die Erteilung beglaubigter Abschriften aus amtlichen Registern und Archiven anderen Behörden ausschließlich vorbehalten ist.

(2) Abschriften dürfen nicht beglaubigt werden, wenn Umstände zu der Annahme berechtigen, daß der ursprüngliche Inhalt des Schriftstücks, dessen Abschrift beglaubigt werden soll, geändert worden ist, insbesondere wenn dieses Schriftstück Lücken, Durchstreichungen, Einschaltungen, Änderungen, unleserliche Wörter, Zahlen oder Zeichen, Spuren der Beseitigung von Wörtern, Zahlen und Zeichen enthält oder wenn der Zusammenhang eines aus mehreren Blättern bestehenden Schriftstücks aufgehoben ist.

(3) 1Eine Abschrift wird beglaubigt durch einen Beglaubigungsvermerk, der unter die Abschrift zu setzen ist. 2Der Vermerk muß enthalten

1. die genaue Bezeichnung des Schriftstücks, dessen Abschrift beglaubigt wird,
2. die Feststellung, daß die beglaubigte Abschrift mit dem vorgelegten Schriftstück übereinstimmt,
3. den Hinweis, daß die beglaubigte Abschrift nur zur Vorlage bei der angegebenen Behörde erteilt wird, wenn die Urschrift nicht von einer Behörde ausgestellt worden ist,
4. den Ort und den Tag der Beglaubigung, die Unterschrift des für die Beglaubigung zuständigen Bediensteten und das Dienstsiegel.

(4) Die Absätze 1 bis 3 gelten entsprechend für die Beglaubigungen von

1. Ablichtungen, Lichtdrucken und ähnlichen in technischen Verfahren hergestellten Vervielfältigungen,
2. auf fototechnischem Weg von Schriftstücken hergestellten Negativen, die bei einer Behörde aufbewahrt werden,
3. Ausdrucken elektronischer Dokumente,
4. elektronischen Dokumenten,
   a) die zur Abbildung eines Schriftstücks hergestellt wurden,
   b) die ein anderes technisches Format als das Ausgangsdokument, das verbunden ist mit einer qualifizierten elektronischen Signatur oder einem qualifizierten elektronischen Siegel einer Behörde, erhalten haben.

(5) 1Der Beglaubigungsvermerk muss zusätzlich zu den Angaben nach Abs. 3 Satz 2 bei der Beglaubigung

1. des Ausdrucks eines elektronischen Dokuments, das mit einer qualifizierten elektronischen Signatur oder einem qualifizierten elektronischen Siegel einer Behörde verbunden ist, die Feststellungen enthalten,
   a) wen die Signaturprüfung als Inhaber der Signatur ausweist oder welche Behörde die Signaturprüfung als Inhaber des Siegels ausweist,
   b) welchen Zeitpunkt die Signaturprüfung für die Anbringung der Signatur oder des Siegels ausweist und

IX

c) welche Zertifikate mit welchen Daten dieser Signatur oder diesem Siegel zu Grunde lagen;

2. eines elektronischen Dokuments den Namen des für die Beglaubigung zuständigen Bediensteten und die Bezeichnung der Behörde, die die Beglaubigung vornimmt, enthalten; die Unterschrift des für die Beglaubigung zuständigen Bediensteten und das Dienstsiegel nach Abs. 3 Satz 2 Nr. 4 werden durch eine dauerhaft überprüfbare qualifizierte elektronische Signatur oder durch ein dauerhaft überprüfbares qualifiziertes elektronisches Siegel der Behörde ersetzt.

2Wird ein elektronisches Dokument, das ein anderes technisches Format erhalten hat als das Ausgangsdokument, das mit einer qualifizierten elektronischen Signatur oder mit einem qualifizierten elektronischen Siegel einer Behörde verbunden ist, nach Satz 1 Nr. 2 beglaubigt, so muss der Beglaubigungsvermerk zusätzlich die Feststellungen nach Satz 1 Nr. 1 für das Ausgangsdokument enthalten.

(6) Die nach Absatz 4 hergestellten Dokumente stehen, sofern sie beglaubigt sind, beglaubigten Abschriften gleich.

(7) Jede Behörde soll von Urkunden, die sie selbst ausgestellt hat, auf Verlangen ein elektronisches Dokument nach Abs. 4 Nr. 4 Buchst. a oder eine elektronische Abschrift fertigen und beglaubigen.

Art. 34 Beglaubigung von Unterschriften

(1) 1Die von der Staatsregierung durch Rechtsverordnung bestimmten Behörden sind befugt, Unterschriften zu beglaubigen, wenn das unterzeichnete Schriftstück zur Vorlage bei einer Behörde oder bei einer sonstigen Stelle, der auf Grund einer Rechtsvorschrift das unterzeichnete Schriftstück vorzulegen ist, benötigt wird. 2Dies gilt nicht für

1. Unterschriften ohne zugehörigen Text,
2. Unterschriften, die der öffentlichen Beglaubigung (§ 129 des Bürgerlichen Gesetzbuchs) bedürfen.

(2) Eine Unterschrift soll nur beglaubigt werden, wenn sie in Gegenwart des beglaubigenden Bediensteten vollzogen oder anerkannt wird.

(3) 1Der Beglaubigungsvermerk ist unmittelbar bei der Unterschrift, die beglaubigt werden soll, anzubringen. 2Er muß enthalten

1. die Bestätigung, daß die Unterschrift echt ist,
2. die genaue Bezeichnung desjenigen, dessen Unterschrift beglaubigt wird, sowie die Angabe, ob sich der für die Beglaubigung zuständige Bedienstete Gewißheit über diese Person verschafft hat und ob die Unterschrift in seiner Gegenwart vollzogen oder anerkannt worden ist,
3. den Hinweis, daß die Beglaubigung nur zur Vorlage bei der angegebenen Behörde oder Stelle bestimmt ist,
4. den Ort und den Tag der Beglaubigung, die Unterschrift des für die Beglaubigung zuständigen Bediensteten und das Dienstsiegel.

(4) Die Absätze 1 bis 3 gelten für die Beglaubigung von Handzeichen entsprechend.

Dritter Teil
Verwaltungsakt

Abschnitt I
Zustandekommen des Verwaltungsakts

Art. 35 Begriff des Verwaltungsakts

1Verwaltungsakt ist jede Verfügung, Entscheidung oder andere hoheitliche Maßnahme, die eine Behörde zur Regelung eines Einzelfalls auf dem Gebiet des öffentlichen Rechts trifft und die auf unmittelbare Rechtswirkung nach außen gerichtet ist. 2Allgemeinverfügung ist ein Verwaltungsakt, der sich an einen nach allgemeinen Merkmalen bestimmten oder bestimmbaren Personenkreis richtet oder die öffentlich-rechtliche Eigenschaft einer Sache oder ihre Benutzung durch die Allgemeinheit betrifft.

Art. 36 Nebenbestimmungen zum Verwaltungsakt

(1) Ein Verwaltungsakt, auf den ein Anspruch besteht, darf mit einer Nebenbestimmung

nur versehen werden, wenn sie durch Rechtsvorschrift zugelassen ist oder wenn sie sicherstellen soll, daß die gesetzlichen Voraussetzungen des Verwaltungsakts erfüllt werden.

(2) Unbeschadet des Absatzes 1 darf ein Verwaltungsakt nach pflichtgemäßem Ermessen erlassen werden mit

1. einer Bestimmung, nach der eine Vergünstigung oder Belastung zu einem bestimmten Zeitpunkt beginnt, endet oder für einen bestimmten Zeitraum gilt (Befristung),
2. einer Bestimmung, nach der der Eintritt oder der Wegfall einer Vergünstigung oder einer Belastung von dem ungewissen Eintritt eines zukünftigen Ereignisses abhängt (Bedingung),
3. einem Vorbehalt des Widerrufs

oder verbunden werden mit

4. einer Bestimmung, durch die dem Begünstigten ein Tun, Dulden oder Unterlassen vorgeschrieben wird (Auflage),
5. einem Vorbehalt der nachträglichen Aufnahme, Änderung oder Ergänzung einer Auflage.

(3) Eine Nebenbestimmung darf dem Zweck des Verwaltungsakts nicht zuwiderlaufen.

Art. 37 Bestimmtheit und Form des Verwaltungsakts

(1) Ein Verwaltungsakt muß inhaltlich hinreichend bestimmt sein.

(2) $_{1}$Ein Verwaltungsakt kann schriftlich, elektronisch, mündlich oder in anderer Weise erlassen werden. $_{2}$Ein mündlicher Verwaltungsakt ist schriftlich oder elektronisch zu bestätigen, wenn hieran ein berechtigtes Interesse besteht und der Betroffene dies unverzüglich verlangt. $_{3}$Ein elektronischer Verwaltungsakt ist unter denselben Voraussetzungen schriftlich zu bestätigen; Art. 3a Abs. 2 und 3 findet insoweit keine Anwendung.

(3) $_{1}$Ein schriftlicher oder elektronischer Verwaltungsakt muss die erlassende Behörde erkennen lassen und die Unterschrift oder die Namenswiedergabe des Behördenleiters, seines Vertreters oder seines Beauftragten enthalten. $_{2}$Wird für einen Verwaltungsakt, für den durch Rechtsvorschrift die Schriftform angeordnet ist, die elektronische Form verwendet, muss auch das der Signatur zugrunde liegende qualifizierte Zertifikat oder ein zugehöriges qualifiziertes Attributzertifikat die erlassende Behörde erkennen lassen. $_{3}$Im Fall des Art. 3a Abs. 3 Nr. 3 Buchst. b muss die Bestätigung nach § 5 Abs. 5 des De-Mail-Gesetzes die erlassende Behörde als Nutzer des De-Mail-Kontos erkennen lassen.

(4) Für einen Verwaltungsakt kann für die nach Art. 3a Abs. 2 erforderliche Signatur oder für das nach Art. 3a Abs. 3 Nr. 3 Buchst. a erforderliche Siegel durch Rechtsvorschrift die dauerhafte Überprüfbarkeit vorgeschrieben werden.

(5) $_{1}$Bei einem schriftlichen Verwaltungsakt, der mit Hilfe automatischer Einrichtungen erlassen wird, können abweichend von Absatz 3 Unterschrift und Namenswiedergabe fehlen. $_{2}$Zur Inhaltsangabe können Schlüsselzeichen verwendet werden, wenn derjenige, für den der Verwaltungsakt bestimmt ist oder der von ihm betroffen wird, auf Grund der dazu gegebenen Erläuterungen den Inhalt des Verwaltungsakts eindeutig erkennen kann.

Art. 38 Zusicherung

(1) $_{1}$Eine von der zuständigen Behörde erteilte Zusage, einen bestimmten Verwaltungsakt später zu erlassen oder zu unterlassen (Zusicherung), bedarf zu ihrer Wirksamkeit der schriftlichen Form. $_{2}$Ist vor dem Erlaß des zugesicherten Verwaltungsakts die Anhörung Beteiligter oder die Mitwirkung einer anderen Behörde oder eines Ausschusses auf Grund einer Rechtsvorschrift erforderlich, so darf die Zusicherung erst nach Anhörung der Beteiligten oder nach Mitwirkung dieser Behörde oder des Ausschusses gegeben werden.

(2) Auf die Unwirksamkeit der Zusicherung finden, unbeschadet des Absatzes 1 Satz 1, Art. 44, auf die Heilung von Mängeln bei der Anhörung Beteiligter und der Mitwirkung anderer Behörden oder Ausschüsse Art. 45 Abs. 1 Nrn. 3 bis 5 sowie Abs. 2, auf die Rücknahme Art. 48, auf den Widerruf, unbeschadet des Absatzes 3, Art. 49 entsprechende Anwendung.

(3) Ändert sich nach Abgabe der Zusicherung die Sach- oder Rechtslage derart, daß die Behörde bei Kenntnis der nachträglich eingetretenen Änderung die Zusicherung nicht gegeben hätte oder aus rechtlichen Gründen nicht hätte geben dürfen, ist die Behörde an die Zusicherung nicht mehr gebunden.

Art. 39 Begründung des Verwaltungsakts

(1) $_1$Ein schriftlicher oder elektronischer sowie ein schriftlich oder elektronisch bestätigter Verwaltungsakt ist mit einer Begründung zu versehen. $_2$In der Begründung sind die wesentlichen tatsächlichen und rechtlichen Gründe mitzuteilen, die die Behörde zu ihrer Entscheidung bewogen haben. $_3$Die Begründung von Ermessensentscheidungen soll auch die Gesichtspunkte erkennen lassen, von denen die Behörde bei der Ausübung ihres Ermessens ausgegangen ist.

(2) Einer Begründung bedarf es nicht,

1. soweit die Behörde einem Antrag entspricht oder einer Erklärung folgt und der Verwaltungsakt nicht in Rechte eines anderen eingreift,
2. soweit demjenigen, für den der Verwaltungsakt bestimmt ist oder der von ihm betroffen wird, die Auffassung der Behörde über die Sach- und Rechtslage bereits bekannt oder auch ohne Begründung für ihn ohne weiteres erkennbar ist,
3. wenn die Behörde gleichartige Verwaltungsakte in größerer Zahl oder Verwaltungsakte mit Hilfe automatischer Einrichtungen erläßt und die Begründung nach den Umständen des Einzelfalls nicht geboten ist,
4. wenn sich dies aus einer Rechtsvorschrift ergibt,
5. wenn eine Allgemeinverfügung öffentlich bekanntgegeben wird.

Art. 40 Ermessen

Ist die Behörde ermächtigt, nach ihrem Ermessen zu handeln, hat sie ihr Ermessen entsprechend dem Zweck der Ermächtigung auszuüben und die gesetzlichen Grenzen des Ermessens einzuhalten.

Art. 41 Bekanntgabe des Verwaltungsakts

(1) $_1$Ein Verwaltungsakt ist demjenigen Beteiligten bekanntzugeben, für den er bestimmt ist oder der von ihm betroffen wird. $_2$Ist ein Bevollmächtigter bestellt, so kann die Bekanntgabe ihm gegenüber vorgenommen werden.

(2) $_1$Ein schriftlicher Verwaltungsakt, der im Inland durch die Post übermittelt wird, gilt am vierten Tag nach der Aufgabe zur Post als bekannt gegeben. $_2$Ein Verwaltungsakt, der im Inland oder in das Ausland elektronisch übermittelt wird, gilt am vierten Tag nach der Absendung als bekannt gegeben. $_3$Dies gilt nicht, wenn der Verwaltungsakt nicht oder zu einem späteren Zeitpunkt zugegangen ist; im Zweifel hat die Behörde den Zugang des Verwaltungsakts und den Zeitpunkt des Zugangs nachzuweisen.

(3) $_1$Ein Verwaltungsakt darf öffentlich bekanntgegeben werden, wenn dies durch Rechtsvorschrift zugelassen ist. $_2$Eine Allgemeinverfügung darf auch dann öffentlich bekanntgegeben werden, wenn eine Bekanntgabe an die Beteiligten untunlich ist.

(4) $_1$Die öffentliche Bekanntgabe eines schriftlichen oder elektronischen Verwaltungsakts wird dadurch bewirkt, daß sein verfügender Teil ortsüblich bekanntgemacht wird. $_2$In der ortsüblichen Bekanntmachung ist anzugeben, wo der Verwaltungsakt und seine Begründung eingesehen werden können. $_3$Der Verwaltungsakt gilt zwei Wochen nach der ortsüblichen Bekanntmachung als bekanntgegeben. $_4$In einer Allgemeinverfügung kann ein hiervon abweichender Tag, jedoch frühestens der auf die Bekanntmachung folgende Tag bestimmt werden.

(5) Vorschriften über die Bekanntgabe eines Verwaltungsakts mittels Zustellung bleiben unberührt.

Art. 42 Offenbare Unrichtigkeiten im Verwaltungsakt

$_1$Die Behörde kann Schreibfehler, Rechenfehler und ähnliche offenbare Unrichtigkeiten in einem Verwaltungsakt jederzeit berichtigen. $_2$Bei berechtigtem Interesse des Beteiligten ist zu berichtigen. $_3$Die Behörde ist berechtigt, die Vorlage des Dokuments zu verlangen, das berichtigt werden soll.

Art. 42a Genehmigungsfiktion

(1) 1Eine beantragte Genehmigung gilt nach Ablauf einer für die Entscheidung festgelegten Frist als erteilt (Genehmigungsfiktion), wenn dies durch Rechtsvorschrift angeordnet und der Antrag hinreichend bestimmt ist. 2Die Vorschriften über die Bestandskraft von Verwaltungsakten und über das Rechtsbehelfsverfahren gelten entsprechend.

(2) 1Die Frist nach Abs. 1 Satz 1 beträgt drei Monate, soweit durch Rechtsvorschrift nichts Abweichendes bestimmt ist. 2Die Frist beginnt mit Eingang der vollständigen Unterlagen. 3Sie kann einmal angemessen verlängert werden, wenn dies wegen der Schwierigkeit der Angelegenheit gerechtfertigt ist. 4Die Fristverlängerung ist zu begründen und rechtzeitig mitzuteilen.

(3) Auf Verlangen ist demjenigen, dem der Verwaltungsakt nach Art. 41 Abs. 1 hätte bekannt gegeben werden müssen, der Eintritt der Genehmigungsfiktion schriftlich zu bescheinigen.

Abschnitt II
Bestandskraft des Verwaltungsakts

Art. 43 Wirksamkeit des Verwaltungsakts

(1) 1Ein Verwaltungsakt wird gegenüber demjenigen, für den er bestimmt ist oder der von ihm betroffen wird, in dem Zeitpunkt wirksam, in dem er ihm bekanntgegeben wird. 2Der Verwaltungsakt wird mit dem Inhalt wirksam, mit dem er bekanntgegeben wird.

(2) Ein Verwaltungsakt bleibt wirksam, solange und soweit er nicht zurückgenommen, widerrufen, anderweitig aufgehoben oder durch Zeitablauf oder auf andere Weise erledigt ist.

(3) Ein nichtiger Verwaltungsakt ist unwirksam.

Art. 44 Nichtigkeit des Verwaltungsakts

(1) Ein Verwaltungsakt ist nichtig, soweit er an einem besonders schwerwiegenden Fehler leidet und dies bei verständiger Würdigung aller in Betracht kommenden Umstände offenkundig ist.

(2) Ohne Rücksicht auf das Vorliegen der Voraussetzungen des Absatzes 1 ist ein Verwaltungsakt nichtig,

1. der schriftlich oder elektronisch erlassen worden ist, die erlassende Behörde aber nicht erkennen läßt,
2. der nach einer Rechtsvorschrift nur durch die Aushändigung einer Urkunde erlassen werden kann, aber dieser Form nicht genügt,
3. den eine Behörde in bezug auf unbewegliches Vermögen außerhalb ihres Bezirks oder in bezug auf ein Recht oder Rechtsverhältnis, das an einen Ort außerhalb ihres Bezirks gebunden ist, erlassen hat, ohne dazu ermächtigt zu sein,
4. den aus tatsächlichen Gründen niemand ausführen kann,
5. der die Begehung einer rechtswidrigen Tat verlangt, die einen Straf- oder Bußgeldtatbestand verwirklicht,
6. der gegen die guten Sitten verstößt.

(3) Ein Verwaltungsakt ist nicht schon deshalb nichtig, weil

1. Vorschriften über die örtliche Zuständigkeit nicht eingehalten worden sind, außer wenn ein Fall des Absatzes 2 Nr. 3 vorliegt,
2. eine nach Art. 20 Abs. 1 Satz 1 Nrn. 2 bis 6 ausgeschlossene Person mitgewirkt hat,
3. ein durch Rechtsvorschrift zur Mitwirkung berufener Ausschuß den für den Erlaß des Verwaltungsakts vorgeschriebenen Beschluß nicht gefaßt hat oder nicht beschlußfähig war,
4. die nach einer Rechtsvorschrift erforderliche Mitwirkung einer anderen Behörde unterblieben ist.

(4) Betrifft die Nichtigkeit nur einen Teil des Verwaltungsakts, so ist er im ganzen nichtig, wenn der nichtige Teil so wesentlich ist, daß die Behörde den Verwaltungsakt ohne den nichtigen Teil nicht erlassen hätte.

(5) Die Behörde kann die Nichtigkeit jederzeit von Amts wegen feststellen; auf Antrag ist

sie festzustellen, wenn der Antragsteller hieran ein berechtigtes Interesse hat.

Art. 45 Heilung von Verfahrens- und Formfehlern

(1) Eine Verletzung von Verfahrens- oder Formvorschriften, die nicht den Verwaltungsakt nach Art. 44 nichtig macht, ist unbeachtlich, wenn

1. der für den Erlaß des Verwaltungsakts erforderliche Antrag nachträglich gestellt wird,
2. die erforderliche Begründung nachträglich gegeben wird,
3. die erforderliche Anhörung eines Beteiligten nachgeholt wird,
4. der Beschluß eines Ausschusses, dessen Mitwirkung für den Erlaß des Verwaltungsakts erforderlich ist, nachträglich gefaßt wird,
5. die erforderliche Mitwirkung einer anderen Behörde nachgeholt wird.

(2) Handlungen nach Absatz 1 können bis zum Abschluss der letzten Tatsacheninstanz eines verwaltungsgerichtlichen Verfahrens nachgeholt werden.

(3) $_1$Fehlt einem Verwaltungsakt die erforderliche Begründung oder ist die erforderliche Anhörung eines Beteiligten vor Erlaß des Verwaltungsakts unterblieben und ist dadurch die rechtzeitige Anfechtung des Verwaltungsakts versäumt worden, so gilt die Versäumung der Rechtsbehelfsfrist als nicht verschuldet. $_2$Das für die Wiedereinsetzungsfrist maßgebende Ereignis tritt im Zeitpunkt der Nachholung der unterlassenen Verfahrenshandlung ein.

Art. 46 Folgen von Verfahrens- und Formfehlern

Die Aufhebung eines Verwaltungsakts, der nicht nach Art. 44 nichtig ist, kann nicht allein deshalb beansprucht werden, weil er unter Verletzung von Vorschriften über das Verfahren, die Form oder die örtliche Zuständigkeit zustande gekommen ist, wenn offensichtlich ist, daß die Verletzung die Entscheidung in der Sache nicht beeinflußt hat.

Art. 47 Umdeutung eines fehlerhaften Verwaltungsakts

(1) Ein fehlerhafter Verwaltungsakt kann in einen anderen Verwaltungsakt umgedeutet werden, wenn er auf das gleiche Ziel gerichtet ist, von der erlassenden Behörde in der geschehenen Verfahrensweise und Form rechtmäßig hätte erlassen werden können und wenn die Voraussetzungen für dessen Erlaß erfüllt sind.

(2) $_1$Absatz 1 gilt nicht, wenn der Verwaltungsakt, in den der fehlerhafte Verwaltungsakt umzudeuten wäre, der erkennbaren Absicht der erlassenden Behörde widerspräche oder seine Rechtsfolgen für den Betroffenen ungünstiger wären als die des fehlerhaften Verwaltungsakts. $_2$Eine Umdeutung ist ferner unzulässig, wenn der fehlerhafte Verwaltungsakt nicht zurückgenommen werden dürfte.

(3) Eine Entscheidung, die nur als gesetzlich gebundene Entscheidung ergehen kann, kann nicht in eine Ermessensentscheidung umgedeutet werden.

(4) Art. 28 ist entsprechend anzuwenden.

Art. 48 Rücknahme eines rechtswidrigen Verwaltungsakts

(1) $_1$Ein rechtswidriger Verwaltungsakt kann, auch nachdem er unanfechtbar geworden ist, ganz oder teilweise mit Wirkung für die Zukunft oder für die Vergangenheit zurückgenommen werden. $_2$Ein Verwaltungsakt, der ein Recht oder einen rechtlich erheblichen Vorteil begründet oder bestätigt hat (begünstigender Verwaltungsakt), darf nur unter den Einschränkungen der Absätze 2 bis 4 zurückgenommen werden.

(2) $_1$Ein rechtswidriger Verwaltungsakt, der eine einmalige oder laufende Geldleistung oder teilbare Sachleistung gewährt oder hierfür Voraussetzung ist, darf nicht zurückgenommen werden, soweit der Begünstigte auf den Bestand des Verwaltungsakts vertraut hat und sein Vertrauen unter Abwägung mit dem öffentlichen Interesse an einer Rücknahme schutzwürdig ist. $_2$Das Vertrauen ist in der Regel schutzwürdig, wenn der Begünstigte gewährte Leistungen verbraucht

oder eine Vermögensdisposition getroffen hat, die er nicht mehr oder nur unter unzumutbaren Nachteilen rückgängig machen kann. 3Auf Vertrauen kann sich der Begünstigte nicht berufen, wenn er

1. den Verwaltungsakt durch arglistige Täuschung, Drohung oder Bestechung erwirkt hat,
2. den Verwaltungsakt durch Angaben erwirkt hat, die in wesentlicher Beziehung unrichtig oder unvollständig waren,
3. die Rechtswidrigkeit des Verwaltungsakts kannte oder infolge grober Fahrlässigkeit nicht kannte.

4In den Fällen des Satzes 3 wird der Verwaltungsakt in der Regel mit Wirkung für die Vergangenheit zurückgenommen.

(3) 1Wird ein rechtswidriger Verwaltungsakt, der nicht unter Absatz 2 fällt, zurückgenommen, so hat die Behörde dem Betroffenen auf Antrag den Vermögensnachteil auszugleichen, den dieser dadurch erleidet, daß er auf den Bestand des Verwaltungsakts vertraut hat, soweit sein Vertrauen unter Abwägung mit dem öffentlichen Interesse schutzwürdig ist. 2Absatz 2 Satz 3 ist anzuwenden. 3Der Vermögensnachteil ist jedoch nicht über den Betrag des Interesses hinaus zu ersetzen, das der Betroffene an dem Bestand des Verwaltungsakts hat. 4Der auszugleichende Vermögensnachteil wird durch die Behörde festgesetzt. 5Der Anspruch kann nur innerhalb eines Jahres geltend gemacht werden; die Frist beginnt, sobald die Behörde den Betroffenen auf sie hingewiesen hat.

(4) 1Erhält die Behörde von Tatsachen Kenntnis, welche die Rücknahme eines rechtswidrigen Verwaltungsakts rechtfertigen, so ist die Rücknahme nur innerhalb eines Jahres seit dem Zeitpunkt der Kenntnisnahme zulässig. 2Dies gilt nicht im Fall des Absatzes 2 Satz 3 Nr. 1.

(5) Über die Rücknahme entscheidet nach Unanfechtbarkeit des Verwaltungsakts die nach Art. 3 zuständige Behörde; dies gilt auch dann, wenn der zurückzunehmende Verwaltungsakt von einer anderen Behörde erlassen worden ist.

Art. 49 Widerruf eines rechtmäßigen Verwaltungsakts

(1) Ein rechtmäßiger nicht begünstigender Verwaltungsakt kann, auch nachdem er unanfechtbar geworden ist, ganz oder teilweise mit Wirkung für die Zukunft widerrufen werden, außer wenn ein Verwaltungsakt gleichen Inhalts erneut erlassen werden müßte oder aus anderen Gründen ein Widerruf unzulässig ist.

(2) 1Ein rechtmäßiger begünstigender Verwaltungsakt darf, auch nachdem er unanfechtbar geworden ist, ganz oder teilweise mit Wirkung für die Zukunft nur widerrufen werden,

1. wenn der Widerruf durch Rechtsvorschrift zugelassen oder im Verwaltungsakt vorbehalten ist,
2. wenn mit dem Verwaltungsakt eine Auflage verbunden ist und der Begünstigte diese nicht oder nicht innerhalb einer ihm gesetzten Frist erfüllt hat,
3. wenn die Behörde auf Grund nachträglich eingetretener Tatsachen berechtigt wäre, den Verwaltungsakt nicht zu erlassen und wenn ohne den Widerruf das öffentliche Interesse gefährdet würde,
4. wenn die Behörde auf Grund einer geänderten Rechtsvorschrift berechtigt wäre, den Verwaltungsakt nicht zu erlassen, soweit der Begünstigte von der Vergünstigung noch keinen Gebrauch gemacht oder auf Grund des Verwaltungsakts noch keine Leistungen empfangen hat, und wenn ohne den Widerruf das öffentliche Interesse gefährdet würde,
5. um schwere Nachteile für das Gemeinwohl zu verhüten oder zu beseitigen.

2Art. 48 Abs. 4 gilt entsprechend.

(2a) 1Ein rechtmäßiger Verwaltungsakt der eine einmalige oder laufende Geldleistung oder teilbare Sachleistung zur Erfüllung eines bestimmten Zweckes gewährt oder hierfür Voraussetzung ist, kann, auch nachdem er unanfechtbar geworden ist, ganz oder teilweise auch mit Wirkung für die Vergangenheit widerrufen werden,

1. wenn die Leistung nicht, nicht alsbald nach der Erbringung oder nicht mehr für den in dem Verwaltungsakt bestimmten Zweck verwendet wird;
2. wenn mit dem Verwaltungsakt eine Auflage verbunden ist und der Begünstigte diese nicht oder nicht innerhalb einer ihm gesetzten Frist erfüllt hat.

2Art. 48 Abs. 5 gilt entsprechend.

(3) Der widerrufene Verwaltungsakt wird mit dem Wirksamwerden des Widerrufs unwirksam, wenn die Behörde keinen anderen Zeitpunkt bestimmt.

(4) Über den Widerruf entscheidet nach Unanfechtbarkeit des Verwaltungsakts die nach Art. 3 zuständige Behörde; dies gilt auch dann, wenn der zu widerrufende Verwaltungsakt von einer anderen Behörde erlassen worden ist.

(5) 1Wird ein begünstigender Verwaltungsakt in den Fällen des Absatzes 2 Nrn. 3 bis 5 widerrufen, so hat die Behörde den Betroffenen auf Antrag für den Vermögensnachteil zu entschädigen, den dieser dadurch erleidet, daß er auf den Bestand des Verwaltungsakts vertraut hat, soweit sein Vertrauen schutzwürdig ist. 2Art. 48 Abs. 3 Sätze 3 bis 5 gelten entsprechend. 3Für Streitigkeiten über die Entschädigung ist der ordentliche Rechtsweg gegeben.

Art. 49a Erstattung, Verzinsung

(1) 1Soweit ein Verwaltungsakt mit Wirkung für die Vergangenheit zurückgenommen oder widerrufen worden oder infolge Eintritts einer auflösenden Bedingung unwirksam geworden ist, sind bereits erbrachte Leistungen zu erstatten. 2Die zu erstattende Leistung ist durch schriftlichen Verwaltungsakt festzusetzen.

(2) 1Für den Umfang der Erstattung mit Ausnahme der Verzinsung gelten die Vorschriften des Bürgerlichen Gesetzbuchs über die Herausgabe einer ungerechtfertigten Bereicherung entsprechend. 2Auf den Wegfall der Bereicherung kann sich der Begünstigte nicht berufen, soweit er die Umstände kannte oder infolge grober Fahrlässigkeit nicht kannte, die zur Rücknahme, zum Widerruf oder zur Unwirksamkeit des Verwaltungsakts geführt haben.

(3) 1Der zu erstattende Betrag ist vom Eintritt der Unwirksamkeit des Verwaltungsakts an mit drei Prozentpunkten über dem Basiszinssatz jährlich zu verzinsen. 2Von der Geltendmachung des Zinsanspruchs kann insbesondere dann abgesehen werden, wenn der Begünstigte die Umstände, die zur Rücknahme, zum Widerruf oder zur Unwirksamkeit des Verwaltungsakts geführt haben, nicht zu vertreten hat und den zu erstattenden Betrag innerhalb der von der Behörde festgesetzten Frist leistet.

(4) 1Wird eine Leistung nicht alsbald nach der Auszahlung für den bestimmten Zweck verwendet, so können für die Zeit bis zur zweckentsprechenden Verwendung Zinsen nach Absatz 3 Satz 1 verlangt werden. 2Entsprechendes gilt, soweit eine Leistung in Anspruch genommen wird, obwohl andere Mittel anteilig oder vorrangig einzusetzen sind. 3Art. 49 Abs. 2a Satz 1 Nr. 1 bleibt unberührt.

Art. 50 Rücknahme und Widerruf im Rechtsbehelfsverfahren

Art. 48 Abs. 1 Satz 2 und Abs. 2 bis 4 sowie Art. 49 Abs. 2 bis 3 und 5 gelten nicht, wenn ein begünstigender Verwaltungsakt, der von einem Dritten angefochten worden ist, während des Vorverfahrens oder während des verwaltungsgerichtlichen Verfahrens aufgehoben wird, soweit dadurch dem Widerspruch oder der Klage abgeholfen wird.

Art. 51 Wiederaufgreifen des Verfahrens

(1) Die Behörde hat auf Antrag des Betroffenen über die Aufhebung oder Änderung eines unanfechtbaren Verwaltungsakts zu entscheiden, wenn

1. sich die dem Verwaltungsakt zugrunde liegende Sach- oder Rechtslage nachträglich zugunsten des Betroffenen geändert hat,
2. neue Beweismittel vorliegen, die eine dem Betroffenen günstigere Entscheidung herbeigeführt haben würden,
3. Wiederaufnahmegründe entsprechend § 580 der Zivilprozessordnung gegeben sind.

(2) Der Antrag ist nur zulässig, wenn der Betroffene ohne grobes Verschulden außerstande war, den Grund für das Wiederaufgreifen in dem früheren Verfahren, insbesondere durch Rechtsbehelf, geltend zu machen.

IX

(3) 1Der Antrag muß binnen drei Monaten gestellt werden. 2Die Frist beginnt mit dem Tag, an dem der Betroffene von dem Grund für das Wiederaufgreifen Kenntnis erhalten hat.

(4) Über den Antrag entscheidet die nach Art. 3 zuständige Behörde; dies gilt auch dann, wenn der Verwaltungsakt, dessen Aufhebung oder Änderung begehrt wird, von einer anderen Behörde erlassen worden ist.

(5) Die Vorschriften des Art. 48 Abs. 1 Satz 1 und des Art. 49 Abs. 1 bleiben unberührt.

Art. 52 Rückgabe von Urkunden und Sachen

1Ist ein Verwaltungsakt unanfechtbar widerrufen oder zurückgenommen oder ist seine Wirksamkeit aus einem anderen Grund nicht oder nicht mehr gegeben, so kann die Behörde die auf Grund dieses Verwaltungsakts erteilten Urkunden oder Sachen, die zum Nachweis der Rechte aus dem Verwaltungsakt oder zu deren Ausübung bestimmt sind, zurückfordern. 2Der Inhaber und, sofern er nicht der Besitzer ist, auch der Besitzer dieser Urkunden oder Sachen sind zu ihrer Herausgabe verpflichtet. 3Der Inhaber oder der Besitzer kann jedoch verlangen, daß ihm die Urkunden oder Sachen wieder ausgehändigt werden, nachdem sie von der Behörde als ungültig gekennzeichnet sind; dies gilt nicht bei Sachen, bei denen eine solche Kennzeichnung nicht oder nicht mit der erforderlichen Offensichtlichkeit oder Dauerhaftigkeit möglich ist.

Abschnitt III
Einfluß des Verwaltungsakts auf Verjährung und Erlöschen

Art. 53 Hemmung der Verjährung und des Erlöschens durch Verwaltungsakt

(1) 1Ein Verwaltungsakt, der zur Feststellung oder Durchsetzung des Anspruchs eines öffentlich-rechtlichen Rechtsträgers erlassen wird, hemmt die Verjährung und das Erlöschen dieses Anspruchs. 2Die Hemmung endet mit Eintritt der Unanfechtbarkeit des Verwaltungsakts oder sechs Monate nach seiner anderweitigen Erledigung.

(2) 1Wird ein Verwaltungsakt im Sinn des Absatzes 1 unanfechtbar, beginnt eine Verjährungs- und Erlöschungsfrist von 30 Jahren. 2Soweit der Verwaltungsakt einen Anspruch auf künftig fällig werdende regelmäßig widerkehrende Leistungen zum Inhalt hat, bleibt es bei der für diesen Anspruch geltenden Verjährungs- und Erlöschensfrist.

Vierter Teil
Öffentlich-rechtlicher Vertrag

Art. 54 Zulässigkeit des öffentlich-rechtlichen Vertrags

1Ein Rechtsverhältnis auf dem Gebiet des öffentlichen Rechts kann durch Vertrag begründet, geändert oder aufgehoben werden (öffentlich-rechtlicher Vertrag), soweit Rechtsvorschriften nicht entgegenstehen. 2Insbesondere kann die Behörde, anstatt einen Verwaltungsakt zu erlassen, einen öffentlich-rechtlichen Vertrag mit demjenigen schließen, an den sie sonst den Verwaltungsakt richten würde.

Art. 55 Vergleichsvertrag

Ein öffentlich-rechtlicher Vertrag im Sinn des Art. 54 Satz 2, durch den eine bei verständiger Würdigung des Sachverhalts oder der Rechtslage bestehende Ungewißheit durch gegenseitiges Nachgeben beseitigt wird (Vergleich), kann geschlossen werden, wenn die Behörde den Abschluß des Vergleichs zur Beseitigung der Ungewißheit nach pflichtgemäßem Ermessen für zweckmäßig hält.

Art. 56 Austauschvertrag

(1) 1Ein öffentlich-rechtlicher Vertrag im Sinn des Art. 54 Satz 2, in dem sich der Vertragspartner der Behörde zu einer Gegenleistung verpflichtet, kann geschlossen werden, wenn die Gegenleistung für einen bestimmten Zweck im Vertrag vereinbart wird und der Behörde zur Erfüllung ihrer öffentlichen Aufgaben dient. 2Die Gegenleistung muß den gesamten Umständen nach angemessen sein und im sachlichen Zusammenhang mit der vertraglichen Leistung der Behörde stehen.

(2) Besteht auf die Leistung der Behörde ein Anspruch, so kann nur eine solche Gegen-

leistung vereinbart werden, die bei Erlaß eines Verwaltungsakts Inhalt einer Nebenbestimmung nach Art. 36 sein könnte.

Art. 57 Schriftform

Ein öffentlich-rechtlicher Vertrag ist schriftlich zu schließen, soweit nicht durch Rechtsvorschrift eine andere Form vorgeschrieben ist.

Art. 58 Zustimmung von Dritten und Behörden

(1) Ein öffentlich-rechtlicher Vertrag, der in Rechte eines Dritten eingreift, wird erst wirksam, wenn der Dritte schriftlich zustimmt.

(2) Wird anstatt eines Verwaltungsakts, bei dessen Erlaß nach einer Rechtsvorschrift die Genehmigung, die Zustimmung oder das Einvernehmen einer anderen Behörde erforderlich ist, ein Vertrag geschlossen, so wird dieser erst wirksam, nachdem die andere Behörde in der vorgeschriebenen Form mitgewirkt hat.

Art. 59 Nichtigkeit des öffentlich-rechtlichen Vertrags

(1) Ein öffentlich-rechtlicher Vertrag ist nichtig, wenn sich die Nichtigkeit aus der entsprechenden Anwendung von Vorschriften des Bürgerlichen Gesetzbuchs ergibt.

(2) Ein Vertrag im Sinn des Art. 54 Satz 2 ist ferner nichtig, wenn

1. ein Verwaltungsakt mit entsprechendem Inhalt nichtig wäre,
2. ein Verwaltungsakt mit entsprechendem Inhalt nicht nur wegen eines Verfahrens- oder Formfehlers im Sinn des Art. 46 rechtswidrig wäre und dies den Vertragschließenden bekannt war,
3. die Voraussetzungen zum Abschluß eines Vergleichsvertrags nicht vorlagen und ein Verwaltungsakt mit entsprechendem Inhalt nicht nur wegen eines Verfahrens- oder Formfehlers im Sinn des Art. 46 rechtswidrig wäre,
4. sich die Behörde eine nach Art. 56 unzulässige Gegenleistung versprechen läßt.

(3) Betrifft die Nichtigkeit nur einen Teil des Vertrags, so ist er im ganzen nichtig, wenn nicht anzunehmen ist, daß er auch ohne den nichtigen Teil geschlossen worden wäre.

Art. 60 Anpassung und Kündigung in besonderen Fällen

(1) 1Haben die Verhältnisse, die für die Festsetzung des Vertragsinhalts maßgebend gewesen sind, sich seit Abschluß des Vertrags so wesentlich geändert, daß einer Vertragspartei das Festhalten an der ursprünglichen vertraglichen Regelung nicht zuzumuten ist, so kann diese Vertragspartei eine Anpassung des Vertragsinhalts an die geänderten Verhältnisse verlangen oder, sofern eine Anpassung nicht möglich oder einer Vertragspartei nicht zuzumuten ist, den Vertrag kündigen. 2Die Behörde kann den Vertrag auch kündigen, um schwere Nachteile für das Gemeinwohl zu verhüten oder zu beseitigen.

(2) 1Die Kündigung bedarf der Schriftform, soweit nicht durch Rechtsvorschrift eine andere Form vorgeschrieben ist. 2Sie soll begründet werden.

Art. 61 Unterwerfung unter die sofortige Vollstreckung

(1) 1Jeder Vertragschließende kann sich der sofortigen Vollstreckung aus einem öffentlich-rechtlichen Vertrag im Sinn des Art. 54 Satz 2 unterwerfen. 2Die Behörde muß hierbei von dem Behördenleiter, seinem allgemeinen Vertreter oder einem Angehörigen des öffentlichen Dienstes, der die Befähigung zum Richteramt hat, vertreten werden.

(2) 1Auf öffentlich-rechtliche Verträge im Sinn des Absatzes 1 Satz 1 ist der Zweite Hauptteil des Bayerischen Verwaltungszustellungs- und Vollstreckungsgesetzes entsprechend anzuwenden. 2Will eine natürliche oder juristische Person des Privatrechts oder eine nichtrechtsfähige Vereinigung die Vollstreckung wegen einer Geldforderung betreiben, so sind § 170 Abs. 1 bis 3 der Verwaltungsgerichtsordnung (VwGO) entsprechend anzuwenden. 3Richtet sich die Vollstreckung wegen der Erzwingung einer Handlung, Duldung oder Unterlassung gegen eine Behörde, so ist § 172 VwGO entsprechend anzuwenden.

Art. 62 Ergänzende Anwendung von Vorschriften

1Soweit sich aus den Art. 54 bis 61 nichts Abweichendes ergibt, gelten die übrigen Vorschriften dieses Gesetzes. 2Ergänzend gelten die Vorschriften des Bürgerlichen Gesetzbuchs entsprechend.

Fünfter Teil
Besondere Verfahrensarten

Abschnitt I
Förmliches Verwaltungsverfahren

Art. 63 Anwendung der Vorschriften über das förmliche Verwaltungsverfahren

(1) Das förmliche Verwaltungsverfahren nach diesem Gesetz findet statt, wenn es durch Rechtsvorschrift angeordnet ist.

(2) Für das förmliche Verwaltungsverfahren gelten die Art. 64 bis 71 und, soweit sich aus ihnen nichts Abweichendes ergibt, die übrigen Vorschriften dieses Gesetzes.

(3) 1Die Mitteilung nach Art. 17 Abs. 2 Satz 2 und die Aufforderung nach Art. 17 Abs. 4 Satz 2 sind im förmlichen Verwaltungsverfahren öffentlich bekanntzumachen. 2Die öffentliche Bekanntmachung wird dadurch bewirkt, daß die Behörde die Mitteilung oder die Aufforderung in ihrem amtlichen Veröffentlichungsblatt und außerdem in örtlichen Tageszeitungen, die in dem Bereich verbreitet sind, in dem sich die Entscheidung voraussichtlich auswirken wird, bekanntmacht.

Art. 64 Form des Antrags

Setzt das förmliche Verwaltungsverfahren einen Antrag voraus, so ist er schriftlich oder zur Niederschrift bei der Behörde zu stellen.

Art. 65 Mitwirkung von Zeugen und Sachverständigen

(1) 1Im förmlichen Verwaltungsverfahren sind Zeugen zur Aussage und Sachverständige zur Erstattung von Gutachten verpflichtet. 2Die Vorschriften der Zivilprozessordnung über die Pflicht, als Zeuge auszusagen oder als Sachverständiger ein Gutachten zu erstatten, über die Ablehnung von Sachverständigen sowie über die Vernehmung von Angehörigen des öffentlichen Dienstes als Zeugen oder Sachverständige gelten entsprechend.

(2) 1Verweigern Zeugen oder Sachverständige ohne Vorliegen eines der in den §§ 376, 383 bis 385 und 408 der Zivilprozessordnung bezeichneten Gründe die Aussage oder die Erstattung des Gutachtens, so kann die Behörde das für den Wohnsitz oder den Aufenthaltsort des Zeugen oder des Sachverständigen zuständige Verwaltungsgericht um die Vernehmung ersuchen. 2Befindet sich der Wohnsitz oder der Aufenthaltsort des Zeugen oder des Sachverständigen nicht am Sitz eines Verwaltungsgerichts oder einer besonders errichteten Kammer, so kann auch das zuständige Amtsgericht um die Vernehmung ersucht werden. 3In dem Ersuchen hat die Behörde den Gegenstand der Vernehmung darzulegen sowie die Namen und Anschriften der Beteiligten anzugeben. 4Das Gericht hat die Beteiligten von den Beweisterminen zu benachrichtigen.

(3) Hält die Behörde mit Rücksicht auf die Bedeutung der Aussage eines Zeugen oder des Gutachtens eines Sachverständigen oder zur Herbeiführung einer wahrheitsgemäßen Aussage die Beeidigung für geboten, so kann sie das nach Absatz 2 zuständige Gericht um die eidliche Vernehmung ersuchen.

(4) Das Gericht entscheidet über die Rechtmäßigkeit einer Verweigerung des Zeugnisses, des Gutachtens oder der Eidesleistung.

(5) Ein Ersuchen nach den Absätzen 2 oder 3 an das Gericht darf nur von dem Behördenleiter, seinem allgemeinen Vertreter oder einem Angehörigen des öffentlichen Dienstes gestellt werden, der die Befähigung zum Richteramt hat.

(6) § 180 VwGO findet entsprechende Anwendung.

Art. 66 Verpflichtung zur Anhörung von Beteiligten

(1) Im förmlichen Verwaltungsverfahren ist den Beteiligten Gelegenheit zu geben, sich vor der Entscheidung zu äußern.

(2) Den Beteiligten ist Gelegenheit zu geben, der Vernehmung von Zeugen und Sachverständigen und der Einnahme des Augenscheins beizuwohnen und hierbei sachdienliche Fragen zu stellen; ein schriftlich oder elektronisch vorliegendes Gutachten soll ihnen zugänglich gemacht werden.

Art. 67 Erfordernis der mündlichen Verhandlung

(1) 1Die Behörde entscheidet nach mündlicher Verhandlung. 2Hierzu sind die Beteiligten mit angemessener Frist schriftlich zu laden. 3Bei der Ladung ist darauf hinzuweisen, daß bei Ausbleiben eines Beteiligten auch ohne ihn verhandelt und entschieden werden kann. 4Sind mehr als 50 Ladungen vorzunehmen, so können sie durch öffentliche Bekanntmachung ersetzt werden. 5Die öffentliche Bekanntmachung wird dadurch bewirkt, daß der Verhandlungstermin mindestens zwei Wochen vorher im amtlichen Veröffentlichungsblatt der Behörde und außerdem in örtlichen Tageszeitungen, die in dem Bereich verbreitet sind, in dem sich die Entscheidung voraussichtlich auswirken wird, mit dem Hinweis nach Satz 3 bekanntgemacht wird. 6Maßgebend für die Frist nach Satz 5 ist die Bekanntgabe im amtlichen Veröffentlichungsblatt.

(2) Die Behörde kann ohne mündliche Verhandlung entscheiden, wenn

1. einem Antrag im Einvernehmen mit allen Beteiligten in vollem Umfang entsprochen wird,
2. kein Beteiligter innerhalb einer hierfür gesetzten Frist Einwendungen gegen die vorgesehene Maßnahme erhoben hat,
3. die Behörde den Beteiligten mitgeteilt hat, daß sie beabsichtige, ohne mündliche Verhandlung zu entscheiden, und kein Beteiligter innerhalb einer hierfür gesetzten Frist Einwendungen dagegen erhoben hat,
4. alle Beteiligten auf sie verzichtet haben,
5. wegen Gefahr im Verzug eine sofortige Entscheidung notwendig ist.

(3) Die Behörde soll das Verfahren so fördern, daß es möglichst in einem Verhandlungstermin erledigt werden kann.

Art. 68 Verlauf der mündlichen Verhandlung

(1) 1Die mündliche Verhandlung ist nicht öffentlich. 2An ihr können Vertreter der Aufsichtsbehörden und Personen, die bei der Behörde zur Ausbildung beschäftigt sind, teilnehmen. 3Anderen Personen kann der Verhandlungsleiter die Anwesenheit gestatten, wenn kein Beteiligter widerspricht.

(2) 1Der Verhandlungsleiter hat die Sache mit den Beteiligten zu erörtern. 2Er hat darauf hinzuwirken, daß unklare Anträge erläutert, sachdienliche Anträge gestellt, ungenügende Angaben ergänzt sowie alle für die Feststellung des Sachverhalts wesentlichen Erklärungen abgegeben werden.

(3) 1Der Verhandlungsleiter ist für die Ordnung verantwortlich. 2Er kann Personen, die seine Anordnungen nicht befolgen, entfernen lassen. 3Die Verhandlung kann ohne diese Personen fortgesetzt werden.

(4) 1Über die mündliche Verhandlung ist eine Niederschrift zu fertigen. 2Die Niederschrift muß Angaben enthalten über

1. den Ort und den Tag der Verhandlung,
2. die Namen des Verhandlungsleiters, der erschienenen Beteiligten, Zeugen und Sachverständigen,
3. den behandelten Verfahrensgegenstand und die gestellten Anträge,
4. den wesentlichen Inhalt der Aussagen der Zeugen und Sachverständigen,
5. das Ergebnis eines Augenscheins.

3Die Niederschrift ist von dem Verhandlungsleiter und, soweit ein Schriftführer hinzugezogen worden ist, auch von diesem zu unterzeichnen. 4Der Aufnahme in die Verhandlungsniederschrift steht die Aufnahme in eine Schrift gleich, die ihr als Anlage beigefügt und als solche bezeichnet ist; auf die Anlage ist in der Verhandlungsniederschrift hinzuweisen.

Art. 69 Entscheidung

(1) Die Behörde entscheidet unter Würdigung des Gesamtergebnisses des Verfahrens.

(2) 1Verwaltungsakte, die das förmliche Verfahren abschließen, sind schriftlich zu erlas-

sen, schriftlich zu begründen und den Beteiligten zuzustellen; in den Fällen des Art. 39 Abs. 2 Nrn. 1 und 3 bedarf es einer Begründung nicht. 2Ein elektronischer Verwaltungsakt nach Satz 1 ist mit einer dauerhaft überprüfbaren qualifizierten elektronischen Signatur zu versehen. 3Sind mehr als 50 Zustellungen vorzunehmen, so können sie durch öffentliche Bekanntmachung ersetzt werden. 4Die öffentliche Bekanntmachung wird dadurch bewirkt, daß der verfügende Teil des Verwaltungsakts und die Rechtsbehelfsbelehrung im amtlichen Veröffentlichungsblatt der Behörde und außerdem in örtlichen Tageszeitungen bekanntgemacht werden, die in dem Bereich verbreitet sind, in dem sich die Entscheidung voraussichtlich auswirken wird. 5Der Verwaltungsakt gilt mit dem Tag als zugestellt, an dem seit dem Tag der Bekanntmachung in dem amtlichen Veröffentlichungsblatt zwei Wochen verstrichen sind; hierauf ist in der Bekanntmachung hinzuweisen. 6Nach der öffentlichen Bekanntmachung kann der Verwaltungsakt bis zum Ablauf der Rechtsbehelfsfrist von den Beteiligten schriftlich oder elektronisch angefordert werden; hierauf ist in der Bekanntmachung gleichfalls hinzuweisen.

(3) 1Wird das förmliche Verwaltungsverfahren auf andere Weise abgeschlossen, so sind die Beteiligten hiervon zu benachrichtigen. 2Sind mehr als 50 Benachrichtigungen vorzunehmen, so können sie durch öffentliche Bekanntmachung ersetzt werden; Absatz 2 Satz 4 gilt entsprechend.

Art. 70 Anfechtung der Entscheidung

Vor Erhebung einer verwaltungsgerichtlichen Klage, die einen im förmlichen Verwaltungsverfahren erlassenen Verwaltungsakt zum Gegenstand hat, bedarf es keiner Nachprüfung in einem Vorverfahren.

Art. 71 Besondere Vorschriften für das förmliche Verfahren vor Ausschüssen

(1) 1Findet das förmliche Verwaltungsverfahren vor einem Ausschuß (Art. 88) statt, so hat jedes Mitglied das Recht, sachdienliche Fragen zu stellen. 2Wird eine Frage von einem Beteiligten beanstandet, so entscheidet der Ausschuß über ihre Zulässigkeit.

(2) 1Bei der Beratung und Abstimmung dürfen nur Ausschußmitglieder zugegen sein, die an der mündlichen Verhandlung teilgenommen haben. 2Ferner dürfen Personen zugegen sein, die bei der Behörde, bei der der Ausschuß gebildet ist, zur Ausbildung beschäftigt sind, soweit der Vorsitzende ihre Anwesenheit gestattet. 3Die Abstimmungsergebnisse sind festzuhalten.

(3) 1Jeder Beteiligte kann ein Mitglied des Ausschusses ablehnen, das in diesem Verwaltungsverfahren nicht tätig werden darf (Art. 20) oder bei dem die Besorgnis der Befangenheit besteht (Art. 21). 2Eine Ablehnung vor der mündlichen Verhandlung ist schriftlich oder zur Niederschrift zu erklären. 3Die Erklärung ist unzulässig, wenn sich der Beteiligte, ohne den ihm bekannten Ablehnungsgrund geltend zu machen, in die mündliche Verhandlung eingelassen hat. 4Für die Entscheidung über die Ablehnung gelten Art. 20 Abs. 4 Sätze 2 bis 4.

Abschnitt Ia
Verfahren über eine einheitliche Stelle

Art. 71a Anwendbarkeit

(1) Ist durch Rechtsvorschrift angeordnet, dass ein Verwaltungsverfahren über eine einheitliche Stelle abgewickelt werden kann, so gelten die Vorschriften dieses Abschnitts und, soweit sich aus ihnen nichts Abweichendes ergibt, die übrigen Vorschriften dieses Gesetzes.

(2) Der zuständigen Behörde obliegen die Pflichten aus Art. 71b Abs. 3, 4 und 6, Art. 71c Abs. 2 und Art. 71e auch dann, wenn sich der Antragsteller oder Anzeigepflichtige unmittelbar an die zuständige Behörde wendet.

Art. 71b Verfahren

(1) Die einheitliche Stelle nimmt Anzeigen, Anträge, Willenserklärungen und Unterlagen entgegen und leitet sie unverzüglich an die zuständigen Behörden weiter.

(2) 1Anzeigen, Anträge, Willenserklärungen und Unterlagen gelten am dritten Tag nach Eingang bei der einheitlichen Stelle als bei der zuständigen Behörde eingegangen. 2Fristen werden mit Eingang bei der einheitlichen Stelle gewahrt.

(3) 1Soll durch die Anzeige, den Antrag oder die Abgabe einer Willenserklärung eine Frist in Lauf gesetzt werden, innerhalb deren die zuständige Behörde tätig werden muss, stellt die zuständige Behörde eine Empfangsbestätigung aus. 2In der Empfangsbestätigung ist das Datum des Eingangs bei der einheitlichen Stelle mitzuteilen und auf die Frist, die Voraussetzungen für den Beginn des Fristlaufs und auf eine an den Fristablauf geknüpfte Rechtsfolge sowie auf die verfügbaren Rechtsbehelfe hinzuweisen.

(4) 1Ist die Anzeige oder der Antrag unvollständig, teilt die zuständige Behörde unverzüglich mit, welche Unterlagen nachzureichen sind. 2Die Mitteilung enthält den Hinweis, dass der Lauf der Frist nach Abs. 3 erst mit Eingang der vollständigen Unterlagen beginnt. 3Das Datum des Eingangs der nachgereichten Unterlagen bei der einheitlichen Stelle ist mitzuteilen.

(5) 1Soweit die einheitliche Stelle zur Verfahrensabwicklung in Anspruch genommen wird, sollen Mitteilungen der zuständigen Behörde an den Antragsteller oder Anzeigepflichtigen über sie weitergegeben werden. 2Verwaltungsakte werden auf Verlangen desjenigen, an den sich der Verwaltungsakt richtet, von der zuständigen Behörde unmittelbar bekannt gegeben.

IX

(6) 1Ein schriftlicher Verwaltungsakt, der durch die Post in das Ausland übermittelt wird, gilt einen Monat nach Aufgabe zur Post als bekannt gegeben. 2Art. 41 Abs. 2 Satz 3 gilt entsprechend.

Art. 71c Informationspflichten

(1) 1Die einheitliche Stelle erteilt auf Anfrage unverzüglich Auskunft über die maßgeblichen Vorschriften, die zuständigen Behörden, den Zugang zu den öffentlichen Registern und Datenbanken, die zustehenden Verfahrensrechte und die Einrichtungen, die den Antragsteller oder Anzeigepflichtigen bei der Aufnahme oder Ausübung seiner Tätigkeit unterstützen. 2Sie teilt unverzüglich mit, wenn eine Anfrage zu unbestimmt ist.

(2) Die zuständigen Behörden erteilen auf Anfrage unverzüglich Auskunft über die maßgeblichen Vorschriften und deren gewöhnliche Auslegung. Nach Art. 25 erforderliche Anregungen und Auskünfte werden unverzüglich gegeben.

Art. 71d Gegenseitige Unterstützung

1Die einheitliche Stelle und die zuständigen Behörden wirken gemeinsam auf eine ordnungsgemäße und zügige Verfahrensabwicklung hin; die Pflicht zur Unterstützung besteht auch gegenüber einheitlichen Stellen oder sonstigen Behörden des Bundes oder anderer Länder. 2Die zuständigen Behörden stellen der einheitlichen Stelle insbesondere die erforderlichen Informationen zum Verfahrensstand zur Verfügung.

Art. 71e Elektronisches Verfahren

1Das Verfahren nach diesem Abschnitt wird auf Verlangen in elektronischer Form abgewickelt. 2Art. 3a Abs. 2 bis 4 bleibt unberührt.

Abschnitt II
Planfeststellungsverfahren

Art. 72 Anwendung der Vorschriften über das Planfeststellungsverfahren

(1) Ist ein Planfeststellungsverfahren durch Rechtsvorschrift angeordnet, so gelten hierfür die Art. 73 bis 78 und, soweit sich aus ihnen nichts Abweichendes ergibt, die übrigen Vorschriften dieses Gesetzes; Art. 51 ist nicht anzuwenden, Art. 29 ist mit der Maßgabe anzuwenden, daß Akteneinsicht nach pflichtgemäßem Ermessen zu gewähren ist.

(2) 1Die Mitteilung nach Art. 17 Abs. 2 Satz 2 und die Aufforderung nach Art. 17 Abs. 4 Satz 2 sind im Planfeststellungsverfahren öffentlich bekanntzumachen. 2Die öffentliche Bekanntmachung wird dadurch bewirkt, daß die Behörde die Mitteilung oder die Aufforderung in ihrem amtlichen Veröffentli-

chungsblatt und außerdem in örtlichen Tageszeitungen, die in dem Bereich verbreitet sind, in dem sich das Vorhaben voraussichtlich auswirken wird, bekanntmacht.

Art. 73 Anhörungsverfahren

(1) $_{1}$Der Träger des Vorhabens hat den Plan der Anhörungsbehörde zur Durchführung des Anhörungsverfahrens einzureichen $_{2}$Der Plan besteht aus den Zeichnungen und Erläuterungen, die das Vorhaben, seinen Anlaß und die von dem Vorhaben betroffenen Grundstücke und Anlagen erkennen lassen.

(2) Innerhalb eines Monats nach Zugang des vollständigen Plans fordert die Anhörungsbehörde die Behörden, deren Aufgabenbereich durch das Vorhaben berührt wird, zur Stellungnahme auf und veranlaßt, daß der Plan in den Gemeinden, in denen sich das Vorhaben voraussichtlich auswirken wird, nach Art. 27b ausgelegt wird.

(3) $_{1}$Die Gemeinden nach Absatz 2 haben den Plan innerhalb von drei Wochen nach Zugang für die Dauer eines Monats zur Einsicht auszulegen. $_{2}$Die Anhörungsbehörde bestimmt, in welcher der Gemeinden nach Abs. 2 eine andere Zugangsmöglichkeit nach Art. 27b Abs. 1 Satz 1 Nr. 2 zur Verfügung zu stellen ist und legt im Benehmen mit der jeweiligen Gemeinde die Zugangsmöglichkeit fest. $_{3}$Auf eine Auslegung kann verzichtet werden, wenn der Kreis der Betroffenen und die Vereinigungen nach Abs. 4 Satz 5 bekannt sind und ihnen innerhalb angemessener Frist Gelegenheit gegeben wird, den Plan einzusehen.

(3a) $_{1}$Die Behörden nach Absatz 2 haben ihre Stellungnahme innerhalb einer von der Anhörungsbehörde zu setzenden Frist abzugeben, die drei Monate nicht überschreiten darf. $_{2}$Stellungnahmen, die nach Ablauf der Frist nach Satz 1 eingehen, sind zu berücksichtigen, wenn der Planfeststellungsbehörde die vorgebrachten Belange bekannt sind oder hätten bekannt sein müssen oder für die Rechtmäßigkeit der Entscheidung von Bedeutung sind; im Übrigen können sie berücksichtigt werden.

(4) $_{1}$Jeder, dessen Belange durch das Vorhaben berührt werden, kann bis zwei Wochen nach Ablauf der Auslegungsfrist schriftlich oder zur Niederschrift bei der Anhörungsbehörde oder bei einer Gemeinde nach Abs. 2 Einwendungen gegen den Plan erheben. $_{2}$Im Fall des Abs. 3 Satz 3 bestimmt die Anhörungsbehörde die Einwendungsfrist. $_{3}$Mit Ablauf der Einwendungsfrist sind alle Einwendungen ausgeschlossen, die nicht auf besonderen privatrechtlichen Titeln beruhen. $_{4}$Hierauf ist in der Bekanntmachung der Auslegung oder bei der Bekanntgabe der Einwendungsfrist hinzuweisen. $_{5}$Vereinigungen, die auf Grund einer Anerkennung nach anderen Rechtsvorschriften befugt sind, Rechtsbehelfe nach der Verwaltungsgerichtsordnung gegen die Entscheidung nach Art. 74 einzulegen, können innerhalb der Frist nach Satz 1 Stellungnahmen zu dem Plan abgeben. $_{6}$Sätze 2 bis 4 gelten entsprechend.

(5) $_{1}$Die Gemeinden nach Abs. 2, in denen der Plan auszulegen ist, haben die Auslegung vorher ortsüblich bekanntzumachen. $_{2}$In der Bekanntmachung ist darauf hinzuweisen,

1. wo und in welchem Zeitraum der Plan zur Einsicht ausgelegt ist,
2. daß etwaige Einwendungen oder Stellungnahmen von Vereinigungen nach Abs. 4 Satz 5 bei den in der Bekanntmachung zu bezeichnenden Stellen innerhalb der Einwendungsfrist vorzubringen sind,
3. daß bei Ausbleiben eines Beteiligten in dem Erörterungstermin auch ohne ihn verhandelt werden kann,
4. daß
   a) die Personen, die Einwendungen erhoben haben, oder die Vereinigungen, die Stellungnahmen abgegeben haben, von dem Erörterungstermin durch öffentliche Bekanntmachung benachrichtigt werden können,
   b) die Zustellung der Entscheidung über die Einwendungen durch öffentliche Bekanntmachung ersetzt werden kann,

   wenn mehr als 50 Benachrichtigungen oder Zustellungen vorzunehmen sind.

$_{3}$Nicht ortsansässige Betroffene, deren Person und Aufenthalt bekannt sind oder sich innerhalb angemessener Frist ermitteln lassen, sollen auf Veranlassung der Anhörungsbehörde von der Auslegung mit dem Hinweis nach Satz 2 benachrichtigt werden.

(6) $_{1}$Nach Ablauf der Einwendungsfrist hat die Anhörungsbehörde die rechtzeitig gegen den Plan erhobenen Einwendungen, die rechtzeitig abgegebenen Stellungnahmen von Vereinigungen nach Abs. 4 Satz 5 sowie die Stellungnahmen der Behörden zu dem Plan mit dem Träger des Vorhabens, den Behörden, den Betroffenen sowie denjenigen, die Einwendungen erhoben oder Stellungnahmen abgegeben haben, zu erörtern. $_{2}$Der Erörterungstermin ist mindestens eine Woche vorher ortsüblich bekanntzumachen. $_{3}$Die Behörden, der Träger des Vorhabens und diejenigen, die Einwendungen erhoben oder Stellungnahmen abgegeben haben, sind von dem Erörterungstermin zu benachrichtigen. $_{4}$Sind außer der Benachrichtigung der Behörden und des Trägers des Vorhabens mehr als 50 Benachrichtigungen vorzunehmen, so können diese Benachrichtigungen durch öffentliche Bekanntmachung ersetzt werden. $_{5}$Die öffentliche Bekanntmachung wird dadurch bewirkt, daß abweichend von Satz 2 der Erörterungstermin im amtlichen Veröffentlichungsblatt der Anhörungsbehörde und außerdem in örtlichen Tageszeitungen bekanntgemacht wird, die in dem Bereich verbreitet sind, in dem sich das Vorhaben voraussichtlich auswirken wird; maßgebend für die Frist nach Satz 2 ist die Bekanntgabe im amtlichen Veröffentlichungsblatt. $_{6}$Im übrigen gelten für die Erörterung die Vorschriften über die mündliche Verhandlung im förmlichen Verwaltungsverfahren (Art. 67 Abs. 1 Satz 3, Abs. 2 Nrn. 1 und 4 und Abs. 3, Art. 68) entsprechend. $_{7}$Die Anhörungsbehörde schließt die Erörterung innerhalb von drei Monaten nach Ablauf der Einwendungsfrist ab.

(7) Abweichend von den Vorschriften des Absatzes 6 Sätze 2 bis 5 kann der Erörterungstermin bereits in der Bekanntmachung nach Absatz 5 Satz 2 bestimmt werden.

(8) $_{1}$Soll ein ausgelegter Plan geändert werden und werden dadurch der Aufgabenbereich einer Behörde oder einer Vereinigung nach Abs. 4 Satz 5 oder Belange Dritter erstmals oder stärker als bisher berührt, so ist diesen die Änderung mitzuteilen und ihnen Gelegenheit zu Stellungnahmen und Einwendungen innerhalb von zwei Wochen zu geben; Abs. 4 Sätze 3 bis 6 gelten entsprechend. $_{2}$Wird sich die Änderung voraussichtlich auf das Gebiet einer anderen Gemeinde auswirken, so ist der geänderte Plan in dieser Gemeinde auszulegen; die Absätze 2 bis 6 gelten entsprechend.

(9) Die Anhörungsbehörde gibt zum Ergebnis des Anhörungsverfahrens eine Stellungnahme ab und leitet diese der Planfeststellungsbehörde innerhalb eines Monats nach Abschluss der Erörterung mit dem Plan, den Stellungnahmen der Behörden und der Vereinigungen nach Abs. 4 Satz 5 sowie den nicht erledigten Einwendungen zu.

Art. 74 Planfeststellungsbeschluß, Plangenehmigung

(1) $_{1}$Die Planfeststellungsbehörde stellt den Plan fest (Planfeststellungsbeschluß). $_{2}$Die Vorschriften über die Entscheidung und die Anfechtung der Entscheidung im förmlichen Verwaltungsverfahren (Art. 69 und 70) sind anzuwenden.

(2) $_{1}$Im Planfeststellungsbeschluß entscheidet die Planfeststellungsbehörde über die Einwendungen, über die bei der Erörterung vor der Anhörungsbehörde keine Einigung erzielt worden ist. $_{2}$Sie hat dem Träger des Vorhabens Vorkehrungen oder die Errichtung und Unterhaltung von Anlagen aufzuerlegen, die zum Wohl der Allgemeinheit oder zur Vermeidung nachteiliger Wirkungen auf Rechte anderer erforderlich sind. $_{3}$Sind solche Vorkehrungen oder Anlagen untunlich oder mit dem Vorhaben unvereinbar, so hat der Betroffene Anspruch auf angemessene Entschädigung in Geld.

(3) Soweit eine abschließende Entscheidung noch nicht möglich ist, ist diese im Planfeststellungsbeschluß vorzubehalten; dem Träger des Vorhabens ist dabei aufzugeben, noch fehlende oder von der Planfeststellungsbehörde bestimmte Unterlagen rechtzeitig vorzulegen.

(4) $_{1}$Der Planfeststellungsbeschluß ist dem Träger des Vorhabens, denjenigen, über deren Einwendungen entschieden worden ist, und den Vereinigungen, über deren Stellungnahmen entschieden worden ist, zuzustellen. $_{2}$Eine Ausfertigung des Beschlusses ist mit einer Rechtsbehelfsbelehrung und einer Ausfertigung des festgestellten Plans in den Gemeinden zwei Wochen zur Einsicht auszulegen; die Auslegung ist ortsüblich bekannt zu machen. $_{3}$Die Planfeststellungsbehörde bestimmt, in welcher Gemeinde eine andere Zugangsmöglichkeit nach Art. 27b Abs. 1 Satz 1 Nr. 2 zur Verfügung zu stellen ist, und legt im Benehmen mit der jeweiligen Gemeinde die Zugangsmöglichkeit fest. $_{4}$Mit dem Ende der Auslegungsfrist gilt der Beschluß gegenüber den übrigen Betroffenen als zugestellt; darauf ist in der Bekanntmachung hinzuweisen.

(5) $_{1}$Sind außer an den Träger des Vorhabens mehr als 50 Zustellungen nach Absatz 4 vorzunehmen, so können diese Zustellungen durch öffentliche Bekanntmachung ersetzt werden. $_{2}$Die öffentliche Bekanntmachung wird dadurch bewirkt, daß der verfügende Teil des Planfeststellungsbeschlusses, die Rechtsbehelfsbelehrung und ein Hinweis auf die Auslegung nach Absatz 4 Satz 2 im amtlichen Veröffentlichungsblatt der zuständigen Behörde und außerdem in örtlichen Tageszeitungen bekanntgemacht werden, die in dem Bereich verbreitet sind, in dem sich das Vorhaben voraussichtlich auswirken wird; auf Auflagen ist hinzuweisen. $_{3}$Mit dem Ende der Auslegungsfrist gilt der Beschluß den Betroffenen und denjenigen gegenüber, die Einwendungen erhoben haben, als zugestellt; hierauf ist in der Bekanntmachung hinzuweisen. $_{4}$Nach der öffentlichen Bekanntmachung kann der Planfeststellungsbeschluß bis zum Ablauf der Rechtsbehelfsfrist von den Betroffenen und von denjenigen, die Einwendungen erhoben haben, schriftlich oder elektronisch angefordert werden; hierauf ist in der Bekanntmachung gleichfalls hinzuweisen.

(6) $_{1}$An Stelle eines Planfeststellungsbeschlusses kann eine Plangenehmigung erteilt werden, wenn

1. Rechte anderer nicht oder nur unwesentlich beeinträchtigt werden oder die Betroffenen sich mit der Inanspruchnahme ihres Eigentums oder eines anderen Rechts schriftlich einverstanden erklärt haben,
2. mit den Trägern öffentlicher Belange, deren Aufgabenbereich berührt wird, das Benehmen hergestellt worden ist und
3. nicht andere Rechtsvorschriften eine Öffentlichkeitsbeteiligung vorschreiben, die den Anforderungen der Art. 73 Abs. 3 Satz 1 und Abs. 4 bis 7 entsprechen muss.

$_{2}$Die Plangenehmigung hat die Rechtswirkungen der Planfeststellung; auf ihre Erteilung sind die Vorschriften über das Planfeststellungsverfahren nicht anzuwenden; davon ausgenommen sind Abs. 4 Satz 1 und Abs. 5, die entsprechend anzuwenden sind. $_{3}$Vor Erhebung einer verwaltungsgerichtlichen Klage bedarf es keiner Nachprüfung in einem Vorverfahren. $_{4}$Art. 75 Abs. 4 gilt entsprechend.

(7) $_{1}$Planfeststellung und Plangenehmigung entfallen in Fällen von unwesentlicher Bedeutung. $_{2}$Diese liegen vor, wenn

1. andere öffentliche Belange nicht berührt sind oder die erforderlichen behördlichen Entscheidungen vorliegen und sie dem Plan nicht entgegenstehen,
2. Rechte anderer nicht beeinflußt werden oder mit den vom Plan Betroffenen entsprechende Vereinbarungen getroffen worden sind und
3. nicht andere Rechtsvorschriften eine Öffentlichkeitsbeteiligung vorschreiben, die den Anforderungen der Art. 73 Abs. 3 Satz 1 und Abs. 4 bis 7 entsprechen muss.

Art. 75 Rechtswirkungen der Planfeststellung

(1) $_{1}$Durch die Planfeststellung wird die Zulässigkeit des Vorhabens einschließlich der notwendigen Folgemaßnahmen an anderen Anlagen im Hinblick auf alle von ihm berührten öffentlichen Belange festgestellt; neben der Planfeststellung sind andere behördliche Entscheidungen nach Landes- oder Bundesrecht, insbesondere öffentlich-rechtliche Ge-

nehmigungen, Verleihungen, Erlaubnisse, Bewilligungen, Zustimmungen und Planfeststellungen nicht erforderlich. 2Durch die Planfeststellung werden alle öffentlich-rechtlichen Beziehungen zwischen dem Träger des Vorhabens und den durch den Plan Betroffenen rechtsgestaltend geregelt.

(1a) 1Mängel bei der Abwägung der von dem Vorhaben berührten öffentlichen und privaten Belange sind nur erheblich, wenn sie offensichtlich und auf das Abwägungsergebnis von Einfluß gewesen sind. 2Erhebliche Mängel bei der Abwägung oder eine Verletzung von Verfahrens- oder Formvorschriften führen nur dann zur Aufhebung des Planfeststellungsbeschlusses oder der Plangenehmigung, wenn sie nicht durch Planergänzung oder durch ein ergänzendes Verfahren behoben werden können; Art. 45 und 46 bleiben unberührt.

(2) 1Ist der Planfeststellungsbeschluß unanfechtbar geworden, so sind Ansprüche auf Unterlassung des Vorhabens, auf Beseitigung oder Änderung der Anlagen oder auf Unterlassung ihrer Benutzung ausgeschlossen. 2Treten nicht voraussehbare Wirkungen des Vorhabens oder der dem festgestellten Plan entsprechenden Anlagen auf das Recht eines anderen erst nach Unanfechtbarkeit des Plans auf, so kann der Betroffene Vorkehrungen oder die Errichtung und Unterhaltung von Anlagen verlangen, welche die nachteiligen Wirkungen ausschließen. 3Sie sind dem Träger des Vorhabens durch Beschluß der Planfeststellungsbehörde aufzuerlegen. 4Sind solche Vorkehrungen oder Anlagen untunlich oder mit dem Vorhaben unvereinbar, so richtet sich der Anspruch auf angemessene Entschädigung in Geld. 5Werden Vorkehrungen oder Anlagen im Sinn des Satzes 2 notwendig, weil nach Abschluß des Planfeststellungsverfahrens auf einem benachbarten Grundstück Veränderungen eingetreten sind, so hat die hierdurch entstehenden Kosten der Eigentümer des benachbarten Grundstücks zu tragen, es sei denn, daß die Veränderungen durch natürliche Ereignisse oder höhere Gewalt verursacht worden sind; Satz 4 ist nicht anzuwenden.

(3) 1Anträge, mit denen Ansprüche auf Herstellung von Einrichtungen oder auf angemessene Entschädigung nach Absatz 2 Sätze 2 und 4 geltend gemacht werden, sind schriftlich an die Planfeststellungsbehörde zu richten. 2Sie sind nur innerhalb von drei Jahren nach dem Zeitpunkt zulässig, zu dem der Betroffene von den nachteiligen Wirkungen des dem unanfechtbar festgestellten Plan entsprechenden Vorhabens oder der Anlage Kenntnis erhalten hat; sie sind ausgeschlossen, wenn nach Herstellung des dem Plan entsprechenden Zustands 30 Jahre verstrichen sind.

(4) 1Wird mit der Durchführung des Plans nicht innerhalb von fünf Jahren nach Eintritt der Unanfechtbarkeit begonnen, so tritt er außer Kraft, es sei denn, er wird vorher von der Planfeststellungsbehörde um höchstens fünf Jahre verlängert. 2Als Beginn der Durchführung des Plans gilt jede erstmals nach außen erkennbare Tätigkeit von mehr als nur geringfügiger Bedeutung zur plangemäßen Verwirklichung des Vorhabens; eine spätere Unterbrechung der Verwirklichung des Vorhabens berührt den Beginn der Durchführung nicht.

Art. 76 Planänderungen vor Fertigstellung des Vorhabens

(1) Soll vor Fertigstellung des Vorhabens der festgestellte Plan geändert werden, bedarf es eines neuen Planfeststellungsverfahrens.

(2) Bei Planänderungen von unwesentlicher Bedeutung kann die Planfeststellungsbehörde von einem neuen Planfeststellungsverfahren absehen, wenn die Belange anderer nicht berührt werden oder wenn die Betroffenen der Änderung zugestimmt haben.

(3) Führt die Planfeststellungsbehörde in den Fällen des Absatzes 2 oder in anderen Fällen einer Planänderung von unwesentlicher Bedeutung ein Planfeststellungsverfahren durch, so bedarf es keines Anhörungsverfahrens und keiner öffentlichen Bekanntgabe des Planfeststellungsbeschlusses.

Art. 77 Aufhebung des Planfeststellungsbeschlusses

1Wird ein Vorhaben, mit dessen Durchführung begonnen worden ist, endgültig aufgegeben, so hat die Planfeststellungsbehörde den Planfeststellungsbeschluß aufzuheben.

2In dem Aufhebungsbeschluß sind dem Träger des Vorhabens die Wiederherstellung des früheren Zustands oder geeignete andere Maßnahmen aufzuerlegen, soweit dies zum Wohl der Allgemeinheit oder zur Vermeidung nachteiliger Wirkungen auf Rechte anderer erforderlich ist. 3Werden solche Maßnahmen notwendig, weil nach Abschluß des Planfeststellungsverfahrens auf einem benachbarten Grundstück Veränderungen eingetreten sind, so kann der Träger des Vorhabens durch Beschluß der Planfeststellungsbehörde zu geeigneten Vorkehrungen verpflichtet werden; die hierdurch entstehenden Kosten hat jedoch der Eigentümer des benachbarten Grundstücks zu tragen, es sei denn, daß die Veränderungen durch natürlich Ereignisse oder höhere Gewalt verursacht worden sind.

Art. 78 Zusammentreffen mehrerer Vorhaben

(1) Treffen mehrere selbständige Vorhaben, für deren Durchführung Planfeststellungsverfahren vorgeschrieben sind, derart zusammen, daß für diese Vorhaben oder für Teile von ihnen nur eine einheitliche Entscheidung möglich ist, so findet für diese Vorhaben oder für deren Teile nur ein Planfeststellungsverfahren statt.

(2) 1Zuständigkeiten und Verfahren richten sich nach den Rechtsvorschriften über das Planfeststellungsverfahren, das für diejenige Anlage vorgeschrieben ist, die einen größeren Kreis öffentlich-rechtlicher Beziehungen berührt. 2Bestehen Zweifel, welche Rechtsvorschrift anzuwenden ist, so entscheidet, falls nach den in Betracht kommenden Rechtsvorschriften mehrere Behörden des Geschäftsbereichs eines Staatsministeriums zuständig sind, das Staatsministerium; gehören die Behörden zum Geschäftsbereich verschiedener Staatsministerien, so entscheidet die Staatsregierung. 3Bestehen Zweifel, welche Rechtsvorschrift anzuwenden ist, und sind nach den in Betracht kommenden Rechtsvorschriften Behörden verschiedener Länder zuständig, so führen, falls sich die obersten Behörden der Länder nicht einigen, die Landesregierungen das Einvernehmen darüber herbei, welche Rechtsvorschrift anzuwenden ist; sind nach den in Betracht kommenden Rechtsvorschriften eine Bundesbehörde und eine Landesbehörde zuständig, so führen, falls sich die obersten Bundes- und Landesbehörden nicht einigen, die Bundesregierung und die Staatsregierung das Einvernehmen darüber herbei, welche Rechtsvorschrift anzuwenden ist.

Abschnitt III
Verwaltungsverfahren mit Umweltverträglichkeitsprüfung

Art. 78a Anwendung des Gesetzes über die Umweltverträglichkeitsprüfung

1Ist in Rechtsvorschriften des Freistaates Bayern für Vorhaben ein Verwaltungsverfahren mit Umweltverträglichkeitsprüfung vorgeschrieben, so gelten hierfür die §§ 2 bis 4, 15 bis 23, 24 Abs. 1, §§ 25 bis 30, 31 Abs. 1, 2 Satz 1 Nr. 2 bis 6, Satz 2 bis 4 und Abs. 4, §§ 32, 54 bis 59, 64, 72, 73 Abs. 1 Nr. 1 und Abs. 2 des Gesetzes über die Umweltverträglichkeitsprüfung (UVPG) mit folgenden Maßgaben entsprechend:

1. Abweichend von § 18 Abs. 1 Satz 4 UVPG entfällt der Erörterungstermin, wenn für die Entscheidung über die Zulässigkeit des Vorhabens ein Verwaltungsverfahren ohne Erörterungstermin vorgeschrieben ist oder die zuständige Behörde einen Erörterungstermin nicht für erforderlich hält.
2. Abweichend von § 73 Abs. 1 Nr. 1 UVPG sind die Vorhaben getrennt nach den im jeweiligen Fachrecht genannten Vorhabenarten mitzuteilen.
3. Verweisungen des UVPG auf das Verwaltungsverfahrensgesetz des Bundes gelten als Verweisungen auf die entsprechenden Vorschriften dieses Gesetzes.

2Im Übrigen gelten die Vorschriften dieses Gesetzes.

Sechster Teil
Rechtsbehelfsverfahren

Art. 79 Rechtsbehelfe gegen Verwaltungsakte

Für förmliche Rechtsbehelfe gegen Verwaltungsakte gilt die Verwaltungsgerichtsordnung, soweit nicht durch Gesetz etwas anderes bestimmt ist; im übrigen gelten die Vorschriften dieses Gesetzes.

Art. 80 Kosten im Vorverfahren

(1) 1Ist der Widerspruch erfolgreich, so hat der Rechtsträger, dessen Behörde den angefochtenen Verwaltungsakt erlassen hat, die Kosten des Widerspruchsverfahrens zu tragen; dies gilt auch, wenn der Widerspruch nur deshalb keinen Erfolg hat, weil die Verletzung einer Verfahrens- oder Formvorschrift nach Art. 45 unbeachtlich ist. 2Ist der Widerspruch erfolglos geblieben oder zurückgenommen worden, so hat derjenige, der den Widerspruch eingelegt hat, die Kosten des Widerspruchsverfahrens zu tragen; dies gilt nicht für die Verwaltungskosten und die zur zweckentsprechenden Rechtsverfolgung oder Rechtsverteidigung notwendigen Aufwendungen der Behörde, die den angefochtenen Verwaltungsakt erlassen hat, wenn der Widerspruch gegen einen Verwaltungsakt eingelegt wird, der im Rahmen

1. eines bestehenden oder früheren öffentlich-rechtlichen Dienst- oder Amtsverhältnisses oder
2. einer bestehenden oder früheren gesetzlichen Dienstpflicht oder einer Tätigkeit, die an Stelle der gesetzlichen Dienstpflicht geleistet werden kann,

erlassen wurde. 3Ist der Widerspruch zum Teil erfolgreich, so gilt § 155 Abs. 1 VwGO entsprechend. 4Aufwendungen, die einem Beteiligten durch eigenes Verschulden oder das Verschulden seines Vertreters entstanden sind, hat er selbst zu tragen. 5Erledigt sich der Widerspruch auf andere Weise, so wird über die Kosten nach billigem Ermessen entschieden; der bisherige Sachstand ist zu berücksichtigen.

(2) 1Zu den Kosten des Widerspruchsverfahrens gehören nur die Verwaltungskosten und die zur zweckentsprechenden Rechtsverfolgung oder Rechtsverteidigung notwendigen Aufwendungen dessen, der den Widerspruch eingelegt hat, und der Behörde, die den angefochtenen Verwaltungsakt erlassen hat. 2Aufwendungen anderer Beteiligter sind erstattungsfähig, wenn sie aus Billigkeit demjenigen, der die Kosten des Widerspruchsverfahrens zu tragen hat, oder der Staatskasse auferlegt werden. 3Die Gebühren und Auslagen eines Rechtsanwalts oder eines sonstigen Bevollmächtigten im Widerspruchsverfahren sind nur dann notwendige Aufwendungen, wenn die Zuziehung eines Bevollmächtigten notwendig war.

(3) 1Die Behörde, die die Kostenentscheidung getroffen hat, setzt auf Antrag den Betrag der zu erstattenden Aufwendungen fest; hat ein Ausschuß oder Beirat (§ 73 Abs. 2 VwGO) die Kostenentscheidung getroffen, so obliegt die Kostenfestsetzung der Behörde, bei der der Ausschuß oder Beirat gebildet ist. 2Die Kostenentscheidung bestimmt auch, ob die Zuziehung eines Rechtsanwalts oder eines sonstigen Bevollmächtigten notwendig war.

(4) Die Absätze 1 bis 3 gelten auch für andere förmliche verwaltungsrechtliche Rechtsbehelfe und für Vorverfahren bei Maßnahmen des Richterdienstrechts.

Siebter Teil
Ehrenamtliche Tätigkeit, Ausschüsse

Abschnitt I
Ehrenamtliche Tätigkeit im Verwaltungsverfahren

Art. 81 Anwendung der Vorschriften über die ehrenamtliche Tätigkeit im Verwaltungsverfahren

Für die ehrenamtliche Tätigkeit im Verwaltungsverfahren gelten die Art. 82 bis 86, soweit Rechtsvorschriften nichts Abweichendes bestimmen.

Art. 82 Pflicht zu ehrenamtlicher Tätigkeit

Eine Pflicht zur Übernahme ehrenamtlicher Tätigkeit besteht nur, wenn sie durch Rechtsvorschrift vorgesehen ist.

Art. 83 Ausübung ehrenamtlicher Tätigkeit

(1) Der ehrenamtlich Tätige hat seine Tätigkeit gewissenhaft und unparteiisch auszuüben.

(2) 1Bei Übernahme seiner Aufgaben ist er zur gewissenhaften und unparteiischen Tätigkeit und zur Verschwiegenheit besonders zu verpflichten. 2Die Verpflichtung ist aktenkundig zu machen.

Art. 84 Verschwiegenheitspflicht

(1) 1Der ehrenamtlich Tätige hat, auch nach Beendigung seiner ehrenamtlichen Tätigkeit, über die ihm dabei bekanntgewordenen Angelegenheiten Verschwiegenheit zu wahren. 2Dies gilt nicht für Mitteilungen im dienstlichen Verkehr oder über Tatsachen, die offenkundig sind oder ihrer Bedeutung nach keiner Geheimhaltung bedürfen.

(2) Der ehrenamtlich Tätige darf ohne Genehmigung über Angelegenheiten, über die er Verschwiegenheit zu wahren hat, weder vor Gericht noch außergerichtlich aussagen oder Erklärungen abgeben.

(3) Die Genehmigung, als Zeuge auszusagen, darf nur versagt werden, wenn die Aussage dem Wohl des Bundes oder eines Landes Nachteile bereiten oder die Erfüllung öffentlicher Aufgaben ernstlich gefährden oder erheblich erschweren würde.

(4) 1Ist der ehrenamtlich Tätige Beteiligter in einem gerichtlichen Verfahren oder soll sein Vorbringen der Wahrnehmung seiner berechtigten Interessen dienen, so darf die Genehmigung auch dann, wenn die Voraussetzungen des Absatzes 3 erfüllt sind, nur versagt werden, wenn ein zwingendes öffentliches Interesse dies erfordert. 2Wird sie versagt, so ist dem ehrenamtlich Tätigen der Schutz zu gewähren, den die öffentlichen Interessen zulassen.

(5) Die Genehmigung nach den Absätzen 2 bis 4 erteilt die fachlich zuständige Aufsichtsbehörde der Stelle, die den ehrenamtlich Tätigen berufen hat.

Art. 85 Entschädigung

Der ehrenamtlich Tätige hat Anspruch auf Ersatz seiner notwendigen Auslagen und seines Verdienstausfalls.

Art. 86 Abberufung

1Personen, die zu ehrenamtlicher Tätigkeit herangezogen worden sind, können von der Stelle, die sie berufen hat, abberufen werden, wenn ein wichtiger Grund vorliegt. 2Ein wichtiger Grund liegt insbesondere vor, wenn der ehrenamtlich Tätige

1. seine Pflicht gröblich verletzt oder sich als unwürdig erwiesen hat,
2. seine Tätigkeit nicht mehr ordnungsgemäß ausüben kann.

Abschnitt Ia
Ehrenamtliche Tätigkeit und Verwaltungsverfahren

Art. 87 Berücksichtigung des ehrenamtlichen Einsatzes für das Gemeinwohl

1Die Behörden haben bei ihrer Verwaltungstätigkeit zu berücksichtigen, dass der ehrenamtliche Einsatz für das Gemeinwohl zu fördern ist. 2Das gilt insbesondere für eine einfache, zweckmäßige und zügige Durchführung von Verwaltungsverfahren sowie bei der Ausübung von Ermessen.

Abschnitt II
Ausschüsse

Art. 88 Anwendung der Vorschriften über Ausschüsse

Für Ausschüsse, Beiräte und andere kollegiale Einrichtungen (Ausschüsse) gelten, wenn sie in einem Verwaltungsverfahren tätig werden, die Art. 89 bis 93, soweit Rechtsvorschriften nichts Abweichendes bestimmen.

Art. 89 Ordnung in den Sitzungen

Der Vorsitzende eröffnet, leitet und schließt die Sitzungen; er ist für die Ordnung verantwortlich.

Art. 90 Beschlußfähigkeit

(1) 1Ausschüsse sind beschlußfähig, wenn alle Mitglieder geladen und mehr als die Hälfte, mindestens aber drei der stimmberechtigten Mitglieder anwesend sind. 2Beschlüsse können auch im schriftlichen Verfahren gefaßt werden, wenn kein Mitglied widerspricht.

(2) Ist eine Angelegenheit wegen Beschlußunfähigkeit zurückgestellt worden und wird der Ausschuß zur Behandlung desselben Gegenstands erneut geladen, so ist er ohne Rücksicht auf die Zahl der Erschienenen beschlußfähig, wenn darauf in dieser Ladung hingewiesen worden ist.

Art. 91 Beschlußfassung

1Beschlüsse werden mit Stimmenmehrheit gefaßt. 2Bei Stimmengleichheit entscheidet die Stimme des Vorsitzenden, wenn er stimmberechtigt ist; sonst gilt Stimmengleichheit als Ablehnung.

Art. 92 Wahlen durch Ausschüsse

(1) 1Gewählt wird, wenn kein Mitglied des Ausschusses widerspricht, durch Zuruf oder Zeichen, sonst durch Stimmzettel. 2Auf Verlangen eines Mitglieds ist geheim zu wählen.

(2) 1Gewählt ist, wer von den abgegebenen Stimmen die meisten erhalten hat. 2Bei Stimmengleichheit entscheidet das vom Leiter der Wahl zu ziehende Los.

(3) 1Sind mehrere gleichartige Wahlstellen zu besetzen, so ist nach dem Höchstzahlverfahren d'Hondt zu wählen, außer wenn einstimmig etwas anderes beschlossen worden ist. 2Über die Zuteilung der letzten Wahlstelle entscheidet bei gleicher Höchstzahl das vom Leiter der Wahl zu ziehende Los.

Art. 93 Niederschrift

1Über die Sitzung ist eine Niederschrift zu fertigen. 2Die Niederschrift muß Angaben enthalten über

1. den Ort und den Tag der Sitzung,
2. die Namen des Vorsitzenden und der anwesenden Ausschußmitglieder,
3. den behandelten Gegenstand und die gestellten Anträge,
4. die gefaßten Beschlüsse,
5. das Ergebnis von Wahlen.

3Die Niederschrift ist von dem Vorsitzenden und, soweit ein Schriftführer hinzugezogen worden ist, auch von diesem zu unterzeichnen.

Achter Teil
Schlußvorschriften

Art. 94 Länderübergreifende Verfahren

1Ist nach Art. 3 Abs. 2 Satz 4 eine gemeinsame zuständige Behörde bestimmt und erstreckt sich das Verwaltungsverfahren auf das Gebiet eines anderen Bundeslandes, so ist insoweit das Verfahrensrecht dieses Landes anzuwenden. 2Die fachlich zuständigen Aufsichtsbehörden können durch Vereinbarung eine abweichende Regelung treffen.

Art. 95 Sonderregelung für Verteidigungsangelegenheiten

1Nach Feststellung des Verteidigungsfalls oder des Spannungsfalls kann in Verteidigungsangelegenheiten von der Anhörung Beteiligter (Art. 28 Abs. 1), von der schriftlichen Bestätigung (Art. 37 Abs. 2 Satz 2) und von der schriftlichen Begründung eines Verwaltungsakts (Art. 39 Abs. 1) abgesehen werden; in diesen Fällen gilt ein Verwaltungsakt abweichend von Art. 41 Abs. 4 Satz 3 mit dem auf die Bekanntmachung folgenden Tag als bekanntgegeben. 2Dasselbe gilt für die sonstigen gemäß Art. 80a des Grundgesetzes anzuwendenden Rechtsvorschriften.

Art. 96 Überleitung von Verfahren

1Art. 53 in der ab dem 1. Januar 2003 geltenden Fassung findet auf die an diesem Tag bestehenden und noch nicht verjährten oder erloschenen Ansprüche Anwendung. 2Eine vor Ablauf des 31. Dezember 2002 eingetretene und mit diesem Zeitpunkt noch nicht beendete Unterbrechung der Verjährung oder des Erlöschens gilt mit Ablauf des 31. Dezember 2002 als beendet; die neue Verjährung ist mit Beginn des 1. Januar 2003 gehemmt. 3Ist ein Verwaltungsakt, der zur Unterbrechung der Verjährung oder des Erlöschens geführt hat, vor Ablauf des 31. Dezember 2002 aufgehoben worden und ist an diesem Tag die in § 212 Abs. 2 Satz 1 des Bürgerlichen Gesetzbuchs in der bis zum 31. Dezember 2001 geltenden Fassung bestimmte Frist noch nicht abgelaufen, so ist § 212 Abs. 2 des Bürgerlichen Gesetzbuchs in dieser Fassung entsprechend anzuwenden.

Art. 96a Übergangsregelung

(1) $_1$Verfahren für die in Art. 78a bezeichneten Vorhaben, die vor dem 16. Mai 2017 begonnen worden sind, sind nach den Vorschriften dieses Gesetzes in der ab dem 1. August 2018 geltenden Fassung zu Ende zu führen. $_2$Satz 1 findet keine Anwendung auf Verfahren, bei denen vor dem 16. Mai 2017 das Verfahren zur Unterrichtung des Trägers des Vorhabens nach Art. 78d in der bis 31. Juli 2018 geltenden Fassung eingeleitet oder die Unterlagen nach Art. 78e in der bis 31. Juli 2018 geltenden Fassung vorgelegt wurden.

(2) $_1$Vor dem 1. Juni 2015 begonnene Verfahren werden nach den Vorschriften dieses Gesetzes in der ab dem 1. Juni 2015 geltenden Fassung weitergeführt. $_2$Fachgesetzliche Sonderregelungen bleiben unberührt. $_3$Art. 75 Abs. 4 Satz 2 gilt auch für Planfeststellungsbeschlüsse und Plangenehmigungen, die vor dem 1. Juni 2015 erlassen worden sind, soweit der Plan noch nicht außer Kraft getreten ist.

Art. 97 Revision

In einem gerichtlichen Verfahren kann die Revision auch darauf gestützt werden, daß das angefochtene Urteil auf der Verletzung dieses Gesetzes beruht.

Art. 98 Übergangsregelung für die Durchführung von Verwaltungsverfahren

$_1$Auf alle vor dem 1. Januar 2025 begonnenen, aber nicht abgeschlossenen Verwaltungsverfahren sind dieses Gesetz in der bis zum Ablauf des 31. Dezember 2024 geltenden Fassung und das Planungssicherstellungsgesetz weiter anzuwenden. $_2$Dies gilt nicht für Art. 3a.

Art. 99 Inkrafttreten

$_1$Dieses Gesetz ist dringlich. $_2$Es tritt am 1. Januar 1977 in Kraft.

Bayerisches Datenschutzgesetz (BayDSG)

Vom 15. Mai 2018 (GVBl. S. 230)

Zuletzt geändert durch
Drittes Modernisierungsgesetz Bayern
vom 25. Juli 2025 (GVBl. S. 254)

Inhaltsübersicht

Teil 1
Allgemeine Vorschriften

Art. 1 Anwendungsbereich des Gesetzes

(1) $_{1}$Dieses Gesetz gilt für die Behörden und sonstigen öffentlichen Stellen des Freistaates Bayern, der Gemeinden, Gemeindeverbände und der sonstigen der Aufsicht des Freistaates Bayern unterstehenden juristischen Personen des öffentlichen Rechts. $_{2}$Für den Landtag gilt dieses Gesetz nur, soweit er in Verwaltungsangelegenheiten tätig wird. $_{3}$Für den Obersten Rechnungshof und die Gerichte gilt Teil 2 Kapitel 5 nur, soweit diese in Verwaltungsangelegenheiten tätig werden. $_{4}$Art. 38 gilt auch für nicht öffentliche Stellen, soweit die Verarbeitung nicht ausschließlich zur Ausübung persönlicher oder familiärer Tätigkeiten erfolgt.

(2) $_{1}$Öffentliche Stellen sind auch Vereinigungen des privaten Rechts, die Aufgaben der öffentlichen Verwaltung wahrnehmen und an denen – ungeachtet der Beteiligung nicht öffentlicher Stellen – eine oder mehrere der in Abs. 1 Satz 1 genannten juristischen Personen des öffentlichen Rechts unmittelbar oder durch eine solche Vereinigung beteiligt sind. $_{2}$Öffentlich-rechtliche Finanzdienstleistungsunternehmen sowie ihre Zusammenschlüsse und Verbände gelten als nicht öffentliche Stellen.

(3) $_{1}$Soweit öffentliche Stellen als Unternehmen am Wettbewerb teilnehmen, gelten für sie selbst, ihre Zusammenschlüsse und Verbände die Vorschriften für nicht öffentliche Stellen. $_{2}$Die Zuständigkeit des Landesbeauftragten für den Datenschutz (Landesbeauftragter) nach Art. 15 bleibt hiervon unberührt.

(4) Soweit nicht öffentliche Stellen hoheitliche Aufgaben der öffentlichen Verwaltung wahrnehmen, gelten für sie die Vorschriften für öffentliche Stellen.

(5) Soweit besondere Rechtsvorschriften über den Datenschutz oder über Verfahren der Rechtspflege auf personenbezogene Daten anzuwenden sind, gehen sie den Vorschriften dieses Gesetzes vor.

(6) Die Vorschriften dieses Gesetzes gelten nicht für die Verarbeitung personenbezogener Daten zur Ausübung des Begnadigungsrechts.

Teil 2
Verarbeitung personenbezogener Daten

Kapitel 1
Allgemeines

Art. 2 Anwendung der Verordnung (EU) 2016/679

$_{1}$Für die Verarbeitung personenbezogener Daten durch öffentliche Stellen gelten vorbehaltlich anderweitiger Regelungen die Vorschriften der Verordnung (EU) 2016/679 (Datenschutz-Grundverordnung – DSGVO) auch außerhalb des sachlichen Anwendungsbereichs des Art. 2 Abs. 1 und 2 DSGVO. $_{2}$Die Art. 30, 35 und 36 DSGVO gelten nur, soweit die Verarbeitung automatisiert erfolgt oder die Daten in einem Dateisystem gespeichert sind oder gespeichert werden sollen.

Kapitel 2
Grundsätze der Verarbeitung

Art. 3 Sicherstellung des Datenschutzes, Verantwortlicher (zu Art. 4 Nr. 7 DSGVO)

(1) Die Staatskanzlei, die Staatsministerien und die sonstigen obersten Dienststellen des Staates, die Gemeinden, die Gemeindeverbände und die sonstigen der Aufsicht des Freistaates Bayern unterstehenden juristischen Personen des öffentlichen Rechts sowie die privatrechtlichen Vereinigungen, auf die dieses Gesetz gemäß Art. 1 Abs. 1 und 2 Anwendung findet, haben für ihren Bereich die Ausführung der DSGVO, dieses Gesetzes sowie anderer Rechtsvorschriften über den Datenschutz sicherzustellen.

(2) Verantwortlicher für die Verarbeitung personenbezogener Daten im Sinne der DSGVO ist die für die Verarbeitung zuständige öffentliche Stelle, soweit nichts anderes bestimmt ist.

Art. 4 Rechtmäßigkeit der Verarbeitung (zu Art. 6 Abs. 1 bis 3 DSGVO)

(1) Die Verarbeitung personenbezogener Daten durch eine öffentliche Stelle ist unbeschadet sonstiger Bestimmungen zulässig, wenn sie zur Erfüllung einer ihr obliegenden Aufgabe erforderlich ist.

(2) $_{1}$Personenbezogene Daten, die nicht aus allgemein zugänglichen Quellen entnommen werden, sind bei der betroffenen Person mit ihrer Kenntnis zu erheben. $_{2}$Bei Dritten dürfen personenbezogene Daten erhoben werden, wenn

1. dies durch Rechtsvorschrift vorgesehen oder zwingend vorausgesetzt wird,
2. die zu erfüllende Verwaltungsaufgabe ihrer Art nach oder im Einzelfall eine solche Erhebung erforderlich macht,
3. die Erhebung bei der betroffenen Person einen unverhältnismäßigen Aufwand erfordern würde oder keinen Erfolg verspricht oder
4. die Daten von einer anderen öffentlichen Stelle an die erhebende Stelle übermittelt werden dürfen.

$_{3}$In den Fällen des Satzes 2 Nr. 2 und 3 dürfen keine Anhaltspunkte dafür bestehen, dass überwiegende schutzwürdige Interessen der betroffenen Person beeinträchtigt werden. $_{4}$Werden Daten bei der betroffenen Person ohne ihre Kenntnis erhoben, gilt Satz 2 Nr. 1 und 2 entsprechend.

Art. 5 Übermittlung (zu Art. 6 Abs. 2 bis 4 DSGVO)

(1) $_{1}$Eine Übermittlung personenbezogener Daten ist zulässig, wenn

1. sie zur Erfüllung einer der übermittelnden oder der empfangenden öffentlichen Stelle obliegenden Aufgabe erforderlich ist oder
2. der Empfänger eine nicht öffentliche Stelle ist, diese Stelle ein berechtigtes Interesse an ihrer Kenntnis glaubhaft darlegt und die betroffene Person kein schutzwürdiges Interesse an dem Ausschluss der Übermittlung hat; dies gilt auch, soweit die Daten zu anderen Zwecken als denjenigen, zu denen sie erhoben wurden, übermittelt werden.

$_{2}$Bei einer Übermittlung nach Satz 1 Nr. 2 darf der Empfänger die übermittelten Daten nur für den Zweck verarbeiten, zu dem sie ihm übermittelt wurden.

(2) Sind mit personenbezogenen Daten weitere personenbezogene Daten der betroffenen Person oder Dritter so verbunden, dass eine Trennung nicht oder nur mit unvertretbarem Aufwand möglich ist, ist die Übermittlung auch dieser Daten an öffentliche Stellen zulässig, soweit nicht schutzwürdige Interessen der betroffenen Person oder Dritter offensichtlich überwiegen.

(3) $_{1}$Wenn die Prüfung oder Wartung automatisierter Verfahren oder Datenverarbeitungsanlagen durch andere Stellen vorgenommen wird und dabei ein Zugriff auf personenbezogene Daten nicht ausgeschlossen werden kann, gilt Art. 28 Abs. 1 bis 4, 9 und 10 DSGVO hierfür entsprechend. $_{2}$Kann der nach Art. 28 Abs. 3 DSGVO erforderliche Vertrag oder das andere Rechtsinstrument vor der Verarbeitung nicht schriftlich oder elektronisch abgefasst werden, muss dies unverzüglich nachgeholt werden.

(4) $_{1}$Werden personenbezogene Daten an eine andere öffentliche Stelle auf deren Ersuchen übermittelt, trägt diese die Verantwortung für die Zulässigkeit der Übermittlung. $_{2}$Die ersuchte Stelle übermittelt Daten nur, wenn das Ersuchen im Rahmen der Aufgaben des Empfängers liegt. $_{3}$Im Übrigen trägt sie die Verantwortung nur dann, wenn besonderer Anlass zur Prüfung der Zulässigkeit besteht.

Art. 6 Zweckbindung (zu Art. 6 Abs. 3 und 4 DSGVO)

(1) Öffentliche Stellen, die personenbezogene Daten verarbeiten dürfen, dürfen diese auch zur Wahrnehmung von Aufsichts- oder Kontrollbefugnissen, zur Erstellung von Geschäftsstatistiken, zur Rechnungsprüfung, zur Durchführung eigener Organisationsuntersuchungen oder zur Prüfung oder Wartung automatisierter Verfahren der Datenverarbeitung und zur Gewährleistung der Netz- und Informationssicherheit sowie, soweit nicht offensichtlich überwiegende

schutzwürdige Interessen der betroffenen Personen entgegenstehen, zu eigenen Ausbildungs- oder Prüfungszwecken verarbeiten.

(2) Eine Verarbeitung zu anderen Zwecken als zu denjenigen, zu denen die Daten erhoben wurden, ist unbeschadet der Bestimmungen der DSGVO zulässig, wenn

1. offensichtlich ist, dass die Verarbeitung im Interesse der betroffenen Person liegt, und kein Grund zu der Annahme besteht, dass sie in Kenntnis des anderen Zwecks ihre Einwilligung hierzu verweigern würde,
2. die Daten aus allgemein zugänglichen Quellen entnommen werden können oder die Daten verarbeitende Stelle sie veröffentlichen dürfte,
3. die Verarbeitung erforderlich ist
   a) zur Abwehr erheblicher Nachteile für das Gemeinwohl oder von Gefahren für die öffentliche Sicherheit und Ordnung,
   b) zur Verfolgung von Straftaten oder Ordnungswidrigkeiten, zur Vollstreckung oder zum Vollzug von Strafen oder Maßnahmen im Sinne des § 11 Abs. 1 Nr. 8 des Strafgesetzbuchs oder von Erziehungsmaßregeln oder Zuchtmitteln im Sinne des Jugendgerichtsgesetzes oder zur Vollstreckung von Bußgeldentscheidungen,
   c) zur Durchführung wissenschaftlicher oder historischer Forschung, das wissenschaftliche oder historische Interesse an der Durchführung des Forschungsvorhabens das Interesse der betroffenen Person an dem Ausschluss der Zweckänderung erheblich überwiegt und der Zweck der Forschung auf andere Weise nicht oder nur mit unverhältnismäßigem Aufwand erreicht werden kann,
   d) zur Abwehr einer schwerwiegenden Beeinträchtigung der Rechte einer anderen Person,
   e) zur Überprüfung von Angaben der betroffenen Person, weil tatsächliche Anhaltspunkte für deren Unrichtigkeit bestehen,
   f) zum Vergleich von Angaben der betroffenen Person zur Erlangung von finanziellen Leistungen öffentlicher Stellen mit anderen derartigen Angaben oder
   g) zur Sicherung des Steuer- und Zollaufkommens.

(3) Art. 9 DSGVO und die Art. 8 und 24 Abs. 3 bleiben unberührt.

(4) Personenbezogene Daten, die ausschließlich zu Zwecken der Datensicherung oder der Datenschutzkontrolle verarbeitet werden, dürfen nicht zu anderen Zwecken verarbeitet werden.

Art. 7 Besondere automatisierte Verfahren (zu Art. 6 Abs. 3, Art. 26 DSGVO)

(1) $_1$Öffentliche Stellen dürfen automatisierte Verfahren, welche die Übermittlung personenbezogener Daten durch Abruf ermöglichen, nur einrichten, soweit

1. der Abruf aus Datenbeständen erfolgt, die jedermann ohne oder nach besonderer Zulassung zur Benutzung offen stehen, oder
2. das Verfahren die Rechte und Freiheiten der betroffenen Personen und die Aufgaben der beteiligten Stellen angemessen berücksichtigt.

$_2$Für Abrufe nach Satz 1 Nr. 2

1. trägt der Empfänger die Verantwortung für die Zulässigkeit des einzelnen Abrufs,
2. hat die einrichtende Stelle zu gewährleisten, dass die Übermittlung personenbezogener Daten zumindest durch geeignete Stichprobenverfahren festgestellt und überprüft werden kann; sie prüft die Zulässigkeit der Abrufe nur, wenn dazu Anlass besteht.

(2) $_1$Die Einrichtung automatisierter Verfahren, die mehreren öffentlichen Stellen die Verarbeitung personenbezogener Daten in einem Datenbestand ermöglichen sollen oder bei denen die beteiligten öffentlichen Stellen sich wechselseitig Zugriffe auf die gespeicherten personenbezogenen Daten ermöglichen sollen, ist zulässig, soweit dies unter Berücksichtigung der Rechte und Freiheiten der betroffenen Personen und der Aufgaben der beteiligten Stellen angemessen ist und durch technische und organisatorische Maß-

IX

nahmen Risiken für die Rechte und Freiheiten der betroffenen Personen vermieden werden können. 2Verfahren nach Satz 1, die ein hohes Risiko für die Rechte und Freiheiten der betroffenen Personen beinhalten können, sind nur zulässig, wenn sie durch Gesetz oder auf Grund eines Gesetzes eingerichtet werden.

Art. 8 Verarbeitung besonderer Kategorien personenbezogener Daten (zu Art. 9 DSGVO)

(1) 1Die Verarbeitung von Daten im Sinne des Art. 9 Abs. 1 DSGVO ist auch zulässig, soweit sie erforderlich ist

1. zur Wahrnehmung von Rechten und Pflichten, die aus dem Recht der sozialen Sicherheit und des Sozialschutzes folgen,
2. zur Wahrnehmung von Rechten und Pflichten der öffentlichen Stellen auf dem Gebiet des Dienst- und Arbeitsrechts,
3. zum Zweck der Gesundheitsvorsorge oder der Arbeitsmedizin, für die Beurteilung der Arbeitsfähigkeit von beschäftigten Personen, für die medizinische Diagnostik, die Versorgung oder Behandlung im Gesundheits- oder Sozialbereich oder für die Verwaltung von Systemen und Diensten im Gesundheits- und Sozialbereich oder auf Grund eines Vertrags der betroffenen Person mit einem Angehörigen eines Gesundheitsberufs, wenn diese Daten von ärztlichem Personal oder durch sonstige Personen, die einer Geheimhaltungspflicht unterliegen, oder unter deren Verantwortung verarbeitet werden,
4. aus Gründen des öffentlichen Interesses im Bereich der öffentlichen Gesundheit und des Infektionsschutzes, wie dem Schutz vor schwerwiegenden grenzüberschreitenden Gesundheitsgefahren oder zur Gewährleistung hoher Qualitäts- und Sicherheitsstandards bei der Gesundheitsversorgung und bei Arzneimitteln und Medizinprodukten, oder
5. für die in Art. 6 Abs. 2 Nr. 3 Buchst. a bis c genannten Zwecke.

2Bei Verarbeitungen nach Satz 1 bleibt Art. 6 Abs. 1 unberührt.

(2) 1Bei der Verarbeitung von Daten im Sinne des Art. 9 Abs. 1 DSGVO sind angemessene und spezifische Maßnahmen zur Wahrung der Interessen der betroffenen Personen vorzusehen. 2Diese Maßnahmen sind in dem Verzeichnis nach Art. 30 DSGVO darzustellen.

(3) Art. 26 Abs. 2 und Art. 27 Abs. 2 bleiben unberührt.

Kapitel 3
Rechte der betroffenen Person

Art. 9 Informationspflicht (zu Art. 13, 14 DSGVO)

(1) Eine Pflicht zur Information der betroffenen Person besteht unbeschadet sonstiger Bestimmungen dann nicht, soweit und solange ein Fall des Art. 6 Abs. 2 Nr. 3 Buchst. a, b oder Buchst. d vorliegt.

(2) In den Fällen des Art. 4 Abs. 2 Satz 2 ist eine nicht öffentliche Stelle auf die Rechtsvorschrift, die zur Auskunft verpflichtet, sonst auf die Freiwilligkeit ihrer Angaben hinzuweisen.

Art. 10 Auskunftsrecht der betroffenen Person (zu Art. 15 DSGVO)

(1) 1Ob einer Person Auskunft erteilt wird, dass personenbezogene Daten an die Staatsanwaltschaft, Polizei, Finanzverwaltung, Organe der überörtlichen Rechnungsprüfung, den Verfassungsschutz, den Bundesnachrichtendienst, den Militärischen Abschirmdienst oder andere Behörden des Bundesministeriums der Verteidigung übermittelt wurden, entscheidet der Verantwortliche im Einvernehmen mit den Stellen, an die diese Daten übermittelt wurden. 2Dies gilt auch für die Auskunft über personenbezogene Daten, die dem Verantwortlichen von einer der in Satz 1 genannten Stellen übermittelt wurden.

(2) Unbeschadet des Abs. 1 unterbleibt die Auskunft, soweit

1. die Auskunft die ordnungsgemäße Erfüllung von Aufgaben der Gefahrenabwehr oder die Verhütung, Ermittlung, Aufdeckung oder Verfolgung von Straftaten,

IX

Ordnungswidrigkeiten oder berufsrechtlichen Vergehen oder die Strafvollstreckung gefährden würde,

2. die Auskunft die öffentliche Sicherheit und Ordnung, die Landesverteidigung oder ein wichtiges wirtschaftliches oder finanzielles Interesse des Freistaates Bayern, eines anderen Landes, des Bundes oder der Europäischen Union – einschließlich Währungs-, Haushalts- und Steuerangelegenheiten – gefährden würde,
3. personenbezogene Daten oder die Tatsache ihrer Speicherung zum Schutz der betroffenen Person oder wegen der überwiegenden berechtigten Interessen Dritter geheim gehalten werden müssen,
4. personenbezogene Daten ausschließlich zu Zwecken der Datensicherung oder der Datenschutzkontrolle verarbeitet werden, eine Auskunftserteilung einen unverhältnismäßigen Aufwand erfordern würde und eine Verarbeitung zu anderen Zwecken durch geeignete technische und organisatorische Maßnahmen ausgeschlossen ist oder
5. personenbezogene Daten weder automatisiert verarbeitet werden noch in einem Dateisystem gespeichert sind oder gespeichert werden sollen und
   a) die betroffene Person keine Angaben macht, die das Auffinden der Daten ermöglichen, oder
   b) der für die Erteilung der Auskunft erforderliche Aufwand außer Verhältnis zu dem geltend gemachten Informationsinteresse steht.

(3) 1Wird die Auskunft nicht oder nur eingeschränkt erteilt,

1. sind die Gründe dafür aktenkundig zu machen,
2. ist die betroffene Person unter Darlegung der Gründe zu unterrichten, soweit dies nicht einem der in Abs. 2 Nr. 1 bis 3 genannten Zwecke zuwiderliefe, und
3. ist auf Verlangen der betroffenen Person uneingeschränkte Auskunft der Aufsichtsbehörde zu erteilen.

2Die Aufsichtsbehörde darf der betroffenen Person ohne Zustimmung der in Abs. 1 Satz 1 genannten Stellen keine Informationen mitteilen, die Rückschlüsse auf deren Erkenntnisstand zulassen.

(4) Art. 25 Abs. 4, Art. 26 Abs. 3 und Art. 27 Abs. 4 bleiben unberührt.

Kapitel 4
Verantwortlicher und Auftragsverarbeiter

Art. 11 Datengeheimnis (zu Art. 32 Abs. 4 DSGVO)

1Den bei öffentlichen Stellen beschäftigten Personen ist es untersagt, personenbezogene Daten unbefugt zu verarbeiten (Datengeheimnis). 2Das Datengeheimnis besteht nach dem Ende ihrer Tätigkeit fort.

Art. 12 Behördliche Datenschutzbeauftragte (zu Art. 35 Abs. 2, Art. 37 bis 39 DSGVO)

(1) 1Behördliche Datenschutzbeauftragte erhalten insbesondere

1. Zugang zu dem Verzeichnis nach Art. 30 DSGVO und
2. Gelegenheit zur Stellungnahme vor dem erstmaligen Einsatz oder einer wesentlichen Änderung eines automatisierten Verfahrens, mit dem personenbezogene Daten verarbeitet werden.

2Art. 24 Abs. 5 bleibt unberührt.

(2) Behördliche Datenschutzbeauftragte dürfen Tatsachen, die ihnen in Ausübung ihrer Funktion anvertraut wurden, und die Identität der mitteilenden Personen nicht ohne deren Einverständnis offenbaren.

(3) Behördliche Datenschutzbeauftragte staatlicher Behörden können durch eine höhere Behörde bestellt werden.

Art. 13 Benachrichtigung bei Datenschutzverletzungen (zu Art. 34 DSGVO)

Die Benachrichtigung kann auch unter den Voraussetzungen des Art. 6 Abs. 2 Nr. 3 Buchst. a, b oder Buchst. d unterbleiben.

Art. 14 Datenschutz-Folgenabschätzung (zu Art. 35 DSGVO)

(1) Eine Datenschutz-Folgenabschätzung (Folgenabschätzung) durch den Verantwortlichen kann unterbleiben, soweit

1. eine solche für den Verarbeitungsvorgang bereits vom fachlich zuständigen Staatsministerium oder einer von diesem ermächtigten öffentlichen Stelle durchgeführt wurde und dieser Verarbeitungsvorgang im Wesentlichen unverändert übernommen wird oder
2. der konkrete Verarbeitungsvorgang in einer Rechtsvorschrift geregelt ist und im Rechtsetzungsverfahren bereits eine Folgenabschätzung erfolgt ist, es sei denn, dass in der Rechtsvorschrift etwas anderes bestimmt ist.

(2) 1Entwickelt eine öffentliche Stelle ein automatisiertes Verfahren, das zum Einsatz durch öffentliche Stellen bestimmt ist, so kann sie, sofern die Voraussetzungen des Art. 35 Abs. 1 DSGVO bei diesem Verfahren vorliegen, die Folgenabschätzung nach den Art. 35 und 36 DSGVO durchführen. 2Soweit das Verfahren von öffentlichen Stellen im Wesentlichen unverändert übernommen wird, kann eine weitere Folgenabschätzung durch die übernehmenden öffentlichen Stellen unterbleiben.

Kapitel 5 Unabhängige Aufsichtsbehörden

Abschnitt 1 Landesbeauftragter für den Datenschutz

Art. 15 Ernennung und Aufgaben (zu Art. 51 bis 58 DSGVO)

(1) 1Der Landesbeauftragte nach Art. 33a der Verfassung ist zuständige Aufsichtsbehörde nach Art. 51 DSGVO und überwacht die Einhaltung dieses Gesetzes und anderer Vorschriften über den Datenschutz bei den öffentlichen Stellen. 2Der Landesbeauftragte ist Beamter auf Zeit. 3Die Ernennung, Entlassung und Abberufung erfolgt durch den Präsidenten des Landtags.

(2) 1Die Aufsicht durch den Landesbeauftragten erstreckt sich nicht auf Akten zu einer Sicherheitsüberprüfung, soweit die betroffenen Personen der Aufsicht schriftlich gegenüber dem Verantwortlichen widersprochen haben. 2Der Verantwortliche unterrichtet die betroffenen Personen in allgemeiner Form über ihr Widerspruchsrecht nach Satz 1.

(3) Der Landtag oder die Staatsregierung können den Landesbeauftragten unbeschadet seiner Unabhängigkeit ersuchen, zu bestimmten Vorgängen aus seinem Aufgabenbereich Stellung zu nehmen.

(4) 1Der Landesbeauftragte bedient sich einer Geschäftsstelle, die beim Landtag eingerichtet wird. 2Verwaltungsangelegenheiten der Geschäftsstelle werden vom Landtagsamt wahrgenommen, soweit sie nicht der Zuständigkeit des Landesbeauftragten unterliegen.

Art. 16 Ergänzende Rechte und Befugnisse (zu Art. 57, 58 DSGVO)

(1) 1Der Landesbeauftragte ist von allen öffentlichen Stellen in der Erfüllung seiner Aufgaben zu unterstützen. 2Ihm sind alle zur Erfüllung seiner Aufgaben notwendigen Auskünfte zu geben und auf Anforderung alle Unterlagen über die Verarbeitung personenbezogener Daten zur Einsicht vorzulegen. 3Er hat ungehinderten Zutritt zu allen Diensträumen, in denen öffentliche Stellen Daten verarbeiten.

(2) 1Die Verpflichtungen nach Abs. 1 gelten für

1. Einrichtungen der Rechtspflege, soweit sie strafverfolgend, strafvollstreckend oder strafvollziehend tätig werden,
2. Behörden, soweit sie Steuern verwalten oder strafverfolgend oder in Bußgeldverfahren tätig werden, und
3. Polizei und Verfassungsschutzbehörden

nur gegenüber dem Landesbeauftragten selbst und gegenüber den von ihm schriftlich besonders damit Beauftragten. 2Abs. 1 Satz 2 und 3 gilt für diese Stellen nicht, soweit das jeweils zuständige Staatsministerium im Einzelfall feststellt, dass die Auskunft oder Einsicht die Sicherheit des Freistaates Bayern, eines anderen Landes oder des Bundes gefährden würde.

(3) Die Staatskanzlei und die Staatsministerien unterrichten den Landesbeauftragten rechtzeitig über ihre Entwürfe von Rechts- und Verwaltungsvorschriften des Freistaates Bayern sowie über ihre Planungen bedeutender Verfahren zur Verarbeitung personenbezogener Daten.

(4) 1Unbeschadet der Bestimmungen des Art. 58 DSGVO kann der Landesbeauftragte festgestellte Verstöße gegen dieses Gesetz oder gegen andere Vorschriften über den Datenschutz beanstanden und ihre Behebung in angemessener Frist fordern. 2Er kann die nach Art. 3 Abs. 1 für die Sicherstellung des Datenschutzes verantwortliche Stelle sowie die Rechts- und Fachaufsichtsbehörde hierüber verständigen. 3Werden die beanstandeten Verstöße nicht behoben, kann der Landesbeauftragte von den in Satz 2 genannten Stellen binnen angemessener Frist geeignete Maßnahmen fordern. 4Nach fruchtlosem Fristablauf kann der Landesbeauftragte den Landtag und die Staatsregierung verständigen.

Art. 17 Datenschutzkommission

(1) 1Der Landtag bildet zur Unterstützung des Landesbeauftragten eine Datenschutzkommission. 2Sie besteht aus zehn Mitgliedern. 3Der Landtag bestellt sechs Mitglieder aus seiner Mitte nach Maßgabe der Stärke seiner Fraktionen; dabei wird das Verfahren nach Sainte-Laguë/Schepers angewandt. 4Für Fraktionen, die hiernach nicht zum Zuge kommen, kann der Landtag jeweils ein weiteres Mitglied bestellen, auch wenn sich dadurch die Zahl der Mitglieder nach Satz 2 erhöht. 5Ferner bestellt der Landtag jeweils ein weiteres Mitglied auf Vorschlag

IX

1. der Staatsregierung,
2. der kommunalen Spitzenverbände,
3. des Staatsministeriums für Gesundheit, Pflege und Prävention aus dem Bereich der gesetzlichen Sozialversicherungsträger und
4. des Verbands freier Berufe in Bayern e. V.

6Für jedes Mitglied der Datenschutzkommission wird zugleich ein stellvertretendes Mitglied bestellt.

(2) Die Mitglieder der Datenschutzkommission werden jeweils für die Wahldauer des Landtags bestellt; sie sind in ihrer Tätigkeit an Aufträge und Weisungen nicht gebunden.

(3) 1Die Datenschutzkommission tritt auf Antrag jedes ihrer Mitglieder oder des Landesbeauftragten zusammen. 2Den Vorsitz führt ein Mitglied des Landtags. 3Die Datenschutzkommission gibt sich eine Geschäftsordnung.

(4) 1Die Mitglieder der Datenschutzkommission haben, auch nach ihrem Ausscheiden, über die ihnen bei ihrer Tätigkeit bekanntgewordenen Angelegenheiten Verschwiegenheit zu bewahren. 2Dies gilt nicht für Tatsachen, die offenkundig sind oder ihrer Bedeutung nach keiner Geheimhaltung bedürfen.

(5) Die Mitglieder der Datenschutzkommission erhalten vom Landesbeauftragten Reisekostenvergütung nach den Bestimmungen des Bayerischen Reisekostengesetzes wie Ehrenbeamte.

Abschnitt 2
Landesamt für Datenschutzaufsicht

Art. 18 Einrichtung und Aufgaben (zu Art. 51 bis 58 und 85 DSGVO)

(1) 1Das Landesamt für Datenschutzaufsicht (Landesamt) ist Aufsichtsbehörde nach Art. 51 DSGVO und nach § 40 des Bundesdatenschutzgesetzes für nicht öffentliche Stellen. 2Im Anwendungsbereich des Art. 38 findet Art. 58 Abs. 1 Buchst. b, c, e und f sowie Abs. 2 Buchst. c bis j DSGVO keine Anwendung.

(2) Sitz des Landesamts ist Ansbach.

(3) Der Präsident des Landesamts ist Beamter auf Zeit und wird durch die Staatsregierung für die Dauer von fünf Jahren ernannt.

(4) 1Das Landesamt kann Aufgaben der Personalverwaltung und Personalwirtschaft auf andere öffentliche Stellen des Freistaates Bayern übertragen, soweit dadurch seine Unabhängigkeit nicht beeinträchtigt wird. 2Diesen Stellen dürfen personenbezogene Daten der beschäftigten Personen übermittelt werden, soweit deren Kenntnis zur Erfüllung der übertragenen Aufgaben erforderlich ist.

Abschnitt 3
Unabhängigkeit und Zusammenarbeit der Aufsichtsbehörden

Art. 19 Unabhängigkeit und Rechtsstellung (zu Art. 52 bis 54 DSGVO)

(1) $_{1}$Zum Leiter einer Aufsichtsbehörde kann ernannt werden, wer

1. bei der Ernennung das 35. Lebensjahr vollendet hat,
2. die Voraussetzungen für den Einstieg in die vierte Qualifikationsebene erfüllt und
3. durch einschlägige Berufserfahrung die erforderlichen Kenntnisse des Datenschutzrechts nachweisen kann.

$_{2}$Die Wiederernennung ist zulässig.

(2) $_{1}$Wird ein Beamter oder Richter auf Lebenszeit zum Leiter einer Aufsichtsbehörde ernannt, gilt er für die Dauer der Amtszeit als ohne Bezüge beurlaubt. $_{2}$Für Disziplinarmaßnahmen gegen den Leiter einer Aufsichtsbehörde gilt Art. 6 des Rechnungshofgesetzes entsprechend.

(3) $_{1}$Die Stellen der Aufsichtsbehörden sind auf Vorschlag des Leiters der jeweiligen Aufsichtsbehörde zu besetzen. $_{2}$Die Bediensteten können, sofern die Aufsichtsbehörde nicht selbst für diese Anordnungen zuständig ist, nur mit dessen Einvernehmen versetzt, abgeordnet oder umgesetzt werden. $_{3}$Der Leiter einer Aufsichtsbehörde ist Dienstvorgesetzter der Bediensteten. $_{4}$Die Bediensteten sind in ihrer Tätigkeit nur an dessen Weisungen gebunden und unterstehen ausschließlich seiner Dienstaufsicht. $_{5}$Die Aufsichtsbehörde ist oberste Dienstbehörde im Sinne des § 96 der Strafprozessordnung (StPO), des Art. 6 Abs. 3 Satz 3 des Bayerischen Beamtengesetzes und des Art. 18 Abs. 2 Satz 1 des Bayerischen Disziplinargesetzes. $_{6}$Der Leiter einer Aufsichtsbehörde kann die Disziplinarbefugnisse im Einzelfall teilweise oder vollständig auf die Landesanwaltschaft Bayern übertragen.

(4) $_{1}$Der Leiter einer Aufsichtsbehörde darf

1. kein Gewerbe, keinen Beruf und kein anderes bezahltes Amt ausüben,
2. weder der Leitung noch dem Aufsichts- oder Verwaltungsrat eines auf Erwerb ausgerichteten Unternehmens angehören,
3. keiner Regierung, keiner gesetzgebenden Körperschaft des Bundes oder eines Landes und keinem kommunalen Vertretungsorgan angehören,
4. nicht gegen Vergütung als Schiedsrichter tätig sein, außergerichtliche Gutachten abgeben oder Vorträge halten und
5. keinerlei sonstige Tätigkeiten ausüben, die mit dem Amt nicht zu vereinbaren sind oder die Unabhängigkeit beeinträchtigen können.

$_{2}$Satz 1 Nr. 5 gilt auch für ehemalige Leiter bis zum Ablauf von zwei Jahren nach dem Ausscheiden aus dem Amt.

(5) $_{1}$Der Leiter einer Aufsichtsbehörde sowie deren Bedienstete unterliegen unabhängig von der jeweiligen Ausgestaltung ihres persönlichen Dienstverhältnisses den für Beamte geltenden Verschwiegenheitspflichten. $_{2}$Der Leiter einer Aufsichtsbehörde entscheidet nach pflichtgemäßem Ermessen, ob und inwieweit er sowie die Bediensteten der Aufsichtsbehörde über Angelegenheiten, die dieser Verschwiegenheitspflicht unterliegen, vor Gericht oder außergerichtlich aussagen oder Erklärungen abgeben; wenn er nicht mehr im Amt ist, ist die Genehmigung des amtierenden Leiters der Aufsichtsbehörde erforderlich.

(6) $_{1}$Die Erhebung von Kosten für Amtshandlungen der Aufsichtsbehörden bestimmt sich nach dem Kostengesetz. $_{2}$Unbeschadet des Art. 57 Abs. 4 DSGVO sind Amtshandlungen für die betroffene Person und für den Datenschutzbeauftragten kostenfrei. $_{3}$Die Aufsichtsbehörden unterliegen der Rechnungsprüfung durch den Obersten Rechnungshof nur, soweit ihre Unabhängigkeit hierdurch nicht beeinträchtigt wird.

Art. 20 Anrufung der Aufsichtsbehörden (zu Art. 77 DSGVO)

(1) $_{1}$Jeder kann sich an die Aufsichtsbehörden mit dem Vorbringen wenden, bei der Verarbeitung seiner personenbezogenen Daten in seinen Rechten verletzt worden zu sein. $_{2}$Durch die Anrufung der Aufsichtsbehörden

dürfen der betroffenen Person keine Nachteile entstehen.

(2) Auskunfts- oder Einsichtsrechte hinsichtlich Akten und Dateien der Aufsichtsbehörden bestehen nicht.

Art. 21 Zusammenarbeit (zu Art. 51 DSGVO)

(1) 1Die bayerischen Aufsichtsbehörden tauschen regelmäßig die in Erfüllung ihrer Aufgaben gewonnenen Erfahrungen aus und unterstützen sich gegenseitig bei ihrer Aufgabenwahrnehmung. 2Eine Aufsichtsbehörde ist berechtigt, zum Zwecke der Aufsicht personenbezogene Daten an andere Aufsichtsbehörden zu übermitteln.

(2) Soweit mehrere Aufsichtsbehörden für eine Angelegenheit des Europäischen Datenschutzausschusses zuständig sind, üben sie ihre Mitwirkungsrechte einvernehmlich aus.

Kapitel 6 Sanktionen

Art. 22 Geldbußen (zu Art. 83 DSGVO)

Gegen öffentliche Stellen im Sinne des Art. 1 Abs. 1 und 2 dürfen Geldbußen nach Art. 83 DSGVO nur verhängt werden, soweit diese als Unternehmen am Wettbewerb teilnehmen.

Art. 23 Ordnungswidrigkeiten, Strafvorschrift (zu Art. 84 DSGVO)

(1) Mit Geldbuße bis zu dreißigtausend Euro kann belegt werden, wer personenbezogene Daten, die durch eine öffentliche Stelle im Sinne des Art. 1 Abs. 1, 2 oder Abs. 4 verarbeitet werden und nicht offenkundig sind,

1. unbefugt
   a) speichert, verändert oder übermittelt,
   b) zum Abruf mittels automatisierten Verfahrens bereithält oder
   c) abruft oder sich oder einem anderen aus Dateien verschafft oder
2. durch unrichtige Angaben erschleicht.

(2) 1Wer eine der in Abs. 1 bezeichneten Handlungen gegen Entgelt oder in der Absicht, sich oder einen anderen zu bereichern oder einen anderen zu schädigen, begeht, wird mit Freiheitsstrafe bis zu zwei Jahren oder mit Geldstrafe bestraft. 2Die Tat wird nur auf Antrag verfolgt. 3Antragsberechtigt sind die betroffene Person, der Verantwortliche, der Auftragsverarbeiter und die Aufsichtsbehörde.

(3) Gegen öffentliche Stellen im Sinne des Art. 1 Abs. 1 und 2 werden keine Geldbußen nach Abs. 1 verhängt.

(4) Eine Unterrichtung nach Art. 33 oder Art. 34 DSGVO darf in einem Straf- oder Ordnungswidrigkeitenverfahren gegen den Verantwortlichen oder einen seiner in § 52 Abs. 1 StPO bezeichneten Angehörigen nur mit seiner Zustimmung verwendet werden.

Kapitel 7 Besondere Verarbeitungssituationen

Art. 24 Videoüberwachung (zu Art. 6 DSGVO)

(1) Die Verarbeitung personenbezogener Daten mit Hilfe von optisch-elektronischen Einrichtungen (Videoüberwachung) ist zulässig, wenn dies im Rahmen der Erfüllung öffentlicher Aufgaben oder in Ausübung des Hausrechts erforderlich ist,

1. um Leben, Gesundheit, Freiheit oder Eigentum von Personen, die sich im Bereich öffentlicher Einrichtungen, öffentlicher Verkehrsmittel, von Dienstgebäuden oder sonstigen baulichen Anlagen öffentlicher Stellen oder in deren unmittelbarer Nähe aufhalten, oder
2. um Kulturgüter, öffentliche Einrichtungen, öffentliche Verkehrsmittel, Dienstgebäude oder sonstige bauliche Anlagen öffentlicher Stellen sowie die dort oder in deren unmittelbarer Nähe befindlichen Sachen

zu schützen und keine Anhaltspunkte dafür bestehen, dass überwiegende schutzwürdige Interessen der betroffenen Personen beeinträchtigt werden.

(2) 1Die Videoüberwachung ist durch geeignete Maßnahmen erkennbar zu machen. 2Dabei ist der Verantwortliche anzugeben, soweit dieser nicht aus den Umständen hervorgeht.

IX

(3) Die Daten dürfen für den Zweck verarbeitet werden, für den sie erhoben worden sind, für einen anderen Zweck nur, soweit dies zur Abwehr von Gefahren für die öffentliche Sicherheit und Ordnung oder zur Verfolgung von Ordnungswidrigkeiten von erheblicher Bedeutung oder von Straftaten erforderlich ist.

(4) Die nach Abs. 1 erhobenen und gespeicherten Daten sowie daraus gefertigte Unterlagen sind spätestens zwei Monate nach der Erhebung zu löschen, soweit sie nicht zur Abwehr von Gefahren für die öffentliche Sicherheit und Ordnung, zur Verfolgung von Ordnungswidrigkeiten von erheblicher Bedeutung oder von Straftaten oder zur Geltendmachung von Rechtsansprüchen benötigt werden.

(5) Öffentliche Stellen haben ihrem behördlichen Datenschutzbeauftragten unbeschadet des Art. 35 Abs. 2 DSGVO rechtzeitig vor dem Einsatz einer Videoüberwachung den Zweck, die räumliche Ausdehnung und die Dauer der Videoüberwachung, den betroffenen Personenkreis, die Maßnahmen nach Abs. 2 und die vorgesehenen Auswertungen mitzuteilen und ihm Gelegenheit zur Stellungnahme zu geben.

Art. 25 Verarbeitung zu Forschungszwecken (zu Art. 89 DSGVO)

(1) Für Zwecke der wissenschaftlichen oder historischen Forschung erhobene oder gespeicherte personenbezogene Daten dürfen nur für diese Zwecke verarbeitet werden.

(2) 1Die personenbezogenen Daten sind zu anonymisieren, sobald dies nach dem Forschungszweck möglich ist. 2Bis dahin sind die Merkmale, mit denen Einzelangaben über persönliche oder sachliche Verhältnisse einer bestimmten oder bestimmbaren Person zugeordnet werden können, gesondert zu speichern. 3Sie dürfen mit den Einzelangaben nur zusammengeführt werden, soweit der Forschungszweck dies erfordert.

(3) Die wissenschaftliche oder historische Forschung betreibenden Stellen dürfen personenbezogene Daten nur veröffentlichen, wenn die betroffene Person eingewilligt hat oder dies für die Darstellung von Forschungsergebnissen über Ereignisse der Zeitgeschichte unerlässlich ist.

(4) Die Art. 15, 16, 18 und 21 DSGVO sind nicht anzuwenden, soweit die Inanspruchnahme dieser Rechte voraussichtlich die Verwirklichung der wissenschaftlichen oder historischen Forschungszwecke unmöglich macht oder ernsthaft beeinträchtigt und diese Beschränkung für die Erfüllung der Forschungszwecke notwendig ist.

Art. 26 Verarbeitung zu Archivzwecken (zu Art. 89 DSGVO)

(1) Personenbezogene Daten dürfen zu im öffentlichen Interesse liegenden Archivzwecken verarbeitet werden, soweit geeignete Garantien für die Rechte und Freiheiten der betroffenen Personen vorgesehen werden.

(2) 1Die Verarbeitung von Daten im Sinne des Art. 9 Abs. 1 DSGVO ist auch zulässig, soweit sie für im öffentlichen Interesse liegende Archivzwecke erforderlich ist. 2Der Verantwortliche sieht angemessene und spezifische Maßnahmen zur Wahrung der Rechte der betroffenen Person gemäß Art. 8 Abs. 2 vor.

(3) Ein Recht auf Auskunft der betroffenen Person gemäß Art. 15 DSGVO besteht nicht, soweit das Archivgut nicht durch den Namen der Person erschlossen ist oder keine Angaben gemacht werden, die das Auffinden des betreffenden Archivguts ohne unverhältnismäßigen Aufwand ermöglichen.

(4) 1Art. 16 DSGVO ist nicht anzuwenden. 2Die betroffene Person kann verlangen, dass dem Archivgut, das sich auf ihre Person bezieht, eine Gegendarstellung beigefügt wird, wenn sie die Richtigkeit der sie betreffenden Informationen glaubhaft bestreitet. 3Nach dem Tod der betroffenen Person kann die Beifügung einer Gegendarstellung von dem Ehegatten, dem Lebenspartner, den Kindern oder den Eltern verlangt werden, wenn sie ein berechtigtes Interesse daran glaubhaft machen können.

(5) Die Art. 18 Abs. 1 Buchst. a, b und d sowie Art. 20 und 21 DSGVO sind nicht anzuwenden, soweit diese Rechte voraussichtlich die Verwirklichung der im öffentlichen Interesse liegenden Archivzwecke unmöglich

machen oder ernsthaft beeinträchtigen und diese Beschränkung für die Erfüllung der Archivzwecke notwendig ist.

(6) Soweit öffentliche Stellen verpflichtet sind, Unterlagen einem öffentlichen Archiv zur Übernahme anzubieten, ist eine Löschung erst zulässig, nachdem die Unterlagen dem öffentlichen Archiv angeboten worden und von diesem nicht als archivwürdig übernommen worden sind oder über die Übernahme nicht fristgerecht entschieden worden ist.

Art. 27 Staatliche und kommunale Auszeichnungen und Ehrungen

(1) Zur Vorbereitung und Durchführung staatlicher oder kommunaler Auszeichnungen oder Ehrungen dürfen personenbezogene Daten, einschließlich der Daten nach Art. 9 Abs. 1 DSGVO, auch ohne Kenntnis der betroffenen Person verarbeitet werden.

(2) Andere öffentliche Stellen dürfen die zur Vorbereitung und Durchführung staatlicher oder kommunaler Auszeichnungen und Ehrungen erforderlichen personenbezogenen Daten, einschließlich der Daten nach Art. 9 Abs. 1 DSGVO, an die dafür zuständigen Stellen übermitteln.

(3) 1Eine Verarbeitung der personenbezogenen Daten nach Abs. 1 für andere Zwecke ist nur mit Einwilligung der betroffenen Person zulässig. 2Der Verantwortliche sieht angemessene und spezifische Maßnahmen zur Wahrung der Rechte der betroffenen Person gemäß Art. 8 Abs. 2 vor.

IX

(4) Soweit eine Verarbeitung ausschließlich für die in Abs. 1 genannten Zwecke erfolgt, sind die Art. 13 bis 16, 19 und 20 DSGVO nicht anzuwenden.

(5) 1Die nach Abs. 1 gespeicherten personenbezogenen Daten sind zu löschen, sobald sie für den dort genannten Zweck nicht mehr erforderlich sind. 2Eine Löschung von Name, Vorname, Geburtsdatum, Anschrift und Kommunikationsdaten kann unterbleiben.

(6) Abweichend von Art. 58 Abs. 2 DSGVO steht dem Landesbeauftragten bei der Überwachung der Anwendung von den Abs. 1 bis 5 nur das Beanstandungsrecht nach Art. 16 Abs. 4 zu.

Kapitel 8
Verarbeitungen im Anwendungsbereich der Richtlinie (EU) 2016/680

Art. 28 Anwendungsbereich dieses Kapitels

(1) 1Die Vorschriften dieses Kapitels gelten, soweit nichts anderes bestimmt ist, für die Verarbeitung personenbezogener Daten durch

1. die Polizei,
2. die Gerichte in Strafsachen und die Staatsanwaltschaften,
3. die Strafvollstreckungs- und Justizvollzugsbehörden,
4. die Behörden des Maßregelvollzugs

zum Zwecke der Verhütung, Ermittlung, Aufdeckung, Verfolgung oder Ahndung von Straftaten oder Ordnungswidrigkeiten, einschließlich des Schutzes vor und der Abwehr von Gefahren für die öffentliche Sicherheit. 2Die Vorschriften dieses Kapitels gelten auch für sonstige Behörden im Sinne des Art. 1 Abs. 1 Satz 1, soweit diese personenbezogene Daten verarbeiten, um Straftaten oder Ordnungswidrigkeiten zu verfolgen oder zu ahnden.

(2) 1Unbeschadet anderer Rechtsvorschriften finden auf Verarbeitungen nach Abs. 1 abweichend von Art. 2 nur Anwendung:

1. aus dem Kapitel I DSGVO über allgemeine Bestimmungen Art. 4 DSGVO,
2. aus dem Kapitel II DSGVO über Grundsätze die Art. 5, 6 Abs. 1 Satz 1 Buchst. a und e, Art. 7 und 11 Abs. 1 DSGVO,
3. aus dem Kapitel IV DSGVO über Verantwortliche und Auftragsverarbeiter die Art. 24 Abs. 1 und 2, Art. 25 Abs. 1 und 2, Art. 28 Abs. 1 bis 4, 9 und 10, Art. 29, 31, 34, 36 Abs. 4, Art. 37 Abs. 1 und 3 bis 7, Art. 38 und 39 DSGVO,
4. aus dem Kapitel VI DSGVO über unabhängige Aufsichtsbehörden die Art. 51 bis 54, 55 Abs. 1 und 3 und Art. 59 DSGVO,
5. aus dem Kapitel VII DSGVO über Zusammenarbeit und Kohärenz Art. 61 Abs. 1 bis 7 und 9 DSGVO und
6. aus dem Kapitel VIII DSGVO über Rechtsbehelfe, Haftung und Sanktionen die Art. 77, 78 Abs. 1 bis 3 DSGVO.

$_{2}$Im Übrigen finden aus dem Kapitel II DSGVO über Grundsätze Art. 9 Abs. 1 und 2, aus dem Kapitel IV DSGVO über Verantwortliche und Auftragsverarbeiter die Art. 26, 30, 32 und 33 DSGVO sowie aus dem Kapitel VI DSGVO über unabhängige Aufsichtsbehörden die Art. 57 und 58 DSGVO nach Maßgabe der nachfolgenden Vorschriften dieses Kapitels Anwendung.

(3) Unbeschadet anderer Rechtsvorschriften finden auf Verarbeitungen nach Abs. 1 keine Anwendung

1. aus Kapitel 2 über Grundsätze der Verarbeitung die Art. 6 Abs. 2 bis 4, Art. 7 und 8 Abs. 1,
2. das Kapitel 3 über Rechte der betroffenen Person,
3. aus Kapitel 4 über Verantwortliche und Auftragsverarbeiter Art. 14 Abs. 1 Nr. 1 und Abs. 2,
4. aus Kapitel 5 über unabhängige Aufsichtsbehörden Art. 18,
5. aus Kapitel 6 über Sanktionen Art. 22 und
6. aus Teil 3 über Meinungsäußerungs- und Informationsfreiheit Art. 38.

Art. 29 Verarbeitung zu anderen Zwecken und besonderer Kategorien personenbezogener Daten, DNA-Untersuchungen

(1) $_{1}$Eine Verarbeitung personenbezogener Daten zu einem anderen Zweck als zu demjenigen, zu dem sie erhoben wurden, ist zulässig, wenn es sich bei dem anderen Zweck um einen der in Art. 28 Abs. 1 genannten Zwecke handelt, der Verantwortliche befugt ist, Daten zu diesem Zweck zu verarbeiten, und die Verarbeitung zu diesem Zweck erforderlich und verhältnismäßig ist. $_{2}$Die Verarbeitung personenbezogener Daten zu einem anderen, in Art. 28 Abs. 1 nicht genannten Zweck ist zulässig, wenn sie in einer Rechtsvorschrift vorgesehen ist.

(2) Die Verarbeitung besonderer Kategorien personenbezogener Daten im Sinne des Art. 9 Abs. 1 DSGVO ist nur zulässig, wenn sie zur Aufgabenerfüllung unbedingt erforderlich ist, die Voraussetzungen des Art. 9 Abs. 2 Buchst. c und e DSGVO vorliegen oder dies in einer Rechtsvorschrift vorgesehen ist.

(3) $_{1}$Zur Vermeidung von DNA-Trugspuren können Personen, die regelmäßig Aufgaben im Rahmen polizeilicher oder strafprozessualer Ermittlungen wahrnehmen und dabei möglicherweise mit Spurenmaterial in Kontakt geraten, mit deren schriftlicher Zustimmung Körperzellen entnommen und molekulargenetisch untersucht werden, um hieraus gewonnene DNA-Identifizierungsmuster zu verarbeiten und mit Spurenmaterial automatisiert abzugleichen. $_{2}$Die Entnahme der Körperzellen erfolgt mittels eines Mundschleimhautabstrichs oder eines hinsichtlich seiner Eingriffsintensität vergleichbaren Verfahrens. $_{3}$Vor Erteilung der Zustimmung ist die betroffene Person über den Zweck der Verarbeitung sowie das Verfahren der Erkennung von DNA-Trugspuren zu belehren und darüber aufzuklären, dass sie die Zustimmung verweigern sowie jederzeit widerrufen kann. $_{4}$Die Verwendung der entnommenen Körperzellen ist nur zur Feststellung des DNA-Identifizierungsmusters nach Satz 1, die Verarbeitung des DNA-Identifizierungsmusters nur zu den in Satz 1 genannten Zwecken zulässig.

(4) $_{1}$Die DNA-Identifizierungsmuster werden in einer hierfür eingerichteten polizeilichen Datei gespeichert. $_{2}$Eine Datenschutzfolgenabschätzung ist nicht erforderlich.

(5) $_{1}$Die DNA-Identifizierungsmuster sind zu pseudonymisieren. $_{2}$Abgleiche mit diesen sind zu protokollieren. $_{3}$Die Protokolldaten sind eigenständig zu speichern und dürfen nur zur Überprüfung der Rechtmäßigkeit der Datenverarbeitung verwendet werden. $_{4}$Soweit die Protokolldaten hierfür nicht mehr benötigt werden, spätestens aber nach Ablauf des dritten Kalenderjahres, das dem Jahr der Protokollierung folgt, sind sie zu löschen.

(6) $_{1}$Die nach Abs. 3 gewonnenen Körperzellen sind zu vernichten und die erhobenen Daten zu löschen, wenn sie für die genannten Zwecke nicht mehr erforderlich sind. $_{2}$Die Vernichtung der Körperzellen und die Löschung der erhobenen Daten hat spätestens drei Jahre nach dem Zeitpunkt zu erfolgen, zu

dem die betroffene Person letztmals mit Spurenmaterial in Kontakt treten konnte.

Art. 30 Gemeinsam Verantwortliche

1Die Angabe der Anlaufstelle für die betroffenen Personen nach Art. 26 Abs. 1 Satz 3 DSGVO ist verpflichtend. 2Art. 26 Abs. 2 DSGVO findet keine Anwendung.

Art. 31 Verzeichnis von Verarbeitungstätigkeiten

1In dem Verzeichnis nach Art. 30 Abs. 1 DSGVO werden zusätzlich die Rechtsgrundlage der Verarbeitung sowie gegebenenfalls die Verwendung von Profiling aufgenommen. 2Art. 30 Abs. 5 DSGVO findet keine Anwendung.

Art. 32 Anforderungen an die Sicherheit der Verarbeitung

(1) Art. 32 Abs. 3 und 4 DSGVO findet keine Anwendung.

(2) Im Fall einer automatisierten Verarbeitung haben der Verantwortliche oder der Auftragsverarbeiter auf Grundlage einer Risikobewertung Maßnahmen zu ergreifen, die geeignet sind, um

1. Unbefugten den Zugang zu Datenverarbeitungsanlagen, mit denen personenbezogene Daten verarbeitet werden, zu verwehren (Zugangskontrolle),
2. die innerbehördliche oder innerbetriebliche Organisation so zu gestalten, dass sie den besonderen Anforderungen des Datenschutzes gerecht wird (Organisationskontrolle),
3. zu verhindern, dass
   a) Datenträger unbefugt gelesen, kopiert, verändert oder entfernt werden können (Datenträgerkontrolle),
   b) personenbezogene Daten unbefugt eingegeben werden sowie gespeicherte personenbezogene Daten unbefugt gelesen, verändert oder gelöscht werden (Speicherkontrolle),
   c) automatisierte Datenverarbeitungssysteme mit Hilfe von Einrichtungen zur Datenübertragung von Unbefugten genutzt werden können (Benutzerkontrolle),
   d) bei der Übermittlung personenbezogener Daten sowie beim Transport von Datenträgern die Daten unbefugt gelesen, kopiert, verändert oder gelöscht werden können (Transportkontrolle),
4. zu gewährleisten, dass
   a) die zur Benutzung eines automatisierten Datenverarbeitungssystems Berechtigten ausschließlich auf die ihrer Zugriffsberechtigung unterliegenden Daten zugreifen können (Zugriffskontrolle),
   b) überprüft und festgestellt werden kann, an welche Stellen personenbezogene Daten mit Hilfe von Einrichtungen zur Datenübertragung übermittelt oder zur Verfügung gestellt wurden oder werden können (Übertragungskontrolle),
   c) nachträglich überprüft und festgestellt werden kann, welche personenbezogenen Daten zu welcher Zeit von wem in automatisierte Datenverarbeitungssysteme eingegeben worden sind (Eingabekontrolle),
   d) eingesetzte Systeme im Störungsfall wiederhergestellt werden können (Wiederherstellung),
   e) alle Funktionen des Systems zur Verfügung stehen und auftretende Fehlfunktionen gemeldet werden (Zuverlässigkeit),
   f) gespeicherte personenbezogene Daten nicht durch Fehlfunktionen des Systems beschädigt werden können (Datenintegrität),
   g) personenbezogene Daten, die im Auftrag verarbeitet werden, nur entsprechend den Weisungen des Verantwortlichen verarbeitet werden können (Auftragskontrolle).

Art. 33 Meldung von Verletzungen des Schutzes personenbezogener Daten an die Aufsichtsbehörde

Wenn Daten von oder an den Verantwortlichen eines anderen Mitgliedstaates übermittelt wurden, sind die Informationen nach Art. 33 Abs. 3 DSGVO unverzüglich auch an diesen zu melden.

Art. 34 Aufsicht durch den Landesbeauftragten für den Datenschutz

(1) $_1$Art. 57 Abs. 1 Buchst. j bis s, u und v DSGVO sowie Art. 58 Abs. 1 Buchst. c, Abs. 2 Buchst. c bis j, Abs. 3 Buchst. c bis j DSGVO finden keine Anwendung. $_2$Übt der Landesbeauftragte für die betroffene Person deren Rechte aus, hat er darüber hinaus die Rechtmäßigkeit der Verarbeitung zu überprüfen und die betroffene Person innerhalb einer angemessenen Frist über das Ergebnis dieser Überprüfung zu unterrichten oder ihr die Gründe mitzuteilen, aus denen die Überprüfung nicht vorgenommen werden kann. $_3$Die Mitteilung an die betroffene Person darf keine Rückschlüsse auf den Erkenntnisstand des Verantwortlichen zulassen, sofern dieser nicht einer weitergehenden Auskunft zustimmt.

(2) $_1$Die Aufsicht durch den Landesbeauftragten über die Erhebung personenbezogener Daten durch Strafverfolgungsbehörden bei der Ermittlung, Aufdeckung oder Verfolgung von Straftaten ist erst nach Abschluss des Strafverfahrens zulässig. $_2$Sie erstreckt sich nicht auf eine Datenverarbeitung, die gerichtlich überprüft wurde. $_3$Die Sätze 1 und 2 gelten für die Strafvollstreckung entsprechend.

(3) $_1$Wird eine Beschwerde bei einer sachlich unzuständigen Aufsichtsbehörde eingereicht, gibt diese die Beschwerde unverzüglich an die sachlich zuständige Aufsichtsbehörde ab und unterrichtet die beschwerdeführende Person. $_2$In diesem Fall hat die abgebende Stelle die betroffene Person über die Weiterleitung zu unterrichten und ihr auf Ersuchen weitere Unterstützung zu leisten.

Art. 35 Automatisierte Einzelentscheidungen

(1) Entscheidungen, die für die betroffene Person mit einer nachteiligen Rechtsfolge verbunden sind oder sie erheblich beeinträchtigen, einschließlich Profiling, dürfen nicht ausschließlich auf eine automatisierte Verarbeitung gestützt werden, es sei denn, eine Rechtsvorschrift lässt dies ausdrücklich zu.

(2) Profiling, das zur Folge hat, dass betroffene Personen auf der Grundlage von besonderen Daten im Sinne des Art. 9 Abs. 1 DSGVO benachteiligt werden, ist verboten.

Art. 36 Vertrauliche Meldung von Datenschutzverstößen

$_1$Der Verantwortliche hat zu ermöglichen, dass ihm vertrauliche Meldungen über in seinem Verantwortungsbereich erfolgende Verstöße gegen Datenschutzvorschriften zugeleitet werden können. $_2$Art. 12 Abs. 2 gilt für die zur Entgegennahme dieser Meldungen betraute Stelle entsprechend.

Art. 37 Schadenersatz

(1) $_1$Hat eine öffentliche Stelle einer betroffenen Person durch eine nach diesem Gesetz oder nach anderen Vorschriften über den Datenschutz rechtswidrige Verarbeitung ihrer personenbezogenen Daten einen Schaden zugefügt, ist ihr Rechtsträger der betroffenen Person zum Ersatz dieses Schadens verpflichtet. $_2$Die Ersatzpflicht entfällt, soweit bei einer nicht automatisierten Verarbeitung der Schaden nicht auf ein Verschulden des Verantwortlichen zurückzuführen ist. $_3$Sind bei einer Datei mehrere Stellen speicherungsberechtigt und sind Geschädigte nicht in der Lage, die speichernde Stelle festzustellen, so haftet jede dieser Stellen.

(2) Wegen eines Schadens, der nicht Vermögensschaden ist, kann die betroffene Person eine angemessene Entschädigung in Geld verlangen.

(3) Mehrere Ersatzpflichtige haften als Gesamtschuldner.

(4) $_1$Hat bei der Entstehung des Schadens ein Verschulden der betroffenen Person mitgewirkt, ist § 254 des Bürgerlichen Gesetzbuchs entsprechend anzuwenden. $_2$Auf die Verjährung finden die für unerlaubte Handlungen geltenden Verjährungsvorschriften des Bürgerlichen Gesetzbuchs entsprechende Anwendung.

(5) Vorschriften, nach denen Ersatzpflichtige in weiterem Umfang als nach dieser Vorschrift haften oder nach denen andere für den Schaden verantwortlich sind, bleiben unberührt.

(6) Der Rechtsweg vor den ordentlichen Gerichten steht offen.

Teil 3
Meinungsäußerungs- und Informationsfreiheit

Art. 38 Verarbeitung zu journalistischen, künstlerischen oder literarischen Zwecken (zu Art. 85 DSGVO)

(1) 1Werden personenbezogene Daten zu journalistischen, künstlerischen oder literarischen Zwecken verarbeitet, stehen den betroffenen Personen nur die in Abs. 2 genannten Rechte zu. 2Im Übrigen gelten für Verarbeitungen im Sinne des Satzes 1 Kapitel I, Art. 5 Abs. 1 Buchst. f, Art. 24 und 32, Kapitel VIII, X und XI DSGVO. 3Art. 82 DSGVO gilt mit der Maßgabe, dass nur für unzureichende Maßnahmen nach Art. 5 Abs. 1 Buchst. f, Art. 24 und 32 DSGVO gehaftet wird.

(2) Führt die journalistische, künstlerische oder literarische Verarbeitung personenbezogener Daten zur Verbreitung von Gegendarstellungen, zu Verpflichtungserklärungen, gerichtlichen Entscheidungen oder Widerrufen, sind diese zu den gespeicherten Daten zu nehmen, dort für dieselbe Zeitdauer aufzubewahren wie die Daten selbst und bei einer Übermittlung der Daten gemeinsam mit diesen zu übermitteln.

Art. 39 Allgemeines Auskunftsrecht (zu Art. 86 DSGVO)

IX

(1) 1Jeder hat das Recht auf Auskunft über den Inhalt von Dateien und Akten öffentlicher Stellen, soweit ein berechtigtes, nicht auf eine entgeltliche Weiterverwendung gerichtetes Interesse glaubhaft dargelegt wird und

1. bei personenbezogenen Daten eine Übermittlung an nicht öffentliche Stellen zulässig ist und
2. Belange der öffentlichen Sicherheit und Ordnung nicht beeinträchtigt werden.

2 Die Auskunft kann verweigert werden, soweit

1. Kontroll- und Aufsichtsaufgaben oder sonstige öffentliche oder private Interessen entgegenstehen,
2. sich das Auskunftsbegehren auf den Verlauf oder auf vertrauliche Inhalte laufender oder abgeschlossener behördeninterner Beratungen oder auf Inhalte aus nicht abgeschlossenen Unterlagen oder auf noch nicht aufbereitete Daten bezieht oder
3. ein unverhältnismäßiger Aufwand entsteht.

(2) Abs. 1 findet keine Anwendung auf Auskunftsbegehren, die Gegenstand einer Regelung in anderen Rechtsvorschriften sind.

(3) Ausgenommen von der Auskunft nach Abs. 1 sind

1. Verschlusssachen,
2. einem Berufs- oder besonderen Amtsgeheimnis unterliegende Datei- und Akteninhalte sowie
3. zum persönlichen Lebensbereich gehörende Geheimnisse oder Betriebs- und Geschäftsgeheimnisse, sofern die betroffene Person nicht eingewilligt hat.

(4) 1Abs. 1 ist nicht anzuwenden auf

1. den Landtag, den Obersten Rechnungshof, die Staatlichen Rechnungsprüfungsämter, die Staatlichen Rechnungsprüfungsstellen der Landratsämter, den Kommunalen Prüfungsverband und die Aufsichtsbehörden im Sinne des Art. 51 DSGVO,
2. die obersten Landesbehörden in Angelegenheiten der Staatsleitung und der Rechtsetzung,
3. die Gerichte, Strafverfolgungs- und Strafvollstreckungsbehörden, Gerichtsvollzieher, Notare und die Landesanwaltschaft Bayern als Organe der Rechtspflege sowie die Justizvollzugsbehörden, die Disziplinarbehörden und die für Angelegenheiten der Berufsaufsicht zuständigen berufsständischen Kammern und Körperschaften des öffentlichen Rechts,
4. die Polizei und das Landesamt für Verfassungsschutz einschließlich der für ihre Aufsicht zuständigen Stellen,
5. Finanzbehörden in Verfahren nach der Abgabenordnung,
6. Universitätskliniken, Forschungseinrichtungen, Hochschulen, Schulen sowie sonstige öffentliche Stellen im Bereich von For-

schung und Lehre, Leistungsbeurteilungen und Prüfungen,

7. die Landeskartellbehörde und die Regulierungskammer des Freistaates Bayern sowie die Industrie- und Handelskammern und die Handwerkskammern,
8. die kommunalen Spitzenverbände.

2Datei- und Aktenbestandteile der in Satz 1 genannten oder für Begnadigungsangelegenheiten zuständigen Stellen sind von der Auskunft nach Abs. 1 auch dann ausgenommen, wenn sie sich in Dateien oder Akten anderer öffentlicher Stellen befinden.

(5) Für die Auskunft werden Kosten nach Maßgabe des Kostengesetzes erhoben.

Teil 4
Schlussvorschriften

Art. 40 Inkrafttreten

Dieses Gesetz tritt am 25. Mai 2018 in Kraft.

X Allgemeine Schutzvorschriften

Allgemeines Gleichbehandlungsgesetz (AGG)

Vom 14. August 2006 (BGBl. I S. 1897)

Zuletzt geändert durch
Gesetz zur Anpassung der Bundesbesoldung und -versorgung für die Jahre 2023 und 2024 sowie zur Änderung weiterer dienstrechtlicher Vorschriften
vom 22. Dezember 2023 (BGBl. I Nr. 414)

Abschnitt 1
Allgemeiner Teil

§ 1 Ziel des Gesetzes

Ziel des Gesetzes ist, Benachteiligungen aus Gründen der Rasse oder wegen der ethnischen Herkunft, des Geschlechts, der Religion oder Weltanschauung, einer Behinderung, des Alters oder der sexuellen Identität zu verhindern oder zu beseitigen.

§ 2 Anwendungsbereich

(1) Benachteiligungen aus einem in § 1 genannten Grund sind nach Maßgabe dieses Gesetzes unzulässig in Bezug auf:

1. die Bedingungen, einschließlich Auswahlkriterien und Einstellungsbedingungen, für den Zugang zu unselbstständiger und selbstständiger Erwerbstätigkeit, unabhängig von Tätigkeitsfeld und beruflicher Position, sowie für den beruflichen Aufstieg,
2. die Beschäftigungs- und Arbeitsbedingungen einschließlich Arbeitsentgelt und Entlassungsbedingungen, insbesondere in individual- und kollektivrechtlichen Vereinbarungen und Maßnahmen bei der Durchführung und Beendigung eines Beschäftigungsverhältnisses sowie beim beruflichen Aufstieg,
3. den Zugang zu allen Formen und allen Ebenen der Berufsberatung, der Berufsbildung einschließlich der Berufsausbildung, der beruflichen Weiterbildung und der Umschulung sowie der praktischen Berufserfahrung,
4. die Mitgliedschaft und Mitwirkung in einer Beschäftigten- oder Arbeitgebervereinigung oder einer Vereinigung, deren Mitglieder einer bestimmten Berufsgruppe angehören, einschließlich der Inanspruchnahme der Leistungen solcher Vereinigungen,
5. den Sozialschutz, einschließlich der sozialen Sicherheit und der Gesundheitsdienste,
6. die sozialen Vergünstigungen,
7. die Bildung,
8. den Zugang zu und die Versorgung mit Gütern und Dienstleistungen, die der Öffentlichkeit zur Verfügung stehen, einschließlich von Wohnraum.

(2) $_1$Für Leistungen nach dem Sozialgesetzbuch gelten § 33c des Ersten Buches Sozialgesetzbuch und § 19a des Vierten Buches Sozialgesetzbuch. $_2$Für die betriebliche Altersvorsorge gilt das Betriebsrentengesetz.

(3) $_1$Die Geltung sonstiger Benachteiligungsverbote oder Gebote der Gleichbehandlung wird durch dieses Gesetz nicht berührt. $_2$Dies gilt auch für öffentlich-rechtliche Vorschriften, die dem Schutz bestimmter Personengruppen dienen.

(4) Für Kündigungen gelten ausschließlich die Bestimmungen zum allgemeinen und besonderen Kündigungsschutz.

§ 3 Begriffsbestimmungen

(1) $_1$Eine unmittelbare Benachteiligung liegt vor, wenn eine Person wegen eines in § 1 genannten Grundes eine weniger günstige Behandlung erfährt, als eine andere Person in einer vergleichbaren Situation erfährt, erfahren hat oder erfahren würde. $_2$Eine unmittelbare Benachteiligung wegen des Geschlechts liegt in Bezug auf § 2 Abs. 1 Nr. 1 bis 4 auch im Falle einer ungünstigeren Behandlung einer Frau wegen Schwangerschaft oder Mutterschaft vor.

(2) Eine mittelbare Benachteiligung liegt vor, wenn dem Anschein nach neutrale Vorschrif-

ten, Kriterien oder Verfahren Personen wegen eines in § 1 genannten Grundes gegenüber anderen Personen in besonderer Weise benachteiligen können, es sei denn, die betreffenden Vorschriften, Kriterien oder Verfahren sind durch ein rechtmäßiges Ziel sachlich gerechtfertigt und die Mittel sind zur Erreichung dieses Ziels angemessen und erforderlich.

(3) Eine Belästigung ist eine Benachteiligung, wenn unerwünschte Verhaltensweisen, die mit einem in § 1 genannten Grund in Zusammenhang stehen, bezwecken oder bewirken, dass die Würde der betreffenden Person verletzt und ein von Einschüchterungen, Anfeindungen, Erniedrigungen, Entwürdigungen oder Beleidigungen gekennzeichnetes Umfeld geschaffen wird.

(4) Eine sexuelle Belästigung ist eine Benachteiligung in Bezug auf § 2 Abs. 1 Nr. 1 bis 4, wenn ein unerwünschtes, sexuell bestimmtes Verhalten, wozu auch unerwünschte sexuelle Handlungen und Aufforderungen zu diesen, sexuell bestimmte körperliche Berührungen, Bemerkungen sexuellen Inhalts sowie unerwünschtes Zeigen und sichtbares Anbringen von pornographischen Darstellungen gehören, bezweckt oder bewirkt, dass die Würde der betreffenden Person verletzt wird, insbesondere wenn ein von Einschüchterungen, Anfeindungen, Erniedrigungen, Entwürdigungen oder Beleidigungen gekennzeichnetes Umfeld geschaffen wird.

(5) $_1$Die Anweisung zur Benachteiligung einer Person aus einem in § 1 genannten Grund gilt als Benachteiligung. $_2$Eine solche Anweisung liegt in Bezug auf § 2 Abs. 1 Nr. 1 bis 4 insbesondere vor, wenn jemand eine Person zu einem Verhalten bestimmt, das einen Beschäftigten oder eine Beschäftigte wegen eines in § 1 genannten Grundes benachteiligt oder benachteiligen kann.

§ 4 Unterschiedliche Behandlung wegen mehrerer Gründe

Erfolgt eine unterschiedliche Behandlung wegen mehrerer der in § 1 genannten Gründe, so kann diese unterschiedliche Behandlung nach den §§ 8 bis 10 und 20 nur gerechtfertigt werden, wenn sich die Rechtfertigung auf alle diese Gründe erstreckt, derentwegen die unterschiedliche Behandlung erfolgt.

§ 5 Positive Maßnahmen

Ungeachtet der in den §§ 8 bis 10 sowie in § 20 benannten Gründe ist eine unterschiedliche Behandlung auch zulässig, wenn durch geeignete und angemessene Maßnahmen bestehende Nachteile wegen eines in § 1 genannten Grundes verhindert oder ausgeglichen werden sollen.

Abschnitt 2
Schutz der Beschäftigten vor Benachteiligung

Unterabschnitt 1
Verbot der Benachteiligung

§ 6 Persönlicher Anwendungsbereich

(1) $_1$Beschäftigte im Sinne dieses Gesetzes sind

1. Arbeitnehmerinnen und Arbeitnehmer,
2. die zu ihrer Berufsbildung Beschäftigten,
3. Personen, die wegen ihrer wirtschaftlichen Unselbstständigkeit als arbeitnehmerähnliche Personen anzusehen sind; zu diesen gehören auch die in Heimarbeit Beschäftigten und die ihnen Gleichgestellten.

$_2$Als Beschäftigte gelten auch die Bewerberinnen und Bewerber für ein Beschäftigungsverhältnis sowie die Personen, deren Beschäftigungsverhältnis beendet ist.

(2) $_1$Arbeitgeber (Arbeitgeber und Arbeitgeberinnen) im Sinne dieses Abschnitts sind natürliche und juristische Personen sowie rechtsfähige Personengesellschaften, die Personen nach Absatz 1 beschäftigen. $_2$Werden Beschäftigte einem Dritten zur Arbeitsleistung überlassen, so gilt auch dieser als Arbeitgeber im Sinne dieses Abschnitts. $_3$Für die in Heimarbeit Beschäftigten und die ihnen Gleichgestellten tritt an die Stelle des Arbeitgebers der Auftraggeber oder Zwischenmeister.

(3) Soweit es die Bedingungen für den Zugang zur Erwerbstätigkeit sowie den beruflichen Aufstieg betrifft, gelten die Vorschriften dieses Abschnitts für Selbstständige und Organ-

mitglieder, insbesondere Geschäftsführer oder Geschäftsführerinnen und Vorstände, entsprechend.

§ 7 Benachteiligungsverbot

(1) Beschäftigte dürfen nicht wegen eines in § 1 genannten Grundes benachteiligt werden; dies gilt auch, wenn die Person, die die Benachteiligung begeht, das Vorliegen eines in § 1 genannten Grundes bei der Benachteiligung nur annimmt.

(2) Bestimmungen in Vereinbarungen, die gegen das Benachteiligungsverbot des Absatzes 1 verstoßen, sind unwirksam.

(3) Eine Benachteiligung nach Absatz 1 durch Arbeitgeber oder Beschäftigte ist eine Verletzung vertraglicher Pflichten.

§ 8 Zulässige unterschiedliche Behandlung wegen beruflicher Anforderungen

(1) Eine unterschiedliche Behandlung wegen eines in § 1 genannten Grundes ist zulässig, wenn dieser Grund wegen der Art der auszuübenden Tätigkeit oder der Bedingungen ihrer Ausübung eine wesentliche und entscheidende berufliche Anforderung darstellt, sofern der Zweck rechtmäßig und die Anforderung angemessen ist.

(2) Die Vereinbarung einer geringeren Vergütung für gleiche oder gleichwertige Arbeit wegen eines in § 1 genannten Grundes wird nicht dadurch gerechtfertigt, dass wegen eines in § 1 genannten Grundes besondere Schutzvorschriften gelten.

§ 9 Zulässige unterschiedliche Behandlung wegen der Religion oder Weltanschauung

(1) Ungeachtet des § 8 ist eine unterschiedliche Behandlung wegen der Religion oder der Weltanschauung bei der Beschäftigung durch Religionsgemeinschaften, die ihnen zugeordneten Einrichtungen ohne Rücksicht auf ihre Rechtsform oder durch Vereinigungen, die sich die gemeinschaftliche Pflege einer Religion oder Weltanschauung zur Aufgabe machen, auch zulässig, wenn eine bestimmte Religion oder Weltanschauung unter Beachtung des Selbstverständnisses der jeweiligen Religionsgemeinschaft oder Vereinigung im Hinblick auf ihr Selbstbestimmungsrecht oder nach der Art der Tätigkeit eine gerechtfertigte berufliche Anforderung darstellt.

(2) Das Verbot unterschiedlicher Behandlung wegen der Religion oder der Weltanschauung berührt nicht das Recht der in Absatz 1 genannten Religionsgemeinschaften, der ihnen zugeordneten Einrichtungen ohne Rücksicht auf ihre Rechtsform oder der Vereinigungen, die sich die gemeinschaftliche Pflege einer Religion oder Weltanschauung zur Aufgabe machen, von ihren Beschäftigten ein loyales und aufrichtiges Verhalten im Sinne ihres jeweiligen Selbstverständnisses verlangen zu können.

§ 10 Zulässige unterschiedliche Behandlung wegen des Alters

$_1$Ungeachtet des § 8 ist eine unterschiedliche Behandlung wegen des Alters auch zulässig, wenn sie objektiv und angemessen und durch ein legitimes Ziel gerechtfertigt ist. $_2$Die Mittel zur Erreichung dieses Ziels müssen angemessen und erforderlich sein. $_3$Derartige unterschiedliche Behandlungen können insbesondere Folgendes einschließen:

1. die Festlegung besonderer Bedingungen für den Zugang zur Beschäftigung und zur beruflichen Bildung sowie besonderer Beschäftigungs- und Arbeitsbedingungen, einschließlich der Bedingungen für Entlohnung und Beendigung des Beschäftigungsverhältnisses, um die berufliche Eingliederung von Jugendlichen, älteren Beschäftigten und Personen mit Fürsorgepflichten zu fördern oder ihren Schutz sicherzustellen,
2. die Festlegung von Mindestanforderungen an das Alter, die Berufserfahrung oder das Dienstalter für den Zugang zur Beschäftigung oder für bestimmte mit der Beschäftigung verbundene Vorteile,
3. die Festsetzung eines Höchstalters für die Einstellung auf Grund der spezifischen Ausbildungsanforderungen eines bestimmten Arbeitsplatzes oder auf Grund der Notwendigkeit einer angemessenen Be-

schäftigungszeit vor dem Eintritt in den Ruhestand,

4. die Festsetzung von Altersgrenzen bei den betrieblichen Systemen der sozialen Sicherheit als Voraussetzung für die Mitgliedschaft oder den Bezug von Altersrente oder von Leistungen bei Invalidität einschließlich der Festsetzung unterschiedlicher Altersgrenzen im Rahmen dieser Systeme für bestimmte Beschäftigte oder Gruppen von Beschäftigten und die Verwendung von Alterskriterien im Rahmen dieser Systeme für versicherungsmathematische Berechnungen,
5. eine Vereinbarung, die die Beendigung des Beschäftigungsverhältnisses ohne Kündigung zu einem Zeitpunkt vorsieht, zu dem der oder die Beschäftigte eine Rente wegen Alters beantragen kann; § 41 des Sechsten Buches Sozialgesetzbuch bleibt unberührt,
6. Differenzierungen von Leistungen in Sozialplänen im Sinne des Betriebsverfassungsgesetzes, wenn die Parteien eine nach Alter oder Betriebszugehörigkeit gestaffelte Abfindungsregelung geschaffen haben, in der die wesentlich vom Alter abhängenden Chancen auf dem Arbeitsmarkt durch eine verhältnismäßig starke Betonung des Lebensalters erkennbar berücksichtigt worden sind, oder Beschäftigte von den Leistungen des Sozialplans ausgeschlossen haben, die wirtschaftlich abgesichert sind, weil sie, gegebenenfalls nach Bezug von Arbeitslosengeld, rentenberechtigt sind.

Unterabschnitt 2
Organisationspflichten des Arbeitgebers

§ 11 Ausschreibung

Ein Arbeitsplatz darf nicht unter Verstoß gegen § 7 Abs. 1 ausgeschrieben werden.

§ 12 Maßnahmen und Pflichten des Arbeitgebers

(1) $_1$Der Arbeitgeber ist verpflichtet, die erforderlichen Maßnahmen zum Schutz vor Benachteiligungen wegen eines in § 1 genannten Grundes zu treffen. $_2$Dieser Schutz umfasst auch vorbeugende Maßnahmen.

(2) $_1$Der Arbeitgeber soll in geeigneter Art und Weise, insbesondere im Rahmen der beruflichen Aus- und Fortbildung, auf die Unzulässigkeit solcher Benachteiligungen hinweisen und darauf hinwirken, dass diese unterbleiben. $_2$Hat der Arbeitgeber seine Beschäftigten in geeigneter Weise zum Zwecke der Verhinderung von Benachteiligung geschult, gilt dies als Erfüllung seiner Pflichten nach Absatz 1.

(3) Verstoßen Beschäftigte gegen das Benachteiligungsverbot des § 7 Abs. 1, so hat der Arbeitgeber die im Einzelfall geeigneten, erforderlichen und angemessenen Maßnahmen zur Unterbindung der Benachteiligung wie Abmahnung, Umsetzung, Versetzung oder Kündigung zu ergreifen.

(4) Werden Beschäftigte bei der Ausübung ihrer Tätigkeit durch Dritte nach § 7 Abs. 1 benachteiligt, so hat der Arbeitgeber die im Einzelfall geeigneten, erforderlichen und angemessenen Maßnahmen zum Schutz der Beschäftigten zu ergreifen.

(5) $_1$Dieses Gesetz und § 61b des Arbeitsgerichtsgesetzes sowie Informationen über die für die Behandlung von Beschwerden nach § 13 zuständigen Stellen sind im Betrieb oder in der Dienststelle bekannt zu machen. $_2$Die Bekanntmachung kann durch Aushang oder Auslegung an geeigneter Stelle oder den Einsatz der im Betrieb oder der Dienststelle üblichen Informations- und Kommunikationstechnik erfolgen.

Unterabschnitt 3
Rechte der Beschäftigten

§ 13 Beschwerderecht

(1) $_1$Die Beschäftigten haben das Recht, sich bei den zuständigen Stellen des Betriebs, des Unternehmens oder der Dienststelle zu beschweren, wenn sie sich im Zusammenhang mit ihrem Beschäftigungsverhältnis vom Arbeitgeber, von Vorgesetzten, anderen Beschäftigten oder Dritten wegen eines in § 1 genannten Grundes benachteiligt fühlen. $_2$Die Beschwerde ist zu prüfen und das Ergebnis

der oder dem beschwerdeführenden Beschäftigten mitzuteilen.

(2) Die Rechte der Arbeitnehmervertretungen bleiben unberührt.

§ 14 Leistungsverweigerungsrecht

1Ergreift der Arbeitgeber keine oder offensichtlich ungeeignete Maßnahmen zur Unterbindung einer Belästigung oder sexuellen Belästigung am Arbeitsplatz, sind die betroffenen Beschäftigten berechtigt, ihre Tätigkeit ohne Verlust des Arbeitsentgelts einzustellen, soweit dies zu ihrem Schutz erforderlich ist. 2§ 273 des Bürgerlichen Gesetzbuchs bleibt unberührt.

§ 15 Entschädigung und Schadensersatz

(1) 1Bei einem Verstoß gegen das Benachteiligungsverbot ist der Arbeitgeber verpflichtet, den hierdurch entstandenen Schaden zu ersetzen. 2Dies gilt nicht, wenn der Arbeitgeber die Pflichtverletzung nicht zu vertreten hat.

(2) 1Wegen eines Schadens, der nicht Vermögensschaden ist, kann der oder die Beschäftigte eine angemessene Entschädigung in Geld verlangen. 2Die Entschädigung darf bei einer Nichteinstellung drei Monatsgehälter nicht übersteigen, wenn der oder die Beschäftigte auch bei benachteiligungsfreier Auswahl nicht eingestellt worden wäre.

(3) Der Arbeitgeber ist bei der Anwendung kollektiv-rechtlicher Vereinbarungen nur dann zur Entschädigung verpflichtet, wenn er vorsätzlich oder grob fahrlässig handelt.

(4) 1Ein Anspruch nach Absatz 1 oder 2 muss innerhalb einer Frist von zwei Monaten schriftlich geltend gemacht werden, es sei denn, die Tarifvertragsparteien haben etwas anderes vereinbart. 2Die Frist beginnt im Falle einer Bewerbung oder eines beruflichen Aufstiegs mit dem Zugang der Ablehnung und in den sonstigen Fällen einer Benachteiligung zu dem Zeitpunkt, in dem der oder die Beschäftigte von der Benachteiligung Kenntnis erlangt.

(5) Im Übrigen bleiben Ansprüche gegen den Arbeitgeber, die sich aus anderen Rechtsvorschriften ergeben, unberührt.

(6) Ein Verstoß des Arbeitgebers gegen das Benachteiligungsverbot des § 7 Abs. 1 begründet keinen Anspruch auf Begründung eines Beschäftigungsverhältnisses, Berufsausbildungsverhältnisses oder einen beruflichen Aufstieg, es sei denn, ein solcher ergibt sich aus einem anderen Rechtsgrund.

§ 16 Maßregelungsverbot

(1) 1Der Arbeitgeber darf Beschäftigte nicht wegen der Inanspruchnahme von Rechten nach diesem Abschnitt oder wegen der Weigerung, eine gegen diesen Abschnitt verstoßende Anweisung auszuführen, benachteiligen. 2Gleiches gilt für Personen, die den Beschäftigten hierbei unterstützen oder als Zeuginnen oder Zeugen aussagen.

(2) 1Die Zurückweisung oder Duldung benachteiligender Verhaltensweisen durch betroffene Beschäftigte darf nicht als Grundlage für eine Entscheidung herangezogen werden, die diese Beschäftigten berührt. 2Absatz 1 Satz 2 gilt entsprechend.

(3) § 22 gilt entsprechend.

Unterabschnitt 4
Ergänzende Vorschriften

§ 17 Soziale Verantwortung der Beteiligten

(1) Tarifvertragsparteien, Arbeitgeber, Beschäftigte und deren Vertretungen sind aufgefordert, im Rahmen ihrer Aufgaben und Handlungsmöglichkeiten an der Verwirklichung des in § 1 genannten Ziels mitzuwirken.

(2) 1In Betrieben, in denen die Voraussetzungen des § 1 Abs. 1 Satz 1 des Betriebsverfassungsgesetzes vorliegen, können bei einem groben Verstoß des Arbeitgebers gegen Vorschriften aus diesem Abschnitt der Betriebsrat oder eine im Betrieb vertretene Gewerkschaft unter der Voraussetzung des § 23 Abs. 3 Satz 1 des Betriebsverfassungsgesetzes die dort genannten Rechte gerichtlich geltend machen; § 23 Abs. 3 Satz 2 bis 5 des Betriebsverfassungsgesetzes gilt entsprechend. 2Mit dem Antrag dürfen nicht Ansprüche des Benachteiligten geltend gemacht werden.

§ 18 Mitgliedschaft in Vereinigungen

(1) Die Vorschriften dieses Abschnitts gelten entsprechend für die Mitgliedschaft oder die Mitwirkung in einer

1. Tarifvertragspartei,
2. Vereinigung, deren Mitglieder einer bestimmten Berufsgruppe angehören oder die eine überragende Machtstellung im wirtschaftlichen oder sozialen Bereich innehat, wenn ein grundlegendes Interesse am Erwerb der Mitgliedschaft besteht,

sowie deren jeweiligen Zusammenschlüssen.

(2) Wenn die Ablehnung einen Verstoß gegen das Benachteiligungsverbot des § 7 Abs. 1 darstellt, besteht ein Anspruch auf Mitgliedschaft oder Mitwirkung in den in Absatz 1 genannten Vereinigungen.

Abschnitt 3
Schutz vor Benachteiligung im Zivilrechtsverkehr

§ 19 Zivilrechtliches Benachteiligungsverbot

(1) Eine Benachteiligung aus Gründen der Rasse oder wegen der ethnischen Herkunft, wegen des Geschlechts, der Religion, einer Behinderung, des Alters oder der sexuellen Identität bei der Begründung, Durchführung und Beendigung zivilrechtlicher Schuldverhältnisse, die

1. typischerweise ohne Ansehen der Person zu vergleichbaren Bedingungen in einer Vielzahl von Fällen zustande kommen (Massengeschäfte) oder bei denen das Ansehen der Person nach der Art des Schuldverhältnisses eine nachrangige Bedeutung hat und die zu vergleichbaren Bedingungen in einer Vielzahl von Fällen zustande kommen oder
2. eine privatrechtliche Versicherung zum Gegenstand haben,

ist unzulässig.

(2) Eine Benachteiligung aus Gründen der Rasse oder wegen der ethnischen Herkunft ist darüber hinaus auch bei der Begründung, Durchführung und Beendigung sonstiger zivilrechtlicher Schuldverhältnisse im Sinne des § 2 Abs. 1 Nr. 5 bis 8 unzulässig.

(3) Bei der Vermietung von Wohnraum ist eine unterschiedliche Behandlung im Hinblick auf die Schaffung und Erhaltung sozial stabiler Bewohnerstrukturen und ausgewogener Siedlungsstrukturen sowie ausgeglichener wirtschaftlicher, sozialer und kultureller Verhältnisse zulässig.

(4) Die Vorschriften dieses Abschnitts finden keine Anwendung auf familien- und erbrechtliche Schuldverhältnisse.

(5) 1Die Vorschriften dieses Abschnitts finden keine Anwendung auf zivilrechtliche Schuldverhältnisse, bei denen ein besonderes Nähe- oder Vertrauensverhältnis der Parteien oder ihrer Angehörigen begründet wird. 2Bei Mietverhältnissen kann dies insbesondere der Fall sein, wenn die Parteien oder ihre Angehörigen Wohnraum auf demselben Grundstück nutzen. 3Die Vermietung von Wohnraum zum nicht nur vorübergehenden Gebrauch ist in der Regel kein Geschäft im Sinne des Absatzes 1 Nr. 1, wenn der Vermieter insgesamt nicht mehr als 50 Wohnungen vermietet.

§ 20 Zulässige unterschiedliche Behandlung

(1) 1Eine Verletzung des Benachteiligungsverbots ist nicht gegeben, wenn für eine unterschiedliche Behandlung wegen der Religion, einer Behinderung, des Alters, der sexuellen Identität oder des Geschlechts ein sachlicher Grund vorliegt. 2Das kann insbesondere der Fall sein, wenn die unterschiedliche Behandlung

1. der Vermeidung von Gefahren, der Verhütung von Schäden oder anderen Zwecken vergleichbarer Art dient,
2. dem Bedürfnis nach Schutz der Intimsphäre oder der persönlichen Sicherheit Rechnung trägt,
3. besondere Vorteile gewährt und ein Interesse an der Durchsetzung der Gleichbehandlung fehlt,
4. an die Religion eines Menschen anknüpft und im Hinblick auf die Ausübung der Religionsfreiheit oder auf das Selbstbestim-

mungsrecht der Religionsgemeinschaften, der ihnen zugeordneten Einrichtungen ohne Rücksicht auf ihre Rechtsform sowie der Vereinigungen, die sich die gemeinschaftliche Pflege einer Religion zur Aufgabe machen, unter Beachtung des jeweiligen Selbstverständnisses gerechtfertigt ist.

(2) $_{1}$Kosten im Zusammenhang mit Schwangerschaft und Mutterschaft dürfen auf keinen Fall zu unterschiedlichen Prämien oder Leistungen führen. $_{2}$Eine unterschiedliche Behandlung wegen der Religion, einer Behinderung, des Alters oder der sexuellen Identität ist im Falle des § 19 Abs. 1 Nr. 2 nur zulässig, wenn diese auf anerkannten Prinzipien risikoadäquater Kalkulation beruht, insbesondere auf einer versicherungsmathematisch ermittelten Risikobewertung unter Heranziehung statistischer Erhebungen.

§ 21 Ansprüche

(1) $_{1}$Der Benachteiligte kann bei einem Verstoß gegen das Benachteiligungsverbot unbeschadet weiterer Ansprüche die Beseitigung der Beeinträchtigung verlangen. $_{2}$Sind weitere Beeinträchtigungen zu besorgen, so kann er auf Unterlassung klagen.

(2) $_{1}$Bei einer Verletzung des Benachteiligungsverbots ist der Benachteiligende verpflichtet, den hierdurch entstandenen Schaden zu ersetzen. $_{2}$Dies gilt nicht, wenn der Benachteiligende die Pflichtverletzung nicht zu vertreten hat. $_{3}$Wegen eines Schadens, der nicht Vermögensschaden ist, kann der Benachteiligte eine angemessene Entschädigung in Geld verlangen.

(3) Ansprüche aus unerlaubter Handlung bleiben unberührt.

(4) Auf eine Vereinbarung, die von dem Benachteiligungsverbot abweicht, kann sich der Benachteiligende nicht berufen.

(5) $_{1}$Ein Anspruch nach den Absätzen 1 und 2 muss innerhalb einer Frist von zwei Monaten geltend gemacht werden. $_{2}$Nach Ablauf der Frist kann der Anspruch nur geltend gemacht werden, wenn der Benachteiligte ohne Verschulden an der Einhaltung der Frist verhindert war.

Abschnitt 4
Rechtsschutz

§ 22 Beweislast

Wenn im Streitfall die eine Partei Indizien beweist, die eine Benachteiligung wegen eines in § 1 genannten Grundes vermuten lassen, trägt die andere Partei die Beweislast dafür, dass kein Verstoß gegen die Bestimmungen zum Schutz vor Benachteiligung vorgelegen hat.

§ 23 Unterstützung durch Antidiskriminierungsverbände

(1) $_{1}$Antidiskriminierungsverbände sind Personenzusammenschlüsse, die nicht gewerbsmäßig und nicht nur vorübergehend entsprechend ihrer Satzung die besonderen Interessen von benachteiligten Personen oder Personengruppen nach Maßgabe von § 1 wahrnehmen. $_{2}$Die Befugnisse nach den Absätzen 2 bis 4 stehen ihnen zu, wenn sie mindestens 75 Mitglieder haben oder einen Zusammenschluss aus mindestens sieben Verbänden bilden.

(2) $_{1}$Antidiskriminierungsverbände sind befugt, im Rahmen ihres Satzungszwecks in gerichtlichen Verfahren als Beistände Benachteiligter in der Verhandlung aufzutreten. $_{2}$Im Übrigen bleiben die Vorschriften der Verfahrensordnungen, insbesondere diejenigen, nach denen Beiständen weiterer Vortrag untersagt werden kann, unberührt.

(3) Antidiskriminierungsverbänden ist im Rahmen ihres Satzungszwecks die Besorgung von Rechtsangelegenheiten Benachteiligter gestattet.

(4) Besondere Klagerechte und Vertretungsbefugnisse von Verbänden zu Gunsten von behinderten Menschen bleiben unberührt.

Abschnitt 5
Sonderregelungen für öffentlich-rechtliche Dienstverhältnisse

§ 24 Sonderregelung für öffentlich-rechtliche Dienstverhältnisse

Die Vorschriften dieses Gesetzes gelten unter Berücksichtigung ihrer besonderen Rechtsstellung entsprechend für

1. Beamtinnen und Beamte des Bundes, der Länder, der Gemeinden, der Gemeindeverbände sowie der sonstigen der Aufsicht des Bundes oder eines Landes unterstehenden Körperschaften, Anstalten und Stiftungen des öffentlichen Rechts,
2. Richterinnen und Richter des Bundes und der Länder,
3. Zivildienstleistende sowie anerkannte Kriegsdienstverweigerer, soweit ihre Heranziehung zum Zivildienst betroffen ist.

Abschnitt 6 Antidiskriminierungsstelle des Bundes und Unabhängige Bundesbeauftragte oder Unabhängiger Bundesbeauftragter für Antidiskriminierung

§ 25 Antidiskriminierungsstelle des Bundes

(1) Beim Bundesministerium für Familie, Senioren, Frauen und Jugend wird unbeschadet der Zuständigkeit der Beauftragten des Deutschen Bundestages oder der Bundesregierung die Stelle des Bundes zum Schutz vor Benachteiligungen wegen eines in § 1 genannten Grundes (Antidiskriminierungsstelle des Bundes) errichtet.

(2) 1Der Antidiskriminierungsstelle des Bundes ist die für die Erfüllung ihrer Aufgaben notwendige Personal- und Sachausstattung zur Verfügung zu stellen. 2Sie ist im Einzelplan des Bundesministeriums für Familie, Senioren, Frauen und Jugend in einem eigenen Kapitel auszuweisen.

(3) Die Antidiskriminierungsstelle des Bundes wird von der oder dem Unabhängigen Bundesbeauftragten für Antidiskriminierung geleitet.

§ 26 Wahl der oder des Unabhängigen Bundesbeauftragten für Antidiskriminierung; Anforderungen

(1) Die oder der Unabhängige Bundesbeauftragte für Antidiskriminierung wird auf Vorschlag der Bundesregierung vom Deutschen Bundestag gewählt.

(2) Über den Vorschlag stimmt der Deutsche Bundestag ohne Aussprache ab.

(3) Die vorgeschlagene Person ist gewählt, wenn für sie mehr als die Hälfte der gesetzlichen Zahl der Mitglieder des Deutschen Bundestages gestimmt hat.

(4) 1Die oder der Unabhängige Bundesbeauftragte für Antidiskriminierung muss zur Erfüllung ihrer oder seiner Aufgaben und zur Ausübung ihrer oder seiner Befugnisse über die erforderliche Qualifikation, Erfahrung und Sachkunde insbesondere im Bereich der Antidiskriminierung verfügen. 2Insbesondere muss sie oder er über durch einschlägige Berufserfahrung erworbene Kenntnisse des Antidiskriminierungsrechts verfügen und die Befähigung für die Laufbahn des höheren nichttechnischen Verwaltungsdienstes des Bundes haben.

§ 26a Rechtsstellung der oder des Unabhängigen Bundesbeauftragten für Antidiskriminierung

(1) 1Die oder der Unabhängige Bundesbeauftragte für Antidiskriminierung steht nach Maßgabe dieses Gesetzes in einem öffentlich-rechtlichen Amtsverhältnis zum Bund. 2Sie oder er ist bei der Ausübung ihres oder seines Amtes unabhängig und nur dem Gesetz unterworfen.

(2) Die oder der Unabhängige Bundesbeauftragte für Antidiskriminierung untersteht der Rechtsaufsicht der Bundesregierung.

§ 26b Amtszeit der oder des Unabhängigen Bundesbeauftragten für Antidiskriminierung

(1) Die Amtszeit der oder des Unabhängigen Bundesbeauftragten für Antidiskriminierung beträgt fünf Jahre.

(2) Eine einmalige Wiederwahl ist zulässig.

(3) Kommt vor Ende des Amtsverhältnisses eine Neuwahl nicht zustande, so führt die oder der bisherige Unabhängige Bundesbeauftragte für Antidiskriminierung auf Ersuchen der Bundespräsidentin oder des Bundespräsidenten die Geschäfte bis zur Neuwahl fort.

§ 26c Beginn und Ende des Amtsverhältnisses der oder des Unabhängigen Bundesbeauftragten für Antidiskriminierung; Amtseid

(1) 1Die oder der nach § 26 Gewählte ist von der Bundespräsidentin oder dem Bundespräsidenten zu ernennen. 2Das Amtsverhältnis der oder des Unabhängigen Bundesbeauftragten für Antidiskriminierung beginnt mit der Aushändigung der Ernennungsurkunde.

(2) 1Die oder der Unabhängige Bundesbeauftragte für Antidiskriminierung leistet vor der Bundespräsidentin oder dem Bundespräsidenten folgenden Eid: „Ich schwöre, dass ich meine Kraft dem Wohl des deutschen Volkes widmen, seinen Nutzen mehren, Schaden von ihm wenden, das Grundgesetz und die Gesetze des Bundes wahren und verteidigen, meine Pflichten gewissenhaft erfüllen und Gerechtigkeit gegen jedermann üben werde. So wahr mir Gott helfe." 2Der Eid kann auch ohne religiöse Beteuerung geleistet werden.

(3) Das Amtsverhältnis endet

1. regulär mit dem Ablauf der Amtszeit oder
2. wenn die oder der Unabhängige Bundesbeauftragte für Antidiskriminierung vorzeitig aus dem Amt entlassen wird.

(4) 1Entlassen wird die oder der Unabhängige Bundesbeauftragte für Antidiskriminierung

1. auf eigenes Verlangen oder
2. auf Vorschlag der Bundesregierung, wenn die oder der Unabhängige Bundesbeauftragte für Antidiskriminierung eine schwere Verfehlung begangen hat oder die Voraussetzungen für die Wahrnehmung ihrer oder seiner Aufgaben nicht mehr erfüllt.

2Die Entlassung erfolgt durch die Bundespräsidentin oder den Bundespräsidenten.

(5) 1Im Fall der Beendigung des Amtsverhältnisses vollzieht die Bundespräsidentin oder der Bundespräsident eine Urkunde. 2Die Entlassung wird mit der Aushändigung der Urkunde wirksam.

§ 26d Unerlaubte Handlungen und Tätigkeiten der oder des Unabhängigen Bundesbeauftragten für Antidiskriminierung

(1) Die oder der Unabhängige Bundesbeauftragte für Antidiskriminierung darf keine Handlungen vornehmen, die mit den Aufgaben des Amtes nicht zu vereinbaren sind.

(2) 1Die oder der Unabhängige Bundesbeauftragte für Antidiskriminierung darf während der Amtszeit und während einer anschließenden Geschäftsführung keine anderen Tätigkeiten ausüben, die mit dem Amt nicht zu vereinbaren sind, unabhängig davon, ob es entgeltliche oder unentgeltliche Tätigkeiten sind. 2Insbesondere darf sie oder er

1. kein besoldetes Amt, kein Gewerbe und keinen Beruf ausüben,
2. nicht dem Vorstand, Aufsichtsrat oder Verwaltungsrat eines auf Erwerb gerichteten Unternehmens, nicht einer Regierung oder einer gesetzgebenden Körperschaft des Bundes oder eines Landes angehören und
3. nicht gegen Entgelt außergerichtliche Gutachten abgeben.

§ 26e Verschwiegenheitspflicht der oder des Unabhängigen Bundesbeauftragten für Antidiskriminierung

(1) 1Die oder der Unabhängige Bundesbeauftragte für Antidiskriminierung ist verpflichtet, über die Angelegenheiten, die ihr oder ihm im Amt oder während einer anschließenden Geschäftsführung bekannt werden, Verschwiegenheit zu bewahren. 2Dies gilt nicht für Mitteilungen im dienstlichen Verkehr oder für Tatsachen, die offenkundig sind oder ihrer Bedeutung nach keiner Geheimhaltung bedürfen. 3Die oder der Unabhängige Bundesbeauftragte für Antidiskriminierung entscheidet nach pflichtgemäßem Ermessen, ob und inwieweit sie oder er über solche Angelegenheiten vor Gericht oder außergerichtlich aussagt oder Erklärungen abgibt.

(2) 1Die Pflicht zur Verschwiegenheit gilt auch nach Beendigung des Amtsverhältnisses oder nach Beendigung einer anschließenden Geschäftsführung. 2In Angelegenheiten, für die die Pflicht zur Verschwiegenheit gilt, darf vor

Gericht oder außergerichtlich nur ausgesagt werden und dürfen Erklärungen nur abgegeben werden, wenn dies die oder der amtierende Unabhängige Bundesbeauftragte für Antidiskriminierung genehmigt hat.

(3) Unberührt bleibt die Pflicht, bei einer Gefährdung der freiheitlichen demokratischen Grundordnung für deren Erhaltung einzutreten und die gesetzlich begründete Pflicht, Straftaten anzuzeigen.

§ 26f Zeugnisverweigerungsrecht der oder des Unabhängigen Bundesbeauftragten für Antidiskriminierung

(1) 1Die oder der Unabhängige Bundesbeauftragte für Antidiskriminierung ist berechtigt, über Personen, die ihr oder ihm in ihrer oder seiner Eigenschaft als Leitung der Antidiskriminierungsstelle des Bundes Tatsachen anvertraut haben, sowie über diese Tatsachen selbst das Zeugnis zu verweigern. 2Soweit das Zeugnisverweigerungsrecht der oder des Unabhängigen Bundesbeauftragten für Antidiskriminierung reicht, darf von ihr oder ihm nicht gefordert werden, Akten oder andere Dokumente vorzulegen oder herauszugeben.

(2) Das Zeugnisverweigerungsrecht gilt auch für die der oder dem Unabhängigen Bundesbeauftragten für Antidiskriminierung zugewiesenen Beschäftigten mit der Maßgabe, dass über die Ausübung dieses Rechts die oder der Unabhängige Bundesbeauftragte für Antidiskriminierung entscheidet.

§ 26g Anspruch der oder des Unabhängigen Bundesbeauftragten für Antidiskriminierung auf Amtsbezüge, Versorgung und auf andere Leistungen

(1) Die oder der Unabhängige Bundesbeauftragte für Antidiskriminierung erhält Amtsbezüge entsprechend dem Grundgehalt der Besoldungsgruppe B 6 und den Familienzuschlag entsprechend den §§ 39 bis 41 des Bundesbesoldungsgesetzes.

(2) 1Der Anspruch auf die Amtsbezüge besteht für die Zeit vom ersten Tag des Monats, in dem das Amtsverhältnis beginnt, bis zum letzten Tag des Monats, in dem das Amtsverhältnis endet. 2Werden die Geschäfte über das Ende des Amtsverhältnisses hinaus noch bis zur Neuwahl weitergeführt, so besteht der Anspruch für die Zeit bis zum letzten Tag des Monats, in dem die Geschäftsführung endet. 3Bezieht die oder der Unabhängige Bundesbeauftragte für Antidiskriminierung für einen Zeitraum, für den sie oder er Amtsbezüge erhält, ein Einkommen aus einer Verwendung im öffentlichen Dienst, so ruht der Anspruch auf dieses Einkommen bis zur Höhe der Amtsbezüge. 4Die Amtsbezüge werden monatlich im Voraus gezahlt.

(3) 1Für Ansprüche auf Beihilfe und Versorgung gelten § 12 Absatz 6, die §§ 13 bis 18 und 20 des Bundesministergesetzes entsprechend mit der Maßgabe, dass an die Stelle der vierjährigen Amtszeit in § 15 Absatz 1 des Bundesministergesetzes eine Amtszeit als Unabhängige Bundesbeauftragte oder Unabhängiger Bundesbeauftragter für Antidiskriminierung von fünf Jahren tritt. 2Ein Anspruch auf Übergangsgeld besteht längstens bis zum Ablauf des Monats, in dem die für Bundesbeamtinnen und Bundesbeamte geltende Regelaltersgrenze nach § 51 Absatz 1 und 2 des Bundesbeamtengesetzes vollendet wird. 3Ist § 18 Absatz 2 des Bundesministergesetzes nicht anzuwenden, weil das Beamtenverhältnis einer Bundesbeamtin oder eines Bundesbeamten nach Beendigung des Amtsverhältnisses als Unabhängige Bundesbeauftragte oder Unabhängiger Bundesbeauftragter für Antidiskriminierung fortgesetzt wird, dann ist die Amtszeit als Unabhängige Bundesbeauftragte oder Unabhängiger Bundesbeauftragter für Antidiskriminierung bei der wegen Eintritt oder Versetzung der Bundesbeamtin oder des Bundesbeamten in den Ruhestand durchzuführenden Festsetzung des Ruhegehalts als ruhegehaltfähige Dienstzeit zu berücksichtigen.

(4) Die oder der Unabhängige Bundesbeauftragte für Antidiskriminierung erhält Reisekostenvergütung und Umzugskostenvergütung entsprechend den für Bundesbeamtinnen und Bundesbeamte geltenden Vorschriften.

§ 26h Verwendung der Geschenke an die Unabhängige Bundesbeauftragte oder den Unabhängigen Bundesbeauftragten für Antidiskriminierung

(1) Erhält die oder der Unabhängige Bundesbeauftragte für Antidiskriminierung ein Geschenk in Bezug auf das Amt, so muss sie oder er dies der Präsidentin oder dem Präsidenten des Deutschen Bundestages mitteilen.

(2) 1Die Präsidentin oder der Präsident des Deutschen Bundestages entscheidet über die Verwendung des Geschenks. 2Sie oder er kann Verfahrensvorschriften erlassen.

§ 26i Berufsbeschränkung

1Die oder der Unabhängige Bundesbeauftragte für Antidiskriminierung ist verpflichtet, eine beabsichtigte Erwerbstätigkeit oder sonstige entgeltliche Beschäftigung außerhalb des öffentlichen Dienstes, die innerhalb der ersten 18 Monate nach dem Ende der Amtszeit oder einer anschließenden Geschäftsführung aufgenommen werden soll, schriftlich oder elektronisch gegenüber der Präsidentin oder dem Präsidenten des Deutschen Bundestages anzuzeigen. 2Die Präsidentin oder der Präsident des Deutschen Bundestages kann der oder dem Unabhängigen Bundesbeauftragten für Antidiskriminierung die beabsichtigte Erwerbstätigkeit oder sonstige entgeltliche Beschäftigung untersagen, soweit zu besorgen ist, dass öffentliche Interessen beeinträchtigt werden. 3Von einer Beeinträchtigung ist insbesondere dann auszugehen, wenn die beabsichtigte Erwerbstätigkeit oder sonstige entgeltliche Beschäftigung in Angelegenheiten oder Bereichen ausgeführt werden soll, in denen die oder der Unabhängige Bundesbeauftragte für Antidiskriminierung während der Amtszeit oder einer anschließenden Geschäftsführung tätig war. 4Eine Untersagung soll in der Regel die Dauer von einem Jahr nach dem Ende der Amtszeit oder einer anschließenden Geschäftsführung nicht überschreiten. 5In Fällen der schweren Beeinträchtigung öffentlicher Interessen kann eine Untersagung auch für die Dauer von bis zu 18 Monaten ausgesprochen werden.

§ 27 Aufgaben der Antidiskriminierungsstelle des Bundes

(1) 1Wer der Ansicht ist, wegen eines in § 1 genannten Grundes benachteiligt worden zu sein, kann sich an die Antidiskriminierungsstelle des Bundes wenden. 2An die Antidiskriminierungsstelle des Bundes können sich auch Beschäftigte wenden, die der Ansicht sind, benachteiligt worden zu sein auf Grund

1. der Beantragung oder Inanspruchnahme einer Freistellung von der Arbeitsleistung oder der Anpassung der Arbeitszeit als Eltern oder pflegende Angehörige nach dem Bundeselterngeld- und Elternzeitgesetz, dem Pflegezeitgesetz oder dem Familienpflegezeitgesetz,
2. des Fernbleibens von der Arbeit nach § 2 des Pflegezeitgesetzes oder
3. der Verweigerung ihrer persönlich zu erbringenden Arbeitsleistung aus dringenden familiären Gründen nach § 275 Absatz 3 des Bürgerlichen Gesetzbuchs, wenn eine Erkrankung oder ein Unfall ihre unmittelbare Anwesenheit erforderten.

(2) 1Die Antidiskriminierungsstelle des Bundes unterstützt auf unabhängige Weise Personen, die sich nach Absatz 1 an sie wenden, bei der Durchsetzung ihrer Rechte zum Schutz vor Benachteiligungen. 2Hierbei kann sie insbesondere

1. über Ansprüche und die Möglichkeiten des rechtlichen Vorgehens im Rahmen gesetzlicher Regelungen zum Schutz vor Benachteiligungen informieren,
2. Beratung durch andere Stellen vermitteln,
3. eine gütliche Beilegung zwischen den Beteiligten anstreben.

3Soweit Beauftragte des Deutschen Bundestages oder der Bundesregierung zuständig sind, leitet die Antidiskriminierungsstelle des Bundes die Anliegen der in Absatz 1 genannten Personen mit deren Einverständnis unverzüglich an diese weiter.

(3) Die Antidiskriminierungsstelle des Bundes nimmt auf unabhängige Weise folgende Aufgaben wahr, soweit nicht die Zuständigkeit der Beauftragten der Bundesregierung oder des Deutschen Bundestages berührt ist:

1. Öffentlichkeitsarbeit,
2. Maßnahmen zur Verhinderung von Benachteiligungen aus den in § 1 genannten Gründen sowie von Benachteiligungen von Beschäftigten gemäß Absatz 1 Satz 2,
3. Durchführung wissenschaftlicher Untersuchungen zu diesen Benachteiligungen.

(4) 1Die Antidiskriminierungsstelle des Bundes und die in ihrem Zuständigkeitsbereich betroffenen Beauftragten der Bundesregierung und des Deutschen Bundestages legen gemeinsam dem Deutschen Bundestag alle vier Jahre Berichte über Benachteiligungen aus den in § 1 genannten Gründen sowie über Benachteiligungen von Beschäftigten gemäß Absatz 1 Satz 2 vor und geben Empfehlungen zur Beseitigung und Vermeidung dieser Benachteiligungen. 2Sie können gemeinsam wissenschaftliche Untersuchungen zu Benachteiligungen durchführen.

(5) Die Antidiskriminierungsstelle des Bundes und die in ihrem Zuständigkeitsbereich betroffenen Beauftragten der Bundesregierung und des Deutschen Bundestages sollen bei Benachteiligungen aus mehreren der in § 1 genannten Gründe zusammenarbeiten.

§ 28 Amtsbefugnisse der oder des Unabhängigen Bundesbeauftragten für Antidiskriminierung und Pflicht zur Unterstützung durch Bundesbehörden und öffentliche Stellen des Bundes

(1) 1Die oder der Unabhängige Bundesbeauftragte für Antidiskriminierung ist bei allen Vorhaben, die ihre oder seine Aufgaben berühren, zu beteiligen. 2Die Beteiligung soll möglichst frühzeitig erfolgen. 3Sie oder er kann der Bundesregierung Vorschläge machen und Stellungnahmen zuleiten.

(2) Die oder der Unabhängige Bundesbeauftragte für Antidiskriminierung informiert die Bundesministerien – vorbehaltlich anderweitiger gesetzlicher Bestimmungen – frühzeitig in Angelegenheiten von grundsätzlicher politischer Bedeutung, soweit Aufgaben der Bundesministerien betroffen sind.

(3) In den Fällen, in denen sich eine Person wegen einer Benachteiligung an die Antidiskriminierungsstelle des Bundes gewandt hat und die Antidiskriminierungsstelle des Bundes die gütliche Beilegung zwischen den Beteiligten anstrebt, kann die oder der Unabhängige Bundesbeauftragte für Antidiskriminierung Beteiligte um Stellungnahmen ersuchen, soweit die Person, die sich an die Antidiskriminierungsstelle des Bundes gewandt hat, hierzu ihr Einverständnis erklärt.

(4) Alle Bundesministerien, sonstigen Bundesbehörden und öffentlichen Stellen im Bereich des Bundes sind verpflichtet, die Unabhängige Bundesbeauftragte oder den Unabhängigen Bundesbeauftragten für Antidiskriminierung bei der Erfüllung der Aufgaben zu unterstützen, insbesondere die erforderlichen Auskünfte zu erteilen.

§ 29 Zusammenarbeit der Antidiskriminierungsstelle des Bundes mit Nichtregierungsorganisationen und anderen Einrichtungen

Die Antidiskriminierungsstelle des Bundes soll bei ihrer Tätigkeit Nichtregierungsorganisationen sowie Einrichtungen, die auf europäischer, Bundes-, Landes- oder regionaler Ebene zum Schutz vor Benachteiligungen wegen eines in § 1 genannten Grundes tätig sind, in geeigneter Form einbeziehen.

§ 30 Beirat der Antidiskriminierungsstelle des Bundes

(1) 1Zur Förderung des Dialogs mit gesellschaftlichen Gruppen und Organisationen, die sich den Schutz vor Benachteiligungen wegen eines in § 1 genannten Grundes zum Ziel gesetzt haben, wird der Antidiskriminierungsstelle des Bundes ein Beirat beigeordnet. 2Der Beirat berät die Antidiskriminierungsstelle des Bundes bei der Vorlage von Berichten und Empfehlungen an den Deutschen Bundestag nach § 27 Abs. 4 und kann hierzu sowie zu wissenschaftlichen Untersuchungen nach § 27 Abs. 3 Nr. 3 eigene Vorschläge unterbreiten.

(2) 1Das Bundesministerium für Familie, Senioren, Frauen und Jugend beruft im Einvernehmen mit der oder dem Unabhängigen Bundesbeauftragten für Antidiskriminierung

sowie den entsprechend zuständigen Beauftragten der Bundesregierung oder des Deutschen Bundestages die Mitglieder dieses Beirats und für jedes Mitglied eine Stellvertretung. 2In den Beirat sollen Vertreterinnen und Vertreter gesellschaftlicher Gruppen und Organisationen sowie Expertinnen und Experten in Benachteiligungsfragen berufen werden. 3Die Gesamtzahl der Mitglieder des Beirats soll 16 Personen nicht überschreiten. 4Der Beirat soll zu gleichen Teilen mit Frauen und Männern besetzt sein.

(3) Der Beirat gibt sich eine Geschäftsordnung, die der Zustimmung des Bundesministeriums für Familie, Senioren, Frauen und Jugend bedarf.

(4) 1Die Mitglieder des Beirats üben die Tätigkeit nach diesem Gesetz ehrenamtlich aus. 2Sie haben Anspruch auf Aufwandsentschädigung sowie Reisekostenvergütung, Tagegelder und Übernachtungsgelder. 3Näheres regelt die Geschäftsordnung.

Abschnitt 7 Schlussvorschriften

§ 31 Unabdingbarkeit

Von den Vorschriften dieses Gesetzes kann nicht zu Ungunsten der geschützten Personen abgewichen werden.

§ 32 Schlussbestimmung

Soweit in diesem Gesetz nicht Abweichendes bestimmt ist, gelten die allgemeinen Bestimmungen.

§ 33 Übergangsbestimmungen

(1) Bei Benachteiligungen nach den §§ 611a, 611b und 612 Abs. 3 des Bürgerlichen Gesetzbuchs oder sexuellen Belästigungen nach dem Beschäftigtenschutzgesetz ist das vor dem 18. August 2006 maßgebliche Recht anzuwenden.

(2) 1Bei Benachteiligungen aus Gründen der Rasse oder wegen der ethnischen Herkunft sind die §§ 19 bis 21 nicht auf Schuldverhältnisse anzuwenden, die vor dem 18. August 2006 begründet worden sind. 2Satz 1 gilt nicht für spätere Änderungen von Dauerschuldverhältnissen.

(3) 1Bei Benachteiligungen wegen des Geschlechts, der Religion, einer Behinderung, des Alters oder der sexuellen Identität sind die §§ 19 bis 21 nicht auf Schuldverhältnisse anzuwenden, die vor dem 1. Dezember 2006 begründet worden sind. 2Satz 1 gilt nicht für spätere Änderungen von Dauerschuldverhältnissen.

(4) 1Auf Schuldverhältnisse, die eine privatrechtliche Versicherung zum Gegenstand haben, ist § 19 Abs. 1 nicht anzuwenden, wenn diese vor dem 22. Dezember 2007 begründet worden sind. 2Satz 1 gilt nicht für spätere Änderungen solcher Schuldverhältnisse.

(5) 1Bei Versicherungsverhältnissen, die vor dem 21. Dezember 2012 begründet werden, ist eine unterschiedliche Behandlung wegen des Geschlechts im Falle des § 19 Absatz 1 Nummer 2 bei den Prämien oder Leistungen nur zulässig, wenn dessen Berücksichtigung bei einer auf relevanten und genauen versicherungsmathematischen und statistischen Daten beruhenden Risikobewertung ein bestimmender Faktor ist. 2Kosten im Zusammenhang mit Schwangerschaft und Mutterschaft dürfen auf keinen Fall zu unterschiedlichen Prämien oder Leistungen führen.

Gesetz über die Durchführung von Maßnahmen des Arbeitsschutzes zur Verbesserung der Sicherheit und des Gesundheitsschutzes der Beschäftigten bei der Arbeit (Arbeitsschutzgesetz – ArbSchG)

Vom 7. August 1996 (BGBl. I S. 1246)

Zuletzt geändert durch
Gesetz zur Modernisierung und Digitalisierung der Schwarzarbeitsbekämpfung
vom 22. Dezember 2025 (BGBl. I Nr. 369)

Erster Abschnitt
Allgemeine Vorschriften

§ 1 Zielsetzung und Anwendungsbereich

(1) 1Dieses Gesetz dient dazu, Sicherheit und Gesundheitsschutz der Beschäftigten bei der Arbeit durch Maßnahmen des Arbeitsschutzes zu sichern und zu verbessern. 2Es gilt in allen Tätigkeitsbereichen und findet im Rahmen der Vorgaben des Seerechtsübereinkommens der Vereinten Nationen vom 10. Dezember 1982 (BGBl. 1994 II S. 1799) auch in der ausschließlichen Wirtschaftszone Anwendung.

(2) 1Dieses Gesetz gilt nicht für den Arbeitsschutz von Hausangestellten in privaten Haushalten. 2Es gilt nicht für den Arbeitsschutz von Beschäftigten auf Seeschiffen und in Betrieben, die dem Bundesberggesetz unterliegen, soweit dafür entsprechende Rechtsvorschriften bestehen.

(3) 1Pflichten, die die Arbeitgeber zur Gewährleistung von Sicherheit und Gesundheitsschutz der Beschäftigten bei der Arbeit nach sonstigen Rechtsvorschriften haben, bleiben unberührt. 2Satz 1 gilt entsprechend für Pflichten und Rechte der Beschäftigten. 3Unberührt bleiben Gesetze, die andere Personen als Arbeitgeber zu Maßnahmen des Arbeitsschutzes verpflichten.

(4) Bei öffentlich-rechtlichen Religionsgemeinschaften treten an die Stelle der Betriebs- oder Personalräte die Mitarbeitervertretungen entsprechend dem kirchlichen Recht.

§ 2 Begriffsbestimmungen

(1) Maßnahmen des Arbeitsschutzes im Sinne dieses Gesetzes sind Maßnahmen zur Verhütung von Unfällen bei der Arbeit und arbeitsbedingten Gesundheitsgefahren einschließlich Maßnahmen der menschengerechten Gestaltung der Arbeit.

(2) Beschäftigte im Sinne dieses Gesetzes sind:

1. Arbeitnehmerinnen und Arbeitnehmer,
2. die zu ihrer Berufsbildung Beschäftigten,
3. arbeitnehmerähnliche Personen im Sinne des § 5 Abs. 1 des Arbeitsgerichtsgesetzes, ausgenommen die in Heimarbeit Beschäftigten und die ihnen Gleichgestellten,
4. Beamtinnen und Beamte,
5. Richterinnen und Richter,
6. Soldatinnen und Soldaten,
7. die in Werkstätten für Behinderte Beschäftigten.

(3) Arbeitgeber im Sinne dieses Gesetzes sind natürliche und juristische Personen und rechtsfähige Personengesellschaften, die Personen nach Absatz 2 beschäftigen.

(4) Sonstige Rechtsvorschriften im Sinne dieses Gesetzes sind Regelungen über Maßnahmen des Arbeitsschutzes in anderen Gesetzen, in Rechtsverordnungen und Unfallverhütungsvorschriften.

(5) 1Als Betriebe im Sinne dieses Gesetzes gelten für den Bereich des öffentlichen Dienstes die Dienststellen. 2Dienststellen sind die einzelnen Behörden, Verwaltungsstellen und Betriebe der Verwaltungen des Bundes, der Länder, der Gemeinden und der sonstigen Körperschaften, Anstalten und Stiftungen des öffentlichen Rechts, die Gerichte des Bundes und der Länder sowie die entsprechenden Einrichtungen der Streitkräfte.

Zweiter Abschnitt
Pflichten des Arbeitgebers

§ 3 Grundpflichten des Arbeitgebers

(1) $_1$Der Arbeitgeber ist verpflichtet, die erforderlichen Maßnahmen des Arbeitsschutzes unter Berücksichtigung der Umstände zu treffen, die Sicherheit und Gesundheit der Beschäftigten bei der Arbeit beeinflussen. $_2$Er hat die Maßnahmen auf ihre Wirksamkeit zu überprüfen und erforderlichenfalls sich ändernden Gegebenheiten anzupassen. $_3$Dabei hat er eine Verbesserung von Sicherheit und Gesundheitsschutz der Beschäftigten anzustreben.

(2) Zur Planung und Durchführung der Maßnahmen nach Absatz 1 hat der Arbeitgeber unter Berücksichtigung der Art der Tätigkeiten und der Zahl der Beschäftigten

1. für eine geeignete Organisation zu sorgen und die erforderlichen Mittel bereitzustellen sowie
2. Vorkehrungen zu treffen, daß die Maßnahmen erforderlichenfalls bei allen Tätigkeiten und eingebunden in die betrieblichen Führungsstrukturen beachtet werden und die Beschäftigten ihren Mitwirkungspflichten nachkommen können.

(3) Kosten für Maßnahmen nach diesem Gesetz darf der Arbeitgeber nicht den Beschäftigten auferlegen.

§ 4 Allgemeine Grundsätze

Der Arbeitgeber hat bei Maßnahmen des Arbeitsschutzes von folgenden allgemeinen Grundsätzen auszugehen:

1. Die Arbeit ist so zu gestalten, daß eine Gefährdung für das Leben sowie die physische und die psychische Gesundheit möglichst vermieden und die verbleibende Gefährdung möglichst gering gehalten wird;
2. Gefahren sind an ihrer Quelle zu bekämpfen;
3. bei den Maßnahmen sind der Stand von Technik, Arbeitsmedizin und Hygiene sowie sonstige gesicherte arbeitswissenschaftliche Erkenntnisse zu berücksichtigen;
4. Maßnahmen sind mit dem Ziel zu planen, Technik, Arbeitsorganisation, sonstige Arbeitsbedingungen, soziale Beziehungen und Einfluß der Umwelt auf den Arbeitsplatz sachgerecht zu verknüpfen;
5. individuelle Schutzmaßnahmen sind nachrangig zu anderen Maßnahmen;
6. spezielle Gefahren für besonders schutzbedürftige Beschäftigtengruppen sind zu berücksichtigen;
7. den Beschäftigten sind geeignete Anweisungen zu erteilen;
8. mittelbar oder unmittelbar geschlechtsspezifisch wirkende Regelungen sind nur zulässig, wenn dies aus biologischen Gründen zwingend geboten ist.

§ 5 Beurteilung der Arbeitsbedingungen

(1) Der Arbeitgeber hat durch eine Beurteilung der für die Beschäftigten mit ihrer Arbeit verbundenen Gefährdung zu ermitteln, welche Maßnahmen des Arbeitsschutzes erforderlich sind.

(2) $_1$Der Arbeitgeber hat die Beurteilung je nach Art der Tätigkeiten vorzunehmen. $_2$Bei gleichartigen Arbeitsbedingungen ist die Beurteilung eines Arbeitsplatzes oder einer Tätigkeit ausreichend.

(3) Eine Gefährdung kann sich insbesondere ergeben durch

1. die Gestaltung und die Einrichtung der Arbeitsstätte und des Arbeitsplatzes,
2. physikalische, chemische und biologische Einwirkungen,
3. die Gestaltung, die Auswahl und den Einsatz von Arbeitsmitteln, insbesondere von Arbeitsstoffen, Maschinen, Geräten und Anlagen sowie den Umgang damit,
4. die Gestaltung von Arbeits- und Fertigungsverfahren, Arbeitsabläufen und Arbeitszeit und deren Zusammenwirken,
5. unzureichende Qualifikation und Unterweisung der Beschäftigten,
6. psychische Belastungen bei der Arbeit.

§ 6 Dokumentation

(1) $_1$Der Arbeitgeber muß über die je nach Art der Tätigkeiten und der Zahl der Beschäftigten erforderlichen Unterlagen verfügen, aus denen das Ergebnis der Gefährdungsbeurtei-

lung, die von ihm festgelegten Maßnahmen des Arbeitsschutzes und das Ergebnis ihrer Überprüfung ersichtlich sind. $_{2}$Bei gleichartiger Gefährdungssituation ist es ausreichend, wenn die Unterlagen zusammengefaßte Angaben enthalten.

(2) Unfälle in seinem Betrieb, bei denen ein Beschäftigter getötet oder so verletzt wird, daß er stirbt oder für mehr als drei Tage völlig oder teilweise arbeits- oder dienstunfähig wird, hat der Arbeitgeber zu erfassen.

§ 7 Übertragung von Aufgaben

Bei der Übertragung von Aufgaben auf Beschäftigte hat der Arbeitgeber je nach Art der Tätigkeiten zu berücksichtigen, ob die Beschäftigten befähigt sind, die für die Sicherheit und den Gesundheitsschutz bei der Aufgabenerfüllung zu beachtenden Bestimmungen und Maßnahmen einzuhalten.

§ 8 Zusammenarbeit mehrerer Arbeitgeber

(1) $_{1}$Werden Beschäftigte mehrerer Arbeitgeber an einem Arbeitsplatz tätig, sind die Arbeitgeber verpflichtet, bei der Durchführung der Sicherheits- und Gesundheitsschutzbestimmungen zusammenzuarbeiten. $_{2}$Soweit dies für die Sicherheit und den Gesundheitsschutz der Beschäftigten bei der Arbeit erforderlich ist, haben die Arbeitgeber je nach Art der Tätigkeiten insbesondere sich gegenseitig und ihre Beschäftigten über die mit den Arbeiten verbundenen Gefahren für Sicherheit und Gesundheit der Beschäftigten zu unterrichten und Maßnahmen zur Verhütung dieser Gefahren abzustimmen.

(2) Der Arbeitgeber muß sich je nach Art der Tätigkeit vergewissern, daß die Beschäftigten anderer Arbeitgeber, die in seinem Betrieb tätig werden, hinsichtlich der Gefahren für ihre Sicherheit und Gesundheit während ihrer Tätigkeit in seinem Betrieb angemessene Anweisungen erhalten haben.

§ 9 Besondere Gefahren

(1) Der Arbeitgeber hat Maßnahmen zu treffen, damit nur Beschäftigte Zugang zu besonders gefährlichen Arbeitsbereichen haben, die zuvor geeignete Anweisungen erhalten haben.

(2) $_{1}$Der Arbeitgeber hat Vorkehrungen zu treffen, daß alle Beschäftigten, die einer unmittelbaren erheblichen Gefahr ausgesetzt sind oder sein können, möglichst frühzeitig über diese Gefahr und die getroffenen oder zu treffenden Schutzmaßnahmen unterrichtet sind. $_{2}$Bei unmittelbarer erheblicher Gefahr für die eigene Sicherheit oder die Sicherheit anderer Personen müssen die Beschäftigten die geeigneten Maßnahmen zur Gefahrenabwehr und Schadensbegrenzung selbst treffen können, wenn der zuständige Vorgesetzte nicht erreichbar ist; dabei sind die Kenntnisse der Beschäftigten und die vorhandenen technischen Mittel zu berücksichtigen. $_{3}$Den Beschäftigten dürfen aus ihrem Handeln keine Nachteile entstehen, es sei denn, sie haben vorsätzlich oder grob fahrlässig ungeeignete Maßnahmen getroffen.

(3) $_{1}$Der Arbeitgeber hat Maßnahmen zu treffen, die es den Beschäftigten bei unmittelbarer erheblicher Gefahr ermöglichen, sich durch sofortiges Verlassen der Arbeitsplätze in Sicherheit zu bringen. $_{2}$Den Beschäftigten dürfen hierdurch keine Nachteile entstehen. $_{3}$Hält die unmittelbare erhebliche Gefahr an, darf der Arbeitgeber die Beschäftigten nur in besonders begründeten Ausnahmefällen auffordern, ihre Tätigkeit wieder aufzunehmen. $_{4}$Gesetzliche Pflichten der Beschäftigten zur Abwehr von Gefahren für die öffentliche Sicherheit sowie die §§ 7 und 11 des Soldatengesetzes bleiben unberührt.

§ 10 Erste Hilfe und sonstige Notfallmaßnahmen

(1) $_{1}$Der Arbeitgeber hat entsprechend der Art der Arbeitsstätte und der Tätigkeiten sowie der Zahl der Beschäftigten die Maßnahmen zu treffen, die zur Ersten Hilfe, Brandbekämpfung und Evakuierung der Beschäftigten erforderlich sind. $_{2}$Dabei hat er der Anwesenheit anderer Personen Rechnung zu tragen. $_{3}$Er hat auch dafür zu sorgen, daß im Notfall die erforderlichen Verbindungen zu außerbetrieblichen Stellen, insbesondere in den Bereichen der Ersten Hilfe, der medizinischen Notversorgung, der Bergung und der Brandbekämpfung eingerichtet sind.

(2) 1Der Arbeitgeber hat diejenigen Beschäftigten zu benennen, die Aufgaben der Ersten Hilfe, Brandbekämpfung und Evakuierung der Beschäftigten übernehmen. 2Anzahl, Ausbildung und Ausrüstung der nach Satz 1 benannten Beschäftigten müssen in einem angemessenen Verhältnis zur Zahl der Beschäftigten und zu den bestehenden besonderen Gefahren stehen. 3Vor der Benennung hat der Arbeitgeber den Betriebs- oder Personalrat zu hören. 4Weitergehende Beteiligungsrechte bleiben unberührt. 5Der Arbeitgeber kann die in Satz 1 genannten Aufgaben auch selbst wahrnehmen, wenn er über die nach Satz 2 erforderliche Ausbildung und Ausrüstung verfügt.

§ 11 Arbeitsmedizinische Vorsorge

Der Arbeitgeber hat den Beschäftigten auf ihren Wunsch unbeschadet der Pflichten aus anderen Rechtsvorschriften zu ermöglichen, sich je nach den Gefahren für ihre Sicherheit und Gesundheit bei der Arbeit regelmäßig arbeitsmedizinisch untersuchen zu lassen, es sei denn, auf Grund der Beurteilung der Arbeitsbedingungen und der getroffenen Schutzmaßnahmen ist nicht mit einem Gesundheitsschaden zu rechnen.

§ 12 Unterweisung

(1) 1Der Arbeitgeber hat die Beschäftigten über Sicherheit und Gesundheitsschutz bei der Arbeit während ihrer Arbeitszeit ausreichend und angemessen zu unterweisen. 2Die Unterweisung umfaßt Anweisungen und Erläuterungen, die eigens auf den Arbeitsplatz oder den Aufgabenbereich der Beschäftigten ausgerichtet sind. 3Die Unterweisung muß bei der Einstellung, bei Veränderungen im Aufgabenbereich, der Einführung neuer Arbeitsmittel oder einer neuen Technologie vor Aufnahme der Tätigkeit der Beschäftigten erfolgen. 4Die Unterweisung muß an die Gefährdungsentwicklung angepaßt sein und erforderlichenfalls regelmäßig wiederholt werden.

(2) 1Bei einer Arbeitnehmerüberlassung trifft die Pflicht zur Unterweisung nach Absatz 1 den Entleiher. 2Er hat die Unterweisung unter Berücksichtigung der Qualifikation und der Erfahrung der Personen, die ihm zur Arbeitsleistung überlassen werden, vorzunehmen. 3Die sonstigen Arbeitsschutzpflichten des Verleihers bleiben unberührt.

§ 13 Verantwortliche Personen

(1) Verantwortlich für die Erfüllung der sich aus diesem Abschnitt ergebenden Pflichten sind neben dem Arbeitgeber

1. sein gesetzlicher Vertreter,
2. das vertretungsberechtigte Organ einer juristischen Person,
3. der vertretungsberechtigte Gesellschafter einer Personenhandelsgesellschaft,
4. Personen, die mit der Leitung eines Unternehmens oder eines Betriebes beauftragt sind, im Rahmen der ihnen übertragenen Aufgaben und Befugnisse,
5. sonstige nach Absatz 2 oder nach einer auf Grund dieses Gesetzes erlassenen Rechtsverordnung oder nach einer Unfallverhütungsvorschrift verpflichtete Personen im Rahmen ihrer Aufgaben und Befugnisse.

(2) Der Arbeitgeber kann zuverlässige und fachkundige Personen schriftlich damit beauftragen ihm obliegende Aufgaben nach diesem Gesetz in eigener Verantwortung wahrzunehmen.

§ 14 Unterrichtung und Anhörung der Beschäftigten des öffentlichen Dienstes

(1) Die Beschäftigten des öffentlichen Dienstes sind vor Beginn der Beschäftigung und bei Veränderungen in ihren Arbeitsbereichen über Gefahren für Sicherheit und Gesundheit, denen sie bei der Arbeit ausgesetzt sein können, sowie über die Maßnahmen und Einrichtungen zur Verhütung dieser Gefahren und die nach § 10 Abs. 2 getroffenen Maßnahmen zu unterrichten.

(2) Soweit in Betrieben des öffentlichen Dienstes keine Vertretung der Beschäftigten besteht, hat der Arbeitgeber die Beschäftigten zu allen Maßnahmen zu hören, die Auswirkungen auf Sicherheit und Gesundheit der Beschäftigten haben können.

Dritter Abschnitt Pflichten und Rechte der Beschäftigten

§ 15 Pflichten der Beschäftigten

(1) $_1$Die Beschäftigten sind verpflichtet, nach ihren Möglichkeiten sowie gemäß der Unterweisung und Weisung des Arbeitgebers für ihre Sicherheit und Gesundheit bei der Arbeit Sorge zu tragen. $_2$Entsprechend Satz 1 haben die Beschäftigten auch für die Sicherheit und Gesundheit der Personen zu sorgen, die von ihren Handlungen oder Unterlassungen bei der Arbeit betroffen sind.

(2) Im Rahmen des Absatzes 1 haben die Beschäftigten insbesondere Maschinen, Geräte, Werkzeuge, Arbeitsstoffe, Transportmittel und sonstige Arbeitsmittel sowie Schutzvorrichtungen und die ihnen zur Verfügung gestellte persönliche Schutzausrüstung bestimmungsgemäß zu verwenden.

§ 16 Besondere Unterstützungspflichten

(1) Die Beschäftigten haben dem Arbeitgeber oder dem zuständigen Vorgesetzten jede von ihnen festgestellte unmittelbare erhebliche Gefahr für die Sicherheit und Gesundheit sowie jeden an den Schutzsystemen festgestellten Defekt unverzüglich zu melden.

(2) $_1$Die Beschäftigten haben gemeinsam mit dem Betriebsarzt und der Fachkraft für Arbeitssicherheit den Arbeitgeber darin zu unterstützen, die Sicherheit und den Gesundheitsschutz der Beschäftigten bei der Arbeit zu gewährleisten und seine Pflichten entsprechend den behördlichen Aufgaben zu erfüllen. $_2$Unbeschadet ihrer Pflicht nach Absatz 1 sollen die Beschäftigten von ihnen festgestellte Gefahren für Sicherheit und Gesundheit und Mängel an den Schutzsystemen auch der Fachkraft für Arbeitssicherheit, dem Betriebsarzt oder dem Sicherheitsbeauftragten nach § 22 des Siebten Buches Sozialgesetzbuch mitteilen.

§ 17 Rechte der Beschäftigten

(1) $_1$Die Beschäftigten sind berechtigt, dem Arbeitgeber Vorschläge zu allen Fragen der Sicherheit und des Gesundheitsschutzes bei der Arbeit zu machen. $_2$Für Beamtinnen und Beamte des Bundes ist § 125 des Bundesbeamtengesetzes anzuwenden. $_3$Entsprechendes Landesrecht bleibt unberührt.

(2) $_1$Sind Beschäftigte auf Grund konkreter Anhaltspunkte der Auffassung, daß die vom Arbeitgeber getroffenen Maßnahmen und bereitgestellten Mittel nicht ausreichen, um die Sicherheit und den Gesundheitsschutz bei der Arbeit zu gewährleisten, und hilft der Arbeitgeber darauf gerichteten Beschwerden von Beschäftigten nicht ab, können sich diese an die zuständige Behörde wenden. $_2$Hierdurch dürfen den Beschäftigten keine Nachteile entstehen. $_3$Die in Absatz 1 Satz 2 und 3 genannten Vorschriften sowie die Vorschriften des Hinweisgeberschutzgesetzes, der Wehrbeschwerdeordnung und des Gesetzes über den Wehrbeauftragten des Deutschen Bundestages bleiben unberührt.

Vierter Abschnitt Verordnungsermächtigungen

§ 18 Verordnungsermächtigungen

(1) $_1$Die Bundesregierung wird ermächtigt, durch Rechtsverordnung mit Zustimmung des Bundesrates vorzuschreiben, welche Maßnahmen der Arbeitgeber und die sonstigen verantwortlichen Personen zu treffen haben und wie sich die Beschäftigten zu verhalten haben, um ihre jeweiligen Pflichten, die sich aus diesem Gesetz ergeben, zu erfüllen. $_2$In diesen Rechtsverordnungen kann auch bestimmt werden, daß bestimmte Vorschriften des Gesetzes zum Schutz anderer als in § 2 Abs. 2 genannter Personen anzuwenden sind.

(2) Durch Rechtsverordnungen nach Absatz 1 kann insbesondere bestimmt werden,

1. daß und wie zur Abwehr bestimmter Gefahren Dauer oder Lage der Beschäftigung oder die Zahl der Beschäftigten begrenzt werden muß,
2. daß der Einsatz bestimmter Arbeitsmittel oder -verfahren mit besonderen Gefahren für die Beschäftigten verboten ist oder der zuständigen Behörde angezeigt oder von ihr erlaubt sein muß oder besonders gefährdete Personen dabei nicht beschäftigt werden dürfen,

3. daß bestimmte, besonders gefährliche Betriebsanlagen einschließlich der Arbeits- und Fertigungsverfahren vor Inbetriebnahme, in regelmäßigen Abständen oder auf behördliche Anordnung fachkundig geprüft werden müssen,

3a. dass für bestimmte Beschäftigte angemessene Unterkünfte bereitzustellen sind, wenn dies aus Gründen der Sicherheit, zum Schutz der Gesundheit oder aus Gründen der menschengerechten Gestaltung der Arbeit erforderlich ist und welche Anforderungen dabei zu erfüllen sind,

4. daß Beschäftigte, bevor sie eine bestimmte gefährdende Tätigkeit aufnehmen oder fortsetzen oder nachdem sie sie beendet haben, arbeitsmedizinisch zu untersuchen sind, und welche besonderen Pflichten der Arzt dabei zu beachten hat,

5. dass Ausschüsse zu bilden sind, denen die Aufgabe übertragen wird, die Bundesregierung oder das zuständige Bundesministerium zur Anwendung der Rechtsverordnungen zu beraten, dem Stand der Technik, Arbeitsmedizin und Hygiene entsprechende Regeln und sonstige gesicherte arbeitswissenschaftliche Erkenntnisse zu ermitteln sowie Regeln zu ermitteln, wie die in den Rechtsverordnungen gestellten Anforderungen erfüllt werden können. Das Bundesministerium für Arbeit und Soziales kann die Regeln und Erkenntnisse amtlich bekannt machen.

(3) 1In epidemischen Lagen von nationaler Tragweite nach § 5 Absatz 1 des Infektionsschutzgesetzes kann das Bundesministerium für Arbeit und Soziales ohne Zustimmung des Bundesrates spezielle Rechtsverordnungen nach Absatz 1 für einen befristeten Zeitraum erlassen. 2Das Bundesministerium für Arbeit und Soziales kann ohne Zustimmung des Bundesrates durch Rechtsverordnung für einen befristeten Zeitraum, der spätestens mit Ablauf des 7. April 2023 endet,

1. bestimmen, dass spezielle Rechtsverordnungen nach Satz 1 nach Aufhebung der Feststellung der epidemischen Lage von nationaler Tragweite nach § 5 Absatz 1 des Infektionsschutzgesetzes fortgelten, und diese ändern sowie
2. spezielle Rechtsverordnungen nach Absatz 1 erlassen.

§ 19 Rechtsakte der Europäischen Gemeinschaften und zwischenstaatliche Vereinbarungen

Rechtsverordnungen nach § 18 können auch erlassen werden, soweit dies zur Durchführung von Rechtsakten des Rates oder der Kommission der Europäischen Gemeinschaften oder von Beschlüssen internationaler Organisationen oder von zwischenstaatlichen Vereinbarungen, die Sachbereiche dieses Gesetzes betreffen, erforderlich ist, insbesondere um Arbeitsschutzpflichten für andere als in § 2 Abs. 3 genannte Personen zu regeln.

§ 20 Regelungen für den öffentlichen Dienst

(1) Für die Beamten der Länder, Gemeinden und sonstigen Körperschaften, Anstalten und Stiftungen des öffentlichen Rechts regelt das Landesrecht, ob und inwieweit die nach § 18 erlassenen Rechtsverordnungen gelten.

(2) 1Für bestimmte Tätigkeiten im öffentlichen Dienst des Bundes, insbesondere bei der Bundeswehr, der Polizei, den Zivil- und Katastrophenschutzdiensten, dem Zoll oder den Nachrichtendiensten, können das Bundeskanzleramt, das Bundesministerium des Innern, für Bau und Heimat, das Bundesministerium für Verkehr und digitale Infrastruktur, das Bundesministerium der Verteidigung oder das Bundesministerium der Finanzen, soweit sie hierfür jeweils zuständig sind, durch Rechtsverordnung ohne Zustimmung des Bundesrates bestimmen, daß Vorschriften dieses Gesetzes ganz oder zum Teil nicht anzuwenden sind, soweit öffentliche Belange dies zwingend erfordern, insbesondere zur Aufrechterhaltung oder Wiederherstellung der öffentlichen Sicherheit. 2Rechtsverordnungen nach Satz 1 werden im Einvernehmen mit dem Bundesministerium für Arbeit und Soziales und, soweit nicht das Bundesministerium des Innern, für Bau und Heimat selbst ermächtigt ist, im Einvernehmen mit

diesem Ministerium erlassen. 3In den Rechtsverordnungen ist gleichzeitig festzulegen, wie die Sicherheit und der Gesundheitsschutz bei der Arbeit unter Berücksichtigung der Ziele dieses Gesetzes auf andere Weise gewährleistet werden. 4Für Tätigkeiten im öffentlichen Dienst der Länder, Gemeinden und sonstigen landesunmittelbaren Körperschaften, Anstalten und Stiftungen des öffentlichen Rechts können den Sätzen 1 und 3 entsprechende Regelungen durch Landesrecht getroffen werden.

Fünfter Abschnitt Gemeinsame deutsche Arbeitsschutzstrategie

§ 20a Gemeinsame deutsche Arbeitsschutzstrategie

(1) 1Nach den Bestimmungen dieses Abschnitts entwickeln Bund, Länder und Unfallversicherungsträger im Interesse eines wirksamen Arbeitsschutzes eine gemeinsame deutsche Arbeitsschutzstrategie und gewährleisten ihre Umsetzung und Fortschreibung. 2Mit der Wahrnehmung der ihnen gesetzlich zugewiesenen Aufgaben zur Verhütung von Arbeitsunfällen, Berufskrankheiten und arbeitsbedingten Gesundheitsgefahren sowie zur menschengerechten Gestaltung der Arbeit tragen Bund, Länder und Unfallversicherungsträger dazu bei, die Ziele der gemeinsamen deutschen Arbeitsschutzstrategie zu erreichen.

(2) Die gemeinsame deutsche Arbeitsschutzstrategie umfasst

1. die Entwicklung gemeinsamer Arbeitsschutzziele,
2. die Festlegung vorrangiger Handlungsfelder und von Eckpunkten für Arbeitsprogramme sowie deren Ausführung nach einheitlichen Grundsätzen,
3. die Evaluierung der Arbeitsschutzziele, Handlungsfelder und Arbeitsprogramme mit geeigneten Kennziffern,
4. die Festlegung eines abgestimmten Vorgehens der für den Arbeitsschutz zuständigen Landesbehörden und der Unfallversicherungsträger bei der Beratung und Überwachung der Betriebe,
5. die Herstellung eines verständlichen, überschaubaren und abgestimmten Vorschriften- und Regelwerks.

§ 20b Nationale Arbeitsschutzkonferenz

(1) 1Die Aufgabe der Entwicklung, Steuerung und Fortschreibung der gemeinsamen deutschen Arbeitsschutzstrategie nach § 20a Abs. 1 Satz 1 wird von der Nationalen Arbeitsschutzkonferenz wahrgenommen. 2Sie setzt sich aus jeweils drei stimmberechtigten Vertretern von Bund, Ländern und den Unfallversicherungsträgern zusammen und bestimmt für jede Gruppe drei Stellvertreter. 3Außerdem entsenden die Spitzenorganisationen der Arbeitgeber und Arbeitnehmer für die Behandlung von Angelegenheiten nach § 20a Abs. 2 Nr. 1 bis 3 und 5 jeweils bis zu drei Vertreter in die Nationale Arbeitsschutzkonferenz; sie nehmen mit beratender Stimme an den Sitzungen teil. 4Die Nationale Arbeitsschutzkonferenz gibt sich eine Geschäftsordnung; darin werden insbesondere die Arbeitsweise und das Beschlussverfahren festgelegt. 5Die Geschäftsordnung muss einstimmig angenommen werden.

(2) Alle Einrichtungen, die mit Sicherheit und Gesundheit bei der Arbeit befasst sind, können der Nationalen Arbeitsschutzkonferenz Vorschläge für Arbeitsschutzziele, Handlungsfelder und Arbeitsprogramme unterbreiten.

(3) 1Die Nationale Arbeitsschutzkonferenz wird durch ein Arbeitsschutzforum unterstützt, das in der Regel einmal jährlich stattfindet. 2Am Arbeitsschutzforum sollen sachverständige Vertreter der Spitzenorganisationen der Arbeitgeber und Arbeitnehmer, der Berufs- und Wirtschaftsverbände, der Wissenschaft, der Kranken- und Rentenversicherungsträger, von Einrichtungen im Bereich Sicherheit und Gesundheit bei der Arbeit sowie von Einrichtungen, die der Förderung der Beschäftigungsfähigkeit dienen, teilnehmen. 3Das Arbeitsschutzforum hat die Aufgabe, eine frühzeitige und aktive Teilhabe der sachverständigen Fachöffentlichkeit an der Entwicklung und Fortschreibung der gemeinsamen deutschen Arbeitsschutzstrategie sicherzustellen und die Nationale Arbeitsschutzkonferenz entsprechend zu beraten.

(4) Einzelheiten zum Verfahren der Einreichung von Vorschlägen nach Absatz 2 und zur Durchführung des Arbeitsschutzforums nach Absatz 3 werden in der Geschäftsordnung der Nationalen Arbeitsschutzkonferenz geregelt.

(5) 1Die Geschäfte der Nationalen Arbeitsschutzkonferenz und des Arbeitsschutzforums führt die Bundesanstalt für Arbeitsschutz und Arbeitsmedizin. 2Einzelheiten zu Arbeitsweise und Verfahren werden in der Geschäftsordnung der Nationalen Arbeitsschutzkonferenz festgelegt.

Sechster Abschnitt Schlußvorschriften

§ 21 Zuständige Behörden; Zusammenwirken mit den Trägern der gesetzlichen Unfallversicherung

(1) 1Die Überwachung des Arbeitsschutzes nach diesem Gesetz ist staatliche Aufgabe. 2Die zuständigen Behörden haben die Einhaltung dieses Gesetzes und der auf Grund dieses Gesetzes erlassenen Rechtsverordnungen zu überwachen und die Arbeitgeber bei der Erfüllung ihrer Pflichten zu beraten. 3Bei der Überwachung haben die zuständigen Behörden bei der Auswahl von Betrieben Art und Umfang des betrieblichen Gefährdungspotenzials zu berücksichtigen.

(1a) 1Die zuständigen Landesbehörden haben bei der Überwachung nach Absatz 1 sicherzustellen, dass im Laufe eines Kalenderjahres eine Mindestanzahl an Betrieben besichtigt wird. 2Beginnend mit dem Kalenderjahr 2026 sind im Laufe eines Kalenderjahres mindestens 5 Prozent der im Land vorhandenen Betriebe zu besichtigen (Mindestbesichtigungsquote). 3Von der Mindestbesichtigungsquote kann durch Landesrecht nicht abgewichen werden. 4Erreicht eine Landesbehörde die Mindestbesichtigungsquote nicht, so hat sie die Zahl der besichtigten Betriebe bis zum Kalenderjahr 2026 schrittweise mindestens so weit zu erhöhen, dass sie die Mindestbesichtigungsquote erreicht. 5Maßgeblich für die Anzahl der im Land vorhandenen Betriebe ist die amtliche Statistik der Bundesagentur für Arbeit des Vorjahres.

(2) 1Die Aufgaben und Befugnisse der Träger der gesetzlichen Unfallversicherung richten sich, soweit nichts anderes bestimmt ist, nach den Vorschriften des Sozialgesetzbuchs. 2Soweit die Träger der gesetzlichen Unfallversicherung nach dem Sozialgesetzbuch im Rahmen ihres Präventionsauftrags auch Aufgaben zur Gewährleistung von Sicherheit und Gesundheitsschutz der Beschäftigten wahrnehmen, werden sie ausschließlich im Rahmen ihrer autonomen Befugnisse tätig.

(3) 1Die zuständigen Landesbehörden und die Unfallversicherungsträger wirken auf der Grundlage einer gemeinsamen Beratungs- und Überwachungsstrategie nach § 20a Abs. 2 Nr. 4 eng zusammen und stellen den Erfahrungsaustausch sicher. 2Diese Strategie umfasst die Abstimmung allgemeiner Grundsätze zur methodischen Vorgehensweise bei

1. der Beratung und Überwachung der Betriebe,
2. der Festlegung inhaltlicher Beratungs- und Überwachungsschwerpunkte, aufeinander abgestimmter oder gemeinsamer Schwerpunktaktionen und Arbeitsprogramme und
3. der Förderung eines Daten- und sonstigen Informationsaustausches, insbesondere über Betriebsbesichtigungen und deren wesentliche Ergebnisse.

3Die zuständigen Landesbehörden vereinbaren mit den Unfallversicherungsträgern nach § 20 Abs. 2 Satz 3 des Siebten Buches Sozialgesetzbuch die Maßnahmen, die zur Umsetzung der gemeinsamen Arbeitsprogramme nach § 20a Abs. 2 Nr. 2 und der gemeinsamen Beratungs- und Überwachungsstrategie notwendig sind; sie evaluieren deren Zielerreichung mit den von der Nationalen Arbeitsschutzkonferenz nach § 20a Abs. 2 Nr. 3 bestimmten Kennziffern.

(3a) 1Zu nach dem 1. Januar 2023 durchgeführten Betriebsbesichtigungen und deren Ergebnissen übermitteln die für den Arbeitsschutz zuständigen Landesbehörden an den für die besichtigte Betriebsstätte zuständigen Unfallversicherungsträger im Wege elektronischer Datenübertragung folgende Informationen:

1. Name und Anschrift des Betriebs,
2. Anschrift der besichtigten Betriebsstätte, soweit nicht mit Nummer 1 identisch,
3. Kennnummer zur Identifizierung,
4. Wirtschaftszweig des Betriebs,
5. Datum der Besichtigung,
6. Anzahl der Beschäftigten zum Zeitpunkt der Besichtigung,
7. Vorhandensein einer betrieblichen Interessenvertretung,
8. Art der sicherheitstechnischen Betreuung,
9. Art der betriebsärztlichen Betreuung,
10. Bewertung der Arbeitsschutzorganisation einschließlich
    a) der Unterweisung,
    b) der arbeitsmedizinischen Vorsorge und
    c) der Ersten Hilfe und sonstiger Notfallmaßnahmen,
11. Bewertung der Gefährdungsbeurteilung einschließlich
    a) der Ermittlung von Gefährdungen und Festlegung von Maßnahmen,
    b) der Prüfung der Umsetzung der Maßnahmen und ihrer Wirksamkeit und
    c) der Dokumentation der Gefährdungen und Maßnahmen,
12. Verwaltungshandeln in Form von Feststellungen, Anordnungen oder Bußgeldern.

$_2$Die übertragenen Daten dürfen von den Unfallversicherungsträgern nur zur Erfüllung der in ihrer Zuständigkeit nach § 17 Absatz 1 des Siebten Buches Sozialgesetzbuch liegenden Aufgaben verarbeitet werden.

(4) $_1$Die für den Arbeitsschutz zuständige oberste Landesbehörde kann mit Trägern der gesetzlichen Unfallversicherung vereinbaren, daß diese in näher zu bestimmenden Tätigkeitsbereichen die Einhaltung dieses Gesetzes, bestimmter Vorschriften dieses Gesetzes oder der auf Grund dieses Gesetzes erlassenen Rechtsverordnungen überwachen. $_2$In der Vereinbarung sind Art und Umfang der Überwachung sowie die Zusammenarbeit mit den staatlichen Arbeitsschutzbehörden festzulegen.

(5) $_1$Soweit nachfolgend nichts anderes bestimmt ist, ist zuständige Behörde für die Durchführung dieses Gesetzes und der auf dieses Gesetz gestützten Rechtsverordnungen in den Betrieben und Verwaltungen des Bundes die Zentralstelle für Arbeitsschutz beim Bundesministerium des Innern, für Bau und Heimat. $_2$Im Auftrag der Zentralstelle handelt, soweit nichts anderes bestimmt ist, die Unfallversicherung Bund und Bahn, die insoweit der Aufsicht des Bundesministeriums des Innern, für Bau und Heimat unterliegt; Aufwendungen werden nicht erstattet. $_3$Im öffentlichen Dienst im Geschäftsbereich des Bundesministeriums für Verkehr und digitale Infrastruktur führt die Unfallversicherung Bund und Bahn, soweit die Eisenbahn-Unfallkasse bis zum 31. Dezember 2014 Träger der Unfallversicherung war, dieses Gesetz durch. $_4$Für Betriebe und Verwaltungen in den Geschäftsbereichen des Bundesministeriums der Verteidigung und des Auswärtigen Amtes hinsichtlich seiner Auslandsvertretungen führt das jeweilige Bundesministerium, soweit es jeweils zuständig ist, oder die von ihm jeweils bestimmte Stelle dieses Gesetz durch. $_5$Im Geschäftsbereich des Bundesministeriums der Finanzen führt die Berufsgenossenschaft Verkehrswirtschaft Post-Logistik Telekommunikation dieses Gesetz durch, soweit der Geschäftsbereich des ehemaligen Bundesministeriums für Post und Telekommunikation betroffen ist. $_6$Die Sätze 1 bis 4 gelten auch für Betriebe und Verwaltungen, die zur Bundesverwaltung gehören, für die aber eine Berufsgenossenschaft Träger der Unfallversicherung ist. $_7$Die zuständigen Bundesministerien können mit den Berufsgenossenschaften für diese Betriebe und Verwaltungen vereinbaren, daß das Gesetz von den Berufsgenossenschaften durchgeführt wird; Aufwendungen werden nicht erstattet.

§ 22 Befugnisse der zuständigen Behörden

(1) $_1$Die zuständige Behörde kann vom Arbeitgeber oder von den verantwortlichen Personen die zur Durchführung ihrer Überwachungsaufgabe erforderlichen Auskünfte und die Überlassung von entsprechenden Unterlagen verlangen. $_2$Werden Beschäftigte mehrerer Arbeitgeber an einem Arbeitsplatz

tätig, kann die zuständige Behörde von den Arbeitgebern oder von den verantwortlichen Personen verlangen, dass das Ergebnis der Abstimmung über die zu treffenden Maßnahmen nach § 8 Absatz 1 schriftlich vorgelegt wird. ₃Die auskunftspflichtige Person kann die Auskunft auf solche Fragen oder die Vorlage derjenigen Unterlagen verweigern, deren Beantwortung oder Vorlage sie selbst oder einen ihrer in § 383 Abs. 1 Nr. 1 bis 3 der Zivilprozeßordnung bezeichneten Angehörigen der Gefahr der Verfolgung wegen einer Straftat oder Ordnungswidrigkeit aussetzen würde. ₄Die auskunftspflichtige Person ist darauf hinzuweisen.

(2) ₁Die mit der Überwachung beauftragten Personen sind befugt, zu den Betriebs- und Arbeitszeiten Betriebsstätten, Geschäfts- und Betriebsräume zu betreten, zu besichtigen und zu prüfen sowie in die geschäftlichen Unterlagen der auskunftspflichtigen Person Einsicht zu nehmen, soweit dies zur Erfüllung ihrer Aufgaben erforderlich ist. ₂Außerdem sind sie befugt, Betriebsanlagen, Arbeitsmittel und persönliche Schutzausrüstungen zu prüfen, Arbeitsverfahren und Arbeitsabläufe zu untersuchen, Messungen vorzunehmen und insbesondere arbeitsbedingte Gesundheitsgefahren festzustellen und zu untersuchen, auf welche Ursachen ein Arbeitsunfall, eine arbeitsbedingte Erkrankung oder ein Schadensfall zurückzuführen ist. ₃Sie sind berechtigt, die Begleitung durch den Arbeitgeber oder eine von ihm beauftragte Person zu verlangen. ₄Der Arbeitgeber oder die verantwortlichen Personen haben die mit der Überwachung beauftragten Personen bei der Wahrnehmung ihrer Befugnisse nach den Sätzen 1 und 2 zu unterstützen. ₅Außerhalb der in Satz 1 genannten Zeiten dürfen die mit der Überwachung beauftragten Personen ohne Einverständnis des Arbeitgebers die Maßnahmen nach den Sätzen 1 und 2 nur treffen, soweit sie zur Verhütung dringender Gefahren für die öffentliche Sicherheit und Ordnung erforderlich sind. ₆Wenn sich die Arbeitsstätte in einer Wohnung befindet, dürfen die mit der Überwachung beauftragten Personen die Maßnahmen nach den Sätzen 1 und 2 ohne Einverständnis der Bewohner oder Nutzungsberechtigten nur treffen, soweit sie zur Verhütung dringender Gefahren für die öffentliche Sicherheit und Ordnung erforderlich sind. ₇Die auskunftspflichtige Person hat die Maßnahmen nach den Sätzen 1, 2, 5 und 6 zu dulden. ₈Die Sätze 1 und 5 gelten entsprechend, wenn nicht feststeht, ob in der Arbeitsstätte Personen beschäftigt werden, jedoch Tatsachen gegeben sind, die diese Annahme rechtfertigen. ₉Das Grundrecht der Unverletzlichkeit der Wohnung (Artikel 13 des Grundgesetzes) wird insoweit eingeschränkt.

(3) ₁Die zuständige Behörde kann im Einzelfall anordnen,

1. welche Maßnahmen der Arbeitgeber und die verantwortlichen Personen oder die Beschäftigten zur Erfüllung der Pflichten zu treffen haben, die sich aus diesem Gesetz und den auf Grund dieses Gesetzes erlassenen Rechtsverordnungen ergeben,
2. welche Maßnahmen der Arbeitgeber und die verantwortlichen Personen zur Abwendung einer besonderen Gefahr für Leben und Gesundheit der Beschäftigten zu treffen haben.

₂Die zuständige Behörde hat, wenn nicht Gefahr im Verzug ist, zur Ausführung der Anordnung eine angemessene Frist zu setzen. ₃Wird eine Anordnung nach Satz 1 nicht innerhalb einer gesetzten Frist oder eine für sofort vollziehbar erklärte Anordnung nicht sofort ausgeführt, kann die zuständige Behörde die von der Anordnung betroffene Arbeit oder die Verwendung oder den Betrieb der von der Anordnung betroffenen Arbeitsmittel untersagen. ₄Maßnahmen der zuständigen Behörde im Bereich des öffentlichen Dienstes, die den Dienstbetrieb wesentlich beeinträchtigen, sollen im Einvernehmen mit der obersten Bundes- oder Landesbehörde oder dem Hauptverwaltungsbeamten der Gemeinde getroffen werden.

§ 23 Betriebliche Daten; Zusammenarbeit mit anderen Behörden; Jahresbericht, Bundesfachstelle

(1) ₁Der Arbeitgeber hat der zuständigen Behörde zu einem von ihr bestimmten Zeitpunkt Mitteilungen über

1. die Zahl der Beschäftigten und derer, an die er Heimarbeit vergibt, aufgegliedert nach Geschlecht, Alter und Staatsangehörigkeit,
2. den Namen oder die Bezeichnung und Anschrift des Betriebes, in dem er sie beschäftigt,
3. seinen Namen, seine Firma und seine Anschrift sowie
4. den Wirtschaftszweig, dem sein Betrieb angehört,

zu machen. ₂Das Bundesministerium für Arbeit und Soziales wird ermächtigt, durch Rechtsverordnung mit Zustimmung des Bundesrates zu bestimmen, daß die Stellen der Bundesverwaltung, denen der Arbeitgeber die in Satz 1 genannten Mitteilungen bereits auf Grund einer Rechtsvorschrift mitgeteilt hat, diese Angaben an die für die Behörden nach Absatz 1 zuständigen obersten Landesbehörden als Schreiben oder auf maschinell verwertbaren Datenträgern oder durch Datenübertragung weiterzuleiten haben. ₃In der Rechtsverordnung können das Nähere über die Form der weiterzuleitenden Angaben sowie die Frist für die Weiterleitung bestimmt werden. ₄Die weitergeleiteten Angaben dürfen nur zur Erfüllung der in der Zuständigkeit der Behörden nach § 21 Abs. 1 liegenden Arbeitsschutzaufgaben verarbeitet werden.

(2) ₁Die mit der Überwachung beauftragten Personen dürfen die ihnen bei ihrer Überwachungstätigkeit zur Kenntnis gelangenden Geschäfts- und Betriebsgeheimnisse nur in den gesetzlich geregelten Fällen oder zur Verfolgung von Gesetzwidrigkeiten oder zur Erfüllung von gesetzlich geregelten Aufgaben zum Schutz der Versicherten dem Träger der gesetzlichen Unfallversicherung oder zum Schutz der Umwelt den dafür zuständigen Behörden offenbaren. ₂Soweit es sich bei Geschäfts- und Betriebsgeheimnissen um Informationen über die Umwelt im Sinne des Umweltinformationsgesetzes handelt, richtet sich die Befugnis zu ihrer Offenbarung nach dem Umweltinformationsgesetz.

(3) ₁Ergeben sich im Einzelfall für die zuständigen Behörden konkrete Anhaltspunkte für

1. eine Beschäftigung oder Tätigkeit von Ausländern ohne den erforderlichen Aufenthaltstitel nach § 4a Absatz 5 Satz 1 des Aufenthaltsgesetzes, eine Erlaubnis oder Berechtigung nach § 4a Absatz 5 Satz 2 in Verbindung mit Absatz 4 des Aufenthaltsgesetzes, eine Aufenthaltsgestattung oder eine Duldung, die zur Ausübung der Beschäftigung berechtigen, oder eine Genehmigung nach § 284 Absatz1 des Dritten Buches Sozialgesetzbuch,
2. Verstöße gegen die Mitwirkungspflicht nach § 60 Abs. 1 Satz 1 Nr. 2 des Ersten Buches Sozialgesetzbuch gegenüber einer Dienststelle der Bundesagentur für Arbeit, einem Träger der gesetzlichen Kranken-, Pflege-, Unfall- oder Rentenversicherung oder einem Träger der Sozialhilfe oder gegen die Meldepflicht nach § 8a des Asylbewerberleistungsgesetzes,
3. Verstöße gegen das Schwarzarbeitsbekämpfungsgesetz,
4. Verstöße gegen das Arbeitnehmerüberlassungsgesetz,
5. Verstöße gegen die Vorschriften des Vierten und des Siebten Buches Sozialgesetzbuch über die Verpflichtung zur Zahlung von Sozialversicherungsbeiträgen,
6. Verstöße gegen das Aufenthaltsgesetz,
7. Verstöße gegen die Steuergesetze,
8. Verstöße gegen das Gesetz zur Sicherung von Arbeitnehmerrechten in der Fleischwirtschaft,
9. Verstöße gegen Vorgaben für Pakete mit erhöhtem Gewicht nach dem Postgesetz,
10. Verstöße gegen das Mindestlohngesetz,
11. Verstöße gegen das Arbeitnehmer-Entsendegesetz,

unterrichten sie die für die Verfolgung und Ahndung zuständigen Behörden, die Träger der Sozialhilfe sowie die Behörden nach § 71 des Aufenthaltsgesetzes. ₂In den Fällen des Satzes 1 arbeiten die zuständigen Behörden insbesondere mit den Agenturen für Arbeit, den Hauptzollämtern, den Rentenversicherungsträgern, den Krankenkassen als Einzugsstellen für die Sozialversicherungsbeiträge, den Trägern der gesetzlichen Unfallversicherung, den nach Landesrecht für die Verfolgung und Ahndung von Verstößen gegen das Gesetz zur Bekämpfung der Schwarzarbeit zuständigen Behörden, den Trägern der Sozialhilfe, den in § 71 des Aufenthaltsgesetzes genannten Behörden, den Finanzbehörden und der Bundesnetzagentur für Elektrizität, Gas, Telekommunikation, Post und Eisenbahnen zusammen.

(3a) Leitet die Generalzolldirektion im Rahmen ihrer Funktion als Verbindungsbüro im Sinne des Artikels 4 Absatz 1 der Richtlinie 96/71/EG in der Fassung vom 28. Juni 2018 ein über das Binnenmarkt-Informationssystem eingehendes Ersuchen, das die Mindestarbeitsbedingungen nach Artikel 3 Absatz 1 Buchstabe e der Richtlinie 96/71/EG in der Fassung vom 28. Juni 2018 betrifft, an die zuständigen Behörden weiter, so können diese die zur Beantwortung erforderlichen Informationen an die Generalzolldirektion zur Weiterleitung an die ersuchenden Behörden übermitteln.

(4) $_1$Die zuständigen obersten Landesbehörden haben über die Überwachungstätigkeit der ihnen unterstellten Behörden einen Jahresbericht zu veröffentlichen. $_2$Der Jahresbericht umfaßt auch Angaben zur Erfüllung von Unterrichtungspflichten aus internationalen Übereinkommen oder Rechtsakten der Europäischen Gemeinschaften, soweit sie den Arbeitsschutz betreffen.

(5) $_1$Bei der Bundesanstalt für Arbeitsschutz und Arbeitsmedizin wird eine Bundesfachstelle für Sicherheit und Gesundheit bei der Arbeit eingerichtet. $_2$Sie hat die Aufgabe, die Jahresberichte der Länder einschließlich der Besichtigungsquote nach § 21 Absatz 1a auszuwerten und die Ergebnisse für den statistischen Bericht über den Stand von Sicherheit und Gesundheit bei der Arbeit und über das Unfall- und Berufskrankheitengeschehen in der Bundesrepublik Deutschland nach § 25 Absatz 1 des Siebten Buches Sozialgesetzbuch zusammenzufassen. $_3$Das Bundesministerium für Arbeit und Soziales kann die Arbeitsweise und das Verfahren der Bundesfachstelle für Sicherheit und Gesundheit bei der Arbeit im Errichtungserlass der Bundesanstalt für Arbeitsschutz und Arbeitsmedizin festlegen.

X

§ 24 Ermächtigung zum Erlaß von allgemeinen Verwaltungsvorschriften

Die Bundesregierung kann mit Zustimmung des Bundesrates allgemeine Verwaltungsvorschriften erlassen insbesondere

1. zur Durchführung dieses Gesetzes und der auf Grund dieses Gesetzes erlassenen Rechtsverordnungen, insbesondere dazu, welche Kriterien zur Auswahl von Betrieben bei der Überwachung anzuwenden, welche Sachverhalte im Rahmen einer Betriebsbesichtigung mindestens zu prüfen und welche Ergebnisse aus der Überwachung für die Berichterstattung zu erfassen sind,
2. über die Gestaltung der Jahresberichte nach § 23 Abs. 4 und
3. über die Angaben, die die zuständigen obersten Landesbehörden dem Bundesministerium für Arbeit und Soziales für den Unfallverhütungsbericht nach § 25 Abs. 2 des Siebten Buches Sozialgesetzbuch bis zu einem bestimmten Zeitpunkt mitzuteilen haben.

§ 24a Ausschuss für Sicherheit und Gesundheit bei der Arbeit

(1) $_1$Beim Bundesministerium für Arbeit und Soziales wird ein Ausschuss für Sicherheit und Gesundheit bei der Arbeit gebildet, in dem geeignete Personen vonseiten der öffentlichen und privaten Arbeitgeber, der Gewerkschaften, der Landesbehörden, der gesetzlichen Unfallversicherung und weitere geeignete Personen, insbesondere aus der Wissenschaft, vertreten sein sollen. $_2$Dem Ausschuss sollen nicht mehr als 15 Mitglieder angehören. $_3$Für jedes Mitglied ist ein stellvertretendes Mitglied zu benennen. $_4$Die Mitgliedschaft im Ausschuss ist ehrenamtlich. $_5$Ein Mitglied oder ein stellvertretendes Mitglied aus den anderen Ausschüssen beim Bundesministerium für Arbeit und Soziales nach § 18 Absatz 2 Nummer 5 soll dauerhaft als Gast im Ausschuss für Sicherheit und Gesundheit bei der Arbeit vertreten sein.

(2) 1Das Bundesministerium für Arbeit und Soziales beruft die Mitglieder des Ausschusses für Sicherheit und Gesundheit bei der Arbeit und die stellvertretenden Mitglieder. 2Der Ausschuss gibt sich eine Geschäftsordnung und wählt die Vorsitzende oder den Vorsitzenden aus seiner Mitte. 3Die Geschäftsordnung und die Wahl der oder des Vorsitzenden bedürfen der Zustimmung des Bundesministeriums für Arbeit und Soziales.

(3) 1Zu den Aufgaben des Ausschusses für Sicherheit und Gesundheit bei der Arbeit gehört es, soweit hierfür kein anderer Ausschuss beim Bundesministerium für Arbeit und Soziales nach § 18 Absatz 2 Nummer 5 zuständig ist,

1. den Stand von Technik, Arbeitsmedizin und Hygiene sowie sonstige gesicherte arbeitswissenschaftliche Erkenntnisse für die Sicherheit und Gesundheit der Beschäftigten zu ermitteln,
2. Regeln und Erkenntnisse zu ermitteln, wie die in diesem Gesetz gestellten Anforderungen erfüllt werden können,
3. Empfehlungen zu Sicherheit und Gesundheit bei der Arbeit aufzustellen,
4. das Bundesministerium für Arbeit und Soziales in allen Fragen des Arbeitsschutzes zu beraten.

2Das Arbeitsprogramm des Ausschusses für Sicherheit und Gesundheit bei der Arbeit wird mit dem Bundesministerium für Arbeit und Soziales abgestimmt. 3Der Ausschuss arbeitet eng mit den anderen Ausschüssen beim Bundesministerium für Arbeit und Soziales nach § 18 Absatz 2 Nummer 5 zusammen.

(4) 1Das Bundesministerium für Arbeit und Soziales kann die vom Ausschuss für Sicherheit und Gesundheit bei der Arbeit ermittelten Regeln und Erkenntnisse im Gemeinsamen Ministerialblatt bekannt geben und die Empfehlungen veröffentlichen. 2Der Arbeitgeber hat die bekannt gegebenen Regeln und Erkenntnisse zu berücksichtigen. 3Bei Einhaltung dieser Regeln und bei Beachtung dieser Erkenntnisse ist davon auszugehen, dass die in diesem Gesetz gestellten Anforderungen erfüllt sind, soweit diese von der betreffenden Regel abgedeckt sind. 4Die Anforderungen aus Rechtsverordnungen nach § 18 und dazu bekannt gegebene Regeln und Erkenntnisse bleiben unberührt.

(5) 1Die Bundesministerien sowie die obersten Landesbehörden können zu den Sitzungen des Ausschusses für Sicherheit und Gesundheit bei der Arbeit Vertreterinnen oder Vertreter entsenden. 2Auf Verlangen ist ihnen in der Sitzung das Wort zu erteilen.

(6) Die Geschäfte des Ausschusses für Sicherheit und Gesundheit bei der Arbeit führt die Bundesanstalt für Arbeitsschutz und Arbeitsmedizin.

§ 25 Bußgeldvorschriften

(1) Ordnungswidrig handelt, wer vorsätzlich oder fahrlässig

1. einer Rechtsverordnung nach § 18 Abs. 1 oder § 19 zuwiderhandelt, soweit sie für einen bestimmten Tatbestand auf diese Bußgeldvorschrift verweist oder
2. a) als Arbeitgeber oder als verantwortliche Person einer vollziehbaren Anordnung nach § 22 Abs. 3 oder
   b) als Beschäftigter einer vollziehbaren Anordnung nach § 22 Abs. 3 Satz 1 Nr. 1 zuwiderhandelt.

(2) Die Ordnungswidrigkeit kann in den Fällen des Absatzes 1 Nr. 1 und 2 Buchstabe b mit einer Geldbuße bis zu fünftausend Euro, in den Fällen des Absatzes 1 Nr. 2 Buchstabe a mit einer Geldbuße bis zu dreißigtausend Euro geahndet werden.

§ 26 Strafvorschriften

Mit Freiheitsstrafe bis zu einem Jahr oder mit Geldstrafe wird bestraft, wer

1. eine in § 25 Abs. 1 Nr. 2 Buchstabe a bezeichnete Handlung beharrlich wiederholt oder
2. durch eine in § 25 Abs. 1 Nr. 1 oder Nr. 2 Buchstabe a bezeichnete vorsätzliche Handlung Leben oder Gesundheit eines Beschäftigten gefährdet.

Gesetz zum Schutz der Gesundheit (Gesundheitsschutzgesetz – GSG)

Vom 23. Juli 2010 (GVBl. S. 314)

Zuletzt geändert durch
Bayerisches Cannabisfolgenbegrenzungsgesetz
vom 23. Juli 2024 (GVBl. S. 254)

Das Volk des Freistaates Bayern hat das folgende Gesetz beschlossen, das hiermit bekannt gemacht wird:

Art. 1 Ziel

Ziel dieses Gesetzes ist der Schutz der Bevölkerung vor gesundheitlichen Gefahren durch Passivrauchen.

Art. 2 Anwendungsbereich

Dieses Gesetz findet Anwendung auf:

1. öffentliche Gebäude:
   a) Gebäude des Bayerischen Landtags, auch soweit diese von den Fraktionen und Abgeordneten genutzt werden,
   b) Gebäude der Behörden des Freistaates Bayern, der Gemeinden und der Gemeindeverbände,
   c) Gebäude der sonstigen der Aufsicht des Freistaates Bayern unterstehenden juristischen Personen des öffentlichen Rechts,
   d) Gebäude der Gerichte des Freistaates Bayern,
2. Einrichtungen für Kinder und Jugendliche:
   a) Schulen und schulische Einrichtungen,
   b) Schullandheime,
   c) Kinderspielplätze,
   d) Kindertageseinrichtungen,
   e) sonstige Einrichtungen und Räume, in denen Kinder ganztägig oder für einen Teil des Tages betreut werden, insbesondere Mütterzentren, Tagespflege, Krabbelstuben, Einkaufszentren mit Kinderbetreuungsangebot,
   f) Jugendherbergen,
   g) Kultur- und Freizeiteinrichtungen nach Nr. 6, die zumindest überwiegend von Kindern und Jugendlichen genutzt werden und
   h) sonstige Einrichtungen der Kinder- und Jugendhilfe nach dem Achten Buch Sozialgesetzbuch (SGB VIII),
3. Bildungseinrichtungen für Erwachsene,
4. Einrichtungen des Gesundheitswesens,
5. Heime und Studierendenwohnheime,
6. Kultur- und Freizeiteinrichtungen,
7. Sportstätten,
8. Gaststätten,
9. Verkehrsflughäfen.

Art. 3 Rauchverbot

(1) [1]Das Rauchen von Tabakwaren und Cannabisprodukten, einschließlich jeglicher mit synthetischen Cannabinoiden versetzter Stoffe, ist in Innenräumen der in Art. 2 bezeichneten Gebäude, Einrichtungen, Heime, Sportstätten, Gaststätten und Verkehrsflughäfen verboten. [2]In Einrichtungen für Kinder und Jugendliche ist das Rauchen auch auf dem Gelände der Einrichtungen verboten. [3]Im Außenbereich von Gaststätten nach Art. 2 Nr. 8 ist das Rauchen von Cannabisprodukten verboten. [4]Unbeschadet weiterreichender Rauchverbote nach Satz 1 gilt Satz 3 entsprechend auf Volksfestgeländen mit Ausnahme der privaten Aufenthaltsbereiche dort beruflich Beschäftigter. [5]Das Erhitzen und Verdampfen von Cannabisprodukten einschließlich einer Nutzung von zu diesem Zweck verwendeten E-Zigaretten, Vaporisatoren oder vergleichbaren Produkten steht dem Rauchen von Cannabisprodukten im Sinn dieses Gesetzes gleich.

(2) Auf dem Gelände des Maximilianeums als Sitz des Bayerischen Landtags einschließlich der äußeren Umfriedung gilt Abs. 1 Satz 3 und 5 entsprechend.

(3) Rauchverbote in anderen Vorschriften oder auf Grund von Befugnissen, die mit dem Eigentum oder dem Besitzrecht verbunden sind, bleiben unberührt.

Art. 4 Hinwirkungspflicht

Der Freistaat Bayern und die Gemeinden und Gemeindeverbände sowie die sonstigen der Aufsicht des Freistaates Bayern unterstehenden juristischen Personen des öffentlichen Rechts haben in Unternehmen in Privatrechtsform, an denen sie beteiligt sind, auf Rauchverbote hinzuwirken.

Art. 5 Ausnahmen

Das Rauchverbot nach Art. 3 Abs. 1 und 2 gilt nicht:

1. in Räumen, die privaten Wohnzwecken dienen und den Bewohnerinnen und Bewohnern und ihren Familien zur alleinigen Nutzung überlassen sind,
2. für das Rauchen von Tabakwaren in ausgewiesenen Räumen der Polizeibehörden und der Staatsanwaltschaften, soweit dort Vernehmungen durchgeführt werden und der vernommenen Person das Rauchen von der Leiterin oder dem Leiter der Vernehmung im Einzelfall gestattet wird; Entsprechendes gilt in ausgewiesenen Räumen der Gerichte für Vernehmungen durch die Ermittlungsrichterin oder den Ermittlungsrichter,
3. bei künstlerischen Darbietungen, bei denen das Rauchen als Teil der Darbietung Ausdruck der Kunstfreiheit ist,
4. in Räumen von Hospiz- und Palliativeinrichtungen, die einzelnen Personen zur gesonderten Unterbringung zugewiesen sind,
5. für das Rauchen von Cannabis zu medizinischen Zwecken in dafür bestimmten Räumen von Einrichtungen des Gesundheitswesens.

Art. 6 Raucherräume, Raucherbereich

(1) $_1$Für das Rauchen von Tabakwaren, nicht aber von Cannabisprodukten, einschließlich jeglicher mit synthetischen Cannabinoiden versetzter Stoffe, können abgegrenzte und gekennzeichnete Raucherräume eingerichtet werden. $_2$Dies gilt nicht für Einrichtungen nach Art. 2 Nr. 2 – mit Ausnahme von Einrichtungen der ambulanten und stationären Suchttherapie sowie der Erziehungs- und Eingliederungshilfe für Jugendliche und junge Volljährige – sowie für Einrichtungen nach Art. 2 Nr. 6 bis 8.

(2) $_1$Als Raucherraum darf jeweils nur ein Nebenraum ausgewiesen werden, der baulich von den übrigen Räumen so getrennt ist, dass ein ständiger Luftaustausch nicht besteht. $_2$In Einrichtungen nach Art. 2 Nr. 9, psychiatrischen Einrichtungen oder Stationen, Justizvollzugsanstalten, Einrichtungen des Maßregelvollzugs sowie Gebäuden, in denen mehr als 500 Personen beschäftigt sind, dürfen mehrere Raucherräume eingerichtet werden. $_3$In Justizvollzugsanstalten und Einrichtungen des Maßregelvollzugs kann die Anstaltsleitung das Rauchen auch in Gemeinschaftsräumen gestatten.

(3) $_1$Abweichend von Art. 3 Abs. 1 Satz 2 kann für Einrichtungen der ambulanten und stationären Suchttherapie sowie der Erziehungs- und Eingliederungshilfe für Jugendliche und junge Volljährige das Rauchen von Tabakwaren, nicht aber von Cannabisprodukten, einschließlich jeglicher mit synthetischen Cannabinoiden versetzter Stoffe, in einem ausgewiesenen untergeordneten Bereich des Außengeländes gestattet werden. $_2$Der Bereich ist als Raucherbereich zu kennzeichnen.

Art. 7 Verantwortlichkeit

$_1$Verantwortlich für die Einhaltung des Rauchverbots nach Art. 3 Abs. 1 und 2 sowie für die Erfüllung der Kennzeichnungspflichten von Raucherräumen und Raucherbereichen nach Art. 6 sind:

1. die Präsidentin oder der Präsident des Bayerischen Landtags,
2. die Leiterin oder der Leiter der Behörde, des Gerichts, der Einrichtung oder des Heims,
3. die Betreiberin oder der Betreiber der Gaststätte,
4. die Betreiberin oder der Betreiber des Verkehrsflughafens.

X

[2]Bei einem Verstoß gegen das Rauchverbot haben die oder der Verantwortliche die erforderlichen Maßnahmen zu ergreifen, um eine Fortsetzung des Verstoßes oder einen neuen Verstoß zu verhindern.

Art. 8 Verordnungsermächtigung

Die Gemeinden können zur Wahrung des Gesundheitsschutzes von Nichtrauchern durch Verordnung das Rauchen, Erhitzen und Verdampfen von Cannabisprodukten, einschließlich jeglicher mit synthetischen Cannabinoiden versetzter Stoffe, sowie die Nutzung von zu diesem Zweck verwendeten E-Zigaretten, Vaporisatoren oder vergleichbaren Produkten auf bestimmten öffentlichen Flächen verbieten, auf denen sich eine Vielzahl von Menschen gleichzeitig auf engem Raum aufhält.

Art. 9 Zuständigkeit

Für den Vollzug dieses Gesetzes sind zuständig

1. bezüglich der Gebäude des Bayerischen Landtags und des Geländes des Maximilianeums die Präsidentin oder der Präsident des Bayerischen Landtags,
2. im Übrigen die Kreisverwaltungsbehörden.

Art. 10 Ordnungswidrigkeiten

(1) [1]Mit Geldbuße kann belegt werden, wer vorsätzlich oder fahrlässig

1. einem Rauchverbot nach Art. 3 Abs. 1 oder Art. 3 Abs. 2 zuwiderhandelt,
2. als Verantwortlicher nach Art. 7 nicht unverzüglich die erforderlichen Maßnahmen ergreift, um die Fortsetzung eines Verstoßes oder einen neuen Verstoß gegen ein Rauchverbot nach Art. 3 Abs. 1 oder Art. 3 Abs. 2 zu verhindern.

[2]Im Wiederholungsfall kann eine Geldbuße von bis zu fünftausend Euro festgesetzt werden.

(2) Mit Geldbuße von bis zu eintausendfünfhundert Euro, im Wiederholungsfall bis zu fünftausend Euro kann belegt werden, wer vorsätzlich oder fahrlässig entgegen Art. 3 Abs. 1 oder Art. 3 Abs. 2 Cannabisprodukte raucht, erhitzt oder verdampft.

Art. 11 Inkrafttreten

Dieses Gesetz tritt am 1. August 2010 in Kraft.

X

Stichwortverzeichnis

Sie finden das jeweilige Stichwort über die fettgedruckte Angabe der Leitziffer, gefolgt durch die Vorschriftenabkürzung. Wo die männliche Form verwendet wurde, ist implizit auch die weibliche gemeint.
Beispiel: I.10/BayDG weist auf die Leitziffer I.10; hier im Kapitel I in der Ordnungsziffer 10 wurde das Bayerische Disziplinargesetz eingeordnet. Im angegebenen Paragrafen bzw. Artikel finden Sie den gesuchten Begriff.

XI

XI

XI

XI

XI

2027	JANUAR					FEBRUAR				MÄRZ				
Montag		4	11	18	25	1	8	15	22	1	**8**	15	22	**29**
Dienstag		5	12	19	26	2	9	16	23	2	9	16	23	30
Mittwoch		**6**	13	20	27	3	10	17	24	3	10	17	24	31
Donnerstag		7	14	21	28	4	11	18	25	4	11	18	25	
Freitag	**1**	8	15	22	29	5	12	19	26	5	12	19	**26**	
Samstag	2	9	16	23	30	6	13	20	27	6	13	20	27	
Sonntag	**3**	**10**	**17**	**24**	**31**	**7**	**14**	**21**	**28**	**7**	**14**	**21**	**28**	

	APRIL					MAI						JUNI				
Montag		5	12	19	26		3	10	**17**	24	31		7	14	21	28
Dienstag		6	13	20	27		4	11	18	25		1	8	15	22	29
Mittwoch		7	14	21	28		5	12	19	26		2	9	16	23	30
Donnerstag	1	8	15	22	29		**6**	13	20	**27**		3	10	17	24	
Freitag	2	9	16	23	30		7	14	21	28		4	11	18	25	
Samstag	3	10	17	24		**1**	8	15	22	29		5	12	19	26	
Sonntag	**4**	**11**	**18**	**25**		**2**	**9**	**16**	**23**	**30**		**6**	**13**	**20**	**27**	

	JULI					AUGUST						SEPTEMBER				
Montag		5	12	19	26		2	9	16	23	30		6	13	**20**	27
Dienstag		6	13	20	27		3	10	17	24	31		7	14	21	28
Mittwoch		7	14	21	28		4	11	18	25		1	8	15	22	29
Donnerstag	1	8	15	22	29		5	12	19	26		2	9	16	23	30
Freitag	2	9	16	23	30		6	13	20	27		3	10	17	24	
Samstag	3	10	17	24	31		7	14	21	28		4	11	18	25	
Sonntag	**4**	**11**	**18**	**25**		**1**	**8**	**15**	**22**	**29**		**5**	**12**	**19**	**26**	

	OKTOBER					NOVEMBER					DEZEMBER				
Montag		4	11	18	25	**1**	8	15	22	29		6	13	20	27
Dienstag		5	12	19	26	2	9	16	23	30		7	14	21	28
Mittwoch		6	13	20	27	3	10	**17**	24		1	8	15	22	29
Donnerstag		7	14	21	28	4	11	18	25		2	9	16	23	30
Freitag	1	8	15	22	29	5	12	19	26		3	10	17	24	31
Samstag	2	9	16	23	30	6	13	20	27		4	11	18	**25**	
Sonntag	**3**	**10**	**17**	**24**	**31**	**7**	**14**	**21**	**28**		**5**	**12**	**19**	**26**	

Neujahr 1. Januar, Hl. Drei Könige 6. Januar, Weltfrauentag 8. März, Karfreitag 26. März, Ostern 28. und 29. März, Tag der Arbeit 1. Mai, Christi Himmelfahrt 6. Mai, Pfingsten 16. und 17. Mai, Fronleichnam 27. Mai, Friedensfest Augsburg 8. August, Mariä Himmelfahrt 15. August, Weltkindertag 20. September, Tag der Dt. Einheit 3. Oktober, Reformationstag 31. Oktober, Allerheiligen 1. November, Buß- und Bettag 17. November, Weihnachten 25. und 26. Dezember

2028	JANUAR	FEBRUAR	MÄRZ
Montag	3 10 17 24 31	7 14 21 28	6 13 20 27
Dienstag	4 11 18 25	1 8 15 22 29	7 14 21 28
Mittwoch	5 12 19 26	2 9 16 23	1 **8** 15 22 29
Donnerstag	**6** 13 20 27	3 10 17 24	2 9 16 23 30
Freitag	7 14 21 28	4 11 18 25	3 10 17 24 31
Samstag	1 8 15 22 29	5 12 19 26	4 11 18 25
Sonntag	**2 9 16 23 30**	**6 13 20 27**	**5 12 19 26**

	APRIL	MAI	JUNI
Montag	3 10 **17** 24	**1** 8 15 22 29	**5** 12 19 26
Dienstag	4 11 18 25	2 9 16 23 30	6 13 20 27
Mittwoch	5 12 19 26	3 10 17 24 31	7 14 21 28
Donnerstag	6 13 20 27	4 11 18 **25**	1 8 **15** 22 29
Freitag	7 **14** 21 28	5 12 19 26	2 9 16 23 30
Samstag	1 8 15 22 29	6 13 20 27	3 10 17 24
Sonntag	**2 9 16 23 30**	**7 14 21 28**	**4 11 18 25**

	JULI	AUGUST	SEPTEMBER
Montag	3 10 17 24 31	7 14 21 28	4 11 18 25
Dienstag	4 11 18 25	1 **8** **15** 22 29	5 12 19 26
Mittwoch	5 12 19 26	2 9 16 23 30	6 13 **20** 27
Donnerstag	6 13 20 27	3 10 17 24 31	7 14 21 28
Freitag	7 14 21 28	4 11 18 25	1 8 15 22 29
Samstag	1 8 15 22 29	5 12 19 26	2 9 16 23 30
Sonntag	**2 9 16 23 30**	**6 13 20 27**	**3 10 17 24**

	OKTOBER	NOVEMBER	DEZEMBER
Montag	2 9 16 23 30	6 13 20 27	4 11 18 **25**
Dienstag	**3** 10 17 24 **31**	7 14 21 28	5 12 19 **26**
Mittwoch	4 11 18 25	**1** 8 15 **22** 29	6 13 20 27
Donnerstag	5 12 19 26	2 9 16 23 30	7 14 21 28
Freitag	6 13 20 27	3 10 17 24	1 8 15 22 29
Samstag	7 14 21 28	4 11 18 25	2 9 16 23 30
Sonntag	**1 8 15 22 29**	**5 12 19 26**	**3 10 17 24 31**

Neujahr 1. Januar, Hl. Drei Könige 6. Januar, Weltfrauentag 8. März, Karfreitag 14. April, Ostern 16. und 17. April, Tag der Arbeit 1. Mai, Christi Himmelfahrt 25. Mai, Pfingsten 4. und 5. Juni, Fronleichnam 15. Juni, Friedensfest Augsburg 8. August, Mariä Himmelfahrt 15. August, Weltkindertag 20. September, Tag der Dt. Einheit 3. Oktober, Reformationstag 31. Oktober, Allerheiligen 1. November, Buß- und Bettag 22. November, Weihnachten 25. und 26. Dezember

JANUAR

1	**Fr**	**Neujahr**		**53**
2	Sa			
3	**So**			
4	Mo			**1**
5	Di			
6	**Mi**	**Heilige Drei Könige**[1]		
7	Do		●	
8	Fr			
9	Sa			
10	**So**			
11	Mo			**2**
12	Di			
13	Mi			
14	Do			
15	Fr		◐	
16	Sa			
17	**So**			
18	Mo			**3**
19	Di			
20	Mi			
21	Do			
22	Fr		○	
23	Sa			
24	**So**			
25	Mo			**4**
26	Di			
27	Mi			
28	Do			
29	Fr		◑	
30	Sa			
31	**So**			

1 Gesetzlicher Feiertag in Baden-Württemberg, Bayern und Sachsen-Anhalt

FEBRUAR

1	Mo			**5**
2	Di			
3	Mi			
4	Do			
5	Fr			
6	Sa		●	
7	**So**			
8	Mo	Rosenmontag		**6**
9	Di	Fastnacht		
10	Mi	Aschermittwoch		
11	Do			
12	Fr			
13	Sa			
14	**So**	Valentinstag	◐	
15	Mo			**7**
16	Di			
17	Mi			
18	Do			
19	Fr			
20	Sa		⊗	
21	**So**			
22	Mo			**8**
23	Di			
24	Mi			
25	Do			
26	Fr			
27	Sa			
28	**So**		◑	

● = Neumond, ○ = Vollmond, ◑ = Halbmond, abnehmend, ◐ = Halbmond, zunnehmend, ⊗ = Mondfinsternis, Vollmond

XII

MÄRZ

1	Mo			9
2	Di			
3	Mi			
4	Do			
5	Fr			
6	Sa			
7	**So**			
8	Mo	Weltfrauentag[1]	●	10
9	Di			
10	Mi			
11	Do			
12	Fr			
13	Sa			
14	**So**			
15	Mo		◐	11
16	Di			
17	Mi			
18	Do			
19	Fr			
20	Sa	Frühlingsanfang		
21	**So**			
22	Mo		○	12
23	Di			
24	Mi			
25	Do			
26	**Fr**	**Karfreitag**		
27	Sa			
28	**So**	**Ostersonntag**/Beginn d. Sommerzeit		
29	**Mo**	**Ostermontag**		13
30	Di		◑	
31	Mi			

1 Gesetzlicher Feiertag in Berlin und Mecklenburg-Vorpommern

APRIL

1	Do		
2	Fr		
3	Sa		
4	**So**		
5	Mo		14
6	Di	●	
7	Mi		
8	Do		
9	Fr		
10	Sa		
11	**So**		
12	Mo		15
13	Di	◐	
14	Mi		
15	Do		
16	Fr		
17	Sa		
18	**So**		
19	Mo		16
20	Di	○	
21	Mo		
22	Do		
23	Fr		
24	Sa		
25	**So**		
26	Mo		17
27	Di	◑	
28	Mi		
29	Do		
30	Fr		

XII

MAI

1	**Sa**	**Tag der Arbeit**		
2	**So**			
3	Mo			**18**
4	Di			
5	Mi			
6	**Do**	**Christi Himmelfahrt**	●	
7	Fr			
8	Sa			
9	**So**	Muttertag		
10	Mo			**19**
11	Di			
12	Mi			
13	Do		◐	
14	Fr			
15	Sa			
16	**So**	**Pfingstsonntag**		
17	**Mo**	**Pfingstmontag**		**20**
18	Di			
19	Mi			
20	Do		○	
21	Fr			
22	Sa			
23	**So**			
24	Mo			**21**
25	Di			
26	Mi			
27	**Do**	**Fronleichnam**[1]		
28	Fr		◑	
29	Sa			
30	**So**			
31	Mo			**22**

1 Gesetzlicher Feiertag in Baden-Württemberg, Bayern, Hessen, Nordrhein-Westfalen, Rheinland-Pfalz, Saarland und teilweise in Sachsen und Thüringen

JUNI

1	Di			
2	Mi			
3	Do			
4	Fr		●	
5	Sa			
6	**So**			
7	Mo			**23**
8	Di			
9	Mi			
10	Do			
11	Fr		◐	
12	Sa			
13	**So**			
14	Mo			**24**
15	Di			
16	Mi			
17	Do			
18	Fr			
19	Sa		○	
20	**So**			
21	Mo	Sommeranfang		**25**
22	Di			
23	Mi			
24	Do			
25	Fr			
26	Sa			
27	**So**		◑	
28	Mo			**26**
29	Di			
30	Mi			

XII

JULI

1	Do			
2	Fr			
3	Sa			
4	**So**		●	
5	Mo			**27**
6	Di			
7	Mi			
8	Do			
9	Fr			
10	Sa		◐	
11	**So**			
12	Mo			**28**
13	Di			
14	Mi			
15	Do			
16	Fr			
17	Sa			
18	**So**		○	
19	Mo			**29**
20	Di			
21	Mi			
22	Do			
23	Fr			
24	Sa			
25	**So**			
26	Mo		◑	**30**
27	Di			
28	Mi			
29	Do			
30	Fr			
31	Sa			

AUGUST

1	**So**			
2	Mo		●	**31**
3	Di			
4	Mi			
5	Do			
6	Fr			
7	Sa			
8	**So**	**Friedensfest**[1]		
9	Mo		◐	**32**
10	Di			
11	Mi			
12	Do			
13	Fr			
14	Sa			
15	**So**	**Mariä Himmelfahrt**[2]		
16	Mo			**33**
17	Di		○	
18	Mi			
19	Do			
20	Fr			
21	Sa			
22	**So**			
23	Mo			**34**
24	Di			
25	Mi		◑	
26	Do			
27	Fr			
28	Sa			
29	**So**			
30	Mo			**35**
31	Di		●	

1 Gesetzlicher Feiertag im Stadtkreis Augsburg
2 Gesetzlicher Feiertag teilweise in Bayern und im Saarland

SEPTEMBER

1	Mi			
2	Do			
3	Fr			
4	Sa			
5	**So**			
6	Mo			**36**
7	Di		◐	
8	Mi			
9	Do			
10	Fr			
11	Sa			
12	**So**			
13	Mo			**37**
14	Di			
15	Mi		○	
16	Do			
17	Fr			
18	Sa			
19	**So**			
20	**Mo**	**Weltkindertag**[1]		**38**
21	Di			
22	Mi			
23	Do	Herbstanfang	◑	
24	Fr			
25	Sa			
26	**So**			
27	Mo			**39**
28	Di			
29	Mi			
30	Do		●	

1 Gesetzlicher Feiertag in Thüringen

OKTOBER

1	Fr			
2	Sa			
3	**So**	**Tag d. Deutsch. Einheit**/Erntedankfest		
4	Mo			**40**
5	Di			
6	Mi			
7	Do		◐	
8	Fr			
9	Sa			
10	**So**			
11	Mo			**41**
12	Di			
13	Mi			
14	Do			
15	Fr		○	
16	Sa			
17	**So**			
18	Mo			**42**
19	Di			
20	Mi			
21	Do			
22	Fr		◑	
23	Sa			
24	**So**	Ende d. Sommerzeit		
25	Mo			**43**
26	Di			
27	Mi			
28	Do			
29	Fr		●	
30	Sa			
31	**So**	**Reformationstag**[2]		

2 Gesetzlicher Feiertag in Brandenburg, Bremen, Hamburg, Mecklenburg-Vorpommern, Niedersachsen, Sachsen, Schleswig-Holstein, Sachsen-Anhalt und Thüringen

XII

NOVEMBER

1	**Mo**	**Allerheiligen**[1]		**44**
2	Di			
3	Mi			
4	Do			
5	Fr			
6	Sa		◐	
7	**So**			
8	Mo			**45**
9	Di			
10	Mi			
11	Do			
12	Fr			
13	Sa			
14	**So**	Volkstrauertag	○	
15	Mo			**46**
16	Di			
17	**Mi**	**Buß- und Bettag**[2]		
18	Do			
19	Fr			
20	Sa			
21	**So**	Totensonntag	◑	
22	Mo			**47**
23	Di			
24	Mi			
25	Do			
26	Fr			
27	Sa			
28	**So**	1. Advent	●	
29	Mo			**48**
30	Di			

1 Gesetzlicher Feiertag in Baden-Württemberg, Bayern, Nordrhein-Westfalen, Rheinland-Pfalz und im Saarland
2 Gesetzlicher Feiertag in Sachsen

DEZEMBER

1	Mi			
2	Do			
3	Fr			
4	Sa			
5	**So**	2. Advent		
6	Mo	Nikolaus	◐	**49**
7	Di			
8	Mi			
9	Do			
10	Fr			
11	Sa			
12	**So**	3. Advent		
13	Mo		○	**50**
14	Di			
15	Mi			
16	Do			
17	Fr			
18	Sa			
19	**So**	4. Advent		
20	Mo		◑	**51**
21	Di			
22	Mi	Winteranfang		
23	Do			
24	Fr	Heiligabend		
25	**Sa**	**1. Weihnachtstag**		
26	**So**	**2. Weihnachtstag**		
27	Mo		●	**52**
28	Di			
29	Mi			
30	Do			
31	Fr	Silvester		

XII

Schulferien 2027 Bundesrepublik Deutschland

	Winter Halbjahresferien	Ostern/ Frühjahr	Himmelfahrt/ Pfingsten	Sommer	Herbst	Weihnachten
Baden-Württemberg	–	25.03./30.03.– 03.04.	18.05.–29.05.	29.07.–11.09.	02.11.–06.11.	23.12.–08.01.
Bayern	08.02.–12.02.	22.03.–02.04.	18.05.–28.05.	02.08.–13.09.	02.11.–05.11.	24.12.–07.01.
Berlin	01.02.–06.02.	22.03.–02.04.	07.05./18.05.–19.05.	01.07.–14.08.	11.10.–23.10.	22.12.–31.12.
Brandenburg	01.02.–06.02.	22.03.–03.04.	07.05./18.05.	01.07.–14.08.	11.10.–23.10.	23.12.–31.12.
Bremen	01.02.–02.02.	22.03.–03.04.	07.05./18.05.	08.07.–18.08.	18.10.–30.10.	23.12.–08.01.
Hamburg	29.01.	01.03.–12.03.	07.05.–14.05.	01.07.–11.08.	11.10.–22.10.	20.12.–31.12.
Hessen	–	22.03.–02.04.	–	28.06.–06.08.	04.10.–16.10.	23.12.–11.01.
Mecklenburg-Vorpommern	08.02.–19.02.	24.03.–02.04.	07.05./14.05.–18.05.	05.07.–14.08.	14.10.–23.10.	23.12.–04.01.
Niedersachsen[1]	01.02.–02.02.	22.03.–03.04.	07.05./18.05.	08.07.–18.08.	16.10.–30.10.	23.12.–08.01.
Nordrhein-Westfalen	–	22.03.–03.04.	18.05.	19.07.–31.08.	23.10.–06.11.	24.12.–08.01.
Rheinland-Pfalz	–	22.03.–02.04.	–	28.06.–06.08.	04.10.–15.10.	23.12.–07.01.
Saarland	08.02.–12.02.	30.03.–09.04.	–	28.06.–06.08.	04.10.–15.10.	20.12.–31.12.
Sachsen	08.02.–19.02.	26.03.–02.04.	07.05./15.05.–18.05.	10.07.–20.08.	11.10.–23.10.	23.12.–01.01.
Sachsen-Anhalt	01.02.–06.02.	22.03.–27.03.	15.05.–22.05.	10.07.–20.08.	18.10.–23.10.	20.12.–31.12.
Schleswig-Holstein[2]	01.02.–02.02.	30.03.–10.04.	07.05.	03.07.–14.08.	11.10.–23.10.	23.12.–08.01.
Thüringen	01.02.–06.02.	22.03.–03.04.	07.05.	10.07.–20.08.	09.10.–23.10.	23.12.–31.12.

[1] Auf den Ostfriesischen Inseln gelten Sonderregelungen.
[2] Auf den Inseln Sylt, Föhr, Helgoland und Amrum sowie auf den Halligen enden die Sommerferien eine Woche früher, die Herbstferien beginnen eine Woche früher.

Alle Angaben ohne Gewähr.

XII

Schulferien 2028 Bundesrepublik Deutschland

	Winter Halbjahresferien	Ostern/ Frühjahr	Himmelfahrt/ Pfingsten	Sommer	Herbst	Weihnachten
Baden-Württemberg	–	13.04./18.04.–22.04.	06.06.–17.06.	27.07.–09.09.	30.10.–03.11.	23.12.–05.01.
Bayern	28.02.–03.03.	10.04.–21.04.	06.06.–16.06.	31.07.–11.09.	30.10.–03.11./22.11.	23.12.–05.01.
Berlin	31.01.–05.02.	10.04.–22.04.	26.05./01.06..–02.06.	01.07.–12.08.	02.10.–14.10.	22.12.–02.01.
Brandenburg	31.01.–05.02.	10.04.–22.04	26.05.	29.06.–12.08.	02.10.–14.10./30.10.	22.12.–02.01.
Bremen	31.01.–01.02.	10.04.–22.04.	26.05./06.06.	20.07.–30.08.	02.10./23.10.–04.11.	27.12.–06.01.
Hamburg	28.01.	06.03.–17.03.	22.05.–26.05.	03.07.–11.08.	02.10.–13.10./30.10.	18.12.–31.12.
Hessen	–	03.04.–14.04.	–	03.07.–11.08.	09.10.–20.10.	27.12.–12.01.
Mecklenburg-Vorpommern	05.02.–17.02.	12.04.–21.04.	26.05./02.06.–06.06.	26.06.–05.08.	02.10./23.10.–28.10./30.10.	22.12.–02.01.
Niedersachsen[1]	31.01.–01.02.	10.04.–22.04.	26.05./06.06.	20.07.–30.08.	02.10./23.10.–04.11.	27.12.–06.01.
Nordrhein-Westfalen	–	10.04.–22.04.	–	10.07.–22.08.	23.10.–04.11.	21.12.–05.01.
Rheinland-Pfalz	–	10.04.–21.04.	–	03.07.–11.08.	09.10.–20.10.	21.12.–08.01.
Saarland	21.02.–29.02.	12.04.–21.04.	–	03.07.–11.08.	09.10.–20.10.	20.12.–02.01.
Sachsen	14.02.–26.02.	14.04.–22.04.	26.05.	22.07.–01.09.	23.10.–03.11.	23.12.–03.01.
Sachsen-Anhalt	07.02.–12.02.	10.04.–22.04.	03.06.–10.06.	22.07.–01.09.	02.10./30.10.–03.11.	21.12.–02.01.
Schleswig-Holstein[2]	31.01.	03.04.–15.04.	26.05.	24.06.–04.08.	02.10./16.10.–30.10.	21.12.–05.01.
Thüringen	07.02.–12.02.	03.04.–15.04.	26.05.	22.07.–01.09.	23.10.–03.11.	23.12.–05.01.

[1] Auf den Ostfriesischen Inseln gelten Sonderregelungen.

[2] Auf den Inseln Sylt, Föhr, Helgoland und Amrum sowie auf den Halligen enden die Sommerferien eine Woche früher, die Herbstferien beginnen eine Woche früher.

Alle Angaben ohne Gewähr.

Schnellübersicht